KB123207

동아시아 언론매체 사전

국립중앙도서관 출판시도서목록(CIP)

동아시아 언론매체 사전 / 임경석 편저
-- 서울 : 논형, 2010

ISBN 978-89-6357-006-8 91070 : ₩150000

신문 잡지[新聞雜誌]
한중일[韓中日]

071-KDC5
079.5-DDC21 CIP2010002432

동아시아 언론매체 사전 1815-1945

임경석 편저

책을 내면서

이 책은 동아시아 삼국의 근대 언론매체에 관한 사전이다. 19세기 중반부터 1945년까지 한국과 중국, 일본에서 발행된 신문과 잡지를 대상으로 하여 각 매체별로 서지 정보를 수록했다. 그에 더하여 발행 취지와 경위, 지면 구성의 특성, 주요 기사와 논설에 대한 해설, 매체와 관련된 이념적·사회적 문제들에 관한 정보를 실었다.

언론매체는 사회 구성원들에게 정기적으로 사건과 사실에 관한 정보를 전달하고 그에 관한 분석과 해설을 제공한다. 그를 통하여 사회 구성원들의 의사소통을 매개하고 여론과 정체성 형성에 영향력을 미친다. 근대 동아시아 세계에서도 그랬다. 서세동점의 역사적 조건 속에 놓인 동아시아 여러 나라에서는 19세기 중반 이후 수많은 신문·잡지 매체가 등장했다. 이 매체들은 각국의 국민국가 건설과 근대화 과정 속에서 각이한 민족적, 국민적, 계급적 정체성을 형성하는 데에 커다란 역할을 담당했다.

그래서 인문학과 사회과학의 여러 학문 분야 연구자들은 일찍부터 언론매체에 주목해 왔다. 그 속에는 동아시아 각 나라의 근대적 자의식 형성 궤적을 추적할 수 있는 풍부한 텍스트 자료가 담겨 있는 까닭이다. 오늘날에는 그 의의가 더욱 중대하고 있다. 지식정보 전산화가 눈부시게 진전됨에 따라 연구자들이 언론매체 원문 자료에 더욱 손쉽게 접근할 수 있게 되었기 때문이다. 한국은 물론이고 일본과 중국에서 온라인을 통해 언론매체 원문정보를 제공하는 도서관들이 해마다 늘어나고 있다.

이 사전을 편찬한 취지는 바로 여기에 있다. 언론매체 자료에 대한 접근 가능성이 확장되면 될수록, 자료의 미궁 속에서 제 갈 길을 찾아갈 수 있는 유용한 안내도가 필요하기 때문이다. 이 사전은 한국학과 동아시아학 분야의 연구자와 학생들에게 언론매체 자료에 대한 신뢰할 만한 안내도를 제공할 목적으로 편찬되었다.

이 사전에 등재된 매체가 동아시아 세 나라에서 근대 시기에 발간된 모든 신문과 잡지를 망라하는 것은 아니다. 우리는 힘이 닿는 대로 가능한 한 많은 매체를 싣고자 노력했다. 하지만 모든 매체를 빠짐없이 수록하는 것은 우리의 역량을 벗어나는 일일 뿐만 아니라 애초에 목표로 삼았던 바도 아니다. 우리는 각 나라의 사회적 공론 형성 과정에서 주목할 만한 의의가 있는 것은 빠트리지 않으려고 애썼다. 전국적 영향력을 가진 매체는 모두 망라하고자 했고, 영향력 범위가 협소한 매체라 하더라도 발간 시기가 짧지 않다면 수록하기를 망설이지 않았다.

표제어에 오른 언론매체의 숫자는 1822여 종이다. 이것을 종류별로 나눠보면 신문이 약 35%, 잡지가 약 65%에 달한다. 나라별로는 한국의 매체가 약 40%, 중국 매체가 약 30%, 일본 매체가 약 30%에 이른다. 시기별로 나눠보면 창간연도를 확인할 수 있는 매체 가운데 1910년 이전에 창간된 것이 25.5%, 1910년 이후에 창간된 매체가 전체의 74.5%로서 다수를 점하고 있음을 알 수 있다.

이 사전은 2005년 정부(교육인적자원부)의 재원으로 한국학술진흥재단의 지원을 받아 수행된 연구다(KRF-2005-078-AL0003). 역사학, 문학, 언론학, 지역학을 전공하는 30여 명의 연구자들이 다년간 지혜와 노력을 기울여서 만든 책이다. 공동연구진이 결성된 것은 2005년 성균관대학교 동아시아학술원 내에서였다. 공동연구 참가자들은 한국연구재단의 기초학문육성 프로젝트의 지원을 받아 이후 3년간 이 사전의 기획, 집필, 편집 등의 업무를 나눠 맡았다.

이 사전은 언론매체 자료의 활용 가능성을 확장할 수 있을 것이다. 한국과 동아시아의 역사와 문화 연구에 유용하기 쓰이기를 바란다. 특히 한국의 연구자들이 일국적 울타리에 갇히지 않은 채 동아시아적 지평 위에서 자국인의 근대적 정체성 형성을 고찰할 수 있도록 도움이 되기를 기대한다. 중국과 일본의 연구자들에게도 동일한 효과를 제공할 수 있다면, 망외의 다행이겠다.

2010년 6월

집필자를 대표하여 임경석 씀

일러두기

1. 표제어에는 18세기 중엽 이후 1945년까지 동아시아 세 나라에서 간행된 신문과 잡지의 명칭을 올렸다. 각 표제어의 배열은 한글 가나다 순에 따랐다.
2. 표제어는 한글로 표기하고 한자와 외국어를 괄호 안에 병기하였다.
3. 표제어에 올린 중·일 양국의 신문과 잡지 명칭은 한국식 한자 독음에 따라서 표기하였다. 단 일본어 신문의 명칭은 가급적 원음대로 표기하였다.
4. 중·일 양국의 인명과 지명은 각 나라의 원음대로 표기하고 한자를 괄호 안에 넣었다. 한 표제어 아래에서 동일한 한자가 거듭 나올 때에는 처음에 한번만 표기하고 이후에는 한글로만 적었다. 단, 일본의 단체 및 기관명은 관례를 존중해 혼용했다.
5. 각 등재 항목은 내용상으로 서지사항, 본문, 특기사항, 참고문헌으로 이뤄져 있다.
6. 표제어 바로 아래에 서지사항에 관한 정보를 간략히 제시하였다. 각 언론매체의 발간과 종간년도, 발행주기, 발행 및 편집자, 매체 성격에 관한 정보를 실었다.
7. 각 항목의 본문에는 발행 취지와 경위, 지면 구성의 특성, 주요 기사와 논설에 대한 해설, 매체의 사회적 역할에 관한 정보를 수록하였다.
8. 본문 말미에는 소장처, 특기사항(중국과 일본의 언론매체의 경우 한국 관련 사항), 참고문헌을 실었다.
9. 등재 항목의 분량은 중요도와 자료 접근성 등을 고려하여 차이를 두었다.
10. 등재 항목의 말미에 항목별 집필자를 표시하였다.

ARS

1915년 일본에서 발간된 문예지

1915년 4월 창간, 1911년 10월 종간한 시 중심의 문예지. 전 7권이 남아 있다. 국판. 도쿄 아자부(麻布)구에 있는 예술서점 '아란타쇼보(阿蘭陀書房)'에서 발행되었다.

기타하라 하쿠슈(北原白秋)가 편집자를 맡아 주재한 문예지. 발행자는 동생인 기타하라 데쓰오(北原鐵雄). 7권을 내고 재정적인 문제 때문에 폐간되었다.

일본 근대 문학을 대표하는 시인의 한 사람인 기타하라 하쿠슈는 1885년에 태어나 와세다대학(早稻田大學) 영문학과에서 수학했다. 1909년 시집 『사종문(邪宗門)』을 간행하면서 문단에 이름을 알리고 이국적 정서가 풍기는 강렬한 감각의 시집을 잇달아 발표하며 유명해졌다. 탐미적이고 감각적인 시풍으로 근대시를 완성하고 현대시의 새로운 경지를 연 것으로 평가받는다. 또한 근대적 자유시 외에도 단카(短歌)와 민요를 현대화하는 데 큰 공로를 세운 것으로 평가받는다.

『ARS』는 그가 주재한 여러 동인지 중의 하나였다. 1918년에는 스즈키 미에키치(鈴木三重吉)와 함께 『붉은 새(赤い鳥)』를 중심으로 동요운동을 벌이기도 했다.

잡지의 창간은 기타하라 하쿠슈 형제가 새로운 출판사를 경영하는 데 있어 첫 번째 사업으로 기획되었다. 모리 오가이(森鷗外)와 우에다 빈(上田敏, 1874~1916)의 자문을 받았다. 잡지 제명은 이시이 하쿠테이(吉井柏亭)가 처음 제안한 것인데 의견을 모아 결정했다고 한다. 원래 '옆구리'라는 뜻인데 의미보다 어감을 보고 제호를 결정한 듯하다.

『ARS』를 내던 시기의 기타하라 하쿠슈가 의도했던 것은 『스바루(スベル)』와 『주란(朱欒)』을 계속 종합잡지로 유지하고, 『ARS』를 전문적인 문학잡지로 만들려 했던 것이었다. 그래서 그때까지 계속 연재되었던 자신의 작품 「지상순례(地上巡禮)」는 당연히 이 잡지에 흡수되었고, 동인들의 초고도 권말의 「순례시사작품(巡禮詩社作品)」으로 게재되었다.

『ARS』 창간호 표지는 프랑스 고대 회화에서 따온 농부가 수확하는 그림이었고 뒷표지는 고대 영국 중세 목판 이솝이야기 삽화에서 딴 그림으로 장식되어 있었다. 2호부터는 잡지 전체 분량이 약 140쪽에서 190쪽 정도로 늘었다. 표지 그림은 변함이 없었지만 뒷표지에는 때로 광고가 실리기도 했다.

창간호에는 우에다 빈이 번역한 프랑스 시인 베르트랑(Louis Jacques Napoleon Bertrand)의 시가 제일 첫머리에 실렸고, 모리 오가이의 「천총(天寵)」, 기노시타 모쿠타로(木下杢太郎)의 「장미를 든 노인(薔薇花を持った老人)」, 지노 쇼쇼(茅野蕭蕭)의 독일 극작가 슈미트본(Wilhelm Schmidtbonn) 번역작품, 기타하라 하쿠슈의 「청광편(聽光篇)」, 「파파야 이야기(パパヤ物語)」, 호리구치 다이가쿠(堀口大學)의 프랑스 시인 구르몽(RAmy de Gourmont) 번역시, 소노 사부로(增野三郎)의 인도 시인 타고르(Rabīndranāth Tagore) 번역시, 도키 젠마로(土岐善麿)의 「증오(憎惡)」, 요시이 이사무(吉井勇)의 「인과경(因果經)」 등도 실렸다.

근대 일본 문학사와 『ARS』

『ARS』의 일본 근대 문학사에서의 위치는 크게 세 가지로 요약된다. 첫째, 무엇보다도 이 잡지가 드물게 시 중심의 문학지였다는 것, 두 번째로 집필자의 대부분이 동인잡지 『스바루(スベル)』의 관련자였기 때문에 유럽의 낭만주의·탐미주의 문학의 맥락이 그대로 수용되고 있다는 점, 세 번째로 번역과 소개가 전체의 3분의 1 이상을 차지하여 시·소설·희곡·평론 등 모든 분야에 있어 서구 문학을 보다 직접적으로 수용하는 자세를 보여준 것 등이다.

또한 별도의 주목을 요하는 것은 『주란』이 길러낸 새로운 시인들이 이 잡지에서 활약한다는 사실이다. 하기와라 사쿠타로(萩原朔太郎)는 대표 시집 『달을 보고 짖는다(月に吠える)』(1918)의 한 경향을 대표하는 시 「춘야(春夜)」를, 무로 사이세이(室生犀星)는 『사랑의 시집(愛の詩集)』의 바탕이 된 「사쿠라 피는 곳(桜咲くところ)」을, 또한 야마무라 보초(山村暮鳥)는 상징주의적 시적 발상의 한 전형을 보여준 「도안(圖案)」을 발표하고, 또 구르몽의 시도 번역하여 이 잡지에 새로운 분위기를 불어넣었다.

한편 2호 이후에는 고문의 자리에 있던 모리 오가이와 우에다 빈이 이름에 걸맞게 매호 그들 만년의 작품을 실어 잡지의 무게를 더하였다. 또한 다카무라 고타로(高村光太郎)가 번역한 프랑스 조각가 오귀스트 로댕(Auguste Rodin)의 글 「랑스의 사원(ランスの本寺)」, 심미가 기노시타 모쿠타로(木下杢太郎)의 이색적인 미술평론, 고미야 도요타카(小宮豊隆)의 문학평론 등도 역사에 남을 무게를 지닌 글들이었다. 이외에도 많은 시인들이 이 잡지를 통해 활동했는데 기타하라 하쿠슈가 뽑은 『순례시사(巡禮詩社)』에 투고된 독자와 신진들의 단카(短歌)는 점점 수가 늘어났고 그중에는 곤 도코(今東光)나 다케무라 준로(竹村俊郎) 등도 있었다.

『주란』에는 『백화(白樺, 시라카바)』파와 『아라라기(アララギ)』의 시인이 많이 기고했고 그러한 교류 자체에 『ARS』의 또 다른 의의가 있었다고 할 수 있다. 그러나 『백화』파는 이 시기에 이미 문단의 주류여서 다른 동인을 고려할 여유가 없었고, 『아라라기』파의 경우는 사이토 모키치(齊藤茂吉) 이후로도 『ARS』에의 기고가 약속되었으나 실현되지는 않았다.

『ARS』는 『명성스바루(明星スベル)』와 『주란』에서 이어지는 낭만주의·탐미주의적 경향의 문학의 집단적 운동으로서 그 최후를 장식한 것으로 평가받는다. 그 정신은 또 하기와라 사쿠타로와 호리구치 다이가쿠 등으로 이어지고 면모를 새롭게 하여 다이쇼 후반기의 문학을 특징짓게 된다. 또한 기타하라 하쿠슈와 『아라라기』파 사이의 문학적 차이도 『ARS』 시기부터 심화된다. (이규수)

참고문헌

『近代文學雜誌辭典』; 우스이 요시미 지음·고재석 외 옮김, 『다이쇼 문학사』, 동국대출판부, 2001; 신현하, 『일본문학사』, 보고사, 2000.

The Hiogo and Osaka Herald

1868년 일본 고베에서 발행된 최초의 영자 신문

일본 고베(神戸) 최초의 영자 신문이다. 효고(兵庫) 개항 3일 후인 1868년 1월 4일에 요코하마(横浜)의 『The Japan Herald』의 사주, 와킨스(A. T. Watkins)에 의해 창간되었다. 신문은 주1회 토요일에 발행된 주간지였다. 정가는 월액 2달러(멕시코달러), 발행 면수는 처음에는 4쪽이었지만, 2년 후에는 8쪽으로 늘어났다. 창간 직후의 편집자는 머서(T. W. Mercer)와 옥스리(C. Oxley)가 담당했다. 신문사는 1869년 고베에서 변호사를 개업한 영국인 프리데릭 크러츨리(Frederic M. Cruchley)가 인수하여 경영했다. 그리고 같은 해 4월 17일부터는 새로이 블랙웰(A. H. Blackwell)이 편집자 겸 지배인으로서 운영을 담당했다.

『The Hiogo and Osaka Herald』의 기사는 거류지 회의(회의록)를 비롯해 거류지의 공사(가로·조명·행사국청사 등)·보건위생·경찰소방·오락(경마, 연극 등), 영사재판·상업정보·영사관의 포고·일본의 국내 정세·본국 정보, 선전·광고 등이다. 신문은 미국 이외의 재일외국공관의 포고 공시의 권리를 인정받는 등 비교적 유리한 조건에서 발행되었다. 하지만 신문은 이후 판매경쟁에 뛰어든 『The Hiogo News』에 뒤처지고, 결국 불안정한 경영 때문에 폐간되었다.

폐간의 시기를 둘러싸고는 '1871년 혹은 1872년 설'과 '1875년 설'이 제기되고 있다. 이에 대해 이부키 야스타카(伊吹順隆)는 이토 미요지(伊東巳代治)가 신문사에 입사한 시기는 1873년 3월이고, 이토가 효고현 6등 통역관이 된 것은 같은 해 8월 8일이었는데, 그가 이후에도 신문사와의 관계를 지속했기 때문에 '1875년 설'이 옳다고 말한다.

이 신문은 외국인들이 수집하거나 혹은 제공하고 싶은 정보가 응축되어 있고, 그들이 일본의 정세를 어떻게 바라보았는지, 외국인 거류지에서 어떻게 생활했는지 등 당시의 거류지 양상의 일단을 살펴볼 수 있다. 원본은 현재 덴리대학(天理大学) 부속도서관과 고베 시립박물관이 소장하고 있다.

- 이토 미요지(伊東巳代治, 1857~1934)

메이지, 다이쇼, 쇼와 시기의 관료이자 정치가. 나가사키현(長崎県) 출신으로 어릴 적부터 영어를 배우는 등 어학에 능숙했다. 효고현 통역관을 거쳐 1871년 도쿄에 상경했다. 이토 히로부미(伊藤博文)의 신임을 받아 메이지 정부의 공부성(工部省)에 진출했다.

1882년에는 구주헌법조사단(欧州憲法調査團)을 수행했고, 귀국 후에는 이토의 비서관으로서 이노우에 고와시(井上毅), 가네코 겐타로(金子堅太郎)와 함께 대일본제국헌법기초(大日本帝国憲法起草)에 참여했다. 1889년에는 수상 비서관, 1890년에는 귀족원 의원에 당선, 1892년 제2차 이토 내각의 내각서기관장, 추밀원서기관장, 1998년에는 제3차 이토 내각의 농상무대신 등의 요직을 거치며 정당 공작에 힘을 쏟았다.

1899년에는 야마가타 아리토모(山県有朋)의 신뢰를 얻어 추밀고문관이 되어 추밀원에서도 커다란 영향력을 행사하고, 1900년 이토의 입헌정우회(立憲政友会) 결성 당시에는 그 준비 과정에는 참가했지만, 입당하지 않고 '헌법의 파수꾼'을 자임하면서 관료 세력을 위해 활동했다. 그동안 그는 도쿄니치니치신문사(東京日日新聞社) 사장도 역임하면서 정부 옹호의 논진을 영입하고, 추밀원의 중진으로서 정계에 영향력을 행사했다.

1917년에는 임시외교조사위원으로서 중요한 대외정책의 결정에 관여하는 등 적극적인 대외정책을 주장했다. 협조외교를 추진하던 민정당(民政党) 내각과 시게하라(幣原) 외교에 비판적이었고, 1927년 추밀원에서 '타이완은행구제긴급칙령안(臺灣銀行救濟緊急勅令案)'을 부결시켜 와카쓰키 레이지로(若槻礼次郎) 내각을 붕괴시키고, 나아가 런던해군군축조약 체결시에는 하마구치 오사치(浜口雄幸) 내각을 비판했다. (이규수)

참고문헌

「ヒョーゴ・アンド・オーサカ・ヘラルド(一)」,『神戸市史紀要神戸の歴史』4, 1981; 伊吹順隆, 「神戸と新聞: 明治前期」,『市史編集ノート』2, 神戸市史編集室, 1960; 堀博・小出石史郎 共訳・土居晴夫 解説,『ジャパン・クロニクル紙ジュビリーナンバー 神戸外国人居留地』, 神戸新聞総合出版センタ, 1993.

The Nagasaki Shipping List and Advertiser

1861년 일본 나가사키에서 발행된 최초의 근대적 영자 신문

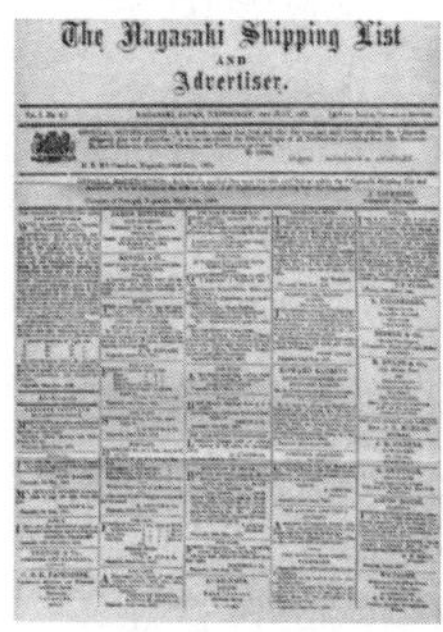
The Nagasaki Shipping List and Advertiser.

1861년 6월 22일 나가사키(長崎)의 거류지에서 영국인 핸서드(Albert William Hansard)가 발행한 영자 신문이다. 일본에서 발행된 최초의 근대 신문이다. 발행자 핸서드는 1850년 무렵부터 영국령 식민지 뉴질랜드의 오클랜드에 거주하면서 부동산업과 경매업을 운영하다가 1860년 8월 갑자기 사업을 정리하여 나가사키로 이주했다. 『The Nagasaki Shipping List and Advertiser』는 납제 활자로 인쇄되어 수요일과 토요일에 발행되었다. 2~4쪽의 석간신문으로 사고(社告)에는 1부 50센트, 선불 연간구독료 20달러, 광고료는 10행까지 1달러라고 기록되어 있다. 1면 상단에는 이 신문이 영국을 비롯한 각국의 공사관, 영사관의 공시게재 기관으로서 승인을 받았다는 "official notification"을 게재했다. 신문의 크기는 가로 37㎝, 세로 46㎝이다. 1면은 각국 공사관과 영사관의 공보와 상업광고, 2면과 3면은 일반기사, 4면은 선박의 출입항 안내(Shipping List)를 게재했다.

신문 발행 2년 전인 1859년 나가사키는 요코하마(横浜), 하코다테(箱館)와 더불어 개항되어 나가사키 오우라(大浦) 지구에는 외국인 거류지가 형성되었다. 거류지는 무역업을 목적으로 세계 각국에서 몰려든 상인들의 거주와 상업 활동을 위한 곳이었다. 신문이 거류지에서 발행된 연유는 이곳에서의 무역활동과 일상

생활에 있어 상품가격, 시장동향, 출입항 선박의 발착, 내외정치, 경제 등의 정보가 불가결했기 때문이다.

신문에 게재된 광고 기사는 선박과 보트의 건조, 부수 선박용구, 브랜디와 맥주 등 주류, 상하이(上海)의 호텔 광고, 런던과 봄베이로부터의 광고 등이다. 뉴스 기사는「남북전쟁」(3호),「엘긴경 일본을 말하다」(6호),「올코크 공사의 나가사키에서 가나가와(神奈川)까지의 여행기」(14호) 등을 게재했는데, 이들 뉴스는 당시 그 어떠한 정보매체보다 신속하게 보도된 것이다.

신문 발행 당시 핸서드는 기자를 두지 않았다. 기사와 광고의 수집, 신문편집, 인쇄, 발행 등의 업무는 주변 사람들만으로 이루어졌다. 영국 초기의 신문발행자는 경영적으로 신문업보다 인쇄업에 중점을 두었는데, 이 신문의 경우도 사정은 비슷했다고 말할 수 있다.

신문의 경영은 어려웠다. 당시 나가사키에는 영어 해독이 가능한 일본인이 거의 없었고, 구독자는 200명 정도의 거류지 주민과 출입항 선박의 승무원밖에 없었기 때문이다. 주요 수입원은 인쇄업으로부터의 수입과 공사관 및 영사관으로부터의 조성금이 대부분이었다. 발행부수는 수백 부로 알려져 있는데, 나가사키만이 아니라 런던, 상하이에도 판매 대리점이 설치되었다.

신문은 창간 이후 불과 3개월 만에 28호를 끝으로 발행 정지되었다. 핸서드가 신개항지인 요코하마의 발전성에 주목하여 인쇄기와 함께 요코하마로 거주지를 옮겼기 때문이다. 이후 신문은 링거(Frederick Ringer)가 매수하여 1897년『The Nagasaki Press』라는 제호로 발행되어 1928년까지 속간되었다.

나가사키의 외국신문

『The Nagasaki Shipping List and Advertiser』의 폐간 이후 나가사키에는 일정 기간 외국신문이 발행되지 않았다. 하지만 요코하마 개항 이후에도 나가사키는 무역항으로서의 기능을 잃지 않았다. 이를 반영하여 1872년 12월 27일에는『The Nagasaki Express』라는 타블로이드판 주간신문이 1871년 4월 고베(神戸)에서『The Hiyogo News』를 발행한 포르투갈인 브라가(Filomeno Braga)에 의해 오우라에서 발행되었다. 창간호는 3단 4면 구성으로 부록은 1면이었다. 구독료는 1개월 1달러, 광고료는 1인치에 1주 1달러였다.

내용은 시장개황, 수출품 일람, 선박 정보 이외에 외국신문으로부터의 전재기사 등으로 창간호부터 이미 로이터통신이 전하는 기사를 전재했다. 신문은 발행 당초부터 호평을 얻어 독자가 늘어났지만, 1873년 2월부터 노르만이 경영권을 인수했다. 그는 신문의 제호를『The Rising Sun and Express』로 바꾸어 주필 겸 경영자가 되었다. 이 신문은 일본을 대표하는 영자 신문으로 자리를 잡았다. (이규수)

참고문헌

鈴木雄雅,「ある英人新聞発行者を追って: A.W.ハンサードの軌跡」,『コミュニケーション研究』, 上智大学コミュニケーション學會, 1993; 秋山勇造,『明治ジャーナリズム精神』, 五月書房, 2002.

가가야쿠(輝ク)

1933년 일본에서 발행된 여성문예지

『여인예술(女人藝術)』 폐간 이후, 하세가와 시구레(長谷川時雨, 1879.10.1~1941.8.22)가 조직한 '가가야쿠카이(輝く会)'의 기관지이다. 하세가와 시구레가 죽을 때까지 9년간 당시의 거의 대부분의 여성작가, 사상가, 예술가가 원고와 자신의 근황을 투고하여 여성문화인의 네트워크를 형성했다. 또 '가가야쿠부대(輝ク部隊)'를 조직하고, 위문문집(慰問文集)을 간행하였다. 본 잡지는 15년 전쟁하에서 여성들이 '총후의 역할'을 스스로 담임하고, 익찬체제(翼贊體制)에 편입되어 가는 추이를 생생하게 살펴볼 수 있는 귀중한 자료이다.

본 잡지는 1933년 4월부터 1941년 11월까지 총 101호가 간행되었다. 잡지의 창간은 1932년 6월 하세가와 시구레의 병과 자금 부족으로 5권 6호로서『여인예술』이 폐간된 지 9개월 후인 1933년 4월 1일이었으며, 이때 분량은 4쪽이었다. 분량은 적었지만, 소설, 극작(劇

作), 시가(詩歌), 문예비평, 평론, 좌담회, 투고, 회원소식, 해외정세, 시평 등 다양한 항목으로 구성되어 있었다. 발행소는 도쿄에 위치한 여인예술사(女人藝術社) 내 '가가야쿠카이'였다. 정가는 1부 5전, 1년분 50전이었다.

하세가와 시구레

창간호는 하세가와 시구레의 「여인예술은 어떻게 멈추었는가(女人藝術はどうしてやめたか)」라는 제목의 글이 대부분을 차지하였다. 창간부터 3호까지 「가가야쿠카이(輝く会)의 발생」으로서 "가가야쿠카이(輝く会)는 잡지 여인예술의 우지(友誌)로서, 모든 여성이 직접 만들어 나가기 위해 만들어진 것으로, 『가가야쿠』를 보면 일목요연하게 이해할 수 있도록 하기 위해" 회원의 투고를 기다린다고 했다. 1938년 8월까지 매월 17일의 예회(例會)는 지속되었으며, 『가가야쿠』 발행은 최후까지 17일을 고수했다. 발행부수는 2000부에서 3000부 사이였다. '휘'라는 제호는 모든 여성이 빛나기를 염원한다는 뜻에서 붙여진 것이었다. 즉 『여인예술(女人藝術)』의 이상 그대로, 전 여성의 진출과 제휴의 꿈을 하세가와 시구레는 다시 '가가야쿠카이'를 통해 시도하고, 회원 상호의 친목과 소식을 위해 기관지로서 잡지 『가가야쿠』를 창간했던 것이다.

잡지 『가가야쿠』가 창간된 시기는 일본 파시즘의 농도가 더욱 짙어 가던 때였다. 파시즘에 참가할 수도, 정면에서 저항운동도 할 수 없었던 프롤레타리아운동에 참가했던 사람들이 이러한 시국에 대한 대처는 '무시'였다고 할 수 있을 것이다. 잡지는 철저하게 시국의 변화를 무시했다고 생각할 만큼 1호부터 52호까지 시대의 변화에 아무런 대응을 하지 않았다. 물론 41호의 「저무는 거리(暮の歌)」는 예리한 매스컴 비판이었고, 48호에는 물가 등귀의 진행에 대한 설명도 있었다. 52호의 「병사의 얼굴」과 53호의 「천인침(千人針)」은 병사를 결코 죽여서는 안 된다는 전쟁의 종결을 기원하는 글이었다.

그러나 이러한 글은 극히 일부였다. 오히려 시국의 변화에 대응하는 것이 아니라 적응하는 글이 등장하기 시작하였다. 31호의 "보라 국토를 뒤덮은 하늘의 국기"로 시작되는 시구레의 「비행기연호(飛行機女人号)」는 잡지 『가가야쿠』에서 나타나는 최초의 군국조(軍國調)의 말이었을지 모른다. 37호의 「계엄령의 긴자(銀座)」는 시국을 감성적 차원에서 접근한 글로서 철저한 시국인식과는 거리가 먼 것이었다. 53호에는 "총후의 여성(銃後の女性)"이라는 말이 사용되기도 하였다. 결국 53호까지 잡지 『가가야쿠』는 시국의 변화에 대한 인식과 대응보다는 『여인예술』과 거의 같은 모양으로 문예와 평론, 그리고 다양한 기획에 주력하고 있었다.

1937년 중일전쟁은 그때까지 시국에 무관심했던 지식인에게 비상시의 인식으로 부여되었다. 『부인공론(婦人公論)』, 『신여원(新女苑)』, 『주부지우(主婦之友)』, 『부인구락부(婦人俱樂部)』 등의 잡지에도 9월호부터 전시색(戰時色)이 명료하게 드러나기 시작하였다. 9월에 간행된 54호에 하세가와 시구레는 잡지를 군인들에서 보내겠다고 썼다. 그리고 55호를 "군인위문호(兵隊さん慰問号)"로 할 것과 예회(例會)를 중지하고 대신 위문대에 『가가야쿠』를 넣을 것을 알렸다. 결국 10월에 발행된 55호는 "황군위문호(皇軍慰問号)"로 편집되었다.

이와 함께 지금까지 『가가야쿠』의 제자(題字)를 둘러싼 사각 틀이 해군기의 이미지로 변하였다. 권두에 「내가 장사를 생각하는 말(わが將士を想ふ言葉)」을 수록하였다. 처음으로 "출전군인이 될 때, 일본 남자는 이미 신이 됨을 느낍니다. 지금 당신의 조국이, 일본 여성들이야말로 당신들의 남자다운 빛에 대조해서 얌전하고 다소곳한 빛이 되어 총후의 나라에 충만하게 할 것을 알고 있습니다"라는 「총후의 마음(銃後の心)」이 게재되었다. 그리고 위문대 모집이 1938년 8월에 발행된 63호부터 시작되어 합해서 100개의 위문대를 모았다. 문단의 여성 사이에서 최초의 시도였다.

1939년에는 대정익찬회(大正翼贊會)가 결성되어 태평양전쟁을 향한 일본의 발걸음이 빠르게 움직이고

있었다. 이러한 걸음의 하나로 『가가야쿠』의 활동이 있었다. 80호부터 「가가야쿠부대일기(輝ク部隊日記)」에는 육해군, 외무성 등의 초대행사가 이어져서, 특무함(特務艦)에 승선한 즐거움, 군용기로 도쿄 상공을 체험 비행한 이야기들이 수록되기 시작하였다. 잡지가 지식여성의 총후운동의 거점으로서 국책에 적극적으로 편입되기 시작한 것이었다. 또한 「휘 부대」의 주요 임무는 위문대모집, 만몽개척의 소년의용대에게 도서 보내기, 만주와 중국을 중심으로 한 각국 유학생과의 교류친선, 위문활동, 위문문집의 작성이었다.

위문문집은 1940년 1월에 육군휼병부(陸軍恤兵部) 발행 『가가야쿠부대: 황기2600년기념여류전선위문집(輝ク部隊: 皇紀二千六百年記念女流戰線慰問集)』 및 『바다의 총후: 가가야쿠부대 · 위문문집(海の銃後: 輝ク部隊·慰問文集)』의 2책, 다음해인 1941년 1월에는 『바다의 용사위문문집: 가가야쿠부대기고(海の勇士慰問文集: 輝ク部隊寄稿)』의 1책, 합쳐서 3권이 편집되어 헌납되었다. 이 문집은 '종군장병위문을 위해' 만들어진 것으로, 일반에게 출판되지 않았다. 3권 모두 20쪽 내외의 그림을 삽입하였고, 시가(詩歌), 수필, 소설로 200쪽 이상의 분량으로 만들었다.

1941년 8월 22일 하세가와 시구레는 급서(急逝)하였다. 향년 63세였다. 그녀의 죽음으로 '가가야쿠카이'의 기관지였던 『가가야쿠』도 종간을 맞이하였다. '휘 부대'도 자연 해산되었는데, 해산된 지 20일 후인 12월 8일 일본은 태평양전쟁을 도발하였다. 12월 말 『구로가네회보(くろがね會報)』 1권 2호(1941.12.30)에는 『가가야쿠』의 마크가 사용되었고, '가가야쿠부대'와 '구로가네회'가 합류한 경위가 밝혀져 있다.

잡지 『여인예술』 및 『가가야쿠』는 1928년 7월의 『여인예술』 창간부터 13년에 걸쳐 하세가와 시구레의 일대 사업이었다. 문학을 초월해, 모든 여성의 진출을 위한 유일한 장(場)으로서, 3000인에서 5000인이 모였다. 하세가와 시구레의 꿈인 여성의 사회로의 진출, 지위의 향상은 역설적이게도 총후운동(銃後運動)의 가운데서 국책으로 기도되었다. 태평양전쟁 도발 이후, 여자와 아이들을 상대할 여유가 군부에서는 사라졌다. 하세가와 시구레의 죽음부터 패전까지의 역사를 생각해 보면, 그녀의 죽음은 하나의 시대 구분으로 중요하다고 생각된다. 하세가와 시구레가 죽지 않았더라도, 잡지 『가가야쿠』는 격화되는 시대의 한 가운데서, 결국 소멸되고 말았을 것이기 때문이다. (문영주)

참고문헌

尾形明子, 「解說」『「輝ク」 解說·總目次·索引』, 不二出版, 1988; 若林つや, 「回想: 『輝ク』と共に」『「輝ク」 解說·總目次·索引』, 不二出版, 1988; 尾形明子, 『女人藝術の世界-長谷川時雨とその周邊』, ドメス出版, 1980; 岩橋邦枝 著, 『評伝長谷川時雨』, 講談社, 1999; 松浦總三, 『體驗と資料 戰時下の言論彈壓』, 白川書院, 1975; 高崎隆治, 『戰時下のジャ-ナリズム』, 新日本出版社, 1987; 『日本出版百年史年表』, 日本書籍出版協會, 1968.

가정의 빛(家の光)

1925년 일본 도쿄에서 발행된 가정 잡지

1925년 5월 1일 산업조합중앙회(産業組合中央會) 회장 시바무라 겐타로(志村源太郎) 주도로 창간된 산업조합중앙회 기관지의 하나이다. 발행처는 산업조합중앙회이고, 월 1회 발행되었다. 1943년부터는 중앙농업회(中央農業會), 1944 · 45년은 전국농업회가정의빛협회(全國農業會家の光協會)에서 발행하였다. 창간호는 2만 부가 발행되었다. 창간 이후 발행부수는 1931년에 10만 부, 1935년에 100만 부, 1944년에 150만 부가 발행되었다. 발행부수는 특히 쇼와(昭和) 공황기에 급증하였다. 이 시기 발행부수가 급증한 이유는 무엇보다도 본지가 산업조합의 조합원에게 공황기의 경제적 어려움을 해결하고, 경제생활 향상에 필요한 풍부한 정보를 제공하고 있었기 때문이었다.

산업조합중앙회는 독자층을 구분하여 기관지로서 두 종류의 잡지를 발행하였다. 『산업조합(産業組合)』은 주로 산업조합운동을 주도하는 지도자들을 독자층으로 발행되었다. 이에 비해 본지는 산업조합운동과 그 정신을 일반 조합원에게 널리 확산시킬 목적으로 창간된 잡지이다.

따라서 본지는 전국 산업조합원들에게 산업조합의 목적과 사업의 필요성을 이해시키고, 농업지식을 전달하기 위한 목적으로 발행되었다. 이 때문에 본지는 일반 조합원과 그들의 가정을 대상으로 발행된 가정용 잡지의 성격이 강하였다.

창간호에 게재된 발행취지서에는 "일반조합원과 그들의 가정 실생활에 도움이 되는 정보를 제공하고, 이들에게 공존공영(共存共榮)의 정신을 보급하기 위해 잡지를 창간"하였음을 강조하였다.

창간 당시 편집발행 책임자는 산업조합중앙회 조사편집부 촉탁(囑託)이었던 아리모토 히테후미(有元英文)였다. 그리고 편집진에는 요미우리신문(読売新聞)의 농정담당 기자였던 후루세 덴조(古瀬伝藏)와 잡지 『부녀계(婦女界)』 기자였던 나카무라 나오하지메(中村直弌) 등이 참가하였다.

1943년 발행처가 산업조합중앙회에서 중앙농업회, 다시 전국농업회가정의빛협회로 변경되었다. 그러나 전시통제정책의 영향을 받아 발행면수와 발행부수가 감소하였고, 잡지 발행 자체에도 어려움을 겪었다.

1945년 이후에는 침략전쟁에 협력한 협회 이사를 경질하는 등의 내부 문제가 발생하면서 발행되지 못하였다. 그러다가 1961년 신년호로 다시 180만 부가 발행되면서 복간되었다. 자매지로는 1947년 5월부터 청장년을 대상으로 창간된 종합잡지 『토지(土地)』가 있다. 이 잡지에는 저명한 학자, 평론가, 작가들이 필자로 참여했다. (문영주)

참고문헌

家の光協會 編, 『家の光80年史』, 家の光協會, 2006; 『「家の光」目次総覧解題索引』, 大空社, 1994; 浜崎廣, 『女性誌の源流』, 出版ニュース社, 2004.

가나가와신문(神奈川新聞)

1942년 일본 가나가와현신문사가 발간한 지역신문

1942년 2월 1일 신문사업령에 따라, 요코하마(横濱)시의 『가나가와현신문(神奈川縣新聞)』과 요코스카(横須賀)시 『요코스카니치니치신문(横須賀日日新聞)』이 합동하여, 가나가와현에서의 1현(縣) 1지(紙)로 발간되었다.

1890년 2월 창간된 『요코하마무역신보(横濱貿易新報)』의 후신이었다. 히라카와 노타(平川野田)가 사장이었던 1940년 2월 제1차 신문통합 때 『요코하마신보(横濱新報)』를 합병하여 『가나가와현신문』으로 개제(改題)되었다.

한편 1931년 3월 히구치 야케사브로(樋口宅三郎)가 『요코스카니치니치신문』을 요코스카군항에서 창간하였다. 이 신문은 미우라(三浦)반도를 기반으로 발전했다. 1940년 8월 제1차 신문통합 때 『요코스카니치니치신문』은 지역의 4개 신문을 흡수 개제하였다.

본지는 요코하마시를 중심으로 무역의 지도와 장려에 노력했고, 일본 공업의 생명선인 가와자키(川崎), 쓰루미(鶴見)의 공장지대, 요새항인 요코스카, 기타 군도(軍都)의 발전에 기여한 것으로 평가된다.

아울러 가나가와현 내의 국방산업의 발전, 문화산업을 지도했다. 본 신문사가 개최한 주요한 행사는 육군기념일 주간행사로 요코하마연대 사령부 후원 아래, 1943년 5월 1일부터 6월 30일까지 60일 동안 열렸다. 가나가와 신문사의 소재지는 요코하마시(横濱市 中區 佳吉町 1丁目 2番地)였다. 1943년 당시 사장은 히구치 야케사브로였다. (김인덕)

참고문헌

『昭和18年 新聞總攬』, 東京: 日本電報通信社, 1943; 春原昭彦, 『近代新聞通史』, 東京: 新泉社, 2003.

▌가뎡잡지(家庭雜誌)

1906년 서울에서 발간된 최초의 여성지

1906년 6월 25일자로 창간되어 1908년 7월까지 발간된 우리나라 최초의 여성지이다. 초간에서 1907년 2월까지는 신민회(新民會) 소속 상동청년학원(尙洞靑年學院) 내 가정잡지사(家庭雜誌社)에서 유성준(兪星濬, 1860~1934)이 사장이 되어 발간하다가, 1907년 8월부터는 제호를 바꾸고 신채호가 중심이 되어 발간을 하였다. 표기는 순국문이다.
발행소는 가정잡지사(남대문 내 상동청년학원)이며, 인쇄소는 탑인사(塔印社), 판매소는 대동서사, 김상만 책사, 대동서관(평양 소재) 등이었다.
1908년 신년호에 "휴간되었던 본 잡지가 새로 속간되어"라는 언급이 있는 것으로 보아 중간에 폐간되었다가 속간된 사실을 알 수 있다. 2차 발간은 편집 겸 발행인이 신채호로 바뀌었으며, 필진도 장지연, 양기탁, 이동휘, 안창호, 유근 등이 대거 참여하였다. 이처럼 『가뎡잡지』는 유성준, 유일선에 의해 창간되었다가 일시적으로 휴간되었으나 뒤에 신채호가 속간하여 통권 10호까지 발간되었다. 현재 3, 4, 5, 6, 7호가 남아 있다.

이 잡지는 신민회 소속 상동청년회를 중심으로 각 계층의 지사들이 뜻을 합쳐 교육대상층을 넓힌다는 목적에서 발간된 것이다. 그 대상은 여성, 그중에서도 특히 취학연령이 지났거나 학교에 다닐 수 없는 형편에 있는 여성이 대상이었으며, 주로 일반교양과 기초학문이 그 내용이었다.

잡지의 운영진을 보면, 사장은 유성준, 총무 겸 편집인은 유일선(柳一宣), 교보원(校補員)에 주시경·김병헌, 회계 유진태·전덕기였으며, 주요 필진은 유일선, 주시경, 김병헌, 안천강 등이었다. 현재 남아 있는 권호를 보면, 논설·평론·기서(寄書) 등 논설류가 앞에 배치되고, 이어서 동서양의 가정 미담(美談)과 위생 등에 관한 내용이 들어 있다. 그리고 뒷부분에는 잡록과 잡보가 있다.

한편 현상문제(懸賞問題)라 하여, 일종의 현상공모란을 만들어 독자들의 적극적인 참여를 모색하고 있기도 하다. 논설란에는 여러 필자들의 단편적인 글들이 실려 있는데, 특히 주시경은 한글과 여성에 관한 논설을 많이 싣고 있다. 기서란에는 '가정교육론', '가정경제론', '부모와 자녀', '부인을 낮게 봄이 불가한 일' 등 일련의 가정과 여성 문제를 투고 형식으로 싣고 있다. 이 중 제7호 안천강의 글 「부인을 낮게 봄이 불가한 일」에서는 우리 풍속에서 여자를 낮게 보는 폐단을 적시하였는데, 그 예로 다음과 같은 것을 제시한다. 첫째 첩을 두는 일, 둘째 여자를 가르치지 않는 폐단, 셋째 아들을 귀하게 여기고 딸을 천하게 여기는 반인륜적인 상황, 넷째 여인을 노리개로 간주하는 폐단이 그것이다. 특히 여기서는 두 번째 문제, 즉 여성을 교육시키지 않은 과거의 폐단을 가장 큰 문제로 제기한다.

이처럼 자강운동과 계몽운동이 본궤도에 오른 시점에서 창간된 『가뎡잡지』는, 특히 신민회 소속 지식인들에 의해 주도되어 여성의 교육과 계몽을 주요 내용으로 하였다.

그러나 필진이 모두 계몽지식인 남성이다 보니, 여성이 주체적으로 자신들의 문제를 거론하지 못하였고 단지 여성들은 계몽의 대상으로만 취급되었다는 점에서 그 한계가 있다.

그리고 『가뎡잡지』가 발간된 시기에 『녀자지남』, 『자선부인회잡지』 등의 여성지도 발간된 바 있다. 그러나 이 두 잡지가 특정 여성단체, 즉 여자교육회(女子教育會)와 자선부인회의 기관지적 성격을 띤 반면, 이 잡지는 일반 여성, 특히 가정부인을 대상으로 하고 있는 점에서 차이가 있다. 결과적으로 이 잡지가 최초의

대중적 여성지인 것이다. (정환국)

참고문헌

김근수, 『한국잡지사』, 청록출판사, 1980; 최덕교 편저, 『한국잡지백년』, 현암사, 2004.

가면(假面)

1925년에 서울에서 발행된 시 전문지

1925년 11월에 창간되었다. 종간호는 1926년 7월 통권 9호라고 하는데 확실치 않다. 최소한 3호까지는 발간되었으리라 추정하지만 정확히 언제 종간되었는지는 알 수 없다. 안서 김억이 도맡아 주재했으며 김소월이 주요한 필진이었다고 전해진다. 발행소는 매분사(賣文社, 경성부 연건동 121)이었다. 판형은 4×6배판으로 면수는 적었으며 정가는 15전이었다.
현재 어디에 소장되어 있는지, 혹은 전부 다 유실되었는지 알 수 없다.

이 잡지에 대해서 알 수 있는 정보는 보성전문학교 졸업생 친목회가 발행한 잡지 『시종(時鍾)』 창간호에 실린 『가면』 제3호(1926.1)의 내용뿐이다.

그 정보에 의하면 「문단세배」, 상섭 「발(髮)과 상(裳)」, 동인 「홀소리」, 흰돌이 「떵박사의 도랑꾸」, 서해 「세장모의(歲將暮矣)」, 명순여사 「회상의 정월」, 소월 「팔베게조(調)」, 백화 「제미정(題未定)」, 서해 「『조선시단』 간행에 대하여」, 빙허 「핀」(소설), 백주 「배우의 사랑」(소설), 노풍 「부활」(소설), 도향 「제미정(題未定)」 등이 수록될 예정이었다.

이처럼 시가 주로 실렸지만 더불어 소설도 수록되었음을 알 수 있다. 문단에 일정한 인맥관계도 있고 시단에서는 비교적 명망이 있는 김억이 주재했기 때문에 원고 수집이 힘들지는 않았을 것이고, 다만 김억의 재정 능력이 신통치 않아서 오랫동안 발간되기는 힘들었으리라고 추측된다. 그럼에도 염상섭, 김동인, 양백화, 최서해, 현진건, 나도향 등 당대의 유명한 작가와 시인들을 모두 포괄하여 투고하게 하였다. 김억의 제자 김소월은 스승이 이 잡지를 주재하는 동안 투고는 물론 재정이 고갈되자 자신의 시집 판권을 스승에게 양도하여 잡지 『가면』 살리기에 나설 정도로 열성이었다고 한다. 그리하여 김소월의 『진달래꽃』은 매분사에서 1925년에 발행되었다. (전상기)

참고문헌

계용묵, 「한국문단측면사」, 『현대문학』 1955.10; 권영민, 『한국근대문인대사전』, 아세아문화사, 1990.

가정과학(家庭科學)

1934년 일본 도쿄에서 발행된 가정 잡지

1934년 일본의 가정과학연구소(家庭科學研究所)에서 발행한 잡지이다. 잡지는 가정과학연구소 개설과 함께 계간지 1집이 창간되어, 1940년까지 연 3회 발행되었다. 가정과학연구소는 『가정과학』의 제호를 바꿔 1936년 4월부터 1939년 12월까지 『가정과학시보(家庭科學時報)』를 매월 발행하였다. 1940년 1월부터는 『가정과학시보』의 제호를 『가정과학월보(家庭科學月報)』로 변경하여 발행하였다. 1941년 10월 재단설립과 함께 『가정과학월보』는 다시 『가정과학』으로 제호가 변경되어 월간지로 발행되었다. 1952년 『가정과학』은 재단법인 일본여자사회교육회(日本女子社會敎育會)의 월간지 『여성교양(女性敎養)』이 발행됨에 따라 다시 계간지로 새로 제1집이 발행되었다. 이와 같은 경과에서 알 수 있듯이, 1945년 이전의 잡지 『가정과학』은 1934년 10월의 1집부터 1944년 12월까지의 『가정과학』 전쟁 이전 편(戰前編) 및 『가정과학시보』, 『가정과학월보』라고 명칭이 변경된 것도 포함한 것이다.

1934년 10월 25일 발행된 제1집의 주요 목차를 살펴보면, 「가정통제의 위로부터 본 가족제도의 연구(家庭統制の上から見た家族制度の硏究)」, 「가정에서 교육하는 작법(作法)」, 「농촌민의 주요 병(農村民の主な病氣)」, 「일본여학생의 월경과 운동과의 관계(本邦女學生の月經と運動との關係)」, 「주택 및 가구 십기 수입법(住宅及家具什器手入法)」, 「농촌영양의 개선 (1) 합리적 영양헌립(榮養獻立)과 조리법에 의한 영양

가증가(營養價增加)」, 「우유의 품질에 대해」, 「백화점을 통해서 사회상(社會相)을 보자」, 「회원의견 발표란」, 「실용신안(實用新案) 가정용품」, 「가정과학연구소규정 / 가정과학연구소의 역원 / 연구비제공 가정과학에 관한 연구모집」, 「휘보」, 「편집후기」로 구성되어 있었다.

1944년 12월 15일 마지막으로 발행된 제101호의 주요 목차를 살펴보면, 「육아실습의 요령(育兒實習の要領)」, 「편집후기(編輯後記)」, 「'모심일로'를 읽고('母心一路'を讀みて)」, 「연료부족의 대책(燃料不足への對策)」, 「생육인(生ひ六つ人)」, 「공복을 방지하고 만복감을 주는 요리(空腹を防ぎ滿腹感を與へる料理)」, 「산가집에서(山家集より)」, 「간단하게 입을 수 있는 활동착용 외투(簡單に出來る活動着用外套)」 등으로 구성되어 있다.

잡지 『가정과학』의 특징을 정리하면 다음과 같다. ① 잡지명의 변경은 있었지만, 내용은 가정생활에 필요한 연구, 논문, 회원의 연구, 새로운 기술, 특허기구, 체험소개 등이었다. 즉 잡지는 학문적으로도 납득될 수 있고, 실제적으로 가정생활의 향상에 이바지할 수 있는 정보가 편집된 약 200쪽 분량의 연구지로 발행되었다. ② 논문, 해설 등의 집필진은 그 분야의 권위자를 망라하고 있다. ③ 당시 가정에 대해 세상이 진보하는 것과 같이 가정생활도 이와 함께 성장할 필요가 있음을 강조하였다. ④ 학술지로서의 체제를 갖추고 있었으며, 저자 및 제목이 각권 마지막 페이지에 기록되었다. ⑤ 1945년 일본에서 가정학부가 대학학부로서 인정되었을 때, 가정학이 종합과학으로 성립하기 위해서는 광범위한 지식이 연구자에게 필요하였는데, 이 분야의 연구 진척에 잡지는 선구적인 역할을 수행한 귀중한 문헌으로 취급받았다.

• 가정과학연구소(家庭科學研究所)

본 잡지의 발행주체인 가정과학연구소는 재단법인 일본연합부인회(日本聯合婦人會)와 대일본연합여자청년단(大日本聯合女子青年團)이 연합해서 1934년에 창립한 연구소였다. 가정과학연구소 설립 목적은, 가정과학에 관한 조사연구, 가정과학에 관한 자료의 수입 정비, 강연회 · 연구회 · 강습회의 개최, 가정과학에 관한 도서인쇄물의 간행, 가정과학상담소의 경영, 가정과학에 관한 도서자료의 전람 등이었다.

가정과학연구소의 사업 중 하나인 강습회는 1935년 8월 1일부터 7일까지 제1회 강습회가 개최되었다. 대상은 가정과학연구소회원, 사범학교 · 고등여학교 · 청년학교의 각 교원, 기타 가정과학 연구에 뜻을 둔 사람들이었다. 강습회는 1941년 3월 연구소가 재단법인 일본여자회관으로 이양되면서 중지되었던 경우와 1945년 전쟁 상황으로 인해 개최되지 못한 2회를 제외하고는 1995년 59회까지 계속 실시되었다. 가정과학연구소 창립의 모체였던 양 단체가 설립되었던 것은 1930년 12월 23일 문부대신이 전국의 각 부인단체에 「가정교육의 진흥에 관한 훈령」을 발표한 것이 배경이었다. 훈령 발표 당일 대일본연합부인회가 창립되었고, 각지의 처녀회(處女會)가 대일본연합여자청년단으로 조직되었던 것이다.

그러나 중일전쟁의 장기화, 태평양전쟁에 의한 거국일치체제의 요구로 각종 단체의 정리통합, 혹은 발전적 해산, 신단체로의 흡수 등이 진행되면서, 가정과학연구소의 운영은 물론이고 양 단체의 활동 거점도 여자회관을 떠나게 되었다. 이후 사업은 재단법인 일본여자회관(日本女子會館)으로 양도되었다. 이러한 사정에서 합병된 연구소는 명칭에서 보여 주듯이, 여자사회교육회(女子社會敎育)가 주체가 되었고, 연구소를 부설하는 형태로 변경되었다.

당시 연구소의 위원은 의학, 가정, 교육학자 등으로, 여자전문학교를 창설하거나 혹은 경영하고 있던 인물들이었다. 이들의 활동이 사회 · 자연과학을 융합해서 종합과학으로서의 가정학의 여명기를 만드는 실마리를 제공하였다. 따라서 전후인 1949년 일본가정학회(日本家政學會) 창설 당시 이사 후보자의 다수가 가정과학연구소의 역원, 연구추진위원들이었다. 이들은 제1기 이사회에 당선되어, 일본가정학회 운영의 기초를 다졌는데, 학회 발상의 근원지는 바로 가정과학연구소였으며, 이들은 이곳에서 양성되었다. 학회 조직은 회장에 니혼여자대학교 학장, 이사장에는 문부관료, 연구소장에는 와세다대학(早稻田大學) 교수가 각각 활동하였다. (문영주)

참고문헌

家庭科学研究所 編集, 『家庭科學』(復刻版) 1輯(1934.10), 19輯(1940.12), 66号(1941.10), 不二出版, 1999; 『「家庭科學」 解說 · 總目次 · 索引』, 不二出版, 1999; 『日本出版百年史年表』, 日本書籍出版協會, 1968.

▌가정잡지(家庭雜誌)

1892년 일본 도쿄에서 발행된 여성지

1892년 9월 15일 창간되어, 1898년 8월 15일 119호로 종간된 일본의 메이지(明治)시대 부인계몽(婦人啓蒙) 잡지이다. 『가정잡지』의 판형은 국판(菊版)이었으며, 일반적으로는 40~50쪽 분량으로 발행되었다. 그러나 분량은 많을 경우 106쪽으로 발행된 적도 있었다. 잡지는 발행 초기에 월간으로 발행되었다가, 1893년 9월 10일 발행된 13호부터는 월 2회 발행되었다. 이후 1897년 9월 15일 발행된 108호부터 다시 월간으로 발행되었다. 잡지 가격은 발행 초기에는 5전, 108호부터는 10전이었다. 잡지 발행부수는 정확히 파악할 수 없지만, 다만 『국민지우(國民之友)』에 게재된 광고에 의하면, 1호가 5판, 2호가 재판을 발행한 것으로 되어 있다. 발행소는 가정잡지사(家庭雜誌社)였다. 가정잡지사의 사주(社主)는 소호(蘇峰) 도쿠토미 이치로(德富猪一郎)였다. 도쿠토미 이치로는 고쿠민신문사(國民新聞社), 민유샤(民友社)의 사주이기도 하였다.

잡지 제1호의 지면 구성 항목을 보면, '권수삽화(卷首挿畵)', '사설', '논설', '과학', '사담(史談)', '문예', '가정', '잡록', '시사일반'의 항목으로 구성되어 있다. 이 중 '시사일반'을 제외하면 종간호까지 지면 구성에는 큰 변화가 없었다. 이러한 지면 구성을 『국민지우』와 비교해 보면, 가정란이 있었고, 사담과 문예란이 풍부했으며, 글이 읽기 쉽게 기술되었다는 특징을 보인다.

이후 추가되는 주요한 지면 구성 항목을 보면, 제63호 이후부터는 1년에 몇 회의 부록으로 '문예', '담총(談叢)'이 추가되었으며, 제93호 이후에는 '소설'이 추가되었다. 종간호에는 '소설'이 없고, '문예소설'이 설정되어 있었다. 제109호 이후의 '소아의 세계(小兒の世界)'는 아이들 대상의 독서물을 중시했기 때문에 설정되었으며, 제65호 이후의 '가원(歌苑)', 제99호 이후의 '기서백진(寄書百珍)', 제104호 이후의 '교순(交詢)'은 독자가 잡지에 직접 참여할 수 있는 길을 열었다. 1896년 10월 발행된 제88호 이후는 실무적인 편집 구성이 많아졌다.

잡지 제1호 '시사일반(時事一般)'란의 「가정잡지」라는 글은 잡지 창간의 목적을 보여준다. 필자는 도쿠토미 이치로였는데, 요지는 다음과 같다.

지금까지 일본 사회의 개혁은 '모방적 진보(模倣的進步)'로서, 국가적(國家的), 귀족적(貴族的)인 것에 지나지 않은 '이학적(理學的) 개혁'에 불과하였다. 따라서 '제2개혁'을 하기 위해서는 '화학적(化學的) 개혁'으로 개인적(個人的), 평민적(平民的)인 '가정개혁(家庭改革)'이 이루어져야 한다. 이를 위해서는 무엇보다도 '개화의 어머니(開化の母)'로서 '살아 있는 국민을 낳는 부인(活きたる國民を生む婦人)'을 만들어야 하며, 이를 통해 '신국민의 씨앗(新國民の卵)'인 '영아(嬰兒)'를 육성해야 한다는 것이었다.

1893년과 1894년은 가정지우사(家庭之友社) 사주인 소호 도쿠토미 이치로가 민권론(民權論)에서 국권론(國權論)으로 전환된 때였다. 이러한 변화는 청일전쟁 후 뚜렷하게 나타나면서, 민유샤 계열 잡지의 논조에도 영향을 미쳤다. 잡지는 1896년 5월부터 1년 동안 도쿠토미가 서구를 여행하는 중에 종래의 평민주의적(平民主義的) 논조를 전환하였다.

도쿠토미는 귀국 후 민유샤 계열 3사의 개혁을 단행하였다. 이러한 개혁의 일환으로 9월부터 『국민지우(國民之友)』와 『가정잡지』는 월간으로 전환되었다. 그 직후인 8월 26일 도쿠도미는 내무성 칙임참사관(勅任參事官)이 되어 세간으로부터 '변절'이라는 비난을 받았다. 이 때문에 민유샤 계열 간행물의 독자가 급속히 감소되기도 하였다.

창간사에서 도쿠토미가 사용했던 '제2개혁'이라는 용어는 제13호에 게재된 「가정잡지의 신면목(家庭雜誌の新面目)」이라는 글에서 '제2유신(維新)'이라는 용어로 전환되었다. 그러나 도쿠토미의 가정개혁론은 그가 민권론에서 국가론으로 사상적 전환을 함에 따라 결실을 보지 못하였고, 가정개혁의 초심도 이에 조응하여 상실되었던 것으로 보인다.

독자층은 『국민지우』, 『고쿠민신문(國民新聞)』과 중복되는 중류계급의 가정이었을 것으로 생각되며, 『가정잡지』는 바로 이들 계급의 가정부인을 대상으로 이들의 계몽과 육아의 조성에 도움을 주는 다양한 정보를 제공하였다. 필자는 대부분 『국민지우』와 고쿠민신문사와 관련된 인물들이었다.

기사는 크게 논설, 독서물, 실무기사로 분류할 수 있다. 독서물(讀書物)은 주로 부녀자를 대상으로 한 것으로, 부녀자들의 독서를 중시한 당시의 사대흐름을 반영하고 있었다. 지면 구성의 변화 추이, 즉 '문예'와 '사담'란이 있었고, 이후 '담총'이 첨부되고, 다시 '소설'이 추가되어 마지막에 '문예소설'이 되는 변화는 편집부에서 소설이라는 개념을 인식하는 과정을 보여 주는 것이라고 할 수 있다.

잡지의 지면 구성 중에서 문학사적 관점에서 의미가 있었던 것은 아동을 대상으로 한 독서물에서 아동문학으로의 진전이 나타나고 있었다는 점이다. 아동 대상 독서물의 진전과 동시에 여성 집필자의 육성이 잡지 내용과 집필자 선정에 많이 반영되었다.

『가정잡지』의 실무기사는 기독교에 입각한 개명적(開明的) 잡지 중에서 『여학잡지(女學雜誌)』, 『부인교풍잡지(婦人矯風雜誌)』와는 구별되는 특색이 있었다. 아마도 독자층이 달랐다는 점이 이러한 특색을 만들어낸 것으로 생각된다. 또한 표지, 삽화는 민유샤 전속의 도화(圖畵) 주필이 담당하였는데, 그는 월급 70엔의 전문적인 화가였다. 당시 일반 사원의 월급이 평균 10엔 미만이었다는 점에서 매우 파격적인 대우였다.

『가정잡지』의 종간호에 해당하는 119호에는 『국민지우』와 마찬가지로 종간을 예고하는 기사는 없고, 「기서모집(寄書募集)」이라는 사고(社告)가 있었다. 따라서 급하게 폐간이 결정되었던 것으로 보인다. 잡지의 폐간으로 편집국 직원 7명이 퇴사하였다. 민유샤는 출판사로서 1933년 3월 메이지쇼인(明治書院)에 영업을 위임할 때까지 존속하였다. (문영주)

참고문헌

『家庭雜誌=The home journal』(復刻版) 1號(明25.9), 119號(明31.8), 不二出版, 1986~1987; 『「家庭雜誌」解說·總目次·索引』, 不二出版, 1987; 『日本出版百年史年表』, 日本書籍出版協會, 1968; 浜崎廣, 『女性誌の源流』, 出版ニュ-ス社, 2004.

가정잡지(家庭雜誌)

1903년 일본 도쿄에서 발행된 여성지

1903년 4월 3일 사카이 도시히코(堺利彦)에 의해서 창간된 일종의 부인계몽 잡지이다. 1권 1호부터 6권 6호까지(1903.4~1909.7) 발행되었다. 잡지 발행 도중 편집자의 교체, 발행소의 변경 등으로 잠시 휴간하기도 하였다. 창간부터 8호(1903.11.2)까지의 발행 겸 편집인은 사카이 도시히코였고, 발행소는 유분샤(由分社)였다. 유분샤는 사카이의 학창시설 친구인 고바야시 스케이치(小林助市)와 공동 경영하였는데, 사카이가 편집, 고바야시가 경영 사무를 담당하였다.

사카이 도시히코

사카이 도시히코(堺利彦, 1871.1.15~1933.1.23)가 잡지를 창간한 동기는, 그가 쓴 「나의 반생(予の半生)」이라는 글에서의 기술을 통해 알 수 있다.

"나는 이 잡지를 통해 『가정의 신풍미(家庭の新風味)』에서 얻은 독자를 대상으로 사회주의를 보다 구체적으로 설명하려고 하였다."

인용문에서 언급된 『가정의 신풍미』는 1901년부터 1902년에 걸쳐 6권으로 출판되었으며, 사카이 도시히코의 문명(文名)을 널리 알리는 계기가 된 저작물이었다. 이 책에서 사카이가 주장한 내용은 가정개량(家庭改良), 풍속개량(風俗改良), 사회개량(社會改良)이었다. 이 세 가지를 주장하는 문필가, 기자로서 세상에 알려진 사카이가 그 후속 작업으로 가정문제를 중심으로 사회주의 이데올로기를 가정에 주입·침투시키기 위해 발간한 잡지가 바로 『가정잡지』였다고 할 수 있다.

『가정잡지』 창간 당시, 사카이 도시히코는 『만조보(万朝報)』 기자이기도 했는데, 사카이는 1903년 11월 '청일전쟁개전론(淸日戰爭開戰論)'을 주장했던된 만조보사를 퇴사하고, 헤이민샤(平民社)로 자리를 옮겼다. 헤이민샤는 일본 최초의 본격적인 사회주의단체로서, 주간신문 『헤이민신문(平民新聞)』을 발행하였고, '일로비전(日露非戰)', 반전(反戰)을 주장하였다.

이러한 배경에서 『가정잡지』 제9호(1903년 12월 2일)부터 니시무라 쇼잔(西村渚山)이 편집을 담당하게 되었다. 그리고 1905년 10월 탄압과 재정난에 빠진 헤이민샤가 해산, 헤이민샤 서적출판부가 유분샤에 흡수되었다. 이에 따라 고바야시가 경영에서 물러나고 사카이가 다시 복귀하였다. 이러한 변화 과정에서 『가정잡지』는 1903년 4월부터 1907년 8월까지 발행되었다가 휴간하고, 다시 1909년 4월부터 1909년 7월까지 속간되었다. 1909년 7월 제6권 6호가 발행정지처분을 당하면서 종간되었다. 속간된 『가정잡지』는 가정잡지사에서 발행하였다. 『가정잡지』의 변천, 특히 편집진의 교체는 일본의 초기 사회주의운동의 소장(消長)을 그대로 보여 주는 살아 있는 역사였다.

가정을 개혁하고, 사회주의를 설파한다는 것이 사카이의 잡지 창간 목적이었지만, 잡지 발행 초기에는 사카이의 가정론은 아직 『가정의 신풍미』 시대의 '중등사회의 가정'론을 완전히 탈각했던 것은 아니었다. 그러나 곧 사카이는 과학적 부인론(科學的婦人論), 사회주의 부인론(社會主義婦人論)에 입각한 여성론을 전개하게 된다. 이러한 전환은 잡지 제4권 1호에 게재된 「우리들의 가정주의(我輩の家庭主義)」, 제4권 5호에 게재된 「부인신론(婦人新論)」 등에서 잘 드러난다. 사카이는 서구에서 과학적 부인론을 선구적으로 도입한 인물이었다.

『가정잡지』에는 헤이민샤를 중심으로 행해졌던 사회주의부인회(社會主義婦人會)의 기록이 수록되어 있다. 사회주의부인강연회는 1904년 1월 23일 제1회 강연회가 개최된 이래 거의 매월 1회씩 개최되었다. 이 강연회를 계기로 여성 사회주의자들이 육성되기 시작하였다. 『가정잡지』는 1907년 1월 창간된 『세계부인(世界婦人)』보다도 3년 8개월 앞서 발행되었다. 이런 측면에서 『가정잡지』는 일본 메이지기 사회주의자들의 부인문제를 고찰할 수 있는 가장 좋은 자료라고 할 수 있다. (문영주)

참고문헌

『家庭雜誌』(復刻版) 1号(1903.4)~9号(1903.12), 2巻1号(1904.1)~6巻4号(1909.7), 不二出版, 1983; 『「家庭雜誌」 解題·總目次·索引』, 不二出版, 1983; 『日本出版百年史年表』, 日本書籍出版協會, 1968; 浜崎廣, 『女性誌の源流』, 出版ニュ-ス社, 2004.

▍가정잡지(家庭雜誌)

1922년 서울에서 발행된 여성 잡지

1922년 5월 22일 서울에서 발행된 여성 잡지이다. 편집인은 심상민, 발행인은 예시탑(芮偲塔), 인쇄인은 최성우이다. 인쇄소는 신문관이고, 발행소는 가정잡지사(家庭雜誌社)이다. 월간이며, 국판으로 정가는 30전이다. 광고료 특등 80원, 일등갑종 65원, 을종 50원. 아단문고에 일부가 소장되어 있다.

창간사인 「창간에 제하야」를 보면 "실로 가정은 사회의 기초요 그 육성은 사회번영의 근본조건이라 가정이 흥하고 부하면 그 사회난 따라셔 흥할지며 부할이로다"라고 했다. 즉, 『가정잡지』는 가정의 부흥과 육성을 통해 사회의 번영을 달성하고자 하는 목적을 가지고 있었다.

당시 체위하락, 불량소년, 이혼, 축첩, 도산 등을 사회문제와 병폐로 꼽고 있는데, 이는 가정에서 기인한 것으로 보았다. 이에 따라 이 잡지는 교육문제, 도덕문제, 혼인문제, 생활문제, 나아가 계급문제까지도 가정의 제 문제를 해결하는 것으로부터 출발해야 한다고 여기고 있다. 이런 점에서 볼 때 『가정잡지』는 부인, 여성 대상의 잡지라기보다 '가정'을 모든 문제의 기원이자 해결책으로 보는 종합잡지라고 할 수 있다.

가정문제를 해결함으로써 사회문제를 일소하겠다는 포부에 맞추어서 편집된 내용을 보면, 흥미를 자아내는 웃음거리 소화(笑話)에서부터 위생과 육아, 조혼 등에 대한 비평은 물론, 인도 독립당의 간디가 체포되는 사건에 이르기까지 폭넓은 주제를 다루었음을 볼 수 있다.

특이한 것은 표기 방식인데, 기사에 따라서 순한글, 한자 병기, 국한문 혼용 등이 질서나 기준 없이 사용되었다. (이경돈)

참고문헌

『한국신문 · 잡지총목록』, 대한민국국회도서관, 1966; 『아단문고장서목록』, 아단문화기획실, 1995; 최덕교 편저, 『한국잡지백년』, 현암사, 2004.

▌가정지우(家庭之友)

1936년 서울에서 한국어 · 일본어로 발행된 농촌가정 잡지

1936년 12월 조선금융조합연합회가 『가정문고(家庭文庫)』를 개제하여 발행한 농촌가정 잡지이다. 1941년 3월 41호까지 발행되었다. 1941년 4월부터 『금융조합 선문판(金融組合 鮮文版)』을 통합하여 『반도의 빛(半島の光)』으로 개제되었다. 잡지 이름은 창간 당시 『가정지우(家庭之友)』였지만, 1938년 8월 13호부터 『가정의 벗(家庭の友)』으로 개제되었다.

『가정지우』는 두 달에 한번, 『가정의 벗』은 한 달에 한 번 꼴로 발행되었다. 각 호의 발행 시기를 정리하면 다음과 같다. 『가정지우』 1호(1936.12), 2호(1937.1), 3호(1937.3), 4호(1937.6), 5호(1937.7), 6호(1937.9), 7호(1937.11), 8호(1938.1), 9~12호(?), 『가정의 벗』 13호(1938.8), 14호(1938.9), 15호(1938.10), 16호(1938.11), 17호(1939.1), 18호(2), 19호(4), 20호(5), 21호(6), 22호(7), 23호(8), 24호(9), 25호(10), 26호(11), 27호(12), 28호(1940.1), 29호(2), 30호(4), 31호(5), 32호(6), 33호(7), 34호(8), 35호(9), 36호(10), 37호(11), 38호(12), 39호(1941.1), 40호(2), 41호(3).

잡지 크기는 1호부터 18호가 같은 판형이었다가 19호부터 "본지가 지난달 붓터 판을 크게 하고 내용개선에 더욱 주력"하였으며, 30호부터 "4월부터 인쇄소가 매일신보공장으로 갈니고 체제도 보시는 바와 갓치 4×6배판으로 갱시일신"되었다.

잡지 분량은 창간 이후 60쪽 내외였다가, 30호(1940.3)는 40쪽, 31호(1940.4)는 30쪽 내외로 줄어들었다. 그러나 기존 2단 편집을 3단 편집으로 전환하고 글자 크기를 작게 하면서 잡지 내용은 그대로 유지하려고 노력하였다.

편집 겸 발행자 오구치 히로무(小口弘)와 시미즈 세이치(淸水精一)는 조선금융조합연합회 보급과장(조사과장)을 역임한 인물들이었다. 오구치 히로무는 1936년 8월부터 1940년 8월까지, 시미즈 세이치는 1940년 8월부터 1943년 4월까지 각각 보급과장(조사과장)으로 재직하였다. 발행부수는 1939년 1월 17호에는 "본지도 본월호로 발행부수 5만을 돌파"했다고 기록되어 있다. 그리고 1940년 1월 28호에는 "발행부수 현재 6만 5000이란 대부수를 인쇄"하였다고 기술되어 있다. 『조선금융조합연합회십년사』에는 1936년 1만 9500부, 1937년 4만 부, 1938년 6만 4000부, 1939년 6만 5000부, 1940년 6만 4000부로 기록되어 있다. 『반도의 빛(半島の光)』은 1941년 10만 부, 1942년 10만 부로 기록되어 있다. 그리고 1943년 현재 "월간 『반도의 빛(半島の光)』 B5판 매간(每刊) 54항 1회 발행부수 10만 부"라고 기록되어 있다.

잡지 유통방식은 개인판매는 하지 않았고, 단위 조합에서 일괄 구입신청을 하도록 하였다. 유통방식은 "본지의 구독을 직접 본회로 하시는 분이 게시오나 일부식 발송하여 드리지 안사오니 반드시 귀지 금융조합에 신입하시여 구독하십시요. 또한 부탁하고 십흔 것은 부락마다 구독회를 조직하시여 부락내 구독부수를 수합하야 금융조합에 공동신입하시면 취급상 상호편의할 뿐 아니라 독서하는 경향을 길녀 실익이 큰 줄 밋습니다. 모든 부락(部落)이 다 갓치 이에 응(應)해주시면 조켓습니다"라는 안내문을 통해 알 수 있다. 잡지 가격은 1호부터 12호까지는 "정가송료 십부 오십전", 제호가 바뀐 13호부터 17호까지도 "십부 오십전", 18호부터 41호

까지 "정가 1부 십전"이었다.

잡지의 창간 목적을 제2호에서는 다음과 같이 서술하고 있다.

"우리 농촌에는 이 시시각각으로 변하는 세상물정을 알녀 듸릴 알마즌 기관이 드믑니다 이에 우리는 생각했습니다. '오늘날의 급선무는 무엇보다도 자미(滋味)잇고 유익한 잡지를 우리 농촌에—더군다나 우리 농촌 부인들께 뵈여듸리는데잇다'고—그리해서 『가정문고(家庭文庫)』를 『가정지우(家庭之友)』로 고치고 빈약하나마 잡지모양을 가추어 먼젓 달에 창간호를 이번에 제이호를 여러분 압헤 보여드리는 터입니다."

잡지 구성은 표지, 사진, 목차, 본문, 편집후기 등의 항목으로 되어 있다. 표지는 7호(1937.11)까지는 노동하는 농촌부인의 모습을 형상화한 그림이 주로 사용되었고, 8호(1938.1)부터 17호(1939.1)까지는 농촌을 배경으로 한 풍경화가 사용되었다. 18호(1938. 2)부터는 환하고 웃고 있는 '조선' 여인의 얼굴이 클로즈업된 그림이 사용되었다. 잡지 기사는 생활에 필요한 근대 상식을 전달하는 기사, 부인회 기사, 전시동원 기사로 구분된다.

상식 기사는 의생활, 식생활, 아동교육, 보건·위생, 신상상담, 국어강좌, 오락 등으로 구성되었다. 잡지의 제호가 바뀐 것은 형식상의 전환이 아니라, 국책에 순응하기 위한 가정 잡지에서 국민잡지로 전환하여, 부락상회 지도 자료로 이용되었기 때문이다. 1941년 식민권력은 조선인 농민 전체를 대상으로 전시동원을 홍보할 수 있는 한글 잡지가 필요했으며, 새로운 매체를 창간하기보다는 기존 잡지의 성격을 질적으로 전환시켜 필요에 대응했던 것으로 보인다. (문영주)

참고문헌

朝鮮金融組合聯合會, 『朝鮮金融組合聯合會十年史』, 1944; 『家庭之友』(影印本); 문영주, 「일제 말기 관변잡지 『家庭の友』(1936.12~1941.03)와 '새로운 婦人'」 『역사문제연구』 17호, 2007.

가톨릭소년

1936년 만주 용정에서 발행된 어린이 월간지

1936년 3월 1일 간도 용정 천주당에서 창간되었다. 일제의 압력으로 1940년에 폐간되었다고 하는데 정확한 달은 알 수 없다. 편집인은 독일인으로 한국명은 백화동(白化東)이며 발행인은 역시 독일인인 아펠만(Appelmann, 한국명 배광피[裵光被])이다. 인쇄인은 창문사의 고응민이고 발행소는 간도 용정 천주당 가톨릭 소년사(만주국 간도성 용정시 천주당)이다. 그러나 1권 8호(1936.11)를 보면 인쇄인이 천주교인쇄소(만주국 간도성 연길시)의 서상열(徐相烈)로 바뀌어 있다. 이로 미루어 경성에서 발행하던 번거로움과 편집상의 어려움을 직접 그곳 인쇄소에서 해결했음을 알 수 있다. 판형은 A5 국판이며 총 78쪽에 정가는 8전이었다. 「창간사」에 따르면 간도용정 천주당에서는 이미 5년 전인 1931년부터 『탈시시오소년연합회회보』를 발행하고 있던 터에, 1934년 '전조선주교회의'에서 이 잡지의 간행 부탁과 재촉을 '간도연길교구'를 통해 받아 백주교 역시 제호를 바꿔 내게 되었다고 적혀 있다. 원래는 잡지의 이름을 '경종(警鐘)'으로 하려고 했다가 바꾸었음을 알리는 기사(「미안한 말씀」, 창간호 50쪽)가 나와 있다. '아단문고'에 창간호와 1권 8호(1936.11)가 소장되어 있다.

편집인의 「머릿말」과 발행인의 「창간사」가 동시에 실려 있다. 「창간사」에 따르면, "장차 고운 꽃이 피고 아름다운 열매가 맺히려는 조선의 6백 만 소년들을 …… 구원하는 역할"을 자임하고 있다. 내용은 동시와 동요, 동화, 소년소설, 사화(史話), 기담, 전설, 동극, 위인전, 화보, 아동문학강좌, 독자문예 등으로 구성되어 있다. 그 밖에도 교회의 역사, 서양사, 과학기술 상식, 청소년 문제 등이 실려 있다.

주요 집필진은 안수길, 박영종, 윤동주, 강소천, 한정동, 김영일, 박경종, 목일신, 노양근 등의 문학가들이 있으며, 표지는 장발(張勃) 화백이 맡아 그렸다. 그리고 발행인이나 편집인도 교회사나 과학 상식란에 집필진으로 참가했다.

창간호에는 안수길의 아동극 「꽃과 나비」(전1막)가 실려 있으며, 발행인 배광피의 「바다 속의 생활이 얼마나 복잡한지!」라는 기사도 눈에 띈다. 「소식일편(消息一片)」에는 각 교구에서 일어난 일들이 상세히 소개되고 있다. 또한 창간호의 「간도 용정시내의 각 교육기관을 찾아서」에서는 용정 시내의 교육기관을 분류하여 소개하였는데, 교육 현황에 대해 알 수 있는 자료라고 생각된다.

1936년 11월호에는 '소식'란에 아래와 같은 공고가 실려 있다. "지난 6월 중 대구에서 열렸던 주교회의는 본지 『가톨릭소년』과 『가톨릭연구』를 전조선적 5교구의 기관지로 공인하였으며 따라서 이 뜻을 9월 1일에 공문으로써 각지에 포고하였다." 비록 만주에서 발행되었지만(아니, 어쩌면 그런 이점 때문에), 전 조선을 대표하는 가톨릭교회의 기관지가 되었고 미래의 동량이 될 어린이 잡지가 차지하는 위상을 가톨릭계 전체가 추인하고 있음을 확인할 수 있다.

비록 간도 용정에서 발행했지만 전 조선의 어린이 잡지로서의 역할을 자임한 『가톨릭소년』은 소년소녀 잡지가 희소한 상황에서 어린이 잡지의 중요성을 자각하고 어린이에게 꿈과 희망을 전해 주려는 진지한 노력을 기울였던 것으로 평가된다. 그 외에도 조선 천주교의 체제나 연락망, 천주교회의 행사를 파악할 수 있는 내용들이 발견되며, 특히 간도를 중심으로 활동했던 문인들의 소품이나 알려지지 않은 작품, 그리고 그들의 활동 상황을 알 수 있게 해준다.

특기할 만한 사실은, 시인 윤동주가 필명 동주(童舟)로 동요 「병아리」를 발표한 것이다. (전상기)

참고문헌

서평일, 「일제하 만주 북간도의 민족교육」, 『중등우리교육』, 1990.9; 이형석, 「북간도가 낳은 청년문사 송몽규」, 북한연구소, 『북한』 1993.11; 김동춘, 「북간도 조선민족사회의 형성과 기독교 수용과정」, 『한국기독교 역사교육 연구소식』 제81호, 2008.

가톨릭연구강좌

1931년 평양에서 발행된 종교 잡지

1931년 1월 1일에 천주교 평양 교구에서 창간했다. 언제 종간되었는지는 확인할 수 없다. 편집 겸 발행인은 미국인 주교 세이 모리스, 인쇄인은 기신사의 김병용(金秉龍), 발행소는 가톨릭연구사(평양부 관후리 천주교회 내)이다. 판형은 A5 국판으로 총 58쪽이며 정가는 10전이었다. 이후에는 면수가 늘어나 1935년 신년호에는 96쪽으로, 1935년 9·10월 합병호는 240쪽으로 발행되었다.
1권 7호(1934.7)부터는 제호를 『가톨릭연구』로 바꾸고 앞표지 안쪽의 '사고(社告)'에 명기하였다. 한편, 1934년 9월호부터는 특집호로 부록을 재록하기로 하였다는 안내가 나온다. 잡지의 제명이 1937년부터는 다시 『가톨릭조선』으로 바뀌어 발행되다가 1938년에 폐간을 맞는다(그러나 정확한 통권수는 확인되지 않는다). '아단문고'에 창간호와 1권 2호, 1권 5, 6, 7호, 그리고 2권 1호와 1935년 9·10월 합병호가 소장되어 있다.

「본 강의록 간행에 관하여」에서 "이 출판물의 목적은 모든 교우와 특히 본당에서 멀리 있어 주일미사에 참여할 수도 없고 성사도 자주 받지 못하며 본당 신부의 강론도 듣기 힘든 교우들을 더욱 타당하게 가르치기 위"해서 발행했음을 밝히고 있다. 특히, "수많은 서적 잡지에는 기괴하고 그릇된 도리가 너무 많이 나타나 있"어서 "만일 카톨릭 신자가 신앙과 윤리 또는 교회 역사에 관한 지식을 잘 알지 못하면 속기 쉽고 그르침에 빠질 위험"을 경계하고 있다. 따라서 주요 내용도 성경 해설·호교론·교회사·교회예전·문학작품 등이 실려 있다.

이 잡지는 '가톨릭운동'이란 기치 아래 신자들의 숫자를 늘리고 성경의 내용을 널리 알리며 교회의 역사를 알리기 위해 노력을 경주했다. 당시 전국의 중심이었던 경성이 아닌, 지역의 천주교 교구에서 발행했지만 내용이나 취재가 협소하지 않아 1936년에는 전국 주교회의(主敎會議) 결정에 따라서 초교구적인 가톨릭운동 기관지로 승격됐다.

1935년 9·10월 합병호에는 「조선가톨릭반세기기념특집」이 실리는데, 「조선가톨릭창건공훈자 이승훈 이덕조 권일신」, 「가톨릭교회의 승리」, 「천주교회의 사명」, 「조선가톨릭사적 전망」, 「조선가톨릭저술가와 그 저서」, 「다산선생의 행로를 추억함」 등의 기사가 주목을 요한다.

1935년 10월호는 "150주년 경축대회의 기록보고호"로 꾸며져 있다. 여기서는 당시 교황 일행이 평양에 도착한 내용이 들어 있다. 그리고 이 호의 72쪽에는 "가톨릭 통신협회 조직을 원합니다"라는 공지 사항이 실려, 각 지역에서 활동할 통신원을 모집하고 조직하려는 의욕을 느낄 수 있다.

1936년 9월호를 보면 '간도특집'이 다루어져 있다. 간도 포교 내력, 간도교회 소사, 연길교구 각본당 연혁, 간도의 추억, 마적·공산당과의 간도 교회 등의 기사는 간도에 이주한 조선인들의 생활 외적 문제까지 엿볼 수 있는 내용들이다.

전국을 망라하는 천주교 잡지로서 『가톨릭연구』는 가톨릭시즘 선전에 기여하였으며, 가톨릭 신자를 늘리는 일에도 힘을 기울였다. 또한 문맹퇴치운동도 펼쳐 조선의 신도들이 직접 성경을 읽고 신앙심이 깊어지도록 하는 데에도 노력했다. 그러나 전국적인 가톨릭운동을 견인해내고 그 실상을 대변했던 이 잡지는 1937년 1월호부터 『가톨릭조선』으로 제호를 바꾸었다. 그리고 이때부터 전국적인 가톨릭운동을 대변하는 잡지로서의 성격이 축소된다. 이렇게 된 데에는 조선가톨릭운동의 상징적 존재이자 중심축으로 활약했던 모리스 몬시뇰 신부가 사임하고 일제의 탄압정책인 신사참배 문제를 둘러싸고 다른 교구와 마찰을 빚게 되면서 일어난 결과라고 할 수 있다. (전상기)

참고문헌

김수태, 「1930년대 평양교구의 카톨릭운동」, 한국교회사연구소, 『교회사연구』 제19집, 2002; 원용복, 「근대 가톨릭에서의 종교 담론: 『가톨릭청년』을 중심으로」, 한국종교문화연구소(구 한국종교연구회), 『종교문화비평』 11, 2007.

가톨릭청년

1933년 서울에서 발행된 종교 잡지

1933년 6월 10일 경성(京城)에서 창간되어 1936년 12월에 통권 43호를 내고 자진 폐간하였다. 1947년 4월에 복간, 한국전쟁 시기 휴간, 1955년 1월부터 속간되었으나 1971년 8월에 통권 196호를 마지막으로 폐간되었다. 창간호의 편집 겸 발행인은 원형근(元亨根)이었다. 정가는 15전이었으며 분량은 A4판으로 77면가량이었다. 편집주간은 신부 윤형중(尹亨重), 편집위원은 장면(張勉), 장발(張勃), 이동구(李東九), 정지용(鄭芝溶) 등이었다. 조선 가톨릭계에서 발행한 종교 잡지이다. 서울대학교에 소장되어 있다.

한국 천주교 계열에서 발행한 종교 잡지다. 창간사를 통해 조선에 가톨릭 정신을 전파하는 것을 잡지의 목표로 제시하고 있다. 윤형중 등이 가톨릭의 교리와 역사를 주로 소개하였으며, 세계의 가톨릭 소식에 대한 소개와 시사적 문제에 대한 가톨릭의 입장 등을 제시하였다. 그 외에도 주목되는 것은 정지용을 중심으로 하여 구인회 계열의 문인들의 작품이 다수 실렸다는 점이다. 정지용의 시는 물론 이병기(李秉岐)의 시조 등이 실렸으며, 가톨릭 이념과는 무관한 이상(李箱)의 시도 실렸다. 이는 이 잡지가 단순한 종교 잡지가 아닌 문화 잡지를 지향하였음을 단적으로 보여준다. (장성규)

참고문헌

김기현, 「정지용시 연구: 그 생애와 종교 및 종교시를 중심으로」, 『돈암어문학』 2호, 1989.2; 김종수, 「『가톨릭청년』의 문학 의식과 문학사적 가치 연구」, 『교화사연구』, 2006.12.

각민(覺民)

1903년 중국 장쑤에서 발행된 시사종합잡지

1903년 12월 장쑤(江蘇)성 진산(金山)에서 가오수(高旭), 가오셰(高燮), 가오쩡(高增) 등이 조직한 각민사(覺民社)가 창간했다. 종간 시점은 정확하지 않다. 상하이도서관에 1~10호가 소장되어 있다.

가오수는 「발간사」에서 제호를 『각민(覺民)』이라고 한 연유에 대해 수천 년의 낡은 기풍을 타파하고 국민의 정신을 자극하여 애국의 도리를 알게 하는 일에 전진하며 국민을 각성시키기 위함이라고 밝혀 두었다.

편집체계는 논설, 철학, 정법, 교육, 군사, 위생, 문원(文苑), 연설, 전기(傳奇), 시국, 담총(談叢), 잡록(雜錄) 등의 공간을 개설하였으며 민중의 각성을 기본 편집방향으로 하였다.

내용은 문학작품이 주요 지면을 차지하며, 소설로 화이주쯔(懷舊子)의 「황금세계」, 우훈(吳魂)의 「사자후(獅子吼)」 등이 발표되었고, 극본으로는 다숑(大雄)의 「협객전기(俠客傳奇)」와 줴푸(覺佛)의 「여영웅전기(女英雄傳奇)」 등이 있다.

이밖에도 선수(申叔), 바오톈샤오(包天笑), 황톈(黃天) 등이 집필에 참여하였다.

캉유웨이(康有爲)와 량치차오(梁啓超)의 개량파 사상인 "귀정(歸政), 입헌(立憲), 보황(保皇)"의 주장을 강력히 비판하면서 민족독립과 자유평등의 부르주아 민주사상을 고취하였다. (김성남)

참고문헌

方漢奇 主編,『中國新聞社業通史』, 中國人民大學出版社, 1996; 葉再生 著,『中國近代現代出版通史』, 華文出版社, 2002.

간도일보(間島日報)

1924년 중국 만주에서 발간된 한국어 신문

1924년 12월 2일 중국 만주 간도 용정촌에서 창간되었다. 1930년 현재 사장 겸 주필은 선우일이었고, 편집장 김형복, 영업국장 강원택이었다. 월 80전이었다. 시설은 평판인쇄기 1대와 구5호 활자가 사용되었고, 조간 4면을 발행하면서 10단제였다. 창간시 자본금은 2만 엔이었다.

이 신문의 계보는 일본인 야마자키 게이노스케(山岐慶之助)가 발행하던 일본어 신문 『간도시보(間島時報)』에서 시작한다. 『간도시보』는 1921년 속간하면서 제호를 『간도신보』로 개제했고, 한국어판을 발행하기 시작했다. 『간도신보』는 만주 지방에서는 두 번째로 발행된 일간지였다. 1921년 『동아일보』는 이 사정에 대해 다음과 같이 보도한 바 있다.

"간도시보 부활. 간도 용정촌 야마자키 게이노스케 씨가 발행하든 간도시보는 종래에 1주간 2회씩 발간하든 것을 사정에 의하야 수년래 휴간이더니 금반 매일간의 간도신보로 개혁하고 4월 상순부터 속간할 예정인데 격일하야 조선문으로 발행할 터이라더라."

『간도신보』가 창간되던 1921년 4월 이교일이 입사하여 한국어판 주필을 맡았고, 같은 해 7월에는 이교범이 입사한다. 이교일은 1887년 12월 서울에서 태어나 관립영어학교와 상업학교, 그리고 법학교를 졸업한 바 있다. 처음에는 일본 『고쿠민신문』의 서울주재 통신원으로 있다가 간도로 가서 『간도신보』 조선문판 주필이 된 것이다. 한편 이교범은 1898년 1월 서울에서 태어났고, 사립대학을 졸업한 후, 『간도신보』 사회부 기자로 입사했는데, 1929년 무렵에는 편집장이 되었다.

이렇듯 『간도신보』는 처음에는 일본인 경영의 일어 신문의 부록 형식으로 한국어판을 발행했던 것이다. 그러나 1924년 12월 2일 선우일이 자본금 3만 원의 회사를 설립하여 한국어판을 『간도신보』로부터 분리시키고 『간도일보』로 제호를 바꾸어 독립했다. 선우일이 조선일보 편집국장을 그만두고 다시 만주로 가서 우리말로 발행한 두 번째 일간지였다.

1923년 4월 12일자 『조선일보』에는 선우일에 대한 기사가 실려 있는데, 선우일은 『태동신문(泰東新聞)』을 새로 창간하려 했으나 다시 만주로 가서 『동만신보(東滿新報)』의 주간을 맡았거나 아니면 곧바로 『간도일보』를 발행한 것으로 추측된다. (이경돈)

참고문헌

『한국신문·잡지총목록』, 대한민국국회도서관, 1966; 『한국신문 백년지』, 한국언론연구원, 1983; 계훈모, 『한국언론연표』, 관훈 클럽신영연구기금, 1979.

▌갈돕

1922년 서울에서 발행된 조선고학생갈돕회의 회보

1922년 8월 25일 서울 조선고학생갈돕회에서 발행되었다. 최현(崔鉉)이 저작 겸 발행인이고, 인쇄자는 최성우이다. 인쇄소는 신문관(新文館)이고, 발행소는 조선고학생갈돕회갈돕사(서울 견지동 45)이다. A5판 152면으로 계간이며, 50전이다. 1924년 통권 2호의 사전검열 중 8월 1일자로 발행금지 당하여, 결국 통권 1호로 종간되었다. 서울대, 연세대도서관과 아단문고에 소장되어 있다.

국어학자 권덕규(1890~1950)에 따르면 '갈돕'은 "각 길로 모인 무리가 지식을 연마하기 위하여 '똑같이·마주·서로' 돕는다"는 의미이다.

창간호 표지를 보면, 제호를 역피라미드형으로 구성하여 확산의 이미지를 보여 주었고 건장한 청년이 지구 위에 서 있는 형상을 취했다. 또한 지구의 표면과 둘레에는 각각 '조선, 갈돕회, 고학생'이라는 문구가 삽입되어 있다.

창간 축하광고는 신생활사, 동아일보사, 조선일보사, 회동서관, 매일신보사, 조선노동공제회, 보서관(普書館) 등에서 게재했고, 이상재, 민영휘, 고원훈, 임경재, 윤치호, 최두선, 정대현, 장두현, 장도빈, 김윤수, 최현 등 갈돕회 후원자들의 사진이 게재되어 있다. 갈돕회가(會歌)도 있었는데, 육당 작사에 정산 백우용이 곡을 붙였다. 『갈돕』은 젊음, 배움, 문화, 역사, 일꾼 등을 주제로 했고, 현실의 어려움을 극복하고 세계로 뻗어나가는 듯한 이미지를 주로 사용했다.

전체 글 중에 논설이 전체의 1/3가량을 차지하는데 각종 사회문제, 특히 학교문제와 빈곤문제가 중심으로 다루어졌다. 갈돕회원의 문학작품도 1/3가량 할애했는데, 기행, 대화, 희곡, 시, 시조, 노래 등의 형식으로 고학생들의 처지를 형상화하고 상호부조를 통한 불평등의 해소를 주장하는 글이 다수다. 그 외에 각 갈돕회 지부의 현황 보고, 갈돕회의 활동 상황을 통신을 통해 실었다.

권두언을 참고해보면, 이 잡지는 상부상조를 통해 궁핍으로부터 벗어나 낙원을 이루자는 의지, 공존과 공영으로 인류의 공도(公道)와 정의를 실현하고 절대 평등을 이루자는 포부를 갖고 있었음을 알 수 있다.

또한 「편집여적」에 의하면 회보는 "고학의 사상을 불어주고 갈돕의 정신을 배양함으로 청년과 학생과 노동의 입각(立脚)으로서 그 방도를 연찬(硏鑽)하며 그 진행을 촉진하고자" 하는 취지에서 창간되었다.

창간호에는 조선고학생갈돕회의 연혁과 현황을 파악할 수 있는 「조선고학생갈돕회가」, 「반도의 고학생과 갈돕회의 정신」, 「갈돕회 취지서와 주의 강령」, 「고학생갈돕회 기본금 처리」, 「고학생갈돕회 동경지회 상황보고」, 「조선고학생갈돕회 합숙소 기성회소식」, 「갈돕회 규칙」, 「경신년도 회계표」, 「신유년도회계표」, 「제1회 순회극단 수지일람표」, 「본회 연조(捐助) 방명록」, 「회록」, 「회원의 학교별, 원적지(道)별, 직업별 표」, 「고학생갈돕회회원 제1회 졸업생」 등의 자료가 풍부하게 실려 있다.

이외에도 임경재, 신일용, 권덕규, 김명식, 강매, 이돈화, 홍병선 등 좌우를 망라한 사회명사들의 축사와 격려사가 있다. 이들의 논리는 상부상조와 교육을 통한 공동 번영이라는 점에서 서로 공감하고 있었다. '서로'(갈) '돕는'(돕)다는 의미의 '갈돕'이 상호부조의 정신에 의한 것임을 알 수 있게 해주는 대목이다.

• 조선고학생갈돕회

『갈돕』을 발간한 조선고학생갈돕회는 1920년 6월 경성(京城)에서 조직된 고학생 단체로 국내와 일본 도쿄에서 유학하던 학생 자치단체였다.

잡지 『갈돕』에 실린 「고학생 갈돕회 취지서와 주의급 강령」에서 공개한 갈돕회의 강령을 잠시 살펴보면 "① 공생공영할 일, ② 자조수학의 덕의를 존중히 할 일, ③ 생산을 진흥할 일, ④ 건강을 증진하야 완전한 사상으로 세계지식을 광구(廣求)할 일, ⑤ 갈돕주의로 세계문화에 공헌할 일" 등 5개조가 있다. 회칙에도 "본회는 본회의 주의강령에 따라 ① 조선인의 무산계급청년을 연합하며, ② 내외지에 재한 차등 청년고학생이 자주 수학하는 덕의를 향상 발달케 하야 갈돕의 정신을 확수(確守)케 하며, ③ 차등 청년 취학의 편의를 도모함으로써 목적함"이라 밝히고 있어서 갈돕회의 활동은 무산자 청년들의 초기적 계급운동이었다고 할 만하다.

3·1운동 이후 상경한 지방출신 고학생이 많아지자 이상재, 민영휘, 고원훈, 임경재, 윤치호, 최두선, 정대현, 최규동, 장도빈 등 당시 정계·교육계·언론계의 인사들이 이 단체의 후원자로 참여했다.

갈돕회는 성립 당시, 민영휘로부터 기부 받은 기본금 1000원을 중심으로 하여 각계각층으로부터의 기부에 의존하고 있었으며, 이를 윤치호(고학생갈돕회합숙소기성회 회장), 임경재(휘문고등보통학교 교장), 최두선(중앙고등보통학교 교장), 정대현(보성고등보통학교 교장), 최규동(중동학교 교장), 최현(고학생갈돕회 회장) 등이 한일은행을 통해 관리·운영했다.

갈돕회는 1921년 11월 워싱턴 5대 열강회의에서 우리의 독립을 진정하는 민족대표 단체에 끼어 있기도 할 만큼 중요한 단체이다.

처음에는 이완용과 교섭하여 효자동 70번지 대지 180평의 집을 내놓게 했고, 이것을 고학생들의 기숙사로 사용했다. 그 후 이완용 사망 후 아들 이항구(李恒九)가 집 반환을 위해 종로경찰서 고등계 형사까지 개입시키자, 당시 제3대 총재였던 이인 변호사는 동숭동의 한옥으로 옮겨 현상을 유지케 했다. (이경돈)

▌감리회보(監理會報)

1924년 서울에서 발행된 감리교회의 회보

1924년 6월 서울 감리교회의 회보로 발행되었으며, 발행인은 양주삼(J. S. RYANG)이며, 매월 1회 12일 B5 신국판으로 발행되었다. 영문 제호는 "THE METHODIST BULLETIN OFFICIAL ORGAN OF THE KOREA CONFERENCE & SIBERIA MISSION"이었다. 서강대와 이화여대에 소장되어 있다.

발간 초기의 회보는 현 교회의 주일예배 프로그램 주보와 유사한 편집 방식을 취하고 있다. 교회의 큰 행사에 대해 소개하고 준비 상황을 1면에 배치하였다. 2~3면에 걸쳐 설교문을, 4~8면에 성경 해설 및 인물 해설을 싣고 이후로는 각 지역별 교회의 통신 및 소개와 헌금 영수 상황 등이 게재되었다.

이후 30년대에 이르면 감리회보는 20년대의 감리회보와 편집체계상의 뚜렷한 변화를 보인다. 초기의 회보가 예배 형식을 지면으로 옮겨 놓은 것이라면, 30년대의 회보는 일반적 잡지의 체계를 따르고 있기 때문이다.

주제는 교회와 신앙에 맞추어져 있지만 총리사의 인사말을 1면에 배치하고 이어서 논설과 비평을 중심으로 구성하였다. 그 뒤로 교회에 대한 이해를 높이기 위한 설명문들이 등장하고 육아나 위생 등 생활 상식을 싣고 있다. 20년대 회보에서 많은 부분을 차지하던 교회 통신은 맨 뒷면에 흔적으로만 남아 있다.

이 잡지는 감리교 유입, 발전 역사를 연구하는 데 참고할 만한 중요 자료다. (이경돈)

참고문헌

『한국신문·잡지총목록』, 대한민국국회도서관, 1966; 계훈모, 『한국언론연표』, 관훈클럽신영연구기금, 1979; 『아단문고장서목록』, 아단문화기획실, 1995; 최덕교 편저, 『한국잡지백년』, 현암사, 2004.

▌강소(江蘇)

1903년 일본 도쿄에서 창간된 중국어 시사종

합잡지

1903년 4월 27일 일본 도쿄(東京)에서 창간되었다. 장쑤(江蘇) 출신 재일본 유학생 모임인 장쑤동향회(江蘇同鄕會)에서 편집·발행한 동향회 기관지이다.
주필은 친위류(秦毓鎏)이고, 황중양(黃宗仰)과 장자오퉁(張肇桐), 왕룽바오(汪榮寶), 천취빙(陳去病), 딩원장(丁文江) 등이 편집과 집필에 참여하였다. 1904년 5월 15일 11호와 12호를 합본 발행하고 종간되었다. 베이징사범대학도서관에 소장되어 있다.

내용은 사설과 인류학, 교육, 철학, 역사, 음악, 실업, 대세(大勢), 정법(政法), 군사, 기사, 문원(文苑), 잡록(雜錄), 소설, 시론, 역편(譯篇), 전기(傳記) 등의 난을 개설하였다.

발간사에서 밝힌 창간 목적은 중국 인민이 세계 견문에 박약하여 세계의 어육(魚肉)이 되었음을 지적하고, 부패 척결을 위한 사설과 부패한 것과 부패하지 않은 것을 비교하기 위한 기사를 보도할 것이며, 부족한 것을 보충하기 위해 번역된 책과 시론을, 또 소설과 잡록을 제공할 것을 선언하였다.

정치적으로는 자본계급 혁명파의 정치적 입장을 반영하여 청 왕조의 전복과 공화국의 건립, 지방자치 실행을 선전하였고, 자본계급 공화국의 정치 강령을 제시하였다.

문학작품이 백화문으로 쓰인 것을 제외하고는 대부분 문어체로 쓰였으며, 문학작품 역시 매우 선명한 정치적 내용을 포함하였다. 또한 조사보고와 조사자료 등의 형식으로 당시 장쑤의 경제와 지리, 풍토 상황 등을 반영하였으며, 장쑤의 그림과 사진들을 실었다.

청 정부에서 학생들이 구독하는 것을 절대 엄금하여 창간 1년 만에 종간되었다.

발간사

"중국인의 견문이 얕고 실력이 없으며, 장쑤 사람 역시 견문이 허하고 실력이 없다. 혹자는 말할 수 있다. 장쑤는 안락한 곳이라고, 또 혹자는 장쑤가 문학의 고장이라 말할 수 있을 것이다. 이는 더욱 장쑤를 저주하는 것이고, 더욱 늪으로 빠뜨리는 것이다.

우리가 중국을 사랑한다면 큰소리로 중국은 가진 게 없으며, 오로지 가진 것은 부패뿐이라고 큰 소리로 말해야만 한다. 부패한 인민이 부패를 얘기한다면 그는 부패한 것일 수밖에 없다. 부패한 토지에서 부패를 얘기한다면 그 얘기는 부패한 것이 되고 말 것이며 확실히 부패는 장쑤의 특색인 것이다.

때문에 부패를 논하는 것은 우리 잡지의 매우 중요한 임무인 것이며, 우리는 부패에 대해 얘기해야만 한다." (김성남)

참고문헌

北京師範大學圖書館報刊部 篇, 『北京師範大學圖書館館藏中文珍稀期刊題錄』, 北京圖書館出版社, 2002; 周葱秀·涂明 著, 『中國近現代文化期刊史』, 山西教育出版社, 1999.

강학보(强學報)

1896년 중국 상하이에서 창간된 정치운동 신문

强學報

1896년 1월12일 상하이(上海)에서 강학회(强學會) 기관지로 창간되었다. 캉유웨이(康有爲)의 제자 쉬친(徐勤)과 허수링(何樹齡)이 주필을 맡아 5일 간격으로 발행하였다. 그해 1월 25일, 창간에서 종간까지 불과 14일 생존하면서 3회 발행을 마지막으로 종간되었다. 베이징 중국과학원도서관 등지에 소장되어 있다.

캉유웨이가 서문을 쓰고 『상하이강학회장정(上海强學會章程)』을 간행하여 유신변법(維新變法)을 선전했다.

창간호 첫머리에 게재한 「본국고백(本局告白)」에서 밝힌 편집방향은 강학의 의지를 중심으로 할 것과 1개월 후부터 유료 판매할 것을 알리고 면수의 제한으로 뉴스보도는 많이 하지 못함을 양해해 달라는 내용이다. 이렇듯 창간호는 뉴스는 없고 논설 7편과 강학회 관련 문건 4편이 게재되어 있다.

주요 특징의 하나는 공자(孔子) 연호를 사용한 점이다. 발행일자를 신문 머리면에 "공자 서거 후 2373년(孔子卒後二千三百七十三年)" 형식으로 표기하고 그 옆에 광서제(光緖帝) 연호를 병기하였다.

두 번째는 변법유신운동의 깃발을 높이 들고 뜻있는 자들은 모두 강학회에 가입할 것을 촉구하는 문장들을 다량 게재했다.

세 번째는 「변법당지본원설(變法當知本源說)」에서 의회를 세울 것(開設議院)을 주장하여 정치적 도전을 시도한 점이다.

이러한 주장들이 모두 유신파의 정치적 강령으로 채택되고 선포되지는 못했지만, 변법유신운동의 필요성을 주장하고 정치적 주장들을 공개적으로 선언함으로서 참정 의회정치와 자본주의 발전에 대한 염원을 반영하였다.

그러나 『강학보』의 출간은 시작부터 여러 장애에 부딪혔다. 재정적 지원을 해주던 장즈둥(張之洞)이 공자(孔子) 연호 사용을 반대하였으나 캉유웨이는 이 연호를 표기하여 출범시키고 말았다. 이에 장즈둥은 캉유웨이가 반역적인 일을 꾀하는 것이라 의심하고 취소를 강력히 요구하였지만 캉유웨이가 이를 받아들이지 않았다.

결국 청 정부는 1896년 1월 25일 강학회의 모든 활동을 금지하는 명령을 내리고 강학회를 해산시켰으며, 이 잡지 역시 종간을 당했다.

현재 보존본은 2회에 걸쳐 발행된 1, 2호분밖에 없지만, 1896년 4월 23일 『신보(申報)』에 게재된 「강학회수지청단(强學會收支淸單)」에 "지본국제삼호보지일천장양칠원(支本局第三號報紙一千張洋七元)"이라는 기사를 볼 수 있다. 즉, 3호 1000부가 이미 인쇄를 마치고 7원에 판매를 기다리고 있었다는 것인데, 당시 『강학보』는 5일간으로 1월 22일 3호의 인쇄를 마치고 강학회가 폐쇄되면서 배포되지 못했던 것으로 추측된다. (김성남)

참고문헌

方漢奇 主編, 『中國新聞社業通史』, 中國人民大學出版社, 1996;
葉再生 著, 『中國近代現代出版通史』, 北京: 華文出版社, 2002.

강한일보(江漢日報)

1908년 중국 한커우에서 창간된 정치운동 신문

1908년 3월 17일 한커우(漢口)에서 창간되어 매일 2쪽씩 발행되었다. 라오이루(饒翼儒), 팡충푸(方聰甫), 천보룽(陳伯龍), 어우양민청(歐陽珉澄), 장쉬밍(姜旭溟)이 발기하고 진전싼(金鍼三), 후스안(胡石庵), 궁우(公無) 등이 편집에 참여하였다.
1908년 8월, 혁명고취 기사를 게재하였다는 이유로 발행금지 당하여 총 149회를 간행하고 종간되었다.

내용은 후베이(湖北) 지역의 실업 발전 상황과 지방 소식을 위주로 하여 정치, 경제, 문화, 교육 소식들을 보도하였다. 편집경향은 민주혁명을 지향하여 군주입헌을 비판하고 반청(反淸)혁명을 지지하였다.

신문의 생존을 위해 청(淸) 정부를 배척하는 '혁명'이라는 단어를 직접적으로 표현하지 않는 방법을 채용하였고, 혁명파의 주장과 활동들을 외부인의 붓을 빌어 설명하였다. 또한 입헌파의 문장을 게재할 경우 과격한 문장들은 임의로 완곡한 표현으로 바꾸거나 왜곡을 시키는 경우도 있었다.

예를 들면 캉유웨이(康有爲)가 기초하여 연재되었던 기사 「중화제국헌정회연합 해외 200 교민이 올리는 청원서(中華帝國憲政會聯合海外二百埠僑民公上請願書)」 중에서 자희태후(慈禧太后)에게 '만한(滿漢)'의 이름을 없애고 국명을 '중화(中華)'로 할 것을 건의한 문장을 장난(江南)으로 수도를 옮겨 공상업의 번영을 이뤄야 한다는 내용으로 바꾸는 식이었다. (김성남)

참고문헌

方漢奇 主編, 『中國新聞社業通史』, 北京: 中國人民大學出版社, 1996; 葉再生 著, 『中國近代現代出版通史』, 華文出版社, 2002.

▌개벽(開闢)

1920년 서울에서 발행된 종합월간지

1920년 6월 25일 한국에서 천도교를 배경으로 발행된 종합월간지이다. 발행인 이두성, 편집인 이돈화, 인쇄인 민영순, 발행소 개벽사, 인쇄소 신문관이다. 개벽사의 처음 위치는 경성부 송현동 34번지 천도교 경성교구였다가 이듬해 1월경 경성교당이 신축되자 경성부 경운동 88번지로 이사했다. 신문지법에 의거하여 창간되어 조선 언론을 주도하다가, 1926년 8월 총독부에 의해 강제 폐간되었다. 폐간 후 1934년 11월 1일 동제호로 신간되었으나 1935년 3월 통권 4호로 종간되었고, 광복 후 1946년 1월 1일 다시 속간되었으나 73호부터 부정기적으로 간행되다가 1949년 3월 25일 통권 81호까지 발행되고는 종간되었다.

창간 당시 경영의 기틀을 마련한 기부자는 최종정과 변군항이었고, 주요 편집진으로는 이돈화, 김기전, 박달성, 방정환, 차상찬 등이 활약했다.

1919년 3·1운동의 영향으로 조선에서는 문화정치가 시작되었고, 잡지의 시대가 열리게 되었다. 잡지의 수가 200종에 이르렀고, 이전 시기에는 몇 백부에서 2000부 정도에 불과했던 발행부수도 5~6000부에서 1만 부 가까이 증가했다. 잡지의 종류도 종합지, 청년지, 여성지, 아동지, 종교지, 문예지, 학술지, 사상지, 언론지 등 이전과는 비교할 수 없을 만큼 다채로워졌다.

3·1운동 당시 독립선언서의 인쇄와 자금 동원을 담당하는 등 주도적 역할을 수행했던 천도교는 천도교청년회를 중심으로 조선의 신문화 창달을 담당할 언론기관의 창립을 도모하여 개벽사를 설립하기에 이른다. 최종정과 변군항은 물론 이두성, 이돈화, 김기전, 박달성, 방정환, 차상찬 등 『개벽』과 관련된 주요 인물은 대부분이 천도교인이었다. 그러나 『개벽』을 비롯한 개벽사의 출판물들은 표면상 천도교와는 관계없는 듯한 논조를 유지함으로써 '잡지의 시대'를 '개벽의 시대'로 만들었다.

개벽사는 중앙에 편집국과 영업국 그리고 서무과를 두고, 다시 편집국 산하에 조사부, 정경부, 사회부, 학예부를 두었으며, 영업국 산하에 경리부, 판매부, 광고부, 대리부를 두었다. 전국적 유통망의 확보를 위해 본사, 지사, 분사의 시스템을 두었고 사우제 등의 활용을 통해 안정화를 꾀하였다.

그러나 세간의 관심이 『개벽』에 집중될수록 총독부의 기위도 심해져 발행금지 40회 이상, 정간 1회, 벌금 1회, 발행정지 1회라는 집중적 검열의 대상이 되었고, 결국 총독부의 압력에 의해 강제 폐간된다.

대표적으로 삭제된 기사는 「금싸락 옥가루」, 「단군신화」, 「적색공포와 백색공포」, 「왼편을 밟고서」, 「나는 조선역사를 연구하였습니다」 등으로 민족문제와 사회주의 문제를 다루는 기사에 집중되었다.

『개벽』의 논조는 초기 실력양성론, 개조론, 문화주의 등 계몽사상의 전파를 중심으로 형성되었으나 차차 민족주의와 사회주의적 논조가 강해졌다.

주요 기사로는 「세상을 알라」, 「사회주의의 약의」, 「은파리」, 「민족개조론」, 「금일 조선의 노자관계」, 「소년에게」 등이 있고 특집 기사로 「위인투표」와 「조선문화의 기본조사」 등이 있다.

『개벽』은 창간호부터 문학에 각별한 주의를 기울여 1/3 이상을 문학작품 및 비평으로 채웠으며, 「문학에 뜻을 두는 이에게」, 「빈처」, 「표본실의 청개구리」, 「개성과 예술」, 「빼앗긴 들에도 봄은 오는가」 등 근대문학의 대표적 작품들을 게재하였다.

『개벽』을 통해 작품을 발표한 대표적 작가로는 이광수, 염상섭, 현진건, 나도향, 박종화, 이상화, 최서해,

박영희, 김기진, 한설야 등이 있다.

별건곤 소재 개벽사 약사(略史)

"만세 사건이 일어나던 기미년(1919년) 9월 2일이다. 먼저부터 조선에 신문화운동을 일으키기로 뜻을 두었던 이돈화, 박달성, 이두성 외 모모씨는 그 운동을 일으키는 데는 무엇보다도 먼저 언론기관을 설치하는 것이 필요하다 생각하고 이일에 개벽사의 창립을 발의하고 만반의 준비에 착수하였으나 자금이 없어서 곤란을 느끼던 중 마침 박천에 있는 천도교인 중 독지가 최종정 씨는 일금 일천원야, 변군항 씨는 일금 오백원야를 기부함으로 이를 기본으로 하고 동년 12월 20일에 제일번 사업으로 신문지법에 의한 언론잡지 『개벽』의 발행허가원을 당국에 제출하였던 바 익2년 경신(1920) 5월 20일에 허가되어 동년 6월 25일에 창간호를 발행하였으니 그때에 편집인이 이돈화, 발행인은 이두성, 인쇄인은 민영순, 사장은 최종정이였고 위치는 송현동 34번지이였으며(지금 보전교 바루 웃집인데 당시 천도교 경성 교구로서 본사에서 사무실로 차용한 것은 근일간 반온돌방이였다) 본사의 창립을 칠월로 정한 것은 이 개벽의 창간호가 7월로 발행된 까닭이었다. 그해 11월에 제5호를 발행하며 종래 매월 25일에 발행하였던 것을 매월 1일 발행으로 변경하고 동 12월에 유진희 씨의 기사(즉 12월호 기사)가 문제되어 경성지법원에서 벌금 50원의 판결을 받았다.

제3년 임술(1921년) 6월 1일에는 여성지 『부인』을 창간하고, 발행인 이돈화, 인쇄인 민영순, 동 9월에는 출판부를 신설하여 일반 사상서류의 출판을 개시하고 동 10월부터 개벽지에 시사 기재의 허가를 얻다. (발행 당시에는 종교, 학술, 문예에 한함)

제4년 계해(1922년) 3월 1일에는 소년잡지 『어린이』를 창간하고(발행인 방정환, 인쇄인 민영순) 또 널이 동지를 연락하기 위하여 사우제를 창안하고 동년 9월 1일에는 부인잡지를(23호까지 발행) 신녀성으로 개제하여 제일호를 발행하다. 발행인 박달성, 인쇄인 민영순-제3호부터 방정환으로 발행인 변경.

제6년 을축(1924년) 8월 1일에는 『개벽』지의 발행정지처분을 당하여 2개월 반되던 10월 5일에 해정되다.

제7년 병인(1925년) 8월 1일에 개벽지의 발행금지를 당하다. 동년 10월에 『신녀성』을 휴간하고 동 11월에 1일에 취미잡지 『별건곤』 창간호를 발행하다. ―발행인 이을, 인쇄인 민영순―제14호(1928년 7월 1일)부터 발행인은 차상찬, 제24호(1929년 12월)부터 인쇄인은 전준성으로 변경함―

제10년 기사(1929년) 3월 1일에는 학생잡지를 창간하다―발행인 방정환, 인쇄인 전준성―

상우 제4년 계해(1922년) 3월부터 제6년 을축(1924년) 11월까지 3년간 조선 13도 도세를 조사하여 모든 운동의 기본 참고 지식을 보급하게 하고 민중문화 향상을 위하여 순회강연, 전람회 등을 수시 개최하였다"(『별건곤』 제30호).

『개벽』의 발행 단체인 천도교

최제우는 전통적 유교 가문에서 태어나 지방의 유학자로 이름이 높았다. 조선 후기는 국내적으로는 외척(外戚)의 세도정치와 양반·토호들이 일반 백성에 대한 가렴주구(苛斂誅求)를 자행하여 도탄에 빠진 백성들의 민란이 각지에서 발생하였고, 대외적으로는 제국주의의 무력 침략의 위기를 맞던 시대였다.

최제우는 21세에 구세제민(救世濟民)의 큰 뜻을 품고 도(道)를 얻고자 주류팔로(周流八路)의 길에 나서 울산 유곡동 여시바윗골, 양산 천성산 암굴에서 수도하고 도를 갈구하여 1860년 4월 5일 '한울님(하느님)'으로부터 인류 구제의 도인 '무극대도(無極大道)'를 받게 되었다. 따라서 처음에는 도의 이름을 '무극대도'라고만 하였다. 최제우가 포교를 시작하여 많은 교도들이 모이자, 관(官)과 유생들이 혹세무민한다는 구실로 탄압하여 부득이 전북 남원 교룡산성(蛟龍山城)으로 피신하였다. 이때 제자들에게 가르침을 주고 많은 저술을 하였다.

특히, 1862년 1월경에 지은 『논학문(論學文: 東學論)』에서 처음으로 무극대도는 천도(天道)이며 그 학은 서학이 아닌 '동학(東學)'이라고 천명하였다. 이로써 동학이라 지칭하게 되었다. 이 해에 다시 경주의 박대여(朴大汝) 집에 머물면서 포교하자, 충청·전라지방에서까지 수천 명의 교도들이 모여들어 교도들을 조직적으로 지도하기 위해 1862년 12월 동학의 신앙공동체인 접(接)제도를 설치하고 접주(接主) 16명을 임명하였다.

최제우는 1863년 3월 경주 용담정으로 돌아와 대대적인 포교활동에 나섰다. 접주들로 하여금 교도들을 수십 명씩 동원하여 용담정에 와서 강도(講道)를 받게 하는가 하면, 동학 교단 책임을 맡을 북도중주인(北道中主人)으로 해월(海月) 최경상(崔慶翔: 時亨)을 선임하였다.

한편, 관의 탄압을 예견하고 그해 8월 14일에는 도통(道統)을 최경상에게 완전히 물려주었다. 날이 갈수록 동학 교세가 커지자, 놀란 조정은 그해 12월 10일에 선전관(宣傳官) 정운구(鄭雲龜)를 파견, 최제우를 체포하여 이듬해 3월 10일 대구에서 정형을 집행하여 최제우는 41세를 일기로 순도하였다.

최제우의 뒤를 이어 2대 교주 최시형을 거쳐, 3대 교주 손병희에 이르러 명칭을 천도교로 바꾸고 교세 확장에 힘썼다.

손병희는 1894년 동학농민운동 때 통령(統領)으로서 북접(北接)의 농민군을 이끌고 남접(南接)의 전봉준(全琫準)과 논산에서 합세, 호남·호서를 석권하고 북상하여 관군을 격파했으나, 일본군의 개입으로 실패하고 원산(元山)·강계(江界) 등지로 피신하였다. 1897년부터 최시형의 뒤를 이어 3년 동안 지하에서 교세 확장에 힘쓰다가 1901년 일본을 경유, 상하이(上海)로 망명하여 이상헌(李祥憲)이라는 가명을 사용하였다. 다시 일본으로 건너가 오세창(吳世昌)·박영효(朴泳孝) 등을 만나 국내 사정을 듣고 1903년에 귀국, 두 차례에 걸쳐 청년들을 선발하여 일본으로 데리고 건너가 유학시켰다.

1904년 권동진(權東鎭)·오세창 등과 개혁운동을 목표로 진보회(進步會)를 조직한 후 이용구(李容九)를 파견하여 국내 조직에 착수, 경향 각지에 회원 16만 명을 확보하고 전 회원에게 단발령(斷髮令)을 내리는 등 신생활운동을 전개하였다. 이듬해 이용구가 배신하여 친일단체인 유신회(維新會)와 합하여 일진회(一進會)를 만들고 을사조약에 찬동하는 성명을 내자, 즉시 귀국하여 일진회와는 관계가 없음을 밝히고 이용구 등 친일분자 26명을 출교(黜敎)시켰다.

1906년 동학을 천도교(天道敎)로 개칭하고 제3세 교주에 취임, 교세 확장운동을 벌이는 한편, 출판사 보성사(普成社)를 창립하고 보성(普成)·동덕(同德) 등의 학교를 인수하여 교육·문화사업에 힘썼다. 1908년 교주 자리를 박인호(朴寅浩)에게 인계하고 우이동에 은거, 수도에 힘쓰다가 1919년 민족대표 33인의 대표로 3·1운동을 주도하고 경찰에 체포되어 3년형을 선고받고 서대문형무소에서 복역하다가 이듬해 10월 병보석으로 출감 치료 중 별장 상춘원(常春園)에서 사망했다. (이경돈)

참고문헌

최수일, 「1920년대 문학과 『開闢』의 위상」, 성균관대학교 박사학위논문, 2001; 류석환, 「개벽사의 출판활동과 근대잡지」, 성균관대학교 석사학위논문, 2006; 최덕교 편저, 『한국잡지백년』, 현암사, 2004.

개성시보(開城時報)

1930년에 개성에서 창간된 언론 잡지

1930년 개성에서 마태영에 의해 창간되었다. 그러나 정확한 창간일자나 종간호에 대해서는 확인되지 않았다. 다만 1931년 초에 2호가 발간된 사실은 『조선출판경찰월보』 30호에 실린 「출판경찰개황」에서 '개성시보 불온 내용 삭제 요청'을 통해 알 수 있다. 마태영 단독으로 잡지 실무에 관한 모든 일이 이루어졌기에 오래 지속적으로 발간되기는 힘들었을 것으로 보인다.

'개성에 대한 여론을 대표하고 개성의 모든 문제를 연구 비판'하는 것을 목표로 삼아 창간되었다. 주요 집필자는 경성의 작가나 문인들에게 의뢰하지 않고 개성 출신의 문인, 논객들에게 의뢰하여 작성되었다는 것이 특징적이다. 그만큼 개성의 경제적 능력과 인적 네트워크, 정치적 능력이 있었기에 가능하지 않았을까 짐작이 가능하다.

개성이 단지 경성에 비해서 변방이 아닌, 독자적 문화능력과 역사를 가진 도시임을 드러내는 한편, 경제적 능력을 구비한 도시로서의 면모를 뒷받침해주는 여건도 아울러 과시하는 자긍심이 묻어나는 잡지라고 하겠다. 그런 점에서 경성은 물론이요, 평양과도 차별화되는 역사도시 개성의 독특한 문화적 면모를 이 잡지를 통해서 확인할 수 있을 것이다.

• 마태영(馬泰榮)

개성에서 출생하여 1930년에 『개성시보』를 창간했다. 그리고 곧이어 해외 유학을 마치고 귀국한 공진항 등 10여 명의 동인들과 더불어 격주신문인 『고려시보』를 창간했다. 그는 『고려시보』에도 관여하면서 『조선중앙일보』 기자(개성특파기자)로도 활동했다. 아마도 그런 인연으로 『중앙』지 창간호(1933. 11)에 『고려시보』 1931년 11월 1일자 신문에 광고를 실을 수 있었지 않았을까 짐작된다. 1939년 10월에는 『매일신보』 통신부에서 근무, 1944년 무렵에는 『경성일보』로 바뀐 같은 신문사에서 정리부 소속으로 있었다.

해방 후에는 『자유신문』에서 편집위원으로 근무하다가 편집국장까지 올랐으나 한국전쟁 때 납북되었다. (전상기)

참고문헌

정진석, 『언론유사』, 커뮤니케이션북스, 1999; 정진석, 『언론조선총독부』, 커뮤니케이션북스, 2005; 양정필, 「1930년대 개성지역 신진 엘리트 연구: 『고려시보』 동인과 그 활동을 중심으로」, 한국역사연구회 학술대회 자료집, 『일제하 조선인 엘리트의 사회적 기반과 정체성』, 2006.

▌개조(改造)

1919년 일본 개조사에서 발행한 종합잡지

1919년 4월 창간되어 1944년 6월에 1차 종간되었다. 전후 1946년 1월 복간되고 다시 1955년 2월 종간되었다. 다이쇼 중기와 1차 세계대전 이후 일본에서 고양되던 '다이쇼데모크라시'의 사회 분위기가 만들어낸 것이다. 발행사는 개조사(改造社). 1955년 2월호(통권 36권 2호)까지 별책을 제하고 총 410호 발행. 가장 두껍게 발간된 시기에는 900여 쪽에 이른 적도 있다. 야마모토 사네히코(山本實彥)가 실질적인 발행인을 맡았으며, 초대 편집장은 도코제키 아이조(橫關愛造)였다. 이후로 미즈시마 하루오(水島治男), 사토 세키(佐藤磧), 오모리 나오미치(大森直道) 등이 뒤를 이었다.

『개조』가 창간될 당시 다이쇼데모크라시운동의 최대의 근거지가 되었던 잡지는 『중앙공론(中央公論)』이었다. 『개조』는 『중앙공론』보다도 한층 더 급진적인 편집방침으로 지식인 사회에 영향을 끼치고자 했다. 가와카미 하지메(河上肇)를 필두로 한 많은 사회주의자를 기고자로 하고, '데모크라시 사상'과 더불어 사회주의의 계몽과 보급에도 크나큰 영향력을 행사했다. 또한 『개조』는 아인슈타인, 버트런드 러셀 등 해외 석학을 일본에 초청하여 성가를 높이기도 했다.

그래서 『개조』는 일본 정부와 긴장 관계를 형성했는데, 창간 5호째인 1919년 8월호의 '자본주의 정복호'는 우치다 로안(內田魯庵)의 평론이 '전문 삭제' 조치를 받았고, 1919년 9월호는 야마가와 히토시의 논문 때문에 아예 '발매금지' 처분을 받았다. 이후에도 이따금씩 발매금지와 삭제의 압박을 받았다.

쇼와기에 들며 급진적인 경향은 더욱 짙어졌으나 군국주의화가 가속화되고 사회주의운동에 대한 탄압이 심해지자 1935년 이후에는 급진적 경향을 누그러뜨리고 정부에 협력하는 자세를 취했다. 그럼에도 불구하고 『개조』를 무척 혐오한 군부의 압력에 의해 1차 폐간하게 되었다.

전후 1946년에 복간되었으나 전쟁 전 만큼 활력이 없었고, 사내 분규 등으로 인해 9년 만에 폐간되었다.

『개조』와 일본 근대 문학

『개조』는 문예란에도 힘을 기울여 쇼와 시기 많은 신진작가가 『개조』를 통해 등단했다. 『개조』는 문단의 중요한 등용문으로서의 권위도 오랫동안 누렸다.

1944년 요코하마 사건으로 탄압을 받아 어쩔 수 없이 정간하게 되기까지 다이쇼·쇼와 시기의 사상과 문예 발전에 상당히 큰 역할을 했다.

또한 '개조사'는 『여성개조(女性改造)』, 『개조문예(改造文藝)』 등의 자매 잡지도 발행하고 일본 최초의 근대문학 전집인 『현대일본문학전집(現代日本文學全集)』을 발행하여 쇼와 초기의 이른바 '엔본시대'를 열기도 했다.

『개조』 문예란에는 창간호에 고다 로한(幸田露伴)의 「운명(運命)」을 비롯한 작품들이 실렸고 이후에는 히로쓰 가쓰오(廣津和郞), 사토 하루오, 다니자키 세이지(谷崎精二), 가미치카 이치코(神近市子), 나카토가와 기치지(中戶川吉二), 우노 고지(宇野浩二), 후나키 시게노부(舟木重信)부터 시마다 세이지로(島田淸次郞), 다카쿠치 데루(高倉輝), 주조 유리코(中条百合子) 등의 작가가 글을 발표하였다.

적극적으로 신진 작가와 필진을 발굴하는 데도 힘을 써, 가가와 도요히코(賀川豊彦)의 「사선을 넘어(死線を越えて)」, 시가 나오야(志賀直哉)의 「암야행로(暗夜行路)」, 나가요 요시로(長与善郞)의 「청동 예수(青銅の基督)」, 주조 유리코의 「노부코(伸子)」, 아쿠타가와 류노스케(芥川龍之助)의 「하동(河童)」, 그리고 노가미 야에코(野上弥生子)의 「마치코(眞知子)」, 요코미쓰 리이치(橫光利一)의 「상하이(上海)」, 「기계(機械)」, 가와바타 야스나리(川端康成)의 「수정 환상(水晶幻想)」, 「금수(禽獸)」, 고바야시 다키지(小林多喜二)의 「공장 세포(工場細胞)」, 「오르그(オルグ)」 등과 같은 중요한 작품들이 『개조』를 통해 나왔다.

또한 창간 10주년을 기념하기 위한 현상 평론에 미야모토 겐지(宮本賢治)와 고바야시 히데오(小林秀雄)가 당선되어 등장했으며 이때 현상소설 부문에는 류탄지 유(龍胆寺雄), 세리자와 고지(芹澤光治) 등이 배출되기도 했다. 전후에는 요코미쓰 리이치상을 설치하기도 했다.

일제시기 한국과 개조

일제시기 한국문학과 지식인 세계에도 『개조』는 일정한 영향력을 가지고 있었다. 조선인 지식인들이 보는 일본 잡지 중의 하나가 『개조』였던 것이다. 대구 출신의 작가 장혁주(1905~?)는 1932년에 소설 「기아도(飢餓道)」를 『개조』에 발표하며 일본 문단에 등단하고 작품집 『권(權)이라 불린 사나이』를 '개조사'에서 펴낸 바 있는데, 이 일은 한국 작가들에게 질시와 부러움을 일으키는 일이 되기도 했다. 이는 『개조』의 권위가 높았기 때문이다. (천정환)

참고문헌

『近代文學雜誌辭典』; 가라타니 고진 저, 송태욱 역, 『근대 일본의 비평 1868~1989』, 소명출판, 2002; 平野謙 저, 고재석·김환기 역, 『일본 쇼와 문학사』, 동국대출판부, 2000; 천정환, 『근대의 책 읽기』, 푸른역사, 2003.

▌개지록(開智綠)

1900년 일본 요코하마에서 창간된 중국어 정치운동 잡지

1900년 12월 22일 일본 요코하마(橫浜)에서 반월간으로 발행되었다. 재일본 유학생이 창간한 최초의 정치성 언론매체이다. 창간인은 정관궁(鄭貫公)과 펑쯔유(馮自由), 펑쓰롼(馮斯欒)이며, 차이어(蔡鍔), 친리산(秦力山)이 편집에 참여했다.

초창기에는 유인(油印) 인쇄로 발행되다 후기에는 『청의보(淸議報)』의 인쇄설비를 빌려 활자인쇄로 발행되었다. 현재 현존하는 마지막 호는 1901년 3월 20일 발행본인 6호이다.

정관궁을 비롯한 편집진은 모두 량치차오(梁啓超)가 도쿄(東京)에 세운 대동(大同)학교 동문들이다. 이들은 서양 민권사상의 영향을 받아 개지회(開智會)를 세우고 백성의 지혜를 열 것을 기본 목적으로 삼아 자유 언론과 민권의 독립을 위해 『개지록』을 창간하게 되었다. 『개지록』은 개지회에서 발행되어 『개지회록(開智會錄)』이라 불리기도 했으며 매회 500부씩 발행되었다.

루소(Rousseau)의 『민약론(民約論)』을 게재하고

부르주아계급의 민권과 자유사상을 선전하였으며, 강렬한 애국주의 정신으로 「제국주의 발달과 이십세기의 전도를 논함(論帝國主義之發達及二十世紀之前途)」이라는 문장을 통해 제국주의는 흉악한 악귀로 자국의 잉여 생산물을 팔기 위해 낙후한 민족을 침략하는 침략주의이자 강도와 같은 것이라 공격하였다.

이후 더욱 혁명적 경향이 농후해지면서 일부 보황파(保皇派) 회원들도 혁명파의 영향을 받게 되자, 보황총회는 정관궁의 『청의보』 편집업무를 중단시켰고, 이곳의 인쇄 시설 사용도 금지하였다. 이로서 정관궁은 보황파(保皇派)와 완전히 결별하게 되었고 『개지록』도 종간되었다. (김성남)

참고문헌

方漢奇 主編, 『中國新聞社業通史』, 中國人民大學出版社, 1996;

葉再生 著, 『中國近代現代出版通史』, 北京: 華文出版社, 2002.

개척(開拓)

1926년에 도쿄에서 발행된 유학생 문예지

1926년 11월 15일에 창간되었다. 창간 당시의 제호는 '개척'이 아니라 '동성(同聲)'이었다. 추정하건대, '개척'으로 제호를 바꾼 때는 4호부터가 아닌가 한다. 도쿄에서 간행되었는데 유학생들이 중심이 되어 격월간으로 나왔고 1927년 7월 혁신호부터 프린트 인쇄를 활판인쇄로 변경, 발행하였다. 통권 4호로 종간되었는데 그것이 바로 활판인쇄로 변경한 1927년 7월 혁신호였다. 1926년부터 도쿄에서 격월간으로 발행되었다. 편집 겸 발행인은 오천석, 인쇄인은 미상이다. 2호부터 편집 겸 발행인이 바뀐 듯하다. 그리하여 편집 겸 발행인은 장준석, 인쇄인은 성호당 인쇄소의 다나카(田中賴直), 발행소는 개척사이다. 판형은 국판으로 2호 106면, 4호는 56면, 정가는 20전이다.
'투고환영'란을 보면 원고접수 장소가 조선 전북 김제군 청하면 동지산리 장준석으로 되어 있어 조선에서 원고를 모아 일본에서 발행했음을 짐작하게 된다.
연세대도서관에 2호(1927.1)가 소장되어 있다.

창간호를 구할 수 없을 뿐더러, 창간사도 없는 듯하다. 다만 종간호가 된 4호에 「본지 혁신의 의의」가 있어 그 일부분을 인용해 보기로 한다. "대중과 같은 보조로 그 행진하는 도정에서 본지가 이제 형식과 내용의 면목을 혁신함에 제하여, 회고하면 학생생활의 호택에서 짜내는 이것에도 시시로 주위에 습래하는 것은 폭풍과 악우(惡雨)요, 진로에 전개되는 것은 준령과 노도였다. …… 이러한 고간(苦艱) 중에서도 오직 대중과 동일한 방향에서 싸우고 승리하려는 일편의 단성(丹誠)으로 함사(陷死)의 경(境)에서 그 생을 지하며, …… 그래서 본지는 이에 새옷과 새소리를 떨치며 부르짖노라. 본지는 대중의 애요 분이며, 눈물이요 웃음이다. 또한 우리의 ××의 승리를 제공할 무기의 일(一)이다." 이로 보아 문예의 사회적 기능에 열과 성을 다하고자 하는 결의가 넘쳐나고 대중과의 호흡을 중시하는 잡지 편집인의 의지를 가늠하기에 충분하다.

창간호를 입수하지는 못했으나 『예술운동』 창간호에 실린 광고를 보고 그 내용을 짐작할 수 있다. 평론으로 장준석의 「창작비평의 기준」과 홍효민의 「조선문예운동의 신진로」, 그리고 한식의 「예술의 위장을 탈출하여」가 있고, 시에는 동빈(김상기), 천원(오천석), 윤제술, 장도순, 진우촌, 김병순, 육형중, 한정동, 허문일이, 소설은 윤제술의 「박씨의 마음」과 장준석의 「농군」, 김상기의 「여직공」, 조중곤의 「대청결」 등이 가담했다. 「루나찰스키 소전(小傳)」과 「신어해설」도 함께 실렸다. 대체로 당시에 초미의 관심사로 떠오르던 경향문학의 색채를 느낄 수 있다.

2호는 1927년 1월에 발간되었다. 장준석의 「권두언」을 위시하여 오천석, 이경원, 동빈의 시가, 그리고 장준석의 「기한(飢寒)」과 김상기의 「C의 참회」, 윤제술의 「내가 준 맹서」 등의 소설이 실려 있다.

종간호인 제4호에는 평론으로 장준석의 「방향전환기에 입각한 문예가의 직능」, 김종기의 「당면한 학생의 고민」, 홍효민의 「문예시평」, 한식의 「예술운동이란 무엇?」, 「예술개론」(옥산학인 역), 부하린의 「근대적 자본주의의 모순」(유방 역), 일농민의 「노동예술화의 농악을 회상하며」가 실려 있다. 소설에는 장준석의 「거듭남」, 조중곤의 「동무의 편지」, 그리고 희곡에는 오스카 와일드(Oscar Wilde)의 「살로메」(CYS 역), 시는 동빈, 천원, 정은찬, 유도순, 박봉이, 이학인, 곡선미, H생 등이, 동요에는 한정동과 장영석, 최한생이 참여했다.

경향문학의 융성기에 도쿄 유학생을 중심으로 대중과 함께 호흡하고자 하는 열망을 문학적으로 표출한 잡지가 바로 『개척』임을 알 수 있다. 주로 등사판으로 인쇄되었고 문학적으로 미숙할지언정 문학예술의 사회적 책임과 민중을 위한 문예의 중요성을 모토로 모인 문학청년 집단의 분위기를 충분히 느끼게 해주는 잡지다. 훗날 저명인사로 거명되는 인물들의 젊은 시절을 가늠하는 데도 이 잡지는 중요한 한 시기의 자료를 제공해준다.

• 오천석(吳天錫, 1901~1987)

호는 천원(天園)이다. 평남 강서에서 출생하였다. 1927년 미국에서 대학을 졸업하고, 1931년 컬럼비아대학교에서 철학박사 학위를 받았다. 8·15광복 후 3년간 과도정부의 문교부 차장·부장을 역임하였으며, 1950년 이화여자대학교 대학원장·대한교육연합회장, 1955년 한국교육학회장에 취임하였다.

1960년 문교부장관, 1964년 멕시코대사에 임명되고, 1965년 국제연합총회 한국 대표를 지냈다. 1976년 대한민국학술원 회원, 1981년에 대한민국학술원 원로회원에 추대되었으며, 대한민국학술원 공로상을 받았다. 저서로 『교육사상전집(教育思想全集)』(전10권), 『한국신교육사』 등이 있다.

• 김상기(金庠基, 1901~1977)

호는 동빈(東濱)이다. 전북 김제에서 출생했다. 와세다대학 사학과를 졸업하고 서울대학교 교수로 재직, 동양사학자로 활동했으며 학술원 회원을 역임하기도 했다.

• 윤제술(尹濟述, 1904~1986)

전북 김제에서 출생했다. 1918년 간재 전우 문하에서 한학을 수학하고 1920년 중동학교 입학, 1925년에는 도쿄고등사범학교에 입학했다. 귀국 후에는 1929년 중동학교와 보성중·성남중에서 16년간 재직하고 해방 후인 1946년 익산의 명문 남성중고 초대교장에 취임, 8년간 재직했다.

그리고 1954·1958·1960년 김제에서 3·4·5 대 국회의원 당선되었고, 1963·1967·1971년에는 서대문구에서 6·7·8대 국회의원에 당선됐다. 1964년 민정당 원내총무를 거쳐 1968년 국회부의장에 선출되었고 1973년에는 민주통일당 창당 최고위원이 되었다.

• 장준석(張準錫, 1903~1962)

사회운동가, 호는 천원(天圓)이다. 본관은 인동으로 김제시 청하면 동지산리에서 출생했다. 감찰(監察) 장치명(張致明)의 아들로, 경성중동학교를 졸업한 후 베이징으로 건너가 평민대학(平民大學) 정경과에 적을 두고, 『독립신문(獨立新聞)』 베이징지국장을 하며 독립운동의 선봉에 섰다.

1925년 조선일보사 경리부원으로 근무하다가, 1936년 도쿄 니혼대학 문과에서 유학 중 신간회(新幹會) 도쿄지부 상임위원과 재도쿄조선인단체대표자회 대표로 피선되었고, 10여 차례의 투옥으로 학교에서 추방되어 귀국 후 농촌 개발에 앞장섰다. 1940년 전라북도 평의원에 피선되었고, 1942년 동진수리조합 평의원으로 농민 권익에 앞장섰다.

해방 후에는 1957년 수리조합법 개정추진위원장, 1960년 동진수리조합장, 1951년부터 남성중·고등학교 후원회장, 1962년 재단법인 화성학원(華星學院) 제3대 이사장을 역임하였다. 이 밖에 만경중학교 감사, 청하면장, 농촌위생원의 감사직을 맡은 바도 있다. (전

상기)

참고문헌

권영민, 『한국근대문인대사전』, 아세아문화사, 1999; 최덕교 편저, 『한국잡지백년』 1, 현암사, 2004.

개척(開拓)

1941년 일본에서 발행된 이민 관련 잡지

1941년 1월부터 1945년 1월까지 만주이주협회(滿洲移住協會) 기관지로 발행된 이민 관련 잡지이다. 잡지 『개척』의 전신(前身)은 1936년 만주이주협회에 의해 창간된 『척만주(拓け滿洲)』와 1939년부터 이 잡지의 제호를 개제하여 발행한 『신만주(新滿洲)』였다. 발행부수도 꽤 많았는데, 1941년과 1942년의 전성기에는 3만 부를 넘게 발행한 것으로 추정된다. 이러한 발행부수는 잡지가 종합지로서의 성격을 갖고 있었다는 것을 말해주는 것과 함께, 잡지를 중심으로 조직적으로 개척동지(同志)를 확대 규합하는 '개척회운동(開拓會運動)'이 전국적인 규모로 전개되었음을 보여준다. 1943년 이후 잡지 분량이 급감하였다. 주로 용지부족 때문이었다. 1943년 신년호 144쪽, 2월호는 128쪽, 그리고 6월호는 80쪽으로 대폭 감소하였다. 잡지 분량은 적었지만 당시의 사정을 알 수 있는 기사들이 다수 게재되었다.

『개척』은 『신만주』라는 제호를 개제하여 발행된 잡지였다. 잡지 내용은 '현지보고', '만주어강좌', '개척정보', '수필', '논문', '소설' 외에, '서평', '만화', '상담란' 등으로 구성되었다.

제호 변경 후에 나타난 『개척』 지면의 변화는, 만주 일반에 관한 기사와 개척단원, 의용군대원의 수기(手記)류의 감소로 나타났다. 즉 이민(移民) 전문 잡지의 색채가 농후해졌다. 1941년 초부터 전업 개척민의 문제가 사회적으로 크게 클로즈업되었다. 전시하의 경제통제 때문에 실업, 전업(轉業) 상태에 있었던 중소상공업자를 만주에 보내 귀농시키자는 계획이었다. 이와 관련된 기사는 이미 1940년 9월, 12월호에 게재되었다. 그러나 1941년 들어 신년호의 「전업문제와 만주개척을 말하는 좌담회」를 시작으로 이와 관련된 기사가 매월 게재되었다. 특히 5월호는 전업문제를 특집으로 구성하고 이 문제를 매우 중시하였다.

2월호의 「만주, 개척계획의 재검토」는 과거의 이민정책을 비판하는 내용을 담고 있었기 때문에, 물의를 일으키기도 하였다. 이러한 비판은 잡지 『개척』의 전신인 두 잡지에서는 볼 수 없었던 일이었다. 이 논문에서는 일본 국내의 송출 곤란, 만주 현지에서의 영농상의 모순을 예리하게 지적하였는데, 이 문제는 시간이 갈수록 심각한 모습으로 노출되었다. 후자의 문제에 대해서는 2월호의 「북만(北滿)개척지 종합조사 좌담회」가 언급하고 있다. 농지가 현지의 고용노동에 의해 경영될 수밖에 없기 때문에, 농임 지출이 커질 수밖에 없고, 결국은 경영이 제대로 되지 못하는 문제가 지적되었다. 이러한 문제는 현지보고서에 의해서도 상세히 알려졌다.

7월호의 좌담회, 「개척민은 왜 나오지 않는가? 송출운동(送出運動)검토」라는 타이틀은, 일본 국내 측 모순의 핵심을 지적한 것이었다. 농촌의 노동력 부족과 경기의 호전으로 만주까지 가지 않더라도 먹고 살수 있다는 분위기가 농촌에 팽배하고 있다고 지적되었다. 같은 호의 「개척부현기(開拓府縣記)」에서도, 초기에 보였던 낙관론을 찾아볼 수 없었다.

1941년에는 농업기술에 관한 기사도 몇 편 게재되었다. 4월호는 「만주 신농법(新農法) 현지보고」 특집을 구성하였고, 6월호에는 「북만(北滿)에서 수도재배법에 관한 조사」라는 글이 게재되었다. 의용군 관계로는, 4월호의 「의용대 개척단의 이행요령(移行要領)에 대해서」가 게재되었다. 이행을 둘러싼 문제점과 관련해서, 5월호의 「만주개척정책의 새로운 동향을 말하는 좌담회」가 수록되었고, 12월호에는 의용대원 다수의 희생자가 발생한 조난 사고에 대한 좌담회 기사가 게재되었다.

1942년 2월호의 좌담회 「동아신정세(東亞新情勢)와 만주개척 제2기 계획」의 목적은 태평양전쟁의 발발이라는 새로운 정세하에서 만주 이민의 의의를 묻는 것이었다. 한편 농업의 재편성에 관해서는, 6월호의

「새로운 경지」에서 경지의 교환 비율의 실례를 언급하였고, 또 12월호는 「농업 노동력 조사의 현지보고」라는 제목으로 4개 촌의 실정이 소개되었다.

조선인 장혁주(張赫宙)의 소설 「행복한 민(幸福の民)」의 연재는 1942년 8월호에서 마감되었으며, 이외에 다키노 가와로쿠로(瀧野川六郎)의 「원조와 서기(援助と書記)」라는 제목의 단편이 게재되었다. 장혁주는 9월호에 「영흥농촌(榮興農村)」을 게재하였는데, 조선인을 위한 소위 안전농촌(安全農村)의 하나를 소개한 글이었다.

개척정보란의 1, 3, 5월의 각호에서, 1943년 계획에 관한 기사가 수록되었다. 의용군 관계로는, 5월호가 특집 기사를 구성하였다. 「1942년도 의용군 송출운동을 성찰한다」를 통해 송출상황을 파악할 수 있다. 11·12월 합병호의 「의용군 사명의 재인식」에서는 의용군의 국방목적이 재삼 강조되었다. 그리고 의용군운동 앙양(昂揚)을 목적으로, 1943년부터 만주이주협회는 흥아교육지정군(興亞教育指定郡)운동을 제기하였다. 이외에 9월호는 '개척지도자 중앙훈련 특집호'였으며, 6월호 「개척운동의 대강」에는 훈련소의 상세한 훈련방침이 기록되어 있다. 또 4월호의 「만주국 건국 후에 토지정책」은 토지 수탈 문제가 언급되었다. 그러나 1943년 후반 이후가 되면, 이민의 실정을 전하거나, 구제책을 논하는 기사는 거의 소멸되었다. 대신에 가토 간지(加藤完治) 류의 농본주의적 공론(公論)이 지면을 채우고 있었다.

1944년 1월부터 4월까지는 휴간되었다. 용지부족과 인쇄의 어려움 때문이었다. 분량은 64, 65쪽까지 줄어들었다. 6월호에 게재된 「대집단 입식(入植)에 관련해서」는 기존의 개척단 미이용지(未利用地)의 완전 이용을 목적으로 기존의 입식 형태를 소위 병존·융합 입식(入植) 형태로 그 중점을 치환(置換)하고, 토지개량·조성에 수반한 대지구(大地區)로의 집단입식이라는 방침 전환에 대한 다양한 문제가 언급되었다. 9월과 10월에는 2회에 걸쳐 「의용대의 보건상황」이 연재되었다. 10월호에는 「만주에서 의용군의 개황」이 게재되었다.

『개척』은 1945년 1월 간행된 9권 1호로서 정간(停刊)된 것으로 추측된다. 『개척』의 최종호와 그 앞 호에는 「만주 이민 발단(發端)의 회고」가 연재되어 있다. 『개척』은 전신 잡지들과 같이 '일만신문화건설종합지(日滿新文化建設綜合誌)'라는 성격을 가지고 있었으며, 주로 개척단과 청소년 의용군의 교양과 의지의 향상을 잡지 발간의 목적으로 삼고 있었다. 이와 함께 만몽(滿蒙)개척의 선전보급에 주력하였다.

개척회운동의 목표는 개척에 관한 연구 외에 「의용군(義勇軍)의 송출」, 「분촌계획(分寸計劃)의 수행」, 「현지에 대한 후원·위문」 등 여러 가지였다. 이는 만주이주협회의 활동 분야가 매우 광범위했음을 의미한다. 국책잡지(國策雜誌)라고 칭해지듯이, 국민운동(國民運動)으로서 만주 이민을 추진했던 『개척』에는 다양한 분야의 인물들이 관계하고 있었다. 정치가, 군인, 관료, 만주이주협회 역원과 직원, 관계단체의 역원과 직원, 개척단 관계자, 학자, 저널리스트, 문학자들이 『개척』에 글을 게재하였다.

만주이주협회를 주도한 인물은 오구라 신페이 긴모치(大藏公望), 가토 간지, 시모무라 히로시(下村宏), 나가이 류타로(永井柳太郎), 호리키리 젠지로(堀切善次郎) 등이었으며, 이들은 협회의 이사로 활동하였다. 만주이주협회의 관계 단체로는 만척공사(滿拓公社), 농촌갱생협회(農村更生協會), 대일본연합청년단(大日本聯合青年團)이 대표적인 단체였다. (문영주)

참고문헌

高崎隆治, 『戰時下の雜誌その光と影』, 風媒社, 1976; 『「拓け滿蒙」, 「新滿洲」, 「開拓」 解說 解題 總目次』, 不二出版, 1998; 『日本出版百年史年表』, 日本書籍出版協會, 1968.

개척(開拓)

1942년 타이완 하이난섬에서 발행된 일본어 문학잡지

1942년 10월 일본의 하이난해군특수부(海南海軍特殊部)의 기관지로 창간되었다. 『부외비(部外秘)』의 비매품이었다. 그러나 내용을 보면, 특별히 외부에 비밀로 할 만한 것은 없었다. 창간호에는 논설 13편, 수필 9편, 수기 8편 외에 단카(短歌)·하이쿠(俳句)·시 등이 수록되었다. 잡지 크기는 A5판이었고, 분량은 152쪽이었다.

잡지 발행자인 하이난해군특수부라는 명칭에서 특무(特務)라는 호칭은 일본에서 만주사변(滿洲事變) 이전에 주로 첩보를 담당하는 기관을 의미하였다. 그러나 만주사변 이후부터는 점령지에서 군정을 담당하는 기관 모두를 '특무'라고 호칭하였다. 본 잡지의 이름이 『개척』이라고 정해진 것도 이와 같은 특무 개념의 변화로 나타난 결과였다고 할 수 있다. 일본 점령지 중에서 하이난섬의 경우는, 일본이 농업과 광업 분야를 확장하고, 그 자원을 일본이 전유한 전형적인 모델이었다. 이러한 사실에 근거해 볼 때, 타이완(臺灣)을 제외하면 중국 최대의 섬이었던 하이난섬을 일본이 타이완 안의 식민지, 즉 또 하나의 타이완화(臺灣化)의 시도라는 맥락을 본 잡지명에서 싱징적으로 잘 드러냈다고 할 수 있다.

잡지의 집필자들은 해군의 군인뿐만 아니라, 군속도 꽤 많았으며, 유명한 문학자들도 있었다. 예를 들어, 무네타 히로시(棟田博)와 모모타 소지(百田宗治) 등과 같은 저명한 문학자들의 작품이 게재되기도 하였다. 이들 문학자의 참여는 군 특수부서가 발행한 잡지기는 했지만, 잡지의 내용이 매우 유연한 느낌이 들게 하는 이유였다. 또한 군인이지만 특무부의 근무자들은 전투원은 아니었고, 경리관계자가 대부분을 점했으며, 이 때문에 이들에게는 피 흘리는 전쟁의 감촉은 희박했다. 집필자의 대부분이 실제 하이난섬에 거주하였고, 그들 스스로의 손으로 '개척'에 종사했기 때문에, 일본에서 생활하면서 관념적 언사를 주로 사용하는 이론가들과 비교하면 이들은 매우 현실적이고 구체적인 느낌으로 글을 잡지에 게재하였다. (문영주)

참고문헌

高崎隆治,『戰時下の雜誌その光と影』, 風媒社, 1976;『日本出版百年史年表』, 日本書籍出版協會, 1968; 松浦總三,『體驗と資料 戰時下の言論彈壓』, 白川書院, 1975; 高崎隆治,『戰時下のジャ-ナリズム』, 新日本出版社, 1987.

갱생평론(更生評論)

1937년 광저우의 갱생평론사에서 창간한 종합지

1937년 2월 중국 광둥성(廣東省) 광저우(廣州)의 갱생평론사(更生評論社)에서 창간되었다. 양청즈(楊成志)가 편집을 맡은 종합적 성격의 간행물로 순간(旬刊)이었다. 『갱생평론』은 1938년 10월 1일 4권 2호를 출간하고 정간되었다. 중국국가도서관(中國國家圖書館)과 상하이도서관 등에 소장되어 있다.

학술구국의 기풍을 배양하고, 항전건국의 정신을 고양시키는 것을 주된 목적으로 삼았다. 학술을 경(經)으로 시사(時事)를 위(緯)로 하여 각종 과학지식과 기술을 밝히고, 중국 국민당 정부의 전시정책 의의를 해석하며, 중일전쟁의 상황과 국제정세를 분석하였다.

이와 함께 외국의 권위 있는 정론가(政論家)의 중·일문제에 관한 글 등을 소개했다. 또한 사론(社論), 평단(評壇) 등의 난을 두었다.

『갱생평론』의 내용은 주로 정치, 경제, 외교 등 의 문제와 관련된 정론성(政論性)의 글과 사상, 문화, 교육, 건설, 미술 등과 관련한 학술논문을 게재하였다. 아울러 각종 사회 현실문제와 관련된 글도 발표하였다. (김지훈)

참고문헌

王檜林·朱漢國,『中國報刊辭典(1815~1949)』, 書海出版社, 1992; 伍杰,『中文期刊大詞典』, 北京大學出版社, 2000; 上海圖書館,『上海圖書館館藏近現代中文期刊總目』, 上海科學技術文獻出版社, 2004.

건강생활(健康生活)

1911년 서울에서 창간된 건강과 보건위생을

위한 월간지

1911년에 창간했을 것으로 예상된다. 1942년 9월호를 보면 '1911년 10월 21일에 제3종 우편물 인가를 받았다'는 기록이 있어 1911년 11월호가 창간호가 아닐까 추정해 볼 수 있을 뿐이다. 종간호 역시 언제 발행되었는지 알 수가 없다. 다만 월간지인 것은 확실해 보인다(매월 1회 첫 번째 수요일에 발행했음을 알리는 기록이 나와 있다). '아단문고'에 1942년 9월호(통권 32권 9호)가 소장되어 있다.

건강과 위생, 보건에 대한 여러 지식과 생활 기초 지식을 알려 주는 내용들이 들어 있을 것으로 생각된다.

1942년 9월호의 목차를 보면 다음과 같은 기사가 실려 있다. 「결핵예방」, 「혈액의 신비」, 「결핵문제와 여자」, 「식사와 건강」, 「난청과 학업성적에 대하여」, 「재학자의 보건향상에 대하여」, 「반도인과 고초(苦草)」, 「의계의 위대한 은인 야구영세 박사」, 「영아관 방문기」, 「일광의 치병력: 일광용법 6개조」, 「한 시간 일광욕」 등이다.

꽤 오랫동안 나온 것으로 봐서 건강과 위생, 보건은 일본제국주의의 입장에서도 긴요하고 권장할 만한 사안이었다는 것을 알 수 있다. 그 당시 불결한 환경과 무지로 질병에 걸려 사망한 숫자가 많기도 했거니와, 결핵으로 인한 사망자와 환자들도 많아 사회적 문제로 등장하였음을 짐작할 만하다. 그런 까닭에 건강은 식민지 통치를 하는 입장에서도 놓칠 수 없는 문제였을 것이다.

그 외에도 조선의 민간요법이나 약초에 대해 연구한 결과를 발표하는 한편, 도시 생활로 자칫 잃기 쉬운 건강을 햇볕을 쬠으로써 치료하자는 '일광욕' 권장도 도시화로 인한 생활의 문제를 지적하고 있다는 점에서 흥미로운 기사이다. (전상기)

참고문헌

신동원, 「한국 근대 보건의료체계의 형성」, 서울대학교 과학사 및 과학철학 협동과정 박사논문, 1996; 신동원, 「세균설과 식민지 근대성 비판」, 『역사비평』, 2002년 봄호; 신동원, 「漢醫學과 韓醫學」, 『역사비평』, 2005년 겨울호.

▌건설자(建設者)

1922년 일본 와세다대학의 학생운동단체인 건설자동맹이 발행한 기관지

1922년 10월에 창간된 학생운동 잡지이다. 와세다대학(早稻田大學) 건설자동맹(建設者同盟)에서 월간으로 발간하였다. 『건설자』라는 제목으로 언제까지 발간되었는지는 확실하지 않지만 1923년 12월까지였을 것으로 추정된다. 1924년 이후에는 "무산계급의 기관지"를 표방하며 『청년운동(靑年運動)』으로 이름이 바뀌었다가 나중에 다시 『무산계급(無産階級)』이 되었다.
건설자동맹은 와세다대학의 민인동맹회(民人同盟會)에서 탈퇴한 와다 이와오(和田巖), 아사누마 이네지로(淺沼稻次郎), 이나무라 류이치(稻村隆一), 미야케 쇼이치(三宅正一) 등에 의하여 1919년 11월에 조직되었다. 그리고 1922년 10월부터 기관지로 『건설자』를 발간하였다. 『건설자동맹』은 와세다대학 학생들을 중심으로 조직된 단체였지만 도쿄(東京) 일원의 각 대학, 전문학교 학생에게도 문호를 개방하고 있었다. 더 나아가 지방 청년 사이에서도 회원을 확보하기 위한 활동을 벌였다.

『건설자』는 농촌문제에 관한 기사를 많이 게재하였다. 이는 같은 시기에 활동하던 도쿄제국대학(東京帝國大學)의 신인회(新人會)가 기관지인 『선구(先驅)』나 『동포(同胞)』를 통하여 노동문제에 초점을 맞추고 있던 것과 대조적이었다. 『건설자』 창간호에는 회원들이 작성한 「소작쟁의 실지 조사(小作爭議實地調査)」가 실렸고, 3호는 "농촌문제 특집호(農村問題特輯號)"라는 제목 아래 가와다 시로(河田嗣郎)의 「노동법제와 소작문제(勞働法制と小作問題)」, 스즈키 분지(鈴木文治)의 「농촌문제의 추세(農村問題の趨勢)」, 이나무라 류이치의 「농업 자본주의화의 경향(農業資本主義化の傾向)」, 나카자와 벤지로(中澤弁次郎)의 「소작운동의 신전개(小作運動の新展開)」, 스나가 고(須

永好)의 「소작쟁의를 일으키기까지(小作爭議を起す迄)」, 후고노 신조(畚野信藏)의 「농촌의 신운동(農村の新運動)」 등의 논문을 게재하였다.

1923년 1월 건설자동맹은 학생 단체로서의 성격을 탈피하여 "무산계급에 의한 정권 획득"을 목표로 하는 "전투적 기관"으로 새로 발족하게 되었다. 그러면서 청년운동의 여러 문제를 논하는 글이 『건설자』에 게재되었다. '청년운동호(青年運動號)'라는 부제가 붙은 1923년 7월호는 군국주의에 반대하는 입장에서 청년운동을 구명하는 여러 편의 글을 게재함으로써 이후 청년운동의 개척과 지도에 새로운 지평을 열었다. (이준식)

참고문헌

『建設者』, 復製版, 法政大學出版局, 1972; 渡部義通 · 鹽田庄兵衛 編, 『日本社會主義文獻解題』, 大月書店, 1958; 建設者同盟史刊行委員會, 『早稻田大學建設者同盟の歷史: 大正期のヴ · ナロード運動』, 日本社會黨中央本部機關紙局, 1979.

게자씨

1931년 평양에서 평양신학교 학생들의 동인지로 창간된 월간지

1931년 6월 12일에 등사판(40부)으로 창간된 평양신학교 학생들의 동인 월간지이다. 현재 확인되는 가장 빠른 호인 1935년 11월호(5권 11호)를 보면, 편집 겸 발행인으로 김진홍, 인쇄인은 창복인쇄소의 장창복, 발행소는 게자씨사(평양부 신양리 65-6)로 되어 있다. 판형은 A5 국판으로 총 33쪽에 정가는 5전이다. 사장 김진홍(金鎭鴻), 주필 방지일(方之日), 회계 윤병식(尹炳植) 3인이 기독교 문서운동의 원활치 못한 것을 유감으로 생각하여 자력으로 소잡지를 간행하기로 하고 매월 20전씩 부담하여 친지끼리 돌려 보고 유익을 얻고자 하였다고 한다. 그 후 1934년부터 인쇄소에서 활자로 펴내고 1937년 신년호부터는 지면을 늘리고 정가도 5전에서 10전으로 조정했다.

사장은 1대 김진홍, 2대 박윤선(朴允善), 3대 노의선(盧義善)이 각각 역임했다. 창간호의 3인 외에 다른 동인들(주기철, 이유택, 박윤선) 등이 참가하여 1933년 12월호(2권 12호)를 A5 국판으로 인쇄하고 총 30여 쪽을 500부로 발행하였다.

종간호는 1939년 11월호(통권 97호)인데, 종간호가 나온 한 달 뒤에 『게자씨』를 개제, 승계한 『신앙세계(信仰世界)』가 창간된다. 『신앙세계』 창간호는 표지에 창간호를 명기하지 않고 『게자씨』의 통권을 사용하여 8권 11호(통권 98호)로 표기하고 있다. '아단문고'에 51(1935.11), 65, 69, 70, 71, 78, 83호가 소장되어 있다.

기독교의 교리와 논설, 그리고 설교 내용, 성경에 관한 해설, 교리 문답, 소식란 등으로 구성되어 있다. 기독교 신자들의 숫자도 적지 않고 신앙이 두터웠던 지역의 잡지답게 기독교의 전반적인 문제에 대해 상세하고 자상하게 다루었다고 판단된다.

1937년 1월 신년호는 '확충기념호'로 발행하여 독자들께 감사하는 내용과 증면에 따른 책값 증액을 양해해 달라는 안내문을 싣고 있다.

1937년 5월호는 동인이었던 방지일 목사가 중국 산둥(山東)으로 선교사 임무를 수행하러 떠나는 데 대한 '산둥선교사파송기념호'를 꾸미고 있다.

1938년 7월호는 "7주년기념호"로서, 잡지 창간에서 이때에 이르는 간략한 역사를 서술하고 있다. 여기에서 사장의 교체와 창간 당시의 사정, 동인들의 변동과 그 사유, 그리고 동인들의 신상에 이르기까지 여러 정보가 들어 있는 것이다.

이처럼 『게자씨』는 소규모로 출발했지만 창간 동인과 새로 가입한 동인들의 노력으로 오랫동안 발행할 수 있었다. 그러한 동력은 그들의 헌신성 외에도 기독교 교리와 성경에 대한 정보를 얻고자 하는 당시 평양을

중심으로 한 기독교 신자들의 열망이 밑받침되었기 때문에 가능했을 것이다. 그만큼 동인들의 편집 내용과 글들은 일정한 수준을 유지했다고 할 수 있다. 『게자씨』는 평양 중심의 서북 지역의 기독교를 연구하고 그 지역의 종교계 인맥을 추적하는 데 중요한 자료로 활용할 수 있는 잡지로 평가된다.

• 주기철(朱基徹, 1897.11.25~1944.4.21)

한말의 독립운동가·종교인이다. 호는 소양(蘇羊), 아명은 기복(基福)으로 경남 창원(昌原) 출생이다. 1916년 평북 정주의 오산(五山)학교를 졸업한 후 서울의 연희전문(延禧專門) 상과에 입학하였으나 곧 중퇴하였다. 그 후 웅천(熊川)에서 남학회(南學會)를 조직하여 애국사상을 고취하였으며, 3·1운동에 참가한 후 1926년 평양의 장로회신학교를 졸업하였다. 부산 초량교회(草梁敎會) 목사, 마산 문창(文昌)교회 목사를 거쳐 1936년 평양 산정현(山亭峴)교회 목사가 된 후 신사참배를 거부하고 항일운동을 계속하다가 1938년 일본 경찰에 검거되어 징역 10년형을 선고받고 복역 중 옥사하였다. 1963년 건국훈장 독립장이 추서되었다.

• 방지일(方之日, 1911.5.21~)

목사이자 종교운동가. 1911년 평북 선천군 선천읍 천북동에서 태어난 방지일 목사는 한국 교회의 초창기 중국 선교사인 방효원 목사의 장남이다. 평북 선천의 신성(信聖)학교를 거쳐 1933년 평양숭실전문학교(현재 숭실대) 영문과, 1937년 평양신학교를 졸업했다. 청소년기부터 전도에 대해 남다른 열정을 갖고 있었다. 1929년 신성학교 졸업과 동시에 정오리교회를 개척했다. 또 평양신학교에 입학한 뒤에는 길선주 목사의 모교회인 장대현교회 전도사로 시무하기도 했다.

1937년 27세의 나이로 목사 안수를 받은 그는 같은 해 4월 28일 예장 총회의 결의에 따라 그의 부친이 선교사역을 하던 중국 산둥성으로 떠났다. 공자와 맹자의 출신지로 유교사상이 뿌리 깊은 지역이었지만 각종 어려움을 극복하면서 복음 전파에 전념했다. 공산당이 중국 본토를 장악한 뒤 교회가 폐쇄돼 학교, 공장, 마구간 등으로 사용되고 많은 성도가 박해를 받고 처형되는 상황에서도 끝까지 전도에 전념, 1957년 추방되기까지 21년간 복음을 전했다. 엄청난 종교적 탄압 속에서 서구 선교사들은 모두 철수했지만 마지막까지 선교지를 지킨 유일한 외국인 선교사로 기록됐다.

방 목사는 귀국 즉시 영등포교회에 부임, 22년간 봉직하고 현 교회당 건축 준비를 마친 뒤 1979년 원로목사로 추대됐다. 그는 교회 행정가로도 탁월한 능력을 보여줬다. 예장이 분립되기 전 경기노회(서울·경기·인천 지역 포함) 노회장을 두 차례나 역임했으며 총회 전도부장, 부회장을 거쳐 1971년에는 총회장에 피선됐다. 특히 총회 전도부장직을 18년간 맡았을 정도로 선교와 전도에 열정을 보였다. 국내 화교교회 설립에도 실질적인 산파역을 수행했다. 제3회 '언더우드상'을 수상하기도 한 방 목사는 현재 재한중화기독교유지재단 이사장 등으로 봉사하고 있다.

집필가로서 방 목사는 100여 권의 서적을 이미 출판했다. 그가 펴낸 『피의 복음』은 중국어로 번역돼 현재 중국 가정교회의 주요 교재로 사용되고 있다. 1992년에는 성경 66권 강해서를 완간해냈다. 1933년 숭실대학시절부터 월간 기독교 잡지인 『게자씨』를 창간·보급했던 문필가로서의 재능이 녹슬지 않고 있다.

방 목사는 귀국 이후 이끌고 있는 월요성서연구모임을 아직도 진행하고 있다. 영등포교회 사택에서 시작된 이 모임을 거쳐 간 목회자는 수천 명에 달한다. 은퇴 후에는 여의도 자택에서 이 모임을 인도하고 있다. 방 목사는 성경 강해뿐 아니라 목회자들에게 필수적 요소인 소명감, 자질, 예배의 원리, 목회자와 설교, 심방 요령, 교회 행정 등도 강의한다. (전상기)

참고문헌

박용규, 「평양신학교 初期片史」, 『신학지남』 165, 1974.6; 윤춘병, 『한국기독교신문잡지백년사(1885~1945)』, 감리교신학대학교출판부, 2003; 최덕교, 『한국잡지백년』 3, 현암사, 2004.

▌격류(激流)

1937년 중국 상하이에서 발행된 종합이론 잡지

1937년 상하이(上海) 격류사(激流社)에서 발간한 종합성 이론간행물로 자오원광(趙文光)이 편집을 담당하였으며 중국공산당의 정치적 주장을 선전하였다. 베이징사범대학도서관 등에 소장되어 있다.

이 간행물은 주로 국공양당의 항일민족통일전선이 형성된 후의 중국혁명의 임무를 논술하고, 중국 각 민족의 항전 상황을 묘사하였으며, 광범위한 민중, 특히 청년학생을 동원하고, 조직해야 할 필요성을 강조하였다.『격류』는 항전에 적극적으로 참여할 것을 주장하였으며, 민중이 모든 곤란을 극복하고, 민족의 생존을 위해 항전에서 최후의 승리를 쟁취하자고 호소하였다.

이 간행물에 수록된 주요 글로는 마오쩌둥(毛澤東)의「국공양당의 통일전선 성립 후 중국혁명의 절박한 임무(國共兩黨統一戰線成立後中國革命的迫切任務)」와「일당독재를 말함(談"一黨專制")」, 양짜오(羊棗)의「가장 진실되고 철저한 민주(最眞實最徹底的民主)」, 왕밍(王明, 천사오위[陳紹禹])의「현재 항전의 형세와 임무(目前抗戰形勢及任務)」와「서로 도와 공동으로 항전승리를 쟁취하자(互相幫助共同發展爭取抗戰勝利)」, 린뱌오(林彪)의「항일전쟁의 경험(抗日戰爭的經驗)」, 판쯔녠(潘梓年)의「국공양당 합작의 임무를 논함(論國共兩黨合作的任務)」, 장나이치(章乃器)의「문화통일전선 속의 두 가지 문제(文化統一戰線中的兩個問題)」, 저우언라이(周恩來)의「어떻게 지구전을 진행할 것인가(怎樣進行持久抗戰)」,「현단계 청년운동의 성질과 임무(現階段靑年運動的性質與任務)」와「두 눈의 8가지 방법(兩個目的八個方法)」, 덩잉차오(鄧穎超)의「현단계 부녀운동에 대한 의견(對於現階段婦女運動的意見)」과「농촌공작 ABC(農村工作ABC)」, 뤄푸(洛甫, 장원톈[張聞天])의「전시 민운활동의 8가지 기본원칙(戰時民運工作的八個基本原則)」, 보구(博古)의「항전형세와 항전의 앞날(抗戰形勢與抗戰前途)」등이 있었다. 주요 집필자로는 이 밖에 샤오쥔(蕭軍), 천밍수(陳銘樞), 왕뤄페이(王若飛), 허샹닝(何香凝), 궈모뤄(郭沫若), 마오둔(茅盾), 샤오리쯔(邵力子), 첸쥔루이(錢俊瑞), 허쓰징(何思敬) 등이 있었다. (김지훈)

참고문헌

伍杰,『中文期刊大詞典』, 北京大學出版社, 2000; 北京師範大學圖書館報刊部 編,『北京師範大學圖書館館藏中文珍稀期刊題錄』, 北京圖書館出版社, 2002.

▌격치익문휘보(格致益聞彙報)

1898년 중국 상하이에서 창간된 종합잡지

1898년 8월 17일 상하이(上海)에서 창간되었다.『익문록(益聞錄)』과『격치신보(格致新報)』가 합병하여 발간된 잡지로 상하이프랑스천주교회(上海法國天主敎會)가 주관하여 일주일에 2회씩 발행하였다. 99호까지 발행된 후, 1899년 8월 9일 100호부터는 휘보(彙報)로 개명하여 계속 출판되었다. 출판 형식과 격식은 예전과 같았으며, 익문보관(益聞報館)에서 별도로 편집되었다. 베이징 중국사회과학원 경제연구소도서관에 소장되어 있다.

서양 자연과학 소개를 위주로 하여 중국이 '허망지학(虛妄之學)'에서 벗어날 것을 선전하면서 시사와 경제 상황들도 보도하였다.

현재 1898년부터 1905년 1월까지 제1호부터 제650호까지와 1905년 2월부터 1906년 1월 사이의 논설 100편과 시사(上) 100 편, 시사(下) 100편이 분류 정리되어 출판되어 있다. (김성남)

참고문헌

周葱秀·涂明 著,『中國近現代文化期刊史』, 山西敎育出版社, 1999; 方漢奇 主編,『中國新聞社業通史』, 中國人民大學出版社, 1996.

▌격치회편(格致匯編)

1876년 중국 상하이에서 창간된 과학 잡지

1872년 8월 베이징(北京)에서 창간된 『중서문견록(中西聞見錄)』이 『격치회편(格致匯編)』의 전신이다. 『중서문견록(中西聞見錄)』이 1876년 2월 상하이(上海)로 옮기면서 영국 선교사 프라이어(John Fryer, 중국명 푸란아[傅蘭雅])가 자비를 내어 발행과 편집을 하게 되었고, 프라이어가 주관하고 있던 상하이격치서옥(上海格致書屋)이 출판을 맡아 발행하면서 제호도 『격치회편(The Chinese Scientific Magazine)』으로 바꾸었다. 영문 제호는 그 다음해 다시 "The Chinese Scientific and Industrial Magazine"으로 개칭되었다. 그러나 1878년 프라이어의 귀국으로 휴간되었다가 1880년에 다시 복간되었으며, 1890년에는 계간으로 발간하다가 1892년 합계 60호를 발행하고 종간되었다. 베이징사범대학도서관 등지에 소장되어 있다.

중국 근대 최초의 과학기술 잡지로 프라이어는 창간호에서 서양의 격치학문을 중국에 널리 전하는 것이 발행목적이라 하였다.

주요 내용은 서양의 과학기술과 문화지식을 소개하는 것으로 천문, 지리, 화학, 물리, 교통운수, 채굴·제련, 교육, 법률, 문학, 역사 등이며 정교한 그림도 많이 실었다. 또 각국의 최신 뉴스도 수록하였다. 주요란으로 격치략론(格致略論), 격물잡설(格物雜說), 호상문답(互相問答), 각국 근사(各國近事), 우언(寓言) 등이 있다.

쉬서우(徐壽)는 「서(序)」에서 프라이어에 대한 소개와 함께 그가 중국에 온지 이미 10여 년 동안 중국의 언어와 문자를 익혀 서양의 많은 격치 서적들을 번역 소개하였음을 설명하고, 앞으로 더욱 유익한 지식을 번역하여 올리겠다고 하였다.

즉 천문이나 지리, 산수, 공예, 화학, 지학, 금광 등이 이러한 격치라 보고, 서양 서적 및 최신 사건 뉴스는 격치의 학문과 서로 관련이 있는 것으로 여러 사람들에게 편리하게 견해를 전할 수 있으며 더욱 지혜 있게 하는 실용의 목적을 가지고 있는 것이라고 하였다.

그리고 '회편(匯編)'으로 이름을 지은 것은 유럽의 자연과학에서 중요한 내용들을 찾아내 번역해서 책을 만들어 보여 주기 위함이며, 이는 사람들의 시야를 넓혀 주고 지혜를 늘려 실용적인 면에 도움이 되게 하고자 한다는 뜻을 강조하였다.

이 매체는 풍부한 내용과 생동감 있는 문장, 그리고 삽화를 배치하였고, 문답란을 설치하여 독자들이 제기하는 격치와 공예에 관련된 질문에 답을 주는 방식으로 구성되어 있다.

1878년 프라이어가 귀국하기 이전까지는 월간으로 매회 30여 쪽에 정교한 그림과 인쇄로 독자들의 환영을 받아 전국에 판매처를 갖게 되었고, 판매부수도 4000부를 넘어섰다.

쉬서우의 「서(序)」

"사물의 이치와 도리를 따져 밝히는 것은 몸을 닦아 집안을 다스리고, 평안하게 세상을 다스리는 공부의 시작이다. 주자의 소위 '추단오지지식(推斷吾之知識)'이라는 것은 끝없이 그 지식을 추구하는 것이다. 사물의 이치를 안다는 것은 그 끝에 닿을 수 없는 것이다.

만약 인심의 도리를 안다면 천하지물의 도리 역시 알 수 있는 것이다. 만약 알고 있는 도리를 통해 모르는 도리를 추론하지 않는다면 이를 따라 만들어진 것은 그 끝이 반드시 완전할 수 없는 것이다." (김성남)

참고문헌

北京師範大學圖書館報刊部 篇, 『北京師範大學圖書館館藏中文珍稀期刊題錄』, 北京圖書館出版社, 2002; 王檜林·朱漢國 主編, 『中國報刊辭典』, 太原: 書海出版社, 1992.

▌견성(鵑聲)

1905년 일본 도쿄에서 창간된 중국어 정치운동 잡지

1905년 9월 일본 도쿄(東京)에서 창간되었다. 쓰촨성(四川省) 출신 유학생 학생 조직인 견성사(鵑聲社)가 발행한 혁명성 종합잡지이다. 레이톄아(雷鐵厓), 둥슈우(董修武), 리자오푸(李肇甫) 등이 편집을 맡아 백화보(白話報)로 발행되었다. 2호를 발행하고 정간되었다가 1907년 복간하였으나 다시 『쓰촨(四川)』으로 흡수되었다.

내용은 사설과 논설, 종교, 정치, 군사, 경제, 기사, 소설, 문원(文苑), 시평(時評), 총담(叢談) 등의 항목이 있다.

쓰촨 지방과 전 국민을 환기시켜 민족을 위기에서 구하고 새로운 중국 건설을 발행 목적으로 삼았다. 반청(反淸)혁명을 주장하고, 부르주아계급의 민주 자유 사상을 선전하였다.

그러나 2호 발행 이후 청 정부의 감시를 받아 정간되었다가, 1907년 다시 조직을 재정비하여 문장을 백화문(白話文)에서 문언(文言)으로 바꾸고 간행을 재개하였다.

재간행시 『견성』이란 제호는 그 가치를 중시하여 바꾸지 않았으나, 1907년 하반기 쓰촨유학생동향회가 쓰촨잡지사(四川雜誌社)를 설립하고 『쓰촨(四川)』을 창간하면서 종간되었다. (김성남)

참고문헌

方漢奇 主編, 『中國新聞社業通史』, 中國人民大學出版社, 1996;
葉再生 著, 『中國近代現代出版通史』, 北京: 華文出版社, 2002.

▌경남일보(慶南日報)

1909년 경남 진주에서 창간된 한국 최초의 지역신문

1909년 한국 경남 진주에서 창간되었다. 편집 겸 발행인은 장지연이었고, 인쇄인은 이기홍이었으며 발행소는 경남 진주군 성내(城內) 일동(一洞)이었다. 가로 30㎝, 세로 47.5㎝ 크기의 타블로이드판이었으며, 4쪽 6단제(1행 13자, 5호 활자 사용)였다. 국한문 혼용으로, 1916년에 종간되었다.

경남 진주군 성내(城內) 일동(一洞)에서 김홍조, 정홍석, 배민환, 이판수 등의 영남유림들이 김영진 등 여러 명의 실업인들과 주식회사 경남일보사를 설립하고 장지연을 초빙하여 1909년 10월 22일 창간한 한국 최초의 지방지이다.

『경남일보』와 관련된 기록으로 가장 먼저 나타난 것은 『황성신문』 1909년 2월 17일 잡보 「대한우일보(大韓又一報)」였다. 여기에서는 경남일보사의 발기를 보도했는데, 이를 통해 보건대 경남일보사의 발기가 논의된 것은 1908년 말이나 1909년 초였으리라 짐작할 수 있다.

특히 『황성신문』은 경남일보사의 발기에 깊은 관심을 보여, 2월 21일자에는 '영남서광'이라는 제목으로 경남일보 주식회사의 설립발기문을 게재하기도 했다. 이 발기문에서 경남의 유지들은 신문의 중요성과 그 기능을 역설한 후 개화에 무관심한 영남지방의 교육과 실업의 발전을 신문의 발간으로 도모하겠다는 취지를 내세우면서, 주식 모집에의 참여를 촉구했던 것이다. 그리고 발기문에는 경남일보사의 설립에 경남관찰사 황철의 적극적 지원이 있었음을 밝히고 있었다.

이런 신문 발간 움직임에 대해 『황성신문』은 2월 23일자에 「대(對)경남일보 창립에 충고홈」이라는 논설을 게재하면서 격려하기도 한다.

또한 『대한민보』 1909년 6월 22일자에서는 「경남일보청인(請認)」이란 제하에서 다음과 같이 언급한다.

"경남 진주군 인사제씨(人士諸氏)가 자금을 모집하야 신문을 창간코저 하야 목적은 실업이오 명칭은 경남일보요 편집 겸 발행인은 울산군(蔚山郡) 김홍조 씨로 해관찰부(該觀察府)에 청원하였는데 일간(日間) 내부를 전보(轉報)ᄒᆞ야 승인ᄒᆞᆫ 후에 즉행(即行) 발간(發刊)ᄒᆞᆫ다ᄒᆞ니 아국인지방(我國人地方)에서 신문업을 설(設)홈은 차보(此報)로서 효시(嚆矢)가 되겠더라."

『매천야록』에는 『경남일보』에 대해 "진주인창경남일보빙장지연위주필(晉州人刱慶南日報聘張志淵爲主筆)"이라고 기록하고 있으며 『대한매일신보』는 11월 26일자에서 「경남일보를 축(祝)ᄒᆞ노라」는 논설을 싣고 있다.

동지 제2호는 1면에 외보(外報), 현행법령, 지방민권 자치제, 삼강(三綱)의 일사(逸史), 2면은 잡보, 3면에는 축사, 4면은 관보와 광고를 실었다.

창간호가 전해지지 않아서 그 창간사를 검토할 수는 없지만 『황성신문』 1909년 10월 24일자 논설 「독(讀)경남일보」에 그 논지가 요약되어 있다. 즉 『경남일보』의 취지는 법률과 행정의 관계, 실업의 지식, 교육의 발달, 삼강(三綱)과 관련된 사화(史話) 등의 네 가지로 파악하고 있었다. 그리고 『황성신문』에서는 그 네 가지가 당대의 시급한 일들이라고 지적하면서 『경남일보』의 취지를 적극 지지했던 것이다.

또 『경남일보』에서도 그 취지를 다시금 천명하기도 했다. 1910년 3월 16일자 사설을 보면, 정치와는 무관하게 민지 개발과 실업 장려에 진력한다는 것을 밝혔던 것이다. 따라서 『경남일보』의 내용도 『황성신문』이 소개한 것과 다름이 없었다.

이 취지를 중심으로 본지가 어떤 내용을 담고 있었는지 먼저 살펴보자. 먼저 법률, 행정의 관계라는 취지는 본지 1909년 11월 16일자 사설 「우일경고(又一警告)」에서 볼 수 있듯, 법령이나 행정에 관련되는 문제를 해설하여 국민에게 알려 주는 것을 의미하고 있었다. 실제로 『경남일보』는 '현대법령'이라는 고정란을 두어 당시 새로 제정되거나, 국민의 숙지가 필요하다고 생각되는 법령들을 연재했다. 민적법, 국세징수법, 가옥세법, 삼림법, 어업법과 같은 법령들이 '현행법령'란에 소개되었다. 또 1910년 11월 17일자 이후에는 1면에 진주경찰서 경부(警部)이며 경남일보사 부설 야학교의 법률교사인 최동섭이 강해한 '법률요의'도 연재되었고, 사설에서도 법률문제를 자주 논의한 바 있었다. 그러나 그 내용은 정부에 필요한 법률의 제정이나 개정을 요구한 것이 아니라, 실정법을 인정, 준수함으로써 불이익을 받지 않도록 계몽하는 것이 대부분이었다.

또한 1910년 6월 3일자와 6월 9일자에 게재된 사설 「소송자에게 권고」에서는 일본이 사법권을 장악한 이래 법률의 조어들, 즉 한일 법률의 상이함과 언어의 불통으로 인한 소송을 어려움을 지적하고, 생명이나 재산상에 깊이 관계되지 않으면 가급적 소송을 하지 말라고 권고하고 있다. 이 같은 입장은 법률의 공평성이나 민권의 확대, 국민 편의에 대한 관심이라기보다는 실정법의 준수로 불이익을 피하라는 수동적이고 현실순응적인 것으로 볼 수 있다.

실업에 대한 장려는 신문의 3면에 농업계, 공업계, 상업계라는 고정란을 둔 것에서 짐작할 수 있다. 즉, 농법을 비롯하여 양계법, 포도재배법과 같은 농업관련 기사와 상업이나 자본 등을 설명한 상업관계 기사, 그리고 제조업 등 공업에 관련되는 기사를 연재했던 것이다. 또 1910년 11월 25일부터 1911년 6월 14일까지 「상업경영법」이라는 연재물이 있었는데, 이는 안국선이 1909년 11월에 광학서포에서 간행한 동명의 서적을, 그대로 전재한 것이었다.

교육에 대한 관심은 '교육휘보'라는 고정란에서 엿볼 수 있다. 경남 지역의 학교와 교육상태 등을 소개하는 것이었다. 또한 경남일보사 관계자들이 학교에도 관여했고, 신문사 부설 야학교를 개설했던 일도 이를 지지한다. 1910년 3월 21일자 사설 「도립실업학교의 실시」에서는 실업교육의 장래를, 동년 2월 18일자 「무직 부형(父兄)에게 경고」는 학자금의 융통이 곤란하더라도 자식의 교육은 시켜야 한다는 내용이었다. 또한 같은 해 5월 2일자 '학생계의 주의'에서는 실업교육의 중요성을 강조했고, 학생들에게 중앙에의 취학보다 도내 실업학교에의 취학을 권유하고 있다. 또한 미신과 폐습의 타파를 강조하기도 했다.

한편, 과거 일화를 '삼강의 일사(逸史)'라는 제목의 고정란을 통해 소개했는데, 경남 지역의 충신, 효자, 열녀, 절사 등을 소개하여 후세의 모범으로 삼겠다는 의도를 밝혔다. 이것은 본지가 경남 지역에서 발행된 신문이었고, 유학에 그 기저를 두고 있었기 때문이다. 경남일보사 관여자들이 모두 유학을 수학한 계층이었음은 물론 사내에 공자의 진상(眞像)을 구비하고 판매까지 하였다는 점도 흥미롭다. 본지의 주독자층도 경남 지역의 유림층이라는 점을 확인할 수 있는데, 신문의 사설에 자주 보이는 "신사제공(紳士諸公)"이라는 표현은 그들을 지칭한 것이었다.

이 신문은 대체로 『황성신문』을 모범으로 삼고 제작된 듯하다. 그것은 주필 장지연이 황성신문사 사장을 역임했다는 점에서도 쉽게 짐작된다. 편집방침이나 각 코너 및 연재물 내용도 종종 겹치고 있다.

본지의 전반적 내용을 통해 특히 주목할 수 있는 것은 ① 본지가 의도적으로 당시 정치현실 문제에 대해 논의하지 않았다는 점, ② 지방신문의 기능과 역할에 충실했다는 점이다.

동지는 창간 당시 일간으로 출발했으나 제4호 3면의 '본사특별고백'이라는 사고를 통해 기계 고장으로 1주 휴간을 알리고는 10일 동안 신문을 발행하지 못했다. 20호부터는 일요일에 관계없이 격일간으로 발행했다. 1910년 6월 21일 지령 100호 발행을 맞아 기념식과 사옥신축 낙성식을 가졌다. 사옥 내에 야학교를 설치, 159호에서 다음과 같이 광고했다.

"본사에서는 민지개발(民智開發)을 위하여 야학교(夜學校)를 설치한 바 과정 급(及) 교사는 여좌(如左)하니 각부 유지자(有志者)는 수과입학(隨科入學)함을 요함. 한문과 교사 장지연. 일어과 교사 최동섭, 김명견, 단(但) 하오 팔시 급시(及始)하여 십시(十時)에 지(止)함."

1910년 10월 1일자 제148호를 압수당하고 10월 14일에는 합병에 순국한 매천 황현의 절필 4장을 게재했다고 하여 발행 정지처분을 받는 등(10월 25일 해제) 많은 제약을 받으며 1916년경까지 발행되었다.

1910년 현재 동지의 1개년 발행일수는 132일, 1개월 평균 배부부수는 발행지에서 2만 7435부, 국내 각처에 2100부, 일본 30부, 청국 15부 등 총 2만 9580부에 달했으며, 1일 평균 발행부수는 2689부로 총독부의 기관지인 『매일신보』를 제외하고는 당시 유일한 일간지로 존재했다.

일제하 지방신문 현황

1910년 일제강점기 지방에는 이미 18개의 신문이 있었는데, 본보 『경남일보』를 제외하고는 모두 일본인이 발행하던 것이었다. 이것은 강점 직후 조선인 발행 신문을 모두 없앴을 뿐 아니라 일본인 발행 신문에 대해서도 통제를 강화한 것과 관련된다. 『경남일보』는 정치적인 문제를 피하고 '민지(民智) 개발'과 '실업 장려'라는 목적에만 치중한 덕이었다.

이외에도 1919년 3월 이전에 평양의 두 신문이 합병되고, 인천의 『조선신문』이 서울로 옮겨가는 등의 변화도 있었다. 문화정치를 실시하는 1919년부터는 신문의 신규 발행이 허가되면서 1919년 이후 대구 2개, 인천 1개, 전주 1개, 나남 1개 등 총 5개 신문이 새로 창간된다.

일제는 지방신문에 적극 지원하지 않았는데, 이것은 강점 이후 일제가 지방신문들에 대해 적극적 지원을 하면서까지 이용해야 할 필요를 느끼지 못했기 때문이다. 총독부는 강점 이후 주로 기관지를 활용하려 했고, 또 지방신문들이 특별히 지원하지 않아도 일제의 지배정책을 잘 따를 것으로 판단했기 때문이다. 즉, 각 지역 일본인 재력가들이 발행하는 지방신문이 자신들의 지배정책을 거스르지는 않을 것으로 판단한 것이다.

일제하 지방신문은 지역 내의 일본인 독자들을 확보하기 위해 일본 본토에서 들어온 신문들이나 서울의 일본인 발행 신문들과 경쟁을 해야 했고, 조선인 독자에 대해서는 서울의 조선인 발행 신문과 경쟁을 해야 하는 입장에 있었다.

한일강제병합과 『경남일보』

1908년 한일강제병합 이후 1개월 이내에 한국인 발행 신문은 거의 모두 폐간되었다. 친일신문도 예외가 아니었고, 『대한민보』는 『민보』로, 『대한신문』은 『한양신문』으로 제호를 바꿨으나 그 다음날인 1910년 8월 31일자로 아예 폐간되었다. 『황성신문』은 『한성신문』으로 개제해서 9월 14일까지 발간했고, 『대한매일신보』는 『매일신보』로 계속 발간되고 있었다. 일본인과 서양인이 발행하던 신문은 종교기관의 기관지를 제외하고 모두 폐간되었다. 그런데 본지는 개제나 폐간의 조치도 없이 계속 간행되어 특기할 만하다.

본지가 합병 이후 계속 간행될 수 있었던 까닭은 이 신문이 현실 정치에 대해 별다른 논의를 하지 않았다는 점에서 우선 이유를 찾을 수 있을 듯하다. 즉, 지방민을 대상으로 비정치성을 강조하면서 민지 개발과 실업 장려를 주지로 삼고 있었으니, 총독부에서는 지방에서 간행되어 그 영향력이 미약하고 비정치적인 한국인 경영 신문을 하나 정도는 남겨두는 것이 대내외적으로 유리하리라고 생각했을 것이다.

『경남일보』는 1910년 9월 16일자부터 지면을 확대하여 간행했다. 한국인이 발행한 다른 신문들이 늦어도 9월 14일자로 모두 폐간되었다는 점과 좋은 비교가 된다. 그러다가 본지는 1910년 10월 11일자에 황현의 절명시를 게재하여 정간처분을 당하는 사태도 있었다. 이 절명시는 장지연의 평과 함께 게재되었는데, 총독부와 어떤 교섭이 있었는지 알 수는 없지만 정간은 10월 25일자로 해제되고, 신문은 10월 27일자로 속간되었다. 그런데 그 이후 변화가 있었는데, 사설이 신문에 게재되지 않았다는 것이다. 즉, 총독부에서는 『경남일보』의 존속은 인정했지만 주필 장지연의 신문에 대한 영향력을 감소시키고, 신문의 기능을 보도부문에 국한시키기 위해 사설의 게재를 금지시켰으리라 추측할 수 있다. 1913년 8월 9일자에는 다시 「하기 휴가 학생에게 권고」라는 사설이 게재되고 있다.

합병 이후에도 지방신문으로서의 역할만 충실히 했다. 그 밖에 총독부의 홍보사항도 게재해야 했고, 야학교 설치 이후에는 한문 작문 게재도 늘었다. 대체로 야학교 한문과에서 작문한 것들이었다. 또한 읽을거리 확보를 위해 소설이나 이야기를 모집하기도 했고, 박영운의 국문소설 「운외운(雲外雲)」이 연재되기도 했다. 이같이 소설을 비롯한 순국문체 문장 사용이 증가한 것은 국한문혼용체를 사용하여 독자층 확대와 대중계몽의 필요성을 보다 깊이 인식한 결과였을 것이다.

폐간에 관해서는, 1914년 가을 설, 1915년 초 설, 1916년 설 등 여러 설이 있다. (이경돈)

참고문헌

『한국신문·잡지총목록』, 대한민국국회도서관, 1966; 계훈모, 『한국언론연표』, 관훈클럽신영연구기금, 1979; 박용규, 「일제하 지방신문의 현실과 역할」, 『한국언론학보』 50-6호, 2006; 최기영, 『대한제국시기 신문연구』, 일조각, 1991.

▌경북노회교회보(慶北老會敎會報)

1926년 대구에서 발행된 월간회보

1906년 9월 26일 한국 대구성경학교에서 발행된 월간 회보이다. 아담스(E. Adadams, 한국명 안두화)가 편집 겸 발행인이며, 발행소는 대구성경학교이다. 국배판 6쪽에 한글 4단, 내리 편집되어 있다. 정가는 2전이다. 1940년 9월 1일 발행한 통권 168호까지는 확인되나 그 이후는 알 수 없다.

이 회보는 선교사 안두화가 교회 정보교환과 신도들의 자질 향상을 목적으로 개인이 제작 간행하여 경북노회 내 200여 교회에 다달이 배부해 온 잡지이다. 안두화 선교사가 안식년으로 귀국하게 되자 비로소 경북노회가 인수하고 그 편집 사무를 같은 노회 종교교육부에 일임하였기 때문에 1935년 7월 통권 107호부터 종교교육부 총무 김봉도 목사가 담당하여 다달이 펴냈다.

김봉도 총무는 「교회보 편집사무를 인수하고서」라는 글에서 다음과 같이 쓰고 있다.

"선교사 안두화 씨가 금년에 안식년으로 본국에 들어가게 되니까 이런 사무를 다른 데에 양도하지 않을 수 없습니다. 노회에 맡기니 노회는 받아서 편집사무를 노회 종교교육부에 맡겼습니다. 그래서 이 사람이 편집사무를 주간하게 되었습니다. …… 우리로회경 내 방방곡곡에 산재한 동역 제씨와 교회 내 유지 제씨는 다 실기(實氣) 있는 붓을 들어 쓰고도 단 소식을 통하여 고생을 같이하고 즐거움을 같이 하는 유일무이한 보도기관을 만들어 서로 연락하고 연락하여서 그리스도의 몸된 교회를 일취월장케 합시다."

이런 목적하에 간행된 제107호를 잠시 살펴보자. 제107호는 노회가 인수한 후 첫 번째로 발행한 것이다.

권두언으로 김봉도의 「교회보 편집사무를 인수하고서」에 이어, 논문으로는 도쿄 일본신학교 박영출의 「요한칼빈의 사상의 본질」, 대구부 외뢰병원 리영식의 「성경의 큰 뜻」, 허심(虛心)의 「해안의 제단」 등이 있고, 설교로는 대구 신정교회 목사 염봉남의 「하나님은 우리와 협동하심(눅16:1~13)」이 있다. 또한 총무 김봉도의 「하기학교 개학은 멀지 않소」가 있고, 축사로 해운대 유재기의 「비와 바람 불던 말던 너 저람에야 무삼해 있으랴」, 이태학의 「축 교회보 인수 속간」이 있다. 기타 소식으로 각 교회 소식, 특별광고, 인사소식, 하기학교순강, 각종 계출에 대한 광고, 노회 내 각종 집회일

예고, 경북노회 전도부 후원회원 방명 등으로 본지 6면을 채우고 있다. (이경돈)

참고문헌

『한국신문·잡지총목록』, 대한민국국회도서관, 1966; 계훈모, 『한국언론연표』, 관훈클럽신영연구기금, 1979; 『아단문고장서목록』, 아단문화기획실, 1995; 최덕교 편저, 『한국잡지백년』, 현암사, 2004.

경성로컬(京城ローカル)

1938년 서울에서 발행된 일본어 대중 계간 잡지

1938년 3월경에 창간했다고 추정되며. 종간호 역시 그 시기와 호수를 확인할 길이 없다. 현재 남아 있는 잡지는 1940년 봄호(통권 9호)뿐이다. 편집 겸 발행인은 모리카와 기요토(森川淸人), 인쇄인은 지카자와인쇄소(近澤印刷所)의 지카자와 시게루(近澤茂), 발행소는 경성로컬사(경성부 약초정 40)이다. 판형은 타블로이드판으로 총 36쪽에 정가는 20전이다.
'아단문고'에 1940년 봄호가 소장되어 있다.

잡지의 표지에 '견물(見物)·사정(事情)·야담(野談)·조선정서(朝鮮情緖)'라는 표제가 붙어 있다. 그러니까 이 잡지는 일본에 사는 내지인들에게 조선의 가장 큰 도시인 '경성'을 소개하고 조선의 풍습과 재미있는 이야기, 풍물, 민속을 소개하려는 의도에서 창간했음을 짐작할 수 있다.

1940년 봄호에는 김두헌의 「가족제도의 변천을 말하다」, 이지마 겐지로의 「조선천주교 소동이야기」, 이노우에 오사무의 「역대정무총감 이야기」 등이 실려 있다. 그 밖에도 야담과 가십거리가 게재됐다.

주목할 만한 것은 '반도신여성좌담회'로 표시된 「조선의 젊은 여성들은 항의한다!!」는 제목 아래 당대의 내로라하는 젊은 여성들이 모여 좌담회를 연 기록이다. 여러 면에 걸쳐 젊은 인텔리 여성들의 불만과 고충을 토로하는 좌담회를 통해 당시의 조선 사회에서 일어나는 문제들을 방청할 수 있다. 여기에 참석한 면면들을 보면 아래와 같다. 실업가 박순천, 『경성일보』 기자 전희복, 시인 모윤숙, 『삼천리』 잡지 기자 최정희, 이화여자전문학교 교수 박봉애, 『동아일보』 기자 박승호, 『동아일보』 기자 황신덕, 동유회 회장 김선, 여자상업학교 교유 박인호, 교육가 임효정, 성신가정여학교 교장 이숙종, 사회자 '경성로컬사' 모리카와 주필 등이다.

이 잡지는 표지도 다양한 색상으로 화려하게 꾸며져 있다. 이는 일본인들이 식민지를 바라보는 제국주의적이고 '오리엔탈리즘'적 시선에서 나온 결과로, 여기서 그들의 조선에 대한 이국적 동경과 욕망을 확인할 수 있다. (전상기)

참고문헌

서기재, 「일본 근대 「여행안내서」를 통해 본 조선과 조선관광」, 한국 일본어문학회, 『일본어문학』 통권 13호, 2002; 김백영, 「식민지 도시계획을 둘러싼 식민권력의 균열과 갈등: 1920년대 대경성 계획을 중심으로」, 『사회와 역사』 제67권, 2005.6; 아오이 아키히토(靑井哲人), 「계획의 식민지/일상의 식민지」, 한국건축역사학회, 『건축역사연구』 통권 51권, 2007.4.

경성일보(京城日報)

1906년 서울에서 발행된 일본어 통감부 기관지

1906년 9월 한국 경성에서 창간되었다. 사옥은 남산 총독관저 부근 대화정(大和町) 1정목에 있었다. 초대 사장은 이토 유칸(伊東祐侃)이었고, 주간은 핫도리 아키라(服部暢)였다. 한글판 주간은 요다 사다무(衣田節)였으며, 한국인 편집책임자는 정운복이었다. 서울대학교에 소장되어 있다.

이토 히로부미(伊藤博文)가 통감으로 부임한 후 침략정책을 효율적으로 수행하기 위해 1906년 9월 1일 통감부 기관지로 창간했다. 총독부의 3개 기관지 가운데 중심 역할을 맡았다.

일본은 해외 식민지에서 기관 신문을 발행했는데 조선에서의 경성일보를 비롯하여 타이완의 『타이완일일신보(臺灣日日新報)』, 만주의 『민주일일신문(滿洲日日新聞)』, 사할린의 『사할린일일신문(樺太日日新聞)』이 있었다.

1910년대에는 전문적인 언론인이 사장을 맡았으

나, 1920년대 이후에는 유럽 여러 나라의 대사 등 화려한 경력을 지닌 직업 외교관, 귀족원 의원, 현(縣)의 지사급 등 거물급이 임명될 정도로 『경성일보』의 정치적 비중이 컸으며, 총독부 『관보』에 버금가는 권위를 부여했다.

본보는 총독과 정무총감 등 총독부 최고위 통치자에게 '기밀비'를 전달하고 총독이 교체될 때는 기밀비가 인계되는 관행까지 있었다. 편집국장 또는 주필급 직업 언론인들은 대부분 일본 언론계에서 활동하던 사람들이었다.

『경성일보』는 한일강제병합 후 한말 최대의 민족지였던 『대한매일신보』를 통합하여 직접 경영했다. 1938년 4월 19일 『매일신보』가 『경성일보』로부터 독립된 법인으로 분리될 때까지는 두 신문이 하나의 신문사로 통합된 상태였기 때문에 두 신문사의 임원진도 겹치고 있었다.

1920년 민간지가 발행되기 시작할 무렵에는 『경성일보』의 한 부서가 되어 있던 『매일신보』에 종사하던 사람들이 『동아일보』와 『조선일보』에 참여하여 편집국장 등 중요한 역할을 맡았다. 또한 민간지가 발행되던 20년 동안 민간지들끼리 인적 교류가 활발했기 때문에 『경성일보』와 『매일신보』에 종사하던 여러 한국인 기자들은 광복 후 우리나라 언론계의 중요한 위치를 차지한다.

본보는 초대 통감 이토 히로부미가 "유력한 신문을 발행하여 대한 보호정치의 정신을 내외에 선양하고, 일선 융화의 대의를 창도할 필요"가 있다 하여 창간한 신문이다. 이 신문은 이미 발행되고 있던 2개의 일본어 신문인 『한성신보』와 『대동신보』를 통합하여 새로 창간하는 형식으로 출발했다.

본보는 일어판과 한글판 2개 신문을 동시에 발행하기 시작했는데 창간호는 현재 남아 있지 않다. 그러나 창간을 준비하고 있던 때인 8월 15일자 『도쿄니치니치신문』 보도에 의하면 창간호는 일어판 12쪽, 한국어판 8쪽 모두 20쪽으로, 수만 부를 인쇄하여 한국과 일본 두 나라에 배포할 계획이었다고 한다.

『경성일보』도 한일강제병합 직전, 통감부로부터 발행정지를 당한 일이 있었다. 한일강제병합을 앞두고 통감부는 한국 언론에 철저한 통제를 가했는데 이 와중에 『경성일보』도 한때 발행정지를 당한 것이다. 어떤 기사가 문제가 되었는지 확실하지는 않지만, 기사의 게재를 금지한 기밀사항을 보도하여 1910년 6월 19일 발행된 『경성일보』 지령 1142호가 '치안방해'라는 이유로 발행정지 당했다. 정간은 5일 후인 24일 해제되었다. 합방 후인 1912년 8월 9일 발행 지령 제1803호도 발매금지와 압수처분을 당했고, 이듬해 10월 19일부터 2일간 발행정지 당했다.

1910년 8월 30일 한일강제병합이 체결되자 그때까지 통감부 기관지였던 『경성일보』는 총독부 기관지로 위상이 바뀐다. 이와 함께 편집과 경영에 역시 변화를 꾀한다. 한일강제병합 이전에 통감으로 와 있다 초대 총독이 된 데라우치 마사타케(寺內正毅)는 조선의 언론계를 식민지 통치에 유리하게 활용할 대책을 강구하면서, '신문통일정책'을 강행했다. 한국인에게는 신문 발행을 일체 허용하지 않고, 일본인 발행의 일본어 신문은 『경성일보』에 통합하여 신문을 하나로 만든다는 방침이었다. 폐간 대상이 된 일본인 발행 신문은 『조선신문(朝鮮新聞)』과 『조선일보』였다. 조선일보의 원래 제호는 『대한일보(大韓日報)』였다. 러일전쟁 1개월 후인 1904년 3월 10일 인천에서 창간되었다가 12월 10일 발행소를 서울로 옮겼고, 합방 직전인 1910년 4월경 제호를 『조선일보』로 바꾸어 발행되다 합방과 함께 『경성일보』에 흡수 통합된 것이다.

『조선일보』는 폐간되었으나 『조선신문』은 폐간에 불응하여 발행을 계속하였다. 『조선신문』의 원래 제호는 『조선신보』였다. 1892년 4월 15일 인천에서 창간되었는데 1908년 11월 20일 조선타임스사를 통합하면서 제호를 『조선신문』으로 바꾸었다.

본보는 창립 당시부터 용산, 부산, 인천 각지에 지국을 설치하고 통신 및 영업의 일부를 취급하도록 했으나 1911년 7월에는 이를 확장하여 조선의 각 중요지 10여 개소를 증설하였다. 1917년 11월에는 만주의 주요 지역에까지 지국을 확장했다. 지국을 설치하지 않은 지방은 통신원을 두고 중요사항의 통신을 맡게 했다. 또 따로 각지에 판매점(보급소)을 설치하여 신문 보급이 원활하도록 했다.

1925년 12월 25일 필화 사건은 유명하다. 『경성일보』 편집국장 야마다 이사오(山田勇雄)는 1926년 12월 25일 오전 9시 30분경 제국통신 서울지사로부터 '원호(元號)는 쇼와(正和)로 바뀌었다'는 전화 통지를 받고 석간에 발행된 26일자 신문에 천황 다이쇼(大正)의 사망기사를 실었다. 「개원조서 공포되다」라는 제목으로 원호를 '쇼와'로 사용하게 되었다는 내용을 성급하게 보도한 것이 문제가 된 것인데, 경기도 지사는 이 기사가 황실의 존엄을 모독했다고 하여 제1판 약 3000부의 발매를 금지했다.

검찰은 편집국장 야마다 이사오, 공장장 오가와 산노스케 등 3명을 신문지규칙 위반 혐의로 기소했다. 신문사도 문책인사를 단행하여 부사장 겸 지배인 미야베를 파면했고, 편집국장 야마다는 자진 사퇴했다. 이와 함께 마쓰오카 마사오(松岡正男)가 부사장 겸 주필을 대행했고, 영업국장 가사가미 시즈노부(笠神志都延)를 편집국장에 임명했다.

필화 사건 관련자에 대한 재판은 이듬해 2월 2일 경성지방법원 제3호 법정에서 열렸다. 이 사건은 이른바 불경 사건에 해당되는 사안이었으나 수사결과 의도적 사건은 아니었다는 점을 인정하고, 제작상의 실수로 취급하여 '신문지규칙' 제10조 제1호 '황실의 존엄을 모독'조항을 위반한 것으로 다루게 되었다. 천황에 대한 불경 사건으로 다루게 되었다면 훨씬 엄중한 처벌조항이 적용되었을 것이다.

재판과정에서 나타난 사건 경과를 보면 총독부 기관지로서 천황의 사망과 이로 인한 연호 개정을 성급하게 빨리 보도하려다가 일어난 실수라고 할 수 있다. 신문사로서는 최선을 다해 나름대로 용의주도하게 대비했지만 사건이 벌어진 것이다. 이 사건으로 『경성일보』는 상당한 비난을 받았고 곤경에 처했다.

필화로 재판이 열리던 무렵인 1927년 4월 15일 총독 사이토 마코토(齋藤實)와 경성일보 사장 소에지마 미쓰마사(副島道正)는 『경성일보』의 독립성을 확보하고 사장 임기를 10년으로 명시하는 새로운 계약서를 체결했다. 모두 9개 조항으로 된 계약서는 총독 사이토를 대리하여 오하라 도시타케(大原利武)를 무한책임 사원으로 지명하고 『경성일보』 사장 소에지마의 임기를 만 10년으로 했다. 사장의 임기가 끝나기 전 퇴사 또는 사망하는 경우는 잔여 임기를 부사장 마쓰오카 마사오가 승계하도록 했다. 이 계약의 체결과 동시에 1914년 8월 6일 체결한 계약은 무효화되었다.

이로써 본보의 사장 임기는 10년이 보장되었고, 경영보고 의무조항 역시 폐지되었다. 소에지마 사장은 경성일보사의 고문으로 총독부 이외의 인물을 요청하여 독립성을 지닐 수 있는 길을 열어 두었다. 소에지마는 『경성일보』의 독립성 획득과 사회적 지위향상을 기하려 했던 것이데, 그는 『경성일보』를 장차 『도쿄니치니치신문』 또는 『오사카마이니치신문』과 같이 일본에서도 존재를 보장받을 수 있는 신문을 만들 계획이었다. 소에지마가 사장 임기의 10년 보장을 받아내고, 조선자치론을 주장할 수 있었던 것은 그가 귀족 출신이어서 총독부도 그를 마음대로 할 수 없었던 탓이었다.

1927년 1월에는 지면을 조석간 합쳐 12면으로 확장했고 지방판도 신설했다. 또한 7월부터 2개월에 걸쳐 도쿄의 국지관(國技館)에서 조선박람회를 개최하여 『경성일보』의 독립성을 과시하고자 했다. 그러나 시기를 잘못 택한 사업은 오히려 소에지마를 조기에 사임하도록 만드는 역효과를 낳았다. 지면 확장은 광고 수입을 증대하는 효과도 있었지만, 과다한 경비를 지출하도록 했으며, 경제공황 여파로 경영 역시 큰 압박을 받았다. 사내에서도 소에지마의 경영방침에 반발하는 소리가 높았고 사장배척운동까지 일어나게 되었다. 조선박람회 역시 적자를 보았다.

소에지마는 마침내 10년 임기를 못 채우고 1927년 12월 3일 사임한다. 후임 사장으로는 계약대로 부사장 마쓰오카 마사오가 나서게 되었다. 마쓰오카 사장 취임 당시는 총독 사이토가 물러나고(12월 3일) 후임으로 육군대장 야마나시 한조(山利半造)가 부임하던(12월 19일) 시기였다.

한편 본사는 1930년 2월에 대폭적인 증자와 조직개편을 단행한 바 있다. 자본의 규모가 16만 엔에서 50만 엔으로 대폭 확장되었고, 이와 함께 세 가지 사업을 추진하기도 했다. 우선, 『경성일보』, 『매일신보』 두 신문의 지면확장을 실시한다. 『경성일보』는 13단제를 실시하여 지면을 늘리는 효과를 가져왔고, 『매일신보』는 2월 11일부터 8면으로 지면을 늘린다. 또한 『서울프레스』의 경영을 승계하여 독립된 회사로 운영되던 『서울프레스』를 『경성일보』와 합병한다. 즉 『경성일보』, 『매일신보』, 『서울프레스』 등이 하나의 회사로 통합된 것이다. 또한 사장 마쓰오카를 대표로 하여 『매일신보』는 한국인 부사장 박석윤을 임명했고, 『경성일보』는 주간에 가사가미 시즈노부를 임명했으며, 『서울프레스』의 제너럴매니저는 사메지마 소야를 임명했다.

통감부 기관지였던 『서울프레스』는 합방 후에는 총독부 기관지가 되었으나, 『경성일보』, 『매일신보』 처럼 하나의 회사로 통합된 자매지가 아니라 총독부의 독립된 기관지로 남아 있었다. 그러나 늘 적자를 면치 못했고, 한국 주재 서양 선교사들의 구독 이외에 한국인 독자는 거의 없었다. 그동안의 경영진이 자주 바뀌었다가 1930년 2월에 『경성일보』에 통합된 것이다. 통합 전까지는 편집국에 8~9명이 근무했으나, 통합 후에는 5~6명으로 줄었다. 『서울프레스』의 통합으로 인해 경성일보사는 일어, 한국어, 영어의 3개 국어 신문을 통합한 회사가 되었다.

자본금의 증액과 함께 박석윤이 한국인 최초로 부사장에 임명되었다. 『매일신보』는 기구가 확대되면서 한국인들이 독자적으로 편집과 제작을 맡도록 재량권을 확대시켰기 때문에 앞으로 독립적인 경영형태로 발전할 단계에 들어서고 있었던 것이다. 이는 『매일신보』가 총독부 기관지였지만 한국인을 대상으로 발간되었으므로 한국인들의 손으로 제작되지 않을 수 없었다는 점과, 이 무렵에 민간지의 시세가 확장되고 있었던 상황에 자극을 받았을 것이다.

박석윤은 부사장에 취임하면서 2월 11일을 기해 이전까지 4면 발행하던 것을 8면으로 늘리고 기원절(2월 11일)을 축하하는 "면목일신호"를 발행했다. 2면에 실렸던 단평 칼럼 '붓방아'를 없애고 대신 '자명등'을 신설하기도 했다. 편집국 역시 보강하여, 편집국장 대리 이익상, 정치부장 남상일, 사회부장 정인익, 학예부장 최상덕을 발령하고, 견습기자 오치범과 최일준은 교정부에 배치했다. 이후 최학송을 학예부 기자로, 이현숙은 학예부 견습기자로 채용한다.

총독부의 3개 기관지

일본은 한국 침략과 통치의 수단으로 언론의 역할을 매우 중요시하였다. 통감부와 총독부는 한국에서 언론기관을 직접 경영하거나 친일적인 언론을 육성하여 여론을 조작하고 침략을 위한 홍보와 선전의 무기로 사용하였다. 반면 항일언론에 대해서는 탄압을 가하는 방법을 병행하였다. 이같이 언론에 대한 통제와 언론을 이용하여 선전과 홍보를 병행하는 정책은 일본이 한국 침략을 본격화했던 19세기 말부터 주한 일본공사관에서 통감부를 거쳐 총독부로 계승되면서 일본이 패망할 때까지 시대상황에 따라 전략적인 변화는 있었지만 그 기조는 일관되게 유지되었다.

한국을 식민지화한 후 조선총독부는 3개 언어로 기관지를 발행하였다. 일어 『경성일보』, 한국어 『매일신보』, 영어 『서울프레스』가 그것이다. 이들 3개 기관지는 한일강제병합 이전에는 각기 별개의 신문사로 창간되었으나 합방 후에는 통합과 분리 과정을 거치면서 일본의 한국 침략을 선전, 홍보하고 식민지 통치를 정당화하는 논조를 폈다.

『경성일보』는 한국 언론사의 관점에서 보더라도 대단히 중요한 의미를 지닌다. 『경성일보』는 한일강제병합 후 한말 최대의 민족지였던 『대한매일신보(大韓每日申報)』를 통합하여 직접 경영하였으므로 일제치하 한국 언론계에서 『경성일보』가 차지하는 위상은 막강하였다. 『조선일보』, 『동아일보』, 『시대일보』(후에 『중외일보』, 『중앙일보』) 3개 신문을 "민간지"로 불렀던 것도 『경성일보』, 『매일신보』라는 총독부의 "기관지"와 대비되는 용어였다.

『매일신보』 무궁화 문제

「면목일신호」의 편집 및 제호 도안으로 인한 파장을 겪는데, 이른바 '『매일신보』 무궁화 문제'로 불리는 사건이었다. 일본의 신문까지 비판을 가하고 나서서 사장 마쓰오카와 부사장 박석윤은 곤경에 빠진다. 이유는 기원절의 축하기사 활자가 부사장 취임사보다 작다는 것이었고, 제호의 도안을 바꾼 것이 문제라는 것이었다. 우선 1면에 실린 부사장 박석윤의 취임사는 인물 사진과 함께 본문보다 한 호가 큰 4호 활자를 사용하여 눈에 훨씬 잘 띄도록 편집한 반면, 기원절 축하기사는 본문 활자로 조판했던 것이다. 기관지인 『매일신보』로서는 불경스럽다는 비판을 했다. 또한 제호의 도안을 바꾼 것은 이전까지는 제호의 배경에 조선과 일본을 비롯하여 타이완, 사할린 등 일본제국의 판도가 그려져 있었는데, 2월 11일부터 이를 없애고 무궁화 문양을 그려 넣은 것이 문제라는 것이다. 조선을 '근역(槿域) 삼천리'라 불렀으므로 총독부는 무궁화가 들어간 디자인을 금지하고 있었는데, 하필 총독부 기관지 『매일신보』가 기원절이란 명절에 일본 지도 대신 무궁화로 바꾼 것은 확실히 반역사상의 표현이라는 것이었다.

『매일신보』를 비난하는 괴문서는 2월 14일경부터 각 신문사와 유력인사들에게 배포되면서 표면화되었는데, "조선총독부 기관 신문의 반국가적 사상 선전에 관해서"라는 제목의 유인물들이었다. 두 종류의 유인물이 있었는데, 둘 다 내용은 "우리는 총독부 언론정책의 중대한 실태(失態)를 사회에 호소한다. 하등의 사적 감정이 있는 것은 아니다. 단지 조선통치에 대해서 한 가닥 공분(公憤)을 지니고 있음을 알아주기 바란다"는 것이었다.

두 종류의 괴문서는 일본의 정부 당국자와 추밀원 의원 귀족원과 중의원, 관변의 유력자 등에까지 우송되어 파문이 일었다. 『신문지일본(新聞之日本)』은, 3월 4일자에 제일 먼저 「경성일보 미증유의 대실태」라는 장문의 기사를 실었고, 6일자 『쇼와통신』도 괴문서를 거의 그대로 보도했다. 통신의 기사를 받아 『만조보』 3월 7일자에서는 「총독 직속의 어용 신문이 조선독립의 급선봉, 전선(全鮮)의 주의자(主義者)에게 독립운동의 암시적 지령을 주다, 조선통치 이래의 괴사건」으로 보도했으며, 『중앙신문』 3월 7일자에서는 '총독 사이토의 중대 책임문제'라고 비판했다. 『중앙신문』은 이튿날에도 '조선통치정책상 간과할 수 없다. 조선의 자치문제 상원방면에서 맹렬한 반대 일어나, 주목되는 정부의 태도'라는 요지의 기사를 보도했다.

총독부 경무국은 이 사건에 대해 다음과 같이 요약한다. 무궁화 도안은 독립사상을 표시하는 것으로 기관지에 사용하는 것은 문제가 있기 때문에 2월 15일 이후에는 도안을 바꾸었다. 그런데 조선 안에서 이를 과대하게 선전하고 각지의 유식자, 신문사 등에 배포하는 자가 있었으며, 3월 초순에는 도쿄의 2~3개 신문이 이를 침소봉대하여 게재했으므로 사건을 내사한 결과 "야심가 내지 불평분자의 책동"으로 일어난 것으로 판명되었다고 결론지었다. 그러나 사태는 한동안 진정되지 않아서 3월 31일에는 또 다른 문서가 나돈다. 「신문지토구(新聞之討究)」라는 글은 "갈팡질팡하지 말라 경성일보 - 매일신보, 천하의 역적 마쓰오카를 도살장에 보내라, 우열하게도 총독정치의 어용지가 조선독립의 급선봉이 된 사실"이라는 제목에 "마쓰오카 사장 이하 간부사원은 할복하여 그 죄를 천하에 사죄하라"는 부제를 달기도 했다. 내용은 앞의 문서와 거의 같았지만 『매일신보』는 『동아일보』, 『조선일보』, 『중외일보』에서 전부터 과격한 인물로 지목되던 기자들을 입사시키고 제호에 무궁화의 디자인을 넣어 암암리에 독립운동을 사주한 것이라고 주장하기도 했다. 일본에서는 커다란 문제였는데 조선 당국은 하등의 처분을 하지 않는 것은 심한 의문을 갖게 한다고도 덧붙이고 있다.
(이경돈)

참고문헌

김대환, 「사이토(齋藤實) 총독의 문화정치와 경성일보(京城日報)」, 경주대학교 『논문집』 17집, 2004; 정진석, 「일제 언론침략의 총본산 제2의 조선총독부 京城日報 연구」, 『관훈저널』, 2002 여름호; 『한국신문·잡지총목록』, 대한민국국회도서관, 1966; 『한국신문백년지』, 한국언론연구원, 1983.

경성학해(京城學海)

1913년 서울에서 일본어로 창간된 학술지

1913년 12월 창간된 경성학해사의 기관지이다. 편집 겸 발행인은 와타나베(渡邊哲玄)였다. 일본어로 발행되었고, 필자는 모두 일본인이었다. 발행소는 경성 남산정 2정목의 경성학해사였고, 인쇄소는 경성 명치정 3정목 189번지 일한인쇄주식회사(日韓印刷株式會社)였다. 경성학해사는 회원을 명예회원과 통상회원으로 나누고 회원에게는 매월 경성학해를 무료로 배포하였다. 명예회원은 ① 학식과 명망을 가지고 본사에 특별한 공로가 있는 자, ② 기본금 30원 이상을 기증한 자, ③ 통상회원은 본사의 취지에 찬성하여 1년 3원의 회비를 미리 납부한 자로 한정하였다. 경성학해를 구독하기 위해서는 1년 회비를 미리 납부해야 했다. 창간호는 연세대학교와 고려대학교 도서관에, 2집은 고려대학교 도서관에 소장되어 있다.

사칙(社則)에 의하면 경성학해사는 조선에서 학술적인 내용을 연구·토의할 사계의 인물들을 발굴하고 널리 학예를 보급함으로써 사회에 건전한 기풍을 확립할 것을 목적으로 설립되었다. 조선에서 학술적인 논의를 진전시키는 한편, 학문이 발흥하고 문물이 왕성한 일본과 달리 연사(緣思)·홍정(紅情)·방사(放肆)한 폐단에 빠져 있는 신영토 조선을 계도하기 위함이었다.

경성학해사는 뜻을 같이 하는 회원을 모집한 후 설립취지에 따라 기관지『경성학해』를 발행하였다. 설원(說苑), 가정, 문예란으로 구성되었다. 그리고 잡지 말미에 명사의 면영(面影)과 잡찬(雜纂)을 수록하여 학계 중요인물들의 동향과 연구실적을 소개하였다.

『경성학해』는 표방한 바와 같이 학술잡지로서의 면모를 갖추기 위해 설원을 강화하였다. 창간호 162쪽 중 9~99쪽까지를 설원이 차지할 정도로 설원의 비중이 높았다.

설원 중 1/3은 조선에 대한 내용으로 채워졌다. 이는 조선연구의 필요성을 논한 창간호 사설의 문제의식과 무관하지 않은 것 같다. 강점 초기 지배정책을 효과적으로 추진하기 위해서 조선의 실상을 연구하고, 지배의 당위성을 학술적으로 뒷받침하기 위한 근거를 마련하는 것은 식민통치에 앞서 반드시 선행되어야 할 작업이었기 때문이었다. (정진아)

참고문헌

鄭然泰,「朝鮮總督 寺內正毅의 韓國觀과 植民痛治」,『韓國史硏究』124, 2004; 강창일,「일제의 조선지배정책: 식민지 유산문제와 관련하여」,『역사와 현실』12, 1994; 小熊永二,『日本人の境界』, 新曜社, 1998.

경세보(經世報)

1897년 중국 항저우에서 창간된 시사종합잡지

1897년 8월 2일 저장성(浙江省) 항저우(杭州)에서 창간되었다. 창간인은 후다오난(胡道南)과 둥쉐치(董學琦)이며 장타이옌(章太炎)과 천추(陳虯), 쑹수(宋恕) 등이 집필에 참여하였다. 연사지(連史紙)에 석인(石印) 인쇄로 매회 30~40쪽 정도의 서본 형태로 간행되었다. 창간해인 1897년12월에 총 16책을 간행하고 종간되었다.

내용은 논설과, 황언(皇言), 서정(庶政), 학정(學政), 농정(農政), 상정(商政), 병정(兵政), 공정(工政), 교섭(交涉), 격치(格致), 중외근사(中外近事), 통인저술(通人著述) 등의 난이 있으며, 영국과 프랑스 등 외국 언론에서 잡다한 문장들을 번역 게재하였다.

제호를『경세보』라 정한 것은 옛 제도에 의거하여 다시 나라를 안정시켜야 함을 의미했다. 이곳에 실린 문장들에는 공자(孔子)의 학문만이 유일한 경세(經世)의 학문이라 주장하는 글들이 많이 있다. 남송(南宋) 이후 저장성의 전통과 명성을 강조하며 이곳 지역 인물들에 대한 담론이 많은 내용을 차지하고 있다.

1권에 게재된「항주부림계청주관창설양잠학당품(杭州府林啓請籌款創說養蠶學堂稟)」과 2권의「흥절회서(興浙會序)」등이 모두 저장성에 관한 글들이다.

그러나 이 잡지는 편집방향에 체계가 부족하여 어떤 문장에서는 서양을 배울 것과 변법유신을 강조하였고, 어떤 글에서는 변법유신파들을 공격하기도 했다. (김성남)

참고문헌

方漢奇 主編,『中國新聞社業通史』, 中國人民大學出版社, 1996;

葉再生 著,『中國近代現代出版通史』, 北京: 華文出版社, 2002.

경신(儆新)

1929년 서울에서 발행된 경신학교 동창회의 교지

1929년 4월 18일 서울 경신학교 동창회에서 발간한 교지이다. 쿤스(E. W. Koons, 한국명 군예빈[君芮彬], 경신학교 교장)가 편집 겸 발행인이며, 인쇄인은 김재섭(金在涉)이다. 편집은 국어학자이며 당시 촉탁교원이었던 이윤재(李允宰)가 했다. 인쇄소는 한성도서(주), 발행소는 경신학교동창회(서울 연지동 1)로, A5판, 126쪽, 비매품이다. 고려대학교와 한국외국어대에 일부가 소장되어 있다.

창간호에는 '화보', '권두사', '논단', '설원(說苑)', '동화', '제언', '상식', '작문', '기행문', '감상문', '소품집', '시가', '시조', '동시', '동요', '신시', '소설', '본교기사', '동창회', '동문회', '편집 끝에 한 말' 등의 제하(題下)에 여러 글들이 실려 있다. 그중에 쿤스의 「금일조선의 중학교」, 교사인 김교문의 「역사철학」, 이윤재의 「조선역사개설」, 박정식의 「입센의 유년시대」 등이 주목되고, 이후 소설가가 된 안수길(1911~1917)의 작품들도 눈에 띈다.

경신학교는 미국 북장로교회 선교사였던 언더우드(H. G. Underwood, 한국명 원두우[元杜尤])가 1886년 설립한 서울학교를 전신으로 한다. 이 학교는 김규식, 안창호로 대표되는 많은 민족운동가를 배출한 것으로 유명하다. 동창회는 1928년에 결성된 경신학교의 학생자치기구 이름이다. 경신학교의 역사는 창간호 말미에 연혁, 교가, 역대 교장과 교직원 명단, 현재 직원 일람, 생도의 출신지, 가정종교별, 부형(父兄) 직업별 분포와 중요일지 등이 상세하게 실려 있다. 졸업생의 현황과 동창회와 동문회의 운영에 관련된 기사도 실려 있다. 동창회보의 편집방침은 정치색을 배제하고 학술·논문·문예에 국한해 싣는다는 것이었다.

• 경신학교

경신학교는 1885년에 기독교 정신에 입각한 신문화 교육을 통해 신시대의 신진 인물을 길러내기 위하여 시작한 학교이다.

미국 북장로회 한국 선교사로 와 있던 언더우드(원두우)가 세운, 현재 종로구 혜화동에 자리 잡고 있는 경신중·고등학교의 전신이기도 하다.

개화기에 한국에 기독교 선교사로 파송되어 온 언더우드가 한국 젊은이들에게 국어는 물론 한문·영어·수학·역사·지리·과학·음악·성경 과목 등을 가르쳐 미래의 지도자와 교사를 기르고자 당시 정동에 있던 자기 집에서 학생들을 몇 명 모아 무상으로 교육을 시작한 것이 이 학교의 효시이다.

1901년에는 종로 연지동에 새로이 학교를 마련하고 역시 미국 북장로회 선교사인 게일(James Scarth Gale, 한국명 기일[奇一])이 교장으로 취임하여 중등과 학생을 모집, 6명의 학생으로 입학식을 갖고 학교명을 '깨우쳐 새로워진다'는 뜻의 이름인 경신학교로 개칭하고 부설 경신소학교도 세웠다.

그 후 한말인 1908년 8월에는 학부(學部)로부터 사립학교령에 의거해 인가를 받아 중학교로 발전의 길을 걸었으며, 1915년 3월 대학부를 설치한 것이 연희전문학교의 효시다.

초창기의 교사로는 언더우드 외에 알렌(Horace Newton Allen), 밀러((Edword Miller), 김정삼(金正三), 윤치경(尹致景), 정태용(鄭泰容) 등이 있었고 학생은 김유순(金裕淳), 김규식(金奎植), 안창호(安昌浩), 서병호(徐丙浩) 등이 있었다. (이경돈)

참고문헌

儆新中高等學校 編,『儆新八十年略史』, 儆新中高校, 1966;『한국신문·잡지총목록』, 대한민국국회도서관, 1966; 계훈모,『한국언론연표』, 관훈클럽신영연구기금, 1979;『아단문고장서목록』, 아단문화기획실, 1995; 최덕교 편저,『한국잡지백년』, 현암사, 2004.

경제(經濟)

1910년 일본 오사카에서 발행된 경제 잡지

도쿄(東京)와 오사카(大阪) 지역에서 다양한 잡지 발행에 참여했던 하마타 겐타로(浜田健太郎, 1860~1918)가 오사카상업회의소(大阪商業會議所)를 퇴임하고 나서 발행 겸 편집자로서 창간한 잡지이다. 순간(旬刊)으로 발행되었다. 그러나 창간된 지 1년 만에 23호(1911.3)를 발행하고 종간되었다.

하마타 겐타로는 도쿄대학교(東京大學校)를 졸업한 후 1884년 창간된 『관보(官報)』 편집에 참가하였다. 그리고 도쿄상업학교(東京商業學校) 경영에도 참가하여, 동교에서 발행하던 잡지 『도쿄상업잡지(東京商業雜誌)』(1890년 창간), 『상업(商業)』(1891년 창간) 등의 발행에도 참여했다. 그리고 1893년 오사카 상업회의소 서기장으로 부임하여 1910년 퇴임할 때까지, 『오사카상업회의소월보(大阪商業會議所月報)』(1892년 창간), 『오사카경제잡지(大阪經濟雜誌)』(1893년 창간), 『일본경제잡지(日本經濟雜誌)』(1897년 창간) 등의 편집에 참여하였다.

위와 같이 다양한 잡지 발행과 편집에 참여했던 하마타 겐타로의 사상적 입장은 가와카미 하지메(河上肇) 등과 같이 뚜렷한 색채를 가지고 있지는 않았지만, 국가와 민간 경제활동의 조화를 중시하는 입장이었다.

본지는 단순히 경제 정보를 제공하는 잡지는 아니었고, '계몽적 문화인'을 대상으로 경제정책과 상황을 평론하는 경제평론 잡지이기도 하였다. 본지의 경제평론지로서의 성격은 메이지(明治) 시대 경제 잡지 일반의 성격을 반영하는 것이었으며, 동시에 하마타 겐타로의 잡지 발행과 편집 경험에 연유한 것이기도 하였다.

본지 독자층은 '제국 상공업의 중추'이며 '동아대무역의 관문'으로 인식되던 오사카 지역의 실업계(實業界)였다. 메이지 전반기에는 일본 전국의 여러 지방에서 경제 잡지가 발행되었지만, 중앙집권적 일본 근대국가와 사회가 형성되면서, 각종 언론매체는 주로 도쿄 지역에서 집중적으로 발행되었다. 경제 잡지의 경우에도 대부분 도쿄 지역에서 발행되어 전국적으로 유통되었다.

도쿄 지역 이외에서 발행된 경제 잡지는 오사카 지역에서 발행된 것이 그중 많았다. 이런 측면에서 잡지 『경제』는 창간된 지 겨우 1년 만인 1911년 3월 제23호로서 종간되었지만, 오사카 지역의 경제 잡지를 육성하려고 노력한 하마타 겐타로의 마지막 작품으로 기억될 만하다. (문영주)

참고문헌

杉原四郎 編, 『日本経済雑誌の源流』, 有斐閣, 1990; 杉原四郎 著, 『日本の経済雑誌』, 日本経済評論社, 1987.

▌경제(經濟)

1928년 서울에서 발행된 경제시론사의 월간 경제 잡지

창간호 발간 후 속간되지 못했다. 창간호는 B5판 32쪽, 정가 20전이다. 편집 겸 발행인은 정수일(鄭秀日), 인쇄인은 박한주(朴翰柱)이며, 인쇄소는 희문사(喜文社), 발행소는 경제시론사(經濟時論社, 서울 계동2)이다.

『경제』는 최초의 민간 경제지이다. 목차를 별면에 마련하지 못했고 '각 신문 통신사 기자가 집필'한다고 집필자만 명기해 두었다. 창간호의 「권두언」은 다음과 같다.

"생활을 세계화한다! 그러므로 우리는 문을 닫고 살아가던 쇄국적 유물인 배타적 생활을 벗어나야 한다. 또 사회의 모든 제도는 과학화, 수리(數理)화해야 한다. 그런 까닭에 우리 생활도 비과학적 비수리적인 무절조(無節操)한 방만(放漫)적 생활을 깨뜨려 부수어

버려야 한다. …… 조선의 경제와 재계의 추세는 전일(前日) 당백전(當百錢)이나 엽전을 쓸 때에 비할 바가 아니다. 영국이나 미국에서 파문이 일어난다면 그 영향이 조선경제와 재계를 좌우하게 된 이때이다. 그러면 우리는 영국의 금(金) 시세나 은가(銀價) 등락(騰落)에도 주의하여야겠고, 미국의 면사(綿絲) 시세나 인도의 면화 시세에도 관계가 있는 것을 깨닫고, ……더군다나 일본의 생사(生絲) 시세나 경제계의 변천을 등한히 할 수 있을 것인가? 이 같은 실정에 직면한 조선 사람은 지금으로부터 경제계 각성이 필요하게 되었다. 그래서 동지 몇 사람이 이러한 경제적 상식에 보탬이 될까 하여 본지를 월간으로 발간하는 바이다."

창간호 기사를 일별하면 다음과 같다. 주간의 권두언에 이어 논문에 해당하는 글로 「절실한 출현」(유광렬), 「소농구제 소구(小口)자본 대부(貸付)와 내용」, 「재계에서 연구 중인 대취체 선거문제」, 「일본 최초와 '모라토리움' 일년 회고」(이봉근), 「재계 회복(恢復)은 상품취인(商品取引) 개선이 급무」(RBK생), 「조선산업 개발과 전력」(무샤 렌조[武者鍊三]), 「은행으로 본 구미 각국과 은행계」(모리야 도쿠오[守屋德夫]), 「조선잠업에 대하여(상품계와 생산계)」(이마이 슈이치[今井修一]), 「한은 총회를 보고」(일기자), 「열광시대에 입(入)할 주식: 주식 대관 일(大觀 一)」(양청생[兩聽生])이 있고, 잡조에 해당하는 글로 「근근 발표될 조선신 은행조령」(일기자), 「최거(最去) 10년간의 동주(東柱), 대주(大柱) 고저(高低) 일람표」, 「경성 물가지수표」, 「경성 전등 보급 상태」, 「전차 업적」, 「와사(瓦斯) 보급상태」, 「작년도의 잡곡 실수고(實收高)」, 「조선 대일무역 개황」, 「조선 생산물 총 가격」, 「일본 무역 누계 추세」 등이 있다. 또한 1928년 5월 말 현재 「조합은행 예금 대출금 비교표」, 「예금 현재고」, 「자금 급 위찬 수불고」, 「전선(全鮮) 수형교환소 수형교환고」, 「예금금리」, 「대출 금리」, 「대출금 현재고」, 「전선(全鮮) 수형교환소 교환증서 종류별」, 「전선(全鮮) 수형교환소 부도수형」, 「우편정금 병(並) 진찬정금 현재고」 등은 당시 조선의 경제상황 전반을 간략하게 일별해 볼 수 있는 좋은 자료이다.

이처럼 『경제』에 실린 기사의 내용을 보면, 경제 관련 논문, 경기 분석, 국내외 경제 개황과 통계, 생산·시장·무역 등에 관한 각종 조사, 재계 인물평, 경제법령 소개 등으로 구성되어 있으며, 말미에는 매월 경제통계를 정리하여 싣고 있다는 것을 알 수 있다.

집필진은 신문사, 통신사의 경제부 담당기자 또는 신문 관계 명사나 은행, 회사의 중역들로 구성되었으며, 창간호에 소개된 집필 동인으로는 매일신보사 주윤(朱潤), 조선상공신문사 가토 기요시(加藤淸吉), 주가이일보사 이건혁(李健爀), 오사카아사히신문사 이마이 신타로(今井眞太郞), 조선신문사 이봉근(李鳳根), 제국통신사 고미야마 하지메시로(小宮山元四郞), 조선일보사 최진하(崔晋夏), 동아일보사 신태익(申泰翊), 조선일보사 정수일 등이 있다. (이경돈)

참고문헌

『한국신문·잡지총목록』, 대한민국국회도서관, 1966; 계훈모, 『한국언론연표』, 관훈클럽신영연구기금, 1979; 『아단문고장서목록』, 아단문화기획실, 1995; 최덕교 편저, 『한국잡지백년』, 현암사, 2004.

▌경제급통계(經濟及統計)

1889년 일본에서 발행된 통계 잡지

1889년 2월 설립된 경제통계사(經濟統計社)가 기관지로 발행한 통계 잡지이다. 경제통계사는 "경제학과 통계학의 긴밀한 연관과 그 학리(學理)의 진보와 보급을 목적"으로 창립된 통계 관련 단체였다. 본지 창간호는 국판(菊判) 크기로 발행되었다. 창간호 표지에는 "ECONOMICS AND STATISTICS, 1889년 2월 1일 발(明治二二年二月一日發), 『경제급통계』 제1호, 경제통계사(『經濟及統計』 第壹号, 經濟統計社)"라고 표기되어 있다. 창간호 발행부수를 정확히 알 수는 없지만, 창간 수일 후에 절판되었고 같은 달 25일에 재인쇄에 들어갔다. 같은 부류의 통계 잡지인 『통계집지(統計集誌)』와 『스태티스틱스잡지(スタチスチック雜誌)』가 회원제로 운영되었던 데 비해, 본지는 일반인에게 직접 판매되었다. 창간호 정가는 1책에 8전

(錢), 6책에 45전이었다. 본지는 1891년 7월 통권 31호로 종간되었다.

지면은 거의 매호마다 '논설', '강의', '번역', '통계표', '잡록', '기서(寄書)', '잡조(雜調)' 등으로 구성되었다. 본지에 수록되어 있는 논설 중에서 주목할 만한 것으로는, 「참고각국고금경제이론서목(參考各國古今經濟學理論書目)」(제1, 3~5, 8호), 「인구통계론」(번역문, 제1~22, 24호), 「경제통계론」(번역문, 제2~3호), 「이론경제학」(번역문, 제1~7, 9~30호), 「통계혹문(統計或問)」(번역문, 제3~8, 15호) 「본방고대통화고(本邦古代通貨考)」(제16~18, 20~21, 23, 28~31호) 등이 있다. 이 논고들은 통계학뿐만 아니라, 이 시기 일본에서의 경제학 전개과정을 파악할 수 있는 내용이 풍부하게 담겨 있다.

본지는 창간 2년 6개월 만인 1891년 7월에 통권 31호를 발행하고 종간되었다. 본지가 단명한 현실적인 원인은 구매자가 감소하여 출판 비용을 부담할 수 없었기 때문이다. 비록 단명하였지만, 일본 자본주의가 원시적 축적기를 벗어나 산업자본 확립기로 이행하는 시기에 통계관계자들의 손에 의해서 경제학과 통계학을 포괄하는 전문 잡지가 간행되었던 점에서 본지는 매우 귀중한 자료적 가치를 가진다.

또한 서구에서 국가사업을 수행하는 학문으로서 탄생하고, 동시에 정치가가 알아야 할 지식체계로서 출발한 통계학이, 중앙집권의 절대화를 기반으로 한 일본 근대국가 형성 시기에 어떤 방식으로 수용되고 변용되었는지를 본지는 잘 보여준다. 이러한 점에서도 본지의 자료적 가치는 매우 크다고 할 수 있다. (문영주)

참고문헌

杉原四郎 編, 『日本経済雑誌の源流』, 有斐閣, 1990; 杉原四郎 著, 『日本の経済雑誌』, 日本経済評論社, 1987.

▌경제사연구(經濟史研究)

1929년 일본에서 발행된 경제사 전문 학술지

1929년 11월 경제사연구회(經濟史研究會)가 발행한 일본 최초의 경제사 전문 학술지이다. 본지는 침략전쟁에 따른 가혹한 전시통제정책의 영향으로 1944년 1월에 32권 1호(통권177호)를 발행하고 종간되었다. 1955년에는 『경제사연감(經濟史年鑑)』이 복간되었고, 오사카경제대학(大阪經濟大學)에 설립된 일본경제사연구소(日本經濟史研究所)가 『경제사문헌해제(經濟史文獻解題)』라는 이름으로 매년 간행하고 있다.
경제사연구회는 1929년 7월 혼조 에이조로(本庄榮治郎)를 중심으로 구로마사 이와오(黑正巖), 간노 가즈타로(菅野和太郎) 등이 참여하여 설립한 경제사 전문 연구단체였다. 1933년 경제사연구회가 일본경제사연구소로 개편되면서 본지도 일본경제사연구소의 기관지로 전환되었다.

1929년 11월 창간호에 게재된 「발행사」에서 잡지의 창간 목적과 성격을 밝히고 있다. "일본 경제사 연구를 위한 전문 학술잡지"로서 본지가 창간되었음을 강조하였다. 본지 창간 목적을 달성하기 위해 지면은 경제사 전문 연구자들의 '연구논문'과 연구논문 이외에 매호 일정 분량의 '연구자료'로 구성되었다. '연구자료'란은 일본의 지방경제사 연구를 활성화시킨다는 본지의 또 다른 목적 때문에 구성되었다.

위와 같은 발행 의도와 목적은 잡지 발행을 통해 실현되었다. 예를 들어 연구자료는 '경제사문헌일람(經濟史文獻一覽)'란(나중에 '최근의 경제학계[最近の經濟史學界]'로 변경)을 통해 매호 게재되었다. 그리고 1932년부터는 매년 학계의 동향을 개관하는 "경제사연감(經濟史年鑑)"을 특집호로 출간하였다. 또한 지방경제사 연구 활성화를 위해 교토(京都), 오사카(大阪), 시코쿠(四國), 야쿠(屋久), 노토(能登) 지역에 관한 특집호와 「향토사가고(鄕土史家号)」를 매호 지속적으로 게재하였다. (문영주)

참고문헌

杉原四郎 編, 『日本経済雑誌の源流』, 有斐閣, 1990; 杉原四郎 著, 『日本の経済雑誌』, 日本経済評論社, 1987.

▌경제연구(經濟硏究)

1927년 서울에서 발행된 연희경제연구회의 부정기 경제 학술지

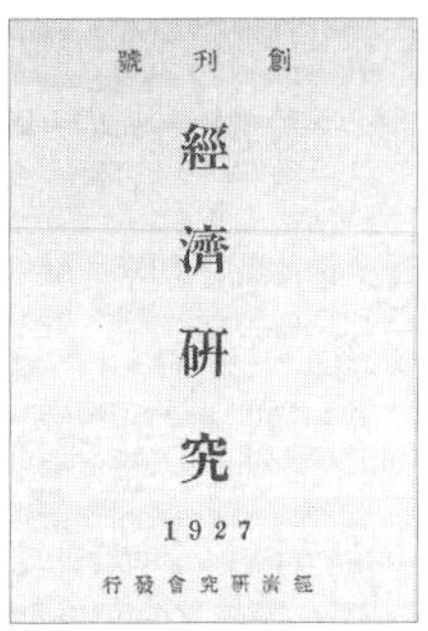

1927년 12월 20일 연희전문학교 '연희경제연구회'에서 창간했다. 종간호 여부는 현재 확인할 수 없다. 2호는 언제 발행했는지 알 수 없다. 다만 2호가 발행되고 난 후에 발생한 동맹휴학 사건(1929년 6월)으로 조병옥이 교수직을 사퇴하는 등의 일이 벌어져 휴간되었다. 3호(속간호)는 1933년에, 4호는 1934년 2월 27일에 발간했다. 편집 겸 발행인은 정진채(鄭鎭采), 인쇄인은 김상의(金相儀), 발행소는 연희전문학교 연희경제연구회(경성부외 연희전문학교 내)이다. 판형은 B5(3호), A4 국판(4호)로 3호는 24쪽, 4호는 118쪽이며 정가는 나와 있지 않다. 비매품으로 회원들끼리 나누어 읽은 것으로 추정된다. 4호는 편집 겸 발행인이 서강백(徐康百)으로 되어 있고 인쇄소도 요시오카(吉岡)인쇄소로 바뀌었다. '아단문고'에 4호가 소장되어 있다.

임병철이 쓴 창간사 「『경제연구』 창간에 임하여」에서는 "활양한 광야로 개척의 걸음을 걸으며 나섰다"라는 자못 비장한 어조로 경제 연구에 임하겠다는 각오가 서려 있다. 경제 학술지인 만큼 그 방면의 논문이 많이 실려 있다.

창간호에서 대략적인 글들을 보면 박왕근의 「자본의 의의」, 경제학사 이관구의 「불란서 혁명 당시의 경제사상」, 오행길의 「자본주의 경제조직에 대한 아담 스미스와 칼 마르크스의 경제 사상 및 그에 대한 음미」, 경제학사 김수학의 「조선금융기관조직에 취하여」, 한궁호의 「상공업으로 본 조선」, 정진채의 「조선재래의 상업증권에 관하여」·「조선상업용어」 등이 실려 있다. 그 외에도 구성생의 「중등계급은 무엇이냐」, 송운순의 「니힐리즘에 대한 편적(片的) 고찰」, 임병철의 「신디칼리즘」, 정진채의 「공중보험(항공보험)」, 박정규의 「조선인과 농업」, 조동비의 「농촌경제의 일편」 등의 글들이 게재됐다.

제4호에는 경제에 관한 글만이 아니라, 졸업소감과 문예물도 실려 있다. 백남운 교수의 「조선사관 수립의 제창」(이 글은 1932년 6월 3일 YMCA 강연을 실었다는 편집자의 해설이 들어 있다), 서명호의 「일본파시즘운동의 역사적 전망」, 서초(瑞礁)의 「통계실에서 본 조선의 공업」, 최도용의 「사치론」, 이병묵의 「공포리의 세계와 소련의 5개년 계획 성과」, 김교영의 「군축회의의 해부」, 안효병의 「물가폭등과 수난의 근로계급」, 김운봉의 「근로계급의 쟁의」 등이 눈에 띈다. 그리고 편집부에서 작성한 「소련경제와 자본주의경제와의 상위」도 당시 학생들의 자본주의와 사회주의 이해 정도를 파악하는 데 도움이 된다. 김용환의 「조선의 문학발전에 대한 아희적 견해를 성(誠)함」, 정진석의 「문화수입과 영웅심리」, 한태수의 「시란 그렇게 무가치한 것인가」 등의 글은 문화 부문에 대한 견해를 볼 수 있다. 그 외에도 수필과 소설이 실려 있는데, 습작 수준의 작품들이다. 「사회경제어해설」과 「1932년도 경제일지」도 볼 만한 글이다.

일본 최고의 마르크스주의 경제학자인 가와카미 하지메(河上肇)의 제자로 자신을 발탁했던 백상규의 후임으로 연희전문 상과 과장으로 취임한 이순탁(李順鐸)을 필두로 하여, 마르크스주의 경제학을 공부하고 변증법적 유물사관에 입각하여 기술한 『조선사회경제사』의 저자 백남운, 미국의 컬럼비아대학에서 부르주아경제학을 전공한 조병옥 등의 교수가 포진한 연희전문대 상과는 반일 반관학적 성향과 자본주의 사회주의 학문관이 혼재하는 자유주의적 분위기가 흐르고 있었다. 자본주의와 사회주의, 그리고 자유주의 경제학을 가르치는 특징을 가졌음에도 반일, 반관학의 공통 이념으로 서로의 분야를 존중하는 풍토가 조성되었기 때문에 학생들은 식민지 경제와 일본의 한일강제병합

의 문제를 경제학적인 문제의식으로 탐구하려는 노력을 보여 주고 있다. 계급론이나 금융론, 경제 사상에 대한 논의도 있는 것으로 보아 경제문제 전반, 경제와 관련된 분야에 대해서도 관심을 기울였음을 알 수 있다.

식민지 시대의 경제 학술지로는 이것이 유일하다.

• 연희경제연구회

'연희경제연구회'는 1926년 5월 3일 연희전문 상과 각 학년 유지들이 창립 발기대회를 열고 5월 7일 김근배(金根培, 임시회장), 김낙기(金洛基, 임시서기)의 주도로 창립총회를 열어 회칙을 확정함으로써 정식 출범했다.

이 연구회의 창립 목적은 '경제이론 및 실제문제의 토구(討究)와 회원 간 친목도모'이고, 상과생 전원을 회원으로 가입시켰다. 서무부(庶務部, 문부[文簿]와 재정관리), 연구부(조사연구 강연회 토론회 개최), 사교부(社交部, 친목사교)를 두어 운영했다. 상과 교수들도 경제연구회 창립을 적극 지원하여 과장 이순탁은 회원규정을 폭넓게 하자고 제안하여 상과 재학생(통상회원), 찬조회원(본교 상학부 회원), 특별회원(상과 졸업생)으로 확대케 하였으며, 제1회 경제강연회(1926년 10월 29일)에 교토제대(京都帝大) 경제학부 후배인 이관구(李寬求)와 김수학(金秀學)을 초빙하는 데 도움을 주기도 하였다. 백남운 역시 잡지 『금융과 경제』 10권을 기증했다.

상과 교수진의 적극적인 지원과 회원들의 열정, 활발한 호응 아래 지속적으로 활동을 하던 연구회는 1938년에 터진 '경제연구회 사건', 이른바 '적색교수그룹 사건'으로 해체되었다.(전상기)

참고문헌

윤기중, 「이순탁」, 『계간연세 진리 자유』 1989년 겨울호; 홍성찬, 「일제하 연전상과의 경제학풍과 '경제연구회사건'」, 『연세경제연구』 제1권, 1994.

▌경제왕래(經濟往來)

1926년 일본에서 발행된 경제 잡지

1926년 일본평론사(日本評論社)가 발행한 경제 잡지이다. 1930년대 매호 300쪽 분량으로 발행되었으며, 1935년 일본평론사가 발행하기 시작한 『일본평론(日本評論)』에 흡수되면서 종간되었다.

본지는 학계에서 도쿄대학(東京大學) 교수 히지카타 세이비(土方成美)가 후원하였는데, 이 때문에 그와 가까운 학자들의 기고가 많았다. 이들은 대체로 마르크스주의에 대한 비판의식을 가지고 있었다. 이러한 투고자들의 사상적 경향은 당시 다수의 종합잡지와 경제 잡지가 마르크스주의 색채를 강하게 드러내고 있었던 데 비해, 본지가 반(反)마르크스주의 또는 비(非)마르크스주의 입장에 선 평론이 많았던 요인이었다. 쇼와(昭和)공황 이후 본지는 경제 잡지로서의 내용이 많아지고, 경제 관련 기사 이외에 정치와 문화 평론, 창작물이 첨가되면서 매호 300쪽 분량으로 발행되었다. 이 때문에 본지는 점차 『개조(改造)』나 『중앙공론(中央公論)』과 같은 종합잡지로서 성장하였고, 1935년 일본평론사가 본지를 종합잡지 『일본평론(日本評論)』으로 전환하면서 본지는 종간되었다.

메이지(明治)기 경제 잡지 발행을 주도했던 출판사는 하쿠분칸(博文館)과 도분칸(同文館)이었다. 그러나 다이쇼(大正)기에 들어서 하쿠분칸과 도분칸은 경제 잡지 발행을 중단하였다. 하쿠분칸은 『농업세계(農業世界)』만을 존속시켜 발행하였고, 도분칸은 1917년 창간하여 1918년에 종단한 『경제시론(經濟時論)』을 마지막으로 경제 잡지를 출판하지 않았다. 다이쇼(大

正) 말기와 쇼와(昭和) 시기에 하쿠분칸과 도분칸을 대신해서 경제 잡지계를 주도한 출판사가 바로 일본평론사이다. 그리고 본지는 일본평론사가 다이쇼(大正) 말기에 월간으로 창간한 잡지이다.

1918년 설립된 일본평론사는 1925년 스즈키 시사다(鈴木利貞)가 사장에 취임한 이후 경제학을 중심으로 한 사회과학의 출판에 주력하였다. 특히 경제 지식의 보급을 목적으로 무토 산지(武藤山治)가 쓴 『실업독본(實業讀本)』을 비롯한 각종 독본시리즈, 『통곡재화(通谷財貨)』를 시작으로 도쿄아사히신문사(東京朝日新聞社) 경제부가 편집한 각종 경제 관련 서적을 지속적으로 간행하였다. 본지가 경제정보지로서의 성격을 가진 것은 이와 같은 일본평론사의 경제서적 출판 경향의 연속선상에서 발행되었기 때문이었다. 본지 제호에 '왕래(往來)'라는 용어를 사용한 것도 이와 연관되어 있다. (문영주)

참고문헌

杉原四郎 編, 『日本経済雑誌の源流』, 有斐閣, 1990; 杉原四郎 著, 『日本の経済雑誌』, 日本経済評論社, 1987.

경제월보(經濟月報)

1941년 일본에서 발행된 경제 잡지

1941년 7월에 일본의 사법성 형사국(司法省 刑事局)이 창간하였다. 창간호의 「잡보」에는 형사국 제2과의 사무분장과 각 재판소·검사국의 경제계 판검사(經濟係 判檢事)의 이름이 수록되어 있다. 제2과는 4계 체제로, 총무계에 해당하는 제1과계가 『경제월보』 및 『경제자료』의 편집 간행을 담당하고 있었다.
잡지는 1944년 9월까지 간행되었다. 잡지 분량은 창간호의 경우 본문만 515쪽, 2호는 612쪽의 큰 분량으로, 발행 초기 1년간 1호당 평균 발행 쪽수는 약 380쪽에 달하였다. 분량이 이렇게 많았던 것은 그때까지 부족하게 제공되었던 정보 및 자료를 확대하기 위한 것이었으며, 동시에 경제사법이 가지고 있는 복잡성과 중요성을 반영한 것이었다.

「발간사」에는 '경제사범(經濟事犯)의 재판 및 검찰에 도움이 되기 위해 적확하고 신속하게 정보 및 자료를 정리하여 제공함과 동시에 중앙과 지방의 연락을 밀접하게 하기 위해서'라는 목적이 적혀 있다. 잡지 발행은 경제실무가 회동에서의 치열한 요망에 대응한 측면이 강했다. 이 잡지 이전에는 부정기적으로 발행된 『경제자료(經濟資料)』가 28책 간행되었다. 『경제자료』 안에는 1938년 9월과 1939년 5월의 경제실무가 회동의 의사록 등이 수록되어 있다. 『경제월보』와 『경제자료』의 관계는 '사상사법(思想司法)'의 영역에서 『사상월보(思想月報)』와 『사상연구자료특집(思想研究資料特輯)』의 관계에 상당하는 것이었다. 사상사법과 경합하게 된 '경제사법(經濟司法)'은 1938년 이래, 정보 및 자료의 수집과 분석, 제공을 위한 준비를 정비하고 있었다.

잡지의 내용은 '조사(調査)', '각 검사국 경제사건 정보보고(各檢事局經濟事件情報報告)', '통제경제법령의 해설(統制經濟法令の解說)', '통제경제사건 판결례(統制經濟事件判決例)', '통제경제법령 질의회답 및 해석 참고자료(統制經濟法令質疑應答及解釋參考資料)', '통제사건 처리에 관한 참고사항(統制事件處理に關する參考事項)', '통제경제법령에 관한 각성통첩(統制經濟法令に關する各省通牒)', '통계(統計)', '통제경제관계일지(統制經濟關係日誌)', '통제경제법령관보색인(統制經濟法令官報索引)', '잡보(雜報)'로 구성되었다.

잡지의 내용을 『사상월보(思想月報)』와 비교해 보면, 통제경제법령의 해설, 통제경제법령의 질의응답과 상공성(商工省)·농림성(農林省) 등의 통첩에 많은 지면을 할애하고 있는 점은 특징적이다. 이것은 통제경제의 진정에 따라 많은 법령의 공포·개정이 진행되고, 이들 법령의 철저한 주지와 질의응답에 대응하기 위한 어쩔 수 없는 현상이었다. 그리고 이와 같은 잡지에 엄청나게 축적되어 있는 정보 및 자료는 전시하의 통제경제의 실태를 검토하는 데 많은 자료를 제공해 줄 것이다.

경제사법의 실태를 개관하기 위해서는 먼저 살펴봐야 하는 것이 '조사'란의 「전국경제범죄정세(全國經濟

犯罪情勢)」이다. 이 자료는 각지의 검사국에서 보내온 정세보고를 형사국 제2과가 분석한 것인데, 창간호에는 1941년 1월과 2월의 상황이 게재되어 있다. 1942년 9월의 제2권 9호까지 이 정보는 매호 게재된 이후에는 격월 간기로 빈도가 줄었다. '범죄정세'의 내용은, 1941년 10월의 제1권 4호의 예를 보면, 「통계에서 본 일반 정세」, 「물자별 범죄정세」, 「범죄의 악질화(惡質化) 동향」, 「검거방침」, 「지방가임통제령(地方家賃統制令) 위반사건 검거정황」, 「개정폭리행위등취제규칙(改正暴利行爲等取締規則) 위반 검거정황」, 「주의해야 할 사건(注意すべき事件)」, 「검거의 효과(檢擧の效果)」, 「방범방법으로서 주의해야 할 것(防犯方法として注意すべきもの)」, 「기타 주의해야 할 제보고(其の他注意すべき諸報告)」로 되어 있었다. (문영주)

참고문헌

荻野富士夫, 「「經濟司法」の戰前と戰後」, 『「經濟月報」 解題·總目次』, 不二出版, 2002; 西田美昭, 「戰時·戰後闇經濟の實相」, 『「經濟月報」 解題·總目次』, 不二出版, 2002; 杉原四郎 編, 『日本経済雑誌の源流』, 有斐閣, 1990; 杉原四郎 著, 『日本の経済雑誌』, 日本経済評論社, 1987.

경제지식(經濟知識)

1929년 일본에서 발행된 경제 잡지

1929년 경제지식사(經濟知識社)가 발행한 경제 잡지이다. 도쿄아사히신문사(東京朝日新聞社)를 퇴사한 고토 도키오(後藤登喜男)가 본지의 편집을 맡았다. 1929년 3월에 월간으로 창간되었으며, 1944년 1월에 종간되었다. 1930년에 발행된 4권 10월호를 보면, 크기는 A5판이었고 분량은 200쪽이었다.

창간 목적은 "국민에게 경제 지식을 보급"하기 위한 것이었다. 그러나 본지가 '국민'에게 보급하려고 한 경제 지식은 개인의 치부 수단으로 활용될 수 있는 경제 지식은 아니었다. 본지는 사회인과 직업인으로서 일상을 살아가는 데 필요한 교양 수준의 경제 지식 전달에 노력하였다.

일반인에게 경제 지식을 보급한다는 목적에 부합하기 위해 본지는 일반 경제 잡지와는 다른 독특한 지면으로 구성되었다. 즉 많은 분량의 사진을 이용하여 시각적으로 보기 편한 지면을 구성한 점, 집필을 전문가에게 맡기지 않고 관계(官界)나 실업계(實業界), 또는 평론계(評論界)에서 쉬운 문장의 대중적 글쓰기를 하고 있던 필자들의 글을 주로 게재한 점, 독자와의 교류를 도모하기 위한 지면이 구성되어 있었던 점 등이 본지의 지면 구성상의 특색이었다.

본지는 위와 같은 지면 구성을 통해 초등교육이나 중등교육을 마치고 사회에 진출한 일반인을 대상으로 경제 지식을 제공하였다. 본지의 대중적 성공은 경제 잡지는 전문적 학술평론지가 아니면, 투자와 경영에 직접적으로 도움을 줄 수 있는 실익형 경제정보지가 아니면 성공할 수 없다는 기존 경제 잡지에 대한 인식을 재고시켰다. (문영주)

참고문헌

杉原四郎 編, 『日本経済雑誌の源流』, 有斐閣, 1990; 杉原四郎 著, 『日本の経済雑誌』, 日本経済評論社, 1987.

경제통제(經濟統制)

1940년 일본에서 발행된 경제 잡지

1940년 9월에 월간으로 창간되었고, 1944년 4월에 종간되었다. "국민계발(國民啓發)을 목적으로 한 잡지"로서 "당국의 지도와 국민의 직무분담에 이바지 할 목적"으로 창간되었다(창간호, 「편집후기」).

창간호에는 「통제경제와 경제윤리」, 「통제경제와 유기적 균형」 등의 논문이 게재되었고, 「경제통제를 말한다」라는 좌담회 기사가 실렸다. 권말에는 「현재보고」와 「통제시보」가 첨부되었다. 종간호(8권 4호)에는 「영단의 기본원칙」, 「아메리카 전쟁경제의 화폐면」, 「국민통제자의 이론」 등이 수록되었다. 법학자와 경제학자가 주요 기고자였으며, 일반 경제 잡지와 학술 경제 잡지의 중간적 위치에 있는 경제 잡지라고 할 수

있다. (문영주)

참고문헌
杉原四郎 編,『日本経済雑誌の源流』, 有斐閣, 1990; 杉原四郎 著,『日本の経済雑誌』, 日本経済評論社, 1987; 高崎隆治,『戦時下の雑誌その光と影』, 風媒社, 1976.

경제평론(經濟評論)

1934년 일본에서 발행된 경제평론 잡지

1934년 9월 『일본 자본주의발달사강좌(日本資本主義發達史講座)』 계통의 마르크스주의 연구자들이 집결하여 창간된 경제평론 잡지이다. 본지를 발행한 출판사는 소분카쿠(叢文閣)였다.
잡지 『프롤레타리아과학』(1929년 11월 창간~1939년 7월 종간) 이후 발행된 『역사과학(歷史科學)』과 『유물론연구(唯物論硏究)』, 『사회평론(社會評論)』 등과 어깨를 나란히 한 마르크스주의 평론 잡지이다.

프롤레타리아과학연구소(科學硏究所)의 후카야 스스무(深谷進)를 중심으로, 일본 자본주의 논쟁을 주도한 히라노 요시타로(平野義太郎, 1897~1980) 등이 많은 글을 정력적으로 기고하였다. 이들의 기고를 중심으로 구성된 본지가 다룬 가장 중요한 주제는 일본 자본주의와 농업문제였다. 이외에 「일본신용체계분석론고(日本信用體系分析論稿)」가 6회 연재되기도 하였다. 1930년대 후반에 들어서 본지가 주로 다루었던 아시아적 생산양식과 연관해서 중국문제가 집중적으로 지면을 채웠다. 시로이시쇼텐(白石書店)에서 본지 전권을 영인본으로 출판하였다. (문영주)

참고문헌
杉原四郎 編,『日本経済雑誌の源流』, 有斐閣, 1990; 杉原四郎 著,『日本の経済雑誌』, 日本経済評論社, 1987.

경종(警鐘)

1920년 일본 나라현의 부락민 개선단체인 삼협사가 발행한 기관지

1920년 9월 나라현(奈良縣) 시키군(磯城郡) 다이후쿠촌(大福村)의 부락민 개선단체 삼협사(三協社)의 기관지로 창간되었다. 1922년 8월의 폐간호까지 20호가 등사판으로 발행되었다.
삼협사는 이토 시게타로(伊藤繁太郎), 야마모토 신페이(山本信平), 오카지마 마쓰자부로(岡嶋松三郎) 등 8명의 동인에 의해 만들어졌는데 야마모토 신페이가 기관지의 편집인, 오카지마 마쓰자부로가 발행인이 되었다. 1922년 3월 전국수평사(全國水平社)가 창립된 데 이어 같은 달 말에 중화수평사(中和水平社)가 설립되자 『경종』은 8월호를 폐간호로 중화수평사의 기관지인 『중화수평월보(中和水平月報)』로 인계되었다.

전국수평사 창립 전후의 부락민 개선운동에서 해방운동, 융화에서 투쟁으로의 변화를 보여 주는 귀중한 기록이다. 삼협사는 "부락의 개선 및 연구"를 목적으로 만들어졌다. 그러면서 관제 개선 조직인 자교회(自矯會)를 비판하였지만 당초에는 양자 사이의 대립이 분명한 것은 아니었다. 이러한 상황을 반영하여 『경종』에도 개선주의, 수양주의의 경향을 띤 논설도 게재되고 있었다.

그러나 1921년 8월 시키군 니시후쿠지(西福寺) 주지인 다나카 노부타카(田中信隆)가 「삼협사는 왜 부락 개선이 아니라 해방을 주장하지 않는가」라고 주장하는 글을 투서한 것이 계기가 되어 해방인가 개선인가 하는 논쟁이 시작되었다. 삼협사는 모든 의견을 게재하는 것으로 조직 안팎의 비판에 대처하였다. 그러나 이 논쟁 이후 『경종』의 논조는 바뀌었다. 다나카 노부

타카와 연계되어 있던 인근의 인물들이 『경종』에 기고하는 경우도 크게 늘어났다. 이를 바탕으로 삼협사는 1922년 3월의 전국수평사 창립대회에 20명의 간부를 파견할 수 있었다. (이준식)

참고문헌

松尾尊兊, 「解題」, 『警鐘』(復刻板), 不二出版, 1988; 松尾尊兊, 『大正デモクラシー』, 岩波書店, 1974; 部落解放硏究所, 『部落問題事典』, 解放出版社, 1986.

경종(慶鐘)

1934년 서울에서 창간된 경사여자연습과 조선어부 학생회지

1934년 9월에 창간한 경사여자연습과(京師女子演習科) 조선어부(朝鮮語部) 학생회지이다. 속간 여부는 현재 알 수 없다. 편집인과 인쇄인 역시 알 수 없다. 등사본에 총 33쪽이며 비매품이다. 아단문고에 창간호가 소장되어 있다.

「창간사」에서 "우리는 이 경종을 통하여 서로서로의 의지를 통하며 연구하여 좀 더 진보적 생활, 좀 더 향상적 생활을 목적 삼고 순진한 저희들의 뜻을 발표하여 서로서로 연구하여 나아가려 한다"고 밝히고 있다.

경사여자연습과는 서울사범대학의 전신으로 알려져 있는데, 소설가 박태원의 아내 김정애도 숙명여고보를 졸업하고 유학하려던 것을 부모님의 반대로 이 학교에 들어가 학업을 마친 것으로 알려져 있다(박태원의 아들 다니엘 박의 증언).

당시의 학제에 대하여 간단히 살펴보면 다음과 같다. 일제하에 사범교육이 정식으로 인정된 것은 1922년에 개정조선교육령의 공포로 인한 것이다. 개정조선교육령에서는 "사범교육을 행하는 학교는 사범학교라 한다. 사범학교는 특히 덕성의 함양에 힘써 소학교 교원이 될 만한 자와 보통학교 교원이 될 만한 자를 양성하는 것을 목적으로 한다"(13조)라고 그 목적을 밝히고 있다. 그리고 사범학교에는 제1부와 제2부를 두어 제1부는 일본인의 소학교 교원, 제2부는 보통학교 교원이 되려는 자를 교육하도록 하였다(14조). 또 사범학교의 수업 연한은 6년으로 하여 보통과 5년, 연습과(演習科) 1년으로 하였고 여자의 경우는 5년으로 하되 보통과(普通科)에 있어서 1년을 단축하도록 하였다(15조). 사범학교 보통과의 입학자격은 심상소학교(6년제 보통학교)를 졸업한 자로 하고 연습과는 보통과를 졸업한 자와 중학교(고등보통학교) 또는 고등여학교(여자고등보통학교)를 졸업한 자로 하였다(16조). 또 사범학교에는 특과(特科)를 둘 수 있어(7조) 그 수업 연한은 3년 또는 2년으로 하되 입학자격은 고등소학교(보통학교고등과)를 졸업한 자로 하였다(18조). 그리고 사범학교에는 연구과(硏究科) 또는 강습과(講習科)를 둘 수 있었으며(19조), 부속의 소학교 또는 보통학교를 두도록 되어 있었다(20조). 또 사범학교는 관립 또는 공립(公立)으로 하고(21조), 관립의 고등보통학교 또는 여자고등보통학교에 사범학교의 제2부 연습과 또는 강습과를 둘 수 있었다(22조).

개정조선교육령의 공포에 뒤이어 사범학교 규정이 공포되었는데, 이 규정은 일제하 사범교육의 규범이 되었다.

사범교육은 초등교육의 보급에 따라 더욱 중요시되었다. 특히 일제는 한국 청년에 대하여 육군특별지원병제를 실시하고 뒤이어 징병제도를 실시하게 되자 한국 청년에 대한 초등교육 정도는 불가피하게 되었다. 그리하여 일제는 1940년도부터 초등보통교육 의무제도를 실시하기로 하였으며, 이에 따라 사범교육은 더욱 중요시되어 사범교육시설을 확충하고 일부 사범학교를 전문학교로 승격시켰다. 1943년에는 경성사범학교와 경성여자사범학교 그리고 평양사범학교와 대구사범학교가 전문학교로 승격하여 수업 연한을 예과 4년, 본과 3년으로 하였다.

이로 미루어 볼 때, '경사여자연습과'는 보통과를 졸업했거나 중학교(고등보통학교) 또는 고등여학교(여자고등보통학교)를 졸업한 사람들이 1년간 수업을 마치면 보통학교 교원으로 활동할 수 있었음을 알 수 있다. 박태원의 아내 김정애도 이 학교를 나와 3년간 보통학교 교원으로 근무했다고 한다.

그리고 조선어부에는 나중에 유명한 국문학자로 이름을 떨치는 도남 조윤제가 가르쳤던 것으로 보인다. 여학생들이 꾸미는 잡지답게 시, 수필, 동화 등과 연구논문이 수록되어 있다.

맨 처음에 「경종」이라는 도남 조윤제가 쓴 시가 실려 있다. 그리고 연구란에는 민길희의 「허난설과 여류문학」, 황순향의 「이조최근세사 중의 국정의 사변」, 장명길의 「임은애의 이야기」가 게재되어 국학에 대한 관심을 알 수 있게 해준다.

이 잡지는 교지가 드러내는 일반적인 성격을 그대로 드러내고 있다. 따라서 학창시절의 추억과 친구와의 우정, 그리고 미래에 대한 희망과 불안 등을 여성적 감성으로 읊은 글들이 주류를 이룬다.

특기사항으로 도남의 시 「경종」을 옮겨 싣는다.

慶雲洞 묵은집에/ 새鐘하나 달아놓고
二百名 學媛들이/ 날마다 울리내니
그일홈 우리는 불러/ 慶鐘이라 하리라

慶鐘이 울때는/ 아침의 해날때요
慶鐘이 잠잘때는/ 저녁의 어둔때라
동모야 慶鐘이울니다/ 어서 잠을 깨여라

(전상기)

참고문헌

서울특별시사편찬위원회, 『서울600년사』, 서울시, 1996; 다음 블로그(blog.daum.net/danielpak20).

경진태오사보(京津泰晤士報, Peking and Tientsin Time)

1894년 중국 톈진에서 창간된 영어 시사종합 신문

1894년 3월 톈진(天津)에서 창간되어 북방지역에서 가장 영향력이 컸던 영자 신문이다. 1891년 종간된 『중국시보(中國時報, The Chinese)』의 모든 권리를 인수한 톈진인쇄공사(天津印刷公司)에서 발행하였다. 편집자는 베링햄(William Bellingham, 貝令漢)과 스미스(Vanghan Smith, 史密斯), 우드헤드(W. Woodhead, 伍德海), 펜넬(W. Pennell, 彭納通) 등 영향력 있는 영국 언론인들이 차례로 주필을 맡았다. 초기에는 주간으로 발행되다가 1902년부터 일간으로 바뀌었다. 1941년 종간되었다.

영국의 관점과 이해를 반영한 신문으로 영국 조계 공부국(租界工部局)의 대변인 역할을 하였다.

『중국시보(中國時報)』의 전통을 계승하여 베이징(北京)과 톈진 지구 및 북방지역 통상연안 소식들을 중시하고, 유럽에 관한 정보보다 중국 국내 소식을 중점적으로 보도하였다. 정치시사 문제에 대한 평론과 의견을 제시하면서 서구문화를 수입하여 중국을 개혁할 것을 주장했다.

신해혁명 이후 혁명을 비판하고 중국 내정을 간섭하는 논설을 실어 혁명 언론들로부터 공격을 받기도 하였다. 항일전쟁 시기 일본의 탄압을 받아 1941년 종간되었다. (김성남)

참고문헌

方漢奇 主編, 『中國新聞社業通史』, 中國人民大學出版社, 1996; 葉再生 著, 『中國近代現代出版通史』, 北京: 華文出版社, 2002.

경학원잡지(經學院雜誌)

1913년 서울에서 발행된 유학 잡지

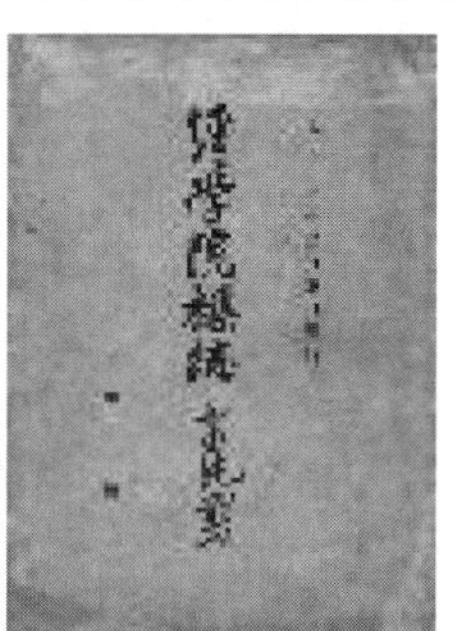

1913년 12월 5일 경학원(經學院)에서 발간한 기관지

로, 1944년 4월 통권 48호로 종간되었다. 월간이 아닌 분기 발행으로 연 4회 발간을 했다. 유학계(儒學界)의 잡지이다 보니 표기는 한문 중심이었다. 편집 겸 발행인은 경학원 사성(司成) 이인직(李人稙), 발행소는 서울 숭교방(崇敎坊)에 소재한 경학원이다.
이 잡지는 매호 1000부씩 인쇄하여 경학원 직원, 각 도 장관 및 참예관, 각군 향교 및 기타 대제학이 필요하다고 인정하는 자 등에게 배부하였다.

이용직이 쓴 잡지의 서문을 보면, "윗자리에 있는 지도자가 멀리 생각하고 깊이 염려하여 학교를 설립하고 효열을 표장하며, 특별히 경학원을 설립하여 문묘(文廟)를 높이 받들어 유교를 숭상하고 도를 중히 여기는 의를 나타냈다"는 경학원의 설립 취지가 드러난다. 따라서 이 잡지도 전통시대의 산물인 유교의 논리로서 새로운 지도자를 높이고 저마다 분수를 지키자는 수구적인 논리를 그 발간 이념으로 하고 있는 것이다.

주지하듯이 발행인 이인직은 을사조약 이후 언론계에 투신하여 『국민신보』, 『만세보』의 주필을 거쳐 1907년에는 『대한신문』을 창간, 사장이 되었다. 이후 중추원 부참의(副參議)로 있다가 1912년 경학원이 조선총독의 관할하에 들어갈 때 경학원 사성(司成)이 되었고 이듬해 기관지인 이 잡지의 창간을 주도하게 된 것이다.

이 잡지는 경학에 관한 논설, 경학 강연의 필기, 강사 및 기타 인사의 기고, 일본 대가의 논설, 신문 및 서적의 번역, 총독부의 방침과 법령, 시문, 경학원 관련 기사 등을 차례로 싣고 있다. 목차를 살펴보면 논설을 필두로 학술, 문원(文苑), 사조(詞藻), 휘설(彙說), 잡조(雜俎) 등으로 구성되어 있으며, 말미에는 「일지대요(日誌大要)」, 「본원 직원록」, 「강설」, 「지방보고」 등 경학원 관련 기사와 중앙과 지방 강사들의 강연 내용을 수록하고 있다.

1921년 발간된 『유도(儒道)』와 마찬가지로 전통적인 유교 경전에 대한 상식 외에도 조선총독부의 방침과 법령 등이 함께 소개되어 있는 바, 이 잡지는 경학원을 통한 유생의 회유와 유학의 활용 등 총독부 지배정책의 일단을 엿볼 수 있게 한다.

• 경학원

숭교방은 지금의 서울 명륜동과 동숭동 일대로, 경학원은 바로 조선시대 국학인 성균관(成均館) 안에 설치한 유학생 교육기관이었다. 잡지의 표지 안에 당시 총독인 데라우치 마사다케(寺內正毅)의 사진이 실려 있고, 그 다음면에는 그의 휘호 '준경권학(遵經勸學)' 네 글자가 실렸다.

원래 1887년 성균관의 교육을 강화하기 위해 부설 학교 형식으로 세워진 경학원은 특별한 활동을 하지 못하다가 1910년 한일강제병합이 이뤄지면서 마침내 조선총독부는 성균관 전체를 경학원으로 흡수하고 감독하기에 이르렀다. 1911년 6월 "경학을 강구하며 풍교덕화(風敎德化)를 비보(裨補)"할 목적 아래 경학원이 새롭게 등장했으나 이미 친일적인 인물들로 임원이 구성되어 있었다. 1913년 12월 경학원의 편제를 보면, 대제학에 박제순(朴齊純), 부제학에 이용직(李容稙)과 박제빈(朴齊斌), 사성(司成)에 김유제(金有濟)와 이인직 등이었다. (정환국)

참고문헌

한국잡지협회 편, 『韓國雜誌總覽』, 1989; 최덕교 편저, 『한국잡지백년』, 현암사, 2004.

경향잡지(京鄕雜誌)

1906년 서울에서 발행된 종교 잡지

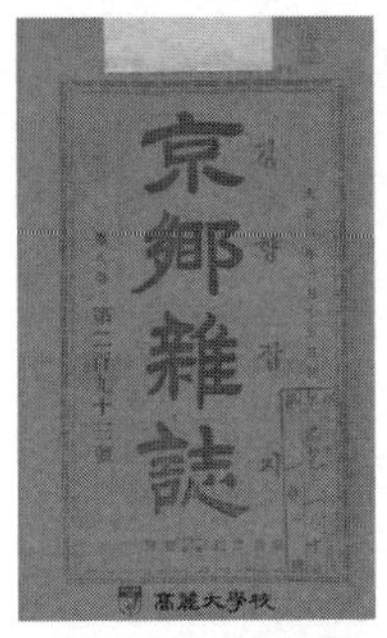

1906년 10월 19일 경성(京城)에서 주간 『경향신문』

의 부록인 『보감(寶鑑)』으로 창간되어 현재까지 발행되고 있다. 1911년 제호를 『경향잡지』로 바꾸었다. 1910년 『경향신문』의 폐간과 함께 종간되었으나, 1911년 『경향잡지』라는 이름으로 복간되었고, 1945년 7월 다시 폐간, 1946년 8월 다시 복간, 한국 전쟁 시기 다시 휴간되었다가 1953년 7월 복간되어 현재까지 발행되고 있다. 창간호의 편집 겸 발행인은 프랑스인 신부 드망즈(Florian Demange, 한국명 안세화[安世華])이었다. 창간호는 A5판으로 8면이었다. 조선 천주교회의 기관지로 발행된 종교 잡지이다. 역시 한국천주교중앙협의회에서 1984년에 영인하여 출간했다.

종교지로서 신자들에게 교리와 교회소식 등을 알리는 것은 물론, 식민지하의 다양한 생활 정보를 제공하였다. 특히 총독부의 생활 법령을 해설 소개하고 일종의 무료 법률 상담의 역할을 하였다. 한일강제병합 이전에는 종교적 기사 외에도 민족의식의 고취에 큰 비중을 두었으나, 한일강제병합 이후 종교적 사항에 국한되어 편집되었다. 한일강제병합으로 『경향신문』이 폐간되면서 『보감』 역시 폐간되었지만, 곧 제호를 『경향잡지』로 바꾸어 속간하였다. 100년이 넘는 기간 동안 이어져 간행되어 온 한국의 최장기 간행 잡지로서, 그 동안의 편집책임자는 다음과 같다. 창간호부터 1911년 4월까지는 드망즈 신부, 그 후부터 1914년 봄까지는 망(Meng, 한국명 명약일[明若一]) 신부, 그 뒤 1933년까지 한기근(韓基根) 신부가 주관했으며, 이후 윤형중(尹亨重) 신부가 1937년부터 책임편집의 역할을 하였다. 이 잡지는 한국 천주교회의 역사를 담은 잡지로, 교리사나 신학사, 교회사 등에서도 중요한 자료적 가치를 지닌다. 현재 공식 발행소는 '한국천주교 중앙협의회'이다. (장성규)

참고문헌

최덕교 편저, 『한국잡지백년』 1권, 현암사, 2004; 한국천주교중앙협의회, 『경향잡지 창간 100주년 기념 학술자료집』, 2006.

경화보(京話報)

1901년 중국 베이징에서 창간된 정치운동 신문

1901년 9월 베이징(北京) 공예국 인서처(工藝局印書處)에서 반월간으로 창간되었다. 1901년 12월 총 6호를 출간하고 종간되었다. 베이징도서관에 소장되어 있다.

내용은 논설, 중외(中外) 소식, 서학(西學)입문, 지학문답(地學問答), 해국묘유(海國妙喩), 해외습유(海外拾遺) 등의 공간을 개설하였다. 1900년 의화단운동으로 야기된 열강과의 전쟁 이후 청 정부의 신정(新政)을 위해 「일본변법기(日本變法記)」, 「미국의 독립운동기(美利堅自立記)」 등을 게재하였다. 국외 부르주아의 혁명 역사를 소개하고 변법유신(變法維新)을 고취하는 것이 발행 목적이었다.

대중이 이해하기 쉬운 백화문(白話文)이 변법자강(變法自強)의 근본이라 주장하며 백화문 사용을 제창하였다. 여러 문장들을 다른 백화보 신문에서 선록하여 실었는데 「변법기회를 논함(論變法機會)」, 「지구의 모습(地球的样子)」, 「신문을 보는 좋은 점(看報的好處)」, 「팔고문을 영원히 폐하라(八股文永遠廢了)」 등이 있다. (김성남)

참고문헌

方漢奇 主編, 『中國新聞社業通史』, 中國人民大學出版社, 1996; 葉再生 著, 『中國近代現代出版通史』, 華文出版社, 2002.

경화일보(京話日報)

1904년 중국 베이징에서 창간된 정치운동 신문

1904년 8월 16일 베이징(北京) 시민을 대상으로 토속적인 베이징 방언을 사용하여 창간되었다. 창간인은 평이중(彭翼仲), 편집은 우쯔전(吳子箴)과 춘즈셴(春治先)이다.
1906년 9월 28일 정간되었다가 1913년 복간되었으나, 위안스카이(袁世凱)에 의해 다시 폐쇄되었다가 위안스카이 사후에 복간되었다.
1923년 종간되었다. 현재 볼 수 있는 마지막 발행본은 1923년 4월의 4043호이다. 현재 상하이도서관에 소장되어 있다.

문명 소통과 풍습 개선, 백성의 지식 계몽을 주요 발행목적으로 삼았다. 정치상으로는 보황입헌(保皇立憲)을 주장하였다.

내용은 신문(新聞)과 연설(演說) 위주로 구성되어 새로운 소식과 논설이 주요 지면을 차지하고 있다. 이 밖에 수도(本京)소식, 각성(各省)소식, 각국 소식, 궁문초(宮門抄), 고시, 전보소식(專電), 연설, 시사신가(時事新歌), 소설 등의 난을 개설하였다.

창간인 평이중은 원래 장쑤(江蘇) 쑤저우(蘇州) 사람이나 베이징에서 오랫동안 빈곤하게 생활하면서 하층 시민들의 생활 질곡과 고통을 이해하고 그들의 입장을 대변하는 신문을 발행하게 되었다. 문화 정도가 낮은 사람들도 읽을 수 있도록 베이징 백화체 언어를 사용하였다.

선명한 애국심을 강조하면서 제국주의 국가들의 침략행위 폭로와 공격의 수위가 매우 높았다. 1906년 난창(南昌)에서 기독교 반대운동이 발생하자 이 사건의 진상을 연속 보도하여 제국주의에 대한 전사회적 분노를 불러일으켰다.

이 시기 발표된 반제국주의 공격에 관한 주요 논설로는 「일본 내전공사에게 충고함(忠告日本內田公使)」과 「독일이 건설하는 자오지 철로의 백성 교란 실정(膠濟鐵路德國修建擾民實情)」, 「외환도설(外患圖說)」, 「프랑스 군대 불법이칙(法國兵不法二則)」, 「러시아 군대가 예전처럼 흉포한 짓을 저지르다(俄國兵照舊逞凶)」, 「횡포를 일삼는 일본인(好霸道的日本人)」, 「내전공사와 일본 관병에게 재충고함(再忠告內田公使和日本官兵)」, 「미국이 화공속약을 금지하는 것에 반대함(抵制美國禁止華工續約)」 등이 있다.

『경화일보』는 베이징 토속어를 사용한 쉬운 필체와 실용과 이론을 자세히 설명한 문장으로 독자들의 환영을 받았다. 그 발행부수는 1만 부를 넘어 당시 베이징에서 최고의 판매량을 가지고 있었다. 가장 큰 특징은 선명한 평민적 색채이다. 신식 학당의 개설을 주장하고, 여성해방의 제창과 기녀제도의 비판, 희곡(戲曲) 개량운동을 주창하고, 과학문화 지식을 선전하는 등 민중의 지식을 개발하고 문화 수준을 높이기 위해 노력하였다.

또 하나의 특징은 '연설(演說)'란을 지면 머리기사로 배치하고 독자들의 투고를 많이 게재하였다는 점이다. 소매업자들과 영세상인, 점원, 학생에서 수공업자와 가정주부에 이르기까지 다양한 사람들이 원고를 보냈으며, 이는 많은 대중들과 긴밀하게 연결되는 언론광장을 형성하였다.

베이징 성문 안 20여 곳에 신문 열람처와 강해(講解) 장소가 설치되었다. 이곳은 손쉽게 신문을 구독할 수 있는 장소와 기회를 제공하였고, 문맹자들도 신문을 읽을 수 있도록 해설과 강독을 제공해 주었다. 강독과 해설 장소인 '설보관(說報館)'은 원래 서관(書館)이나 차관(茶館)을 경영하던 업주들이 업종을 변경하거나 혹은 겸업으로 신문 열람과 해설을 제공하는 방식으로 돈을 벌기도 하였다.

• 평이중(彭翼仲, 1864~1921)

청 말기 변법유신운동에 참여한 언론인이다. 세 종류의 언론매체를 직접 창간하였는데, 1902년 창간한 『계몽화보(啓蒙畵報)』, 1904년 『경화일보』, 같은 해 12월에 창간한 『중화보(中華報)』가 있다.

『계몽화보』는 과학을 발전시키고 미신을 타파한다는 취지로 창간한 매체이다. 내용 중에 '시간(時間)'란을 마련하여 시사문제를 다루기는 했지만, 첨예한 정국의 현안들과 반제 애국운동을 인도하기에는 부족할 수밖에 없었다.

그래서 평이중은 『경화일보』를 창간하게 되었는

데, 이 신문은 반제 애국적 색채가 매우 농후하였다. 결국 1906년 9월 28일, 망령되이 조정을 욕보였다는 죄명으로 신문사가 봉쇄되었고, 그는 신장(新疆)으로 10년간 유배되었다. 그가 유배를 떠나는 날 수천의 시민들이 거리로 몰려나와 안타까워하였다고 한다.

신해혁명 이후 1913년 베이징으로 돌아온 그는 다시 『경화일보』를 복간하였다. 복간된 신문에서도 원래의 반제국주의 철저성을 그대로 유지하여 대담한 사설들을 집필하였고, 이는 다시 신문사의 봉쇄로 이어졌다. (김성남)

참고문헌

葉再生 著, 『中國近代現代出版通史』, 華文出版社, 2002; 方漢奇 主編, 『中國新聞社業通史』, 中國人民大學出版社, 1996.

계명(啓明)

1921년 서울에서 발행된 학술교육 잡지

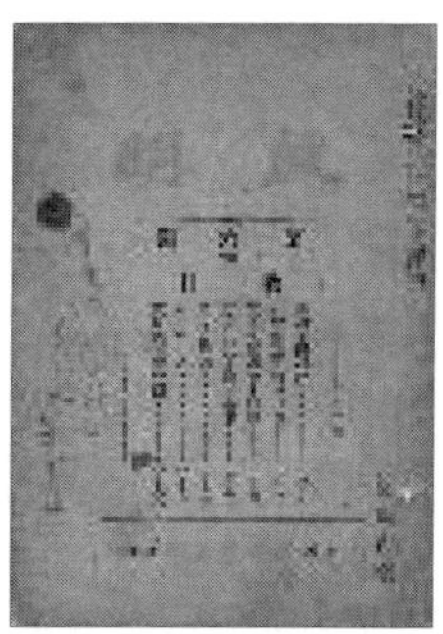

1921년 5월 1일 서울에서 창간되어 1933년 1월에 통권 24호를 내고 폐간하였다. 계명구락부의 기관지로서 창간호의 편집 겸 발행인은 남상일(南相一)이었다. 정가는 30전이었으며 분량은 A5판으로 66면이었다. 후에 백남규(白南奎)가 발행인이 되며, 심우섭(沈友燮)이 주간을 맡는다.

민족계몽운동단체였던 '계명구락부'의 기관지로 발행된 학술교육 잡지이다. 계명구락부는 1918년 조직된 한양구락부를 전신으로 1921년 '계발문명(啓發文明)'을 천명하며 개명한 조직으로, 민족계몽운동을 추진하였다. 이러한 단체의 취지에 맞게 이 잡지에는 민족생활개혁운동이나 조선문화에 대한 연구 등의 글이 자주 실렸다. 주요 필자로는 박승빈(朴勝彬), 김동성(金東成), 김석송(金石松), 안국선(安國善) 등이 있다.

특히 이들은 민족생활개혁운동에 초점을 맞추어 '경어'의 일상적인 사용, 양력의 생활화, 봉건적인 족보 간행의 관습 철폐, 관혼상제 의식의 간소화 등을 적극적으로 주장하였다.

또한 주목되는 것은 18호부터 20호까지 특집으로 간행된 조선문화에 대한 연구이다. 18호는 일연(一然)의 『삼국유사(三國遺事)』 원전에다 최남선의 해제를 붙여 간행했으며, 19호는 최남선의 「살만교답기(薩滿教劄記)」, 이능화(李能和)의 「조선무속고(朝鮮巫俗考)」, 김시습(金時習)의 「금오신화(金鰲新話)」 등을, 20호는 오세창(吳世昌)의 「근역서화징(槿域書畵徵)」을 서적 형식의 특집으로 간행하였다.

이는 일제시대 '조선학'운동의 선구적인 업적으로 볼 수 있는 바, 조선 문화의 성격 규명과 일차적인 자료 정리 및 현대어 번역 등의 성과는 높이 평가된다. 특히 20호의 오세창의 『근역서화징』은 1100여 명에 이르는 우리나라의 서화가들의 사적과 평전을 수록한 것으로 이는 한국 미술사에 중요한 업적으로 남았다.

계명구락부는 최남선, 정인보 등 당대 조선학자들을 주축으로 '조선어사전' 편찬을 추진하였으나 이는 4년간의 작업에도 결국 성과로 남기지 못하였다. (장성규)

참고문헌

김교식 편저, 『최남선』, 계성출판사, 1984; 최경봉, 『우리말의 탄생』, 책과함께, 2005.

계몽통속보(啓蒙通俗報)

1901년 중국 청두에서 창간된 시사종합신문

1901년 쓰촨(四川) 청두(成都)에서 창간되었다. 청두 도서국에서 발행되다가 1906년 이 도서국 내에 인쇄공사를 만들고 새로운 인쇄설비를 사들이면서 『계몽통속보』의 제호를 『통속일보(通俗日報)』로 개칭하였다. 종간일은 정확하지 않다.

교육으로 중국의 가난과 국난을 극복할 것과 애국과 구국 선전을 발행목적으로 하였다. 신식 학당의 교재와 교과서를 게재하고, 도서국에서 구매한 외국 언론들을 이용하여 새로운 과학정보와 새로운 발명이나 기구에 대한 정보들을 번역하여 실었다. 또한 '외국신사(外國新事)', '지구기사(地球紀事)' 등의 기사란을 통해 독자의 시야를 열어주었다.

간혹 제호를 『계몽통속서보(啓蒙通俗書報)』 혹은 『계몽통속잡지』라고 인쇄하기도 하였는데, 이 매체의 특징은 제호 그대로 대중성이었다.

백화문(白話文)을 사용하여 구어체의 읽기 쉬운 문장을 사용하였으며, 삽화와 그림을 이용하여 지식수준이 높지 않은 사람들도 이해할 수 있도록 배려하였다. 청두 지방에서 장기간에 걸쳐 발행된 영향력이 비교적 큰 신문이다. (김성남)

참고문헌

方漢奇 主編, 『中國新聞社業通史』, 中國人民大學出版社, 1996; 周葱秀·涂明 著, 『中國近現代文化期刊史』, 山西敎育出版社, 1999.

▌계성(啓聖)

1928년 대구에서 창간된 계성학교의 연간 학생회지

1928년 7월 21일에 대구 계성학교에서 창간한 학생회지이다. 해마다 발행하려던 계획은 잘 이루어지지 않아 2호는 속간 형식으로 1935년 5월 30일에 발행되었다. 그 후의 5호는 1940년에 나왔는데 이후의 속간에 대해서는 미상이다. 편집 겸 발행인은 양재휘(梁在暉), 인쇄인은 대동인쇄소(경성부 공평동 55)의 김현도(金顯道), 발행소는 계성학교 교우회(대구부 신동 277)이다. 인쇄는 경성에서 발행했음을 알 수 있다. 판형은 A5 국판으로 총 157쪽이고 비매품인데, 국문과 일문으로 쓴 글들이 반반이다. 3호의 편집 겸 발행인은 채규탁(蔡奎鐸), 인쇄소는 태기사, 발행소는 대구 계성학교 교우회 문예부로 되어 있다. 4호는 편집인이 이태환, 발행인이 미국인 현거선, 5호도 4호와 같다.
'아단문고'에 2호(1935), 3호(창립 30주년 축하기념호 1936), 4호(1938), 5호(1940)가 소장되어 있다.

학생들의 학창 생활의 추억과 교과 과목 소개, 학교 소개, 경상도 지역의 교회 소식과 학생 소식 등이 들어 있다.

2호에는 나중에 국문학자로 활동하는 김사엽의 수필 「가을달」과 김동욱의 일문수필 「매미의 노래(蜩の歌)」가 실려 있다.

4호에는 제26회 졸업식 송사로 김사엽이 발탁되어 그의 '송사'가 실리기도 한다.

기독교 학교의 학생 잡지로서 학생들의 학창시절에 얽힌 얘기와 학생회 활동, 그리고 경상도 지역의 소식을 전하던 『계성』도 일제 말에 갈수록 점점 탄압을 받기 시작하여 「황국신민의 서」나 「청소년학도 칙어」, 「황후폐하가 주는 영지」, 「총독부훈령」, 「조선총독부 유고」, 「조선교육 3대강령」을 실으면서 점점 친일적인 색채를 띠어 간다.

• 계성학교

계성학교는 미국 북장로회 선교사 아담스(James E. Adams, 한국명 안의와)가 대구시 남성로 선교사 사택을 임시 교사로 정하여 본교를 창설하고 초대 교장에 취임하였다. 교사에 이만집, 최상원 등 27명의 학생으로 첫 수업을 시작하고1908년 3월 30일에 대구시 대신동에 영남 최초의 양옥 교사 아담스관을 신축하여 이전하였으며, 1912년에는 사립 계성학교 인가를 받았다. 그리고 1919년 3·1운동 당시에는 백남채 교사의 주도 아래 전교생이 궐기하여 영남 전역에 그 불길을 옮기는 데도 기여하였다. 동문들로는 박태준, 김동리, 박목월 등이 있다. (전상기)

참고문헌

박선원, 「1910년 이전 대구 기독교계 학교에 나타난 근대학교교육: 계성학교와 신명학교 중심으로」, 우리교육학회(구 한국교육학회 대구, 경북지회), 『교육학논총』 25권 2호, 2004; 『계성백년사』, 계성고등학교, 2007.

▌계성학보(啓聖學報)

1913년 대구에서 창간된 계성학교의 연간 학생회지

1913년 5월 25일 대구 계성학교에서 창간한 학생회지이다. 2호까지 발행되었는데 그 후에 속간했는지는 알 수 없다. 편집 겸 발행인은 백신칠(白信七), 인쇄인은 대구인쇄합자회사의 오제키 고타로(尾關幸太郞), 발행소는 대구 계성학교(경상북도 대구부 동산)이다. 판형은 A5 국판으로 총 72쪽에 비매품이다. 아단문고에 2호가(1914) 소장되어 있다.

대부분 학생들의 일과와 학교의 교무 일정, 학교 소식 등이 기록되어 있다. 졸업생들의 이력과 학생회 회칙, 각부(문학회, 전도회, 동창회, 기숙사, 운동부)의 소식 등을 비교적 상세하게 서술했다.

재미있는 것은 「각국 인구 및 면적표」와 「각국 주권자표」, 「교과도서명」 등이 수록되어 있어 당시의 세계 인구와 각국의 영토 범위에 대한 정보를 얻을 수 있다. 또한 '경상남북도 교회현황'이 보고되어 그 당시 경상도 기독교에 대한 대체적인 사항을 알 수 있다.

계성 100년 연표와 계성 인맥 · 활동상

1906년	미국 북장로파 선교사 아담스가 선교사 사택을 임시 교사로 하여 개교
1908년	대구 중구 대신동에 아담스관을 지어 입주
1911년	계성학교 모표 제정
1912년	사립학교 인가
1913년	계성학보 창간
1913년	맥퍼슨관 준공
1919년	교감 김영서의 인솔로 전교생이 궐기해 영남지방의 3 · 1운동을 주도
1928년	교우지 『계성』 창간
1931년	핸더슨관 준공
1933년	지정학교로 인가
1936년	개교 30주년을 맞아 교기 제정 전 조선 축구대회 우승
1939년	계성마크 제정
1945년	일제의 강압으로 교명을 대구 공산중학교로 변경
1949년	교명을 계성중학교로 변경 인가
1950년	계성중학교를 고등학교로 개편하기 위해 계성중학교를 폐교하고 계성고등학교 설립 인가
1952년	학교 신문 『계원』 창간
1955년	대강당 준공
1975년	농구부 전국 규모대회에서 3관왕 차지
1996년	개교 90주년 기념식 거행
2000년	남녀공학으로 전환
2002년	중국 상하이 차오양중학교와 자매결연
2002년	신동산관 신축
2005년	개교 99주년 기념식 거행
2006년	개교 100주년 기념식 거행

"동포들아, 오늘부터 우리는 독립이다. 다함께 뭉쳐라!"(1919년 3월 8일 계성학교 학생들의 궐기문)

1919년 3월, 만세운동의 불길은 대구에도 닿았다. 계성학교 교감이던 김영서 씨와 교사 최경학, 최상원 씨 등은 만세운동을 일으키는 데 의기투합한다. 학생들도 분기탱천했다. 김삼도, 이승욱, 허성도, 김수길, 김재범, 이이석 군 등은 계성학교 아담스관 지하실에서 서울에서 도착한 「독립선언서」를 등사한다. 학생들은 고향의 부모에게 고별편지를 띄우고 일제에 맞섰는데, 3월 8일 대구 봉기를 신호탄으로 경북 지역은 독립운동으로 회오리친다.

초대 교장 아담스(James E. Adams, 한국명 안의와) 선교사의 이름을 딴 아담스관 벽면에는 이 학교의 교훈이 새겨져 있다. '인외상제지지본(寅畏上帝智之本)'. 이 독특한 교훈은 잠언 1장 7절을 한자로 쓴 것으로, "여호와를 경외함이 지식의 근본이니라"라는 뜻이다. 20세기 초반 기독교 정신을 근간으로 서구의 신학문을 전파하는 데 앞장섰고, 100년 역사를 이어오며 명문 사학으로 자리매김한 계성고의 학생들은 '오랜 역사를 가진 계성학교에 다니는 게 자랑스럽다'고 입을 모았다.

일제강점기 계성학교에 들어온 학생들은 처음에는 열등감을 가졌다고 한다. 주로 대구고보나 대구농 · 상고에 진학하지 못한 학생들이 계성학교에 들어왔는데, 교장까지 미국 사람이었기 때문이었다. 그러나 이 학교를 2~3년 다니면서 학생들은 자부심을 갖게 됐다. 교사들의 수준도 이웃 학교들보다 높았고, 다른 학교들보다 크게 앞선 서구식 교육을 했기 때문이다. 한 졸업생은 "핸더슨 교장은 한국인이나 다름없었다. 그는 피압박 민족인 우리에게 해방자 같은 느낌을 주었다"고 회고했다.

계성학교는 특히 문화·예술계에서 두각을 나타내면서 명문으로 발돋움했다. 계성학교 출신 문인, 예술가들은 한국 근대사에 큰 족적을 남겼다. 박목월(시인·23회), 김동리(소설가·21회), 김성도(아동문학가·21회), 박태준(작곡가·5회), 현제명(작곡가·8회) 선생 등이 이 학교 출신이다. 조선 신극의 선구자인 홍해성(연극인·18회) 선생, "임자 없는 나룻배"의 감독인 이규환(영화인·9회) 선생도 계성학교의 세례를 받았다. 박목월 선생은 모교 강단에 서기도 했다. (전상기)

참고문헌

『매일신문』 2006년 10월 14일자 ; 『연합뉴스』 2006년 10월 16일자; 『계성백년사』, 계성고등학교, 2007.

▌계우(桂友)

1927년 서울에서 발행된 중앙고등보통학교 교우지

1927년 3월 20일 한국 경성에서 창간된 중앙고등보통학교 교우지이다. 연 2~3회 발행하기는 했으나 통권 몇 호인지는 미상이다. 저작 겸 발행자는 권덕규, 인쇄자는 김재섭이다. 인쇄소는 한성도서(주), 발행소는 중앙고등보통학교 동창회(서울 계동 1)이며, A5판 57면 비매품이다. 발행인은 이후 이찬, 최정순, 심형필 등으로 교체되고, 실질적인 작업은 학예부 소속 학생들에 의해 이뤄졌다. 1934년 12월 중앙고보 교사가 화재로 전소되어 현재 학교도서관에서는 옛 자료를 거의 볼 수 없다. 대신 고려대학교에 소장되어 있다.

교지 창간 당시 교장은 최남선의 형이었던 최두선(1894~1974)이었는데, 권두언 「자수(自修)의 정신(精神)」에서 "제군은 모든 것을 교사에게 의뢰(依賴)하여서는 아니 되겠다. 교사된 이는 제군의 학수(學修)를 편리하도록 인도하고 원조(援助)하는 사람이고, 제군에게 학문을 지식을 수여(授與)하는 사람은 결코 아니다"라고 하여 '자력갱생'이나 '사제관계'를 강조하는 등 당시 자신의 교육론을 피력한 대목도 눈여겨 볼만하다.

형식과 내용은 학교 교지로서의 성격을 드러낸다. 학생들의 학과 학습 결과를 해설하기도 하고, 당대 여타 교지들처럼 문학란이 많은 비중을 차지한다. 소설은 물론 편지나 노래, 일기 등을 싣기도 했다. 시, 감상, 수필, 기행, 소설 등 문학 창작이 2/3에 육박한다. 일본어 창작이 적지 않다는 점도 당대 교지의 특성을 그대로 반영하다.

대부분 학생들의 투고에 의한 글들이고, 논설 몇 편만이 학교 관계자나 당대 명사들에게 원고청탁을 하여 작성되었다. 논설은 사회문제에 대한 짧은 비평이 대부분이다.

교지의 뒷부분에는 학교 소식과 각종 예결산 공고, 회원명부 등이 실렸다. 30년대에 들어서면서는 일반 종합지만큼 세련된 편집 수준을 보인다.

여타 교지들이 그러하듯 이 매체는 식민지 시기 중앙고등보통학교 학생들의 지식수준과 생활상을 보여주는 매우 유용한 자료로서 가치를 갖는다.

• 중앙고등보통학교

중앙고등보통학교는 1908년 교육구국(教育救國)의 취지 아래 기호흥학회에서 세운 '사립 기호학교'였다. 1910년 홍사단이 설립한 융희학교를 합병했으며, 기타 여러 학회를 기호흥학회에 통합해 이름을 중앙학회로 바꾸면서 학교 이름도 중앙학교로 고쳤다. 1915년 김성수가 학교를 인수하고 1921년 중앙고등보통학교, 1938년 중앙중학교가 되었고, 1951년 중앙중학교와 중앙고등학교로 분리되었다. (이경돈)

참고문헌

중앙고등학교중앙교우회, 『중앙팔십년사: 1908~1988』, 1993; 최덕교 편저, 『한국잡지백년』, 현암사, 2004.

▌고도모잡지(こども雜誌)

1919년 일본의 여자문단사가 발간한 아동 잡지

1919년 7월 1일에 여자문단사(女子文壇社)가 발행한 아동 잡지이다. 1918년 창간된 『붉은 새(赤い鳥)』에 영향을 받아 간행된 예술적 아동 잡지의 하나다. 정가는 18전, 분량은 80쪽이었다. 편집자인 오키 유지(大木雄二)의 퇴사와 경영 부진으로 1년 만에 발행이 중단되었다. 잡지 원본은 가가와대학(香川大學) 가미하라 문고(神原文庫)가 소장하고 있다.

창간호의 동화(童話)는 아키타 우자쿠(秋田雨雀), 동요(童謠)는 미키 로후(三木露風)가 선별했다. 창간호에는 이들 두 사람 이외에도 요시다 겐지로(吉田絃二郎)와 구보타 우쓰보(窪田空穗) 등에 의한 동화가 게재되어 있다. 표지화와 구화(口絵)·삽화는 오카 라쿠요(岡落葉), 사사키 린푸(佐佐木林風) 등이 담당했고, 다이쇼(大正)기 동화의 전형적인 모습을 볼 수 있다.

『고도모잡지』의 편집방침은 일류작가에게 아동을 위한 창작을 요청한 『붉은 새』의 편집방침과 동일했다. 표지의 그림과 삽화는 오카 라쿠요(岡落葉)와 사사키 린포(佐佐木林風) 등이 담당했다. 다이쇼 시기 동화의 전형적인 모습을 살펴볼 수 있는 잡지이다.

『고도모잡지』는 전체적으로 도회적인 아동 잡지였는데, 편집자 오키 유지(大木雄二)의 퇴사, 발행처의 경영부진 등으로 불과 발행 1년 만에 폐간되었다.

또 표지 및 뒷표지 이외의 본문은 모두 『고도모세계(こども世界)』라는 잡지명으로 간행되었다. 이는 『고도모세계』라는 잡지명이 이미 고도모사(コドモ社)로부터 등록되었기 때문에 급거 표지만 바꾸어 간행되었던 것이다. (이규수, 김인덕)

참고문헌

『國文學 解釋と鑑賞』 1965年 10月(第30卷 第13号), 東京: 至文堂, 1965; 日本近代文學館·小田切進 編, 『日本近代文學大事典』(第5卷), 東京: 講談社, 1977; 牛島俊 作, 『日本言論史』, 河出書房, 1955; 『近代文學雜誌事典』, 至文堂, 1965; 桂敬一, 『明治·大正のジャ-ナリズム』, 岩波書店, 1992.

고려시보(高麗時報)

1933년 개성에서 발행된 타블로이드 신문

1933년 4월 14일 개성에서 창간했다. 개성의 해외유학생이자 명망가인 공진항이 오랜 유학생활을 하다 귀국하자, 당시 조선일보사에서 기자 생활을 한 이선근과 『개성시보』를 창간했던 마태영 등 신진 엘리트들이 개성 지역 여론을 대표하고 지도할 수 있는 기관의 필요성을 역설하여 편집은 마태영이, 경영은 공진항이 담당하는 방식으로 개성 지방의 신문이 운영되기에 이르렀다. 개성의 자산가 공성학의 둘째 아들인 공진항이 자금을 출원하여, 1933년 2월 25일 공진항의 집에서 모임을 갖고 고려시보사를 창립하였다. 그 자리에 모인 창립 멤버는 10명으로 공항진, 이선근, 김재은, 고한승, 김영휘, 박재청(시인 박아지), 박일봉, 김병하, 김학형, 마태영 등이다. 그러나 전적으로 책임을 맡고 일을 보는 사람이 없었고 거기에 재정문제까지 겹쳐 1934년 5월 16일자 19호를 끝으로 휴간한다. 그리고 1년 후인 1935년 5월 15일에 속간을 하면서 '동인지'의 성격에서 탈피하여 안정적인 운영과 합리적인 경영을 가능하게 하기 위하여 자본금 1만 원의 주식회사를 조직, 운영하다가 일제의 언론기관 통폐합 방침에 따라서 1941년 4월 16일 152호를 끝으로 종간하게 된다.
1987년 현대사에서 영인되어 있다.

"개성이 조선 대도시의 하나임에 불구하고 그 여론과 이상을 표현할 만한 하등의 언론기관이 없"음을 안타깝게 여긴 신진 엘리트들이 "향토문화 계발과 인지향상"에 뜻을 두고 "고려의 옛 도읍을 둘러싼 역사적 보고를 들추어내"는 것을 자신들의 주요한 임무로 설정하고 옛 전통을 지키며 옛 정신을 일으켜 살리는 가운데서 개성 지역의 정체, 신진 엘리트들의 정체성을 찾을 수 있다고 생각하였다.

또한 신문의 운영자들은 당시의 개성인들을 지도하고 계몽하는 임무를 자신들의 중요한 사명으로 삼았다. 그리하여 그들은 무지몽매한 민중을 깨우치고 옛 도읍지의 시민들로서 긍지를 갖도록 애를 썼다. 다른 도시에 비해서 비교적 부유하고 안정된 생활을 유지하고 있었지만 개성인들의 마음속에는 일개 지방도시로 전락한 고향에 대한 열등감과 뒤틀린 자부심이 자리잡고 있었던 바, 이들은 그런 문제에도 관심을 기울여 여타 도시에 버금가는 개성의 문화적 전통과 현대적 발전을 조화롭고 독특하게 살리기 위해 노력하였다.

『고려시보』의 신문 주체들은 또한 지방지로서 만족하는 것이 아니라, 전국지로 키울 복안을 가지고도 있었다. 그리하여 실제로 발행소를 경성으로 옮겨 대중잡지로 변신을 꾀하기도 했다. 제42호부터 47호까지 '혁신특대호'라 명명하여 전조선적인 광범위한 독자대중을 획득하고자 시도했던 것이다. 하지만 이러한 시도는 재정적이고 조직적인 문제로 일시에 그치고 말았다.

그런가 하면, 신문 운영자들은 월 2회 발간에서 점진적으로 순간(旬刊)으로, 다시 주간(週刊)으로, 그리고 일간(日刊)으로 발간 횟수를 늘려 조선 언론계에서 이채를 발휘하고자 스스로 다짐하기도 했다. 그러나 이 역시도 실행에 옮기지는 못했다.

『고려시보』의 신진 엘리트들은 사설과 기사를 통해서 "종(縱)으로는 평지(評之)하고 횡(橫)으로는 논지(論之)"함으로써 개성 지역의 여론을 이끌고 지역 발전을 주도해 나갔다. 실제로 이들은 다양한 사회문제를 기사화하여 이슈를 형성하게 함으로써 여러 실질적인 성과를 거두었다. 특히 이들은 교육문제에 관심을 두어 개성 지역 교육기관 확충과 교육기회의 확대를 역설하였다. 이들은 송도고보의 법인 조직화와 관련하여 여론을 조직하고 선도하여 그 결실을 보기도 했다.

이들은 고려시보사 주최의 문화체육행사(전국 명승지 탐승단, 수상 경기대회 등)를 개최했다. 그러한 활동은 개성 지역민들의 문화적 취미를 고양시키고 지역 주민 간의 만남의 장을 통하여 개성에 대한 자부심과 개성인의 단결을 이끌어 내어 지역 문화의 발전과 지역 사회를 활성화하게 하는 동력을 만들어 내는 데 일조했다. 이들은 전국 각지의 명승지를 관람하는 탐승단을 자주 조직하였는데, 최초의 행사는 1937년 봄에 이루어졌다. 5월 21일부터 24일까지 3박 4일간 진행된 행사는 묘향산, 동용굴, 약산 동대, 평양 을밀대 등을 탐승할 20명의 단원을 모집, 계획된 일정을 무사히 소화하였다. 또한 그해 가을에는 금강산 탐승단을 모집하였다. 10월 15일 개성을 출발하여 장안사, 만물상, 총석정, 등지를 답사하고 22일 귀환하였다. 1939년 봄에도 '경기의 지하 금강'이라 명성이 높은 파주 종유동 용지굴 탐승단을 모집하여 일정을 마쳤다. 이러한 탐승단 모집을 통하여 개성인들의 문화적 취미를 고양하고 아울러 친목 도모를 공고히 하는 기회로 삼았다.

고려시보사의 신진 엘리트들은 전 개성(全開城) 수상 경기대회를 개최하였다. 제1회 대회는 1937년 여름에 열렸는데, 정정당당하게 경기에 임하여 스포츠 정신을 고취하고 수영 경기를 장려, 보급하는 것을 대회의 목표로 삼았다. 실제 대회는 40여 명의 선수들이 참여하여 성황리에 일정을 마칠 수 있었다. 이후 대회는 1940년까지 매해 8월 하순경에 개성 풀장에서 열렸다. 대회를 개최하고 운영한 고려시보사는 대회가 열릴 때마다 홍보는 물론, 전 개성 인민이 참여할 수 있는 여건을 마련하기 위해 지면을 할애하고 관련 기사를 비중있게 다루었다.

개성의 신진 엘리트들이 수영대회 개최를 통해 목적한 바는 경기 자체의 활성화를 통해 개성 사회의 활력을 도모하고 상호 친목을 꾀하는 것도 포함되었지만, 그보다는 조선 민중들 스스로가 신체를 단련하고 각종 질병을 이겨내어 건전한 정신을 갖고 살아가기를 바라는 바람도 있었다. 예로부터 개성에는 체증환자와 폐병환자가 많아서 질병의 요시찰 지역이었다. 이들은 질병 발생이 흔한 것은 바로 육체 훈련이 부족한 때문이라고 생각했다. 그리하여 경기장에서 행해지는 운동뿐만 아니라 실내 통풍이나 간단한 체조 습관도 육체의 건강을 보살피는 중요한 관건이라고 생각하여 이러한 사실을 개성 인민들에게 환기시키는 데 주력했다. 결국 육체의 단련과 건전한 정신을 갖춤으로써 개성 인민들 각자가 사회와 국가에 공헌하는 길로 이어지기를 바랬던 것이다.

고려시보사가 주최한 의미 있는 행사는 '만주시찰단' 조직을 들 수 있다. 이 행사를 기획하게 된 목적은 만주 이주민의 생활 상태와 만주국의 실정을 조사, 확인하고 각 농장, 공장 등을 시찰하기 위해서였다. 12명으로 구성된 시찰단은 1935년 9월 2일 개성을 출발하여 9월 13일에 귀환했다. 시찰단이 특히 주목하여 살핀 바는 만주에 있는 조선인의 수전 경영 상태를 세밀히 조사하는 데 있었다. 즉, 시찰의 결과가 장래 만주와 조선 인민의 생활을 얽게 하는 데 있었다. 이는 고려시보사의 핵심 인물이라 할 수 있는 공진항이 만주에 '오가자농장'을 세우는 것과 밀접한 관련이 있는 일이었다.

고려시보사는 이듬해(1936)에도 만주시찰단을 한 차례 더 조직하였다. 그들의 계획에 따르면, 1936년 5월 20일 개성을 출발하여 약 2주 예정으로 다녀올 예정인데, 지난해보다는 시찰 구역을 넓히고 인원도 30명으로 늘려서 단원을 모집하여 만주국 수립 이후의 만주에 대한 여론을 개성 사회에 환기시켰다. 당시 일본은 만주척식주식회사(滿洲拓殖株式會社)를 설립하고 여기를 통하여 농지와 영농자금을 지원해주고 있었으나 실상은 그렇지가 않았다. 조선에서 만주로 이주한 조선 농민들은 제대로 그 혜택을 받지 못하고 대부분이 만인의 소작으로 삶을 이어가고 있는 형편이었던 것이다. 이에 공진항을 위시한 개성의 신진 엘리트들은 개성 지역의 여론을 환기하여 개성 유지 20여 명으로부터 자본금 50만원을 지원 받아 만몽주식회사를 설립하고 이상향 건설을 목표로 농장을 건설한 것이다.

1년간의 휴간 기간이 있었지만 지방 도시에서 8년간이나 격주간 신문을 발행한 고려시보사의 저력은 높이 평가할 만한 것이었다. 고려시보사가 동인지 형태로 운영될 때에는 전적으로 책임질 전담자의 문제나, 재정난, 필자 섭외 등으로 힘들었지만, 속간체제로 전환하면서부터는 전문 편집자를 영입하고 재정을 안정적으로 운영하는 한편, 필자군 확보 또한 마련해 두고 만반의 대비를 하였다. 이러한 노력이 뒷받침되어 신문사 주최의 체육문화행사를 정기적이고 상시적으로 치를 수 있었던 것이다. 또한 고려시보사는 개성만의 지역 신문만이 아닌 전국지를 지향했다는 점에서도 그 포부와 능력을 높이 평가할 수 있다. 이는 그만큼 개성 지역이 갖고 있는 인적 네트워크가 튼실한 증거일 뿐만 아니라, 재정 문제를 해결할 자본 동원 능력, 그리고 이 둘을 결합시킬 수 있는 의지와 문제해결 능력이 있었음을 증명한다. 이러한 활동의 저력은 전통적으로 문화유산이 보존되어 있고 이를 계승하고 보존하려는 지역적 자긍심이 없었으면 불가능했을 것이다.

따라서 『고려시보』의 존재는 개성인민들에게 한 줄기 빛으로 다가가 상호 친목을 도모하고 지역 문화를 활성화하는 중요한 매개 고리로 작용했다는 점에서도 그 가치를 평가하지 않을 수 없는 것이다.

• 공진항(孔鎭恒, 1900~1972)

실업가·행정가. 본관은 곡부(曲阜)로 개성에서 출생했다. 개성 실업가 공성학(孔聖學)의 둘째 아들이다.

어려서 한학을 수학하다가 개성 제일공립보통학교에서 신식교육을 받기 시작하였다. 서울에 올라와 보성고등보통학교에 입학하여 수년간 수학하고, 일본으로 건너가 도쿄(東京)의 도시샤중학(同志社中學)에 편입하였다. 졸업 후 와세다대학(早稻田大學) 영문학과에 입학, 수학하다가 유럽으로 건너가 런던대학에서 2년, 그 뒤 다시 프랑스의 소르본대학에서 사회학을 전공하였다.

1932년 7월 시베리아철도로 만주를 거쳐 귀국하여 가업(家業)을 정리, 만주 진출을 꾀하기 시작하였다.

1935년 만주의 농장지를 답사하고 그가 소망하던 농장을 요하(遼河) 연안의 오가자(五家子)에 건설하였는데, 이것이 바로 농지 20만 평으로 시작된 '오가자농장'(후에 '고려농장'이라 개칭)이었다.

당시 일본인들은 만주척식주식회사를 설립하고 이로부터 농지와 영농자금을 보조받고 있었으나, 만주에 이주해 온 우리 농민들은 만인(滿人)의 소작으로 삶을 이어나가는 실정이었다.

만주에 건너가 이러한 정경을 목격한 그는 농장을 건설하여 그들에게 자작농가를 창립하는 일이 보람 있는 일임을 절감하고 '오가자농장'을 건설하였으나 규모가 너무 작았다.

다음해 일단 귀국하여 고향 유지 20여 명을 설득, 자본금 50만 원의 만몽산업주식회사(滿蒙産業株 式會社)를 설립하였다. 다시 북만주의 후란강(呼蘭河) 근처에 있는 후안잔(平安站)에 농지 2000여 정보를 개간하였고, 또 그곳에서 하얼빈(哈爾濱)으로 향하는 중간 지점인 안가(安家)에 약 5000정보에 이르는 지점을 점거하고 농장 건설에 착수하였다.

그는 이상향의 건설을 목표로 하여 만주로 진출하였으며 그 실현을 위하여 만몽산업주식회사를 설립하였던 것이다. 이것은 비단 그 한 사람 만의 이상(理想)이 아니라 일제강점기에 만주로 건너간 민족기업가 및 민족지도자들의 공통된 이상이며 신념이었다.

전통적인 삼포경영에서 시작된 그의 가족 기업은 3대에 걸쳐 근대적 대농장으로 전개되었으며, 그의 이상사회 건설은 경기도 양주군의 목축농장으로 이어지고 있다.

광복 후 주프랑스공사, 1950년 농림부장관, 1957년 농협중앙회 회장, 1961년 고려인삼흥업사장, 천도교 교령 등을 역임하였다. (전상기)

참고문헌

『한국신문백년지』 2; 양정필, 「1930년대 개성지역 신진 엘리트 연구: 『고려시보』 동인과 그 활동을 중심으로」, 한국역사연구회 학술대회 자료집, 『일제하 조선인 엘리트의 사회적 기반과 정체성』, 2006.

고베신문(神戸新聞)

1898년 일본 고베에서 발행된 지역신문

1898년 2월 11일 창간되었다. 신문은 당시 마쓰카타 내각(松方內閣)과 가와사키 재벌(川崎財閥)에 반대 논조를 펼친 『고베유신일보(神戸又新日報)』의 대항지로 발행되었다. 신문 발행은 가와사키조선소(川崎造船所)를 경영한 가와사키 쇼조(川崎正蔵)의 개인자본으로 창간되었다. 사주는 가와사키 요시타로(川崎芳太郎), 주간은 이와사키 겐(岩崎虔)이었다. 이밖에도 창간 당시의 주요 멤버는 겐유샤(硯友社)의 작가 에미 스이인(江見水蔭), 평론가 시라카와 리요우(白川鯉洋), 동화작가 구루시마 다케히코(久留島武彦) 등이다.

창간 이듬해에는 가와사키조선소 사장인 마쓰카타 고지로(松方幸次郎)가 초대사장으로 취임했다. 신문은 이후 '중정공명(中正公明)'을 내걸고 지면 수를 증대시켰다. 1918년 8월 12일에는 쌀소동으로 사옥이 소실되었지만, 신문사는 재건을 계기로 가와사키 자본으로부터 독립하고 주식회사 형태로 발전했다.

1939년 신문은 '1현 1지'라는 신문통제로 현내(縣內) 유일한 신문이 되었다. 신문은 현재 마이크로필름으로 제작되어 있다. 1900년 7월분부터 열람이 가능하다. (이규수)

참고문헌

「兵庫県大百科事典』 上, 神戸新聞出版センタ, 1984; 『回顧五十年 神戸新聞ものがたり』, 神戸新聞社, 1948; 『神戸新聞五十五年史』, 神戸新聞社史編纂委員会, 1953; 『神戸新聞社七十年史』, 神戸新聞社史編纂委員会, 1968; 『神戸新聞百年史』, 神戸新聞創刊百周年記念委員会社史編纂部会, 1998.

고베유신일보(神戸又新日報)

1884년 일본 고베에서 창간된 일간지

1884년 5월 19일 창간되었다. 창간호는 아직 발견되지 않았고, 상당수가 결지 상태이다. 발행처인 오주사(五州社)는 셋쓰(摂津)·하리마(播磨)·아와지(淡路)·단바(丹波)·다지마(但馬)의 5주를 의미한다. 창간 당시의 『고베유신일보』 제자(題字)는 오자키 유키오(尾崎行雄)가 썼다고 한다. 당초 신문은 입헌개진당(立憲改進党) 계열의 정론지로 출발했지만, 나중에 '보도제일주의'로 전환하여 면수를 늘려나갔다.

다이쇼 시기에는 미조구치 겐지(溝口健二)가 광고 도안과 삽화를 그렸다. 1921년에 발생한 가와사키 미쓰비시조선소(川崎三菱造船所)의 쟁의에서는 가와사키 자본의 『고베신문』이 사실보도에 머물렀던 것에 대해, 『고베유신일보』는 노동자의 입장을 적극적으로 받아들여 쟁의를 지지했다.

쇼와기에 들어와서는 경영자의 빈번한 교체와 경영 방침을 둘러싼 내분으로 경영 기반이 불안정해졌고, 발행부수도 격감했다. 결국 1939년 6월 30일, 전시하의 신문통제 즉 '1현 1지'정책에 의해 1만 9131호를 끝으로 휴간되었다. 신문의 원본은 고베시립중앙도서관이 소장하고 있다. (이규수)

참고문헌

『兵庫県大百科事典』 上, 神戸新聞出版センタ, 1983; 西松五郎, 「『神戸又新日報』略史」, 『神戸と歴史』 18-2, 1979; 若林泰, 「五州社の創業と役員について」, 『歴史と神戸』 17-6, 1979; 奥村弘, 『兵庫県における改進党系政治運動の展開過程: 兵神交詢社を中心に』, 神戸市史紀要, 『神戸の歴史』 20, 1990; 『兵庫県百年史』, 兵庫県, 1967.

고베일보(神戸日報)

1900년 일본 고베에서 창간된 자유당 계열의 기관지

1900년 6월 자유당(自由黨) 계열의 대의사 다카세 도지로(高瀨藤次郎) 등이 발간한 간사이 지방 자유당의 기관지이다. 발간 당초의 제호는 『아이코쿠신문(愛國新聞)』이었다. 일간지(주1회 휴간)였으며 4쪽, 6단 편집체제이다. 폐간 시기는 명확하지 않다. 현재 1902년 1, 2, 5, 6월분과 1903년 5, 6월분만이 남아 있다. 창간 당시의 발행 겸 인쇄인은 나이토 가즈노스케(內藤數之助)였고, 이후에는 겐세이 다히라(筧政平)가 담당했다. 편집장은 시바모토 사다하루(芝本貞治)였고, 이후 도이 아사지로(土肥浅次郎)로 변경되었다. 발행처는 고베일보사(神戸日報社)이다.

지면 구성은 『고베유신일보(神戸又新日報)』와 비슷했다. 같은 시기 『고베유신일보』가 정론지로 논조를 변경하고 중립주의를 내걸어 재출발한 경위를 고려하면 새로운 정론지 발행이 추구된 것으로 보인다.

1902년 1월 10일자 사설에서는 『고베유신일보』를 어용신문이라고 비판하는 등 반체제적인 신문의 방향성을 밝혔다. 21일에는 법률박사 사쿠라이 가즈히사(櫻井一久)를 사감(社監)으로 영입하고, 『고베유신일보』의 주필이었던 무라카미 데이(村上定)를 주필로, 또 『고베유신일보』의 사주 가와이 가오루(河合香)를 서무 관리로 받아들였다.

하지만 그로부터 불과 10일 후인 2월 1일자 사설에서 편집방침의 변경을 독자에게 밝히고 불편부당(不偏不党)의 중립주의를 선언했다. 이 때문에 주필 무라카미 데이와 자유당 대의사 다카세 도지로 등은 고베일보사와 결별하기에 이르렀다. 이후 신문사는 히로쓰 류료(廣津柳浪)의 소설을 신문의 장기구독자에게 배포하는 등 판매 촉진에 힘을 기울였다.

그럼에도 무라카미 등과 더불어 고베신문사를 퇴직한 도이 아사지로가 편집장에 취임한 1903년 무렵부터 논설의 게재가 증가하여 정론지로서의 성격이 재차 강화되었다. 신문의 원본은 현재 고베시립중앙도서관이 보관하고 있다. (이규수)

참고문헌

「神戸と新聞: 明治前期」, 『市史編集ノート』 2, 神戸市史編集室, 1960; 『兵庫県百年史』, 兵庫県, 1967.

고양(高揚)

1938년 서울에서 발행된 소설 동인지

1938년 3월 30일에 창간된 소설 동인지이다. 동인은 강로향(姜鷺鄕, 본명 강성민[姜聖珉])과 조문덕(趙文德, 본명 조기호[趙岐鎬]) 2명으로 결성되었다. 그래서 그런지 제1집밖에 나오지 못했다. 편집 겸 발행인은 조기호, 인쇄인은 중앙인쇄소의 전승연(田承淵), 발행소는 동문당서점(東文堂書店, 경성부 도렴동 150)이다. 판형은 A5 국판으로 총 48쪽이며 정가는 30전이다. 종이질이 두껍고 양질이며, 인쇄 상태도 아주 좋다.

'아단문고'에 소장되어 있다.

동인지 창간에서 의례히 등장하는 '권두언'이나 '창간사' 없이 작품만 세 편 실려 있다. 강로향의 소설 「춘면(春眠)」, 조문덕의 소설 「미혼녀」, 강로향의 소품 「백구(白鳩)를 죽인 황혼(黃昏)」이 그것이다.

조문덕은 잘 알려져 있지 않다. 다만 추정하기로는 발행소인 '동문당서점'의 주인이거나 밀접한 관련을 갖은 인물이 아닐까 한다.

강로향으로 말하면, 1935년 7월에 문단에 등단하는데, 동인인 조문덕의 권유로 작품 발표를 하고 동인지 창간에 동참한 것으로 보인다.

• 강로향(姜鷺鄕)

강로향은 생몰연대가 잘 알려져 있지 않다. 다만 젊은 시절에 만주와 상하이로 방황하다가 돌아와 『개벽』지 기자 생활을 했다. 그때 안회남의 소개로 김유정과 친분을 나눈 것으로 알려져 있다. 김유정이 강로향에게 보낸 편지가 전해지며, 강로향도 김유정의 사후 「유정과 나」(『조광』 1937.5)라는 글도 발표한다. 작품 활동으로는 1931년 7월 『신소년』에 「여명」이라는 동화를 발표했는데, 이는 젊은 시절에 서양의 동화작가의 작품을 읽고 방황하던 날들의 오랜 꿈을 시도한 노력으로 보인다. 그가 정식으로 문단에 데뷔하는 것은 『중앙』(1935.7)에 실린 「만가의 집」이며, 이 작품은 그의 대표작으로 알려져 있다. 1958년에는 양주남 감독에 의해서 그의 소설 「종각」이 영화화되기도 한다. 『사상계』(1969.11~1970.3)에 장편소설 『화인(火印)』을 연재, 단행본으로 출판하고 1976년에는 소설집 『산록』(석암사)을 간행한 것으로 알려져 있다. (전상기)

참고문헌

권영민 편, 『한국근대문인대사전』, 아세아문화사, 1990; 김영진, 「악인이여, 천국행 급행열차를 타라!: 영상자료원 허장강 회고전」, 『필름 2.0』 2005.11.2.

▌고창고등보통학교학우회보(高敞高等普通學校學友會報)

1928년 고창군에서 발행된 고창고등보통학교 학우회보

편집인은 이혁이고, 발행소는 고창고보학우회, 인쇄소는 영흥인쇄소로 비매품이다. 창간호는 확인되지 않고 3호만 확인할 수 있다.

학우회보에 실린 논설은 백과사전식 상식과 그에 관련한 해설이 주를 이룬다. 기행, 감상, 시, 희곡 등을 중심으로 한 학생들의 문예 창작물이 대부분을 차지하고 있다. 소수이긴 하지만 일본어 기사도 있고 회보의 뒷부분에는 학교 소식과 회계보고 등이 실렸다.

20년대의 회보는 매우 단순한 편집 수준을 보여 주지만, 30년대에 들어서면서 일반 종합지의 편집을 모방하여 상당한 변화를 보인다. 사진을 게재하고 논설과 감상, 문예, 소화(小話), 동요, 소식 등을 구분하여 배치하며 교사방문기, 졸업생의 학교 추억 등을 신설하는 등의 세련된 편집체제를 갖추게 됨을 엿볼 수 있다.

• 고창고등보통학교

고창고등보통학교는 1918년 4월 고창군 부안면 오산교회를 교실로 학생 8명으로 창립한 학교이다. 1919년 4월 14일 사립 오산학교로 정식 인가를 받고 운영난으로 폐교 위기를 맞았으나, 고창군민대회에서 인수를 결성하여 군민들의 모금을 통해 운영해 왔다. 1922년 6월 사립 고창고등보통학교로 개명했다. 국어학자 정인승이 1925~1936년까지 재직했고, 시인 서정주가 1931년에 편입학했다가 자퇴한 학교로도 알려져 있다. (이경돈)

참고문헌

『한국신문 · 잡지총목록』, 대한민국국회도서관, 1966; 고창중 · 고등학교 동창회 편, 『聖魂: 항일(抗日) 민족교육(民族教育)』, 고창중 · 고등학교동창회, 2007; 고창중 · 고등학교동창회, 『고창중고 60년사』, 고창중 · 고등학교, 1979.

▌공도(公道)

1914년 일본의 융화운동단체 제국공도회가 발행한 기관지

1914년 9월 제국공도회(帝國公道會)의 『회보(會報)』로 창간되었다. 『회보』에는 제국공도회의 활동에 대한 보고를 중심으로 짧은 논설이 게재되었다. 『회보』는 3호까지 간행된 뒤에 1915년 4월 간행분부터 『공도』로 이름이 바뀌었다.

그러나 재정난 때문에 1917년 7월의 4권 7호부터 휴간 상태에 빠졌으며 나중에는 야마토동지회(大和同志會)의 기관지인 『명치지광(明治之光)』을 제국공도회의 기관지로도 대용하게 되었다. 1918년 쌀소동(米騷動)이 일어난 뒤 정부가 제국공도회의 존재 의의를 재인식하게 됨에 따라 기부금도 받게 되고 재정 상태가 좋아져서 1919년 11월 『사회개선공도(社會改善公道)』로 재간되었다.

『회보』에서 『공도』로 변화하면서 이름만 바뀐 것이 아니라 편집방침도 바뀌어 "세상 사람들을 각성시킨다"는 방침 아래 논설 중심의 월간지가 되었다.

『사회개선공도』에는 제국공도회의 활동 보고, 짧은 논설, 각지의 동향 등이 골고루 게재되었다. 그렇지만 제국공도회의 동정 융화 노선에 대한 비판이 강하게 제기되면서 회의 세력은 다시 정체되기 시작하였다. 그 결과 1922년 11월 43호를 내고 종간되었다.

『공도』와 『사회개선공도』는 제국공도회의 관심의 확대를 반영하여 부락문제만이 아니라 노동문제 등 폭넓은 사회문제 전반에 대해서도 관심을 보이고 있었다. (이준식)

참고문헌

『公道』(復刻板), 西播地域皮多村文書硏究會, 1982~1984; 部落解放硏究所, 『部落問題事典』, 解放出版社, 1986.

▌공론(公論)

1939년 일본 제일공론사에서 발행한 종합잡지

1939년 11월에 창간되어 1946년 1·2월 합병호까지 모두 73호가 발간된 종합잡지이다. 발행처는 제일공론사(第一公論社)였다. 제일공론사는 남만주철도주식회사(南滿洲鐵道株式會社, 통칭 만철[滿鐵]) 총재를 지낸 바 있던 마쓰오카 요스케(松岡洋右)의 지원을 받고 만들어졌다.

제일공론사의 사장은 만철 참여(參與) 경력을 갖고 있던 가미무라 데쓰야(上村哲彌)였고 편집 책임을 맡은 것은 동생인 가미무라 가쓰야(上村勝彌)였다.

『공론』은 '존황양이'(尊皇攘夷), '내적초멸'(內敵剿滅)을 목표로 하는 급진 우익 잡지였다. 1938년 10월에 창간되었다가 1939년 8월에 종간된 『혁신(革新)』의 후계 잡지로 창간되었다.

"소극주의, 패배주의, 소일본주의의 이데올로기"를 배격하고 "황국적 세계관"에 입각하여 "천황에 완전히 절대적으로 귀일하여 받든다"는 것을 표방하였다. 당시 일본에서 전개되고 있던 신체제운동과 관련하여서는 "신체제운동의 가장 강력한 지도기관"이라는 것도 자임하고 있었다.

예를 들어 태평양전쟁 이후인 1942년 7월호를 보면 「전통과 청년(傳統と青年)」, 「지사 일본사(志士日本史)」, 「국학과 청년(國學と青年)」, 「청년 일본 전쟁사(青年日本戰爭史)」 등 제목만으로도 내용도 결론도 알 수 있는 기사가 온통 실려 있다.

일본 우익의 거물이던 오카와 슈메이(大川周明), 당시 일본에서의 언론 통제의 실질적 책임을 맡고 있던 스즈키 구라조(鈴木庫三), 대일본언론보국회(大日本言論報国会) 전무이사를 지냈으며 패전 후에는 A급 전

범 용의자로 체포되는 가노코기 가즈노부(鹿子木員信), 도쿄제국대학(東京帝國大學) 교수로 국가에 의한 통제 경제를 적극 지지하던 나니와다 하루오(難波田春夫), 대일본언론보국회 이사이자 국가주의 경제학자인 오쿠마 노부유키(大熊信行), 우익 쿠데타인 신병대(神兵隊) 사건(1933년)에 관련되었으며, 1939년에는 '다이토주쿠(大東塾)'라는 우익단체를 조직하여 우익의 거물이라는 평가를 받고 있던 가게야마 마사하루(影山正治) 외에 후지타 도쿠타로(藤田德太郎), 니시타니 야헤에(西谷彌兵衛) 등이 주요 필자였다.

문학 관계로는 이 시기 우익 문학의 거물이던 야스다 요주로(保田與重郎), 아사노 아키라(淺野晃) 등이 특히 국수주의적 경향을 보이면서 중심이 되었다.

처음에는 도미자와 우이오(富澤有爲男), 쓰보이 사카에(壺井榮), 다자이 오사무(太宰治), 무로 사이세이(室生犀星), 노가미 야에코(野上彌生子), 이소노카미 겐이치로(石上玄一郎), 간바야시 아카쓰키(上林曉) 등 광범위한 작가의 작품이 게재되었다. 그러나 전쟁이 진행됨에 따라 전쟁과 천황을 찬미하는 작품만이 게재되기 시작하였다.

기요하라 후에키(淸原不易), 아라키 세이시(荒木精之), 가게야마 마사하루, 시무라 리쿠조(志村陸城) 등이 그러한 작품을 발표하는 역할을 맡았다. 시가에 의한 '대동아전쟁 특집(大東亞戰爭特輯)'(1942년 2월호), '존황 지사 가집(尊皇志士歌集)'(1942년 11월호)도 꾸며졌다. '악서 규탄'이라는 난을 두는가 하면 문학 유신상을 제정하기도 하였다.

• 마쓰오카 요스케(松岡洋右, 1880~1946)

야마구치현(山口縣) 출생, 일본의 정치가이자 외교관이다. 미국 오리건주립대학을 졸업하고 외교관이 되었다. 1921년 만철에 입사하여 이사, 부총재 등을 지냈다.

1930년에는 중의원이 되었는데 당시 외무대신이던 시데하라 기주로(幣原喜重郎)의 외교 노선, 곧 미국과 영국에 협조하면서 중국의 내정에는 간섭하지 않는다는 방침에 대하여 비판적이었다. 1931년 만주사변(滿洲事變)이 일어나고 다음해 국제연맹이 특별 총회에서 만주사변에 대한 리튼조사단의 보고서를 채택할 때 일본의 수석 전권으로 참가하였다.

그 후 "국민정신 작흥 '쇼와유신(昭和維新)'을 주장하면서 정당해소연맹(政党解消連盟)을 결성하였다. 1935년 8월부터 1939년 2월까지 만철 총재를 지낸 뒤 1940년 7월 2차 고노에 후미마로(近衛文麿) 내각의 외무대신이 되어 대동아공영권(大東亞共榮圈)을 주창하고 독일, 이탈리아와의 삼국동맹을 체결하였다. 일본의 패전 후에는 A급 전범으로 체포되었다. (이준식)

참고문헌

日本近代文學館·小田切進 編,『日本近代文學大事典』第5卷, 講談社, 1977; 高崎隆治,『戰時下のジャーナリズム』, 新日本出版社, 1987.

공산당(共産黨)

1920년 중국 상하이에서 중국공산당이 최초로 발행한 월간지

중국공산당 상하이(上海) 발기조(上海發起組)가 창간한 반공개적 간행물로 리다(李達)가 편집자였다. 러시아 10월혁명 3주년 기념일인 1920년 11월 7일에 창간되어 1921년 7월에 정간되었다. 매월 7일에 4×6 배판으로 50쪽 정도의 분량으로 발간되었으며 모두 7호가 출판되었지만 현재 남아 있는 것은 1호부터 6호까지이다.

비밀리에 발행되었고 발행량은 최고 5000여 부에 달했다. 월간으로 출판되어 공산당의 선전과 조직 부분에

서 큰 공헌을 하였다. 현재 상하이도서관 등에 소장되어 있다.

『공산당』이 발간되던 1920년은 북양군벌(北洋軍閥)이 통치하던 시기로 이러한 간행물을 발행하는 것이 쉽지 않았다. 이 때문에 『공산당』에 수록된 글에는 실명을 사용할 수 없어 가명을 사용했다. 『공산당』은 프롤레타리아계급 혁명이론과 레닌의 건당론을 선전하고 러시아 10월혁명의 경험과 소련공산당의 강령을 소개했다.

이와 함께 기회주의와 무정부주의를 비판하고 중국혁명의 이론과 실천문제를 탐구했다. 공산당을 건설하려 했던 당시의 공산주의자들은 『공산당』 잡지를 환영하였다. 리다자오(李大釗)가 주도했던 베이징의 마르크스학설 연구회도 회원들과 진보적인 학생들에게 『공산당』을 추천하였다. 때문에 초기 공산주의자와 진보적 청년들에게 일정한 영향을 주었다.

『공산당』은 중국에서 처음으로 '공산당'이라는 기치를 내걸고 중국공산당원의 정치적 주장을 밝히고 있으며, 공산주의자들에게 필요한 공산당과 관련된 지식을 선전하였고 코민테른과 레닌의 이론을 중국에 소개하였다. 또한 러시아공산당 제9차 대표대회에서 발표한 「국가와 혁명」(1장) 등 레닌의 주요 저작을 번역하여 수록하였다. 더불어 코민테른과 국제공산주의운동과 관련된 자료를 소개하였으며, 코민테른의 수립과정과 의의를 소개한 글도 수록하였다. 예를 들어 「러시아공산당의 역사」, 「러시아공산정부 수립 3주년 기념」과 「레닌의 역사」 등의 글과 러시아공산당의 대중단체 안의 당 기층조직의 상황에 관한 문헌들이 번역되어 수록되었다.

'세계소식'란에서는 각국의 공산당 수립과 공산주의운동의 상황을 소개하고 프롤레타리아계급투쟁에 관한 소식을 보도하였다. 또한 「미국공산당당강」과 「미국공산당선언」이 번역되어 수록되었고, 이외에 많은 국가의 노동운동과 파업투쟁에 관한 자료가 소개되었다. 이러한 보도와 자료 수록은 『공산당』의 중요한 특징이었다.

『공산당』은 이러한 글을 통하여 공산당이 프롤레타리아계급의 정당이고, 마르크스레닌주의를 지도사상으로 하며, 엄밀한 조직원칙을 가지고 마르크스적 공산주의를 실행하여 프롤레타리아 독재를 하는 것이라는 점을 강조하였다.

『공산당』은 중국의 부르주아계급 민주주의가 실패했다고 보고 중국혁명이 마르크스레닌주의를 지도사상으로 해야 한다는 점을 지적하면서 공산주의가 중국의 실정에 적합하다는 점을 강조하는 글을 수록하였다. 『공산당』 제2호의 「사회혁명토의」에서 중국에는 지주가 없고 자본가도 없어 계급의 구별이 없으므로 사회혁명을 제창할 수 없다는 주장을 반박하였다. 중국에는 중국의 부르주아계급이 있을 뿐만 아니라 국제적 부르주아계급도 있으며 중국의 프롤레타리아계급을 가장 심하고 잔혹하게 착취하고 압박하고 있다고 비판하였다. 중국의 농민들은 수천 년 동안 봉건지주(封建地主)의 잔혹한 착취와 약탈에 시달리고 있었기 때문에 철저하게 낡은 사회제도를 타도하고 "공산주의의 원리에 따라" 중국 사회를 철저하게 개조해야 한다고 주장하였다.

『공산당』의 글은 노동자를 위주로 하는 도시에서 무장봉기를 일으켜 직접행동과 프롤레타리아계급의 대중운동으로 반동 착취계급의 정권을 타도하여 프롤레타리아계급이 지배계급의 지위를 차지한 후 경제조직을 개혁하여 생산력을 발전시켜 계급이 없고 착취가 없는 공산주의사회를 건설하겠다는 것이다.

『공산당』은 당시의 이론수준과 실제 경험이 한정되어 있었지만 러시아혁명의 길을 따라 마르크스주의를 견지하려고 했다고 할 수 있다.

『공산당』은 제2인터내셔널의 수정주의에 대해서도 비판하고 있다. 레닌의 「국가와 혁명」(1장)을 번역 수록하여 수정주의에 대해서 비판한 것을 비롯하여 여러 글에서 비판을 계속하고 있다. 특히 제2인터내셔널과 각국 우익 사회당의 개량주의사상, 특히 사회당의 '의회정책'에 대해 반박과 비판을 하고 있다. 독일과 영국, 미국 등의 사회당은 의회주의정책을 혁명의 수단으로 채택했지만 이상과 실제가 상반되어 근본적으로 사회혁명의 목적을 달성할 수 없다고 비판하였다. 부르주아계급이 통치하는 사회에서는 프롤레타리아계급이 의회에서 몇 개의 의석을 차지한다고 자신의 계급적 고통을 벗어날 수 있는 법안을 통과시킬 수 없다는 것이다.

『공산당』의 「제3인터내셔널(국제공산당)대회의 원인(第三國際黨大會的緣起)」과 「러시아공산정부 수립 3주년 기념(俄國共産政府成立三週年紀念)」 등의 글에서 제2인터내셔널에 대한 체계적인 비판을 하고 있다. 특히『공산당』 제3호에 발표된 「곧 죽을 제2인터내셔널과 곧 흥기할 제3인터내셔널」 에서 제2인터내셔널과 그 지도자들의 죄악을 폭로하고 있다. 제2인터내셔널의 자본가와 타협한 의회주의, 개량주의를 지적하고 이미 완전히 혁명을 배반하여 "중등사회(中等社會)", 즉 부르주아계급통치와 프롤레타리아계급을 압박하는 공범자가 되었다고 비판하고 있다. 이 글은 제2인터내셔널이 노동자를 살상하는 살인범의 조직이라고 비판하였다. 제2인터내셔널은 자본가를 대표하는 조직이지만 제3인터내셔널은 프롤레타리아계급 혁명운동의 전투조직이고 "파압박세계의 희망적인 스타(明星)"이므로 중국공산주의자들은 제3인터내셔널의 기치 아래 레닌이 개척한 10월혁명의 길을 가야 한다고 강조하였다.

『공산당』 제1호에 수록된 「러시아공산정부 수립 3주년 기념」 에서는 프롤레타리아계급 독재가 있은 후에 사회주의가 있으며 프롤레타리아 독재가 없으면 사회주의를 실현할 희망도 없다고 하고 있다.

『공산당』은 레닌의 건당사상에 따라 공산당을 건립해야 한다고 선전하였다. 특히 당시 중국에서 유행하고 있던 무정부주의에 대해서 비판하고 있다. 『공산당』은 사론 성격의 단언(短言)과 「사회혁명 토의」, 「무정부주의의 해부」, 「우리들은 왜 공산주의를 주장하는가?」, 「정권 탈취」, 「우리들은 어떻게 사회혁명을 해야 하는가?」 등의 글을 통해 무정부주의를 비판하고 있다. 이들 단언에서는 먼저 무정부주의자들이 말하는 자유와 정의는 마르크스주의의 국가론과 프롤레타리아 독재를 반대하는 것이며 프롤레타리아국가를 원하지 않는 것이라고 비판하고 있다. 또한 프롤레타리아계급과 노동인민의 철저한 해방을 요구하며 혁명적 수단으로 부르주아계급을 타도하고 공산주의자들은 부르주아계급의 국가를 타도한 후에 반드시 프롤레타리아국가를 건립해야 하며 그렇지 않으면 혁명을 완성시킬 수 없고 공산주의를 실현할 수 없다고 하였다.

『공산당』은 마르크스레닌주의의 관점으로 국가의 쇠망과 프롤레타리아 독재의 강화 사이의 관계를 분석하고 있다. 『공산당』 5호 「우리들은 어떻게 사회혁명을 해야 하는가?」 에서 "국가는 원래 하나의 계급이 다른 계급을 압박하는 기관으로 계급이 소멸하면 국가도 자연히 소멸된다. 그리므로 우리들의 최종 목적도 국가가 없어지는 것이다. 그러나 우리는 계급이 소멸하기 전에 적극적으로 힘 있는 프롤레타리아 독재국가를 주장해야 한다. 계급이 나날이 소멸하면 국가도 나날이 효용을 상실하게 된다"고 하였다. 이 글에서는 자신들의 목적은 국가를 가지고 부르주아계급의 특권을 건설하는 것이 아니라 국가를 가지고 일체의 계급적인 것을 철폐하는 것이라고 하고 있다.

『공산당』은 중국공산당을 건립하기 위해 창간된 것으로 중국공산당의 건립에 중요한 의미를 가지고 있다. 『공산당』은 중국공산당이 정식으로 탄생하기 이전에 마르크스레닌주의를 선전하고 공산당의 이론을 소개하고 교육하는 간행물이었다. (김지훈)

참고문헌

方克, 『中共中央黨刊史稿』 上, 紅旗出版社, 1999; 王檜林·朱漢國, 『中國報刊辭典(1815~1949)』, 書海出版社, 1992; 伍杰, 『中文期刊大詞典』, 北京大學出版社, 2000; 上海圖書館, 『上海圖書館館藏近現代中文期刊總目』, 上海科學技術文獻出版社, 2004.

▌공산당인(共産黨人)

1939년 옌안에서 창간된 중국공산당 중앙위원회의 기관지

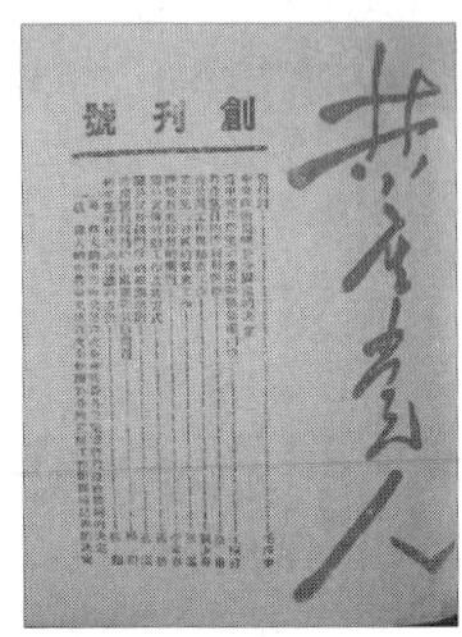

중국공산당중앙위원회(中國共産黨中央委員會)의 기관지로 1939년 10월 20일 산시성(陝西省) 옌안(延安)에서 창간되었다. 장원톈(張聞天)이 책임자였고, 리웨이한(李維漢)이 주편을 맡았으며, 월간으로 매월 20일에 발행되었다. 분량은 50~116쪽으로 일정하지 않았다. 주요란으로는 통신, 전재(專載), 조사, 논문 등이 있었다. 1941년 8월 정간되었으며, 모두 19호가 출간되었다. 현재 『공산당인』의 영인본이 간행되어 있다.

『공산당인』은 전국의 모범이 되고, 광범한 군중성을 가지며, 사상, 정치, 조직면에서 아주 강고한 볼셰비키적 중국공산당의 건설에 도움이 되는 것을 목표로 하였다.

마오쩌둥(毛澤東)은 「발간사(發刊辭)」에서 이 간행물의 창간 필요성은 전국 범위의 광범위한 민중성을 가진, 사상적, 정치적, 조직적으로 완전히 볼셰비키화된 중국공산당원을 만드는 데 돕기 위한 것이라고 하였다. 그는 이 글에서 "현 시기의 특징은 한 측면으로는 항일민족통일전선에서의 투항 위험, 분열 위험과 도태 위험이 날이 갈수록 커지고 있으며, 다른 한 측면으로 우리의 당은 이미 협소한 범위를 벗어나 전국적인 대정당으로 성장하였다. 당의 임무는 군중을 동원하여 투항위험, 분열위험, 도태위험을 극복하는 것이며, 아울러 돌연한 사변에 대한 준비를 하여야 하는 것이다. 이리하여 당과 혁명이 가능한 돌발적 사변에서 뜻밖의 손실을 입지 않도록 하여야 하는 것이다."

출판의 이유에 대해서는 다음과 같이 밝히고 있다. "중국혁명의 승리를 위해 간절한 수요에 의해 이런 당을 건설하고, 당의 주관적 객관적 조건들 역시 대체로 구비하였다. 이런 위대한 사업이 지금 바로 진행 중이다. 이러한 위대한 공정이 진행되는데 일반 당보와 같아서는 안 되며 반드시 전문적인 당보가 있어야 한다."

발간사에서 마오쩌둥은 중국공산당의 18년 역사를 회고하며, 분석을 통해 중국혁명의 성질, 대상, 특징에 대해 다음과 같이 지적하였다. ① 프롤레타리아계급은 자본가계급과 혁명적 민족통일전선을 건립하거나 부득이하게 분열시켜야 한다. ② 주된 혁명의 형식은 무장투쟁이다. 이것이 바로 중국자본가계급민주혁명 과정중의 두 가지 특징이다. 또한 어떻게 당을 건설할 것인지에 대해서는 다음과 같이 지적하고 있다. "우리당의 역사를 고찰해보면 바로 알 수 있다. 당의 건설문제는 통일전선문제, 무장투쟁문제와 연결하여 함께 보아야 하며, 당의 건설문제 역시 부르주아계급과 함께 그들의 투쟁의 문제와 팔로군, 신사군이 항일유격전쟁을 견지하고 항일근거지를 건설하는 문제와 연계하여 함께 본다면 알 수 있다. 마르크스·레닌주의의 이론과 중국혁명의 실천의 통일적 이해에 근거하여 18년의 경험을 집중하고, 목전의 신선한 경험을 전당에 전달한다면 당은 강철과 같이 강고해질 것이다. 역사상 이미 범한 착오를 면할 수 있을 것이다. 이것이 바로 우리의 임무이다." 또 중국공산당 18년의 역사에 관하여 다음과 같이 서술하고 있다. "통일전선, 무장투쟁, 당의 건설은 중국공산당이 중국혁명 중에서 적에게 승리할 수 있게 하는 3개의 보배, 3개의 주요한 보배이다." 아울러 이 세 개의 관계에 대해서 다음과 같이 분석하고 있다. "18년의 경험은 우리에게 말해주고 있다. 통일전선과 무장투쟁은 적을 이길 수 있는 두 개의 기본무기이다. 통일전선은 바로 무장투쟁을 실행하는 통일전선이다. 당의 조직은 바로 통일전선과 무장투쟁이라는 두 개의 무기를 장악하고 적을 향해 돌진하여 함락시킬 용감한 전사인 것이다."

주요 내용은 중국공산당의 중일전쟁시기의 통일전선과 조직건설, 이론건설, 군사, 교육, 민족 등과 관련한 방침과 정책의 선전, 사회과학 부문의 학습 및 관련 교재의 게재, 우수당원의 업적을 소개하는 것이었다.

수록된 글로는 왕자샹(王稼祥)의 「중국공산당을

공고화하고 강화하기 위한 투쟁(爲中國共産黨的鞏固化堅强而鬪爭)」, 왕밍(王明)의 「마르크스주의 책략 결정을 몇 가지 기본 원칙(論馬列主義決定策略的幾個基本原則)」, 덩파(鄧發)의 「항일근거지의 노동정책을 논함(論抗日根據地的勞動政策)」, 궈훙타오(郭洪濤)의 「산둥통일전선의 형세와 당의 책략(山東統一戰線形勢及黨的策略)」, 펑원빈(馮文彬)의 「청년공작의 책을 견지하자(堅持靑年工作的崗位)」, 쉬퉁(舒同)의 「진찰기 군구의 건당공작 경험(晋察冀軍區建軍中建黨工作的經驗)」, 리췬(理群)의 「마르크스레닌학원의 책략교육은 어떻게 진행되고 있는가(策略教育在馬列學院是怎樣進行的)」, 마오쩌둥의 「조사가 없으면 발언권도 없다(沒有調査者沒有發言權)」와 「중국혁명과 중국공산당(中國革命與中國共産黨)」, 리푸춘(李富春)의 「항일근거지 재정경제정책에 대한 의견(對抗日根據地財政經濟政策的意見)」, 팡창(方强)의 「팔로군 간부문제에 관하여(關於八路軍幹部問題: 使用與提拔問題)」, 주더(朱德)의 「당원군대화(黨員軍隊化)」 등이 있었다. 주요 집필자는 마오쩌둥, 류사오치(劉少奇), 왕자샹, 천윈(陳雲), 리푸춘, 뤄푸(洛甫, 장원톈[張聞天]), 아이쓰치(艾思奇), 왕뤄페이(王若飛), 주더 등이었다. (김지훈)

참고문헌

方克, 『中共中央黨刊史稿』 上, 紅旗出版社, 1999; 王檜林·朱漢國, 『中國報刊辭典(1815~1949)』, 書海出版社, 1992; 伍杰, 『中文期刊大詞典』, 北京大學出版社, 2000; 北京師範大學圖書館報刊部 編, 『北京師範大學圖書館館藏中文珍稀期刊題錄』, 北京圖書館出版社, 2002.

▌공상학보(工商學報)

1898년 중국 상하이에서 창간된 경제산업 신문

1898년 9월 상하이(上海)에서 창간되었다. 왕다쥔(汪大鈞)이 창간인 겸 편집장을 보았고, 주간으로 매회 20여 쪽을 활자인쇄로 2일과 9일, 16일, 23일에 각각 발행하였다. 중국국가도서관에 소장되어 있다.

공상업을 진흥시키고 이권 회수를 발행목적으로 하여 중국의 공상(工商) 경제와 각 성의 물산과 공업 현황을 살피고 소비와 판매 현황 보도를 주요 내용으로 하였다.

중국 공상 금융의 발전 방법과 경로에 대해 탐구하고, 금융 현황을 상세히 보도했다.

내용은 유지(諭旨)와 상주문, 관청의 공고, 논설란이 고정되어 있었고, 외국 신문과 서양의 선진 생산기술을 번역하여 게재하였으며, 외국의 상무 관련 법률들도 소개하였다. (김성남)

참고문헌

方漢奇 主編, 『中國新聞社業通史』, 中國人民大學出版社, 1996; 葉再生 著, 『中國近代現代出版通史』, 北京: 華文出版社, 2002.

▌공업계(工業界)

1909년 서울에서 발행된 한국 최초의 공업·기술 잡지

1909년 1월 28일 공업연구회(工業硏究會)에서 창간되어 같은 해 4월, 4호를 끝으로 종간되었다. 월간지로, 사장 겸 편집인은 신규식(申圭植), 발행인은 박찬익(朴贊翊)이며, 인쇄인은 최경집(崔慶集)이다. 인쇄소는 우문관(右文館), 발행은 경성 중부 파조교동(罷朝橋洞)에 소재한 공업월보사(工業月報社)이다. 판매 가격은 15전이다.

공업연구회는 1908년 9월 공업의 연구와 교육을 목적으로 공업전습생을 중심으로 95명의 회원이 모여 결성한 단체이다. 당시 회장으로는 박찬익, 부회장으로 정

해설(鄭海卨)이며, 총무는 박승진(朴勝珍), 김경운(金京雲)이 맡았다. 이 연구회는 이후 공업기술을 강연하는 기관지를 발간하는데, 그것이 바로 『공업계』이다.

창간호의 취지서를 보면, "우리 대한제국의 부강기초를 확립하고, 2천만 공중의 공업사상을 고취할 주의로 실지수학한 공업 각과의 강의와 외지 공업에 관한 고명한 논설과 신기한 휘문(彙聞)을 편집 간행"한다고 한 바, 이 잡지의 발간취지가 공업에 관한 필요성을 역설하고 동시에 공업에 관한 실용적 지식을 전파하는 데 있음을 확인할 수 있다.

목차는 논설, 강연, 공업기술 소개 및 공업연구회 관련 기사로 구성되어 있다. 2호에서는 황성자(皇城子)의 「공업계의 신광선」, 황형수(黃瑩秀)의 「공업의 필요」, 3호에서는 이철주(李喆柱)의 「만학의 모(母)」, 이종승(李鍾升)의 「공업을 극의발달」 등 공업 진흥에 관한 논설을 싣고 있으며, 화학, 물리학 같은 기초학문을 비롯하여 염직, 도기, 비누, 금공, 목공, 토목, 조선, 건축, 측량, 도로, 각종 공업원료 등 다양한 업종에 관한 강연을 싣고 있다. 말미에는 「공업연구회 취지서」, 「본회 역사 및 결의안」, 「회원명부」, 「임원명부」 같은 공업연구회 관련 자료를 싣고 있다. 이 잡지는 우리나라 최초의 공업관계 잡지로서 한말 기초과학 및 공업기술의 수준 및 기술 도입 상황을 보여 주는 귀중한 자료이다.

• 신규식(申圭植)과 박찬익(朴贊翊)

공업계를 이끈 신규식과 박찬익은 뒤에 중국으로 망명하여 활동을 계속했던 인물이다. 특히 발행인이었던 박찬익은 이 잡지를 실질적으로 운영하였다. 이들은 애국계몽시기의 끝자락에서 자강의 방편으로 공업계의 활성화에 특별히 주목하고 있었다. 비록 창간된 지 얼마 되지 않아 종간되고 말았지만, 신규식과 박찬익은 이후 해외에서 활동은 계속되었다. 신규식은 1915년 박은식 등과 함께 대동보국회(大同輔國會)를 조직, 기관지 『진단(震檀)』을 발행했다. 그리고 박찬익은 신규식이 중심이 되어 조직한 독립운동단체인 동제사(同濟社)의 일원으로 활약했다. 그리고 1920년대에는 임시정부 외무부에서 함께 활약하기도 했다. (정환국)

참고문헌

김근수, 『한국잡지사』, 청록출판사, 1980; 최덕교 편저, 『한국잡지백년』, 현암사, 2004.

공영(共榮)

1922년 평양에서 발행된 시사종합지

매월 1회 1일 발행되었다. 발행인은 선우순이며, 인쇄소는 한성도서주식회사, 발행소는 공영잡지사(평양부 욱정 3번지, 전화장 662번)이다. 발행은 평양에서 했다고 하지만 경성에서 인쇄를 했고 광고주의 대부분도 경성의 기업이었다. 총판매소는 기독서원(평양부 서문통)로 정가는 50전이다.

창간호에서 창간의 취지를 밝힌 「반성기에 입(入)한 세계사상」과 권두언 「평화의 서광은 비추이도다」를 참조해보면 이 잡지는 문화주의, 인도주의를 제창하기 위해 평양 지역을 근거하여 창간되었다는 점을 알 수 있다.

평양과 경성에 이중적인 근거지를 둔 까닭에 1922년 여름 홍수와 같은 재난이 편집에 큰 영향을 미치기도 했다.

기사를 일별해 보면, '톨스토이와 타고르', '개성과 르네상스', '서구 근대화의 가치' 등에 상당한 비중을 두었으며, 사회주의를 과격주의라고 우려하는 동시에 민족진영의 물산장려운동 역시 비판하는 우파적 성향을 지녔다.

이러한 정치적 입장은 창간호에 실린 휘호를 참고할 때 이해할 수 있다. 휘호는 일본국 내무대신과 조선총독의 것이었기 때문인데, 이로 미루어 짐작컨대 이 매체는 조선총독부와 각별한 관계를 맺고 있던 잡지였다.

한편, 당시 많은 잡지들과 달리 미국의 물질문명에 대한 동경을 보여 주고, 세계 경제의 동향에 대해 각별한 관심을 가진 일도 특기할 만한 사항이다. (이경돈)

참고문헌

『한국신문·잡지총목록』, 대한민국국회도서관, 1966; 계훈모, 『한국언론연표』, 관훈클럽신영연구기금, 1979; 『아단문고장서목록』, 아단문화기획실, 1995; 최덕교 편저, 『한국잡지백년』, 현암사, 2004.

공우(工友)

1920년 서울에서 발행된 공업 잡지

1920년 10월 20일 서울에서 발행된 공우구락부의 공업 잡지이다. 현재 창간호만 확인된다. 창간호의 편집 겸 발행인은 최종환(崔宗煥), 인쇄인은 최성우(崔誠愚)이다. 인쇄소는 신문관(新文館), 발행소는 공우구락부(서울 계동101)이다. B5판 54면으로 정가는 40전이다. 서울대학교에 소장되어 있다.

조선의 공업을 발전시키고 문화를 향상시키기 위하여 결성된 '공우구락부'는 공업의 필요성을 선전하고 공업 지식을 연구·보급하는 한편, 계몽적 기관지인 『공우』를 발간하였다.

창간호에 주종의(朱鍾宜)가 쓴 「조선공업의 발전과 공업시험소의 설립」에는 당시 조선 공업계에 대한 당대인들의 인식을 잘 보여 주는 구절이 있다. "……기차를 타고 하루 종일 돌아다녀도 공장 굴뚝 하나 볼 수 없고, 신문 잡지에 한 페이지의 공장 광고 있음을 볼 수 없도다. …… 이 암흑의 비운(悲運)에 있는 공업계를 어떻게 하면 발전시킬 수 있을까? 함이 우리의 큰 문제이다."

또한 발행인 최종환의 「조선문화발달과 공업의 관계를 논함」은 제일 규모가 큰 논문인데, 그 한 구절은 다음과 같다. "조선이 참으로 문화생활을 하려면, 남보다 뒤떨어지지 않는 문명을 가지려면, 무엇보다도 먼저 우리가 생활의 여유를 가져야 하겠다. 다시 말하면 우리는 이 극도에 달한 빈궁에서 벗어나야 하겠다. 그리하여 여기에 있어 공업 발흥 이외에는 더 최량의 방책이 없다"라고 공업 발흥의 필요성을 역설하면서 실제로 공장을 경영하여 제품을 생산할 것을 주장하고 있다.

창간호에는 유전(劉銓)의 「상공전(商工戰)에 관한 약견」, 송한거사(松閒居士)의 「아조선공업의 진흥책」, 주종의(朱鍾宜)의 「조선공업의 발전과 공업시험의 설립」, 김대익(金大羽)의 「정신상 자유와 공업과의 관계」, 창해생(蒼海生)의 「공업을 힘씁시다」 등 공업 진흥에 관한 논설이 많은 비중을 차지하고 있으며, 포춘생(抱春生)의 「화학공업의 대의(一)」, 김용관(金容瓘)의 「요업요론(一)」 같은 강좌도 싣고 있다.

이처럼 이 매체는 주로 당대의 공업 실태나 그 진흥책과 관련된 논문이나 논설이 중심을 이루고 있다. 이 밖에 발명가의 전기, 과학상식 등 과학 관련 흥밋거리 기사도 싣고 있다. (이경돈)

참고문헌

『한국신문·잡지총목록』, 대한민국국회도서관, 1966; 계훈모, 『한국언론연표』, 관훈클럽신영연구기금, 1979; 『아단문고장서목록』, 아단문화기획실, 1995; 최덕교 편저, 『한국잡지백년』, 현암사, 2004.

공인보(工人報)

1945년 중국 산시성에서 발간된 월간지

1945년 7월 중국 산시성(山西省)에서 발간된 간행물로 진기예해방구직공총회(晋冀豫解放區職工總會)에서 편집을 담당했다. 월간으로 발간되었으며, 1947년 7월 10일 11호를 마지막으로 종간되었다. 현재 베이징사범대학도서관 등에 소장되어 있다.

『공인보』는 노동자 간행물로 진기예해방구직공총회의 기관지였다. 이 간행물은 주로 타이항지구(太行地區) 노동자들의 업무, 학습, 생활 상황을 보도하였으며, 내용은 이 지역의 여러 가지 직종에 종사하는 노동자들의 업무 상황과 노동자들의 생활을 반영하였고, 생산을 지원하였다. 아울러 선진적인 인물을 선전하고, 노동조합의 건설과 관련한 내용 등을 포괄적으로 게재하였다. 여기에 게재된 글로는 「상하이 노동자투쟁에 관한 이야기(上海工人鬪爭小故事)」, 「소하전 고공의 반자본주의 투쟁(小河典雇工反資敵鬪爭)」, 「"2·7"간사 소개("二七"簡史介紹)」, 「육하구 노동자투쟁은 어떻게 전개되었는가(六河溝工人鬪爭是怎樣開展

的)」, 「초작서 대정의 임금과 등급(焦作西大井工資與等級)」, 「유화공장 조직관리의 몇 가지 경험(裕華工廠組織管理的幾個經驗)」, 「양성하공채촌의 지업 회복(陽城下孔寨村紙業的恢復)」, 「총공회 간부회의 총결(總工會幹部會議總結)」 등이 있었다.

『공인보』에 게재된 글들은 노동자들의 현실생활과 당시의 노동자투쟁을 반영한 글들이 다수를 차지했다. (김지훈)

참고문헌

北京師範大學圖書館報刊部 編, 『北京師範大學圖書館館藏中文珍稀期刊題錄』, 北京圖書館出版社, 2002; 伍杰, 『中文期刊大詞典』, 北京大學出版社, 2000.

공장생활(工場生活)

1916년 일본 직공조합기성동지회에서 발행한 기관지

1916년 9월에 직공조합기성동지회(職工組合期成同志會)의 기관지로 창간되어 다음해 6월 재정난으로 8호를 발간한 뒤 폐간되었다. 이 잡지의 발간을 주도한 것은 니시오 스에히로(西尾末廣), 도마에 마고사부로(堂前孫三郎), 사카모토 고자부로(坂本孝三郎)였다. 발행처는 오사카(大阪)의 직공조합기성동지회였다.

1차 세계대전 기간에 일본의 노동운동은 이전보다 한층 고양되었다. 파업도 크게 늘어났다. 우애회(友愛會)의 세력도 증대하였다. 1916년 8월 26일 스미토모주강소(住友鑄鋼所, 현재의 스미토모금속[住友金屬])의 노동자로 일하고 있던 니시오 스에히로가 기차제조회사(汽車製造會社)의 노동자 도마에 마고사부로, 사카모토 고자부로와 함께 오사카에서 직공조합기성동지회를 결성하였다. 가장 나이가 많은 도마에 마고사부로의 역할이 컸지만 조직의 이름은 다카노 후사타로(高野房太郎) 등의 직공조합기성회(職工組合期成會)를 본떠 니시오 스에히로가 명명한 것이었다.

세 사람은 우애회에 공통의 불만을 갖고 있었다. 하나는 스즈키 분지(鈴木文治)라는 지식인이 조직을 주도하고 있다는 점이었다. 다른 하나는 일본 상공업의 중심지인 오사카가 아니라 도쿄(東京)에 본부를 두고 있다는 점이었다. 따라서 직공조합기성동지회는 지식계급을 지도자로 하지 않는 순수한 노동조합을 오사카에 설치하여 노동쟁의의 조정, 공제 등의 사업을 추진하겠다는 것을 내세웠다.

처음에는 단지 4명으로 출발하였지만 기차제조회사, 스미토모주강소, 구보타철공소(久保田鐵工所), 오사카전등(大阪電燈), 포병공창(砲兵工廠), 오사카철공소(大阪鐵工所), 아지가와철공소(安治川鐵工所) 등 오사카 일대의 철강 노동자를 중심으로 조직원이 급증하여 1917년 1월에는 1500여 명에 이르렀다. 직공조합기성동지회는 노자 협조를 바탕으로 하고 있었으며 기관지인 『공장생활』의 발행, 연설회의 개최, 공장법 등에 관한 법률 상담, 노동쟁의의 조정, 의료비 보조, 취직 알선 등의 사업을 벌였다.

그러나 1917년 중반부터 재정이 악화되어 기관지도 제대로 낼 수 없게 되었고, 결국 그해 말에 자연 소멸되었다. 이후 도마에 마고사부로와 사카모토 고자부로는 기차제조회사 안에 노동문제연구회(勞働問題硏究會)를 조직하고 운동을 계속하였다.

『공장생활』 창간호 「발간사」에는 "우리는 견실하면서도 순연한 직공의 손에 의하여 직공조합을 조직하고 노동문제를 근본적으로 연구하여 목적을 향하여 불요불굴로 매진할 것"이라고 적혀 있다. 창간호만으로 본다면 직공조합기성동지회를 주도한 니시오 스에히로, 도마에 마고사부로, 사카모토 고자부로가 집필하였고, 롱펠로의 시, 쓰보우치 쇼요(坪內逍遙)의 「가난의 원인(貧乏の原因)」, 히라노 마사이치(平野正一)의 「가와카미 박사 『가난 이야기』를 읽고(川上博士『貧乏物語』を讀む)」 등도 게재되었다. (이준식)

참고문헌

坂本孝三郎, 『勞働運動の話』, 日本勞働組合總聯合會出版部, 1933; 西尾末廣, 『大衆と共に』, 世界社, 1951; 渡部義通·鹽田庄兵衛 編, 『日本社會主義文獻解題』, 大月書店, 1958; 渡部徹 編, 『大阪社會勞働運動史』 1卷, 有斐閣, 1986; 衫原四郎 編, 『日本經済雜誌の源流』, 有斐閣, 1990.

▌공제(共濟)

1920년 서울에서 발행된 조선노동공제회 기관지

편집 겸 발행인은 조성돈(趙誠惇)이고, 인쇄인은 최성우(崔誠愚)이다. 인쇄소는 신문관(新文館)이며, 발행소는 조선노동공제회(朝鮮勞動共濟會, 서울 종로2가)이다. A5판 170쪽으로 정가는 50전이다. 서강대학교와 국회도서관에 소장되어 있다.

『공제』는 "우리는 자력(自力)으로써 의식(衣食)하는 동시에 애정(愛情)으로서 상호부조(相互扶助)하여 생활의 안정을 도하며 공동(共同)의 존영(尊榮)을 기(期)함"이라는 정신에 따라 창간된 잡지이다.

『공제』는 1920년 9월 10일에 창간했는데 조성순, 김두희, 정태신, 남상협 등 4명이 편집을 담당하여 1, 2호를 발간했다. 그러다 2호를 발행한 10월에 편집진이 검거되고, 3호(1920.11)부터 6호(1921.3)까지는 원고를 압수당했다. 7호부터 8호까지는 잡지 표지에 '노동문제연구'와 '신사상선전'의 기치를 내걸었다. 잡지는 이때부터 사회주의 선전 잡지로서의 성격을 분명히 하고 있었던 것이다.

미처 발간되지는 못했지만 8호에 광고에 소개되면서 목차를 알 수 있던 9호를 보면 이러한 경향은 더욱 뚜렷해진다. 9호에는 신사상선전과 관련해서 「중류계급의 몰락을 촉함」, 「피폐하여 가는 문화운동」, 「사유재산의 기원」, 「유물사관에 대한 제비평」, 「사회주의는 어떠한 것이냐」, 「따윈설과 맑스설」이 실려 있고, 노동문제에 관련된 글로는 「노동문제의 개조운동」, 「노동문제 통속강화」, 「직공조합론」 등이 있어서, 사상문제에 큰 비중으로 두고 있음을 알 수 있다.

1호와 2호의 편집은 조성순, 김두희, 정태신, 남상협이 편집을 담당했고, 7~9호는 조성순, 여환옥, 신백우, 이견익, 유진희가 담당했다.

조성순, 김두희, 정태신, 남상협 등은 1920년 5월 조선노동공제회 내에 조직된 '마르크스주의 크루조크(소조)'의 핵심구성원들이다. 이들은 공제의 편집부를 장악하고 이를 통해 노동문제, 계급투쟁, 구미 노동운동사, 사회주의 등에 대해 연구하고 선전하고자 했다. 또한 세계정세의 변화와 조선 노동문제의 관계, 조선노동문제의 성격 등에도 주목하였다.

필진들 가운데 김명식, 유진희(兪鎭熙), 장덕수(張德秀), 변희용(卞熙瑢), 나경석(羅景錫) 등은 1920년 6월 서울에서 '사회혁명당(상하이파)'을 조직한 인물들이며 1921년에서 1923년 시기 동안 소위 '상하이파 조선공산당'의 국내 간부로 활동한 인물들이다. 필자 중 김한(金翰)과 신백우는 1920년 3월 서울에서 결성된 '조선공산당'(후에 '중립당'이라 불림)의 주요 지도자들이었다. 이들의 글을 분석해 보면, 7호부터의 『공제』는 잡지 『신생활』보다 앞서 최초로 사회주의를 선전한 잡지라고 보아도 무방하다.

조선노동공제회와 그의 기관지로 출현한 『공제』는 1920년대 한국의 기존의 담론체계에 충격을 던졌다고 볼 수 있다.

1920년은 진보적 역사관의 유입으로 사회적으로 변혁에 대한 열망이 높아지고 있었던 시기이다. 이 시기에 『공제』는 '노동'을 중심문제로 다루면서 그의 지도부가 갖고 있던 '노자협조주의' 담론이나 일부 편집자나 기고문이 보여 주던 '계급투쟁' 담론 등 당대의 다양한 좌파적 담론을 보여 준 잡지였다.

• 조선노동공제회

조선노동공제회는 1920년 2월 7일 조직된 조선노동문제연구회(朝鮮勞動問題硏究會)를 모태로 하여, 그해 4월 11일 박중화(朴重華), 박이규(朴珥圭)를 회장 총간사로 하고 고순흠(高順欽), 윤덕병(尹德炳), 신백우(申伯雨), 김두희(金枓熙: 金若水), 정태신(鄭泰信: 鄭又影), 차금봉(車今奉), 김명식(金明植), 장덕수(張德秀), 정운해(鄭雲海) 등을 중심으로 창립되었다.

조선노동공제회는 창립과 동시에 7개의 부서로 조직되었는데 이때 편집부도 설치되어 기관지로서 『공제』를 출판하였던 것이다.

조선노동공제회는 1920년 한국 노동운동사에서 매우 중요한 단체이다. 이 단체는 당대 노동운동이나 조합이 존재하지 않던 상황에서 노동운동을 표방, 선전하는 단체, 즉 근대적 의미에서의 노동자들의 상호부조 단체였기 때문이다.

이런 특징 때문에 설립 초기, 조선노동공제회의 활동 방향을 세우는 데 내부적으로 의견이 분분했던 것으로 전해진다. 여기에는 크게 사회주의적 입장과 노자협조주의 입장으로 나누어볼 수 있다. 이 두 입장의 차이에 대해서는 당시 사회주의 논객이었던 유진희가 『공제』 창간호에 실은 기고문 「촌감」에서 격렬하게 '온정주의'를 비난하며 투쟁을 주장하는 대목을 통해서도 엿볼 수 있다. 노동공제회는 출발부터 지도부의 노자협조주의적 입장과 일부 좌익인사들의 계급투쟁적 입장이 대립하고 있었다.(이경돈)

참고문헌

임경석, 『한국사회주의의 기원』, 역사비평사, 2003; 이경룡, 「1920년대 초반 노동운동의 분화과정」, 중앙대학교 사학연구회, 『中央史論』 8집; 박애림, 「朝鮮勞動共濟會의 活動과 理念」, 연세대학교 석사학위논문, 1993.

공진(共進)

1921년 중국 베이징에서 창간된 공진사의 기관지

1921년 베이징에서 창간되었다. 1922년 조직된 공진사의 선구로서 여경(旅京) 산시(陝西)학생연합회(學生聯合會)의 기관지였던 『진종(秦鐘)』을 계승한 것이다. 『공진』의 판형은 본래 대형이었으나, 발간 이후 3차례의 증간과 변화를 거듭하였다. 6호부터는 지면을 증간하였고, 2주년 증간호인 48호 이후부터는 체제와 판형을 완전히 바꾸었다. 또 72호부터는 많은 사원들이 외국으로 유학하자 유송에 편리하도록 다시 판을 소형으로 바꾸었다.

공진사의 규모는 가장 많을 때 300여 명의 회원을 자랑하였다. 그 중심인물들은 대부분 중공에 입당하였다. 이러한 연유로 『공진』은 1926년 9월 105호를 내고 만주 군벌에 의해 정간되었으나 베이징 중국 혁명역사박물관 등에 원본이 소장되어 있다. 1983년 상하이 서점에서 혁명잡지의 일종으로 영인 출판하였다.

공진사는 1922년 10월 10일 리쯔저우(李子洲), 류한추(劉含初), 웨이예추(魏野疇) 등이 여경(旅京)산시(陝西)학생연합회(學生聯合會)를 모태로 조직한 진보적인 학술단체였다. 여경산시학생연합회는 이름 그대로 산시 출신의 베이징 학생들의 동향 조직을 신해혁명 이후 토비와 군벌통치로 얼룩진 산시 지역의 낙후한 정치사회 문화의 개조를 목적으로 확대 발전시킨 것이었다. 『공진』은 공진사보다 먼저 창간된 것으로 조직의 모태가 된 셈이다.

『공진』의 애초 창간 취지는 "문화를 제창하고 산시 사회를 개조(改造)한다는 것"이었다. 문화와 개조는 5·4시기 진보적인 청년들이 내세웠던 일반적인 구호였다. 그러나 1922년 공진사가 정식 조직되고 1924, 1925년 조직의 개조를 거치면서 간행 목적도 더욱 구체적으로 변모하였다. 특히 애초에는 사회개조론의 입장에서, 산시의 사회문제 해결에 시각을 집중하였으나, 군벌통치에 대한 반대운동을 전개하는 과정에서 국민혁명의 논리를 수용하였다. 즉 1922년에는 "절실한 문제 해결"을 구호로 반 산시 군벌투쟁에 매진하였고 1924년 강령 수정과 25년 대표대회를 통해 "민중의 각성을 촉구하고", "민중 무장에 기초하여 낡은 통치계급을 타도하자"는 것으로 구호를 바꾸었다. 특히 1923년 조곤의 회선 이후 중국 국민당 및 공산당의 정치 주장을 적극 수용하였다.

『공진』이 다루는 내용 역시 크게 변화하였다. "산시 지역 중학생의 승학(升學)문제" 등 지역 차원의 교육문제에서 1925년 이후에는 '중산기념호', '삼일팔특집호', '중국혁명특집호' 등 국가 건설 문제를 정면으로 다루게 된 것이다.

잡지는 사론(社論), 논단(論壇), 전론(專論), 강단(講壇), 내건(來件), 소설(小說), 시(詩), 통신(通信), 잡기(雜記) 소개(紹介) 등 난을 두었으며, 그 외 「1922년 본사의 회의안 개략」 등 공진사 사무(社務)와 관련 사항은 특재란(特載欄)에 따로 게재하였다.

신문화운동의 확산과 국민혁명의 모색

『공진』은 애초 그 취지에서 알 수 있듯이 5·4기 신문화운동을 배경으로 등장한 학생잡지이다. 다만 산시 지역 출신의 학생 동향 조직이 간행하였다는 점이 여타 진보잡지와 구별될 뿐이다. 초기에는 주로 신문화운동의 틀 속에서 산시의 지역문제를 관찰 해결해 보려는 것이 주요한 내용이었다. 군비(軍匪)와 토비(土匪), 미신(迷信)이 득세하는 산시 지역의 사정을 하나하나 관찰 조사하고, 그 낙후성을 인식하는 데서 출발하였다.

태평양회의와 같은 국제문제를 제외하면 장기적인 군벌 통치와 토비의 수탈로 피폐해진 산시 사회 전반의 낙후성을 폭로하는 것이 주요 이슈였다. 방학을 맞아 귀향한 양중젠(楊鍾健)의 여행기는 이를 대표한다고 할 수 있다. 『공진』 13호는 「섬서중학생 진학문제 특집호(陝西中學生升學問題特號)」를 간행하여 산시 지역의 열악한 교육환경을 고발하는 한편, 매우 드물지만 각 학교의 개혁사례와 성공적인 학생자치회 사례 등을 소개함으로써 교육적 대안을 모색하였다. 이는 5·4시기 진보적 청년들의 사회개조에 대한 관심이 산시 지역에 대한 이해를 매개로 표출된 것이며, 동시에 산시 지역에 내재된 문제를 외부에 알림으로써 그 해결 방법을 찾아보려는 의식의 소산으로 이해할 수 있을 것이다. 특히 5·4시기 평민주의 사조의 영향을 농후한 점을 고려하면 신문화운동의 지역적 확산 과정이라 할 수 있을 것이다. 특히 이 시기 『공진』은 우위(吳虞)의 「거지와 예절(吃人與禮敎)」 등 『신청년』에 실린 주요 문장을 개조하거나 「혼인 문제 특간」(26호)을 간행하는 등 신문화운동의 논리를 계몽의 논리로 활용하고 있다.

그러나 이 같은 신문화운동의 논리는 곧 교육계(敎育界) 풍조(風潮)를 거치면서 정치적 실천 문제로 비약하였다. 교육풍조란 산시 지역의 공립학교의 교육경비가 군벌, 토비에게 전유됨으로써 일상적인 교육행정이 마비되기에 이른 사건이었다. 임의적 권력인 군벌과 토비가 학교에 대한 행정 지휘 계통을 이용하여 모든 경비를 횡령해버림으로서 각 학교의 교사와 학생들이 피해를 보게 된 것이다. 단순한 산시인들의 미숙한 의식 문제라기보다는 군벌, 토비, 그리고 교육계를 장악한 권력 및 관료들에 의해 교육계 전체가 파산하게 된 것이었다(통신란, 20호).

따라서 이러한 문제를 해결하기 위해서는 산시 군벌을 구축하고, 교육회 등 민간단체의 역량을 증대시키는 방향에서 해결을 기대할 수밖에 없는 문제였다. 따라서 각계의 역량을 결집하여 성차원의 군벌권력을 대체할 수 있는 방안을 모색하고자 하였다. 주목할 것은 산시 지역은 다른 지역과 달리 상계, 공계, 농계의 역량이 미약할 뿐 아니라 교육계의 핵심이어야 할 산시성 교육회조차도 군벌권력과 이해관계를 같이 하는 구세력이 장악하고 있었다는 것이다. 따라서 문제해결을 위해서는 이 같은 교육계의 개조에서 시작하는 수밖에 없었다.

개조론에서 국민혁명으로

이 같은 반군벌투쟁에서 『공진』이 활용한 것은 사회개조론과 연성자치론이었다. 그것은 연성자치와 직업 대표제에 기초하여 전 성민이 참여하는 민주적 성헌을 실현하려는 것이었다. 민중의 힘을 제헌을 통해 실현함으로써 자의적으로 행사되는 군벌 독군 권력을 제한하고자 한 것이다. 이른바 '전민정치'의 실현이다(류윈한[柳雲漢], 「미래헌법의 요구에 대하여[對於未來憲法之要求]」, 12호, 1922.5). 물론 전민정치라는 용어는 보통선거에 따른 전 성민의 참여를 의미하는 것으로 국민당의 전민혁명론과 구별된다.

특히 이들은 공진사를 조직하고 독군 유진화(劉鎭華)의 구축을 절대적인 목표로 설정한 뒤 "시국 해결에 대한 우리들의 의견"을 통해 논의를 구체화하였다. 진정한 "전민정치(全民政治)"를 위해서는 폐독(廢督), 재병(載兵), 직업선거(職業選擧)가 이루어져야 하며, 그를 위해서는 현유의 공단(公團)인 상회(商會), 농회(農會), 실업회(實業會), 교육회(敎育會) 등 기타 직업단체로 국민회의를 구성하고, 대표인수의 5분의 2에 해당하는 지식계급으로서 현재의 의회를 대체하여 성헌을 제정하고 그에 기초하여 합법적 권위를 갖는 성정부를 구성하라는 것이었다. 또한 성헌 제정 이전에는 지식계급이 위원회를 조직하여 정부 사무를 집행하도록 하며, 재병은 양사 일려를 규모로 하여야 한다는 것이었다.

이들의 이러한 주장은 천두슈(陳獨秀)의 「중국의 큰 질환: 직업군인과 직업의원(中國之大患: 職業兵與職業議員)」(32호)을 게재하고 특히 「본사선언(本社宣言)」(33호)을 통해 군벌과 국회를 부인하는 등 천두슈의 영향을 받은 것처럼 보이지만 특히 지식인의 역할을 중시하고 있다는 점에 주목할 필요가 있다. 게다가 공진사로의 개조 과정에서 공진을 호조와 창조로 해석하는 점 등을 고려하면 사실상 당시 청년운동에 지대한 영향을 미친 량치차오류의 개조론에 바탕을 두고 있음을 알 수 있다(「배양시대적 공진생활[培養時代的共進生活]」, 23호). 특히 공진사의 활동 방향으로 어체문운동과 구제도 및 예교 비판을 들고, 폐독 제병, 지방자치, 자본주의의 확장을 예방할 수 있는 실업의 발달을 추구하고 있는 점에서 신문화운동의 연장선상에서 연성자치론을 수용하고 있음을 알 수 있다.

그러나 이후 『공진』은 일련의 사회적 실천을 거치는 과정에서 급격히 이념화하였다. 그것은 예컨대 "자유를 쟁취하기 위한 국민운동이자 무창계급의 혁명운동"으로서 베이징 학조를 평가하고 있는 것에서 알 수 있다. 지식인 연대를 통한 사회개조운동의 좌절에 따른 선택으로 볼 수 있다. 예컨대 조곤의 회선을 거친 직후 한 학생은 "'통일'과 '연성자치'는 모두 군벌을 주체로 한 것으로 소군벌의 보호막일 뿐이다"라고 지적하고 국민혁명만이 해결의 길이며 그것은 일성 차원의 문제가 아니라 국민혁명당의 기치아래 통일적인 계획과 진행에 따라 이루어져야 한다고 주장하였다. 또 국민은 파공만이 아니라 무력으로 군벌을 타도해야 한다고 하여 사실상 국민당 중심의 혁명론을 수용하였다(캉[康], 「연성자치와 국민혁명의 통일[統一聯省自治與國民革命]」, 42호).

1925년에는 공진사를 개조하여 국민혁명에 호응을 공진사의 간장으로 채택하고, "국민회의 특호"를 통해 량치차오 등의 국민혁명의 비판의 논리를 역비판하는 등 완전하게 국공의 논리를 수용하였다. 이후 『공진』은 국민당 주도의 국민혁명에 호응하여 산시 지역의 문제보다는 전국적으로 확대되는 국민혁명을 선전 고무하는 데 집중하였다. 공진사가 지역적 동향조직에서 전국적인 진보적인 혁명조직으로 전환한 셈이다. 이런 점에서 『공진』은 5·4운동을 계기로 지역적으로 확대된 신문화운동이 어떻게 국민혁명과 결합되는지를 산시 지역을 매개로 생생하게 보여 주는 자료라 할 수 있다. (오병수)

과학(科學)

1914년 미국에서 중국인 구미유학생 단체인 과학사가 창간한 중국 최초의 종합 과학 잡지

1914년 미국에서 조직된 과학사(科學社)의 기관지로서 과학지식의 보급을 표방하였다. 부강한 국가를 건설하기 위해서는 과학의 발전이 필수적이라는 과학구국론이 창간 배경이었다. 특히 이들은 서양의 근대에 대한 통찰을 통해 과학은 물질, 인생 및 지식의 형성은 물론, 간접적으로는 국민 도덕의 확립에 기여하는 등 국가 건설의 필수적인 요소로 이해하였다. 1950년 말 정간되기까지 오랜 기간 중국의 과학 지식 보급은 물론 학술 규범 성립을 선도하였다.

창간 초기의 체제는 통론(通論), 물질과학 및 그 응용, 자연과학 및 그 응용, 역사전기(저명한 과학가 및 교육가의 전기와 과학의 역사), 잡저(雜著) 등으로 구성하였다. 이후 세계 각국의 과학발전 상황에 대한 조사 또는 뉴스, 그리고 외국의 과기서적을 소개하는 신저 소개란을 추가하였다. 처음부터 가로쓰기와 새로운 표점방식을 채용함으로써 주목을 받았다.

원고는 대부분 과학사의 직원과 사원들이 분담하였다. 특히 맹아 단계에 있는 중국의 과학 수준을 고려하

여 "고상하고 심오한 원리"보다는 "쉽고 자세하게" 그리고 "독자들에게 친근한 내용을 다룰 것, 현학적인 공담은 배제한다는 것"을 예규로 하였다.

그러나 이후 분과 학문의 점진적 발달과 분화에 따라 연구자 공동체가 활발해지면서 새로운 학설을 소개하고, 발표하는 연구자 간의 전문적인 소통 공간으로 자리 잡았다.

『과학』 창간의 의미

『과학』이 수행한 역할에 대해서는 여러 차원에서 논의될 수 있겠지만, 우선 근대적인 의미에서 과학 개념을 통용시켰다는 점이 중요하다. 사실 '과학'이라는 용어는 유신운동 시기 일본에서 수용되어 기왕의 '격치(格致)'를 대체하여 정착한 용어이다. 이 과정에서 '과학'은 서구의 근대적 '기물(器物)' 차원에서 '방법', '사유체계'를 함의하는 개념으로의 변화였다. 예컨대 엄복은 '과학'은 반드시 인과(因果) 공례(公例)가 있어야 하며, 가르치고 배울 수 있어야 한다. 군학(群學)은 과학적 율령으로 민군의 변단을 통찰하여 과거와 미래를 밝히는 것으로 이것을 과학이라 한다고 주장하였다. 『과학』은 이러한 개념의 과학을 더욱 대중화하고 공고화 시킨 측면이 있다.

이런 점에서 『과학』 잡지가 표방한 과학의 개념과 범주를 살펴볼 필요가 있다. 창간호에서 런훙쥔(任鴻雋)은 과학을 광의와 협의로 나누고, 넓은 차원에서는 체계화된 지식으로 정의하였다. '세세하게 나누어 종류별로 유사한 것을 묶어서' 과학이라고 한다는 것이다. 또 '좁게 말하면 하나의 현상에 대해 이치를 미루어 실험할 수 있고, 그 대략을 분별하고 연역할 수 있는 것을 과학이라 한다. 따라서 역사, 미술, 문학, 철리(哲理) 등은 과학이 아니고, 천문 물리, 심리 등을 좁은 의미의 과학이라 한다'고 하여 대략 자연과학을 의미하였다고 정의하였다(런훙쥔, 「중국에 과학이 없는 원인을 말함」, 1호). 동시에 런훙쥔은 "과학은 곧 방법이다"(런훙쥔, 「과학정신론」 2권 1호)라며 실제성과 정확성을 강조하였다. 후밍푸(胡明復) 역시 과학은 "움직임과 변화를 관찰하여 변동의 사실을 모아 다수 사실을 관통하는 법칙을 밝히는 것. 조리 있게 자연계를 세밀하게 관찰하여 그 운행의 법칙을 밝히는 것"으로 정의하였다. 자연계에 대한 것으로 한정한 것이지만 방법으로서 과학을 규정한 것이다.

그러나 이러한 과학 개념은 5·4 신문화운동과 결합되어 의미가 대폭 확장되었다. 런훙쥔은 과학을 자연과학으로 제한하고, 그것이 정치, 경제 및 기타 영역에 응용되어 국가 건설에 활용될 수 있다고 주장하였지만(런훙쥔, 「해혹[解惑]」, 1권 6호; 예젠보[葉建伯], 「과학응용론[科學應用論]」, 3권 2호), 천두슈(陳獨秀) 등은 과학을 학술과 생활 그리고 사유방식을 전면적으로 개조할 수 있는 이념으로 파악하였다. 전자가 『과학』은 구체적으로 과학이 국가 건설에 어떻게 작용하는지를 공업, 상업, 농업 등 분야별로 나누어 설명하였지만, 천두슈는 모든 주관성을 배제한 일체의 이성적 사유로서 파악하고 문화운동의 이념으로 채택하였다. 물론 양자는 논의를 통해 과학이 추구하는 정신을 확대 원용함으로써 사회문제를 해결하고 봉건 전제문화를 청산할 수 있는 무기로 활용하면서 과학의 보급에 기여하였다.

과학사: 중국의 근대 학술기구의 발달과 『과학』

과학사는 애초 자연과학을 전공하는 미국 유학생들이 중심이 되어 조직한 학술단체이다. 이들은 20세기 초부터 미국 유학을 통해 중국의 부강을 위해서는 과학의 연구와 응용에 의존하지 않으면 안 된다는 공감대를 바탕으로 1914년 미국의 하바드와 코넬대학에 재학 중이던 자오위안런(趙元任), 저우런(周仁), 후다(胡達, 후밍푸[胡明復]), 장위안산(章元善), 궈탄셴(過探先) 진방정(金邦正), 양싱푸(楊杏佛), 런훙준, 후스 등이 중심이 되어 『과학월간』을 간행하였다. "과학을 제창하고, 실업을 고취하며, 명사(名辭)를 심정(審定)하며, 지식을 전파"하는 것이 종지였다.

그리고 이후 이들은 곧 「과학사초고장정(科學社招股章程)」을 제정하고 과학사(Science Society)(동사장[董社長] 런훙쥔)를 설립하였다. 중국 최초의 전국적이고 근대적인 과학 학술 기구였다. 미국의 뉴욕주 이타카(Ithaca)에 사무소를 설립하고, 양싱푸의 주편하

민간학술기구의 등장 과정

명칭	성립시기	성립장소	발기인 및 책임자	간행물
中國科學社	1915	미국	任鴻雋 등	『科學』,『科學畵報』
中國農學社	1917	상하이	陳嶸	『中華農林會報』
中國學藝社	1920	상하이	鄭貞文 등	『學藝』
中華自然科學社	1927	난징	趙宗燠 등	『科學世界』
大中華科學硏究社	1925		吳稚暉	『科學週報』(『民國日報』副刊)
自然學會	1932	도쿄		『自然學會 會刊』
中國科學化運動學會	1933	난징	吳承洛 등	『科學的中國』
中國技術合作社	1933	상하이	沈均儒 등	
世界科學社	1933	베이핑	蔡元培 등	『科學時報』
科學建設促進社	1935	상하이	蔡元培 등	
科學生活社	1939	상하이	王天一	『科學生活』
中國地質學會	1922	베이징	章士釗·丁文江	『中國地質學會會誌』
中國天文學會	1922	상하이	高魯	『會報』,『會刊』
中國氣象學會	1924		竺可楨	『氣象雜誌』
中國生理學會	1926	베이징	林可勝	『中國生理學雜誌』
中華海洋生物學會	1929	샤먼		
中國數理學會	1930	베이징	夏元瑮 등	
中國測驗學會	1931	난징	艾偉 등	『惻險』
中國化學學會	1932	난징	陳可忠 등	『化學』,『化學通信』,『會誌』 등
中國物理學會	1932	베이핑	李書華	『中國物理學報』
中國考古學會	1933	상하이	顧鼎梅 등	『中國考古學會季刊』
中國植物學會	1933	충칭	胡先驌	『中國植物學雜誌』,『西門學報』
中華地學會	1931	상하이	葛綏成 등	『地學季刊』
中國地理學會	1934	난징	翁文灝	『地理學報』
禹貢學會	1934	베이핑	顧詰剛 등	『禹貢』半月刊
中國動物學會	1934	루산	秉志	『中國動物學雜誌』
中國數學會	1935	상하이	胡敦復	『中國數學會學報』,『數學雜誌』
中國心理學會	1937	난징	劉廷芳 등	『中國心理學報』
中國工程師學會	1930	난징	偉以黻 등	
中華化學工業會	1925			『化學工業』
中國鑛冶工程師學會	1926		翁文灝	『鑛冶雜誌』,『鑛冶專刊』
中華鑛學社	1928			『鑛業週報』
中國營造社	1929		朱啓鈐	
華北工業協會	1932	베이핑	戴樂仁	
中國紡織學會	1933	난퉁	朱仙舫	
中國電氣工程師學會	1935	상하이	張廷今	
中國水利工程師學會	1935		李儀止	
中國機械工程師學會	1936	항저우	黃伯樵	
中國化學工程學會	1935	톈진	張洪源 등	『化學工程』
中國自動機工程學會	1935	상하이	張登義 등	
中國土木工程師學會	1936	항저우	夏光宇	
中國醫學會	1930	상하이	朱恒璧	
中華衛生學會	1930	상하이	褚民誼	

출전: 段治文,『中國現代科學文化的興起』, 上海人民出版社, 2001, pp. 83~88.

에 잡지 『과학』을 창간하였다. 이들의 귀국에 따라 1918년 과학사 사무소를 난징(南京)으로 옮긴 뒤 1920년 다시 상하이(上海)로 옮겼다. 동시에 조직을 확대 개편하여 총사(總社) 아래에 편집부, 출판부 및 도서관을 두었다 1922년 난징에 생물연구소를 설치하였고 미국에 분사(分社)를 둔 외에 난징, 상하이, 베이징, 광저우, 선양(瀋陽), 쑤저우(蘇州), 항저우(杭州), 칭다오(靑島) 등 8곳에 사우회(社友會)를 두었다.

과학사는 중국의 최초 학회로서 "동지를 연락하여 학술을 연구하고, 함께 중국 학술의 발달을 모색한다."는 것이었다. 사원은 모두 서구에서 엄격한 학술적 훈련을 받은 사람들이었다. 초기는 여러 분과 학문 분야를 망라하여 35명의 활동가가 참가하였다. 특히 당시 유학생 중에서 명망을 갖춘 인물들을 모두 포함하고 있었다. 예컨대 자오위안런, 후밍푸는 물리와 수학을, 빙즈(秉志), 진방정, 궈탄센은 농학으로 유명하였다. 게다가 이들은 미국에서도 유명한 학술회의 회원이었다. 1915년 중국과학사는 70명으로, 1919년은 604명으로 늘었으며 학문 분야도 물리수학, 화학, 생물, 농림 등 다양하였다.

과학사는 상세한 계획과 치밀한 조직력을 바탕으로 일련의 학술 활동을 전개하였다. 학술성 잡지로서 『과학』(월간)과 『과학화보(科學畵報)』(반월간)를 간행하였고, 비교적 정례적인 학술회의를 개최하였다. 예컨대 1919년 4차 학술회의에 서는 학술보고와 함께 도서관과 과학도서의기공사(科學圖書儀器公司)를 창립하였다. 이러한 활동은 영국의 로열클럽 등을 모델로 한 것으로 자주성, 민간성을 토대로 한 진정한 학술 공동체라 할 수 있다. 물론 서구의 학술 공동체가 상당한 시민적 기초를 바탕으로 하지만, 중국 과학사는 이러한 연구 성과와 함께 연구 조건의 창출이 보다 우선적인 과제였다는 점에서 상당한 차이가 있지만, 과학학술자의 공동체의 형성에 크게 기여하였음은 [민간학술기구의 등장 과정]이라는 다음의 표를 통해 확인할 수 있다. 중국에서 과학사 이후 분과적 추세에 따라 등장한 민간학술기구의 등장 과정을 보여준다.

과학사 출현 이후, 이들을 중심으로 수리, 물리, 농학 등으로 학회가 분화되었음을 알 수 있다. 과학사는 일정한 연구기금의 지원에 의해 운영되는 순수한 민간 학술기구이지만, 1928년 중앙연구원이 창립되기까지 중국을 대표하는 학술기구로서 중국의 과학의 발전과 학술문화의 형성에 지대한 공헌을 하였다. 그 기관지로서 『과학』은 중국의 근대 과학자들이 연대하고 소통하는 공간으로서 새로운 과학자를 국내에 소개하는 데 중요한 역할을 담당한 셈이다. (오병수)

참고문헌

郭金彬, 『中國科學百年風雲』, 福建人民出版社, 1986; 段治文, 『中國現代科學文化的興起』, 上海人民出版社, 2001.

과학(科學)

1929년 서울에서 발행된 학술지

1929년 6월 8일에 창간되었다. 연희전문학교 연희수리연구회에서 만들었는데 속간 여부는 알 수 없다. 편집 겸 발행인은 베커(A. L. Beker, 한국명 백아덕[白雅德], 연희전문학교 부교장), 인쇄인은 조선인쇄주식회사의 하타 모이치(羽田茂一), 발행소는 연희수리연구회(연희전문학교 내)이다. 판형은 B5판으로 총 51쪽이고 정가는 10전이다. 연세대도서관에 소장되어 있다.

창간사인 「머리말」에는 다음과 같은 대목이 눈에 띈다.

"우리 문제의 전부가 과학이 아니겠지만, 과학이 우리에게 얼마나 시급하며 얼마나 절요한가를 느끼는 우리는, 다 같은 동지가 되며 끝이 없이 발전되어 가는 산과학의 안내자가 되어야 합니다. 이것을 위한 한 가지 운동으로, 첫째 여기 뜻있는 과학자가 서로 이해하고 협동하여 노력하며, 둘째 일반 사회가 과학을 이해하는 동시에 과학에 대한 친함이 자라도록 하기 위하여 이 잡지를 간행합니다. 그러므로 이것은 좁은 일 국부(局部) 단체의 기관이 아니고, 일반 사회의 기관이 되어야 할 것입니다. 그것이 본지의 사명이며 이상입니다."

과학자의 상호협력과 과학의 중요성을 계몽하기 위한 소임을 떠맡은 편집진의 의도는 학교의 울타리를 넘어 전 조선 사회로 향하여 '과학조선'의 기치를 드높이고 있음을 확인할 수 있다. '일반 사회의 기관'은 '연희수리연구회'가 지향하는 바를 나타내주고 있다고 하겠다.

창간호 목차를 보면, 과학에 대한 논문도 있고 과학상식과 동서의 과학을 소개하는 기사도 눈에 띈다. 과학 논문의 경우에는 연희전문학교 부교장인 베커(Arthur Lynn Becker, 한국명 백아덕[白雅悳])와 일본인 교수, 그리고 조선인 교수 외에도 연희전문에 소속된 학생의 글이 나란히 실려 그들의 학문적 역량을 드러내고 있다. 또한 '과학상식'과 '과학동서'는 흥미로운 과학적 발견과 발명을 비롯하여 과학에 대하여 알기 쉽게 설명하는 글들을 실음으로써 과학이 얼마나 실생활과 연계되어 있는지를 깨우쳐준다. 물리학, 화학, 지구과학, 전기전자공학, 광물학, 발명학에 이르는 분야를 망라하여 기초과학과 그것의 응용학문인 공학을 두루 탐구하고 소개하고 있는데, 그만큼 이 연구회의 관심과 대중 계몽 의지가 지대했음을 알게 된다. 과학조선의 기치가 얼마나 절실하고 긴급한 사안이었나를 다시금 확인하는 것이다. 내지 일본의 선례를 통하여 느끼는 발전양상이 조선의 과학도들에게 충격을 주고 자신들의 민족적 열정과 역사적 과업을 자각하게 함으로써 이러한 잡지의 발간에까지 이르게 했던 바, 「편집을 마치고」를 보면 당시 결성된 몇몇 과학단체가 소개되고 있다.

"근자 조선에 신과학운동을 말하는 특기할 세 가지가 있으니, 고려발명협회 창립, 조선공업협회 창립, 조선공학회 창립, 연희전문학교 수리과에 연구과 창립, 잡지 『과학』 창간 등입니다. 앞으로의 노력이 생명입니다. 남이 하나 보고 둘 듣는 사이에, 우리는 셋이나 넷은 보고 들어야 할 처지입니다. 조선 민족이 세계에 드물 만큼 명석한 두뇌와 연구력을 가졌다고 합니다. 『과학』이 조선 사회에 눈 떴으니 그 앞길이 과연 어떠하겠는지요."

그런 점에서 이 잡지는 조선에서 과학의 필요성과 과학조선의 기치를 선포하고 그 작은 역할을 자임했다는 측면에서 과학사적 의미를 평가할 수 있겠다. (전상기)

참고문헌

이진구, 「근대한국 개신교에 나타난 '종교와 과학' 담론」, 한국기독교사회연구소, 『한국기독교 역사연구소 소식』 68, 2004; 최덕교 편저, 『한국잡지백년』 2, 현암사, 2004.

과학기술동원(科學技術動員)

1942년 일본에서 발행된 과학 잡지

1942년 8월 일본의 과학동원협회(科學動員協會)가 발행한 과학 잡지이다. 편집과 발행주체인 과학동원협회는 1942년 "정부의 과학기술동원 실시에 협력하고, 국방생산력의 확충을 주안(主眼)으로 하여, 과학기술의 약진적 진흥을 도모하고, 이로써 동아(東亞)건설에 공헌"하기 위한 목적으로 창설된 과학단체였다.

과학동원협회는 1941년 5월 일본 정부가 결정하여 발표한 「과학기술신체제확립요강(科學技術新體制確立要綱)」에 근거하여 설치된 전시동원단체의 하나였다. 과학동원협회의 구체적인 사업은 '과학기술자의 등록과 동원', '연구의 촉진과 산업화', '자원조사와 자료의 수집', '기술지식의 보급과 연성(錬成)' 등이었다. 협회의 임원에는 사코미즈 히사쓰네(迫水久常)와 이케다 하야토(池田勇人) 등이 활동하였다.

과학동원협회의 창간 배경은 잡지의 내용에 결정적인 영향을 미쳤다. 1942년 8월호(1호)부터 거의 매호 특집이 구성되었다. 예를 들어 1호의 특집 제목은 "적성특허권문제(敵性特許權問題)", 2호는 "남제지역의 연구기관(南諸地域の硏究機關)", 3호는 "남방자원과 과학

기술(南方資源と科學技術)", 4호는 "기술의 교류(技術の交流)", 5호는 "산업의 측기화(産業の測器化)", 6호는 "남방과학기행(南方科學紀行)"이었다.

1943년 1월호 권두언에는 근대전이 "고도의 과학성과 막대한 소모를 특징으로 한다"라고 정의하고, 근대전의 승패는 "국방생산력의 우열에 연관되어 있다"라고 기술하였다. 근대전의 성격과 의미에 대한 이와 같은 정확한 정의는, 그러나 근대전 '완승'을 위해 파괴의 길을 추진하는 과학자들에게 매우 무거운 책임이 있다는 점을 동시에 의미하는 것이었다. (문영주)

참고문헌

高崎隆治, 『戰時下の雜誌その光と影』, 風媒社, 1976, 79~80쪽; 『日本出版百年史年表』, 日本書籍出版協會, 1968; 松浦總三, 『體驗と資料 戰時下の言論彈壓』, 白川書院, 1975; 高崎隆治, 『戰時下のジャ-ナリズム』, 新日本出版社, 1987.

과학조선(科學朝鮮)

1933년 서울에서 발간된 과학 종합 월간지

1933년 6월 10일 조선발명학회에서 창간했다. 종간호는 아직 미상이다. 편집 겸 발행인은 이승학(李承學), 인쇄인은 신소년사 인쇄부의 이병화(李炳華), 발행소는 발명학회 출판부(경성부 공평동 119)이다. 판형은 B5판에 총 32쪽이며 정가는 10전이었다. 2호부터는 과학조선사(발명학회 내) 명의로 발행되고 편집 겸 발행인도 김용관(金容瓘)으로 바뀌었으며, 1935년 2월호부터는 '과학지식보급회'에서 발행하였다.
처음에는 국문으로 쓰였으나 후반부로 갈수록 국문과 일문이 함께 표기되는 분량이 확대된다.
'아단문고'에 1933년 7·8월 합병 특집호, 1933년 9월호, 1934년 1월, 4월, 1935년 2월 속간호(3권 1호), 3월호, 5월호, 1943년 5월호, 8월호, 10월호, 1944년 3월호, 5월호, 7·8월 합병호가 소장되어 있다. 또한 1986년 5월 한국외국어대학교 '사학연구소'에서 11책으로 한정판 200부가 영인본으로 출판되었다.

「『과학조선』의 탄생」이라는 창간사에서 "과학의 조선이 바야흐로 발흥할 때"라고 힘주어 강조한다. 과학에 관련된 것이면 무엇이든지 다루었다. 「발명가의 정신적 특징」, 「발견과 발명의 관계」, 「지구의 생성사」, 「천체와 지구와의 거리 비교」, 「세계인의 평균 수명표」, 「식물체는 일대 비밀공장」(1933.7/8), 「과학의 민중화」, 「생활개신과 산업적 기초」, 「특허발명의 대세」, 「하천유로 연장」, 「임신방지법」, 「금광업자의 실패와 성공에 대하여」, 「로켓트로 상공의 와사 채집」, 「화성에는 인류가 없다」(1933.9), 「과학전선과 지식계급의 임무」, 「1933년도 노벨수상자」, 「동성애의 과학적 해석」, 「전등발명과 에디슨의 고심」, 「무전왕 말코니」(1934.1), 「과학데이에 대한 소감」(1934.6 '과학데이' 특집호), 「세계제일」(1935.2), 「우주에 대한 고찰」, 「조선의 산악」(1935.3), 「전쟁과 발명」(1942.5) 등의 글이 실린다.

표지에 위대한 과학자, 혹은 발명가인 아인슈타인이나 에디슨의 초상이 크게 실리기도 하고 '도량형비교표'가 실리는가 하면, 원소 및 원자량표가 게시되기도 한다.

『과학조선』은 근대 문명의 기초가 되었던 과학과 기술의 발전이 얼마나 중요하고 긴급히 요청되는가를 역실하는 데 온 힘을 기울인 잡지이다. 과학에 무지한 조선 사람을 계몽하려는 의도, 훌륭한 과학자가 나오기를 기대하는 마음, 인생과 세계에 대한 과학적 시각의 필요성을 강조, 생활과 관련된 과학 상식 제공 등 여러 방면에 걸쳐 관심을 갖고 기사를 작성했음을 알 수 있다. '과학데이'를 지정하고 대대적으로 홍보 활동을 펼친 공로는 '발명학회'와 '과학지식보급회'의 노력이었으나, 그 성과가 이 잡지에 실림으로써 가능했다. 이러한 성과를 이룩할 수 있었던 데에는 1930년대에 들어와서 과학기술에 대한 수요가 증가했다는 점 이외에도, 일제에 의해 배제되어 왔던 조선의 과학기술 인력의 독자적 활동이 가능해졌기 때문이었다. 그런 점에서 『과학조선』은 '우리나라 최초의 대중 과학 잡지'라는 점 외에도, 식민지 시대 과학자들의 노력을 이해하고 평가하는 훌륭한 자료가 되고 있다는 점에서 주목을 요하는 잡지라고 하겠다.

• 조선발명학회와 과학지식보급회

'조선발명학회'는 1924년 10월 1일 창립된 우리나라 최초의 과학진흥단체이다. 창립총회를 열어 이사장 성홍석, 상무이사 김용관, 이사 박길룡, 현득영 등을 선출하고 '조선공업협회' 안에 자리를 잡았는데 별다른 활동을 하지 못했다. 그러다가 8년 후인 1932년 6월에 제1회 이사회를 열어 박길룡을 이사장으로, 김용관을 전무이사로 선임했고 1933년 2월에는 기관지인 『과학조선』 발행을 결의했다. 그리고 그해 8월 제7회 이사회를 열어 변호사이자 변리사인 이인(李仁, 1896~1979)을 이사장으로 선출하고 나서 실질적인 활동을 벌이기 시작했다고 한다. 학회의 고문으로 유전(劉銓, 조선제사(주) 취체역), 야마모토(山本鋭吉, 경성공업전문학교 교장), 박흥식(朴興植, 화신(주) 사장), 윤치호, 김종선, 최남 등이 추대되었고, 이사로는 박길룡, 현득영, 강진두, 현동완, 정인관 등이 취임했다.

이 학회는 1934년 4월 19일을 '과학데이'로 선포하고 이를 전국적으로 홍보하면서 각종 행사를 주관하면서 유명해졌다. 이 학회는 과학 조선의 기초를 닦고, 과학조선의 건설을 꾀하며, 과학의 황무지인 조선을 개척하는 한편, 과학의 대중화에 앞선 노력이 평가될 수 있다.

'과학지식보급회'는 1934년 4월 19일부터 3일간 열렸던 '과학데이' 행사가 끝나고 4월 23일 오후 5시부터 백합원에서 '과학지식 보급 좌담회'를 열었는데 거기서 결의된 바에 따라 그해 7월 5일 창립총회를 열고 구성되었다.

이 보급회는 서울에 본부를 두고 주요 지방에 지회를 두는 전국적인 조직을 가지고 있었다. 주요 사업으로는 ① 과학도서의 편찬 발간, ② 학교의 자연과학 지도에 관한 조사, ③ 과학대중화 방법에 관한 조사, ④ 강연회, 좌담회, 실험회, 이동과학보급대, 전람회 견학 등의 행사, ⑤ 과학 활동사진의 촬영 및 상영, ⑥ 과학 표본의 제작, ⑦ 연중행사인 과학주간의 실행, ⑧ 통속 과학 잡지의 발행, ⑨ 전면적 문맹퇴치 사업 등을 벌이기로 하고 사업의 성과를 잡지에 실어 기록으로 남겼다. (전상기)

참고문헌

정경인, 「1930년대 과학지식보급운동」, 한국정신문화연구원 한국학대학원 석사학위논문, 1995; 임종태, 「김용관의 발명학회와 1930년대 과학운동」, 한국과학사학회, 『한국과학사학회지』, 제17권 2호, 1995.

▌과학조일(科學朝日)

1943년 일본에서 발행된 과학 잡지

1943년 11월 일본의 아사히신문사가 창간한 과학 잡지이다. 잡지 B5판 크기로 발행되었으며, 발행 초기에 잡지 분량 130쪽 전후로 발행되었다. 잡지는 많은 화보를 게재하여 당시 과학 잡지 중에서는 가장 화려한 지면을 구성하였다. 그러나 1943년 말부터는 전쟁 상황의 영향을 받아 잡지 분량을 4분의 1로 줄일 수밖에 없었다.

잡지 내용은 발행 초기에는 주로 전쟁과 직접 연관

되는 기사를 중심으로 특집이 구성하였다. 특집의 제목을 살펴보면, 1호의 특집 제목은 "전차와 위장(戰車と僞裝)"이었다. 2호는 "목탄(木炭)", 3호는 "잠수함과 저온(潛水艦と低溫)", 4호는 "화포(火砲)", 5호는 "비행기(飛行機)"였다. 그러나 전쟁 말기에 들어서면, 직접적인 전쟁기사보다는 전쟁 상황에 대한 보도와 해설을 주로 게재하는 전쟁 선전 잡지와 같은 성격으로 잡지가 변환되었다.

그러나 '과학' 잡지라는 성격 때문이었는지, 최후의 최후까지 전쟁에 대한 위기의식은 매우 낮았던 것으로 보인다. 일본의 패전이 목전에 다가왔을 때에도, 「우리 과학기술교육의 국면(局面)에 밝은 기대를 가지고」, 「진행하자」와 같은 기사가 1943년 12월호 '과학시평' 항목에 수록되어 있었다.

본 잡지는 과학 잡지라는 측면에서 학문적 수준은 그렇게 높지 않았다. 순수 학술지는 아니었고, 통속성과 대중성이 강한 일반적 수준이었다. 이 때문에 잡지를 읽을 수 있는 독자의 지적 수준은 중등학교 졸업생 정도면 충분했던 것으로 보인다. 1945년 이후 '당신의 질문에 즐겁게 대답한다'는 캐치프레이즈를 걸고 발행된 『과학조일』은 이 잡지의 전후(戰後) 버전이라고 할 수 있다. (문영주)

참고문헌

高崎隆治, 『戰時下の雜誌その光と影』, 風媒社, 1976, 75~76쪽; 松浦總三, 『體驗と資料 戰時下の言論彈壓』, 白川書院, 1975; 高崎隆治, 『戰時下のジャ-ナリズム』, 新日本出版社, 1987; 『日本出版百年史年表』, 日本書籍出版協會, 1968.

과학주의공업(科學主義工業)

1937년 창간된 일본의 공업 관련 종합잡지

1937년 5월에 창간되어 1945년 4·5월 합병호(9권 4호)까지 8년 동안 모두 94호가 발간된 공업 관련 종합잡지이다. 1937년 7월의 중일전쟁 발발 직전부터 태평양전쟁 말기까지 전시의 와중에도 계속 발행되었다. 발행처는 창간 당시에는 리켄콘체른출판사(理研コンツェルン出版社)였지만 1937년 8월호(3호)부터는 주식회사 과학주의공업사(科學主義工業社)로 바뀌었다. 애초에 리켄콘체른 산하의 각 계열 회사 사원 사이의 친목을 도모하는 잡지로 출발하였지만 3호부터 종합잡지로 방향 전환을 하면서 리켄콘체른의 이름을 사용하지 않는 독자적인 출판사에서 발간하는 잡지로 바뀐 것이다.

『과학주의공업』을 사실상 주도한 것은 리켄콘체른의 리더인 오코우치 마사토시(大河內正敏)였다. 잡지의 이름을 지은 것도 그였다. 오코우치 마사토시는 '과학주의 공업'이라는 말을 자본주의 공업의 대립 개념으로 사용하였다. 생산의 수단·방법에 과학의 틀을 집어넣어 좋은 제품을 싸게 생산함으로써 저비용 고임금의 양립을 실현할 수 있다는 것이 그의 생각이었다.

『과학주의공업』은 제3호부터 표지에 '공업 경제 종합잡지'라는 이름을 붙였는데 실제로 이때부터 잡지의 편집방침은 크게 바뀌었다. 곧 리켄콘체른의 사내 잡지로서의 기사는 『리켄콘체른월보(理研コンツェルン月報)』라는 새로운 잡지에 인계하고 『과학주의공업』은 말 그대로 '과학주의 공업'의 이념을 제창하는 종합잡지로 성격을 바꾼 것이다.

새로 편집 형태를 가다듬은 『과학주의공업』에는 거의 매호 오코우치 마사토시의 논설이 게재되었다. 그러나 단순히 그의 경영 이념을 주창하는 잡지에 그친 것은 아니었다. 외부의 연구자와 평론가의 글도 폭넓게 게재하였다.

예를 들면 3호에는 평론가인 오야 소이치(大宅壯一), 경제평론가인 다카하시 가메키치(高橋龜吉), 동양경제신보사(東洋經濟新報社)의 미야키 세이키(三宅晴輝) 등 저명한 지식인의 글이 실려 있다. 이후 사상적 경향이나 학문 분야의 모든 측면에서 다양한 필자의 글을 게재한 것이 이 잡지의 중요한 특징이 되었다.

『과학주의공업』의 또 다른 특징은 일관되게 일본 제국주의의 전쟁에 협력하는 입장을 취하고 있었다는 점이다. 오코우치 마사토시 자신이 과학자로서 군사와 공업 경영을 결합시켜야 한다는 강한 믿음을 갖고 있었고 이것이 리켄콘체른 뿐만 아니라 『과학주의공업』에도 그대로 반영된 것이다.

중일전쟁만 놓고 보더라도 우선 1937년 10월호(5호)에서는 "전시체제하의 일본 경제(戰時體制下の日本經濟)"라는 특집으로 호세이대학(法政大學) 교수인 아베 이사무(阿部勇)의 「전시 경제와 비상시 재정의 양상(戰時經濟と非常時財政の相貌)」을 비롯하여 10편의 논문을 게재하였다.

이후에도 "자원 고갈 대책(資源枯渴對策)"(1937년 11월호), "생산력 확충문제 재검토(生産力擴充問題再檢討)"(1937년 12월호), "중국 북부 기술 건설(北支技術建設)"(1938년 1월호), "전시산업정책(戰時産業政策)"(1937년 2월호), "대륙 진출(大陸進出)"(1937년 3월호), "경제 봉쇄 돌파(經濟封鎖突破)"(1937년 4월호), "전후 경영(戰後經營)"(1938년 5월호) 등 전쟁 수행과 식민지 지배의 길을 모색하는 특집이 연속으로 게재되었다. 그리고 이러한 특집에는 당대의 내로라하는 과학자, 평론가, 언론인, 정치가, 관료, 군인 등이 참가하였다.

국가에 대한 비판적인 언설이 용인되지 않는 시대 상황 아래 『과학주의공업』은 전쟁의 목적 자체에 대하여 또는 아시아에의 제국주의적 침략에 대해서는 적극적으로 지지하는 자세를 취하고 있었다. 그러면서도 국내 체제의 편성, 생산 조직의 문제, 산업 경영의 문제 등에 대하여서는 철저하게 과학기술의 도입에 의한 합리화의 추진이라는 입장도 보이고 있었다.

『과학주의공업』은 전시체제 아래 과학기술과 경제를 결합시킬 것을 지향한 잡지였다. 여기에 게재된 논설은 기술사, 생산 공학, 자원 공학, 역사학, 경영학, 정치학, 사회정책, 도시 계획, 사상사 등 다양한 분야에 걸쳐 있었다.

당시 전시체제 아래 국가의 요청에 응하여 생산 능률을 최고도로 고양하기 위한 학문으로서의 노동과학을 주장하고 있던 데루오카 기도(暉峻義等)는 『과학주의공업』에 전시하의 숙련공의 양성과 노동력 재편성에 관한 논설을 게재하였다. 또한 미와 주소(三輪壽壯) 등 구 일본노동당(日本勞農黨) 계열의 무산정치운동가들도 많은 논설을 게재하였다. 이들의 글은 전시경제란 곧 계획경제이며 따라서 전시 경제 체제를 통하여 자본주의 경제에 저항하고 사회주의적인 사회 개량을 이룰 수 있다는 내용을 담고 있었다.

한편 『과학주의공업』은 좌익적 성향의 잡지를 발행하는 것이 어려워진 상황에서 하세가와 뇨제칸(長谷川如是閑) 등 『사회사상(社會思想)』 그룹과, 아이카와 하루키(相川春喜), 도사카 준(戶坂潤), 오카 구니오(岡邦雄), 사이구사 히로토(三枝博音) 등 유물론연구회(唯物論硏究會) 그룹의 사람들에게도 글을 발표할 수 있는 장을 제공하였다.

이와 같이 『과학주의공업』의 논조와 집필자는 적극적으로 전쟁 수행에 매진하는 것을 기조로 하면서도 여전히 파시즘 체제에 저항하는 진지를 고수하는 경향이 다소간은 혼재되는 모습이었다. 그러나 후자도 이른바 고노에 신체제(近衛新體制)가 성립된 이후에는 현저하게 약화되었다.

1940년 8월호 이후 『과학주의공업』은 신체제운동에 몰입하는 모습을 보였다. 그리하여 1940년 10월의 대정익찬회(大政翼贊會) 발회 이후에는 대정익찬회 관계자가 빈번하게 지면에 등장하였고 군인의 기고도 점점 늘어났다.

1940년 11월호에 권두논문으로 당시 육군성 경리국 감사과장인 육군 대좌 나가이 시게사부로(永井茂三郎)의 「국방 경제에서의 산업 경영(國防經濟に於ける産業經營)」이 실린 것이야말로 이 시기 『과학주의공업』의 성격을 단적으로 보여준다. 특히 태평양전쟁 발발 이후 『과학주의공업』에는 일본군의 전투 상황을 보도하는 기사나 결전 특집이 빈번하게 등장하였다. 이제 『과학주의공업』은 초기와 같이 광범위한 사상적 조류를 소화하는 종합잡지로서의 성격을 잃고 전시 동원을 기술적으로나 정신적으로 지원하는 역할을 하는 잡지가 된 것이다. (이준식)

참고문헌

『科學主義工業』(復刻板), 皓星社, 1997~1999; 長幸男 編, 『現代日本思想大系』 第11卷, 筑摩書房, 1964; 大河內曉男, 『科學主義工業』小論, 川島武宜·松田智雄 編,『國民經濟の諸類型』, 岩波書店, 1968.

과학지식(科學知識)

1921년 일본의 과학지식보급회가 발행한 잡지

1921년 7월 1일 일본의 과학지식보급회(科學知識普及會)가 발행했다. 편집 겸 발행인은 이시하라 도시아키(石原俊明)였다. 일반 국민에게 과학지식을 보급, 선전하기 위한 목적으로 발행되었다. 크기는 A4판보다 조금 작은 소형으로 세로23㎝ 가로17㎝ 였다. 분량은 112쪽이었다. 영문잡지명(英文雜誌名)은 『Scientific Knowledge』였다. 월간지로 발행되었으며, 창간호는 특가 60전이었다. 표지는 중앙 알프스를 오르는 그림이었다.

1921년에 당시 중의원이었던 스즈키 조조(鈴木錠蔵)가 쓴 잡지의 창간사는 다음과 같다. "금일의 전쟁은 단순히 군략(軍略)과 용기만으로 싸우는 것이 아니라, 오히려 과학의 전쟁이라는 것을 구주대전(欧州大戦)에 의해 이미 모든 사람이 절실히 느끼고 있다. 우리가 국가의 건전한 발달을 도모하고 세계문명국(世界文明国) 사이에서 함께 가기 위해서는 반드시 과학의 진도를 생각하지 않으면 안 된다."

창간호의 목차는, 창간사, 우주와 자연, 항공, 교통, 공업(工業), 일반, 의학과 위생, 체육, 사진, 가정, 신문에서(新聞より), 본회의 기사(本会の記事) 등으로 구성되었다. 일반 항목의 기사에는 데라다 도라히코(寺田寅彦)의 「아인슈타인의 교육관(アインシュタイン教育観)」이 6쪽에 걸쳐 게재되어 있다. 창간호 말미에는 「활동사진과 환등의 응용(活動写真と幻灯の応用)」이라는 글이 게재되어 있는데, 이후의 과학교육에서 필름 수집과 제작이 중요하다고 언급해 놓았다. (김인덕)

참고문헌

『國文學 解釋と鑑賞』 10月(第30卷 第13号), 東京: 至文堂, 1965; 日本近代文學館·小田切進 編,『日本近代文學大事典』 5卷, 東京: 講談社, 1977.

관광조선(觀光朝鮮)

1939년 서울에서 일본어로 발행된 관광안내지

일본여행협회 조선협회에서 발행한 관광안내 잡지로서 일본어로 발행되었다. 현재 1권 3호가 연세대학교 도서관에 소장되어 있다.

한국에서 사업으로서의 관광은 일본의 식민통치하에서 시작되었다. 일본 정부는 식민지로 확보한 일본의 조선, 만주, 타이완, 사할린, 칭다오에 적극적으로 관광사업을 실천하고자 하였다. 저명인사들은 여행기를 저술함으로써 일본인들에게 새로운 지배지가 된 신영토를 소개하고, 이 지역에 대한 일본인들의 관심을 고조시켰다.

초기의 여행자들은 기행문과 여행안내서를 통해 다른 지역과 달리 한국을 일본과 닮은 듯 다르고, 비슷한 듯 낯선 이미지로 만들어내고 있었다. 이럴 때 한국은 편안하지만 한번 가보고 싶은 흥미로운 관광지로 부상한다. 또한 한국여행에서 빠뜨릴 없는 것은 선진문화를 누리는 자로서의 자부심이 주는 즐거움이었다. 한국의 시골마을에서 흔히 볼 수 있는 똥장군, 젖먹이는 아낙, 초가집과 손님에 굶주려 있는 지게꾼과 고된 노동에 절은 일용노동자들의 모습은 지배자로서의 안도감과 우월감을 만끽하게 하는 요소였다.

식민지 관광은 일본에 한정된 존재로서의 일본인이 아니라 대륙으로 팽창되어 가는 제국 일본의 주체로서의 자기정체성을 확립해가는 과정이었다. 이 과정에 참여함으로써 일본인들은 제국 일본의 일원이라는 자부심을 가진 식민정책의 적극적인 지지자로 변모하였고, 나아가 이민을 통해 식민정책의 당당한 주체로 성장해 나갔다. 일본 정부가 관광과 시찰을 적극 독려했던 이유도 바로 이러한 효과를 노린 것이었다.

이에 부응하여 1914년에는 일본여행협회 조선지사가 개설되어 일본인들의 여행편의를 제공하기 시작하였다. 1930년대에 들어서는 전국 주요 도시에 관광협회가 결성되었으며, 관광 진흥을 위한 각종 박람회가 개최되기도 하였다.

조선여행 안내서인 『관광조선』에는 실로 잡다한 내용이 수록되었다. 먼저 철도와 역, 제례, 명승지의 계절풍경, 산업 실태, 호텔, 백화점, 관광지도 등이 도판으로 실려서 시각적인 효과를 극대화하였다. 다음으로는 여행 관련 논설이나 기행문이 실렸다. 지역소개와 고적안내가 이어졌고, 가면극 무용과 같은 볼거리도 소개되었으며, 영화계와 레코드업계 소식도 실렸다. 사냥을 좋아하는 사람들을 위한 수렵방담과 산업체 참관기도 수록되었고, 국경지역의 풍광도 빠지지 않았다. 조선을 거쳐 관광할 수 있는 중국방문기가 실리기도 했다. 한편, 젖먹이는 아낙, 초가집, 분뇨로 키우는 돼지, 빨래터 풍경은 낮은 민도의 조선을 상징하는 요소로, 기생은 일본인들의 호기심을 자극하는 단골소재로 등장하였고, 그 이미지는 반복적으로 재생되었다.

식민지가 된 후 한국은 식민정책의 대상이자, 일본인의 주요 관광 대상지가 되었다. 지리적으로 가까울 뿐 아니라, 외국여행에 필요한 잡다한 수속절차 없이 쉽게 여행할 수 있는 곳이었기 때문이다. 『관광조선』은 이러한 한국여행의 이점을 광고하는 한편, 조선팔도의 지리며 기후, 풍물 등 일본인들의 한국여행에 필요한 다양한 정보를 제공하였다. (정진아)

참고문헌

藤森清, 「明治三十五年·ツ-リズムの想像力」, 『メディア·表象·イデオロギ』, 小沢書店, 1997; 서기재, 「일본 근대 여행안내서를 통해서 본 조선과 조선관광」, 『日本語文學』 13, 2002.

관롱(關隴)

1908년 일본 도쿄에서 창간된 중국어 정치운동 잡지

1908년 도쿄에서 산시(陝西), 간쑤(甘肅) 출신 유학생들이 창간하였다. 월간 『진롱(秦隴)』을 계승한 것이다.

산시와 간쑤 출신 재일본 유학생들을 중심으로 1907년 도쿄에서 창간되었던 『진롱』을 계승한 매체이다. 원래 관롱은 오늘날 산시와 간쑤 지역을 포함하는 고대 지명으로, 이를 잡지명으로 사용하였다. 발간 목적은 소수의 호걸과 지사에 의존하던 사상에서 탈피하여 광범위한 대중을 환기하여 신지식을 전파하고, 구국을 선전하고자 함이다.

내용은 국화(國畵), 논저(論著), 역술(譯述), 실업, 시평, 전건(傳件), 기술(記述) 등의 난으로 구성되어 있다. 산시·간쑤 지역에 관련된 정치, 경제, 교육, 군사 등을 논술한 문장들을 주로 게재하였다.

각계 인사들에게 떨쳐 일어날 것을 호소하면서 사회위기와 빈곤을 폭로하고, 이 지역 인민들이 변혁에 뜻을 세우도록 환기하였다. 국민들의 약점을 지적하고 국민정신의 진작을 호소하였으며 중국의 문화 전제주의를 비판하였다.

이밖에도 해외의 선진과학기술을 소개하는 문장을 게재하였다. 집필자는 대다수가 산시·간쑤 출신 유학생이다.

발간사

"지금 우리는 관롱(關隴)의 위기를 근심하지 않고 있다. 우리 관롱 사람들이 그 위기를 모르기 때문에 근심하지 않는 것이다. 위기를 모르기 때문에 종국이 위기에 처하게 될 것이라는 점이 우리의 걱정이다.

우리는 관롱에 호걸과 지사가 있기를 바라지 않으면서 다만 한 폭의 폴란드의 멸종도를 그리고 있을 뿐이다. 그 그림은 우리 관롱인에게 고통을 느끼게 할 수 있을 것이다. 우리는 관롱인의 애국과 종족보전을 얘기하지 않겠다. 월남망국사를 얘기해서 관롱인 스스로 위기를 느끼도록 하겠다. ………

나라와 사직을 그리워하고, 눈물을 흘리게 될 것이다. 우리 동포들이 어떻게 이런 결말을 참을 수 있을 것인가. 마치 폴란드 유태인들의 상황과 다르지 않을 것이다. 고려와 만주 역시 좋은 본보기다. 너희들은 그것을 보고 알아라. 큰 꿈이 가라앉으니 누가 너희들에게 경종을 울릴 것이냐? 너희들이 방황하고 부진할 때 누가 너희에게 뗏목을 만들어 줄 것이냐? 지난일은 이미 지난 것이다. 우리의 형제자매가 이러한 노예생활에서 벗어나기 위하여 21세기의 대무대에 오르고자 한다면 우리의 『관룡』을 읽어라.

『관룡』 잡지는 관룡인 마음속에 있는 사진첩이며, 관룡인의 사상 진보 활동사이다. 『관룡』 잡지는 담리를 논하지 않고, 과장하지도 않을 것이다. 아픈 곳을 건드려서 미안하게 생각한다." (김성남)

참고문헌

北京師範大學圖書館報刊部 篇, 『北京師範大學圖書館館藏中文珍稀期刊題錄』, 北京圖書館出版社, 2002; 周葱秀·涂明 著, 『中國近現代文化期刊史』, 山西敎育出版社, 1999.

▌관판바타비야신문(官板バタビヤ新聞)

1862년 에도막부가 간행한 일본 최초의 번역 신문

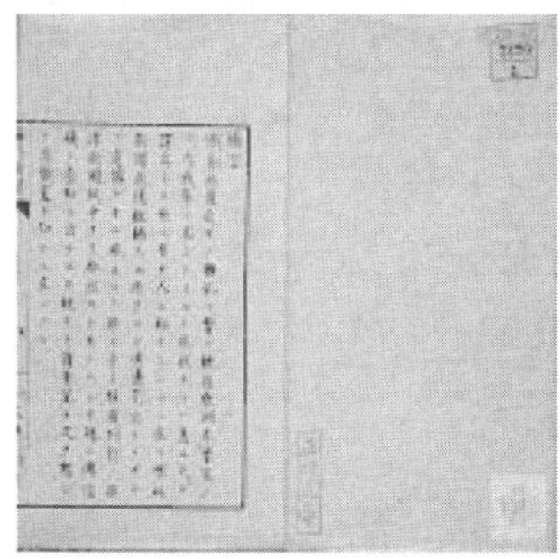

일본에서 신문이 처음으로 생겨난 것은 1862년 1월 막부의 양서조소(洋書調所)가 발행한 『관판바타비야신문(官板バタビヤ新聞)』이다. 이는 네덜란드의 동양무역 거점이었던 바타비야(지금의 자카르타)로부터 네덜란드 선박이 가져온 뉴스를 모아 번역한 것으로 원본은 『야밧쉐 그라운드(Javasche Courant)』라는 바타비야 정청(政廳)의 기관지였다.

당시 막부의 양서조소에는 호리 다쓰노스케(堀達之助), 미쓰쿠리 겐보(箕作阮甫), 마쓰키 고안(松木弘安, 이후 데라시마 무네노리[寺島宗則]), 야나가와 슌산(柳河春三), 간다 다카히라(神田孝平) 등 뛰어난 양학자가 있었다. 이들이 해외신문을 말로 번역하고 필기시켰다.

이 신문은 1862년 1월부터 2월에 걸쳐 『관판바타비야신문』이라는 제호로 23권까지 발행되었으나, 이후 『관판 해외신문』으로 제호를 바꿔 같은 해 8월에는 1권부터 5권까지, 9월에는 6권부터 9권까지 발행되었다. 원본은 『관판바타비야신문』과 동일했다. 이 신문은 네덜란드 본국의 신문으로부터 견구사절단(遣歐使節團)의 관련기사를, 또 1862년 4월 5일에 발행된 뉴욕의 신문으로부터 남북전쟁 기사 등을 번역하여 『관판 해외신문별집(官板海外新聞別集)』이라는 제목으로 상하 2권을 발행했다.

'관판(官板)'이란 '관판(官版)'을 의미하는데, 여기에 '신문'이라는 말을 사용한 것에 주목할 필요가 있다. 당시는 '뉴스'를 '신문'(본래는 중국어)이라 불렀고, '뉴스페이퍼'를 '신문지'라고 불렀기 때문에 '바타비야신문'은 '바타비야뉴스'라는 의미다. 이들 신문은 모두 한자와 히라가나로 기술되었는데, 서양의 지명과 인명은 지금과 동일하게 가타가나를 사용한 목판쇄로 종이를 반으로 접은 팸플릿 형태로 발행되었다.

• 양서조소(洋書調所)

도쿠가와 막부가 막말기에 군사 및 외교상의 필요성으로부터 서양서적을 연구하기 위해 개설한 교육시설이다. 막부는 1811년 에도의 천문대(天文台)에 난서역국(蘭書譯局)을 설치했는데, 페리 내항 이후 외교·군사상의 요원을 양성하기 위해 1854년에 양학소(洋學所)를 설치하고, 1856년에는 번서조소(蕃書調所)라고 이름을 바꾸었다.

수장은 고가 긴이치로(古賀謹一郞)였고, 교수 2명, 교수보조 10명, 구독(句讀) 교수 3명으로 구성되었다. 입학에는 연령제한이 없었고 한자의 소양이 필요했다. 1857년 막신(幕臣)과 그들의 자제 191명이 입학했다. 당초는 병학, 측량술, 포술, 축성술, 조선술, 항해술 등 군사학 관계와 외교문서 및 외국신문 등의 번역이 주로 이루어졌다.

1862년 이후 네덜란드어 이외에 영어, 프랑스어, 독일어를 비롯하여 정련학, 물산학, 수학, 기계학, 화학(畵學) 등이 증설 확충되었다. 장소도 히토쓰바시(一ッ

橋)로 이전하고 명칭도 양서조소(洋書調所)로 바꾸었다. 1863년에는 다시 명칭을 가이세이조(開成所)로 바꾸었다. 막부의 붕괴와 더불어 가이세이조는 메이지 정부에 의해 계승되어 도쿄대학의 원류가 되었다. (이규수)

참고문헌

岡野他家夫, 『明治言論史』, 原書房, 1983; 桂敬一, 『明治・大正のジャ-ナリズム』, 岩波書店, 1992; 興津要, 『「文明開化」のジャーナリズム』, 大修館書店, 1997.

광(光)

1905년 창간된 일본의 초기 사회주의 신문

1905년 11월 20일에 창간되어 1936년 12월 25일 종간될 때까지 모두 31호가 발간된 사회주의 신문이다. 1호부터 19호까지는 월 2회(5, 20일), 20호부터 31호까지는 월 3회(5, 15, 25일) 발행되었다. 발행 겸 편집인은 2호까지는 아라키 슈세이(荒木修精), 3호부터는 야마구치 기조(山口義三, 야마구치 고켄[山口孤劍])였다. 인쇄인은 오와키 나오토시(大脇直壽)였고, 인쇄처는 주식회사 고관샤(國光社), 발행처는 도쿄의 미쓰오샤(光雄社)였다. 구독 신청은 도쿄의 본진샤(凡人社)에 하는 것으로 되어 있다. 타블로이드판 5단 편집의 5쪽으로 발간되었다. 정가는 1부 3전 5리(厘), 20부 선불 65전이었다. 발행부수는 4500부 전후였던 것으로 추정된다.

이 신문은 고토쿠 슈스이(幸德秋水), 이시카와 산시로(石川三四郞) 등에 의한 헤이민샤(平民社) 재건과 일간 『헤이민(平民)신문』 발간 준비가 끝난 1936년 12월 일간 『헤이민신문』과 합치기 위하여 발전적으로 폐간되었다. 그 후 하나의 분파를 형성하고 있던 기독교 사회주의 잡지 『신기원(新紀元)』과 함께 월간 『헤이민신문』으로 나아가게 된다.

1905년 9월 헤이민샤가 정부의 탄압과 재정난, 그리고 내부의 사상적, 감정적 대립 때문에 해산으로 치닫고 있는 상황에서 마르크스파 사회주의자 야마구치 기조, 니시카와 고지로(西川光次郞) 등이 헤이민샤의 투쟁을 계승하는 한편 "일본 사회주의의 중앙기관지" 역할을 하다가 정부로부터 이해 9월 무기한 발행금지 처분을 받아 결국 폐간된 주간 『직언(直言)』의 후계지로 『광』을 창간하였다.

『광』은 범인주의(凡人主義), 시로시반텐주의(印半纏主義, 시로시반텐은 옷깃이나 등에 가게 이름이나 문양 등을 물들인 짧은 윗도리를 가리킨다)를 표방하면서 "보통 선거의 기성"을 기본 운동 방침으로 삼고 있었다.

지면의 기본 구성은 1면이 논설, 2면이 시사평론, 3면이 외신, 4~6면이 논단, 창작 등, 7면이 동지의 동정, 8면이 광고였다. 주요 필진은 고토쿠 슈스이, 사카이 도시히코(堺利彦), 가타야마 센(片山潛), 오스기 사카에(大杉榮), 야마구치 기조, 니시카와 고지로였다.

이 신문의 특징은 다음의 여섯 가지로 집약된다. ① 「사회주의와 종교(社會主義と宗教)」(5호), 사카이 도시히코의 「계급전쟁론에 대하여(階級戰爭論に就いて)」(14호) 등을 통하여 기독교 사회주의를 비판한 것이다.

② 특집 "교회에 대한 호(對敎會號)"(19호)에서 야마구치 기조의 「최면술의 기독교(催眠術的基督教)」, 메구로 리진(目黑里人)의 「사회주의와 기독교회(社會主義と基督教會)」 등을 게재하여 기독교를 비판한 것이다. ③ 사카이 도시히코의 「『국가사회주의 경개』를 읽는다(『國家社會主義梗概』を讀む)」(3호), 「야마지 아이잔 형에게(山路愛山兄に與ふ)」(7호) 등을 통하여 국가 사회주의를 비판한 것이다.

④ 고토쿠 슈스이의 「일파만파(一波萬波)」(9호), 「세계 혁명운동의 조류(世界革命運動の潮流)」(16호), 「무정부당 진압(無政府黨鎭壓)」(특집 "노국혁명호[露國革命號]" 제18호) 등을 통하여 의회주의에 대결하는 직접 행동론을 주장한 것이다.

⑤ 「일본사회당 살아 있다(日本社會黨生る)」(8호) 등을 통하여 일본사회당의 성립과 목적을 알리고 '일본사회당 당보'란(8~31호)을 두어 당의 동정을 상세히 보도함으로써 일본사회당의 기관지 역할을 겸하고 있었다.

⑥「전차 임금 인상 반대 대시위 운동(電車賃金値上反對大示威運動)」(9호) 등을 통하여 일본사회당 결당 초기에 지도한 대중운동 곧 도쿄 시내 세 전차회사의 동맹 인상운동에 대한 반대운동의 상황을 상세하게 보도하고 있었다.

초기 사회주의운동의 분열이라는 어려운 상황에도 주간 『헤이민신문』 이래의 전통을 지키려고 노력하였다. 문학면에서는 소설, 시가 등 70여 편이 게재되었지만 특히 사회주의 시인인 야마구치 기조, 오쓰카 고잔(大塚甲山), 고다마 가가이(児玉花外), 고다마 세이진(児玉星人), 고즈카 구고쿠(小塚空谷) 등의 활약이 눈에 띈다. 정의, 인도, 그리고 운동의 이상을 뜨겁게 구가한 낭만적 시가 많이 게재되었다.

• 헤이민샤(平民社)

1903년 11월에 러일전쟁을 개전하려는 움직임에 대하여 비전론(非戰論)을 주장하고 있던 『만조보(萬朝報)』가 개전론으로 전환할 때 비전론의 입장을 견지하고 있던 고토쿠 슈스이와 사카이 도시히코가 비전론의 주장을 관철시키기 위하여 만든 신문사이다.

단순히 비전론을 호소하는 데 그친 것이 아니라 사회주의를 선전 보급하려는 의도도 갖고 있었다. 주간 『헤이민신문』을 발간하였으며, 고지마 류타로(小島龍太郎), 가토 도키지로(加藤時次郎), 이와사키 가쿠야(岩崎革也) 등이 자금을 지원하였다. 이시카와 산시로, 니시카와 고지로도 사원으로 참가하고 있었다. 그리고 상담역은 사지 지쓰넨(佐治実然), 아베 이소(安部磯雄), 기노시타 나오에(木下尚江)였다.

1904년 1월 사회주의협회(社會主義協會) 본부로 사무실을 이전하면서 사회주의협회와 제휴하여 자유, 평등, 박애를 바탕으로 한 평민주의, 사회주의, 평화주의를 제창하였다. 각 지방에 헤이민샤를 중심으로 하는 독서회, 연구회, 담화회 등 사회주의자의 그룹도 탄생하여 일본 사회주의운동사에서 중요한 역할을 하였다. 그런 가운데 주간 『헤이민신문』은 1905년 1월 정부의 탄압과 재정난 때문에 폐간되었고 그 후계지로 『직언』이 발간되었지만 같은 해 9월 무기한 발행금지 처분을 받았다. 그리고 헤이민샤도 다음달 내부의 입장을 통일하는 데 실패함으로써 해산되고 말았다.

헤이민샤는 형태상으로는 신문사였지만 사회주의자와 사회주의 지지자의 센터와 같은 역할을 하고 있었다. 사실상 사회주의협회와 함께 초기 사회주의운동의 중심 조직이었다.

• 야마구치 기조(山口義三, 1834~1920)

야마구치현(山口縣) 출생. 본명은 후쿠다 기조(福田義三)이며 야마구치 고켄이라는 이름으로도 널리 알려진 기자 겸 평론가 겸 사회운동가였다. 도쿄정치학교(東京政治學校)에서 공부하였다. 1903년 『제국주의론 파괴(破帝國主義論)』(鉄鞭社)를 발표하는 등 사회주의운동의 일선에서 활동하였다.

1905년 프롤레타리아문학의 선구라고 불리는 『화편(火鞭)』의 창간에 참가한 데 이어 『광』의 편집 겸 발행인이 되었다. 그리고 연이어 일어난 『광』 필화 사건의 모든 책임을 지고 있었다. 다음해에는 일본사회당 평의원이 된 데 이어 재건된 헤이민샤에도 참가하였다.

그리고 일간 『헤이민신문』을 통하여 "귀족 취미의 노래를 파괴"한다는 목적 아래 헤이민단카회(平民短歌會) 결성을 선언하기도 하였다. 1911년의 '대역사건(大逆事件)' 이후 이른바 사회주의운동의 '겨울 시대'에는 조직운동의 일선에서 물러나 문필 활동을 벌였다. (이준식)

참고문헌

『光』(復刻板), 明治文獻資料刊行會, 1960; 渡部義通·鹽田庄兵衛 編, 『日本社會主義文獻解題』, 大月書店, 1958; 田中英夫, 『山口孤剣小傳』, 花林書房, 2006.

▌광둥군보(廣東群報)

1920년 광저우에서 발간된 정치운동 일간지

1920년 10월 20일 광둥 광저우(廣州)에서 창간되었다. 창간인은 천궁보(陳公博), 탄핑산(譚平山), 탄즈탕(譚植棠)이고, 주편(主編)은 천궁보이다. 1922년 가을에 정간되었다. 광둥성 중산도서관(中山圖書館) 등에 소장되어 있다.

『광둥군보』는 세계 주요 소식, 국내 주요 소식, 특별조사, 노동자 소식, 시평 등의 난으로 구성되었다. 초기에는 과학과 민주를 선전하고 현실 정치 생활을 반영하였으며, 노동운동 상황을 보도하였다. 세계 소식과 소비에트 러시아 소식도 소개하였다. 1921년 3월 이후 중국공산당 광둥 초기 조직의 기관지가 되었다. 마르크스 연구, 노동자 소식 등의 난을 증설하고 마르크스 전기, 공산국제(코민테른) 문건 등을 등재하였다. 사회주의와 마르크스레닌주의를 선전하여 무정부주의자와 논전(論戰)을 실시하였다. 부록으로 간행한 『여명(黎明)』에는 소설, 역술(譯述), 신시(新詩), 잡감(雜感) 등을 게재하였다. 후기는 광둥 군벌 천중밍(陳炯明)이 통제하였다. (이은자)

참고문헌

王檜林 · 朱漢國, 『中國報刊辭典(1815~1949)』, 太原(山西): 書海出版社, 1992; 葉再生, 『中國近代現代出版通史』, 北京: 華文出版社, 2002.

광둥백화보(廣東白話報)

1907년 중국 광저우에서 창간된 정치운동 신문

1907년 5월 2일 광저우(廣州)에서 창간되어 순간(旬刊)으로 발행되다가 7호부터 주간으로 바뀌었다. 주필은 황스중(黃世仲)과 황보야오(黃伯耀)이며, 어우보밍(歐博明), 루야(盧亞) 등이 집필에 참여하였다. 종간 시점은 명확하지 않다. 광둥성 중산(中山)도서관에 소장되어 있다.

편집체계는 논설란인 의사정(議事亭)과 소설란 대달지(大笪地), 잡문란 시비두(是非竇), 희곡란 긍희대(亘戲臺), 사곡(詞曲)란 호유후(好油喉), 그리고 잡화포(雜貨鋪), 문관차(門官茶), 시문대(時聞袋), 영상관(影相館) 등의 편집 공간이 개설되어 있다.

잡지 표지와 지면에 삽화 「조요경(照妖鏡)」, 「관장현형기(官場現形起)」, 「한인참상도(漢人慘狀圖)」 등의 난을 배치하여 선명한 반청(反淸) 사상과 민족의식을 반영하였다.

발표된 주요 문장으로는 황스중의 「황량몽(黃粱夢)」과 논문 「백화보가 중국인 탄식의 특효약(白話報系中國人嘅聖葯)」 등이 있으며, 「황량몽」은 이 잡지에서 완간되지 못하고 후에 『중외소설림(中外小說林)』으로 이전되어 계속 등재되었다. 이밖에 루야, 쯔쉬(子胥) 등이 집필진으로 참여하였다.

민주혁명의 정치적 경향을 가지고 있었으나 광저우 방언 백화문만을 사용하여 그 영향력에는 일정한 한계를 갖고 있었다.

• **황스중(黃世仲, 1872~1912)**

주필 황스중은 광저우 사람으로 자(字)는 소배(小配)이며 필명은 황디디이(黃帝嫡裔)이다.

소설가이며 언론인으로 1905년 동맹회(同盟會)에 가입하여 혁명운동에 투신하였다. 『천남신보(天南新報)』와 『세계공익보(世界公益報)』, 『홍콩소년보(香港少年報)』를 비롯하여 동맹회 기관지 『중국일보(中國日報)』와 『중외소설림(中外小說林)』 등 10여 언론의 주필과 편집에 참여하였다.

저서로 『홍슈취안연의(洪秀全演義)』, 『대마편(大馬扁)』, 『입재번화몽(廿載繁華梦)』, 『당인비(党人碑)』, 『잠춘훤(岑春煊)』, 『환해승침록(宦海升沉錄)』, 『황량몽(黃粱梦)』, 『환해조(宦海潮)』, 『천카이연의(陳開演義)』 등이 있다.

그의 소설은 주로 혁명 영웅을 칭송하여 혁명사상을 선전하거나, 개량파의 면모를 폭로하여 보황파(保皇派)의 허황된 논리를 공격하는 내용들이다. 또, 만청 관료들의 암흑과 부패한 통치를 폭로하고 역사적 소재를 이용하여 민주혁명 사상을 표현하였다. 특히 『홍슈취안연의』는 태평천국운동에 대한 성실한 분석을 통해 태평천국을 확고한 혁명운동의 반열에 올려놓았으며, 80여 차례의 전쟁 장면을 다양한 소설적 기법을 사용하여 장렬하게 묘사하여 훙슈취안(洪秀全)을 찬란한 영웅적 형상으로 묘사하였다.

그러나 신해혁명 후, 광둥민단국장(廣東民團局長)에 추천되었으나 도독(都督) 천중밍(陳炯明)과의 불화로 군자금을 횡령했다는 죄명으로 살해되었다. 그때 그의 나이 마흔이었다. (김성남)

참고문헌

方漢奇 主編,『中國新聞社業通史』, 中國人民大學出版社, 1996; 周葱秀·涂明 著,『中國近現代文化期刊史』, 山西教育出版社, 1999.

광둥일보(廣東日報)

1904년 홍콩에서 창간된 정치운동 신문

1904년 3월 31일 홍콩에서 창간되었다. 창간인 정관궁(鄭貫公)이 주필 겸 총편집을 맡았으며, 리다싱(李大醒), 황스중(黃世仲), 천수런(陳樹人), 후쯔푸(胡子普), 라오웨이멍(勞緯孟), 왕쥔옌(王軍演) 등이 편집과 집필을 담임하였다. 1905년 4월, 정관궁이 사직하고 리한성(李漢生)에게 인수되었으며, 리다싱과 황루이(黃魯逸)가 주필을 담임하였다. 1906년 4월에 종간되었다.

내용은 사설과 실업(實業)조사, 양월요사(兩粤要事), 동양방고(東洋訪稿), 내지신문(內地新聞), 중국사(中國事), 외국사(外國事), 전보(電報), 전경(戰警), 역서(譯書) 등의 항목이 있다.

발행 목적은 민족주의와 혁명정신을 제창하는 것으로 폭력을 수단으로 하여 부르주아 민주공화제를 실행하는 것이었다.

보황파(保皇派)의 군주입헌제를 비판하고 무정부주의 사상의 영향을 받아 「폭약의 이십세기(炸葯之二十世紀)」, 「허무당(虛無黨)」 등의 글을 통해 암살 수단으로 청 정부를 전복할 것을 선동하였다. 반청(反淸) 민족혁명을 제창하면서 민족주의를 주장하고 이민족 정부를 배척하였다. 베이징과 광저우(廣州) 등에 비밀 요원과 정찰대를 파견하여 조정의 새로운 소식들을 신속히 보도하였다.

『무소위(無所謂)』

문예 부간(副刊)으로 『무소위』가 발행되었다. 매일 2쪽 지면에 제사(題詞), 속화사(俗話史), 담풍(談風), 무대신뢰(舞臺新籟), 사회심성(社會心聲), 시조(詩潮) 등의 기사란을 개설하여 혁명정신과 민족주의를 제창하였다.

백화문(白話文)으로 논설을 쓰고, 대중적 문예 형식을 이용하여 민족의 역사를 교육하고 청 정부의 전제군주와 매국행위를 폭로하였다. 또한 루소(Rousseau)의 『민약론(民約論)』 등 부르주아계급의 민권학설을 소개하고 반청(反淸)과 반만(反滿)을 선동하며 보황(保皇)을 공격하면서 혁명성을 선명히 하였으나, 일부 무정부주의적 정서도 가지고 있었다.

1905년 5월 『일성종(一聲鐘)』으로 개명하였으며, 그해 말 정간되었다. 『일성종』도 『무소위』와 같은 문예적 형식과 대중적 언어로 반청혁명을 선동하였으며 내용은 보다 풍부하였다. (김성남)

참고문헌

方漢奇 主編,『中國新聞社業通史』, 中國人民大學出版社, 1996; 葉再生 著,『中國近代現代出版通史』, 北京: 華文出版社, 2002.

광명(光明)

1936년 중국 상하이에서 창간된 문학잡지

1936년 6월 10일 상하이(上海)에서 반월간으로 창간되었다. 1937년 8월에 5호를 발행하고 정간되었으나, 그해 9월에 제호를 『광명 전시호외(光明 戰時號外)』로 수정하고 주간으로 재발행하면서 권호를 계속 이어 출간하였다. 한 달여 뒤인 1937년 10월 30일 총 36호를 발행하고 종간되었다. 편집장은 훙선(洪深)과 선치위(沈起予)이다. 부간(副刊)으로 『동북작가근작집(東北作家近作集)』을 발행하였다.

편집체계는 보고문학, 통신, 산문, 시가, 소설, 평론, 역총(譯叢), 극본, 목각, 서평, 독자 페이지(讀者之頁)

등으로 구성되어 있다. 현실을 반영한 작품과 보고문학, 통신, 속사(速寫)를 중시하였다.

창간호에 홍선이 쓴 「광명적 태도(光明的態度)」로 발간사를 대신하였는데, 즉 문학을 통해 시대를 고발하고 항전의 결의를 다질 것을 천명하였다. 현실을 반영하려 노력하였고, 시대적 사명감을 구비하고 있었다.

2권 5호에 다시 「광명적 태도」를 발표하였다. 여기서 『광명』은 순수문학 간행물로 직접적으로 정치적 의견을 표시한 적이 없지만, 앞으로는 시급한 국가적 위기를 맞이하여 국사에 대한 태도를 표명하지 않을 수 없음을 선언하였다. 즉 종족을 보존하고 종묘사직의 고향을 지키기 위해, 중화민족 제일의 임무는 조국의 영토주권을 지키고, 조국이 외적의 침입을 받지 않도록 하는 것에 있음을 강조한 것이다.

따라서 항전구국의 생활을 적극 반영한 작품들을 집중적으로 발표하였다. 예를 들면 선치위의 「출발 전(出發之前)」, 사팅(沙汀)의 「짐승의 길(獸道)」 등을 들 수 있다. 또 항전 전선투쟁을 표현한 작품과 인민의 고통스러운 생활을 그린 기록 작품도 실었다. 예를 들면 홍선의 「천당 속의 지옥(天堂中的地獄)」, 성단(聖旦)의 「대산의 어염민(岱山的漁鹽民)」, 쉬췬(舒群)의 「몽골의 밤(蒙古之夜)」, 라오서(老舍)의 「신애미이(新愛彌耳)」, 샤옌(夏衍)의 보고문학 「포신공(包身工)」 등이 있다.

특히 『광명』은 조직과 집단 창작이라는 새로운 창작 형식을 매우 중시하고, 시대의 위기를 묘사함으로써 민중을 각성시켜 민족해방운동 전선에 참여하도록 선전하였다.

예를 들면 유징(尤兢)과 홍선, 장민(章泯), 장경허(張庚合)가 함께 쓴 극본 「매국노의 자손(漢奸的子孫)」이 있으며, 또 쉬친과 뤄펑(羅烽)의 「과관(過關)」, 쉬다(許達)가 개편한 「아Q정전(阿Q正傳)」 등이 있다.

이러한 집단 작품은 큰 영향력을 파생하였고, 집단 창작의 형식에 관한 토론을 활발히 진행시켰으며, 신속하게 현실을 반영하여 현실에 봉사할 수 있는 형식을 중시하였다.

또 국방문학(國防文學)의 구호를 내건 쉬마오융(徐懋庸)의 「인민대중이 문학에 요구하는 것은 무엇인가(人民大衆向文學要求什么)」와 리보(立波)의 「현단계의 문학(現階段的文學)」 등의 작품이 있다.

그 외 연구논문과 시가, 소설, 극본, 목각 및 여러 편의 전집도 발표하였다. 즉 1권 2호에 실린 「추도 고리키 특집」, 1권 10호의 「애도 루쉰 선생 특집(哀悼魯迅先生特輯)」, 3권 3호의 「이동연극운동 특집(移動演劇運動特輯)」 등이 있다.

3권 4호에 실린 「우리의 선언(我們的宣言)」에서는 "설사 피의 빚을 하루에 청산할 수는 없다 하더라도 우리는 문예의 효과를 부정할 수 없으며, 역시 펜을 방치하라고 요구하지 않을 것이다. 우리가 마땅히 써야 하는 것은 전선에서 나팔의 역할을 하는 것이며, 후방의 총동원령이어야 한다"는 선언을 발표하였다. 그 이후 얼마 뒤 "공산주의를 선전하고, 폭동을 조장하였다"는 이유로 국민당 당국에 의해 폐간되었다.

창간호 발간사: 홍선의 「광명적 태도」

"우리는 몇몇의 글을 쓰는 서생에 지나지 않지만, 우리가 읽은 약간의 책과 얼마간 받은 교육에서 정통한 것을 붓을 들어 몇 자의 문자로 적고, 몇 장의 그림으로 그리고자 한다. 그때 필요한 것은 읽은 책과 교육을 통해 얻은 것을 글로 쓰고 그림으로 그리는 서생과 예술가 외에 더욱 필요한 것은 눈에는 눈으로 대응할 결심과 용기를 갖춘 항쟁자의 자세이다. 다시는 소위 '예술가의 영감'이나 인도주의적 박애는 있을 수 없다. 충만하고 견고하며 강인한 구생의 의지와 동요하지 않는 항전의 담량, 그리고 민족의 생존을 쟁취하기 위한 항전! 우리 자손의 생존을 위한 항전! 우리 스스로의 보존을 위한 항전만이 있을 뿐이다.

제군들이여 그때가 되면 죽는 것이 여전히 이렇게 힘든 일이겠는가? 한 사람이 다른 사람을 잔인하게 살해할 준비를 할 때 그는 그를 학살하려는 사람 역시 능히 살해할 수 있는 것이다.

그러나 우리는 권력과 동시에 필과 총을 사용하기 전에, 반드시 붓대를 장악하고, 나아가서 구국, 구빈,

반제반봉건의 사업을 하여야만 한다. 우리에게 익숙한 문예의 형식인 소설, 희극, 시가, 산문, 만화, 목각 등을 이용하여 시대의 위기를 묘사하여야 한다. 독자 제군들에게 희망한다. 시대에 대해 더욱 심각한 인식을 하기를." (김성남)

참고문헌

北京師範大學圖書館報刊部 篇, 『北京師範大學圖書館館藏中文珍稀期刊題錄』, 北京圖書館出版社, 2002; 周葱秀·涂明 著, 『中國近現代文化期刊史』, 山西教育出版社, 1999.

▌광명반월간(光明半月刊)

1936년 중국 상하이에서 창간된 시사종합잡지

1936년 6월 상하이(上海)에서 창간되었다. 편집책임자는 홍선(洪深)과 선치위(沈起予)이다. 1937년 7월 3권 5호를 발행하고 중일전쟁으로 『광명전시호외』로 이름을 고치고, 주간으로 바꿨다. 1937년 10월 정간되었으며, 베이징사범대학도서관 등에 소장되어 있다.

소설, 희극, 시가, 산문, 만화 및 목각 등의 형식으로 시대의 위기를 묘사하는 내용을 통해 민중을 일깨우고 민족해방 투쟁을 격려하였다. 나라의 멸망과 빈곤을 구하고, 제국주의를 반대하며, 봉건주의를 반대하는 것을 목표로 삼았다.

집필진은 아이우(艾蕪), 저우리보(周立波), 저우양(周揚), 마오둔(茅盾), 사팅(沙汀), 예성타오(葉聖陶) 등이 있었다. 샤옌(夏衍)의 보고문학작품 『포신공(包身工)』 등을 게재하였다. (김성남)

참고문헌

葉再生 著, 『中國近代現代出版通史』, 北京: 華文出版社, 2002; 王檜林·朱漢國 主編, 『中國報刊辭典』, 太原: 書海出版社, 1992.

▌광명보(光明報)

1941년 홍콩에서 창간된 중국민주정단동맹의 중앙기관지

중국민주정단동맹(中國民主政團同盟)의 중앙기관지로 1941년 9월 18일 홍콩(香港)에서 창간되었다. 사장은 량쉬밍(梁漱溟), 총경리는 싸쿵랴오(薩空了), 총편집은 위쑹화(俞頌華)가 맡았으며, 순간(旬刊)이었다. 1941년 12월 8일 태평양전쟁이 발발한 후 압박에 의해 12월 12일 정간되었다. 1948년 3월 1일 홍콩에서 복간되었으며, 여전히 민주동맹의 기관지 역할을 하였다. 이때 반월간으로 바뀌고, 권호수를 다시 시작하였으며, 루이(陸詒)가 편집을 맡았다. 1949년 9월 신 4권 12호를 출간하고 종간되었다. 중국국가도서관 등에 소장되어 있다.

『광명보』는 민주와 평화를 요구하고 내전에 반대하였다. 또한 국민당의 독재정치에 반대하고 공산당의 주장을 옹호하는 입장을 취했다. 당시 교육계와 애국적 지식인들 사이에 영향력이 큰 간행물이었다.

잡지의 목적은 "어떠한 쪽에도 적대적 태도를 취하지 않고, 쟁우(諍友, 친구에게 바른말을 하는)의 의를 지키며, 그 쟁언(諍言)을 바치는 것"이었다. 또한 중국국민당(中國國民黨)과 중국공산당(中國共産黨) 사이에서 중립의 입장을 표방하였다. 특히 전국 민중들을 향해 민주정단동맹의 성립을 선포하였고, 민주정단동맹의 시국에 대한 정치 주장을 선전하였다. 아울러 「민주정단동맹성립선언(民主政團同盟成立宣言)」 등의 문건을 공포하였다. (김지훈)

참고문헌

王檜林 · 朱漢國, 『中國報刊辭典(1815~1949)』, 書海出版社, 1992; 伍杰, 『中文期刊大詞典』, 北京大學出版社, 2000.

광보(廣報)

1886년 중국 광저우에서 창간된 시사종합신문

1886년 6월 24일 광저우(廣州) 화녕리 광보국(華寧里廣報局)에서 발행한 일간지이다. 창간인은 쾅치자오(鄺其照), 주필은 우다유(吳大猷)와 린한잉(林翰瀛)이며, 샤오주밍(蕭竹明), 뤄페이충(羅佩琮) 등이 집필에 참여하였다. 창간 2년 후에는 주필이 라오바오성(勞保勝)으로 바뀌고 우쯔타오(武子韜)가 주요 필진이 된다. 1891년 폐쇄당한 후, 『중서일보(中西日報)』로 제호를 바꾸고 발행되다가 1900년 종간되었다. 상하이 도서관에 소장되어 있다.

창간 당시 이 신문의 지면은 대부분 『경보(京報)』에서 발췌한 내용들로 주요 관리들의 동향과 시가(詩歌)나 뉴스를 실었고, 정치문제는 논하지 않을 것을 강조하였다. 그러나 이후 변화를 가져와 논설에 최우선순위를 두었으며, 지역소식과 외국소식도 보도했다.

판형은 외형상 『신보(申報)』의 형식을 모방하여 "광보"라는 제호를 머리판 위 중앙에 배치하고, 제호 양측에 날짜와 주소를, 아래에는 '경석자지, 공덕무량(敬惜字紙, 功德無量)'이라는 표어를 넣었다. 그리고 판면 중앙 아래에는 각 면의 내용을 소개하였다.

판매 지역은 매우 넓어 광저우 이외에도 홍콩과 마카오, 상하이, 싱가포르, 베트남, 샌프란시스코 등지에도 판매처가 있었다.

그러나 1891년 고급 관원을 고발한 글을 게재하여 총독 리한장(李瀚章)의 분노를 사게 되어 말로써 정치를 어지럽힌다는 '변언난정 망담시사(辯言亂政妄談時事)'라는 죄명으로 조사를 받고 폐쇄되었다.

『광보』가 폐쇄된 후, 쾅치자오는 신문사를 조계지역인 사몐(沙面)으로 옮기고 영국 상인의 이름을 빌어 제호를 『중서일보(中西日報)』로 바꾸어 계속 발행하였다.

『중서일보』는 서과방(書課榜), 서보역등(西報譯登), 상유전전(上諭電傳) 등의 항목을 보충하고 판형도 확대하여 조계지에서 서양인의 가명으로 발행되었다.

후에 남해(南海) 현령(縣令) 페이징푸(裵景福)가 이 신문에 주식을 투자하면서 신문사옥이 성 안의 조천가(朝天街)로 옮겨오게 되었다.

그러나 다시 1900년 의화단과의 전투에서 연합군의 패전 소식을 게재한 것을 이유로 영국과 프랑스가 광둥(廣東)에서 발행을 금지시켜 종간되었다. (김성남)

참고문헌

方漢奇 主編, 『中國新聞社業通史』, 中國人民大學出版社, 1996; 周葱秀·涂明 著, 『中國近現代文化期刊史』, 山西敎育出版社, 1999.

광부

1932년 러시아 블라디보스토크 인근 아르촘에서 한인 광부들을 대상으로 간행된 한글 신문

1932년 11월 7일에 소련 시(市)소비에트와 직업동맹 위원회 아르촘 구역 당 간부에서 한글 신문으로 창간하였다. 현재 창간호부터 1933년 1월 30일자 6호까지 남아 있는데, 2호는 1932년 11월 30일, 3호는 12월 30일, 4호는 1933년 1월 12일, 5호는 1월 24일, 6호는 1월 30일에 각각 발행되었다. 발행지인 러시아 블라디보스토크 인근 아르촘은 현재에도 석탄이 많이 매장되어 있는 탄광지대이다.

『광부』의 발행 취지는 2차 5개년 계획을 진행하는 단계에서 석탄의 생산량을 늘리고, 공격대운동, 사회주의 경쟁운동을 전개하는 데 일익을 담당케 하기 위한 것이었다. 그렇기 때문에 『광부』의 논조는 무엇보다도 석탄 채굴에 있어서 생산량 증대를 강조하고 있으며, 더불어 공격대운동 방식의 사회주의 경쟁운동을 강조하고 있다.

한편 『광부』에는 블라디보스토크 인근 지역인 아르촘에 살고 있는 한인들의 교육 현황에 대한 기사들도 실려 있다. 3호에는 「아르촘 고려학교의 난관들과 일반 로력자들의 그에 대한 과업」, 「책임일군이 요구되는 습뿌 고려반」, 그리고 6호에 아르촘 7년 학교에 대한 기사들이 다수 실려 있다.

『광부』에서는 반역자에 대한 타도 역시 주장하고

있다. 그리고 중앙 및 기타 지방의 소식들은 러시아 신문들을 인용하여 싣고 있다.

사회주의 경쟁운동

사회주의 국가에서 과학기술의 진보와 노동 생산력의 증대를 도모하기 위하여 노동 대중이 창의력을 발휘하여 동지적으로 행하는 집단 경쟁. 레닌이 처음 제기하였으며, 소련에서 사회주의 건설의 초기 단계에 시행한 정책이다. (이신철)

참고문헌

박환, 『재소한인 민족운동사』, 국학자료원, 1998; 위암장지연선생기념사업회, 『한국근대언론과 민족운동』, 커뮤니케이션북스, 2001.

▌광시일보-구이린판(廣西日報-桂林版)

1937년 중국 구이린에서 창간한 신문

원래 광시성(廣西省)의 지방군정당국(地方軍政當局)이 관할하던 신문으로 1937년 4월 1일 광시성 구이린(桂林)에서 창간하였다. 사장은 웨이융청(韋永成), 웨이즈탕(韋贄唐), 리멍(黎蒙) 등이 맡았고, 총경리는 천쉐타오(陳雪濤)였으며, 총편집은 모바오겅(莫寶鏗), 부총편집(副總編輯)은 저우치싱(周岐興)이었다. 『광시일보』의 전신은 『계림일보(桂林日報)』였으며, 중일전쟁이 발발하기 직전에 광시성의 성도(省都)가 구이린으로 이전하면서 신문의 이름을 바꾸었다. 1944년 국민당 군대가 구이린에서 철퇴한 후 『광시일보』는 이산(宜山)과 자오핑현(昭平縣) 등에서 발행하였다. '자오핑판(昭平版)'은 1944년 11월 1일에 발행되었다. 1945년 9월 15일 이후 한 차례 정간하였으며, 1946년 10월 15일 복간하였다. 그러나 결국 1949년 5월 30일 종간하였다. 현재 베이징대학도서관과 윈난대학도서관 등에 소장되어 있다.

중일전쟁시기 후위즈(胡愈之) 등 공산당원과 진보적 인사들이 『광시일보』의 편집에 참여하여 항일(抗日)을 선전하였다. 중일전쟁시기에 주로 각지의 전쟁 관련 소식과 중국 국내의 중요한 시사 뉴스를 보도하였으며, 정령(政令)과 관리의 임면(任免) 등의 소식을 보도하였다.

『광시일보』는 반공(反共)소식을 처리할 때 어조는 비교적 부드러웠고, 눈에 잘 띄지 않는 곳에 실었는데 구이린 군벌(桂林軍閥) 당국(當局)의 정치적 태도를 반영한 것이었다.

『광시일보』는 원래 『남방(南方)』이라는 부간(副刊)을 발행하여 소설, 수필 등을 게재했는데 이후 "대중화(大衆化)"에 노력하기로 결정하면서 10여 종의 부간을 발행했다. 『광시일보』는 『리강(漓江)』이라는 부속간행물(附屬刊行物)도 출간하였다. 『리강』은 시인인 루디(蘆荻)가 편집자였으며, 시가(詩歌)와 극평(劇評), 잡문(雜文) 등을 발표하였다.

『이강』 이외에도 『필부대(筆部隊)』, 『진도(振導)』 등의 부간을 발행했다. 『광시일보』에서 발간한 부간 가운데 상당수는 특정 단체에서 편집한 것이었다. 『진도』의 경우 삼민주의청년단(三民主義青年團) 광시지부(廣西支團)에서 편집한 것이었다. 중일전쟁 이후 『현대문예(現代文藝)』, 『신교육(新教育)』 등의 주간 간행물을 간행하였다.

1944년 11월 1일에 발행된 '자오핑판(昭平版)'은 실제로는 중국공산당의 생활독서신지(生活讀書新知) 서점에서 창간한 것이었다. 이 '자오핑판'의 기본 방침은 민족의 이익을 견지하는 것을 전제로 민주, 단결, 진보를 실행하여 항일전쟁의 승리를 쟁취하자는 것이었다. 이 신문은 중국공산당의 사상과 주장을 선전하면서 국민당의 통치정책을 비판하였다. (김지훈)

참고문헌

王檜林 · 朱漢國, 『中國報刊辭典(1815~1949)』, 書海出版社, 1992; 伍杰, 『中文期刊大詞典』, 北京大學出版社, 2000; 葉再生, 『中國近代現代出版通史』 3, 北京: 華文出版社, 2002.

▌광업시대(鑛業時代)

1937년 서울에서 발행한 월간 광업 잡지

1937년 6월에 창간된 것으로 추정된다(나중에 발행된 호수의 표지에 "소화 12년 6월 1일 제3종우편물 인가"로 써 있음). 편집 겸 발행인은 임인식(林仁植, 임화의 본명), 인쇄인은 일신인쇄주식회사의 최인환(崔仁煥), 발행소는 조선광업사 출판부(朝鮮鑛業社 出版部, 경성부 광화문통 198)이다. 사장은 정명선(鄭明善)인데, 그 당시 그는 충북 삼봉산 화당리의 '중석광산'과 강원도 홍천의 '대명광산(大明鑛山)', 함남 부령의 '청암광산(靑岩鑛山)', 충북 음성의 '무극광산(無極鑛山)'의 소유주였다. 판형은 A5 국판으로 대부분 90쪽 내외이며 정가는 30전이었다.
최덕교의 『한국잡지100년』 2권의 「우리 최초의 광업지 광업조선」(206~207쪽)에 의하면 1936년 6월 10일에 창간한 『광업조선』(편집 겸 발행인 박용운[朴龍雲], 창문사 인쇄소의 고응민, 조선산금조합 발행)이 개제된 것이라고 하는데 사실과는 다르다고 판단된다. 왜냐하면, 김유정의 유작이 1939년 11월에 『광업조선』에 발표되었다고 기록되기 때문이다. 따라서 두 잡지의 관계를 자세히 고찰할 필요가 있다. 언제 종간되었는지도 알 수 없다. '아단문고'에 1938년 8월호(2권 8호), 10월호(2권 10호), 11월호(2권 11호), 12월호(2권 12호), 1939년 1월, 2월, 4월호가 소장되어 있다.

'황금광시대'를 대변하기라도 하듯, 『광업조선』과 더불어 '금광열'을 알려 주는 기사가 생생하게 전달되고 있다. 조선총독부 경무국에 근무하는 조국원(趙國元)의 「광업강좌」가 연재되었으며, 「광업계성공기」, 「채광과 선광」, 「광업상담실」, 「광업회사동정」, 「광산열어」, 「광석금속약품 시세표」 등이 꾸준히 실린다. 그 외에도 편집인 임화가 직접 전국의 광산을 탐방하는 기사가 실렸다. 임화의 모습은 같은 문학인으로 일확천금을 꿈꾸며 거기에 매진했던 김기진과 채만식의 이미지를 떠올리게 한다. 일제의 금 확보를 위한 조선의 지하자원 채취의 여파가 기묘하게도 조선의 지식분자들을 열광케 한 아이러니를 엿볼 수 있게 하는 대목이다. 그리고 간헐적으로 소설이 한 편씩 게재되는데, 이 또한 임화의 편집 참여가 표현된 결과일 것이다.

「금광간역분석법」, 「자금융자신청방법개요」(1938. 8), 「조선지질개요」(1938.10), 「조선석탄계일별」(1938. 10), 「개정 광업법령 일속」, 「금매상가재인상론」(1938. 11), 「악질브로커 배격론」, 「광산조사에 대한 개요」, 「광산용 기계 배급 통제 요령」, 「광물시세표」, 「강업주식상장」(1939.1), 「선만산지와 그 지하자원」, 「석탄액화인조 석유제조법」(1939.2), 「금을 정부에 팔자」, 「지질도를 보는 법」, 「중요 광물감정의 시험법」, 「산금법 개정안」, 「광석시세표」 등은 시시각각으로 변하는 금과 광물의 시세를 파악하고 은행융자를 받는 방법, 광업에 대한 법령을 이해하는 데 도움이 된다.

'측량학 강의'가 연재되고 광산업에서 성공한 사람들의 이야기가 인기리에 읽히는가 하면, '금광열'에 얽힌 사건 사고도 자주 보고된다. 얼마나 사기와 협잡이 난무하고 패가망신한 일들이 많았으면 '광산과장'이 직접 나서서 "광업가의 본분", "광업보국"을 역설할 정도로 사회적 파장이 심했던 것이다. 발행인 임화 역시 '천부의 사업'인 광업을 양심과 도덕에 준하여 매진할 것을 당부하고 있다(「비양심적 광업가를 주[誅]함」, 1938. 10). 이는 공적으로는 자본주의적 체제에 대한 염오에 빠지면서도 사적 욕망은 전혀 다른 열에 들떠 있던 지식인들의 어떤 위선을 대변하는 글인지도 모른다.

『광업시대』는 조선의 지하광물자원의 현황을 파악하고 지질학 조사의 필요성과 방법을 제고하여, 광물의 성분 분석과 채굴 등의 문제를 심도 있게 다루고 있다. 그리고 다른 한편으로는 '금광열'에 따른 부작용을 주목하고 비판하여 도덕과 양심에 따라 광업에 종사할 것을 강조하기도 했다. 1930년대의 유행병처럼 번졌던 '광업열풍'을 생생하게 전달하고 있다는 점에서 『광업조선』과 더불어 『광업시대』 위상을 평가할 수 있다. (전상기)

참고문헌

류승열, 「일제의 조선광업지배와 노동계급의 성장」, 서울대 석사논문, 1989; 전봉관, 「황금광시대 지식인의 초상: 채만식의 『금광행』을 중심으로」, 한국근대문학회, 『한국근대문학연구』 제3권 2호, 2002.10.

▌광업조선(鑛業朝鮮)

1936년 서울에서 발행된 경제산업 잡지

1936년 6월 10일 한국 경성(京城)에서 창간되고 1938년 6월부터 『광업시대』로 제호를 바꾸어 1941년까지 발행되었다. 통권 수는 미상이다. 편집 겸 발행인은 박용운(朴龍雲)이며 발행소는 조선산금조합이었다. 창간호의 경우 정가는 30전이었으며 분량은 A5판으로 72면이었다. 한국 최초의 광업 전문지다. 고려대와 대구대에 소장되어 있으며, 한국잡지정보관에서 디지털 원문 자료로 열람이 가능하다.

조선산금(産金)조합에서 발행한 한국 최초의 광업 전문지다. 1930년대 중반 이후 일본의 산금정책이 본격화되면서 조선에는 대규모의 광산개발이 이루어진다. 이 잡지는 이러한 시대적 배경하에서 당시 광업정책에 대한 소개, 기술 교류, 금융 정보 등을 중심 내용으로 한다. 특히 민간이 아닌 조선총독부 '광산과'의 주요 인물들이 필진으로 자주 참여하여 이 잡지가 당시 산금정책과 밀접한 관련을 갖고 발간되었음을 알 수 있다.

흥미로운 것은 이 잡지가 광업 잡지임에도 불구하고 이와 무관한 문학작품이 다수 수록되었다는 점이다. 김남천, 김유정, 이기영 등 다수의 소설가들의 작품이 이 잡지를 통해 발표되었는데, 그것이 가능하게 된 정확한 배경은 알 수 없다. 이 잡지는 당시 산금정책하의 조선의 광산열을 단적으로 보여 주는 동시에, 당시 일제의 이른바 '산금보국' 담론의 전개 과정을 잘 보여준다는 점에서 중요한 자료적 가치를 지닌다. (장성규)

참고문헌

공종구, 「채만식의 『금의 정열』론」, 『현대문학이론연구』, 2005; 박기주, 「1930년대 조선 산금정책에 관한 연구」, 『경제사학』 12권, 1988; 전봉관, 『황금광시대』, 살림, 2005.

▌광익총보(廣益叢報)

1903년 중국 충칭에서 창간된 시사종합잡지

1903년 4월 충칭(重慶)에서 창간되어 순간(旬刊)으로 광익총보관(廣益叢報館)에서 편집 발행하였다. 종간 시점은 정확하지 않으나, 현재 제287호인 제9년 제32호까지가 현존하고 있어 1912년 1월 말까지 간행이 된 것으로 보인다. 현재 쓰촨성(四川省)도서관에 소장되어 있다.

편집체계는 초기에는 상편, 하편, 외편(外編), 부편(附編)으로 분류하다가 후기에는 상편정사문(上編政事門), 중편학문문(中編學問門), 하편문장문(下編文章門), 부편총록문(附編叢錄門)으로 개편되었다.

발표된 주요 문장으로는 평쯔유(馮自由)의 「민주주의와 중국혁명의 앞날(民主主義與中國革命之前途)」 등이 있으며, 문장문(文章門)에서는 주로 소설과 희곡, 시가, 산문, 문학논평들을 게재하였다. 여기에는 특별히 유명한 작품이 아닌 단행본들도 등재되어 이 매체 덕분에 보존되어 전해진 작품들이 많이 있다.

발표된 주요 소설로는 량치차오(梁啓超)의 「신중국 미래기(新中國未來記)」, 차오난쯔(巢南子)의 「월남망국사(越南亡國史)」, 쓰치자이(思綺齋)의 「중국 신여호(中國新女豪)」, 바오유푸(包柚斧)의 「신서사(新鼠史)」, 헤이성(嘿生)의 「옥불연(玉佛緣)」 등이 발표되었다.

극본에는 「신로마 전기(新羅馬傳奇)」, 「봉동산전기(鳳洞山傳奇)」, 「애국혼전기(愛國魂傳奇)」, 「지나계연전기(支那戒烟傳奇)」, 「대륙몽전기(大陸夢傳奇)」, 「망국한전기(亡國恨傳奇)」 등이 있으며, 문학 논저로 왕궈웨이(王國維)의 「홍루몽평론(紅樓夢評論)」, 린촨자(林傳甲)의 「중국문학사」 등이 있다.

혁명당원인 주윈장(朱蘊章)이 주관하여 신해혁명 전에는 혁명적 경향을 띠고는 있었으나, 동시에 여러 각파들의 사상을 받아들여 혁명당(革命黨), 개량파(改良派), 입헌파(立憲派) 거물들의 글들도 발표하였다.

신해혁명 후에는 쓰촨 지역 혁명당원의 선전 도구가 되었으며, 중국 초기 종합성 문헌 발췌 잡지의 하나로 그 발췌의 범위는 전국의 언론매체만이 아니라 광범위한 서적까지를 포함하고 있다. 시문(時文) 작가들은

모두 당시 유명작가들로 이 잡지에 남아 있는 작품들은 현재 높은 사료적 가치를 갖고 있다. (김성남)

참고문헌
北京師範大學圖書館報刊部 篇, 『北京師範大學圖書館館藏中文珍稀期刊題錄』, 北京圖書館出版社, 2002; 周葱秀·涂明 著, 『中國近現代文化期刊史』, 山西敎育出版社, 1999.

광인보(廣仁報)

1897년 중국 구이린에서 창간된 정치운동 신문

1897년 4월 구이린(桂林)에서 창간되었다. 캉유웨이(康有爲) 제자들이 만든 성학회(聖學會)의 기관지로 자오팅양(趙廷颺)과 쾅스잉(況仕應), 룽잉중(龍應中)이 주필을 맡았다. 매월 두 차례씩 서본 양식으로 발행되었다. 1898년 10월 종간되었다.

내용은 논설과 시사, 뉴스, 지방 소식, 잡담란이 있다. 논설은 대부분 국제정세에 관한 글들이었고, 변법유신을 시행하지 않고는 중국이 직면한 위기를 피할 수 없음을 강조하면서 구국의 대열로 일어설 것을 호소하였다. (김성남)

참고문헌
方漢奇 主編, 『中國新聞社業通史』, 中國人民大學出版社, 1996; 王檜林·朱漢國 主編, 『中國報刊辭典』, 太原: 書海出版社, 1992.

광저우기록보(廣州紀錄報)

1827년 중국 광저우에서 창간된 영어 시사종합신문

영국의 아편상인 메디슨(James Matheson, 馬地臣)이 1827년11월 광저우(廣州)에서 창간한 영문 신문으로 영문 제호는 "Canton Register"이다. 첫 편집책임은 미국 상인 우드(William Wood, 伍德)가 맡았으나, 1828년 2월부터 메디슨과 모리슨(Robert Morrison, 馬禮遜)이 담당하였다. 1830년에는 키팅(Arthur S. Keating, 由濟廷)이, 1833년에는 슬레이드(John Slade, 史雷得)가 편집책임을 인수하였다. 초기에는 격주로 발행하다가 주간으로 변경되어 매주 화요일에 발행되었다.
1839년 영국과의 아편전쟁이 발발하기 전날, 마카오(澳門)로 이전하였다가 전쟁이 끝나자 홍콩으로 옮겨와 제호를 『홍콩기록보(香港紀錄報, Hongkong Register)』로 바꾸어 계속 출간되었다. 홍콩에서 출간되던 시기 『행정보(行情報)』, 『물가보(物價報)』 등의 증간(增刊)이 여러 종류 나왔으며 해외판이 동시에 발행되었다. 1858년 정간되었다.

상업성 신문으로 창간시 정확하고 풍부한 물가 정보를 제공하는 데 주력할 것을 발표하였지만, 정치성이 농후하였다. 서양 제국주의 세력의 중국침입정책을 공개적으로 고무하고 아편무역을 지지하였다.

또한 중국 관원들의 오만무례함을 공격하고 서양국가들이 중국에 굴종하고 있다고 비판하면서 중국에 대해 강경정책을 취할 것을 주장하였다.

이러한 강경정책으로 자유무역을 실현할 수 있다고 믿었으며, 외국의 종교와 철학, 과학이 앞으로 중국을 접수하게 될 것이라는 문장을 게재했다. 1839년에는 린쩌쉬(林則徐)가 전개한 아편흡연 금지운동에 반대하였다.

창간인 메디슨은 원래 인도에서 사업을 하다가 1819년 광저우에서 아편사업으로 거상이 되어 언론사업을 위한 경제적 기초를 마련하고 1827년 이 신문을 창간하였다. 영향력이 비교적 큰 신문으로 적지 않은 해외 독자를 갖고 있었다. 1836년 통계에 의하면 매회 280부가 인도와 영국, 미국의 주요 상업 도시로 보내졌으며, 부록으로 『광저우행정주보(廣州行情週報)』를 매회 320부씩 발간하였다.

창간 8년 뒤인 1835년 9월, 자유무역파에 속한 영어신문 『광저우주보(廣州週報)』가 창간되자 독점무역을 지지하던 『광저우기록보』와 격렬한 논쟁을 벌이기도 했다. (김성남)

참고문헌
方漢奇 主編, 『中國新聞社業通史』, 中國人民大學出版社, 1996;

葉再生 著, 『中國近代現代出版通史』, 北京: 華文出版社, 2002.

▌광저우신보(廣州新報)

1865년 중국 광저우에서 창간된 시사종합신문

1865년 광저우(廣州)에서 주간으로 창간되었다. 창간인은 미국인 존 글래스고 커(John Glasgow Kerr, 嘉約翰)이다. 1871년 종간되었다.

내용은 '영국근사(英國近事)', '프랑스근사(法國近事)', '마카오근사(澳門近事)', '광저우대우(廣州大雨)' 등 국내외 뉴스들을 다양하게 게재하였고, 재미있는 소문들과 과학 지식, 서양의학 지식을 매우 중시하였다.

편집 방향과 체계는 광저우에서 같은 시기 창간된 『중외신문칠일록(中外新聞七日錄)』과 유사하였다. 단면 인쇄된 소형 주간신문으로 광저우 거리에서 판매되었는데 판매가는 1부에 1문(文)으로 『중외신문칠일록(中外新聞七日錄)』의 반값이었다.

• 창간인 존 글레스고 커(John Glasgow Kerr, 嘉約翰)

미국에서 의학을 공부한 안과 의사이다. 1854년 광저우백가(伯駕)병원 안과에서 근무하였다.

2차 아편전쟁 발발시 미국으로 돌아갔다가 1858년 다시 광저우로 돌아와 박제(博濟)의원을 개설하고 이곳에서 44년간 일하였다. 활발한 선교 활동과 의료 활동을 하였으며, 1865년 『광저우신보』를 창간하였고, 1884년에는 『서의신보(西醫新報)』를 월간으로 창간하였다.

1887년에는 그가 담임하던 중화박의회(中華博醫會) 회장을 역임하면서 『박의회보(博醫會報)』를 영문과 중문으로 동시에 창간하였다. 이 매체는 의학 연구 방면에 중요한 문헌으로 현재 의학사 연구자들에게 많은 자료를 제공해 주고 있다.

그는 또 1874년 광저우에서 어린이 대상 월간지 『소해월보(小孩月報)』를 창간하기도 하였다. (김성남)

참고문헌

方漢奇 主編, 『中國新聞社業通史』, 中國人民大學出版社, 1996;
葉再生 著, 『中國近代現代出版通史』, 北京: 華文出版社, 2002.

▌광저우주보(廣州週報, Canton Press)

1835년 중국 광저우에서 창간된 영어 시사종합신문

영국 상인이 창간한 영어 신문으로 1835년 9월12일 광저우(廣州)에서 창간되었다. 영문 제호는 "Canton Press"이다. 주보(週報)이며 매주 토요일에 간행되었다. 주필 겸 발행인은 프랭클린(W. H. Franklin, 弗蘭克林)이며, 1836년 2월 프랭클린이 사직하고 몰러(Edmaund Moller, 莫勒)가 뒤를 이어 운영하였다. 1839년 마카오(澳門)로 이전하여 발행되다가 1844년 3월 종간되었다.

영국 자유주의 무역파 신문으로 재정적으로는 전지양행(顚地洋行, Thomas Dent and Company)의 지원을 받았다. 동인도회사(東印度公司)를 반대하고 자유무역을 주장하여 『광저우기록보(廣州紀錄報)』와 적수가 되었다.

몰러가 인수한 뒤에도 동인도공사와 동인도공사의 입장에 서있던 『광주기록보』에 대해서 공격을 하였다. 또 광저우의 외국 상인회 조직과 영국 상인회도 반대하여 많은 적들을 만들었다.

영국의 대중국 아편무역을 적극적으로 지지하여 1836년 태상시(太常寺) 쉬나이지(許乃濟)가 아편의 전면적 금지를 상소하자 이를 반대하는 호외를 발행하기도 하였다.

중국에 대한 영국의 정책과 태도에서는 『광저우기록보』와 대체로 일치하였으나, 청 정부에서 행하는 각종 규제와 무역정책에 대해 더욱 신랄한 문제들을 제기하였다.

창간 초기 비교적 많은 적들을 만들어 영향력 있는 서양 세력들의 지지를 받지 못하였지만, 발행을 계속하면서 나름대로 발전을 해 나갔다. 이는 비교적 풍부한 뉴스와 평론, 그리고 높은 관리 수준을 갖추고 있었기 때문이었다.

그리고 『상업행정보(商業行情報)』를 독립적으로 발행하였다. (김성남)

참고문헌

方漢奇 主編, 『中國新聞社業通史』, 中國人民大學出版社, 1996; 葉再生 著, 『中國近代現代出版通史』, 北京: 華文出版社, 2002.

광주일보(光州日報)

1909년 전라남도 광주에서 창간된 일본어 일간지

1909년 5월 광주에서 창간되었다. 창간 당시에는 주간 국판 신문으로 발행하였으나, 이후 격일간으로 9포인트 활자를 사용하여 발간하였다. 1929년 현재 일간 조간 4면으로 발행되었다. 지방법원 공고 게재 지정지가 되면서 사세가 크게 확장되었다고 한다.

1929년 현재 상황을 보면, 광주일보사는 자본금 5만원의 주식회사 조직으로 운영되었으며, 본사는 광주군 광주면 동문통(東門通)에 있었다. 가노 슈산(鹿野秀三)이 주간을 맡았으며, 히데야마(秀山照滿)가 편집국장으로 있었다. 가노는 목포에서 『목포신보』를 운영하던 사람으로, 전남 지역 언론계의 원로로 존경받았다고 한다.

주요 설비로는 평반인쇄기 3대, 활자는 7.75포인트를 사용하였으며, 구독료는 월 90전, 광고료는 1행에 1원이었다.

『목포신보』와 아울러 전남 지역에서 발간되던 양대 일본어 일간지였다. 이 신문 역시 아직 실물이 발굴되지 않았다. (윤해동)

참고문헌

中村明星, 『朝鮮滿洲新聞雜誌總覽』, 新聞解放滿鮮支社, 1929; 田內武, 『朝鮮施政十五年史』, 1926; 『新聞總覽』, 日本電報通信社, 각년판 참조.

광화일보(光華日報)

1908년 미얀마에서 중국어로 창간된 정치운동 신문

光華日報
KWONG WAH YIT POH PRESS LTD
CHINESE DAILY NEWS
120, ARMENIAN STREET, PENANG.

세 차례에 걸친 창간과 복간이 있었다. 첫 번째 창간은 1908년 8월 27일 미얀마(緬甸)의 양곤(仰光)에서 동맹회 라오스지부 기관 신문으로 시작되었다. 발행인은 미얀마 동맹회 회장 좡인안(莊銀安), 편집인은 양추판(楊秋帆), 쥐정(居正), 뤼즈이(呂志伊), 타오청장(陶成章)이다. 그러나 2개월 뒤 신문사는 봉쇄되고 발행을 금지당해 정간되었다. 1908년 11월 24일 다시 복간한 이 신문은 이른바 '제2 광화일보'라고 칭해진다. 이 『제2광화일보』는 보황파의 파괴공작을 받아 1910년 3월 두 번째 정간을 하였다. 그 후 1910년 12월 20일, 말레이시아의 페낭으로 이전하여 세 번째 복간을 하게 되는데 이를 『제3광화일보』라고 칭한다.

"쑨중산(孫中山)의 혁명사상을 고취하고 화교(華僑)를 각성시키자"는 것이 주요 발행 목적이었다. 따라서 창간일부터 '배만혁명(排滿革命)'의 깃발을 선명하게 하면서 캉유웨이(康有爲)와 량치차오(梁啓超)의 군주입헌 주장을 비판하였다.

천중허(陳仲赫), 허잉루(何瑩祿), 쑤톄스(蘇鐵石), 푸춘판(傅春帆), 천사오핑(陳紹平), 린원취(林文曲), 황란투(黃蘭土), 쉬짠저우(徐贊周) 등이 집필에 참여하였으며, 모두 동맹회 회원들이다.

반청(反淸)혁명을 선전하면서 발간 1개월 만에 미얀마 지역 동맹회 회원수가 4만으로 증가하자, 보황파(保皇派)에게 집중적인 공격을 받게 되었다. 보황파는 화상(華商)들에게 압력을 넣어 동맹회에서 탈퇴하도록 선동하였고, 또 한편으로는 라오스 주재 중국 대사인 샤오융시(蕭永熙)와 결탁하여 『광화일보』 주주들의 투자자금을 조사하고 위협하여 주주들에게 신문사의 모든 자산을 경매에 넘기도록 협박하였다.

결국 창간 2개월 만에 정간을 강요당하고, 신문사의 재산은 보황파의 한 화상(華商)이 취득하게 된다. 그리고 그 장소에서 보황파의 군주입헌제를 선전하는 『상무보(商務報)』가 발행되었다.

『광화일보』가 강제로 보황파에게 넘어가게 되자 양곤(仰光) 지역 동맹회 회원들이 경비를 모금하여 1개월 뒤인 1908년 11월 24일 새로운 『광화일보』를 발행하기 시작하였는데 이것이 『제2광화일보』이다.

천중허와 천한핑이 경영을, 쥐정과 뤄즈이가 주필을 맡아 계속하여 반청혁명을 선전하였다. 주요 집필 역량은 주로 『상무보』의 군주입헌론을 공격하는 데 모아졌다.

1910년 봄, 보황파는 다시 샤오융시와 음모를 꾸며 청 정부에게 『광화일보』가 무정부주의를 고취한다는 무고를 올리게 되었다. 청 정부는 미얀마 영국총독에게 주필인 쥐정과 뤄즈이를 출국시켜 중국으로 송환시켜 줄 것을 청하였다. 이들은 체포되어 싱가포르로 보내졌고, 그곳에서 중국으로의 강제 송환을 기다리고 있을 때, 싱가포르 동맹회 회원의 도움으로 싱가포르 총독과 협상하여 겨우 송환을 모면할 수 있었다.

그러나 『광화일보』는 두 차례에 걸친 좌절로 기력을 상실하고 말았고, 신문사 직원들도 모두 흩어지게 되어 결국 두 번째의 『광화일보』도 1910년 3월 다시 정간되었다.

그 후 미얀마 양광(仰光)동맹회 회장인 좡인안이 말레이시아의 페낭으로 이주하여 그곳에서 세 번째 『광화일보』를 다시 창간하게 된다. 이렇게 『제3광화일보』는 1910년 12월 20일, 페낭에서 새롭게 시작되었다.

황진칭(黃金慶), 천신정(陳新政) 등이 자금을 모으고, 주필로 도쿄(東京)에서 『견성(鵑聲)』의 주필을 보았던 레이테야(雷鐵崖)를 초빙하여 총편집의 책임을 맡기었다. 그리고 팡츠스(方次石)와 저우두쥐안(周杜鵑)이 편집과 집필을 보았다. 이밖에도 1911년 싱가포르의 『중흥일보(中興日報)』가 종간되면서 후한민(胡漢民)과 왕징웨이(汪精衛)도 페낭으로 옮겨와 이 신문 편집에 참여하였다.

페낭은 당시 말레이시아의 수도로 1909년 5월 동맹회 남양지부(南洋支部)가 싱가포르에서 이곳 페낭으로 이전하면서 쑨중산과 황싱(黃興), 자오성(趙聲), 정쩌루(鄭澤如) 등 동맹회 간부들이 자주 이곳을 왕래하게 되었고, 페낭은 싱가포르를 대신하여 남양 일대 혁명운동의 중심이 되었다. 『광화일보』는 동맹회 남양지부의 기관지로서 그 영향력은 동남아 각지까지 파급되었다. (김성남)

참고문헌

方漢奇 主編, 『中國新聞社業通史』, 中國人民大學出版社, 1996;
葉再生 著, 『中國近代現代出版通史』, 華文出版社, 2002.

괴기(怪奇)

1929년 서울에서 발행된 오락, 대중잡지

1929년 5월 20일 서울에서 발행된 상식, 대중잡지이다. 저작 겸 발행인은 정일(鄭鎰), 인쇄인은 심우택(沈禹澤)이다. 인쇄소는 대동(大東) 인쇄(주)이고, 발행소는 동명사(서울 종로6가 11)이다. A5판, 57면으로 정가는 20전이다. 월간으로 발행되었으며 1929년 12월 종간했다. 고려대와 서강대, 국회도서관에 소장되어 있다.

1919년 독립선언문 작성으로 옥고를 치른 최남선은 『백두산근참기(白頭山覲參記)』, 『금강예찬(金剛禮讚)』, 『심춘순례(尋春巡禮)』, 『백팔번뇌(百八煩惱)』,

『시조유취(時調類聚)』, 『아시조선(兒時朝鮮)』, 『조선유람가(朝鮮遊覽歌)』 등을 출판하고 『시대일보』의 전신인 『동명(東明)』에서도 「조선역사통속강화(朝鮮歷史通俗講話)」를 싣는 등 민족적 형상과 논리를 개발하고 그 내용을 대중들에게 계몽하기 위해 박차를 가했다. 『괴기』는 이러한 최남선의 조선주의적 행보의 연장선에 있었으며, 20년대 후반 급격히 변화하는 출판시장의 유행에 맞추어 더욱 대중적으로 기획된 것이다.

제호는 말 그대로 '괴기한', 즉 신기하고 잘 알려지지 않은 이야기와 상식을 전달하고 있다. 기사의 거의 전부를 최남선이 작성했다고 보아도 무리가 없다. 창간사에서 최남선은 조선과 세계의 문화 중에 불가사의한 일들을 해설하여 문화과학에 대한 관심을 일으키기 위해 잡지를 만들었다고 소개하고 있다.

조선 중심 인문과학 통속 잡지라는 모토에 걸맞게 기사의 실 내용은 조선의 역사에 대한 해설, 신화나 고대 유물에 대한 소개를 중심에 두었고 기타 담배의 유래나 생식기 명칭의 어원 등 대중의 가십거리도 적지 않았다.

창간호를 잠시 살펴보면, 「남녀생식기의 상형자(象形字)」, 「성적(性的) 기술(記述)에 담솔(坦率)한 지나 고대의 문헌」, 「심령현상의 불가사의」 등을 다룬 괴기문헌란을 비롯하여 「하느님의 신원(身原)조사」, 「인류문화의 4대 계단」, 「종교문화의 본원인 마나신앙」, 「고금동서 생식기 숭배의 속(俗)」, 「성(姓)과 씨(氏)와 족(族)의 구별」, 「연초(煙草)의 유래」, 「신라의 경문왕과 희랍의 미다스왕」, 「조선과 세계의 공통어」, 「일천 년 전 해상왕 신라 장보고」, 「서양음악의 조선전래」, 「세계무류(世界無類)의 조선 측후 기록」, 「고구려인이 만든 서양건축」, 「조선 최고(最古)의 석문(石文)」, 「화폐에 나타난 조선인의 독창성」, 「아동과 미개인」 등 다양한 소재의 짤막한 글들을 싣고 있다.

『괴기』는 조선을 중심으로 하는 철학, 종교학, 신화학, 신학, 심리학, 윤리학, 심령학, 의학, 성용학, 천문학, 지리학, 생물학, 인류학, 민속학, 언어학, 사회학, 경제학, 고고학, 사학, 연대학, 천화학(泉貨學), 문자학, 도서학, 금석학, 문학, 미술, 음악 등의 문화과학을 포용하는 통속 취미 잡지를 지향했다. 대부분의 글을 집필한 최남선의 고민은 어떻게 잡지성(저널리즘)과 학구심을 잘 조화시키는가에 있었다고 한다. 궁극의 발간 목적은 취미가 아니라 조선 생활 및 그 문화의 학술화에 있다는 것이다. 그는 편자의 기호와 독자의 취미를 접근시켜 인문과학에 대한 일반 수준의 향상을 위해 어떤 재료와 서술이 필요한가를 고려하고자 했다. 매월 약 50쪽 정도를 발간하면서 재료는 청신한 것을 선택하고 분량은 간단히 하며 문장은 평이하게 서술함으로써 학술의 대중화에 변변치 아니한 성력(誠力)을 다한다는 것이 그의 계획이었던 것이다.

그러나 안타깝게도 『괴기』는 학술적인 기획과 대중화에 대한 의도가 어울리지 못한 편집 때문에, 지나치게 전문적인 지식 해설과 대중의 즉물적 기호에 영합하는 기사로 양분되어 편집의 균형을 잃고 만다.(이경돈)

참고문헌

홍일식, 「잡지 '괴기'의 사적 연구」, 안암어문학회, 『어문논집』 11집, 1968; 최덕교 편저, 『한국잡지백년』, 현암사, 2004.

교남교육회잡지(嶠南敎育會雜誌)

1909년 서울에서 발행된 교육계몽지

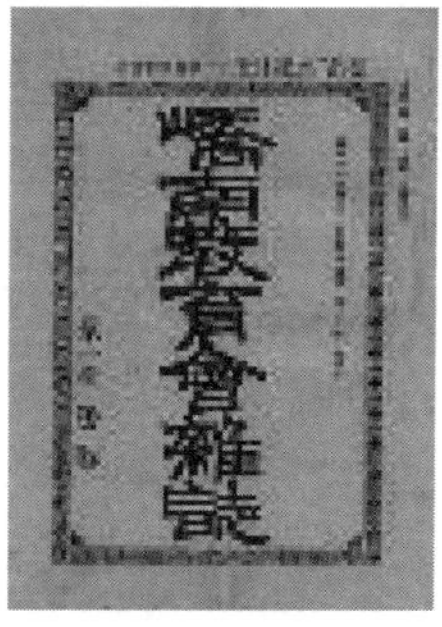

1909년 4월 25일 교남교육회(嶠南敎育會)가 계몽과 교육의 일환으로 발간한 기관지이다. 1910년 5월 25일 12호를 끝으로 종간되었다. 5호와 6호, 9호와 10호 사이의 격월간을 제외하고는 매월 한 번씩 정기적으로 간행되었으며, 발간일은 매월 25일이었다. 판권을 보면, 편집 겸 발행인은 박정동(朴晶東), 인쇄인은 이기홍(李基弘), 인쇄소는 우문관(右文館), 발행소는 황성(皇城) 중부(中部) 전동(典洞)의 교남교육회사무소(嶠南教育會事務所)로 나와 있다.
매호당 면수 1호부터 5호까지는 60~65쪽, 6호는 43쪽으로 줄였다가 8호는 56쪽, 11·12호는 각각 45·48쪽으로 편집·간행되었다. 표기는 순한문과 한문현토의 국한문 혼용이다. 이 잡지는 1989년 한국학문헌연구소에서 한국개화기학술지(韓國開化期學術誌) 총서의 하나로 아세아문화사를 통해 영인되었다.

목차를 살펴보면, 학술, 휘설(彙說), 잡조(雜俎), 사조(詞藻), 부록 순으로 편제되어 있으며, 잡저(雜著)나 회중기사(會中記事)란이 있다. 학술란에는 교육과 관련된 글이 많으며, 그 외에도 물리학, 지리학, 법률학, 사학 등에 관한 글도 적지 않다. 휘설란에는 시무(時務)와 관련된 글이 실려 있다. 그리고 잡조란은 잡저를 싣는 난인데, 주로 서양의 학문과 학계를 소개하는 한편 농업이나 개화 등에 관한 다양한 관심도 나타나 있다. 필진은 교남교육회 소속 인사들인데, 주로 영남지역에서 한학을 했던 인사들과 개화지식인들로 구성되어 있다. 이 중 특히 발행인 박정동과 채장묵(蔡章默)·윤돈구(尹敦求), 김상교(金商敎), 이근중(李根中) 등이 글을 많이 실었다.

이 중 1호의 채장묵의 「교남인사(嶠南人士)의 완뇌(頑腦)를 불가불(不可不) 일타격(一打擊)」에서는 영남 인사들의 교육열이 다른 지역에 비해서 낙후되고 있음을 각성해야 한다고 역설하고 있다. 그런 한편, 이 잡지는 구학의 전통을 신학문과 결합시켜 나가려는 의지가 강했다. 8호에서 최장묵의 「구학을 불가전폐」가 그 한 예인데, 유신시대에 신학문을 연구하는 것이 제일 급선무이기는 하지만, 지금의 사사물물(事事物物)이 구학의 연원을 벗어나는 것이 없다는 논리를 편다. 일종의 신구조화를 꾀한 것이다. “구학과 신학이 자연히 차이가 있는 만큼 이를 절장취단하라”는 취지인 셈이다.

교남교육회잡지는 1909년이라는 비교적 늦은 시기에 교육계몽의 일환으로 발간되어, 특히 영남 지방의 교육과 계몽사업을 전개하는 데 중요한 역할을 한다. 이를 통해 영남 지방은 물론 각 지방의 교육과 계몽열을 자극했다. 그러나 다양한 내용을 수록하지 못했고, 특색있는 계몽의 취지를 살리지 못했던 것이 그 한계이다.

• 교남교육회

1908년 3월 15일 교남, 즉 경상도 일원의 교육진흥을 표방하며 조직된 교육계몽운동단체이다. 박정동이 발기하였고 본부는 서울 전동의 전 한어학교(漢語學校)에 두었다. 초대임원은 회장에 이하영(李夏榮), 부회장에 상호(尙灝), 총무에 손지현(孫之鉉), 평의원에 박정동·이각종(李覺鍾), 간사원에 이원식(李元植), 이규한(李圭漢)·김병필(金秉泌) 등으로 구성되었다.

교남교육회는 ‘교육의 경쟁시대’로 시대를 규정하고 출발한 바 교남교육의 진흥을 목적으로 서울과 도내에 사범학교를 건립하고 회보와 그 밖에 필요한 서적을 발간하는 것을 주요 사업으로 표방하였다. 이 잡지는 그 일환으로 발간된 것이다. 그러나 1910년 5월 통감부에 의해 강제해산을 당하면서 잡지도 더 이상 발간되지 못했다. (정환국)

참고문헌

한국학문헌연구소 편, 『嶠南教育會雜誌』, 아세아문화사 영인본, 1989; 김근수, 『한국잡지사』, 청록출판사, 1980; 최덕교 편저, 『한국잡지백년』, 현암사, 2004.

▌교림잡지(教林雜誌)

1874년 일본 오사카의 게이아이샤에서 발행한 잡지

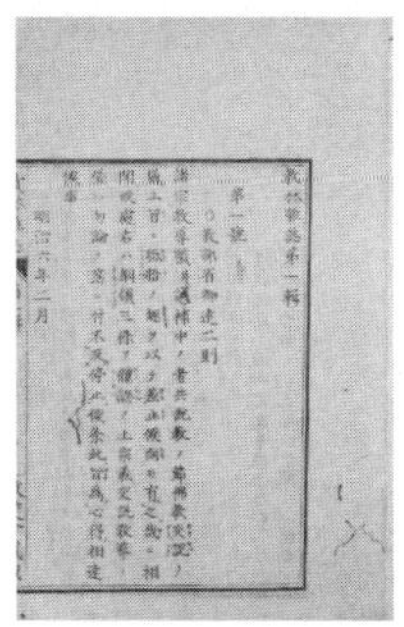

1874년 2월 일본 오사카의 게이아이사(敬愛舍)에서 단행본 형태로 간행된 잡지이다. 발행인은 오노 마사미(小野正巳)이다. 창간호는 27쪽으로 편집되었다. 표지에는 "오노 마사미집(소자) 교림잡지 제일집(小野正巳輯(小字) 教林雜誌 第一輯)"이라고 되어 있다.

「서언(緖言)」에 의하면 잡지 발행의 목적은 각종 신문의 교의에 관한 조항을 초록하여 널리 알리는 것이었다. 또 좌주(左注)를 통해 속어를 알기 쉽게 표기함으로써 계몽적인 잡지임을 표방했다. 잡지명에서 '잡지'란 시급을 요하는 기사를 우선하며, 시간별로 배열하지 않는다는 것을 의미한다.

잡지 원본은 가가와대학(香川大學) 가미하라문고(神原文庫)가 소장하고 있다. (이규수)

참고문헌

岡野他家夫, 『明治言論史』, 原書房, 1983; 桂敬一, 『明治·大正のジャ-ナリズム』, 岩波書店, 1992.

▌교성보(僑聲報)

1943년 중국 충칭에서 창간된 주간지

1943년 3월 18일 충칭(重慶)에서 창간된 종합성 간행물이다. 예더징(葉德靖), 톈위푸(田玉福), 주페이황(朱培璜) 등이 편집인이었고, 주페이황이 발행인이었으며, 주간이었다. 1943년 가을과 1944년 여름 두 차례에 걸쳐 압박을 받아 휴간하였다. 1944년 10월 18일 복간하였으며, 주페이황, 허밍중(何名忠), 아이이건(艾毅根) 등이 편집하고, 권과 기를 다시 시작하였다. 1945년 6월 2권 28호를 끝으로 종간되었다. 중국국가도서관 등에 소장되어 있다.

『교성보』는 화교(華僑)의 입장에서 화교의 문제를 연구하고, 2차 세계대전의 전세와 전후의 각종문제를 탐구하기 위해 노력하였다. 반파시즘투쟁을 고취하였으며, 국내외 중요소식을 보도하였고, 특히 국내외 여론이 화교문제를 중시하도록 보도하였다. 세계명저를 소개하고, 전투가곡을 실었다. 『교성보』는 군사평론, 국제분석, 교정총담(僑情叢談), 시사논단, 교정일속(僑情一束), 독자의 목소리(讀者之聲) 등의 난이 있었다. 또한 "전후의 세계(戰後的世界)"라는 제목으로 글을 공모하였고, 필리핀 특집을 펴내기도 하였다. (김지훈)

참고문헌

王檜林 · 朱漢國, 『中國報刊辭典(1815~1949)』, 書海出版社, 1992; 伍杰, 『中文期刊大詞典』, 北京大學出版社, 2000.

▌교우회보-경성법학전문학교 교우회 교지(校友會報-京城法學專門學校 校友會 校誌)

1923년 서울에서 발행된 경성법학전문학교 교우회 회지

편집 겸 발행자는 다케야 나오야(竹谷直彌)이다. 인쇄소는 경성인쇄소이며, 발행소는 경성법학전문학교 교우회이다. 비매품으로 연1회 발행한 것으로 추정된다. 아단문고에 소장되어 있다.

전체적으로 논설과 문예, 학사 관련 보도기사가 각각 1/3씩을 차지하고 있다. 법학 전문학교의 교지였던 만큼, 논설의 경우 절반가량이 법률기사로 채워져 있고, 나머지 절반은 철학적 문제와 사회적 문제를 다루고 있다.

문학의 경우 감상이 주를 이루고 시, 기행 등이 소수 실렸다. 박팔양의 글도 문단란에 실려 있는 것이 눈에 띈다. 그러나 문예작품이라고 보기는 어렵다. 아단문고에 남아 있는 유일본을 보면, 구회(口繪)로 오손자(吾孫子) 교장, 경성법학전문학교 제1회 졸업생, 교우회 변론부(辯論部) 대회, 교우회 정구부 기념 촬영 등이 있다. 논설로는 김계문(金季文)의 「범죄예방책(犯罪豫防策)」, 장윤식(張潤植)의 「관습법을 논함(慣習法を論す)」, 방원룡(方元龍)의 「소년법과 그것에 대한 고찰(少年法及之に對する考察)」, 마극준(馬極駿)의 「현재의 경제조직(現在の經濟組織)」, 홍대권(洪大權)의 「형법의 연혁과 형벌집행의 효과를 논함(刑法の

沿革と刑罰執行の效果を論す)」 등 15편이 있으며, 문단에는 박팔양(朴八陽)의 「인간을 생각하며(人間を思ふ)」 등 8편, 기행문이 1편이 있다. 그밖에 부록으로, 학교 기사, 본회 급 동창회 기사, 운동부 기사, 변론부 기사, 도서부 기사, 잡록 등이 있어서 경성법학전문학교 교우회의 당시 모습을 살필 수 있는 좋은 자료이기도 하다.

경성법학전문학교 출신 인사로는 아나키스트 김화산, 동요작가 윤극영, 사회주의자 윤자영, 프로문학가 박팔양 등이 있었다. (이경돈)

참고문헌

『한국신문·잡지총목록』, 대한민국국회도서관, 1966; 계훈모, 『한국언론연표』, 관훈클럽신영연구기금, 1979; 『아단문고장서목록』, 아단문화기획실, 1995; 최덕교 편저, 『한국잡지백년』, 현암사, 2004.

▌교우회보-밀양공립농잠학교 교지(校友會報-密陽公立農蠶學校 校誌)

1929년 밀양에서 2호가 발행된 밀양공립농잠학교 교지

1929년 9월 20일에 한국 밀양에서 발행되었다. 종간호는 2호로 마무리되었다. 편집 겸 발행인은 다카하시 젠고(高橋善吾)이고, 인쇄자는 기와키 가즈오(木脇一雄)이다. 인쇄소는 밀양인쇄주식회사이며, 발행소는 밀양공립농잠학교(密陽公立農蠶學校)로 비매품이다.
아단문고에 소장되어 있다.

학생들의 참여가 두드러진 문예면이 대부분이고 논설과 잡록의 분량이 적다. 논설은 농업과 잠업에 관련된 것이 대부분으로 채워져 있다. 일반 농업학교가 아니라 농잠학교의 교지라는 점에서 당시 농잠업의 교육적 위상이 높았음을 엿볼 수 있는 잡지다.

밀양공립농잠학교는 1924년 5월 6일 3년제로 개교했고 오늘날 밀양대학교의 전신이다. (이경돈)

참고문헌

『한국신문·잡지총목록』, 대한민국국회도서관, 1966; 계훈모, 『한국언론연표』, 관훈클럽신영연구기금, 1979; 『아단문고장서목록』, 아단문화기획실, 1995; 최덕교 편저, 『한국잡지백년』, 현암사, 2004.

▌교육(教育)

1906년 일본 도쿄에서 창간된 중국어 교육 잡지

1906년 11월 일본 도쿄(東京)에서 중국 유학생들이 창간한 교육 전문 잡지이다. 발기인과 주요 집필진은 장둥쑨(張東蓀), 란궁우(藍公武), 펑스더(馮世德) 등이며, 유학생 단체인 애지회(愛智會)에서 발행하였다. 월간으로 창간되었으나 단지 2호를 출간하고 1907년 종간되었다. 현재 베이징(北京) 중국사회과학원 근대사연구소도서관에 소장되어 있다.

내용은 학설과 과학, 사조(思潮), 비평 등의 공간이 있으며, 동서의 문명을 융합하여 낡은 도리를 씻어내고, 새로운 기운을 열어 인심을 바르게 하는 것을 주요 발행목적으로 삼았다.

보수적인 정치 견해를 표방하고 혁명을 반대하여 혁명파 언론들과 논쟁을 진행하였지만, 교육개혁 방면에서는 적극적 역할을 수행하였다.

교육구국 사상을 주장하면서 서양 자산계급의 교육이론과 교육사상, 서양 국가교육의 발전 상황 및 교육현황을 소개하고 선전하였다. 교육개혁 문제에 중점을 두었으며, 교재 강의를 집필하기도 하였다. 정치적으로는 보수적 입장을 견지하였으나 교육 개혁 촉진에 기여한 매체이다. (김성남)

참고문헌

王檜林·朱漢國 主編, 『中國報刊辭典』, 太原: 書海出版社, 1992; 葉再生 著, 『中國近代現代出版通史』, 華文出版社, 2002.

▌교육개조(教育改造)

1937년 중국의 베이징에서 창간한 교육지

1937년 3월 1일 베이징(北京)의 베이핑교육개조사(北平教育改造社)에서 창간한 교육간행물이다. 월간으로 발행되었다. 1937년 3월 1일 창간부터 1937년 7월에 정간되기까지 모두 6호가 출간되었다. 현재 베이징대학도서관과 상하이도서관 등에 소장되어 있다.

교육사조(教育思潮)를 소개하고, 삼민주의교육이론(三民主義教育理論)을 선양하며, 민족의식을 주입하고, 민족정신을 환기하며, 교육의 실제문제를 토론한다는 목적으로 창간되었다.

주요 내용은 교육과학 방법, 교육기술, 교육사, 교육철학 등의 학술연구에 관한 글을 게재하였고, 영국과 미국, 독일 등 서구 여러 나라의 교육사업의 발전 및 교육연구 부문의 상황 등을 소개하기도 하였다.

특히 1권 5호와 6호를 "중국사범교육문제 특집호(中國師範教育問題專號)"를 합본으로 출판하여 사범교육의 이론과 제도, 경비, 교재, 과정, 설비, 교육 및 사범학교 학생 배양 등의 문제를 집중적으로 탐구하고 토론하였다. (김지훈)

참고문헌

王檜林 · 朱漢國, 『中國報刊辭典(1815~1949)』, 書海出版社, 1992; 伍杰, 『中文期刊大詞典』, 北京大學出版社, 2000; 上海圖書館, 『上海圖書館館藏近現代中文期刊總目』, 上海科學技術文獻出版社, 2004.

▌교육과 사회(教育與社會)

1920년 중국 베이징에서 발간된 교육 잡지

1920년 4월 15일 베이징(北京)에서 창간되었다. 베이징고등사범학교(北京高等師範學校)에서 주관하였다. 중국국가도서관 등에 소장되어 있다.

'교육을 개조함으로써 사회를 개조하자'는 취지로 간행되었다. 연합하여 연구함으로써 교육 이론과 사회 이상(理想)을 창조하자고 주장하였다. 국내외 교육 이론, 교육 상황, 교육 개량 연구에 관련된 내용이 소개되었고, 문예, 수필 등의 난도 부설되었다. (이은자)

참고문헌

王檜林 · 朱漢國 主編, 『中國報刊辭典(1815~1949)』, 太原(山西): 書海出版社, 1992; 葉再生, 『中國近代現代出版通史』, 北京: 華文出版社, 2002.

▌교육과 사회(教育與社會)

1930년 중국 장쑤에서 발간된 교육 잡지

1930년 12월 1일 장쑤(江蘇) 우시(無錫)에서 창간되었다. 장쑤성립교육학원(江蘇省立教育學院)에서 주관하였다. 1931년 12월 정간되었다. 모두 40호가 발행되었다. 베이징사범대학도서관 등에 소장되어 있다.

'민교(民教)의 실행을 연구하고 민교 문제를 토론하며, 민교 학술 이론을 소개하고, 민교 소식을 전파하자'는 취지로 발간되었다. 주로 민중 교육의 제창, 실험, 확산과 그 방법 등의 문제를 연구하였다. '전람회(展覽會)', '식자운동(識字運動)', '학술강연' 등의 특집호를 출판하였다. 후에 항일구국과 민중 항전을 일으킬 것을 선전하였다. (이은자)

참고문헌

王檜林 · 朱漢國 主編, 『中國報刊辭典(1815~1949)』, 太原(山西): 書海出版社, 1992; 葉再生, 『中國近代現代出版通史』, 北京: 華文出版社, 2002.

▌교육과 직업(教育與職業)

1917년 베이징에서 창간된 중화직업교육사의 기관지

1917년 5월 조직된 중화직업교육사의 기관지이다. 잡지는 1917년 11월 창간되었다. 원래는 격월간이었으나, 17호부터 월간으로 바꾸었다. 1월과 7월을 제외하고 매년 10호씩(71호 이후는 6월 12월 정간함) 출간하였다. 1940년 192호부터는 충칭(重慶)에서 간행하였고, 46년 201호부터 다시 상하이(上海)에서 간행하였다.

1949년 12월 정간되기까지 총 208호를 출판하였다.

잡지의 주요 내용은 중화직업교육사의 종지에 따라 직업교육 이론, 각 성의 직업교육 실시 상황, 각국의 직업교육제도 및 실시 상황, 직업교육에 대한 참고자료, 직업지식과 수양, 실업계의 조사보고, 국내외 직업교육 소식, 중화직업교육사, 중화직업학교와 관련된 보도 등이었다.

특정한 체제는 없으나 주제에 따른 특집호를 발행하였으니, "직업지도"(2권 3호), "학생자치호"(2권 4호) 등이었다. 직업교육의 내실화를 위한 방안을 강구하거나 직업교육의 목표로서 자치 능력을 갖춘 시민의 육성 방안을 중시하였음을 알 수 있다. 또 직업교육의 실천 경험과 성과를 확산하기 위해 중화직업학교 및 각급 직업학교의 개황을 집중적으로 보도하기도 하였다(2권 8호와 3권 12호).

주요 찬고인은 중화직업교육사의 핵심인물인 황옌페이(黃炎培), 장멍린(蔣夢麟), 타오싱즈(陶行知) 등이었다.

정기간 교육운동이자 사회운동으로서 진행된 "직업교육"운동사뿐만 아니라 중국현대교육사, 교육사상사를 해명할 수 있는 많은 자료를 담고 있다.

황옌페이와 직업교육

중국에서 직업교육을 논할 때 주도 인물인 황옌페이(黃炎培, 1878~1965)를 빼놓을 수 없다. 1878년, 상하이 근교(上海 川沙縣, 현 푸둥) 출생인 황은 근대 중국의 교육가이자, 중국민주정단동맹을 주도한 민주 인사로서 저명하다.

그러나 그의 일관된 업적은 역시 '직업교육'이라는 사회운동을 주창 확대하고 이를 정치 세력화한 점에 있다고 할 수 있다. 『교육과 직업』은 이러한 그가 주도한 직업교육의 사상과 운동을 압축적으로 표현한 매체라 할 수 있다.

황옌페이는 1901년 남양공학(南洋公学, 현 상하이 교통대학)을 졸업하고, 1902년 강남 향시에 합격한 뒤 고향에서 소학당, 개군(開群)여학을 창립하면서 교육운동을 시작하였다. 당시 유행하였던 교육구국론을 실천에 옮긴 것이었다.

그러나 황옌페이가 전개한 본격적인 교육운동은 강력한 문화권력인 장쑤성(江蘇省)교육회의 상임간사 및 장쑤자의국 상임의원으로 활동하면서부터였다. 특히 남양공학의 교사였던 차이위안페이(蔡元培), 그리고 강남 '신사'층의 대부라 할 수 있는 장젠(張謇)의 후원을 얻으면서 두각을 나타내기 시작하였다. 황옌페이는 장젠의 실업구국론, 교육구국론을 신봉하고 이를 실행에 옮기면서 그 대변자로 활동하였다. 직업교육론 역시 이러한 실업교육론과 일정한 관계가 있다.

물론 그의 직업교육론은 시대적 산물이기도 하였다. 중화민국 초기 장쑤성교육사(教育司) 사장(司長)직을 수행하던 황옌페이는 공화정이 실패로 귀결되자 그 원인이 공화정의 기초인 시민계급의 결핍 때문이고 특히 그 근본 원인인 정규교육 자체가 사회와 유리되어 있기 때문이라고 판단하였다. 새로운 교육운동의 필요성을 절감한 것이다.

이에 따라 황옌페이는 장젠과 장쑤성교육회의 후원하에 미국실업시찰단 등을 조직하여 1915년부터 17년까지 일본, 미국, 필리핀 등의 직업교육 상황을 고찰하고, 귀국하였다. '직업교육론'은 그 결과로서 제출한 대안이었다.

그것은 우선 정치 경제적으로 발전한 선진국인 미국의 교육이 철저한 직업 중심 교육에 기초하고 있고, 중국과 문화적으로 가까운 일본의 성장이나, 10년 안쪽의 빠른 시간에 식민국가의 면모를 일신하여 부유한 국가가 된 필리핀 역시 직업교육의 결과라는 것이 그의 판단이었다.

이에 따라 황옌페이는 1917년 5월 5일 그와 관계가 깊던 장쑤성교육회 등 교육계, 실업계 인사 등과 연락하여 상하이에서 직업교육사를 조직하였다. 직업교육의 연구, 제창, 보급을 목표로 한 것이었다. 구체적으로 창립 취지를 보면 "현재 중국의 가장 심각한 문제는 생계이며 이는 교육과 직업의 소통을 통해서만 해결할 수 있다. 이것이 교육구국의 근본이다"라고 표현하고 있다.

당시 차이위안페이, 장보천(張伯笒), 저우이춘(周貽春), 궈빙원(郭秉文), 장멍린(蔣夢麟), 량치차오(梁啓超), 장젠, 그리고 무오우추(穆藕初), 네윈타이(聶雲台), 스량차이(史良才) 등 교육계 실업계 명류, 그리고 전국의 각 대학 중학의 교장, 교육 행정가를 망라한 600여 명을 회원으로 학보한 큰 조직이었다. 황옌페이는 이 회의에서 이사장으로 추대되었고, 장멍린이 총서기를 맡았다.

물론 청조 말기 중화민국 초기 실업교육론 등 직업교육론이 없었던 것은 아니었지만, 이를 계기로 직업교육이 본격화되기 시작하였다. 그것은 중국의 사회적 수요와 기왕의 교육에 대한 반성을 바탕으로 황옌페이의 직업교육론을 지지하는 광범위한 여론이 존재하였기 때문이었다.

무엇보다도 1차 세계대전을 계기로 중국의 민족자본의 성장에 따라 중급기술 인원, 고급기술 인원 관리인원에 대한 수요의 증대를 꼽을 수 있다. 특히 급속한 산업자본의 발달에 따라 일정한 문화수준과 현대 과학기술 지식을 갖춘 공인과 점원이 시급히 필요하였던 것이다. 이는 직업교육론이 당시 상하이 대자본가들의 지지를 받을 수 있었던 요인이자 직업교육론의 성격을 규정하였다.

또 사회 전반적인 생산체제가 공장제로 전환하는 데 따라 전통적인 도제 교육체제로서 충족시킬 수 없는 사회적 수요를 직업교육을 통해 해결하겠다는 발상도 있었다(「장멍린 선생이 강연한 직업교육의 원리」, 2호).

특히 당시 교육계에는 사회적으로는 광대한 소자산계급이 파산하고 실업률이 증대하면서, 중등교육을 통해 이를 감소시켜야 한다는 것이 사회일반의 여론이었다. 이를 위해서는 전통적인 주지주의 교육이 아니라 적응력이 뛰어난 사고력 중심, 기능 중심의 교육을 통해, 아동으로 하여금 미래의 직업을 보다 충실하게 예비하고 또 학교와 직업의 직접적인 연결성을 강화하여야 한다는 것이 직업교육의 요체였다(장멍린, 「교육계가 주의해야 할 직업계의 인재 문제」, 2호).

이러한 상황에서 황옌페이는 직업교육의 종지를 세 가지로 정리하였다. ① 개인적인 생계문제를 해결하는 것, ② 나아가 사회적으로 복무할 수 있는 시민의 육성과 그에 기초한 국가 세계의 생산력 증대가 그것이다(황옌페이, 「직업교육을 말하다」, 3호).

단순한 생계, 생활문제 해결을 위한 기능교육에 그치는 것이 아니라 자본주의적 시민의 육성을 표방한 것이다. 물론 그것은 건전한 노동력을 공급하여 중국의 자본주의 발전에 공헌한다는 것으로 기왕의 엘리트 중심의 교육관과는 달리 평민주의를 표방한 점이 있었다.

이를 위해 직업교육사는 다음과 같은 활동을 전개하였다. ① 직업교육 상황조사: 현행 교육 상황, 직업계의 상황, 사회의 백업의 수요인원, 학교졸업생의 상황 및 각지 직업교육의 상황 조사, ② 연구부를 설치하여 직업교육과 관련한 각종 문제의 연구, ③『사무총간』, 『교육과 직업』 및 관련 서적의 출판, ④ 강연과 영화 등을 통한 직업교육 선전, ⑤ 신보를 통한 직업교육 경험 성과의 확산, ⑥ 직업소개소 설치, ⑦ 직업교육의 실험을 위한 직업학교 설립 등이었다. 물론 이 같은 운동의 중심매체가 『교육과 직업』이었다.

특히 황옌페이는 1918년 "경업락군(敬業樂群)"을 교훈으로 하고 "노공신성(勞工神聖)", "쌍수만능(雙手萬能)"을 표방한 상하이 중화직업학교를 창립하였다. 이는 직업교육의 이론과 실행을 위한 실험적 학교로서 관심을 끌었다. 또 1922년 학제에서 중등 과정에 직업교육과정을 설치한 것도 이들의 활동 덕택이었다.

1926년에는 이른바 "대직업교육주의" 교육을 주장하였다. 단순한 직업교육만으로는 당시 중국의 사회문제를 근본적으로 해결할 수 없다는 인식 아래 사회운동으로 전환을 추구한 것이다. 『생활주간』을 창간하고 혁명을 선전하기 시작한 것도 이즈음의 일이었다.

그러나 1927년 장제스(蔣介石)는 상하이 진공 시 '학벌(學閥)'이라는 죄목으로 체포령이 발표되자 이를 피해 조선과 일본을 여행하고 돌아왔다. 그 결과 쓴 책이 유명한 『조선(朝鮮)』과 『황해환유기(黃海還游記)』이다.

이 두 책은 중국 지식계의 동아시아 인식 형성에 큰 영향을 미친 것으로 특히 일제의 식민사관을 그대로 반영하고, 일제 지배하의 조선총독부의 정책을 놀라울 만큼 긍정적으로 평가하고 있다는 점에서 주목된다.

현재 중국 지식인들의 조선의 역사 전통에 대한 인식은 황의 이 두 저서에서 크게 벗어나지 않는다.

문제는 왜 황옌페이가 조선의 역사를 이렇게 인식하였을까 하는 점이다. 그것은 우선 그의 저서는 모두 일제가 제공한 자료에 의존하여 저술되었다는 점을 꼽을 수 있다. 황옌페이는 조선에 대한 자료를 대부분 다롄(大連)의 남만철도주식회사와 조선총독부, 그리고 규장각에서 구하였으며 여행기간 내내 일본인과 접촉하였다. 그 결과 일제의 식민사관과 총독부의 관변 인식에서 벗어날 수 없었다.

그러나 보다 근본적으로 그의 인식 자체가 근대화론에 입각해 있다는 점일 것이다. 특히 이점이 각종 통계로 치장된 일제의 관변자료를 무비판적으로 수용하게 하였을 것이다. 이는 그의 직업교육론 자체가 미국·일본의 발전상을 추수하는 과정에서 형성되었다는 점에서 추찰이 가능한 문제이기도 하다. 특히 직업교육론에서는 물론 자치적 시민을 강조하면서도 듀이의 실용주의나 기타 길드사회주의에서 주창하는 권력에 대한 비판자로서 시민상이 아닌 멸사봉공 등 자본주의에 적응할 수 있는 충실한 신민상을 강조하고 있는 데서 잘 알 수 있다. 일본에서 습득한 근대화주의의 아류라 할 수 있다. 물론 황의 이러한 노선은 시민사회를 전망할 수 없는 낙후한 농업사회였던 중국의 현실을 반영한 것이지만, 또한 이 점 때문에 그의 입장은 자본주의에 대한 비판이 미흡하다는 점에서 당시에도 많은 비판이 있었다

그러나 황옌페이는 일생 정치 참여를 거절하고 직업교육의 선전과 실천으로 일관하였고, 특히 국민당의 당화교육에 대해서 비판적이었다는 점. 그리고 이후 비판적 지식인이 중심이 된 제3세력운동에 적극 참여하였던 점에서 주목할 필요가 있다. 그러나 심각한 철학을 지닌 교육사상가라기보다는 실천가적 유형에 가까웠다는 점을 인식할 필요가 있다.

즉 황옌페이는 9·18사변 이후 항일운동에 참여하였고, 1938년 국민참정회회에 참여하였다. 1941년 직업교육사 대표 자격으로 중국민주정단동맹에 참여하여 중앙집행위원회 초대 주석을 지냈다. 1946년 1월 중국민주동맹 9명의 대표 자격으로 정치협상회의에 참여하여 화평통일을 주장하였다.

중화인민공화국 성립 후, 중앙인민정부위원, 정무원 부총리 겸 경공업부장, 전국인대부위원장, 제일계 전국정협상위, 정협부주석, 중국민주건국회중앙위원회주석 등 직을 역임하였다. 인민공화국에서 민주인사로서 영화를 누렸다고 할 수 있다. (오병수)

참고문헌

北京師範大學圖書館報刊部 篇, 『北京師範大學圖書館館藏中文珍稀期刊題錄』, 北京圖書館出版社, 2002; 周慈秀·涂明 著, 『中國近現代文化期刊史』, 山西教育出版社, 1999; 阿部洋, 『中國の近代教育と日本』, 福村出版社, 1990; 朱有瓛, 『中國近代學制史硏究』 2(上), 華東師範大學出版社, 1987.

교육금어잡지(敎育今語雜誌, The educational magazine)

1910년 일본 도쿄에서 창간된 중국어 학술지

1910년 3월 도쿄(東京)에서 창간되었다. 장타이옌(章太炎), 타오청장(陶成章) 등이 광복회 기관지로서 창간한 학술지이다. 발행주체는 교육금어잡지사이다. 백화체를 사용하였으며, 판형은 22㎝였다. 사설, 경학(群經學), 제자학(諸子學), 중국 문자학, 중국 역사학, 중국 지리학 등의 난을 두었다. 월간으로 총 5권 6호를 간행하고 1910년 6월 종간되었다. 중국국가도서관에 소장되어 있다.

내용은 사설과 제자학, 중국 역사학, 중국 지리학, 부록 등의 항목으로 구성되어 있다. 창간 취지는 "국체를 보존하고, 학술을 진행하며, 평민들의 교육보급을 제창하는 것"이었다. 특히 국학(國學)의 대중화를 추구하였다. 글을 통해 종족 혁명 사상을 고취하려는 데 있었다. 따라서 대중들이 쉽게 이해할 수 있는 백화체를 사용하였고, 청에 의해 가려진 구물의 복원과 고전문헌, 역사 정리를 추구하였다.

이러한 취지에 따라 편집방침은 다음과 같았다. ① 사설의 경우 "취지(宗旨)로써 입론한다". ② 중국 문자학의 경우 "우리나라의 문자는 가장 먼저 만들어졌다.

조직이 가장 우수하고, 효용 역시 가장 완비하다. 확실히 으뜸이라 할 만하며, 다른 나라와 비교하여도 손색이 없다". "무릇 제자학(制字學)의 원류는 육서의 원리(六書正則)에 따라 글자의 형태, 소리, 뜻을 최선을 다하여 해석을 함으로써 배우는 사람들이 입문하여, 순서에 따라 점차 나아가면, 어려움 없이 온 나라의 사람들이 식자(識字)의 효용을 얻게 한다". ③ 군경학(群經學)의 경우 "경의 원류는 파벌과 전수체계에 있다. 하나하나 상세히 언급하여 읽기의 기초가 되게 한다". ④ 제자학(諸子學)의 경우 "그 원류는 만남과 헤어짐, 그리고 각 가정의 가훈이 소재하는 곳이다. 그 이유를 모두 밝혀 중국인으로 하여금 이를 따르도록 하겠다". ⑤ 중국 역사학의 경우 "법령과 제도, 예의풍속 및 사회변천의 궤적, 학술성쇠의 까닭을 최선을 다해 기록한 것이 사(史)이다". "사법(史法, 역사의 법칙), 사례(史例, 역사의 실례)를 상세히 설명하고, 통속사를 펴내며, 학술의 진퇴와 종족의 분합, 정치연혁 등을 하나하나 명백히 언급하겠다". ⑥ 중국 지리학의 경우 "중국의 형세를 설명하자면, 무릇 동서남북 중 오방이 모두 다르며, 서로 다른 성질을 가지고 있다. 언어, 풍속, 습관이 서로 다른 것은 모두 그런 이유에서다". ⑦ 중국교육학의 경우 중국 고대의 교육제도에 대해 "상세하게 수집하고, 토론하고, 설명한 것을 글로 써서 뜻있는 교육자가 가르치는 방법이 되도록 하겠다"고 하였다. ⑧ 부록의 경우 분산학(分算學), 영문, 답문, 기사 등의 네 부분으로 되어 있다.

국수(國粹) · 국학(國學) · 국고(國故), 교육금어(教育今語)

국수라는 용어는 청 말기 일본에서 수입된 용어로, 국민지학, 즉 제왕지학의 대칭적 의미로서 국학과 같은 의미로 사용되었다. 그 범주는 근대적 국민 형성에 필요한 언어, 문자, 역사에 대한 학술적 정리를 통해 민족의식을 고취하려는 것이 주요 목표였다. 이는 1904년 『국수학보』의 창간을 계기로 활발하게 유행하였는데 장타이옌은 그 중심인물 중의 하나였다.

1906년 『소보(蘇報)』 사건으로 오랜 투옥생활을 마친 장빙린(章炳麟)은 석방과 동시에 도쿄로 건너갔다. 쑨중산 등 혁명파와 유학생들의 절대적인 환영을 받고 동맹회에 가입하여 『민보(民報)』의 주편을 맡았다. 유학생들의 환영회에서 장빙린은 당시 가장 시급한 일로 "종교로써 신심(信心)을 일으켜 국민의 도덕을 증진하는 일"과 국수로써 민족성(種性)을 발동하여 애국심을 고양하여야 한다고 주장하여 국수학의 제창을 주장하였다.

이에 따라 장빙린은 한편으로 『민보』를 통해 입헌파와 경쟁하는 외에 국학강습회를 열어 「제자학을 논함」 등 활발한 강연활동을 전개하였다. 후에 중국 특유의 역사언어학을 정립한 황칸(黃侃, 자강[季剛]), 선젠스(沈兼士), 루쉰(鲁迅), 저우쭤런(周作人) 등이 모두 이 시기 학생이었다.

장빙린은 이를 기초로 '국학진기사(國學振起社)'를 조직하였다. "국학(國學)을 떨치고 국광(國光)을 발양한다"는 것이 창립 취지였다. 특히 제자학, 문사학(文史學), 제도학, 내전학, 송의 명리학, 중국 역사를 주요 뼈대로 하는 '국학(國學)'의 정립을 시도하였다.

장빙린은 말년에 이르기까지 활발하게 국학운동을 전개하였지만, 특히 1910년 『국고논형(國故論衡)』을 발표하여 국학을 역사학적 성격이 다분한 국고학으로 전환을 시도하였다 동시에 그의 제자였던 첸쉬안퉁(錢玄同)과 함께 보다 대중적인 『교육금어잡지』를 간행함으로써 대중화를 추구한다. "보존국고(保存國故)"를 취지로 내걸었으니, 만청 국수(국학)를 국고학으로 전변을 본 것을 의미한다.

한편 첸쉬안퉁은 1907년 일본 유학 후 장타이옌을 방문하고 동맹회(同盟会)에 가입하였다. 첸쉬안퉁은 장타이옌의 국학 관련 강의를 들으면서 국학을 연구하기 시작하였는데 특히 언어문자를 전공하였다. 1910년 『교육금어』 잡지의 편집을 주도하면서 본격적으로 글을 발표하기 시작하였다. 특히 첸쉬안퉁은 "무릇 문자, 언어, 관상(冠裳), 의복(衣服)은 모두 일국의 표상이다. …… 우리나라는 자고로 대개 갖추어져있으니 봉행할 뿐이다"라고 하여 '존고론'을 제기하였다. 특히 이를 백화문으로 표현하였는데, 잡지에 나오는 「장타이옌의 백화문(章太炎的白话文)」은 모두 첸쉬안퉁이 쓴 경우가 많았다. 첸쉬안퉁은 귀국 후 다시 저장에서 『통속백화보』를 주편하다가 5·4시기 백화문운동의 선봉을 자처하였다. 이런 점에서 보면 『교육금어잡지』는 청말 중화민국 초기의 국학 연구는 물론 백화문운동의 선구라는 점에서 주목할 필요가 있다.

• 장빙린(章炳麟, 1869~1936)

자(字)는 매숙(枚叔)이며 호는 타이옌(太炎)이다. 저장성(浙江省) 출신으로 중국 근대 민주 혁명가이자 사상가이며 국학태사(國學太師)라 일컬어진다.

1896년에 캉유웨이(康有爲) 등이 진행한 '공차상서(公車上書)'에 호응해 강학회(强學會)에 가입하고 1897년부터는 『시무보(時務報)』의 원고 집필을 통해 변법(變法)운동에 참여하였다.

1898년부터는 쑹수(宋恕), 천훙(陳虹) 등과 함께 항저우(杭州)에서 흥절회(興浙會)를 발족하고 『경세보(經世報)』를 창간했으며, 상하이(上海) 『실학보(實學報)』의 주필을 겸임하면서 변법운동을 계속했다.

1903년 쩌우룽(鄒容), 천톈화(陳天華) 등과 함께 『소보』 집필에 참여하던 중, 소보(蘇報) 사건으로 3년간 투옥되었다. 출옥 후 일본에서 광복회(光復會)에 참여하였고, 난징(南京) 임시 국민정부에 참여하다가 다시 위안스카이(袁世凱) 반대운동에 참여하였다.

『민보』 발간이 일본 정부에 의해 금지된 후에는 강학과 저술에만 전념하여 『소학문답(小學問答)』, 『신방언(新方言)』, 『문시(文始)』, 『국고논형(國故論衡)』, 『제물론석(齊物論釋)』 등의 저술을 완성하였다. 또한 한자의 음질을 연구하여 음성(陰聲)과 양성(陽聲)의 분야를 고운(古韻) 23부, 고성(古聲) 21부로 확정하여 한어 연구에 공헌하였다. (오병수, 김성남)

참고문헌

錢玄同 著, 『刊行'敎育今語雜紙'之緣起』, 『錢玄同文集』 第2卷, 中國人民大學出版社, 1999; 楊天石 著, 『振興中國文化的曲折尋求: 論辛亥前後至"五四"時期的錢玄同』, 周蕙秀·塗明 著, 『中國近現代文化期刊史』, 山西教育出版社, 1999; 葉再生 著, 『中國近代現代出版通史』, 華文出版社, 2002.

▌교육부편역처월간(教育部編譯處月刊)

1913년 중국 북양정부 교육부가 간행한 월간 잡지

중화민국 초기 정부가 간행한 일종의 관변 잡지다. 내무부편역처월간(內務部編譯處月刊)과 함께 민초 정부의 정치적 입장을 밝혀 줄 수 있는 잡지이다. 정간시기는 알 수 없지만, 베이징도서관 등에 보관되어 있다.

관변잡지이기는 하지만 직접적인 사회 계몽을 목표로 하고 있다는 점에서, 일반 법령 등 정부의 일방적 정보 제공을 목표로 하는 공보(公報)와 다른 특징을 갖고 있다. 또한 민초 공화정에 맞추어 새롭게 교육체제를 구축하고자 하는 교육부의 입장을 정리하여 소개하는 것으로 교육 입법의 정신, 새로운 학술의 소개, 타산지석의 교훈을 획득, 행정적인 자료(문독)의 집적을 목적으로 하였다.

이에 따라 잡지는 법령(法令), 학설(學說), 외론(外論), 역문(譯文), 문독(文牘), 본부기사(本部記事), 그리고 부록란을 두었다. 물론 그 중심은 법령란으로 국가의 교육종지(教育宗旨), 학교계통(學校系統), 각급학교령(各級學校令), 각급 학교 관리규정(各級學校 管理規程), 사범학교(師範學校) 등 교육과정(教育課程), 각종 전문학교규정(各種 專門學校規程), 교육부도서실규칙(教育部圖書室規則), 번인역서조례(飜印譯書條例) 등 교육부가 반포한 각종 법규, 규칙 조례 등을 다양하게 싣고 있다.

학설은 서양의 새로운 교육학설을 소개하는 것이었지만, 일본에서 들어온 것이 많았다. 역문(譯文)은 외국의 학제를 소개 분석하였다. 특히 프랑스보다는 독일, 스위스 학제를 많이 소개하였다. 파리의 대학상황, 프랑스 교육고등평의회법, 독일 대학의 학과 및 연구, 프로이센의 교육 등이 그것이다.

관변잡지로서 교육부가 간행한 법령을 소개하는 데 중점이 있지만, 당시 교육 사정을 알 수 있는 자료도 많이 싣고 있다. 특히 경사학무국(京師學務局)이 조사한 「경사현유중소학생인수(京師現有中小學生人數)」,

「본국독일유학생표(本局德國留學生表)」, 「본국일본유학생표(本國日本留學生表)」, 「각성교육사장과장성명표(各省教育司長科長姓名表)」, 「유학구주관비학생표(留學歐洲官費學生表)」 등이 그것이다. (오병수)

참고문헌

北京師範大學圖書館報刊部 篇, 『北京師範大學圖書館館藏中文珍稀期刊題錄』, 北京圖書館出版社, 2002; 阿部洋, 『中國の近代敎育と日本』, 福村出版社, 1990.

교육세계(教育世界)

1901년 중국 상하이에서 창간된 중국 최초의 교육 관련 전문 잡지

중국 최초의 교육 전문 잡지이다. 1901년 5월 상하이(上海)에서 반월간지로서 창간되었다. 1908년 정간되기까지 총 166호가 간행되었다. 발기인은 뤄전위(羅振玉, 1868~1940)이고 그의 제자인 왕궈웨이(王國維)가 편집을 맡았다.

『교육세계』의 창간 배경은 이른바 교육구국론에 기초한 것으로 근대교육의 발전에 필요한 정보를 계통적으로 전국의 교육 관계자에게 보급하는 데 목적을 두었다.

창간 당시에는 개명파 관료인 장즈둥(張之洞)과 류쿤이(劉坤一)의 재정적인 지원과 당시 중국에 와 있던 일본 교육가인 후지타 도요하치(藤田豊八), 주 다케오시(什武雄)(『교육시론[敎育時論]』의 주필) 등의 도움을 받았다. 특히 이들은 『교육세계』 편집에 적지 않은 영향을 미쳤다.

처음에는 문편(文篇), 역편(譯篇)으로 잡지를 구성하였으나, 제69호부터 내용을 대폭 확충하여 20여 개 이상의 난으로 세분하였다. 내용은 일본을 통해 수용한 서구 각국의 교육제도와 이론, 철학사상을 소개하는 데 주력하였다. 특히 과거제 폐지, 신식 학교제도의 보급, 유학생 파견 등을 골자로 한 신정(新政) 시기의 교육 정책과 방향을 적극적으로 반영하였다.

각호마다 내외의 지식인들의 교육에 관한 논설과 교육법령, 정책에 대한 소개 및 해설, 각종 학교의 규칙과 교과서류에 대한 소개를 게재하였다. 특징적인 것은 신정 시기 교육 근대화가 모델로 삼았던 일본의 근대 교육제도에 대한 소개가 많다는 점이다. 일본의 각종 법령, 예컨대 「문부성관제(文部省官制)」, 「소학교령(小學校令)」, 「사범학교령」 등 일본의 법규, 조례 등 97편을 게재한 외에 일본의 교육학, 교육사, 각 교과와 관련된 도서를 풍부하게 실었다. 미시마 미치요시(三島通良)의 『위생교육학(衛生敎育學)』, 하라 료부로(原亮三郎)의 『내외교육소사(內外敎育小史)』, 다나카 도시카즈(田中敬一)의 『학교관리법(學校管理法)』, 유모토 다케히코(湯本武比古)의 『교수학(敎授學)』 등이 그러한 예이다.

1904년부터는 소크라테스, 플라톤 이래 서구의 교육사상과 헤르바르트의 5단계 교수법 등 교육이론을 많이 소개하고 있으나 이 역시 일본에서 소개된 것을 번역한 것이 대부분이었다. 중국의 근대 교육사뿐만 아니라 동아시아 근대 교육 및 지성사를 밝히는 중요한 자료라 할 수 있다.

『교육세계』에서 또 하나 주목할 만한 부분은 편집자인 왕궈웨이와의 관계이다. 왕궈웨이는 중국 현대학술의 기초를 닦은 인물 중의 한 사람으로 평가받고 있는 인물이다. 특히 그는 전통 학술에 대한 비판과 근대 학술에 대한 독특한 이해 체계를 제시함으로써 후세에 적지 않은 영향을 미쳤다. 그런데 그의 이러한 학술에 대한 기본적 사유는 이미 『교육잡지』의 편집 과정에서 형성된 것이었다.

당시 왕궈웨이는 먼저 동문학사(東文學社)에서 공부하며 일어를 익혔고, 1902년 두 달 정도 일본을 다녀온 뒤 『교육세계』를 편집하였다. 본래 서구 학문에 대한 관심이 높았으나, 경제적인 문제로 서구 유학의 좌절에 따른 차선책이었다. 따라서 그에게 『교육세계』의 편집은 곧 그가 소망해 오던 동서 사상 학술을 섭렵하는 과정이었다. 이 점은 왕궈웨이가 『교육세계』에 발표한 글을 통해 어느 정도 확인할 수 있다. 왕궈웨이가 『교육세계』를 통해 「교육학(敎育學)」, 「산술조목과 교수법(算術條目及敎授法)」, 「교육학교과서(敎育學

敎科書)」, 「철학개론(哲學概論)」, 「심리학(心理學)」, 「윤리학(倫理學)」, 「철학소사전(哲學小辭典)」, 「서양윤리학사(西洋倫理學史)」 등을 번역 발표하였고, 그 외 서구의 저명한 철학가, 문학가의 글을 대량으로 번역 발표하였다. 특히 「논성(論性)」, 「석리(釋理)」, 「쇼펜하우어의 철학과 교육학(叔本華之哲學及敎育學)」, 「홍루몽평론(紅樓夢評論)」, 「쇼펜하우어와 니체(叔本華與尼采)」, 「국조한학파대원이가의 철학(國朝漢學派戴阮二家之哲學)」, 「쇼펜하우어의 유전설후(叔本華之遺傳說後)」 등은 철학사에서 기억해야 할 글로서 평가되고 있다(천퉁[陈同], 「왕궈웨이와 상하이[王国维与上海]」, 『사림[史林]』 2000년 1호).

「교육세계서례(敎育世界序例)」

뤄전위가 쓴 서문의 일부이다.

"흙이 쌓이면 언덕이 되고, 물이 쌓이면 하천이 되며, 인재들이 모이면 세계가 된다. 세계는 인재로 구성되는데 교육은 인재를 배출하는 길이다. 인재가 없으면 세계를 형성할 수 없으며, 교육이 없으면 인재를 얻을 수 없다. 지금 세계의 정당한 도리는 우승졸패(優勝拙敗)라는 네 글자에 있다. 지금 중국은 각 열강의 분할 야욕에 처해있는데 이를 극복하고 자립하려면 어찌 교육이 시급하지 않다고 할 수 있을 것인가." (김성남, 오병수)

참고문헌

北京師範大學圖書館報刊部 篇, 『北京師範大學圖書館館藏中文珍稀期刊題錄』, 北京圖書館出版社, 2002; 周葱秀·涂明 著, 『中國近現代文化期刊史』, 山西敎育出版社, 1999; 阿部洋, 『中國の近代敎育と日本』, 福村出版社, 1990; 朱有瓛, 『中國近代學制史硏究』 2(上), 華東師範大學出版社, 1987.

▌교육연구(敎育硏究)

1926년 일본 도쿄에서 한국어로 발행된 재일본조선교육연구회의 회지

편집 겸 인쇄인은 최진순(崔瑨淳), 발행인은 김명엽(金明燁)이다. 발행소는 재일본조선교육연구회이며, 인쇄소는 도세이샤(同聲社)인쇄소(도쿄), 총발매소는 한성도서주식회사이다. 이후 1928년 3월 1일 4호에서는 편집 겸 인쇄인은 김준성(金俊星), 발행인은 신현길(申鉉吉)로 바뀐다. 창간호는 확인되지 않으나, 2호의 「편집여언(編輯餘言)」에 따르면 1926년 1월이었을 것으로 추정된다. 통권 4호로 종간되었다.

기사 대부분은 교육문제에 대한 연구논문으로 채워져 있다. 2호의 목차를 살펴보면 「자치와 훈련」, 「수학교수원리에 대한 고찰」, 「지리교육에 대하야, 이과교수에 대하야」, 「영어교수에 대하야」, 「로-소-의 교육사상」, 「에미-ㄹ에 표현된 성교육」, 「페스타로-치의 생애와 그 학설의 일단」, 「교육자의 수양, 기로에 슨 조선교육」, 「인격교육에 대한 편찰」, 「복동의 탄식」 등이 있다. 마지막 「복동의 탄식」만 현희운이 쓰고 다른 기사는 모두 통상회원이 썼다. 이후 조금씩 예술론이나 시 등도 등장하지만 주조는 역시 교육 관계의 논설이었다.

2호의 「편집여언」에 1호를 낸 지 반년 만에 2호를 냈다고 했으니 창간은 1926년 1월이었을 것으로 추정된다. 편집인과 발행 겸 인쇄인은 호와 권을 달리하며 계속 변경된다. 연구회는 1926년 6월 10일 청산회관에서 융희황제 봉도식을 거행하고자 했으나 3일 전 준비위원 전부가 검속되어 중지된 사건이 발생하기도 했다.

4호의 말미에 재일본 조선유학생 통계가 실려 있어서 재일 조선유학생 연구에 좋은 참고가 된다. 재일본 조선유학생 누년비교표에 따르면, 1912년 12월 535명, 1918년 12월 769명, 1920년 12월 1230명, 1921년 12월 2235명, 1922년 12월 3222명, 1926년 12월 3945명 등으로 약 15년 만에 재일 조선유학생의 수가 8배 가까이 증가했음을 알 수 있다.

또한 재학학교종별표(1926년 말 현재)에 따르면, 대학본과 214명, 대학예과 169명, 고등학교 153명, 전문부 1035명, 실업전문학교 142명, 사범학교 91명, 중학급 고등여학 424명, 실업학교 207명, 기타 각종학교 1510명 등 합계 3945명으로 밝혀져 있는데, 당시 전문부에 재학 중인 학생이 가장 많았고, 여학생의 비율도

약 1/10을 상회한다는 것을 알 수 있다.

학과별 통계를 보면, 법과 607명, 경제과 205명, 상과 447명, 문과 320명, 이과 61명, 공과 514명, 농림과 115명, 수산과 10명, 의약과 149명, 사범과 243명, 음악과 33명, 미술과 36명, 보통과 535명, 예비과 670명 등 합계 3945인데, 법학 및 상경계열의 인기가 높았음을 알 수 있다.

• 재일본조선교육연구회

재일본조선교육연구회는 규칙 2조에 '일반교육에 관한 사항을 연구하며 회원 간 상호친목을 도함을 목적함'이라 명기하였고, 통상회원은 '일본에 유학하는 조선인으로 장래 조선교육에 종사할 자'로 했으며, 1926년 2호의 회원 명부에 따르면 김윤경(金允經, 릿교대학, 사학), 함석헌(咸錫憲, 도쿄고등사범학교) 등의 이름이 확인된다. 이때의 임원으로는 총무부에 김희완(金熙完), 조헌영(趙憲泳), 김량하(金良瑕), 학예부에 최진순, 김명엽, 장용하(張龍河), 김창운(金昌雲), 최의순(崔義順) 등이 있었다. (이경돈)

참고문헌

김성학, 「일제시대 해외유학생 집단의 교육연구활동과 서구교육학 도입」, 『教育學硏究』 35권 5호, 1996; 『한국신문·잡지총목록』, 대한민국국회도서관, 1966.

교육월보(教育月報)

1908년 서울에서 발행된 학술교육 잡지

1908년 6월 25일 서울에서 창간되어 1910년 7월 종간되었다. 통권 7호까지 발간되었다. 발행인은 남궁억(南宮檍)이었다. 정가는 15전이었으며 분량은 A5판으로 65면이었다. 개화기 대표적인 교육계몽지로 애국계몽적 성격을 강하게 띤다. 더불어 순한글체로 만들어져 당시 한글의 구체적인 사용법을 살펴볼 수 있는 잡지이다.
국가지식포털사이트(http://www.knowledge.go.kr)에서 디지털 원문자료로 열람할 수 있다.

독립운동가이자 언론인, 교육자인 남궁억이 중심이 되어 만든 학술교육 잡지이다. 당시 대부분의 매체가 국한문혼용체를 사용한 것에 반해 순한글체 문장을 사용한 점이 특기할 만하다. 이러한 표기법에서도 알 수 있듯이 이 잡지는 애국계몽운동의 입장에서 역사, 지리, 수학, 물리 등 근대 학문을 대중적으로 보급하는 것을 목표로 삼았다. 창간호의 취지서에서 과거 한문 위주의 교육이 대다수 국민과는 괴리된 한계를 지녔다고 비판하면서, 순한문체를 통해 근대적인 신학문을 일반 국민에게 보급할 것을 주장하고 있다. 그리고 이 교육의 보급을 통해 자주독립을 확보할 것을 주장하고 있다.

이 잡지를 편집, 발간한 남궁억은 독립협회의 수석총무로 활동하다 투옥되었으며, 1905년 을사조약이 체결되자 독립운동에 투신한 인물로, 1933년 이른바 '무궁화 사건'의 주모자로 투옥되어 있던 중 1935년 병으로 석방되었으나 감옥에서 얻은 병으로 인해 1939년 사망하였다. 이 잡지는 개화기 애국계몽운동의 전형적인 담론과 실천 양상을 보여준다는 점에서 중요한 역사적 가치를 지닌다. (장성규)

참고문헌

서화숙, 「남궁억의 민족교육사상연구」, 인하대 석사학위논문, 1994; 진동근, 「한국 근대 민족주의 교육이념의 전개」, 고려대 석사학위논문, 1975; 최기영, 「구한말 『교육월보』에 관한 일고찰」, 『서지학보』 3호, 1990; 하지연, 「한말 한서 남궁억의 정치 언론 활동 연구」, 『이화사학연구』 31권, 2004.

▌교육잡지(教育雜誌)

1905년 중국 톈진에서 창간된 교육 잡지

1905년 1월 톈진(天津)에서 즈리학무처(直隸學務處)의 편집 발행으로 창간되었다. 관청에서 발행한 관변 교육전문 잡지이다. 1907년 3권을 발행하고 『즈리교육잡지(直隸教育雜誌)』로 개명하였으며, 1909년 5권을 발행하고 다시 『즈리교육관보(直隸教育官報)』로 제호를 바꾸었다. 매년 약 20회씩 발행하다가 1911년 9월 종간되었다. 베이징(北京) 칭화대학(淸華大學) 도서관에 소장되어 있다.

내용은 교육의 고지사항인 조령(詔令)과 장주(章奏), 논설, 문독(文牘), 보고, 학제(學制), 학술, 잡기, 소식란으로 구성되어 있다.

교육구국과 의무교육 실시를 주장하고, 당시 관변 학교들의 낙후와 부패를 비판하면서 교육제도와 교육이론 문제에 대한 논술을 게재하였다. 비록 톈진 지방정부에서 발행한 관변 잡지였지만 당시 교육계의 일반적인 문제들을 잘 반영하고 있다. (김성남)

참고문헌

王檜林·朱漢國 主編, 『中國報刊辭典』, 太原: 書海出版社, 1992; 周葱秀·涂明 著, 『中國近現代文化期刊史』, 山西教育出版社, 1999.

▌교육잡지(教育雜誌)

1909년 중국 상하이에서 창간된 교육 잡지

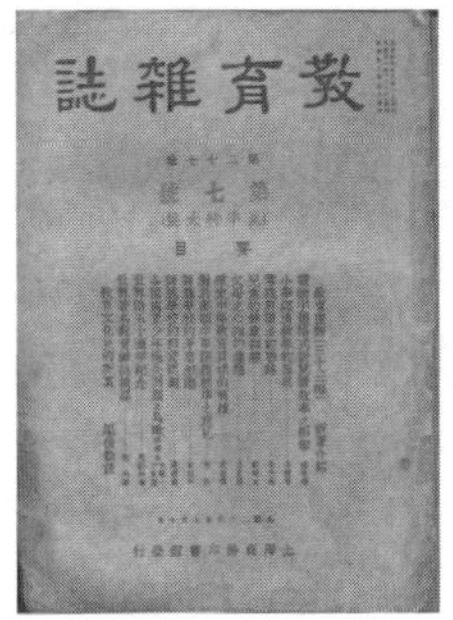

1909년 상하이(上海) 상무인서관(商務印書館)에서 월간으로 창간되었다. 창간 당시 편집장은 루페이쿠이(陸費逵)였으나, 1948년 종간될 때까지 편집장이 여러 차례 바뀌었다. 1914년 주위안산(朱元善)으로 바뀌었고, 1922년부터 차례로 리스링(李石嶺), 저우위퉁(周予同), 탕웨(唐鉞), 허빙숭(何炳松), 황줴민(黃覺民), 자오팅웨이(趙廷爲), 리지카이(李季開) 등이 편집장을 담임하였다. 발행인도 1915년 인유모(印有模)로 바뀌었고, 다시 가오펑츠(高風池)에서 1916년부터 상무인서관의 발행인이 되었으나 1926년부터 교육잡지사로 다시 바뀌었다. 그리고 1931년부터는 왕윈우(王雲五)가 발행인으로, 1936년부터는 황줴민으로 바뀌었다. 휴간과 복간도 여러 차례 있어 1931년 12월 20일까지 출간된 후 휴간되었다가 1934년 9월 10일 복간하였다.
1938년 중일전쟁으로 발행지를 창사(長沙)로 옮겼으나 휴간되었고, 1947년 7월 1일 다시 발행지를 상하이로 옮기고 주징눙(朱經農)이 발행을 맡아 복간되었다. 1948년부터 샤펑(夏鵬)으로 발행인도 바뀌었으나 곧 종간되었다. 1975년 타이완(臺灣) 상무인서관에서 33권 382호까지를 80책으로 복각하였다. 성균관대학교 존경각에서 열람할 수 있다.

창간 취지는 '교육을 연구하고 학습을 개량하는' 것이었다. 교육 이론의 연구 및 실천을 촉진하려는 데 있었다. 청말 중화민국시기를 일관하여 이른바 교육구국론에 입각하여 교육을 통한 국가의 개조를 목표로 내걸고, 교육근대화를 주도하였다. 초기에는 루페이쿠이, 리스천(李石岑), 그리고 저우위퉁 등이 주편하였으나 이후 시기에 따라 크게 변화하였다. 체제 역시 수시로 약간씩 변화하였다. 주장(主張), 사설(社說), 교수관리(教授管理), 교수자료(教授資料), 교육법령(教育法令), 장정문독(章程文牘), 기사(記事), 평론(評論), 문예(文藝), 잡찬(雜纂), 소개비평(紹介批評), 명인저술(名家著述) 등이 중심이었다.

『교육잡지』는 장기간 간행되었을 뿐 아니라 교육법령, 정책은 물론이고 교육을 둘러싼 정치사회적, 사상적 상황을 종합적이고 충실하게 잘 반영하였다는 점에서 중국 근대교육사의 기본 사료로서 주목받아 왔다. 그러나 전체적인 내용이 너무 방대하여서 아직 충분한 검토가 이루어졌다고 보기는 어렵다.

『교육잡지』는 일제 침략으로 인한 두 차례 정간과 피난을 계기로 잡지의 체제 및 성격이 크게 두 번 바뀌었다고 한다. 즉 제1권(1909)에서 23권(1931)까지, 제24권(1934)에서 31권(1941)까지, 그리고 제32권(1947)에서 33권(1948)까지로 구별된다. 각각 근대제도의 교육의 수용과 정착, 국민당 주도의 당치 교육, 전후 교육의 전망이라는 중국의 국가 건설 과정의 변화를 반영한 것이다.

제1시기는 청말 일본으로부터 근대 학제를 수입한 이래, 신해혁명 및 5·4운동을 거쳐 1932년 6·3·3·4학제가 정착되는 시기이다. 이 시기는 우선 전통교육과 다른 근대교육에 대한 지식과 경험, 교육행정 및 학교 교육 전반에 대한 지식을 소개하는 한편 그 실행방안을 논의한 시기이다. 또 신해혁명 이후 차이위안페이(蔡元培)가 제창한 민주공화교육, 황옌페이(黃炎培), 장웨이(張維) 등이 제창한 직업교육론 5·4 시기 '과학'과 '민주주의'로 대표되는 미국식 실용주의 교육사상, 옌양추(晏陽初), 타오싱즈(陶行知), 탕마오루(湯茂如) 등의 평민교육운동론 그리고 국민당에 의한 삼민주의 교육방안이 적극적으로 소개되었다.

제2시기는 1932년 1월 상하이사변으로 상무인서관이 소실된 뒤 정간되었다가 1934년 복간된 뒤, 41년 다시 정간되는 시기이다. 복간 당시 주편이었던 허빙숭은 ① 문맹의 퇴치, ② 농촌의 건설, ③ 생산교육의 제창, ④ 문화수준의 향성, ⑤ 국정에 합치하는 교육이론 및 방법의 창출, ⑥ 외국 교육문화의 이론과 실제의 소개 등 여섯 가지를 목표로 들고, 민족부흥의 촉진에 기여할 것을 선언하였다.

그 뒤 중일전쟁이 본격화되면서, 『교육잡지』는 출판지를 후난(湖南) 창사, 그리고 홍콩 등지로 옮겨 다니며 항일구국을 위한 교육을 주장하였다.

이 시기 주목해야 할 특집으로는 비상시의 교육방침에 대한 전문가의 의견을 청취하는 형식으로 제시한 「전국 전문가의 교육 구국에 대한 신념(全國專家對於教育救國的信念)」(25권 1호, 1935), 「전국전문가 학제 개조에 대한 태도(全國專家對於學制改造的態度)」(25권 1호) 「독서구국(讀書救國)」(25권 3호), 「비상시 교육(非常時教育)」(26권 5호, 1936), 「전국교육현황(全國教育現狀)」(26권 7·8호), 또는 「전시교육문제(戰時教育問題)」(27권 2·3호, 1937) 등이다. 『교육잡지』의 항일전쟁에 적극적인 자세는 다음의 전시교육 특집에서 그 일단을 짐작할 수 있다. 특히 1941년에 간행된 「항전 이후 고등교육특집호(抗戰以來之高等教育特輯號)」(31권 1호, 1941), 「항전 4주년기념호(抗戰四周年記念號)」(31권 7호) 등 특집호는 「항전 이후 쓰촨성 교육(抗戰以來四川省教育)」, 「항전 이후 광둥성 교육(抗戰以來廣東省教育)」, 「항전 이후 장시성 교육(抗戰以來江西省教育)」, 「항전 이후 시장성 교육(抗戰以來西康省教育)」 등 전국의 교육 상황을 점검하고 있는데, 항일전쟁으로 인해 급속도로 열악해진 중국의 교육 상황을 점검하고 극복 방향을 전망하기 위한 노력으로 이해할 수 있다.

『교육잡지』는 1941년을 끝으로 다시 정간되었다가 1947년 7월 복간되었다. 발행지는 다시 상하이로 옮겼다. 자오팅웨이 주편, 주징눙이 발행인이었다. 당시 극심한 국공 내전기간이었지만, 정치적 노선보다는 교육계의 안정적인 복원을 시급한 과제로 내세웠다(자오팅웨이, 「우리들의 심신과 원망[我們的信心和願望]」 32권 1, 2호). 이에 따라 당시 교육전문가들인 좡쩌쉬안(莊澤宣), 쉬충칭(許崇淸), 창다오즈(常道直), 두쭤저우(杜佐周), 둥웨이촨(董渭川), 천허친(陳鶴琴) 등을 중심으로 전후 교육개혁의 방향을 특집으로 꾸미고 있음이 주목된다. 전후 국가 건설의 기초를 교육에서 구해야 한다는 당연한 발상을 기초로 한 것으로 「전후 중국 교육은 어디로 가야 하는가?」 등 몇 편의 총론적인 언급 외에 「전후 중국의 대학교육의 실험」, 「전후 중국의 중학교육」, 「전후 중국의 사범교육」 등을 2회에 걸쳐 실었고, 이후 「기본교육특집호(基本教育特輯號)」, 「소학과정에 관한 토론」(32권4호), 「교육심리특집호(教育心理特輯號)」(33권 4호), 「중등교육특집(中等教育特輯)」(33권 8호), 「사회교육특집(社會教育特輯)」(33권 11호) 등을 간행하였다. 당시 교육 전문가들의 교육건설에 대한 구상을 알 수 있다. 1948년 이후 정간하였다.

이상에서 본 바와 같이 『교육잡지』는 중국의 국가 건설에 부응하여 근대 교육제도의 수용을 추구하면서 시종 외국의 교육이론과 방법, 교육현황을 소개하는 한편, 교육개혁에 대한 각종 담론을 주도하였다. 한일 강제병합 전 한국의 교육현황에 대해서도 소개한 바 있다. 중국의 교육사, 지식사 차원에서 자료적 가치가 매우 높다.

『교육잡지』 10년사에 즈음한 총결사

"실용주의와 부지런히 일하기, 활동주의, 단련주의, 공민교육, 직업교육, 체육문제 등을 제창하고, 전국의 교육가들과 공동으로 연구하려 한다. 어리석은 생각 천이 모이면 올바른 생각 하나는 얻을 수 있는 법이다. 최근의 교육계에서도 이러한 여러 문제들은 토론할 만한 가치가 있는 것이다. 언론으로부터 실천을 진행한다면 교육계의 진보가 아니라고 말할 수 없을 것이다. 위에 있는 자는 법규를 고집하여 교육행정을 속박해서는 안 되며, 아래에 있는 자는 우선 반드시 법규 중에서 실제는 구하고 형식을 구해서는 아니 된다. ……

본사는 제2권부터 덴마크의 보충학습교육, 영국의 여자 직업교육, 프랑스 교육의 실제, 미국 최근 교육의 경향, 독일의 강제 보충학습교육, 독일의 개혁교육의 추세 등의 편을 통해 교육가의 연구를 촉진하였다. 제7권에는 근로교육과 체육과 관계된 문자가 가장 많았다. 제8권은 활동교육, 예술교육, 공민교육과 관계된 문자가 가장 많았다. 제9권은 직업교육, 보습교육, 실과주의 교육과 관계된 문자가 가장 많았다.

본사가 생각하기에는 생활교육의 실시를 모색하고자 한다면 부득불 오늘의 교육방법을 개량하지 않으면 안 된다. 또 교육방법을 개량하고자 한다면 각국의 성공사례를 본받아야만 한다. 다만 각국의 성공사례는 참고가 될 수 있지만 그대로 베낄 수는 없는 것이며, 변통하는 것은 가능하지만 그것에 구속받을 수는 없는 것이다. 우리나라의 사회정황상 교육기초는 강국들과 같을 수 없다. 우선 안으로 조사를 하고, 연구를 중시하여야 한다. …… 본사는 한편으론 이러한 종류의 자료를 번역하여 옮기고, 다른 한편으론 본국을 조사한 자료들을 집성하였다." (오병수, 김성남)

참고문헌

北京師範大學圖書館報刊部 篇,『北京師範大學圖書館館藏中文珍稀期刊題錄』, 北京圖書館出版社, 2002; 周葱秀·涂明 著,『中國近現代文化期刊史』, 山西教育出版社, 1999; 阿部洋著,「近代教育史料としての『教育雜誌』」,『中國近代學校史研究』, 福村出版社, 1986; 周愚文 等,『教育雜誌索引』, 臺灣: 心理出版社, 2006.

교육조(教育潮)

1919년 4월 저장성교육회가 『교육주보』를 개조하여 간행한 교육전문지

저장성교육회(浙江省教育會)가 장기간 간행해 오던 『교육주보(教育週報)』를 신문화운동에 맞추어 개조한 것이다. 『교육주보』는 원래 1913년 4월 창간되어 1919년 3월까지 총 235호를 간행하였다. 신사상을 제창하고 낡은 제도를 비판함으로써 교육계의 환영을 받던 잡지였다. 『교육조』는 이러한 『교육주보』의 내용을 확충하여 월간지로 바꾸면서 제호를 바꾼 것이다. 선중주(沈仲九)가 주편이었고, 위치(余奇, 위성[吾生]), 허사오한(何紹韓, 징밍[竟明]), 후주퉁(胡祖同, 멍자[孟嘉]) 위안이(袁易), 친빙한(秦炳漢), 씨아주(夏鑄) 등이 편집에 참여하였다. 6호 출판 이후에는 정간되었다가 1920년 10월 7호를 내었다. 그러나 복간 후에는 다시 논조를 바꾸어 신사상보다는 '신구겸용(新舊兼用)'과 '국수(國粹)'를 제창하였다. 1921년 1권 10호를 내고 정간하였다. 중국국가도서관에서 열람할 수 있다.

주편 선중주는 1920년 5월 천두슈(陳獨秀)가 코민테른 대표였던 보이틴스키(Voitinsky)의 도움을 받아, 중공당 건설 예비 작업으로 개최한 『신청년(新青年)』사 주최의 "사회주의와 중국 개조 문제 좌담회"에 참여할 만큼 진보적인 지식인이었다. 사지는 항저우(杭州) 핑하이루(平海路) 저장성교육회 내에 두었다.

『교육주보』를 『교육조』로 개조한 것은 신문화운동에 맞추어 내용을 확충하기 위한 것이었다. 「발간사」

에서는 "이십세기 세계의 신조류는 사람의 조류라. 즉 사람 본위의 사상에 기초하고, 사람 본위의 세계 대세를 이루며, 일체의 사람을 본위로 하지 않는 낡은 사회현상을 제거하여 사람 본위의 사회현상으로 개조하는 것이 신조류라"라고 분석하고, 군국주의를 대신한 민주주의, 균세주의를 대신한 연치주의(聯治主義), 그리고 재물주의(財物主義)를 넘어선 인재주의를 시대조류로 인식하였다. 『교육조』는 이 같은 시대조류를 교육의 영역에서 실현시킬 수 있도록 "과학적 합리적으로 연구하고, 시대의 지배나 외국사조, 권력의 압박을 받지 않는 사상의 자유와 독립을 추구하며, …… 이 같은 종지에 따라 이설(異說)을 병존시켜 교육계의 연구에 보탬이 되고자 한다"고 밝히고 있다.

잡지의 체제는 언론(言論), 역총(譯叢), 기문(紀聞), 법령(法令), 조사(調査), 보고(報告), 잡찬(雜纂) 등의 난을 두었다. 편찬 범위는 ① 세계 신 교육학설의 소개, ② 중국 교육의 폐단에 대한 비평, ③ 교육건설에 대한 토론, ④ 국내외 교육 현상의 기재였다. 특히 새로운 교육사상을 소개하는 데 힘을 썼으며, "사회의 모든 사람들이 진정한 사람으로서 교육을 받는" 민주주의 교육을 강조하였다. (오병수)

참고문헌

北京師範大學圖書館報刊部 篇, 『北京師範大學圖書館館藏中文珍稀期刊題錄』, 北京圖書館出版社, 2002; 周葱秀 · 涂明 著, 『中國近現代文化期刊史』, 山西教育出版社, 1999.

▌교육진지(教育陣地)

1943년 중국 장자커우에서 발간된 교육 잡지

1941년 1월 중국 허베이성(河北省) 장자커우(張家口)의 신화서점(新華書店)에서 발간한 교육 잡지이다. 이 잡지는 1947년 6월까지 월간으로 발행되었으며 매권은 6호를 출판했다. 1945년 5권 4호를 출간한 후 휴간했다가 1945년 11월 5권 5호로 다시 복간하였다. 현재 베이징사범대학도서관, 상하이도서관 등에 소장되어 있다.

주요란으로는 인물소개(人物介紹), 가곡, 독자내왕(讀者來往), 위생상식, 잡문(雜文), 어떻게 교사를 단결시킬 것인가(如何團結教師) 경험점적(經驗點滴), 문교통신 등이 있었다.

이 잡지는 교육 간행물로 중일전쟁 시기 항일민주교육의 진지를 만들고자 하였으며, 주로 진찰기(晋察冀: 산시[山西], 차하얼[察哈爾], 허베이[河北]) 변경의 문화 소식과 초등교육과 중등교육을 포함한 교육문제에 대해 연구와 토론을 하였다. 선진적인 인물들의 업적과 활동을 선전하였고, 중국 각지에서 학교를 세운 경험 등을 소개하였다. (김지훈)

참고문헌

王檜林 · 朱漢國, 『中國報刊辭典(1815~1949)』, 書海出版社, 1992; 伍杰, 『中文期刊大詞典』, 北京大學出版社, 2000; 上海圖書館, 『上海圖書館館藏近現代中文期刊總目』, 上海科學技術文獻出版社, 2004.

▌교육총간(教育叢刊)

1919년 베이징 고등사범학교에서 간행한 학술지

1919년 12월 『베이징고사교육총간(北京高師教育叢刊)』으로서 창간되었다. 교내의 다른 간행물인 『주간(週刊)』의 '교육신조(教育新潮)'란을 독립시킨 것이었다. 발행주체는 베이징고등사범학교(高等師範學校) 교육총간편집처였고, 부정기간행물이었다. 2년 1호부터(1921년 3월부터) 연 8호를 출판하는 반계간(半季刊) 체제로 바꾸고, 잡지 이름도 『교육총간』으로 줄여서 중화서국(中華書局)에서 공식 출판하였다. 4권1호부터 학제개혁에 따라 주편자를 베이징사범대학으로 바꾸고, 4권 7호부터는 잡지의 이름 역시 『베이징사범대학교육총간』으로 바꾸었다. 1926년 4월 정간하기까지 모두 5권을 내었다. 중국국가도서관에서 열람할 수 있다.

체제는 논설과 전건(專件), 부록(附錄) 등으로 구성하였다. 베이징고등사범학교 학생과 교직원들이 교육문제에 대해 연구하고 토론함으로써 중국의 교육발전에 기여하는 것을 표방하였다. 이에 따라 외국의 최신

교육이론을 소개하고, 중국의 열악한 교육 현상을 조사하며, 교육적 대안을 모색하는 데 중점을 두었다. 또 전국 각처에서 전개된 교육 실험, 지방 및 사회교육 현황에 대한 보고와 분석도 광범위하게 게재하였다. 그 외 교육기금 독립운동 등 교육계의 동향을 부록으로 다루었다.

당시 베이징사범에 재직하고 있던 교육이론가들인 창즈다오(尙直道), 왕마오주(王懋祖), 위자쥐(余家菊) 등이 주편으로 참여하였다. 난징고등사범학교(南京高師)의 『교육휘보』와 함께 교육이론과 실제를 막론하고 상당한 영향력을 발휘하였다.

『교육총간』의 주요 내용은 근대교육이론에 대한 소개와 실제 사례 보고, 그리고 대안 모색으로 대별할 수 있다. 우선 『교육총간』은 서구 최신 교육이론과 동향에 소개에 앞장서서, 듀이 등의 이론이나 "현대교육사조"(3-4)를 특집으로 다루었다. 이를 통해 당시 미국에서 유행하고 있던 아동심리, 교육평가, 각과 교수법, 향촌교육에 대한 이론을 폭넓게 소개하였다. 허빙숭(何炳松), 한딩성(韓定生)을 중심으로 한 역사과 교수법 및 교육과정에 대한 논의 역시 같은 맥락이다.

물론 서구 교육 이론 및 현상에 대한 관심은 당시 낙후한 중국의 교육 현실을 비판하고 그 대안을 모색하기 위한 것이었다. 이를 위해 교내외의 다양한 실천사례를 분석하였다. 교내 구성원들의 각과 교수법 실험 적용의 성과, 또 졸업생들이 주도한 「장쑤성제삼현립학교」, 「산둥성립제일중학교(山東省立第一中學校)」 등 각종 교육 실험을 게재하고 있다.

『교육총간』은 당시 베이징사범대학에서는 간행한 『사지총간(史地叢刊)』, 『이화잡지(理化雜誌)』 등 9종의 간행물 중 하나였다. 물론 그 외에도 『학공(學工)』과 같은 학생들의 비합법 매체가 존재했다. 그렇지만 『교육총간』은 대학의 학과 및 연구소나, 일부 이념 모임에 기반을 둔 다른 간행물과 달리 유일하게 중화서국에서 출판하는 공식 간행물이었을 뿐 아니라, 교직원, 재학생, 졸업생을 아울러 교육 현안을 토론하는 매체였다는 점에서 베이징사범을 대표하는 잡지라 할 수 있다.

특히 『교육총간』은 당시 베이징사범대학의 모습을 가장 생생하게 표상하고 있다. 이 점은 대략 세 가지 차원에서 파악할 수 있는데, 우선 부록란에 실린 교육계의 동향 및 학생들의 활동상황이 그러한 예이다. 다른 잡지에서 전재한 것이지만, 장둥쑨(張東蓀)의 「잠변(潛變)과 탈변(脫變)」, 후스(胡適)의 「중학국문적교수(中學國文的敎授)」 등의 신문화운동과 관련한 핵심적인 글을 소개하는 한편, 당시 교원에 대한 밀린임금찾기운동에서 시작하여 전국적인 교육경비독립운동으로 전개된 삭신(索薪)운동의 전개 과정 및 자료를 꼼꼼하게 게재하고 있어서 신문화운동의 주체로서 교수 학생들의 여러 사회활동을 대변하고 있다.

둘째는 학생들의 교내외에서 활동 등에 대한 자료를 종합적으로 싣고 있다. 특히 '본교 기사'란을 통해 학교의 편제, 학생회를 중심으로 한 대학생활(「베이징고사적 학생생활」 3권 7·8합집), 각과 보습학교, 전국의 교육 참관 활동 및 참관 여행의 일정과 결과 등을 상세하게 싣고 있다.

특히 베이징에서 출발하여 선양(瀋陽) → 서울 → 부산 → 히로시마(廣島) → 교토 → 도쿄로 이어지는 한 달에 걸친 교육 참관이나, 「베이징고등사범학교의 여름(北京高師的夏令學校)」(3권 5호), 「베이징고등사범학교의 향촌교육(北京高師的鄉村敎育)」(3권 5호), 「보정서기강연호(保定署期講演號)」(4권 5호) 등은 각종 사회활동은 당시 고사 학생들의 활동상을 잘 이해할 수 있는 자료라 할 수 있다.

또 『교육총간』은 당시 학제개혁에 부흥하여 고등사범을 사범대학으로 승격하는 문제를 주도하였다. 『교육총간』은 1920년, 논의를 시작하여 주비처를 결성하고(「사범대학주비중소식[師範大學籌備中消息]」), 마침내 「국립베이징사범대학잠행조직대강」에 따라 교육학 학사학위를 배출하는 전 과정을 매우 생생하게 전달하고 있다. 『교육총간』은 이 같은 전 과정을 주도하였을 뿐 아니라 교육의 중요성을 헌법에 삽입하는 문제(「베이징고사대어교육열입헌법적요구[北京高師對於敎育列入憲法的要求]」)와 사범학의 연구(「사범교육연구」)를 제창함으로써 사범대학으로서 정체성 창안을 시도하고 있음을 볼 수 있다. 베이징사범의 대표

적인 교지로서의 『교육총간』의 위상에서 비롯된 것으로 볼 수 있다. (오병수)

참고문헌

北京師範大學圖書館報刊部 篇, 『北京師範大學圖書館館藏中文珍稀期刊題錄』, 北京圖書館出版社, 2002; 周葱秀·涂明 著, 『中國近現代文化期刊史』, 山西敎育出版社, 1999; 周愚文 等, 『敎育雜誌索引』, 臺灣: 心理出版社, 2006.

▌교토신문(京都新聞)

1942년 일본의 교토신문사가 창간한 지역신문

1942년 4월 1일부터 조간과 석간으로 교토부(京都府)에서 발행된 신문이다. 1942년 교토부의 각 신문은 일본 정부의 정책에 따라 1942년 4월 1일 『교토신문』으로 통폐합되었다. 교토는 일본 문화의 중심지이면서, 마이즈루(舞鶴)에는 진수부(鎭守府)가 있어 신문 보도의 중대한 근거지의 역할을 수행했다.

교토 지역의 신문 역사와 『교토신문』의 창간과정은 다음과 같다. 1879년 6월 창간된 『교토상사신보(京都商事迅報)』라는 경제전문지가 창간되었다. 이 신문은 2개월 후 『상사신보(商事迅報)』로 신문지명을 개제하였다.

1881년에 『교토신보(京都新報)』가 창간되었는데, 1882년 지명을 『교토시가신보(京都滋賀新報)』로 개제하였다. 이 신문은 일본 간사이(關西) 지방에서는 처음으로 지면에 표제어를 붙인 신문이었다. 1884년 『교토시가신문』은 『중외전보(中外電報)』로 지명을 개제하였다. 1892년에 『중외전보』가 폐간되고 『히노데신문(日出新聞)』이라는 새로운 신문이 발행되었다. 1897년 『히노데신문』은 『교토히노데신문』으로 개제되었다.

1921년에는 『교토석간신문(京都夕刊新聞)』이 창간되었는데, 이 신문은 1916년 『간사이니치니치신문(關西日日新聞)』으로 개제되었다. 그리고 1920년 이 신문은 『교토니치니치신문』으로 지명을 변경하였다.

1931년 고베(神戶), 오사카지지(大阪時事), 교토니치니치(京都日日)의 3사(社)가 합병하여 3도합동신문사(三都合同新聞社)가 발족하였다. 1933년에는 교토니치니치신문사(京都日日新聞社)가 3도합동신문사에서 독립하였다.

1942년 전시보도 통제에 따라 『교토니치니치신문』과 『교토히노데신문』이 합병하여 『교토신문』이 창간되었다. 1946년 5월에는 『석간교토신문』이 창간되었다. 이 신문은 1949년 신년호를 전후로 간사이 지방에서는 처음으로 컬러인쇄를 시작하였다. 같은 해 11월에는 1945년 이후 창간된 『석간교토니치니치신문』을 합병하였다. 1943년 교토신문사는 교토시(京都市 中京區 烏丸通)에 있었다. (김인덕)

참고문헌

『昭和18年 新聞總攬』, 東京: 日本電報通信社, 1943; 京都新聞創刊120年記念事業実行委員会社史編纂部会 編, 『京都新聞120年史』, 東京, 1999; 春原昭彦, 『近代新聞通史』, 東京: 新泉社, 2003.

▌교회지남(敎會指南)

1916년 서울에서 한국어로 창간된 종교 잡지

제7일안식일예수재림교 조선합회 선교회의 회보로서 1916년 7월 5일 창간되어 1929년부터 매월 1회, 넷째 주 수요일에 발행되었으며, 1941년 종간되었다. 편집인은 우국화(禹國華), 발행인은 오벽(吳璧), 인쇄인은 안덕생(安德生), 인쇄 및 발행소는 경성 청량우편소 사서함 2호의 시조사(時兆社)였다. 본문은 한글이었으며 잡지의 가격은 1부 10전, 12부 1년분은 1원이었다. 『교회지남』을 구독하려면 소속 교회의 장로 또는 예배소장에게 의뢰하여야 하였다. 1929년 1월분에서 12월분까지 연세대학교 도서관에 소장되어 있다. 연세대학교는 『교회지남』 소장본에 대한 원문서비스도 제공하고 있어 온라인상에서도 열람이 가능하다.

제7일안식일예수재림교는 1830~40년대 윌리엄 밀러의 주도하에 미국의 뉴잉글랜드 지방을 중심으로 일어났다. 예수 재림을 강조하고 안식일의 준수를 실천하는 그리스도 교파로서 워싱턴의 대총회 아래 각

지역 및 국별 합회로 조직되었다.

제7일안식일예수재림교는 1904년 손흥조(孫興祚)에 의해 한국에 소개되었으며, 1905년 스미스 목사가 첫 선교사로 내한하면서 선교활동이 시작되었다. 1915년에는 이근억(李根億), 정문국(鄭文國)이 한국 최초의 제7일안식일예수재림교의 목사가 되었다. 1908년에는 조선미션이, 1919년에는 조선합회가 조직되었다. 조선합회는 산하에 서선대회, 중선미션, 남선미션, 북선, 의명학교(義明學校)를 두었고, 선교잡지 『시조(時兆)』와 회보 『교회지남』을 발행하였다. 1929년 현재 서선대회장은 이근억, 중선미션장은 최태현(崔泰鉉), 남선미션장은 배희제(裵希濟)였다.

『교회지남』은 제7안식일예수재림교의 신앙상의 권면과 수양에 대한 내용 및 교리해설, 합회 선교회 보고와 각 지역 통신, 선교회 내 각 부서(안식일학교부, 권서부, 의용선교부 및 교육부)의 보고 등으로 편성되었다.

『교회지남』은 제7일안식일예수재림교 선교회가 한국에 선교활동을 시작한 초창기부터 발행되었다. 회보이므로 선교회원의 권면과 수양을 독려하는 내용뿐 아니라 조선합회와 지역미션의 소식을 함께 수록하고 있어 이 잡지를 통해 제7일안식일예수재림교가 한국에 유입되어 뿌리내리는 과정을 자세히 살펴볼 수 있다. (정진아)

참고문헌

제칠일안식일예수재림교회총회, 『교회요람』, 시조사, 1961; 박기민, 『外來新興宗敎硏究』, 惠林社, 1986; 삼육대학교 구십년사 편찬위원회, 『삼육대학교 90년사: 1906~1996』, 삼육대학교, 1998.

구망만화(救亡漫畵)

1937년 중국 상하이에서 발간된 만화 잡지

1937년 9월 20일 중국 상하이(上海)의 만화계구망협회(漫畵界救亡協會)에서 편집하여 창간되었다. 장나이치(章乃器)가 이 간행물의 제호를 썼다. 1937년 11월 10일 11호까지 5일간(五日刊)으로 발간했다. 2호(1937) 표지에는 편집자 왕둔칭(王敦慶), 주관 만화계구망협회와 아울러 상하이각계항적후원회(上海各界抗敵後援會)도 주관 단체로 표기되어 있다. 5호부터 상하이각계항적후원회가 상하이항적후원회(上海抗敵後援會)로 이름이 바뀌어 표기되어 있다. 베이징사범대학도서관과 상하이도서관 등에 소장되어 있다.

『구망만화』는 대중적인 만화 간행물로 왕둔칭은 발간사를 대신하여 쓴 「만화전(漫畵戰)」에서 다음과 같이 지적하였다.

"만화는 현대사회생활에 있어서 가장 대중화된 하나의 예술이다. 태평성세(泰平盛世)에 만화는 능히 인간의 약점을 파악하여 유머적, 풍자적, 혹은 과장의 수완으로 인생을 비판하고, 사회를 개조하며, 정치를 감시하지만, 전쟁 시기에는 능히 같은 수완으로써 인정(人情)을 일으켜서 전사들이 죽음도 두려워하지 않게 하며, 인민의 애국열정을 증가시킴으로써 적들에게 중대한 타격을 가한다…… 루거우차오(蘆溝橋)의 항전이 일어나자마자 중국의 만화작가들은 '만화계구망협회'를 조직하였다. 이로써 통일전선을 기대하며 일본과 결사적인 만화전을 준비하였다. 하지만 불행하게도 전면적이고 지구적인 만화전 서곡의 막이 오르자마자 우리 만화작가들을 착취하는 '만화 장사꾼'들이 몇 개의 주요 만화 간행물들에 일률적으로 사형을 선고하였다. 따라서 우리의 만화전은 시작하자마자 유사 한간(漢奸)들의 교란을 받게 되었다. 그래서 '만화계구망협회'는 부득불 유격적인 만화전을 전개하여 지정된 작가들이 의무적으로 각 항전 간행물에 만화를 그리고 아울러 만화선전대를 각지에 파견하였다. 그렇지만 오늘의 『구망만화』의 탄생은 우리 주력의 만화전이 시작된 것이다. 이는 상하이가 중국 만화 예술의 진원지이기 때문이다. 이 작은 5일간은 상하이를 지키는 만화투사들의 보루로 아직도 말없는 수백 명의 만화 동지들을 증원하여 항적 구국의 최후승리를 쟁취할 것이다."

아울러 편집자는 만화를 교육의 도구로서, 전방과 후방에 보내 구국 활동을 일으킬 수 있으며, 만화가들이 적의 중국 침략에 저항하는 전사가 되어야 한다고 호소하였다.

이 잡지의 주요 집필자는 차이뤄훙(蔡若虹), 리제푸(李劫夫), 딩충(丁聰), 장미(江敉), 천옌차오(陳煙橋), 장딩(張仃), 왕둔칭, 예첸위(葉淺予), 루사오페이(魯少飛), 천하오숑(陳浩雄), 장둥량(江棟良) 등이었다. (김지훈)

참고문헌

北京師範大學圖書館報刊部 編, 『北京師範大學圖書館館藏中文珍稀期刊題錄』, 北京圖書館出版社, 2002; 上海圖書館, 『上海圖書館館藏近現代中文期刊總目』, 上海科學技術文獻出版社, 2004.

구망일보(救亡日報)

1937년 중국 상하이에서 창간된 시사정치 신문

救亡日報

蘇淞浜日軍完全肅清

1937년 8월 24일 중국 상하이(上海)문화계구망협회(上海文化界救亡協會)에서 창간한 신문이다. 상하이가 함락된 후 1937년 12월 광저우(廣州)로 이전하여 1938년 1월 1일 『구망일보』는 광저우에서 복간되었다. 기수는 상하이판을 이어서 87호였다. 사장은 궈모뤄(郭沫若), 총편집은 샤옌(夏衍)이 담당했다. 편집기자는 린린(林林), 차이렁펑(蔡冷楓), 위펑(郁風), 차오밍(草明), 어우양산(歐陽山), 천쯔추(陳紫秋), 화자(華嘉), 셰자인(謝加因) 등이었다.

1938년 10월 21일 일본군이 광저우 근교로 접근하자 『구망일보』는 광저우에서 9개월 21일 동안 발간되다가 368호를 마지막으로 정간되었다. 이후 『구망일보』는 1939년 1월 10일 구이린(桂林)으로 이전하여 출판하였다. 총편집은 샤옌이 맡았다. 1940년 이후 계계군벌(桂系軍閥)에 대한 회유와 압력으로 구이린의 정치 상황이 점차 악화되었으며, 결국 1941년 12월 28일에는 정간되었다. 1945년 10월 10일 상하이에서 『건국일보(建國日報)』로 이름을 바꾸어 복간되었다. 중국국가도서관과 광둥성(廣東省) 광저우의 중산도서관(中山圖書館) 등에 소장되어 있다.

형식적으로는 일반 소보(小報)와 비슷했으나 내용상으로는 "광고를 기재하지 않았을 뿐만 아니라 소시민들이 좋아하는 엽기적 뉴스는 싣지 않고, 중앙사(中央社)와 외국 통신사의 소식도 기재하지 않았다". 또한 "전적으로 특별기고, 평론, 전방 방문을 통한 뉴스와 문예작품만을 싣는" 등 독특한 색채를 갖고 있었다. 때문에 신문에 기재한 문예작품 중에는 소설, 산문, 시가 등 일반적인 작품 이외에도 거리 소설과 거리극 등 민중들이 좋아하는 통속적인 문예형식의 것들도 기재하였다.

또한 『구망일보』는 항일과 구국을 선전하는 것이 목적이었기 때문에 마오쩌둥(毛澤東), 뤄푸(洛甫), 천사오위(陳紹禹), 저우언라이(周恩來) 등의 중국공산당 지도자들의 글이 게재되었으며, 궈모뤄, 마오둔(茅盾), 바진(巴金), 왕런수(王任叔), 아잉(阿英), 차오쥐런(曹聚仁) 등 문화계 인사들이 집필한 시사술평(時事評述)과 문학작품도 발표되었다.

광저우로 이전 한 이후, 당시 광저우에는 10여 종의 신문이 있었는데 『구망일보』는 지식인들이 보는 신문으로 독자들이 제한적이었다. 몇 개월이 지나지 않아 『구망일보』는 판로를 확대하지 못했기 때문에 곧 자금난에 빠졌다. 당시 광저우 성정부 주석 우톄청(吳鐵城)의 비서인 황주야오(黃祖耀, 황먀오쯔[黃苗子])는 샤옌에게 우톄청을 통해 『구망일보』에서 사용하는 수입 신문용지를 면세로 해 달라고 하고 필요한 수량 이상을 면세 받아서 남은 용지를 시장에 판매하면 경비를 충당할 수 있을 거라고 조언을 해주었다. 결국 샤옌의 노력으로 우톄청이 신문용지를 면세해주어 『구망일보』가 필요한 경비를 마련할 수 있었다.

복간호의 1면에는 궈모뤄가 쓴 「복간치사: 우리들의 문화보루를 재건하자(復刊致詞: 再建我們的文化堡壘)」가 실렸다. 이 글에서 궈모뤄는 구망(救亡)은 우리들의 기치이고 끝까지 항전하는 것은 우리들의 결심이며, 민족부흥은 우리들의 신념이며 항전을 하는 자는 모두 우리들의 전우라고 했다. 2월 17일 저우언라이는 『구망일보』에 "구망 전선을 공고히 하고 확대하며 천천만만의 군중을 동원하여 일본강도를 중국에서 쫓아내자!"고 하였다.

복간한 『구망일보』의 1면에는 특별기고, 뉴스, 전쟁 관련 보도를 게재하고, 2면에는 본지통신(本地通訊), 논문, 구망단신(救亡短訊), 3면에는 전론(專論), 방문기, 각지통신, 4면에는 문예논문, 그림, 시가(詩歌) 등을 수록한 부간이었다.

신문사는 장슈둥로(長壽東路) 50호에 있었다. 『구망일보』는 인쇄소가 없었기 때문에 국화보사(國華報社)에서 식자하여 신화일보사에서 발행하였다.

『구망일보』는 문예 부간(副刊)으로 『문화강위(文化崗位)』를 발행했는데 문화문예의 여러 가지 문제를 토론하고 비판했으며, 단편과 중편, 평론, 연극비판, 문화 소식 보도, 보고문학, 산문, 수필, 시가(詩歌), 만화, 목각(木刻) 등을 수록했다.

구이린에 있는 동안 구망일보사(救亡日報社)는 진보적인 지식인들이 모이는 중심지가 되었다. 『구망일보』는 수많은 독자들의 환영을 받았는데, 처음에는 2000부에서 1939년 말에는 8000부로 증가하였다. (김지훈)

참고문헌

王檜林 · 朱漢國, 『中國報刊辭典(1815~1949)』, 書海出版社, 1992; 伍杰, 『中文期刊大詞典』, 北京大學出版社, 2000; 葉再生, 『中國近代現代出版通史』 3, 北京: 華文出版社, 2002.

▌구망주간(救亡週刊)

1937년 중국 상하이에서 발간된 항일 정치 잡지

1937년 10월 10일 중국 상하이(上海)에서 창간된 시사정치 간행물로 1937년 11월 20일 5호까지 발행되었다. 현재 베이징사범대학도서관과 상하이도서관 등에 소장되어 있다.

이 간행물은 상하이의 미우서보사(美友書報社)에서 주간으로 발행되었으며, 매호의 페이지는 서로 연결되어 있었다. 표지에는 상하이시직업계구망협회(上海市職業界救亡協會)가 주관하였다고 쓰여 있다.

『구망주간』은 시사정치류의 간행물로 주로 항일구국을 위한 선전을 전개하였다. 이 간행물의 편집방침은 직업계의 특수성을 중시하였으며, 동시에 일반적인 정치, 경제, 국제 등의 문제도 소홀히 하지 않고, 아울러 이 둘을 통일하여 직업계의 유일한 읽을거리를 만든다는 것이었다. 이 간행물의 주요 게재물로는 양망(仰莽)의 「직업계구망론(職業界救亡論)」, 마오둔(茅盾)의 「어떻게 지속시킬 수 있는가(如何能持久)」, 저우자오지(周肇基)의 「구망단체의 훈련문제(救亡團體的訓練問題)」와 장나이치(章乃器)의 「신시대 고난의 임무를 책임지자(擔負起新時代的艱苦任務)」 등이 있다. (김지훈)

▌구미법정개문(歐美法政介聞)

1908년 중국 상하이에서 창간된 학술지

1908년 상하이(上海)에서 창간되었다. 구미(歐美)에 파견된 외교관원이 편역(編譯)하여 유럽의 정치제도를 소개한 매체이다. 창간인은 독일주재 외교관원 출신인 마더룬(馬德潤), 저우이춘(周譯春)이며 상무인서관(商務印書館)에서 발행하였다.
매회 40쪽 정도를 발행하였으나, 3호를 발행하고 종간되었다. 현재 상하이도서관에 소장되어 있다.

구미 각국의 법과 정치를 소개하여 중국의 정치관을 확장하는 것을 발행 목적으로 하여 진보적 생각을 지닌 정부 관리들의 자금을 지원받아 발행되었다.

주로 독일의 정치체제와 법률제도, 경제법규와 법학이론을 번역하고 소개하였으며, 프랑스 부르주아 계몽사상가 루소(Rousseau)의 『참회록(懺悔錄)』과 몽테스키외(Montesquieu)의 『페르시아인의 편지(波斯人信札)』 단편 등을 소개하였다. (김성남)

참고문헌

王檜林·朱漢國 主編, 『中國報刊辭典』, 太原: 書海出版社, 1992;

方漢奇 主編, 『中國新聞社業通史』, 中國人民大學出版社, 1996.

▌구상(構想)

1939년 일본의 구상발행사에서 발간한 문예지

1939년 10월에 창간되어 1941년 12월까지 모두 일곱 차례 발간된 문예지이다. 국판 크기로 전 7권이 발간되었다. 본문 면수는 적을 때는 50~60쪽, 많을 때는 100쪽 정도였다.
편집 겸 발행인은 2호까지는 기무라 류이치(木村隆一)였고 나중에는 하니야 유타카(埴谷雄高, 본명은 한나 유타카[般若豊])였다. 발행처는 구상발행사(構想發行社)였다. 하니야 유타카를 중심으로 전시(戰時) 중의 암흑 시대에 간행된 동인잡지였다.

『구상』에는 깊은 사색과 불합리한 체제에 대한 강렬한 저항 정신이 내재되어 있다. 1930년대 후반, 시대의 험악한 분위기에 저항하면서 지식인 문학의 양심을 지키고자 했다는 점에서 오이 히로스케(大井廣介) 등이 주도한 『현대문학(現代文學)』과 비슷한 점이 많았다.

일본의 패전 이후 『근대문학(近代文學)』(1946년)의 동인으로 참여한 사람들이 대거 집필하였다. 동인은 하니야 유타카 외에 히라노 겐(平野謙), 아라 마사히토(荒正人), 사사키 기이치(佐佐木基一), 야마무로 시즈카(山室静), 구보타 마사후미(久保田正文), 하세가와 고헤이(長谷川鑛平), 구리바야시 슈이치(栗林種一), 고리야마 스미오(郡山澄雄), 다카하시 유키오(高橋幸雄), 기무라 류이치 등이었다.

창간호에는 하니야 유타카의 소설 「동굴(洞窟)」(2호까지 연재), 「불합리이기 때문에 나는 믿지 않는다(Credo, quiq absurdum, 不合理ゆえに吾信ず)」(7호까지 연재), 야마무로 시즈카의 「히로세가와 강변: 교양 소설에 언급한다(廣瀨川のほとり: 教養小説にふれる)」 등이 게재되었다.

제2호 이후에는 아라 마사히토, 히라노 겐의 서평, 구리바야시 슈이치의 시 「겨울 그림자(冬影)」(2호), 하세가와 고헤이의 소설 「다음날 아침(その翌朝)」(4호), 야마무로 시즈카의 시 「깊어가는 황혼에(深まる夕暮の中で)」(7호), 에드거 앨런 포, 기무라 류이치가 번역한 시 「이야기(物語)」(7호) 등이 주목된다.

위와 같은 멤버의 구상에서도 알 수 있듯이 전전의 『현대문학』 그리고 전후의 『근대문학』의 관계자가 집필자로 많이 참여했다. 최소한의 양심을 지키고자 한 이러한 노력이 전전과 전후 일본 문학의 연속성을 마련할 수 있었던 것이다.

야마무로 시즈카, 히라노 겐 등의 『비평(批評)』, 오이 히로스케 등의 『현대문학』, 아라 마사히토, 사사키 기이치 등의 『문예자료 월보』 등과 함께 장대한 『근대문학』의 한 축을 형성했다.

• 하니야 유타카(埴谷雄高, 1909~1997)

하니야 유타카

본명은 한냐 유타카(般若豊)이다. 타이완(臺灣) 출생, 평론가이자 소설가. 니혼대학(日本大學)을 중퇴한 뒤 1931년 일본 공산당에 입당하였다. 아나키즘에도 동조하던 마르크스주의자였지만 1932년 체포된 뒤 전향하였다.

투옥 전에는 도스토옙스키의 영향을 강하게 받았지만 투옥 후에는 칸트의 『순수 이성 비판』을 읽고 큰 영향을 받았다. 일본의 패전 후에는 일본공산당을 비판하는 사상가로 활동하는 가운데 일본의 신좌익에 큰 영향을 미쳤으며 전후 문학을 대표하는 문학자이자 사상가라는 평가를 받았다. (이준식)

참고문헌

『埴谷雄高作品集』別卷, 河出書房新社, 1972; 日本近代文學館·小田切進 編, 『日本近代文學大事典』第五卷, 講談社, 1977; 遠丸立 編, 『作家の自傳自 100 埴谷雄高』, 日本圖書センター, 1999; 白川正芳, 『埴谷雄高の肖像』, 慶應義塾大學出版會, 2004.

구셰신문(救世新聞)

1909년 서울에서 창간된 구세군 기관지

1909년 7월 1일 경성에서 창간되었다. 발행인 호가트(R. Hoggard, 허가두[許嘉斗])였고, 발행소는 서대문 밖 평동 구세군 총사령부였다. 소형 8면이었고, 월간지였다(매일 1일 발행). 1부에 1전이었다(창간호는 3전).

1909년 7월 1일 창간된 구세군의 기관지 격으로 구세군 총사령관 호가트 정령(正領)에 의해 창간되었다.

창간호 1면 상단에는 「회계인에게 하는 규칙」을 실어서 4개항에 걸쳐 설명하고 있다. 구세군 병사가 되려고 하는 사람이 전수해야 될 5개항의 규칙을 실었고, 또한 2쪽에는 구세군 조직공보 등이, 3쪽에는 영국사관이 도착한 보도와 구보(區報)가 실렸다. 4쪽에는 문답란을 실었고, 5쪽에는 발간 취지를 설명하고 있는 「구셰군에서 어찌하여 신문을 하는 이류」를 게재했다. 그 내용을 잠시 인용해 본다.

"구셰신문이 우리의 가르침과 우리 주의와 우리의 소망을 다 해석할 것이니 구세군 방침과 경영에 대하여 논란이 많으나 우리 월보에 다 명백히 해석될 것이오, 모든 신문은 복음을 전파하는 데 귀중한 기관이오, 한국 인민에게 예수 그리스도의 요구하심을 명백히 펴고자 하는 신문의 발행하는 것이 상제의 천국으로 여러 영혼을 모으는 데 귀중한 기관이오 …… 시골 여러 곳에 영국 사관이 사주 갈 수 없는 데가 많으니 이 월보가 그 가장 먼 곳에 있는 사람들을 장려하고 복을 얻게 하는 말을 기재하며……."

그리고 6면에는 구세군 대장에 관한 이야기와 구세군에 관한 내외 소식을 게재했고, 7면에는 구세군 대장 윌리엄 부스(William Booth)의 전기를 게재했다. 마지막으로 8쪽에는 광고 등을 실었다. 폐간 일자는 불분명하다.

특히 구세군은 『구셰신문』을 통해 절제운동과 사회교육을 적극적으로 추진한 바 있다. 1910년 10월부터 매년 1회씩 『구셰신문』의 '금주호'를 발행했고 전 국민을 대상으로 대대적인 계몽운동을 펴기 시작했다. 1919년 10월호 『구셰신문』에 실린 「단음함이 가함」이라는 글에서는 "대개 술이라 하난 음식은 재앙과 패망과 죄악과 형벌을 이루는 바 좋지 못한 물건"이라고 지적하고 있다. 그 밖에도 단계적이고 체계적인 논지로 『구셰신문』의 각 특집호는 술과 담배의 경제적, 건강상의 손실과 윤리적, 심령적 타락 가능성을 일깨웠고, 나아가 민족 경제의 문제까지 계몽하였다. 구세군의 이러한 운동에 사회 각층의 인사들이 조력하였고, 『구셰신문』의 "금주호"는 가두판매는 물론 철도 공무원 전체에 대한 배부, 호별 방문 배부 등으로 널리 보급하기도 했다.

특히 "금주호"에 첨부된 금주 서약서는 많은 독자들의 관심과 금주 결심을 촉발시켰고, 이것이 작성되어 구세군 본영에 송부되면서 절제운동은 사회적 분위기 조성에 일익을 감당했다. 이는 일제 말기까지 계속되었다. (이경돈)

참고문헌

윤춘병, 『한국기독교신문잡지백년사(1885~1945)』, 대한기독교출판사, 1984. 계훈모, 『한국언론연표』, 관훈클럽신영연구기금, 1979; 『한국신문백년사료집』, 사단법인 한국신문연구소, 1975; 『한국신문백년지』 1, 한국언론연구원, 1983.

구제연구(救濟研究)

1913년 일본의 구제사업연구회가 기관지로 발행한 사회사업 잡지

1913년 8월부터 발간된 일본의 월간 사회사업 잡지이다. 발행처는 구제사업연구회사무소(救濟事業研究會事務所)였다. 당초에는 오사카부(大阪府)에서 구제사업 지도를 책임지고 있던 오가와 시게지로(小河滋次郎)의 개인잡지와 같은 성격을 갖고 있었다.

그러나 곧 발행의 주체가 1913년 4월 오가와 시게지로의 주창에 따라 오사카에서 결성된 구제사업연구회로 바뀌었다. 1922년 8월부터는 『사회사업연구(社會事業研究)』, 1943년 1월에는 『후생사업연구(厚生事業研究)』로 이름이 바뀌었다. 그러나 통권 호수는 계속 이어졌다.
1944년 1월에 종간되었다. 그러는 동안에 발행처도 오사카사회사업연구회(大阪社會事業研究會, 10권 9호~13권 11호)에서 오사카사회사업연맹(大阪社會事業聯盟, 13권 2호~30권 12호)으로, 그리고 다시 오사카후생사업협회(大阪府厚生事業協會, 31권 1호~종간호)로 바뀌었다.

『구제연구』가 창간되던 당시 오사카는 일본 구제사업에서 가장 앞서 가던 지역이었다. 1912년에는 오사카시에서 자선구제사업을 위하여 재단법인 홍제회(弘濟會)를 설립한 바 있으며 홍제회를 중심으로 시내 곳곳에 감화소, 오락소, 주간 보육소를 설치하는 등의 빈민구제 활동을 벌였다.

이러한 활동을 오사카부 차원으로 확대하기 위하여 오쿠보 도시타케(大久保利武) 오사카부 지사의 이름으로 당시 내무성 촉탁이던 오가와 시게지로를 초청하여 빈민구제사업의 지도 감독을 맡겼다.

오가와 시게지로가 오사카에서의 빈민구제사업의 개량과 통일의 일환으로 설립한 것이 구제사업연구회였다. 창립 이후 구제사업연구회는 월례 연구회를 개최하는 한편 오사카부로부터 재정적인 지원을 받아 기관지를 발간하게 된 것이다. 사회사업연구회는 오사카에서 일본 최초의 방면위원(方面委員)제도가 실시되는 데 모태가 되었다.

『구제연구』에는 사회사업, 사회보장, 노동정책, 공중위생, 교육문제, 사회문제 등 다양한 소재에 대한 글이 실려 있다. 특히 오사카를 중심으로 도시 빈민층의 생활 상황을 보고하고 그에 대한 대책을 논의하는 글이 집중적으로 실리고 있었다.

그 가운데 대표적인 것으로는 오사카직업소개소(大坂職業紹介所)에서 근무하던 하치하마 도쿠사부로(八浜徳三郎)가 쓴 「싸구려 여인숙 연구(木賃宿の研究)」(2권 2호), 「빈민굴 연구(貧民窟の研究)」(2권 3호~제2권 4호), 「오사카의 짐수레꾼과 매음부(大阪の立ん坊と淫賣婦)」(2권 10호), 「오사카의 사창 연구(大阪の私娼研究)」(2권 12호), 「하급 노동자의 풍기 개선에 대하여(下級労働者の風紀改善に就て)」(5권 6호)를 들 수 있다.

이 밖에도 시마무라 이쿠토(島村育人)의 「오사카 노동자의 종적 조사(大阪労働者の縦的調査)」(6권 12호~7권 1호), 야마자키 겐센의 빈민굴 탐험기(貧民窟探検記)」(3권 1호~3권 7호) 등이 주목된다.

• 오가와 시게지로(小河滋次郎, 1862~1925)

도쿄전문학교(東京專門學校)에서 감옥학을 공부하였다. 내무성 경보국(警報局) 감옥과장, 사법성 감옥사무관 등을 거쳐 1908년부터 1910년까지는 청국(淸國) 정부의 감옥고문을 지냈다.

1913년 3월에는 내무성 촉탁으로 나가노현(長野縣)에서 「지방 개량의 요점」 등의 강연을 하면서 빈민구제사업의 중심으로 부상하였다. 같은 해 4월 오쿠보 도시타케 오사카부 지사로부터 구제사업 지도감독의 위촉을 받았다.

같은 해 5월에는 오쿠보 도시타케의 희망에 따라 조선 시찰 여행을 떠나 강연 활동 등을 벌였다. 이후 오사카에 거주하고 있던 조선인을 보호하는 사업에도 착수하였다. 1918년에는 방면위원제도를 오사카에서 실시하였다. 1924년 오사카부 촉탁을 사직하였다. (이준식)

참고문헌

『救濟研究』·『社會事業研究』·『厚生事業研究』(復刻版), 文京出版, 1975~1977; 社會事業史文獻調査會 編, 『社會事業雑誌目次総覧』第14巻, 日本圖書センター, 1987; 相田良雄 編, 『社會事業界の先覺を語る(加島翁古稀記念集)』, 加島翁古稀記念事務所, 1938; 小野修三, 『小河滋次郎と救濟事業研究會』, 慶應義塾大學日吉紀要刊行委員會, 1992; 玉井金五, 『防貧の創造』, 啓文社, 1992; 小野修三, 『公私協働の發端-大正期社會行政史』, 時潮社, 1994; 室田保夫, 『キリスト教社會福祉思想史の研究: '一國の良心'に生きた人人』, 不二出版, 1994; 小野修三, 「大正

期大阪の社會事業ネットワーク」,『慶應義塾大學日吉紀要社會科學』 12, 2001.

구한국관보(舊韓國官報)

1894년 서울에서 한문으로 발간된 한국 최초의 근대적 관보

갑오개혁 이후 조선 정부에서 발간한 최초의 근대적 관보이다. 1894년 6월 김홍집(金弘集) 내각에 의해 갑오개혁이 추진되면서, 6월 21일 근대적 관보도 최초로 발행되었다. 갑오개혁으로 정치의 중심이 내각으로 이전함에 따라, 승정원이 궁내부에 부속되고 명칭도 승선원(承宣院)으로 바뀌었다. 이에 의정부에 관보국을 설치하여 새로운 체제로 관보를 발행하였으며, 조보(朝報) 발행은 중지되었다. 그 이전의 조보는 필사로 발행되었으나, 관보는 인쇄한 형태였다.

공식 명칭은 『관보』였지만, 조선 왕조 시기의 관보와 1897년 이후 대한제국 시기 관보를 통칭하여 구한국관보라고 하는 학계의 관례에 따라 여기에서는 『구한국관보』라고 표기한다.

1894년 6월 21일부터 1895년 3월 30일까지는 호수 없이 부정기적으로 간행되었고, 4월 1일부터 호수를 붙여 매일 발행하였는데, 1910년 8월 29일까지 4768호가 간행되었다.

1894년 6월 21일부터 28일까지는 한 묶음으로 묶어서 발행되었다. 이런 현상은 1895년 4월 호수를 붙여 발행하기까지 자주 나타난다. 초창기 연속간행물이 대개 호수를 중시하지 않았던 관례에 비추어 관보도 반드시 날짜에 맞추어 발행되지는 않았던 것으로 보인다. 1895년 3월까지는 전근대적인 관보 형태를 갖고 있었지만, 그 이후 발행된 관보와 비교하여 같은 발행기관에서 편집하고 같은 제호를 쓴다는 점에서 같은 관보로 간주할 수 있다.

정가는 발행 초기에는 1부당 1전, 1개월 2량 5전이었으나, 1897년 1월 1일부터 1부당 2전, 1개월 40전으로 인상되어 종간될 때까지 그대로 유지되었다.

『구한국관보』의 일부는 '보물'로 지정되어 있으며, 1973년 아세아문화사에서 복각 발행하였다.

관보 발행 담당기구의 변화

1894년 최초 『관보』는 의정부 소속 관보국이 발행하였다. 관보국은 정령, 헌법 및 각 관부 일체의 공판(公判)과 성안(成案)을 반포하는 것을 주요한 임무로 삼았으며, 참의(參議) 1명과 주사 4명이 담당하였다.

1895년 4월 1일 정부의 직제 개편으로 관보국의 직능은 내각 기록국으로 이관되었으며, 기록국 산하에 관보과를 두었다. 관보과는 관보 및 직원록의 편찬·간행·발매 및 배송에 관한 사항과 관보 및 직원록의 수입 및 납상(納上)에 관한 사항을 담당하였다.

내각 기록국 관보과에서는 1895년 4월 1일부터 일간으로 『관보』를 발행하였다. 1896년 9월 26일부터 10월 12일까지는 표지에 발행처를 기입하지 않았다. 이 시기는 정부가 지방기구를 개편하여 8도를 13도로 나누고, 내각을 의정부로 바꾸는 과도기였으므로 담당기구가 명확하지 않았기 때문이다.

이후 관보과가 의정부 총무국으로 소속이 바뀌어, 『관보』는 1896년 10월 13일부터 1905년 3월 1일까지 약 10년 동안 총무국 소속으로 발행되었다. 의정부에서는 1905년 3월 1일 칙령 제9호 '의정부 소속 직원 관제'를 고쳐 참서관(參書官)이 참정대신의 명령을 받고 참찬의 지휘를 받아 『관보』를 발행하도록 하였다. 1905년 3월 2일부터 1907년 6월 15일까지 『관보』는 의정부 관보과에서 발행되었다.

1907년 이완용이 총리대신으로 임명되고 난 후, 『관보』는 다시 내각 법제국 관제과에서 발행되었다. 칙령 제36호 '내각 소속 직원 관제'에 의하면 법제국은 관보, 직원록, 법규류 편찬 및 제반 도서 편찬과 출판에 관한 사항을 담임하도록 하였다. 내각 법제국에서는 1907년 6월 16일부터 1910년 8월 29일까지 『관보』 발행을 담당하였다.

『구한국관보』는 이처럼 15년 동안 다섯 번의 기구 개편이 있었음에도 꾸준히 발행되었다.

한편 인쇄는 대개 정부의 인쇄국에서 인쇄되었다. 이 시기 정부의 인쇄국은 용산인쇄국으로 통칭되는 탁지부 인쇄국을 말한다. 탁지부 인쇄국의 전신은 전환국 인쇄과였으며, 그 전신은 농상공부 인쇄국이었다. 농상공부 인쇄국은 박문국의 혁파로 1900년 등장하였는데, 1901년 전환국 인쇄과로 흡수되기까지 한국의

우표와 엽서를 인쇄하였다.

최초의 근대적 관보

『구한국관보』를 '근대적 관보'라고 보는 이유는 관보라는 명칭을 공식적으로 사용하였고, 체제와 형식을 법규로 정하고 호수와 발행 일자를 명기하여 규칙적으로 발행하였으며, 내용에서도 순수한 관청 사항만을 수록하였기 때문이다.

초기에는 순한문으로 발행되었으나, 1894년 12월 10일부터 국한문혼용체를 사용하였으며 그 이틀 뒤인 12일부터는 한글만을 사용하여 발행하였다. 이는 공식문서에서 최초로 나타나는 한글 전용의 사례로 주목할 만하다.

1895년 6월 1일부터는 관보의 서식을 정하여 근대적 관보로서의 면모를 확실히 구축하였다. 1895년 5월 25일에는 '관보 규정'을 통하여 관보 게재 원칙을 정하고 광고를 통하여 예시하였다. '관보 규정'에는 관보의 내용, 기사의 마감시간, 휴간제도, 분재(分載) 규정, 구독 규정 등 다섯 가지 사항이 명시되었다.

① 관보의 내용에는 조칙(詔勅), 법률, 칙령, 내각부령, 궁내부 포달(布達), 각 부부(府部) 훈령과 고시, 경무청과 한성부의 공문, 예산 외 지출, 서임 및 사령, 궁정록사(宮庭錄事), 관청사항, 경찰·군사·학사·산업·포상·사법 잡사, 공사관 및 영사관 보고, 외국 중요사항, 제관청 광고, 우편선 출발 등을 게재하도록 하였다.

② 관보 수집 시한은 매일 오후 1시로 정하고, 그 시각을 지난 보고는 다음날 관보에 게재하도록 하였다. 단, 긴급을 요하는 사건은 호외로 발포할 수 있도록 하였다.

③ 공정휴일에는 관보를 발행하지 않되, 긴급한 사건은 호외로 발행하도록 하였다.

④ 관보 수집 시간 내에 도착한 보고라도 긴급하지 않을 경우 사정에 따라 수일 후에 게재할 수 있으며, 또 몇 호에 나누어 기재할 수 있도록 하였다.

⑤ 관보과에서 직접 배달하는 곳은 관청과 구람(購覽) 책임이 있는 관원으로 정하고, 기타 구람하고자 하는 사람은 매각소(賣却所)에서 구매하도록 하였다. 관보를 전문적으로 판매하는 매각소는 1890년대 말에 남부 회현방(會賢坊)과 북부 광통방(廣通坊) 광교의 두 곳에 있었다.

1907년 12월 11일 「관보 편제에 관하는 건」을 개정하여 내용의 게재 순서를 구체적으로 명시하였다. 이 시기 관보에는 일본식 용어가 그대로 구사되었고, 여러 가지 점에서 형식과 순서가 『조선총독부관보』와 매우 유사하였다.

1908년 8월 21일 법령 개정으로 통감부의 위임을 받은 사항에 대해서는 관보에 게재할 수 있도록 하였으며, 이후 통감부의 정책은 관보를 통해 홍보되었다. 1908년 1월 21일에는 '광고규정'이 제정되었는데, 이는 광고에 관한 최초의 독립법령이었다. 광고는 무료와 유료로 구분하고, 관청과 외국공관이 요청하는 광고는 유료로 규정하였다. 관청의 광고가 대부분이고, 민간광고는 아직 실리지 않았다.

주임관 이상의 모든 관료는 관보를 의무적으로 구독하도록 하였다. 구독 대상은 이후 하위 관리로 확대되었으며, 관보판매소를 통해 일반인들의 이용도 적극 권장되었다.

구독료는 원칙적으로 선불로 규정되어 있었지만, 실제로는 후불이 많았고 체납자도 매우 많아 재정운영에 지장을 초래할 정도였다고 한다. 연말에는 관보에 자체 광고를 실어 구독료 납부를 독촉해야 했을 정도였다. 1907년 12월 '관보발매규정'을 제정하여 선금이 아니면 발매하지 않는다는 원칙을 정하였다.

1896년 1월부터는 이전의 직판 방식을 변경하여, 우편제도를 적극적으로 활용하였다. 그리고 이전까지 별도로 받던 우송료를 없애고 우송료를 정가에 포함시켰다. (윤해동)

참고문헌

최정태, 『한국의 관보』, 아세아문화사, 1992; 『구한국관보』(복각본), 아세아문화사, 1973.

국가(國歌)

▶ 국민문학(國民文學)

국가의학회잡지(國家醫學會雜誌)

1894년 일본에서 발행된 의학 잡지

1894년 국가의학회(國家醫學會)가 월간으로 발행한 기관지이다. 본지는 1892년부터 국가의학회가 발행하던『국가의학회강의록(國家醫學會講義錄)』의 1894년 2권 16호를 계승하였다. 즉 본지는 1894년 3월에 제호를『국가의학회강의록』을『국가의학회잡지』로 개제하고 40호로서 창간되었다. 1924년 6월까지 계속 발행되었으며, 같은 해 7월에 다시『사회의학잡지(社會醫學雜誌)』로 개제되었다.『사회의학잡지』는 본지의 권호를 계승하여 1931년 12월의 551호까지 간행되었다. 본지의 크기는 B5 변형판이었으며, 분량 50쪽 내외로 발행되었다.

국가의학회는 사무소를 도쿄의학대학(東京醫學大學) 법의학교실 내에 두고 있었으며, 회원은 국가 및 공중 의사(醫事)에 관계한 공인(公人) 및 사인(私人)이었다. 본회 설립 목적은 위생학, 위생경찰학, 학교위생학, 공중위생학, 감옥위생학, 전염병유행병학, 법의학, 정신병학, 형사인류학(刑事人類學), 독물학(毒物學), 보험의학, 재해의학(災害醫學), 재판화학(裁判化學), 의사법리(醫事法理), 의제(医制) 등의 학문을 연구하고, 그 응용과 지식을 보급하기 위한 것이었다.

지면은 대체로 '논설', '감정(鑑定)', '초록', '기고(寄書)' 등으로 구성되어 있었으며, 초록은 '법의문(法医門)', '위생문(衛生門)', '법제문(法制門)'의 세 부분으로 구분되어 있었다. 본지 지면에서 중요하게 언급되었던 연구주제는 일본에서의 빈민구제제도에 관한 것이다. 예를 들어 1903년 10월에 발행된 본지 제194호에는, 영국의 빈민구제제도를 런던을 중심으로 소개하면서, 일본에서도 정부에 의한 빈민구제제도의 범위를 확대하고 빈민구제 예산을 증가시킬 것, 지방에도 빈민을 보육할 수 있는 양육원과 시료(施療)병원을 설립할 것을 주장하는 글이 게재되어 있다. (문영주)

참고문헌

加藤友康·由井正臣 編,『日本史文献解題辞典』, 吉川弘文館, 2000.5;『日本出版百年史年表』, 日本書籍出版協會, 1968.

국가학회잡지(國家學會雜誌)

1887년에 도쿄제국대학 국가학회가 창간한 학술지

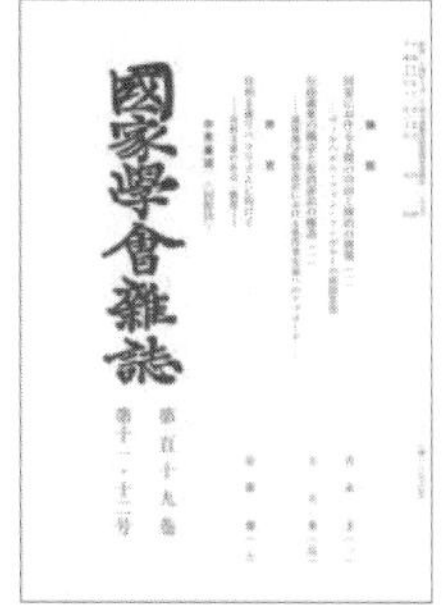

1887년에 창간된 학술지. 1945년까지 간행된 이 잡지는 후지출판(不二出版)에 의해 총 177권으로 복간되었다.

창간의 취지는 "헌법, 행정, 법률, 재정, 외교, 경제, 통계 등 국가학에 속하는 논설 사항을 게재하여 그 학문을 연구하는 데에 자료를 제공하는 것"에 있었다.『국가학회잡지』는 학술지 가운데 최대 규모의 자료이며, 오늘날에도 법률과 정치학을 중심으로 한 연구의 보고이다. (이규수)

참고문헌

『近代文學雜誌事典』, 至文堂, 1965; 岡野他家夫,『明治言論史』, 原書房, 1983; 桂敬一,『明治·大正のジャ-ナリズム』, 岩波書店, 1992.

국고월간(國故月刊)

1919년 베이징에서 발간된 학술지

1919년 3월 베이징(北京)에서 창간되었다. 베이징 치중사(致中社) 기관 간행물이다. 1919년 10월 5호를 끝으로 정간되었다. 베이징대학도서관 등에 소장되어 있다.

베이징대학에 재직 중인 류스페이(劉師培), 주준성(朱駿聲), 황간(黃侃), 마쉬룬(馬敍倫), 천한장(陳漢章) 등이 중국의 옛부터의 학술은 '널리 알려지고 더욱 밝혀져야 한다'(昌明)고 주장하였다. '옛 것을 증명하여 지금에 통하고, 중서(中西)를 참고하여 그 정중(正中)의 이치를 구한다'는 취지를 갖고 있다. 통론(通論), 전저(專著), 유저(遺著), 예문(藝文), 기사, 통신, 잡조(雜俎) 등의 난으로 구성되었다. 주로 중국 고대 유가, 도가 경전 저작의 문장 고증과 해석, 고대 한어의 연구, 고대 시사(詩詞)의 해석, 고대 역사 저작의 증거 보완 문장 등을 게재하였다. 문자는 세로식을 채용하였고 표점을 찍지 않았다. 국고(國故)정리운동에 대해 후스(胡適), 천두슈(陳獨秀) 등의 지원을 받는 학생조직 신초사(新潮社)가 기관지 『신조(新潮)』를 통해 그에 반대하고 나섬으로써 국고정리운동이 시작되었다. 여기서 국고는 전통 학술 문화를 말하는 데, 『국고월간』의 입장이 국고를 알리고 밝히는 데 중점을 두었던 반면, 『신조』의 입장은 국고를 절대불변의 것으로 보지 않고 오늘의 시대에 맞는 문명을 재창조하는 기반이 되어야 한다고 주장하였다. (이은자)

참고문헌

王檜林 · 朱漢國 主編, 『中國報刊辭典(1815~1949)』, 太原(山西): 書海出版社, 1992; 민두기, 『중국에서의 자유주의의 실험: 胡適의 사상과 활동』, 지식산업사, 1996.

▌국론(國論)

1935년 중국 상하이에서 창간된 시사종합잡지

1935년 7월 상하이(上海)에서 창간되었다. 천치톈(陳啓天)이 주필이다. 처음에는 월간이었으나 1938년 청두(成都)로 옮겨 출판하면서 주간으로 바뀌었고, 권과 기수를 다시 시작하였다. 1938년 10월 다시 충칭(重慶)으로 옮기면서 그 기수를 또다시 시작하였으나 바로 휴간되었다.
1940년 1월 청두에서 복간하면서 반월간으로 바뀌었고 권과 기를 다시 시작하여 청두국론사(成都國論社)에서 발행되었다. 1945년 7월 종간되었다. 현재 베이징사범대학 도서관에 소장되어 있다.

내용은 논저, 국방, 국제, 역사, 자료 등으로 구성되어 있다. 정치, 경제, 교육 등의 방면에서 어떻게 중국을 건설할지 심층토론하고, 중국의 국방건설을 강하게 하기 위한 방안 등을 분석하여 게재하였다. 또한 국제정치와 국제관계를 연구하고, 해외의 국방건설과 국방과학이론 등을 소개하였다.

아울러 「19세기 초 독일의 국난과 부흥」, 「국사당(國社黨) 통치하의 독일문화운동」, 「열강 침략하의 화베이(華北) 현황」 등의 문장을 연재하였다. (김성남)

참고문헌

王檜林 · 朱漢國 主編, 『中國報刊辭典』, 太原: 書海出版社, 1992; 葉再生 著, 『中國近代現代出版通史』, 北京: 華文出版社, 2002.

▌국립베이징대학사회과학계간(國立北京大學社會科學季刊)

1922년 중국 베이징대학에서 간행한 사회과학 학술지

베이징대학(北京大學)에서 간행한 4종의 계간 중 하나이다. 1922년 창간되었다. 1928년 정간되었다가 35년에 복간된 이후에는 참여인원도 바뀌었고, 잡지의 내용도 이론 소개보다는 「민족개념과 국민개념(民族概念與國民概念)」, 「국민회의여직업대표제」 등 보다 중국 현실에 대한 학술적 분석에 치중하였다. 당시의 담론지평과 학술사 연구에 중요한 자료라 할 수 있다. 베이징도서관 등에 소장되어 있다.

창간 목적은 따로 표현하지 않았으나, 정치, 경제, 법률, 교육, 윤리, 역사, 지리 등 사회과학에 대한 학술적 토론과 새로운 사상에 대한 소개와 비평에 주안점을 두었다. 이에 따라 잡지의 체제는 논저와 비평 및 소개로 구성하였으며, 기타 시사적인 사항은 특재란에서 다루었다. 베이징대학사회과학계간 편집위원회에서 편집을 맡았으며, 실제 원고는 대부분 베이징대학 교수 및 강사가 전담하였다.

초기 참여자는 구멍위(顧孟餘, 화폐경제), 왕스제(王世杰, 헌법학), 타오멍허(陶孟和, 사회학), 저우경성(周鯨生, 국제정치학), 주씨주(朱希祖, 국학), 천치슈(陳啓修, 경제학) 등이었다. 첸돤성(錢端升, 정치학), 천다지(陳大濟, 철학), 천한성(陳翰笙, 경제학), 저우포하이(周佛海, 경제학) 등은 나중에 참여하였다.

『국립베이징대학사회과학계간』이 창간된 1922년은 국가 건설과 관련한 논의가 활발한 시기였다. 『국립베이징대학사회과학계간』은 학술적 입장에서 이러한 논의에 참여하였다. 물론 필자의 지적 배경과 정치노선의 다양성만큼, 내용 역시 상당한 편차가 있었다. 특히 영미식 민주주의와 길드사회주의를 비롯한 서구의 다양한 사회주의나 일본식 마르크스주의 소개 등이 두드러졌다. 특히 타오멍허, 가오이한(高一涵) 등의 「콜의 국가성질론(柯爾的國家性質新論)」(1권 1호), 「페이비언주의파의 방법과 이론(福濱社會主義派的方法和理論)(2권 2호), 「이익과 연합(利益與聯合)」(2권 1호) 등은 모두 당시 유행했던 길드사회주의의 페이비언주의에 대한 소개였다. 또 천치슈의 「중국의 개조와 그 경제적 배경(中國的改造和他底經濟的背景)」(1권 2호), 리다자오(李大釗)의 「생시몽의 역사관(桑西門的歷史觀)」(1권 4호), 「콩트의 역사관(孔德的歷史觀)」(2권 1호), 두궈샹(杜國庠)의 「공상적 사회주의에서 과학적 사회주의로(由空想的社會主義到科學的社會主義)」(2권 3호) 등은 일본에서 수용한 마르크시즘을 토대로 하고 있었다. 그 외 바이펑페이(白鵬飛)의 「베를린 만국노동회의 이후 국제 노동법의 발전[栢林萬國勞動會議以後國際勞動法之發展]」(2권 3호) 등 영미식 민주주의나 독일식 사회주의에 대한 언설도 많다.

참여자들은 학술적인 입장에서 중국의 현실을 해석하고 사회개조 방안을 모색하였다. 물론 이들은 직접적으로 정치활동에 참여한 것은 아니었지만, 현실에 대한 지속적인 발언을 통해 담론 공간에 적극적으로 개입하였다. 예컨대 앞의 길드사회주의 등 이론을 바탕으로 한 연방제론은 대표적인 예라 할 수 있다(왕스제, 「연방제의 기초성과 파별을 논함[論聯邦制之基礎性與派別]」, 1권 3호). 이는 당시 북양군벌은 물론 국민당이 주도하는 북벌혁명에는 비판적이었던 지식인들에게 공통적으로 견지하고 있던 입론이었다.

그러나 왕스제의 경우처럼 오랜 시간을 거치는 동안 진보에서 보수적인 입장으로의 변화가 드러내는 경우도 있다. 「타이의 영사재판권 회수문제(暹邏收回領事裁判權之經過與暹美新約)」(1권 1호), 「중국의 현행법률과 개인의 자유 문제(中國現行法令與個人自由)」 등에서 알 수 있듯이 초기에는 왕스제는 애초 비판적인 지식인이었다. 그러나 국민당 입당을 전후한 이후에는 「중국 노비제도(中國奴婢制度)」(3권 3호) 등 역사문제만을 대상으로 삼을 만큼 크게 보수화하였다. 5·4기의 다양한 지식인의 지적인 굴절 과정을 살필 수 있는 측면이다. (오병수)

참고문헌

王檜林·朱漢國 主編, 『中國報刊辭典』, 太原: 書海出版社, 1992;
葉再生 著, 『中國近代現代出版通史』, 北京: 華文出版社, 2002.

국문보(國聞報)

1897년 중국 톈진에서 창간된 시사종합신문

國聞報

1897년 10월 26일 톈진(天津)에서 창간되었다. 일간지로 대형판을 8면으로 나눈 판면 형식이다. 앞 4면은 뉴스와 평론을 게재하고, 뒤 4면은 모두 광고였다. 매회 부록으로 『경보(京報)』를 인쇄하여 무료로 배송하였다.
명의 상 주인은 리즈청(李志成)이었으나, 실제 창간인과 주필은 옌푸(嚴復)와 샤청유(夏曾佑), 왕슈즈(王修植), 항선슈(杭愼修)이다. 주요 편집인들이 대부분 조정 관원인 까닭에 공개적으로 이름을 올리지 않았기 때문이다. 톈진의 쯔주린(紫竹林) 하이다다오(海大道) 조계에 신문사를 설립하여 조계 당국의 비호를 받았으며, 1일 판매량은 약 1500부 정도였다.
보존본은 현재 톈진시도서관에 소장되어 있으며, 영인본 『국문보회편(國聞報匯編)』이 타이완 문해(文海) 출판사에서 1987년 아이잉(愛潁)의 편집으로 출판되었다.

내용은 전보와 조서(詔書), 로이터통신(路透電訊), 논설, 국내 소식, 본 도시 소식, 국내외 소식, 광고 등이며 대부분이 옌푸의 글이었다.

주요 기사란으로는 '상유공록(上諭恭錄)', '로이터전보(路透電報)', '본관논설(本館論說)', '본관조록(本館照錄)', '국문록요(國聞錄要)', '경사신문(京師新聞)', '펑톈신문(奉天新聞)', '일본신문(日本新聞)' 등이 있었고, 가끔 '한국신문(韓國新聞)'란이 등재되었다.

유신변법을 고취하고 서양 자본주의 국가의 과학과 민주체제를 배워야 할 것을 주장한 이 신문은 청말 변법유신파의 화베이(華北) 지역 주요 언론이다.

가장 큰 특징은 뉴스가 많고 소식이 빠르다는 점이다. '국문보연기(國聞報緣起)'에 의하면 기자 수십 명이 100여 곳에 파견되어 있다고 설명되어 있다. 이 설명은 조금 과장된 측면도 있지만, 실제 국내외 뉴스를 매우 신속하게 보도하여 신문이 갖추어야 할 정확, 신속, 상세함과 다양성을 갖춘 매체였다.

또한 대중들이 가장 관심을 갖는 일상생활의 이해관계와 밀접한 기사나 정치적 사건들을 신속하고 상세히 보도하였으며, 특히 북방지역의 정치적 사건들을 추적 조사하여 보도하는 등 다른 신문들을 앞서 갔다.

1897년 11월 독일의 자오저우만(膠州灣) 점령 사건이 발생하자 이 사건을 연속 보도하고 사건의 본질을 파헤친 글들을 모아 『교사여문(膠事如聞)』을 출간하였다. 1898년 2월, 이 사건이 마무리되기까지 매일 수 편의 기사를 보도하여 신속한 정보 전달의 역할을 충실히 수행하였다. 또한 자오저우만 사건에 관한 평론 「산둥 자오저우 반기독교 사건을 논함(論山東曹州教案事)」과 「독일인 교주만 주둔을 논함(論德人駐膠州灣事)」 등을 발표하여 정부 대처에 불만을 표시하였다.

또한 러시아 군대의 피쯔만(貔子灣) 일대 주민 살해 사건을 폭로하여 중국 인민의 정의감을 세우고 명성을 얻었다. 그러나 이 일로 청 정부로부터 미움을 사 1898년 2월 게재되었던 상주문 기사를 구실로 조사와 수색을 당하였다.

이에 옌푸 등 편집진은 『국문보』의 생존을 위해 신문사를 1898년 3월 27일 일본인 미시무라 히로시(西村博)에게 형식적으로 매도하였다. 명의상 미시무라 히로시의 이름을 사용한 것 외에도 서기 연도 표시를 취소하고 일본 메이지(明治) 연호를 사용하였다.

그러나 이 신문은 베이징 지역 변법유신파 인사들의 결집을 더욱 강화시켰고, 그해 5월 5일 량치차오(梁啓超)가 샤청유에게 서신을 보내 보국회(保國會) 장정(章程)을 『국문보』에 실어줄 것을 요청하자 샤청유는 이를 바로 수락하였다.

이에 보국회 장정이 『국문보』에 발표되었고, '경성보국회제명기(京城保國會題名記)'와 보국회에 참가한 186명의 서명, 량치차오의 연설문, 평론 「서보국회제명기후(書保國會題名記后)」, 「문보국회사서후(聞保國會事書后)」 등을 발표하였다.

이른바 백일유신(百日維新) 시기 『국문보』는 최고의 명성을 얻으면서 톈진 지역에 신속 다양한 뉴스들을 전달했다.

1898년 9월, 무술변법운동이 실패로 끝나면서 대부분의 언론사가 수색과 휴간을 당하였으나, 일본인 명의의 『국문보』는 진실을 보도할 수 있었다. 정변 6일 후인 9월 27일에는 「시사여귀(視死如歸)」를 발표하고 정변의 진실을 폭로하였다.

그러나 이 문장은 결국 수구파에게 탄압의 구실을 제공하여 예부(禮部)에서 『국문보』를 폐간시키라는 상소가 올라갔다. 청 정부는 톈진 주재 일본 영사에게 신문사의 폐쇄를 요구하였으나 『국문보』는 이를 받아들이지 않고, 「중국 신문사 폐쇄 사건을 논함(論中國禁報館事)」을 발표하여 이를 반박하였다.

이 시기의 『국문보』는 비록 일본인 명의로 발간되고 있었지만, 실제상으로는 옌푸와 샤청유, 왕슈즈(王修植) 등이 운영하고 있었다. 그러나 1898년 12월 정세가 급변하면서 샤청유가 사표를 냈고, 이어서 옌푸와 왕슈즈도 사직하여 1899년 2월 『국문보』는 완전히 일본인에게 넘어가게 되었다. 톈진 주재 일본 영사관에서 1만 1000원을 지불하고 『국문보』의 모든 경영권을 인수하였고, 이로부터 이 신문은 기존의 모든 성격이 변질되었다.

『국문보』가 유신변법운동 기간 동안 발표한 많은 문장들은 중국의 애국적 여론과 진보적 학술사상을 발전시키고 사상계의 발전을 추동하였다. 무술정변 후에도 봉쇄된 청 조정의 금기를 뚫고 진실을 알리고 여론을 환기시켰다.

그러나 1900년 이후의 『국문보』는 같은 이름으로 계속 간행되었지만, 그 가치와 생명력은 이미 끝나 있었다. (김성남)

참고문헌

彭永祥, 『辛亥革命時期期刊介紹』, 人民出版社, 1986; 方漢奇 主編, 『中國新聞社業通史』, 中國人民大學出版社, 1996.

▌국문주보(國聞周報)

1924년 상하이에서 발간된 시사평론 잡지

1924년 8월 상하이(上海)에서 창간된 국문통신사(國聞通訊社) 부속 간행물이다. 1937년 12월 14권을 끝으로 정간되었다. 상하이도서관 등에 소장되어 있다.

『국문주보』는 1924년 상하이에서 창간되었으나, 1927년 제4권부터 톈진(天津)으로 옮겨 간행되었다. 1936년 제13권부터 다시 상하이로 옮겨 출판되었다. 주편(主編)은 후정즈(胡政之)이다. 국내 일주간 대사(大事) 일기, 일주간 국내외 대사 술평(述評), 풍문 채록, 논평 모음, 부록, 소설, 시인회지(時人匯志), 논저 등의 난으로 구성되었다. "무당파(無黨派)의 마음으로, 무계급(無階級)의 관점으로, 좌우에 편향됨이 없이, 그 근본 태도는 애국의 자유주의자"임을 표방하였다. 또한 편집방침은 국민 공공의 의견을 교환하고, 문제를 연구하는 기관으로 국내외 시사문제를 비판하는 정확한 자료를 제공하는 것이었다. 주로 정론(政論)과 관련된 많은 문장이 수록되었는데, 그 내용은 정치, 군사, 경제, 문화사업, 사회생활, 국내외 시국 평론 등을 포함하고 있다. 제국주의가 중국을 침략하는 행보에 대해서도 반대하였고, 국민당 통치하의 사회현상에 대해서도 불만을 갖고 있었지만, 중국에서 혁명이 추진되는 것에는 반대하였다. 중국공산당이 영도하는 인민혁명을 반대하고, 중국이 사회주의의 길을 걷게 되는 것에도 반대하였다. 현재 사회 상황하에서 서방 자본주의 방식으로 중국이 개량되어야 한다고 주장하였다. 또한 여론과 권위를 통해 사회 혼란과 부패를 개조할 것을 강조하였다. 국내외 중대한 시사문제는 모두 상세히 기재하고 논평하였다. 1937년 8월에서 9월간 『전시특간(戰時特刊)』 12호를 출판하여 항일을 선전하고 일본의 중국 침략에 반대하였다. 또한 국민당 정부의 타협 후퇴 정책을 비판하고, 전국 항일민족 통일전선을 조성할 것을 주장하였다. (이은자)

참고문헌

王檜林·朱漢國 主編, 『中國報刊辭典(1815~1949)』, 太原(山西): 書海出版社, 1992; 葉再生, 『中國近代現代出版通史』, 北京: 華文出版社, 2002.

▌국문회편(國聞匯編)

1897년 중국 톈진에서 발행된 시사종합신문

1897년 12월 8일 톈진(天津)에서 창간되었다. 『국문보(國聞報)』의 부속 간행물로 편집장은 『국문보』의 주필인 옌푸(嚴復)와 샤청유(夏曾佑)가 겸임하였다. 10일에 한 번씩, 3만여 자 정도의 책 형태로 간행되었다. 1898년 2월 종간되었다. 보존본 6책은 톈진시도서관과 중국국가도서관에 소장되어 있다.

매회 전반부는 주로 외국의 학술 저작들을 번역 소개하였고, 후반부는 외국 언론에서 발췌한 뉴스와 평론으로 구성되었다. 기사마다 번역한 사람의 실명과 출처를 밝혀 게재하였다.

「국문보연기(國聞報緣起)」를 통해 일간(日刊)과 순간(旬刊)의 역할 분담에 대한 설명을 하고 있는데, 즉 일간은 국내 정보를 위주로 신속한 보도를 하고, 순간은 외국 뉴스를 상세히 알리는 것이라 하였다. 또 독자의 대상도 일간은 상인이나 여러 부류의 대중을 대상으로 하지만, 순간은 사대부 위주의 독서인을 대상으로 한다는 점을 들어 『국문보(國聞報)』와의 차이를 설명하였다.

당시 량치차오(梁啓超)는 「중국신문사의 연혁 및 그 가치(中國報館之沿革及其價值)」라는 글을 통해 이 신문을 높이 평가하였다. 즉 『시무보(時務報)』 이후, 마카오의 『지신보(知新報)』가 발간되고 그 뒤를 이어 많은 신문들이 나왔으나, 그 면모가 모두 『시무보』를 모방하여 특별한 것이 없으나 『국문회편』은 그 정교함과 완성도에서 최고 수준이라 극찬하였다.

그러나 불과 6호를 내고 종간이 되었는데 이는 너무 어려운 문장들로 인해 구독하는 독자가 적어 판매가 부진했기 때문이었다.

1898년 2월 왕슈즈(王修植)가 왕캉녠(汪康年)에게 보낸 편지에도 『국문회편』의 문장이 매우 난해하여 독자들이 읽기를 싫어하며, 판매량이 불과 5,600부에 불과하여 정간되었다고 설명한 글이 있다.

옌푸가 번역한 「스펜서 권학편(斯宾塞尔勸學篇)」과 「천연론(天演論)」이 제2책부터 6책까지 연재되었다.

옌푸(嚴復)의 「천연론(天演論)」

「천연론」은 영국의 생물학자 헉슬리(Thomas Henry Huxley)의 『진화론과 논리학(進化論與論理學)』을 번역한 것으로 이 번역문의 특징은 옌푸가 매장의 번역문마다 모두 자신의 견해와 사상들을 삽입하고 어떤 글은 자신의 의견을 더욱 강조하기도 한 점이다.

옌푸는 「천연론역례(天演論譯例)」에서 원문의 자구(字句) 번역만이 아닌 그 깊은 뜻의 의미를 재해석했다고 번역의 특징을 설명하였는데, 실제로 헉슬리의 원문과 옌푸의 번역문을 대조해 보면, 문장 중 많은 부분이 원래 헉슬리의 관점이 아니고, 옌푸가 중국의 자연관과 사회관에 맞게 선택하여 받아들이고 있는 것을 볼 수 있다.

옌푸는 이러한 사회 진화론과 약육강식의 세계관을 당시 제국주의에 침탈당하는 중국 인민을 단결시키는데 활용하면서 부국강병을 주장하고, 변법도강(變法圖强)의 사상적 무기로 삼았다.

당시 서양에서 유행한 사회과학과 자연과학의 새로운 영역을 소개하고 이를 중국이 처한 역사적 상황으로 연결한 옌푸의 이 번역물들은 상당한 영향력을 가지고 중국인들에게 받아들여졌다.

그러나 1908년 청 정부의 유화정책으로 높은 관직을 받은 이후 차츰 보수화되었으며, 신해혁명 이후 공화제를 반대하고 백화문(白話文)의 사용도 반대하면서 시대를 거스르는 수구보수파로 변질되었다. (김성남)

참고문헌

方漢奇 主編, 『中國新聞社業通史』, 中國人民大學出版社, 1996;
葉再生 著, 『中國近代現代出版通史』, 北京: 華文出版社, 2002.

국민(國民)

1919년 중국 베이징에서 간행된 정론지

1919년 베이징대학(北京大學)의 국민잡지사가 간행한 월간지이다. 1권 4호부터는 실질적으로는 부정기간이었다. 2권 4호까지 간행되고 정간되었다.

국민잡지사는 중일공동방적협정에 항의하기 위해 조직된 학생 구국회를 모태로, 탄생한 전국적인 민족운동 조직이었다. "국민의 인격을 증진하고, 국민에게 상식을 제공하며, 학술을 연구하고 국화를 제창한다"는 것이 종지였다.

베이징, 톈진(天津) 지역의 애국시민의 지원을 받

아 간행한다고 하였으나 사실상 덩중샤(鄧中夏), 황르쿠이(黃日葵) 등이 주도하였고 리다자오(李大釗)가 후원하였다. 또 국민잡지사의 성립식에는 베이징대학 교장인 차이위안페이가 직접 참여하여 연설하였다.

『국민』 잡지는 5·4 이전 학생들의 민족의식과 함께 이른바 초보적 공산주의자들의 현실 인식 및 전망을 함께 보여 주는 잡지이다. 창간시기가 아직 신청년들의 이념적 분화 이전인 데다가 민족주의의 논리로 다양한 구성원을 포괄하였기 때문이다. 실제 총 180여 명인 국민잡지사 회원은 초보적인 마르크스주의자인 덩중샤, 가오창더(高尙德), 황르쿠이 등과 함께 무정부주의자인 이자웨(易家鉞), 국가주의자인 청치(曾琦), 길드사회주의자인 우짜이성(吳載盛)뿐만이 아니라 뒷날 국민당 우파가 되는 돤시펑(段錫鵬)까지 고르게 망라하고 있다.

『국민』은 우선 반제국주의적 입장을 선명히 하고 있다. 특히 일본제국주의에 대한 비판이 두드러진다. 리다자오의 경우처럼, 일본이 주도하는 대아시아주의에 대항하여 민족자결과 민중적 연대에 기초한 신 아시아주의를 제창한 것은 단적인 예이다. 또 황르쿠이는 "동아시아 영구 화평"의 기초라는 글을 통해 21개조 요구의 철폐, 영사재판권 등 중국에서 일체 특권의 취소, 군사협정 취소 및 조선과 타이완의 교환 또는 해방을 요구하였다.

물론 이러한 주장은 당연히 1차 세계대전 이후 일종의 낙관적 공리관과 윌슨의 14개조를 중심으로 민족자결주의의 영향을 받은 것이었다.

동시에 『국민』은 국민의 건전한 인격 형성을 지향하면서 이른바 국민성 개조를 가장 우선적인 표어로 제기하고 있다. 특히 국민을 서구인의 노예가 아니라 구시대의 노예라고 비판하면서 장타이옌(章太炎), 류스페이(劉師培) 등의 국학파의 논리를 계승하고 있는 점에 주목할 필요가 있다.

그러나 5·4 이후 『국민』은 논조를 약간 바꾸었다. 가장 큰 변화는 우선 장타이옌, 류스페이 등 국수주의와의 단절을 명확히 하는 한편 부분적으로 마르크스주의를 소개하고 있는 점이 그것이다. 「공산당 선언」(2권 3호)을 번역한 것은 대표적인 예이다.

그러나 전반적으로는 당시 유행하는 개조를 모토로 내걸고 있을 뿐 아니라 그 방법도 뚜렷한 것은 아니었다. 현실을 강권적인 질서로 파악하고 그 원인을 자본주의 체제로 귀결시키는 정도였다. 또 한편으로 국민의 사상개조를 근본개혁의 전제로 내걸고 있으며 특히 길드사회주의, 신촌주의 등 다양한 사회주의 사조를 모색하고 있다는 점에서 오히려 개조론에 가깝다고 할 수 있다.

『국민』은 또 5·4시기 중요 간행물 중에서는 보기 드물게 백화문이 아닌 문언체를 구사하고 있다는 점이 특징이다. (오병수)

참고문헌

王檜林·朱漢國 主編, 『中國報刊辭典』, 太原: 書海出版社, 1992;
葉再生 著, 『中國近代現代出版通史』, 北京: 華文出版社, 2002.

▌국민공보(國民公報)

1910년 중국 베이징에서 창간된 정치운동 신문

1910년 베이징(北京)에서 창간되었다. 창간 초기는 국회청원동지회 기관보로 발행되었으나 1911년부터 주필 쉬포쑤(徐佛蘇)에 의해 독자적으로 발행되었다. 1919년 10월25일 종간되었다.

1911년, 이 신문의 발행주최인 국회청원동지회가 헌우회(憲友會)로 개조되면서 각 성(省) 대표들은 쉬포쑤가 신문을 독자적으로 발행하는데 동의하였으며, 그 이후 『국민공보』는 입헌운동의 선도적 언론이 되었다.

중화민국시기에 접어들면서 다시 진보당 계열의 신문이 되었으며, 1919년 돤치루이(段祺瑞) 군벌 정부에 의해 종간되었다.

이 신문은 국회청원동지회의 언론기관 역할뿐만이 아니라 량치차오(梁啓超)와 중국 내 입헌단체와의 연대를 추진하면서 정치 주장을 발표하는 논단의 장이 되었다. 또한 국회 청원단체들의 언론의 장 역할을 수행하여 입헌운동의 대 본영 역할을 수행하였다.

• 쉬포쑤(徐佛蘇)

주필 쉬포쑤는 후난(湖南) 사람으로 화흥회(華興會)에 참가하였다. 창사(長沙) 봉기를 계획하다가 황싱(黃興)과 같이 체포 구금되었으며, 석방 후 일본으로 도피하여 혁명주의를 포기하고 보황파로 개량하였다. 그 후『신민총보(新民叢報)』집필에 적극 참여하여 량치차오의 신임을 받았다. 1907년 정문사(政聞社)에 참가하여 상하이 본부 상무원(常務員)이 되었고, 량치차오의『정론(政論)』창간을 도와주었다. 정문사가 봉쇄당한 후에는 량치차오의 명을 받아 중국 내 입헌파 인사들과 연계하여 국회소집 선전 활동을 진행하였다. (김성남)

참고문헌

方漢奇 主編,『中國新聞社業通史』, 中國人民大學出版社, 1996; 王檜林·朱漢國 主編,『中國報刊辭典』, 太原: 書海出版社, 1992.

국민문학(國民文學)

1914년 일본에서 간행된 단카 동인잡지

1914년 6월 구보타 우쓰보(窪田空穗)가 창간한 단카(短歌) 결사의 잡지이다. 발행 당시 잡지는 단카를 포함한 일반 문학잡지를 기도했지만, 1915년부터 단카 중심의 동인잡지로 변경되었다. 이후 주재는 마쓰무라 에이이치(松村英一)로 변경되었다. 발행소는 국민문학사(國民文學社)였다.

초기 동인으로는 한다 료헤이(半田良平), 우에마쓰 도시키(植松壽樹), 쓰시마 간지(対馬完治) 등이었지만 우에마쓰는『옥야(沃野)』를, 쓰시마는『지상(地上)』을 창간하면서 결별했다. 잡지는 간토대지진 이후 다른 잡지를 합병하여 일시적으로『국가(國歌)』로 제호를 변경했다. 태평양전쟁 시기에는 잡지의 통폐합 조치에 따라『지상』을 합병했다. 게재된 단카는 구보타 우쓰보의 영향을 받아 착실한 생활을 추구하는 충실한 주장으로 표현되었다. (이규수)

참고문헌

岡野他家夫,『明治言論史』, 原書房, 1983; 桂敬一,『明治·大正のジャ-ナリズム』, 岩波書店, 1992.

국민문학(國民文學)

1941년 서울에서 발행된 일본어 문예지

1941년 11월 1일 서울에서 창간되어 1945년 2월 폐간되기까지 월간으로 통권 38호가 발간되었다. 편집 겸 발행인은 최재서(崔載瑞)이다. 정가는 70전이었으며 A5판으로 240쪽가량이었다. 주요 필진으로는 최재서 외에 박영희(朴英熙), 백철(白鐵), 임학수(林學洙) 등의 문인이 있었다.

『국민문학』은 최재서 자신이 발행인으로 있던『인문평론(人文評論)』을 1941년 4월 폐간하고 제호를 바꿔 발간된 잡지이다. 최재서는 이에 대해「조선문학의 현단계(朝鮮文學の現段階)」라는 글에서 이렇게 밝히고 있다.

"4월에 들어서자 조선문단은 새로운 문제에 부딪히지 않을 수 없었다. 그것은 한글 문예 잡지 통합 문제였다. …… 이태준 씨가 주관하던 『문장(文章)』과 필자가 편집하던 『인문평론』에 의지할 수밖에 없었다. 그리고 이 두 문예 잡지가 부득이하게 통합될 수밖에 없었다. 경무 당국이 주동하였다. 당면한 이유는 말할 것도 없이 용지절약이었다. 그렇지만 당국으로서는 이 기회에 잡지를 통제함으로써 조선문단의 혁신을 한꺼번에 해결하려는 의도를 가지고 있었으리라는 것은 쉽게 추측할 수 있을 것이다. 그 결과 생겨난 것이 지금의 『국민문학』이다."

원래 1년에 4회의 일본어판과 8회의 한글판을 낼 계획이었으나, 제2권 5호부터 일본어판으로 일관하였다. 창간호의 권두언인 「조선문단의 혁신(朝鮮文壇の革新)」에는 '신체의 국민화'를 위해서 '문학상의 국민의식'을 혁신할 필요성을 주장하여, 『국민문학』은 이와 같은 '국민의식'을 성취하고 독려하기 위해 탄생한 것으로 의미를 부여하였다. 이처럼 『국민문학』은 일본의 내선일체와 대동아공영권에 대한 동조이자, 국책문학인 '국민문학'을 주장하는 친일적 경향을 강하게 보여준다.

『국민문학』에는 문학 관련 논문과 함께 시, 수필, 소설 등이 소개되었는데, 일본어로 창작할 것을 요구하였다. 주목되는 점은 창간호의 「조선문단의 재출발을 말한다」로 시작하여 18회에 걸친 다양한 주제의 좌담회가 기획되었고, 그 내용이 수록된다는 점이다. 기본적으로 잡지의 성격이 일제의 정책에 따르고 있다. 하지만 좌담회에 참여한 최재서 등은 내선일체 안에서도 조선의 독자성을 인정하고, 조선 문단의 방향성도 이에 근거해 재출발해야 할 것을 주장하고 있다. 물론 이러한 논의는 일본인들에 의해 무마되어 내선일체로 매진할 것을 강요받으며 수그러지고 말았다.

이점에서 『국민문학』은 일제의 식민지정책을 따르고는 있으나, 발표된 작품과 다양한 주장들에서 참여한 문인들의 논리를 세심하게 살펴볼 필요가 있다. (신상필)

참고문헌

『국민문학』; 김윤식, 『일제 말기 한국작가의 일본어 글쓰기론』, 서울대학교출판부, 2003; 노상래, 「『국민문학』 소재 한국작가의 일본어 소설 연구」, 『한민족어문학』 44집, 한민족어문학회, 2008; 윤대석, 『식민지 국민문학론』, 역락, 2006; 이원동, 「『국민문학』의 좌담회 연구」, 『어문논총』 48집, 한국문학언어학회, 2008; 임종국, 『친일문학론』, 평화출판사, 1966.

국민미술(國民美術)

1923년 일본의 국민미술협회 기관지

국민미술협회(國民美術協會)의 기관지이다. 1923년 12월 처음으로 창간되었다. 편집위원은 아사쿠라 후미오(朝倉文夫), 오다 사부로(太田三郎), 다카무라 도요치카(高村豊周), 구로다 보신(黑田鵬心), 사카이 사이수이(坂井犀水), 다나베 고지(田辺孝次)였다. 이 중 다나베 고지가 편집 전임이었다. 편집 겸 발행인은 협회사무소가 설치된 유일장(流逸莊)의 경영자인 도예가 나카 쇼고(仲省吾)였다.
다나베 고지가 문부성 재외 연구원으로 파리에 갔기 때문에 이시이 하쿠테이(石井柏亭), 오다 사부로, 사카이 사이수이가 편집위원이 되었고, 사카이 사이수이가 주필격이 되었다. 이후 모리다 가메노스케(森田龜之助), 스즈키 고지(鈴木行三)가 편집위원으로 보충되었다.

본 잡지에서 주목되는 기사는 제도부흥 창안 전람회(帝都復興創案展覽會)였다. 이 전람회는 '협회전'이 간토대지진 이후 '부흥디자인전'으로 바뀐 것이었다. 이마와 지로(今和次郎)가 기획을 주도했다. 특히 『국민미술(國民美術)』 제1권 5호 지상에는 출품 작품의 사진도판이 실려 있는데, 이 잡지의 특성이 잘 나타난 것으로, 다른 잡지에서 발견되지 않는 자료다.

회장인 구로다 기요테루(黑田淸輝)의 죽음은 국민미술협회에 큰 타격이었다. 제1권 9호는 다나베 고지에 의해 추도호로 편집되어 유작뿐만 아니라 작품 도판, 각종 추도사 등이 실렸다. 이후 회장에는 나카조 세이이치로(中條精一郞)가 재선되었다. 다이쇼기(大正期)가 끝나면서 『국민미술』도 그 사명을 다했다.

• 국민미술협회

1912년 이와무라 도루(岩村透)를 중심으로 11월 17일 문전 출품화가 간친회가 열려 51명이 출석했다. 그 석상에서 마쓰오카 히사시(松岡壽)가 조직의 필요를 설명하고, 고야마 세이타로(小山正太郎), 구로다 기요테루(黑田淸輝), 이와무라 도루 등이 적극 찬성했다. 그 참석자는 곧바로 '미술가 공통의 이해 문제를 처리할 일대기관'의 결성 준비를 결의했다. 다음해 3월 3일 우에노(上野)에서 창립총회를 열고, 구로다 기요테루, 후지시마 다케지, 이와무라 도루, 이시이 하쿠테이, 마쓰오카 히사시, 야마시다 신타로, 나카가와 하치로 등을 평의원으로 선출하고, 5명의 이사를 선임했다. 이사 상호 호선으로 구로다 기요테루를 초대 회장으로 뽑았다. 창립대회 회원은 111명이었다. 이후 서양화 이외의 분야로 조직이 확대되어 조각부, 건축부, 장식미술부, 일본화부, 학예부 등의 6개부가 조직되었다. 당시 주목받았던 사진부, 음악부는 중간에 조직이 해산되었다.

설립 당시 국민미술협회의 사업 목적은 '미술계의 의지를 표명'하는 활동과 국민미술협회전의 개최였다. 국민미술협회는 1915년 6월 17일 대전기념미술관(大典記念美術館) 건설을 도쿄(東京)시에 건의하고, 11월 나카바시 도쿠고로(中橋德五郞), 당시 문교상(文敎相)에게 건의했다. 그리고 전람회를 1913년 서부(西部) 제1회전을 시작으로 1921년까지 매년 봄에 개최하였다. 처음부터 일본화, 서양화, 조각, 건축, 장식미술 등의 6개 부문을 설치했다. 특징적인 것은 제3회 이후 회원 출품 공모전에 매회 특별 전시가 기획되었던 사실이다. 1933년에 창립 20주년기념전이 열린 것이 마지막 전시회였다. 1925년 도쿄부미술관(東京府美術館)이 착공되고, 1927년 제국미술전에 제4부 공예가 개설되면서, 협회의 목적은 모두 달성되었다. (김인덕)

참고문헌

『國文學 解釋と鑑賞』(10月) 第30卷 第13号, 東京: 至文堂, 1965; 日本近代文學館·小田切進 編,『日本近代文學大事典』5卷, 東京: 講談社, 1977.

국민보

1913년 하와이에서 발행된 대한인국민회 지방총회 기관지.

주간신문으로, 재미교민단체 국민회 하와이 지방총회가 발행하던 『신한국보(新韓國報)』를 개제했다. 타블로이드 배대판(倍大版) 4면 7단제였다.

주필은 박용만(朴容萬)이었고, 한때는 이승만(李承晩)도 참여하였다. 하와이에서 한글로 간행된 신문 가운데에서 가장 오래된 것으로, 독립운동·문맹퇴치·지식보급 등 교민의 계몽활동에 크게 공헌하였다. 국문판 신문 독자의 감소로 1968년에 폐간되었다. (이신철)

참고문헌

김원용 저·손보기 편,『재미한인 50년사』, 혜안, 2004.

▶ 신한국보, 한인합성신보

국민보(國民報)

1901년 일본 도쿄에서 발행한 중국어 정치운동 신문

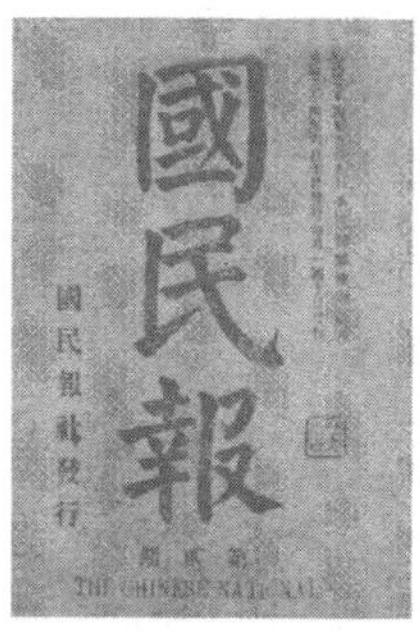

1901년 5월 10일 일본 도쿄(東京)에서 창간되었다. 주편집인은 친리산(秦力山), 지이후이(戢翼翬), 양팅둥(楊廷棟), 선샹윈(沈翔雲) 등이며, 발행인은 당시 영국 국적 화교인 펑징루(馮鏡如)이다. 그의 필명은 징싸이얼(京塞爾)이다. 1901년 8월 모두 4회를 발행하고 종간되었다. 상하이도서관에 소장되어 있다.

혁명성이 농후한 매체로 창간호 「서례(敍例)」에서 동포의 애국심을 높이기 위해 제호를 『국민보』라 한다고 설명하고 있다. 정치상 반제반봉건(反帝反封建)을 주장하면서 개량파와 적극적인 투쟁을 벌였다. 폭력혁명과 부르주아 정당의 국가 건립을 주장하였고, 유럽과 아메리카 부르주아혁명이론 및 역사를 소개하였다.

주필 친리산은 『청의보(淸議報)』 편집에 참여했으나, 캉유웨이(康有爲)가 해외에서 모금한 자금을 독점하고 있다고 비판하고 절교를 선언한 이후, 쑨중산(孫中山)의 경제적 지원을 받아 『국민보』를 발행하였다.

『국민보』는 사설을 통해 캉유웨이와 량치차오(梁啓超)의 보황부만(保皇扶滿)을 주장하는 개량주의 이론을 공격하고, 제4호에 장타이옌(章太炎)의 「정구만론(正仇滿論)」을 게재하여 청 정부와 보황파를 맹렬히 공격하였다. 이 논쟁은 중국 언론사에서 보황파와 혁명파 사이에 벌어진 첫 논쟁의 시발점이 되었다.

매회 2000부를 인쇄하여 주로 상하이(上海)와 내륙으로 배포하였다. (김성남)

참고문헌

方漢奇 主編, 『中國新聞社業通史』, 中國人民大學出版社, 1996;
葉再生 著, 『中國近代現代出版通史』, 北京: 華文出版社, 2002.

▌국민보(國民報)

1906년 중국 광저우에서 창간된 정치운동 신문

1906년 11월 1일 광저우(廣州)에서 창간되었다. 편집 및 발행인은 루어성(盧諤生)이다.

내용은 논설과 지식 부분, 재미와 오락 부분으로 나뉘어 구성되었다. 즉, 논저(論著), 조유(詔諭), 월사(粵事, 광둥성과 광시성 소식), 시평(時評), 중국뉴스, 외국뉴스, 원보(轅報), 패시(牌示), 전건(專件) 등의 공간과 오락 부분에는 낙화몽(落花夢), 소설총(小說叢), 신취어(新趣語), 위인적(偉人迹), 유헌록 (輶軒錄), 실업담(實業談), 주강속(珠江蔌) 등의 공간이 마련되었다.

"민족정신을 일깨우고 애국사상을 일으키자"는 것이 주요 발행목적이며 민족혁명을 고취하고 청 정부의 부패와 무능을 공격하였다.

광저우 혁명파의 중요 선전기구 중의 하나였으며, 후어성이 광저우를 떠난 후 리사오팅(李少廷), 추이빙민(崔秉民)이 인수하였다. 펑바이리(馮百礪), 이젠산(易健三), 덩쯔펑(鄧子彭)이 주필을 역임하였으며, 편집 방향은 변함없이 유지되었고, 반청혁명을 선전하였다. (김성남)

참고문헌

王檜林·朱漢國 主編, 『中國報刊辭典』, 太原: 書海出版社, 1992;
葉再生 著, 『中國近代現代出版通史』, 北京: 華文出版社, 2002.

▌국민성(國民聲)

1919년 니콜라옙스크 한족연합회 기관지

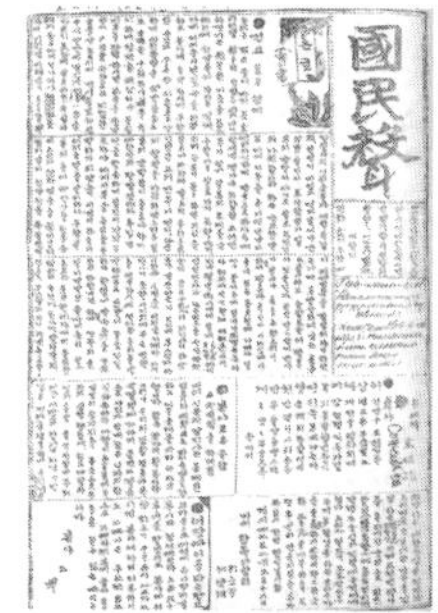

1919년 4월 2일에 창간된 주간신문. 발행지는 니콜라옙스크(Никола́евск) 개척리라고 기재되어 있다. 기사는 순한글로 표기되었고, 석판(石版)으로 인쇄되었다. 신문 지면은 5단 세로로 조판되었다. 현재 3호(1919.4.13)~9호(1919.5.25), 11호(1919.6.8), 12호(1919.6.15), 18호(1919.9.13), 20호(1919.9.28)가 남아 있다.

니콜라옙스크는 북위 53도 8분, 동경 140도 47분에 위치한 항구 도시다. 아무르강 하류에 자리잡고 있는 이 도시는 1850년에 개척됐는데, 10월 중순부터 이듬해 4월까지는 매서운 추위 때문에 결빙되었다. 한인들이 이 도시에 거주하기 시작한 것은 1890년 즈음이다. 1919년 1월 현재 니콜라엡스크항의 인구는 1만 2248명이고, 그중 한인은 918명으로서 전체의 약 7%를 점하고 있었다. 그러나 항구 인근의 농촌과 광산 지대를 포함하면 한인 숫자는 약 5~6000명에 달하였다. 한인들은 이 도시를 니항(尼港)이라고도 불렀다.

한인들은 1914년경에 결의형제계(結義兄弟契)라는 친목 단체를 결성했고, 자제 교육을 위해 학교를 설립했으며, 기독교회도 세웠다. 1917년 러시아혁명이 일어난 뒤에는 니콜라엡스크한족연합회를 설립했다. 이 단체는 니콜라엡스크로 유입해 들어오는 한인 노동자들에게 신원증명서와 여행증명서를 발급하는 등 한인 자치기관의 역할을 맡았다. 니콜스크우수리스크시에 소재하는 전 러시아 최상급 한인단체인 대한국민의회의 지부를 자임했다. 이 단체는 반일 성향이 뚜렷하여 현지 주재 일본영사관이나 일본 주둔군 사령부와 아무런 관계도 맺지 않았다. 설립 당시 이 단체의 회장은 김승우(金承優), 부회장은 서오성(徐五星)이었다.

신문 지면은 논설과 사설, 기사, 기고문, 광고 등으로 이뤄져 있다. 기사 중에는 현지 러시아어 신문에서 옮겨온 번역 기사가 다수 포함되어 있었다. 그 외에 니콜라엡스크 한족연합회 회의록, 단편소설 등도 실렸다. 특히 1919년 5월 이후에는 한국 안팎의 독립운동 소식이 빈번히 게재되었다. 한국 내의 '혈전', 파리에 파견된 대표단의 활동상, 상하이의 대한민국임시정부 동정, 북간도와 연해주 일대에서 전개되는 독립선언 시위 기사 등이 그것이다. (임경석)

참고문헌

반병률, 「니콜라예브스크 나 아무레 대한인거류민회」, 『독립운동사전』; 박환, 『러시아지역 한인 언론과 민족운동』 경인문화사, 2008.

▌국민신보(國民新報)

1906년 서울에서 발행된 일진회의 기관지

1906년 1월 6일 창간되었다. 발행소는 한성 중서 미동 제30통 4호에 있었다. 발행인 겸 편집인은 이인섭이었고, 초대사장은 이용구, 2대 사장은 송병준, 3대 사장은 한석진, 4대 사장은 최영년이었다. 주필은 최영년이었으며, 기자로는 선우일, 김환, 주필로는 선우일, 김환, 이인섭, 조두식 등이 활동하였다. 1910년 10월 11일 폐간하였다.

초기에는 지방 관청에 강제로 신문을 보내 발행부수가 7000여 부에 이르렀으나, 구독료가 걷히지 않아 재정난을 겪었다. 인쇄용지 등의 부족으로 창간 5일 만에 휴간하고 1주일 뒤 속간, 1906년 6월 초 역시 재정난으로 일시 정간했다.

통감부의 침략정책을 적극 지지했고, 『대한매일신보』·『황성신문』 등 민족지와 대립하여 독자들의 비난을 받기도 했다. 이를테면 1907년 7월 19일 친일 논조에 불만을 품은 시위 군중들이 신문사를 습격하여, 사옥과 인쇄시설을 모조리 파괴하였고, 평양에 사는 13세의 김정근 어린이가 이 신문에 실린 일진회성명서를 보고 분개하여, 「무부무군대역부도마보사장(無父無君大逆不道魔報社長)」이라는 글과 함께 신문을 돌려보내기도 했다. 그러나 친일적인 논조는 계속되어 민족지와 여러 차례 논전을 펼치기도 했다.

『대한신문』과 함께 대한제국 말기의 대표적인 친일 신문으로 손꼽힌다. 한일강제병합 후 일진회가 해체되자, 이용구가 교주로 있는 시천교의 기관지로 성격을 바꾸었으나 1910년 10월 11일 폐간되었다.

1906년 9월 2일자 2면에 「궁문파엄(宮門把嚴)」이라는 제목하에 다음과 같은 대목을 실은 바 있다.

"…… 궁문파엄(宮門把守)은 충분수행하야 금(今)의 매행(勱行)하였으니 혹은 협잡배(挾雜輩)가 각종 수단으로써 군주의 총명(聰明)을 옹폐(擁蔽)할 사(事)가 무(無)함을 난보(難保)하나 연(然)이나 엄수(嚴肅)케 수행하야 이태(弛怠)한 바가 무(無)하면 조만간 기(其) 목적(目的)을 달(達)하게 하노라 ……."

즉 일본군 궁궐 침입을 옹호하고 명령조로 고종을 궁궐에 한층 엄중 감시할 것을 주장하고 있다.

재정은 전 관찰사 김세기 등의 일진회에서 전담했고, 창간 초기에 용지 등이 부족한데다가 충분한 자본력이 없어서 정간이 잦았던 사정을, 일본인이 경영하던 『대한일보』가 제632호(1906년 6월 3일자)에서 다음과 같이 보도하고 있다.

"국민보가 창설한지 사삭(四朔)에 강제력으로 각 도 각 군 각 면에 발달하여 엽수(葉數) 7000여(千餘)에 달하는 기가(其價)에 수입은 오유(烏有)하고 해사(該社)에 전재(錢財)를 주무(主務)하는 김세기 시가 매삭경비(每朔經費)로 만원식 지발(支撥)하여 삼사삭월내(三四朔月內)에 가산(家産)이 탕진한 고로 부득이 정간하기로 결의하였다 하니 ……."

한편 『매천야록』에는 다음 인용에서와 같이 『국민신보』의 구독자가 없어 관리에 의해서 강매되었음을 지적하고 있기도 하다.

"일진회 창(創) 국민신보 기(其) 의논주지(議論主旨) 개수왜풍지(皆受倭風旨) 호상호응(互相呼應) 시인위지 기관신문(時人謂之機關新聞) 민간악지(民間惡之) 무구독자(無購讀者) 내륵부관리(乃勒付官吏) 강색가금(强索價金)."

3대 사장은 한석진이 취임했으나 그는 동보의 주관적 경향이 마음에 들지 않아 결국 사퇴하고 말았다. (이경돈)

참고문헌

『한국신문·잡지총목록』, 대한민국국회도서관, 1966; 『한국신문백년 사료집』, 사단법인 한국신문연구소, 1975; 계훈모, 『한국언론연표』, 관훈클럽신영연구기금, 1979; 『한국신문백년지』, 한국언론연구원, 1983; 정진석, 『한국언론사』, 나남, 1990; 정진석, 『한국언론사연구』, 일조각, 1983.

국민연극(國民演劇)

1941년 일본에서 발행된 연극 잡지

1941년 일본의 마키노쇼텐(牧野書店)에서 발행한 연극 잡지이다. 1941년 3월의 창간부터, 1943년 10월호까지, 통권 32호를 발행하고 종간되었다. 잡지 창간 이전에 연극 잡지는 『일본연극(日本演劇)』과 『연극계(演劇界)』 두 잡지가 간행되고 있었지만, 『국민연극』은 두 잡지를 통합하는 방식으로 창간되었다.

창간호부터 종간호까지 게재되었던 희곡은 방송극과 무용극을 포함하면 88편이었다. 「종간잡감(終刊雜感)」을 보면 필자들에게는 거의 원고료가 지급되지 않았던 것으로 보인다. 이 때문인지 작품의 작가들은 거의 고정되어 있었다. 88편의 희곡 중에서 화제작은 대략 3, 4편 정도에 지나지 않는다. 작품평가와는 별개로 영화로 만들어졌던 것은 「적도해류(赤道海流)」, 「단나수도(丹那隧道)」, 「봄의 서리(春の霜)」 정도였다. 위의 작품에 대해 잡지는 적어도 일본 연극의 수준을 한 단계 향상시켰다는 자화자찬의 평가를 하였다.

그러나 당시 연극인들의 생생한 목소리는 각본보다는 에세이나 좌담회를 통해서 엿볼 수 있다. 1942년 10월호에서 게재된 「이동연극좌담회(移動演劇座談會)」에서 일본이동연극연맹(日本移動演劇聯盟)의 간부들에게 이동연극이라는 이름의 어용연극운동(御用演劇運動)을 비판한 것은 놀라운 것이었다. '배우는 시국을 인식하지 않으면 안 된다'라든가, '이동연극은 어떠한 불편이 침투하더라도 하지 않으면 안 된다'라는 이동연극연맹의 반대로 만만치 않았다. 이에 대해 잡지는 '예술을 하는 자'와 '국책연극을 파는 상인'은 다르다고 비판하였다. 결국 이동연극을 통해 전쟁 시기 연극인은 상당한 수준으로 양극 분해되어 있었음을 알 수 있다. (문영주)

참고문헌

高崎隆治, 『戰時下の雜誌その光と影』, 風媒社, 1976, 117~118쪽; 『日本出版百年史年表』, 日本書籍出版協會, 1968.

국민연극(國民演劇)

▶ 무대(舞臺)

▌국민일일보(國民日日報)

1903년 중국 상하이에서 창간된 정치운동 신문

1903년 8월 7일 상하이(上海)에서 창간되었다. 셰샤오스(謝曉石)가 출자하고, 루허성(盧和生)이 발행하였으나 청 정부의 간섭을 피하기 위해서 코몰(A.Comoll, 가오마오얼[高茂爾])의 이름을 빌어 영국 영사관에 등록하였다. 편집장은 장스자오(章士釗)이며 장지(張繼), 허메이스(何梅士), 쑤만수(蘇曼殊), 천두슈(陳獨秀), 가오수(高旭), 진톈허(金天翮), 류야쯔(柳亞子) 등이 집필에 참여하였다.
1903년 12월 종간되었다. 1904년 10월 동대륙도서역인국(東大陸圖書譯印局)에서 영인본『국민일일보회편(國民日日報匯編)』을 출판하였다. 상하이도서관에 소장되어 있다.

내용은 정해(政海), 남홍북안(南鴻北雁), 세계의 기기괴괴(世界之奇奇怪怪), 상해일기(本埠日記), 외론(外論), 경문(警文), 정계(政界), 학풍(學風), 실업(實業), 단평(短評), 문원(文苑) 등의 항목을 개설했다. 또 신문의 부간(副刊)으로『흑암세계(黑暗世界)』를 발행하였다.

청조 통치 아래 있는 중국 사회의 암흑과 부패를 규탄하고, 반청 혁명과 과학의 중요성을 선전했다. 소보(蘇報) 사건에 대한 상세한 기사를 여러 차례 보도하고 평론을 게재하였다. 또 봉건 미신을 반대하는 선전활동을 하였는데 이는 다른 혁명성 매체들이 주의하지 못한 부분들이었다.

당시 소보 사건으로 긴장하고 있던 총독 웨이광타오(魏光燾)는 통칙시금국민일일보령(通飭示禁國民日日報令)을 내려 이 신문의 구매를 금지하여 판매가 불가능하도록 만들었다. 즉 신문사를 폐쇄하지는 않은 대신 판로를 막아 자멸하도록 한 것이다.

그러나 실제로 이러한 금령은 큰길가의 판매처에서만 지켜져 오히려 판매와 광고가 증가하는 결과를 초래하였다. 이후 결국 신문사 편집부와 경리부 사이에 분규가 일어나 1903년 12월 자동으로 종간되고 말았다.
(김성남)

참고문헌

方漢奇 主編,『中國新聞社業通史』, 中國人民大學出版社, 1996;
葉再生 著,『中國近代現代出版通史』, 北京: 華文出版社, 2002.

▌국민주간전시연합순간(國民週刊戰時聯合旬刊)

1937년 중국 상하이에서 발간된 정치간행물

중일전쟁 초기인 1937년 상하이(上海)에서『세계지식』,『부녀생활』,『중화공론』,『국민주간전시연합순간』등의 제호로 발행되었다. 순간(旬刊)으로 발행되었으며 각 페이지마다 "전시연합순간(戰時聯合旬刊)"이라는 제명이 쓰여 있다. 베이징사범대학도서관과 상하이도서관 등에 소장되어 있다.

이 간행물의 편집자는 진중화(金仲華)를 비롯하여 선쯔주(沈玆九), 왕즈선(王志莘), 두쭤저우(杜佐周), 장즈랑(張志讓), 장중스(張仲實), 정전둬(鄭振鐸), 첸이스(錢亦石), 셰류이(謝六逸), 왕지위안(王紀元) 등이 있었다. 발행자로는 세계지식사(世界智識社), 부녀생활사(婦女生活社), 중화공론사(中華公論社), 국민주간사(國民週刊社) 등이 있었다. 매호의 페이지는 서로 연결되어 있었다.

주요란으로는 '첨병(尖兵)', '십일요망(十日瞭望)', '전시수필', '부녀발언대(婦女播音臺)', '연합편지함(聯合信箱)' 등이 있었다.

이 잡지는 항전 초기의 국제형세를 분석하는 동시에 항전에서의 승리를 보장할 수 있는 정치, 경제, 문화 등의 방침과 전략, 각계 민중의 동원, 특히 여성을 항일 투쟁에 투입하여 적극적으로 전선을 지원하고, 후방공작을 전개하는 것 등에 관심을 두었다. 이 잡지에 게재된 글들은 끝까지 일본에 대항하여 항전을 계속할 것을 주장하였다. 이 간행물의 주요필진은 진중화, 저우타오펀(鄒韜奮), 싸쿵랴오(薩空了), 후위즈(胡愈之), 정전둬, 두쮜저우, 후한녠(胡漢年), 후펑(胡風), 쑹칭링(宋慶齡), 왕런수(王任叔), 왕퉁자오(王統照) 등이었다. (김지훈)

참고문헌

伍杰, 『中文期刊大詞典』, 北京大學出版社, 2000; 上海圖書館, 『上海圖書館館藏近現代中文期刊總目』, 上海科學技術文獻出版社, 2004.

▌국민주보(國民週報)

1937년 중국 난징에서 창간된 종합주간지

1937년 2월 15일 장쑤성(江蘇省) 난징(南京)의 국민주보사(國民週報社)에서 창간되었다. 주간으로 발행된 종합적 성격의 간행물이었다. 1937년 5월 22일 2권 5호를 출간한 후 정간되었으며, 모두 15호를 출간하였다. 중국국가도서관과 상하이도서관 등에 소장되어 있다.

발행목적은 민중의 구국의식을 높이고, 민족정신과 문화를 계승하는 것이었다. 내용은 국민논단, 전저(專著), 문예, 은감(殷鑒), 각지통신, 독자원지(讀者園地), 국내외대사일기(國內外大事日記) 등의 난을 두었다. 주로 국내·국제문제와 관련된 시사평론을 발표하였고, 국내 정치, 경제, 사법, 교육, 역사, 철학, 문예 등 각 방면의 학술논문을 게재하였다. 또한 정론(政論)과 시평(時評), 문사철(文史哲) 등의 논저를 수록하였고, 『도가철학연구』, 『진군현고(秦郡縣考)』와 같은 상당한 분량의 학술연구와 고고학 관계의 글들을 연재하였다.

아울러 국민당 정부가 추진한 신생활운동(新生活運動)과 교통운수 등의 구체적 문제에 관한 글도 수록하였다. (김지훈)

참고문헌

王檜林 · 朱漢國, 『中國報刊辭典(1815~1949)』, 書海出版社, 1992; 伍杰, 『中文期刊大詞典』, 北京大學出版社, 2000; 上海圖書館, 『上海圖書館館藏近現代中文期刊總目』, 上海科學技術文獻出版社, 2004.

▌국민지우(國民之友)

1887년 2월 민유샤의 도쿠토미 소호가 발간한 종합잡지

도쿠토미 소호(德富蘇峰)의 민유샤(民友社)가 발간한 1880년대 일본의 대표적인 종합잡지이다. 창간호는 1887년 2월 15일 발간되었다. 창간호는 4×6배판 42쪽, 글자 구성은 2단 구성, 정가 8전이었다.
처음에는 월1회 발행이었는데 월2회, 월3회, 주간으로 확대되었고, 쪽수도 증가하고 발행부수도 10호 때에는 1만 부를 기록했다. 『국민지우』가 활기를 상실한 것은 청일전쟁 이후 도쿠토미 소호의 소위 '변절'과 더불어 잡지가 표방한 '평민주의' 자체가 시대에 적합할 수 없게 된 것과 관련된다. 결국 잡지는 1898년 8월, 372호로 종간되었다.

창간사인 「아! 국민지우 태어나다 (嗟呼国民之友生れたり)」에는 잡지 발간의 목적을 '제2의 유신'을 맞이하여 '메이지의 청년'에 의한 서양 평민사회를 추구하는 개혁이 주창되었다.

잡지의 특징으로는 당시의 사회문제와 사회주의 등의 소개에 적극적이었다는 것이다. 『국민지우』는 도

쿠토미 소호가 미국의 주간지 『더 네이션(The Nation)』을 모방해서 창간했다. 잡지의 경영은 유아사 지로(湯浅治郎)가 담당했고, 잡지의 편집과 주필은 도쿠토미 소호가 담당했다. 그의 의향은 잡지 전체를 통해 자유민권사상과 기독교를 통한 통일로 표출되었다.

주요 집필자는 도쿠토미 소호 이외에 미야자키 고쇼시(宮崎湖處子), 다케코에 산사(竹越三叉), 야마지 아이잔(山路愛山), 구니키다 돗포(国木田独歩) 등이었다. 편집에는 일시적으로 히토미 이치타로(人見一太郎), 도쿠토미 로카(德富盧花) 이외에 주요 집필자였던 우치다 로안(内田盧庵), 야마지 아이잔, 구니키다 돗포 등도 관여했다.

창간호 「아! 국민지우 태어나다」를 비롯해 사설의 대부분은 도쿠토미 소호가 집필했다. 그는 잡지를 통해 시종일관 '평민주의'의 표방을 추진했다. 잡지의 체제도 차츰 정비되어 사설 이외에 특별기고, 조염초(藻鹽草), 잡록, 사론, 비평, 현재의 문제, 해외 사조, 시사 등으로 구성되었다.

특별기고란에는 우에키 에다모리(植木技盛), 우키타 가즈타미(浮田和民), 오니시 하지메(大西祝), 우치무라 간조(内村鑑三), 니토베 이나조(新渡戸稲造)를 비롯하여 당대의 대표적 지식인의 문장을 게재하여 사상계에 큰 영향을 주었다.

문학적으로는 '조염초'란을 통해 문예평론, 창작, 번역 등이 게재되었고, 특별히 각 계간별로 특별부록을 구성했다. 소설로는 「세군(細君)」(37호), 「호접(胡蝶)」(37호), 「무희(舞姫)」(69호), 「염화미소(拈華微笑)」(69호), 「일구검(一口劍)」(91호), 「숙혼경(宿魂鏡)」(178호), 「안과 겉(うらおもて)」(259호), 「비와전(琵琶傳)」(277호), 「갈림길(わかれ道)」(277호), 「지금의 무사시노(今の武蔵野)」(365호) 등의 작품이 발표되었다. 또 시와 서양의 주요 문헌도 번역 게재되었다.

• 민유샤(民友社)

1887년 도쿠토미 소호를 중심으로 한 언론·사상 그룹 및 출판기관이다. 1886년 12월 도쿠토미 소호가 『장래의 일본(將来之日本)』, 『19세기 일본 청년 및 그 교육(第十九世紀日本ノ青年及其教育)』(1887년 『신일본지청년[新日本之青年]』으로 개제)의 간행과 더불어 도쿄에 상경하여 유아사 지로의 협력을 얻어 도쿄에 창설했다.

같은 해 2월에는 『국민지우』를 발간하여 평민주의를 주장하여, 나카에 조민(中江兆民), 우에키 에모리(植木枝盛), 다구치 우키치(田口卯吉), 모리타 시켄(森田思軒), 후타바테이 시메이(二葉亭四迷) 등의 글을 게재하여 언론과 사상계의 견인차 역할을 수행했다. 이후 민유샤 사원으로 야마지 아이잔, 다케코에 산사 등이 합류하여 '제2의 메이로쿠샤(明六社)'를 형성했다.

민유샤는 1892년에는 『가정잡지(家庭雑誌)』, 1896년에는 『더 파 이스트(The Far East)』를 발행했는데, 1898년 『국민지우』의 폐간과 더불어 발행을 중지했다. 하지만 민유샤의 언론활동은 『고쿠민신문(国民新聞)』으로 집약되어 이전부터 진행하던 『국민총서(国民叢書)』와 『평민총서(平民叢書)』 등 다수의 총서를 1933년 해체될 때까지 계속해서 출판했다.

• 도쿠토미 소호(德富蘇峰, 1863~1957)

일본의 역사가, 비평가, 언론인, 수필가로서 본명은 도쿠토미 이치로(德富猪一郎)다. 2차 세계대전 이전에는 일본의 군국주의를 지지한 주요 문필가였다. 교토에 있는 기독교계 학교인 도시샤(同志社, 지금의 도시샤대학)에서 서양식 교육을 받았으며 중퇴한 뒤에는 언론인이자 문인으로서 경력을 쌓아나갔다.

1887년에 '민유샤'라는 출판사를 차렸는데, 그해부터 이 출판사는 일본 최초의 종합지 『국민지우』라는 영향력 있는 잡지를 발행하기 시작했다. 민유샤는 1890년에 『고쿠민신문』도 발행하기 시작했는데, 이 신문은 수십 년 동안 일본에서 가장 영향력이 큰 신문 가운데 하나가 되었다.

그는 특히 일본의 근대화에 관심이 많아 『장래의 일본』(1886)과 같은 초기 저서에서는 서양식 자유민주주의적 개혁이 일본에서도 이루어져야 한다고 주장했다. 그러나 그 뒤 몇 십 년 동안 제국주의 일본을 지지하는 호전적 국가주의자로 활동했으며, 1920~30년대에는 일본에서 제국주의를 주장한 사람들 가운데 손꼽히는 인물이었다.

일제강점기에는 1910년부터 1917년까지 조선총독부의 기관지였던 『경성일보(京城日報)』의 감독을 역임하기도 했다. 이후 2차 세계대전이 끝난 뒤 미국 점령군 당국의 명령으로 가택에 연금되었다. 100권으로 이루어진 그의 저서 『근세일본국민사(近世日本國民史)』(1918~46)는 초국가주의적인 경향을 띠고 있지만, 1534년부터 19세기 말까지 일본에서 일어난 사건들을 빠짐없이 포괄적으로 기록한 귀중한 역사 개론서이다.

그에 대한 소개는 한국에서도 정성일, 『도쿠토미 소호』(지식산업사, 2005)로 소개되었다. (이규수)

참고문헌

牛島俊 作, 『日本言論史』, 河出書房, 1955; 岡野他家夫, 『明治言論史』, 原書房, 1983; 桂敬一, 『明治·大正のジャ-ナリズム』, 岩波書店, 1992.

▌국민총력(國民總力)

1940년 서울에서 발행된 일본어 정치운동 잡지

1940년 10월 서울에서 창간되었으며 정확한 종간일은 미상이다. 국민총력조선연맹의 기관지로서 발행인은 니시야마 지카라(西山力), 발행소는 국민총력조선연맹이었다. 1942년 11월호를 기준으로 정가는 15전이었으며 분량은 A5판으로 101쪽이었다. 고려대학교와 서울대학교에 소장되어 있다.

일제 말기 태평양전쟁의 발발과 함께 강화된 강력한 일본 군국주의 파시즘 조직인 국민총력조선연맹의 기관지로서 대표적인 친일 파시즘 잡지이다. 조선에서 발행되었음에도 전문이 일본어로 발간되었으며 조선인 역시 창씨개명을 통해 일본식 이름으로 글을 발표하였다.

국민총력조선연맹은 기존의 국민정신총동원 조선연맹을 개편하여 발족한 단체로, 기존의 일제 파시즘의 대중동원운동이 주로 정신운동에 치중되었던 것에 반해, 침략전쟁을 뒷받침하기 위한 일상적인 동원체제를 완성하기 위해 만들어진 단체다. 이를 위해 이른바 '고도국방체제'의 확립을 주된 목표로 하였다. 특히 그 이전 시기 민간인이 조선연맹의 총재였으나, 이 단체에서는 연맹의 총재를 조선총독으로, 부총재를 정무총감으로 취임시킴으로써 국가 차원의 대중동원운동의 성격을 명확히 하였다. 특히 기층단위로서의 '애국반'을 강화하여 이를 통한 근로동원, 저축, 공채의 강제적 구입 등을 시도하였으며, 이를 물자 배급과 연결시킴으로써 조선인들의 참여를 강요하였다.

이 단체의 주요 참여 조선인으로는 정교원, 김병욱, 최하영, 윤덕영, 김명준, 김성수, 윤치호, 김활란, 방응모 등이 있다.

이 잡지는 이러한 일제의 기획 속에서 조선인에 대한 사상 통제와 황민화 작업을 위해 만들어졌으며, 구체적으로 조선인들의 반전사상을 무마하고 전시동원에 대한 협조 분위기를 고취하고자 했다. 전면이 일본어로 만들어졌으며 형식상 전국의 모든 조선인이 포괄된 조직의 기관지로서 일제 말기 일제의 이데올로기를 단적으로 보여주는 잡지이다. (장성규)

참고문헌

김영희, 「1930·40년대 일제의 농촌통제정책에 관한 연구」, 숙명여대 박사학위논문, 1996; 김영희, 「일제말기 국민총력운동의 전개와 농촌통제정책」, 『한국독립운동사연구』 14집, 2000; 최유리, 「일제말기 내선일체론과 전시동원체제」, 이화여대 박사학위논문, 1995; 한긍희, 「친일단체 해설: 국민정신총동원 조선연맹과 국민총력 조선연맹」, 『민족문제연구』 10권, 1996.5.

▌국본(國本)

1921년 일본에서 발행된 정치사상 잡지

1921년 국수주의와 반공주의를 일반인에게 선전할 목적으로 창간된 월간지이다. 본지 창간을 주도한 인물은

1930년대 후반 수상에 취임하였던 히라누마 기이치로(平沼騏一郞, 1867~1952)였다. 이와 함께 다케우치 가쿠치(竹內賀久治)와 오타 고조(太田耕造) 등 반민본주의 성향의 인물들이 본지 발행에 적극적으로 참여하였다.
1924년 3월에 히라누마 기이치로가 국본사(國本社)를 설립한 이후에는 국본사의 기관지가 되었다. 반공(反共), 반서양(反歐美), 반민주주의(反民主主義), 반기성정당(反旣成政黨)을 추구하는 국수주의적 성향의 논문들이 다수 게재되어 있다. 1936년 국본사의 해체와 함께 16권 6호를 발행하고 종간되었다. 일부 결호가 있기는 하지만, 도쿄에 있는 무궁회도서관(無窮會圖書館)에 소장되어 있다.

창간과 국본사 설립을 주도했던 히라누마 기이치로는 1867년 오카야마(岡山)현에서 출생하였다. 1888년 도쿄제국대학(東京帝國大學) 법과를 졸업하고 판사와 검사를 거쳐 사법차관, 검찰총장, 대심원장(大審院長)을 역임하였다.

1924년 국가주의를 표방한 단체 국본사를 결성하였다. 1925년 추밀원 부의장에 취임하였고, 취임 후 금융공황 문제, 런던조약 비준문제 등을 빌미로 정부를 공격하고 정당내각의 기반을 무너뜨렸다. 1936년 추밀원(樞密院) 의장에 취임한 후 국본사를 해산하였다.

1939년 제1차 고노에 후미마로(近衛文麿) 내각의 뒤를 이어 수상에 취임하였지만, 독소불가침조약(獨蘇不可侵條約) 조인을 계기로 사직하였다. 1940년 제2차 고노에 내각의 내무대신에 취임하였고, 1945년 다시 추밀원 의장이 되었다. 2차 세계대전 후에는 A급 전범으로 종신금고형을 선고받았으며, 복역 중 1952년 병사하였다. (문영주)

참고문헌

『日本出版百年史年表』, 日本書籍出版協會, 1968; 加藤友康·由井正臣 編, 『日本史文獻解題辭典』, 吉川弘文館, 2000.5.

국사보(國事報)

1906년 중국 광저우에서 창간된 정치운동 신문

1906년 9월 광저우(廣州)에서 일간지로 창간되었다. 창간인은 쉬췬(徐勤)이며 주필은 리옌이(黎硯彝), 리융쓰(李雍斯), 우보뎬(伍博典), 천류칸(陳留侃) 등이다.

신해혁명 이전 광둥(廣東) 지방에서 캉유웨이(康有爲)와 량치차오(梁啓超)의 정치적 입장을 전달하는 언론도구 역할을 수행하였으나, 그 내용이 빈약하고 색채는 보수적이었다.

내용은 상유(上諭), 패시(牌示), 전건(專件), 원보(轅報), 본성신문(本省新聞), 경성요문(京城要聞), 해외요문(海外要聞), 부간(副刊)으로 구성되어 있다.

『국사보공축입헌대전(國事報恭祝立憲大典)』이라는 일종의 입헌운동에 관한 소식지를 간행하여 입헌운동을 강조하였다. 또 부간(副刊)에서 「공축입헌가사장(恭祝立憲歌四章)」을 발표하여 입헌제로 대동성세의 군주 세상이 열릴 것임을 노래하였다.

1911년 3월 29일 황화강(黃花崗) 봉기가 실패하자 논설을 통해 혁명당원들이 치안을 혼란시켜 입헌을 가로막고 있다며 혁명파를 공격하였다.

이 신문은 창간시부터 보황(保皇) 입헌의 완고한 태도를 취하면서 당시 광저우의 혁명언론들로부터 공격을 받았다. 혁명파와 보황파 양 진영은 서로 심각한 설전을 벌였으나, 신해혁명이 일어나고 광둥성(廣東省)이 독립을 선언하게 되자 『국사보』의 기세는 꺾이고 말았고, 신문사 입구에 투항을 선포하는 문구를 붙여놓기도 하였다. (김성남)

참고문헌

方漢奇 主編, 『中國新聞社業通史』, 中國人民大學出版社, 1996;
王檜林·朱漢國 主編, 『中國報刊辭典』, 太原: 書海出版社, 1992.

국수학보(國粹學報)

1905년 중국 상하이에서 창간된 학술지

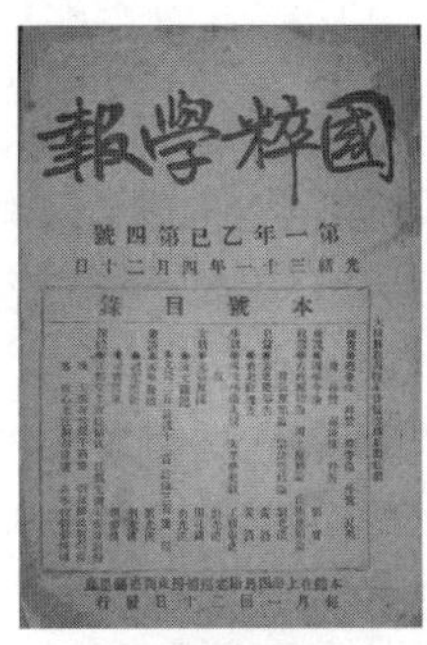

1905년 2월 상하이(上海)에서 창간되었다. 황제(黃節)가 주필을 맡았으며 마쉬룬(馬敍倫), 장타이옌(章太炎), 황빈홍(黃濱虹) 등이 주로 글을 썼다. 월간으로 발행되다가 1911년 9월 총 82호를 출간하고 종간되었다. 1912년 6월 등쓰(鄧實)가 제호를 『고학회간(古學匯刊)』으로 바꾸고 다시 발행을 시작하였으나 12호까지 발간되고 종간되었으며, 그 영향력은 『국수학보』에 미치지 못했다. 현재 베이징수도도서관(首都圖書館)에 소장되어 있다.

1904년 겨울, 황제, 류스페이(劉師培), 장타이옌, 등쓰 등이 상하이에서 국학보존회(國學保存會)를 창립하고 뒤이어 『국수학보』가 창간되었다.

『국수학보』는 국학보존회의 기관지로 '국수(國粹)'를 분명한 창간 이념으로 내세운 최초의 잡지이다. 여기서 '국수'라는 의미는 국학(國學)이나 고학(古學) 등의 의미와 같이 사용되었으며, 중국 고유의 문화를 보존하고 빛내자는 것이었다. 비록 '국수'를 이념으로 내세워 복고주의적 경향을 보이기는 했지만, 이러한 복고주의 배경에는 애국주의 사상과 민족주의적 반청(反淸) 혁명정신이 내재된 적극적 표현 방식의 일종이었다.

'존학(存學), 보종(保種), 애국(愛國)'을 주장하면서 국수주의를 선양하는 방법을 이용하여 인민의 민족주의와 애국주의 정신을 고무하였다.

내용은 크게 두 부분으로 구성되어 있다. 하나는 경(經)과 사(史), 자(子), 집(集) 등의 국학을 연구한 결과를 사설, 정편(政篇), 경편(經篇), 사편(史篇), 총담(叢談) 등의 공간을 개설하여 게재하는 것이었다. 또 하나는 전통적인 산문과 시사(詩詞)들을 문원(文苑), 시록(詩錄)란에 담았다. 미술란에는 송말(宋末)과 명말(明末) 문인들의 저작과 서화(書畵)를 게재하였다.

왕궈웨이(王國維)의 『인간사화(人間詞話)』가 이 잡지에 발표되었는데, 이는 매우 영향력 있는 사학(詞學) 연구 저작이었다. 이곳에는 유명한 국학연구 논저들이 발표되었을 뿐만 아니라 명말(明末) 유민(遺民)들의 저술들을 게재하였다. 이는 일종의 반청(反淸)의식을 표현하는 일이었다.

당시 루쉰(魯迅)은 「잡억(雜憶)」이라는 문장을 통해 명말 유민들의 저작을 발표하는 것은 잃어버린 망각 속 옛 원한의 부활을 희망하는 일이며, 혁명을 돕는 일이라고 지적하였다.

집필진들은 유명한 국학자들과 문학계 명사들, 국학보존회 회원들이다. 즉, 류스페이와 장타이옌을 비롯하여 등쓰, 천취빙(陳去病), 류야쯔(柳亞子), 마쉬룬, 왕중치(王鍾麒), 가오톈메이(高天梅), 옌푸(嚴復), 판탕스(范唐世), 정원줘(鄭文焯) 등이며, 이중의 상당수가 이후에 성립된 문학단체인 남사(南社)의 주요 회원이 되었고, 일부는 부르주아혁명가가 되었다.

『국수학보』는 집필진들이 상당한 권위를 갖고 있었기 때문에 비교적 큰 영향력을 발휘하였다. 또한 고대문헌을 수집하고 정리 보존하는 데 효과적인 역할을 할 수 있었다.

그러나 이 매체가 갖고 있는 보수적 색채는 부정할 수 없는 한계였다. 서양에서 수입된 학문을 반대하고 신학문을 제창하는 인사들을 공격하였다. 단순히 국학만을 보존하고 외래 문물을 거부하는 것으로는 민족진흥을 일으킬 수 없다는 점을 소홀히 하였고, 후기로 가면서 보수주의 경향이 더욱 짙어지면서 결국 종간되었다.

• **황제(黃節, 1873~1955)**

주필 황제의 또 다른 이름은 후이원(晦聞)이며 자(字)는 옥곤(玉昆), 호는 순희(純熙)이다. 별호로 황스스(黃史氏)를 쓰기도 한다.

시인이며 편집가로 『정예통보(政藝通報)』와 『천

민일보(天民日報)』 등을 창간했으며, 장타이옌, 등쓰 등과 상하이에서 국학보존회(國學保存會)를 건립하였고, 남사(南社)에 가입하여 혁명운동에 참여하였다. 신해혁명 이후에는 베이징대학 교수를 지냈으며 정치적 태도는 비교적 보수적이었다. (김성남)

참고문헌

周葱秀·涂明 著, 『中國近現代文化期刊史』, 山西教育出版社, 1999; 方漢奇 主編, 『中國新聞社業通史』, 中國人民大學出版社, 1996.

▌국우(局友)

1925년 서울에서 발행된 철도국 국우회 잡지

편집 겸 발행인은 일본인 에구치 간지(江口寬治), 철도국(鐵道局) 국우회(局友會)에서 발행하였다. 창간호는 A5판 58쪽으로, 현재 창간호만 확인 가능하다.

철도 관련 업무에 종사하고 있는 국우회 회원들의 기관지로서 국우회 회원들의 교양을 높이고 상호 교류할 목적에서 발간되었다. 수필, 논설, 기행문, 견학기, 노래, 시, 시조, 번역물 등으로 구성되어 있으며, 대부분 국우회 회원들이 직접 쓴 글이었다.

창간호에 실린 글 중에 주목할 만한 것은, 철도순회강사 김운초(金雲樵)의 경전 해설인 「관세음보살영험약초」를 비롯하여 박갑득의 「공기의 이야기」, 최덕만의 「가을과학 달나라이야기」 같은 과학상식에 관한 글, 이봉주의 「만주를 견학하고서」 같은 견학기, 백희동의 「유약청년을 경계함」 같은 논설 등이 있다. 그 외에 다양한 글이 실려 있는데, 특히 문예창작에 많은 지면을 할애하고 있어서 수필, 노래, 시, 시조 등의 작품이 다수 게재되었으며, 국우회 회원들이 직접 번역한 작품도 실려 있다. 『국우』는 국우회 회원들의 동호회지 성격을 지녔고, 철도 업무에 종사하고 있던 국우회 회원들의 생각과 생활을 엿볼 수 있는 잡지이다. (이경돈)

참고문헌

『한국신문·잡지총목록』, 대한민국국회도서관, 1966; 계훈모, 『한국언론연표』, 관훈클럽신영연구기금, 1979; 『아단문고장서목록』, 아단문화기획실, 1995;

▌국제문제참고자료(國際問題參考資料)

1941년 중국 충칭에서 창간된 국민당 군사위원회의 간행물

1941년 6월 충칭(重慶)에서 창간되었다. 『국제문제참고자료』는 국민당 군사위원회 정치부 문화공작위원회(軍事委員會政治部文化工作委員會)에서 편집하여 인쇄하였으며, 순간(旬刊)이었다. 『국제문제자료』가 54호(대략 1942년 11월)부터 『국제문제참고자료』로 바뀌었다. 1943년 권과 기를 다시 시작하였고 1944년 신 67호가 출간된 후 정간되었다. 중국국가도서관 등에 소장되어 있다.

내용은 주로 중요한 국제사건 및 그 배경에 관한 자료를 보도하였다. 유고슬라비아, 체코슬로바키아, 폴란드, 프랑스 등 반파시즘 유격전쟁, 소련, 폴란드, 루마니아, 핀란드 등의 국경문제, 2차 세계대전의 개전 및 태평양전쟁, 카이로회의, 동방전선 등과 관련한 정황 등을 들 수 있다. 한편 유럽 주요국의 정치, 경제, 군사 등과 관련한 상황도 소개하였다. (김지훈)

참고문헌

王檜林 · 朱漢國, 『中國報刊辭典(1815~1949)』, 書海出版社, 1992; 伍杰, 『中文期刊大詞典』, 北京大學出版社, 2000.

▌국제문화(國際文化)

1938년 일본에서 발행된 문화 잡지

1938년 일본의 국제문화진흥회(國際文化振興會)에서 발행한 잡지이다. 2달에 1번씩 발행되었으며, 매호 특집이 구성되었다. 특집은 주로 아시아 여러 나라의 문화와 일본 문화의 관련성을 논하거나 소개하는 목적으로 구성되었다. 따라서 잡지 제호는 "국제문화"였지만, 이 잡지가 다루는 범위는 아시아 지역에 한정되어

있었다.

1943년 3월에 발행된 24호부터 28호까지의 특집 타이틀을 살펴보면 다음과 같다. 24호의 특집 제목은 "일태문화협정성립기념특집(日泰文化協定成立記念特集)"이었다. 25호는 "남방문화건설연구호(南方文化硏究号)", 26호는 "일화문화교류특집호(日華文化交流特輯號)", 27호는 "남방신문계의 현세(南方新聞界の現勢)", 28호는 "필리핀독립기념특집(比律賓獨立記念特集)"이었다.

잡지에 수록된 글의 집필자에는 유명인이 많았으며, 특히 군보도반원(軍報道班員)으로서 남방지역(南方地域)에 징용(徵用)된 인물들이 자신들의 현지 체험과 해당국에 대한 연구 성과를 수록한 것이 많았다. 예를 들어 25호에는 「남방과 유럽문화」, 「비도문화수상(比島文化隨想)」, 「동양의 끝(東洋の涯)」, 「남방음악대책에 대해서(南方音樂對策について)」, 「남방영화공작에 대해서(南方映畵工作について)」, 「남방군정하에서 문교상황(南方軍政下における文教狀況)」 등이 게재되었다.

그러나 이러한 논문이 남방점령지를 어떻게 지배할 것인가라는 점령정책의 일환으로서의 문화문제에 대해서 논하였기 때문에, 일본 문화의 우월성을 명백히 하기 위한 것이었다. 이러한 배경에서 일본의 침략전쟁은 아시아 제국의 독립을 위해, 아시아인의 아시아를 위한 전쟁이었을 뿐, 결코 침략전쟁은 아니었다는 인식을 지금의 많은 일본인에게 남겨 놓았다. (문영주)

참고문헌

高崎隆治, 『戰時下の雜誌その光と影』, 風媒社, 1976, 115~116쪽; 高崎隆治, 『戰時下のジャ-ナリズム』, 新日本出版社, 1987; 『日本出版百年史年表』, 日本書籍出版協會, 1968.

▌국제영화신문(國際映畵新聞)

1927년 창간된 일본의 영화 잡지

1927년 7월에 창간되어 1940년 11월에 종간될 때까지 모두 282호가 발간된 영화 잡지이다. 창간 당시의 발행처는 국제영화신문사(國際映畵新聞社)였지만 36호부터 국제영화통신사(國際映畵通信社)로 바뀌었다. 국제영화통신사의 사장은 이치카와 사이(市川彩)였다.
이름은 신문이었지만 체제나 분량의 면에서 사실상 잡지로서의 성격을 갖고 있었다. 원래는 월 2회 발간되는 순간지로 출발하였지만 실제 간행되는 빈도는 여러 차례 바뀌었다.
영어 표기는 창간 당시의 "The International Motion Picture News"에서 "The International Motion Picture Trade Paper"(2~10호), "The Motion Picture News in Japan"(11, 12호), "Motion Picture News"(13호), "Motion Picture Trade Review"(14호~17호까지), "The Motion Picture Trade Review"(18호 이후)로 바뀌었다.

이 잡지를 발행한 국제영화통신사는 『영화연감(映画年鑑)』의 간행을 주도한 출판사로도 잘 알려져 있다. 『국제영화신문』을 사실상 이끈 것은 이치카와 사이였다.

『국제영화신문』은 1945년 이전 일본에서 가장 영향력이 큰 업계지였다. 동인으로는 이시이 메이카(石井迷花), 데구치 교(出口競)가 참가하였고, 고문으로는 다구치 오손(田口櫻村), 다치바나 다카히로(橘高廣), 호시노 다쓰오(星野辰男), 아즈마 겐지(東健而), 이시마키 요시오(石卷良夫) 등의 이름이 보인다.

특히 이 잡지를 통하여 배출된 여러 기자들 곧 오타 오초(太田黃鳥), 다나카 준이치로(田中純一郎), 니토 무슈(二戸儚秋), 이마이 호토카(今井星果), 오쿠보 야스오(大久保保雄), 이나타 다쓰오(稲田達雄), 이노우에 고지로(井上幸次郎), 오이 가즈오(大井和夫), 사이타 지로(斎田治良), 미쓰하시 데쓰오(三橋哲生), 이케다 가즈오(池田一夫), 아리가 후미오(有賀文雄), 시모이시 고로(下石五郎), 닛타 도시히코(新田俊彦), 하시모토 이사부로(橋本亥三郎), 도키자네 쇼헤이(時實象平), 기타우라 가오루(北浦馨) 등은 나중에 일본 영화계의 중추로 활동하게 되었다.

이 잡지는 일본 무성영화의 전성기이던 1927년에 창간된 이래 토키영화로의 전환과 일본 영화 최초의 황금시대를 거쳐 1939년 영화법의 제정 이후 영화에 대한 국가의 통제가 본격화되는 시기까지 장기간에 걸쳐 계속 간행되었다.

이 잡지는 1930년대의 이른바 쇼와모더니즘(昭和モダニズム)의 양상을 잘 보여 주고 있다. 당시 일본 국내외의 영화 상황을 자세하게 전달한 것은 물론이고 영화 포스터 등의 풍부한 시각적 자료를 통하여 세계의 풍속, 유행, 모더니즘의 흐름도 전달하였다.

스스로 일본 "유일의 영화 경제 잡지"라는 것을 내세우고 있었으며 1945년 이전 영화 언론의 금자탑이라는 평가를 받고 있다. 이전의 연예 통신의 전통에서 벗어나 산업으로서의 영화에 본격적인 조사의 빛을 던졌다는 것이 이 잡지의 가장 중요한 업적이다. 실제로 개봉 영화의 명단과 통계자료는 물론이고 영화 제작업자와 수입 배급업자에서 경시청, 내무성의 담당자에 이르는 다양한 영화 관련자의 목소리, 심지어 상설 영화관의 건축과 디자인에 대해서까지 다루고 있다. 곧 영화업계의 움직임을 신속하게 전한 것이야말로 이 잡지의 고유한 특징인 셈이다. 이것은 작품의 소개와 기록을 중심으로 한 『키네마순보(キネマ旬報)』 등 다른 잡지와 대조되는 점이기도 하다. (이준식)

참고문헌

『國際映畫新聞』(復刻板), ゆまに書房, 2005; 今村三四夫, 『日本映畫文獻史』, 鏡浦書房, 1967.

국제정정(國際政情)

1936년 중국 광저우에서 창간된 학술지

1936년 3월 광저우(廣州)에서 학술해서원(學術海書院)이 편집 발행하였다. 1936년 7월 종간되었다. 중국국가도서관 등에 소장되어 있다.

주요 내용은 일본, 미국, 영국, 프랑스, 독일 등의 정치 및 경제 상황, 외교정책과 상호간의 관계를 다루었다. 라인강 문제와 베르사유 공약의 지속 및 폐지문제를 논술하였다.

2호부터 '부록'란을 증설하였는데, 미국 중립법안 전문과 루스벨트 대통령의 선언, 영국 외상 애덤의 독일의 베르사유조약 파기에 관한 연설들을 게재하였으며, 소련의 1936년 소식들을 전한 「대사기요(大事紀要)」와 독일이 베르사유조약을 폐기할 때 히틀러가 국회에서 한 연설, 프랑스의 반히틀러, 평화건설 비망록 및 프랑스의 평화계획안 등을 소개하고 있다. (김성남)

참고문헌

王檜林·朱漢國 主編, 『中國報刊辭典』, 太原: 書海出版社, 1992; 張靜盧輯註, 『近現代出版史料』, 上海書店出版社, 2003.

국제주보(國際週報)

1938년 홍콩에서 창간된 신문

중일전쟁이 한창 진행 중이던 1938년 5월 홍콩(香港)에서 창간된 신문이다. 홍콩의 국제편역사(國際編譯社)에서 편집하고, 판중윈(樊仲雲)이 편집자를 맡았으며, 홍콩 화남일보사(華南日報社)에서 출판하였다. 창간된 지 1년여 후인 1939년 7월 정간되었다가 이듬해인 1940년 1월 상하이(上海)에서 복간하였는데 신생명사(新生命社)에서 편집하여 출판을 하였고, 권과 기를 다시 시작하였다. 1942년 신간 제3권부터 이름을 『국제주보』에서 『국제양주보(國際兩週報)』로 바꾸었고 1944년 1월에 종간되었다. 중국국가도서관 등에 소장되어 있다.

주로 정론성(政論性)의 글을 실었으며, 게재된 주

요 내용은 2차 세계대전 기간 동안의 유럽과 동아시아의 정치, 군사, 경제 정세의 분석을 하였고, 영국, 프랑스, 미국, 독일, 일본, 이탈리아, 소련 등의 내정과 외교의 소개하였으며, 중일전쟁의 정세와 동태 및 중일전쟁 시기 중국의 정치, 경제, 교육, 문화와 각종 사회문제에 대한 토론 등을 수록하였다. (김지훈)

참고문헌

王檜林·朱漢國,『中國報刊辭典(1815~1949)』, 書海出版社, 1992; 伍杰,『中文期刊大詞典』, 北京大學出版社, 2000.

국제지식(國際知識)

1937년 중국 톈진에서 창간된 정치월간지

1937년 5월 중국의 톈진(天津)에서 창간되었다. 편집은 선즈위안(沈志遠)이 맡았고, 톈진지식서점(天津知識書店)에서 출판하였으며, 월간(月刊)으로 발행되었다. 1937년 7월 정간되었으며, 모두 3호가 출간되었다. 현재 베이징대학도서관 등에 소장되어 있다.

내용은 국제방송(國際播音), 전론(專論), 이론과 비판(理論與批判), 문예 등의 난이 있었다. 주로 국제 정세와 시사적으로 중요한 소식(時事要聞) 등을 분석한 글이 게재되었다. 영국, 프랑스, 미국, 독일, 일본, 이탈리아 등의 정치, 경제, 외교 등에 관한 상황을 소개하였다. 유럽의 양대 진영의 모순과 충돌을 반영하였고, 문화 동태를 보도하였으며, 특정한 테마에 관련된 토론(專題討論)과 사상적인 비판을 하였다. 1권 2호에는 "소련문학기념 특집번역(蘇聯文學紀念特譯)"이 실렸다. (김지훈)

참고문헌

王檜林·朱漢國,『中國報刊辭典(1815~1949)』, 書海出版社, 1992; 伍杰,『中文期刊大詞典』, 北京大學出版社, 2000.

국풍보(國風報)

1910년 중국 상하이에서 창간된 정치운동 신문

1910년 2월 20일 상하이(上海)에서 창간되었다. 순간(旬刊)으로 매월 1일과 11일, 21일 세 차례 발행되었다. 발행인은 허궈전(何國楨)이나 실제 주체는 량치차오(梁啓超)였다.
종간 시점은 정확하지 않으나 현재 남아 있는 최종호는 17호로 1911년 7월 16일 발행본이며, 총 52회를 발행하였다. 중국국가도서관에 소장되어 있다.

『국풍보』라는 제호는 『시경(詩經)』의 '국풍지의(國風之義)'에서 취한 것으로 '정부에 충고하고, 국민을 지도하며, 세계의 상식을 주입시키고, 건전한 여론을 조성하는 것(忠告政府, 指導國民, 灌輸世界之常識, 造成健全之輿論)'을 그 발행목적으로 삼았다. 민족자본주의의 실업과 금융 발전 고취, 중국 경제가 나아가야 할 길을 모색하였으며, 국정(國情)에 대한 다방면의 조사연구를 시행하였다. 그 범위는 정치, 경제, 군사, 사회 등의 영역 등 비교적 광범위하였다.

내용은 유지, 논설, 시평(時評), 조사 기사(記事), 법령, 공문, 담총(談叢), 문원(文苑), 총록(叢錄), 소설, 도화(圖畵) 등이 있다.

문학 방면에서는 담총, 문원, 소설의 공간을 개설하였다. 담총란에는 시화(詩話)와 일기(日記) 형식의 문장들을 게재하였는데, 주요 작품으로는 춘빙(春冰)의 「춘빙실야승(春冰室野乘)」과 예민(野民)의 「강개전담록(江介雋談錄)」, 솽타오(雙濤)의 「솽타오각시사일기(雙濤閣時事日記)」 등이 있다.

문원란에는 시사문(詩詞文)을 게재하였는데, 창장(滄江, 김택영[金澤榮]), 장젠(張謇), 장춘(疆村), 보옌(伯嚴), 캉유웨이(康有爲), 옌푸(嚴復), 천바오천(陳寶琛) 등이 집필에 참여하였다.

소설은 단지 두 종의 번역 작품만이 등재되어 영국 소설 「영은기(伶隱記)」와 프랑스의 「파리려인전(巴黎麗人傳)」이 게재되었다. 이 잡지는 많은 양의 시사문(詩詞文)을 게재하여 소위 '국풍(國風)' 정돈 문제에 매진하면서 국민성 개조문제를 논하였다.

량치차오는 이 신문의 주요 필진이었으며 매호마다 반 이상의 문장이 그의 손에서 나온 것이었다. 그가 일본에서 집필한 원고는 상하이로 보내져 인쇄되었다. 탕줴둔(湯覺頓)과 마이멍화(麥孟華) 등이 량치차오의 편집을 도왔으며 『정론(政論)』 잡지가 종간된 후 이 매체는 캉유웨이와 량치차오 등의 군주입헌 단체의 주요 여론 기관지 역할을 수행했다.

이곳을 통해 「국회와 의무(國會與義務)」, 「국회청원과 정부청원 병행을 논함(論請願國會當與請願政府並行)」, 「책임내각과 정치가(責任內閣與政治家)」, 「입헌국조지의 종류와 그 국법상의 지위(立憲國詔旨之種類及其在國法上之地位)」 등의 영향력 있는 문장들을 계속하여 발표하였으며, 이 문장들은 국회와 내각, 관제(官制), 재정, 실업, 외교 등의 문제를 논하면서 당시 입헌 이론과 운동을 지도하는 역할을 하였다.

창간 2년째에 들어서면서 청 정부를 '악정부(惡政府)'라 칭하기 시작하였고, 정부를 개혁하는 것이 결코 가능하지 않다는 입장을 취하였다. 그러나 이 신문이 공격한 '악정부'는 청 왕조의 집정 관리와 아문(衙門)들이었지만 황제는 아니었다. 이러한 황제에 대한 인식은 결국 변화하는 시국 정세에 적응하지 못하고 낙후되면서 종간되었다. (김성남)

참고문헌

葉再生 著, 『中國近代現代出版通史』, 北京: 華文出版社, 2002; 方漢奇 主編, 『中國新聞社業通史』, 中國人民大學出版社, 1996.

국학계간(國學季刊)

1923년 중국 베이징에서 발간된 학술지

1923년 1월 베이징(北京)에서 창간되었다. 베이징대학에서 간행한 학술 계간의 하나이다. 1925년 2권 1호 출간 후 한번 휴간되었으나, 이어 복간되었다. 1937년 6권 3호 후 다시 정간되었으나, 1946년 복간되었다. 1952년 12월 7권 3호를 끝으로 종간되었다. 후난성도서관(湖南省圖書館) 등에 소장되어 있다.

베이징대학 교수 후스(胡適)는 전통 학술 문화 곧, 국고(國故)는 단순히 모방하는 것이 아니라 과학정신을 가지고 정리하여 오늘의 시대에 맞는 문명을 재창조하는 기반이 되어야 한다고 주장하였다. 국고 정리를 학술면에 적용하기 위해 1921년 11월 베이징대학 대학원에 국학과(國學科)가 만들어졌고, 관련 잡지를 간행하기로 결정하였다. 이것이 바로 『국학계간』이다. 편집인은 후스(胡適), 저우쭤런(周作人), 리다자오(李大釗) 등이다. 문장에 구두점이 찍혀 있고, 고유명사를 표시하는 줄이 그어져 있었으며, 단락이 나뉘어 있고, 판형을 가로쓰기로 하는 획기적인 편집을 하였다. 논문, 부록 등의 난으로 구성되었다. 후스는 발간선언에서 국학을 국고학(國故學)의 준말로 사용하였는데, 지난날의 모든 문화, 역사를 모두 포함시켰다. 여기서 '국학'이라는 말을 가치중립적으로 사용함을 명백히 밝혔다. 국학의 연구 방향으로 다음 세 가지를 제시하였다. ① 역사적 안목으로 국학 연구의 범위를 확대하되, 그 자료의 본래 면목을 드러내도록 한다. ② 계통적으로 정리하여 국학 연구 자료의 성격을 정한다. ③ 비교 방법으로 연구하여 국학의 자료 정리와 해석이 도움이 되도록 한다. 이로써 전통 문화에 대한 비판의 대원칙을 확립하고, 중국 문명을 보존, 모방의 대상이 아닌 정리를 통해 재건한다는 원칙을 제시하였다. 『국학계간』은 주로 국내외 학자의 중국학 방면의 연구 성과를 발표하였다. 동방 고언어학(古言語學), 비교언어학, 철학 등 방면의 내용도 게재되었다. (이은자)

참고문헌

王檜林 · 朱漢國 主編, 『中國報刊辭典(1815~1949)』, 太原(山西): 書海出版社, 1992; 민두기, 『중국에서의 자유주의의 실험: 胡適의 사상과 활동』, 지식산업사, 1996.

국학월보(國學月報)

1924년 중국 베이징에서 발간된 학술지

1924년 5월 베이징(北京)에서 창간되었다. 베이징술학사(北京述學社)에서 편집, 발행하였다. 1929년 7월 3권 2호 출간을 마지막으로 정간되었다. 베이징사범대학도서관 등에 소장되어 있다.

『국학월보』는 루칸루(陸侃如)가 편집 주임을 맡

고, 량치차오(梁啓超), 후스(胡適) 등이 원고를 썼다. 발간 취지는 연구와 고증 위주의 방법으로 국학을 연구하고, 중국 전통 문명의 정화를 발굴하며, 동방 문명을 빛나게 하자는 것이다. 내용은 문학, 사학, 경학(經學), 제자(諸子) 등 방면을 포함하고 있다. 정사(政事)를 불문하고, 오로지 학문에 마음을 쏟을 것을 주장하였다. (이은자)

참고문헌

王檜林·朱漢國, 『中國報刊辭典(1815~1949)』, 太原(山西): 書海出版社, 1992; 葉再生, 『中國近代現代出版通史』, 北京: 華文出版社, 2002.

국학잡지(國學雜誌)

1915년 중국 상하이에서 창간된 월간 학술지

1915년 3월 상하이(上海)에서 국학창명사(國學昌明社)(上海 南市)가 간행한 월간 학술지이다. 니시바오(倪羲抱)가 주편하였고, 중화서국(中華書局)의 각 분점을 통해 전국에 판매되었다. 잡지는 1917년 1월 정간되었다. 8호까지 베이징중국사회과학원도서관에 보관되어 있고, 성균관대학교에서 마이크로필름 형태로 열람할 수 있다.

창간 취지는 중국의 고대 학술, 문화를 연구 토론하고 부흥시킨다는 데 있었다.

잡지는 통론(通論), 전론(專論), 경학(經學), 사학(史學), 소학(小學), 여지학(輿地學), 병학(兵學), 문예(文藝), 예술(藝術)란으로 구성하였다. 중국 고대의 경전(經典), 전적(典籍), 금석(金石), 서화(書畵), 문자(文字) 등 각 학술 분야와 관련된 논설(論說), 차기(箚記), 역문(釋文), 서찬(序贊) 등을 실었다. 그러나 3호부터는 시사집요(時事輯要)란을, 그리고 5호부터 국학존문(國學尊聞)란을 두었다. 정보의 신속성을 보완하는 한편 청사관(淸史館)의 운용 및 자료편찬, 경학원 설립안 등 국학의 부흥과 관련한 시사정보를 게재하였다. 원고는 독자의 투고를 받았지만, 주요 논설은 편집자가 서술하였다.

국학창명사의 국학보급 활동과 방향, 당시 존공운동의 동향을 통해서 민초 보수세력의 동향을 이해할 수 있고, 국수주의 등 학술사상사를 이해할 수 있는 기본 사료이다. 또 부록에 실린 「상하이학교조사기(上海學校調查期)」(4호) 등은 『시사신보(時事新報)』 등의 기사를 참고한 것이지만, 내용을 보완한 것으로 사료적 가치가 높다.

『국학잡지』는 중화민국 초기 다양하게 출현한 국학관련 잡지중의 하나이다. 간행 주체인 국학창명사는 상하이를 중심으로 국학의 보급과 부흥을 위해 조직된 단체이다. 이들의 주장은 몇 가지로 나누어 볼 수 있는데, 두드러진 것은 경학을 중심으로 중국의 전통 학술문화의 우수성을 뽐내고, 그에 기초하여 국민 교육을 모색하는 것이었다.

이들은 우선 명청 왕조 이래 경의 지위를 상대화한 '육경개사(六經皆史)'설을 비판하고, 모든 학술 문화의 기초로서 경의 지위를 복원하고자 하였다. "경과 사는 원래부터 구별되는 것이다. 육경 중에 춘추가 사에 해당하기는 하지만, 이는 육경 중에 맨 뒤에 두던 것이었다. 그런데 한대 이후 경사의 구별이 혼란해지면서, 성인이 창조한 문명의 총체로서 경의 지위가 뒤바뀌기 시작한 것이다. 사는 경에서 기원한 것에 불과하다"(류샤오밍[陸紹明], 「육경비고사설[六經非古史說」, 1호)는 것이었다. 육경을 역사적 방법으로 재정리한 장빙린(章炳麟)의 입장과 대조되는 논리라 할 수 있다.

이러한 경학에 대한 복고적 태도는 국수주의적 경향성을 내포한 것이었다. 국학을 단순한 전통 학술만이 아니라 문명의 총체이자 중국의 정체성의 근거로 파악하였기 때문이다.

"우리나라 국학은 도로써 학술의 근거로 삼는다. 도(道)라는 것은 제 과학의 원천이요, 학술의 총회(總匯)이다. 따라서 천지(天地), 귀신(鬼神), 산천(山川), 초목(草木), 조수(鳥樹), 곤충, 왕제, 예의, 일용인사(日用人事)가 여기에 속하지 않은 것이 없다. 세간지학을 일과(一科)로 통합하면, 포괄하지 않은 것이 없다. 대개 도(道)의 설만이 이를 다할 수 있을 것이다."

이러한 입장에서 이들은 당시 민국 초기 공화정의

채택과 신학제(新學制)의 수용(受容), 독경(讀經)의 폐지를 "강역(疆域)을 이적(夷狄)에게 바치고 정교(政教)를 이적화(夷狄化) 하는 난국(亂局)"으로 인식하였다(니시바오, 「나라사랑이 국학 연구의 뿌리가 됨을 논한다[論愛國爲硏究國學之本]」, 2호). 또한 중국 문명의 총체인 국학의 부흥을 통해서만 이를 해결할 수 있다고 주장하였다. 그리고 그 연장선상에서 문화, 문명 그리고 국가에 대한 사랑을 강조하였다. 국가는 "물과 같고 공기와 같은 존재로서 국가 = 문화, 문명의 연속체"이며 그 범주는 산천, 인민, 성곽, 궁실이 모여서 마음으로 전해지고, 문자, 기용, 정교, 풍속이 모여서 정신으로 전해진 것이니 문자에서 각종 제도에 이르기까지를 국가로 귀결되지 않는 것이 없다는 것이다.

"지금 애국을 제창하는 사람들은 사람만을 주목하지 그 나라의 역사, 종교, 문자, 제작이 어떻게 다른 사람과 구별되고, 그것이 어떻게 전해졌는지를 알지 못한다. 오직 일체 외국 것만을 숭상한다. 그러므로 국인(國人)이라 하지만 국인된 자격을 갖추지 못하고 있다. 정교풍속언어(政教·風俗·言語)를 외국 것만 제창한다"고 문화 민족주의를 강조하였다.

이 같은 입장에 따라 『국학잡지』는 경학으로서는 맹자(孟子)를, 언어로서 이아(爾雅), 소학은 설문 등을 강조하는 한편 기절과 의협심을 지닌 국민의 형성을 강조하였다. 이를 위해서는 지나치게 공리적이고 협량한 서구 학문으로서는 불가능하며 전통적인 중국 학문을 통해서만 가능하다는 것이었다. 『쌍성잡지(雙星雜誌)』나 『남사십삼집(南社十三集)』 등 애국적이고 의협심 있는 소설, 잡지, 시의 열독을 권장하고, 풍토소식(風土小識), 여행담, '중국철로현장표(中國鐵路現狀表)' 등을 통해 강역, 산천형세에 대한 인식을 제고시켰다. 특히 「역대강역건치고략(歷代疆域建置攷略)」(3호)이나 「최근지방건치연역표(最近地方建置沿革表)」 등을 통해 제시됨으로써 국민들의 심성지리(心性地理) 지식의 형성에 상당한 영향을 미쳤을 것으로 생각한다.

물론 이러한 문화민족주의는 전통적인 중화주의의 부활을 지향하는 것이기도 하였다. 예를 용이변하(用夷變夏)의 수단으로서 강조하거나, 국가 건설에 필요한 조직 방식과 국제관계에 관한 근거로서 주례를 강조한 경우도 같은 맥락이다(쑨나이잔[孫乃湛], 「주례합근세국가설이[周禮合近世國家說二]」, 『국학잡지』). 특히 편집자인 니시바오는 사이(四夷)를 경략했던 역사를 통해 현재 난국을 극복하자는 취지에서 「역대사이사감(歷代四夷事鑑)」(1호)을 연재하기도 하였다.

물론 이를 위해 이들은 국학의 보급과 현대화를 추구하였다. 전자를 위해서는 일종의 통신학교인 상하이함수국문전수학교(上海涵授國文傳授學校)를 운용하였고, 국학의 현대화를 위한 방안을 모색하였다. 예컨대 국학창명사와 국학잡지사의 명의로 두 차례의 공모문안을 보면 이를 잘 알 수 있는데, 그것은 ① 국학에 관한 장편 논설, ② 전인유저(前人 遺著), ③ 고금고증(古今考證), ④ 풍토기실(風土記實), ⑤ 정치상각(政治商榷), ⑥ 미각전집(未刻專集), ⑦ 백가잡설(百家雜說), ⑧ 창화, 학교과예 등이나, 또는 ① 국학연구의 방법, ② 국어 오월어 서후(國語 吳越語 書後), ③ 몽골(蒙古), 신장(新疆), 칭하이(青海), 시짱(西藏) 강역지세(疆域地勢)에 대한 글, ④ 중국이 현재와 같이 학술과 풍속이 쇠락하게 된 원인, ⑤ 제창 국화론(提唱國貨論), ⑥ 역사적 인물을 칭송하는 7률의 8수 등에 대한 글을 모집하고 있는 것이 그러한 예이다.

공모 결과 뽑힌 딩녠자(丁年甲, 태현계명고등소학[泰縣啓明高等小學] 교사)의 국학의 현대화 방안을 새로운 형식으로 서술하고 있어서 이들의 노력이 국학현대화에 있음을 알 수 있다. 그러나 전반적으로 보면 후기로 갈수록 청대의 경학에 치중하고 있어서 사회의 변화에 조응하지 못한 한계 역시 분명하다.

• 국학창명사와 상하이함수국문전수학교

국학창명사는 국학의 보급을 위해 『국학잡지』를 간행한 외에 상하이함수국문전수학교를 운영하였다. 『국학잡지』에는 그 장정(章程), 교과운영, 학생 과제를 예시하고 있어서 그 활동상황을 비교적 자세히 알 수 있다.

우선 「상하이함수국전문학교 장정(上海涵授國文

傳授學校 章程)」을 보면 학교의 창립 취지는 "국학이 쇠미하고, 사문(斯文)이 저상한 현실을 통신 교수를 통해서라도 이를 극복하는" 것이었으며, "남녀구별 없이 국문으로 학문을 연구할 수 있도록" 한다는 데 있었다. 국립대학에 첨설하는 방식으로는 국학이 살 수 없기 때문에 따로 이 같은 교육기관을 둔다는 것이었다.

이를 위해 상하이(上海 南市 新馬頭)에 통신지를 두고 정과(正科)와 부과생(副科生)을 선발하여 교육하였다. 정과생은 매월 네 차례씩 국문, 경학, 소학, 시사를, 부과생은 갑급과 을급으로 나누어 매월 세 차례씩 국문, 경학, 소학 등을 시험하여 선발하였다.

교수 방식은 매월 강의에 부쳐, 2회씩 숙제를 주고 첨삭 지도하는 방식이었으니, 정과 과정은 경의(經義), 사론(史論), 문답(問答), 잡저(雜著), 시사(詩詞)를, 부과 과정은 단론(單論), 기사(記事), 문답(問答), 척독(尺牘)을 부과하였다. 물론 이를 위해 『국문독본』 등 적절한 교본을 출판, 활용하였다. 내용이 경학과 문학 중심임을 알 수 있는데, 본래 사학(史學)과 지리(地理)도 함께 해야 하지만, 교수진의 한계로 잠시 강의할 수 없는 형편이라고 고백하였다.

원래는 답안 중 우수한 것은 수시로 간인(刊印)하고, 특히 우수한 것은 『국학잡지』에 싣기로 하였다. 실제로 『국학잡지』에는 판순윈(范舜雲)의 「유경사흉노결화친론(劉敬使匈奴結和親論)」, 왕위자오(王毓藻)의 「반초사서역론(班超使西域論)」 등의 학생들에게 내준 숙제의 답을 싣고 있다.

응시 자격은 최근에 지은 논설 또는 작문 한 편을 이력, 성명, 적관 주소 및 현재 학교와 직업을 함께 적어 보내면 그중에서 선발하는 방식을 취하였다.

정과생은 약 2~300자 이상의 작문능력과 경사에 대한 약간의 기초를 요구하였고, 부과생에게는 200자 이상 작문능력을 요구하였다.

입학이 허가된 학생은 반드시 학기 단위로 매월 2편 이상의 글을 보내고 지도를 받는 방식이었다. 매월 제목과 함께 10일의 기한을 주고 회신을 받아 점수를 매기는 고시를 쳐서 합격과 승급, 유급 등을 정했다.

당시 초창기에는 제법 호응이 있어서, 학생은 전국 18성 각지와 인천, 요코하마에도 있었다고 한다.

이 같은 통신학교는 물론 상례적인 것은 아니지만 신구학술의 변천기에서 전통 학문을 보존시키려는 국학운동의 한 흐름이라는 점에서 주목할 필요가 있다. (오병수)

국학총간(國學叢刊)

1914년 중국 베이징에서 발간된 학술지

1914년 6월 베이징(北京)에서 창간되었다. 칭화대학 연구회(淸華大學硏究會)에서 간행하였다. 베이징대학도서관 등에 소장되어 있다.

'경편(經篇)'에는 「경학원류변천고(經學原流變遷考)」가 있고, '사편(史篇)'에는 「역대 원동과 서방 관계(歷代遠東與西方之關係)」가 있으며, '문편(文篇)'에는 「신해혁명 이래의 문학관(辛亥革命以來之文學觀)」이 있다. 이외에도 전기(傳奇), 악부(樂府), 시(詩), 사(詞) 등의 내용을 포함하고 있다. (이은자)

참고문헌

王檜林 · 朱漢國, 『中國報刊辭典(1815~1949)』, 太原(山西): 書海出版社, 1992; 葉再生, 『中國近代現代出版通史』, 北京: 華文出版社, 2002.

국학총간(國學叢刊)

1923년 중국 상하이에서 발간된 학술지

1923년 3월 상하이(上海)에서 창간되었다. 1926년 8월 3권 1호 출판을 끝으로 종간된 계간지이다. 1926년 후 『국학집림(國學輯林)』으로 개명하여 계속 출판되었다. 베이징사범대학도서관 등에 소장되어 있다.

『국학총간』은 동난대학(東南大學) 난징고사국학연구회(南京高師國學硏究會)에서 발행하고 편집을 맡았다. 통론(通論), 전저(專著), 시문, 잡조(雜俎), 통신(通訊) 등의 난으로 구성되었다. 창간 취지는 '국학을 정돈하여 문화를 증진한다'는 것이다. 내용은 주로 국학 연구 성과를 소개하였다. 사학, 소학(小學), 경학,

제자학(諸子學) 등에 대한 특집호가 있다. (이은자)

참고문헌

王檜林·朱漢國,『中國報刊辭典(1815~1949)』, 太原(山西): 書海出版社, 1992; 葉再生,『中國近代現代出版通史』, 北京: 華文出版社, 2002.

국화월보(國貨月報)

1915년 중국 상하이에서 조직된 권용국화회와 중화국화유지회의 연합 기관지

1915년 8월 15일 권용국화회(勸用國貨會)와 중화국화유지회(中華國貨維持會)의 연합 기관지로서 창간되었다. 일본의 21개조 요구에 대응하여 상하이(上海)의 민족부르주아계급이 조직한 일본 상품 배척 등 경제적 민족운동의 산물이다. 황리성(黃礪生)이 편집하였고, 태화서국(泰華書局)에서 발행하였다. "외국상품을 저지하고, 국산품을 제창하며, 민족 공상업을 보호하고 발전시키는 것"이 종지였다. 논설(論說), 요건(要件), 공업(工業), 상업(商業), 기사(記事), 조사(調查), 연구(硏究), 소설(小說), 내고(來稿), 잡록(雜錄) 등의 난을 두었다. 전국 각지의 공업발전 상황 및 공산품을 소개하고, 국민들에게 국산품 사용을 권유하였다. 1916년 3월 정간하였다.

『국화월보』는 발행기간은 짧지만 당시 국화제창운동에 대한 풍부한 자료를 싣고 있다. 특히 '요건(要件)', '내고(來稿)'란을 통해 당시 일본상품 배척운동과 관련한 여러 운동단체의 장정(章程), 선언(宣言), 문함(文函) 등을 모두 싣고 있다. 예컨대 「권용국화회장정(勸用國貨會章程)」, 「본보선언(本報宣言)」 등 각종 장정 등이 그러하다. 또 상하이의 상인단체를 비롯한 국화권용(國貨勸用)운동단체의 주장과 황리성, 위안뤼덩(袁履登) 등 저명인사들의 국화권용 논설들을 풍부하게 싣고 있다. 당시 활발하게 전개된 국화운동의 실상을 잘 이해할 수 있는 자료라 할 수 있다.

둘째는 기사(記事), 국화조사(國貨調查), 잡록(雜錄) 등의 난을 통해 국화운동의 기초로서 당시 전국의 중요 기업들의 실상을 싣고 있다. 1차 세계대전 기간을 거치면서 성장하기 시작한 중국의 민족부르주아계급의 사회 경제적 기초에 대한 정보를 제공하고 있는 셈이다. 중국기기면분창(中國機器棉粉廠), 남양식조창(南洋熄皀廠), 상무인서관(商務印書館), 광생행창(廣生行廠), 중화서국(中華書局), 통혜실업공사(通惠實業公司, 베이징), 천성광무근지(川省鑛務近志), 장유양주공사(張裕釀酒公司) 등 기업 규모와 기타 400여 기업의 생산과정 및 생산품의 유통과정을 조사보고 형식으로 게재하였다. 물론 조사 목적은 생산과정의 합리화, 생산원가 절감 등을 통한 국제 기업과의 경쟁력 강화를 모색하는 한편, 국민들에게 국산품 사용을 널리 선전하려는 것이 그 목표였다. 이에 따라 중국의 낙후한 기술력과 생산조건을 질타하고 그 개선방법을 모색하는 한편, 시장의 확대 방안을 모색하였다. 특히 상무인서관, 중화서국 등 경영 합리화, 시장 개척 사례, 신상품 출시 등 모범 사례를 적지 않게 제시함으로써 국화운동을 적극 추동하였다. 이 같은 저제운동은 영국과 미국 등 경쟁자 없이 중국에서 시장 확대를 노리던 일본의 재화 기업들에게 상당한 타격을 주었다.

국화운동과 『국화월보』

『국화월보』는 일본의 21개조 요구에 항의하는 상하이 민족부르주아계급의 경제민족주의운동의 산물이다. 당시 막 성장하고 있는 중국의 부르주아계급은 일본의 침략에 맞서기 위해서는 곧 '부강(富强)'을 구해야 하는 바, 그를 위해서는 스스로 "실업(實業)을 열고", "국화(國貨)를 제창해서", "이권을 만회해야 한다"고 주장하였다. 물론 당시 국화운동은 단순한 일본 상품을 비롯하여 제국주의 일반에 대한 반대를 바탕에 깐 것이었다(「국화권용회선언[國貨勸用會宣言]」, 1권 2호). 『국화월보』는 이러한 경제민족주의운동을 추진하기 위해 창간한 것이다.

중국에서 국화운동은 부르주아계급의 성장과 보조를 같이 한 것으로 이미 1905년 미국 상품 불매운동으로 표현되기 시작하였다. 당시 미국이 자국의 노동자를 보호하기 위해 중국인 노동자의 입국을 거부하고, 차별적인 노동정책을 실시한 데 항의해서, 『시보(時報)』와

상하이의 상인들이 중심이 되어 미국상품 배척운동을 전개한 바 있었다. 당시 이러한 운동은 전국의 10여 개 도시에서 상인들의 주도하에 거리 시위와 행동으로 발전하였다. 이후 1908년, 1909년 산둥에서 독일상품 불매운동, 남방과 동북에서 일본상품 불매운동이 전개되었다. 이러한 운동은 부르주아계급의 단결을 가져왔지만, 특히 소극적인 불매운동을 넘어서서 보다 근본적으로 문제 해결을 위해서는 자국의 산업을 발전시키지 않으면 안 된다는 여론을 환기시켰다.

이러한 국화운동은 신해혁명 이후 다시 본격화되었는데, 그 계기는 정부의 복제안(服制案) 개혁에 항의였다. 1911년 쑨원이 서양식 복제를 채택하자 취약한 국산 방직업에 타격을 줄 수 있다는 우려에 따라, 상하이 서륜공소(緖綸公所), 농업공소(農業公所), 전업공소(典業公所), 전공공소(錢江公所), 모업공소(帽業公所) 등 12단체가 연명으로 '중국국화유지회(中國國貨維持會)'를 결성하고 복제안을 비롯한 일련의 부르주아계급 보호정책을 정부에 요구하였다. 또 한편 이들은 동시에 각종 선전물을 활용하여 국화 사용을 촉구하고 현지 조사를 통해 국산과 경쟁 중인 외국상품을 조사하고, 상하이를 중심으로 푸저우(福州), 톈진(天津) 등에 국화판매촉진회를 조직하였다. 그 결과 국내외에서 중화민국민생국계회(中華民國民生國計會, 1912), 전절국화유지회(全浙國貨維持會, 1912), 여호각방상무연합회(旅滬各方商務聯合會, 1913), 국화진행회(國貨進行會, 1913), 각지 중화국화유지회(中華國貨維持會), 중화국화매매소(中華國貨賣買所, 1914), 권용국화회(勸用國貨會, 1915) 등 상업단체가 성립하여, 국화 제창 및 국화 장려정책을 촉구하는 운동을 전개하였다. 전국적인 국화운동인 셈이었다.

이에 따라 새 정부는 1912년 전국임시 공상회의를 개최하고, 자국 산업을 보호할 수 있는 일련의 법령 및 정책 제정, 그리고 국산품전람회 등을 개최하고, 산업 발전정책을 수립하는 등 상당한 기여를 하였다.

『국화월보』는 이 같은 국화운동의 확대를 배경으로 한 것으로 각계에 국화 사용을 촉구하는 『국화조사록(國貨調查錄)』과 함께 상당한 대중적 호응을 받았다. 제1호는 2000책을 간행하였으며, 이후 5000책까지 발행을 늘렸다. 내용은 국화 사용을 권유하며, 국화 생산, 유통과정을 분석하고 국화운동을 소개하는 것이었다.

특히 소설란을 통해 「캐나다의 애국여자」, 「외국노파(外國老婆)」, 「국화적(國貨賊)」 등 백화단편소설을 통해 당시 현실을 풍자하고 계몽하였다. 「외국노파(外國老婆)」는 일본 낭인(浪人)이 자신의 딸을 중국 상인에게 시집보낸 뒤, 갖은 음모로써 상인의 부를 차지해 가는 내용으로 당시 반일정서에 편승하여 상당한 인기를 누렸다. (오병수)

참고문헌

潘君祥, 「辛亥革命與中國國貨運動的産生」, 『中國近代國貨運動史』, 中國文史出版社, 1996.

▌군사자료집(Военный сборник)

1858년 러시아 상트페테르부르크에서 발행된 군사 잡지

1858년부터 1917년까지 러시아 상트페테르부르크에서 발행된 군사잡지이다. 밀류틴(Д. А. Милютин)의 주도로 창간되었으며, 월 1회 발행되었다. 1862년부터 제정러시아 육군성의 기관지가 되었다.
모스크바에 위치한 사회과학학술정보연구소에 소장되어 있다.

『군사자료집』은 1858년 러시아 참모본부 친위부대에서 발간되었다. 창간을 주도한 밀류틴(1816~1912)은 1836년 군사아카데미를 졸업하고, 1839년부터 캅카스에서 복무했다. 1845년부터 군사아카데미 교수로 재직하였고, 1848년부터 러시아 육군성 촉탁관리가 되었다. 1856년부터 1859년까지 캅카스 참모본부 사령관으로 복무했다. 1861년부터 1881년까지 육군성 보좌관으로 근무했으며, 1866년에는 페테르부르크 과학아카데미 명예회원이 되었다. 1860~70년대에 러시아 군대의 개혁을 시행했으며, 그의 주도하에 러시아 참모본부가 조직되었다.

『군사자료집』의 발행에 가장 큰 역할을 한 사람은 체르니솁스키(Н. Г. Чернышевский)였다. 그는 혁명적 민주론자이면서 작가, 경제학자, 철학자, 역사학자였다. 『군사자료집』에 실린 그의 논문들은 혁명적 민주주의의 관점에서 군대 문제를 고찰하였다. 체르니솁스키는 1853~1856년의 크림전쟁에서 제정러시아가 패배한 원인을 심층적으로 해부했다. 마르크스주의 이전 시기에 다른 사상가들과 교류하면서 그의 학문은 사회주의로 향해 갔다.

『군사자료집』은 러시아 군대의 농노제적 질서에 비판을 가하기 위해 만들어졌다. 하지만 1862년부터 육군성의 기관지로 전환되면서 군사 업무와 러시아 군대의 조직과 관련한 이론적, 실질적인 문제들을 다루었다. 러시아 군대의 부르주아적 개혁을 위한 준비 작업에서 긍정적인 역할을 하였다고 평가된다. 1911년부터 1916년까지 군사사(史) 자료를 부록으로 첨부하였다. 드라고미로프(М. И. Драгомиров), 보그다노비치(М. И. Богданович), 쿠로파트킨(А. Н. Куропаткин), 레예르(Г. Л. Леер) 등이 참여하였다.

『군사자료집』에는 극동지역과 관련된 논문과 자료들도 많이 게재되었다. 한국과 관련된 논문 가운데서 가장 대표적인 것은 「한국(Корея)」이다. 이 논문은 2편으로 나뉘어 연재되었는데, 1편은 한국의 지형에 관한 것으로 한국의 영토와 국가조직, 그리고 전국 8도를 개관하였다(1885년 11호). 2편에서는 한국의 인구와 생산 활동, 외국과의 관계를 다루었다(1885년 12호). 1884년에 한국과 러시아가 최초 국교인 '조러수호통상조약'을 체결한 이후 한국에 관한 러시아의 관심을 반영한 것이라고 할 수 있다.

한국 이외에도 일본과 중국에 관련된 논문들이 다수 있으며, 1904년과 1905년도 자료집에는 러일전쟁에 관한 많은 자료와 보고서들도 게재되어 있다. (이항준)

참고문헌

Военный сборник. СПб. 1885, 1903, 1904, 1905; Военный энциклопедический словарь. Пред. Гл. ред. комиссии Н. В. Огарков. М., 1983.

▌군사통신(軍事通訊)

1930년 중국 베이징에서 발간된 정치운동 잡지

1930년 1월 15일 베이징(北京)에서 창간되었다. 중국공산당의 군사간행물이다. 전후로 중공중앙군사부(中共中央軍事部)와 중공중앙군사위원회(中共中央軍事委員會)에서 편집하였다. 중앙당안관(中央檔案館) 등지에 소장되어 있다.

주요 내용은 중공중앙군사위원회의 군사문제에 대한 지시, 토론 및 각지 홍군(紅軍)의 보고 등이다. 제1호에는 1929년 9월 1일 천이(陳毅)가 상하이 중공중앙위원회에서 개최된 홍군회의에서 작성한 「주더, 마오쩌둥이 홍사군의 역사와 그 상황을 보고한 것에 관하여(關于朱,毛紅四軍的歷史及其狀況的報告)」가 게재되었다. (이은자)

참고문헌

王檜林·朱漢國,『中國報刊辭典(1815~1949)』, 太原(山西): 書海出版社, 1992; 葉再生,『中國近代現代出版通史』, 北京: 華文出版社, 2002.

▌군산상공회의소월보(群山商工會議所月報)

1931년부터 군산에서 발간된 일본어 경제 월간지

원래 군산상업회의소에서 『군산상업회의소월보』라는 이름으로 발간한 잡지로, 군산의 무역과 경제상황에 관한 월간 보고서이다. 1931년부터 군산상업회의소가 군산상공회의소로 바뀌면서 『군산상공회의소월보』로 개칭되었다. 1927년부터 1937년까지 발행된 잡지가 현재 서울대도서관 경제문고에 소장되어 있다.

군산의 경제활동에 관련된 각종 보고와 통계자료들을 무역, 금융, 운수교통, 통신, 노임, 물가, 기타의 항목으로 나누어 순서대로 수록하였다. 1935년 발행분부터는 잡지의 내용이 군산항 경제개황과 군산항 경제통계의 두 부분으로 나뉘어 있다.

군산상공회의소는 1916년 6월 군산상업회의소라는 이름으로 출범하였다. 원래 군산에는 1907년 5월 일본인 상업회의소로 설립된 군산상업회의소와 역시 1907년 설립된 군산조선인객주회가 병립해 있었다. 그러나 1915년 7월 조선상업회의소령이 발포됨에 따라, 1916년 6월에 조선인과 일본인 상업회의소가 해산된 후 군산상업회의소로 통합·개편되었다.

그 후 1930년 5월에 조선상공회의소령이 발포됨에 따라 각 지역의 상업회의소는 상공회의소로 개편되었는데, 군산에서도 1930년 11월 군산상업회의소가 군산상공회의소로 개칭되었다.

1944년 8월에는 조선상공회의소령이 조선상공경제회령으로 개정 공포되었다. 이는 전시경제체제에 대응하기 위해 상공회의소의 조직과 활동에 대한 통제와 개입을 확대하기 위한 것이었다. 이에 따라 상공회의소 및 일체의 상공단체들은 조선상공경제회로 통폐합되었다. 1944년 10월 조선상공경제회령에 따라 군산상공회의소는 전라북도상공경제회의 군산지부로 개편되었다.

임원은 군산에서 활동하는 중요 상공인들로 구성되었는데, 거의 대부분 일본인이 차지하고 있었다. (윤해동)

참고문헌

田中市之助, 『全鮮商工會議所發達史』, 釜山日報社, 1935; 『군산상공회의소월보』, 서울대도서관 경제문고소장본.

▌군산상공회의소통계연보(群山商工會議所統計年報)

군산에서 발간된 경제통계에 관한 일본어 연간지

군산상공회의소가 발간한 일본어 연간 통계자료집으로, 현재 1936년(1937년 발간), 1938년(1939년 발간) 2년 치가 국립중앙도서관에 소장되어 있다. 창간부터 종간까지의 자세한 사정에 대해서는 확인하기 어렵다.

내용은 인구, 무역, 금융, 운수·교통 및 통신, 시장, 물가 및 노임 등 여섯 항목에 관한 통계가 차례대로 구성되어 있다. 군산부의 경제 상황 일반을 파악하는 데 기본이 되는 자료이다. (윤해동)

참고문헌

田中市之助, 『全鮮商工會議所發達史』, 釜山日報社, 1935; 『군산상공회의소통계연보』, 국립도서관소장본.

▌군산상업회의소월보(群山商業會議所月報)

▶ 군산상공회의소월보

▌군산일보(群山日報)

1906년 군산에서 창간된 일본어 일간지

1929년 당시 사장 겸 주필은 다카스 다다시(高洲規)였으며, 자본금 10만 원의 개인 경영 회사로 운영되었다. 조간 4면으로 매일 발간되었다. 주요 설비로는 평반인쇄기 3대, 활자주조기 2대, 사진제판기와 연판주입기가 갖추어져 있었다. 지면은 1단 13자, 1단 120행, 1면 12단으로 구성되었다. 월 구독료는 1원, 광고료는 보통면 1행 1원, 특별면 1행 2원이었다.

군산일보사는 1906년 4월 주식회사로 창립되었다가, 여러 번의 조직 변경을 거쳐 1916년 다카스가 경영을 인수하여 개인회사로 전환하였다. 1924년 마쓰오카 지쿠마로(松岡琢磨)가 전무이사로 취임하여 사무를 집행하다가, 1925년 12월 사장으로 취임하였다.

사업의 발전에 발맞추어 군산일보사는 1925년 군산부 명치정(明治町)에 공장, 사진제판부, 활자주조부 등을 신축하였으며, 1926년에는 본관도 신축하여 이전하였다. 전주에도 지사 건물을 신축하였으며, 도쿄 오사카 경성을 비롯해 전국에 지사를 운영하였다. 또

인쇄기를 증설하고, 9포인트의 신활자를 채택하여 활자를 주조하였다.

군산일보사에서 발간한 단행본 자료로 『전북충남지수뇌지(全北忠南之首腦地)』(1913), 『김제발전사』(宇津木初三郞, 1934) 등이 있다.

다른 대부분의 지방신문과 마찬가지로 이 신문 역시 아직 실물이 발굴되지 않았다. 이밖에 전북 지역에서 발간된 일본어 신문으로는 전주의 『전북일보』와 『동광신문(東光新聞)』이 있다. (윤해동)

참고문헌

中村明星, 『朝鮮滿洲新聞雜誌總覽』, 新聞解放滿鮮支社, 1929; 田內武, 『朝鮮施政十五年史』, 1926; 『新聞總覽』, 日本電報通信社, 각년판.

군성(群聲)

1921년 연해주에서 발행된 솔밭관 한족공산당의 기관지

1921년 12월 창간되었다. 1922년 4월까지 총 118호가 간행되었다. 연해주 서남방 추풍 일대의 한인 사회주의자들이 결성한 솔밭관 한족공산당이 발행하였다. 주간신문을 표방했지만, 5개월 동안 총 118호나 간행되었다. 신문 자료가 발굴되지 않아 그 이유는 알 수 없다.

연해주 참변(1920)은 도시만이 아니라 농촌지대의 한인 민족운동 양상에도 큰 영향을 미쳤다. 블라디보스토크에 근거를 두고 있던 대한국민의회와 한인사회당의 주력은 연해주를 떠나 아무르주의 수도인 블라고베셴스크로 옮겨갔다. 이에 반해 한인 농촌지대를 근거로 해서 활동하던 반일운동자들은 지하운동과 유격투쟁 방식을 택했다. 연해주 농촌지대의 한국인 사회주의자들이 활동 재개를 위해 본격으로 나선 것은 1920년 6월 5일이었다. 이날 연해주 추풍 신길동(新吉洞)에서 14명의 한인들이 비밀리에 회합했다. 이들은 연해주 농촌지대 사회주의 야체이카의 대표자들이었다. 참석자들은 새로운 정세를 검토한 뒤, 연해주 한인 사회주의 조직의 재건을 위해 노력할 것을 합의했으며, 빨치산부대도 재조직하기로 결의했다. 이들의 활동이 결실을 본 것은 1920년 8월 6일이었다. 이날 13개 지방을 대표한 26명의 한인이 회합하여 새로운 사회주의단체를 조직했다. 이 단체의 정칙 명칭은 '한족공산당 연해주연합총회'였다. 한인들은 이 당을 지칭할 때 흔히 '솔밭관 한족공산당'이라고 불렀고, 러시아인들은 '고려공산당 연해주위원회', 일본군은 '송전관(松田關) 한족공산당' 등으로 불렀다.

창립 이래 줄곧 선전부장을 맡았던 유진구의 주도하에 당의 선전활동이 이루어졌다. 선전활동의 주된 수단은 정기간행물이었다. 솔밭관 한족공산당의 기관지에는 두 종류가 있었다. 『군성』이라는 신문과 『한살림』이라는 잡지가 그것이다.

'군중의 소리' 혹은 '대중의 목소리'라는 의미를 지닌 『군성』의 발간은 1921년 7월 6일에 개최된 솔밭관 한족공산당 제3회 대표회의에서 결의되었다. 이때부터 발간준비 작업이 이루어졌으며, 실제 발간되기 시작한 것은 그해 12월부터였다고 한다.

• 솔밭관 한족공산당·고려공산당 연해주위원회·송전관 한족공산당

솔밭관 한족공산당은 연해주 지역 한인 사회주의자들이 1921년 8월에 결성한 단체이다. 이 단체의 정식 명칭은 '한족공산당 연해주연합총회'였다. 설립과정에 주도적 역할을 수행한 인사로는 이중집과 유진구 두 사람이 꼽힌다.

한족공산당의 주된 활동구역은 연해주 서남방 쑤이펀강 연안의 한인 농촌지대였다. 서쪽으로는 러시아·중국 국경, 동북으로는 산차고우에서 니콜스크우수리스크시로 가는 도로, 동남으로는 니콜스크우수리스크시에서 다바오를 잇는 선으로 이루어진 3각 지대였다.

한족공산당은 그 산하에 13개 '지방회'를 두었고, 다시 그 아래에 '구역회'를 설치했다. 최고의결기관은 13개 지방회의 대표자들로 구성되는 '지방대표회'였다. 이 기구는 '연합총회'라고 지칭되었다. 이 기구에 의해 중앙집행기관인 '상설위원회'와 '집행위원회'가 선출

되었다. 집행부서에는 노동부, 군사부, 출판부, 선동부 등이 있었다.

당의 기본조직은 '구역회'였다. 이것은 관할의 편의를 꾀하기 위하여 설치한 것으로 대략 100호로써 기준을 삼았다고 한다. 이 당의 내부 문서에 등록된 전체 당원수는 420명가량이었다. 1921년 현재 당원은 500명이며, 후보자는 1000명이었다는 기록도 있다.

연해주 한족공산당의 활동 중에서 가장 두드러진 것은 군사 활동이었다. '군사부'는 중앙집행위원회 직속 하에 '군사에 관한 일체의 사항'을 총괄했다. 그 밑에는 약 400명에 달하는 무장부대가 편성되었다. 그중에서 80명은 당원이었다. 이 군대의 명칭은 '우리동무군'이었다. (이신철)

참고문헌

임경석, 『한국사회주의의 기원』, 역사비평사, 2003; 한국독립유공자협회, 『(러시아 지역의) 한인사회와 민족운동사』, 교문사, 1994.

군중(群衆)

1937년 중국 한커우에서 창간된 종합 이론지

중국공산당이 중일전쟁시기와 1946년부터 1949년까지의 국공내전시기에 국민당 통치지역과 홍콩에서 공개적으로 출판한 유일한 종합성 이론 간행물로 1937년 12월 11일 중국 후베이성(湖北省)의 한커우(漢口)에서 창간되었다. 쉬디신(許滌新), 차오관화(喬冠華) 등이 편집을 맡았고, 판쯔녠(潘梓年)이 발행인이었다.

발행주기는 변화가 있었다. 1937년부터 1938년 7월까지는 주간으로 발행되었고 1938년 8월부터 1941년까지는 부정기로 간행되었으며 1942년부터 1946년 3월까지는 반월간으로 간행되었다. 1946년 6월부터 1949년 10월까지는 다시 주간으로 발행되었다.

또한 『군중』은 vol.1, no.24(1938)부터 발행자가 군중주간사(群衆週刊社)로 바뀌었다. vol.8, no.12(1943)부터는 다시 발행자가 군중잡지사(群衆雜誌社)로 바뀌었다가 홍콩판 창간호(1947)부터 다시 군중주간사로 돌아갔다.

출판지역에도 변화가 있어, 1938년 12월 25일 2권 12호부터는 충칭(重慶)으로 옮겨 출판하였고, 1946년 6월 3일 11권 5호부터는 상하이(上海)로 옮겨 출판하고, 권과 기를 다시 시작하였다. 1947년 3월 2일 14권 9호를 출간한 후 국민당의 압력으로 정간되었다. 1947년 1월 30일 홍콩에서 복간하고 권과 기를 새로 시작하였다. 1949년 9월 신 3권 43호를 출간하고 종간되었다.

권 호수별로 살펴보면, vol.1, no.1(1937.12.11)부터 vol.2, no.11(1938.9.18)까지는 후베이성의 한커우에서 출판하였다. 이후 vol.2, no.12(1938.12.25)부터 vol.11, no.3/4(1946.3.10)까지는 충칭에서 출판하였다. 1945년 중일전쟁에서 승리한 후 vol.11, no.5(1946.6.3)부터 vol.14, no.9(1947.3.2)까지는 상하이에서 출판하였다. 1947년 3월 국민당 정부에 의해 판매금지되기 전인 1947년 1월 30일 홍콩판을 홍콩에서 출판하였다. 『군중』은 창간호(1947.11.30)부터 표지에 "Chuin chung weekly"라는 영문제명을 병기하였다. vol.3, no.40(1949)은 vol.4, no.40으로 잘못 인쇄되었다.

vol.1(1937~1938)~vol.3(1939)까지 각 25호씩 출간하였다. vol.4(1940)부터 vol.5(1940~1941)까지는 각 18호씩 출간하였다. vol.6(1941)부터 vol.11(1946), vol.13(1946)은 각 12호씩 출판하였다. vol.7(1942), vol.9(1945)는 각 24호씩을 출판하였다. vol.8(1943)은 22호를 출판하였고, vol.24(1947)는 9호를 출판하였다. 홍콩판 vol.1(1947~1948)~vol.2(1948)는 각 50호씩을 출판하였고 vol.3(1948~1949)은 43호를 출판하였다. 『군중』은 홍콩에서 출판하는 기간 항공판을 출간하였고, 『군중』의 각기 주요 내용을 간추린 것이었다.

중국국가도서관 등에 소장되어 있으며, 1956년과 1986년에 베이징의 인민출판사(人民出版社)에서 영인본을 출판하였다.

『군중』은 중일전쟁시기 중국공산당의 방침과 정책의 주장을 선전하였고, 민중의 항일요구를 반영하여 민중이 참가하는 민족해방전쟁을 일으키고자 하였다. 마오쩌둥(毛澤東)의 전면항전과 지구전 이론, 기타 공산당 지도부의 언론과 글을 소개하고, 팔로군(八路軍)과 신사군(新四軍)의 전과를 보도하였다. 아울러 망국론(亡國論)과 속승론(速勝論)을 비판하고, 완고파(頑固派)의 투항, 타협, 분열과 반민중적 정치적 면목을 폭로하고, 한간(漢奸)과 친일파(親日派)의 매국활동을 성토하였다.

『군중』에는 사론(社論), 단평(短評), 항전언론, 경제와 민주, 민중동원문제, 문화와 교육, 국제, 군사, 선언과 문서(宣言與來件, 선언과 부쳐온 서류, 편지), 기념일, 통신, 방문기, 독자문답, 만화, 특재(特載), 편지함(信箱), 전란(專論) 등의 난이 있었다. 『군중』과 『신화일보(新華日報)』, 『해방(解放)』은 모두 중국공산당의 기관지였다.

『군중』은 항일민족통일전선을 더욱 공고히 하고 확대하려는 입장에서 단결항일의 중요성을 선전하였다. 중일전쟁시기 적극적으로 중국공산당의 방침과 정책, 주장을 선전하였고, 인민의 항일 요구를 반영하였으며, 인민들이 민족해방전쟁에 참여하도록 동원하였다.

1946년 이후의 국공내전시기 평화, 민주, 국민당의 전재와 독재 반대, 내전의 반대 등을 호소하였다. 해방전쟁 초기에는 평화, 민주, 국민당 전제, 독재의 반대, 내전의 반대를 호소하였다. 또한 적극적으로 인민의 희망과 요구를 반영하였으며, 인민군중과의 관계를 중시하였다. 혁명여론의 역량을 강화하기 위해 1947년 1월 30일부터 홍콩에서도 『군중(群衆)』 주간을 출간하기 시작하였는데 홍콩 및 해외를 대상으로 발행하는 한편, 각종 위장표지를 이용하여 비밀리에 국민당 통치지구로 운반, 민족혁명의 승리를 쟁취하는 노선과 정책을 선전하고, 장제스(蔣介石)의 매국적 죄행과 국민당 정부의 정치상, 경제상, 군사상의 전면적인 붕괴사실을 폭로하였다. 1947년 2월 장제스가 평화담판을 거절하자 『군중』의 모든 인원은 1947년 3월 20일 이후 해방구로 철수하였으며 간행물 역시 14권 9호 이후 국민당 당국의 압력으로 정간되었다.

『군중』은 약 12년에 이르는 기간 중국공산당 남방국과 저우언라이(周恩來)의 지도 아래 모두 405호를 출판하였으며, 1939년 5월 『신화일보』가 국민당 정부의 압박과 적기의 대공습으로 잠시 정간하고 충칭의 각보연합판(各報聯合版)에 참여하자 『신화일보』를 대체하는 지위와 역할을 하였다. 2권 24, 25호에서 3권 11호까지 『군중』은 대대적으로 지면을 증설하여 신화일보의 사론, 전론(專論), 특별게재(特寫), 통신 및 국내외 중요 사건일지(國內外大事記) 등을 실었다. 수록된 주요 글로는 1권 2호에 발표된 저우언라이의 「현재의 항전위기와 화베이항전을 견지하는 임무(目前抗戰危機與堅持華北抗戰的任務)」와 1권 5호에 발표된 저우언라이의 「어떻게 지구 항전을 진행할 것인가(怎樣進行持久抗戰)」, 예젠잉(葉劍英)의 「북방국을 논함(論北方戰局)」, 펑더화이(彭德懷)의 「현재의 항전형세와 금후의 임무(目前抗戰形勢和今後任務)」, 1권 20호 주더(朱德)의 「항일유격전쟁(抗日遊擊戰爭)」, 2권 3호에 발표된 마오쩌둥의 「항일유격전쟁의 전략문제(抗日遊擊戰爭的戰略問題)」, 7권 10호에 발표된 「학풍 당풍 문풍을 정돈하자(整頓學風黨風文風)」, 7권 14호에 발표된 「당팔고에 반대한다(反對黨八股)」, 49호에 발표된 「현재의 정세와 우리들의 임무(目前形勢和我們的任務)」, 3권 28호에 발표된 「인민민주독재를 논함(論人民民主專政)」 등이 있다. 그밖에 주더의 「항일전쟁 중의 팔로군과 신사군(抗日戰爭中的八路軍和新四軍)」, 둥비우(董必武)의 「어떻게 군중을 동원하여 적극적으로 참전시킬 수 있나(怎樣動員群衆積極參加抗戰)」, 예젠잉의 「현재의 항전과 무한 보위(目前抗戰與保衛武漢)」 역시 매우 중요한 글이다.

주요 집필자는 저우언라이, 마오쩌둥, 판쯔녠(潘梓年), 쉬디신(許滌新), 왕밍(王明, 천사오위[陳紹禹]), 친방셴(秦邦憲, 보구[博古]), 둥비우, 예젠잉, 펑더화이, 런비스(任弼時), 주더, 뤄푸(洛甫, 장원톈[張聞天]), 펑전(彭眞), 덩잉차오(鄧穎超), 거바오촨(戈寶

權), 장아이핑(張愛萍), 쭤촨(左權), 후성(胡繩), 우위장(吳玉章), 덩샤오핑(鄧小平), 왕자샹(王稼祥), 아이쓰치(艾思奇), 천이(陳毅), 천보다(陳伯達), 쉬터리(徐特立), 샤오싼(蕭三), 왕쉐원(王學文), 양쑹(楊松), 판원란(范文瀾), 화시위안(華西園, 화강[華崗]), 캉커칭(康克淸), 저우양(周楊), 젠보잔(翦伯贊), 천윈(陳雲), 왕뤄페이(王若飛), 가지 와타루(鹿地亘), 궈모뤄(郭沫若), 뤼정차오(呂正操), 류보청(劉伯承), 녜룽전(聶榮臻), 후펑(胡風), 류야쯔(柳亞子), 저우얼푸(周而復), 장샹산(張香山), 샤옌(夏衍), 루딩이(陸定一), 리웨이한(李維漢), 차오관화(喬冠華, 차오무[喬木]), 류사오치(劉少奇), 랴오청즈(廖承志), 장한푸(章漢夫), 스시민(石西民), 쉬빙(徐冰), 우커젠(吳克堅), 천자캉(陳家康) 등이었다. 그밖에 레닌, 스탈린, 디미트로프 등의 글을 다수 게재하였다.

특집호로는 다음과 같은 내용들을 발간하였다. vol.1, no.10(1938)은 "반침략운동특집호(反侵略運動專號)"였고, vol.2, no.23(1939)은 "5·1특간(五一特刊)"이었으며, vol.3, no.6/7(1939)은 "7·7사변특간(七七特刊)"이었다. vol.6, no.7(1941)은 "독소전쟁특집(蘇德戰爭特輯)"을 발간하였고 vol.7, no.18(1942)은 "갈릴레오 서거, 뉴턴 탄생 300주년 기념 특집(伽利略逝世,牛頓誕生三百週年紀念特輯)"을 발간하였다. vol.7, no.20(1942)은 "소련 10월혁명 25주년 기념특집(蘇聯十月革命二十五週年紀念特輯)", vol.9, no.10(1944)은 "경제 특집(經濟特輯)", vol.9, no.11(1944)은 "소련 인식 특집(認識蘇聯特輯)", vol.9, no.14(1944)는 "프랑스 인식 특집(認識法國特輯)", vol.9, no.16/17(1944)은 "변구 인식 특집호(認識邊區專號)", vol.9, no.19(1944)는 "적후 해방구 특집(敵後解放區特輯)", vol.10, no.3/4에는 부록으로 궈모뤄의 "공자·묵자비판(孔墨的批判)"이 있었다. vol.2, no.50(1948)은 "100호 기념호(百期記念號)", vol.3, no.40~41(1949)은 "중화인민공화국 개국 문헌 특집(中華人民共和國開國文獻特輯)"을 발간했다. vol.4, no.42/43(1949)은 "화남해방을 맞이하고 세계평화를 보위하는 대회 특대호(迎接華南解放與保衛世界和平大會特大號)"를 발간했다.

(김지훈)

참고문헌

王檜林 · 朱漢國, 『中國報刊辭典(1815~1949)』, 書海出版社, 1992; 伍杰, 『中文期刊大詞典』, 北京大學出版社, 2000; 北京師範大學圖書館報刊部 編, 『北京師範大學圖書館館藏中文珍稀期刊題錄』, 北京圖書館出版社, 2002; 『中國近代現代出版通史』 3, 北京, 華文出版社, 2002; 上海圖書館, 『上海圖書館館藏近現代中文期刊總目』, 上海科學技術文獻出版社, 2004.

권업모범장휘보(勸業模範場彙報)

1917년부터 수원에서 일본어로 발간된 농학 관련 월간 전문 잡지

조선총독부 권업모범장에서 일본어로 발행한 격월간지이다. 농학 관련 전문학술지라고 할 수 있다.
1929년 9월 '조선총독부 권업모범장'이 '조선총독부 농사시험장'으로 개칭됨에 따라, 제명도 4권 5호(1929년 10월)부터 『농사시험장휘보』로 바뀌었다.
서울대도서관 경제문고에 1927년부터 1931년, 1937년 발간분이 소장되어 있다.

잡지의 내용은 크게 조사연구, 초록, 질의응답, 잡록으로 구분되어 있다. 조사연구에는 권업모범장에서의 농사 시험 성적을 관련 조선총독부 기사, 기수 등이 정리 보고한 전문적인 논문이 주로 수록되었다. 초록에는 외국의 농학 관련 주요 논문을 번역하여 실었으며, 질의응답에는 병충해나 시비, 제초 등 농산물 재배 관련 질의에 대한 응답이 게재되었다. 잡록에는 농업 관련 법령을 소개하고 해설하는 글, 기타 농업 관련 보고나 기사들이 수록되었다.

권업모범장은 1906년 통감부가 농업 기술의 시험, 조사 및 지도를 위하여 설치한 관청이다. 통감부는 1906년 4월 농사 개량을 위하여 '통감부권업모범장관제'를 발표하였고, 6월에는 경기도 수원에 권업모범장을 창설하여 농업개량을 위한 시험, 종묘, 종축의 보급 및 기타 농산에 관한 일을 맡아보게 하였다. 1907년 4월 한국 정부에 이관되었다가, 병합 이후 조선총독부 산하

로 이관되었다.

권업모범장과 농사시험장에서 발간한 보고 자료에는 『권업모범장보고』(1911, 1912, 1919, 1922, 1923, 1926), 『면화시험성적: 권업모범장 목포지장』(1915), 『권업모범장 성적요람』(1915~1925), 『잠업시험소휘보』(1918), 『권업모범장 특별보고』(1922~1924), 『조선총독부농사시험장 25주년 기념지』(1931), 『평안북도농사시험장 사업보고』(1937), 『조선총독부농사시험장목포면작지장 성적요람』(1939)이 있다. (윤해동)

참고문헌

우대형, 「일제하 조선에서의 미곡기술정책의 전개」, 『한국근현대사연구』 38, 2006; 『권업모범장휘보』, 국립도서관 소장본.

▌권업신문(勸業新聞)

1912년 러시아 연해주에서 발행된 한인단체 권업회의 기관지

권업회의 기관지이다. 1912년 4월 22일부터 1914년 8월 30일까지 약 2년 반 동안 총 126호가 간행되었다. 신채호, 김하구(金河球) 등이 창간했다. 주필은 신채호, 발행인은 러시아인 주코프(Zhukov)가 담당했다.

권업회의 기관지로 간행되었으나 초창기부터 권업회의 기관지는 아니었다. 권업회가 공식 출범하기 이전인 1911년 7월 26일부터 권업발기회에서는 청년근업회의 기관지였던 『대양보』를 기관지로 발간했다. 『대양보』의 발간 목적 역시 『권업신문』과 일치했다.

『권업신문』은 순한글로 간행되었으며, 1주일에 1회 4쪽으로 간행되었다. 그리고 그 체제는 논설, 각국통신, 전보, 본국 통신, 잡보, 광고, 기서 등으로 이루어졌다. 특히 이 가운데 주목되는 것은 논설과 잡보인데, 논설에서는 권업회의 주장을, 잡보에서는 재러 한인의 동향을 게재하고 있다.

신문은 필사로 이루어져 있으며, 재정은 주로 이종호에 의지하였다. 그 밖에 기부금, 광고료, 구독료 등이 재원이 되었다. 주요 참여 인물로는 신채호, 이상설, 윤해, 김하구, 장도빈 등이다. 이들은 대부분 국내외에서 언론에 종사했던 인물이었다.

신문의 내용은 크게 두 가지로 나누어 볼 수 있다. 재러 한인의 권익 옹호에 대한 것과 민족문제에 관한 것이다. 전자와 관련하여서는 농작지 개척 활동, 입적 청원 활동 등을 들 수 있으며, 후자로는 재러 한인의 계몽, 민족의식의 고취 등에 대한 기사들을 들 수 있다.

신문은 무장투쟁을 강력히 주장하지 않는다. 그것은 1910년 일제의 조선 강점 이후부터 1914년 1차 세계대전이 발발하기 이전까지의 시대적 상황과 러일관계, 연흑룡주 총독의 대조선인 정책, 한국인들의 역량의 정도 등과 서로 관련이 있을 것이다.

1914년 9월 일본의 압력으로 러시아 정부로부터 발행금지 처분을 받았다. 노어에 유창했던 한동권(韓東權)이 신문의 노어 번역을 담당했다. 국권회복과 민족주의를 그 간행목적으로 하고 있는 민족지였다.

• 권업회

권업회는 1911년 러시아 블라디보스토크 신한촌(新韓村)에서 조직된 항일독립운동단체이다. 이종호(李鍾浩), 김익용(金翼鎔), 엄인섭(嚴仁燮) 등이 결성하고, 초대회장에 최재형(崔才亨), 부회장에 홍범도(洪範圖)를 선임했다. 본부는 러시아 블라디보스토크의 신한촌에 두었으며, 주요 도시에 지회와 분사무소를 두었다.

같은 해 12월 총회에서 회칙을 개정하여 조직을 의사부와 집행부로 나누고, 의사부의 의장과 부의장이 회를 대표하기로 하였다. 이에 의장에 이상설(李相卨), 부의장에 이종호가 선임되어 회무를 총괄하였다.

권업회라는 이름만 보면 정치적인 색을 띠지 않는 순수 경제단체인 것처럼 보이나 이것은 일제와 러시아의 탄압을 피하기 위하여 붙인 위장명칭이고 실제는 항일구국운동단체였다.

회원은 21세 이상이면 남녀, 신앙, 교육의 차별 없이 될 수 있었으나 3명 이상의 보증서가 있어야 가입할 수 있었다. 그들은 효과적으로 활동하기 위하여 기관지 『권업신문』을 창간하였으며, 이를 통해 민족정신을

고양시켜 나갔다. 또한 항일독립운동 전개, 교민의 단결과 지위 향상에 애썼으며, 각종 기념일에 행사와 강연회를 개최하였다. 회원은 1913년 10월 2600명, 1914년 8579명이었다. 그러나 1914년 러시아는 대일관계의 악화를 우려한 나머지 강제로 해산하였다. 그 후 단체의 전통은 1917년 창설된 전로한족중앙회(全露韓族中央會)로 이어졌다. (이신철)

참고문헌

박환, 『재소한인 민족운동사』, 국학자료원, 1998; 위암장지연선생기념사업회, 『한국근대언론과 민족운동』, 커뮤니케이션북스, 2001; 정진석, 『언론과 한국현대사』, 커뮤니케이션북스, 2001

▶ 대양보

▌규슈일보(九州日報)

▶ 지쿠시신문(筑紫新聞)

▌그리스도신문(The Christian News)

1897년 서울에서 발행된 기독교 신문

1897년 4월 1일 북장로교 선교사 언더우드에 의해 창간되었다. 순국문 소형 8면으로 주간 발행되었다. 1905년 감리교 측과 연합하여 『그리스도신문』이 되었다. 편집책임은 게일(J. S. Gale), 케이블(M. Cable), 무스(J. R. Moose), 무어(S. F. Moore) 등이 편집인이었다. 현재 서강대 로욜라중앙도서관에 소장되어 있다.

1897년 4월 1일 미국 북장로교 선교사 언더우드(H. G. Underwood)에 의해 창간되었다. 순국문 소형 8쪽(3단제) 편제였으며 주간으로 발행되었다. 2부가 왕실에 전달되었고, 정부는 460여 부를 구입하여 서양의 문명 계몽 용도로 전국의 관청(367군, 중앙부처)에 보급했다고 한다. 1901년 7월 18일자에 "얼음에 엉긴 배"라는 사진을 실어 신문에 사진을 게재한 최초의 사례가 되었다.

제1면에는 논설, 2면에는 '농리편설란', 3면에는 '공장편설란', 4면에는 기독교에 관한 논설, 5면에는 관보, 6면에는 '성경강론회대관', '교회통신', 7면에는 기도회에 관한 기사, 8면에는 '외방통신', 국내 각부통신, 전보, 광고 등의 내용을 순서대로 실었다. 특히 2면의 농민에 대한 지도기사, 3면의 '쇠고기 말리는 논', '종이로 옷 만드는 법' 등 과학적, 계몽적 소개기사가 눈에 띈다. 당시 미국공사인 실(J. B. Sill), 동부공사 알렌(H. Allen), 허치슨(Hutchson), 영국인 견모, 배재학당의 벙커(D. H. Bunker), 헐버트(H. B. Hulbert), 에비슨(O. R. Evison)을 비롯한 외국인들이 쓴 글을 언더우드 목사가 다시 순국문으로 번역하여 기사로 실었다. 특히 씰 공사의 농사에 대한 전문적 지식은 미국 본국에서도 우수한 것으로 인정받은 것이라고 한다.

그런데 『그리스도신문』의 편집 내용에서 엿볼 수 있듯이 농업, 공업 등에 걸친 지도기사가 많이 실린 대신 정치, 논설은 비교적 빈약하였다. 그러나 편집기술이 능란하고 다채로웠다는 점은 당시 한국의 민간신문이 따라가지 못할 정도였다고 한다.

『그리스도신문』은 근대적 자본주의의 견지에서 상업적 수완에 특출난 면을 보여주었다고 한다. 다음과 같은 예가 그 일면이다.

『그리스도신문』은 1897년 8월 22일 고종의 탄신(誕辰)에 맞춰 호외를 발간하기도 했고, 구독료 1년분을 선금으로 지급한 사람에게는 '폐하의 석판 사진'을 증정한다고 내걸기도 했다. 이밖에도 많은 종교 관련 사진을 증정하는 행사를 빈번하게 개최했으며 또한 신문값을 선불로 내는 독자 15명을 모집하는 자에게는 재봉침 한 대씩을 무료로 증정한다는 정책도 내세우고 있었다. 이 같은 선진적인 영업정책은 당시 다른 언론과는 확연한 차이를 보이는 것이었다.

그리고 이 신문은 종교지로서 성서 공부는 물론 국내외의 지식을 전하는 데에도 관심을 기울이고 있었다. 이는 당대의 모든 신문이 모두 근대 지식의 창출을 목표로 하고 있다는 점에서 동일하다고 할 수 있다. 창간사라 할 수 있는 제1호 1면에 실린 '지식이라' 한 제하의 글에서 그러한 정신의 일단을 엿볼 수 있다. 이 창간사는 "누가 와서 우리에게 묻기를 조선이 이대를 당하여 그중 요긴한 것이 무엇이뇨 하였다면 우리들의 첫째로 말할 것은 지식이라. 조선 백성들이 재주가 없는 것이 아니 어니와 아는 것이 없어서 모르니 그 마음이 빈집과 같으매 서양국에 적은 아이들도 아는 것 중에 그중 쉬운 것을 조선 사람들이 알지 못하나니 이는 조선 사람이 공부할 때에 모든 책을 외우는 것과 글자를 높이 위하는 것과 사서와 삼경만 공부하는 것이니라. 이것을 고치려하면 하는 수가 하나밖에 없으니 만물의 이치를 널리 펼 것이니라. 백성들이 한 번 이치를 알면 생각하고 앞으로 나아가느니 지식이 있으면 이것저것 비교하는 수도 있고 여러 가지 중에 작정하여 택하는 수가 있느니라"고 한다. 이처럼 이 신문은 기독교의 포교나 선교만을 힘쓴 것이 아니라 위급한 지경에 처해 있는 한국의 상황을 인식하고 정신적 각성의 중요성을 설파하는 데 주력했다.

• 언더우드(Horace Grant Underwood, 1859~1916)

미국 선교사 언더우드의 한국 이름은 원두우(元杜尤)이다. 런던 출생이며, 1872년 미국으로 이주, 뉴욕대학·뉴브런즈윅(New Brunswick)신학교를 졸업했다. 원래는 열네 살 때부터 인도로의 선교를 희망했다고 하나 후에 한국으로 바꾸었다고 한다. 화란개혁교회의 선교부에 한국 파송을 요청하였으나 재정 부족을 이유로 거절되었고, 그 후 북장로교회에 가서 파견을 요청하여 처음에는 거절되었으나 곧 승인을 받게 되었다. 한국 지망 선교사가 파송되지 못할 형편이 되자 그의 몫으로 넘겨진 것이었다. 1884년 한국 최초의 장로교 선교사로 선정되어 85년 감리교 선교사 아펜젤러(H. G. Appenzeller)와 함께 입국했다

1886년 2월 고아원을 설립하였고, 이 고아원은 후에 야소교학당, 경신학교로 발전하였다. 1887년 한국 최초의 교회인 서울 새문안교회를 세웠다. 한국어 문법책을 영어로 집필, 성서번역위원회 초대 위원장, 대한기독교서회 회장, 한국기독교교육회 회장 등으로 일하는 한편, 연세대학교의 전신인 연희전문학교를 창설하였다. 교회연합운동을 지도하는 등 한국의 종교·문화·언어·정치·사회 각 분야에서 많은 활동을 하였다. 또한 콜레라 퇴치 작업에 힘을 기울이고, 『그리스도신문』을 발행하였으며, YMCA를 조직하여 이사로 활동하였다.

당시 한국에 파송된 선교사들은 1905년부터 1910년에 이르는 기간까지는 일본에 호감을 가지고 있었다. 일본의 교육령에 의해 교육에 종사하는 자는 일본어를 익혀야 했기에 언더우드는 1916년 1월 초 일본으로 건너가 하루 9시간을 일본어 공부에 매진하고 기독교계 지도자들과의 교제를 넓혔다. 이런 강행군은 그의 몸을 심히 쇠약하게 하였고 병이 중하여 그해 3월 조선으로 귀환하였다. 그리고 31년 전 조선에 처음 입국했던 같은 달, 그리고 거의 같은 날 인천에서 배를 타고 미국으로 떠났다. 의사의 권고에 따라 9월에 애틀랜틱시(Atlantic City)의 병원에 입원했지만 1916년 10월 12일 오후 3시가 조금 지난 시간에 영면하였다.

기독교 계열 종교 신문

감리교와 장로교는 거의 비슷한 기간부터 신문 발간에 힘을 쏟았다고 한다. 일찍부터 출판 시설을 갖추고 있었던 감리교가 제일 먼저 발간한 신문이 바로 『조선그리스도인회보(The Christian Advocate)』였다. 발행인 아펜젤러는 1884년 내한하여 초기 한국의 교육과 언론 발전에 뚜렷한 족적을 남긴 인물이다. 1887년에는 배재학당을 열어 최초로 서양식 교육을 시작했고, 1890년 1월에는 종로서점을 설치하여 같은 해 6월 대한성교서회 회장을 역임하기도 했다. 1895년부터는 『Korean Repository』의 편집인으로 있었고 1898년 5월에 서재필이 미국으로 돌아간 후에는 『독립신문』의 사장직에도 있었다.

한편 장로교에서는 1897년 4월 1일부터 『그리스도신문』을 발행한다. 발행인은 언더우드였다. 『조선그리스도인회보』가 개제된 『대한그리스도인회보』와 『그리스도신문』이 이후 8년 동안 각기 발행되다가 1905년에 이르러 두 교파를 아우르는 통합이 시도되었다. 이때 가시적 성과로 발간된 것이 『그리스도신문』이었다. 두 신문이 6월 24일 각각 폐간호를 내고 7월 1일에 발간된 『그리스도신문』은 한국 최초의 감리교와 장로

교의 연합신문으로서 의의를 가진다. 이때 사장은 캐나다 출신의 장로교 선교사 게일(James Scarth Gale, 한국명 기일[奇一])이었고 운영과 편집은 장로교, 감리교 두 교회가 함께 담당했다. 1907년 12월 10일부터 『예수교신보(The Church Herald)』로 이름을 바꾸고 격주로 발간되었지만 한일강제병합이 되자 1910년 2월 21일자로 더 이상 나오지 못한다. 그 후 장로교는 『예수교회보(The Christian News)』(1910년 2월 24일 창간)를 발행하기 시작했고 감리교는 『그리스도회보(KOREAN CHRISTIAN ADVOCATE)』(1911년 1월 31일 창간)를 발행하기 시작했다. 이는 한동안 초교파적으로 발행되던 신문이 다시 분리된 것을 의미한다. 다시 교파를 초월한 언론이 만들어지는 것은 1915년 『기독신보』까지 기다려야 했다. 한편 천주교에서는 프랑스 신부 안세화(Florian Demange)가 중심이 되어 1906년 10월 19일 주간으로 『경향신문』을 창간하였다. (김미정)

참고문헌

『한국신문백년지』, 1983; 이광린, 『초대 언더우드 선교사의 생애』, 연세대학교출판부, 1991; 정진석, 『한국언론사』, 나남출판, 1995; 권혁희, 『조선에서 온 사진엽서』, 민음사, 2005.

그리스도회보 (KOREAN CHRISTIAN ADVOCATE)

1911년 서울에서 발행된 기독교 신문

사장 및 발행인은 크램(W. G. Cram, 한국명 기의남[奇義男], 감리교회 선교사)이었다. 소형판 8면이었고, 월 2회간(매 15일, 30일 발행) 발행되었다. 4단제(1단 18자)였고, 순한글(어려운 한자는 괄호병기)이었으며, 발행소는 경성부 도렴동 32번지(종교예배당 내)였다. 대금 1장에 2전이고, 1년 80전, 해외 1년 1환 60전이었다. 1915년 2월 28일 3권 43호로 종간하였다.

한일강제병합 후 조선인 발간 신문은 거의 폐간되었는데, 기독교 신문으로는 처음 발간된 신문이다. 보도의 내용은 논설, 교중휘문, 성경공과, 교회통신, 교육가정학, 실업담총 등으로 분류되어 있다.

제호는 창간호부터 12호까지는 『그리스도회보』라고만 표기했고, 13호부터는 "KOREAN CHRISTIAN ADVOCATE"라는 영어를 제호 옆에 기입했다. 창간호에는 게일(James Scarth Gale, 한국명 기일[奇一]), 최병헌 두 목사와 대심원장 도변석, 이승만, 일본 감리교 경성지부장 기하라 호카시치(木原外七) 등의 축사를 실었고 2면 사설란에서 「교회의 신령한 기관」이란 제목으로 창간 요지를 밝혀 놓았다.

"동서남북에 각거하여 통신이 격절하므로 남방교우는 북방교우 중에 무슨 환란이 있는지 경사가 있는지 전연 어둡고 또한 동도교우는 서도교우의 통양(痛養)과 휴척을 도모지 염려하므로 동서양 각국에 어떤 교회를 물론하고 각기 교회신문을 발행하여 각처 교우의 영혼을 연락하며 애정을 융통케 하며 지식을 교환하는 기관이 되게 하나니."

이후 1915년 2월 28일 제3권 43호로 종간하였다. (이경돈)

참고문헌

윤춘병, 『한국기독교신문잡지백년사(1885~1945)』, 대한기독교출판사, 1984; 김영민, 「근대 계몽기 기독교 신문과 한국 근대 서사문학」 『동방학지』, 127집, 2004; 정원화, 「초기 한국교회 갈등과 기독교 신문에 관한 연구: 기독신보(基督申報) 사건을 중심으로」, 감리교신학대학교 석사학위논문, 2006; 『한국신문백년지』, 한국언론연구원, 1983.

극문학(劇文學)

1921년에 발행된 일본의 연극 잡지

1921년 6월에 창간되어 1912년 9월까지 모두 여섯 차례 부정기간행물로 발간된 연극 잡지이다. 편집 겸 발행인은 창간 당시에는 구노 후미오(久野文雄)였지만 나중에 곤도 도쿠오(近藤德雄), 가가리 다로(明松太郎)로 바뀌었다. 발행처는 처음에는 게이오극연구회(慶應劇硏究會)였지만 나중에 극문학회(劇文學會)로 바뀌었다. 3호부터 월간으로 바뀌면서 작은 책자가 되었다.

『극문학』은 오사나이 가오루(小山內薰)를 회장으로 활발한 활동을 벌이고 있던 게이오극연구회의 기관지였다. 원래 게이오극연구회에서는 기관지로 『창(窓)』을 발간하고 있었는데 제3호부터 연극 연구 잡지로 재출발하면서 이름을 바꾼 것이다. 오사나이 가오루, 미즈키 교타(水木京太) 등이 기고하였다. 가쓰모토 세이이치로 등의 희곡도 게재되었다. (이준식)

참고문헌

日本近代文學館·小田切進 編, 『日本近代文學大事典』 第5卷, 講談社, 1977; 阿部到 著, 『近代劇文学の研究』, 桜楓社, 1980.4.

▌극문학(劇文學)

1934년 일본 극문학사가 발행한 연극 연구 잡지

1934년 6월에 창간되어 1935년 8월까지 모두 아홉 차례 발간된 연극 연구 잡지다. 편집 겸 발행인은 창간 당시에는 하스미 다이사쿠(蓮見大作)였지만 1935년 6월 이후에는 오가와 마사오(小川正夫)로 바뀌었다. 발행처는 극문학사(劇文學社)였다.
『극문학』은 프롤레타리아 연극운동으로부터의 전환기에 당시 무명의 극작가이던 하스미 다이사쿠가 요코미치 긴이치로(横道金一郞), 미요시 주로(三好十郞) 등의 후원 아래 창간한 잡지였다. 하스미 다이사쿠와 니시자와 요타로(西澤揚太郞) 등이 주로 편집을 맡았다.

창간호에 무명의 신인 마후네 유타카(眞船豊)의 「족제비(鼬)」를 게재하여 주목을 받았다. 진지한 연구의 자세로 순수 연극을 표방한, 당시로서는 이색적인 잡지였다. 「족제비」 외에도 다구치 다케오(田口竹男)의 「교토 산조 거리(京都三條通り)」(2권 1호), 미즈키 요코(水木洋子)의 「클레오파트라 미용실(クレオパトラ美容室)」(2권 2호), 교 기도(姜魏堂)의 「육아 일기(育兒日記)」(2권 4호) 등이 주목된다. 공연 극평도 충실한 편이다. (이준식)

참고문헌

日本近代文學館·小田切進 編, 『日本近代文學大事典』 第5卷, 講談社, 1977; 阿部到 著, 『近代劇文学の研究』, 桜楓社, 1980.4.

▌극예술(劇藝術)

1934년 서울에서 발행된 문예지

1934년 4월 18일에 창간했다. 우리나라 최초의 연극전문지로서 '해외문학연구회' 멤버들이 주류를 이루고 '극예술연구회'의 회원들이 참가하여 집필에도 적극적이었다. 종간은 통권 5호(1936.9)이다. 편집 겸 발행인은 박용철, 인쇄소는 한성도서주식회사의 김진호, 발행소는 시문학사였다. 판형은 국판으로 대체적인 총면수는 64쪽 내외이고 정가는 10전이다. 잡지의 편집은 주로 이헌구, 김광섭, 함대훈이 맡았으며, 이는 편집후기에 명기되어 있다(2호에만 조희순이 참여했다).
2004년 깊은샘출판사에서 '박용철발행잡지총서' 4권으로 『시문학』, 『문예월간』, 『문학』과 함께 영인 출판되었다. 하지만 3집은 구하지 못한 채로 남아 있다.

「창간사」에 의하면, "조선에 진정한 극문화를 수립하자"는 원대한 목표를 세우고 극예술에 대한 대중적 관심을 일깨우고 실제 연극 공연도 활발히 진행하였다. '극예술은 항상 그 민족 그 사회의 모든 운명과 현실을 총체적으로 또는 종합적으로 구현하는 유일의 산기록'이라는 인식과 자부심으로 '새로운 생의 창의를 발견하기까지' 노력할 것임을 다짐하고 있다.

목차 바로 뒤에 '극예술연구회'의 활동상을 담은 사진이 화보로 실려 저간의 행적을 보증하고 있다. 제1회(1932.5) 고골리의 「검찰관」, 제2회 어빈의 「관대한 애인」, 제4회(1933.6) 버나드 쇼의 「무기와 인간」, 제5회 세익스피어의 「베니스의 상인」 등의 공연 실황이 그것이다. 또 창간호 61면에는 제6회 공연 입센 작(박용철 역)의 「인형의 가(家)」 전 3막이 홍해성 연출로 1934년 4월 18일, 19일 양일간 공연될 것임을 예고되고 있다. 이헌구의 「조선연극사상의 '극연'의 지위」, 김광섭의 「헨리 입센의 예술과 사상」, 윤백남의 「조선 연극운동 20년을 회고함」, 서항석의 「신극과 흥행극」, 함대훈의 「모스코바 예술좌의 걸어온 길」, 홍해성의 「연출법에 대하여」, 이석훈의 「라디오드라마에 대하여」, 이용규의 「연출의 개성과 통일」, 이웅의 「무대예술가의 사회적 지위」, 김광섭의 「헨리 입센의 생애」 등이 실려 있다. 바야흐로 연극에 관한 여러 방면의 글들이 실려 종합예술로서의 연극에 대한 다각적인 해명이 이루어지고 있다 하겠다.

창간호에는 그 외에도 「'극연' 경과보고」, 「극예술문헌목록」, 「학생극 상연목록」, 「'극연' 상연목록」, 「극연의 진영」 등이 들어 있어 당대의 연극계 전반에 관한 비교적 충실한 보고서로서도 손색이 없다고 보인다.

1934년 12월 7일에 발행된 2호도 역시 편집체제는 창간호와 비슷하게 구성되어 있다. 막스 라인하르트(Max Reinhardt)의 「극예술론」(장기제 역)과 모리스 베이링(Maurice Baring)의 「체홉의 희곡」(이하윤 역), 그리고 율리우스 바프의 「배우의 본질」(조희순 역)을 제외하면 '극연'의 구성원들이 집필에 참여한 글로 채워져 있다.

김광섭의 「관중시론」, 함대훈의 「체홉의 '앵화원'에 대하여」, 홍해성의 「연출론에 대하여(2)」, 이헌구의 「연극시감」, 김일영의 「첫무대를 회상하며」, 이의춘의 「출연자로서의 느낌」 등이 눈에 띈다. '극연'의 회원(함대훈 · 홍해성 · 김일영·김복진·김진섭·최영수·이헌구·김광섭·이웅· 신좌현 · 조희순 · 이용규)을 대상으로 실시한 설문도 참고할 만하다.

다른 기사로는 「극연조사특집」이나 「소화 9년 극예술문헌 총기록」, 「극연의 방송기록」, 「본회원 관계의 방송극기록」, 「극연의 제1회 취입명작 레코드 드라마 기록」, 「경성내의 방송극단체 일람」 등도 이채롭다. 연극만이 아니라 방송과 레코드로 활용되었던 드라마의 방송횟수, 드라마의 내용, 대중들의 호응도를 짐작할 수 있는 자료로 활용될 수 있기 때문이다.

4호는 지면이 대폭 축소된다. 이는 아마도 잡지 발행에서 가장 중요하다고 할 수 있는 자금 문제가 걸려 있는 것이 아닌가 한다. 실제로 28쪽에 있는 「찬조원 제위에 고함」을 보면 사정이 어떠한가를 짐작할 수 있다. "본회에는 아직도 공연비의 적립이 없"다는 고백을 통해서도 확인되는 사실이다. 김광섭의 「번역극의 생명」, 이헌구의 「영화와 연극」, 유치진의 「자매에 대하여」, 정래동의 「호상의 비극」, 김일영의 「장치자로서의 말」, 이웅의 「내가 존경하는 몰리에르」, 김일겸의 「첫무대를 밟든 때」와 여러 회원들이 응답한 「설문」은 읽어볼 만한 내용들이다.

종간호인 5호는 「5주년을 맞이하면서」를 통해서도 알 수 있듯이 '극연' 창립의 감회와 내외적 위기감을 감지하게 된다. '극연희곡상'을 창설하고 「연극문화에 대한 각계 인사의 고견」을 청취하기도 하지만, 세익스피어의 "햄릿" 공연 대신에 "춘향전"을 가지고 5주년 기념공연을 하려 했다는 「편집여록」의 고백처럼 안팎에 닥친 곤란한 사정 때문에 더 이상 발간하기가 힘들었지 않았나 싶다. '극연' 내부의 사정에 대해서는 서항석의 「극연경리의 이면사」에 대강의 경과가 보고되고 있다.

5호에는 이헌구의 「조선연극운동에 대한 일 소론」과 5주년 기념공연작인 "춘향전"에 관한 글들(송석하, 「창조극[倡調劇] 춘향전 소론」, 유치진, 「춘향전 각색에 대하야」, 이운곡, 「춘향전 연출대장[臺帳]에서」), 그리고 이상남의 「무대와 조명에 대하야」, 주영섭의 「무대 감독자의 노트」가 있다.

지방공연과 경성공연을 비롯하여 연극워크숍, 외국 희곡의 번역과 창작극 창작 · 공연의 토대 마련 등의 활동을 벌인 '극예술연구회'의 노력이 담겨 있는 『극예술』은 '극연'의 기관지로서뿐만 아니라, 조선 공연 예술의 활동상을 조망하는 데도 많은 도움이 되는 잡지였다. 동아일보와 조선일보의 후원과 공연 시설의 무료 제공, 뜻있는 독지가들의 후원과 찬조로 '극연'이 활동할 수 있었던 것처럼, 이 잡지 역시 이헌구와 김광섭, 함대훈의 헌신적인 노력과 희생이 뒷받침되지 않았더라면 발간하기가 쉽지는 않았을 것이다. 그리하여 이 잡지는 우리나라 최초의 연극전문지로서 공연예술의 민족계몽적 의미를 제고하고 연극이 가지고 있는 생생한 상호교류적인 양식의 전파와 예술적 성취 노력에도 기여했다고 판단된다.

• 극예술연구회(劇藝術硏究會)

'극연(劇硏)'이라고도 한다. 1931년 홍해성(洪海星), 유치진(柳致眞), 서항석(徐恒錫), 김진섭(金晋燮) 등이 결성하였다. 창립 취지는 극예술에 대한 일반의 이해를 넓히고 진정한 의미의 신극을 수립하는 데 있었다. 처음에는 여름 연극 강좌를 개최하여 이 방면의 계몽에 노력하였으며, 뒤에 실험무대(實驗舞臺)를 조직하여 실제로 공연활동을 전개하였다.

고골리의 「검찰관」과 입센의 「인형의 집」 등 세계 명작이 이때 상연되었고, 5~6년 동안 20여 회 공연하여 서구 사실주의의 도입을 통해 신극운동에 기여하였다. 또한 기관지 『극예술』을 발간하였다. 후에 극연좌(劇硏座)의 모체가 되었다. 당시 활동한 회원으로 홍해성(洪海星), 유치진(柳致眞), 서항석(徐恒錫), 김진섭(金晋燮), 이하윤(異河潤), 정인섭(鄭寅燮), 함대훈(咸大勳), 장기제(張起悌), 최정우(崔廷宇), 이헌구(李軒求), 김광섭(金珖燮), 윤백남(尹白南) 등이 있다. 1938년 3월 해산하였다.

• 해외문학연구회

1920년대 일본 유학생 가운데 외국문학을 전공하는 학도를 중심으로 이루어진 서구문학 연구단체이다. 그 구성원은 이하윤, 김진섭, 손우성, 이선근, 정인섭, 김온, 함대훈 등이다. 최초에는 동인들의 친목과 자유로운 문학 토론이 중심이 된 활동을 했으나 다음해 1월 기관지 『해외문학』을 발간했다. 그 후에 이 연구회에는 장기제, 김한용, 이병호, 함일돈 등이 참가하고, 그 후에 이헌구, 이홍종, 김광섭 등이 참가, 『해외문학』 제2호의 동인이 되었다. 해외문학 연구회 구성원들은 극예술연구회를 조직하여 신극운동에 힘썼다. (전상기)

참고문헌

이상우, 「극예술연구회의 창작극과 유치진」, 영남대학교 인문과학연구소, 『인문연구』 제18권 1호, 1996; 이상우, 「극예술연구회에 대한 연구: 번역극 레파터리에 대한 고찰을 중심으로」, 『극예술연구』 7, 1997; 정호순, 「1930년대 연극대중화론과 관객」, 『민족문학사연구』 33, 2007.

극장(劇場)

1930년 일본의 극장사에서 발행된 연극 잡지

1930년 12월부터 19301년 4월까지 모두 다섯 차례 발간된 월간 연극 잡지다. 편집 겸 발행인은 마쓰모토 다케지(松元竹二)였고 발행처는 극장사(劇場社)였다. 극단 신도쿄(新東京)의 후원도 받고 있었다. 편집을 맡은 마쓰모토 다케지는 근대사(近代社) 편집부 출신이었다. 『극장가(劇場街)』의 후계 잡지였다.

『극장』은 『극장가』 동인 가운데 예술파인 야스미 도시오(八住利雄), 나카이 슌지(中井駿二), 나카가와 류이치(中川龍一), 기타무라 기하치(北村喜八), 반쇼야 에이이치(番匠谷英一), 아오야기 노부오(青柳信雄), 이토 기쿠사(伊藤喜朔), 사쿠라다 쓰네하치(櫻田常八) 등과 간사이(關西)에서 노부치 아키라(野淵昶), 호리 세이키(堀正旗)가 참가하여 창간되었다.

야스미 도시오의 「메이엘 호리드 연구(ミイエルホリド硏究)」, 사쿠라다 쓰네하치의 「유럽 연극사(歐洲演劇史)」가 연재되었다. 평론으로는 사쿠라다 쓰네하치의 「희곡과 서사시·서정시의 관계(戯曲と敍事詩·敍情詩との關係)」, 나카이 슌지의 「현재 극단의 동요 형태와 그 귀추(現在劇壇の動搖形態とその歸趨)」 외에 이치카와 엔노스케(市川猿之助), 도모다 교스케(友田恭助), 다무라 아키코(田村秋子) 등의 글이 실려 있다.

번역 희곡도 여러 편 실렸으며, 창작 희곡은 반쇼야 에이이치의 「반갱귀(反坑鬼)」, 아오야기 노부오의 「제23 박쥐(第二十三蝙蝠)」, 가스가 주자부로(春日十三郎)의 「원시 산업(原始産業)」, 호리 세이키의 「진흙투성이가 된 당기(泥に塗られた黨旗)」 등이 게재되었다.

1931년 1월호에는 「현대 연극인 총람(現代演劇人總覽)」이 실려 있다. (이준식)

참고문헌

日本近代文學館·小田切進 編, 『日本近代文學大事典』 第5卷, 講談社, 1977; 『日本出版百年史年表』, 日本書籍出版協會, 1968.

▌극장문화(劇場文化)

1930년 일본의 헤이본샤에서 간행된 연극 영화 잡지

1930년 2월, 4월, 5월 모두 세 차례에 걸쳐 발간된 연극 영화 잡지이다. 편집 겸 발행인은 구보 사카에(久保栄)였고, 발행처는 헤이본샤(平凡社)였다.
1930년 1월 『극장가(劇場街)』 동인에서 탈퇴한 구보 사카에가 좌익극장(左翼劇場)에서 상연된 『노도(怒濤)』의 작가 노토미 마사타케(納富誠武), 신쓰키지극단(新築地劇劇)의 미쓰바야시 료타로(三林亮太郎), 상하이(上海)의 하야시 슈진(林守仁), 헤이본샤의 마쓰모토 마사오(松本正雄)를 편집 그룹으로 하고, 무라야마 도모요시(村山知義), 사사키 다카마루(佐佐木孝丸), 사노 히로시(佐野碩: 인터내셔널가의 가사 번역자), 도미타 쓰네오(富田常雄), 핫타 모토오(八田元夫) 등 연극계 좌파의 유력한 인물들의 지원을 받아 창간하였다. 『극장문화』는 급진적인 연극, 곧 당시의 표현을 빌리면 신흥 연극의 발전을 위한 신선한 존재였지만 아쉽게도 단명에 그치고 말았다.

희곡으로는 오치아이 사부로(落合三郎, 사사키 다카마루)의 대중좌(大衆座) 상연 대본 「쓰쿠바 비록(筑波秘錄)」, 도미타 쓰네오의 「3등 수병 마르틴(三等水兵マルチン)」, 하야시 슈진의 「중국을 떨게 한 3일간(支那を震撼させた三日間)」, 노토미 마사타케의 「시카고제약주식회사(シカゴ製薬株式會社)」 등이 큰 수확이었다.

평론으로는 사노 히로시의 「이른바 '신흥 극단'의 진로에 대하여(いわゆる'新興諸劇團'の進路について)」가 미완이기는 하지만 역작이었다. 여러 극단의 공연에 대한 비판도 활발하였다. 특히 제2호 좌익극장의 걸작인 「태양이 없는 거리(太陽のない街)」에 대한 여러 사람의 견해가 실린 것이 주목된다.

• 구보 사카에(久保栄, 1900~1958)

구보 사카에

홋카이도(北海道) 출생. 도쿄제국대학(東京帝國大學) 재학 중 연극 활동을 시작하였으며 쓰키지소극장(築地小劇場)에서 오사나이 가오루(小山内薫)에게 사사하였다.

대학 졸업 후 『극장가』, 『극장문화』 등의 잡지에서 편집을 맡았다. 일본프롤레타리아연극동맹(日本プロレタリア演劇同盟)에 가입하는 등 프롤레타리아 연극운동의 일선에서 활동하였다.

1940년 태평양전쟁이 임박한 가운데 치안 당국이 좌익이라고 생각되는 연극 관계자들을 검거한 '신극 사건'으로 1년 반 정도 투옥되었고 전쟁이 끝날 때까지 연극의 일선에서 물러났다. 1945년 이후에는 극작가로 활동하였다. (이준식)

참고문헌

日本近代文學館·小田切進 編, 『日本近代文學大事典』 第5卷, 講談社, 1977; 『日本出版百年史年表』, 日本書籍出版協會, 1968.

▌극장신보(劇場新報)

1878년 6월에 창간된 일본 최초의 연극 잡지

최신 설비를 자랑하는 신토미좌(新富座)의 준공과 더불어 1878년 6월에 창간되었다. 발행처는 슌부사(春風社)였다. 슌부사는 이후 주소를 옮기면서 극장신문사(劇場新聞社)와 슈친샤(聚珍社)로 연이어 개칭했다. 잡지의 발행인은 마쓰무라 미사오(松村操), 편집 겸 인쇄인은 마쓰무라 세이치(松村精一)였다. 잡지의 형태는 서양용지를 사용하여 표지 포함 8쪽이었다. 인쇄는 5호 활자를 사용했고, 16행 80자 2단 구성이다. 정가는 2전이었다. 매월 3회 발행이 원칙이었지만, 차츰 개량되어 그림을 삽입한 표지 형식의 주간지로 변경되었다. 30호(1879.6)부터는 미농지를 반으로 접어 표지 의장도 매호 변경하여 월 5권을 발행했다. 정가도 2전 5리로 올렸다. 잡지는 1880년 9월 78호로 폐간되었다.

잡지의 구성은 각 연극단의 광언(狂言) 안내와 배우의 평판을 기재한 「신보(新報)」, 배우의 하이쿠(俳句) 등을 발표한 「잡록(雜錄)」, 예술비평을 게재한 「품평소언(品評小言)」, 배우 이야기를 실은 「명우보(名優譜)」, 새로 나온 광언의 줄거리와 배역을 소개한 「각좌각색기(各座脚色記)」 등으로 구성되어 가부키(歌舞伎) 애호가의 기호를 만족시켰다.

또 잡지의 「부하 각극장 일람표(府下各劇場一覽表)」에는 신토미좌, 미야코좌(都座), 이치무라좌(市村座), 하루키좌(春木座), 기쇼좌(喜昇座), 나가시마좌(中嶋座), 에이쇼좌(榮昇座), 고토부키좌(壽座), 기리좌(桐座)의 이름이 보인다. 이 가운데 주로 소개 비평의 대상이 된 연극단은 신토미좌, 기쇼좌, 나가시마좌 등이었다.

배우와 관련된 읽을거리로는 「화경춘의 아침바람(花競春の朝風)」(1878년 7~8월호)을 비롯하여 「연극개정론(演劇改正論)」(1878년 11월호), 「세익스피어 약전(シェークスピアの略傳)」(1879년 11월호), 「개릭 약전((鄂里克略傳)」(1879년 12월호), 「주신구라의 연혁(忠臣藏の沿革)」(1880년 1월호), 「기예의 새로운 백 가지 이야기(技藝新百物語)」(1880년 3월호) 등이 게재되었다.

배우의 자서전이나 수필류도 게재되었고, 쓰루야 난봇쿠(鶴屋南北)의 유고인 「한문장복수괴담(恨蚊帳復讐奇談)」(1880년 2월호)의 정본도 소개되었다. 이밖에도 독자의 투서도 많이 게재되어 독자와의 친근감을 도모했다.

하지만 『극장신보』는 1880년 2월에 창간된 『가부키신보(歌舞伎新報)』의 세력에 밀려나 결국 1880년 9월 78호로 폐간되기에 이르렀다. 주요 집필자로는 발행인인 마쓰무라 미사오를 비롯해 다카바타케 란센(高富藍泉), 고도 도쿠지(幸堂得知), 세가와 조코(瀨川如皐), 이치가와 나리다야(市川團州), 데라지마 바이코(寺島梅幸), 나카무라 슈카쿠(中村秀鶴) 등이다. 일본 연극 잡지의 효시이다.

• 신토미좌(新富座)

도쿄 신토미초(新富町)에 설립된 극장이다. 1872년 모리다좌(守田座)가 사루와카마치(猿若町)에서 신토미초로 이전하여 1875년 명칭을 신토미좌로 변경했다. 1876년 화재로 소실되었으나 1878년 신축 개장했다.

이 극장에서는 '문명개화'라는 새로운 시대에 발맞추어 극장의 개량에 힘썼다. 그 가운데 하나가 가스등의 사용이다. 1923년에 일어난 간토대지진에 의해 극장은 소실되어 재건되지 못했다. (이규수)

참고문헌

牛島俊 作, 『日本言論史』, 河出書房, 1955; 岡野他家夫, 『明治言論史』, 原書房, 1983; 桂敬一, 『明治·大正のジャ-ナリズム』, 岩波書店, 1992.

근대사상(近代思想)

1912년 일본에서 창간된 문예사상 잡지

1912년 10월 문예, 사상을 논하는 비(非) 시사 잡지로 오스기 사카에(大杉榮), 아라하타 간손(荒畑寒村) 등에 의해 창간되었다. 1914년 9월에 폐간호가 발행되었는데, 1권 12책, 2권 11책, 합쳐서 23책이 발행되었다(1차). 문예, 사상의 잡지에서 노동자를 직접 대상으로 하는 잡지로 비약하기 위해 폐간되었다. 그러나 1915년 월간 『헤이민신문(平民新聞)』이 폐간을 당하면서, 같은 해 10월 『헤이민신문』과 1914년 폐간되었던 『근대사상』을 통합하는 형태로 다시 『근대사상』이 발행되었다(2차). 이 『근대사상』은 총 4권을 간행했는데, 1916년 1월에 종간되었다.
잡지 판형은 1차, 2차 모두 국판(菊判)으로 간소한 의장이었다. 분량은 창간호는 32쪽이었으나, 3호부터는 40쪽을 기준으로 발행되었다. 그러나 원고의 모집 상황에 따라 분량이 달라지기도 했으며, 32쪽인 경우도 있었다. 폐간호는 이례적으로 64쪽이 발행되기도 하였다. 편집 겸 발행인은 1차, 2차 모두 오스기 사카에, 인쇄인은 아라하타 가쓰조(荒畑勝三)이었다. 발행소는 근대사상사(近代思想社)였다. 정가는 폐간호 20전을 제외하고, 보통 10전이었다. (김인덕)

참고문헌

『國文學 解釋と鑑賞』(10月) 第30卷 第13号, 東京: 至文堂, 1965; 日本近代文學館 · 小田切進 編, 『日本近代文學大事典』 5卷, 東京: 講談社, 1977.

▌근대사조(近代思潮)

1916년 일본 도쿄에서 발행된 한국어 종합학술지

1916년 1월 26일 일본 도쿄에서 창간되었으나 창간호를 마지막으로 폐간되었다. 편집 겸 발행인은 황석우(黃錫禹), 발행소는 근대사조사(近代思潮社)였다. 분량은 A5판에 21면으로 정가는 10전이었다. 주요 필자로는 황석우 외에도 김억(金億), 최승구(崔承九) 등이 있다. 현재 아단문고에 소장되어 있다.

당시 일본에서 조선인 유학생들이 만든 단체에서 잡지를 내는 경우가 있었는데, 『근대사조』는 와세다대학(早稻田大學)에 재학하던 황석우 개인이 발간한 잡지이다. 황석우는 일민(一民)이라는 필명으로 쓴 창간사에서 잡지의 발간 목적을 이렇게 밝히고 있다.

"아조선 민족단체에 구미 선진국의 철학사조, 문예사조, 종교사조, 윤리사조, 기타 학술상 지식을 소개하며, 겸하야 조선사회 개량안에 대한 의견을 발표."

하지만 그해 2월 『근대사조』 200부를 가지고 귀국하던 중 체포되어 조선총독부에 의해 창간호를 마지막으로 간행 및 반포가 금지되고 말았다.

창간호의 목차를 통해 잡지의 성격을 대강 짐작할 수 있다. 목차는 다음과 같다.

"일민(一民), 「눈물 아래셔 붓대를 잡다」/ 황일민(黃一民), 「창간사」/ 인도, 타쿠얼, 「개인과 우주의 관계」(『생의 실현』 중으로부터)/ 노국(露國), 쏠로위요프, 「전쟁과 도덕」(『전쟁의 의의』 중으로부터)/ 미국, 에리오트, 「장래의 종교」/ 지 에프 싸—샏어, 「국가주의와 세계주의의 조화」/ 김억(金億), 「영길리문인(英吉利文人): 오스카, 와일드」/ 소월(素月), 「긴— 숙시(熟視)」/ 「잡기잡고(雜記雜告)」."

번역과 해설을 통해 다양한 분야를 소개하고 있는데, 번역의 경우 역자를 밝히지 않은 것으로 보아 황석우 자신이 번역한 것으로 생각된다. 또한 잡지의 유일한 문예물의 필자인 소월은 최승구(崔承九, 1892~1916)이다.

잡지 중간에 "본지 본명은 『신시대지복음(新時代之福音)』이던 바 불가확피(不可穫避)의 사정에 의하야 『근대사조』로 변개(變改)하얏삽"이라는 사고(社告)가 있음을 보면 발간 즈음에 잡지의 성격을 고려한 변경이 있었던 듯하다.

한편 최근 연구에서는 이 잡지가 불온물로 간주된 시대적 상황에 대해 사회주의(아나키즘)와의 관련성을 실증적으로 분석하고 있어, 이에 기반한 작업이 진척될 경우 잡지 성격을 보다 뚜렷이 규명할 수 있을 것으로 보인다.

• **황석우(黃錫禹, 1895~1960)**

서울 출생으로, 호는 상아탑(象牙塔)이다. 일본의 와세다대학 정경과를 중퇴했다. 재학 중에 일본의 상징주의 시인 미키 로후(三木露風)와 가까이 지냈으며, 일본 잡지에 글을 발표했다고 하지만, 현재 확인할 수는 없다.

1920년 김억, 오상순, 염상섭 등과 함께 『폐허』 동인으로 참여했고, 1921년 『장미촌』과 1928년 『조선시단』

을 주재하기도 했다. 이후 『조선일보』, 『중외일보』 기자를 거쳐 『대동신문』 논설위원을 지냈다. 그의 관능적·퇴폐적 관념어로 지어진 시는 난해하다는 지적을 받는다. 작품집으로 『자연송』(1929), 『청년시인 100인집』(1929)이 있다. (신상필, 김인덕)

참고문헌

정우택, 「근대사조의 매체적 성격과 문예사상적 의의」, 『국제어문』 34집, 2005; 조영복, 「황석우의 『근대사조』와 근대 초기 잡지의 불온성」, 『한국현대문학연구』 17집, 2005.6; 최덕교 편저, 『한국잡지백년』 1, 현암사, 2004.

▌근대잡지(近代雜誌)

1938년 중국 상하이에서 창간된 종합월간지

중일전쟁시기인 1938년 4월 15일 중국 상하이(上海)에서 창간되었으며 월간이었다. 1939년 3월 15일 정간되어 모두 총 12호가 출판되었다. 중국국가도서관 등에 소장되어 있으며 전국도서관문헌축미복제중심(全國圖書館文獻縮微複製中心)에서 제작한 마이크로필름도 남아 있다.

내용은 논저, 시사적요(時事摘要), 역술(譯述), 연구, 자료 등의 난이 있었다. 주로 자연과학, 사회과학과 관련된 학술성 논문 및 소설, 산문 등의 문학작품을 발표하였다. 그 외 해외정치, 시사, 경제, 군사, 외교, 문화, 교육 등과 관련된 글도 실었다. 창간호에는 우리들의 20세기와 문화문제, 정치교육문제, 극동문제 등을 다룬 글이 게재되었다.

매호마다 수십 건의 국내외의 중요 사건 및 사회생활과 관련된 사진을 실었다. 창간호에는 미국 공군의 새로운 진용이라는 제목으로 미군 폭격기가 편대 비행을 하는 모습을 소개하기도 했고, 영국의 신형 잠수함 진수식 사진 등 새로운 무기를 소개하는 사진도 있었다. 또한 히틀러의 부대 열병 사진이나 네덜란드 여왕의 가정을 소개하는 사진도 있었다. (김지훈)

참고문헌

王檜林·朱漢國, 『中國報刊辭典(1815~1949)』, 書海出版社, 1992; 伍杰, 『中文期刊大詞典』, 北京大學出版社, 2000; 葉再生, 『中國近代現代出版通史』 3, 北京, 華文出版社, 2002.

▌근사평론·부상신지(近事評論·扶桑新誌)

1876년 6월 중국 상하이에서 하야시 마사아키가 발행한 평론 잡지

중일전쟁 시기인 1938년 4월 15일 중국 상하이(上海)에서 창간되었으며 월간이었다. 1939년 3월 15일 정간되어 모두 총 12호가 출판되었다. 중국국가도서관 등에 소장되어 있으며 전국도서관문헌축미복제중심(全國圖書館文獻縮微複製中心)에서 제작한 마이크로필름도 남아 있다.

『근사평론』, 『부상신지』(이후 제호를 바꾼 『정해지총(政海志叢)』)는 하야시 마사아키(林正明)가 주재한 공동사(共同社)가 발행한 민권파의 대표적 잡지이다. 잡지는 1876년 6월에 발행되어 1883년 4월 436호까지 발행되었다. 잡지는 매주 토요일에 발행되었고, 편집대표자는 하야시 마사아키, 세화인(世話人)은 요코세 후미히코(横瀬文彦), 가편집장(仮編集長)은 다카바 마키노(高羽光則)였으나 이후 다카타 고로(高田光露), 나카무라 주타로(中村忠太郎), 이노우에 게이지로(井上敬次郎)가 담당했다. 판형은 4×6판, 매호 당지 10첩 내외의 소책자이다. 1878년에는 발매부수가 8만 수천 부에 달할 정도로 그 평론기사의 대부분은 시대의 논단을 이끌었다. 본지는 당시 슈시샤(集思社)가 발행한 『평론신문(評論新聞)』과 더불어 정치상의 급진론을 전개했다. 특히 잡지는 자유주의사상에 입각한 시사평론지로 메이지 정부를 내외로부터 흔들던 여러 문제, 사족(士族)문제·조약 개정·조선문제·류큐 처분문제 등을 정면에서 언급했다. 잡지의 논조는 정부를 통렬히 비판했기 때문에 발매금지와 발행정지, 검열처분 등의 처분을 받았다. 현재 잡지는 후지출판(不二出版)에 의해 전 11권·별책 1권으로 복

간되었다.

자유민권운동(自由民權運動)

일본에서 1870년대 후반부터 1880년대에 걸쳐 메이지 절대주의 정권에 맞서 민주주의적 개혁을 요구한 국민적인 정치운동. 후쿠자와 유키치(福澤諭吉) 등 메이로쿠샤(明六社) 계열의 계몽가들에 의해 유럽에서 소개된 자유·민권사상에 영향을 받아 재야의 구(舊)사족(士族)·농민·호농·지식인 등이 각자의 이해관계에 따라 자유·평등을 요구하며 참가했다. 1874년 1월 정한파(征韓派)인 이타가키 다이스케(板垣退助), 고토 쇼지로(後藤象二郞) 등은 애국공당(愛國公黨)을 결성했으며 정부 관료의 전제를 공격하고 민선의원의 설립을 주장하는 민선의원설립건백서(民撰議院設立建白書)를 좌원(左院)에 제출했다. 이는 비록 받아들여지지 않았지만 널리 호응을 얻어 국회 개설·자유민권을 요구하는 여론이 높아졌다. 이러한 움직임 속에 고치(高知)에서 릿시샤(立志社)가 결성된 것을 계기로 각지에서 정치결사가 조직되었으며 1875년 2월에는 전국적인 아이코쿠샤(愛國社)가 결성되었다. 이러한 반정부운동의 고양에 직면한 정부는 여론을 완화하고자 1875년 2월 오쿠보 도시미치(大久保利通), 이타가키 다이스케, 기도 다카요시(木戶孝允)와 오사카회의(大阪會議)를 성립시켰다. 그 결과 정부는 '점차입헌정체수립(漸次立憲政體樹立)'의 조서(詔書)를 공표하고 이어 원로원(元老院)·대심원(大審院)·지방관회의(地方官會議)를 설치함으로써 삼권분립 형식을 취했다. 그러나 이들 기관은 형식적인 성격이 강했으며 잔보리쓰(讒謗律, 화족이나 관리를 비판하는 자를 벌하는 언론탄압법규), 신문지 조례법을 제정하고 출판조례를 개정함으로써 자유민권 입장에 서는 정치평론·반정부 언론에 가혹한 탄압을 가했다. 이와 같은 일련의 탄압조치로 자유민권운동은 다소 주춤해졌으나 1877년 6월 릿시샤가 국회개설건백서(國會開設建白書)를 제출하면서 다시 고양되었다. 이어 1878년 9월에는 릿시샤가 중심이 되어 아이코쿠샤를 재건하고 전국적인 운동으로 확산시켰다. 한편 자유민권운동은 호농상층(豪農商層)의 참가로 새로운 국면을 맞이했다. 그들은 지방민회의 설립을 요구하고 나아가 1878년 지방삼신법(地方三新法)에 의해 설치된 부현회(府縣會)를 거점으로 하여 정치적 세력을 증대시켰으며 그들을 중심으로 한 정치결사가 전국 각지에 조직되어 광범위한 정치참여운동이 전개되었다. 또한 재건된 아이코쿠샤는 1880년 제4회 대회에서 국회기성동맹이라 개칭했으며 이듬해에는 자유당으로 결성되었다.

자유당 급진파는 몰락하는 중·하층 농민과 연계하여 청원운동을 전개했다. 이 와중에 1881년 홋카이도 개척사(北海道開拓使) 소속의 관유물(官有物)을 비정상적으로 싼 가격에 불하한 사건이 일어나면서 국민의 정부에 대한 비판이 높아졌으며 국회개설운동에 박차를 가하게 되었다. 이에 오쿠마 시게노부(大隈重信)는 자유민권파에 동조하여 국회 개설 의견서를 제출하고 헌법제정 등을 주장했다. 이에 정부는 오쿠마를 추방하는 한편 '국회 개설'의 초서를 내려 회유책을 강구했다. 이에 순응하여 이타가키와 고토는 외유(外遊)하게 되고 추방된 오쿠마는 1882년 입헌개진당을 결성했다. 이런 가운데 정부는 후쿠시마 사건(福島事件, 1881.11)의 처리에서 나타났듯이 탄압의 손길을 늦추지 않았다. 이에 격분한 과격파는 반정부 실력 행동을 서슴지 않았다. 군마 사건(群馬事件, 1884.9), 가바산 사건(加波山事件, 1884.9)에 이어 1884년 10월에는 불황과 부채에 허덕이는 지치부군(秩父郡)의 농민들이 차금당(借金黨)·곤민당(困民黨)운동을 기반으로 무장봉기하여 군내(郡內)를 제압하는 사건(지치부 사건)이 일어났다. 운동이 격화되자 농민의 혁명화를 우려한 이타가키 등 자유당 주류는 1884년 10월 자유당을 해산시켰으며 입헌개진당도 수뇌가 탈당하여 운동은 완전한 침체기에 빠졌다. 그러나 1886년 구 자유당의 호시 도루(星亨)는 입헌개진, 자유 양당의 대립을 초월해서 대동단결할 것을 호소했다. 이듬해 1887년에는 조약 개정 교섭의 실태 폭로를 계기로 3대 사건 건백운동이 일어나 운동의 세력이 회복되기 시작했다. 이에 대해 정부는 조약 개정 교섭을 연기하는 한편 보안조례를 제정하여 운동을 탄압했다. 또 1888년 오쿠마를 이토 내각(伊藤內閣)

외무상에, 1889년 고토 쇼지로를 구로다 내각(黑田內閣) 체신상에 임명·회유함으로써 이 운동은 분열되고 종말을 맞게 된다. 자유민권운동은 천황제 중심의 전제적인 체제에서 일본의 근대화를 강행하려는 메이지 정부에 대해, 민주적인 의회제도나 경제적 자유주의에 의해 근대 일본을 실현하고자 했다는 점에서 시민혁명 운동으로서의 성격을 띠고 있다. 또한 메이지 정부가 조약 개정에서 구미 제국에 대한 복종적인 태도를 취한 것에 대해 반대했다는 점에서 민족주의적인 성격을 띠고 있다. (이규수)

참고문헌

水野公寿, 「林正明の生涯」, 『熊本史学』 59, 1983; 水野公寿, 「林正明の言語出版活動」, 『熊本史学』 62,63, 1985; 岡野他家夫, 『明治言論史』, 原書房, 1983.

근우(槿友)

1929년 서울에서 발행된 여성운동단체 근우회의 기관지

통권 1호로 종간되었다. 편집 겸 발행인은 정칠성(丁七星)이고, 인쇄인은 정경덕(鄭敬德)이다. 인쇄소는 창문사이며, 발행소는 근우회(槿友會) 본부(서울 공평동 43)이다. A5판 121면으로 정가는 30전이다. 서울대와 대구대에 소장되어 있다.

1927년 2월 신간회(新幹會)가 조직되자 여성계에도 여성운동 통합론이 일어나, 마침 그해 5월 27일에 근우회가 자매단체로 조직되었다.

'근우회'의 창립 주요 인사로는 김활란, 유영준, 이현경, 유각경, 현신덕, 최은희, 황신덕, 박원희, 정칠성, 정종명 등이 있었고, 창립취지는 '과거 여성운동은 분산적이었으므로 통일된 조직도 없고, 통일된 목표나 지도정신도 없어 충분한 효과를 누리지 못하였으므로, 여성 전체의 역량을 견고히 단결하여 새로운 여성운동을 전개하려는 것'에 있었다.

즉, 이들은 조선 여성의 견고한 단결과 지위 향상을 내걸고 봉건적 굴레에서 벗어나는 여성 자신의 해방과 일제 침략으로부터의 해방을 동시에 추구하였으며, 민족주의와 사회주의 여성운동을 통합한 의미를 띤다.

근우회는 전국에 60여 개의 지회를 두고 토론회, 강좌와 강연회, 야학 등을 수시로 개최하는 한편 사회운동에 대한 실태조사와 지원을 행하였으며, 기관지 『근우』를 발간하였다.

창간호에는 「근우회운동의 역사적 지위와 당면임무」(허정숙[許貞淑]), 「조선여성운동의 현재」(배성용[裵成龍]), 「근우회의 임무와 발전책」(정헌태[鄭憲台]), 「국내외 부인운동의 정세」(추천[秋川]), 「의식적 각성으로부터」(정칠성[丁七星]), 「근우운동의 의의와 전망」(이시완[李時琓]), 「금후의 조선여성운동」(이성환[李晟煥]), 「근우회운동과 재정방침에 대하여」(한신광[韓晨光]) 등 여성운동과 근우회의 현황을 보여 주는 논설이 많은 비중을 차지하고 있으며, 근우회운동에 대한 남성 명망가들의 의견을 담은 「근우회운동에 대한 각 방면 인사의 기대」나 근우회 회원들의 생각을 담은 「회원으로서의 희망」 같은 설문도 싣고 있다. 그밖에 학구적인 논문 외에도 구체적인 현안과 현장 기사들도 주목할 만하다. 「여직공 방문기」에서 1920년대 여성들의 직업과 근무지 현황(서울고무회사, 조선제사주식회사, 조선견직주식회사, 영광정미소)을 자세하게 보여 주는 것도 눈여겨 볼 만하다. 그 밖에 「근우회황일람」은 근우회 지회 현황을 상세하게 소개하고 있다.

창간호는 일제의 검열로 많은 원고들이 삭제된 채로 간행되었고, 제2호를 발간하려 했으나 원고를 압수당하여 뜻을 이루지 못하였다. 신간회가 기관지를 한 번도 내지 못했으나, 근우회의 경우 기관지를 내었다는

데 그 의의가 있다.

근우회의 기관지인 『근우』는 근우회의 현황과 논리를 자세히 소개하고 있을 뿐 아니라 당시 여성운동에 대한 인식을 살펴볼 수 있는 잡지이다.

• 근우회

근우회는 1927년에 조직되었던 광복운동 후원 여성단체다.

당시 여성운동은 1924년 사회주의 사상의 영향을 받아 조선여성동우회가 조직된 뒤부터는 민족주의적 방향과 사회주의적 방향으로 양분되었는데, 1927년 2월 신간회가 조직된 후 여성계에서도 여성운동의 통합론이 일어나, 그해 5월에 근우회가 조직된 것이다.

창립 취지는 "과거의 여성운동은 분산적이었으므로 통일된 조직도 없고, 통일된 목표나 지도정신도 없어 충분한 효과를 거두지 못하였으므로, 여성 전체의 역량을 견고히 단결하여 새로운 여성운동을 전개하려는 것"이었다.

강령은 여성의 공고한 단결과 지위 향상이었다. 운동 목표로는 봉건적 굴레에서 벗어나는 여성 자신의 해방과 일제 침략으로부터의 해방이라는 양대 방향이 제시되었다. 조직은 서울에 본부를 두고, 전국 각지 및 일본·만주 등 국내외에 지부를 두었다.

회원은 만 18세 이상의 여성으로, 근우회의 강령과 규약에 찬동하며 회원 2명 이상의 추천을 받아야 입회할 수 있었다. 입회금 1원과 매월 20전 이상의 회비를 납부해야 했다. 1929년 5월에는 총 40여 개의 지회에 회원수가 2971명에 이르렀다.

지회의 활동은 근우회의 강령과 목적의 범위 안에서 그 지역 사회에 알맞도록 자치적으로 행하는 것이었다. 그러한 활동은 매년 1회씩 개최되는 전국대회에 보고하여 평가되었다. 전국대회에서는 토의를 거쳐 운동의 새 방향을 결정하였다.

이들의 운동은 일제의 식민지 여성정책에 대한 정면 도전이었고, 또한 온갖 봉건적 인습의 잔재로부터의 해방, 여성의 경제적·사회적 이익에 대한 철저한 보장을 주장한 것이었다.

그러나 이 같은 행동 강령을 추진하기 위해서는 강력하고도 적극적인 전개 방안이 강구되어야 했으나 이와 비례해서 일제의 탄압도 거세졌다. 더구나 1928년부터 조선여자기독교청년회연합회(YWCA) 등을 중심으로 기독교여성운동을 추진했던 주요 인물들이 근우회에서 퇴진하자 근우회는 사회주의 경향성을 짙게 띠게 된다. 여기에 자금난까지 겹쳐 1930년부터 근우회운동에 대한 자체 비판이 높아지기 시작했으며, 각 지회 간의 연계가 점차 무너져 갔다. 결국 역량 부족과 일제의 탄압 등으로 끝내 정식 해산 발표도 없이 근우회는 해체되고 말았다. (이경돈)

참고문헌

한규무, 「일제하 한국기독교 여성운동과 근우회」, 『한국기독교와 역사』 3권 1호, 1994; 조경미, 「1920年代 社會主義 性格에서 본 槿友會」, 『淑明韓國史論』 1집, 1993; 강미애, 「日帝下槿友會研究」, 『교육논총』 12집, 1992.

▌근화(槿花)

1920년 서울에서 발행된 문예지

편집 겸 발행인은 김봉표(金鳳杓), 인쇄자는 김성표(金聖杓)이다. 인쇄소는 박문관인쇄소이며, 발행소는 근화사(槿花社), 발매소는 광익서관·동양서원·회동서관·동창서옥·광학서포로, 정가는 25전이다.

김봉표가 쓴 창간사를 보면 『근화』는 1920년 무렵의 다른 문예지와는 상당히 다른 주장을 펴고 있다는 것을 알 수 있다. 『창조』, 『백조』, 『폐허』 등의 동인지로 대표되는 근대문학의 특성은 민족과 계몽의 파토스를 구투(舊套)로 여기고 이에 대한 미적 새로움을 추구하고 탐닉하는 것이다. 이에 비해 『근화』는 민족과 민족 예술에 대한 자부심을 표현하고 이를 계승할 것을 주장했다. 이를테면, 정확한 한글의 사용을 위해 활판을 새로 깎을 정도로 한글에 대한 애착을 보였던 것도 그 사례인데, 이들은 대체로 민족의 역사와 민족예술에 대한 긍지를 내세우며 그 안에서의 문예를 구축하고자 했다.

문학에 대한 견해를 담은 「뜨거운 불꽃」(곧은똘)의 몇 대목을 잠시 살펴보자. "우리 사회를 살펴보니 서양 문명의 수입됨과 동시에 몽매한 인민들은 말할 것도 없거니와 제 소위 신문명을 맛보았느니 이십세기 태서 문예를 호흡하였나니 하는 연중 가운데에도 맹목적 서양 심취자들만 생겨 구미의 사물, 이국의 동정에만 동경의 헷눈을 베풀고 기리는 헷노래만 불렀지! 참으로 우리 고원의 거칠음과 형제의 전도를 위하야 노래하고 읊으면 혹은 한숨 쉬고 눈물 내어 울어본 선배가 몇이나 되노.", "보아라! 독일의 베더쁜, 갠트, 괴테, 영국의 사옹, 불란서의 유고, 루-쉐트, 뻐ㄹ, 러시아의 톨스토이, 도스토엡스키 …… 그네들은 모다 불꽃같은 위대한 힘과 열성과 광막한 사랑으로 조국을 노래하고 조국을 읊고 조국을 위해 울며 부르짖음을 마지아니하지 않았나? 오! 나는 조선사람이다. 어머님 배속을 벗어나던 그 찰나부터 나는 조선 누천년의 내려오던 암시가 내 가슴 속 내 혈액 속 내 뼈 속 있으면 있는 모든 몸속에 가득히 파묻히지 않았나?", "멀고 먼 우리 조선을 보아라. 옛이야기를 살펴들어라. 우리의 옛부터 전하여 내려오던 모든 문물을 조사하여 보라! 거기는 어떠한 힘과 어떠한 뜨거움으로 우리 조선의 미를 찬미하였으며 수를 보전하였는지?", "생각하여라. 조선민족의 후계자로 생겨난 우리는 어디까지든지 조선민족을 위하야 조선을 위하야 참으로 진실로 힘쓰고 용(勇)내어 활동하지 아니하면 이 사회 이 시대에 출생한 의무를 다하지 못한 사회적 죄인이 되리라", "타고르는 인도를 위하야 동양을 위하야 …… 파테레프스키는 파란을 위하야 …… 다눈치오는 이태리를 위하야 …… 다 성심으로 부르짖었지! 그런데 누가 조선을 위하여."

이와 같이 『근화』가 비판의 표적으로 삼은 것은 맹목적 서양 추종주의였고, 이들에게 문학은 민족을 위한 것, 조선적인 것이어야 했던 것이다. 「한느낌」(ㄱㅅ생)에서도 이 같은 주장은 유사하게 반복된다. "조선의 문물제도와 예의법도는, 4000년 동안 길러온 조선 민족의 특성이다. 제삼자가 보면 혹 미발달이라, 야만이라고 비평할지는 모르나 우리에게는 온 천하에 유일무이하게 존중한 것이다. 우리가 세계에 존재하는 의의가 여기에 있고, 존재하는 가치가 여기에 있다. 이것이 없어지는 동시에 우리의 생명도 없어진다. 이것을 기초로 삼아서 개량진보하고야 우리의 생명길이 생기고, 세계문명에 공헌할 길이 생긴다." 즉 이들은 철저히 민족이란 범주 내에 기초한 근대문학을 주장했던 것이다.

창간호의 「편집실에서」를 잠시 보면, "본 근화가 시작되기는 임에 오래인 일이나 그동안 아실 듯한 모든 형편에 의하여 오늘에서야 겨우 여러분 앞에 얼굴을 내밀게 되였사오니"라고 하고 있다. 이는 『근화』의 창간이 오래전부터 준비되어 왔다는 점을 시사하는 대목인데, 이들의 활동은 주시경의 국문운동과 궤를 같이하여 볼 필요가 있다.

그밖에 「창간의 사」에는 정음(正音)의 통일과 규칙성에 심혈을 기울였다는 내용 등도 실려 있는데, 잠시 이를 인용한다.

"사랑하는 동포여! 반만년의 장구한 우리 해동역사를 회고하여 볼지어다. 거기는 력(力)과 열과 애의 뜨거운 조직 아래서, 힘과 뜨거움과 사랑이 엉킨 문학과 예술이 찬란한 광채를 띰으로, 과학이 만능하며, 도덕이 탁월하여, 그 때에는, 양(洋)의 동서와 시(時)의 고금을 물론하고, 도모지 우리와 비견할 바가 없었음은 역사적 증명의 확호한 바가 아닌가? 그러나, 그 후 우연히 정체함을 불면하였고, 이조시대에 이르러서는, 유학 세력으로 학자의 연구는, 경서의 주만 포옹하고, 고집불통의 의견만 교환하여, 스스로, 문예의 공구자는 드물었었고, 또 정치가의 알력을 따라, 노론소론과 동인서인이란 별무신기한 정당론의 쟁투로써, 고대의 그 빛나던 문예는 일퇴월부할 뿐이더니, 설상의 가상으로, 근대의 문학—이라도 그의 극소부분의 문학은, 관리채용시험의 전제로만 그의 명맥을 보존할 뿐이오, 그나마 그것도 완전한 국민성 특징은, 호말도 감상할 수 없음은 두 번 장태식을 마지 못함—신성한 음악과 무용은, 강세말속하고 패가망국함을 따라 무뢰배 부랑자들의 완구적으로 이를 음일(淫佚)의 빠진 데서만, 노래를 부르고 춤추었으니, 어찌 또한 한심한 일이 아니겠는가! 또, 회화와 조각 등의 미술은, 굉사장원이 황폐의 운을 당하고, 명공신장이 절대됨으로, 동양미술 아니 …… 해동 미술의 진수는, 모조리 매몰의 악운을 면치 못하였으니, 어찌 통곡할 일이 아니고 이 무엇인가?

오호라, 이십세기 이 시대의 문명을 자과하는 저 구주천지에 짊어와도 능히 경동동서시킬 만한 것이 모두 사라지고 바라여 우리의 문예 연하여 각종 형세가 무어라 구불가언이오 필불가서할 비참의 극에 달한 지경에 몰락하였으니 어찌 거기 그의 진보발달커녕 유지방법이나 있었으리요?!

그러나 우리는 열성 있고 인자한 배달의 선배의 영육을 도하고 역타하는 신종소래에 조금 눈을 비볐으니 어찌 모름지기 고대의 찬란하던 세계에 가장 아름답던 그 진선미의 예술을 부흥시키는 데 만분의 정성을 빼앗기리요?! 우리는 전력을 다하여 힘써 돈우어 우리 맡은 민족적 의무를 다하지 않으면 지하에 돌아가는 날엔 어떤 면목으로 우리 조선의 령과 대하리오! 굿 구경만 하고 떡만 얻어먹을 우리가 아닌 줄 자각합시다. 요사이 이를 섧게 조상하는 동포 몇몇이 있어 문예부흥을 힘씀에 삼토포 삼악발을 괴롭게 여기지 않고 더욱 더욱 맹진을 계속함은 우리도 이미 다 아는 바 …… 우리도 오장이 있고 육부가 있어 그것의 피끓는 청년 소년이다. 비록 지식도 천박하기 헤아릴 수 없고 의사와 경력이 충분치도 못하지만은 그래도 힘있다 열있다 사랑도 있다 그러니 그 의기의 힘 자라는 대로 열성 있는 대로 사랑 비치는 대로 함께 돕고 나아가 힘쓰면 우리의 지식과 견문도 넓히고 우리 가련하고 적막한 사회에 문예의 사상만이라도 보급시켜 오배 이상의 일단을 실현코자 하여 이에 근화라는 문예지를 우리 운동의 제일차로 사랑하는 신성한 동포 전에 제공하노니 뜻있고 열성 있고 사랑의 마음 있는 형제여 과히 나쁘다 배척 마시고 비평의 글도 주시며 사랑의 말씀도 주셔 우리의 향하야 나아가는 목적을 완전히 이루어 보게 힘씀이 어떠하냐? 이로써 창간(創刊)의 뜻을 약술하였으니 사랑하는 독자 제씨는 더욱 동정의 눈물을 뿌려 주셨으면 …….”

마지막으로 목차를 일별하면 다음과 같다. 「창간의 사」, 「새벽빛」(금강샘), 「뜨어온 불꽃」(곧은똘), 「한 느낌」(ㅂㄱㅅ), 「풍유의 거울」(가푸탈[Sarah Kaftal]), 「옛땅의 벗의 글을 받아들고」(WY), 「사랑하는 벗에게」(찬발), 「야색(夜色)의 귀여움」(새샘), 「참사랑」(곧은똘), 「SERENEDA」(RYH), 「영시란(英詩欄)」(YH생), 「문장수사학페이지」(일관생[一貫生]), 「R씨의 글을 받기 전에」(CH생), 「겨울은 늙어」(외돗), 「재빛구름」(솔샘), 「축사」(솔샘, 외돗, 계헌[桂軒]), 「근화창간에 제(際)하야」(ㅅㅅ생). (이경돈)

참고문헌

『한국신문·잡지총목록』, 대한민국국회도서관, 1966; 계훈모, 『한국언론연표』, 관훈클럽신영연구기금, 1979; 『아단문고장서목록』, 아단문화기획실, 1995.

금강(金剛)

1933년 서울에서 창간된 대중 월간지

1933년 1월 15일에 창간했다. 속간이 되지 않아 창간호가 종간호가 된다. 저작 겸 발행인은 주선익(朱善翼), 인쇄인은 조광인쇄주식회사의 조진주(趙鎭周), 발행소는 금강사(金剛社, 경성부 종로2가 야소교서회 빌딩 31호)이다. 판형은 A5 국판으로 총 103쪽이며 정가는 20전이었다. 편집은 이서구(李瑞求)와 홍찬(洪燦), 송기정(宋基政) 등이 맡아 했다고 전한다.
아단문고에 소장되어 있다.

창간호의 「머리말」에서 “홍미에 주린 대중들이여 금강은 그대에게 새기쁨을 주리라. 활기에 주린 대중들이여 금강은 그대에게 새쾌감을 주리라. 금강은 웃음과 활기와 아울러 가진 명랑한 대중의 친우가 되기를 믿고 바란다”고 쓰고 있다. 대중 오락지임을 스스로 천명한 만큼 내용이 대중들이 홍미를 가질 내용들로 채워져 있다.

우선 인기 배우인 김연실, 신은봉, 최승이, 신일선, 이경환, 서일성, 장진, 미즈노에 료코(水江瀧子), 사와란코 모리코(澤蘭子森子) 등의 사진이 첫머리에 장식된다. 「돈벼락 맞고 싶은 이는 읽어라」나 「4대 부호에로 향락기」, 「백원지폐로 벽을 발라」, 「유리 궁중에 8선녀」, 「눈을 즐기는 에로 풍경」, 「여급의 황금시대」,

「33년식 모던 연애기」 등의 선정적인 내용은 오락 잡지로서의 면모를 유감없이 발휘한다.

한편으로 박만춘의 「현계단의 조선청년」, 김팔봉의 「다원주의와 맑스주의」는 잡지의 성격에 어울리지 않는, 구색 맞추기식의 배치만 같아 보인다. 당시의 유행어인 '모던'이 차용된 제목이 많은 것으로 보아 '사회주의'나 '마르크스주의'도 같은 맥락으로 볼 수 있을 것이다(「모던법률상담」, 「모던의학고문」, 「모던수신교과서」, 「33년식 모던 연애기」, 「모던 경성의 낙수」).

그 밖에도 대중들이 좋아하는 대중문화와 생활 실용 기사 등이 실려 있다. 「어떻게 하면 아기를 잘 기를까」, 「극단의 일류 여배우 만담회기」, 「인기 있는 유행가집」, 「미남 3인조와 신일선」, 「남녀명사의 품행조사」가 그러한 류의 기사들이다. 문예물도 수필, 소설, 시 등이 콩트와 더불어 실린다.

취미와 오락을 내세운 잡지 대부분이 단명한 예는 비교적 많았는데, 『금강』도 예외가 되지는 못했다. 「편집여언(編輯餘言)」에 공지하듯 '단성사', '조선극장' 입장권 할인과 대구 '만경관'·대경관, 평양 '제일관'의 할인권을 넣었다고 나와 있다. 그럼에도 속간호가 발행되지 않은 것을 보면, 이 잡지가 인기도 별로 많지 않았고 내용이 대중들의 욕구를 충족시키지도 않았던 것 같다. '대중들에게 쾌감과 웃음, 기쁨'을 주리라던 의욕과는 달리 값싼 호기심을 충족하여 잡지를 발행하려던 의도가 실패를 맛본 타입이라고 평가할 수 있을 것이다.

• 이서구(李瑞求, 1899.4.5.~1981.5.25)

이서구는 일제강점기부터 활동한 극작가이며 대한민국의 방송작가이다. 아호가 고범(孤帆)이라 '이고범'으로 부르기도 하며, 필명으로 남궁춘을 사용했다.

경기도 안양 출신으로 세이소쿠영어학교를 졸업했다. 동아일보와 조선일보, 매일신보 등에서 기자로 일하면서 초창기 연극계에서 다양한 활동을 했다. 조선일보 도쿄 특파원으로 근무할 때는 일본 니혼대학 예술학과에서 수학했다.

1922년 토월회에 참여한 것을 시작으로 연극계에 모습을 보인 뒤, 1931년 단막희곡 「파계」와 「동백꽃」을 발표하여 극작가로 등단했다. 이후 인기 극작가로 활동하며 상업 극단이 공연한 많은 연극의 대본을 썼다. 1937년 극단 호화선이 공연한 「어머니의 힘」은 특히 큰 인기를 끌었다. 이 연극은 기생 출신의 주인공이 남편을 잃고 온갖 고생을 한 끝에 명문가인 시댁의 마음을 돌린다는 내용의 전형적인 신파극이다. 소설도 발표했으나 희곡만큼 인정받지는 못했다.

동양극장의 전무를 거쳐서 일제강점기 말기에 연극인 친일단체인 '조선연극협회' 회장을 지내 연극계의 대표적인 친일 인물로 꼽힌다. '근로문화인부대', '조선문인보국회' 등 예술인을 동원한 친일단체에 참여하였고, 친일 희곡 「곡산영감」을 일본어로 집필하고 친일 연극평론인 「금후의 국민극」을 『매일신보』에 발표하기도 했다.

여러 분야에서 다양하게 친일 활동을 한 그는 2005년 민족문제연구소가 선정한 친일인명사전 수록예정자 1차 명단 연극, 문학, 언론, 친일단체의 4개 부문에 포함되었다. 2002년 발표된 친일 문학인 42인 명단에도 들어 있다. 『신시대』에 발표한 「사람값을 한 기쁨」(1941) 등 2002년까지 밝혀진 친일 글은 총 4편이다.

광복 후 '청춘극장'에서 상업극 공연을 계속했으나 이전과 같은 성공은 거두지 못했다. 좌익 계열이 주도권을 잡기 전 좌우익 영화인들을 망라해 조직된 조선영화동맹 중앙상임위원을 지낸 바 있고, 1947년 유치진과 함께 전국연극예술협회를 결성하여 대한민국 연극계의 대부로 활동했다. 한국무대예술원 원장, 대한연극협회 회장을 지냈다.

한편, 이서구는 1938년부터 경성방송국에서 근무했던 경력이 있었다. 광복 후 방송계에도 진출하여 방송극도 다수 집필했다. 동양방송 최초의 사극인 "민며느리"를 비롯하여, 조선 숙종의 정비였다가 폐비된 뒤 사사된 희빈 장씨를 다룬 "장희빈" 등 인기 사극의 방송대본을 써 대한민국 사극드라마의 전형을 마련했다. 한국방송극작가협회 회장을 역임하였다.

신파극 "사랑에 속고 돈에 울고" 주제가로 큰 인기를 모은 대중가요인 "홍도야 우지마라"의 작사자이기도 하다. 경기도 시흥시에 "홍도야 우지마라" 가사를 적어

넣은 노래비가 세워져 있다. (전상기)

참고문헌

이서구, 복혜숙 외 6인, 「서울에 딴스홀을 허하라」, 『삼천리』, 1937.1 ; 『한국일보』, 1981년 5월 26일자; 권영민, 『한국현대문학대사전』, 서울대출판부, 2004.

금강산(金剛山)

1935년 서울에서 발행된 종교 잡지

1935년 9월 5일 서울에서 창간되어 1936년 6월 종간되었다. 통권 10호까지 발행되었다. 편집 겸 발행인은 권상로(權相老)였다. 정가는 10전이었으며 분량은 A5판으로 32쪽이었다. 고려대와 서강대에 소장되어 있다.

형식상의 발행인은 권상로로 되어 있으나 실질적인 발행인은 금강산 표훈사 주지 최원허(崔圓虛)였다. 그는 당시 '금강산불교회'의 회장이었으며, 불교계의 고승이었다. 발행인에서 알 수 있듯이 불교 교리의 포교를 목적으로 한 잡지이다. 그러나 일반적인 불교 교리와 불교계 소개 외에도 당대 금강산과 관련된 다양한 기사들이 소개되고 있는 점이 특징적이다. 예컨대 창간호에는 김태흡(金泰洽)의 「금강산의 기문(奇聞)」과 「금강뉴스」가 게재되어 있는데, 이는 당대 조선의 금강산과 관련된 담론들을 단적으로 보여준다는 점에서 중요한 자료적 가치를 지닌다. (장성규)

참고문헌

『금강산』 1~6집, 금강산사, 1935.9~1936.2; 최덕교 편저, 『한국잡지백년』 1, 현암사, 2004.

금강저(金剛杵, VAJRA)

1924년 일본 도쿄에서 한국어 · 일본어로 발행된 재일불교청년회 기관지

1924년 5월 1일 일본 도쿄(東京)에서 한국어· 일본어로 발행된 불교청년회의 기관지다. 재일(在日)불교청년회는 조선불교청년총동맹 도쿄동맹을 일컫는다. 창간호는 등사판으로, 2-14호는 석판인쇄로 간행되었으며, 15호부터 활판인쇄로 간행되었다. 수차례 단속(斷續)되다가 1943년 1월 통권 26호로 종간되었다.

인쇄인, 편집인, 인쇄소는 호와 권을 달리하며 계속 변경되었고 편집 겸 발행인도 이영재(1~6호), 김태흡(7~15호), 곽중곤(16호), 오관수(17호), 허영호(18호), 강유문(19, 21호), 박윤진(20호), 김삼도(22호), 장원규(23호), 곽서돈(24, 25호), 홍영의(26호) 등으로 바뀌었다. 21호의 말미에 창간호(1924.5)부터 20호(1932년 12월)까지의 목차가 실려 있다.

20호의 경우만 확인해 보면, 편집 겸 발행인은 박윤진, 인쇄인은 신석연이다. 인쇄소는 도세이샤 인쇄부이며, 발행소는 조선불교청년총동맹 도쿄동맹으로 A5판 72쪽, 정가 30전이다.

1924년 5월 창간되어 월간으로 기획되었으나 5호부터 계간지로 변경되었으며, 25호(1941년 12월)까지는 국문으로 나왔으나, 마지막 호인 26호는 일문판으로 나왔다. 25호가 나올 1941년은 모든 잡지가 강제 폐간되거나 일문 발간으로 전환하던 때였는데, 『금강저』는 조지훈의 「마을」과 「산(山)」을 싣는 등 국문판을 유지했다는 점이 특징적이다.

재일 불교청년단체에서 이 잡지를 펴낸 것은 새 불교 건설의 준비군 역할을 다하겠다는 사명의식이 작용했다. 따라서 주요 논설은 당시 한국 불교계의 여러 실상에 대한 분석 및 비판에 대한 글을 비롯, 불교계의 개혁을 주장하는 글이 다수 있고, 이를 통해 당시 불교사를 면밀히 이해할 수 있다. 그 외에, 개인적 깨달음의 경험이나 신앙의 노래를 비롯한 문학작품도 실었다.

제호인 '금강저(金剛杵)'란 'The Vajra or thunder bolt', 즉 수행성, 특히 밀교의 수행승이 참선 수행을 할 때 갖고 있는 법구를 의미한다. 원래 인도에서 사용된 무기로서 번뇌를 끊고 사도 악마를 항복받는 보리심(菩提心)을 상징한다. 금강저는 보리심을 상징하기 때문에 이것을 갖지 않으면 불도 수행을 완성하기 어렵다고 한다.

23호 만해 한용운의 권두언을 참조해도 이는 확인할 수 있다. "금강저는 범어(梵語)의 벌절나(伐折羅,

VAJRA)라 원래 인도의 병기인대 밀종(密宗)에서 그 이름을 빌어서 견리(堅利)한 지혜가 번뇌를 끊고 악마를 최복(摧伏)함을 중징(衆徵)함이니"라고 제호를 설명하고 있다. (이경돈)

참고문헌

『한국신문 · 잡지총목록』, 대한민국국회도서관, 1966; 계훈모, 『한국언론연표』, 관훈클럽신영연구기금, 1979; 『아단문고장서목록』, 아단문화기획실, 1995.4.

금대문예(今代文藝)

1936년 중국 상하이에서 창간된 문학잡지

1936년 7월 20일 상하이(上海)에서 창간되어 총 3호를 출간하고 그해 9월 20일에 종간되었다. 금대문예사(今代文藝社)에서 발간하였으며, 편집진은 허우펑(侯楓), 왕핑차오(王萍草), 진룽(金容)이다. 월간이며 3호는 『기념 9 · 18 특집』으로 발행되었다.

문학 월간지로 주요 내용은 소설과 산문, 시가, 극본, 역문과 평론이며, 매회 삽화와 사진 등을 첨부하여 발행하였다.

제3호 「편집자의 말(編者的話)」에서 설명하기를 "우리가 붓을 들어 하고자 한 말은 죽어 있는 동포의 마음을 일깨우고 단결하여 중화민족 생존을 위해 투쟁하자는 것"임을 강조하였다. 이러한 발행목적에 따라 게재된 작품들은 대부분 항전을 소재로 하여 적들의 침략 만행을 폭로하고, 민중의 용감한 투쟁을 표현하는 것들이다.

주요 작품으로는 소설 쉬췬(舒群)의 「청년」, 린단추(林淡秋)의 「매국노(漢奸)」 등이 있으며, 시가(詩歌)에는 뤄펑(羅烽)의 「노예의 욕된 인장(奴隸的辱印)」, 쉬다즈(許達之)의 「만리장성(萬里長城)」이 있다. 극본으로는 정보치(鄭伯奇)의 「중봉(重逢)」, 쉬타오(徐韜)의 「조국 없는 아이(沒有祖國的孩子)」가 있다.

『금대문예』는 쉬마오융(徐懋庸)의 「루쉰 선생에게 다시 묻다(還答魯迅先生)」라는 공개편지를 발표하여 '민족혁명전쟁의 대중문학'과 '국방문학'이라는 2개 구호에 대한 논쟁을 제기하였다. 쉬마오융은 다시 루쉰에게 서신을 보내 루쉰 문학노선의 잘못된 문제점과 책임을 제기하였으며, 이에 루쉰이 「쉬마오융과 항일통일전선문제에 관해 답함(答徐懋庸幷關于抗日統一戰線問題)」이라는 문장으로 회답하였다. 그러나 쉬마오융은 또 「루쉰 선생에게 다시 묻다(還答魯迅先生)」를 보내면서 이 잡지는 많은 사람들의 주목을 받게 되었다.

제1호에는 고리키 서거를 기념하는 6편의 문장을 싣기도 하였다.

주요 집필자는 정전둬(鄭振鐸), 짱커자(臧克家), 장춘차오(張春橋), 류궁서(劉躬射), 쉬췬, 쉬다즈, 정보치 등이었다.

• 쉬마오융(徐懋庸, 1911~1977)

원명은 쉬마오룽(徐懋榮)이며 저장(浙江) 사람이다. 1926년 제1차 대혁명에 참가한 후 상하이로 도피하여 노동대학에서 수학하였다. 1933년 『신보(申报)』의 「자유담(自由談)」에 원고를 쓰기 시작했는데, 그의 글은 문필이 예리하고 사회비판의 문장들이 품격을 갖추고 있어 루쉰이 그를 '잡문가(雜文家)'라고 호칭하였다.

1934년 상하이에서 중국좌익작가연맹(中國左翼作家聯盟)에 가입하였으며, 1935년 『타잡집(打雜集)』을 출간하여 루쉰이 그 서문을 쓰기도 하였다. 일본과 러시아의 진보적 저작들을 번역하였고, 1936년 좌익작가연맹이 해산되면서 루쉰과 항일통일전선에 관한 논쟁을 벌였다. 1938년 옌안(延安)으로 가서 중국공산당에 가입하였으며, 해방 후에는 우한(武漢)대학 당서기와 부총장, 교육부 부장 등을 역임하였다.

주요 저작으로 『인도혁명사(印度革命史)』, 『아시아의 민족해방운동(亞洲的民族解放運動)』, 『마르크스주의와 마오쩌둥 사상의 간단한 소개(馬克思主義和毛澤東思想的簡單介紹)』, 『노동자계급과 공산당(工人階級與共産黨)』 등이 있다. (김성남)

참고문헌

周葱秀 · 涂明 著, 『中國近現代文化期刊史』, 山西敎育出版社,

1999; 葉再生 著, 『中國近代現代出版通史』, 北京: 華文出版社, 2002.

금론형(今論衡)

1938년 중국 우창에서 발간된 과학교육 잡지

1938년 4월 15일 중국 후베이성(湖北省) 우창(武昌)에서 반월간으로 창간되었다. 우창의 과학교육사(科學敎育社)에서 편집하여 출판하였다. 인쇄는 한커우(漢口)의 자유서보 인무부(自由書報印務部)에서 인쇄했다. 과학교육사는 우창의 윈자차오(雲架橋) 21호에 있었다. 1938년 7월 15일 6·7호부터 구이저우(貴州)성의 구이린(桂林)으로 옮겨 출판하였다. 출판사는 구이린의 환후동로(環湖東路) 13호였다. 1938년 12월 2권 3호를 출간한 후 정간되었다. 중국국가도서관 등에 소장되어 있다.

편집방침은 과학사상을 제창하고, 교육의 과학적 개조를 제창하며, 집단적이고 이지적인 생활태도를 제창하고, 국가에 충성하는 정신을 제창하며, 국가의 실제 문제에 대해 건전하게 토론하고, 항전기간의 정신 총동원의 방법을 연구하여 민족 부흥의 자신감을 발양한다는 편집목표를 가지고 있었다.

주요 내용은 시사정치, 경제건설, 항전문화, 과학사상, 교육 등과 관련한 구체적인 문제의 연구였다. 아울러 교육을 통한 구국을 주장하였다. (김지훈)

참고문헌

王檜林·朱漢國, 『中國報刊辭典(1815~1949)』, 書海出版社, 1992; 伍杰, 『中文期刊大詞典』, 北京大學出版社, 2000: 葉再生, 『中國近代現代出版通史』 3, 北京: 華文出版社, 2002.

금산일신록(金山日新錄, The Golden Hills News)

1854년 미국 샌프란시스코에서 영문과 중문으로 발행된 종합신문

1854년 4월22일 미국 샌프란시스코에서 미국인 하워드(Willam Howard, 威廉霍華德)가 창간했다. 『화이일신록(華夷日新錄)』이라고도 하며 창간 초기 원래 주2회 발행했으나 판매량이 많지 않아 주1회 매주 토요일에 4쪽으로 발행되었다.
1854년 7월 29일호를 마지막으로 그 이후 출판물은 보이지 않아 정확한 종간 일시는 알 수 없다.

이 신문은 중국어와 영어 2개 국어로 발간되었다. 평론과 국내외 소식을 게재하고 서부 지역 상업광고와 선박운항 일지 및 화물 정보 등을 실었다. 매회 판매가는 2각(角) 5분(分)이었으며, 이밖에도 중국인들의 생활에 필요한 우편과 번역 등의 업무를 대행해주는 일을 하였다.

주요 구독 대상은 샌프란시스코에 거주하는 중국 교포 상인으로 화물운송에 관한 정보와 선박 운행 관련 광고가 주요 지면을 차지하였으며, 매회 한 편의 영문 평론을 게재하여 정치와 종교, 인권문제들을 논하였다. (김성남)

참고문헌

方漢奇 主編, 『中國新聞社業通史』, 中國人民大學出版社, 1996; 葉再生 著, 『中國近代現代出版通史』, 北京: 華文出版社, 2002.

금성(金星)

1923년 서울에서 발행된 유학생들의 격월간 시 동인지

1923년 11월 10일에 창간됐다. 종간호는 통권 3호로 1924년 5월에 발간되었다. 편집인 유춘섭(柳春燮), 발행인 류비자와 우메코(柳美澤梅子), 인쇄소는 대동인쇄주식회사, 발행소는 금성사(경성부 인사정 30)이다. 종간호의 편집인은 양주동이고 저작 겸 발행인은 야마구치 세이코(山口誠子, 경성부 궁비동 40), 인쇄인은 한성도서주식회사의 양주동으로 되어 있다(아마도 양주동이 한성도서주식회사의 실질적 주인은 아니었고 인쇄인에 자기의 이름만을 올렸을 가능성이 커 보인다). 판형은 A5판으로 창간호는 50쪽, 2호는 113쪽, 3호(종간호)는 110쪽이고 창간호, 2호, 종간호가 각각 30전, 50전, 40전이었다.
창간호의 동인은 손진태, 양주동, 백기만, 유춘섭 등이었고, 이상백과 이장희는 종간호인 3호 때 가입했다. 발행인을 일본인으로 한 것은 물론 '허가절차의 수월함'과 '원고의 사전 검열'을 피하기 위함이었다.
1974년 한국문화개발사와 1981년 현대사에서 영인되어 나왔고 원본은 연세대에 2호가, 아단문고에 1, 2, 3호가 모두 소장되어 있다.

'금성'이란 제호는 여명을 상징하는 '샛별'과 사랑의 여신으로 알려진 '비너스(Venus)'라는 두 가지 의미를 동시에 뜻한다. 표지는 안석주가 그렸다. 창간사를 대신하여 양주동이 쓴 「기몽(記夢)」이라는 권두시가 있다. 『금성』 창간을 축하하는 의미와 동시에 제호의 상징적 의미를 시적으로 표현한 내용이다. 창간호 말미에 보면 「육호잡기(六號雜記)」라는 제목으로 편집후기가 실려 있다.

"…… 어떠튼 우리들은 우리 예원(藝園)의 시가의 새로운 길을 열기 위하여, 최대한 세력을 하여 볼 포부를 가졌다고 자신합니다. 우리는 시가의 새로운 길, 새로운 정열, 새로운 형식(그렇다고 무슨 형식에 구애된다는 말은 아니올시다)을 발견하여야 하겠습니다. 그러나 좀체로 이 일이 우리들 몇몇의 일이 아니겠습니다. 그것은 최대다수의 합력이라야 할 것이외다. 이렇게 생각한 우리들은, 이 『금성』이 다만 동인 몇몇의 사유가 아니요, 만천하 독자의 공유라야 할 것을 생각하였습니다. 동시에 우리의 잡지는 우리 문예계의 무슨 파라든가, 또는 무슨 주의라든가, 그런 치우친 뜻이 전혀 없다 합니다. 가장 공정한 데서야 비로소 가장 새로웁고 가장 바른 길을 찾을 수 있다 합니다." 조선시가의 새로운 길을 모색하되 무슨 주의나 유파에 연연하지 않고 공정하고 바른 길을 걸어가겠다는 다짐을 하고 있다. 이는 조선시가의 발전을 바라는 모든 사람들의 공통된 합의 속에서 자신들의 진로와 시적 고민을 나누겠다는 의미로 들린다.

창간호에는 양주동의 「영원의 비밀」, 「소곡」, 「무제」, 백기만의 「꿈의 예찬」, 「내 살림」, 「기쁨」, 손진태의 「만수산에서」, 유춘섭의 「낙엽」 등의 시와 양주동의 「근대불란서 시초(1) 보들레르」, 소품으로 유춘섭의 「사자의 아가리」, 동시에 백기만의 「청개구리」, 손진태의 「별똥」, 「달」, 타고르의 「신월에서」, 「해안에서」, 「아기의 버릇」, 「천문학자」, 「그때에 그뜻을」 등의 시가 양주동과 유춘섭에 의해 번역되어 있으며, 유춘섭의 시론 「시와 만유(萬有)」가 실려 있다.

2호는 창간호에 비해서 지면이 늘어났고 작품수도 그만큼 많으며 또한 추천시가 실려 있다는 점이 특징이다. 동인도 이익상과 정교가 참여했다. 유춘섭이 곡을 붙인 「금성」의 악보가 2쪽에 걸쳐 게재돼 있고 아일랜드의 시인 예이츠의 「하늘의 고운 자락을 소망하다(He wishes for the cloths of heaven)」이 원문으로 실려 있다. 유춘섭, 양주동, 손진태, 백기만의 시가 각각 그 다음으로 배치되었고 양주동의 연작 「근대불란서 시초(2)」가 창간호에 이어 보들레르의 번역시 8편으로 정리되어 짤막한 해설과 더불어 연재되어 있다. 정교의 「서상기 해(西廂記 解)」가 '연구'라는 항목으로 자리를 차지하고 이어 추천시가 실렸는데, 명동순의 「황혼」, 이원영의 「사(死)의 이별(離別)」, 박용서 「가을아침」, 홍재범의 「폭풍우 밤」, 「눈」이 그것들이다. 그 밖에도 유춘섭의 서사시 「소녀의 죽음」, 손진태의 소품 「둔세자(遁世者)의 눈」, 유춘섭의 만필 「되는대로(At Random)」, '골즈워드'의 「등 너머까지」(손진태 역), 타고르의 「신월에서」(백기만 역), 동요 「새는 새는」과 민요 「시집살이」, 독자시(6인의 7편), 그리고 이익상의 「고언이삼(苦言二三)」(평론)과 양주동의 「시는 어떠한 것인가?」(시화) 등이 들어 있다. 편집후기로 쓰인 「잡기」에는 동인들의 소식을 비롯하여 2호를 특대호로 꾸몄다는 사실, 그리고 추천작들에 대한 논평을 붙여 놓아서 이들의 시에 대한 생각과 추천의 이유를 알 수 있게 해준다.

종간호인 제3호는 눈에 띄는 것이 부록으로 꾸며진 '바이론 거후(去後) 백년 기념'이다. 이는 제2호 「잡기」에서 이미 예고되었다. 수록된 작품으로는 이장희 「실바람 지나간 뒤」, 「새한마리」, 「불놀이」, 「무대」, 「봄은 고양이로다」, 이상백의 「내 무덤」, 「어떤날」, 손진태의 「생의 철학」(산문시) 「환상」, 「귀뚜라미」, 「파리」, 양주동의 「풍경」, 「옛사랑」, 백기만의 「은행나무 그늘」, 유춘섭의 「—에게」, 「겨울밤의 홍소」, 「춘원행」 등의 시와 양주동의 연작 번역 「근대불란서 시초(3)」(베를레느 편), 「투르게네프 산문시초(1)」(손진태 역)가 앞에서부터 차례대로 실려 있다. 그리고는 추천시들이 3편 실렸는데 여기에 김동환의 「적성(赤星)을 손가락질하며」가 눈에 들어온다. 그 밖에도 톨스토이의 소설이 번역되었고 손진태의 동시 2편과 타고르의 번역시, 민요와 독자시, 양주동의 평론 「시와 운율」 등이 배치되어 있다.

양주동이 쓴 「『개벽』 4월호의 『금성』 평을 보고: 김안서 군에게」는 시 동인지 『금성』에 대한 논평이라는 점에서, 그리고 시인 김억의 이름으로 행해진 평론이라는 점에서, 당대적 수준의 시적 공방과 시에 대한 인식, 시를 둘러싼 관점의 차이를 살피는데 도움이 된다.

도쿄대지진으로 발이 묶여 경성에서 체재하던 와세다대학 유학생들이 중심이 되어 나오게 된 잡지 『금성』은 당시 시단을 휩쓸고 있던 우울, 퇴폐, 감상적인 풍조에서 벗어나 맑고 건강한 독자적 경지를 개척하려 했다는 데에서 그 의의를 찾을 수 있다. 그리하여 동인들은 프랑스 시인들의 시를 번역하고 인도의 시인 타고르의 시를 번역하는 등 조선 시가의 새로운 시풍을 모색하기 위한 노력을 기울였다. 여기에 참여한 시인들은 각기 다르고 시풍 또한 이질적이었기 때문에 오히려 어떤 사조나 유파에 구애를 받지 않고 자신만의 시작 태도를 유지할 수 있었다.

하지만 전문적인 시인들이 아니었고 동인들 모두가 일본 유학생들이며 천재지변으로 발이 묶여 다시 일본으로 돌아갈 수 없는 처지에서 모여 만든 잡지라는 특성 때문에 뚜렷한 이념적 지향이나 문학적 경향을 띠고 있지 않다고 얘기된다. 다만 젊은이 특유의 낭만적 기질이 잡지 구석구석에 배어 있어, 이 잡지의 주된 시적 기조는 낭만적인 특성을 보이고 있다고 평가된다.

• **유엽(柳葉, 1902.10.13~1975)**

본명은 춘섭(春燮)이고 호는 화봉(華峰)이다. 전라북도 전주에서 출생하였다. 전주신흥학교를 거쳐 일본 와세다대학을 수료하였다. 신문학 초창기에 『금성』 동인으로 시를 발표하기 시작, 1931년 시집 『임께서 나를 부르시니』를 출간하였다. 그 밖에 장편소설 『꿈은 아니언만』(1929)을 간행하였고, 8·15광복 후에는 수필집 『화봉섬어(華峰譫語)』(1962)를 출간하였다. 해인대학(海印大學) 학장서리, 『서울신문』 논설위원, 『영남일보(嶺南日報)』 주필 겸 부사장 등을 역임하면서 「아비디아」(1959), 「38도선(三八度線)」(1960), 「눈은 장벽(障壁)을 본다」(1961) 등을 발표하였으나, 만년에는 불가(佛家)에 귀의하여 경기도 고양(高陽)의 쌍수암(雙水庵) 주지를 지냈다. (전상기)

참고문헌

김근수, 「『금성』에 대하여」, 『금성/문예공론』 영인본, 경문사, 1976; 권영민, 『한국근대문인대사전』, 아세아문화사, 1990; 최덕교 편저, 『한국잡지백년』 제1권, 현암사, 2004.

▌금성(金星)

1937년 서울에서 발행된 시사 교양 잡지

1937년 3월에 창간했다. 종간호 여부와 후속 발간 여부는 알 수 없다. 편집 겸 발행인은 손완윤(孫完允), 발행소는 금성사이다. 총 93면으로 짜여 있다. 1923년에 나온 시 동인지 『금성』과 한자도 같지만 성격은 전혀 다른 잡지이다. 연세대도서관에 소장되어 있다.

창간사나 편집후기가 없다. 대신 권두언 격으로 김기림의 시집 『기상도』에서 「바다」를 뽑아 「권두사」를 삼았다.

목차를 살펴보면 아래와 같다. 임문빈 「발랄한 기폭」, 이명선 「지식」, 「종로 네거리」, 수봉 「포항의 밤」, 도상희 「나의 마음」(시), 소고 「누나」, 남파 「무」, 수봉 「인조견 치마」(소설), 「소설제명통계록」, 신구현 「홍길동전의 현대적 연구」, 진기 「정열의 빈곤: 더군다나 청년에 있어서」, 오헌 「조선의 신탁재판」, 이명선 「나폴레온 소론」, 한우 「남선지방에서 본 고신앙의 편린」, K생 「이야기 조선한시」(논설), 리생 「오대산」(기행), K생 「북나무」(수필), 「이문단편(異聞斷片)」, 「문장통속윤리학」, 「양키와 편지」 등.

경성제대 예과 학생들을 중심으로 문학작품과 자신의 전공 논문을 기고했던 것으로 보인다. 당시 이명선과 신구현은 경성제대에서 학업에 몰두하고 있었을 시기였다. 자신들의 학문적 성과를 가늠하고 문학적 열정을 토해내는 한편, 자칫 소멸할 운명에 처해 있는 조선 문학의 전통과 유산을 재조명하는 계기를 만들고자 잡지를 만들지 않았나 짐작된다. 청년학생들의 순수한 열정과 민족적 사명감이 모든 기사들에서 찾아볼 수 있는 잡지라고 판단된다.

• 이명선(李明善, 1914.9.12~?)

충북 괴산군 불정면 문등리 산골에서 4남 3녀의 3남으로 태어났다. 부모님의 열렬한 교육열로 어린 시절 서당에서 한문을 배우고 청주고등보통학교에 입학하여 그 학교를 졸업한 뒤에 1934년 경성제국대학 예과 11회로 입학한다. 거기에서 평생지기인 신구현과 김수경을 만난다. 그리고 가람 이병기를 은사로 모시고 돈독한 관계를 유지한다. 1940년 경성제대를 졸업한 뒤 그는 휘문중학교 교사로 있다가 경성제대 강사로 직장을 옮긴다.

해방 직후에는 '조선문학가동맹'에 가입하여 활동하는 한편, 1946년 10월에는 서울대학교 교수로 임용되어 강의와 연구에 전념한다. 그리고 한국전쟁 중에 월북하게 되는데, 지병인 위장병으로 도중에 사망했거나 폭격에 의해 사망했을 것으로 추측된다. 저서로는 『조선문학사』가 있다.

• 신구현(1912~?)

충북 진천 출생이다. 경성제국대학을 졸업하고 해방 후에 월북하여 1956년 작가동맹 중앙위 고전문학분과 위원장을 역임했다. 1965년에는 김일성종합대학 교수로 있었다. (전상기)

참고문헌

『최신북한인명사전』, 사단법인 북한연구소, 1991; 김준형, 「길과 희망: 이명선의 삶과 학문세계」(상), 민족문학사학회 편, 『민족문학사연구』 28호, 2005; 김준형, 「길과 희망: 이명선의 삶과 학문세계」(하), 민족문학사학회 편, 『민족문학사연구』 29호, 2005.

▌금시공론(今是公論)

1940년 중국 청두에서 창간된 월간지

1940년 12월 쓰촨성(四川省)의 청두(成都)에서 창간되었으며, 월간이었다. 1942년 5월 2권 2호를 출간하고 정간되었으며, 모두 14호가 출간되었다. 중국국가도서관 등에 소장되어 있다.

『금시공론』은 "국가의 정세에 대해 새로운 체험과 관찰을 진행하고, 새로운 여론을 세우며, 쟁신쟁우(諍臣諍友, 잘못을 솔직하게 지적하는 신하와 친구)의 분위기를 조성하고, 재난 속에서 나라를 진흥시키는 새 여론을 만드는 것"을 목적으로 하였다. 시론(時論), 전론(專論), 이론전장(理論戰場), 문헌판(文獻版) 등의 난을 두었다.

주로 당시의 정치, 군사, 경제, 문화, 교육 등의 정황을 논술하고, 시대의 폐단을 성토하며, 국민정부를 위한 전략을 만들었다. 또한 쓰촨성의 교육, 인구, 물산 및 군사작전 상황 등을 중시하여 논술하였으며, 쓰촨성과 시캉성(西康省)의 각종 자료를 수집하고 정리하여 책으로 만들어 출판하였다. (김지훈)

참고문헌

王檜林 · 朱漢國, 『中國報刊辭典(1815~1949)』, 書海出版社, 1992; 伍杰, 『中文期刊大詞典』, 北京大學出版社, 2000.

금융도보(金融導報)

1944년 중국 충칭에서 창간된 경제 신문

1944년 9월 6일 중국 충칭(重慶)에서 창간되었다. 류정이(劉政藝)가 책임자였고, 허이런(何伊仁)이 발행인이었으며, 3일간(三日刊)이었다. 1945년 9월 28일 정간되었으며, 모두 130호가 출간되었다. 현재 베이징(北京)의 중국사회과학원(中國社會科學院) 근대사연구소도서관 등에 소장되어 있다.

주요 내용은 국내외 금융시장 동태, 정계금융계의 중요 소식, 일본 경제의 상황, 중앙대학 경제과(中央大學經濟系)의 근황 등을 보도하였다. 또 금융학의 이론 및 성과를 소개하였다. 『금융도보』는 전론(專論), 삼일금융(三日金融), 인물지(人物志), 세계경제진문(世界經濟珍聞), 금융상식, 적정조사(敵情調查), 금융화서(金融花絮, 재미있는 금융기사), 독자의 목소리(讀者之聲) 등의 난이 있었다.

『금융도보』의 부간(副刊) 『치언(卮言)』에는 소설을 연재하고, 사회잡담 등을 실었다. 그리고 9·18 13주년, 법폐제도 9주년, 수리은행(水利銀行)·중국은행·교통은행창립기념·우정저금회업국(郵政儲金匯業局) 창립기념 특집을 발행하였다. (김지훈)

참고문헌

王檜林·朱漢國, 『中國報刊辭典(1815~1949)』, 書海出版社, 1992; 伍杰, 『中文期刊大詞典』, 北京大學出版社, 2000.

금융삼층(金融三層)

1930년 일본에서 발행된 금융 잡지

1930년 4월 1일 도쿄의 금융삼층사(金融三層社)에서 은행, 보험, 신탁의 3대 금융기관을 대상으로 발행한 금융 잡지이다. 월간으로 발행되었으며, 창간호 크기는 4×6배판이었고, 분량은 광고 포함 60쪽이었다. 정가는 40전(錢)이었다.

본지의 종간 시기는 명확하지 않다. 다만 오사카시립대학(大阪市立大學) 부속도서관에 소장되어 있는 1940년 5월에 발행된 본지 11권 5호에는 이후 폐간이라는 도서인(圖書印)이 찍혀 있다. 그러나 동호 본문에는 폐간에 관한 아무런 설명도 없기 때문에 이후 얼마간은 발행되었을 것으로 생각된다. 본지는 오사카시립대학 부속도서관에 2권부터 11권까지, 도쿄은행협회(東京銀行協會) 은행도서관에 1권이 각각 소장되어 있다.

본지의 가장 큰 특징은 타 금융 잡지와 달리 은행, 보험, 신탁의 3대 금융기관에 관한 내용을 다루고 있다는 점이다. 매호 표지에는 3개 금융기관의 대표 사진이 게재되었고, 이들에 대해 상세한 소개가 본문에 첨부되어 있었다. 그리고 3개 금융기관의 현황에 대한 다양한 통계표가 매호 수록되어 있다.

본지 창간호 지면은 '통계도표', '논책', '업적비판', '자료', '잡보', '해외사정', '인물월단(人物月旦)', '제통계표(第統計表)'로 구성되어 있고, 시각적으로 읽기 편한 편집방식을 취하고 있었다. 이러한 지면 구성은 대표적인 금융 잡지인 『은행연구(銀行硏究)』나 『은행논총(銀行論叢)』이 논설을 중심으로 학술지 체제로 구성되었던 것과 차이가 있는 편집방식이었다.

창간호 '논책'란에는 「금융영업재산저당법(金融營業財産抵當法)」, 「겸업은행(兼業銀行)의 신(新)경향」, 「생보업(生保業)의 과거·현재·미래」, 「화재보험의 요율(料率)에서 위험율(危險率)을 역(亦)으로 추출하는 것과 그 처치(處置)에 대해서」, 「신탁사업과 공업금융」, 「난국(難局)에 선 금융기관」 등 6편의 논고가 게재되어 있다. 집필자는 전문 학자가 아닌 경제 실무가와 저널리스트가 주류였다.

그러나 창간호 이후 논문의 편수는 감소하였고, 다른 항목란이 많은 분량을 차지하게 되었다. 이러한 경향은 독자의 요구에 민감하게 반응하였기 때문이었다. 예를 들어 독자로부터 금융기관의 하나인 무진(無盡)의 영업 상황을 소개하는 '무진'란 설정의 요구가 있자, 「금융기업으로서의 무진의 발달」이라는 기사를 게재하고 '무진'란을 설정하였다. 이 때문에 한동안 은행, 보험, 신탁, 무진의 4대 금융기관을 대상으로 발행되는 '금융사층지(金融四層誌)'로서 기능하기도 하였다. 이련 종류의 금융 잡지로는 1935년에 창간된 잡지 『보험은행신탁시보(保險銀行信託時報)』가 있었다.

본지는 '금융자본'으로서의 은행, 보험, 신탁자본의 분석에 초점을 두었던 것은 아니었지만, 보험과 신탁업 등 1930년대 은행 이외의 금융기관 분석을 위해서는 필수적인 잡지라고 할 수 있다. 즉 이 분야의 업계단체지로서 특히 중요한 문헌이다. (문영주)

참고문헌

杉原四郎 編, 『日本経済雑誌の源流』, 有斐閣, 1990; 杉原四郎 著, 『日本の経済雑誌』, 日本経済評論社, 1987.

금융조합조사휘보(金融組合調査彙報)

1939년 서울에서 일본어로 발행된 경제 정보 잡지

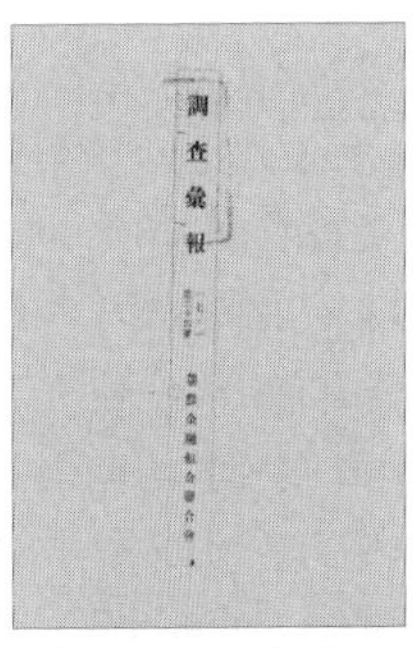

1939년 식민지 조선의 조선금융조합연합회(朝鮮金融組合聯合會)가 발간한 경제정보 잡지이다. 현재 국립중앙도서관, 고려대학교 등에 소장되어 있다. 소장본을 보면 잡지의 발간 동기, 가격 등에 대한 언급이 전혀 없다.

대체로 1938년 이후 본격적으로 체계화된 식민지 전시통제의 각종 정보를 조선금융조합연합회 조사과가 내부 회람용으로 작성한 것으로 보인다. 조선은행 조사부가 같은 시기에 발간한 『선만지재계휘보(鮮滿之財界彙報)』와 같은 맥락에서 만들어진 것으로 보인다.

1939년 1월에 발간된 제1호는 '조선경제사정', '법령'의 두 항목으로 구성되어 있다. 다시 '조선경제사정'은 '중요경제사정', '지방경제사정', '조선경제일지', '지나사변(支那事變)일지'로 구성되어 있다.

이 중에서 '중요경제사정'은 다시 분야별로 정리되어 있는데, 정리된 항목은 '금융', '농업 및 임업', '수산', '광업', '공업', '상업', '기타'였다. 각 분야로 변동 상황을 일목요연하게 정리해 두었다. '지방경제사정'은 각 도별 경제변동 상황을 정리하였다. '법령'에는 「고무사용제한령」, 「조선산(朝鮮産) 면사 및 면포 판매가격공정(販賣價格公定)」, 「조선경제경찰령(朝鮮經濟警察令)」 등의 통제경제 관련 법령이 수록되어 있다.

그런데 1939년 3월에 발간된 제2호부터는 '조선경제사정', '법령' 항목 이외에 '조사 및 자료(調查及資料)'라는 항목이 신설되었다. 이 항목은 주로 전시통제경제의 진행과정에서 조선금융조합연합회가 담당할 기능에 관한 사전 조사 및 자료의 성격이 강했다. 주로 금융조합원의 구성 상황 실태, 도시 중소상공업자의 상황, 강제저축의 실상, 토지가격의 변화 등과 관련된 내용이 수록되어 있다.

제2호의 '조사 및 자료' 항목에는 「금융조합구역 내 호별세(戶別稅) 부과 표준 소득별 세대조(世帶調)」와 「선내(鮮內) 주요도시에 있어서 상공업자층 구성 상황조(狀況調)」가 수록되었다.

현재 확인된 『조사휘보』의 마지막 호는 1943년 12월에 발간된 제47호이다. 제47호의 지면은 '조사 및 자료', '조선경제사정요록(朝鮮經濟事情要錄)', '내외협동조합사정(內外協同組合事情)'의 항목으로 구성되었다. '조선경제사정요록'은 다시 「금융사정(金融事情)」, 「중소상공업사정(中小商工業事情)」, 「농업 및 농업경제사정(農業及農村經濟事情)」, 「조선경제일지(朝鮮經濟日誌)」, 「선내경제 관련 법령색인(鮮內經濟關聯法令索引)」의 항목으로 구성되어 있다.

발간 초기의 항목 구성과 비교해 보면 전시통제경제의 전개에 따라 조선금융조합연합회의 활동과 직접적으로 관련이 있는 분야가 특화되어 전문화되어 있음을 알 수 있다.

제47호에서는 발간 초기에 볼 수 없었던 '내외협동조합사정'이라는 항목이 눈에 띈다. 이 항목은 다시 '조선(朝鮮)', '내지(內地=일본)', '타이완(臺灣)', '만주(滿洲)', '동아협동조합협회(東亞協同組合協會)', '협동조합관계잡지기사색인(協同組合關係雜誌記事索引)'으로 세분되어 있었다. 흥미로운 것은 동아협동조합협회 항목인데, 일본의 '대동아공영권(大東亞共榮圈)' 구상 속에는 사상적, 정치적 측면뿐만 아니라, 각 지역에 설립되었던 각종 협동조합과 그 유사 단체들인 경제단체를 하나로 통합하는 방식이 진행되고 있었음을 알 수 있다. 물론 이러한 통합 사업은 조선금융조합연합회의 전시체제기 중요한 대외 사업의 하나로 상정되었을 것이다.

본지를 1938년 발간되기 시작한 조선식산은행(朝鮮殖産銀行)의 『식은조사월보(殖銀調査月報)』와 조선은행의 『선만지재계휘보』와 같은 경제 잡지와 상호 교차해서 살펴보면, 식민지 전시통제경제의 실상을 구체적으로 파악할 수 있는 귀중한 자료라고 할 수 있다. (문영주)

참고문헌

朝鮮金融組合聯合會, 『調査彙報』 1939.1~1943.12; 朝鮮金融組合聯合會, 『朝鮮金融組合聯合會十年史』, 1944.

▌금융주간(金融週刊)

1940년 중국 충칭에서 창간된 경제 잡지

1940년 6월 중국 충칭(重慶)에서 창간되었으며 중국은행(中國銀行), 중앙은행(中央銀行), 교통은행(交通銀行), 농업은행(農業銀行) 등 네 개의 은행연합판사처(四行聯合辦事處)에서 편집하고 인쇄하였다. 1권은 33호가 출간되었고, 나머지 각 권은 52호씩 출간되었다. 1948년 1월 9권 2호를 출간하고, 정간되었으며, 모두 419호가 출간되었다. 중일전쟁에서 승리한 후 상하이(上海)에서 출판하였다. 중국국가도서관과 상하이도서관 등에 소장되어 있다.

전재(專載), 논술(論述), 매주경제동태, 일주금융경제술요(一週金融經濟述要), 보장논문적요(報章論文摘要), 잡지논문적요(雜誌論文摘要), 본처장칙안건회록(本處章則案件匯錄), 매주 금융행시(每週金融行市), 은행업무, 물가조사통계 등의 난이 있었다.

주로 중일전쟁 시기 및 전후의 전국 각지, 특히 상하이, 광저우(廣州), 한커우(漢口), 충칭, 홍콩, 톈진(天津)의 금융상황을 반영하고 있다. 내용은 수출입무역, 외화관리, 시장물가문제, 국민정부에서 반포한 관련 지시와 중앙은행, 중국은행, 교통은행, 농업은행의 경영관리 상황 등을 포함하고 있다.

특히 기밀자료로 대량의 금융통계숫자를 제공하고 있어서, 전시 및 전후의 국민당통치지구의 경제를 연구하는데 사료적 가치를 지니고 있다. (김지훈)

참고문헌

王檜林 · 朱漢國, 『中國報刊辭典(1815~1949)』, 書海出版社, 1992; 伍杰, 『中文期刊大詞典』, 北京大學出版社, 2000; 上海圖書館, 『上海圖書館館藏近現代中文期刊總目』, 上海科學技術文獻出版社, 2004.

▌금일세계(今日世界)

1908년 미국 로스앤젤레스에서 창간된 한국어 월간 신문

1908년 8월 25일 미국 로스앤젤레스에서 『공립신보(共立新報)』 초창기의 공로자 방화중(方華中)이 창간한 월간 보도지다. 7개월 동안 발행을 계속하다가 재정난으로 1909년 2월에 폐간했다.
연세대와 이화여대에 소장되어 있다.

• 발행인 방화중(方華中)

평양교회 출신인 방화중은 하와이를 거쳐 샌프란시스코에 와서 안창호가 세운 공립협회에 참가하면서, 『공립신보』 발행과 북감리교의 도움으로 한인교회 창립을 돕고 있었다.

당시 전도사였던 방화중은 패서디나와 남가주대학 중간 지점의 벙커힐 언덕 위에 있는 2층짜리 개인 집을 얻어 프리차드 목사의 인도 아래 1906년 5월 10일 주일 18명을 모아 창립예배를 시작했다. 미국에서는 첫 한인교회였다.

방화중은 미국에 건너오기 전에 고향 평양에서 모펫(Samuel Austin Moffet, 한국명 마포삼열[馬布三悅]) 선교사를 만나 복음을 전해 받은 뒤 장로가 되었다. 또 샌프란시스코에서도 미국 북감리교 태평양 지역 일본 선교사 존슨 감리사의 도움으로 친목회와 공립협회 회원 중심의 상항한인교회가 조직될 때, 문경호 전도사에 이어 전도사로 활동했기 때문에 목회 지도력이 뛰어났다.

그는 특히 민족 지도자 안창호가 리버사이드의 오렌지 농장에서 일하던 노동자들을 모아 파차파 캠프를 만들어 대륙 최초의 한인타운을 형성한 뒤, 이강, 정재관과 함께 공립협회를 조직해 샌프란시스코에 본부를 두고 하와이에서 보다 나은 직업을 찾아 대륙으로 건너오는 동포들에게 직업을 알선하는 한편 각 지역에 한인타운을 건설하도록 지도하는 데에도 힘썼다.

공립협회 부회장으로 『공립신문』 편집을 맡고 있던 송석준을 도우기도 했다. 그는 캘리포니아 지역에서 생활하고 있던 한인들을 순회 전도하면서, 1909년 봄에는 멕시코의 메리다까지 방문해 1905년 그곳으로 이민을 간 한인 1000여 명을 심방했고 국민회 메리다 지회 창립을 도왔다. 그때 그와 함께 황사용이 동행했었으며 그곳에 있던 한인교회가 자리를 잡는 데 이바지했다. 방화중은 1918년 호놀룰루 제일한인감리교회의 제5대 목사로 부임했으며 1939년 사망했다. (이경돈)

참고문헌

『한국신문·잡지총목록』, 대한민국국회도서관, 1966; 『한국신문백년 사료집』, 사단법인 한국신문연구소, 1975; 계훈모, 『한국언론연표』, 관훈클럽신영연구기금, 1979; 『한국신문백년지』, 한국언론연구원, 1983.

금일평론(今日評論)

1939년 중국 쿤밍에서 발간된 종합잡지

중일전쟁시기 영향력이 비교적 컸던 종합잡지로 1939년 1월 1일 중국 윈난성(雲南省) 쿤밍(昆明)에서 창간되었다. 주간(週刊)이었고 금일평론사(今日評論社)에서 간행했다. 1941년 4월 5권 14호를 출간한 후 정간되었다. 중국국가도서관과 상하이도서관 등에 소장되어 있다.

주요 내용은 중일전쟁시기 중국의 정치, 군사, 외교, 정치, 경제, 문화, 교육, 언어, 문예, 통신 등으로 다방면을 다루었다. 주요 필진으로는 펑유란(馮友蘭), 첸돤성(錢端升), 예궁차오(葉公超), 주쯔칭(朱自淸), 판광단(潘光旦), 천다이쑨(陳岱孫), 루칸루(陸侃如), 선충원(沈從文) 등 거의 서남연합대학(西南聯合大學), 윈난대학(雲南大學), 중산대학(中山大學)의 교수들이었다.

『금일평론』에는 일본 정계의 동태, 미국의 정책 변화와 대중국정책 등을 다룬 글들이 실렸다. 아울러 항일전선과 변경에서 보내온 통신들도 게재되었다. 이외에 윈난의 경제건설과 사회조사에 관한 글들도 수록되었고 시평(時評)과 국내외의 중요 사건일지가 게재되었다. 권말에는 글의 저자와 글에 대한 간단한 소개가 수록되었다. (김지훈)

참고문헌

王檜林·朱漢國, 『中國報刊辭典(1815~1949)』, 書海出版社, 1992; 伍杰, 『中文期刊大詞典』, 北京大學出版社, 2000; 上海圖書館, 『上海圖書館館藏近現代中文期刊總目』, 上海科學技術文獻出版社, 2004.

금지(今至)

1922년 서울에서 발행된 시천교 기관지 성격의 잡지

1922년 10월 창간 후 11월 28일 2호가 발행되었고, 동년 12월 20일 3호가 발행되었다. 통권 3호로 종간되었다. 시천교(侍天敎)의 기관지 성격의 잡지이다. 편집 겸 발행인은 이현규, 인쇄인은 김중환으로, 인쇄소는 신생활인쇄소이며 발행소는 금지사(今至社)이다. 국판, 정가 20전이다. 국립중앙도서관에 소장되어 있다.

시천교의 연원에 관한 기사와 광고로 볼 때, 시천교의 기관지로 창간된 듯하다. 2/3가량의 기사가 언론, 교육, 예술 등 각종 사회문제를 다루었고 1/3 정도가 시천교와 관련된 기사로 채워졌다.

사회문제에 대해서는 당시 대세였던 개조주의 혹은 문화주의의 입장을 견지하고 있다. 주요 필자로는 원암(圓菴), 백악산인(白岳山人) 등이 있다.

• 시천교 창시자 이용구

동학은 손병희에 의하여 천도교로 개칭, 발전하였고, 시천교(侍天敎)·상제교(上帝敎)·수운교(水雲敎) 등의 여러 갈래로 나뉘었다.

시천교의 창시자 이용구는 동학교도로서 갑오농민전쟁에도 참가했으나, 이후 친일파로 변절하여 일진회(一進會) 회장을 지내면서 을사조약과 한일강제병합이 이루어지기 전, 이를 미리 주장하여 왜곡된 여론을 형성하는 역할을 했다.

1905년 11월에 일진회의 명의로 한국이 일본의 보호를 받아야 한다는 '일진회선언서'를 발표했으며 12월에 일진회의 회장이 되었다. 1906년 9월 손병희가 일진회의 지회를 해산할 것을 명령하자, 이에 대항하여 동학교도들을 일진회 산하로 끌어들이려다가 출교 처분을 당하자 시천교를 세우고 교조가 되었다. (이경돈)

참고문헌

『한국신문·잡지총목록』, 대한민국국회도서관, 1966; 『한국신문백년 사료집』, 사단법인 한국신문연구소, 1975; 계훈모, 『한국언론연표』, 관훈클럽신영연구기금, 1979; 『한국신문백년지』, 한국언론연구원, 1983.

금천(今天)

1938년 중국 창사에서 발행된 정치 잡지

1938년 4월 11일 중국 후난성(湖南省) 창사(長沙)에서 창간되었다. 주요 집필자는 젠보잔(翦伯贊), 뤼전위(呂振羽) 등이었으며 순간(旬刊)으로 간행되었다. 1939년 1월 충칭(重慶)으로 옮겨 출판하였다. 1939년 3월 정간되었으며, 모두 21호가 출간되었다. 중국국가도서관과 상하이도서관 등에 소장되어 있다.

『금천』에는 전쟁 페이지(戰爭之頁), 통신(通訊) 등의 난이 있었다. 이곳에 실린 글들은 대부분 국내외 저명인사들의 작품이었다. 주요 내용은 국제, 국내 정치정세와 중일전쟁의 상황, 중국 국세의 분석 등이었고 송호회전(淞滬會戰), 서주회전(徐州會戰), 우한회전(武漢會戰) 등과 같은 중일전쟁 기간의 중요한 전투에 대한 보도, 중국 군민의 투쟁에 대한 찬양 등이었다.

특히 제18호에는 "일본인의 자백특집(日本人的自白特輯)"이 게재되었는데, 중국을 침략한 일본군 수뇌의 자백을 통해 일본제국주의의 대외확장정책과 중일전쟁이 지구전으로 전개되는 것에 대한 일본군의 공포심리 등을 폭로한 내용이었다. (김지훈)

참고문헌

王檜林 · 朱漢國, 『中國報刊辭典(1815~1949)』, 書海出版社, 1992; 伍杰, 『中文期刊大詞典』, 北京大學出版社, 2000; 上海圖書館, 『上海圖書館館藏近現代中文期刊總目』, 上海科學技術文獻出版社, 2004.

기독교신문(基督敎新聞)

1942년 서울에서 발행된 기독교 4대 교파의 합동기관지, 친일 신문

1942년 4월 29일 창간된 친일신문으로, 구세군, 성결교회, 감리교단, 장로교회 등 기독교 4대 교파의 합동기

관지로 발간되었다. 기독교신문협회의 이름으로 간행되었다. 편집인은 박연서(朴淵瑞)의 일본식 이름), 발행인은 정인과(鄭仁果), 인쇄인은 조인목(趙仁穆)이었다. 4×6배 대판의 주간지였다. 국·한·일 혼용이었다. 구5호(1행에 13자)와 6호(1행에 15자)자를 본문 활자로 사용했다. 6단제였다. 구독료는 1부 8전, 1년간 3엔, 외국은 6엔이었다.

종교보국을 목표로 하는 문서운동(文書運動)의 중하(重荷)를 지고 사명을 다함으로써 황은의 만분의 일이라도 봉부(奉副)하기를 맹서한다고 창간 취지를 밝히면서, 반도 기독교의 일본적 진전에 기여할 것이라고 다짐했다. (이신철)

참고문헌

윤임술 편, 『한국신문백년지』 2, 한국언론연구원, 1983.

기독교 종교교육(基督敎宗敎敎育)

종교교육이 개제한 잡지

▶ 종교교육

기독신문(基督新聞)

1938년 한국에서 『기독교보』의 후신으로 창간된 주간신문

1938년 8월 16일에 창간되었다. 김광우가 발행 겸 편집을, 김광용이 인쇄를 맡았고, 김영제가 주필로(폐간 시) 활동하였다. 주간은 전영택이었다. 정가는 7전이었다. 1942년 4월 23일 164호로 폐간되었다.

이 신문은 1936년 11월 21일에 창간된 『기독교보』의 후신이다. 소위 '지나사변'이 일어났던 당시 일제는 기독교 각 교단을 종래의 구미식 자유주의에서 이탈시켜 그들의 전체주의에 강제로 끌어넣기 위한 수단으로 신문의 창간을 강요했다. 여기에 순응하여 각 교단의 종합지로서 창간된 것이 이 신문이다.

"본지는 지난 7월 8일부로 조선 총독부로부터 신문지법에 의하여 발행이 인가되어 이에 창간호를 내게 되었습니다. 본사의 취지는 당국의 요망으로나 본지는 조선 안에 있는 각파 기독교계의 공기를 삼으려 하오니, 여러분께서는 그리 아시고 성원하여 주시기를 바라옵니다."

기독교계 신문이었으나 당시의 정국을 반영하여 1면을 정치면으로 했고, 2~3면에도 기독교계 뉴스 외에 지방사회 뉴스, 외신 등을 실었다. 4면은 문화면이었다. 어용신문의 성격을 충실히 수행하여 일제의 침략을 찬양하고 조선총독부의 요구에 충실히 따랐다.

이 신문은 '조선총독부의 신문통제에 순응하야' 1942년(쇼와 17년) 4월 23일 제164호로써 폐간되었다. (이경돈)

참고문헌

『한국신문·잡지총목록』, 대한민국국회도서관, 1966; 『한국신문백년 사료집』, 사단법인 한국신문연구소, 1975; 계훈모, 『한국언론연표』, 관훈클럽신영연구기금, 1979; 『한국신문백년지』, 한국언론연구원, 1983; 이응호, 「일제 말기의 성결교와 『기독신문』」, 기독교대한성결교회 활천사, 2002.

기독신보(基督申報)

1915년 12월 8일 한국에서 창간한 소형 주간신문

편집인으로 크램(W. G. Cram, 한국명 기의남[奇義男])이, 발행인으로 본윅(G. W .Bon Wick, 한국명 반우거[班愚巨])이 활동하였다. 발행소는 조선야소교서회 내 기독신보사였고, 소형 6면 5단으로 내리 편집한 주간신문(매주 수요일 발행)으로서 정가는 3전(6개월 60전, 1년 1원, 해외 2원)이었다. 1937년 8월 1일 종간하였다. 연세대에 소장되어 있다.

감리회에서 발행하던 『그리스도회보』와 장로회에서 발행하던 『예수교회보』를 병합하여 주간으로 발간되었다. 초대 편집인은 감리교 선교사 크램이, 그리고 초대 발행인은 1910년부터 예수교서회 총무였던 본윅이 각각 담당했다.

한일강제병합 이후부터 1919년까지 10년 동안 조선총독부는 한국인들에게 일체 신문발행을 허가하지 않았으나, 외국인 명의로 발행을 허가해 준 유일한 한국어 신문이 바로 『기독신보(The Christian Messenger)』다.

한말부터 조선에는 기독교 계통 신문이 여러 종류 발행되었지만, 『기독신보』는 가장 긴 기간 동안 장로교와 감리교의 양대 교파가 연합하여 발행한 기독교계 대표 신문이었다. 이 신문이 창간되던 1915년에 한국어로 발행되는 신문은 총독부 어용지였던 『매일신보』 하나뿐이었다. 따라서 『기독신보』는 기독교도들을 대상으로 발행되었다는 특수성과 주간 발행이었으며 체제는 타블로이드라는 제한이 있기는 했으나, 『매일신보』를 제외하면 한국어로 발행된 유일한 민간지였다고 할 수 있다.

이 신문은 창간 당시에는 정치적 내용을 배제하고 종교에 관한 소식과 신앙에 관련된 내용이 주로 실렸으나, 3·1운동 이후에는 자연스럽게 사회적 기사도 게재되었으므로 압수 처분 등을 받기도 했다.

1920년 1월 1일부터는 『기독신보』의 발행권과 경영권이 조선예수교서회로 이양되었다. 재한복음주의 선교사통합공동회의 후신인 조선예수교장감연합협의회가 본지의 판권을 조선예수교서회로 양도했던 것이다. 그때부터 조선예수교서회 실행부가 이 신문의 운영을 맡았다.

본지 발간 목적을 창간호 사설 「기독신보발간사」에서 잠시 인용해보자.

"종교계로 말하면 교회를 설립한 지가 날이 만치 못한 교파에서는 신문이 월보며 잡지도 몇 종류를 발간하야 전도의 방침과 통신의 기관을 이용하되 오직 우리 그리스도교회는 전도한 지 수삼십 광음을 지내어 온 오늘날에 이르러서 감리장로 두 교회에 조선인 목사가 수백 명에 달하고 신도 수 십 만이 될지라도 아직까지 교회통신적 신문이 완전치 못한 것이 어찌 심히 지탄할 바 아니리오. 아조 없는 것이 아니라 있더라도 구애아 형편의 곤란을 인하야 발전되지 못한 것인데 그 이유를 들어서 말하면 간략한 힘과 미개한 방침을 각기 재치제도로만 쓰고 공동연합하지 못함일너니 아모 일이던지 실패한 후에 경험이 성기고 진보할새 방략이 나는 것은 고금에 통상리치로다. 감리장로 두 교회가 연합하야 한 신문을 출판하기를 협동하야 신문명칭은 '기독신보'라 하고 사무소는 경성 종로 조선예수교서회상 중에 부설하고 주무와 편집을 상당하게 택하야 광고로 배달하오니 각 지방과 해외에 계신 사랑하는 형제자매 제씨들은 어디서든지 찬성하시며 신면목으로 환영의 독하시기를 믿고 바라는 바올시다. 그러하온대 본보에 대하야 해결코져 하는 조건이 몇 가지 있사오니……."

다시 말하면 감리, 장로 두 교회의 목사도 많고 신자도 수 십 만에 달하고 있으나 완전한 정보연락기관이 없던 차에 『기독신보』라는 명칭으로 교회연합신문을 발간한다는 사실을 말하고 있으며, 이어서 앞으로 게재할 내용에 관해 말하고 있다. 그리고 다시 계속하여 "…… 정치상에 관계되는 말이던지 누구를 논란하는 평담이던지 누구를 논박하는 것과 논봉(論鋒)이든지 이것 같은 몇 가지에 대하야셔는 결단코 붓을 내리지 않기로 작정하고 예수 그리스도의 산상에서 보훈하신 여덟 가지 복과 사도 바울의 서신 중에 성신의 아홉 가지 열매를 터와 제목의 요의로 삼고 본보 편집책임에 희생적 생활을 하겠사오니 ……"라고 한다.

즉, 정치기사와 사람에 대한 비평이나 공격하는 글은 일절 게재치 않고 오직 예수의 산상수훈과 바울의 아홉 가지 성령의 열매를 중심으로 하고 편집할 것을 약속하고 있다.

이상과 같은 목적으로 1924년 1월 2일에 발간된 본지 제9권 1호 통권 421호의 내용을 소개하면 다음과 같다. 사설로 「청년의 신운동」, 설교로 「동아의 현상과 기독교의 신계획」(쌔늬 감독), 「복주(福州)와 극동」(연전 노정일), 「인류애와 에스페란토주의」(배고 강매), 「갑자세두를 당하야 두 가지 표어의 선물 '나아가자' '이긔자'」, 「기독교와 세계진보(一)」가 실렸으며, 기행글로는 「복주행(福州行)(第八信)」, 「유락 황도기(流落 荒島記)」, 소식으로는 「세계국가소식」, 「중국선교후원회소식」, 「면려(勉勵)청년 예배순서」, 번역

글로는 「희망의 서광」(백수생 역), 「주의 발자취(81)」(공주 안성호 역술)이 실렸고, 잡문으로는 「크리스마쓰를 마지며」(관서학원 김두태), 「정신여학교의학예품전시회」, 「아동연구법(속)」(요한레시), 「만백성맞으라(二)」(전필순), 광고 등이 실렸다.

이상의 목록 중 「세계국가소식」은 구체적으로 '미로(美露)교섭의 개막전', '인도의 근황', '덕국(德國)의 친공문내용', '일본의 통상의회', '불안을 구(拘)한 중원의 정황여하', '재미일인의 천대', '이왕세자귀국' 등 국제적인 시사문제를 다루고 있는 것이 특색이라 하겠다.

1927년 3월과 4월에 걸쳐서 본지는 두 차례의 압수를 당했는데, 이는 '기독교 사회주의론'이라는 논문과 관련된다. 이 논문은 일본인 가가와 도요히코(賀川豊彦)가 쓴 것을 적성학인(赤城學人)이 번역하여 3월 9일자부터 5월 25일자까지 9회에 걸쳐 연재한 것이다. 일제는 특히 사회주의 관련 기사에 촉각을 곤두세웠으므로 이 논문이 문제가 되었을 가능성이 크다. 이 무렵은 이상재가 사망하여 그에 대한 기사가 크게 실렸던 때이기도 하다. 압수내용은 더 이상 나타난 것이 없으나 총독부 경무국 자료에 따르면 1933년과 1934년에도 압수처분이 있었다고 한다.

1935년 9월 17일 본지는 종로 2가에 있던 조선예수교서회에서 수송동의 116번지로 사옥을 옮긴다. 이는 본지의 판권 분쟁이 표면화되었음을 의미한다. 이에 앞서 조선예수교서회에서는 한국인의 신문은 한국인에게 맡기자는 여론에 따라 다음과 같은 세 가지 방침을 세운 바 있다.

① 편집 겸 발행인을 한국인으로 할 것. ② 조선 예수교서회 안에 기독신보 이사부를 조직하여 신문사를 운영케 하되 사장(편집, 발행인)을 선택할 때에는 조선예수교서회 실행위원회의 승인을 얻어 취임할 것. ③ 기독신보 이사는 장로교와 감리회에서 각각 6명, 조선예수교서회에서 3명, 도합 15명으로 구성할 것.

본지의 판권분쟁

본지의 제작진은 자주 바뀌었다. 처음에는 편집인 크램, 발행인 본윅에서, 다음에는 사장 하디(Robert A. Hardie, 한국명 하리영[河鯉泳]), 편집인 조상옥, 발행인 본윅으로, 그 다음에는 사장 겸 발행인 허화, 편집인 박동원으로 교체되었다가 1933년 7월 31일 통권 918호부터는 편집 겸 발행인을 전필순으로 바꿔 발행했다.

전필순은 제918호 사고에서 "금번 내용을 개혁하고 지면을 재래 8단에서 9단으로 확장한다"고 밝힌 후 교회소식, 일반소식, 연구란, 질의란, 가정란의 혁신 등 의욕을 보이기도 했다.

그런데 본지 발행인 전필순과 조선야소교서회와의 판권 문제로 시비가 생겨서 1933년 5월 29일 기독신보 이사부가 모여 사장에 윤치호, 채필근, 송창근 3명을 교섭해 보았으나 허락지 않아서 할 수 없이 1929년 6월 11일부터 경기노회 추천으로 이미 야소교서회에서 일하던 전필순을 편집 겸 발행인으로 선택하여 그가 사장에 취임한다. 그리고 1934년 12월 첫 임기가 끝나자 다음해 9월까지 재임을 결의해 주었다.

그러나 전필순은 신문에 적극신앙단의 기사를 중요시하고 기타 교회소식은 묵살하거나 취급이 불친절하다는 교도들의 불평이 있었다. 이를 감안하여 교회에서는 전필순의 재임기가 끝나는 대로 유억겸을 편집 겸 발행인으로 선출했고, 전필순에게 편집 겸 발행인 명의를 인계하라고 통고하자 전필순은 거절했고, 결국 판권 문제는 본격적 분쟁으로 들어가게 되었다.

그후 본지는 이 판권 분쟁 사건이 해결되지 못한 채 1937년 8월 1일 경영 부진으로 당국에 향후 2개월의 휴간계를 제출했고 결국 다시 속간하지 못한 채 같은 해 12월 1일 발행 허가의 효력 상실로 폐간되었다.

『기독신보』는 1915년 12월 7일 창간하여 1937년 8월 1일까지 20여 년의 장수를 누린 신문이지만, 판권 문제로 당시 한국 사회에 물의를 일으켰던 신문이기도 하다.

조선예수교서회와 『기독신보』

조선예수교서회는 1890년 6월에 장로교선교회와 감리교선교회가 연합하여 조선성교서회를 만든 것이 그 시초였다. 초창기 사무책임자는 빈튼(C. C. Vinton)이었고, 1910년에 최초의 유급 총무로 본윅이 임명되었다. 1905년부터는 영문 월간지 『The Korea Mission Field』를 발행하여 한국문화를 외국에 소개하는 데 크게 기여했다. 본윅이 취임한 이후 출판실적이 비약적으로 증가하여, 1910년에서 1911년 사이에 15만 부의 출판물이 발행되었고, 33만 부의 판매실적이 이루어졌다. 1911년에는 새로 2층 벽돌 양옥을 지어서 본격적인 출판활동을 전개한다. 또한 1915년에는 조선예수교서회(朝鮮耶蘇敎書會, The Korea Religious Book and Tract Society)로 개칭했는데, 1920년부터 교단 연합신문인 『기독신보』를 발행하게 된 것이다. 1919년에는 출판사업을 보다 조직화해서 처음으로 편집위원회를 채택했고, 조선예수교서회의 영어 명칭을 "The Christian Literature Society"로 바꾸었다. 초대 편집위원은 게일, 하디, 클라크, 로드 등이었다.

1924년 5월에 사장으로 취임한 하디는 재임기간 동안 독자 모집을 위해 친히 관북, 관서, 호남, 영남 등 각 지방을 돌아다녔고, 신문 편집에 깊숙이 관여했다. 그리하여 『기독신보』는 하디가 사장이었던 시절이 가장 발전했던 시기였다. 그 후 장로회 총회가 조선기독연합공의회에서 조선예수교서회로부터 다시 경영권을 인수하여 일간지로 발행해 줄 것을 건의하자, 연합공의회에서는 그 건의를 접수한 후 신문인수교섭위원으로 이익모, 김종우, 홀드 크로프트, 클라크 등을 선정했으나 일간으로 발전하지는 못했다. (이경돈)

참고문헌

『한국신문백년 사료집』, 사단법인 한국신문연구소, 1975; 정진석, 『한국언론사』, 나남, 1990; 이해창, 『한국신문사연구』, 성문각, 1983; 『한국신문백년지』 1, 한국언론연구원, 1983.

기독청년(基督靑年)

1917년 일본에서 발행된 재일조선기독청년회 기관지

1917년 11월 17일 창간되었다. 일본 도쿄의 한국 유학생 단체 조선기독교청년회 기관지다. 편집인 겸 발행인은 백남훈(白南薰)이었다. 4×6배판에 8쪽으로 발행되었다. 제호 아래에 "Christian Young Men"이라는 영문제호를 달았다. 1920년 『현대』라는 제호로 이름을 바꾸었다. 1923년에는 『젊은이』, 1926년에는 『사명』으로 다시 이름을 바꾸었다. 『사명』의 편집인은 최승만(崔承萬)이 맡았다. 해방 후에는 『새사람』이라는 이름의 회보로 변모했다.

창간호 첫머리에 목차를 실었다. 1면에는 창간사 「창간에 대하여」, 3면에는 김만겸(金萬兼)이 쓴 논문 「목적의 관철」과 탁오생(濯悟生)의 논설 「우리의 장래」, 4, 5면에는 추호생(秋湖生)이 쓴 시 「기독청년아」, 「19세기의 이(二)위인」, 6면에는 「회지(會誌)」, 7면에는 「우리소식」, 8면에는 「편집소에서」 등을 실었다. 창간사는 회관도 없이 고생하던 시절에 대한 회고와 회원이 일가월증하여 1914년에는 신회관을 건축하여 한국 유학생들의 환희가 컸다는 사실을 소개하고, 회관 신축을 위하여 베푸신 상제(上帝)의 은혜와 미국기독교총회에 감사를 전하고 있다. 회지의 발간 목적은 청년회의 목적구현과 주장을 관철하고자 하는 데 있다고 밝히고 있다.

• 백남훈

본관은 수원, 초명은 남훈(南勛), 아명은 장손, 호는 해온(解蚌)이다. 황해도 은율 출신이다. 19세에 장연 공립소학교를 마쳤다. 이듬해 기독교에 입교하고, 1905년 9월 장연예수교회가 세운 광진학교(光進學校)

교사로 재직하며 김구(金九)·채원용(蔡元瑢)과 함께 장연군 학무위원으로 선출되어 해서교육총회(海西敎育總會) 결성에 관여하였다.

24세에 상경하여 경신학교와 보성학교 1·2부 청강생을 거쳤다. 이듬해 일본으로 유학가 14년간 도쿄에 머물며, 1913년 메이지학원(明治學院), 1917년 와세다대학(早稻田大學) 정치경제학부를 졸업했다. 졸업을 전후하여 학생운동과 독립운동을 주도하였다.

재일조선유학생학우회 회장에 중임되고, 이어 1917년부터 재일본도쿄조선기독교청년회 총무를 6년 동안 맡아보았다. 특히 1919년 2·8독립운동 때는 막후에서 실무를 거의 전담하였다. 1923년 귀국하여 광복 전까지 민족교육에 몰두하였는데, 진주 일신여학교, 부산 동래일신고등여학교를 거쳐 서울 오성학교 후신인 협성실업학교, 광신상업학교 등의 교장으로 재직했다. 창씨개명을 끝까지 거부한 지사적 교육자로 이름이 있었다.

광복과 함께 한민당(韓民黨)에 가담, 창당 간부로 정계활동을 전개하였으며, 1955년 민주당(民主黨) 발족 이래 최고위원으로 야당육성에 주력하다가 1960년 제5대 민의원선거에 당선되어 8개월간 국회의원을 지냈다. 1961년 신민당(新民黨) 전당대회 의장, 1963년 민정당(民政黨) 최고위원을 지냈다. 저서로는 『나의 일생』이 있다. (이신철)

참고문헌

윤임술 편, 『한국신문백년지』 2, 한국언론연구원, 1983; 윤춘병, 『한국기독교신문잡지백년사(1885~1945)』, 대한기독교출판사, 1984.

▶ 현대(現代)

기자좌담(記者座談)

1934년 중국 상하이에서 창간된 학술지

1934년 8월 31일 상하이(上海)에서 창간되어 주간으로 매주 금요일에 발행되었다. 1936년 5월 7일 총 90호를 발행하고 종간되었다.

원래 '기자좌담(記者座談)'은 상하이 신문기자들이 발기한 조직으로 1934년 여름, 원이췬(惲逸群)과 위안수(袁殊), 루이(陸詒), 루펑(魯風), 우반눙(吳半農) 등이 매주 집회를 갖고 학습과 토론을 갖기 시작하면서 조직이 확대되어 갔다. 참가자들은 이 조직에서 토론된 내용들이 정리되지 못하고 기록으로 남지 않는 점을 아쉬워하여 이를 매체로 발간하기로 결의하게 된다.

이렇게 하여 1934년 『기자좌담』이 창간되었는데, 창간 전 광고를 통해 이 매체의 임무를 '이론과 실천의 연구 집적'이라고 설명하였다. 또 창간호의 발간사인 「좌담 석상에서(在座談席上)」를 통해 시사적인 이론 외에도 신문에 관한 일체의 이론과 기술 연구가 기본 목적임을 설명하였다.

이런 목적 아래 이 매체는 신문 발전을 위한 쟁점들을 전개하였는데, 즉 신문에 사용되는 글자와 언어 문제, 소형신문의 생산과 발전문제, 인쇄기술과 출판작업, 무선전광판 신문의 문제, 외국 신문사업과 언론계 인물 소개 등의 토론을 활발히 했다. 또, 국민당 정부의 출판법에 대한 비판과 함께 각 지역신문 기자들의 신문 검열 반대와 언론자유 쟁취에 관한 소식을 발표하고 신문기자의 직업보험문제 해결을 호소하였다.

『기자좌담』은 신문기자의 도덕수양을 중시하여 1935년 제23호에서 27호에 걸쳐 '풍기문제'를 제기하여 토론을 전개하고 "풍기문제좌담" 특집호를 발간하였다. 황색 퇴폐신문과 타락한 기자들을 비판하고 신문기자의 품성과 자질을 제고할 것을 환기시켰다. 이 매체는 상하이 신문계에서 특별히 청년 기자들에게 큰 영향을 미쳐 신문기자 업무의 교과서로 칭해졌다.

1935년 12월에는 73인의 신문계 인사들이 서명한 「상하이시 신문기자 언론자유 쟁취를 위한 선언(上海市新聞記者爲爭取言論自由宣言)」을 발표하였다. 그러나 이는 국민당 당국의 압력을 받게 되어 결국 1936년 5월 7일 총 90호를 마지막으로 종간되었다.

마지막 호인 90호에서 "현재 이 주간지는 휴간에 들

어가나 이는 종결이 아니다. 앞으로 모든 중국의 신문과 중국의 명운은 필연적으로 더 많은 곤란과 함께 더 많은 희망의 앞길이 있을 것이다. 새롭게 학술운동을 열어 가면 역시 필연적으로 무궁한 발전이 있을 것이니 이는 또 하나의 새로운 한 단계 시작일 뿐이다"라는 글을 선포하였다.

이후 『기자좌담』에 참여했던 기자들은 대부분 상하이 문화계 구국회 조직원으로 가입하였고, 다시 중국청년신문기자학회의 발기인과 그 골간이 되었다. (김성남)

참고문헌

方漢奇 主編, 『中國新聞社業通史』, 中國人民大學出版社, 1996; 王檜林 · 朱漢國 主編, 『中國報刊辭典』, 太原: 書海出版社, 1992.

기타닛폰신문(北日本新聞)

1940년 일본의 기타닛폰신문사가 발행한 지역 신문

메이지(明治) 이래 호쿠리쿠(北陸) 문화의 향상과 정치, 경제, 산업의 발전에 공헌해 온 도야마현(富山縣) 하의 4대 일간지인 『호쿠리쿠니치니치(北陸日日)』, 『호쿠리쿠(北陸)타임즈』, 『도야마일보(富山日報)』, 『다카오카신문(高岡新聞)』을 발전적으로 해소하여, 1940년 8월 기타닛폰신문사(北日本新聞社)를 창간하여 발행하기 시작했다. 일본 정부의 1현(縣) 1지(紙)정책에 따라 탄생했던 것이다.
전시하 사상의 무기로, 내용의 개선, 통신판매망의 확충, 인재의 망라, 기계 설비의 내실화, 지면의 쇄신 등을 도모했다.
전국신문 가운데 특별하게 신문보국회(新聞報國會)를 결성하고, 중역 한 사람으로 하여 책임을 지워 지방문화의 향상과 익찬운동의 진전에 중요한 역할을 담당하게 만들었다. 지역신문으로는 독특하게 별관으로 기타닛폰회관(北日本會館)을 건설하여, 현민(縣民)에게 무료로 공개강의를 개최했고, 각종 강연회, 영화시사회 등을 열었다. 아울러 각종 체육 행사를 개최하여 일반 민의 체력 향상을 도모했다.
1943년에는 기존 4개 신문사의 발행부수보다 2배를 발행했다. 기타닛폰신문사는 도야마시(富山市 安住町 31番地)에 소재했고, 회장은 다나카 교후미(田中淸文), 주간은 부사장과 총무국장을 겸임한 다카토리 겐지로(鷹取健次郎)가 맡았다.
1943년 발행은 조간 4항, 석간 2항, 구독료는 1개월에 1원이었다. (김인덕)

참고문헌

『昭和18年 新聞總攬』, 東京: 日本電報通信社, 1943; 春原昭彦, 『近代新聞通史』, 東京: 新泉社, 2003.

기호흥학회월보(畿湖興學會月報)

1908년 서울에서 발행된 교육 및 종합잡지

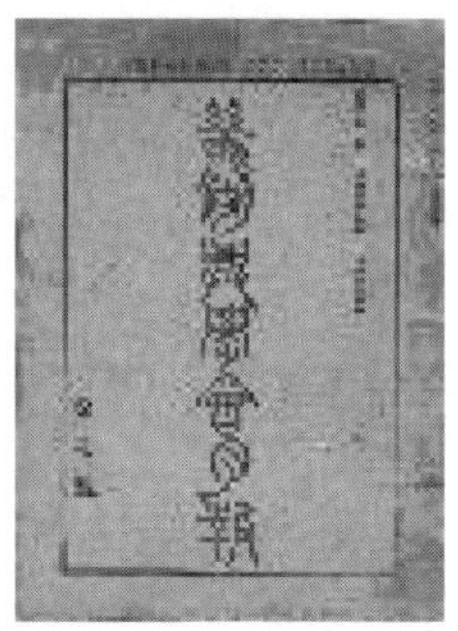

1908년 8월 25일 발간하여 1909년 7월 12호로 종간되었다. 이 중 6, 9, 10, 11호 등이 정치적 성향이 강하다고 하여 압수를 당하기도 하였다. 실제 창간호에 의친왕의 "함흥유신(咸興維新)"이라는 친필을 실을 만큼 교육지로 출발했으면서도 정치적 문제를 많이 드러냈다. 창간호를 보면, 발행인 김규동(金奎東), 편집인 이해조(李海潮), 인쇄인 이기홍(李基弘), 인쇄소 우문관(右文館), 발행소는 한성 교동(校洞)에 자리한 기호흥학회사무소였다. 이후 종간까지 인쇄인만 바뀔 뿐 김규동과 이해조가 중심이 되어 발간하였다. 이 잡지는 1976년 아세아문화사에서 『한국개화기학술지』에 전 2권으로 영인되어 있다.

『기호흥학회월보』의 기사 구성은 크게 흥학강구(興學講究), 학해집성(學海集成), 예원수록(藝苑隨

錄), 잡조(雜俎) 등으로 되어 있다. 홍학강구란에는 학문의 필요성, 여성교육 강조, 정신교육 등 다방면에 걸친 홍학을 위한 정신자세의 고취와 실천의 방편이 실려 있다. 이를테면 "정신이 고명(高明)하게 계발되면 모든 일이 이에서 벗어나지 않는 바 이런 상태에서 독서를 하면 문식이 날로 진전될 것이다"고 한 조언식(趙彦植)의 언급에서 분명하게 드러난다(「정신적교육[精神的教育]」, 제4호).

학해집성란에는 교육학은 물론 경제학, 생리학, 응용화학, 윤리학, 식물학, 광물학, 법률학, 사회학 등 당대 개별 학문을 거의 대부분 동원하여 분야별 소개와 함께 그 의의를 싣고 있다. 이 또한 교육적 차원에서 개별 학문 분야를 소개한다는 취지에서 기획된 것이다. 그리고 예원수록란에는 다시 사조(詞藻)란을 두어 회원들의 문예작품, 주로 한시가 실려 있다. 이 사조란은 예의 잡지들에 공통적으로 보이는 한시 수록과 별반 차이가 없다. 마지막으로 잡조란에는 주로 격언이나 미담 등이 게재되어 있는데, 작잠법(柞蠶法) 등 실용적인 내용의 글들도 수록되어 있다. 이외에도 학계휘문(學界彙聞), 회중기사(會中記事)도 필요에 따라 싣고 있다.

이상의 내용을 통해 볼 때 이 잡지는 기본적으로 기호지방 사람들에게 계몽교육 사업의 일환으로 발간되었고, 이른바 '교육구국론'을 전개함으로써 계몽운동의 성격을 강하게 드러내고 있다. 이는 기호흥학회의 설립 취지에도 이미 드러난 면모이며, 창간호에 다음과 같은 발행문을 통해서도 거듭 확인할 수 있다. 발행문에는 "본 월보는 대한제국의 독립기초와 이천만 인의 자유정신과 기호삼성(畿湖三省)의 홍학주의로써 국민적의 뇌수를 자양하는 신경원소오 교육계의 학리를 발명하는 나반금침(羅盤金針)이라 ……" 하면서 이 잡지가 대한제국의 독립의 기초를 닦고자 기호 삼성은 물론 전 국민이 학리를 규명하는 데 이바지하겠다는 뜻을 드러낸다. 이런 저간의 사정으로 이 잡지는 교육잡지적인 면만이 아니라 정치적인 성격도 갖게 되었다.

집필진이 다양하다는 점도 눈에 띈다. 박정동, 이해조 등이 발간의 주체이기는 하나 집필진은 어느 누가 중심이라고 할 수 없을 만큼 다양하다. 이 점은 이 잡지가 회원들의 적극적인 집필을 유도한 결과로 보인다.

이런 성격은 다음과 같은 기호흥학회 규칙에도 잘 나타나 있다. 기호흥학회 규칙 3조에서는 "학회의 목적을 달하기 위하여 본회에 교육부를 설(設)하고 부내(部內)에 학무과와 편집과를 치(置)하여 재정부를 설(設)하고 부내에 이재과(理材科)와 사계과(司計科)를 치(置)하여 일체 홍학(興學)의 방법을 행함" 혹은 13조에 "회보나 혹 신서적을 발행하여 본회의 취지를 발표하며 연설 및 토론으로 교육의 사상을 고취함"이라는 구절이 있어 이 잡지가 학회운동과 대중과의 매개로 운영되고 있었음을 짐작할 수 있다.

그런데 제5호 목차 앞면에 다음과 같은 특별광고란이 붙는다. 광고에는 "본회월보의 발행이 금위오호인온대 대금수합이 영성하와 계간하기 극군하오니 일반회원과 첨위신사의 특별하신 의무로 본보를 강람하시는 제씨는 본보를 유지하도록 주의하사 대금을 신속송교하시며 본회회원은 입회금과 월연금도 병계삭송치(幷計朔送致)하심을 천만지혜(千萬至盻)"라 하여 잡지 발간의 어려움을 호소하는 구절이 있다.

이러한 내용의 특별광고는 종간호인 12호까지 매호마다 호수 숫자만 구분하여 지속된다. 비록 기호지방과 서울을 중심으로 설립된 기호흥학회였지만 진작부터 자금 사정이 여의치 못했다. 이러한 점은 기관지인 『기호흥학회월보』 발간에도 영향을 끼친다. 이와 같이 자금란과 학회의 정치적 성향을 강하게 드러내면서 강화된 통감부의 견제 때문에 이 잡지의 존속이 어려울 수밖에 없었다.

• 기호흥학회(畿湖興學會)

기호흥학회는 1908년 1월 정영택(鄭永澤)·이우규(李禹珪)·이광종(李光鍾) 등이 중심이 되어 기호지방에 설립한 계몽단체이다. 서우학회(西友學會)·호남학회(湖南學會)에 이은 지역 중심의 학회로, '교육진흥(教育振興)'을 그 설립목적으로 하였다.

주요임원으로는 회장 이용직(李容稙), 부회장 지석

영(池錫永), 총무 정영택(鄭永澤), 회계 심항섭(沈恒燮)이었으며, 평의원으로는 윤효정(尹孝定), 남궁억(南宮檍), 오세창(吳世昌), 어윤적(魚允迪) 등이다. 회장은 이용직에 이어 윤웅렬(尹雄烈), 김윤식(金允植), 홍필주(洪弼周) 등이 역임하였다. 학회의 구성원은 주로 전현직 관료들이 임원을 맡고 있었고, 1/4이 일본 유학생으로 구성되어 있을 정도로 신흥 지식인의 비율도 높았다. 이들이 신교육, 애국주의 교육, 학교교육, 의무교육 사범교육 등 교육구국론에 입각한 활동을 전개한 것도 이와 무관하지 않은 것으로 보인다.

이 회의 계몽활동은 유지들의 협력으로 비교적 활발하였는데, 가시적인 성과는 기호지방에 학교를 설립한 것이었다. 종간호에 실린 「기호학교건축발기문(畿湖學校建築發起文)」, 「기호학교학생등연조문(畿湖學校學生等捐助文)」 등이 그 예다. (정환국)

참고문헌

한국학문헌연구소 편, 『畿湖興學會月報』 상·하, 아세아문화사 영인본, 1978; 김근수, 『한국잡지사』, 청록출판사, 1980; 최덕교 편저, 『한국잡지백년』, 현암사, 2004.

기획(企劃)

1938년 일본에서 발행된 조사연구 잡지

1937년 창설된 일본정부기획원이 1938년부터 1943년까지 발행한 조사연구 잡지이다. 1938년 1월 월간으로 창간되었던 본지는 1943년 6월 5권 9·10·11·12 합병호를 발행하고 종간되었다.

1937년 창설된 기획원은 "평전시(平戰時)에 총합국력(總合國力)의 운용에 관해 기획하고, 국가총동원(國家總動員) 계획에 관한 각 청(廳)의 업무 조정을 담당"하는 정부기관이었다. 본지는 기획원이 위와 같이 부여된 임무 달성을 목적으로 수행했던 각종 조사연구를 수록하기 위해 창간한 잡지였다.

'연구조사'란에는 북지(北支)의 석탄과 철광자원 현황, 소련의 경제계획 작성과 운영 현황, 내외의 경제문제 등에 관한 기획원 조사관들의 연구와 조사내용이 수록되어 있다. 그리고 '소개'와 '자료'란에는 외국의 신문잡지 기사를 일본어로 번역하거나, 독일과 이탈리아의 통제경제에 관한 내용이 수록되어 있다. 광물 6종에 대한 '세계자원도(世界資源圖)'를 작성하여 수록하기도 하였다. '부록'란에는 「내외신문잡지주요기사목록(內外新聞雜誌主要記事目錄)」과 「일만중요일지(日滿重要日誌)」가 첨부되어 있다. (문영주)

참고문헌

加藤友康·由井正臣 編, 『日本史文献解題辞典』, 吉川弘文館, 2000.5; 『日本出版百年史年表』, 日本書籍出版協會, 1968.

기후합동신문(岐阜合同新聞)

1942년 일본의 기후현에서 발행된 지역신문

신문사업령에 따라 기후현(岐阜縣) 최고 유력지였던 『기후니치니치신문(岐阜日日新聞)』이 기후(岐阜), 미노다이쇼(美濃大正) 등의 3대 신문을 흡수, 통합하여 1현(縣) 1지(紙) 원칙에 따라 발행된 신문이다. 1943년경 사장은 야마다 교류(山田旭隆)였다. 발행은 조간 2쪽, 석간 4쪽이었다. 구독료는 1개월 1원이었다.

기후현 2대 유력지였던 『기후신문(岐阜新聞)』은 1941년 12월, 기후현 서부지역을 배경으로 발행된 『미노다이쇼신문(美濃大正新聞)』은 1942년 1월에 각각의 흡수되었다. 이러한 흡수과정을 통해 『기후니치니치신문』은 제호를 『기후고도신문(岐阜合同新聞)』으로 고치고, 회사 조직 개편을 단행했다.

태평양전쟁이 일어나자 본지는 사상전의 첨병으로 국가총력전의 고양을 목적으로 각종 사업을 전개했다. 강연회, 연주회, 영미 격멸(擊滅) 필승전, 위문문 모집, 무도대회 등을 열었다. (김인덕)

참고문헌

『昭和18年 新聞總攬』, 東京: 日本電報通信社, 1943; 春原昭彦, 『近代新聞通史』, 東京: 新泉社, 2003.

나가사키신보(長崎新報)

1889년에 발행된 일본 나가사키의 지역신문

일본 규슈(九州) 나가사키(長崎)에 있는 지역신문이다. 1889년 9월 5일 『나가사키신보』라는 제호로 창간하고 1911년에 『나가사키니치니치신문(長崎日日新聞)』으로 개칭하였다.

이 신문은 2차 세계대전 중 원폭투하로 인한 사옥 소실 등 많은 어려움을 겪었다. 1959년에 『나가사키민유신문(長崎民友新聞)』과 합병하여, 『나가사키신문』으로 개칭하였고, 1968년에는 『나가사키지지신문(長崎時事新聞)』과 합병하면서 나가사키를 대표하는 신문이 되었다. 원래 사옥이 소재했던 화란상관(和蘭商館) 자리가 사적으로 지정되면서 1980년 11월 사옥을 나가사키시 모리초의 현재의 위치로 이전하였다. 1959년부터 석간으로 발행하던 것을 1989년 6월에 조간으로 전환하였다. 1999년 창간 110주년을 맞이하면서 발행부수 20만 부를 돌파하였다. 현재 도쿄(東京), 오사카(大阪), 후쿠오카(福岡), 사세보(佐世保) 등 4개의 지사와 15개 지국을 두고 있다. (이규수)

참고문헌

岡野他家夫, 『明治言論史』, 原書房, 1983; 桂敬一, 『明治・大正のジャ-ナリズム』, 岩波書店, 1992; 明治新聞事始め: 興津要, 『「文明開化」のジャーナリズム』, 大修館書店, 1997.

나가사키니치니치신문

▶ 나가사키신보(長崎新報)

나로드(ナロオド)

1921년 일본에서 신민회가 발행한 기관지

도쿄제국대학(東京帝國大學) 법학부 학생을 중심으로 결성된 신인회(新人會)는 기관지인 『동포』가 3호로 발매금지 된 이후 1921년 6월호를 휴간하고, 같은 해 7월부터 『나로드』를 간행했다. 1921년 7월부터 1922년 4월까지 4×6배판으로 9책 발행되었다. 자매지로 『데모크라시(デモクラシイ)』, 『선구(先驅)』, 『동포(同胞)』가 있다. 편집 겸 발행인은 지바 유지로(千葉雄次郎)(6호까지), 구마 다카시(來間恭)(7호), 구로다 히사요시(黑田壽男)(7, 9호)였다. 러시아어로 제자(題字)가 붙었다.
9책 가운데 6호는 구마 다카시의 「적인가 동지인가(敵か味方か)」로 발매금지되었고, 구마 다카시, 지바 유지로가 신문지법 위반으로 기소되었다. 구마 다카시의 논문은 자본주의는 당연히 망한다는 것으로, 그 힘은 민중에게 있고 프롤레타리아의 승리는 반드시 온다고 하였다.

「창간 이야기(創刊の辭)」에서 문자 그대로 '인민 속으로'의 결의를 기록하고 있다. 내용을 보면, 노농러시아의 사정과 마르스크·레닌주의의 소개, 군국주의 비판 등의 논설이 실려 있고, 한편으로 영국의 산업혁명과 노동운동의 소개도 계속되었다.

신인회는 고베 미쓰비시(神戶三菱), 가와사키(川崎) 양 조선소(造船所) 파업기금 모금 활동, 러시아 기근구제를 위한 예술전람회에도 공감하고 사카이 도시히코, 야마카와 히토시 등의 『전위(前衛)』의 성장을 지원했다. 1921년 10월 3일, 대일본노동총동맹우애회가 일본노동총동맹으로 전환하고 코민테른의 지도 아래 공산주의자의 결집이 진행되는 과정에서 신인회는 3주년을 맞이하여 학내의 사상단체로 한정되었다.

노동자계급을 비롯한 일본의 여러 인민의 운동이 진전하는 가운데 미분화한 개혁의 사상도 조금씩 분화, 대립이 생겨났다. 신인회에서도 아나키즘과 생디칼리슴을 탈피해 마르크스주의가 대두하고, 한편으로는 개량주의, 조합주의, 길드사회주의 등이 하나의 조류로 굳어졌다. 또한 엄밀한 사상적 차원의 대립은 없어도 격렬한 시대의 조류 가운데 세대 간, 나아가 사람들 사이에 대립이 발생하는 것은 부득이 했다. 이 사이에 발매금지라고 하는 탄압은 그들의 경제적 곤란을 가중했다. 이러한 배경에서 1922년 3월 17일 신인회 월례회는

『나로드』의 폐간을 결의했다.

신인회는 학생만의 단체로 후기 신인회로 이행하고 졸업생 가운데, 이시하마 도모유키(石浜知行), 네즈미야마 마사미치(蠟山政道), 하타 야테이(波多野鼎) 등이 동인이 되어 1922년 4월 잡지『사회사상(社會思想)』을 창간했다. (김인덕)

참고문헌

『國文學 解釋と鑑賞』(10月) 第30卷 第13号, 東京: 至文堂, 1965; 日本近代文學館·小田切進 編,『日本近代文學大事典』5卷, 東京: 講談社, 1977; 法政大學大原社會問題硏究所 編,『デモクラシイ先驅 同胞 ナロオド』, 東京: 法政大學出版局, 1977.

▌나쁜친구(惡い仲間)

1928년 일본에서 창간된 아나키스트 문예지

1928년 1월에 창간되어 같은 해 9월까지는『나쁜친구』로, 1928년 10월부터 1929년 7월까지는『문예 비르덴다(文藝ビルデンダ)』로 발간된 문예지이다. 창간호의 발행자는 와다 노부요시(和田信義)였지만, 2호부터 하타케야마 기요미(畠山淸身)로 바뀌었다.
발행처는 처음에는 기록되어 있지 않았지만 3호만 나쁜친구사(惡い仲間社)로, 그리고 4호부터는 신세이샤쇼텐(新聲社書店)으로 기록되어 있다. 간토(關東)에서 아라카와 한촌(荒川畔村)이 발행하고 있던『허무사상(虛無思想)』에 간사이(關西) 지방에서 와다 노부요시가 발행하고 있던『문명비평(文明批評)』을 합병하여『나쁜친구』로 이름을 바꾼 것이다.

『나쁜친구』의 '일당' 곧 동인은 아나키스트인 쓰지 준(辻潤), 와다 노부요시, 하타케야마 기요미, 아라이 이타루(新居格), 오카모토 준(岡本潤), 하타케야마 기요유키(畠山淸行) 등이었다.

창간호 권두의 시는 쓰지 준의「단카(タンか)」였다. 1928년 2월호는 "쓰지 준 도불(渡佛) 송별 기념호"로 미야지마 스케오(宮嶋資夫), 다카하시 신키치(高橋新吉), 마쓰모토 준조(松本淳三) 등이 기고하였다. 이후 아나키스트 문예지로서의 특색을 확실하게 보였다. 오노 도자부로(小野十三郞), 사토 하치로(佐藤八郞), 오기와라 교지로(荻原恭次郞), 이이다 도쿠타로(飯田德太郞), 야스나리 지로(安成二郞) 등이 시, 수상, 창작을 발표하였다. 이나가키 다루호(稲垣足穗)의 이름도 보인다.

1928년 9월호는 "1주년 기념호"를 낸 뒤 다음달부터는『문예 비르덴다』로 잡지 이름이 바뀌었다. 그러면서 카페만담, 문단미남투표 등 잡다한 난을 두었다. 나카노 이와사부로(仲野岩三郞), 오가와 미메이(小川未明), 아키야마 기요시(秋山清) 등도 필자로 활약하였다.

종간호인 제3권 8호(1929년 10월)는 작은 책자의 형태로 발간되었는데 도키타 이에타로(鴇田英太郞), 후카미 기이치(深見義一)의 추도호였다. (이준식)

참고문헌

日本近代文學館·小田切進 編,『日本近代文學大事典』第5卷, 講談社, 1977;『日本出版百年史年表』, 日本書籍出版協會, 1968.

▌낙동친목회학보(洛東親睦會學報)

1907년 일본 도쿄 유학생 단체인 낙동친목회가 발행한 기관지

1907년 10월 30일자로 창간된 도쿄 유학생 단체인 낙동친목회의 기관지이다. 같은 해 12월 30일 통권 3호로 종간되었다. 편집 겸 발행인은 김영기(金永基), 인쇄인은 김용근(金容根), 인쇄소는 명문사(明文舍), 발행소는 낙동친목회 사무소였다. A5판 42쪽으로 발행되었다.

김기환(金淇驩)이 쓴「낙동친목회학보 발간서」를 보면, 모임 목적은 교육에 있고, 낙동이라는 것은 목적을 이루려는 수단이며, 학보는 수단 중의 첫걸음이라고 하며, "뜻이 여기에 있다면 비록 저들 무지한 금석이라도 구멍 뚫을 수 있는 것이어야 한다. 하물며 능히 인(仁)하고 능히 서(恕)하며 지극히 슬프고 지극히 참담한 형제자매임에랴!"라고 학보 발간에 취지를 명확히 했다.

제3호에 실린 '회록'을 통해 낙동친목회의 정기총회 상황을 알 수 있다. 1907년 12월 8일 본회 사무소에서 정기총회를 열고 회장 문내욱(文乃郁)이 개회사와 보고

를 했다. 그리고 서기 김영기(金永基)가 출석 인원 16명을 점검했다. 유학생단체연합회에 대한 전권위원으로 이은우, 문내욱, 김기환을 뽑고 임원을 선출했다. 선출된 임원은 회장 김기환, 부회장 이은우, 총무원 문내욱, 김용근(金容根), 박성범, 평의원 고원훈(高元勳), 김영기(金永基), 강한조(姜漢朝), 김성목(金聖睦), 박종식(朴琮植), 간사원 정필환(鄭佖煥), 권태우(權泰佑)였다.

당시 일본 유학생 잡지는 다수 존재했으나 영남 지역 출신 유학생들이 독자적으로 발간한 잡지는 이외에는 없다는 점에서 자료적 가치를 지닌다. (김인덕 · 장성규)

참고문헌

『洛東親睦會學報』(1, 2, 3), 1907; 최덕교, 『한국잡지백년』(1), 서울: 현암사, 2005; 박찬승, 『한국근대 정치사상사 연구』, 역사비평사, 1992.

낙원(樂園)

1921년 서울에서 발행된 대중잡지 성격의 종합월간지

편집 겸 발행인은 윤방현(尹邦鉉)이고, 인쇄인은 김성표(金聖杓)이다. 인쇄소는 계문사이며, 발행사는 낙원사(서울 종로3가 398)로 A5판, 107쪽, 50전이다. 서강대학교에 소장되어 있다.

낙원사의 사장 김정호(金正浩), 편집부장 전용순(全用淳), 고문 윤익선(尹益善) 등 사원의 1/3이 개성 출신이었다고 한다. 본래는 개성 고유의 잡지를 발간하기 위해 본사를 개성에 설치하려다가 인쇄 · 판로 · 원고 수합 등이 여의치 않아 서울에 설립하게 되었다고 한다.

창간호에 실린 글들은 신 · 구학 갈등이 고조되고 세대교체가 진행 중이던 1920년대 초반 지성계의 변화를 여실히 반영하고 있다. 대부분 필명으로 쓰인 글 중에는 「한문의 폐해」, 「신사상의 서광」, 「신문화창조의 이상과 종교」, 「왕고(往古)의 청년」, 「시대사조와 우리 청년」, 「청년의 2대 결점」, 「노년(老年)제씨에게」, 「운명과 우리의 노력」 등 신구사상 및 신구세대 간의 갈등과 청년세대에 대한 새로운 희망을 피력한 것들이 많다. 「남녀동권론」, 「여성과 혼인의 연구」 등 여성문제를 다룬 글도 눈에 띤다. 그 밖에 최연택의 「자아의 존재」, 월송의 「근본적 의문」, 「음년(音年)의 이대(二大) 결점」, 비발도인(飛潑島人)의 「프레데릭 대왕(一)」, 「항산(恒産)과 항심(恒心)」, 소파생의 「빈부론」, 논꿀생의 「이상과 실행」, 운유생의 「지대한 욕망을 발하라」 등의 논설이 주목할 만하고, 수필로는 최형렬의 「혈육의 누이에게」, 소설로는 낙원아(樂園兒)의 「구연(舊戀)의 유향(遺香)(一)」, 시로는 석죽생의 「청년제군에게 고함」, 보연의 「개성만월대회고」(한시), 이언항의 「황혼의 수색(愁色)」, 녹동(綠東)의 「항해난(航海難)」, 잡조로는 윤익선 외 5명의 축사, 소천소지(笑天笑地), 일화일속(逸話一束), 편집여묵 등이 있다.

정치시사문제에 관한 논설이 없는 것은 일제당국의 불허방침에 기인한 것이다. 또한 창간호의 광고가 14면(약 50군데, 절반 이상이 개성 사업가)이나 될 정도로 경영면 수완을 보여 주었는데, 편집은 기획성이 부족한 편이다.

창간사를 잠시 살펴보자.

"천번 만번, 천번 만번, 또 천만번 손짓을 하며 여러분 이리 오시오, 이리 오시오, 만일 우리 '파라다이스'(낙원)의 취미를 아시거든 이리 오시오. 모르시거든 아시려고 이리 오셔요, 서슴지 말고 어서 오시오, 우리 파라다이스로. 24번 풍(風)은 제철 맞춰 번호대로 만물(萬物)을 함양(涵養)코자 돌보아주는 이때에 높은 언덕 낮은 벌판 잔디의 속잎은 애연(藹然)히 뾰족뾰족, 천부(天賦)의 자태, 천품의 분방을 뭇 인간의 사랑스러운 키스를 받고자 송이마다 방긋방긋, 봉군(蜂群)의 난채(亂採), 접대(蝶隊)의 유인(誘引) ……."

이렇듯 이 잡지는 창간의 의도나 목적이 '파라다이스'라는 상징성 속에서 애매하게 감추어져 있다. 다만 "우리 파라다이스에는 …… 기절(奇切) 묘절(妙切)한 극복(極福) 극락(極樂)의 가경(可驚) 가탄(可歎)할 최신식을 발명코자 하오니"라는 구절에서 볼 수 있듯, 시대적 새로움에 대한 경외감과 지향을 갖고 있었다는

것을 알 수 있다. (이경돈)

참고문헌

『한국신문·잡지총목록』, 대한민국국회도서관, 1966; 최덕교 편저, 『한국잡지백년』, 현암사, 2004.

난퉁학원원간(南通學院院刊)

1937년 중국 난퉁에서 창간한 난퉁학원의 정기간행물

1937년 4월 1일 중국 장쑤성(江蘇省)의 난퉁(南通)에서 창간하였다. 장쑤성의 난퉁학원(南通學院)의 난퉁학원원간출판위원회에서 편집하여 출판하였으며, 반월간이었다. 1937년 4월 1일 창간 제1호부터 1937년 7월 1일 6호를 발행하였고 중일전쟁 기간에는 정간하였다. 1947년 5월 복간하면서 복간 1호를 발행하였으며 현재 남아 있는 『난퉁학원원간』은 1948년 6월에 출간한 복간 6호가 마지막이다. 베이징사범대학도서관과 상하이도서관 등에 소장되어 있다.

주로 교내의 각종 소식을 전달하는 데 지면을 할애하였고 일반 학술논문과 문예작품도 게재하였다. 내용은 연사(演辭), 포고(布告), 회의기록(會議記錄), 원문(院聞), 학생동태, 학술단체활동, 교우근신(校友近訊), 문단(文壇), 논문적요, 도서관 신착도서(圖書館新到圖書) 등의 난이 있었다. 여기에는 학교의 교수, 학생이 쓴 문장들이 실렸다. (김지훈)

참고문헌

王檜林 · 朱漢國, 『中國報刊辭典(1815~1949)』, 書海出版社, 1992; 伍杰, 『中文期刊大詞典』, 北京大學出版社, 2000; 上海圖書館, 『上海圖書館館藏近現代中文期刊總目』, 上海科學技術文獻出版社, 2004.

남녀근학신지(男女勤學新誌)

1888년 일본에서 발행된 여성지

1888년 2월과 3월 모두 두 책으로 폐간된 여성 교육 잡지다.

잡지 발간의 취지는 "지금까지 여성은 남성의 사역(使役)에 이바지할 뿐 사회적 교류도 없었고, 소유 재산이나 특별한 학문도 필요하지 않은 존재였다. 하지만 지금부터 여성은 남성이 받아 오던 교육을 받아 남성처럼 학문을 배워 지식과 견문을 넓혀야 한다"는 것이었다. 잡지의 구성은 '논설', '잡보', '잡설', '기서(奇書)' 등 다섯 개의 난으로 편집되었다. (이규수)

참고문헌

牛島俊 作, 『日本言論史』, 河出書房, 1955; 浜崎廣, 『女性誌の源流』, 出版ニュース社, 2004.

남방(南方)

1937년 중국 쿤밍에 창간한 공인위원회의 간행물

중국공산당 윈난성(雲南省) 공인위원회(工人委員會)에서 공개적으로 출판한 간행물로 1937년 10월 중국 윈난성 쿤밍(昆明)에 창간되었으며, 후에 중공남방국(中共南方局)에서 윈난지하당의 간행물로 비준하였다. 처음에는 월간이었고 2권 10호부터 반월간으로 전환하였다가 다시 월간으로 바뀌었다. 1941년 1월 환남사변(皖南事變)이 발발한 이후 정치적 환경이 악화되어 심사가 엄격해졌고 종이 구입도 어려워져서 1941년 1월 15일 3권 12호로 모두 36호를 발간하고 정간되었다. 현재 상하이도서관 등에 소장되어 있다.

창간시기에는 천팡(陳方, 리리셴[李立賢]), 룽셴환(龍顯寰)이 편집을 담당했고, 제2호부터는 리젠추(李劍秋)가 편집을 맡았다. 리젠추는 원고, 편집가공, 교열, 발행, 경비 등을 모두 혼자 처리했다. 천방은 당시 공개적인 직업이 정부기관의 직원이었기 때문에 대부분 저녁 때 『남방』 관련 업무를 처리했다.

1938년 2권 10호 이후 지하당에서 자오궈후이(趙國徽)와 류비화(劉璧華) 등 5명을 파견하여 『남방』의 발행을 돕도록 했다. 1940년에는 런샤오쿠이(任孝逵)

를 파견하여 리젠추를 도왔다.

『남방』은 항일구망(抗日救亡)을 선전하는 것을 목적으로 했다. 주요 내용은 사론(社論), 시사(時事), 평론, 전지통신(戰地通訊), 구망통신(救亡通訊), 서적소개(書刊介紹), 독자편지함(讀者信箱) 등으로 구성되어 있었다.

천이(陳毅)의 유격전쟁에 관한 글 등이 게재되었으며, 또한 "어떻게 군중을 조직할 것인가", "어떻게 소조장(小組長)이 될 것인가", "어떻게 독서회를 조직할 것인가" 등의 문제를 토론하였다. 아울러 "항일구망특집", "7·7항전특집", "루쉰(魯迅)기념특집" 등을 발간했다. 특히 『남방』의 특집은 내용도 풍부하고 형식도 다양해서 독자들의 환영을 받았다.

『남방』은 1호를 500부 발행했으나 점차 증가하여 가장 많을 때는 3500부에 이를 때도 있었다. (김지훈)

참고문헌

王檜林 · 朱漢國, 『中國報刊辭典(1815~1949)』, 書海出版社, 1992; 伍杰, 『中文期刊大詞典』, 北京大學出版社, 2000; 上海圖書館, 『上海圖書館館藏近現代中文期刊總目』, 上海科學技術文獻出版社, 2004.

▌남방자료(南方資料)

1940년 일본에서 발행된 지역조사 잡지

1940년 일본의 동아경륜연구회(東亞經綸硏究會)에서 발행한 잡지이다. 잡지 제호는 "남방(南方)"이라고 했지만, 기사가 다루고 있는 지역은 '북방(北方)'도 포함하고 있다. 구체적으로 지역을 보면, '남'은 식민지였던 타이완을 비롯한 남방점령지, '북'은 천도(千島), 사할린이었다. 잡지는 이러한 일본제국주의의 변경 지역의 자원, 산업을 중심으로 이 지역의 정보를 전달하는 잡지였다. 그런데 잡지는 월간지로 발행된 것이 아니라, 주간지로 발행되었다. 주간지로 발행된 이유를 잡지 기사 내용으로는 정확히 파악할 수 없다. 잡지 크기는 A5판이었고, 10쪽 분량으로 발행되었으며, 비매품이었다.

1942년 12월에 발행된 제28호에는 「기타치시마의 체관(北千島の體觀)」이라는 제목의 글이 수록되어 있다. 이들은 일반에게 거의 알려져 있지 않았던 중요한 사실이 몇 가지 소개하고 있다. 예를 들면 지시마(千島)가 홋카이도청(北海道廳)의 관할에 속하였기 때문에, 26년간 역대 장관 중에서 단 한 명도 그 지역을 시찰한 자가 없었다는 점, 혹은 지시마의 권리를 가지고 있는 영리회사의 허가가 없으면 관설(官設)의 여관에도 숙박할 수 없다는 점, 그리고 1941년까지 이 지역에 이주한 일본인이 단 두 가족뿐이라는 점 등이 서술되어 있다. 당시 상황을 정확하고 솔직하게 전달한 내용이었다.

이에 비해 권두언이나 편집후기의 내용은 전쟁 잡지의 성격을 그대로 드러낸다. 같은 호의 편집후기에는 "최근 당국의 지도방침이 낙천을 경계하여, 국민에 쓸데없는 공포심을 가지게 한다는 우려의 목소를 듣는데, 일부 자기 이익에 눈이 먼 자(我利盲者)만이 공포심을 가지고 동요하고 있을 뿐이다"라고 적혀 있다. (문영주)

참고문헌

高崎隆治, 『戰時下の雜誌その光と影』, 風媒社, 1976, 200~201쪽; 高崎隆治, 『戰時下のジャ-ナリズム』, 新日本出版社, 1987.

▌남방자료관보(南方資料館報)

1943년 타이완 남방자료관이 발행한 기관지

1943년 1월 창간되어 1944년 6월까지 모두 18호가 발간된 월간 정보 잡지이다. 발행처는 타이완(臺灣)의 남방자료관(南方資料館)이었다. 판형은 국판이었다. 일본의 교토대학(京都大學) 인문과학연구소 등에 소장되어 있다.

남방자료관은 타이완의 실업가인 우시로쿠 신타로(後宮信太郞)가 타이완총독부(臺灣總督府)에 기탁한 사재 100만 엔을 바탕으로 하여 1940년 9월 16일 설립되었다. 애초에는 타이완의 남방정책의 주무 부서인 타이완남방협회(臺灣南方協會)와 함께 운영되었지만 1941년 11월 30일부터 분리되었다.

남방자료관은 형식적으로는 재단법인이었지만 이사장과 이사가 모두 타이완총독부 장관 이하의 고위 이사인 데서도 알 수 있듯이 사실상 타이완총독부의 외곽 단체였다. 또한 타이완총독부 외사과가 편찬하는 도서를 다수 간행하기도 하였다.

『남방자료관보』는 남방 여러 지역의 토속, 관행, 종교에 관한 정보, 자료, 문헌 등의 소개, 조사를 비롯하여 지방 문서관에 관한 장서의 소개 등을 게재하였다.

매호 게재된 신간 잡지의 남방 관계 기사 색인도 주목된다. 태평양전쟁 말기까지 남아시아 여러 지역의 연구에 매우 유용한 자료이다. (이준식)

참고문헌

アジア經濟研究所圖書資料部, 『舊植民地關係機關刊行物綜合目錄 臺灣編』, アジア經濟研究所, 1973.

남사총각(南社叢刻)

1910년 중국 상하이에서 창간된 문학 잡지

1910년 1월 상하이(上海)에서 혁명문학 단체인 남사(南社)가 주관하여 창간한 문학잡지이다. 천취빙(陳去病)과 가오수(高旭), 류야쯔(柳亞子)가 편집과 발행을 맡았으며, 팡수바이(龐樹柏), 류야쯔, 위젠화(兪劍華), 푸툰건(傅屯艮)이 차례로 편집 책임을 맡았다.
발행주기는 일정하지 않았으며 1923년 남사가 분열되면서 총 22집을 출간하고 종간되었다. 이밖에 『남사총각』 증간본으로 1910년 10월 11일 저우쓰(周實) 등이 난징(南京)에서 간행한 『백문비추집(白門悲秋集)』과 1917년 발행된 『남사소설집(南社小說集)』이 있다. 현재 베이징대학 도서관에 소장되어 있다.

내용은 시선(詩選), 문선(文選), 사선(詞選) 세 부분으로 구성되었으며, 작가는 대부분 남사(南社) 회원들이다.

1집과 2집이 발간된 이후, 류야쯔가 편집체계와 내용에 대한 불만을 제기하여 제3집부터는 징야오웨(景耀月)와 닝탸오위안(寧調元), 왕우성(王無生)이 시선(詩選), 문선(文選), 사선(詞選)을 분담 편집하게 되었다.

1집에 게재된 「남사서(南社敍)」는 천취빙의 시를 담아 우국상심의 심정과 혁명동지에 대한 생각들, 순국한 고인들을 애도하는 마음을 시로서 표현하였다. 그리고 가오수의 「원무진려시화(愿無盡廬詩話)」라는 문장을 통해 인권 고취와 전제정치의 배척, 인민의 독립사상 환기를 주장하였다.

발표된 문장으로는 류야쯔의 「마검실문초집(磨劍室文初集)」과 가오수의 「미제려시집(未濟廬詩集)」 등이 있다. 집필자들은 모두 남사(南社) 회원들로서 상당한 영향력을 가진 작가들이었다. 이 잡지는 지식인들을 대상으로 한 문학전문지로 그 발행부수는 많지 않았지만, 이 매체를 통해 남사 회원들의 작품이 보존되었고, 남사의 많은 사료들이 보존될 수 있었다.

『남사총각』은 문학을 통한 정치적 혁명사상과 민족민주혁명을 고취하였지만, 또 한편으로 문학상의 복고적 경향을 추구하였다. 문학은 시대의 특징과 사회의 요구를 반영해야 한다고 주장하면서 '당풍(唐風)'으로의 복고적 경향과 동시에 문단의 창신을 제창하였으며, 후기에는 국학(國學) 보존에 더욱 치중하였다. 당시의 이러한 국수주의 사조는 반청(反淸)혁명운동의 일환으로 혁명적 의의를 가지고 있었으며 혁명파의 일부분은 바로 국수주의자들이었다. 그들에게 국수주의는 바로 반청혁명의 무기였다. 『남사총각(南社叢刻)』이 백화문(白話文) 사용을 받아들이지 않은 것은 국수주의 사조의 영향이다.

• 남사(南社)

남사는 신해혁명 시기에 결성된 문학단체다. 쑨중산(孫中山)의 지도 아래 있던 동맹회(同盟會) 회원인 천취빙과 가오수, 류야쯔 등이 중심이 되어 결성되었다. 남사의 주요 발기인 17명 가운데 14명이 동맹회 회원이었으며 혁명적 사상이 농후하였다.

남사는 여러 지역에 분사(分社)를 두어 잡지를 발행하였다. 타오샤오류(陶小柳)가 주필을 맡은 선양(瀋陽)의 매체는 복고적 색채가 강하고 서양문화 학습에 큰 불만을 제기하기도 하였다.

광둥(廣東)에는 광남사(廣南社)가 있어 오사(奧社)라 칭해졌는데, 『광남집(廣南集)』을 발간하였다. 또한 후난(湖南)의 분사에서는 『남사상집(南社湘集)』을 제8권까지 발간하였고, 저장(浙江)의 월사(越社)에서는 『월사총간(越社叢刊)』이 발행되었다.

남사의 전신으로는 천취빙 등이 1906년 설립한 황사(黃社)와 1907년 설립한 신교사(神交社), 1908년 설립한 광사(匡社) 및 추사(秋社) 등이 있다. 그리고 1911년에는 사오싱(紹興)과 선양, 광저우(廣州), 난징(南京) 등지에도 남사가 조직되었으며, 이들과는 별도의 분사(分社)인 월사(越社), 요사(遼社), 광남사(廣南社), 회남사(淮南社) 등이 있었다.

그러나 1917년, 소위 '동광체(同光体)'에 관한 논쟁이 격화되면서 내부 분열이 일어나 1923년 남사는 해체되었다.

그 이후 1923년, 류야쯔 등의 급진파 회원들은 상하이에서 신남사(新南社)를 설립하였으며, 그 가운데는 공산당원들도 있었다. 그리고 푸숭샹(傅熊湘) 등의 전통파 남사회원들은 1924년 남사상취(南社湘聚)를 설립하였으며, 1943년, 주젠망(朱劍芒)은 푸젠(福建) 융안(永安)에서 남사민집(南社閩集)을 설립하였다. (김성남)

참고문헌

周葱秀·涂明 著, 『中國近現代文化期刊史』, 山西敎育出版社, 1999; 方漢奇 主編, 『中國新聞社業通史』, 中國人民大學出版社, 1996.

남선경제일보(南鮮經濟日報)

1924년 대구에서 발간한 한국어 일본어 병용의 경제 신문

1924년 10월 창간된 신문으로서 남선 지방에서 발간된 유일한 경제전문 일간지였다. 1926년 이전에는 『대구상보(大邱商報)』라는 이름으로 발간되었다. 한국어와 일본어를 병용한 것으로 알려져 있다. 이 신문사는 한익동(韓翼東)의 개인 경영회사였으며, 본사는 대구부 원정(元町)에 있었다.

한익동은 1888년 대구부에서 출생하였다. 일본에서 와세다대학(早稻田大學)을 졸업한 뒤 돌아와 미곡무역회사인 환일(丸一)합자회사를 경영하면서 활발하게 사회활동에도 참여하였다. 동아일보사 대구지국을 경영하다가 이 신문을 창간하였으며, 매일신보사 지국을 경영하기도 하였다. 경상북도 도회 의원, 대구 부회 의원, 대구 미곡거래소 부이사장 등을 역임하였다.

1935년 현재 한익동은 남선경제일보사 사장, 매일신보 경북지부장, 합자회사 환일상회 사장, 대구상공회의소 부회장 등의 직함을 가지고 있었다.

아직 실물이 발굴되지 않았기 때문에 신문 간행에 관한 자세한 사항은 확인하기 어렵다. (윤해동)

참고문헌

中村明星, 『朝鮮滿洲新聞雜誌總覽』, 新聞解放滿鮮支社, 1929; 中濱究 · 山重雄三郎, 『大邱案內』, 麗朗社, 1934.

남선일보(南鮮日報)

1907년 마산에서 창간된 일본어 일간지

1907년 경남 마산의 부민이 갹출하여 창간하였는데, 창간 당시에는 8쪽의 소신문이었다고 한다. 1909년 경영난에 부딪쳐 경성일보사에 양도되었다. 그러나 경성일보사 역시 수지를 맞추기 어려워 1910년 무상으로 다른 사람에게 이관하였으나 역시 어려움을 겪으면서, 가와야 시즈오(河谷靜夫)에게 경영권이 이관되었다. 그 이후에도 계속하여 경영이 어려웠다고 전한다.

1929년 가와야가 사장을 맡았으며, 편집 겸 발행인은 요코세 신지부로(橫瀨新三郎)가 담당하였다. 본사는 마산부 통정(通町)에 있었다. 경성 · 부산 · 대구 등에 지국을 운영하고 있었다. 조간 4면, 활자는 7포인트 75로 발행되었다. 구독료는 1개월에 70전, 광고료는 1행에 1원, 특별면은 2원이었다.

1941년 총독부의 일도일지제(一道一紙制)라는 신문 통합정책에 의하여, 부산에서 발행되던 『조선시보』

와 함께 『부산일보』에 통합되었다.

남선일보사에서 발간한 단행본으로는 『마산과 진해만』, 『마산항지』가 있다.

『남선일보』 역시 아직 실물이 발굴되지 않았다. 자료가 발굴되면, 식민지 시기 마산을 중심으로 한 경남 지역 연구에 크게 기여할 수 있을 것으로 판단된다. (윤해동)

참고문헌

中村明星, 『朝鮮滿洲新聞雜誌總覽』, 新聞解放滿鮮支社, 1929; 田內武, 『朝鮮施政十五年史』, 1926.

남양총회보(南洋總匯報)

1905년 싱가포르에서 창간된 중국어 정치운동 신문

전신은 『도남일보(圖南日報)』이다. 1904년 봄 싱가포르에서 『도남일보』가 정간된 후 이를 기초로 하여 1905년 『남양총회보(南洋總匯報)』가 창간되었다. 창간인은 천추난(陳楚楠), 장융푸(張永福), 쉬쯔린(許子燐), 선롄라오(沈聯勞) 등이다.

초기에는 『도남일보』를 따라 반청(反淸)혁명을 선전하고 혁명성 기사를 많이 게재하였다. 대청(大淸) 연호를 사용하지 않고 광서(光緖) 연호도 사용하지 않으면서 혁명적 입장을 견지하였다.

그러나 투자자들 사이에 의견이 갈리면서 1906년 2월 보황파(保皇派) 화교상인 천윈추(陳雲秋)에게 넘어갔다. 어우양자(歐陽甲), 쉬친(徐勤) 등을 주필로 초빙하여 해외 보황회(報皇會)의 대변자가 되었다. (김성남)

참고문헌

彭永祥, 『辛亥革命時期期刊介紹』, 人民出版社, 1986; 方漢奇 主編, 『中國新聞社業通史』, 中國人民大學出版社, 1996.

남양칠일보(南洋七日報)

1901년 중국 상하이에서 창간된 정치운동 신문

1901년 9월 15일 상하이(上海)에서 창간되었다. 주간(週刊)이며 서본 형식의 석인본(石印本) 단면인쇄로 발행되었다. 주필진은 쑨딩(孫鼎), 천궈시(陳國熙), 자오롄비(趙連璧)이며, 린셰(林獬), 장바이시(張百熙), 린디중(林砥中)이 집필에 참여하였다.
1901년에 총 20호를 발행하였고, 1902년 말 마지막으로 66호를 출간하고 종간되었다. 현재 1호부터 29호까지 현존하고 있으며 안후이성(安徽省)도서관에 소장되어 있다.

내용은 본관(本館) 논설과 시사육문(時事六問)을 다시 내정, 외교, 이재(理財), 경무(經武), 격물(格物), 고공(考工)의 여섯 부문으로 분류하였고, 이밖에 회론(匯論), 산학(算學), 주소접(奏疏摺), 전건(專件), 과예(課藝), 신문(新聞)의 난으로 구성되었다. 그리고 신문은 다시 내정, 외교, 이재, 경무, 격치(格致), 고공(考工), 잡부(雜附)로 되어 있다.

정치상으로는 개량주의를 주장하면서 과거개혁과 학당 개설, 여성 교육, 유학생 파견을 주창하였다. 자칭 "국가의 은혜를 받고 글로 간언하기 원한다. 신당(新黨)이나 구당(舊黨)에 도움이 되든 도움이 되지 않든 상관없이 중서양의 좋은 것을 취한다"고 하였다. 또한 우편 정을 광범위하게 추진할 것을 제창하였다. (김성남)

참고문헌

王檜林·朱漢國 主編, 『中國報刊辭典』, 太原: 書海出版社, 1992; 葉再生 著, 『中國近代現代出版通史』, 北京: 華文出版社, 2002.

남월보(南越報)

1909년 중국 광저우에서 창간된 정치운동 신문

1909년 6월 22일 광저우(廣州)에서 창간되었다. 편집진에는 쑤링펑(蘇稜諷), 루보랑(盧博浪), 리멍저(李孟哲), 양지바이(楊計白) 등이 참여하였다. 민국(民國) 성립 이후까지 계속 발행되었으나 정확한 종간연도는 알려져 있지 않다.

내용은 장(莊)과 해(諧) 두 부분으로 편집되었는데, 장(莊)에는 뉴스와 평론을 게재하고, 해(諧)에는 문계(文界), 냉평(冷評), 설부(說部), 극본, 우스운 이야기(笑話), 시가, 월구(粵謳) 등의 난을 개설하여 문예작품들을 실었다.

혁명을 지지하고 허위 입헌을 반대하여 부르주아혁명파의 선전기구 역할을 수행하였다. 광저우지역동맹회의 비밀기관지로 알려졌으나, 그 논조는 비교적 온건하였다.

광저우에서 이 시기에 발간된 혁명 언론매체는 18종에 이르는데, 이들 언론은 모두 보황(保皇) 입헌 주장을 강력히 비판하면서 혁명투쟁 보도와 세계 혁명의 동향을 보도하였다는 공통점을 갖고 있지만, 그 수위와 태도는 일정하지 않았다. (김성남)

참고문헌

方漢奇 主編, 『中國新聞社業通史』, 北京: 中國人民大學出版社, 1996; 葉再生 著, 『中國近代現代出版通史』, 北京: 華文出版社, 2002.; 彭永祥, 『辛亥革命時期期刊介紹』, 人民出版社, 1986.

남지남양(南支南洋)

1938년 타이완총독부가 발간한 정보 잡지

1938년 4월에 창간되어 1941년 9월까지 발간된 정보잡지이다. 기존의 『남지나 및 남양정보(南支那及南洋情報)』의 통권을 이어받아 154호부터 195호까지 간행되었다. 처음에는 타이완총독부(臺灣總督府) 관방외사과(官房外事課) 편집이었지만 1938년 9월부터는 타이완총독부 관방외무부(官房外務部) 편집으로 바뀌었다.
발행처도 처음에는 타이완시보발행소(臺灣時報發行所)였지만 1938년 11월부터는 관방외무부 안에 신설된 남지남양발행소(南支南洋發行所)로 바뀌었다. 다시 1940년에는 외사부(外事部) 편집이었다가 1940년 4월 175호부터는 타이완남방협회(臺灣南方協會) 편집으로 바뀌었으며, 이후 줄곧 그 기관지로 발간되었다. 일본의 히토쓰바시대학(一橋大學)도서관 등에 소장되어 있다.

1932년 만주국의 성립으로 일만(日滿)블록경제를 형성하는 데 성공한 일본 경제는 만주에서의 자원 개발을 진행함으로써 일거에 그때까지의 경제적 침체 상태에서 벗어나게 되었다. 한편 타이완, 조선도 만주와 함께 블록의 일단을 담당하게 되었다.

타이완 경제는 타이완총독부의 농업보호정책에 의하여 미작, 사탕 생산의 이원 농업이 되어 일본 경제에 의존하는 입장이 되었다. 아울러 일만블록경제의 성립 발전에 따라 농업 재편성과 공업화에의 길이 열리게 되었다.

1937년 7월 중일전쟁의 전면적 전개라는 새로운 상황이 발생함으로써 일본의 팽창정책에 비하여 소극적이던 타이완의 대외 발전정책은 전환기로 들어섰다. 일본의 종전에는 만주, 조선의 북아시아에 중심을 두고 있던 일본의 외지정책이 이제 남아시아로 옮겨가면서 남방 지역에 관한 기초적 연구, 정치·경제 동향 분석의 중요성이 급격하게 커졌다.

당시 고바야시 세이조(小林躋造) 총독은 아카시 모토지로(明石元二郎) 총독 시기에 70만 엔, 나카가와 겐조(中川健藏) 총독 시기에 50만 엔에 지나지 않던 남지·남양비를 한꺼번에 400만 엔으로 올려 타이완을 남방 발전의 군사적, 정치적 기지로 만들려고 하였다.

태평양전쟁이 시작되면서 대동아(大東亞) 건설의 구상과 그 남진 기지로서의 타이완의 중요성은 더욱 확실하게 되었다. 특히 타이완의 특수 자원의 개발과 공업화정책에 의하여 종래의 일본 경제 의존의 상태에서 벗어나려고 하였다.

그러나 타이완의 개발과 공업화정책은 철저하게 남방정책의 적극적 전개를 목표로 하는 것이었으며 세계의 5대 블록이 식민지 쟁탈전을 벌이고 있던 남양에서 일본이 승리자가 되는 데 필요한 총동원 체제의 기초를 제공하는 임무를 수반하는 것이었다.

『남지남양』은 이러한 정세를 배경으로 하여 타이완총독부의 남진정책에 따라 창간되었다. 마지막으로

『남지남양』의 발행처가 된 타이완남방협회는 중일전쟁의 개막을 계기로 하여 일본, 만주, 조선, 타이완 블록 경제의 강화와 타이완의 남방정책의 적극적 전개라는 요청에 의하여 1939년에 설립되었다.

타이완남방협회는 그때까지 타이완총독부 외사부의 조사계에서 수집한 문헌, 자료의 대부분을 빌리고 조사담당관의 일부를 전출시켜 발족한 것이다. 『남지남양』도 외사부에서 발간되던 것을 인수하여 계속 발간하였다.

『남지남양』은 중국 남부 및 남양에 대하여서는 가장 권위가 있는 자료였다. 일본, 만주, 조선에서 간행된 정치, 경제, 식민 관계의 50여 종의 전문지, 130종 이상의 유럽 정기간행물에서 뽑은 정보, 논문을 수록하였다. 그리고 타이완의 학자, 조사담당관 등의 시론, 학설도 게재하였다. (이준식)

참고문헌

アジア經濟研究所圖書資料部, 『舊植民地關係機關刊行物綜合目錄 臺灣編』, アジア經濟研究所, 1973.

남지 및 남양정보(南支及南洋情報)

1931년 타이완총독부가 발간한 정보 잡지

1931년 1월에 창간되어 1938년 3월 153호를 내고 종간된 정보 잡지이다. 그런데 유사한 제목은 그 이전부터 등장한 바 있었다. 곧 『내외정보(內外情報)』가 1926년 1월부터 1931년 10월까지 『지나 및 남양정보』로 이름을 바꾸어 『타이완시보(臺灣時報)』의 부록으로 발간되고 있었던 것이다.
그러다가 1931년부터 독자적인 잡지로 분리 독립된 것이다. 창간호는 『타이완시보』의 부록 책자로 희망자에 한하여 배부되었다. 2호 이후는 『타이완시보』와 무관하게 여러 관청에 배부되었다. 그러나 일반 독자에게는 배포하지 않는다는 것을 공시하여 타이완총독부(臺灣總督府) 발행의 정보 잡지라는 성격을 분명히 하였다. 편집의 담당 부서는 처음에는 타이완총독부 관방조사과(官房調査課)였다가 나중에 관방외사과(官房外事課)로 바뀌었다. 매월 1일과 15일 두 차례에 걸쳐 간행되었다. 1938년 4월 154호부터 『남지남양(南支南洋)』으로 이름이 바뀌었다.

『남지 및 남양사정』은 타이완총독부의 기관지였다. 『남지 및 남양사정』에는 중국 남부, 남양 각 지역에서의 정치, 경제 동향을 보여 주는 자료, 시보, 통계, 조사연구가 게재되었다.

각종 기사는 영어, 독일어, 프랑스어, 중국어로 된 아시아 관계 신문 잡지(본국 및 식민지 발행) 50여 종, 일본 국내 발행의 정치, 경제, 법률, 재정 관계의 정부 간행물, 전문지, 학회지, 남만주철도주식회사(南滿洲鐵道株式會社, 통칭 만철), 만주국, 조선총독부 발행의 조사자료, 잡지 등 130종 이상에서 뽑아낸 것이었다. (이준식)

참고문헌

アジア經濟研究所圖書資料部, 『舊植民地關係機關刊行物綜合目錄 臺灣編』, アジア經濟研究所, 1973.

남화통신(南華通訊)

1936년 중국 상하이에서 발행된 남화한인청년연맹의 기관지

1936년 1월 창간되었다. 재상하이남화한인청년연맹(在上海南華韓人靑年聯盟)의 기관지였고, 월간지였다. 만주와 국내 각처에 배부했다. 현재 4개 호의 일부만 남아 있다. 1호, 2권 2호(1936.6), 10월호(1936.10), 1권 1호(1936.12) 등이 일본 정보자료(『사상정세시찰보고집』 3, 동양문화사 영인본, 1977)에 수록되어 있다.

『남화통신』은 무정부주의 사상을 전파하는 데 주 목적을 두었다. 현재 남아 있는 자료에서 확인되는 무정부의 이론 관련 글들은 「무정부주의란 무엇인가」(백민, 1936.1), 「무정부주의의 혁명」(크로포트킨, 1936.6), 「실현적 시점으로부터 본 무정부주의사상」(크로포트킨, 1936.11), 「무정부주의의 본질에 대한 수감」(크로포트킨, 1936.12) 등이다. 민족주의운동이

나 공산주의운동에 대한 비판을 지적하는 내용들의 글도 적지 않다. 대표적으로 「무정부주의란 무엇인가」, 「정치운동에 대한 오류」(유하, 1936.1), 「정객과 반역」(창파, 1936.1), 「우리 청년의 책임과 그 사명」(하[何], 1936.6) 등이다.

그밖에 민족정신을 앙양시키고, 민족전선을 강조하는 글들도 많이 실려 있다. 「오등의 어」(1936.1), 「교포제군의 반성을 촉구한다」(박호, 1936.1), 「조선민족전선의 중심문제」(1936.10), 「우리 청년의 책임과 그 사명」, 「민족전선의 가능성」(주[舟], 1936.11), 「민족전선을 위해서」(1936.11), 「민족전선을 어떻게 결성할 것인가」(하), 「민족전선문제에 대한 냉심군(冷心君)의 의문에 답한다」(근[瑾], 이상 1936.11) 「민족전선을 촉구한다」(주), 「민족전선에 관하여」(노[魯]), 「민족전선의 행동강령 초안」(평공[平公], 이상 1936.12) 등이다.

남화통신의 필자들은 이하유, 유자명, 오면직, 김야봉, 엄형순, 나월환, 이달, 정해리, 김광주 등이 활약한 것으로 추정된다. 외국 문헌의 번역에는 경성제국대학 법문학과를 졸업한 현영섭이 담당했다. 김광주가 해방 후 『세대(世代)』 1965년 12월호에 실은 「상해시절회상기」(상)에 『남화통신』에 관련된 이야기가 나온다. 그것을 옮기면 다음과 같다.

"정해리와 나는 어두컴컴한 방속에서 성토문을 작성하기에 여념이 없었다. 석판초고(石版草稿)를 내손으로 썼다. 독립운동자연, 혁명가연하는 불순분자들의 성토문도 썼고, 공산독재자의 앞잡이 노릇을 하는 청년단체의 성토문을 썼고, 일본제국주의타도, 민정의 근절을 절규하는 격문도 썼다. 이것들은 「남화한인청년연맹」이라는 무형적(無形的)인 서명(署名)으로 뿌려졌는데"라고 하고 있다.

• 재상하이남화한인청년연맹

1931년 만주사변 발발을 계기로 중국 본토, 만주, 일본 등지에서 활동하던 무정부주의자들이 중국 상하이에서 조직한 무정부주의 계열의 독립운동단체였다. 주요 구성원은 이회영, 정현섭, 유자명, 유기석 등 30여 명이다. 이들은 주로 청년층이었고, 다양한 지역의 출신들이 주류를 형성하였다.

구성원들이 특정지역이나 학교, 혈연 등과 관련되지 않은 것은 당시 이 연맹이 지역이나 혈연같은 것에 얽매이지 않는 이념에 의해서 결속된 단체임을 잘 보여주고 있다. 남화한인청년연맹은 일체의 정치적 행동, 노동조합지상주의운동, 사유재산제도, 종교, 가족제도 등을 부인하였다. 그리고 자유연합의 원리에 기초한 절대 자유 평등의 이상사회인 무정부공산주의 사회의 건설을 추구했다.

남화한인청년연맹은 방법론으로써 민중직접혁명론과 무정부공산주의를 지향했다. 그러나 현실적인 어려움으로 의열활동, 선전활동 등을 통하여 무정부주의 이념의 선전에 그 활동이 국한되었다. 이들은 1936년부터는 민족전선운동을 활발히 전개하였으며, 1937년에는 조선혁명자연맹으로 개칭했다. 같은 해 12월에는 조선민족전선연맹을 결성했다. 남화한인청년연맹의 강령과 규약은 아래와 같다.

강령

1. 우리 조직은 절대적으로 자유연합에 기초한다.
2. 일체의 정치운동과 노동조합 지상주의운동을 부인한다.
3. 사유재산제도를 부인한다.
4. 거짓 도덕적 종교와 가족제도를 부인한다.
5. 우리는 절대적으로 자유평등의 이상적 신 사회를 건설한다.

규약

1. 본 연맹은 강령에 의해 사회혁명의 수행을 목적으로 한다.
2. 본 연맹은 강령의 목적을 수행하기 위해 연맹원 전체가 승인하는 모든 방법을 채용한다. 단, 강령에 저촉되는 본 연맹원 각 개인의 자유발의 또는 자유합의에 의한 행동이 비록 본 연맹과 직접적인 관련이 없을지라도 이에 대해 약간의 간섭이 따른다.
3. 본 연맹은 자유의사에 따라 강령에 찬동하고 전 연맹

원의 승인을 거친 남녀로 구성된다.

4. 본 연맹의 일체 비용은 연맹원이 부담한다.

5. 본 연맹의 집회는 연례회, 월례회, 임시회 등으로 개최한다. 단, 소집은 서기부에서 한다.

6. 본 연맹의 사무를 처리하기 위해서 서기부를 둔다. 단 연맹원 전체의 선출에 의해 선발된 거식 약간 명을 두고 임기는 각 1년으로 한다.

7. 연맹원으로서 강령에 위배되고 규약을 파기하는 행동을 하려 할 때는 전 연맹원의 결의를 거쳐 제명한다.

8. 연맹원은 자유롭게 탈퇴할 수 있다.

9. 연맹원은 회합할 때 출석자 전체가 부득이하다고 인정했을 때에만 결석을 할 수 있다.

10. 본 규약은 매년 대회에서 토의하여 만장일치로 통과한 수정안에 의해 정정할 수 있다. (이신철)

참고문헌

박환, 『식민지시대 한인아나키즘운동사』, 선인, 2005; 위암 장지연선생 기념사업회, 『한국근대언론과 민족운동』, 커뮤니케이션북스, 2001.

납함(吶喊)

1937년 중국 상하이에서 창간된 문예계의 구국항전 간행물

1930년대 중국 문예계의 구국항전 간행물로 1937년 8월 25일 상하이(上海)에서 창간되었다. 문화생활사(文化生活社)에서 출판했으며 상하이잡지공사(上海雜誌公司), 개명서점(開明書店), 입보관(立報館)에서 판매를 대행했다. 가격은 2푼(分)이었다. 1937년 9월 5일 3호부터 『봉화(烽火)』로 개명하여 발행했다. 마오둔(茅盾)이 편집을 담당했고 바진(巴金)이 발행자가 되어 1938년 11월까지 20호를 발간하고 정간되었다. 중국국가도서관과 상하이도서관 등에 소장되어 있다.

송호항전(淞滬抗戰)이 발발한 후 『문학(文學)』, 『문계(文季)』, 『중류(中流)』, 『역문(譯文)』 등의 간행물은 잠시 동안 출판할 수 없었다. 이러한 상황에서 문학사(文學社), 문계사(文季社), 중류사(中流社), 역문사(譯文社) 등 네 개의 문학단체가 연합하여 『납함』을 출판하였으며, 주간으로 발행하였다. 주편은 마오둔이 맡았다.

『납함』은 경비 부족으로 동인들이 스스로 편집을 하고 원고를 집필했으며 외부에서 투고한 원고도 『납함』을 기증하는 것으로 원고료를 대신했다.

『납함』은 평화와 분투, 구국 등을 주장하였다. 『납함』의 창간호에는 정전둬(鄭振鐸, 궈위안신[郭源新]), 바진, 샤오첸(蕭乾), 왕퉁자오(王統照), 리례원(黎烈文), 황위안(黃源), 후펑(胡風), 마오둔 등이 글을 게재했다. 주로 소설, 시가, 보고문학, 잡문(雜文), 스케치, 목각, 만화 등을 게재하였다. 『납함』은 전시 중국 군민의 생활과 투쟁을 반영하였다.

『납함』의 주요 필진은 바진, 왕퉁자오(王統照), 류바이위(劉白羽) 등이었다. 상하이의 공공조계 공부국(工部局)은 상하이 당국에 『납함』, 『구망일보(救亡日報)』, 『항전(抗戰)』을 구류하도록 요구했다. 정전둬, 저우타오펀(鄒韜奮), 후위즈(胡愈之), 마오둔 등은 연명으로 국민당 중앙선전부 샤오리쯔(邵力子) 부장(部長)에게 항의전보를 보냈다. 3일 후 정진탁과 마오둔 등은 상하이시 사회국 국장 판궁잔(潘公展)으로부터 샤오리쯔가 보낸 신속하게 등기하라는 회신을 받았다. (김지훈)

참고문헌

王檜林 · 朱漢國, 『中國報刊辭典(1815~1949)』, 書海出版社, 1992; 伍杰, 『中文期刊大詞典』, 北京大學出版社, 2000; 葉再生, 『中國近代現代出版通史』 3, 北京: 華文出版社, 2002; 上海圖書館, 『上海圖書館館藏近現代中文期刊總目』, 上海科學技術文獻出版社, 2004.

▌낭만(浪漫)

1936년 서울에서 발행된 문예지

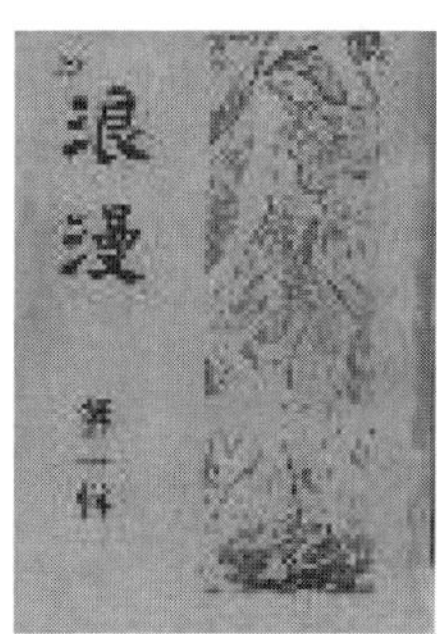

1936년 11월 9일 서울에서 창간되어 더 이상 속간하지 못하였다. 편집 겸 발행인은 민태규(閔泰奎)였다. 정가는 80전이었으며 분량은 A5판으로 115쪽이었다. 실질적으로 민태규 한 사람에 의해 발행된 사화집(詞華集)으로 아직 문학사에서 충분히 검토되지 못한 잡지이지만, 박세영(朴世永), 임화(林和), 오장환(吳章煥) 등의 작품이 실려 있어서 주목된다.

민태규를 중심으로 한 '낭만동인회'에 의해 발행된 잡지이다. 민태규에 대해서는 자세히 밝혀진 바가 없으나 이 잡지에 실린 시인들의 면모를 볼 때 문학사적으로 중요한 위치를 지니는 것으로 추정된다.

이 잡지에는 박세영의 「산제비」, 「최후의 소식」, 임화의 「단장(斷章)」, 이찬(李燦)의 「바라우는 이 없는 정거장(停車場)」, 「어화(漁火)」, 윤곤강(尹崑崗)의 「대지(大地)」, 「바다(갑판위에서)」, 오장환의 「수부(首府)」, 이용악(李庸岳)의 「오월」 등의 작품이 실려 있어서 주목된다.

문학사상 매우 중요한 위상을 차지하는 문인의 작품이 실려 있다는 사실은 이 잡지가 문학사적으로 지니는 위상이 재고될 필요가 있음을 보여준다.

창간호를 끝으로 종간되어 이후의 활동은 알 수 없으나 민태규와 이 잡지에 대한 연구가 필요함을 보여주는 지점이다. (장성규)

참고문헌

가람기획 편집부 편, 『한국 현대문학 작은 사전』, 가람기획, 2000; 최덕교 편저, 『한국잡지백년』 3, 현암사, 2004.

▌낭만고전(浪漫古典)

1934년 일본의 쇼와쇼보가 발행한 평론 잡지

1934년 4월에 창간되어 같은 해 11월 종간될 때까지 모두 8집이 발간된 문학 평론 잡지이다. 편집 겸 발행인은 기시 슈지로(岸秀次郎)였고 발행처는 쇼와쇼보(昭和書房)이었다.

작가 연구의 특집을 중심으로 한 잡지였다. 잡지의 이름은 낭만주의와 고전주의를 의미한다. 문예 사조를 중심으로 근대 문학을 검토하는 것을 지향하였다.

1집은 도스토옙스키, 2집은 아쿠타가와 류노스케(芥川龍之助), 가사이 젠조(葛西善蔵), 3집은 에밀 졸라, 4집은 모리 오가이(森鷗外), 5집은 로렌스(David Herbert Lawrence), 6집은 나쓰메 소세키(夏目漱石), 7집은 '철학·문학의 교섭'으로 '불안'의 철학에 초점을 맞추었고, 8집은 토마스 만(Thomas Mann)을 다루었다.

특히 비교문학의 입장에 서서 중요한 작가들을 고찰하는 글들이 주목된다. 그 가운데는 일본 문학과 외국 문학의 관계, 작가와 작품 상호 간의 비교와 영향, 외국 문학이 일본에 이입된 역사 등을 다룬 글도 있다.

매호마다 상세한 문헌, 서지를 덧붙였으며 1, 2, 6, 8집에는 '신문예 사조'를 소개하는 글, 그리고 1, 2, 5집에는 창작도 게재하였다. 주요 필진은 다카하시 다케오(高橋丈雄), 히지카타 데이이치(土方定一), 다자이 시몬(太宰施門) 등이었다. (이준식)

참고문헌

小田切進 編, 『現代日本文藝總覽 中卷』, 明治文獻, 1968; 日本近代文學館·小田切進 編, 『日本近代文學大事典』 第5卷, 講談社, 1977.

▌낭화의경(浪華の鏡)

1936년 일본 오사카에서 발행된 통계 잡지

1936년 1월 10일에 창간되어 1943년 12월에 종간된 통계 잡지다. 창간호는 국판 크기로 발행되었으며, 발행소는 오사카부통계협회(大阪府統計協會)였다.

쇼와(昭和) 초기의 소위 '통계열광(統計熱狂)' 시대에 일본 전국 각지에는 30종이 넘는 통계기관의 잡지가 간행되었다. 이들 잡지들은 지방의 통계관계자를 대상으로 발행되었으며, 통계에 관한 계몽지로서 기능하였다. 이러한 잡지 중에서 단순한 계몽지로서의 기능과 함께 통계 관련 전문 내용을 수록하고 있던 잡지가 바로 『낭화의경』이다.

지면 구성은 대체로 다른 통계 잡지와 큰 차이가 없었지만, '논설'란에 학술지 수준의 논고가 다수 수록되었다는 특징이 있었다. 예를 들어 「통계가(統計家)의 임무」(창간호), 「생계비지수(生計費指數) 작성에 대해서」(2권 6호), 「통계학 이론에서 양(量)의 변증법(辨證法)」(2권 9호~3권 1호), 「인간의 자유의사(自由意思)와 통계학」(3권 1호), 「가계조사를 통한 소비현황(消費現況)의 일고찰(一考察)」(3권 8호), 「누가법(累加法)이란 무엇인가」(3권 9호), 「유아사망률(幼兒死亡率) 저감책(低減策)의 지침」(6권 12호) 등이 있었다.

대표적인 기고자는 고지마 가쓰지(小島勝治)였다. 그를 언급하지 않고서는 본지의 성격을 말하기 어려울 정도로 그의 역할은 컸다. 그는 지방의 통계직원으로 독학으로 통계학을 공부한 인물이었다. 그는 「통계와 세상(世相)의 학(學)」(1권 3~5호)의 연재를 시작으로, 전쟁터였던 중국 전장에서도 군인으로서 정력적인 집필과 투고를 계속하였다. 본지 지면에는 그의 90편 가까운 논고가 수록되어 있다. 특히 그가 집필한 일련의 「일본통계문화사서설(日本統計文化史序說)」은 일본 서민사상 중에서도 통계사상을 깊이 연구하려는 그의 장대한 체계의 연구 구상의 일단이었다.

그의 관심 영역은 광범위하였는데, 「생활정도지표(生活程度指標) 측정에 관한 주민밀도(住民密度)의 문제」(3권 10호)에서는 이 시기에 벌써 사회지표 통계의 필요성을 강조하였다. 1970년대 후반에 들어서야 강조되기 시작한 사회지표통계의 정비를 그는 40년이나 먼저 주장한 것이었다. 그러나 그의 원대한 사상과 연구 작업은 중국 전장에서 전사하면서 결실을 맺지 못하였다. (문영주)

참고문헌

杉原四郎 編, 『日本経済雑誌の源流』, 有斐閣, 1990; 杉原四郎 著, 『日本の経済雑誌』, 日本経済評論社, 1987.

▌내선일체(內鮮一體)

1940년 서울에서 내선일체 실천을 목표로 창간된 일본어 월간지

1940년 1월 국민의 정신적 결합 곧 『내선일체』의 내실을 거두기 위해 내선일체실천사에서 발간한 일본어 월간지로서, 내선일체실천사의 기관지이다.
편집 겸 발행인은 박남규였으며, 매월 70쪽에서 90쪽 내외로 발행하였다. 본사는 경성부 광화문에 두었다. 잡지는 각 지사의 사원에게 배포하고 일반 판매도 병행하였다. 창간 당시에는 월 구독료 30전, 1년 구독료 3원 30전이었으며, 광고료는 1면에 100원 이상이었다. 그러나 1942년에는 월 구독료 40전, 연간 구독료 4원 80전, 광고료도 1면 200원 이상으로 인상되었다.
1940년 1월부터 1944년 10월까지 4년 9개월 동안 통권 38호가 간행되었으나, 현재 다수가 확인되지 않는다. 2005년 도서출판 청운에서 1940년 1, 2, 12월, 1941년 1~7, 9월, 1942년 1월, 6호 등 전체 13호를 두 권으로 묶어 복각 출판하였다.

내선일체실천사 사장 박남규는 창간사에서, 기원 2600년(1940년)의 벽두에 내지식 씨제(內地式 氏制)와 이성양자제, 곧 창씨개명정책이 실시된 것은 반도 정치사의 획기적인 치적으로서, 내선일체의 완성에 박차를 가하여 건국의 이념인 팔굉일우(八紘一宇)의 구현에 노력해야 할 시점이라고 주장하였다. 또한 내선일체의 구현은 동아신질서의 건설을 가속화하는 첨병

이라고 강변한다. 그러므로 조선인은 내선일체를 완수하여 진정한 황국신민으로서의 진가를 발양해야 한다는 것이다.

이 잡지는 총독, 정무총감, 각 국장, 조선군사령관, 각 도지사 등 총독부 관료들의 글을 많이 게재하였으며, 내선일체 그중에서도 내선통혼과 관련한 글을 가장 많이 게재하였다.

조선인 필자로는 이광수(李光洙, 창씨명 가야마 미쓰로[香山光郞]), 현영섭(玄永燮, 창씨명 아마노 미치노[天野道夫]) 등이 대표적으로 활동하였다.

박남규와 내선일체실천사

박남규(朴南圭, 창씨명 오아사 미노오미[大朝實臣]), 오시마 오사무(大島修), 나리야마 마사키(成山昌樹) 등이 1939년 7월 1일 결성한 황민화운동단체이다. 우가키 가즈시게(宇垣一成) 총독의 가당(家黨)이라는 평가를 받은 박남규가 결성의 중심이 되었다. 사장 박남규는 1941년 조선언론보국회의 평의원을 역임한 사람이다.

내선일체실천사는 먼저 현대의 전쟁이 총력전이라는 인식을 바탕으로 그 취지를 내세우고 있다. 국가의 모든 부문을 조정, 동원하여 여하히 질서 있게 총 국력을 운용할 수 있는가 하는 점에 국방이 달려 있다고 보았다. 나아가 거국일체로 국가의 총력을 모으기 위해서는 국민 한 사람, 한 사람의 정신적 결합, 곧 정신적 거국일체가 중요하다는 것이다.

국가의 흥륭·발전을 이루기 위해서는 정신적 국민의 결합 곧 '내선일체'를 이루어야 하는 바, 이는 일시적 표어나 정치적 지표와 같은 '형식'으로는 해결할 수 없다고 보았다.

이에 진실한 내선일체를 구현하고 정신적 거국일체를 도모하는 국민적 운동을 기도할 목적으로 내선일체실천사를 창립하였다. 그 방법으로 월간지를 발행하고, 이와 아울러 내선결혼의 촉진을 도모하며, 강독회, 좌담회, 전람회, 영화회 등을 알선하고 기도하는 것을 단체의 목표로 삼았다(「내선일체실천사창립취지서」, 창간호).

내선일체사는 전국 각지에 지사를 설치하였는데, 1939년 말 51개소의 군 단위 지사가 진용을 갖추고 있다고 높이 평가하고 있다(창간호). 창간호의 「편집후기」에는 야하시 스이메이(矢橋水明), 김성률(金聲律), 아리데 요키치(有出要吉) 3명을 내선일체실천사의 고문으로 추대하였다고 밝히고 있다. 야하시는 『평양매일신문』과 『대구일보』의 부사장을 지낸 언론인으로서 『매일신보』 촉탁과 경성자보회(京城子寶會) 주간으로 있는 사람이며, 김성률은 교육계에 오래 종사하였으며 『사실로 본 내선일체(史實より見たる內鮮一體)』라는 책을 출판한 사람이다.

박남규의 개인잡지로 보일 정도로 이 잡지에는 그의 글이 많이 실려 있다. 『내선일체』 1942년 6월호 기사에서 박남규는 자신이 1922년 오사카에서 해군에 지원했지만 조선인이어서 불합격했다고 소개하고, 지원병 혹은 징병제에 대해 조선인이 협력할 것을 촉구하였다. 구미의 식민지에서 토민병을 만들어 외인부대로 활용하는 것과 조선의 지원병제는 완전히 다르다고 강조하고, 현인신(現人神)인 천황 폐하가 이끄는 군대의 선량함은 세계에서 유일무이하다고 강변하였다. 또한 같은 호의 「편집후기」에서 최근 영미포로 감시원으로 반도 청년 수천 명을 채용한 것은 정말 반도 젊은이들의 웅장한 가슴을 열어 준 일이라고 치하하고, 반도 2400만의 자부(慈父)이고 자모(慈母)였던 미나미 지로(南次郞) 총독이 돌연 떠나 석별감을 금치 못하겠다고 아쉬워하였다.

내선 결혼 실천

내선일체실천사에서는 내선 결혼을 촉진하기 위하여 사내에 '내선결혼상담부'를 설치하였다. 상담부는 내선 결혼에 관한 조사, 매개, 해결, 상담, 지도를 하는 것을 목적으로 하는 조직이었다. 부장 1명을 두었는데 사장이 그를 겸임하였다. 희망자는 누구나 상담할 수 있었으며 상담은 무료라고 하였다. 내선 결혼을 위한 '호적수속안내서'를 송부하기도 하였다고 한다. 사장 박남규는 10여 년 전에 이미 내선 결혼을 한 사람으로서 경험을 많이 가진 자라고 선전하였다(「내선결혼상담부 규약」, 창간호).

1941년에는 내선 결혼 상담이 증가하여 위원제도를 둔다고 하였다. 내선 결혼을 의뢰하는 경우에 위원은 상대방을 물색하여 소개하는 것을 사명으로 삼는데, 이는 국가적 사업이므로 협력할 것을 당부하고 있다(「내선결혼상담부위원제도설치에 대하여」, 1942년 4월호).

『내선일체』 1941년 4월호에는 내선 결혼자 137쌍의 지방별 통계가 이름, 원적, 현주소를 정리한 일람표, 결혼사진과 신부 모집 공지 등과 함께 6면에 걸쳐 게재되어 있다. 그 밖에도 인터뷰, 수필, 독자 투고 등의 형식으로 다양한 사례를 소개하고 있다. 수시로 좌담회 등도 개최하였다. (윤해동, 신상필)

참고문헌

오야 지히로, 「잡지 『내선일체』에 나타난 내선결혼의 양상 연구」, 『사이』 창간호, 1926; 『내선일체』(복각본), 청운출판사, 2005.

내외교육평론(內外教育評論)

1907년 일본에서 발행된 교육 잡지

1907년에 창간되어 1915년까지 발간된 교육 잡지이다. 창간 당시의 주필은 기야마 구마지로(木山熊次郎)였다. 도쿄제국대학(東京帝國大學) 출신인 기야마 구마지로는 1908년 『사회주의운동사(社會主義運動史)』(忠文舍)를 출판하였다가 발매금지를 당할 정도로 급진적인 인물이었다.
기야마 구마지로가 1911년 사망한 뒤에는 상대적으로 온건한 진보적 교육학자인 오시마 마사노리(大島正德)가 주필을 맡았다. 오시마 마사노리는 당시 도쿄제국대학 교수였으며 나중에는 국제주의자로 이름이 알려진 인물이었다. 그러나 1915년 오시마 마사노리가 도쿄의 교육국장으로 취임하게 되면서 『내외교육평론』은 폐간되었다.

『내외교육평론』의 특징은 현직 교사의 투고를 크게 존중하고 있었다는 점이다. 이 시기 다른 교육 잡지에서도 현상 논문 모집 등에 의하여 교사의 의견을 구하는 양상이 나타나고 있었지만 그 가운데서도 이 잡지는 현직 교사들로부터 좋은 평가를 받고 있었다.

특히 나중에 『제국교육(帝國教育)』의 주필로 활동하는 미우라 도사쿠(三浦藤作), 『창조(創造)』를 통하여 창조 교육을 주장하는 이나게 긴시치(稲毛金七, 와세다대학 교수) 등이 이 잡지를 통하여 명성을 얻게 되었다. (이준식)

참고문헌

教育ジャーナリズム史研究會 編, 『教育關係雜誌目次集成 第1期(教育一般編)』 第18卷, 日本圖書センター, 1987; 內外教育評論社 編, 『木山熊次郎遺稿』, 內外教育評論社, 1913; 小原國芳, 『日本新教育百年史 1』, 玉川大學出版部, 1970.

내외정보(內外情報)

1921년 타이완총독부가 발간한 정보 잡지

1921년 6월 18일 창간되어 1925년 12월 159호를 내고 종간된 타이완총독부(臺灣總督府)의 정보 잡지이다. 발행처는 타이완총독부 관방조사과(官房調査課)와 외사과(外事課)였다.
매월 1, 11, 21일 세 차례 발간된 순간 잡지였다. 종간 후에는 『타이완정보(臺灣情報)』 1925년 11·12월 합병호에 부록으로 게재되기도 하였다. 다음해 1월부터는 다시 『지나 및 남양정보(支那及南洋情報)』로 제목이 바뀌어 『타이완시보(臺灣時報)』 74호(1926.1)에서 143호(1931.10)까지 부록으로 게재되었다.
처음에는 『외사주보(外調週報)』라는 제목으로 창간되었다가 같은 해 11월부터 『외사주보(外事週報)』로 제목이 바뀐 것이 관방조사과에서 1920년 10월 1일부터 펴내고 있던 『통계주보(統計週報)』가 합해져서 『내외정보』가 되었다.

『내외정보』의 내용은 아시아 여러 나라 곧 중국, 홍콩, 영국령 말레이반도(현재의 말레이시아), 인도, 네덜란드령 동인도(현재의 인도네시아), 호주, 필리핀, 태국, 미얀마 등의 여러 지역의 각종 정보 및 무역, 산업의 각종 통계를 수록하는 것이었다. (이준식)

참고문헌

アジア經濟研究所圖書資料部, 『舊植民地關係機關刊行物綜合目錄 臺灣編』, アジア經濟研究所, 1973.

녀자지남(女子指南)

1908년 서울에서 창간된 여성지

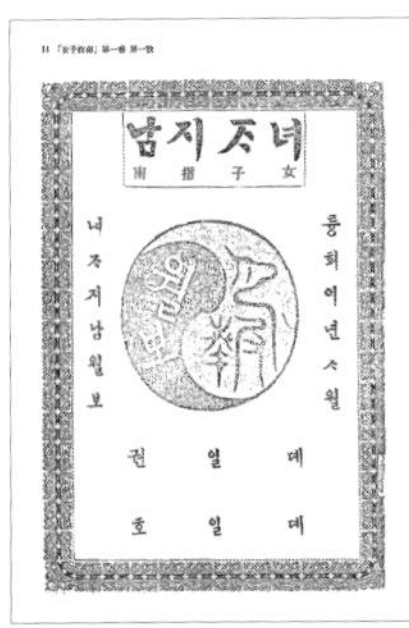

1908년 5월에 발간하여 1910년에 폐간되었고, 여성이 주체가 되어 발간한 최초의 여성지이다. 통권 3호까지 발간되었다고 전한다. '여자보학원 월보'의 성격을 가진 여성계몽지로 사장 윤치오, 편집원 강윤희, 발행인 이석영, 인쇄인 이기홍, 인쇄소 우문관, 발행소, 여자보학원으로 정가는 15전이다. 한국여성사지식정보시스템(www.womenshistory.re.kr)에서 1권 1호 원문이 제공되고 있다.

윤치오의 발간사에 의하면 "유년 여자의 교육에 힘쓰시고 또한 연고한 여자의 학식 도덕을 발달하기 위하여 지금 여자의 교육에 필요될 만한 녀자지남이란 월보를 발행하여 …… 우리나라로 하여금 급히 문명에 나아가 넓은 지위와 세력을 완전히 얻도록 전심 갈결 하시니"라는 구절이 있다. 즉 "오늘 우리나라의 지위와 세력이 태서 열국만 같지 못함을 한탄하는 것은 곧 지금 일일 일시 일각이라도 머무르지 말고 시급히 여자교육을 발달시키니만 같지 못한지라"라고 하여 이 잡지가 애국계몽기 당대 지식인들의 열망인 근대화와 부국강병(富國强兵)을 위한 여성교육을 위해 창간된 것임을 알려준다. 이 글에 의하면 조선의 여성교육의 길은 두 가지인데, 하나는 교육제도에 의한 것이며, 다른 하나는 "학교에 아니 가고도 족히 여자의 학식과 도덕을 발달할 만한 고금 역사와 각종 학과와 동서양 물정세태를 다 거두워 여자교육 잡지라 하는 서책을 간행하여 사업을 경영하며 한 몸과 한 집으로 하여금 지극히 영광스러이 하며 한 나라와 한 세계로 하여금 급히 문명케"라는 것이라는 목적에서 이 잡지를 발행한 것이다.

그리하여 어린 여자아이는 학교를 통하여, 성인여자는 『녀자지남』을 통하여 교육시키기 위한 것이었다.

창간호의 주요 기사로는 청해백옹의 「남녀동등론」, 김운곡의 「남녀동등의무」 외에도 「혼인이해론」, 「여자교육의 필요」, 「국가의 정신은 남녀교육에 재함」 등이 있는데 이 기사들 역시 조선이 문명한 나라가 되기 위해서는 여성들의 교육이 시급하다는 점을 강조하고 있으며, 여성들 역시 남자에게 의존하지 말고 자유와 인격을 찾아 남자와 같이 활동하여 국가분자된 자격을 잃지 말고 능력을 얻어 '여자의 자립성'(이강자, 「여자의 자유」)을 갖추자고 강조한다. 이옥경의 글에서는 구체적으로 '남녀의 내외하는 법을 폐지할 것, 학문을 가르칠 것, 과부의 개가 허락, 조혼 방지, 혈속을 두지 못할 지경에는 이혼하여 다시 개가케 함, 조강지처가 없으면 과부든지 이부든지 부인으로 대접함'이라는 구체적인 항목별 제안 사항을 열거하고 있다.

이 잡지는 이후 『녀자지남』 사장이었으며 학무국장인 윤치오, 그의 부인 윤고라 그리고 이옥경이 주동이 되어 1909년 6월부터 속간운동을 전개하였으나, 실현되지는 못하였다. 이와 같은 상황하에서 이 책은 3호까지 간행되었다. 3호는 유실된 것으로 본다.

• **여자보학원유지회(女子普學院維持會)**

1908년 5월 10일에 조직된 근대화시기 여성교육단체이다. 여자교육회(女子教育會)의 여자교육 정상화를 위하여 1907년 봄에 부속학교로 설립되었다. 그러나 여자교육회가 3000여 환의 부채로 인하여 여자보학원을 제대로 운영할 수 없게 되자 윤치오(尹致旿) 등 사회유지 11명이 여자보학원 설립자 이옥경을 설득하여 여자보학원만을 따로 독립시키기 위하여 여자보학원유지회를 조직하게 되었다.

1908년 5월 19일, 발기 당시 임시회장으로 윤치오가 선출되었으며, 임시서기 이달원(李達遠), 규칙위원 최재학(崔在學), 통치위원 강윤희(姜玧熙)였다. 그러나 여자보학원유지회는 유지들의 의연금에 의하여 운영되는 만큼 독립적인 경영, 유지가 어려웠다.

또 여자보학원을 위한 수천원의 의연금이 답지하자 여자교육화와 강윤희 사이에 의연금을 중심으로 한 보학원 귀속문제가 불거졌으며, 한동안 싸움이 치열하여졌다. 이에 1908년 6월에 여자보학원에서 완전히 분립된 새로운 여학교 양원여학교(養源女學校)를 설립하고, 그해 9월 초에 보학원 유지를 위한 새 보학원유지회가 재조직되었다. (박지영)

참고문헌

이은희, 「한말여성지 『녀즈지남』 연구」, 숙명여자대학교대학원 석사학위논문, 1995; 이옥진, 「여성잡지를 통해 본 여권신장: 1906년부터 1929년까지를 중심으로」, 이화여대석사학위논문, 1980.

▌노농문학(勞農文學)

1933년 일본에서 발행된 프롤레타리아 문예지

1933년 1월 창간되어 1934년 1월까지 발간된 문예지이다. 4호(1933.4)는 발매가 금지되었다. 9호(1933. 10)까지는 문고형의 작은 잡지로 발간되었지만 10호(1934.12)와 2권 1호(1934.1)는 가로 23㎝, 세로 31㎝의 4쪽 신문 형태로 발간되었다.
발행 겸 편집인은 하야마 요시키(葉山嘉樹)였고, 발행처는 프롤레타리아작가클럽(プロレタリア作家クラブ)이었다.

『노농문학』이 창간된 배경에는 『문예전선(文藝戰線)』 해체 후 『문예전선』파의 잔류자가 다시 이른바 노농문학파와 레프트파(レフト派)로 분열된 것이 작용하고 있었다.

하야마 요시키는 마에다코 히로이치로(前田河廣一郎), 사토무라 긴조(里村欣三), 이와토 유키오(岩藤雪夫), 다구치 운조(田口運藏), 시라토리 요코(白鳥葉子), 나카이 마사아키(中井正晃) 등과 함께 "우리는 프롤레타리아문학을 지킨다"는 목표를 내걸고 『노농문학』을 창간하였다.

그러나 시대가 이미 변화하고 있었고 동인들의 문학 활동도 침체되기 시작하였기 때문에 1년 만에 종간할 수밖에 없게 되었다. 그 후 1934년 2월에 좌익예술가연맹(左翼藝術家聯盟)과 합동하여 『신문전(新文戰)』을 발간하였지만 이 역시 해를 넘기지 못하고 종간되었다.

『노농문학』은 평론, 창작 모두 주목할 만한 것을 많이 게재하지는 못하였지만 『문예전선』파의 문학운동의 마지막 보루를 지킨 잡지로서의 의미를 갖고 있다. 창작 가운데서는 나카이 마사아키의 「태동(胎動)」(8호)이 프롤레타리아의 체험을 잘 묘사한 작품으로 평가된다.

• 하야마 요시키(葉山嘉樹, 1894~1945)

후쿠오카현(福岡縣) 출신으로 와세다대학 고등예과(高等豫科)에 입학하였지만 학비 미납으로 제적되었다.

그 후 나고야노동자협회(名古屋勞働者協會会)에 가입하여 각종 노동쟁의를 지도하였다. 1923년 '나고야공산당사건'으로 투옥되었다가 옥중에서 「매음부(賣淫婦)」를 써서 일약 문단의 신진 작가로 각광을 받게 되었다.

기존의 프롤레타리아문학이 관념적이거나 도식적이었던 데 비하여 하야마의 작품은 인간의 자연스런 감정을 거침없이 묘사하였고 예술적 완성도도 높았다. 특히 「바다에서 살아가는 사람들(海に生くる人人)」은 일본 프롤레타리아문학의 최대 걸작 가운데 하나로 손꼽힌다.

그의 문학 세계는 흔히 '하야마문학(葉山文學)'으로 불렸으며 고바야시 다키지(小林多喜二) 등의 프롤레타리아 작가에게 큰 영향을 미쳤다. 일본 프롤레타리아문학운동이 『전기(戰旗)』파와 『문예전선』파로 나뉘었을 때는 『문예전선』파의 대표적인 작가로 활약하였다. 1944년 만주의 개척촌에 이주하였다. 다음해 10월 귀국 도중 사망하였다. (이준식)

참고문헌

浦西和彦, 『葉山嘉樹』, 桜楓社, 1973; 日本近代文學館 · 小田切進 編, 『日本近代文學大事典』 第5卷, 講談社, 1977; 廣野八郎, 『葉山嘉樹 · 私史』, たいまつ社, 1980; 浦西和彦 編, 『葉山嘉樹』, 日外アソシエーツ, 1987; 淺田隆, 『葉山嘉樹: 文學的抵抗の軌跡』, 翰林書房, 1995; 鈴木章吾, 『葉山嘉樹論: 戰時下の作品と抵抗』, 菁柿堂, 2005.

노동경제(勞働經濟)

1930년 일본의 노동경제사가 발행한 노동 잡지

1930년 7월에 창간되어 1935년 12월호(7권 12호)까지 6년 동안 발간된 노동 잡지이다. 1930년 7월 아베 이소(安部磯雄), 스즈키 분지(鈴木文治), 마쓰오카 고마키치(松岡駒吉), 요네쿠보 미치스케(米窪滿亮), 니시오 스에히로(西尾末廣) 등이 중심이 되어 정치 경제의 분석, 조사를 목적으로 창간되었다.
발행처는 노동경제사(勞働經濟社)였다. 처음에는 4×6 배판의 판형에 45쪽으로 발간되었지만, 나중에는 쪽수가 35쪽 정도로 줄어들었다. 그러면서 정가도 30전에서 20전으로 인하되었다. 1935년 12월호에는 "본지는 1월부터 『명일(明日)』로 개제한다"고 적혀 있지만 현재로서는 『명일』의 발간 여부는 확인되지 않는다.

『노동경제』는 쇼와공황(昭和恐慌)이 정점에 달해 있던 시기에 창간되었다. 따라서 창간호는 시평을 통하여 불경기를 대중이 알기 쉽게 해설하고, 경제 개관에서 당시 일본 정부가 추진하던 긴축정책을 분석하고, "실업자를 구하자"라는 주장을 내걸고 점차 심각해지고 있던 노동쟁의를 전달하고, 특별 기사로 「가네부치(鐘淵)방적 대쟁의 분전기(鐘紡大爭議奮戰記)」를 게재하고 있다.

당시 일본노동총동맹(日本勞働總同盟) 산하의 기관지에 이 잡지를 프롤레타리아 경제 잡지라고 소개하는 광고가 실려 있었던 것으로 보아 조합원들에게 널리 구독을 장려하고 있었을 것이다. (이준식)

참고문헌

杉原四郎 編, 『日本經濟雜誌の源流』, 有斐閣, 1990; 『日本出版百年史年表』, 日本書籍出版協會, 1968.

노동계(勞動界)

1920년 중국 상하이에서 발간된 정치운동 잡지

1920년 8월 15일 상하이(上海)에서 창간되었다. 중국 공산당이 최초로 창간한 노동자 간행물이다. 주간 발행으로 1921년 1월 23일 정간되었다. 모두 24호 간행되었으며, 저장성도서관(浙江省圖書館) 등지에 소장되어 있다.

『노동계』는 상하이 공산주의 소조(共産主義小組)에서 주관하였다. 편집은 신청년사(新靑年社)가 담당하였다. 천두슈(陳獨秀), 리한준(李漢俊)이 주편을 맡았다. 노동자에게 마르크스주의를 선전하기 위한 목적에서 간행되었다. 국내 노동계, 국제 노동계, 상하이 노동계(本埠勞動界), 연설, 조사, 시사, 통신, 소설, 시가, 한담(閑談), 취문(趣文), 독자투고 등의 난으로 구성되었다. 노동과 노동계급의 위대함을 찬송하고, 노동자에 대한 자본가의 착취를 폭로하는 단문(短文)을 실었다. 노동자계급에게 연합, 투쟁하여, 자본주의를 대신하여 사회주의의 출로를 제시하였다. 공산당사와 노동운동사를 연구하는 데 좋은 참고자료이다. (이은자)

참고문헌

葉再生, 『中國近代現代出版通史』, 北京: 華文出版社, 2002; 王檜林 · 朱漢國 主編, 『中國報刊辭典(1815~1949)』, 太原(山西): 書海出版社, 1992.

▌노동공제(勞働共濟)

1915년 일본에서 창간된 사회사업 잡지

1915년 1월에 창간되어 1921년 3월(7권 3호)까지 모두 67호가 발간된 사회사업 잡지이다. 발행처는 노동공제사(勞働共濟社)로 되어 있지만 실제로는 정토종 노동공제회(淨土宗勞働共濟會)의 기관지였다.

주필은 와타나베 가이쿄쿠(渡辺海旭,1872~1933)였다. 와타나베 가이쿄쿠는 정토종의 독일 유학 출신의 학승이자 대학 교수로 당시 일본의 신불교운동을 주도하면서 사회사업과 노동운동에도 깊은 관심을 갖고 있었다.

『노동공제』에는 와타나베 가이쿄쿠와 뜻을 같이 하는 다카시마 베이호(高島米峰, 1875~1949), 야부키 게이키(矢吹慶輝, 1879~1939), 하세가와 요시노부(長谷川良信, 1890~1966) 등이 관여하고 있었다. 하세가와 요시노부의 경우 1919년 슈쿄대학(宗教大學, 현재의 다이쇼대학[大正大學]) 사회사업연구소에 재직하면서 마하야나학원(マハヤナ學園)을 설립하여 일본 최초의 인보(隣保)사업을 시작한 인물이었다. 와타나베 가이쿄쿠와 하세가와 요시노부의 경우에서 알 수 있듯이 『노동공제』에 참가한 인물들은 불교와 사회사업이라는 공통점을 갖고 있었다.

이들 외에도 오사카(大阪)에서 사회사업 활동을 벌이면서 『구제연구(救濟硏究)』를 발간하고 있던 오가와 시게지로(小河滋次郎, 1862~1925)를 비롯하여 아다치 겐추(安達憲忠, 1857~1930), 다나카 다로(田中太郞, 1870~1932) 등 도쿄의 사회사업 관계자, 다고 가즈타민(田子一民, 1881~1963) 등 사회사업가가 『노동공제』에 글을 게재하였다.

'협조의 정신'을 중시하는 불교자와 당시 사회사업 활동의 일선에서 활동하고 있던 인물 등이 사회사업은 물론이고 노동문제에 관해서도 자신의 견해를 밝히고 있다는 점에서 중요한 의미를 갖는 잡지이다. (이준식)

참고문헌

『勞働共濟』(復刻板), 不二出版, 2005; 吉田久一, 『社會福祉と日本の宗教思想』, 勁草書房, 2003.

▌노동농민신문(勞働農民新聞)

1927년 일본의 노동농민당이 창간한 신문

일본의 노동농민당(勞働農民党)이 1926년 12월 1회 대회의 결정에 따라 창간한 신문이다. 처음에 월 2회 간행했으나, 이후 월 3회 간행했다. 창간 1년 후에는 주간지로 전환했다. 원본은 호세이대학(法政大學) 오하라사회문제연구소(大原社會問題硏究所)가 소장하고 있다.

노동농민당은 1926년 3월 좌파를 배제하고 전국적 단일무산정당으로 결성되었다. 그러나 같은 해 10월 좌파에 대한 문호개방문제를 둘러싸고 일본노동총동맹(日本勞働總同盟) 등의 5개 단체가 탈당하였다. 이후 좌익무산정당으로 탈퇴파가 결성한 우파의 사회민중당(社會民衆党), 중간파의 일본노농당(日本勞農党)과 대항했다.

1928년 4월 10일 노동농민당은 치안유지법에 의해 결사금지처분을 받고 해산했다. 그러나 『노동농민신문』은 그 후에도 신당조직준비회(新党組織準備會), 정치적 자유획득노농동맹(政治的自由獲得勞農同盟), 그리고 1929년 11월부터는 이른바 신노농당(新勞農党)의 기관지로 계속 발행되었다.

1930년에는 신노농당의 해소문제로 분열하여, 1930년 11월 1일자의 제123호부터 125호까지는 해소파와 본부파가 각각 별개로 『노동농민신문』을 발행했다. 해소파는 1930년 11월 21일자로 종간되었는데, 본부파는 일시적으로 지명을 『노동자농민신문(勞働者農民新聞)』으로 바꾸어 신노농당이 전국노농대중당(全國勞農大衆党)의 결성에 참가하기 직전인 1931년 6월 14일 제129호까지 간행을 계속했다.

호세이대학(法政大學) 오하라사회문제연구소(大原社會問題硏究所)가 편집한 자료집에는 해소파, 본부파의 『노동농민신문』과 『노동자농민신문』도 합쳐서 전 129호가 수록되어 있다. (김인덕)

참고문헌

『國文學 解釋と鑑賞』(10月) 第30卷 第13号, 東京: 至文堂, 1965; 日本近代文學館·小田切進 編, 『日本近代文學大事典』 5卷, 東京: 講談社, 1977; 法政大學大原社會問題硏究所 編, 『勞働農民新聞』, 東京, 法政大學出版局, 1983.

노동부인(勞働婦人)

1927년 일본노동총동맹이 발행한 여성 노동운동 잡지

1927년 10월에 창간호가 나온 뒤 1934년 2월까지 월간으로 발간된 노동운동 잡지이다. 발행처는 창간호부터 56호(1932.9)까지는 일본노동총동맹(日本勞働總同盟) 본부였지만 57호(1937.10)부터는 노동부인사(勞働婦人社)로 바뀌었다.
발행 겸 편집인은 일본노동총동맹의 간부인 마쓰오카 고마키치(松岡駒吉)로 되어 있었지만 실제로 편집의 책임을 맡은 것은 아카마쓰 쓰네코(赤松常子)였다. 판형은 4×6배판이었고 본문의 쪽수는 30쪽 안팎이었다. 아카마쓰 쓰네코의 건강이 악화되는 바람에 1934년 2월에 73호를 발간한 뒤 폐간되었다.

『노동부인』은 일본노동총동맹이 발행한 기관지였다. 일본노동총동맹 부인부는 1925년과 1926년 두 차례에 걸쳐 내부 분열을 겪었다. 그러면서 조직의 주력이 탈퇴하였기 때문에 아카마쓰 쓰네코를 중심으로 잔류파인 봉공조합(縫工組合)과 도쿄전기(東京電氣)의 여성 노동자들에 의하여 조직의 재건과 확대가 시도되었다.

한편 1927년 6월 대일본방적(大日本紡績)에서 일본노동총동맹의 조합 권유에 응한 노동자들을 회사 측이 해고한 것에 대하여 '부당 해고' 반대를 부르짖으며 3000여 명의 노동자가 약 50일 동안의 파업에 들어갔다. 이때 파업을 응원하기 위하여 일본노동총동맹 안에 여성 노동자에 의한 노동부인연맹(勞働婦人聯盟)이 조직되었다. 일본노동총동맹 부인부가 노동부인연맹과 협력하여 발행한 것이 『노동부인』이었다.

『노동부인』의 내용은 강화(講話), 투서, 노동 만담 연재, 만화, 가단(歌壇), 쟁의이야기(爭議物語), 가정, 등으로 이루어져 있었다. 강화를 제외하고는 대체로 젊은 여성 노동자를 지향하는 편집이었다.

『노동부인』이 매월 발간되는 데는 일본노동총동맹 부인부의 지도자인 아카마쓰 쓰네코의 헌신적인 노력이 결정적이었다.

아카마쓰 쓰네코는 「남녀 동일 노동에 대한 남녀 동일 임금의 요구를 부르짖는다(男女同一勞働に對する男女同一賃銀の要求を叫ぶ)」(10호), 「노동부인과 소비조합운동(勞働婦人と消費組合運動)」(21호), 「최근의 각 조합 부인부의 활동에 대하여(最近の各組合婦人部の活動について)」(22호), 「산업의 합리화와 노동조합(産業の合理化と勞働組合)」(24호), 「총선거와 노동부인(總選擧と勞働婦人)」(50호) 등 80여 편 이상의 글을 게재하여 사실상 이 잡지를 주도하고 있었다.

• 아카마쓰 쓰네코(赤松常子, 1897~1965)

야마구치현(山口縣) 출생. 유명한 사회운동가 아카마쓰 가쓰마로(赤松克麿)의 누이동생이다. 일찍부터 부락 해방운동과 고아 구제 활동을 벌이던 부모의 영향을 받았다.

교토여자전문학교(京都女子專門學校) 재학 중에는 가가와 도요히코(賀川豊彦)와 같이 활동하였다. 학교를 중퇴한 뒤 노동운동에 투신하여 일본의 여성 노동운동을 이끄는 지도자가 되었다. 일본의 패전 이후에는 일본사회당 결성에 참가하였으며 1947년 참의원에 당선되었다. (이준식)

참고문헌

『勞働婦人』(復刻板), 法政大學出版局, 1978~1985; 近代女性文化史研究會 編, 『近代婦人雜誌目次總攬』 第13卷, 大空社, 1986; 鈴木裕子, 『女性と勞働組合 上』, れんが書房新社, 1990; 杉原四郎 編, 『日本經濟雜誌の源流』, 有斐閣, 1990.

노동세계(勞働世界)

1897년 창간된 일본의 초기 노동운동 잡지

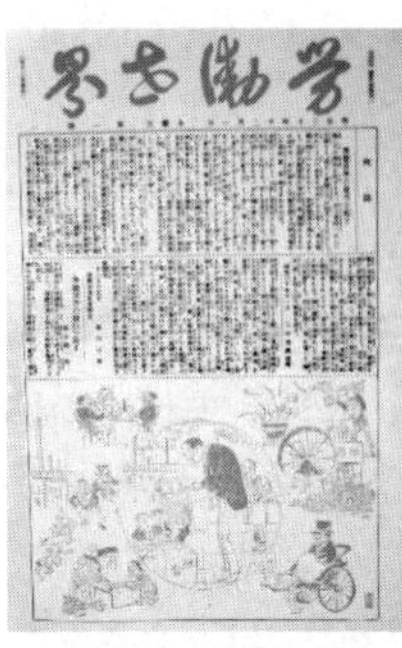

1897년 12월에 창간되어 1905년 11월에 폐간된 일본의 초기 노동운동 잡지이다. 1901년 12월 100호를 기해 『내외신보(內外新報)』로 개제되었다가 1902년 4월 다시 『노동세계』로 바뀌었다. 1903년 3월 『사회주의(社會主義)』로 다시 이름이 바뀌었지만 1905년 11월 간행이 정지되었다.
명목상의 편집 겸 발행인은 시노자키 고후(篠崎五風=篠崎伊與亮)로 되어 있었지만 실질적인 책임은 처음부터 폐간될 때까지 주필인 가타야마 센(片山潛)이 맡고 있었다. 그리고 가타야마의 오른팔로 초기의 『노동세계』를 지탱한 것은 나중에 『동양경제신보(東洋經濟新報)』 주간이 되는 우에마쓰 고쇼(植松考昭)였다. 그리고 이름은 몇 차례 바뀌었지만 내용상으로는 연속되는 것이었다. 잡지를 표방하였지만 실제로는 타블로이드판의 신문이었다. 창간호만 12쪽이었고 이후에는 매호 10쪽이었다. 매월 5일과 15일 2회 발간되었다. 정가는 1부에 2전이었고 반년분의 구독료는 26전이었다. 발행부수는 창간 당초는 1500부 정도였다. 노동운동이 점차 정체되고 있던 1900년 6월부터는 월간이 되었고 다시 같은 해 9월부터는 가타야마 센 개인이 경영과 편집을 모두 맡게 되었다. 『내외신보』에서 다시 『노동세계』로 돌아가면서 격주간이 되었다.

『노동세계』는 1897년 7월에 조직된 노동조합기성회(勞働組合期成會)의 기관지이자 1897년 12월에 조직된 철공조합(鐵工組合)의 기관지였다. 따라서 노동조합기성회의 활동이나 철공조합 각 지부의 동향을 소개하는 기사가 많이 게재되었다.

가타야마 센 외에 다카노 후사타로(高野房太郞), 아베 이소(安部磯雄), 요코야마 겐노스케(橫山源之助) 등이 필자로 활동하였다. 일본 노동운동 성립기에 정보, 이론, 교육의 중심과 같은 역할을 하였다.

전임 대심원장(大審院長, 현재의 최고재판소 장관에 해당)이자 도쿄기독청년회(東京基督靑年會) 초대 이사장이던 미요시 다이조(三好退藏)와 중의원(衆議院) 부의장이자 『마이니치신문(每日新聞)』 사장이던 시마다 사부로(島田三郞)의 축사가 창간호의 첫 페이지를 장식하였다. 여기서도 알 수 있듯이 당시 노동 문제에 관심을 갖고 있던 지식인들의 지지를 받고 있었다.

초기에는 다카노 후사타로의 영향 아래 노동은 신성한 것이라는 점과 노동자의 지위가 향상되어야 한다는 점을 강조하였으나 1899년 1월부터는 가타야마의 주도 아래 '사회주의'란을 신설하여 사회주의를 지지한다는 입장을 선명하게 드러냈다. 이러한 변화는 다양한 측면에서 나타났다.

문학의 경우 창간 당초에는 비평가이자 소설가이던 우치다 로안(內戰魯庵=가토 고이치[加藤弘一]) 등이 『노동세계』를 지원하기 위하여 집필을 하기도 하였지만 점차 '사회주의 시기'의 대표적인 사회주의 잡지로서의 색채를 드러내면서 신진 시인인 고즈카 구코쿠(小塚空谷), 고다마 세이진(兒玉星人) 등이 노동운동과 사회주의를 계몽하고 선전하기 위하여 빈번하게 시를 게재하게 되었다.

시뿐만 아니라 다른 장르의 사회주의 문학작품도 자주 게재되고 있었다. 나중에는 문학란까지 따로 마련되었다. 이러한 의미에서 이 잡지는 초기 사회주의 문학의 다양한 형태를 보여 주는 자료로서의 성격도 갖고 있다.

노동조합기성회는 일본의 사회운동에 많은 유산을 남겼지만 그 가운데서도 『노동세계』가 이후 사회운동 기관지의 원형이 되었다는 점이 중요하다. 특히 영어로만 편집된 난을 두어 당시 일본에서 전개되고 있던 사회운동, 노동운동을 해외에 인지시키려고 노력한 것이 주목된다.

이후 메이지(明治) 시기에 간행된 여러 사회주의운동 기관지가 이러한 형태의 편집을 그대로 따라갔다.

• 노동조합기성회

1897년 7월 5일 다카노 후사타로, 사와다 한노스케(澤田半之助), 조 쓰네타로(城常太郎), 스즈키 준이치로(鈴木純一郎) 등이 노동조합의 성립을 촉진하기 위하여 만든 조직이다. 다카노 후사타로가 간사장(幹事長)을 맡았다. 노동조합은 아니고 노동조합운동에 관한 선전 계몽 단체로서의 성격을 갖고 있었다.

회원은 주로 노동자였지만 지식인도 정규 회원으로 참가하고 있었다. 노동조합기성회는 발족 이후 단기간에 급속한 발전을 이루었다. 발족 당시의 참가자는 71명이었지만 같은 해 11월에는 이미 회원수가 1100명을 넘어섰다. 특히 철공, 곧 금속기계공업 노동자의 입회가 활발하였다. 연설회와 출판 활동 등을 통하여 일본의 초기 노동운동이 활성화되는 데 큰 역할을 하였다.

• 철공조합

『노동세계』 창간호가 나온 날과 같은 날에 다카노 후사타로 등을 중심으로 출범한 일본 최초의 근대적 노동조합이다. 정식 명칭은 노동조합기성회철공조합(勞働組合期成會鉄工組合)이었다. 철공이라는 금속기계 공장에서 일하는 노동자의 총칭이다. 따라서 철공조합은 금속기계산업에 종사하는 다양한 직종의 노동자를 조직 대상으로 한 산업별 조직으로서의 성격을 갖고 있었다.

출범 당시 철공조합의 조합원 총수는 1180명이었고 지부의 수는 13개였다. 1998년 말에는 32지부에 2717명의 조합원을 확보한 조직으로 성장하였다. 그러나 조직이 양적으로 성장한 반면에 회비 미납자가 급증하여 재정난이 심해지고 실질적으로 조직을 이끌고 있던 다카노 후사타로가 일선에서 물러나면서 1901년 여름부터 활동이 침체되기 시작하였다.

• 다카노 후사타로(高野房太郎, 1868~1869)

나가사키(長崎縣) 출생. 메이지기 일본노동조합운동의 선구자로 활동하였다. 1886년 미국에 건너간 뒤 1891년 노동자 단체인 직공의우회(職工義友會)를 결성하였고, 숙련 노동자 중심의 온건한 노동조합인 미국노동총동맹(American Federation of Labor: AFL) 회장인 새뮤얼 곰퍼스(Samuel Gompers)의 지도를 받고 미국노동총동맹의 일본 '오르그(organizer, 조직자)'로 임명되었다.

미국에서 귀국한 뒤에는 가타야마 센 등과 함께 노동조합을 조직하기 위한 활동을 활발하게 전개하였다. 1899년 이후에는 노동조합운동의 일선에서 물러나 소비조합운동에 투신하였다. (이준식)

참고문헌

『勞働世界』(復刻板), 勞働運動史料委員會, 1959; 日本共産黨史資料委員會 監修, 『片山潛自傳』, 眞理社, 1949; 片山潛·西川光次郎, 『日本の勞働運動』, 岩波書店, 1952; 渡部義通·鹽田庄兵衛 編, 『日本社會主義文獻解題』, 大月書店, 1958; Hyman Kublin 編, 『明治勞働運動史の一齣: 高野房太郎の生涯と思想』, 有斐閣, 1959; 隅谷三喜男, 『片山潛』, 東京大學出版會, 1960.

▌노동시보(勞働時報)

1924년 일본 정부가 발행한 노동 행정 잡지

1924년 1월에 창간되어 1943년 3월까지 매월 발간된 일본 정부의 노동 행정 홍보 잡지이다. 창간 당시의 발행처는 내무성 사회국(內務省社會局)이었지만 15권 1호(1940.1)부터는 후생성(厚生省)으로 바뀌었다. 19권 11호(1942.11)부터는 잡지의 제목이 『근로시보(勤勞時報)』로 바뀌었다. 1943년 3월 태평양전쟁의 상황이 계속 악화됨에 따라 20권 3호를 내고 종간이 되었다. 일본의 패전 후에는 1948년 3월부터 노동성(勞働省), 후생노동성(厚生勞働省)에서 같은 제목의 잡지를 계속 간행하기도 하였다.

1923년 내무성에 사회국이 신설되었다. 농상무성

(農商務省)에서 공장법(工場法)을 이관받음으로써 노동 행정을 일원화하는 데 성공한 내무성 사회국은 1924년 1월부터 노동 행정을 알리기 위한 수단으로 『노동시보』를 간행하기 시작하였다.

이 잡지에 실린 기사는 주로 노동자 보호, 노동 위생 해설, 노동운동의 개황, 해외 노동 사정과 국제 노동 문제의 보고, 노동쟁의와 해고자 등의 노동 통계였다.

1938년에 정부의 조직 개편에 따라 노동 행정을 전담하는 후생성이 신설되면서 이 잡지의 발간도 1940년 1월부터 후생성으로 이관되었다. 이 무렵에는 이미 전시체제가 강화되고 있었기 때문에 『노동시보』에도 당시 정부에 의해 진행되고 있던 산업보국운동과 관계되는 기사가 많이 게재되었다. (이준식)

참고문헌

『勞働時報』(復刻板), 日本圖書センター, 1999~2000; 衫原四郎 編, 『日本經濟雜誌の源流』, 有斐閣, 1990.

▌노동운동(勞働運動)

1919년 일본에서 발행된 노동운동 신문

1919년 10월부터 월간으로 발간된 노동운동 전문 신문이다. 사회주의운동의 '겨울의 시대'를 『근대사상(近代思想)』과 『헤이민신문(平民新聞)』 등의 문예지와 선전적인 신문을 바탕으로 극복한 오스기 사카에(大衫榮) 등이 쌀소동 이후의 노동운동의 새로운 전개라는 정세에 부응해 발간했다. 이 신문의 동인은 오스기 사카에 외에 와다 규타로(和田久太郎), 나카무라 간이치(中村還一), 이토 노에(伊藤野枝), 곤도 겐지(近藤憲二) 등이었다. 이후 5차에 걸쳐 복간을 반복하다 1927년 종간하였다. 판형은 12쪽 타블로이드판이었다.

오스기 사카에 등은 『노동운동』의 창간호에서 1910년대 말 일본 노동운동의 상황을 "이론도 실제"도 분명하지 않은 "미궁의 시대"로 규정한 뒤 따라서 『노동운동』이 "노동운동의 이론과 실제의 충실한 소개 및 그 내용 비평"의 임무를 수행할 것임을 밝혔다.

이 신문의 특색은 설교조의 기사가 많이 실리던 이전의 사회주의 관계 신문잡지와는 달리 어떤 특정한 이론과 주의의 일방적인 계몽 선전만 아니라 노동자 각 개인의 구체적이고도 일상적인 경험의 교류와 이를 바탕으로 한 연구에 강하게 호소하고 있다는 점이다.

실제로 중앙은 물론이고 지방의 노동운동단체의 실정을 상세하게 보도하고 개별 노동자들로부터의 통신을 적극적으로 게재하는 모습을 보이고 있었다. 이 신문의 동인들은 모두 오스기 사카에와 가까운 인물들이었으며 따라서 지식 계급을 배척하고 경제적 직접 행동에 호소하는 경향을 강하게 띠고 있었다. (이준식)

참고문헌

渡部義通·鹽田庄兵衛 編, 『日本社會主義文獻解題』, 大月書店, 1958; 『日本出版百年史年表』, 日本書籍出版協會, 1968.

▌노동운동(勞動運動)

1924년 일본에서 창간된 도쿄조선노동동맹회의 기관지

1924년 1월에 도쿄조선노동동맹회의 기관지로 창간되었다. 한글 발행이며, 호수는 알 수 없다. 1925년 2월에는 재일본조선노동총동맹이 결성되어, 『조선노동(朝鮮勞動)』을 창간했다.

동맹회의 기관지인 『노동동맹』은 노동자 대중만이 아닌 재일조선인 전체를 대상으로 하고 있고 내용 또한 일제의 식민지 통치에 대한 비판과 노동 계급의식의 고취로 채워져 있다.

활동 내용을 통해 당시 노동단체의 성격을 살펴보기로 하자. 동맹회는 노동자 학살 사건을 조사하기 위한 활동에서 발전하여 결성되고 노동자계급을 위한 단체임을 강령에 명시했으며 노동쟁의 지원이나 노동자 조직화 등 노동자 계층을 위한 직접적인 활동을 전개했다. 그러나 동맹회는 순수 경제운동만을 수행한 노동단체는 아니었다. 그 이유는 다음과 같다.

① 당시 노동단체를 주도하던 지식인들의 지향점이 노동자의 경제상 이익보다 민족문제였다는 점에서 찾을 수 있다. 동맹회는 노동자계급의 의식 성장과 승리

를 목적으로 결성되었으나 계급운동에 선행하는 과제를 민족의 해방으로 인식하고 있었다.

② 당시 노동단체가 대중적 기반을 바탕으로 하지 못했다는 점이다. 지식인 중심으로 결성되어 노동자를 조직화해 나가는 과정에 있던 동맹회로서는 노동자의 일상적 요구를 대변하는 활동보다는 노동자 의식화·조직화 활동에 치중할 수밖에 없었다. 또한 노동계급으로 성장하는 과도기 단계에 놓여 있던 도쿄(東京) 거주 조선인 노동자의 수효나 의식화 정도도 동맹회 활동 내용에 영향을 미쳤다.

③ 당시 조선인 노동단체에 많은 영향을 미치고 있던 일본노동운동계가 1924년부터 반제운동에 역점을 두고 있었다는 점이다. 일본 노동운동계는 이전부터 반제운동에 관여하고 있었으나 이때부터 본격화되었다.

1924년부터 일본 노동단체의 각종 행사에는 '일선노동자의 임금차별 철폐'라는 표어와 함께 '군국주의 반대'나 '식민지의 기회균등', '식민지 해방' 등이 공식적으로 채택되곤 했다. 이와 같은 일본 노동계의 분위기는 일본 노동단체가 개최하는 여러 행사에 참가하던 조선인 노동운동가와 노동단체에 일정한 영향을 미치게 된다.

• 도쿄조선노동동맹회

도쿄조선노동동맹회는 1922년 여름 니가타현(新潟縣)에서 일어난 신에쓰(新越)전력발전소공사장 조선인노동자학살사건을 조사하기 위해 손영극, 김종범 등의 사회주의자들이 조직한 재일본조선노동자상황조사회가 발전하여 그해 11월에 결성되었다.

결성 당시 동맹회는 '① 우리들은 조선 노동운동을 국제적으로 진출시키고 세계무산계급의 절대 승리를 목적으로 한다. ② 우리들은 재일조선 노동자의 계급의식의 촉진과 작업의 안정을 도모한다'는 내용의 강령을 채택하고 실행위원으로 유진걸, 손봉원, 김상호, 김종범, 김종규, 마명, 남윤구, 강철, 김천해 등을 선출했으며 일본의 해방운동변호사인 후세 다쓰지(布施辰治)와 구로다 히사오(黑田壽男)를 법률고문으로 위촉했다.

동맹회는 강령을 통해 사회주의적인 성격을 명확히 나타내고 있다. 동맹회는 1923년 여름에 일화회관에서 대회를 열었다가 해산명령을 받았다고 하는데 여기에서 '대회'는 총회를 의미한다. 일본 당국의 보고에 의하면 이 대회가 해산된 이후 활동은 더욱 활발해져서 한일 노동자의 결합을 위해 노력했고 간토대지진으로 활동이 미진해졌다가 1924년 1월에 기관지『노동동맹』을 발간했다고 한다.

성립기에 전개된 동맹회 활동은 다음과 같이 정리할 수 있다.

① 일본 사회운동 참가이다. 동맹회는 결성 이듬해인 1923년 1월에 '과격사회운동취체법안·노동조합법안·소작쟁의조정법안반대 전국노동조합전국동맹'에 참가하여 3악법반대운동을 전개했다. 1925년 2월 10일과 11일에는 일본 노동·사회단체들이 결성한 악법안반대동맹회 주최 연설회와 치안유지법과 노동쟁의 조정법안 반대데모에 참가했다.

② 국내 노동운동 지원과 기근에 대한 구호활동이다. 1923년 7월에 동맹회 회원인 김약수와 최갑춘은 일본노동총동맹 간토노동동맹회가 주최한 간토대회에 참석하여 국내에서 일어난 경성고무여자직공 파업투쟁을 보고하고 지원을 호소하여 호응을 얻었다. 동맹회는 1924년 여름부터 국내에 심각한 기근사태가 일어나자 10월 11일에 학우회·해방운동사·노동공생원·형설회 등 13개 단체와 함께 조선기근구제회를 발기하고 28명의 위원을 선임하여 활동에 들어갔다.

③ 동아일보 배척운동의 주도이다. 동아일보 배척운동은 1924년 1월 2일에 실린 이광수의 사설「민족적 경륜」에 대해 도쿄 지방의 지식인들이 중심이 되어 전개한 반대운동이다. 그해 1월 20일 동맹회는 이헌을 대표로 학우회·여자학흥회·조선교육연구회·북성회·형설회·평문사·노우회·조선무산청년회·전진사·오사카노동동맹회 산하 11개 단체 등과 함께 단체를 결성하고 '동아일보 배척운동'을 전개했다. 이들은「민족적 경륜」의 내용이 조선총독정치를 인정하며 조선의 자치, 참정권 획득을 요망하는 것이라고 규탄하고 백무, 변희용, 한위건 외 여러 사람의 연명으로 동아일

보에 문장을 보내어 공개 사죄 및 논설 취소를 요구했다. 그러나 동아일보사로부터 아무 반응이 없자 동아일보규탄연설대회를 열어 비매동맹을 결성하고 성토문을 내외에 선포할 것을 결의하였으며 2월 20일에는 동아일보 배척운동 전단을 만들어 각지의 조선인 단체에 보냈다.

3월 1일에는 도쿄조선유학생학우회, 북성회, 무산청년회와 함께 「민족적 경륜」에 대한 반대강연회도 주최했다. 동맹회는 또한 4월 20일에 동맹회원 김종범이 조선노농총동맹 임시대회에 참석하게 된 기회를 통해 일본에서 전개되고 있는 동아일보배척운동을 국내에 전파·확산시켰다. 이 자리에서는 김종범의 발의로 동아일보를 방해자로 규정하고 동아일보 배척 및 비매동맹을 결의했다. 이와 같은 김종범의 활동에 의해 동아일보배척운동이 국내로 확산되자 관망상태에 있던 동아일보도 중역 전원을 인책 사직하고 사설을 발표하는 등 진화에 나서게 되었다. 동아일보 측의 태도 변화는 재일조선인단체가 식민지 조선사회에 미친 영향력의 일면을 반영한다.

④ 재일조선인에 대한 탄압 반대운동이다. 이 운동은 간토학살사건에 대한 사실 조사와 학살된 조선인을 위한 추도회를 내용으로 한다. 1923년 12월에 동맹회를 비롯한 여러 단체들은 일화일선청년회관에서 재도쿄조선인대회를 열고 간토대지진 조선인학살조사를 위한 조선인박해사실조사회를 결성했으며 1924년 3월 16일에는 일본노동총동맹과 함께 주최했다.

⑤ 노동단체로서 동맹회의 활동이다. 노동단체로서 동맹회의 활동은 메이데이 참가와 노동자 조직 활동, 노동쟁의 지원 등을 들 수 있다. 1924년 5월에 일본노동단체가 주최하는 메이데이 행사에 20명의 회원이 조선인 대표로서 정식으로 참가했고 노동자 조직화를 위해 그 활동범위를 인근 지방(나가노현과 가나가와현)로 확대해 나갔다. 구체적인 내용을 보면 다음과 같다. 1923년 봄에 동맹회 간부인 이헌, 백무, 최갑춘 등은 가나가와현으로 가서 노동자의 결집을 도모했고 그해 가을에 다시 방문하여 제휴를 도모했으나 거절당했다. 이에 김천해가 가나가와현 내 요코하마(横浜)로 이주하여 조선인노동자의 조직화에 힘쓴 결과 1925년 7월에는 조선합동노동조합을 결성하기에 이르렀다. (김인덕)

참고문헌

『한국민족문화대백과사전』, 서울: 한국정신문화연구원, 1991; 김인덕, 『식민지시대 재일조선인운동 연구』, 서울: 국학자료원, 1996.

노동월보(勞働月報)

1921년 일본 오사카시 사회부 조사과에서 발행된 노동 잡지

1921년 4월에 창간되어 1942년 초까지 모두 260호가 발간된 노동문제 조사 잡지이다. 발행처는 오사카시(大阪市) 사회부 조사과였다. 234호(1940.12)까지는 교토(京都)의 고분도(弘文堂)를 통하여 시판되었지만 1941년 이후에는 비매품이 되었다. 1942년 1·2·3월 합병호를 '극비 취급'으로 간행한 후 종간되었다.

다이쇼(大正)기와 쇼와(昭和) 초기의 오사카는 일본 제일의 상공업 도시였다. 당시 오사카의 행정에 자문 역할을 하고 있던 세키 하지메(關一)의 제안에 따라 1919년 5월 시장 직속의 조사계가 설치되어 오사카의 노동문제에 대하여 본격적인 조사에 착수하였다.

그리고 같은 해 가을부터는 「노동조사보고(勞働調查報告)」라는 이름의 보고서를 공식적으로 발간하기 시작하였다. 그 후 조사계는 노동 행정을 전담하는 사회부 조사과가 되었다. 그리고 사회부 조사과는 『노동조사보고』 간행의 연장선에서 『노동월보』를 간행하였다.

『노동월보』의 주요 내용은 노동 인구, 노동 조건, 노동쟁의 일지, 노동 임금에서 생계비, 여가 생활, 주택 문제에 이르기까지 광범위하였다. 그러나 중일전쟁을 전후한 시기부터는 국책을 선전하는 잡지로 성격이 바뀌어 사회 노동 입법을 해설하는 자료가 기사의 주된 내용이 되었다.

• 세키 하지메(關一, 1873~1935)

시즈오카현(靜岡縣) 출생. 일본의 학자이자 정치가이다. 모교인 도쿄고등상업학교(東京高等商業學校, 현재의 히토쓰바시대학) 교수로 사회정책론을 가르치다가 1914년부터 오사카의 도시행정에 자문하는 역할을 맡았다.

1923년에는 오사카시의 시장이 되어 공원과 공영주택의 정비, 지하철 건설, 도심 시가지의 확장, 오사카성 천수각(大阪城天守閣)의 재건 등 다양한 도시정책을 실행에 옮겨나가는 한편 오사카의 노동문제와 빈곤문제에도 깊은 관심을 기울였다. 나중에 일본 도시행정 혁신의 선구자라는 평가를 받았다. (이준식)

참고문헌

杉原四郎 編,『日本經濟雜誌の源流』, 有斐閣, 1990;『日本出版百年史年表』, 日本書籍出版協會, 1968.

▌노동자(勞動者)

1920년 중국 광저우에서 발간된 정치운동 잡지

1920년 10월 3일 광저우(廣州)에서 창간되었다. 광저우 공산주의소조(共産主義小組)에서 주관하는 정치간행물이다. 주간으로 1921년 1월 2일 8호를 출판하고 정간되었다. 베이징대학도서관 등지에 소장되어 있다.

『노동자』는 공산주의소조 중 무정부주의자 량빙셴(梁冰弦), 류스신(劉石心) 등이 편집을 맡았다. 경비는 소비에트 러시아 정부에서 광저우에 건립한 통신사 지사에서 제공하였다. 노동자에게 마르크스주의를 선전하여 노동자계급 연합을 고취하기 위한 목적에서 간행되었다. 발간사에서 "노동자문제는 사회의 근본 문제이고, 생산과 분배의 문제이다 …… 현재 사회제도가 불량한 원인은 분배가 균등하지 못해서이다"라고 지적하고 있다. 노동계급의 위대함을 찬송하고, 노동자를 착취하는 근원을 분석하여 노동자에게 투쟁에 참여할 것을 호소하였다. 제2, 4, 6호에 게재된 '노동가'는 실제로 국제가의 번역문으로, 최초의 중문 번역문이다. 당시 광저우 공산주의소조 내에는 적지 않은 무정부주의자가 있었기 때문에, 잡지도 다소 무정부주의적인 색채를 갖고 있었다. (이은자)

참고문헌

葉再生,『中國近代現代出版通史』, 北京: 華文出版社, 2002; 方漢奇 主編,『中國新聞社業通史』, 北京: 中國人民大學出版社, 1996; 王檜林·朱漢國 主編,『中國報刊辭典(1815~1949)』, 太原(山西): 書海出版社, 1992.

▌노동자(勞動者)

1926년 일본공산당 노동조합 '레프트'에서 발행한 기관지

1926년 12월 1일 창간되었다. 이후 1928년 3월까지 간행되었다. 창간호의 발행, 편집 겸 인쇄인은 가미미치 규조(神道久三)이었고, 인쇄소는 도쿄아케보노신문사(東京曙新聞社), 발행소는 노동자사(勞動者社)였다. 아울러 발매소는 기보가쿠(希望閣)이었다.
표지와 속지는 적, 흑의 2색으로 되어 있다. 원본은 국판(菊版)이다. 가격은 1책에 20전, 6책에 1원 20전, 12책에 2원 40전이었다. 호세이대학(法政大學) 오하라사회문제연구소(大原社會問題研究所)에서는 전 14호를 복각했다. 원본은 오하라사회문제연구소에 소장되어 있다.

재건운동 과정의 일본공산당이 노동조합 내의 좌익활동가를 결집해서 1926년 9월 비밀리에 결성한 이른바 '레프트'의 기관지이다. 동시에 '레프트'의 주도로 결성된 통일운동동맹의 기관지적 성격도 갖고 있다. 무산계급운동이 좌우익과 중간파로 분립하여 상호 대립, 경쟁하면서 활발하게 운동을 전개했던 시기에 좌익노동운동의 지도적인 이론잡지였다.

1권 1호(1926년 12월 1일 발행)의 목차는 다음과 같다. 「조합통일운동의 전개(組合統一運動の展開)」, 「좌익연맹은 어떤 방향으로 갈 것인가(左翼聯盟は如何なる方向を辿らんとするか)」, 「일본 우편쟁의 비판(日本郵便爭議批判)」, 「해원조합 간부와 직업소개 문제(海員組合幹部と職業紹介權問題)」, 「농민의 정치

전선 조직문제(農民の政治戰線組織問題)」, 「건강보험법(健康保險法)」, 「노농당은 어떻게 하여 계급적 단일정당이 될 것인가(勞農黨は如何にして階級的單一政黨となり得るか)」, 「좌익노동운동의 의의(左翼勞動運動の意義)」, 「총동맹대회를 방청하고 우익간부의 운동방침을 비평한다(總同盟大會を傍聽して右翼幹部の運動方針を批評す)」, 「자치회 분열의 사회적 근거와 중간파의 전도(自治會分裂の社會的根據と中間派の前途)」, 「영국 소수파운동의 발전(英國小數派運動の發展)」, 「통일운동동맹 간토지방동맹 창립대회(統一運動同盟關東地方同盟創立大會)」. (김인덕)

참고문헌

『國文學 解釋と鑑賞』(10月) 第30卷 第13号, 東京: 至文堂, 1965; 日本近代文學館 · 小田切進 編, 『日本近代文學大事典』 5卷, 東京: 講談社, 1977; 法政大學大原社會問題硏究所, 『勞動者』 1, 東京: 法政大學出版局, 1987.

▌노동잡지(勞働雜誌)

1935년 일본의 노동잡지사에서 발행한 노동운동 잡지

1935년 4월 창간호를 발간하였다. 발행처는 노동잡지사(勞働雜誌社)였지만 실제로는 일본노동조합전국평의회(日本勞働組合全國評議會, 통칭 전평)의 기관지로서의 성격을 갖고 있었다.
전평이 문인이자 연극인이던 아키타 우자쿠(秋田雨雀)의 협력을 얻어 발행한 것이 『노동잡지』였다. 1936년 12월 좌익운동 관계자의 일제 검거로 편집부가 무너짐으로써 조직 소멸에 앞서 1936년 12월호를 내고 1년 8개월 만에 폐간되고 말았다.

1931년의 만주사변 이후 일본 노동운동에서는 국가사회주의화, 파쇼화의 경향이 현저해졌다. 이에 대항하여 가토 간주(加藤勘十), 다카노 미노루(高野實)가 집행위원이 되어 58조합을 결집하는 일본노동조합전국평의회를 1934년 11월에 결성하였다.

이후 전평은 “계급적 노동조합의 전선 통일”의 기치를 내걸고 반파쇼 통일 전선을 추진해 나갔다. 그리고 반파쇼 전선의 기축으로 노농무산협의회(勞農無産協議會)의 설립에서 일본무산당(日本無産黨)의 결성으로 나아갔다. 그러나 1937년 12월 인민전선 사건에 관련되어 지도층 대부분이 검거됨으로써 결성된 지 3년 만에 소멸되었다.

전평 자체는 조직 세력이 조합원의 수를 제시한 바 없지만 내무성의 『노동운동연보(勞働運動年報)』에 따르면 5000명을 넘지는 않았던 것으로 보인다.

『노동잡지』는 창간호에서 “대중의 지식과 오락, 이것이 『노동잡지』의 슬로건이다”라고 선언하였다. 실제로 이 잡지는 노농 대중에 밀착하는 종합잡지를 표방하였다.

시사 해설, 거대 기업의 분석, 기근(饑饉)의 도호쿠(東北) 지방, 농민운동, 노동자 좌담회 외에 소설도 연재하였다. 만화도 실려 있다. 집필자로는 아라하타 간손(荒畑寒村), 오야 소이치(大宅壯一), 기시 야마지(貴司山治), 다케다 린타로(武田麟太郎), 히라바야시 다이코(平林たい子) 등의 이름이 보인다.

• 가토 간주(加藤勘十, 1892~1978)

아이치현(愛知縣) 출생. 노동운동가이자 정치가이다. 니혼대학(日本大學)을 중퇴하였다. 처음에는 국가주의자였지만 1918년 시베리아 출병에 참가하면서 전쟁의 비참함을 체험한 뒤 반전운동, 노동운동으로 돌아섰다. ‘불덩어리 간주’라는 별명이 붙을 정도로 전투적인 노동운동가였다.

1920년 야하타제철소(八幡製鐵所)의 쟁의를 지도하였고 신문인쇄공조합혁진회(新聞印刷工組合革進會), 일본노우회(日本勞友會), 일본사회주의동맹(日本社會主義同盟), 전일본광부총연합회(全日本鑛夫總連合會) 등에서 활동하다가 1928년 간토금속산업노동조합(關東金屬産業勞組) 위원장이 되었다.

1929년 노동자농민당(勞働者農民黨)에 입당하였고, 1934년 일본노동조합전국평의회를 창립하고 의장이 되었다. 1936년의 중의원의원 선거에서 전국 최고

득표로 당선되었다. 1937년 일본무산당 위원장이 되었지만 이 해 인민전선 사건으로 투옥되었다. 일본의 패전 이후에는 일본사회당(日本社會黨)에 참가하여 중의원, 노동대신을 역임하였다.

• **다카노 미노루(高野實, 1901~1974)**

도쿄(東京) 출생. 와세다대학(早稻田大學)에서 공부하였다. 대학 재학 중 효민회(曉民會)에서 활동하였으며 1922년에는 일본공산당(日本共産黨) 창립에 참가하였다.

1924년 정치연구회(政治硏究會)를 창립하고 본부 서기가 되었다. 1926년에는 『대중(大衆)』을 창간하고 편집 책임자가 되었다. 1928년 도쿄출판노조(東京出版勞組) 서기장이 되었고, 다음해에는 전산업노동조합전국동맹(全産業勞働組合全國同盟)을 결성하였다.

1933년에는 반나치스·파쇼분쇄동맹(反ナチス·ファッショ粉砕同盟本部) 서기장이 되었다. 1934년 전평을 결성하고 조직부장 겸 기관지부장이 되었다. 1936년 일본무산당 결성에 참가하였지만 인민전선 사건으로 체포되어 1940년까지 옥중 생활을 하였다.

일본의 패전 후에 노동운동의 일선으로 복귀하였다. 특히 1950년대 전반기에는 일본노동조합총평의회(日本勞働組合總評議會, 통칭 총평)의 사무국장이 되어 '다카노 시대'라는 평가를 받을 정도로 일본의 노동운동을 주도하였다. (이준식)

참고문헌

『勞働雜誌』(復刻板), 柏書房, 1980; 高野實著作集編集委員會 編, 『高野實著作集』, 拓殖書房, 1976~1977; 衫原四郎 編, 『日本經濟雜誌の源流』, 有斐閣, 1990.

▌노동주간(勞動周刊)

1921년 중국 상하이에서 발간된 정치운동 잡지

1921년 8월 20일 상하이에서 창간되었다. 편집 주임은 장궈타오(張國燾)이고, 전후로 주편(主編)을 담당한 사람은 리전잉(李震瀛), 리치한(李啓漢) 등이다. 중국 노동조합서기부(勞動組合書記部)의 기관간행물이다. 북양군벌정부에 의해 1922년 6월 정간되었다. 모두 41호 발행되었다. 중국국가도서관 등지에 소장되어 있다.

『노동자』는 노동자를 위해 말하고 노동조합주의를 고취하는 것이 편집 취지이다. 내용은 특재(特載), 평론, 특별 기사, 공회(工會) 소식, 단평(短評), 세계 주요 소식(世界要聞), 노동계 소식, 내건(來件), 소설, 속언, 소화(笑話), 동요, 수상록 등으로 구성되었다. 자본가가 노동자를 착취하는 사실을 폭로하고 공인들의 어려운 생활을 반영하며, 노동자들에게 공회(工會)를 조직하여 투쟁할 것을 호소하였다. 동시에 각지 노동자의 파업 투쟁을 보도하였다. 중국 노동운동사 연구에 참고 자료이다. (이은자)

참고문헌

葉再生, 『中國近代現代出版通史』, 北京: 華文出版社, 2002; 方漢奇 主編, 『中國新聞社業通史』, 北京: 中國人民大學出版社, 1996; 王檜林·朱漢國 主編, 『中國報刊辭典(1815~1949)』, 太原(山西): 書海出版社, 1992.

▌노백성(老百姓)

1938년 중국 원저우에서 창간된 항일민중단체의 대중선전 간행물

중국 저장성(浙江省)의 항일민중단체에서 주관한 대중선전 간행물이었다. 항일자위위원회(抗日自衛委員會), 교육계구망협회(敎育界救亡協會), 전시청년복무단(戰時靑年服務團), 현부녀회(縣婦女會), 저장문화계항적협회 원저우분회(浙江文化界抗敵協會溫州分會, 원저우학생항일연합회(溫州學生抗日聯合會) 등의 단체에서 연합하여 1938년 5월 저장성 원저우(溫州)에서 창간했다. 왕샤오메이(王曉梅)가 편집자였다.

처음에는 반월간이었으나, 1939년 순간(旬刊)으로 바뀌었고 정즈강(鄭之綱)이 편집자가 되었다. 21호 이후

에는 왕민(王敏)이 편집자가 되었다. 1940년 2월 정간되었으며 모두 44호를 발간했다. 현재 상하이도서관, 난징도서관, 저장성도서관 등에 소장되어 있다.

『노백성』은 내용이 평이하고, 대중적이며 생동감이 있었다. 또한 대량의 삽화를 포함하고 있어서 주로 문화수준이 비교적 낮은 일반 민중을 대상으로 하였다(같은 이름을 가진 또 다른 월간지가 1939년 저장성 융자현[永嘉縣]에서 창간되었는데 주로 지식계층을 대상으로 하였다). 주로 항일구국(抗日救國)을 선전하였다. 대략 4500부 정도를 인쇄하였다. (김지훈)

참고문헌

王檜林 · 朱漢國, 『中國報刊辭典(1815~1949)』, 書海出版社, 1992; 伍杰, 『中文期刊大詞典』, 北京大學出版社, 2000; 上海圖書館, 『上海圖書館館藏近現代中文期刊總目』, 上海科學技術文獻出版社, 2004

녹기(綠旗)

1936년부터 서울에서 녹기연맹이 발간한 일본어 월간 종합잡지

1936년부터 녹기연맹에서 발행한 일본어 종합잡지이다. 1936년 1월 창간호를 발간한 이후 1945년경까지 발간한 것으로 보인다.
1929년 묘관문고(妙觀文庫)에서 『녹기의 아래로(綠旗の下へ)』라는 4×6판 소책자를 발행하였는데, 이는 1930년 2월 2호부터 4×6판 소신문지형으로 바뀌었고, 1930년 5월 8호부터 월간이 되었으며, 10월 13호부터는 발행주체를 녹기문고로 개칭하였고, 1933년 5월부터는 녹기연맹이 발행주체가 되었는데, 1936년 1월 61호로 종간되었다.
녹기문고에서는 또 1931년 11월 학생운동의 기관지로 『학생녹기』를 격월간 4×6판 소신문지형으로 발행하였는데, 1932년 3월부터 월간이 되었으며, 1933년 4월부터는 녹기연맹에서 발간하였는데, 1935년 11월 41호로 종간하였다. 1935년 2월에는 사색과 연구를 지향하는 계간 잡지 『녹인(綠人)』을 국판으로 발간하였는데 11월 4호로 종간하였다. 『녹기』는 1936년 1월, 『녹기의 아래로』, 『학생녹기』, 『녹인』을 종합하여 발간하였는데, 녹기연맹의 기관지를 겸하였다.
서울대도서관 고문헌자료실에 1936년부터 1937년까지 소장되어 있으며, 2008년 도서출판 청운에서 1942년판까지 복각 출판하였다.

이 잡지는 재조선 일본인들이 주도하던 단체인 녹기연맹의 기관지로서 녹기연맹 회원들의 친목을 도모하는 목적도 가지지만, 내선일체운동의 전면에 나선 잡지라는 특성을 가지기도 한다. 1936녀 9월호는 "부인특집호"이고, 11월호는 "학생생활특집호"인데, 이 역시 녹기연맹 기관지로서의 성격과 아울러 황국신민화운동을 추진하던 잡지로서의 성격을 잘 보여 주는 것이다.

1936년부터 1937년까지의 황국신민화운동과 녹기연맹의 활동을 살피는 데 있어 유용한 가치를 지닌 잡지이다.

• 녹기연맹

녹기연맹은 1933년 2월 창립되었다. 녹기연맹의 창립 이전 조직을 소급해서 살펴보면 다음과 같다. 1925년 경성제국대학 교수 쓰다 사카에(津田榮)가 경성제대 예과에 불교운동단체인 정립회(立正會)를 조직한 것이 그 기원이다. 이와 아울러 일본에서 활동하던 경성천업청년단(京城天業靑年團) 부흥식을 역시 1925년에 가졌으며, 1928년 4월에는 묘관동인회(妙觀同人會)를 결성하였다. 1930년 5월에는 묘관동인회를 재편하여 녹기동인회(綠旗同人會)를 설립하였다. 1933년 녹기동인회, 녹기연구소, 공제부, 전선녹화연맹, 전선국체주의학생연맹 등의 단체를 산하에 통합하여 발족한 것이 녹기연맹이다. 1938년에는 녹기연구소를 녹기일본문화연구소로 개칭하였다.

출범 당시 녹기연맹은 재조선 일본인들이 중심이 되어 불교 수양과 사회 교화를 방편으로 국가주의 사상의 일상화와 생활화를 목표로 하는 수양단체였다.

그러나 중일전쟁을 전후로 현영섭을 비롯한 조선인

내선일체론자들이 연맹에 가입하고 쓰다 쓰요시(津田剛)가 주도권을 장악하면서, 총독부의 황국신민화운동에 적극적으로 호응하는 단체로 변모하였다. 녹기연맹원들은 전시체제하 각종 협력단체에서 크게 활약했으며, 녹기연맹도 출판과 강연 활동 등을 통해 대중적 영향력을 높이려고 시도했다.

1937년 5월 녹기연맹 제5회 총회에서 '녹의생활운동' 계획을 수립하였으며, 1937년 7월에는 교화단체연합회의 후원으로 '북지사변대강연회'를 주최하였다. 1938년 1월 현영섭이 『조선인의 나아갈 길』(일본문)을 출간하였는데, 녹기연맹에서는 이 책의 홍보와 발매를 전폭적으로 지원하였다. 1938년 7월에는 총독 미나미 지로(南次郎)와의 면담에서 현영섭은 조선어의 전폐를 주장하였다. 1938년 8월에는 『녹기』가 신문지법의 인가를 얻어 정치문제를 정면에서 거론할 수 있게 되었다. 1939년 5월 제7회 총회에서 '내선일체의 실천'을 조직의 목표로 공식화하였다. 1939년 10월 쓰다 쓰요시가 조선문인협회에 참여함으로써 조선의 문인들에게 쓰다는 큰 영향력을 행사하게 되었다. 쓰다는 이후 반도신문화연구소, 대동아문학자대회, 조선문인보국회 등에 주도적으로 참여하였다. 1940년 1월에는 창씨개명정책에 발맞추어 씨창설상담소를 녹기연맹에서 개설하였다.

녹기연맹의 이념은 '급진적 동화일체론'이었는데, 이는 조선인의 민족적 성격을 전적으로 해소함으로써 일본과 일체화되고 내선의 차별을 없애려는 것이었다. '조선어 전폐' 주장 등에서 보듯이 그들은 전면적이고 급진적인 내선일체를 꾀했다.

단행본으로는 『손선수의 마라톤 우승과 일장기 마크 말소사건』(모리타 요시오[森田芳夫], 1936), 『개관불교사』(모리타 요시오[森田芳夫], 1936), 『생활예정표』(1937), 『금일의 조선문제강좌』(전 6권, 1939) 등이 있다. (윤해동)

참고문헌

복각판: 『녹기』 1936-1942, 2008, 청운; 정혜경, 이승엽, 「일제하 녹기연맹의 활동」, 『한국근현대사연구』 10집, 1999; 高崎宗司, 「朝鮮の親日派」, 『近代日本と植民地』 6, 1993.

녹기의 아래로(綠旗の下へ)

▶ 녹기(綠旗)

녹성(綠星)

1919년 일본 도쿄에서 조선어로 발행된 영화예술잡지

1919년 11월 5일 녹성사(綠星社)에서 창간한 예술잡지로, 현재 후속 호수가 발견되지 않은 것으로 보아 속간되지 않은 듯하다. 판권란을 보면, 편집 겸 발행인이 이일해(李一海)이며, 인쇄인은 오리사카 도모유키(折坂友之), 인쇄소는 복음인쇄회사(福音印刷會社), 발행소는 일본 도쿄에 소재한 녹성사이며, 서울의 죽첨정(竹添町, 지금 충정로1가 지역)에 녹성사에서 발매하였다. 이 창간호는 표지에 '예술잡지 녹성'이라고 제호를 표시하였으며, 모두 90쪽이다.

이 잡지는 표지와 내용 중에 세계적인 영화배우인 그레이스 큐너드(Grace Cunard) 등과 성악가 제럴딘 패러(Geraldine Farrar) 등의 사진을 실어 시각적인 효과를 살리고 있다. 표지에는 프랑스 출신의 배우 리타 졸리베(Mlle Rita Joivet)의 사진이 실려 있어 영화예술잡지의 면모를 보여준다. 개별 기사에는 따로 필자가 표시되어 있지 않은데, 이는 아마도 편집자인 이일해가 대부분의 편집과 게재를 도맡아 했기 때문이라 판단된다.

이 잡지를 발간한 녹성사는 일본에서 결성된 영화예술단체인데, 한국의 녹성사에 대해서는 미상이다.

창간호에서 제일 큰 기사로는 「의문의 사(死)」이다. 이 작품은 범인에게 현상금 100원을 걸고 다룬 탐정소설이다. 이것 말고는 영화와 배우에 관련된 내용이 대부분이다. 이 중 가장 주목되는 글은 찰리 채플린(Charles Chaplin)을 다룬 「세계일(世界一)의 희극배우 잡후린(雜侯麟)선생의 혼인」이다. 그 한 대목을 살펴보면, "세계 어느 곳이나 애활가(愛活家)치고 잡후린이라면 모르는 이가 없다. 그는 세계 무비 고급을 받는 희극배우로 일거수일투족에 만인을 일시에 웃게 한다. 코밑에 우습게 달린 수염을 이죽거리며, 선생 독특의 예복에 중산모(中山帽)를 머리에 삐딱하게 걸고 큰 구두를 짝 바꿔 신고, 우스운 걸음을 걷는 그의 앞에는 근심과 비애가 그림자도 보이지 않는다"고 한다. 이러한 채플린에 대한 인상과 스케치는 지금도 그대로 연상될 수 있을 것 같다.

그리고 영화는 대부분 미국 영화를 다뤘는데, 「애련비화 고송(孤松)의 가(歌)」, 「사회비극 독류(毒流)」, 「연애비극 장한가(長恨歌)」, 「신비가극(神秘伽劇) 월궁전(月宮殿)」, 「대복수대활극 아루다쓰」, 「인정활극 고도(孤島)의 보물」 등이 그것이다.

이처럼 이 잡지는 예술잡지를 표방하기는 했으나, 기본적으로 영화에 관련된 내용이 거의 대부분을 차지하고 있어 영화 잡지라 할 수 있다. 여기서의 시각 자료들은 주로 초창기 영화인 활동사진들이다. 그리하여 영화에 관한 독특한 표현이 많이 나오기도 하는데, 예를 들어 '애활가(愛活家)'는 활동사진을 애호하는, 요즘 표현으로는 영화팬을 뜻하며, '활계(活界)'는 영화계를 말하는 단어라고 한다. (정환국)

참고문헌

한국잡지협회 편, 『韓國雜誌總覽』, 1989; 최덕교 편저, 『한국잡지백년』, 현암사, 2004.

▌녹인(綠人)

▶ 녹기(綠旗)

▌논형(論衡)

1913년 중국 베이징에서 창간된 월간 정론지

1913년 5월 29일 베이징(北京)에서 창간되었다. 발행자는 논형잡지사(論衡雜誌社)이고, 편집은 황위안융(黃元庸, 필명 쓰눙[思農]), 즈웨이(知微), 시렁(西楞), 춘중(純中) 등이었다. 왕충(王充)이 속유를 피하여 폐문하고 『논형』을 지어 "세속적인 의혹을 바르게" 하였다는 고사를 본받아, 당쟁과 시비가 분분한 현실에서, 공정한 여론을 대변함으로써 사회를 바르게 하겠다는 것이 창간 취지였다. 통론(通論), 전론(專論), 역론(譯論), 내국기사(內國記事), 외국기사(外國記事), 문원(文苑), 소설(小說) 등의 난을 두었다. 특히 현실 정치에 대한 평론인 통론과 전론을 핵심으로 하였다. 현재 상하이도서관, 국가도서관 등에 보관되어 있다.

주요 논설은 황위안융이 작성하였다. 민초 정국에서 황위안융은 장쥔마이(張君勱), 란궁우(藍公武) 등과 함께 중화민국 초기 량치차오(梁啓超)의 정치노선을 대변한 대표적인 인물이다. 『논형』 역시 그중 하나로서 제1차 국회선거 이후 국민당의 국회 장악과, 그에 대립하는 진보당의 등장으로 양당 정치에 대한 기대가 높아진 시점에서 창간되었다. 현실 정국이 어느 때보다도 가변적인 시점에서 『논형』은 량치차오 노선의 특색을 잘 표현하였다. 『논형』은 민초 이래 정국 파행의 원인이었던 총통 위안스카이(袁世凱)와 혁명 세력 간의 갈등을 비판하고, 새로 결성된 진보당의 역할 확대를 통해 정당 정치의 정상화를 기대하는 내용이 많다.

황위안융은 1년 동안 공화 정국이 파행으로 점철된 것은 새로운 정치제도인 정당정치제도의 문제가 아니라 그것을 잘 운용할 수 있는 역사와 경험, 그리고 시민사회가 미숙한 중국의 조건 때문이라고 주장하였다. 따라서 낡은 정치 문화와 전제시대의 유습을 대신할 수 있는 건전한 정당의 형성, 시민의 정치의식 제고를 통해 개선의 방향을 모색하여야 한다고 주장하였다(쓰눙, 「일년 이래 진실[一年以來之眞相]」, 1호).

이에 따라 『논형』은 권세와 황금을 매개로 한 정당 구성의 원리, 당강과 정책을 둘러싼 합리적 경쟁보다는 사리사욕을 위한 당쟁과 동당벌이(同黨罰異)로 치닫는 정치행태, 그리고 그 주체로서 도덕성을 결여한 유민형(遊民形) 정객에 대한 비판을 강화하였다.(「정객지면면관[政客之面面觀]」, 2호, 1913.6.5)

또 황위안융은 국민당 세력과 위안스카이의 적대적 경쟁 관계를 정당 정치의 가능성을 제약하는 요소로서 비판하였다. 특히 양자를 견제 없이 무소불위의 권력을 행사하는 "특별 세력"으로서 이들이 주도하는 정국은 합리적 토론과 경쟁, 타협을 배제하고 오로지 파당적 이익과 권력 획득을 목표로 하기 때문에 국가 사회를 분열시키고 궁극적으로는 공화정을 와해시킬 것이라고 비판하였다. 따라서 이들의 반 정당정치적 요소를 최대한 제거하고, 정당정치 세력의 결집을 통해 안정적인 공화정국 창출을 모색하여야 한다는 것이었다.

이런 입장에서 『논형』은 보다 구체적으로 위안스카이와 쑨원, 진보당에 대해서 비판을 가하였는데, 우선 위안스카이에 대해서는 국민당에 대한 무력을 동원한 대응을 그치고, 또 자신의 정치 세력 확대 보다는 국가 발전을 위한 장기적 계획 속에서 현실의 질서 유지에 전념하라고 요구하였다. 또 몽골 문제와 관련한 러시아와의 비밀협상식이 아닌 책임정치, 공개정치를 통해 정권의 사회적 통합성을 높일 것을 요구하였다. 총통이라고 국가 정치의 대소사를 모두 총괄하는 것은 구식의 정치행태이며, 국가 사회의 중요 문제와 방향을 고찰, 제시하면서 신진 인물들의 중용을 통해 미래전망적 정치 문화의 창출을 요구한 것이다.

한편 국민당에 대해서는 동맹회 이래 급진정책을 비판하고 혁명당에서 정치정당으로 복귀할 것을 요구하는 등 보다 근본적인 입장에서 비판을 던졌는데, 특히 동맹회의 실책을 다음과 같이 여섯 가지를 들었다. ① 가장 크게는 사회적 통합력을 갖지 못한 자기 세력 위주로 난징임시정부를 구성했다는 것, ② 임시정부 취소 후 신구, 남북을 조화시킬 수 있는 정책을 마련하지 못하고 세력 경쟁으로 일관한 점, ③ 국민당으로 개조시기를 놓친 점, 특히 쑹자오런(宋敎仁)의 개조 계획을 실천하지 못하고 일시적인 미봉으로 일관한 점, ④ 일관된 국가정책에 실패, ⑤ 장기적인 정책 없이 급구근공(急求近功)한 점, 예컨대 정당내각을 가장한 국민당 내각을 급조한 것, ⑥ 비현실적인 주장을 되풀이함으로써 국민의 신망을 상실한 점을 들었다.

따라서 현재 상황에서는 위안스카이 등과의 권력 경쟁 보다는 화평, 애국의 의지를 보여라고 요구하고 그를 위해 국민당 내부의 과격파를 청산하는 '청당(淸黨)'을 통해 온건 정당으로 개조할 것을 요구하였다.

이런 양자에 대한 비판은 정당정치의 정상화란 관점에서 집권자인 위안스카이와 국민당을 비판하는 것이지만, 위안스카이에 대해서는 「위안스카이의 재략과 그 정책(袁世凱之才略及其政策)」(2권)을 번역하여 싣는 등 정면적인 비판은 자제하고 있다.

물론 이는 국민당의 급진파와 위안스카이로 대표되는 구세력의 틈바구니 속에서, 구 입헌세력 등 온건세력을 최대한 규합하고, 내각제를 매개로, 국민당 내 온건세력을 끌어들임으로써 정국 주도권을 노릴 수밖에 없는 량치차오의 정치노선을 대변한 것이라 할 수 있다. 같은 입장에서 『논형』은 양자의 대결을 중재하고, 공화정의 통합성을 높일 수 있는 중간세력으로서 진보당의 역할 확대에 상당한 기대를 걸기도 하였다. 특히 공화당, 민주당이 중간세력으로서 제 역할을 하지 못한 요인으로 지나친 피동성, 소극성, 환산성을 들고, 보다 적극적인 활약을 기대하였다.

다만 『논형』은 국민당은 청년의 기절을 대표할 수 있고 진보당은 보다 광범위한 중류사회(中流社會)를 대변하여야 한다고 주장하면서도 현재와 같은 정당구조의 청산을 위해 제3당을 주장하기도 하였다. 시민사회와 그에 기초한 정치문화가 성숙하지 못한 민국 초기 중국의 조건에서 정당정치를 희구하는 새로운 지식인들의 논리를 대표하는 논리이다.

• 황위안융(黃元庸)

근대 중국의 저명한 기자이다. 1885년 1월 15일, 장시(江西) 주장(九江)에서 태어났다. 원래 이름은 황웨이지(黃爲基)이고, 자(字)가 위안융(元庸), 필명은 위안성(遠生)이다.

어려서부터 가정교육의 영향으로 경사자집(經史子集)을 두루 섭렵했다고 한다. 1904년 20세의 젊은 나이에 진사(進士)시험에 합격한 후 일본에 유학하여 1909년 주오대학(中央大學) 법률과를 졸업했다. 귀국 후 당대 문인인 옌푸(嚴復), 린수(林紓)와 관계가 깊어서 잠시 베이징대학(北京大學) 문과대학 교수를 거쳐 우전부(郵傳部) 원외랑(員外郎), 참의청(参議廳) 행주(行走) 겸 편역국(編譯局) 찬수(纂修) 등의 직을 지냈다. 그러나 청말 관계의 부패한 양상을 보고, 마음을 바꾸어 신문계에 투신했다.

민초 정국에서 황웨이지는 란궁우, 장쥔마이 등과 『소년중국주보(少年中国週報)』를 창간하여 위안스카이의 정책을 선명한 논리로 비판함으로써 "신중국의 소년 삼걸(三杰)"로 불렀다.

황웨이지는 진사 출신으로서 신구 학술을 겸한 데다가 민초 정단 내막을 꿰뚫어 그것을 소상하고 유려한 문체로 표현함으로써 독자들의 환영을 받았다. 량치차오가 창간한 정론지인 『용언(庸言)』에 참여하였고, 상하이에서 간행되던 『시보(時報)』, 『신보(申报)』, 『동방일보(東方日報)』의 주필을 지내면서 베이징의 『아세아보(亞細亞報)』의 특약기자로 활약했다. 동시에 『동방잡지(東方雜誌)』, 『논형』, 『국민공보(國民公報)』의 논객으로 많은 원고를 투고하였다. 『논형』에 쓰눙(思農)으로 발표된 글은 모두 그가 쓴 것으로 추정된다. 물론 대부분의 그의 글은 민초 량치차오의 노선에 따라 양당제에 입각한 공화정을 지향하고, 그에 걸맞은 정치문화의 수립을 희구하는 것이었다. 그러나 위안스카이의 제제운동으로 모든 것이 실패로 돌아가자 지식인의 한 사람으로서 참회록을 쓰고, 정치가 아닌 새로운 사회문화운동을 모색하였다. 사실상 신문화운동을 생각한 것이다.

이 같은 상황에서 제제를 획책하던 위안스카이가 『아세아보』를 어용화하고 주필로 영입하고자 하자, 이를 피하여 미국을 여행하는 중에 1915년 혁명파에 의해 암살당했다. 저서로 『원생유저(遠生遺著)』가 있다. (오병수)

참고문헌

楠瀬正明, 「民國初期における知識人の苦惱: 黃遠庸を中心にして」, 『アジア研究』 4, 1993; 吳炳守, 「民初梁啓超的中堅政治論與研究系知識人的形成」, 『史林』 2008-2.

농공잡지(農工雜志)

1909년 중국 항저우에서 창간된 경제산업잡지

1909년 1월 항저우(杭州)에서 저장농공연구회(浙江農工研究會)가 편집하여 월간으로 발행하였다. 항신자이(杭辛齋), 황시즈(黃希之), 장준칭(章俊卿) 등이 편집을 맡았으며, 총 6회를 발행하고 종간되었다. 저장성도서관과 상하이도서관에 소장되어 있다.

농공실업의 개량 연구를 주요 발행 목적으로 삼았다. 내용은 논지와 사설, 주의공독(奏議公牘), 조사, 기사, 역술(譯述), 담총답문(談叢答問), 정요(政要), 민은(民隱), 연설 등의 난을 개설하였다.

실업의 생산과 발전을 제창하고, 선진기술의 응용과 경제관리 개선을 주장하였다. 저장성의 경제 현황을 여러 차례 조사 발표하였고, 각 지역의 생산물과 제조업의 지표들을 게재하였다. 농업과 상업, 공예제조 등과 관련한 과학기술을 소개하고, 청 정부의 '농공신정(農工新政)'에 관련된 정치개선 제도들을 게재하였다. (김성남)

참고문헌

王檜林·朱漢國 主編, 『中國報刊辭典』, 太原: 書海出版社, 1992; 葉再生 著, 『中國近代現代出版通史』, 北京: 華文出版社, 2002.

농민(農民)

1923년 서울에서 발행한 한국 최초의 농촌잡지이자 월간지

편집 겸 발행인은 채기두(蔡基斗), 인쇄인은 윤치하(尹致夏)이다. 인쇄소는 대동(大東)인쇄(주)이며, 발행소는 농민사(서울 관동 69)이다. 창간호는 B5판 16면으로 정가 10전이다. 표지와 목차가 별도로 없는 3단 세로짜기 체제였고, 표지 첫 면부터 기사를 실었다. 현재 창간호만 확인된다.

『농민』의 「창간사」는 당시 조선의 농민의 수가 전 인구의 60%, 전 노동자의 80%이지만, 농업은 세계에서 가장 빈약하다는 문제의식에서 출발한다. "그런즉 우

리들은 반드시 사회에 재(在)한 추요(樞要)한 지위를 점하여야 할 것이며, 최대한 공로자(功勞者)로 최다(最多)한 분배를 득(得)하여 써 안전한 생활을 수(遂)하여야 할 것인데, 사실은 차(此)와 반(反)하였도다. 우리는 원래 세계의 빈약자 중에도 더욱 빈약한 자이라 …… 일년(一年) 삼백육십일간을 휘한(揮汗)노동하고 내기(耐飢)노동하여도 항상 그 지출(支出)은 수입(收入)보다 초과하여, 부채만 일증월가(日增月加)할 뿐…….”

한편 『농민』의 「창간사」에 이어지는 축사의 필자에는 송병준(宋秉畯), 민영환, 엄주익, 윤익선 등 고관대작들이 있었는데, 이들과 관련해서 이 단체는 친일어용 성격으로 분류할 수 있다. 그러나 발기인 중 박병철과 채기두는 실제로 농촌을 위해 헌신한 이들로 평가된다.

이 잡지는 논설과 논문, 수필, 소설, 기사 등으로 구성되어 있는데, 창간호의 목차를 일별하면, 창간사, 축사(조선총독부 식산국장 니시무라 야스키치[西村保吉], 조선은행 이사 이우치 이사우[井内勇], 조선식산은행 이사 사쿠라이 쇼이치[櫻井小一], 한일은행 두취 민대식 등등), 체험기인 서원노농(瑞原老農)의 「농촌의 생활」, 낭산(浪汕)의 「우리의 생활할 방도」, 운전경부(雲田耕夫)의 「면장과 구장의 지위」, 소석산인(小石山人)의 「농촌의 위생과 청결」 등 농촌의 실태를 소개하고 농촌 계몽을 주장하는 논설이 있고, 「양잠에서 시급한 뽕나무 울타리」 같은 농업기술을 소개하는 글이 있으며, 덴마크 농업을 소개하는 「정말국(丁抹國) 농사 이야기」, 소설 「새농촌」, 이야기 「불량한 조카」, 「어린아이 재판」, 「악한 자식은 부모의 죄」, 「어려서부터」, 수필 「사랑하는 벗들아」, 위생에 관한 글인 「농촌의 위생과 청결」 등이 있다. 잡지 말미의 「조선소작인상조회 기사」에서는 조선소작인상조회 중요 결의안과 사업의 개요를 소개하고 있어 이 단체의 성격을 엿보는 데 좋은 자료가 된다. 그러나 『농민』이 속간된 기록은 없다.

• 조선소작인상조회

1922년 2월 ‘소작인 상조에 관한 사업 시행, 농업 발달에 자(資)할 방법을 강구’할 목적으로 결성되어, 각지에 지회를 조직하여 강습회 및 강연 개최, 소작제도 조사, 소작쟁의 해결, 공동구입 및 공동판매의 알선 등의 사업을 행하면서 『농민』을 발간하였다. 여기에 소속된 인사는 박병철, 김동진, 나홍석, 이철호, 이동혁, 채기두 등이었는데 발행인인 채기두는 1909년 대한흥학회 회장 출신이기도 했다. (이경돈)

참고문헌

최덕교 편저, 『한국잡지백년』, 현암사, 2004; 홍영기, 「1920年代初 ‘朝鮮小作人相助會’에 對한 硏究」, 중앙대 석사학위논문, 1993.

▌농민(農民)

1927년 일본에서 발행된 농민 문학잡지

1929년 10월부터 1933년 9월까지 일본에서 발행된 농민 문학잡지이다. 잡지는 편집 겸 발행인, 발행소 등이 연속적으로 이어지지 못하고 모두 네 차례의 폐간과 복간이라는 어려운 과정을 겪으면서 발행되었다.

제1차 『농민』은 1927년 10월 창간되어 다음해인 1928년 6월까지 모두 9권이 발행되었다. 전호 모두 80쪽 내외의 분량이었다. 집필자는 투고자를 포함해 180여 명에 이르렀다. 2, 3개의 농정(農政)과 농촌경제 관련 기사를 제외하면, 광범위하고 다채로운 농민문학 기사로 구성되었다. 편집자는 이누타 시게루(犬田卯), 발행자는 가토 다케오(加藤武雄), 발행소는 농민문예회(農民文藝會), 발매소는 신초샤(新潮社)였다. 제1

차 『농민』은 1928년 6월 제2권 6호를 끝으로 폐간되었는데, 편집후기조차도 삭제된 채 발행되었다.

제2차 『농민』은 제1차 『농민』이 폐간된 지 2개월 후인 1928년 8월에 창간되었다. 편집 겸 발행자는 다케우치 요시쿠니(竹內愛國), 발행소는 농민자치회(農民自治會)였다. 권두언 「전선은 확대되었다(戰線は擴大された)」에서 볼 수 있듯이, 프롤레타리아문학과 일선을 긋는 것에 역점을 두었다. 그 의미에서 제1차의 '대동단결'에 비해서, 범주를 협소하게 하는 입장을 분명하게 밝히고 있었다. 그러나 발행기관인 농민자치회의 실질적인 해체로 50쪽 전후의 2권을 출간하고 그만 폐간되고 말았다.

제3차 『농민』은 제2차 『농민』이 폐간된 지 반년 정도가 지난 1929년 4월, 그해 1월에 결성된 전국농민예술연맹(全國農民藝術聯盟)에 의해 창간되었다. 편집 발행자는 창간부터 1930년 10월까지는 야리타 겐이치(鑓田研一)였다. 1932년 1월까지 전 32권이 출판되었으며, 각 책은 32쪽에서 48쪽 분량으로 발행되었다. 종간 무렵에는 4쪽의 보고서 형태로 발행되기도 하였다. 3차 『농민』도 2차 『농민』을 답습해서 창간호 권두의 「선언」을 통해 부르주아예술과 프롤레타리아예술을 대극적으로 위치 짓고, '무산농민계급(無産農民階級)을 주체로 한' 농민예술의 확립을 주장하였다. 이와 같은 제3차 『농민』의 방향은, 1929년 5월(3차 1권 2호)의 "프롤레타리아 문예비판호(文藝批判号)", 동 7월(3차 1권 4호)의 "부르주아 예술토벌호(藝術討伐号)" 등과 같이 다분히 도발적인 특집호의 구성으로 이어졌다. 제3차 『농민』은 1932년 1월호(3차 4권)의 편집후기를 마지막으로 종간되었다.

제4차 『농민』은 1931년 10월과 익년 1월에, 이누타 시게루와 결별했던 야리타 겐이치가 농민자치전국연합(農民自治全國聯合)에서 출간한 『농민』 2권을 의미한다. 2권 모두 32쪽 분량이었고, 권두에는 「자유연합주의(自由聯合主義)에 근거한 농민투쟁의 전개」 이하 6항목의 「강령」이 게재되어 있었다.

제5차 『농민』은 잡지 이름에 위에 「문예운동지(文藝運動誌)」라는 글자를 덧붙여, 1932년 11월 제1권 8호로서 창간되었다. 편집 겸 발행인인 이누타 시게루, 발행소는 농민작가동맹(農民作家同盟)이었다. 1933년 9월의 최종호까지 모두 8권을 출간하였다.

1920년대 중후반부터 1930년대 초반까지 일본 문학사상에서 하나의 관점을 제공했던 『농민』의 사상적 방향은 창간 당시 「대동단결(大同團結)」의 시대를 거쳐, 프롤레타리아문학이 마르크스주의에 경사됨과 동시에, 아나키스트의 농민자치주의(農民自治主義)로 수렴되었다. 그리고 마지막으로 농민의 주체적 에너지를 주장하고 문예운동지의 역할을 주장하면서 종간되었다. 잡지 『농민』에 참가한 인물들은 '나프파'와의 논쟁을 통해서 이들이 주장한 '노동자의 헤게모니'라는 발상을 일정하게 변화시키기도 하였다. 이러한 잡지 『농민』의 사상적 경향은 곧 프롤레타리아문학 붕괴 이후에 전개된 사회주의 리얼리즘론에, 어느 정도 직간접적으로 투영되었다고 할 수 있다. (문영주)

참고문헌

『「農民」解說·總目次·索引』, 不二出版, 1990; 『日本出版百年史年表』, 日本書籍出版協會, 1968.

농민(農民)

1930년 서울에서 발행된 정치운동 잡지

1930년 5월 8일 서울에서 창간되어 1933년 12월 종간되었다. 이후 1934년 『농민순보(農民旬報)』, 그해 12월부터 『농업주보(農業週報)』로 속간되었으나 정확한 발행호수는 미상이다. 편집 겸 발행인은 박사직(朴思稷)이었다. 정가는 10전이었으며 분량은 A5판으로 64쪽이었다.

조선농민사의 기관지였던 『조선농민』의 후신으로 조선농민사의 합법운동노선으로의 변화를 보여 주는 잡지이다.

1925년 조선농민사의 기관지로 발행되던 『조선농민(朝鮮農民)』의 후신으로 1930년 발간된 농민운동 잡지이다. 『조선농민』이 강력한 전투적 농민운동을 제창한 반면, 『농민』은 합법적 농민운동을 제창한 성격을 지닌다.

이 잡지의 창간호의 권두언의 성격을 지니는 발행인 겸 편집인 박사직의 「농촌부흥(農村復興)의 근본책(根本策)」에는 조선 농민운동의 3대 정책이 다음과 같이 제시되어 있다.

① 농민지식의 향상, ② 농민의 복리증진, ③ 조선농민의 세력 확장이 그것이다. 이러한 농민운동의 방향은 『조선농민』에서 제시되던 전투적 농민운동과 단절한 합법적 농민운동의 성격을 단적으로 보여준다.

이로 인해 『농민』의 주된 내용은 공동소비조합운동이나 농민문예, 상식 소개 등으로 집중되는 양상을 보인다. 창간호를 보면 김일대(金一大)의 「경제적 조합운동의 실제(經濟的組合運動實際)」 등 개량적 농민운동에 대한 주장이 강하게 나타나며, 그 외에도 박희도(朴熙道)의 「기술향상(技術向上)과 훈련생활(訓練生活)」 등 농업기술 관련 소개가 큰 비중을 차지해서 잡지의 성격을 가늠케 한다. 이 잡지는 1930년대 이후 조선의 합법적 농민운동의 양상을 잘 보여 주는 자료라는 점에서 그 의미를 지닌다. (장성규)

참고문헌

김동규, 「일제하 언론과 농민운동에 관한 연구」, 서강대 석사학위논문, 1985; 류병덕, 『한일 근현대와 종교문화』, 청년사, 2001; 박지태, 「조선농민사의 조직과 활동」, 숭실대 석사학위논문, 1988; 성기각, 『한국 농민시와 현실인식』, 2002.

농민생활(農民生活, Farmers Life)

1929년 평양에서 발행된 기독교계 농업 잡지

편집 겸 발행인은 매큔(G. S. McCune, 한국명 윤산온[尹山溫]), 편집부장은 채필근이다. 발행소는 평양 대찰리 농민생활사이며, 4×6배판, 28면으로 정가는 1부 5전이다(반년 30전, 1년 60전). 3단으로 국문 편집된 월간지다. 고려대학교, 서강대학교, 연세대학교와 국회도서관에 소장되어 있다.

1929년 11월 27일에 발행한 1권 6호를 보면, 표지에서부터 이후 10면에 걸쳐서 광고가 실려 있고, 논문에 해당하는 글로는 상인찬의 「소비절약은 오늘부터」, 류재기의 「소비조합이란 무엇인가?」, 김상근의 「과수제충해에 대한 관리」, 됴두셔의 「비료이야기」, 강병식의 「부업란 양계론」과 「부업란 양봉론」 등이 있고, 문예에 해당하는 글로는 채필근의 「동절에 대한 나의 회억」, 윤상국의 「행복의 촌」(소설), 류광일의 「됴선안에 농민들아 어서 깨어라」(시), 소월의 「농민을 향하여」(시) 등이 있었으며, 잡문에는 문규정의 「농한을 이용하자」와 「농사는 텬하지대본」 등이 있었고, 소개글로는 한기자의 「모범농장소개」, 현기률의 「수확기에 있는 농촌현상을 보고」 등이 있다. 그리고 「농촌연구회임원주소씨명」, 「농촌연구회규약」, 「농촌연구회소식」, 「농촌사업협동위원회활동」, 「천동리 기성회 저축조합조직」 등의 소식 글들은 당시 농촌연구회에 대한 자료로 주목을 끈다.

기독교계에서 만든 잡지이기는 하지만, 목차와 내용을 통해 엿볼 수 있듯 농촌의 기술적, 문화적 수준 향상에 대해 고군분투하던 잡지였다.

1920년대 조선 농촌을 기술적, 문화적으로 견인해 가려는 외국 선교사들과 농학연구자들의 노력이 이 잡지를 통해 표출되었다고 볼 수 있다.

잡지 발간 배경

이 잡지가 평양에서 발간된 배경은 다음과 같다. 미국 북장로회 선교사로 평양에 주둔하게 된 베어드(William M. Baird, 한국명 배위량[裵緯良]) 목사는 중등교육기관 설립의 필요성을 느껴서 1897년 10월에 사랑방을 차리고 학생을 모집한다. 이때 한국인 교사는 박자중(朴子重)이었고, 이것이 숭실학당이 된 것이다. 1905년에는 숭실학당 안에 대학부를 설치했고, 그 대학부는 1925년에 조선총독부로부터 문과 하나만의 전문학교로 인가를 얻어 고등교육을 실시한다. 이후 1928년 4월 20일에는 숭실전문 부설 농학강습소가 설치되고 학생 30명을 모집해서 농학교육을 시작한다. 그러다가 1931년 4월에는 농학강습소를 숭전농과로 정식 인가를 받게 된다.

그런데 이보다 앞선 1928년에 장로교 총회 안에 설치한 농촌부에서 조선 인구의 90%인 농민들에게 현대식 농업 지식과 함께 신앙을 지도하자는 취지하에 농업잡지를 발간하기로 하는데, 이때 평양숭실전문 내에 있는 농학강습소 교수들의 글을 통해 농업에 대한 과학적인 지식을 보급하자는 뜻에서 평양에서 농업 잡지를 펴낸 것이다. 이것이 『농민생활』이다.

1934년에는 월 3만 8000부를 발행하여 전국 각 노회를 통해 보급할 정도였는데, 그해에 그 발행권이 숭실전문학교로 이관된다. 그에 따라 1936년에는 편집 겸 발행인이 숭전 교장 모리(E. M. Mowry, 한국명 모의리[牟義理]) 선교사가 맡았고, 1938년에는 숭전 교수였던 류조(柳詔) 선교사가 맡았다. 그리고 선교사들이 추방된 후인 1942년 5월에는 조응천이 편집 겸 발행을 맡으면서 『개노(皆勞)』로 개제한다.

이후 해방 후에는 1954년 3월 19일 편집 겸 발행인 류조로 등록, 서울에서 복간했고, 1965년 5월 10일에는 발행소를 충남 대덕군에 있는 기독교연합봉사회로 이전했다가, 1968년 4월 1일 조응천이 다시 발행을 맡으면서 서울로 복귀 발행한다. (이경돈)

참고문헌

『한국신문·잡지총목록』, 대한민국국회도서관, 1966; 최덕교 편저, 『한국잡지백년』, 현암사, 2004; 윤춘병, 『한국기독교신문잡지백년사(1885~1945)』, 대한기독교출판사, 1984.

농민투쟁(農民鬪爭)

1930년 일본의 농민투쟁사가 발행한 농민운동 잡지

1930년 3월에 창간되어 1932년 5월까지 모두 21호가 발간된 농민운동 잡지이다. 발행처는 농민투쟁사(農民鬪爭社)였고, 발매처는 마르크스쇼보(マルクス書房)이었다. 발기인은 농민 시인이자 전국농민조합 사이타마연합회(全国農民組合埼玉連合会)의 서기장을 지낸 시부야 데이스케(渋谷定輔), 변호사인 후세 다쓰지(布施辰治) 등이었다. '연공(年貢, 소작료)의 전폐' 등의 투쟁 방침을 내걸고 창간되었다. 편집 겸 발행인은 시부야 데이스케에서 이나오카 스스무(稲岡進), 다이도지 고이치(大道寺浩一), 스미야마 시로(隅山四郎)로 차례로 바뀌었다. 최종호는 대부분 모리야 후미오(守屋典郎)가 집필하였다.

3·15 사건 이후 농민운동의 전선 통일이 요구되자 일본농민조합(日本農民組合)과 전일본농민조합(全日本農民組合)이 합해져 전국농민조합(이하 전농)이 성립되었다.

그러나 전농 내부의 분열은 계속되었다. 좌파는 전농쇄신유지단(全農刷新有志團)을 조직하였고 다시 전농전투화동맹(全農戰鬪化同盟), 전농전투화협의회(全農戰鬪化協議會)로 개칭하는 가운데 1931년 3월의 전농 제4회 대회를 계기로 합법 정당을 지지하는 우파와 격렬한 노선 투쟁을 벌였다. 그 결과 혁명적 반대파로서의 전국전농회의(全國全農會議)가 결성되었다.

『농민투쟁』은 1930년 4월의 전농 제3회 대회를 앞두고 창간되었지만 창간될 때부터 전농 좌파의 기관지로서의 성격을 갖고 있었다. 『농민투쟁』은 발간사를 통하여 1928년에 폐간된 『농민운동(農民運動)』의 후계 잡지임을 천명하였다.

창간호 이후 『농민투쟁』의 구성원은 바뀌었지만 시종 일본공산당(日本共産黨)의 지도 아래 전농 내부의 좌익적, 혁명적 반대파의 지도이론을 게재하고 있었다. 특히 1932년 1월에는 전농의 혁명적 반대파가 독자적인 운동 방침, 규약, 기관을 갖고 일본 농민운동의 일대 전환을 모색하는 과정에서 중요한 역할을 담당하였다.

1932년 5월 일본공산당 중앙기관지인 『아카하타(赤旗)』는 활판 일간지 발행 준비 캠페인을 벌였다. 이에 『농민투쟁』은 "당만이 진정으로 농민의 투쟁을 지도"할 수 있으며 "종래 『농민투쟁』이 수행하던 이론적, 전술적 방면은 당 이론 기관지 『당건설자(黨建設者)』, 『볼셰비키(ボルシェヴィキ)』에 의하여 행해져야 한다"는 이유를 내세우면서 스스로 폐간을 선언하였다.

잡지의 성격상 필자들은 이름을 밝히지 않거나 가명을 쓰는 경우가 많았다. 그러나 당시 프롤레타리아과학연구소(プロレタリア科學硏究所)의 농민문제연구회(農民問題硏究會)에 소속되어 있던 하니야 유타카(埴谷雄高)는 일본공산당 농민지부장이던 이토 사부로(伊東三郞)에 의하여 1935년 여름, 당프랙션 책임자로 파견되어 나카오 사토시(中尾敏)라는 필명으로 「농민위원회의 조직에 대하여(農民委員會の組織について)」(1931년 5·6월 합병호)를 투고한 것이 확인된다.

• **하니야 유타카(埴谷雄高, 1909~1997)**

본명은 한냐 유타카(般若豊)이다. 니혼대학(日本大學) 재학 중 「소비에트 코뮌(ソヴェート＝コンミューン)」이라는 3부작 희곡과 레닌의 『국가와 혁명』에서 아이디어를 얻은 「혁명과 국가(革命と國家)」라는 논문을 썼다.

1930년 대학에서 퇴학당한 후 프롤레타리아과학연구소 농업문제연구회에 가입하여 활동하였다. 같은 해 여름 농민투쟁사에 들어가 『농민투쟁』의 편집, 발행의 일익을 맡았다.

1931년 봄 일본공산당에 입당하여 다테 마코토(伊達信), 마쓰모토 산에키(松本三益), 마쓰모토 스구루(松本傑)와 함께 농민투쟁사 조직을 결성하였다. 일본공산당 농민부의 농업 강령을 만드는 데 참가하기도 하였다.

1931년 5월부터는 경찰의 검거를 피하여 지하 활동에 들어갔다. 그런 가운데서도 『농민투쟁』에 매호 지방 투쟁과 격문을 집필하였다. 특히 1931년 5·6월 합병호에 「농민위원회의 조직에 대하여」를 발표하여 대중의 직접 참가에 의한 조직의 운영을 강조하였다. 1932년 3월 체포되었으며, 다음해 11월 전향하였다. 태평양전쟁이 끝난 후에는 작가로 활동하였다. (이준식)

참고문헌

渡部義通·鹽田庄兵衛 編, 『日本社會主義文獻解說』, 大月書店, 1958; 安田常雄, 『出會いの思想史＝渋谷定輔論』, 勁草書房, 1981; 坂本昇, 『近代農村社會運動の群像－在野ヒューマニストの思想』, 日本經濟評論社, 2001.

농사시험장휘보(農事試驗場彙報)

▶ 권업모범장휘보

농업과 경제(農業と經濟)

1934년 일본 도쿄에서 발행된 농업 잡지

1934년 4월 도쿄(東京)의 농업과경제사(農業と經濟社)가 발행한 농업 전문 잡지이다. 편집대표는 히구치 요시미치(樋口義道)였고, 편집고문은 하시모토 데자에몬(橋本伝左衛門)이었다. 잡지 크기는 국판이었으며, 창간호는 162쪽 분량에 가격 40전에 판매되었다.

1권 1호 편집후기에는 본지가 일반 독자를 대상으로 발행되었으며, 농업과 경제에 관한 종합적 연구 잡지로서 창간되었음을 강조하였다. 창간호 지면은 '논설', '시론과 연구', '자료', '해외사정'란으로 구성되어 있다. '논설'란에는 「농업경영비(農業經營費) 중 비료비(肥料費) 절약에 대해서」, 「문화의 지방적 분산에 대해서」, 「농업의 효율」, 「농촌경제연구의 필요」 등의 논문이 게재되어 있다. '시론과 연구'란에는 「과수원 경영의 신경향」, 「경제갱생(經濟更生)과 산촌(山村)」 등의 글이 수록되어 있다. '자료'란에는 「상(桑)의 한해(旱害) 및 풍수해(風水害)로 인한 손해평가에 관한 조사」 외 7편의 글이 수록되어 있다. '해외사정'란에는 해외 농업상황에 관한 3편의 글이 게재되어 있다.

필진은 교토(京都)대학 출신이 다수를 차지하였으며, 이들이 잡지의 성격에 큰 영향을 미쳤다. 이 때문에 본지는 『농업경제연구(農業經濟硏究)』의 경쟁지로서의 성격도 일면 가지고 있었다.

이 시기 창간된 농업 잡지의 대부분이 그러하듯이, 본지도 만성적인 농촌피폐문제를 해결하기 위한 문제의식을 바탕으로 창간되었다. 본지는 부강한 국가와 건전한 사회를 만들기 위해서는 농촌의 역할이 중요한데, 현재의 농업경영, 농업경제, 농촌생활의 실상은 피폐 일로를 걷고 있다고 진단하였다. 이러한 상황에서 미곡문제, 잠사(蠶絲)문제, 소작(小作)문제 등이 발생하면서 농촌경제는 더욱 피폐해지고 있다고 보았다. 이러한 상황을 해결할 수 있는 방안으로 제시한 대책은 농업기술의 발달, 농업교육의 보급이었다. (문영주)

참고문헌

杉原四郎 編, 『日本経済雑誌の源流』, 有斐閣, 1990; 杉原四郎 著, 『日本の経済雑誌』, 日本経済評論社, 1987.

농업세계(農業世界)

1906년에 일본에서 발행된 농업 잡지

1906년 4월부터 1968년 6월(63권 6호)까지 월간으로 발행된 농업 잡지이다. 편집 겸 발행인은 잇자카 깃추(石坂橘樹)였고, 창간호는 국판(菊判) 크기에, 240쪽 분량이었다. 창간호 가격은 20전(錢)이었다. 『농업편람(農家便覽)』과 『농사독습(農事獨習)』 등의 이름으로 임시 증간호를 수시로 발행하기도 하였다.

일반 농민을 대상으로 농사개량과 농촌계몽을 목적으로 창간된 계몽적인 농업 잡지이다. 필진은 관계(官界), 농업계(農業界), 학계(學界)의 논객들을 모두 망라되어 있다. 집필자의 다수는 농업관계에서 지도적 입장에 있던 사람들이 많았다. 이 때문에 논조는 일본 정부의 농업정책에 협조적인 경향이 강하였다. 즉 통일된 주장이나 사상을 주장하는 잡지는 아니었다.

지면은 '논설', '농예(農藝)', '농정경제', '농업인물', '가정', '전원문학(田園文學)', '소설'란으로 구성되어 있다. '논설', '농예(農藝)', '농정경제'란은 저명한 학자들이 기고한 글보다는 대부분은 무명(無名)의 농학사(農學士), 임학사(林學士), 각종시험소나 강습소의 관계자, 현(縣)의 농정기사(農政技師), 일본 정부의 국장·과장 그룹의 관료들이 기고한 글로 구성되어 있다.

'농업인물', '가정'란은 독농(篤農), 노농(老農), 대지주(大地主) 중에서 모범적인 사람들과 그들의 가정을 소개하여 독자들의 모범이 되도록 구성하였다. '전원문학(田園文學)'과 '소설'란에는 오락성과 교훈성을 고려한 작품들이 다수 수록되어 있다. (문영주)

참고문헌

杉原四郎 編, 『日本経済雑誌の源流』, 有斐閣, 1990; 杉原四郎 著, 『日本の経済雑誌』, 日本経済評論社, 1987.

농업세계(農業世界)

1930년 서울에서 한국어로 창간된 경제잡지

1930년 8월 1일 농업진흥을 위해 연농사를 조직한 이들이 발행한 농업잡지이다. 창간호에는 연농사의 고문 및 사원명단이 실려 있는데 고문은 유성준(兪星濬), 김정식(金貞植), 윤치호(尹致昊), 최규동(崔奎東), 명제세(明濟世), 이종린(李鍾麟)이었고, 사원은 강매(姜邁), 홍병선(洪秉璇), 이동순(李東淳), 이병하(李炳夏), 홍종숙(洪鍾肅), 김노성(金魯聖), 한원(韓元), 김진호(金鎭浩), 한양쇄(韓良瑣), 양재우(梁在釪), 신충우(申忠雨), 문상자(文尙字), 이강현(李康賢), 박희도(朴熙道), 김은목(金恩牧), 한승원(韓承源), 장일(張一), 민병직(閔丙直), 정봉소(鄭鳳素)였다. 편집 겸 발행인은 강매(姜邁)였고, 발행소는 경성부 정동 1 소재의 연농사(硯農社)였다. 한권 책값은 15전, 6개월분은 90전, 1년분은 1원 80전이었다. 우송료는 별도로 받지 않았다. 농업세계는 창간호는 현재 연세대학교 5층 귀중본 열람실에 소장되어 있다.

강매는 창간호 「인사를 대신하야」 에서 농업세계의 창간취지에 대해 다음과 같이 말하였다.

"세계 제일의 옥토를 가진 조선은 거기서 나는 농산물이 겨우 12억 원에 지나지 못하는데 세계 제일의 박한 땅을 가진 덴마크란 나라는 우유와 도야지고기로만 나는 거이 12억 원이라 합니다 …… 이는 물론 여러 가지 원인이 있겠지마는 첫째로는 현대 새문명의 근원이 되는 학문상 이치를 갖다 쓰고 안 쓰는 것과 둘째로는 우리가 한 가지 정신과 힘을 합하고 어려움을 참고 힘쓰고 부지런하며 기울을 내고 애쓰는 것들의 모든 힘이 적고 한 까닭이라 하겠습니다.

본사에서는 여기에 느낀 바 있어 농사의 개량, 부업의 장려 이 두 가지를 큰 목표로 하고 그 아래에서 농업세계를 이 세상에 내어놓게 된 것입니다. 그것은 이로 인하여 첫째로는 우리 농촌의 힘을 합하고 어려움을 참고 부지런하고 힘쓰며 수고스럽게 애쓰는 이 모든 정신을 일으키게 하고, 둘째로는 지금의 학문상 이치의 응용으로 농사의 개량과 부업의 실행을 도모함에 있다고 하겠습니다."

연농사의 구성원들은 한국의 농촌을 덴마크와 같이 잘사는 농촌으로 만들어 보고자 하였다. 잘사는 농촌을 만들 수 있는 방법으로 이들은 농사의 개량과 부업의 실행을 제시하였다. 따라서 잡지 또한 크게 농사개량, 부업장려 두 개의 난(欄)으로 편성되었다. 제1호의 농사개량 난에는 「일단보에서 엿섬의 쌀을 내게 하는 법」, 「콩과 팥을 훨씬 만히 나게 하는 법」, 「실용비료에 대하야」가 게재되었고, 부업장려난에는 「힘써 도야지와 닭을 기릅시다」, 「유리한 서양송이 심는 법」, 「돈벌이로 유명한 쪽제비 기르는 법」, 「앙고라 토끼는 어떻게 길러야 하나」가 실렸다.

한편, 창간호에서 신충우(申忠雨)는 「어떻게 하면 잘 살 수 있을까」라는 글에서 학자, 유생과 농공상인을 "뻔뻔히 놀고 있으면서도 자기의 이익만 찾는 무리"와 "팔다리를 써서 일을 하는 사람"으로 대비시켰다. 문명시대를 장인과 장사치, 농사군이 행세하는 때라고 규정한 그는 다른 나라가 남부럽지 않게 살게 된 이유는 우리가 농공상인을 천대하는 동안, 그들을 위하여 주고 공경하였기 때문이라고 지적하였다. 그리고 우리도 하루빨리 유한계급 중심의 사고에서 벗어나 힘써 일하는 농공상인을 중심으로 기술개량을 통한 증산에 힘쓸 것을 촉구하였다.

그와 더불어 편집진들은 제1호 말미의 「편집을 마치고」라는 글에서 독자들에게 농사와 부업에 관한 것, 시골살림에 관한 내용을 투고해 달라고 요청하였다. 또한 「농사개량강담의 규정」에 의하면 독자들 중에 농사개량과 부업을 실천하려고 하는데 그 방법을 알지 못하여 연농사에 의뢰하는 경우, 기술이 능란한 사원을 보내어 현지지도를 하겠다고 밝히고 있다. 연농사는 그 활동을 단순히 농사개량과 부업을 장려하는 계몽적인 역할에 한정하고자 하지 않았다. 농민들이 농사개량과 부업을 실천하는 데 있어서 겪는 현실적인 문제점을 파악하고, 농사개량과 부업실천에 대한 구체적인 방법을 현지 지도함으로써 농촌생활에 실질적인 변화를 가져오고자 하였던 것이다.

『농업세계』의 편집인 강매와 고문 명제세, 이종린 등은 1920년대 후반 재건된 물산장려운동에 참가한 인물들이었다. 1920년대 후반 조선경제계는 일본 금융자본과 독점자본의 진출에 따라 급속히 발전하였다. 그러나 이러한 발전은 철저히 일본인 경제와 일본인 자본의 발전과정으로 귀결되었다. 물산장려운동에 참가한 인물들은 일본 경제에 종속된 상황에서는 조선경제가 발전하면 발전할수록 조선인 경제의 주역인 중소상공업자와 농민층은 필연적으로 몰락의 길을 걸을 수밖에 없다고 생각하였다. 이에 이들은 조선인 중심의 농업과 상공업 진흥을 위한 방법을 모색하였고, 그러한 문제의식 속에서 『농업세계』가 창간된 것이었다. (정진아)

참고문헌

方基中, 「1920·30年代 朝鮮物産奬勵會 研究: 再建過程과 主導層 分析을 中心으로」, 『國史館論叢』 67, 1996; 方基中, 「1930년대

物產奬勵運動과 民族·資本主義 經濟思想」,『東方學志』, 2002.

농업조선(農業朝鮮)

1938년 서울에서 발행된 경제산업 잡지

1938년 1월 1일 서울에서 창간되어 1939년 10월 종간되었다. 통권 22호까지 발행되었다. 편집 겸 발행인은 이종만(李鍾萬)이었다. 발행처는 대동출판사, 정가는 20전이었으며 분량은 A5판으로 110면이었다.
대구대학교와 국립중앙도서관, 국회도서관에 소장되어 있으며, 서광출판사에서 출간한 『현대문학자료집』의 5권에 문예면만 영인되어 있다. 한국잡지정보관에서도 디지털 원문자료로 열람이 가능하다.

1930년대 중반 이후 지속화되던 조선농민운동의 개량화는 1937년 중일전쟁의 발발을 기점으로 급속히 친일화된다. 『농업조선』은 이러한 시대적 상황하에서 발간된 잡지로서 일제 말기 일본의 조선농업정책의 대중적 계몽을 목적으로 하는 잡지이다. 발행인 이종만이 쓴 창간사를 보면 농업기술의 발전과 농민의 교양을 통해 비상시의 시국에 조선 농업이 나아가야 할 바를 제시하고자 했던 잡지의 성격을 단적으로 알 수 있다.

이외에도 이성환(李晟煥)의 「시세(時勢)와 농민(農民)의 자각(自覺)」, 우정(又正)의 「북지 농업(北支農業)의 현상(現狀)」 등의 글이 있어 당시 개량적 농업운동을 주된 잡지의 지향으로 삼았음을 짐작하게 한다. 그럼에도 허헌(許憲)의 「농촌갱생(農村更生)의 근도(近道)」와 같은 글에서는 당시 조선 농촌의 비참한 현실에 대한 고발이 이루어지고 있어 주목된다. 이는 이 잡지가 표면적으로는 일제의 농업정책에 순응하는 듯한 모습을 보이나 단순히 친일적인 성격으로 규정하는 것은 일면적인 판단임을 보여 주는 사실이다.

이처럼 이 잡지는 1937년 중일전쟁의 발발과 함께 대두한 전 산업의 군수산업화의 추세와 함께 발간된 잡지로 일제 말기 일제의 조선농업정책의 일단을 보여 준다.

참고로 이 잡지의 발행인인 이종만은 1930년대 금광을 통해 부를 축적한 인물로 자신의 재산을 교육사업과 문화사업에 상당 부분 기부한 것으로 알려져 있다. (장성규)

참고문헌

『한국신문·잡지총목록』, 대한민국국회도서관, 1966; 계훈모, 『한국언론연표』, 관훈클럽신영연구기금, 1979; 최덕교 편저, 『한국잡지백년』 2, 현암사, 2004.

농정(農政)

1939년 일본에서 발행된 농업 잡지

1939년부터 1944년까지 일본 정부의 전시농업정책에 대한 협력을 목적으로 발행된 잡지이다. 창간호 크기는 국판(菊判)이었으며, 분량 312쪽에 가격은 50전(錢)이었다. 1944년 잡지 『촌(村)』과 합병되어 『촌과 농정(村と農政)』이라는 제호로 발행되었다. 발행지는 도쿄(東京)였고, 발행소는 창간 당시 농정협회(農政協會)에서 중앙농림협회(中央農林協會), 농업보국연맹(農業報國聯盟)으로 변화하였다.

중일전쟁(中日戰爭) 이후 일본 정부가 실시한 전시 농업정책을 선전하고 협력할 목적으로 창간된 잡지이다. 중일전쟁 개시와 함께 농산어촌(農山漁村)은 군인의 공급원으로서 국민식량, 군수품의 공급원으로서의 역할을 요구받았다. 즉 '사변(事變)의 장기건설(長期建設) 단계로의 이행은 농업생산의 계획경제화(計劃經濟化)'가 요구되었는데, 본지는 이러한 조건하에서 '전시농림국책(戰時農林國策) 실천의 강력한 추진력'으로 기능하였다.

농업보국연맹은 1938년 '농업보국정신의 실천 철저'를 목적으로 설립된 관제단체(官製團體)였다. 본 연맹은 제국농회(帝國農會), 전국산림연합회(全國山林聯合會), 제국수산회(帝國水産會), 중앙축산회(中央畜産會), 일본중앙잠사회(日本中央蠶絲會), 전국양잠조합연합회(全國養蠶組合聯合會), 제국마필협회(帝國馬匹協會)를 가맹단체로 거느리고 있었으며, 대일본농회(大日本農會) 외 36단체를 찬조회원(贊助會員)으로 구성하고 있었다.

연맹의 회장은 농림대신, 이사 등 역원에는 각 단체의 장, 국회의원, 농림관료 등이 임명되었다. 농업보국연맹의 선전강화 단체였던 농정협회의 회장은 농림대신, 부회장은 농림차관이 맡고 있었으며, 동 협회의 사무소를 농림성(農林省) 내에 두고 있었다. 일본 정부가 실시하는 전신농업정책의 내용 보급과 그 실천에 주력했던 이 잡지는 이러한 활동을 통해 농림수산업 관계자는 물론이고, 일반 국민의 생활을 일본 정부가 의도하는 전쟁 수행에 적합하도록 통합하고 동원하는 역할을 수행하였다.

발행소는 1940년 7월부터 중앙농림협회가 맡았다가, 1943년 1월부터 농업보국연맹이 담당하였으며, 이후 농업증산보국대(農業增産報國隊)의 기관지가 되었다. (문영주)

참고문헌

杉原四郎 編, 『日本経済雑誌の源流』, 有斐閣, 1990; 杉原四郎 著, 『日本の経済雑誌』, 日本経済評論社, 1987.

▌농정시보(農政時報)

1925년 일본에서 발행된 농업 잡지

1925년 12월 1일 대일본지주협회(大日本地主協會)가 기관지로서 창간한 농업 잡지이다. 대일본지주협회는 1925년 10월 설립되어 1933년 12월까지 활동한 지주의 이해관계를 대변하는 농업단체였다. 이 기간에 본지도 1925년 12월 1일의 창간호부터 1933년 12월 20일의 95호까지 매월 발간되었다. 이를 통해 대일본지주협회 활동의 중요한 일익을 담당하였다.
창간호의 표제(表題)는 『회보(會報)』였지만, 2호부터는 표제를 『농정시보(農政時報)』로 개제하였다. 판형 및 분량은 제30호를 기준으로 차이가 있었다. 창간호부터 30호까지는 4×6배판 16쪽(4호 20쪽, 10호 "소작쟁의 특집호" 32쪽) 내외의 분량으로 발행되었다. 31호 이후는 판형이 국판(菊版)으로 커졌고, 분량도 49호까지 32쪽(31호 36쪽, 48호 24쪽), 50호 이후는 24쪽(52·65호 32쪽, 64호 36쪽, 70·71합병호 30쪽, 95호 16쪽)으로 늘어났다.
발행부수는 단편적으로밖에 파악할 수 없다. 제2회 전국지주대회(全國地主大會)(1926년 10월 개최)에서는 배포 회원수가 2만 1208명으로 보고되었다(「사업보고」, 11호). 제3회 전국지주대회(1927년 4월 개최)에서는 회원수 2만 7111인, 16호까지의 총 발행부수 35만 부(평균 약 2만 2000부)라고 보고되었다(「사업보고」, 17호). 그리고 대일본지주협회의 사업 개요를 설명하기 위해 작성되어 49호에 수록된 「지주협회란 무엇인가」라는 글에서는 매월 발행부수가 약 3만 부라고 적혀 있다. 따라서 발행부수는 최고 약 3만 부 정도였을 것으로 생각된다.

1차 세계대전 후 일본 농촌지역에서 발생한 소작쟁의의 급속한 확대는 지주와 소작 양쪽 계급의 결집을 촉진하였다. 1922년 4월 먼저 일본농민조합(日本農民組合)이 결성되었고, 이에 대항하기 위해 1925년 10월 4일에 대일본지주협회가 설립되었다. 대일본지주협회는 지주의 계급적 이익을 대변하는 단체로서 설립되었으며, 협회의 회원 자격은 "제국(帝國) 내에 거주하는 지주와 본 협회가 입회(入會)를 허락한 자"로 제한되어 있었다(「대일본지주협회규약[大日本地主協會規約]」, 1호).

지면은 '논설', '본회기사', '판결사례', '휘보', '잡록' 등 5개의 주요 부문으로 구성되어 있다. 이외 '시론', '기서(寄書)', '조사', '법령', '농민운동 움직임', '소작쟁의 해결사례', '각지 정보', '각지 단신', '지주 요구', '독자의 소리' 등의 난이 필요에 따라 구성되었다.

'논설'란에 수록되어 있는 논고 116건이 주로 다루고 있는 내용은 소작문제를 중심으로 한 농촌문제에 관한 것이었다. 2호의 「시세(時勢)의 관찰」은 소작쟁의가 '단순한 경제상의 분배문제에 대한 투쟁이 아니라, 계급투쟁의 일환으로서 지주박멸운동(地主撲滅運動)의 선봉'이라고 격렬하게 비난하였다. 소작문제를 중심으로 발생한 농업문제에 대해서 본지가 제시한 대책은 '지주와 소작인이 상호 협동해서 농업의 진흥을 도모하는 위에서 양 계급 모두에게 경제적 이익을 줄 수 있는 있는 농업정책의 수립'이었다(「소위농민운동[所謂農民運動]」, 13호). 그러나 이 대책의 핵심 내용은 농업자의 통일운동을 통한 농촌문제의 해결이었다(「협조[協調]의 운동[運動]」, 38호).

'논설'란의 논고들은 편집주간을 중심으로 국회의원과 농업전문가들에 의해 작성되었다. 시기적으로 구분해보면, 1호부터 42호까지는 주로 대일본지주협회의 관계자들이 논설을 집필하였다. 그러나 43호부터 66호까지는 국회의원이 다수 집필자로 등장하였다. 67호부터 95호까지는 전반적인 농촌문제에 대해 글을 쓴 필자는 국회의원이 다수를 차지하였고, 소작문제에 대해서는 소작관(小作官)과 본 협회 연구원들이 논설을 작성하였다.

'본회기사'란에 수록된 글의 약 반수는 대일본지주협회와 관련된 기사였다. 시기별로서는 대일본지주협회가 가장 왕성하게 활동하던 초기에 기사가 집중되어 있다. '판결사례'란은 대부분 소송사건의 판결내용이 수록되었고, 조정사례는 3호에서 한 건 소개되어 있다. 본지에 게재된 판결사례는 지주에게 소송사건에 대처하기 위한 참고자료로 이용되었다. '휘보'와 '잡록'란은 주로 소작문제에 관한 기사가 수록되었다. 특히 잡록의 90% 정도가 소작문제에 관한 기사였다.

1920년대와 1930년대 초반 지주제사(地主制史) 연구와 농민운동사 연구에 필수적인 자료이다. 본지가 가장 언급하고 있는 소작쟁의(小作爭議) 관련 기사는 이 시기 지주의 쟁의관(爭議觀)을 검토할 수 있는 중요한 자료이다. 또한 '판결사례'란의 기사는 이식 소작문제를 둘러싼 소송사건에 관한 연구의 출발점이 될 수 있다. 그리고 본 협회의 동맹단체에 관한 기사의 일본 전국 각 지역사 연구의 일환으로 충분히 이용될 수 있는 자료이다. (문영주)

참고문헌

大日本地主協會, 『農政時報』(復刻版), 2號(1926. 1)~95號(1933. 12), 不二出版, 1987; 杉原四郎 編, 『日本経済雑誌の源流』, 有斐閣, 1990.

농정연구(農政硏究)

1922년 일본에서 발행된 농업 잡지

1922년 대일본농정학회(大日本農政學會 또는 大日本農政會)가 기관지로서 발행한 농업정책 관련 잡지이다. 1922년부터 1940년까지 발행되었으며, 국판(菊判) 크기로 매월 간행되었다. 창간호 분량은 103쪽이었으며, 가격은 50전(錢)이었다. 편집자는 후루세 덴조(古瀬伝藏)였고, 창간 당시 발행소는 대일본농정학회였다가, 이후 농촌문화협회(農村文化協會), 농산어촌문화협회(農山漁村文化協會)로 변경되었다. 1941년부터 『농촌문화(農村文化)』로 제호를 변경하였고, 1945년 이후에도 『현대농업(現代農業)』이라는 제호로 전환하여 계속 발행되었다. 후지출판(不二出版)에서 전권 영인본을 출간하였다.

대일본농정학회의 기관지로서 창간되었다. 대일본농정학회는 일반 농업경제문제, 농업노동문제, 지주 소작문제, 농촌교육 및 농업교육문제, 농민조합 문제, 농촌자치 문제 등 농업정책에 관한 모든 사항을 연구하여, 농촌의 독립과 농업의 안정화를 도모하고, 건전한 농민문화의 건설을 목적으로 설립된 단체였다.

본지 창간호에 실린 「창간사」는 농업자의 빈곤 원인을 농업정책의 오류에 찾고, 농업에 관한 세입과 세출의 불균형을 시정하고, 농촌의 중견인물을 비롯한 모든 사회의 지식계급의 일치협력을 바탕으로 한 농정 연구자의 대동단결을 호소하였다.

편집자인 후루세 덴조는 요미우리신문(読売新聞社)의 농정기자 출신으로 매호마다 중요한 논문을 집필하였다. 예를 들어 1차 세계대전 후 일본 정부가 제시한 자작농창정(自作農創定)안에 대해서는 그 비현실성을 비판하고, 자작농 몰락 방지가 정책의 우선으로 설정되어야 함을 강조하였다. 이와 같은 그의 농정 비판은 현실주의적인 관점에서 수행되었다.

기고자는 저명한 농업정책 전문가들이 다수 참여했지만, 좌익 논객의 이름은 찾아볼 수 없다. '자작농창정', '소작료문제', '농촌교육문제', '소작쟁의 해결', '농촌금융', '의회요망', '농민운동', '미곡문제', '전원도시 건설' 등 매호마다 특집호 체제로 발행되었다.

출판사 사정으로 본지는 1927년 1월 잠시 휴간되기도 하였지만, 같은 해 3월부터 농촌문화협회로 발행소를 이전하고 속간되었다. 1940년에는 농산어촌문화협회의 발족과 함께 농촌문화협회가 발전적으로 해소되면서, 1940년 8월부터 농산어촌문화협회의 기관지가 되었다. (문영주)

참고문헌

大日本農政學會, 『農政研究』(復刻板), 1巻 1號(1922.5)~19巻 12號(1939.12), 不二出版; 杉原四郎 編, 『日本経済雑誌の源流』, 有斐閣, 1990.

농촌갱생시보(農村更生時報)

1935년 일본 도쿄에서 발행된 농업 잡지

1935년 2월 농촌갱생협회(農村更生協會)가 기관지로 창간한 농업 관련 잡지이다. 1937년 11월 4권 8호부터 『촌(村)』으로 제호를 변경하여 1944년 3월까지 계속 발행되었다. 1944년 3월 이후에는 『촌』이 『농정(農政)』과 합병되어 『촌과 농정(村と農政)』이라는 제호로 발행되었다.

도쿄(東京)에 있던 농촌갱생협회에서 월간으로 발행하였으며, 편집 겸 발행인은 스기노 다다오(杉野忠夫)였다. 잡지 크기 국판(菊判)이었고, 창간호는 분량 78쪽으로 10전(錢)에 판매되었다. 『촌』의 창간호 분량은 56쪽으로 역시 10전에 판매되었다.

발행 목적은 창간사에서 밝히고 있듯이, '농촌갱생(農村更生)의 성전(聖戰) 참여'를 통한 관제농촌운동(官製農村運動)의 한계를 보완하기 위한 것이었다. 즉 농촌갱생의 원동력인 농민 스스로의 분기(奮起)를 촉진하기 위한 지도와 자문 역할을 수행함과 동시에, 농촌갱생이 성공할 수 있는 기초적 원칙을 탐구하여, 국운(國運)의 진전에 기여하는 것이 본지 발행의 궁극적 목적이었다.

따라서 지면은 농촌갱생운동을 소개하고 선전하는 시사 보도, 해설 및 각지 갱생운동의 소개 등으로 구성되었다. 이를 통해 갱생운동에 종사하는 사람들의 보고서와 같은 역할을 수행함과 동시에, 농촌갱생과 관련된 각종 지도기관과 연구기관, 그리고 각 지방의 농촌갱생관련 단체를 상호 결합시키는 역할도 수행하였다.

'촌의 가(村の家)' 설치운동이 일어나면서, 제호를 『촌(村)』으로 변경하였다. 『농촌갱생시보』와 『촌』 모두 스기노 다다오(杉野忠夫)가 매호 글을 작성하고, 잡지 발행을 주도하였다. (문영주)

참고문헌

『「農村更生時報」, 「農政」 目次総覧』, 大空社, 1992.1; 農村更生協會, 『農村更生時報』 創刊号(1巻1号)(1935.2)~4巻7号(1937.10); 杉原四郎 編, 『日本経済雑誌の源流』, 有斐閣, 1990.

농촌경제연구(農村經濟研究)

1925년 일본에서 발행된 농업 잡지

1925년 농업경제학회(農業經濟學會)의 기관지로서 창간된 잡지이다. 발행소는 이와나미쇼텐(岩波書店)이었다. 창간 초기에는 1년 3회씩 발행되다가 이후 4회씩 발행되었다. 잡지 크기는 국판(菊判)이었으며, 창간호는 238쪽 분량에 가격은 1엔(円)이었다. 총 목차와 색인을 포함해서 1964년 룐케이쇼샤(龍溪書舍)에서 영인본을 출간하였다.

농업경제학회는 농촌, 농업에 관한 다양한 문제를 연구하는 학술단체였다. 1924년 11월에 발기인총회를 개최하고 학회가 설립되었는데, 발기인에는 사토 쇼스케(佐藤昌介) 등 70명이 참가하였다. 이들은 당시 농학계(農學界)에서 농업경제학을 전문적으로 연구하는 학자들이었다.

심각한 농촌문제가 발생하였음에도 문제의 소재를 추구하여 해결책을 구명하기 위한 노력이 진전되지 못하고 있다는 것, 농촌문제를 시사문제로서 고찰하는 것이 아니라 학술적 연구로서 고찰할 필요가 있다는 것 등의 이유에서 농업경제학회는 결성되었다. 따라서 1차 세계대전 후 발생한 심각한 농촌문제에 대한 위기의식을 배경으로, 농촌문제가 사회적 규모로 확대되는 것을 방지하는 것을 목적으로 본지가 창간되었다.

그러나 일본 자본주의논쟁이 활발하게 전개되었던

시기에 발행되었던 본지에는, 이 논쟁에 참가한 논고가 거의 없었다. 본지의 편집 방향이 마르크스주의에 기반한 농업경제연구와도 확실하게 선을 긋는 것이었기 때문이었다. 정책 제언과 정책 비판도 거의 없었으며, 시종일관 순수 학술적인 잡지의 방향을 견지하였다. 기고자는 농학부의 조수(助手), 대학원생들이 많았는데, 이런 측면에서 본지는 젊은 연구자들의 등용문으로 활용되었다. (문영주)

참고문헌

杉原四郎 編,『日本経済雑誌の源流』, 有斐閣, 1990; 杉原四郎 著,『日本の経済雑誌』, 日本経済評論社, 1987.

농촌공업(農村工業)

1934년 일본에서 발행된 농업 잡지

1934년부터 1944년까지 농촌공업협회(農村工業協會)가 기관지로 발행한 잡지이다. 농촌갱생운동(農村更生運動)의 일환으로서 제기된 농촌공업화의 추진을 목적으로 창간된 잡지였다.

본지는 농촌 피폐가 도시와 농촌의 격차로 인해 발행한 것으로 파악하였으며, 도시가 발전한 원인을 공업에서 찾았다. 즉 산업혁명 이래 공업의 비약적 발전의 결과 도시와 농촌의 경제적 균형이 파괴되었고, 이 때문에 공업생산을 위한 농업생산물의 상대가격(相對價格)이 하락하였다고 주장하였다. 따라서 농촌 피폐의 해결책은 농촌지역에 공업을 보급하고 발달시키는 것이라고 강조하였다.

편집방향은 이념적 지도자의 위치에 있었던 농촌공업협회 초대회장 오코우치 마사토시(大河内正敏)였다. 농산어촌(農山漁村)이 생산한 농산물을 현지에서 이용하여 생산하는 가공공업과 농촌 자녀의 기술적 능력을 향상시킬 수 있는 정밀기계공업의 지방분산화정책의 실시가 그의 주된 주장이었다. 전자는 상품판매 측면에서, 후자는 노동력의 판매 측면에서 보완되어야 실현 가능한 대책이었다. 농업공업협회는 이러한 문제점을 제거하면서 수입 증가에 의한 농가경제, 농촌경제의 재건을 도모할 목적으로 설립된 단체였다.

그러나 지면은 주로 과학주의 공업론(科學主義工業論)의 입장에서 공업의 지방 분산을 구상한 오코우치 마사토시의 주장과는 일정한 괴리를 보였다. 즉 농촌부업 정도 수준의 농산물 가공공업에 관한 기사가 지면의 거의 대부분을 차지하고 있었던 것이다. 각지의 농산물 가공업을 소개하면서, 산업조합(産業組合)을 담당자로 한 농촌 생산물의 공업화를 농촌공업화의 기본노선을 설정하고 있었다.

1941년 회장이 요시다 시게루(吉田茂)로 교체되었다. 그리고 전시농업정책의 생산력 확충이라는 관점에서 농촌공업은 농공조화론(農工調和論)으로 변화되었다. 즉 전쟁 수행에 직접 공헌할 수 있는 식량자원의 개발과 '공업농촌의 건설' 등을 이 시기에 주장하였다. (문영주)

참고문헌

農村工業協會,『農村工業』1卷 1號(1934.12)~11卷 7號 (1944.9); 杉原四郎 編,『日本経済雑誌の源流』, 有斐閣, 1990; 杉原四郎 著,『日本の経済雑誌』, 日本経済評論社, 1987.

농촌문헌(農村文獻)

1929년 한국에서 발행된 농촌문헌사의 농업 잡지

편집 겸 발행인은 윤홍규(尹弘圭), 발행은 농촌문헌사(農村文獻社)이다. 창간호는 A5판 80쪽으로 현재 창간호만 확인 가능하다. 서울대학교와 연세대학교에 소장되어 있다.

창간호의 「동경(憧憬)」은 창간의 취지를 잘 보여주고 있는데, "피는 꽃을 아름답게 하며 살진 땅을 기름지게 하여 유토피아를 건설하자. 도로에서 방황하는 무식자(無識者)는 농촌으로 돌아가자. 지주나 작인이나 실업가나 선비나 누구를 막론하고 농촌에 힘을 모으기로 하자. 안정의 생활, 취미의 생활, 이상의 생활을 창조하는 민족이 되어 보자"는 말과 같이 농촌을 이상향으로 건설하고자 하는 의도를 두드러지게 내세웠다.

그리하여 『농촌문헌』은 농민 대중을 대표하는 표현기관으로 자처했고, 전 지면을 독자에게 개방하고자 하는 방침을 내세웠다. 그리고 이 방침 아래 이상촌 건설, 고민을 해결하는 방법, 풍속관습 진기괴담 기타 전설, 자수성가의 경험담, 춘하추동 사시경치, 출세인물 및 그들의 어릴 때 일화, 모범농촌, 농촌부업 등에 대한 원고를 모집하였다. 잡지의 체제는 논설, 수필, 성공담, 부업 소개, 문예창작 등으로 구성되어 있다.

창간호의 목차를 잠시 일별하면, 윤홍규의 「조선농업의 장래」, 이최환(李最煥)의 「생활개선론」, 차종호(車宗鎬)의 「지방농촌을 돌아보자」, 이신구(李信龜)의 「문화생활과 농촌생활」, 이광(李光)의 「문화의 연장」, 석각산인(石角山人)의 「우리가 기대하는 인물은 어디에 있는가」 등 농업정신을 확립하고 농촌 개량에 대한 농촌 청년들의 인식을 촉구하는 논설이 게재되어 있으며, 문예창작물에도 많은 지면을 할애하고 있다. 조선의 농촌 개량과 이상촌 건설을 추구하는 『농촌문헌』은 농촌의 생활 개선을 촉구하고 농사기술을 보급하는 등 농촌 계몽을 도모하는 성격을 띤다.

• 농촌문헌사

농촌문헌사는 '농우구락부(農友俱樂部)'가 설립했다. 1929년 5월 농촌 진흥을 도모할 목적에서 결성된 '농우구락부'는 농촌사업에 관심 있는 재경(在京) 농업자에 의해 조직되었으며, 그들은 농촌문헌사를 설립하여 잡지 매체를 통해 피폐한 농촌을 재건하고 농촌 문화를 세워 이상촌을 건설하고자 하는 목표 달성에 기여하고자 했다. 당시 농촌문헌사의 고문은 윤병철(尹炳哲), 사장은 윤홍규, 주필은 이최환(李最煥)이었다. (이경돈)

▌농촌청년(農村青年)

1929년 한국에서 발행된 YMCA 농촌부 기관지

영문 제호는 "The Rural Young Korean"이다. 편집 겸 발행자는 반하르트(B. D. Barnhart, 한국명 반하두[潘河斗]), 주간은 홍병선이다. 발행소는 조선기독교청년연합회 청년잡지사이며, 국판, 20쪽으로 정가는 3전이다(1년 30전). 월간 발행이며, 한글 1-2단 내리 편집체제이다. 종간 여부는 알 수 없다. 국회도서관에 소장되어 있다.

이 잡지는 조선기독교청년회연합회에서 농촌부를 두고 농촌을 지도하던 때에 기관지로 펴낸 월간지이다. 『농촌청년』 2권 3호의 목차를 통해 대략적인 성격을 살펴보겠다.

우선 사설로는 홍병선의 「우리의 살길(吾人의 活路)」이 있고, 논설에 이기태의 「농업과 농구」, 강좌에 김진근의 「조선역사」, 백남규의 「농촌산술」, 지제(止霽)의 「조선지리」 등이 있으며, 농업분야 소개글에 김여학의 「양봉문답」, 「토양간이실험법」, 몽우생술(夢牛生述)의 「식량문제와 마령서(馬鈴薯) 재배의 필요」, 편집실의 「농업어휘」, 「병아리거두기」, 「모자리 하는 법」 등이 있다. 기타 문예 코너에는 「어떤 부부의 성공(소설)」(최봉칙), 「물과 새의 노래」(방인근), 「들마꽃(시)」(림보(霖甫)), 「봄맞이(고시조)」 등이 실려 있다.

이를 통해 기독교청년회연합회 발행이기는 했으나 기독교에 대한 내용은 없이 농촌사업과 관련된 내용이 다수를 점하고 있음을 알 수 있다.

기독교청년회연합회 농촌부에서는 대리부를 설치하여 회사와 특약을 한 후 전국 농가와 협동조합에 ① 모든 종자와 묘목, ② 농구, ③ 무자위와 정미기계(석유발동기 정미기), ④ 각종 포목, ⑤ 비료, ⑥ 각종 서책 등을 실비로 알선하는 사업을 벌였다. 『농촌청년』의 발간도 이런 사업 일환의 하나였다.

YMCA의 농촌사업과 홍병선의 잡지 발간

YMCA국제위원회에서는 조선YMCA와 협약을 맺은 다음 그 협약에 따라 1925년 5월에는 미곡 전문가인 에비슨(G. W. Avison)과 농촌 교육 전문가 번스(H. C. Bunce)를 1929년 3월에는 농촌 행정 전문가이며 한국

YMCA 농촌사업비를 지원해 주는 페니(J. C. Penney)의 농장 지배인 클라크(F. C. Clark) 등을 파송해 주어 당시 조선YMCA의 농촌사업을 돕게 하자, 조선YMCA에서는 번스를 관북지방으로 보내 함흥YMCA의 이순기와 함께 일하게 하고, 에비슨은 호남지방으로 보내 광주YMCA의 계병호 간사와 일하게 했다. 그리고 클라크는 중앙에서 홍병선과 함께 중앙지역부와 전국 순회를 담당하여 농촌지도운동을 대대적으로 벌인 일이 있는데, 그때 조선YMCA 농촌부 간사로서 덴마크 농촌을 1년간 시찰하고 돌아온 홍병선이 YMCA 농촌사업의 뒷받침을 위해 다달이 펴낸 것이 바로 『농촌청년』인 것이다. (이경돈)

참고문헌

조선기독교청년회연합회, 『농촌청년』, 1930; 한규무, 『일제하 한국기독교 농촌운동: 1925~1937』, 한국기독교역사연구소, 1997.

농촌호(農村號)

1926년 한국에서 『신민』의 부록으로 발행된 농업 잡지

『신민(新民)』은 1925년 5월에 창간되었는데, 창간 1주년을 맞는 1926년 5월 1일에 그 부록으로 『농촌호』를 내기 시작하여 매월 1일 발행되었다. 처음에는 B4판이었다가 1931년 2월 1일 56호 발행 때부터 A5판으로 바뀐다. 편집 겸 발행인은 이각종(李覺鍾), 인쇄인은 김중환(金重煥), 인쇄소는 한성도서주식회사였고, 발행소는 『신민』의 부록으로 발행되었으므로 신민사가 발행하였다. 아단문고에 소장되어 있다.

창간호의 권두언은 농촌호의 발행 시기를 고려할 때 사회주의 세력이나 민족주의 세력을 염두에 둔 것이 아닌가 여겨진다. 다음 권두언 일부를 참고해보자.

"농자는 천하지대본이라 하니 참으로 농촌은 천하를 위하야 모든 생명의 힘을 길러주고 있습니다. 우리 농민이 하로 농사를 짓지 안이하면 사람의 입에 밥이 어떻게 들어가며 무엇을 입고 쓰고 하겠습니까. 더구나 땅을 파먹는 외에 별 수가 업는 우리 처지로는 더욱 그러합니다.

그러므로 우리는 반만년 역사를 둘러메고 이천만 생명을 기르자면 무엇보다도 위선 우리 농촌 형제가 힘써야 하겠습니다.

세계는 농촌문제에 눈을 띄였다 합니다. 상공업이 아무리 발달되었다 해도 인력으로는 쌀 한톨을 만들 수 없고 군함과 대포도 먹지 않고는 부릴 수 없음으로 사람의 마음은 다시 농촌으로 기울게 되었습니다.

그러면 우리 조선은 어떠하였습니까. 등질 수 없는 농촌을 그동안에 얼마나 괄시하였습니까. 얼개화를 하노라고 미숙한 도시 문명에 얼마나 취하였습니까. 이때올시다 우리는 어두운 꿈을 깨고 농촌으로 돌아간 때가 이때올시다."

지주와 소작인의 관계에 대한 『신민』의 입장을 대변하는 글을 살펴보면, 창간호의 「양지주의 소작인 원조」는 진천의 시혜적 지주를 소개하고 치켜세우는가 하면, 제33호(1928. 1)에 실린 「지주와 소작인의 관계에 취하야」라는 기사는 지주와 소작인을 이익의 분담자로 규정하고 협동과 상조로 식량증산을 꾀해야 한다고 주장한다.

자본과 거래는 지주가 맡고, 노동과 생산은 소작인이 담당하는 조선과 일본의 소작제도는 '서양풍'의 토지임대업과는 다른 '미풍(美風)'이며, 이에 따라 각종의 증산법에 따라 이익을 극대화할 수 있다고 주장하는 것이다.

또 같은 호(33호)의 「소작인의 궁상에 대하야」에서는 소작인들의 참담한 실정을 열거하면서도 지주들의 원조와 정부 시책을 촉구하는 방법론을 제시하고 있어서 주목을 요한다.

광고에서 드러나는 식민 통치의 기만성

한편, 제31호(1927. 12)에는 화가투 광고가 있어서 흥미롭다.

"고상 오락. 정선 화가투(精選 花歌鬪)(설명서 첨부). 이백 매 미상입, 정가 1원, 송료6전, 단 『신민(新民)』 연정독자에 한하야 특매 80전 송료6전.

금반 화가투(花歌鬪)를 제정하였습니다. 고시조

(古詩調) 중 국민문학으로서 가장 가치 있는 것만을 엄밀히 선택하야 일일이 작자명을 기입하였으며 매, 난, 국, 죽의 사군자를 채색으로 사입하고 점수를 부(付)하여 가투와 화투를 겸용하게 하였습니다. 즉 종래의 가투(歌鬪)에 비(比)하야 유희방법이 풍부할 뿐 아니라 차(此) 일백수의 시조로써 우리 국민문학의 정신과 계통을 학습하게 되어 있습니다. 제품은 종래의 것에 비하야 훨씬 정교하고 가격은 원래 영리가 목적이 아님으로 실비로 제공하게 되었습니다. 제위께서는 가정 급 사교에 반드시 없지 못할 것이니 이 기회에 시용하여 보시기 바랍니다.

경성부 다옥정(茶屋町) 98. 신민사. 진체 경성 12357번.

(주의) 인환(引換)은 송료 외에 인환료 15전식을 요함으로 불경제(不經濟)가 되오니 아모쪼록 선금주문하시옵소서. 진체 성 12357번으로 불입하면 편리합니다."

이후 제56호(1930.2)에도 화가투를 고상한 오락이라고 추천하며 광고하고 있다.

한편 제31호(1927.1) 뒷면 표지에 실린 순종실기 부 명신사전 광고도 잠시 보자.

"당신에게 이 전가지보전(傳家之寶典)을 권합니다. 효령전혼전(孝寧殿魂殿)에 진헌(進獻). 창덕궁 이왕전하사어람(李王殿下賜御覽). 순종실기(純宗實紀) 부(附) 명신사전(名臣史傳). (특가 5원 송료50전 730혈 양장미본)

회고(回顧)하건대 돈화문 전에서 백의만중(白衣萬衆)의 눈물 짜던 것도 이제 만 일년을 지났습니다. 그러나 우리의 비애는 갈수록 심절할 뿐이외다. 이미 지나간 역사를 추구한다는 것보다 장차 닥쳐오는 생활을 힘차게 창조하기 위하야 이미 천상에 계신 님을 모앙한다는 것보다 외로이 믿음이 없는 우리 자신을 위하야 우리는 다시금 울부짖지 아니치 못하겠습니다.

이천만민족소장지영세귀감, 반만년조국회고지전가보전(二千萬民族消長之永世龜鑑, 半萬年祖國回顧之傳家寶典)."

이상과 같은 내용은 식민지 민중 취미와 정서에 대한 일본의 개입을 풍속, 문화사적으로 엿볼 수 있는 것들이어서 주목을 요한다. (이경돈)

참고문헌

『한국신문 · 잡지총목록』, 대한민국국회도서관, 1966; 계훈모, 『한국언론연표』, 관훈클럽신영연구기금, 1979; 『아단문고장서목록』, 아단문화기획실, 1995; 최덕교 편저, 『한국잡지백년』, 현암사, 2004.

▌농학보(農學報)

1897년 중국 상하이에서 창간된 농업 잡지

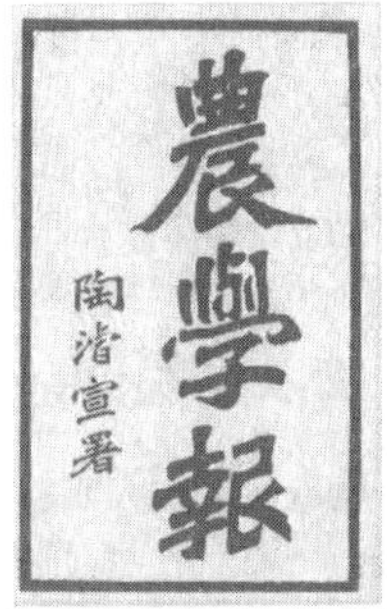

1897년 5월 상하이(上海)에서 창간되었다. 중국 최초의 농업과학 지식을 표방한 잡지로 근대 과학 잡지의 시조이다. 1896년 뤄전위(羅振玉)와 장푸(蔣黻) 등이 상하이에서 발기한 농학회가 성립되었고, 1897년 5월 농학회 주관으로 『농학보』가 창간되었으며, 후에 농학회는 농무회(農務會)로 이름을 바꾸었다.
창간 첫 해에는 반월간으로 발행되다가 이듬해부터 10일에 한 번씩 상하이농무회(上海農務會) 이름으로 매회 25쪽 정도가 발행되었다. 1906년 모두 315회를 발행하고 종간되었다. 베이징(北京) 중국사회과학원 경제연구소도서관에 소장되어 있다.

량치차오(梁啓超)는 창간호 서(序)에서 진(秦)과 한(漢)나라 이후 학술이 점점 무용지물이 되어 농(農), 공(工), 상(商)과 사(士)가 양분되어 다른 길을 가고 있어 학자는 농(農)을 하지 않고, 농부는 학(學)을 하지 않음을 지적하였다. 이에 농업의 과학화와 발전을 위해 농학회와 『농학보』가 반드시 필요함을 강조하였다.

주로 일본과 유럽의 전문 서적들을 번역, '동보선역

(東報選譯)'과 '서보선역(西報選譯)'이라 하여 지면의 대략 80% 정도를 담았다. 주요 내용은 네 가지이다. ① 농업과학 교재로 「농학입문」, 「종식학(種植學)」, 「토양학(土壤學)」, 「삼림학(森林學)」 등이며, ② 외국의 선진 농업기술과 경험을 소개하는 것으로 「종도개량법(種稻改良法)」, 「심경설(深耕說)」, 「종옥촉서신법(種玉蜀黍新法)」 등을 소개하였다. ③ 농업실험 연구보고와 조사연구 보고에 관한 글들로 「개양린용량시험(鈣養磷用量試驗)」, 「감서시험성적(甘薯試驗成績)」 등이고, ④ 세계 각국의 농업생산 현황과 무역 동향을 소개하는 글들이었다.

이러한 번역문 외에도 중국 내 '각성농사술(各省農事述)', '각성물산표(各省物産表)' 등의 항목을 설치하여 각지의 농업 특산품을 조사하고, 생산 경험을 소개하는 「지국법(芝菊法)」, 「인삼고(人蔘考)」, 「양잠성법(養蠶成法)」 등을 게재하였다.

이 잡지는 발행 10년 동안 서양의 선진 농업 과학기술과 교재를 소개하고, 재배와 양식, 비료, 임업, 개간, 해충, 제품 개선, 농업 기상, 축산 질병 예방 등에 대한 많은 문장들을 통해 중국 농업과학 발전에 계몽적 역할을 수행하였다. (김성남)

참고문헌

方漢奇 主編, 『中國新聞社業通史』, 中國人民大學出版社, 1996; 葉再生 著, 『中國近代現代出版通史』, 北京: 華文出版社, 2002.

▌뉴스(동아통항조합)

1930년 일본에서 재일조선인단체인 동아통항조합이 창간한 뉴스레터

동아통항조합(東亞通航組合)의 기관지이다. 제주통항조합준비회가 1930년 3월 25일에 기관지 『동아통항조합뉴스』(한국어판)를 발간했다.
동아통항조합은 오사카(大阪) 지역에서 조직된 소비조합 가운데에서 가장 대표적인 것이었다. 동아통항조합은 1920년대 후반 재일조선인의 자체 역량이 확충된 하나의 예이다. 동아통항조합의 결성준비는 1928년부터 전개되었다.

• 동아통항조합

제주도와 오사카를 왕래하는 선박회사를 독점 운영하는 조선우선회사(朝鮮郵船會社)와 아마가사키회사(尼崎會社)의 횡포에 분개한 제주도민들은 1928년 4월, 제주도민대회를 열고 이 두 회사에 대해 운임 인하와 대우 개선을 요구했다. 그러나 회사 측이 '새가 되어 날아갈 것인가, 물고기가 되어 헤엄쳐 갈 것인가'라고 조롱하며 거절하자 이 대회를 주도한 제주도 출신의 운동가 김달준(金達俊)과 문창래(文昌來)는 "우리는 우리 배로!"라는 슬로건을 내걸고, 자주운항운동을 전개하기로 하였다.

1929년 4월 동아통항조합운동은 준비위원회 결성을 비롯한 준비단계에서 김문준이 직접 주도하고 동아통항조합이 발족한 이후부터 김달준이 운영하도록 인계하여, 제주도민 유지간담회를 열고 제주통항조합준비회를 조직하였다.

동아통항조합은 결성 당시에 대표적인 오사카 조선인 운동가 김문준이 전면에 나서지 않고 김달준·문창래·현석현(玄錫憲)·현길홍(玄吉弘)·김동인(金東仁)·성자선(成子善) 등 제주도 출신들이 주도하였다. 이들은 개인 가입 방식이 아닌 지구(地區) 가입 방식을 채택하여 조선인 120지구를 참가시켰다. 동아통항조합은 1930년 4월 21월에 오사카 나카노시마(中之島)공회당에서 설립대회를 개최하고, 본부는 오사카 시내(浪速區 立葉町)에, 경영부는 미나토구(港區 濱通)에 각각 두었다. 창립 당시에 이미 13개 지부가 조직되었는데, 시간이 지나면서 조선인의 호응도는 더욱 높아져 1932년 말에는 조합원이 2만여 명에 달했다.

동아통항조합은 1930년 9월 8일에 열린 임시대회에서 임시집행부를 구성하고 '운동방침에 관한 건'을 비롯한 9개항의 결의사항을 결정했다. 이날 회의를 통해 일본선박회사 운임 12원 50전보다 낮은 6원 50전으로 항로를 개설하고, 창립 당시에 출항 예정일로 정했던 7월 1일을 연기하여 11월 1일부터 '교룡환(蛟龍丸)'을 이용해 취항하기로 결정했다.

교룡환과의 차용 계약기간을 5개월로 하였는데, 운영한 결과 1만 2000원의 결손이 생겼다. 동아통항조합이 조업을 중단할 위기에 처하자 일본경쟁선박회사들은 다시 운임을 6원 50전으로 인상했다. 이에 동아통항조합은 "부르조아 배를 타지 말자"는 슬로건 아래 일본 기선회사들과 같은 운임으로 취항을 계속하기로 하고, 무선전신 설비까지 갖춘 복목환(伏木丸)을 구입하여 취항하기로 결정했다. 배를 구입할 자금은 조선인들의 조합 가입비와 기금으로 마련하기로 했으나 일본 당국의 방해로 선박 구입이 쉽게 이루어지지 않자 준비금은 2650원밖에 모이지 않았다. 그러나 선박 교섭이 성공하자 4350원으로 증액되어 4930원은 빌리기로 하고 구입대금 2만 2000원에 대한 부족금 1만 4000원은 배를 저당잡아 매매계약을 성사시켰다.

1932년 5월에 제3회 동아통항조합대회를 개최했다.

이 대회에 상정한 의안 가운데 문맹퇴치에 관한 건·의료동맹 가맹에 관한 건·일본프롤레타리아문화연맹 지지에 관한 건·관헌의 폭압에 관한 건·차가인동맹과 제휴에 관한 건 등이 포함되어 있다. 대회가 채택한 행동강령도 '도항 자유획득'과 같이 오사카 거주 조선인의 실제 편익과 관련한 내용 외에도 '피압박대중의 경제적 정치적 투쟁 참가·무산계급운동의 전선통일을 위한 활동 참가·민족적 차별 철폐'가 결의되었다.

실제로 동아통항조합이 가맹하고자 하거나 지지를 표하는 단체는 모두 일본공산당계열의 단체이다. 이는 1932년 초에 동아통항조합이 더 이상 선박협동조합적인 성격에 머물고 있지 않음을 의미한다.

동아통항조합은 3회 대회에서 부인부 조직과 『뉴스』를 통한 선전 활동을 결정하고, 1932년 7월에 돌격대를 조직하는 등 승선율을 높이기 위해 적극적으로 활동한 결과 수개월간 조합원이 2만여 명으로 증가하고 승선율도 높아졌다. 이러한 상황 속에서 1933년 2월 15일에 열린 임시대회는 동아통항조합을 결성 당시의 성격으로 되돌아가고자 하는 방향전환론이 대두되었다. 방향전환론을 주장하는 측은 조합이 계급투쟁의 단체보다는 순영리경영단체로 나아가야 한다는 입장이었다. 이를 위해 현길홍 조합장을 비롯한 지도부는 동아상회준비회를 조직하여 조합 운영을 지속하기로 하고 안건에 회부하였다.

1934년 6월 14일에 열린 제4회 대회에서는 방향전환론이 정식으로 결정되었다. 이 대회에서는 홍재영(洪在榮)을 조합장으로 선출하고 순영리단체 운영을 위해 진영을 정비하고 부채를 정리하는 등 적극적으로 활로를 모색하였다.

조합원이 반감하여 7만 3000원에 달하는 거액의 부채를 자력으로 해결하기에는 역부족 상태가 되자 운항이 정지되었고, 1934년 1월 29일 임시대회에서는 조합 존속 여부를 논의하였다. 이 자리에서는 즉석에서 조합존속을 위한 기금을 9000여 원이나 모금하고 "복목환을 사수하자"는 슬로건을 채택하기도 했다. 그러나 이후 동아통항조합의 활동은 더 이상 보이지 않아, 동아통항조합은 임시대회를 끝으로 실질적으로 막을 내렸다고 할 수 있다. (김인덕)

참고문헌

朴慶植, 『在日朝鮮人運動史: 8·15解放前』, 東京: 三一書房, 1979; 정혜경, 『일제시대 재일조선인 민족운동연구』, 서울: 국학자료원, 2001.

니가타일보(新潟日報)

1942년 일본 니가타신문사가 창간한 지역신문

니가타일보사(新潟日報社)는 니가타시(新潟市 東中通 1番町 227番地)에 있었고, 1943년경의 사장은 고야나기 조헤이(小柳調平), 편집국장은 고야나기 한(小柳胖)이었다. 발행은 조간 4항, 석간 2항으로, 구독료는 1개월에 1원 10전이었다.

니가타현에서는 1940년 신문이 통합되는데, 16개의 신문이 3개로 통합되었다. 그것이 니가타시(新潟市)의 니가타니치니치신문사(新潟日日新聞社), 나가오카시(長岡市)의 니가타현주오신문사(新潟縣中央新聞社), 다카다시(高田市)의 조에쓰신문사(上越新聞社)이다. 이것을 제1차 통합이라고 하고, 다시 1942

년 가을 2차로 통합해 니가타니치니치신문사, 니가타현주오신문사, 조에쓰신문사가 통합한 니가타일보사를 창설했다. 창간호가 나온 것은 1942년 11월 1일이었으나, 『니가타일보』의 실제 등록은 1943년 1월 8일이었다.

『니가타일보』는 니가타현을 대표하는 신문으로 도호쿠(東北), 호쿠리쿠(北陸) 지방의 대표적인 신문이 되었다. 전국의 지방지 가운데 10위권에 드는 신문이었다. 본사는 니가타에 두고, 조간과 석간을 발행했다. 지사에서도 석간을 발행했다. 아울러 니가타신문사는 사내에 사원의 복지증진을 위해 복리후생시설을 구비하고 있었다.

태평양전쟁이 개시되자 전국적인 통신망을 총동원하여 보도했다. 창립 이래 다음과 같은 기획 사업을 전개했다. 말레이어강습회, 남방사정 강연회, 만주개척전, 만주교통문화전, 사상강습회, 각종 체육대회 등을 개최했다. (김인덕)

참고문헌

『昭和18年 新聞總攬』, 東京: 日本電報通信社, 1943; 春原昭彦, 『近代新聞通史』, 東京: 新泉社, 2003.

▌니치니치신문(日日新聞)

1868년 창간된 일본 최초의 일간지

1868년 4월 18일에 하시즈메 간이치(橋爪貫一, 軍艦役並見習) 등이 발간한 일본 최초의 일간지. 제호의 '니치니치(日日)'는 매일 간행하겠다는 의도를 나타내고 있다. 하지만 실제로 매일 간행된 것은 5월 상순의 일시기 뿐이었다. 창간 이후 2개월이 지나지 않은 6월 5일 18호로 발행금지 처분 때문에 종간되었다.

발행 빈도는 평균 3일에 1회 정도였다. 발행소는 하쿠몬카이샤(博聞会社)이다. 편집인은 오사다케 다케키(尾佐竹猛)이다. 소장본에 의하면 야스이 간지(安井勘次, 徳川亀之輔家来海軍役), 스즈토 유지로(鈴藤祐次郎), 하시즈메 간이치 등이 담당했다. 신문은 메이지 직후의 혼란스러운 사회상을 보도한 기사가 많았고, 외국사정과 관련된 보도는 거의 보이지 않는다. (이규수)

참고문헌

『近代文學雜誌事典』, 至文堂, 1965; 桂敬一, 『明治・大正のジャ-ナリズム』, 岩波書店, 1992; 日本近代文學館・小田切進編, 『日本近代文學大事典』 第五卷, 講談社, 1977.

▌닝보백화보(寧波白話報)

1903년 중국 상하이에서 창간된 시사종합잡지

1903년 11월 상하이(上海)에서 창간되었다. 상하이닝보동향회(上海寧波同鄕會)에서 주관하고, 닝보백화보관(寧波白話報館)이 편집 발행하였다. 초기에는 순간(旬刊)으로 발행되었으나 1904년 6월 9호 이후부터 반월간으로 발행되었다. 집필진에는 장젠(張謇), 쑹쑨(松隼), 치눙(戚農), 린셰(林獬) 등이 참여하였다. 2, 5, 6호와 개선판 1에서 5호까지가 현존하며 베이징대학 도서관에 소장되어 있다.

내용은 논설과 평의(評議), 뉴스(新聞), 전건(專件), 조사록(調査錄), 잡록(雜錄), 소설, 가요 등의 항목을 개설하였다.

주로 닝보(寧波) 지방 사람들을 대상으로 하여 지방색채가 많이 드러난다. 정치태도는 중립적이며 실업구국(實業救國)을 주장하였다. 닝보 지방 부르주아계급의 개량사상을 반영하였으며, 서면어와 구어(口語) 사이의 심각한 단절 현상을 극복하기 위해 대중적인 백화문(白話文)을 사용하였다. 신사상을 선전한 계몽성 간행물이다.

소설 「이상적 닝보(理想的寧波)」, 「영국 상업계제

일 위인」 등이 게재되었으며, 가요로는 「아프리카 흑인가요(非州黑人歌)」, 「전족 탄식(纏足嘆)」, 「계연오갱조(戒烟五更調)」, 좡궁(戇公)의 「농인회도(農人悔賭)」, 쥔무(君木)의 「망강남(望江南)」 등이 소개되었다. (김성남)

참고문헌

周葱秀·涂明 著, 『中國近現代文化期刊史』, 山西敎育出版社, 1999; 王檜林·朱漢國 主編, 『中國報刊辭典』, 太原: 書海出版社, 1992.

▌닝보소설칠일보(寧波小說七日報)

1909년 중국 닝보에서 창간된 문학 신문

1909년 6월 닝보(寧波)에서 창간되었다. 창간인 및 주필은 니이츠(倪軼池)이며 상하이(上海) 신학회사(新學會社)에서 발행하였다. 총 7호를 간행하고 같은 해 9월에 종간되었다.

「발간사」에서 말하는 발행목적은 소설 형식을 채용하여 이상을 발양하고 문명을 일으키는 것이다. 즉 이상적 계몽사상을 기본으로 하고 있으며, 동포들은 행복을 누릴 권리가 있으니 오랑캐를 쓸어버려 세상을 깨끗이 할 것을 촉구하였다.

내용은 소설란과 전기(傳記), 해문(諧文), 담총(談叢), 문원(文苑) 등의 난으로 구성되었다. 입헌제를 공격하고 암흑사회를 폭로하였지만, 전체적으로 웃음과 해학, 유머를 그 특징으로 하고 있다.

게재된 주요 작품으로는 장편소설 「흑해회란(黑海回瀾)」과 「호창기(虎倀記)」 등이 있으며, 단편소설에 위리(豫立)의 「탕자봉(蕩子棒)」과 「미신도(迷信圖)」, 니이츠의 「거관회(拒款會)」, 빙하이(病骸)의 「입헌(立憲)」 등이 있다.

논문으로는 일민(佚民)의 「소설의 조우(小說之遭遇)」, 빙하이의 「소설의 가치(小說之價值)」가 게재되었으며, 전기(傳記)에는 저인성(蟄隱生)의 「빙탄기(冰炭記)」 등이 있다. 그리고 량훙줘(梁鴻卓)의 시집 고정란에 「향국빙마집(香國冰魔集)」, 「교천죽지사(蛟川竹枝詞)」, 「권계연가(勸戒烟歌)」 등이 발표되었다.

이밖에 집필진으로 천페이런(陳佩忍)과 톈한(天憨), 멍허(夢和), 치헌(綺痕), 징안(竟庵), 추이훙팅장(垂虹亭長), 빙허(病鶴), 어우서멍(鷗社盟) 등이 참여하였다. (김성남)

참고문헌

周葱秀·涂明 著, 『中國近現代文化期刊史』, 山西敎育出版社, 1999; 王檜林·朱漢國 主編, 『中國報刊辭典』, 太原: 書海出版社, 1992.

▌다이아몬드(ダイヤモンド)

1913년 일본에서 발행된 경제 잡지

1913년 5월부터 다이아몬드사가 발행한 경제 잡지이다. 편집 주간은 이시야마 겐키치(石山賢吉, 1882~1964)였다. 다이쇼(大正) 초기에 식리(殖利)와 주식투자에 대한 정보를 제공하여 개인의 재산증식을 도울 목적으로 발행된 경제 잡지가 다수 출판되었지만, 대부분 단명하였다. 그러나 본지는 1차 세계대전의 호황기를 배경으로 월간에서 반월간으로, 다시 순간(旬刊)으로 발행 횟수를 증가시키면서 지속적으로 성장하였다.

이시야마 겐키치는 『실업지세계(實業之世界)』와 『니혼신문(日本新聞)』 등에서 경제기사로서 경험을 쌓은 후 독립해서 '작지만 빛나는', '투자가가 반드시 휴대'해야 하는 잡지를 만들겠다는 목적에서 본지를 창간했다.

이시야마 겐키치는 매호마다 주요 회사의 경영 상황을 분석한 글을 직접 집필하는 한편, 간결한 경제통계와 풍부한 조사자료로서 지면을 구성하였다. 이와 함께 '문답', '인물평', '소설'란을 설정하여 경제 잡지의 딱딱한 지면을 완화시키면서, 본지가 단순한 주식잡지(株式雜誌)에만 머물지 않는 특색을 만들어 냈다.

다이쇼(大正) 말기 다이아몬드사는 『다이아몬드 일보』와 주간 『다이아몬드리포트』을 새로 간행하면서, 전문적인 경제 잡지 출판사로 성장해 나갔다. 그리고 1937년 6월 월간 『경제매거진』을 출판하면서, 다이아몬드사는 동양경제신보사(東洋經濟新報社)와 어깨를 나란히 하는 경제 잡지 출판사로 자리를 잡아갔다. 본지는 현재에도 계속 발행되고 있다. (문영주)

참고문헌

杉原四郎 編, 『日本経済雑誌の源流』, 有斐閣, 1990; 杉原四郎 著, 『日本の経済雑誌』, 日本経済評論社, 1987; 『日本出版百年史年表』, 日本書籍出版協會, 1968.

단단진문(團團珍聞)

1877년 3월 일본 도쿄에서 간행된 풍자 잡지

메이지 초기를 대표하는 골계(滑稽) 풍자 잡지로, 단단사(團團社, 1897년 4월 사옥을 긴자로 옮기면서 진문사[珍聞社]로 개칭)가 발행했다. 삽화 만화를 통한 정치와 사회의 풍속을 비판한 잡지이다.
발행 당시의 사주는 노무라 데쓰노스케(野村徹之助)였지만, 이후 오카 하쓰히라(岡初平)로 변경되었다. 편집인은 발행 이래 고노 세쓰조(河野節造), 다지마 조지(田島象二), 이와사키 요시마사(岩崎好正), 요네우치 마사미(米內正躬), 마쓰무라 사다오(松村貞雄) 등 17명이 차례로 담당했다.
잡지의 재질은 서양식 종이로 14쪽 전후였다. 활자체는 5호 활자, 18행 2단 구성이다. 표지에는 "NEW JAPANESE COMIC PAPER"라는 설명이 있고, 잡지 상단에는 '도쿄식 수법(於東京繪)'으로 표지에 희화(戲畵)를 삽입했다.
이후 지폭도 넓어지고 쪽수도 늘어가 폐간 직전에는 32쪽에 달했다. 표지에도 예기(藝妓)나 역사(力士, 스모선수)의 사진을 실었고, 책 말미에는 철도 시간과 운임표 등을 게재하여 일반인 독자를 대상으로 삼았다. 정가는 1부 5전이었고, 발행은 매주 토요일이었다. 1907년 7월 1654호로 폐간되었다.

권두논문은 일반 잡지의 사설과는 달리 「차설(茶說)」이라는 형식이었다. 내용은 정치, 사회, 풍속을 대상으로 삼았고, 당시 일본에서는 진귀하고 재미있는 그림(희화)을 통해 웃음을 통한 신랄한 풍자를 발휘했다.

초기에는 번벌(藩閥, 메이지유신 당시 공을 세운 번) 정부의 비판이나 자유민권 사상에 관한 재미난 그림이나 글이 많았다. 이 때문에 가끔씩 발표한 글이 문제가 되어 벌금, 금고, 발행정지 등의 처분을 받았다.

집필자의 대부분은 희작가였다. 주요 집필자로는 야마다 비묘(山田美妙), 후쿠치 오우치(福地桜痴), 바이테이 긴가(梅亭金鵞), 오테이 긴쇼(鶯亭金升) 등이었다. 1897년부터 1901년까지는 고토쿠 슈스이(幸德秋水)가 이로하 안(いろは庵)이라는 이름으로 「차설」을 담당한 적도 있다.

잡지는 희작의 부흥이라는 시대적 분위기를 반영하여 34호(1877년 11월)부터는 바이테이 긴가의 「문주치혜 삼인동행(文珠痴惠 三人同行)」과 인정본(人情本)인 「춘색화력(春色花曆)」 등이 연재되었다. 하지만 이러한 희작기사는 이후 자매잡지인 『기미단자(驥尾團子)』(1878년 10월 창간, 1883년 5월 폐간)의 발간을 계기로 『기미단자』가 주로 게재하기에 이르렀다.

『단단진문』은 이후 '내외기담(內外奇談)'란이 신설되어 가벼운 읽을거리가 연재되었다. 1888년 1월 이후에는 야마다 비묘가, 1890년대 전반에는 이시바시 시안(石橋思案), 오구리 후요(小栗風葉), 야나가와 슌요(柳川春葉), 이즈미 샤테이(泉斜汀) 등의 겐유샤(硯友社) 계열 작가의 작품이 지면을 장식했다.

이밖에도 익살스러운 시(狂時), 재미난 노래(狂歌), 구어조의 속곡, 우스운 하이쿠(일본 시조), 일본어와 영어의 대화, 만담, 숨은그림 등 서민적인 웃음과 세태를 재치 있게 지적한 기사도 게재되었다. 또 잡지는 개인의 가벼운 취미를 문자와 그림으로 표현한 만담적인 잡지였다.

잡지는 전량 복간되어 일본 공공도서관에서 열람할 수 있다.

• 겐유샤(硯友社)

1885년 2월 도쿄대학 예비문(東京大學豫備門, 이후 제일고등학교)의 학생이었던 오자키 고요(尾崎紅葉), 야마다 비묘, 이시바시 시안 등 결성한 문학동호회다. '영원한 친구'라는 의미에서 겐유샤라 불렀다. 같은 해 5월 일본 최초의 순수 문예지인 『아악다문고(我樂多文庫)』를 창간했다. 처음에는 필사본에 의한 회람잡지로 8책을 간행했다. 이후 활판비독본(活版非讀本)으로 8책을 간행했고, 더욱이 공간본 16책을 간행했다.

또 이어서 겐유샤는 『문고(文庫)』라고 개명하여 11책을 간행했다. 공간본 시대에 야마다 비묘는 겐유샤로부터 탈퇴하였고, 이후 오자키 고요의 죽음과 함께 겐유샤는 해체되었다.

겐유샤에 참가한 문인으로는 이와야 사자나미(巖谷小波), 에미 스이인(江見水蔭), 가와카미 비잔(川上眉山), 히로쓰 류로(広津柳浪), 이즈미 교카(泉鏡花) 등이 있다. '겐유샤 사칙(硯友社社則)'에 의하면 겐유샤는 정치적 색채를 배격하고, 순수한 오락소설을 추구했다고 한다. (이규수)

참고문헌

牛島俊 作, 『日本言論史』, 河出書房, 1955; 伊狩章, 『硯友社の文学』, 塙書房, 1961; 岡野他家夫, 『明治言論史』, 原書房, 1983; 小山郁子, 「『團團珍聞』考: 団団社は読者に何を与えたか(その一)」, 『共立女子大学文芸学部紀要』 41, 1996; 小山郁子, 「『團團珍聞』考: 団団社・珍聞館は読者に何を与えたか(その二)」 42, 1996.

▌단산시보(檀山時報)

1925년 하와이에서 발행된 신문

1925년 10개월간 발간되었다. 하와이 호놀룰루에서 창간되어 월 2회 발간되었다. 국학문 혼용의 속쇄판 인쇄신문이었다.

공산계열의 신문으로 추정되고 있다. (이신철)

참고문헌

윤임술 편, 『한국신문백년지』 2, 한국언론연구원, 1983.

▌단층(斷層)

1937년 서울에서 발행된 문예동인지

1937년 4월 22일에 창간호를 발간했다. 종간호는 3집(1938.2)으로 알려져 있지만, 4집이 나왔다고 전해진다. 1937년 9월 7일 2집, 1938년 2월 28일 3집, 1940년 6월 27일 4집이 발행되었다. 4집은 자료의 유실로 전해지지 않는데, 기존의 연구가 3호 종간을 사실로 정하고 있고 최덕교 편저의 『한국잡지백년』 3(현암사, 2004)의 95~97쪽에서도 사정은 변하지 않았다. 편집 겸 발행인은 박용덕(朴容德), 인쇄인은 인쇄소 기신사(紀新社, 평양부 신양리 150)의 김병룡(金秉龍), 발행소는 단층사(경성부 인의정 17), 총 판매소는 1호가 대중서원(경성부 경운정)이고, 3호는 태양서점이다. 판형은 신국판으로 총면수는 평균 122쪽이고 정가는 15전(3호는 20전)이다. 아마도 허가는 서울에서 받고 편집과 인쇄는 평양에서 했다고 생각된다.

관서 지방의 역량 있는 신인들이 의욕적인 작품활동을 위해 발행한 문예동인지이다. 동인으로는 김이석·구연묵·김화청·김조규·유항림 등이 활약하였고, 심리주의적·실험적 경향을 띠었다. 동인들의 문학 수준이 높고 레이아웃도 참신한 것이 특징이다.

이 잡지는 창간사도 없고 편집후기도 없다. 또한 제1책도 창간호라 하지 않았으며 마치 단행본처럼 꾸몄음을 알 수 있다. 굳이 각기 다른 경향의 작품을 묶어 특정한 문학 경향을 나타내는 데 대한 불만과 항변이 은연중 표시된 것이 아닌가 싶다.

제1책에는 소설로 김이석의 「감정세포의 전복」, 김화청의 「별」, 이휘창의 「기사창(騎士唱)」, 김여창의 「육체」, 유항림의 「마권」이, 시로는 양운한의 「계절판도」(장시)와 김환민의 「청춘」·「시골길을 자동차로」가, 평론으로는 비교적 분량이 긴 최정익의 「D. H. 로렌스의 성과 자의식」이 실려 있다. 최정익의 평론은 저자의 앞말에 '로렌스 연구 노트의 일부'라고 알려 로렌스 연구에 대한 그의 열의와 공력을 짐작케 해준다.

제2책에는 구연묵의 「유령」, 김화청의 「스텡카·라-친의 노래」, 최정익의 「자극의 전말」, 유항림의 「구구(區區)」 등의 소설과 김조규의 「밤·부두」와 양운한의 장시 「계절판도」가 실려 있다. 여기에는 평론이 실리지 않아 다른 책보다 약 20쪽가량 얇게 편집되었다.

제3책에는 김이석의 「환등」, 이휘창의 「헤라양」, 김화청의 「담즙」, 구연묵의 「구우(舊友)」, 김여창의 「동가(凍街)」, 김성집의 「실비명」 등의 소설, 시로는 김조규의 「묘(猫)」와 양운한의 「황혼의 심상」이, 그리고 평론으로는 유항림의 「개성·작가·나—노-트 초(抄)」가 게재돼 있다.

시인 3명과 소설가 8명으로 구성된 '단층' 동인들은 모두가 평양 출신으로 구성되어 있다. 이들 작품의 주된 경향은 이른바 '심리주의' 소설 계열로, 이상과 박태원의 계보를 이으면서도 독특한 내면 묘사가 돋보이며 동인들 작품들 모두가 수준을 가늠할 수 없는 고른 완성도를 보인다는 점도 특기할 만하다.

중일전쟁이 시작되고 조선 사회 전체가 전쟁준비로 뒤숭숭한 때에 결성된 동인인 까닭에 사회적 관심이나 저항의식을 표출할 수 없는 사정도 있었겠지만, 이들의 주된 관심은 인간의 내면에 일어나는 갈등의 세세하고 구체적인 양상을 어떻게 실감나게 묘사하여 조선소설의 새로운 국면을 만들어내는가에 있었다고 보인다. 즉, 생활과 의식의 괴리에서 오는 심리적 갈등과 어떤 귀결을 정치하게 묘사함으로써 인간 심리의 사회 투영적 국면을 역설적으로 드러내고자 한 미적 정치성을 탐구했다는 점이 그들의 작품 활동의 의미라고 하겠다. 평양 지역 출신들이 모여 문예지를 만들었다는 것도 이채롭지만 작품의 면면이 고루 긴장감을 잃지 않고, 작품성을 잃지 않는다는 점에서도 이 잡지의 문학사적 위상을 평가하고 남음이 있다. (전상기)

참고문헌

구자황, 「단층파 문학의 성격과 의의」, 상허학회, 『상허학보』 제4집, 1998; 박근예, 「단층파문학연구」, 이화여대 석사논문, 1999.

▌단탁(檀鐸)

1922년 서울에서 발행된 단군교의 기관지

1922년 11월 12일 서울에서 발행된 단군교의 기관지이다. 매월 12일 발행했다. 종간호는 알 수 없다. 편집 겸 발행인은 정훈모, 인쇄자는 이석규다. 인쇄소는 삼영사인쇄(三英社印刷)이며, 발행소는 단탁사로 정가는 35전이다. 아단문고에 소장되어 있다.

배달민족의 시조로서 단군을 부각시키며 민족적 연원에 근거한 민족주의를 주장하고 있다.

단군교는 나철에 의해 창시되었다. 나철과 단군교는 일제 당국의 혹독한 탄압을 받았고, 이후 그는 이름을 대종교로 바꾸었다. 종(倧)은 "사람을 마루로 삼는다"는 뜻이다.

나철은 1916년 단군이 은거했다는 구월산으로 들어갔다. 그리고는 끝까지 나라를 찾을 것과 활동무대를 백두산 언저리로 옮기라는 유언을 남기고 선술(仙術)의 단전호흡법으로 목숨을 끊었다고 한다. 그의 유언대로

교도들은 맹렬한 독립항쟁에 나섰다.

먼저 만주에서는 대종교 회원 중심으로 북로군정서가 탄생되어 군사를 기르고 민족교육을 실시했다. 대종교 지도자 서일·여준 등은 1918년 만주에서 독립선언서를 발표했다. 이어 1920년 대종교도인 김좌진이 홍범도와 합동으로 청산리와 어랑촌전투를 벌여 일본 토벌대를 섬멸하는 전과를 올렸다.

대종교의 민족정신은 상하이로도 파급되었다. 초기에는 신규식·박은식·이시영·신채호, 후기에는 김구·조소앙·박찬익 등으로 계승되었다.

『단탁』은 「단군천조어진(檀君天祖御眞)」, 「배달족(倍達族)의 원류도(源流圖)」, 「단군역사(檀君歷史)」, 「천부경과 천부경도(天符經及天符經圖)」 등 고서의 소개와 해설을 통한 단군교의 교리 포교에 주력하였다. (이경돈)

참고문헌

『한국신문·잡지총목록』, 대한민국국회도서관, 1966; 계훈모, 『한국언론연표』, 관훈클럽신영연구기금, 1979; 『아단문고장서목록』, 아단문화기획실, 1995; 최덕교 편저, 『한국잡지백년』, 현암사, 2004.

담풍(談風)

1936년 중국 상하이에서 창간된 문학잡지

1936년 1월에 상하이(上海)에서 창간되어 1937년 7월까지 반월간으로 발행되었다. 편집장은 저우리안(周黎庵)과 메이거슝(梅戈兄)이다.

"유머를 내세운 것들을 순전히 문자 유희에 불과한 것이라고 생각하지 말아야 한다. 그러한 글 중에서도 문학사에서 인정받는 우수한 글들이 존재하기 때문이다"라는 입장을 견지하면서 유머와 소품을 중시하였다. 1930년대 린위탕(林語堂)을 선두로 한 소품문(小品文)과 유머풍의 글들이 발전되었는데, 『담풍』은 이러한 배경에서 탄생되었다.

20호의 "남경 전호(南京專號)"를 비롯하여 "마통기 전호(思痛記專號)", "이상세계 전호(理想世界專號)", "종교견문 전호(宗敎見聞專輯)", "소하록 전호(消夏錄專號)", "담조특집(談助特輯)", "사천전호(四川專號)", "서수특집(西陲特輯)", "호남전호(湖南專號)" 등의 9개 특집호가 그런 것들이다.

• 저우리안(周黎庵)

본명은 저우사오(周劭)이며 수필소품(随笔小品) 작가이다. 초기에 린위탕이 주관한 『논어(論語)』 등의 잡지에 글을 발표하였으며, 『우주풍(宇宙風)』의 편집에 참여하다가 『담풍』의 주필을 보았다.

상하이 논단에서 활동할 시기에는 루쉰(鲁訊) 계열의 잡문(雜文) 작가라는 평을 받았으며 『변고집(邊鼓集)』, 『횡미집(橫眉集)』 등을 출판하여 항전애국운동을 선전하고 일본제국주의를 규탄하였다. 이후에는 루쉰 스타일의 입장에서 돌아서 왕정위 괴뢰정권이 창간한 『고금(古今)』의 주필을 보았다. 『고금』은 문학 색채가 매우 강한 일종의 문사(文史) 잡지로 적지 않은 문헌 사료들을 게재하였다. (김성남)

참고문헌

周葱秀·涂明 著, 『中國近現代文化期刊史』, 山西教育出版社, 1999; 王檜林·朱漢國 主編, 『中國報刊辭典』, 太原: 書海出版社, 1992.

당교육

1932년 러시아에서 발행된 한글 신문

전동맹볼셰비키공산당 원동변강위원회에서 발행했다. 1932년 창간된 한글 신문이다. 총 4면으로 구성된 이 신문은 한국인으로서 당원이 될 후보자들을 교육시키기 위한 목적으로 발행되었다. 이 신문은 현재 1932년 1호와 2호가 간행되었으며, 1933년에는 3호부터 15호까지, 1934년에는 16호가 간행되었다. 그중에서 1, 7, 11호가 결호이다.

공산주의 사상 선전이 중심을 이루고 있다. 소련의 국가정책에 대한 선전 내용도 다수 포함되어 있다. 공산주의 사상 선전과 관련된 것으로는 2호에 실린 「두세

계 두체계: 자본주의와 사회주의」, 「쁘로레따리아트 독재를 통하여 공산주의루」, 「한 국가 안에서의 사회주의 건설에 관한 것」 등이 대표적이며, 6호에는 「칼 맑쓰의 학리와 쎄쎄쎄르의 사회주의 건설」, 「사회주의를 위한 투쟁에서 볼세비슴」이 게재되어 있고, 9·10호에는 「전동맹(볼세비크) 공산당 강령」 등이 게재되어 있다.

소련의 국가정책과 관련된 것으로는 4호에 실린 「전동맹 볼세비크공산당 중앙간부와 중앙검사위원회 련합 쁠레눔의 총화」가 대표적인 것으로 4면 전부를 할애하여 게재하였다.

이 신문은 후보당원들의 교육을 위한 것이었기 때문에 공산주의 사상의 선전과 당원으로서 알아야 할 내용에 관한 것이 주 내용을 차지하고 있다. 그러므로 한인들을 대상으로 한 신문임에도 한인 관련 기사들은 거의 없다.

볼셰비키(Bolsheviki)

구소련 공산당의 별칭이며, 소련공산당의 전신인 러시아사회민주노동당 정통파를 가리키는 말로 멘셰비키에 대립된 개념이며, '다수파(多數派)'라는 뜻으로 '과격한 혁명주의자' 또는 '과격파'의 뜻으로도 쓰인다.

1898년 플레하노프(G. V. Plekhanov)를 중심으로 민스크에서 조직된 러시아사회민주노동당은, 1903년 영국 런던에서 개최된 제2차 당대회에서 마르크스의 기본적인 여러 명제를 공식적으로 받아들였다. 그러나 이 당대회에서 당원 자격 및 투쟁방식을 둘러싸고, 레닌을 중심으로 하는 혁명적인 의견과 마르토프(L. Martov)를 중심으로 하는 온건적인 의견이 대립하여 내적 갈등이 첨예화하였다. 이때 레닌파가 다수였으므로 볼셰비키라 하게 되었다.

1차 세계대전이 일어나자, 볼셰비키는 '제국주의 전쟁'을 부르주아적 전제정부에 대한 내전으로 변모시키는 데 주력하였다. 그들은 1917년 2월혁명 이후 차르의 퇴위가 몰고 온 정치사회적 진공 속에서, 망명에서 돌아온 레닌의 주도하에 역사적인 10월혁명을 성공시켰다. 그리고 정권을 장악한 볼셰비키는 인류 최초의 소비에트 사회주의국가를 수립하였고, 1918년 3월 당대회에서 당명을 정식으로 '러시아공산당'이라 개칭했다. (이신철)

참고문헌

박환, 『재소한인 민족운동사』, 국학자료원, 1998; 위암장지연선생기념사업회, 『한국근대언론과 민족운동』, 커뮤니케이션북스, 2001; 정진석, 『언론과 한국현대사』, 커뮤니케이션북스, 2001.

당대평론(當代評論)

1941년 중국 쿤밍에서 창간된 학술지

1941년 7월 7일 중국 윈난성(雲南省) 쿤밍(昆明)에서 창간되었다. 서남연합대학(西南聯合大學), 당대평론사(當代評論社)에서 편집 발행하였으며, 주간으로 1944년 3월 4권 10호를 출간하고 종간되었다. 현재 윈난대학도서관과 상하이도서관 등에 소장되어 있다.

책의 앞부분에 일주간의 시사평술(一週時事評述)이 있고, 그 밖의 글들은 학술평론 위주이다. 내용이 풍부하고 토론하는 문제도 광범해서 고금의 중국과 외국의 정치, 경제, 문화, 교육, 군사, 법률, 문학, 예술, 언어, 문자, 서평, 변강 등의 문제를 취급하였다.

집필자는 페이샤오퉁(費孝通), 판광단(潘光旦), 허린(賀麟), 우치위안(伍啓元), 청자오룬(曾昭輪), 원자쓰(聞家駟), 뤄선톈(羅莘田), 왕간위(王贛愚) 등 서남연합대학과 윈난대학(雲南大學) 교수들이었다. (김지훈)

참고문헌

王檜林·朱漢國, 『中國報刊辭典(1815~1949)』, 書海出版社, 1992; 伍杰, 『中文期刊大詞典』, 北京大學出版社, 2000.

당보(黨報)

1935년 중국에서 발행된 민족혁명당의 기관지

민족혁명당이 창립된 직후인 1935년 10월 1일부로 창간되었으며, 5호까지 발행되었다. 1936년 1월 20일부터 『민족혁명(民族革命)』으로 개제하였다. 한문으로 번역하여 『반도(半島)』라는 이름으로 중국 각지에 배포되었다. 일제의 『사상정세시찰보고집』(3)에 따르면 『민족혁명』은 다시 1936년 7월 30일부터 8월 29일까지 『우리들의 길』로 개제되어 발행되다가 같은 해 12월 1일 전당대회 결의에 의해 1937년 2월 22일부터 『앞길』로 개제되었다고 한다.

민족혁명당의 세계정세 및 국내정세 인식과 '만주' 지방의 민족운동에 대한 정보, 민족혁명당의 혁명이론으로서 통일전선론 등을 소개하고 있다. 창간호에는 「이(伊) 문제에 대한 비판」이라는 글이 소개되어 있다. 이 글은 이탈리아 파쇼정권의 에티오피아 침략 배경을 분석하고 있는데, 당시 민족혁명당의 세계인식을 엿볼 수 있다.

"1차 세계대전 이후 이탈리아 제국주의의 자기팽창은 국내생산의 불균형적 과잉과 소비량 감퇴에 의한 경제공황이 세계제국주의와 함께 극도에 달했고, 인구과잉은 이탈리아 제국주의로 하여금 식민지 요구를 한층 재촉하고 있다. 이런 와중에서 최근 파쇼정권에 대한 국민의 회의와 반파쇼세력이 대두하고 있음을 파쇼독재자 무솔리니는 알게 될 것이다. 그 때문에 독일의 폭탄적 선언에 의한 구주정국의 불안 반발을 기회로 약소국 이디오피아를 침점하는 것으로써 이탈리아 제국주의 자신이 갈구하는 식민지문제를 해결함과 동시에 국내의 반파쇼세력과 민중을 위압하려 한 것이다." (이신철)

참고문헌

강만길, 『조선민족혁명당과 통일전선』, 서울: 화평사, 1991; 한국독립운동사연구소, 『조선민족혁명당의 성립과 그 역사성』, 한국독립운동사연구소, 1990.

▶ 민족혁명

▌당적건설(黨的建設)

1931년 중국 상하이에서 창간된 정치운동 잡지

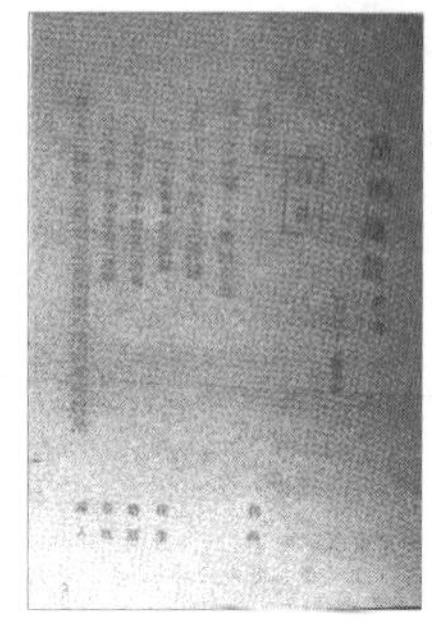

중국공산당 중앙의 당보편집위원회 지도를 받아서 1931년 상하이(上海)에서 활판인쇄로 발행되었다. 종간연도는 확실하지 않으며, 현재 보존되어 있는 것은 1931년 1월 25일부터 1933년 3월 8일까지로, 1호부터 12호까지이다. 1985년 베이징의 중앙당안관에서 영인본을 출판하였다.

발행목적은 리리싼(李立三)의 '좌경모험주의'와 조화주의 노선에 반대하는 투쟁을 전개하고 당의 조직을 공고하게 하며 대중에 대한 영도력을 강화하는 것이었다. 중공중앙은 『당적건설』에게 당의 중앙이 어떻게 마르크스·레닌주의의 조직이론, 조직원칙과 실제공작방법을 운용하여 중국의 프롤레타리아계급의 볼셰비키정당을 건설할 것인가라는 임무를 부여하였다.

이러한 임무를 완수하기 위하여 『당적건설』은 다음의 5개의 선전 방침을 정했다. ① 공산당의 조직에서 일체의 반마르크스·레닌주의, 반코민테른주의 현상을 폭로하고, 리리싼주의의 조직계통, 가장제도, 명령주의적 공작방식을 완전히 분쇄하여 중국의 볼셰비키의 전통을 건립하고 중국공산당 내에 진정한 볼셰비키화된 생활을 창조한다. ② 당내에서 자아비판의 정신을 발전시키고, 당내의 정치토론을 발전시켜 일반 당원의 정치 수준을 제고하며, 당의 조직문제, 당의 생활문제 및 각종 실제공작에서의 하급 당원의 의견을 투고하도록 하여 『당적건설』을 모든 당원의 대변자, 당내 자아비판의 무기로 만드는 것이었다. ③ 레닌과 소련공산당의 당 건설 이론과 경험, 특히 소련공산당의 각 시기에 당내에서 전개했던 투쟁의 경험과 교훈을 소개하여 공산당 내의 일반 당원들이 이해하도록 하며 이를 공산당 내의 실제생활과 밀접하게 연계시켜 당의 철저한 볼셰비키화를 완성시키는 것이었다. ④ 중국공산당 내부의 좌·우경기회주의와 무정하게 투쟁하여 조직 내부의 기회주의를 철저하게 숙청하는 것이었다. ⑤ 레닌주의와 코민테른의 조직원칙에 근거하여 공산당의 조직계통, 공작방식, 지부(支部)생활, 간부 흡수, 프롤레타리아계급 기초의 발전, 당과 대중, 당과 소비에트의 관계 확정문제, 혁명투쟁에서 프롤레타리아 독재의 역할 등의 문제를 상세하게 토론한다는 등이었다.

『당적건설』 4호까지의 주요 필자는 장원톈(張聞天), 선쩌민(沈澤民), 왕자샹(王稼祥), 쿵위안(孔原), 천웨이런(陳爲人) 등이었다.

5호부터 선전에 변화가 일어났다. 1호부터 4호까지 대부분의 내용이 당내의 투쟁과 관련된 결의와 글들로 채워졌고, 실질적인 당의 건설과 실제공작과 관련된 구체적 문제에 관한 글이 거의 없었다는 결점을 보완하려 했다. 지부공작에서 조직을 발전시키는 문제 등 실제 공작에 참고하고 도움이 될 내용들을 수록하기 시작했다.

5호부터 『당적건설』은 코민테른의 지시에 따라 중국공산당을 개조하는 데서 공작의 중점을 당의 조직 건설문제로 전환했다. 7호는 간부문제 특집호였고, 제8호는 공장지부 특집호, 9호는 비밀공작 특집호였다. 5호부터 12호까지 게재된 글은 네 종류로 분류할 수 있다. ① 중앙의 조직문제에 관한 중요한 결의와 통지이다. 이 가운데 「중앙의 전국 발행 공작 건립에 관한 결의안(中央關于建立全國發行工作決議案)」, 「중앙의 당의 조직발전에 관한 결의안(中央關于發展黨的組織決議案)」, 「중앙통지 203호(中央通知第二百零三號)」(지도방식 개조에 관한 통지), 「중앙조직국 임시통지(中央組織局臨時通知)」 등이 있다. ② 당의 건설문제를 연구한 것과 실제 공작의 경험과 교훈에 관한 글이 있다. 이러한 글은 약 30여 편이 있는데 두 개의 노선투쟁문제, 지도방식의 변화문제, 산업노동자를 흡수하여 입당시키는 문제, 공농간부를 일깨우는 문제, 관료주의와 자유주의에 반대하는 문제, 당내 반변(反變)문제, 비밀공작과 발행 공작문제 등이었다. ③ 일부 성위원회의 조직문제에 관한 결의와 중앙조직국 지부공작 검사위원회의 공작보고이다. 예를 들면 「허베이임시성위원회의 허베이성위 긴급회의 주비처의 해산에 관한 결의(河北臨時省委關于解散河北省委緊急會議籌備處的決議)」, 「모모지부공작의 검사총결(某某支部工作的檢查總結)」, 「3개월의 지부순시공작(三個月的支部巡視工作)」 등이 있다. ④ 코민테른의 지시와 레닌 관련 저작의 번역문이 있다. 예를 들면 「공장지부공작을 논함(論工廠支部工作)」(코민테른집행위원회 조직부의 편지), 「우리들의 조직임무(我們的組織任務)」(코민테른집행위원회 제12차 전체 회의 문건)와 레닌의 「향촌지부의 조직과 공작방법을 논함(論鄉村支部的組織和工作方法)」 등이 있다. (김지훈)

참고문헌

方克, 『中共中央黨刊史稿』 上, 紅旗出版社, 1999; 王檜林·朱漢國, 『中國報刊辭典(1815~1949)』, 書海出版社, 1992; 伍杰, 『中文期刊大詞典』, 北京大學出版社, 2000.

▌당적공작(黨的工作)

1936년 중국공산당에서 발간한 정치운동 잡지

1936년 6월 10일 산시(陝西)에서 창간된 중국공산당 중앙기관지이다. 1937년 12월까지 모두 48호가 발행되었다. 1, 2호는 중공 서북중앙국(西北中央局)에서 출판하였고 3호부터 33호까지는 중공중앙에서 출판하였으며, 34호에서 35호까지는 중공특구당위회(中共特區黨委會)에서 출판하였다. 36호부터 46호까지는 중공 산간닝변구(陝甘寧邊區) 당위원회에서 출판하였고 47호와 48호는 중공 산간닝특구 당위회(黨委會)에서 출판하였다.

1935년 10월 중국공산당중앙은 중국공농홍군 섬감지대(陝甘支隊)를 이끌고 산시(陝西) 북부의 오기진(吳起鎭)에 도착한 후, 당원 교육과 당과 홍군 강화에 노력하면서 항일민족통일전선을 수립하여 전 민족적 항전을 추진하였다. 이러한 상황 속에서 중공중앙은 선전과 이론적 지도를 위해서 『당적공작』을 창간하기로 결정하였다.

중공중앙이 창간한 『당적공작』은 당의 실제공작을 지도하기 위해 각급 당과 정부, 홍군과 대중단체의 지도자의 글과 논문 등을 수록하였다. 중앙과 성급(省級)기관은 중앙발행부에서 직접 『당적공작』을 보내고 지방의 구(區)까지는 각성위원회에서 대리하여 보냈다. 홍군의 전후방부대와 기관에는 총정치부에서 발송했고 지방부대와 독립영(獨立營)의 경우는 각 성의 군사부에서 발송했다.

당 중앙과 변구(邊區)와 특구(特區) 당위원회의 결의, 지시 등 모두 247편이 게재되었으며 당시 중앙의 지도자인 마오쩌둥(毛澤東), 저우언라이(周恩來)와 뤄마이(羅邁), 린보취(林伯渠), 셰줴짜이(謝覺哉), 궈훙타오(郭洪濤), 우량핑(吳亮平), 왕뤄페이(王若飛), 류란타오(劉瀾濤), 리푸춘(李富春) 등이 글을 발표했다.

1호부터 41호까지 등사지에 등사하였는데 종이의 질도 좋지 않아서 글자체가 분명하지 않다. 42호부터는 활판인쇄로 바꾸어 인쇄했기 때문에 글자체가 비교적 분명하다.

『당적공작』은 창간할 때부터 항일민족통일전선의 선전을 매우 중시하였다. 중국공산당은 일본 침략이라는 위기 상황에서 계급과 당파를 불문하고 항일민족통일전선을 수립하여 공동으로 일본제국주의에 반대해야 한다고 주장하였다. 항일을 위해서는 공산당과 연대해야 하고 반일을 위해서는 장제스를 토벌해야 한다고 주장하였다. 뤄마이는 『당적공작』 3호에 발표한 글에서 용감하게 대중의 항일운동을 일으키고 반장항일(反蔣抗日)전쟁을 견지해야 한다고 하였다.

1936년 12월 시안사변(西安事變)이 평화적으로 해결되면서 국민당과 공산당의 협력에 중요한 계기가 되었다. 중앙서기처는 "반장항일(反蔣抗日)"의 구호는 적당하지 않다고 하면서 "핍장항일(逼蔣抗日)"의 방침을 제기하였다. 『당적공작』은 중공중앙의 방침에 따라 이를 적극 선전하였다. 우량핑은 「난징국민전부에 내전을 정지하고 항일 실행을 요구하자는 구호를 논함(論要求南京政府停止內戰實行抗日的口號)」에서 항일을 위해서 반장(反蔣)을 해야 한다는 구호는 타당하지 않다고 지적하였다.

중일전쟁시기 중국공산당은 "좌경폐쇄주의(左傾關門主義)"와 "우경투항주의"에 반대하였다. 『당적공작』도 이 시기에 공산당의 항일민족통일전선에 의거하여 치화(齊華), 전눙(振農), 관펑(關烽), 궈훙타오 등이 글을 발표하여 '좌경폐쇄주의'와 '우경투항주의'를 비판하였다. 이와 함께 『당적공작』은 항일민족통일전선에서 공산당이 독립적이고 자주적인 원칙과 지도권을 견지해야 한다는 점을 선전하였다.

1937년 7월 7일 류거우차오 사건으로 중국과 일본의 전면전이 발발하였다. 이에 따라 중국은 항일전쟁을 실행하는 단계로 진입하였다. 이 시기 『당적공작』은 대량의 글을 발표하여 전면적인 전 민족적 항일전쟁을 주장하면서 국민당의 일면적인 항전 주장을 비판했다. 류란타오는 전국적인 항전(抗戰)이 시작되었지만 전면적이고 전 민족적인 대항전이 도래하지 않았다고 하면서 전면적이고 전 민족적인 대항전을 하지 못하면 일본에 맞서 승리할 수 없다고 하였다. 『당적공작』은 전국의 민중들이 국민당 정부의 정책을 전환하고 전 민족이 항일전쟁에 참가하도록 선전하였다.

산간닝 소비에트구와 주위 지역에는 많은 몽골족과 회족(回族)이 거주하고 있었다. 이들 소수민족을 어떻게 대우하고 단결하여 공동으로 항일을 할 것인가 하는 문제는 공산당에게 매우 중요한 문제였다. 『당적공작』은 「총정치부의 회민공작에 관한 지시(總政治部關于回民工作的指示)」와 「중공중앙의 내몽골공작에 관한 지시 서신(中共中央關于內蒙工作的指示信)」을 게재하였다. 1937년 2월 10일의 「중공중앙의 내몽골공작에 관하여 소수민족위원회에 보내는 서신(中共中央關于內蒙工作給少數民族委員會的信)」에서 시안사변으로 전국의 평화통일과 국공합작의 조건이 더욱 성숙한 시기에 몽골인의 독립과 분열, 심지어 한족(漢族) 통치자와의 대립을 선전하는 것은 타당하지 못하며 일본을 이롭게 하는 것이라는 점을 지적하였다. 「산간닝변구 시정강령(陝甘寧邊區施政綱領)」에서는 민족평등의 원칙에 의거하여 몽골족과 회족이 한족과 정치경제문화상으로 평등한 권리를 가지며 몽골·회족지치구를 건립한다고 하고 있다.

장궈타오(張國燾)는 중공중앙의 홍군의 북상항일(北上抗日)에 관한 결정에 반대하였다. 1935년 9월 9일 개최된 중앙정치국확대회의는 장궈타오의 노선이 잘못되었다고 비판하였다. 『당적공작』도 「장궈타오 노선을 비판하는 전호 1(批判張國燾路線專號之一)」을 발간하고 「중앙정치국의 장궈타오 동지의 착오에 관한 결의(中央政治局關于張國燾同志錯誤的決議)」, 「장궈타오 노선에 반대하는 토론대강(反對張國燾路線討論大綱)」과 카이펑(凱豊)의 「당 중앙과 장궈타오의 차이는 어디에 있는가?(黨中央與張國燾的分岐在那里?)」 등의 글을 수록했다. 『당적공작』은 중국의 중앙당안관(中央檔案館)에서 보존하고 있으며 영인본을 내부 발행하였다. (김지훈)

참고문헌

方克, 『中共中央黨刊史稿』 上, 紅旗出版社, 1999; 王檜林·朱漢國, 『中國報刊辭典(1815~1949)』, 書海出版社, 1992; 伍杰, 『中文期刊大詞典』, 北京大學出版社, 2000.

▌당적생활(黨的生活)

1929년 중국공산당에서 발행한 정치운동 잡지

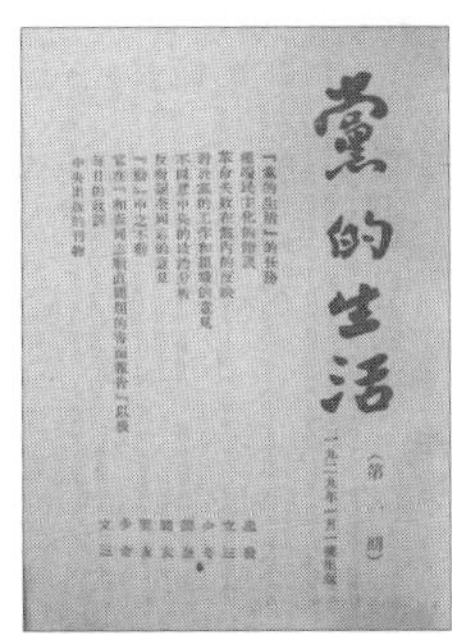

중국공산당중앙위원회의 당내 토론을 위한 간행물이다. 중국공산당 제6차 전국대표대회에서 통과된 「선전공작의 목전의 임무(宣傳工作的目前任務)」 결의안을 볼 때 이미 그 이전에 출판되었던 것으로 보인다. 그러나 현재까지 보존이 되지 않았고, 현재 찾아볼 수 있는 것은 1929년 1월 1일에 새로 출판된 1호에서 1930년 6월 15일에 출판된 11호까지의 11호와, 호수가 표기되지 않은 1호가 있다. 1985년 베이징의 중앙당안관(中央檔案館)에서 영인본을 출판했다.

중국공산당은 공산당원들이 정치, 조직, 공작방법 등 당내 문제에 대한 의견을 제기하고 다른 사람의 의견을 비판하거나 자신의 경험을 『당적생활』에 발표하도록 했다. 중국공산당은 당내의 토론을 발전시켜 "자기비평"을 하도록 하여 공산당원의 정치인식을 높여 공산당을 볼셰비키화하려 하였다.

『당적생활』은 당시에 출판된 공산당의 간행물과 두 가지 면에서 차이가 있었다. ① 당의 중하층의 일반 당원들의 대변하도록 한 것이었다. ② 당내 토론에 비판과 반비판을 인정한 것이다. 『당적생활』에서는 당원들이 자신의 의견과 시각을 발표할 수 있었고 독자들이 토론에서 제기한 문제에 대해 편집부나 공산당 내부의 관련 부문에서 회답을 하였다.

『당적생활』은 당보편집위원회의 지도를 받았다. 구체적인 업무는 중앙선전부에서 맡았다. 1~5호의 편집은 중앙정치국 상임위원 리리싼(李立三)과 중앙선전부 비서 판원유(潘問友)가 맡았다. 리리싼은 『당적생활』의 주요 지도자였다. 그는 『당적생활』에서 「매일의 교훈(每日的教訓)」을 집필했고 문제를 분석하고 구체적 편집에도 참가했다. 6호부터는 중앙조직국에서 편집을 담당했다. 중앙조직부 비서장 위쩌훙(余澤鴻)이 「공작교훈(工作教訓)」을 집필했다.

『당적생활』에 수록된 118편의 글 가운데 중앙의 지시와 중앙 및 각성위원회의 지도자, 군대의 지도자들의 글도 있고 보통 당원들의 서신도 있다. 샹중파(向忠發), 천탄추(陳潭秋), 류사오치(劉少奇), 후시쿠이(胡錫奎) 등의 글이 많고, 펑파이(彭湃), 덩잉차오(鄧穎超), 허창궁(何長工), 탕량(唐亮) 등의 글도 있다.

『당적생활』의 독자는 일반 공산당원과 중하급 간부였다. 『당적생활』에 게재된 글은 그다지 길지 않았고, 표현도 통속적이어서 이해하기 쉬웠다. 『당적생활』은 발행될 때마다 10편 정도의 글이 게재되었다. 일반 당원들이 열독하도록 매번 한두 개의 중심 문제를 중점적으로 게재했고, 기타 단문(短文), 통신, 평론 등이 수록되었다. 편집체제에서 보면 6호 이후부터 평론, 토론, 당원과 당(黨員與黨), 당과 군중(黨與群衆), 조직이론, 당의 이론발전(發展黨的理論), 레닌의 교훈(列寧的敎訓), 반우경투쟁, 공작방식, 비밀공작, 발행공작, 군중공작, 지부공작(支部工作), 지부 생활, 철의 규율(鐵的紀律), 당원자급, 공작교훈, 편집부 알림(編輯部啓事) 등의 난이 있었다. 일반 당원들을 토론에 참가시키기 위하여 편집부 알림의 형식으로 문제를 제기하고 의견을 구했다.

「중앙조직국의 『당적생활』에 대한 결정(中央組織局對『黨的生活』的決定)」에 의하면 『당적생활』의 주요 내용은 다음의 여섯 가지였다. ① 조직상의 부정확한 현상을 비평하고 교정, ② 당원들의 일체의 잘못된 관념을 교정, ③ 실제 공작의 경험을 소개, ④ 조직이론을 번역하여 수록, ⑤ 중심정책을 해석, ⑥ 당원들의 당의 공작에 대한 각종 의견을 발표시키는 것이었다.

『당적생활』을 사상적 경향에서 보면 두 단계로 나누어 볼 수 있다. 첫 번째 시기는 1에서 5호까지로 부정기로 출판되었고 주요 내용은 제1차 국공합작 실패 후부터 중국공산당 제6차 전국대표대회 이전의 당내 사상인식문제와 조직건설문제였다. 두 번째 시기는 6호부터 11호까지로 반월간으로 간행되었으며 주요 내용은 '반우경 투쟁'과 천두슈(陳獨秀) 등 '취소파'를 비판하는 것이었다.

『당적생활』은 국민당 군경의 검사를 피하기 위해 상하이에서 출판할 때 겉표지를 모두 위장했고 4×6판 활판인쇄를 했다. 1호에서 5호와 호수가 없는 1호는 "남극선옹(南極仙翁)"이라는 가짜 표지를 사용했고 6에서 9호는 상하이 세계서국에서 출판한 "신주의교과서·소학 전기 국어 교과서(新主義敎科書·小學前期國語課本)"로 위장했다. 10호는 상하이 삼민서국에서 인쇄한 "지난행이천설(知難行易淺說)"로, 11호는 중화서국(中華書局)에서 인쇄한 "당의소총서사회건설(黨義小叢書·社會建設)"로 위장했다. (김지훈)

참고문헌

方克, 『中共中央黨刊史稿』 上, 紅旗出版社, 1999; 王檜林·朱漢國, 『中國報刊辭典(1815~1949)』, 書海出版社, 1992; 伍杰, 『中文期刊大詞典』, 北京大學出版社, 2000.

대강보(大剛報)

1937년 중국 정저우에서 창간한 정치운동 신문

1937년 11월 9일 중국 허난성(河南省) 정저우(鄭州)에서 창간하였다. 원래 『대강보』는 국민당 중앙선전부와 허난성 정부가 협력하여 창간한 것이다. 중일전쟁 기간 『대강보』는 신양(信陽), 헝양(衡陽), 류저우(柳州), 구이양(貴陽) 등을 옮기며 발행되다가 신양으로 이전하면서 국민당의 자금 지원이 중지되었기 때문에 민영으로 전환하였다. 신양에서 복간하면서 발행부수는 3000부에서 1만 부 이상으로 크게 증가했다. 『대강보』의 사장은 마오젠우(毛健吾)였고 주필은 옌원톈(嚴問天)이다. 저명한 국제문제평론가 양짜오(羊棗)와 위쑹화(兪頌華) 등이 총 편집을 맡았다. 편집부에는 왕화이수이(王淮水), 위유(于友), 위리팅(兪勵挺), 가오수밍(高旭明), 리룽무(李龍牧), 어우양바이(歐陽栢) 등의 공산당원과 진보적 인사들이 참여했다. 1949년 중화인민공화국 수립 후 난징판은 정간되었지만 우한판은 계속 발행되었다. 중국국가도서관과 광둥성(廣東省) 중산(中山)도서관 등에 소장되어 있다.

적극적으로 항일을 선전하면서 국민당통치지구의 암울한 현실을 비교적 자주 폭로하고 규탄하였다. 『대강보』의 평론은 매우 특색이 있어서 독자들의 반응이 좋았다. 1942년 가을과 겨울 스탈린그라드전투가 격렬할 때 많은 사람들은 사수할 수 없을 것으로 보았으나 양짜오는 사론과 군사평론에서 독일 파시스트군대가 반드시 패배할 것이라고 단언했다. 1944년 쉐웨(薛岳)는 탐관오리를 적발하는 캠페인을 벌이고 있었는데 『대강보』의 기자 화누(華怒)는 「횡령 및 기타(貪汚及其他)」라는 기사에서 성전부관리처(省田賦管理處)와 성은행(省銀行) 사이의 비리를 폭로했다. 성은행의 행장은 쉐웨의 작은 처남이었다. 쉐웨는 화누를 체포하고 『대강보』를 3일간 정간시켰다.

1942년 10월 10일 10개 항목의 여론조사를 1만 1000여 독자를 대상으로 실시했다. 여론조사의 첫 번째 항목은 중국이 항전에서 최후의 승리를 할 수 있을 것인가에 대해 99.6%가 승리할 것이라고 답했다. 같은 해 11월 9일 여론조사 결과를 발표하여 『뉴욕타임즈』에도 보도되는 등 국내외에 화제가 되었다.

중일전쟁에서 승리한 이후 『대강보』는 한커우(漢口)로 옮겨 출판하였는데, 민주와 진보를 선전하여 비교적 큰 반향을 일으켰다. 그 이후 국민당 CC계에 팔린 후 1946년 1월 난징에서 대강보(大剛報)주식회사가 설립되어 천리푸(陳立夫)가 이사장을, 류런시(劉人熙)가 총편집을 맡았으며, 한커우와 구이양에 지사를 설립하였다. (김지훈)

참고문헌

王檜林·朱漢國, 『中國報刊辭典』, 書海出版社, 1992; 葉再生, 『中國近代現代出版通史』 3, 北京, 華文出版社, 2002.

▌대강칠일보(大江七日報)

1907년 일본 도쿄에서 창간된 중국어 시사종합신문

1907년 3월 3일 일본 도쿄(東京)에서 창간되었다. 편집장은 샤중민이다. 두 차례만 출판되었는데, 1호가 창간호이며 다른 기는 그 기수가 명확히 기록되어 있지 않다. 창간호와 날짜가 기록되어 있지 않은 1부가 현존하며 베이징사범대학도서관에 소장되어 있다.

내용은 논설과 유학계 기사, 시사회역(時事匯譯), 국내 주요소식, 해외 주요소식, 노정기사(虜廷記事), 잡문(雜文), 문원(文苑), 구가(謳歌), 논저지부(論著之部), 비평지부(批評之部), 쇄담편편(瑣談片片), 소설, 잡조(雜俎) 등으로 구성되어 있다.

청 정부의 민족압박정책을 폭로하고 백성들의 무장봉기를 호소하였다. 변법유신파를 반대하고, 캉유웨이(康有爲)와 량치차오(梁啓超)의 유신(維新) 입헌 활동을 비판하였다.

장빙린(章炳麟)은 「발간사」에서 한족의 광복과 청 정부의 전복이라는 이 잡지의 기본 방향을 명확하게 표출하였다. "중국을 관통하는 거대한 하천을 대강(大江)이라 한다. 한족은 서쪽에서 출발하여 촉석(蜀石)에 닿았고, 그 근본은 우왕에 있다. 아래로는 양(楊)과 월(越)을 덮고 있으며, 동해의 색을 황색이 되게 하였다. 중으로는 한을 규합하고, 북으로는 지방과 오랑캐까지 미치어 국통을 이루었다. 오호라! 백성은 가슴에 그 조국을 품고 있고, 여전히 물의 시작이 그 근원이구나, 이에 대강잡지(大江雜誌)를 만든다"라고 발간 목적을 설명하였다.

본 매체의 중심사상은 청 왕조를 전복하고, 개량파의 입헌군주제 주장을 반대하며, 만족(滿族)의 한족에 대한 각종 압박과 착취, 배척정책을 폭로하여 한족의 민족주의 의식을 고취하고자 함이었다. 무장 궐기와 철저한 청 정부의 전복을 호소하는 것 이외에도 암살이라는 수단을 만족 관리들에게 사용할 것을 촉구하였고, 캉유웨이, 량치차오 등의 개량파와 논전을 전개하였다.

이 신문의 문예부분인 잡문(雜文)과 쇄담편편(瑣談片片)은 필봉이 예리하고, 풍자와 우의(寓意)가 깊었다.

• 샤중민(夏重民, 1887~1922)

광둥(廣東) 출신이며 일본 도쿄제국대학 유학시 동맹회에 가입하였다. 1907년 도쿄에서 『대강보(大江報)』를 창간하였으며, 1908년 다시 『일화신보(日華新報)』를 창간하였다. 신해혁명 전 귀국하여 동맹회 광둥(廣東) 지부의 조직과 총무일을 보았다.

그러나 위안스카이(袁世凱)가 혁명의 모든 결실을

찬탈해 가자 샤중민은 미국으로 가서 『신국민일보(新國民日報)』를 창간하였으며, 또 펑쯔유(馮自由) 등과 『민국(民國)』 잡지에 투고하면서 위안스카이 반대운동을 전개하였다.

1914년 다시 캐나다로 가서는 『신민국보(新民國報)』의 주필을 보았다. 위안스카이가 죽은 후 귀국하여 1917년 광저우(廣州)에서 『천민보(天民報)』를 복간하였고, 1918년 봄에는 홍콩으로 가서 쑨중산(孫中山)의 명의로 모금을 하여 『홍콩신보(香港晨報)』를 창간하여 직접 사장 겸 총편집을 맡아 호법(護法) 활동을 선전하였다.

1920년 광저우로 돌아와 『중화신보(中華新報)』를 인수하여 이를 『광저우신보(廣州晨報)』로 바꾸어 발행하면서 이 신문을 통해 천중밍(陳炯明)의 쑨중산 반대 활동에 대한 폭로와 공격 논설을 발표하였다. 이로 인해 1922년 6월 천중밍이 무장반란을 일으켰을 때, 『광저우신보』는 폐쇄당하고, 샤중민은 체포되어 죽음을 당하였다. (김성남)

참고문헌

周葱秀·涂明 著, 『中國近現代文化期刊史』, 山西教育出版社, 1999; 北京師範大學圖書館報刊部 篇, 『北京師範大學圖書館館藏中文珍稀期刊題錄』, 北京圖書館出版社, 2002.

대공보(大公報)

1902년 중국 톈진에서 창간된 시사 종합신문

1902년 6월 17일 톈진(天津)에서 창간되어 1949년 1월 종간이 되기까지 47년간이나 발간이 지속된 대형 일간지이다. 창간 초기 톈진의 프랑스 조계에서 시작하여 1906년 9월 일본 조계로 이전하였다. 창간인은 잉화(英華)다. 죽지(竹紙)에 인쇄된 서판식(書板式)으로 매일 8페이지씩을 발행하였다.

1916년 9월 경영상황이 좋지 않아 정치인 왕즈룽(王郅隆)에게 인수되었고 1925년 11월 27일 한 차례 정간되었다가 1926년 9월 1일, 우딩창(吳鼎昌), 장지롼(張季鸞), 후정즈(胡政之) 세 사람이 인수하였다.

1937년 8월 톈진이 일본군에 침략 당하자 한커우(漢口)로 이전하여 발행되다가, 한커우가 점령되자 다시 충칭(重慶)으로 이전하였고, 이어서 홍콩판과 구이린(桂林)판이 발행되었다. 일본의 퇴각 이후 1945년 12월1일 다시 톈진으로 돌아와 복간하여 발행을 계속하다가 1949년 1월 종간되었다. 이후 『진보일보(進步日報)』로 제호를 개명하였다.

1949년 6월17일 상하이(上海)판 『대공보』가 발행되면서 『대공보신생선언(大公報新生宣言)』이 발간되었다. 1953년1월 베이징으로 이전하였고 톈진에서 발행되고 있던 『진보일보』와 합병하여 다시 톈진판 『대공보』가 발행되기 시작하였다. 1956년 10월 1일 톈진 신문사가 베이징으로 이전하여 베이징에서 『대공보』가 발행되었으며, 이 시기는 주로 신중국의 재정경제 상황을 중심으로 편집되었다. 1966년 문화대혁명이 시작되면서 1966년 9월 10일 종간되었다.

현재도 홍콩에서 『대공보』라는 제호의 신문이 발행되고 있다. 중국국가도서관에 소장되어 있다.

『대공보』는 여러 차례 주인이 바뀌었으며 정치적 경향도 변화가 큰 신문이다. 발행인과 성격의 차이로 크게 네 단계의 시기로 구분되는데, 잉화 시기와 왕즈룽 시기, 그리고 1949년 이후 문화혁명 시기를 거쳐 현재의 홍콩 시기이다.

만주족 지식인 잉화라는 인물에 의해 시작된 이 신문은 개혁적 신문으로 시작하여 자산계급 문인들의 정론성 신문, 홍콩의 애국애향적 성격의 신문으로 변화되었다.

1902년 창간시 톈진의 프랑스 조계에서 창간하였다가 1906년 9월 일본 조계로 이전하였으며, 창간인 잉화는 직접 사장 겸 편집, 집필 등의 업무를 맡아 10년간 이 신문을 운영하였다.

잉화는 천주교도인 친구의 지원을 받아 『대공보』를 창간하게 되었다. 이때의 『대공보』는 천주교도인 차이톈충(柴天寵) 등이 발기한 것으로 천주교와 밀접한 관계에 있었다. 당시 베이징과 톈진의 천주교는 프랑스의 통제를 받고 있었고, 그는 프랑스 정치 세력의 많은 간섭을 받게 되었다.

그러나 이러한 간섭 속에서도 발행을 강행하는 이유에 대해 국민들의 지혜와 문명의 기풍을 열고 서학(西學)을 배워 중국 동포들의 총명함을 계발하기 위함이라는 점을 창간호의 「대공보서(大公報序)」를 통해 강조하였다. 즉, 봉건수구파의 억압을 타파하고 서양 자본주의 학술문화를 통해 독자들에게 새로운 계몽사상을 학습시킨다는 것이었다. 잉화 시기에는 캉유웨이(康有爲)와 량치차오(梁啓超)의 영향을 받아 유신사상과 군주입헌 정치를 적극적으로 선전하였으며, 민족독립과 외국 침략 반대 역시 이 신문 선전의 주요 내용이었다.

이 신문은 창간 바로 다음날 「대공보출판 머리말(大公報出版弁言)」을 통해 실패로 끝난 무술운동의 원인을 분석하고 서태후와 수구파의 책임과 폐정을 폭로하기도 하였다.

책임주필은 팡서우류(方守六)에서 시작하여 류멍양(劉孟揚), 왕잉쑨(王瀛孫), 황위즈(黃與之), 궈딩썬(郭定森), 판쯔룽(樊子溶) 등이 차례로 보았다.

중국 내 중소 도시와 남양(南洋), 일본, 미주 등지에 60여 곳의 판매처를 두었으며 창간 초기에 3800부를 인쇄하다가 3개월 뒤 5000부를 인쇄하여 당시 화베이(華北) 지구 제1의 일간지가 되었다.

내용은 평론과 소식, 문장, 광고 등으로 구성되어 있는데, 큰 특징은 대중들의 저급한 오락성 취미에 영합하는 문장 게재를 반대하고 평론을 중시한 것이다.

군주입헌과 변법에 관한 선전, 탐관오리와 수구파에 대한 공격, 백성들의 고통, 사회공익사업 주장 등을 모두 '논설'란을 통해 발표하였다. 이 논설란은 항상 제1면 '상유(上諭)'란 바로 뒤에 고정적으로 자리하고 있었는데, 1909년 이후에는 거의 매일 1편의 논설과 2편의 '한평(閑評)'을 게재하고 평론과 사상성 만담(漫談) 문장들을 발표하였다.

또한 창간호부터 시작하여 고정된 지면에 매일 실렸던 '부건(附件)'란은 매우 특색이 있어 '논설'과 같은 국가 대사에 관한 평론이 아닌 일상생활 속에 발생하는 일들을 풍자적으로 다루었다. 당시 문화수준이 낮은 저층 백성들이 읽을 수 있도록 백화문(白話文)을 사용한 평론을 비롯하여 사상성을 갖추면서도 대중적인 문장들은 당시의 대형 일간지에서는 찾아보기 어려운 시도였다.

그러나 그 이후 여러 차례 주인이 바뀌면서 정치적 경향도 변화가 많았다. 1925년 11월 27일 한 차례 정간되었다가 1926년 9월 1일 우딩창, 장지롼, 후정즈 세 사람이 인수하게 되었다. 그 후 장지롼이 총편집을 맡아 '신문을 위한 신문'을 표방하며 부르주아와 프티부르주아의 상층 지식인의 요구와 바람을 반영하였다.

현재도 발행되고 있는 홍콩판 『대공보』는 1938년 8월 13일 창간되었다가 1948년 3월 15일 복간된 뒤 현재까지 줄곧 홍콩에서 진보적 신문으로 여론을 선도하고 있다.

• 잉화(英華, 1867~1926)

잉화의 자(字)는 리엔즈(斂之)이며 만주인이다. 베이징에서 가난한 가정에 태어나 청 말기 정치암흑기에 성장한 그는 국가의 쇠락 속에서도 부패한 조정과 탐관오리들에게 고통당하는 백성들을 보면서 일생 관직에 몸을 담지 않았다.

1898년 캉유웨이의 정치적 주장에 동조하여 줄곧 무술유신 사상을 견지하였다. 1899년 8월 『지신보(知新報)』에 「당화여언(党禍餘言)」이라는 무술운동의 실패를 애통해하는 문장을 발표하였다.

신해혁명 후의 잉화는 명의상으로 『대공보』의 책임을 지고는 있었지만, 신문사를 떠나 베이징 샹산(香山) 징이원(靜宜園)에서 종교와 교육문제에 집중하게 된다. 1925년 푸런대학(輔仁大學)을 설립하고 교장에 취임하였으며, 1926년 병사하였다. (김성남)

참고문헌

彭永祥, 『辛亥革命時期期刊介紹』, 人民出版社, 1986; 方漢奇 主編, 『中國新聞社業通史』, 中國人民大學出版社, 1996; 王檜林 · 朱漢國 主編, 『中國報刊辭典』, 太原: 書海出版社, 1992.

▌대공보 한커우판(大公報 漢口版)

1937년 중국 한커우에서 창간된 정치운동 신문

1937년 9월 18일 중국 후베이(湖北)성 한커우(漢口)에서 창간되었다. 장지롼(張季鸞)이 주도했고 쉬이보(許萱伯)와 차오구빙(曹谷冰)이 사장을 역임했다. 편집주임은 장친난(張琴南)이었다. 신문사는 한커우(特三區 湖北街 寶潤里 3號)에 있었다.

부간(副刊)인 『전선(戰線)』은 이 신문의 창간호와 같은 날 창간되었고, 항일구국투쟁을 반영하는 것을 취재기준으로 삼았다. 『대공보』 한커우판은 중요한 전투에는 종군기자를 파견하여 취재를 했기 때문에 다른 신문이 보도하지 못한 특종을 취재하는 경우가 있었다. 이 신문은 전쟁의 형세를 종합적으로 보도하면서도 국민정부를 옹호하고 항일적인 태도를 견지했다.

창간호에 발표된 사설 「한커우에서 본보를 출판한 것에 대한 성명(本報在漢口出版的聲明)」에서 각계와 신문사가 연계하고, 전시의 전문적인 문제를 토론하기를 희망했다. 「9·18기념일에 항일의 전도를 논함(九一八紀念日論抗戰的前途)」이라는 다른 사설에서는 중국은 지구전을 통해서 반드시 승리할 수 있으므로 전국에서 총동원하여 최대한 지구전을 수행해야 한다고 주장하였다.

10월 26일 발표한 「전국은 더욱 절실하게 단결이 필요하다(全國更需要切實團結)」라는 사설에서 좌익 인사들이 '장위원장을 옹호'하라고 특별히 요구하기도 했다. 12월 13일 발표한 「모든 애국자에 대해 경고함(對于一切愛國者的警告)」라는 사설에서는 각 당파들이 하나의 당과 하나의 파가 되어야 한다고 주장했다. 12월 20일에는 특파원 루이(陸詒)의 연안통신 「마오쩌둥과 항일전쟁의 전도를 이야기하다(毛澤東談 抗戰前途)」를 수록하기도 했다.

『대공보』 한커우판은 3만 5000부 정도를 발행했고 1938년 9월 9일부터는 충칭(重慶)에서 항공판을 발행하기도 했다. 1938년 10월 중순 일본군이 후베이성 우한(武漢)으로 들어오자 10월 18일 『대공보』 한커우판은 정간되었지만 이후 이전하여 계속 발행했다. (김지훈)

참고문헌

王檜林 · 朱漢國, 『中國報刊辭典(1815~1949)』, 書海出版社, 1992; 伍杰, 『中文期刊大詞典』, 北京大學出版社, 2000; 葉再生, 『中國近代現代出版通史』 3, 北京: 華文出版社, 2002.

▌대구곡물상조합월보(大邱穀物商組合月報)

대구에서 발간된 일본어 월간지

대구곡물상조합에서 매월 1회 일본어로 발간한 잡지였다. 편집 겸 발행인은 대구곡물상조합 조합장이었다. 매월 14면 전후의 분량에 타블로이드판으로 발간된 것으로 보인다.
현재 1930년 6월 30일에 발간된 49호만이 일본 사이토문고(齋藤實文庫)에 소장되어 있다. 1930년 6월 현재 대구곡물상조합의 조합장은 오히라 도쿠타로(大平德三郎)라는 일본인이었다.

제49호의 기사는 크게 조선에서의 실업(失業) 관련 시론과, 각종 통계로 구성되었다. 통계에는 미곡과 대두 등의 수이입출 통계, 월간 상황(商況) 통계, 대구역 곡물 발착 수량 통계, 경북지방의 미곡자금 대출과 곡물 검사 성적 통계, 월중 주요 도시 재고미 통계, 월중 미곡 수이출 통계 등이 수록되었다. 말미에는 조합원 이름이 수록되었는데 대구 시내 24개 곡물상이 조합원으로 가입해 있었다.

그 외 식민지기 곡물상조합과 관련한 자료로는 『조선곡물상조합연합회대회보고서』(1924년, 서울대도서관 경제문고 소장)를 참조할 수 있다. (윤해동)

참고문헌

『내구곡물상조합월보』, 일본 사이토문고(齋藤實文庫) 소장본.

대구상공회의소월보(大邱商工會議所月報)

대구에서 발간된 경제상황에 관한 일본어 월간지

대구상공회의소가 발간한 일본어로 된 월간 보고서로서, 대구의 경제상황에 대한 보고와 경제통계자료가 수록되어 있다. 식민지기 대구의 경제 상황을 분석하기 위한 1차 자료다. 현재 서울대도서관 경제문고에 1937년 4월호부터 1939년 12월호까지의 3년치 자료 32개 호가 소장되어 있다.
『대구상공회의소월보』는 기본적으로 경제개황과 경제통계의 두 부분으로 구성되었다. 경제개황은 대구의 경제상황에 대한 각종 보고와 법령자료, 기타 각종 조사자료로 구성되었고, 경제통계는 대구의 경제상황에 관한 각종 통계자료로 구성되었다.

• 대구상공회의소

대구상공회의소는 두 갈래의 기원을 가지고 있다. 하나는 1906년 7월 조선인상업회의소로 설립된 대구상의소로서, 1907년 해체되었다가 다시 1908년 대구상의소 소속 조선인 실업인이 중심이 되어 대구조선인상업회의소로 설립되었다. 대구상의소의 초대소장은 유명한 민족주의자인 서상돈(徐相敦)이었다. 다른 하나는 1906년 12월 일본인상업회의소로 설립된 대구상업회의소였다.

민족별 조직으로 분립되어 있던 각 지역 상업회의소 조직을 강제 통합하기 위해 1915년 조선상업회의소령이 공포됨에 따라, 1916년 5월 대구에서도 조선인과 일본인의 상업회의소가 해산된 후 대구상업회의소로 통합되었다.

1930년 5월 다시 조선상공회의소령이 발포됨에 따라 1930년 11월 대구상업회의소는 대구상공회의소로 개칭되었다. 다른 지역과 마찬가지로, 1944년 발포된 조선상공경제회령에 따라 대구상공회의소는 경상북도상공경제회로 개편되었고, 포항지부가 설치되었다. 이 단체는 경상북도 내의 제반물자 공급에 관한 통제 업무를 주로 담당하였다.

1916년 대구상업회의소 초대 회장에는 요시무라 시즈오(吉村鎭雄), 부회장에는 사카이 지로(堺萬次郞), 이병학(李炳學)이 선임되었다. 1931년 대구상공회의소의 초대회장에는 유명한 일본인 상인자본가 오구라 다케노스케(小倉武之助)가 부회장에는 요시다 유코(吉田由己), 한익동(韓翼東)이 선임되었다. 오구라와 한익동은 대구의 유명한 기업인이었을 뿐만 아니라, 도협의회 회원 등을 지낸 일제 통치의 협력자이기도 했다.

대구상업회의소에서 발간한 단행본으로는 『대구요람』(1920)이 있다. (윤해동)

참고문헌

田中市之助, 『全鮮商工會議所發達史』, 釜山日報社, 1935; 『대구상공회의소월보』, 서울대도서관 경제문고 소장본.

대구상보(大邱商報)

▶ 남선경제일보

대구신문(大邱新聞)

▶ 조선민보

대구실업신문(大邱實業新聞)

▶ 조선민보

대구일보(大邱日報)

1928년 대구에서 창간된 일본어 일간지

신문은 조간 4면으로 대구일보사에서 발행하였다. 본

사는 대구부 동성정(東城町)에 있었다. 경성 외 조선 각 지역에 지국을 운영하고 있었다.

1928년 10월 대구에서 창간되었다. 신문 창간에는 경북 도지사가 크게 기여하였다고 한다. 사장은 나카가와 고로(中江五郎)가 자본가 측을 대표하여 취임하였고, 전 평양매일신문 부사장이었던 야바시 요시타네(矢橋良胤)가 부사장 겸 주필로서 경영의 전권을 담당하였다.

도지사가 이임한 후, 자본 부족으로 경영권 분쟁이 일어나서 중역이 사임하는 사태가 발생하였다. 이에 대구 실업계의 중진 하마자키 젠자부로(濱崎喜三郎)가 사장으로 취임하였으며, 남선일보 사장 가와야 시즈오(河谷靜夫)를 주간으로 초빙하였다.

1932년 다시 조직을 정비하여 가와야에게 일체의 경영권을 인계하였다. 사장 가와야는 경성일보의 역대 지배인 가운데 최고의 명지배인으로 평가될 정도로 풍부한 신문 경영의 경험을 가진 사람이었다. 이후 신문 경영의 기초가 갖추어져, 1934년에는 활자를 전부 개주(改鑄)함과 아울러 사옥 신축을 계획하였다.

대구일보사는 1929년 현재 자본금 10만 원의 주식회사 조직이었다.

주요 설비로 윤전기, 평반인쇄기, 사진제판기, 연판주조기 각 1대가 있었으며, 사용 활자는 7, 1행 15자, 1면 12단으로 지면을 구성하였다.

『조선민보』와 아울러 대구에서 발행되던 양대 일본어 일간지였으나, 아직 실물이 발굴되지 않았다. (윤해동)

참고문헌

中村明星, 『朝鮮滿洲新聞雜誌總覽』, 新聞解放滿鮮支社, 1929; 中濱究 · 山重雄三郎, 『大邱案內』, 麗朗社, 1934.

▌대동공보(大同公報)

1907년 10월 3일에 미국 샌프란시스코의 대동보국회에서 창간한 한국어 주간신문

1907년 10월 3일 미국 샌프란시스코의 '대동보국회'에서 창간하였다. 사장은 문양목이었고, 주필은 최영만이었다. 주간 석판인쇄 신문으로 동년 11월 21일자부터는 국문 활자를 사용했다. 경영난으로 25호(1908.4.9)를 끝으로 휴간했는데, 그것이 종간호가 된 셈이다. 그 뒤 대동보국회가 대한인국민회로 새출발하게 되자 『대동공보』의 기계시설은 『신한민보』에 흡수되었다. 세종대 김근수문고에 소장되어 있다.

• 대동보국회

대동보국회는 1907년 3월 2일 국민이 대동단결하여 조국의 군국을 보존하는 것을 주목적으로 하여 조직되었다. 회원 간의 친목과 한인의 복지향상에 힘을 썼는다. 초대 총무에는 장경이었는데, 원래 안창호가 조직한 친목회의 회원이었다가 안창호와 뜻이 맞지 않아서 분립했다. 스티븐스(Stevens)를 저격한 장인환, 샌프란시스코의 원로로 존경받던 양주은 등이 회원이었고, 기관지로 『대동공보』를 발행했다. 각지에 지방회를 설립하기도 했고, 1909년 2월 1일 공립협회와 하와이의 합성협회가 합동으로 조직한 국민회에 합류하면서 1910년 5월 10일 해체했다.

대동보국회에 참여한 구성원들은 장경, 김우제, 이병호, 유홍조, 김마리사, 윤응호, 문양호, 최윤택, 장인환, 병창수, 김춘화, 양주은, 백일규, 방사겸, 김필권 등이며 초대 중앙회장은 이병호, 총무는 장경이 선임되었다.

이들은 대체로 조선조의 황실 보전에 큰 가치를 둔 보수적인 인사들로서 입헌군주제를 주창한 안창호의 공립협회와 이념이 달라서 갈라서기는 했지만, 스티븐스 저격 사건에서와 같이 독립운동사업에는 힘을 합친 바 있다.

참고로 장인환 의사는 대동보국회, 전명운 의사는 공립협회 회원이었는데, 조선에 수구파와 개화파가 있었듯이 미주에서도 당시 황실보전파와 공화국수립파가 있었음을 알 수 있다. (이경돈)

참고문헌

『한국신문백년 사료집』, 사단법인 한국신문연구소, 1975; 이해

창, 『한국신문사연구』, 성문각, 1983; 『한국신문백년지』 1, 한국언론연구원, 1983.

대동공보(大東共報)

1908년 러시아 블라디보스토크에서 창간된 한국민회의 한국어 기관지

1908년 11월 18일에 창간되었다. 사장은 차석보였고, 편집인 유진률(니콜라이 유가이), 발행인 미하일로프(러시아인), 주필 윤필봉, 회계 이상식, 지방계 박성류, 기자 이강 등이 활동하였다. 주2회 간행(일·수요일 발행, 1909년 5월 30일부터는 일·목요일 발행)되었고, 6단(1909년 5월 23일부터 8단), 4면(때에 따라 6면)이었다. 1910년 9월 1일에 폐간되었다. 본보는 기부금을 재원으로 운영되었고, '유지단(有志壇)'도 조직하여 재정적 지원을 얻었다. 물론 광고 수입과 구독료도 재원이었다. 구독료는 블라디보스토크와 그 외 지역이 차이가 났는데, 블라디보스토크는 1년 선금이 3원 50전, 6개월 선금은 1원 80전, 3개월 선금은 1원, 1개월에는 38전, 1장 대금은 5전이었다. 그 외 러시아 지역은 1년 대금 4원 50전, 6개월 대금 2원 40전, 3개월 대금 1원 35전, 1개월 대금 58전이었다. 그리고 한국은 1년 4원, 6개월에 2원 10전, 3개월에 1원 15전이었다. 그러나 재정난으로 인해 1909년 12월부터는 블라디보스토크에서 1년 구독료를 4원으로 인상했다. 『해조신문(海朝新聞)』의 후신이며, 해삼위(블라디보스토크) 한국민회(韓國民會)의 기관지로 1908년 6월에 발간되었다. 국내에서 72회에 걸친 압수처분을 받을 정도로 강경한 논조를 지속하다가 재정난으로 1910년 7월 폐간되었다.

구한말 국내에서는 일제 조선 침략이 노골화되었고 러시아에서는 한인 배척이 심화되었다. 이때 러시아 거주하던 동포들이 구국운동의 일환으로 신문을 간행했는데, 1908년 2월 26일 간행된 『해조신문』이 시작이었다. 그러나 이 신문이 불과 3달 후인 5월 26일에 폐간되고, 러시아 거주 동포들은 이에 굴하지 않고 다시 신문을 간행했는데, 그것이 바로 『대동공보』이다. 1910년 4월 24일자 논설 「본보가 다시 발간함을 축하함」을 보면 『대동공보』는 일본 신문 검열로 국내에서 자유롭게 신문을 간행하지 못한 시대적 상황이 잘 드러나 있다. 또한 이 신문은 동포의 사상 계몽과 국가 독립을 목적으로 하여 러시아 거주하는 한인들의 항일의식을 고취시켰다. 일제는 1909~10년 2년 동안 88회의 압수를 하기도 했는데, 국내외에서 간행된 신문 중 가장 자주 압수당한 것으로 알려져 있다.

한편, 『대동공보』는 러시아뿐 아니라 만주에서도 지지를 받는 등 국내외 동포에게 항일의식을 심어준 해외 민족지의 대표격이었다.

『대동공보』의 창간 취지는 창간호를 확인할 수 없기 때문에 정확히 알 수는 없으나, 1909년 12월 23일자 '사고(社告)'를 참조하면 "구람자 첨군아 당초에 본 신문사를 창립함은 내외동포의 지식을 개발하며, 문명을 창도하야 조국의 비참한 운명을 만회코저 함인가 아닌가"라고 해서 그 취지를 엿볼 수 있다.

이 신문은 한글로 발행했는데, 그것은 러시아 지역 거주하는 한인이 대부분 농민과 노동자들이었기 때문으로 추측된다. 초창기에는 러시아 극동 지역이 그 주요 발매소였고, 만주 지역에서도 일부 구독되었는데, 그 외 일부가 국내에 밀반입되어 배포되었던 것으로 보인다.

한편 신문사에서는 독자들에게 신문이 보다 잘 배달되도록 하기 위해 지사원제도를 도입하기도 했다.

신문의 체제는 논설, 전보, 외보, 제국통신, 잡보, 비유소설, 광고, 특별광고, 잡동산, 별보, 기서 등으로 이루어져 있다. 이 가운데 제국 통신은 국내의 소식을 전하는 난으로서 일제에 대한 비판 기사도 상당수 있다. 잡보에서는 재러 한인 사회의 동정을 살피면서 러시아 총독의 일거수일투족에 관심을 보이고 있다.

또 국내외의 신문에 실린 항일 관련 기사를 참조해서 기사로 작성하는 경우가 많았는데, 러시아 신문, 중국 신문, 국내 신문, 해외동포의 신문, 일본 신문 등이 그것이었다. 또한 『대한매일신보』나 잡지 『소년』의 기사를 실을 일도 있어서 국내 신문, 잡지 동향을 예의 주시했던 것으로 보인다.

『대동공보』는 재러 한인의 권익과 조선의 국권회복을 위해 언론활동을 펴다가 1910년 7월 1일 일제의

요청으로 폐간되었다.

안중근 의거 보도의 특징

『대동공보』의 내용 중 특히 중요한 것은 러시아의 한인 배척 분위기 속에서 재러 한인의 대응 성격을 띠었다는 것이다. 또한 국권회복의 의지를 갖고 있었으며, 재러 동포의 계몽과 민족의식 고취를 위해 힘썼는데, 안중근과 관련된 기사는 다른 신문에서 찾아보기 힘든 것들이 많다. 안중근은 사장인 최재형과 같은 단체인 동의회의 구성원이어서 주목된다. 그리고 이토 히로부미의 암살 모의도 대동공보사에서 이루어진 것으로 알려져 있다. 즉, 1909년 10월 10일 대동공보사의 사무실에서 유진률, 정재관, 이강, 윤일병, 정순만, 우덕순 등이 모인 중에 이토 히로부미의 암살을 위한 조직이 이루어진 것이다. 그러므로 『대동공보』에서는 이토 저격 사건에 특히 관심을 보여 연일 대서특필했고, 주필인 미하일로프를 변호사로 여순에 파견하기까지 하였다. 국내에서는 안중근 의사에 대한 기사가 신속하지 못한 것과 관련해서 『대동공보』는 신속정확하게 이 사건을 보도한 바 있다.

안중근 의거나 『대동공보』에 처음 게재된 것은 사건이 발생한 지 이틀 후인 1909년 10월 28일이었다. 이 사건은 「일인(日人) 이등(伊藤)이가 한인(韓人)의 총(銃)을 맞아」라는 제목으로 1호 활자 크기로 1면에 보도되었고, 이어 1909년 10월 31일자, 11월 1일자 「별보」에도 사건 정황이 자세히 보도되어 있다. 특히 안중근을 '의사'라고 불러 일제의 주목을 받기도 했다. 아울러 『대동공보』에서는 1909년 11월 18일자 외보 「의사의 소성(素性)」이라는 기사로부터 1910년 5월 12일자 제국통신에서 안중근의 사형 광경을 보도하기까지 체포로부터 사형에 이르기까지 안중근의 동향과 재판과정, 심문과정 등을 상세하게 보도했다.

안중근의 이토 저격 이후, 『대동공보』의 논지는 무장 투쟁을 더욱 강조하는 방향으로 나아간다. 1910년 5월 26일자 논설 「급진(急進)과 완진」에서는 무장투쟁을 강력히 주장하기도 하는데, 이 같은 안중근의 극단적 방법에 의한 투쟁과 본보의 무장투쟁 강조는 재러 한인의 입지 강화로 인한 것으로 추측된다. (이경돈)

참고문헌

박환, 「구한말 러시아 블라디보스토크에서 간행된 민족지: 대동공보」, 『한국학보』 73호; 『한국신문백년 사료집』, 사단법인 한국신문연구소, 1975; 최기영, 『대한제국시기 신문연구』, 일조각, 1991.

▶ 해조신문(海朝新聞)

대동민보(大東民報)

1923년 만주에서 발행된 한국독립운동단체 정의부의 기관지

1923년 11월 하순 창간되었다. 만주 길림성 반석현(盤石縣)에서 정의부 기관지로 발간되었다. 주필은 김리대(金履大)였다. 4쪽으로 발행되었다. 당시 길림에는 한글 활자가 없어 인쇄는 상하이 독립신문사에서 했다. 만주에서 발간된 최초의 활자신문이다. 1925년까지 부정기적으로 간행되었다. 잡지 『전우(戰友)』와 함께 발행되었다. (이신철)

참고문헌

윤임술 편, 『한국신문백년지』 2, 한국언론연구원, 1983.

대동보(大同報)

1907년 서울에서 발행된 정치운동 잡지

1907년 5월 서울에서 창간되어 1908년 1월 종간되었다. 통권 6호까지 발행되었다. 창간호에는 편집 겸 발행인 등의 표기가 없으나, 다른 호에는 편집인 김광제(金光濟), 발행인 최승학(崔承學)으로 표시되어 있다. 정가는 15전이었으며 분량은 A5판으로 71쪽이었다. 을사조약(1905) 이후 일본으로부터 빌린 1300만 원의 국채를 갚음으로써 경제적 주권을 확립하자는 '국채보상운동'의 기관지로서, 당시 애국계몽운동의 주요한 흐름을 보여 주는 잡지이다.

국채보상운동의 기관지로 발행된 잡지이다. 국채

보상운동은 1905년 을사조약 이후 일본으로부터 국가가 빌린 1300만 원의 국채를 갚음으로써 경제적 주권을 되찾자는 애국계몽운동의 주요한 흐름 중 하나이다. 김광제, 서상돈(徐相敦) 등을 중심으로 시작된 이 운동은 곧 『대한매일신보』, 『제국신보』, 『황성신문』, 『경향신문』, 『만세보』 등 당시 언론의 후원하에 전 국민적 애국계몽운동으로 전개되었다. 그러나 1908년 운동이 활발해지자 통감부의 압력에 의해 결국 좌절되고 말았다.

창간호의 김광제, 서상돈의 「국채 1300만 원 보상취지서」를 보면 금연운동과 같은 일반 대중이 쉽게 참여할 수 있는 운동을 통해 국채를 갚고, 이를 통해 주권을 되찾자는 운동의 취지가 잘 드러나 있다. 이와 더불어 운동의 구체적인 방법과 성과인 '단연(斷煙)뉴스'란이 있어서 운동의 전개 범위를 짐작할 수 있는데, 이 난은 전 국민을 아우르는, 전국적인 운동이었음을 보여 주는 자료로서 중요한 의미를 지닌다.

그리하여 이 잡지는 당시 애국계몽운동의 주요한 흐름이던 국채보상운동의 취지와 전개 과정, 구체적인 성과를 보여준다는 점에서 중요한 자료적 가치를 지닌다. (장성규)

참고문헌

신용하, 『일제 경제 침략과 국채보상운동』, 아세아문화사, 1994; 이상근, 「국채보상운동에 관한 연구」, 『국사관논총』 18집, 1990; 이송희, 「한말 국채보상운동에 관한 일연구」, 이화여대 석사학위논문, 1977.

▌대동사문회보(大東斯文會報)

1920년 한국에서 발행된 유림 잡지

1920년 4월 30일 한국에서 발행된 유림 잡지이다. 편집 겸 발행자는 최영년이고, 인쇄자는 김중환이다. 인쇄소는 대동인쇄주식회사이며, 발행소는 대동사문회이고 국판으로 발행되었다. 창간호만 남아 있다. 아단문고에 소장되어 있다.

『대동사문회보』는 유교의 경전과 교리를 설파하기 위해 창간된 유림 잡지다. 회중기사(會中記事)에는 회의 발기 취지와 발기인 명단 그리고 회칙 등이 명기되어 있는데, 이를 참조하면 '대동사문회'는 '유도(儒道)의 강명(講明)으로 목적(目的)'하였고 24명의 발기인에 의해 성립되었다.

발기인은 홍긍섭, 정만조, 심종순, 이순하, 최영년, 서상춘, 한만용, 이기, 유병철, 어윤적, 송지헌, 현채, 박로학, 이범철, 홍희, 한폐복(韓敝履), 김정기, 김기현, 육용찬, 유재성, 이명재, 김견규, 박상정, 박원태 등이었다. 창립총회는 1920년 1월 25일 1시에 경성 종로 태화관에서 개최하였고, 초대 회장으로 홍긍섭을 선출하였다.

『대동사문회보』의 목차를 대략 살펴보면 다음과 같다. 창간사와 축사가 있고, 이어서 정만조의 「원사문(原斯文)」, 서상춘 「유어예(游於藝)」, 홍희 「삼사요의(三事要義)」, 송지헌 「제자소이추양계효(祭者所以追養繼孝)」, 최영년 「성인립교어육경(聖人立敎於六經)」, 김정기 「효자애친지지정(孝子愛親之至情)」, 홍긍섭 「논어불분불계불배불발장강설(論語不憤不啓不悱不發章講說)」, 송지헌 「논어십유오이지우학장강설(論語十有五而志于學章講說)」, 어윤적 「회강육익(會綱六翼)」, 그 외 「사조(詞藻)」, 「유림래함(儒林來函)」, 「회중기사(會中記事)」 등이 실려 있다. (이경돈)

참고문헌

『한국신문 · 잡지총목록』, 대한민국국회도서관, 1966; 계훈모, 『한국언론연표』, 관훈클럽신영연구기금, 1979; 『아단문고장서목록』, 아단문화기획실, 1995; 최덕교 편저, 『한국잡지백년』, 현암사, 2004.

▌대동신보(大東新報)

1904년 서울에서 창간된 일간지

1904년 4월 18일 일본인 기쿠치 겐조(菊池謙讓)가 일본외무성과 보조협정을 맺고 경성 니동(泥洞) 31호에서 창간하였다. 주필은 시무라 사쿠타로(志村作太郎)였다. 국한문판과 일문판을 각각 발행하였고, 타블로이드형은 4면 5단제였다. 국문판 1장당 5.5전, 일문판은 금화 2전 5리였다. 영인출판되었다.

본지는 『대동신보(大東新報)』라는 동일 제호로 국한문판과 일문판을 각각 발행했다. 이 신문은 당시 발행되던 『한성신보』와 마찬가지로 대륙 진출을 위한 일본정책을 옹호하며 진출시키는 기관지였던 셈인데, 국문판과 일문판은 가격, 판형, 회사도 달랐다. 1면은 '사전(史傳)', '관령(官令)', 단평란(短評欄)인 '위언격어(危言格語)' 등을 실었고 2면은 논설과 잡보, 3면에는 소설, 4면에는 광고란으로 충당했다. 논설은 일본의 대륙진출정책을 반영하거나 옹호하는 내용이 다수였다.

일문판은 경성 영락정 2정목에 본사를 두고 대형 4면제(1면 6단, 1단 48행) 신문으로 발간했다. 1906년 8월 통감부 기관지로 3000원에 전매되어 동년 9월 1일 『경성일보』로 개명되었다.

『대동신보』과 『경성일보』와의 관계

『경성일보』는 초대 통감 이토 히로부미(伊藤博文)가, "유력한 신문을 발행하여 대한(對韓) 보호정치의 정신을 내외에 선양하고, 일선(日鮮)융화의 대의를 창도할 필요"가 있다고 하여 창간한 신문이다. 이 신문은 이미 발행되고 있던 2개의 일본어 신문을 통합하여 새로 창간하는 형식으로 출발하였다. 하나는 1895년 2월 17일부터 주한일본공사관의 후원하에 발행되던 『한성신보(漢城新報)』였고, 다른 하나가 바로, 러일전쟁이 일어난 후인 1904년 8월 13일 창간되었던 『대동신보(大東新報)』였다. (이경돈)

참고문헌

『한국신문·잡지총목록』, 대한민국국회도서관, 1966; 『한국신문백년 사료집』, 사단법인 한국신문연구소, 1975; 계훈모, 『한국언론연표』, 관훈클럽신영연구기금, 1979; 『한국신문백년지』, 한국언론연구원, 1983; 최기영, 『대한제국시기 신문연구』, 일조각, 1991.

▶ 경성일보

대동신보(大東新報)

▶ 대동공보(大東共報)

대동아

▶ 삼천리

대동일보(大同日報)

1901년 미국 샌프란시스코에서 창간된 중국어 정치운동 신문

1901년 미국 샌프란시스코에서 창간되었다. 미주(美洲) 홍문(洪門) 치공당(致公堂)에서 주관한 신문이다. 탕충창(唐瓊昌)과 황싼더(黃三德)가 발행인이며, 어우쥐자(歐榘甲)가 주필을 맡아 발행되다가, 1904년 이후 혁명파 인사 마쥔우와 류청위로 교체되었다. 1914년 봄 중화민국공보(中華民國公報)로 개명되었다.

반청복명(反淸復明)을 목적으로 조직된 비밀 결사회인 홍문의 기관지다. 캉유웨이의 대동학설(大同學說)과 홍문의 사상을 조합하여 중국 교민들에게 선전하였고, 이로 인해 『대동일보』는 보황회(保皇會)가 통제하는 언론으로 알려졌다.

1904년 쑨중산(孫中山)이 샌프란시스코에서 활동을 모색하자 이미 여러 분회를 조직하고 있던 보황회는 그가 소지한 하와이 여권이 위조된 것이며 그를 중국의 난당분자(亂黨分子)라 무고하여 미국 이민국에 고발하였다. 또한 치공당을 이용하여 보황회 조직을 확장하려던 주필 어우쥐자는 『대동일보』를 이용하여 쑨중산을 공격하였다.

그러나 발행인 황싼더와 탕충창은 쑨중산의 혁명사상을 지지하여 그와 협력 관계를 맺으려 하였으나 어우쥐자가 강하게 반발하자 그를 축출해버리고 주필을 쑨중산이 추천한 마쥔우(馬君武)와 류청위(劉成禺)로

바꾸어 버렸다. 이로서 신문사의 색깔이 보황파에서 혁명파로 완전히 바꿔 버린 『대동일보』 사건은 언론사의 유명한 일화가 되었다.

이후 『대동일보』는 재미 중국교민 혁명 사상의 격전지가 되었고, 혁명파의 중요 여론 활동의 장이 되었다. 쑨중산은 탕충창의 협조 아래 신문사의 조직을 개편하고 치공당 조직을 통일적인 전투조직으로 개편시켜 민주혁명의 지지세력으로 만들었다. 철저한 조직 개편을 통하여 보황파의 선전지에서 혁명파의 기지로 변모한 것이다.

그리고 샌프란시스코 치공당 당원들의 동의를 얻어 「치공당중정신장요의(致公堂重訂新章要義)」와 신장정(新章程) 80조를 발표하여 청 왕조를 전복하고 민주혁명의 실천을 그 기본 정신으로 삼았다.

치공당은 원래는 반청복명(反淸復明)을 목적으로 한 조직이었으나 쑨중산이 만든 신장정 이후 부르주아 계급 민주혁명 색채의 강령으로 개편되었다. 그리고 깃발을 바꿔 달게 된 『대동일보』는 치공당의 신장정에 대한 내용은 물론 쑨중산이 샌프란시스코와 뉴욕 등지에서 홍문 당원들에게 행한 반청혁명사상 연설에 대한 기사들도 상세히 보도하였다. (김성남)

참고문헌

方漢奇 主編, 『中國新聞社業通史』, 中國人民大學出版社, 1996;
葉再生 著, 『中國近代現代出版通史』, 北京: 華文出版社, 2002.

대동일진회보(大同一進會報)

1938년 서울에서 한국어로 창간된 정치 잡지

친일단체 대동일진회의 회보로서 1938년 2월 15일 창간되었다. 대동일진회 본부 이사장 김용우(金龍禹)가 창간호의 편집 겸 발행을 맡았으나, 이후 김태형(金台衡)이 담당하였다. 발행소는 경성부 견지정 80번지의 대동일진회 본부였다. 발행면수는 창간호는 60매, 2호와 3호는 40~50쪽 내외였다. 책값은 우송료를 포함하여 한권에 10전이었고, 반년분 6권에 60전, 1년분 12권에 1원이었다. 창간호부터 3호까지 연세대학교에 소장되어 있다.

대동일진회는 1938년 종교단체인 시천교가 정치단체로 전환한 조직이다. 대동일진회보 창간호에는 「대동일진회의 출세와 동학의 서광」, 「대동일진회 운동요지」, 「대동일진회 준비위원회 회의록」, 「시천교 조직 변경 전말」, 「시천교갱신준비위원회 기록」과 같이 대동일진회 창립의 당위성을 설파하고, 창립과정을 자세히 전하는 기사들이 수록되어 있다.

시천교를 대동일진회로 전환하는 과정은 순탄치 않았던 것 같다. 창간호에 실려 있는 「망동망상의 최절정에 헤매는 전 시천교종리장 김원근 선생에게 상정하는 최후 각서」가 그러한 상황을 반증한다. 실제로 김원근(金源根) 등 일부 간부들은 시천교를 대동일진회로 전환하는 데 반발하여 별도로 시천교중앙종무원을 설립하고 대동일진회 배격운동을 벌였다.

대동일진회가 표방하는 정신은 창간호에 실린 「선언」과 이를 실천하기 위한 「강령」에 잘 드러나 있다. 대동일진회는 「선언」에서 대동일진회의 정신이 내선일체와 아시아 인민이 일본을 중심으로 단결하는 대동아건설에 있다는 점을 분명히 하였다. 「강령」에서는 이를 실천하기 위해 첫째, 동학의 본령인 성경신(誠敬信)을 황도(皇道)의 기본으로 삼아 세계 인류의 지도원리로 확립하고, 둘째, 내선일체로써 동양인에 의한 동양건설의 핵심세력을 육성하며, 셋째, 충실한 황국신민으로서 거듭나기 위해 진충보국(盡忠報國) 정신을 함양할 것을 표방하였다.

「일본제국과 동양에 동학이 삼세의 밀접한 관계」(2, 3호), 「대동일진회의 유래와 장래」(1, 2호)」, 「시세를 통찰합시다」(2호), 「절제보국 합시다」(3호)는 이러한 강령의 실현을 뒷받침하기 위한 글들이었다.

한편, 대동일진회가 창립된 시기는 영미세력과의 결전을 앞둔 1939년이었다. 대동일진회는 「황인종은 결속하자」(1~3호), 「타도영국」(3호)이라는 글을 통해 서양 대 동양, 백인종 대 황인종, 서양의 착취와 일본의 대동아공영을 대비시키면서 동양세력이 총단결하여 서양세력의 침략을 막아내자고 주장하였다.

그 외에도 대동일진회보에는 대동일진회의 인물소개, 인사(人事)와 행사, 예산, 지방기관 휘보 및 이사회 및 기관지발행위원회의 회의록 등이 실려 있다.

대동일진회보는 이처럼 3·1운동 이후 과거의 친일 행적을 반성하고, 민족운동에 참여하였던 시천교가 다시 노골적으로 친일화되어 가는 과정과 논리, 또한 그것을 주도하고 있는 주도세력과 대동일진회로의 전환 과정에서 발생하고 있는 교단 내 갈등 양상을 가감 없이 보여주는 자료이다.

• 대동일진회

대동일진회는 한일합방론을 제창한 일진회(一進會)·시천교(侍天敎)의 후신이다. 일진회는 1904년 8월 송병준(宋秉畯)과 독립협회 출신인 윤시병(尹始炳)·유학주(兪鶴柱)·염중모(廉仲模) 등을 주축으로 하여 결성된 친일단체였다. 여기에는 일부 동학지도자들도 적극적으로 가담하고 있었다.

이들은 일본과의 적극적인 동맹을 통한 문명개화를 추진하였다. 을사조약을 10여 일 앞둔 1905년 11월 5일 일진회는 "외교권을 일본에 위임하여 일본의 지도하에 국가의 독립 및 안녕과 행복을 유지해야 한다"는 선언서를 발표함으로써 노골적으로 친일에 앞장섰다.

일본 망명길에 올랐다가 1905년 귀국한 동학 제3대 교주 손병희는 동학을 천도교를 개조하여 조직을 정비하는 한편, 일진회에 참가하여 적극적인 친일활동을 벌였던 인물들을 축출하였다. 이때 천도교에서 축출된 인물들이 1907년 4월 창건한 종교가 시천교이다.

창건 이후 시천교 간부들은 일진회와 더불어 합방청원운동을 주도하는 등 적극적인 친일활동을 벌였다. 일진회는 대동합방론에 의거하여 한일합방론을 전개하였다. 일본의 다루이 도키치(樽井藤吉)이 제창한 대동합방론은 서양의 침략에 맞서 우선 일본과 한국이 합동하여 대동국(大東國)이라는 합방국을 세우고, 다시 중국 및 동남아시아와 연합하여 대아시아연방을 실현하자는 논리였다. 일진회와 시천교의 고문이었던 총독부 촉탁 우치다 료헤이(內田良平)과 일본 조동종(曹洞宗) 승려 다케다(武田範之) 또한 합방론자였다. 이들은 대한제국이 자발적으로 통치권을 위임할 수 있는 분위기를 조성하도록 일진회와 시천교에 요구하였고, 일진회와 시천교는 이에 적극 호응하였던 것이다.

한일합방 이후 모든 정치단체에 대해 해산명령이 내려짐에 따라 일진회는 해산되었으나, 시천교는 친일 종교단체로서의 활동을 계속하였다. 3·1운동 이후 민족주의운동이 활발해지고, 교단 내에서도 개혁의 목소리가 높아지자, 시천교의 활동은 위기에 봉착했다. 이에 시천교는 반민족적 친일 종교단체로서의 오명을 씻기 위해 3·1운동에 주도적으로 참여하였던 천도교와의 유대를 강화하는 한편, 시천교청년회를 조직하여 민족주의적 입장에서 소년운동과 여성운동을 전개하였다.

1934년부터 시천교는 청림교, 제우교, 성도교, 대도교 등 동학계열의 소수 종교와 통합작업에 적극적으로 나섰다. 1936년에는 남도지방에 뿌리를 내리고 있던 증산교우친목회가 시천교에 통합되면서 시천교는 천도교, 보천교에 이어 동학계열 종교의 제3인자로 부상하였다.

1930년대 후반 일제의 종교탄압이 심해지자 시천교는 중일전쟁에 참전하는 일본군을 위해 황군기도식을 거행하는 등 다시 적극적인 친일활동에 나서기 시작하였다. 1938년 9월에는 "시국에 순응하여 유사 종교단체로서의 침체된 형세를 일축하고 좀 더 활발한 행동을 전개"하기 위해 시천교를 해산하고, 친일 정치단체 대동일진회로 전환하였다.

대동일진회는 이후 본격적인 친일활동을 전개하였다. 농촌진흥운동에 호응하는 농촌 중견인물을 양성하기 위해 일진농사숙(一進農事塾)을 개설하였고, 동학은 곧 황도(皇道)라는 논리를 전파하기 위해 '동학'이라는 영화를 제작하였으며, 각 지부에 창씨상담소를 개설하여 창씨개명을 주도하였다. (정진아)

참고문헌

조규태, 「일제의 한국강점과 東學系列의 변화」, 『韓國史研究』 114, 2001; 김정인, 「大韓帝國期·日帝强占期 侍天敎의 존재양

태와 활동」, 『國史館論叢』 103, 2003; 김정인, 「일제강점 후반기(1931-1945) 천도교세력의 친일문제」, 『동학연구』 9·10, 2001.9.

▌대동학회월보(大東學會月報)

1908년 서울 대동학회가 발간한 교양학술지

1908년 2월 25일 대동학회(大東學會)에서 발간하였다. 1909년 8월까지 총 20호를 내었다. 편집 겸 발행인은 이대영(李大榮), 발행소는 대동학회회관(大東學會會館), 인쇄소는, 창간호의 경우 한성 전동(磚洞)의 보성사(普成社)였으나 2호부터는 필동(筆洞)에 위치한 경성일보사(京城日報社)로 바뀌게 된다. 매월 25일 간행으로, 제호(題號)는 당시 내각총리대신으로 있었던 이완용이 쓴 것이다. 이 잡지는 특별히 '본잡지정가표(本雜誌定價表)'라고 하여 1부는 15전, 6부는 85전, 20부는 1환(圜) 50전으로 판매한다는 정가표가 나와 있는 바, 6부 이상을 구입하면 할인 가격으로 판매한다는 점을 알리고 있어 눈길을 끈다. 이 잡지의 성격에 기인한 것이겠지만, 표기는 거의 대부분이 순한문이거나 한문에 국문 현토가 달린 형태이다. 이 잡지는 1989년 아세아문화사에서 『한국개화기학술지』에 전2권으로 영인하였는데, 20호 중 17호가 빠진 상태이다.

이 잡지는 대동전문학교의 학보(學報)이다. 목차를 살펴보면, 이 잡지에는 크게 논설(論說), 학원(學苑), 문원(文苑), 사조(詞藻), 휘보(彙報), 회록(會錄) 순으로 편제되어 있다. 그리고 5호부터는 사조란에 다음에 담총(談叢)란이 신설되어 19호까지 연재되는데, "추재총화(秋齋叢話)"라는 부제하에 종래의 필기류를 새로 엮은 것이다. 참고로 18세기 조수삼(趙秀三)이 이런 형태로 인물들을 엮은 「추재기이(秋齋紀異)」가 있으나 내용은 서로 다르다.

논설란에는 세계의 학문과 사상, 그리고 신구의 문제를 다루었고, 「논아문(論亞文)」, 「인격론」 등이 연재되기도 하였다. 학원란에서는 지리학, 화학, 생리학, 경제학 등 개별 학문을 소개하는 한편, 화폐, 영토, 국가, 자본, 국제공법 등 시의적인 학술 분야에 대한 기사가 있다. 또한 우산거사(藕山居士)의 「물명고(物名攷)」가 7호부터 16호까지 10회에 걸쳐 연재되었는데, 이는 조수초목(鳥獸草木) 등 박물적인 용어를 풀어 놓은 것이다.

그리고 문원란에는 「학교시사잡문(學校試士雜文)」이라 하여 학교에서 학생들에게 시험을 치렀거나 그 시험의 답안지에 해당하는 글들을 싣고 있다. 아마도 대동전수학교 학생들의 시험에 관련된 것들을 모아놓은 것이 아닌가 싶다. 마지막으로 사조란은 대동학회 회원들의 한시문을 싣고 있다. 이들이 대부분 구지식인들이기 때문에 이 사조란은 개인 창작란이었던 셈이다. 나머지 휘보란과 회록란은 학회의 활동과 관련된 제반 사항을 기록한 것들이다.

이러한 잡지의 내용으로 보아도 알 수 있듯이 전통 유교의 부흥을 통해서 새로운 시대를 맞이하자는 취지가 강하다. 신기선(申箕善)의 「대동학회취지서(大東學會趣旨書)」에서, 경쟁 사회를 맞이하여 우리가 낙후된 것은 학문이 제대로 이뤄지지 않았기 때문이라고 보았다. 그런데 지금 학계는 유교가 부패무용(腐敗無用)한 것이고, 선비는 천지 사이의 한 기물(棄物)에 불과하다고 비난하고 있다고 한다. 그러나 이는 결코 그런 것이 아니며, 오히려 지금의 학문의 침체는 유교를 제대로 강론하지 못한 결과라는 것이다. 이런 취지에 따라 자연히 이 잡지는 유교의 학문적 면모를 드러내는 역점을 두게 되었다.

필진을 보아도 김윤식(金允植), 여규형(呂圭亨), 신기선, 민병석(閔丙奭), 서정순(徐正淳), 이재곤(李載崑), 남정철(南廷哲), 김가진(金嘉鎭), 조중응(趙重應), 유길준(兪吉濬), 유승겸(兪承兼), 김대희(金大熙), 김택영(金澤榮), 정만조(鄭萬朝) 등 당대의 문필가이며 한학을 한 인사들로 채워져 있다. 그런 한편, 대동전문학교를 운영하면서 출판을 통해서 대중을 끌어들이려는 성격이 강해 당대 다른 학보(學報)나 교지(敎誌)보다 학문적인 수준이 높은 편이었다. 학보이면서도 교지의 성격을 갖춰 서울과 지방에서 두루 판매가 가능했던 것도 이런 성격에 연유한 것으로 판단된다.

한 가지 눈에 띄는 점은 한문 표기에 대해 강조하고 있다는 점이다. 이미 계몽지식인들에 의해 한자, 한문을 지양하고 국문으로 전환할 것을 요구하는 시점에서 이를 주장하고 있는 것이다. 이 점은 창간호 「논한문국문(論漢文國文)」에서 여규형은 "한문은 4천년 동안 우리나라의 고유의 문으로 쓰여진 문자로 외부에서 들어온 것이 아닌데, 지금 세상에서는 한문을 폐하고 국문만을 쓰자고 한다. 이 어찌 어리석은 짓이 아닌가."라고 하며 이른바 국문 사용이 자립국의 요건인 것으로 간주하는 흐름을 비판한다. 그런데 이런 언급에 대해서 외부에서 논박하는 분위기가 있었던 모양이다. 그러자 이번에는 정교(鄭喬)가 이를 다시 두둔하고 나선다. 즉 "한문과 국문 모두 우리나라의 문인 것은 분명하나, 나름의 쓰임새가 다른 만큼 한문의 용도는 지금도 여전하다"는 것이다(「한문과 국문의 변별」, 4호) 이처럼 이 잡지에서는 한문의 중요성과 실용성을 강조하고 있다.

• 대동학회

대동학회는 1907년 10월 20일 신·구학문연구를 표방하며 학술단체의 하나로 발족하였다. 이는 이완용(李完用), 조중응(趙重應) 등이 유림계를 친일 쪽으로 돌리려는 의도에 따라 이토 히로부미(伊藤博文)로부터 2만 원의 자금을 제공받고 신기선 등을 내세워 조직하였다.

임원은 회장 신기선, 부회장 홍승목(洪承穆), 총무 서상훈(徐相勛), 평의원 김가진(金嘉鎭), 정교(鄭喬) 등이었다. 지방에는 각 도에 총무를 두었는데, 경기도는 조병건(趙秉健), 충청도는 김경규(金敬圭), 전라도는 박제빈(朴齊斌), 경상도는 신태휴(申泰休), 강원도는 정봉시(鄭鳳時), 황해도는 홍우철(洪祐哲), 평안도는 민병한(閔丙漢), 함경도는 정진홍(鄭鎭弘)이었으며, 회원은 1500여 명이었다.

'유도(儒道)로써 체(體)를 삼고 신학문으로써 용(用)을 삼아 신·구사상을 합일시켜 보겠다'는 설립취지에 따라 1908년 2월 10일 한성(漢城) 서서(西署) 학현(學峴)에 있는 학회사무소 안에 법률교육을 목적으로 하는 대동전수학교(大東專修學校)를 병설하였다. 이 학교의 교장으로 조중응, 교감으로 홍우석(洪祐晳) 등이 학사를 담당하였다. 이후 1909년에는 학회의 명칭을 공자교회(孔子敎會)로 고치고 이용직(李容稙)을 초대 교회장으로 추대하기도 하였다. 대동학회에서 대동전문학교를 설립한 후 바로 이 잡지가 발간된다. (정환국)

참고문헌

한국학문헌연구소 편, 『大東學會月報』 상·하, 아세아문화사 영인본, 1978; 김근수, 『한국잡지사』, 청록출판사, 1980; 최덕교 편저, 『한국잡지백년』, 현암사, 2004.

대로(大路)

1937년 중국 광저우에서 발간된 정치운동 잡지

1937년 광저우대로사(廣州大路社)에서 발행한 항일구국 간행물로 1938년 1월까지 모두 9호가 발행되었다. 베이징사범대학도서관과 상하이도서관 등에 소장되어 있다.

"국내의 평화를 공고히 함으로써 민주권리를 쟁취하고 대일항전을 실현한다."는 것을 목적으로 하였다. 이 잡지는 주로 중국 내 항일구국운동의 형세를 보도하고, 항일구국의 전술과 전략을 분석하였으며, 국제 프롤레타리아계급투쟁의 추세를 소개하였다.

저우언라이(周恩來)의 「우리들의 국민대회법규 수정에 대한 의견(我們對修改國民大會法規的意見)」, 리푸춘(李富春)의 「어떻게 전국적인 항전승리를 쟁취할 것인가(怎樣全國爭取抗戰的勝利)」, 디미트로프의 「파시즘 이것은 전쟁이다(法西斯主義-這就是戰爭)」, 카이펑(凱豊)의 「국민대회의 준비와 임무를 논함(論國民大會的準備與任務)」 등의 글이 실렸다. 2호에는 "국민대회토론문제특집(國民大會討論問題特輯)"이 실렸다. (김지훈)

참고문헌

北京師範大學圖書館報刊部 編, 『北京師範大學圖書館館藏中文珍稀期刊題錄』, 北京圖書館出版社, 2002; 上海圖書館, 『上海圖書館館藏近現代中文期刊總目』, 上海科學技術文獻出版社, 2004.

▌대륙(大陸)

1902년 중국 상하이에서 창간된 시사종합잡지

1902년 12월9일 상하이(上海)에서 창간되어 1904년까지 월간으로 발행되다가 1905년부터 반월간으로 발행되었다. 편집 겸 발행인은 1903년 5호까지는 린즈치(林志其)이며 대륙보총발행소(大陸報總發行所)에서 발행되었고, 7호부터 편집자와 발행처가 랴오루칭(廖陸慶)과 작신사도서국(作新社圖書局)으로 바뀌었다.
1904년에 다시 편집자가 장툰(江呑)으로 바뀌었으나 실제 책임은 일본 유학에서 귀국한 지이후이(戢翼翬)였다. 그리고 친리산(秦力山), 양팅둥(楊廷棟), 레이펀(雷奮) 등이 집필과 편집에 참여하였다. 1906년 1월 종간되었으며 중국국가도서관 등에 소장되어 있다.

내용은 삽화, 언론, 학술, 담총(譚叢), 사전(史傳), 실업, 기서(寄書), 기사, 소설, 문원(文苑), 군사, 교육, 위생, 잡록(雜錄), 부록 등으로 이루어져 있다. 그러나 내용이 광범위하고 논설과 시사의 관점이 자주 일치하지 않았으며 사상이 비교적 혼란하였다.

주로 서양 부르주아사상을 선전하고 구미 대륙을 본보기로 삼을 것을 서양의 철학, 정치, 법률, 군사, 경제, 교육 등의 학술사상과 제도의 건설, 역사적 연혁 및 인류학과 자연과학 등 각 방면의 과학지식을 소개하여 국민사상을 보급하는 데 뜻을 두고 있었다. 유럽의 역사와 명인전기, 기담이문과 풍토 등을 게재하였다. 또 「로빈슨표류기」, 「천일야화」 등을 싣기도 하였다.

중국의 사회문제를 탐구하고 토론하는 문장으로 개혁을 고취하고, 보황(保皇)을 배척하였으나 사실은 단지 캉유웨이(康有爲)와 량치차오(梁啓超)를 배척하는 데 그치기도 하였다.

사설은 이 매체의 핵심으로 중요 동인들이 의견을 발표하는 주요 진지였으나, 각종 사조에 대한 논쟁을 진행할 때 그 관점은 늘 대중과는 달랐다.

주요 내용으로는 진화론의 선전과 공자(孔子) 비판, 중국병의 근원 탐색과 지식인에 대한 비판, 어떻게 하면 일본을 배울 것인가, 입헌군주제의 찬성, 캉유웨이와 량치차오의 배척, 서양 과학문화의 소개 등 다양한 글들이 있다.

국내외의 정치, 외교, 군사, 경제와 관련한 시사뉴스와 사회 동태도 상세하게 보도하였다. 서양 과학문화를 소개하는 내용이 비교적 양호하였지만, 사상 방면에 있어서는 혼란스러움을 벗어나지 못했다.

발간사

"아름답다! 우리 중국대륙은 그 기후가 적합하고, 물산이 풍부하며, 해안선이 곡선으로 감싸고 있어 대륙의 물력으로 중국의 대륙을 경영한다면 다른 대륙은 그 강함을 우리와 견줄 수 없을 것이다. 추하다! 우리 중국대륙은 오래된 대륙으로 가장 이르게 문명이 일어난 대륙이지만, 학문은 모자란 옛 서적을 끼고 있어서 학문이 없고, 산업은 오래된 사물의 준칙을 이용하고 있어서 기예가 없다. 그 재능과 지혜가 모두 이익과 관록에 매몰되어 있어 대륙에는 기개와 절개가 없고, 풍속은 모두 우상을 믿는 종교에 미혹되어 있어 교화가 없다.

이렇게 수천 년을 지내온 결과 대륙의 문호는 막혀 있고, 대륙의 이목은 경색되어서 대륙 이외의 사정에는 견문이 없다. 우리 중국의 틀을 어찌 문호를 닫고서 스스로를 지킬 수 있을 것인가. 문을 여니 대륙에는 도둑이 모여들었다. 외국에 의해 토지가 분할되어 주권을 행사할 수 없으니 토지에 대한 권리는 과연 누구에게 있는가? 항만 역시 외국인들에게 분할되어 있는 지금 대륙의 항만에 대한 권리는 또 누구에게 있는가? 외국인이 철로부설권과 광산채굴권을 장악하고 있는 지금 대륙의 철로부설권과 광산채굴권은 또 누구에게 있는 것인가?

오늘 우리가 이렇게 대륙을 말한다는 것은 매우 고통이 따르는 일이다. 그래서 특별히 큰소리로 질책하는 것이다. 우리의 대륙이 각성하고 깨어나라고.

대륙에 살기를 원한다면 구미를 본보기로 하고, 아프리카를 교훈으로 삼는다면 어느 날인가는 중국도 희망이 있다는 것이다." (김성남)

참고문헌

北京師範大學圖書館報刊部 篇, 『北京師範大學圖書館館藏中文珍稀期刊題錄』, 北京圖書館出版社, 2002; 彭永祥, 『辛亥革命時期期刊介紹』, 人民出版社, 1986.

대미만보신간(大美晩報晨刊)

1937년 중국 상하이에서 창간된 시사종합신문

1937년 12월 1일 상하이에서 발행인 스다이(史帶)가 창간하였으며, 장쓰쉬(張似旭)이 경리, 장즈한(張志韓)이 총편집을 담당했다. 1938년 5월 『대미보(大美報)』로 개명하였다. 1941년 정간되었다가 1943년 충칭(重慶)에서 영자 주간지를 창간했으며, 1945년 6월 당국의 신문 검열에 불만을 품고 스스로 정간했다. 중일전쟁에서 승리한 이후 『대미만보』 영문판이 상하이에서 복간되었다. 1949년 5월 상하이에 공산당이 진주한 이후 9월에 정간되었다. 베이징의 중국인민대학도서관 등에 소장되어 있다.

주요 편집인들은 모두 항일신문 『입보(立報)』가 정간되면서 참여한 사람들이었다. 윈이췬(惲逸群)이 편집장이었고 후에 신문의 사론을 담당했다. 내용은 국내외 뉴스, 각지통신, 평론과 부간인 『조차(早茶)』, 『생활』, 『매주만화』, 『사회복무』, 『부녀계』, 『영화희극(電影戲劇)』, 『법단(法壇)』 등이 있었다.

1939년 5월 장제스(蔣介石)가 전국생산회의에서 한 발언을 게재하여 조계당국에 의해 2주 정간처분을 받았다. 『대미보』는 이 사건을 전후하여 3편의 평론을 발표하여 조계공부국(租界工部局)을 비판했다.

처음에 발표한 평론은 1939년 5월 6일의 「공부국과 신문(工部局與報紙)」이다. 이 평론은 법리상 국부국 경무처가 상하이의 외국인 출판물을 검사할 권한이 있는가? 출판물의 출판과 판매에 간섭할 권리가 있는가? 라고 하면서 문제제기를 했다. 5월 23일에는 「그들은 왜 이렇게 하는가(他們爲什么這樣做)」에서 '우리 신문의 판매를 금지한 것은 미국의 주중국 법정에서 처리한 것이 아니다. 당국이 우리에게 불법적인 행위를 한 것'이라고 비판했다. 6월 1일에도 장제스의 연설을 보도한 것은 정간처분을 하게 된 진정한 원인이 아니라고 하였다. 1940년 8월 『대미보』에서 장제스가 일본군 비행기의 충칭 공습에 대하여 발표한 글을 게재하여 정간되었다. 『대미보』는 상하이에서 일본의 압박을 받으면서 미국인이 만드는 신문으로 언론의 자유와 중국의 항일을 지지했다. 그러나 일본과 왕징웨이(汪精衛) 괴뢰정부의 테러로 1939년부터 1941년까지 『대미보』 직원 6명이 총에 맞아 암살당했다. (김지훈)

참고문헌

王檜林 · 朱漢國, 『中國報刊辭典(1815~1949)』, 書海出版社, 1992; 伍杰, 『中文期刊大詞典』, 北京大學出版社, 2000; 葉再生, 『中國近代現代出版通史』 3, 北京, 華文出版社, 2002.

대법월보(臺法月報)

1911년 타이완총독부가 발간한 사법 잡지

1911년 1월에 창간되어 1943년 11월 37권 11호까지 오랫동안 발간된 사법 잡지다. 타이완총독부(臺灣總督府) 법무과에서 1907년 6월부터 발간하던 『법원월보(法院月報)』와 1907년 3월에 창간된 『타이완감옥월보(臺灣監獄月報)』가 합병한 것이다.
권호는 『법원월보』를 이어받아 5권 1호부터 발간되었다. 이미 같은 제목의 잡지가 1905년 6월부터 1906년 11월(1권 1호~2권 1호)까지 간행된 바 있었기 때문에 제2차의 『대법월보』가 되었다.
그 후 1939년 1월에는 『타이완법무월보(臺灣法務月報)』가 분리되어 타이완형무협회(臺灣刑務協會)에서 발행되었다. 일본의 도쿄대학도서관 등에 소장되어 있다.

『대법월보』는 『타이완시보(臺灣時報)』와 함께 타이완총독부의 기관지로서는 가장 규모가 큰 것이었다. 『법원월보』와 『타이완감옥월보』가 합병하여 『대법월보』가 된 것은 법제에서 사법과 행형의 관계가 밀접하게 된 것과 무관하지 않았다.

일본에서 1907년에 형법개정법률(刑法改正法律) 및 형법시행법개정법률(刑法施行法改正法律)이 공포되고 1908년부터 시행됨에 따라 타이완형사령(臺灣刑事令)이 발포되었다.

타이완형사령 제7조에 따르면 일본의 형법개정법률에 의거하는 외에 타이완 독자의 형사법규 곧 비도형벌령(匪徒刑罰令), 범죄즉결례(犯罪卽決例), 형사소송특별수속(刑事訴訟特別手續), 타이완아편령(臺灣阿片令), 벌금 및 태형처분례(罰金及笞刑處分例) 등은 그대로 유효한 것이 되었다.

또한 행형적으로는 1908년 타이완감옥령(臺灣監獄令)이 발포되어 일본의 신 감옥법에 의거하게 되었다는 법제상의 정돈이 객관적으로 존재하였다.

이러한 타이완총독부의 사정에 수반하여 이론적인 연구의 필요성이 커졌다. 『대법월보』 발행조규 제1조는 "재판, 감옥, 조정, 즉결, 소송 사건에 관한 현황을 알리고 입법의 자료를 수집하여 타이완 법제의 발달을 도모하는 것을 목적으로 한다"고 규정하였다.

『대법월보』는 법령, 판례, 사법·감옥 통계, 관습, 기고(학설), 질의, 잡록(세계 식민지의 정보), 휘보의 8개 난으로 구성되었다. 타이완의 번족(蕃族) 통치, 구관(舊慣) 입법, 즉결 재판례, 조선과 중국의 법제론, 타이완 변란사, 국가론 등 일본의 식민지 법제 연구에서 흥미가 깊은 내용을 담고 있다. (이준식)

참고문헌

アジア經濟硏究所圖書資料部, 『舊植民地關係機關刊行物綜合目錄 臺灣編』, アジア經濟硏究所, 1973.

대성(大聲)

1937년 중국 청두에서 창간된 정치운동 신문

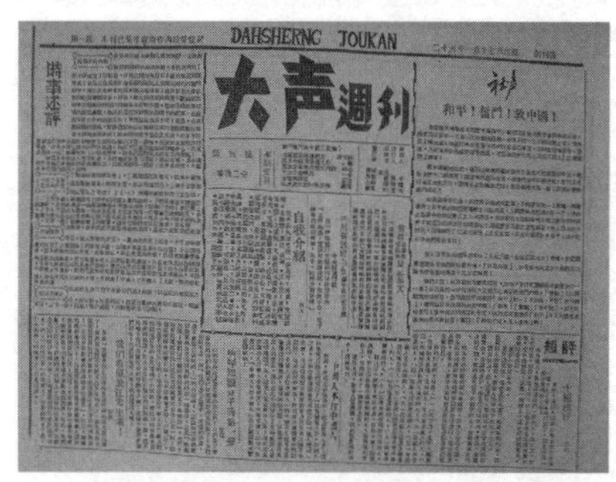
DAHSHERNG JOUKAN

大声週刊

1937년 1월 17일 처야오셴(車耀先), 위루유(余路由) 등이 창간하였으며, 주간으로 매주 토요일에 발간했다. 1937년 4월 15일 13호를 발행하고 국민 정부에 의해 정간당했다. 같은 해 5월 8일 『대생주간(大生週刊)』으로 개명하여 출판했지만 6월 5일에 발행금지를 당했다. 7월 9일 다시 『도존주간(圖存週刊)』으로 이름을 바꾸어 출판했지만 7월 24일 다시 발행이 금지되었다. 1938년 8월 복간 40호를 마지막으로 종간되었다. 중국국가도서관과 상하이도서관 등에 소장되어 있다.

『대성』은 중일전쟁 전에 쓰촨(四川)성 지역에서 항일구국선전을 하던 간행물 중에서 발행량이 가장 많은 간행물 가운데 하나였다.

1937년 4월에 출판한 12호에서 「쑨커, 쩌우루, 펑위샹, 위유런, 왕충후이, 푸빙창 6명의 중앙위원의 3중전회에 대한 제의: 정치범 사면안(孫科, 鄒魯, 馮玉祥, 于右任, 王寵惠, 傅秉常六中委等向三中全會提議: 特赦政治犯案)」과 쑨커, 위유런, 장즈번(張知本), 쉐두비(薛篤弼), 허샹닝(何香凝), 펑위샹, 리례쥔(李烈鈞) 등 7명의 중앙위원이 정치범 석방을 요청하여 국민당 3중전회에 보내는 글을 게재했다. (김지훈)

참고문헌

王檜林 · 朱漢國, 『中國報刊辭典(1815~1949)』, 書海出版社, 1992; 伍杰, 『中文期刊大詞典』, 北京大學出版社, 2000; 葉再生, 『中國近代現代出版通史』 3, 北京: 華文出版社, 2002; 上海圖書館, 『上海圖書館館藏近現代中文期刊總目』, 上海科學技術文獻出版社, 2004.

대세(大勢)

1938년 일본에서 발행된 군사 잡지

1938년에 일본의 제국군사협회(帝國軍事協會)가 발행한 잡지이다. 일명 군민잡지(軍民雜誌)라고 일컬어졌으며, 월간지로 발행되었다. 잡지가 창간된 때는 중일전쟁이 발발하고 1년 5개월이 지난 1938년 12월이었다. 일반 국민에게 군사 보급의 선전과 임전태세(臨戰態勢)의 각오를 요구하고 전쟁에의 협력을 압박하는 것을 목적으로 창간된 잡지였다. 육군보다는 해군을 중심으로 내용이 꾸려졌다. 군민잡지의 성격을 가지고 있기는 했지만, 군(軍)과 민(民)이 잡지 지면에서 일체가 되었던 것은 아니었다.

1940년 5월호에는 현역 해군소장이 쓴 글이 수록되어 있다. 이 글에서 필자는 정신적인 측면과 함께 '방법과 기술의 훈련'이 중요함을 역설하였다. 이 글은 태평양전쟁 개시 약 1년 반 전에 작성된 것이었는데, '적을 알고 나를 알 필요가 있다'는 전제 아래, 미군을 과소평가하지 않고 오히려 미군의 공업력과 기계력이 매우 발달해 있으며, 이들을 적군으로 상대하여 싸워야 하는 위기감과 두려움이 솔직하게 표현되어 있다. 즉 미군은 '의외로 잘 통제되어 있고', '경이로운 자동차 공업력'을 갖추고 있으며, '기술연구와 시험의 철저'와 '기계화 병기의 우수한 공업기술' 등 '급진하고 있는' 미국에 '절대로 착목(着目)해서 인식을 새롭게 할 필요가 있다'고 설명하였다.

그러나 직업군인들의 위와 같은 주장과는 반대로, 일반 필자들은 '천황신앙(天皇信仰)의 진수(眞髓)'와 '천신(天神)의 의의' 등 정신적인 측면을 강조하는 글을 다수 투고하였다. 이와 같이 잡지 『대세』가 기술과 정신이라는 이율배반적인 것을 통일시키려고 노력한 것은 어쩔 수 없는 일이지만, 군인들에 비해서 일반 필자들이 가지고 있었던 상황 인식의 빈곤함이 잡지에 투고된 글에서 뚜렷이 확인된다. (문영주)

참고문헌

高崎隆治, 『戰時下の雜誌その光と影』, 風媒社, 1976, 177~178쪽; 松浦總三, 『體驗と資料 戰時下の言論彈壓』, 白川書院, 1975.

대양(大洋)

1939년 일본에서 발행된 군사 잡지

1939년 일본의 문예춘추사(文藝春秋社)에서 발행된 잡지이다. 『대양』이라는 제호만 보고 잡지의 성격을 추측해 보면, 이 잡지를 문예춘추사가 발행한 해양잡지(海洋雜誌)로 판단하기 쉬운데, 잡지의 성격은 해양잡지보다는 해군잡지(海軍雜誌)라고 하는 것이 맞을 것이다. 전쟁 말기에 잡지가 주로 다루었던 내용이 '바다'가 아니라 '해전(海戰)'이라는 일관된 주제를 다루고 있었기 때문이다. 일본근대문학관에 소장되어 있다.

창간 당시인 1939년에 잡지가 다룬 주제는 해양이라는 광범위한 것이었지만, 전쟁의 확대와 추이에 영향을 받아서 발행호를 거듭할수록 잡지가 다루는 주제는 극단적으로 좁아졌다. 결국은 해군문학(海軍文學) 잡지와 같은 성격이 되고 말았다. 따라서 잡지에 글을 투고한 사람들은 현직 해군보도반원이거나, 퇴직한 해군보도반원들이 많았다.

1943년 9월호에 수록된 글들의 목차를 보면, 「메난가바우의 마을」, 「불화살의 비(火箭の雨), 「호이! 호송선단(好餌!護送船團)」, 「불타는 뉴기니아」, 「해군군의학교을 방문하고(海軍軍醫學校を訪問ねて)」, 「조선전사의 기록(造船戰士の記錄)」, 「전투기대혈투기(戰鬪機隊血鬪記)」, 「해병단의 반일(海兵團の半日)」 등의 글과 「태평양혈전의 신양상(太平洋血戰の新樣相)」이라는 주제로 개최된 좌담회 기사가 수록되어 있다. 이 좌담회에서 주목할 만한 것은 어떤 대학에 대해서 '그러한 학교는 폐쇄시키는 것이 좋다'라고 주장하거나, 또는 '전반적으로 학교가 시국의 중대성을 인식하고 있지 못하다'라고 주장된 점이다.

1943년 8월호에는 「학도에게 준다(學徒に與ふ)」라는 제목의 글이 있는데, 그 내용은 "이것이 전쟁이라는 것이다. 이미 많은 병사가 죽었고, 소위가 죽었고, 중위가 죽었고, 대위가 죽었으며, 소장, 중장도 죽었다.

이러한 희생이 없이는 승리할 수 없는 것이 전쟁이다"라는 것이었다. 학도에게 전쟁에서의 죽음과 희생을 강조한 이 내용은 잡지의 성격이 무엇이었는지 간접적으로 보여 준다. (문영주)

참고문헌

高崎隆治, 『戰時下の雜誌その光と影』, 風媒社, 1976, 180~181쪽; 松浦總三, 『體驗と資料 戰時下の言論彈壓』, 白川書院, 1975.

대양보(大洋報)

1911년 블라디보스토크에서 발행된 한인 신문

1911년 6월 5일 러시아 블라디보스토크에서 창간되었다. 러시아블라디보스토크 아무르스카야가(街) 대양보사(大洋報社)에서 발행되었다. 13호까지 발행되다가 같은 해 9월 17일 이후 발간이 중단되었다. 주 2회(목, 일) 발행되었다. 모두 13호가 발행되었는데 실물이 발견되지 않아 정확한 지면은 알 수 없다. 1911년 7월 12일 1권 3호를 필두로 일제총독에 의하여 국내에서 수없이 광무(光武)신문지법 제34조 위반(치안방해, 풍속壞亂)으로 발매유포 금지 처분을 받고 압수당했다.

1910년 『대동공보(大東共報)』(1908년 창간)가 폐간되자 유진률을 비롯하여 블라디보스토크의 한인 지도자들은 새로운 신문의 발간을 준비하였다. 유진률을 중심으로 신채호, 안종호(安鍾浩), 최재형(崔才亨), 이종호(李鍾浩), 김병학(金秉學), 이강 등은 여러 차례에 걸쳐 연해주 군무지사에게 신문 발간을 청원하였다. 그 결과 1911년 6월 5일 『대양보(大洋報)』가 창간되었다. 『대동공보』가 폐간된 지 10개월 만이었다. 이 신문의 임원은 사장 최재형, 주필 신채호, 총무 차석보, 발간인 김대규, 회계 김규섭, 노어번역 유진률, 서기 김만식, 집금계(集金係) 이춘식(李春植)이었다.

신채호가 주필을 맡은 『대양보』는 창간호부터 일본의 한국 통치를 맹렬하게 공격하는 등 배일 사상의 논조로 발행되었다. 신채호는 『대동공보』가 폐간될 즈음 블라디보스토크로 망명했다. 국내에서 『황성신문』과 『대한매일신보』의 논설 기자로 활동했던 그는 망명객이 되어 항일의 필봉을 휘둘렀던 것이다. 이 당시는 일제 강점 직후로 국내의 민족 언론이 모두 폐간되고 없었던 때였다.

『대양보』는 국내로도 반입되었으나 창간 직후부터 조선총독부에 의해 압수되기 시작했다. 3호부터는 매호 압수되었다.

신문의 발행인 겸 편집인은 유진률이었는데, 신문의 재정적 후원자였던 이종호와의 의견 충돌과 불화로 인하여 유진률이 사임했다. 그가 사임한 직후인 1911년 9월 17일 밤중에 약 1만 5000개의 활자를 도난당하는 사건이 발생하여 4개월 10일 동안 총 13호가 발행되었던 『대양보』는 더 이상 발간할 수 없게 되었다.

이 신문이 발매유포금지 처분을 받은 시기는 다음과 같다.

1911년 7월 22일 1권 4~5호(7월 9일, 7월 20일 발행)
7월 26일 1권 6호
8월 30일 1권 8호
8월 31일 1권 9호
9월 6일 1권 10호(9월 3일 발행)
9월 14일(9월 7일, 10일 발행)
9월 16일(9월 14일 발행)

(이신철)

참고문헌

박환, 『재소한인 민족운동사』, 국학자료원, 1998; 위암장지연선생기념사업회, 『한국근대언론과 민족운동』, 커뮤니케이션북스, 2001; 정진석, 『언론과 한국현대사』, 커뮤니케이션북스, 2001.

대일본잠사회보(大日本蠶糸會報)

1892년 일본에서 발행된 농업 잡지

1891년 12월 창립된 대일본잠사회(大日本蠶絲會)가 기관지로서 1892년부터 월간으로 발행한 잡지이다. 창간호 권말에 수록되어 있는 「본회기사」에 의하면, 대일본잠사회의 회무(會務)와 활동보고는 원래 1887년부터 발행되고 있던 『일본잠사잡지(日本蠶絲雜誌)』에 게재할 계획이었지만, 체신성령(遞信省令)에 의해 이 계획이 실현되지 못하자 독자적인 기관지 발행을 준비했다고 적혀 있다.
창간호부터 7호까지의 제호는 『대일본잠사회보고(大日本蠶絲會報告)』였다가, 8호부터 『대일본잠사회보』로 개제되었다. 그리고 1928년 1월부터는 다시 『잠사계보(蚕糸界報)』로 개제되었다. 창간호부터 1903년 12월에 발행된 139호까지는 A5판 크기로 발행되었으며, 140호부터는 B5판으로 대형화되었다. 이후 1926년 1월에 발행된 제407호부터는 다시 A5판 크기로 발행되었다.

1893년부터 발행되기 시작한 『잠사신보(蚕糸新報)』와 나란히, 일본 근대 잠사업(蠶絲業) 관련 잡지를 대표하였다. 『잠사신보』는 1941년 종간되고 1945년 이후에도 복간되지 않았지만, 본지는 1944년부터 1947년 사이 합병호를 발행하면서 존속하다가 1963년 6월에 제72권 847호를 발행하고 종간되었다. 따라서 일본 자본주의 발전과정에서 근대 잠사업의 전개와 성장과정이 본지의 역사에 고스란히 투영되어 있다고 볼 수 있다.

거의 매년 마지막호에는 1년간 발행된 잡지의 총목록이 수록되었고, 필요에 따라 『생사호(生糸号)』, 『잠종호(蚕種号)』 등의 별책이 특집으로 편집되어 발행되었다. 창간호 권말에는 「대일본잠사회창립(大日本蠶絲會創立)의 지취(旨趣)」, 「대일본잠사회규칙(大日本蠶絲會規則)」과 회원 명부가 수록되어 있다.

창간호 분량은 50쪽이었다. 본문은 '논설'과 '강의'란으로 구성되어 있는데, '논설'란에는 「대일본잠사회(大日本蠶絲會)의 장래에 대한 일언(一言)」, 「본년(本年)의 잠사(蠶絲)에 대해서」, 「제사용수(製絲用手)」가 게재되어 있다. '강의'란에는 「잠체해부론(蠶體解剖論)」, 「양잠술(養蠶術)」이 제재되어 있다. 이와 같이 잠사에 관한 기술적 또는 자연과학적 연구 내용이 논설과 강의란의 1/3을 차지하고 있었다는 점이 본지의 특징 중의 하나이다.

이외 '문답', '통계', '잡보', '본회기사', '회고(會告)'란이 구성되어 있다. 양잠가(養蠶家)의 질문에 답하는 '문답'란에는 양잠에 대한 기술적이고 구체적인 내용이 수록되어 있다. '잡보'란은 각지의 잠사업에 관한 동향을 전하는 내용이 수록되어 있다. 이후 본지는 분량을 늘리면서 독자에게 읽을거리를 제공하는 '문예'란을 신설하기도 하였다.

본지에 수록된 다양한 형태의 글은 메이지(明治) 말기부터 제기되었던 제사업(製絲業)과 관련된 기술적인 문제와 제사금융(製絲金融), 제사공녀(製絲工女)의 문제 등의 문제를 언급한 것이 큰 비중을 점하였다.

일본 잠업사의 연구에서 본지가 일급 자료로서의 가치를 가지고 있다는 점은 의심할 바가 없다. 그러나 대일본잠사회가 잠사업 각 분야의 업자들을 모두 망라한 단체였던 이상, 한 분야의 계층적, 계급적 입장에서 잡지가 편집되어 발행되었다고 볼 수는 없다. 이 때문에 1차 세계대전 시기 잠사업의 구제책에 대한 논의가 일어났을 때, 본지 지면에는 상이한 입장에 선 논자들의 논전이 전개되기도 하였다.

본지 창간 당시에는 기술관료나 제사업자들이 잡지의 논조를 주도하였고, 공장법(工場法)을 둘러싼 논의가 일어나면서 제사업자의 입장에서 논의가 전개되었다. 그러나 1915년 제사업가가 주도한 잠사업동업조합중앙회(蠶絲業同業組合中央會)가 조직되면서, 대일본잠사회는 양잠업자의 이익을 대변하는 기관으로 성격을 전환하였다. 자연스럽게 본지 지면에도 양잠업자의 입장에서 제사업자를 비판하는 내용의 글이 많아지게 되었다. (문영주)

참고문헌

大日本蚕糸会, 『大日本蚕糸会百年史』, 1992.3; 杉原四郎 編, 『日本経済雑誌の源流』, 有斐閣, 1990; 大日本蚕糸会 編, 『日本蚕糸業史』 1-5, 湘南堂書店, 1985.8.

대장성연보(大藏省年報)

1878년 일본에서 발행된 통계 잡지

1878년부터 대장성(大藏省)의 주관 업무와 연관된 통계를 집록한 연보이다. 본 연보의 작성은 1878년 대장경(大藏卿) 오쿠마 시게노부(大畏重信)가 대장대신(大藏大臣) 사네토미 산조(三條實美)에게 대장성의 행정사무 개요를 설명하기 위한 통계를 작성하여 보고하면서 시작되었다.
1943년 제67회 연보가 간행될 때까지 매년 간행되었다. 제호는 『대장경제O회연보보고서(大藏卿第O回年報告書)』(1~11회), 『대장대신제○회연보보고(大藏大臣第O回年報告書)』(12~20회), 『메이지O년도대장성연보(明治O年度大藏省年報)』(1927~1943년도)로 변화하였다.

제1회 연보는 1875년 1월부터 6월까지의 사항과 1876년부터 1874년까지의 재정수지현계(財政收支現計), 예산(豫算), 조세(租稅), 지폐(紙幣), 국채(國債), 대부금(貸付金)에 관한 사무개요와 통계가 집록되어 있다.

이후 기재 사항은 대장성 주관사무가 확대됨에 따라 증가되었다. 1941년 연보에는 세입세출, 특별자금, 예금부자금(預金部資金), 조폐(造幣), 조세, 전매, 국채, 국유재산, 외국무역, 무역외수지(貿易外收支), 은행, 신탁, 무진(無盡), 보험, 통화, 금리, 외국위체(外國爲替), 회사 및 자본(會社及資本), 증권상장(證券相場), 물가 및 생계(物價及生計)에 관한 기본 통계가 집록되어 있다.

1945년 이후에는 편집방침과 체제를 변경하여 1950년에 1호가 발행되었다. 와세다대학(早稻田大學) 사회과학연구소에서 편찬한 『오쿠마문서(大畏文書)』 제3권에 제1, 2, 4회 연보가 수록되어 있다. 또한 메이지문헌자료간행회(明治文獻資料刊行會)가 편집한 『메이지전기산업발달사자료(明治前期産業發達史資料)』 별책 제23권에 1회부터 11회까지의 연보가 수록되어 있다. (문영주)

참고문헌

『大蔵省年報』 第1巻(1875.1~1877.6)~第30巻(1817), 日本図書センタ-, 1984; 『大蔵省年報』 第31巻 大正7年度 解題, 日本図書センタ-, 1987.6; 杉原四郎 編, 『日本経済雑誌の源流』, 有斐閣, 1990.

대전신문(大田新聞)

▶ 호남일보

대조(大潮)

1930년 서울에서 발행된 문예지

1930년 3월 15일 서울에서 창간되어 그해 9월 종간되었다. 통권 6호까지 발행되었다. 편집 겸 발행인은 전무길(全武吉)이었다. 정가는 30전이었으며 분량은 A5판으로 109면이었다.
김동혁(金東爀), 서춘(徐椿) 등의 학술 및 정론적인 글과 김동인(金東仁), 이광수(李光洙) 등의 소설, 송영(宋影) 등의 희곡, 김억(金億), 정지용(鄭芝溶) 등의 시 등이 실린 종합 학술 문예지의 성격을 띤다. 고려대학교에 소장되어 있다.

전무길에 의해 발행된 종합 학술 문예지로서 학술 및 정론은 물론 시, 소설, 희곡 등 다양한 문학작품들이 다수 수록되었다. 전무길은 황해도 재령 출신의 소설가로서 이 잡지의 주도적인 발행 및 편집의 역할을 맡았다. 그는 창간사를 통해 기존의 철학, 문예, 사회학, 경제학 등 제반 과학을 문화로 포괄할 것을 주장하면서 이와 같은 문화의 제창을 잡지의 목표로 제시하고 있다. 이 잡지는 문예지의 성격을 강하게 띠지만 문예 외에도 서춘의 「소작권(小作權)에 관한 현행법(現行法)」, 박영희(朴英熙)의 「유물론고(唯物論考)」 등 학술 및 정론적인 글들이 다수 실려 있다. 특히 주목되는 것은 당대 최고의 문인들로 평가되는 김동인, 주요한, 송영, 이광수, 이기영, 정지용, 김억 등의 작품이 다수 실렸다는 점이다.

이는 이 잡지가 당시 문단의 좌우익의 대립을 넘어 우수한 작품을 다수 수록했음을 단적으로 보여 주는 점이다. 더불어 정노풍(鄭蘆風), 김억 등의 평론 역시 중요한 문학적 가치를 지닌다. (장성규)

참고문헌

『한국신문·잡지총목록』, 대한민국국회도서관, 1966; 최덕교 편저, 『한국잡지백년』 2, 현암사, 2004.

▌대조화(大調和)

1927년 일본 도쿄의 슌주샤가 발행한 문예지

1927년 4월 도쿄의 슌주샤(春秋社)가 발행한 문예지이다. 통권 19책이 발행되었다. 무샤노코지 사쓰아네(武者小路実篤)가 편집을 담당했다. 잡지 원본은 가가와대학(香川大學) 가미하라문고(神原文庫)에 소장되어 있다.

고문으로 백화파(白樺派, 시라카바파)의 동인이 참여했기 때문에 잡지의 성향은 『백화(白樺)』를 계승한 것이다.

하지만 집필자에는 우치다 로안(内田魯庵), 아쿠타가와 류노스케(芥川龍之介), 요코미쓰 리이치(横光利一), 고바야시 히데오(小林秀雄), 무로 사이세이(室生犀星), 사토 하루오(佐藤春夫), 호리구치 다이가쿠(堀口大学), 아오노 스에키치(青野季吉), 오자키 유키오(尾崎行雄) 등의 정치가·사회평론가 등도 기고하고 있다.

종간 이전호는 특집으로 「톨스토이 탄생 100년 기념호(トルストイ生誕百年記念号)」이고, 종간호는 「나쓰메 소세키 13회기 추도호(漱石13回忌追悼号)」를 각각 꾸몄다. (이규수)

참고문헌

牛島俊 作, 『日本言論史』, 河出書房, 1955; 岡野他家夫, 『明治言論史』, 原書房, 1983; 桂敬一, 『明治·大正のジャ-ナリズム』, 岩波書店, 1992.

▌대죠션독립협회회보(大朝鮮獨立協會會報)

1896년 서울에서 발행된 우리나라 최초의 잡지

1896년 11월 30일 독립협회가 창간하였으며, 1897년 8월 15일 18호를 끝으로 종간되었다. 창간호 표지를 보면, 상단에 영문으로 "THE CHOSUN"이라고 쓰고 날짜가 적혀 있으며, 제목을 한문 "大朝鮮獨立協會會報(第一號)"와 국문 "대죠션독립협회회보(뎨일호)"를 나란히 표기하고 있다. 매월 15일과 말일 두 번에 걸쳐 발행되었다. 지면은 24쪽에서 28쪽 사이이며 호마다 따로 목차가 붙어 있지 않은데, 창간호에는 제일 끝에 간단하게 목차가 올라 있다. 판권은 붙어 있지 않으며, 발행부수는 대략 1000부였다. 처음 정동(貞洞)의 출판소에서 발간이 되다가 5호는 훈동(勳洞) 이문사(以文社)로 출판사가 바뀌었고, 다시 6호 이후부터는 대정동(大貞洞) 출판소로 바뀌었다. 이 잡지는 1989년 아세아문화사에서 『한국개화기학술지』로 영인하였다.

이 잡지의 창간호에는 독립협회의 제반사항을 소개하는 글로, 회장 안경수(安駉壽)의 「독립협회서(獨立協會序)」와 본회원의 「송독립협회(頌獨立協會)」, 그리고 「독립협회규칙」과 「독립협회윤고(獨立協會輪告)」가 실려 있다. 이어서 '논설'이라는 제하에 지석영(池錫永)의 「국문론」이 실려 있다. 지석영은 "대성(세종대왕)께서 글자 만드신 본의를 다시 밝혀 독립한 나라에 확실한 기초"가 되도록 하기 위해서 국문론을 개진한다고 하면서, 국문 사용의 중요성을 강조하였다.

2호에서는 계몽 논설류의 글이 소개되고, 이어서 외보(外報), 독립협회 보조금 수입 명단과 간혹 회사기 등이 편제되어 있다.

계몽 논설에서는 문명개화론을 바탕으로 국문 교육론을 비롯해, 과학적 사고의 함양, 자주독립론, 민권론, 교육론, 철도·기계론 등에 관한 글들이 소개되어 있다. 국문교육론을 주장한 것에는 제1호에 실린 지석영의 「국문론」 외에도 「한문자와 국문자의 손익론」(16호) 등이, 과학적 사고의 함양에 대해서는 1호부터 연재된 서재필의 「공기」, 독립론을 주장한 것에는 '자주 독립의 실제는 국민이 단합하여 애국·보국(保國)하는 것'이라고 주장한 안명선(安明善)의 「북미 합중국의 독립사를 열(閱)하다가 아 대조선국 독립을 논함이라」(4호)라는 글이 실려 있다. 또한 교육론을 주장한 것으로는 '인민은 국가 성립의 기초이며 교육은 국민 양성의 약석(藥石)이므로 국가를 문명의 영역에 서게 하려면 국민을 교육시켜야 하며, 가장 급요(急要)한 것은 첫째 상업, 둘째 공학, 셋째 무기학'이라고 주장한 안창선(安昌善)의 「교육의 급무」(7호) 등이 실려 있다. 민권론을 주장한 글로 '국민이 자유 권리를 가진 연후에 능히 국가의 자유를 보전할 수 있다'고 주장한 신용진(辛龍鎭)의 「독립협회론」(7호)이 있다. 한편, 근대 문명의 상징인 철도에 관한 글도 실려 있는데, 철도 부설 용지의 해당 지역 향민에게 그 이익을 사전에 계몽하고 내국인의 자본을 모아 철도를 부설하자는 「창조철로의선사민인함지이익설(創造鐵路宜先使民人咸知利益說)」(16호)이 그것이다. 또한 직물을 계속 외국에서 수입하지 말고, 면화 생산을 증대시키고 방직 공장을 건립하고 기계를 구입하여 내수만이 아니라 수출을 하여 부국을 이루자고 주장한 「방직기기설(紡織機器說)」(10호) 등 기계에 관한 논설도 실려 있다.

이처럼 회보의 계몽 논설은 전 지면의 절반 이상이 산업 발달과 과학기술의 문제를 다루고 있어 전술한 철도, 방직 기계 도입 외에도 증기 기관과 제임스 와트의 생애, 기술 혁신을 위한 학교와 권공장(勸工場)의 설치와 실업·실습, 서사(西師)와 양장(洋匠)의 고빙을 통한 기술 습득, 회사의 설립, 부국강병의 원천인 광산 개발의 투자와 금광·은광·철광·동광·석탄광의 개발과 채광기술 등을 소개하고 있다.

계몽 논설에는 외보와 마찬가지로 많은 글에 필자명이 기록되어 있지 않다. 「회보본지」(12호)에서 회원만이 아니라 비회원들도 원고 투고를 희망한다 하였으나, 그 실적은 극히 저조하여, 주로 편집부가 외국 신문이나 잡지에서 농학·의학·병학·수학·화학·기학(氣學)·중학(重學)·천문학·지리학·기계학·격치학(格致學)·정치학 등에 관한 글을 역술(譯述)한 것이 대부분이었기 때문이다.

외보란이 따로 할애되어 있는데, 신문의 외보면이 있는 것처럼, 외국 사정의 소개와 통계 등이 실려 있다. 각국 통계를 살펴보면, 각국의 육군 총수와 해군 함수, 각국의 수출입 총계, 각국의 철도 전선 총보유거리, 각국 학교 교사 및 학도수, 세계 대도시 인구표, 각국 기후 물산표, 각국 왕실비, 각국 전신국 수, 각국 상선의 수, 각국 교육비, 각국 소학교 수, 각국 우편의 수, 각국 정체(政體) 비교 등이었다. 이를 통해 당시 문명 부강의 기준을 교육·상업·운송·군사 등에 두었음을 알 수 있다.

이외에 회사기와 독립협회 보조금 명단이 실려 있어 독립협회의 동정을 엿볼 수 있는데 「회사기」(16호)에는 독립문 건설비 내역과 독립공원 지출 내역이 나와 있기도 하다.

이 잡지는 기본적으로 독립협회의 기관지로서 '회보'라는 명칭이 붙었으나, 실제로는 소속회원들에게 국한되는 내용보다는 국민적 이익에 관심을 더 기울이고 있어서 주목된다. 그 구체적인 예가 독립협회의 회보적인 내용보다는 대중을 향한 계몽적 성격이 강한 글들이 다수 실고 있다는 사실이다. 이는 개화기 최초의 잡지로서의 면모이기도 하면서 향후 발간되는 잡지의 성격을 어느 정도 규정하는 것이기도 하다. 요컨대 '잡지'와 '회보'의 거리가 특별히 있지 않았다는 사실이다.

• 독립협회

독립협회는 1896년 7월 2일에 결성된 우리나라 최초의 근대적인 사회정당단체이다. 협회의 창립자인 서재필(徐載弼)은 갑신정변이 실패로 끝나자 미국으로 망명하였다가 11년 만에 귀국하여 자유주의와 민주주의적 개혁사상으로 민중을 계발하여 자각된 민중의 힘으로 자주독립의 완전한 국가를 만들기 위해서 정치적 집단으로 독립협회를 창설하였던 것이다.

이렇게 창설된 독립협회는 자주독립과 충국애국의 강령을 내걸고, 구미파(歐美派)의 총본산인 정동구락부(貞洞俱樂部) 세력, 갑오개혁의 주동인물들의 모임인 건양협회(建陽協會) 세력, 자주개화정책을 추구하는 실무급 중견관료층 세력, 그리고 당시 형성되어 가고 있던 각계각층의 신흥 사회세력이 협회의 주체가 되었다. 한편 서재필은 독립협회의 창설에 앞서 동년 4월에 『독립신문』을 창간했고, 11월에는 '독립문'을 준공하여 자주독립의 기치를 내걸었다. 그리고 이어서 이른바 구미파에 의해서 성동에서 이 잡지가 발간되기에 이르렀다.

• 『대죠션독립협회회보』와 『친목회회보』

『친목회회보』는 『대죠션독립협회회보』보다 9개월 앞서 일본 도쿄에서 도일 유학생들에 의해서 발간된 잡지이다. 이 『친목회회보』는 1898년 4월 6호를 끝으로 더 이상 발간이 되지 않았다. 일본에서 발행되었다는 점뿐만 아니라, 발행 자체가 부정기적이어서 이 잡지를 우리나라 최초의 잡지로 보지 않는 견해가 많다. 이에 반해 『대죠션독립협회회보』는 독립협회의 기관지로서 반월간으로 간행되었을 뿐만 아니라 한국의 자주독립을 위한 초창기의 정황을 잘 이해시켜 준다. 따라서 우리나라 최초의 잡지라고 했을 때 이 두 잡지는 항상 거론된다. 분명한 것은 시기적으로는 『친목회회보』가 가장 먼저 나온 잡지라는 것이다. (정환국)

참고문헌

김근수, 『한국잡지사』, 청록출판사, 1980; 최덕교 편저, 『한국잡지백년』, 현암사, 2004.

▌대중(大衆)

1933년 서울에서 발행된 정치운동 잡지

1933년 4월 1일 한국 경성(京城)에서 창간되었으며 종간일과 통권 호수는 미상이다. 편집 겸 발행인은 김약수(金若水)이었다. 정가는 15전이었으며 분량은 B5판으로 47쪽이었다. 김약수를 중심으로 한 사회주의 사상의 보급과 정치적 비평을 목표로 한 잡지로서 의식화되지 못한 다수 대중의 의식화를 추구했다.

1920년 조선노동공제회를 조직하고, 이후 일본에서 1921년 흑도회(黑濤會)와 북성회(北星會) 등에서 활동하고 1922년 귀국하여 북풍회(北風會)를 결성하여 국내 사회주의운동의 한 분파를 성립한 김약수가 중심이 되어 발행한 사회주의 계열의 잡지이다.

김약수는 창간사를 통해 현재 운동의 지도부 조직을 위한 투쟁과 동시에 의식화되지 못한 대중에 대한 사회주의적 의식화가 시급히 전개되어야 함을 역설하면서, 이 잡지의 목표를 사회주의 사상의 보급과 현실정치 문제에 대한 대중적 해설을 통한 이론의 대중화로 제시하고 있다.

창간호의 목차를 보면 최철(崔鐵)의 「일소관계의 새로운 전망」 등의 시사문제에 대한 정치적 해설과 동시에 이곤희(李崑熙)의 「『자본론』은 이렇게 읽어라」, 등의 사회주의적 사상의 소개가 함께 주된 내용으로 제시되어 있다. 특기할 만한 사실은 목차 하단에 검열을 통해 삭제된 원고들의 목록을 제시하고 있다는 점인데, 이 목록에는 철민(鐵民)의 「좌익소아병(左翼小兒病)과 레닌」, 박춘성(朴春城)의 「신경제정책 이후의 소련 경제」 등이 기록되어 있다.

특히 삭제된 원고에는 안함광(安含光)의 「카프의 조직적 오류와 그 운동의 성격」 등 카프와 관련된 글들이 포함되어 있어서 주목된다. 이 잡지는 당대 사회주의 사상의 대중화운동의 구체적인 양상을 보여준다는 점에서 중요한 가치를 지닌다. (장성규)

참고문헌

강만길, 『통일지향 우리민족해방운동사』, 역사비평사, 2000; 김명섭, 「1920년대 초기 재일조선인의 사상단체」, 『한일민족문제연구』 1권, 2001; 서중석, 『한국현대민족운동연구(2)』, 역사비평사, 1996.

▌대중공론(大衆公論)

1930년 서울에서 발행된 종합잡지

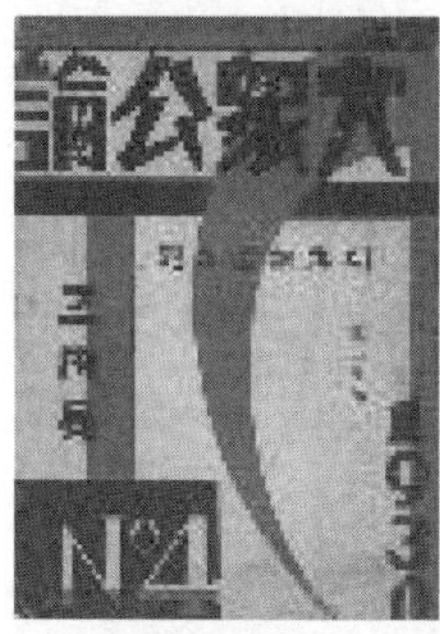

기존에 발행되던 『조선강단』이 통권 3호로 1930년 1월까지 나왔는데 1930년 3월 1일 잡지를 발간하면서 제목을 『대중공론』으로 바꾸어 낸 것이다. 표지에는 제목 아래 크게 "조선강단개제"라고 명기해 놓았다. 그리고 통권수도 'No.4'로 표시해 놓고 있다. 그러나 이 잡지도 경제난과 원고 압수 등의 탄압을 받아 1930년 9월호(『조선강단』을 제외한 통권 7호)로 종간을 맞고 말았다.

편집 겸 발행인 신림(申琳), 인쇄인은 대중공론사 인쇄부의 이기종(李驥鍾), 발행소는 대중공론사(大衆公論社, 경성부 견지동 80)이다. 판형은 국판으로 총 220쪽 내외였으며 정가는 40전이었다. 연세대도서관과 아단문고에 원본이 소장되어 있고, '대중공론'에 한하여 도서출판 역락에서 영인되어 나와 있다.

『동아일보』 1930년 2월 16일자에는 "'조선강단사'가 '대중공론사'로 변경되는 동시에 잡지 『조선강단』도 4호부터 『대중공론』으로 개제"된다는 기사가 실려 있다. 창간호인 1930년 3월 1일에 발행된 『대중공론』 2권 2호에는 권두언인 「제호를 고치면서」가 나온다.

"경제적으로 궁핍의 극도에 달한 그만큼, 지식적으로도 끝없는 고갈을 느끼고 있는 우리 사회에 있어서, 비록 작은 기관이나마 우리가 짊어지고 있는 사명이 그 얼마나 크고 그 얼마나 무거운 것이랴?

이제 우리는 …… 새로운 분투와 진출을 각오하여, 고전적인 『조선강단』이라는 이름을 버리고 이번 제4호부터 『대중공론』이라는 참신한 제호 아래 힘센 새 발걸음을 내딛고자 하는 터이다. 우리는 이것을 기회로 지금까지의 구태를 버리고, 여하한 장애와 곤란에 봉착하더라도 스스로 대중의 동무가 되려 하며, 참으로 사회의 이목이 되기를 자기(自期)하여 마지않는 바이니 ……."

이러한 대목으로부터 운동의 대중노선과 관련된, 시대의 긴급한 요구에 부응하려는 노력을 엿보게 된다.

개제호의 목차를 보면 이무영의 소설, 홍효민의 논문, 이병기의 논문, 김계숙의 논문이 계속 연재되고 있다. 새로운 연재물로 염상섭의 「세 식구」, 안석주의 「여사무원」 등의 소설과 김현준의 논문 「조선가족제도의 연구」 등이 등장한다. 그리고 "졸업특집"으로 「사회 각 방면 인사의 기대」(안재홍, 이상협, 이긍종, 김여식, 유진태, 최두선, 김병로, 정종명, 정운영)와 「금년도 학창을 떠나는 졸업생 제군의 포부」(경성제대 최용달, 이화여전 김자혜, 경성법전 한통숙, 경성제대 이효석, 보성전문 조유형, 경성법전 권정식, 경성제대 박문규)와 졸업논문으로 이효석의 「존 미링통 싱크의 극연구」, 박문규의 「자본축적이론」이 눈에 들어온다.

그 밖에도 각 방면의 논문들이 즐비하다고 할 수 있는데, 이선근의 「중국의 치외법권 철폐」, 최상해의 「뿌하린의 대립」, 배성룡의 「계약에서 협약으로」, 이향의 「노농노국의 민족문제」, 김원석의 「조선인구 및 식량문제」, 이승원의 「프롤레타리아트와 농민문제」, 서춘의 「은가저락(銀價低落)과 중국재정」, 정수일의 「경제상식의 결핍」 등이 시사적인 글들이고, 이하윤의 「신낭만주의 소고」, 조희순의 「고 독일문호 호프만슈탈을 추억하면서」, 김진섭의 「현대세계집」, 박춘의 「근대노문학의 주조」 등은 해외문학에 관한 문학 방면의 평론들이다. 시에는 김창술, 김대준, 유도순, 김병호, 김억, 유운경, 오눈님, 이찬, 송홍국이 참여하고 있고, 희곡에는 장기제의 「바다로 가는 의자」가, 평론으로는 민병휘의 「허황한 인간의 노력」과 심영섭의 「새날의 길」, 김형용의 「영화의 교화성과 대중영화」 등이 실려 있다.

1930년 4월 제2권 3호(통권 5호: 『조선강단』 지령 포함)의 원고 일부, 즉 이여성의 「인도 우익의 대진출」과 최상해의 「민족문제 편편(片片)」 등이 압수되는 수난을 겪는다. 이어 제2권 4호(통권 6호)는 원고 전부가 불허되어 부득이 결간(缺刊)될 수밖에 없었다. 그리하여 1930년 4월호와 5월호는 발행되지 못했다.

2권 5호(1930.6)는 "조선현실에 있어서 어떠한 청년을 요구하는가" 특집에는 사회 저명인사(김병로, 이인, 강인택, 이종린, 한용운, 김여식, 서정희, 최욱, 박호진, 안재홍, 유진태, 이상협, 최두선)가 참여하여 각기 자신의 의견을 피력하고 있다. 문예물로는 이효석, 엄흥섭의 소설과 유진오의 평론, 심훈, 김광균의 시가 눈에 들어온다.

1930년 7월에 나온 2권 6호에는 특집으로 "현하 조선문단에 있어서 초학자에게 독서방법을 어떻게 지도하겠습니까"에 대한 최승일, 이호, 유완희, 이하윤, 정노풍, 염상섭, 주요한, 홍기문, 김해강 등의 답변과, 시사적 쟁점을 논쟁적으로 서술한 글들이 몇 편 눈에 띈다. 이시목의 「농촌문제 이삼」, 이긍종의 「신산업주의의 선과 악」, 김수길의 「○가(價)의 폭락과 조선농민문제」, 최상해의 「부인운동과 계급운동」, 이승원의 「조선청년에게 무엇을 요구할 것인가: 이승만 박사의 조선청년에게 기함을 읽고」, 송인정의 「예술의 선전성」, 김장환의 「식민사상으로 본 인도의 장래」, 이선근의 「영인관계의 일고찰」, 김봉익의 「인도의 계급투쟁」, 박문규의 「관세전쟁」 등은 조선이나 다른 나라나 민족운동과 계급운동에서 발생하는 미묘하고 긴급한 사안들을 다루고 있다는 점에서 주목할 만한 글이라고 여겨진다.

마지막으로 2권 7호(1930.9)는 이 잡지의 창간 1주년을 맞이하여 "1년간 비판과 장래의 기대"라는 특집을 마련한다. 그리고 시사적인 글들로서 송인정의 「좌익문학과 인터내셔널리즘」, 윤갑용의 「연극의 표현형식의 진화에 대한 일고찰」, 김동진의 「조선농민의 심성」, 주요한의 「간디행사기 및 그의 체포되는 광경」, 박동선의 「청년운동소론」, 조일도의 「현대 도회문명은 어떠한가」, 정수일의 「일본재정의 중대성」, 김수길의 「폭풍우란과 조선농민」, 장지영의 「한글운동」, 김윤경의 「우리말에 대한 상식」, 박문규의 「몰락과정에 있는 자본축적과 공황의 특질」, 이선근의 「대전후 세계정국의 추세」, 김장환의 「영국노동당 내각의 장래」, 안재홍의 「풍운이 잠긴 제남쟁탈전」, 유기두의 「최근 세계 정국의 동향」, 최상해의 「조직화된 자본주의 이론과 그 정치적 의의」 등이 세계대공황 과정의 암울하고 위기일발의 상황을 진단한다. 문예 방면에는 루나차르스키(Lunacharskii)의 「실증미학의 기초」와 김동환, 박팔양, 이하윤의 시가 들어 있다.

대중에게 좀 더 가까이 다가서려는 노력으로 개제까지 하면서 조선 현실과 세계정세를 예의 주시하고 분석하여 매달에 한 번씩 시사적 쟁점을 정리하여 운동의 한축을 담당하고자 했던 『대중공론』의 형세는 좌우익이 함께 잡지에 투고하고 좌익과 우익을 아우르는 경향 때문에 일제의 표적이 되어 원고를 압수당하고 폐간되기에 이르렀다고 판단된다. 당시 일제는 민족협동노선을 방해하여 사회주의 잡지를 민족운동 진영 일반으로부터 분리하여 고립화, 독립적 견제 방식을 취했는데, 이 잡지의 경우 좌우익이 함께 참여하여 그러한 일제의 노선에 거슬리는 성격을 가졌던 것이다. 말하자면 신간회의 정신이 어느 정도는 잡지를 통하여 실현된 경우라 하겠는데 일제로서는 응당 주목의 대상이 될 수밖에 없었다. 이 시기에 와서 일제 당국은 『비판』 창간을 해줌으로써 사회주의 잡지의 분리·독립을 획책했던 터이다. 『대중공론』의 독특한 자리는 이로써 자리매김된다고 할 수 있고, 그런 점에서 여기에 실린 각 노선의 차이와 연대는 충분히 음미할 만하지 않을까. (전상기)

참고문헌

김승, 「신간회 해소를 둘러싼 '양당론'·'청산론' 연구」, 부산대 사학회, 『부대사학』 제17권, 1993; 최덕교 편저, 『한국잡지백년』 2, 현암사, 2004.

대중문예(大衆文藝)

1939년 일본에서 발행된 문예지

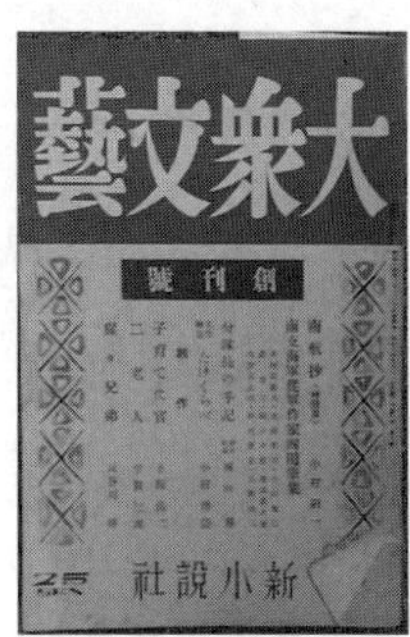

1939년 일본의 신쇼세쓰샤(新小說社)에서 발행한 잡지이다. 일본근대문학관에 소장되어 있다.

1942년 1월호의 최종 페이지인 「편집후기」에는 "제국육해군(帝國陸海軍)은 금(今) 8일 미명(未明) 서태평양상에서 미영군(米英軍)과 전투상황에 돌입했다"라고 크게 인쇄되어 있나. 그 좌측에 "우리들은 오직 일억(一億)의 적심(赤心)으로 황군(皇軍)에 보봉(報奉)하자"라는 편집자의 식어(識語)와 같은 것이 적혀 있다. 그리고 우측의 후기란(後記欄)은 편집후기에 해당하는 것이었지만, 공란(空欄)으로 되어 있다. 1942년 2월호에도 1월호와 마찬가지로, 달라진 것이 없었는데, 잡지의 성격이 무엇이었는지를 명확하게 알려주는 대목이다.

지면은 매호 5, 6편의 작품과 7, 8편의 수필로 구성되었다. 지면 구성상에서는 단순히 문예지라고 할 수 있다. 게재된 작품 중에서 문제가 될 만한 수준 높은 작품은 없었고, 대중 잡지에서 볼 수 있는 수준의 작품이 꽤 많았다. 그리고 각 호마다 집필자는 다양하고 구성되었다.

'병대작가(兵隊作家)'로 유명한 무네타 히로시(棟田博)는 자신의 처녀작이면서 출세작인 「분대장의 수기(分隊長の手記)」를 이 잡지에 연재하였다. 그는 이 잡지를 거점으로 성장한 작가의 한 사람이었는데, 다른 병대작가보다도 대중작가다운 낙천성을 가지고 있었으며, 서민적인 면을 갖추고 있었다. 그가 주로 다룬 병사는 일반에게 친숙한 하사관이었다. 그러나 그의 작품에는 전쟁을 분위기를 느끼게 할 수 있는 위험이 충분히 반영되어 있었다. 무네타 히로시는 12월 8일의 감상에서 절대로 전쟁에서 이겨야 한다고 서술하였지만, 전장에서 이것을 몸으로 알고 있었던 그의 주인공 분대장은 행동을 통해 위기감을 보여 주고 있었다. (문영주)

참고문헌

高崎隆治, 『戰時下の雜誌その光と影』, 風媒社, 1976, 175~176쪽; 高崎隆治, 『戰時下のジャ-ナリズム』, 新日本出版社, 1987; 『日本出版百年史年表』, 日本書籍出版協會, 1968.

대중보(大衆報)

1938년 중국 한커우에서 창간된 시사종합신문

1938년 2월 7일 후베이(湖北)성의 한커우(漢口)에서 창간된 소형 신문으로 명목상 구국회(救國會)에서 관장하였지만 실제로는 중국공산당의 통제를 받았다. 허쥐(何惧), 장링(江陵), 창장(長江), 차오디쥐(曹荻秋), 옌바오항(閻寶航), 천눙페이(陳儂菲) 등이 발기인이었으며 주간으로 발행되었다. 장링이 편집자였고, 대중문화사(大衆文化社)에서 출판하고 한커우의 생활서점(生活書店)이 총판을 담당했다. 신문사는 한커우(漢口 偉雄路 3號)에 있었다. 1939년 종간되었다.

발간취지는 민중의 항일구국인식을 높이고, 민중들이 장기간 항일하려는 정신을 견지시키는 것이었다. 독자들은 노동자와 농민 등 일반 민중이었다. 그래서 이 신문은 일반인이 이해하기 쉽도록 구어체를 사용하였다. 내용은 평이하면서 풍부했고, 형식도 다채로운 편이었다. 창간호에는 「발간의 말(發刊的話)」 이외에 「뉴스를 말한다(說新聞)」, 「시사연의(時事演義)」, 「국제반침략 대회(國際反侵略大會)」, 「대중정보(大衆情報)」, 「화약세계(火藥世界)」, 「함께 이야기하다(大家談)」, 「노동자는 어떻게 구국공작을 해야 하는가(工人怎样做救亡工作)」, 「노동자의 항전생활(工人的抗戰生活)」, 「난민의 항전생활(難民的抗戰生活)」, 「가정주부의 항전생활(家政婦女的抗戰生活)」, 「스님도 일어났다(和尙也 起來了)」 등의 내용을 수록했다.

1938년 7월 4일부터 『대중보』는 3일간으로 바뀌었다. 그러나 일본군이 우한(武漢) 부근으로 진격해 왔기 때문에 인쇄공장을 찾는 것이 매우 곤란했다. 또한 편집자인 장링을 비롯한 주요 인사들이 신문사를 떠났기 때문에 신문이 정간되었다.

『대중보』는 우한에서 철수하여 허난(河南)의 푸거우현(扶溝縣)에서 7월 28일에 『대중보』 위둥판(豫東版)을 발간했지만 전쟁으로 다시 정간되었다.

1938년 12월 8일 『대중보』 위둥판은 시화현(西華縣)에서 복간되었다. 1939년 가을부터 국민당과 공산당의 관계가 악화되어 허난성 정부와 제1전구장관부에서 시화현에 대한 포위토벌작전을 시작했다. 이 때문에 직원들은 시화현을 철수했고 신문발행도 중단되었다. (김지훈)

참고문헌

王檜林 · 朱漢國, 『中國報刊辭典(1815~1949)』, 書海出版社, 1992; 葉再生, 『中國近代現代出版通史』 3, 北京: 華文出版社, 2002.

대중생활(大衆生活)

1935년 중국 상하이에서 창간된 시사종합신문

1935년11월16일 상하이(上海)에서 창간되어 대중생활사(大衆生活社)에서 주간으로 발행되었다. 편집 겸 발행인은 저우타오펀(鄒韜奮)이다. 1936년 2월 국민당국의 폐쇄조치로 총 16호를 발행하고 종간되었다. 1936년 3월 『영생(永生)』으로 개명하여 계속 출판하다가 1936년 6월27일 총17호를 발행하고 정간되었다. 1941년 5월 17일 홍콩에서 복간하였으며, 원래 제명인 『대중생활』을 다시 회복하였다. 1941년 12월 6일 30호를 출간한 후 태평양전쟁으로 인해 종간하였다. 상하이도서관 등에 소장되어 있다.

발행인 저우타오펀은 창간호 발간사 「우리들의 등탑(我們的燈塔)」에서 이 신문의 3대 목표를 제시하였다. 즉, 힘을 다해 민족해방운동을 실현하고, 봉건 잔재를 청산하며, 개인주의를 극복한다는 것이다. 그는 이 3대 목표에 대해 "망망대해와 거센 풍랑 속에 놓인 중국 대중의 사명이며 유일한 등대인 『대중생활』이 전력을 다해 문화방면에서부터 이 대운동의 전진을 추동해야 하는 중대 과제"라고 천명하였다.

내용은 ① 성기평론(星期評論), ② 전론(專論), ③ 평론의 평론(評論之評論), ④ 국제문제강화(國際問題講話), ⑤ 사회문제강화(社會問題講話), ⑥경제문제강화(經濟問題講話), ⑦ 농촌문제강화(農村問題講話), ⑧ 국난문제(國難問題), ⑨ 민족해방운동(民族解放運動), ⑩ 겨울방학 기간 동안 연구공작(寒假期內硏究工作), ⑪ 잡문(雜文), ⑫ 국내통신, ⑬ 국외통신, ⑭ 인물중고(人物重估), ⑮ 어문만화(語文漫談), ⑯ 문예수양(文藝修養), ⑰ 옥중잡지(獄中雜誌), ⑱ 통계, ⑲ 만필(漫筆), ⑳ 소설, ㉑ 대중편지함(大衆信箱), ㉒ 시가, ㉓기록, ㉔ 도화의 세계(圖畵的世界), ㉕ 만재(漫載), ㉖전재(轉載)의 항목으로 구성되어 있다.

주요 집필자는 비윈청(畢云程), 장나이치(章乃器), 두중위안(杜重遠), 예성타오(葉聖陶), 타오싱즈(陶行知), 마오둔(茅盾), 진중화(金仲華, 멍루[孟如]) 등이 참여하였다

1935년 12월 9일 12·9학생운동이 발생하자 속보로 각 지역의 항일학생운동을 보도하였으며, 1권 6호에 특집기사를 게재하여 이 사건을 "중국 민족해방투쟁의 서막으로 민족의 생존을 쟁취하기 위해 어떠한 희생도 두려워하지 않은 선구이며 효시이다"라고 평가하였다.

이를 시작으로 많은 지면을 할애하여 학생구국운동의 선전과 고취를 진행하고, 구국운동의 여론기관이

되었다. 12·9사건에 대한 평론으로 「학생구망운동(學生救亡運動)」, 「더욱 분발해야 하는 구망운동(再接再厲的救亡運動)」, 「학생 구망운동과 민족해방연합전선(學生救亡運動與民族解放聯合戰線)」 등을 게재하여 이 운동을 확대시켜 나갔다.

또한 저우타오펀은 만필(漫筆) 「주구(走狗)」, 「가추(家丑)」, 「타(躲)」, 「군(群)」, 「영도권(領導勸)」 등을 발표하여 현실 정치를 예리하게 비평하여 사회적 영향력을 행사하였다.

이 신문이 설치한 고정란 '대중우편함(大衆信箱)'은 주로 민족해방과 대중해방 문제에 관한 토론을 위주로 하였고, '성기주단(星期主壇)'은 국내외 시사문제들을 분석하였다. 이 난에 발표된 진중화(金仲華)의 「민족적 자신력에 관한 담화(談民族的自信力)」와 징관(景觀)의 「애국론(愛國論)」 등의 시사정치 평론들은 구국운동에 큰 영향력을 미치었다.

표지의 앞면과 뒷면은 국내외의 시사 사진들을 매회마다 새로운 자료로 보여 주었고, 시사란과 사회만화도 시각자료의 효과를 발휘하여 독자들의 관심을 시국과 사회문제로 끌어들였다. 또한 혁명이론을 대중적으로 선전하기 위해 '국난과정 교재(國難課程教材)'라는 전문란을 설치하였다.

16호에서 저우타오펀은 "본 신문은 대중의 입장과 의식을 대표하여 매우 엄중한 국난을 맞아 전체 민족해방의 영웅적 항전을 주장하였다. 또 '민중을 압박하지 않으면서 하는 구국운동'이라는 조건 아래서 진행할 것을 주장하고, 광명한 태도와 공개적인 언론을 지향하였다. 그러나 많은 압박에 시달려야만 했다. 정간과 계속되는 봉쇄…… 부득불 매우 침통하게 잠시 정간을 할 수밖에 없다"라고 설명하였다.

그리고 결국, 1936년 2월 29일 국민당에 의해 "민중무장 항일을 고취하고, 정부를 타도하며, 국민당의 외교정책을 공격하고, 항일을 통해 정부를 전복하는 사업방안을 선전한다"는 이유로 폐쇄되었다.

『대중생활』이 폐쇄된 후, 저우타오펀은 상하이를 떠나 홍콩으로 도피하여 다시 『생활일보』를 창간하였다. 그리고 『대중생활』은 3월 7일 『영생(永生)』으로 제호를 바꾸고 진중화가 주필을 맡아 발행되었다. 이어서 5월 중순, 저우타오펀의 요청으로 진중화가 홍콩의 『생활일보』로 가면서 『영생』은 첸쥔루이(錢俊瑞)가 주필이 되었으나 또다시 국민당 정부의 조사를 받아 6월 27일 총 17호를 발행하고 정간되었다.

• 저우타오펀(鄒韜奮)

본명은 은룬(恩潤)이며 필명이 타오펀(韜奮)이다. 1921년 대학 졸업 후 1931년까지 주간지 『생활(生活)』과 『시사신보(时事新報)』의 편집일을 하였다.

1931년 9·18사변 이후 장제스(蔣介石)의 무저항주의에 반대하여 항일구국운동을 위한 모금을 전개하였으며, 1932년 생활서점(生活書店)을 개설하였다. 이 서점은 계속하여 전국의 도시에 그 분점을 개설하면서 항일구국 서적과 마르크스주의 관련 서적들을 출간하였다.

1933년 중국민권보장동맹(中國民權保障同盟)에 가입하여 집행위원에 선임되었으나, 양싱푸(楊杏佛)의 조난 이후 국외로 도피하였다. 1935년 귀국하여 항일구국운동에 참가하면서 상하이와 홍콩에서 『대중생활』과 『생활일보(生活日報)』, 『생활성기간(生活星期刊)』의 편집에 종사하였다.

1936년 11월, 선예(深夜), 선쥔루(沈鈞儒) 등이 상하이에서 체포된 사건에 연루되어 소위 '칠군자(七君子)' 중 한 명이 되었다. 항일전쟁이 일어나면서 석방되어 상하이와 우한(武漢), 충칭(重慶)에서 『항전(抗戰)』과 『전민항전(全民抗戰)』의 주필을 보았다. 1938년 국민참정회(國民参政會) 참정원(参政員)이 되었으나, 1941년 전국의 생활서점들이 국민당 정부에 의해 폐쇄당하자 참정원을 사퇴하고 홍콩으로 가서 『대중생활』을 복간하였다. 국민당의 대내외 정책을 비판하면서 중국민주정단동맹(中國民主政團同盟) 설립을 지원하였다.

1942년 1월 홍콩을 떠나 광둥(廣東) 둥장(東江) 항일근거지로 옮겨왔고 10월에는 다시 상하이 쑤베이(蘇北) 해방구로 이동하였으나 1943년 7월, 병으로 세상을 떠났다. 중국공산당 당원으로 추대되었으며 '정

신애국(精神愛國)'의 헌사와 함께 위대한 혁명애국자로 추대되었다. (김성남)

참고문헌

周葱秀·涂明 著, 『中國近現代文化期刊史』, 山西教育出版社, 1999; 北京師範大學圖書館報刊部 篇, 『北京師範大學圖書館館藏中文珍稀期刊題錄』, 北京圖書館出版社, 2002.

대중시대(大衆時代)

1931년 서울에서 창간된 사회평론 잡지

1931년 8월 15일 대중시대사(大衆時代社)에서 창간하였다. 그러나 창간호가 곧 종간호가 됐다. 편집 겸 발행인은 윤명진(尹明鎮), 인쇄인은 대중시대 인쇄부의 윤주원(尹柱元), 발행소는 대중시대사(경성부 태평로 2가 366)이다. 창간호는 B5판이고 총 16쪽으로 얇으며 정가는 20전이다. 발행인은 윤명진이다. 연세대 중앙도서관에 소장되어 있다.

창간호의 「창간사」에서 "우리는 현하 제도가 허락하는 범위 내에서라도 시(是)를 시(是)로 비(非)를 비(非)로 비판광정(批判匡正)하는 완전한 대변자의 출현을 갈망하여 마지않는 것이다. 불편부당의 여론기관의 필요를 절실히 느끼는 바이다. …… 우리는 비록 미약한 힘이라도 모아 가지고 이상을 굳게 세우고 기치(旗幟)를 선명히 하여 대중의 말하고자 하는 바를 솔직히 사회에 호소하여서 그 정당한 대변기관이 되려 한"다고 창간의 취지를 밝히고 있다.

'평론주의(評論主義)'를 표방하면서 일반사회 평론, 유령종교 평론, 유령단체 평론 등에 대한 원고를 모집하고 있다. 사회 각 방면에서 일어나는 문제들에 대한 논평을 중요하게 취급하겠다는 의도가 엿보인다. 그 밖에도 논설, 수필, 강좌, 성공담, 탐방기, 창업법, 시대상, 국내외 단편기사 등으로 내용이 짜여 있다. 신홍균(申洪均)의 「교육사업의 일고찰」, 일기자(一記者)의 「관리신분보장안 그 장래는 여하할까」, 윤주원(尹柱元)의 「불경기란 분석과 국산품 애용에 대한 소견(一)」 등 사회문제에 대한 논설을 제공하고 있으며, '성공 소개'란을 두어 나중에 '화신백화점'의 주인이 되는 선일지물주식회사 사장 박흥식(朴興植), 고려병원 원장 정규원(鄭圭元)을 소개하고 있다. 인물, 지역 등에 대한 구체적인 탐방기사를 비롯하여 사회문제와 생활상에 대한 다양한 흥밋거리 기사를 싣고 있다.

『대중시대』는 광범위한 사회문제에 대한 인식과 대중적 관심사를 취급하고자 한 것으로 보인다. 그래서 얄팍해도 오밀조밀한 기사를 실을 수 있는데 그러지 못했다는 것이 짜임새가 없다는 것으로도 나타난다. 심도 깊고 정확한 분석 기사보다는 새롭고 흥미로운 사회현상이나 당대 사람들의 공통 관심사인 돈벌이와 부자가 된 사례를 가볍게 서술하여 1930년대 초반의 대중들의 열망과 시대적 분위기를 엿보게 한다. (전상기)

참고문헌

박광서, 「한국의 생명보험산업에 관한 사적 고찰」, 경영사학회, 『경영사학』 통권 8호, 1993.12; 오진석, 「일제하 박흥식의 기업가 활동과 경영이념」, 연세대 국학연구원, 『동방학지』, 통권 118호, 2002.

대중시보(大衆時報)

1921년 일본 도쿄에서 발행된 한국어 사상교양 잡지

1921년 5월 7일에 결성한 재일본조선인공산단체의 기관지이다. 재일본조선인공산단체는 1920년 5월 조선노동공제회 내의 7명으로 구성된 비밀결사단체인 '마르크스주의 크루조크(소조)'가 1921년 일본으로 이동하여 결성한 비밀단체이다. 대표적으로 김약수, 정태신 등으로 이들은 1920년 4월 발행된 노동공제회 기관지 『공제』의 편집위원이기도 했다. 임경석은 이들에게 '김약수 소그룹'이라는 명칭을 부여하였다. 『대중시보』에는 이들 이외에도 변희용, 정우영, 원종린과 시인으로 더 유명한 황석우 등이 필자로 참여한다. 이 잡지는 창간호가 압수되면서 필화 사건으로 확대되어 도쿄지방법원 검사국의 취조를 받았고, 8월에 발행한 2호가 또다시 압수되었다. 9월에 3호를 내고 종간하였다.

김약수는 창간사에서 "현세계는 물질문명의 결론적 사실인 빈부의 계급전쟁으로 인하야, 또다시 혼돈되고저 하니 금일의 오인(吾人)은 정히 풍우회명(風雨晦瞑)한 십자가두에 입하였도다. 일면에는 자결원칙의 설(說)이 병행하고 타일면에는 개조, 해방의 전(戰)이, 그 두수(頭首)를 대(擡)하니 오인의 전도(前途) 십분(十分) 암흑하도다"라며 현세를 진단하고 잡지 발간의 필요성을 피력한다. 그리하여 "현대인된 오인(吾人)의 당면한 중대문제는 그 개조의 의의시대의 정신이 과연 무엇일 것임을 고구 연찬(考究 硏鑽)하여서 생활의 이상을 확립함에 재하다"고 하면서 이에 "대중시보의 현출한 동기와 심리와 포부 자에 대존(大存)하니라"고 한다. 또한 "우리는 유행적 신설에 맹종코저함은 오인의 심히 자계(自戒)하는 바"라 하고 오직 "현세의 도(道)함을 보할 뿐이며 이성의 지(指)함을 언(言)할 뿐이니라"고 한다. 그리고 본지를 "시보적 서술(時報的 敍述)"로 하는 것은 "제반의 침체정둔(沈滯停鈍)에서 약진하야 세계의 공인이 되고저 함이니 그 참고를 세계명인의 주장에 구(求)치 안이치 못할지며 논단의 근저를 세계의 대세상(大勢上)에 치(置)치 안이치 못"하기 때문이라고 한다.

그리고 "근대 자유의 천지에 순진의 성향을 동경하며 장미의 낙원에 환희의 생활을 희망하거든, 그 수인(誰人)을 막론하고 개개삼립(個個森立)하야 대중의 거성(巨聲)에 향응(饗應)하라"고 창간사를 끝맺는다.

발매 금지되었기 때문에 『대중시보』 창간호는 실물을 구할 수 없고 임시호만을 볼 수 있다. 임시호 목차의 내용은 다음과 같다. 우선 창간사가 있고, 변희용의 「신사회의 이상」, 정태신의 「노예발생의 사적 고찰」, 상아탑의 시 「토(土)의 향연」, 황석우의 「국가급 정치의 생물학적 심리학적 고찰」, 박정식의 「자유의 현실」, 노래가사 「애인의 윤곽」, 원종린의 「사회주의의 정의」, 서병무의 「오월제와 팔시간노동운동의 유래」, 일기자의 「신인(新人)의 중화(中華)」, 「시평: 대중단평」란에서는 황석우의 「일본정치급정당」, 김약수의 「심두잡초(心頭雜草)」이 있다. 그외에 기자의 「북풍진진(北風陣陣)」은 외국의 소식들을 단편적으로 전하는 해외소식란이다. 그 안에는 구미부인 참정권운동 소식, 영국의 갱부파업에 한 소식들이 전해진다. 「일본의 노동계급은 무엇을 생각나?」, 변희용의 「대화: 부인의 경제적 평등」, 「적자의 생존」, 토막소식란인 「혜성점점(彗星點點)」, 「위운일봉(危雲一峯)」, 마지막으로 최윤기의 축사 「축대중시보창간」이 있고, '여묵(餘墨)'란이 있다.

토막소식란인 「혜성점점(彗星點點)」에서는 오스기 사카에(大杉榮)의 폐렴 투병 소식과 황석우의 첫 시집 『초연(初宴)』의 발간 예정 소식을 전하고 있어 의미가 있다.

임시호에는 2호의 발간을 예고하면서 그 목차를 공개하고 있다. 그 내용으로는 「이상향의 동경(시)」, 「사회문제 급 계급의 의의」, 「문화경쟁과 노동문제」, 「사회정치의 적종」, 「너는 너밧게 업다」, 「자녀의 해방」, 「교육호(乎)? 혁명호(乎)?」, 「족미광산분요(足尾鑛山紛擾) 대한 소감」, 「독일공산당의 소요」, 「노동제의 잡관」, 「일본정치계의 타락」, 「중화의 사회주의」, 「독일인민의 생활난」, 「인형의 가와 고향의 영향」, 「부인의 경제적평등」, 「일혁명가의 전평생」, 「기타언론: 문예」, 「구회」 등 10여 개가 예고되어 있다.

그리고 사고를 통해 검열 상황을 전하기도 하였다. "김약수의 「대중의 시대를 영함」, 변희용의 「사회와 개인의 자유」, 유진희의 「무장한 문화정치」 이상의 삼론은 당국의 주의에 의하야 게재할 수 없게 된 것을 유감으로 여깁니다. 차임시호는 다만 창간호의 형해에 불과하오나 제2호의 내용과 실질은 충실하고 완비하오니 계속 구람(購覽)하심을 무망(務望)"한다면서 항의의 뜻과 독자들의 관심을 당부한다.

또한 이 매체도 여타의 매체와 마찬가지로 독자들의 기고를 환영하고 있다. "빈자의 생활, 소작인의 조합, 노동자문제, 부인운동의 연구에 관한 기사와 및 시사, 정치, 경제, 민중, 문예작품 등을 환영"한다고 공고한다.

3호에서는 권두언으로 「생의 약동」이 김약수의 「소위서적잡지정리설을 영함」과 「양해호(乎)?, 밀약호(乎)?」, 변희용의 「사회문제 급 계급의 의의」, 우영의 산문시 「민중촌」, 일파의 「자녀의 해방」, 원허무의 「너는 너밧게 업다」, 창해의 「사회주의정도에 입하야 여의 석가모니관」, 일파의 시 「이상향의 동경」, 원종린의 「중화(中華)의 사회주의」, 변희용의 「교육호(乎)? 혁명호(乎)?」, 정우영의 「시사단평」, 원허무의 「노동제의 잡관」, 화진(火唇)의 시 「적광(赤光)」, 1호부터 연재된 변희용의 「대화: 부인의 경제적 평등」, 우영의 「소년노동자」, 일파의 「낙어편편(落語片片)」, 「남룡부로(南龍婦路)」, 최종범의 「독자의 소래: 환호대중시보」, '여묵'란이 있다.

3호의 '여묵'란에는 "당국의 도량이 너모 편협한 까닭이라"며, 2호 압수에 대한 항변의 소리가 있으며, 변희용이 편집 겸 발행의 소무(所務)를 사임한 이유는 "본사의 작전계획상으로부터" 나온 결론이라고 하고, 이후 그는 편집 겸 발행인으로서의 역할보다는 저술에 경주하기로 하였다고 공고한다.

『대중시보』는 정치적 탄압으로 아쉽게도 3호로 끝났지만, 치열했던 한국 사회주의운동의 한 단면을 보여주는 소중한 자료이다. (이신철)

참고문헌

임경석, 『한국사회주의의 기원』, 역사비평사, 2003; 김근수, 『한국잡지 개관 및 호별 목차집』, 한국학연구소, 1988.

▌대중신문(大衆新聞)

1925년 일본 도쿄에서 발행된 신문

1925년 6월 5일 일본 도쿄(東京)에서 창간했다. 재일본 사회주의단체 일월회(一月會)의 기관지이다. 일월회 해체 이후에도 발간되었다. 국한문 혼용이었다. 일시 정간되었다가 1927년 1월 1일 속간되면서 『동아일보』 1927년 1월 11일자로 신간에 소개되었다. 안악지국(安岳支局)에 보내온 1928년 4월 1일자 12호와 5월 6일자 20부를 압수당했다. 소재지는 도쿄 후카도즈카마치(府下戸塚町) 160번지였다. 독립기념관에 1927~1928년 발행치 일부가 소장되어 있다.

1925년 6월 5일 창간한 『대중신문』에서는 2대 운동을 목표로 내걸었다. ① 무산계급과 준무산계급의 구체적 대중운동의 전개, ② 무산계급의 민족주의적 투쟁요소와의 공동전선의 신설이 그것이었다. 조선공산당은 기관지로 일본에서 발행되는 것 가운데 『대중신문』, 『현계단』을 선정했고 이 두 인쇄물을 조선공산당과 고려공산청년회의 공동기관지로 전국대회에서 승인했다.

일월회는 당시 조선에 속학적 마르크스주의가 횡행하고 있기 때문에 진정한 마르크스주의가 요구된다면서 이론투쟁을 임무로 했다. 『대중신문』(3호) 사설은 단일 합법적 전위당의 결성을 강조하고 있다.

"전 계급적 운동, 사회주의적 투쟁은 어떻게 전취할 수 있는가. 우리는 대담하게 답하는데 그것은 오직 단일 표면적 전위의 결성에 있다는 것이다. 각 부문의 조직, 무조직 대중의 정예를 포괄하는 단일 전위를 편성하는 이외에, 대중을 전 계급적으로 결성하고 동시에 대중을 지도하여 투쟁을 집중시키는 이외에 하등의 방법이 없다."

초기 집필진에는 화요, 서울계의 100여 명을 망라하여 일정하게 통일적인 집필진을 확보했다.

1928년 1월 1일자 『대중신문』은 신간회가 소수의 인텔리겐치아와 사회주의자의 집단이 되어서는 곤란하다면서 모든 반제국주의의 투쟁의 장이 되어야 하며, 각 계급에 특수성과 이해의 불일치가 있기 때문에 프롤레타리아의 계급성에만 따른다는 것은 곤란하다는 식으로 표현했다. 문제는 이러한 논쟁 가운데 프롤레타리아의 헤게모니 문제가 사상된 점이다.

농민계급을 지도세력으로 대중적 정치운동을 전개하는 것을 발간 목적으로 삼고 있다. 주요 내용은 같은 사회주의단체인 정우회(正友會)와 전진회(前進會)를 파벌주의 결정체로 보고 그 해체를 주장하는 사설과 재도쿄 각 단체 협회의 결성으로 맞이하여 쓴 기사 「협동 전선의 제일보」, 신간회 제2회 대회를 맞이하여 실은 「대중은 무엇을 요구하는가」, 「암흑 공판으로 일관한 '조선공산당' 공판」, 「약소민족 억압하는 제국주의 반대 동맹」, 「재만주 전투적 투사 동거의 연석회의에서 '민족 유일당 조직을 목표로 시사연구회의 지지를 결의'」 등이 수록되어 있다.

• 일월회

재일본 사회주의단체 북성회(北星會)의 발전적 해체로 1925년 1월 3일 도쿄에서 조직된 사회주의운동단체이다. 북성회(北星會) 회원 안광천(安光泉)·이여성(李如星)·박낙종(朴洛鍾)·하필원(河弼源) 등 약 20명이 도쿄 이여성의 집에 모여 레닌 사망 1주년을 기념해 북성회를 해산하고 이 단체를 조직하였다.

북성회의 일월회로의 발전적 해체는 운동의 이론적 구명, 대중과의 결합 강화, 파벌 청산의 요청 등에 부응한 것이었다. 한 관헌자료는 안광천을 비롯한 재일북성회 회원들이 김약수(金若水) 일파의 파벌적 행위를 혐오하여 일월회를 조직했다고 하였다. 그러나 실제적으로 안광천 등은 김약수 등 북풍회 간부들과 사전에 이 일을 상의하였다.

일월회가 결성 직후 내세운 강령은 세 가지이다. ① 대중본위 신사회의 실현을 도(圖)한다. ② 계급적·성적(性的)·민족적 차이를 불문하고 모든 압박과 착취에 대하여 조직적으로 투쟁한다. ③ 엄정한 이론을 천명하여 민중운동에 제공한다는 등이다.

강령을 실현하기 위한 방침은 다음과 같다. ① 조선 내 사회운동의 파쟁에 대하여 절대 중립을 지키며, 그러한 입장에서 적극적으로 전선(戰線)의 통일을 촉진한다. ② 재일조선인의 노동운동 및 청년운동을 지도, 원조한다. ③ 국제운동으로서 동양 무산계급의 단결을 도모한다. ④ 무산자교육을 위하여 지방유세, 조합순회강연, 기관지를 발행한다는 등이다.

이 중 운동전선의 통일을 제창한 것은 일월회운동 노선의 가장 큰 특징으로 평가되고 있다. 사무소는 도쿄 시외에 두고 회 내에 편집부·서무부를 두어 기관지 『사상운동』(1925년 3월 창간)과 『대중신문』(6월 창간)을 발간하였다.

각 부서와 그 담당자는 ① 편집부: 안광천·김영식(金泳植)·송언필(宋彦弼)·온낙중(溫樂中)·손종진(孫宗珍)·박낙종·이여성, ② 서무부: 하필원·방치규(方致規)·김탁(金鐸)·김삼봉(金三峰)·김귀섭(金貴燮)·유영준(劉榮俊)·백무(白武)·김광수(金光洙)·하용식(河鎔植)·김정규(金正奎)·이상호(李相昊)·김세연(金世淵), ③ 집행위원: 안광천·이여성·하필원·김광수·김탁·송언필·김정규·박낙종·한림(韓林)·신재용(辛載鎔)·권대형(權大衡)·노병춘(魯炳春)·김상각(金相珏)·신태악(辛泰嶽)·박천(朴泉), ④ 상임위원: 안광천·이여성·하필원·김광수 등이다.

박낙종·김세연의 노력으로 기관지를 비롯해 마르크스주의의 연구와 계몽선전을 위한 각종 출판물의 인쇄소를 와세다대학 부근에 설치하였다. 안광천·정희영(鄭禧泳)·이우적(李友狄)·신태악·박천 등은 김천해(金天海)·서진문(徐鎭文) 등의 노동운동가들과 결합해 재일조선노동총동맹을 조직하였다.

그 밖에도 일월회는 재일도쿄무산청년동맹·삼월회·재일조선유학생학우회 등의 조직을 지도, 원조하였다. 또한 월례연구회를 열어 이론을 학습하였다. 다카쓰 마사미치(高津正道) 등 일본 사회주의자들과 함께 사회과학강습회를 개최하기도 하고, 중국국민당 도쿄지부원들과 결합해 극동무산계급 해방을 위한 기초로서 극동문제연구회를 조직하기도 하였다.

1925년 7~8월 우리나라에 대수해가 일어나자, 조선노동총동맹 및 일본의 노동단체와 공동으로 조선수해이재자구제위원회(일월회·재일조선노동총동맹·정치연구회·관동노동조합 산하 각 조합·일본농민조합관동동맹)를 결성해 모금운동을 전개하였다.

이때 모인 구제금 1450여 엔을 전달하기 위해 1926년 2월 안광천·김세연·다카쓰·구로다 히사오(黑田壽

男)·스지이 다미노스케(汁井民之助) 등이 서울에 파견되었다. 이들을 환영하기 위해 우리나라의 서울청년회와 화요회(火曜會)를 비롯한 각종 단체들이 모였다. 이 자리에서 일월회 회원들은 파쟁을 지양하여 운동노선의 통일을 기할 것을 강조하였다.

1925년 10월 25일 열린 임시총회에서는 조직 개편이 있었다. 그 부서와 담당자는 ① 서무부: 이여성·김탁·김광수, ② 선전부: 하필원·송언필·김정규·박천, ③ 조사부: 안광천·이상호, ④ 편집부: 박낙종·한림·변희용(卞熙鎔)·신태악·하용식(河鎔植)·방치규 등이다.

이 총회에서의 결의에 따라 그해 11월 17일부로 재일조선노동총동맹·도쿄조선무산청년동맹·삼월회와 함께 네 단체의 연명으로 국내운동의 파벌 지양과 대동단결을 주장하는 성명서를 발표하였다.

국내의 파벌싸움에 대한 이러한 태도로 인해 일월회는 북풍회와 차차 대립적 관계에 놓였던 듯하다. 북풍회는 1925년 10월 일월회 회원인 김삼봉으로 하여금 무산계급해방운동전선의 전위로서 도쿄에 신성회(新星會)를 조직하게 하여 일월회에 대립하게 하였다.

그러나 일월회의 설득공작에 의해 신성회는 1926년 1월 스스로 해체하였다. 1926년 1월 일월회는 창립 1주년을 맞아 성명서를 발표했는데, 그 주요 내용 역시 단일운동전선을 편성하자는 것이었다.

1926년 8월 여름방학을 맞아 안광천·하필원 등이 국내에 들어와 파벌 청산을 표방하고, 조선공산당이 주도하는 표면운동단체인 정우회(正友會)에 가입하였다. 그들은 2차 조선공산당 검거사건으로 정우회의 세력이 약화된 것을 기회로 정우회를 장악하였다.

2차 조선공산당 검거사건으로 와해된 당을 재건하던 김철수(金隋洙)는 안광천을 끌어들여 1926년 9월 20일 조선공산당에 입당시켰다. 1926년 11월 15일 조선공산당이 신간회에 참여하는 이론적 근거가 되는 '정우회선언'이 발표되었는데, 그것은 안광천이 작성한 것이었다.

1926년 8월 이후의 일월회 노선은 그대로 지하 조선공산당과 정우회의 노선과 동일하였다. 정우회선언에 따라 일월회는 민족협동전선의 결성과 대중의 정치적 운동의 적극적 추진이라는 명분 아래 사상단체로서의 소임은 끝났다고 하여, 1926년 11월 28일의 총회에서 해체를 결의하였다.

• **한림(韓林, 1900~?)**

일명 한초길(韓初吉). 함경남도 함흥 출신. 보통학교를 다니면서 학생운동을 했다. 와세다대학을 다녔다. 1923년 8월 도쿄에 유학 중 함경북도 출신 학생들의 동인구락부 강연회에서 "이상과 현실의 모순"이라는 제목으로 강연했다.

1926년 10월 함흥청년회 주최 강연회에서는 "계급 구성의 과정"이라는 제목의 강연을 했다. 12월 고려공산청년회 중앙후보위원으로 선임되었다. 1927년 학우회 강연단의 일원으로서 함흥, 금산, 이리 등지에서 강연했다. 같은 해 조선공산당 일본부 선전부원 및 도쿄동부야체이카 책임자가 되었고, 고려공산청년회 일본부 초대 책임비서를 지냈다. 그해 신간회 도쿄지회 책임을 맡았다.

1928년 2월 조선공산당 일본 총국의 책임비서 박낙종(朴洛鐘)이 검거되자, 김한경(金漢), 이우적(李友狄), 인정식(印貞植) 등과 조선공산당 일본총국의 재건을 위해 노력했다. 3월 『대중신문』과 『현계단』 책임 편집위원이 되었고, 4월 조선공산당 일본 총국 책임비서가 되었다. 그해 일본 경찰에 검거되어 1930년 10월 경성지법에서 징역 4년 6월을 선고받았다. 1933년 9월 만기 출옥했다.

• **남대관(南大觀)**

도쿄조선무산청년동맹회의 간부로서 활동하면서 조선인노동단체활동에 종사했다. 1925년 2월 22일 도쿄 시내 일화일선(日華日鮮)청년회관에서 열린 재일본조선노동총동맹(在日本朝鮮勞動總同盟) 창립대회에서 집행위원으로 선임되었다.

재일본조선노동총동맹의 대표를 역임하면서 일월회 및 일본인 사회주의자 다카쓰 마사미치와 제휴하여 극동사회문제연구회를 조직하였다. 1925년 10월에는 홋카이도(北海道)에서 일어난 오타루(小樽)고등상업학교의 군사훈련사건과 관련하여 "일본노동자에게 보낸다"는 제목의 선전문 3000매를 인쇄하여 일본인 각 우의단체에 배포하는 등 반제·반전운동에 앞장섰다.

1926년에는 베이징에 본부를 둔 혁명사(革命社) 도쿄지부 결성에 참여하였다. 그 후 중국으로 건너가 1930년에는 한족총연합회(韓族總聯合會) 간부로 활동하였다. 1931년 1월 중국 당국으로부터 공산당 토벌에 관해 훈령을 받고 그해 2월에 중국쪽 공비토벌부대의 선봉이 되어 왕칭현(汪清縣)과 옌지현(延吉縣) 지방에서 공산당을 토벌하였다. (김인덕, 이신철)

참고문헌

『社會運動の狀況』(1929, 1934); 『독립운동사자료집(별집3)』, 서울: 독립운동사편찬위원회, 1971; 文國柱 편저, 『조선사회운동사사전』, 서울: 사회평론사, 1981; 김준엽·김창순, 『한국공산주의운동사』(3), 서울: 청계연구소, 1986; 『한국민족문화대백과사전』, 서울: 한국정신문화연구원, 1991; 近代日本社會運動史人物大事典編纂委員會 編, 『近代日本社會運動史人物大事典』, 東京: 日外アソシエ-ツ, 1996; 강만길·성대경 엮음, 『한국사회주의운동인명사전』, 서울: 창작과 비평사, 1996; 김인덕, 『식민지시대 재일조선인운동 연구』, 서울: 국학자료원, 1996.

대중영화(大衆映畵)

1930년 서울에서 발행된 문예지

1930년 4월 서울에서 창간되어 한때 휴간했다가 1931년 4월 복간호를 내고 종간되었다. 통권은 미상이다. 윤백남(尹白南), 심훈(沈熏), 백기만(白基萬), 문일(文一) 등이 중심이 되어 발행했으며 대중적인 영화 잡지의 성격을 지닌다.

1919년 『녹성(綠星)』을 시작으로 발행된 영화 잡지는 일제시기에 총 20여 종이 발행될 정도로 대중적 인기를 끌었다. 특히 1930년대 영화의 대중화와 함께 영화에 대한 폭발적인 관심이 일어났으며, 이러한 배경에서 영화 잡지 역시 다수 발행되었다. 『대중영화』는 이러한 시대적 배경하에서 발행된 잡지로 당시 영화의 대중성을 단적으로 보여준다.

이 잡지는 윤백남, 심훈 등 당대 영화예술계의 선구적인 인물들을 중심으로 하여 발행되었으며 특히 국내외 명배우의 사진을 많이 수록한 점이 주목된다.

이 잡지는 제호와 같이 1930년대 영화의 대중성을 잘 보여준다는 점에서 그 의의를 지닌다고 할 수 있다. (장성규)

참고문헌

김미현, 『한국 영화사』, 커뮤니케이션북스, 2006; 이화진, 『조선 영화』, 책세상, 2005; 최덕교 편저, 『한국잡지백년』 2, 현암사, 2004.

대중화(大中華)

1915년 중국 상하이에서 발간한 종합월간지

1915년 1월 20일 상하이(上海)에서 창간된 종합성 정론지이다. 월간지로 1916년 12월 20일 종간하기까지 모두 2권 24호를 출간하였다. 량치차오(梁启超)가 주찬(主撰)하에 대중화잡지사 편집 발행하고 상하이 중화서국(中華書局)에서 발행하였다. 주요 찬고인은 캉유웨이(康有爲), 장타이옌(章太炎), 우관인(吳貫因), 런지위안(任致远), 셰우량(谢无量), 란궁우(藍公武), 천팅루이(陈霆锐), 왕충후이(王寵惠), 장쥔마이(張君勱), 장둥쑨(張东荪), 마쥔우(马君武), 장젠(張謇), 린수(林紓) 등이었다. 정치, 전제논문(专题论文), 문원(文苑; 文, 诗, 词), 시사일기(时事日記), 요독(要牍), 선보(选报), 여록(余录) 등의 난을 두었다. 번역문장이 적지 않고, 또 각권 앞 또는 글 가운데 동서양의 그림과 사진, 삽도를 풍부하게 배치하였다.

『대중화』는 1차 세계대전 이후 등장한 대표적인 학술지이다. 발행인인 루페이쿠이(陸費逵)가 밝힌 창간 목적은 "첫째는 세계 지식의 양성, 둘째는 국민인격의 증진, 셋째는 사리의 진상을 연구하여 조야에 지침을 제공한다"는 것이었다.

량치차오는 「발간사」를 통해 "사회교육을 중시하여 독자로 하여금 입신지도와 생활(治生)의 방침을 얻게 한다. 동시에 중국과 세계의 관계를 이해하여 우선 절망과 고민에서 벗어나게 하고, 둘째는 세계 대세, 전쟁의 원인과 결과 및 우리나라의 장래의 지위와 국민의 천직을 역술하여 국민을 이끈다"는 것을 『대중화』의 종지로 밝혔다.

특히 당시 국민운동의 대상으로 등장한 위안스카이의 복벽과 일본의 21개조 요구를 강력하게 비난하는 한편 국가별 정치체제, 헌정의 실시방안, 국회제도, 경제문제 및 1차 세계대전의 원인, 전개, 영향 등을 주로 토론하였다. 동시에 중화민국 초기를 대표할 만한 여러 학술논문을 실었다.

『대중화』는 중화서국에서 발간한 8대 월간지 중 대표적인 잡지이다. 특히 발간인 루페이쿠이가 문화명류인 량치차오를 영입하여 의욕적으로 발간한 것이었다. 상무인서관에 대항하여 문화권력을 확대하려는 중화서국의 입장과 위안스카이의 제제(帝制)운동에 직면하여 정치운동을 대신할 사회운동의 필요성을 절감한 량치차오의 입장이 결합하여 등장한 것이다. 1915년 벽두에 창간되어 1916년까지 2년 동안 간행되었다. 량치차오가 본격적으로 호법전쟁(護法戰爭)을 통한 반원운동에 투신하게 되면서 더 간행하기가 어려웠기 때문이다.

중화서국은 상무인서관에서 근무하던 루페이쿠이 등이 1912년 자본금 2만 5000원으로 상하이에서 설립한 출판사이다. "중화공화국 국민의 육성", "인도주의 정치주의 군국민주의의 채택", "실제교육 중시", "국수와 서구문화의 융화"를 통한 새로운 문화건설이 창사 정신이었다. 그러나 중화서국의 구체적인 목표는 상무인서관을 능가하는 대형출판사로 성장하는 것이었다. 특히 출판 분야로 보아도 중화서국은 대부분 상무인서관과 치열하게 경쟁할 수밖에 없는 것이었다. 우선 중화서국은 『중화교육계』의 창간을 필두로 소학, 중학 교과서를 간행에 성공함으로써 경쟁력을 갖추기 시작하였다. 특히 일본과 합작하고 있던 상무인서관을 비판하면서 민족주의를 강조한 것이 자본 및 시장 확대에 주효하였다.

이어서 중화서국은 『중화소설계』, 『중화실업계』(1914), 『중화학생계』, 『중화부녀계』(1915)를 연이어 창간하고 문화권력이자 대형출판사인 상무인서관과 경쟁하기 시작하였다. 특히 1916년에는 상하이 징안쓰루(靜安寺路)에 신사옥을 짓고 자본액을 200만 원으로 증자하면서 명실상부한 대형출판사로 성장하였다.

『대중화』는 중화서국이 이러한 성공을 바탕으로 창간한 대표적인 정론지로서 상무인서관이 간행하던 『동방잡지』를 겨냥한 것이었다. 량치차오는 창간사는 공화정의 붕괴과정에서 시민사회의 필요성을 절감한 량치차오의 입장을 잘 표현하고 있다. 특히 1차 세계대전의 발발에 따라 세계정세의 보급과 국민의 계몽을 기치로 내걸었다.

찬고인으로는 당시 량치차오와 가까웠던 판위안롄(范元廉), 우관인, 장쥔마이, 장둥쑨, 장팡전(蔣方振) 등을 중심으로 마쥔우(馬君武), 왕충후이(王寵惠) 등의 논객, 그리고 유학에서 갓 돌아온 신진기예인 예징선(葉景莘, 영국 런던대, 화폐학), 마인추(馬寅初), 쉬창주(徐昌洙, 일본 금융학) 등도 참여하였다. 물론 이들은 모두 량치차오와 긴밀한 관계에 있는 인물들이다. 당시 문화권력으로서 량치차오의 위세를 짐작하게 한다.

그 외 참여자로서는 국학 명류로서 중화서국의 교과서 제작에 참여하고 있던 어우양중타오(歐陽仲濤), 어우양푸춘(歐陽朴存) 등이 있다. 모두 문화명류였다. 그리고 량진썬(楊錦森), 천팅루이, 장스이(張士一) 등은 당시 중화서국의 편집부 직원으로 역고를 발표하였다. 이들은 이후 미국 유학을 거쳐 율사 또는 학자로서 활동하는데 시종 량치차오 집단과 관계가 깊었다.

이렇게 량치차오와 관계 깊은 『대중화』가 주목되는 것은 1915~16년이라는 간행시기 때문이다. 위안스카이의 복벽운동이 가시화되고, 일본의 21개조 요구가 폭로되면서 국민들의 민족주의가 고조되는 등 공화혁명이 신문화운동으로 전환되는 시점에 창간되었기 때문이다. 따라서 『대중화』는 이러한 신문화운동 시기 량치차오 집단의 사상적 전환을 상징적으로 보여 준다.

주요 내용은 우선 당시 정치 현실에 대한 비판이 중심이었다. 위안스카이의 제제 복고 시도와 그를 위한 옌푸(嚴復), 양두(楊度) 등 주안회(籌安會) 등이 주도한 복고운동에 대해서 비판적 입장을 찾아볼 수 있다(란궁우, 「근일 복고지 류를 비판함」, 1권 1호, 1915.1.20).

특히 국제와 정체를 구별하여 원의 제제를 공화정에 대한 반란으로 규정한 양의 「이상하도다 소위 국체문제」는 호법운동의 선전문일 뿐만 아니라 비장감이 감도는 명문으로 꼽힌다.

또 이 잡지는 유럽에서 전개되고 있던 1차 세계대전과 맞물려 급작하게 돌아가는 전황을 생생하게 소개하고 있다. 여기에는 물론 당시 독일에 유학중이던 장쥔마이 등 지식인들의 활약이 두드러졌다. 특히 21개조 요구를 매개로 한 일본의 동향과 위안스카이의 대외정책에 대한 비판도 주목할 부분이다(량치차오, 「중일최근지교섭평의」, 1권 2호). 량치차오는 중일연대론이 어제 오늘의 일이 아니지만 이는 환상에 불과한 것이라고 비판하고 오히려 일본의 목적은 중국의 분열에 있다고 하여 위안스카이의 대일 밀착을 경계하고 있다.

특히 21개조 요구의 명분으로 일본이 내세운 독일에 대한 공동 방적은 중국 침략을 가리려는 수작에 불과한 짓거리라고 비판하고, "중국은 결코 조선이 아님을 알라"(량치차오, 앞의 글)고 경고하였다. 특히 이를 부분적으로 수용한 위안스카이 정권에 대해서 사실상 중국을 일본의 부용국이 되었다고 개탄하고 있다. 동시에 전국적인 국민운동과 미국 등 보다 선량한 제국과의 외교관계의 활용을 제안하고 있다(량치차오, 「통정죄언」). 사실상 5·4기의 정치적 구호를 선도하고 있는 셈이다.

이처럼 대중화 잡지가 갖는 보다 큰 의의는 사실상 신문화운동을 주도하는 한편 5·4운동의 선구가 되었다는 점이다. 이미 유럽의 정세에 민감한 데서 알 수 있듯이 당시 량치차오 집단의 주요한 관심은 이미 형해화된 공화정을 극복하고 정치적 개량을 모색하는 데 있었다. 서구의 제도를 참고로 당시 연방제를 필두로 한 중앙과 지방관계, 이미 사회적 통제력을 벗어나려는 군벌세력에 대한 대책문제(군민분치) 및 국민회의를 통한 국회 회복 방안을 자세하게 모색하고 있다. 각국의 국방 상황에 대한 관심은 전시상황에서 당연한 것이지만 이들의 민족주의적 성격을 잘 나타내고 있다.

그러나 이들은 이미 단순히 정치제도를 수용하는 것만으로는 공화정의 회복이 불가능하다는 것을 잘 알고 있었다. 이에 따라 헌정 운용의 주체인 국민의 자치역량의 제고에 초점을 맞추어 각종 사회 개량 방안을 모색하였다. 특히 가족제도, 유교 등을 비롯하여 사회에 만연된 복고사조를 비판하는 가운데 새로운 문화의 창출을 주창하고 있다.

이 점은 전쟁 과정에서 영국식 헌정제외에 독일등 서구에서 등장하는 새로운 정치사조 등을 참고로 다양한 방식의 국가 건설에 대한 논의로 나타나기도 하는데 단순한 정치제도만이 아니라 세계 자본주의 흐름에 대한 분석과 함께 정치 경제 사회 군사, 문화 전반에 대한 개혁을 모색하고 있음에 주목할 필요가 있다. 5·4운동기 제기되는 신문화운동 주제들을 이미 제기하고 있는 셈이다. 량치차오는 이후 단기서 내각에 참여함으로서 남북분열의 책임을 뒤집어쓰는 빌미를 제공하였지만 사실상 5·4운동은 시작하고 있는 셈이다. 이들의 진보성은 문예 및 학술란에 등장한 당시 명망있는 학자들과 비교해보면 더욱 뚜렷이 드러난다고 할 수 있다.

결과적으로 이 잡지는 상무와 중화서국이라는 출판구조의 변화 속에서 지식 권력으로서 신문화운동을 주도한 활동한 량치차오 집단의 성격을 잘 나타내고 있다. 1차 세계대전과 복고적 제제라는 현실 속에서 중국의 낙후성의 근거를 사회 속에서 찾고 국민 스스로의 주권행사에 의한 권력건설을 추구하는 국민회의 운동을 통해 국가 건설을 모색하고 있다는 점에서 이들의 역사적 의미가 잘 드러나는 셈이다(「논국민회의[論國民會議]」, 1권 3호). 5·4운동을 높게 평가는 신민주주의 사관에 대신하여 신해혁명과의 연속성에서 파악하고자 하는 국민혁명론의 정당성을 보여 주는 잡지라 할 수 있다. (오병수)

대평양(大平壤)

1934년 평양에서 발간된 종합 월간지

1934년 11월 11일 창간했다. 편집 겸 발행인은 전영택(田榮澤)이고, 인쇄인은 기신사(紀新社) 대표 김병용으로 돼 있다. 발행소는 대평양사인데, 경성부 냉천동 31로 기재돼 있고, 인쇄소는 평양부 신양리 150, 편집·영업 겸 총발매소는 평양부 순영리 134로 각각 달라 편집·제작·판매는 평양에서 담당하고, 본사는 경성에 두었던 것으로 보인다.

잡지의 판형은 국판으로 20전에 판매되었으며 창간호의 총 면수는 83쪽이었다. 종간호가 언제인지는 확인되지 않고 있으나 1935년 1월호가 발간되었다는 사실은 확인할 수 있다. 창간호는 서울대 중앙도서관과 연세대 도서관, 통권 3호(1935.1)는 고려대와 연세대 도서관에 각각 소장되어 있다. 다만 통권 2호(1934.12)는 유실되어 존재하지 않는다.

'평양을 같이 이야기 하자!', '평양을 같이 듣자!'는 구호를 내걸고 편집 겸 발행인 전영택과 주간 한세광(韓世光, 시인 한흑구[韓黑鷗]), 총무 한우간(韓祐艮), 기자 양동호(楊東浩), 그리고 찬조원으로 조만식, 김동원(평양고무사장), 오윤선, 최윤호, 이훈구, 송창근 등 평양 명사들이 참여했다. 평양에서 발행되는 신문조차 없는 현실을 개탄하며 우선 월간잡지를 발행한 뒤, 이를 순간(旬刊), 주간(週刊)으로 발전시키려는 계획까지 세웠음을 창간호의 '편집여감'을 통해 알 수 있다. 『대평양』의 창간사에는 다음과 같은 말이 보인다.

"본지는 평양의 진화(進化)를 지시하고 평양의 이상을 수립하는 데 한갓 공기(公器)가 되려 한다. 16만 평양 시민의 장래를 위하여 우리는 서로 이야기하고 또한 서로 듣자. 공정한 언론은 사회의 대변자이며 사회의 이상이다.

평양 지방을 중심으로 하는 언론이 없는 것을 일반 시민은 불행으로 생각하게 되었으니, 이에 늦은 감을 불금(不禁)하며 열렬한 찬조자들과 같이 본지를 출세(出世)하게 되었다. 지방과 지방이 합작하는 곳에 전체 공동합작이 실현될 수 있나니, 우리는 이 의미에서 평양 지방의 언론을 이상화하기 위하여 본지 『대평양』을 창간하는 바이다."

이처럼 잡지의 발간취지는 평양의 발전과 병진하여 장차 대(大)평양을 건설할 것을 예기(豫期)하며 일반 시민의 복리를 위하여 온갖 사회적 사명을 다하는 데 있었다. 그런데 대평양사를 평양이 아닌 경성에 설치한 이유는 문예란을 충실히 하기 위해 문예가의 경우에는 평양만이 아닌 전국적인 차원에서 망라하고자 했기 때문이라고 한다.

창간호에는 우선 평양의 산업계·언론계·교육계를 대표하는 조만식, 김동원(평안고무 사장), 김성업(동아일보 지국장), 매큔(George S. McCune, 한국명 윤산온, 숭실전문학교 교장), 이헌구(숭실전문학교 교수), 김항복(숭인학교 교장) 등의 축사가 실려 있다.

평양 관련 기사나 논설로는 채필근의 「역사로 본 평양」, 최윤호의 「평양교육계에 대한 기대」, 패강망인의 「평양명승고적순례」, 송석찬의 「평양운동계의 전망」, 한무벽의 「자정이 넘는 서경의 밤거리」, 기린굴인의 「평양점경」, HH생의 「평양이 낳은 예술가는 누구누구」 등이 실려 있다. 문예란에는 전영택의 수필 「영원한 이상」을 비롯하여 주필인 한세광의 시 「사지(死地)

로부터」와 소설 「길바닥에서 주운 편지」 등이 실려 있다. (전상기)

참고문헌

신영우, 「고당 조만식의 민족주의와 정치철학」, 『북한』 1985.2; 오미일, 「1910~20년대 평양지역 민족운동과 조선인 자본가층」, 『역사비평』 1995년 봄호; 권삼웅, 「1920년대 평양지역 민족운동 연구」, 고려대석사논문, 1996.

▌대하총간(大夏叢刊, The Ta Hsuio Magazine)

1915년 중국 상하이에서 창간된 정론성 월간지

1915년 상하이(上海)에서 창간되었다. 대하총간사(大夏叢刊社)에서 간행하였으며, 궁스웨이(龔時葦)가 주편을 맡고, 장톈한(張天漢), 왕즈항(王之航) 등이 편집에 참여하였다. 찬고인은 이들 편집진 외에 천슈야(陳瘦厓), 진바오산(金寶善), 셰푸야(謝扶雅) 등이었다. 정론과 학술성 문장 외에 소설, 시사 등을 포괄하는 종합잡지를 지향하였다. 중국국가도서관에서 열람할 수 있다.

『대하총간』은 위안스카이(袁世凱)의 복벽 및 일본의 21개조 요구를 배경으로 창간되었다. 이름에서 알 수 있듯이 중화민족주의를 대표하는 잡지이다. 「대중화주의(大中華主義)」, 「정신교육(精神敎育)」, 「감시(感時)」 등 주요 기사를 통해 일관되게 오족 융합에 기초한 대중화주의(大中華主義)를 강조하였다. '대중화'는 오족의 완전한 융합을 통한 근대 민족으로서 '중화민족'을 의미하는 것으로 그 범위는 몽골, 티베트, 타이완을 포함한 것이었다. 특히 민국의 성립으로 "오대 민족이 융합되어 하나의 일대 민족(一大 民族)이 되었다"고 선언하고, 만일 한족을 대표로 내세운다면 민족 간의 불평등을 초래할 가능성이 있기 때문에, 오족을 두루 포괄하는 개념으로 중화민족을 설정하였다고 한다. "만주족, 몽골, 회족, 티베트족, 한족은 모두 황제의 자손으로 모두 단결하여 국가를 보위하여야 한다"고 주장하고, 국민적 정체성의 근거로 대아(大我) = 국가주의를 내세웠다. "사람이 정신이 없으면 사람이라 할 수 없듯이 국가에 정신이 없으면 국가라 할 수 없다. 따라서 건국의 근본은 교육이 중요한데 특히 정신 교육이 중요하다"고 하여 애국심과 민족주의를 강조하였다. 종족과 계급을 초월하여 모두 의식이 통일된 유기체로서 국가를 지향하면서 종족 간의 특성 없이 균질한 국민을 강조한다는 점에서 사실상 확대된 한족주의 혐의가 짙다.

같은 맥락에서 21개조를 요구하고 위안을 지원한 일본의 침략 야욕을 폭로하고(「지나근시지제정론(支那近時之帝政論)」), 타이완의 반일운동을 적극적으로 소개하였다. 동시에 주안회(籌安會) 등 복벽 사조에 대해서는 공화 국체의 파괴자로서 비판하였다.

프랑스식 민족주의에 근거하면서 이후 국가주의의 효시라 할 수 있지만, 종족혁명을 앞세운 혁명파를 추앙하고, 더불어 량치차오류의 국가주의를 바탕에 깔고 있어서 현재의 중화민족주의를 이해하는 데 시사하는 점이 많다. (오병수)

▌대한교민단

▶ 우리들의 소식

▌대한구락(大韓俱樂)

1907년 서울에서 발행된 친목단체 잡지

1907년 4월 15일 대한구락부(大韓俱樂部)에서 발간했으며, 동년 7월 2호로 종간되었다. 창간호의 표지에 1권 1호, 매월 15일 발행이라고 하여 규모 있는 출발을 보였으나 창간호를 낸 뒤 3개월 만에 2호를 내고 더 이상 속간하지 못했던 것이다. 판권란을 보면, 편집 겸 발행인은 이두연(李斗淵), 발행인은 이민설(李敏卨)이며, 발행소는 한성에 소재한 대한구락부로 나와 있다. 판매가격이 12전으로 보통 잡지가 15전임에 반해 저렴한 편이다. 문체는 순한문 또는 한문현토체를 쓰고 있다.

이 잡지는 신해영, 이능화(李能和), 박은식(朴殷植) 등이 편찬원으로 활동하면서 제작한 대한구락부의 회보로, 부설(部說), 강연, 문원(文苑), 대동고사(大同古事), 내보(內報), 외보(外報), 잡보, 부중일기(部中日記), 부원명부, 회계 등의 체제를 갖추고 있다.

논설란에는 이중환(李重煥)의 「교육론」, 이두연의 「자유론」, 이중환의 「애국론」, 금화산인의 「국채의 보상」 등이 실려 있다. 역시 일반 계몽지의 내용과 차이가 없다. 부중일기란에는 "광무 9년(1905) 9월 24일 오전 10시에 동문 밖 신흥사(新興寺)로 외국 유학을 마친 홍재기(洪在祺) 등이 친목회를 열었는데, 이날 모인 사람이 60명이었다"며, 처음 대한구락부가 설립되던 상황을 적고 있다. 한편 "10월 11일, 일진회 선언서가 와서 이를 반박하는 답신을 보내고, 28일 보국(輔國) 민영환(閔泳煥) 자문(自刎) 졸서(卒逝)하고, 11월 1일 상공(相公) 조병세(趙秉世) 음약(飮藥) 졸서하다"라는 민감한 내용들을 적시하기도 하였다.

이처럼 이 잡지는 형식적으로는 친목단체를 표방했으나, 정치사회에 관한 시선을 놓지 않고 있었다.

• 대한구락부

이 잡지를 발간한 대한구락부는 일본 유학생 출신의 발의로 결성된 서울 유지들의 친목단체이다. 「대한구락부취지서」에도 "무릇 인류는 사교적(社交的) 동물로 공동(共同)히 생활하여 일치의 단결을 성(成)하는 자이다"고 하여, 사교의 중요성을 역설하고 있다.

그러나 이런 순전히 사교적 성격에 한정하여 출범한 단체가 아니고, 국가사회의 문명력을 진흥한다는 취지에서 언론운동도 모색했던 계몽운동단체의 하나였다. 실제로 대한구락부는 『대한구락』을 통해 일진회의 친일활동을 비난하고 민영환(閔泳煥)의 자결에 대해 박은식이 직접 제문을 지어 추모하는 등 정치활동을 전개하기도 했다.

1905년 11월 110명의 부원으로 출범하였으며, 임시회장으로 현은(玄櫽)이 추대되었고, 총무에 홍재기·나수연(羅壽淵), 평의원에 장도(張燾)·유성준(兪星濬)·석진형(石鎭衡), 이면우(李冕宇), 김상연(金祥演), 이갑(李甲)·노백린(盧伯麟), 유승겸(兪承兼), 유동작(柳東作), 여병현(呂炳鉉), 회계검사원에 신해영(申海永) 등이 선임되었다.

• '구락부'의 성립

구락부(俱樂部)란 일본인들이 'club'을 쓴 데서 유래하였다. 이 시기 『황성신문』 등에도 구락부란이 있을 정도로 지면에 자주 등장하는데, 대한구락부는 그 구체적인 단체이다.

이후 유명한 계명구락부(啓明俱樂部)가 설립된다. 계명구락부는 1931년 최남선, 오세창(吳世昌), 이능화(李能和) 등 당시 지식인 33인이 발기하여 설립한 친목, 사교단체였으나, 『계명』·『신청년』 등의 잡지의 발간과 강연회 등으로 대중계몽에 앞장섰다. 특히 계명구락부는 학술단체로서의 면모가 강하였는데, 이처럼 구락부는 친목, 사교라는 이름을 내걸면서 안으로는 대중계몽과 학술운동을 통하여 일제에 항거하는 면모가 강하였다. 대한구락부도 역시 그러한 면이 짙다. (정환국)

참고문헌

최덕교 편저, 『한국잡지백년』, 현암사, 2004; 권보드래 외, 『『소년』과 『청춘』의 창: 잡지를 통해 본 근대 초기의 일상성』, 이화여대출판부, 2007.

대한독립보(大韓獨立報)

1920년 중국 상하이에서 발행된 대한민국임시정부 계열의 신문

1920년 11월 상하이에서 발행되었다. 이동휘 계열의 신문이다. 국내와 만주 일대에 배포되었다. 발간된 지 몇 달 되지 않아 폐간되었다. 그 대신 잡지 『신생활』이 간행되었다. 잡지의 주필은 김만겸(金萬兼), 기자는 김하구(金河球)였다. (이신철)

참고문헌

윤임술 편, 『한국신문백년지』 2, 한국언론연구원, 1983.

대한독립신문(大韓獨立新聞)

1919년 간도 용정촌에서 발행된 소형 신문

1919년 6월 5일 창간되었다. 만주의 간도 용정촌에서 발행되었다. 대한국민회 회장 구춘선(具春先)과 이익찬(李翼燦), 윤준희(尹駿熙), 방원성(方遠成) 등이 창간했다. 소형의 주간신문이었다. 영국인 마틴(Martin)이 경영하는 제창병원(濟昌病院) 지하실에서 비밀리에 등사판으로 인쇄되었다. 1920년 6월 5일 17호를 발간한 것이 확인된다.

간도 용정촌에서 3·1운동 직후 대한국민회장 구춘선과 이익찬, 윤준희, 방원성에 의해 주간으로 발간되었다. 영국인 마틴(Martin)이 경영하는 제창병원 지하실에서 비밀리에 등사판으로 인쇄된 소형 신문이다.

1919년 6월 5일 발행된 신문의 논설은 '근고(謹告) 해외동포형제'라는 제하에, "하나님이시여 우리에게도 남과 같은 자유와 행복을 허가하여 주시옵소셔. 또 이것을 어들만한 혈성(血誠)을 주시옵소셔. 아멘"이라고 서두에서 밝힌 후에 다음과 같이 조국 광복을 기원하고 있다.

"정의인도를 무시하는 져 무도막지(無道莫知)한 원수의 총검에 맛고 찔여 목숨을 희생한 이가 기만(幾萬)이며 부상한 이가 기십만(幾十萬)이며 감옥중에 피수(被囚)된 이가 기백만(幾百萬)인지 기수(其數)를 가히 헤아릴 수 없으며 …… 경술국치를 주혈복익(注血伏翼)하나이다."

신문은 해외 각지 독립지사들의 활동상황과 외신을 전달하는 '내외전서구(內外傳書鳩)'란을 따로 두었다. 1920년 6월 5일자 제17호를 끝으로 폐간되었다. (이신철)

참고문헌

윤임술 편, 『한국신문백년지』 1, 한국언론연구원, 1983; 정진석, 『언론조선총독부』, 커뮤니케이션북스, 2005.

대한매일신보(大韓每日申報)

1904년 서울에서 창간된 일간지

1904년 7월 18일 창간되었다. 이후 『매일신보』(1910년 8월 30일)로 이름이 바뀌었고, 1938년 4월 29일에는 독립된 주식회사가 되었다. 1945년 11월 23일 이후에는 『서울신문』으로 제호가 바뀌었다.
처음에는 신채호, 최익, 옥관빈(玉觀彬), 변일(卞一), 장도빈(張道斌) 등과 탐보원 4명이 편집하였다. 타블로이드판 6면(국·영문 4단제, 1단 41행, 1행 13자)이었고, 중부 전동에서 창간하였다. 영문판 편집 겸 발행인에 베델(Ernest Thomas Bethell, 한국명 배설[裵說])이, 총무로 양기탁(梁起鐸), 주필로 박은식이 활동하였고, 좌에서 우로 계수하였다. 1~3, 5면은 영문판이었고 4, 6면은 국문판이며, 이 6면이 타지(他紙) '국문판'의 제1면에 해당한다. 국문판은 전단 횡단제호로 2종이었다.
국문판은 한 장 12돈 5푼이었고, 영문판은 1년 25원, 1개월 2원 50전이었다. 1907년 5월 23일에는 순국문판 『대한ᄆᆡ일신보』 제1호(지령 신규)를 발행한다. 4면 6단제였고, 현재 영인출판되었다.

일본의 언론, 집회, 결사에 대한 강압으로 민간 신문계가 결정적인 제약을 받자 이에 대항하여 자유로운 언론을 펴기 위해 나타난 것이 이 신문이다. 동보는 1903년부터 이장훈 명의의 격일간으로 나온 『매일신보』를 개제한 것이다.

합병회사를 발족, 전동 법어학교 앞, 전 영국인 스트리플링(Stripling, 한국명 설필림[薛弼林]) 집터에서 창간했는데, 창간 당시 기계와 활자 등이 미비하여 한문을 사용하지 않고 국문과 영문을 사용하여 합간하였다.

당시 영일동맹을 맺고 있던 일본에 대해 영국인을 내세움으로써 취재와 보도 및 논설을 포함한 일체의 언론의 간섭을 배제, 자유를 확보하기 위함이었다. 이 신문에는 고종이 비밀리에 출자를 했는데, 이밖에도 이용익 등의 친러파를 비롯한 여러 애국지사들이 의연금을 냈다. 구한말 신문계의 혜성적인 존재가 된『대한매일신보』는 강경한 논조로 일본을 공격, 항일운동의 최선봉이 되기도 했는데 신채호를 비롯하여 최익, 옥관빈, 변일, 장도빈 등과 탐보원 4명이 편집을 담당했고 이갑, 안창호 등도 일본군의 검열을 무시하며 자유로운 필진을 펼쳤다.

1905년 8월 11일자 제3권 1호로써 국한문 혼용으로 속간호를 내고 영문판『The Korea Daily News』는 이때부터 독립 분리 발간하였다. 지대는 국한문판은 1장 5전, 1개월 50전. 제464호(1907.3.16) 부록으로 국채정상기성회의금 출연자 명단을 4면으로 발행. 동년 4월 7일자 제5권 480호부터 지면을 7단제(1단 45행, 1행 13자)로 확대하고 제호를 반초서체(半草書體) 한문으로 고쳤다(1907.4.16).

혁신호 속간사에서 국민의 문명지식을 계발하고 세계 각국의 진보된 풍물을 도입하기 위해 속간한다는 취지를 밝힌 동보는 신속한 보도에 한층 힘을 기울이는 한편, 논설은 '국민이 각성하여야 할 것'은 두려움 없이 곧은 말로 지시하고 공명의 환기를 촉진하며 국제정세와 국내 사정을 간택하며 혼미로운 것을 각성시키겠다고 다짐하고, 이어 대중으로 하여금 개과천선케 하여 대중계몽기관으로서의 역할을 떠맡겠다고 약속했다. 속간호 사고는 다음과 같다.

"본 신보의 창간한 월인이 우금(于今) 일주세(一周歲)이나 기계와 주자(鑄字)가 미구(未具)함으로 200여호를 발행하고 내위(仍爲) 정간 중인 바 기장이중철(旣張而中輟)하는 게 실소기연(實所槪然)이기 본사(本社)에서 사(思)를 노(勞)하고 려(慮)를 책(責)하야 금(今)에 확정하야 대한유지인사(大韓有志人士)의 문명지식을 계발하고 기환구유국(暨環球有國)의 견물(見物)을 합동하기 위하여 중간(重刊)발행하는바 영문여(與) 한문을 병위(並爲) 해독이 미심계능지(味心皆能之)인즉 영한문 합간이 도번무익(徒煩無益)키로 종전 일변전규(一變前規)하야 영한문을 각지 분간(分刊)이되 내외국각보(內外國各報)를 일층신속(一層迅速)케 하며 사설의 기기(碁碁)함은 강어(强禦)를 불외(不畏)하며 선악을 명변(明辨)하야 제정(帝庭)에 지망혁(指佞革)의 성질을 구하였으며 시사를 간형(旰衡)하며 혼미를 제성(提醒)함은 인인군자(仁人君子)의 고목우세(蒿目憂世)하는 풍미를 함유(含有)이고 혼후규잠(混厚規箴)을 은연우지(隱然寓之)하야 사유과자(使有過者)로 독지이언(讀之而焉)하여 무과자(無過者)로 독지이면언(讀之而勉焉)케 할지니 사방검군자(四方僉君子)는 양차만공고심(諒此滿腔苦心)하여 배전애호(倍前愛護)하시기를 유향망언(有厚望焉)이로다."

일본계 신문, 친일계 신문 등과 치열한 논전을 벌인『대한매일신보』는 1909년 4월 13일자(국한문판 1069호, 국문판 546호) 잡보란 등으로 전후 국한문판 24차례, 국문판 21차례의 압수를 당했다.

1908년 5월 27일 발행 겸 편집인에 영국인 만함(Alfred Weekly Marnham, 한국명 만함[萬咸]), 국한문판 논설에 신채호, 편집 양기탁, 시사평론 이장훈, 외보번역에 양인탁이 참여했다. 그리고 국문판에는 논설번역에 김연창, 편집 양기탁, 잡보와 외보 번역 유치영, 영문판에는 논설번역 정태제, 편집 마름(英人), 잡보번역 이록, 황의성 등이 있었다.『대한매일신보』3지의 발행부수는 국한문판 8143부(한성 3900부, 지방 4243부), 국문판 4650부(한성 2580부, 지방 2070부),『The Korea Daily News』463부(한성 120부, 지방 280부, 외국 63부) 도합 1만 3256부(1909년 5월 27일 현재)로 당시 최고의 발행부수를 자랑했다.

그러나 이 신문은 1909년 5월 1일 베델이 37세의 젊은 나이로 사망한 뒤 빛을 잃기 시작하여, 1910년 6월 9일 만함의 명의로 최종호가 된 1407호를 발행하고 판권이 이승룡에게 이양되었다가 1910년 8월 28일 국한문판 제1461호로 종간되었다. 그 후 동년 8월 30일『매일신보』로 개제, 통감부 기관지(지령을 계승)로 제

1462호부터 역시 국한문판 및 순국문판으로 발간한다.

『대한매일신보』에 끼친 베델의 공은 지대하였는데 초대 통감 이토는 다음과 같이 술회했다.

"한국 내 신문이 가진 권력이란 비상한 것이라 이등의 백마디 말보다 신문의 일필이 한인을 감동케 하는 힘이 매우 크다. 그중에도 지금 한국에서 발간하는 일 외국인의 대한매일신보는 확증이 있는 일본의 제반 악정(惡政)을 반대하여 한인을 진동함이 연속 부절하니 이에 관하여는 통감이 책임을 질 수밖에 없다."

본지의 발행에 관련한 종사자들은 대표적으로 베델과 양기택이다. 두 사람은 편집과 경영을 총괄하면서 논설과 기사를 직접 집필하기도 했지만, 국한문, 한글, 영문 세 가지 신문을 발행하기 위해서는 적지 않은 인원이 필요했을 것이다. 더욱이 베델과 그 후계자 만함은 한국말을 몰랐기 때문에 국한문판과 한글판 제작은 전적으로 한국인들이 맡았다. 영문판에도 외국인은 필요했으나 역시 한국인들이 만드는 것이나 다름없었다. 본지가 최고의 발행부수와 최대의 영향력을 행사할 수 있었던 것은 양기택의 노력 덕택이었다. 그는 본지와 『The Korea Daily News』의 편집과 업무를 모두 관장했고, 재직한 기간도 가장 길었으므로 매일신보사에서 그의 비중은 절대적이었다. 그밖에 박은식, 신채호 등도 주요 논객이었다.

본지에 관련된 인물들을 대략 살펴보자. 우선 양기택, 박은식, 신채호 등과 같은 사학자이자 항일투사였던 사람들이 있다. 이들은 합병 전에는 필봉으로 민족정신과 독립사상을 고취했으나 합병 이후에는 망명길에 올라 일제에 맞섰다. 본지의 논조는 이들이 이끌었다고 보아도 된다. 또한 임치정, 이교담, 옥관빈, 강문수 같은 행동파들이 있다. 이들은 업무부문에 종사했는데, 조직을 통한 투쟁으로 항일운동을 했다. 이들은 어려서는 한학을 공부했으나, 서구의 신학문을 섭렵하거나 외국에 다녀온 이들이어서 진보적이었다. 종교는 기독교 계통이고, 행동파들이었다. 한편 이장훈, 변일과 같이 결과적으로 일제에 순응하게 된 이들도 있다. 본 신문이 일제의 손에 넘어 갔을 때 양기택, 임치정, 옥관빈 등은 물러나서 다른 신문 창간을 기도했으나, 이들 순응파는 그대로 총독부 기관지의 기자로 흡수된다. 또한 외국인 베델과 만함을 비롯한 몇몇 사람들이 영어 신문의 편집과 경영에 참여했는데, 베델을 제외하고는 직업인의 입장에서 신문 제작에 참여했다. 이밖에 본 신문에 직접 참여하지 않고도 그 경영과 정보 수집에 간여한 이들이 있는데, 백시종, 박용규, 심우택 등이 그들이다. 이들은 고종 황제의 측근이었고, 영어가 가능했다. 이들은 고종으로부터 자금을 받아 베델에게 전달하는 역할을 했고, 궁중의 정보를 제공하기도 했다.

본 신문의 발행부수는 1907년 4월 이전까지는 대략 4000부였는데, 4월 이후부터 그 부수가 빠르게 늘어난다. 발행부수의 급상승에는 두 가지 이유가 있다. 하나는 5월 23일에 한글판을 새로 창간했기 때문에 한글판 부수가 추가되었기 때문이고, 또 다른 하나는 이때부터 국채보상운동이 전국적으로 확산되면서 본 신문이 그 중심기관을 이루었기 때문이다.

독자층과 본 신문사와의 관계도 흥미롭다. 『대한매일신보』는 당시 발행된 다른 신문들과는 달리 3개 언어로 발행했고, 발행부수 역시 다른 신문에 비해 높았던 것은 앞서 언급한 바 있다. 순국문 발간 이전의 국한문판과 영문판 시절에는 4000부 정도, 같은 시기 『황성신문』과 『제국신문』은 2~3000부 정도였다. 순국문판 발간 이후에는 부수가 급증하여 1907년 9월경에 국한문판 8000부, 한글판 3000부가 발행되었고 한다. 1908년에는 국한문판 8143부, 한글판 4650부, 영문판 463부로 1만 3256부가 되었다. 여전히 1000부에서 2000부 수준에 머물던 다른 신문과는 대조되는 큰 인기였다. 그만큼 독자층이 굉장히 많다고 할 수 있다. 독자층의 절반 정도는 한성지역 거주자들이고, 나머지 지역은 대부분 우편으로 보급되고, 지사들이 설치되면서 보급이 확산되었다. 독자층은 문맹률이 상당했을 거라는 추측에도 불구하고, 소식을 접한다는 면에서 돈이 없어도 단체로 구독하거나, 곁에서 읽는 것을 듣거나 빌려 보기도 하고, 책처럼 묶어 반복열람하기도 한 사례를 볼 수 있다. 그만큼 『대한매일신보』의 인기가 컸음을 짐작할 수 있다.

또한 『대한매일신보』는 독자들이 투고할 수 있는 공간으로, '기서'라는 영역을 만들어 게재했던 것도 특기할 만하다. 본 신문에서는 독자들의 신분을 확인할 수 있고, 기사의 내용이 사실인지 확인할 수 있는 투고글을 게재하려 했다. 또한 이들 기서에 대해 신문사 기자가 논평하거나 입장을 부연해서 밝히는 경우도 있었다. 이는 그만큼 기서라는 곳이 독자들의 참여공간이기는 하나, 신문사에 의한 선별로 인해 적지 않은 제약이 있었던 것임을 알 수 있다. 이 '기서'에 투고한 독자들을 살피는 것도 흥미롭다. 이들 투고자 대부분은 신분을 밝히지 않았다. 신문사에서 신원 확인을 강조했지만, 독자들은 알려지길 원하지 않았다. 대신에 필명을 사용한 이들이 꽤 되었던 것으로 봐서는 자신들은 어디까지나 독자임을 은연 중에 인식한 것으로 볼 수 있다. 투고자 대다수는 남성이고, 지역별로는 한성 지방이 제일 많았고, 그 다음이 외국, 그 다음이 지방, 그 다음이 불분명한 경우 순이었다. 또한 연령층도 학생에서 노인에 이르기까지 매우 다양했던 것으로 보아 그만큼 『대한매일신보』의 독자층이 광범위한 지역에, 연령에, 계층까지 퍼져있음을 알 수 있다.

본 신문의 광고 게재 특징도 흥미롭다. 본지는 1904년에서 1905년 사이에 영문(4면)과 한글(2면)을 동시 발행했는데, 이때 광고는 매호당 평균 38개 정도가 실렸다. 『독립신문』 시대에 비해 지면이 늘기도 했지만 광고의 물량이 훨씬 많아졌음을 의미하는 것이다.

또 한글판에는 1907년 5월부터 1910년 8월까지 1만 651개의 광고가 실렸는데, 평균적으로는 매호당 11.8개꼴이었다. 국한문 혼용은 1905년 8월 11일부터 1910년 8월 28일까지 모두 3만 1189개 광고가 실렸는데, 매호당 평균은 21.7개나 되었다. 『독립신문』과 비교해 볼 때, 외국광고의 비율은 상대적으로 줄었고, 국내광고가 늘었으며, 업종으로는 보험업을 비롯하여 선박과 철도화물이 등장했고, 최대의 광고주로는 제생당의 '청심보명단(惡政)', 평화당의 '팔보단(八寶丹)' 같은 제약 광고 및 외국산 담배 광고도 많이 실렸다.

또 『대한매일신보』에는 '사회등'이라는 고정란이 있었다. 사회등 기사가 처음 발표된 것은 1905년이었는데, 그것은 대개 신문사 측의 논설진에 의하여 쓰인 것과, 독자의 투고 등으로 이루어진 개화가사들이었다. 당시의 상항, 이른바 일본 침략과 그에 동조하는 친일 세력의 비리를 폭로하고 규탄하는 것들이 양적으로 우위를 점하고 있으며, 대개 시평적 성격을 띤 시가 형태였다. 형식적인 면에서 애국가류보다 앞선 4·4조의 율격을 철저히 지켜 오히려 복고적 현상을 드러낸 것 역시 흥미롭다. 문학적 표현이라기보다, 개화사상을 계몽선전하기 위해 그러한 형식을 채택한 것이라고 볼 수 있다.

베델(Ernest Thomas Bethell)과 『대한매일신보』

한국명은 배설(裵說)이다. 1888년 일본으로 건너와 고베에서 무역업을 하다가 1904년 러일전쟁이 벌어지자 영국의 『데일리 크로니컬(Daily Chronicle)』 특별통신원 자격으로 한국에 처음 왔다. 당시 대한제국 정부와의 접촉 끝에 자금을 지원받고 1904년 7월 18일 국문판 『대한매일신보』와 영문판 『Korea Daily News』를 창간했다. 당시 일본은 러일전쟁 때부터 한국의 언론을 직접적으로 탄압했으나, 『대한매일신보』는 영국인인 베델이 사장이었기 때문에 일본의 언론 탄압이 미칠 수가 없었다. 자연스레 『대한매일신보』가 항일 언론이 된 셈이었다.

그러나 일본은 외교적 방법을 동원해 베델과 『대한매일신보』에 대한 탄압을 시도했다. 1907년 10월 통감부를 통해 일본 정부와 황태자에 대한 결례 및 허위보도와 선동 등을 이유로 주한 영국총영사에게 제소했고, 6개월의 근신 판결을 받은 바 있으나, 베델은 이 판결에 불복한다. 그리하여 본국 정부에 공소를 제기하고 전과 같은 항일 논조를 계속했다. 1908년 6월에 다시 일본은 교사선동의 죄를 범했다는 혐의를 받아, 통감부 서기관 미우라(三浦) 명의로 주한 영국총영사관에 공소된다. 이 일로 그는 영국한청고등재판에서 유죄판결을 받고 상하이(上海)에서 3주 동안 금고생활을 하기도 했다. 이 두 번째 재판이 시작되기 직전인 1908년 5월 27일부터는 『대한매일신보』의 발행인 직을 영국인 만함에게 넘겼다. 그는 상하이에서의 금고생활 후 귀국해 활약을 계속하다가 1909년 5월 1일 서울에서 젊은 나이에 병사한다.

『대한매일신보』와 항일논조

러일전쟁이 일어난 1904년부터 한일강제병합이 이루어진 1910년까지 한반도를 둘러싼 나라 안팎의 정세가 복잡하던 시기에 대표적으로 『대한매일신보』와 영어 신문인 『The Korea Daily News』가 있었다. 그 즈음은 러일전쟁 직후, 일본이 한국의 황무지 개간권을 요구하고 있던 때였다. 즉, 이 신문이 발행된 기간은 국제적으로 동아시아의 새로운 열강 일본이 한국의 지배권을 승인받으면서 실질적으로 장악해 가던 때였고, 조선 국내 정세는 민족주의운동이 여러 갈래 확산되던 때였다. 일본의 황무지 개간권 요구를 반대한 민중운동 및 의병의 무장투쟁, 국채보상운동, 애국계몽운동 등이 활발히 전개되었다. 본지는 이런 항일 민족주의운동을 지원함으로써 영일 간의 외교문제를 야기시키도 했다.

이 신문은 비록 베델이라는 영국의 민간인이 소유한 것이지만, 영국은 한국에서 영국인이 누릴 수 있는 치외법권을 양보하려 하지 않았다. 일본은 이에 대해 영, 일 두 나라는 동맹국이라는 사실을 내세워서 일본이 한국을 통치하는 데 큰 방해가 되고 있는 이 신문을 발행하지 못하게 하거나 베델을 추방하라고 영국 측에 끈질기게 요구했다. 실질적으로는 일본의 통치하에 있었으나 조선은 독립된 정부를 갖고 있었고, 한편 영국은 치외법권을 요구했으며, 일본은 대한정책을 통해 조선을 지배하려 했던 등의 여러 요인들이 이 신문과 관련되어 존재한다. (이경돈)

참고문헌

『한국신문백년사료집』, 사단법인 한국신문연구소, 1975; 『한국신문백년지』, 한국언론연구원, 1983; 『대한매일신보연구』, 한국언론사연구회, 커뮤니케이션북스, 2004; 정진석, 『언론과 한국 현대사』, 커뮤니케이션북스, 2001.

대한민국임시정부공보(大韓民國臨時政府公報)

1919년 9월 중국 상하이에서 발간된 정부 공보

대한민국임시정부가 발행한 정부 공보이다. 상하이의 대한민국임시정부는 통합임시정부가 발족하기 전인 1919년 9월 1일자로 『대한민국임시정부공보』 1호를 발간하였다. 9월 3일 2호, 11일 3호를 발행하였으며, 11일에는 호외도 발행하였다. 이 호외는 임시정부 국무원총무국이 발행한 것으로 필사한 것이다. 공보는 대한민국임시정부가 대통령을 선출한 후, 관제를 제정하고 내각을 조직한 사실을 호외로 널리 알렸으며, 동시에 이를 『독립신문』에도 전재하였다.

공보는 처음에는 임시정부 국무원 총무국에서 발간하였으나, 1920년 1월 26일 발간된 11호부터는 발간사무가 서무국으로 이관되었다. 그 후 1936년 11월 27일 발간된 61호부터는 임시정부 비서국으로 이관되었다가, 1940년 2월 1일자 65호부터는 임시정부 비서처로 발행기관의 명칭이 변경되었다.

그러나 실제로는 독립신문사에서 공보를 편집·제작·인쇄하는 일을 담당하였다. 공보는 처음에는 필사에 의존하였고, 활판인쇄를 하게 된 뒤에는 용지와 인쇄 상태 모두 저급한 수준의 것을 사용하였으며, 중간 중간 등사판 인쇄를 사용하기도 하였다. 호외는 주로 펜글씨에 의존하였으며, 내용과 형식이 모두 빈약하였다.

1919년 9월 11일 창간되어 1944년 12월 20일 83호까지 발간되었다. 부정기적으로 발간되었는데, 초기 3년 동안에는 연간 10회 전후 발간하다가, 그 후에는 매년 2~3회 정도의 발간에 그쳤다. 분량은 2-4면이 보통이고, 많을 때도 10쪽을 넘지 않았다. 공보는 무상으로 관계자들에게 배포되었다. 2004년 독립기념관 한국독립운동사연구소에서 복각하여 출판하였다.

임시정부는 주요 활동을 내외에 알리고, 임시정부의 요원과 관계자들에게 법령 및 정부의 시정상황을 주지시키기 위하여 공보를 발간하였다. 공보에는 법률, 포고문, 선언서 등을 게재하였으며, 서임 및 사령, 국무회의 사항, 주요 통신, 국무위원회 및 임시의정원 기사 적요, 구미위원부 및 교통국의 활동상황 등을 주요기사로 실었다. 이밖에 임시대통령의 유고(諭告),

내전(來電), 축전, 직원의 복무규율, 직원 포상규정 등을 실었으며, 국무위원의 출장과 복명 등의 업무도 게재하였다. 호외는 10여 차례 발간되었는데, 급한 회의 소집을 공고하거나, 시급한 법률 공포 나아가 임시약헌 개정안 등을 실었으며, 임정 요원의 부고나 장례식에 관한 기사도 호외로 발행하였다.

대한민국임시정부와 간행물

1919년 3·1운동을 전후하여 3개의 임시정부가 정립하였다. 노령 연해주의 대한국민의회와 한성정부 그리고 상하이의 대한민국임시정부가 그것이다. 이후 세 정부를 통합하고자 하는 움직임이 결실을 거두어 9월 11일 새로운 헌법을 공포하고 내각을 구성하였으며, 정부의 시정 개시일을 1919년 9월 15일로 삼았다.

행정부인 국무원과 의회인 임시의정원이 중앙기구였으며, 구미위원부와 교통국 등을 각지에 설치하였다. 법률 2호로 공포한 대한민국임시정부 관제에는 임시대통령의 직할기관으로 대본영(大本營), 참모부, 군사참의회(軍事參議會), 회계검사원을 두었고, 국무원의 소관사항을 명시하였으며, 각 부의 사무분장사항도 명시하였다.

그 가운데 서무국은 국무총리의 명을 받아 국무원의 서무를 처리하도록 하였는데, 국장 1인과 참사 약간 명, 서기를 두도록 하였다. 서무국에서는 통계조사에 관한 사항, 인쇄 및 공보에 관한 사항, 전례·의식·등선(騰繕) 설비에 관한 사항, 기타 국무원의 서무를 담당하도록 하였다. 이처럼 공보는 서무국장이 담당하는 사무였다.

이어 대한민국임시정부는 시정방침을 발표하였는데, 그 가운데 기관지 항목에서는 신문 잡지를 발행하여 내외 각지에 주의를 선전하고 보급할 것을 규정하고 있다. 주요 간행물로는 공보를 비롯하여, 1919년 8월 21일 창간된 『독립신문』, 『대한민국임시정부 의정원 기사록』 등과 『우리소식』이라는 주간신문이 등사판으로 발행되었다고 한다. 그러나 『우리소식』은 아직 실물이 확인되지 않고 있다.

임시정부 출판물의 주요 이용자는 임시정부의 요인과 재미 한인 등의 독립운동단체 및 해외교민단 등이었다. 그러나 임시정부의 출판물은 일제에 의해 불온간행물로 취급되었으므로 감시와 압수의 위험 속에서 정상적인 보급경로로는 배포되지 못했다. 간행물의 배포를 위하여 임시정부는 교통부 및 산하의 교통국과 내무부 산하의 연통제를 이용하였다. 그럼에도 공보는 일제 경찰에 의해 자주 압수되었던 것으로 보인다. (윤해동)

참고문헌

최정태, 『한국의 관보』, 아세아문화사, 1992; 복각본: 국사편찬위원회, 『대한민국임시정부자료집』, 2005~2006.

▌대한신문(大韓新聞)

1907년 서울에서 창간되어 이완용 내각의 기관지 역할을 한 신문

1907년 서울에서 창간되었다. 발행인은 이인직이었으며, 발행소는 경성 회동 85통 4호였다. 이인직이 사장으로, 신광희가 총무 겸 발행인으로, 최영수가 주필로 활동하였다. 국한문 혼용체(1907년 9월 7일부터 부록으로 한글판을 따로 펴냄)였다.

천도교계의 『만세보』가 경영난에 직면하자, 이완용과 밀접한 관계를 갖고 있던 이인직이 그 시설 일체를 매수하여 1907년 7월 18일에 창간한 신문이다.

원래 국한문혼용체인데 1907년 9월 7일부터 부록으로 한글판을 따로 펴냈으나, 재정이 어려워져 1년도 채 안된 1908년 6월 30일부터 부록을 중단했다. 당시의 친일지 『국민신보』와 함께, 일제에 저항한 『대한매일신보』에 맞서 격렬한 논쟁을 벌이기도 했다. 『대한매일신보』의 보도에 따르면 이 신문은 탁지부로부터 매월 500원씩 보조를 받았고, 1909년 11월에는 활자개량을 위해 이완용에게 1000원을 받았다고 한다. 한일강제병합 후 '대한'이라는 국호를 쓸 수 없게 되자 1910년 8월 30일 『한양신문』으로 이름을 바꾸었으나, 바로 다음날인 9월 1일 『매일신보』에 통합되었다. 이때 한성 내에서 구독하는 사람은 불과 100여 명이었고 그중 반수는 무가지(無價紙)였다.

이 신문은 이완용 내각의 친일 시정을 열렬히 옹호, 전수한 이완용 내각의 기관지 성격을 띠고 있는데, 창간의 주지(主旨)는 다음과 같다.

"一, 본보는 국민의 지식을 개(開)하며 국가의 공익을 토(討)하야 창설함인데

一, 국문만 지(知)하는 자도 한문의 의의까지 해득(解得)하도록 언문일치의 문법을 전용

一, 본보는 당당한 독립신문으로 일반사회상 공론을 창(唱)하며 평등박애불패(平等博愛不羈) 독립의 정신을 환발(喚發)

一, 본보는 인심세태를 활주(活畫)하는 신소설을 매일 속재(續載)할 터인데 소설작자는 혈의 누와 귀의 성을 습작하는 인씨(人氏)."

그리고 이어서 "이외에 민활정실(敏活精實)한 탐방기사를 제군자(諸君子)에게 보도할 터이오니 육속강람(陸續購覽)을 망(望)한다"고 광고했다. (이경돈)

참고문헌

정진석, 『언론조선총독부』, 커뮤니케이션북스, 2005; 정진석, 『인물 한국 언론사- 한국언론을 움직인 사람들』, 나남출판, 1995; 『한국신문백년 사료집』, 사단법인 한국신문연구소, 1975.

대한신보(大韓新報)

1898년 서울에서 발행된 신문

1898년 4월 10일 명동 경성학당 내에 와다세 조키치(渡邊常吉)가 회장으로 있었던 광무협회에서 창간했다. 광무협회는 일본조합교회 소속이다. 소형판 4면의 주간지로 순국문 4호 활자를 사용했고 3단제(1단 32행, 1행 19자)를 기본으로 했다. 1905년 6월 13일자 354호부터 6단제 확대판을, 다시 1906년 5월 24일부터는 7단제(크기 51.5×38㎝)로 하였다가 1907년 10월 17일부터 일문판으로 개간하면서 통감정치의 어용 기관지로 자리매김된다.

제1면에 사고와 논설, 제2면에 내보, 제3면에 외보, 제4면에 「회중일긔」 등 잡보를 실었다. 지식의 보급과 의무준수정신을 그 사명으로 삼았다고 한다. 그러나 『대한신보』에 대한 기록이 그다지 많지 않기 때문에 확실한 성향을 판단 내리기에는 무리가 많다.

와다세 조키치와 일본조합교회

광무협회는 청일전쟁 이후 일본조합교회 전도국에서 미국계의 선교사업에 맞서기 위해 한·일 기독교인을 규합하여 창립한 단체이다.

일본 조합교회는 1878년 창립된 일본 기독전도회사(基督傳道會社)에서 발전, 설립되었다. 회중교회(會衆敎會)라고도 불린다. 1858년 개신교의 선교로 일본의 기독교가 시작하였으며 가톨릭 신부는 1859년부터 입국이 허용되었다. 초기 조합교회는 온건한 복음주의적 입장을 표명하고 있었다. 그러나 일본제국주의가 대륙 침략에 야욕을 불태우기 시작하고 조선을 합병할 시기에 이르러서는 극우파와 극좌파로 양분되는 분열을 겪는다. 그러나 1910년 제26차 총회를 기점으로 조선을 전도지역으로 선정하여 조선의 일본화정책에 협조하게 되었다고 평가된다. 조선 내에서는 서울, 평양 등지에 조합교회가 설립되었다. 바야흐로 조선 복음화의 명분 아래 제국주의정책에 동조하는 흐름이 주도적이 된 것이었다.

일본 교합교회의 대표적인 우파였던 와다세는 1899년 대일본해외교육회가 서울에 경성학당을 세울 때 초대 학당장을 역임했고, 1907년 일본으로 돌아가 일본조합교회 목사 안수를 받고 1909년 다시 전교계획을 세워 조선을 방문하여 식민지정책과 식민지 선교의 결합적 활동에 몰두했다. 그 후 1911년 그가 조선전도부 총무로 부임하자 데라우치 총독과 면밀한 관계를 형성하여 일본 수상 및 조선총독부의 지원뿐 아니라 일본 재계의 실력자들로부터 많은 기부금을 얻어 조선에서 대대적인 전도사업을 실시했다. 1911년 7월 한양교회와 평양기성(箕城)교회를 세웠다.(김미정)

참고문헌

『한국신문백년지』, 1983; 강준만, 『한국 근대사 산책』 5, 인물과 사상사, 2007; 반민족문제연구소, 『친일파 99인(2)』, 돌베개, 1994.

▌대한유학생회학보(大韓留學生會學報)

1907년 일본 도쿄에서 한글로 발행된 대한유학생회 잡지

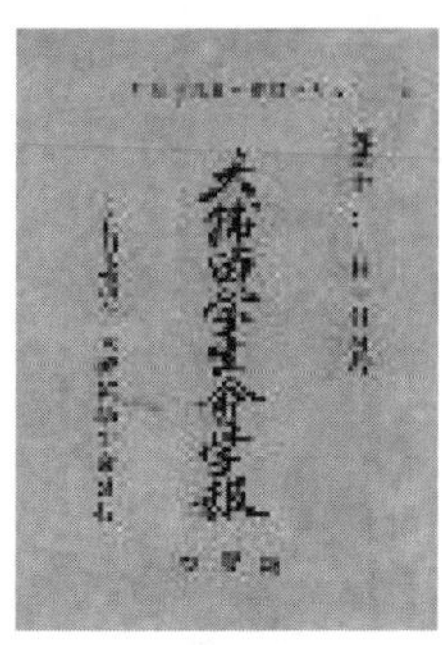

1907년 3월 3일 대한유학생회(大韓留學生會)에서 발간한 잡지로 같은 해 5월 20일 3호로 종간되었다. 이는 이 시기 일본에 유학 중이던 학생들이 제작한 일종의 학회지로서, 각호 매 100쪽 정도의 분량이다. 발행인은 유승흠(柳承欽), 편집인은 최남선(崔南善), 인쇄인은 문내욱(文乃郁), 발행소는 일본 도쿄의 대한유학생회이며, 인쇄소는 그곳 명문사(明文舍)였다. 창간호에 나와 있는 '지고(誌告)'에 의하면, 발매는 일본에서 했으나 구독과 열람의 편의를 위해서 서울의 주한영서포(朱翰榮書舖)에 위탁판매를 실시한다는 내용이 들어 있는 바, 서울에서도 판매가 이루어졌음을 알 수 있다. 1989년 한국학문헌연구소에서 한국개화기학술지(韓國開化期學術誌) 총서의 하나로 아세아문화사에서 영인되었다.

목차를 살펴보면 이 잡지는 평론(評論), 연단(演壇), 학회(學海), 문원(文苑), 사전(史傳), 잡찬(雜纂), 휘보(彙報) 등으로 편제되어 있다.

평론란에는 신교육구국론과 애국론, 그리고 청년론, 교육론, 경쟁론 등 주로 애국과 교육에 관한 논설류가 들어 있다. 학해란에는 혜성설(彗星說), 지구론, 영법론(英法論), 지리학, 상업론 등 학술 관련 글들이 다양하게 게재되어 있다.

사전란은 창간호에 「화성돈전(華盛頓傳)」을 게재하였는데, 2호에는 사전란만 두고 거기에 "지면의 상관(相關)으로 본호를 한(限)하여 사전 일부(一部)는 미득게재(未得揭載)한다"는 문구가 있고, 내용은 빠져 있다.

그리고 문원란에는 회원들의 투고한 문학작품이 소개되어 있다. 잡찬란에는 '한인한지(閑人閑誌)'라는 코너를 두어 미국의 철로, 청국의 아편수입액, 법국(法國)의 인구감소 등 주로 서방을 중심으로 한 외부세계에 대한 정보를 알려 주고 있으며, 「대화수문록(大和隨聞錄)」이라는 코너에서는 일본의 여러 사정을 소개하고 있고, 전 세계 인류의 기원과 발달의 과정을 소개한 「인류의 기원급발달(起源及發達)」을 싣고 있기도 하다.

휘보란에는 도쿄에 있는 유학생 현황을 비롯 이들 유학생의 근황 등을 소개하고 있다. 또한 한국에서 찾아온 여러 인사들과 국채보상운동 등 조선 내에서 일어나고 있는 여러 움직임을 소개하고 있기도 하다. 마지막으로 회록란에는 총회, 임원회의, 일반회의 등이 낱낱이 수록되어 있다.

위와 같은 내용에서 볼 수 있듯이, 이 잡지의 주요 내용은 정치적 시론(時論)과 신학문의 도입과 그 소개이다. 이는 이 잡지의 목적이 창간호 「취지서」에서 보는 바와 같이 회원 상호 간의 친목도모와 학식 교환뿐만 아니라, 세계 문명을 수입 공급하여 국가의 실력을 배양하는 데 있었기 때문이다. 또한 취지문에서 이 잡지 발간이 민충정공(민영환) 일기(一朞) 추도일을 기념하기 위한 것이라는 사실을 밝히고 있는데, 이는 이 잡지의 정치적 목적의식을 어느 정도 감지하게 한다.

이 잡지의 발간에 편집을 맡은 이는 최남선이다. 그는 이 잡지 편집 경험을 통해 이듬해 11월에 잡지 『소년(少年)』을 발간한다. 그는 1904년 황실유학생으로 뽑혀 도쿄의 제일중학교에 입학하였다가, 2년 뒤 재차 도일하여 와세다대학 입학, 그 시기에 이 잡지의 편집을 맡게 되었다. 그는 곧장 출판사업에 관심을 가지고 1907년 출판사와 인쇄소를 설치하고 본격적인 출판업에 종사하게 되었다. 그런 과정을 통해서 『소년』지가 창간되었던 것이다. 최남선에게는 일본 유학과 이 잡지의 편집을 맡으면서 본격적인 출판사업을 벌일 수

있었다.

• 대한유학생회

대한유학생회는 1906년 7월 도쿄에서 설립된 유학생단체이다. 1904년 이후 일본에의 관비(官費) 유학생 파견 재개와 사비(私費)유학생이 급격히 증가하게 되었다. 한 예로 1907년 도쿄에 와 있는 유학생만 해도 6,700명이 되었다고 한다. 이에 즈음하여 출신지·관비·사비 등에 의하여 적지 않은 유학생단체가 설립되었으나, 단체의 운영과 사업의 충실화를 위하여 각 단체의 통합이 요구되었다. 그 결과 1906년 7월 대한유학생구락부(大韓留學生俱樂部)와 청년회(靑年會)가 민충정공추도조회(民忠正公追悼吊會)를 마치고 통합하여 이 회를 설립한 것이다.

이로써 이 회는 1895년 설립된 대조선인일본유학생친목회(大朝鮮人日本留學生親睦會)의 해산 후 최초의 유학생 통합단체의 성격을 띠게 되었다. 그리고 이 회는 계속적으로 유학생단체의 통합운동을 전개하여 1908년 1월 호남학회(湖南學會)와 더불어 대한학회(大韓學會)라는 신통합단체로 흡수되면서 발전적 해산되었다. 이 회의 주요활동으로는 학보발간, 추도회, 토론회, 연설회, 와세다대모의국회사건(早大模擬國會事件) 항의, 단지동맹(斷指同盟) 후원, 국채보상운동, 유학생단체통합운동 등을 들 수 있다. 주요 인물로는 회장을 역임한 상호(尙灝), 최석하(崔錫夏), 최린(崔麟), 박승빈(朴勝彬)과 학보의 편집인 최남선 등이었다.

이런 과정에서 『대한유학생회학보』는 취지서에 나온 바대로 친목과 학식 교환의 일환인 학회지로서 발간이 되었던 것이다.

구한말에서 1910년 시기까지 일본 유학생들에 의해 발간된 잡지는 모두 9종이었다. 1895년 『친목회회보』부터 『태극학보』·『상업계(商業界)』, 그리고 이 잡지를 비롯하여 1909년 『대한흥학보(大韓興學報)』까지 그 수가 적지 않다. (정환국)

참고문헌

한국학문헌연구소 편, 『大韓留學生會學報』, 아세아문화사 영인본, 1978; 김근수, 『한국잡지사』, 청록출판사, 1980; 최덕교 편저, 『한국잡지백년』, 현암사, 2004.

대한인정교보

1912년 러시아에서 간행된 대한인국민회의 시베리아 지방총회 기관지

1912년 1월 2일 러시아 자바이칼(Zabaikal) 지역 치타(Chita)에서 창간되었다. 한글 전용의 월간잡지이다. 대한인국민회의 시베리아 지방총회 기관지였다. 1914년 후반 1차 세계대전의 발발로 그 세력이 위축되고 결국 1915년 5월 러시아에 의해 폐간되었다.

러일 관계, 러시아의 대한인국민회에 대한 부정적 인식 등으로 인하여 간행자가 러시아 정교 치타 교구로 되어 있다. 명칭 또한 종교적인 색채를 강하게 띠고 있지만, 사실은 미주에 본부를 두고 있는 대한인국민회의 시베리아 지방총회 기관지였다. 대한인국민회 시베리아 지방총회는 공립협회 원동지부가 발전되어 조직된 국민회 원동지부를 바탕으로 1911년 10월 이강, 정재관 등 국민회 계열의 인사들에 의하여 자바이칼주의 수부인 치타에서 조직되었다.

창간시에는 매월 1일 한 차례씩 간행할 예정이었으나 일본의 방해, 1차 세계대전의 발발 등으로 인하여 1914년 6월에 간행된 11호를 마지막으로 폐간되고 말았다. 배포 지역은 러시아 주요 한인 거주 지역 뿐만 아니라 중국, 만주, 일본, 미국 본토와 하와이, 멕시코 등지로 세계 여러 곳의 동포들에게 전달되었다.

창간시의 주요 구성원은 사장 안계화, 부사장 고성삼, 총무 남창석, 서기 탁공규, 재무 박대선, 발행인 문윤함, 편집인 박집초, 주필 이강, 기술인 정재관 등이었다. 구성원 대부분은 치타국민회의 구성원, 금광 지역에 거주하는 인물 미주 대한인국민회와 관련된 인물들이었다. 재정은 문윤삼, 고성삼 등의 동포들이 힘을 합하였다.

내용은 크게 두 시기로 나누어 볼 수 있다. 두 시기는 1호부터 8호까지와 9호부터 11호까지이다. 전자에는 러시아 정교와 관련된 내용이 항일운동과 관련된 것보

다 많은 반면에, 후자에는 우리 민족의 당면과제인 독립운동에 대한 내용들이 더 강조되고 있다. 특히 9호부터는 이전과 달리 독립전쟁론 가운데서도 즉전즉결을 주장하고 있을 뿐만 아니라 재러 동포들에 기반을 둔 운동의 전개를 주장하고 있다.

• 대한인국민회

1909년 2월 1일 미국본토의 공립협회(共立協會)와 하와이의 합성협회가 합동하여 창립되었다. 1908년 3월 샌프란시스코에서 장인환(張仁煥)·전명운(田明雲) 의사가 한국 정부 외교고문인 친일 미국인 스티븐스(D. W. Stevens)를 저격하자 재미교포들의 항일 열기가 고조되었고, 조직적인 독립운동을 펼치기 위해 난립한 한인단체들을 통합하려는 움직임이 있었다. 이에 공립협회 대표 6명과 합성협회 대표 7명이 두 단체를 통합하기로 결의하여 결성되었으며 조직은 총회와 지방회로 구성되어 본토에는 북미지방총회를, 하와이에는 하와이지방총회를 두고 각각 『신한민보(新韓民報)』와 『국민보(國民報)』라는 기관지를 발간하여 항일의식을 고취하였다.

국민회는 1910년 2월 또다시 대동보국회와 통합하여 대한인국민회로 재조직되었다. 1911년에는 조직을 확대하여 샌프란시스코에 중앙총회를 설치하고 그 밑에 북미·하와이·시베리아·만주 등에 지방총회를 두었으며, 각 지방총회 관할하에 각각 10여 개의 지방회가 있었다. 주요활동으로는 교포들의 친선을 도모하며 을사조약 폐기운동, 합병 반대운동, 파리평화회의 대표 파견, 안중근 변호를 위한 모금운동 등을 전개하였으며, 태동실업주식회사(泰東實業株式會社)·권업동맹단(勸業同盟團) 등을 설립하여 실업을 장려하였고, 소년병학교와 숭무학교, 국민군사관학교를 설립하여 독립군 사관을 양성하였다. 1919년 3·1운동이 일어났을 때는 4월 14일부터 3일간 필라델피아에서 한인자유대회를 열어 독립선언식을 가졌다.

1921년 하와이 지방총회가 분리되어 교민단으로 독립함으로써 1922년 중앙총회가 해산하고 북미대한인국민회(北美大韓人國民會)로 재조직하였으며 1941년 재미 각 단체가 연합하여 해외한족대회를 열어 재미한족연합위원회를 구성하자 이에 가입하여 적극적인 활동을 하였다. (이신철)

참고문헌

박환, 『재소한인 민족운동사』, 국학자료원, 1998; 위암장지연선생기념사업회, 『한국근대언론과 민족운동』, 커뮤니케이션북스, 2001; 정진석, 『언론과 한국현대사』, 커뮤니케이션북스, 2001; 두산동아, 『두산동아세계대백과사전』, 2001.

대한일보(大韓日報)

1904년 서울에서 발행된 일본어 신문

1904년 3월 인천 조선신보사(朝鮮新報社)에서 발행되다 1904년 12월 경성으로 옮겨 간행된 일본인 아리후 주로(蟻生十郎)가 사장으로 있었던 신문이다. 1906년 8월까지 국문이었다 1906년 10월 일문 전용으로 바뀌었다. 1910년 4월경 『조선일보』로 개제한다.

1904년 3월 10일 한국 인천에서 창간되었다. 인천항 각국 조계 거류지 제19호지에서 1892년 창간된 일문지 조선신보사에서 발행되었다. 사장은 아리후 주로였다(발행 겸 편집인은 하기타니 가즈오[萩谷壽夫]). 인천에서 같은 해 12월 1일 제217호까지 발간되다가 12월 10일 제218호부터는 서울로 본사를 옮겨 남서(南署) 명례방(明禮坊) 종현(種峴) 47호지에서 발간되었고, 이때부터 발행처는 대한일보사로 바뀐다.

1906년 2월 1일에는 「통감부의 개청(開廳)」이라는 제하의 기사를 크게 취급하고 있는 데서 볼 수 있듯이, 일제의 한반도 침략을 지지하는 논조로 발행되어 보통 동시기 『대한매일신보』의 항일 논조와 대비되는 것으로 평가받고 있다.

사장인 아리후 주로는 일본에서 모종의 형사사건과 관련되어 한국으로 피신해 왔다는 사실이 밝혀지자 1906년 5월 22일 본국으로 송환되어 같은 해 6월, 재판을 받기도 했다. 결국 무죄가 확정되어 다시 한국에 돌아온 후 그해 8월 한국어로 발간되던 신문을 폐간하고 10월 만든 것이 같은 제호인 일문지였다.

일문판으로 바꾼 뒤에 『대한일보』는 오히려 통감부와 갈등을 겪는다. 1907년 6월 경무고문 등의 부정행위를 비난하는 기사로 관리모욕죄로 피소당한 것이 그 예이다. 경성 이사청(理事廳)은 신문사를 수색한 후 이사를 비롯한 기자, 편집인 등에게 2년간 한국을 떠나 있으라는 추방 명령을 내린다. 이에 통감 이토 히로부미에게 퇴한령을 취소해달라고 요구하여 받아들여지자 '정의는 최후의 승리'라는 호외까지 발간하기도 했다. 이는 일제의 민족지 탄압 강화시기에 일본인이 발간한 일문 신문과 통감부의 갈등이라는 이색적 파문으로서 오래 기억되었다.

1908년 8월 4일에 서소문통 이탈리아영사관 옆으로 사옥을 옮겼고, 이즈음 사장도 바뀌게 되었다. 1910년 4월경에는 제호를 『조선일보(朝鮮日報)』로 고쳐 발간하기 시작했다.

러일전쟁과 한국 내 일인 언론

1904년 2월의 러일전쟁 이후 일제는 조선에서 러시아 세력을 견제하고 정치적으로 독점적 위치에 서게 된다. 2월 23일 한일의정서를 체결하여 한국 내에서 군사적으로 필요한 지역을 점유할 수 있게 되었고, 역시 같은 해 8월 22일에 한일협약까지 맺으면서 한국의 내정 구석구석을 간섭할 수 있게 된다. 이때를 기점으로 일인들의 한국 내 언론활동이 급격히 증가하는데, 그들에 의한 신문 역시 많은 수로 발간되기 시작한다.

일인들이 러일전쟁 직후 한국에 와서 발간한 신문의 대표적인 것으로는 『대한일보』와 『대동신보(大東新報)』가 있다. 이들은 모두 한국인들을 대상으로 한국어로 발간된 신문이었는데 재정적으로도 한국 내 다른 신문사와 달리 일본 정부로부터 지원을 받아 탄탄했다. 대부분 한반도 침략을 합리화하고 러일전쟁에서의 승리를 선전하는 논조였다.

일인에 의한 신문은 사실 벌써 1895년 창간된 『한성신보』에서부터 비롯하고 있었는데, 을사조약 이후에는 일어신문 『경성일보(京城日報)』와 영어 신문 『The Seoul Press』까지 발간하기에 이른다. 이러한 다언어적 전략은 보다 국제적인 정치선전을 위한 것에 다름 아니었다. 이러한 과정을 거치면서 일제는 후루카와 마쓰노스케(古河松之助), 다무라 만노스케(田村萬之助) 등 한국어에 능통한 일인을 양성해 신문을 직접 발간할 수 있게 되었을 뿐 아니라, 한국인들을 포섭해 『대한신문』, 『국민신보』까지 발행할 수 있게 된 것이었다.

『대한일보』 연재 신소설 「일념홍(一念紅)」

『대한일보』는 1906년 1월 23일부터 「일념홍」을, 같은 해 4월 18일에 「참마검(斬馬劍)」 등을 연재하는 등 신문 신소설 연재에 선구로서의 의미도 가진다. 이 중 일학산인(一鶴散人)이라는 필명으로 연재된 「일념홍」은 1906년 2월 18일까지 전 16회 회장체(回章體)로 연재되었다. 각 장절마다 2구로 된 장제(章題)가 붙어 있어 내용을 요약, 제시하여 사건의 추이에 대한 흥미를 반감하고 있다고 지적되기도 한다. 그러나 신문소설의 소제(小題)로서의 구실을 하며 새로운 시도로 평가받기도 한다.

소설의 내용은 노과부가 모란의 정기를 받아 홍랑이라는 여자를 출산하게 되지만 곧 조실부모하여 기생이 된 홍랑이 이정을 만나 사랑하게 된다는 게 주 골격을 이룬다. 그러나 노대관의 흉계로 곤경을 겪다 일본인의 공사의 도움으로 외국유학을 가게된 홍랑이 금의환향하고, 그 후 실업 진흥에 힘쓰다가 금강산 여행 중 다시 이정의 전신인 도승 원목을 만나게 된다는 이야기이다.

「옥루몽(玉樓夢)」과 비슷한 구성으로 구소설과 신소설의 과도기적 형태를 보여준다고 지적된다. 그러나 이인직의 「혈의 누」보다 4개월 먼저 발표되었고 현실 고발과 외국유학, 그리고 근대 문명의 도입과 친일적 요소의 혼융 및 남녀동등권에 대한 시각 등 새로운 요소를 다양하게 내포하고 있다는 의의는 적지 않다고 할 수 있다.

『대한일보』와 최남선의 투고 활동

잡지 발간에 있어 한국 근대에 가장 큰 족적을 남긴 최남선이 지면에 가장 처음 모습을 드러낸 곳이 『대한

일보』였다고 한다.

10살 이전부터 신문을 읽기 시작한 최남선은 열두 살이 되던 해 「혁신책 12조」라는 제목으로 『황성신문』에 투고를 시작하지만 채택되지 못했다. 그리고 열다섯 살 때 『대한일보』에 투고한 것이 마침내 게재되었던 것이다.

최남선은 처음으로 그의 글이 언론에 실리던 때를 다음과 같이 회상하고 있다. "인천에서 일인의 손에 『대한일보』란 것이 생겨났었는데, 날마다 경연(硬軟) 양방(兩方)으로 부탁하지 아니한 제종문을 초하여서는 우편으로 보내면, 그것이 그 이튿날 신문상에 바로 대단한 대우를 받아나는 것이 퍽 재미있던 것이 시방도 기억에 새롭습니다." 이후 그는 3~4개월 동안 거의 매일 신문에 투고를 했다고 한다. '경연 양방'이라는 말은 논설조 글과 문학적 글을 함께 보냈다는 뜻이다.

그러나 러일전쟁이 나던 1904년, 도쿄로 유학을 가게 되자 그의 신문투고도 중단될 수밖에 없었던 것이다. 최남선은 이러한 투서 활동을 통해 언론인의 꿈을 키웠다고 할 수 있다. 그는 '극히 좁은 소년의 가슴에는 면류관 아니 쓴 제왕된다는 어림없는 바람이 속 깊이 박혔다'고 이때를 회상했다. (김미정)

참고문헌

정진석, 『한국언론사』, 나남, 1995; 『한국신문백년지』, 1983; 정진석, 『역사와 언론인』, 커뮤니케이션북스, 2001.

대한일일신문(大韓日日新聞)

1910년 서울에서 발행된 한국어 신문

1909년 10월 19일에 창간된 『대동일보』가 주간과 일간으로 나오고 몇 차례의 휴간을 맞다 1910년 6월 4일 제호를 바꾸면서 재창간되었는데, 『한성신보』를 경영하던 일본인이 『한성신보』의 제호변경 승인만 얻은 『대동일보』를 합병해 창간되었다. 주간은 다무라 만노스케(田村萬之助)였고, 임시 사장 겸 총무는 김동집이었다.

1910년 6월 4일 창간된 한국어 신문으로 주간은 일본인, 임시사장 겸 총무는 한국인이었다. 창간목적은 통감정치를 지지하고 한국민족단체인 대한협회(전 대한자강회)에 대항하기 위한 것이었다. 한일강제병합이 이루어지자 그 의미가 퇴색되었을 뿐더러, 신문사의 내분까지 겹쳐 이 신문은 3개월도 못되어 공자회(孔子會)에 매수되었다. (이경돈)

참고문헌

『한국신문·잡지총목록』, 대한민국국회도서관, 1966; 『한국신문백년 사료집』, 사단법인 한국신문연구소, 1975; 계훈모, 『한국언론연표』, 관훈클럽신영연구기금, 1979; 『한국신문백년지』, 한국언론연구원, 1983.

대한자강회월보(大韓自强會月報)

1906년 서울에서 발행된 종합지

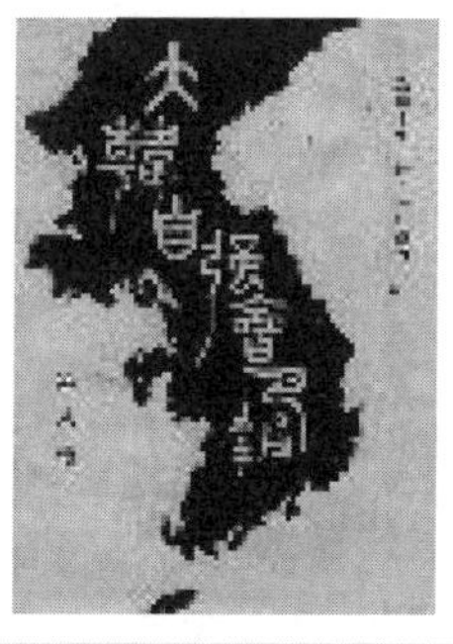

1906년 3월에 창설된 대한자강회에서 그해 7월 31일 이 잡지를 창간하였다. 발간일자는 매월 25일이었으며, 1907년 7월 13호를 끝으로 종간되었다. 편집인 겸 발행인은 1호부터 4호까지는 김상범(金相範), 5호부터 9호까지는 이종준(李鍾濬), 10호부터 12호까지는 심의성(沈宜性), 그리고 종간호인 13호는 현은(玄檃) 등이 차례로 역임했다. 인쇄인은 이정주(李廷周), 인쇄소는 제국신문사(帝國新聞社)였다가 11호부터 일한도서인쇄주식회사(日韓圖書印刷株式會社)로 바뀐다. 그리고 발행소는 중구 전동(典洞)에 자리한 대한자강회월보사무소였다. 발매소는 서울의 대동서시(大東書市)를 비롯 인천, 개성, 해주, 철산 등 전국적인 판매망을 갖고 있었다. 매호 분량은 70면~80면 정도를 유지하였다. 가격은 당시 일반 잡지의 가격과 같은 15전(錢)이었다. 이 잡지는 현재 1976년 한국학문헌연구소에서 편집하여 아세아문화사에서 '한국개화기학술지'로 영인되어 나와 있다.

창간호에는 「대한자강회월보서」를 비롯하여 축사, 「대한자강회취지서(大韓自强會趣旨書)」, 자강회 회칙 등이 서두를 장식하고 있으나, 전체적으로는 크게 논설, 교육부, 식산부, 국조고사(國朝故事), 문원(文苑), 사조(詞藻), 관보적요(官報摘要), 본회회보, 해외기사, 잡록, 회원명부 등으로 편제되어 있다. 그러다가 제11, 12, 13호는 논설부, 교육부, 식산부, 정치부, 법률부, 역사지리부, 문예부, 본회회록, 내지휘보(內地彙報), 외국정보, 회원명부, 회원동정, 광고 순으로 보다 규모있는 체계를 갖추게 된다. 따라서 호에 따라 약간의 편차가 없지 않다.

논설란에는 자강의 취지, 또는 문명론, 자강론, 애국론 등 자강과 관련한 글들이 대거 실려 있다. 장지연(張志淵), 윤효정(尹孝定), 김성희(金成喜) 등 대한자강회의 중심인물들의 글이 많이 실려 있다. 이들은 이 논설란을 통해서 '국민전체가 애국, 자강에 입각하여 실력양성을 이뤄야 한다'는 대한자강회의 기본 취지를 역설하고 있다.

교육부란에는 가정교육, 교육설, 교육학원리, 교사(敎師)의 개념, 국문설, 정신의 교육 등이 체계적으로 실려 있고, 유근·김성희·지석영 등이 주요 필진이다. 식산부란은 토지개량, 종자개량 같은 구체적인 식산정책에서부터 공업설, 이재설(理財說), 경제총론 등 원론적인 글도 수록되어 있다. 김성희가 많은 글을 여기에 싣고 있다.

국조고사란에는 남숭산인(南嵩山人) 장지연이 우리나라 역대 고사들을 연재로 실었으며, 그 외에 인류의 연원 같은 점인류적인 기록물도 함께 실었다. 이어지는 문원란과 사조란은 일반 잡지의 체제와 별다르지 않다. 문원란과는 별도로 '소설(小說)'이라 하여 주로 이기(李沂)가 연재한 난이 있기도 하다.

특별히 관보(官報)를 초록한 관보적요란은 당시 급박하게 돌아가고 있던 정치적인 상황들을 적시한 것이다. 이 시기 『황성신문』, 『대한매일신보』 등에서도 이 관보란이 있었던 바, 함께 주목이 되는 대목이다. 잡록이나 본회 회보란에는 대한자강회의 동정을 비롯한 소식이 비교적 자세하게 소개되어 있다.

11호부터는 정치부와 법률부, 역사지리부 등이 추가되었는데, 정치·법률·역사지리에 대한 보다 전문적인 글들이 실렸다. 특히 정치부란의 입헌군주제에 관한 논의와 법률부의 만국공법(萬國公法)에 관한 논의는 당대 진일보한 근대사상의 단면을 보여 주고 있다. 그리고 마지막으로 광고란을 두었는데, 『조양보(朝陽報)』·『가정잡지(家庭雜誌)』 같은 잡지 광고에서부터 인쇄소 등을 소개하는 상업적 광고 등 그 내용이 다양하다. 또 '특별광고'라 하여 회비납부 독촉에 관한 광고도 있다.

대한자강회월보는 대한자강회가 가장 대표적이며 선구적인 계몽운동단체의 기관지라는 점에서 계몽운동세력의 전형적인 근대화론, 국권회복론을 그 논의의 중심에 두고 있다.

• 대한자강회

대한자강회는 1906년 3월 31일 대한의 자강을 위해서 당대의 계몽지식인이 중심이 되어 결성된 계몽단체였다. 이에 앞서 1905년 윤효정, 장지연 등이 중심이 되어 헌정연구회(憲政硏究會)를 만들었던 바, 을사조약이 체결되자 이 모임을 확대시켜 대한자강회를 결성하게 된 것이다.

회장은 윤치호, 부회장 윤효정, 평의원 20명, 간사원 20명, 일본인 고문 1명을 두었다. 이 중 잡지에 중요 집필진인 장지연, 유근(柳瑾), 이기(李沂) 등은 평의원이며, 일본인 고문은 오가키 다이부(大垣丈夫)로, 이 잡지에 계몽과 교육에 관한 글을 적지 않게 실려 있다. 이 단체는 원래 헌정연구회의 주축 인물들이 중심이 되어 창립되었으나, 전자가 소수 지식인 단체였던 데 비하여 1907년 전국에 25개 지회가 있었을 만큼 전국적인 대중조직체였다.

애국계몽기 본격적인 계몽운동의 시발점을 이루는

단체였을 뿐만 아니라, 계몽운동 전반을 포괄하는 다양한 인물들이 참여함으로써 이후 다른 계몽운동단체, 학회 설립의 매개가 되기도 하였다. 특히 1907년 결성된 신민회(新民會)와의 밀접한 관련이 있다. 대한자강회가 내세운 취지는 자강을 목표로 교육과 식산흥업을 주요 실천과제로 강조하였다.

이후 1907년 8월에 통감부에 의해서 강제 해산되었으며, 그해 11월에 설립된 대한협회(大韓協會)는 그 후신이다. 결과적으로 대한자강회는 단체의 설립 주체와 그 성격 때문에 당시 계몽운동의 핵심으로 자리하였으나, 급변하는 상황에는 제대로 대처하지 못한 채 해산되는 비운을 맞았다. 대한자강회의 이러한 궤적은 당시 계몽구국운동의 일정한 한계를 보여 주는 것이기도 하다. (정환국)

참고문헌

한국학문헌연구소 편, 『大韓自强會月報』 상·하, 아세아문화사 영인본, 1978; 김근수, 『한국잡지사』, 청록출판사, 1980; 최덕교 편저, 『한국잡지백년』, 현암사, 2004.

▌대한청년보(大韓靑年報)

1920년 만주에서 발행된 안동현독립청년단 기관지

1920년 1월 1일 창간되었다. 만주 안동현(安東縣)에 근거지를 두고 있던 안동현독립청년단 기관지였다. 반지형(半紙型) 등사판 인쇄신문이다. (이신철)

참고문헌

윤임술 편, 『한국신문백년지』 2, 한국언론연구원, 1983.

▌대한통의부공보(大韓統義府公報)

1921년 만주에서 발행된 통의부 기관지

▶ 경종보

▌대한학회월보(大韓學會月報)

1908년 일본 도쿄에서 발행된 일본 유학생 잡지

1908년 2월 25일에 대한학회(大韓學會)에서 발간한 학회지로, 같은 해 11월 25일 9호를 마지막으로 종간되었다. 본지는 정기적으로 매월 발간되었으나, 6호와 7호 사이에 1회의 격월이 있다. 1~5호까지는 편집 겸 발행인으로 김기환(金淇驩), 인쇄인 박병철(朴炳哲)이었다가 6~9호는 편집인 유승흠(柳承欽), 발행인 강전(姜荃), 인쇄인 고원훈(高元勳)이었다. 그리고 발행소는 일본 도쿄에 있었던 대한학회사무소(大韓學會事務所)이며, 인쇄소는 일본의 명문사(明文舍)였다. 6호에 서울의 주한영서포(朱翰榮書舖)와 평북 선천(宣川)의 양준명서포(梁濬明書舖)에서 이를 위탁판매한다는 광고가 있는 것을 보면, 한국에서 판매가 이뤄졌음을 알 수 있다.
내표지에 황태자의 진영, 미국의 자유여신상, 프랑스의 개선문, 영국 런던의 민의원(民議院), 아덴대극장, 일본 유학생 졸업사진 등의 사진을 실어 시각적인 효과를 살리고 있는 점도 다른 잡지와 구별되는 한 가지 특징이다. 이 잡지는 1978년 한국학문헌연구소에서 한국개화기학술지 총서로서 아세아문화사를 통해 영인되었다.

이 잡지의 목차를 살펴보면 호마다 약간의 차이는 있으나 대체로 연단(演壇), 학해(學海), 사전(史傳), 문원(文苑), 잡찬(雜纂), 휘보, 회록 순으로 편제되어 있다. 논단이 추가되거나 연단을 대체한 경우도 있다. 연단란에는 이른바 연설적인 글들이 실려 있는 바, 우선 '대호(大呼)', '경고(敬告)', '대성질호(大聲疾呼)', '근고(謹告)' 등의 용어가 붙은 제목이 눈에 들어온다. 연설한 내용은 학문과 시대정신, 국가, 교육 등 일률화시킬 수 없을 만큼 매우 다양하다. 그중에서도 국가장래에 대한 논의가 가장 활발하고 웅변적이다. 이를테면, 제3호에 실린 양대경(梁大卿)의 「한국장래에 대하여」에서는 현금 한국의 사정이 풍전등화라는 사실을 명백히 한 다음, "우리 대한의 장래는 누가 세워주는 것이 아니라 우리 이천만 민족이 알아서 해야 할 사항이며 의무이고, 또한 피할 수 없는 책무"라고 하며 외세에 의존할 것이 아니라, 스스로 책임을 지고 나아갈 것을 강변한다. 논단란에는 한국의 단합의 필요성, 영웅론, 자유론, 교육방침 등에 관한 글들이 실려 있다.

학해란에는 위생에 관한 글이 연재되고(「위생요람」), 한편으로 물리학, 경제학, 심리학, 철학, 헌법, 생리학, 윤리학 등 신학문 전반에 대한 소개와 설명이 이뤄지고 있다. 사전란에는 「가륜포전(哥崙布傳)」, 「피득대제전(彼得大帝傳)」 등 콜롬버스와 피터대제 같은 서양 인물전이 연재되는가 하면, 김덕령(金德齡)·정문부(鄭文孚) 등의 우리나라 인물도 소전 형식으로 소개되어 있다. 서양을 비롯한 한국 영웅 전기를 싣고 있는 것이다. 이는 당시 구국의 영웅을 갈구하던 시대 분위기가 연결시켜 이해해 볼 지점이다. 문원란에는 회원들의 문학작품을 실었는데, 「아농가(我農歌)」라 하여 일명 아리랑타령이나 「아해들노래」라 하여 아이들이 부른 당시의 노래까지 수록되어 있다. 그리고 잡찬란에는 그야말로 잡찬류가 모아져 있다.

이와 같이 이 잡지의 성격은 여타의 유학생회에서 발간한 학회지와 큰 차이는 없이 계몽지이면서 정치적 성격이 짙다. 다만 여타의 유학생회에서 발간한 잡지류에 비해서 유학생을 대표하는 보다 집단적 언론 구실을 해왔다는 점에서 그 표현이나 영향의 강점이 있었다.

이 잡지의 문예란에는 최남선의 초기 신체시가 다수 게재되어 있다. 대몽최(大夢崔)라는 필호로 게재한 시는 모두 국문신체시로 「모르네 나는」(1호), 「묵은물」, 「생각ᄒᆞᆫ대로」(2호), 「그의손」, 「백성의소래」, 「나는가오」(3호) 등 6편이다. 저마다 5언, 6언, 7언 등 구수가 일정치 않을 뿐더러, 내용도 흥미롭다. 최초의 신체시라고 하는 「해에게서 소년에게」는 그가 만든 『소년』 창간호에 실렸다. 그런데 『소년』지는 1908년 11월에 창간되었고 여기 시들은 같은 해 2, 3, 4월에 실린 것들이다. 따라서 몇 개월 이상 앞선 것들이다. 최남선은 바로 이 잡지를 통해서 그의 신체시를 처음 쓰기 시작한 것이다.

• 대한학회

대한학회는 1908년 1월 국권회복을 목표로 도쿄에서 조직된 유학생단체로, 재일본한국유학생단체인 대한유학생회(大韓留學生會)가 낙동친목회(洛東親睦會), 호남학회(湖南學會)와 함께 통합하여 설립된 조직이다. 비록 태극학회 등 일부 단체가 미통합하였으나 그 회원들이 대한학회의 활동에도 참여하고 있었던 바(1908년 7월 267명의 회원 가운데 태극학회의 회원수가 50여 명에 달하였다), 대한유학생회보다 통합적인 성격이 보다 강화되었다고 할 수 있다.

주요활동으로는 월보의 간행, 서적출판, 토론회, 연설회, 웅변회, 그리고 고종(高宗)의 만수절(萬壽節) 축하회·건원절(建元節) 축하회 등의 행사를 주관하였다. 이후 이 학회는 1909년 1월 태극학회, 공수학회(共修學會), 연학회(硏學會) 등과 대한흥학회(大韓興學會)로 통합됨으로써 비로소 유학생단체의 총통합이 이루어졌다. 이 학회의 주요 인물로는 회장을 역임한 최린(崔麟), 이은우(李恩雨)와 최석하(崔錫夏), 어윤빈(魚允斌), 고의환(高宜煥), 이창환(李昌煥), 오정선(吳政善), 유승흠 등이었다. (정환국)

참고문헌

한국학문헌연구소 편, 『大韓學會月報』 상·하, 아세아문화사 영인본, 1978; 김근수, 『한국잡지사』, 청록출판사, 1980; 최덕교 편저, 『한국잡지백년』, 현암사, 2004.

대한협회회보(大韓協會會報)

1908년 서울에서 발행된 대한협회의 기관지

1908년 4월 25일에 대한협회(大韓協會)에서 창간하여 1909년 3월까지 총 12호를 발행했다. 대한협회가 대한자강회의 후신이었던 만큼 이 잡지의 표지도 『대한자강회월보』와 거의 똑같은 판본이다.
편집 겸 발행인은 홍필주(洪弼周), 인쇄인은 조완구(趙琓九)이고, 인쇄소는 일한인쇄주식회사(日韓印刷株式會社)와 우문관(右文館), 발행소는 한성 탑동(塔洞)에 위치한 대한협회사무소였다. 발매소는 처음 박문서관(博文書館) 등 한성에 한정되었으나, 뒤에는 인천과 개성 등지에서도 발매를 하였다. 이 잡지는 1976년 한국학문헌연구소 편집으로 한국개화기학술지로 아세아문화사에서 영인되었다

잡지의 체제는 『대한자강회월보』의 형식을 대부분 준수하고 있다. 즉 논설부, 교육부, 실업(식산)부, 정치부, 법률부, 역사지지부(歷史地誌部), 본회역사, 내지휘보, 외국 정황, 관보초록, 문예, 회원명부, 광고 등과 대한협회 회원의 강연내용으로 구성되었는데 외견상 정치, 경제, 교육 등이 균형을 이루었지만, 대한협회 지도부의 정치적 입장을 선전하는 글들이 상당수 게재되었다.

논설란에는 남궁억(南宮檍), 신채호, 원영의(元泳義) 등의 필진이 사회와 역사, 그리고 애국론 등을 개진하고 있다. 교육과 식산, 정치·법률란은 『대한자강회월보』와 큰 차이가 없다. 홍필주, 권동진(權東鎭), 이종준(李鍾濬), 원영의, 안국선(安國善) 등이 필진으로, 개별 분야의 계몽담론을 개진하고 있다.

다만 대한의 역사와 지지를 소개한 역사지지란이 창간호부터 종간호까지 계속 연재된 점은 눈에 띈다. 『대한자강회월보』의 편집 겸 발행을 맡았던 현은(玄檃)이 도맡아 집필하였다. 또한 제2호부터는 운계생(雲溪生)의 「대한삼십년외교사(大韓三十年外交史)」도 함께 연재되었는데, 이는 1876년 병자수호조약(즉 강화도조약)부터 당시까지 대한제국 30년의 외교사를 정리한 것이다. 당시 외교 상황을 일람하는 데 좋은 자료이다.

이외에 잡조(雜俎)란이나 언단(言壇)란이 꾸려진 호도 있으나 대부분의 내용은 대동소이하다. 한편 중국의 량치차오(梁啓超)나 메이지 초기 내각을 이끌었던 오쿠마 시게노부(大隈重信) 등의 글을 번역 소개하고 있다. 당대 중심적인 정치 이론과 그것의 실천을 위한 일환으로 번역이 이루어졌던 것이다. 이를 통해서도 이 잡지의 지향점을 확인할 수 있다.

이처럼 이 잡지에 실린 글들은 외국 이론을 필자 자신의 정치, 경제적 논리와 적극적으로 결합시킨 경우가 많았다. 김성희 같은 경우도 외국의 국가론, 정치론, 정당론, 경제론 등을 유기적으로 결합시켜 정치운동의 논리를 총체적으로 체계화시킨 필자이다.

필자와 관련하여 한 가지 흥미로운 사실은 4호까지 활발한 집필 활동을 하던 신채호가 5호부터는 보이지 않는다는 점이다. 그리고 이때부터 논설란의 논지가 정치적인 면에서 무뎌지고 있다. 이는 이 잡지의 성격 자체가 바뀌어가고 있음을 말해주는 것이다.

• 대한협회

대한협회는 1907년 11월 10일에 창립된 단체이다. 대한자강회가 통감부에 의해 강제해산 된 뒤 이 단체의 고문을 지냈던 일본인 오가키 다이부(大垣丈夫)의 후원과 윤효정(尹孝定), 장지연(張志淵) 등 대한자강회 임원진, 그리고 천도교의 권동진(權東鎭), 오세창(吳世昌) 등의 주도로 결성되었다. 초대회장은 남궁억이었으나 곧 사임하고 김가진(金嘉鎭)이 회장으로 활동하였다.

이 단체는 각계각층의 인물들이 참가하고 있었으나, 회를 주도한 것은 총무 윤효정 등 대한자강회 출신 인물들과 천도교세력이었다. 그리고 이 잡지의 편집 겸 발행인인 홍필주는 대한자강회의 평의원을 지낸 인물이다.

이 단체의 기본 강령은 기관지를 통해서 알 수 있는데, 창간호 앞부분에 소개되어 있다. 즉 ① 교육의 보급, ② 산업의 개발, ③ 생명·재산의 보호, ④ 행정제도의 개선, ⑤ 관민폐습의 교정, ⑥ 근면저축의 실행, ⑦ 권리·의무·책임·복종의 사상을 고취한다는 것이다. 그러나 이렇게 출범한 이 단체는 통감부 감시 아래 정당운동을 추진하다가 점점 독립운동단체로서의 정치적 성격은

점차 사라지고 마지막에는 친일단체인 일진회(一進會)와의 연합을 꾀하기도 하다가 1909년 3월 해산하기에 이른다. 기관지인 대한협회회보도 이 해산과 동시에 종간되었던 것이다. (정환국)

참고문헌

한국학문헌연구소 편, 『大韓協會會報』 상·하, 아세아문화사 영인본, 1978; 김근수, 『한국잡지사』, 청록출판사, 1980; 최덕교 편저, 『한국잡지백년』, 현암사, 2004.

대한황성신문(大韓皇城新聞)

1898년 서울에서 발행된 신문

1898년 4월 『경성신문』을 게재하여 발간되었다. 순국문 2면으로 매주 2회 발간되던 체제를 대체로 계승하여 발행되다 1898년 9월 『황성신문』으로 다시 게재한다. 윤치호가 사장으로, 정해원 등이 사무원으로 활동했다.

『경성신문』을 제11호(1898.4.6)부터 개제하여 발간된 신문이다. 『경성신문』은 사장에 윤치호(尹致昊), 사무원으로 정해원(鄭海源) 등이 참여하고 있었고, 소형판 2면으로 순국문을 채택하고, 3단제(1단 36행, 1행 20자)의 구성을 가지고 있었다. 제호 밑에 논설을 싣고, 이어서 관보(官報)·외보(外報)·잡보(雜報) 등을 실었다고 한다. 매주 수·토요일에 10호까지 내었다가 4월 6일자 제11호부터 제호를 고쳐 재발행된 것이 『대한황성신문』이었다.

다음의 「논설」은 당시 개제의 논리를 반영하고 있다. "우리나라에 여간 신문들이 있지만 다 외국 사람들이 하고, 참 우리나라 사람들이 하는 것은 『경성신문』과 『협성회회보』밖에는 없는지라. 그러므로 우리가 농상공부 허가를 얻어 신문사를 설시하고 이름을 『경성신문』이라 하였더니 이제는 『대한황성신문』이라 다시 고치기는 우리나라 자쥬 독립한 후에 세계 각국에서 우리나라 사람도 신문하는 줄을 알게 함이라 …… 높은 벼슬하는 사람이 혹 잘못한 것은 신문사에서 어찌 말하리오 하며 혹 말을 할지라도 그 소문을 들은 사람이 무사하지 못하리라 하니 그렇지 아니한 것이 신문은 본래 메인 곳 없는 것이며 절제 받는 데도 없고 누르는 어른도 없고 사회상 권리라 있어 증거만 분명히 알아서 기록할 지경이면 아무 일도 없는지라." 제호를 바꾼 결단은 청일전쟁이 끝나고 대한제국이 자주독립국가임을 다시 확인받게 되었음을 표출하기 위한 것이었다고 밝히고 있다.

논설, 관보, 외보, 법규유편, 잡보 등의 순으로 게재되었고, 값은 '한 장에 동전 한 푼'이었다. 대체로 체제는 『경성신문』과 동일하게 유지되었다. 지식의 보급과 정치를 감시하고 관, 민을 계몽하는 데 주안점을 둔다고 천명되었다. 1898년 9월 5일 다시 『황성신문』으로 다시 개제되었다.

『대한황성신문』과 신문사 최초의 피소(被訴) 사건

『경성신문』이 4월 6일자로 『대한황성신문』으로 바뀐 3개월 후인 7월 경기도 과천 군수 길영수(吉泳洙)로부터 피소당하는 사건을 겪는다. 『대한황성신문』이 과천군청에 근무하는 관리 김성표가 길영수의 비위(非違)를 투서한 내용을 보도하자 길영수가 사실무근으로 한성재판소에 고소한 것이다. 길영수는 공판일에 과천 주민 수백 명을 서울로 데리고 와서 재판소 앞에 집결시켜 위협적 분위기를 조성하였다. 『대한황성신문』 측에서는 주필 유근이 재판정에 출두할 수밖에 없었는데, 이때 원고의 요구로 투서한 인물, 김성표의 실명을 토로해 버렸다. 이에 길영수가 김성표를 다시 고소하는 사태로까지 확대되었고 『대한황성신문』은 정작 별 피해를 입지 않았다고 한다. 그러나 이 소송은 한국 언론사상 허위사실 유포 혹은 명예훼손으로 인해 신문사가 최초로 피소당한 최초의 사건이라 기록되고 있다.

보부상 패가 중심이던 황국협회가 독립협회를 공격할 때 선봉장으로 섰던 바 있는 길영수는 이후 1899년 4월 아예 『매일신문』을 인수하고 『상무총보(商務總報)』로 이름을 바꾼 후 사장에 취임하기까지 하나 일반의 지지를 얻지 못해 몇 달 뒤 신문사 문을 닫았다고 한다. (김미정)

참고문헌

『한국신문백년지』, 1983; 정신석, 『역사와 언론인』, 커뮤니케이션북스, 2001.

▌대한흥학보(大韓興學報)

1909년 일본 도쿄에서 발행된 대한흥학회 기관지

1909년 3월 20일 대한흥학회(大韓興學會)가 창간하였으며, 1910년 5월 20일 13호로 종간되었다. 5호와 6호 사이의 2개월의 공백을 제하고는 매월 20일에 정기적으로 발간되었다. 창간호부터 3호까지는 발행인에 고원훈(高元勳), 편집인에 강전(姜荃), 인쇄인에 김원극(金源極)이었다가 4호부터는 편집인이 이승근(李承瑾), 발행인이 고원훈, 인쇄인이 강매(姜邁)로 바뀐다. 편집인의 경우 이후 조용은(趙鏞殷), 이득년(李得秊) 등이 맡기도 하였다. 발행소는 일본 도쿄에 소재한 대한흥학회사무소, 인쇄소는 대한흥학회출판부였다. 문장은 순한문도 더러 있지만, 거의 대부분 한문에 현토를 한 국한문체를 썼다. 매호당 약 90쪽 정도의 분량이었고, 호당 2000부씩 발행되었다.

이 잡지의 목차를 살펴보면, 체제상의 변화를 보이기도 하지만, 크게 연단(演壇) 또는 논저(論著), 학해(學海), 사전(史傳) 또는 전기(傳記), 문원(文苑), 사조(詞藻), 잡찬(雜簒), 휘보(彙報) 등으로 구성되어 있다. 이는 전신이라고 할 수 있는 『대한학회월보』의 체제를 거의 그대로 따른 것이다.

연단 또는 논저에서는 나홍석(羅弘錫)의 「사회진화론원칙이위아지사동포(社會進化論原則以慰我志士同胞)」(1호), 김영기(金永基)의 「적자생존」(1호)과 같이 사회진화론에 바탕한 글이 많은데, 이런 사회진화론에 입각한 계몽론·준비론·외교론·교육론 등은 결국 구국론으로 귀착된다. 김하구(金河球)의 「청년번민열의 청량제」(6호)나 최호선(崔浩善)의 「이상적 인격」(10호)에서는 국가의 독립도 중요하지만 개인의 독립 역시 중요하며, 개인의 독립은 청년시절의 인격완성에 있다고 주장하고 있다.

또 당시 유학생들의 사회 현실 인식과 이들이 지향하는 정체(政體)를 엿볼 수 있는 글도 많다. 즉 러일전쟁을 인종전쟁으로 파악한 소앙생(嘯卬生)의 「갑진 이후 열국 대세의 변동을 논함」(10호)이나 통감정치는 허울만 한국의 독립 보장이지 내용은 포살과 학살이라고 비판한 창해생(滄海生)의 「한국 연구」(9호), 입헌은 문명부강의 주물(主物)이고, 문명부강은 입헌의 종물(從物)이라 주장하며 일본이 청과 러시아를 물리친 것은 일본이 입헌정치를 채택했기 때문이라고 주장한 김진성(金振聲)의 「입헌세계」(4호) 등이 그것이다.

'학해'에서는 가정교육, 가축 개량의 급무, 한국 잠업에 대한 의견, 경제학의 필요, 음악의 효능 등과 같이 문명개화국이 되기 위한 실력 양성론적 측면에서 외국의 학문을 이해하고 이를 도입하자고 주장한 글이 많다.

'사전'과 '전기'에서는 페스탈로치, 마젤란, 크롬웰의 외교, 멕시코 현 대통령인 디아스(Porfirio Diaz), 일청전쟁의 원인에 관한 한·일·청 외교사에 관련된 인물 등 외국의 명사를 소개하고 있다. 당시 사회진화론에 입각한 영웅예찬론은 일반적인 경향이었는데, 대한흥학보에서도 당시 열강과의 경쟁에서 멕시코 대통령 디아스처럼 민중운동을 탄압하고 대지주를 보호하며, 철도 광산을 중심으로 외국 자본을 도입하여 부국강병을 이룰 수 있는 지도자, 이탈리아 건국 삼걸이나 크롬웰처럼 무력적·외교적 분투를 할 수 있는 인물을 절실히 요구한다는 내용을 싣고 있다.

'문원(文苑)'에는 기행문, 추도문, 비문 소개 등이 실려 있다. 11호부터는 소설이 추가되었는데 11호와 12호에 이광수의 단편 「무정」이 2회에 걸쳐 연재되어 있으며 종회 말미에는 이를 후에 장편으로 개작한다는 필자의 주가 있는 것이 주목된다.

이외 사조(詞藻)에는 한시, 창가 등이 실려 있었고, 휘보(彙報)에는 회록(會錄)이 포함되어 있고, 운동회·기념사진·회의록·졸업식 소식 등 대한흥학회 관련 소식을 전하고 있다.

이 잡지는 전체적으로 한반도에서 군대 해산과 고종양위 등 국권 상실의 구체적인 과정이 진행되고 있었던 사정을 대변하듯 앞선 일본 유학생회의 잡지들보다 훨씬 다급해진 목소리를 곧추세우고 있는데 이른바 사회진화론에 입각한 힘의 논리를 내세우며, 국권 회복을 위한 청사진을 마련하고자 하는 경향이 강하였다.

그리고 창간호 광고란을 볼 때, 출장소 및 특약판매소(特約販賣所)를 두었는데, 한성의 주한영서포, 부산의 한흥서관(韓興書館), 평양의 야소교서원(耶蘇敎書院), 정주(定州)의 홍성린상점(洪成麟商店) 등 국내 전 지역뿐만 아니라, 심지어 미국 샌프란시스코 한인국민회관(韓人國民會館) 내 김영일 주소(金永一住所)까지 거론되어 있다.

또한 이 잡지의 1909년 9월말 통계인 「흥학보구람인통계표(興學報購覽人統計表)」에 의하면 국내 총 구독자수는 508명이었고, 도별로는 함경도 120명, 평안도 108명, 황해도 60명 등으로 나타나고 있다. 따라서 그 판매가 적지 않았음을 알 수 있다. 한편 창간호의 마지막 장에는 심볼로 태극 문양이 새겨져 있는데, 지금의 태극기와 차이가 없다.

• 대한흥학회

일본의 대한유학생회가 통합된 학회로, 1909년 1월 7일 창립하였다. 1905년 설립된 태극학회와 1908년에 설립된 대한학회(大韓學會)가 중심이 되어 1906년 설립된 공수학회(共修學會)와 새로 설립된 연학회(硏學會)를 통합, 유학생들의 공공의 목적을 달성하기 위해 일본 도쿄에서 설립되었다.

조직은 회장과 부회장 1인, 그리고 평의원과 집행위원회를 두었으며, 따로 편찬부원, 출판부원, 교육부원 등을 두었다. 이 단체는 취지서에서 볼 수 있듯이, '흥학(興學)'을 기조로 했기 때문에 잡지 및 기타 학회관련 자료 편찬에 주력하였다.

출범 초기 초대회장에 채기두(蔡基斗), 부회장에 최린(崔麟)이 활동하였다. 이 학회는 한일강제병합 직전까지 국내의 애국계몽운동을 자극하며 활발한 활동을 펼쳤다. 대한흥학회는 따로 상업지 『상학계(商學界)』를 발간하기도 했다.(정환국)

참고문헌

한국학문헌연구소 편, 『大韓興學報』 상·하, 아세아문화사 영인본, 1978; 최덕교 편저, 『한국잡지백년』, 현암사, 2004.

▌대화(大和)

1941년 일본에서 발행된 시국 잡지

1941년 일본의 철도성 봉공회사무국(鐵道省奉公會事務局)이 국철봉공운동(國鐵奉公運動)의 기관지로 발행한 일종의 전쟁 선동선전 잡지이다. 국철봉공운동은 '대동아전쟁(大東亞戰爭)을 빛나는 승리로 이끌기 위해서' 국철(國鐵)직원의 '봉공(奉公)'을 요구하는 운동이었는데, 잡지 『대화』는 바로 이 운동의 기관지 역할을 하였던 것이다. 1941년 11월 월간지로 창간되었으며, 잡지 크기는 B5판이었고, 분량은 40쪽 내외였다. 도쿄대학 대학원 법학정치학연구과 부속 메이지신문잡지문고에 소장되어 있다.

국철봉공운동의 성격은 이 운동의 요강을 통해서 그 실체를 파악할 수 있다. 국철봉공운동의 요강을 살펴보면 '① 우리들은 황국식민(皇國臣民)임을 자랑스럽게 생각하고 살아서 충의보국(忠義報國)의 뜻을 완수한다, ② 우리는 일치협력(一致協力)의 마음으로 직분봉공(職分奉公)의 실질을 거둔다, ③ 우리는 실질고랑(實質高朗)의 마음으로 심신연마(心身鍊磨)의 공(功)을 쌓는다'라는 것이었다.

집필진은 국철 간부 외에 다수의 저명인사들로 구성되었다. 그리고 투고란에는 현장의 인물들이 쓴 글이 수록되어 있다. 집필진에 다수의 저명인사들이 포함되어 있는 점은 전쟁이 격화되면서 문화인이나 작가,

학자들이 집필의 공간을 상실했다는 것이 꼭 맞는 이야기는 아니라는 점을 말해준다. 따라서 시판되는 잡지뿐만 아니라, 본 잡지와 같은 국책잡지를 포함해서 전쟁 기간 동안 작가나 문인들과 같은 지식인 그룹의 표현 방식과 그 성격을 폭 넓게 검토할 필요가 있을 것이다. 본 잡지 1943년 8월호에도 다수의 저명인사들의 글을 투고하였다. 그리고 현장의 인물들의 작품으로 구성된 투고란의 작품들은 현재의 국노(國勞)의 기관지 『국노문화(國勞文化)』와 비교하더라도, 결코 뒤지지 않는 것들이었다. (문영주)

참고문헌

高崎隆治, 『戰時下の雜誌その光と影』, 風媒社, 1976, 181~182쪽; 高崎隆治, 『戰時下のジャ-ナリズム』, 新日本出版社, 1987.

▌덕신보(德臣報, The China Mail)

1845년 홍콩에서 창간된 영어 상업신문

1845년 2월 20일 홍콩(香港)에서 창간된 영자 신문이다. 창간인 및 주필은 영국 상인 쇼트레드(Andrew Shortrede, 肖銳德)와 더슨(Andrew Drxon, 德臣)이다. 덕신보관(德臣報館)에서 주간으로 발행되다가 1862년 2월 1일부터 일간지로 바뀌었다.

이 신문은 1845년 창간부터 1858년까지 기간을 홍콩 정부의 공보 인쇄 계약을 얻어 출발했기 때문에 항상 홍콩 정부의 각종 공고와 법령을 게재하였고, 기본상 친정부적 관점을 유지하였다.

상업성 언론으로 광고가 가장 중요한 비중을 차지하고 있었고, 행정과 선박 운항일지 등 상업 소식을 주요 내용으로 하였다.

중국 관련 뉴스 지면은 많지 않고 청 조정의 『경보(京報)』에서 발췌 번역한 문장들을 싣는 '경보적록(京報摘錄)'란이 있다.

『중국우보(中國郵報)』 혹은 『덕신서보(德臣西報)』라고도 불리며, 홍콩에서 오랜 기간 발행된 매체로 영향력이 컸으며, 중화민국 정부 성립 후 더욱 풍부한 내용을 채우며 홍콩에서 역사를 자랑하는 유명한 신문이 되었다.

- **덕신보관(德臣報館)**

덕신보관은 1861년 7월 5일 일종의 선박 항해일지와 물가동향을 보도한 『향항신문(香航新聞)』을 중문으로 출판하였다.

또한 최초의 석간신문인 『만우보와 홍콩항운록(晩郵報和香港航運錄, Evening Mail and Hongkong Shipping List)』이 1863년 덕신보관에서 발행되었다.

1871년에는 『덕신보』 부록 형식의 중문판 『중외신문칠일록(中外新聞七日錄)』을 발간했다. 이 신문들은 해외로 발송되었고, 이 밖에도 「항운보(航運報)」, 「행정보(行情報)」, 「광고보(廣告報)」 등을 발행했다. (김성남)

참고문헌

方漢奇 主編, 『中國新聞社業通史』, 中國人民大學出版社, 1996; 葉再生 著, 『中國近代現代出版通史』, 北京: 華文出版社, 2002.

▌데모크라시(デモクラシイ)

1919년부터 일본 도쿄에서 간행된 신인회의 기관지

도쿄제국대학(東京帝國大學) 법학부의 학생을 중심으로 결성된 신인회(新人會)의 기관지로 1919년 3월 6일부터 같은 해 12월까지 8월과 11월의 휴간을 제외하고 매월 간행되었다. 자매지로 『선구(先驅)』와 『동포(同胞)』, 『나로드(ナロオド)』가 있다.

『데모크라시(デモクラシイ)』 2호는 이전에는 일제 관헌에 의해 압수되어 현존하는 것이 없는 것으로 알려졌는데, 1969년 2월 9일 호세이대학(法政大學) 오하라사회문제연구소(大原社會問題硏究所)에서 미야자키 류스케(宮崎龍介)의 소장본을 입수하여 합본으로 만들어 간행했다. 판본은 4×6배판, 정가는 10전으로, 4호부터 제자와 슬로건만을 붉은 색으로 인쇄했다. 발행 겸 편집인은 노부사다 기타로(信定瀧太郎), 인쇄인은 오카모토 사토시(岡本佐俊), 인쇄소는 산코도(三光堂)이다.

전체 8책 가운데 2호(4월), 5호(7월), 8호(12월)는 발매금지를 당했고, 6호(9월)는 일제 당국의 압력으로 복자가 많게 간행되었다.

3호는 2호에 실리지 못했던 몇 편의 논문을 더해 편집했다. 2호의 논문 가운데 삭제되었던 것은 아카마쓰 가쓰마로(赤松克麿)가 쓴 「조선청년제군에게 드린다(朝鮮青年諸君に呈す)」라는 권두의 주장, 조선인 염상섭(廉尙燮)의 「조야의 여러분께 호소합니다(朝野の諸公に訴ふ)」, 사사 히로오(佐佐弘雄)의 「선구자를 기억한다(先驅者を憶ふ)」, 가타시마 아키라(片島新)의 「무자산계급해방의 길(無資産階級解放の道)」이었다. 이 가운데 조선 문제에 대한 글은 일제 당국이 주목했을 것으로 보이는데, 권두언의 글은 조선 청년에게 연대의 의지를 표명하고 있다. 즉 식민지 문제는 인주도주의자의 하나의 시금석이라고 했다. 아울러 여기에서는 3·1운동에 대해 분명히 동정과 연대를 표했다.

염상섭의 논문은 3·1운동에 대한 도쿄(東京)에서의 조선인 유학생에 대한 처벌을 강화했던 사실에 대해 항의하여 쓴 것이다. 그리고 3·1운동과 일본의 쌀소동이 같은 생활 조건에서 나온 것이라는 입장을 전개했다. 이러한 주장은 발매금지를 당했던 5호의 「정치의 부정과 신흥문화(政治の否定と新興文化)」에서도 제기되었다. 그런가 하면 제4호의 「해방운동(解放運動)」의 기사는 4월 19일 교토(京都 吉田町) 청년회관에서 도쿄의 아카마쓰, 미야자키 등 7명이 참가했던 교토신인회(京都新人會)의 모습을 그리고 있는데, 여기에서 조선에서 김군이라는 청년에 와서 3·1운동의 상황을 소개했다고 한다. 이렇게 신인회는 3·1운동의 진상을 듣는 기회를 만들었던 것이다.

요시노 사쿠조(吉野作造)와 신인회의 선에서 직접 조선의 독립운동가와 접촉하여 3·1운동에 대해 연대를 표명하고 일본제국주의의 식민지 지배를 논파하는 점은 주목된다고 생각한다. 또한 미야자키의 언급처럼 5·4운동 이래 중국의 지식인과 청년과도 교섭이 있었다고 한다. 당시 베이징대학(北京大學) 문학부장이었던 천두슈(陳德秀)로부터 요시노 사쿠조 앞으로 서간이 있었고, 요시노 사쿠조가 미야자키와 상의하여 미야자키가 베이징에 갔다고 한다. 그는 베이징에 가서 천두슈를 비롯하여 리다자오(李大釗), 가오이한(高一涵) 등과 교류하고 일본의 사회운동을 소개했다. 이렇게 쌀소동과 3·1운동, 5·4운동은 조·중·일(朝中日) 청년의 연대를 낳았고, 『데모크라시』는 중추적인 역할을 했다.

러시아혁명의 상황을 비롯하여 독일, 헝가리의 혁명 등 세계의 혁명적 고양기의 구미의 운동과 사상을 소개하고 있다. 『데모크라시』의 표지에는 매호마다 세계의 혁명적 사상가의 사진을 게재하고 있는데, 루소, 톨스토이, 마르크스, 크로포트킨, 링컨, 노자 등이 실려 있다. 아울러 투르게네프, 고리키 등의 문인과 레닌, 카우츠키, 트로츠키 논문도 실려 있다.

2호의 「무자산계급해방의 길(無資産階級解放の道)」은 조합주의, 사회주의, 생디칼리슴, 아나키즘을 소개 비판하면서 사회주의에도 호의를 갖고 있으면서, "말하자면 나는 사회주의자는 아니다. 나는 무자산계급의 해방이 무엇보다도 선(善)이라고 느끼고 있을 뿐이다"라고 하고 있다.

사노 마나부나 아카마쓰 가쓰마로를 비롯한 신인회의 유수한 이론가들도 당시에는 마르크스주의 내지는 사회주의적이지 않았다. 즉 사적 유물론에 대해서도 의문을 갖고 있었다. 그들에게는 신칸트학파의 영향이 강했던 것이다. 그러나 『데모크라시』의 1년을 보면, 인도주의적 주장에서 사회주의로 기울어 가는 것을 느낄 수 있다. 예를 들면 제2호의 사노 마나부의 논문, 제3호의 노사카 산조의 「사회주의와 사회운동(社會主義及社會運動)」 등에서는 볼셰비즘, 마르크스의 사회주의에 대한 상당한 이해와 동의를 확인할 수 있다. 국내정치, 특히 노동운동에 대해 관심이 높았다. '인민 속으로'라는 청년학생들의 정열은 다음 문제였다.

1919년 초부터 보통선거운동은 고양되었는데, 신인회는 헌법발포 30주년인 기원절에 각 대학의 변론부(辯論部), 보선동맹회(普選同盟會) 등과 보통선거요구대회를 열었다. 2월 15일에는 간사이(關西)에서도 보선기성노동자대회(普選期成勞動者大會)가 열려 보선운동은 보다 확대되었다. 1호에는 「보통선거를 요망하는 격(普通選擧要望の檄)」이 실렸다. 그리고 같은 호의 '해방운동(解放運動)'란에는 2월 24일 신인회 가메이토분회(龜戶分會) 발회식의 모습이 기록되어 있다. 와타나베 마사노스케(渡辺政之輔)를 지도자로 하는 구호분회는 신인회의 최초의 노동자지부였다. 매호 '해방운동'은 간결한 필체로 쓰여 있다.

• 신인회

신인회 결성의 직접적인 계기가 된 것은 요시노 사쿠조와 낭인회(浪人會)의 입회연설이었다고 하는데, 그 이전에도 아소 히사시(麻生久) 등의 목요회그룹, 신인회 결성의 주역이었던 아카마쓰 가쓰마로, 미야자키 류스케, 이시와타리 하루오(石渡春雄)의 미도리회(綠會) 웅변부, 호시지마 지로(星島二郎) 등의 대학평론그룹 등이 존재했다. 우애회(友愛會)와 교토노학회(京都勞學會) 등의 직·간접적인 교류가 있었던 것 같다.

요시노 사쿠조의 1918년 11월 23일 입회연설회의 승리는 일본 지식에게 큰 자극이 되었다. 아소 히사시 등의 노력에 의해 요시노 사쿠조, 후쿠다 도쿠조(福田德三)의 제휴가 있게 되고, 같은 해 12월 23일 여명회(黎明會)가 조직되었다. 이후 진보적 학자, 문화인의 통일이 진전되었고, 한편으로 도쿄제대(東京帝大)를 비롯한 각 대학의 학생들이 활발하게 움직였다.

1918년 10월 27일 양대학 연합 대연설회(兩大學聯合大演說會)로 도쿄에 간 아카마쓰 가쓰마로, 미야자키 류스케, 이시와타리 하루오는 보선연구회(普選硏究會)를 만들고, 새로운 활동을 준비했다. 미야자키 류스케의 기억에 따르면, 여러 차례의 토의 끝에 신인회라는 명칭 아래 다음과 같은 강령을 학내에 게시했다고 한다.

"1. 우리들은 세계의 문화적 대세인 인류해방의 신기운에 협조하고, 이를 촉진하는 데 노력한다.

1. 우리들은 현대 일본의 정당한 개조운동에 따른다.

무구(無垢)한 양심과 투명한 이성을 갖고 있는 청년들은 인류생활의 현상을 도저히 묵시할 수 없었다. 그래서 부득이 하지만 혁신적 열의를 갖고 일어났다. 우리들은 어느 누구에게도 속박되지 않는다. 우리들은 오직 진리를 믿고 이상을 따라 매진하고자 한다."

신인회는 최초에는 도쿄대학 법과의 학생단체로 출발하여 이후 청년단체로 사회의 각계각층에게 개방되었던 것이다. 아카마쓰 가쓰마로, 미야자키 류스케 등의 법과대 학생이 발기하여 10명 내외의 법과학생이 참가하여 학생단체로 출발하여, 와타나베 마사노스케 등을 비롯해 노동자, 일반 청년에게 문호가 개방되었다. 결국 신인회는 1918년 11월에 결성된 것으로 보인다.

신인회가 발족한 1918년은 전전의 러시아 사회주의대혁명에 따라 일본에도 쌀소동이 일어났던 해이다. 그리고 다음해 3월에는 조선에서 3·1운동이 일어났고, 5월 중국에서는 5·4운동이 일어나서 아시아에 새로운 조류를 형성하기 시작했다. 이러한 시대적 조류에 따라 일본의 청년학생들이 새로운 시대를 준비하는 것은 당연한 일이었다.

신인회는『데모크라시』를 비롯해『선구』,『동포』,『나로드』를 발간했다. 이 가운데『데모크라시』는 시판되지 않았고, 주로 회원에게 배포되거나 우편과 회원 판매에 의존했다.

신인회는 특별한 활동비의 납입, 일정한 활동을 조건으로 하는 강력한 조직이 아니라 일부의 동인의 헌신적 분자를 중심으로 해서 운영되었던 조직이었다.

• 아카마쓰 가쓰마로(赤松克麿)

1894년 12월 4일 일본 야마구치현(山口縣) 도쿠시마(德山)시에서 태어났다. 부인은 요시노 사쿠조의 차녀이다. 1911년 도쿠시마중학(德山中学) 4학년 때 교장배척운동을 하여 퇴학을 당했다. 다음해인 1912년에 중학 검정시험에 합격하여 구제(旧制) 제3고등학교에 입학했다.

1915년 도쿄제대 법과대학 정치과에 입학했다. 재학 중에 러시아혁명의 영향을 받고 미야자키 류스케 등과 협의하여 요시노 사쿠조의 참가를 유도하여 1918년에 신인회를 결성했다.

1919년 도쿄제대를 졸업하고 동양경제신보사(東洋経済新報社)에서 근무했다. 또한『해방(解放)』의 편집도 도왔다. 1921년에 일본노동총동맹(日本労働総同盟)에 참가했다.

1922년 일본공산당(日本共産党)에 참가했는데, 검거되어 전향한다. 이후 과학적 일본주의를 제창했다. 1926년 노동농민당(労働農民党)에서 나와 사회민중당(社会民衆党) 결성에 참가했다. 그리고 중앙위원이 된다. 1930년에는 사회민중당 서기장에 취임했다.

만주사변 이후는 우경화되어 사회민중당을 탈당하여 1931년 일본국가사회당(日本国家社会党)을 결성했다. 그러나 아카마쓰 가쓰마로가 다시 한 번 더 국가사회주의(国家社会主義)에서 일본주의(日本主義)로 전향(転向)했기 때문에 일본국가사회당(日本国家社会党)은 와해되었다. 그는 그 후 국민협회(国民協會)를 설립하고 잡지 『국민운동(国民運動)』을 발행했다.

1937년 중의원의원 총선거에서 홋카이도(北海道)에서 입후보하여 당선되었다. 같은 해 7월에는 일본혁신당(日本革新党)을 결성하여 당무위원장이 되었다. 그리고 9월에 육군(陸軍)의 의뢰로 상하이파견군보도부(上海派遣軍報道部)에 소속되었다. 1940년 대정익찬회(大政翼賛会)가 결성되자 기획부장에 취임하여 군부에 협력하는 모습을 보였는데, 1942년 이른바 익찬선거(翼賛選挙)에서 군부와 절연하고 대정익찬회의 비(非) 추천후보로 출마하여 낙선되었다. 전후 공직에서 추방당했다.

• 미야자키 류스케(宮崎龍介)

일본 구마모토현(熊本縣) 출신이다. 구제 제1고등학교에서 공부했다. 고등학교 재학 때 병으로 휴학을 했기 때문에 신인회 결성 때는 2년생이었으나 선배로 대접받았다. 재학 때부터 잡지 『해방(解放)』의 편집을 담당했다. 1920년 도쿄제대 불법학과(仏法科)를 졸업, 변호사로 호시지마 지로(星島二郎), 가타야마 사토시(片山哲) 등의 중앙법률상담소(中央法律相談所)에 소속되었다.

사회민중당(社會民衆党)의 결당에 노력했고, 이 당과 전국대중당(全國大衆党), 사회대중당(社會大衆党)의 상임집행위원장을 역임했다. 나중에 동방회(東方會)에도 가입했다. 전후는 일본사회당(日本社會黨)의 결성에 참가했으나 성립된 이후 당을 떠났다.

• 이시와타리 하루오(石渡春雄)

일본 도쿄 아사쿠사(淺草)에서 태어났다. 1919년 도쿄제대 영법과(英法科)를 졸업했다. 같은 해 9월 제7고등학교의 동창인 사노 마나부 등과 함께 전국갱부조합(全國坑夫組合)을 결성하고 부회장이 되었다. 그러나 1년 정도 그 역할을 하다가 광산노동운동에서 떠났다. 제1회 보통선거에서 노농당(勞農黨)에서 입후보하여 2685표를 얻었다. 미해방부락 출신이라고 한다. (김인덕)

참고문헌

『國文學 解釋と鑑賞』(10月) 第30卷 第13号, 東京: 至文堂, 1965; 日本近代文學館 · 小田切進 編, 『日本近代文學大事典』 5卷, 東京: 講談社, 1977; 法政大學大原社會問題研究所 編, 『デモクラシイ 先驅 同胞 ナロオド』, 東京: 法政大學出版局, 1977.

데이토니치니치신문(帝都日日新聞)

1932년 일본의 데이토니치니치신문사가 기존 신문을 비판하면서 창간한 신문

1932년 8월 10일 사장 노요리 히데이치(野依秀市)가 창간한 신문으로 기존의 신문에 불만을 갖고 출발했다. 따라서 표방하는 것도 '거짓을 쓰지 않는 신문', '돈으로 만들지 않는 신문'이었다. 데이토니치니치신문사(帝都日日新聞社)는 도쿄시(東京市 芝區 芝公園5號)에 있었고, 1943년 사장인 노요리 히데이치가 주필, 편집국장을 겸했다. 각지의 지사와 지국은 간사이(關西)지사, 조선(朝鮮)지사, 야마나시현(山梨縣 下吉田), 하마마쓰시(濱松市), 시즈오카시(靜岡市), 우쓰노미야시(宇都宮市), 하치오지시(八王子市), 지바시(千葉市), 도치기시(栃木市), 이바라키현(茨城縣 布川町), 가와쿠치시(川口市), 히타치시(日立市), 나고야시(名古屋市)에 있었다. 발행은 조간 2항으로, 구독료는 1개월 60전이었다.

지면도 다른 신문에서 볼 수 없는 '신문전선(新聞戰線)'이라는 난을 두어, 다른 신문에 대해 비판을 가하고 신문사의 내막을 폭로하는 등 이른바 1류 신문사를 비난, 비판했다.

매호 노요리 히데이치가 집필하는 사설 「제일논단(帝日論壇)」은 중일전쟁이 장기화되자 영국과 미국의 타도를 강력히 주장하는 모습을 보였다. 이것은 일본 정부의 입장을 그대로 반영한 내용이었다. 미야케 유지로(三宅雄二郎)가 격일(隔日)로 집필했다. 1940년 11월 『도쿄니치니치신문(東京每日新聞)』을 매수하여 합병했다. (김인덕)

참고문헌

『昭和18年 新聞總攬』, 東京: 日本電報通信社, 1943; 春原昭彦, 『近代新聞通史』, 東京: 新泉社, 2003.

▌도(道)

1924년 서울에서 창간된 한국어 · 일본어 겸용의 월간 교화 잡지

1924년 2월에 월간지로 창간되었다. 조선치형협회의 기관지로는 『조선치형휘보』(나중에 『치형』으로 개제)가 있었으나, 수감자 및 출옥자들의 계도 잡지로 『도(みち)』를 발간하였다. 지면을 상하 반으로 나누어, 위쪽에는 일본어로 아래쪽에는 같은 기사를 한글로 번역하여 수록하였다. 이는 일본어를 해독하지 못하는 조선인 수감자들을 배려한 조처였다.
일본 사이토문고(齋藤實文庫)에 1권 5~11호(1924), 2권 8~12호(1925), 3권 2, 4~7, 9~12호(1926), 4권 1, 11호(1927), 6권 12호(1929), 7권 1, 4~6, 10~16호(1930), 8권 1, 4, 6, 7, 11호(1931)가 소장되어 있다. 종간 연도는 확인할 수 없다.

내용은 크게 수양원(修養園), 각종 알림(萬の知らせ), 소식(便より), 편집 여록으로 나뉘어 편집되었다. 수양원란에는 빈민이나 실업자들을 구제하거나 재산을 희사하는 등의 각종 미담을 수록하였으며, 두 번째 난에는 행형과 관련한 각종 기사나 보고를 실었다. 소식란에는 교화와 관련한 편지 형식의 글을 수록하였다.

『도』에 실린 주요한 기사들은 나중에 『치형계제(階梯) 1-6』(1924~1926)라는 단행본으로 묶여서 출간되었는데, 역시 교화와 관련한 내용이 주종을 이루었다. 총독부가 조선인들의 정신적인 교화에 크게 관심을 두고 있었다는 사실을 확인할 수 있다. 이를 식민통치의 목적과 관련된 중요한 사안으로서 간주하였기 때문일 것이다. (윤해동)

▶ 조선치형휘보

▌도남일보(圖南日報)

1904년 싱가포르에서 창간된 중국어 정치운동 신문

1904년 싱가포르에서 민주혁명을 주창하며 창간된 일간지로 창간인은 천추난(陳楚楠)과 장융푸(張永福)이다. 홍콩 『중국일보』의 기자였던 천스중(陳詩仲)이 주필을 맡아 발행되다가 1905년 『남양총회보(南洋總匯報)』로 개명되었다.

1903년 상하이(上海)에서 『소보(蘇報)』가 폐쇄당하고 장타이옌(章太炎)과 쩌우룽(鄒容)이 체포되는 사건이 발생하자 천추난과 천스중은 자금을 모아 『혁명군(革命軍)』 5000부를 인쇄하고 표지에 『도존편(圖存篇)』이라 명명하여 여러 지역에 이를 배포하고 동시에 『도남일보』를 창간하였다.

내용은 중외 역사와 소식, 전건(傳件), 신안(迅安)란이 있으며, 민족혁명을 제창했다. 집필진으로 유례(尤列), 황보야오(黃伯耀), 허더루(何德如), 캉인톈(康蔭田), 후보인(胡伯銀), 추환완(邱煥文) 등이 참여했다.

남양(南洋) 지역 혁명파의 중요 여론의 장이었으며, 지역 화교들에게 매우 영향력 있는 언론이었다. (김성남)

참고문헌

方漢奇 主編, 『中國新聞社業通史』, 中國人民大學出版社, 1996; 葉再生 著, 『中國近代現代出版通史』, 北京: 華文出版社, 2002.

도시공론(都市公論)

1918년 일본에서 발행된 도시 잡지

1917년 10월 설립된 도시연구회(都市硏究會)가 연구회 설립 다음해인 1918년 4월 기관지로 창간한 잡지이다. 태평양전쟁으로 인한 전쟁 상황의 악화로 인해 잡지 『도시공론』도 다른 잡지와 같은 모양으로 정간의 압박을 받았다. 결국 1945년 1·2월 발행된 28권 1·2 합병호를 최종호로 종간되었다.

고토 신페이

도시연구회는 재단법인 도시계획연구회(都市計劃硏究會)의 선행 단체였다. 도시연구회는 도시문제, 도시계획에 관심을 가진 의욕적인 내무관료, 기술자, 학자, 실업가에 의해 결성된 단체이다. 도시연구회 회장에는 고토 신페이(後藤新平, 1857.7.24.~1929.4.13)가 취임하였다. 그는 1929년 사망할 때까지 도시연구회의 회장으로 재임하였다. 이후에는 정부의 내무대신이 도시연구회의 회장으로 취임하였다. 또한 도시연구회의 사무국은 내무성 도시계획과에 설치되어 있었다. 도시연구회의 주요 멤버는 우치다 가키치(內田嘉吉, 당시 체신차관, 이후에 타이완총독 취임), 이케다 히로시(池田宏, 당시 내무성사회국장, 초대 도시계획국장), 사노 도시카타(佐野利器, 당시 도쿄제국대학교 교수, 건축 전공) 등이었다. 이러한 임원 구성과 내무성과 관계를 통해 도시연구회의 성격의 일단을 살펴볼 수 있다.

도시연구회는 1919년 도시계획법의 제정운동, 도시계획법제정 이후에는 도시계획의 보급계발(啓發) 운동, 도시계획 강습회의 개최, 전국도시계획협회의 개최, 잡지의 간행, 법령집·출판물의 간행 등, 활발한 사회활동을 전개하였다. 이와 같은 도시연구회의 왕성한 사회활동 중에는 가장 의미가 컸던 활동은 기관지 『도시공론』을 발행한 것이었다.

월간으로 발행된 잡지 『도시공론』은 '공론'이라는 잡지명과 같이 도시문제, 도시정책, 도시계획에 관한 첨예하고, 활발한 논의를 전개하였다. 또한 전국의 도시계획의 행정적 전개에 따른 상세한 정보를 게재하였다. 그리고 시기에 따라, 제도부흥계획(帝都復興計劃), 승지계획(勝地計劃), 구획정리(區劃整理), 도시공원(都市公園), 녹지계획(綠地計劃), 지방계획, 국토계획, 주택문제, 항공, 교통통제 등을 주제로 한 특집이 지속적으로 편집되었다.

또한 전국도시계획협의회 개최에 맞춰 협의회가 개최되는 도부현(道府縣)과 도쿄(東京), 나고야(名古屋) 등지의 주요 도시에서 시행되는 도시계획의 내용이 전국도시계획협의회의 특집으로 편집되어 게재되었다. 이와 더불어 영국과 독일 등 해외의 도시계획 관련 자료가 번역 소개되어 지면에 게재되었다.

이런 측면에서 잡지 『도시공론』은 1920년대부터 1930년대 중반까지 전개된 일본 도시문제의 소재와 현황, 그리고 이것에 대한 도시계획의 전개를 파악할 수 있는 다양한 정보와 논점을 확인할 수 있는 중요한 자료라고 할 수 있다. 동시에 내무성 도시계획과가 추진한 도시계획정책의 전체 모습과 추이를 선명하게 이해할 수 있는 자료로서 그 가치가 매우 높다.

이와 같은 잡지의 성격이 만들어질 수 있었던 가장 중요한 이유는, 도시연구회와 『도시공론』의 창간 과정에서 찾을 수 있다. 즉 도시연구회는 기관지 『도시공론』에 도시계획의 존재 의의를 세론(世論)에 적극적으로 호소하기 위해, 도시계획 전문가들의 의견과 도시계획 관련 이론을 지면에 상세히 게재하였다. 이러한 잡지의 성격은 내무성(內務省)과 후생성(厚生省)의 홍보지로서 관방문서과(官房文書課)에서 편집된 『내무시보(內務時報)』(나중에 『내무후생성시보(內務厚生省時報)』로 개제)가 가지고 있었던 홍보적 성격과 극명히 대조된다. 잡지 『도시공론』이 보여준 논의 자유 활달함과 전문성은 당시로서는 특이할 정도로 특징적이었다. (문영주)

참고문헌

『「都市公論」總目次·索引』, 不二出版, 1992; 『日本出版百年史年表』, 日本書籍出版協會, 1968; 都市研究会, 『都市公論』(復刻版) 2巻 2号(1919.2)~28巻 12号(1945.2), 不二出版, 1919.

▌도시문제(都市問題)

1925년 일본에서 발행된 도시 잡지

1925년 일본의 도쿄시정조사회(東京市政調查會)가 월간지로 발행한 잡지이다. 도쿄시정조사회는 당시 도쿄시장이었던 고토 신페이(後藤新平)가 조직하였다. 이 조직이 창간한 잡지 『도시문제』는 2차 세계대전 말기부터 1950년까지의 기간을 제외하고 지금까지 지속적으로 간행되고 있다.

잡지는 도시문제와 도시정책의 동향·과제에 관련해서 특집을 주로 구성하였다. 특집의 테마는 행정재정 문제 이외에, 산업, 경제, 주택, 환경, 교육 등 각 분야에 걸쳐 있었다. 특집 이외에도 일반 논문, 도서소개, 시사문제, 문헌정보 등을 게재하였다. 잡지에는 의회나 지방행정기관에서 논의되었던 교통, 인구 등 다양한 도시문제에 관한 글들이 수록되어 있다. 또한 도시생활에 있어서 공해문제 등도 주요 논의의 대상이었다. 이 잡지를 보면, 일본에서, 소음, 공기의 오염, 녹지의 부족 등과 같은 근대적 도시문제가 1945년 이후에 본격적으로 논의가 시작되었던 것이 아니라, 전쟁 기간이었던 1940년대에서 이미 중요한 문제로 논의가 되고 있었음을 알 수 있다.

1942년 3월호에는 녹지 부족과 관련하여 "미국 등에서는 도시의 구역 혹은 그 근접지대를 포함한 구역에서, 인구 100명당 1에이커, 즉 인구 1인당 40.4㎡라는 것이 정설로 되어 있는데, 일본의 주요 도시의 공원 수 및 면적을 보면, 그 빈곤의 정도는 실로 문제가 가련할 정도로 심각한 상태이다"라고 서술하였다. 그리고 일본의 주요 도시의 공원수와 공원 면적을 도표로 제시하였다. 그러나 전쟁 말기로 들어서면, 녹지 부족이나 대기 오염과 같은 도시문제는 부차적인 것으로 밀려나고, 도시문제는 오직 방공(防空)과 소개(疏開)의 문제로 귀착되었다.

그리고 1944년 3월호에는 조선의 「여자특별연성소(女子特別鍊成所)」 기사가 수록되어 있다. "이것은 16세 이상의 미혼부인(未婚婦人)을 대상으로 국민학교(國民學校) 미수료자(未修了者)를 수용, 1일 3시간, 주 4일간, 연 600시간을 연성시간(鍊成時間)으로 정하고, 연성기간을 1개년 수료로 했는데, 노무국(勞務局)에서는 220만 엔의 예산으로 전선(全鮮)의 국민학교에 2400개소의 연성소를 4월 개설, 20만의 여자청년을 입소시키려고 한다"는 것이 기사의 주 내용이었다. 식민지 조선에서 실시된 강제 인력동원에 관한 기사였다. (문영주)

참고문헌

東京市政調査会 編, 『東京市政調査会: その組織と事業』, 東京市政調査会, 1927; 高崎隆治, 『戰時下の雑誌その光と影』, 風媒社, 1976, 195~196쪽.

▌도시샤논총(同志社論叢)

1920년 일본의 도시샤법학회가 발행한 학술지

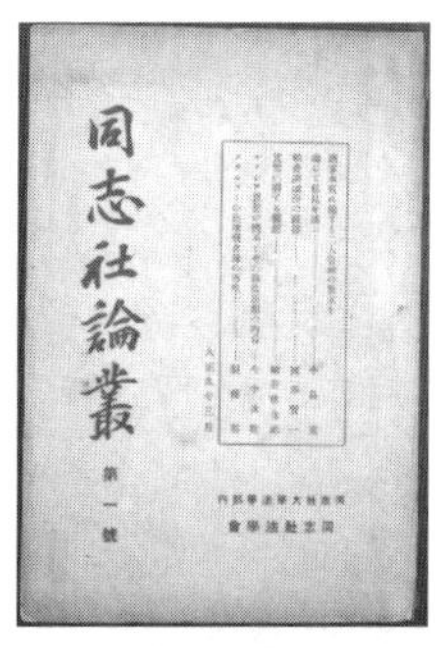

1920년 3월 1일 도시샤대학(同志社大学) 법학부의 교수, 졸업생, 재학생으로 구성된 도시샤법학회가 창간한 도시샤대학 법학부의 기요(紀要)이다. 동 법학부는 1919년에 『정치학경제학논총(政治學經濟學論叢)』을 창간했지만, 제반 사정에 의해 폐간되어 이를 계승한 형태로 다시 간행했다. 잡지 원본은 도시샤대학 중앙도서관과 가가와대학(香川大學) 가미하라문고(神原文庫) 등에 소장되어 있다.

창간사에는 "진리의 탐구를 목적으로 한 학문 영역에서는 진리 그 자체가 최고의 권위라는 것을 믿는다.

정치학, 경제학, 법률학 문제에 관해 진지하고 자유롭게 탐구하여 주춧돌을 쌓아올리려고 뜻을 같이한 자들이 논총을 발간하기에 이르렀다"고 밝히고 있다.

순수하고 학술적인 논문의 발표 공간으로 창간되어 법학, 정치학에 관한 논문으로만 구성되었다. 창간호에는 합계 6편의 논문이 게재되었는데, 가장 긴 논문은 5만 자를 넘었다. (이규수)

참고문헌

牛島俊 作, 『日本言論史』, 河出書房, 1955; 岡野他家夫, 『明治言論史』, 原書房, 1983; 桂敬一, 『明治・大正のジャ-ナリズム』, 岩波書店, 1992.

도시창작(都市創作)

1929년 일본에서 발행된 도시 잡지

도시계획 아이치지방위원회(都市計劃愛知地方委員會)를 중심으로 설립된 「도시창작회(都市創作會)」가 발행한 월간지이다. 1929년 9월 25일에 1권 1호가 발간되었고, 지금까지 1930년 4월 15일 발간된 6권 3호까지의 55책이 확인된다. 아이치현청 내에 설치된 도시계획도서발행소(都市計劃圖書發行所)가 발매하고, 당시 나고야(名古屋)시 중구 아치현청 정문 앞에 있던 오쓰카 가네후미(大塚錦文)서점이 취급 판매점이었다.

특집은 1권 전부를 특집으로 하는 특집호와 여러 편의 논문에 의해서 편집된 특집논문으로 구별된다. 특집호로는 2권 9호(10호)의 토지구획정리호(土地區劃整理号), 4권 10호(11호)의 토지박호(土地博号) 등이 있다. 특집논문으로 대표적인 것은 3권 6호의 전국도시문제회의인상(全國都市問題會議印象), 3권 7, 8호의 토지구획정리순례(土地區劃整理巡禮), 3권 10, 11호의 팔사소개(八事紹介) 등이다.

1920년 도시계획법이 시행됨과 동시에, 도쿄(東京), 요코하마(橫浜), 나고야(名古屋), 오사카(大阪), 교토(京都), 고베(神戶) 등의 각 도시에, 사무관, 기사, 서기, 기수로 구성된 도시계획지방위원회가 설치되었다. 이에 따라 지방도시의 도시계획은 도시계획지방위원회의 논의를 거쳐, 내무대신이 결정하고, 내각의 인가를 받는 형태로 진행되었다. 그 후 이들 도시는 1920년대 후반까지 소위 「6대 도시」의 도시확장계획안을 책정했는데, 그 과정에서 얻어진 새로운 지식과 기술은 각각의 기관지에 축적되었다.

이러한 기관지의 선구로서는 내무성 도시계획과를 중심으로 만들어진 도시연구회(都市硏究會)에 의한 『도시공론(都市公論)』(1918~1945)인데, 1925년에 도쿄의 시정조사회와 오사카, 효고(兵庫), 아이치(愛知)의 지방위원회가 각각 기관지를 창간했다. 즉 도쿄 시정조사회(東京市政調査會)에 의한 『도시문제(都市問題)』(1925~현재), 오사카도시연구회(大阪都市硏究會)에 의한 「대오사카(大大阪)」(1925~1944), 효고현 도시연구회에 의한 『도시연구(都市硏究)』(1925~45), 그리고 도시창작회에 의한 「도시창작(都市創作)」이다.

이런 측면에서 『대오사카(大大阪)』, 『도시연구』, 『도시창작』의 세 잡지는 내무성이라는 중앙관청 측의 시점과 그 감독하에 있었지만 지방의 특성을 고려한 지방위원회의 시점이 병존하고 있었으며, 도쿄 집중 이전의 중앙과 지방의 관계를 성찰할 수 있는 귀중한 자료이다. 특히 『도시창작』은 도쿄와 오사카 중심의 도시사 연구를 나고야로 대표되는 지방도시의 실상을 고찰할 수 자료라는 측면에서, 근대도시사의 기존 연구를 확대시킬 수 있는 자료이다. 도시창작회(都市創作會)는 1921년 도시계획나고야지방위원회에 「청년도시연구회」라 불리는 조직이 결성되었는데, 이 조직을 모체로 발전적으로 개조한 것이었다.

본지는 6권 3호로 폐간되었는데, 폐간의 이유는 『도시공론』으로의 합류문제라고 기록되어 있다. 이에 대해서 『도시공론』은 전재부흥원(戰災復興院) 발행의 『부흥정보(復興情報)』와 합병 개제하고 『신도시(新都市)』로서 계승되었다. 합류문제가 생긴 당시의 『도시공론』지상에서 『도시창작』을 흡수한다는 기사는 확인할 수 없다. 다만 이 합류에 의해서 나고야를 중심으로 한 중경(中京)지방에서의 구획정리(區劃整理)의 수법이 전국으로 확대되는 계기가 되었으며, 『도시창작』의 대표적인 논객들에게는 『도시공론』이라는 새로운 지면을 확보하는 계기였다. 한편 『도시창작』의 발행 과정에서 육성된 나고야 시구정리경지정리연합회(市區劃整理耕地整理聯合會)가 1935년 다시 『시구정리(市區整理)』라는 잡지를 창간하는 원동력이었다. (문영주)

참고문헌

堀田典裕, 『「都市創作」 解說·總目次·索引』, 不二出版, 2005;

『日本出版百年史年表』, 日本書籍出版協會, 1968.

도카이경제신보(東海經濟新報)

1880년 일본에서 발행된 경제 잡지

1880년 8월 21일 이누카이 쓰요리(犬養毅)가 발행한 경제 잡지이다. 잡지 발행목적은 내외 경제에 관한 논설, 기사, 통계를 편집하여 독자에게 제공하는 것이었다. 발행소는 도카이샤(東海社)였다.
초기에는 월간으로 발행되다가 4×6배판으로 매월 3회 발행으로 전환되었다. 잡지는 1책 10전, 10책 이상 구입 때는 10% 할인하여 판매되었다
1883년 10월 15일 76호를 발행하고 폐간되었다. 폐간 이유는 명확하지 않은데, 이누카이 쓰요리가 입헌개진당(立憲改進党) 결성에 관여했기 때문인 것으로 추정된다. 1980년부터 1982년까지 일본경제평론사에서 7권의 복각판(復刻版)을 출판하였다.

『도카이경제신보』는 경제평론 잡지이면서 동시에 경제정보잡지였다. 경제정보 잡지로서 『도카이경제신보』는 일본 근대 초기의 경제사를 이해할 수 있는 자료를 풍부하게 싣고 있다. 잡지에는 요코하마(橫浜), 나가사키(長崎)항의 상품 거래액, 주요 국가의 환율 시세, 일본 각 지역의 평균 물가 등에 관해 정리되어 있다.

경제평론 잡지로서 자유무역주의의 확대를 방지하고 보호무역주의의 필요성을 여론에 환기시키기 위해 창간되었다.

보호무역주의의 편집방향은 『도카이경제신보』보다 1년 먼저 창간되어 자유무역주의를 주장한 『도쿄경제잡지』를 정면으로 비판한 것이었다.

『도카이경제신보』가 주장한 보호무역주의의 대요는 1880년 8월 21일 발행된 창간호에 잘 정리되어 있다. 세계 각국은 문명발전단계에 따라 국민경제의 발달수준에 차이가 있음을 강조하였다. 이 때문에 만국보편(萬國普遍)의 경제를 확립하려는 자유무역주의는 모든 국가를 합체하여 하나의 국가로 만들려는 이상주의로 현실적으로 불가능한 주장이라고 비판하였다.

그리고 제조업이 발전하지 못하고 통상이 미진한 문명열등국이 문명우등국의 생산물 유입을 막기 위해서는 보호세정책의 실시가 무엇보다도 중요하다고 강조하였다. 이러한 논리는 자연스럽게 불평등조약하에서 관제자주권이 없는 문명열등국 일본이 강력한 보호무역주의정책을 실시하여야 한다는 주장으로 이어졌다.

따라서 일본 정부가 실시하는 유치산업보호론과 경제내셔널리즘에 입각한 보호무역주의는 경제활동에 대한 국가의 간섭이 아니라 정당방위라고 지지되었다.

『도카이경제신보』와 『도쿄경제잡지』의 논쟁

보호무역주의를 주장한 『도카이경제신보』와 자유무역주의를 주장한 『도쿄경제잡지』의 논쟁은 1880년 9월부터 1881년 전반기까지 진행되었다.

당시의 일본 경제학계에는 도쿄경제학강습회를 이끄는 다구치 우키치(田口卯吉) 중심의 자유주의자와 『도카이경제신보』를 창간하여 보호주의를 제창한 이누카이 쓰요리 사이에 자유-보호무역논쟁이 한창이었다.

다구치 우키치의 「자유교역일본경제론(自由交易日本經濟論)」(1878)에 대한 이누카이 쓰요리의 비판으로 시작된 논쟁에서 양자는 자신의 경제 잡지를 통해 상대를 공격하였다

『도카이경제신보』 창간호의 보호무역주의 주장에 대해 『도쿄경제잡지』는 1880년 9월 5일자로 발행된 37호에서 「도카이경제신보를 읽고」라는 제목의 사설을 게재하였다. 사설은 수입품에 보호관세를 부과하는 정책은 국민들이 결국은 비싼 가격을 지불하면서도 열악한 상품을 소비하도록 강요하는 것이라고 비판하였

다. 즉 보호관세가 물가를 비싸게 해서 소비자를 희생시킨다는 것이었다.

이에 대해 『도카이경제신보』는 제3호(1880.9.15)에 「도카이경제신보를 읽고」를 반박하는 「'도카이경제신보를 읽고'를 읽고(讀讀東海經濟新報)」를 게재하였다. 이 글은 수년간의 보호정책으로 외국 상품의 유입을 억제하고 일본 기술자들에게 숙련기술을 습득시킬 필요성을 주장하였다.

『도쿄경제잡지』가 제39호에 「다시 도카이경제신보를 읽고」 등을 게재하면서 논쟁은 확대되었다. 이 후 논쟁은 사설과 투고논문 중심으로 1991년 상반기까지 진행되었다.

그러나 『도카이경제신보』 제30호(1881.6.15)의 「질문 도쿄경제잡지기자(質東京經濟雜誌記者)」에 대해 『도쿄경제잡지』가 답을 하지 않으면서 논쟁은 더 이상 진행되지 않았다. (문영주)

참고문헌

『東海經濟新報』(復刻板), 1號(明13.8)-76號(明15.10), 日本経済評論社, 1983; 杉原四郎 編, 『日本経済雑誌の源流』, 有斐閣, 1990; 杉原四郎 著, 『日本の経済雑誌』, 日本経済評論社, 1987.

도쿄경제잡지(東京經濟雜誌)

1897년 일본에서 발행된 경제 잡지

THE TOKYO ECONOMIST

東京經濟雜誌

九月一日號

第一銀行

十五銀行

横濱正金銀行

安田銀行

다구치 우키치(田口卯吉)가 1879년 1월 29일 『은행잡지(銀行雜誌)』와 『이재신보(理財新報)』를 합병하여 창간한 일본 최초의 경제전문 잡지이다. 영국의 『이코노미스트(THE ECONOMIST)』를 모방했기 때문에, '도쿄 이코노미스트(THE TOKYO ECONOMIST)'라고도 불렸다. 『도쿄경제잡지』는 경제정보잡지, 경제평론 잡지, 학술경제 잡지의 성격을 동시에 가지고 있었던 경제전문 잡지였다. 발행소는 경제잡지사(나중에 도쿄경제잡지사로 변경)였다.
1923년 9월 1일 폐간까지 총 2138호를 4×6배판 크기로 발간했다. 발간 초기에는 월간으로 발행되다가, 곧 반월간, 순간(旬刊)으로 바뀌었고, 1881년부터 주간으로 발행되었다. 발행 목적은 '은행, 상업 및 재정 일체에 관한 기사 논설 및 기타 유요한 사실을 편집해서 보도하는 것'이었다. 국립국회도서관을 비롯해 소장되어 있는 도서관이 적지 않으며, 영인본도 출판되어 있다.

창간호에 게재된 금융기사는 「시부사와 에이이치(澁澤榮一)의 연설」, 「교환소의 일」, 「메이지11년 11월 각지은행사무소 비교표」, 「국립은행일람표」, 「은행집회제10회록사」 등으로, 내용이 「이재신보」의 거의 같았다.

그러나 세이난전쟁(西南戰爭) 후 인플레이션 수습책을 둘러싸고 시부사와 에이이치(渋澤榮一)와 다구치 우키치를 중심으로 한 택선회(択善会)가 오쿠마 시게노부(大畏重信) 대상대신을 비판하면서, 오쿠마 시게노부가 택선회와 다구치 우키치의 『동양경제잡지』에 간섭하기 시작하였다.

이 문제에 대해 택선회 내부에서 견해가 통일되지 못하고, 결국 택선회는 해산되고 말았다. 이 때문에 택선회가 제공하던 자금원조가 1880년 8월, 본지 제36호부터 끊기게 되었다.

이후 본지는 택선회의 기관지적 성격을 탈피하고 본래의 경제 일반지로서 편집되었고, 형식면에서나 실직면에서나 『은행통신록』의 전신지로서의 역사를 중단하였다. 이것은 동시에 메이지 초기에 금융 잡지가 일시적으로 사라지게 되었음을 의미하는 것이기도 하다.

『도쿄경제잡지』는 일본 경제 동향을 재정, 금융, 상공, 무역을 중심으로 추적하고, 정확한 경제정보를 지속적으로 독자에게 제공하는 경제정보 잡지였다.

일본 국내의 금융 상황, 주식거래소 상황, 무역 상황,

각지의 경제 상황에 관한 정보를 제공하였다. 동시에 영국, 미국, 상하이, 홍콩을 비롯한 해외의 경제 상황에 관한 보도에 주력했다.

『도쿄경제잡지』는 자유방임주의 입장에서 정부, 재계, 학계의 주장을 비판하고, 경제정책의 시비를 독자에게 알리는 경제평론 잡지였다. 이 때문에 보호무역주의 입장에서 발행된 『도카이경제신보(東海經濟新報)』와 격렬하게 논쟁하였다.

청일전쟁 이후 수출세의 완전 폐지 주장은 여론의 반향이 컸다. 일본 정부의 경제정책을 비판했기 때문에 여러 차례 발행정지 처분을 받았다. 관계자들은 금고, 벌금 등의 형을 받았고, 편집장이 옥사하는 일도 있었다.

『도쿄경제잡지』는 서구 경제학의 역사와 현황을 일본에 소개하고, 일본 내 경제학연구 단체의 활동을 보도하는 학술경제 잡지의 역할도 수행하였다.

이외에도 실무적 교육주의를 주장하거나 혹은 도쿄 개조를 주장하는 등 경제적 입장에서 사회문제에 발언하면서 사회 계몽에 주력하였다.

이와 같이 『도쿄경제잡지』는 19세기부터 20세기에 걸쳐 일본이 서구열강을 모방하면서 부국강병 근대화 노선을 걷고 있던 시대에 자유방임주의에 입각한 근대화 노선을 주장한 경제 잡지였다.

경제담화회(이후 도쿄경제강습회, 도쿄경제학협회로 전환)는 『도쿄경제잡지』의 외곽단체로 기능하였다. 1900년대 들어 일본에서는 경제 잡지와 경제학 잡지의 분화가 발생하기 시작했다. 이러한 흐름은 1920년대 들어서는 경제저널리즘과 경제아카데미즘의 분명한 분리로 귀결되었다.

이러한 배경에서 경제 잡지는 경제정보 제공을 목적으로 한 보도잡지와 경제이론에 근거해서 경제현상을 분석하는 평론 잡지로 분화되었다. 일본의 경제 잡지가 새로운 단계로 이행하면서 『도쿄경제잡지』도 경제종합 잡지로서의 활동을 정지하고 1923년 9월 폐간되었다.

• 다구치 우키치(田口卯吉, 1855~1905)

경제학자, 사학자, 법학자로서 호는 정헌(鼎軒)이었다. 1871년부터 1878년까지 대장성에 근무했다.

1879년 『은행잡지』와 『이재신보』을 통합해서 자유방임주의 입장에서 『도쿄경제잡지』를 발간했다. 『도쿄경제잡지』을 기반으로 도쿄경제강습회를 조직하고 강의록과 영국 경제학을 번역 출판하고, 익명으로 『유빈호치신문(郵便報知新聞)』과 『요코하마마이니치신문(横浜每日新聞)』에 다수의 글을 투고하였다.

1877년 오메이샤(嚶鳴社) 발기인으로 『앵명잡지(嚶鳴雜誌)』 출간에도 관여하였다. 1882년에는 『지유신문(自由新聞)』 기자가 되었고, 『조야신문(朝野新聞)』에도 기고하였다. 생애를 통해서 신문, 잡지에 많은 글을 기고하였다.

1877년 『일본개화소사(日本開化小史)』 1권을 출판하여 근대문명사가로 알려지게 되었다. 그의 생애를 다룬 『정헌 다구치 우키치 선생전(鼎軒田口先生伝)』이 출간되었고, 그의 글과 저서는 『정헌 다구치 우키치 전집(鼎軒田口卯吉全集)』으로 묶여 출간되었다. (문영주)

참고문헌

杉原四郎 編, 『日本経済雑誌の源流』, 有斐閣, 1990; 杉原四郎 著, 『日本の経済雑誌』, 日本経済評論社, 1987; 杉原四郎, 岡田和喜 編., 『田口卯吉と東京經濟雜誌』, 日本経済評論社, 1995.2.

도쿄니치니치신문(東京日日新聞)

1872년 일본 도쿄에서 간행된 일간지

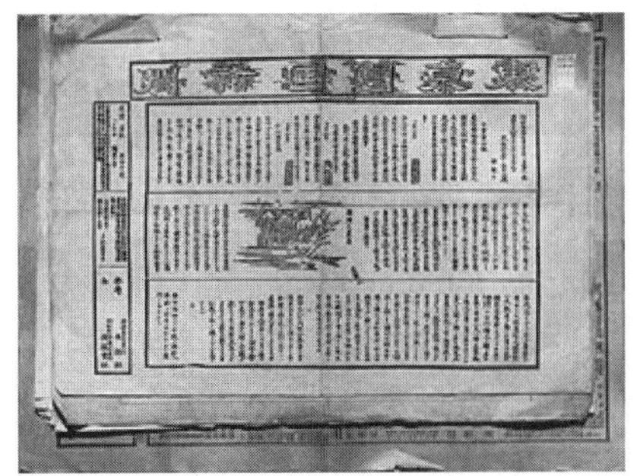

1872년 3월 29일에 발행되었다. 1872년은 일본 국내에서는 철도 개통, 도쿄 - 오사카 간의 전신개통, 더욱이 전국적인 우편 시행과 통신수단이 비약적으로 발전된 해로 『도쿄니치니치신문』 이외에도 전국적으로 많은 신문이 창간되었다.
창립자는 조노 사이기쿠(条野伝平, 1832~1902), 니시다 덴스케(西田伝助, 1838~1910), 오치아이 이쿠지로(落合幾次郎, 1833~1904)였다. 당초는 조노의 집에서 발간되었지만, 2년 후 긴자(銀座)에 사옥을 건립했다. 잡보가 들어간 '신문금회(新聞錦絵)'는 도쿄의 토산으로 화제를 불러일으켰다.

발행 당초부터 종합신문을 지향했다. 창간호는 미농지판 1장에 편면 2색 인쇄였다. 정부의 포고와 공문서를 게재한 '관서공보(官書公報)'와 일반 뉴스인 '강호총담(江湖叢談)'의 두 난으로 되어 있다.

다이쇼 시기에 들어와서는 문예란도 충실해져 모리 오가이(森鴎外), 아쿠타가와 류노스케(芥川龍之介), 기쿠치 간(菊池寛), 요코미쓰 리이치(横光利一) 등의 작품이 연재되었다.

『도쿄니치니치신문』은 1873년 기시다 긴고(岸田吟香)의 입사와 더불어 평이한 구어체의 잡보란을 만들어 대중지로서 정착되었다. 또 1874년 입사 직후 주필에 취임한 후쿠치 겐이치로(福地源一郎)는 새로이 사설란을 창설하고 지면의 변화를 도모했다.

이후 메이지 신정부를 옹호하는 논진을 내세운 어용신문이 되었고, 자유민권파의 정론지와 대항했다. 후쿠치 겐이치로의 사설, 기시다 긴고의 잡보, 그리고 여기에 나루시마 류호쿠(成島柳北)의 잡록은 신문의 3대 명물로 불렸다

1880년 무렵부터는 메이지 신정부에 대한 비판의 목소리가 높아져 『도쿄니치니치신문』을 둘러싼 이용신문 비판론이 제기되었다. 1888년에는 사장의 교체를 계기로 신문의 논조는 중립 노선으로 전환되어 대폭 판매부수를 높였지만, 1891년 조슈번벌(長州藩閥)의 기관지로 전락했다.

이후 이토 히로부미(伊藤博文)와 이노우에 가오루(井上馨), 미쓰이재벌(三井財閥)의 지원을 받았지만, 1904년 미쓰비시재벌(三菱財閥)이 신문사를 매수했다. 가토 다카아키(加藤高明)가 사장에 취임하여 경영 부진의 타개에 힘썼지만, 1911년 『도쿄니치니치신문』이라는 이름을 남기는 조건으로 경영적으로는 『오사카마이니치신문(大阪毎日新聞)』의 솔하에 들어갔다.

『오사카마이니치신문』은 메이지 초기에는 정치색이 강해 경영에 부진을 면치 못했으나 1889년부터 온화한 논조로 전환했다. 신문은 광고 수입의 증가와 함께 『오사카아사히신문(大阪朝日新聞)』(현재의 아사히신문)과 쌍벽을 이루는 간사이 지방의 유력지가 되었다.

『도쿄니치니치신문』은 1차 세계대전의 발발을 타 신문사에 앞서 보도했고, 러시아혁명의 보도와 레닌의 회견으로도 주목을 받았다. 시베리아 출병에 신중론을 전개했고, 일본 국내 문제로는 쌀소동 등의 사회문제도 보도했다.

보통선거운동에 찬성의 입장을 표명했고, 동일한 논조를 펼친 『아사히신문(朝日新聞)』과 독자확보를 둘러싼 경쟁을 전국적으로 펼쳐나갔다.

신문판매량을 회복한 『도쿄니치니치신문』은 다이쇼 시기에는 도쿄 5대 신문(호치[報知]·지지[時事]·고쿠민[國民]·도쿄아사히[東京朝日]·도쿄마이니치[東京日日])이 되었다.

간토대지진 관련 보도는 『아사히신문』보다는 신속성이라는 측면에서는 뒤처졌지만, 보도내용 그 자체는 『도쿄니치니치신문』의 평가가 상대적으로 높다. 이후 일본의 신문계는 오사카 자본인 『아사히신문』과 『도쿄니치니치신문』이라는 2강 체제로 재편되었다.

『도쿄니치니치신문』은 1929년 『고쿠민신문』의 주필 도쿠토미 소호(德富蘇峰)를 영입했고, 1936년에는 『지지신보』를 합병했다. 1939년 도쿄의 유라쿠초(有楽町)에 완성된 신사옥에는 당시 도쿄에서는 볼 수 없었던 '도니치천문관(東日天文館)'이 설치되었고, 벽면에는 전광 뉴스를 내보냈다.

1943년 1월 1일부터 『오사카마이니치신문』과 『도쿄니치니치신문』은 제호를 통일하여 『마이니치신문』이 되었다.

『도쿄니치니치신문』의 한국강점 보도

『도쿄니치니치신문』은 1910년 8월 28일 「한국합병기념」이라는 사설에서 한국합병은 일본 국민은 물론 한국인에게도 반가운 일이며, 한국인에게 '평화와 질서와 진보'를 가져다주는 매우 반갑고 기념할 만한 일이라고 왜곡하면서 "만약 한국합병 사실이 일반 한인에 대하여 참을 수 없는 비극을 주는 것이라고 했다면, 한국의 국세가 결코 오늘과 같은 상태로까지 쇠미하지는 않아야 했을 것 아닌가. 메이지 27~28년의 전역(청일전쟁)도 37~39년의 전역(러일전쟁)도 없었을 것이며, 통감정치도 실시되지 않았을 것 아니겠는가"라고 보도했다.

또 이에 앞서 『도쿄니치니치신문』은 1910년 8월 16일자 사설 「합방과 한인」에서 "제국(일본)이 반도(한국)에 임하는 것은 문명한 정치를 베풀려고 하는 데 있다. 일천만 내외의 한인을 도탄의 궁경으로부터 구출하려는 데 있다. 이(理)에서도 거절할 수 없는 것이고, 정(情)에서도 부정하지 못할 것이니 말이다"라고 한국을 모독하면서 '도탄에 빠진 한국민을 구출'한 것이라고 쓰고 있다.

이어서 『도쿄니치니치신문』 1910년 8월 28일 '한국합병기념'이란 사설에서 "우리는 일반 한인에게는 오히려 기념해야 할 (한일강제병합을) 한국 문명상의 일대 사실임을 생각하지 않을 수 없다. 그러므로 우리는 일본 국민도 한인도 일대사실에 관하여 서로 기념의 의사를 표명함이 매우 시기에 맞는 것으로 생각하는 바이다. 이것은 우리가 앞서 논의하였던 바, 국민에게 경고한 무의미한 전첩축하 비슷한 잔치소동과는 다른 것이다. …… 그리하여 적당한 방법으로 많은 일·한인을 망라하는 일대 기념을 적당한 시기에 개최하려는 것은, 일면에서는 일·한인의 친목의 기회로 될 수 있음은 물론, 동시에 국민으로 하여금 국가의 쇠망이란 그 쇠망하는 날에 쇠망하는 것이 아니라는 현실의 교훈을 깨우쳐, 제국의 현재 및 장래에 대하여 반성케 하는 기회로도 삼아야 할 것이다"며 나라를 빼앗은 일본과 빼앗긴 한국민이 함께 축하해야 한다는 내용을 쓰고 있다. (이규수·문영주)

참고문헌

牛島俊 作, 『日本言論史』, 河出書房, 1955; 岡野他家夫, 『明治言論史』, 原書房, 1983; 桂敬一, 『明治·大正のジャ-ナリズム』, 岩波書店, 1992.

도쿄신문(東京新聞)

1942년 일본에서 창간된 국책 신문

1942년 10월 1일 창간된 사단법인 조직에 의한 일본 최초의 국책신문(國策新聞)이다. 즉 주식회사 미야코신문(都新聞)과 주식회사 고쿠민신문(國民新聞)이 일본 정부의 정책적 필요에 따라 발전적 해소를 하고, 도쿄신문사(東京新聞社)를 창설하여, 『도쿄신문』을 발간했다. 발간의 목적은 전시에 있어 사상전의 강력한 병기로, 총력전의 일익을 담당하기 위해서였다.

도쿄신문사의 사장은 엔토 류사쿠(遠藤柳作), 편집국장은 야마네 신지로(山根眞次郎)였다. 도쿄신문사는 도쿄도 시내(東京都 麴町區內 幸町 2丁目 10번지)에 있었다.

강령으로 '국책의 삼투(滲透) 추진, 국민문화의 고양, 전시생활의 정제(整齊) 지도'를 내걸어, 천황의 정신을 국내외에 선양하며 안으로는 정부와 일본 국민의 의사를 연계시켜 사상적으로 하나가 되게 만드는 것이었다.

도쿄신문사의 기구(機構)는 4국 22부 1과 체제였다. 4국은 총무국, 편집국, 업무국, 공무국이었다. 특히 편집국장은 고야마 노부오(小山信夫)였다. (김인덕)

참고문헌

『昭和18年 新聞總攬』, 東京: 日本電報通信社, 1943; 春原昭彦, 『近代新聞通史』, 東京: 新泉社, 2003.

도쿄신지(東京新誌)

1876년부터 일본 도쿄에서 매주 토요일 발행된 주간잡지

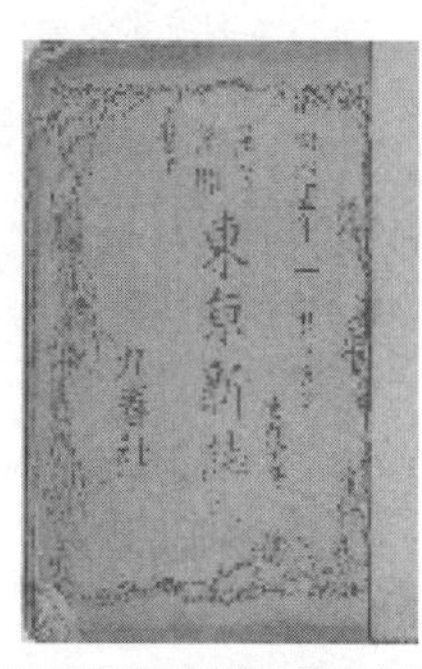

1876년 4월 핫토리 세이치(服部誠一)에 의해 창간되었다. 이 잡지는 핫토리가 1874년부터 76년까지 간행한 목판쇄(木版刷) 『도쿄신번창기(東京新繁昌記)』의 호평에 자신을 얻어 활자판 잡지로 계획한 것이다. 편집과 인쇄는 처음에는 모두 핫토리 세이치 혼자 담당했는데, 발행처는 '규슌샤(九春社)'였다. 규슌샤는 이후 사업이 확장됨에 따라 편집체계를 정비했다. 사장은 핫토리 세이지, 편집장은 마쓰무라 슌스케(松村春輔)였으며, 64호 이후는 구와노 고류(桑野顧柳)가 편집을 담당했다. 용지는 중국제의 대나무 종이(일반적으로 백지라고 함)를 이용했고, 2장으로 접어 13장 26쪽, 5호 활자로 25자 11행이었다. 표지는 황색, 주황색, 연두색, 분홍색 등으로 매번 색을 바꿨다. 정가는 1부당 5전으로 월 3회 발행 예정이었지만, 4호(1876년 6월)부터는 매주 토요일 발행되는 주간지가 되었다.

『도쿄신지』의 특징은 당대의 시대적 풍조를 희학적으로 풍자한 점에 있다. 『춘추좌전(春秋左傳)』을 모방해서 지난주에 일어난 사건을 상세하게 기술한 「미야코 쇄전(美也子瑣傳)」의 연재를 비롯하여 「도쿄남초(東京濫草)」, 「창기열전(娼妓列傳)」, 「화가진화(華街塵話)」 등 정사에 관한 이야기를 연재했다. 또 저명인사의 염문이야기, 첩의 집 비밀, 예기와 창기의 내정 등 유곽 소식이 희극적으로 다루어졌다.

또 잡지는 새로운 사물을 설명한 「혹물신편(惑物新篇)」, 새로운 직업을 소개한 「개화신생 이조군고기(開化新 異鳥群翱記)」, 고금의 이야기를 한문으로 기록한 「봉복차화(捧腹茶話)」, 「도쿄명소안내기(東京名所案內記)」 등 지방도시 안내기 등도 게재했다.

더욱이 잡지에는 「배우품평기(俳優品評記)」 등 오락본위의 기사나 한시, 재미난 와카(和歌)와 같은 풍류에 관한 것도 많았다. 연재물로는 「아득한 연정의 넝쿨(八重手すき 戀路ノ蔦蘿)」(20회), 「봄비일기 사랑에 젖은 꽃(春雨日記 戀ひの濡花)」(22회), 「시골의 풍속화 사랑의 미로(田舍綿繪 戀の迷路)」(12회), 「옛날을 그리다 흐르는 강가의 대나무(昔を忍ぶ流れの川竹)」(16회) 등 연애소설도 게재되었다. 이와 같이 『도쿄신지』는 당대의 취미와 오락을 겸한 대중의 읽을거리로 다수의 독자를 확보하고 있었다.

집필자에는 핫토리 세이치를 비롯해 이시이 난쿄(石井南橋), 마쓰무라 슌스케, 곤도 요시키(近藤芳樹), 사토 젠스케(佐藤善輔), 오쿠보 슌레이(大久保春驪), 사와마쓰 쓰쓰미(澤松堤), 구와노 고류, 이와이 니카(岩井錦香) 등의 이름이 보인다. 또 필자를 명시하지 않은 글도 많은데, 이는 대부분 핫토리 세이지가 쓴 것으로 생각된다.

발행부수는 9호에 이르러 3000부에 달했고, 이후 계속 증가하여 타 잡지의 발행부수를 크게 앞질렀다. 하지만 『도쿄신지』는 외무대신 이노우에 가오루(井上馨) 딸의 정사를 취급한 기사가 '신문지조례'에 저촉되어 1883년 1월 334호로 영구발행금지 처분을 받았다.

이후 『도쿄신지』는 사라지고, 대신 『오처신지(吾妻新誌)』(1883년 4월 창간, 1887년 2월 폐간)가 발간되었다.

• 핫토리 세이치(服部誠一)

후쿠시마(福島) 출신으로 문학자이다. 번교 게이가쿠칸(藩校敬学館)에서 수학하다가 이후 에도(江戸)의 성당(聖堂)에 들어갔다. 고향에 돌아와서는 번교의 교수가 되었다.

메이지유신 이후, 번의 공용인(公用人)으로 다시 도쿄로 진출했지만, 폐번치현으로 실직했다. 이후 저술에 몰두하였고, 한문에 조예가 깊었다. 메이지 초기에 『도쿄신지』(1876), 『오처신지』(1883) 등을 발행했다.

특히 1874년 그가 발표한 『도쿄신번창기(東京新繁昌記)』는 폭발적인 판매량을 올려 명성과 더불어 종이 가격까지 올렸다는 일화도 전해진다. 1896년 미야기

현(宮城県)의 중학교 한문교사로 초빙을 받아 12년간 재직했다. (이규수)

참고문헌

牛島俊 作, 『日本言論史』, 河出書房, 1955; 岡野他家夫, 『明治言論史』, 原書房, 1983; 桂敬一, 『明治·大正のジャ-ナリズム』, 岩波書店, 1992.

▌도호쿠일보(東奥日報)

1888년 일본 도호쿠 지방에서 창간된 지역신문

1888년 12월 6일 창간되어 기쿠치 규로(菊池九郎)가 사장으로 추대되었다. 1890년 주식회사를 해산시키고 사장 우라타 히로시(浦田廣)에게 모든 것을 위탁하고, 1902년 2월 다케다 구니오(武田邦雄)가 계승, 주간을 와타 가쓰에(和田勝衛), 편집장을 기무라 모토사부로(木村元三郎)로 회사를 재건했다. 1919년 8월 새롭게 사원을 뽑아 주식회사의 체제를 갖추고, 1926년 야마타 긴지로(山田金次郎)를 사장으로 추천하여 진용을 일신했다.

1937년 7월 중일전쟁 발발 이후 1942년 2월 말까지 27명의 종군기자를 파견하여 부대의 전투상황을 상세 보도했다. 진중 위문을 위해 포터블축음기, 레코드, 화보, 『월간도호쿠(月刊東奧)』, 『도호쿠연감(東奧年鑑)』 등 기증했다. 또한 가족과 통화를 중간에서 연결시켜주고, 고향 관련 영상물을 공급해 주었다. 아울러 현(縣)의 각지에서는 보고강연회를 개최하여, 총후(銃後)진영 강화를 도모했다.

도호쿠일보사는 '황기(皇紀) 2600년 기념사업'으로 아오모리현(靑森縣)의 모습과 사람들을 기록하기 위해 『아오모리현종관(靑森縣綜觀)』을 발행했다. 또한 군용기 헌납운동을 제창하였다. 그리고 각종 대회를 개최했는데, 스키대회, 경작 경기대회, 스모대회, 민요대회, 등산경주대회, 미술전람회 등이 그것이다.

도호쿠일보사는 도호쿠인쇄주식회사(東奧印刷株式會社), 도호쿠건설주식회사(東奧建設株式會社)를 분리 설치하고, 시 외곽에 훈련소를 두 곳 설치했다. 아울러 도호쿠보국대(東奧報國隊)를 결성하여 농촌을 순회했다. 1943년 도호쿠일보사의 소재지는 아오모리시(靑森市 大字大野字長島 3-2)였다. (김인덕)

참고문헌

『昭和18年 新聞總攬』, 東京: 日本電報通信社, 1943; 春原昭彦, 『近代新聞通史』, 東京: 新泉社, 2003.

▌도호쿠평론(東北評論)

1908년 창간된 일본의 초기 사회주의 잡지

1908년 5월에 창간되어 같은 해 10월까지 발간된 도호쿠(東北) 지방의 사회주의 잡지이다. 다카바타케 모토유키(高畠素之)를 편집 겸 발행인으로, 엔도 도모사부로(遠藤友四郎)를 인쇄인으로 하여 창간되었다. 다카바타케 모토유키가 창간호를 내자마자 체포되었기 때문에 편집 겸 발행인은 나중에 대역 사건으로 사형을 당하는 니무라 다다오(新村忠雄)로 바뀌었다.

발행처는 군마현(群馬縣) 다카사키(高崎)의 도호쿠평론사(東北評論社)였다. 1908년 8월 복간호를 냈으나 다카바타케 모토유키에 이어 엔도 도모사부로와 니무라 다다오도 체포되었기 때문에 같은 해 10월 복간 3호(통간 제4호)를 내고 종간하였다.

군마현과 도치기현(栃木縣)의 사회주의자들은 1908년 조모평민구락부(上毛平民俱樂部)를 결성하였다. 2월 9일에는 료모동지대회(両毛同志大會)를 개최하였다. 그런 가운데 사회주의의 지역신문을 발간하자는 계획이 논의되었고 대회 당일 다카바타케 모토유키를 편집 겸 발행인, 엔도 도모사부로를 인쇄인으로 하여 『도호쿠평론』을 발간할 것이 결정되었다.

당시 일본의 사회주의운동은 의회주의를 주장하는 세력과 대중의 직접 행동 곧 총파업을 통한 천황제의 전복을 주장하는 고토쿠 슈스이(幸德秋水)의 직접 행동파로 분화되고 있었다. 이 잡지를 주도하고 있던 다카바타케 모토유키, 니무라 다다오는 모두 직접 행동파의 동조자였다. 이 무렵 중앙의 직접 행동파에 대한 탄압이 가중되고 있었기 때문에 이 잡지는 지방에서 발간되면서도 직접 행동파의 중앙기관지와 같은 역할을 하였다.

창간호의 필진은 다카바타케 모토유키, 오사카베 도라키치(長加部寅吉), 모기 가즈지(茂木一次) 등이었다. 그런데 1908년에 일어난 아시오 동산(足尾銅山) 폭동을 가리켜 "혁명의 봉화 오르다"라고 표현한 문장이 문제가 되어 편집인의 책임을 맡고 있던 다카바타케 모토유키는 체포되었고 잡지의 발매는 금지되었다.

• **다카바타케 모토유키(高畠素之, 1886~1928)**

기독교 신자로 도시샤대학(同志社大學)에 입학하였으나 도중에 기독교를 버리고 중퇴하였다.

다카사키에서 『도호쿠평론』을 발간하다가 '신문지조례(新聞紙條例)' 위반으로 금고 2개월의 형을 받았다. 옥중에서 『자본론』을 접하였다.

1911년 바이분샤(賣文社)에 입사하였다. 바이분샤는 사카이 도시히코(堺利彦)가 대역 사건 후의 '사회주의 겨울 시대'에 전국의 사회주의자들 사이에 연락망을 유지하기 위하여 설립한 단체였다.

1915년에는 사카이 도시히코, 야마카와 히토시(山川均) 등과 함께 『신사회(新社會)』를 발행하여 마르크스주의를 소개하는 데 앞장을 섰다. 특히 카우츠키의 『자본론 해설(資本論解說)』을 번역함으로써 마르크스주의 연구자로서의 지위를 확보하였다.

한편 러시아혁명의 영향을 받아 1918년에는 야마카와 히토시 등과 사회주의운동의 방법론을 둘러싸고 논쟁을 벌였으며, 그 후부터 국가사회주의운동으로 기울어지기 시작하였다.

1919년부터 1925년 사이에 마르크스의 『자본론(資本論)』을 일본에서는 처음으로 전부 번역하였는가 하면, 한편으로는 우익 단체, 국수주의단체와 제휴하는 모습도 보이고 있었다.

아시오동산(足尾銅山) 폭동

도치기현에 위치한 아시오 동산은 20세기 초 일본 구리 산출량의 약 1/4을 차지한 큰 광산이었다. 1885년부터 시작된 아시오 광독(鑛毒) 사건으로도 유명한 곳이다. 그런데 1908년 2월 아시오동산에서 지성회(至誠會)라는 노동자단체가 만들어졌고, 이 단체를 중심으로 노동자의 대우 개선과 임금 인상을 요구하는 움직임이 일어났다. 비록 당시로서는 생소한 것이기는 하였지만 처음에는 단순한 노동쟁의로 시작된 것이 곧 노동자들의 폭동으로 발전하였다. 이 폭동은 다카사키에 주둔하고 있던 15연대가 출동함으로써 비로소 진정될 수 있었다. (이준식)

참고문헌

勞働運動史硏究會 編, 『明治社會主義史料集 別冊 第2 熊本評論: 附平民評論·自由思想·東北評論』(復刻板), 明治文獻資料刊行會, 1962; 遠藤無水, 『社會主義になつた漱石の猫』, 遠藤友四郞, 1919; 田中眞人, 『高畠素之: 日本の國家社會主義』, 現代評論社, 1978; 茂木実臣 編, 『高畠素之先生の思想と人物: 急進愛國主義の理論的根拠』, 大空社, 1996; 田村紀雄, 『明治両毛の山鳴り: 民衆言論の社會史』, 百人社, 1981.

도화(都の花)

1888년 일본에서 발행된 문예지

1888년 10월 21일 창간되어 1894년 6월 18일에 발행된 109호로서 폐간된 메이지(明治)시기 문예지이다. 발행소는 창간부터 72호까지 긴코토(金港堂)였다가, 1891년 12월 20일 발행된 73호부터 명칭이 긴코토쇼세키 주식회사(金港堂書籍株式會社)로 변경되었다. 잡지 간행 간기는 매월 2회로서, 제1, 제3 일요일에 발행되었다. 1888년 10월 21일(제3일요일)에 창간되어 1894년 6월 18일(제3일요일)에 종간되었기 때문에, 제대로 발행이 되었다면 합계 113호가 발행되어야 맞다. 그러나 총 109호로 종간된 이유는 1891년 5월 17일 발행된 63호가 풍속을 괴란(壞亂)시켰다는 명목으로 6월과 7월 2개월간 발행정지 처분을 받았기 때문이다. 잡지의 크기는 국판(菊版)이었으며, 표지는 처음에는 앵두나무, 국화, 수선 등의 꽃이 엷은 색으로 인쇄되어 있었고, 그 가운데 잡지의 제호가 화려하게 쓰여 있었다. 이후 4색 이상의 색채를 사용하여 잡지의 표지는 더욱 강한 화려함을 드러냈다. 잡지 분량은 70쪽으로 시작하였지만, 곧 100쪽 내외의 분량으로 발행되었다.

부록으로 소설책이 한 권 덧붙여지는 경우에는 총 분량이 150쪽 정도로 증가되어 발행되었다. 잡지는 학술기담(學術奇談), 각본(脚本), 서양소설, 요문평석(謠文評釋), 삽화 등의 항목으로 구성되었다.
편집발행인은 1호부터 나카네 기요시(中根淑)가 담당하였지만, 그는 잡지 발행의 총책임자와 같은 역할을 하였다. 그러나 잡지의 실질적인 편집은 인쇄인이라고 적혀 있는 인물들이었다. 인쇄인은 1호부터 38호까지의 야마다 다케타로(山田武太郎)와 야마다 비묘(山田美妙)였고, 39호 이후는 후지모토 마사(藤本眞)과 후지모토 도인(藤本藤陰)이었다. 그러나 잡지 편집의 기본을 확립한 공로자는 누구보다도 야마다 비묘였다.

잡지가 창간된 1888년은 일본의 메이지 출판역사에서 출판사가 잡지를 연속적으로 창간해서 기업적 기초를 확립한 시대였다. 예를 들어『국민지우(國民之友)』,『일본인(日本人)』과 같은 종합잡지,『이랑도여(以良都女)』 등의 부인잡지, 기타 정론잡지, 학술지, 철학잡지, 종교 잡지, 교육 잡지, 문예지, 소년잡지 등과 같이 다양한 분야의 잡지들이 경쟁적으로 창간된 시대였다.

이 중에서 문예지를 둘러싼 출판전쟁은 결국 본 잡지의 승리로 종결되었다. 잡지의 이러한 성공 요인은 무엇보다도 본 잡지가 일본 최초로 일반 대중을 대상으로 한 소설과 평론으로 지면을 구성한 상업적 문예지였다는 점 때문이었다. 그리고 최초의 상업적 문예지의 실질적인 편집주간이 바로 야마다 비묘였던 것이다. 그런데 야마다 비묘가 본 잡지의 편집주간으로 발탁될 수 있었던 것은 잡지『이랑도여』의 편집동인 중의 한 사람인 신보 이와타(新保磐次) 때문이었다. 신보 이와타는 당시 긴코도의 편집부에 근무하고 있었다.

1890년 야마다 비묘는 가이신신문사(改進新聞社)에 입사하는 등 매우 바쁜 나날을 보냈기 때문에, 4월에 긴코도를 퇴사하였다. 이 때문에 잡지 제39호부터는 후지모토 도인(藤本藤陰)이 실질적인 편집을 담당하였다. 그 결과 야마다 비묘와 대립적인 관계에 있던 작가들의 글이 잡지에 게재되기 시작하였다.

그러나 한편으로는 종합잡지인『국민지우』가 1889년 1월부터 부록으로 소설을 출판하면서 문학계에 큰 파장을 일으키고 있었고,『여성잡지(女性雜誌)』와『요미우리신문(読売新聞)』 등의 소설과 평론도 일반인에게 주목을 받게 되었다. 그리고 1891년 제1차『와세다문학(早稲田文學)』이 창간된 이후 일본 근대문학의 큰 흐름이 형성되었다. 이러한 배경에서 메이지 20년대의 문학계의 진폭과 수준을 보여 주었던 최초의 상업적 문예지『도화(都の花)』는 더 이상의 새로움을 보여 주지 못하고 그 사명을 마치게 되었다. (문영주)

참고문헌

『「都の花」解題・總目次・索引』, 不二出版, 1985;『日本出版百年史年表』, 日本書籍出版協會, 1968.

도화일보(圖畫日報)

1909년 중국 상하이에서 발간된 시사 신문

1909년 10월 상하이(上海)에서 창간된 화보(畵報)형식의 신문이다. 상하이환구사(上海環球社)에서 편집, 발행하였다. 1910년 3월 11일 편집과 발행이『여론시사보(輿論時事報)』로 이전하였다. 1910년 1월 29일 이미 404호를 출판하였으며 그해 8월 정간되었다. 1999년 상하이 고적출판사(上海古籍出版社)에서 영인본을 출판하였다.

이전 화보들이 주로 순간(旬刊)의 형식으로 정식 신문에 딸린 부수적인 형태로 발간되었던 데 비해『도화일보』는 일간(日刊)으로서 독자적인 신문으로서 발행되었다. 특히 시사적인 성격과 풍습을 담고 있어 사료적인 가치도 크다고 할 수 있다. 예를 들어 상하이의 건축이나 유명 시장 등의 난을 두어 당시 상하이의 모습을 그려주고 있으며 '대륙 풍습'을 통해 중국인의 풍습을, 그리고 '신지식 잡화점'이란 난에서는 서양의 화학, 물리 등을 알기 쉽게 소개하고 있다.

내용은 총 12난으로 구성되어 있는데, ① 대륙의 풍경, ② 상하이의 건축 ③ 세계 명인(名人) 역사화, ④ 중외신열여전(中外新烈女傳), ⑤ 사회소설, ⑥ 탐정소설, ⑦ 세계 신극(新劇), ⑧ 상하이 사회현상, ⑨ 영업사진, ⑩ 신지식 잡화점, ⑪ 외지 신문화(外埠新聞畵), ⑫ 잡조(雜俎)로 구성되어 있다.

이외에 사회 풍속화와 경자국치기념화(庚子國恥紀念畵) 등을 게재하였으며 예술 신작품과 신극본 「명말 유민의 한(明末遺恨)」 등을 발표하였다. (김성남, 이호현)

참고문헌

環球社編輯部 編, 『圖畵日報』, 上海古籍出版社, 1999; 葉再生, 『中國近代現代出版通史』 第1卷, 華文出版社, 2002.

▌독견(獨見)

1919년 중국 항저우에서 창간된 반월간지

1919년 11월 항저우(杭州) 저장(浙江)성 제일사범학교 학생인 링룽바오(凌榮寶) 개인이 편집 간행하였다. 잡지의 논지는 전통 윤리 도덕을 적극적으로 선양하고 학생자치운동 및 자치제도를 포함하여 일련의 신문화운동을 비판하는 것이었다. 발간되자마자 진보학생 사이의 격렬한 반발을 야기하여 1920년 1월까지 4호를 내고 폐간되었다.

"사람이 마땅히 지켜야 할 도덕문제, 사람이 마땅히 연구해야 할 교육문제를 연구하는 것"이 창간 취지였다. 평론(評論), 교육담(敎育談), 수감록(隨感錄), 통신(通信)란을 두었다.

이 잡지는 개인이 간행한 잡지임에도 신문화운동기 핵심 문제를 비판적으로 다루었을 뿐만이 아니라 사회적 논쟁을 야기하였다는 점에서 의미가 있다. 즉 『독견(獨見)』은 같은 학교 학생인 스춘퉁(施存統)이 효를 비판한 「비효(非孝)」라는 글을 통해 봉건 도덕의 핵심으로서 효(孝)를 비판하자 그에 대한 반발로서 창간한 것이다.

5·4운동을 '민주', '과학'이라는 서구 근대사상을 무기로 한 지식인 중심의 반 전통주의, 급진주의적 관점이 아니라 '항저우' 등 지역 구조 속에서 전개된 정체성의 위기 차원에서 해석해야 하는 점을 암시하는 자료라 할 수 있다.

『독견』은 두 가지 점에서 흥미로운 잡지이다. 학생 개인이 편집 출판하였다는 점이 그 하나이고, 다른 하나는 신문화운동 시기 신·구사상을 둘러싼 사회적 갈등을 항저우라는 공간 속에서 보여 주고 있다는 점이 그것이다.

천두슈(陳獨秀), 후스(胡適)가 주도한 신문화운동은, 민주와 과학을 구호로 내세우면서 지식인 학생들에게 큰 반향을 일으켰다. 공화정이 붕괴된 이후 새로운 국가 건설의 가능성을 청년의 의식적 실천을 통해 모색하려 하였기 때문이었다. 이를 위해서는 '개인', '개성'의 해방은 필수적이었으니, 이 점이 '타도공가점'을 구호로 구윤리를 비판하게 된 배경이었다. 전통적인 가정 윤리야말로 개인의 독립을 억압하고 구 사회를 온존시키는 핵심으로 보았던 것이다.

이러한 구사회에 대한 비판과 청년의 자율적 실천을 강조하는 신문화운동은 대학 등 청년지식인들에게 급속도로 확산되었다. 일찍부터 신문명을 수용하고 신식교육이 발달한 항저우에도 마찬가지였다.

당시 항저우에는 신문화운동기 진보적 간행물들이 대부분 유통되었을 뿐 아니라, 특히 당시 항저우 제일사범학교는 교장 징쯔위안(經子淵)의 혁신적인 교육방침에 따라 샤가이쭌(夏丏尊), 천왕다오(陳望道), 류다바이(刘大白), 리수퉁(李叔同), 단부안(单不庵), 주쯔칭(朱自清), 류핑보(俞平伯) 등 신문화운동의 세례를 받은 젊은 지식인들을 대거 교사로 초빙하였다. 이들의 활동에 따라 항저우제일사범학교는 학생들의 자치활동을 강화하고, 각종 문화운동을 전개함으로써 항저우 신문화운동의 중심으로 등장하였다.

이러한 학교 분위기 속에서 신생회를 조직하는 등 활발하게 활동하고 있던 스춘퉁은 그들이 주관하고 있던 『저장신문(浙江新潮)』에 봉건윤리를 비판하는 「효를 비판함」이라는 글을 발표하였다. 이는 곧 전국적인 논쟁을 야기하였는데, 특히 신문화운동의 위세에 눌려 있던 보수세력의 반발을 샀다.

특히 보수세력을 대표하는 항저우 군벌은 항저우제일사범의 교장과 교사에 책임을 물어 교장 징쯔위안과 신문화운동의 중견 교사인 샤가이쭌, 천왕다오, 류다바이, 리수퉁 등을 해임하였다. 이는 학생들의 반발을 불렀다. 학생들은 파과와 시위를 통해 교장과 교사를 지키기 위한 대규모의 학조를 일으킨 것이다. 신구세력 간의 충돌을 적나라하게 보여 주는 사례라 할 수 있다.

이러한 배경 속에서 같은 학교 학생이던 링룽바오는 『독견』을 창간하고 이러한 학생들을 비판한 것이다. 사실 『독견』은 그 내용 자체가 그렇게 복잡하거나 독특한 것은 아니었다. 비판의 대상이 된 '효'의 절대성을 고대 문헌을 들어 논증하고, 이를 반대하는 학생들의 행태를 비판하는 것이 골자였기 때문이다. 더욱이 중국의 전통적인 지식인의 사회적 실천이 종법제와 향촌을 매개로 실현되고 있다는 점에서, 가족제도를 어떻게 정리할 것인지는 중요한 문제였다.

그러나 당시 상황 때문에 잡지는 출간과 동시에 사회적 논란의 대상이 되었다. 특히 진보적 학생들은 즉각 학생자치회를 열어 이를 비판하였고 각지의 보수세력은 용기있는 행위라고 칭찬하기 시작하였다. 4호에 실린 다이지타오(戴季陶) 등의 격려문에서 이를 잘 알 수 있다. 결국 4호를 내고 편집자인 링룽바오가 학교를 그만두는 것으로 일단락되었다. (오병수)

참고문헌

Wen-Hsin Yeh, *Provincial Passages*, University of California, 1996.

▌독립(Korean Independence)

1943년 미국 로스앤젤레스에서 발행된 조선민족혁명당 미주 지부의 주간신문

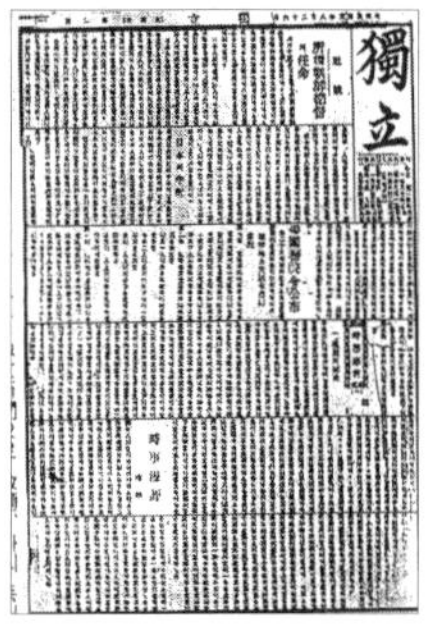

1943년 10월 6일 창간했다. 1943년 9월 5일 설립한 독립신문사에서 발행했다. 조선민족혁명당 미주지부 기관지였다. 국·영 혼용의 4쪽으로 매주 수요일 발간하는 주간신문이었다. 한글과 영문은 각 2면이었다. 국문면에는 순한글로 사진식자 조판했다. 4면의 영문면에는 "Korean Independence"라는 제호를 따로 달았다. 김성권(金聲權), 최능익(崔能翊), 박상엽, 변준호 등 18명이 발기했다. 주필은 박상엽이었다. 업무책임은 최능익, 총무책임은 백일규(白日圭)가 맡았다. 1955년 1월 2일 폐간했다. 1948년 남북 정부 수립 이후에도 계속되는 공산주의 지지에 대해 미국 당국의 개입이 있었던 것으로 추정된다. (이신철)

참고문헌

윤임술 편, 『한국신문백년지』 2, 한국언론연구원, 1983; 한국정신문화연구원, 『한국민족문화대백과』.

▌독립당촉성보(獨立黨促成報)

1926년 중국 베이징에서 발행된 대독립당 베이징촉성회 기관지

현재 남아 있지 않아 주체를 비롯해 자세한 서지사항은 알 수 없다. 다만, 일본 정보자료 「재외불령선인의 상황(在外不逞鮮人の狀況)」(조선총독부경무국, 『조선의 치안상황[朝鮮の治安狀況]』, 1927년판)에 대독립당베이징촉성회에서 발행한 사실이 기록되어 있다.

대독립당 베이징촉성회

상하이에서 활동하던 안창호가 1926년 8월 베이징의 유력자이며 좌파세력의 대표인 원세훈(元世勳)을 찾아가 민족대당을 결성하기 위한 대동단결을 촉구하면서 결성되었다. 같은 해 9월 "한국 혁명동지는 당적으로 결합하라!", "민족혁명의 유일전선을 작(作)하라"는 구호와 함께 대독립당 베이징촉성회를 조직하였다. 이 단체는 우선 지방별로 촉성회를 설립한 뒤 그 대표들이 유일당 조직을 추진하기로 합의하였다. (이신철)

참고문헌

위암장지연선생기념사업회, 『한국근대언론과 민족운동』, 커뮤

니케이션북스, 2001; 대한독립항일투쟁총사편찬위원회, 『대한독립항일투쟁총사(상권)』, 육지사, 1989.

▌독립신문(獨立新聞)

1919년 중국 상하이에서 창간된 한국어 상해 임시정부 기관지

1919년 8월 21일 중국 상하이(上海)에서 창간되었다. 발행소는 상하이 법조계(法租界) 늑로동익리(勒路同益里) 5호이고, 주필로 이광수가, 편집국장으로는 주요한이, 영업국장으로는 이영열이 활동했으며. 필진은 옥관빈(총무), 박현환, 최근우, 고진호, 차관호, 백성곽, 김득형, 김차룡, 나재민, 류병기, 장만호, 이영렬, 주요한, 조동우 등이 참여하였다. 4면 6단제였고, 주3회 발간(화, 목, 토요일 발행)하였다. 국한문 혼용이었다. 1925년 11월 11일 종간하였다.
1985년 한국학자료원에서 영인되었다.

처음에는 "독립(獨立)"이라는 제호로 발행했다. 조동우가 한글 성경에서 그 자체(字體)를 따서 고심 제조한 국문활자를 사용했다. 상해임시정부 조직 직후에 신문의 발행을 추진했으나 당시 상하이에는 한글 활자가 없어 신문 발행이 늦어지다가 조동호가 한글 성서에서 글자체를 본떠서 활자를 만듦으로써 1919년 8월 21일에 비로소 창간되었다.

이 신문이 나오기 전에 임시정부에서는 1주일에 3번씩 내는 등사판 인쇄의 『우리 소식(消息)』이라는 통신을 내고 있었다. 처음에는 "독립(獨立)"이라는 제호로 21호까지 내다가 1919년 10월 15일자 22호부터 "독립신문"으로 개칭되었다. 제호는 본래 한자였는데, 1924년 1월 1일자 제169호부터는 "독립신문"이라고 한글로 표기했다.

본보는 창간사에서 ① 독립사상의 고취와 민심통일, ② 우리의 사정과 사상의 전달, ③ 여론의 환기, ④ 신학술과 신사상의 소개, ⑤ 한국의 역사와 국민성 개조 및 신국민의 창조 등을 5대 사명으로 열거했다.

이에 따라 임시정부의 활동상 및 독립운동에 대한 국제적인 동향에 관심을 갖고 보도했으며, 국내외 애국지사들의 궐기를 촉구했다. 또한 『동아일보』와 『시대일보』의 창간을 알리는 등 국내외에서 발행되는 조선인 신문의 동향을 상세히 보도하였으며, 친일지와 반민족적 언론에 대해서는 일일이 비판했다. 『독립신문』은 국내, 중국 대륙, 만주, 러시아, 미국 등지의 교포들에게 널리 배포되었다. 그러나 국내에 우송된 것은 거의 경찰에 압수되었으며, 인편으로 유입된 것들이 일부 전해졌을 뿐이었다.

본보는 독립운동의 진행상을 중국에 알리기 위해 1922년 7월 부록으로 『중외보(中外報)』를 간행하여 무료로 배포하는 등 눈부신 활약을 했으나, 1925년 11월 11일 종간호를 발행하기까지 189호를 발행하는 동안 재정난으로 여러 차례 발행이 중단되었다. 1920년 6월 24일자 86호 이후 같은 해 12월 18일 87호를 속간할 때까지 거의 6개월간 발행되지 못하기도 했다. 박은식이 사장으로 재직한 1년 동안은 극심한 경영난으로 겨우 7회가 발행되었으며, 그의 사망과 함께 폐간되고 말았다.

창간사에서는 취지를 밝혀 놓았는데 다음과 같이 역설하고 있다.

"전 국민이 일심이 되고 일체가 되어 견고하고 통일있는 대단결을 작(作)함은 재력보다도 병력보다도 우리 사업의 기초요 생명이니 차(此)를 득(得)하는 방법이 하(何)에 재(在)하뇨. 건전한 언론기관이 유(有)하여 동일한 주의를 고취하고 동일한 문제를 제출하여 개인과 단체와의 간(間)에 입(立)하야 그 의사를 소통(疎通)케 함에 재(在)하도다. 사상고취와 민심통일이 본보의 사명의 일(一)이요, 외국의 신문이 천백종이 유(有)하더라도 피등(彼等)은 각기 자가사(自家事)에 골몰하야 우리를 논할 여유가 무(無)하며 겸하여 우리의 사정과 사상을 지실(知悉)키 난(難)한지라 그래서 혹은 우리 국토에 기(起)하는 대사건을 외국인에게는 물론이려니와 아국민중(我國民中)에까지도 전하지 못하여 혹은 우리의 주의와 행동을 오해하야 막대한 손실을 초(招)케 하도다. 우리의 사정과 사상은 우리의 구(口)로 설(說)하여야 할지니 차(此)는 본보의 이(二)며, 이 존망(存亡)이 분(分)하는 기로에 입(立)하여 일(一)은 당면의 절적(絶敵)을 당하여 일(一)은 세계의 여론

(輿論)을 동(動)하여야 할 오등(吾等)을 합(合)할 수 있는 의견을 모다 합하야 우리 국민의 최대 최고한 능력을 발휘하여야 할지니 이러함에는 만인의 의견을 토로하여서 신빙할 만하고 유력한 여론을 환기하여서 일(一)은 정부를 독려하며 일(一)은 국민의 사상과 행동의 방향을 지도하여야 할지라. 여론의 환기가 본보의 사명의 삼(三)이요, 오래 이족(異族)의 겸제(箝制)하에 재(在)하야 세계와 교섭을 단(斷)하였던 우리 민족은 금(今)으로부터 독립한 국민이 되어 세계열국민으로부터 각축의 생활을 시(始)하려 하는지라. 이러함에는 우리 국민은 상당한 준비를 필요할지니 즉, 문명국민에 필요한 지식의 준비라. 오등은 오등의 눈을 통하여 오등에게 적당하다고 생각되는 신학술과 신사상을 섭취하여야 할지니 신사상 소개가 본보의 사명의 사(四)요, 우리 국민은 과거에 영예로운 역사를 유하였고 차를 통하여 전하는 고결하고 용장(勇壯)한 국민성을 유하였으나, 일(一)은 유교의 횡포에 일(一)은 일본족의 횡포에 많이 소멸하고 엄폐(掩蔽)된지라 유형한 국토는 차라리 실할지언정 선조의 정신이야 엇지 찾아 실할가. 건전한 국민교육을 수(受)치 못한 불행한 우리는 기(其)영예로운 역사를 잇고 고결용장한 국민성을 활용치 못함에 지(至)하도다. 그러나 그리의 정신에는 아직도 고귀한 맹아가 유하니 일풍일우가 족히 차(此)를 소생케 할지니 국사(國史)와 국민성을 고취하고 병(並)하여 신사상을 섭취하여서 개조 혹은 부활한 신국민을 조(造)하려고 노력함이 본보의 사명이 오(五)라……."

이를 요약하면 이 신문의 5대 사명은 ① 사상고취와 민심통일, ② 보도기관으로서의 역할, ③ 여론의 환기, ④ 신학술과 신사상소개, ⑤ 신국민의 육성 등이다.

동지의 논조는 독립의 기상으로 충만하여 "산천초목도 조선의 우로를 마셨거던 일어나거라…… "하는 식으로 국내 전 동포의 총궐기를 채찍질했고 일제가 해외 민족지의 국내 반입을 금지하자, 연합제(聯通制, 전국 각지에 책임자를 두어 동지를 규합하는 방법)라는 조직을 구성하여 국내 동포에게 배포했다.

이 연합제는 임시정부가 본국 내에 취한 행정적 조처로서는 처음이며 촌읍에 이르기까지 임정(臨政)의 의사를 전달하는 수단이 되었다. 각 군에는 교통국, 면에는 교통소라는 것을 비밀리에 두었고, 이 조직은 1920년경에는 전국적으로 완전히 이루어졌다고 한다. 이에 대해서 당시 편집국장인 주요한은 다음과 같이 논하고 있다.

"이 조직을 총괄하는 교통사무국을 안동현의 '이륭양행(怡隆洋行)'과 부산의 '백산상회(白山商會)'에 두었다. 이륭양행은 영국 'C.L.쇼'가 경영하던 상점이고 백산상회는 백산 안희제가 세운 무역회사로 독립신문 보급의 가장 중요한 통로가 되었다. 때때로 투옥되기도 하고 피신하기도 하면서 필사적인 보급활동이 전개되었다."

이리하여 이 '연통제'는 독립운동의 근거가 되었고 신문의 보급뿐 아니라 독립자금의 조달에도 커다란 역할을 했다.

『독립신문』은 내외에서 발행되는 국문신문의 동향에 대해서는 언제나 상세한 보도를 했다. 『동아일보』가 창간되었을 때 1920년 4월 8일자 동지는 「동아일보 4월 1일부터 창간됨」이라는 제목하에 "누월 전부터 창설의 소문이 있던 동아일보는 거(去) 4월 1일부터 창간되다. 주요한 간부는 사장 박영효, 편집감독 류근, 양기탁, 주간 장덕수 제씨의 논설기자는 거의 일경 유학생들이다. 전도 내에 임의 26개 처의 지국을 개설하고 1개월간 60전. 그리고 간적(奸賊) 민원식이 경영하는 '시사신보'도 동일 창간되었는데 한·일문 병용하여 더욱 왜적에게 충(忠)을 다한다."

『시대일보』 창간 때에도 「최남선 주간하에 시대일보가 창간되」라는 제목으로 "지난 3월 31일부터 시대일보가 육당 최남선 씨 주간하에 일간지로 발행하게 되었는데 동아일보, 조선일보와 공히 국내출판계에 거성이 되며 우리 민족문화 발전상 다대한 공헌이 되리라 한다"라고 소개했다. 이 신문은 민족 진용의 신문들만이 아니라 친일지의 출현과 반민족적인 언론에 대해서도 일일이 보도 비판하고 있다.

본보는 또 광복운동의 진상을 중국동지들에게 알리기 위해 1922년 7월 부록으로 『중외보(中文報)』를 간행하여 각 관공단체에 무료로 송달하기도 했다(주필 박은식).

재정난으로 여러 차례 정간되던 본보는 일제가 프랑스 영사를 사주하여 폐간시킴에 따라 1920년 6월 24일자 86호를 발간하고 동년 12월 18일 제87호를 속간할 때까지 거의 6개월간의 공백기를 가졌다. 1920년 6월 24일 도산 안창호의 일기에는 이때의 사정을 "독립신문사를 봉쇄한다는 언(言)을 접하고 여운형 군을 대동하고 불(佛)영사를 방(訪)한즉 왈(曰) 해(該)신문은 증년(曾年) 전(前)영사 때에 폐쇄한 것인데 일본영사가 해사지(該社址)를 지래(持來)하야 왈(曰) 여하한 이유로 계간(繼刊)케 하나 함으로 부득이 폐쇄시키게 되었다 하더라"고 쓰고 있다.

속간되었을 때의 사장은 김승학, 주필은 윤해였다. 그러나 여전히 경영난이 풀리지 않아서 주 1회 간행으로 되었다가 다시 월1회 간행으로 발간되었다. 1925년 9월 25일 폐간되었다.

본보에는 많은 광고가 게재되고 있는데, 신문사 각종 광고는 물론, 상품광고, 개업광고, 모집광고, 서적광고, 다른 신문의 광고 등이 있다. 그중에서도 특히 서적광고와 해외 각지에서 발간된 민족지의 광고가 눈에 띈다.

그 당시 상하이에 모여든 독립지사들은 지식층 인재가 많았는데, 이들은 독립운동을 하는 한편, 자신의 전공 분야에서 각 저술을 남긴다. 그리고 독립신문사에서도 이러한 서적 간행을 중시해서 '독립신문총서'를 간행하기도 한다.

'독립신문총서'로는 나다니엘 페퍼 저, 『한국독립운동의 진상』을 김여제가 번역한 것을 1권으로 발간했고, 그 다음으로는 춘원 이광수 저 『독립신문논설집』을 발간했다. 본지는 신문 발행뿐 아니라 서적 발행에도 큰 힘을 기울였던 것이다. 총서의 광고는 『독립신문』 광고에서 자주 발견할 수 있는데, 잡지 광고로는 상하이에 있는 신한청년당에서 발간한 월간잡지 『신한청년』 창간호 광고와 『배달공론』의 광고가 눈에 띈다. 『신한청년』은 1919년 12월 1일 발간한 창간호만 몇 차례 광고하고 있을 뿐 제2호부터의 광고는 찾아볼 수 없는 것으로 미루어, 1호만 발간하고 정간한 것이 아닐까 싶다. 또한 『배달공론』은 제4호가 출간되었을 때 광고한 바 있다.

이밖에 중요한 서적광고로는 박은식 편술 『한국독립운동사』(상), 김희산의 『이순신전』 등이 있고, 순한문으로 되어 중국인 독자를 위한 『한국진상』이 있다.

한편, 당시 국어학자 김두봉의 저서가 『깁 더 조선말본』이라는 제목하에 다음과 같이 광고되고 있다.

"본서는 이전의 '조선말본'을 개정증보하고 편말(編末)에 '좋은 글(이상적 언문론)'과 '날적(속기술)'과 및 표준말 잡을 요건을 부기설명한 것인데 '이상적 언문론' 중에도 아문(我文)의 개량실례와 문(文)의 세(勢)와 및 대언식(代言式)은 실지응용에 적(適)하며 '속기술' 중에도 속기문자의 원리와 규칙적 통어법(筒語法) 등은 학(學)에 합(合)한 것이다."

그리고 서적 예약광고로는 김병조 편집의 『대한독립사략』과 『신단민사(神壇民史)』의 간행 예고가 몇 차례되었다.

실업 관계 도서로는 『상하이홍업지남』이 광고되었고, 국내 국외에서 발행되고 있는 잡지와 신문을 취급한 광고로는 그 당시 경성에서 발행되던 『개벽』의 상하이분매소의 광고를 볼 수 있다.

또한 독립신문사에서는 해외 각지에서 발행되는 국문판 신문의 대행 판매도 했다. 미주 샌프란시스코에서 발행되는 『신한민보』와 하와이에서 발행된 『한미보』의 광고도 볼 수 있다.

신문광고를 전체적으로 볼 때 사고가 가장 많은 비중을 차지하고 있으며, 다음으로는 책광고, 신문대행 판매 광고 등이 많았다. 그리고 신문사 영업부장 김희산은 따로 선언사(宣言社)라는 출판사를 경영하고 서적 출판에도 힘을 기울이고 있었다.

한편 본 신문의 경영은 구독료 수입이나 광고료만으로 이루어질 수 없어서, 사장 이광수는 임시정부 당국과 협의할 목적으로 안창호를 찾아가서 신문 경영의 어려움을 토로한다. 당시 정황을 안창호의 1920년 1월 14일 일기를 통해 잠시 확인해 보자.

"오후 3시 반 이광수가 내방하여 독립신문사의 공인

(工人) 부족과 동년 경제 곤란으로 지물(紙物)까지 구입할 수 없어 정간할 경우라 함으로 정부에서 임시보조금으로 출발하여 위선 간행을 계속하고 영구유지책으로 특별방법을 정하기로 하다."

그래서 안창호는 윤현진을 시켜서 이 취지를 비서 김립에게 말하고, 김립은 다시 유상규로 하여금 『독립신문』 영업부장 이영렬에게 원조금을 전달케 했다. 그러나 임시정부로부터의 원조도 흡족한 것은 아니어서 1919년 9월 3일 제8호 지상에는 처음으로 구독료의 선입송금을 요망하면서 다음과 같은 광고를 게재하고 있다.

"강람자(購覽者)의 주의!!

본보를 구람(購覽)코저 하시는 현주소 씨명 기한을 명기하여 반드시 선금을 첨부하여 본사 영업부로 통기하시앞."

그런데도 발행비 부담은 커져가서 구독료의 재촉을 시도하여 51호에는 '특고(特告)'라는 제목하에 특별 광고를 다음과 같이 게재하기도 하였다.

"본보대금은 금후 원근을 물론하고 반드시 선금을 요구하오니 대금미송하신 분은 조속히 보내주소서."

이상 두 차례에 걸친 사고는 모두 일단광고로 작게 취급한 것이었다. 그러나 이렇다 할 만한 반응은 없고 거기에다가 적립한 자금도 없어서 앞날 유지가 더욱 곤란함이 예상되므로 대한민국 2년 3월 25일 58호에는 2단 광고를 게재하여 애국동포제위의 원조가 있기를 바란다는 말을 하고 있다. 같은 광고를 연이어 여섯 번이나 게재하고 독립신문사장 이광수, 영업부장 이영렬, 출판부장 주요한 등 광고자의 이름까지 밝히고 있다. 그리고 구독료를 선금으로 징수하기 위해 71호와 72호 지면에는 송금 절차에 대해 상세하게 광고하기도 하였다. 이 신문은 창간 이래 주2회 또는 주 3회 발행을 한 부정기적 발행을 했는데, 제9호부터는 특별한 사정이 없는 한 1주에 3회(화, 목, 토)로 정기 신문발행을 계속했다. 그러나 잡다한 신문 경영은 발행횟수를 단축하지 않으면 안 되게 했고, 결국 주2회 발행을 하게 되었다. 국내로 2만여 부를 발송하기도 했다. 신문사의 확장을 위해 주식회사로 조직을 개편해 보려고도 했으나, 그 계획도 순조롭게 진전되지 못했다.

신문 경영난은 갈수록 심화되었으나, 여섯 차례에 걸쳐 원조금 요청 광고를 낸 보람이 있어서 독자들의 의연금이 각지에서 속속 답지했다. 1920년 5월 18일자 77호 신문에는 아예 강명원 외 65명의 의연금 거출자 명단을 발표하면서 깊은 감사의 뜻을 표한 바도 있다. 그 후 신문 판매에 있어서 새로운 할인판매제를 실시하여 일시적으로 신문 경영도 순조로운 듯했으나 또다시 다른 난관에 부딪힌다.

상하이에 있던 프랑스 관헌은 1920년 6월 9일에 신문을 폐간시켰는데 1920년 6월 24일 안창호 일기에 적힌 당시 사정을 잠시 보자.

"독립신문사를 봉쇄한다는 언(言)을 접하고 여운형군을 대동하고 불(佛)영사를 방(訪)한즉 왈(曰) 해(該) 신문은 증년(曾年) 전영사시(前領事時)에 폐쇄한 것인데 일본영사가 해사지(該社址)를 지래(持來)하야 왈(曰) 여하한 이유로 계간(繼刊)케 하나 함으로 부득이 폐쇄시키게 되었다 하더라."

그 후 오랫동안 복간운동이 있어서 신문은 다시 복간되고 발행을 계속한다. 그러나 복간 후 몇 달 안 되어 창간 때부터 공로가 컸던 이광수가 퇴사하고 영업부장 역시 신문사를 그만두었다. 이광수 대신 김승학이 사장에 취임했고, 프랑스와 러시아에서 활약하던 윤해가 주필에 취임했으며, 김희산이 영업부장으로 취임한다.

얼마 동안은 경영이 유지되었는데, 여전히 대금은 징수되지 않아서 신문의 속간은 쉽지 않았다. 1922년 11월 31일 1면에는 「본보유지에 대하여 일반 동포에게 고함」이라는 제하에 "동포형제여! 우리의 독립운동자이시여! 본보를 애독하시는 제씨시여! 보실지어다"라고 유지(有志)의 협조를 구했다. 이런 광고를 낼 때마다 미주를 비롯한 각지에서 의연금이 들어오곤 했다.

이러는 동안 신문 발행도 경영난을 반영하여 주1회로 줄여서 발행하게 된다. 1924년 들어서 더 심각해진 경영난은 주 1회 발행을 다시 월 1회 발행으로 하는 지경에 이른다.

상해임시정부

1919년 미국의 윌슨 대통령은 약소민족의 민족자결을 제창했다. 이에 호응한 조선은 거족적인 민족운동을 전개한다. 1918년 1차 세계대전 후에 열리는 강화회의가 개최되기 전에 윌슨 대통령의 대사가 중국에 와서 이번의 강화회의는 약소민족의 해방을 위해 좋은 기회가 될 터이니 많은 대표를 참석케 하라는 연설을 했다. 이런 소문을 들은 여운형은 약소민족인 한민족도 이 기회에 민족해방을 해야 한다고 생각하고 장덕수 등 많은 동지들을 규합했다. 1919년 1월에 강화회의에 참석하는 각국 대표들에게 한국의 사정을 올바르게 전달하기 위해 신한청년당대표의 자격으로 김규식은 상하이로 출발했고, 다시 동년 2월에 김철, 선우혁, 서재호 등이 국내로 들어갔고 여운형은 동지 규합과 자금 조달을 목적으로 블라디보스토크로 향했다. 여운형은 그곳에서 이동녕, 박은식, 문창범 등과 함께 대한독립에 대해 협의한 바 있었는데, 이때에 즈음하여 조선에서는 기미독립운동이 전개되었던 것이다.

이 만세운동 이후 상하이는 조선에서 망명한 독립지사들이 집하는 중심지가 되었다. 그리하여 1919년 4월 11일 임시의정원을 구성하고 각 도의 대의원 30명이 모여서 임시헌장 10개조를 채택했으며, 4월 13일 한성임시정부와 통합하여 대한민국임시정부를 수립, 선포하였다.

각료에는 임시의정원 의장 이동녕, 국무총리 이승만, 내무총장 안창호, 외무총장 김규식, 법무총장 이시영, 재무총장 최재형, 군무총장 이동휘, 교통총장 문창범 등이 임명되었다. 6월 11일 임시헌법을 제정, 공포하고 이승만을 임시대통령으로 선출하는 한편 내각을 개편하였다. 9월 6일에는 노령정부와 통합하고 제1차 개헌을 거쳐 대통령중심제의 대한민국임시정부를 수립하였다. 1926년 9월 임시대통령제를 폐지하고 국무원제를 채택하였으며, 이후 의원내각제가 정부 형태의 주류를 이루었다.

1945년 8·15광복까지 상하이(上海, 1919), 항저우(杭州,1932), 전장(鎭江, 1935), 창사(長沙, 1937), 광둥(廣東, 1938), 류저우(柳州, 1938), 충칭(重慶, 1940) 등지로 청사를 옮기며 광복운동을 전개했다.

국내외 동포를 모두 관할하기 위한 기구로 연락기관인 교통국을 두었고, 지방행정제도인 연통제를 실시하였으며, 국외에 거류민단을 설치하였다. 교통부 내에는 지부를 설치하고 전국 각 군에 교통국을, 면에 교통소를 신설하였으며, 군자금 모집, 국내 정보수집, 정부문서 국내 전달, 인물 발굴 및 무기수송 등의 활동을 하였다.

재정기반을 위해 구급의연금과 인두세를 걷고 국내외 공채를 발행하였으나 이 중 공채는 아일랜드에서 발행한 500만 달러의 공채만 성공하였다. 초기 재정의 대부분은 재미교포의 성금으로 유지되었으며, 뒤에는 장제스(蔣介石)의 원조금으로 충당되었다.

또한 일본의 침략 사실과 한국 역사의 우수성을 설명하기 위해 1921년 7월 사료편찬부를 설치하고 『한일관계사료』, 『한국독립운동지혈사(韓國獨立運動之血史)』(박은식) 등을 펴냈다. 그밖에 기관지로 『독립신문』, 『신대한보(新大韓報)』, 『신한청년보』, 『공보(公報)』 등을 간행하여 독립정신을 홍보하고 소식을 국내외 각지에 알렸다. 해외의 구미위원부에서는 『Korea Review』, 파리통신부에서는 『La Coree Libre』를 발행하였다.

초기의 외교 활동은 대미외교에 중점을 두었고, 종전기에는 대중외교가 주류를 이루었다. 1919년 4월 18일 김규식을 전권대사로 파리강화회의에 파견하였고, 7월에는 스위스에서 열리는 만국사회당대회에 조소앙을 파견하여 한국독립승인결의안을 통과시켰다. 1928년까지 유럽과 미주의 외교업무를 맡은 구미위원부는 미국 국회에 한국 문제를 상정시키고 1921년 워싱턴에서 개막된 태평양회의에서 한국국민의 상황을 세계여론에 알렸다. 1920년 10월에는 신규식(申圭植)을 광둥의 쑨원이 세운 호법 정부(護法政府)에 파견하였다. 한편, 1943년 카이로회담에서 한국의 독립이 정식으로 승인되자 1944년 프랑스, 폴란드, 소련 정부는 주중대사관을 통해 임시정부의 승인을 통고하였고 1945년 포츠담선언에서 한국의 독립은 다시 확인되었다.

항일독립전쟁은 의열투쟁과 독립군단체지원·광

복군 창설 등의 군사활동도 활발했는데, 의열투쟁의 대표적인 본보기는 이봉창과 윤봉길의 의거이다. 특히 1932년 4월 29일 윤봉길의 상하이의거는 일본군 사령관 등 20여 명을 살상했는데, 그 결과 한국독립에 대한 여론을 대외적으로 널리 알렸으며, 아울러 임시정부는 일제의 보복을 피해 여러 곳으로 이동해야만 하였다.

군사활동으로는 1920년 상하이에 육군무관학교와 비행사양성소, 간호학교 등을 세워 군사를 양성했다. 또한 중국 군관학교에 군인을 파견하여 교육시키고 만주에 있는 독립군을 후원하기도 했다. 1940~1945년에는 광복군을 창설하여 태평양전쟁이 일어나자 일본과 독일에 각각 선전포고를 하고 군대를 연합군의 일원으로 미얀마, 사이판, 필리핀 등지에 파견하였다. 1944년에는 중국과 새로운 군사협정을 체결하고 독자적인 군사행동권을 얻었다. 1945년에는 국내진입작전의 일환으로 국내 정진군 총 지휘부를 설립하고 미군의 OSS 부대와 합동작전으로 국내에 진입하려는 계획을 진행하던 중 8·15광복을 맞았다.

광복을 맞이하자 11월 29일 주요 간부들이 개인 자격으로 귀국하고, 국내의 혼란으로 대한민국 임시정부의 내각과 정책이 계승되지 못하였으나, 임시정부의 지도이념인 자유주의 이념과 삼균주의(三均主義) 이념은 1948년 대한민국헌법에 반영되어 광복 한국의 기초이념이 되었다. 또한 대한민국헌법 전문은 임시정부가 한국 독립의 모태가 되고 대한민국 건국의 정신적·사상적 기반이 되었음을 명시하였다.

춘원 이광수의 활동과 문학작품 게재

동보에는 특히 이광수가 정열을 기울인 흔적이 발견되기도 한다. 「원단지곡(元旦之曲)」(89호), 「광복기도회(光復祈禱會)에서」(94호), 「3천의 원혼」(87호), 「저바람소리」(87호), 「간도동포의 참상」(87호) 등의 시가 그것이다. 「원단지곡」을 살펴 보면 다음과 같다.

"대통령 오시도다 우리의 원수시니/ 국민아 맘을 묶거 예물을 드리옵고/ 잔들어 새해의 복을 비옵고저하노라/ 새해 새해라니 무슨 해만 녀기는가/ 합(合)흐면 여(與)할 해오 분(分)하면 망(亡)할 해니/ 국민아 새해 인사를 '합(合)합시다'하여라/ 나라일 나라일하니 무슨 일만 녀기는가/ 저마다 돈을 내고 재조내어 힘을 모흠/ 국민아 새해 축원을 '모읍시다'하여라"

춘원은 창간 때부터 16~17개월 동안 관여했는데, 1921년 4월 21일자 제103호에서 "이광수군은 수월 전에 사임하였아오니 독자제언은 조량(照亮)하심을 망(望)함"이란 광고를 통해 일반에게 알렸다. 춘원은 그 후 재직 당시의 사연을 『나의 고백』이라는 저서에서 이렇게 설명한다.

"나는 그동안에 독립신문을 지키면서 독립운동자로 편찬위원회의 일을 보았다. 독립신문은 처음에는 조동호와 둘이서 창간하였으나 조동호는 곧 그만두고 한과 나의 둘이서 하게 되었다. 주요한은 동경제일고보 학생이다가 기미년 여름학교를 버리고 상하이로 왔다. 그는 나와 같이 독립 신문사 속에서 살면서 글도 쓰고 편집도 하고 중국 명절이 되어서 중국인 직공들이 쉬일 때에는 손수 문선과 정판도 하였다."

이 신문에는 시 외에 문학작품으로 세 편의 단편연재소설이 실렸는데 필자는 모두 익명이다. 소설명은 「이순신(孤松)」, 「여학생 일기(심원[心園] 여사)」, 「피눈물(其月)」 등이 있다. (이경돈)

참고문헌

『한국신문·잡지총목록』, 대한민국국회도서관, 1966; 『한국신문백년 사료집』, 사단법인 한국신문연구소, 1975; 계훈모, 『한국언론연표』, 관훈클럽신영연구기금, 1979; 『한국신문백년지』, 한국언론연구원, 1983; 이해창, 『한국신문사연구』, 성문각, 1983; 『한국신문백년지』 1, 한국언론연구원, 1983; 정진석, 『인물 한국 언론사- 한국언론을 움직인 사람들』, 나남출판, 1995; 최서영, 『한국의 저널리즘』, 커뮤니케이션북스, 2002.

▌독립신문(獨立新聞)

1918년 러시아 블라디보스토크에서 발행된 신문

1918년 4월 29일 블라디보스토크에서 장기영(張基

永), 김학현(金學鉉) 등이 창간했다. 반형지(半型紙)의 등사판 인쇄신문이다. 3·1운동 후 반일 민족정신을 고취시켰다. 창간호는 5000부 발행되었다. (이신철)

참고문헌

윤임술 편, 『한국신문백년지』 2, 한국언론연구원, 1983.

독립주보(獨立週報, The Independent)

1912년 상하이에서 장스자오가 간행한 정론지

1912년 9월 22일, 상하이(上海)에서 간행된 정론성 주간지이다. 왕우성(王無生)이 간행하고, 장스자오(章士釗)가 주편하였다. 발행지는 상하이 사마로(四馬路)였다. 장스자오가 2차 혁명에 투신하는 1913년 7월까지 총 40호가 간행되었다. 1호부터 35호까지는 중국 국가도서관에 보관되어 있고, 나머지는 중산대학(中山大学)도서관과 지린대학(吉林大学)도서관 등에 보관되어 있다(『중문기간연합관장목록[中文期刊联合馆藏目录]』). 국가도서관의 소장본은 1918년 리다자오(李大釗)가 기증한 것이다. 성균관대학교에서는 마이크로필름 형태로 이용할 수 있다.

신해혁명 이후 의회제에 기초한 내각제를 중심으로 정국을 구상하였던 황싱(黃興), 쑹자오런(宋教仁) 등 국민당 온건세력의 정치적 입장을 대변하는 정론지였다. 특히 영국에서 갓 귀국한 장스자오가 정론을 주도한 잡지이다. 당시 장스자오는 『대공화일보』의 사론을 통해 훼당조당론 등을 주장함으로써 이미 상당한 명성을 얻고 있었다.

창간 당시에는 잡지의 체제는 기사(纪事), 사론(社論), 전론(專論), 투함(投函), 평론지평론(评论之评论), 문원(文苑) 등이었다. 기사는 정치 사회적 뉴스를 편집한 것이며, 사론과 전론은 장스자오 등의 정론을 싣고 있지만, 당시 이들의 또 다른 기관지인 『대공화일보』의 논설과 상당 부분 일치한다.

잡지의 중점은 물론 당시 제헌 논쟁과 관련하여 당파의 입장을 대변하는 것이었다. 특히 내각제와 총통제, 주권의 소재문제, 집권과 분권문제, 대차관과 송안문제 등에 대해 당시 최신의 서구 정치이론을 바탕으로 정론을 전개함으로써 다수 독자를 확보하였다.

특색 있는 것은 투함, 평론지평론인데 전자는 『독립주보』에 대한 독자의 반응을 후자는 당시 여러 잡지에 대한 독립주보사의 논지를 싣고 있다. 특히 진보당의 기관지인 『용언(庸言)』과의 논쟁이 주요한 이슈이다. 15호부터는 기사(紀事), 논설(論說), 문예, 잡조(雜俎)로 개편하였으나, 공화정의 방향을 둘러싼 사회적 토론을 주도하였다. (오병수)

독립평론(獨立評論)

1932년 베이징에서 발간된 시사정치 평론 잡지

1932년 5월 베이징(당시 지명은 베이핑[北平])에서 창간되었다. 주편은 후스(胡適), 딩원장(丁文江)이다. 주간 간행물이다. 1937년 7월 정간되었다. 전체 24호 출판되었다. 베이징사범대학도서관 등지에 소장되어 있다.

『독립평론』은 국내의 시사 정치 평론, 사회문제 연구, 국제문제 연구를 주로 게재하였고, 유기(游記), 통신, 서평 및 인물 소개 등을 언급하였다. 당시 비중 있는 시사 정치 평론 간행물이다. 후스는 『독립평론』의 문장에서 소위 '전반서화(全盤西化)' 논쟁을 주도하였다. '전반서화'는 'wholesale westernization'을 중국어로 번역한 것이다. 이 말이 널리 알려진 것은 사회학자 천수징(陳序經)이 자신의 저서에서 전반서화를 주장하면서부터다. 천수징의 주장을 두고 역시 사회학자인 우징차오(吳景超)와 천수징 간에 『독립평론』을 무대로 논전이 벌여졌다. 후스는 『독립평론』 142호(1935.3.1)의 편집후기에서 전반서화에 찬성하면서 문화에는 스스로의 타성이 있으므로 전반서화를 해도 자연스럽게 절충 경향을 띠게 된다는 문화타성론을 주장하였다. 이후 후스는 계속해서 과격한 학생운동을 우려하고, 국민당의 여론통제정책, 공산당의 계급투쟁 방법 등을 비판하였다. 『독립평론』은 또한 일본의 침략이 계속되는 위기 상황하에서 민주와 독재문제에 대한 토론을 전개하였다. 당시 딩원장, 장팅푸(蔣廷黻), 첸돤성(錢

端升) 등 외국 유학파 출신 학자, 지식인들이 일본의 침략이라는 위기 상황하에서 국가 통합과 부강을 위해 부득이하지만 독재를 주장하였던 반면, 후스 등은 부르주아민주주의를 주장하고 독재정치에 반대하였다. (이은자)

참고문헌

王檜林·朱漢國,『中國報刊辭典(1815~1949)』, 太原(山西): 書海出版社, 1992; 민두기,『중국에서의 자유주의의 실험: 胡適의 사상과 활동』, 지식산업사, 1996.

독물과 강담(讀物と講談)

1913년 일본에서 발행한 오락 잡지

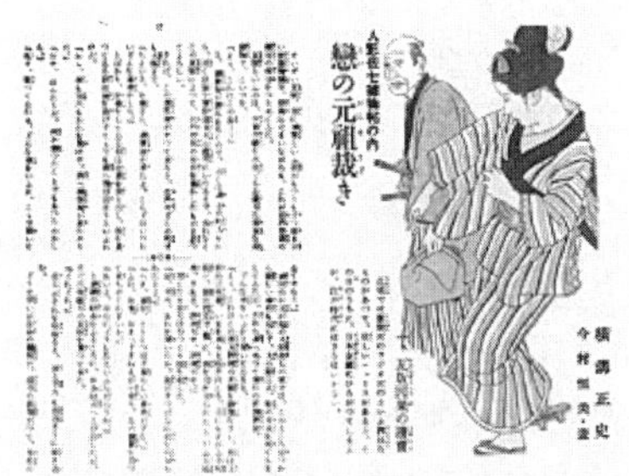

*사진은『독물과 강담』1949년 7월호의 일부임

1913년 일본의 '독물과강담사(讀物と講談社)'에서 발행한 대중오락 잡지이다. 1940년대에는 월간으로 발행되었으며, 당시 이류 대중오락 잡지의 대부분이 그러했던 것처럼 잡지 크기는 B6판의 소형이었다. 전쟁 말기까지 계속 발행되었으며, 전후에도 빠른 시기에 복간되었지만, 얼마 후 폐간되었다.

집필진은 널리 알려진 인물들이 거의 없었고, 무명의 작가나 저널리스트가 아르바이트 형식으로 글을 쓰는 경우가 많았다. 따라서 화제가 될 만한 작품이 거의 없었는데, 이 때문에 오히려 독자가 잡지를 읽기에는 매우 수월했던 것으로 보인다. 잡지 내용은 시대물이 많이 수록되었는데, 전쟁 말기에는 현대물의 비중이 증가하였다. 시대물은 한편으로 전쟁의 현실을 회피하는 것이었는데, 독자가 읽는 이유도, 편집자가 편집하는 이유도 이 때문이었다.

1943년 3월에 발행된 여러 잡지가 3월 10일의 육군기념일을 기념하기 위해 표지에 이것을 크게 인쇄하였는데, 이 잡지는 이러한 상황을 피해 목차를 인쇄하였다. 표지도 시국적 사진을 사용하지 않고, 시대상을 반영하지 못하는 아이 모습의 민예 인형 사진을 수록하였다. 현대소설은 소위 총후소설(銃後小說)을 의미했는데, 잡지는 전장 또는 전쟁을 주제로 한 것은 철저하게 피하였다. (문영주)

참고문헌

高崎隆治,『戰時下の雜誌その光と影』, 風媒社, 1976, 251~252쪽; 高崎隆治,『戰時下のジャーナリズム』, 新日本出版社, 1987;『日本出版百年史年表』, 日本書籍出版協會, 1968.

독서(讀書)

1937년 서울에서 창간된 일본어 격월간 독서 잡지

1937년 1월 조선독서연맹에서 일본어로 창간한 격월간 독서 관련 잡지이다. 1938년 11월까지 12호를 발간하고 종간한 것으로 보인다. 1부 정가는 30전(송료 3전)이었으며, 편집 겸 발행인은 다나카 하쓰오(田中初夫)였다. 대개 한 호에 60쪽 내외로 발간되었다. 국립도서관에 1937년, 1938년 발간분 전호가 소장되어 있다.

조선총독부도서관에서 사회교육사업의 일환으로 조선총독부도서관사업회를 결성하여 추진하고 있던 사업을 축소하여 만든 단체가 조선독서연맹이었다. 이에 잡지 『독서』도 총독부도서관에서 발간하던 『문헌보국』과 역할을 분담하여, 후자는 도서관 전문 잡지로 전환하였으며 『독서』는 독서연맹의 기관지로서 독서 전문 잡지로 창간되었다. 일반 대중의 생활에 밀착한 대중 교양 잡지로서 사회교육을 위한 잡지라는 점을 표방하고 있다.

잡지는 사진(口繪), 논문·수필, 잡찬 등으로 구성된 교양 종합잡지로서의 성격을 가지고 있었다. 장상시평(掌上時評), 학계전망, 칼라섹션, 조선서적상순례, 도서실 순례 등을 두어 짧은 교양 위주의 글들을 배치하고 있어 그런 측면이 더욱 두드러진다.

논문과 수필란에는 도서의 방충과 온·습도를 조정하는 방책, 도서 장정, 잡지 제본, 최근의 도서관학, 조선의 서적, 출판문화 등 도서·출판·잡지·도서관학 등에 관한 다양한 논문과 수필을 소개하고 있다. 그 밖에도 학예·문예·취미 등에 관한 다양한 글들이 소개되어 있다.

• 조선독서연맹

1937년 1월 조선총독부는 학무국 사회교육과 내에 조선독서연맹을 창설하고, 각 도에 지부를 두었다. 이는 조선총독부에서 추진하고 있던 심전개발운동(心田開發運動)의 일환으로 만들어진 것이었다.

이 관변 단체는 전 조선에 독서열을 고취하고 개인의 수양 향상을 조장함으로써, 심전의 개발에 도움을 주고 나아가 조선 문화의 흥륭과 발전을 도모함으로써 사회교화사업에 일조하는 것을 그 목적으로 삼았다. 이에 최량의 서적을, 최고의 염가로, 가장 많은 사람에게 봉사한다는 것을 연맹의 모토로 내걸었다.

이런 목적을 달성하기 위하여, 강연회·강습회·전람회·영화회 등을 개최하고, 기관지 『독서』와 기타 도서를 출판·배포하며, 총독부도서관 장서를 관외 대출하는 등의 사업을 하도록 규정하였다.

회원으로는 개인회원과 단체회원을 두었다. 개인회원은 연회비 2원, 단체회원은 연 3원으로 내도록 하였다.

임원으로는 연맹장에 총독부 학무국장, 부연맹장에 총독부 학무국 사회교육과장을 추천하며, 수석이사로 총독부 도서관장을 임명하도록 하였다. 수석이사는 이사를 대표하여 사무를 관장하도록 하였다.

독서연맹의 회원으로 가입하면, 총독부도서관의 우대권을 교부하여 무료로 입장할 수 있도록 하고 도서의 관외대출도 가능하게 하여, 원격지에서도 도서관을 자유로이 이용할 수 있도록 장려하였다. 도서관 이용을 장려하기 위한 이런 사업은 1935년 1월 총독부도서관 내에 만들어진 조선총독부도서관사업회가 담당하던 활동이었다. 그러나 조선독서연맹이 만들어짐으로써 총독부도서관사업회의 활동은 축소되었다. 도서관사업회의 회원 규정을 바꾸어 도서관 직원만으로 조직하게 하였고, 기타 회원 모집과 우대권 발행 작업은 중지되었다.

독서연맹에서는 전 조선의 부·군·도 그리고 학교와 도서관, 기타 주요 은행·회사 등에 독서연맹 가입을 권유하였는데, 각지에서 신청이 쇄도하였다고 한다. 그리고 도서관에서는 원격지 회원을 위하여 단체 회원으로 가입하기를 권유하였으며, 대출의 편의를 위하여 『문헌보국』 잡지에 소장 목록을 만들어 소개하는 데에 더욱 관심을 쏟았다. (윤해동)

참고문헌

『독서』 국립도서관 소장본.

▌독서생활(讀書生活)

1934년 중국 상하이에서 창간된 시사종합 잡지

1934년 11월 10일 상하이(上海)에서 창간되었다. 편집장은 리궁푸(李公樸)이며, 아이쓰치(艾思奇), 류스(柳湜), 샤즈메이(夏子美) 등이 편집에 참여하였다. 상하이잡지공사(上海雜誌公司)에서 반월간으로 발행되었다.

1936년 3권 5호부터 표지에 '생활투쟁, 민족해방, 이론지도의 반월간(生活鬪爭民族解放理論指導的半月刊)'이라는 부제명을 달았다. 이때부터 발행자는 독서생활사로 되어있으며, 1936년 4권 9호는 『기념 9

·18특집』로 발간되었다. 1936년 11월, 5권 2호를 발행하고 종간되었다.

내용은 사회상(社會相)과 시사해설(時事解說), 토론, 경제강화(經濟講話), 사회상식독본, 독서문답, 과학소품(科學小品), 읽은 책(讀過的書), 생활기록(生活紀錄), 대중습작, 목각과 만화(木刻和漫畵), 특재(特載), 희극영화와 시가(戲劇電影和詩歌), 이론비판 등의 항목으로 구성되어 있다.

창간호 발간사에서 리궁푸는 이 잡지의 발간 목적을 올바른 독서의 생활화라고 하였다. 즉,『독서생활』은 일종의 독서 잡지지만 지식인이 학문에 대한 토론을 발표하는 독서 잡지가 아니라 독서에 관심을 갖지 않는 사람들을 독서로 유도하는 역할에 치중할 것임을 강조한 것이다. 그리고 다음해 발간된 2권 1호의 권두에서 리궁푸는 1권에 대한 결론을 다음과 같이 내리고 있다.

"우리는 창간사에서 밝히기를 생활 가운데 책 읽기에 치중할 것을 강조하였다. 그러나 '국운회복'이나 '민족해방' 등의 커다란 목적에 대해서는 우리가 비록 잊어버리지는 않았지만, 분업의 원칙에 입각하여 감히 우리가 기지를 건설한다고 자임하지는 못하였다. 혹자는 우리가 너무 목적이 없다고 비웃을 수 있다. 장래 우리가 모순된 웃음거리를 만들어낼지도 모른다. 그러나 우리는 자문할 것이다. 이것이야말로 목전에 가장 충실하고 객관적인 태도이다."

이렇듯 책읽기 원칙에 매우 철저한 리궁푸는 3권 1호에 다시 「독서생활의 1주년(讀書生活的一週年)」이라는 문장을 발표하여 지난 1년간을 다음과 같이 정리하였다.

"목전의 복잡하고 지난한 실천을 생활의 실천으로 인도하는 책무를 가지고 있는『독서생활』은 오늘 독자들에게 우리들의 엄숙한 태도를 선포하지 않을 수 없다. 제군이여! 오늘은 두 번 다시 눈을 감는 것을 허용하지 않는다. 두 번 다시 시간을 허황된 책에 낭비하도록 허용할 수 없다. 동시에 우리가 혈기만 가지고 지식은 없이 맹목적으로 협소한 민족항쟁을 고집하기를 허용하지 않는다. 새로운 민족해방전쟁은 항쟁의 이론으로 스스로를 무장하고 동시에 항쟁 중에 이론을 학습하여 자신의 인식을 심화할 것을 요구한다."

게재된 주요 문장으로는 루쉰(魯迅)의 「수편번번(隨便翻翻)」, 가오스치(高士其)의 「세균학의 제1과 앞면에 쓰다(寫在細菌學的第一課前面)」, 쉬마오융(徐懋庸)의 「2개 문제(兩個問題)」 등이 있다. 여기에 게재된 과학소품은 대부분 가오스치가 쓴 글들이었다.

그리고 아이쓰치의 「대중철학(大衆哲學)」을 연재하였는데, 이 문장은 대중적 형식으로 마르크스주의 철학을 소개한 것으로 마르크스 철학 이론 보급에 큰 역할을 하였다.

주요 집필자는 리궁푸, 쉬마오융, 류스(柳湜), 쉐무차오(薛暮橋), 장나이치(章乃器), 후성(胡繩), 천보다(陳伯達) 등이다.

문학성과 지식을 중시하면서, 청년의 단결과 진보, 항전을 선전한 이 잡지는 전국 무장 항일투쟁을 위해 비적 토벌을 중지할 것을 선동하고, 국난기의 교육정책 입안을 주장하였다. 민족해방운동에서 장제스(蔣介石)를 비판한다는 이유로 난징(南京) 국민정부에 의해 폐쇄되었다.

• **리궁푸(李公樸, 1902~1946)**

장쑤성(江蘇省)의 빈곤한 가정에서 태어난 리궁푸는 제1차 국공합작 시기 군벌에 투신했으나 1927년 장제스(蔣介石)의 4·12 정변 후 군대를 떠나 미국으로 건너갔다. 미국에서 저우타오펀(鄒韜奮)이 발행하고 있던『생활(生活)』주간지에 미국 사회를 소개하는 글을 쓰기 시작했다. 1934년 아이쓰치(艾思奇)와 함께『독서생활(讀書生活)』을 창간하여 일본제국주의 침략과 국민당 반동파를 공격하는 문장들을 발표하였다.

1936년 독서생활출판사를 설립하여 마르크스 사상의 경전인『자본론』을 비롯한 진보적 대중서적들을 출판하였다.

중일전쟁 시기 산시(山西)에서 저우언라이(周恩來)의 결정으로 민족혁명전쟁전지총동원회(民族革命戰爭戰地總動員委員會)의 위원 겸 선전부장을 담임하였으며, 동시에 전민통신사(全民通訊社)를 설립하여 사장에 취임하여 항전교육과 통일전선 구축을 위해 노력하였다. 1937년12월 선쥔루(沈鈞儒)와 함께 『전민주간(全民周刊)』을 창간하였고, 전민통신사총사(全民通訊社總社)를 설립하였다. 1938년에는 『항전교육의 이론과 실천(抗戰教育的理論與實踐)』을 출판하였다.

중국공산당 중앙의 지지아래 항전교학단(抗戰教學團)을 조직하여 항전교육에 투신하면서 공산당과 팔로군에 대한 선전활동을 하였다. 1942년에는 북문서옥(北門書屋)을, 1944년에는 북문(北門)출판사를 설립하여 교육출판 활동을 계속하였다. 1944년 중국민주동맹에 가입하여 민주동맹 윈난성(雲南省)지부 집행위원 겸 『민주주간(民主周刊)』의 편집위원을 하였다. 1946년에는 타오싱즈(陶行知)와 공동으로 사회대학(社會大學)을 설립하고 부총장을 맡았다.

1946년 7월 국민당 특무원에게 피살되었다. (김성남)

참고문헌

周葱秀·涂明 著,『中國近現代文化期刊史』, 山西教育出版社, 1999; 北京師範大學圖書館報刊部 篇,『北京師範大學圖書館館藏中文珍稀期刊題錄』, 北京圖書館出版社, 2002.

독서월보(讀書月報)

1939년 중국 충칭에서 발행된 시사종합 잡지

1939년 2월 1일 충칭(重慶)의 생활서점(生活書店)에서 발행하였다. 아이한쑹(艾寒松)과 스무(史牧)가 편집을 담당했다. 1941년 2월 1일 종간될 때까지 총 23호를 월간으로 발간했다.
vol.1, no.8(1939)부터 편집자가 후성(胡繩)으로 바뀌었고 vol.2, no.3(1940)부터 발행자가 독서월보사(讀書月報社)로 바뀌었다. 매권의 페이지는 서로 연결되어 있었고, vol.1, no.9(1939)와 vol.2, no.7(1940)은 기를 벗어나 발행되었다. 매권 12호가 출판되었다. 베이징사범대학도서관과 상하이도서관 등에 소장되어 있다.

주요란으로는 독서필담(讀書筆談), 학습경험, 잡감수필(雜感隨筆), 독서문답, 문화공작기술강좌(文化工作技術講座), 문예월보, 각과학술간명강좌(各科學術簡明講座), 서(書), 역사산편(歷史散編), 토론, 전국신서월보(全國新書月報), 독서일득(讀書一得) 등이 있었다.

창간 목적은 전쟁의 어려운 환경 아래서 학습을 갈망하는 청년들에게 도움을 주고, 청년들에게 치학(治學)과 독서하는 방법을 가르쳐주기 위해서였다. 많은 학자들이 이곳에 문장을 발표하였는데, 예를 들면 거바오촨(戈寶權)의 「투쟁 중의 스페인 신문학(在鬪爭中的西班牙新文學)」, 「러시아어 학습의 제문제에 관하여(關於學習俄文諸問題)」, 「제정 러시아의 작가와 소련의 작가(帝俄的作家與蘇聯的作家)」, 「마르크스는 어떻게 독서를 하였는가(馬克斯(思)怎樣讀書的)」, 판슈(潘菽)의 「학술 중국화 문제의 발단(學術中國化的問題發端)」, 리다자오의 「유물변증법 3법칙의 관계(唯物辨證法三法則的關係)」와 「광의경제학을 논함(論廣義經濟學)」, 저우타오펀(鄒韜奮)의 「소련의 민주(蘇聯的民主)」, 후성(胡繩)의 「새로운 중국인과 새로운 중국(新的中國人與新的中國)」, 「이론연구와 문학감상을 이야기함(談理論研究與文學欣賞)」과 「전쟁과 평화를 논함(論戰爭與和平)」, 화강(華崗)의 「중국역사 연구의 열쇠(研究中國歷史的鎖鑰)」, 판쯔녠(潘梓年)의 「사회, 역사연구는 어떻게 과학으로 하였는가(社會, 歷史的研究怎樣變成科學)」, 젠보잔(翦伯贊)의 「중국 역사과학의 실험주의(中國歷史科學的實驗主義)」와 「명대 엄신과 엄당정치(論明代閹臣及閹黨政治)」, 뤼전위(呂振羽)의 「본국연구제강(本國史研究提綱)」, 예이췬(葉以群)의 「엥겔스와 문학(斯格思與文學)」, 허우와이루(侯外廬)의 「역사단계의 이해(歷史階段的了解)」와 「만청 100년 이래의 금융귀족의 성공과 붕괴(論晚淸百年來金融貴族的成毁)」 등이 있었다. 글의 내용은 사회과학에 대한 연구와 소개가 위주였다. 그러나 소량이지만 자연과학에 대한 소개도 있었다. (김지훈)

참고문헌

北京師範大學圖書館報刊部 編,『北京師範大學圖書館館藏中文珍稀期刊題錄』, 北京圖書館出版社, 2002; 伍杰, 『中文期刊大詞典』, 北京大學出版社, 2000; 上海圖書館, 『上海圖書館館藏近現代中文期刊總目』, 上海科學技術文獻出版社, 2004.

▌동경조선신보(東京朝鮮新報)

1934년 일본 도쿄에서 발행된 한글 신문

1934년 11월 도쿄에서 공산계열에 의해 창간되었다. 한글 신문이다. 편집인은 김호승(金浩承)이었다. 김호승은 공산주의 활동을 한 것으로 알려져 있다. 1935년 2월 15일 5호, 1936년 1월 1일에 23호, 1937년 8월 10일 48호를 각각 발매금지처분 당했다. 1937년 8월 20일 편집인 김호승은 치안유지법 위반으로 검거되었고, 같은 해 9월 1일 폐간되었다. (이신철)

참고문헌

윤임술 편, 『한국신문백년지』 2, 한국언론연구원, 1983.

▌동광(東光)

1926년 서울에서 발행된 수양동우회 기관지 성격의 종합잡지

편집 겸 발행인은 주요한(朱耀翰), 인쇄인은 노기정(魯基禎)이다. 인쇄소는 한성도서(주)이며, 발행소는 동광사(서울 서대문동 1가 9)로 B5판, 48면, 정가는 30전이다.

안창호가 1913년 미국에서 조직한 흥사단을 배경으로, 같은 계열의 단체로서 1926년 1월 조직된 수양동우회(修養同友會)의 기관지 성격을 띠고 발행되었다. 1927년 8월 5일 통권 16호를 내고는 일시 휴간했다가, 이광수가 중심이 되어 1931년 1월 1일 속간되어 1933년 1월 13일 통권 40호로 종간되었다. 3호는 아예 발행하지 못했기 때문에 실제 통권은 39호이다. 하지만 1933년 6월에는 『동광총서』로, 1954년 9월에는 『새벽』으로 개제하면서 그 명맥을 유지한다. 『새벽』이라는 제호는 『동광』의 우리말이라고 밝혔으며, 1961년 1월까지 통권 52호를 냈다. 1호부터 40호까지의 영인본이 1977년 아세아문화사에서 7권으로 묶여져 나왔다.

"동광"이라는 제호를 명명한 사람은 김여식(金麗植)이었다고 한다. 당시 잡지들이 그러했듯, 『동광』의 경우도 일제의 검열을 피할 수 없어 아예 원고압수로 발행되지 못한 제3호의 경우뿐 아니라 일부기사가 삭제당하는 것도 예사였다. 특히 출판법에 의한 발행되는 잡지도 1931년부터는 정치, 시사평론을 게재함을 묵인하게 됨에 따라 정치·시사 관련 논설과 기사를 싣게 된 속간호부터는 더욱 자주 삭제당하는 수난을 겪었다.

잠시 창간호 목차를 일별해보자. 논설에 해당하는 글로는 「민족적 육체개조운동」(김창세), 「합동과 분리」(산옹), 「무엇보다도(사설)」, 「민족주의와 사회주의(사설)」, 「나란 무엇인가?」, 「개인일상생활의 혁신에 민족발흥의 근본」(장백산인), 「말(언어)」(여심), 「예술평가의 표준」(이광수), 「쾌걸 안용복(快傑安龍福)(전기)」 등이, 시에는 「발자취」(요한), 「다바치어(신청년창가)」, 「나아가」 등이, 기행문으로 「방랑의 일편」(태허)이 있었고, 잡조 성격의 글이 다수 있다.

무엇보다 『동광』이 수양동우회의 기관지였던 만큼 수양동우회의 성격을 살펴보는 것이 중요하겠다. 수양동우회는 1926년 1월 8일 수양동맹회(修養同盟會)와 동우구락부(同友俱樂部)가 통합하면서 결성한 수양계몽단체였다. 1922년 2월에 이광수의 주도로 결성된 수양동맹회는 안창호가 이끄는 흥사단(興士團)의 국내 지부격 단체였다. 수양동맹회는 자기수양과 문화사업을 통해 조선인에게 고상한 덕과 필요한 지식, 건강, 부를 누리게 하려는 것을 목적으로 했다. 애초에 시사 또는 정치에 절대 간여하지 않을 것을 천명한 단체

였다. 한편 동우구락부는 1922년 7월 평양에서 구한말 안창호가 세운 대성학교(大成學校) 관련자 및 조만식과 함께, 평양에서 물산장려운동을 주도했던 김동원 등 8명이 조직한 친목단체였다. 각각 이런 배경을 지닌 두 단체가 세력 확장을 위해 수양동우회를 결성했던 것이다.

수양동우회에는 수양동맹회와 동우구락부 및 흥사단의 인사들이 모두 관련되었는데 대부분이 서북 지역 출신이었다는 점이 특기할 만하다. 『동광』지 역시 안창호와 이광수는 물론 주요한, 박현환(朴賢煥), 김윤경(金允經), 이윤재(李允宰) 등 수양동우회 간부들이 주요 필진으로 참여하여 수양동우회의 사상을 전파하는 역할을 한다. 안창호는 산옹(山翁)과 섬메라는 필명을 사용하여 수양동우회의 활동 초기에 그 이론적 기반을 제공하는 논설을 주로 실었다. 「합동과 분리」(1호), 「당신은 주인입니까?」(2호), 「사람마다 가슴에 참을 모시어 공통적 신용을 세우자」(2호), 「무정한 사회와 유정한 사회」(2호), 「합동의 요건, 지도자」(4호), 「부허에서 떠나 착실로 나가자」(5호), 「오늘일은 오늘에」(7호), 「오늘의 조선학생」(8호), 「조선청년의 용단과 인내력」(9호), 「사업에 대한 책임심」(10호), 「낙관과 비관」(12호) 등이 그것이다. 15호에 실릴 예정이던 「사회개조와 인격배양문제」는 검열에 걸려 전문삭제 당했다. 그 외에도 김창세(金昌世)는 「민족적 육체개조운동」(1호)을 주장하고, 이윤재는 '우리의 주장'이라는 고정란을 통해 「우리의 수양운동」(10호) 등을 연재했고, 주요한은 「수양단체의 나아갈 길」(15호)을 게재했다. 수양동우회는 『동광』을 통해 무실(務實)·역행(力行)·신의(信義)·勇氣(용기)의 4대 정신을 강조했고, 덕육(德育)·체육(體育)·지육(智育)을 수련하여 건전한 인격을 함양하는 것을 주장했다. 안창호에 대한 이광수의 사상적 경도도 눈여겨 볼 필요가 있거니와 그의 「민족개조론」 역시 이러한 수양동우회 사상과 일맥상통한다는 것을 주의 깊게 볼 필요가 있다.

속간호 이전의 『동광』은 수양동우회의 이념을 전파하는 글 외에 시사적인 글을 실을 수 없었기에, 건전한 흥미기사·과학의 통속화·풍부한 삽화·국문용법의 통일 등을 기본적인 편집방침으로 내세웠다. 그중 주목할 만한 것이 우리나라의 역사와 관련된 논설들이다. 이 주제에 대한 필진은 최남선(崔南善), 안확(安廓), 황의돈(黃義敦), 장도빈(張道斌), 권덕규(權悳奎), 손진태(孫晋泰), 이능화(李能和) 등이었는데, 주목할 것은 이들이 근세사보다는 대부분 고대사, 특히 단군과 고조선 관련 글들을 다수 발표했다는 점이다. 또한 7호의 경우, 아예 「조선고대사연구일단」이라는 특집을 마련하면서, "개천절을 맞이하여 우리의 현재를 아는 동시에 우리의 과거를 알고자" 하는 것을 그 의의로 두었다.

역사뿐 아니라 한글 관련 논문들도 다수 『동광』에 발표되었다. 특히 주목할 것은 제8호에 안확이 실은 「한글의 연구」와 「조선어연구의 실제」를 놓고 벌어진 지상토론이다. 9호에서는 안확의 이 글에 대해 곧바로 '한빛'이라는 필명으로 「안확씨의 조선어 실제를 보고」와 'ㅎㄱ생'이라는 필명으로 「안확씨의 무식을 소(笑)함」이라는 비판문이 실렸고, 제10호에는 '한뫼'라는 필명으로 「안확군의 망론을 박(駁)함」이라는 비판문이 실리면서, 이때부터는 아예 '한글토론'이라는 고정란이 생기기도 했다. 이에 대해 안확은 11호에 「병서불가론」을 통해 반박한다. 이후 지상논쟁은 필명 대신 본명을 사용하면서 15호로 『동광』이 휴간될 때까지 계속 이어졌다.

한편 휴간 이후 수양동우회 자체도 조직적 변화를 겪는다. 수양동우회는 운동노선을 둘러싼 내부분열과 당시의 정치상황 때문에 1929년 11월 23일에 명칭을 동우회라 개정하였다. 당시 신간회가 민족운동의 구심체로 떠오르게 되면서, 많은 수양동우회 회원들은 신간회에 참여하거나 수양동우회 자체를 정치단체로 개편하자고 주장하게 된 것이다. 그러나 수양동우회는 안창호의 지시 및 내부 토의의 결과, 흥사단 사상의 본령인 민족개조론과 정치운동 불간여 원칙을 고수하기로 하였다. 다만 당시의 사회가 수양운동을 경시하는 풍조를 띰에 따라, 세력 확장에 지장이 있을 것을 감안하여, '수양'을 떼어내고 '동우회'만을 남긴 것이다. 그리하여 동우회의 조직과 운동이론을 지도한 사람은 이광수였다. 그는 동우회의 중심사상으로 여전히 민족성 개조와 인격수양을 고수한다. 속간된 『동광』의 속간사를 보면 이광수의 이런 주장이 잘 드러나 있는데, "조선인의 민족적 번영을 도(圖)하되 허위와 공상공론을 버리고 무실역행으로써 하자"고 말하고 그 실현을 위해 민족적 본성의 구명, 민족의 사(士=공민)적 훈련, 건전하고 고상한 도덕적 정조 함양 등이 필요하다고 강조하였다. 이어 이광수는 제30호의 「조선민족운동의 3대 기초사업」에서 보다 구체적으로 동우회의 민족운동론을 제시한다. 그는 이 글의 서두에서 당시 조선의 상황에 대한 명확한 인식을 통해 조선민족운동에 대한 이론을 세우는 것이 가장 긴급한 임무라고 전제하고 조선민족운동을 지도할 이론으로 인텔리겐치아의 조직 결성, 농민 노동자 계몽과 생산력 향상, 협동조합운동을 주장했다. 그러나 이 글은 바로 다음호인 제31호에서 김명식의 「영웅주의와 파시즘」이라는 글에 의해 비판당하기도 했다. 그러나 이광수의 주장을 구체적으로 실천하기 위해 다른 나라의 협동조합운동의 사례를 조사한 연재물이 제35호부터 꾸준히 실리게 된다.

한편, 속간 이후 『동광』은 이 같은 동우회의 사상을 선전하고자 하는 기관지로서의 역할뿐 아니라 좀 더 대중적인 종합잡지로서의 성격을 강화시켰다. 필진의 폭도 넓어졌고 국내적으로나 국제적으로 당시 쟁점이 되고 있는 사안들을 끌어안으면서 논의의 폭을 한층 넓혔다. 이에 대해서 좌파 계열의 잡지 『신계단』이 창간호(1932)에서 『동광』을 두고 언급한 바가 흥미롭다. 『신계단』의 필자는 "민족개량의 일점에 귀착하면서 프롤레타리아의 진로를 저지하려는 민족 부르주아의 의기(意氣)와 그들이 영합하는 시사문제 같은 데에 치중하는 강연회식 잡지"라고 교묘히 비판하고 있다.

속간호인 17호부터 논문 전체가 해외의 정세나, 정치가, 문인에 대한 분석에 할애된다. 또한 제18호부터는 당시의 가장 첨예한 쟁점이었던 신간회 해소 문제에 대한 우파 인사들의 견해를 꾸준히 싣고 있기도 한다. 이외에도 현실적으로 첨예한 문제였던 재만동포 및 만주문제(26호), 간도문제(33호), 교육문제(18호), 농업문제(20, 36호)를 비롯하여 민감한 국제정세(「중국특집」, 30호) 등에 관한 집중분석을 통해 동우회의 노선을 가늠하는 작업이 『동광』을 통해 진행되었다.

동우회는 당시 지상대학 강좌가 유행하자 『동광』에도 동광대학이라는 지상강좌를 열어 자신들의 이념을 전파하였다. 그리고 제29호에 제1회 중등학생작품 지상대회를 개최하는데, 거기에서 수상한 '민족개조론에 대한 독후감'을 게재하기도 한다. 역사 관련 논설은 속간 이전보다 줄어든 반면에 한글관련 지상논쟁은 속간 후에도 종종 게재되곤 했다. 속간호인 제17호부터 종간호까지 김윤경은 「조선문자의 역사적 고찰」이라는 논문을 꾸준히 연재했다.

한편 『동광』에는 여타의 잡지와 마찬가지로 당시 우파 인사들의 인물평도 비중 있게 실렸는데, 흥미로운 것은 『현대인명사전』의 형식을 빌어 지명도 있는 인사들에 관한 사전을 꾸리고자 했다는 점이다. 속간 이전에 15호에 36명의 프로필을 실은 데 이어 39호부터는 몇몇 인사들의 프로필을 연재식으로 싣고 있다. 이처럼 수양동우회의 기관지로 출발했던 『동광』의 기관지로서의 역할은 속간 이후에는 사실상 명맥을 유지하는 정도였고, 주로 우파계 대중잡지로서의 성격이 강화되었다고 볼 수 있다. (이경돈)

참고문헌

이종국, 「특수잡지로서의 『동광』 창간호에 대한 고찰」, 『출판학연구』 29호, 1987; 최덕교 편저, 『한국잡지백년』, 현암사, 2004; 국회도서관 한국국회도서관사서국, 『잡지 동광, 신동아 목차』, 국회도서관, 1969.

▌동광총서

▶ 동광

▌동남전선(東南戰線)

1939년 중국 진화에서 발행된 시사종합잡지

1939년 1월 저장성(浙江省) 진화(金華)의 동남전선사(東南戰線社)에서 발행했다. 뤄겅모(駱耕漠)와 사오촨린(邵荃麟)이 편집을 맡았으며 1939년 3월 20일(vol.1, no.5)까지 발행되었다. 반월간으로 발행되었고, 표지에 부제명이 "국제·정치·경제"라고 쓰여 있으며, 매호의 페이지는 서로 연결되어 있다. 베이징사범대학도서관과 상하이도서관 등에 소장되어 있다.

주요란으로는 정치보고, 상하이 특별페이지(孤島特頁), 지방통신, 공작토론, 단론(短論), 서보전람(書報展覽), 독자우체통(讀者信箱), 문예원지(文藝園地) 등이 있다.

사회과학 종합 간행물로 주로 중국 남부 전쟁지역의 경제, 군사, 정치상황과 국제적 뉴스를 위주로 보도하였다. 1권 5호에 덩쯔후이(鄧子恢)의 「신사군의 정치공작을 논함(論新四軍的政治工作)」, 장톈이(張天翼)의 「예술과 투쟁(藝術與鬪爭)」, 쉐무차오(薛暮橋)의 「상품과 가치(商品與價値)」, 쑨샤오춘(孫曉村)의 「변화 속의 중국 경제(中國經濟在轉變中)」 등의 글이 실렸다. 이 간행물에 특약을 하여 집필한 사람으로는 장톈이, 쉐무차오, 녜간누(聶紺弩), 판창장(范長江) 등이 있었다. (김지훈)

참고문헌

北京師範大學圖書館報刊部 編, 『北京師範大學圖書館館藏中文珍稀期刊題錄』, 北京圖書館出版社, 2002; 上海圖書館, 『上海圖書館館藏近現代中文期刊總目』, 上海科學技術文獻出版社, 2004.

동대륙(東大陸)

▶ 아관(我觀)

동맹구락부(同盟グラフ)

1940년 일본 도메이통신사에서 간행한 잡지

1940년 4월 재단법인 도메이통신사(同盟通信社)에 의해 간행된 잡지이다. 『동맹구락부(同盟グラフ)』는 1933년 2월에 창간된 『주간국제사진신문(週刊國際寫眞新聞)』이 1940년 3월 251호로 종간되자 그 후계지로 계승되었다. 이후 『동맹구락부』는 1944년 1월 297호로 끝나고, 그 대신 같은 해 2월부터 『대동아보(大東亞報)』로 개제되었다. 이 『대동아보』도 1945년 1월 319호로 마감되었다.

도메이통신사의 정보부와 조사부 등 내외의 모든 통신망을 네트워크로 그대로 활용하여, 세계 각지에서 송신되어 오는 뉴스와 정보를 기초로 하여 시시각각 변하는 세계의 동향을 조사해서 이들 자료를 국가기관에 제공하는 역할을 하고 있던 조사국에서 편집했다.

잡지는 국책에 따른 정보 선전 활동이 주였고, 편집 내용과 지면은 전의 고양, 침략의 정당화 등의 대동아공영권(大東亞共榮圈) 구상의 추진이 골간을 형성했다. 또한 집필자의 넓은 폭과 다양한 분야의 언급이 특징이다. 예를 들면, 창간호가 프롤레타리아 작가인 도쿠나가 다다시(德永直)의 단편소설 「어두운 거리(暗らい街)」를 게재한 것을 들 수 있다.

'구락부(グラフ)'라는 용어가 부당하다고 하여 『대동아보』로 간판을 바꾸어 간행했다. 언제까지 간행되었는지는 알 수 없다.

• 도메이통신사

1935년 11월 7일 설립 인가되어 다음해 1월 1일부터 업무를 개시했다. 이것으로 일본 내에 강력한 단일한 국가대표통신사가 탄생하게 되었다. 일본에서는 1888년 미쓰이물산(三井物産)의 마스다 다카시(益田孝)의 출자로 지지통신사(時事通信社)가 최초의 신문통신사로 창립되었다. 대체로 일본 국내 통신사는 국정을 반영하여 때때로 정부와 재계의 어용통신 역할을 다했는데, 1926년 신문사를 조합조직화한 일본신문연합사(日本新聞聯合社)가 발족하여 독자적인 통신사를 형성하기 시작했다.

일본 국내에서 대규모 통신사의 하나로 역사가 오래된 데이고쿠통신사(帝國通信社)가 몰락하고, 라이

벌이었던 니혼덴보통신사(日本電報通信社)가 근대적인 기업 형태로 탈피하여 새로운 통신사의 시대를 열었다.

도메이통신사의 성립에는 요시나가 유키치(吉永裕吉), 요시노 이노스케(吉野伊之助) 등의 역할이 있었고, 신문연합사의 모태였던 구 고쿠사이통신사(國際通信社)계의 숙원이 결실을 본 것이었다. 이 도메이통신사의 주요한 업무는 다음과 같다. ① 가입 신문사와 방송국에 대한 뉴스 제공, ② 경제계에 대한 경제통신, 출판사업 등에 대한 뉴스 제공, ③ 국가를 위한 대외전신방송, 작전지에서의 통신발행업무 등의 뉴스 서비스였다.

직원은 3000명, 연간 경비는 1000만 엔, 조직은 일본 내에 지사 4개, 지국 33개소였다. 외지에는 지사 1개(경성), 지국 9개(사할린 1개, 타이완 2개, 조선 6개), 만주에 지사 1개, 지국 3개, 통신부 17개, 중국에 3개의 총국, 33개의 지국, 남방에 10개 지국, 해외는 유럽에 9개, 남북아메리카에 11개 지국 및 통신사가 있었다. 이들 지사국(支社局)은 단순히 각지의 뉴스와 사진을 중앙에 보내는 것뿐만 아니라, 중앙으로부터 각지의 신문사, 방송국 등에 관련 자료를 배포했다.

관련된 국내외 신문사는 약 150개사, 방송국은 3개 협회, 대외적으로는 만주를 포함한 중국, 하와이, 남북아메리카, 필리핀, 말레이시아 등 각지에서 발행되고 있는 일어판 신문(日語版新聞), 중국어판 신문(中國語版新聞) 등 80개사 이상에 뉴스를 공급했다.

전국의 주요한 도시를 연결하는 6400㎞에 이르는 시외 장거리 전용전화가 설치되었고, 외지와 만주 등의 40여 곳에 대한 도쿄 본사 무선실에서의 동시 단파 무선 전신에 의한 뉴스 송부가 가능했다.

1945년 9월 14일 GHQ의 명령으로 즉시 업무가 정지되고 10월 12일자로 사원총회가 열려 해산이 결정되어, 1945년 10월 31일 도메이통신사는 막을 내렸다. (김인덕)

참고문헌

『國文學 解釋と鑑賞』(10月) 第30卷 第13号, 東京: 至文堂, 1965; 日本近代文學館·小田切進 編, 『日本近代文學大事典』 5卷, 東京: 講談社, 1977.

동명(東明)

1922년 서울에서 발행된 시사 잡지

1922년 9월 3일 한국에서 발행된 주간 시사 잡지이다. 편집인 겸 발행인에 진학문(秦學文), 주간(主幹)은 최남선(崔南善)이다. 신문관(新文關)에서 발행되었으며, 타블로이드판 20면, 가격 15전이다. 염상섭, 권상로, 이유근, 현진건, 나도향 등이 편집위원으로 활동했다. 현재 국사편찬위원회와 아단문고, 고려대도서관 등이 소장하고 있다.

『동명』은 표지를 장식한 "조선민족아 일치합시다 민족적 자조에 일치합시다"라는 사시(社是)에서 알 수 있듯이 일단 민족주의를 전면에 내세웠다. 제호는 고구려 '동명왕'에서 따왔으며, 동쪽이 밝아온다는 뜻으로 겨레의 밝은 희망을 보여 주는 것이다. 전 1면을 표지로 겸용하였는데, 제호 아래 계명성(鷄鳴聲)을 상징하는 그림으로 장식하였으며, 다시 그 좌하단에 해인사의 대장경 판목고(板木庫) 등 한국을 비롯한 세계 각국의 명화와 국립기념비 등의 사진을 곁들였다.

권두언으로는 「조선민시론(朝鮮民是論)」을 연재했는데, 서간체로 구성된 이 기사는 역사적 실패의 원인을 특권계층의 무능력과 부패에 의한 것으로 규정함으로써 조선 민족의 위대한 역사와 자부심 그리고 희망을 강조했다. 필자는 명기되어 있지 않으나 학계는 최남선의 글로 추정하고 있다.

「조선민시론」을 위시하여 민족을 최고의 가치로 주장하는 논설은 지속되었다. 설태희의 「조선은 오직 조선인의 조선」은 단군을 위시한 민족의 역사와 강토, 문화적 번영과 위업을 찬양하고 조선의 정신과 주의로서 민족을 주체로 한 생존 영달을 주장했다. 최남선은 「역사통속강화(歷史通俗講話)」를 집필하여 민족의 역사와 언어, 상징체계 등에 이르기까지 문화적 공통성을 바탕으로 민족사를 재구성하였다.

이외에도 권덕규의 「조선 어문의 연원과 그 성립」, 최남선의 「외국으로서 귀화한 조선 고담」, 문일평의 「조선 과거의 혁명운동」, 이능화의 「조선 신교 원류 고」와 「조선 기독교사」, 유종열의 「이조 도자기의 특질」, 천천백교의 「이조 도기의 사적 고찰」 등 민족주의와 한국학에 관계된 논문을 다수 싣는 한편, 중국, 아일랜드, 터키 등 신흥 독립국과 식민지에 대한 논설과 기사도 중요하게 다루었다. 소설로 양백화(梁白華)의 「빨래하는 처녀」, 염상섭의 「E선생」, 나도향의 「은화·백동화」 등의 창작소설과 모파상, 코넌 도일, 안톤 체호프, 도데, 투르게네프 등의 번역소설, 그리고 주요한, 변영로, 홍사용, 김억, 박종화 등의 시와 예이츠, 블레이크 등의 번역시도 실었다. 양건식이 번역한 중국 희곡과 신시도 다수 게재했다.

호를 거듭할수록 최남선의 개인적인 명망과 다채로운 편집능력을 발휘하면서 발전을 거듭했다. 이는 당시의 판매고를 통해 확인할 수 있는데, 신문부수를 누를 만한 2만여 부를 발간하여 동명붐을 일으켰다 하며, 2호에서도 창간호가 "인쇄능력의 최고도를 진(盡)하와도 대방(大方)의 주문에 응할 가극(暇隙)이 없었다"고 하고 있어 당시 대중적인 인기가 높았음을 알 수 있다.

이 잡지는, 처음으로 신문지법에 의한 허가를 얻어내었기 때문에 다른 잡지와는 달리 각종 당면한 시사문제를 심층적으로 보도하고 논평할 수 있었다. 예를 들면, 일본 니가타현(新潟縣)에서 일어난 한국인 노무자 학살사건의 상세한 보도라든가 「인민을 위한 경관인가 경관을 위한 인민인가」라는 제목의 폭로기사, 「동명평단」 같은 단평란 등이 그것이다.

또한 32호에는 「민족운동과 계급운동」, 「오직 출발점이 다를 뿐: 민족운동과 사회운동의 합치점」 등의 기사와 같이 1920년대 전반기의 통일전선적 논의를 다루는 기사도 실려 있어 눈여겨 볼만하다.

『동명』은 대체로 1920년대 초반의 문화적 민족주의적인 성향을 대표하는 잡지로서 당시 사회주의적인 경향을 보였던 『신생활(新生活)』과 경쟁하면서 당시의 부르주아 민족주의자들의 경향을 대변하던 잡지였다.

발행인인 최남선은 1919년 3·1운동 시 독립선언서를 작성하고 3월 3일 체포되어 서대문감옥에 수감되었다가 1921년 10월에 가출옥을 하자마자 『동명』을 준비했다. 잡지 발간과 관련한 사정을 조용만의 『육당 최남선』(삼중당, 1963)에서 잠시 발췌해 보면 다음과 같다.

"육당은 …… 『동아일보』를 사임하고 동경에 가 있는 진학문을 즉시 서울로 돌아오라고 불렀다. 진학문은 곧 서울로 돌아와서 육당과 사업을 의논하였다. 육당이 감옥에 있을 대 진학문은 『청춘』 속간을 총독부에 운동한 일이 있었다. 이번에도 이것을 다시 운동하기로 하였다. …… 7월이 못되어 총독부에서 육당한테 신문지법에 의한 주간 시사 잡지의 발간을 허가해 주었다. 이리하여 육당은 새로운 구상을 가지고 신문관을 해산하고 동명사를 창립 『동명』을 발간하였다."

이 준비 과정에 당시 일제 주요 인사가 개입한 사실도 새로이 밝혀지고 있다. 이것은 『동명』이 처음으로 신문지법에 의한 허가를 얻을 수 있었던 사정과 관련된다.

최남선은 1921년 12월25일 서울에서 일본 도쿄에 있는 아베 미쓰이에(阿部充家)에게 편지를 보낸다. 아베는 경성일보사 사장을 지냈으며 당시 조선 총독이던 사이토 마코토(齊藤實)의 핵심 조언자였다. 최남선은 이 편지에서 "선생께서 주신 책을 읽고 시대의 추세를 거의 파악하게 되었다"며 "금후에도 선생의 가르침에 어긋나지 않겠다"고 다짐하면서 "진학문과 같이 동명(東明)이라는 이름으로 잡지 창간을 신청했다"고 보고하고 있다. 이 편지를 받은 아베는 사이토 총독에게 즉각 경과설명을 한다. 아베는 "최의 잡지 발행은 내지(일본)에서의 건전한 출판물을 극히 평이한 조선어로 번역하는 일로 이에 의해 조선사상계의 악화를 구할 수 있다"고 평가하면서 "도쿄 학생계(도쿄 조선인 유학생들)의 동향을 살피니 최도 하나의 구(舊)인물로 배치되는 추세가 있다"며 "최를 중심으로 조선의 유생과 (젊은) 학생 사이에 하나의 세력권을 만들면 그들 각자의 논전(論戰)에 의해 사상악화(독립사상의 약화를 의미)의 효과를 볼 수 있다"고 말하고 있다. 『동명』은 일제 주요 인사들의 친분과 교우에 힘입어 창간된 바가 큰 잡지인 것이다. 진학문이 발행 겸 편집인으로 기재되어 있으나 실질적 운영자는 최남선이었다. 타블로이드 판형을 취하고 체제도 신문과 유사하여 주간신문으로 분류할 수도 있으나, 보도성 기사보다는 논설과 해설 등 심층적 기사에 치중했다는 점에서 잡지에 가깝다.

1923년 6월 3일 좀 더 시대에 대응하고자 한다는 사고(社告)를 내고 3권 23호(통권 41호)를 마지막으로 종간하였으며 같은 해 7월 『시대일보』를 창간했다. (이경돈)

참고문헌

최덕교 편저, 『한국잡지백년』, 현암사, 2004; 이경돈, 「특집: 근대 동아시아 세계의 상호인식과 자의식: 1920년대초 민족의식의 전환과 미디어의 역할, 『개벽』과 『동명』을 중심으로」, 수선사학회, 『사림(성대사림)』, 2005.

동무

1921년지 미국 로스앤젤레스에서 발행된 노동사회개진당기관지

1921년 4월 18일 창간되었다. 재미 한인이 조직한 노동사회개진당(勞動社會改進黨)의 기관지이다. 속쇄판 인쇄였다. 이살음(李薩音)이 주필을 맡았다.
조소앙(趙素昂)의 외교활동 후원을 목적으로 만들어졌다. 세계 자주민족들의 자결주의 노선을 지지했다. (이신철)

참고문헌

윤임술 편, 『한국신문백년지』 2, 한국언론연구원, 1983.

동방꼼무나

1933년 러시아 블라고베셴스크시에서 한인들을 대상으로 간행된 한글 신문

1933년 1월 22일 창간되었다. 한글 신문이다. 발행기관은 볼셰비키 공산당 블라고베셴스크시 당위원회이다. 1933년 4월 25일까지 모두 9호까지 나왔다. 현재 결호는 2호, 6호, 7호 등이다. 신문의 책임주필은 김태봉이며, 기자는 한사윤 등이었다.

볼셰비키 공산당 블라고베셴스크시 당위원회는 1933년 헤이허시 구역 7개의 고려인 콜호스, 소유즈, 소학교, 전문학교, 대학교 등에 다니는 900명의 고려인(한인)에 대한 문화군중사업의 일환으로 신문을 발행하였다. 특히 신문에 2차 5개년 계획에 대한 기사들이 다수 실린 것으로 보아 아무르주에 있는 고려인들로 하여금 2차 5개년 계획 수행에 적극적으로 나서도록 독려하기 위하여 발행된 신문이다. 관련 기사 내용은 다음과 같다.

"귀중한 고려인 로력자들! 동방꼼무나 신문은 레닌당의 옳은 지도하에서 1933년부터 자립적으로 발간합니다. 동무들! 본사는 아무르주내 각 구역에 산재하여 있는 고려인로력자들을 둘째 오년계획의 행진에서 당과 정부의 결정을 제때에 힘있게 선전 선동만 할 것이 아니라 조직하는 당의 전투적 기관보로 자기의 과업을 완전히 실행하려면 우선 동무들의 본사주의에 결속되는 동시 정신적으로만 본사를 후원하는 것만 아니라 경제적으로 본사를 힘있게 방조하는 용사가 되어야 할 것이며, 로력자들은 누구를 물론하고 동방꼼무나 신문의 독자와 기자가 되라고 권고하면서 동무들의 실행을 믿는다." (이신철)

참고문헌

박환, 『재소한인 민족운동사』, 국학자료원, 1998; 위암장지연선생기념사업회, 『한국근대언론과 민족운동』, 커뮤니케이션북스, 2001; 정진석, 『언론과 한국현대사』, 커뮤니케이션북스, 2001; 차

문석, 『반노동의 유토피아』, 박종철출판사, 2001; 두산동아, 『두산동아세계대백과사전』, 2001.

▌동방보(東方報)

1905년 홍콩에서 창간된 정치운동 신문

1905년 6월 4일 홍콩(香港)에서 일간지로 창간되었으며, 『유일취보유소위(唯一趣報有所謂)』가 이 신문의 전신(前身)이다. 1906년 발행금지를 당하여 11월 29일 종간되었다.
편집 및 발행인은 셰잉보(謝英伯)와 천수런(陳樹人), 류쓰푸(劉思复), 이샤(易俠), 후쯔진(胡子晋), 뤄한춘(駱漢存) 등이다.

내용은 정론과 취미, 유머의 두 부분으로 구성되어 있다. 정론 부분은 단평(短評)과 소식란이 있으며, 취미·유머 부분은 생화필(生花筆)과 옛날 소설이나 민가 전설을 담은 소부총(小部叢), 무소위(無所謂), 세계등(世界燈), 영웅혼(英雄魂), 풍아총(風雅叢) 등이 있다.

『동방보』의 발행 목적은 『유일취보유소위』와 일맥상통하여 이민족을 배척하고 한족(漢族) 중심의 민족주의를 강하게 주장하면서 민족에 반하는 야만 정적을 암살할 것을 선동하였다. (김성남)

참고문헌

王檜林·朱漢國 主編, 『中國報刊辭典』, 太原: 書海出版社, 1992; 葉再生 著, 『中國近代現代出版通史』, 北京: 華文出版社, 2002.

▌동방신문(東邦新聞)

1929년 일본 오사카에서 발행된 국한문 혼용 신문

1929년 9월 29일 창간했다. 오사카(大阪)에서 월 3회 발행되었다. 발행인은 이부전(李富田)이었다. 국한문 혼용이었다. (이신철)

참고문헌

윤임술 편, 『한국신문백년지』 2, 한국언론연구원, 1983.

▌동방연구소소식(Известия Восточного Института)

1899년 러시아 블라디보스토크에서 발간된 동방학 잡지

1899년에 블라디보스토크의 동방연구소에서 창간되어 부정기적으로 발간된 잡지이다. 동방연구소의 소장은 러시아 동양학의 대가인 포즈네예프(A. M. Позднеев)였다.

동방연구소는 1899년 10월 21일에 창립된 연구소이다. 연구소의 창립 목적은 다음과 같다. "19세기 후반에 들어와 문명화된 서구세계가 중국, 일본, 한국을 비롯하여 아시아 전역에 주목하고 있다. 이러한 현상은 아시아에서 러시아가 영향력을 행사하게끔 만들었다. 러시아는 동아시아 지역에서 확고한 영향력과 지위를 확보하기 위하여 동아시아에 관련된 다양한 자료들을 수집하고, 동양학을 연구해야 한다."

상기의 목적을 수행하기 위하여 러시아 문교부는 1893년에 동방연구소 설립문제를 제기했고, 1895년에 이 안을 국가회의에 상정하였다. 상정안에는 블라디보스토크 남자중학교(Владивостокская мужская гимназия)를 동방연구소로 개편하는 내용이 포함되었다. 이 안이 황제의 승인을 얻음에 따라 동방연구소 설립계획이 착수되었다. 1898년 2월에 문교부와 재무부 관리를 뽑아 특별위원회가 구성되었다. 특별위원회는 다섯 차례의 회의를 거쳐 연구소 설립안을 작성하였다. 1899년 5월 10일 국가회의를 거쳐 5월 21일에 황제가 연구소 설립안을 승인하였다. 6월 9일에 당시 국립 상트-페테르부르크대학교 교수였던 포즈네예프가 동방연구소 소장으로 임명되었다. 그는 몽골과 칼미크(калмык, 몽골 민족의 하나) 문학 전공자로서 5등 문관이었다. 포즈네예프는 1899년 9월 15일에 하바롭스크를 거쳐 블라디보스토크에 도착하였다. 상기의 과정을 거쳐 10월 21일에 동방연구소가 창립되었다.

동방연구소는 중국어, 일본어, 한국어, 몽골어, 만주어, 칼미크어, 티베트어 활자를 보유하고 있었다. 하지만 이 활자들을 사용하는 데 많은 어려움이 있었으

며, 특히 한국어 활자 사용의 어려움으로 인해 포드스타빈(Г. В. Подставин)이 쓴 『한국 선문집(Корейская хрестоматия)』의 발간이 지연되기도 하였다.

동방연구소는 러시아의 육군성으로부터 많은 지원금을 받았다. 이 때문에 매학기에 4명, 1년에 8명의 신임장교들에게 동양의 언어를 가르치려는 육군성의 조정요구를 받아들였다. 그래서 『동방연구소 소식』에 중국어와 일본어로 된 지면은 동양 언어를 공부하는 상급학생들을 위한 독해 교재로 삽입된 것이었다. 그 대신에 4~8명 정도의 연구소 학생들을 군역과 영사업무에 '현장실습'을 하도록 하였다. 학생들은 여러 곳의 전략 요충지를 방문했으며, 연구소로 돌아와 그에 대한 보고서를 작성하였다. 그 가운데 최고의 보고서들이 바로 이 『동방연구소 소식』에 실려 있다. 진남포에 관한 논문은 러시아가 보유했던 압록강 삼림채벌권의 효용성과 가치를 입증해 주는 것이다(4권, 1902~1903). 또한 많은 보고서에는 러시아영사관 정보에서 복사한 부록들과 표가 들어 있다.

『동방연구소 소식』은 동아시아에서의 러시아 활동을 주요 내용으로 다루고 있다. 하지만 이 잡지는 이용하기가 매우 어렵다. 색인도 없고, 개별 이슈들에 대한 목차도 없으며, 각 권이나 페이지를 나타내는 식별체계도 없다. 문서출판에 목적을 둔 것이 아니었기 때문이다. 그러나 다양한 보고와 번역, 각주로 이루어진 매우 다양한 주제가 이 간행물에 담겨져 있고, 귀중한 문서들도 몇몇 논문에 실려 있다. 예를 들면 무순 채탄소와 러청은행 계약서(9, 10권, 1904)는 러시아의 만주개발 성격을 살펴볼 수 있는 자료이다.

『동방연구소 소식』에 실려 있는 보고서와 정보들의 가치는 그것을 작성한 학생들의 대부분이 현장실습을 나가기 전에 적합한 훈련을 받았으며, 현장실습에서 돌아온 뒤에는 그들의 보고서를 각 실장들이 면밀하게 검토하였고, 최종적으로는 연구소 소장 포즈네예프가 검증했다는 데 있다.

4호까지 출간된 직후 『동방연구소 소식』은 『게재논문 연보』라는 보록을 발간하기 시작하였다. 독어, 프랑스어, 영어, 중국어, 일본어로 된 동아시아 출판물의 요약본이 매호 발간되었다. 많은 신문과 잡지들이 『연보』를 구독하였다. 『동방연구소 소식』의 동양 언어로 된 글들은 서양인들이 다루기에는 너무 어렵기 때문에 『연보』를 참조할 수밖에 없었다. 시간이 지날수록 이 『연보』는 매우 유용한 정보원이 되었다. (이항준)

참고문헌

Известия Восточного Института, Т.1 Владивосток, 1900; Известия Восточного Института, Т.3 Владивосток, 1902; A. 말로제모프 저, 석화정 역, 『러시아의 동아시아정책』, 지식산업사, 2002.

동방잡지(東方雜誌)

1904년 중국 상하이에서 창간된 시사종합잡지

1904년 3월 11일 상하이(上海)에서 상무인서관(商務印書館)이 발행하였다. 창간 초기에는 월간으로 발행되다가 17호부터 반월간으로 발행되었으며, 40호부터 다시 월간으로 바뀌었다.
편집 책임은 창간 초기에 쉬커(徐珂)에서 시작하여 이후에는 멍썬(孟森), 두야취안(杜亞泉), 타오싱춘(陶惺存), 첸즈슈(錢智修), 후위즈(胡愈之), 리성우(李聖五)가 차례로 편집장을 역임하였다.
항일전쟁 시기 창사(長沙), 홍콩, 충칭(重慶) 등지를 옮겨 다니며 간행을 계속하다가 1947년 1월 상하이로 돌아왔다. 1948년 12월 총 44권을 발행하고 종간되었다. 매해마다 발행한 12호의 잡지를 모아 1권으로 합본하여 상무인서관(商務印書館)이 출판하였으며, 총 발행기간 45년의 역사로 중국 언론사에서 가장 오랜 기간 발행된 대형 종합잡지이다. 현재 베이징사범대학 도서관에 소장되어 있다.

창간호의 「새로 출간하는 동방잡지의 간략 장정(新出東方雜誌簡要章程)」 제1조에서 밝힌 기본방향의 특징은 국민 계도와 함께 동아시아라는 관계성을 중시하겠다는 점을 강조한 것이다. 그리고 제2조에서는 이 잡지의 체제가 일본의 『태양(太陽)』과 영국과 미국의 『리뷰(利費, Review of Review)』를 대략 모방하고 있으며, 직접 저술하는 논설과 뉴스 외에도 여러 관민 신문들의 기사를 선록할 것임을 설명하였다.

내용은 내무(內務), 외교, 재정, 교육, 실업란을 개설하였다. 게재되는 기사들은 대부분 국내외 여러 신문에서 가려 뽑은 원고들로 광범위하고 풍부한 자료를 담고 있었으며, 이 시기의 『동방잡지』는 '선보(選報)'나 '문적(文摘)' 성격의 잡지였다고 할 수 있다.

'논설'은 두 종류로 하나는 직접 저술한 것과 또 하나는 다른 신문의 사설들을 선록한 것이다. 당시 상하이는 개량파와 혁명파가 이미 양분되어 그 입장 차이가 분명하였는데, 『동방잡지』는 당시 이 지역의 애국인사들과 학계인사들이 주장하는 '화평개혁(和平改革)'에 대한 정치사상적 특징을 반영하고 있었다.

그 이후 1911년, 8권 1호를 기점으로 하여 이 잡지는 대대적인 변화를 시도하여 판형과 형식을 바꾸었다. 매권마다 권두에 외국 언론에서 동판으로 복제한 그림을 4~8쪽씩 게재하였으며, 구성과 내용도 일신하여 문학, 철학, 공업, 상업, 이화(理化), 박물학 등의 항목을 개설하였다. 또한 이 잡지의 학술성을 대폭 증가하여 과거에 동아시아와의 연계성과 국학을 존중하였던 것을 버리고 구미 각국의 정치와 경제, 과학, 문학 등 다방면의 문제점들과 사회사조의 변화 상황들을 중시하였다. 이외에도 매호마다 서양 과학기술 방면의 최신 동향을 다량으로 소개하면서 부르주아계급 자유주의를 표현하는 색채들이 농후해져 갔다.

유심론(唯心論)을 고취하였지만 유물론 역시 게재되었고, 구학(舊學)을 강조하면서 신학(新學)도 게재하였다. 또 과학 지식을 선전하면서 한편으로는 심령학과 같은 옛 이야기와 사회주의를 소개하면서 사회개량주의를 추종하는 식으로 자기 자신의 주장과 함께 다른 의견들도 다양하게 게재하는 형식을 취하였다.

이 시기의 『동방잡지』는 내용이 풍부하고 장정이 호화스러우면서도 가격은 저렴하여 많은 독자들의 환영을 받으면서 그 발행부수가 1만 부 이상 판매되어 기타 잡지들의 판매 기록을 깨뜨리게 되었다.

신해혁명 이전에는 입헌에 중심을 두어 「중국입헌의 요의(中國立憲之要義)」, 「입헌과 교육의 관계를 논함(論立憲與教育之關係)」, 「인민정도의 번역(人民程度之飜譯)」, 「지방자치의 극을 논함(論地方自治之極)」 등을 발표하였다.

그러나 신해혁명 이후 대내외 정세의 큰 변화와 1914년 1차 세계대전이 발생하고, 1915년 신문화운동이 일어나면서 이 잡지의 사상적 기조는 다시 큰 변화를 갖게 된다. 1917년 러시아 10월혁명이 승리하면서 중국의 사상적 투쟁은 더욱 치열해지는 정국을 맞이하게 되었다. 이 시기 『동방잡지』는 신구(新舊) 문화와 중국과 서구문화에 대한 태도에 일대 변화를 갖게 된다.

즉, 19세기까지 과학이 발흥하면서 물질주의가 번창하였지만 서양의 도덕관념은 이미 여러 차례 반동의 기조 속에 무너져 가고 있다고 인식하였다. 이러한 인식 아래 이 잡지는 중국 고유의 정신문명을 강조하면서 서양의 물질문명을 구제해야 한다는 논리로 중국 봉건윤리도덕을 선전하고 서양 부르주아계급 민주 이론을 반대하였다. 러시아 10월혁명과 마르크스 사상의 전입에 대해 이를 맹수와 같은 과격주의로 매도하는 등 이 시기의 『동방잡지』는 실제로 구홍밍(辜鴻銘) 등의 보수주의자들이 앞장서 신문화운동 반대를 주도하고 있었다.

신문화운동 시기의 편집장 두야취안(杜亞泉)은 동방문화파의 대표 인물로 「정의 문명과 동의 문명(靜的文明與動的文明)」, 「전후 동서 문화의 조화(戰後東西文化之調和)」, 「신구사상의 충돌(新舊思想之衝突)」, 「신구사상의 절애(新舊思想之折衷)」와 같은 동서양 문화의 조화를 강조한 저술들을 발표하였다. 아울러 『신청년(新青年)』과 논쟁을 벌여 나갔다.

5·4운동 이후 사회사조가 변화 발전하면서 이 잡지는 또 한 번의 개혁을 진행하여 세계사조의 조류에 순응할 것을 제기하였다. 지면의 내용을 일신하여 사회과학적 논술이 증가하고 과학기술 방면의 문장은 감소하였으며, '세계사조(世界思潮)', '시론소개(時論介紹)' 등의 항목을 신설하였다.

1921년 이후에는 소설 「백광(白光)」과 「축복(祝福)」, 번역 작품 「조적심(彫的心)」, 「고봉(苦縫)」 등을 게재하였다. 또한 루쉰(魯迅)의 저술과 번역 작품을 여러 차례 발표하였으며, 입헌운동과 관련된 내용을 게재한 『입헌초강(立憲初綱)』, 『5·4운동(五四運動)』을 증간(增刊)하기도 하였다.

이 시기의 『동방잡지』는 전통적 자유주의를 포용하는 편집방침을 내세우며 다시 일보 진전하는데, 1932년 29권 4호부터 후위즈(胡愈之)가 책임 편집을 맡으면서 「동방논단(東方論壇)」을 개설하여 항일운동을 선전하고 소련사회주의를 소개하면서 국제형세를 평론하는 글들을 발표하였다. 또 독일과 이탈리아 파시스트 세력의 음모를 폭로하는 문장을 게재하여 독자들의 환영을 받았다.

1937년 7·7사변 이후, 중일전쟁이 전면화 되자 전 국민의 항전을 구호로 하여 「지구전(持久戰)」, 「운동전(運動戰)」, 「유격전(遊擊戰)」 등의 전략 대책에 관한 문장들을 발표하여 사회적 영향력은 더욱 확대되었으며 판매량도 5, 6만 부에 이르렀다. 이 시기는 바로 『동방잡지』가 대형 종합성 잡지로 최고의 번창을 누리던 시기였다.

1932년 복간에서 1938년 상하이를 떠나기 전까지의 『동방잡지』는 다른 언론들이 부러워하는 표본의 대상이었고, 그 발행부수도 최고를 자랑하여 중국 내 전역은 물론 미주와 동남아 20여 도시에 판매되었다.

그러나 1937년 겨울, 일본군이 상하이를 점령하자 창사로 이전하였다가 다시 홍콩과 충칭 등으로 이전하면서 편집과 출판 과정이 심각한 영향을 받으면서 잡지의 질도 떨어지게 되었다. 항전 승리 후, 1946년 1월 상하이로 복귀하였으며 1948년 12월 종간되었다. (김성남)

참고문헌

方漢奇 主編, 『中國新聞社業通史』, 北京: 中國人民大學出版社, 1996; 周葱秀·涂明 著, 『中國近現代文化期刊史』, 山西教育出版社, 1999.

▌동방평론(東方評論)

1932년 서울에서 발행된 종합 월간지

1932년 4월 1일 동방평론사(東方評論社)에서 창간되었다가 1932년 7월 통권 3호로 종간되었다. 창간호는 A5판으로 120쪽 내외, 정가는 30전이다. 편집 겸 발행인으로 백관수, 인쇄인은 홍문사 주인 한경집, 발행소는 동방평론사(경성부 인사동 63)이다.
연세대와 고려대에 소장되어 있으며 경인문화사에서 1994년에 영인본으로 출간되었다.

창간호의 「창간사」에는 이 잡지의 편집 의도와 창간 목적이 잘 나타나 있다.

"세계의 동향은 동방에서 준비된다. 극동 평화를 부르짖은 지 이미 오래이나, 태평양이 현대 열강의 선거(船渠)이거늘 군축 효과를 뉘라서 보장할 것이며, 인류애를 말하는 자 많으나 아시아대륙이 제국주의 영양(榮養)이어늘 공존공영의 허위를 뉘라서 부인하리오! …… 동방민족의 국제적 정세를 대관(大觀)하는 자 반드시 조선민족의 현세를 간과하지 못할 것이며, 식민지 및 반식민지 사회과정을 응시하는 자 또한 조선근로대중의 동향을 묵살하지 못할 것이다. 자(玆)에 오인(吾人)은 동방민족의 사회적 동태를 소개함으로써 조선의 현세를 파악하려 하고 그것을 비평함으로써 대중의 주의를 환기하려 하며, 그것으로써 한길을 밟아가려는 것이 본지의 사명이다."

잡지는 논설과 논문, 강좌, 어문연구, 수필, 문예창작 등으로 구성되어 있다. 논설과 논문은 국제정세와 국내 사회운동에 관한 글 및 국내외 자본주의 분석에 관한 글이 많은 비중을 차지하고 있다. 창간호는 이여성(李如星)의 「조선과 외지와의 금융왕래」, 조선사정조사연구회(朝鮮事情調査硏究會)의 「조선현행세제 및 부담조사」, 3호는 노동규(盧東奎)의 「조선농가경제 실상조사 총해부」와 같은 조선경제에 대한 분석 논문을 싣고 있으며, 2호는 고유섭(高裕燮)의 「조선미술 사화」, 동암생(東岩生)의 「조선 계(契)의 사회사적 고찰」, 3호는 성낙서(成樂緖)의 「정치사상에서 본 여말 전제(田制)의 개혁과 그 영향」 같은 조선학 관계 논문도 싣고 있다.

문예작품은 정지용, 이태준, 채만식, 김상용, 유진오, 이병기 등 역량 있는 작가의 시, 소설이 실려 있다.

『동방평론』은 국제정세와 국내 경제에 대한 수준 높은 분석을 제공하고 있으며, 조선학 연구에도 기여하였다.

대개의 식민지 시대 잡지가 그러하듯 이 잡지에도 검열의 흔적이 보인다. 1932년 5월 9일 발행된 제1권 2호(5월호)에 의하면, 사고(社告)에 이성률(李星律)의 「조선 근로교육의 이데올로기」, 김광진(金洸鎭)의 「화폐를 통하여 본 이조(李朝) 말기 사회」, 노동규(盧東奎)의 「만주를 중심으로 한 제국주의 열강의 각축전」, 황일령(黃一齡)의 「민족운동의 새로운 지도방향」 등의 논문과 이태준(李泰俊)·조벽암(趙碧巖)의 작품 등 14개의 원고를 부득이 게재하지 못하게 되어 발행이 늦어졌다는 사과의 글이 보인다. 이를 볼 때 이 기사들이 민족적인 색채를 강하게 띠었던 것 같다.

1932년 7월 1일 농촌문제 특집호(1권 3호)를 냈는데, 권두언인 「조선과 조선농민」의 전문도 삭제되는 수난을 겪고 잡지 활동의 막을 내렸다.

• 백관수(白寬洙, 1889~?)

호가 근촌(芹村)이며 전북 고창 태생으로 독립운동가이자 정치가이다. 동향인 김성수와 송진우와는 소년 시절부터 친구였다고 한다. 1915년 경성법학전문학교를 졸업하고 일본 메이지대학 법학과에 재학 중이던 1919년 2월, '2·8독립선언' 실행위원 11명 가운데 한 사람으로 활약하다가 체포되어 1년간 복역했다. 1924년 조선일보사 상무 겸 영업국장, 1927년 이후 신간회에 관여 창립멤버로 활동하였고, 1932년 인쇄 출판업 홍문사를 창립하고 『동방평론』을 발행했다. 그 뒤의 행적으로는 1937년 송진우의 뒤를 이어 『동아일보』 사장에 취임하고 광복 이후에는 '한국민주당' 총무, 1948년에는 제헌국회의원 등을 역임하고, 한국전쟁 때 납북되어 행적을 알 수 없다.(전상기)

참고문헌

전형민, 「미군정기의 정치권력 형성에 관한 연구」, 한국정신문화연구원 한국학대학원석사논문, 1984; 최덕교 편저, 『한국잡지백년』 2, 현암사, 2004.

▌동서양매월통기전(東西洋每月統紀傳)

1833년 중국 광저우에서 창간된 시사종합잡지

1833년 8월1일 광저우(廣州)에서 창간되었다. 독일 선교사 칼 프리드리히(Karl Friedrich Auqust Gutzlaff, 郭士立, 1803~1851)가 창간하였으며 영문 제호는 "Eastern Western Monthly Magazine"이다.
조각(雕刻) 인쇄 방법을 이용한 중국 전통 선장본(線裝本) 형식으로 창간호 표지 양식은 『찰세속매월통기전

(察世俗每月統記傳)』과 동일하였으며, 표지 왼쪽에 "애한자 찬(愛漢者纂)"이라고 편찬자를 밝혀두었는데, '애한자'는 칼 프리드리히의 필명이다.
1833년 창간호를 횡식판(橫式版)으로 하여 600부를 발행하자 바로 매진되어 다시 300부를 재판하였는데, 이 재판은 수직판으로 변형하여 제호는 왼쪽으로 옮겨지고 오른쪽 난에는 기사 목록이 첨가되었다.
1834년 5월 한 차례 정간되었다가 1835년 1월에 복간하였고, 1837년 재화실용지식전파회(在華實用知識傳播會)가 인수 운영하다가 1838년 10월 종간되었다. 이 기간 동안 합계 39권이 발간되었으며, 그중 6권의 내용은 과거의 것을 중복해서 사용하여 실제 내용으로 보면 33권이 출간된 것이다.
1837년 광저우에서의 출판 환경에 어려움이 있어 싱가포르로 편집된 원고를 보내어 인쇄된 원고를 다시 운송해 왔으며, 이미 발간되었던 12권의 잡지를 모은 합본 원고를 2권으로 나누어 제본하여 1000부를 발행하기도 하였다.
미국 하버드대학 옌칭(燕京)연구소 소장본을 저본으로 하여 항저우대학(杭州大學)에서 발행한 영인본 전집 『동서양고매월통기전』(愛漢者等 编, 黄时鑑整理, 北京: 中華書局, 1997)이 나와 있다.

중국 본토 안에서 출판된 최초의 근대적 중국어 간행물로 내용은 종교, 정치, 과학, 상업, 잡조(雜組)로 이루어졌으며, 서방의 과학과 역사·지리·문학·천문·공예·동식물학의 소개를 위주로 하였다.

1833년 6월 23일 칼 프리드리히는 영문 창간사에서 "세계 각처의 문명은 빠르게 진보하고 있으나 중국인들은 여전히 천조(天朝) 안에서 자신들이 세계 제일 민족이라 여기며 다른 민족과 외국인들을 오랑캐(蠻夷)라 칭한다. 이러한 맹목적인 자부심은 광저우에 거주하는 외국인들의 이익과 중국인들과의 만남에 심각한 영향을 미치고 있다. 이 잡지는 광저우와 홍콩의 외국인들의 이익을 보호하기 위해 창간된 것이며, 출판 의도는 중국인들에게 우리들의 공예, 과학, 도덕을 알게 하는 것이다"라고 발간 목적을 쓰고 있다.

이 문장은 영문으로 중국인에 대한 고려가 없이 외국인을 대상으로 썼기 때문에 이 잡지의 창간 의도를 보다 분명히 나타내고 있다. 즉 "광저우와 마카오에 있는 외국인의 이익을 보호하기 위함"이 발행목적이라 하였으며, 그 정치적 경향은 외국 제국주의 세력의 중국 침략에 복무하는 것이었다.

편집방법에 있어서는 기사를 항목별로 분류 편집하고 그 목록을 첫 장에 게재하여 독자들에게 편의를 제공하고, 읽기 쉽게 단문 문장을 사용하는 등 근대잡지의 특징을 시도하였다.

선교를 위한 방편으로 『찰세속매월통기전(察世俗每月統記傳)』과 유사하게 유학 경전이나 어록을 인용하는 방법을 자주 사용했다. 윤리 도덕에 관한 문장들도 많이 게재되었는데, 외국인을 대하는 태도에서 공평과 예의를 요구하며, 오랑캐(蠻夷)로 칭하지 말 것을 주장한 글들이 많다.

새 소식을 전하는 신문란(新聞欄)을 만들어 근대 신문을 향한 일보 전진을 이루었다. 이 소식란에는 주로 외국 신문 뉴스들을 번역하거나 홍콩과 광저우의 국내 소식을 보도하였다.

1833년 12월호에 「신문지략론(新聞紙略論)」을 발표하여 신문의 기원 및 서양 각국의 신문 잡지 출판 개황을 소개하였는데, 이는 서구의 신문업을 논술한 최초의 전문적인 글이다.

세계 각국의 역사와 정치 경제제도를 소개하여 중국인의 눈을 열어주고 세계를 이해하게 한 것은 이 잡지의 공헌이다.

메드허스트(Rev. Walter Henry Medhurst, 麥都思)가 저술한 『동서사기화합(東西史記和合)』의 내용을 바탕으로 세계 각국을 소개하는 기획 기사를 11차례에 걸쳐 게재하여 터키, 네덜란드, 베트남, 타이, 스페인, 미국, 영국 등을 자세히 소개하였다.

1837년 5월호는 미국 특집호로 미국의 독립 후 발전과 정치경제제도를 소개하고, 무술(戊戌)년 4, 5, 6월호에 「영국국정공회(英吉利國政公會)」를 연재하여 영국의 양원제와 의회제도를 소개하였다.

과학기술과 천문에 관한 내용도 주요 기사였다. 「일식론(論日食)」, 「월식론(論月食)」, 「북극항성도(北極恒星圖)」 등을 비롯하여 「지구전지도 총론(地球全圖

之總論)」, 「열국지방총론(列國地方總論)」, 「남양주(南洋州)」 등 중요 문장을 발표하였다.

상업무역에 대한 소개도 이 잡지의 주요 특색이다. 「금융론(金融論)」 9편을 연재하였고, 「시가편(市價篇)」을 5차례 연재하여 서양 상인과 각국에서 매매되는 물가의 시장 가격을 소개했다.

이러한 다양한 내용들은 이미 근대 잡지의 조건인 다양성과 전문성을 구비하였다고 할 수 있으며, 서양 국가들의 통상정책을 변호하면서 시사정치 문제에 민감한 관심을 가지고 새로운 소식을 보도하여 근대 신문 발달을 추동하는 계기가 되었다. (김성남)

참고문헌

周葱秀·涂明 著, 『中國近現代文化期刊史』, 山西教育出版社, 1999; 方漢奇 主編, 『中國新聞社業通史』, 中國人民大學出版社, 1996.

동서의학연구회월보(東西醫學研究會月報)

1923년 서울에서 발행된 동서의학연구회 회보

1923년 12월 30일 서울에서 창간되었다. 편집 겸 발행인은 한봉희(韓鳳熙, 동서의학연구회[東西醫學研究會] 편집부장)이고, 발행사는 동서의학연구회월보사(경성)이다. 월간이며 A5판, 81쪽으로 발행되었고, 정가는 30전이다. 아단문고에 소장되어 있다.

『동서의학연구회월보』는 1923년 12월 30일에 창간되었는데, 현재 창간호와 3호(1924.2.29)만 확인된다. 이 월보는 동서의학연구회의 회지성격을 띠고 있기 때문에 연구회에 대해 먼저 살펴보아야 하겠다.

동서의학연구회는 1917년 11월에 결성되었다. 이 연구회는 의생과 의생의 자격을 갖춘 이의 의술 연구를 장려하고 지식을 계발하며 품성을 도야하고자 결성된 친목단체이다. 의생(醫生)이란 조선총독부의 면허를 받아 의업에 종사하는 이들로 오늘날의 의료인을 총칭한다. 면허는 20세 이상의 사람에 한 해, 2년 이상 의업에 종사하는 이에게 주어졌다.

동서의학연구회의 취지는, "동의학자가 서의학을 부인하고 서의학자가 동의학을 경시하는 풍조를 일신하고 동서의학을 연구하고 동서의술의 병용을 도모하여 신구참작(新舊參酌)의 보편적 복리를 발전하고자 하는" 데에 있었다. 연구회는 주로 회보를 발행하고, 매년 봄과 가을에 2회 이상 의생들을 대상으로 전염병 예방에 관한 위생 강연을 실시하는 활동을 전개했다.

한편 동서의학연구회는 일제 당국의 지원 아래 결성된 단체였다. 참가 인사의 면면을 보면 그 점이 확연히 두드러진다. 고문에는 총독부병원장 시가 기요시(志賀潔), 경기도 경찰부장 우마노 세이이치(馬野精一), 중추원 참의 박영효·송병준·이재극·구연수 등이 추대되었다. 창간호에는 동서의학연구회의 현황을 파악할 수 있는 취지서, 규칙, 임원록, 회원명부, 회황(會況) 등이 실려 있어서 좋은 참고 자료가 된다.

『동서의학연구회월보』의 창간호를 일별하면, 주로 의학, 의리(醫理), 위생, 토질(土疾)에 관한 학설, 유행병에 대한 경험방 등이 눈에 띈다. 그밖에 회장 김성기(金性琪)의 「창간사」, 부회장 이을우(李乙雨)의 「의계에 대한 일언」, 설초거사(雪初居士)의 「본보창간에 대하여」, 송진옥(宋振玉)의 「의계 장래를 축(祝)함」 등 창간을 축하하는 글과 김영제(金暎濟)의 「진단의 개론」 등 의학에 관련된 논설과 기사들이 게재되어 있다.

한편 3호의 목차는 창간호에 비해 양적으로 우세한데, 다음과 같다. 논설로 「의계에 대한 소원」, 김용식의 「의계에 경고」, 한봉희의 「약품에 대하여」, 민철호의 「골학(骨學)의 개요」, 도단규의 「사상의학의 해설(속)」, 함석태의 「구강위생」, 이세호의 「천연두에 대한 관견」, 이재택 저, 장성세 역의 「조선인의 위액 연구」, C생 역의 「신비한 월경과 부인의 성적 생활」, NS 역의 「간이 폐병요법」, 「동서의학의 연구」(본회강좌 제1회), 「강화(講話)」(본회강좌 제1회), 「의 제씨에게」(본회강좌 제2회), 「의생규칙에 대한 요지」(본회강좌 제3회), 「이상적 치료」, 「위생학의 대의(大意)」가 있고, 잡조로 「명당복도(明堂伏圖)」, 「본회의 서광」, 「북간도 총지부(위대한 사업 발전의 상황)」, 「휘보」, 「회원명부」, 「의생면허 씨명」, 「의생면허증반납자」,

「한약 가격표」, 「편집여묵」 등이 있다.

번역 소개 글이 다수임을 감안해도, 단연 서양의학에 관한 글이 압도적으로 많다. 물론 한의학에 대한 기사가 없는 것은 아니니, 1920년대 한의학과 서양의학의 수준에 대해 엿볼 수 있는 중요한 자료라고 하겠다. (이경돈)

참고문헌

『한국신문 · 잡지총목록』, 대한민국국회도서관, 1966; 계훈모, 『한국언론연표』, 관훈클럽신영연구기금, 1979; 『아단문고장서목록』, 아단문화기획실, 1995; 최덕교 편저, 『한국잡지백년』, 현암사, 2004.

▌동성(東聲)

1932년 대구에서 발행된 문예지

1932년 9월 1일 대구에서 창간되었으며 1933년 1월까지 발간된 기록이 있다. 마지막 호를 기준으로 통권 4호까지 발행되었다. 편집 겸 발행인은 유한식(柳漢植)이었다. 정가는 20전이었으며 분량은 A5판으로 68면이었다. 경성이 아닌 대구 중심의 문인들의 문예지로서 주요 동인은 홍영근(洪英根), 정춘자(鄭春子), 최동희(崔東禧) 등이었다.

대구에서 발행된 문예지로서 주요 동인은 홍영근, 정춘자, 최동희 등이었다. 주간이었던 쌍영(雙影)의 권두언을 보면 1930년대 보기 드문 한문체의 사용이 주목된다.

창간을 축하하는 글로는 평론가 홍효민의 글이 실려 있는데 이로 미루어 보아 경성의 문단과도 일정한 관계가 있었던 것으로 추측된다.

문예 외에 현호(玄昊)의 「인류평화를 동경하면서 소감을 논함」 등의 논설 역시 실려 있다. 시로는 이원영(李元榮)의 「비봉산송」, R생의 「엄마의 묘전에서」 등이 실렸으며, 소설은 정일수(鄭日秀)의 「가을」, 동승(東昇)의 「과도기」 등이 실렸다. 흥미로운 것은 쌍영의 「영남루」라는 한시가 실려 있다는 점인데, 이는 권두언의 문체와 관련하여 이 잡지의 성격을 추측하는 데 중요한 단서가 될 것으로 보인다.

이 잡지는 경성 중심이 아닌 지방 문단의 자생적인 문예지 발간이 존재했다는 사실을 보여준다는 점에서 문학사적 의의를 지닌다. (장성규)

참고문헌

『한국신문 · 잡지총목록』, 대한민국국회도서관, 1966; 최덕교 편저, 『한국잡지백년』 2, 현암사, 2004.

▌동아공산(東亞共産)

1920년 러시아 이르쿠츠크에서 간행된 전로고려공산당 중앙총회 기관지 성격의 신문

1920년 8월 14일 이르쿠츠크에서 창간되었다. 같은 해 7월 결성된 전로한인공산당 중앙총회(중앙위원회)의 기관지이다. '러시아공산당 시베리아총회'의 동양국 한족부와 동일단체였던 전로한인공산당 중앙총회는 1921년 1월 동양국이 코민테른 극동비서부로 재편되자 같은 기관 고려부가 되었다. 이때부터 『공아공산』은 전로한인공산당 중앙총회의 기관지이면서 코민테른 극동비서부 고려부의 기관지이기도 했다.

타블로이드판이며 분량은 4쪽 정도이다. 간혹 한자를 괄호 안에 병기할 정도의 순한글 전용이었다. 주간지를 표방했지만, 제대로 지켜지지 못했다. 첫해 하반기에는 대체로 격주간으로 발행됐고, 이듬해 상반기에는 더 늦어져서 대체로 월간 단위로 발행됐다. 이 신문의 마지막호는 1921년 5월 10일자 14호였다. 9개월 동안 14회가 발간된 셈이다. 대략 3주에 한 번꼴이다.

세로쓰기 6단 조판에 석판 인쇄본이었다. 타블로이드판 기름종이 위에 펜으로 기사를 써 넣어서 신문지 한 면을 작성한 뒤, 이 육필 원고를 판석 위에 얹어 놓고 통째로 인쇄에 부치는 방법이었다. '발행소'는 '한인공산당 총회'이고, '발행자'는 같은 기관 '선전과'이다. 발행지는 "일꾼쓰크 체트벨따야 솔닫쓰크야 둘째집"(이르쿠츠크시 솔다츠카야 4번가 2번지)이다. 발행소는 '한인공산당 총회'(1호), '한인공산당 중앙총회'(2호), '고려공산당 중앙총회'(3~14호까지) 등의 표현을 사용했다.

제호 디자인은 여러 번 바뀌다가 6호부터 정착됐다. 집

은 고딕체의 한글 제호 둘레에 3개 국어로 된 표어가 적혀 있다. "세계 빈천자는 단합할지어다"라는 한글 구호와 더불어, 일본어 구호 "ゼンセカイノビンバウラハ ダンカウセヨ", 중국어 구호 "全方貧工之聯合"이라는 글귀가 자그맣게 인쇄되어 있다. 몇 개 호에는 "Workers of the world, Unite"라는 영문 구호와 "Пролетарии всех стран соединяйтесь"라는 러시아어 구호를 적어 넣은 경우도 있다. 어느 것이나 다 프롤레타리아트의 국제적 단결을 호소하는, 『공산당선언』 마지막 글귀의 번역어이다.
무료로 배부되었다. 11호를 제외한 모든 신문이 남아 있다. 매호마다 2000부씩 발행되었다.
배포선은 시베리아 한인 사회였다. 전로한인공산당 중앙총회 회의록에 따르면 창간호는 시베리아와 러시아에 소재하는 35개 도시로 우편 발송되었다. 발간 자금은 창간호부터 10호까지는 '러시아공산당 시베리아총회 동양국'에서, 11호부터 14호까지는 '코민테른 극동비서부'에서 지원되었다.

전로한인공산당 중앙총회의 이념적, 정치적 견해를 선전할 목적으로 발간되었다. 창간호 광고란에는 "한인공산당 중앙총회 안에 있는 선전과에는 동양노동자나 농민에게 공산주의를 전파하기 휘하여 말로도 글로로 아울러 나아가 이루기 위해서 신문과 잡지를 간행한다"는 창간 목적이 실려 있다. 신문은 공산주의 선전에 주력하였다. 3호부터는 '전로한인공산당 제일대표원회의 회의록'을 연재하고 있다.

창간호 배포 대상지는 시베리아와 러시아 각지에 형성된 적어도 35개 이상의 한인 사회였다. 전로한인공산당은 이들 한인사회를 자신들의 거점으로 삼고자 신문을 발간하고 배포하였음을 알 수 있다.

신문의 지면은 논설, 기고문과 연재물, 보도기사, 광고, 삽화 등으로 구성되었다. 제1, 2호의 경우 1면에는 논설과 보도기사가 게재됐고, 2면에는 보도기사가 뒤를 이었다. 3면과 4면에는 기고, 광고, 시사단평 등이 실렸다. 그에 반해 종간에 즈음한 13호에서는 1면에 논설, 2~4면에 보도기사가 자리를 잡았다.

각호의 첫 기사는 논설과 연재물이 반분하고 있다. 논설이 첫 자리를 점하는 호수는 6개호로서 전체의 46%를 점했다. 논설은 창간사 1개, 러시아혁명과 한국 3·1운동 기념일에 관한 것이 2개, 당의 이념과 규율에 관한 것이 3개였다. 논설 가운데 절반이 사회주의 이념과 조직론에 관한 계몽적 내용으로 채워져 있는 것이다. 엄밀히 따지자면 다른 세 개의 논설도 급박한 현안 문제를 다룬 것은 아니었다. 『동아공산』을 펴낸 사람들은 구체적인 사안에 대한 정책 제시를 중시하기보다는 사회주의 사상의 광범한 보급을 가장 중요시했던 것이다.

각호의 첫 기사를 점하는 연재물들도 사회주의 이념과 공산당 조직론에 관한 계몽적 내용으로 이뤄져 있었다. 연재물은 모두 번역문이었다. 러시아 공산주의자 미닌이 집필한 「공산주의자란 어떤 사람인가(Кто такой коммунист)」, 지노비에프가 지은 「당파에 속하지 않은 사람과 공산주의자(Безпартийный и коммунист)」, 오신스키의 「민주공화국과 소비에트 공화국(Демократическая и Советская республика)」 등이다. 위 네 개의 러시아어 팸플릿을 한글로 번역하여 각호 첫 기사에 나누어 올렸던 것이다. 어느 것이나 다 사회주의 이념과 공산당 조직론에 관한 평이한 해설을 목적으로 집필된 글이었다.

신문은 보도기사도 많이 다루었다. 현존하는 13개 호수에 실린 전체 보도기사의 숫자는 306건이다. 한 호당 평균 23.5건, 매호 10건(14호)에서 45건(13호)의 보도기사가 실렸다. 3주에 한 번꼴로 발행되는데도 정보량은 매우 적었다. 보도기사는 창간호부터 제5호까지는 '잡보'라는 표제 아래 별다른 구획 없이 배치됐다. 6호부터는 사건 발생 지역을 기준으로 몇 개의 지리적 범주가 구획됐다. '외보', '원동', '시비리', '유로빠로시아', '한국 내지'란이 만들어졌다.

'외보'에는 주로 유럽, 미국, 중국, 일본의 소식이 실렸다. 유럽의 경우에는 각국의 노동운동과 동맹파업, 사회주의 정당들의 동정에 관심이 집중되어 있었다. 그에 반해 미국 소식은 태평양 문제를 둘러싸고 악화되어 가는 일본과의 관계에 관한 것이 많았다. 중국의 경우에는 주로 신흥 사회주의운동과 대외 관계에 관심이 몰려 있었다. 일본의 경우에는 노동운동에 관한 기사와 러시아·중국에 주둔 중인 일본군의 동향 기사가 많았다. 국제정세를 좌우하는 열강의 외교 관계와 그 내부의 혁명운동 동향이 『동아공산』 관계자들의 주된 관심사였던 것이다. 외보란에 실린 기사는 한국과 러시아 이외 지역의 소식을 다뤘다.

보도기사 가운데 가장 큰 비중을 점하는 것은 러시아 관련 기사였다. 6호 이후 지면에서 러시아 관련 기사는 전체 216건 가운데 102건에 달했다. 『동아공산』 관련자들에게는 국제정세보다도 혁명과 내란의 소용돌이 속에서 격동하는 러시아의 내부 정세를 파악하는 일이 더 중요했던 것이다.

러시아 소식은 지역적으로 세분되어 있었는데, 그 중 바이칼호와 우랄산맥 사이의 광대한 시베리아 지구 소식은 주로 한인 사회의 자치단체와 정치활동에 관한 기사가 위주였다. 전로한인공산당과 관련 단체에 관한 소식은 특히 상세했다.

한국 관련 기사도 수는 적지만 일정한 비중을 점하고 있었다. 기사 수는 39건으로서 전체 보도기사의 13%에 지나지 않았다. 기사 내용은 대부분 반일운동에 관한 것이었다. 거의 매호마다 관련 기사가 실렸다. 특히 1920년 8월 미국의원단 방한에 즈음한 시위운동에 대해서는 대서특필했다.

신문에는 상업 광고가 전혀 실리지 않았다. 주로 신문사 측의 사고(社告)였다. 신문을 받아보게 될 시베리아 여러 도시의 한인들과 그 자치 단체를 염두에 둔 공고였다.

이르쿠츠크 한인공산당 중앙총회 명의의 광고도 잦았다. 당이 설립한 무관학교와 정치학교의 신입생 모집 공고가 이 신문에 실렸다. 역시 당이 설립했던 이르쿠츠크 유년초등학교 학생 모집도 이 신문을 통해서 이뤄졌다.

한편 신문에는 도합 5개의 삽화가 실려 있다. 석판인쇄는 삽화를 싣기에 불리한 속성을 갖고 있음을 감안한다면 적지 않은 숫자다. 삽화의 주제는 국제주의와 계급의식이었다. 예를 들면 깃발을 든 남자가 둥근 지구의 위를 걷고 있는 모습을 그리고 그 깃발 안에는 4개 언어로 "만국의 노동자여 단결하라"라는 표어를 적어 놓은 것과 같은 것이다. 이 그림은 6호에 3개의 단에 걸쳐 그려져 있다.

전로한인공산당 중앙총회

공산주의운동의 두 파인 이르쿠츠크파와 상하이파 중에 이르쿠츠크파가 1920년 1월 연해주 이르쿠츠크에서 창당했다. 당시 러시아혁명군 제5군단장인 스메스키의 지도 아래, 대한국민의회(大韓國民議會)의 김철훈(金哲勳)·문창범(文昌範)·오하묵(吳夏默)·김하석(金河錫)·한명서(韓明瑞) 등이 창당하였다. 지도부는 고문 보리스 슈먀츠키, 위원장 김철훈, 비서장 이재복(李載馥, 일명 이정[李楨]), 정치부장 한(韓)안드레이, 선전부장 최고려(崔高麗), 군정부장 오하묵(吳夏默), 교통부장 박(朴)이노겐치, 중앙위원 26명이었다.

'러시아공산당 시베리아총회 동양국'의 산하 기관이었다. 동양국은 자기 산하에 세 개의 민족별 부서를 조직했다. 한족부, 중국부, 몽골부가 그것이다. 이 중에서 한족부는 전로한인공산당 중앙총회와 동일체였다.

1920년 7월 이르쿠츠크에서 러시아 내 고려공산단체 제1차 대표회의를 소집하고 전로(全露)고려공산당으로 당명을 개칭하였다. 1921년 5월 한인공산주의자대회를 개최하고 이동휘의 상하이파 고려공산당과 대립하는 또 하나의 고려공산당을 결성했는데, 세칭 이르쿠츠크파 고려공산당이라고 한다. 이 당은 상하이파 고려공산당과 서로의 정통성을 주장하면서 대립했다.

한편 '러시아공산당 시베리아총회 동양국'이 코민테른 산하 기관으로 재편되면서 전로고려공산당의 위상도 변했다. 코민테른 집행위원회 소위원회는 1921년 1월 15일자 회의에서 동양국을 코민테른 극동비서부로 재편할 것을 결정했다. 이로 인해 전로한인공산당 중앙총회는 슈먀츠키를 수반으로 하는 코민테른 극동비서부 산하의 고려부로 재편됐다. 『동아공산』의 지위도 전로한인공산당 중앙총회의 기관지이자, 코민테른 극동비서부 고려부의 기관지로 변했다.

고려공산당 중앙총회 선전과와 『동아공산』

전로고려공산당 중앙총회 선전과는 중앙총회 내부

에 편제된 3개 집행부서 가운데 하나였다. 조직과는 시베리아 한인 사회 내부에 공산당과 노동회를 조직하는 일을 맡았고, 연락교통과는 시베리아 권역을 넘어서 바이칼호 동쪽의 러시아 극동 지역, 중국 그리고 만주 등지의 한인 단체와 연계를 맺는 일을 관장했다. 선전과의 업무는 기관지 『동아공산』을 발행하고 사회주의 팸플릿을 번역하는 일이었다.

선전과의 규모와 비중이 가장 컸다. 『동아공산』 창간호가 발간된 지 보름이 지난 1920년 9월 2일 현재 중앙총회 임직원은 15명이었는데, 그중에서 선전과에 소속된 사람은 9명이었다. 다른 두 개의 집행부서에 속한 인원은 각각 2명에 불과했다.

당시 선전과에는 이봉춘, 박창래(朴昌來), 김동한(金東漢), 박희일(Пак Хыири), 한봉익(韓鳳翼), 김마리아(Ким Мария), 한 세멘(Хангай Семен), 김철훈(金哲勳) 등이 활동했다. 앞의 네 사람은 선전과가 처음 만들어진 1920년 7월 15일부터 직무에 임했고, 박희일 이하 네 사람은 8월 1일자로 선전과에 배속됐다. 맨 마지막에 위치한 김철훈은 8월 23일자로 선전과에 임시 배속됐다.

이봉춘은 『동아공산』에 기명 기사를 남겼다. 창간호의 「축사」와 제3호의 「대한독립군들에게」이다. 창간호에 'ㅎㄱㅅ'이라는 한글 머리글자로 「축 동아공산」이라는 글을 썼던 이는 한규선으로 추정된다.

선전과 임직원들은 업무에 대한 전문성 부족을 이유로 자주 교체되었다. 다만 김동한의 경우는 정치적 이유로 교체된 것으로 보인다. 그는 1922년 2월 고려공산당 임시연합중앙위원으로 참여했다. 그는 이즈음 『동아공산』과는 다른 정치노선을 걷고 있었다. 그는 1920년 8월경부터 그는 두드러지게 전로한인공산당 중앙총회에 반기를 들었던 것으로 해석할 수 있나.

선전과는 신문 발행을 위해 대대적인 물갈이를 단행했다. 한규선, 김철훈, 채성룡 3명으로 구성된 특별편집부가 구성됐다. 9월 23일자 중앙총회 회의에서 결정된 일이다. 이들의 임무는 "신문과 번역 팸플릿을 면밀히 교정하고 당의 노선에 맞춰 신문을 바로잡음으로써 신문과 선동문헌의 번역을 바람직한 수준까지" 끌어올리는 데에 있었다. 그뿐만이 아니다. 중앙총회 의장 이성(李成)도 차출됐다. 그는 "신문 각호의 사설을 집필할 의무"를 부여받았다.

이성은 문필 능력이 우수하다고 전로한인공산당 내에서 평판이 있는 사람이었다. 이듬해인 1921년 3월에는 다가올 5월에 개최 예정인 고려공산당 창당대회의 문헌을 준비하고, 러시아어 문헌의 한글 번역을 담당할 사람으로 지목받았다. 이로 미뤄보면 『동아공산』 4호 이후에 게재된 논설들은 중앙총회 지도자 이성이 직접 집필했을 가능성이 높다. '논설'이라는 접두어를 단 채 신문 1면 첫자리에 배치된 글 「세계에 용서치 못할 것은 군국주의와 계급」(4호), 「로시아 십월혁명 제3회 기념일에」(6호), 「고려공산당 규율」(12호), 「고려혁명기념사」(13호) 등이 그가 집필한 것으로 보인다. (이신철)

참고문헌

임경석, 「『동아공산』 신문 연구」, 수선사학회, 『사림』 27, 2007.6;
한국독립유공자협회, 『(러시아 지역의)한인사회와 민족운동사』, 교문사, 1994.

▌동아무역신문(東亞貿易新聞)

▶ 조선시보

▌동아보(東亞報)

1898년 일본 고베에서 창간된 중국어 시사종합잡지

1898년 6월29일 일본 고베(神戶)에서 창간되었으며, 영문명은 『Easten Asia News』이다. 캉유웨이(康有爲)와 량치차오(梁啓超) 등 변법유신파 인사들이 일본에서 창간한 간행물로 사장은 젠징시(簡敬石), 집필은 한셴서우(韓縣首), 캉퉁원(康同文), 한원쥐(韓文擧) 등이 참여하였다. 순간(旬刊)이며 공자(孔子)의 탄생일을 연호로 사용하였다.

서양 신문에서 외국의 정치경제와 과학, 문화 등을 발췌하여 소개하고, 유신변법을 선전하였다.

지면은 국내외 시사와 뉴스, 논설, 종교, 정치, 법률, 상무(商務), 예술, 로이터(路透)통신란 등으로 구성되어 있다. (김성남)

참고문헌

彭永祥, 『辛亥革命時期期刊介紹』, 人民出版社, 1986; 方漢奇 主編, 『中國新聞社業通史』, 中國人民大學出版社, 1996.

동아신문(東亞新聞)

1935년 일본에서 조선인을 대상으로 한 발행된 신문

일본에서 일본어를 사용해 조선인이 편집한 조선인을 대상으로 하는 신문이다. 창간은 1935년 1월이고 1943년 10월까지 간행되었다. 발행부수는 많을 때는 5000부, 배포선은 나고야(名古屋)를 비롯해 일본 전역과 조선의 주요 도시이다. 그리고 만주, 중국 등지에도 보내졌다.

지면의 경향은 일제의 국책 수행과 조선인의 황민화를 위한 계몽 지도였다.

창간호의 일자는 1935년 1월 25일이다. 간행 간격은 발간 당시는 월 3회였고, 1938년까지는 주간이었다가, 그 후 1940년 8월 8일에 일간이 되었다. 신문의 형태는 당초에는 활판인쇄였고, 1939년에는 타블로이드판으로 그 후에는 판도 커지고, 적어도 1941년에는 일반 신문과 같은 크기가 되었다. 발행부수는 일간화한 1940년 전후부터 늘어났다. 1935년에는 2500부, 1936년에는 2500부, 1937년에는 2000부, 1938년 500부, 1939년과 1940년에는 3000부, 1941년에는 4000부, 1942년에 5000부 발행되었다. 1943년 10월 폐간되었다. 1945년 일본의 패전 이후 『한양신문(漢陽新聞)』이라는 제호로 속간되었다. 전시하에 일간지화와 함께 부수가 확대되었다.

특징은 광범위한 배포망과 독자를 확보했던 점이다. 본사는 나고야에 두고, 초기의 배포망은 일본의 주쿄(中京) 지방이었다가, 1937년의 경우는 도쿄(東京), 오사카(大阪), 교토(京都), 기후(岐阜), 욧카이치(四日市), 나고야, 도요바시(豊橋), 세토(瀬戸), 이치노미야(一の宮), 부산(釜山), 평양(平壤), 신의주(新義州), 마산(馬山), 경주(慶州), 안동(安東), 펑톈(奉天), 신징(新京), 다롄(大連)과 일본 전역이었다. 1939년의 주요 지사 및 지국 통신부 소재지는 도쿄, 오사카, 교토, 고베, 시모노세키, 울산(蔚山), 경주(慶州), 경성(京城), 평양, 함흥(咸興), 상하이(上海), 펑톈, 베이징(北京), 신경(新京)이었다.

일본 정부가 침략전쟁을 수행하는데 조선인에 대한 황민화정책에 호응하여, 협화회의 사업을 소개하고 전시동원정책에 대해 조선총독부의 견해와 이와 관련한 기사를 많이 실었다. 특히 협화회는 금전적인 보조도 했다.

1939년 9월 9일자 사고에 보면 발기인의 명단이 보인다. 노차용(盧次用), 신봉섭(申奉燮), 홍명용(洪命用), 김연수(金連壽), 이종택(李鐘澤), 기무라 고타로(木村公太郎) 등이다.

발기인의 지역별 구성을 보면, 2명만 국내 거주했고 나머지 12명은 일본에 살았다. 일본 내에서는 나고야시 4명, 오사카시 3명, 후세시 1명, 도쿄시 1명, 교토시 1명, 시모노세키시 1명이었다.

기사 중 중심적인 것은 황민화정책을 지지하는 내용이었다. 연일 황민화 관련 기사를 실었고, 협화회 내부 자료와 일반잡지에서 보이지 않는 내용을 포함하고 있었다. 구체적인 활동 내용으로는 협화회 지회와 청년단, 부인부 등이 진행했던 헌금 활동, 저축 장려운동, 근로봉사, 훈련, 한복 폐지운동이다. 특히 협화사업의 구체적인 시행 과정에 대해서는 모순과 혼란이 야기되기도 했다고 한다.

한복 폐지운동에 대해서는 조선시장 감시, 한복 착용자에 대한 일시귀선증명을 교부하지 않는다는 내용을 싣고 있다. 이와 함께 일본식 식사의 보급, 과도적 존재이지만 소비조합운동에 대해 긍정적으로 보기도 했다. 아울러 협화회원증을 미소지하거나, 방공연습에 비협조적이거나, 노무동원이나 군사동원정책과 관련해 서류를 전혀 제출하지 않는 경우도 있다는 기사도 보인다.

조선인 스스로에 의한 협화사업 관련 기사도 실고 있다. 거기에서 조선인의 소리는 황민화를 고취하는 것으로 정책 당국자가 말하지 않은 내용까지 표명하기도 했다. 거기에는 조선인의 황민화에 대한 내용에도 불구하고 조선인을 차별하는 일본인에 대한 불만도 엿보인다. 그 한 예로 '협화익찬(協和翼贊)의 이야기'라는 시리즈(1941.9.11/ 10.1/ 10.3/ 10.9)에서는 내선일체의 실현, 의식주의 일본인화를 부르짖으면서도, 한편 필요한 것은 일본인에게 조선 및 반도인의 재인식을 부르짖는 것이라고 했다.

협화사업의 실태와 조선인 측의 반응에 대한 기사를 많이 할애했으나, 재일조선인 사회 내부의 자율적인 동향을 전하는 기사는 거의 없다.

독자층이 일본 내만이 아니라 조선반도, 만주국, 중국에도 미치기 때문에 이들 지역 조선인 관련 동향이 많이 실려 있나. 특히 노무동원과 군사동원 관련 기사가 많이 실려 있다. 즉 조선 내부의 동향에서는 일본군 병사에 대한 조선인의 지원상황과 지원자의 소리, 국민총력조선연맹의 활동, 국어강습운동 기사와 만주국과 중국 관련한 만주 개척의용대와 기타 개척 농민에 대한 기사도 있다.

사회의 동향을 전달하는 기사와 함께 학자와 문학자, 정치가 등의 글도 실려 있다. 이광수(李光洙, 香山光郎), 고권삼(高權三), 이영근(李泳根, 上田龍南), 마루야마 쓰루키치(丸山鶴吉), 쓰다 쓰요시(津田剛) 등의 글이 실려 있다.

• 임용길(任龍吉)

임용길은 간행 초기 사장으로 근무했는데, 1898년 평안북도에서 태어났다. 사범학교 졸업 후에는 부산공립보통학교 교사로 근무했다. 1920년대 전후 부산청년회 등의 단체의 간부로 민족운동에 참가했다. 1925년에는 보천교와 투쟁했고, 감옥에 들어가기도 했다. 1927년 신간회가 결성되었을 때, 참가하여 부산지회 간부로 활동했다. 1920년대에는 부산지역 민족운동의 리더가 되었다. 1930년대 전반에는 『동아일보』 울산지국장, 동해상업학교(東海商業學校) 강사를 지냈다.

일본에 건너가서는 『동아일보』 나고야지국에 관여했다. 1942년 익찬선거(翼贊選擧)에는 아이치(愛知)현 제1구에서 중의원에 입후보했다. 결과는 낙선이었다. (김인덕)

참고문헌

外村大 編, 『戰時下在日朝鮮人新聞資料 東亞新聞』 3卷, 東京: 綠蔭書房, 1997; 昭和18年 新聞總攬』, 東京: 日本電報通信社, 1943.

▌동아일보(東亞日報)

1920년 서울에서 창간된 일간지

1920년 4월 1일 창간. 창간 당시 석간 8면 12단, 1단 97행, 1행 14자, 5호 활자를 사용했다. 창간호는 1만부 발행하였고, 월60전이었으며, 1부에는 3전이었다. 매일 석간 4면 주7회의 무휴간 발행을 원칙으로 하였다. 인쇄소는 서울 화동 138번지 구 중앙학교에 있었다. 3·1운동의 독립의지에 굴복한 일제는 지배정책의 방향을 전환하면서 그 회유정책의 하나로 한인에게 민간지 3개의 발행을 허가했다. 이에 '조선민중의 표현기관으로 자임'하고 '민주주의를 지지'하며 '문화주의를 제창'하면서 『동아일보』가 창간되었다.
창간에 앞서 1920년 1월 14일 발기인 총회를 열어 자본금 100만 원의 주식회사로 발족, 발기인 대표 김성수를 비롯한 박영효, 김기중, 김홍조, 고복주, 박창진, 최준, 안희제, 이운, 이상협, 장덕준, 장덕수 등 77명이 발기인이 되었다.
이상협(발행 겸 편집인) 명의로 발행 허가된 이 신문의 창간 진용은 사장에 박영효, 주주대표로 김성수, 편집감독 유근, 양기탁, 주간 장덕수, 편집국장 이상협 영업국장 이운 등이었다. 논설반에는 장덕수, 이상협, 진학문, 장덕준, 박일병, 김명식, 정치부장 겸 학예부장 진학문, 사회부장 겸 정리부장 이상협(겸), 통신부장 겸 조사부장 장덕준, 기자로는 고의동, 김형원, 염상섭, 김정진, 한기악, 유광렬, 김태등, 신길구, 변봉현, 서승효, 최영천, 김동성, 이승규, 신상우, 이서구 등이 있었다. 유근의 제안으로 제호를 『동아일보』로 정했고 김돈희의 제자(題字)를 사용했다.

창간호 1면에 「주지(主旨)를 선명(宣明)하노라」라는 제하의 창간사가 실렸다. 이것은 『동아일보』의 3대 주지인 ① 조선민중의 표현기관을 자임한다. ② 민주주의를 지지한다. ③ 문화주의를 제창한다는 내용으로 이루어져 있다. 장덕수가 집필했다.

매일 석간 4면 주 7회의 무휴간 발행을 원칙으로 했다. 다만 창간 초기인 4월 1일, 2일, 6일자는 8면으로 발행되었다.

초창기에는 인천, 평양, 대구, 부산 등 23개 지방에 지국을 두었다. 6개월 후 제1차 정간까지 지국 수가 35개로 늘었다.

지면 배정은 1면은 논설, 2면은 정치, 외신, 3면은 사회, 체육, 4면은 학예, 지방기사로 편집되었다. 이것을 세분하면 다음과 같다. 1면은 제호, 사설, 저명논설 '사조(祠藻)'(독자한시란), 광고가 실렸고, 2면은 보도기사(정치, 경제), '사령(辭令)'(총독부령), 인사(人事)(국내외 저명인사의 동정), '상황(商況)', '주식', '동아단평', 광고 등이, 3면은 기사(사회, 스포츠), 시사만화, '모임', '독자의 성(聲)'(투고)., '기상일보(氣象日報)', '휴지통'(단평), 광고 등이, 4면은 연재소설, 저명논설(학예관계), '신간소개', '기서(奇書)'(투고), '지방통신', '지방소식', 광고 등이 실렸다.

이 원칙은 대체로 1923년 말까지 계속되었다. 젊은 세대를 자임한 『동아일보』는 1차 세계대전 직후의 민주주의 사조에 의거하여 논설을 썼다. 「예산을 논함」, 「조선인의 교육용어를 일본어로 강제함을 폐지하라」, 「원고검열을 폐지하라」, 「무차별인가? 대차별인가?」 등의 논설은 총독부의 시정 방침에 비판을 가하고, 국내 구세력의 전근대적인 사상에 대하여도 비판적인 필봉을 들었다.

1920년 5월 4일부터 6회에 걸쳐서 연재한 사설 「조선부로(朝鮮父老)에게 고함」을 통해 낡은 유교적 인습을 비판하고 기성세대의 각성을 촉구하였다. 또한 젊은 세대가 새 문화를 받아들이는 데 앞장설 것을 강조하였다. 이런 점에서 청년신문으로 불리기도 했다.

5월 8, 9 양일에 걸쳐 '환민(桓民)한별(권덕규)'의 서명이 든 논설 「가명인(假明人) 두상(頭上)에 일봉(一棒)」이 발표되었다. 이 논설은 모화사대사상(慕華事大思想)의 각 도에서 조선 유교의 말류(末流)가 자주정신을 상실하고 있음을 지적하면서 구세력을 비난하는 것이었다. 독설로 가득 찬 이 논설은 모화주의자를 가리켜 "가명인(假明人)"이라 하면서 "당당한 조선의 겨레가 어찌 가명인(假明人)이 되랴"고 끝을 맺고 있는데, 특히 말썽을 일으킨 것은 "선참공병 후문기죄(先斬孔兵 後問其罪)"라고 한 대목이었다. 이로 인해서 불매동맹운동까지 일어나고 마침내는 사장 박영효가 사직하기에 이르렀다. 이것이 6월 1일이었다.

7월 1일 제2대 사장으로 취임한 김성수는 동년 7월 21일 이시카와(石川)식 윤전기를 도입하여 비로소 자가 인쇄시설을 갖추었다.

시간당 2만 부의 인쇄 능력을 가진 이 윤전기는 "조선에 오기가 처음 될 뿐 아니라, 현금 동양에서 쓰는 윤전기로는 제일 좋은 기계"였다고 이 신문은 보도하고 있다. 7월 25일자로 단평란 '횡설수설'이 신설된다.

동년 8월에는 미국 상하원 의원시찰단이 일본, 중국 등 극동 일대를 순회하는데, 그들이 서울을 방문하게 되자 『동아일보』는 8월 10 장덕준, 김동성 두 기자를 북경에 특파하여 의원단의 동정을 보도하게 함과 동시에 조선의 사정을 소상히 알렸다.

동 시찰단이 8월 24일 입경(入京)하자 사설 「미국의원단을 환영하노라」(장덕수 집필)라는 간곡한 환영사를 국문과 영문으로 실었다. 영문은 신흥우가 썼다. 이를 소개하면 다음과 같다.

"오인의 손에는 아름다운 꽃이 없고 오인의 입에는 꿀 같은 말이 없도다. 제군을 맞을 때에 오인은 그 무엇으로써 할고 구든 악수와 뜨거운 '키쓰'로써 할가 아니라 오즉 뛰노는 가슴과 넘치는 기쁨으로써 하리라. …… 이는 오즉 외부의 조선이라 오인은 제군의 육안으로써 보지 못하되 심안으로써 능히 포착할 수 있는 내부의 조선 곧 이천만 민중의 희망과 능력·제국과 형제로서의 생활을 영위케 하는 그 원리를 거하야 제군의 참고재료로 공(供)하고자 하노라."

1920년 9월 25일 『동아일보』는 제1차 무기 정간처분의 시련을 겪게 되었다. 9월 24, 25일 이틀간에 걸쳐 제1면 사설란에 게재한 「제사(祭祀)문제를 재론하노라」라고 제한 사설이 원인이 되어 9월 25일자(176호) 신문을 압수당하는 동시에 무기 발행 정지의 행정처분을 받은 것이다. 일본 황실의 상징인 거울(鏡), 주옥(珠玉), 검(劍)의 소위 '3종(三種)의 신기(神器)'를 모독하였다는 것이다.

신문지법 제21조에 의한 발행정지 이유는 ① 총독부 통치의 근본방침에 배반하는 경향으로 흐른 것, ② 표면적으로 독립을 책동하는 일은 없으나 항상 인예(引例)를 타국에서 들어 교묘히 반어와 은어로써 독립사상을 선전하는 것, 그리고 ③ 총독정치의 비판에 있어서는 공정한 것이 아니고 근본적으로 총독정치를 부정하는 악의에 찬 것이라는 등을 열거하였다.

이 신문은 창간 2주일 만인 4월 15일자 사회면 기사 「평양에서 만세 소요」라는 보도로 첫 발매배포 금지를 당한 이래 약 반년 동안 24건의 필화를 기록했다.

정간처분은 그 뒤 3개월 반이 지난 1921년 1월 10일에 해제되었으나 속간되기는 다시 1개월 이상이 지연된 2월 21일까지 기다려야 했다. 이처럼 속간이 늦어진 것은 심각한 자본난이 원인이었다.

홍증식의 주선으로 민영달이 5000원을 투자한 것은 이때의 일이다. 정간 중에 『동아일보』는 총독부 통치 아래 최초의 순직기자를 내기도 했다. 일본군이 훈춘(琿春)일대의 한인들을 무차별 학살한 소식이 국내에 들어오자 장덕준 기자는 10월 15일 단신 훈춘(琿春)으로 떠났으나 다시 돌아오지 않았다. 그는 현지의 일본군에 납치되어 사살된 것으로 알려져 있다.

1921년 9월 14일 창립총회를 열어 발기만 해 놓았던 '재래의 동아일보사를 주식회사 동아일보사에 인계'했다. 새 진용은 다음과 같다.

사장 송진우, 부사장 겸 주필 장덕수, 전무 진구범, 상무 겸 편집국장 이상협, 발행 겸 편집인 한기악, 인쇄인 최익진, 취체역 이운, 김찬영, 성원경, 장두현, 김성수, 서무경리국장 양원모, 영업국장 홍회식.

총독부 당국의 가중하는 언론 탄압에도 굴하지 않고 1921년 10월 11일부터 호놀룰루에서 열리는 제2회 만국기자대회에 김동성 기자를 특파하여 국제적인 진출을 꾀하였다. 1922년 7월 일본 니가타현에서의 조선인 노동자 피살 사건과 이듬해 9월 간토대지진 때 재일동포피살사건을 취재, 위문하기 위해 양차에 걸쳐 이상협 편집국장을 현지에 특파했다.

1923년 12월 1일부터 지면의 대폭적인 개혁을 단행하였다. 종래의 1면 논설과 논문란을 논설과 정치면으로, 2면 정치와 경제란을 사회면, 그리고 3면 사회면을 지방면과 영문란으로, 4면은 지방란이었던 것을 경제면으로 하였다.

도쿄유학생 순회강연회(1920.7), 조선체육회 결성 주도(1920.7), 여자정구대회 주최(1923.6), 조선물산장려운동의 주도(1923.1), 조선민립대학운동의 주도(1923.1) 등 '정부 없는 나라'의 '형태 없는 정부'를 자처하면서 대중적 민족운동에 선도적 역할을 담당하였다.

1924년 『조선일보』의 혁신과 『시대일보』의 등장으로, 이때까지 독주 상태에 있던 『동아일보』와 함께 3대 민간지 시대를 열었다.

그러나 이해 『동아일보』는 회사 안팎으로 여러 가지 어려운 국면에 부딪혔다. 편집국장 이상협이 송진우 사장과 의견충돌로 퇴진하자 그해 5월에 진구범 전무를 비롯하여 홍승식 영업국장, 김동성 조사부장, 김형원 지방부장, 민태원 정치부장, 김양수 논설반장이, 다시 9월에는 최익진 공장장을 비롯하여 유광렬 사회부장, 최영천 정리부장, 이서구, 박팔양, 서승효, 노수현 등 창간 이래 심혈을 기울였던 많은 기자들이 함께 대거 퇴사하였다.

4월 2일에는 박춘금이 송진우 사장과 취체역 김성수에게 행한 식도원 권총협박사건이 있었다. 사설 「민족적 경륜」(1월 2일자부터 5회 연재)에 대한 사회주의 계열의 집중 공격과 비매 동맹 등도 겹쳤다.

4월 25일 송진우 사장 등 간부진이 사퇴하고, 이승훈이 제4대 사장으로 그 뒤를 이었다. 발행 겸 편집은 설의식, 부사장 장덕수, 주필 겸 편집국장 홍명희였다. 이에 앞서 전 주필인 장덕수는 1923년 도미의 길을 떠났다. 일제의 언론 탄압도 날로 심해져 압수만도 1920년에서 1923년 사이에 연평균 15회이던 것이 1924년 한해에 56회로 불어났다.

잇따른 시련에도 1924년 4월 『동아일보』는 창간 4주년을 맞이하여 그 기념사업으로 지방판의 발행, 사옥 신축, 윤전기의 증설, 그리고 각 지방 순회취재의 4대 사업을 계획하였다. 4월 1일부터 중앙판, 삼남판, 서북판 등 지방판이 발행되었다. 이것은 우리 신문 발행사상 처음 있는 일이었다. 그해 10월 21일 김성수가 제5대 사장으로 두 번째 선출되었고, 이듬해 4월 홍명희의 후임으로 송진우가 주필에 취임하였다. 다시 김성수, 송진우를 중심으로 하는 체제가 수립되었다.

1925년 1월 제1회 신춘문예작품을 모집했다. 그해 8월 1일부터 조간 4면, 석간 2면의 조석간 6면제로 증면이 이루어졌고, 구독료도 80전에서 1원으로 인상되었다.

지면 확장에 따라 조간 4면은 1면 정치, 2면 사회, 3면 지방, 4면 부인 및 문예란으로 배정되었고, 석간 2면은 1면을 정치, 2면을 사회면으로 하였다.

그러나 조석간제는 곧 중지되었고, 1925년 8월 11일자부터는 석간만으로 6면을 발행했다. 12월에는 허영숙을 학예부장에 임명하였다. 여성이 부장직을 맡은 것은 처음의 일이었다.

1926년 3·1운동 7주년을 기념하여 3월 5일자 2면에 「소련 국제농민회본부로부터 조선농민에게 보내온 축전」을 번역·게재하였다. 이것이 안녕질서를 문란케 했다 하여 3월 6일 신문지법 제21조에 의한 제2차 무기발행정지의 행정처분 통고를 받게 되었다. 주필 송진우는 보안법 위반으로 징역 8개월을, 편집 겸 발행인 김철중은 신문지법 위반으로 금고 4개월을 선고받았다. 그러나 공소 결과 송진우는 6개월, 김철중은 금고 4개월의 판결이 내려졌다.

제2차 무기정간이 해제된 것은 1926년 4월 19일이었고 신문이 속간된 것은 21일자(2017호)부터였다. 그해 12월 11일 광화문통 140번지(현 세종로 139)의 신축 사옥으로 이전했다.

1927년 10월 24일 임기 만료된 사장 김성수의 후임으로 송진우가 제6대 사장에 재취임하였다. 이로부터 송진우는 1936년 일장기 말소사건으로 퇴임을 강요당할 때까지 9년 동안 장기 연임하였고, 특히 1930년 9월 후로는 사장 자신이 발행 겸 편집인이 되어 『동아일보』를 이끌었다. 사옥 신축과 함께 새로운 윤전기를 도입했다. 발행부수는 1928년 현재 4만 868부에 이르렀다.

1927년 4월 편집국장 이광수가 물러나 편집고문이 되고 김준연이 그 뒤를 이었으나, 1928년 5월 'ML'당 비밀결사 사건으로 구속되었다. 그 대신에 주요한이 편집국장 대리를 거쳐 편집국장이 되었다. 그러나 주요한도 1929년 12월에 광주 학생사건에 연좌·구속되어 편집고문 이광수가 다시 편집국장, 설의식이 편집국장 대리가 되었다.

1929년 5월 1일부터 지방판을 분리 편집했고, 순국문으로 발행했다. 9월 20일부터 8면으로 증면했다.

1930년 4월 창간 10주년 기념사업의 하나로 국내외 저명인사들의 축사를 게재했다. 미국 『네이션』지 주필의 축사 「조선의 현상황에 귀지의 사명은 중하다」를 실은 것이 안녕질서를 문란케 하였다 하여 발행정지처분을 받았다. 이것은 『동아일보』가 겪은 제3차 무기발행정지처분이었다.

제3차 정간은 4개월 반 만에 풀려 9월 1일에야 해제되었다. 속간호는 2일자로 발간되었다. 1930년 말 신춘문예작품의 일부로 '조선의 노래'를 공모, 1931년 1월 이를 제정 공표하였다. "백두산 뻗어내려 반도 삼천리……"(현제명 작곡)로 시작되는 이 노래는 국가 없는 한국 민족에게 널리 유포되었다.

이즈음 '이충무공 유적 보존운동'이 전개되었다. 1931년 5월 아산 소재 충무공 묘의 위토(位土)가 부채 관계로 경매에 붙여지게 된 것이 알려지자, 동아일보사 내외 인사들로 유적보존위원회가 구성되었다. 약 1년간 2만여 명, 400여 단체가 자금을 모아 부채를 청산하는 한편, 이충무공을 기리는 아산 현충사를 중건하여 유물과 영정을 봉안하였다.

1931년 7월 만주 창춘(長春)에서 만보산 사건이 일어나자 『동아일보』는 이것이 일본의 한중 이간책임을 간파하여, 민중의 냉정을 호소하고 사태 수습에 나섰다. 장제스(將介石)는 이 뜻을 고맙게 여겨 한중 친선을 강조하는 기념품을 보내왔다.

1931~34년까지 전후 네 차례에 걸쳐 '학생 하기(夏期) 브나로드운동'을 전개하였다. 문맹 타파와 국문 보

급을 주축으로 하고 이와 아울러 위생지식을 널리 보급시키는 데 힘을 기울였다. 제2회 브나로드운동에는 남녀학생 계몽대원 2724명이 참가했고, 강습지 592개소, 수강자 4만 1513명의 성적을 올렸다. 이 한글 보급운동은 일대 국민운동화하여 총독부 당국의 감시가 엄격해졌다. 결국 1935년 조선총독부의 '강습회금지령' 탓에 문맹퇴치를 위한 계몽운동도 종지부를 찍었다.

한글 보급운동이 날로 확대되어 가자 조선어학회는 주시경으로부터 다시 시작된 한글 연구를 계승, 더욱 연구를 거듭하여 신철자법 통일사용운동이 성행케 되었다. 이에 『동아일보』는 1933년 4월 1일부터 솔선하여 6년간 7만 원의 자금을 들여 신철자법의 포인트식 새 활자를 개발했다. 아울러 창간 이래 12단제를 13단제로 늘리는 조치를 단행했다. 이러한 신활자 개발로 1행에 1자, 1단에 4행이 늘어난 한 면에 3480자, 하루의 전 지면에는 2만 7840자가 더 들어가게 되었다.

1932년 11월 21일자부터 조석간 8면제(조석 4면, 석간 4면)를 실시하고 1933년 6월 1일부터는 '지방판'을 '중앙판'과 분리해서 조석간 4판 발행을 단행했다. 같은 해 6월 11일부터는 1923년 6월에 발행한 일이 있었던 '일요부록'을 10년 만에 부활시켰다. 1933년 9월 1일자부터 지면을 10면제(조간 6면, 석간 4면)로, 1936년 1월 1일자부터는 다시 12면제(조간 4면, 석간 8면)로 확장했다.

1935년 설의식이 편집국장으로 승진하고 같은 무렵에 김준연이 주필에 취임했다. 1936년 8월 제11회 베를린올림픽대회에서 손기정이 마라톤 종목에서 신기록을 세우며 우승하자, 『동아일보』는 주간지 『아사히스포츠』에 실린 사진을 전재하였다. 이때 일장기를 말소하여 큰 문제가 되었다. 이로 인해 8월 29일자(5659호)로 제4차 무기발행정지를 당했다. 이것이 '일장기 말소 사건'이다. 이 사건으로 운동부기자 이길용, 이상범 화백, 사회부장 현진건, 사진과장 신낙균, 백운선, 서영호, 사회부 임병철, 잡지부장 최승만 등이 구속되었다. 주필 김준연과 편집국장 설의식은 강제 해임을 당했다.

1939년 유럽에서 2차 세계대전이 발발하던 무렵, 일제는 소위 황민화를 내걸고 민족의식 말살정책에 나서서 『동아일보』와 『조선일보』에 탄압을 가하였다. 그해 12월 상순의 일이었다.

1940년 1월 15일 총독부 경무국장 미쓰하시 고이치로(三橋孝一郎)는 동아일보사의 백관수 사장, 송진우 고문, 조선일보사의 방응모 사장을 불러들여, '시국에 부응하여' 일본의 건국기념일인 2월 11일 '기원절'을 기해 폐간하도록 종용했다. 나아가 『매일신보』와 통합하라고 요구했다.

『동아일보』 고문 송진우는 도쿄로 건너가 일본의 중앙정계와 여론을 움직여 총독부 언론정책의 변경을 꾀했다. 이에 총독부는 신문용지의 배급을 조정하여, 그해 7월부터 12면에서 10면으로 지면을 줄이게 하였다.

그러나 결국 발행인 임정엽으로 하여금 폐간계를 내게 하니 이때가 1940년 8월 10일이었다. 이날로써 『동아일보』는 지령 제6819호로 폐간되었다. 폐간 당시 발행부수는 약 5만 5000부, 창간 이래 무기정간 4회, 발매금지 63회, 압수 489회, 삭제 2423회(이 중 사설삭제 267회, 정치면 381면, 사회면 1509회, 문화면 193면, 사진 73회)의 수난을 겪었다.

폐간 당시 신문관계자는 다음과 같다. 사장 백관수, 고문 송진우, 상무 임정혁(발행 겸 편집인), 취체역 양원모, 김용술, 현준호, 장덕수, 감사역 현상윤, 장현중, 편집국장 고재욱(경제부장겸), 정치부장 김장환, 사회부장 임병철, 지방부장 임봉순, 정리부장 안승회, 사진주임 송덕수, 영업국장 국태일, 공장장 장석태(인쇄인겸), 기자로는 곽복산, 고영환, 양재경, 이하윤 등.

『동아일보』의 역대 사장단

7대까지의 역대 사장들의 면면을 먼저 살펴보자. 우선 2대씩을 역임한 김성수, 송진우를 비롯하여 초대에 박영효, 4대에 이승훈, 폐간시의 사장 백관수 등 5명이었다. 이 중 초대 사장인 박영효는 귀족원의 의장으로 창간 당시 허가를 쉽게 얻기 위해 추대된 명목상의 사장이었다. 그는 실제로 논설 「조선 부로(父老)에게 고함」이라는 글로 유림과 기성세대의 심한 반발을 샀다. 이에 사과문 게재를 종용하다가 사내 불화로 인해 거절되자 사내를 통제할 수 없는 사장자리에 대한 불만으로 6월 1일 사장직에서 물러난다. 4대 사장인 이승훈은 1864년 평북 정주 출생으로 실업가이자 관서 지방의 부호였다. 그는 안창호와 함께 신민회를 조직하여 산업과 문화운동의 선봉이 되었고 오산학교를 설립하는 등 교육과 식산운동에 많은 공로를 남겼다. 또한 3·1운동 때에는 기독교계의 총대표격으로 33인의 한 사람으로서 복역한 바 있었고, 1922년 7월에 출옥한 후 다시 오산학교로 돌아가 교육계에 헌신하기도 했다. 그 후 동아일보가 1924년 사설 「민족적 경륜」의 파문과, 소위 박춘금 협박사건에 대한 경영진의 불투명한 태도 등으로 인한 불매운동 및 기자들의 사장 사퇴 요구 등의 개혁운동 등으로 대내외적 시련에 봉착하자 본지의 이미지 제고를 위해 잠시 사장으로 추대된 것이다. 5개월 후 사주인 김성수가 다시 사장이 되고 이승훈은 당시 관례에 의해 고문이 된다.

이를 보면 실질적으로 동아일보를 이끌고 영향력을 행사한 사장은 김성수, 송진우, 백관수 등의 세 명인데, 마침 김성수와 백관수는 같은 전북 고창(高敞) 출신이어서 주목된다. 송진우는 전남 담양 출신으로 일찍이 김성수가 평창에 있던 영학숙(英學塾)에서 만나 지기가 된 바 있고, 그 후 내소사(來蘇寺)에서 백관수를 만나 세 명은 평생의 지기가 되었다. 이를 통해 보자면, 이들이 어렸을 때 함께 학업한 사이이기도 하지만 전라도 출신이라는 동질감도 크게 작용한 것으로 볼 수 있다. 여기에다 취체역 전무, 상무 혹은 영업국장 등의 경영 중역진을 보아도 전라도 인맥의 면면을 엿볼 수 있다. 취체역 전무를 지낸 바 있는 진구범은 김성수와 동향인 고창 출신이며, 양원모는 송진우와 동향인 담양 출신이고 취체역 상무였던 임정엽이 전남 보성 출신이다. 또한 서무부장으로 발행인, 편집인으로 1926년 3월 무기정간의 원인이 된 필화사건에 연루된 김철중이 전북 옥구(沃溝) 출신이며, 지배인 겸 영업국장을 지낸 국태일이 담양 출신이다. 사장과 취체역 전무 및 상무, 영업국장은 거의 대부분 고창 아니면 담양 출신의 인물이 실권을 쥐고 있었음을 보여준다. 그 밖에 1925~1927년 10월까지의 주필 김준연이 전남 영암 출신, 폐간 직전 편집국장을 맡았던 고재욱은 담양 출신으로 사주 김성수의 처가에 속하기도 한다. 한편, 각부 부장 37명 중 정치부, 경제부, 지방부, 정리부장 등 중요 부장직을 골고루 오랫동안 역임했던 국기열이 송진우와 동향이며, 정치, 조사, 경제부장을 지낸 김우평(金佑枰)이 전남 여수 출신이며, 역시 정치, 조사부장과 논설반 기자였던 최원순이 전남 광주 출신이고, 논설반 반장이던 김양수도 순천 출신이었다.

이런 인맥의 문제 때문에 『개벽』 1923년 6월호에서 어느 독자들은 '동아일보에 대한 불평', '조선일보의 정체' 등의 글을 통해 전라도 인맥과 금력을 비판하고 불평하고 있다. 동아일보의 진영이 전남과 보전(普傳) 출신이 다수를 차지하고 있고, 경영자 김성수 인맥 속에 놓여 있으므로 지방주의가 강하다는 불평은 『비판』 1940년 1월호에서도 찾아볼 수 있다. 특히 이 지방주의는 1933년 방응모가 조선일보를 인수하여 50만 원의 주식회사를 완료하면서 재정적 기반을 굳히고 '평안도 신문'이라는 세평 속에 『동아일보』와 본격적인 경쟁에 들어가면서 더욱 확고해졌다. 당시 동아의 정통파는 ① 전라도 출신, ② 중앙고보나 보성전문 출신, ③ 전라도나 보성전문 출신이 아니라면 적어도 김성수 집안이 사재로써 학비를 제공하여 공부시킨 자라고 회자되기도 했다. (이경돈)

참고문헌

『한국신문·잡지총목록』, 대한민국국회도서관, 1966; 『한국신문백년 사료집』, 사단법인 한국신문연구소, 1975; 계훈모, 『한국언론연표』, 관훈클럽신영연구기금, 1979; 『한국신문백년지』, 한국언론연구원, 1983; 정진석, 『언론과 한국 현대사』, 커뮤니케이션북스, 2001; 정진석, 『인물 한국 언론사: 한국언론을 움직인 사람들』, 나남출판, 1995.

동애(同愛)

1922년 일본에서 융화단체 동애회가 발간한 기관지

주요 필자는 동애회(同愛會) 회장인 아리마 요리야스

(有馬賴寧, 1884~1957)를 비롯해 유나기타 기조(柳田敎三), 구스모토 히로시(楠本寬), 다마이 고지로(玉井小次郎), 마쓰모토 요시미(松本芳美), 야먀모토 마사오(山本政夫) 등이었고, 기고자는 수평사 동인과 기타자와 신지로(北澤新次郎), 아베 이소(安部磯雄), 기타 사다키치(喜田貞吉) 등 광범위한 지식인에 미치고 있었다. 도쿄(東京)를 비롯하여 간토(關東) 지방을 중심으로 독자를 획득하고 있었다.

『동애』에 게재된 글 가운데 상당수는 아리마 요리야스가 주장한 '사랑'과 '반성'을 기조로 초기 수평사의 이념을 지지하고 부락민 차별 규탄 투쟁에 대한 정부의 탄압과 사회 일반의 차별 관념, 수평운동에 대한 무관심을 비판하는 것이었다. 그렇지만 수평사의 투쟁이 격화되고 사회주의파가 대두하면서 그러한 경향에 반대하는 주장도 나타났다. 이밖에 소설, 수필 등의 문학 작품도 게재되고 있었다.

• 동애회

다이쇼(大正) 시기의 융화단체이다. 1921년 5월 조직되었으며 아리마 요리야스가 회장이었다. 화족(華族) 출신인 아리마 요리야스는 도쿄제국대학(東京帝國大學) 교수로 있으면서 야간 학교 설립, 부락해방운동, 농민운동에 깊이 관여한 인물이었다. 아리마 요리야스의 주도 아래 동애회는 애초에는 쌀소동의 체험 등으로부터 부락 대중을 치안상 위험시하여 자주적 해방운동을 일으키는 것을 경계하고 부락문제 해결을 위해 사회가 사랑을 축으로 융화시켜야 한다고 주장하였다.

그러나 1922 3월 전국수평사(全國水平社)가 결성되자 전국수평사가 내세운 인류애의 주장에 공명하여 이를 지지하고 수평사의 규탄 투쟁에 대한 사회의 반성을 촉구하게 되었다. 동애회의 하부 조직은 도쿄를 중심으로 사이타마현(埼玉縣), 지바현(千葉縣), 돗토리현(鳥取縣), 오사카(大阪) 등에 설치되어 있었다. 1925년 4월에는 전국융화연맹(全國融和聯盟) 결성의 중심 단체가 되었고 내무성의 수평운동 탄압을 비판하였다. 내무성이 전국 융화운동의 통합을 목표로 만든 중앙융화사업협회(中央融和事業協會)와 대립하였지만, 1927년 아리마 요리야스가 부친의 백작 작위를 계승하게 되고 이를 계기로 후원도 끊김에 따라 중앙융화사업협회에 흡수되었다. (이준식)

참고문헌

『同愛』, 復刻版, 解放出版社, 1983; 秋定嘉和, 「同愛會試論」, 『部落問題論集』 2호, 1978; 部落解放硏究所 編, 『部落問題事典』, 解放出版社, 1986.

▌동애신록(東涯新錄, Tung Ngai SanLuk Oriental)

1855년 미국 샌프란시스코에서 창간된 중영문 혼용 생활잡지

1855년 샌프란시스코에서 기독교장로회 목사 윌리엄 스피어(William Speer, 威廉 士比亞)가 창간한 매체로 영문명은 "Tung Ngai SanLuk Oriental"이다. 중문과 영문 혼용으로 주 3회 발간되었다. 1856년 말 종간되었다.

발행 목적은 기독교 선교와 국내외 소식을 전달하여 중국인들의 상호 소통에 도움을 주기 위함이다.

중문(中文) 부분의 내용은 『금산일신록(金山日新錄)』과 기본상 동일하였고, 초기에는 무료로 배부되다가 후에는 1주에 5각(角)에 판매되었다.

중문 기사는 리건(李根)이 편집을 담당하였다. 그는 아오먼(澳門, 마카오)의 로버트 모리슨(Robert Morrison, 馬禮遜)학교 출신으로 샌프란시스코에서 발간되던 『금산일신록』과 『동애신록』의 내용과 문필이 매우 유사한 점으로 보아 리건이 두 곳의 편집을 함께 보았을 것으로 추측되고 있다.

이 신문의 영문판은 윌리엄 스피어 목사가 직접 편집을 담당하였다. 중문판에 비해 충실한 내용을 갖추고 있었으며 미국 상업계 인사들을 대상으로 하고 있었다. 윌리엄 스피어는 자신이 직접 쓴 원고 외에도 교회 언론매체와 학술지들에서 문장을 발췌 게재하였고, 중국인들을 위한 '중국인지남(中國人指南)'란

을 만들어 중국교포 사회의 일상생활과 관련된 생활 정보와 소식들, 세탁소와 이발소 등의 잡다한 광고를 담았다.

1855년 1월 25일과 2월 8일, 3월 1일, 세 차례에 걸쳐 연재된 화인회관(華人會館) 조직 결성과 활동에 관한 문장은 현재 미국 거주 중국인들의 초기 조직 활동 연구에 소중한 자료를 제공해 주고 있다.

그러나 창간 몇 개월 후, 경제적 어려움으로 중문판은 매주 3회에서 1회로 변경되었고, 영문판은 월 1회 발행에 그치게 되었다. 1856년 윌리엄 스피어 목사가 병사하자 바로 종간되었다. (김성남)

참고문헌

方漢奇 主編, 『中國新聞社業通史』, 中國人民大學出版社, 1996;
葉再生 著, 『中國近代現代出版通史』, 北京: 華文出版社, 2002.

동양경제신보(東洋經濟新報)

1896년 일본에서 발행된 경제 잡지

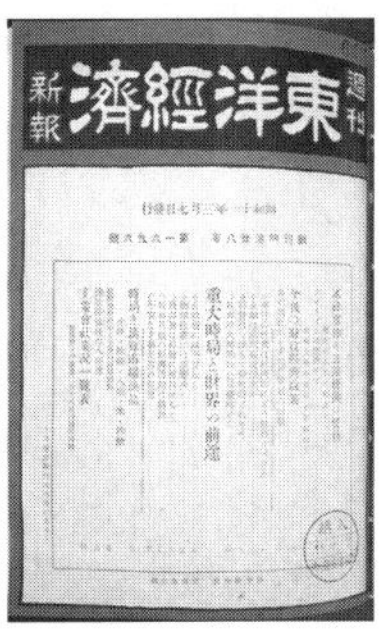

1895년 11월 15일 마치다 주지(町田忠治)가 도쿄에서 창간한 경제 잡지이다. 발행소는 동양경제신보사(東洋經濟新報社)이다. 창간 당시에는 순간(旬刊)으로 3000부가 발행되었다.
1919년 10월 4일 864호부터 주간으로 발행되었다. 1927년 6월 제호를 『주간동양경제신보(週刊東洋經濟新報)』로 변경하였다. 1960년 12월 24일 2977호부터 『주간동양경제(週刊東洋經濟)』로 제호를 변경하였다.

『동양경제신보』의 논조는 자유주의로 일관하였다. 러일전쟁 이후부터 만주사변까지에 이르는 다이쇼 데모크라시 시기에는 일본 내 정치적, 경제적 자유주의 언론을 선도하였다.

주식의 대부분을 편집주간 명의로 보관하는 독특한 경영방식이 자유주의 언론의 일관성을 유지하는데 기여하였다. 주식은 공개하지 않고 사원만이 주주가 되는 경영방식으로 운영되었다. 2차 세계대전 이후에는 사외주주도 존재했지만, 위와 같은 정신과 관습은 원칙적으로 유지되었다.

자유주의 논조를 기반으로 일반회사 경영과 같은 '사경제(私經濟)'보다는 국가재정과 경제정책과 같은 '공경제(私經濟)'를 논하는 기사가 주류를 이루었다.

또한 사설과 평론은 경제 영역에만 한정되지 않고 정치 외교 사회 교육 문화 등 각 방면의 문제를 취급하였다.

주간이 잡지의 주요 사설과 서명이 게재된 논설을 집필하는 전통은 이시바시 단잔(石橋湛山) 주간 시대까지 계속되었다.

마치다 주지

주간은 창간 당시 잡지 창간자 마치다 주지(町田忠治, 1863~1946)가 담당하였다. 이후 1897년 3월 아마노 다메유키(天野為之, 1861~1938), 1907년 5월 우에마쓰 히사아키(1876~1912), 1912년 9월 미우라 데쓰타로(三浦銕太郎 1874~1972), 1924년 12월 이시바시 단잔(石橋湛山 1884~1973)이 각각 계승하였다.

초대 주간은 잡지 창간자로서 이후 입헌민주당(立憲民政党) 총재로 취임하는 마치다 주지였다.

1896년 와세다대학(早稻田大學) 교수였던 아마노 다메유키(天野為之, 1861~1938)가 편집주간을 계승하였다. 아마노 다메유키 주간시대에 『동양경제신보』는 일본 정부정책에 협조적이기는 했지만, 경제적 자유주의를 바탕으로 군사비의 삭감을 주장했다. 이후 『동양경제신보』는 경제적 자유주의를 주장하는 잡지가 되었다.

아마노 다메유키

1907년 아마노 다메유키의 제자였던 우에마쓰 히사아키가 주간이 되었다. 그는『동양경제신보』를 경제적 자유주의와 더불어 정치적 자유주의를 주장하는 잡지로 전환시켰다.

우에마쓰 히사아키

그러나 러일전쟁 이후 주간으로 우에마쓰 히사아키가 취임하면서『동양경제신보』는 정부에 전면적인 정채개혁을 요구하였다.

『동양경제신보』는 러일전쟁 이후의 일본 정부가 추진한 군비확장정책의 원인을 정당과 번벌(藩閥)관료의 타협에 의해 성립한 원로정치(元老政治) 때문이라고 진단하였다. 그리고 이러한 정치구조를 타파하기 위한 근본 방침으로 보통선거제 실시를 주장하였다.

당시 보통선거제는 사회주의의 변종으로 위험시되던 상황이었다. 따라서『동양경제신보』의 보통선거제 실시 주장은 세간에 큰 반향을 일으켰다. 그리고 1911년 3월 보통선거법안이 중의원을 통과하는데 중요한 역할을 하였다.

이 무렵 동양경제신보사는 1910년 5월부터 1912년 10월까지『동양시론(東洋時論)』이라는 당시로서는 매우 급진적인 성격을 띤 월간 종합잡지를 발행하였다.

미우라 데쓰타로

우에마쓰 히사아키 사후 편집주간에 미우라 데쓰타로가 취임하였다. 이후『동양경제신보』는 우에마쓰 시대의 자유주의 논조를 계승하면서, 보다 구체적인 실현방안을 주장하였다.

논의의 중심을 '개인의 해방'과 '자유의 신장'에 두고 구체적으로는 보통선거제 실시, 부인과 노동자의 해방, 최소군비주의의 채용, 산업보호정책 폐지 등을 주장하였다.

이러한 주장에 일관되어 있던 가장 큰 특징은 일본주의, 즉 제국주의의 포기를 주장한 점이었다.

『동양경제신보』는 일본 정부의 대륙침략정책이 경제적으로 국민생활을 압박할 뿐만 아니라 군인정치, 전제정치를 초래하는 근본 원인이라고 지적하였다. 따라서 만주를 포기할 것과 군비를 러일전쟁 이전 수준으로 축소할 것을 강력하게 주장하였다.

그리고 내정개혁 주장에 주력하면서 보통선거와 정당내각제의 실현, 원로정치의 폐지, 군부대신 무관제와 참모본부의 폐지, 노동자의 단결권과 파업권의 허용 등을 주장하였다. 이러한 주장은 당시 요시노 사쿠조(吉野作造)대표되는 민본주의자들의 주장과 궤를 같이하는 것이기도 하였다.

이시바시 단잔

미우라 주간시대 이후『동양경제신보』가 주장한 소일본주의(小日本主義)는 이시바시 단잔 주간시대에도 지속되었다.

『동양경제신보』는 민족자결주의를 세계사의 필연으로 인식하고 일본 정부의 대중국 21개조 요구 및 시베리아 출병을 강력히 반대하였다.

특히 워싱턴회의에 즈음해서는 모든 식민지를 포기할 것을 주장했다. 이를 통해 일본은 아시아 제민족의 지지를 획득할 수 있으며, 일본의 국방상 경제상의 불안은 제거될 것이라고 주장하였다.

그리고『동양경제신보』는 대공황이 발생하면 금본위제(金本位制)의 정지와 공공사업투자에 의한 공황국면의 타개를 주장했다. 만주사변에 대해서는 언론계에서 가장 늦게 반대를 거두어들였다.

이후에도 사사건건 군부를 비판하고 중일전쟁과 삼국동맹 체결에 반대하였다. 태평양전쟁 개시 이후에는 완곡한 논조였지만 전쟁의 조기종결을 주장했다.

『동양경제신보』는 국립국회도서관 등에 소장되어 있다. (문영주)

참고문헌

明治期経済文献研究会索引グループ 編, 『東京経済雑誌記事総索引』 第4巻, 日本経済評論社, 1996.2; 杉原四郎 編, 『日本経済雑誌の源流』, 有斐閣, 1990; 杉原四郎 著, 『日本の経済雑誌』, 日本経済評論社, 1987.

동양무역연구(東洋貿易硏究)

1926년 일본 오사카에서 발행된 무역 잡지

1926년 오사카(大阪)시 산업조사과에서 월간으로 발행한 무역잡지이다. 잡지 크기는 국판(菊判)이었고, 분량은 120쪽 내외였으며, 가격은 1년 4엔 1부 35전(錢)이었다. 본지의 권호는 1922년 창간된 『지나무역통보(支那貿易通報)』를 계승하였다. 1941년 7월 (20권 7호)부터 주간지 『동양무역시보』를 흡수하여 순간으로 발행되었다. 1942년 6월부터 반월간으로 발행되었으며, 1944년 1월호(23권 1호)로서 본지는 폐간되었다.

오사카시는 1925년 상공과를 산업부로 승격시킴과 동시에 무역조사계를 확충해서 조사관로 만들어서 무역의 지도, 조장을 위한 조사기능을 강화하였다. 그 결과 조사의 범위도 남양(南洋), 인도, 인도네시아, 시베리아 등 동양무역 전반으로 확장되었다. 같은 해 오사카 무역조사소도 통신촉탁을 동남아시아 각지에 임명하였다.

이러한 해외 정보망의 확장과 확충을 배경으로 상황을 신속하게 전달할 필요가 생겼는데, 1925년 11월 주간으로 『동양무역시보』가 창간되었으며, 1926년 1월부터 『지나무역통보』를 『동양무역연구』로 개제하게 되었다. 따라서 본지는 동양무역에 관한 새로운 상황 등의 보도를 중심으로 하는 정보본위의 잡지로서, '근본적으로 동양 각지의 무역사정, 중요경제시사문제 및 중요상품에 관한 실제적 통계적 조사연구의 결과를 게재 발표하는 자료 본위의 연구 기관지'로서 조사연구의 결과를 수록하는 월간지로서의 특색을 가지고 있었다.

지면은 조사, 상품, 자료, 통계란으로 크게 구분되었는데, 이후 연구, 경제사정, 관세법규, 상품, 자료, 잡록으로 확대되었다. 전시체제로 들어서면 다시 변화가 생기기는 했지만, 「지나무역조사자료색인」을 계승한 「동양무역중요자료색인」은 계속 존속하였다. 이와 같이 본지는 1차 세계대전 후의 반동공황과 불황기에 탄생한 잡지로서 22년에 걸쳐 무역사정의 변천에 즉응하면서, 무역업자에게 정보와 지침을 제공하고 지도계몽에 노력하였다. (문영주)

참고문헌

杉原四郎 編, 『日本経済雑誌の源流』, 有斐閣, 1990; 加藤友康 · 由井正臣 編, 『日本史文献解題辞典』, 吉川弘文館, 2000.5.

동양의약(東洋醫藥)

1935년 서울에서 발행된 학술교육 잡지

1935년 1월 1일 서울에서 창간되어 1939년 1월 종간되었다. 통권 49호까지 발행되었다. 편집 겸 발행인은 조헌영(趙憲泳)이었다. 정가는 30전이었으며 분량은 A5판으로 78면이었다.
동양의학의 현대화와 학술적 발전을 목표로 삼았으며 동양의학의 체계적 과학화에 기여했다.

1934년 『한의학원론(韓醫學原論)』을 저술, 출간한 조헌영이 중심이 되어 발행한 동양의학 전문 잡지이다.

창간사를 보면 동양의학이 서양의학에 의해 배척되는 현실에 대해 동양의학의 과학화를 통해 대응하고자 한 잡지의 목표가 드러나 있다. 조헌영은 이 창간사를 통해 동양의학을 현대화하고 이를 학술적으로 발전시킬 것을 잡지의 큰 목표로 제시하고 있다.

창간호에는 김영훈(金永勳)의 「한방의학부흥론(韓方醫學復興論)에 대하여」와 장기무(張基茂)의 「한방의학혁신론(韓方醫學革新論)」 등 당시 동양의학에 대해 재평가해 줄 것을 촉구하는 논설이 다수 실려 있다. 그리고 한의학의 역사적 체계화를 시도한 글도 실려 있는데 대표적인 글이 조헌영의 「이제마 사상론(李濟馬思想論) 초록」이다. 이 글에서 조헌영은 이제마의 사상의학을 조선 한의학사의 중요한 성과로 조명하고 있다. 이 잡지는 1930년대 의료과학기술이 단지 서구적인 형식으로만 발전한 것이 아니라 전통에 기반한 형식으로도 발전되었음을 보여준다는 점에 그 자료적 가치가 있다. (장성규)

참고문헌

조헌영, 『통속한의학원론』, 학원사, 2007; 조헌영, 『한의학의 비판과 해설』, 소나무, 1997; 최덕교 편저, 『한국잡지백년』 2, 현암사, 2004.

▌동양지광(東洋之光)

1939년 서울에서 발행된 일본어 시사종합 잡지

1939년 1월 서울에서 창간되어 1945년 5월 종간되었다. 통권 83호까지 발행되었다. 편집 겸 발행인은 박희도(朴熙道)이었다. 정가는 40전이었으며 분량은 A5판으로 117쪽이었다.

3·1운동 당시 민족대표 33인 중 한 명이었던 박희도가 전향한 후 주체가 되어 발행한 잡지로서 당시 내선일체를 비롯한 일제의 이데올로기를 선전하는 데 중점을 두었다.

잡지의 표기 언어 역시 일본어였으며, 일제 말기 대표적인 친일 잡지 중 하나로 꼽힌다. 내용은 주로 정치 및 시국문제에 대한 일제의 입장을 선전하는 것에 초점을 맞추었다.

주요필진으로는 박희도를 비롯하여 김한경(金漢卿), 인정식(印貞植), 김활란(金活蘭), 김용제(金龍濟) 등이 있다.

이들은 일제의 외압에 의해 이 잡지에 참여한 것이 아니라, 전향 이후 자발적으로 참여했다. 발행인인 박희도는 물론 인정식 등이 이에 해당한다.

그래서인지 이 잡지에서는 전향 문제를 상당히 비중 있게 다루고 있다. 이 부분은 식민지 시기 지식인 사상사를 연구하는 데 매우 중요한 자료로서 가치를 갖는다. (장성규)

참고문헌

반민족문제연구소, 『친일파 99인』, 돌베개, 1995; 최덕교 편저, 『한국잡지백년』 3, 현암사, 2004; 최원규, 『일제말기 파시즘과 한국사회』, 청아출판사, 1988.

▌동원(同源)

1920년 서울에서 일본어로 창간된 학술지

경성일보사 내 동원사에서 발행한 잡지이다. 1920년 3월부터 매월 1회 일본어로 발행되었다고 하는데 현재는 2호만 남아 있어 종간일자는 알 수 없다. 정가는 1부 50전이었고, 별도의 우송료는 없었다. 편집인은 가토 호조(加藤房藏), 발행인은 후지무라 다다스케(藤村忠助)였고, 인쇄인은 방태영(方台榮)이었다. 인쇄소는 경성부 태평통 2정목의 경성일보사였고, 발행소는 경성일보사 내 동원사였다. 『동원』 2호는 연세대학교에 소장되어 있다.

동원사는 1920년 2월 13일 경성의 각 신문사와 잡지사, 통신사의 간부를 경성호텔에 초청하여 『동원』의 창간을 알리고, 그 취지와 목적을 설명하는 자리를 마련하였다.

동원사는 『동원』의 발행취지에 대해 다음과 같이 말하였다. 학문 각 분야의 과학적인 연구결과 한국과 일본은 동일한 뿌리를 가진 민족임이 판명되었음에도, 양자는 고대부터 관계도 없고, 교섭도 없는 이민족이었다는 "불학무식한 망언"이 횡행하고 있다. 이에 한일 양 민족이 동종동근이라는 사실을 학술적으로 연구하고, 이를 한국인들에게 주지시킬 목적으로 잡지 『동원』을 발행한다. 이 잡지는 직간접적으로 내선융화사업에 공헌할 것임을 확신한다.

『동원』은 제목에서도 드러나듯이 한국 민족과 일본 민족의 동종동근론을 강화하고, 그것을 한국의 지식인들에게 유포하기 위해 창간된 잡지였다. 다음과 같은 동원사의 규약 조항들은 그것을 보다 분명히 보여준다. ① 본지는 상대(上代)의 일한관계를 과학적으로 연구한다. ② 중세 이래의 한일 및 내선관계 사항에 있어서 유익한 논문기사를 함께 게재한다. ③ 주로 조선인 지식계급에서 독자를 구하기를 바란다.

동원사에서는 동조동근론을 입증하기 위해 신화와 전설뿐 아니라 지리학, 역사학, 고고학, 인류학, 언어학적 접근을 시도하였다. 동조동근론을 학문적으로 뒷받침하기 위해서는 각 분야에서 활동하는 인물들의 협조가 필요하였다. 동원사는 일본에서 활동하고 있는 연구자들과 교섭하여 그들의 논문을 『동원』에 실어도 좋다는 승낙을 받았다. 또한 발행취지에 찬성하는 정재계 주요 인물을 찬조회원으로 확보하기도 하였다. 동종동근론 연구하고, 유포하기 위해 학계, 정재계의 인적 풀(pool)을 확보하고 조직적으로 활동을 전개하였던 것이다.

동종동근론의 학술적 근거를 확보하고, 조선인들에게 이를 유포한다는 취지하에 발간된 『동원』은 그 목적을 달성하기 위해 한국 민족과 일본민족이 같은 뿌리를 가졌다는 역사적 증거들을 발굴하는 데 주력하였다. 그리고 같은 뿌리를 가진 양 민족이 어떻게 분화하게 되었는가를 고증하는 한편, 단군설을 주장하는 조선학자들의 연구를 비판하고, 언어학자와 인류학자들을 동원하여 한일 양 민족의 언어학적, 인류학적 동질성을 검증하는 데도 힘을 쏟았다.

이렇게 『동원』은 학술적이고, 과학적이라는 미명하에 조선인의 민족적 정체성을 부정하고 식민지배의 정당성을 설파하며 내선일체의 이데올로기를 선전하고 확산시키는 기능을 담당하였다. (정진아)

참고문헌

喜田貞吉, 「内鮮 兩民族 同源論 梗概」, 『儒道』 3, 1921.7; 金澤庄三郎, 『日鮮同祖論』, 刀江書院, 1929; 강창일, 「일제의 조선지배정책: 식민지 유산문제와 관련하여」, 『역사와 현실』 12, 1994; 小熊永二, 『日本人の境界』, 新曜社, 1998.

▌동인사문학잡지(同人社文學雜誌)

1873년 나카무라 마사나오가 설립한 동인사가 일본에서 발행한 종합계몽 잡지

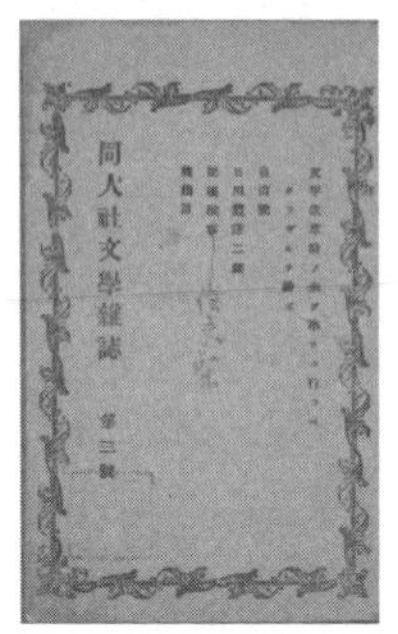

메이지 초기에 게이오의숙(慶應義塾)와 더불어 사학의 쌍벽이라고 불렸던 동인사(同人社, 1873년 2월 창설)의 기관잡지로 1876년 7월에 창간되었다. 발행처는 동인사였고, 편집장은 나가시마 유우(中島雄)를 시작으로 안도 가쓰토(安藤勝任), 기노히라 요우(木平讓), 와가쓰마 헤이지(吾妻兵治), 센가 쓰루타로(千賀鶴太郎) 등이 이어받았다. 1883년 5월 92호로서 폐간되었다. 잡지체제는 양면으로 접은 8장 16쪽, 5호 활자로 한 면은 25자 13행 체제였다. 초기에는 발행 간기가 월 1~2회 또는 격월 등 부정기 잡지였다. 46호(10호, 1871년 2월 10일호)부터는 월 2회 총 22쪽로 증간되었고, 편집과 체제도 변경되었다.

잡지 발행 목적은 창간호 「제언(提言)」에 의하면 "사우(社友) 중의 시화문담과 모든 학문 문예에 관계하는 고금중외의 모든 담론을 모아 오래된 것을 씻어내고 새로운 것을 보고 수용하여 존중하자"는 것이었다.

『동인사문학잡지』는 잡지명에 처음으로 '문학'이라는 용어를 사용했다. 이에 대해 안도 가쓰토는 "천문, 지리, 경제, 법률의 논설에서부터 공작, 상업, 농업 등 모든 백반의 담론에 이르기까지를 문(文)이라 불러야 하고, 또 이를 학(學)이라 불러야 한다. 이를 다른 말로 한다면 하늘에는 일월성신이 있고, 땅에는 산천초목이 존재한다. 이것들은 모두 문학의 영역에 있어야 한다. 그렇지 않으면 우주만물은 그 어느 것도 문학이 될 수 없다. 즉 하늘과 땅을 묘사하고, 귀신(鬼神)을 물리쳐야 한다. 문학잡지를 만드는 이유는 여기에 있다"(안도

가쓰토, 「문학사의 기록[文學社ノ記]」, 17호, 1877.9) 고 말했다.

이런 의미에서 『동인사문학잡지』의 내용은 역사, 지리, 교육, 종교, 과학, 의학, 법률, 정치, 경제, 문예(한시 및 와카) 등으로 범위가 넓어졌고, 서양 신사상의 소개를 기본으로 삼은 일종의 문화잡지였다.

주요 집필자는 나카무라 마사나오(中村正直), 나가시마 유우, 안도 가쓰토, 와가쓰마 헤이지, 도조 요산(東條世三), 사토 아키노리(佐藤昭德), 노부오 조켄(信夫恕軒), 나이토 지소(內藤耻叟), 미시마 주수(三島中洲), 모코야마 고손(向山黃村), 이노우에 데쓰지로(井上哲次郎) 등이고, 쓰다 센(津田仙), 니시무라 시게키(西村茂樹), 구리모토 조운(栗本鋤雲), 소에지마 다네오미(副島種臣)의 이름도 등장한다.

각 호의 표지에는 프랭클린 등 서구철학자의 격언을 원어 및 한문으로 번역하고 나란히 실어 참신한 이상과 감정을 전달했다. 또 셰익스피어나 밀턴 등의 번역(1879.8)과 그레이의 한문 번역시(1881.12), 후렴 형식을 이용한 한시(1881.5)도 게재되었다.

이밖에도 언문일치론(1876.12)이나 기독교 변호론(도조 요산, 「교법론[敎法論]」, 1878.5)도 소개되었지만, 잡지의 대부분은 저역서의 서문, 묘지명과 같은 것으로 광범위한 지식의 계발에 힘썼다.

『동인사문학잡지』는 현재 영인본(2책)으로 판매되고 있고, 원문의 일부는 와세다대학(早稻田大學) 중앙도서관을 통해 온라인으로 제공되고 있다.

• 나카무라 마사나오(中村正直, 1832~1891)

메이지의 교육가이자 계몽학자이다. 에도(江戸)의 막신(幕臣) 가문 출신으로 쇼헤이코(昌平黌)에서 배웠다. 그는 쇼헤이코에서 사토 잇사이(佐藤一斎)로부터 유학을, 가쓰라가와 호슈(桂川甫周)로부터 난학(蘭学)을, 미쓰쿠리 게이고(箕作奎吾)로부터 영어를 배웠다.

1855년 쇼헤이코의 교수가 되었다. 1866년에는 막부유학생취체(幕府留学生取締)로 영국에 건너간 다음, 1868년 귀국하여 시즈오카학문소(静岡学問所)의 교수가 되었다. 이후 수많은 번역으로 이름이 알려졌다.

그 가운데에서도 새뮤얼 스마일스(Samuel Smiles)의 『Self-Help』의 번역 『서국입지편(西国立志編)』은 유명하여 '메이지의 성서(聖書)'로 불린다. 이 밖에도 밀의 『On Liberty』를 번역한 『자유지리(自由之理)』 또한 유명하다. 이들 번역서는 모두 일본의 민권사상 등에 커다란 영향을 주었다.

1873년 메이로쿠샤(明六社)의 동인으로서 계몽활동에 주력하면서, 개인교습소인 동인사(同人社)를 개설하여 교육에 참여했다. 후쿠자와 유키치(福沢諭吉)가 '미타(三田)의 성인'이라면, 나카무라는 '에도가와(江戸川)의 성인'이라 불린다. (이규수)

참고문헌

牛島俊 作, 『日本言論史』, 河出書房, 1955; 岡野他家夫, 『明治言論史』, 原書房, 1983; 桂敬一, 『明治・大正のジャ-ナリズム』, 岩波書店, 1992.

동인학보(同寅學報)

1907년 도쿄에서 발행된 재일본대한동인학회 기관지

1907년 7월 1일 재일본대한동인학회(在日本大韓同寅學會)에서 발간한 기관지로, 속간을 하지 못한 것으로 보인다. 표지는 『대한자강회월보』처럼 정교한 한반도 지도 바탕에 "同寅學報"라는 네 글자를 넣었고, 왼편 아래쪽에 "日本東京 大韓同寅會"라고 표기하였다. 판권란에 의하면, 편집 겸 발행인은 구자학(具滋鶴), 인쇄인은 김진용(金晋庸)이며, 인쇄소는 일본 도쿄의 명문사(明文舍), 발행소는 역시 도쿄의 동인학회이다. 창간호의 분량은 52면이며, 문체는 순한문과 한문현토체를 쓰고 있다.

이 잡지의 목차는 크게 논설, 학해(學海), 잡찬, 회록 등으로 이루어져 있다. 앞에는 동인학회의 취지서와 축사가 실렸고, 이어서 논설이 게재되었다. 채기두(蔡基斗)의 「한국부흥론」, 구자학의 「사상의 미개」, 김진용의 「영웅은 하인이며 여(余)는 하인인고」, 하구용

(河九鎔)의 「고아청년제군(告我青年諸君)」, 진경석(陳慶錫)의 「토지권리문답」 등이 실려 있다. 학해란에는 금호주인(金湖主人)의 「희랍의 상무적교육」, 곽한칠(郭漢七)의 「위생상주의」, 덕암생(德巖生)의 「동물의 자연도태」, 윤풍현(尹豊鉉)의 「식물의 분포」 등이 실렸다. 사회진화론에 관한 논의도 적지 않다.

잡찬란에는 유은상(柳殷相)의 「맹아경쟁(盲啞競爭)」, 벽라생(碧蘿生)의 「물탐소리(勿貪小利)」·「편복(蝙蝠)의 중립」에 이어 '세계기담'이라 하여 세계의 이런저런 기이한 이야기가 짧게 실려 있다. 그리고 회록란에는 동인학회의 현황을 알 수 있는 회원과 임원 명단, 학보발간기금을 낸 이의 명단 등이 실려 있다.

이 잡지의 취지서에서 "오늘의 추운 겨울을 지나 다음날의 따뜻한 봄을 기다려 국민의 대발전을 기원하고 이루기 위해 창간되었다"고 서술한 대로, 이 잡지는 대체로 학술, 문예 관련 기사가 중심이고, 직접 정치상에 관한 기사는 싣지 않고 있다. 동인학회가 일본유학생 단체 중에서는 비교적 비정치적인 친목단체였기 때문에 이 잡지의 성격도 그런 편이다.

• 동인학회

동인학회는 '동인회', '재도쿄대한동인회' 등으로 불리기도 하였다. 이 학회는 1906년 12월에 창립되었으며, 회장은 김현수(金顯洙), 부회장은 구자학(具滋鶴), 편찬원은 진학문(秦學文)이었다.

학회의 취지서를 보면, "해외에 유학하는 이는 반드시 이것(국가의 성쇠는 국민이 어떠한가에 달려있다)으로 주관적 목적을 삼고 그 밖의 배우고 익힌 것으로 이를 확충하기 위해"라고 하여 그 설립 목적을 확인할 수 있다. 이런 취지 아래 유학을 목적으로 도쿄에 건너온 동포에게 일어를 가르치는 속성과로 동인학교를 설립하고 김진용(金晉庸), 윤풍현(尹豊鉉), 이강현(李康賢), 안영수(安暎洙), 전영식(全永植), 현채(玄采) 등이 교수진으로 참여하기도 하였다. (정환국)

참고문헌

한국잡지협회 편, 『韓國雜誌總覽』, 1989; 최덕교 편저, 『한국잡지백년』, 현암사, 2004.

동자세계(童子世界)

1903년 중국 상하이에서 창간된 시사종합신문

1903년 4월 6일 상하이(上海) 애국학사(愛國學社)가 발행한 혁명 간행물이다. 초기에는 석인(石印) 인쇄로 일간으로 발행되다가 1903년 4월 26일 26호부터 격일간으로 발행되었으며, 다시 5월 27일 31호부터 연인(鉛印) 인쇄로 순간(旬刊)으로 발행되었다.
1903년6월 애국학사가 해산되면서 종간되었다. 현재 발행 본 중 33부가 남아 있으며 상하이도서관에 소장되어 있다.

내용은 논설과 시국(時局), 역사, 지리, 담총(談叢), 이화(理化), 소설 등을 다루었으며, 애국사상을 선전하고 혁명을 고취하였다. 또한 공자숭배사상과 미신을 반대하고 진화론을 제창하면서 과학발전과 교육, 체육을 강조했다.

주필은 허메이스(何梅士)이며, 우이친(吳憶琴), 첸루이샹(錢瑞香), 비진장(薛錦江)이 주로 글을 썼는데 집필진 대부분이 상하이남양공학(上海南洋公學)에서 퇴학당한 학생들이었다. 루쥔옌(如君衍)은 「법고(法古)」에서 공자(孔子) 숭배는 충군복종(忠君服從)을 가르치기 위함이라며 이를 비판하였는데, 이러한 주장은 청소년들에게 매우 설득력 있게 받아들여졌다. 백화문(白話文)을 사용하여 자유와 평등을 주장하고 전통 관념을 비판하는 글을 자주 게재하였다. (김성남)

참고문헌

葉再生 著, 『中國近代現代出版通史』, 北京: 華文出版社, 2002;
王檜林·朱漢國 主編, 『中國報刊辭典』, 太原: 書海出版社, 1992.

동정파(洞庭波)

1906년 일본 도쿄에서 창간된 중국어 정치운동 잡지

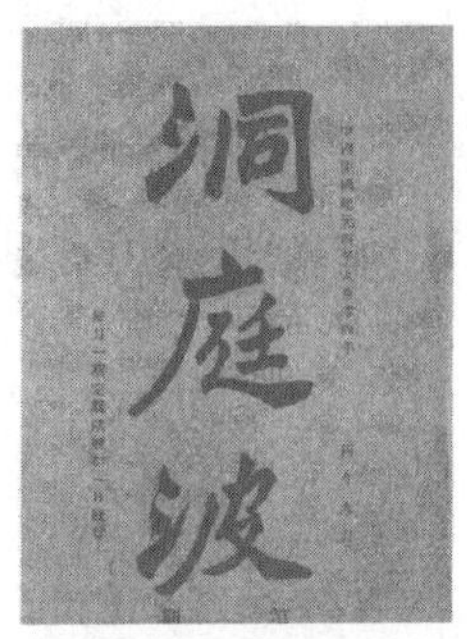

1906년 10월18일 도쿄(東京)에서 후난성(胡南省) 출신 유학생들이 창간한 간행물로 중국유학생회 회관에서 발행되었다.
창간인은 천자딩(陳家鼎)과 양서우런(楊守人), 처우스쾅(讐式匡), 닝타오위안(寧調元)이다. 월간으로 단 1번 발행되고 정간되었다가 『중앙잡지』로 개명하였으며, 1907년 1월25일 월간 『한치(漢幟)』로 다시 개명하였으나 2회를 간행하고 종간되었다. 중국국가도서관에 소장되어 있다.

후난성 유학생회가 창간한 언론으로 부르주아민주주의혁명을 선전하였다.

주요 내용은 논저(論著), 역총(譯叢), 시평(時評), 문원(文苑), 담원(譚苑), 학술란이 개설되어 있다. 시평(時評) 문장은 주로 청 왕조의 전복을 주장하고 예비입헌주의를 반대하는 내용이다.

닝탸오위안은 「무경과 무치(無卿與無恥)」라는 글을 발표하여 국내외 입헌파의 예비입헌을 환영하는 추한 행태를 치욕을 모르는 것에 비유해 공격하기도 하였다. 반청(反淸)과 동시에 청 정부에 복무하는 한족(漢族) 봉건통치계급을 공격하고 민주국가 건설을 주장하였다. (김성남)

참고문헌

方漢奇 主編, 『中國新聞社業通史』, 中國人民大學出版社, 1996;
王檜林·朱漢國 主編, 『中國報刊辭典』, 太原: 書海出版社, 1992.

▌동포애(同胞愛)

▶ 조선사회사업(朝鮮社會事業)

▌동학지광(東學之光)

1927년 11월에 일본 도쿄에서 천도교청년당 도쿄부가 창간한 기관지

1927년 11월에 천도교청년당 도쿄부가 창간한 기관지이다. 1933년 11월호를 끝으로 통권 18호로 폐간되었다. 천도교에서는 일본 지역의 재일조선인 교인을 대상으로 하여 신앙 활동과 포교를 위해 1921년 2월에 도쿄(東京)에 천도교종리원을 설립했다. 그리고 도쿄 지역의 천도교 유학생을 중심으로 1921년 4월 천도교청년회 도쿄지회를 설립했다. 한편 천도교 본부에서는 1923년 9월 2일 실제적인 문화운동의 추진을 위해 천도교청년회를 천도교청년당으로 바꾸었다. 천도교청년회 도쿄지회는 즉각적으로 조직을 변경하지 못하다가, 1927년 8월 17일 천도교청년당 도쿄부로 조직을 변경했다. 그리고 기관지인 『동학지광』을 간행했던 것이다.
원래 간행은 1927년 11월 1일 계획되었으나, 11월 10일 창간되었다. 발행인은 최광룡(崔光龍)이고, 부정기 간행물로 국한문 등사판으로 간행되었다. 정가는 10전이었으며 분량은 A5판으로 30쪽이었다. 처음 도쿄부가 직접 경영하다가 1929년 9월 동학지광사(東學之光社)가 인수하여, 활판인쇄 격월간지로 간행했다. 발행 장소도 창간 때는 도쿄(東京 市外 巢鴨町 宮下 1581)의 도쿄종리원이었지만, 뒤에는 다른 곳(東京 瀧野川 田端東町 800)으로 옮겼다.

간행의 목적은 "당의 주의와 교의 진리를 선전하며, 당의 각부 사업상황과 필요 학술 등을 소개"하기 위해서였다. 『동학지광』(3)을 준비하면서는 잡지의 성격과 발간 의의를 다음과 같이 구체화했다.

"우리는 현하의 전선에서 실패안이 되난데만 급급할가안이고 적극적으로 대정복을 한 후에 대건설을 하여야 할 것이 현계단의 당위의 사입니다. …… 동학지광의 근본정신으로 말씀하오면 지상천국 건설과 인내천주의 실현에 노력하랴는 것이며 동학지광의 내용으

로 말씀하면 현대의 탈선된 제도와 모순된 조직을 세인의 앞에 공개하야 지상천국의 제도와 지상천국의 조직을 보일야는 것이며 현하의 부패된 종교와 미성품의 철학을 병리적으로 설명하야 세인의 오류를 풀어주고 인내천종교와 인내천철학을 놉히 세울랴는 것이며 현대의 공평치 못한 허식으로 기우러지난 윤리를 버리고 수심정기의 신규율과 사인여천의 신윤리를 세울야는 것이며 기타일반 문예에다가 동학혼를 잡아네여 세인으로 하야금 동학를 찬미하며 동학을 구가하게 하자는 것이 동학지광의 대개 내용임니다. …… 동학지광은 개별체의 산물이 안이고 오직 동학의 후예이며 천도교의 태자이며 천하동덕의 정신적 결정이며 천하동덕의 입과 수족이오며 즉 천도청년당의 무기임니다."

경영진을 보면, 1929년 9월 경 동학지광사의 전임위원은 강호원(姜虎元, 편집), 김병순(金炳淳, 편집, 인쇄), 장한섭(張漢燮, 영업), 최병호(崔秉昊, 영업, 인쇄), 김형준(金亨俊, 인쇄), 책임기자 이학인(李學仁), 장원준(張元俊), 최광룡, 이응진(李應辰), 이석복(李錫福), 승관하(承寬河)였다. 1929년 12월호는 편집 겸 발행인 김병순, 인쇄인 장한섭이었다. 1930년 4월호 편집 겸 발행인은 최광룡, 인쇄인은 강호원이었으며, 동학지광사의 직원은 김형준, 한정호(韓正浩), 강호원, 승관하, 김정부(金廷柱), 이응진, 조기간(趙基栞), 김병순, 최병호, 이달녀(李達汝) 등이었다. 그리고 1930년 10월 편집 겸 발행인은 김형준, 인쇄인은 강호원, 1933년 11월경 편집 겸 발행인은 홍순길(洪淳吉), 인쇄인은 김상린(金尙麟)이었다.

출판 경비는 1권에 10전(1930년 4월 당시)하는 판매대금과 광고, 의연금으로 유지되었다. 판매의 확대를 위해 국내에는 지국이 설립되었는데, 지국은 평안도를 비롯한 서북 지역에 많이 설치되었다. 그리고 발간부수는 1000부 정도였다.

동학지광사의 지국으로는 덕천(조승진), 북창(이석훈), 상원(윤태홍), 성천(김상보), 맹산(길응천), 강서(김우오), 평양(조팔보), 희천(박용삼), 초산(장우), 북청(이춘국), 원산(이석보), 곡산(송문빈), 구성(배창화), 태천(박응삼), 박천(현용전), 영변(김정주), 삭주(김의태), 창성(양태훈), 의주(고경욱), 선천(이윤삼), 곽산(강위건), 정주(박윤길), 함흥(한충혁), 벽동지국(김경호) 등이 있었다.

주요 내용은 종교적인 것이 중심이었으나 정치문제와 농민문제 등 민족운동 전반과 관련되었다.

신앙생활과 천도교에서 추진한 운동에 대한 것은 다음과 같다. 1929년 12월호 김형준의 「당 부문운동의 성질에 대하야: 특히 농민부 문제를 논함」, 박사직(朴思稷)의 「오관소연」, 김병순의 「주의생활의 인간적 가치」, 1930년 4월호 조기간의 「조선현실과 천도교의 지위」, 김병순의 「천도교의 교정합일론」, 김형준의 「조선에서 규정되는 우리당의 역사적 지위」, 김정주의 「제4차전당대표대회에서 해결할 제문제」, 최광룡의 「인생관의 일단면」 등이 있다. 또 1930년 10월호 조기간의 「조선현실과 천도교의 지위」, 김병순의 「천도교의 교정합일론」, 김형준의 「조선에서 규정되는 우리당의 역사적 지위」 김정주의 「제4차전당대표대회에서 해결할 제문제」, 최광룡의 「인생관의 일단면」 등이 있다. 1930년 10월호는 조기간의 「신인간주의면 그뿐: 유물유심은 어느덧 선천고사」,이학인의 「천도교예술연구에 관하야」와 1933년 11월호 「포덕 날을 당하야」, 최병서의 「본원수도를 위하야 '고아심주내지도미'를 한번 음미함」 등도 신앙생활과 천도교의 예술운동 및 포교에 관련된 내용이다.

민족운동과 관련한 주제는 1929년 12월호 「비타협」, 장원준의 「우리 농민은 어데로」, 최광룡의 「의식적 사회생활」, 1930년 8월호에서 이응진의 「기성경제학의 비판」, 강호원의 「정치학의 신전개」, 김형준의 「해방배의 가장적 농민운동」, 백철의 「전농사파의 재비판」, 1930년 12월호의 이응진의 「경제학상으로 본 민족문제에 대한 약간의 논총」 등을 들 수 있다. 또한 1932년 8월호의 「조선 사회운동 비판」, 「현계단과 조선운동」, 「농민운동은 어떻게 할 것인가」, 「위기에 절박한 국제풍운」, 「노동계급의 개별적 임무」와 1933년 11월호의 지암생(知菴生)의 「조선의 현실과 우리의 태도」, 김찬순의 「당적으로 본 공조운동의 추세」, 김상린의 「현대정당의 해부」, 서근의 「여성운동의 의의와 그 발전」,

천석(天碩)의 「정권을 잡은 나치스의 장래」, 양병도의 「불경기가 생기는 원인」, 장리근의 「소작령의 출세를 바라보면서」 등도 보인다.

기고한 사람은 청년당 도쿄부와 산하 부문 운동단체인 여성부, 유소년부, 학생부, 청년부, 농민부, 노동부, 상민부의 간부였다. 그리고 철학연구회, 정치학연구회, 사회학연구회, 경제학연구회, 역사학연구회, 예술연구회 등의 간부였다.

• 천도교청년회 도쿄지회

재일도쿄천도교 청년들이 조직한 단체이다. 일본에서는 박달성이 도쿄로 간 이후 본격적으로 천도교청년회 도쿄지회의 설립이 추진되어, 1921년 1월 10일 방정환, 김상근, 이기정, 정중섭, 박달성 등이 천도교청년회 도쿄지회를 발기하였다.

천도교 청년들은 1월 16일 오후 1시 와세다(早稻田鶴卷町 302号 大扇館)에 모이라고 광고했고, 방정환, 김상근, 이기정, 정중섭, 이태운, 박춘섭, 김광현, 박달성 등 10명이 모였다. 이때 모였던 사람들은 '천도교인으로서 천사(天師)께 맹세하고, 우의를 돈독히 하며, 교리를 철저히 연구하기 위하여 일정한 장소에서 시일예식을 하기로 결정'하였다. 그리고 천도교청년회 도쿄지회의 설립을 위해 청년회 본부에 후원을 요청하기로 결정하였다. 아울러 포덕에 대한 방법을 상의하고 하기 강연에 대해 논의하였다.

1921년 4월 5일 오전에 천일기념식을 올리고 오후 3시부터 고이시카와(小石川)에서 천도교청년회 도쿄지회 발회식이 열렸다. 보정의 문기둥에는 궁을기가 내걸리고 정면에는 "천도교청년회 도쿄지회 발회식"이라는 간판이 걸렸다. 회장 방정환의 개회사에 뒤이어, 내빈으로는 학우회 회장: 김종필, 동우회 회장 김봉익, 동아일보 특파원 민태원, 매일신보사 특파원 홍승서, 각 대학동창회 대표, 여자흥학회 회장 유영준, 그리고 10여 명의 축사가 있었다. 다과 이후 오후 6시경에 산회하였다.

도쿄당부의 사무소는 고이시카와의 오쓰카사카시타마치(小石川區 大塚坂下町 190번지)였다. 포덕부장은 박사직, 간의원 민석현, 방정환이었다. 회원수는 50명, 그리고 취지 강령은 천도교 종지 선전 및 교도의 친목이었다.

『청년당소사』에 따르면 역대임원은 다음과 같다. 대표: 최광룡, 길윤기, 김정주, 김형준, 이응진, 최병서, 홍순길, 부대표: 한정호, 홍순길, 최태훈, 최병서, 김성육, 상무: 최영식, 김병순, 이윤삼, 김정주, 한정호, 강호원, 장한섭, 홍순길, 홍인섭, 백세철, 최천곤, 신부교, 김상린, 함영식, 박동일, 주황섭, 서정권 등이었다.

천도교청년회 도쿄지회는 1927년 8월 17일 천도교청년당 도쿄부라고 개칭했다. 이후 같은 해인 포덕68년(1927년) 당동경부는 6접(接)으로 조직되었다. 1접 전준성, 2접 길윤기, 3접 강호원, 4접 이윤삼, 5접 민석현, 6접 박사직이었다.

1927년 집행위원회에서 선출한 각 부문위원은 노동부: 최광룡, 농민부: 최영식, 청년부: 길윤기, 여성부: 김병순, 학생부: 강호원, 유소년부: 이윤삼, 정치부: 민석현이었다. 그리고 1928년 1월의 집행위원회는 김병순이 맡고 있던 상무와 여성부 위원의 역할을 대표 최광룡이 상무를 겸임하고, 여성부 위원은 강호원이 맡기로 했다.

당 도쿄부는 1929년 12월 25일 접대표대회를 열고 위원을 보선했다. 집행위원 김형준(청년), 승관하(여성), 이응진(노동)이 각각 역할을 맡았다. 이후 1930년 1월 26일 접대표대회는 조기간을 감사로 새로이 선임했다.

제6차 정기 당원대회는 1930년 3월 16일 오후 1시에 개회되어 의장 조기간의 사회로 열렸다. 집행위원은 대표 김형준, 집행위원 한정호·홍인섭·강호원·김병순·이응진·홍순길·조기간·최천곤, 후보: 최광룡·김정주·최경삼, 감사위원 민석현·고철현·유동섭 등이었고, 제4차 전당대표대회 파견 비례대표 김병순이 선출되었다.

집행위원회가 1930년 8월 3일 종리원에서 열려, 중앙의 지시에 따라 8월 10일에 교양활동을 하기로 했다. 과목과 연사는 다음과 같다. ① 내외정세 소개(조기간), ② 정치원론(홍순길), ③ 조합에 관한 논(한정호),

④ 조선 위인(강호원). 이 교양활동은 월례회를 통해 8월 10일 오후 7시에 열려 성황리에 끝났다.

주요 활동을 보면, 설립된 이후 강연대를 조직하여 국내 강연에 적극 나섰다. 『동아일보』 1921년 6월 11일자에 따르면, 여름철을 이용하여 유학생들로 3개 반을 조직하여 천도교 진리의 선전과 현대사상의 고취를 위해 강연회를 개최했다. 『천도교회월보』 1921년 7월호에 '천도교청년회 도쿄지회 순회강연 상황'이라는 제목 아래 6명으로 편성된 강연대가 6월 17일 신라호편으로 부산항에 상륙하여 18일 오후 3시부터 국제관에서 제1회 강연회를 개최했다.

개인적인 활동으로는 1924년 3월 1일 오후 2시 학우회, 조선노동맹회, 북성회, 무산청년회, 형설회, 여자학홍회의 주최로 일중선청년회관(日中鮮靑年會館)에서 3·1운동 기념 강연회가 개최되었다. 이 모임에 박사직은 한위건, 한재겸, 김송은, 서상국, 변희용, 강훈, 이옥, 백무, 박형병, 조근영, 박명련 등과 함께 참석하였다. 이 모임에서는 백무 등 7명이 연설하기로 되어 있었는데, 그 연설의 내용이 불온하다고 하여 중간에 중지당하였다.

1927년 6월 집행위원회에서는 7월 25일부터 31일까지 하계 사회강좌 개최를 결정했고, 과목은 합병사, 일본의 경제적 지위, 일본의 신도, 현 사회제도에 대하여, 정치경제에서 본 조선의 장래, 일본무산운동의 현상에 관하여, 극동의 정국 등이었다. 강사는 각 부문의 전문가들이었다.

1927년 11월 1일 '포덕의 날'을 맞아 기념식을 열고 포덕회를 조직하여 선전포스터를 살포했다. 그리고 1929년 당 도쿄부는 조직 활동을 활발히 전개하였다. ① 내외의 정세를 연구하기 위하여 특종위원회를 설치하고, 위원으로 조선은 김형준, 일본은 이응진, 중국은 김병순, 러시아는 김정주, 구미는 최광룡이 각각 선정되었다. ② 웅변부를 조직하여 위원으로 승관하, 이석복, 유동섭 3명을 선정하였다. ③ 『동학지광』의 경영을 특별 취급하기로 하고, 전임위원으로 강호원, 김병순, 장한섭, 최병호, 김형준, 동학지광사의 전임기자는 이학인, 장원준, 최광룡, 이응진, 이석복 등이었다. ④ 학생부 신임간부를 대표: 현을균, 서무부: 김창모, 최정익, 재무부: 이길선, 이기봉, 포덕부: 김병순, 채이룡, 교양부: 김진규, 백낙경으로 선임했다.

일상적인 활동으로 하기 강습이 1929년 7월 22일부터 8월 4일까지 도쿄종리원에서 열렸다. 과목과 강사를 보면, 당 의식: 김정주, 교리: 박사직, 중국 국민당의 현상: 민석현, 한글: 한정호, 장한섭, 이조사: 박사직, 세계정세: 조선; 김형준, 구미; 최광룡, 러시아; 김정주 등이었다.

사업 중에 대외적인 이미지 제고에 성공한 것이 강연대를 통한 강연회였다. 물론 일상적인 강연이 도쿄 시내에서 조직되었지만, 이것은 국내로 확대되었다. '천도교도쿄유학생순강단'을 조직하여 1대는 서선 지방, 2대는 북선 지방을 맡았다.

• **천도교 도쿄청년동맹**

구파에 의해 조직된 재일천도교 청년단체이다. 구파는 1929년 2월 17일 오후 6시 10분에 도쿄에서 천도교 도쿄청년동맹을 창립하였다. 동치 후의 사회 아래 김호섭, 민은기의 취지 설명이 있은 후에 우병조의 축사가 있었다. 그리고 다음과 같은 임원을 선출하였다. 대표위원: 민은기, 상무위원: 김호섭, 김기종, 포덕부 위원: 신부경, 변광석, 김현길, 서무부 위원: 동치후, 류창표, 김낙운, 경리부 위원: 박내철, 이봉기, 이창용, 검찰 위원: 이덕호, 송기휴, 김두낙, 송동훈 등이었다.

조직은 정기대회를 통해 정기적인 개편이 계속되었다. 1929년 11월 24일 정기대회는 새롭게 조직을 개편하여, 신부경 대표위원체제로 재편되었다. 그리고 상무 위원: 동치후, 장기철, 서무부 위원: 동치후, 유창동, 포덕부 위원: 김호섭, 박기준, 주영순, 이윤조, 류창표, 송동훈, 이석윤, 경리부 위원: 송기휴, 함수강, 검찰 위원: 이창룡, 이덕호, 송동일, 고문: 변광석, 이봉기, 김현길, 박내철, 김현길, 서정순이었다. 이 자리에서는 다음의 내용을 결의하였다. ① 종리원 설치의 건, ② 포덕에 관한 건, ③ 유지방침에 관한 건, ④ 강습 토론에 관한 건이었다.

1930년 6월 1일 임시대회는 동치후의 사회 아래 주요한 내용을 결의하였다. 그 내용은 다음과 같다. ① 포덕의 건, ② 세 확장의 건, ③ 소풍 개최의 건, ④ 하기강습회 개최의 건, ⑤ 중성(衆聲)지사의 건 등이었다.

천도교 구파는 1929년 2월 도쿄에 천도교도쿄청년동맹을 창립하였지만 신파에 압도당하여 교세는 떨치지 못하였다. 그러다가 1931년 2월 16일 경성에서 신구파가 합동한 이후, 천도교 총부의 명령에 의하여 1931년 2월 23일 신파 청년당 도쿄부와 합동하여 천도교청우당 도쿄부를 조직하였다. 천도교청우당 도쿄부에서는 청년당 도쿄부에서 발행하였던 『동학지광』을 계속하여 격월로 발간하였고, 하기강습회를 개최하여 포교의 이름을 빌어 민족의식을 앙양시키는 데 열중하였다. (김인덕)

참고문헌

『東學之光』; 『신인간』; 김인덕, 「일본지역 천도교 청년조직과 활동」, 『천도교청년회팔십년사』, 서울, 천도교청년회 중앙본부, 2000; 조규태, 「천도교청년당 동경부 기관지 『동학지광』」, 『한국민족운동사연구』(25), 2000; 최덕교 편저, 『한국잡지백년사』 1, 서울: 현암사, 2004.

▌동화(童話)

1936년 서울에서 창간된 어린이 월간지

1936년 1월 18일 창간했다. 통권 8호로써 종간됐다. 편집 겸 발행인은 최인화(崔仁化)이고, 인쇄인은 대동인쇄소 주인인 김현도(金顯道), 발행소는 동화사(경성부 종로2가 45), 총판매소는 대중서옥, B5판 26면에 정가는 5전이다.
서울대도서관과 '아단문고'에 창간호가 소장되어 있고, 연대 도서관에 통권 3, 5, 6, 8호가 소장되어 있다.

최인화는 '아이생활사'에 있다가 1935년 사직한 뒤, 평양 평안공업사 사장 김형진(金炯鎭)의 재정 지원과 연희전문학교 교수 정인섭(鄭寅燮)의 후원, 사회지도층 인사들의 격려와 도움으로 『동화』를 창간했다. 그리고 통권 8호로 종간되었다. 최인화는 번안동화작가로 한때 '삼천리사'에서 근무한 경력도 있다. 『동화』를 낼 무렵, 그는 공덕동에서 아내와 함께 팥죽장사를 하며 잡지 발간에 힘썼다고 전해진다.

최인화는 우리 조선 어린 동무들에게 기쁨을 주고 용기를 주고 지혜를 주는 정서교육의 가치가 있는 귀한 잡지를 어린 동무들이 자기 돈으로 사 볼 수 있도록 값싸고 재미있게 꾸민 어린이 잡지를 계획했다고 한다. 그래서 편집고문은 연희전문학교 교수 정인섭(鄭寅燮)을 초빙하여 자주 조언을 들었던 것으로 보인다.

우리 앞날의 희망은 어린이에게 있다고 천명한 '창간호'에는 여운형의 「어머니 젖처럼」, 조만식의 「아이들의 가장 좋은 동무가 되어지이다」라는 격려사와 윤치호의 「신용할 수 있는 사람이 되자」는 훈화가 실려 있다. 그리고 윤석중의 「눈」을 비롯한 동요 여러 편과 전영택의 「금산국(金山國)의 공주」, 이광수의 「하늘」, 이태준의 「호랑이」, 방인근의 「소년장사」, 김동인의 「용감한 소년」 등 당대 유명 소설가들의 동화와 소년소설이 실려 있다. 그리고 아이들의 호기심을 유발할 수 있는 「에디슨 이상의 대발명가가 되는 법」(이인), 「엉터리 대발명」 등의 발명 관련 기사와 어린이 계몽을 위한 「위인소학」, 「격언」 등이 실려 있다.

조선중앙일보사에서 발행되던 『소년중앙』이 정간되고 나서 조선에 어린이 잡지가 없는 것을 개탄하는 저명인사들의 우려와 성원에 힘입어 창간된 잡지라서 그런지 참여도나 후원 면에서 열렬했음을 짐작할 수 있다.

책속의 책 '똘똘이 신문'

편집부에서 사환으로 일하는 '똘똘이'를 주인공으로 내세워 그가 직접 편집하여 싣는, '책 속의 책', 즉 일명 '똘똘이신문'란을 마련하여 문단 인사들의 소식을 전하고 있는 것이 특기할 만하다.

"이광수 선생께서 지난(1935) 12월 3일 성냥과 엿을 사가지고 본사와 한집인 '야담'사에 이전 인사를 왔었습니다. 인사를 받은 사장 김동인 선생은 다짜고짜로 초콜릿 한 곽을 사가지고는 이광수 선생을 사장실에 가두곤, '『야담』 신년호 원고를 써주시고야 갑니다' 하고 싱글싱글하면서 쇠를 밖으로 잠가 놓았습니다. 김동인 선생은 동화사 편집실에서 원고를 쓰시면서 기다리고 있었습니다. 감금된 지 네 시간만에야 '원고를 다 썼으니 문 열어달라'고 문을 두드려서 그제야 석방……."

거기에는 어떻게 해서 원고를 받는지, 원고 독촉을 어떻게 하는지, 문인들의 소소한 성격과 습관 등을 알 수 있는 재미있는 일화들이 소개되어 있다. (전상기)

참고문헌

신명숙, 「어린이잡지 보며 자란 아이들: 1920년대에서 해방까지의 어린이잡지」, 『초등우리교육』, 2002.1; 조은숙, 「한국아동문학의 형성과정연구」, 고려대 박사논문, 2005.

▌둥베이일보(東北日報)

1945년 중국 허베이에서 발간된 정치평론 일간지

1945년 11월 1월 허베이(河北) 산하이관(山海關)에서 창간되었다. 중공중앙 둥베이국(中共中央東北局) 기관보이다. 1954년 8월 31일 정간되었다. 중국국가도서관 등지에 소장되어 있다.

사장은 리창징(李常青)이고, 주편은 리황(李荒), 왕이(王揖), 옌원징(嚴文井)이 역임하였다. 『둥베이일보』는 군대를 따라 선양(瀋陽), 번시(本溪), 하이룽(海龍), 창춘(長春), 하얼빈 등지에서 출판되었다. 내용은 사론(社論), 국내외 소식, 지방 소식 등으로 구성되었다. 중국공산당의 방침정책을 선전하고 지방 공작을 지도하였다. 당시 둥베이 각지의 군사, 경제, 정치 상황을 보도하였고, 전국 전쟁 상황을 종합 보도하기도 하였다. (이은자)

참고문헌

王檜林·朱漢國, 『中國報刊辭典(1815~1949)』, 太原(山西): 書海出版社, 1992; 葉再生, 『中國近代現代出版通史』, 北京: 華文出版社, 2002.

▌등대(燈臺)

1929년 평양에서 발행된 평양노회 주일학교 협의회의 월간 종교 잡지

편집 겸 발행인은 모리(E. M. Mowry, 한국명 모의리[牟義理])이고, 발행소는 평양노회 주일학교 협의회이다. 4×6배판, 월간으로 발행되었다. 국한문 섞어 5호 활자 내리 편집으로 54면, 정가는 1부 10전이다(1년 1원). 1930년 9월호로 종간되었다.

창간호에 우암(牛岩)이 쓴 창간사를 참조하면 『등대』는 암흑과 같은 세상 속에서 방향을 알게 해주고 희망과 안심과 용기를 갖게 해주는 광명을 의미한다. 즉, 암흑 세상에서 방황하는 사람에게 멀리 보이는 한 줄기 등대의 빛이 되고자 한다는 것을 표방하고 있다.

목차를 간략히 보면, 논문에 해당하는 글로 채필근의 「이론보다 실천」, 이보식의 「선전기에서 훈련기로 입(入)하는 조선교회」, 장신국의 「우생학에 대하야」, 이영한의 「조선고대인의 인생 급 내세관」, 강봉우의 「교육은 어떤 의미에서 만능인가」, 우호익의 「제도한성함락(濟都漢城陷落)과 려승도림(麗僧道琳)」, 오문환의 「평양의 연초(沿革)」 등이 있는데, 종교뿐 아니라 역사 관련 글의 비중이 높은 것을 볼 수 있다. 또한 문예에 해당하는 글로는 광주 김현정의 「시집살이(민요)」, 홍운해의 「장자방(張子房, 지나야담)」 등이 있는데, 장르적 의미의 문예라기보다는 읽을거리로서의 글이라고 하겠다. 또한 그밖에 잡문에 해당하는 글로는 「정의는 굽힐 수 없다」, 「정의와 애와 하나님」, 「무디의 말」,

「동서소림(東西笑林)」, 사리원 ㅅㄴ생의 「등대 너도 가려느냐」, 소광(小光)의 「우러러보자」, 「계란 두 개」, 「황후 루이즈의 걸작」, 「구애의 도」, 이성락의 「편집 후기」 등이 있다.

2호부터는 체제를 국판으로 확대했고, 표지에 "The Lighthous"라는 영문 표제를 병기했으며, 발행소도 평양유년신보사로 바꾸었다.

평양과 기독교

평양은 북장로교회의 본산지이다. 선교사들이 대거 주둔해서 선교활동을 벌였고, 교육기관도 소학교에 해당하는 숭덕(崇德)학교, 숭현(崇賢)여학교가 있었고, 중학교에 해당하는 숭실학교, 숭의여학교, 숭인상업학교가 있었으며, 전문학교에 숭전과 평양신학교, 남녀성경학교가 있을 만큼 미션교육의 중심지를 이루고 있었다.

그밖에 문서선교 활동 차원에서 발행한 『유년신보』, 『등대』, 『아이동무』, 『농민생활』 등이 있었고, 한국인이 개인적으로 발간한 『신앙생활』도 있었을 만큼 기독교가 위세를 떨쳤던 지역이라 할 수 있다. (이경돈)

참고문헌

『한국신문·잡지총목록』, 대한민국국회도서관, 1966; 계훈모, 『한국언론연표』, 관훈클럽신영연구기금, 1979; 윤춘병, 『한국기독교신문잡지백년사(1885~1945)』, 대한기독교출판사, 1984.

라소월간(羅蘇月刊)

1921년 상하이에서 창간된 월간지

대철학가이자 사회사상가인 러셀의 방중 강연을 채록하여 발간한 것으로, 러셀의 사상의 확대 보급과 문화운동의 확산이 창간 목표였다. 강학사(講學社)가 편집하고 상무인서관(商務印書館)에서 출판하였다. 러셀이 귀국한 이후 정간되었으며 중국국가도서관에 보관되어 있다.

1921년 강학사의 초청으로 중국을 방문한 러셀은 1년 정도 체류하면서 각지에서 활발한 강연활동을 통해 적지 않은 영향을 미쳤다. 당시 강학사는 량치차오(梁啓超) 등이 문화운동을 위해 조직한 학술단체였다. 특히 서구 사상 을 체계적으로 소개하기 위해 상무인서관에서 번역서를 간행하는 한편, 매년 1회씩 사상계의 중요 인물을 초청하였다. 러셀 초청은 그중 하나였다.

당시 중국에 온 러셀은 각지를 여행 하면서 "철학과 사회사상", "중국의 개조문제" 등에 대한 강연을 하였다. 『라소월간』은 이 같은 강연 내용을 채록하여 출판한 것이다. 대부분의 원고는 러셀이 강연한 것을 동행한 취스잉(瞿世英), 쉬광디(許光迪), 런훙쥔(任鴻雋) 등이 받아 적어, 번역한 것을 다시 조원임이 교열한 것이었다. 그 내용은 「철학문제」, 「심(心)의 분석(分析)」, 「물(物)의 분석」 등에서 출발, 「중국에서 자유에 이르는 길」, 「사회구조학」 등 광범위한 것이었다.

당시 러셀은 중국의 문명의 유구성, 종교 도덕의 우월성을 높게 평가하면서, 이 같은 중국 문명으로 서구문명의 폐단을 보완할 수 있다고 발언함으로써 당시 중국 지식계의 상당한 호응을 얻었다. 중국의 정치개혁과 관련해서는 서구식 대의민주주의 방식보다는 러시아식 사회주의 방식을 채택해야 한다고 주장하였다. 중국은 교육과 시민민주주의가 발달하지 않았기 때문에 대의제나 그 비판으로 나온 무정부공산주의, 공단주의, 길드주의의 적용은 불가능하고, 국가사회주의를 채용하는 것이 적당하다고 보았다. 다만 볼셰비키 방식의 혁명은 관료주의 등 심각한 문제를 야기하였으므로, 중국에서는 지식과 덕을 갖춘 지식인의 주도하에 국가사회주의를 실행한다면, 그 폐해를 넘어설 수 있다는 것이었다. 비자본주의적 방법의 개발을 통해 자본주의적 폐해를 방지하면서 근대화를 추구하여야 하는 중국의 현실을 어느 정도 지적한 측면이 있었다.

이 같은 러셀의 주장은 서구적 근대에 대한 비판적 인식이 팽배해 있던 중국 지식인들에게 많은 영향을 미쳤다. 특히 소련식 사회주의 및 서구 근대체제에 비판은 장둥쑨(張東蓀) 등 길드사회주의자들에게 적지 않은 영향을 미쳤다. 강연을 동행한 취스잉은 그의 철학적 논리에는 동의하지 않지만, 그의 길드사회주의와 정신과 조직은 매우 믿는다고 하였고, 양돤류(楊端六)

는 그를 서방의 공자로 호칭하였다. 한편 당시 중국이 당면한 문제는 불평등이 아니라 빈곤의 문제라는 주장은 볼셰비키 방식의 혁명을 모색하고 있던 급진적 사회주의자들의 비판과 함께 사회주의 논전을 야기하기도 하였다. (오병수)

▌러시아연구(ロシヤ硏究)

1923년 일본에서 발행한 학술연구 잡지

1923년 와세다대학(早稻田大學) 문학부 러시아문학 전공 관계자가 슌요도(春陽堂)에서 출판한 연구 기요이다. 발행자는 가타가미 노부루(片上伸)였다.

잡지는 문학이 중심이었지만, 일반 학예 문화의 각 방면에 대해 "종교, 교육, 사회문제 내지 사회운동, 연극, 음악, 미술, 제도풍속습관, 언어 등 모든 러시아 문화에 중요한 관계와 의의를 지닌 제목은 수시 자유로 이를 게재한다. 현재가 흥미의 중심이지만, 과거도 가능한 한 탐구하여 기록한다"며 특히 모든 러시아의 문화에 중요한 관계와 의의를 지니는 테마가 기록될 것이라고 밝혔다.

2호에서도 문학연구와 더불어 대학의 기요와 취지가 다른 「러시아 수도원의 감옥(ロシヤ修道院の牢獄)」 등 소비에트 사정이 보고되었다. 더욱이 러시아 학예휘보란에는 8쪽에 걸쳐 고리키의 문단생활 30년, 모스크바의 책방에서(미국 신문기자의 실견기), 러시아 연극 소식, 러시아 극단 소식, 러시아 서적의 발행부수, 신잡지, 러시아의 출판 상태, 상트페테르부르크 공공도서관의 근황, 전러시아저작가조합, 저작자의 보수, 러시아 문단 소식, 러시아 신문잡지에 대해서와 같이 당시의 각종 소비에트 러시아 사정을 다면적으로 전하는 내용으로 구성되었다. 살아 있는 러시아 소비에트의 연구였다.

잡지의 내용은 「도스토옙스키의 자연수용 및 동물묘사(ドストイェーフスキーの自然受容及び動物描写, 三宅賢)」, 「러시아 철학 개설(ロシヤ哲学概説, ヤーコウェンコ)」, 「혁명을 묘사한 문학(革命を描いた文學)」, 「인텔리겐치아의 마음 분석(インテリゲンツィヤの心の分析)」, 「혁명 묘사의 실패(革命描写の失敗)」, 「혁명은 유대인의 음모(革命はユデヤ人の陰謀)」 등이었다.

잡지 원본은 가가와대학(香川大學) 가미하라문고(神原文庫) 등이 소장하고 있다. (이규수)

참고문헌

牛島俊 作, 『日本言論史』, 河出書房, 1955; 岡野他家夫, 『明治言論史』, 原書房, 1983; 桂敬一, 『明治・大正のジャ-ナリズム』, 岩波書店, 1992.

▌러시아의 말(Русское слово)

1895년 러시아 모스크바에서 창간된 신문

1895년 러시아 모스크바에서 발간된 일간지이다. 발행인은 스이틴(И. Д. Сытин)이다. 편집인은 알렉산드로프(А. А. Александров, 1895~1898), 키셀레프(Е. Н. Киселев, 1898~1899), 아데르카스(Ю. Н. Адеркас, 1899), 샤라포프(С. Ф. Шарапов, 1900~1901), 블라고프(Ф. И. Благов, 1901~1917)였다. 신문은 스이틴과 플레바코(Ф. Н. Плевако) 등이 주주로 있던 주식회사가 출판하였다. 1917년에 폐간되었다.
모스크바에 위치한 레닌도서관에 소장되어 있다.

『러시아의 말』의 발간을 제안한 사람은 작가 체호프(А. П. Чехов)이었다. 그의 의도는 '보수적이고 의연한' 신문을 창간하는 것이었다. 그러나 1897년 이전 시기에는 특색이 없는 평범한 신문이었으며, 현실적 요청에 맞지 않는 자료들을 게재하여 간신히 명맥을 유지하는 수준이었다.

1897년 이후에 스이틴은 상업적인 목적을 가지고 신문의 내용을 풍부하게 하면서 본지를 대중적·진보적인 신문으로 탈바꿈시켰다. 편집인이었던 알렉산드로프는 모스크바대학교의 강사였으며 보수적인 저널리스트였다. 신문의 제호가 그에 의해서 붙여졌다. 알렉산드로프를 편집자로 추천한 사람은 러시아의 대문호 톨스토이(Л. Н. Толстой)였다. 본지에 적극적으로 참여한 동인은 암피티아트로프(А. Амфитеатров)와 도로세비치(В. Дорошевич) 등 저명한 부르주아 문학가들이었다.

매호마다 2~3쪽을 차지한 광고는 신문의 주요 수입원이었다. 1913년에 광고수입은 29만 4000루블에 달했다. 본지의 독자는 모든 계층이었으며, 시골의 병원, 국민교육기관, 지방 관청 등에는 무료로 배포되었다. 구독자의 증가를 촉진시킨 것은 1년에 배송비를 포함하여 5루블이었던 저렴한 구독료였다. 러시아 국내와 국외에 광범위한 정보를 제공하여 '정보공장'이라 불리기도 하였다. 발간 첫 해에는 발행부수가 1만 부를 넘지 못했으며, 그중 1/3은 무료로 배포되었다. 1899년에 1만 8700부였던 부수는 1904년에 11만 7000부로 증가하였고, 1916년에는 73만 9000부에 달했다. 1917년에는 발행부수가 100만 부를 넘은 러시아 최초의 신문이 되었다.

창간호에서 편집자는 창간 목적을 '러시아의 이상과 유훈(遺訓)과 노력을 진실되게 표현하고, 러시아의 전제정치와 차르 정부의 공정한 봉사를 알리기 위해서'라고 적고 있다.

편집자가 본지에서 수차례 강조한 것은 독립적이고 중립적인 신문의 성격이었다. 실제로 『러시아의 말』은 국내와 국외의 중요한 정치적 사건을 모두 보도했는데, 각 시기마다 견지했던 구체적인 입장, 즉 좌편향 내지 우편향의 입장은 해당 사건에 따라 달랐다. 1902년에서 1904년의 시기에 본지는 반정부 출판물에 대한 검열 탄압에 저항했고, 도시 빈민층의 비참한 삶과 관련한 기사를 게재했으며, 러시아를 비롯한 세국주의 열강의 식민지정책을 비판하였다. 1904년 러일전쟁이 발발하자 본지의 종군기자들은 전쟁의 과정을 보도하였다. 일본 특파원이었던 크라옙스키(В. Э. Краевский)는 1904년 1월에 13개의 일본기(日本記)를 게재했는데, 여기에서 그는 문명화되고 발전한 제국으로서의 일본을 설명하면서 러시아의 반일선전을 공개적으로 반박하기도 하였다. 1905~7년의 혁명시기에는 러시아 국내의 무질서와 경찰의 불법적인 행동을 진압하는 조치, 노동조합과 노동자 대의원 소비에트의 건설, 농민운동 등에 대한 기사를 게재하였다. 본지의 입장은 대부분 자유주의운동의 좌익적 경향과 일치하였다.

1차 세계대전 기간에 본지는 차르 정부의 배외적 애국주의인 쇼비니즘을 지지하였다. 1917년 10월혁명 이후에는 반혁명의 기치를 내걸었다. 『러시아의 말』이 소비에트 정권을 비방했다는 이유로 1917년 11월 27일 노동자 입헌민주당원으로 구성된 모스크바 간부회의에서 그 폐간이 결정되었다. 1918년에 『새 말(Новое слово)』, 『우리의 말(Наше слово)』이라는 제호로 다시 발간되었으나, 곧바로 폐간되었다. (이항준)

참고문헌

Менделеев А. Г, 「Жизнь газеты」, 『Русское слово』: издатель, сотрудники. М. 2001; 『Русская периодическая печать (1895- октябрь 1917)』, 1957; Институт общественной мысли, 『Общественная мысль России XVIII - начала XX века』, М. 2005.

▌러시아회보(Русский вестник)

1856년 러시아 모스크바에서 발간된 문학·정치 잡지

1856년에 창간된 러시아의 문학·정치 잡지이다. 1856년 창간호부터 1887년 10호까지, 1896년 11호부터 1902년까지는 모스크바에서 발행되었고, 1887년 11호부터 1896년 10호까지, 1903년부터 1906년까지는 상트페테르부르크에서 발행되었다. 1856년부터 1860년까지 한 달에 2회, 1861년부터 한 달에 1회 발간되었다. 발행인은 카트코프(М.Н.Катоков, 1856~1887.6호), 카트코바(С.П.Катокова, 1887.7~10호), 베르크(Ф.Н.Берг, 1887.11호~1896.9호), 카트코프(1896.10호~1902), 카마로프(В.В.Комаров, 1903~1906)였다. 편집인은 카트코프(1856~1887.6호), 체르테레프(Д.Н.Цертелев, 1887.7~10호), 베르크(Ф.Н.Берг, 1887.11~1896.3호), 스타헤예프(Д.И.Стахеев, 1896. 4~9호), 카트코프(1896.10호~1902), 카마로프(1903~1906)였다.

『러시아회보』는 발행인 카트코프가 뱌젬스키(П. А. Вяземский) 공후의 협조를 얻어 1855년 12월에 발행 허가를 받았다.

1861년 이전까지 『러시아회보』는 중도자유주의 경향을 견지하였다. 카트코프는 『러시아회보』의 주변에 자유주의 경향의 대표자들, 특히 서구주의자들을 포진시키는 데 성공하였다. 본지의 동인들은 모스크바대학교와 페테르부르크대학교의 교수진이었는데, 이들은 개혁의 방향과 그 방법에 대해서 다양한 견해를 가진 사회평론가들이었다.

『러시아회보』는 두 부분으로 구성되었다. 하나는 학술과 문학란으로 역사, 경제, 문학을 주제로 한 글과 소설이 게재되었고, 다른 하나는 사회정치란이었다.

소설란에는 19세기 러시아의 저명한 작가와 시인들의 작품이 게재되었다. 도스토옙스키(Ф. М. Достоевский)의 『죄와 벌(Преступление и наказание)』(1866), 『백치(Идиот)』(1868), 『악마(Бесы)』(1871~1872), 『카라마조프의 형제들(Братья Карамазовы)』(1879~1880), 톨스토이(Л. Н. Толстой)의 『가족의 행복(Семейное счастье)』(1859), 『카자크 사람들(Казаки)』(1863), 『안나 카레니나(Анна Каренина)』(1875~1877), 투르게네프(И. С. Тургнев)의 『전야(Накануне)』(1860), 『아버지와 아이들(Отцы и дети)』(1862), 『연기(Дым)』(1867) 등이 대표적이다. 뛰어난 컬렉션과 잘 구성된 소설란 덕분에 『러시아회보』는 커다란 성공을 거두어 1862년경 발행부수가 5700부에 이르렀다.

1858년 『러시아회보』는 사보(私報)로서는 처음으로 독립적인 정치란의 구성을 승인받았다. 지면에는 농노제 폐지, 지방자치의 발전, 재판 개혁, 출판권의 확대 등 광범위한 개혁 프로그램에 대한 내용이 담겨졌다. 『러시아회보』의 평론가들은 농노제를 러시아의 경제, 정치, 도덕적 발전을 저해하는 요인이라고 보았다. 잡지에는 농노들의 열악한 처지, 지주들의 횡포에 대한 기사가 게재되었다.

하지만 농민문제를 다룬 필자들은 러시아의 차후 개혁은 지주의 이익을 최대한 보장하는 방향으로 이루어져야 한다고 강조하였다. 그들은 러시아의 농노관계와 토지 공유제는 자본주의 발전과 토지의 합리적인 지주 경영을 방해하는 것이라고 생각하였다.

1861년의 개혁 전야에 칙서가 발표되자 『러시아회보』의 편집부는 『농노문제』라는 특별란을 개설하였다. 여기에서는 1858년부터 제기되었던 농민 법안의 원칙적인 문제들이 논의되었다. 본지는 농민해방 이념을 수호하였고, 다른 사회계층과 동등한 농민의 권리를 주장하였다.

『러시아회보』는 정치적으로 전제군주국의 유지를 주장하였다. 카트코프는 "개혁의 목적은 어떤 새로운 것을 실현하는 것이 아니라 낡은 것에 새로운 형태를 부여하는 것"이라고 강조하였다. 그는 의회정치를 부정했지만, 그럼에도 자치, 공개제도의 발전, 검열의 완화, 경찰제도의 청산, 체형의 폐지 등 의회정치의 몇 몇 요소를 러시아에 도입해야 한다고 제안하였다.

1861년 2월 19일에 농노제 폐지에 관한 법률이 승인되었다. 이 개혁은 농노제의 유물을 남기고 있긴 하지만 러시아를 봉건적 농노제의 나라로부터 부르주아적 자본주의 나라로 바꿈으로써 러시아사에서 커다란 경계를 이루는 사건이었다. 농노제와의 투쟁은 19세기 전반, 특히 그 중반경의 사회사상에서 주요한 문제를 이루고 있었다. 레닌은 40년대부터 60년대에 걸친 시기에는 "모든 사회문제가 농노제와 그 잔존물에 대한 투쟁으로 귀착된다"는 점을 강조하였다. 이 투쟁은 문화의 모든 분야에 영향을 미쳤다. 교육사업의 진보도 이러한 투쟁의 결과물인 것이며, 뛰어난 문학작품도 이러한 투쟁으로 일관되어 있었다.

『러시아회보』도 농노제 폐지를 '새로운 시대'로서 러시아 역사에서 하나의 전환점으로 평가하였다. 하지만 본지의 정치적 입장은 여전히 보수적인 성격을 명확하게 견지하였다. 『러시아회보』는 귀족의 권리와 특권의 유지·확장을 주장하였고, 국가의 운명에서 귀족계층의 지도적인 역할을 옹호하였다.

『러시아회보』가 주의를 기울인 또 하나의 문제는 국민교육이었다. 카트코프는 러시아 미래의 발전은 바로 교육에 달려 있다고 보았다. 『러시아회보』는 러시아의 전통적인 교육체계를 적극적으로 홍보했고, 톨스토이가 시행한 중학교육제도 개혁의 정당성을 부여하였다.

1881년에 알렉산드르 2세가 살해된 후 『러시아회보』는 혁명가들에 대한 혹독한 탄압과 독재를 요구하였다.

1887년 카트코프 사망 이후에도 『러시아회보』는 보수적인 입장과 기존 체제를 유지했으나, 이전의 명쾌함과 대중성을 상실하였다. 소설란에는 2류 작가들의 작품이 게재되었고, 문학평론적인 글들은 사실상 사라졌으며, 정치란은 축소되었다.

1905~1906년의 혁명 초기에 『러시아회보』는 혁명 탄압과 독재정치의 옹호자임을 자처하였고, 『회보』의 평론가들은 '흑색백인조 학살(черносотенные погромы)'을 지지하였다.

『러시아회보』는 1906년에 폐간되었다. (이항준)

참고문헌

Институт общественной мысли, 『Общественная мысль России XVIII - начала XX века』, М. 2005; 소연방과학아카데미 역사연구소 편 (이경식·한종호 역), 『러시아문화사(19세기 전반~볼셰비키혁명)』, 논장, 1990.

레닌광선

1936년 소련 연해주 스코토브 구역 당위원회에서 발행한 한글 신문

1936년 10월 28일 창간되었다. 발행기관은 스코토브 구역 당위원회 구역 집행위원회였다. 한글 신문으로 주 2회 발행되었다. 원동변강 당위원회와 연해주 당위원회 뷰로의 결정에 의하여 스코토브 구역 당위원회 기관지로 발행되었다. 또한 10월혁명 19주년을 기념하고 스탈린적 헌법의 대회 - 소련 제8차 비상 소비에트 대회를 맞이하면서 간행되었다. 이 신문은 현재 1호부터 7호까지 남아 있으며 그중 2호, 3호는 결호이다. 주필은 정한립이었다.

신문의 간행 배경은 창간호에 실린 「첫호를 발간하면서」에 잘 나타나 있는데 그 내용은 다음과 같다.

"신문은 앞으로 우리 당 중앙위원회와 정부의 결정과 지시물을 구역 내 노동자와 꼴호즈원 및 일반 로력자들에게 민첩하게 전달시키며 통속화시키는 동시에 상급기관들의 결정 또는 구역의 모든 생산 - 재정계획 실행과 노력자들의 문화 - 풍습상 수준을 위하여 힘 있게 투쟁하며, 각 생산부문, 문화기관들에서 은밀한 해독적 사업을 감행하려는 계급적 원수와 이류분자들을 제때에 폭로 제거함에 대한 사업을 힘 있게 할 것이며, 사회주의 최고 형식인 쓰따하노브적 운동 발전을 위하여 꾸준한 사업을 집행할 것이다."

이를 볼 때, 신문의 목적은 당중앙위원회와 정부의 결정, 지시들을 구역 내의 한인들에게 전달하는 역할과 상급기관들의 결정 또는 구역의 모든 생산문화 수준을 높이려는 데 있었다. 아울러 생산, 문화 기관들에서 해독적 작업을 하는 원수와 이류분자들을 폭로 제거하고자 하였다.

신문의 기사들은 위에서 언급한 신문의 목적에 충실한 내용들로 채워졌다. (이신철)

참고문헌

박환, 『재소한인 민족운동사』, 국학자료원, 1998; 위암장지연선생기념사업회, 『한국근대언론과 민족운동』, 커뮤니케이션북스, 2001.

려행월간(勵行月刊)

1944년 중국 구이양에서 창간된 경제산업 잡지

1944년 8월 15일 구이저우성(貴州省) 구이양(貴陽)에서 창간되었다. 취강은행(聚康銀行), 유민염정공사(裕民鹽井公司), 희명인서관(熙明印書館) 등 6개 업체가 연합하여 만들었고 류시이(劉熙乙)가 사장이다. 5호를 출간한 후 정간되었다가 1946년 7월 1일 복간되었다. 구이저우은행(貴州銀行), 취강은행(聚康銀行), 선안(仙岸), 영안(永岸), 검인(黔仁), 영제(永濟), 중흥(中興), 유민염정공사(裕民鹽井公司) 등 8개 금융기구가 연합하여 출판하였다. 류시이가 여전히 사장을 하였고, 탄푸즈(潭輔之)가 편집자였다. 1947년 7월 3일 3권 3호를 출간하고 정간되었다. 구이저우성도서관과 상하이도서관 등에 소장되어 있다.

내용은 경제문제에 대한 연구와 논술이 중심이었고, 구이저우 지방의 경제 조사연구, 소속 각 기업의 경제업무지도와 관련한 비교적 상세한 자료들이 있다. 그밖에 일단의 시사평론, 인물전기와 단편문학 창작을 게재하였다. (김지훈)

참고문헌

王檜林 · 朱漢國, 『中國報刊辭典(1815~1949)』, 書海出版社, 1992; 上海圖書館, 『上海圖書館館藏近現代中文期刊總目』, 上海科學技術文獻出版社, 2004.

로농셩(勞農聲)

1922년 서울에서 발행된 정치운동 잡지

1922년 8월 20일 한국 경성(京城)에서 창간되었다. 정확한 종간일자는 알 수 없으며 통권도 미상이다. 편집 겸 발행인은 문탁(文鐸)이었다. 정가는 20전이었으며 분량은 B6판으로 47쪽이었다.

이 잡지는 노농회(勞農會)의 기관지로 노동자 농민의 인권과 생활의 향상을 목표로 삼았다. 식민지 시대 초기 노동운동의 실상을 보여 주는 잡지이다.

노농회에 대해서는 알려진 바가 많지 않으나 이 잡지의 창간사를 통해 대략적인 면모를 추측할 수 있다.

이 잡지는 창간사를 통해 노동자 농민의 인권존중, 생활향상, 지식계발, 위란상구의 네 가지를 잡지 발행의 취지로 밝혔다.

내용은 상당히 평이한 수준으로 일반적인 수준의 대중들이 읽고 이해하기 쉽도록 썼으며, 표기법 역시 평이한 한글로서 대중성을 지향했다. 본격적인 노동운동을 지향했다기보다는 초보적인 수준의 당시 노동운동의 현실을 반영하고 있는 잡지이다.

예컨대 창간호의 목차를 보면 「백두산 창가」, 「효자열녀기」, 「편지하는 방식」 등 대중적인 내용이 다수 실려 있어서 당시 노동운동의 수준을 짐작하게 해 준다. 이 잡지는 1920년대 초반의 노동운동의 실상을 단적으로 보여준다는 점에 그 자료적 가치가 있다. (장성규)

참고문헌

최덕교, 『한국잡지백년』 2, 현암사, 2004; 조동걸, 『일제하한국농민운동사』, 한길사, 1979.

로동자

1922년 극동공화국 관내 한인들의 노동조합 단체 '원동직업의회 고려부'의 기관지

1922년 4월에 창간되어 격주간으로 발행된 한글 신문. 러시아 내전 시기에 극동 지역에서 수립된 극동공화국 관내 한인들의 노동조합 단체인 '원동직업의회 고려부'의 기관지이다. 석판 인쇄물이며, 각호당 4면으로 구성되고 각 면은 5단 세로쓰기로 조판되었다. 판매 대금은 무료였다. 현재 5호부터 8호까지 4개호가 남아 있으며, 러시아 내전이 종료된 1922년 말에 종간된 것

으로 추정된다.

'원동직업의회'란 극동공화국 관내에 설립된 전국 규모 노동조합을 가리킨다. '고려부'란 원동직업의회 임원회 내에 설치된 소수민족별 집행부서의 명칭으로서, 관내 한인 노동자들 속에서 이뤄지는 조직과 선전 활동을 책임지는 기관이었다. 1920~1922년 시기에 바이칼호 동쪽의 러시아 영토에 수립된 극동공화국은 일본을 비롯한 열강의 간섭을 배제하기 위해 세운 완충국이었다.

이 신문은 극동공화국 관내에 거주하는 한인 노동자들 속에 사회주의 이념을 보급하고 그들을 혁명운동에 참여하도록 독려하기 위해 만들어진 것이었다. 신문 지면은 논설과 국내외 보도기사, 기고문, 광고 등으로 이뤄져 있다. 논설은 노동운동과 러시아혁명의 정당성을 설파하는 계몽적 성격을 짙게 띠고 있다. 국내외 보도기사는 주로 원동공화국과 소비에트 러시아의 혁명운동 진전 양상을 소개하는 데에 할애되어 있다. 그 외에도 유럽의 노동운동과 중국 등 피압박 나라의 민족운동에 관한 기사도 상세한 편이다.

한국에 관한 관심은 '고려의 노동운동'이라는 항목을 설정한 데서도 알 수 있듯이 각별한 바가 있었다. 특히 7호에서는 국내에서 발행하는 『매일신보』 1922년 6월 18일자를 인용하여 서울의 노동공제회 의결안 등을 소개하고 있다. (임경석)

참고문헌

上田秀明, 『極東共和國の興亡』, 東京: アイペックプレス, 1990. 11; 박환, 『러시아지역 한인 언론과 민족운동』 경인문화사, 2008.

로서아문학(露西亜文學)

1910년 도쿄의 로서아문학사(露西亞文學社)가 발행한 러시아문학 동인지

1910년 도쿄외국어학교(東京外国語学校) 노어부(露語部)의 나카무라 나가사부로(中村長三郎)·요네카와 마사오(米川正夫)가 중심이 되어 창간한 러시아문학 동인지이다. 잡지의 원본은 가가와대학(香川大學) 중앙도서관에 보관되어 있다.

당시는 이미 두 흐름의 문예운동이 전개되었다. 하나는 제국대학 계열의 다니자키 준이치로(谷崎潤一郎), 와쓰지 데쓰로(和辻哲郎), 기무라 소타(木村荘太) 등을 동인으로 한 제2차 『신사조(新思潮)』와 와세다대학 계열의 아키타 우주쿠(秋田雨雀), 구니에다 시로(国枝史郎) 등을 동인으로 한 『극과시(劇と詩)』였다.

잡지 창간호의 「편집실(編輯室)」에는 "먼저 첫째로 자신부터 말하면, 본호에서 나는 리엔스키라는 사람의 소설을 역재했다. 이 사람을 우리 문단에 소개한 것은 아마도 내가 처음이기 때문에, 이 난에서 이 사람에 대해 쓰고 싶었지만 시간이 없어서 찾아볼 여유가 없었다. …… 권두에 실은 「수학(數學)」의 작자, 이안 부닌은 작년 푸시킨문예원으로부터 노벨상을 수상한 사람으로, 그 두 번째는 저 유명한 쿠불린이었던 모양이다. 이 사람은 시로는 일류라는 정평이 있다. …… 잡지의 어딘가가 공허하다고 말하는 것도 다음에 이어지는 하나이다. 아무튼 잡지도 첫 호라면 우리들도 첫 호이다. 실은 우리들 자신도 교정쇄가 돌아오기까지 그런 것에 신경 쓰지 못했는데, 정신차려 보니 구멍이 아주 많다. 뭔가 부끄러운 마음이 든다. 하지만 지금은 어쩔 수도 없으니 다만 용서를 구할 수밖에 없다"고 기록되어 있다.

나카무라에 의하면 이 잡지는 600부 인쇄되어 전부 판매되었다고 한다. 이후 6호와 7호가 간행되었지만, 결국 요네카와와 나카무라의 개인잡지로서의 성격이 강했다.

당시 외국어학교 노어부의 교육방침이 문학 강독을 중심으로 이루어졌기 때문에, 이 잡지는 문학을 지향하던 학생이 활약을 시작할 수 있는 토양으로서 제공되었다고 평가할 수 있다. (이규수)

참고문헌

牛島俊 作, 『日本言論史』, 河出書房, 1955; 岡野他家夫, 『明治言論史』, 原書房, 1983; 桂敬一, 『明治·大正のジャ-ナリズム』, 岩波書店, 1992.

룡천검(龍泉劍)

1928년 서울에서 발행된 종교 잡지

1928년 1월 서울에서 창간되었다. 정확한 종간일은 알 수 없다. 통권 역시 미상이다. 편집 겸 발행인은 김규복(金圭復)이었다. 정가는 10전이었으며 분량은 A5판으로 34면이었다. 고려대학교에 소장되어 있다.

동학의 한 분파인 시천교(侍天敎)의 회보로서 천도교에 비해 다소간 친일적 색채를 띠는 잡지이다.

1906년 이용구(李容九)를 중심으로 동학에서 이탈하여 결성한 시천교의 회보이다. 시천교는 기본적으로 천도교와 유사한 교리를 지니고 있으나, 정치적으로 일진회를 배경으로 했다는 점에서 천도교와 구분된다.

제호인 '용천검(龍泉劍)'은 수운 최제우가 지은 「검결(劍訣)」에 나오는 말로 전설 속의 보검의 이름이다. 잡지의 주된 내용은 일반적인 천도교 잡지에 체제인 교리의 소개 및 포교와 유사하다. (장성규)

참고문헌

김춘성, 『해월 최시형과 동학사상』, 예문서원, 1999; 임종국, 『실록 친일파』, 돌베개, 1996.

루베(るーべ)

1939년 창간된 일본의 아동 잡지

1939년 9월에 창간되어 1941년 4월까지 발간된 아동 잡지이다. 편집 겸 발행자는 구마가이 히로시(熊谷廣), 실무는 이시카와 미쓰오(石川光男)였고 발행처는 루베사(るーべ社)였다. 가격은 35전이었다.

『루베』는 과학 클럽, 문화 정보, 읽을거리에 역점을 두고 있었다. 에구치 유이치로(江口雄一郎), 하세 겐(長谷健), 야노 우미히코(矢野海彦), 나마치 사부로(奈街三郎), 하기타니 마사히코(萩谷正彦) 등이 읽을거리를 집필하였다.

1940년 『5학년 교실』로 잡지의 이름을 바꾼 뒤에는 오가와 미메이(小川未明), 쓰보다 조지(坪田讓治), 기시 야마지(貴司山治), 시모하타 다쿠(下畑卓), 모모타 소지(百田宗治) 등이 집필하였다.

다시 『소년 소녀의 생활교실(少年小女の生活教室)』로 제목을 바뀐 뒤에는 나카노 시게하루(中野重治)의 「할머니의 마을(お祖母さんの村)」(1931년 1월~1931년 4월)을 연재하였다.

『루베』와 그 후계지인 『5학년 교실』은 자유주의적 아동 잡지의 성격을 갖고 있어서 전시체제 아래 늘 당국의 압박을 받았다. 결국 국민학교제도가 성립되는 1941년 4월호를 마지막으로 발간하고 폐간되었다. (이준식)

참고문헌

日本近代文學館·小田切進 編, 『日本近代文學大事典』 第5卷, 講談社, 1977; 『日本出版百年史年表』, 日本書籍出版協會, 1968.

룸비니(籃毘尼)

1937년 서울에서 발행된 종교 잡지

1937년 5월 7일 서울에서 창간되어 1940년 3월 종간되었다. 통권 4호까지 발행되었다. 편집 겸 발행인은 양영조(梁泳祚, 중앙불교전문학교 학생회 회장)이었다. 비매품이었으며 분량은 A5판으로 122쪽이었다.

중앙불교전문학교 학생회의 기관지로 일반적인 불교 교리는 물론 문예에도 큰 비중을 두었다. 제호인 룸비니는 범어 'Lumbini'의 역어로서 석가모니가 태어난 곳을 일컫는다. 주요 필진으로는 김달진(金達鎭), 김어수(金魚水) 등이 있다.

창간사를 보면 소비에트 연방으로 표상되는 좌익과 독일과 이탈리아의 파시즘으로 표상되는 우익 간의 대립을 극복하기 위한 사상으로 불교사상을 제시하고 있다.

창간호를 보면 김재수(金在壽)의 「불교의 인생론」, 근원(槿園)의 「선관(禪觀)의 발달」 등의 불교교리에 관한 글과, 김어수의 시조, 김달진의 수필 등의 문예관련 글이 다수 실려 있다. 더불어 홍성복(洪聖福)의 「어떤 청년의 고뇌(或る靑年の惱み)」 등의 일본어 기사도 몇 편 실려 있다. (장성규)

참고문헌

대한불교조계종교육원, 『불교근대화의 전개와 성격』, 조계종출판사, 2006; 류병덕, 『한일 근현대와 종교문화』, 청년사, 2001; 이이화, 『역사 속의 한국불교』, 역사비평사, 2002.

류방(流芳)

1925년 일본 아이치현에서 발행된 농업 잡지

1925년에 아이치현립 안성농림학교(愛知縣立安城農林學校) 동창회가 월간으로 발행한 농업 잡지이다. 잡지는 1943년 12월까지 월간으로 발행되었다. 잡지의 크기는 A5판이었고, 분량은 10쪽에서 30쪽 정도였다.
소책자와 같은 형태로 발행되기는 해지만, 학교 동창회가 발행한 잡지로서는 거의 유례가 없는 월간지였다. 독자는 안성농림학교의 동창회원이 중심이었지만, 나고야(名古屋)의 서점에서도 판매가 되었다. 가격은 1년분 60전, 1책 7전이었고, 이 가격은 잡지 종간 때까지 변하지 않았다. 판매는 당시 아이치현에서 농업관계 최대 서점이었던 무토혼텐(武藤本店)이 담당하였다. 잡지의 발행부수는 전시기에 걸쳐서 정확하게 파악할 수는 없다. 다만 잡지 제15년 제6호(1939.6)에 게재된 「류방발송분포상황(流芳發送分布狀況)」을 보면, 이 시기 발행부수와 그 분포를 알 수 있다. 이 기사에 의하면, 잡지의 발행부수는 2240부였다. 현(縣) 내 1539부였다. 현(縣) 외 지역으로는 조선도 있었는데, 92부가 발송된 것으로 기록되어 있다. 발송지역에서 특징적인 것은 소위 '외지(外地)' 지역인 조선, 중국(支那), 만주국(滿洲國), 관동주(關東州) 지역에 상당 부수가 발송되었다는 점이다.

농업, 농촌사회관계의 문제를 다룬 농업 잡지라는 것이엇다. 그러나 이외에 다양한 기사가 게재되었다. 즉 야마자키 노부요시(山崎延吉, 1873~1954)의 글, 동창회 학교관계 기사, 동창회원 등이 작성한 일반 기사들이 많은 지면을 차지하고 있었다.

야마자키는 학교 설립과 동시에 교장에 취임한 인물이었다. 야마자키는 도쿄제국대학교 농과대학을 졸업하고 후쿠시마현 잠업학교(福島縣蠶業學校)의 교유(敎諭)·교두(敎頭)였으며, 오사카부립 농학교(大阪府立農學校)로 전근하였다. 그는 1920년 학교장의 퇴임했지만, 학교 내외에는 그의 사상을 신봉하는 자들이 다수 존재하고 있었다. 이러한 배경에서 야마자키는 잡지에 '아농생(我農生)'이라는 이름으로, 매호 권두에 「시사단평(時事短評)」을 썼다. 교장 퇴임 이후에도 여러 공직생활로 번망했을 그가, 18년 동안이나 잡지에 매월 집필을 했다는 것은 그의 학교에 대한 애착심을 잘 보여준다.

동창회, 학교 관련 기사는 각지에 개최된 동창회 기록, 회원의 소식, 그 시대의 각종 농림학교 소개, 생도의 작문 등으로 구성되었다. 이러한 기사들은 학교 관계자 이외에는 흥미가 없는 내용일 수도 있지만, 다이쇼(大正) 말기부터 쇼와(昭和) 전기에 걸쳐 농학교의 실태를 파악할 수 있는 귀중한 자료로서의 가치가 있는 내용이라고 할 수 있다.

아이치현립 안성농림학교가 아이치현립 농림학교로 설립된 때는 1901년 10월이었다. 그 이전, 아이치현에는 농학교가 있었지만, 심상소학교(尋常小學校) 졸업을 입학자격으로 한 을종(乙種)농학교였다. 고등소학교(高等小學校) 졸업 이상을 입학자격자로 하는 갑종(甲種)농학교로서는 아이치현립 농립학교가 아이치현뿐만 아니라, 도카이 지방(東海地方)에서는 최초였다.

아이치현립농학교=안성농립학교의 입학생은 군현(郡縣)외에서 온 학생들이 적지 않았다. 그중에는 조선과 타이완에서 온 학생들도 있었다. 그러나 학생의 주류는 지역 출신자들이었다. 이들 출신계층은 실질적으로 지역농촌사회의 리더들인 재촌(在村) 지주층이 중심이었다.

학교는 야마자키 교장의 '실질적으로 농업에 자각한 인물을 양성한다'는 교육방침하에서 발전하였다. 그 결과, 이 학교 졸업생들은 재촌(在村)의 지도층뿐만 아니라, 현시정촌(縣市町村)의 농업관계 직업, 농촌단체 직원, 농업 교원 등을 배출하였고, 다이쇼(大正) 시대 아이치현은 물론이고 전국의 농업계에서도 커다란 인맥을 형성하였다.

다양한 분야로 진출한 졸업생들과 야마자키라는 강렬한 정신적 지도자를 둔 이 학교의 동창회는 다른 중학교 이상의 동창회와 보다 훨씬 더 유대감이 강하였다. 이들은 동창회를 '류방회(流芳會)'라 불렀는데, 그 이유는 교내에 '류방관(流芳館)'이라는 동창회 전용 건물을 짓고, 매년 1월 3일 모임을 개최했기 때문이었다.

그러나 이 학교가 농학교로서의 지위를 확립해 가는 과정은 동시에 농촌 사회의 쇠퇴, 침체가 문제화되는 과정이기도 하였다. 일본 자본주의 발전은 농업을 그 일부분으로 종속시켰으며, 특히 1차 세계대전을 기점으로 비약적으로 발전한 일본 자본주의는 이러한 경향을 가속화시켰다. 또한 자본주의=상공업의 발전은 도시에서의 노동시장의 확대를 결과하였고, 임금의 상승을 가져왔다. 그 결과 그 이전부터 문제가 되었던 '이촌향도(離村向都)'의 경향은 더욱 가속화되었으며, 동시에 지주와 소작인의 대립도 격화되어 큰 사회문제가 되었다.

이러한 상황에 대해서, 아이치현의 농업계 중심이었던 안성농림학교의 졸업생들은 큰 위기감을 느끼게 된다. 이 때문에 이들은 농업, 농촌사회의 현상을 타개하기 위한 의견발표, 교환의 장으로, 자신들의 독자적인 언론기관을 만들었다. 그 결과 탄생한 것이 바로 잡지 『류방』이었다. 즉 잡지 『류방』의 탄생은 1차 세계대전 후에 농촌계의 각 방면에서 발생한 '농촌진흥(農村振興)'의 일환이었다고 할 수 있다.

야마자키 노부요시

잡지는 당시 농촌의 피폐, 침체의 원인을 "극도로 횡폭한 상공주의(横暴極まりなき商工主義)"라고 주장하였다. 즉 자본주의와 그 거점으로서의 도시 발달을 농촌, 농촌사회를 압박하고, 이를 쇠퇴시키는 원흉으로 인식하였다. 이 때문에 잡지에는 자본주의, 도시에 대해서 농촌, 농촌사회 측의 단결, 연대를 강하게 주장하는 글이 게재되었다. 또한 잡지에는 농촌의 피폐, 침체에 대한 다양한 대응책이 주장되었다. 농업경영의 개선, 농촌생활의 개선, 문화향상, 농민의 정신적 개량 등이 대응책으로 제시되었다.

쇼와공황(昭和恐慌)의 일환으로서의 농업공황은 1930년 즈음부터 본격화되어 일본의 농업, 농촌사회에 커다란 영향을 미쳤다. 이러한 현상은 아이치현에서도 예외일 수 없었다. 농업공황의 여파는 잡지 내용에도 영향을 미쳤다. 농업기술, 농업경영, 식품가공 등에 대한 기사와 농업 농촌의 어려운 상황 전체를 문제로 삼고 해결하려는 기사가 증가하였다.

1932년 전반기의 잡지를 보면, 「농가의 부채에 관한 약간의 문제」(1931년 12월호~1932년 3월호), 「부업본위(副業本位)의 양계경영비전(養鷄經營秘傳)」(1932년 5월호) 등의 기사가 게재되었다. 이것은 지역농촌리더의 입장에서 농촌공황으로부터의 탈출을 모색하려는 그들의 노력을 반영하는 것이었다.

공황과 함께 본격적인 전쟁도 잡지의 내용에 많은 영향을 미쳤다. 1931년 만주사변 이후, 잡지 지면에는 전쟁지지의 논조가 자주 보였다. '성전(聖戰)' 의식이 강조되었는데, 특히 1937년 중일전쟁 이후에 전쟁은 안성농림학교의 동창생들에게 직접적인 영향을 미쳤다.

전쟁은 이들의 만주, 중국, 조선으로의 진출을 초래하였다. 잡지 지면에도 1934, 1935년부터 조선 혹은 만주관계 기사가 게재되기 시작하였고, '회원이동'란에도 이 지역의 거주하는 회원들의 주소가 늘어나기 시작하였다. 이들의 진출한 곳은 만주, 중국, 조선의 관공서였다. 이들에게는 전쟁의 본격화, 전선의 확대에 따라, 외지=식민지 · 전지(戰地)에서 농업과 임업 지도자의 역할이 기대되었다.

전쟁의 영향은 여기에 머물지 않았다. 중일전쟁 이후 응소(應召)한 동창회원이 늘어난 것은 전쟁의 가장 큰 영향이었다. 그것과 동시에 전사자도 나타나지 시작하였다. 잡지 지면에는 그들의 이름이 상세히 기록되어 있다. 다른 한편, 일본 농촌은 '총후농촌(銃後農村)'으로서의 역할의 요구되었고, 안성농림학교의 졸업생들과 안성농림학교는 그 중심에 있었다.

한 학교의 동창회가 18년에 걸쳐 월간잡지를 발행했다는 것은 경이로운 일이었다. 이런 측면에서 잡지는 지역사회에서 출판문화의 가능성을 보여준 사례이다. 또한 잡지는 농촌진흥, 농촌공황, 전쟁으로 이어진 이 시기의 농업, 농촌사회의 상황을 충실하게 반영하고 있다. 이런 측면에서 잡지는 전전기(戰前期) 농촌사회의 리더였던 농학교 졸업생들의 의식과 행동을 생생하게 파악할 수 있는 귀중한 사료라고 생각된다. (문영주)

참고문헌

稲垣喜代志 著, 『山崎延吉伝』, 大空社, 2000.12; 『「流芳」解題·總目次·索引』, 不二出版, 1987; 『日本出版百年史年表』, 日本書籍出版協會, 1968; 愛知縣安城農林學校同窓會流芳館, 『流芳: 月刊農村雜誌』, 不二出版.

리쓰메이칸학지(立命館學誌)

1916년 일본의 리쓰메이칸에서 발행한 대학 기요

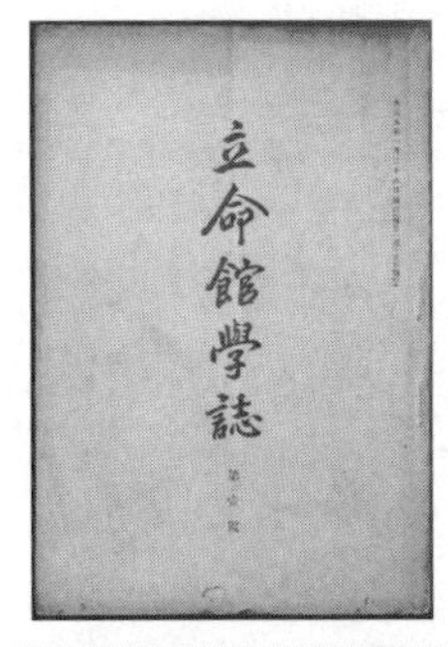

1916년 1월 28일 리쓰메이칸대학(立命館大學)의 기요로 창간되었다. 리쓰메이칸대학의 전신인 교토호세이학교(京都法政学校) 시대에는 『법정시보(法政時報)』라는 기요가 간행되었다. 하지만 이 잡지는 화재로 인해 교사와 각종 설비를 소실하여 그 복구가 우선시되었기 때문에 『법정시보』의 간행도 중단되었다. 이를 부활시킨 것이 「리쓰메이칸학지」이다. 잡지 원본은 리쓰메이칸대학 및 가가와대학(香川大學) 가미하라문고(神原文庫) 등이 소장하고 있다.

잡지는 기본적으로 법률, 정치, 경제의 논설을 중심으로 한 잡지였지만, 범위를 한정하지 않고 널리 각종 학과에 걸친 내용도 게재되었다. 창간호에는 일본에서 영어가 보급된 과정을 논한 유키야마 가이시(雪山外史)의 「영어발달의 경로(英語発達の径路)」라는 논문이 수록되었다.

본지의 전신인 『법정시보』는 리쓰메이칸 학생이 아닌 사람들에 대한 학외(學外) 교육의 일환으로 간행된 것이었다. 본지에서도 이를 계승하여 '누구라도 쉽게 읽어 세상 상식의 수양에 도움을 주는 잡지'를 추구한다고 되어 있다.

또 동시에 리쓰메이칸의 학내행사, 대학에 관련하는 사건의 소개, 교직원 명부, 졸업생 명부 등도 게재되어 있고, 졸업생에게 대학의 소식을 전달하는 동창회지적인 역할도 담당했다. (이규수)

참고문헌

『近代文學雜誌事典』, 至文堂, 1965; 桂敬一, 『明治·大正のジャ-ナリズム』, 岩波書店, 1992; 日本近代文學館·小田切進

編,『日本近代文學大事典』第五卷, 講談社, 1977.

▌마령서(馬鈴薯)

1941년 일본에서 발행된 농촌운동 잡지

1941년 일본의 후소가쿠(扶桑閣)에서 발행한 잡지이다. '새로운 마을(新しき村)'운동의 제창자이고 실천자였던 무샤노코지 사네아쓰(武者小路実篤, 1885~1976)가 편집한 이 운동의 기관지이다. 1941년 5월 창간되어 운동의 기관지로 기능하였는데, 1943년 여름부터 서점에서 판매되기도 하였다.

창간 당시 잡지를 무샤노코지 사네아쓰가 주재하였기 때문에 비교적 문학작품이 많았다. 3호를 보면, 장편소설 이외에 단편소설 3편, 시, 수필, 감상 등이 수록되어 있어서, 문예지와 같은 성격을 가지고 있었다. 무샤노코지 사네아쓰 자신이 매호마다 잡문(雜文)을 썼고, 표지까지도 본인이 직접 만들기도 하였다.

그런데 잡지 필자에 저명한 인물들이 보이지 않는 것은, '새로운 마을' 운동 잡지로서 회원 외에는 작품을 게재하지 않는다는 방침 때문이었다. 요컨대 '새로운 마을' 운동의 공명자(共鳴者)들은, 그 이전에 무샤노코지 사네아쓰의 문학에 경도된 문학 청장년들이었고, 농민운동, 농업운동을 하는 자들이 아니었다는 것이다. 1943년 5월호의 주요 목차를 보면, 「일기초(日記抄)」, 「춘구첩(春句帖)」, 「시사편(詩四編)」, 「병대기(兵隊記)」 등이었다.

'새로운 마을'의 이념을 요약하면 '전 세계의 인간이 천명(天命)을 온전히 하고, 각 개인 안에 자아(自我)를 완전하게 생장(生長)시킨다'는 것이었다. 그리고 '자기를 생장하기 위해 타인의 자아를 해쳐서는 안 된다'고 주장했다. 그러나 태평양전쟁을 적극적으로 추진했던 무샤노코지 사네아쓰를 생각해 보면, 위와 같은 사상은 최소한 전쟁 기간에는 파탄이 났거나 기만에 불과한 것이었다. (문영주)

참고문헌

東京新しき村支部,『馬鈴薯』1卷 1號(1941.5)~4卷2號(1944.3); 高崎隆治,『戰時下の雜誌その光と影』, 風媒社, 1976, 211~212쪽,『日本出版百年史年表』, 日本書籍出版協會, 1968.

▌마르크스·레닌주의예술학연구(マルクス·レーニン主義藝術學研究)

1932년 발행된 일본의 마르크스 · 레닌주의 예술 평론 잡지

1932년 8월『마르크스주의 예술학연구(マルクス主義藝術學研究)』에서 이름이 바뀌어 발행된 잡지이다. 개제 1집의 발행자는 프롤레타리아과학연구소 예술학연구회(プロレタリア科學研究所藝術學研究會)로 되어 있었지만, 2집의 발행자는 우에다 스스무(上田進)로 바뀌었다.
발매는 소분카쿠(叢文閣)가 맡았다. 1932년 7월과 11월에 두 번 발간된 후 1933년부터는 다시 '마르크스·레닌주의'가 삭제된『예술학연구(藝術學研究)』로 제목이 바뀌었다.

잡지의 이름이 바뀐 데서도 알 수 있듯이『마르크스·레닌주의 예술학 연구』는 처음부터 레닌주의를 표방하고 있었다. 곧 당시 소련에서 일고 있던 스탈린의 부하린, 데보린 철학 비판을 수용하여 철학(예술 이론)에서의 당파성을 강조한 "레닌주의적 단계"에 입각해 잡지를 편집한다는 방침을 내세우고 있었다.

전신인『마르크스주의 예술학연구』보다는 시론적 성격이 강한 글을 게재하였다. 가와구치 히로시(川口浩)의 「레닌주의 문학 이론의 확립(レーニン主義文學理論の確立)」을 비롯해 미야모토 겐지(宮本顯治), 이케다 히사오(池田壽夫), 니이지마 시게루(新島繁), 가메이 가쓰이치로(龜井勝一郎) 등의 글이 실렸다.

• 데보린(Abram Moiseyevich Deborin, 1881~1963)
러시아의 마르크스주의 철학자이다. 리투아니아의 우피나에서 태어났다. 스위스의 베른대학을 졸업하고, 처음에는 멘셰비키(Mensheviki)에 속하여 플레하노프(G. V. Plekhanov)의 영향을 받았으나, 러시아혁명 후에 볼셰비키(Bol'sheviki)로 전향하였다.

잡지『마르크스주의의 깃발 아래』의 편집책임자, 과학아카데미의 회원이 되는 등 유물변증법의 지도적 이론가로 활동했다. 그러나 1931년 스탈린에 의하여 이론과 실제를 분리하여 헤겔의 '관념변증법'에 접근하는 멘셰비키적 관념론자라는 비판을 받았다.

주저에는『변증법적 유물론 철학입문』(1915),『변증법과 자연과학』(1929),『철학과 정치』(1961) 등이 있다. (이준식)

참고문헌

日本近代文學館·小田切進 編,『日本近代文學大事典』第5卷, 講談社, 1977;『日本出版百年史年表』, 日本書籍出版協會, 1968.

▌마르크스주의(マルクス主義)

1925년 창간된 일본공산당의 합법기관지

1945년 일본 패전 이전 시기 일본공산당(日本共産黨)의 합법기관지로 간토대지진(関東大震災)으로 붕괴된 일본공산당 합법기관지인『계급전(階級戦)』의 후계지였다. 이것은 2호의「편집후기(編輯後記)」에 "본지(本誌)는『계급전』의 돈을 인계받았다"고 하는 것에서도 알 수 있고,「『계급전』의 폐간과『마르크스주의(マルクス主義)』의 창간」을 고하며 독자에게 보내는 인사장에서도 확인할 수 있다.
1924년 5월 1일 창간되어 1929년 4월 1일 56호로 종간되었다. 총 책수는 54책이다. 합법잡지였기 때문에 당초는 마르크스협회의 명칭을 사용하여 발행했고, 나중에는 기보가쿠(希望閣)를 발행소로 했다.
기보가쿠는 이치카와 세이이치(市川正一)의 동생인 이치카와 요시오(市川義雄)가 경영하는 출판사로, 이것을 계기로『마르크스주의』의 발행소는 기보가쿠에 가까운 곳(府下 代々幡町笹塚1169)으로 옮겼다. 그 이전에는, 즉 창간부터 8호까지는 사회주의연구사, 전위사(前衛社)와 같은 동네였다(東京府下 大森入新井町 新井宿1029). 이후에는 간다구로 옮겼다(神田区 西紅梅町 6番地). 발행소가 마르크스협회, 발매소가 기보가쿠로 하는 체제는 1927년 5월의 37호까지 계속되었고, 38·39 합병호부터는 발행소도 기보가쿠가 되었다. 주소는 그대로였다.
탄압이 심했던 3·15사건 이후는 거의 발매금지처분을 받았기 때문에 마지막 56호는 책방에 있었다고 한다. 독특한 내용은 니무라 가즈오(二村一夫)의 글「잡지『마르크스주의』의 5년간(雑誌『マルクス主義』の五年間)」에서 확인할 수 있다. 이 잡지가 간행된 5년 동안은 전전 공산당이 활발하게 활동을 전개했던 시기였다. 원본은 국판(菊版)이다. 호세이대학(法政大學) 오하라사회문제연구소(大原社會問題硏究所)가 복각했다.

초기의『마르크스주의』가 뷰로의 기관지로, 본래의 목적이었던 정책, 의견(意見)을 제기하는 것을 제대로 하지 않고, 문자 그대로 연구잡지가 된 것은 여러 가지 이유가 있다. 1호에서 알 수 있듯이,『마르크스주의』의 전신인 여러 잡지 가운데 기관지적 색채가 강한『계급전』,『적기(赤旗)』,『전위(前衛)』가 발매금지 당해 재정적 어려움을 겪고, 폐간을 당한 것에 비해, 학술지적인 성격의『사회주의연구(社会主義研究)』는 당시로는 획기적인 3000의 독자를 갖고 4년 동안 계속 간행되었던 일을 고려한 것이다.

원래는 뷰로의 기관지로 창간되었으나, 실제적으로는 구(旧) '제1차 공산당원(第一次共産党員)'에 의해 편집되었던 마르크스주의 연구지에 지나지 않았다. 그러나 14호를 경계로 하여 동지는 연구지로서의 틀을 벗어났다. 특히 16호에서는 도쿠다 규이치(徳田球一)가 뷰로의 결정에 기초하여「무산정당의 강령에 대한 다카하시 가메키치(高橋亀吉) 씨의 소론을 논박한다」를 쓴 것은『마르크스주의』의 성격의 변화를 시사하는 것으로 주목되는 것이었다.

코뮤니스트 그룹의 결성과 이 구성원의 편집에 참가한 일은『마르크스주의』를 그룹의 기관지로 만드는 것을 기도한 것이었다. 그러나 그룹의 역량 부족 때문에 쉽게 실현시키지 못했다.

코뮤니스트 그룹의 구성원은 대단히 분주했다. 그 첫째는 9월 20일자로 창간된『무산자신문(無産者新聞)』의 발행이다. 사노 마나부(佐野学), 도쿠다 규이치 등의 코뮤니스트 그룹 중앙부의 활동의 중점이 여기에 있었던 것은 당연하다. 또한 무산정당 결성운동도 중요한 국면이었다. 당시 창립되었던 평의회도 그들의 지도를 요구했다.

코뮤니스트 그룹의 중앙부가 『마르크스주의』의 편집에 직접 관여하는 것은 곤란했다고 생각된다. 거의 1925년 12월 20호에 실렸던 사노 마나부의 「좌익노동운동에 대하여」, 22호의 기타우라 센타로(北浦千太郎)의 「좌익진영 내에서 기회주의적 위기」 등이 코뮤니스트·그룹 중앙부의 견해를 분명히 한 것이었다. 동호(同号)에는 사노 마나부와 같은 중앙위원인 아라하타 간손(荒畑寒村)의 「무산정당과 협동전선」이 게재되었는데, 그는 신경쇠약 때문에 조직적인 활동에서 멀어져 있었고, 이것을 그룹의 방침으로 보는 것은 불가능하다고 생각한다. 오히려 이 사이에 『마르크스주의』의 지도적인 논객으로 두각을 나타낸 것이 후쿠모토 가쓰오(福本和夫)였다.

• 일본공산당

1922년 7월 15일에 결성된 일본 최초의 공산당이다. 가타야마 센(片山潛), 사카이 도시히코(堺利彦), 와타나베 마사노스케(渡邊政之輔), 도쿠다 규이치(德田球一) 등이 천황제 폐지 등을 슬로건으로 하여 결성했다. 이렇게 일본공산당은 코민테른의 일본지부로 창립되었다. 당시는 치안경찰법, 치안유지법 등의 치안입법 때문에 비합법활동이라는 형태를 취하고 있었다.

1923년 6월 제1차 일본공산당 검거사건으로 다수의 간부가 체포되었고, 1924년 야마카와 히토시(山川均)의 해당 제안에 의해 해산되었다.

1926년 비합법적으로 후쿠모토 가쓰오의 이론에 입각해 재건대회가 개최되었다. 이 시기에는 사회주의와 민주주의의 2단계혁명을 주장했다. 1927년 코민테른의 '27테제'에서 야마카와, 후쿠모토가 모두 비판을 받은 후 와타나베 등의 신집행부체제 아래 재건계획이 추진되었다.

「강령초안(綱領草案)」(1923), 「27년 테제」(1927), 「32년 테제」(1932)라는 코민테른의 직접지령이라는 세 개의 강령적 문서를 통해, 일본의 지배구조를 절대주의적 천황제를 주축으로 하고, 기생적 지주제와 재벌에 의한 독점자본주의라고 하는 세 블록의 결합이라고 규정했다. 그리고 부르주아민주주의혁명을 통해 사회주의혁명에 이른다는 2단계 혁명론의 노선을 확립했다.

「32년 테제」에서는 민주주의혁명의 주요 임무를 절대주의적 천황제의 타도, 기생적 토지소유의 폐지, 7시간 노동제로 하고, 「제국주의전쟁과 경찰적 천황제 반대, 쌀과 토지와 자유를 위해, 노동자, 농민의 정부를 위한 인민혁명」을 중심 슬로건으로 내세웠다. 이러한 사고는 소비에트 성립 이전의 차르에 의한 러시아의 절대지배와 일본의 천황제에 대해 경제적 측면에서의 공통점을 과대평가하여, 일부의 인텔리겐치아와 학생들에게는 지지를 얻었으나, 광범위한 대중에게는 지지를 받지 못했다.

당 조직은 비합법의 당과 합법정당과 노동단체 등에 들어가서 활동하는 합법 부분의 두 개의 축을 갖고 있었고, 비합법의 지하활동을 전개하면서 노동농민당 등의 합법정당에 얼굴을 내밀고 선거운동을 지원하기도 했다. 전전의 경우 노로에이 다로(野呂栄太郎)의 『일본 자본주의발달사강좌(日本資本主義発達史講座)』 등의 이론 활동과 고바야시 다키지(小林多喜二)와 미야모토 유리코(宮本百合子) 등의 프롤레타리아 문학활동에도 큰 영향을 주었다.

27년 테제의 시대에는 코민테른의 방침의 영향을 받아 사회민주주의와의 투쟁을 강조하고 파시즘과 사회민주주의를 동렬에 놓고 사회파시즘론을 채용하여 노동조합운동 등에 영향을 미쳤다. '도쿄시전쟁의(東京市電争議) 때 간부 암살계획·차고방화사건'과 '가와자키메이데이 무장봉기사건'을 일으켰다.

1928년 3·15사건, 1929년 4·16사건에 의한 검거와 잇따른 탄압으로 재건활동이 와해된 후 지하활동으로 들어갔다.

2차 세계대전 후 1945년 10월 10일 도쿠다 규이치, 시가 요시오(志賀義雄) 등의 간부가 출옥하고 노사카 산조(野坂參三)도 중국에서 귀국하여 당이 재건됨으로써 비로소 합법정당이 되었다.

주요 간부의 계속적인 투옥과 사노 마나부 등이 전

향하여 결정적인 타격을 받았다. 그리고 당 내부에서는 스파이를 일소하는 운동이 일어났다. 1933년에는 미야모토 겐지(宮本顕治) 당 중앙위원이 스파이를 조사하는 중에 그 가운데 한 사람이 죽었다. 당시 시체 처리가 곤란했던 당원이 아지트의 지하를 파서 사체를 유기해 버린 사건이 발생했다.

특고의 검거와 스파이사건으로 인해 일본공산당의 동요는 극심해졌고, 1935년 활동하던 중앙위원이 검거되어 중앙위원으로 일본 국내에서 활동하는 것이 거의 불가능하게 되었다. 결국 전전 일본 내에서 통일적인 당의 활동은 여기에서 좌절되었다. 단지 각 지방과 해외 등지에서의 소수 당원의 활동은 가능했다. 이 가운데 중국에서의 노사카 산조의 반전활동은 주목된다.

27년 테제

27년 테제는 1924년에 일단 해당된 일본공산당이 1926년에 재건된 때에 집행부였던 도쿠다 규이치, 후쿠모토 가쓰오가 모스크바를 방문했을 때에 니콜라이 부하린(Nikolai Bukharin)이 주도하고 있던 코민테른으로부터 통고받은 문건이다.

종래 일본공산당 내부에서는 후쿠모토가 주장하는 '천황(天皇)=절대군주(絶対君主)'론과 2단계 혁명론의 후쿠모토주의를 지지하는 논조가 압도적인 대세였다. 여기에 대해 부하린은 후쿠모토의 논조를 정면에서 부정하고 후쿠모토와 도쿠다를 중앙위원에서 해임해 버렸다. 여기에는 도쿠다의 배반행위가 있었다는 증언도 있다. 이에 따라 일본공산당 신집행부에 대해 코민테른은 새로운 방침을 결정했던 것이다.

일본공산당은 27년 테제를 수용하여 후쿠모토주의에 의해 지탱되었던 독자성을 방기하게 되었다. 아울러 후쿠모토는 완전히 당의 주류파에서 밀려나게 되었다.

32년 테제

32년 테제는 일본의 지배체제를 절대주의적 천황제와 지주적 토지소유, 독점자본주의의 세 블록의 결합으로 규정하고, 천황제를 지주계급과 독점자본의 대변자 또는 절대주의적 성격을 갖고 있다고 본다.

당면한 혁명을 절대주의적 천황제를 타도하기 위한 부르주아민주주의혁명으로, 프롤레타리아혁명은 그 다음 단계라고 했다. 이른바 2단계 혁명론이다. 또한 반천황제에 더해, 기생적 토지소유의 폐지, 7시간 노동제의 실형 등을 축으로 하고, 제국주의전쟁과 경찰적 천황제 반대, 쌀과 토지와 자유를 위해, 노동자, 농민의 정부를 위한 인민혁명을 중심 슬로건으로 내걸었다.

일본의 중국 침략에 대해 순수하게 침략을 비난한 것이 아니라, 미국과의 군사적 충돌행위를 피하기 위해, 제국주의 국가들 사이의 전쟁을 반대하는 차원에서였다.

코민테른이 당시 주창했던 사회민주주의와 파시즘을 동열에 놓고 사회파시즘론의 입장을 취했고, 사회민주주의세력과의 투쟁을 특별히 강조했다. 또한 일본에서의 혁명적 결전이 절박하다는 정세 평가를 하고 있다.

• 가타야마 센(片山潜)

1859년 오카야마현(岡山縣)의 가난한 농가에서 태어났다. 초등학교 교사, 인쇄공 등으로 일하며 고학을 하였다. 1884년 미국으로 건너가 고학으로 존스홉킨스대학교, 예일대학교 신학부를 마쳤다. 미국에 있는 동안 미국노동총동맹(AFL)이 결성되고 발전하는 모습을 직접 보았다. 또한 독일의 사회주의자 라살(F. Lassalle)의 전기를 읽고 감명을 받아 노동운동과 사회주의에 관심을 갖게 되었다.

1896년 일본으로 돌아온 뒤 도쿄에서 세틀먼트(settlement)사업을 시작하여 빈민촌에서 기독교의 선교와 구제사업을 전개하였다. 같은 해에 미국에서 돌아온 몇 사람의 동지들과 직공의용회(職工義勇會)를 조직하고, 의용회의 제안으로 노동조합 기성회가 결성되자 간사에 취임하였다. 이로써 일본에서의 근대적 노동조합운동이 시작되었다.

기성회의 지도하에 철공(鐵工)조합·일본철도교정회·활판인쇄공간담회 등의 노동조합이 잇따라 조직되었다. 가타야마는 이들 조합에 대한 지도를 맡는 한편 철공조합의 기관지 『노동세계』를 창간하여 주간으로 활동하였다. 그러나 1900년 치안경찰법이 제정되어 노동운동이 큰 타격을 받게 되었다. 1901년에는 고도쿠 슈스이(幸德秋水)와 함께 사회민주당의 창립 발기인이 되었으나 창당대회 당일로 정당으로서의 활동이 금지되어 뜻을 이루지 못하였다.

1904년 러일전쟁이 한창일 때 네덜란드의 암스테르담에서 열린 제2인터내셔널 6차 대회에 일본 대표로 여기 참석하여, 플레하노프(Plekhanov) 등 러시아의 공산주의자들과 연계를 가지게 되었다. 1911년 말부터 다음해 정월에 걸쳐 일어난 도쿄 시전(市電) 파업의 배후인물로 지목되어 체포되었다가, 1914년 출옥한 후 미국으로 망명하였다. 1917년 10월 러시아혁명의 성공에 영향을 받아 공산주의자가 되었다.

1919년 뉴욕에서 일본공산주의자 그룹을 창설하고, 1921년 모스크바로 옮겨갔다. 1922년 제1회 극동제민족대회에 참석하였으며, 그해 코민테른 상임집행위원으로 선출되어 주로 아시아 여러 민족의 공산주의 운동과 일본공산당의 결성을 지도하였다. 1927년에는 코민테른의 전위조직인 국제반제동맹(國際反帝同盟)을 조직하였고 국제혁명운동희생자구원회의 부위원장으로 일하였다. 모스크바에서 생애를 마쳤는데, 그의 유해는 레닌과 함께 크렘린의 벽에 매장되었다. 저서에 『우리 사회주의』(1903)가 있고, 1959~1960년에 간행된 『가타야만 센 저작집(片山潛著作集)』(3권)이 있다.

• 후쿠모토 가즈오(福本和夫)

일본 돗토리현(鳥取縣)에서 태어났다. 도쿄제국대학 법학부 정치과를 졸업한 후 독일·프랑스로 유학하여 마르크스주의 연구에 전념했다. 이론투쟁주의에 의한 이상의 순화와 혁명적 순수분자에 의한 혁명당 조직의 수립을 제창하여 그의 이론은 '후쿠모토주의'라고 불렀다.

1924년 12월에 『마르크스주의(マルクス主義)』에 투고하면서 좌익논진에 진출했는데, 1926년에는 일세를 풍미했고, 1927년 테제로 비판받고 논단에서 사라져 갔다. 논적 야마카와 히토시(山川均)가 메이지 사회주의(明治社会主義)시대부터 전후까지 일관되게 논객으로 활동했던 것에 비해 그의 주장은 이른바 '후쿠모토주의'라는 이름으로 2년 동안 풍미했던 것에 지나지 않다. 그러나 '야마카와주의'와 '후쿠모토주의'는 상호 대립점에 위치했던 것으로 평가되고 있다. 역시 그의 날카로운 비판이 당시 큰 영향력을 갖고 있었던 것은 사실이다.

두 주의는 사상적 구조와 역사적 역할, 역사적 영향에 있어 근본적으로 다르다고 할 수 있다. 야마카와 히토시의 이론과 사상은 일본 사회운동의 역사와 함께 해 왔다. 그 때문에 그의 사상에는 시대의 상황이 잘 반영되어 있고, 일본의 독자적인 모습이 보인다. 또한 항상 그는 어느 한 정치적 사회적 세력을 대표하는 이론가이기도 했다.

후쿠모토는 근본적으로 학자적 풍모로 정치적 실천이 부족하다고 할 수 있다. '후쿠모토주의'라고 하면, '분리·결합론'으로 당시 일본 사회운동의 지형을 바꿔 나갔다. 그의 「경제학 비판의 방법론」에서 출발한 경제사 연구 방법은 '물질적 생산의 운동법칙이 역사의 구체적인 상황 중에서 관철되고 있고 사실분석을 통해 명확해진다'고 했다. 이 방법은 역사학적 방법으로 틀림이 없다고 할 수 있다.

1925년 재건된 일본공산당의 이론적 지도자가 되었으나 '27년 테제'(1927년 7월 15일 모스크바의 코민테른 일본문제특별위원회가 결정한 '일본문제에 관한 결의')에 의해 '분열주의(分裂主義)'로 비판받고 세력을 잃었다. 그 후 체포되어 14년 동안 투옥되었으나 옥중에서 전향 성명을 발표했다. 2차 세계대전 후 당에 복귀했지만 반(反)스탈린주의를 주장하고 탈당했다. 그의 주저는 『후쿠모토 가즈오 초기저작집(福本和夫初期著作集)』이다.

• 야마카와 히토시(山川均)

1880년 12월 20일 일본 오카야마현(岡山縣) 구라시키(倉敷)에서 태어났다.

도시샤대학(同志社大學) 중퇴 후 도쿄(東京)에 가

서 잡지 『청년의 복음(青年の福音)』을 간행했으나 1900년 일본 최초의 불경죄로 투옥되었다. 이유는 게재했던 황태자의 결혼에 대해 썼던 논설 「인생의 대참극(人生の大惨劇)」 때문이었다.

1906년 일간지 『헤이민신문(平民新聞)』의 편집에 참가하여 고토쿠 슈스이(幸德秋水)와 함께 직접 행동론을 지지했다. 본격적으로 사회주의운동에 참가하게 된다.

1908년 적기(赤旗) 사건으로 징역 2년형을 받았다. 출소하여 한때 귀향했으나 1916년 다시 도쿄에 가서 사카이 도시히코(堺利彦)의 바이분샤(賣文社)에 들어가 『신사회(新社會)』 편집에 참가했다. 1919년 바이분샤를 해산하고 신샤카이샤(新社會社)를 설립하여 『사회주의연구(社會主義研究)』를 창간했다.

1922년 일본공산당 창립에 참가하여 「무산계급운동의 방향전환(無産階級運動の方向轉換)」을 발표하여 대중에게 큰 영향을 미쳤다. 후쿠모토의 비판을 받고 1927년 일본공산당을 이탈하여 잡지 『노농(勞農)』을 간행하여 노농파(勞農派)의 중심적 이론가로서 활약했다. 1937년 인민전선사건으로 검거되었다.

2차 세계대전 후에는 잡지 『전진(前進)』, 『사회주의(社會主義)』를 간행했으며 1951년에는 사회주의협회를 결성하여 오우치 효에(大內兵衛)와 함께 동인 대표가 되는 등 일본사회당 좌파의 이론적 지도자로 활약했다. 부인은 야마카와 기쿠에(山川菊栄)였다. 저작은 『야마카와 히토시전집(山川均全集)』(전 20권)이 있다. (김인덕)

참고문헌

『國文學 解釋と鑑賞』(10月) 第30卷 第13号, 東京: 至文堂, 1965; 日本近代文學館·小田切進 編, 『日本近代文學大事典』 5卷, 東京: 講談社, 1977; 法政大學大原社會問題研究所 編, 『マルクス主義 別卷』, 東京: 法政大學出版局, 2001.

▌마르크스주의 예술학연구(マルクス主義藝術學研究)

1931년 발간된 일본의 마르크스주의 예술 평론 잡지

1931년 5월에 발간된 마르크스주의 예술 평론 잡지이다. 편집 겸 발행인은 이토 산자부로(伊東山三郎)였다. 발행처는 나이가이샤(內外社)로 되어 있었지만 실제 편집을 맡은 것은 프롤레타리아과학연구소(プロレタリア科學研究所) 안에 조직된 예술학연구회(藝術學研究會)였다.
판형은 국판(菊版)이었다. 원래는 계간지를 표방하였지만 실제로는 한 번밖에 발간되지 않았다. 2호부터는 『마르크스-레닌주의 예술학연구(マルクス-レーニン主義藝術學研究)』로 제목이 바뀌었다.

프롤레타리아과학연구소는 1929년 10월 "여러 과학의 마르크스주의적 연구, 발표를 목적"으로 조직되었는데 작가인 아키타 우자쿠(秋田雨雀)가 소장을 맡은 데서도 알 수 있듯이 문학예술 분야에도 깊은 관심을 갖고 있었다.

이러한 관심의 연장선에서 발간된 것이 『마르크스주의 예술학연구』였다. 실제로 이 잡지는 "마르크스·레닌주의 위에 선 예술학의 건설"을 주된 임무로 내걸고 있었다.

창간호에는 권두논문인 미하일로프의 「예술에 대한 프리체의 견해(藝術に對するフリーチェの見解)」를 비롯하여 마쓰모토 마사오(松本正雄)의 「예술 사회학에 대하여(藝術社會學について)」 등의 학구적인 논문이 게재되었다. (이준식)

참고문헌

日本近代文學館·小田切進 編, 『日本近代文學大事典』 第5卷, 講談社, 1977; 『日本出版百年史年表』, 日本書籍出版協會, 1968.

▌마이니치신문(每日新聞)

1872년 도쿄니치니치신문으로 출발했던 도쿄 최초의 일간지

기원은 1872년 2월 21일 『도쿄니치니치신문(東京日日新聞)』이다. 『도쿄니치니치신문』은 조야 덴페이

(条野伝平), 니시타 덴스케(西田伝助), 오치아이 이쿠지로(落合幾次郎)가 창간했는데, 도쿄 최초의 일간지이다. 당초는 조야 덴페이의 집에서 발간되었고, 2년 후에는 긴자(銀座)로 사옥을 옮겼다. 1873년 기시다 긴코(岸田吟香)가 입사하여 평이한 구어체의 보도란으로 인해 대중지로 정착되었고, 1874년 입사와 함께 집필에 취임한 후쿠치 겐이치로(福地源一郎)가 사설란을 창설하여 지면이 완전히 새롭게 바뀌었다. 일본 정부를 옹호는 논진을 확보한 어용신문(御用新聞)이 되어, 자유민권파(自由民権派)의 신문과 대항했다. 후쿠치 겐이치로의 사설과 기시다 긴코의 잡보(雜報), 여기에 나리시마 류호쿠(成島柳北)의 잡록(雑録)이 이 신문의 3대 명물이라고 한다.

1880년부터 일본 정부에 대한 비판의 소리가 높아지자 어용신문에 대하 비판도 강해졌다. 1882년 입헌정당(立憲政黨)이 『일본입헌정당신문(日本立憲政黨新聞)』을 발간했고, 이 신문은 1888년 『오사카마이니치신문(大阪毎日新聞)』으로 개칭되었다. 1888년 당시 사장이 바뀌면서 논조가 중립 노선으로 전환되어 대폭 부수가 늘었다. 1903년에 이 신문은 실업가 모토야마 히코이치(本山彦一)에게 넘어갔다.

1911년에는 『오사카마이니치신문』과 『도쿄니치니치신문』이 합병하여, 전국지로 출발했다. 『도쿄니치니치신문』과 『오사카마이니치신문』의 제호는 바뀌지 않았다.

『오사카마이니치신문』은 메이지(明治) 초기에는 정치적 색채가 강했기 때문에 경영이 좋아지지 않자, 1889년부터 온건한 논조로 전환, 광고 수입도 증가했다. 이후 『오사카아사히신문』과 함께 간사이(關西) 유력지가 되었다.

신체제는 1차 세계대전의 발발을 다른 신문보다 앞서 보도했고, 러시아혁명의 보도와 레닌의 회견으로 주목을 받았다. 이때 시베리아 출병에는 신중론을 취했고, 쌀소동 등의 사회문제에 주목했고, 보통선거운동에도 찬성의 입장을 취했다.

『도쿄니치니치신문』는 다이쇼기(大正期)에는 도쿄 5대 신문(호치[報知]·지지[時事]·고쿠민[國民]·도쿄아사히[東京朝日]·도쿄니치니치[東京日日])의 하나로 주목받기도 했다. 1923년 간토대지진 이후 도쿄 신문계는 오사카 자본의 아사히·도쿄마이니치신문사의 두 강자가 중심이 되었다. 1929년에는 『고쿠민신문』의 주필인 도쿠토미 소호(德富蘇峰)가 이적했다.

1936년에는 『지지신보』를 합병했다. 1939년 도쿄의 유라쿠초(有楽町)에 완성된 신사옥에 당시 도쿄에서도 특이했던 천문관이 설치되었다. 벽면에는 전광판 뉴스도 게시되었다.

1943년 신문사의 조직은 편집국, 총무국, 출판국, 업무국, 공무국으로 되었고, 본사의 일본 내 소재지는 도쿄도 기쿠초(東京都 麹町區 有楽町 1丁目 11番地)였다.

마이니치신문사는 각종 사업을 전개했는데, 강연회, 강습회, 각종 체육대회(야구, 스모, 수영 등), 영화시사회, 미술전, 음악회 등을 지속적으로 개최했다.

사실 보도와 진보적 경향의 논조가 특색이며, 논조의 다양성을 유지했다. 예전부터 사내에 파벌이 있어 다양한 생각을 갖고 있는 기자가 근무했다고 한다.

일본에서 가장 오래된 일간지라고 하나, 1870년 요코하마(横浜)에서 창간된 『요코하마마이니치신문(横浜毎日新聞)』과는 전혀 관계가 없다. 1943년 지명을 『마이니치신문(毎日新聞)』으로 통일하고 명실공이 전국지가 되었다. 『도쿄마이니치신문』은 1946년에 마이니치계(毎日系)의 신흥 석간지로 부활하기도 했으나, 『도쿄니치니치신문』은 1956년에 휴간되었다. (김인덕)

참고문헌

『昭和18年 新聞總攬』, 東京: 日本電報通信社, 1943; 『國文學解釋と鑑賞』(10月) 第30卷 第13号, 東京: 至文堂, 1965; 『每日新聞百年史 1872~1972』, 東京: 每日新聞社, 1972; 日本近代文學館·小田切進 編, 『日本近代文學大事典』 5卷, 東京: 講談社, 1977; 春原昭彦, 『近代新聞通史』, 東京: 新泉社, 2003.

막(幕)

1936년에 도쿄에서 한국 유학생들이 발행한 연극 잡지

1936년 12월 1일 창간했다. '도쿄학생예술좌'의 기관지 성격을 띤다. 2집(1938.3.5)에 이어 3집(1939.6.5)이 종간호이다. 편집 겸 발행인은 박동근(朴東根), 인쇄인은 삼문사의 최낙종(崔洛鍾), 발행소는 '도쿄학생예술좌'(東京市 牛込區 高田町 11)이며 총 판매소는 세기사(世紀肆, 경성부 수송동 45)이다. 판형은 A5판으로 대개 56쪽 내외였고 정가는 10전이다. 연세대와 고려대도서관에 소장되어 있다.

한국 최초의 연극 잡지 『극예술』의 체제가 반영된 듯하다. 표지의 바로 뒤에 사진이 실려 있는데, 각각 "좌원일동의 피크닉", "제1회 공연을 마치고: 유치진작 「소」 제1막, 2막", "주영섭 작 「나루」 유치진 작 「소」 제3막 방송을 마치고", "축지좌(築地座) 찬조출연 신협극단찬조출연 PCL스타디오 견학기념" 등등의 사진 설명이 붙어 있다. 자신들의 활동상을 사진이미지를 통해 일목요연하게 정리하고 있는 것이다.

연극 연구단체이자 연극 공연을 실행하고 있는 단체라서 잡지에 실려 있는 글들도 그와 연관된 내용들이 많다. 창간호에는 주영섭의 「연출론 점묘」, 마완영의 「연기노트의 대략」, 최규홍의 「언어의 극예술적 지위」, 한적선의 「사투리의 매력」, 박동근의 「생활무대」 등의 글이 실려 있다. 그 밖에도 「연극어 정리 초안」, 「연출부의 일」, 「연기론」이 '도쿄학생예술좌' 문예부와 연출부의 명의로 정리되어 있고 「학생예술좌공연방송목록」이 들어 있어 그들의 활동을 전반적으로 조감하게 해준다.

2호도 역시 사진 도판을 실어 그들의 활동상을 알 수 있다. 이로써 제2회 공연으로 「춘향전」을 무대에 올렸음을 알게 된다(참고로 이 공연은 재일동포가 중심이 된 관객의 폭발적인 반응을 얻었고 '학생예술좌'의 공연은 회를 거듭할수록 많은 재일교포들의 관심의 대상이 되었다고 한다). 2호에는 주영섭의 「낭만주의 출연체계」, 박동근의 「생활무대」, 김영화의 「예술가와 세계관」, 이해랑의 「신희극」, 주경은의 「딜레탕트의 의식」, 조우식의 「무대장치가의 태도」 등이 실려 있다. 「1937년도 연극영화에 베스트 텐 선정」과 「신극과 신파의 재고—노트」 그리고 「반도극 춘향전 평」 등도 당시의 생생한 현장감을 전해준다고 하겠다. 특히 임호권이 작성한 「좌원인물묘사실」을 보면 '도쿄학생예술좌'의 구성원들의 면면을 확인하는 유익한 자료가 된다.

3호는 도판 사진을 통하여 6주년 기념공연이 무대에 올랐고 유진 오닐의 「지평선」과 주영섭의 「벌판」이 공연됐음을 확인하게 된다. 박의원의 「무대조명이란」, 주영섭의 「시·연극·영화」, 홍성인의 「화가와 무대미술」, 박동근의 「연출론: 주로 연기와의 연관성에 관한 노트」, 박용구의 「서론적인 음악극론」, 신영의 「음악효과소고」, 이해랑의 「연극의 본질」, 최규석의 「막」, 장계원의 「여배우의 지위에 관한 수상」, 최규석의 「프롬프터 소고」, 이철혁의 「조선연극개괄」, 유종렬의 「무대연기자에 대한 사론」 등의 글이 실려 있으며 2호에 이어서 임호권이 쓴 「좌원인물묘사실(2)」가 뒷부분에 배치되어 '예술좌' 구성원들에 대한 정보를 제공해준다.

축지좌를 비롯한 '신협'의 후원과 찬조출연에 의해 운영되던 '도쿄학생예술좌'의 기관지격으로 『막』의 운명은 약 3년간 지속되었다. 1년에 한 번꼴로 발행된 셈이다. 하지만 연극의 성격이 대중과 함께 호흡하고 직접적 대면의 효과로 인해 선동적 역할도 충분히 가능하여 실제로 일제의 관심의 대상이 되기에 모자람이 없었는데, '연극을 통하여 좌익사상을 고취한다'는 미명 아래 일제는 예술좌원들을 검거하기 시작했다. 또한 1936년 6월에는 창립 6주년 기념으로 제4회 작품인

이서향의 「문」과 함세덕의 「유명(幽明)」이 '조선어 연극의 금지조치'로 무산된 사실에서 보듯이, 점점 더 활동하기가 용이하지 않았던 것으로 보인다. 그리하여 예술좌원들 가운데 주영섭, 마완영, 박동근, 이서향 등이 '치안유지법'으로 기소되어 실형을 받았으며, 1940년 3월에 8개월의 옥살이를 하고 나온 박동근이 그해 9월에 이름만 남아 있는 '도쿄학생예술좌'를 해체했다. 이런 와중에 이 잡지 역시 더 이상 발간할 여력이 없게 됐다.

그럼에도 『막』은 열정에 찬 조선의 연극학도들이 주도적으로 참가하여 연극을 연구하고 실제 공연에 앞장서는 등 공연예술운동에 활력을 불어넣었다는 점에서 그 의미가 충분하다고 여겨진다. '도쿄학생예술좌'의 활동이 다만 일본에서만 그치지 않고 조선에까지 확대되어 잡지를 통해 보고되었고 이후에 연극 무대에서 중요한 역할을 하게 되는 인물들(이서향, 이해랑, 주영섭)을 배출하는 매개 장치였다는 점에서도 『막』의 존재가치는 있다고 하겠다.

• 도쿄학생예술좌

일제강점기에 도쿄에 유학 중인 한국 학생들로 조직된 학생 연극 단체다. 1934년 설립하여 1940년까지 지속되었다. 박동근(朴東根)·김진수(金鎭壽)·황순원(黃順元)·김영수(金永壽)·김병기(金秉騏)·김동원(金東園)·김일영(金一英)·허남실(許南實)·주영섭(朱永涉)·마완영(馬完英) 등 15명이 창립했다. 『막』 창간호에 실려 있는 「학생예술좌 부감도」에서 다음과 같은 대목이 나온다. "1934년 6월 24일, 도쿄에서 연극을 공부하려는 열다섯 사람의 동무가 모여 '도쿄학생예술좌'라는 연극 연구단체를 만들었다. 세계 연극 수준에 달한 도쿄극단(東京劇壇)에서 이런 클럽을 통하여 적극적으로 연극을 배워가지고 장차 조선 가서 같이 일하자는 의도다. 좌에는 조선서 학생극을 통해 알던 이, 작품을 통해서 알던 동무들이 모였다. 1934년 가을부터 연구는 착착 진행되었다."

창립 취지는 이 단체를 통하여 적극적으로 연극을 수업, 귀국하여 연극을 통한 민족의 얼을 되살리고자 하는 것이었다. 유치진(柳致眞)의 『소』, 주영섭의 『나루』로 창립공연을 했고(1935), 이어 제2회에는 유치진 각색의 『춘향전』(1937), 제3회에는 E. F. 오닐의 『지평선』(1937), 주영섭의 『벌관』(1937) 등을 공연하였다. 또, 기관지 『막(幕)』(3집, 1936~1939)을 발간했으며, 1939년 70여 명의 회원 중 일부가 귀국하여 극연좌(劇硏座)를 비롯한 국내 연극계에서 활동했다. (전상기)

참고문헌

권영민, 『한국근대문인대사전』, 아세아문화사, 1999; 최덕교 편저, 『한국잡지백년』 2, 현암사, 2004.

만국공보(萬國公報)

1895년 중국 베이징에서 창간된 시사종합신문

1895년 8월 17일 베이징(北京)에서 캉유웨이(康有爲)와 량치차오(梁啓超) 등이 창간하고 마이멍화(麥孟華)가 편집을 담당하였다. 격일간이며, 판형은 『경보(京報)』와 유사하다.
발행 3개월 만에 모두 45호가 간행되었으나, 강학회(强學會)가 출범하면서 1895년 12월 16일 『중외기문(中外紀聞)』으로 제호가 바뀌고 강학회의 기관지가 되었다. 상하이 기독교삼자애국위원회(基督敎三自愛國委員會)도서관에 전질이 보존되어 있다.

『만국공보』라는 제호는 상하이(上海)의 영국 선교사 단체인 광학회(廣學會)에서 만든 『만국공보』와 동일한데, 이는 캉유웨이 등이 이 매체로부터 많은 영향을 받았고 직접 여러 문장들을 게재하였기 때문에 같은 이름을 취하게 되었다고 한다.

매회 논설 한 편과 장편 논설을 나누어 연재하였는데, 이 논설은 대부분 상하이 『만국공보』에 발표했던 문장들을 옮겨 실은 것이다.

주요 문장들을 살펴보면 「통상정황 고찰(通商情形考)」, 「철로통상설(鐵路通商說)」, 「농학약론(農學略論)」, 「서양국가 병사제도 고찰(西國兵制考)」, 「각국 학교고찰(各國學校考)」 등으로 공업과 농업, 상업, 학교, 언론에 이르기까지 각 방면에 걸쳐 캉유웨이가 청

정부에게 올린 변법 주장에 관한 글들이다. 그 중심 사상은 자강운동과 실업, 공업의 중흥, 인재교육 등이 서양 국가 부흥의 근본이 되었다는 주장이다.

『만국공보』가 발행 될 당시, 베이징에는 연인기(鉛印機)가 없어 『경보(京報)』에서 사용하던 목판인쇄를 빌려 인쇄되었고, 『경보』 판매망을 이용하여 함께 배포되었다. (김성남)

참고문헌

彭永祥, 『辛亥革命時期期刊介紹』, 人民出版社, 1986; 方漢奇 主編, 『中國新聞社業通史』, 中國人民大學出版社, 1996.

▌만국공보(萬國公報)

1874년 중국 상하이에서 창간된 시사종합잡지

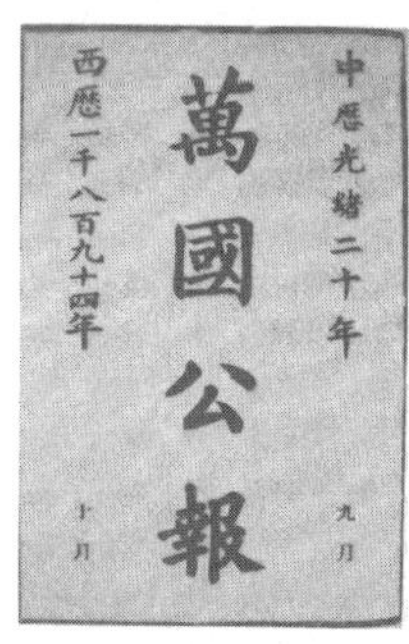

1868년 9월 5일 상하이(上海)에서 미국 감리회 선교사 알렌(Young John Allen, 림러즈[林樂知])이 창간한 『중국교회신보(中國教會新报)』가 그 전신이다. 당시 주간으로 약 700부가 발행되었다.
1872년 8월 31일 제호를 『교회신보』라 바꾸고 2년 후인 1874년 다시 제호를 『만국공보』, 영문으로는 "Globe Magazine"으로 바꾸면서 제호를 비종교화 하였다. 발행주기도 주간에서 월간으로 바뀌었다. 주요 집필자는 알렌을 비롯하여, 에드킨스(Joseph Edkins, 艾約瑟), 무어헤드(William Muirhead, 慕維廉), 영국 성공회 목사 존 프라이어(John Fryer, 傳蘭雅) 등이다. 그 후 발행 9년 만인 1883년 7월28일 750권을 발행하고 정간 되었다가 5년 반 만인 1889년 1월31일 다시 복간되었는데, 복간 후의 편집방향은 많은 변화가 있었다. 형식상으로는 광학회(廣學會)에 종속되어 있었지만, 편집의 책임은 여전히 알렌이 맡고 있었으며 발행부수도 4000부로 증간하였다. 제호에서 『만국공보』라는 중국 이름은 그대로였지만 영문 이름을 "The Review of the Time"으로 바꾼 데서도 알 수 있듯이 새로운 출판물의 형식을 갖춰 이전의 권호를 사용하지 않고 제1책으로 새롭게 출발하였다. 그 후 1907년 알렌이 상하이에서 병사하자 그해 12월 237책을 마지막으로 종간되었다.
현재 상하이도서관에 보존본이 소장되어 있고, 중화서국(中華書局)도서관에 복간 후의 제1책에서 180책이 소장되어 있다. 또한 난징대학(南京大學)도서관과 후난성(湖南省)도서관, 중산대학(中山大學)도서관에도 일부가 남아 있다.

내용은 정사(政事), 교사(教事), 잡사(雜事), 격치(格致) 등의 고정란이 있으며, 변법자강을 고무하고 무술변법(戊戌变法)운동 발생에 직접적인 자극제 역할을 하였다.

기독교 선교사들이 창간한 『중국교회신보』로 출발하여 후에 제호를 『만국공보』로 바꾸었지만, 기독교 복음의 선포라는 기본 목표는 변함이 없었다. 알렌은 『만국공보』로 제호를 바꾸면서 독자층을 광범위한 지식층으로 확대하고자 하였다. 중국의 정치개혁과 서양 자연과학에 대한 지면이 증가하고 교회 관련 지면들은 축소되었다. 선교에 큰 중심을 두고 있었으나 변법 언론과 자강에 관한 글들을 중요 시기마다 발표하여 중국 근대사에 많은 영향을 미치었다.

1889년 복간 후, 중심 내용은 국내외 시사 정보를 전달하는 종합적 성격의 잡지로 변하였으며, 교회에 관한 문장은 그리 많이 보이지 않는다. 중국 정국 변화에 대한 평론과 서양 국가들에 대한 정세와 정보성 글들을 소개하는 종합지로의 성격이 강화되었다.

『만국공보』는 당시 중국 지식인에게 새로운 문물을 알려 주는 샘물과 같은 존재였다. 캉유웨이(康有爲)는 『만국공보』의 독자였을 뿐만 아니라 1894년에는 편집자로도 참여하였다. 량치차오(梁啓超)는 그가 편집한 『서학서목표(西學書目表)』 중에 광학회에서 출관한 서적 22종을 수록하고 그중 『만국공보』를 가장 높게 평가하였다.

매절기마다 간행물들을 합본, 제본하여 판매했는데 주로 청 정부 관리들과 일본 천황과 내각들, 상하이 일본 영사관이 이를 정기 구독하였고, 조선의 지식인과 관리들도 주요 독자였다.

초기에는 자연과학 소개를 중시한 반면, 복간 후에는 서양 사회의 논리학설과 부르주아계급의 경제학설 이론을 소개하고, 유럽에서 유행하고 있는 사회주의 학설들도 소개되었다.

중국 지식인과 중국사회가 새로운 학문과 사상을 접하고 지식을 축적할 수 있는 창구 역할을 담당하였다. 청 말기 개혁사조의 선도적 역할을 자임하면서 특별히 서양 자연과학과 사회과학 지식의 전달은 진보적 지식인들의 갈증과 욕구 해소에 중요한 역할을 하였다. 또한 교육근대화 문제에 깊이 있는 토론을 제공하여 중국의 교육근대화를 촉진하기도 하였다.

그러나 『만국공보』의 역할에 대한 평가의 내용과 정도는 같지 않다. 왜 변법을 고무하였는가에 대해서 어떤 연구자들은 이를 선교의 목적에 부합하기 위한 방법이라고 인식하기도 하고, 또는 중국의 식민지화를 공고히 하고 서양제국주의를 위한 방법이었다고도 한다.

변법을 고무한 목적이 무엇이었나 하는 점에 대해 연구자들의 인식이 다르기는 하지만, 정치, 경제, 교육, 사회습속 등 여러 방면에 개혁을 주장하며 근대 중국사회와 무술변법을 출발하는 데 상당한 영향을 미쳤다는 점은 일치한다.

창간 초기의 『만국공보』는 청 정부를 향해 적지 않은 정책들을 제기했지만, 주요 내용은 통상과 선교에 관한 것이었다. 그러나 후기로 가면서 변하지 않으면 중국을 구할 수 없다는 강한 주장으로 개혁을 이끌어내어 무술변법운동에 일정한 역할을 하였다. 캉유웨이와 량치차오 등 주요 인물들의 이 잡지에 대한 의존도는 매우 높아 이들의 주장과 『만국공보』의 변법 주장은 상당한 유사성을 갖고 있다.

『만국공보』는 중국 교육의 근대화에도 일정한 공헌을 하였다. 청 말기 전통적 교육에서 근대교육으로의 전환 역할을 자임하며, 새로운 학교교육제도를 알리고, 여성교육의 필요성을 주장하는 문장들을 게재하여 사회교육의 개방과 여론을 형성하였다.

『만국공보』의 전신인 『교회신보』까지 합하면 34년에 걸친 시간으로, 이 기간은 양무운동에서부터 무술변법, 의화단운동 등 중대 사건이 일어난 시기이다. 이 신문은 사건보도만이 아니라 이에 대한 기본입장과 태도를 평론으로 게재하고 있어 근대 중국 주재 선교사들과 중국근대사의 관계 연구에 중요한 역사적 자료를 제공하고 있다.

광학회(廣學會)와 티모시 리처드(Timothy Richard, 李提摩太)

광학회는 청 말기 외국선교사와 외국 영사, 상인들이 만든 출판기구이다. 아편전쟁 이전에 익지회(益智會)로 조직되었다가 1884년 상하이에서 동문서회(同文書會)로 바뀌었고, 1892년 다시 광학회로 설립되었다.

이 조직의 목적은 서양학문과 기독교 서적들을 중국어로 번역 출판하는 일이며, 광학회에서 창간한 중국어 언론매체가 10여 종에 달한다. 『만국공보』를 비롯한 『성동화보(成童畵報)』, 『익지신록(益智新綠)』, 『중서교회보(中西敎會報)』, 『대동보(大同報)』, 『평민가정(平民家庭)』, 『민성(民星)』등이 그것이다.

티모시 리처드는 무술운동 기간 강학회(强學會)에 가입하여 활동하였으며, 유신파의 추천으로 광서제(光緖帝)의 고문대신을 역임하기도 했다. 그가 광학회에서 번역 편집한 저술이 70여 종에 달하며 교육활동에도 참여하여 산시대학(山西大學)을 설립하기도 했다. 1899년 2월에는 『만국공보』에 「대동서(大同書)」를 발표하여 마르크스 사상을 처음으로 번역 소개했다.

• 알렌(Young John Allen, 중국명 린러즈[林樂知])

알렌은 미국 남감리회 목사이다. 1860년 24세 나이에 가족들과 함께 상하이에 들어와 1907년 71세에 상하이에서 병사할 때까지 47년을 중국에서 살았다.

활발한 저술과 번역 출판활동으로 광학회에서 출판

한 그의 출판물이 47종에 이른다. 『만국공보』 이외에도 『익지신록(益智新綠)』, 『중서교회보(中西教會報)』, 『자림서보(字林西報)』, 『상하이신보(上海新報)』의 편집과 저술활동에 참여했다.

『전 지구 오대주 여성풍속통도 고찰(全球五大洲女俗通考, Women in all Lands)』을 저술하여 여성들의 지위는 바로 문명 홍망성쇠의 지표가 된다고 주장하였다. 이 책은 세계 여러 나라의 문화와 함께 많은 그림과 삽화들을 첨부하여 베스트셀러가 되었다.

그는 중국 교육의 근대화에도 기여한 바가 크다. 1882년 상하이에 중서학원(中西書院)을 설립하였고, 이어서 중서여숙(中西女塾)을 설립하여 중국 여성 교육의 첫 물꼬를 트고 여성 인재들을 배양했다. 1901년 쑤저우(蘇州)에 둥우대학(東吳大學)을 설립하기도 하였다. (김성남)

참고문헌

李天綱編, 『萬國公報文選』, 三聯書店, 1998; 徐松榮著, 『維新派與近代報刊』, 山西古籍出版社, 1998; 秦绍德, 『上海近代報刊史論』, 復旦大學出版社, 1993.

만국부인(萬國婦人)

1932년 서울에서 창간된 여성 월간지

1932년 10월 1일 삼천리사(三千里社)에서 발행했다. 편집 겸 발행인은 김동환(金東煥), 인쇄인은 대성당 인쇄소의 주인 한동수(韓東秀), 발행소는 삼천리사(경성부 관철동 59)이며, 총판은 대중서옥이다. 창간호로 종간되었는데 판형은 A5판에 100면, 정가는 20전이었다. 대중잡지 중에서 당시 상당한 성공했다고 평가되는 『삼천리』의 자매지로서 창간됐으나 결과는 좋지 않았다. 창간호의 맨 뒷면에 '신혼행진호'로 11월호를 찬란하게 꾸미겠다는 예고가 실리지만 정작 발행되지는 못했다.
1995년 김동환의 아들 김영식(金英植, 김동환의 3남)이 『삼천리』(해방 이후 속간포함)와 『대동아』, 『삼천리문학』과 함께 『만국부인』을 도서출판 한빛에서 영인본으로 간행하였다.

창간호에는 김동환이 "반도의 각시와 색시들은 '자유의 새' 오기를 원한다네"라는 요지의 창간사를, 이광수는 「신여성의 십계명」이라는 제목의 글(정숙과 순결, 위생과 절약, 능동성과 노력형의 신여성)을 실었다. 책의 지면 구성은 시와 소설, 수필 등 문예물과 여성관계 논설, 설문, 잡조 등으로 구성되었다.

주로 일제시대의 신여성(新女性)을 중심으로 한 여성들의 교양잡지로서의 내용을 보이고 있다. 「전위투사(前衛鬪士)도 애인을 가질까」하는 제목으로 우봉운(禹鳳雲, 애인은 거부), 홍효민(洪曉民, 애인을 가짐은 당연), 박옥희(朴玉姬, 비밀을 위하여 불가), 임원근(林元根, 애인도 제일선이면 좋음) 등의 설문과 「신여성의 남장시비(男裝是非)」라는 제목으로 당시의 저명인사인 허헌(許憲, 씩씩하고 쾌활해서 좋아), 황애시덕(黃愛施德, 조선 옷이면 무필요), 유광열(柳光烈, 급변은 불가), 박희도(朴熙道, 남자와 여자는 달라) 등의 글을 보면 잡지의 성격과 방향이 흥미 본위와 대중적 관심을 끄는 기발한 아이디어를 이끌어내려 했다는 점을 짐작케 한다. 실제로 당대의 기획가로 유머리스트로 명성을 떨친 극작가 이서구(孤帆 李瑞求, 1899~1982)의 의견이 적극적으로 반영되었다고 전해진다.

『만국부인』이라는 잡지의 제목에서 추구하는 내용의 글로는 「만국직업부인전선」이라는 제목으로 미국의 여자 샐러리맨, 독일의 여교사, 아이슬란드, 터키 등의 여성 직업에 대한 탐방 기사가 있고, 「각국 여학생의 기질」이라는 제목으로는 영국, 이태리, 러시아, 인도의 여학생들의 기질을 다룬 글이 있다.

대체로 1930년대의 신여성에 대한 담론을 중심으로 한 여성 교양지의 성격을 가지고 있다. 여학생과 젊은 여성의 꿈과 희망은 무엇인가를 짐작할 수 있고, 이들에 대한 남성과 기성세대의 통제 욕구와 바람을 엿보는 데 도움이 된다. 100쪽의 지면을 채우는데 동원된 인사들은 각계각층의 40여 명을 포괄하고 있는 데서도 알 수 있듯이, 식민지 시대 여성을 대상으로 한 대중적 담론이 집결돼 있는 잡지이다. (전상기)

참고문헌

김영식, 『아버지 파인 김동환』, 국학자료원, 1994; 부길만, 「잡지 출판인으로서의 파인 김동환: 파인 발행의 『삼천리문학』과 『만국부인』 연구」, 『출판잡지연구』 9, 2001.

▌만국신문지(萬國新聞紙)

1867년 1월 영국인 선교사 베일리가 간행한 일본어신문

「萬國新聞紙」(東京大学明治文庫蔵)

영국인 선교사 베일리(Buckworth M. Bailey)가 1867년 1월에 발간한 일본어 신문이다. 발행자 베일리는 영국영사관 소속 선교사이자 요코하마(横浜)의 크라이스트교회 목사였다. 신문발행에는 오쓰키 후미히코(大槻文彦)와 호시 도루(星享) 등이 기자로 참가했다. 영국을 중심으로 한 각국의 해외뉴스와 더불어 일본 국내뉴스를 게재한 최초의 신문이다.
1868년의 태정관포고(太政官布告)로 많은 신문이 모습을 감춘 이후에도 치외법권에 의거하여 계속 발행되었다. 1869년 4월 18집을 마지막으로 폐간되었다. 미농지 목판으로 6~7쪽의 가제본으로 지금의 감각으로

는 잡지라고 부를 수 있다.

『만국신문지』는 기사 이외에 『보고(報告)』로서 일본 최초의 상품광고도 게재했다. 프로렌스 소핑그머신(미국제 재봉틀) 광고 등은 일본인이 발주한 신문광고 제1호이다. 신문은 1집에서 18집까지 18책을 발행하는 데 2년 5개월이 걸렸다. 그동안 신문의 형식은 3번 변경되었다.

신문은 외국 선박이 가져온 신문 가운데 최신 뉴스를 각국별로 선별 번역했다. 당시 요코하마에 입항하는 선박 수는 급격히 늘어나 영국계 선박회사 'P&O (Peninsular & Oriental)'가 1864년에 구주 경유 상하이 요코하마의 정기항로를 개설했고, 미국도 1868년 태평양횡단항로를 신설했다. 일본과 구미 간의 정보전달 시간은 급속히 단축되었다.

『만국신문지』 1집의 게재기사는 1867년 1월 24일 입항한 샌프란시스코와 요코하마 간 정기항로의 제1호선 콜로라도호(3750톤)가 가져온 샌프란시스코 출항 당일까지의 현지 신문기사와 런던으로부터 전달된 정보를 번역한 것이었다. 1개월 정도 이후에 구미의 뉴스가 요코하마에 전달된 셈이다. 정보의 생명은 전달의 신속함에 있다. 뉴스의 신속성이라는 신문 본래의 사명을 구체적인 형태로 제시한 것이었다.

● 오쓰키 후미히코(大槻文彦, 1847~1928)

에도 출신의 국어학자. 일본 최초의 근대적 국어사전인 『언해(言海)』의 편찬자로 알려져 있다. 미야기사범학교(宮城師範学校) 교장, 미야기현 심상중학교(宮城県尋常中学校) 교장, 국어조사위원회 주사위원 등을 역임했다.

제국학사원 회원. 유학자인 오쓰키 반케이(大槻磐渓)의 3남으로 태어났다. 형은 한학자로 유명한 오쓰키 조덴(大槻如電), 조부는 난학자였던 오쓰키 겐타쿠(大槻玄沢)이다. 막말에는 센다이번(仙台藩)의 밀정으로 도바 후시미(鳥羽·伏見) 전투에 참전했다.

가이세이조(開成所)와 센다이번교(仙台藩校) 양현당(養賢堂)에서 영학(英學)과 수학, 난학을 배운 다

음, 대학남교(大学南校)를 거쳐 1872년 문부성에 입성했다.

1875년 당시의 문부성 보고과장 니시무라 시게키(西村茂樹)로부터 국어사전 편찬의 명령을 받아 1886년 『언해』를 만들고, 이후 교정을 거쳐 1889년 5월 15일부터 1891년 4월 22일에 걸쳐 자비로 간행했다. 이후 증보개정판인 『대언해(大言海)』의 집필에 힘썼으나 완성을 보지 못하고 증보 도중인 1928년 2월 17일 사거했다.

『언해』의 집필과정에서 일본어 문법을 체계화한 것은 커다란 부산물이었다. 『언해』의 권두에 게재된 「어법지남(語法指南)」은 이를 목적으로 『언해』를 구입한 사람이 있을 정도로 일본어 문법학의 발전에 기여했다. 이는 이후 「광일본문전(広日本文典)」이라는 형태로 별도 출판되었다.

1891년 6월 23일 주최된 『언해』의 완성축하회에는 총리대신 이토 히로부미(伊藤博文)를 비롯해 야마다 아키요시(山田顕義), 오키 다가토(大木喬任), 에노모토 다케아키(榎本武揚), 다니 다테키(谷干城), 가쓰 가이슈(勝海舟), 히지가타 히사모토(土方久元), 가토 히로유키(加藤弘之), 쓰다 마미치(津田真道), 구가 가쓰난(陸羯南), 야노 류케이(矢野龍渓) 등 당대의 지식인이 모두 출석했다.

후미히코의 부친 반케이와 친분이 두터웠던 후쿠자와 유키치(福沢諭吉)도 초대받았지만, 자신의 이름이 이토 히로부미의 밑에 있는 것을 이유로 출석하지 않았다는 에피소드도 전해진다.

19~20세기에 걸쳐 영국, 프랑스, 미국, 독일, 이탈리아 등 소위 '열강'이라 불리는 각국에서는 국어의 통일운동과 그 집대성으로서의 사전 편찬이 이루어졌다. 예를 들면 영국의 『옥스포드영어사전』, 미국의 『웹스터대사전』, 프랑스의 『프랑스어사전』, 독일의 『독일어어사전』 등이 그것이다.

『언해』의 완성도 그러한 세계사적인 흐름의 일환으로 바라볼 수 있다. 만국신문지 기자로서의 활동은 후미히코의 이러한 업적의 바탕이 되었다고 말할 수 있다.

• 호시 도루(星亨, 1850~1901)

메이지시대의 정치가. 당초는 의학에 뜻을 두었으나 영학으로 전향하여 영어교사가 되었다. 메이지유신 이후에는 요코하마 관세장(横浜税関長)이 되었으나 곧바로 영국공사 벅스와 언쟁을 벌여 면직되었다.

이후 법률 연구를 위해 영국에 유학하여 일본인 최초로 변호사 자격을 취득했다. 귀국 후는 국내에서 사법성 부속 대언인(代言人, 변호사) 제1호로 활약했다. 1881년에는 자유당의 대의사가 되어 정당정치의 기초를 만드는 데 일익을 담당했다.

번벌정치를 비판하여 1887년 3대 사건 건백운동에 참가한 것을 계기로 보안조례로 도쿄에서 추방당하고 출판조례 위반으로 투옥되었다. 석방 후인 1892년에는 중의원 의원에 당선하여 제2대 중의원 의장이 되었시만, 1893년 수뢰 의혹으로 의장불신임안이 가결되었다.

조선 정부의 법률고문과 미국공사를 담당했고, 제4차 이토 내각에서는 체신대신 등을 역임했다. 1900년 발족된 입헌정우회(立憲政友会)에도 참가하여 과거의 정적이었던 이토 히로부미로부터 신뢰를 받았다. 그는 일본의 금권형 정당정치를 구축한 인물로 알려져 있다. (이규수)

참고문헌

牛島俊 作, 『日本言論史』, 河出書房, 1955; 岡野他家夫, 『明治言論史』, 原書房, 1983; 桂敬一, 『明治·大正のジャーナリズム』, 岩波書店, 1992.

▌만년초(萬年草)

1902년 일본에서 발간된 문예지

1902년 10월부터 1904년 3월까지 간행된 문예지이다. 잡지 『예문(藝文)』이 발행처와 충돌하여 발전적으로 해소된 이후 발행된 잡지로 통권 12권 발행되었다. 발행소는 만년초, 발행 겸 편집인은 이시다 레이지(石田鈴治)이고, 국판 구성으로 본문은 80쪽 전후였다.

중심인물 모리 오가이(森鷗外)가 러일전쟁에 종군함으로써 종간에 이르렀다.

잡지 구성은 평론, 시가, 고증, 번역이 중심이었다. 잡지에는 『예문』에 이어서 노구치 네이사이(野口寧齊)의 「운어양추(韻語陽秋)」가 연재되었고, 「심중만년초(心中萬年草)」 등 에도문학에 대한 평론도 게재되었다. 주요 필자로는 이노우에 미치야스(井上通泰), 사사키 노부쓰나(佐佐木信綱), 고가네이 기미코(小金井きみ子), 요사노 아키코(擧謝野晶子), 오사나이 야치요(小山内八千代) 등이 있다. 『예문』과 같이 주목할 만한 소설은 게재되지 않았지만, 이후 『해조음(海潮音)』에 수록된 우에다 빈(上田敏)의 역시와 오사나이 가오루(小山内薰)의 번역극은 주목할 만하다. (이규수)

참고문헌

牛島俊 作, 『日本言論史』, 河出書房, 1955; 『近代文學雜誌事典』, 至文堂, 1965; 桂敬一, 『明治·大正のジャ-ナリズム』, 岩波書店, 1992.

만선일보(滿鮮日報)

1937년 중국 만주에서 창간된 한국어 신문

1937년 5월 4일 중국 신징(新京)에서 창간되었다. 1945년 8월 15일 해방될 때까지 발행되었다. 사장은 이용석, 편집국장은 염상섭, 편집고문은 진학문(1938년 최남선으로 바뀜)이었다. 일간이었고, 조석간 4쪽이었다. 영인자료가 출판되었다.

1931년 만주사변이 발발한 후, 일본은 1932년 3월 1일, 소위 만주국을 조직했다. 그리고 지도이념의 하나로 청인(淸人)을 비롯한 조선인, 몽골인, 러시아인, 일본인 등의 이른바 오족협화(五族協和)와 대동단결을 내세웠고 동시에 '협화회(協和會)'를 조직하여 오족의 협화를 꾀했다. 그 일환으로 1933년 8월 25일 신징(新京, 창춘[長春])에서 국한문판 『만몽일보』를 창간했다.

『만몽일보』는 일간지로 조·석간 4면씩 발행부수는 약 2만 부였다고 한다. 또한 젠다오(間島), 룽징(龍井), 투먼(圖們) 등에 지사와 특파원을 두었고 경성과 도쿄(東京)까지 지국을 두는 꽤 규모가 잡힌 신문이었다.

본지는 급격히 증가되어 가고 있는 조선인 이주민들에게 만주국의 건국이념이라든가 국책 또는 이주민 관계의 각종 정책을 홍보하는 역할을 했다.

1936년 만주홍보협회(滿洲弘報協會)가 결성되자 신문 및 통신에 대한 통제에 나선 만주국은 한글 신문의 경우 『간도일보』와 『만선일보』의 통합을 단행, 간도판을 따로 발행하다가 1937년 중일전쟁 후에는 신징의 『만몽일보』와 룽징의 『간도일보』를 통합하여 1937년 10월 21일 "일본의 국책적 견지에서 만주국에 있는 조선인의 지도기관"으로 『만선일보』를 창간했다.

사장이었던 이용석은 함북 회령 출신으로, 1882년 경성 관립사범학교를 졸업하고 고향에서 1917년까지 교편을 잡았다. 1918년부터 룽징에서 무역상을 경영했고 1933년에는 함북회의원에 당선되었다. 1936년에는 간도임업회사, 1940년에는 동해물산 등을 창설한 실업인이기도 했다. 이용석이 사장에 취임하면서 사단법인을 주식회사로 개편했고, 1938년 말에는 서울의 언론인들을 영입하는 등의 개편을 이룬다. 만주의 건국대학 교수로 가있던 최남선이 고문이 된 때도 이때다. 내부 직제 역시 개편하면서 주필제는 없애고 편집국장에 염상섭, 정치경제부장에 홍양명, 사회부장에 박팔양 등을 임명한다.

같은 해 이용석은 일본으로부터 연 6만 4000원의 보조를 받기로 하여 지면을 14단제로 바꾸고 조석간을 발행하기 시작했다. 이와 동시에 조선에도 적극적인 진출을 꾀했는데, 당시 경성에서 발행되던 신문들이 용지부족으로 감면을 실시하던 것과는 매우 대조적이다.

1939년 2월 만선일보사 사장 이용석이 사임하고 부사장이었던 이성재가 사장이 되었다. 이듬해 1월 편집국장이었던 염상섭도 물러나고 홍양명이 국장대리가 되어 편집국장 역할을 한다.

1940년을 전후하여 일본과 조선은 언론사 통폐합이 진행되고 있었지만, 『만선일보』는 부인기자와 일반기자를 모집하기도 했다. 경성에 있던 지사를 확충하기 위해 1940년 4월 20일부터는 조선총지사로 승격시키고, 장완국(張完局)을 조선총지사 기자로 발령했다. 『만선일보』의 지국은 중국의 상하이, 한반도에서는 목포까지도 설치되었다. 1940년 8월 10일 민간지들은 모두 폐간되었으나, 경성의 『매일신보』와 신경의 『만선일보』는 해방될 때까지 발행되었다.

이런 이유로 국내의 언론인이나 문인 중 여러 이유로 본지에 적을 둔 사람들이 많았다. 취재부장 신영우, 사회부장 겸 학예부장 박팔양 및 박충근, 신영철, 이태우, 이석훈, 안수길, 심형택, 송지영, 이갑기, 윤금숙, 손소희 등이 본지에 한때 적을 두었던 기자들이다.

『만몽일보』에서 『만선일보』로

1931년 9월 만주사변에 이어 1932년 성립된 만주국은, 당시 만주에 생활 터전을 잡고 있던 200만 교포의 생존을 위협했고, 만주에서의 독립운동에도 역시 큰 타격을 주었다. 이에 앞서 일본은 만주침략을 위해 일찍부터 만주지방에서의 선전 홍보에 관심을 기울이고 있었다. 선우일로 하여금 『간도일보』를 발간하게 한 것도 그 때문이었다.

그러다가 일본은 1933년 8월 25일 국책적 견지에서 새로운 한국어 신문인 『만몽일보』를 신징에서 창간했다. 그해 1월 25일 최윤주, 홍순범 등이 신징에서 창립총회를 열었는데, 본래는 민태원이 『동명일보(東明日報)』라는 제호로 발행하려 했었다. 그러나 경영방침을 달리하여 『만몽일보』라는 제호로 창간한 것이다. 민태원은 『매일신보』의 사회과장과 편집장을 지낸 뒤 『조선일보』와 『중외일보』의 편집국장을 역임했던 바 있다.

『만몽일보』는 자본금 30만 원의 재단법인체로 출발했다. 선우일의 『간도일보』가 자본금 3만 원의 개인회사였던 것에 비교하면 『만몽일보』에 대한 일본의 재정적 지원은 풍부했다. 창간 1년 뒤인 1934년 9월 5일 발행부수는 3만 8000부라는 기록이 남아 있다. 사원 38명, 공장원 36면이었는데, 이는 『간도일보』의 사원이 10명이고 공장원이 20명이었던 것에 비하면 훨씬 많은 인력을 거느리고 있었던 것이다.

사장 이경재는 간도에서 민회장(民會長)을 지낸 사람이었다. 편집국장 겸 논설위원이었던 김동만은 1928년 3월 17일자 『동아일보』 창춘지국 고문이었다. 『만몽일보』가 창간된 지 3년 뒤인 1936년에 사장 이경재와 김동만이 차례로 물러난다.

그런데 1936년 8월 14일 『간도일보』 사장이었던 선우일이 병사하자 미망인 강고래(康古來)가 임시로 경영을 맡고 있었는데, 이해 11월 『만몽일보』는 『간도일보』를 매수하여 통합한 것이다. 이제 『만몽일보』는 만주국 유일의 한국어 신문으로 통합된 것이었다. 『만몽일보』는 『간도일보』를 『만몽일보』의 간도지사로 운영하고 간도판을 발행했다. 한 해 뒤인 1937년 10월에 이용석이 사장으로 취임하면서 『간도일보』였던 지사를 본사에 합병하고, 동시에 10월 21일부터 제호를 『만선일보』로 바꾸며 조간 8면을 발행한다. 이용석이 취임했던 1937년에는 사원 95명, 공장원 53명이 있었고, 발행부수는 1937년 9월 말 2만 부로 기록되고 있다. (이경돈)

참고문헌

박환, 『만주한인민족운동사연구』, 일조각, 1991; 『한국신문백년사료집』, 사단법인 한국신문연구소, 1975; 이해창, 『한국신문사연구』, 성문각, 1983; 『한국신문백년지』 1, 한국언론연구원, 1983.

▶ 간도일보

▌만선지치계(滿鮮之齒界)

1932년 서울에서 창간된 일본어 치과 잡지

만선지치계사(滿鮮之齒界社)라는 민간 잡지사에서 발행한 잡지이다. 1932년 창간되었으며, 1942년까지 월간으로 간행되었다. 편집 겸 발행인은 다카하시 고이치(高橋幸一)였으며, 본사는 경성부 사정(寺町)에 있었다. 도쿄와 오사카에 지사를 두었으며, 다롄에도 통신소를 설치하였다.
판매가는 한 부에 30전이었으며, 반년에 1원, 1년에 2원이었다. 광고료는 보통면 1면에 20원, 특별면은 35원이었다. 초기에는 70~80쪽 전후로 발간되었으나, 후기에는 30~40쪽으로 분량이 줄어들었다.
국립도서관에 1933년부터, 1938년 발간분을 제외하고, 1942년까지 발간된 전권이 소장되어 있다.

잡지에는 원저, 논설, 실험례, 강연 등의 고정란을 두어 치과의료 관련 논설을 많이 게재하였다. 최신문헌과 외국문헌 초록란을 두기도 하였으며, 의사시험 후보자들을 위한 수험자 자료를 싣기도 하였다. 치과의료와 관련한 각종 법령이나 정책을 소개하기도 하였으며, 치과 임상의 각종 신기술이나 경험 등을 자세하게 소개하고 있다.

또 질의응답란을 두어 독자들의 질의에 응하였으며, 잡록란에는 치과 의료계의 각종 소식을 자세하게 소개하고 있다. 또 치과 개업의의 변동 상황을 소개하기도 하였다. 부록을 두어 원저와 논문을 거의 전체 분량으로 소개하기도 하였다.

그밖에 취미란을 두어 치과의사들의 취미를 소개하기도 하였다. 요컨대 이 잡지는 치과 개업의를 중심으로 치과의사 시험을 준비하는 학생들까지 치과의료 관련 인사들에게 다양한 치과 관련 정보를 전달하는 상업적 치과의료 잡지라고 할 수 있다. (윤해동)

참고문헌

『만선지치계』 국립도서관 소장본.

▌만세보(萬歲報)

1906년 서울에서 창간한 천도교계 신문

1906년 6월 17일 오세창과 손병희가 합작하여 서울에서 창간하였다. 1907년 6월 30일 통권 293호를 끝으로 폐간되었다. 블랭키트 대판 4면 7단제(1단 59행, 1행 14자)였다. 이후 블랭키트 판은 모든 신문의 정형으로 되었다. 사장은 오세창, 주필은 이인직, 권동진, 장효식 등이었고, 발행소는 한성 남서 회동 제85통 4호였다. 발행 겸 편집인은 신광희였다. 국한문 혼용이었는데, 한자 옆에 한글토를 단 것이 특색이었다. 또 타 신문이 8단제를 답습할 때 10단제 실시하기도 하였다. 매호당 1전, 1개월은 20전이었다.
영인자료가 나와 있다.

『황성신문』, 『제국신문』 두 신문은 『독립신문』의 정신적 후계자로서 국민을 각성시키고 새로운 시대에 대처할 정신을 앙양하는 데 큰 뒷받침이 된 바 있다. 그리고 또다시 이 두 신문의 뒤를 이어 허다한 신문이 발행되었는데, 그 당시 서울에는 10여 종의 한국문 신문이 간행되어 언론 개화의 장관을 이루기도 했다. 그 중 『대한매일신보』와 『만세보』는 한국 국민의 민족적 자긍심과 지식 계발을 위해 힘을 기울였다. 만세보는 사장 오세창이 손병희와 합작하여 광무 10년에 제1호를 발간했다. 창간사를 통해 취지를 잠시 확인하자면 만세보는 "아한인민(我韓人民)의 지식계발키를 위ᄒᆞ야" 만들어졌고 사회를 조직하고 국가를 형성함이 시대의 변천이라고 여겨 인민지식을 계발하고 문명에 따르게 하기 위함이라고 하고 있다. 신문교육의 신성함을 강조하고 있고, '인민의 지식계발'을 제일주의로 여기고 있다. 즉, 창간사는 서론으로 시작해서 시급한 국민교육의 필요성을 말하고 있는데, 신문 용어는 국한문 혼용체를 사용했고, 한문지식이 없는 일반 대중에게 한문을 습득시키고 이해시키기 위한 방편으로 한자 옆에 루비를 붙이게 한 것은 특기할 만한 것이다. 그리고 이 신문이 사명으로 삼는 제일 목적은 국민의 지식계발에 있었다. 이미 이 신문보다 20년 전에 창간된 『한성순보』의 사명이 국민의 지식계발에 중점을 둔 것과 같이 이 신문 역시 지식계발을 제일주의로 하고 세계만방에 유통하고 있는 신문화의 흡수 소화를 위해 신문을 하나의 국민교육 기관으로 인정하고 있는데, 특색이 있다.

그리고 창간사에 이어 신문의 효용 기능을 설명하고 있는데, 개인의 지식만 계몽할 것이 아니라 국제간의 평화를 유지할 수도 있고 전쟁을 도발할 수도 있고 정치를 지도할 수도 있다는 것을 말하고 있다. 신문이

미치는 영향이 지대하다는 것을 인정한 것이고 선창악징(善彰惡懲)의 정신으로 민의를 상달하고 상의(上意)를 하달하여 건전한 사회생활로 유도하는 모체가 되어 세상 사람을 가르쳐 올바르게 이끌만한 기관이 되겠다는 것을 말하고 있다. 이 시대의 신문의 사명은 이 신문의 창간사에서 지적되고 있는 바와 같이 공정하고 신속한 보도에도 한층 더 유의한다고 했지만 그 당시 민족과 사회가 신문에 대해 교육기관으로서의 중책을 요청했던 셈이다.

애국심에 대해서는 개인적인 것과 공동적인 것으로 나누었으나 실제로는 하나임을 지적하면서, 각기의 천직과 의무에 충실하며 실력을 양성해야 한다고 주장했다. 자국정신, 국민정신으로 지칭한 것도 같은 의미였다. 이 같은 실력양성론은 점진적인 방법인 신교육과 식산흥업을 통해 국권회복을 시도한 이 시기 계몽운동의 기본적 입장이었다. 따라서 의병활동과 같이 무력을 통한 국권회복운동을 크게 비판하고도 있었다. 이를테면 1906년 6월 29일자 논설 「의병」을 보면, 의병을 우물 안 개구리에 비유하면서 개화의 진전을 더디게 한다고 비난하고 있다. 즉 전체적인 정세와 앞날에 대한 안목이 없다고 보았는데, 이런 관점은 『대한매일신보』의 경우는 덜했지만, 당시 국내에서 간행된 모든 신문의 의병에 대한 인식과 크게 다르지 않은 것이었다.

그러나 본지는 국채보상운동에는 적극적으로 참여했다. 1907년 2월 26일자 잡보 「국채보상서도의성회취지서」를 보면 수금처가 만세보사로 되어 있고, 만세보사의 분전수(分傳手) 8인도 20전씩을 의연하고 있었다. 또 『만세보』는 1907년 2월 26일자부터 접수된 국채보상운동의연금을 광고하고 있으며, 3월 31일자부터는 『대한매일신보』에 이어 국채보상기성회의 접수내역을 게재했다.

여성 교육문제에도 적극적이었는데, 양규의숙(養閨義塾)과 같은 여성교육기관과 여자교육회 같은 여성교육단체에 관련된 사실을 적극 보도했다. 1907년 4월 25일자 논설 「부인사회」는 진명부인회의 창립을 소개하며, 당시의 여자교육기관을 개관하고 있다. 본지는 여성교육뿐 아니라 여권신장에도 다른 신문들보다 적극적이었는데, 예를 들면 여자의 개가를 인정해야 한다고도 했고, 남자 위주의 내외법을 개혁해야 한다고도 주장했다. 이것은 천도교에서 주장해 온 남녀평등사상과도 일치되는 것이었다.

또한 본지가 신지식의 획득을 급선무로 제시한 것은 국가학, 즉 정치학이었다. 『만세보』에 1906년 9월 19일에서 11월 22일까지 만 2개월 동안 '국가학'이 연재된 것도 그런 이유에서였다. 국가전체론, 입법, 원수, 행정의 4부로 구성된 '국가학'은 일본인의 저작을 번역한 것으로 추측되는데, 순한문으로 번역되어 연재되었다. 이 같은 사실은 본지가 계몽 대상으로 삼는 독자가 누구였는지를 시사해 준다. 즉, 루비활자를 사용하여 국문 해독층까지 독자로 삼고자 한 입장과는 크게 다른 것이었다. 식자층 곧 전통적 한학에 젖어 있는 유학자 계층이 먼저 계몽되어야 한다고 믿고 있었던 것의 반증이다. 「국가학」의 연재 이외에도 1906년 12월 25일부터 1907년 1월 17일까지 「정치관념과 정치발전」이라 해서 일본인 저작의 『지나문명사』를 국한문으로 번역, 연재했고, 1907년 3월 7일자에는 「정치학」의 연재도 시도했다. 이 같은 정치학에 대한 관심은 도쿄정치학교에서 수학한 바 있던 주필 이인직으로부터 시작되었으리라 짐작할 수 있다. 정치학 이외에도 본지를 1906년 12월 15일부터 12월 23일까지 상하이에서 발간된 신문의 논설이 「론부강문명지오대이기(論富强文明之五大利器)」도 개제하여, 철도, 윤선, 전신망, 우편, 활판 등 근대문명의 중요성을 강조했다.

그밖에 이인직의 「혈의 누」나 「귀의 성」 같은 신소설의 연재도 특기할 만하다.

이제까지 살폈듯, 이 신문은 일찍이 『독립신문』이 그러했듯 국민의 지식계발을 지상주의로 하고 있다고 정리할 수 있다. 이 신문은 창간사에서 이익을 취하려 하지도 않고 커다란 포부를 희망하지도 않는다고 했다. 신문 발행은 오직 애국애족하는 것만이 유일한 목적이었다. 이 애국애족하는 정신은 먼저 2000만 동포의 지식계발을 초미의 관심으로 여기고 신문 발행의 온갖 정신을 교육중심으로 해서 문명개화의 역군이 되기를 희구했다. "지식계발(智識啓發)은 신문(新聞)에

재(在)한 줄로 사상(思想)하면 오제(吾儕)의 창설(剏設)한 만세보(萬世報)가" 운운의 구절이나, "야매(野昧)한 견문(見聞)으로 문명(文明)에 진(進)케 하며"라는 구절은 미개했던 국민으로 하여금 새로운 문명에 처할 정신을 북돋우기 위해 국민지식의 계발을 창도하고 민중의 각성을 촉구하는 것으로 볼 수 있다. 이 신문은 창간시기인 한일강제병합을 앞두고 기울어 가는 국가 정세를 구하는 최대의 목표를 교육의 보급에 두었던 것이다. 이 무렵에 보성학원 등이 창설되어 청소년을 위한 민족 교육이 싹트기 시작한 것도 관련지어 생각해 볼만하다. 이런 시기에 보조를 맞추어 창간된 것이 바로 본보였던 것이다.

정리하자면 『만세보』는 간혹 천도교의 공식적인 입장과 배치되는 의견을 보이기도 했으나, 천도교의 이해에 관련되는 부분에서는 그 기관지 역할을 했고, 일반 독자를 대상으로 할 때는 드러나지 않게 천도교 홍보의 기능도 했다. 국민계몽 입장에서 지식계발과 풍속개량에 관심을 두기도 했고, 의복을 비롯한 단발이나 관혼상제 풍습, 풍수 등에 대한 개량을 주장했다. 이를테면 여자는 저고리에 주름치마를 입고 구두를 신는 반양제(半洋制) 착용을 주장했고, 청결, 목욕, 음식, 음료수, 의야 등에 관한 논설을 게재했다. 1907년 1월 18일자부터 3월 24일자까지 2개월 이상 「위생학」을 연재하여 공기, 운동, 조리, 영양, 질병 등 위생 전반에 대한 내용을 소개하고도 있었다. 천도교가 동학 시기부터 위생에 남다른 관심을 보여 온 점으로 미루어 보아 당연한 듯싶다.

한편, 본지에 게재된 천도교 관련 기사나 광고, 즉 일진회 탈퇴 광고나 성화회(聖化會)의 개회기사, 그리고 중앙 교직자의 지방순행지역 등을 보면 주로 강원도, 황해도, 평안도, 함경도 등 한강 이북 지역에 집중되고 있음을 알 수 있다. 전주가 예외인데, 이런 점은 충청도 및 전라도 등 한강 이남 지역이 주도하던 동학이 천도교로 개편된 이후 관서지방을 중심으로 운영되었음을 시사하는 듯싶다.

마지막으로, 천도교에서는 재정난을 주된 이유로 『만세보』를 폐간했으나 1910년에 이르러 다시 신문 발간을 모색했던 것 같다. 기관지의 필요성이 증대했기 때문이었는데, 1910년 6월경 천도교에서 재정난으로 휴간하고 있던 『제국신문』의 인수를 시도했다는 사실이 그것을 말해 준다. 동시에 잡지의 간행도 준비하여, 1910년 8월 15일자로 『천도교회월보』를 창간했다. 『천도교회월보』는 한일강제병합 이후에도 계속된 몇 안 되는 한국인 발행 잡지 가운데 하나였다.

천도교와 『만세보』

『황성신문』 1906년 5월 11일자 잡보 「만세보설시(萬歲報設施)」를 보면 이런 대목이 있다. "천도교주 손병희 씨가 천도교 교회기관 신문을 발간한다는 말은 기재하였거니와 그 신문 이름을 만세보라 ᄒᆞ고 ……" 이와 같이 본보가 천도교에서 간행한 신문이라 함은 널리 알려져 있었는데, 천도교에서 어떤 이유로 『만세보』라는 일간지를 발행했는지에 대해서는 별로 알려진 바가 없다. 이는 천도교와 관련된 여러 사실을 살핌으로써 이해할 수 있을 것이다.

천도교라는 교명은 1905년 12월 1일 동학의 교주인 손병희가 동학을 개편하면서 비롯된 것이었다. 창도 이래 동학은 비합법적인 혹세무민의 사교 집단으로 인식되어 왔다. 그리고 천도교도 정부로부터 합법적인 종교로 공식 인정을 받은 것은 아니었다. 그런데 천도교의 광고가 1905년에 『제국신문』과 『대한매일신보』에 실리기도 했는데, 정부에서 아무 제재를 가하지 않은 것으로 보아, 당시 동학세력의 상당수가 일진회에 가담하고 있었기 때문으로 추측된다. 즉, 친일 정권이나 일본에서 동학을 실제로 묵인하게 되었던 것과 무관하지 않은 것이다.

동학의 3대 교주이자 천도교 창시자인 손병희는 1902년부터 1906년까지 일본에 있었고, 그 사이 이용구는 국내 대리인으로 활동하면서 일진회와 제휴하면서 국내 세력을 확장했다.

따라서 천도교 내부에는 손병희의 지지세력뿐 아니라 문명파, 친일파, 보수파 등의 세력들이 있었다. 『천도교회사』(동학사상자료집)에 따르면, 손병희를 지지하는 권동진, 오세창, 양한묵 등은 일본 체류 중 동학에 입교한 전직 관료들이고, 개화에 관심을 두고 있었다. 이용구, 송병준 등은 일진회를 주도하던 친일세력으로 천도교의 지방조직을 장악했고, 김연국 등의 보수파는 초기부터 동학의 지도자 세력이었다. 여론과 천도교 내부의 문제를 해결하기 위해 손병희는 대외적으로 국민·계몽에 관심을 표명했고 교세 확장을 시도했다. 각종 학교 보조금을 기부했고, 학교 설립도 추진한 바 있다. 차차 이런 활동에 대한 여론은 긍정적으로 보기 시작한다.

천도교가 국민계몽을 내세우며 교육사업을 편 것과 함께 병행한 사업은 인쇄소의 설치였다. 그렇게 해서 설치된 활판소 명칭이 보문관이었고, 천도교 관련물 인쇄를 시작했으며, 임원은 천도교인이었다. 자연히 신문의 중요성을 인식하고 있던 천도교 내부에서는 그것이 교세의 확장에도 기여함을 알고 있었다. 그 와중에 천도교는 일진회와의 제휴를 청산할 필요가 있었고, 일진회에서는 마침 1906년 1월 6일 『국민신보』를 창간하여 이용구가 사장으로 취임한다. 따라서 손병희 측에서도 『만세보』를 간행하면서 일진회를 견제하고 천도교를 공식적으로 대변하고자 한 것으로 볼 수 있다.

• 보문관(普文館)

보문관과 천도교의 관계는 애매한 부분이 있다. 보문관은 인쇄소 박문사를 인수하여 설립한 것이다. 박문사는 일진회 기관지를 발행하던 국민신보사와 관련되어 있다는 점에서 그러하다. 박문사의 주소가 미동 30통 4호였는데, 국민신보사의 처음 주소가 그곳이었던 것이다. 1906년 1월 6일자로 창간된 『국민신보』는 박문사의 인쇄시설로 간행되고 있었던 것이다. 그것은 보문관의 인쇄시설이 『국민신보』를 간행하던 인쇄시설이었다는 사실을 알려 주는 것이다. 그리고 이 보문관에서 『만세보』를 인쇄한 것이다. 물론 박문사의 전체 시설을 보문관에서 인수한 것은 아니었을 것이다. 『국민신보』의 간행에 필요치 않은 기계들을 보문관에서 인수했던 것으로 볼 수 있는데, 이는 보문관의 설립에 일진회의 지원이 있었음을 의미하는 것이다.

아무튼 『만세보』의 간행은 『국민신보』와 관련된다는 것이다. 그 기술 문제와 인쇄담당자들이 서로 많이 겹치고 있는 점이 그러하다. 즉, 천도교의 문명파는 일진회와 그 기관지인 『국민신보』를 견제하기 위해 『만세보』 발간을 추진했지만, 현실적으로는 신문 발간 경험이 있고 제휴관계에 있던 일진회의 지원을 받을 수밖에 없었음을 확인할 수 있는 것이다. 한편으로는 친일 정권의 허가가 용이하도록, 국민신보사 관련자들을 표면에 내세운 것으로 볼 수도 있다. (이경돈)

참고문헌

『한국신문·잡지총목록』, 대한민국국회도서관, 1966; 『한국신문백년 사료집』, 사단법인 한국신문연구소, 1975; 계훈모, 『한국언론연표』, 관훈클럽신영연구기금, 1979; 『한국신문백년지』, 한국언론연구원, 1983; 최기영, 「구한말 '만세보'에 관한 일고찰」, 『한국사연구』 61, 62호; 이혜경, 「'만세보'와 '대한민보'에 관한 고찰」, 『저널리즘 연구』 2, 1972.

만주경제연구연보(滿洲經濟硏究年報)

▶ 만주경제연보(滿洲經濟年報)

만주경제연보(滿洲經濟年報)

1933년 만주에서 발행된 일본어 경제 잡지

남만주철도주식회사(南滿洲鐵道株式會社, 통칭 만철)의 조사기관이 1933년부터 1941년까지 발행한 만주·중국 경제에 관한 연구연보이다. 1933, 1934, 1935년판은 경제조사회, 1937년판 상·하는 산업부, 1938, 1939년판은 조사부, 1941년판은 『만주경제연구연보(滿洲經濟硏究年報)』로 제호를 변경하고 조사부가 발행하였다. 1936, 1940년판은 발행되지 않았다.

『만주경제연보』는 만주의 사회경제에 관한 역사적 분석, 만주경제가 당면한 중요문제에 관한 이론적 분석, 매년 만주경제사정 개관, 각종 법령 통계 등의 내용으로 구성되어 있다.

1933~35년판은 강좌파 마르크스주의자인 오에 스에히로(大上末広)가 중심이 되어 이전의 평범한 경제조사 보고나 경제사정 소개에서 벗어나, 만주경제에 대한 종합적이고 사회과학적인 분석을 행하였다. 이러한 시도는 내외의 주목을 받게 되었다. 이를 계기로 오에 스에히로와 나카니시 쓰토무(中西功), 스즈키 고효에(鈴木小兵衛) 사이에서 '만주경제논쟁'이 전개되기도 하였다.

1937년판 이후는 중국 관내 지역도 연구대상으로 취급하면서 기사의 중점이 중일전쟁과 밀접히 연관된 경제 분석으로 이행되었다. (문영주)

참고문헌

杉原四郎 編, 『日本経済雑誌の源流』, 有斐閣, 1990; 杉原四郎 著, 『日本の経済雑誌』, 日本経済評論社, 1987; 『日本出版百年史年表』, 日本書籍出版協會, 1968.

▌만주노력자신문

1930년 조선공산당재건설준비위원회 산하 만주부의 기관지

국한문 혼용으로 쓰인 등사판 신문. 1930년 1월 15일에 창간호가 나왔으며 그 후 몇 차례 부정기적으로 발간되었다. 현재 3호(1930.5.1)까지 남아 있다. 각호는 4면으로 이뤄져 있으며, 각 지면은 세로쓰기 5단으로 조판되었다. 발행자 명의는 '만주노력자신문사'이다. 발행지는 하얼빈(哈爾賓)이라고 적혀 있으나 맞는지 여부는 확실하지 않다. 정가가 매겨져 있는데, 한 부에 5전(錢)이었다.

조선공산당재건설준비위원회는 1929년 2월 조선공산당(서상파) 관련자들이 위주가 되어 결성한 공산주의단체이다. 이 단체는 조선공산당 해산과 재건에 관한 코민테른 결정에 부응하여 자파의 당조직을 해소하고 새롭게 당재건사업을 준비하기 위해서 결성되었다. 중앙위원회 책임비서는 김철수(金錣洙)였고, 본부 소재지는 만주 지린(吉林)성 둔화(敦化)현이었다.

조선공산당재건설준비위원회는 조선 국내와 만주 조선인 사회, 두 군데에 조직적 기반을 갖고 있었다. 만주부(滿洲部)는 이중에서 후자의 조직 발전을 기하기 위해서 1929년 8월에 결성한 산하기구이다. 만주부 책임비서는 주건(朱建)이었고, 기관지 편찬을 맡았을 선전부 책임자는 김중환(金重煥)이었다.

만주부는 조선공산당재건설준비위원회 중앙기관지 『볼셰비키』와는 별도로 자체의 기관지 『만주노력자신문』을 발간했다. 신문 지면은 세계대공황기의 불안정한 사회상을 반영하여 급진적인 논조로 이뤄져 있다. 창간사에 따르면, 당시 세계정세는 2차 세계대전의 위기가 도래하는 것으로 규정되었다. 그리하여 세계혁명의 물결이 홍수처럼 휘몰아치고 있다고 파악했다.

혁명적 앙양기는 조선에도 도래했다고 보았다. 이 신문의 창간호는 「충천할 듯한 대혁명의 화염! 파공(罷工), 파시(罷市), 동맹휴업의 물결은 격화 확대! 적기를 들고 독립을 절규하는 대중의 함성은 천지를 진동!」이라는 표제 아래 전국 각지 대중운동의 고조 양상을 상세히 보도하고 있다.

이 신문이 몇 호까지 발간되었는지는 아직 밝혀져 있지 않다. 현재 남아 있는 것은 창간호를 비롯하여, 제2호(1930.4.1), 제3호(1930.5.1) 등 3개호뿐이다. (임경석)

참고문헌

러시아국립사회정치사문서보관소(РГАСПИ) ф.534 оп.7 д.376; 임경석, 「세계대공황기 민족주의·사회주의 세력의 정세인식」, 『역사와현실』 제11집, 한국역사연구회, 1994.3.

만주일보(滿洲日報)

1919년 만주에서 창간한 한국어 신문

1919년 7월 21일에 중국 만주에서 창간되었다. 종간호는 정확히 알 수 없다. 발행자는 선우일이었다. 영인자료가 나와 있다.

1919년 만주 펑톈(奉天)에서 선우일과 이상협이 주동이 되어 발간한 신문이다. 3·1운동 이후 국내와 만주 지방에서 발행된 지하 독립신문들로 인해 일제는 언론 정책을 수정해야만 했다. 합병 이후 한국인들에게는 신문 발행을 일절 허용치 않았던 방침을 바꾸어 몇몇 신문을 허용한 것이다. 1919년에 『조선일보』, 『동아일보』, 『시사신문』의 발행 허가를 내준 것도 그 맥락 속에 있다. 그런데 일제는 한반도에 앞서서 만주에 먼저 친일적 한국어 어용지를 발행하도록 한다. 『매일신보』에 근무했던 선우일로 하여금 1919년 7월부터 『만주일보』를 발행하도록 한 것이다. 선우일은 1906년 1월 6일 창간된 일진회 기관지 『국민신보』의 기자이기도 했다.

1915년 1월 30일부터 선우일은 『매일신보』의 발행인 겸 편집인으로 되어 있는데, 1918년 9월경에 『매일신보』를 떠난 것으로 추측된다. 9월 18일부터 발행 겸 편집인이 이상협으로 바뀐 것이다. 그리고 선우일은 펑톈으로 가서 1919년 7월부터 본지를 발행하기 시작한 것이다.

이 신문은 펑톈에서 발행했지만 만주에 거주하는 한국인을 비롯해서 국내의 독자를 상대로 한 것이었다. 그러므로 서울에 경기지국을 두고 특파원 한 명과 판매 및 광고 업무를 맡은 사람이 따로 있었다. 당시 국내 발행 한국어 신문은 총독부 기관지인 『매일신보』 뿐이었으므로 『만주일보』는 적지 않은 부수가 팔렸다. 1919년 8월 『매일신보』에는 『만주일보』의 기자모집 광고가 실리기도 했는데, 신문편집과 논평기사를 쓸 수 있는 기자 4명을 모집하고 있다.

1919년 9월 2일 상해임시정부의 『독립신문』은 『만주일보』의 출현을 보도하고 다음과 같이 언급한다.

"봉천(奉天)에서 7월 하순에 선우일과 이상협이 유력일인(有力日人)의 후원을 득(得)하야 ……."

이어서 "기(其) 언론의 추악함이 독자로 하여금 반감을 기(起)케"한다고 비난하기도 했다.

즉, 선우일과 이상협은 일본 재력가의 후원으로 동보의 창간 자본을 확보한 것을 짐작할 수 있다.

또한 당시 『동아일보』 1928년 7월 10일자에는 '이 신문이 국내로 유입되어 상당한 세력을 가졌으므로 매일신보의 독무대를 침식했다'고 보도하고 있다.

즉, 만주에서 발간되었지만 일본인의 세력을 힘입어 국내로 유입된 후에도 신문시장에 영향을 끼쳤다는 것을 알 수 있다.

본지는 창간 이듬해인 1920년에는 경영난으로 정간과 속간을 되풀이 했다. 1920년 3월 29일자에 『매일신보』에서는 『만주일보』가 그동안 우여곡절이 많았는데 자금 관계로 3월 17일부터 정간되었다고 보도했다. 또 『만주일보』 4월 30일자에 치안방해로 압수당했다는 기사도 찾아볼 수 있다. 즉 『만주일보』는 1919년 7월에 펑톈에서 창간되어 국내에까지 보급되었으나 경영난으로 1920년 3월에 임시 휴간했다가 곧 속간했던 것으로 추측된다. 1920년 초 민간지들의 창간과 더불어 『만주일보』의 경영은 더 어려워졌을 것으로 추측할 수 있다.

이해 11월 16일자 『매일신보』에는, 『만주일보』가 내부혁신을 위해 일시 휴간 중이다가 자본금 10만 원의 합자회사로 조직을 변경하고 정두화를 사장으로 선임했는데 11월 25일부터 속간할 것이라는 기사를 실었다. 그러나 그 후 『만주일보』는 속간되지 않은 것으로 보인다. (이경돈)

참고문헌

『한국신문·잡지총목록』, 대한민국국회도서관, 1966; 『한국신문백년사료집』, 사단법인 한국신문연구소, 1975; 계훈모, 『한국언론연표』, 관훈클럽신영연구기금, 1979; 『한국신문백년지』, 한국언론연구원, 1983; 박환, 『만주한인민족운동사연구』, 일조각, 1991.

만주평론(滿洲評論)

1931년 중국에서 발행된 일본어 종합잡지

중국의 만주평론사(滿洲評論社)에서 일본어로 발행한 잡지이다. 발행소 만주평론사는 다롄(大連)시에 있었다. 주간으로 발행되었으며, 잡지 크기는 A5판이었다. 분량은 32쪽 내외로 발행되었으며, 체제는 일본에서 발행되었던 『주보(週報)』와 거의 흡사하였다.

태평양전쟁 개시 이후에 잡지의 성격은 일본에서 발행되고 있던 시국적 잡지와는 어느 정도 격차가 느껴진다. 말하자면, 권력 중추의 의지에 일정하게 충실한 잡지였다고 말하는 것으로는 부족하다. 권력에 밀착하고 있었다고 하기보다는 권력과 일체가 되는 자세를 현저하게 드러내고 있었다. 이렇게 된 이유는 잡지의 편집방침이 만주라는 식민지의 최전선에서 국가권력의 수족으로 역할하고, 이를 통해 효과적인 기능을 발휘했다는 점에서 집약적으로 찾아질 수 있을 것이다.

결국 잡지는 만주에 살고 있던 일본인뿐만 아니라, 중국인을 위하지 않고, 오직 권력의 중추에만 충성했던 저널리즘의 견본이라고 할 수 있었다. 따라서 식민지에서 발행된 잡지라는 흔적은 거의 찾아볼 수 없고, 오히려 일본 정부가 발행한 『주보(週報)』의 식민지판이라고 볼 수 있다. 따라서 잡지의 체제는 『주보』와 거의 대동소이할 수밖에 없었다.

1943년 2월 6일에 발행된 제572호의 내용은, 시평에는 「화베이의 실체·생산증강과 노동관리·경영의 진두지휘운동(華北の實體·生産增强と勞動管理·經營の陳頭指揮運動)」, 「농촌현실의 과제와 그 해결책(農村現實の課題とその解決策)」, 「양생일덕과 팔굉일우(養生一德と八紘一宇)」 등이 수록되었다. 자료란에는 「결전제팔십일회의회재개(決戰第八十一會議會再開)」, 「개척정책운영에 연합회를 신설(開拓政策運營に聯合會を新設)」, 「배급기구 정비방침 명시」 등이 수록되어 있다. (문영주)

참고문헌

山本秀夫 編著, 『滿州評論』 解題·総目次, 不二出版, 1982.5;
高崎隆治, 『戰時下の雜誌その光と影』, 風媒社, 1976, 242~243쪽; 『日本出版百年史年表』, 日本書籍出版協會, 1968.

만한지실업(滿韓之實業)

▶ 조선지실업
▶ 조선평론

말과 칼

1924년 러시아 레닌그라드에서 발행된 한인 청년공산주의자들이 간행한 잡지

1924년 4월 창간되었다. 1925년 5월까지 러시아 레닌그라드 바실리오스트로프 구역 공산당 내 고려부에서 간행했다. 한글 잡지이며 월간으로 간행되었다. 책임주필은 오하묵(吳夏默)이었다. 오하묵이 레닌그라드 국제사관학교 고려과에 근무할 당시 함께 근무하던 고려과 학생들과 힘을 합쳐 간행했다.

러시아공산당 내 고려부는 혁명을 전개하는 데 있어서 가장 중요한 기술인 군사에 대한 잡지가 없는 것을 안타까이 여겨 이 잡지를 발행했다고 전해진다. 또한 『말과 칼』의 임무는 고려 청년들에게 정치·군사상 지식을 제공하여 각 방면의 완전한 혁명자의 자격을 갖추게 하며, 장래 붉은 군대의 지휘관이 될 청년들에게 정치 군사상 자료를 보조하려는 것이며, 아울러 고려혁명군이 될 청년들에게 미리 완전한 혁명군의 정신을 배양케 하려는 것이었다. 그러므로 이 잡지는 주로 정치·군사상 지식을 담고 있다.

필진은 오하묵, 이종우, 홍의표(洪義杓), 노상렬(盧相烈), 유익정(兪益楨), 박 알렉세이, 연지영, 김곽현, 박원춘, 김택권 등이었다.

1924년 4월 창간호가 간행된 이후 1924년 6월에 2·3호 합병호가 간행되었다. 그 후 1925년 5월 20일에 4·5호 합병호가 간행되었다. 5호 이후 계속 간행되었는지는 현재로서 알 수 없으나 중단된 것으로 추측된다.

• 오하묵(吳夏默, 1895~1936)

책임주필이었던 오하묵은 러시아 연해주 니콜스크 우수리스크에서 태어났다. 러시아 중등학교를 졸업하고, 1914년 1차 세계대전 발발 시 러시아 군대에 징집되었으며, 1917년 2월혁명 당시 전선에서 연대 소비에트 위원으로 선출되었다. 1920년 8월 자유시 한인 보병대 사령관으로 활동하였으며, 1922년 8월에는 고려혁명군 중앙정청조직에 참여하여 군인징모위원장이 되었다. 그해 가을 모스크바에서 고급군관학교 속성과에 입학했다. 레닌그라드 국제사관학교 고려과 창설 책임자가 되어 활동하였다. (이신철)

참고문헌

박환, 『재소한인 민족운동사』, 국학자료원, 1998; 위암장지연선생기념사업회, 『한국근대언론과 민족운동』, 커뮤니케이션북스, 2001; 강만길·성대경 엮음, 『한국사회주의운동인명사전』, 창작과 비평사, 1996.

매일신보(每日申報)

1910년 8월 30일에 『대한매일신보』를 개제하여 서울에서 창간된 총독부 기관지

1911년 창간호의 사장 겸 주필은 정운복(鄭雲復)이었고, 발행 겸 편집인은 변일(卞一), 인쇄인은 이창(李蒼)이었다. 7단제 4면으로 발행되었다. 4호 활자를 사용하였다. 1매는 2전이었고, 1개월은 30전이었다.

1912년 3월 1일부터 사장에는 가토 후사조(加藤房藏)가, 이사에는 나카무라 겐타로(中村健太郎)가, 편집과장에는 이상협이 맡아 활동하였다. 11단제(1행 15자, 1단 120행) 4쪽으로 발행되었다.

1938년 4월 29일부터는 취체역 사장을 최린이, 취체역 부사장을 이상협이, 전무 취체역을 후쿠에 사카요시(福江鹿好)가, 편집국장을 김형원(후에 류광렬, 김린이, 이성근)이, 영업국장을 이상길이 맡아 활동하였다. 조간은 4쪽으로, 석간은 6쪽으로 발행하였다. 14단제(1행 15자 165행)였다. 구독료는 월 1원이었다.

해방이후 1945년 10월부터는 오세창이 사장, 이상협이 부사장, 김형원이 전무, 이상길이 상무가 되었고, 취체역으로는 김기전, 하경덕, 김법린, 주필 겸 편집국장으로는 이선근이 맡아 활동하였다.

1945년 11월 23일 이후로는 부사장에 하경덕이, 전무에 김동준이, 상무에 조중환, 김무삼이, 취체역에 이원혁이, 주필에 이관구가, 편집국장에 홍기문이, 감사역에 윤희순이, 고문에 권동진, 홍명희가 활동하였다.

『대한매일신보』의 지령을 계승(1462호)하여 1910년 8월 30일 『매일신보』로 개제한 총독부의 국문 기관지이다. 동년 12월 31일 사옥을 경성 대화정 1정목 경성일보사 구내로 이전했다. 1911년 4월 경성일보사와 합동하여 합자회사를 조직했는데, 당시 총독부는 일인 경영의 일문지에 대해서까지도 폐간을 종용했고 중앙에서는 기관지인 일문판 『경성일보』, 국문판 『매일신보』, 영문판 『서울프레스』 세 가지만 남겼다. 『매일신보』의 보강에만 힘쓰던 총독부는 1910년 10월 12일 이전의 『제국신문(帝國新聞)』 사장이던 정운복을 사장 겸 주필로, 11월 1일에는 발행 겸 편집인에 변일, 인쇄인에는 이창을 임명했다.

1912년 3월 1일자부터 한보(漢報) 『매일신보』와 언보(諺報) 『매일신보』를 합간한 동보는 1919년 신년호 부록으로 매일 편람을 발행하고 월정기독자에게 배부했다. 이때 사장은 가토 후사조(加藤房藏), 이사는 나카무라 겐타로(中村健太郎), 편집과장은 이상협이었다.

초창기 사설은 「불량도서취체」(1916.7.13) 등 서적에 관계되는 내용이 많이 나타나는 것이 특징이다. 동보는 민족지의 무함(誣陷)에 광분하는 총독부의 언론정책에 호응하여 1922년 2월 10일 의분단(義憤團)이라는 단체 명의로 「악덕신문(惡德新聞: 동아일보) 매장(埋葬)하라」라는 괴인쇄물이 경성 시내에 배부되자 2월 11일자 지상에 『경성일보』와 함께 이것을 대서특필로 전재했고 의분단명으로 공공연히 『동아일보』를 무함(誣陷)하기 시작했다. 그러나 이 사건은 곧 날조임이 드러나는데 이에 대해 동지는 "신문사에서 식힌 것은 아니오 부하의 절문 사람들이 한일인데 자기감독이 충분치 못하야 이런 일이 생긴 것은 유감이다"라고 하면서 『동아일보』 측에 진사(陳謝)하는 글을 싣는다.

1924년 12월 18일부터 1면 정치, 2면 사회, 3면 사설 및 지방, 4면에는 경제면으로 지면배치를 변경했고 1938년 4월 29일에는 『매일신보』라 개제하여 종래의 지령 제1만 1013호를 계승 발행했다.

한일강제병합과 함께 총독부 기관지로 "귀축미영(鬼畜米·英)을 격멸(擊滅)하라"는 등의 슬로건을 내세운 동보는 『경성일보』에 귀속되어 오다가 자본금 100만 원의 주식회사체 신발족을 했는데, 이는 총독부가 눈엣가시 같은 민간지들을 모두 말살해 버리고 『매일신보』로 하여금 국문지를 독점시켜 놓을 계획하에 이루어진 것이었다. 이때 필진은 취체역 사장 최린, 취체역 부사장 이상협, 전무 취체역 후쿠에 미치요시(福江鹿好), 편집국장 김형원, 영업국장 이상길이었다. 이때의 주주는 40%가 총독부 경무국의 강권으로 참여한 한인, 나머지는 총독부가 지정한 반관회사(半官會社)들이었는데 전무 이하 경영의 요직에는 일인을 앉혔다.

1919년 3대 총독으로 부임한 사이토가 문화정치를 표방하면서 민간 신문들이 출현했고, 동보 역시 그에 대응하여 1920년에는 과감한 기구개편을 단행했고, 『경성일보』 편집국장 밑에 한 개의 부(部) 수준으로 예속되어 있던 『매일신보』를 독립된 편집국으로 승격시켰다. 이에 앞서 『경성일보』는 1915년 3월 처음으로 '사칙(社則)'을 제정했는데, 1919년 3월에 일부를 개정했다가 1920년 3월에 다시 개정했다. 이때 개정은 새로 나타난 민간지에 대응하기 위한 조치로 10년 만에 독립된 『매일신보』 편집국에는 논설부, 편집부, 외사부(外事部), 사회부, 지방부의 5개 부서가 설치되었다. 그리하여 합자회사 경성일보사에는 『경성일보』와 『매일신보』 편집국을 분리하고 여기에 영업국을 갖추는 3국 체제에 비서과를 두게 되었다.

『매일신보』 편집국이 독립기구가 된 후 방태영이 잠시 편집국장을 맡았다가 1921년 3월에 퇴사한 다음 조선인 편집국장 없이 『경성일보』 편집국장인 나카무라가 『경성일보』와 『매일신보』를 함께 맡는다. 『매일신보』의 부사장과 주필, 편집국장은 여전히 일본인이 차지했다. 1920년대에는 방태영, 정우택, 유만웅, 이기세, 김선흠 등이 참여했으나, 이들은 실권을 가진 책임자가 아니라 형식상으로 법적 요건을 갖추기 위해 등록된 이들이었다. 편집국장은 일본인이 맡고 있다가, 1929년 9월에 김상회가 편집국장에 임명된 후부터 『매일신보』는 완전히 조선인들이 제작하는 독립된 편집국이 되었다. 이듬해에는 『경성일보』의 대폭적 확장과 함께 처음으로 조선인 부사장이 임명되었다. 1920년대에서 1930년대에 걸쳐 10년 넘게 발행 겸 편집인이었던 김선흠은 취재 제작의 권한이 없는 교정부장이었다.

1910년대에 『매일신보』에 있던 조선인들 가운데에는 1920년대 들어 민간지로 옮겨간 사람이 많았고, 다시 『매일신보』로 되돌아오기도 했다.

『매일신보』는 총독부 입장에서 '시정(施政)의 부연(敷衍) 철저, 민의의 창달, 문화의 향상' 등의 원칙에 따라 제작되었고, 총독정치의 선전과 홍보에 주력했다. 편집방향은 '내선일체'로 요약될 수 있었는데, 그 과정에서 『조선일보』, 『동아일보』 등 민간지와 논전을 벌이기도 했다.

민간지 창간 직전인 1919년 3·1운동에 관한 보도를 보면 『매일신보』와 『경성일보』의 태도가 확연하게 드러난다. 두 신문에 3·1운동에 관련된 기사가 처음 실린 것은 3월 6일이었다. 1주일 동안이나 3·1운동에 대해 보도하지 않은 것이었는데, 총독부의 보도 관제 때문이었다. 6일 오후에 『매일신보』 편집국장 방태영과 『경성일보』 일본인 대표 한 사람이 윤치호를 찾아가 일본의 신문들에게 3·1운동의 보도를 허용했다고 말한 것도 이를 증명한다. 6일자 『매일신보』와 『경성일보』는 1면에서 '민족자결주의의 오해'라는 사설로 3·1운동을 비난했다. 이튿날 1면에는 총독의 '유고(諭告)'를 싣기도 했다. 조선의 독립은 불가능하며 만세운동에 가담한 학생과 일반인을 엄중 처벌할 것이라는 내용이었다. 두 신문은 이날 처음으로 만세운동을 '소요 사건'이라고 보도했고, 8일에는 「소위 독립운동」이라는 제하의 사설에서 민족적인 독립운동을 비웃으며 민족진영의 주장을 왜곡하여 비난했다. 두 신문이 똑같은 제목으로 논설과 기사를 실었던 것을 알 수 있다. 이 같은 편집은 1920년 이후 창간된 민간지와는 논조가 더욱 대조적이었다.

『동아일보』, 『조선일보』, 『시대일보』 3개 민간지와 대립되는 양상은 셀 수 없이 많았다. 일례로 1923년 5월 『동아일보』가 지령 1000호를 발행하면서 신문 발행의 어려움을 토로한 바 있는데, 이를 비꼬는 칼럼을 보면 확연히 드러난다.

"오인(吾人)의 경험에 의할진대 신문이 민중의 협력자가 된다 하는 것을 자본가의 주구가 된다는 말로 해석하여 이것을 표방하는 것이 세민(細民)의 간난(艱難)한 재대(財袋)를 싸내는데 편리하다는 기괴한 자각으로 무문곡필을 감행할 용기가 생기기 시작하면 신문경영 같이 용이한 것은 없는 듯하다."

"사람이란 나올 때부터 일종의 협기를 가지고 있다. 그런즉 '정간의 독풍(毒風)'이나 '압수의 흑우(黑雨)'도 이것을 역으로 이용하면 세인의 호기심과 협기가 선동되어 '독풍'은 순풍으로 변하고 '흑우'는 감우(甘雨)로 화하는 일도 있을 것이다. 비록 약령(若齡)이지만 동아일보도 차간(此間)의 묘체(妙諦)를 해득한 듯하다."

"조선민중의 충복이요 민주주의의 신자인 고로 항상 조선민족의 복지를 위하야 쇄심(碎心)하는 정부를 악독(惡毒)하야 민중과 정부 사이에 오해를 생케 하는데 전념하는 듯한 어구를 나열하고 득의연하거나 아(我)은 '신문화 건설의 노역자'라고 자칭하면서 총독의 문화정책에는 사사(事事)이대의 기세를 양(揚)하며 일방으로 신문의 경영은 점차 안이하게 되야 간다. 동지의 묘한 수완에는 경복(敬服) 아니 할 수가 없다."

이밖에도 『매일신보』가 『동아일보』, 『조선일보』 등을 상대로 벌인 논전과 민간지 비난 사례들은 매우 많다.

한편 『매일신보』는 1939년 중국의 왕징웨이(汪精衛) 괴뢰정권 축하사절로 김형원의 뒤를 이어 편집국장이 된 유광렬을 난징으로 특파했다. 그러나 유광렬이 왕징웨이와의 회견에서 "조선청년들은 손문 선생의 대동주의에 공명하는 이가 많으니 조선과 중국의 청년 연결을 바란다"고 말한 것이 일본 측의 기휘(忌諱)에 저촉되어 귀국과 함께 면직되고 후임국장에는 김린이(金麟伊)가 임명되었다.

1941년 사장 최린의 후임으로 이성근(李聖根)이 취임했고 해방까지 유임했다.

민족지 없는 시대의 유일한 국문지였던 『매일신보』는 해방 직전인 6월 현재 발행부수 50만 부를 돌파했으나 용지 통제로 타블로이드판 4면 발행을 했다(지사 17개소, 지국 327개소).

해방 후 조선건국준비위원에 선출된 최익한, 이여성, 양재구, 김광수 등 신문위원들이 8월 16일 『매일신보』의 인쇄시설을 접수하고 『해방일보(解放日報)』의 창간을 꾀했으나 8월 17일 아직도 잔존하던 일본군의 반발로 실현시키지 못했다. 이런 가운데에서도 여전히 국문판 신문으로 발행을 계승했던 『매일신보』는 9월 상순 사장 이성근이 지난날의 과오를 전 사원에게 사과하고 자퇴하자, 9월 20일 동 사원대회에서는 전 간부를 모두 몰아내고 윤희순을 위원장으로 하는 사원자치 위원회를 조직하여, 동 24일자 지상에서 다음과 같은 사고(社告)를 내며 계속 같은 제호로 신문을 발행한다.

"비록 제국주의 억압에 의한 것이라고 하나, 그러나 우리가 총독정치의 익찬(翼贊) 선전기관의 졸병으로서 범하여 온 죄과에 대하여서는 어떠한 엄정한 비판과 준렬한 힐책일지라도 이를 감수할 각오이려니와 우리는 이때를 당하여 심기일전 건국대업의 완성을 위하여 분골쇄신의 성을 다 할 것을 맹서하는 바다 ……."

남한에 진주한 미군은 10월 2일 매일신보사를 접수(경성일보사는 9월 25일 접수), 관리인으로 이상길을 임명하는 한편, 주식회사체인 매일신보사 한인 주주총회(한국인 주 58%)를 열어서 새 간부진용을 구성할 것을 종용하였다. 그리하여 동월 25일의 주주총회에서 사장 오세창, 부사장 이상협, 전무 김형원, 상무 이상길, 취체역 김기전, 하경덕, 김법린, 주필 겸 편집국장 이선근 등의 우익인사를 선출, 제호도 『서울신문』으로 개제하기로 결정했다. 그러나 사원자치위원회에서는 이를 반대하고 실력행사로 나와서 아놀드 군정장관은 11월 10일 돌연 재산조사라는 이유로 『매일신보』를 정간시켰다. 이는 미군정하에 있어서의 최초의 정간기록이다.

미군정부는 주주대표와 사원자치위원회와의 타협을 종용하여 그 결과 사장 오세창, 부사장 하경덕, 전무 김동준, 상무 조중환, 김무삼, 취체역 이원혁, 주필 이관구, 편집국장 홍기문, 감사역 윤희순, 고문 권동진, 홍명희 등의 새 간부진이 탄생되어 11월 23일자 제1만 3738호부터 『서울신문』이라고 개제하고 속간했다.

매일신보사가 발행한 간이신문

매일신보사에서는 다음과 같은 간이신문과 잡지를 발행했다.

· 『매신사진순보(每新寫眞旬報)』

1939년 9월 18일 창간하여 제167호까지 발행, 발행부수 1만 부.

· 『국어교실(國語敎室)』

1937년 전무인 가와타니 시즈오(河谷靜夫)가 일어를 장려하기 위해 농촌청년들을 상대로 만든 일어 주간지 『국민신보(國民新報)』를 다시 그해 12월 19일 『국어교실(國語敎室)』이라 개제한 것이다. 발행부수 10만 부, 1945년 4월 폐간.

· 『새소식』

1945년 5월에 창간된 간이 국문 신문. 이는 전 군수의 경력을 가진 최병협이 경무국에 진언하여 나오게 된 타블로이드판 절반 4면의 소형신문. 해방과 동시에 폐간. 발행부수 20만 부.

『매일신보』의 언론인들

1910년 『경성일보』에 『매일신보』가 흡수 통합된 후 사장, 주필, 편집국장 등의 책임자는 모두 일본인이 차지했다. 형식상 편집 겸 발행인으로 한국인이 등록되어 있었지만 경성일보사의 조직상으로는 부장급에 지나지 않았다. 1920년 민간지 창간 이후 『매일신보』의 편집국을 『경성일보』로부터 분리하여 독립된 국으로 승격시킨 뒤 짧은 기간 동안 방태영이 편집국장을 맡았고, 1921년 3월에 그가 퇴사하고 나서는 한국에게 편집국장을 맡기지 않았다. 그러나 1928년 9월 1일 김상회가 편집국장에 취임하여 이때부터 한국인이 편집국장을 맡게 되었다. 이듬해인 1930년 2월에는 『경성일보』가 자본금 50만 원으로 늘리고, 『서울프레스』를 인수하면서 한국인으로는 최초로 박석윤이 부사장에 취임했다. 박석윤의 부사장 취임과 함께 이익상은 편집국장 대리로 취임했고, 1935년 4월 19일 사망할 때까지 국장대리 또는 국장으로 있었다. 그의 후임으로 유광렬이 편집국장이 되었다. 박석윤은 1932년 9월에 퇴사했는데, 그의 뒤를 이어 이상협이 다시 『매일신보』로 돌아와서 후임 부사장이 되었다. 이상협은 본래 『매일신보』에서 출발하여 『동아일보』 창간 주역이었다가 『조선일보』와 『중외일보』를 거치면서 신문 제작과 경영에 수완을 발휘하다가 『매일신보』로 돌아왔다. 그는 당대 자타가 공인하는 일급 신문 관리자였다. 그는 신문의 제작, 경영에 이르기까지 당시 최고의 전문가였지만, 글은 별로 쓴 바 없다.

『매일신보』와 자매지 관계에 있던 『서울프레스』는 한국인으로는 가장 고위직에 있었던 사람으로 김용주가 있었다. 그는 구한말 주미공사였던 아버지 김윤정을 따라 미국에 가서 1914년과 1915년에 펜실베이니아대학과 콜로라도대학을 졸업한 후 1922년 귀국하여 이해 12월 『서울프레스』에 입사했다. 그는 프랭크 Y. 김이라는 서양식 이름을 가졌다. 1928년에는 『서울프레스』의 지배인이 되었고, 1930년 2월에는 『서울프레스』가 『경성일보』에 흡수, 통합된 후 주필이 된다. 그는 1937년 4월 6일에 병사했는데, 그 후 한 달 후인 5월 30일에 『서울프레스』 역시 자진 폐간한다.

『매일신보』가 『경성일보』로부터 독립하여 새로운 주식회사가 된 후로는 최린이 사장이 되었고, 이상협은 부사장이 되었다. 1941년 6월 16일에는 경찰 출신으로 도지사까지 지낸 친일파 이성근이 취임하여 해방 때까지 일제의 충실한 기관지 역할을 하는 데 힘을 쏟았다.

편집국장으로는 1938년 새로 독립된 후 김형원(1938년 5월 1일), 유광렬(1940년 1월 30일), 김인이(1940년 1월 21일), 정인익(1940년 9월) 등으로 김린이를 제외하고는 모두 『동아일보』와 『조선일보』 등의 민간지에도 근무했던 이들이다.

견습기자 공개채용제도와 최초의 여기자 이각경

『매일신보』는 우리나라 최초로 기자를 공개채용한 신문이다. 1920년 7월 2일자에는 부인기자를 채용한다는 사고가 실렸다.

『매일신보』는 1918년경 처음으로 기자를 공개채용했다고 하며 이때 우리나라 최초의 여기자가 탄생했다. 여기자의 응시 자격은 가장이 있는 '부인'이어야 하고, 연령은 20세 이상 30세 이하로 학력은 고등보통학교 졸업 정도 이상으로 문필에 취미가 있는 사람이어야 한다고 되어 있다.

이때 채용된 부인기자가 이각경이었다. 이각경에 대해서는 언론학자 정진석이 상세히 그 활동을 조사한 바 있다. 이각경은 경기여고의 전신인 한성고등여학교 기예과 3회 졸업(1913)생이며, 사범과 1회(1915) 졸업생이다. 이후 도쿄 유학을 떠났다가 귀국하여 2년간 교육계에 종사한 경력도 있었다. 1924년 조선일보사에 입사한 최은희가 우리나라 최초의 여기자로 알려져 있으나, 이각경은 최은희보다 4년 먼저 출발한 최초의 여기자로 보아야 할 것이다. 이각경은 채용된 지 열흘 뒤인 9월 14일부터 기사를 쓰기 시작했는데, 「부인기자의 활동」이라는 제목으로 창덕궁 지밀여관(至密旅館)을 방문한 기사에 이어서 9월 15일자부터는 고정 제목으로 「부인기자의 가정방문기」를 게재했다. 그의 가정방문기는 9월 15일자부터 9월 21일자, 9월 28일자, 9월 29일자에 실렸다.

그해 말 12월 5일에는 「이백작저(李伯爵邸) 방문기」를 썼는데 '이각경 여사'라고 이름을 밝히기도 했다. 이각경은 이때 『매일신보』의 자매지였던 『경성일보』의 여기자 가마다(鎌田)와 동행하여 일본어 통역도 해주었다는 것으로 보아 『경성일보』에도 일본인 여기자가 있었던 것이다. 이각경은 1921년 1월 1일자에 「신년벽두를 제하야 조선 가정의 주부께」라는 장문의 계몽적 논설을 쓴 바 있다. 이 논설에서도 '본사기자 이각경 여사'라고 이름을 밝히고 있다. 여기에서 이각경은 "우리 조선은 날과 달러 변하여 가는 이 시대를 당하여 지난 시대의 범절만 지킬 수도 없고 또 나날이 달라 가는 풍조를 다 숭상할 수도 없다"고 전제하면서 여성계의 개량은 전통의 파괴가 아니라 이를 지켜가면서 고칠 것은 고쳐 나가야 한다고 말하고 있다.

이각경의 논설이 실린 1월 1일자에는 「편집국원점고(編輯局員點考)」라는 제목의 기사가 실렸는데, 『매일신보』 편집국 한 자리를 차지하고 있는 이각경 역시 언급되어 있다. '편집국 급사'라고 밝힌 필자는 가벼운 스케치풍으로 매일신보 편집국 기자들의 모습을 묘사하고 있는데, 거기에 이각경의 이름도 언급한 것이다. 이각경은 그 후로도 여성을 위한 계몽적 기사를 여러 편 실었다. 이각경이라고 이름을 밝히지는 않았지만 기사 말미에 '부인기자'라고 쓴 것은 모두 이각경의 것으로 보아도 무방하다.

그러나 1921년 4월 25일자에 실린 「신구절충주의: 혼례식은 이러케 함이 조아」라는 제목으로 김덕성을 인터뷰한 기사를 끝으로 '부인기자'임을 밝힌 기사는 보이지 않는다. 그 후로도 같은 형식의 인터뷰 기사는 실렸으나 그것이 이각경의 기사인지는 확인할 수 없다. 그 후 1925년 7월 27일 밤 11시에 이각경은 서울 입정정 15번지에서 치사량의 수면제를 먹고 자살을 기도했다는 기사가 실렸다. 그는 『매일신보』를 그만둔 후 다시 학교 교사가 되어 마포공립보통학교에 근무 중이었는데, 가정불화로 자살을 기도한 것으로 나와 있다.

이각경 이후 『매일신보』에 근무한 여기자는 1920년대에 김탄실, 김원주 등이 있었고, 1930년 2월에 공개채용으로 입사한 이현숙, 이명온, 그리고 일제 말기의 조경희 등이 있었다.

그 후 『매일신보』는 1929년 8월에 기자를 공채한 것을 비롯해서, 1935년 1월과 1936, 1938, 1940년 등 매년 1월에는 정기적으로 기자를 공개채용했고, 1940년 이후로도 여러 차례의 견습기자모집이 있었다.

민간지로는 『조선일보』가 1930년과 1936년에 각각 한 차례씩 기자를 공채했던 적이 있었고, 그 후로는 공개채용이 제도화되지 못했던 것에 비해서 『매일신보』는 기자채용의 원칙을 공채에 두었으나, 기성 기자들은 민간지와의 교류도 많았던 것이다.

견습기자 채용의 자격요건은 전문학교 졸업자로서

처음에는 30세 미만이었으나, 1940년부터는 27세로 연령을 낮추었다.

『매일신보』의 연재문학

『매일신보』는 정치기사를 다루기 용이치 않았기에 자연히 학예기사 중심의 편집을 추구하게 된다. 역설적으로 다른 민간지가 허용되지 않던 1910년대에 『매일신보』는 지금의 문학사에 오르내리는 여러 작품들의 발표무대가 되었다. 대표적으로 다음의 작가의 활동이 눈에 띈다.

이인직은 1906년 『만세보』에 발표한 「혈의 누」 하편을 이듬해 5월 17일부터 6월 1일까지 『뎨국신문』에 게재했고, 그 이후인 1913년 2월 5일부터 6월 3일까지 다시 그 속편을 『매일신보』에 발표했다.

조중환은 『매일신보』에서 오늘날 정치부장에 해당하는 경파주임이면서 번안소설에 있어 선구적 활동을 보이고 있다. 그는 조일제(趙一齋)라는 호로 「쌍옥루」(1912.7.17~1913.2.4), 「장한몽」(1913.5.13~10.1, 속편은 1915.1.20~12.26) 「국(菊)의 향(香)」(1913.10.2~12.29), 「단장록(斷腸錄)」(1914.1~7.19), 「비봉담(飛鳳潭)」(1914.7.21~10.28), 「관음상」(1920.7.7~1921.3.23) 등 여러 편을 『매일신보』에 연재했다. 특히 일본의 오자키 고요(尾崎紅葉)가 쓴 「곤지키야샤(金色夜叉)」를 번안한 「장한몽」은 유행가와 신파극으로도 오랫동안 인기를 누렸다. 1918년 『매일신보』를 떠난 조중환은 훨씬 후인 1934년에 다시 「금척(金尺)의 꿈」(1934.7.23~1935.9.28)을, 1939년에는 또 「안동의기(安東義妓)」(1939.11.21~1940.11.21)을 『매일신보』에 발표한다.

이해조는 선음자(善飮子), 우산거사(牛山居士), 이열재(怡悅齋), 해관자(解觀子) 등 여러 가지 호로 『매일신보』에 적지 않은 소설을 싣고 있다. 「화세계(火世界)」(1910.10.12~1911.1.17), 「월하가인」(1911.1.18), 「소양정(昭陽亭)」(1911.9.30~12.17), 「춘외춘(春外春)」(1912.1.1~3.15) 등의 작품을 발표했다.

또한 『매일신보』는 이광수가 지음 첫 장편소설 「무정」이 연재된 곳이기도 하다. 1917년 1월 1일부터 6월 14일까지 126회에 걸쳐 연재된 후 1918년 광익서관(廣益書館)에서 단행본으로 간행되었다. 근대문학사상 최초의 장편소설로 간주되고 이광수의 작가적 명성을 굳히게 한 작품이기도 하다. 신소설의 공리적 효용주의를 계승하여 문학적으로 완성을 기도함으로써 일각의 부정적 시각에도 근대문학 초기에 있어서 그의 개척자적 공적을 인정받게 한 대표작으로 평가된다. 줄거리는 경성학교의 영어교사인 주인공 이형식이 김장로의 딸 선형에게 영어교습을 하다 어렸을 적 알게 되어 정혼한 영채가 기생이 되었다는 소식을 듣는다. 형식을 찾아 상경한 영채는 경성학교 배학감에게 순결을 빼앗기게 되고 형식에게 유서를 남긴 채 사라진다. 자살을 기도하던 영채는 곧 병욱을 만나 자각하고 일본으로의 유학을 결심한다. 그동안 선형과 약혼한 형식은 우연히 미국 유학길에서 선형과 재회하고, 각기 학업을 마치고 난 후 고국 문명사상의 보급에 헌신할 것을 다짐한다. 자아의 각성을 남녀의 애정으로부터 시작하여 민족의 문제로 등치시키는 「무정」은 이전의 신소설에 비해 구체적이고 섬세한 묘사로 특징지어진다. 낡은 체제를 해체하고 새 질서를 받아들이고자 하는 과도기적 인간상으로서의 이형식과, 예속적 존재에서 독립적 인간으로의 해방을 반영하는 박영채라는 두 인물을 중심으로 인물, 주제, 구성 면에서 혁신을 꾀했다고 평가된다. 연애와 새로운 결혼관 등을 통해 당대 최고의 시대적 선이었던 문명개화가 어떻게 표현될 수 있었던 것인지를 보여 주는 기념비적인 작품이 바로 「무정」인 것이다.

『매일신보』의 광고 취급자들

민간신문이 출현하기 전이었던 1910년대에는 『매일신보』에서 광고 업무만 전문적으로 취급하던 사람들이 생겨났다. 『매일신보』의 광고 업무는 『경성일보』 광고부장의 관할 아래에 있었는데, 『매일신보』는 조선어로 발행되었기 때문에 광고부 소속 조선인들은 『경성일보』의 일인 광고부원들 틈에 섞여서 광고 업무를 담당했다.

1916년 3월 5일자 본지는 지령 3000호 기념 특집호를 발행하면서 1면에 「광고의 이용」이라는 사설을 게재했다. 광고는 증기기관에서 그 발동력의 원인이 되는 증기를 축적하는 것과 같다고 말하고, 광고는 결코 신비한 괴물이 아니고 기업인에게 활력을 부여하는 것이라고 규정했다. 그러나 상인은 광고의 효과가 즉시 나타나기를 기대해서는 안 되며, 농가에서 세 시기가 있듯, 광고 역시 이 3기를 경과해야 효과를 기대할 수 있다고 한 바 있다. 이 특집호는 또 '신문과 상인의 관계'라는 한 면을 따로 마련하여 광고주 네 사람의 광고 효용담을 게재한 바 있다.

1910년 10월 16일에 이성호가 『매일신보』에 입사했는데, 이날 '사고'를 통해 회계였던 안정식이 퇴사하고 대신 이성호가 입사했으므로 일체 재정에 관한 일은 신임 회계에게로 왕복하라고 고지했다. 이때 이성호는 광고부에 근무하는 것으로 기록되어 있다.

이성호가 입사한 직후부터 본지는 광고 유치에 적극적 자세를 취하고 있는데, 10월 19일부터 1면 중앙에 광고유치를 위한 '특별 사고'를 게재했던 일도 있다. 그 내용은 『매일신보』가 공평한 언론과 신속한 보도로써 사회의 제반사를 빠짐없이 게재하고, 또한 도쿄 특전으로 세계 상황을 손바닥 들여다보듯이 하면서 매일 1만 2000여 부를 발행하여 서울과 지방 각지에 배포하고 있으므로 광고의 효력이 역시 절대하다는 것이었다. 이어서 오는 11월 3일은 천장절(天長節)인데 이날을 기념하여 특시 수십 만 부의 신문을 인쇄하여 다량으로 배포할 것이므로 광고 효력이 평일에 비해 십 배 이상에 달할 것이라는 사고를 싣고 있다.

민간지가 창간되던 1920년 『매일신보』 광고부에는 『경성일보』 광고부장인 오시마 가쓰타로(大島勝太郎) 아래에 일본인 8명과 조선인 3명이 있었다. 이성호, 김희상, 김준호 등이 그들이다. 1920년부터 20년대 후반까지 『매일신보』 광고부에 근무한 사람들은 이성호, 김희상, 김준호, 태덕영, 이능선, 유만웅, 지상현, 손병도, 윤명길 등이 있었다.

일본인 다다 노부마사(多田信政)는 1920년 무렵 『매일신보』 광고부에 있다가 1923년에는 『조선일보』로 옮겨 광고부장을 맡았다. 짧은 기간이었지만 『조선일보』가 일본인을 광고부장으로 임명한 것은 일본 광고의 비중이 컸기 때문에 실무 경험자가 필요했기 때문이다. 『동아일보』 역시 창간 당시에 광고부에서는 일본인을 한 명 촉탁으로 임명했다.

1930년대 중반이 되어서야 본지에도 처음으로 조선인 광고부장이 등장한다. 주윤이 첫 조선인 광고부장이었는데, 1924년에 『매일신보』 편집부 기자였다가 1932년 무렵에 경제부장이 되었고, 1935년 9월부터 광고부장을 맡았다가, 3년 후인 1938년 말에는 사업부장이 되었다.

주윤의 후임 광고부장은 윤병은이었다. 그는 1939년 1월 광고부장에 취임하여 이듬해 8월 『동아일보』와 『조선일보』가 폐간된 뒤에도 광고부장으로 재직하면서 1943년 6월에는 도쿄와 오사카에 출장했는데, 이 역시 광고 유치를 목적으로 했다고 추측할 수 있다. (이경돈)

참고문헌

『한국신문·잡지총목록』, 대한민국국회도서관, 1966; 『한국신문백년 사료집』, 사단법인 한국신문연구소, 1975; 계훈모, 『한국언론연표』, 관훈클럽신영연구기금, 1979; 『한국신문백년지』, 한국언론연구원, 1983; 이해창, 『한국신문사연구』, 성문각, 1983.

매일역보(每日譯報)

1938년 중국 상하이에서 창간된 시사종합신문

1938년 1월 21일 중국 상하이(上海)에서 창간되었다. 메이이(梅益), 왕런수(王任叔), 웨이췌(衛愨), 첸싱둔(錢杏頓), 위링(于伶), 천왕다오(陳望道) 등이 편집을 맡았다. 1939년 5월 18일 종간되었다. 현재 상하이도서관 등에 소장되어 있다.

초기에는 순수한 번역위주의 신문으로 장춘팡(姜椿芳), 린단추(林淡秋), 후중치(胡仲持) 등이 번역에 참여하였다. 동년 2월 20일 개혁을 단행하여 각 지역의 소식을 종합하고 중일전쟁 뉴스를 보도하였으며, 사회동태, 뉴스의 키포인트(新聞鑰) 등의 난과 『횃불(爝火)』, 『함께 이야기하기(大家談)』 등의 부간(副刊)을,

또 일주간 평론(星期評論), 시대부녀(時代婦女), 직공생활(職工生活), 청년원지(青年園地) 등의 지면을 주간으로 만들었다. 동시에 『신화일보(新華日報)』와 『구망일보(救亡日報)』 등에 발표된 중요한 글을 옮겨 실었다. 항일을 위해 단결하자는 태도를 견지하였으며, 일본군에 함락된 지역에서 비교적 영향력이 큰 매체였다. (김지훈)

참고문헌

王檜林 · 朱漢國, 『中國報刊辭典(1815~1949)』, 書海出版社, 1992; 上海圖書館, 『上海圖書館館藏近現代中文期刊總目』, 上海科學技術文獻出版社, 2004.

▌매주평론(每週評論, The Weekly Review)

1917년 베이징에서 창간된 후베이여경학회(湖北旅京學會)의 기관지

5·4시기 진보적인 간행물 중의 하나이다. 『신청년』과 함께 베이징(北京) 지역의 진보적 청년들에게 가장 큰 영향을 미친 매체이다. 1918년 12월 22일 베이징에서 창간되었다. 주편자는 리다자오(李大釗)였지만, 천두슈(陳獨秀), 왕광치(王光祈), 가오이한(高一涵), 장웨이쯔(張慰慈), 후스(胡適), 저우쭤런(周作人 · 중미[仲密]), 장선푸(張申府) 등 신문화운동의 중심인물들이 집필자로 참여하였다. 특히 천두슈는 수감록(隨感錄)과 함께 주요 정론(政論)을 집필하였다. 후스, 저우쭤런은 문예 관련 논설과 작품을 게재하였다.
주간지로서 원고는 대략 발간 3일 전까지 작성하는 것을 원칙으로 하였다. 일요일 저녁까지 원고를 수합하여 회의를 거친 뒤 목요일에 출판하였다. 판면은 4면을 기본으로 하였다. 1차 세계대전 이후 시대정신을 반영하여 "공리(公理)를 주장하고 강권(强權)에 반대한다는 것"을 표방하였으며 이러한 원칙에 따라 민중 간의 자유와 평등에 입각한 국제적 연대를 희구하였다.
5·4운동 직후인 1919년 8월 37호를 내고 베이징 정부에 의해 강제 정간되었다. 1954년 인민출판사에 의해 영인되어 중국의 각 도서관에서 열람할 수 있다.

국외대사술평(國外大事述評), 국내대사술평(國內大事述評), 사론(社論), 문예시평(文藝時評), 수감록(隨感錄), 신문예(新文藝), 국내노동상황(國內勞動狀況), 통신(通信), 평론지평론(評論之評論), 신간비평(新刊批評), 선론(選論) 등의 난을 두었다. 당시 새로운 국제질서와 국가 건설 문제 및 신문화운동과 관련한 중요 문제에 대한 토론 및 국내외 중요 사건에 대한 비평을 실었다. 특히 「신구사조에 대한 여론」, 「베이징학생운동에 대한 여론」을 비롯하여 존 듀이의 강연록 「문제와 주의 논전」 등을 특집으로 다루었다. 또한 전후 파리회담 및 산둥문제 처리 과정, 그리고 그에 대한 항의 결과로 나타난 5·4운동을 집중적으로 다루었다. 특히 5·4운동과 관련해서는 2주에 걸쳐 "산둥문제"의 특집으로 편성할 정도였다. 천두슈, 리다자오, 후스 등 당시 베이징 지역의 진보적 지식인들의 현실인식과 5·4를 계기로 한 사상적 발전 과정을 살펴볼 수 있는 매체다.

국제정세에 대한 기대

『매주평론』은 5·4시기 진보적 지식인들이 창간한 주간지이다. 창간 주체는 『신청년』을 통해 결집한 진보적인 지식인들이었다. 계간지로서 문화운동에 치중했던 『신청년』과 달리 급변하는 정치 정세에 대해 지식인들이 대응하려는 것이 창간 목적이었다.

따라서 『신청년』의 동인 중에서도 정치이론에 밝은 천두슈(陳獨秀, 즈옌[隻眼]), 리다자오(李大釗, 밍밍[明明], 서우창[守常]), 장웨이쯔, 장선푸(張申府, 츠[赤], 장츠[張赤]), 가오이한(高一涵, 한루[涵廬]) 등이 주요 정론을 집필하였다. 당시 진보적 청년들에게 영향력이 커서 신문화운동을 급진적인 정치운동으로 발전시키는 데 결정적인 역할을 하였다.

잡지의 주요한 내용은 첫머리에 표방한 "공리전승강권(公理戰勝强權)"이란 구호에서 알 수 있듯이 1차 세계대전 이후 공리적 세계 질서에 대한 기대에 바탕을 두고 있다. 대전 이후 세계 질서가 새로운 민주주의에 입각하여 재편될 것을 기대하고, 동시에 그에 따라 중국의 정치사회적 변화를 모색하려는 것이었다(리다자오, 「신기원[新紀元]」). 자유와 평등의 원리에 기초한 민주주의, 평민주의, 민족자결주의로서 군벌 정치, 제

국주의적 압제를 극복하고 새로운 국가 건설을 전망하고자 한 것이다.

이에 따라 『매주평론』은 우선 전후 처리를 위해 소집된 파리회의 결과에 관심을 기울이면서, 민주주의에 기초한 국가 건설 방안을 논의하였다. 1차 세계대전 이후 독립을 쟁취한 여러 나라들에 대한 관심은 물론 아시아 피압박 민족에 대한 우호적인 관심 속에서, 국내의 사회적 약자인 민중에 대한 관심과 실천을 강조하였다. 이는 『매주평론』 1호에 왕광치(王光祈, 뤄위[若愚])가 쓴 「국제사회의 개조」나, 『베이징대학일간(北京大學日刊)』에서 선록한 차이위안페이(蔡元培)의 「노공신성(勞工神聖)」, 『국민공보』에서 채록한 량치차오(梁啓超)의 「유럽전쟁 결말의 교훈(歐戰結局之教訓)」이 모두 이러한 맥락이다.

새로운 국제질서와 자국의 평등한 지위 획득에 대한 『매주평론』의 희망은 우선 파리회담에 대한 비상한 관심으로 표현되었다. 특히 파리회담 준비과정에서 시작하여 1차 세계대전 이후 서양 열강과 새로 독립한 동유럽 여러 나라의 상황을 자세히 보도하였다. 물론 핵심적인 관심 사항은 윌슨이 제창한 민족자결주의의 적용여부와 전승국으로서 중국의 지위문제와 연관한 칭다오문제 처리방식이었다(「독일 식민지의 처리문제」; 「칭다오문제 파란(青島問題 波瀾)」, 8호). 「윌슨의 소르본대학에서의 연설사」를 전재할 만큼 민족자결주의에 관심이 많았다.

물론 이 같은 기대의 좌절이 5·4운동으로 표출되었지만, 이러한 국제질서의 재편에 대한 희망과 연관하여 국내에서 진행되고 있던 평화회담에 대한 기대로 표출되었다.

당시 화평회담은 새로 베이징 정권을 장악한 우페이푸(吳佩孚)의 후원하에 쑨원(孫文)을 제외한 남북의 각 정치 세력을 대표하는 정객 명류들이 분열된 국가체제를 극복하고, 합법적인 정통성을 갖춘 정부를 구성하자는 것이 회의의 목적이었다.

『매주평론』은 이 화평회의에 대한 각 계층 및 세력의 반응을 자세히 보도하는 등(「베이징 중서신문기자들의 정국에 대한 의견[北京中西新聞記者對於時局的意見]」) 상당한 비중을 두어 중시하였다. 물론 회담은 각 정파 세력 간의 이해관계가 엇갈려서 성공 가능성은 희박한 것이었고, 그에 대한 『매주평론』의 인식 또한 일관된 것이었다. 회의 자체가 국민의 의사를 대표하지 못하는 군벌과 정객 간의 타협에 불과하기 때문에 인민의 대표성을 가질 수 없다는 것이 기본 전제였다.

특히 가오이한은 이를 이론적으로 비판하고 군벌 정객이 아닌 진정한 민중이 스스로 조직하는 국민회의를 조직할 것을 제안하였다(가오이한, 「무엇을 일러 국민제헌이라 하는가」, 4호; 「진짜 이해할 수 없는 국민대회[眞眞費解的國民大會]」, 6호). 이를 위해서는 상회, 농회, 공회등 법정단체 등 인민의 대표성을 강화하되, 군벌, 정객, 군인 등 무직자는 배제한 새로운 민의기관을 구성하여야 한다는 것이었다(뤄위, 「직업이 없는 자는 정치에 간여할 수 없다[無職業的人不得干預政治]」, 4호; 즈옌, 「세 가지 해독을 제거하자[除三害]」, 5호). 천두슈는 제거해야 할 사회적 해악으로 '군인해(軍人害)', '관료해('官僚害)', '정객해(政客害)'를 들고, 이를 위해서는 일반 국민이 참정의식을 높여 시위할 각오를 하는 한편, 사회 중견분자들은 이러한 민중운동을 후원하는 정당을 만들어야 한다고 주장하였다. 그러나 천두슈는 당시 중국의 현실이 이를 전개할 만한 조건을 갖추어지지 못했다고 전제하고 차선으로 화평회의를 통해 폐독과 재병문제들이 보다 적극적으로 해결되기를 희망하였다(즈옌, 「나의 국내 화평 의견」, 8호).

그러나 당시 천두슈는 국회의 제약을 벗어나 국민의 의사를 반영할 수 있는 제헌을 추구하였다. 이는 대의제 자체를 20세기 국민주의에 어울리지 않는 것으로 본다는 점에서 사실상 그의 국민혁명론의 얼개를 형성하고 있음을 엿볼 수 있다(즈옌, 「나의 화평회의 의견」 18호; 「수감록 · 입헌정치여정당[立憲政治與政黨]」, 23호).

『매주평론』은 이러한 두 개의 화평회의에 대한 관심 외에 보다 직접적으로 평민주의 민주주의 실현가능성을 모색하고 있다. 그것은 국내외의 노동상황(밍밍, 「탕산 광부의 생활[唐山煤廠的工人生活]」, 12호; 「상하이 인력거부의 파공」, 13호; 「각 국 노동계의 노력」,

18호; 「산둥 둥핑[東平]현의 전호[佃戶] 문제」)과 함께 사회주의에 대한 다양한 관심으로 표출되고 있다. 특히 사회주의 사상에 대한 관심은 노동자를 국민화하기 위한 경제 체제와 노동을 중시하는 도덕 교육을 모색하는 과정에서 자연스럽게 이루어지고 있다(이후[一湖], 「신시대의 근본사상」, 8호; 슈창[守常], 「노동교육문제」, 9호). 특집으로 듀이 사상을 다룬 것도 같은 맥락이다.

다만 『매주평론』은 무정부주의에서 볼셰비즘에 이르기까지 다양하게 소개되고 있지만, 5·4를 전후해서 러시아혁명에 대한 관심이 집중적으로 표현되고 있는 점에 주목할 필요가 있다(뤄위, 「무정부주의와 국가사회주의」). 특히 장웨이쯔는 소비에트 러시아의 헌법, 토지법, 혼인제도 등을 폭넓게 소개함으로써 과격파 혁명이 초래한 혼란스런 상황으로서 러시아혁명상을 불식하고 러시아 노농정부를 하나의 대안으로서 접근하게 하는 데 크게 기여하였다(「러시아의 헌법」, 28호; 「러시아의 토지법」, 29호; 「러시아의 혼인제도」, 30호).

특히 「공산당선언」을 베벨(A. Bebel)의 「근대 사회주의의와 유토피아 사회주의」를 같이 발췌 번역한 점도 같은 맥락인데, 주목할 것은 이러한 번역에서 소개하는 마르크시즘 및 그 개념은 볼셰비즘의 수용 이후의 그것과는 상당히 다르다는 점이다. 예컨대 「공산당선언」은 일체 토지 및 사유 재산의 집단화나 국유화가 아니라 공유제를 지향하고 있으며 계급독재 역시 제 계급에 대한 노동자계급의 독재가 아니라, 인민단체의 발전에 따른 국가의 소멸, 그리고 그 결과로서 계급의 소멸로 해석하고 있다.

이와 함께 『매주평론』은 평민 문학 등 『신청년』이 제시한 신사상을 옹호하고 있다. 대표적인 예가 린수(林紓)가 백화문운동을 포함하여 일체의 신문화운동을 비판할 목적으로 쓴 「형생(荊生)」(12호)에 대한 비판이다. 『매주평론』은 바로 그 다음호에서 그의 문체를 조목조목 비판하였다. 이어서 린수가 이에 대한 반발로 동향의 국회의원들을 동원하여 베이징대학을 공격하고 신문화운동을 비판하자 『매주평론』은 2주에 걸쳐 「신구사조에 대한 여론」이라는 특집호를 내어 이에 대응하였다. 『신종보(晨鐘報)』, 『국민공보(國民公報)』 등에 실린 「수구당에 경고함」, 「최근 신구사조 충돌의 잡감」 등 신문학을 옹호하는 글을 전재한 것이었다. 당시 신구 사조 간의 충돌 내용과 지적 지형을 엿볼 수 있는 자료다.

물론 이러한 신구 논전에는 신문화운동의 주체인 천두슈, 리다자오, 후스 등이 앞장섰다. 천두슈의 「존공(尊孔)과 복벽(復辟)」, 리다자오의 「신구사상의 충돌」 등이 모두 그것이다. 그러나 후스의 「문제를 많이 연구하고 주의를 적게 연구할 것」을 매개로 촉발된 문제와 주의 논쟁은 『신청년』 진영 내부의 분화라는 점에서 주목할 필요가 있다. 물론 『매주평론』 내에서 후스는 문학과 관련한 논설만 발표함으로서 정론 중심의 왕성한 활동을 보인 천두슈 등과 입장을 달리 하였지만, 사실상 5·4운동을 지나면서 이들 진보적 지식인 집단의 정치노선을 둘러 싼 대립이 시작되고 있음을 암시한다고 할 수 있다.

동아시아 인식

1차 세계대전 이후의 세계정세 및 사조의 변화는 중국 지식인들에게 상당한 정도의 세계관의 변화를 수반하였다. 특히 자유와 평등이라는 '공리' 차원에서 인종과 국적을 초월한 평등한 세계를 희구하면서 동아시아 인식 역시 변화가 두드러졌다. 당시 산둥 권익의 처리 문제가 걸려 있고, 유럽의 블록화 경향 등 세계정세와 맞물려 동아시아에 대한 지속적인 관심 속에 표현되었다.

첫 번째 관심은 파리회담에서 일본이 제안한 영구화평 제의와 일본의 일부 지식인들이 제안한 새로운 신아시아 연대론이었다. 이에 대해 왕광치는 국적을 초월한 민중연대는 찬동하지만 일본의 신아세아주의는 일본이 중심이 되는 논리라면 반대한다고 비판하였다.

반면 천두슈는 ① 우리 중국인은 마땅히 전체 황인종과 연합하여 파리회담에서 평등한 대우를 요구해야 한다. 특히 일본에 종속되어 미일 간의 대항하는 기계가 되어서는 안 된다. ② 중국의 내지는 아직 충분히 개방되지 않은 곳이 많고, 변계(邊界), 황무지(荒地) 등이 많기 때문에 국외 이민을 굳이 강조할 필요가 없다. 따라서 화공(華工) 및 화상(華商)의 대우문제와 일본의 이민문제와는 격이 다르다. ③ 우리는 백인들에게 평등한 대우를 요구하면서, 황인들에 대한 특별지위나 특히 조선에 대한 종번 관계 같은 것은 타파되지 않으면 안 된다고 하여 중국 중심의 동아시아 연대론과 과거 중화주의적 인식을 상당 부분 반성하고 있음을 보여준다(즈옌, 「인종차별대우문제[人種差別待遇問題]」, 12호).

이 같은 중화주의에 대한 반성과 동아시아 인식은 몽골의 독립운동에 대한 인식에서도 드러나는데, 천두슈는 독립을 지향하는 몽골의 분리주의운동에 대해 기왕의 동화주의적 정책이나 기미정책은 더 이상 안 되며, 진심으로 몽골 인민의 자치를 도와야 할 것이라는 반성적인 언급으로 다시 표현되었다.

사실 천두슈의 이러한 논리는 동아시아 민중 간의 연대를 전제로 한 것으로 "대외적인 민족자결주의와 대내적인 군벌정치의 청산"을 목표로 한 민중 간의 연대를 전제로 한 것이었다(즈옌, 「유럽전쟁 후 동양 민족의 각성과 요구[歐戰後東洋民族之覺悟及要求]」, 2호). 특히 문민정부를 표방하고 등장한 일본의 하라 내각을 한줄기 희망으로 보면서도 동양 평화를 위해서는 궁극적으로 국민 간의 친선이 있어야 한다는 인식에서 이를 잘 알 수 있다. 실제 『매주평론』은 여명회 등 진보적인 지식인과 사회당 및 노동자운동 등에서 그 연대의 가능성을 모색하였다. 특히 요시노 사쿠조(吉野作造), 후쿠다 도쿠조(福田德三) 등 진보적인 지식인이 조직한 여명회를 세계조류와 역행하는 완고한 사상을 청산하고, 자본가의 발호와 무인들의 정치적 기초를 제거하면서 국체명징을 추구하는 황국청년회에 대항하여 집회 결사운동을 통해 평민정치를 모색하는 세력으로서 높게 평가하고 그 활동 동향을 「일본정치사사의 신조류」(7호), 「여명 일본의 서광」(8호) 등의 용어로써 자세하게 보도하였다(「요시노의 여명회」, 5호). 심지어 여명사가 간행한 『해방』의 선언문 전문을 번역 게재하였으며(「"해방"선언」, 23호), 교토 지역의 노동자들이 전개한 보통선거권 획득운동(「일본노동자의 자각」, 9호) 등 노동자들의 조직운동에 대해서도(「일본국가사회당 개시활동」, 「일본노동동맹대회의」) 깊은 관심을 표하였다. 당시 일본의 진보적 운동과 가까웠던 리다자오를 매개로 한 것이지만 동아시아 근대 사상 진보적인 지식인들 간의 연대의 가능성을 제시하였다는 점에서 주목할 만한 점이 있다.

이런 연대 의식이 보다 분명하게 드러난 것은 곧 조선의 3·1운동에 대한 인식이라 할 수 있다. 3·1운동 발생 직후 『매주평론』은 「조선독립의 소식」(13호)이라는 제목 아래 "민족자결의 소식이 원동에까지 왔도다"라는 부제를 달고 이를 자세히 분석하여 보도하였다. 우선 "이번 조선독립운동은 표면적으로는 서구사조의 영향을 받은 것이지만, 매우 오랫동안 쌓인 것으로, 그 거동이 매우 문명적이다. 조선혁명이 매우 조직적이고 준비된 결과임을 알 수 있다"고 높게 평가하고, 한국에서 선포된 「독립선언서」를 토대로 ① 조선이 일본에 병탄된 역사, ② 조선 독립과 국내 정황의 관계: 병합 이후 일본의 부당한 차별대우, 강제동화정책 등, ③ 독립운동이 발생하게 된 배경으로서 독립사상의 수용, ④ 조선의 독립운동 상황: 해외에서 활발, ⑤ 독립선언서의 취지: 군국주의를 타파하지 않으면 동양평화를 보장할 수 없다. ⑥ 독립 후의 상황 등을 상세하게 보도하였다. 조선 독립의 당위성을 피압박 민중과 같은 입장에서 이해하고 지지한 것이다.

그리고 다음 호에서는 각 지역에서 활발하게 전개된 3·1독립운동 상황을 일제의 탄압과 대조하고 동시에 운동지도부의 동정 및 노동자의 운동 참여를 전면에 걸쳐 다루었다(「조선독립운동적 정황」, 14호). 동시에 천두슈는 사설을 통해 "이번 조선의 독립운동은 위대하고 간절하며, 비장하다. 정확한 관념, 비폭력무장혁명이란 점에서 세계 혁명사상의 신기원"으로 높게 평가하고 "조선의 자유사상이 계속 발전하기를 바란다. 머지않아 자치의 광영을 누리리라 생각하며 중국에 신성한 자극"이 되었음을 표시하였다. 민주주의 사조에 입각하여 국가 건설을 모색하고 있던 천두슈의 입장(즈옌, 「조선독립운동의 감상」)을 솔직하게 표현한 것이었다.

천두슈는 그 전에 「아일랜드와 조선」(13호)라는 짧은 글을 통해 조선의 독립운동을 같은 섬나라인 영국으로부터 독립을 추구하는 아일랜드와 비교하고 미국 의회에서 아일랜드를 지원하기로 하여 해결되었는데 조선 문제는 어떻게 될 것인지 두고 보자고 하여 동아시아 차원에서 문제를 접근하였다. 기타 필리핀, 이집트, 등의 독립운동에 대한 관심을 함께 고려하면 중국의 진보적인 지식인들이, 중화주의, 또는 국가주의에서 벗어나 동아시아 연대를 추구할 수 있는 가능성을 내보인 대목이라 할 수 있다. (오병수)

참고문헌

胡明, 「『每週評論』과 "五四"사상 문화」, 歐陽哲生 等 編, 『오사운동과 이십세기 중국』, 社會科學文獻出版社, 2001.

▌맥(貘)

1938년 서울에서 창간된 시 전문지

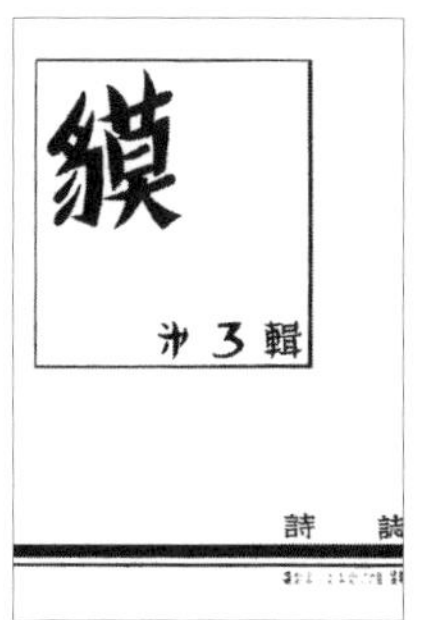

1938년 6월 15일에 창간되었다. 종간호는 통권 5호로 1939년 4월에 나왔다. 편집 겸 발행인은 김정기(金正琦), 인쇄인은 한성도서주식회사의 김성균(金成均), 발행소는 맥사(경성부 돈암정 455-13)이었다. 판형은 A5판으로 총 40쪽 내외이고 정가는 25전이었다. 아단문고에 1, 3, 4집이, 고려대도서관에 4집과 5집이 소장되어 있으며 1981년 태학사에서 발행한 '한국시잡지집성'에 1집부터 4집까지 영인, 발행되었다.

1집을 보면, 창간호라 하지도 않았거니와 창간사나 편집후기도 없다. 지면을 아끼려는 듯 첫 면부터 15인의 17편 작품이 진열되어 있다. 김진세의 「운명」 외 1편, 김남인의 「종다리」, 황민의 「경(鏡)」, 박노홍의 「울분」, 조인규의 「지표(地表)」, 김우철의 「사의 흑단 앞에서」, 김대봉의 「이향자」, 이석의 「이깔나무」, 함윤수의 「앵무새」 외 1편, 박남수의 「행복」, 차은철의 「고래」, 함영기의 「갈매기」, 이응수의 「알을 낳으려는 암탉과 그 여인」, 김광섭(金光燮)의 「옴두꺼비」, 홍성호의 「시몬 삼림(森林)으로 가자」 등이 그것들이다. 여기서 잠시 김진세와 김남인을 주목해 보면, 그들이 1936년 11월 평북 중강진에서 발행된 『시건설』의 주요 인물임을 알 수 있다. 이들은 한편으로 『시건설』 동인 활동을 하면서도 다른 한편으로는 『맥』에 시를 기고하고 또한 활발한 활동을 벌였음을 추론할 수 있다. 그만큼 전국의 시인들을 포괄하는 인맥 관리와 인적 관계를 유지하지 않았나 싶다.

2집에는 민태규, 장만영, 박노춘 등 19인의 22편이 수록되어 있으며, 3집에는 임화, 김용호, 김상옥 등 32명의 38편이, 4집에는 29명 38편의 시들이 발표되고 있다. 3집(1938.10)에는 이상의 유작시 「무제」가 실려 있는데, 제목이 없어서 편집자가 제목을 '무제'로 붙였노라고 설명이 덧붙여졌다.

시절이 일제 말기로 치달을수록 조선말을 구사하고 조선어로 문학행위를 하는 것이 까다로워졌다고 할 수 있는데, 이런 시국에 특히 언어의 정제와 고도의 수사학을 필요로 하는 시 전문지를 낸다는 것은 높이 살만한 행위가 아닐 수 없었다. 그런 점에서 보면 1930년대 후반에 나온 몇몇 시 전문지의 위상은 낮게 평가되어서는 안 된다. 하지만 그들 잡지에 수록된 시들의 질적인 수준과 문학적 성취도를 엄밀히 따져본다고 했을 때, 과연 긍정적인 평가를 내릴 수 있을지는 좀 더 치밀한 공동의 합의과정이 있어야 할 것이다. 아마도 어떤 유파나 특정한 목표 의식을 갖기가 힘든 시절에 한글로 시를 쓴다는 그 자체에 잡지의 간행과 잡지의 의미를 두지 않았나 판단된다.

한편, 발행인 김정기는 시인으로 작품을 써서 몇몇 잡지에 발표했고, 또 다른 시 전문지 『시학』(1939)을 간행하기도 했다. (전상기)

참고문헌

최덕교 편저, 『한국잡지백년』 3, 현암사, 2004; 구인모, 「조선근대시와 '국민문학'의 논리」, 동국대 박사학위 논문, 2007.

맹아(萌芽)

1930년 중국 상하이에서 발간된 월간 문예지

1930년 1월 상하이(上海)에서 창간된 좌익작가연맹 초기 기관지 중의 하나이다. 루쉰(魯迅)이 주편을 맡고 맹아사에서 출판하였다. 마르크스주의 이론 소개, 소련 작가 작품 번역, 좌익작가의 작품 발표 등을 통해 중국의 사회문화를 비판하였다. 이 때문에 신월파(新月派)와 격렬한 논쟁을 벌이기도 하였다. 『맹아』는 1권 5호로 국민당에 의해 폐지당하였고, 6호에는 『신지(新地)』로 이름을 바꾸어 발행하였지만 이 잡지 또한 1호를 출간하고 종간되었다. 현재 베이징사범대학도서관 등지에 소장되어 있다.

창간호에서 루쉰이 번역한 소련소설 「훼멸(毁滅)」을 실었고, 펑쉐펑(馮雪峰, 필명은 뤄양[洛揚])이 일본어로 번역된 「'정치경제학 비판' 서론」을 일부 발췌 번역해서 「문화의 여러 형태, '과학', '기술', '예술'의 불균형 발전을 논하며」를 발표하였다. 그 외 웨이진즈(魏金枝)의 이름을 알린 여 혁명가를 묘사한 단편소설 「유모(奶媽)」 등이 이 잡지를 통해 발표되었다. 중국좌익작가연맹이 성립된 이후에는 그 기관지가 되었다.

1권 3호(1930.3.1)는 "3월 기념호"로서, 엥겔스의 「마르크스 묘앞에서의 강화(講話)」, 마르크스, 엥겔스, 레닌의 「파리코뮌론」을 게재하였다. 그 외 루쉰이 「습관과 개혁」, 「비혁명적 급진혁명론자」를 발표하였는데, 특히 「습관과 개혁」에서 레닌의 「공산주의운동 속의 "좌파"의 소아병」이란 글을 통해 반드시 이데올로기 영역 내에서 철저한 혁명을 진행해야 함을 서술하였다. 그는 민중 속으로 들어가 그들의 풍습을 연구, 분석해서 좋고 나쁨을 구별하고, 남기고 버릴 기준을 만들어 어떻게 시행할 것인가를 신중하게 선택해야 함을 강조하였다. 또한 '사회잡관(社會雜觀)'이라는 난을 두어 전문적으로 잡문과 평론도 게재하였다. (이호현)

참고문헌

王檜林·朱漢國, 『中國報刊辭典(1815~1949)』, 太原(山西): 書海出版社, 1992; 葉再生, 『中國近代現代出版通史』 第2卷, 華文出版社, 2002; 中國近現代史大典編委會, 『中國近現代史大典』, 中共黨史出版社, 1992.

맹진(猛進)

1925년 중국 베이징에서 발간된 시사정치 잡지

1925년 3월 베이징(北京)에서 창간되었다. 주간 간행물이다. 베이징대학 맹진사(猛進社)에서 편집, 출판되었다. 53호를 끝으로 1926년 3월 정간되었다. 지린사범대학도서관(吉林師範大學圖書館) 등지에 소장되어 있다.

『맹진』은 자유 평론, 진리 추구를 목표로 하였다. 내용은 시사 정치에 대한 평론과 국가 현상과 발전에 대한 토론이 주를 이루었고, 정치제도, 철학 사상, 교육 사상, 역사 등 방면의 연구도 포함되었다. 일부 소설, 산문, 시가 등의 문학작품도 등재되었다. 1925년 6월에는 특간을 발간하여 상하이(上海)에서 5월 30일 일어난 반제(反帝)운동인 5·30운동의 상황을 상세히 보도하였다. (이은자)

참고문헌

王檜林·朱漢國, 『中國報刊辭典(1815~1949)』, 太原(山西): 書海出版社, 1992; 葉再生, 『中國近代現代出版通史』, 北京: 華文出版社, 2002.

메사마시신문(めさまし新聞)

▶ 지쿠시신문(筑紫新聞)

▌메사마시쿠사(めさまし草)

1896년 일본 도쿄에서 발행한 문예지

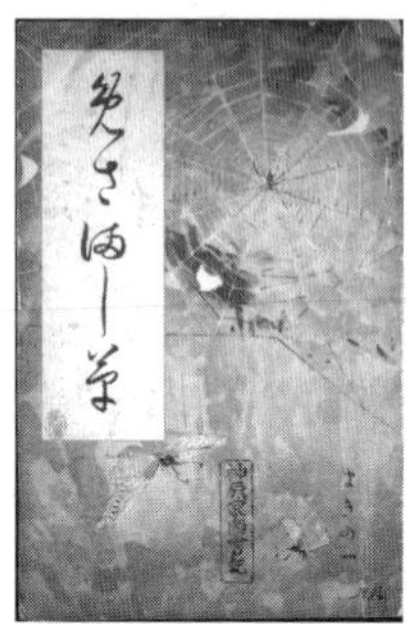

1896년 1월에 도쿄의 세이슌토(盛春堂)에서 발행한 문예지이다. 정가는 1부당 8전이었다. 통권 56권이 발행되었다. 13권 이후는 모리 오가이(森鷗外)의 동생 도쿠지로(篤次郞)의 의원을 발행처(메사마시샤[めさまし社])로 변경했다. 표지 그림도 처음에는 모리 오가이의 친구 하라타 나오지로(原田直次郞)가 담당했다. 현재 잡지는 가가와대학(香川大學) 중앙도서관 등이 소장하고 있다.

문학평론을 중심으로 창작·시가·번역·수필·문학연구 등을 게재한 것은 모리 오가이가 창간한 『시카라미쿠사지(しからみ草紙)』와 동일했다. 모리 오가이가 번역한 「심미신설(審美新說)」, 「즉흥시인(即興詩人)」과 사사키 노부쓰나(佐佐木信綱)의 와카, 다카하마 교시(高浜虛子)의 하이쿠 및 하이쿠평 등이 게재되었고, 나쓰메 소세키(夏目漱石)의 구(句)도 발표되었다. (이규수)

참고문헌

牛島俊 作, 『日本言論史』, 河出書房, 1955; 『近代文學雜誌事典』, 至文堂, 1965; 桂敬一, 『明治·大正のジャ-ナリズム』, 岩波書店, 1992.

▌메이지의 여자(明治の女子)

1904년 일본에서 발행된 종교 잡지

1904년 5월에 간행되어 1912년 7월에 폐간된 여성 종교 잡지이다. 정가 5전. 발행처는 일본기독교여자청년회였다.

잡지 발행 의도는 창간호에 나타나 있듯이 "매일 스스로 성서를 연구하는 지침이 될 것", "성서 일과는 기독교여자청년회 성서 모임의 일과로 그 주해는 일본 부인이 숙지하고 경험 있는 사람이 특히 일본의 청년 여자를 위해 기초한 것이다", "성서 상해(詳解) 이외에 매월 지상에서 청년 여자에게 흥미 있는 일과 여자 청년활동에 참고될 만할 논설, 기독교 여자청년회의 사업의 모범" 등으로 메이지 천황의 사망까지 발행되었다. 다이쇼 시기에는 제호를 『여자청년계(女子靑年界)』로 변경하여 활발한 활동을 전개하다가 쇼와 시기에 이르러 전쟁의 발발과 더불어 폐간되었다. 1944년 3월 제41권 2호가 종간호이다. (이규수)

참고문헌

牛島俊 作, 『日本言論史』, 河出書房, 1955; 『近代文學雜誌事典』, 至文堂, 1965; 浜崎廣, 『女性誌の源流』, 出版ニュース社, 2004.

▌면려회보(勉勵會報)

1931년 서울에서 발행된 기독청년면려회 조선연합회 기관지

1931년 1월 9일 경성 기독청년면려회 조선연합회가 창간했다. 이 회보의 창간 날짜와 관련하여 이견이 있으나 1931년 9월 11~17일까지 금강산 수양관에서 회집했던 제20회 장로회 총회록 74면에 기록된 면려회 보고에서 『면려회보』를 발행하여 전조선면려회에 무료 배부한 일이 있다고 한 사실과, 1931년 4월 23일자 『동아일보』에도 『면려회보』 1권 2호가 신간소개로 나와 있는 것으로 보아 1931년 1월 9일에 발행된 것이 확실하다. 종간호는 확실치는 않으나 1935년 12월에 발행된 통권 48호인 것으로 추정된다. 편집 겸 발행인은 앤더슨(Wallace Jay Anderson, 한국명 안대선[安大善]), 발행소는 경성기독청년면려회 조선연합회(京城基督靑年勉勵會朝鮮聯合會)이다. 판형은 국배판으로 총 4쪽

이며 국한문을 섞어 3~6단으로 편집했고 정가는 5전이었다. 연세대도서관에 1935년 10월 발행된 통권 46호가, 숭실대학교박물관에 종간호가 소장되어 있다.

창간호를 구할 수 없어 현재 남아 있는 호수를 가지고 이 회보의 성격을 추정하였다.

1935년 10월호 통권 46호의 목차는 다음과 같다. 사설은 이대위가 썼는데 제목은 「의무와 권리」였고 앤더슨의 「추절(秋節)에 임하여」, 일기자의 「결의사항 재고: C. E.조선연합회임회원」, 이인의 「수양회 감상: C. E. 군산, 충남양연합 2」, 「C. E.통신」, 「C. E.경북연합 제1회 수양회기: 포항읍 교회에서」, 「지도자의 비법과 그 성패」 등의 기사가 실렸다.

종간호인 48호의 기사는 사설로 이대위의 「1935년 면려운동의 회고」, 앤더슨의 「성탄의 3대 의의」, 이양섭의 「사도바울의 내적 생애」, 「기독청년면려회 세계연합회장 포-링박사 내조(來朝)」, 일기자의 「C. E.세계연합회두 포링씨」, 「전조선면려회 현세 조사시행(現勢 調査施行)」, 「C. E.통신」 등이다.

이상을 보건대, 이 회보의 성격은 전국지회에 정보를 상호 교환하고 각 지회의 소식과 회원들의 동정을 담고 있는 것을 확인할 수 있다. 장로교 청년운동단체로서의 면려회가 운영되고 그 활동상을 회원들에게 알림과 동시에 회원 상호 간, 지회 상호 간의 연대를 꾀하여 기독교 청년운동의 활성화, 나아가서는 민족운동과의 연계를 꾀하고자 이 회보를 이용했던 것으로 보인다.

이 회보는 1936년 1월에 다른 잡지들, 『농촌통신』, 『종교시보』와 연합하여 새로운 잡지인 『기독교보』를 발간하기 위하여 종간한 것으로 알려지고 있다.

기독청년면려회 조선연합회

면려회는 국제적이며 초교파적 기구로써 1881년 미국 회중교회 목사 클라크(Francis Edward Clark)가 중심이 되어 '청년층의 신앙과 사회활동의 증진'을 목적으로 조직한 청년단체이다.

이 단체가 한국에는 1901년 새문안교회에 처음 조직된 것으로 보인다. 국제적이고 초교파적이었던 이 운동은 1921년 장로교 10회 총회에서 청년운동의 이름을 통일하자는 안에 따라 면려회로 통일되면서 장로교 청년운동의 성격을 갖게 되었다. 이후 면려운동은 전국적으로 발전되어 1924년 조선연합회를 결성하게 되는데, 안동과 서울에서 활동하던 앤더슨 선교사의 역할이 컸다. 3·1운동 이후 결성되었던 안동기독교청년회의 활동에 대한 일제의 탄압을 우려한 안동 주재 선교사 크로더스(John Y. Crothers, 한국명 권찬영, 북장로교, 1909~1950)는 앤더슨 선교사와 함께 1921년 2월 5일 안동교회 내에 면려회를 조직하게 하였다. 운동을 추진한 주요 회원들은 권연호, 권중윤, 김재성, 홍순범, 장경영 등이었고, 조직 당시 활동은 주로 성경연구와 교회봉사, 전도사업, 헌신예배 등이었다.

1924년 조직된 조선연합회는 지방순회 선전에 주력하면서 각 지방연합회의 결성과 개교회에 면려회를 세우는 것을 도왔으며, 도서와 잡지를 출간하였다. 대표적으로 잡지 『진생(眞生)』은 1925년에 창간된 면려회의 기관지로서 매월 발행되었으며, 매호마다 인격수양, 청년의 역할, 성서와 신학, 면려청년회소식, 면려회 예배순서, 문학작품 소개 등을 실었다. 이렇듯 초기의 면려운동은 ① 기독면려청년회를 조직하고 단합하기 위한 활동이 이루어졌고, ② 교회를 돕기 위한 활동으로 주일학교 강습회, 전도대회 등을 개최하였다. 다음으로 ③ 계몽운동 및 생활개선운동으로 토론회를 개최하고 음악회, 웅변대회, 강연회, 노동야학 등의 활동을 벌였다.

1928년 7월 연희전문학교에서 개최된 제1회 조선연합회 하기대회는 면려운동에서 중요한 분기점이 되는 대회이다. 오랫동안 YMCA 학생부 간사를 역임하였고 사회학과 교육학을 전공하였으며 사회주의에 대한 이해가 깊었던 이대위가 회장에 선출되면서 면려운동은 그 내용과 조직면에서 변화를 보이게 되었다. 각 지방별로 부원과 고문을 두어 지방의 개교회 면려회운동을 조선연합회 주도하에 두며 재정적으로도 개교회와 총회의 보조를 통해 안정적인 재정을 확보하고 운용하였으며 운동의 내용도 생활 현실에 맞는 금주 단연을 중심으로 하는 절제운동을 펼쳐 실천적인 면을 강조하였다.

1933년에 이르러 면려운동은 최절정기를 맞는다. 총회에 상설국이 설치되고 이대위를 유급총무로 선임하여 사업을 전담하게 하였으며 전국적으로 그 회원수가 3만여 명을 넘어서게 된다. 이 시기 면려운동의 조직과 내용은 다음과 같다. 조사부, 종교부, 음악부, 지육부, 사교부, 운동부, 계독부, 소년부, 농촌부를 두어 교내활동으로 기도회를 비롯, 집회, 총회, 친선, 오락, 웅변대회 및 토의회를 개최하고 순회문고사업과 절제운동, 조사사업 등을 벌이는가 하면, 교회활동으로는 주일학교 사업, 목사원조, 안내, 예배당 수리, 선교사업에 조력, 친목, 탁아사업, 전도대 파송사업, 예배당 부근 동리 지도 작성 등을 전개하였고 사회사업으로는 자선사업, 지육사업, 전도사업, 기독교시민운동, 오락사업 등을 펼쳤다.

그런 와중에서 동호회와 연루되어 일제의 탄압으로 1937년에 강제 해산되고 만다.

• 이대위(李大爲, 1879.6.12~1928.6.17)

별칭은 데이비드 리(David Lee)로 불렸다. 평안남도 강서(江西) 출신으로, 1879년(고종 16)에 태어나 평양 숭실중학교를 마친 뒤 미국으로 이주해 오리건주(州) 포틀랜드아카데미를 거쳐 버클리대학과 샌 앤젤로 태평양신학교를 졸업하였다.

1903년 안창호(安昌浩)·장경(張景) 등과 한인친목회를 결성한 뒤, 1905년 미주 최초의 민족운동기관인 공립협회(公立協會)를 조직하고, 이듬해 샌프란시스코 한인감리교회를 창립하는 등 한인 사회의 생활 개선과 항일운동, 민족교육, 동포들의 직업 알선 등 다양한 활동을 전개하였다.

1908년 주보 『대도보』를 간행해 미국 내에서 처음으로 한국어 출판의 길을 열었고, 이듬해 2월 미주 지역 한인들의 통합 독립운동단체인 국민회(國民會)를 조직하는 데 주도적 역할을 하였다. 1910년 2월 국민회 북미지방총회 부회장으로 당선되어 그해 7월 애국동맹단(愛國同盟團)을 결성하고, 한일강제병합을 강력히 반대한다는 서한을 일본 왕에게 보내기도 하였다.

이어 미주 각지에 독립군양성소를 설립해 재원 확보에 힘쓰면서, 망명 애국지사와 유학생들의 신원보증, 교포들의 애국운동을 병행하는 한편, 1913년에는 국민회 북미지방총회 회장, 『신한민보(新韓民報)』 주필 등을 역임하면서 언론을 통한 교포 계몽과 항일 독립운동, 민족교육에 주력하였다.

같은 해 6월에는 미국 국무장관에게 한인 사회에 대한 일본공사의 간섭 행위를 강력히 항의하는 서한을 보내 다시는 간섭 행위를 하지 않겠다는 허락을 받아내기도 하였으며, 이듬해 4월 국민회 북미지방총회를 사단법인으로 인정받게 함으로써 미주 내 망명자치정부로 활동할 수 있는 기틀을 마련하였다.

1915년에는 직접 한글 자모를 만들고, 독창적인 한글식자기까지 발명하였으며, 1918년 무오독립선언(戊午獨立宣言)에 참가한 뒤, 이듬해 8월에는 워싱턴에서 이승만(李承晩)과 만나 구미주차외교위원회(歐美駐箚外交委員會) 설립 문제를 협의하기도 하였다. 1921년 구미위원부 사무장으로 활동하면서 외교와 독립운동에 헌신하던 중 과로로 사망하였다. 1995년 건국훈장 독립장이 추서되었다. (전상기)

참고문헌

윤춘병, 『한국기독교신문잡지백년사(1885~1945)』, 대한기독교출판사, 1984; 김덕, 「일제하 기독청년면려회의 활동과 사상연구」, 한국기독교역사연구소, 『한국기독교역사연구소소식』 제49호, 2001.

▌명성(明星)

1900년 일본 도쿄에서 간행된 문예지

제1차(1900.4~1908.11)와 제2차(1921.11~1927.4)는 요사노 뎃칸(與謝野鉄幹)이 주재했으며, 제3차(1947.5~1949.10)는 뎃칸의 아들인 히카루(光)가 주재했다. 문학사적 의의는 대부분 1차에 한정되어 있다. 『만요슈(萬葉集)』 존중의 입장에서 신파(新派) 와카(和歌)를 이끈 뎃칸이 1899년 결성한 도쿄 신시샤(新詩社)의 기관지로 발간되었는데, 창간 당시에는 신문

형식이었으나 6호부터 잡지 형식으로 바뀌었다. 뎃칸의 아내인 요사노 아키코(與謝野晶子)의 분방한 정열적 시풍이 큰 자극이 되어 낭만주의·예술지상주의·유미주의의 경향으로 전환했으며, 모리 오가이(森鷗外), 우에다 빈(上田敏) 등의 후원 아래 최고의 예술지로 발전했다. 구보타 우쓰보(窪田空穗), 소마 교후(相馬御風), 다카무라 고타로(高村光太郎), 이와노 호메이(岩野泡鳴), 지노 쇼쇼(茅野蕭蕭), 지노 마사코(茅野雅子), 이시카와 다쿠보쿠(石川啄木), 기노시타 모쿠타로(木下太郎), 나가타 히데오(長田秀雄), 나가타 미키히코(長田幹彦), 기타하라 하쿠슈(北原白秋), 오카모토 가노코(岡本かの子), 오사나이 가오루(小山內薰), 아베 지로(阿部次郎) 등의 인재를 배출했다.

• 요사노 아키코(與謝野晶子)

시인. 본명은 호쇼(鳳晶). 그녀의 새로운 시풍은 일본 문단에 일대 센세이션을 불러일으키기도 했다.

학창시절부터 시에 흥미를 가지고 친구들과 함께 개인 시 잡지를 발행하기도 했다. 1900년에는 요사노 뎃칸이 중심이 된 신시샤에 가입하여 동인지『명성』의 발간을 도왔다. 같은 해 뎃칸을 만났으며 이듬해 가족을 떠나 도쿄로 가서 그와 결혼했다. 참신하면서도 인습에 구애받지 않는 시풍으로 주목을 받기 시작했으며, 1901년에 나온 시집『헝클어진 머리(みだれ髪)』로 스타가 되었다.『꿈의 꽃(夢の華)』(1906)은 그녀의 예술적인 발전을 보여 주었다. 1912년에는 남편을 따라 프랑스로 가서 1년 동안 지냈는데,『여름에서 가을로(夏より秋へ)』(1914)는 그 시기에 쓴 시집이다. 프랑스에서 돌아오자마자 그녀는 11세기 일본의 고전인 무라사키 시키부(紫式部)의『겐지모노가타리(源氏物語)』를 현대어로 번역하는 작업을 시작했다. 1921년에는 문화여자학원(文化女子學院)을 설립하여 학생들을 가르치기도 했고, 만년에는 비평가로 활약했다. 유고집인『하얀 벚꽃집(白櫻集)』(1942)에는 1935년 남편이 죽은 후의 나날들에 대한 감회가 실려 있다.

• 다카무라 고타로(高村光太郎)

다카무라 고타로

시인, 조각가. 쇠퇴해 가는 목조각의 전통을 완고하게 지켜 나간 조각가 다카무라 고운(高村光雲)의 장남이며 공예가 다카무라 도요치카(高村豊周)의 형이다.

1897년 도쿄미술학교에 입학했으며, 요사노 뎃칸이 주재하는 신시샤에 들어가『명성』에 단카(短歌)와 희곡 등을 기고했다. 1906년 미국에 건너가 조각 공부를 하고 이듬해 런던으로 가 오기와라 모리에(荻原守衛) 등을 알게 되었으며, 그 이듬해 파리로 이주했다. 여기서 로댕의 조각에 깊이 심취하는 한편 프랑스의 시인 베를렌, 보들레르의 시에서 깊은 영향을 받았다. 1909년 이탈리아를 거쳐 귀국한 그는 아버지를 포함한 기성 미술계의 속물성·파벌주의를 혹독하게 비판하는 비평을 다수 발표했다. 그 뒤 해외 미술의 소개나 수필에 주력하게 되었다. 논문「녹색의 태양(綠色の太陽)」(1910)은 일본 근대미술사에 전기를 마련한 대표적 미술론이다. 또한 판노카이(パソの會, 목양회)에 들어가 시작(詩作) 활동을 시작했다.

1911년 화가 지망생인 나가누마 지에코(長沼智惠子)와 만나 1914년 결혼했으며, 같은 해 유명한 시집『도정(道程)』을 발표했다.『도정』은 일본 근대시사에 한 획을 긋는 중요한 시집으로 구어체를 구사하여 인도주의적인 격렬한 정열과 힘찬 가락의 독자적 시풍을 제시했다. 이후 궁핍한 생활 속에서 조각 소품이나 시·번역·수필 등을 발표했지만, 엄격한 창작정신을 지켜 작품 수는 적었다. 2차 세계대전 중에는 이제까지의 시와 전혀 다른 반(反)서양, 충군애국(忠君愛國)사상을 고무하는 시를 발표했으나, 전후에 이를 깊이 반성하고 이와테현(岩手縣) 근교에서 7년 동안 힘겨운 농사일과 자취생활을 하며 자기성찰의 시간을 가졌다. 주요 저서로『로댕의 말(ロダンの言葉)』(1916),『조형미론(造型美論)』(1942)이 있으며, 시집으로는『지에코쇼(智惠子抄)』(1941),『전형(典型)』(1950)이 있다. 조각품에는 "사자후(獅子吼)"(1902, 도쿄예술대학 소장), "지에코의 머리(智惠子の首)"(1916), "손(手)"(1918, 도쿄국립근대미술관 소장) 등이 있다.

• 이와노 호메이(岩野泡鳴)

일본의 소설가, 평론가, 시인이다. 본명은 요시에(美衛). 분방한 사생활과 개성이 강한 작품을 통해 근대 작가 중 극히 이색적인 작가로 꼽힌다.

메이지학원(明治學院, 메이지대학의 전신)과 센슈학교(專修學校, 현재의 센슈대학)에서 공부했으나 중퇴했다. 1890년에 구니키다 돗포(國木田獨步) 등과 『문단(文壇)』을 창간하여 에머슨론과 신체시를 발표했고, 1891~1894년에는 도호쿠학원(東北學院, 지금의 도호쿠대학)에서 신학을 배웠다. 이후 영어교사 등을 하면서 시집으로 『세월(露じも)』(1901), 『석조(夕潮)』(1904), 『비련비가(悲戀悲歌)』(1905)를 출판했다. 한편 1903년 마에다 린가이(前田林外), 소마 교후 등과 함께 『명성』에서 탈퇴하여 잡지 『시라유리(白百合)』를 창간하여 낭만주의운동을 일으켰다. 1906년 평론 「신비적 반수주의(神秘的半獸主義)」를 발표해 본능적·찰나적인 행동주의를 주장하였고, 후에 「신자연주의(新自然主義)」(1908), 「비통의 철리(悲痛の哲理)」(1910)로 발전시켰다. 사생활에서도 여성관계가 복잡하여 방탕한 생활을 했다. 『탐닉(耽溺)』(1909)으로 작가로서의 기반을 굳혔고, 『방랑(放浪)』(1910), 『단교(斷橋)』(1911), 『발전(發展)』(1911~1912), 『독약을 마시는 여자(毒藥を飲む女)』(1914), 『원령(憑き物)』(1918) 등 호메이 5부작을 썼다. 이들은 모두 분방하고 노골적인 필치로 대담한 '반수주의'(半獸主義)의 주장에 근거하여 자신의 실생활을 서술했다. 표현에 있어서 다야마 가타이(田山花袋) 등의 평면묘사를 부정하고 시점을 고정하여 묘사하는 '일원묘사(一元描寫)'를 주장하여 실행했다. 그밖에 『플루타르크 영웅전(プルターク英雄傳)』(1915~1916)을 완역했고, 고신도(古神道)의 세계성을 논한 평론집 『일본주의(日本主義)』(1916), 일원묘사의 가장 성공적인 소설집 『오세이의 실패(おせいの失敗)』(1920) 등을 남겼다.

• 이시카와 다쿠보쿠(石川啄木)

시인. 일본의 고유시 형태인 단카(短歌)의 거장이다. 본명은 이시카와 하지메(石川一).

비록 학업을 마치지는 못했으나, 독서를 통해 일본은 물론 서양의 문학을 두루 섭렵했다. 1905년에 첫 시집 『동경(あこがれ)』을 발표했다. 1908년 도쿄에 정착한 이래 연애지상주의적 낭만파 시인들의 모임인 명성파(明星派, 묘조파) 시인들과 접촉하게 되면서 차츰 자연주의에 기울었으나, 결국 정치적 성향의 시풍으로 전향했다.

1910년 그의 대표작인 『한줌의 모래(一握の砂)』가 출판되었다. 이 시집의 551편의 시는 전통적인 단카 형식으로 씌어졌지만, 언어 자체는 생기 있는 현대적인 언어들로 표현되었다. 그의 시는 심오한 인간미로 널리 알려져 있으나, 그가 개척한 단카의 경지는 지적이며 종종 냉소적이다. 도쿄에서 낭비벽에서 비롯된 경제적인 어려움을 견뎌내면서 『아사히신문(朝日新聞)』의 교정원 겸 시 편집자로서 생계를 유지했다. 이 당시의 생활은 특히 『로마자 일기(ローマ字日記)』(1954)에 잘 묘사되어 있다. 그의 아내가 읽지 못하도록 로마자로 쓴 이 일기에서 다쿠보쿠는 자신의 복잡하고 감정적이며 지적인 삶을 놀랍도록 정직하게 피력하고 있다. 그는 소설도 썼지만 번득이는 재기에도 불구하고 시보다 수준이 떨어졌으며 그다지 호응도 얻지 못했다. 비전통적인 형식으로 쓴 시집 『호루라기와 휘파람(呼子と口笛)』(1912)에서는 무정부주의·사회주의 사상의 영향이 다소 엿보인다. 『슬픈 장난감(悲しき玩具)』(1912)이라는 시집을 남기고 영양실조로 지병이던 폐결핵이 악화되어 죽었다.

• 기타하라 하쿠슈(北原白秋)

시인. 본명은 기타하라 류키치(北原隆吉). 감각적

이고 상징적인 문체를 구사하여 현대 일본 시단에 큰 영향을 미쳤다.

1906년 신시샤에 가입하여 기관지인 『명성』에 시를 발표하면서 촉망받는 젊은 시인으로 두각을 나타냈다. 1909년 당시 문학계를 지배하던 자연주의에 대항하여 문예간담회(文藝懇談會)인 '판노카이(パンの會, 목양회)'를 만들었다. 16세기 일본에서 활동한 기독교 선교사들의 이야기를 그린 처녀시집 『자슈몬(邪宗門)』(1909)은 이국적이고 감각적인 아름다움을 지닌 작품이라는 찬사를 받았다. 1911년 서정시집 『추억(思い出)』을 출판하여 다시 한 번 극찬을 받았다. 31음절의 전통적인 단카에 상징적이고 데카당적인 새로운 문체를 도입했으며, 다마단카카이(多磨短歌會)를 조직했다. (이규수)

참고문헌

高村光太郎, 『父との關係: 綠色の太陽』, 岩波書店, 1982; 福田清人·堀江信男. 高村光太郎, 『人と作品』, 清水書院, 1988; 增測宗一, 「高村光太郎の研究: 彫刻の側面から」, 『文學史』, 學術文獻刊行會, 1982; 掘江信男, 「光太郎における敗亡の構造」, 『國文學』, 學術文獻刊行會, 1981; 掘江信男, 「大正元年の高村光太郎」, 『國文學』近代5, 學術文獻刊行會, 1981; 高村光太郎, 『高村光太郎詩集 (日本の詩歌 10)』, 中央公論社, 1974; 駒尺喜美, 『高村光太郎』, 講談社, 1980; 分銅惇作, 「詩の歷史」, 『近代詩現代詩必携』, 學燈社, 1988; 伊藤信吉, 『高村光太郎: その詩と生涯』, 新潮社, 1958; 高村光太郎, 『詩について: 綠色の太陽』, 岩波書店, 1982; 北川太一, 『高村光太郎選集 1』, 青春社, 1966; 岡庭昇, 『光太郎と朔太郎』, 構談社, 1980; 石丸晶, 「さびしきみち」, 『國文學解釋と感賞』, 至文堂, 1984; 伊藤信吉, 『日本近代文學大系 36: 高村光太郎詩集』, 角川書店, 1979; 高村光太郎, 『智惠子の半生: 智惠子抄』, 新潮社, 1971; 佐川英三., 『高村光太郎詩がたみ-愛と眞實』, 寶文館, 1979.

▌명성월간(明星月刊)

1933년 중국 상하이에서 발간된 영화예술 잡지

1933년 5월 중국의 대표적 영화사인 명성전영공사(明星電影公司)가 상하이(上海)에서 창간한 영화 잡지이다. 루샤오루(陸小洛)가 편집을 담당하였고, 1935년 1월 2권 6호(총 12호)가 나온 후 정간되었다. 이후 이 잡지를 이어 『명성반월간(明星半月刊)』이 출간되었다. 1937년 8·13사변이 발생한 후 8권 5호로 정간되었다. 1937년 2월 8권1호부터 7월 8권 6호까지는 월간으로 발행되어, 모두 48호가 출판되었다.

명성전영공사가 1930년대 새롭게 변신한 이후 발행한 영화 잡지로서, 변화된 자신들의 제작방침이 이 잡지에 잘 나타나 있다. 예를 들어 장펑우(張鳳吾, 아잉[阿英])의 「중국영화문화운동을 논하며(論中國電影文化運動)」, 천우(塵無)의 「중국영화의 길(中國電影之路)」 등이 그러한데, 이러한 글들은 영화문화운동의 반제반봉건(反帝反封建)적 임무를 강조하였다.

『명성반월간』은 1935년 4월 16일 상하이에서 창간되었다. 명성전영공사와 상하이화위무역공사(上海華威貿易公司)가 발행하였다. 가오지린(高季琳, 커링[柯靈])이 편집을 맡아 명성에서 만든 영화에 대한 소개 이외, 편집자의 글과 창작 경험, 작가 의견, 영화 시나리오, 이슈 토론, 외국 영화와 영화 이론 등을 소개하였다. 주요 필진으로는 정정추(鄭正秋), 장스촨(張石川), 홍선(洪深), 어우양위첸(歐陽予倩), 판옌차오(范煙橋), 쉬주어다이(徐卓呆) 등이었고, 「내가 감독된 이후」, 「편집과 감독의 합작」, 「소련예술영화의 길」, 「영화장르분류」, 「국방영화와 영화국방」, 「국산영화가 직면한 문제에 대한 토론」 등의 글이 실렸다. 매 호마다 흑백사진이 8~12쪽에 실려 있었다.

잡지는 여러 편의 특집호를 실었는데, 예를 들어 2권 1호에서는 "저우후(周胡, 저우젠윈[周劍雲]과 후데[胡蝶])의 유럽여행 귀국 환영 특집호", 2권 2호는 "정정추 선생 추모호", 3권 4호에서는 "'어부의 딸(船家女)' 특집호", 4권 6호에는 "도리쟁염(桃李爭艷) 특집호"를 실었다.

1936년 7월, 명성전영공사가 조직을 개편하면서 6권 1호에 『명성전영공사 혁신호』라는 특집호를 다루었다. 특집호에는 명성전영공사의 혁신내용으로서 "시대에 봉사", "국방영화 제작" 등의 새로운 제작방침을 선언하였다. 그러나 결국 항일전쟁이 일어나면서 8권 5호로 정간되었다. (이호현)

참고문헌

張駿祥·程季華 主編, 『中國電影大辭典』, 上海; 上海辭書出版社, 1995; 張偉 著, 『塵封的珍書異刊』, 天津: 百花文藝出版社, 2004.

▌명육잡지(明六雜誌)

1874년에 일본의 계몽사상가 결사인 메이로쿠샤가 간행한 기관지

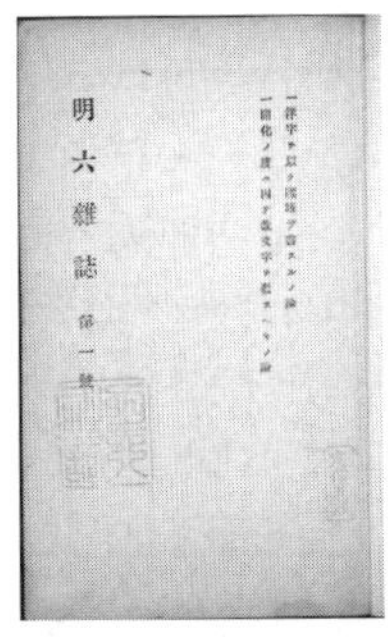

메이로쿠샤(明六社)는 1873년 9월 1일 주미변리공사였던 모리 아리노리(森有礼)가 귀국하여 미국 학회와 유사한 조직을 만들려고 발기한 것을 계기로 결성되었다. 메이로쿠샤는 결성과 더불어 매월 2회 월례회에서 사원이 교대로 공개강연을 실시했다. 『명육잡지』는 메이로쿠샤의 기관지로 1874년 3월에 발행될 예정이었지만, 실제로는 4월에 4호와 동시에 발매되었다. 잡지의 체제는 오늘날의 B6판에 가까운 엷은 황색 종이였는데, 이는 1870년대 잡지의 본보기가 되었다.
매월 2~3호 정도 발행되어 평균 약 3000부가 판매되었지만, 1875년 8월의 '신문지조례'의 영향을 받아 같은 해 11월 43호로 폐간되었다.

메이지유신 이후 국가 건설이 시작되었다. 번을 폐지하여 현을 설치하고, 모든 생활을 규제하던 신분제를 폐지했다. 이동의 자유를 보장하고, 의무교육제와 징병제를 실시했다. 사유권제도를 확립한 바탕 위에 지조 개정을 비롯한 새로운 세제를 시행하여 각종 산업진흥책을 도모했다.

이 밖에도 메이지 정부는 화폐 통일, 우편제도 창시, 시제 변경, 철도 부설, 축항 등에도 힘을 쏟는 등 국가 건설에 매진했다. 메이지유신 이후 1870년대까지는 각종 공사 현장에 어수선함과 활기가 넘쳐흐르는 시대였다.

처음부터 완전한 설계도가 준비된 것은 아니었다. 공사를 진행하면서 설계도를 다시 그리는 경우도 적지 않았다. 아침에 명령을 내렸다가 저녁에 다시 법령을 고치는 등 갈피를 잡기 어려운 시행착오를 피할 수 없었다. 오야토이(御雇外國人)라 불리던 수많은 국가 건설의 설계기사와 현장감독이 주로 구미제국으로부터 초빙되었다. 건설기계와 자재 또한 외국으로부터 거의 가져온 것이었다.

무엇보다도 속도가 요구되었다. 구미제국과의 낙차는 상상할 수 없을 정도로 너무 컸다. '서양'이란 막말에서의 '서양' 발견 이후 따라가야 할 목표임과 동시에 대항할 상대, 즉 모델로서의 라이벌로 의식되었다. 문명개화는 이러한 급속한 국가 건설에 즈음하여 외관에서부터 인테리어에 이르기까지를 규정한 양식이었다.

국가라는 건축물이 쌓아지는 것에 호응하여 그곳에 사는 새로운 사람을 만들어내기 위한 것이 오늘날 계몽사상이라 불리는 사조이다. 따라서 이를 담당한 사람들을 계몽사상가라 부를 수 있다.

• 메이로쿠샤(明六社)

계몽사상가의 결사가 메이로쿠샤다. 1873년 주미변리공사였던 모리 아리노리가 귀국하여 미국 학회와 유사한 조직을 만들려고 발기한 것을 계기로 결성되었다. 명칭은 발기한 해가 메이지 6년이어서 메이로쿠샤로 결정했다.

창립 사원은 니시무라 시게키(西村茂樹), 쓰다 마미치(津田真道), 니시 아마네(西周), 나카무라 마사나오(中村正直), 가토 히로유키(加藤弘之), 미쓰쿠리 슈헤이(箕作秋坪), 후쿠자와 유키치, 스기 고지(杉亨二),

미쓰쿠리 린쇼우(箕作麟祥), 모리 아리노리 등 10명이었다.

사장에는 후쿠자와가 추천을 받았지만 고사하여 모리가 취임했다. 그들 대부분은 서양을 직접 눈으로 체험했고, 난학에서 출발하여 영학과 독학 및 불학으로 옮겨 간 양학자였다. 그들은 학식을 겸비하여 막부에 등용되었고, 메이지유신 이후는 후쿠자와를 제외하고 신정부의 관료로 개화정책 추진의 일익을 담당했다.

이후 사원에는 간다 다카히라(神田孝平)와 쓰다 센(津田仙) 등이 합류했다. 최연소인 모리는 27살이었지만 그들 대부분은 40살 전후로 양학자의 연상 그룹을 형성했다. 저명한 지식인들의 결집은 주목을 끌기에 충분했다.

발기 다음해인 1874년 사원들은 '메이로쿠샤 제규(明六社制規)'를 만들었다. 메이로쿠샤의 '주지(主旨)'에서는 ① 일본의 교육을 힘쓰기 위해 유지들이 모여 그 수단을 서로 협의한다. ② 동지들이 모여 다른 의견을 교환함으로써 지식을 넓힌다고 정했다. 이처럼 메이로쿠샤는 지식인 서로 간의 의견교환에 머물지 않고 광의의 교육, 즉 '민심의 개혁'을 추구한 단체였다. 일본의 계몽사상은 메이로쿠샤에 결집한 지식인을 중심으로 확산되었다.

사원들은 메이로쿠샤의 목적을 달성하기 위해 서양식 호텔 겸 요리점인 세이요켄(精養軒)에 월 2회씩 모여 순차적으로 '담론'을 진행함과 동시에 이를 기록 간행하기로 결정했다. 전자는 공개강연회 형식이었고, 후자는 기관지 『명육잡지』(전43호, 1874.4~1875.11)의 발간으로 실현되었다.

메이로쿠샤 연설회는 게이오의숙(慶応義塾)의 미타연설회(三田演説會)와 더불어 개화된 도쿄를 상징한 명물이 되었다. 연설회 그 자체는 과연 일본어로 발하기가 가능할 것인가라는 회의감에 대한 도전이었다. 『명육잡지』는 분량이 20쪽 전후로 일본 최초의 사상잡지이자 종합잡지였다. 평균 발행부수는 3205부에 달했다고 한다.

'민심의 개혁'을 추구한 계몽사상가들은 두 가지 활동에 주력했다. 하나는 목표로 설정한 국가와 사회의 제도, 기관, 학술, 사물에 대한 사고방식 등을 소개 도입하는 것이었다. 또 하나는 이에 대한 지식을 축으로 사람들의 기풍을 개조하는 것이었다. 이들은 두 가지를 복합시키면서 사람들의 시야를 바꿔나갔다.

『명육잡지』에는 그러한 활동의 족적이 응축되어 잘 나타난다. 잡지를 통람하면 먼저 구미의 제도와 학술을 소개하면서 이를 기준으로 일본의 제도와 학술을 바꾸려는 논의가 눈에 띈다. 이는 민선의원을 비롯해 언론의 자유와 형벌관을 논한 정치론으로부터 재정 및 화폐와 무역을 주제로 한 경제론, 부부 및 처첩과 폐창을 둘러싼 남녀도덕론, 역사에 교훈을 찾는 사론, 신교의 자유와 국교의 수립을 고려한 종교론, 한자의 초서체에서 만들어진 일본의 음절 문자와 로마자의 채용을 주장한 문자개량론, 천구관(天狗觀)과 지진관의 변경을 촉구한 자연과학론 등에 이르기까지 실로 다양한 분야에 걸쳐 있다.

학문론의 체계를 소개 혹은 수립하려는 나카무라 마사나오의 「서학 한 점(西學一斑)」, 니시 아마네의 「지설(知說)」과 같은 논설도 게재되었다. 니시무라 시게키는 「서어 12해(西語十二解)」를 발표하여 '문명개화', '자주 자유', '권리'(權理) 등의 어의를 해석하기 시작했다. 또 사원들은 많은 논쟁을 통해 기존의 제도와 관념을 정면에서 부정했다.

예를 들면 니시무라 시게키의 「적설(賊說)」은 반역을 어떻게 바라볼 것인가에 대한 인식의 변혁을 촉구한 논설이다. 그는 "천자(天子)에 대항하는 것"을 "모두 반역이라고 말한다"는 견해를 둘러싸고 이는 "인군(人君) 즉 임금 독재국의 풍습"이라 비판했다. 여기에서 군주의 폭정과 의견의 차이에 따라 정부에 저항할 경우는 '반역'으로 삼을 수 없다는 주장으로 이어진다.

반역자를 무조건 나쁘고 도리에 어긋난다는 이미지로 바라보는 것을 부정하는 논의이다. 이는 저항권과 반대당의 존재를 허용하는 주장으로 적어도 반역자를 파렴치죄로 처벌해서는 안 된다는 것이다. '조적'(朝敵), 즉 '반역'이 아니라는 의견이다. 고정관념을 무너뜨렸다는 점에서 이러한 논의야말로 계몽이란 말에 어울리는 것이다.

계몽사상가들은 일본이 모든 점에서 독재국의 상징을 부식시킴으로써 문명국의 일원으로 인지될 수 있다는 사고방식을 지녔다. 따라서 도입이라는 차원에서의 발언은 모두 구미로부터의 시선을 의식하여 일본을 교정한다는 문맥 위에서 이루어졌다.

예를 들면 쓰다 마미치는 「고문론(拷問論)」에서 "고문을 폐지하지 않으면 결국 구미 각국과 자동차를 나란히 달릴 수 없다"고 말했고, 모리 아리노리는 「처첩론(妻妾論)」에서 "여자를 남자의 노리개로 일삼는" 상태가 바뀌지 않으면 "외국인이 아국을 지구상에서 가장 음란한 나라라고 비방하더라도 어쩔 수 없다"고 말했다.

계몽사상가들이 '서양'의 도입과 더불어 사람들의 기풍 개조 활동에 힘썼다. 오히려 기풍 개조야말로 그들의 진짜 목적이었다. 이 분야에서의 주요 논설로는 나카무라 마사나오의 「인민의 성질을 개조하는 설(人民ノ性質ヲ改造スル說)」, 「선량한 엄마를 만드는 설(善良ナル母ヲ造ル說)」, 니시 아마네의 「국민기풍론(國民氣風論)」, 「인세삼보설(人世三寶說)」, 쓰다 마미치의 「정욕론(情欲論)」 등을 들 수 있다.

'국민기풍론'이라는 제목의 논설은 일본인의 기풍을 통렬히 비판하면서 새로운 개조를 역설했다. 니시는 소위 아시아적 전제에 대해 언급한 다음 "그 가운데 우리 일본은 진무(神武) 창업 이래 황통이 연면히 내려왔다. 지금까지 2535년간 주군으로 받들고 스스로 노예시하는 것을 비교한다면 이는 마치 지나(支那)와도 같다"고 잘라 말한다.

그는 천황이 존속되어 온 것 자체가 일본인 가운데 노예적 심성이 얼마나 뿌리 깊은지를 상징한다는 과격한 논리를 전개했다.

그리고 일본인이 미덕으로 생각해 온 '충량역직(忠諒易直)', 즉 정성을 다하여 솔직하다는 의미는 전제정치 아래에서는 "더 이상 찾아볼 수 없는 최상의 월등한 기풍"이지만, "외국과의 교제가 시작되어 …… 지력(智力)이 위력(威力)에 승리하는 세상"으로 변한 지금은 '무기력'의 대명사에 불과하다고 부정한다. 이 결과 니시는 법의식 요컨대 권리의식의 고양을 기풍 개조의 방책으로 제기했다.

나카무라의 「인민의 성질을 개조하는 설」도 거의 비슷한 논설이다. 여기에서는 '노예근정(奴隷根情)'을 없애기 위해서는 민선의원의 설립을 제안하고 있다. 그의 「선량한 엄마를 만드는 설」은 이를 계승하여 여성에게 남성과 동등한 교육을 실시할 것을 강조했다. 거기에는 앞으로 일본을 떠맡을 정신상 육체상으로 건장한 아이들을 얻기 위해서는 먼저 여성을 "좋은 엄마"로 바꿔야 한다는 논의이다.

이 주장은 이후 나카무라의 '현모양처론'으로 반복되어 제기되었다. 여성을 '엄마'로 위치지우는 논의의 원류가 되었고, 여성에 대해 오로지 복종만을 요구하는 「여대학(女大學)」으로부터의 전환을 의미한 것이다. 그는 이후 도진샤여학교(同人社女學校)를 개설하여 여자교육에 힘을 쏟았다.

노예근성의 불식을 추구한 계몽사상가들에게 서양서적을 읽으면 자주 나오는 'individual', 'individuality'라는 말은 독특한 신선함으로 다가왔다. 처음에는 이 말의 의미가 정확히 정립되지 못했다. 사전에는 "나누어지지 않는 것"(가미시마 지로[神島二郞], 『근대 일본의 정신구조[近代日本の精神構造]』, 이와나미, 1961) 등으로 번역되었다. 니시 아마네는 "사람들(人々)"(「국민기풍론[國民氣風論]」), "개개 사람들(個々人々)"(「인세삼보설[人世三寶說]」), 나카무라 마사나오는 "독자일개(獨自一箇)", "각자 일기(各自一己)", "인민 각개(人民各箇)", "인민(人民)"(「자유지리[自由之理]」), 후쿠자와 유키치는 "혼자 한 개인의 기상(獨一個人の氣象)"(『문명론의 개략[文明論之概略]』) 등으로 각각 기록했다.

처음에는 불분명하게 다가온 말이 점차 키워드로서 윤곽을 잡아갔음을 알 수 있다. 그럼에도 그 밖의 여러 개념은 여전히 정립되지 못한 상태였다. 예를 들면 '사회'의 개념은 이해의 영역을 넘은 것으로 파악되어 「자유지리(自由之理)」에서 나카무라는 'society'를 '정치'로 번역했다.

이처럼 당시 계몽사상가들은 '서양'의 도입과 기풍의 개조에 있어서 일본의 과거를 모형화할 정도로 격렬한 부정의 대상으로 간주하여 엄연한 절연을 주장했다. 이 경우 서양은 도입의 모델이 되었다. 계몽사상가들은 이를 체현하는 시빌리제이션(civilization)의 섭취에 주안이 놓여졌다.

또 한편으로 서양은 개조에 있어서의 라이벌이었다. 그들은 서양에 대항하는 내셔널한 것의 발아와 육성을 추구했다. 그들의 목적은 이처럼 사람들을 시빌리제이션과 내셔널리티(nationality)라는 두 다리에 우뚝 서는 존재로 만드는 것, 즉 '국민'을 만드는 데 있었다.

이러한 논의를 전개했을 때, 논자들의 뇌리에는 부정해야 할 가치로서의 아시아가 등장했다. '아시아(亞細亞)', '지나(支那)' 혹은 '히말라야 이동(葱嶺以東)'이라 불리는 지역은 거의 예외 없이 전제와 몽매의 이미지로 다가왔다. 따라서 시빌리제이션과 내셔널리티를 추구하는 것은 일본을 그러한 아시아로부터 이탈시키는 지향으로 이어졌다. 이후 후쿠자와 유키치의 '탈아론(脫亞論)'(1885)은 그 전형적인 것이었다.

계몽사상가들은 원래부터 그룹으로서만 활동한 것이 아니다. 오히려 반대로 한 사람 한 사람이 사상과 문화적 측면에서 각각 분야를 개척한 창업자였다. 메이로쿠샤 사원들의 저작은 당시 각각의 분야에서 선구적인 업적을 남겼다.

니시 아마네는 '철학'이라는 번역어의 창시자로 유명하다. 그는 이와미노쿠니(石見国) 쓰와노번(津和野藩)을 섬기던 의사 집안 출신으로 막말이라는 풍운 속에서 번을 이탈하여 양학 학습에 전념했다. 막부 유학생으로 네덜란드에 유학하여 서양의 인문사회과학을 정식으로 배운 최초 일본인의 한사람이었다. 백학연환(百學連環, 'encyclopedia'의 번역어, 1873)의 강의로 알려진 것처럼 백과전서파적인 학풍을 가장 농후하게 지닌 학자였다. 그의 대표작은 모든 가르침은 철학에 의해 통일된다고 논한 「백일신론(百一新論)」(1874)이다. 야마가타 아리토모(山県有朋) 밑에서 징병령 제정과 '군인칙유(軍人勅諭)'의 근간이 된 '군인훈계(軍人訓誡)'의 초안 작성에 관여했다.

나카무라 마사나오는 막부 하급관리의 아들로 태어났다. 유학자로 출사하는 한편 양학을 배워 막부 영국 유학생 감독으로 동행했다. 1871년 스마일즈(Samuel Smiles)의 「Self-Help」를 「서국입지론(西國立志編)」으로, 1872년에는 밀(John Stuart Mill)의 「On Liberty」를 「자유지리(自由之理)」로 각각 간행했다. 전자는 '자조'(自助)를 실현한 사람들의 생애를 그려냈다는 점에서 많은 독자를 확보했다. 또 기독교에 관심을 지녀 「의태서인상서(擬泰西人上書)」(1871)를 집필하여 기독교 해금을 주장했다. 기독교는 1873년 해금되기에 이르렀고 그 자신도 세례를 받았다. 그의 사색에는 기독교의 '신(神)'의 관념을 유교의 '천(天)'의 관념으로 이해하려는 경향이 현저했다. '경천애인(敬天愛人)'이라는 말을 일본인으로서 처음 사용했다.

가토 히로유키는 다지마노쿠니 이즈시번(但馬国出石藩) 번사의 아들로 태어나 처음에는 사쿠마 쇼잔(佐久間象山)에게 병학을 배웠다. 이후 난학에 들어가 법학에 관심을 지니고 독일어를 배워 독일학의 선구자가 되었다. 막신으로부터 신정부 관료로 옮겨간 그룹의 한사람으로 이후 도쿄대학 종리(綜理)에서 제국대학 총장에 이르렀다.

초기의 3부작 「입헌정체략(立憲政体略)」(1868), 「진정대의(真政大義)」(1870), 「국체신론(国体新論)」(1875)에서는 천부인권론의 입장에서 입헌정체의 개략을 소개하고 그 필요성을 역설함으로써 국학자들을 예리하게 비판했다. 그는 이후 자유민권운동이 일어나자 기존의 입장을 완전히 바꿨다. 초기 저작을 절판시킴과 동시에 「인권신설(人權新說)」(1882)의 간행을 통해 천부인권설을 '망상'이라 단언하고 우승열패(優勝劣敗)를 주장하여 민권파 논객과의 논쟁을 불러일으켰다.

또 이러한 사회 다위니즘을 집약한 「강자의 권리 경쟁(强者の權利の競爭)」(1893)을 집필하여 강자의 권리를 자연권이라고 주장하기에 이르렀다. 만년에는 활발히 기독교를 비판했다.

니시무라 시게키는 시모우사노쿠니 사쿠라번(下総国佐倉藩) 출신이다. 문부성 편서과장으로 『문부성백과전서(文部省百科全書)』의 번역 간행을 추진했다. 이는 영국의 윌리엄 챔버즈(William Chambers)와 로버트 챔버즈(Robert Chambers) 형제가 편찬한 백과전서로, 니시무라는 번역을 국가사업으로 추진했다.

니시무라는 메이로쿠샤 사원 가운데 유교색이 농후한 사람으로 이후 유교를 중심으로 국민도덕을 회복하고자 노력했다. 일본강도회(日本講道會→日本弘道會)를 부흥시켜 그의 사상을 「일본도덕론」(日本道德論, 1887년)으로 정리했다.

쓰다 센은 구 막신으로서 보신전쟁(戊辰戰爭)에 참가했다. 1873년 빈에서 열린 만국박람회에 수행자로 참가한 것을 기회로 농업을 연구했다. 1874년 「농업삼사(農業三事)」를 간행하여 서양 농법의 소개자가 되었다.

1876년 그가 설립한 학농사농학교(學農社農學校)에서 간행된 『농업 잡지(農業雜誌)』는 경험주의적인 농업으로부터의 탈피를 제창함으로써 기생지주제가 확립되기 이전의 진취적인 상층 농민에게 강한 자극을 주었다. 이후 세례를 받아 기독교 신자가 되었고, 열심히 금주운동을 전개했다. 쓰다 우메코는 그의 딸이다.

• 후쿠자와 유키치(福澤諭吉)

메이로쿠샤 사원들 가운데 서양의 도입과 인심의 개조에 가장 포괄적인 구상을 갖고 영향력을 미친 자는 말할 필요도 없이 후쿠자와 유키치였다. 그는 저술가였을 뿐만 아니라 게이오의숙을 창설한 교육자, 학교경영자, 후쿠자와 야유치키(福沢屋諭吉)라 명명한 출판인, 『지지신보(時事新報)』를 창간한 저널리스트였다.

그의 전반부 삶은 일본 자서전 중의 걸작인 『후쿠자와 유키치 자서전(福翁自傳)』(1899)에 잘 나타나 있다. 부친을 어린 시절 잃은 하급무사의 차남으로서의 감회를 '문벌제도는 부친의 적'이라는 말로 남긴 것으로도 유명하다.

후쿠자와는 앞에서도 언급한 『서양사정』, 『학문의 권장』이나 대표작으로 일컬어지는 『문명론의 개략(文明論之概略)』(1875)을 비롯하여 시사평론, 교육론, 여성론, 처세론 등 활발한 저작을 남겼다.

후쿠지와 유키치가 남긴 말로는 '독립자존(獨立自尊)'이라는 네 문자가 유명하다. 이 용어는 후쿠자와 자신의 말이 아니다. 그의 문인들이 후쿠자와 사상의 본질과 정수로 규정하여 만든 조어이다. '독립'이야말로 후쿠자와가 다른 어떤 덕목에 비해 강조한 말이다.

후쿠자와는 『학문의 권장』에서 '일신의 독립'을 주장하고, 이를 위해서는 학문에 힘쓰는 것과 기력을 회복하는 것이 필요하다고 말한다. 그에게 일신의 독립은 일국 독립의 기초였다.

그는 "나라와 나라가 동등하게 되더라도 나라 안의 인민에 독립의 기력이 없을 때는 일국 독립의 권의(權義)를 높일 수 없다"고 말했다. 거기에는 당연히 세계를 향해 나아가는 일본이 의식되었다. 그는 이러한 의식을 바탕으로 봉건제 아래에서 복종에 길들여진 것으로 보이는 인간을 '독립의 기력'을 지닌 자로 바꾸려 한 것이다.

이러한 주장은 『문명론의 개략』에서 더욱 선명히 나타난다. 「일본 문명의 유래(日本文明の由來)」에서 후쿠자와는 일본 사회의 '권력 편중'에 대한 지적에 머무르지 않는다. 정치적인 측면만이 아니라 일본 사회 어디를 보더라도 '권력 편중'이라는 모습을 찾아볼 수 있다는 것이다.

이에 대해 후쿠자와는 "지금 실제로 편중된 곳을 말해보자. 남녀 간 교제에서는 남녀 권력의 편중이 있다. 아버지와 자식 간 교제에서는 부자 권력의 편중이 있다. 형제 간 교제에도 그렇다. 늙은이와 젊은이 간의 교제에도 그렇다. 집안을 나가 세상을 보더라도 역시 변함이 없다. 사제 간의 주종, 빈부의 귀천, 신참과 고참 모든 것에 권력의 편중이 있다"고 말한다.

후쿠자와는 그런 상태에 있는 일본인을 '정신의 노예(mental slave)'라고 규정하고, "일본에는 정부는 있고 국민(nation)은 없다"는 혹평을 내린다. 'mental slave'란 존 스튜어트 밀(John Stuart Mill)이 『자유론(On Liberty)』에서 사용한 말인데, 'mental slave'에서 'nation'으로 바꿔나가는 것이 후쿠자와의 '민심 개혁'의 방향이었다.

마루야마 마사오(丸山眞男)는 이를 '혼란스러워 정상적인 판단이 어려운 상태'(惑溺)로부터의 해방으로 보았다. '독립'에 대한 집념은 '기력'을 지닌 '중등사회' 육성론과 남존여비를 통렬히 공격하여 여성을 '심신 모두 굴강(倔强, 쉽게 남에게 굴복하지 않음)'하게 만들자는 여성론으로도 전개되었다.

계몽사상가들의 언론활동은 기존의 가치관을 노골적으로 부정함으로써 일본의 지적 풍토에 균열을 가져왔다. 막부의 붕괴와 신정부의 수립이라는 세상의 변화를 이제 막 체험한 사람들에게 많은 영향력을 주었다. 또 동시에 바로 거기로부터 계몽사상가들 스스로도 결코 상정하지 않은 새로운 경향, 즉 자유민권운동이 일어나기 시작한다. 계몽사상가들의 선구적인 역할은 여기에서 끝난다.

계몽사상은 역사를 문명의 진보라는 각도에서 바라보는 시각을 개척했다. 앞에서 인용한 후쿠자와의 『문명론의 개략』 특히 그 가운데의 「일본 문명의 유래」는 계통적인 역사서술은 아니지만, 일본 문명의 특질을 종횡으로 논한 탁월한 문명사론이다. 버클(Buckle)의 영국 문명사, 기조(Guizot)의 유럽 문명사가 번역 소개되어 '문명사(History of Civilization)'라는 범주가 성립되었다.

다구치 우키치(田口卯吉)의 『일본개화소사(日本開化小史)』

『일본개화소사』(1877~1882)는 다구치 우키치의 대표 저작이다. 이 시기에는 진보의 각도에서 역사를 다시 보려는 인심의 갈망에 부응하여 '문명사' 혹은 '개화사'라는 제목의 서적도 간행되었다.

다구치는 구 막신의 아들로 경제학을 배웠다. 20살 전후부터 문필활동을 시작하여 1879년 25살에 『도쿄경제잡지(東京經濟雜誌)』를 창간했다. 이후 자유당의 기관지 『지유신문(自由新聞)』의 객원이 되었고, 재야 경제학자와 저널리스트로서 거대한 족적을 남겼다. 역사에 대한 강한 사명감으로 잡지 『사해(史海)』를 발간했고, 『군서류종(群書類從)』의 활판 간행과 『국사대계(國史大系)』를 편집 간행했다.

아직 20대였던 다구치의 포부는 『일본개화소사』의 한문 「자서(自序)」에 잘 나타났다. 즉 다구치는 "역사는 자고이래의 평가이다. …… 역사가의 괴로움과 고생은 역대의 무수한 상태를 모집하는 데 있지 않다. 그 상태의 근본을 규명하는 데에 있을 뿐이다"고 말했다. 역사란 망라적으로 정교함과 세세함을 추구하는 것이 아니라, 자신의 시점에서 과거의 본질을 추구하는 데에 있다는 것이다.

그렇다면 다구치의 시점은 무엇일까? 다구치는 "대개 인심이 문명인가 야만인가는 재화를 얻는 것의 어렵고 쉬움과 별개의 것이 아니다. 재화가 풍부하여 인심이 야만인 곳 없고, 인심이 문명하여 재화가 부족한 나라 없다"고 말했다.

다구치에게 역사를 집필한다는 의미는 물질상의 풍요로움과 인심의 개명을 도달점으로 삼아 인류가 어떻게 그것을 획득하여 나아가는가를 추적하는 것이었다. 『일본개화소사』는 이러한 목적의식 아래 메이지유신에 이르기까지의 일본 역사를 경제, 정치, 사회, 문화, 종교, 풍속의 변화를 다이내믹하게 관련시켜 집필한 것이다.

그는 세기로 기록한 유럽의 역사서를 모방하여 원호를 사용하지 않고, 일본기원으로 천 몇 백 년대라는 시대를 대관하는 스타일을 채용한 것도 문명사적인 것이었다.

다구치는 이어서 "삶을 편안하게 만들고 죽음을 피하는 것이 모든 동물에 존재하는 천성이다"고 말한다. 『일본개화소사』에 흐르는 모티브는 인간의 행복을 추구하는 행위가 개화를 가져오는 근원이 된다며 이를 추적한 것이다. 따라서 다구치는 인민의 행복을 어느 정도 달성할 수 있을 것인가를 각 시대 정권의 평가기준으로 삼았고, 인심의 귀추 여부를 역사의 원동력으로 바라보았다.

다구치의 역사관은 명분론과는 배치되었다. 이후 '국사' 교육에서 충신과 역신의 사례가 된 소위 '겐무(建武)의 중흥'에 대해서도 인심이 무가의 세상을 바라게 되었다고 말한 다음, 다음과 같이 잘라 말한다.

즉, 그는 "이렇게 인민의 위에 존립하는 정부는 영구

히 지속될 수 없다는 것을 잘 알아야 한다. 친정(親政)이라는 명칭도 무사의 마음을 사로잡을 수 없다. 천황의 윤언(綸言)도 손바닥을 뒤집는다면 멸시 당한다"고 말했다. 『일본개화소사』의 키워드는 '진보'라는 두 글자였다.

계몽사상과 번역

계몽사상은 번역의 시대를 가져왔다는 점에서 근대 일본의 지적 환경의 형성에 결정적으로 기여했다. 번역은 구미사회가 만들어낸 사상과 기술을 습득하는 데에 있어 유학이나 '원서' 강독보다 훨씬 커다란 영향력을 주었다.

또한 번역은 새로운 관념의 세계를 펼쳤다. 반대로 이야기한다면 번역이라는 바이어스를 통해 기존의 관념을 받아들인 것이다. 이제 번역어 없이는 어떠한 사고활동이나 의사전달이 거의 불가능한 시대로 변했다.

번역을 외래문화 섭취의 중요한 수단으로 삼은 것은 비단 19세기 후반에 시작된 것은 아니다. 일본인의 전통적인 문화이식 방법은 음성보다도 문자를 통한 경우가 많았다. 고대 이래로 중국 문헌의 경우, 문자는 그대로 사용했지만 밑에는 한자 훈독의 순서나 일본어 어순으로 고쳐 읽는 방법을 채용했다.

근세에 들어와 난학은 스기타 겐바쿠(杉田玄白)의 『난학사시(蘭學事始)』를 통해서도 잘 알 수 있듯이 번역 문화를 크게 발달시켰다. 계몽기를 계기로 번역의 홍수시대가 열린 것은 이러한 기반이 있었기 때문에 가능한 일이었다. 외국어 교육도 거의 순수하게 일본어 번역교육으로 실시될 정도였다. 이는 문화의 압도적인 수입현상 혹은 교양에서의 탈아입구(脫亞入歐)라고 바라볼 수 있을 것이다.

번역시대의 출현이 어떻게 가능했을까? 이에 대해서는 가토 슈이치(加藤周一)의 평가가 명쾌하다. 그는 "일본 사회는 19세기 후반 메이지유신 전후 30~40년간 사이에 정부와 민간 모두가 방대한 서양의 문헌을 일본어로 번역했다. …… 이 정도의 단기간에 그렇게 많은 중요한 문헌을, 번역자의 문화로서는 미지의 개념을 포함해, 거의 정확하게 번역했다는 것은 실로 놀라울 일이자 기적에 가까운 위업이다"(가토 슈이치, 「메이지 초기의 번역: 왜, 무엇을, 어떻게 번역하는가[明治初期の飜譯]」, 『번역의 사상[飜譯の思想]』, 일본근대사상대계15, 이와나미, 1991)라고 평가했다.

그리고 그것이 어떻게 가능했는지에 대해서는 번역의 필요와 번역 능력이라는 두 가지 조건을 들어 설명한다. 필요라는 점에서는 교섭 상대 또는 제도 개혁의 모범으로서의 서양에 대한 정보의 필요성을 지적했다. 또 능력이라는 점에서는 ① 일본어 어휘 속에 포함된 풍부한 한어, ② 난학자에 의한 네덜란드어 문헌의 번역 경험, ③ 일본 사회와 문화의 고도한 세련(sophistication)이라는 세 가지 요소를 제시했다.

이 지적은 어떻게 어휘를 옮겨 적는가라는 문제가 제기된다. 가토의 이에 대한 시야 또한 포괄적이다. 그는 이에 대해 ① 난학자의 번역어 차용, ② 중국어 번역으로부터의 번역어 차용, ③ 고전 중국어 어휘의 전용, ④ 새로 만든 조어를 들고 있다.

이것들이 번역시대의 출현을 가능하게 만든 조건이었다. 하지만 바로 이 때문에 일본의 근대는 번역어의 세계와 일상어의 세계라는 문화의 이중구조를 피할 수 없었다. 원래의 뜻과 번역어의 의미 사이에 차이가 생겨났다. 번역은 각 사회에서의 오랜 생활을 통해 만들어진 말을 완성품으로서 관념의 첨단부만을 차용하여 숙명적으로 일본어로 만들 수밖에 없기 때문이었다.

번역론을 전공한 사상사가 야나부 아키라(柳父章)는 일찍이 이 문제에 주목했다. 야나부는 "번역어 없이는 우리 자신의 일본문조차 만족스럽게 쓸 수 없을 것이다. 그럼에도 이들 번역어는 오늘날도 여전히 우리의 말이 되지 않고 있다. 이를 한마디로 말한다면 문어이지만 구어는 아니다. 그 시절 사람들이 고심하면서 다른 글자를 고르고 말로 만든 것은 오늘날도 여전히 많은 경우 만들어진 말, 이제 막 만들어진 말이다"(야나부 아키라, 「번역어의 논리 언어로 본 일본 문화의 구조[飜譯語の論理 言語にみる日本文化の構造]」, 호세이대학출판부, 1972)라고 평가했다.

번역어와 일상어의 잡거는 지금도 계속된다. 야나부는 처음 '세상'에 나온 아이는 젊은이가 되어 '사회'를 선택하고, 그 '사회'의 모순에 직면함으로써 '세상'으로 회귀하는 즉 '어른'이 된다고 지적한다. 또 번역어로 표현하는 계층과 일상어로 표현하는 계층과의 분화가 현격해진다. 그리고 전자일지라도 보통은 일상어로 사고하는 것이다. 계몽기는 문화의 이러한 체질로 이륙되는 시기였다. (이규수)

참고문헌

大久保利謙 編,『明治啓蒙思想集』(明治文學全集 3), 筑摩書房, 1967; 福鎌達夫,『明治初期百科全書の研究』, 風間書房, 1968; 丸山眞男,『「文明論之概略」を読む(上·中·下), 岩波書店, 1968; 大久保利謙,『明六社考』, 立体社, 1976; 岡田与好,『自由經濟の思想』, 東京大學出版會, 1979; 松沢弘陽,「近代日本の形成と西洋經驗』, 岩波書店, 1993.

▌명치지광(明治之光)

1912년 일본의 융화단체 야마토동지회가 창간한 기관지

나라현(奈良縣)에서 1912년에 창립된 융화단체 야마토동지회(大和同志會)의 기관지이다. 같은 해 10월 16일 창간되었다. 창간 이후 거의 월간으로 발간되었다. 1호는 500부, 2호는 700부, 3호는 1500부 인쇄하였는데 모두 팔렸다고 한다.
독자는 당초 나라현 이외에도 효고현(兵庫縣), 교토(京都), 오사카(大阪), 와카야마현(和歌山縣)을 비롯하여 전국에 걸쳐 있었다. 2권 11호(1913년 11월)부터는 야마토동지회에서 독립한 명치지광사(明治之光社)가 발행하게 되었다. 명치지광사의 사장은 마쓰이 쇼고로(松井庄五郎)였다. 그렇지만 재정난에 빠져 내용상으로는 마쓰이 쇼고로의 개인잡지적 성격을 강하게 띠고 있었다. 1914년 6월 제국공도회(帝國公道會)가 설립됨에 따라 그 역할을 제국공도회 기관지인『공도(公道)』에 넘겼다. 제국공도회가 재정난 때문에 1928년 7월『공도』를 휴간하게 된 이후에는 제국공도회의 기관지 역할도 대행하였다. 거듭되는 재정난으로 1918년 7월 1일부로 폐간되었다.

『명치지광』은 전국 각지의 부락개선운동과 발흥하고 있던 융화운동의 중앙기관지적 성격을 갖고 있었다.『명치지광』에는 부락 문제에 관한 다양한 논설이 게재되고 있었다.

그 가운데서도 특히 정토진종(浄土真宗) 혼간지파(本願寺派)의 본산인 교토의 니시혼간지(西本願寺)를 개혁해야 한다는 주장이 주목된다. 이는 1914년 2월에 의옥(疑獄) 사건으로까지 발전한 니시혼간지의 재정문란 문제를 호교적 입장에서 비판한 것이지만 더 나아가서는 부락에의 헌금의 강요와 종문 안에서의 부락사원의 승려에의 차별에 대해서도 엄중하게 비판한 것이다.

다음으로 주목할 만한 논설은 교육문제에 관한 것이다. 구체적으로는 부락 학교의 통합과 부락 출신 교사의 채용을 강력하게 주장하였다.

야마토동지회는 부락 출신의 부유층을 중심으로 한 단체였기 때문에 그 주장에는 한계가 있었다. 그렇지만 나중에 수평사창립취의서(水平社創立趣意書)인『더 좋은 날을 위해(よき日の為めに)』가『명치지광』의 독자들에게 발송된 데서도 알 수 있듯이 당시 유일한 부락 문제 잡지로 그 영향력은 매우 컸으며 실제로 다른 지역에서 부락개선운동단체가 만들어지는 데 적지 않은 영향을 미쳤다.

• 야마토동지회(大和同志會)

야마토동지회는 1912년 12월 나라현에서 마쓰이 등 현 내 부락의 부유층 8명에 의해 창립되었다. 창립 당시 야마토동지회는 메이지 천황(明治天皇)의 은혜를 갚고 "각 부락민을 황국민으로서 부끄럽지 않게 분기시키는 동시에 일반 민중에 대해서는 잘못된 동포천시의 관념을 제거하는 데 노력"하는 것을 목적으로 하고 있었다.

야마토동지회는 부락 개선과 사회 계발을 중심으로 활동하였다. 야마토동지회의 영향력은 나라현뿐만 아니라 긴키(近畿) 지방, 더 나아가서는 전국 각지에 미치

고 있었다.

그리고 교토의 유력한 부락해방운동 지도자이자 기업가이던 아카시 다미조(明石民蔵), 오카야마현(岡山縣)의 자주적 부락민운동단체인 비사쿠평민회(備作平民会) 설립자이 미요시 이헤이(三好伊平) 등이 야마토동지회를 후원하고 있었다. 1915년 6월 전국 규모의 융화 단체인 제국공도회가 설립된 이후에는 제국공도회와 표리일체가 되어 운동을 계속하였지만 재정난 때문에 정체 상태에 빠지고 말았다.

그러나 1922년 3월 전국수평사(全國水平社)가 창립되자 나라현 당국에 의해 그 존재 의의가 재인식되어 같은 해 8월 1일 조직을 고쳐 회원제의 '관민 합동'의 단체가 되었다. "황실중심주의로 충량한 민풍을 작흥할 것"을 주의로 사상 선도, 교육 장려, 사회 계발, 차별 사건의 조정, 부락 개선 등의 사업을 추진하였다.

한편 1923년에는 수평사에 침투하여 평등융화회(平等融和會)를 설립하려고 획책하기도 했지만 실패로 끝나고 말았다. 그 후에는 나라현과 밀접한 관계를 맺고 활동을 계속하다가 1941년 3월 전국인 융화단체의 개조에 따라 발전적으로 해소되었고 그 사업은 동화동공회(同化奉公會) 나라현 본부에 계승되었다. (이준식)

참고문헌

『明治之光』(復刻板), 兵庫部落問題硏究所, 1977; 奈良縣同化事業史編纂委員會 編,『奈良縣同化事業史』, 奈良縣, 1970; 北川健,「大和同志会と山口県の部落差別撤廃運動:『明治之光』に見る開放運動への曙光」,『山口縣文書館硏究紀要』, 12호 91985; 部落解放硏究所,『部落問題事典』, 解放出版社, 1986; 竹永三男,『近代日本の地域社会と部落問題』, 部落問題硏究所出版部, 1998; 岩間一雄,『三好伊平次の思想的硏究』, 吉備人出版, 2004.

모던일본(モダン日本)

1930년 일본의 문예춘추사가 발행한 종합잡지

1930년 10월 도쿄의 문예춘추사(文藝春秋社)가 발행한 종합잡지이다.

창간호에서 문예춘추사의 대표격인 기쿠치 간(菊池寛)은 「『모던일본』에 대해서(「モダン日本」に就て)」라는 문장을 표지 뒷면에 게재하여 잡지의 발행 취지를 "각각으로 변화하는 현대 일본을 표현하면 좋겠다. …… 항상 첨단적인 지식과 취미를 대표하여 나아가면 좋겠다"고 밝히고 있다.

창간호에는 구메 마사오(久米正雄)의 「외출복 모던 라이프(外出着のモダン・ライフ)」 이외에 「새로운 연초(新しい煙草)」, 「탱고를 잘 추는 법(タンゴの上品な踊り方)」 등의 기사가 게재되었다.

또 「에로·그로(エロ・グロ)」, 「정치·경제·사회(政治·經濟·社會)」, 「과학·건강(科學·健康)」, 「모던(モダン)」 등의 장르로 구별되어 회사원 생활의 실태와 스포츠의 보급, 자동차와 도쿄의 도시풍경, 재즈, 골프, 셰퍼드 개 등의 기사까지 게재되었다.

잡지는 미국 문화의 소개를 비롯해 폭넓게 모더니즘을 수용한 잡지였다. 3권 1호부터는 발행처가 모던일본사(モダン日本社)로 변경되었다. 현재 잡지 원본은 가가와대학(香川大學) 가미하라문고(神原文庫)가 소장하고 있다. (이규수)

참고문헌

牛島俊 作,『日本言論史』, 河出書房, 1955;『近代文學雜誌事典』, 至文堂, 1965; 桂敬一,『明治·大正のジャ-ナリズム』, 岩波書店, 1992.

모던조선(모던朝鮮)

1936년 서울에서 발행된 문예지

1936년 9월 1일 한국 경성(京城)에서 창간되었다. 속간여부는 미상이다. 편집 겸 발행인은 강훈(姜勳)이었다. 정가는 20전이었으며 분량은 A5판으로 151쪽이었다.

1930년대 중반 이후 대중문화의 폭발적인 발전을 반영하면서 오락 및 취미를 중심으로 한 대중잡지가 다수 등장한다. 이 잡지 역시 이러한 대중문화의 융성을 반영하는 잡지이다. 여배우와 여가수의 사진 화보와 당시 연예가에 대한 가십 등이 다수 소개되어 있다.

그러나 주요 필진을 보면 비평가 홍효민(洪曉民), 시인 김기림(金起林), 임화(林和), 극작가 유치진(柳致眞) 등이 포함되어 있어서 일정 수준 이상의 대중문화에 대한 비평이 이루어지고 있음을 추측할 수 있다. 흥미로운 부분은 「모던유행」, 「모던상식」, 「모던오락취미」, 「모던연애역점」, 「모던어 대사전」, 「모던연애십계(十戒)」, 「모던결혼십계(十戒)」 등 '모던'을 주제로 한 기사가 다수 실렸다는 점이다.

이로 미루어 보아 1930년대 중반 '모던'으로 표상되는 새로운 대중문화가 활발히 전개되고 있었음을 짐작할 수 있다. 이외에도 이광수의 「모르는 이의 편지」, 노천명의 「나의 님」 등의 시와 한흑구(韓黑鷗)의 「미국(米國) 고양이」 등의 소설 등도 실려 있어 주목된다.

오락 및 취미 중심의 대중문화지로서 1930년대 중반 대중문화의 융성을 단적으로 보여 주는 잡지로, 당대의 대중문화와 풍속을 살펴볼 수 있는 자료적 가치를 지닌다. (장성규)

참고문헌

강준만, 『한국대중매체사』, 인물과사상사, 2007; 한일비교문화센터, 『일본 잡지 모던 일본과 조선』, 어문학사, 2007.

목포상공회의소월보(木浦商工會議所月報)

1930년 목포에서 발간된 일본어 경제월간지

원래 목포상업회의소에서 『목포상업회의소월보』라는 이름으로 발간한 잡지로, 목포의 무역과 경제상황에 관한 월간 보고서이다. 1930년부터 목포상업회의소가 목포상공회의소로 바뀌면서 『목포상공회의소월보』로 게재되었다.
1928년부터 1939년까지 발행분이 현재 서울대도서관 경제문고에 소장되어 있다.

목포의 상공업관련 각종 현안에 관한 보고, 관련 법령 및 해설, 기타 다양한 조사자료 등이 수록되어 있다.

원래 목포에는 1898년 설립된 목포상객주회(木浦商客主會)라는 조선인 상업조직이 존재하였다. 여기에 1900년 일본인 상인들의 단체인 목포상업회의소가 설립됨으로써, 조선인 상업조직과 일본인 상업조직이 경쟁하였다.

목포상객주회의 회장은 박창규(朴昌圭)였고, 유정여(劉貞汝), 김영숙(金榮淑) 등이 의원으로 활동하고 있었다. 출범 당시 목포상업회의소의 회장은 기무라 다테오(木村健夫), 부회장은 후쿠다 유조(福田有造)였다. 후쿠다는 1905년 회장에 선임되어 1917년까지 회장을 역임하였다.

1915년 민족별 상업회의소 조직의 통합을 강제하는 조선상업회의소령이 공포됨으로써, 목포에서도 1916년 6월 목포상객주회와 일본 상인들의 단체인 목포상업회의소가 통합하여 목포상업회의소로 개편되었다. 또 1930년 발포된 조선상공회의소령에 따라 그 해 11월 상업회의소를 상공회의소로 개칭하였다. 목포상공회의소가 되면서 일본인이 회장직을 차지하였지만, 2명의 부회장 가운데 1명은 조선인으로 선임되었다.

1944년 조선상공경제회령이 공포됨에 따라 목포상공회의소는 전라남도상공경제회 목포지부로 개편되었다.

목포상업회의소가 발간한 단행본으로는 『제주도의 개황 및 전남 농황(農況)』(1913), 『목포안내』(1921), 『목포』(1921) 등이 있다. (윤해동)

참고문헌

田中市之助, 『全鮮商工會議所發達史』, 釜山日報社, 1935; 『목포상공회의소월보』, 서울대도서관 경제문고 소장본.

목포상공회의소통계연보(木浦商工會議所統計年報)

1930년대 목포에서 일본어로 발간된 경제통계 연간지

목포상공회의소가 발간한 일본어 연간 통계자료집으로, 현재 1934년(1935년 발간)부터 1938년(1939년 발간)까지의 5개년 자료가 국립중앙도서관에 소장되어 있다. 창간부터 종간까지의 자세한 사정에 대해서는 확인하기 어렵다.

연보에는 인구, 재정, 무역, 금융, 운수·교통, 운임, 창고, 물가 및 노임, 시장, 공장, 회사, 보험, 통신, 기상(氣象), 기타의 15항목으로 분류한 각종 통계자료가 수록되어 있다. 기타 항목에는 미작, 미곡검사, 면작, 면화 공판, 각종 해산물 공판, 전기, 도수(屠獸) 등 다양한 항목이 포함되어 있다. 목포의 경제 상황 일반을 파악하는 데 가장 기본적인 자료이다.

목포상공회의소에서는 『목포상공회의소월보』(1930년 이전에는 『목포상업회의소월보』)를 월간으로 발간하였다.

목포상공회의소와 『목포상공회의소월보』에 관해서는 『목포상공회의소월보』 항목을 참조. (윤해동)

참고문헌

田中市之助, 『全鮮商工會議所發達史』, 釜山日報社, 1935; 『목포상공회의소통계연보』, 국립도서관소장본.

목포상업회의소월보(木浦商業會議所月報)

▶ 목포상공회의소월보

목포신보(木浦新報)

1899년 목포에서 창간된 일본어 신문

1899년 6월 전남 목포에서 창간된 일본어 신문이다. 목포 일본인 거류민회의 다니가키 가이치(谷垣嘉市)가 인천에서 활판인쇄소를 경영하던 야마모토 이와키치(山本岩吉)를 찾아가 신문 경영을 제안한 것이 발단이 되었다. 야마모토는 신문 창간을 위해 오사카에서 활판 기계와 인쇄 도구를 구입하고 지바 다오노리(千葉胤矩)라는 기자를 초빙하였다고 한다. 그리고 신문 발간을 위한 후원회도 구성되었다고 한다.

1901년 신문 경영이 위기에 처하자 다니가키가 경영을 승계하였는데, 목포의 일본 영사관에서 월 10원의 보조금을 지급하였다고 한다. 1906년 5단 신문으로 바뀌었고, 7월에는 격일간으로 발간되었다. 1907년 사장으로 오우치 조조(大內暢三)가 취임하여 목포인쇄주식회사를 설립하고 주필에 노무라 야스노스케(野邑安之助)가 취임하였다. 같은 해 11월 오우치가 사임하고 야마노 류조(山野龍三)가 경영권을 인수하여, 1909년 일간지로 발행하였다. 1909년 일간으로 변경될 때까지는 순간(旬刊) 또는 주간으로 발간되었다. 야마노는 『광주일보』를 인수하여 전남 언론계를 통일하였다.

1929년 현재의 상황을 보면 사장은 가노 슈산(鹿野秀三)이었으며, 자본금 5만 원의 주식회사 조직으로 운영되고 있었다. 가노는 광주에서 광주일보사를 경영하던 사람으로서 전남 지역 언론계의 원로로 존경받았던 인물이라고 한다.

1929년 회사명을 '목포신보 광주일보'로 고쳤으며, 1941년『전남신보』로 흡수되었다.

목포신보사에서 발간한 단행본으로는『개항만 35년기념 목포사진첩(開港滿三十五年紀念木浦寫眞帖)』(1932)이 확인된다.『광주일보』와 아울러 전남지역에서 발간되던 양대 일본어 일간지였으나, 이 신문 역시 아직 실물이 발굴되지 않았다. (윤해동)

참고문헌

목포부,『木浦府史』, 1930; 中村明星,『朝鮮滿洲新聞雜誌總覽』, 新聞解放滿鮮支社, 1929; 田內武,『朝鮮施政十五年史』, 1926;『新聞總覽』, 日本電報通信社, 각년판.

무대(舞臺)

1930년 창간된 일본의 연극 잡지

1930년 1월에 창간되어 1940년 12월에 종간된 연극 잡지이다. 편집 발행인은 네카다 롯부쿠(額田六福)이고, 오카모토 기도(岡本綺堂)가 감수를 맡았다. 1931년부터는 기시모토 료에(岸本良衛)도 편집에 참여하였다. 네카다 롯부쿠와 기시모토 료에는 모두 오카모토 기도의 문하생이었다.
발행처는 무대사(舞臺社)였다. 처음에는 30전의 가격으로 1000부를 발행하였지만 곧 좋은 평가를 얻어 2000부로 발행부수를 늘렸다.

『무대』의 모체는 오카모토 기도의 문하생 모임인 후타바회(嫩会)였다. 후타바회는 1917년 9월에 만들어졌으며 매월 1회 오카모토 기도의 집에서 극작과 공연을 논평하는 모임을 갖고 있었다. 그리고 1920년 4월부터는『후타바집(ふたば集)』을 간행하였다. 후타바회에서 간행한 희곡집은 모두 여섯 권에 달하였는데 그 가운데서도 20여 편이 크게 각광을 받았다.

이를 계기로 후타바회의 네카다 롯부쿠, 오무라 가요코(大村嘉代子), 모리타 노부요시(森田信義), 고바야시 소키치(小林宗吉) 등은 모임을 더 발전시키기 위해 기관지를 만들기로 하고『무대』를 창간하였다. 그러나 단순히 후타바회의 동인지에 그친 것은 아니고 극계의 공기로 문호를 개방하여 외부에서도 많은 글이 투고되었다.

오카모토 기도는 이름만의 감수가 아니라 투고된 각본의 첨삭과 편집에 적극적으로 협력하였다. 그뿐만 아니라 스스로 쓴 작품을『무대』에 게재하기도 하였다. 오카모토 기도의 통솔력과 후타바회 회원들의 협력, 특히 네카다 롯부쿠의 헌신적인 노력에 의하여 희곡 잡지로서는 드물게 장기간에 걸쳐 간행될 수 있었다.

그러나 1940년 말 정보국의 잡지 통폐합정책에 따라 통합 잡지인『국민연극(國民演劇)』으로 흡수되었다. 태평양전쟁이 끝난 뒤에 다시 두 차례에 걸쳐 복간이 이루어지기도 하였다.

오카모토 기도와 후타바회 회원들

이 잡지를 통해 발표된 작품 가운데 희곡으로는 오카모토 기도의「아라키 마타에몬(荒木又右衛門)」,「오노에 이타하치(尾上伊太八)」,「소젠지 바바(崇禪寺馬場)」등 외에도 기무라 도미코(木村富子)의「검은 무덤(黑塚)」, 네카다 롯부쿠의「무도 전래기(武道傳來記)」, 나카노 마코토(中野実)의「2등 침대차(二等寢臺車)」, 가네코 요분(金子洋文)의「가나이 한페 추적(金井半兵衛追跡)」, 우노 노부오(宇野信夫)의「하룻밤(ひと夜)」, 하세가와 신(長谷川伸)의「자살길의 비(心中越路の雨)」, 야마자키 시코(山崎紫紅)의「카스가류진(春日龍神)」, 야기 류이치로(八木隆一郎)의「바다의 별(海の星)」, 오카다 데이코(岡田禎子)의「꽃이 피다(花ひらく)」, 고바야시 소키치의「여배우 나나코의 재판(女優奈奈子の裁判)」, 호조 슈지(北條秀司)의「화려한 야경(華やかな夜景)」, 「각하(閣下)」, 「표창식 전야(表彰式前夜)」, 가와구치 마쓰타로(川口松太郎)의 「첫 여행(初旅)」, 무라카미 겐조(村上元三)의 「전고(戰鼓)」, 다이 요코(田井洋子)의 「남풍(南風)」 등이 대표적이다. 『무대』에는 200여 명에 달하는 작가들의 840편의 작품이 게재되었다. 그리고 그 가운데 240편이 실제로 무대에 올려졌다.

『무대』에 의해 인정을 받은 작가들 가운데 호조 슈지, 나카노 마코토, 가와구치 마쓰타로, 우노 노부오 등은 모두 나중에 상업 연극에서 중요한 역할을 하는 작가로 성장하였다.

또한 평론 내지 수상(隨想)으로는 오카모토 기도의 「가부키 담의(歌舞伎談義)」, 「갑자 사쿠라극담(甲子櫻劇談)」, 아쓰미 세이타로(渥美淸太郎)의 「가부키 쿄겐의 계통(歌舞伎狂言の系統)」, 이와타 요시카즈(岩田與司一)의 「신파극 연대기」, 세키네 모쿠안(關根默庵)의 「연극 대전(演劇大全)」, 마쓰다 세이후(松田淸楓)의 「머리 비망록(髮覺え書)」 등이 연재되었다. 오카모토 기도가 죽은 뒤 1939년 5월에는 추도호가 나왔다.

• 오카모토 기도(岡本綺堂, 1872~1939)

1872년 도쿄에서 태어났으며 1939년에 사망하였다. 도쿄부립일중(東京府立一中)을 졸업한 뒤 도쿄니치니치신문사(東京日日新聞社)에 입사하였고 그 뒤에도 여러 신문사를 옮겨 다니며 연극 평론과 극작을 썼다.

1902년 오카 오니타로(岡鬼太郎, 1872~1943)와 함께 쓴 작품이 가부키좌(歌舞伎座)에서 상연되었고 1908년에는 가와카미 오토지로(川上音二郎)의 의뢰로 2세 이치카와 사단지(市川左團次)를 위한 작품으로 「유신 전후(維新前後)」를 썼다. 이후 「슈젠지 이야기(修禪寺物語)」(1911), 「반초 사라야시키(播州皿屋敷)」(1916) 등 가부키의 극 형식에 근대적 주제를 담은 작품을 발표하여 명성을 얻었다.

특히 「슈젠지 이야기」는 이치카와 사단지의 공연에 의하여 신카부키의 대표적인 레퍼토리가 되었다. 1919년에는 구미의 연극계를 시찰하였다. 여러 문예지, 연극 잡지에 관여하고 있었으며 모두 106편의 희곡을 썼다. 「한시쓰 체포수첩(半七捕物帳)」과 같은 선구적인 시대 추리 소설을 발표하기도 하였다. (이준식)

참고문헌

河竹繁俊, 『日本演劇全史』, 岩波書店, 1959; 日本近代文學館·小田切進 編, 『日本近代文學大事典』 第5卷, 講談社, 1977.

무대(舞臺)

1939년에 서울에서 발행된 '협동예술좌'의 기관지인 연극 잡지

1939년 10월 1일자로 창간된 연극잡지이다. 이후에 계속 나왔는지는 알 수 없다. 저작 겸 발행인은 김상복(金相福), 인쇄인은 창문인쇄주식회사의 구본웅(화가), 발행소는 협동예술좌(協同藝術座, 경성부 명치정)이다. 판형은 A5판이고 26쪽 내외이며 정가는 10전이었다. 연세대와 성균관대도서관에 소장되어 있다.

「창간사」에는 다음과 같이 조선연극사와 연극 잡지에 대한 평가를 내리고 잡지의 포부를 밝히고 있다.

"회고컨대 조선의 신극은 토월회를 비롯하여 극예술연구회(현재 극연좌) 신건설 등 그 시대 사조에 어깨를 겨루고 그 일익적 임무를 다하였다. 즉 토월회의 민족자결주의 사상(혹은 민족주의적인)과, 극예술연구회의 민족개량주의자 · 자유주의자 · 예술지상주의자 등의 집단과, 신건설의 사회주의적인 연극 행동과, 최근의 즉 중앙무대, 낭만좌의 막연한 순수연극 행동뿐이었다. 그들은 기술적으로 너무나 소인(素人)의 성을 벗어나지 못하였으며, 기획적 견지에서 본다면 수공업적이었다. 일방 신파 극단은 '광대'라는 비난을 들으면서 예술일라기보다 직공으로서의 무대기술을 연마하여 생활에 침입(넓은 의미에서)하고, 연극 행동의 사도(邪道)로 대약진을 하여 '동양극장'이라는 아성을 쌓고 신파의 직업화를 꾀하였다. …… 연극지라면 자(自)극단의 선전을 위하여 발행하는 것과, 한 사회 전반에 걸친 연극 실천을 보고 혹은 이론을 추구하는 것과의 두

가지가 있을 것이다. 『무대』는 두말할 것 없이 조선 신극단을 계몽 지도할 것이며, 가장 중립적 입장에서 계획성과 조직성을 가지고 국민극 창정(創定)에로 뚜렷한 자취를 남겨야 한다."

이화심의 「신극통일전선」, 박학의 「대동단결: 연기자의 수감」, 김승구의 「희담: 연출자의 포부」, 박춘명의 「백지의 변: 연출자의 포부」, 김욱의 「자신의 역량 문제: 연출자의 포부」, 김용제의 「시국과 신극운동: 협동예술좌의 전도」, 이백산의 「신극의 당면문제 서론: 협동예술좌의 임무」 등은 전시 상황 아래서 공연예술 운동을 어떻게 펼쳐갈 것인가를 고민하는 내용들로 채워져 있다.

기타 다른 글로는 이태준의 「엽서문답」과 김태진의 「통제예술의 과제와 매력」이 눈에 띈다. 「전조선 지방극장 일람표(상)」, 「신극 상반기 보고서」는 당대의 연극과 공연장에 대한 보고서로서 충분한 자료적 가치를 갖고 있다.

애초에 창간할 당시에는 원대한 포부를 가지고 출발했으나 일제의 탄압과 상황의 불리한 조건에 의해 점차 친일적인 성향을 띠게 된 잡지라고 할 수 있다. 그만큼 공연예술 활동을 펼치기가 힘든 조건에서 발행되었다는 점과, 이념적 지향이 뚜렷하지 않았다는 점이 오히려 외적인 억압의 기제로 작용하는 빌미를 제공하지 않았을까 싶다. 그런 점에서 보면 일제 말기의 비운의 연극잡지라고 볼 수 있다.

• **협동예술좌(協同藝術座)**

조선 신극단을 계몽·지도하고 민족주의도 사회주의도 아닌 중립적 입장에서 국민극 창조에 힘쓰겠다는 포부로 결성된 연극운동단체이다. 간부진으로는 간사장 안기석, 간사 이백산, 이서향, 김승구, 이화삼, 박학, 박춘명 등으로 구성되어 기관지 『무대』를 발간했다. 그러나 일제의 탄압과 통제에 못 이겨 친일전향 기관지인 동양지광사에 전속되고 구성원들도 일제의 정책에 부응하는 연극 활동을 벌이게 되었다. 그리하여 박희도의 지시에 의해 함경북도, 간도, 상하이 등지에서 순회공연을 하는 등의 활동을 벌였다. (전상기)

참고문헌

권영민, 『한국근대문인대사전』, 아세아문화사, 1999; 최덕교 편저, 『한국잡지백년』 2, 현암사, 2004.

▌무대전환(舞臺轉換)

1928년 일본의 와세다대학 극연구회 기관지로 창간된 연극 잡지

1928년 11월 와세다대학 극연구회(早大劇研究會)의 기관지로 창간되어 1929년 7월까지 발간되었다. 1929년 2월호와 3월호는 휴간이었기 때문에 실제 발간된 것은 모두 7호이다.
『무대전환』의 동인은 노토미 마사타케(納富誠武), 오가와 도시(小川斗之), 가와사키 후사오(川崎房夫), 무라오카 세이주(村岡青樹) 등 10명이었다. 이 가운데 노토미 마사타케가 편집 겸 발행인을 맡았다.

『무대전환』은 1929년 1월호의 "희극(喜劇) 연구호", 1929년 4월호의 "쓰키지(築地) 소극장·신국극(新國劇) 비판호" 등 독자적인 급진적 편집으로 당시 학생 연극의 수준이 어느 정도 높은지를 보여 주고 있다. 희곡으로는 노토미 마사타케의 「노도(怒濤)」가 가장 주목되며 이밖에도 무라오카 세이주의 「승방의 밤(僧房夜)」, 가와사키 후사오의 「최후의 전별(最後の餞別)」, 사토 다케스케(佐藤竹介)의 「바보 녀석(馬鹿者)」, 나카노 마사토시(中野昌甫)의 「스파이(スパイ)」 등이 실려 있다. (이준식)

참고문헌

日本近代文學館·小田切進 編, 『日本近代文學大事典』 第5卷, 講談社, 1977; 『日本出版百年史年表』, 日本書籍出版協會, 1968.

▌무대희곡(舞臺戲曲)

1929년 창간된 일본의 연극 잡지

1929년 9월에 창간되어 1930년 12월까지 모두 16호가 발간된 연극 잡지이다. 발행처는 무대희곡사(舞臺

戲曲社)였고 오쿠마 도시오(大隈俊雄), 기타무라 고마쓰(北村小松), 기무라 긴카(木村錦花)가 편집을 맡았다. 종간된 후에는 오쿠마 도시오가 혼자 편집을 맡아 『신흥희곡(新興戲曲)』을 간행하였다.

『무대희곡』은 상연용의 연극 대본을 발표하는 잡지로 창간되었다. 이 잡지를 통하여 발표된 주요 작가의 작품은 기타무라 히사오(北村壽夫)의 「안개의 호텔(霧のホテル)」(1930년 2월호), 「춤추는 인형(踊る人形)」(1930년 8월호), 요시다 겐지로(吉田絃二郎)의 「산골짜기의 집(山峡の家)」(1930년 4월호), 「형제와 그 아버지(兄弟とその父)」(1930년 8월호), 「스미타카와(隅田川)」(1930년 8월호), 하마무라 요네조(浜村米藏)의 「일본개국기(日本開國記)」(1929년 11월호) 등이다.

이 잡지가 발간되던 무렵은 프롤레타리아 연극이 고양되던 시기였지만 그것과는 일정한 거리를 유지하면서 독자적인 극작 활동을 계속하고 있던 작가들이 작품을 발표할 수 있는 장으로서의 역할을 하였다.

이밖에도 구라다 햐쿠조(倉田百三)의 「어떤 여자 역할 배우의 죽음(ある女形役者の死)」(1930년 4월호), 무샤노코지 사네아쓰(武者小路實篤)의 「우시와카마루(牛若丸)」(1930년 1월호), 요시이 이사무(吉井勇)의 「노자라시(野晒)」(1930년 6월호), 시마무라 다미조(島村民藏)의 「미토 열공(水戶烈公)」(1930년 6월호), 세키구치 지로(關口次郎)의 「항구의 여자(港の女)」(1930년 3월호), 히로쓰 지요(弘津千代)의 「도시하사의 죽음(利久の死)」(1929년 12월호), 무라야마 도모요시(村山知義)의 「위에는 위(上には上)」(1929년 11월호), 마에다코 히로이치로(前田河廣一郎)의 「떨어진 검둥이(落ちる黑ん坊)」(1930년 5월호), 다카타 다모쓰(高田保)의 「길(路)」(1930년 2월호) 등이 게재되었다. 특정 이데올로기에 상관없이 광범위하게 상연을 위한 희곡을 소개하는 것이 이 잡지의 가장 두드러진 특징이다. (이준식)

참고문헌

日本近代文學館·小田切進 編, 『日本近代文學大事典』 第5卷, 講談社, 1977; 『日本出版百年史年表』, 日本書籍出版協會, 1968.

▌무로신보(牟婁新報)

1900년 일본 와카야마현 다나베시에서 발행된 신문

1900년 4월 와카야마현(和歌山縣) 다나베시(田邊市)에서 창간되었다. 사장 겸 주필은 모리 사이안(毛利柴庵)이었다. 모리 사이안은 진보적 불교도이자 불교계의 혁신을 추구한 『신불교(新仏教)』의 창간에도 관여했다. 이를 통해 그는 일본 초기 사회주의자들과의 교류를 넓혀갔다.

이런 연유로 『무로신보』는 단순한 지방지에 머물지 않고, 현 내는 오이시 세이노스케(大石誠之助)·나루이시 세이시로(成石平四郎), 현 외로부터는 고토쿠 슈스이(幸德秋水)·사카이 도시히코(堺利彦)·간노 스가(管野すが)·아라하타 간손(荒畑寒村) 등 사회주의자를 비롯한 혁신적 사상자가 논진을 구성했다. 『무로신보』는 헤이민샤(平民社) 낙성 이후는 거의 유일한 초기사회주의의 울타리적인 존재였다.

또 『무로신보』는 환경보전과 자연보호 문제에도 관심을 표명한 미디어였다. 1906년부터 '신사합사문제(神社合祀問題)'를 종교의 자유문제와 환경파괴의 문제로 거론했다. 이때 집필에 관여한 사람은 모리 사이안과 더불어 이후 세계적인 민속학자·박물학자로 이름을 떨친 원조 에콜로지스트 미나가타 구마구즈(南方熊楠)였다. 『무로신보』는 후지출판(不二出版)에 의해 총 33권으로 복간되었다.

• 모리 사이안(毛利柴庵, 1871~1938)

1871년 와카야마현 신미야시(新宮市) 출생. 유명은 구마지로(熊二郎). 1884년 13세에 와카야마현 다나베시의 고산지(高山寺)에서 득도했다. 법명은 청아(淸雅)였다. 이후 모리 사이안은 『도쿄니치니치신문(東京日日新聞)』의 사원을 거쳐 다카노야마대학림(高野山大学林)을 수석으로 졸업하고 고산지의 주지가 되었다.

모리는 1900년 4월에 『무로신보』의 주필 겸 사장이 되었다. 그는 이후 『무로신보』를 통해 논설을 집필함과 더불어 1910년에는 다나베초(田辺町) 의회 의원,

1911년에는 와카야마현 의원에 당선되었다. 1925년 『무로신보』가 휴간하기에 이르자, 모리는 와카야마시로 거주지를 옮기고 기슈마이니치신문사(紀州每日新聞社)의 사주가 되었다. (이규수)

참고문헌

牛島俊 作,『日本言論史』, 河出書房, 1955;『近代文學雜誌事典』, 至文堂, 1965; 桂敬一,『明治·大正のジャ-ナリズム』, 岩波書店, 1992; 武內善信,「新仏教徒·毛利柴庵の思想と行動」,『同志社法學』 37-5, 1986.1; 佐藤任,『毛利柴庵 ある社会主義仏教者の半生』, 山喜房, 1978.

무사시노(武藏野)

1918년 일본 도쿄에서 발행된 문예지

인류학자·고고학자인 도리이 류조(鳥居龍藏)가 창립한 무사시노회(武藏野會)의 기관지이다. 1918년 7월 7일 창간 1호가 출판된 이후 1944년 1월 1일에 발행된 31권 1호까지 속간되었지만, 이후 휴간되었다.
2차 세계대전인 1949년 무사시노회(武藏野會)가 무사시노문화협회(武藏野文化協會)로 개칭되면서 1949년 4월 25일 재간되었다. 1943년 12월호(200호)까지는 복제판(전19권)이 간행되어 있다.

무사시노회(武藏野會)는 "무사시노(武藏野) 지역의 자연과 인문의 발달을 연구하고 그 취미를 보급하는 것"을 목적으로 설립되었다.

따라서 잡지 『무사시노』는 학회 설립의 목적에 부합해서 창간 이후 무사시노 지역의 자연과 지리, 고고학과 역사, 문학과 민속, 사사(社寺), 예능 등 다방면의 분야에 걸친 논문들이 게재되었다.

잡지 『무사시노』는 1945년 이전 향토사와 지방사를 연구하는 최고 수준의 잡지로서 평가된다. 지방사 연구자는 물론이고 지리학자, 고고학자, 민속학자, 문학자 등에게도 귀중한 잡지이다.

주요 집필자는 도리이 류조와 오다우치 쓰케이(小田內通敏), 니시무라 신지(西村眞次) 등 당대의 쟁쟁한 학자들이 다수 포함되어 있다. (문영주)

참고문헌

武藏野會,『武藏野』 1卷 1號(1917.7)~0卷 12號(1943.12), 原書房, 1971; 加藤友康·由井正臣 編,『日本史文献解題辞典』, 吉川弘文館, 2000.5.

무산시인(無産詩人)

1924년 발간된 일본의 프롤레타리아 시 잡지

1924년 7월, 9월, 11월에 세 차례 발간된 시 잡지이다. 편집 겸 발행인은 야마모토 주헤이(山本忠平)였고, 발행처는 무산시인사(無産詩人社)였다.

간토(關東)대지진 이후의 반(反)사회주의 경향에 맞서 프롤레타리아파 시인들이 일본무산파시인연맹(日本無産派詩人聯盟)을 결성하였다.

그 구성원은 『쇠사슬(鎖)』의 마쓰모토 준조(松本淳三), 시게미쓰 도라오(重光虎雄), 마쓰무라 마사토시(松村正俊), 다다 간스케(陀田勘助), 쓰루마키 세이이치(鶴卷盛一), 『감각혁명(感覺革命)』의 이후쿠베 다카테루(伊福部隆輝), 도미타 쓰네오(富田常雄), 가와사키 히데오(川崎秀夫), 『사나운 말(悍馬)』의 미와 다케오(三輪猛雄), 오가사와라 유지로(小笠原雄二郎), 그리고 따로 호소이 와카조(細井和嘉藏), 시부야 데이스케(渋谷定輔) 등이었다.

노동자, 농민, 지식인을 망라한 혁명적 시인의 통일 전선이라는 성격을 갖고 있었다. 특히 1924년 4월 도쿄(東京)에서 시 전람회를 열었을 때 경찰이 이를 탄압한 것이 큰 사회적 반향을 불러일으키기도 하였다.

『무산시인』의 집필자는 앞에서 언급한 사람들이 중심이었지만 조직 밖의 사람들에게도 폭넓게 지면을 개방하였다. 그러나 계급투쟁 의식과 시민적 의식이 혼재한 가운데 작품 평가와 시 운동에서도 혼란스러운 상황이 나타났다.

그 결과 『감각혁명』 출신들이 조직을 탈퇴하면서 『무산시인』은 단명으로 끝나고 말았다. 사회주의운동 자체가 위축되고 있던 시기에 시문학운동의 통일 전선이 결성되고 이를 바탕으로 운동이 전개되었다는 사실 자체는 역사적으로 중요한 의미를 갖는다.

『무산시인』이 종간한 1924년 10월에는 그 뒤를 이어 『적과 흑(赤と黑)』의 동인을 중심으로 한 『DAMDAM』이 창간되었다. (이준식)

참고문헌

小田切進 편, 『現代日本文藝總覽 上卷』, 明治文獻, 1969; 日本近代文學館·小田切進 編, 『日本近代文學大事典』 第5卷, 講談社, 1977.

무산자(無産者)

1929년 5월 창간된 『예술운동』을 이어 일본에서 발간된 잡지

잡지 『예술운동(藝術運動)』의 속간으로 1929년 5월에 창간되었다. 호수는 알 수 없다. 무산자사의 기관지이다. 일본으로 간 김치정, 양명준, 이평산, 황학노, 김소익, 이북만, 임인식 등은 1929년 4월 이래 '재건고려공산청년회 일본부'와 별도로 당재건운동을 전개했다. 이들은 ① 혁명적 노동자, 농민을 광범위하게 조직하여 당을 재건할 것, ② 무산자사를 당재건준비기관으로 할 것, ③ 선전, 선동 및 조직을 위해 기관지를 발행할 것, ④ 『무산자』를 재건당의 기관지로 할 것 등을 결의했다.

• 무산자사

1929년 5월 합법 출판사로 무산자사를 김두용, 이북만, 성기백 등이 주도하여 조직했다. 여기에는 1929년 11월 조선프롤레타리아예술동맹 도쿄지회가 해체를 선언하고 가입했다. 이 조직은 『무산자』를 기관지로 정했으며 기관지의 내용은 고경흠, 김삼규, 김치정 3명이 협의하여 게재하기로 결정했다. 무산자사의 중심인물이었던 고경흠이 없을 때에는 『무산자』의 원고는 김치정, 김삼규 등이 검토하여 게재했다. 그리고 이북만, 김삼규가 편집책임이 되어 무산자사 팸플릿을 발행했다. 발행된 문건은 조선과 일본 지역에 배포되었다.

1930년 10월 『무산자』 배포망을 통해서 '무산자사 연구회(無産者社硏究會)'를 조직하여, 무산자사 연구회의 책임은 김삼규가 맡고 정치경제부는 이북만, 한재덕(韓載德)이 담당했는데 내용적 지도는 고경흠과 김치정이 수행했다. 『무산자』는 1930년 6월호를 마지막으로 폐간되고 부정기 팸플릿으로 간행되었다.

1929년 5월 조직된 이후 무산자사는 1930년 시기에 조직을 개편했다. 책임 겸 서기국 책임에 김삼규(金三奎), 서기국원 김효식, 편집국 책임 한재덕, 편집국원 안필승, 조직부 책임 송연수, 조직부원 김두정, 모플 김효식, 황학노, 반제동맹플랙션 김효식, 한재덕, 김삼규, 실업동맹플랙션 송연수였다. 여기에서 주목할 것은 조직부 책임이 각 지구반을 조직하는 활동을 지속적으로 전개했다는 사실이다.

1930년 11월초 김치정, 고경흠, 김삼규는 다음의 사실을 결정했다. ① 고경흠은 베이핑(北平)에 가서 동지와 협의하여 운동자금을 받아올 것, ② 김치정이 고경흠 부재 중 직무를 대행할 것. 이들은 도쿄(東京)를 떠나 각각 베이징과 경성으로 들어갔다. 고경흠은 베이징에 가서 도쿄에서의 활동 상황을 한위건에게 보고하고 운동자금을 접수했다. 그리고 경성에서 1931년 2월 서인

식, 이종림 등과 회합하여 당 조직에 관해 의견 교환을 했으며 이 자리에서는 ① 당 재건 준비를 위해 각지의 공산주의자들을 소집할 것, ② 이종림은 강진, 김철환을 고경흠과 서인식은 김기선과 원대형을 소집할 것, ③ 다음 회합은 1931년 2월 27일 이종림 집에서 열 것, ④ 토의 의안은 고경흠, 서인식이 작성할 것 등을 결정했다. 이후 '조선공산당재건설동맹'이 결성되었다.

'고려공산청년동맹'에서 일본 지역으로 파견된 조직원은 무산자사를 통해 합법적인 표면활동을 전개하고 당 재건의 토대를 강화했다. 주로 출판물을 통해 토대 강화를 도모한 무산자사의 활동도 일국일당주의 원칙과 무관할 수 없었다. 결국 재일조선인 공산주의운동의 헤게모니를 둘러싸고 고경흠, 김치정, 김두용 등에게 지도되었던 그룹과 정희영, 김동하 그룹 사이에 무산자사의 해체를 둘러싸고 논쟁이 전개되었다. 전개된 논쟁의 요지를 보면 무산자사의 해체를 주장하는 쪽은 "재일조선노동총동맹이 코민테른의 일국일당주의 원칙에 따라서 해체된 오늘에 있어 일본에서 조선인들만의 집단을 결성하여 일본 좌익단체와는 물론 보석 상태에 있는 조선의 전위들과도 연락하지 않으면서, 더욱이 무산자 청년의 무산자 신문 배포망에도 들어가려 하지 않고 독자반 조직을 따로 계획하는 것은 반동적이다"라는 것이었다.

무산자사의 해체를 반대하는 쪽에서는 격심했던 계급투쟁이 최후의 해결의 길로 진전해 가는 상황에서 무산자사는 프롤레타리아의 역사적 임무의 일부를 수행하기 위해 싸워 왔다면서 무산자사 존재의 당위성을 주장했다. 구체적으로 재일본조선노동총동맹과의 대비에서 대상의 차이를 거론하면서 일본 내 무산자사 존재의 필요성을 주장하고 있다.

해체를 주장하는 사람들은 일본 내에서 조선인의 주체적인 조직을 만드는 것은 코민테른의 일국일당의 원칙에 위배되는 반동적인 행위이며 조선인만의 단체는 반동적 존재라고 했다. 이에 반해 해체 반대론자들은 조선에서는 탄압이 혹독하기 때문에 조선의 노동자, 농민을 대상으로 일본에서 출판활동을 하는 것이므로 해체할 필요가 없다는 것이었다. 무산자사는 처음부터 대상을 조선 내에 두고 있었기 때문에 재일본조선노동총동맹 해체 뒤에도 존재 가치가 별도로 있다. 그러나 이러한 논쟁도 객관적 정세에 따라 해체로 논의가 강화되어 해체는 단지 시기상의 문제가 되었다.

무산자사의 창립 동기는 합법단체를 가장한 조선공산당의 재건이었기 때문에 표면 활동보다 이면 활동이 중심적이었다. 따라서 고경흠 등은 무산자사를 거점으로 조선공산당 재건의 비합법운동을 진행했다. 결국 무산자사가 1931년 8월 하순 파괴되면서 여기를 무대로 활동하던 고경흠, 김삼규, 한재덕, 송연수 등은 검거되었다. 무산자사의 소멸로 합법단체에서의 활동이 어렵게 되자 검거를 피했던 함용석, 김두정, 윤기청 등은 무산자사의 후신으로 '노동예술사준비회'를 조직했다. 이후 이 조직은 1932년 1월 '노동계급사'로 발전했다.

• 김치정(金致廷, 1906~1936)

평안북도 박천 출신이다. 초등학교를 2년 동안 다니다 중퇴하였다. 1927년 1월 상하이로 가서 1929년 1월 이후 국민 정부 직할 상하이비행공장에서 육군 중위로 근무하였다.

재중국본부한인청년동맹, 중국공산당 상하이시 위원회에 가입했고, 조선공산당에 입당하여 상하이 야체이카에 배속되었다. 그 후 조선공산당재건운동을 위해 도쿄로 건너갔다. 1930년 3월 무산자사에 가입, 『무산자』 발행에 관여하였다.

팸플릿 「조선전위당 볼셰비키화를 위하여」, 「조선 토지 문제」 등을 발행하여 조선과 일본에 배포하였다. 그해 4월 적색구원회(赤色救援會)와 일본노동조합전국협의회에 가입했고, 11월 일본 경찰에 한때 검거되기도 했다. 12월 평남에서 조공재건투쟁협의회 결성에 참여했다.

1931년 6월에는 일본공산청년동맹에 가입하여 활동하였다. 1932년 1월 도쿄에서 노동계급사 결성에 참여하고 서기국 중앙상임위원으로 선출되었으며, 표면적으로는 『재건투쟁』 등의 팸플릿을 발간하였다.

1932년 5월 조공재건투쟁협의회 일본출판부 결성

에 참여하고, 7월 일본공산당에 입당, 8월에 중앙위원회 조선부 책임을 맡고 C야체이카에 배속되었다. 같은 달 『노동계급』 임시호에 「일본공산당원에게 가해진 중형 반대의 결의문」을 작성하는 데 참여하였다.

1932년 9월에는 노동계급사 전체대회에서 노동계급사를 해체하고, 국내에서 조선공산당 재건운동을 전개하기로 결의하였다. 같은 해 10월 조공재건투쟁협의회 일본 출판부를 해체하였다. 1933년 1월 일본 경찰에 검거, 고문 때문에 취조 중에 발광하여 공판 전 병원에서 사망하였다고 한다.

• 고경흠(高景欽, 1910~?)

제주도 출신이다. 김민우(金民友)·차석동(車石東)·남해명(南海明)·김영두(金榮斗)·진도(眞島)·목야계부(牧野啓夫) 등 많은 가명을 사용하였다.

정동공립보통학교를 졸업한 뒤 1923년 4월 경성중학에 입학하였다. 1926년 4월 보성전문학교에 입학하여 1년간 수학하였다. 1927년 3월 일본 도쿄로 건너가 고학하면서 재도쿄조선청년동맹 집행위원으로 활동하였다. 10월 이후 재일본조선노동총동맹과 신흥과학연구회에 가입하였으며, 제3전선사를 설립하여 기관지 『제3전선』을 발간하였다. 1927년 9월 국내 조선프롤레타리아예술동맹 개편에 참여하고 사회주의적 문예운동을 전개하였다.

1928년 『조선운동』 잡지 관련자들의 운동론을 프롤레타리아의 독자성을 무시한 소부르주아의 기회주의적 견해라고 비판하였다. 같은 해 9월 니혼대학 전문부 법률과에 입학했으나 수업료를 내지 못하여 연말에 제적되었다. 같은 해 10월에는 신간회(新幹會) 도쿄지회에 가입하여 활동하였다. 1929년 3월 중국 상하이에서 엠엘(ML)파 지도부와 코민테른 12월 테제에 의거한 당재건운동에 관해 협의하였다. 그 후 일본으로 돌아와 고려공산청년회 일본부 재건에 참여하여, 출판부에 소속되어 기관지 『노동자농민신문』과 『현계단』 발간 업무에 종사하였다. 이 무렵 프롤레타리아 문예운동을 당재건운동에 활용하기 위해 무산자사를 결성하였다.

1929년 7월 제주도에서 일제 경찰에 검거되었으나 압송 도중 고베(神戶)역에서 탈출하였다. 그 후 오사카(大阪)에 은신하고 있다가 11월 중국 톈진으로 건너갔다.

1930년 3월 다시 도쿄로 돌아와 『전기(戰旗)』·『인터내쇼날』·『무산자』 등의 잡지 발간을 주관하면서 당재건운동을 추진하였다. 10월에는 무산자연구회를 조직하기도 하였다. 1930년 11월 베이징으로 가서 한위건(韓偉健)을 만난 후, 1931년 1월 국내에 잠입하여 2월 조선공산당재건설동맹 결성에 참여하였다. 조선공산당재건설동맹의 중앙집행위원으로 활동하였고, 4월 조선공산주의자협의회로 명칭이 변경된 후에는 출판위원으로 활동하였다.

1931년 4월 도쿄로 가서 『코뮤니스트』, 『봉화』 등의 기간지 출판사업에 종사하였다. 8월 하순 일본 경찰에 검거되어 1933년 5월 경성지방법원 예심에 회부되었고, 법정에서 사상 전향 선언을 하였다. 출옥한 뒤에는 『조선중앙일보』 편집부원으로 활동하였다. 1938년 7월 시국대응전선사상보국연맹 경성지부 간사가 되었다. 1940년 3월 여운형(呂運亨)이 일본을 방문할 때 그의 비서로 수행하였다.

1945년 8월 장안파 조선공산당 결성에 참여하였고, 9월에는 조선건국준비위원회에 참여하여 조사부 위원으로 활동하였다. 1946년 5월 이후 『독립신보』의 논설위원, 주필로 여운형·백남운(白南雲) 등 중도좌파의 노선을 대변하였다. 1946년 10월 사회노동당 결성에 참여하여 중앙위원이 되었다가 11월 탈당하였다. 이후 월북하여 1956년 4월 조선노동당 중앙후보위원이 되었다.

• 김삼규(金三奎, 1908~1989)

전라남도 영암에서 태어났다. 1931년 일본 도쿄제국대학(東京帝國大學) 문학부 독문학과를 졸업하였다. 1945년 동아일보 조사부장이 되었으며, 1947년 서울대학교 문리과대학 독문학과 주임교수를 역임하기도 하였다. 다시 언론계로 돌아와 1948년 동아일보 편집국장을 거쳐 1949년 취체역 주필로서 활동하였다.

한국전쟁 기간에 일어난 국민방위군부정사건과 거

창양민학살사건을 신랄히 비판, 이승만(李承晩) 정권의 미움을 사 결국 1952년 동아일보를 퇴사하고 일본에서 민족문제연구소를 개설, 소장으로 취임하고 조국의 평화통일문제에 심혈을 기울였다. 그의 통일방안은 중립화통일(中立化統一)로 요약될 수 있다.

그의 중립론은 1954년 제네바회담 때 미국과 영국에서 좋은 반응을 얻었으나 이승만 정권에 의하여 즉각 거부되었다. 1957년 일본 도쿄에서 월간 『코리아평론』을 창간, 주간을 맡아 일본을 무대로 평화통일운동을 전개하였다. (김인덕)

참고문헌

梶村秀樹·姜德相 編, 『現代史資料』 29, 東京: みすず書房, 1972; 金三奎 外, 『朝鮮と日本のあいた』, 東京: 朝日新聞社, 1980; 金俊燁·金昌順, 『韓國共産主義運動史』 3·5, 서울: 청계연구소, 1986; 『한국민족문화대백과사전』, 서울: 한국정신문화연구원, 1991; 近代日本社會運動史人物大事典編纂委員會 編, 『近代日本社會運動史人物大事典』, 東京: 日外アソシエ-ツ, 1996; 김인덕, 『식민지시대 재일조선인운동 연구』, 서울: 국학자료원, 1996; 강만길·성대경 엮음, 『한국사회주의운동인명사전』, 서울: 창작과비평사, 1996.

무산자(無産者)

1930년 상하이에서 발간된 정치운동 잡지

1930년 3월 상하이(上海)에서 창간되었다. 중국 트로츠키파 무산자사(無産者社)의 간행물이다. 1931년 5월 정간되었다.

창간인은 천두슈(陳獨秀), 펑수즈(彭述之), 허즈천(何資琛) 등이다. 잡지 표지에 "중국공산당 좌파 반동파"라는 글자를 써서 봉인하였다. 천두슈가 「발간선언(發刊宣言)」을 썼다. 트로츠키의 논저와 천두슈 등의 중국 혁명에 관한 정치 주장을 게재하였고, 코민테른과 중국공산당에 대해 반대 입장을 갖고 있었다. 중국공산당은 이 잡지를 중국공산당 좌파 반동파의 잡지로 규정하였다. (이은자)

참고문헌

王檜林·朱漢國, 『中國報刊辭典(1815~1949)』, 太原(山西): 書海出版社, 1992; 葉再生, 『中國近代現代出版通史』, 北京: 華文出版社, 2002.

무산자신문(無産者新聞)

1925년부터 발간된 일본공산당의 기관지

일본 오키나와(沖縄) 출신의 사회주의자인 나카소네 겐와(仲宗根源和)가 1925년 9월 20일에 창간한 공산당의 기관지이다. 전 무산계급의 정치 신문으로 창간되었다. 월 2회 간행하기 시작하여 7호부터는 순간, 9호부터는 주간으로 간행했다. 3주년째인 100호부터 월 6회 발행되었고, 발행부수도 4만 부가 넘었다. 제자(題字)는 바바 고초(馬場孤蝶)가 했다. 『요미우리신문(読売新聞)』의 정치풍자 만화가로 인기가 있었던 야나세 마사루(柳瀬正夢)를 전속화가로 영입한 이후로는 『무산자신문(無産者新聞)』의 삽화와 광고 등을 그가 전담했다. 야나세 마사루는 1925년 12월 일본프롤레타리아문예연맹의 창립에 참가했고, 다음해부터는 중앙위원으로 미술부(RA)에서 무라야마 도모요시(村山知義) 등과 함께 노농운동 관련 각종 선전매체를 제작했다. 호외 등을 포함하여 4년간 270여 회 이상 발행되었으며, 전국에 백 수십 개의 지국을 가진 전전 최대의 사회운동 기관지였다. 주요 기사 내용을 보면, 무산정당의 결성과 분립, 대지비간섭운동, 의회해산 청원운동, 제1회 보통선거, 3·15사건, 노농당재건문제, 신노농당 수립문제 등의 정치문제와 공동인쇄, 일본 악기와 노다간장(野田醤油) 등의 노동쟁의와 기자키무라 쟁의(木崎村争議)를 비롯한 전국 각지의 소작쟁의 등을 보도하고 논평했다. 사회주의운동사, 노동운동사, 농민운동사를 비롯하여 근대사 일반, 지방사, 사상사 등을 연구하는데 결정적인 사료이다.

창간

창간은 1925년 1월 하순, 상하이(上海)에서 코민테른극동부에서 소집된 상하이회의(上海会議)에서 정식으로 결정되었다. 이것은 상하이회의의 출석자로, 동지 간행의 중심인물이었던 사노 마나부(佐野学), 도쿠다 규이치(徳田球一)가 같은 내용을 서술하고 있다.

실제로는 상하이회의에 앞서 동지의 간행이 계획된 것으로 보인다. 『무산자신문(無産者新聞)』은 해당(解党)된 일본공산당(日本共産党)의 재조직운동(再組織運動)의 과정에서 결성된 '코뮤니스트 그룹'의 합법기관지로 창간된 것이었다. 표면적으로는 어디까지나 무산자신문사(無産者新聞社)라고 하는 한 개의 신문사가 신문지법에 기초하여 발행인·편집인·인쇄인 등의 규정에 따라 서류를 제출하고 보증금을 납입하여 발간한 합법적인 신문이었다.

조직

무산자신문사는 주로 신문 편집과 제작을 담당한 본사와 말단에서 통신을 본사에 보내고 신문의 배포·판매를 담당한 지국으로 나뉘어 있었다.

본사는 처음에 도쿄시 미나미사쿠마초(東京市 芝区 南佐久間町 2ノ18)에 있다가 1927년 11월 14일부터는 다른 곳(芝区 烏森1番地)으로 옮겼다. 미나미사쿠마초의 건물은 2층의 작은 민가로 6첩(畳)·4첩(畳) 2칸이었는데, 2층이 편집부, 1층이 영업 관계 업무를 보는 장소였다. 신흥(新興)빌딩으로의 이전에 따라 합숙소를 겸한 발송부가 도라노몬(虎の門)에 가까운 곳(芝区 今入町 20番地)에 설치되었다.

사노 마나부, 도쿠다 규이치 등의 무산자신문사 창립의 중심인물은 동일하게 창립 당시 동사의 조직은 편집국·사무국으로 되어 있었다고 한다. 그러나 지면상으로 보건데, 편집국(編輯局)이라고 하는 것이 기록상 나타나는 것은 1927년 7월 제91호가 최초로, 이때부터 편집부·영업부이라는 명칭이 사용되었다. 단지 이것은 명칭만의 문제로, 무산자신문사의 본사는 집필·편집에 있어 편집부 혹은 편집국과 신문의 발송과 판매, 회계사무 등을 담당한 영업부 혹은 사무국의 두 부문으로 되어 있었다.

일반 신문사에서는 신문의 인쇄를 담당하는 부문(인쇄국이나 공무국)이 큰 비중을 차지하는데, 『무산자신문』은 이것을 외부의 인쇄소에 의존했기 때문에 신문 제작의 실무인 교정과 교열만을 편집부가 담당했다.

편집부의 내부는 주필(主筆) 혹은 주필대리(主筆代理)가 논설과 일면의 주요 기사를 담당하는 것 이외에는 정치부, 사회부, 국제부라고 하는 명확한 분담은 없었던 것 같다.

발행

다른 노동조합과 농민조합, 무산정당 등의 기관지와 달랐던 점은 기존의 조직을 그대로 배포망으로 이용할 수 없었던 점이었다. 그러나 창간호부터 2만 5000부 발행했던 것을 직접 본사에서 개인 독자에게 배포하는 것은 불가능했다. 여기에서 채택된 것이 배포망과 동시에 취재망을 겸한 지국제도였다. 실제로 일간의 상업지 말고 지국제도를 채용한 것이 『무산자신문』이 처음은 아니었다. 1924년 2월 다쿠치 운조(田口運藏) 주간 당시의 『스스메(進め)』가 새롭게 지국 모집을 광고하고 같은 해 3월호부터 6월호까지 홋카이도(北海道)부터 규슈(九州), 나아가 조선까지 각지에 61개의 지국(支局)을 설치했다.

1925년 1월 2일자 일본 경찰청(警視庁) 보고에 다르면, 『무산자신문』은 제1단계로 28개의 지방에 지국을 설치하는 계획을 세웠다.

지국의 증가가 급속했던 것은 창간 5개월 후인 1926년 2월경까지였다. 그 후도 지국의 신설이 보이나, 지대의 납입 불량 때문에 발송이 중지된 지국의 수도 적지 않았다. 1926년 5월 1일자의 메이데이기념호에 게재된 「전국지국일람」에서는 89국의 이름이 기록되어 있다. 그 후 이러한 지국일람이 게재되지 않았기 때문에 각 시점에서 지국수의 변화를 정확하게 파악할 수 없다. 『1929년에 있어 사회운동의 상황(昭和四年中における社会運動の状況)』에 따르면, 동지가 종간된 시점인 1929년 8월 현재, 지국 수는 124개였다.

오사카(大阪)에서는 지국 위에 오사카출장소가 1926년 10월에 설치되어 기노시타 한지(木下半治)가 책임자가 되었다. 또한 언제부터인지 불명확하지만 조사이(城西), 고도(江東), 조난(城南), 주부(中部), 후카가와(深川)의 5개 지구로 나뉘었고, 조사이는 4지국, 고도는 5, 조난은 2, 주부는 3, 후카가와는 1개의 지국을 통괄했다. 실제로 각 지국이 어느 정도의 부(部)를 관할했는지는 정확하지 않다.

무산자신문사의 사람들

본사 각 부문의 업무를 담당한 사람들은 이름이 분명한 사람이 60명을 넘는다. 사람에 따라 활동시기의 장단과 활동 내용이 다른데, 무급으로 자원하는 사람도 많아서 엄밀히 사원이라고 볼 수 없는 사람도 포함되었다.

사외(社外)의 중요한 관계자를 들어 보면, 편집의 지도는 후쿠모토 가쓰오(福本和夫), 시가 요시오(志賀義雄), 이와다 요시미치(岩田義道), 미다 무라사부로(三田村四郎)를 비롯해서, 저명한 필자로는 야마카와 히토시(山川均), 야마카와 기쿠에(山川菊栄), 아라하타 간손(荒畑寒村), 사카이 도시히코(堺利彦), 주로 국제관계의 기사를 제공했던 노사카 산조(野坂参三) 등의 산업노동연구소(産業労働調査所)의 관계자, 삽화·만화를 그린 야나세 마사루, 스야마 교이치(須山計一) 등과 특히 연재소설 등 문화란의 기고자로는 하야시 후사오(林房雄), 아라하타 간손, 나카노 시케하루 등의 이름을 들 수 있다.

신문지법 제10조의 규정에 따라 편집인은 지면에 명기가 요구되었는데, 이들은 발행인과 인쇄인을 겸했다. 1호부터 24호까지가 나카소네 겐와, 25호부터 37호까지가 우에다 시게키(上田茂樹), 38호 이후는 종간 때까지 세키네 에쓰로(関根悦郎)였다.

나카소네 겐와의 부인은 나카소네 사다요(仲宗根貞代)이다. 무산자신문사에서 살면서 도쿠다 규이치의 동생 도쿠다 마사쓰구(徳田正次)와 함께 세 사람이 무산자신문사의 사무를 담당했다. 나카소네 겐와는 그 이전에도 사카이 도시히코를 중심으로 한 무산사에 부부가 함께 살면서 업무를 담당한 일이 있다. 그는 도쿠다 규이치와 함께 오키나와현(沖縄県) 출신이다. 오키나와현(沖縄県 国頭郡 本部村)에서 1894년에 태어나서, 사범학교(師範学校)를 졸업했고, 소학교 교사의 경험이 있었다. 무산자신문사 출판부에서 『교육독본(教育読本)』(1926), 문화학회 출판부에서 『노농러시아 교육의연구(労農ロシア新教育の研究)』를 출판했다. 효민회(暁民会)와 엠엘회(ML会)의 회원으로, '효민공산당사건(暁民共産党事件)' 및 '제1차 공산당 사건'의 피고인이다. 특히 제1차 일본공산당에서는 상임간사로, 총무간사장·사카이 도시히코의 비서였다.

나카소네 겐와는 적란회(赤瀾会)의 회원으로 '효민공산당사건'으로 사카이 마가라(堺真柄)와 함께 기소되었다. 나카소네 겐와는 '제1차 공산당 사건'으로 10개월의 형을 언도받고, 1926년 4월에 감옥에 들어갔다. 출옥 후에는 운동에서 멀어졌다고 한다.

나카소네 겐와가 입옥(入獄)한 후에는 계속해서 편집 발행 겸 인쇄인은 우에다 시게키(上田茂樹)였다. 우에다 시게키는 1900년 삿포로(札幌)에서 태어나서, 사카이 도시히코를 중심으로 한 엠엘회의 회원으로, 제1차 공산당에서는 중앙위원이었다. 기관지 『적기(赤旗)』, 『전위(前衛)』, 『계급전(階級戦)』의 편집·발행인이었다. 우에다 시게키도 '제1차 공산당 사건'에서 미결 구류 120일을 포함해서 10개월의 유죄판결을 받고 1926년 7월 감옥에 들어갔다. 이후 출옥한 후에도 무산자신문사의 사원으로 활동하다가, 3·15사건으로 체포되었다. 1931년 10월 폐결핵으로 보석 출옥하여 중앙위원으로 활동했는데, 1932년 4월 2일 체포되어 이후에는 소식이 두절되었다.

우에다 시게키가 감옥에 들어가자 세키네 에쓰로가 뒤를 잇는다. 그는 1901년 군마현(群馬県)에서 태어나, 1919년 소학교 정교원의 검정시험에 합격하여 1921년 도쿄로 가서 니시스가모소학교(西巣鴨小学校)에서 근무했다. 이후 여명회(啓明会)에 가입했다. 1923년 건설자동맹(建設者同盟)에 참가하여 기관지 『무산계급(無産階級)』의 편집 겸 발행인이 되었다. 1926년 2월 무산자신문사의 사원이 되었다. 세키네 에쓰로는 3·15사건으로 체포되었으나, 무산자사신문사에서의 지위는 종간 때까지 그대로 이어진다.

초기에는 발간이 주간으로 예정되었는데, 「발간취지서」에는, "발행(発行) 주간 매주 토요일"로 명기되어 있다. 그러나 최초는 주간으로 했는데, 주간으로 하면 실제 편집과 발행이 곤란했기 때문에, 최초 3개월 동안은 월 2회(1일, 15일)발행하기로 하고, 4개월째부터는 주간으로 했다. 이것은 도쿠다 규이치의 얘기로 부정확하다. 월 2회 간행에서 곧바로 주간으로 변한 것이 아니라, 4개월째인 1925년 12월만 순간으로 발행되었고, 1926년 1월 9호부터 주간이 되었다. 이미 7호와 8호의 제자(題字) 아래에 "주간(週刊)"이라는 표시가 있다.

쪽수는 매호 4쪽이었는데, 1926년 1월 1일자의 제9호, 같은 해 2월 6일자의 14호는 2쪽의 부록을 부쳤고, 또한 '3000엔 기금(三千円基金)' 모집운동의 성공으로 1927년 6월 11일자의 86호를 6쪽으로 하고, 같은 해 7월부터는 매월 2회, 6쪽으로 발행하는 방침을 세웠다.

이 방침은 바로 수정되었다. 같은 해 7월 30일자인 93호에는 「본지(本紙)는 전국적인 요구에 따라 9월부터 월 6회 발행」의 사고를 발표하고, 97호부터 실행에 옮겼다. 그리고 이후의 목표로 '일간화(日刊化)'를 제기했는데, 이것은 실현되지 않았다. 그러나 최초 보통선거가 실현된 1928년 2월에는 총선거 특별판(総選挙特別版)과 발행개정판(発禁改訂版)을 포함해서 본지의 발행횟수 10회, 또한 호외 4회 이상, 2일에 1회의 비율로 발행되었다.

3·15사건은 『무산자신문』의 발전에 타격을 가했다. 발행횟수로 말하면, 타격은 그렇게 큰 것이 아니었다. 발행일이 늦어졌는데, 3월은 월 6회 간행을 유지하고, 4월도 1일자를 휴간했다. 1929년 3월 이후가 되면, 탄압이 보다 격화되어 조판(組版)·인쇄(印刷)도 사실상 비합법 상태에 빠졌고, 발행횟수는 월 5회가 되었으며, 7월에는 새로이 월 4회로 감소되었다. 더군다나 이 사이 4월부터는 타블로이드판이 되었다.

발행부수는 시기에 따라 다른데, 최고일 때는 4만부 전후이고 최저일 때는 1만 4000부 전후로 평균적으로 2만 수천 부 전후였다. 이것은 당시 급성장을 하고 있던 일본의 전국지와 비교가 되지 않는 적은 부수였던 것은 부정할 수 없다. 예를 들어 『오사카마이니치신문(大阪毎日新聞)』은 『무산자신문』 창간의 해인 1925년에는 119만 7000부였는데, 종간의 해인 1929년에는 150만 부에 달했다. 그러나 1925년에 『요미우리신문(読売新聞)』이 5만 8000부였던 것이 시사하듯이, 부수만으로 말하면 상업지 가운데 같은 규모의 것이 없었던 것은 아니다.

다른 사회주의운동과 노동조합운동의 기관지와 비교해 보면 이것이 종래의 수준을 넘는 부수였던 것도 사실이다. 그때까지 발행부수의 기록이 어느 정도였는지 명확하지 않으나, 메이지기(明治期)에는 『주간헤이민신문(週刊平民新聞)』이 통상 3700~4500부, 창간호와 창간 1주년을 기념해서 「공산당선언(共産党宣言)」을 처음으로 일역해서 게재했던 제53호가 8000부였는데, 이것이 최고였다. 1차 세계대전 이후에는 우애회(友愛会)의 기관지 『노동과 산업(労働及産業)』의 1916년 6월의 "공장법 시행 기념호(工場法 施行 記念号)"가 1만 4500부를 기록하고 있다. 그러나 다른 사회운동 기관지는 많아야 2000~3000부 정도였다. 그런 가운데 『무산자신문』이 창간 당시부터 2만 5000부에서 출발했던 것은 일부의 사람들 사이에서는 경이로운 일이었다.

인쇄 부수는 최초에는 2만 5000부 인쇄했는데, 지방 지국에서의 지대 징수가 여의치 않아 급히 1만 8000부로 축소하여 확실한 곳에만 배포하게 되었다.

무산자신문사는 독자적인 인쇄소를 갖고 있지 않고, 인쇄는 도쿄의 아케보노신문사(曙新聞社), 또는 요미우리신문사(読売新聞社) 등에서 했기 때문에 경찰이 비교적 쉽게 각호의 인쇄 부수를 확인하는 것이 가능했던 것으로 보인다. 창간 3주년에 발표한 「투쟁의 궤적을 생각한다(闘争の跡を顧みる)」라는 제목의 글에서, 1926년 봄에는 독자수가 2만 전후였다고 한다.

인쇄

독자적인 인쇄소를 갖고 있지 않아 인쇄는 모두 외부에 의존했다. 세키네 에쓰로에 따르면, 창간 1년 이상 무산자신문사 가까이에 있던 아케보노신문사에 인쇄 일체를 맡겼다고 한다. 앞에서 인용했던 「비밀결사 일본공산당 재조직운동의 상황(秘密結社 日本共産党 再組織運動の状況)」에 기록되어 있는 도쿄 아케보노신문사(芝区 南佐久間町 一丁目 一番地 東京 曙新聞社)

가 그곳이다.

조판까지는 교바시구(京橋区 元数寄屋町 一ノ三)의 협우사(協友社)에서 하고, 인쇄는 요미우리신문사 조야신문사(朝野新聞社) 등에 의뢰했다. 12단의 신문을 3만 부 인쇄한 것은 도저히 윤전기를 갖고 있는 신문사에 의뢰할 수 없었기 때문이다.

합법 신문이었기 때문에 발매금지를 당했어도 공공연히 판매와 배포하는 것이 가능했다. 일단 발매금지 당한 경우에 이것을 독자들에게 무사히 배포하기 위해서는 여러 가지 방법을 고려해야 했다. 발매금지호가 경찰에 발견되면 모두 차압당하기 때문이었다.

종간

3·15사건 이후 『무산자신문』에 대한 탄압은 날이 갈수록 강화되었다. 특히 제3차 산둥출병(山東出兵) 반대와 파견군의 즉시 철퇴, 치안유지법 개악반대, 다나카(田中) 반동내각 타도를 주창한 1928년 5월과 6월에는 거의 매호가 발매금지 처분을 받았다. 이 단계가 되면 일본 당국은 개개의 주장을 일일이 사찰했을 뿐만 아니라, 『무산자신문』이 계속 발행되는 것을 불가능하게 만들었다. (김인덕)

참고문헌

二村一夫, 「解題」, 『日本共産党合法機関紙 無産者新聞』 4, 東京: 法政大学出版局, 1979; 日本共産黨中央委員會, 『日本共産黨の五十年』, 東京: 日本共産黨中央委員會新出版局, 1972; 日本近代文學館·小田切進 編, 『日本近代文學大事典』 5卷, 東京: 講談社, 1977.

무산청년(無産青年)

1927년 중국 상하이에서 발간된 정치운동 잡지

1927년 11월 상하이(上海)에서 창간되었다. 중국공산주의청년단 기관지이다. 부정기간행물이다. 1927년 12월 정간되었다. 상하이도서관 등지에 소장되어 있다.

제1차 국공합작 결렬 후 혁명을 총괄하고 혁명을 고취하며 혁명을 선전하기 위해 창간되었다. 중국공산주의청년단 관련 회의의 결의문 등을 등재하였다. (이은자)

참고문헌

王檜林·朱漢國 主編, 『中國報刊辭典(1815~1949)』, 太原(山西): 書海出版社, 1992.

무소위(無所謂)

▶ 광둥일보(廣東日報)

무역주보(貿易週報)

1931년 중국 상하이에서 창간된 경제산업 신문

1931년 6월 상하이(上海)에서 『무역주보(貿易週報)』로 창간되었으며 중국국제무역협회에서 편집 출판하였다. 1934년 제호를 『일주국제무역소식(一周國際貿易消息)』이라 바꾸고, 권호수를 다시 시작하였다. 1935년 제61호부터 『무역』으로 제호를 다시 바꾸고 순간(旬刊)으로 발행하면서 권호수는 전의 것을 이어나갔다. 1932년 10월 제3권 12호를 출간한 후 정간되었으며, 1934년 9월 복간되어 권호수를 다시 시작하였다. 1936년 94호를 발간한 후 종간하였다. 톈진(天津) 남개대학(南開大學) 도서관 등에 소장되어 있다.

내용은 세계 각국 시장의 무역동태와 대중국무역의 증감 상황, 각국의 무역정책, 중국 및 여러 나라의 원자재 가격 및 시장무역 예측 등을 소개하였다. 무역동태, 무역발전, 상품, 시장 및 경기, 수출입제도 및 거래관행과 경제사정 등의 란을 갖추고 있었다. 아울러 많은 조사통계도 실었다. (김성남)

참고문헌

王檜林·朱漢國 主編, 『中國報刊辭典』, 太原: 書海出版社, 1992; 葉再生 著, 『中國近代現代出版通史』, 北京: 華文出版社, 2002.

무오잡지(戊午雜誌, The Steed)

1918년 중국 상하이에서 창간된 종합성 정론지

1918년 상하이(上海)에서 월간지로 창간되었다. 상하이의 프랑스 조계 내 거뤄루(葛羅路)의 무오잡지사(戊午雜誌社)에서 편집, 발행되어, 중화서국 지역망을 통해 유통되었다. 중국과학원 도서관에서 열람할 수 있다.

특별한 체제 없이 국내외의 정치 문제에 관한 글을 번역하여 차례대로 실었다. 오쿠마 후(大隈候)(더궁[悳公] 역)의 「러시아의 양대혁명」, 영국 19세기 잡지사 로퍼 스펜더(Roper Spencer)(더장[德彰] 역)의 「정부와 신문의 관계」, 귀스타프 르 봉(Gustave Le Bon)(황잔훙[黃建閎] 역)의 「원군(原群)」, 「근대 정치의 민주적 경향」 등이다. 국외의 저명잡지에 실린, 명사들의 글과 특히 러시아혁명에 대한 글을 번역하여 전재하였다. 물론 국내정치에 대한 논의도 활발하였다. 왕푸옌(汪馥炎)의 「지방내각제 상각(地方內閣制商権)」(1권 1호), 쉐충(薛聰)의 「국민정치(國民政治)와 무인(武人)」, 황화(黃花)의 「조화와 국회」 등이 있다.

특히 일본 유학생 출신인 왕푸옌은 성현 양급제(省縣 兩級制)의 지방자치를 수준 높은 이론을 들어 주장하였다. 현 자치는 천연의 공리이고, 성은 중앙과 현을 연결하여 전국적인 통일성을 유지하는 중간 조절자라 하여 현을 기초로 한 지방자치를 주장하고 있는 것이다. 특히 성 정부의 직능과 구성을 자세히 논하고 있는데, 성장(省長)은 중앙에서 임명하되 지방 행정에 대한 감독자로 제한하고, 실제 성의 행정은 미국식 참사회를 모델로 한 성의회를 중심으로 한 구성한 성무청(省務廳)에서 집행하도록 하자는 제한을 하고 있다. 성의회의 구성 방법에 대한 논의는 없지만, 후일의 연성자치론의 선구로서 이해할 수 있겠다. (오병수)

무학(武學)

1908년 일본 도쿄에서 창간된 중국어 군사 잡지

1908년 도쿄(東京)에서 창간되었으며, 청말 일본에서 유학하던 육군 학생단체인 무학편역사(武學編譯社)가 주관한 월간잡지이다. 편집 겸 발행인은 루광시(陸光熙)와 팡르중(方日中), 왕치창(王椅昌), 장메이링(姜梅岭), 황푸(黃郛) 등이다.
1909년 9월에 모두 10회를 발행하고 종간되었다. 광둥성(廣東省) 중산(中山)대학 도서관에 소장되어 있다.

내용은 사설과 교육, 학술, 해군(海軍), 잡조(雜組), 전기(傳記) 등의 항목이 있다. 최신 무학(武學) 연구와 중국 내륙의 교육이 미치지 못하는 군사지역에 군사교육을 보충하는 것이 발행 목적이었다. 군대의 역량을 강화하고 무학 분발과 상무정신을 주장하였다. 군사교육과 군사건설을 강조하면서 외국의 군사 발전상황을 소개하였다. (김성남)

참고문헌

周葱秀·涂明 著,『中國近現代文化期刊史』, 山西教育出版社, 1999; 王檜林·朱漢國 主編,『中國報刊辭典』, 太原: 書海出版社, 1992.

문교의 조선(文教の朝鮮)

1925년 서울에서 창간된 일본어 교육 관련 월간지

1925년 9월부터 1945년까지 조선교육회가 『조선교육시보』를 계승하여 일본어로 발간한 교육 월간지이다. 『조선교육시보』와 내용과 형식면에서 유사하였으나, 체제를 훨씬 세련되게 변화시켰다.
교육에 관한 법령, 정책 내용, 훈시, 지시 사항 등이 잡지의 앞면을 장식하고 있으며, 논설, 요찬(要纂), 잡찬, 휘보 등으로 편집되었다. 잡찬(잡록)은 잡보, 신간 소개, 회고(會告), 서임사령 등으로 구성되었다.
서울대도서관, 국립도서관, 연세대도서관 등에 부분적으로 수장되어 있다. 1996년 일본의 에무테이(エムテイ)서점에서 1925년 창간호부터 1945년 종간호까지 전부를 88책으로 복각 출판하였다.

- 조선교육회의 조직과 기구

1923년 개편된 조선교육회는 조선총독부 학무국 산하에 본회를 두고(경성), 지회로 각 도교육회를, 각 도교육회 분회로 부·군·도 교육회를 설치하여 본회 - 지회 - 분회의 조직 체계를 갖추었다.

본회의 임원으로는 회장, 부회장, 평의원 및 간사를 두고, 집행 및 의사기구로 총회와 대의원회, 평의원회를 두었다.

우선 회장과 부회장에 대해 살펴보면 다음과 같다. 1923년 조선교육회가 개편, 출범하면서 이전과는 달리 회장과 부회장은 총회와 대의원회에서 선거를 통하여 선출하도록 규정하였다. 그러나 이후에도 선출은 형식상에 머물렀고, 정무총감을 추천하고 만장일치로 가결하는 방식으로 정무총감이 회장에 취임하였다. 이는 부회장의 경우에도 마찬가지였는데, 1923년에 선출된 부회장은 나가노 겐(長野軒) 학무국장과 자작 민영휘(閔泳徽, 휘문고등보통학교 설립자)였다.

회장에는 정무총감을 추대하는 형식으로 초빙하고, 부회장 두 사람 중 한 사람은 학무국장이 다른 한 사람은 친일인사가 차지하는 방식이 반복되다가 1929년 규칙을 개정하게 된다. 회장을 추대하고, 부회장 1인은 학무국장을 추천하며, 나머지 부회장 1인은 대의원회에서 선출하는 것으로 규칙을 바꾸었던 것이다. 그러나 이후 선거하기로 한 부회장 1인도 사실상 추대로 결정되고 있었다. 부회장 1인은 친일 인사 중에서 한 사람을 지명했던 것으로 보인다. 민영휘, 이진호(李軫鎬), 장헌식(張憲植) 등이 부회장을 맡았다. 장헌식은 도쿄제국대학 출신으로, 병합 후 충청북도 장관, 전라남도 지사, 중추원 참의 등을 지냈다.

다음으로 평의원과 평의원회에 대해 살펴보자. 평의원은 회장의 자문에 응하며, 평의원회에서는 중요한 사항을 심의하는 것으로 역할이 규정되어 있었다. 예산과 조직 운영에 대한 각종 사항은 대부분 평의원회에서 심의하도록 하였다.

조선교육회 출범 당시 평의원은 회장이 지명하는 사람과 각 도의 교육회장으로 구성하되, 전자는 7명을 초과할 수 없도록 규정되어 있었다. 1923년 9월에 지명된 평의원은 보성전문학교장 고원훈(高元勳), 중앙고등보통학교 설립자 김성수(金性洙), 연희전문학교 부교장 베커(Arthur Lynn Becker, 한국명 백아덕[白雅悳]), 경성의학전문학교장 시가 기요시(志賀潔), 경성사범학교장 아카키 반지로(赤木萬二郎), 서대문공립심상고등소학교장 이시하라 기요히로(石原淸熙), 수송공립보통학교장 요코야마 와타루(橫山彌) 등 7명이었다. 여기에 당연직 평의원인 각 도 교육회장 가운데, 조선인은 당시 도지사였던 박중양(朴重陽), 김관현(金寬鉉), 이규완(李圭完)의 3명이었다.

이후 조선인 평의원으로 확인되는 사람은 박준호(朴準鎬, 동성상업학교장), 오긍선(吳兢善, 세브란스의학전문학교 부교장), 조동식(趙東植, 동덕여학교 교장), 이원보(李源甫, 총독부 사회교육과장), 계광순(桂珖淳, 총독부 사회교육과장), 고안언(高安彦, 경기도 교육회장) 등이 있다.

전체 평의원의 수는 1924년 20명에서 40명으로 늘어났다. 1929년에는 당연직 평의원으로 각 도 학무과장이 추가되었다. 그러나 평의원의 대부분은 일본인이 차지하였고, 조선인은 관료와 사립학교 관련자들이 일부 참여하였다.

대의원은 각 도 교육회에서 선정하도록 하였는데 도교육회는 회장이 대의원을 지명하였다. 대의원회는 연 1회 회장이 소집하도록 하였고, 회칙의 개폐, 예산과 결산 의결, 기타 사항 등을 의결하였다.

조선교육회의 대의원 수는 40~50명 선을 유지하고 있었는데, 학교 교장이 전체의 절반 이상을 차지하였고, 각 도 학무과장과 시학관이 그 다음을 잇고 있다. 이처럼 대의원은 교장과 교육 관료가 중심을 이루었고, 평교사는 철저히 배제되었다. 또한 대의원은 거의 대부분 일본인이 차지하였고, 조선인은 철저히 배제되었다.

총회에서는 회무 보고, 각 도 교육회에서 제출한 의안의 토론과 건의안 제출, 총독부 자문안 토의 및 답신안 제출 등을 행하고 있었다. 총회는 거의 매년 빠짐없이 개최되고 있다.

회원 상황

회원에는 명예회원, 특별회원, 통상회원이 있었다. 명예회원은 학식과 덕망이 있는 자로 평의원회 및 대의원회의 결의를 거쳐 회장이 추천하도록 하였으며, 특별회원은 특별히 공로가 있는 자 또는 많은 금품을 기부한 자 중에서 평의원회의 결의에 따라 회장이 추천하도록 하였다. 통상회원은 지회의 회원인 자였다.

1923년 말 현재 전체 회원은 8860명이었다. 1926년부터 회원 증모운동이 전개되었는데, 전 조선의 모든 학급당 학부형 1인을 회원으로 가입시켜 회원을 배가하려 하였다. 1927년에는 대상이 신임 교직원, 공직자, 지방 선각자와 특지자 등으로 확대되었다. 그리하여 1926년에는 회원이 만 명을 상회하였다. 이후 회원이 계속 증가하여 1939년에는 2만 명을 돌파하였고, 1941년에는 3만 명을 상회하게 된다. 1941년 회원수는 3만 4800여 명이었다.

회원의 증가는 전체 교직원의 증가에 기인하는 것이었다. 회원의 절대 다수가 공립보통학교 교직원들이었다. 공립보통학교에는 조선인들도 다수 근무하고 있었는데, 1941년 공립보통학교에 근무하는 조선인 교원의 수는 1만 971명으로 전체의 53%를 차지하고 있다. 이처럼 나중에는 회원의 다수가 조선인이었는데, 조선교육회 가입이 강제되고 있었던 것으로 보인다.

재정 상황

조선교육회의 예산은 각 도 교육회의 분부금과 기타 수입으로 충당하였는데, 분부금은 도교육회 통상회원 1인당 연 1원 80전으로 구성되었다. 1924년에는 1원 20전으로 인하하였다가, 1927년 다시 인상하려는 회칙 개정안이 상정되었으나 반발에 부딪쳐 철회되었다. 이처럼 예산 증액이 부결됨에 따라, 사업도 축소되었다. 1928년 결국 회비 인상안이 가결되었으나, 분부금이 예산에서 차지하는 비율은 15% 안팎에 지나지 않았다.

이에 조선교육회가 재원을 마련하기 위하여 고안한 방안이 소학교와 보통학교 아동을 대상으로 발간하는 학습장(해방 이후 방학책의 원조) 사업이었다. 이 사업은 1928년 이미 4000여 원의 순익을 내고 있었다. 1935년 현재 소학교·보통학교·간이학교 아동 수는 총 84만여 명이었는데, 이 해에 발간된 하휴·동휴 학습장은 105만 책이었다. 1939년에는 192만 여부를 발행하였다.

조선교육회의 3대 재원은 국고보조금, 도서 간행 수입과 분부금이었다. 1930년대 초반까지는 국고보조금이 가장 큰 비중을 차지하였으나, 이후 학습장 발행을 통한 수입이 가장 중요한 위치를 차지하게 된다. (윤해동)

참고문헌

김성학, 「일제시기 관변 교원단체의 형성과정과 그 사회적 기능」, 『교육학연구』 41-2, 2003; 『문교의 조선』(복각본), エムチイ書店, 1996.

▌문명(文明)

1925년에 서울에서 발행된 과학 잡지

1925년 12월 25일에 창간되었다. 종간호는 확실하지가 않다. 다만 통권 2호까지는 발간된 사실이 있을 뿐이다. 편집 겸 발행인은 김창권(金昌權), 발행소는 과학통신사(科學通信社, 경성부 안국동 56)이다. 판형은 A5판으로 총 70쪽 안팎이며 정가는 알 수가 없다. 아단문고에 창간호가 소장되어 있다.

이 잡지는 『과학』이나 『과학조선』과는 그 잡지 체제와 발행 목적이 다른 기획으로 창간되었다. 즉, 자연과학과 인문과학을 아울러 다루겠다는 의지를 피력하고 있으며, 제목에서 알 수 있는 바와 같이 과학의 발전에 의해 이룩된 근대문명(혹은 인류문명 일반)적 사유 속에서 과학이 얼마나 인류의 문명 발전에 기여했는가를 평가한다. 그렇기 때문에 과학은 중요하며 과학지식의 보급과 습득이 사활을 건 문제임을 도출해 내는 인문학적 사유를 내장하고 있다. 「창간사」에는 그런 확신과 맹목적 신뢰가 명시되어 있다.

"과학은 인간을 확실한 정로(正路)로 인도한다. 과학의 광명은 모든 미망을 타파한다. 과학에 눈뜨고 과학에 신념 가진 인생에게 행복이 올 것은 의심없는 일이다. 보라, 우주간 무진장의 대비밀을 간단없이 탐출(探

出)하여 전인(前人)의 상상 미도(未到)한 경이하고 장미(壯美)한 발명으로써 인간생활에 만반의 편리를 주는 것이 자연과학의 힘이 아니고 무엇이며, 인간사회의 진화의 대원리를 구명하여 진선미한 이상적 제도를 추구하며 그에 실현에 노력하여, 자유 평화의 일월이 명랑한 신세계가 장차 전개하려 함은 사회과학의 힘이 아니고 그 무엇이랴. 아! 과학의 힘이여 위대하도다."

창간호에 실린 글들은 과학지식에 관한 내용보다는 인문학적 사유가 담긴 글들과 문예작품이 눈에 많이 띈다. 우선 경주 첨성대와 미국 울워드빌딩 사진이 앞면을 장식하고 있고 주간의 「창간사」가 그 뒤를 잇는다. 그런 다음에 본격적인 글들이 배치되어 있다. 월남 이상재의 「나의 문명의 해석」, 윤익선의 「문명의 서광을 반기면서」, 박화흔의 「참 문명을 동경한다」, 임수돌의 「과학의 분류」, 안일영의 「특수상대성원리」, 박지성의 「다디움과 지구」, 박순병의 「생물의 생식작용과 그 수명」, 유봉영의 「생명론」, 김병윤의 「종교와 과학」, 「문명론」(김창권 역), 박일병의 「노자사상의 해부」, 박춘도의 「무저항주의에 대한 톨스토이와 간디」 등은 과학지식에 대한 글을 제외하면, 당대 저명인사들의 문명에 대한 개념적 인식을 살펴볼 수 있게 해주는 글들이다.

그 외의 나머지는 주로 문예물로 채워져 있다. 최린의 「파격적 처세」, 타고르(김억 역)의 「광명은 동방에서」, 이광수의 한역시 4편, 봄물결의 시 「사랑의 선물」 외 2편, 김소월의 「길」, 「눈」 외 2편, 최서해의 소설 「세처녀」, 이강흡의 「불란서 애화(哀話)」·「불쌍한 커젯트」, 표랑생의 「애(愛)의 희생」 등이 그것들이다.

2호에 관해서는 실물을 확인할 수 없고, 다만 『신사회』 창간호(1926. 2)에 나온 예고에서 그 내용을 짐작할 수 있을 뿐이다.

문명개화론이 활발히 논의되던 개화기 초기와 1910년대와는 달리, '문명'이란 단어는 1920년대에는 뒤늦은 논의거나 시대감각이 없는 논제일 수도 있을 것이다. 하지만 이 잡지는 바로 그러한 단어를 제호로 사용하여 잡지를 창간했다. 근대문명에 대한 동경과 반성이 동시적으로 사유되어야 하는 식민지 조선적 특수성을 과연 이 잡지의 편집자들은 의식하고 기사의 집필과 편집의 확고한 방침으로 삼았는가가 중요한데, 단명한 것으로 보아 그런 의식 없이 창간을 하고 제호를 선택한 것으로 보인다. 기실 인문과학과 자연과학의 결합과 관계 설정 자체는 어렵고도 힘든 인류사적 고민인 바, 그 단초를 문제시하고 화두로 던졌다는 데에서 어쩌면 이 잡지의 의미를 보존할 수 있을 것이라 여겨진다. (전상기)

참고문헌

최덕교 편저, 『한국잡지백년』 2, 현암사, 2004; 김근배, 『한국 근대 과학기술인력의 출현』, 문학과 지성사, 2005.

문명신지(文明新誌)

1876년 11월 일본 도쿄의 슈시샤(集思社)가 발행한 잡지

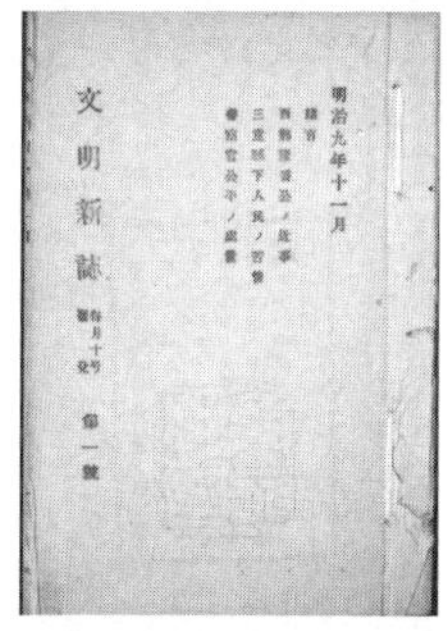

1876년 11월 『평론신문(評論新聞)』과 『중외평론(中外評論)』의 후계 잡지로 발행되었다. 편집은 도리이 마사코토(鳥居正功)가 담당했고, 정가는 3전이었다.

1호 내용은 「서언(緒言)」에 이어 「사이고 다카모리 공의 근황(西鄕隆盛公ノ近事)」, 「미에현 인민의 고정(三重県下人民ノ苦情)」, 「경찰관의 공평한 처치(警察官公平ノ処置)」 등 3편을 게재했다.

잡지는 구막신으로 사이고파(西鄕派)인 에비하라 보쿠(海老原穆)의 과격한 사상을 기본으로 삼았다. 1877년 6월 세이난전쟁(西南戰爭)의 와중에 기리노

도시아키(桐野利明) 등에게 보낸 서간이 발견되어 적군에 가담한 죄로 에비하라가 구류당하고 슈시샤는 해산되어 잡지는 41호로 발매금지되었다.

가가와대학(香川大學) 가미하라문고(神原文庫)에 1호부터 10호까지 보관되어 있다.

세이난전쟁(西南戰爭)

1877년 일본 서남부의 가고시마(鹿兒島)의 규슈(九州) 사족(士族)인 사이고 다카모리(西鄕隆盛)를 앞세워 일으킨 반정부 내란을 말한다.

정한론(征韓論)을 주장한 사이고는 1873년 조선사절단 파견을 둘러싼 집권부 분열로 이와쿠라 도모미(岩倉具視) 등에게 밀려 정계에서 물러난 뒤, 향리인 가고시마에서 일종의 군사학교인 사학교(私學校)를 세우고 사족의 자제를 모아 교육에 힘썼다.

그러자 폐번치현(廢藩置縣) 후 영주제(領主制) 폐지 등 근대화의 정책 시행으로 봉건적 특권을 잃고 몰락 일로에 있던 사족의 반정부 분위기가 사학교를 중심으로 조성되었다. 1877년 이 학교 학생이 중심이 되어 사이고를 앞세우고 거병, 1만 3000여 명이 구마모토진대(熊本鎭臺)를 포위하였으나, 정부군에 의해 진압되고 사이고 등 지도자는 대부분 자결하였다.

이 싸움은 메이지유신 초기 사족의 최대·최후의 반란이었는데, 정부는 이 반란을 제압함으로써 권력의 기초를 확립하게 되었으며, 이후의 반정부운동의 중심은 자유민권운동으로 방향을 선회하였다. (이규수)

참고문헌

牛島俊 作, 『日本言論史』, 河出書房, 1955; 『近代文學雜誌事典』, 至文堂, 1965; 桂敬一, 『明治·大正のジャ-ナリズム』, 岩波書店, 1992.

▌문명의 어머니(文明の母)

1888년 일본에서 발행된 여성지

1888년 10월에 발행되어 1891년 6월 종간되었다. 제1호부터 제12호까지는 월간, 제13호부터 제27호까지는 월 2회 발행되었다. 발행면수는 월간은 64쪽, 월 2회 발행시는 30쪽 정도로 줄어들었다. 정가는 최초 9전이었지만, 이후 면수의 감소와 더불어 6전으로 인하되었다.

제3호부터 제호는 히라가나 형태의 『문명의 어머니(文明のはゝ)』로 변경되었다. 지면은 창간호부터 '논설(論說)', '가정(家庭)', '문예(文藝)', '작은이야기(小話)', '비평(批評)', '잡록(雜錄)' 등으로 구분되었다. 현재 잡지 원본은 일본 국회도서관이 소장하고 있다. (이규수)

참고문헌

牛島俊 作, 『日本言論史』, 河出書房, 1955; 『近代文學雜誌事典』, 至文堂, 1965; 桂敬一, 『明治·大正のジャ-ナリズム』, 岩波書店, 1992.

▌문성잡지(文星雜誌)

1915년 중국 상하이에서 발간된 종합문학잡지

국학창명사(國學彰明社)에서 간행한 문학잡지로, 『국학잡지』의 자매지이다. 같은 잡지사에서 간행하던 『쌍성(雙星)』을 발전시킨 것이었다. 정간시기는 미상이다.

국학창명사는 상하이(上海)를 중심으로 국학의 부흥과 보급에 힘쓰던 학술 문화단체이다. 중국의 역사, 국토, 그리고 문화에 자긍심을 매개로 중국의 민족주의를 고취하려는 것이 궁극적이 목적이었다. 특히 신식교육에서 배제된 경학을 중심으로 한 전통학술과 문학형식을 되살리고자 하였다. 이를 위해 일종의 통신학교인 함수국문전과학교(函授國文專科學校)를 운영하고 『고문독본(古文讀本)』을 출판하였다. 『문성잡지』 역시 그 연장선상에서 간행한 것으로, 인민들의 고유한 감정과 정서를 표현하고, 언어 형성의 매체인 전통 문학 형식의 부흥과 보급을 추구하였다(판궁잔[潘公展], 「문성잡지서[文星雜誌書]」).

편집은 니시바오[倪羲抱]였고, 잡지체제는 시론(時論), 선론(選論), 전집(專集), 문록(文錄), 시사(詩詞), 잡저(雜著), 소설(小說), 전기(傳奇), 필기(筆記), 신극(新劇) 등 난으로 구성하였다. 시론(時論)과 선론(選論) 등 논설보다는 문학 형식의 소개와 보급에 주안점을 두었다.

논설은 몇 편 안되지만, 강남의 전통적인 반청복명 사상을 연상시킬 만큼 중화 민족주의가 두드러지는 것이 그 특징이다. 우국충정과 애국을 강조하고 있다. 열강의 침략이라는 당시 조건에서 출발한 것이기도 하지만, 당시 세계를 이적(夷狄)과 중화(中華)로 구별하고 그 대응 방법을 "이적을 이기기 위해서는 모두 제거(殺)하거나 아니면 순치(馴)시키는 방법밖에 없으니, 문자로서 무형 중에 중국에 동화시키는 것이 유일한 길"이라는 것이었다(시인[義隱], 「내가 걱정하는 중국[予之慮中國論]」, 1호; 「유람과 애국심의 관계[遊歷與愛國心之關係]」, 3호).

특히 이들은 언어와 문학을 매개로 한 국민적 정체성 형성을 강조하였는데, 이것만 지키면 이적(서구 열강)과의 전쟁에 패하더라도 국망을 피할 수 있다는 것이었다. 이를 위해 언어를 지키고, 발전시키는 한편 국민 개개인의 우수한 도덕적 능력을 발전시킴으로써 사회와 국가를 유지할 수 있는 자치능력을 향상시켜야 한다는 것이 이들의 논리였다(한레이[寒蕾], 「중국지 선후책[中國之善後策]」, 1호).

이러한 입장에서 『문성잡지』는 중국의 국가, 국토, 문화에 대한 애정과 우국충정을 고취할 수 있는 각종 형식의 문학작품을 실었다. 특히 고전적 장회체 형식의 소설을 연재하고, 「상하이 신죽지사(上海新竹枝詞)」, 「강산만리루시(江山萬里樓詩)」 등이 그러한 예이다. (오병수)

▶ 국학잡지(國學雜誌)

▌문신(文迅)

1941년 중국 구이저우에서 간행한 월간 종합잡지

1941년 10월 10일 중국 구이저우(貴州)에 문통서국 편집소(文通書局編輯所)가 간행한 월간지이다. 독자와 작자 간의 소통을 목적으로 창간한 것이지만, 항전 시기를 대표하는 학술 잡지이다. 애초 편집은 셰류이(謝六逸)가 맡았다. 창간호를 보면 학술논저, 문예작품, 명저제요, 문화동태, 기타 출판과 관련된 소식 등을 구별하여 담는 등 종합성 잡지를 표방하였다. 1945년까지 전쟁으로 몇 번 중단되기는 하였지만 총 5권 22호를 출간하였다. 1941년에 간행된 1권 3호까지는 32절 22쪽짜리였다. 1942년에 간행된 2권 6호부터는 60쪽으로 분량을 늘렸다. 1943년 1월의 4권 1호부터는 다시 16절에 68쪽까지 판면을 늘렸다. 이러한 분량의 증대는 필자와 독자의 팽창에 따른 것이었다.

그러나 1943년 일본군이 구이저우에 침공하면서 월간지 체제를 유지하지 못하고 양월 또는 3개월 합정본으로 간행하다가 1944년 5권 2호 "중국문학 특집호"를 끝으로 정간당했다. 전후 일시 복간되었다.

이 기간 『문신』 월간은 180편의 논문을 실었다. 항전과 관련하여 사화과학, 자연과학을 막론하고 문사철 및 교육 관련 내용을 논문, 단평, 보고소설, 기타 전문지식 형태로 간행하였다. 국제정세를 포함하여, 전쟁 상황을 구체적으로 서술하고, 그로 인한 중국 문화의 파괴에 대한 분노와 외국의 전쟁 영웅에 대한 기사를 통해 민족적인 단결과 항전을 호소하는 내용이 주류를 이루었다. 「적정 탐색(敵情估計)」, 「태평양전쟁과 중국(太平洋戰爭與中國)」, 「서행산기(西行散記)」 등이 대표적인 기사이다.

또 특징적인 것은 구이저우 지방의 향토적 특색에 대한 글을 다수 다루었다는 점이다. 마오지아치(毛家麒)의 「구이저우성 사법제도로부터 보는 구이저우의 문화(從黔省司法觀察貴州文化)」, 뤄덩이(羅登義)의 「구이저우인의 영양문제(貴州人之營養問題)」, 사시에준(沙學浚)의 「춘이부근의 계류와 인생(遵義附近的溪流與人生)」 등 구이저우 지역의 사회 · 정치 · 경제 · 문화 및 소수민족의 사례를 잘 다루었다.

그러나 1945년 항전 승리 이후 대부분의 대학과 교

수가 원지로 복귀하면서 『문신』 역시 일시적인 침체를 면치 못했다. 그러나 1946년 1월 구제강(顧詰綱, 푸단대학[復旦大學] 교수), 바이서우이(白壽彝, 윈난대학[雲南大學] 교수)를 중심으로 충칭에서 복간하면서 명맥을 이어갔다. 47년 4월, 6권 10호까지 120편의 문장을 실었다. 1947년 후반부터는 저명시인 짱커자(臧克家)의 편집하에 9권 5호까지 총 3호를 더 간행하였다. 다시 256편의 논문과 작품을 실었다. 종합성을 유지하면서도 청년 대중을 상대로 한 전문지식의 대중화를 목표로 하였다. 이에 따라 계몽적인 글과 함께 문학작품을 많이 실었다. 페이샤오퉁(費孝通)의 「중국 사회의 성장(中國社會的成長)」, 류진(流金)의 「이른바 중국식 대의제를 논함(論所謂中國式的代議制)」, 쉬잉(徐盈)의 「후스를 기억함(記胡適)」 등은 당시 시국에 대한 중국 지식인들의 인식을 읽을 수 있다.

문통서국과 문신

문통서국(文通書局)은 구이저우의 대표적인 출판문화기관이자 항전시기 중국의 대표적인 출판기관이다.

1909년 구이저우의 염상재벌 화즈훙(華之鴻)이 구이양(貴陽)에서 서국을 창립한 것이 그 기원이다. 당시 준이(遵義) 관서국(官書局)의 톈칭린(田慶林)이 경리를 맡았다. 수차례 일본에서 영, 독, 일의 신식인쇄기와 인쇄기사를 초청하고, 70명의 전문 인쇄기술자를 교육하면서 관서국창의 전문 인재를 기르고자 했다. 동시에 전문서적을 출판하기 시작했다. 항전시기까지 백수십 종의 서적과 잡지, 신문을 간행하여 서남지역의 최대의 문화중심으로 부상하였다. 특히 『귀주공보』, 『금봉보』, 『귀주신보』 등은 대표적인 신문이었다.

문통서국은 사회적 수요에 따라 비약적으로 발전하였다. 특히 자가출판물 외에 상하이의 중화서국, 대동, 개명, 세계서국 등 유수한 출판사의 출판물을 위탁 출판하면서 영향력을 더욱 확대하여 1921년에는 연간 영업액이 30만 원에 이르고, 제조·인쇄시설을 갖춘 대형 문화기관으로 성장하였다.

그러나 1930년대 이후 문통서국은 중국 근현대사의 발전 과정을 반영하면서 약간 그 성격을 달리 한다. 우선 1931년 9·18 이후 윤함구의 각종 기관, 특히 문화기관들의 내천과 국민당 군의 진주에 따라 문통서국은 대량의 정부 공보(公報)와 정령(政令), 문건(文件), 신문 잡지를 간행하면서 더없는 활황을 맞게 되었다. 특히 항전 폭발 이후 전국의 각 대학이 쓰촨, 윈난, 구이저우로 내천하면서 전국의 문화명류가 모두 서남으로 운집하게 되자 문통서국은 자연스럽게 새로운 문화중심으로 부상하였다.

이에 따라 문통서국은 1941년부터 구이저우 출신의 저명학자인 마쭝룽(馬宗榮, 다샤대학[大夏大學] 교수), 셰류이(謝六逸, 푸단대학 문학원장)를 중심으로 전국적인 학술명류를 모아 편집위원회를 구성하여 전문서적과 잡지를 출판하였다. 삼민주의에 걸맞은 민중의 독물과 함께 각종 중고교의 교재를 공구서 및 귀주의 향토에 대한 것이라고 하지만, 1941년부터 45년까지 156종의 신간과 8종의 잡지를 간행함으로써 중국 근대출판사상 기념비적인 업적을 남겼다. 특히 1943년 교육부가 전국 중소학 교과서의 통일적인 공급을 위해 상무(商務), 중화(中華), 세계(世界), 개명(開明), 대동(大東), 중정(正中), 문통 등 7개 출판사로 조직한 전국중소학 교과서연합공응처의 일사로 인정되면서 그 위치를 공고히 하였다. 이 시기의 문통서국에서 간행한 대표적인 잡지가 바로 『문통서국통신』이다.

그러나 1945년 항전 승리 이후 대부분의 대학과 교수가 원지로 복귀하면서 문화중심으로서 위치를 상실하고, 원고난이 겹치면서 급격히 쇠퇴하였다. 문통서국은 당시 학술명류인 구제강, 바이서우이를 편집소장과 부소장으로 초빙하여 지속적인 출판을 모색하다가 중공 정권하에서 의학서적 전문 출판사로 귀속되었다. (오병수)

참고문헌

馬宗榮, 『文通書局及其編輯所』, 文通書局, 1942; 華問渠, 「貴陽文通書局概述」, 『貴陽文史資料選集』; 何長鳳, 「抗戰時期貴陽文通書局」, 『抗戰勝利五十週年紀念兩岸學術研討會』, 臺北, 1995.9.

▌문예(文藝)

1938년 중국 상하이에서 창간된 문예지

1938년 6월 5일 상하이(上海) 문예사(文藝社)에서 창간되었다. 창간시 순간(旬刊)이었으나, 1938년 7월부터 1939년 1월까지는 반월간이었으며, 1939년 3월부터 6월까지는 월간으로 발행되었다. 1939년 6월 4호를 출간한 후 종간되었다.
초기에는 판권페이지에 『문예순간(文藝旬刊)』이라는 제명이 쓰여 있었고, vol.1, no.3(1938)부터 『문예반월간(文藝半月刊)』으로 바뀌었다가 vol.3(1939)부터는 『문예월간(文藝月刊)』으로 다시 바뀌었다. vol.1, no.3(1938)부터 책의 치수가 25㎝로 바뀌었다. vol.2(1938)부터 vol.3(1939)까지는 매권의 페이지가 서로 연결되어 있으며, vol.1(1938)과 vol.2(1938)는 매권 6호를 출판했다. 베이징대학도서관과 베이징사범대학도서관, 상하이도서관 등에 소장되어 있다.

주요란으로는 단평, 소설, 시선(詩選), 산문·수필 등이 있다. 선진문학사상에 대해 탐구하고 토론하였으며, 문예로 대중과 현실 정치에 참여하자고 제창하였다. 주요 집필자는 라오서(老舍), 후펑(胡風), 펑쯔카이(豊子愷), 바진(巴金), 류바이위(劉白羽), 장톈이(張天翼) 등이다.

1권 1호에 발표한 저우싱(周行)의 「우리들은 새로운 문예운동을 전개하는 것이 필요하다: 긴급한 동의(我們需要展開一個新的文藝運動 一個緊急的動議)」라는 글에서 다음과 같이 지적하였다. "지금까지 우리의 문예활동은 현실의 발전으로부터 뒤떨어져 있었다. 물론 이는 당연히 좋은 현상이 아니다. 그러나 이는 확실히 하나의 사실이다. 우리는 이를 은폐할 수도 할 필요도 없다. 내가 보기에 이는 주요하게는 우리가 아직 문예운동을 전개하지 못하고 있기 때문이다. 아니, 어찌 단지 전개하지 못한 때문이기만 하겠는가? 우리는 사실 계속하여 발동하는 사업 역시 목적을 가지고 수행하지 못하였다. 현재까지 우리는 불과 일단의 자질구레한 문예활동을 하였을 뿐이다. 우리는 각자 전쟁을 위한 계획도 없고, 조직도 없이, 심지어는 하나의 명확한 사업의 목표도 없었다. 한마디 한다면 우리의 문예활동은 아직 처해 있는 자연발생적인 상태에 있고 현실과 함께하는 문예운동으로 변화하지 못하고 있다. …… 사실상 광대하고 유력한 문예운동을 할 수 없다면 문예가 민족해방전쟁에 복무하여 최후의 승리를 쟁취한다는 것은 불가능하다." 작자는 또 문예운동에 대해 몇 가지 건의를 하고 있다. ① 대중적 문예의 창조, ② 광범한 통신원운동의 전개, ③ 조직을 통일하고 활동을 분산하는 체계의 확립, ④ 비평 이론 활동의 강화 등이 그것이다.

1권 3호에 발표된 뤄스원(洛蝕文, 왕위안화[王元化])의 「문학의 대중화 문제(關於文學大衆化問題)」에서 다음과 같이 지적하였다. "대중화 문제가 제기된 것은 사실 일찍이 프로문학운동이 시작되던 때이다. 대중화의 구호는 제출되었지만 대중화운동은 시종 실현되지 못하였다. 이 원인은 전체 계몽운동과 연결하여 보아야 하지만 다른 한 방면에서 본다면 역시 대중화의 이론은 실천과 배합되지 못하였다", "현재 항전의 물결이 각처에서 넘쳐나고 있다. 작가의 생활범위 역시 이를 따라 수십 배로 확대되었다 …… '대중과 함께 생활'이라는 말은 구체적 표현이 될 수 있다. 이 때문에 현재 대중화 문제는 탁상공론식의 이론적인 논점일 뿐 아니라 동시에 실천 속에서도 깊이 있는 이해를 얻을 수 있는 것이다." 작자가 제기한 대중화 문학의 기본조건은 다음과 같다. ① 대중이 알아볼 수 있어야 한다. ② 대중이 즐겨볼 수 있어야 한다. ③ 대중의 수준을 제고할 수 있어야 하며, 대중의 사상과 정서를 전진시킬 수 있도록 조직하여야 한다.

이론적 글로는 무무톈(穆木天)의 「통속문예에 관하여(關於通俗文藝)」, 뤄스원의 「항전문예의 새로운 계몽적 의의를 논함(論抗戰文藝的新啓蒙意義)」, 샤오다이(蕭岱)의 「시가 대중화와 구형식의 이용(詩歌大衆化與舊形式的利用)」, 마오둔(茅盾)의 「문제의 두 관점(問題的兩面觀)」 등이 있으며 또 두 차례에 걸쳐 진행된 좌담회의 요점을 기록한 「현 단계의 문제전망(現階段的文藝的展望)」과 「항전문예의 형식에 관하여(關於抗戰文藝的形式)」 등이 있다. 게재된 작품으로는 장톈이(張天翼)의 「화웨이 선생(華威先生)」,

류바이위의 「어느 마을에서(在某村)」, 녜간누(聶紺弩)의 「옌안의 이(延安的蝨子)」, 쉬췬(舒群)의 「갓난아이(嬰兒)」, 장커(張客)의 「우한의 봄(武漢之春)」, 링허(凌鶴)의 「밤의 노래(夜之歌)」 등이 있었다. 주요 집필자는 바진(巴金), 저우강밍(周鋼鳴), 짱커자(臧克家), 라오서(老舍) 등이다.

2권 4호에 "싱클레어 탄신 60주년 기념(辛克萊六十誕辰紀念) 특집"이 있었으며, 3권 3·4호 합간호에는 "고리키 기념특집(高爾基紀念特輯)"이 있었다. 본간에 자주 발표된 작품의 대다수는 지난대학(暨南大學) 학생들의 것이었다.

vol.1, no.3(1938)은 "혁신호(革新號)"로 발행되었고, vol.2, no.2(1938)는 "루쉰 선생 서거 2주년 기념특집(魯迅先生逝世二週年紀念特輯)"으로 발간했다. (김지훈)

참고문헌

王檜林·朱漢國,『中國報刊辭典』, 書海出版社, 1992; 伍杰,『中文期刊大詞典』, 北京大學出版社, 2000; 北京師範大學圖書館報刊部 編,『北京師範大學圖書館館藏中文珍稀期刊題錄』, 北京圖書館出版社, 2002.

문예가(文藝街)

1936년 서울에서 발행된 문예지

1936년 5월 1일 서울에서 창간되어 1937년 12월에 종간되었다고 추정된다. 통권은 미상이다. 편집 겸 발행인은 공진항(孔鎭恒)이었으며 한성도서주식회사에서 발간되었다. 정가는 5전이었으며 분량은 A4판으로 12쪽가량이었다. 아단문고에 일부가 소장되어 있다

한성도서주식회사에서 출간된 도서에 대한 소개를 중심으로 문예 동향이나 읽기 쉬운 수필, 외국 문예에 대한 간략한 소개 등을 담은 잡지이다. 그다지 길지 않은 분량에 당대의 도서 정보와 문예가의 동향 등을 간략하게 정리하여 독자에게 독서에 대한 정보를 제공하고 있다. 이로 미루어 당시 한성도서주식회사에서 기획한 일종의 문예 도서 정보서의 성격을 지닌 잡지임을 알 수 있다.

특히 특집란에는 주로 한성도서주식회사에서 출간된 작품에 대한 평론과 대중적인 소개 등을 중점적으로 다루고 있어 위와 같은 성격을 반증해준다. (장성규)

참고문헌

장성규, 「자료발굴: 『문예가』 소재 김남천 비평 3편」, 『민족문학사연구』 31호, 2006.9; 최덕교 편저, 『한국잡지백년』 3, 현암사, 2004.

문예계(文藝界)

1902년 일본 도쿄의 긴코토쇼세키에서 발행한 문예지

1902년 3월 도쿄의 긴코토쇼세키 주식회사(金港堂書籍株式會社)가 발행한 문예지이다. 통권 58책으로 간행되었다. 당시 긴코토는 『문예계』 이외에도 『교육계(教育界)』, 『소년계(少年界)』, 『소녀계(少女界)』, 『군사계(軍事界)』, 『예계(藝界)』를 발행하고 있었다. 긴코토는 막강한 자본력을 등에 업고 하쿠분칸(博文館)을 위협할 정도로 성장하여 화제를 모은 출판사다. 창간호 표지에는 미인화와 석판화를 배치했고, 360쪽에 달하는 종합문예지로 간행되었다.

『문예계』는 하쿠분칸이 간행하던 『문예구락부(文藝俱樂部)』와 슌요도(春陽堂)에서 간행하던 『신소설(新小說)』의 대항마로 출현했다. 편집주임은 국문학자 삿사 세이게쓰(佐佐醒月)였고, 창간호 표지는 구로다 세이키(黑田清輝)가 담당했다.

발간의 취지는 "오로지 사람들을 즐겁게 하고 뒤에

서는 충고, 훈계하는 것"이었다. 히로쓰 류요(広津柳浪), 이즈미 교카(泉鏡花) 등이 창작을, 쓰보우치 쇼요(坪内逍遙), 모리 오가이(森鴎外) 등이 평론을 발표하여 다양한 내용으로 채워졌다.

이후 잡지는 1907년 1월 『가정문예(家庭文藝)』로 제호를 바꾸었지만, 같은 해에 폐간되었다. 현재 잡지는 가가와대학(香川大學) 중앙도서관이 소장하고 있다. (이규수)

참고문헌

牛島俊 作, 『日本言論史』, 河出書房, 1955; 『近代文學雜誌事典』, 至文堂, 1965; 桂敬一, 『明治·大正のジャ-ナリズム』, 岩波書店, 1992.

문예공론(文藝公論)

1929년 평양에서 발행된 문예지

1929년 5월 3일에 평양에서 창간했다. 당시 숭실전문학교 교수이던 양주동이 주재했다. 종간호는 1929년 7월에 간행된 제3호였다. 편집 겸 발행인은 방인근(方仁根), 인쇄인은 광문사(光文社, 평양부 신양리 44)의 김규형(金逵洞), 편집, 영업 및 총판매소는 문예공론사(평양부 신양리 44), 발행소는 문예공론사(경성부 천연동 132)이다. 이로 보아 편집과 영업은 평양에서 이루어지고 법적인 허가요건은 경성에서 갖춘 것이라 할 수 있다. 판형은 A5판으로 총 170쪽이고 정가는 창간호 33전, 2호 40전, 3호 불명이다.
원본은 '아단문고'에 창간호와 제2호가 소장되어 있으며 연세대도서관에서는 창간호, 제2호, 제3호가 모두 소장되어 있다. 1972년 한국문화개발사에서 발간한 '한국잡지총서'에 영인되어 있고 1976년 경문사에서 잡지 『금성(金星)』과 함께 영인됐으며 한국문화간행회에서 '한국잡지총서'로 다시 영인되었다.

창간호부터 일제의 검열로 고초를 겪었다. 그리하여 김기진의 「프롤레타리아문예의 대중화문제」는 제목만 남겨둔 채 전면 삭제되었다. 양주동이 작성한 창간사 격인 「몇 가지 생각: 발간의 취지 삼아서」에는 아래와 같이 잡지의 임무와 역할을 명시하고 있다. "① 본지는 우리 문단의 총체적 발표기관으로서 공기가 되려함. ② 본지는 문예상 모든 의견과 주장을 먼저 불편부당의 태도로써 포용하려 함. ③ 본지는 조선문예운동의 근저를 공고케 하기 위하여 문예의 민중화, 사회화를 기코저 하며 그리하여 아래의 수점(數点)에 착안코저 함. 문예지식의 보급, 문예취미의 함양, 문예사상의 침윤, 문예작품의 이해. 따라서 문예작품의 감상안, 비평안을 향상케 하는 것", 즉 좌우익을 망라한 모든 문예를 포용하고 문예작품의 감상을 고양하고 문예에 대한 이해를 드높이려는 의도로써 창간된 것이다.

학생 시절에 창간한 『금성』의 낭만적인 성격을 탈피하여 현실을 반영하고 사상적 깊이를 더한 내용들을 싣고자 했다고 본인 스스로가 고백한다. 학교를 졸업하고 평양 숭실전문의 교수가 된 양주동의 지적 성숙도 도 여기에 가미되었기 때문일 것이다.

창간호에는 염상섭(廉想涉)의 평론 「문학상의 집단의식과 개인의식」, 심훈(沈熏)의 「문예작품의 영화 문제」, 「문예사상문답」(이광수와 염상섭 씨와 일문일답기), 「젊은 시절 일기」(염상섭, 김억, 윤백남, 방인근, 월탄, 이은상, 일엽, 팔봉, 파인, 무애), 「문예가정순례」(주요한과 최서해 씨 가정방문기), 정인보(鄭寅普)·이은상(李殷相)의 시조, 김억(金億)·박종화(朴鍾和)·이장희(李章熙)의 시 등이 실렸고, 양주동의 「조선의 맥박」이 실릴 수 있었던 것은 특기할 만하다. 그 밖에도 염상섭과 한설야(韓雪野)의 소설, '신진시단'이란 제목 아래에 13인의 시가 실려 있는데 거기서도 박아지의 이름이 눈에 띈다.

1929년 6월 10일에 간행된 2호 "창작특집호"에는 김기진(金基鎭)의 「프로시가의 대중화」, 한설야의 「문예시감」, 양주동의 「문예상의 내용과 형식 문제」와 창간호의 각 학교장에게 물은 「조선문학의 현재와 장래」에 이은, 「언론계 명사의 조선문단관」(중성사 이종린, 조선일보사 문일평[文一平], 중외일보사 민태원, 조선일보사 유광열, 개벽사 차상찬), 염상섭의 「소설작법강화」, 이은상의 「시조작법강화」, 양주동의 「시작법강화」, 그리고 「문인가정순례」(이은상, 염상섭 씨 가정방문기)가 실린다. 창작에는 김동인(金東仁)의 장편 『태평행(太平行)』 제1회, 한설야 · 이태준(李泰俊)의 소설과 많은 신인들의 추천시 · 입선시가 특집으로 꾸며졌다. 25면에 발표된 '제1회 작품현상발표'에는 소설 「실연」으로 입선한 안필승(안막)과 시 「농촌의 아침」으로 입선한 박아지가 보인다.

같은 해 7월에 간행된 3호에는 현진건(玄鎭健), 전영택(田榮澤)의 소설, 방인근의 희곡, 김소월의 시 「단장(斷章)」 등이 특기할 만한 내용이었다. 이광수, 최학송, 방인근, 양주동의 부인들(허영숙, 조분여, 전유덕, 여순옥)이 남편에게 보내는 편지 '문인의 처로부터 남편에게 보내는 공개장', 2호에 이어지는 「문단풍문기(2)」, 이웅수의 「문단가십」, 방인근의 「문인상」 등은 당대 문인들의 사생활과 취미, 특이한 버릇, 글쓰기 등 광범위한 주목의 대상이 되는 그들을 여러모로 알 수 있는 기회를 제공한다. 염상섭, 이은상, 양주동의 문예강좌는 계속 이어지고 있으며 2호와 마찬가지로 '여류문단'란도 '신진시단'과 더불어 마련되어 몇 사람의 작품이 실렸다.

양주동의 문학적 견해, 즉 절충주의 문학관이 잡지 편집에 관여된 잡지이다. 좌우익을 막론하고 조선문예를 발전시키기 위하여 문학활동을 펼친다는 전제 아래, 그들 모두의 작품을 싣고 독자들에 대한 문예교양과 비평적 안목을 높이고자 시도했다. 특히 좌익과 우익으로 갈라져 논쟁과 갈등 양상이 심한 때에 그 두 경향을 통합하고자 시도한 점은 정당하게 평가돼야 할 것이다. 그러나 달리 생각하면, 뚜렷하게 구별되는 양 진영의 문학관이 어떻게 통합될 수 있을까를 문제 삼지 않을 수 없다. 그런 점에서는 충분히 비판의 대상이 될 수 있는 까닭이다. 결국 이 잡지는 양주동 개인의 월급으로 간행된 까닭에, 또한 잡지의 성격이 모호하고 중립적 입장을 견지하였던 까닭에, 일정한 한계가 있었고 따라서 종간될 수밖에 없었다.

• 양주동(梁柱東, 1903.6.24~1977)

호는 무애(无涯)이고 경기도 개성(開城)에서 출생하였다. 1928년 일본 와세다대학 영문과를 졸업하였으며, 그 이전 와세다대학 예과 수료 후 일시 귀국하여 1923년 시지(詩誌) 『금성』을 발간하였다. 1928년 평양 숭실전문(崇實專門) 교수에 취임하고, 1929년 『문예공론(文藝公論)』을 발간, 1940년 경신중학(儆新中學) 교사로 취임했다.

1945년 동국대학교 교수가 되고, 1954년 대한민국 학술원 종신회원에 선임되었다. 1958년 연세대학교 교수에 취임하여 문학박사 학위를 수여받았고, 1962년 다시 동국대학교 교수가 되어 동 대학원장을 역임했다. 대한민국학술원상을 수상하고 정부로부터 문화훈장 · 국민훈장 무궁화장이 수여되었으며, 신라 향가(鄕歌) 등 한국 고가(古歌)를 연구하여 초기 국어학계에 큰 업적을 남겼다.

저서로 『조선고가연구(朝鮮古歌硏究)』, 『여요전주(麗謠箋注)』, 『국학연구논고(國學硏究論考)』, 『국문학고전독본(國文學古典讀本)』 등이 있고 시집으로 『조선의 맥박』, 에세이집으로 『문주반생기(文酒半生記)』, 『인생잡기(人生雜記)』 등이 있다. 역서로 『T. S. 엘리엇 전집』, 『영시백선(英詩百選)』, 『세계기문선(世界奇文選)』 등이 있다.

• 방인근(方仁根, 1899.12.29~1975.1.1)

호는 춘해(春海). 충남 예산읍(禮山邑)에서 출생했다. 배재고보(培材高普)를 거쳐 일본의 아오야마학원(青山學院)에서 수업한 뒤, 주오대학(中央大學)에서 수학하였다. 귀국 후 1924년 사재(私財)를 내어 종합문예 월간지 『조선문단』(이광수 주재)을 간행하여 문단 육성에 크게 기여하였다. 그리고 잠시 숭덕중학에서 교편생활을 하기도 했다. 1930년 『문예공론』 편집을 맡으면서 잡지 편집에 전념하여 『신생』, 『여시(如是)』의 편집을 거쳐 1935년 『시조(時兆)』 편집국장, 1943년 방송국 촉탁이 되었다.

처음에는 『신생명』에 「하늘과 바다」(1923) 등의 시도 쓰고 「분투」 등의 창작 단편과 평론도 썼으나 1930년대에 대중작가로서 인기를 끌게 되자 통속으로 흘러 뚜렷한 작품을 내지 못하였다. 장편 『마도(魔都)의 향불』, 『화심(花心)』, 『쌍홍무(雙紅舞)』, 『방랑의 가인』, 『인생극장』, 『동방춘(東方春)』, 『복수』 등이 있다. (전상기)

참고문헌

최덕교 편저, 『한국잡지백년』 2권, 현암사, 2004; 권영민, 『한국근대문인대사전』, 아세아문화사, 1990.

문예광(文藝狂)

1930년 충남 예산에서 발행된 문예지

1930년 2월 10일 충남 예산에서 창간되어 창간호를 마지막으로 폐간되었다. 편집 겸 발행인은 성진호(成瑨鎬)이었다. 정가는 22전이었으며 분량은 A5판으로 56쪽이었다. 주요 필진으로는 허문일(許文日), 김시훈(金時勳), 임상호(林尙浩) 등의 예산 지방 문인이 있었다. '아단문고'에 소장되어 있다.

충남 예산 지방의 무명 문인들의 동인지이다. 창간호밖에 발행되지 않아 자세한 성격을 알 수는 없으나 시와 소설은 물론 문예평론으로 산성주인(山城住人)의 「우리의 문예관(文藝觀)」과 「문예사전」 등이 수록되어 있어 체계적인 문학동인지를 지향했음을 짐작할 수 있다.

그리고 최근에는 이 잡지가 아나키즘 예술관을 보여 주고 있음을 논증하는 연구가 진행되기도 하면서 그 서지적 의미가 더욱 강조되고 있다. (장성규)

참고문헌

김택호, 「아나키즘 문예지 『문예광』 연구」, 『한국현대문학연구』 17집, 2005.6; 최덕교 편저, 『한국잡지백년』 2, 현암사, 2004.

문예독물(文藝讀物)

1943년 일본에서 발행된 문예지

1943년 일본의 문예춘추사(文藝春秋社)가 발행한 전쟁 문예지이다. 문예춘추사가 발행하던 잡지 『모든 독물(オ-ル讀物)』을 적성어(適性語)를 배제한다는 시책에 따라, 1943년 9월호부터 잡지 이름을 개제하여 발행한 잡지이다. 그러나 제호는 바뀌었지만, 내용적으로 큰 변화가 있었던 것은 아니었다.

『문예독물』 제1호에 바로 전에 발행되었던 잡지 『모든 독물(オ-ル讀物)』의 내용을 보면, 「전우(この戰友)」, 「라군 교외(ラグーン郊外)」, 「죽음은 소리도 없이(死は音もなく)」, 「파고보족(族)의 여자(女)」 등 소위 '징용작가(徵用作家)'들이 남방(南方) 전장을 주제로 쓴 '현지소설(現地小說)'이 지면을 채우고 있었다. 같은 호의 편집후기에는 "취재의 영역을 확대함에 의해 자유롭게 기량을 채울 수 있게 된 작가의 행복과 독자로서의 안복(眼福)이 즐겁습니다. 이와 같은 국위(國威)의 발전과 위대함은 끊임없이 펼쳐질 것이라고 생각합니다"라고 적혀 있다. 『문예독물』에서도 이와 같은 편집 방향은 크게 변화지 않았다.

『문예독물』 1943년 1월호를 보면 「기지의 꽃(基地の花)」, 「광동화교(廣東華僑)」, 「구엔코 대위(大尉)」, 「흥안령(興安嶺)」 등 여전히 소설의 반 이상은 '현지물(現地物)'이었다. 소설 이외의 에세이나 르포 또한 모두 전쟁과 관련된 내용들이 주류였다. 그리고 11월호에는

『모든독물』
1946년 11월호 표지

'고향'이나 '총후(銃後)' 등을 주제로 한 글이 제법 많은 지면을 차지하고 있었는데, 이것은 군인원호강화운동(軍人援護强化運動)의 일환으로 잡지가 발행되었기 때문이었다. 11월호의 표지에는 "이 잡지는 반드시 전선으로 보내집니다"라고 인쇄되어 있고, 분량도 일반적으로 발행되던 때보다 40%가량 늘렸지만, 정가는 이전 가격을 유지하고 있었다.

『문예독물』은 1945년 8월 일본의 패전 이후 다시 원래의 잡지 이름인 『모든 독물』로 복간되었다. 현재에도 문예춘추사에서 계속 발행하고 있다. (문영주)

참고문헌

『文藝讀物』 13卷 9號(1943.9)~14卷 4號(1944.4), 文藝春秋, 1943~1944; 高崎隆治, 『戰時下の雜誌その光と影』, 風媒社, 1976, 227~228쪽.

문예 비르덴다(文藝ビルデンダ)

▶ 나쁜친구(惡い仲間)

문예생활(文藝生活)

1941년 중국 구이린에서 창간된 문예지

1941년 광시(廣西) 구이린(桂林)의 문헌출판사(文獻出版社)가 창간한 잡지다. 편집은 쓰마원썬(司馬文森)이 담당했으며 월간으로 발간되었다.
1946년 복간시 광복판이라고 명명하였으며, 편집자로 천찬윈(陳殘雲)이 참가하였다. 출판지도 문생출판사(文生出版社)로 바뀌었다. 1948년 2월에는 해외판이라고 명칭을 바꾸었다가 1950년에는 이를 취소했다. 광복판 1946년 제5호부터 출판지가 광둥성(廣東省)의 광저우(廣州)로 바뀌었다가 1948년 2월에는 출판지가 홍콩으로 바뀌었고, 출판자가 문예생활사(文藝生活社)가 되었다. 1950년 출판지가 다시 광저우로 바뀌었다. 1948년 책의 치수가 20㎝로 바뀌었다. 1948년 6호(총41호)부터 표지에 영문 제명으로 "Literary life"를 병기하였다. 매권 6호를 출판했다. 2권 1호(총 7호)부터 총 호수에 대한 표시가 시작되었다.
1941년 9월 15일 1권 1호 창간 후, 1943년 7월 15일까지 총 18호를 발행했으며, 1946년 2월 1일부터 1948년 1월까지 19호부터 36호까지를 발간했다. 1948년 2월부터 1949년 12월 25일까지는 37호부터 53호까지를 발행했다. 그리고 1950년 2월 1일부터 권과 기를 새로 해서 신 제1호를 발간하였는데 1950년 7월까지 6호를 발간했다. 1941년부터 1950년까지 모두 59호가 발간되었다. 베이징사범대학도서관, 상하이도서관 등에 소장되어 있다.

특집호로 no.1(총 37호) "청년문예창작대회 입선 특집호(靑年文藝創作競賽入選專號)", no.2(총 38호) "문협 입선 독막극 특집호(文協入選獨幕劇專號)", no.3(총 39호) "말레이시아인민 항적기(馬來亞人民抗敵記)"를 발간했다.

문학 간행물로 힘을 다하여 문예항전 사업을 전개하였다. 주로 항전소설, 시가(詩歌), 산문, 잡감(雜感), 극본, 동화, 번역 작품, 작가작품연구, 문학평론 등을 실었다. 이 간행물의 1호의 「편집후 잡기(編後雜記)」에서 『문예생활』의 편집방침에 대해 다음과 같이 천명하였다.

"우리는 창작 부분을 강화하고, 좋은 번역 작품을 매 1호마다 가능한 한 소개하도록 할 것이다. 작가 혹은 작품의 연구는 중국의 것이든 외국의 것이든 상관없이 우리는 매호마다 한 두 편씩을 소개하기를 희망한다. 공론은 배제하고 실제를 담론하는 저작방법 혹은 생활의 소개, 특수한 견해가 없다하더라도 가능한 한 연구의 소재를 제공할 수 있다면 역시 우리는 환영할 것이다. 왜냐하면 우리가 생각하기에 이러한 종류의 것이라면 청년들에게 큰 도움이 될 것이기 때문이다. 게다가 현재의 상황이 절박하게 이를 수요로 하기 때문이다."

이 잡지에 기고한 주요 작가로는 아이우(艾蕪), 샤

옌(夏衍), 톈한(田漢), 어우양위첸(歐陽予倩), 사팅(沙汀), 궈모뤄(郭沫若), 마오둔(茅盾), 황야오멘(黃藥眠), 왕시옌(王西彦), 저우얼푸(周而復), 짱커자(臧克家) 등이 있다. (김지훈)

참고문헌

王檜林·朱漢國,『中國報刊辭典』, 書海出版社, 1992; 伍杰,『中文期刊大詞典』, 北京大學出版社, 2000; 北京師範大學圖書館報刊部 編,『北京師範大學圖書館館藏中文珍稀期刊題錄』, 北京圖書館出版社, 2002.

▌문예시대(文藝時代)

1924년 일본 도쿄에서 창간된 문학잡지

1924년 10월에 창간된 1920년대 일본을 대표하는 근대문학잡지로, 1927년 5월 종간된 월간지다. 통권 32책. 매호 국판 100쪽 내외. 신감각파(新感覺派)를 탄생시킨 순수문학·모더니즘 지향의 잡지.

근대 일본 '순수'문학 문단

『문예춘추(文藝春秋)』를 주재한 기쿠치 간(菊池寬)과 관련이 있는 신진 작가들이 대동단결하여 만든 잡지였다. 편집 겸 발행인은 도쿄시 간다구 긴세이도(金星堂) 주인 후쿠오카 마쓰오(福岡益雄)의 명의로 되어 있었으나, 실제 편집은 동인들이 당번제로 돌아가며 맡았다.

창간 동인은 이시하마 긴사쿠(石浜金作)·가와바타 야스나리(川端康成)·곤 도코(今東光)·스즈키 히코지로(鈴木彦次郞)·요코미쓰 리이치(横光利一)·나카가와 요이치(中河與一)·사사키 모사쿠(佐木茂索)·사사키 미쓰조(佐木味津三)·이토 다카마로(伊藤貴)·가미야 기이치(加宮貴一)·가타오카 뎃페이(片岡鐵兵)·주이치야 기사부로(十一谷義三郞)·스가 다다오(菅忠雄)·스와 사부로(諏訪三郞) 등 14명이었다. 2호부터는 사카이 마히토(酒井眞人), 기시다 구니오(岸田國士), 미나미 유키오(南幸夫), 미야케 이쿠사부로(三宅幾三郞) 등이 합류하고 곤 도코는 탈퇴했다. 이나가키 다루호(稻垣足穗)는 1926년 3월호부터 동인이 되었다.

창간사에서 가와바타 야스나리는 "우리들의 책무는 문단에 있어서의 문예를 새롭게 하고 더 나아가서 인생에 있어서의 문예를, 또는 예술의식을 본원적(本源的)으로 새롭게 하는 것이 아니어서는 안 된다. 『문예시대』라고 하는 이름은 우연인 것 같지만 우연은 아니다. 종교시대로부터 문예시대로. …… 낡은 세상에 있어서 종교가 인생 및 민중 위에 차지하던 위치를 앞으로의 새로운 세상에 있어서는 문예가 차지할 것이다. …… 새로운 생활이란 무엇인가, 새로운 문예란 무엇인가. 우리는 지금부터 이 잡지에서 이에 응답하려 한다."라는 당찬 선언을 하며 기성 문단에 도전장을 내밀었다.

신감각파의 탄생

그리고 잡지의 제일 앞에는 "한낮이다. 특별 급행열차는 만원인 채 전 속력으로 달리고 있었다. 연선의 작은 역은 돌멩이처럼 묵살되었다(眞晝である.特別急行列車は滿員のまま全速力で馳けてゐた.沿線の小驛は石のやうに默殺された)"로 시작되는 요코미쓰 리이치의 시 「머리 그리고 배(頭ならびに腹)」가 실렸다. 이 시는 문단의 즉각적인 논쟁을 불러일으키고 이들 동인의 지향을 선포하며 일본 모더니즘문학의 개화를 알리는 기념비적인 시가 되었다.

이 시를 평한 지바 구메오(千葉龜雄)가 평문 「신감각파의 탄생」을 통해 이들 동인이 기교와 관능을 중시하는 경향을 갖고 있다고 그 특징을 규정함으로써 '신감각파(新感覺派)'라는 별칭을 갖게 되었다. 그러나 『문예시대』의 동인들이 원래부터 뚜렷하고 공통된 문학적 지향을 가진 것은 아니었다. 그러나 이들은 간토대지진으로 야기된 문화적 단절을 자신들의 문화적 입지점으로 삼고, 기성세대의 문학 전체에 대해 도전하고 부정하고, 기성 문단과 논쟁을 벌임으로써 하나의 뚜렷한 문학적 경향을 형성하게 되었다.

가와바타 야스나리는 1925년 3월호 『신조(新潮)』에 발표한 「신감각파의 변(新感覺派の辯)」을 통해서 "신감각주의 문예는 지금 막 태어났을 뿐"이며 "문학론

으로서도 아직 충분히 성숙되어 있지 않다"고 말했으나, 『문예시대』 3호에 발표한 「번외파동조(番外波動調)」에서는 "신감각주의의 표현은 이를테면 어릴 때부터 양장을 하고 성장한 일본 아가씨의 자태이다. 그리고 신감각주의 이전의 표현은, 이를테면 기모노를 입고 자란 일본 아가씨의 모습이다. 이것만으로도 커다란 차이이다"라고 말했다. '신감각파'는 분명히 새로운 문화적 상황을 반영하고 있었던 것이다. 이러한 점들 때문에 신감각파는 등장하자마자 젊은 독자들의 큰 호응을 얻었다. 창간호는 도쿄와 지방에서도 매진될 정도였다고 한다.

또한 가타오카 뎃페이는 「젊은 독자들에게 호소한다」(1924.12)를 통해, 요코미쓰 리이치는 「감각활동」(1925.2)을 통해 '신감각파'의 지향과 문학적 입장에 대해 밝힌 바 있다. 분명히 이들은 이전의 예술가들보다 훨씬 새로운 어휘와 시와 리듬에 대한 감각으로 창작활동을 하는 것을 지향으로 삼았다. 이들의 '감각'이란 '자연의 외피를 벗겨 사물 자체에 뛰어드는 주관의 직감적 촉발물'이며 '오성으로 내적 직감을 상징화한 것'을 말한다. 즉 그들에 대한 비판자들이 간주하듯 '감각'이 향락적 인생관에 근거한 관능을 의미하는 것은 아니었다.

주요 참여 작가

가와바타 야스나리와 요코미쓰 리이치라는 두 명의 걸출한 작가와 『문예시대』를 떼어놓고 말하기 어렵다.

일본 근대문학을 완성한 인물들 중의 하나인 가와바타 야스나리는 1899년 오사카 태생으로 도쿄대학 국문학과에서 수학했다. 도쿄제일고 시절부터 문학활동을 시작했고 기쿠치 간의 소개로 『문예춘추』의 동인이 되었다. 『문예시대』에서 '신감각파'의 중심이 되었고 『근대생활』의 동인으로서 신흥예술파에도 참가했다. 심리지향과 비현실적인 미의 세계를 추구하여 전형적이며 지극히 일본적인 미의식을 근대화시킨 작가로 꼽힌다. 1968년 「설국(雪國)」으로 일본인으로서는 최초로 노벨상을 받았으나 1970년 자살한 극우 작가 미시마 유키오의 자살에 충격을 받아 우익 활동을 전개하다가 역시 1972년에 자살했다.

가와바타 야스나리는 초기의 중요한 작품을 『문예시대』에 다수 발표했다. 1924년 12월호에 「단편집(短篇集)」이라고 하는 제목으로 「머리카락(髮)」, 「카나리아(金絲雀)」, 「항구(港)」, 「하얀꽃(白い花)」, 「적(敵)」, 「달(月)」 등의 7편을 발표했고, 초기 대표작의 하나로 꼽히는 「이즈의 무희(伊豆の踊子)」는 1926년 1월호와 2월호에 발표되었다.

요코미쓰 리이치는 일본 모더니즘 문학을 연 인물로 평가된다. 1898년 후쿠시마에서 태어나 1916년 와세다대학에서 공부했다. 와세다대학 동창들과 문학동인잡지 『가(街)』와 『탑(塔)』을 만들어 활동했으며 1923년에는 『문예춘추』 동인이 되었다. 「머리 그리고 배」나 「봄은 마차를 타고」(1926)에서는 실험적이고 과격한 문체실험을 하며 주목을 받았고, 단편소설 「기계(機械)」(1930)에서는 신심리주의(新心理主義)를 실천하여 일본 모더니즘 문학의 가장 높은 경지를 보여주었다. 그러나 1930년대 이후에는 일본 문화계 전체의 변화에 영향 받아 작품세계가 달라져 지식인의 자의식 자체를 극복하기 위한 모색을 하거나, 서구정신의 극복과 같은 주제를 다루었다. 『문예시대』에는 「머리 그리고 배」 이외에 「나폴레옹과 전충(田蟲)」, 비평 「감각활동」 등을 게재했다.

영향

『문예시대』는 신감각파 모더니즘 문학의 본거지로서 프롤레타리아문학과 음으로 양으로 대립하는 것을 통해 쇼와기의 일본 문학과 현대문학의 형성에 기여한 바 크다. 이들은 '순수문학'의 계보에 속하면서도 『신조』의 별동대격인 『부동조(不同調)』파와는 대립했다. 그러나 이들 동인이 신예라는 점 이외에 프롤레타리아 작가들과 같은 이념적 공통점을 갖는다고 생각하는 것은 오해이다. 이들 동인은 이후에 『개조(改造)』나 『중앙공론(中央公論)』의 필자가 되기도 했고, 대중문학의 인기 작가가 되기도 했기 때문이다.

또한 후에는 좌익문단에서 활약하던 가네코 요분

(金子洋文), 하야마 요시키(葉山嘉樹), 무라야마 도모요시(村山知義), 하야시 후사오(林房雄) 등이 『문예시대』에 기고하기도 했다. 또한 이나가키 다루호의 「WC」 같은 작품이 이 잡지에 발표되고 나가이 가후(永井荷風) 같은 신진이 이 잡지를 통해 이름을 얻은 것도 빼놓기 어려운 사실이다.

『문예시대』의 주요한 기획 특집으로는 "동인 창작호"(1925.8/ 1926.1), "영화(映畵)호"(1926.10), "동인 처녀작호"(1927.2) 등이 있다.

한편 '신감각파'의 탄생과 전개는 크게 보면 다분히 유럽의 전위예술의 영향을 받은 것이다. 연극에서의 독일 표현주의의 영향, 미술에서의 독일 구성주의의 영향이 그것이다. 덧붙여 요코미쓰 리이치와 신감각파 문인들은 박태원·이태준 등 '구인회' 등 한국 문학의 모더니즘 작가들에게도 많은 영향을 준 것으로 되어 있다. (천정환)

참고문헌

『近代文學雜誌辭典』; 平野謙 저, 고재석·김환기 역, 『일본 쇼와 문학사』, 동국대출판부, 2000; 김채수, 『가와바타 야스나리연구』, 고려대학교출판부, 1994.

▌문예시대(文藝時代)

1926년에 서울에서 발행된 월간 문예취미 잡지

1926년 11월 10일자로 창간됐다. 제2호로 종간을 맞았는데 종간호는 1927년 1월에 발행됐다. 표지에는 '월간 문예취미잡지'라는 타이틀이 붙어 있을 만큼 취미와 오락적인 문예지의 성격을 밝히고 있는데 소설 3편과 희곡 1편을 제외하고는 모두 수필로 꾸며져 있다. 편집 겸 발행인은 정인익(鄭寅翼), 인쇄인은 신문관 인쇄소의 김익수(金翼洙), 발행소는 문예시대사(경성부 종로 1정목 63)이었다. 판형은 국판으로 창간호는 총 118면이며 2호는 206면이고 정가는 40전이었다. 연세대도서관에 창간호가 소장되어 있으며, 아단문고에 창간호와 2호가 모두 소장되어 있다. 그리고 창간호는 1982년 '한국문화간행회'에서 엮고 보림출판사에서 펴낸 '한국잡지총서'(총13권) 5권에 『해외문학』 창간호와 더불어 『문예시대』 창간호 역시 영인되어 있다.

창간사는 없고 대신 「편집후기」에, "본지는 순문예지가 아니고 문예를 중심으로 한 취미잡지인 것을 여러분은 미리 알아주어야 하겠다! 그래서 언제든지 읽기에 부드럽고 재미있는 잡지를 만들자는 것이 우리의 방침이니"라고 하여, 당대 치열했던 문학적 특정 경향이나 가열한 논쟁과는 다른 지점에 서 있음을 드러내고 있다. 그렇기 때문에 여기에 기고한 문인들의 면면이 좌우익을 망라하는 바가 되었을 것이다.

창간호는 33편의 수필과 이은상, 정지용, 최남선, 유도순의 시와 하이네를 위시한 외국 시인들의 시가 번역되어 있다. 그리고 최독견의 「책략」, 최서해의 「동대문」, 염상섭의 「조그만 일」 등의 소설, 박길수의 「미균의 홍소」라는 희곡이 들어 있다. XYZ생이 쓴 「문단풍문록」에는 요절한 나도향의 얘기를 비롯하여 잡지 『조선문단』의 사정, 박팔양, 홍사용, 최승일, 그리고 문단대립에 대한 논평이 각각 실려 있다. 33편의 수필 중에서는 양주동의 「수상록」, 안재홍의 「생존욕 생활화」, 설의식의 「화단에 서서」, 이성용의 「자연」, 민태원의 「잡지」, 최서해의 「천재와 범재」, 주요한의 「문체변(文體辯)」 등이 주목할 만하다.

이 잡지는 표제에서 드러나는 대로 '문예취미 잡지'로서의 성격을 여실히 갖추었다고 보인다. 발행인 정인익 자신이 문학적 열정은 있었으나, 필생의 업으로 문학에 매달리지는 못했고 문학적 재능면에서도 약간 떨어지는 바가 있었기 때문에 젊은 한 때의 치기로 잡지를 발간했다는 혐의에서 완전히 자유롭지는 못했으리라는 추정이 가능한 것이다. 그렇기 때문에 창작 몇 편이 들어 있기는 하되, 우리에게 친숙한 작가들의 경우에는 수필만을 살펴볼 수 있을 뿐으로, 그들 스스로가 이 잡지에 대해 본격적인 문예지로서의 관념을 갖지 않은 듯이 보인다. 그렇지만 전혀 색깔을 달리하는 최서해와 염상섭의 소설이 동시에 실리고 문학적 경향과 유파를 초월하여 모든 작가들이 자신의 수필을 기고하여 이 잡지를 만들었다는 점에서 범문단을 일시적으로 묶어내는 데 조그만 기여를 한 점은 분명히 평가받아 마땅할 것이다.

• 정인익(1902~1950)

서울의 3대 명문 집안에서 태어났다. 당숙이 한말의 대제학이요 시문에 뛰어난 무정 정만조(茂亭 鄭萬朝), 부친은 시를 잘 짓던 정병조(鄭丙朝)였다. 경기고보를 졸업하고 일본 유학을 마친 다음에 귀국하여 1924년 『조선일보』 사회부 기자, 1938년 『매일신보』 사회부장, 도쿄지국장, 1940년 8월에는 편집국장을 역임했다. 해방 후에는 1945년 10월 『자유신문』을 창간하여 사장에 취임했다가 한국전쟁 때 납북당했다. 집안이 부유해서 문예지를 낼 정도의 여유가 있었으며, 문학적 열정도 있었다고 전해지나, 그보다는 후일에 보이는 행적대로 신문인으로 더 이름을 떨쳤다. (전상기)

참고문헌

최덕교 편저, 『한국잡지백년』 2권, 현암사, 2004; 권영민, 『한국근대문인대사전』, 아세아문화사, 1990.

▌문예시보(文藝時報)

1925년 일본에서 발행된 문예 신문

1925년 11월 20일에 1호가 발간되었다. 1930년 12월에 발행된 150호로 종간되었다. 『문예시보』의 호수를 계승하여 1931년 1월 1일 발행의 151호부터 지명을 변경한 것이 『예술신문(藝術新聞)』이다. 『예술신문』은 1942년에는 12월 13일 발행의 544호부터 12월 27일 발행의 546호까지의 3호분을 발행하고, 1942년에는 1월 3일 발행의 54호부터 12월 26일의 598호까지의 52호분을 발행하였다. 이후의 발행 상황은 미상이다.

창간 목적은 1호에 게재되어 있는 「발간의 말(發刊の言葉)」에 명시되어 있다. 그 내용은 '일본 문단이 미증유의 성관(盛觀)을 보이고 있는데, 아직 일본에는 이러한 상황을 보도할 만한 순수 문예지가 하나도 발간되지 못하고 있다'는 것이었다. '출판사의 기관지로서 광고신문도 있고, 평론이나 작품을 발표하는 문예지도 있지만, 문단의 정세를 그대로 상세하게 전달하는 신문의 간행은 아직 이루어지지 않았다'는 것이었다. 이상과 같은 목적으로 창간한 『문예시보』는 문예애호가들만이 아니라, 학자교육가, 학생, 기타 일반 독서가들에게 당시 일본의 문예 상황을 파악하는 데 큰 도움을 준 최고의 자료였다.

『문예시보』의 1기는 1925년 11월 20일 발행된 1호부터 창간 만 1년을 맞이한 1927년 1월 10일 발행의 25호까지이다. 『문예시보』 1호에는 "매월 2회, 5일 20일 발행"이라고 적혀 있다. 2호부터는 "상순호(上旬号)", "하순호(下旬号)"라는 명칭이 사용되었다. 이 명칭은 1926년 2월 하순호인 7호까지 지속되었는데, 월 2회 발행의 간기가 지켜지고 있음을 의미한다. 1926년 3월 상순호인 8호부터는 "10월 25일 발행"으로 변경되어, 1927년 1월 10일 발행의 25호까지 발행되었다. 발행 분량은 통상적으로 12쪽이 발행되었으며, 특별호(特別号)의 경우는 13쪽에서 많을 때는 20쪽 분량으로 발행되었다. 가격은 창간 당시 1부 5전, 1개월 10전, 6개월 1엔 10전이었는데, 이 가격은 25호까지 지속되었다. 발행소는 1호에 도쿄에 위치한 문예시보사(文藝時報社)라고 기록되어 있다.

1호의 주요 기사는 「연예계(演藝界)」, 「자본주의하에 있어서 문단에 준다(資本主義下に於ける文壇に與ふ)」, 「음악계」, 「강연 중지에 대해서」, 「문단진석일람(文壇珍石一覽)」, 「문단소식」, 「미술계」, 「신문계의 입물 이시카와 한잔이 죽다(新聞界の立物石川

半山君を逝く)」, 「신간총람」, 「도서발행순위」 등이었다.

『문예시보』의 2기는 발행기간을 주간으로 변경하여 발행된 1927년 2월 10일 발행의 26호부터 1928년 2월 2일 발행의 56호까지이다. 월 2회 발행에서 주간으로 발행기간을 변경한 이유를 25호에 수록된 '사고(社告)'를 통해 살펴보면, "문예계와 출판계에서 일어나고 있는 일들이 매우 많은데, 보도하는 시보로서의 사명을 완전히 수행하고, 진실로 권위를 확립하기 위해서, 월 2회 발행을 주간 발행으로 변경하기 이르렀다"고 기록되어 있다.

주간으로 발행기간을 변경하면서, 발행일은 매주 목요일로 정했다. 가격은 1부 5전, 10주분 55전, 30주분 1엔 15전, 60주분 3엔으로 정해졌다. 발행소는 계속 문예시보사였다. 분량은 26호부터 1927년 4월 14일 발행의 34호까지는 8쪽, 이하 31호분 중에서 8쪽이 17호로 가장 많았다. 10쪽이 6호분, 4쪽이 4호분, 6쪽이 2호분, 14쪽과 13쪽이 각각 1호분씩 있었는데, 점차 분량이 감소해 갔다. 주간의 발행 간기가 변경 초기에는 대체로 지켜진 편이지만, 이후에는 휴간하는 주가 점차 많아졌다.

『문예시보』의 3기는 「미술판」을 발행하기 시작한 1928년 2월 9일 발행의 57호부터 1930년 12월 17일 발행의 150호까지이다. 가격은 114호부터 1부 5전, 10부분 55전, 30주분 1엔 40전, 60주분 3엔으로 약간 변경되었다. (문영주)

참고문헌

『「文藝時報」解題·總目次·索引』, 不二出版, 1987; 『文藝時報』 1號(1925.11)~150號(1930.12), 不二出版, 1987; 『日本出版百年史年表』, 日本書籍出版協會, 1968.

문예신문(文藝新聞)

1931년 중국 상하이에서 발간된 문예 주간잡지

1931년 3월 16일 중국 상하이(上海)에서 창간되었다. 일본에서 신문학을 배우고 신문 발행에 관심을 갖고 있던 위안수(袁殊)와 그의 부인 마징싱(馬景星)이 자금을 모아 발행한 것으로 위안수가 주편을 담당하였다. '문예대중화'운동을 주창하였으며 1932년 2월 1일 47호 발간 이후 1·28사변이 일어나 2월 3일 『봉화(峰火)』라는 이름의 전쟁 특간 일간지로 바꾸어 발행하였다. 1932년 본래의 모습으로 복간되었고 48호로 다시 시작하였다. 주요 필진은 루쉰(魯迅), 취추바이(瞿秋白), 저우양(周揚), 마오둔(茅盾), 천왕다오(陳望道) 등이었다. 1932년 6월 20일 60호로 종간되었다. 상하이문예출판사에서 1960년 3월 영인본을 출판하였다.

위안수는 창간호에서 "문화의 주인은 대중이다. 『문예신문』의 주인 또한 대중이다"라며 발간 목적 및 주요 임무가 "신문 자체의 기능으로 문화의 보호와 비판에 힘쓸 것"임을 분명히 하였다.

『문예신문』의 주요 내용은 문학, 미술, 음악, 희극, 영화, 뉴스, 출판 등의 문화활동을 보호하는 것이었다. 매호마다 '대표언론'이라는 난을 두어 정치적 의미를 담고 있는 문화 뉴스를 보도하였다. 예를 들어 서점 봉쇄, 문인 박해, 곤경에 빠진 문예 단체 등의 내용을 게재하였다. 그중 가장 중요한 것 중의 하나가 "중국좌익작가연맹(中國左翼作家聯盟, 좌련)의 오열사(五烈士)에 대한 기사를 용감하게 보도한 것이다. 러우스(柔石), 후예핀(胡也頻), 인푸(殷夫), 펑컹(馮鏗), 리위션(李偉森) 등 5인이 1931년 2월 7일 국민당 당국에 의해 비밀리에 상하이 룽화(龍華)에서 피살되었다. 그러나 그 소식은 비밀에 부쳐져 밖에서는 단지 납치를 당하였다는 소문이 돌았다. 그러나 『문예신문』 제4호, 5호에서 가장 먼저 관련 기사와 사진을 보도하였다.

루쉰(魯迅), 취추바이(瞿秋白), 저우양(周揚), 마오둔(茅盾), 천왕다오(陳望道) 등이 『문예신문』에 글을 발표하였으며, 마오둔은 좌련 측 신문, 잡지 등이 바로 금지당하는 것과 달리 좌련과도 긴밀한 관계가 있는 『문예신문』이 꾸준하게 발행되는 것을 보고 합법적 투쟁의 필요성과 중요성을 알게 되었다고 지적하였다.

또한 『문예신문』 주도로 중국신문학연구회가 1931년 10월 21일 성립되었다. 당일 간단한 장정과 선언문을 통해 9명의 위원을 선출하여 중국신문학연구회 성립을 선포하였다. 또한 연구회 기관지로서 『문예신문』을 중심으로 『집납(集納)』을 발간하기도 했다. 그러나 이들을 중심으로 한 중국좌익신문기자연맹(中國左翼新聞記者聯盟, 기련)이 성립, 중국신문학연구회 활동은 중단되었다. (이호현)

참고문헌

葉再生, 『中國近代現代出版通史』 第2卷, 華文出版社, 2002; 王檜林 · 朱漢國, 『中國報刊辭典(1815~1949)』, 太原(山西): 書海出版社, 1992; 中國近現代史大典編委會, 『中國近現代史大典』, 中共黨史出版社, 1992.

문예영화(文藝映畵)

1928년 평양에서 발행된 문예 영화 잡지

발행인은 최호동(崔湖東), 편집인은 최영태(崔永泰)이며, 고문은 이경손(李慶孫, 영화감독)이다. 발행처는 문예영화사(평양 관후리 134)로 A5판 48면으로 발행되었다. 정가는 25전이다. 통권 1호로 종간되었다. 대구대학교에 소장되어 있으며, 서광에서 발간한 『현대문학자료집』 2권에 영인되어 있다.

한국에서는 1903년경부터 외국영화가 공개되었으나 공식적으로 필름으로 첫 영화가 제작된 것은 1919년 신극좌(新劇座) 김도산(金陶山) 일행의 연쇄극(連鎖劇) "의리적 구투(義理的仇鬪)"와 그때 함께 공개된 실사영화(實寫映畵) "경성(京城) 전시(全市)의 경(景)"이었다. 이것은 모두 한국 영화의 효시로 인정되고 있다.

그러나 1923년에 이르러서야 비로소 극영화인 윤백남(尹白南)의 "월하(月下)의 맹세"가 발표되었는데, 이는 조선총독부의 저축 장려 계몽영화였으나 한국인 감독과 배역에 의한 최초의 극영화라는 점에서 한국영화는 이로부터 무성영화 시대의 막이 오른 것으로 본다.

초기에는 일본 제작자와 기술진에 의한 영화들이 제작되었지만, 이에 자극받아 민족자본에 의한 "장화홍련전"(1924)이 박승필(朴承弼)에 의해 제작되었다.

한국인에 의한 최초의 영화사 윤백남 프로덕션을 비롯하여 여러 영화사들이 출현했으나 단명(短命)했고, 기업적으로 토대를 굳히지 못한 채 한국영화의 무성영화시대는 나운규(羅雲奎)의 등장으로 예술적인 개화(開花)를 보게 된다. 배우로 데뷔한 나운규는 "아리랑"(1926)에서 민족적인 저항의식을 통해 한국영화예술의 새경지를 이룩하였다. 이어 "풍운아(風雲兒)"(1926) 등의 문제작과 여러 편의 작품을 직접 연출하고 각본을 쓰고 출연하는 등 영화작가(映畵作家)다운 의지로 전력투구하였다. 이러한 1920년대 영화계의 상황 속에서 영화 잡지의 창간은 자연스러운 것이었다.

창간호는 문인의 구락부, 영화인의 구락부라는 슬로건을 내걸고 영화를 특집호로 꾸몄다. 창간호의 기사를 일별해 보면, 논문에 해당하는 글로 최영태(崔永泰)의 「미국영화의 일전기(一轉機)」, 가스넬의 「노서아극은 어디로 가나」, 강홍식의 「기예에 대하여」, 이경손의 「농인극에 관한 한마디」, 이이철의 「텀블링 잡고」 등이 있고, 수필에 해당하는 글로는 정기석의 「의상미만화」, 조지 버나드 쇼의 「나와 모던껄」, 채플린의 「불란서기행」 등이 있으며, 영화각본으로는 감독 이경손, 각색 김상진의 「그의 죽음」이 있고, 잡조에 해당하는 글로는 문사, 배우 제씨의 「모던껄 합평」, 나운규의 「나의 노서아 방랑기」, 신일선(申一仙)의 「봄은 꿈이더냐」, 임운학의 「배우 지원의 비결」을 비롯하여, 영화배우인 남궁운과 나운규에 대한 보도기사, 김영팔의 「JODK방송국 풍경」, 버들의 「키네마와 여학생」 및 「각색용 술어집」, 「문제의 신영화 메닐몬탄」 등의 기사가 게재되어 있다. 당시 모던 열풍과 문화, 예술에 대한 대중적 관심의 측면을 보여 주는 자료이고, 당시 방송국 사정과 현황을 보여 주는 좋은 자료이기도 하다.

당시 구미의 영화계 소식을 전하는데 의의를 두면서 남궁운과 나운규 등 당시 유명배우와 여배우들의 면면을 보여 주고 있어서 흥미롭다.

• 이경손(1905~1976)

서울 출생의 영화감독이었다. 그는 신문화를 일찍 받아들인 부친과 식구들 덕에 개화의 물결에 눈을 일찍 떴다. 경성신학교(京城神學校)에 입학하여 신학을 공부한 적도 있었던 이경손은 해외로 나갈 기회를 엿보다가 인천 해원양성소에 입학하여 항해과를 수료하였다.

졸업 후 '조선우선'에 입사해서 일본과 블라디보스토크를 오가는 '부산호'에 견습 선원으로 승선하기도 했다. 그러나 2년간 승선 근무를 했어도 좀처럼 망명의 기회가 보이지 않자 이를 포기하고, 영화 쪽으로 관심을 돌렸다. 이경손은 일본에만 입항하면 시간을 내어 영화관에 가서 영화를 감상하는 일에 몰두하면서 영화계 진출을 결심했다고 한다.

이후 선원 생활을 청산한 이경손은 영화배우, 영화감독으로 "심청전", "장한몽", "춘희" 및 "숙영낭자전" 같은 작품을 제작했다.

1927년경에는 '카카듀'라는 다방을 차려 하와이 출신 여인과 같이 운영했는데 이는 우리나라 사람이 경영하는 최초의 다방이었다. 이 다방은 이경손이 직접 차를 끓여 더욱 유명했으며, 실내장식 또한 인도식으로 꾸몄고, 마포에다 조선가면을 걸어놓고 촛불을 켜고, 간판에는 붉은 칠을 한 바가지 세 쪽을 달아놓아 경성가두에서 더욱 이채를 띠었다. 그러나 경영에 익숙하지 않은 까닭에 불과 수개월 만에 문을 닫고 이경손은 1931년에 중국으로 건너가 영화계에서 일하다가 다시 태국으로 가서 사업가가 되었다고 한다. (이경돈)

참고문헌

『한국신문·잡지총목록』, 대한민국국회도서관, 1966; 이영일, 『한국영화인열전』, 映畵振興公社, 1982; 김수남, 「이경손의 한국 영화 운동」, 『영화연구』 12집, 1997.

문예운동(文藝運動)

1926년 서울에서 발행된 문예지

1926년 2월 1일 서울에서 창간되어 그해 6월 폐간되었다. 편집 겸 발행인은 양대종(梁大宗)이었다. 통권 3호까지 발행하였다. 정가는 20전이었으며 A5판으로 37쪽가량이었다.

카프(KAPF, 조선프롤레타리아예술가동맹)의 준기관지격으로 발간된 잡지이다. 당시 카프의 주요 구성원이던 김복진, 김기진, 박영희 등의 평론과 이상화(李相和) 등의 시, 이기영(李箕永), 이익상(李益相) 등의 소설이 실렸다.

기존의 자연주의 경향의 문학을 비판하고 사회주의적 경향성에 입각한 리얼리즘 문학을 추구하였다. 아직 완전히 신경향파의 자연주의적 경향을 탈피한 수준은 아니었으나, 당시 계급문학운동의 이론적 체계를 구체적으로 보여 주는 잡지이다.

이 잡지를 통해 이른바 '무산계급문학', 즉 프로문학이 본격적으로 제창되었다는 점에 그 문학사적 의미가 있다. (장성규)

참고문헌

권영민, 『한국계급문학운동사연구』, 문예출판사, 1998; 김윤식, 『한국근대문예비평사연구』, 일지사, 1976; 역사문제연구소 편, 『카프문학운동연구』, 역사비평사, 1989.

문예월간(文藝月刊)

1931년 서울에서 발행된 월간 종합 문예지

1931년 11월 1일 창간했다. 해외문학파가 중심이 돼 활동하였으므로 『해외문학』 잡지의 후신이라고 해도 무방하다. 편집 겸 발행자는 박용철(朴龍喆), 인쇄인은 대성당 인쇄소의 김창여(金昌汝), 발행소는 문예월간사(경성부 견지동 26), 판형은 A5형 국판이고 94쪽에 정가는 20전이었다. 1932년 3월 1일 통권 4호로 종간되었다. 2004년 '깊은샘' 출판사에서 영인본으로 재출판했다.

『문예월간』은 내외 문예동향의 신속한 보도와 비

판, 일상생활과 문예와의 접근, 고상한 취미의 함양을 표방한 잡지로, 서정시운동을 전개한 『시문학』과 함께 당시 순수문학운동을 주도했던 비중 있는 잡지였다. 당시 『시문학』과 『문예월간』 발간을 주도한 박용철은 시인과 비평가로 활동하면서 문단을 경영하는 원조자로 명성이 높았던 인물이다. 실제로 문예월간사는 박용철의 자택으로 등재되어 있었고, 그 밖에도 박용철의 자취는 『문예월간』 곳곳에 여러 방면에 걸쳐 나타난다.

박용철과 함께 편집에 관여했던 이하윤(異河潤)은 「편집후기」에서 문단의 침체 위기를 타개하고 새로운 문학을 건설하기 위해서는 우리의 것을 창조하는 동시에, 남의 것도 알고 그들과 한 조류에 섞일 필요가 있다는 점을 특별히 강조했다. 그는 창간사를 통해서도 흩어진 문단을 감히 정리하여 남부끄럽지 않은 우리다운 문학을 갖추어 세계문학의 조류 속에 들어설 것을 주창했다.

창간호에는 이하윤의 창간사, 김진섭(金晉燮)의 「문학의 진보퇴보」, 「작품과 독자」, 비평의 방향 전환을 주장한 박용철의 「효과주의적 비평 논강」 등의 평론과 해외문단을 소개하는 조희순(曹希醇)의 「현대독일문단점묘」, 이헌구(李軒求)의 「불우의 여시인 데보르드 빨모-르」 등의 기사가 실려 있다. 여성독자를 위한 함대훈(咸大勳)의 「노서아혁명과 여간첩」, 고영환(高永煥)의 「여성세계의 원산(元山)」 등의 읽을거리도 제공하고 있다. 문예물로는 인도 시인인 나이두의 「가을노래」 등을 번역한 역시와 여러 편의 시조·시, 그리고 유진오(兪鎭午)의 「상해의 기억」, 홍일오(洪一吾)의 「고우(故友)」 등의 소설이 실려 있다.

창간호에 이어 여류문인호, 시조연구호, 대중문예호, 애란문학호 희예술연구호 등의 특집호를 발간하고 1932년 3월(통권 4호)에는 괴테 서거 100년제를 기념하는 괴테호를 발간할 계획을 갖고 실행에 옮겼다. 더불어 외국의 저명한 문인들의 이름표기를 통일하기 위한 방안을 마련할 계획도 있었다. (전상기)

참고문헌

조영식, 『한국현대 서정시의 세계』, 새미, 2004; 유다미, 「박용철의 문예운동연구」, 인천대 석사학위논문, 2006.

문예잡지(文藝雜誌)

1942년 중국 구이린에서 창간된 문예지

1942년 1월 15일 광시(廣西) 구이린(桂林)의 문예잡지사에서 창간하였다. 판매는 대지도서공사(大地圖書公司)와 삼호도서사(三戶圖書社)에서 담당했다. 초기에는 왕루옌(王魯彥)이 편집을 담당했지만 1권 5호를 발간한 이후 왕루옌이 중병에 걸려서 왕시옌(王西彥)과 돤무훙량(端木蕻良) 등이 편집을 담당했고 1945년까지 발간되었다.
격월간으로 발행되었고 매년 평균 6호를 출판하였다. vol.1, no.1(1942)은 창간 특대호였고, vol.2, no.2~4는 증대호였다. 1945년 복간하면서부터 편집자가 사오촨린(邵荃麟)으로 바뀌었다. vol.2, no.5(1943)부터 삼호도서사에서 발행하였다. 1944년 3월 3권 15호를 마지막으로 정간되었다. 1945년 6월에 복간하면서부터 인생출판사에서 발행하였고, 출판지가 충칭(重慶)으로 바뀌었다.
베이징사범대학도서관과 상하이도서관 등에 소장되어 있다.

전론(專論), 소설, 보고, 산문, 시가(詩歌), 극본, 동화, 번역 및 작품연구 등의 난이 있다.

중일전쟁시기 발간된 주요 문학 간행물로 1권 2호에 발표된 「독자에게(給讀者)」라는 글에서 창간 취지에 대해 다음과 같이 말하고 있다. “항전 이래 우리 문예사업자와 천천만만 동포들이 함께 전방 후방을 가리지 않고 모두 적들의 대포와 비행기의 위협에 시달렸다. 이러한 불안정한 생활 속에서 우리는 위축되지 않았을 뿐 아니라 오히려 더욱 분전하였다. 오로지 국민의 신분으로써 국가에 대한 책임을 다하여, 항전을 돕고, 자신의 붓을 들어 자신의 사업에 충실하였다. 위에 말한 이 모든 것들에 대해 우리의 이 하나의 잡지는 가장 좋은 증명일 것이다.”

이 잡지에 기고한 사람들은 대다수가 당시 항전 문예사업에 종사하던 저명인사들이거나 좌익작가들이었다. 바진(巴金), 라오서(老舍), 장톈이(張天翼), 차오징화(曹靖華), 아이우(艾蕪), 사팅(沙汀), 장진이(章靳以), 리젠우(李健吾) 등이었다.

또 문학논문, 장단편소설, 산문, 보고문학, 잡기, 시가, 희극, 동화 등의 작품을 실었다. 이 간행물에 연재된 소설은 장톈이의 동화 「금오리제국(金鴨帝國)」, 아이우의 「고향(故鄉)」, 돤무훙량의 「커얼친초원(科爾沁草原)」 제2부 등이다. (김지훈)

참고문헌

王檜林·朱漢國, 『中國報刊辭典』, 書海出版社, 1992; 北京師範大學圖書館報刊部 編, 『北京師範大學圖書館館藏中文珍稀期刊題錄』, 北京圖書館出版社, 2002; 葉再生, 『中國近代現代出版通史』 3, 北京: 華文出版社, 2002.

문예전선(文藝戰線)

1924년 6월 일본의 문예전선사에서 창간한 프롤레타리아 문예운동의 기관지

1924년 6월 창간, 1932년 7월까지 발간되었다. 1931년 1월호부터는 『문전(文戰)』으로 제목을 바꾸어 재발간되었다. 일본 프롤레타리아 문예운동의 기관지로서 발행처는 도쿄 신주쿠 문예전선사(文藝戰線社)였다. 잡지 원본은 가가와대학(香川大學) 가미하라문고(神原文庫)와 호세이대학(法政大學) 오하라사회문제연구소(大原社會問題研究所) 등이 소장하고 있다.

간토대지진을 계기로 『씨 뿌리는 사람(種蒔く人)』이 폐간되고 난 뒤, 동인들이 다시 모여서 프롤레타리아문학의 재건을 위해서 창간했다. 아오노 스에키치(青野季吉), 사사키 다카마루(佐佐木孝丸), 나카니시 이노스케(中西伊之助), 가네코 요분(金子洋文), 히라바야시 하쓰노스케(平林初之輔), 마에다코 히로이치로(前田河廣一郎), 야나세 마사부(柳瀨正夢) 등 총 13명이 창간 동인이었다. 강령으로 "우리는 무산계급 해방운동에서 예술상의 공동전선에 선다", "무산계급운동에서 각 개인의 사상 및 행동은 자유다"를 내세웠다.

처음에는 가네코 요분이 편집을, 발행 및 편집인은 나카니시 이노스케, 표지는 야나세 마사부가 맡아 그렸다. 3호부터 동인이 된 야마다 세이자부로(山田清三郎)가 복간 이후 발행 및 편집인이 되었다. 8호(2권 1호)까지 나오고 일단 휴간하였으며 1925년 6월에 복간되고 나서, 쇼와 초기 일본 프롤레타리아문학운동의 중심적인 발표기관으로서 큰 역할을 하였다.

1925년 복간 이후 『씨 뿌리는 사람』 시대의 히라바야시 하쓰노스케처럼 아오노 스에키치가 중심적인 이론가로서 활약하고 하야마 요시키(葉山嘉樹), 구로시마 덴지(黑島傳治), 히라바야시 다이코(平林たい子), 하야시 후사오(林房雄), 쓰보이 시게지(壺井繁治), 이토 에이노스케(伊藤永之介) 등이 잇달아 등장하여 소위 프롤레타리아문학의 '제2의 투쟁기'를 활발하게 열어 나갔다.

이 시기에 오자키 시로(尾崎士郎), 하야시 후미코(林芙美子), 가와사키 조타로(川崎長太郎), 다테노 노부유키(立野信之), 나카노 시게하루(中野重治), 미야모토 겐지(宮本賢治), 고바야시 다키지(小林多喜二) 등이 주요한 작가로서 『문예전선』에 기고했다. 이처럼 『문예전선』을 중심으로 해서 일본 프롤레타리아문학운동은 새로운 이합집산과 발전의 시기를 맞았던 것이다.

『문예전선』과 일본 프롤레타리아문학운동의 분화

그러나 1926년부터 프롤레타리아문학운동은 심한 내홍을 겪고 정치적인 입장의 대립 때문에 운동이 분열되기 시작했다. 바로 아오노 스에키치가 『문예전선』 1926년 9월호의 권두논문으로 발표한 「자연생장과 목적의식」은 그 신호탄과 같은 글이었다. '자연발생적인 프롤레타리아 예술을 목적의식으로, 즉 사회주의 의식

으로 질적으로 변화시키기 위한 집단적 활동이 프롤레타리아문학운동'이어야 하며, 이것이 '제2의 투쟁기'의 의의여야 한다는 것을 주창한 이 짧은 논문은 일본 프롤레타리아문학운동을 획기시했다. 이 논문에 의해 막연히 민중주의적으로 단결해 있었던 예술가들의 조직은 이합집산을 본격적으로 시작하게 된다. 마르크스주의를 중심으로 한 프롤레타리아 이데올로기의 '중심성'이 작가들에게 강제되었기 때문이다.

그리하여 그해 11월 나카노 시게하루 등의 급진적인 소장파들에 의해 주도된 노선 투쟁으로 '일본 프롤레타리아 문예연맹'은 분열하고 급기야 1927년 6월『문예전선』동인의 일부는 문예연맹을 탈퇴하고 따로 '노농예술가연맹'(노예)을 결성했다.

이어 노농예술가연맹 내부에서도 '야마카와(山川)주의'에 대한 논란이 일어남에 따라 다시 분열을 일으켰다. 야마카와주의란 일본 초기 사회주의운동의 유명한 이론가이자 경제학자였던 야마카와 히토시(山川均)의 노선을 의미한다.

이는 처음에 목적의식론의 주류를 이루었으나 뒤에 후쿠모토 가즈오(福本和夫)가 주창한 새로운 당과 대중조직 노선, 즉 '후쿠모토이즘'에 의해 혹독하게 비판을 받는다. 1926년 3월의 코민테른 회의에서는 일본공산당의 재건을 후쿠모토주의에 입각해야 한다는 안이 채택되었고, 이에 야마카와 히토시는 1927년에 공동전선당론(共同戰線黨論)에 입각하여 따로 '노농파(勞農派)'를 결성했다. 이러한 당 조직 차원의 분열이 문예조직의 노선 투쟁에도 결정적인 영향을 끼쳤던 것이다.

반 야마카와파의 사사키 다카마루, 하야시 후사오, 구라하라 고레히토(藏原惟人) 등은 새로 '전위예술가동맹'을 결성했고, 잔류(殘留)파의 아오노 스에기치, 하야마 요시키, 히라바야시 다이코, 구로시마 덴지 등과 대립했다. 향후에 잔류파는 계속『문예전선』을 거점으로 하여 사회민주주의로 입장을 선회했다. 이들은 나카노 시게하루 등의 '프롤레타리아문예연맹'과 구라하라 고레히토 등의 '전위예술가동맹'이 협력하여 결성한 '나프(NAPF)'와 날카롭게 대립했다.

'나프'는 에스페란토어 'Nippona Artista Proleta Federacio', 즉 '전일본무산자예술연맹(全日本無産者藝術連盟)' 또는 '전일본무산자예술단체협의회(全日本無産者藝術団体協議会)'의 약칭이다. '나프'는 1928년 12월 25일의 임시총회에서 문학부, 미술부, 연극부 등으로 나뉘어 있던 각 분야를 일본프롤레타리아 작가동맹, 극장동맹, 미술가동맹, 음악가동맹, 영화동맹 등 5개 조직으로 나누고 각 단체에서 선출된 위원으로 협의회를 구성하기로 했다.

이때 조직명도 '전일본무산자예술단체협의회'로 고쳐졌다. 기관지『전기(戰旗)』와『나프(ナップ)』를 간행했는데『전기』는 대중 계몽지의 역할을,『나프』는 내부 기관지의 역할을 하게 된다.

'나프'는 1931년에 구라하라 고데히토의 제창으로 '코프(KOPF)'가 결성되고 해체되었다. 코프는 '일본프롤레타리아문화연맹'의 약칭으로, 일본프롤레타리아작가동맹, 연극동맹, 음악가동맹, 사진가동맹 등에 프롤레타리아과학연구소, 신흥교육연구소, 일본전투적무신론자동맹, 일본 프롤레타리아 에스페란티스트동맹 등이 결합하여 1931년에 결성되어 활발하게 활동하다가 경찰의 탄압으로 1934년에 해산했다.

나프의 '전기파'와 구별하기 위해 '노농예술가연맹'의 아오노 스에기치 등은 '문전파'로 불린다. '나프'가 고바야시 히데오(小林秀雄), 도쿠나가 스나오(德永直), 가쓰모토 세이이치로(勝本淸一郞), 다케다 린타로(武田麟太郞) 등을 비롯한 많은 유능한 신인을 배출하며 활발하게 운동을 전개했던 데 반해서, '문전파'는 더욱 분열을 거듭했다.

히라바야시 다이코, 구로시마 덴지(黑島傳治), 마미야 모스케(間宮茂輔) 등은 문전파를 탈퇴해서 나프로 이동하는 등 침체를 계속했다. 그러나 1931년에 잡지를『문전(文戰)』으로 개제하고 1932년 5월에 아오노 스에기치 등과 하야마 요시키의 대립 때문에 '노농예술가연맹'이 해산하기까지 무려 95호를 계속 발행했다.

'노농예술가연맹'이 해산된 이후, 아오노 스에기치와 이토 에이노스케 등은 '좌익예술가동맹'을 새로 결성하여『레프트(レフト)』를 발행하고, 하야마 요시키

와 마에다코 히로이치로 등은 '프롤레타리아작가클럽'을 거점으로 해서 소형잡지 『노농문학(勞農文學)』을 발행했다. 그러나 이들은 다시 합동해서 1934년 2월에 제2차 '노농예술가연맹'을 발족시켜 기관지 『신문전(新文戰)』을 그해 말까지 끈기 있게 발행했다.

초기의 『문예전선』과, 말기의 『신문전』은 각각 30쪽 전후의 얇은 잡지였지만 전성기에는 2백 수십 쪽에 거의 2만 부까지 발행했다. 창작 평론과 더불어 일본 프롤레타리아문학을 통해서 가장 많은 걸작과 문제작을 게재했던 중요한 잡지였으며, 일본 프롤레타리아문예운동 조직의 유일한 공식적인 기관지로 간주된다. (천정환 · 이규수)

참고문헌

牛島俊 作, 『日本言論史』, 河出書房, 1955; 『近代文學雜誌事典』, 至文堂, 1965; 桂敬一, 『明治 · 大正のジャ-ナリズム』, 岩波書店, 1992.

문예전선(文藝戰線)

1939년 중국 옌안에서 창간된 문예지

산시(陝西) 옌안(延安)의 문예전선사(文藝戰線社)에서 1939년 2월 16일에 창간한 문예지이다. 저우양(周揚)이 편집을 담당했으며 1940년 2월까지 발간되었다. 격월간으로 발행되었으며 영인본도 출판되었다. 베이징사범대학도서관과 상하이도서관 등에 소장되어 있다.

주요란으로는 소설, 논문, 보고, 시, 통신, 목각(木刻) 등이 있었다. 편집위원회는 딩링(丁玲), 청팡우(成倣吾), 저우양, 샤옌(夏衍) 등의 저명 작가들로 구성되었다. 저우양은 창간호에 발표한 「발간사를 대신하여(代發刊詞)」에서 다음과 같이 밝히고 있다. "『문예전선』은 전쟁의 봉화 중에 탄생하였다. 바로 그 이름이 이를 나타내고 있다. 본간은 하나의 전선으로 전체 항일민족통일 전선의 일부분이며, 민족자위전쟁의 의식형태상의 하나의 전투 분야이다. 『문예전선』 자신이 바로 하나의 통일적인 전선으로 모든 민족의 입장에 서 있는 작가들의 공동 지반이다. 작가들이 상호 왕래하고 서로 의사가 소통되는 정신적 교량인 것이다. 항전이 길어질수록 전 중국인의 단결도 강해질 것이다. 문예계도 역시 예외일 수 없다 …… 일체의 종파사상이 되살아나는 것을 차단하고 작가들의 단결을 한층 더 촉진하여 문예의 항전에서의 역량을 강화하여야 한다. 이것이 바로 우리가 우선적으로 노력해야 할 방향이다." 본간의 창작은 "현실주의에 의거하였고", 항일전선과 해방구의 투쟁생활을 중시하여 반영하였다. 문예이론 상에서는 혁명화, 대중화, 민족화를 강조하였다.

5호에 「예술창조자의 민족형식의 논함(藝術創造者論民族形式)」이라는 주제의 토론을 수록하기도 했다.

주요 집필자로는 저우양, 딩링, 청팡우, 샤옌, 아이쓰치(艾思奇), 사팅(沙汀), 허치팡(何其芳), 커중핑(柯仲平), 천황메이(陳荒煤), 류바이위(劉白羽). 옌원징(嚴文井), 볜즈린(卞之琳), 저우얼푸(周而復), 리보자오(李伯釗), 펑나이차오(馮乃超) 등이었다. (김지훈)

참고문헌

王檜林 · 朱漢國, 『中國報刊辭典』, 書海出版社, 1992; 伍杰, 『中文期刊大詞典』, 北京大學出版社, 2000; 北京師範大學圖書館報刊部 編, 『北京師範大學圖書館館藏中文珍稀期刊題錄』, 北京圖書館出版社, 2002.

문예진지(文藝陣地)

1938년 중국 한커우에서 창간된 문예지

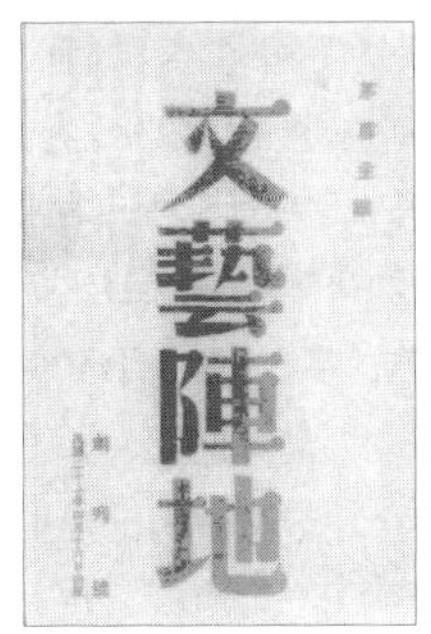

1938년 4월 16일 후베이성의 한커우(漢口)에서 반월간으로 창간되었다. 문화계에서 주관한 구국간행물로 마오둔(茅盾)이 편집 겸 발행인이었고 생활서점에서 출판하였다.
1938년 12월 20일 마오둔이 신장(新疆)으로 떠난 이후 19호부터 러우스이(樓適夷)가 편집을 대신했지만 여전히 마오둔의 이름을 사용했다. 1939년 여름 러우스이가 상하이로 가면서 『문예진지』도 상하이로 이전했다. 5권부터 '총간(叢刊)' 형식으로 매월 발간했다. 1~2집(7월호와 8월호)을 출판한 이후 휴간했다. 1941년 1월 10일 충칭(重慶)으로 이전하여 월간으로 복간했으며 마오둔이 편집자였다.
우한(武漢)이 함락된 후 상하이(上海), 충칭, 홍콩 등지로 옮겨 출판하였다. 1942년 11월 7권 4호(총 60호)를 출간한 후 국민당 당국의 압력으로 정간되었다. 1943년 11월 이후 1944년 3월까지 『문예신집(文藝新輯)』 3호를 출판한 후 종간되었다.
중국인민대학도서관과 상하이도서관 등에 소장되어 있다.

편집위원회는 마오둔(茅盾), 이췬(以群), 아이칭(艾靑), 사팅(沙汀), 쑹즈더(宋之的), 장민(章泯), 차오징화(曹靖華), 어우양산(歐陽山)으로 구성되었고, 실제로는 예이췬(葉以群)과 마오둔이 편집을 담당했다.

발간사에서 현 단계의 문예운동은 각지에 많은 전투 단위를 건립하고 다른 한편 비교적 집중적으로 이론을 연구하고, 문제를 토론하는 전투적 간행물이라고 하였다. "항일을 끝까지 옹호하고, 항전(抗戰)의 통일 전선을 공고히 하자"고 하였다.

내용은 연구이론단평, 서보평술(書報評述), 시, 문진광파(文陣廣播) 등의 난이 있다. 이 잡지는 전선과 후방, 항일민주근거지와 밀접한 연계를 유지하였으며, 제때에 전지(戰地)에 관한 보고를 발표하였다. 당시 국민당통치구에서 시간이 가장 오래되고, 보급량이 가장 많으며, 영향력이 가장 큰 문예 간행물이었다. (김지훈)

참고문헌

王檜林 · 朱漢國, 『中國報刊辭典(1815~1949)』, 書海出版社, 1992; 伍杰, 『中文期刊大詞典』, 北京大學出版社, 2000; 上海圖書館, 『上海圖書館館藏近現代中文期刊總目』, 上海科學技術文獻出版社, 2004.

▌문예춘추(文藝春秋)

1923년 일본 도쿄에서 창간된 종합잡지

1923년 1월 창간되어 지금까지 발간되고 있는 일본의 가장 대표적인 월간 종합잡지이다. 일본 근대문학사의 대표적인 작가인 기쿠치 간(菊池寬)에 의해 처음에는 문예지로 발간되었다.
창간 당시 발행처는 도쿄시 고이시카와(小石川)구의 기쿠치 간의 집이었고, 오늘날에는 도쿄시 주오구 긴좌 48번지 4의 '문예춘추사'이다. 창간호에 기쿠치 간을 '발행 편집 겸 인쇄인'으로 소개했고 2호 이후에는 표지에 '기쿠치 간 편집'이라고만 표기했는데, 이는 1939년 3월호까지 이어진다. 이후 스가 다다오(菅忠雄), 사사키 모사쿠, 이케지마 신페이(池島信平) 등이 편집장 역할을 했다.
크기는 1940년까지 국판, 그 후 '규격판'을 채택했다. 창간호는 28쪽이었고, 15주년 기념호였던 1937년 신년호가 648쪽으로 가장 두꺼웠다. 이외에는 대체로 400쪽 내외로 발행되었다. 정가는 창간호의 10전, 시세와 함께 변동했다.

창간호의 발행부수는 3000부에 불과했지만, 1954년 신년호의 경우는 무려 73만 8000부에 이르렀다. '백만 인의 잡지'를 목표로 한 적도 있다. 『문예춘추』라는 잡지명은 본래 기쿠치 간의 첫 평론·수필집의 표제였으며, 잡지도 처음에는 수필 잡지로 출발했다. 오늘날에도 그 흔적은 조금 남아 권두에 실리는 수필란에 그 이름이 남아 있다. 5호부터 창작란이 비로소 마련되어 요코미쓰 리이치(橫光利一) 등의 소설이 게재되었다.

처음에는 주로 기쿠치 간의 주변에 있던 신진 작가의 활동무대로 활용되었지만 차츰 대가들이 기고하기에 이르러 권위 있는 체제를 갖추게 되고, 1926년 1월부터는 종합잡지로 변신했다.

• 기쿠치 간(菊池寬)

종전 전에 『문예춘추』는 기쿠치 간의 잡지라 해도 과언이 아니다. 기쿠치 간은 1888년에 태어나 1948년에 타계한 일본 근대 문학사상 최대의 작가 중 한 사람이다. 도쿄고등사범을 중퇴하고 교토대학 영문과를 졸업했다.

『지지신보(時事新報)』의 기자로 문필활동을 시작하여 처음에는 희곡을 썼다. 「난학 착수(蘭學事始)」를 비롯한 일련의 희곡 작품에서 기쿠치 간은 봉건적 도덕을 비판하고 인간의 성격·심리·행동에 대한 근대적 합리주의의 해석을 부여했다는 평을 받는다. 그러나 1920년 장편 『진주부인(眞珠婦人)』을 발표하면서부터 대중적인 소설가로 변신하여 대활약했다. 이 소설로 인해서 기쿠치 간은 다이쇼 후반기 일본 소시민의 문학적 대변자가 되었다. 그의 작중 인물들과 기쿠치 간 자신은 다이쇼기 시민의 전형이라는 평을 받을 정도로 '작가 기질'이나 지식인 근성을 벗어던지고 생활과 대중에게 다가갔던 것이다.

기쿠치 간은 1923년 『제2의 키스』가 또 크게 히트하고 『문예춘추』를 창간함으로써 일본 근대 문단의 중심 인물이 되었다. 문학가의 지위 향상과 신인 발굴에도 힘을 써 문예가협회를 창립했고 아쿠타가와 문학상과 나오키상을 제정했다. 항상 '생활 제일, 예술 제이'를 신조로 삼은 '합리적 현실주의자'로 평가된다.

기쿠치 간의 대중소설은 식민지 시기 조선에도 크게 영향을 미친 것으로 되어 있다. 1931년 『동아일보』가 실시한 경성 시내 청년 학생 독서 조사에도 기쿠치 간의 『진주부인』을 읽고 있다는 답변이 있고, 채만식이 발표한 소설 『탁류』에서도 등장인물들이 기쿠치 간의 소설에 대해 언급하는 장면이 있을 정도였다.

동인

『문예춘추』 2호에 실린 편집동인 명단에는 이시하마 긴사쿠(石浜金作), 가와바타 야스나리(川端康成), 사카이 마히토(酒井眞人), 스즈키 히코지로(鈴木彦次郞), 곤 도코(今東光), 스즈키 시코(鈴木氏享), 요코미쓰 리이치, 사이토 류타로(齋藤龍太郞), 사사키 구니(佐佐味津三), 미나미 유키오(南幸夫) 등의 14명의 이름이 열거되어 있다. 쟁쟁한 일본 근대 문인들이 이 잡지에 참여했던 것이다.

이후의 동인 명단에는 들고 남이 있었다는 것을 알려주는데, 나중에 나카가와 요이치(中河與一), 나가 고헤이(那珂孝平) 등이 들어왔다. 『문예춘추』 동인들 중 대부분은 그 이듬해에 창간된 『문예시대(文藝時代)』의 동인이라는 점도 주목된다.

이외에도 아쿠타가와 류노스케(芥川龍之介), 구메 마사오(久米正雄), 고지마 마사지로(小島政二郞), 사사키 모사쿠(佐佐木茂索), 야마모토 유조(山本有三) 등이 기쿠치 간과 함께 '문예춘추 동인'이었다. 처음에는 키쿠지 칸의 친구와 지인에 의한 경영체제였으나 그러한 동인제는 1924년 9월부터 해소되었다.

『문예춘추』와 일본 현대사

일본 문화계 전체가 그러했던 것처럼 1923년 9월 1일에 일어난 간토대지진은 『문예춘추』와 기쿠치 간에게도 타격을 안겨 주었다. 하지만 1924년 1월호에 "진재 문장(震災文章)"이라는 특집을 마련하여 동요를 극복하고, 적극적으로 재난 이후의 일본 문학을 다뤄 화제를 불러일으키기도 했다.

종합잡지로 변모한 뒤에 『문예춘추』의 지식인에 대한 권위는 『중앙공론(中央公論)』이나 『개조(改造)』 정도에 미치지는 못하였으나 중심적인 문예지의 역할을 할 수 있었다. 문예면은 내용이 풍부했고, 단막극·대중문예와 가벼운 읽을거리에 꽤 많은 지면을 할애하여 대중적으로 큰 영향력을 행사했다.

"아쿠타가와 류노스케 회상호"가 1927년 9월에 마련되었고, 그즈음에는 기쿠치 간의 「반자서전(半自敍傳)」 연재가 화젯거리가 되기도 했다. 고바야시 히데오(小林秀雄)는 「문예시평」을 연재하며 1930년 4월부터 등장했다. 1930년 7월 이후 마련된 "올(all) 요미모노(讀物)호"는 잡지 『모든 독물(オール讀物)』이 따로 1933년 1월부터 발간되게 하는 기반이 되기도 하였다. 독물(讀物)은 원래 가벼운 읽을거리를 말하는 일본 특유의 문예물을 뜻한다. 요코미쓰 리이치의 「침원(寢園)」이 연재되던 때는 이른바 만주사변이 일어난 '비상

시국'이어서 "만몽(滿蒙)판" 같은 특집이 마련되기도 하고 그 외에도 '시국' 관련 기사가 1930년대 초부터 적지 않게 마련되기도 했다. "나오키 산주고(直木三十五) 회상호"는 1934년 4월이었다.

1936년에서 1945년까지의 쇼와 10년대에는 이시가와 다쓰조(石川達三)의 「창맹(蒼氓)」을 시작으로 아쿠타가와상 수상 작품과 후보 작품이 해마다 게재되었다. 아쿠타가와상은 1935년에 문예춘추사에 의해 제정되어 현재까지 일본에서 가장 권위 있는 문학상의 하나이다. 패기 있는 신진작가에게 수여되는 이 상의 1회 수상작으로 이시가와 다쓰조의 「창맹(蒼氓)」이 선정되었다. 작품은 3부작으로 된 중편소설로 작가가 실제로 경험한 브라질 이민 경험을 바탕으로 쓴 소설이다. 이는 당시 일본의 식민·이민정책이 농민들에게 부여하는 고통을 그리고 있다.

중일전쟁으로 신체제가 본격화되는 1937년 8월호부터는 거의 매월, 때로는 월 2호씩 총 31권에 이르는 시국 증간 '현지 보고'판이 발간되었다. 히노 아시헤이(火野葦平)의 「국토와 부대(國土と部隊)」 같은 이른바 '전선문학'도 이때 본격화되기 시작했다. 이때는 아쿠타가와상도 '최초의 현지(現地) 문학'이라 일컬어지는 다다 히로가즈(多田裕計)의 「장강 델타(長江デルタ)」 같은 작품에 수여되는 등 기준이 엉망이 되었다.

태평양전쟁 시기에는 드디어 '전시 즉각 대응체제'에 임하여 '시국'에 영합하는 편집이 노골화되었다. 이 시기에 요코미쓰 리이치의 「여수(旅愁)」가 연재되기도 했다. 요코미쓰 리이치 자신의 유럽 여행 경험을 바탕으로 한 이 소설에서 동양정신에 의한 서구 근대정신의 초극이라는 주제를 탐구했다. 야시로와 구지라는 두 청년이 파리를 비롯한 프랑스 각지를 여행하며 유럽의 문화와 물질문명에 대해 토론하는 관념적인 내용이지만, 우아하고 감각적인 묘사와 분위기 창출로 '부르주아 풍속소설'의 대표작으로 꼽히기도 했다. 그러나 이 작품은 일본적 정신주의에 대해 과장하여 전후에 비판의 표적이 되기도 했다. 1944년 1월에는 정부의 사업정비에 의해 문예지로 지정되었다.

전후에는 『문예춘추 별책』이 나왔다. 순수 문예 지향은 약해졌으나 '문예춘추사'는 대중 독자를 위한 수많은 독본도 발간했다. 전후 후진을 위해 기쿠치 간이 자진해서 과감히 물러나고 새로운 회사가 만들어지기까지는, 어떤 의미로든 『문예춘추』는 기쿠치 간의 사고와 작풍이 거의 전면적으로 반영된 잡지였다. 전후에는 '넓은 의미의 사회 교육'(이케지마 신페이)을 잡지의 지향으로 삼고 다분히 주간지적인 편집이 시도되었다. 전후의 저널리즘에 대한 『문예춘추』의 역할은 실로 지대한 것이라 하겠다. 1955년에는 문예춘추 만화상이 제정되었고, 1959년 4월에 『주간문춘(週刊文春)』, 1969년에 『제군(諸君)!』을 창간했다. 현재에도 문예춘추사는 『문예춘추』와 『모든 독물』을 위시한 잡지는 여전히 영향력을 갖고 있으며 수없이 많은 단행본을 내는 일본 최대의 출판사로 군림하고 있다. (천정환)

참고문헌

『近代文學雜誌辭典』; 平野謙 저, 고재석·김환기 역, 『일본 쇼와문학사』, 동국대출판부, 2000; 문예춘추신사, 『문예춘추 35년사고』 1959년 4월; 문예춘추사 홈페이지(http://www.bunshun.co.jp).

문우(文友)

1924년 서울에서 발행된 문예지

1924년 한국 경성(京城)에서 창간되어 1927년 11월 종간되었다. 통권 5호까지 발행되었다. 제4호를 기준으로 편집 겸 발행인은 이강국(李康國)이었다. 비매품이었으며 분량은 A5판으로 106면이었다.
경성제국대학 예과문우회에서 발행한 잡지로 주로 문예면에 중점을 두었다.

1924년 경성제국대학 예과가 개설되면서 조선인 학생회의 성격을 지니는 '문우회'가 조직되었는데, 이 문우회가 발행한 잡지이다. 4호의 목차를 보면, 다양한 문예작품이 다수 실려 있다.

주목되는 것은 이후 조선문학의 연구와 창작에 중요한 역할을 하게 되는 김태준(金台俊), 이희승(李熙昇), 유진오(兪鎭午), 이효석(李孝石) 등의 글이 실려 있다는 점이다. 유진오와 이효석은 이후 동반자 작가로 평가되는 소설을 다수 창작하며, 김태준은 『조선소설사』를 저술하며, 이희승은 국어학자로서 높이 평가된다.

식민지 시대 경성제대의 지적 분위기의 일단을 볼 수 있다는 점에서 자료적 가치를 지닌다. (장성규)

참고문헌

박광현, 「경성제국대학의 문예사적 연구를 위한 시론」, 『한국문학연구』 21집, 1999; 이준식, 「일제강점기의 대학 제도와 학문 체계」, 『사회와역사』 61집, 2002.

▌문우(文友)

1932년 서울에서 창간된 연희전문학교 문우회 문예부의 문집

1932년 12월 18일 창간했다. 통권은 몇 호나 나왔는지 확실하지 않다. 편집 겸 발행인 한태수(韓太壽), 인쇄인은 한성도서 주식회사의 김진호(金鎭浩), 발행소는 연희문우회(延禧文友會, 경기도 고양군 연희면 창천리), 판형은 A5 국판이며 면수는 90쪽이다. 부정기적으로 간행되었고 학생들의 문집이나 회지가 비매품이었던 점에 비추어 『문우』는 정가가 10전이었다. 기고자는 물론 연희전문학교 학생들이었다.
창간호가 서울대와 연세대에 각각 소장되어 있다.

창간호에는 연희전문학교 교장 언더우드(H. H. Underwood, 한국명 원한경[元漢慶])의 「Success Deffends On」, 설정식(薛貞植)의 「회고와 전망」을 비롯하여 이시우(李時雨)의 「과도기의 젊은 부부」, 박영준(朴榮濬)의 「이기주의자」 등의 문예물이 실려 있다. 번역물로는 롱펠로(H. W. Longfellow)의 「인생의 찬미」가 배요한의 번역으로 실려 있다. 그리고 현홍섭(玄興燮)의 「에스페란토 입문」이 실려 있어 에스페란토어에 대한 당시 학생들의 관심을 짐작케 한다. 소식란에는 일본인 민속학자 야나기 무네요시(柳宗悅)의 강연 소식, 전라도 곡성에 사는 정봉태(鄭鳳泰)가 서적 1만 권을 기증했다는 사실 등이 실려 있다. 편집후기는 조선총독부 검열 이전에 교내 검열을 거치면서 이시우의 「하나님의 하나님」이란 시와 김대균의 「부역의 끝」이라는 희곡이 삭제당했다는 사실을 밝히고 있다.

한태수의 '권두언'에서 보이는 바와 같이, 계급적 문예운동의 관점에서 조선 사회 다방면에 걸친 사회의 진수를 담아내고자 하는 의욕을 내비치고 있다. 요컨대 사회의 생활 상태, 감정 의식, 또는 사회의 구조, 모순성, 계급성 등을 정확하게 대중 앞에 그려내 예술감을 만족시키고 그들이 나아갈 방향을 효과적으로 지시하는 데 주안점을 두었다. 월탄 박종화가 주도적으로 관여한 낭만주의적 경향의 잡지 『문우』(1920.5)와는 아무런 관련이 없다. (전상기)

참고문헌

조풍연, 「『삼사문학』의 기억」, 『현대문학』, 1957.3; 박근영, 「『삼사문학』 연구」, 『상명대학교논문집』 18, 1986.

▌문원(文園)

1937년 대구에서 발행된 문예지

1937년 4월 대구에서 창간되어 그해 5월 종간되었다. 통권 2호까지 발행되었다. 편집 겸 발행인은 신삼수(申三洙)이었다. 정가는 15전이었으며 분량은 A5판으로 58쪽이었다.

1937년 대구 지역의 문인들을 중심으로 발행된 잡지이다. 주요 필진을 보면 정명헌(鄭明憲), 신삼수, 정의향(鄭義香), 최병문(崔炳文) 등 경성 문단에 알려지지 않은 대구 문인들이 다수 포함되어 있다. 그럼에도 비평가 홍효민(洪曉民), 시인이자 언론인인 김동환(金東煥) 등 당대 이름을 떨치던 문인들의 격려사와 작품

이 실려 있어서 경성 문단과의 교류 역시 존재했음을 짐작케 한다.

특히 SSS라는 필명으로 쓰인 「김문집(金文輯) 인상 소묘」는 자료가 충분치 않은 비평가 김문집과의 대담을 기록한 글로 문학사적 가치가 크다고 할 수 있다.

그리고 경북 출신 문인인 백신애(白信愛)의 수필 「초화(草花)」도 실려 있는데, 백신애 연구에 중요한 자료로 평가된다.

이 잡지는 주로 서울에 치중되어 있던 문예지가 아닌 지방 문인들의 문예지로서 대구 지역 문학 연구의 자료적 가치를 지닌다. (장성규)

참고문헌

김근수, 『한국잡지개관 및 호별목차집』, 영신아카데미 한국학연구소, 1973; 최덕교 편저, 『한국잡지백년』 2, 현암사, 2004.

문장(文章)

1939년 서울에서 발행된 문예지

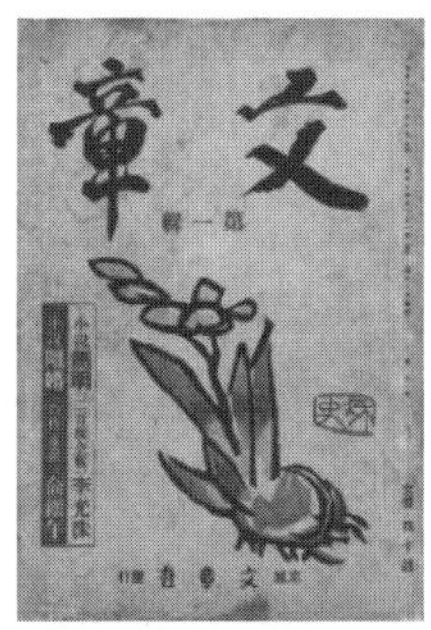

1939년 2월 1일 서울에서 월간잡지로 창간되어 1941년 4월 폐간되기까지 통권 26호가 발행되었다. 편집 겸 발행인은 김연만(金鍊萬), 편집주간은 이태준(李泰俊)이었다. 정가는 40전이었으며 A5판으로 190면 가량이었다. 주요 필진으로는 이태준 외에도 이병기, 정지용 등의 문인이 있었다.

『문장』은 1939년 2월 창간에서 1941년 4월 폐간까지 일제 말기 한국문학을 주도했던 대표적 문예지이다. 창간호에는 '창작', '고전', '평론·학예', '시', '수필', '연재' 등으로 구분하여 24편의 글이 실려 있다. '창작'은 소설, '고전'은 동서양 고전 명작의 발굴과 소개, '평론·학예'에는 문학·문예론, '연재'에는 이태준의 「문장강화(文章講話)」와 같은 연재논문이 소개되었다.

당시의 『문장』 창간과 관련해 편집후기에 해당하는 창간호의 「여묵(餘墨)」에는 이렇게 밝히고 있다.

"누가 조선 문화를 알려 함에 '정기출판물'의 수효를 물었다. 한 친구는 무엇무엇하고 다섯 손가락이나마 얼른 꼽지 못해 구구하다하고, 한 친구는 이곳에 문화는 과거에 있지 현재에 있는 것이 아니라고 방패막이를 하였다. 아무튼 현간(現刊)의 문예지 하나 갖지 못한 문단임엔 너무 얼굴이 들리지 않았다. 그렇다고 이 『문장』이 그런 일시 의분(義憤)으로서만 탄생됨이라 함은 아니나, 그로 말미암아 출세하는 시일을 단축시킨 것만은 사실이다. 『문장』은 모든 문장인들에게 축복받을 것을 믿는다."

이 글을 쓴 이태준은 『문장』 창간의 의미와 의의를 확신하면서도 일제의 감독 아래 처한 조선 문단의 상황을 솔직하게 고백하고 있다. 당시대를 대표할 만한 문예지가 당당하게 간행할 수 있는 상황이 아니었다. 하지만 이러한 시대적 상황은 그만큼 『문장』과 같은 잡지의 출현을 고대한 문인과 독자가 상당하였음을 말해주는 것이기도 하다. 실제 창간호는 매진이 되어 제2호 「여묵」에는 "창간호가 발매된 지 5일 만에 절판이 되었다. 재판하려 했으나 인쇄소에서 그만 해판(解版)을 해 버렸다. 아무튼 조선 출판계에 이런 성사는 처음일 것이다. 이 명예스러운 기록에 우리는 오만하기 전에 더욱 자중하며 문단 제씨의 편달을 바란다"(김연말)라고 하였고, 이태준 역시 "그저 단박에 다 나가고 서점 주문은커녕 진체(振替)로 입금된 1책 주문자에게도 보내지 못한다니 미안하나 통쾌는 하다. 더욱 자신을 가지고 제2호에 임한다"며 그 호황을 전하고 있다.

이는 한편으로 『문장』이 수많은 독자들을 관심을 충족시킬 만큼의 다양한 성향의 작품을 수록하는 개방적 자세를 견지했음을 말해준다. 잡지는 특정 문학 경향을 주장하지 않으면서 민족주의 문학의 관점에서 조선적인 미를 형상화한 작품을 주로 실었다. 특히 1권

7호(1939.7, 통권 7호)와 3권 2호(1941.2, 통권 24호)는 "창작 32인집"과 "창작 34인집"이라는 제목으로 전면에 걸쳐 창작소설 특집으로 기획되었다. 실린 작품을 소개하면 다음과 같다.

"창작32인집"의 게재 작품은 다음와 같다. 이효석(李孝石) 「황제」/ 전영택(田榮澤) 「첫미움」/ 장덕조(張德祚) 「황혼」/ 「술집」 한설야(韓雪野)/ 현경준(玄卿駿) 「소년록(少年錄)」/ 김동리(金東里) 「찔레꽃」/ 박노갑(朴魯甲) 「춘안(春顔)」/ 방인근(方仁根) 「가슴에 심은 화초」/ 엄흥섭(嚴興燮) 「여명」/ 김영수(金永壽) 「상장(喪章)」/ 채만식(蔡萬植) 「반점」(斑點)/ 박영준(朴榮濬) 「의수(義手)」/ 송영(宋影) 「여승」/ 곽하신(郭夏信) 「나그네」/ 계용묵(桂鎔默) 「부부」/ 유진오(兪鎭午) 「나비」/ 이태준 「농군」/ 김남천(金南天) 「길 위에서」/ 이석훈(李石薰) 「만추(晩秋)」/ 정비석(鄭飛石) 「비밀」/ 김소엽(金沼葉) 「파탄」/ 안회남(安懷南) 「투계(鬪鷄)」/ 이근영(李根榮) 「이발사」/ 함대훈(咸大勳) 「성애(聖愛)」/ 김승구(金承久) 「배꼽쟁이 박서방의 귀향」/ 이규원(李揆元) 「슬픈 점경(點景)」/ 정인택(鄭人澤) 「동요(動搖)」/ 이기영(李箕永) 「야생화」/ 박태원(朴泰遠) 「최노인전초록(崔老人傳抄錄)」/ 이광수(李光洙) 「꿈」/ 김내성(金來成) 「시유리(屍琉璃)」/ 안석영(安夕影) 「허물어진 화원」.

"창작 34인집" 게재 작품은 다음과 같다. 김동인(金東仁) 「집주름」/ 임영빈(任英彬) 「어느 성탄제」/ 이규희(李圭憙) 「차창」/ 채만식(蔡萬植) 「사호일단(四號一段)」/ 안회남(安懷南) 「노인」/ 임옥인(林玉仁) 「전처기(前妻記)」/ 함세덕(咸世德) 「심원(心園)의 삽화(揷畵)」/ 이근영 「고향 사람들」/ 박노갑(朴魯甲) 「미완성」/ 석인해(石仁海) 「해수(海愁)」/ 계용묵 「이반(離叛)」/ 정인택(鄭人澤) 「단장(短章)」/ 이석훈 「재출발」/ 박영준 「무화지(無花地)」/ 박영호(朴英鎬) 「바람소리」/ 이효석(李孝石) 「라오코왼의 예(裔)」/ 현경준 「사생첩(寫生帖)」/ 김영석(金永錫) 「형제」/ 김남천(金南天) 「그림」/ 곽하신 「신작로」/ 김사량(金史良) 「유치장에서 만난 사나이」/ 김동리 「소년」/ 최태응(崔泰應) 「산(山)사람들」/ 유항림(兪恒林) 「농담」/ 이기영 「종(鐘)」/ 방인근(方仁根) 「은행나무」/ 김영수 「최기성씨(崔基成氏)」/ 이무영(李無影) 「누이의 집들」/ 조용만(趙容萬) 「여정(旅程)」/ 유진오 「마차」/ 강노향(姜鷺鄕) 「한교기(閑郊記)」/ 허준(許俊) 「습작실에서」/ 이태준 「토끼 이야기」.

그 면면을 보면 당대 유명 문인들을 망라하고 있을 뿐 아니라, 이들은 우리 근대 문학사의 주요 문인들이기도 하다. 이처럼 다양한 문인들의 작품을 실어 『잡지』는 독자층의 기호를 충족시킬 수 있었다.

여기서 보다 주목할 점은 『문장』이 '추천제'를 통해 유망한 신인들을 발굴해 등단시키고 있다는 것이다. 이태준이 2호의 '여묵'에서 "제3호부터나 '추천작품'을 편집할 수 있을 것이다. 신진들은 문단인이 가장 주목하는 이 무대를 보람 있게 이용하기 바란다"고 한 것이 그것이다. 추천제에는 시조에 이병기(李秉岐), 시에 정지용(鄭芝溶), 소설에 이태준 세 사람이 선정위원을 맡아 활약하였다. 이병기는 「선비, 란(蘭)」으로 표상되는 조선적인 교양과 기품으로 상징되었고, 이태준은 해방 이후 조선문학건설본부 중앙위원장, 전국문학자대회 공동의장, 조선문학가동맹 부위원장을 지냈으며, 정지용은 '동양적, 한국적' 감수성을 지닌 작품을 발표한 인물이다. 이들은 소위 '문장파'로 불리는 인물들이자, 잡지의 기획과 편집을 통해 '문장파 문학'이라는 일군의 조류를 형성한 『문장』의 정신적 지주 역할을 담당함으로써 그 독자적 노선과 위상을 마련할 수 있었다.

현재 『문장』에 대해서는 '선비다운 맛'과 '고전에의 후퇴'로 잡지의 세계관을 정의하여 비민중적 지향성과 심정적 반근대주의를 갖거나(김윤식), 『문장』의 편집 주체를 문장파로 명명하고 이에 따른 문장파문학의 특성을 '상고주의'로 설명하거나(황종연), 『문장』의 '추천제'가 당대 문단의 문학적 권위 창출과 재생산 구조를 조성(이봉범)한 것으로 평가하고 있다. 이러한 평가는 선정위원 3인과 신인추천제도에서 비롯되고 있음은 물론이다.

이렇게 『문장』을 통해 발굴된 신인으로는 소설에 최태응(崔泰應), 정진업(鄭鎭業), 한병각(韓炳珏), 곽하신, 임옥인, 선진수(宣鎭秀), 유운향(柳雲鄕), 지하련(池河蓮), 허민(許民), 임서하(任西河), 시에 조지훈(趙芝薰), 김종한(金鍾漢), 황민(黃民), 이한직(李漢稷), 조정순(趙貞順), 김수돈(金洙敦), 박두진(朴斗鎭), 박목월(朴木月), 박남수(朴南秀), 신진순(申辰淳), 허민, 박일윤(朴一潤), 최남령(崔嵐嶺), 시조에 조남령(曹南嶺), 오신혜(吳信惠), 김상옥(金相沃), 장응두(張應斗), 이호우(李鎬雨), 김영기(金永起), 희곡에 송영 등이다.

이 추천제에 뽑혔던 박두진의 회고를 통해 당시 문단에서의 위상을 엿보기로 하자.

"추천제가 정말 한 작가나 시인으로서의 전 조건의 구비 여부를 달아보는 아주 엄격한 제도, 엄격한 문단적인 공식 절차의 성격을 띤 것으로 생각되었던 만치, 나는 추천이 다 완료되어 그 소감을 써서 갖다 맬 때에야 비로소 그 잡지사를 찾았고, 그 뒤 얼마를 지나서야 선자인 정지용 씨를 찾아 인사를 했을 만큼 그렇게 어렵게 여겼다.

밖에서 보기에는 이태준, 정지용, 김용준, 김상용, 길진섭, 정인택, 이병기들의 깐깐한 민족의식과 그 순문학적인 체취를 풍기면서, 『문장』을 만들어내는 편집진용으로서 잘 뭉쳐서 얼과 멋과 성의를 기울이고 있는 것 같았고, 사재(私財)를 기울여서 그것을 경영하는 김연만이란 발행주는 문학청년들 사이에서 대단한 특지가로 영웅시되기도 하였다"(『사상계』, 1960.2).

하지만 1941년 『인문평론(人文評論)』, 『신세기(新世紀)』와 병합하여 일어와 조선어를 함께 사용하라는 총독부의 강요에 폐간을 결정하게 된다. 이때 『인문평론』은 『국민문학(國民文學)』으로 제호를 변경해 존속한 반면 『신세기』와 함께 『문장』은 표지에 "폐간호"라는 명기와 함께 320쪽에 달하는 분량으로 마지막호를 발간하고 자진 폐간하였다.

이처럼 『문장』지는 일제 말기 민족문화의 위기 상황 속에서 신인 작가와 작품을 소개함은 물론, 조선조 문학작품의 발굴·번역과 전통 문예에 대한 수다한 연구논문을 게재하여 당대 문단을 주도한 잡지로 평가된다. (신상필)

참고문헌

김윤식, 『한국근대문학사상사』, 한길사, 1984; 이봉범, 「잡지 『문장』의 성격과 위상」, 『반교어문연구』 22집, 2007; 최덕교 편저, 『한국잡지백년』 3, 현암사, 2004; 황종연, 「한국문학의 근대와 반근대」, 동국대 박사학위논문, 1992.

문전(文戰)

▶ 문예전선(文藝戰線)

문초(文哨)

1945년 중국 충칭에서 창간된 문예지

1945년 5월 중국 충칭(重慶)의 건국서점(建國書店)에서 창간된 부정기간행물로 『문예잡지』(1942~1946), 『중원(中原)』(1943~1945), 『희망』(1945~1946) 등과 합병하여 『중원·문예잡지·희망·문초연합특간(中原文藝雜誌希望文哨聯合特刊)』(1946)이 되었다. 1945년 10월 3호를 마지막으로 종간되었다. 베이징사범대학도서관과 상하이도서관 등에 소장되어 있다.

주요란으로는 단평, 시, 소설, 스케치(速寫), 독서록 등이 있다. 창간호에 발표된 "우리의 방향"에 대한 좌담에 참가한 사람들은 마오둔(茅盾), 샤옌(夏衍), 예이췬(葉以群), 후펑(胡風), 펑나이차오(馮乃超), 사오촨린(邵荃麟) 등이었다. 이 좌담회에서 작가들은 전 단계에서 문화전선이 쟁취한 성치와 본간의 사업 방침에 대하여 말하였다. 제1호에 발표된 「편집잡기」에서 다음과 같이 밝히고 있다. "신문예는 반드시 그가 반영하는 생활 범위를 확대하여, 점차 독자층이 발전한 다음에야 신생명을 획득할 수 있는 것이다." 게재된 글은 문예이론과 창작, 평론, 명인과 명작의 소개, 시가, 소설, 산문 등으로 잡지에 발표된 각종의 문학작품은 대부분 보통 노동인민들의 생활과 정감을 반영하고 있다.

주요 작품으로는 궈모뤄(郭沫若)의 「인민대중에게 학습하자(向人民大衆學習)」, 샤옌의 「붓의 방향(筆的方向)」, 마오둔의 「독서잡기(讀書雜記)」와 「근년 이래 외국문학 소개: 국제 반파시즘문학의 윤곽(近年來介紹的外國文學: 國際反法西斯文學的輪廓)」, 예이취의 「낡은 전통을 개조하고 새로운 기풍을 확립하자(改造舊傳統,確立新作風)」, 아이우(艾蕪)의 「강상행(江上行」, 뤄빈지(駱賓基)의 「움집(窩棚)」, 저우얼푸(周而復)의 「경견대장(警犬隊長)」 등이 있다.

『문초』는 또 비교적 많은 특집을 발간했다. 대표적인 특집으로는 다음의 것들이 있다. 1호에는 「로망롤랑 기념 특집(羅曼·羅蘭紀念特輯)」, 2호에는 「유럽승리 기념특집: 1. 전시 프랑스문예, 2. 전시 소련문예(歐戰勝利紀念特輯, 一. 戰時法蘭西文藝, 二. 戰時蘇聯文藝)」, 3호에는 「항일전쟁승리 기념 특집(抗日戰爭勝利紀念特輯)」, 「마오둔 선생 50세 창작 25주년 기념 특집(茅盾先生五十歲辰暨創作二十五週年紀念特輯)」, 「소설, 스케치 창작 특집(小說,速寫創作特輯)」, 「시집(詩輯)」 등이 있었다.

그중 「마오둔 선생 50세 창작 25주년 기념 특집(茅盾先生五十歲辰暨創作二十五週年紀念特輯)」은 원래 『항전문예(抗戰文藝)』 10권 4, 5호 합간호에 예성타오(葉聖陶), 우주샹(吳祖緗), 사팅(沙汀), 아이우(艾蕪) 등이 집필한 모두 8편의 글을 출판할 예정이었지만 편집을 완료한 후 줄곧 인쇄공장에 묶여 있어서 끝내 출판되지 못하였던 것을 『문초』에서 출판하였다.

이 잡지의 주요작가로는 궈모뤄, 마오둔, 쑨푸위안(孫伏園), 자오쥐인(焦菊隱), 라오서(老舍), 예이취, 사팅, 볜즈린(卞之琳), 리광톈(李廣田), 예성타오, 우주샹, 짱커자(臧克家), 장진이(章靳以), 비예(碧野), 류바이위(劉白羽), 진진(金近), 샤옌(夏衍), 아이칭(艾青), 펑이다이(馮亦代), 쉬츠(徐遲), 아이우, 뤄빈지(駱賓基), 저우얼푸(周而復) 등이 있었다. (김지훈)

참고문헌

王檜林·朱漢國, 『中國報刊辭典』, 書海出版社, 1992; 伍杰, 『中文期刊大詞典』, 北京大學出版社, 2000; 北京師範大學圖書館報刊部 編, 『北京師範大學圖書館館藏中文珍稀期刊題錄』, 北京圖書館出版社, 2002.

▌문총(文叢)

1937년 중국 상하이에서 창간된 문예지

1937년 3월 15일 중국 상하이(上海)에서 창간되어 1939년 4월까지 발행된 문예종합지다. 부정기간행물로 진이(靳以)가 주편이었으며, 바진(巴金)이 총편집을 맡았던 상하이문화생활출판사에서 출판하였다. 1937년 7월 15일 1권 5호를 발행한 직후 중일전쟁이 발발하고 8월 13일 일본군이 상하이를 공격하여 정간되었다. 창간 시에는 월간이었으나, 바진과 진이가 1938년 5월 20일 광저우(廣州)에서 제2권 1호를 발행하면서 반월간으로 바뀌었다. 매권은 페이지가 서로 연결되어 있었다. 1939년 4월 "심사표준을 위반하였다"는 이유로 국민당에 의해 정간되었다.
현재 중국인민대학도서관과 상하이도서관 등에 소장되어 있다.

중일전쟁을 전후한 시기 중국사회의 실상과 일반 민중과 지식인의 생활상을 보여 주고 있으며, 소설, 장편연재, 산문, 보고와 속사(報告與速寫), 시, 특별게재(特載), 잡감(雜感), 서간과 서문·발문(書簡與序跋) 등의 난이 있다.

주요 집필자는 이외에도 장톈이(張天翼), 아이우(艾蕪), 리광톈(李廣田), 선충원(沈從文), 장무량(蔣牧良) 등이 있었다. 바진의 「가(家)」, 「몽(夢)」, 「화(火)」와 진이의 「전석(前夕)」, 차오위(曹禺)의 희극 「원야(原野)」, 샤오첸(蕭乾)의 「몽지곡(夢之谷)」등의 작품이 실렸다. (김지훈)

참고문헌

王檜林·朱漢國, 『中國報刊辭典』, 書海出版社, 1992; 王曉東, 『老上海期刊經典-文叢』, 上海社會科學院出版社, 2004.

▌문췌(文萃)

1945년 중국 상하이에서 창간된 시사종합잡지

상하이의 문췌사(文萃社)에서 1945년 10월에 주간으로 창간하였다. 1945년 1호와 11호부터 15호는 베이징(北京)·톈진(天津) 항공판을 발행하였다. 1946년 2권 2호(총 52호)부터 표지에 "The articles digest"라는 영문 제목을 병기했다. 1946년 2권 1호(총 51호)부터 총 호수가 표시되었다. 1947년 3월 『문췌총간(文萃叢刊)』으로 개칭하여 출간하였다. 4집부터는 다시 『문예출판사총서(文藝出版社叢書)』으로 바꾸었고, 8집에서 『화췌총서(華萃叢書)』로 바꾸었다.
베이징사범대학도서관과 상하이도서관 등에 소장되어 있다.

시사정치 종합간행물로 1945년 중일전쟁에서 승리한 후, 국민당 통치 지역에서 진보적 민주인사들이 창간하였다. 1호의 「창간사를 대신하는 글(代創刊辭)」에서 편집자는 다음과 같이 지적하였다. "우리는 왜 이 시기에 이곳에서 이러한 집합적, 다이제스트적인 간행물을 출판하는가? 결코 함께 모여 떠들썩하게 즐기려 함이 아니다. 다만 이시기에 이곳의 필요에 부응하려는 것뿐이다. 우리의 목적은 ① 내지와 수복지구의 의지(意志)를 통하도록 하고, ② 각 방면의 인사들의 국사에 대한 의견을 전달하며, ③ 복잡하고 급변하는 국제정세를 분석한다."

『문췌』는 주로 충칭(重慶), 쿤밍(昆明), 청두(成都), 구이양(貴陽), 옌안(延安) 등지의 신문에 실린 글을 간추려서 싣고, 중일전쟁 기간 국민당 통치 지구의 주요 개황을 소개하였으며, 중일전쟁이 종결된 후 전국적으로 중요한 의미가 있는 문헌을 수록했다. 민주주의적 여론을 반영하였고, 정치적 경향이 선명하였으며, 중국공산당이 이끄는 인민민주 역량의 한 쪽에 서서 내전을 반대하고, 독재를 반대하였다. '독자투서'라는 전문란을 설치하여 미군들이 중국에서 저지른 각종 폭행에 대한 독자들의 토론을 실시하였고, 아울러 대량의 지면을 할애하여 미제국주의와 국민당 반동파의 내전 도발과 독재 통치의 죄행을 폭로하였으며, 중국공산당의 주장과 각 민주당파의 정견을 선전하였으며, 국민당 통치 지구의 인민들의 반기아, 반내전, 민주 쟁취 투쟁의 진행을 보도하였다. 또 당시 발생한 주요 사건에 대해 빠짐없이 평론하였다. 2권 1호는 "쌍십절 기념 특집(雙十節紀念特輯)"으로 발간되었는데 궈모뤄(郭沫若)의 「쌍십절 기념(雙十節紀念)」, 마오둔(茅盾)의 「1년간의 인식(一年間的認識)」, 샤옌(夏衍)의 「중화민족은 반드시 승리한다(中華民族一定勝利的)」, 황야오멘(黃藥眠)의 「쌍십 감언(雙十感言)」, 마쉬룬(馬敍倫)의 「금년 쌍십절은 무슨 의미가 있나?(今年雙十節有什麽意義?)」, 쑹윈빈(宋雲彬)의 「신해혁명신론(辛亥革命新論)」 등이 실렸다. 20호에는 셴싱하이(冼星海)의 유작 「황수요(黃水謠)」가 실렸다.

주요 작가로는 궈모뤄(郭沫若), 마오둔(茅盾), 마쉬룬(馬敍倫), 리난산(李南山), 샤옌, 황야오멘(黃藥眠), 주쯔칭(朱自淸), 량쉬밍(梁漱溟), 후펑(胡風), 훙선(洪深), 류야쯔(柳亞子), 허지팡(何基芳), 친무(秦牧), 사오촨린(邵荃麟), 돤무훙량(端木蕻良), 원이둬(聞一多), 장선푸(張申府), 덩추민(鄧初民), 우쭈광(吳祖光), 류바이위(劉白羽) 등이 있다. (김지훈)

참고문헌

王檜林 · 朱漢國, 『中國報刊辭典(1815~1949)』, 書海出版社, 1992; 伍杰, 『中文期刊大詞典』, 北京大學出版社, 2000; 北京師範大學圖書館報刊部 編, 『北京師範大學圖書館館藏中文珍稀期刊題錄』, 北京圖書館出版社, 2002.

▌문학(文學)

1933년 중국 상하이에서 창간된 문예지

1933년 7월 상하이(上海)에서 월간으로 창간되었다. 1934년 2권부터 편집자가 푸둥화(傅東華)와 정전둬(鄭振鐸)로 기록되어 있으며, 1935년 2권부터 정전둬는 보이지 않고 1936년부터는 다시 왕퉁자오(王統照)

로 바뀌었다. 1937년부터 다시 정전둬가 편집 책임자가 되었다.
특집호가 자주 발간되었는데, 1933년 2권 "투르게네프 기념 전호(屠格涅夫紀念專號)"와 1934년 2권 "번역 전호(飜譯專號)", 1934년 4권 "창작 전호(創作專號)", 1934년 5권 "약소민족문학 전호(弱小民族文學專號)", 1934년 6권 "중국문학연구 전호(中國文學硏究專號)", 1936년 1권 "아동문학 특집(兒童文學特輯)", 1936년 5권 "루쉰 선생 기념특집(魯迅先生紀念特輯)" 등이 있다. 1937년 10월 총 52권을 출간하고 종간되었다.

내용은 창작과 번역소설, 논문, 번역논문, 인물소개와 평론, 창작 경험과 작가의 자술(自述), 시선, 번역시가와 시극(詩劇) 산문과 수필, 통신 문학 간행물 등으로 구성되어 있다. 편집진은 루쉰(魯迅), 푸둥화, 정전둬, 위다푸(郁達夫), 마오둔(茅盾), 후위즈(胡愈之) 등이 편집위원회를 구성하였다.

창간호에는 전국에서 50여 명의 작가들이 참여하였는데, 바진(巴金), 장톈이(張天翼), 딩링(丁玲), 루쉰(魯迅) 등이 당시의 최신 경향을 대표하는 작품들을 발표하였다.

푸둥화는 창간호 발간사인 「한장의 메뉴판(一張菜單)」이라는 글에서 이 잡지의 '잡스러움'을 논하였다. 이는 항목이 번잡하게 많고 양식이 복잡함을 의미하는 것으로 잡스러움 가운데 통일과 시대정신의 반영을 강조하였는데, 이 잡지는 비교적 선명한 시대성을 구비하고 있었다. 왕퉁자오(王統照)는 「편집후기(編後記)」에서 어려운 국난 속에서 '문예'적 역량이 민족을 해방하는 도구가 되기를 희망하며 시대의 조류를 따라 바람돛이 되고, 암흑의 밤에서 광명을 밝히는 횃불이 되기를 소망하였다.

『문학』은 유명작가의 창작과 문학이론, 신구서적과 신문에 대한 비판, 세계명저의 번역서 외에도 당시 문화현상에 대한 비판과, 신예작가들의 처녀작을 발굴하였으며, 각국의 진보적 문학작품을 소개하였다. 또 문학화보나 연극 영화의 사진, 세계 거장들의 목각 등을 싣기도 하였다.

이 잡지의 가장 큰 공헌은 우수한 평가를 받은 수많은 작품들이 발표되었다는 점이다. 즉, 소설로는 마오둔의 「잔동(殘冬)」과 예성타오(葉聖陶)의 「다수료삼오두(多收了三五斗)」, 왕퉁자오의 「산우(山雨)」, 쉬더산(許地山)의 「춘도(春桃)」, 라오서(老舍)의 「나의 이 한평생(我這一輩子)」, 장톈이의 「포씨 부자(包氏父子)」 등이 있다. 산문으로 선충원(沈從文)의 「상서산기(湘西散記)」, 펑쯔카이(豊子愷)의 「연연당수필(緣緣堂隨筆)」, 바진(巴金)의 「여도수필(旅途隨筆)」, 주쯔칭(朱自淸)의 「너와 나(邇我)」, 루쉰의 「억위소원군(憶韋素園君)」과 「병후잡담(病後雜談)」, 「문인상경(文人相輕)」 등이 있다.

특히 루쉰의 적극적인 참여로 1935년 10월까지 그가 이 잡지에 발표한 작품은 26편에 달하였으며, "루쉰 선생 기념특집(魯迅先生紀念特輯)"을 발간하여 문학계의 논쟁거리인 '대중언어문제'와 '두개의 구호(兩个口號)' 문제에 대한 활발한 논쟁을 유발하기도 하였다.

극본으로 샤옌(夏衍)의 「새금화(賽金花)」, 훙선(洪深)의 「겁후도화(劫後桃花)」, 천바이천(陳白塵)의 「금전촌(金田村)」 등이 있고, 시가(詩歌)로는 왕퉁자오의 「조금전장(吊今戰場)」, 주샹(朱湘)의 「장주의 하루 밤(莊周之一夜)」 등이 있다. 이러한 작품들은 사회 모순을 다른 각도에서 그려내고 인민대중들의 반봉건 투쟁을 반영하였으며, 예술상으로도 성숙함을 보여주고 있다.

이 잡지는 문예이론 비평 분야에서 큰 공헌을 하였는데, 저우양(周揚)의 「현실주의 시론(現實主義試論)」과 후펑(胡風)의 「린위탕론(林語堂論)」, 쉬제(許杰)의 「저우쭤런론(周作人論)」, 마오둔의 「루인론(廬隱論)」, 쑤쉐린(蘇雪林)의 「선충원론(沈從文論)」 등이 그것이다. 또한 "약소민족문학 전호(弱小民族文學專號)"와 "고리키 기념특집호(高爾基紀念特輯)" 등을 발표하여 외국문학 평론 분야에서도 일정한 공헌을 하였다.

창간호 발간사 「한장의 메뉴판(一張菜單)」

"우리가 만든 이 잡지의 내용은 확실히 잡스럽다.

독자들이 본 잡지의 책임자들과 집필자들의 명단을 본다면 바로 그 까닭을 알 것이다.

우리는 다만 사람은 모두 시대의 산물임을 믿기에, 누구의 작품이냐를 막론하고 성실한 속마음이 드러나기만 한다면 생활의 실제 감각의 기록이기만 하다면, 바로 이 시대의 일부분의 반영이라고 하지 않을 수 없으므로 인쇄하여 남길 가치가 있다고 생각하는 것이다.

우리는 당연히 하나의 공통된 동경과 광명의 길에 도달하는 데 있다. 무릇 이러한 광명의 길에 도달하는 데 장애가 되는 일체의 것, 개인, 집단, 제도, 주의를 막론하고 우리는 모두 우리의 원수를 인식하고 행동하여야 한다.

우리는 이들을 저주하고, 이들을 징벌하며, 이들을 청소하여야만 한다. 이러한 저주, 징벌, 청소의 수단은 혹은 창작, 혹은 비평, 혹은 고증 모두가 효과 면에서 같다. 하지만 이 잡지는 결코 '우리들 한 집단'의 것이 아니다. 이곳은 대중의 무대인 것이다."

• 푸둥화(傅東華, 1893~1971)

작가이며 번역가로 저장성(浙江省) 출신이다. 1912년 중화서국(中華書局) 번역원으로 재직하면서 문학창작 활동을 시작하여 영어번역과 문학이론 연구를 하여 1926년부터 베이징대학(北京大學)과 푸단대학(復旦大學) 교수로 재직하였다. 1933년 『문학』 월간 집행편집위원으로 선임되었으며, 『세계문고(世界文庫)』와 『소설월보(小說月報)』 집필진으로 참여하였다. 신 중국 건립 이후에는 『사해(辞海)』 편역과 중국 문안개혁위원회 연구원 등으로 일하였다. 번역서로 『표(飄)』, 『홍자(紅字)』, 『호박(琥珀)』 등이 있으며 산문집 『산호도집(山胡桃集)』과 평론집 『시가와 비평(詩歌與批評)』, 『창작과 모방(創作與模枋)』 등이 있다. (김성남)

참고문헌

周葱秀·涂明 著, 『中國近現代文化期刊史』, 山西教育出版社, 1999; 北京師範大學圖書館報刊部 篇, 『北京師範大學圖書館館藏中文珍稀期刊題錄』, 北京圖書館出版社, 2002.

▌문학(文學)

1934년 서울에서 발행된 순문예지

1933년 12월 25일 창간되었으나 표지를 보면 1934년 1월 제1호라고 명시되어 있어 1호를 새해인 1934년 1월로 정하고자 한 의도를 확인할 수 있다. 2호(1934.2)에 이어 3호(1934.4)로 종간되었다. 편집 겸 발행인은 박용철, 인쇄인은 한성도서주식회사의 김진호, 발행소는 시문학사(경성부 적선정 169)이다. 판형은 국판으로 1호는 37쪽, 2호는 36쪽, 3호는 각각 34쪽이었다. 그리고 정가는 20전이다.

박용철은 시인으로 잘 알려져 있지만, 34세의 아까운 나이에 세상을 떠나기까지 문학예술잡지를 네 종류나 발행한 잡지사에 남을 인물이다. 『문학』은 『시문학』(1930.3), 『문예월간』(1931.11)에 이어 박용철이 세 번째로 펴낸 잡지이다. 박용철은 마지막으로 『극예술』(1934.4)을 펴냈다. 2004년 깊은샘출판사에서 '박용철발행잡지총서'를 발간했는데 거기에 3권째 1, 2, 3호 모두 영인되어 있다.

「창간사」가 없는 대신 「편집여언」에 다음과 같은 말이 눈에 띈다. "문학이라는 예술은 예술 가운데서도 다른 사회적 현상—정치, 도덕, 철학 등과 가장 혼선되기 쉬운 형태이다. 더구나 현재와 같이 인류 역사가 하나의 전연 새로운 문화의 생성을 앞둔 혼돈기에 있어서 우리가 문학에 대한 인식을 분명히 해두지 아니하면 우리는 창작에 있어서나 감상에 있어서나 오류와 혼란 이외의 아모 진전도 가지지 못할 것이다.

문학은 우리를 어떻게 만들어 주는가. 왜 우리는 문학을 좋아하는가. 왜 특별히 우리는 문학을 일삼는가. 정치나 과학의 논문을 쓰지 아니하고 하필 문학을 쓰는가. 문학은 다른 사회적 현상과 어떤 점에서 공통 또 상이 되는가. 우리는 여기 대해서 쉬지 않고 반성할 기회를 갖지 아니하면 아니 된다. 우리의 이 조그만 노력이 문학에 유의하는 우리—넓은 의미의 우리에게 문학에 대한 하나의 새로운 반성의 기회를 준다면 이것은 우리의 출발이 바랄 수 있는 고가의 보수라 할 수 있다."

요컨대 '문학에 대한 인식'과 '문학에 대한 하나의 새로운 반성'이라는 말이 이른바 '순수문학'과 맥이 닿는 '순수시론' 혹은 '생리시론'으로 모아지는 어떤 매개 역할을 이 잡지가 하지 않을까 한다. 박용철은 기본적으로 김기림과 임화의 시를 비판하며 자신의 시론을 전개했는데, 그의 시론은 한마디로 '말하는 방식'을 중요하게 여기는 '본능적 분별과 청각의 자연적 우수에 의거하는' 시를 옹호했던 것이다.

창간호에는 수필로 김진섭의 「창」이 서두를 장식하고 김광섭의 「수필문학소고」가 이어져 있다. 그리고 김영랑, 조운, 유치환, 김기림, 허보, 현구, 신석정의 시와 박용철이 번역한 역시가 각각 선을 보인다. 그 외에 평론으로는 이하윤의 「시인 더 라 메어 연구(1)」, 롤레아담(조희순 역)의 「문학에 있어서의 체험과 세계관」, 알랭(이헌구 역)의 「회화론」과 번역된 외국 작품 두 편이 실려 있다. 박용철이 번역한 「독일 민중무대 종간사」는 이 잡지의 창간 의도를 어느 정도는 대변해주는 간접적 역할을 하는 글임을 짐작 가능하게 한다.

2호도 전체적인 편집체제는 창간호와 비슷하다. 다만 창간호에 실으려다 밀린 원고들, 하우스만(박용철 역)의 「시의 명칭과 성질」, 최재서의 「굶주린 존슨 박사」가 일독할 만하다는 점을 지적할 수 있을 것이다. 시는 김상용과 임학수, 유치환, 신석정, 현구, 영랑, 허보 등이 각각 기고하였고, 외국 평론에 미하엘 오스틴(김진섭 역)의 「군자의 수면(君子之睡眠)」과 외국 작품이 부분 번역된 작품 두 편이 실려 있다.

종간호인 3호에는 이하윤의 평론 「더 라 메어의 시경(詩境)」과 빈델반트(조희순 역)의 「괴테의 『파우스트』와 문예부흥기의 철학」, 프리스틀리(김진섭 역)의 「작가 또한 인간인가(作家亦人間乎)?」, 체스터 턴(김광섭 역)의 「풍자론」, 그리고 유치진의 수필 「망상수기」와 번역작품 한 편이 실려 있다. 시는 김영랑, 유치진, 신석정, 현구, 임학수, 허보, 그리고 함대훈의 번역시가 게재돼 있다.

박용철의 헌신적인 노력과 문학적 열정으로 빚어진 『문학』은 한국시문학사에 빛나는 김영랑의 「4행소곡 6수」(1호)와 「모란이 피기까지는」(3호)이 실린 잡지로서, 임화와 김기림으로 대변되는 시적 경향을 어떻게 극복하려 했는가를 해명하는 데 유용한 잡지라고 할 수 있다. 재정난에 빠져 결국 3호로써 종간을 맞고 말았지만, 편집자, 번역가로서 명성을 떨친 박용철이 자신의 시론을 전개하는 데 어떤 노력을 기울였고, 어떤 시론을 참고하고자 했는가를 엿볼 수 있는 단서를 제공해주는 잡지이다.

박용철과 김영랑

잡지에 김영랑의 주옥같은 작품이 실린 것에서 알 수 있듯이, 박용철은 김영랑의 작품을 두 번에 걸쳐 실는다. 4살의 나이차가 있지만 둘의 우정은 매우 절친했던 것으로 전해진다. 그것은 아마도 둘의 시적 지향과 시에 대한 생각, 시작 형태가 어느 정도 일치했기 때문이 아니었을까 생각된다. 김영랑(1903~1950)은 본명이 윤식(允植)이고 전남 강진 출생인데 박용철(호는 용아[龍兒], 1907~1938)은 전남 광산 출신이다. 둘 다 부잣집 아들로서 16세에 조혼했다는 공통점이 있으며 영랑은 사별로, 용철은 이별로 결국 헤어졌다는 데서도 공통점을 찾을 수 있다. 학교는 영랑이 휘문의숙을, 용철은 배재고보를 다니다가 1921년 일본 아오야마(青山)학원 중학부에서 만났다고 한다. 영랑은 거기에서 영문학을 전공했고 용철은 독문학을 전공했다. 그리고 함께 시인의 길을 걸으며 우의를 돈독하게 쌓아 평생의 친구로 사귈 수 있었으나 박용철의 요절로 둘의 우정은 아쉽게 끝났다. (전상기)

참고문헌

권영민, 『한국근대문인대사전』, 아세아문화사, 1999; 최덕교 편저, 『한국잡지백년』 3, 현암사, 2004.

▌문학(文學)

1936년 서울에서 창간된 순문예지

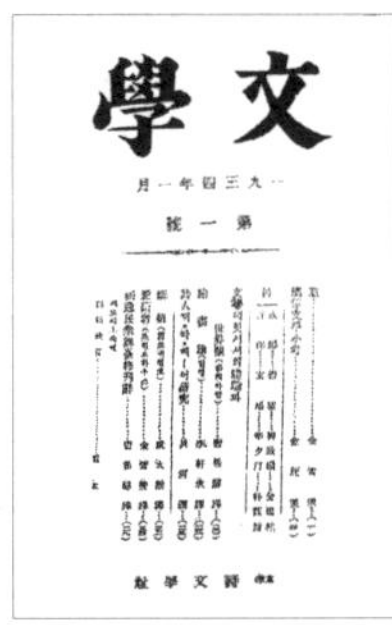

1936년 1월 1일 창간했다. 이후 속간되지 못하고 통권 1호로 종간되었다. 편집 겸 발행인 김철웅(金哲雄), 인쇄인 창문사 김용규(金容圭), 발행소 문학사(경성부 대도정 40-1), 판형은 A5 국판이며 면수는 98면, 정가는 20전이었다. 서울대와 연세대에 소장되어 있다.

이 잡지는 영리를 추구하지 않고 새로운 정신, 새로운 의지로 오로지 조선문학운동의 발전을 추구하는 문학운동인의 잡지가 되고자 했다고 천명한 문학지이다. 조선 문학과 조선 문단이 전례 없는 최대의 위기에 직면했다는 판단 아래, 정치에 문학을 이용하려는 사회주의나 민족주의적 경향을 배격하고 이 현실적 난국을 타개하고자 했다. 그리하여 "문학사상은 원래 자유주의요, 어느 때까지나 자유주의 사상에 의거한 그것이어야 한다"는 자유주의 문학사상을 표방하면서 등장했다(「신피대[新皮袋]와 신방주[新芳酒]」).

그러나 표방한 바와 달리 필자들의 면면과 그 작품의 성향을 살펴볼 때, 이 잡지가 사회주의적인 경향성을 다분히 띠고 있었음을 쉽게 간파할 수 있다. 이는 이 잡지의 발간이, 카프(KAPF)가 해체되고 사회적 관심과 인간 해방을 도모하는 진보적 문학운동이 불가능한 상황에서 짜낸 고육지책으로 이루어진 것이 아닌가 추측하게 하다. 그래서 표면적으로는 '자유주의 사상'을 내세우면서 이광수나 유진오, 혹은 다른 비경향적인 작가들에게도 지면을 할애한 것처럼 보인다.

창간호에는 이광수·유진오와의 일문일답을 비롯하여 홍효민(洪曉民)의 평론 「노서아문학과 사옹(社翁)의 철학」·이병각(李秉珏)의 평론 「문학의 농본주의와 농민문학의 폭로」, 한효(韓曉)·박승극(朴勝極)·민병휘(閔丙徽) 등의 수필, 박세영(朴世永)·박팔양(朴八陽)의 시, 이북명(李北鳴)의 소설 「구제사업」, 박영호(朴英鎬)의 희곡 「인간 1번지」 등이 실려 있다.

이처럼 이 잡지는 자유주의 사상에 의거하여 문학의 순수성을 주장했지만, 주로 카프에서 활약한 문인들의 작품을 실었다는 점에서 당국의 주목을 끌었을 것으로 짐작된다. 그리하여 검열의 강도 또한 거세지면서 경향문학이 새로운 활로를 찾기 전에는 위축될 수밖에 없는 난감한 사정에 의해, 이 잡지가 단명했을 것이다. (전상기)

참고문헌

임규찬 편, 『카프해산기의 동향과 쟁점』, 태학사, 1990; 임규찬 편, 『카프해산기의 창작방법논쟁』, 태학사, 1990; 임규찬 편, 『카프해산 후의 문예동향』, 태학사, 1990; 김재용, 『민족문학운동의 역사와 이론』, 한길사, 1996.

문학건설(文學建設)

1932년 서울에서 발행된 문예지

1932년 12월 5일 창간된 문예지이다. 창간호가 종간호이다. 이기영(李箕永)·이북만(李北滿)·한설야(韓雪野) 등이 창간하였다. 창간호의 판권장에 따르면 편집 겸 발행인 박동수(朴東洙), 인쇄인 김용규(金容圭), 인쇄소 요시오카(吉岡)인쇄소, 발행소 문학건설사(서울 가회동 170-19, 박동수 집), A5판 124쪽, 정가 20전이다. 성균관대학교에 소장되어 있다.

처음 이 잡지는 문예·영화·연극 등 대중종합예술지로 계획되었다가 문예지로 바뀌었다. 집필진은 거의가 경향파 또는 카프(KAPF, 조선프롤레타리아예술동맹)운동에 가담하였거나 전환한 작가들이었다.

작품으로는 소설에 이기영의 「양잠촌(養蠶村)」, 이북만의 「출근정지(出勤停止)」, 김한(金漢)의 「그믈」, 이동규(李東珪)의 「우박」, 한설야의 「365일」, 박동수(朴東洙)의 「개척군(開拓群)」이 있다. 희곡에는 한설야의 「절뚝발이」가 있다.

평론에는 박태양(朴太陽)의 「창작방법문제 논의

의 기운」, 신응식(申應植)의 「싸벳트문학의 새로운 과제」, 이기영의 「송영(宋影)군의 인상과 작품」, 백철(白鐵)의 「1932년도의 푸로레타리아시(詩)의 성과」가 있다.

시에는 권환(權煥)의 「아버지 김첨지 어서 갑시다! 쇠돌아 간난아 어서 가자!」, 정용산(鄭龍山)의 「있어야 할 네가 없어」, 소인(蘇因)의 「이제는 나도」, 이찬(李燦)의 「너희들을 보내구」 등이 게재되어 있다. (남기현)

참고문헌

정신문화연구원, 『한국민족문화대백과사전』, 1991; 최덕교 편저, 『韓國雜誌百年』 3, 현암사, 2004.

문학계간(文學季刊)

1934년 중국 베이징에서 창간된 문학잡지

1934년 1월 베이징(北京)에서 창간되었다. 계간으로 총 8호를 발행하고 1935년 12월 종간되었다. 초기에는 정전둬(鄭振鐸)와 장진이(章靳以)가 주필을 맡아 입달출국(立達出局)에서 발행하였으며, 제4권부터는 발행자가 문학계간사로 바뀌었다.
1936년 6월 상하이(上海)로 이전하여 복간하면서 제호를 『문학월간』으로 개명하고 권호수를 새로 시작하였다. 이 시기 주필은 장진이(章靳以)와 바진(巴金)이며, 1936년 12월 국민당 당국의 폐쇄로 종간되었다.

내용은 논문과 시선, 소설, 산문수필, 서보부간(書報副刊), 번역소설, 극본, 보백(補白), 삽도(插圖) 등의 항목으로 구성되었다.

창간호 「발간사」를 통해 앞으로 충실하고 성심을 다해 신문학 건설을 위해 노력할 것을 다짐하였고, 그 선언대로 새로운 작품들을 발굴하여 신문학 건설에 많은 공헌을 하였다.

또한 창간 목적에 대해 그들은 전통문학의 굴레에 갇히는 좁은 그릇 안으로는 들어가지 않을 것이며, 낡은 부대에 새 술을 담을 수 없고, 새 부대에 낡은 술을 담을 수 없다고 하였다. 즉, 수많은 작가들은 글 쓰는 스타일이 다르고 관점도 서로 다르며, 그 신념 또한 다르지만 하나의 공통된 경향은 바로 성실하고 진지한 태도로 신문학의 건설을 위해 노력하는 일이라는 점을 강조한 것이다.

이러한 목표 아래 전통문학 타파를 위해 노력할 것, 시문학의 작풍과 기술상의 개혁과 발전을 위해 노력할 것, 문학의 미래가 어떤 방향으로 어떻게 발전할 것인가를 천명하는 것이 이 잡지의 주요 과제임을 「발간사」를 통해 밝혔다.

이 잡지를 통해 많은 논문이 발표되었는데, 주요 논문으로는 정전둬의 「대중문학과 대중의 문학(大衆文學與大衆的文學)」, 리진시(黎錦熙)의 「근대 국어문학의 훈고연구 예시(近代國語文學之訓詁研究示例)」, 리젠우(李健吾)의 「보바리부인」, 우한(吳晗)의 「금병매의 저작시대 및 그 사회배경(金瓶梅的著作時代及其社會背景)」, 리창즈(李長之)의 「왕궈웨이 문예비평저작 비판(王國維文藝批評著作批判)」, 궈창허(郭昌鶴)의 「유명작가 소설연구(佳人才子小說研究)」, 주광첸(朱光潛)의 「웃음과 희극(笑與喜劇)」 등이 있다.

소설로는 라오서(老舍)의 「흑백리(黑白李)」, 우주샹(吳祖緗)의 「일천팔백담(一千八百擔)」과 「번가포(樊家鋪)」, 빙신(冰心)의 「상편(相片)」, 장진이(章靳以)의 「혹독한 추위 속에서(凜寒中)」과 「충식(蟲蝕)」, 링수화(凌叔華)의 「천대자(千代子)」, 장톈이(張天翼)의 「기우(奇遇)」와 「보표(保鏢)」, 천황메이(陳荒煤)의 「재난 중의 사람들(災難中的人群)」이 있고, 희극으로는 차오위(曹禺)의 「설우(雷雨)」, 리젠우의 「이는 봄날이 아니다(這不過是春天)」 등이 있다.

이러한 작품들의 인물 형상은 생동감이 있고 사상적 깊이와 예술성도 비교적 성숙되어 있었다. 문학지의 사회적 공헌도를 평가하는 기준이 정치적 성향과 예술 종파가 다른 작가들을 모아내고, 또 얼마나 많은 청년 작가들을 배양해 내었는가에 달려 있다는 측면에서 30년대 이 매체가 신문학 건설에 기여한 공헌은 매우 컸다. 또한 문예비평과 이론에 대한 탐구와 토론을 진행하고, 세계문학 및 새로운 형태의 문학창작을 연구 소개하였으며, 신문학이론의 탐구와 창건, 전통문학의 정리와 평가 등도 하였다. 또한 표지 설계와 목록의 편제 등이 매우 특색 있어 많은 문화계 명사들이 이 잡지를 애독하였다.

고별사(종간의 원인)

"이 2년간의 짧은 기간의 존재에 대해 말하자면, 이 잡지가 결코 자신의 생명을 낭비적으로 소모하였다고 할 수 없다. 단지 환경이 계속하여 존재할 수 있도록 허락하지 못한 것뿐이다.

이 시대, 온 민족의 운명이 수렁 속에 빠져 있는 시기에 이 작은 간행물의 존망은 극히 작은 사정처럼 보인다. 문자는 생명과 정력을 소모하는 행위이다. 태평한 시기에 우리는 교수와 박사, 학자와 문호들이 우리 민족의 영광을 장식하는 것을 필요로 할 것이다.

그러나 지금 우리에게는 이런 여유가 없다. 우리는 고의로 사람을 소란스럽게 하며, 듣기에 놀라운 과격한 말을 하고자 하지 않았다. 마음대로 한 장의 신문을 읽으면 우리는 바로 알 수 있다. 이 민족이 목전에 어떠한 두려운 심연의 가장자리에 서 있는지를 ……

이러한 시기에 우리는 모든 역량을 다하여 이 위기를 바꾸고자 하여도 역량이 부족하다고 실망할 수 있는데, 더욱 많은 정력과 생명을 글자 위에 소모할 여력이 없었다. 발전된 청년들이 만약 그들의 붓대를 던져 버리고 보다 실제적인 사정에 매진한다면, 이 민족의 절망에 아마도 보다 유리한 측면이 있을 것이다.

우리는 안다. 당대의 향상된 청년들과 함께 그들의 갈망을 외쳤다는 점에서 우리가 하나의 적지 않은 책임을 다하였다는 것을. 이 여덟 권의 책에 담긴 수많은 창작 문장들은 이러한 청년들과 함께 하였다. 우리는 문학성이 생명력의 핵심이고, 시대를 떠난다면 바로 문학성이 없는 것임을 안다. 따라서 당대의 청년들의 갈망을 행위로써 표현하고 싶어 할 때 우리 역시 의연히 계간의 2년을 희생하였으므로 영광스러운 존재였으며, 조금의 아쉬움도 없었다고 말할 수 있을 것이다."

- 정전둬(鄭振鐸, 1898~1958)

문학평론가이며 고고학자로 필명은 시디(西諦)이다. 1917년 베이징 철로관리학교에 입학하여 5·4운동 시 학생대표로 사회활동에 참가하기 시작하였으며, 취추바이(瞿秋白) 등과 함께 『신사회(新社會)』 잡지를 창간하였다. 1920년 선옌빙(沈雁冰), 예사오쥔(葉紹鈞) 등과 문학연구회를 발기 설립하고 기관지 『문학주간(文學周刊)』을 발행하였다. 1923년1월, 선옌빙이 주필로 있던 『소설월보(小說月報)』를 인수하여 사실주의적 인생을 위한 문학을 제창하면서 '피와 눈물(血與泪)'의 문학을 주장하였다.

항일전쟁 이후 상하이문화계구망협회(上海文化界救亡協會)를 발기하고 『구망일보(救亡日報)』를 창간하였다. 항전 승리 이후에는 중국민주촉진회 (中國民主促进會)를 조직하였으며 『민주주간(民主周刊)』을 창간하고 민주와 평화 쟁취를 위한 전국인민투쟁을 고취하였다. (김성남)

참고문헌

周葱秀·涂明 著,『中國近現代文化期刊史』, 山西教育出版社, 1999; 北京師範大學圖書館報刊部篇,『北京師範大學圖書館館藏中文珍稀期刊題錄』,北京圖書館出版社, 2002.

문학도보(文學導報)

1931년 중국 상하이에서 발간된 반월간 문예지

전신은 1931년 4월 25일 상하이(上海)에서 창간된 『전초(前哨)』이다. 중국 좌익작가연맹 기관지였다. 제2호(대략 1931년 5월) 인쇄 후, 계속 발행할 수 없는 상황 속에서 이름을 『문학도보(文學導報)』로 바꾸었다. 1931년 8월 20일 국제혁명문학가연맹 비서처에서 발표한 「혁명작가국제연맹이 국민당에게 피살된 중국 혁명작가를 위한 선언」을 번역, 기재하였다. 1931년 11월 15일 종간되어 모두 8호를 발행하였다. 현재 상하이 문예출판사에서 나온 영인본이 남아 있다.

프롤레타리아 혁명문학운동을 주도하며, 국민당의 문화정책을 비판하였다. 주로 중국좌익작가연맹(좌련)의 결의, 강령을 발표하고 국제 프롤레타리아문학운동, 소련 문화의 발전 상황을 소개하였다. 그 외

외국 프롤레타리아 작가들이 발표한 중국의 백색테러와 제국주의의 간섭에 대한 항의 등을 싣기도 하였다.

1호 "순국자를 위한 특집호"에서 좌련의 「국민당에 의해 피살된 많은 작가들을 위한 선언(爲國民黨屠殺大批革命作家宣言)」, 「국민당에 의해 희생당한 동지들을 위해 각국 혁명문학과 문화단체 및 모든 인류 진보를 위해 활동하는 작가, 사상가들의 책(爲國民黨屠殺同志致各國革命文學和文化團體及一切爲人類進步而工作的著作家思想家書)」, 루쉰(魯迅)의 「중국 프롤레타리아 혁명문학과 선구자들의 피(中國無産階級革命文學和前驅的血)」, 「어려움을 당한 동지들의 소전(被難同志傳略)」, 「어려움을 당한 동지들의 유서(被難同志遺著)」 등의 글을 실었다. (이호현)

참고문헌

王檜林·朱漢國, 『中國報刊辭典(1815~1949)』, 太原(山西): 書海出版社, 1992; 中國近現代史大典編委會, 『中國近現代史大典』, 中共黨史出版社, 1992.

▌문학도보(文學導報)

1936년 중국 베이징에서 창간된 문예지

1936년 3월 베이징(北京)에서 문학도보사(文學導報社)가 발행하였다. 주필은 장루웨이(張露薇)이며 중국청년작가협회의 기관지이다.
제1권 4호와 5호는 『국방문학 창작 전호(國防文學創作專號)』로 발행되었다. 1936년 2월, 총6호를 발간하고 종간되었다.

중국청년작가협회의 기관지로 청년 독자층을 대상으로 하였다. 내용은 창작과 논문, 시, 번역소설, 산문수필 등의 항목으로 구성되어 있다.

발행목적은 진보적 작가와 문학 애호가들이 연합하여 암흑사회에 투쟁을 선전하는 것이었다. 국방문학 특집호를 두 차례 발행하였다.

발표된 소설들은 사회 저층 인민들의 고통을 묘사한 작품들로 암흑에 반항하는 욕구를 표현한 작품들이다. 창작 시가로는 왕퉁자오(王統照)의 「수성(水城)」, 저우얼푸(周而復)의 「당(當)」 등이 있다. 많은 러시아 문학작품들이 번역 소개되었는데, 고리키의 「가한과 그의 아들(可汗和他的兒子)」, 미하일 숄로호프(Michail Sholokhov, 肖洛霍夫)의 「개발된 처녀지(開發了的處女地)」, 마야콥스키(Mayakobsky, 瑪雅可夫斯基)의 「중국을 놓아줘라(放開中國吧)」 등이 있다.

「문학도보의 태도 및 기타 편집후기」

1권 2호에 「문학도보의 태도 및 기타 편집후기(編後文學導報的態度及其他)」가 게재되어 있다.

"우리는 출간 전에 비열하고 더러운 시정잡배 문단의 불량배들이 쏘아놓은 독화살은 우리의 노력에 따라 일체의 엉킴과 번잡함을 피할 수 있을 것이라 생각하였다. 그러나 솔직히 말하면 이러한 위급한 시기에 우리는 이렇게 하는 일하는 것을 받아들일 수 없다. 우리는 오히려 각종의 악습을 교정하자는 생각이 강하였다. 따라서 제1호 및 이후의 각 호에서 모두 하나의 창검을 가지고서 노는 무대를 만들고자 생각한 적이 없었다. 문예시평은 필요한 때가 이후에 아마도 있을 것이다. 그러나 역시 많지는 않을 것이며, 개인에 대해서는 언급하지 않을 것이다. 이밖에 우리는 역시 우리가 경애하는 선진적인 친구들의 비판을 받아들일 것이다. 그들이 아무리 엄격하다고 해도 우리는 매우 즐겁게 받아들일 것이다. 문제는 매우 간단하다. 우리가 이러한 위급한 시기에 아름다운 꿈을 꿀 수 있는 가능성은 없다. 약간의 역량이라도 있다면 이 역량을 가지고 실제의 생활 속에서 사람들에게 타전하는 데 공헌해야만 한다." (김성남)

참고문헌

周葱秀·涂明 著, 『中國近現代文化期刊史』, 山西敎育出版社, 1999; 北京師範大學圖書館報刊部篇, 『北京師範大學圖書館館藏中文珍稀期刊題錄』,北京圖書館出版社, 2002.

▌문학월보(文學月報)

1940년 중국 충칭에서 창간된 문예지

1940년 2월 충칭(重慶)의 독서생활출판사에서 발행했으며 총 15호가 발간되었다.
월간이며 1940년 1권 5호는 "문예의 민족형식문제 특집(文藝的民族形式問題特輯)"이고, 1940년 2권 5호는 "소련문학 특집호(蘇聯文學專號)"였다. 1940년 1권 6호의 치수는 25㎝이며, 매권의 페이지는 서로 연결되어 있다. 베이징사범대학도서관과 상하이도서관 등에 소장되어 있다.

내용은 소설, 시, 보고, 문예단론(文藝短論), 전지이야기(戰地故事) 등 각 방면에 대한 문학창작물이 게재되었으며 상당한 지면을 할애하여 외국문학의 번역 작품을 실었다. 오스트롭스키(Ostrovsky, 粤斯特洛夫斯基)의 원작을 왕위진(王語今)이 번역한 「폭풍우 속에서 탄생한 것(從暴風雨里所誕生的)」 등이 있다.

창간 취지는 「발간사」에 잘 반영되어 있다.

"문예는 민족의 생활과 전투를 반영할 뿐 아니라 민족정신의 지도자이다. 역사 현실의 가장 정확한 견증자(見證者)일 뿐 아니라 정신영역의 위대한 창조자이다. 문예는 현실세계를 높은 단계의 발전을 향해 이끌어가며 인류의 정신이 보다 나은 단계를 향해 나아가도록 격려한다. 30개월의 민족혁명전쟁의 봉화는 문예를 위해 그 광대한 도로를 개척하였으며, 작가들을 위해 풍부한 영역을 개척하였다. 이 30개월 중에 항전문예운동은 전국 문예작가들의 공전의 위대한 단결을 수립하였을 뿐 아니라 보다 실제적이고 보다 깊게 기본문제에 대한 토론을 전개하였다. 또 이전에 접촉하지 못하였던 생활의 내층을 접촉하기 시작하였다. …… 그러나 현 단계의 문예운동은 아직 현재의 수요를 제대로 대응하지 못하고 있다. 아직 현재의 속도에 적응하지 못하고 있다. 여전히 보다 많은 전투단위의 건설이 필요하며, 보편적 문예운동을 전개하여야 할 필요가 있다. 특별히 이 신시대 청년의 기상을 반영하고 새로운 문예병(文藝兵)의 사업을 수립하기 위해 더 큰 노력이 필요하며 보다 더 광대한 토지를 개척하여야 한다. 『문학월보』의 창간은 이 위대한 문학사업의 건설 과정 중의 하나의 돌이고, 하나의 목재일 뿐이다. 사업과 학습을 기도하는 중에 되도록 우리의 문예부대의 역량을 증강하는 것이 가능하도록 하여야 한다. 따라서 문예가 필요로 하는 것은 청년적이며, 전투적인 자태이며, 건강하고 견실한 정신인 것이다. …… 다른 방면에서 문예의 교육적 의의를 증대시키기 위해 번역 사업이 오늘에는 매우 절박한 필요가 있다고 본다. 항전 30개월 동안 문예의 소개사업은 비교적 미약하였다. …… 따라서 본간은 이 방면에 있어서 최선을 다해 가능한 한 계획적으로 소개하는 사업을 하여야 한다. 신시(新詩)는 광대한 민족해방투쟁 가운데 청년들이 애호할 뿐 아니라 또한 진귀한 수확이 있다. …… 동시에 우리는 항상 소개할 가치가 있는 우리가 학습한 국제시인 및 그 작품을 결정해야 한다. 이로써 우리 신시가 가지고 있는 빈약한 결함을 보충하여야 한다. 회화에 대해서는 우리는 신시에 대한 것과 같은 태도를 가지고 있다. 한 면으로는 외국의 명작을 소개하고, 다른 한 면으로는 순박한 사실적 작풍을 수립하여야 한다. …… 마지막으로 당연히 특별히 정중하게 진술하여야 한다. 이는 바로 본간이 동인이 잡지이며 또한 노력을 다해 목전의 문예운동의 사업자들을 위한 공동의 공간이 되어야 하기 때문이다."

이 잡지는 여러 번 특집이 게재되었다. 1권 4호에는 "마야콥스키 서거 10주년 기념 특집(瑪雅可夫斯基逝世十週年紀念特輯)", 1권 6호에는 "고리키 서거 4주년 기념 특간(高爾基逝世四週年紀念特刊)"이, 2권 3호에는 "루쉰 선생 서거 4주년 기념 특집(魯迅先生逝世四週年紀念特輯)" 등이 게재되었다. 2권 5호에는 "아동문학특집(兒童文學特輯)"이, 3권 2·3호 합간호에는 "소련항전 특집(蘇聯抗戰特輯)"이 실렸다. 이 잡지의 주요작가는 아이우(艾蕪), 거바오촨(戈寶權), 예이췬(葉以群), 사팅(沙汀), 왕시옌(王西彦), 궈모뤄(郭沫若), 마오둔(茅盾), 류바이위(劉白羽), 훙선(洪深), 라오서(老舍) 등이었다. (김지훈)

참고문헌

王檜林 · 朱漢國, 『中國報刊辭典(1815~1949)』, 書海出版社, 1992; 北京師範大學圖書館報刊部 編, 『北京師範大學圖書館館藏中文珍稀期刊題錄』, 北京圖書館出版社, 2002.

문학잡지(文學雜誌)

1937년 중국 상하이에서 창간된 문학잡지

1937년 5월 1일 상하이에서 발간된 문학잡지로 주광첸(朱光潛)이 창간하였고 편집도 담당했다. 월간으로 상무인서관(商務印書館)에서 발행되었다. 1937년 중일전쟁이 발발하자 8월에 정간되었다가 1947년 6월 복간되었다. 1937년 8월 제1권 4호가 출간된 후 정간되었다. 1948년 11월 제3권 6호를 출간하고 종간되었다. 베이징사범대학도서관과 상하이도서관 등에 소장되어 있다.

내용은 시, 소설, 희극, 수필, 산문, 서평 등의 난이 있으며, 주로 고금의 중국과 외국의 저명문학가와 그 작품을 소개하였다.

이 잡지는 '대중문학', '국방문학', '혁명문학' 등의 구호에 반대하였는데, 편집자 주광첸은 「우리들의 본간에 대한 희망(我對於本刊的希望)」에서 다음과 같이 지적하였다.

"문예 자체에 대해 우리가 품고 있는 태도는 문화사상에 대한 그것과 같다. 중국의 신문예는 역시 아직도 유치한 발생기로 역시 당연하게 여러 방면의 조화롭고 자유로운 발전이 있어야 한다. 우리는 많은 탐험과 많은 상식을 주장하며, 어떤 일종의 특수한 취미 혹은 풍격이 '정통'이라 하는 것을 원하지 않는다. 이는 우리의 신문예의 실험시기이다. 실험을 하는 시기에 우리는 부득불 일정한 희생을 면할 수 없으며, 길을 우회하거나 심지어는 잘못된 길에 빠질 수도 있다. 곧바로 사람들을 놀라게 할 만한 성과를 희망할 수는 없는 것이다. 다만 여러 차례 씨앗을 뿌려서 장래에 비교적 풍부한 수확을 거둘 수 있을 것이다. 서로 다른 취미와 풍격이 병행하여 모순되지 않는다면 우리는 서로 보고 배우고, 서로 계발하며, 서로 바로잡아 줄 수 있을 것이다. 문예 방면에서는 그것이 주변사람에 대한 것이건 자신에 대한 것이건 냉정하고, 엄정하게 비평하는 것이 건강을 유지하는 좋은 약이 될 것이다. 함부로 욕하는 것과 찬양은 모두 '예술양심'이 박약하다는 표현이다. '예술양심'이 없다면 진정한 예술상의 성취는 결코 이룰 수 없다. 다른 사람들의 취미와 풍격이 우리와 달라 서로 반대의 방향으로 간다고 할지라도 그들의 태도가 성실하고 엄숙하기만 하다면 우리는 여전히 상당한 경의를 표시할 것이다. 우리가 노력하는 방향은 비록 다르지만 '모든 길은 로마로 통한다', 진정으로 노력하여 전진한다면, 모두가 길은 다르지만 이르는 곳은 같을 것이며 결국은 중국의 신문예를 개발하기 위한 강대한 세력의 대국을 만들 수 있을 것이다. 이러한 신념에 근거할 때, 하나의 관대하고 자유로우면서 엄숙한 문예 간행물이 현대중국의 신문예운동에 응당 어떠한 사명을 가져야 하겠는가? 당연히 시대의 병폐와 수요를 알아야 하며, 힘을 다해 일부분을 교정하고 이끌어야 하는 책임이 있다. 또 응당히 전국 작가가 모여 길을 나누어 탐험하여, 사람들로 하여금 자유로이 자신의 개성을 발전시키는 가운데 여전히 피차가 신문예 개발이라는 하나의 공동 목표를 바라볼 수 있도록 의식하여야 한다. 또 응당 늘 이미 점유한 영역을 돌아보고, 냉정하고 엄정한 평가를 내려서 성공은 어디에 있고, 실패는 어디에 있는지 전진을 위해 노력하는 본보기로 삼아야 할 것이다. 아울러 새로운 기풍의 전파자가 되어 독자군중 중에서 순정문예를 애호하는 취미와 열성을 양성하여야 한다. 하나의 다이제스트판일 뿐 아니라 회고하며 동시에 전망하는 것으로써 응당 장구한 생명을 유지하여야 하고, 시대와 함께 발전하여야 한다. 또 하나의 '문예정보'일 뿐 아니라 응당 진부한 스콜라(經院)적 분위기와 교활하고 천박한 신문파의 분위기 속에서 참신하고 엄숙한 경계를 열어서 경원파(經院派)와 신문파(新聞派)를 대신하는 강건한 조절자가 되어야 한다. 우리가 현재 여러분께 보여드리려는 간행물은 바로 이러한 이상을 따를 것이다."

1937년 중일전쟁이 발발하자 8월에 정간되었다가 1947년 6월 복간되었는데 「복간사」에서 편집자는 다음과 같이 지적하였다.

"지난 몇 해 동안 국가와 민족이 공전의 대난을 당하여 모든 국면에서 소동이 일어났다. 출판업은 적막하고, 문학에 종사하는 이들은 생활이 불안정하여 작품의 생산에도 모두 장애를 받게 되었다. 하지만 엄중한 형세는 또한 이뿐만이 아니다. 일부 본래 문학과 인연이 없는 사람들이 문학의 이름을 내걸고 각종의 문학적이지 않은 시도를 하는 것은 이미 혼란한 국면을 더욱 혼탁하게 하고 있다. 그들이 만들어 내는 것의 태반은 인쇄를 하여 판매하는 것이 아니고, 볼 사람이 없는 공허한 글이거나 볼 사람이 있다 하더라도 사람들의 건강을 해치는 자극제와 마취제일 뿐이다. 일반 저급 취미의 간행물은 현대 청년에 대해 독을 주사하는 것으로 아편과 같은 것이다. 이는 바로 우리에게 매우 순리적이지 못한 환경으로 역시 우리가 역량을 다하여 극복해야만 하는 환경이다. 우리는 영양을 공급하여 자극과 마취를 대체하고, 면과 쌀밥으로 아편과 모르핀을 대신할 것이다. 우리가 문학을 보는 관점이나 문화를 보는 관점은 한 나라의 민족의 완전한 생명의 표현이라는 것이다. 국가의 완정한 생명은 그의 역사적 전통, 현실의 내부 환경과 외래의 영향 및 인민이 이러한 요소로 빚어낸 실제생활의 체험에 있다. 따라서 문학이라는 이 꽃은 넓은 토양을 필요로 하며 철학, 예술, 과학 등 문화 부문으로부터 이탈하여 독립할 수 없는 것이다. 문학에서 이러한 문화 부분을 직접 토론할 필요가 없으며, 그들의 뿌리는 그 내면으로 뻗어 양분을 흡수해야 하는 것이다. 이러한 이유로 우리는 문학창작과 이론을 준비하는 이외에 매호 일반 문화를 토론하는 문장을 간략하게 게재하는 것이다. 우리는 문학상 좋고 나쁜 구별 이외에는 신구, 좌우의 구별 등이 없다고 생각한다. 우리는 특정파벌의 견해를 가지지 않았으므로 무릇 문학을 진정으로 애호하는 사람들이라면 비록 기타 방면에서 우리와 견해가 다르더라도 모두 우리의 친구이다."

주요 논문으로는 예궁차오(葉公超)의 「신시를 논함(論新詩)」, 량스추(梁實秋)의 「셰익스피어는 시인인가 극작가인가(莎士比亞是詩人還是戲劇家)」, 주쯔칭(朱自淸)의 「고문학의 감상(古文學的欣賞)」과 「원이둬 선생은 어떻게 중국 문학의 길로 나아갔는가(聞一多先生怎樣走着中國文學的道路)」, 주광첸의 「시의 어려움과 쉬움(詩的難與易)」, 「연극 감상과 공연: 두 가지 이상적 인생(看劇與演劇: 兩種理想人生)」, 「시의 의상과 정취(詩的意像與情趣)」, 「서간을 이야기하다(談書牘)」와 「대화체를 이야기하다(談對話體)」, 원이둬의 유작 「단오고(端午考)」, 「랴오지핑의 '이소'론(廖季平論'離騷')」와 「광제담예(匡齊談藝)」, 즈탕(知堂)의 「풍자문을 이야기하다(談俳文)」 등이 있었다.

소설로는 라오서(老舍)의 「화차(火車)」와 「개도살(殺狗)」, 선충원(沈從文)의 「귀생(貴生)」, 「대소원(大小阮)」와 왕정치(汪曾祺)의 「대차장(戴車匠)」 등이 있었고, 희극으로는 린웨이인(林微因)의 「메이전과 그들(梅眞同他們)」, 리젠우(李健吾)의 「미등기된 동지(一個未登記的同志)」 등이 있었다.

주요 집필자는 선충원, 라오서, 샤오첸(蕭乾), 페이밍(廢名), 왕정치, 예궁차오, 량스추, 저우쭤런(周作人, 즈탕[知堂]), 주쯔칭, 린웨이인(林微因), 리젠우, 후스(胡適), 다이왕쉬(戴望舒), 볜즈린(卞之琳), 무간(穆旦), 쉬잉(徐盈), 지셴린(季羨林), 리창즈(李長之), 런경(任庚), 위안커자(袁可嘉), 뤄다강(羅大剛), 펑즈(馮至), 비지추(畢基初) 등이었다. (김지훈)

참고문헌

王檜林 · 朱漢國, 『中國報刊辭典(1815~1949)』, 書海出版社, 1992; 伍杰, 『中文期刊大詞典』, 北京大學出版社, 2000; 北京師範大學圖書館報刊部 編, 『北京師範大學圖書館館藏中文珍稀期刊題錄』, 北京圖書館出版社, 2002.

문학주보(文學週報)

1921년 중국 상하이에서 창간된 문학잡지

1920년대 영향력이 가장 컸던 문학잡지 중의 하나이다. 1921년 5월 10일 발간 당시의 이름은 『문학순간(文學旬刊)』이었다. 처음에는 상하이(上海) 『시사신보(時事新報)』의 부간으로 간행되었다. 창간 1년 후인 1922년 5월 11일, 37호부터 공식적으로 문학연구회의 정기간행물이 되었다. 80호까지를 제1권으로 삼았다.
1923년 7월 30일, 81호부터 2권으로 바꾸면서 제호도 『문학주간(文學周刊)』으로, 다시 1925년 5월 10일,

172호부터 『문학주보』로 바꾸고 판형도 바꾸어 독립 간행물로 발행하기 시작하였다. 4권부터는 개명서점(開明書店)에서 출판하였다. 8권부터 원동도서공사(遠東圖書公司)에서 간행하여 1929년 12월 23일 9권 5호를 낸 후 휴간하였다. 판형과 형식은 여러 번 바뀌었지만, 모두 380호를 내었다.
처음 주편은 정전둬(鄭振鐸)였다. 이후 셰루이(謝六逸)가 주편을 맡다가 1923년 5월 12일 73호부터 선옌빙(沈雁冰), 예사오쥔(葉紹鈞), 정전둬, 셰루이 등 12명이 공동 편집을 맡았다. 같은 해 12월 24일 102호부터 예사오쥔이 주편하였고 이후 1927년 7월부터 자오징선(趙景深)이 주편을 맡았다가, 1929년 1월 8일, 351호부터 다시 자오징선, 정전둬, 셰루이, 겅지지, 리칭야(李青崖) 등 8명이 공동 주편하였다. 상하이도서관 등에서 열람할 수 있다.

창간호에 밝힌 창간 취지는 "중국문학의 재생을 위해 분투할 것, 세계문학을 중국에 소개하고, 한편으로 중국 문학을 창조함으로써 세계 문학에 공헌하도록 노력할 것"이었다(「문학순간 선언[文學旬刊 宣言]」).

172호 이전까지는 대부분 문학연구회 회원이 투고하면서 주로 문학평론과 이론 연구에 대한 글을 발표하면서 적극적으로 외국 문학을 소개하는 데 치중하였다. 인생을 위한 예술, 사실주의 문학에 기초한 문학혁명을 표방하였으며 부분적으로 시가, 산문, 소설 등 작품을 게재하였다. 또 원앙호접파, 신문학에 비판적이었던 학형파('學衡'派)와 치열하게 논쟁하면서, 동시에 창조사와 문학의 본질 및 작용과 관련한 활발한 토론을 전개하였다.

172호 이후에는 편폭을 대폭 확장하여 창작과 평론의 분량을 늘리면서 일반적인 사회문제도 취급하였다.

5·30운동 및 3·18참안 때는 특별히 분량을 늘려 반제 애국문장을 게재함으로써 사회적 영향력을 발휘하였다. 창작 문학으로는 단편소설, 시가, 유기(游記), 역총(譯叢), 전기(傳記), 극본(剧本), 만화(漫画) 등 장르를 다양하게 실었으며, 평론류로는 문예논문, 문예총담, 문학수필, 서평(書評), 특재(特載), 중외작가 연구 등의 란을 두었다. 동시에 비교적 많은 시간 동안 번역문제, 번역의 목적, 내용, 태도와 관련하여 건설성의 의견을 제출하기도 하였다. 동시에 "왕국유(王國維) 애도 특집", "톨스토이 백년 기념 특집호", "세계민간고사특집(世界民間古事特輯)", "소비에트러시아 소설특집(蘇俄小說特輯)", "모순삼부곡비평호(茅盾三部曲批評號)" 등 특집을 간행하기도 하였다. (오병수)

▌문학창조(文學創造)

1934년 서울에서 창간된 문학 월간지

1934년 6월 10일 창간했다. 편집 겸 발행인 안준식(安俊植), 인쇄인 동아인쇄소의 이유기(李有基), 발행소 별나라사(경성부 영락동 1가 65), 판형은 A5 국판, 면수는 120면이며 정가는 20전이다. 창간호가 종간호가 되었다. 서울대와 연세대, 아단문고에 소장되어 있다.

1930년대 중반은 일본제국주의의 압력으로 사회주의운동 진영의 역량이 약화되는 시점이었다. 그 가운데, 문인을 비롯한 지식인들이 속속 친일로 방향 전환을 선언한다.

이 잡지는 이러한 상황에서 작가다운 양심만 잃지 않고 참으로 진실하고 위대하게 노력하고 있는 이의 글만 모아 놓겠다는 포부를 편집후기에 싣고 있다. 이 잡지는 순연한 문학동호인의 필경지(筆耕地), 즉 순수문학을 지향했다. 그래서 이 잡지에는 진실한 '문학을 창조'하는 동인의 무대를 삼고 싶은 정열, 조선문학의 성장을 이루겠다는 자부심으로 저널리즘, 에고이즘 같은 공리적 문학과 영업적 문학을 경계한다는 의욕이 잘 드러난다.

창간호에는 박화성의 「논갈 때」, 엄흥섭의 「방울 속의 참소식」, 이동규의 「B촌삽화」, 이기영의 「진통기」(중편) 등의 소설과 임화의 「세월」, 적구(赤駒, 유완희)의 「오월의 태양」, 김해강의 「태양 같은 사나이」, 박아지의 「봄을 그리는 마음」, 박세영의 「강남의 봄」 등의 시가 실려 있다. '문학과 현실'이라는 특집란에는 민촌(民村, 이기영)의 「문학과 현실」, 송영의 「정당한 계승」, 홍섭(엄흥섭)의 「교훈의 총화」 등이 실려 있다. 문학비평으로는 안함광의 「창작방법 문제의 토의에 기(寄)하여」, 임화의 「언어와 문학: 특히 민족어와의 관계에 대하여」, 박승극의 「문학유산의 계승과 창조적 활동에 대하여」, 팔봉 김기진의 「입센론」 등이 실려 있다.

그러나 순수문학을 주창한 것과는 달리, 이 잡지에 실린 시, 소설 등의 작품과 비평문에는 경향성의 색채를 찾아볼 수 있다. 특히, 비평문의 경우는 안함광·임화·박승극 등 조선프롤레타리아예술가동맹(KAPF)에 가담했던 현실참여파 문학가들의 글로 채워져 있다. 그 중 안함광의 글은 사회주의적 사실주의에 관한 창작방법론에 대한 논의를 펼치고 있으며, 박승극의 글도 같은 맥락으로 문학유산의 비판적 계승과 창조를, 임화의 글은 민족어로서의 언어를 재료로 창조된 문학의 민족적 성격과 민족 생활·사상의 반영이 필연적일 수밖에 없는 민족문학의 필요성을 다루고 있다.

『문학창조』는 해체된 카프 맹원들의 작품을 게재할 필요성으로 어린이 잡지를 출판하는 '별나라사'에서 창간했다고 보인다. 작품의 성격은 대체적으로 경향성을 띠고 있지만, 그즈음부터 각각의 문학가들은 개별적으로 이후 경향문학의 성격을 어떻게 설정할 것인가에 대한 문제의식을 가지고 있었다. 그런 점에서 이 잡지에 실린 평문들에 주목할 가치가 있다고 하겠다. (전상기)

참고문헌

임규찬 편, 『카프해산기의 동향과 쟁점』, 태학사, 1990; 임규찬 편, 『카프해산기의 창작방법논쟁』, 태학사, 1990; 임규찬 편, 『카프해산후의 문예동향』, 태학사, 1990; 김재용, 『민족문학운동의 역사와 이론』, 한길사, 1996.

문헌(文獻)

1938년 중국 상하이에서 창간된 정치운동 잡지

1938년 10월 10일 상하이(上海)에서 창간되었다. 아잉(阿英)이 편집자이며 중화대학도서유한공사에서 월간으로 발행되었다. 7호부터 『부녀문헌(婦女文獻)』과 『문예문헌(文藝文獻)』이 부간으로 발행되었다. 1939년 5월 10일 8권을 출판하고 정간되었다. 인민대학도서관 등에 소장되어 있다.

항일전쟁 문헌과 항일구국 자료를 주로 게재하였다. 단결항일과 일본제국주의의 타파를 호소하였고 주로 장제스(蔣介石) 등 국민당 지도부 및 공산당 지도부의 항일언론을 게재하였으며, 국공합작하의 국민당 군대와 팔로군, 신사군(新四軍)의 항일사적을 선전하였다. 또한 중국공산당의 항전이론을 소개하였는데, 주더(朱德)의 유격전이론과 마오쩌둥(毛澤東)의 지구항전필승이론을 포괄하였다. 아울러 우한회전(武漢會戰)의 전황도 보도하였다.

『문헌』에는 중공중앙의 6중전회의 전문(電文), 결의안 전문(全文), 마오쩌둥의 6중전회상의 보고 전문(全文), 마오쩌둥의 「루쉰을 논함(論魯迅)」, 린보취(林伯渠)가 제1계(屆) 참정회(參政會)에서 한 공작보고, 저우언라이(周恩來)의 「계속 항전하면 반드시 승리할 수 있음을 논함(論繼續抗戰必獲勝利)」, 「항전의 신단계와 침략자의 신정책을 논함(論抗戰新段階與侵略者新政策)」, 주더의 「제3기 항전과 화베이를 논함(論第三期抗戰與華北)」, 펑더화이(彭德懷)의 「양당의 합작을 논함(論兩黨合作)」, 예젠잉(葉劍英)의 「진찰기 변구의 초보적 승리를 논함(論晋察冀邊區初步勝利)」 등이 수록되었다. 이외에도 아잉, 위링(于伶), 마준(馬駿), 커링(柯靈), 징종(景宗), 차이추성(蔡楚生) 등이 쓴 문학, 예술, 희극, 영화 등 각 방면의 글이 게재되었다. (김지훈)

참고문헌

王檜林 · 朱漢國, 『中國報刊辭典(1815~1949)』, 書海出版社, 1992; 伍杰, 『中文期刊大詞典』, 北京大學出版社, 2000; 上海圖書館, 『上海圖書館館藏近現代中文期刊總目』, 上海科學技術文獻出版社, 2004.

▌문헌보국(文獻報國)

1935년 서울에서 창간된 일본어 도서 관련 잡지

1935년 10월 조선총독부도서관이 일본어로 창간한 잡지로, 1931년부터 1935년까지 조선도서관연구회가 발간하던 『조선지도서관』을 승계한 것이다. 1935년부터 1936년까지는 격월간으로 출간되었으나, 1937년부터는 월간으로 바꾸었으며, 1943년 12월(9권 12호) 통권 90호까지 간행되었다.
편집 겸 발행인은 도서관의 서기가 맡았는데, 1936년에는 다마이 도쿠시게(玉井德重)였다. 1부에 15전(나중에 50전으로 인상)으로 판매하였다.
국립도서관에 1936년 발간분부터 1943년 발간분까지 소장되어 있으며, 1994년 일본 료쿠인쇼보(綠陰書房)에서 17권으로 복각 간행하였다.

권두에는 보통 권두언이 실렸으며, 논설 연구란을 두어 주로 도서관학, 도서관사, 서지학 관련 논문을 게재하였다. 나중에는 사회 '명사'들의 강연 기록을 게재하기도 하였다.

다음으로는 도서관에 관한 조사·보고를 실었는데, 일본과 조선 내 도서관을 견학한 기사나 세계의 도서관에 관한 동향을 게재하였다. 다음으로는 각종 강습회와 도서관 관련 대회 기사를 많이 게재하고 있다.

이어 관련자들의 수필과 기행을 많이 싣고 있으며, 총독부도서관에서 소장하고 있는 귀중본 도서를 해설하는 기사와 신간 서평도 싣고 있다. '잡'이라는 고정란에는 도서관과 관련한 각종 소식 및 시험 기사를 싣고 있다. 도서관 휘보를 자세하게 싣고 있는데, 도서관 내 인사, 도서 기증자 목록, 도서 열람 상황, 독서회 상황, 도서관사업회 상황, 도서관 장서 수, 기타 도서관 내 정황을 자세히 게재하고 있다. 목록란에는 신착 도서 목록, 선만 관계 중요 잡지 기사 목록, 선내 발행금지 도서 목록 등을 싣고 있다. 1937년 이후에는 경무국 납본도서목록도 게재하고 있다.

1937년 조선독서연맹에서 『독서』라는 잡지를 발행하면서, 논설·연구·조서·보고·수필·기행 등 각종 읽을거리는 이 잡지에 게재하기로 역할 분담을 하였다. 이에 1937년 이후 월간으로 바뀐 뒤에는 관보(館報)와 관내 일지 등 도서관 소식과 아울러 각종 목록이 대부분을 차지하게 된다. 이후에는 신착도서 분류 목록이 잡지의 가장 많은 부분을 차지하게 되었다.

요컨대 이 잡지는 조선 내 도서관과 각종 도서와 관련한 종합잡지라고 할 수 있을 것이다.

• 조선총독부도서관사업회

조선총독부도서관은 조선총독의 관리 아래 도서를 수집 보존하고 공중에게 열람할 수 있도록 하기 위하여 설립되었다. 1936년 현재 관장과 전임 사서 4인, 전임 서기 2인이 근무하고 있었으며, 관장은 하기야마 히데오(荻山秀雄)였다.

조선총독부도서관사업회는 조선총독부도서관의 사업 가운데 부대시설의 하나인 사회교육에 관한 사업을 하기 위하여, 1935년 1월 도서관 내에 따로 만든 기구로서, 사무실은 총독부도서관 내에 두었다. 이 단체는 위의 목적을 달성하기 위하여 강연회·강습회·독서회·전람회·좌담회·영화회 등을 개최하고, 각종 도서를 출판·배포할 수 있도록 하였다.

회원은 특별회원, 통상회원, 단체회원 등 세 가지를 두었다. 특별회원은 총독부도서관의 직원이며, 통상회원은 희망자 가운데 승인을 얻은 자이고, 단체회원은 일반 단체 가운데 승인을 얻은 자를 말한다. 회원은 총독부도서관이 발행한 관보를 받아볼 수 있으며, 총독부 도서관 우대열람자로 추천하며, 우대열람자로 선정된 회원에게는 도서관 장서의 관외 대출을 허용하기로 하였다. 통상회원은 매월 12월에 다음해 회비를 선납하도록 하였는데, 회비는 연 1원 20전이었다. 도서관에서는 원활한 관외 대출을 위하여 아주 세밀한 도서관소장 도서관외대출규정을 작성하여 잡지의 권두에 소개하고 있다.

임원은 도서관장이 회장을 맡고, 도서관의 각계 주임이 간사를 맡되 사회계 주임이 주석 간사를 하도록 하였다.

1936년 조선총독부 학무국 사회교육과 산하에 조선독서연맹이 결성되면서, 도서관사업회의 활동도 축소되었다. 도서관사업회의 회원 규정을 바꾸어 도서관 직원만으로 조직하게 하였고, 기타 회원 모집과 우대권 발행 작업은 중지되었다. (윤해동)

참고문헌

『문헌보국』(복각본), 綠陰書房, 1994.

문화동원(文化動員)

1938년 중국 충칭에서 창간된 문예지

1938년 11월 충칭(重慶)의 생존출판사에서 발행했다. 월간이며, 주요 집필자는 리빙루(李冰廬), 린멍환(林夢幻), 마먼(摩門), 친광인(秦光銀) 등이다. 상하이 도서관 등에 소장되어 있다.

중일전쟁시기 국민당 소속의 문화단체가 주관한 간행물로 문예이론 위주였으며, 중일전쟁시기 민중을 참가시키는 문제를 토론할 때 5·4운동 이래의 신문화운동의 성과를 완전히 말살하고, 현대의 문예이론을 순수한 기술적인 측면에서 취급하였다. 또 민중을 동원하는 문제에서 자신들을 교육자처럼 간주하였다. 출판한지 오래되지 않아 정간되었다. (김지훈)

참고문헌

王檜林 · 朱漢國, 『中國報刊辭典(1815~1949)』, 書海出版社, 1992; 伍杰, 『中文期刊大詞典』, 北京大學出版社, 2000; 葉再生, 『中國近代現代出版通史』 3, 北京, 華文出版社, 2002.

문화생활(文化生活)

1921년 일본에서 발행된 문화생활 잡지

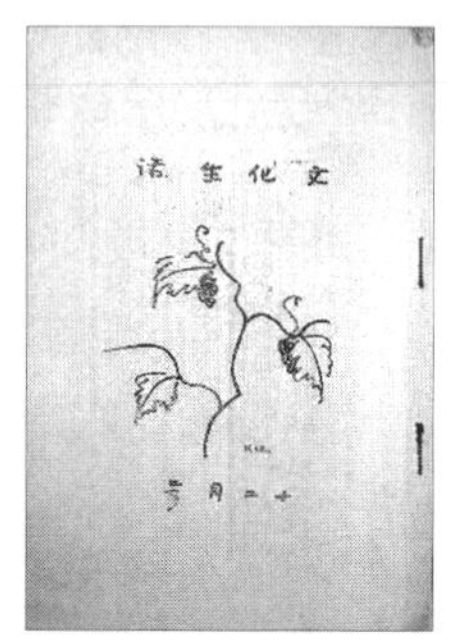

1921년 일본의 문화생활연구회(文化生活硏究會)에서 발행한 잡지이다. 잡지 발행의 주체인 문화생활연구회는 1920년 5월부터 『문화생활연구(文化生活硏究)』라는 제목으로 강의록을 간행하였다. 미국의 대학보급사업(大學普及事業)을 모방한 통신교육 텍스트였다. 대학보급사업 그 자체는 문화생활연구회에서 처음 시도한 것은 아니었다. 이미 1917년 대학평론사(大學評論社)에서 시도되었다. 다만 강의록 간행은 『문화생활연구』가 최초였다. 1책 200쪽 분량으로 12회 강의록을 12책으로 간행하였다.

『문화생활연구』에는 「문화생활연구에 대해서」, 「가족제도론」, 「정치에 미치는 부인의 힘」, 「가정생활과 음악」, 「가정생활과 재정문제」, 「생활과 문학」, 「가정생활과 종교」, 「사회병리(社會病理)」, 「인체영양론(人體榮養論)」, 「주택론」, 「가정원예학」, 「소아위생의 개선」, 「육아법」, 「가정관리론」, 「가정교육」, 「가정생물학」, 「소비경제론」, 「여자의 자학자습(自學自習)」, 「가정세균학」, 「혼인제도론」, 「도시생활론」, 「중류사회와 경제학」, 「가정요리」, 「문화생활과 미술」 등의 기사가 게재되었고, 권말에는 시대의 요구에 부응하여 문화생활의 최첨단 정보를 수록되었다.

문화생활연구회는 서적의 출판과 강연 등의 사업 이외에도 생활용구 개선을 위해 대리판매(代理販賣)

를 병행하여 합리화운동을 전개하였는데, 월간지 『문화생활』은 1921년 6월에 창간하였다. 필자는 강의록 필자들이 중심이 되어 구성되었다.

1922년 문화보급회(文化普及會)가 발족하면서 문화생활연구회와 『문화생활』의 운영진은 분열되었다. 문화보급회의 설립 목적은 생활문제의 연구, 국민생활의 향상, 문화은혜의 보급을 중심으로, 그 사업 내용은 소비경제연구소의 설립, 가정경제학원의 설립, 문화보급 출판부의 경영, 현대 모범주택의 공급, 문화생활 필수품 공급, 과학적 식당의 경영 등이었다. 그리고 잡지 『문화생활』을 문화보급회에서 발행하게 되었다.

문화보급회의 설립으로 문화생활연구회는 1923년 5월부터 『문화생활』 개제를 단행하여 『문화생활의 기초(文化生活の基礎)』를 발행하였다. 『문화생활의 기초』는 1925년 1월호부터 『문화의 기초(文化の基礎)』로 개제되었다. 그리고 『문회의 기초』는 1925년 9월호로서 종간을 맞이하였다.

이후 문화생활연구회는 지면을 바꾸어 1926년 4월호부터 『반향(反響)』을 출간하였다. 그리고 연구회를 '신흥지식계급, 무산계급의 사상, 감정, 흥미 등을 예민하게 반향(反響)하는 기관'으로 표방하였다. 지적인 노동자를 중심으로 「독립노동협회설립취지서절록(獨立勞動協會設立趣旨書節錄)」의 격문을 게재하는 등 지면을 더욱더 첨예한 쟁점으로 구성하였으며, 5호에는 "무상농민학교", 6호에는 "공창제도비판"을 특집으로 구성하였다. 그러나 갑자기 9월호를 발행하고 더 이상 발행되지 못하였다.

한편, 문화보급회는 본래의 개선운동을 편집의 축으로 『문화생활』을 계승하였다. 1925년에는 잡지 『가정문화(家庭文化)』를 합병하였다. 그리고 1928년 잡지 이름을 『경제생활(經濟生活)』로 개제하였고, 1930년 3월호까지 발행하였다. 문화보급회 자체는 사업을 계속하였으며, 전후에 복간 『문화생활』을 4호까지 출간하였다. 그 후 사업은 현재의 도쿄문화학원(東京文化學園)에 흡수되었다.

문화생활연구회가 발행한 『문화생활』 편집방향은 생활의 실천 방법의 탐구보다도 문화라는 용어의 내용을 검토하고 충실하게 하는 것이었다. 이때 계몽의 대상은 가정부인, 주부, 혹은 그 예비군들이었다. 그러나 문체와 내용 면에서 오히려 지식계급의 남성들도 이해하기 어려운 문장도 많았다. 계몽적인 남성이 자신의 가정을 위해 잡지를 읽고, 처를 교육하는 것을 기대했던 것 같다. 즉 계몽의 주체는 남성, 계몽의 대상은 여성이었다.

사상사나 여성사 연구에서 『문화생활』은 다이쇼(大正)기 계몽주의운동과 남성 본위의 '가정'이데올로기가 가장 이상주의적인 순수한 형태로 추구되었다는 점에서 귀중한 자료라고 할 수 있다. 그리고 잡지는 '가정', '주택', '산아제한', '물질적 문화생활'이라는 네 가지 키워드를 통해 이 시대를 파악할 수 있는 자료라고도 할 수 있다. (문영주)

참고문헌

文化生活硏究會 編, 『文化生活』 1卷1號(1921.6)~3卷4號 (1923.4), 不二出版, 1995; 『文化生活硏究會發行 「文化生活」 解說·總目次·索引』, 不二出版, 1995; 『日本出版百年史年表』, 日本書籍出版協會, 1968.

▌문화생활(文化生活)

1923년 일본에서 발행된 문화생활 잡지

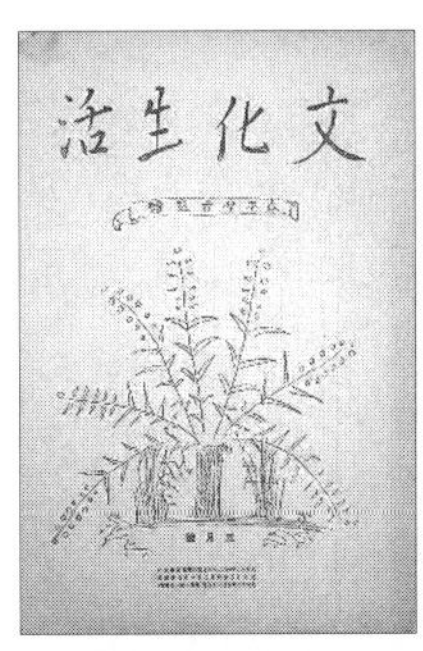

1923년 5월부터 1930년 3월까지 약 7년 동안 재단법인 문화보급회(文化普及會)에서 발행한 잡지이다. 원칙적으로 매달 1회 발행되는 월간지였다. 1928년 4월에 발행된 제100호부터는 제호를 『경제생활(經濟生

活)』로 변경하였다.
기원은 1920년 창립된 문화생활연구회(文化生活研究會)가 행한 각종 사업 중의 하나였던 잡지 발행이었다. 그러나 문화생활연구회와 문화보급회의 두 단체에서 일관되게 잡지에 논설, 기사를 기고하고 잡지의 기획과 편집에 노력했던 인물은 모리모토 고키치(森本厚吉)였다. 따라서 잡지 『문화생활』의 편집방침 및 내용의 특징은 무엇보다도 모리모토 고키치의 생애와 학문, 활동과 밀접히 연관되어 있었다.

잡지 『문화생활』의 전신은 문화생활보급회가 1921년 6월부터 간행을 시작한 계몽월간지 『문화생활』이었다. 또한 같은 해에 편집 발행된 강의록 『문화생활연구(文化生活研究)』는 모리모토 고키치의 기본 이념을 반영하여 문화생활에 관한 지식의 보급을 목적으로 하고 있었다.

『문화생활연구』의 독자는 '가인(嫁人)준비시대 중에 있는 고등여학교 졸업 정도의 젊은 부인', '건전하고 아름다운 가정을 만들어, 현대의 주부로서 대임(大任)을 완수하려고 노력하는 부인' 등이었다. 이들 독자층은 문화보급회의 『문화생활』의 독자층이기도 하였다. 따라서 『문화생활』은 고등여학교, 실업학교를 졸업한 여성을 대상으로 모리모토 고키치가 양심하게 구상한, 가정경영을 기저로 한 문화생활의 건영(建營)에 필수불가결한 논설, 기사를 내용으로 한 잡지였던 것이다.

그리고 잡지의 기획 편집의 이념은 후에 도쿄문화학원 단기대학(東京文化學園 短期大學)이 되는 여자문화고등학원(女子文化高等學園)의 건학 이념과 상통한 것이었다. 당시에 중등학교를 졸업한 여성은 중류 이상의 가정, 그것도 대다수는 도시에서 생활하는 가정의 자녀였다. 이런 측면에서 본지의 한계가 지적될 수 있지만, 다이쇼(大正) 후반부터 쇼와(昭和) 초기의 거의 완전하게 폐쇄상황에 있었던 일본 사회의 타개를 무엇보다도 여성의 손에서 기대했던 모리모토의 태도는 주목할 만한 가치가 있다.

그렇다면 문화보급회가 1923년 5월 1일에 발간한 『문화생활』과 문화생활연구회가 1921년 6월부터 간행한 『문화생활』은 어떠한 관계가 있었던 것일까. 문화보급회의 『문화생활』 '1권 1호' 표지에는 "제3권 5월호"라는 글씨가 인쇄되어 있다. 따라서 문화보급회의 『문화생활』은 문화생활연구회의 『문화생활』을 계승한 잡지였음을 알 수 있다. 또한 잡지의 편집 모체가 문화생활연구소에서 재단법인 문화보급회로 개조되었다는 점, 본지의 자매편으로 『문화생활의 기초(文化生活の基礎)』가 발행되기 시작했다는 점 등을 고려할 때, 계승지로서의 성격이 강했음을 알 수 있다.

다만 '1권 1호'에 모리모토 자신이 「『문화생활』의 새로운 홈: 재단법인 문화보급회에 대해서」를 기도하고, 신발족의 의의를 선명하게 한 점, 이제까지의 『문화생활』에 비해 잡지 분량을 60쪽으로 2배 정도 늘려, 본지가 취급하는 생활분야를 다각화하고 집필진을 다양하게 구성한 점 등을 볼 때, 이전과는 다른 새로운 『문화생활』이었다고 평가할 수도 있다.

1923년 5월의 창간호부터 1924년 5월의 2권 5호까지는 『문화생활』의 제1기라도 할 수 있다. 이 시기의 잡지는 다이쇼데모크라시 시대의 생활개조운동, 그것도 사회주의 노선과 구별되는 여성지로 편집되어 있었다는 특징이 있었다.

1924년 6월의 2권 6호부터 1925년 4월의 3권 4호까지를 『문화생활』의 제2기라고 할 수 있다. 2권 6호는 「배일법(排日法)과 국민생활문제」, 동권 9호(1924년 9월)는 「국난기념(國難記念) 생활의 충실」이라는 제목으로 특집기사를 구성하였다.

배일법이란 미국 의회가 1924년 5얼에 가격한 신이민법으로서, 일본인 이민을 엄격히 제한하고 억제하는 법률이었다. 이 때문에 미일관계가 악화 일로를 걷게 되었는데, 미국에서 사회과학, 생활과학을 공부한 모리모토에게는 심각한 충격을 주었던 것으로 보인다. 9호는 60쪽 분량의 잡지 분량을 154쪽 분량으로 늘려 특집을 구성한 것이었다.

모리모토의 주장은 미국정부의 시책은 유감스럽지만, 양국민이 문화생활의 건영을 통해서 상호 이해를 깊게 하고, 문제를 평화적으로 해결하자는 것이었다. 간토대지진(關東大地震)에 대해서는 관련 기사를 거의 게제하지 않았던 모리모토가 배일법에 대해서는 두 번이나 특집을 구성한 것은 주목할 가치가 있다.

2권 9호부터는 100쪽 내외로 발행되기 시작했으며, 정치 경제에 관련된 사회문제, 여성문제로의 관심이 더욱 강화되어, 부인참정권, 피임법 등에 대한 기사도 수록하였다. 또한 '개신호(改新号)'를 타이틀로 발행된 2권 11호(1924.11)부터, 가정 및 육아에 관한 기사가 증가하였고, 이러한 현상은 다음 시기에도 계속 이어졌다.

3권 5호(1925.5)부터 6권 3호(1928.3)까지의 『문화생활』을 3기라고 할 수 있다. 5호는 문화보급회에서 간행되었던 간행물 『가정문화(家庭文化)』를 합병하여 발행되었다는 점에서 특징이 있었다. 사회문제, 여성문제에 대한 관심을 상실되었지만, 가정 및 육아에 관한 기사가 눈에 띄게 많아졌다.

단, 주의할 점은 가정, 육아에 관한 제 문제에 대해서 사회과학, 자연과학을 배경으로 한 가정 경제의 입장에서 접근한 논설, 기사가 대다수를 차지했다는 것이다. 다시 말하면, 소위 의식주의 실기(實技)에 관한 것은 거의 없었다는 것이다.

당시 일본에서는 근세 봉건사회에서 유래된 '여공(女功)', 혹은 영국에서 이입된 생활을 중핵으로 한 가정학, 메이지 초기 미국에서 배워 온 사회과학과 자연과학에 기반을 둔 가정학이 각각 변종하고 있었다. 미국에서 배워 온 가정학 이념은 1901년 창설된 니혼여자대학교(日本女子大學校)의 가정학부에서 교육방침 및 교육과정으로 구체화되었다. 모리모토는 이러한 경향 위에 서 있었으며, 잡지는 이 경향을 더욱 추진하는 형태로 편집되었다는 특징이 있었다.

6권 4호(1928.4)부터 본지는 『경제생활』로 변경되었다. 이때부터 8권 3호(1930.3) 폐간될 때까지의 시기를 『문화생활』의 4기라고 할 수 있다. 잡지 이름의 개제는 모리모토 자신이 집필하여 4호에 수록되어 있는 「개제에 대해서: 『문화생활』에서 『경제생활』로」에 명확하게 드러나 있다. 그는 '본지가 목적했던 여성에 손에서 문화생활을 창조한다는 목적은 어느 정도 달성되었기 때문에, 이후에는 가정생활에 주요한 시야를 두고 소비경제학(消費經濟學)의 계몽적인 기관지로 역할을 수행'하기 위해 잡지 이름을 개제하였다고 기술하였다.

다이쇼 시대의 일본 국민들에게 신선한 감각을 부여했던 '문화'라는 어휘는 쇼와 시대에 들어서면 점차 그 신선함이 사라졌다는 점, 세계적 경제공황에 의해 국민경제의 부진, 실업자의 증대, 가계의 압박이 심각한 사회문제로 제기되었다는 점 등이 잡지 이름을 변경한 시대적 배경이었을 것이다. 또한 1927년 발족한 여자문화고등학원이 1927년 '여자경제전문학교(女子經濟專門學校)'로 전환되어 교육기관의 기능을 수행한 점도 영향을 미쳤을 것으로 보인다.

개제 이후 잡지는 60쪽 내외의 분량으로 발행되어 이전보다 싼 가격으로 판매되었다. 그리고 소비경제학의 입장에서 의식주의 생활 전반에 미치는 문제를 중심으로 편집되었다. 종래의 『문화생활』에 비하면, 편집의 기도와 이념이 명확하게 되었으며, 구체적인 기사내용이 잡지의 특징으로 부각되었다고 말할 수 있다.

이러한 변화는 같은 시기에 간행되었던, 『주부지우(主婦之友)』, 『부인구락부(婦人俱樂部)』 등과는 물론이고, 사회문제, 여성문제 중심의 『부인공론(婦人公論)』, 『부인지우(婦人之友)』와도 차별화되어, 독자적인 의의를 발휘하는 잡지가 되었다. 본지는 일본이 만주사변을 계기로 '중국 침략'에 돌입하기 전년인 1930년 3월에 재정적 이유로 종간되었다. (문영주)

참고문헌

『文化生活』 3卷 5月號(1923.5)~3卷 10月號(1923.10), 1卷 7號(1923.11)~6卷 3號(1928.3), 不二出版, 1997.6-1998.1; 『文化普及會發行「文化生活」解說·總目次·索引』, 不二出版, 1997; 『日本出版百年史年表』, 日本書籍出版協會, 1968.

문화영화(文化映畵)

1941년 일본 도쿄에서 발행된 영화 잡지

1941년 1월 일본의 영화일본사(映畫日本社)에서 발행한 영화 잡지이다. 1943년 1월 3권 7호로 종간하였다.

『문화영화』가 선정한 1940년도 일본의 '우수문화영화'는 일본 영화인 "어느 날의 간석(或る日の干潟)", "석탄을 때는 사람들(炭燒く人人)", "패총(貝塚)", "석촌(石の村)", "의사가 없는 마을(醫者のゐない村)"과 외국영화인 "세기의 개선(世紀の凱旋)", "민족의 제전(民族の祭典)", "미의 제전(美の祭典)"이었다. 선정된 일본 영화 우수작 중에서 "패총"을 제외하면 모두 농촌과 농촌 생활을 주제로 했다는 점이 주목된다. 대륙과 전쟁기록 작품도 들어가 있지만, 문화영화 내지 전시하의 관객층의 지향이 무엇이었는지를 알 수 있다. 1941년 3월호에는 「긴자 오와리마을(銀座尾張町)」이 게재되었는데, 작품은 태평양전쟁 직전의 전쟁의 기운이 강한 풍속과 평화 시대의 그것을 비교하면서, 긴자 주변(銀座界隈)의 표정의 교착과 복잡한 성격이 그려져 있다.

일본에서 문화영화에 대한 일반인의 관심은 1937년 중일전쟁 직후부터 시작되었다. 물론 그 이전에도 문화영화는 존재하고 있었지만, 일본에서 그 역사는 비교적 짧았다. 결국 전쟁에 의한 뉴스영화에 관심이 고조되고, 뉴스의 기록성과 단편적인 지식성이 문화영화라는 극영화에 대한 새로운 저널을 개시시켰다고 볼 수 있다.

따라서 중일전쟁이 일어난 시점에서 본격적으로 문화영화란 무엇인가, 문화영화에 있어서 과학과 예술의 문제 등이 논의되었지만, 방법론으로서 확고한 관점이 존재했던 것은 아니었다. 단 문화영화라는 호칭 자체가 뉴스영화 이외의 극적 요소를 포함하고 있지 않는 것의 총체로 표시되었기 때문에, 교재영화(教材映畵), 관광영화(觀光映畵), 선전영화(宣傳映畵), 계몽영화(啓蒙映畵) 등 그 내실은 종종 잡다한 것이었다. (문영주)

참고문헌

映画日本社, 『文化映画』 1巻 1號(1941.1)~3巻 7號(1943.11), 1941~1943; 高崎隆治, 『戰時下の雜誌その光と影』, 風媒社, 1976, 223~224쪽; 高崎隆治, 『戰時下のジャ-ナリズム』, 新日本出版社, 1987.

문화전선(文化戰線)

1937년 중국 상하이에서 창간된 정치운동잡지

1937년 9월 1일 상하이(上海)에서 창간되었다. 스푸량(施復亮)과 아이쓰치(艾思奇) 등이 주편을 맡았고, 황옌페이(黃炎培)가 제호를 지었으며, 상하이편집인협회에서 출판하였다. 순간(旬刊)으로 32면을 발행했다. 1937년 11월 정간되었으며, 모두 8호가 출간되었다. 베이징사범대학도서관과 상하이도서관 등에 소장되어 있다.

내용은 단평, 항전정보 등의 난이 있었으며, 주로 항전 초기의 정치 형세를 반영하고, 국공합작과 대외일치를 호소하였다. 또 국내정치생활의 민주화의 실현과 민중을 동원하여 항전을 실행할 것을 요구하였다.

상하이편집인협회의 「항적선전대강(抗敵宣傳大綱)」과 「전시출판계동원계획초안(戰時出版界動員計劃草案)」 등이 게재되었다. 편집위원회에는 스푸량, 아이쓰치, 송이(宋易), 진저런(金則人), 저우무자이(周木齋), 장쥔천(姜君辰), 타오캉더(陶亢德) 등이 참여하였다. 후에 셰류이(謝六逸), 장중스(張仲實), 란톈자오(藍天照) 등이 편집위원회에 추가되었다. (김지훈)

참고문헌

王檜林 · 朱漢國, 『中國報刊辭典(1815~1949)』, 書海出版社, 1992; 伍杰, 『中文期刊大詞典』, 北京大學出版社, 2000; 葉再生, 『中國近代現代出版通史』 3, 北京: 華文出版社, 2002.

문화조선(文化朝鮮)

1939년 서울에서 일본어로 발행된 관광 잡지

1939년 6월, 『관광조선(觀光朝鮮)』이라는 제호로 발행되던 잡지를 개제하여 계승한 잡지이다. 격월간으로 발행되었으며, 잡지 크기는 B5판이었으며, 100쪽 내외의 분량으로 발행되었다. 당시로서는 상당히 호화롭게 지면을 구성한 잡지였다. 서울에서 영업하던 동아여행사(東亞旅行社)가 발행하였으며, 일본에서도 규모가 큰 서점에서 판매되었다. 사진이 많이 수록된 호화로운 잡지였음에도 불구하고 잡지 가격이 싼 이유는 조선총독부로부터 잡지 발행관련 보조금을 받았기 때문이었다.

잡지 제호가 『관광』에서 『문화』로 개제되기는 했지만, 잡지에서 '문화'는 여전히 '관광'을 의미했다. 「정기승차권을 구하는 방법」, 「조선철도의 사명을 운수과장에게 듣다」, 「반도의 여행과 국어(半島の旅と國語)」, 「여행상담」, 「여름의 바다·동해량기(東海凉記)」, 「여름의 산·설악청기(雪岳淸記)」 등과 같은 기사와 해설이 매호 1/3 정도의 분량을 차지하였다. 제호를 『조선문화(朝鮮文化)』가 아니라 『문화조선(文化朝鮮)』으로 바꾼 것은, 아마도 관광하는 식민지라는 느낌을 주기 위한 것으로 생각된다.

1942년 7월호의 주요 목차는, 「고이소 총독을 맞이하며」, 「아름다음 5월」, 「반도수상(半島隨想)」, 「인간 '다나카 정무총감'을 묘사하다」, 「화신(和信)안내소 방문기」, 「강원 동해안의 종주(縱走)」, 「그 즈음의 조선」과 김사량(金史良)이 쓴 「소설: 걸식의 묘(乞食の墓)」 등으로 구성되어 있다. 목차에서도 확실히 알 수 있듯이, 시국적 색채가 당연히 느껴지기는 하지만, 관광을 위한 다양한 글이 많았다는 점은 부정할 수 없다. 또한 잡지에는 매호마다 권두에 일본의 문학자들의 조선관을 읽을 수 있는 글이 게재되어 있다. (문영주)

참고문헌

『東亜旅行社満洲支部十五年誌』, ゆまに書房, 2004.9(『社史で見る日本経済史; 植民地編』 第31巻); 高崎隆治, 『戰時下の雜誌その光と影』, 風媒社, 1976, 224~225쪽.

미곡일본(米穀日本)

▶ 식량경제(食糧經濟, THE FOOD ECONOMY)

미술순보(美術旬報)

1917년 일본에서 창간된 미술 잡지

『미술주보(美術週報)』의 뒤를 이어 1917년 10월 9일 창간되어 1919년 5월까지 속간된 미술 잡지이다. 발행소는 도쿄시(東京市 下谷區 初音町 3의 10)에 있던 이치멘샤(七面社)로, 편집 발행인은 에비네 유타카(海老沼豊)이다. 그리고 주간은 사카이 기자부로(坂井義三郎)였다. 그가 1915년 12월 건강상의 이유로 『미술신보(美術新報)』를 떠나자 『미술주보』도 자립하게 되었다.
크기는 가로 32㎝, 세로 47㎝로, 내용은 6단으로 구성되어 있다.

간행 목적은 『미술주보』의 후신으로, 이와무라 도루(岩村透)가 심혈을 기울인 사업의 하나로 그 유지를 계승하기 위해서였다. 나아가 국가에서 미술을 중시하게 만들고 미술의 발달에 필요한 시설의 실행을 촉진하며, 건전한 미술의 생존에 적합한 사회를 조성하여, 장래의 미술가에게 좋은 환경을 만들어 주기 위한 것이었다.

주요 내용은 미술관계의 정치적, 사회적 동향, 미술계의 가사 등을 알리고, 동시에 매월 1면에서 미술활동에 관한 제언을 하고 있다. 『미술순보』에서 보이는 당시의 중요한 문제는 문전(文展), 미술관 설치, 나체미술을 둘러싼 논쟁이었다. 특히 미술관 설치는 오랫동안의 현안이었는데, 『미술순보』가 발간되는 사이에 구체적으로 전개되었다. 나체미술에 대해서는 메이지(明治) 전반기부터 화제였는데, 행정과 미술의 대립점의 하나로, 『미술순보』에 작가와 미술관계자의 견해가 게재되어, 행정가의 미술에 대한 무지가 폭로되었다.

전쟁의 이야기를 담고 있는데, 1차 세계대전기에는

일본의 미술계에 전쟁이 끼친 영향이 확인되며, 나아가 확대된 일본의 세계 속에서 미술가들의 이야기가 보인다. (김인덕)

참고문헌

『國文學 解釋と鑑賞』(10月) 第30卷 第13号, 東京: 至文堂, 1965; 日本近代文學館·小田切進 編,『日本近代文學大事典』5卷, 東京: 講談社, 1977.

▌미술월보(美術月報)

1919년 일본에서 창간된 미술 관련 잡지

1919년에 미술월보사(美術月報社)에서 창간한 미술 관련 잡지이다.『국민미술(國民美術)』의 전신으로,『미술월보』는『미술순보(美術旬報)』가 그 전신이며, 그 앞에는『미술주보(美術週報)』, 또 그 앞에는『미술신보(美術新報)』가 있다.

발간의 계기는『미술순보』의 발간이 늦어지자 월간으로 이름을 바꾸어 간행한 것이다. 창간 당시는 상당히 발매가 잘 되어, 주문에 응할 수 없을 정도였다고 한다. 표지는 그림을 제1권부터 제2권까지는 스기우라 히수이(杉浦非水)가 그렸고, 제3권부터 종간 직전까지의 제4권 10호까지는 히로가와 마쓰고로(廣川松五郎)이 장식했다.

편집의 방향은 ① 미술관 건립, ② 미술의 국제교류, ③ 예술가의 보호교육과 교육장려, ④ 도시의 미화, 사적과 경관의 보존, ⑤ 문화행정의 적극 추진, ⑥ 미술강연회에 의한 계몽, ⑦ 예술가 살롱의 설치 등이었다.

공예와 조각 회화에도 관심을 갖고, 서양미술뿐만 아니라 동아시아미술도 소개했으며, 이과전(二科展)부터 고미술(古美術), 농민미술(農民美術)까지 미술계의 움직임이 전반적으로 소개되고 있다.

삽화가 많을 뿐만 아니라,『미술월보』는 4호부터 구회(口繪)를 실었고, 이것을 계기로 하여 1책 17전에서 25전으로 가격이 올랐다. 그 후도 인쇄비와 용지대의 상승을 이유로 하여 1권 10호가 30전으로 올랐다. 특히 삽화의 증가를 들어 2권 3호는 35전, 4권 5호부터는 40전으로 올랐다. (김인덕)

참고문헌

『國文學 解釋と鑑賞』(10月) 第30卷 第13号, 東京: 至文堂, 1965; 日本近代文學館·小田切進 編,『日本近代文學大事典』5卷, 東京: 講談社, 1977.

▌미술주보(美術週報)

1913년부터 일본에서 발간된 주간 미술지

1913년 10월 12일 발간되어 1917년 2월 25일까지 통호 139호 간행된 주간 미술지이다. 창간 당시 주간은 가호샤(畵報社)의 『미술신보(美術新報)』와『미술화보(美術畵報)』의 주간이었던 사카이 기자부로(坂井義三郎), 편집 주임은 스즈키 에이오(鈴木映雄)이었다.

특징은 무엇보다도 주간 미술 관련 잡지라는 점이다.『미술신보』가 지식과 취미의 향상을 위해 제작된 교육서의 성격을 갖고 있다면, 보도 중심의 정보지이다. A4 변형판(変形判), 1부 3전(錢)으로 10항의 체제로 출발했다. 발행처인 미술주보사(美術週報社)는 가호샤 내에 있었다.

잡지는 명류담총(名流談叢), 방문록, 최근 사조, 주보언(週報言), 지방통신, 해외소식, 미래란, 미술출판 소개 등의 휘보와 요약문적인 성격의 기사, 수필, 잡구파란(雜句波瀾) 등으로 구성되었다. 주요 내용은 넓은 독자층 획득을 목표로 하여, 전통미술을 포함하여 다양한 일본미술계 소식을 전했는데, 지방의 소식과 해외의 소식을 전하기도 했다.

미술의 대중화와 함께 주목되는 기사는 메이지 천황(明治天皇)을 기념하는 메이지신궁성덕기념회화관(明治神宮聖德記念繪畵館)과 결과적으로 도쿄미술관(東京美術館)으로 간 미술관 건설운동 관련 기사이다. 이와 함께 오카쿠라 덴신(岡倉天心)이 죽자 그에 대한 기사가 실렸는데, 그가 죽은 1913년 9월 2일 이후에 친구들에 의해 도쿄제국대학(東京帝國大學)에서 동양미술사 강좌가 열렸고, 기금이 모집되었다.

신고미술품의 가격 폭등, 소미술품 판매점의 발흥, 양화가와 생활문제 등과 사회문제에 대한 기사가 적지 않게 실렸다.

• **오카쿠라 덴신(岡倉天心, 1862~1913)**

후쿠이번사(福井藩士)의 아들로 요코하마(横浜)에서 태어났다. 어린 시절부터 영어를 배웠고, 도쿄제국대학에서 수학했다.

18세 때부터 일본 문부성(文部省)에서 근무를 시작했다. 이미 그는 대학시절에 스승인 페놀로사의 통역으로 일본 국내외를 답사했다. 특히 나라(奈良), 교토(京都)의 고사찰을 조사했고, 도쿄미술학교(東京美術学校) 개설 준비를 했으며, 27세의 때인 1889년 제국박물관(현재의 도쿄국립박물관)의 이사·미술부장을 역임했다. 1890년부터 도쿄미술학교(현재 도쿄예술대학) 교장으로 근무했다. 8년 이후 학내에서 그를 배척하는 운동이 일어나자 사직하고, 하시모토 가보(橋本雅邦), 요코야마 다이칸(横山大観) 등과 함께 일본미술원(日本美術院)을 창립했다. 1904년부터는 보스톤 미술관에서 근무하여 미국을 왕래했다. 『동양의 이상(東洋の理想)』, 『다도교본(茶の本)』 등을 런던, 뉴욕에서 영문으로 출판했고, 동양의 우수성을 주장하고 동시에 일본의 역할을 강조했다. 그는 인도의 시인 타고르와 교분을 맺어 인도 독립운동에 영향을 미쳤다고 한다. (김인덕)

참고문헌

『國文學 解釋と鑑賞』(10月) 第30卷 第13号, 東京: 至文堂, 1965; 日本近代文學館·小田切進 編, 『日本近代文學大事典』 5卷, 東京: 講談社, 1977.

▌미쓰이은행본부순보(三井銀行本部旬報)

1897년 일본에서 발행된 경제 잡지

1897년 6월 11일에 합명회사 미쓰이은행 비서기(秘書記)의 편집에 의해 발행된 은행 내보이다. 본지 제1호는 B5판, 16쪽, 매월 1일, 11일, 21일의 3회 간행되었고, 각 지점으로 배포되었다. 2호 분량은 26쪽이었다. 본지는 1899년 3월 31일 제66호를 마지막으로 『미쓰이은행호치(三井銀行報知)』로 개제하였다.

개별 은행에서 간행된 잡지에는 두 가지 유형이 있다. 하나는 금융경제와 은행업무의 조사지의 성격을 가지고 있는 조사월보지이다. 다른 하나는 은행 내보의 성격을 지닌 행내지이다. 이것들은 대장성에서 간행한 초기의 계몽지와 민간상업 차원에서 1920년대부터 금융평론지의 중간적 위치에 있던 것이었다.

전자의 유형은 일본은행에서 일찍부터 간행하기 시작하였고, 이어서 『일본권업은행월보』와 같이 특수은행에서 발행한 것이 있다. 시중은행에서는 시기가 늦은 1920년대 이후 다수가 간행되었다.

시중은행에서 발행된 잡지 중에서 비교적 빠른 시기에 발행된 것은 후자의 유형이 많았는데, 본지는 그 대표적인 잡지 중의 하나이다. 창간호에서 밝힌 간행 취지는 통달, 보고 등의 본부 의향을 전국 지점에 주지시킴과 동시에, 내외의 경제사정도 게재하여 각 지점의 업무에 참고하기 위해서라고 되어 있다.

따라서 잡지 발행의 가중 중요한 목적은 1893년 이후 인민예금이라 불린 예금의 폐지, 직무장정을 개정해서 경영 전반에 걸친 기획 입안과 각점 영업의 감독명령을 담당하는 중추로서의 본부기구의 설치 등 각점의 영업을 통일적으로 관리하기 위한 일련의 조치 중의 하나였다.

본지의 게재기사는 '달(達)', '지령', '통첩', '사령', '휘보', '잡록'의 각란으로 구분된다. '달'란에는 모든 발신부서, 문서번호 등이 적혀 있다. '휘보'란에는 미쓰이가의 사항과 본부제보 외에 각점의 보고사항이 게재되어, 개별 점포의 정보를 각 지점에서 공유할 수 있도록 하였다. '잡보'란에는 일반 경제, 금융조사기사가 게재되었는데, 이들 기사는 각점에서의 보고와 합쳐 전국 및 지방금융시장 등을 연구하는 귀중한 자료이다.

이러한 측면에 주목한다면, 본지는 단순한 업무상의 행내 정보를 전달하는 내보라는 성격과 함께, 조사지적 성격도 가지고 있었다고 할 수 있다. (문영주)

참고문헌

杉原四郎 編, 『日本経済雑誌の源流』, 有斐閣, 1990; 杉原四郎 著, 『日本の経済雑誌』, 日本経済評論社, 1987.

▌미쓰이은행조사주보 · 조사시보(三井銀行調査週報 · 調査時報)

1921년 일본에서 발행된 경제 잡지

1921년 6월 13일부터 미쓰이은행이 발행한 조사지이다. 동년 5월 미쓰이은행의 기구개혁에 의해 조사계가 조사과로 되면서 조사과에서 『조사주보(調査週報)』를 발행하였다. 현존하는 『조사주보』 중 가장 오래된 17호(1921.10.3)에 의하면, B5판, 전9쪽 분량이었다. 『조사주보』는 303호(1927.12.19)까지 발행되었다. 그러나 그 직후인 1928년 1월 4일 동행 『조사시보』가 발행되었다. 『조사시보』는 본부 조사과에서 조사한 내용을 발행한 『조사시보』(조)와 각 지점이 독자적으로 조사한 내용을 조사과에서 발행한 『조사시보』(각) 두 종류가 발행되었다. 판형은 모두 B5였다.
『조사시보』(조)는 1934년 6월 17일, 264호로서 종간되었다. 미쓰이은행의 기구개혁 때문이었다. 『조사시보』(조) 제260호(1930.6.11)의 발행부터는 '고사과(考査課)' 이름으로 편집되었다.
이후 계속해서 『주식회사미쓰이은행시보』 1호가 동년 7월 16일부터 발행되었다. 편집은 고사과였다. 이전의 『조사시보』와 같이 본지도 『시보』(사) 및 『시보』(고)의 두 종류가 발행되었다. 모두 판형은 B5였다.

『조사주보』 제17호의 지면은 해외경제사정, 런던시장주보, 뉴욕시장주보, 내외경제사정, 통계로 구성되어 있다. 내용은 모두 존래의 조사업무로서 작성된 것이었다. 또 『조사주보』 호외도 다수 발행되었는데 「보통은행의 자금운용제한과 당행의 실정에 대해」(1924.6.10), 「신탁회사에 예체(預替) 가능성 있는 정기예금에 대해」(동상), 「은행공황 후에 신탁예금의 증가는 공황전에 비해 조금 열악」(1927.11.21) 등 흥미로운 기사가 많았다.

『조사시보』(조)는 1928년 상반기까지 55호까지 간행되어 1주일에 2회 정도 발행되었다. 『조사시보』(각)은 동년 상반기 중에 48호까지 간행되어 발행 빈도수는 『조사시보』(조)와 거의 비슷했다. 『조사시보』(조)는 국내경제 일반과 해외금융경제를 주로 하고 일본 국내 금융기사가 약간 게재되었고, 『조사시보』(각)는 국내 각지로부터의 금융 및 경제기사를 중심으로 지면이 구성되었다.

1928년 7월 16일부터 발행되기 시작한 『주식회사 미쓰이은행시보』에서 『시보』(사)는 앞선 『조사시보』(조)의 경향을 계승한 것이었다. 『시보』(고)는 『조사시보』(각)를 계승하여 금융, 금융시장, 회사 기타, 무역관계, 교통 및 운소, 도시 및 사업, 잡의 7개 란으로 지면을 구성하였고 각 지점의 조사사항이 실렸다.

『시보』(사)는 1937년 9월 16일부, 154호까지의 발행은 확인되는데, 1938년 8월의 조사과 폐지까지는 발행되었을 것으로 생각된다. 『시보』(고)는 1938년 8월 29일부 1003호까지 발행이 확인된다.

미쓰이은행은 『조사주보』, 『조사시보』, 『시보』 이외에도 『고사과휘보(考査課彙報)』를 1934년 1월 10일부터 발행하였다. 『고사과휘보』는 주로 외국신문의 기자를 소개하였다. 1942년 1월 6일에는 『시보』(외) 1호가 조사부에서 발행되었다. 1호는 B5판, 2쪽, 외국위체주보, 해외시황, 내지시황이 소재되었고, 1942년 중에 52호까지 발행되면서 거의 주간지가 되었다.

1942년에는 『시보』(조)(76~151호), 『시보』(외) 외, 『시보』(각)(106~164호, 조사부간)도 발행되었다. 또 1942년 중에는 『시보』 호외, 전 17호(활판쇄) 및 『시보』 특집 전 40호(등사판)가 각각 조사부명으로 간행되었다.

제국은행시대에 들어서면, 미쓰이은행계 『시보』(각)는 1943년 5월 폐지되었다. 대신해서 동년 6월 9일 구(舊)제국은행 『시보』가 조사부조사과에서 1944년 4월까지 발행되었다. 1943년 4월에는 제일은행 『경제월보』를 계승해서 구 제국은행 『경제월보』가 간행되고, 1943년 6월, 『제국은행경제월보』 개제, 제1호를 발행하였다. 1943년 이후 조사지적 성격을 가진 은행 내지는 『업황월보(業況月報)』(1943년 12월부터 발행), 『업계휘보(業界彙報)』(1944년 3월 이후 부정기)가 있

었다. (문영주)

참고문헌

杉原四郎 編, 『日本経済雑誌の源流』, 有斐閣, 1990; 杉原四郎 著, 『日本の経済雑誌』, 日本経済評論社, 1987.

▌미쓰이은행호치 · 호치부록(三井銀行報知 · 報知付錄)

1899년 일본에서 발행된 경제 잡지

1899년 4월 4일 발행된 부정기 은행잡지이다. 전신은 미쓰이은행에 발행한 『본부순보(本部旬報)』였다. 창간호는 B5판, 1쪽, 『조각(調各)』 15호의 통첩이 1통 게재되었다. 편집발행은 미쓰이은행 이서(吏胥) 직원이가 담당했다. 『본부순보』와 같이 비서 직원이다. 부정기적으로 발행되었다. 『본부순보』가 순간으로 발행되었던 데 비해, 본지는 본부에서 각점으로 통달 등을 발포할 경우와 일반적인 참고자료의 공표가 필요한 경우 수시로 발행되었다. 이 때문에 정보 교류의 속도가 급속히 증가하게 되었다.
1호 발행 이후 1899년 4월 중에는 10호까지 발행되었고, 1899년까지 91호까지, 1900년 중반에는 243호까지, 1901년 중반에는 404호까지 발행되었다. 『본부순보』가 1년간 36호 발행된 것에 대해, 본지는 그 4배의 발행수를 보여, 평균 2, 3일에 1회 발행되었다.

창간 취지는 본부의 명령을 각 지점에 전달하고, 각 지점에 정보를 전체적으로 고유하기 위한 것이었다. 이는 『본부순보』와 크게 변화지 않은 점이었다. 다만 발행일을 고정하지 않고 필요에 따라 수시로 발행한 점이 달랐다. 당시 영업소 총수 21, 사무행원 555명 정도의 조직에 대한 시책으로서 수시발행을 선택한 것이었다.

지면 구성은 『본부순보』를 계승하여, 통달, 통첩, 참고자료(지령, 휘보, 지점정보)로 구성되었다. 지점으로부터의 「각지금융상황보고」에서는 각점 소재지의 상업금융 기타 상황의 상세한 내용을 본부조사계에 보고한 것이었다. 동행 조사계는 본래 조사사항의 업무 이외에 경영 전반에 걸친 기획입안, 각점 영업의 감독지령을 담당하는 중추적 역할을 수행하였다.

그런데 1903년 1월 19일부터 본지 외에 새로이 『호치부록』이 발행되었다. 『호치부록』 1호는 B5판, 4쪽 분량이었으며, 동년 1월 중에 6호까지, 동년 말까지 112호가 발행되면서, 평균 3일에 1호씩 빈번하게 발행되었다.

『호치부록』에는 본부의 통달, 회보, 보고와 각 영업점의 보고 등이 게재되었고, 그중에는 본부의 각점별 예금대출조사와 은행전체보고, 또는 각 영업점 소재지의 금융 상황 보고, 각점의 영업보고 등 자료적 가치가 높은 것이 많이 포함되어 있다.

『호치부록』 1호에는 나가사키 지점을 비롯한 5개 지점의 「금융상황 보고」가 실려 있다. 이 기사는 『미쓰이은행호치』에서 이관된 것이었는데, 『호치』는 업무 및 기타 행무 전반에 관한 본부로부터의 통달, 지령에 중점을 둔 은행 내보, 『호치부록』은 업무에 관한 각점 및 본부업무과 등에서 본부조사과로 보낸 보고에 중점을 둔 은행 내보로 분화되었다.

이러한 분업체제가 엄밀하게 실해된 것은 아니었지만, 『호치부록』은 36호(1903.6.18)부터 '각점내외정보발췌'라는 지면 구성이 관례화되었다.

『호치부록』은 동행이 제일은행과 합병해서 제국은행으로 됨에 따라 1943년 3월 17일부, 제4820호로 종간되었다. 『호치』도 1943년 3월 31일부, 제7984호로 종간되었다. 각 지점의 통일관리를 위해 발행된 『호치』와 같은 은행 내보는 그 성격에서 보아 타행에서도 발행된 예가 적지 않았을 것으로 보인다. (문영주)

참고문헌

杉原四郎 編, 『日本経済雑誌の源流』, 有斐閣, 1990; 杉原四郎 著, 『日本の経済雑誌』, 日本経済評論社, 1987.

▌미야코의 꽃(みやこのはな)

1888년 도쿄의 긴코토에서 발행한 문예지

1888년 10월 21일 도쿄의 긴코토(金港堂)에서 발행한 문예지이다. 1부당 정가는 10전이고, 통권 109호가 발행되었다. 잡지의 편집은 제38호까지는 야마다 비묘(山田美妙)가 실질적으로 담당했다.

잡지에는, 근대의 독자는 소설에 도리(道理)를 요구한다고 주장한 쓰보우치 쇼요(坪内逍遙)의 문학개량주의를 근저로 언문일치체 소설을 많이 게재했다. 창간호에는 야마다 비묘의 「꽃마차(花ぐるま)」와 후타바테이 시메이(二葉亭四迷)의 「메구리아히(めぐりあひ)」가 게재되었고, 삽화 화가인 고바야시 기요테루(小林清輝) 등이 참가했다.

야마다 비묘의 라이벌 오자키 고요(尾崎紅葉)도 잡지에 대해 "책도 아주 훌륭하고, 편집도 좋다. 그리고 권두에는 야마다의 문장, 미워하는 적이지만 잘도 썼다"(『신소설[新小説』 1901.1)고 회상하고 있다. 전 권을 통해 사카노야 오무로(嵯峨のやおむろ), 우치다 로안(内田魯庵), 구로이와 루이코(黒岩涙香), 하구치 이치요(樋口一葉), 오자키 고요, 가와카미 비잔(川上眉山) 등이 집필하여 1890년대 문학의 중심잡지이다.

• 야마다 비묘(山田美妙, 1868~1910)

야마다 비묘는 메이지 시기의 소설가·시인·평론가이다. 본명은 다케타로(武太郎)이다. 대학예비문(大学予備門) 재학 중인 1885년에 오자키 고요·이시바시 시안(石橋思案) 등과 겐유샤(硯友社)를 결성하고, 기관지 『가라쿠타문고(我楽多文庫)』를 창간했다.

그는 최초의 언문일치소설인 「조계소설천구(嘲戒小説天狗)」(1886~1887)를 발표한 것으로 유명하다. 또 그는 오자키 고요 등과 『신체사선(新体詞選)』을 편집하고, 스스로도 『소년자(少年姿)』를 펴냈다. 더욱이 그는 언문일치의 역사소설 「무사노」(武蔵野, 1887)를 『요미우리신문(読売新聞)』에 발표하여 이름을 날렸다. 잡지는 현재 가가와대학(香川大學) 중앙도서관 등이 소장하고 있다. (이규수)

참고문헌

牛島俊作,『日本言論史』, 河出書房, 1955;『近代文學雜誌事典』, 至文堂, 1965; 桂敬一,『明治·大正のジャ-ナリズム』, 岩波書店, 1992.

▌미지조선(米之朝鮮)

1923년 군산에서 발행된 일본어 월간지

군산항에 소재하고 있던 미의조선사(米の朝鮮社)가 1923년 9월부터 발간한 일본어 월간지이다. 편집 겸 발행인은 기타이치 기다고(北市喜多孝)였다.
현재 일본 사이토문고(齋藤實文庫)에 1923년 9월 발간된 창간호가 소장되어 있다. 창간호는 국판, 68쪽으로 발간되었다.

'미의 조선사'는 조선농업계의 발전을 위해 설립된 단체로서, 농업 개발과 관련한 강연회 개최, 지방 농가의 위안을 위한 활동사진 방영, 농촌진료반에 의한 빈농에 대한 무료 진료, 농업출판물 발간 등의 사업을 추진할 예정이라고 밝히고 있다.

이에 발간된 창간호는 조선에서의 쌀의 중요성, 조선산 미곡의 특성, 미곡과 철도의 관계, 미곡 거래에 관한 문제점, 미곡 재배법, 미곡 조제와 검사의 중요성, 동진강 유역의 영농, 조선의 비료, 간토대지진이 조선 경제에 미친 영향, 조선부업공진회 보고, 충남의 미작 개량, 조선 농업 경영자 일람 등의 내용으로 구성되었다.

군산 지역의 농업 경영 및 미곡 판매와 관련한 다양한 보고가 수록되어 있어, 1920년대 초반 군산의 경제 동향을 이해하는 데 도움이 되는 자료이다. (윤해동)

참고문헌

『미지조선』, 일본 소재 사이토문고(齋藤實文庫) 소장본.

▌미타문학(三田文學)

1910년 5월 일본에서 창간된 문예지

모리 오가이(森鷗外), 우에다 빈(上田敏)의 주선으로 나가이 가후(永井荷風)를 게이오대학(慶應大學) 교수로 맞이하고, 이 대학 문과의 발전을 기대하며 창간했다. '미타(三田)'는 이 대학 소재지명이다. 자연주의의 『와세다분가쿠(早稻田文學)』와 대조적으로 탐미적·관능적 색채가 강하다. 제1호는 기노시타 모쿠타로(木下杢太郎), 요시이 이사무(吉井勇), 기타하라 하쿠슈(北原白秋) 등 '스바루파'와 함께 이즈미 교카(泉鏡花), 다니자키 준이치로(谷崎潤一郎) 등도 참가했으며, 구보타 만타로(久保田万太郎), 사토 하루오(佐藤春夫), 호리구치 다이가쿠(堀口大學) 등을 배출하여 탐미파의 아성에 어울리는 활약을 보였다. 제2호인 1926년 이후는 미나카미 다키타로(水上瀧太郎)를 중심으로 해서 미타파 외에도 지면을 제공하여, 이시자카 요지로(石坂洋次郎), 마루오카 아키라(丸岡明) 등 이른바 '신 미타파'를 탄생시켰다. 제3호는 1946년에 복간되어 마루오카 아키라 등에 의해 띄엄띄엄 발행되었으며, 이는 엔도 슈사쿠(遠藤周作), 에토 준(江藤淳) 등으로 이어졌다. 1976년 10월호로 종간되었다.

메이지 시기의 근대문학

근대문하이 '근대'라는 이름에 어울리는 형태를 갖추게 된 것은 1880년대 후반이라 할 수 있다. 그 전기를 마련한 쓰보우치 쇼요(坪內逍遙)나 후타바테이 시메이(二葉亭四迷)의 문학론, 모리 오가이의 『무희(舞姬)』가 발표된 것은 1887년 전후의 일이다. 쓰보우치 쇼요의 『쇼세쓰신즈이(小說神髓)』를 보면, 에도시대의 권선징악적 이야기를 부정하고 유형적 인간이 아닌 고뇌하는 인간의 심리를 그대로 그려내는 사실주의 사고방식을 강하게 내세우고 있다. 모리 오가이의 『무희』는 독일에서의 체험을 바탕으로 유럽식 문맥과 전통적 가문체(雅文體)의 문맥을 융합, 정합성(整合性) 있는 작품으로 만들어낸 것이다. 한편 에도시대 희작자(戱作者, 통속문학 작가)의 본질을 답습하면서 신시대 개화풍속에 관심을 기울인 가나가키 로분(假名垣魯文) 일파, 유럽문학의 일본적 번역에 힘쓴 사람들, 자유민권운동과 연관 있는 야노 류케이(矢野龍溪), 도카이 산시(東海散士) 등의 정치소설, 그리고 폭넓은 언론활동에 의해 전 국민적으로 읽힌 후쿠자와 유키치(福澤諭吉)의 『학문의 권유』, 나루시마 류호쿠(成島柳北) 등의 '반근대적(反近代的) 경향'도 주목할 필요가 있다. 오자키 고요(尾岐紅葉) 등의 '겐유샤(硯友社)'는 『가라쿠타문고(我樂多文庫)』를 창간하여 1890년대 문단의 중추적 존재가 되었다. 또한 고다 로한(幸田露伴)도 이 시대에 활약하여 '고로쇼오(紅露逍鷗) 시대'를 낳았다. 그 밖에 근세 낭만주의의 선구자 기타무라 도코쿠(北村透谷)는 자유민권운동에 참가했다가 문학의 길을 걸었는데, 그는 '인생에 관계되는 것이란 무엇을 말하는가?'라고 야마지 아이잔(山路愛山)의 공리주의적 문학관을 비판했으며 시마자키 도손(島崎藤村) 등과 동인잡지 『문학계(文學界)』를 창간했다. 『문학계』 출신 히구치 이치요의 『니고리에(濁江)』 등은 근대 단편소설의 선구적 의미를 지닌다. 『두견이(不如歸)』를 쓴 도쿠토미 로카(德富蘆花)는 톨스토이의 영향을 받아 도쿄 교외에서 반농(半農) 생활을 하였고, 구니키다 돗포(國木田獨步)는 『무사시노(武藏野)』에서 청신한 자연을 표현하는 등 단편소설 분야에서 독보적 존재였다. 이러한 근대 단편소설의 계보는 시가 나오야(志賀直哉)에게로 이어졌다. 『문학계』의 뒤를 계승한 요사노 뎃칸(與謝野鐵幹)과 아키코(晶子)의 『명성(明星)』은 '신시샤(新詩社)'라는 이름이 상징하듯이 아키코의 「흐트러진 머리칼」뿐 아니라, 우에다 빈도 『해조음(海潮音)』의 기조가 되는 번역시를 기고하여 시·번역·소설·회화(繪畵) 등 장르를 초월한 메이지시대 낭만주의의 광장이 되었다. 쓰치이 반스이(土井晩翠)와 『문고(文庫)』에 의존한 가와이 스이메이(河井醉茗), 요코세 야우(横瀬夜雨), 스스키다 규킨(薄田泣菫), 간바라 아리아케(蒲原有明) 등의 시도 주변에 큰 영향을 주었다. 또한 마사오카 시키(正岡子規)는 단카·하이쿠의 혁신과 사생(寫生)의 필요성을 제창했다.

• 모리 오가이(森鷗外, 1862~1922)

소설가, 평론가, 번역가, 군의. 본명은 린타로(林太郎)이다. 일본 근대문학의 창시자 가운데 한 사람이다. 대대로 쓰와노 한의 영주의 전의(典醫)를 맡아온 의사 집안에서 태어났다. 메이지유신 이후 모리가(森家)는 도쿄로 이주했으며, 오가이는 1881년 도쿄대학 의학부를 졸업했다. 군의관으로 있다가 1884년 오랜 염원이던 독일 유학을 떠나 약 4년 동안 위생학을 공부했다. 1888년 귀국해 육군군의학교 교관이 되었으며 이듬해부터 군의이자 문학가로서 왕성한 활동을 시작했다.

1889년 번역시집 『오모카게(於母影)』를 냈으며 잡지 『시가라미조시(しがらみ草紙)』를 창간했다. 1890년 소설 「무희(舞姬)」를 발표했는데, 이는 베를린을 무대로 일본 유학생과 독일 소녀와의 비련을 그린 것으로 작가의 체험을 바탕으로 하여 쓴 것이다. 기성 작가들의 비개인적인 픽션으로부터 이탈한 이 작품은 일본작가들 사이에서 자전적 소설에 대한 유행을 불러일으켰다. 한편 1907년에는 군의로서 최고위직인 육군군의 총감, 육군성 의무국장이 되었다. 오가이의 가장 유명한 소설 「기러기(雁)」(1911~1913)는 대금업자의 첩이 매일 집 앞을 지나다니는 한 의대생을 연모하는 내용의 소설이다. 한편 안데르센의 자전적 소설 「즉흥시인(Improvisatoren)」을 번역하기도 했다.

1912년 오가이는 세상을 떠난 메이지 천황의 뒤를 따라 자살한 노기 마레스케(乃木希典) 장군에게서 깊은 감동을 받게 되면서 사무라이들의 규범을 그린 역사물들을 쓰기 시작했다. 그의 작품에 등장하는 여러 주인공들은 무사들이며 노기 장군과 같이 죽은 주군의 뒤를 따라 자살을 한다. 초기의 그의 고백적인 작품과는 대조적으로 오가이는 작품의 주인공인 사무라이들처럼 감정을 배제하려고 노력했다. 이러한 그의 초연함으로 인해 후기 작품들은 다소 건조해 보인다. 그러나 주인공들의 힘과 성실함은 그가 존경해 마지않았던 사무라이들의 이상과 아주 가까웠다.

• 우에다 빈(上田敏, 1874~1916)

시인, 평론가, 영문학자. 1889년 제1고등학교에 입학했으며, 『문학계(文學界)』 동인으로 참가했다. 1894년 도쿄대학 영문과에 진학한 그는 『제국문학(帝國文學)』 창간에 참가하여 창간호부터 프랑스 상징시 등 해외문학을 소개하는 데 주력했다.

1897년 대학 졸업 후 도쿄고등사범학교 교수, 도쿄대학 강사 등을 역임하면서 『명성』, 『예문(藝文)』(이후 『만넨구사[万年艸]』로 개칭), 『예원(藝苑)』 등의 잡지에 서양 문학 번역 작품이나, 예술비평을 발표하여 모리 오가이와 함께 탐미주의 사조의 지도적 이론가로 주목받았다. 특히 프랑스의 고답파(高踏派)나 상징주의의 시 번역을 모은 『해조음』은 시단에 큰 영향을 끼쳤다. 1907~1908년 미국과 프랑스 등지를 방문했으며, 1909년에는 교토대학 교수가 되었다. 오가이와 함께 『미타문학』, 『스바루(スバル)』의 고문으로도 활약했다. 소설 「소용돌이(うづまき)」(1910)는 자신의 분신인 주인공을 통해 유년기의 회상과 인생관·예술관을 피력한 장편으로, 탐미주의 이론이 구체화된 작품으로 평가받았다.

• 나가이 가후(永井荷風, 1879~1959)

소설가. 본명은 나가이 소키치(永井壯吉). 도쿄의 근대사를 떠올리게 하는 인물. 도쿄의 사라져가는 옛 풍정(風情)에 대한 깊은 애착이 그의 작품 전반에 깔려 있다.

반항적인 청년시절을 보낸 그는 대학을 중퇴하고

미국(1903~1907)과 프랑스(1907~1908)로 유학을 갔다. 유학 전의 소설들은 프랑스의 자연주의 소설가 에밀 졸라의 영향을 받은 것으로 보인다. 귀국한 뒤에는 낭만주의와 상징주의 시인을 계속 연구하는 한편 이들 작품을 번역해내기도 했다. 이즈음 대표작을 몇 편 썼는데 이 작품들은 서정주의나 섬세한 에로티시즘으로 볼 때 프랑스 문학보다 19세기 일본문학과 관련이 있다. 「스미다 강(隅田川)」(1909)은 지난날의 기품 있는 자취가 사라져 가는 도쿄를 그린 중편소설로 매우 서정적인 작품이다. 한편 귀국 후 몇 년 동안은 문단의 지도적 위치에 있으면서 도쿄의 게이오대학(慶應大學)에서 교수를 역임했다. 1916년에 퇴임한 뒤로 그의 작품에는 근대 문명으로 말미암아 옛 도시가 겪은 변화에 대한 비판이 더욱 강하게 나타났다. 게이샤의 세계를 신랄하게 파헤친 「솜씨겨루기(腕比べ)」(1917)를 발표한 뒤 20년 간 거의 작품 활동을 하지 않았고, 간간이 고전적인 게이샤를 뒤이은 기품 없는 현대의 게이샤들을 건조한 필치로 그린 단편들을 발표했다. 다만 1937년에 쓴 「보쿠토키단(東奇談)」은 그가 프랑스 문학의 영향을 받던 초기의 서정적이고 향수어린 작품 성향을 강하게 보이고 있다. 에드워드 G. 사이든스티커의 『Kafu the Scribbler』(1965)를 통해 그의 작품들이 서양에도 많이 알려졌다.

• **기노시타 모쿠타로(木下杢太郎, 1885~1945)**

시인, 극작가, 소설가, 의학자. 본명은 오타 마사오(太田正雄). 도쿄대학 의학과 재학 중인 1907년 요사노 뎃칸의 신시샤에 가입했으며, 이듬해 기타하라 하쿠슈 등과 함께 판노카이(パンの會, 목양회)를 결성했다.

1909년에 소설 「아라메 다리(荒布橋)」와 희곡 「교회 문 앞(南蠻寺門前)」 등을 발표해 기독교 문학의 영역을 넓히면서 기타하라와 함께 탐미파의 대표작가가 되었다. 대학 졸업 후 「이즈미야 염색집(和泉屋染物店)」(1911)으로 극작가로서의 위치를 확고히 다지는 한편, 소설집 『당초표지(唐草表紙)』(1915)를 발표하여 인상파의 거장으로서 주목받기에 이르렀다.

그러나 의학자로서 냉철한 이성을 갖춘 그는 기타하라처럼 관능·향락에 탐닉하지 않았으며, 1916년 만주 펑톈(奉天)의 남만의학당(南滿醫學堂) 피부과 교수로 부임하면서 시인·작가로서의 생활을 스스로 마감했다. 그 뒤 프랑스 유학을 거쳐 아이치의과대학(愛知醫科大學, 1924), 도호쿠대학(東北大學, 1926), 도쿄대학(1937)의 교수를 역임했다. 1941년 진균(眞菌)을 연구하여 '오타 - 랑게롱 분류법'을 발표하는 세계적 업적을 남긴 공로로 프랑스의 레지옹 도뇌르 훈장을 받기도 했다. 시집 『식후의 노래』(1919), 『기노시타 모쿠타로 시집』(1930) 등이 있다.

• **이즈미 교카(泉鏡花, 1873~1939)**

작가. 단편소설을 주로 썼다. 본명은 이즈미 교타로(泉鏡太郎). 로맨틱하고 신비로운 독특한 세계를 창조하여 등장인물로 하여금 교카 자신이 추구하는 이상적인 도덕적 가치를 대표하게 했다.

예술가이자 장인 가문에서 태어난 그는 선조로부터 신비로운 힘에 대해 실제적인 믿음을 갖게 하는 깊은 신앙과, 예술적인 자질을 물려받았다. 그는 1890년 당시 문단의 지도자였던 오자키 고요의 문하생이 되기 위해 도쿄로 갔다. 1년 후 고요의 문하에 들어가서 다른 문하생들과 함께 1894년까지 기거했다. 「야행 순사(夜行巡査)」(1895), 「외과실(外科室)」(1895)은 지켜야 할 본분과 인간적인 감정이라는 갈등 속에서 교카 자신이 추구하는 이상적인 가치를 제시했다. 「고야히지리(高野聖)」(1900)는 기이하고 신비로운 세계에 매혹된 작가의 심경을 표현한 것이다. 1899년 교카는 한 게이샤(藝者, 일본 기생)와 만나 뒤에 결혼했다. 이것을 계기로 「여자의 계보(婦系圖)」(1907), 「노래초롱(歌行燈)」(1910), 「백로(白鷺)」(1909), 「세 장님 이야기(三人盲話)」(1912) 등 게이샤의 이상화한 이미지를 그린 작품을 많이 썼다. 한때 인기 작가로 유명했지만, 자연주의 문학이 성행하게 되면서 과장과 비약이 많았던 그의 문학은 당시 문단의 흐름에서 소외되어 극소수 애호가의 지지를 받았을 뿐이다.

• 기타하라 하쿠슈(北原白秋, 1885~1942)

시인. 본명은 기타하라 류키치(北原隆吉). 감각적이고 상징적인 문체를 구사하여 현대 일본 시단에 큰 영향을 미쳤다.

1906년 신시샤에 가입하여 기관지인 『묘조(明星)』에 시를 발표하면서 촉망받는 젊은 시인으로 두각을 나타냈다. 1909년 당시 문학계를 지배하던 자연주의에 대항하여 문예간담회(文藝懇談會)인 '판노카이'를 만들었다. 16세기 일본에서 활동한 기독교 선교사들의 이야기를 그린 처녀시집 『자슈몬(邪宗門)』(1909)은 이국적이고 감각적인 아름다움을 지닌 작품이라는 찬사를 받았다. 1911년 서정시집 『추억(思い出)』을 출판하여 다시 한 번 극찬을 받았다. 31음절의 전통적인 단카(短歌)에 상징적이고 데카당적인 새로운 문체를 도입했으며, 다마단카카이(多磨短歌會)를 조직했다.

• 다니자키 준이치로(谷崎潤一郎, 1886~1965)

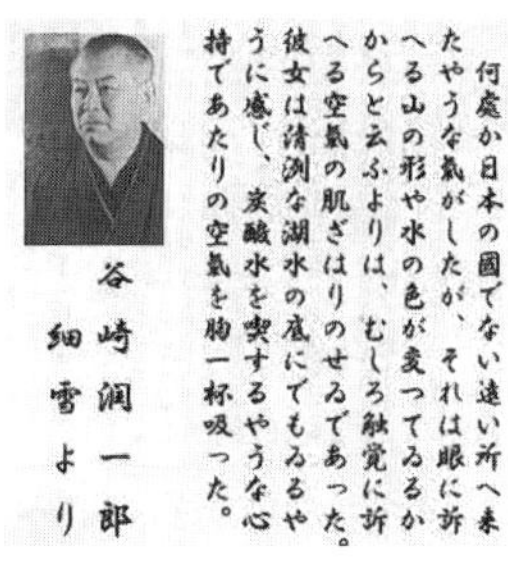

일본의 대표적 현대 소설가. 에로티시즘과 전통주의를 특징으로 하는 작품들을 썼다. 초기에는 「문신(刺靑)」(1910) 등 에드거 앨런 포 및 프랑스 데카당파의 작품들과 비슷한 단편소설들을 많이 썼다. 그러나 도쿄에서 좀 더 보수적인 오사카(大阪) 지역으로 이주한 1923년 이후에는 일본의 고전미를 탐구하는 쪽으로 방향을 돌린 것 같다. 「여뀌를 먹는 벌레(蓼喰ふ蟲)」(1929)는 작가의 이러한 가치관 변화가 잘 반영되어 있는 뛰어난 작품이다. 이 소설은 불행한 결혼생활을 그리고 있는데, 실제로는 새로운 것과 낡은 것 사이의 갈등을 다루고 있으며 결국에는 낡은 것이 이기리라는 암시가 들어 있다.

1932년에는 일본 고전문학의 백미인 무라사키 시키부(紫式部)의 『겐지모노가타리(源氏物語)』를 현대 일본어로 옮기는 작업을 시작했다. 1930년대 내내 『겐지모노가타리』의 배경인 헤이안 시대(平安時代)의 산문을 그대로 본뜬 만연체의 서정적 작품을 여러 편 썼으며, 이러한 점으로 비추어볼 때 『겐지모노가타리』가 그의 문체에 깊은 영향을 미쳤음이 분명하다. 이 작품에 매료되어 그는 여러 해에 걸쳐 몇 차례 개정판을 냈다. 대표적 장편소설 『세설(細雪)』(1943~48)은 일본 고전문학 특유의 느슨한 문체로 현대세계가 전통적인 귀족사회를 가차 없이 잠식해 가는 모습을 그리고 있다. 「열쇠(鍵)」(1956), 「미친 늙은이의 일기(瘋老人日記)」(1961~1962) 같은 전후 작품에는 젊은 시절로의 복귀를 암시하는 에로티시즘이 엿보이며, 「문장독본(文章讀本)」(1934)은 뛰어난 비평서이다. 그의 작품세계는 '영원한 여성'을 문학 속에서 추구한 것이 특징이다.

• 사토 하루오(佐藤春夫, 1892~1964)

시인, 소설가, 비평가. 그의 소설은 시적인 환상과 낭만적인 상상력으로 유명하다. 학문과 문학에 많은 관심을 가진 의사 집안 출신으로, 1910년 도쿄의 게이오대학에 들어갔다. 여기서 소설가 나가이 가후(永井荷風)에게 배웠지만, 그때 이미 요사노 아키코(與謝野晶子)와 그의 남편인 뎃칸(鐵幹)을 중심으로 한 시인들의 모임인 '명성

(明星)'에 들어가 활동하고 있었는데, 결국 졸업하지 않고 중도에 대학을 그만두었다.

그는 환상적인 분위기의 「스페인 개의 집(西班牙犬の家)」(1916)이라는 단편소설을 발표하여 주목을 받기 시작했다. 이어 산문시인 「전원의 우울(田園の憂鬱)」(1919), 「도회의 우울(都會の憂鬱)」(1922)을 통해 서정적·염세적·내성적인 문체를 확립했다. 1916년 소설가인 다니자키 준이치로를 만나 친구로 지냈는데, 그 우정은 몇 년 뒤 그가 다니자키의 부인과 깊은 관계를 맺게 되면서 깨지고 말았다. 처음으로 발간한 독자적인 시집인 『순정시집(殉情詩集)』(1921)은 다니자키의 부인과 헤어진 슬픔에서 영감을 얻었지만, 결국 그들은 1930년에 결혼했다. 말년에 비평 쪽으로 돌아섰으며 요사노 아키코에 대한 추모록 「아키코 만다라(晶子曼陀羅)」(1955)가 특히 유명하다.

• **엔도 슈사쿠**(遠藤周作, 1923~1996)

일본의 주요 현대 소설가 중 한 사람. 독특한 기독교적 시각으로 동·서양 관계를 고찰한 것으로 유명하다. 11세에 어머니와 백모의 인도로 가톨릭 세례를 받았다. 1949년 게이오대학 프랑스문학과를 졸업하고, 1950~1953년에는 프랑스의 리옹대학에서 프랑스 현대 가톨릭 문학을 공부했다.

초기 소설인 「하얀 사람(白い人)」(1955), 「노란 사람(黄色い人)」(1955)은 이후 대부분의 그의 작품들이 나아갈 방향을 제시했으며, 일본과 서양의 경험과 전망을 대비시키고 있다. 「바다와 독약(海と毒薬)」(1957)에서 그는 일본인 의사가 추락한 미군 조종사를 해부하는 전쟁이야기를 자세히 기록하면서, 일본인의 도덕의식을 고찰하고 있다. 엔도의 가장 설득력 있는 소설이라 할 수 있는 「침묵(沈默)」(1966)은 포르투갈의 신부들이 일본에 온 후 일본인 신자들이 학살되는 전말을 소설화한 것이다. 이 소설과 아울러 쇼군(將軍)을 대신해서 멕시코·스페인·로마를 두루 순방하는 한 사무라이의 여행을 감동 깊게 그린 「사무라이(さむらい)」(1980) 역시 유연하고 막힘없는 서술과 함께, 문화 간의 복잡한 상호작용을 잘 보여준 가장 우수한 작품으로 꼽히고 있다.

그 밖에 「화산(火山)」(1959), 「휘파람을 불 때(口笛を吹く時)」(1974)를 비롯하여 많은 코믹 소설 등 광범위한 분야의 소설을 썼으며, 단편소설·드라마·에세이·전기 등도 남겼다. 국제문학단체인 펜클럽 일본지부의 회장을 지내기도 했다. (이규수)

참고문헌

『近代文學雜誌事典』, 至文堂, 1965; 紅野敏郎, 「石坂洋次郎と『三田文学』(特集 石坂洋次郎の世界)」, 『国文学解釈と鑑賞』, 至文堂, 2000; 橋秀文, 「佐野繁次郎と『三田文学』」, 『三田文学』 84, 2005; 武藤康史, 「『三田文学』の歴史(26) 明治44年七月号(2)」, 『三田文学』 86, 2007.

▌미타신문(三田新聞)

1917년에 발행된 일본 최초의 학생신문

일본에서 발행된 최초의 학생신문이고, 다이쇼 데모크라시의 소산이라고 평가할 수 있는 자료이다. 창간호 1면 중앙에는 후쿠자와 유키치(福沢諭吉)의 "게이오의숙(慶応義塾)는 한 곳의 학숙(学塾)으로서……"를 게재했고, 신문 창간사에는 "미타(三田)의 여론을 환기시켜 게이오의숙의 한 보도기관이 되고자 한다"고 말했다. 이후 50여 년간 『미타신문』은 '동양창시(東洋創始)'의 슬로건을 내걸었다. (이규수)

참고문헌

『近代文學雜誌事典』, 至文堂, 1965; 白井厚, 「丸山真男の福沢論と『三田新聞』」, 『三田評論』, 1997.

▌민간잡지-지혜의 가르침(民間雜誌-知慧の指南)

1874년 후쿠자와 유키치가 게이오의숙출판사

에서 간행한 잡지

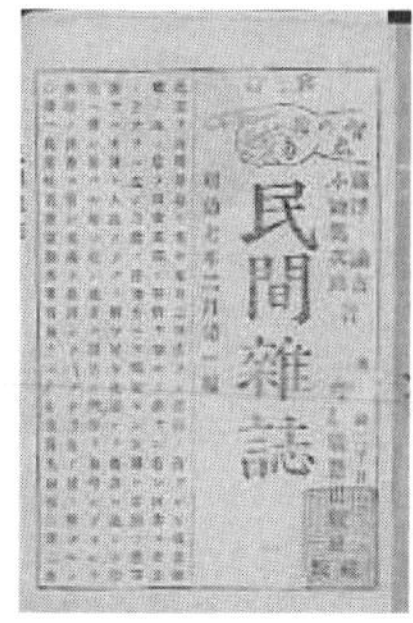

일본에서는 메이지유신 이듬해인 1869년에는 『집의원일지(集議院日誌)』와 『개척사일지(開拓使日誌)』, 1870년에는 『외무성일지(外務省日誌)』, 1871년에는 『민부성일지(民部省日誌)』, 1872년에는 「문부성일지(文部省日誌)」, 1873년에는 『사법성일지(司法省日誌)』 등의 기록물이 출판되었다.
이들 간행물은 지금의 관보와 같은 성격으로 주로 관(官)의 의도를 반영한 것이었다. 이에 반해 1874년 2월 후쿠자와 유키치(福澤諭吉)가 게이오의숙(慶應義塾)에서 간행한 『민간잡지』는 관의 의도가 아닌 민(民)의 의도를 반영시킬 목적으로 창간한 잡지이다. 화반지(일본 종이) 반절 2장을 접은 활판인쇄로 20자 11행 각 편 10장 전후로 만들어졌다.

후쿠자와 유키치는 제1편 권두의 「발단(發端)」에서 도회지를 중시한 결과, 농촌이 차츰 쇠퇴하고 있는 현실의 폐해를 지적하고 있다. 후쿠자와는 이러한 상황에 대해 "시골의 열매를 따서 도쿄의 꽃을 만드는 것과도 같다"고 우려하면서, "전국의 정비(政費)를 줄이고 지방의 정비를 늘려야 한다. 도회지의 부(富)의 도움을 받아 시골의 부를 일으켜야 한다"는 주장을 펼쳤다.

이러한 후쿠자와의 주장은 「농촌에 알리는 글(農ニ告クルノ文)」(제1편, 1874.2)에서 농민의 불행을 벗어나는 길은 "무학문맹(無學文盲)의 빗장을 부수는 것"에 있다는 학문의 요지를 설명하고 있다. 오바타 도쿠지로(小幡篤次郎)도 같은 제목(제1편, 1874년 2월)에서 화(禍)를 전환시켜 복(福)을 얻기 위해서는 지혜를 연마하는 것에 있다며 교육의 필요성을 강조했다.

더욱이 나카미가와 히코지로(中上川彦次郎)는 「인민교육의 길(人民教育ノ說)」(제2편, 1874년 6월)을 게재하여 문명을 증진시키기 위해서는 일반 교육의 향상이 급무라고 주장했다. 또 하야시 모키치(林茂吉)는 「신문지를 논하다(新聞紙ヲ論ズ)」(제7편, 1875년 1월), 미노우라 가쓴도(箕浦勝人)는 「무학의 폐해로부터 스스로 재난을 구하는 것을 논하다(無學ノ弊自カラ災ヲ求ムルヲ論ズ)」(제7편, 1875년 1월) 등을 발표했고, 쓰보이 센지로(坪井仙次郎)도 「여자에게 알리는 글(女子に告る文)」(제9편, 1875년 2월)에서 여성교육의 필요성을 강조했다. 이밖에도 잡지에서는 나카미가와와 나카미 지요(那珂通世) 등이 번역한 버클(Buckle)의 『영국문명사』의 초역도 게재되었다.

잡지에서 가장 많이 집필한 인물은 후쿠자와였다. 그는 앞에서 소개한 것 외에도 「다른 사람의 이야기를 책망해서는 안 된다(人ノ說ヲ咎ム可ラザルノ論)」(제3편, 1874.6), 「외국인의 내지 잡거를 허락해서는 안 된다(外國人ノ內地雜居許ス可ラザルノ論)」(제6편, 1875.1) 등이 있다.

『민간잡지』는 정치, 경제, 법률, 사회 등 현실적 문제를 거론한 논문과 더불어 앞에서 소개한 것과 같은 광의의 문학 범주에 속하는 교육, 문예를 언급했다. 잡지가 시종일관 견지한 정신문화 향상을 중시하는 태도는 주목할 만하다.

『민간잡지』는 1875년 3월에 창간된 『명육잡지(明六雜誌)』와 더불어 이 시기의 대표적인 잡지로서 지적 청년층에게 애독되었다. 잡지는 창간 이후 1875년 6월 제12편으로 폐간되었다. 『민간잡지』의 후신으로 볼 수 있는 『가정총담』(1876년 9월 창간)은 미노우라 가쓴도의 편집으로 66호까지 발간되었고, 67호부터는 다시 『민간잡지』의 이름으로 속간되었다.

• 후쿠자와 유키치(福澤諭吉, 1835~1901)

일본 메이지 시대의 계몽사상가·교육자·출판가. 1868년 도쿠가와 씨(德川氏)의 지배를 종식시킨 메이지유신 때 정부 요인이 아닌 민간인으로서 가장 큰 영향력을 행사했다. 서구사상의 도입을 위해 앞장섰고 그

가 거듭 표현한 대로 일본의 '힘과 독립'을 증진시키는 데 기여했다.

가난한 하급 무사의 아들로 태어나 2세 때 아버지와 사별하는 등 불우한 환경에서 자라났다. 그러나 그는 나가사키(長崎)로 가 학교에서 '난학(蘭學)'이라는 새로운 학문을 공부했다. 1854년 페리 제독에 의해 개항되기 전까지는 네덜란드인들이 일본에서 유일한 서양인들이었기 때문에 일본인들은 서양의 지식과 과학을 표현하는 용어로 '난학'라는 말을 사용하고 있었다. 1860년 함장의 종복으로 배를 타고 미국으로 갔으며, 1862년 막부(幕府) 사절단에 끼어 프랑스·영국·네덜란드·독일·러시아·포르투갈을 다녀왔다. 그는 돌아온 뒤『서양사정(西洋事情)』을 썼는데, 이 책은 서양의 정치·경제·문화 제도를 명확하면서도 쉽게 묘사했기 때문에 곧 널리 읽혔다. 이후 서양 문물을 도입하려는 노력을 계속했으며, 쉬운 문체를 개발해내고 대중강연과 대중토론을 처음으로 시도하기도 했다. 메이지유신 직전의 몇 년간 반(反)외세 감정이 팽배해 있었던 시절에 서양 문물을 적극적으로 옹호했기 때문에 몇 차례 목숨을 위협당하기도 했다. 메이지유신 후 일본 정부가 외국의 지식을 적극적으로 받아들이려 할 때, 정부로부터 계속 입각(入閣) 권유가 있었으나 독립된 지식인층 육성의 필요성을 주장하면서 이를 뿌리쳤다.

후쿠자와는 의회주의 정부, 보통 교육, 언어 개혁, 여성의 권리 등에 대해 그 필요성을 역설하는 책을 100여 권 이상 집필했다. 그의 저서『학문의 권장(學問のすすめ)』첫머리에 "하늘은 사람 위에 사람을 만들지 않고 사람 아래 사람을 만들지 않았다"는 유명한 말을 썼다. 1868년에는 게이오기쿠주(慶應義塾)를 설립했다. 이 학교는 정부의 지배를 받지 않는 최초의 독립된 사립종합대학인 게이오대학으로 발전했으며 수많은 실업계 지도자들을 배출했다. 1882년에는『지지신보(時事新報)』를 발간했는데, 이 신문은 수년 동안 일본에서 가장 영향력 있는 신문 중의 하나였으며, 당시의 수많은 자유주의적 정치가들과 언론인들에게 훈련의 장(場)이 되었다. 죽기 직전인 1901년에 쓴『자서전』에서 후쿠자와는 메이지유신으로 모든 봉건적 특권들을 폐지하고, 1894~1895년의 청일전쟁으로 중국을 제압한 것(이로써 일본이 세계열강 대열에 끼는 계기가 되었음) 등은 자신의 삶을 완성시켰다고 단언했으며, 단 한 가지 아쉬움이라면 그의 많은 친구들이 이러한 훌륭한 변화를 보지 못하고 죽은 것이라고 썼다. (이규수)

참고문헌

牛島俊 作,『日本言論史』, 河出書房, 1955;『近代文學雜誌事典』, 至文堂, 1965; 桂敬一,『明治·大正のジャ-ナリズム』, 岩波書店, 1992.

▌민국(民國)

1914년 일본 도쿄에서 창간된 중화혁명당 기관지

2차 혁명 실패 후 도쿄(東京)로 망명한 쑨원 집단이 창간한 잡지이다. 1914년 5월 10일 창간하였으며 부정기간이었다. 혁명 역량을 새롭게 재조직하기 위해 중화혁명당을 조직하고 그 기관지로 창간한 것이다. 창간 취지는 당장 위안스카이(袁世凱)를 타도하고 민국을 회복할 수 있는 방안을 강구하는 것이었다.
후한민(胡漢民·취페이[去非])가 주편하였고, 쥐정(居正)이 경리(經理)를 맡았다. 톈퉁(田桐), 주지신(朱執信), 다이지타오(戴季陶), 쩌우루(鄒魯), 쑤만수(蘇曼殊), 사오위안중(邵元忠) 등이 편집에 참가하였고 그 외 저우지죈(周瘠鵑) 등이 찬고하였다. 당시 혁명당의 영수인 쑨원에 절대 충성이라는 이른바 직보(宣誓)를 하고 중화혁명당에 입당한 사람들이었다. 다만 명의상 발행인, 편집인, 인쇄인은 쥐정이었다. 사옥은 도쿄(東京 麴町區 新櫻田町)에 있었다. 1915년 2권 10호를 내고 정간되었고, 현재 베이징대학도서관 등에 보관되어 있다.

우선 독자 대상은 일본 조야 정객들에게 호소하려는 의미도 있지만, 싱가포르, 베트남, 필리핀 등 동남아시아와 구미 화교들을 대상으로 하였다. 그 외 상하이(上海), 톈진(天津), 한커우(漢口), 베이징(北京) 등지의 서점을 통해 국내에도 널리 보급되었다. 이를 통해 중국 혁명에 대한 외국의 지지를 얻으면서 각지의 혁명 조직을 재건하려는 것이었다.

내용은 논설(論說), 역술(譯述), 기사(記事), 문예(文藝), 잡저(雜著), 중외대사(中外大事) 등으로 난을 나누었는데, 크게 세 가지 측면에서 살펴볼 수 있다. 중화민국을 파괴한 위안스카이에 대한 비판을 앞세우면서도 신해혁명의 실패를 반성하는 가운데, 혁명 방략을 재점검하는 것이었다. 먼저 위안스카이에 대한 비판을 중심으로 하고 있다. 예컨대 위안스카이가 제제운동을 호도하기 위한 술책으로 임시약법을 폐지하고 중화민국 약법을 공포하자 "지금 위안스카이의 속내는 국민이 정한 공화헌법을 원하지 않은 것만은 아니다. 민정헌법을 없애야 비로소 원하는 바를 얻을 수 있을 것이다. 그래서 헌법회의 가관과 헌법조문을 다투는 것은 그 표면이요, 국회를 소멸하여 민정헌법의 가능성을 없애려는 것이 그 실질이다. 그러나 설사 민정헌법이 이루어지지 않더라도, 그와 같은 효력의 약법이 존재하고 있으니 위안스카이와 함께 할 수 없을 것이다."(야쑤[亞蘇], 「위안스카이의 약법회의[約法會議]」, 1권 1호)라고 비판하였다.

또 신해혁명이 실패한 이유는 혁명 이후 악정치(惡政治)와 정치인을 제거하지 않고, 다수의 구관을 신정부에 임명하고, 또 만청황실의 칙령형식으로 위안스카이에게 정부를 조직하도록 방임한 데서 비롯된 것이라고 비판하고 "이는 공화 입법정신의 절대적 손실이자, 혁명의 본의와 정면으로 배치되는 것이었다"고 평가하였다. 이어서 "혁명은 파괴만을 말하지 않으며, 건설에 혁명의 목적이 있는 것이다. 만일 건설 사업을 다른 사람에게 맡기면 어떻게 혁명을 이룰 것인가?"(쓰추[思秋], 「중화혁명[中華革命論]」, 1권 2호)라고 하여, 혁명 후 위안스카이에 대한 양보와 구파 세력의 미청산을 혁명 실패의 원인으로 인식한 것으로 중화혁명당의 혁명 이론이 나아갈 바를 예시한 것이라 할 수 있다.

잡지는 혁명 세력의 용기를 북돋우면서 "국민이 행동할 수 있는 자각에 의해서만 천하를 강하게 할 수 있다"는 것이 현실인식이었다. "지금의 구제 방법은 민지(民智), 민덕(民德), 민력(民力)이 세 가지를 급히 신장시키지 않으면 안 된다. 관건은 그것을 결심하고 실행할 수 있는가의 여부에 있다"(「발간사」, 1권 1호)고 보았다. 이 같은 입장에서 실제 중화혁명당은 혁명당으로서 조직을 엄밀히 하고 혁명의 전 과정을 당이 주도하는 건국 방략을 모색하고자 하였다.

『민국』은 동시기에 간행된 『갑인』 잡지와 비교하면 이 시기 혁명파의 논리와 정서를 이해하는 데 많은 정보를 제공하고 있다. (오병수)

참고문헌

鄒魯, 『回顧錄』, 重慶: 獨立出版社, 1944.

민국일보(民國日報)

1916년 상하이에서 발간된 정치운동 신문

1916년 1월 22일 상하이(上海)에서 창간되었다. 1932년 2월 정간되었으나, 같은 해 5월 4일 예추창(葉楚傖)이 상하이에서 『민보(民報)』로 이름을 바꾸어 복간하였다. 1937년 11월 24일 재차 정간되었다. 중일전쟁 승리 후 1945년 10월 6일 원래의 이름인 『민국일보』를 회복하였으나, 여론에 미친 영향은 극히 미세하였다. 1947년 1월 종간되었다. 베이징인민출판사에 의해 영인, 출판되었다.

쑨원(孫文)이 이끄는 중화혁명당(中華革命黨, 1919년 중국국민당으로 개조) 사람 천잉스(陳英士)가 자금을 모으고, 예추창, 샤오리쯔(邵力子) 등이 위안스카이(袁世凱) 타도를 위해 창간한 신문이다. 예추창이 총편집을 맡았고, 샤오리쯔가 총경리를 맡았다. 중화혁명당 선전지로 반제, 반봉건, 반(反)위안스카이에 주력하였다. 위안스카이의 독재에 반대하고 북양군벌을 비판하여 상하이 유일의 국민당 언론을 대표하는 신문으로 자리 잡았다. 창간일부터 매호마다 1편의 장평(長評)을 발표하였는데, 5·4운동 기간부터 백화문으로 장평을 고쳐 써서 청년들에게 국제와 국가 대사에 대한 관심을 불러 일으켰다. 1924년 국민당 제1차 전국대표대회 이후 국민당 기관보가 되었다. 일부 공산당원이 편집과 사론위원회(社論委員會) 운영에 참가하면서 점차 좌경으로 전향하였다. 평론, 전신(電訊), 소식 등의 난으로 구성되었다. 『민국일보』의 부간(副刊)인 『각오(覺悟)』는 1919년 5·4운동 기간 창간된 유명한 부간의 하나였다. 원래 『민국일보』 제8판 민국한화(民國閑話)와 제2판 민국소설(民國小說)란이 부간의 성격을 갖고 있었는데, 이 두 개의 난이 합해져 1919년 6월 16일 『각오』로 개명되었다. 그 내용은 문학적 성격에서 종합성 부간으로 바뀌었다. 『각오』는 처음에는 국민당 좌파의 영향을 받아 신문화운동을 적극 선전하였다. 1920년경부터 공산주의의 선전지로 변모하였다. 초기 공산당원의 문장을 게재하여 10월혁명을 찬양하고 마르크스주의를 소개하였다. 1921년 중국공산당 성립 전후 『신청년(新青年)』과 같이 무정부주의 반대 투쟁을 전개하였다. 노동운동과 농민운동에 관한 평론을 많이 실었다. 이 잡지의 또 다른 부간(副刊) 『여성평론(女性評論)』은 천왕다오(陳望道)가 주편을 맡았다. 『민국일보』는 1925년 말 국공합작을 반대하였던 국민당 우파인 서산회의파(西山會議派)가 주관하면서, 공산당 반대, 통일전선(국공합작) 반대를 선전하는 정치적 주장을 하였다. 이로써 국민당 우파의 잡지로 변모하였다. (이은자)

참고문헌

方漢奇 主編, 『中國新聞社業通史』, 北京: 中國人民大學出版社, 1996; 王檜林·朱漢國 主編, 『中國報刊辭典(1815~1949)』, 太原(山西): 書海出版社, 1992; 葉再生, 『中國近代現代出版通史』, 北京: 華文出版社, 2002.

민국일보(民國日報)

1926년 중국 한커우에서 발간된 정치평론 일간지

1926년 11월 25일 한커우(漢口)에서 창간되었다. 처음 창간 시에는 매일 4000부를 발행하였고, 곧이어 8000부에서 9000부를 발행하였으며, 최고 1만 부를 발행하기도 하였다. 1927년 정간되었다.

『민국일보』는 국민혁명 시기 북벌군이 우한(武漢)을 점령한 이후 국민당 후베이성(湖北省) 당부, 북벌군 총정치부와 한커우 특별시 당부 연합으로 창간되었다. 1927년 3월에 후베이성 당부의 기관지로 확정되었다. 1927년 7월 국공합작이 무너지면서 국민당 좌파의 신문이었던 한커우 『민국일보』도 정간되었다. 경리(經理)는 둥비우(董必武)이다. 그는 당시 중국공산당 후베이성 위원회, 국민당 후베이성 당부 상무위원, 후베이성 정치상무위원 겸 농공청(農工廳) 청장이었다. 총편집은 중국공산당 한커우시 위원회 선전부장 완시옌(宛希儼), 가오위한(高語罕) 등이었다. 당시 중국공산당 중앙선전부 공작을 책임진 취추바이(瞿秋白)가 구체적인 지시를 내렸다. 한커우 『민국일보』는 국내외 중요 소식과 북벌군 소식을 게재하고, 국민당 중앙당부, 국민정부, 군사위원회, 성(省) 당부, 성 정부 소식, 결정, 지령 등을 발표하였다. 쑨원(孫文)의 소비에트 러시아와 연합하고, 공산당과 연합하며, 노동자와 농민을 돕는다는 3대 정책을 선전하는 데 주력하였다. 또한 한커우 공회 활동과 군중의 반제 투쟁뿐 아니라 농민운동을 보도하였다. 뉴스의 양이 많거나 신속함을 요구할 때 면수를 늘려서 자세한 사실을 보도하였다. 또한 언론을 매우 중시하여 거의 매일 사론(社論)을 게재하였다. (이은자)

참고문헌

方漢奇 主編, 『中國新聞社業通史』, 北京: 中國人民大學出版社, 1996; 葉再生, 『中國近代現代出版通史』, 北京: 華文出版社, 2002; 王檜林·朱漢國 主編, 『中國報刊辭典(1815~1949)』, 太原(山西): 書海出版社, 1992.

민권소(民權素)

1914년 상하이에서 창간된 종합 문예지

1914년 4월 상하이에서 창간된 종합문예지이다. 계간지였으나, 6집(1915.5)부터 월간지로 바꾸어 매월 15일 출판하였다. 원래 『민권보(民權報)』의 부간(副刊)이었으나, 위안스카이(袁世凱)에 의해 『민권보』가 정간된 뒤, 따로 설립된 민권출판부(民权出版部)에서 출판되었다. 주편은 『민권보』 부간의 편집인이었던 류톄렁(刘铁冷), 장주차오(蔣箸超)였다. 특히 2집부터 장주차오가 단독으로 편집하였다. 3집까지는 『민권보(民權報)』에 게재되었던 작품들을 모아서 간행하였고, 4집부터 창작품을 중심으로 원고를 모집하였다. 1916년 4월까지 모두 17집을 간행하였는데, 매집 당 200쪽 정도였다. 1918년 3월 재판된 바 있어 각 도서관에서 볼 수 있다.

『민권소』는 명저(名著), 예림(藝林), 유기(游記), 시화(詩話), 설해(說海), 총담(談叢), 해수(諧藪), 영문(瀛聞), 희취(戲趣), 쇄옥(碎玉) 등의 난을 두었다. 작품(作品)은 당연히 문언체 창작품 중심이었지만, 당시 문화명인이거나 원래 『민권보』의 편집 또는 찬고인(撰稿人)이 많았다. 장타이옌(章太炎), 위유런(于右任), 류야쯔(柳亞子), 양러궁(楊了公), 류선수(刘申叔), 린친난(林琴南), 쑨중룽(孙仲容), 첸지보(錢基博), 쑤만수(蘇曼殊), 저우슈좐(周瘦鵑), 장어톈(張爾田)과 장둥쑨(張東蓀), 캉유웨이(康有爲), 탕차이창(唐才常), 탄쓰퉁(譚嗣同), 다이톈추(戴天仇) 등이었다. 당대 명류의 글을 두루 실어 성망이 높았다.

본래 『민권보』는 민초 혁명파인 다이지타오가 주편하고 우솽러(吳雙熱)가 편집을 보던 것으로 급진적 혁명논설, 반원논조로 유명하였다. 『민권소』는 그 부간에서 출발하였기 때문에 창간 취지와 정치적 입장은 『민권보』와 일맥상통한다고 할 수 있다.

문학적 형식을 통해 당시의 정치를 풍자하는 혁명적 낭만주의가 주류를 이루었다. 특히 위안스카이의 제제운동에 대한 반대 노선을 견지하였다.

물론 『민권소』는 독자적인 방침에 따라 작품을 선별하고 편집하면서 고급 문예지를 표방하였다. 자칭 "문학적, 미술적, 해학적인 공전(이전에 없던)의 잡지"를 목표로 한 것이다. 그러나 원래의 『민권보』가 지향했던 창간 취지는 그대로 유지하였다. "근자에 와서 산하는 빛을 잃어가고, 국수(國粹)는 망해 가니, 생사존망의 갈림길에 서서 탄식을 한다. 함께 힘을 모아 책임을 다하자"라고 쓰고 있다. 선둥너(沈東訥) 역시 창간호에 쓴 「본간 서문」에서 "각국의 혁명은 대개 피를 흘렸다. 왕왕 정치상에서 개혁의 이익을 얻었으나, 유독 우리나라에서는 그렇지 않아, 꽃이 갑자기 폈다가 사라지고, 꿈이 물거품이 되어 덧없고 허망하나, 오로지 『민권소』 하나만은 세계의 상심에 이바지하여 사람들이 믿고 그 득이 되는 것을 얻게 한다. 『민권소』라고 하는 것이 다행히 그렇지 아니한가?"

그런데 『민권소』가 주목받는 이유는 따로 있다. 이른바 '원앙호접파(鴛鴦胡蝶派)'의 소설 작품을 대량으로 싣고 있기 때문이다. 원래 쉬천야(徐枕亞)가 『민권보』에 연재한 「옥리혼(玉梨魂)」과 우솽러의 애정소설은 당시 한 시대를 풍미할 정도였다. 모두 남녀 간의 통속적인 애정문제를 소재로 하여 대중성과 함께 혼인의 자주성 문제를 제기하여 구사회의 문제점을 폭로하는데 성공한 우수한 작품으로 평가받고 있다. 혁명성과 통속성을 함께 갖춘 것이다.

『민권보』 폐간 이후 민권출판국은 따로 이 작품책을 단행본으로 간행하고, 매호마다 '설해'란을 통해 원앙호접파 소설을 게재하였다. 촨위(權予)의 「철혈원앙기(鐵血鴛鴦記)」, 티아오란(倏然)의 「쌍앙총(雙双鴦冢)」, 비헌(碧痕)의 「도화의 눈물(桃花泪)」, 양난춘(楊南村)의 「홍빙벽혈록(红冰碧血录)」, 장주차오의 「백골산(白骨散)」, 「만복간과(满腹干戈)」, 푸천(芙岑)의 「마리화(茉莉花)」, 우솽러의 「여아홍(女儿红)」, 「꽃이 피고 지고(花开花落)」, 「동홍선생(冬烘先生)」, 저우슈좐(周瘦鵑)이 번역한 「만리비홍기(万里飛鴻記)」 등이 그것이었다. 그 외 해학 단편소설로서 「가천하(家天下)」, 「경온신(敬瘟神)」 등을 실었다. 위안스카이 및 그 반동정권을 풍자하는 것이 목적이었다. 『민권소』는 이런 점에서 원앙호접파의 발상지이자 주요 발간물의 하나인 셈이다.

'시화'란에는천페이스(陳匪石)의 「구시월색제사담(旧时月色齋詞談)」 등의 문학평론을 연재하였고,

'예림(藝林)', '담총(談叢)', '쇄옥(碎玉)'란을 통해 다양한 문학작품을 실음으로써, 『민권소』는 민초 가장 충실한 문학지로서 평가받고 있다.

원앙호접파와 민권소

'원앙호접파' 문학은 원래 원앙호접체라고 하는 독특한 문체를 기준으로 부르는 이름이다. 청말 민초 상하이를 중심으로 발전하기 시작한 문학유파이다. 도시성, 상업성, 오락성, 저급한 통속성을 특징으로 한다. 이 계통의 문학작품들은 주로 재자가인(才子佳人)의 애정고사를 문언체, 장회체 형식으로 표현하는 것이 보통이었다. 특히 소설 속의 주인공들을 늘 원앙호접으로 비유하였기 때문에 '원앙호접체'라고 하는 것이다.

대표적인 작가로는 장헌쉐이(張恨水), 옌두허(嚴独鶴), 저우슈좐, 쉬천야, 바오톈샤오(包天笑), 천뎨셴(陳蝶仙) 등이었다. 이들은 한편으로 신문을 편집하면서 창작과 번역을 겸하였다.

'원앙호접파'는 취미 제일을 표방하고 애정문제, 혼인문제 등을 다루었다. 특히 사회의식을 갖춘 대표적인 예는 쉬천야, 천뎨셴, 리딩이(李定夷) 등이었다.

원앙호접파 문학은 특히 청 말에 등장하여 신해혁명 후 급증한 각종 신문잡지를 통해 대량으로 발표되었다. 총계 113종의 잡지와 50여 종의 부간이 이들의 활동 공간이었다. 전성기 때는 상하이에서만 34종의 잡지가 있었다. 『신보(申報)』, 『시보(時報)』 등과 함께 『민권보』 도 그중 하나였다. 신문 구독을 증대시키는 데 일조한다고 생각되었기 때문이다.

더욱이 『민권소』를 비롯하여 『소설총보(小說叢報)』, 『소설신보(小說新報)』, 『예배육(禮拜六)』, 『소설세계』 등을 중심으로 활동하였다. (오병수)

▌민보(民報)

1905년 일본 도쿄에서 중국어로 창간된 정치 운동 잡지

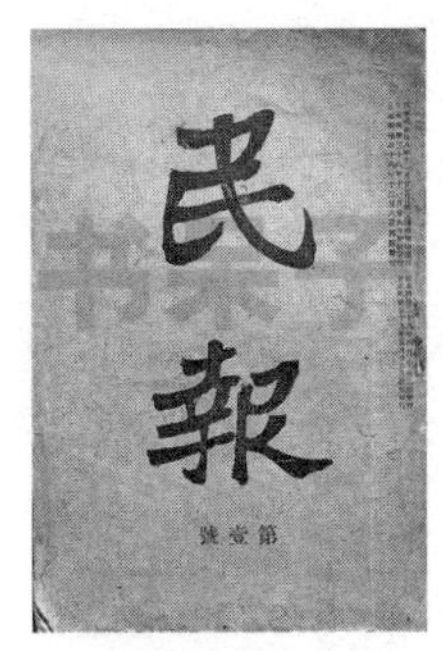

1905년 11월26일 중국동맹회 기관보로 일본 도쿄(東京)에서 창간되었다. 월간으로 창간되었지만 기한 내에 간행되지 못하거나 중도에 정간되는 일이 잦았으며 1910년 2월에 합계 26호를 간행하고 최종 종간되었다. 『민보』 1호에서 5호까지의 편집 겸 발행인은 장지(張繼)이다. 장지가 일본어에 능숙하여 대외적인 교섭 활동을 수행하였지만, 실제상의 발행인은 후한민(胡漢民)이었다.
제6호부터 편집발행인의 서명은 장빙린(章炳麟, 타이옌[太炎])으로 되어 있다. 그러나 1907년 12월에 장빙린이 질병으로 휴직하게 되자 다시 장지가 19호에 편집발행인으로 등록되었고, 얼마 뒤 장지가 도쿄를 떠나게 되어 타오청장(陶成章)이 주필을 맡았으며, 제23호, 24호는 장후이푸(章恢復)가 책임편집을 보았다.
24호에 게재된 탕정비(湯增璧)의 「혁명의 심리(革命之心理)」라는 문장이 일본 정부의 보도금지를 받고 1년 2개월간 정간되었다가 왕징웨이(汪精衛)가 도쿄에서 비밀리에 복간하여 두 차례 발행하고는 1910년 2월 종간되었다.

『민보』는 동맹회의 기관보로 그 전신은 『이십세기지나(二十世紀之支那)』이며 잡지사는 동맹회 총본부인 군지학사(群智學社)에 위치하고 있었다. 『민보』에 서명되어 있는 편집 겸 발행인은 장지를 시작으로 장빙린, 타오청장, 왕징웨이 등 4명이지만, 그중 장지와 타오청장은 대외적인 인물이었고 실제 『민보』의 편집인은 장타이옌과 왕징웨이, 후한민, 왕둥(汪東), 류스페이(劉師培)였다.

『민보』는 동맹회 강령을 기본 강령으로 하여 쑨중산(孫中山)이 쓴 「발간사」를 통해 삼민주의인 민족주

의와 민권주의, 민생주의의 정치 강령을 최초로 발표하였다. 동시에 변법유신파 언론인 『신민총보(新民叢報)』와 격렬한 논전을 진행하면서 민주혁명사상을 선전하였다.

내용은 정론성 시사지로 논설란과 시평(時評), 담총(談叢), 기사, 역총(譯叢) 등의 난을 개설하고 매호마다 150쪽에 달하는 기사를 발행하였다. 이 분량에는 동판(銅版) 사진을 포함한 기사들과 약간의 광고들도 포함되어 있다.

당시 『민보』는 부르주아혁명파의 가장 첨예한 필진 역량을 보유하고 있었다. 집필진 68인에는 '소보(蘇報)' 사건으로 유명한 장타이옌을 비롯하여 혁명소설 「사자후(獅子吼)」의 저자인 천톈화(陳天華)가 있다. 또한 마르크스 엥겔스의 「공산당선언」을 초기에 소개한 주지신(朱執信)과 혁명가인 랴오중카이(廖仲愷), 광저우(廣州) 『영해보(嶺海報)』의 편집장 후한민, 선동적 문장과 풍자로 유명한 왕징웨이, 정치 활동가이며 언론가인 쑹자오런(宋教仁), 상하이 『경종일보(警鐘日報)』 편집진이었던 류스페이, 혁명논객인 황칸(黃侃) 등등이 있다.

이밖에도 왕둥, 천취빙(陳去病), 쑤만수(蘇曼殊), 마쥔우(馬君武), 펑쯔유(馮自由), 타오청장, 저우쭤런(周作人), 톈퉁(田桐), 류야쯔(柳亞子), 레이자오싱(雷昭性) 등이 적극적으로 원고 집필과 그림을 투고했다. 장타이옌과 천톈화를 제외한 대부분이 20대의 인물들로 일본 유학생 출신들이었다. 젊은 패기로 뭉친 인맥 조직을 형성하면서 청 정부의 폭정을 공격하고 개량파 언론을 비판하여 많은 독자들에게 큰 영향력을 미치었다.

쑨중산은 「중국의 혁명(中國之革命)」이라는 문장을 통해 『민보』의 성립은 동맹회의 입과 혀가 되었으며, 보황당(保皇黃)의 저급한 말들을 공격하여 혁명주의를 선전하였다고 평가하였다.

『민보』의 선전은 주로 논설과 시평, 담총(談叢) 등을 통해 진행되었고, 도화(圖畵)란에서는 민족 민주혁명 활동가의 사진과 초상화, 시사만화 등이 게재되었다. 또한 각 기사 사이의 공간이나 공백에는 혁명적 시사(詩詞)나 시구가 삽입되었고, 매호마다 광고란에는 본 잡지의 광고로 「본사간장(本社簡章)」을 등재하고 '6대주의(六大主義)'를 선전하였다.

『민보』 전반기의 선전활동

1905년 11월에 창간하여 1907년 3월 12호가 발간될 때까지의 기간은 『민보』의 최고 전성기로 그 필설이 갖는 전투력과 영향력은 최고조에 달하였다. 이 시기 쑨중산은 편집진들과 일상적으로 만나 기사 집필과 편집에 관해 논의하면서 필요한 문장들을 직접 집필하여 발표하였다. 쑨중산이 쓴 「발간사」와 「도쿄 거주 화교와 유학생 환영회에서 한 강의(在東京華僑及留學生歡迎會上的講話)」, 「민보 기원절 경축대회에서의 연설사(在民報紀元節慶祝大會上的演說辭)」 등이 그것이다.

쑨중산은 「발간사」에서 처음으로 민족주의와 민권주위, 민생주의라는 소위 삼민주의의 정치 강령을 제기하였다. 「민보 기원절 경축대회에서의 연설사」에서는 삼민주의의 진일보한 사상이 논술되어 전제군주 정권을 전복하고 평민혁명을 통해 국민정부를 수립할 것과 사회경제 조직을 개량하여 소수의 부자들만이 아닌 군중이 잘사는 사회 건설을 강조하였다. 이러한 삼민주의를 통해서 중국이 완전한 국가로 탄생할 수 있을 것임을 주장한 것이다. 쑨중산의 문장은 중국 자산계급 혁명파에게 혁명적 이론의 기초를 제공하였을 뿐만 아니라 행동강령을 규정하고 신해혁명 시기 자산계급 혁명활동의 중요 문헌이 되었다.

『민보』는 쑨중산의 직접 지도아래 공개적으로 정치적 주장을 「본사간장(本社簡章)」을 통해 발표하였다. 즉, 청 정부를 전복하고 공화정부를 수립하며, 토지의 국유화와 세계의 진정한 평화를 유지할 것, 중국과 일본의 국민적 연합과 중국의 혁명사업을 세계열강이 지지해 줄 것을 요구하였다.

또 제3기 『민보』에서는 편집부에서 토론한 결과를 집필자들의 서명으로 연명하여 발표한 「민보의 6대 주의(民報之六大主義)」를 발표하여 앞서 발표하였던 「본사간장(本社簡章)」에서 제기한 6항의 주장을 조정하여 실제 삼민주의의 관점으로 이를 보충하였다. 전자 3항은 삼민주의 관점에서 개괄된 것이었고, 후자 3항은 동맹회의 제국주의에 대한 입장을 반영한 것이다. 『민보』가 초기부터 주장했던 기본 내용은 쑨중산의 삼민주의와 동맹회가 주장한 "오랑캐를 축출하고 중화를 회복하여 민국을 창립하자(驅逐韃虜, 恢復中華, 創立民國, 平均地權)"라는 16자의 문자로 대표되었다.

주요 내용을 세 가지 측면에서 살펴보면 다음과 같다.

첫째, 만주족을 배척한 민족주의이다. 이는 『민보』에서 상당한 비중을 갖고 추진된 선전사업으로 이를 위해 강렬한 배만(排滿) 사상을 담은 문장들과 명말(明末)의 항청(抗淸) 사건들에 관한 문헌자료를 발췌 보도하였으며, 주위안장(朱元璋), 웨페이(岳飛), 훙슈취안(洪秀全) 등의 한족(漢族) 영웅 초상화를 게재하였다. 이러한 반만(反滿) 민족혁명과 정치혁명 결합의 주장은 쑨중산의 「민보 기원절 경축대회에서의 연설사」가 그 전형이 되었다.

류스페이는 『천토(天討)』의 「보고한인(普告漢人)」에서 배만(排滿)운동은 바로 종족혁명과 정치혁명을 병행하는 일임을 명확히 하였으며, 장타이옌도 청 정부를 배척하는 것은 바로 왕권을 몰아내는 일이라 주장하였다.

그러나 『민보』의 반청 민족주의 선전은 많은 오류를 안고 있었다. 명말(明末) 청초(淸初)에 발생했던 만주족과 한족 사이의 살상과 핍박에 관한 문헌자료들을 너무 과도하게 전재하였고, 어떤 문장은 공개적으로 민족 간의 원한에 맺힌 살육을 선동하기도 하였다. 한족과 오랑캐의 구별을 강조하여 종족 간의 교류와 융합을 방해하고 공동 발전을 부정하였다. 한족의 유구한 역사문화 유산의 절대성을 강조하여 문장의 행간에서 자주 소수민족에 대해 '우둔한 오랑캐'나 '금수(禽獸)' 등의 경멸하는 호칭을 사용하면서 배타적 민족주의 색채를 드러냈다.

이러한 배타적 민족주의 선전은 대중들의 고조된 혁명 열기를 불러일으키는 데 막대한 작용을 하였지만, 일체의 문제점들을 모두 청 만주족 통치자들에게 집중시켜서 제국주의와 봉건주의에 대한 인식에서 혼란을 야기하였고, 과연 무엇이 분명한 적인지를 모호하게 만들었다는 비판을 면하기 어려웠다.

둘째, 민권주의이다. 『민보』는 쑨중산을 비롯하여 장타이옌, 주지신, 천톈화, 왕징웨이 등의 문장을 통해 '평등자유' 권리의 쟁취를 선언하고 '국민의 권리'를 강조하였다. 전제군주제와 입헌군주제를 비판하면서 전 국민이 일어나 청 정부를 전복하고 자산계급 민주공화국 건립을 선동하였다.

그 가운데 쑨중산과 주지신의 문장은 동맹회의 강령이 되었으며, 당시 입헌파와의 투쟁을 견지하면서 민족주의 혁명의 전사가 될 것을 선전하였다. 그러나 또 한편 어떤 문장들은 저자의 불철저한 사상을 노출하기도 하였는데, 제24호에 발표된 장타이옌의 「대의연부론(代議然否論)」의 경우 민족평등과 언론출판의 자유를 주장하였지만, 자산계급의 대의제도를 반대하는 모순을 드러내고 있었다.

셋째, 토지 국유에 관한 것으로 민생주의이다. 주지신의 「사회혁명과 정치혁명 병행(社會革命與政治革命幷行)」과 「토지국유와 재정(土地國有與財政)」 등의 문장을 발표하여 봉건 토지 사유제의 폐지와 부르주아 민주혁명의 근본 문제를 제기하여 하층 민중들의 혁명투쟁 참여를 불러일으키는 작용을 하였다.

그러나 토지문제에 관한 선전은 매우 단순하여 완전한 이론을 구비하지 못하고 있어서 경우에 따라 논리가 비약되거나 내용도 달랐다. 어떤 문장은 민주주의가 바로 사회주의라거나, 혹은 토지국유는 정전제(井田制)의 회복이거나 부호들의 땅을 빌리거나 소유를 제한하는 것이라는 등의 오류를 드러냈다. 이는 당시 부르주아혁명파의 많은 사람들이 사회혁명 사상에 대한 준비와 이론적 기초의 빈약함을 반영하는 것이었다.

초기 『민보』는 자산계급 민주혁명운동과 식민지 국가의 해방 투쟁에 많은 관심을 기울여 프랑스와 러시아의 민주혁명을 여러 차례 소개하였고, 인도 인민들의 대 영국항쟁에 관한 보도와 논평을 17편이나 게재하기도 하였다. 이 밖에도 서양의 발전된 문화와 신사조를 소개하였으며, 2호부터 9호까지 사회주의를 소개하는 문장을 연재하였고, 마르크스, 엥겔스를 소개하고 『공산당선언』의 일부 내용을 소개하였다.

『민보』 후기의 선전활동

1907년 3월 13호부터 1908년 10월 24호까지는 장타이옌이 주관한 제2단계이다.

이 시기는 쑨중산을 비롯하여 후한민, 왕징웨이 등은 남양(南洋) 각 지역에서 무장봉기를 선동하러 분주히 움직였고, 주지신과 랴오중카이 등은 중국으로 귀국하여 비밀활동을 하고 있었다. 동맹회 총본부는 도쿄에 계속 주재하고 있었지만 활동 중심은 이미 남양으로 옮겨가 있었고, 장타이옌이 주관하는 『민보』를 류스페이와 타오청장 등이 돕고 있었다. (김성남)

참고문헌

彭永祥, 『辛亥革命時期期刊介紹』, 人民出版社, 1986; 方漢奇 主編, 『中國新聞事業通史』, 中國人民大學出版社, 2000; 周葱秀·涂明 著, 『中國近現代文化期刊史』, 山西敎育出版社, 1999.

▌민성(閩星)

1919년 천중밍의 후원하에 푸젠 장저우에서 무정부주의자들이 창간한 반주간 정론지

1919년 12월 1일 푸젠(福建) 장저우(漳州)에서 창간되었다. 민성보출판사 명의의 반주간(半週刊)이었다. 매월 8책을 간행하여 1권으로 삼았다. 광둥의 중요 인물인 천중밍(陳炯明)이 장저우를 장악한 뒤 실시한 개혁정책의 일환으로 간행하였다. 그러나 천중밍이 광둥으로 돌아간 뒤 곧 정간 되었다. 량빙셴(梁冰弦)이 주편하였고, 천추우(陳秋霧), 셰잉바이(謝嬰白)가 편집을 맡았다.

잡지의 내용은 주로 민주정치(民主政治)의 제창, 경제적 사회주의, 신문화운동의 추진과 관련한 것이었다. 천중밍은 발간사에서 "강약, 인종, 계급간의 차별이 없는 새 세상, 특히 국가적 폭력이 없는 세상의 건설"을 종지로 표방하였다. 무정부주의를 지향하고 있음을 알 수 있다.

호법운동이 시작된 1917년, 천중밍은 월군(粵軍)을 지휘하여 민남(閩南)에 진출, 26현을 쟁취하였다. 장저우를 중심으로 민남 호법구(閩南 護法區)를 설치하고 일련의 개명정치를 추진하였다. 지방자치를 통해 연성 정부를 건립하고, 동시에 광둥을 모범성으로 만들겠다는 것이 그 목표였다.

이에 따라 량빙셴을 교육국장으로 초빙하여 민남사범학교, 공독학교(工讀學校), 평민야교(平民夜校) 등 대규모로 학교와 도서관을 세우는 한편 "신민학서국(新閩學書局)"을 통해 『신청년(新青年)』, 『신조(新潮)』, 『건설(建設)』, 『성기평론(星期評論)』 등 진보적 잡지 십 수종을 간행 보급하였다.

또 천중밍은 린선(林森), 후한민, 왕징웨이(汪精衛), 쥐정(居正), 우지휘이(吴稚晖), 리스청(李石曾), 쩌우루(鄒鲁), 천자겅(陈嘉庚) 등 명류를 초빙하여 대중강연회를 개최하는 등 신문화의 보급에 매진하였다. 이로 인해 천중밍은 사회주의 장군이라는 칭호와 함께 쑨원 등 국민당의 전폭적인 지지를 얻었다. 멀리 모스크바에 있는 레닌이 친서를 보낼 정도였다.

이러한 사정과 관련하여 천중밍은 『민성(閩星)』 반주간, 『민성일간』, 『민봉(閩鋒周刊)』, 『민남신보』 등 신문을 창간하고 보급하였는데, 그중 가장 유명한 것이 『민성』이었다.

현재 전질이 남아 있지 않지만, 국가를 소수 정치야심가가 혹세무민하는 도구이자 각종 차별의 근원이라고 비판하고, 종계(種界), 국계(國界)를 넘어선 차별 없는 세상을 진보의 방향이라 주장하는 등 무정부주의적 성격이 농후하였다. 사병의 자각에 의한 군대의 개선 문제를 제기하기도 하였다.

동시에 『민성』 신촌운동을 찬양하는 한편 자본주의 사회를 대신할 수 있는 대안으로 러시아 사회를 모색하였다. 특히 러시아혁명 이후 정세와 헌법을 소개 분석하였다. 물론 소비에트제도의 특색인 무산계급 전정에는 반대하였다.

천중밍은 『민성』과 『민성일보』에 「발간사」 및 「발간선언」 외에 몇 편의 글을 발표하였다. 「죄악의 노예가 되지 말자」, 「생활(生活)과 생취(生趣)」, 「강군(康君), 대군(戴君)이 논한 혁명(革命)에 대한 글을 평함」,

「중화(中華) 여계(女界) 연합회(联合会)에 답함」 등이 다. 또 「육안(陸安)」이라는 필명으로 몇 편의 백화시를 발표하였다. 이러한 글에서 천은 자유, 평등, 박애, 호조, 도덕 등의 단어를 반복해서 구사하고 있다. 무정부주의의 영향을 강하게 받고 있음을 알 수 있다.

이러한 천중밍의 사상은 그가 주장한 연치제로서 표현되었다. 천은 당시 국가 건설 논의와 관련하여 국가의 최하층 조직인 향을 기초로 아래로부터 누층적으로 국가조직을 구성하자고 주장하였다. 특히 전통적 구역조직(향[鄕], 구[區], 현[縣], 성[省], 국[國])과 함께, 직업 단체를 더하여 국가 기구를 구성하자고 주장하였다. 당시 중국에서는 서구 사조의 영향으로 대의제를 보완하기 위해 직업단체를 국가권력 구성의 원리로 삼자는 논의가 다양하였는데, 천중밍의 경우는 농민, 공인, 과학가, 문학가 등 각종 직업단체의 자유로운 연합을 주장하고 있다는 점에서 바쿠닌의 『연맹집단(聯盟集團)』(Free federation)을 연상시키는 것이었다. 극단적인 무정부주의와 일맥상통하는 셈이다.

또 흥미로운 것은 천중밍이 연방제에 기초하여 건국, 건아(建亞, 아시아 연방), 유럽연방, 미주 연방 등을 포함하는 『만국연방』을 구상하였다는 점이다. 이를 통해서 인류가 국계, 종계, 나와 남의 차이를 넘어서서 대동계(大同世界)로 나아갈 수 있는 첫걸음이라는 것이었다.

주의할 점은 근대적 민족주의를 비판하면서도 1권5호부터 2권 5호까지 「한국독립운동기실사」(취처[丘哲], 1885~1959)를 장기간 연재하고 있다는 점이다. 이러한 그의 구상과 관련이 있는지는 확인이 필요하다. 다만 이글을 쓴 취처는 초기부터 반청 혁명운동에 투신하였고, 일본 유학(와세다대학)을 통해 사회주의를 수용한 뒤, 중국공농당을 주도한 인물이다. 한국과 특별한 인연을 발견할 수 없지만 일본제국주의에 희생하는 한국에 대한 동정과 아시아의 평화에 대한 관심을 짐작할 수 있다.

그러나 이처럼 국가권력을 축소하려는 천중밍의 주장은 소련의 지원하에 북벌통일을 시도하는 쑨원 등 중국 국민당 세력과 마찰을 빚을 수밖에 없었고, 1922년 이후 세력을 상실함으로써 실천의 기회를 잃었다.

간행 시간은 3개월에 불과할 정도로 짧지만 천중밍이 쑨원과 대립하며 지향했던 정치사상을 잘 나타내고 있는 자료라 할 수 있다. 1920년 1월 따로 창간한 『민성일보』와 달리 학리적 토론과 학설 소개를 중심으로 하고 있다는 점에서 더욱 그러하다. (오병수)

▌민성(民聲)

1920년 중국 상하이에서 발행된 신문

1920년 6월 프랑스 조계의 관헌이 상해임시정부의 『독립신문』을 폐쇄했을 때 발행했던 소형 신문이다. 편집인은 한 때 이유아(李惟我)가 담당했다. (이신철)

참고문헌

윤임술 편, 『한국신문백년지』 2, 한국언론연구원, 1983.

▶ 독립신문

▌민속타이완(民俗臺灣)

1941년 타이완에서 일본어로 발행된 민속 잡지

1941년 7월 타이완(臺灣)의 동도서적주식회사(東都書籍株式會社)에서 발행한 월간지이다. 잡지 창간 목적은 '남방습속(南方習俗)의 연구와 소개'였는데, 창간 당시에는 타이완을 중심으로 그 주변 지역에 초점을 맞추어 기사를 게재하였다.

편집방침은 ① 타이완 본도(本島) 및 이와 연관된 여러 지방의 민속자료를 수록 기록한다, ② 단순히 민속뿐만 아니라, 예를 들면 향토의 역사, 지리, 자연 등의 여러 방면도 포함해서 기재한다는 것이었다. 그러나 태평양전쟁 개시 이후에는 타이완뿐만 아니라, 남방(南方)에까지 시야를 확대하였다.

학술적인 연구 잡지이기는 했지만, 일반인도 이용하는 것을 환영하였다. 그러나 독자층의 기반을 확대하면 할수록, 학술지로서의 수준은 낮아질 수밖에 없었다. 따라서 편집자는 '여학생 이하의 사람들은 본지를 사지 않고, 문예답지를 산다'고 한탄하기도 했지만, 잡지는 연구 잡지로서의 일정한 수준을 유지하고 있었다.

1943년 12월호의 내용은, 「식부자와 양녀(媳婦仔と養女)」, 「민예해설(民藝解說)·의자(椅仔)」, 「북지민속통신(北支民俗通信)」, 「혼인습속고(婚姻習俗考)」, 「민속잡기(民俗雜記)」 등으로 구성되어 있었다.

잡지 집필은 타이완에 살고 있었던 사람들이 중심이었다. 그러나 이들 집필자들이 고사족(高砂族)을 비롯한 산지의 주민들과 일상적인 접촉이 없었다는 것은 치명적이었다. 따라서 지금도 학문적으로 가치가 읽는 글은 주로 중국인(本島人)이 채집한 각종 자료와 기록이다. 1944년 1월을 보면, 15편의 연구와 기록이 수록되어 있는데, 이 중에서 8편은 일본인 이외의 사람들이 쓴 것이었다. (문영주)

참고문헌

高崎隆治, 『戰時下の雜誌その光と影』, 風媒社, 1976, 243~244쪽; 松浦總三, 『體驗と資料 戰時下の言論彈壓』, 白川書院, 1975; 高崎隆治, 『戰時下のジャ-ナリズム』, 新日本出版社, 1987; 『日本出版百年史年表』, 日本書籍出版協會, 1968.

민심(民心)

1919년 중국 상하이에서 발간한 주간지

1919년 12월 6일 상하이(上海)에서 창간되었다. 상하이의 진보적 지식인들이 부르주아계급의 후원을 얻어 간행한 정치평론지이다. 52호를 1권을 묶고, 다시 1921년 12월 10일까지 간행된 것을 제2권으로 표기하였다. 정간일자는 미상이지만, 대략 1922년 초로 추정된다. 시종 백화문이 아닌 문언(文言)문을 전용하였으며 이른바 신식 표점도 거부하였다.
장젠(張謇), 황옌페이(黃炎培), 왕정팅(王正廷) 등이 발기하였고, 쉬광더(徐廣德), 셰빈(謝彬) 등 상하이, 난징(南京) 지역 지식인들이 주편하였다.

「본지선언」에서는 이에 대해 "본지의 조직자는 정객이나, 관료, 군벌, 부호는 물론 수구가나 사회당은 아니고, 구미에 유학하여 문학, 신문, 공상업 등을 전공하여 세계지식을 갖추었거나, 국내에 언론에 뜻있는 평민"이라고 밝히고 있다.

창간 취지는 "실업을 발전시킬 방법을 연구하고, 국제 형세와 중국의 외교정책을 연구하여 국민의 책임감을 계발하고, 자율적이고 견실한 사회의식을 배양한다"는 것이었다. 이를 위해 "구미에서 수입한 새로운 사상과 학설에 대해서는 평론과 비판을 통해 취사감별하고, 중국 고유의 사회제도에 대해서는 적당히 개량할 수 있는 방법을 모색하되, 어떤 특별한 이념이나 논리에 의존하지 않는다"는 것이었다.

잡지는 통론, 국내시사평림, 세계대사평림, 정치, 지방정치와 교통, 외교와 국방, 경제재정, 공상업, 문학교육 철학, 위생교육, 잡기, 설부(說部) 등을 둔만큼 언급하는 범위는 광범위하였다.

초기에는 군벌 할거적 정치 상황 및 제국주의 열강의 정치·경제침략에 대한 비판에 중점을 두었다. 동시에 부분적으로 국내 공상업의 발전 상황 등 경제 관련 정보를 제공하고 있다.

우페이푸(吳佩浮)의 국민대회안 제기를 계기로 상하이 부르주아계급의 국가 건설 구상을 선명하게 제시하는 한편, 후기로 갈수록 우미(吳宓), 저우쭤런(周作人) 등 학술·문화논문도 싣고 있다. 언론자유, 지론공정(持論公正)을 표방하여 베이징 정부 및 광둥의 호법정부에 일정 정도 거리를 두고 있던 상하이 부르주아 및 자유주의 지식인들의 입장을 대변하고 있지만, 중화민국 초기 정치사 및 경제사에 대한 매우 유용한 정보를 제공하고 있다.

『민심주보』는 주로 정치 경제 중심의 시사평론지이다. 특히 양돤류(楊端六), 장이즈(張貽志), 예징선(葉景莘), 첸톈허(錢天鶴) 등 다수 지식인들이 전문적인 시사평론에 참여하고 있다. 그중에서 주목되는 것이 메이광디(梅光迪), 우미 등 학형파 지식인들이다. 이들은 호적 중심의 신문화운동에 비판적이었다는 점에서 『민심주보』의 성격을 짐작할 수 있지만 특히 우비(吳宓)는 귀국 이전부터 『민심주보』에 문학이론을 투고하였다. 1권 17호에 발표한 「홍루몽신담(紅樓夢新談)」은 최초로 서양의 소설이론을 직접 원용하여 『홍루몽』을 분석한 것으로 이 분야에서는 기념비적인 논

문으로 평가받고 있다. (오병수)

민우일보(民吁日報)

1909년 중국 상하이에서 창간된 정치운동 신문

1909년 10월 3일 상하이(上海) 프랑스 조계지에서 창간되었다. 창간인은 위유런(于佑任), 발행인은 주바오캉(朱葆康), 사장은 판훙셴(范鴻仙)이다. 발행 48일 만에 폐쇄당하여 종간되었다. 현재 상하이도서관에 소장되어 있다.

창간 당시 위유런은 '하이(海)'라는 필명으로 선언서를 발표하여 경영과 편집진을 분리하여 운영할 것과 민주혁명을 위한 필봉을 유지할 것이라는 전투적 결심을 표명하였다.

「중국의 위기를 논함(論中國之危機)」, 「금제철도와 원동화평(錦齊鐵道及遠東和平)」 등의 문장을 발표하여 일본의 중국 동북 침략 음모를 폭로하였다. 하얼빈역에서 일어난 조선 안중근 열사의 이토 히로부미(伊藤博文) 저격 사건에 관해 20여 편에 달하는 평론과 보도를 연일 게재하면서 안중근 열사의 애국적 행위를 칭송하였다.

이로 인해 11월 19일, 상하이 주재 일본 총영사가 이 신문이 중일 양국의 선린관계를 저해한다는 이유로 청 정부에게 처벌을 요구하였고, 결국 11월 19일 상하이 조계 당국이 신문사를 봉쇄 조사하여 판훙셴이 구속되어 수사를 받게 되었고 신문사는 폐쇄되었다. (김성남)

참고문헌

方漢奇 主編, 『中國新聞社業通史』, 中國人民大學出版社, 1996; 王檜林 · 朱漢國 主編, 『中國報刊辭典』, 太原: 書海出版社, 1992.

민의(民意)

1937년 중국 우한에서 창간된 시사종합잡지

중국국민당에서 주관하여 출판한 시사정치 간행물이다. 1937년 12월 22일 우한(武漢)에서 창간되어 주간으로 매주 수요일에 발행하였다. 주요 편집자는 타오시성(陶希聖), 예쑤종(葉溯中), 양공다(楊公達) 등이었다. 우한에서 36호까지 발행하였고 1938년 8월 24일 제37호부터 충칭(重慶)으로 옮겨 출판하였다. 1941년 8월 정간되었으며, 모두 190호가 출간되었다. 현재 중국인민대학도서관(中國人民大學圖書館)과 상하이도서관 등에 소장되어 있다.

국제문제 토론을 위주로 중일전쟁시기의 정치와 군사, 경제를 주로 보도하는 종합성의 간행물이었다. 내용은 주로 중일전쟁 기간 국민당 저명인사의 글을 게재하였고, 전선의 작전과 관련된 소식도 보도하였다. 동시에 국제정세를 탐구, 토론하고, 중일관계와 중일전쟁 형세를 연구하였다. 또 중국의 정치, 경제, 재정, 문화, 교육, 군사와 대외정책 등의 문제를 분석하였다.

『민의』는 일본제국주의의 강대함과 중국의 약소함을 선전하고, 타협정책을 제시하였으며, 민중운동을 취소하고, 독재정치를 실행할 것을 주장하였다. 항일을 주장하면서 삼민주의로 중국을 통일하자고 선전하였으며 1938년 초부터 "하나의 당, 하나의 주의, 하나의 영수(一個黨, 一個主義, 一個領袖)"를 선전하면서 평등한 입장의 국공합작에 반대했다. 이 잡지는 10만 명의 공산분자와 200만 명의 국민당 사이에는 연합 문제가 존재하지 않는다고 하였다. (김지훈)

참고문헌

王檜林 · 朱漢國, 『中國報刊辭典(1815~1949)』, 書海出版社,

1992; 伍杰, 『中文期刊大詞典』, 北京大學出版社, 2000; 葉再生, 『中國近代現代出版通史』 3, 北京: 華文出版社, 2002.

▌민족과 역사(民族と歷史)

1919년 일본의 기타 사다키치가 창간한 역사 민족 잡지

1919년 1월부터 1923년 12월까지 기타 사다키치(喜田貞吉)가 책임편집으로 발행한 역사·민속 잡지이다. 잡지 기사의 내용은 오늘날의 분류에 따르면, 고고학, 고대사, 아시아 관계사(특히 일본·조선·중국관계), 사회사(당시에 지배적이었던 사회경제사는 아니고, 프랑스 아날학파에 가까운 사회민중사), 민속학, 사회학, 그리고 천민사(賤民史, 현재의 부락사[部落史]보다 광의의 여러 천민·피차별민[被差別民]을 포함한 중근대사[中近代史]), 부락문제론(部落問題論) 등등 다방면에 걸쳐 있다.

창간 이유는 창간호의 「『민족과 역사』 발간취의서」와 회고록인 『60년의 회고(六十年の回顧)』에 잘 나와 있다. 그는 문부성(文部省)을 휴직하고 비상근 강사로 활동하면서 다양한 분야에 관심을 가지고 있었는데, 그중 특히 민족문제가 그가 주목한 분야였다. 따라서 잡지 창간은 자신의 연구발표지이면서, 당시의 소위 특수부락의 기원·연혁을 조사하고 사회의 계몽운동의 자료에 제공하는 것을 목적으로 하고 있었다.

기타 사다키치는 1923년에 발간된 『향토연구(鄕土硏究)』의 구독자로 투고를 했는데, 이는 그가 잡지 『역사지리(歷史地理)』를 편집한 경험뿐만 아니라, 『향토연구』의 스타일에 힌트를 얻어 잡지를 창간했음을 말해 준다. 따라서 기타 사다키치의 잡지 발행 목적의 주요한 동기는 일본인과 일본 문화를 형성한 여러 민족의 실태와 그 역사에 대한 관심 때문이었다. 그의 이러한 관심은 1890년대부터를 연구시기로 포함하게 하였다.

기타 사다키치는 『민족과 역사』 지면에, 「일본민족과 언어」, 「일본민족과 주거 상·하」, 「일본 민족의 성립: 사회조직상에서 보다 상·하」, 「구주(九州)의 고대 민족에 대해서 상·중·하」, 「조선민족은 무엇인가」, 「일선양민족동원론(日鮮兩民族同源論)」 등 민족·종족에 대한 개괄적인 논문을 집필했다.

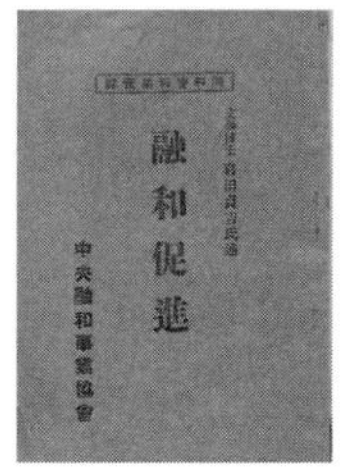

기타 사다키치가 1926년 집필한 『융화촉진(融化促進)』 표지

그러나 민족문제에 관한 기타 사다키치의 사회관 혹은 정치관에는 큰 한계가 있었다. 예를 들면, 「일선양민족동원론」이라는 논문의 제목 그 자체에서도 보이듯이, 천손민족(天孫民族)과 조선민족(朝鮮民族)을 원래 동일한 민족으로 보았던 것인데, 이것 자체는 진실로 학문적으로 실증할 수 없는 문제였다.

6권 1호(1921.7)의 「선만연구호(鮮滿硏究号)의 발간에 대해서」에서, 기타 사다키치는 조선의 민중은 오랫동안 가정을 떠났던 형제가 귀환해 다시 왕래를 하고 있다고 서술했다. 따라서 그에게 '일한병합(日韓併合)'이라는 강권적인 통합은 어떠한 의문이나 회의가 있을 수 없었다. 천 수백 년 동안 '형제'라는 가정은 그간의 분리 과정에서 쌍방의 문화와 역사의 차이를 무시한 것이었다. 그리고 통합은 조선 민족 혹은 조선의 민중이 '일한병합'이라는 사태를 받아들였기 때문에 가능했다는 것이었다. 이러한 측면에서 기타 사다키치의 인식은 천박했으며, 그 언행은 경솔했다고 할 수 있다.

잡지 『민족과 역사』는 8권 6호(1922.12)를 마지막으로 종간되었으며, 1923년 1월 『사회사연구(社會史硏究)』로 개제되었다. 『사회사연구』의 창간호 호수는 9권 1호로서 『민족과 역사』의 계승지(繼承誌)임을 분명히 했다.

기타 사다키치는 고대사·민속학·고고학 등 폭넓은

연구로 유명하다. 하지만 그의 업적은 오늘날 정당하게 평가받지 못하고 있다. 그의 개인잡지 『민족과 역사』는 부락문제에 대한 선견성이 뛰어나 "특수부락 연구호"에서 오늘날 일본의 수평사운동(水平社運動)과 부락사(部落史)의 시기구분에 새로운 틀을 제시했다. 『민족과 역사』, 그리고 후속 잡지인 『사회사연구(社会史研究)』에는 부락해방운동과 관련된 글이 다수 게재되었다. 현재 잡지는 후지출판(不二出版)에 의해 전 10권 · 별책 1권으로 복간되었다. (이규수)

참고문헌

『「民族と歴史」解説·總目次·索引』, 不二出版, 1997; 『日本出版百年史年表』, 日本書籍出版協會, 1968; 岩根卓史, 「喜田貞吉と部落史の起源: 『部落起源』論の生成」, 『日本思想史研究会会報』 20, 2003; 田中聡, 「水平社をめぐる人びと-4-喜田貞吉と部落史研究」, 『部落問題研究』 113, 1991.

▌민족일보(民族日報)

1939년 중국 위첸에서 창간된 시사종합신문

지방의 민영신문으로 1939년 1월 5일 중국 저장(浙江) 위첸(于潛) 학촌(鶴村)에서 창간되었다. 표면적으로는 저장성 정부 주석 황사오훙(黃紹竑)이 창간했고 저장 서부 정부기관의 기관지로 왕원스(王聞識)가 준비했다. 사장은 왕원스였고, 총편집은 진루이번(金瑞本), 부총편집은 루루이(陸魯一)이다. 편집에는 장뤄다(張若達), 비핑페이(畢平非), 탕스디(唐石堤), 단젠궈(單建國), 차루탕(查如棠), 추이샤오리(崔曉立)가 담당했고, 기자는 성전수(盛震叔), 린강(林剛) 등이었다. 중일전쟁 시기 창화(昌化)와 춘안(淳安)으로 옮겨가며 출판하였다. 중일전쟁에서 승리한 이후 항저우에서 『민족일보』 항저우판(杭州版)을 발행하였다. 1945년 10월 3일에는 다시 상하이(上海)로 옮겨 출판하였고 책임자는 정샤오제(鄭小杰)였다. 상하이도서관과 난징(南京)도서관 등에 소장되어 있다

창간사에서 "문화 특유의 무기를 사용하여 '정치적 진공'을 배합하여 적의 문화침략을 분쇄하자"고 하여 적극적으로 항일선전을 하여 동남지역 일대에서 영향력이 있었다.

저시(浙西)와 환난(皖南) 등 중국 군대가 통제하고 있는 지역에 판매소를 설치하여 판매했기 때문에 발행량도 가장 많을 때 8000~9000부에 달했다. 이 신문의 책임자와 각 부문에는 모두 중국공산당의 지하당원이 많았기 때문에 신문사 내부에 비밀리에 중공지부가 설립되어 중공 절서특위(浙西特委)의 지도를 받았다. 이 신문은 과도하게 좌파적인 모습을 보였고 실제로 중공 절서특위의 기관지가 되었기 때문에 내부사정이 발각되었다. 1940년 9월, 저장 서부의 정부기관은 『민족일보』를 개조하여 '적화(赤化)를 선전'했다고 하여 왕원스가 사직하고 편집부가 개편되었다. 환남사변(皖南事變) 이후 저장 서부의 정부기관은 『민족일보』를 개조하여 다시 사장을 임명하고 이 신문을 통제했다. (김지훈)

참고문헌

王檜林 · 朱漢國, 『中國報刊辭典(1815~1949)』, 書海出版社, 1992; 伍杰, 『中文期刊大詞典』, 北京大學出版社, 2000; 上海圖書館, 『上海圖書館館藏近現代中文期刊總目』, 上海科學技術文獻出版社, 2004.

▌민족혁명(民族革命)

1936년 중국 난징에서 한국어로 발행된 정치잡지

1936년 1월 20일 창간되었다. 1935년 10월 1일 창간되어 5호까지 발행된 민족혁명당의 기관지 『당보』를 개제한 것이다. 일제의 『사상정세시찰보고집』(3)에 따르면 1936년 7월 30일부터 8월 29일까지 『우리들의 길』로 개제되어 발행되다가 같은 해 12월 1일 전당대회 결의에 의해 1937년 2월 22일부터 『앞 길』로 다시 한 번 개제되었다고 한다.

민족혁명에 실린 윤세주의 논설

당대 최고의 이론가로 평가받는 윤세주(尹世胄)는 『민족혁명』 창간호에 「우리 운동의 새출발과 민족혁명당의 창립」, 「우리 운동의 출발과 그 이론적 기초」,

「1936년의 세계전망」 등 다양한 주제의 글을 발표했다. 3호(1936.7.1)에는 「본당 창립의 역사적 의의」를 발표했다. 첫 번째 글에서 그는 일반론으로서 역사인식의 특수성과 보편성문제, 종전 좌익운동에 대한 이해와 비판, 민족사회의 현실적 조건에 기초한 앞으로의 바람직한 운동 방향 등을 제시했다. 특수성과 보편성 문제를 그는 다음과 같이 설명했다.

"우리는 우리 민족의 현실적 차별성을 정확히 인식함과 동시에 또 이를 세계적 법칙의 척도로써 검칙하여 그 내포하는 본질을 파악하지 않으면 안 된다. 이와 같은 인식의 기초 위에 있을 때 비로소 영구한 평화와 합리적 생존을 위한 정치적인 면의 의식적 지도가 가능하게 된다."

윤세주는 이어서 우익운동론의 한계를 지적했다. 그리고 좌익운동론에 대해서도 다음과 같이 비판했다.

"우익의 이러한 신비적 차별사조에의 반발에 의해 발행산 '좌익일류(左翼一流)'의 사조는 공식적 법칙의 기계적 모습(模襲)에 의해 구체적 차별성에 도말(塗抹)을 하여 민족적 발전에 대한 현실적 의무를 몰각하려고 했다. 그러나 보편법칙의 과학성은 개별적 구상성(具象性)의 총괄적 내용에서 추상되고 있는 점에 있다. …… 그러므로 우리는 조선민족의 차별적 특수성이 세계적 보편법칙에 제약되어 있음을 인식하지 않으면 안 됨과 동시에 그 세계적 보편법칙은 조선민족의 차별적 특수성의 긍정적 내포에서 추상되지 않으면 안 됨을 인식해야 한다."

윤세주는 당시 조선 사회의 발전단계를 다음과 같이 파악했다.

"조선의 민족경제는 그것이 아직 근대자본주의의 단계를 밟기도 전에 일본 자본주의의 침략에 의한 이식자본지(移植資本地)로 되어 버렸다. 그리하여 외래자본의 질곡으로 정상적 발전을 하지 못하고 다만 원유형태(原有形態)의 파멸에만 빠지게 되었다. 그러나 민족경제의 이러한 전체적 파멸은 원유형태의 빈부적 모순의 부분적 발전을 거부한 것은 아니었다. 그리하여 이것은 민족경제 내부의 지주 대 농민 또는 자본가 대 노동자의 경제적 모순의 발전 현상을 성공시키지는 못했다. 이러한 민족경제 내부모순의 발전은 이것이 일본 제국주의의 독점적 질곡의 긴박(緊縛) 아래서 발전하고 있는 한 전체적 민족 경제의 파멸적 발전 방향에 의한 소극적 발전과정을 거치지 않으면 안 되는 것이지만 그 질곡이 제거될 때는 민족경제의 정상적 발전과 함께 적극적 발전방향에 나아갈 수 있다."

마지막으로 윤세주는 민족혁명당의 경제정책을 다음과 같이 제시하였다.

"조선민족이 민족경제의 평등을 원칙으로 하는 진정한 민족주의의 국가를 건설하기 위해서는 조선민족의 혁명역량이 경제평등의 구체적 설계를 위한 정치적 강령으로 훈련 통일되고 또 실천되지 않으면 안 된다."

• 민족혁명당

1935년 7월 5일 중국 난징에서 조직된 독립운동정당이다. 1920년대 후반의 국외 독립운동은 국민대표회와 민족유일당운동의 실패로 침체 상태에 놓였다. 그러나 만주사변과 상하이사변 이후 독립운동이 다시 활기를 찾게 되어 독립운동단체들의 통일 방안이 모색되었다.

그 결과 김규식(金奎植)은 광복동지회(光復同志會) 대표로서 조선혁명당(朝鮮革命黨)의 최동오(崔東旿), 의열단(義烈團)의 한일래(韓一來), 한국독립당(韓國獨立黨)의 이유필(李裕弼)·김두봉(金枓奉)과 협의하여 1932년 한국대일전선통일동맹(韓國對日戰線統一同盟)을 결성하였다.

이 동맹은 보다 효과적인 항일 투쟁을 위해 1935년 7월 5일 한국독립당·의열단·신한독립당(新韓獨立黨)·조선혁명당·미주대한인독립단(美洲大韓人獨立團) 등 5당 대표가 난징에서 민족혁명당을 결성함으로써 대당(大黨) 조직으로 발전하게 되었다. 민족혁명당은 창당 과정에서 당명을 두고 대립하기도 했다. 의열단과 조선혁명당 쪽에서는 조선민족혁명당을 주장했고, 한국독립당과 대한독립당, 신한독립당 쪽에서는 한국민족혁명당을 주장했다. 결국 중국에서는 한국민족혁명당으로 국내의 민중들은 조선민족혁명당으로, 해외 여러 나라에 대해서는 'Korean Revolution Association'

으로, 당내에서는 민족혁명당으로 부르기로 합의되었다. 그리고 1937년 전당대회에서 공식명칭을 조선혁명당으로 확정했다.

민족혁명당이 결성될 당시 임시정부 옹호를 주장하던 한국독립당계 일부 인사들이 불참하였으나, 거의 모든 독립운동정당·단체 들을 망라함으로써 민족연합전선적 성격을 지녔다. 그러나 김원봉(金元鳳)이 이끄는 의열단계가 당권을 장악함으로써 이에 불만을 느낀 조소앙(趙素昂)의 한국독립당계가 1935년 9월 하순 이탈하고, 1937년 3월 지청천(池靑天)계도 이탈하여 따로 조선혁명당을 결성함으로써 민족대당(民族大黨)으로서의 성격을 어느 정도 상실하게 되었다.

민족혁명당이 채택한 강령의 주요 내용은 일제는 물론 봉건 세력과 반혁명 세력을 투쟁 대상으로 삼고 있으며, 정치적으로는 보통선거제와 자유권 보장 등 민주주의를 내세우고 있고, 사회·경제적으로는 토지국유제, 대생산기관 및 독점 기업의 국영화, 사회보장제도의 실시 등을 주장했다.

민족혁명당은 1937년 12월 조선민족해방자동맹·조선혁명자연맹 등을 규합하여 조선민족전선연맹을 결성하였으며, 1938년 10월 10일 그 산하 군사조직으로 조선의용대(朝鮮義勇隊)를 조직해 중국 각지에서 활발한 항일 투쟁을 전개하였다.

민족혁명당은 결성 이후 줄곧 임시정부에 참여하지 않았으나, 중일전쟁 이후 임시정부를 중심으로 독립운동 정당·단체들이 연합전선을 형성하자, 1941년 11월에 개최된 제6회전당대표대회 결의에 따라 임시정부에 참여, 광복 직후까지 활동하였다.

그러나 민족혁명당은 1946년 2월 민주주의민족전선에 참여한 것을 계기로, 그해 6월 인민공화당으로 이름을 바꾸었다. 한편, 그 산하 군사조직인 조선의용대는 1940년 11월 화베이로 이동을 결정하였고, 본부만 충칭에 남고 이동하였다. 이들은 1941년 7월 화베이지대를 결성했다. 1942년 5월 충칭의 본부가 광복군 제1지대로 편입되자 화베이지대는 조선독립동맹의 군대인 조선의용군으로 개편하였다. (이신철)

참고문헌

강만길, 『조선민족혁명당과 통일전선』, 서울: 화평사, 1991; 염인호, 『김원봉 연구: 의열단, 민족혁명당 40년사』, 창작과비평사, 1993.

▶ 당보

민주주간(民主週間)

1944년 중국 쿤밍에서 창간된 정치운동 신문

1944년 12월 9일 중국민주동맹 쿤밍(昆明) 지부의 기관간행물로 쿤밍에서 창간되었다. 원이둬(聞一多), 추투난(楚圖南)이 편집을 담당했다. 1946년 8월 정간 당했다. 현재 쓰촨성도서관과 상하이도서관 등에 소장되어 있다.

1943년 5월 중국민주동맹은 쿤밍에 성지부(省支部)를 건립하고 『민주주간』을 발행하였다. 성원의 절대 다수는 서남연합대학(西南聯合大學), 윈난대학(雲南大學), 중산대학(中山大學) 등의 교수와 사회저명인사들이었다.

발행목적은 민주운동을 전개하고 민주동맹의 정치방침을 관철하는 것이었다. 내용은 시평(時評), 전론(專論), 역문(譯文), 문예(文藝), 통신(通訊), 서평(書評), 일주시사분석(一週時事分析), 민주호성(民主呼聲) 등이다. 뤄룽지(羅隆基)의 「중국은 제3의 대정당을 필요로 한다(中國需要第三個大政黨)」, 판광단(潘光旦)의 「협상회의자에 소망한다(所望于協商會議者)」 등 민주동맹의 정치적 주장을 게재하면서 지식인들 사이에 인기를 얻어 유사한 간행물 가운데 가장 발행 부수가 많았다.

주요 집필자는 뤄룽지, 판광단, 청자오룬(曾昭輪), 추투난, 원이둬, 페이샤오퉁(費孝通), 원자쓰(聞家駟), 우한(吳晗), 덩추민(鄧初民), 창웨(尙鉞), 우치위안(伍啓元), 저우신민(周新民), 선즈위안(沈志遠) 등이었다. (김지훈)

참고문헌

王檜林 · 朱漢國, 『中國報刊辭典(1815~1949)』, 書海出版社, 1992; 伍杰, 『中文期刊大詞典』, 北京大學出版社, 2000.

▌민중시보(民衆時報)

1935년 일본의 민중시보사가 재일조선인을 상대로 창간한 신문

1935년 6월 민중시보사(民衆時報社)의 기관지이다. 편집 겸 발행인은 초기에 김문준이었다. 27호까지 간행되었다. 조선신문사와 함께 민족주의적 경향의 투쟁 조직으로는 민중시보사를 들 수 있다. 강령에서는 재일조선인 민중의 생활 진상과 여론의 보도, 생활 개선과 문화적 향상의 촉진, 생활권 확립과 옹호 신장 등을 내걸었다. 마침내 1936년 9월 21일 27호가 발간되고, 11월 4일 폐간되었다.

1935년 6월 창간되어 김문준, 이신형이 주간을 맡았고, 김경중, 정재영, 김달환, 박봉주 등이 구성원으로 활동했는데, 조선 민중의 생활개선과 문화적 향상을 촉진하는 것을 강령으로 내걸었다. 특히 재일조선인의 생활권 옹호를 위해 건강상담, 법률상담, 생활상의 지침을 널리 선동했고, 의료위생, 법률상담, 공동구입 등은 같은 시기의 소비조합, 친목회 등의 활동을 지면으로 옮겨 놓은 것과 같았다.

1930년대 '민족적 생활권 투쟁'으로 재일조선인의 소비조합운동, 교육운동, 차가인운동, 오사카조선무산자진료소 설립, 동아통항조합의 운동을 들 수 있다.

민중시보사 조직이 생활권 투쟁에 힘을 쏟았던 것은 공산주의운동의 태도 변화, 그리고 패배, 생활난과 배외주의의 강화, 동화정책의 본격화를 배경으로 했다.

• 김문준(金文準, 1894~1936)

제주도 신좌면 조천리 출신. 김명식에 따르면, "다른 사람의 일을 자기의 문제와 같이 생각하는 특성을 갖고, 대중의 계몽과 교양, 대변에 그 특성을 본능적으로 발휘했던 사람이다"라고 한다.

1917년 수원농림학교를 졸업하고 고향으로 돌아가 3·1운동에 참가했다. 이후 제주도에서 사립학교를 창설했다. 이후 경성에서 서울청년회와 경성노동회에서 활동했다.

1927년 7월 오사카(大阪)로 건너가 재일본조선노동총동맹 산하 오사카조선노동조합 집행위원으로 활동했다. 같은 해 12월 신간회 오사카지회 설립에 참여했다. 1928년 5월 재일본조선노동총동맹 집행위원이 되었고, 같은 해 7월 오사카조선인거주권획득동맹을 조직했다.

1929년 4월 제주도 출신 소년을 중심으로 오사카조선소년동맹을 조직했다. 같은 달 '우리가 우리의 배를'이라는 슬로건 아래 일본에 있던 제주도 출신의 제주도 왕래를 도모하기 위해 제주통항조합준비위원회 결성을 주도했다. 그해 가을 제주도 출신자를 중심으로 오사카고무공조합을 결성했다.

1929년 12월 오사카에서 열린 재일본조선노동총동맹 전국대표자회의 및 확대집행위원회에 오사카 대표로 참석하여 중앙집행위원으로 선임되었다. 같은 달 재일본조선노동총동맹 간사이지방협의회 집행위원장으로 선출되었다.

1930년 1월 재일본조선노동총동맹을 일본노동조합전국협의회(전협)로 해소하는 데 반대했다. 같은 해 5월 오사카고무공조합을 전협 일본화학산업노동조합 오사카지부로 개편하고 책임자가 되었다. 이 무렵 오사카에서 이 단체 명의로 『뉴스』를 발행하고, 『제2노동자신문』을 배포했으며, 조선어 신문인 『대중신문』을 발행했다.

1930년 8월 오사카에서 고무공장 노동자파업을 준비하던 중 검거되어 12월 오사카지방재판소에서 징역

3년 6월을 선고받았다. 1932년 4월 오사카공소원에서 징역 2년 6월을 선고받았다. 1934년 일본공산당 재건운동에도 참여했고, 1935년 6월 『민중시보』를 창간했다. 이 무렵 노농후원회를 조직하고 인민전선운동에 참여했다. 1936년 5월 오사카 이쿠노구(生野區)에서 사망했다. 장례가 일본인 좌익단체와 합동으로 거행되었다.

• 이신형(李信珩, 1911~?)

1929년 11월 광주사범학교 재학 때에 광주를 중심으로 하여 일어난 광주학생운동의 지도자로 참가하여, 1930년 10월 8일 치안유지법 위반으로 검거되어 보안법, 출판법 위반으로 광주지방법원에서 징역 3년 6개월의 판결을 받고 복역했다.

일본에 가서 1935년 8월 오사카에서 발행한 『민중시보』의 기자로 활동했다. 특히 발행인 김문준이 사망하고 1936년 6월 제22호부터는 편집, 발행, 인쇄인으로 폐간될 때까지 발간을 주도했다. (김인덕)

참고문헌

外村大,「1930年代中期の在日朝鮮人運動: 京阪神地域·『民衆時報』を中心に」,『朝鮮史硏究會論文集』 28, 1991; 『한국민족문화대백과사전』, 서울: 한국정신문화연구원, 1991; 近代日本社會運動史人物大事典編集委員會 編, 『近代日本社會運動史人物大事典』, 日外アソシエーツ, 1996; 강만길·성대경 엮음, 『한국사회주의운동인명사전』, 서울: 창작과비평사, 1996.

▌민중신문(民衆新聞)

1930년 서울에서 발행된 국민협회의 기관지

대표는 김석태이며, 발행인은 이병령, 사장은 송종헌, 부사장은 이병렬, 주간은 이동우, 주필은 김환, 편집국장대리는 김의용, 영업국장대리는 김사익이었다. 발행소는 경성 공평동 54호였고, 석간 4쪽이었다. 5포인트 활자를 사용했고, 1면 7단제였다. 구독료는 월 30전이었다. 1941년 말 폐간되었다. 서강대학교에 소장되어 있다.

본지의 전신은 1920년 4월 1일 민원식에 의해 창간된 국민협회 기관지 『시사신문』(1921년 2월 17일 폐간)이다. 이 매체가 1922년 4월 15일 월간지 『시대평론』으로 개제되었다가 다시 신문발행 인가를 얻어서 『민중신문』으로 계승된 것이다.

1930년 4월 19일 『중외일보』가 사설 「조선인과 실업대책, 일본의 여론에 감(鑑)하야」(『오사카마이니치신문』 4월 17일자 사설 「실업대책과 조선인」에 대한 반론)를 싣자 이 신문은 4월 21일자 사설에서 『중외일보』의 논조를 비난하는 등 친일단체의 기관지 역할에 충실했다. 또한 「신문지의 사회면」이라는 사설(1930년 6월 23일)을 실어 당시 민족지의 사회면에 대한 비난도 서슴지 않았다.

그해 8월 4일부터 공장 사정으로 1주일간 휴간했다가 8월 11일자 제179호로 속간한다. 사설 「휴간 일주일의 체험」에서는 "논지가 솔직하고 공정한 점과 기사는 양을 많게 함에 따라서 간명을 주로 하는 취의(趣意)에 있어서 많은 독자의 찬동을 득하는 것을 자신하고 가(駕) 태(駘)에 편(鞭)을 가하야 독자제씨의 성념(盛念)의 만분의 일이라도 수(酬)할까"라고 밝힌 후 "더욱이 만기(萬機)를 친재(親裁)하사 정무다단(政務多端)하심에 불구하시고 성상폐하(聖上陛下)께옵서 신문을 어정독(御精讀)하시고 측근에게 대하샤 '신문이 없으면 암야에 등화를 실(失)한 것 같다' 하시는 말씀이 계셨다는 일을 루문(漏聞)하고 암야에 등화같은 책임을 일주간이나 행치 못한 죄는 스스로 면치 못할 것을 자각하는 바이오 성명(聖明)이 하정(下情)을 진찰하심에는 성환(悚懼)를 감(堪)치 못하는 바이다"라고 하여 친일지로서의 성격을 뚜렷이 하고 있다.

1932년 초의 본지 진용은 사장 김석태, 주필 오태환, 편집장 이의용, 영업국장 김석진 등이었다. 1933년 이후 주간발행으로 변경하게 된다. 신문지 분포 상황은 일본인 123부, 조선인 181부, 조선외가 230부로 합계 534부였다. 그 후 1941년까지 본지의 발행부수는 500~600부 선이었다. 총독부의 신문통제정책에 의해 1941년 말 폐간되었다. (이경돈)

참고문헌

『한국신문백년 사료집』, 사단법인 한국신문연구소, 1975; 『한국신문백년지』 1, 한국언론연구원, 1983.

민풍(民風)

1919년 중국 광저우에서 무정부주의자가 간행한 잡지

신문화운동 시기 광저우(廣州)에서 간행된 대표적인 진보 잡지이다. 주간지이다. 원래 『민풍일간』을 계승한 것으로 대략 1919년 7월 말 창간되어 1920년 4월 전후 정간된 것으로 추정된다. 매호마다 16쪽 정도 분량에 5편 정도의 전론과 역저, 통신, 기문, 수감록을 실어 간행하였다. 편집 발행소는 광저우 난후제(廣州 南潮街 30號 十人團 摠部)였으나, 18호부터는 광저우 동티룽리신제(廣州 東堤榮利新街 22)로 옮기고, 문언 백화의 병용에서 백화 중심으로 바꾸는 등 편집방침을 약간씩 바꾸었다. 잡지의 주요 책임자는 량빙센(梁冰弦), 황좐성(黃鵑声), 취성바이(区声白), 구한성(顧漢聲) 등으로 당시 대표적인 무정부주의자들이었다. 현재 전질은 아니지만 대부분이 광둥성도서관에 보관되어 있다.

『민풍』의 내용은 창간호부터 크로포트킨의 「호조론」, 「전쟁과 자본주의」 그리고 톨스토이의 문학작품들을 연재하는 등 무정부주의적 성격이 뚜렷하였다.

투고된 논문 중에는 「나만이 의존할 수 있는 것」(14호) 등은 일체의 정당, 정부에 반대하고, 정신생활과 육체생활의 밀접한 관계와 함께 자치를 강조하는 여러 작품을 실었다. 또 당시 중국에 널리 소개되었던 일본의 신촌주의운동을 순리에 따른 '사람'의 생활이요, 새로운 사회의 기초로서, 장래의 혁명을 예방하여 무용한 파괴의 손해를 피할 수 있는 운동으로서 높게 평가하고 있다. 여기에 더하여 가족제의 해체와 정신적 해방, 그리고 호조의 정신으로 양노원등의 운용을 제안하였다. 당시 무정부주의자들의 일반적인 주장이라 할 수 있다. (오병수)

민호일보(民呼日報)

1909년 중국 상하이에서 창간된 정치운동 신문

1909년 5월 15일 상하이(上海)에서 창간된 정치성 일간지이다. 매일 양면인쇄로 대형판 8면이 발행되었는데 그중 4면은 광고면이다. 창간인은 위유런(于右任)이다. 1909년 8월 14일 총 92호를 발행하고 종간되었다. 중국국가도서관에 소장되어 있다.

제호에서 드러나듯이 이 신문의 발행취지는 "백성을 살려 달라고 큰소리로 격렬하게 소리 지르자"라는 것이었다. 이 신문은 창간 10일 전인 5월 5일, 상하이의 여러 신문에 광고를 내어 백성의 목소리를 실행하기 위해 이 신문을 창간한다는 것을 선전하였다.

창간호에서 다오하이쯔(蹈海子)는 「민호일보선언서(民呼日報宣言書)」를 통해 이 신문에 종사하는 모든 사람들은 평민을 대표하며 귀족의 지위에 반대한다고 선언하였다.

내용은 통신, 광고 이외에 언론, 기사(記事), 총록(叢錄) 세 부분으로 구성되었으며, 사설과 전론(專論), 시화(詩話), 예원(藝苑), 뉴스(新聞), 궁문초(宮門鈔), 전보(電報), 시사상각(時事商榷), 외론(外論), 역문(譯文), 문원(文苑) 등의 난을 개설하였다.

『민호일보』는 직접적으로 청 정부의 전복을 주장하지는 않았지만, 관리들의 부패와 시정을 폭로하고 공격하는 수위는 매우 높았다. 사설과 전론(專論)에서는 입헌 혁명과 민족혁명을 주장하여 청 정부에 의해 발행권을 취소당하였다.

주필은 천페이칭(陳飛卿)이며, 편집진에는 판광치(范光啓), 저우시산(周錫三), 양톈지(楊天驥), 루추신(陸秋心), 우중츠(吳宗慈), 왕우성(王無生), 왕윈중(汪允中), 탄산우(談善吾), 양첸리(楊千里), 다이지타오(戴季陶), 판훙산(范鴻山), 징야오웨(景耀月) 등이 참여하였다.

『민호일보』 부간으로 발행된 『민호도화일보(民呼圖畵日報)』도 같은 날 동시에 창간되어 매월 1권씩을 발행하여 세상을 풍자하는 시사만화를 담아내었다.

• 위유런(于右任, 1879~1964)

산시(陝西) 출신으로, 원명은 바이순(伯循)이며, 말년에 호를 태평노인(太平老人)이라 하였다.

1907년 『신주일보(神州日報)』를 창간한 데 이어서 『민호일보』와 『민우일보(民吁日報)』, 『민립보(民立報)』를 창간하였다. 이 '민(民)'을 제호의 첫 글자로 취한 세 종류의 신문은 '견삼민(堅三民)'이라 불리는데 신해혁명 전후에 발간되어 혁명운동에 큰 영향력을 미친 주요 언론들이다.

중화민국 성립 후 1912년 정월, 쑨중산(孫中山)이 난징(南京)중화민국 임시 대총통으로 취임할 때 그를 수행하여 중화민국의 첫 번째 교통부차장에 선임되었다. 1918년에서 1922년까지는 산시에서 입정국군(立靖國軍)을 조직하고 당시 북양(北洋) 군벌의 실력자인 천수판(陳樹藩), 류전화(劉鎭華)와 격렬한 투쟁을 진행하였다.

후기에는 국민당 정부의 타이완 퇴각 이후 국민당 정부에서 국민정부상위(國民政府常委), 군위원회상위(軍委院會常委)와 감찰원장 등을 맡아 국민당 정부의 주요 인물로 활동하였다. (김성남)

참고문헌

葉再生 著, 『中國近代現代出版通史』, 北京: 華文出版社, 2002; 周葱秀·涂明 著, 『中國近現代文化期刊史』, 山西教育出版社, 1999.

▌박랑사(博浪沙)

1934년 일본에서 창간된 수필 잡지

1934년 8월에 창간되어 1935년 4월까지(1차), 그리고 1938년 8월부터 1943년 10월까지(2차) 발간된 수필 잡지이다. 편집 겸 발행인은 시미즈 이즈미(淸水泉, 제1차), 다오카 노리오(田岡典夫, 제2차)였다. 제1차와 제2차 사이에는 1916년 10월부터 1937년 5월까지 『박랑사통신(博浪沙通信)』이 7호 발간되었다.

잡지의 이름은 『십팔사략(十八史略)』의 고사 곧 한(漢)의 장량(張良)이 진시황제(秦始皇帝)를 습격한 이야기의 지명을 바탕으로 한 것이다. 그러나 그러한 제목의 이면에는 당시 일본 문단의 최대 실력자인 기쿠치 간(菊池寬)에 저항하려는 의지가 담겨 있었다.

소설가인 사사키 미쓰조(佐佐木味津三) 추도회(1934년 2월 사망)가 계기가 되어 다나카 고타로를 둘러싼 모임(田中貢太郎郎を囲む會)이 결성되었고 이 모임을 모태로 하여 만들어진 사적 그룹 잡지였다.

다나카 고타로는 고치현(高知縣) 출신의 소설가, 수필가였다. 주선(酒仙)의 다나카 고타로, 주도(酒徒)의 오자키 시로(尾崎士郎), 이부세 마스지(井伏鱒二) 등 술을 좋아하는 사람들의 호탕한 분위기가 잡지에 넘쳐나고 있었다. 동인은 10여 명으로 출발하였지만 마지막에는 20여 명으로 늘어났다.

오자키 시로, 이부세 마스지, 바바 고초(馬場孤蝶), 하마모토 히로시(浜本浩), 데라다 아키라(寺田瑛: 후일 경성일보 학예부장), 니와 후미오(丹羽文雄), 소에다 사쓰키(添田さつき), 스즈키 히코지로(鈴木彦次郎) 등이 그들이다.

제2차는 분위기를 바꾸고 집필진도 확대하였다. 때로는 다오카 노리오 등의 단편소설도 게재하였다. 다자이 오사무(太宰治), 다카미 준(高見順), 이토 세이(伊藤整)의 수필도 실려 있다. 문단 이외의 문화인이 기고한 글도 많아서 매호 20명 안팎의 글이 실렸다. 1941년 3~4월의 "다나카 고타로 추도호"는 자료로서 귀중하다. (이준식)

참고문헌

日本近代文學館·小田切進 編, 『日本近代文學大事典』 第5卷, 講談社, 1977; 『日本出版百年史年表』, 日本書籍出版協會,

1968.

▌박문(博文)

1938년 서울에서 발행된 수필 월간지

1938년 10월 창간했다. 한국 문단 최초의 수필 잡지로 종간호는 통권 23호로 1941년 1월호이다. 편집 겸 발행인은 최영주(崔泳柱), 인쇄인은 대동인쇄소의 김현도(金顯道), 발행소는 박문서관(博文書館, 경성부 종로2가 82)이다. 판형은 A5판으로 쪽수는 32면 내외이며 정가는 5전이다. 2005년 역락출판사에서 영인본으로 간행되었다.

최영주가 쓴 「박문 발간사」를 보면 이 잡지의 성격과 잡지 창간의 감상을 느낄 수 있다. "『박문』은 조고마한 잡지외다. 이 잡지는 박문서관의 기관지인 동시에 각계인사의 수필지로서 탄생된 것입니다. 이 잡지의 사명이 점점 커지는 때에는 이 잡지 자신도 점점 자라갈 것입니다. 우리는 이 조고마한 책이 점점 자라나서 반도 출판계에 큰 자리를 차지할 때가 속히 오기를 기다립니다. 그리고 앞으로 더욱 이 지면을 광채 있게 꾸며 갈 것을 여러분께 약속합니다." 최영주의 야심은 이렇게 '수필지'와 박문서관의 '기관지'를 동시에 기획하여 출판사의 입지를 넓히고, 한편으로는 자신의 출판가로서의 영향력을 높이려 했던 듯하다. 박문서관에서 출간된 책 광고가 촘촘히 실리고 출판된 책에 대한 서평은 물론 앞으로 출간될 책의 목록과 저자의 동정이 상세히 보고되는 등 '서평지'로서의 역할도 자임했다고 할 수 있다.

창간호에서는 당대의 명문장가로 이미 인정된 상허 이태준의 「작품애(作品愛)」가 맨 처음 배치되어 있다. 김남천의 「독서」, 이희승의 「청추수제(淸秋數題)」, 이극로의 「어문정리와 출판업」, 김문집의 「정치와 조선문학」, 김진섭의 「살인서 비화(殺人書 秘話)」, 이병기의 「약간 어제(若干 御製)에 대하여」, 심형필의 「의문의 인과칙」, 방종현의 「조선어사전의 연대기」, 이병도의 「하멜표류기에 대하여」 등이 실린다. '수필지'로서, 주제가 무겁고 전문적인 중수필과 생활 속에서 발견하는 재치 발랄한 경수필이 나란히 짝을 맞추는가 하면, 독자들이 잘 모르는 『하멜표류기』 같은 책이나 『조선어사전』의 편찬사를 사적으로 개관하는 글이 오밀조밀하게 채워져 있음을 알 수 있다. 그 밖에도 '거리의 수첩'(시사만평), '영화가'(영화계 평), '극장통'(상영 영화와 극장의 여러 사정), '출판토픽', '청색포스트'(문화인들의 동정) 등이 당대의 조선 문화계 소식을 알려 주는 동시에 여러 사정에 대한 논평을 통해 저간의 맥락을 파악할 수 있게 해준다.

특히 주목할 만한 것은, '편집실 일기초'로서 편집자 최영주의 일상사가 날짜별로 빼곡히 적혀 있어 '박문서관'의 내부적인 일만이 아니라 그가 접촉했던, 출판사와 연계를 가지고 있는 다양한 작가들의 당대 상황, 그리고 출판사와 작가들과의 네트워크를 조망하는 데도 도움이 된다.

2집부터는 창간호의 체제를 그대로 따르는 편집방침이 유지되고 있다. 다만 5집(1939.2)부터는 '영화가'와 '극장통'이 '영화가'로 통합되어 운영된 점이 변화라면 변화라고 할 수 있겠다.

독자 모집과 관련해서 2집의 '소원'에는 "1년 선금 5십전을 보내주시는 분 1만분을 얻고저 소원을 내"거는 '연정독자 일만획득(年定讀者 一萬獲得)' 사업 계획이 발표된다. 그리하여 4집인 1939년 신년호에는 신년 인사와 더불어 박문서관의 사업 확충 계획이 발표되는데 여기서 100만 독자가 운위된다(「전승 제3년[戰勝第三年] 신춘을 맞으며 백만 『박문』 애독자 제언[諸彦]께」). 물론 과장된 측면이 있을 것이라고 사료됨에도 불구하고, 박문서관의 '현대걸작장편소설전집'(1호) 기획 출판, 동서고금 명제 결정판 사업으로 '박문문고' 출판, 책값의 저렴화, 출판보국의 충정 등이 어느 정도는 실효를 거두지 않았겠는가 짐작된다.

12집은 "창간 1주년 특집호"로 꾸며졌다. 그래서 면수도 늘고 수필도 역시 '작가생활의 회고'라는 기획 아래 7명의 작가가 자신의 작가 생활을 돌아보고 있다. 박종화의 「회고」, 김안서의 「독백」, 한설야의 「이제부터」, 유진오의 「걸어온 길」, 이효석의 「첫 고료」, 함대훈의 「답보」, 김남천의 「십년전」 등이 그것들이다. 그리고 12집에서는 박문서관에서 나온 책들 중에서 특정 부분을 발췌하여 싣고 있다(박종화 『대춘부』, 박영희 『전선기행』, 현진건 『무영탑』, 채만식 『탁류』). 이 밖에도 박문서관에서 기획하고 있는 '소파 전집' 간행에 앞서, 방정환을 회상하는 이헌구의 「소파의 인상: 소파 전집 간행에 앞서서」가 소파의 간략한 생애와 필자 이헌구와의 관계를 파악하는 데 도움을 준다.

이토 히로부미(伊藤博文)의 이름에서 뒤의 '박문'을 취하여 출판사의 명칭을 사용하고 일제의 식민지정책의 충실한 하수인으로 활동한 최영주의 편집력이 돋보이는 『박문』은, 책의 기획과 편집, 그리고 출판과 유통에 이르는 전 과정을 비교적 세밀하게 알려 주는 출판학의 한 사례를 보여 주는 잡지였다. 유명 작가의 작품이 어떻게 상업적으로, 대중적으로 인기를 끄는지, 그리고 그러한 과정에서 대중의 주의와 집중력을 해당 출판사의 출판물에 향하게 함으로써 특정한 문학적 정전을 만드는 과정도 역시 이 잡지의 면밀한 독해와 저간 사정을 파악하는 가운데 얻을 수 있는 바다.

또한 특이한 사항으로는 박문서관의 상업적인 의도와 무관하지 않은 사업이었음에도 소위 '이광수 띄우기'가 진행된다는 점이다. 이는 고전적인 저작 출판과 맥이 닿는 '정전화 작업'의 일환으로 볼 수 있는데, 친일 성향의 잡지답게 문단의 거두인 이광수를 활용하여 잡지의 명성과 잡지 출판에 따르는 검열 및 감시의 눈초리로부터 자유롭고자 하는 의도도 엿보인다. 저명한 학자의 권위에 기대어 동서고금의 명저를 출간하고 명성이 자자한 문인의 작품을 출판함으로써 자사의 상업적 이익은 물론, 경쟁이 치열한 출판사 간의 우위다툼에서 유리한 고지를 선점하려는 치열한 전투의지도 확인할 수 있는 것이다.

13집(1939.12)에는 경무국 도서과의 「조선인의 예약출판에 대하여」라는 글이 실려 있다. 식민지 조선에 관해서는 '예약출판'을 허용하지 않은 일본제국주의가 왜 이 시점에 와서 그것을 허용하는지, 혹은 그것의 허용을 통해서 노리고자 하는 바가 무엇인지를 새삼 생각해 보게 한다는 점에서 가치가 있는 문헌이라고 생각된다.

• **최영주**(崔泳柱, 1905~1945)

경기 수원 출생이다. 배재(培材)학교를 거쳐 일본에 유학했다. 수원에서 '화성소년회(華城少年會)'를 조직하여 소년운동에 투신했다. 1929년 상경하여 개벽사(開闢社)에 입사, 『학생(學生)』, 『어린이』 등의 잡지 편집에 종사하면서 세계명작을 번안하여 연재했다. 소파 방정환의 밑에서 잡지 편집을 익힌 그는 이후 『중앙(中央)』, 『신시대(新時代)』, 『박문(博文)』, 『여성(女性)』 등에서 뛰어난 편집자로 이름을 떨쳤다. 친구인 아동문학가 윤석중은 "최영주는 잡지 편집엔 귀신이었다"고 회상한다. 또한 1930년대에 일본 도쿄에서 『모던일본』 사장으로 활약했던 아동문학가 마해송은 "참으로 활자를 아는 최영주에게서 이 재주를 빼면 무엇이 남을까?"라는 찬사를 듣기도 할 만큼, 그는 잡지 편집의 귀재였다. 1936년 망우리의 소파 묘비(小波墓碑) 건립에 앞장섰다. 윤석중(尹石重)과 함께 색동회 동인이었으며, 폐결핵으로 사망하였다. (전상기)

참고문헌

권영민, 『한국근대문인대사전』, 아세아문화사, 1999; 최덕교 편저, 『한국잡지백년』 3, 현암사, 2004.

▌박물학잡지(博物學雜誌)

1898년 일본 도쿄에서 발행된 박물학 잡지

1898년 6월 10일 일본의 동물표본사(動物標本社)에

서 발행된 일본 최초의 박물학 잡지이다. 편집 겸 발행자는 요네야마 고네키치(米山米吉)이다.

박물학은 "Natural History"의 번역어로, 현재는 자연사 혹은 자연지라고 번역된다. 식물학과 동물학 등과 같은 자연에 있는 모든 대상물을 연구하는 과학이다. 당시 영국에는 『Annals and Magazine of Natural History; including Zoology, Botany and Geology』(London)라는 잡지가 출판되어 새로운 종의 기재 등이 이루어졌는데, 전문적 잡지라고는 평가할 수 없다. 일본에서는 1881년 가미쓰 센사부로(神津専三郎)가 다윈의 『종의 기원(種の起源)』과 『인류의 기원(人類の起源)』 및 헉슬리의 『자연에 있어서 인간의 위치(自然における人間の位置)』의 초역인 『인조론(人祖論)』을 번역했다. 또 1896년에는 다치바나 센자부로(立花銑三郎)가 『종의 기원』의 완역인 『생물시원(일명 종원론)(生物始源[一名種源論])』을 간행했다.

국판, 가로 15㎝, 세로 22㎝, 본문 44쪽이다. 표지는 엷은 황색지로 일본어 제호와 영문 잡지명 "The Magazine of Natural History"가 인쇄되었다. 월간지로 정가는 10전이었다. 잡지는 특이하게도 우송을 통해 판매되었다. 잡지 원본은 가가와대학(香川大學) 가미하라문고(神原文庫)가 소장하고 있다.

보통교육에서 박물학의 보급을 추구한 잡지로, 창간호 목차는 「그림(口絵)」, 「발간 취의(発刊の趣意)」, 「축사(祝辞)」, 「찬성원(賛成員)」, 「논설(論説)」, 「잡록(雑録)」, 「질문 및 응답(質問及び応答)」, 「신저 비평(新著批評)」, 「잡보(雑報)」 및 「광고(広告)」로 분류되었다. 「그림」의 사진 초상은 진화론을 주창한 다윈이고, 왜 다윈을 선택했는가의 설명이 「잡보」에 서술되어 있다.

잡지의 「발간 취의」에서는 "박물학은 분명 식산상, 위생상, 풍교상 직접간접으로 위대한 공적이 있다. 하지만 이렇게 유익한 과학임에도, 현재 우리나라에서는 다른 정치, 법률, 경제, 의학, 문학 등의 학과에 비해 냉담시 되고 있다. 박물학의 사상이 아직 유치하다는 것을 개탄할 수밖에 없다. 오늘날 박물학의 계발장려는 사회의 요무이다. 이 학문에 먼저 종사하는 것이 우리의 임무라고 믿는다. …… 우리 모임은 이 학문에 관련된 사람들을 잘 알고 있기 때문에 그들의 찬조를 받아 일본에서 이 학문 기관의 창조자가 되기를 바라고 있다. 이것이 박물학 잡지를 만든 이유이다"고 밝히고 있다.

이어서 '축사'에는 다나카 요시오(田中芳男), 이토 도쿠타로(伊藤篤太郎), 이지마 이사오(飯島魁, 도쿄제대 동물학), 마쓰무라 닌조(松村任三, 도쿄제대 식물학), 요코야마 마타지로(横山又次郎, 도쿄제대 지질학)와 같은 인물의 이름이 보인다.

'논설'에는 인류학자 쓰보이 마사고로(坪井正五郎)의 「인류 여러 종족의 자칭과 타칭(人類諸種族の自称と他称) 등 5편이 게재되었다. '잡록'에는 「태평양의 흑류에 대해서(太平洋の黒流に就いて) 이외에 「검정시험문제(検定試験問題)」, 「검정시험 식물과에 대해서(検定試験植物科に就いて)」가 실려 실리적인 측면도 중시되었다. 이는 광고가 17쪽에 달했다는 것으로도 짐작할 수 있다.

잡지 말미에 있는 「개칙(概則)」에서는 "보통교육에서 동물학, 식물학, 지질학, 지리학, 광물학, 고생물학, 인류학, 생리학 등에 관한 개설, 강화(講話), 견문사실 등을 게재한다"고 되어 있다. 그리고 잡지 구독의 대상자는 "사범학교, 심상중학교, 이에 준하는 교사, 생도 및 소학교 교원"으로 되어 있다. (이규수)

참고문헌

『國文學 解釋と鑑賞』(10月) 第30卷 第13号, 東京: 至文堂, 1965; 日本近代文學館 · 小田切進 編, 『日本近代文學大事典』 5卷, 東京: 講談社, 1977.

반대(反對)

1935년 일본에서 발간된 사상 문예지

1935년 6월에 창간되어 같은 해 8월까지 모두 세 차례 발간된 사상 문예지이다. 오카모토 준(岡本潤), 기쿠오카 구리(菊岡久利), 후지타 쓰도무(藤田勉)에 의해 창간되었다. 발행처는 반대사(反對社)였다.

마르크스주의에 반대하는 성격이 강한 반면에 니힐

리즘, 테러리즘, 아나키즘의 색채를 띤 자유로운 발언이 많았다는 점이 『반대』의 특징이었다. 기고자 가운데는 오노 주사부로(小野十三郞), 나이 이타루(新居格), 가네코 미쓰하루(金子光晴), 쓰보네 기요시(局淸). 우에무라 다이(植村諦) 등의 이름이 눈에 띈다.

따라서 이 잡지를 아나키즘 계열의 잡지로 보아도 무방할 것이다. 쇼와(昭和) 파시즘의 시대에 통제받지 않는 자유를 표방한 잡지로서 역사적 의미를 갖고 있다. (이준식)

참고문헌

小田切進 編, 『現代日本文藝總覽 上卷』, 明治文獻, 1969; 日本近代文學館·小田切進 編, 『日本近代文學大事典』 第5卷, 講談社, 1977.

반도시론(半島時論)

1917년 서울에서 발행된 종합시사잡지

1917년 4월 10일 반도시론사(半島時論社)에서 발간한 잡지로, 1919년 4월 10일 통권 25호로 종간되었다. 이 잡지는 1913년 4월부터 1917년 3월까지 총 48호가 발간된 『신문계(新文界)』의 후속잡지로, 일반 대중을 대상으로 하여 발간되었다. 판권란을 보면 편집 겸 발행인은 우에노 쇼키치(上野政吉), 인쇄인은 아베 세쓰지(阿部節治)이며, 인쇄소는 일본 도쿄의 도쿄코쿠분샤(東京國文社), 발행소는 반도시론사였다. 이 반도시론사는 경성 수창동에 사무실을 갖고 있어서 판매도 여기서 이루어졌다.

반도시론사 사장은 1910년대 경성에서 『신문세계(新文世界)』, 『신문계(新文界)』, 『우리의 가정』 등의 잡지를 경영했던 다케우치 류노스케(竹內錄之助)였다. 집필진으로는 주로 조선에 와 있던 일본인 관리들이었고, 조선인으로는 이중화(李重華), 백대진(白大鎭), 최찬식(崔讚植), 최영년(崔永年), 윤희구(尹喜求), 정만조(鄭萬朝), 이돈화(李敦化), 장두철(張斗徹), 강매(姜邁), 김병로(金炳魯), 이종린(李鍾麟) 등이 집필에 참여했다. 발간 초창기에는 주로 일본인 관리들의 글이 주를 이루었다면, 후기로 갈수록 조선인 집필자들의 비중이 높아지는 특징을 보인다. 그리고 집필자의 서명이 명기되기보다는 '모씨의 담'이라 하여 집필자를 바로 밝히지 않은 점도 특징 중에 하나이다.

창간호에 실린 창간사인 「반도시론의 발간과 오인의 주장」에 의하면, 이 잡지의 창간 이유가 "명의상이나 실행상에 당당한 제국신민인 반도동포는 지식을 세계에 구하고 실력을 양성해야 하는데 이러한 중부(重負)를 원조하고 박식을 애호하기 위함"이라고 밝히고 있다. 일본이 조선의 문명개화를 지도할 사명을 갖고 있다고 믿어 의심치 않았던 당시 일본인들의 '조선문명개화론'을 그대로 드러낸 대목이다. 그리고 창간호 서두에는 메이지 천황(明治天皇)의 무신조서(戊申詔書)가 실려 있다. 사설은 새로 부임하는 총독에 대한 환영사(「하세가와 신총독을 영함」)이고 발간 축사는 조선총독부 편집과장인 오다 세이고(小田省吾)가 집필했다. 조선총독부 관리들이 다수 집필진으로 참여한 창간호의 내용을 살피고 있자면, 마치 조선총독부의 선전물을 보는 느낌을 갖게 된다.

전체 목차는 크게 사설, 논문, 사회란으로 편제되어 있는데, 이 잡지사의 사장인 다케우치는 거의 매달 논설을 발표하여 조선문명을 외치고 있다. 특히 25호에 「조선사건의 진상을 논하여 아정부급국민(我政府及國民)에게 망(望)함」라는 제하의 글에서는 조선사건, 즉 3·1운동의 진상을 일본 정부와 국민에게 알리고 이곳의 실정을 면밀하게 파악하여 대처할 것을 요청하고 있다.

2호부터는 새로이 유학생 소식과 소설 등의 문예물이 실리기 시작한다. 조선인 유명인사에 대한 인물평도 실리기 시작하는데, 첫 번째가 최남선이었다. 3호부터는 본격적으로 조선의 공업과 농업에 관한 견해들이 실렸다. 물론 이 잡지에는 산업문제뿐만 아니라 교육문제, 종교문제, 부인문제, 예술문제 등을 다룬 논설과 기사들이 풍부하게 실려 있다.

7호부터는 지역단위로 현황을 소개하는 특집을 게재하였다. 즉 7호는 중앙발전기념호, 8호는 금강산탐승기념호, 9호는 경상남북발전호, 12호는 충남발전기념호, 15호는 전라남북도발전기념호, 16호는 개성호, 19호는 경성특집호, 20호는 인천특집호 등이다. 1918년에 들어오면 조선인 필진이 점차 많아지는 특징을 보인다. 그리고 일선동화(日鮮同化)나 내선일체(內鮮一體)를 주장하는 사설이 자주 등장하기 시작한다. 사설은 주로 사장이 전담해 집필하였다. 「일선의 동화촉진을 희망함」(14호)과 「일선동화는 하(何)에 재호(在乎)」(16호) 등의 글이 그 예이다.

한편 다케우치는 대일본제국의 일원인 조선을 식민지라고 불러서는 안 된다는 독특한 주장을 펼친 인물이기도 하거니와(「세계대세와 식민지 존폐문제」, 23·24호), 1919년 들어 중추원을 개혁하여 총독부 자문기관을 설치하자는 등의 주장을 펼치며 조선 통치의 새로운 대안을 모색하기도 하였다.

이 잡지는 3·1운동 발발 직후 발간한 25호를 통해 자신들의 입장을 밝히는 사설을 적극 개진하고, 각지의 독립시위운동 소식을 싣는다. 그러나 이 25호를 끝으로 종간하고 만다. 이처럼 『반도시론』은 각 도의 발전기념호를 내어 총독정치를 구가하고 일본의 식민정책을 적극 옹호하는 성격을 갖고 있었다. (정환국)

참고문헌

최덕교 편저, 『한국잡지백년』, 현암사, 2004; 박기현, 『한국의 잡지 출판』, 늘푸른소나무, 2004.

반도의 빛(半島の光)

1941년 서울에서 일본어로 발행된 시국 잡지

1941년 4월 조선금융조합연합회가 『가정의 벗(家庭の友)』를 게재하여 발행한 잡지이다. 현재 발행기간은 1941년 4월 발행된 42호부터, 1944년 8월 발행된 79호까지 확인된다.
42호에 편집후기에는 "잡지가격 1부에 15전, 편집 겸 발행인은 조선금융조합연합회 조사과정 시마즈 세이치(淸水精一), 인쇄소는 매일신보사인쇄부, 인쇄인은 후쿠다 시카요시(福江鹿好)"로 기록되어 있다. 79호에는 "잡지가격 15전, 편집 겸 발행인 후지이 미노루(藤井實), 인쇄소 매일신보사인쇄부, 인쇄인 오노 도시유키(小野利宰)"로 기록되어 있다.
잡지 판매는 1부씩 개인 판매가 된 것이 아니라, 금융조합을 통해 일괄적으로 구입신청을 받아 단체판매를 시행하였다. 잡지 원본을 전체 소장하고 있는 기관은 없으며, 국회도서관, 고려대학교 중앙도서관, 연세대학교 중앙도서관에 분산 소장되어 있다.

1942년 4월 발행된 창간호(통권 42호) 편집후기에는 조선금융조합연합회가 『가정의 벗』을 개제하여 본 잡지를 발행한 이유는 다음과 같이 설명하고 있다.

"독자 여러분의 귀에 익은 『가정의 벗(家庭の友)』란 이름은 『반도의광(半島の光)』이란 새 이름으로 박귀엿습니다. 본회(本會) 스스로 국책에 순응하야 선문(鮮文) 『금융조합(金融組合)』 신문을 본지에 통합(統合)식히고 내용을 가정 잡지로부터 일반 잡지로 혁신하는 동시에 일단의 충실과 쇄신을 가하게된 까닭입니다. 본부 당국과 총력연맹과의 연락을 더욱 긴밀히 하기로 되엿슴으로 명실 공히 국민잡지의 면모를 갖추기를 기합니다. 원체 발행부수도 십이만부로 종래보다 배증되여 각 부락에 무료배부된 것임으로 이 잡지를 부락에서 널리 이용하시면 조흠가합니다."

이와 같이 본 잡지는 식민지 촌락민을 대상으로 본격적인 전쟁 선전 선동을 실시한 목적으로 발행한 '국민잡지'였다.

잡지는 표지, 사진, 권두언, 본문, 편집후기로 구성되어 있다. 표지는 왼편에 잡지 이름과 월호가 적혀있고, 오른쪽에 총 호수가 적혀 있다. 표지그림에서는 공동노동, 농부의 아내, 아이들과 일본 군인, 항공모함 등이 그려져 있다. 목차 앞에 실린 사진에는 전쟁 사진,

공동 노동 사진이 주로 실려 있다. 권두언에는 전쟁 소식과 각오를 다지는 글이 주로 일본어로 적혀 있다.

맨 처음 발행된 42호의 본문기사 제목을 살펴보면 다음과 같다. 「농촌청년의 모범(農村青年の模範)」, 「경제추진력의 전환」, 「문화의 귀농운동」, 「황국2600년 약사(皇國二千六百年略史)」, 「신사(神社)와 경신숭조(敬神崇祖)의 정신」, 「국민학교에 대하야」, 「총력연맹에서는 무슨 일을 하나?」, 「방공과 방첩」, 「명일의 가정」, 「국민식(國民食)이란 무엇인가」, 「농촌생산증가의 비결」, 「농촌현지보고: 합천대목부락갱생혈투사(陜川大目部落更生血鬪史)」, 「연재만화: 신체제부대(新體制部隊)」, 「연재만화: 즐거운 박(朴)첨지」, 「적성영미(敵性英米)의 극동(極東)의 기지(基地): 미얀마(緬甸)와 말레이반도(馬來半島)」, 「육아강좌」, 「천성활란선생(天城活蘭先生)의 부인신상상담」, 「영양강좌」, 「교육강좌(敎育講談) 대석내장조(大石內藏助)」, 「현대소설(現代小說) 생명선(生命線)」 등이다.

가정영양과 육아정보부터 전쟁선전과 선동기사, 소설 등 오락기사 등 종합잡지적 성격을 가지고 있었지만, 대부분의 기사는 한국인을 전쟁에 동원하기 위한 정보와 선전선동에 목적을 두고 작성되었다.

이러한 경향은 현재까지 확인된 마지막 발행호인 79호의 기사 제목을 보면 더 뚜렷하다. 「결전진공보(決戰進攻譜)」, 「내지부인들은 이러케 싸운다」, 「내지증산전장(內地增産戰場)의 반도산업전사(半島産業戰士)들」, 「적(敵)을 삼키는 학도(學徒)들」, 「나의 훈련소생활(訓練所生活)에서」, 「중대전국(重大戰局)과 가정생활」, 「국방과학(國防科學) 농촌(農村)이 부담(負擔)할 병기자재(兵器資材)」, 「병영생활(兵營生活)」 등 대부분 전쟁 관련 기사로 채워져 있다.

잡지 기사는 일본어와 한국어가 동시에 사용되었다. 한국어가 잡지 기사에 사용되었다는 점에서 본 잡지는 일제 말기 조선총독부의 관변단체가 주로 농촌의 농민들 대상으로 발행한 유일한 관변잡지라는 성격도 가지고 있었다. (문영주)

참고문헌

『半島の光』(影印本); 朝鮮金融組合聯合會, 『朝鮮金融組合聯合會十年史』, 1944.

반도지광(半島之光)

1921년 평양에서 발행된 평양신학교학우회의 회보

1921년 9월 10일 평양신학교학우회에서 발간된 회보이다. 편집인은 남궁혁(南宮爀, 전남 광주군 효천면 양림 536), 발행인은 이인식(李仁植, 평양 창전리 149 평양신학교 학우회 대표), 인쇄인은 박요한(朴要翰)이다. 인쇄소는 광문사이며, 발행소는 광명서관(평양 관후리 16), 조선야소교서회(朝鮮耶蘇敎書會, 서울 종로)이다. 월간이며 A5판, 161면으로 정가는 45전이다. 대구대학교에 소장되어 있다.

낙춘자(樂春子) 강규찬이 쓴 발행사에 따르면 '반도지광'이라는 제호는 '우리 조선 반도인이 암흑으로부터 광명으로 나아가게 하려는' 뜻에서 비롯된 것이다. 띄어쓰기가 전혀 되어 있지 않은 한문투를 현대어로 풀어보면 다음과 같다.

"사람이 살아가는 데는 사물이 복잡하고 이해가 같지 않아서 시비가 서로 부딪히고 참과 거짓이 뒤바뀌어, 행하려 하는 자는 갈래가 많아 탄식하고 일에 임하려는 자는 세속에 현혹되어 미로에서 방황하는 자가 많으므로 우리 신학교 동학과 오랜 친구들은 어리석음에도 불구하고 힘과 배운 것을 다하고 전문가들의 논술을 구하여 이 잡지를 만들고 그 이름을 '반도지광'으로 하니 누구나 조선 사람이면 어두움을 버리고 이 빛을 취하기를 바라므로 이 잡지를 편다."

『반도지광』은 기독교 관련 논설과 기사가 주를 이루고는 있지만 언론, 종교, 학술, 문예 전반에 관한 다양한 논설과 기사를 싣고 있기도 하다. 잡지 구성을 살펴보면, 논단, 기서(奇書), 종교, 교육, 실업, 학술, 문예, 잡조(雜條) 등으로 구성되어 있다. 잠시 목차를 일별하면 다음과 같다.

창간호에는 축사를 비롯하여 「인종연원의 관념」, 「인류공존의 2대 근본 문제」 등의 논단, 「본분을 수(守)

하라」, 「논(論) 신구학문」, 「군자불기(不器)론」 등의 기서, 「기독교의 특징」, 「기독교와 사회」, 「선교사의 위훈」, 「성경기담」, 「반도기독교의 내막」, 「공자는 비 종교가」 등 종교 관련 논설을 비롯하여 「근세구미교육의 개론」, 「반도산물을 논함」, 「노동자의 생활과 가치」, 「수학 및 각 분과의 호상관계」, 「실험유전학의 개요」, 「정치학」, 「격치설(格致說)」 등 교육·실업·학술 등에 관한 다양한 관심사를 다룬 논설들이 실려 있다.

이 잡지의 문장은 순 한문도 몇 편이 있고 거의 '발행사'와 같이 한문에 토를 단 것으로 언문일치와는 거리가 멀다.

한편, 당시 17세였고 후일 소설가가 된 계용묵(1904~1961)의 축사도 눈에 띈다. 주요 필자로는 강규찬, 장도빈, 채필근, 오상근 등이 있다.

• **평양장로교신학교**

평양장로교신학교는 1901년에 설립된 예수교장로회의 교역자 양성기관이다. 교장은 모펫(Samuel Austin Moffet, 한국명 마포삼열[馬布三悅]). 창간 당시 학생이던 남궁혁은 1925년 평양장로신학교 최초의 조선인 교수로 부임했다고 한다. (이경돈)

참고문헌

『한국신문·잡지총목록』, 대한민국국회도서관, 1966; 계훈모, 『한국언론연표』, 관훈클럽신영연구기금, 1979; 『아단문고장서목록』, 아단문화기획실, 1995; 최덕교 편저, 『한국잡지백년』, 현암사, 2004.

반성기보(半星期報)

1908년 중국 광저우에서 창간된 정치운동 신문

1908년 봄 광저우(廣州)에서 창간되었다. 발행인은 모쯔링(莫梓幹)이며 편집에는 다성(達生)과 야훈(亞魂) 등이 참여하였다. 발행소는 광저우성대신가진화인쇄소(城大新街振華印刷所)였다. 청말 입헌구국(立憲救國)의 선전간행물로 34쪽 분량을 1주에 2번씩 발행하여 매월 8호를 발행하였다. 16부가 현존하며 광저우 중산대학(中山大學)도서관에 소장되어 있다.

내용은 논설과 단평, 과학, 군언(群言), 해문(諧文), 소설, 사원(詞苑), 세계대사(世界大事), 중국대사(中國大事), 본성대사(本省大事), 상론(上論), 패시(牌市), 쇄문(瑣聞), 기담(奇談) 등의 항목을 개설하였다.

'사회 개선과 지식 증진'이 주요 발행목적이었으며, 군주입헌을 고취하고 구체제를 제거하는 수단으로 무력 사용을 주장하였다. 제국주의 국가들의 중국정책과 군사적 경제 침략을 비판하고 청 정부와 제국주의 결탁을 규탄하였다. (김성남)

참고문헌

王檜林·朱漢國 主編, 『中國報刊辭典』, 太原: 書海出版社, 1992; 葉再生 著, 『中國近代現代出版通史』, 北京: 華文出版社, 2002.

반성잡지(反省雜誌)

▶ 반성회잡지(反省會雜誌)

반성회잡지(反省會雜誌)

1887년 일본 교토의 니시혼간지 학생 유지가 불교계의 타락과 부패에 반발하여 창간한 종교 잡지

1886년 4월에 결성된 반성회(反省會)의 기관지로서

다음해 1887년 8월에 창간되었다. 당초 발행처는 교토(京都)의 반성회 본부, 편집인은 나가토미 도루(中臣融)이다. 국판 크기로 글자구성은 2단 구성이다. 잡지 분량은 25쪽 전후이고, 정가는 1부 3전이었다. 월1회 발행되었고, 편집인의 교대 등으로 인해 1893년 1월부터는 『반성잡지(反省雜誌)』로 제호를 변경했다.

반성회는 니시혼간지(西本願寺)의 보통교교(普通教校) 재학생을 정회원으로 한 단체이다. 설립 목적은 "금주진덕주의(禁酒進德主義)에 근거하여 음주의 기풍을 바로잡고, 주식(酒食)에 따라 발생하는 여러 해독을 일소하고 도덕 경제 위생에 만전을 기한다"는 것이었다. 따라서 『반성회잡지』도 표지와 다른 곳에 '금주진덕'이라는 문장을 게재했다. 또 잡지 내용은 금주와 관련된 기사와 논설이 많았고, 집필자도 반성회 관계자와 불교 관계자로 구성되었다. 그 밖에 약간의 문학관계자는 와카나 한시를 게재했다.

이후 잡지는 1899년 1월 지면의 쇄신을 도모하면서 잡지 명칭도 『중앙공론(中央公論)』으로 개명하고 종합잡지의 형식으로 발전해갔다.

『반성회잡지』는 1897년 2월 발행처가 도쿄로 이전되었다. 이를 계기로 잡지 내용에 문학도 가미되었다. 쓰보우치 쇼요(坪內逍遙)의 「작가와 독서(作家と讀書)」(1897.2)가 논설란에 게재된 것을 비롯해 '문계시평(文界時評)'란이 설치되었다. 또 '문학'란과 '소설'란 등도 새로 마련되어 요사노 데쓰간(与謝野鐵幹)은 장편시 「건곤요곽(乾坤寥廓)」(1897.2)을 비롯해 시와 수필 등을 게재했다.

이 밖에도 마사오카 시키(正岡子規)의 하이쿠와 시, 우에다 빈(上田敏)의 「영시관견(英詩管見)」(1897.10)도 게재되었다. 문예면의 강화와 더불어 기획된 1898년 8월호의 여름호 부록은 오마치 게이게쓰(大町桂月)의 「한쪽 소매(わた袖)」와 히로쓰 류로(廣津柳浪)의 「청대장(青大將)」 등의 소설, 나카무라 아키라(中村秋香), 요사노 데쓰간의 신체시(新體詩), 마사오카 시키의 하이쿠 등 다채로웠다.

다음해 1898년 신년호 부록에는 시미즈 지후(清水紫風)의 「백본항(百本杭)」, 이즈미 교카(泉鏡花)의 「현무주작(玄武朱雀)」, 다카하마 기요시(高浜きよし)의 「첫 꿈(初夢)」 등의 단편소설과 신체시가 개제되었다.

문예면의 충실과 더불어 아네자키 마사하루(姉崎正治), 요다 갓카이(依田學海), 오카쿠라 가쿠조(岡倉覺三), 가토 히로유키(加藤弘之), 이노우에 엔료(井上円了), 구보 이노키치(久保猪之吉), 스즈키 다이세쓰(鈴木大拙), 미야케 세쓰레이(三宅雪嶺) 등 당대의 문필가들이 적극적으로 참여했다.

『반성회잡지』는 차츰 종합잡지로서의 면모를 정비하면서 1899년 1월 지면의 쇄신을 도모했다. 이를 계기로 잡지는 잡지의 제호를 『중앙공론』으로 개명하여 명실공이 종합잡지로 발전해 갔다. 『반성회잡지』가 『중앙공론』으로 변경된 직접적 요인은 재정난 때문이었다고도 한다.

현재 잡지는 류고쿠대학(龍谷大學) 불교문화연구총서로 영인되어 공공도서관에서 열람 가능하다.

• **반성회(反省會)**

반성회는 1886년 교토 니시혼간지의 보통교교 교수와 학생을 중심으로 조직되었다. 설립 목적은 금주를 단행하여 행실을 교정하자는 것이었다. 일종의 사회개량운동이다. 반성회는 기관지로 1887년 『반성회잡지』를 간행했다. 이 잡지는 1899년 『중앙공론』으로 제호를 바꾸어 일본 최초의 종합잡지 『중앙공론』으로 발전했다. 또 반성회는 이와는 별도로 『영문반성회잡지(英文反省会雑誌)』도 약 20호 정도 간행했다.

반성회의 설립목적에 동의한 회원은 죽을 때까지 술을 마시지 않겠다는 서약문에 조인하고, 입회금 20전 이상을 납부했다. 이를 근거로 본부는 증서(회원증)를 교부했다. 1894년 11월 20일 당시 회원은 1만 8570명에 달했다. (이규수)

참고문헌

牛島俊 作,『日本言論史』, 河出書房, 1955;『近代文學雜誌事典』, 至文堂, 1965; 桂敬一,『明治·大正のジャ-ナリズム』, 岩波書店, 1992.

반월문적(半月文摘)

1937년 중국 우한에서 창간된 시사종합잡지

1937년 10월 2일 후베이성(湖北省) 우한(武漢)에서 창간되었다. 타오디야(陶涤亞)가 편집인이었으며, 화중도서공사(華中圖書公司)에서 출판하였다. 주요 집필자는 궈모뤄(郭沫若), 톈한(田漢) 등이다. 1939년 1월 10일 3권 2호부터 충칭(重慶)으로 옮겨 출판하였다. 1939년 7월 10일 정간되었으며, 모두 3권(매권 8호)이 출간되었다. 중국국가도서관과 상하이도서관 등에 소장되어 있다.

내용은 반월만화, 항전언론, 항적의 전선에서(在抗敵前線), 전시인물, 괴뢰상(傀儡相), 반 개월 이래의 세계와 중국(半月以來的世界與中國) 등의 난이 있었다. 정론성 글과 문예작품을 발표하면서 일본제국주의의 중국 침략의 죄행을 폭로하였으며, 중국 민중의 심각한 재난을 반영하였다. 전국 민중의 항전과 국토 수복을 호소하고, 당시의 국내외의 정치, 경제, 군사 정세 등을 분석하였다. 아울러 장제스(蔣介石) 등 국민당 지도자들의 항전건국언론을 게재하고, 마오쩌둥(毛澤東) 등 중국공산당 지도부의 지구항전필승 이론을 소개하였다. 동시에 중국인의 항일투쟁의 업적을 보도하고, 찬양하였다. 중일전쟁 전기 국민당 통치지구에서 비교적 영향력이 컸던 간행물의 하나였다. (김지훈)

참고문헌

王檜林 · 朱漢國,『中國報刊辭典(1815~1949)』, 書海出版社, 1992; 伍杰,『中文期刊大詞典』, 北京大學出版社, 2000; 上海圖書館,『上海圖書館館藏近現代中文期刊總目』, 上海科學技術文獻出版社, 2004.

반제신문(反帝新聞) 조선어판

1934년 일본반제동맹이 발행한 조선어판 기관지

일본에서 반제국주의·민족독립의 기치를 내걸고, 침략전쟁에 반대하여 국제적인 반전운동을 조직했던 일본반제동맹(日本反帝同盟)의 기관지이다. 1930년 11월 1일 창간되었다. 일본반제동맹은 중앙기관지로 『반제신문』, 『반제뉴스』, 『반제자료』, 『반제팸플릿』을 발행했고, 1934년부터는 『반제신문』 조선어판을 냈다.

일본반제동맹은 재일조선인의 획득을 위해 이윤우를 『반제신문』 조선어판 책임자로 선정했다.

재일조선인은 적극적으로 일본반제동맹에 가입해 활동했다. 재일조선인 좌익과 인텔리층은 민족주의운동의 무력함에 한계를 느끼고 여기에 가입했다. 재일조선인은 일본반제동맹이 개인이나 조직의 이해관계와 무관하게 민족·사회적 혁명을 재정·정치적으로 원조할 것이라는 내용에 매력을 느꼈던 것 같다. 이에 따라 재일조선인은 조직의 선두에 섰던 것이다. 결국 일본반제동맹 구성원의 60~70%는 재일조선인이 차지하게 되었다.

일본반제동맹의 재일조선인운동 관련 활동의 내용을 보면 다음과 같다.

첫째, 식민지 해방과 반제전선의 통일을 강조했다. 일본반제동맹 서기국은 1932년 7월 12일자로 「범태평양민족대표자회의 개최에 관한 선언」을 발표해 식민지 해방과 반제전선 통일을 주창했던 것이다. 또한 1933년 4월, 반제 제2회 전국대회에서 종래의 규약 행동강령을 개정하고 「객관적 정세와 반제동맹의 역할」을 결정했다. 그리고 규약 제2조에서는 「본 동맹은 제국주의에 반대하는 투쟁을 수행하고 식민지, 반식민지 및 약소민족의 완전한 독립운동을 지지함을 목적으로 한다」고 했다. 이와 함께 다음과 같은 행동강령을 내걸었다. ① 식민지 및 반식민지의 완전한 민족적 독립. ② 민족고유의 학교제도 폐지 및 모국어 절멸의 기도에 대한 투쟁. ③ 관헌 기타 행정기구에서의 모국어사용 금지에 대한 투쟁.

그리고 「객관적 정세와 반제동맹의 역할」에서는 다음과 같은 원칙을 갖고 있었다. ① 일본제국주의에게 현재 조선·타이완·만주를 포함한 중국 등의 완전한 독립은 치명적 사활의 문제이므로 일본반제동맹의 임무는 제국주의 반대투쟁에서 특별한 중요성을 갖는다. ② 조선·타이완·만주를 포함한 중국으로부터의 일본 및 모든 제국주의군대의 철퇴를 위한 투쟁, 자본가 지주 천황제의 백색테러 반대를 위한 투쟁을 적극적으로 수행한다.

둘째, 지방단위의 투쟁, 특히 도쿄(東京)와 오사카(大阪)에서 투쟁을 활발히 전개했다. 도쿄지방위원회는 조직의 발전을 도모해서, 1932년 12월 도쿄지방위원회는 정운섭 외 1명, 서(西)지구는 정운섭 외 2명, 성남(城南)지구는 황모 외 39명, 중부(中部)지구는 유영우 외 49명, 강동(江東)지구는 이윤우, 지동완 등 30명, 성북(城北)지구는 약 20명으로 조직되었다. 이와 함께 출판 활동도 적극적으로 전개해, 「자본가, 지주와 천황정부의 참학한 착취와 억압의 강화 속에 8·29와 9·1을 준비하라! 단호 식민지 근로대중과 굳은 혁명적 연대투쟁을 기념하라! 조선·대만을 완전 독립시켜라」, 「8·29 조선국치기념일에 제하여」 등을 배포했다.

1932년 일본반제동맹 중앙의 조직적인 투쟁으로 7월에 오사카지방위원회가 확립되었다. 오사카지방위원회는 8월에 동아통항조합에서 9월 하순에는 센난(泉南) 지방에서 조직원을 획득했다. 또한 12월에는 동·서·남 및 농촌의 4지구에 약 400명의 재일조선인을 조직했다. 오사카지방위원회가 발간한 인쇄물로는 「8·1 반전투쟁의 국제적 캠페인에 대한 재오사카 혁명적 조선노동자는 선두에서 궐기하라」, 「조선이 나은 반제국주의자 윤봉길의 총살에 대한 반대운동을 일으키라」, 「신무천황제(神武天皇祭) 및 반동의 시위운동을 분쇄하라」 등의 문건과 팸플릿 『반제신문』(오사카판)이 있었다.

셋째, 조선을 대상으로 조직사업을 전개했다. 중앙위원회의 범태평양민족대표회의 도쿄개최결의문을 노동계급사로 하여금 번역하게 해 조선으로 보냈다.

넷째, 대중적인 선전사업을 지속적으로 실시했다. 이것은 주로 도쿄·오사카지방위원회의 전단 및 팸플릿의 발간과 함께 서기국의 이름으로 중앙 차원에서 간행되었다.

일본반제동맹은 1932년 8월 15일에 『반제신문』의 한일강제병합기념호를 발행하고, "일한병합기념일 다가온다. 조선의 형제를 중심으로 일본, 조선, 대만인의 집회를 가지자"라는 선동기사를 게재하였다. 또한 같은 해 8월의 반제팸플릿 제16집은 역시 8·29기념호로 발행하여, "잊을 쏘냐, 8·29 조선 국치기념일" 등의 기사를 게재하고, 한일프롤레타리아트의 제휴 및 제국주의 통치에 대한 원한, 반감 등을 고취하였다. (김인덕)

참고문헌

『반제신문(反帝新聞)』(조선어판); 田駿, 『朝總聯研究』, 서울: 고려대아세아연구소, 1972.

방송뉴스(放送ニュース)

▶ 방송지우

방송지우(放送之友)

1943년 서울에서 창간된 한국어 일본어 병용 방송 전문 잡지

1943년 7월에 조선방송협회가 창간하였으며 1945년 초까지 발행된 방송 전문 잡지이다. 한국어와 일본어가 병용되었다. 월간으로, 매호 100쪽 전후의 분량으로 발간되었는데 매월 2만 부를 발행하였다고 한다.

편집 겸 발행자는 사단법인 조선방송협회(경성부 서대문구 정동정 2번지)이며, 발행은 조선방송출판협회로 되어 있다. 박문서관과 경성서점이 발매를 담당하였으며, 일본출판배급주식회사 조선지점이 배급을 담당하였다. 1944년에는 권당 가격이 50전이었으나, 1945년에는 55전으로 인상되었다. 현재 1943년 12월, 1944년 1~5, 8월, 1945년 1월호가 확인된다.

잡지의 내용은 주로 방송을 옮긴 것으로서, 한국어로 방송된 내용을 그대로 한글로 게재하고 있음을 알 수 있다. 태평양전쟁 말기 대중 계몽과 선전 목적으로 창간되었는데, 시국 강좌 및 교양 강연 그리고 전쟁 소설이 주된 내용을 이루고 있다.

잡지는 전쟁 관련 사진을 앞부분에 실었으며, 전쟁 참여와 동원을 강조하는 각종 논설을 많이 게재하였다. '방송교실'란에는 시국과 관련한 각종 해설기사를 실었다. '방송가곡'란에는 주로 전쟁동원 관련 가요를 실었으며, 만화도 연재되었다. '윤택한 생활'이라는 고정난에는 시국과 관련한 수필을 게재하기도 하였다.

'걸작문예'란에는 가정소설, 방송소설, 전쟁소설 등의 이름이 붙은 소설이 다수 게재되고 있다. 이광수, 유진오, 이기영, 정인택, 방인근, 안회남, 조명암, 주요한, 장덕조, 정비석, 조용만 등의 소설이 제재되고 있다. '걸작문예'란에 게재된 방송 문예작품의 대부분은 전시동원과 국책에 대한 협력을 주제로 한 것이었다.

잡지 맨 뒷면에는 가정이나 직장에서 돌려 읽을 수 있도록 사람의 이름을 적는 표가 그려져 있는데, 이 잡지가 총동원체제의 동원에 적극적으로 이용되었음을 확인할 수 있다.

이 잡지를 발간하기 전에도 조선방송협회에서는 각종 잡지를 발간한 것이 확인된다. 먼저 1936년 일본어 잡지로 창간한 『조선방송협회보』가 있다. 방송국 직원과 일반 출자사원에게 배포하기 위한 내부용 잡지였던 것으로 보이는데, 방송국 인사(人事), 방송 프로그램 소개, 방송 기술과 관련한 내용이 중심을 이루고 있었다. 1945년까지 계속 발간되었다.

다음으로 1941년 『방송뉴스(放送ニュース)』가 발간되었는데, 1942년 『조선의 방송(朝鮮の放送)』으로 개제되었다. 이 잡지들은 방송 뉴스를 해설하는 잡지였던 것으로 추정된다. 위의 잡지들은 아직 실물이 한 권도 발굴되지 않았다. 『방송뉴스』와 『조선의 방송』을 계승한 잡지가 『방송지우』인 것으로 추정할 따름이다.

JODK · 경성방송국 · 조선방송협회

1923년부터 1924년 사이에 11건의 방송 허가 신청이 조선총독부에 접수되었는데, 총독부는 신청인들을 묶어 하나의 공익법인으로 만들었으며, 1925년부터 1927년 사이에 송신 시설의 건립을 승인하였다.

1924년 조선총독부는 1915년에 만들어진 일본의 '무선전신법'을 본떠서 라디오방송에 관한 기본 법규들을 공포하였다. 일본 정부는 방송을 국가가 통제하고 규제해야 하는 공익매체로 간주하고 있었는데, 조선에서 반포된 방송 관련 법규들도 기본적으로 관료주의적 통제를 그대로 따르는 것이었다. 1924년에는 총독부에 의한 시험방송도 시작되었다.

경성방송국은 사단법인으로 1926년 총독부의 정식 승인을 받았으며, 1927년 2월 16일 JODK라는 콜사인으로 첫 방송을 시작하였다. 도쿄(JOAK)에서는 1925년 3월 22일, 오사카(JOBK)에서는 6월 1일, 나고야(JOCK)에서는 7월 15일에 첫 방송을 시작하였는데, 경성방송국의 첫 방송은 식민지에서는 처음이었다. 조선총독부가 방송이 식민정책에 효율적으로 이용될 수 있을 것이라고 판단하였기 때문이다.

JODK는 1926년 사단법인 경성방송국으로 출범하였으나, 1932년 조선방송협회로 법인 명칭을 바꾸게 된다. 이에 따라 경성의 경성방송국도 경성중앙방송국으로 이름을 바꾸었다.

조선방송협회에서는 방송의 일회성 때문에, 처음부터 방송 프로그램을 출판하는 데 큰 관심을 가지고 있었던 것으로 보인다. 지금 확인되는 출판물로는 『JODK강연집』(경성방송국, 1928), 『라디오대학강좌논설집』(1930), 『라디오 강연, 강좌』(1938~1941, 총 19집) 등이 있다.

조선에서의 라디오방송

1927년부터 1933년까지는 한국어와 일본어를 함께 방송하는 양국어 혼합방송정책을 취하였다. 처음에는 일본어와 한국어의 비율이 3대 1이었다. 한국어방송은 일본어 보도를 소개하는 역할을 기대한 것이었다. 그러나 한국인들의 불만 때문에 같은 프로그램을 일본어와 한국어로 교대로 방송하게 되었다. 1928년부터는 일본에서 한국으로 프로그램을 중계하기 시작했고, NHK에서 중계방송을 하면서 일본 방송의 비중이 더욱 높아졌다.

그러나 초기의 양국어 혼합방송정책은 프로그램을 파편화하고 청취자들을 짜증나게 만들었으며 라디오의 보급을 방해하였고 방송수입도 감소시켰다. 방송운영비는 수신기 등록비(2원) 및 청취료(월 2원, 나중에 계속 인하)로 조달되었는데, 라디오보급률이 저조하여 방송국의 운영이 어렵게 되었다.

이에 경성방송국은 한국인 청취자들을 유인하기 위한 다양한 방법을 개발하였다. 언어 사용 비율을 조정하고, 격일제 일본어/한국어 방송을 편성하고, 한국어 야간 음악방송을 하기도 하였다. 1933년 순한국어 방송(제2방송)이 이루어지고, 저가의 진공관 라디오가 많이 보급되면서, 1940년경에는 일본인과 한국인의 청취율이 동등한 수준에 이르게 되었다. 1943년 즈음에는 조선에서의 라디오 수가 30만 대를 넘어서게 되고, 경성방송국은 일본·만주국·중국과 프로그램을 교환하게 되었다.

총독부는 제2방송을 허가하여 이중방송체제를 채택하는 대신, 방송에 대한 통제를 강화하였다. 1934년 방송심의회를 조직하여 월 1회 식민정책을 방송에 반영하고자 하였으며, 1935년에는 방송편성회를 설치하여 월 2회 방송심의회의 방침을 토대로 방송프로그램을 검열하였다. 그러나 총동원정책이 강화되면서 1942년 4월 제2방송이 폐지되었고, 한국어 방송도 1944년 12월 완전히 폐지되었다.

조선인으로서 JODK에서 활동하였던 주요인물로는 제2방송 개국 당시 제2방송과장이었던 윤백남을 비롯하여 이혜구, 이하윤 등이 있었으며, 관련 인물로는 김억, 이서구, 방인근, 이석훈, 이하윤, 모윤숙, 최승일 등이 있었다.

방송 연예프로그램으로서 인기를 끌었던 것은 음악방송과 방송극이었다. 주로 저녁 시간에 방송극과 방송소설이 방송되었다. 초기의 방송극은 각종 극예술단체들이 외국 작품을 번역하거나 번안한 기존의 연극작품을 그대로 방송극으로 내보내는 경우가 많았으나, 나중에는 베스트셀러를 극화하는 경우도 있었다. 방송극이 인기를 끌면서, '방송극신인회', '서울라디오드라마동호회', '방송극협회', '조선실내극협회', '조선음향극연구회', '배연회'와 같은 방송극만을 담당하는 단체도 생기게 되었다.

조선에서 총동원체제가 강화되면서, 방송도 군국주의 첨병 노릇을 할 것을 강요받게 된다. 방송 프로그램은 전쟁 관련 보도와 시국 교양 강좌 중심으로 편성되면서 연예 오락 프로그램은 대폭 축소되거나 시국적인 것으로 바뀌었다. '국민총력조선연맹'이나 '총력방송연구회' 등에 의한 방송의 사전검열이 강화되고, 보도방송이 강화되었으며, 교양 방송은 군국주의적인 내용으로 편성되었다. 연예 프로그램의 경우 동요나 국악 대신 군가가 방송되고, 방송극 및 방송소설도 시국적인 색채가 강한 내용으로 변화하였다. (윤해동)

참고문헌

마이클 로빈슨, 「방송, 문화적 헤게모니, 식민지 근대성, 1924~1945」, 신기욱·마이클 로빈슨 편, 도면회 역, 『한국의 식민지 근대성』, 2006, 삼인; 서재길, 「『방송지우』와 일제 말기 방송소설」, 『민족문학사연구』 22, 2003; 서재길, 「한국근대 방송문예 연구」, 2007, 서울대박사학위논문.

▌배재학보(培材學報)

1918년 서울에서 발행된 배재고등보통학교 교우지

1918년 10월 10일 창간된 배재고등보통학교의 교우지이다. 창간호의 편집인은 육정수(陸定洙)이다. 1921년 4월 25일 발행된 2호의 판권장에 따르면 편집 겸 발행인 나경손(羅慶孫), 인쇄인 최성우(崔誠愚), 인쇄소 신문관(新文館), 발행소 배재학보사(培材學報社, 서울 정동 34), A5판 44면, 정가 20전이다. 발행인 나경손은 나도향(羅稻香)의 본명이다. 이 잡지의 제2호에는 나도향의 3편의 소설이 실려 있다. 이 중 대표적인 것이 소설 「출학(黜學)」이다. (남기현)

참고문헌

최덕교 편저, 『韓國雜誌百年』 3, 현암사, 2004; 박종홍, 『현대소설의 시각』, 국학자료원, 2002.

배화(培花)

1929년 서울에서 발행된 배화여자고등학교 교우지

1929년 5월 10일 창간되어 43년에 13호로 폐간된 배화여자고등보통학교 교우지이다. 실물은 13호까지 확인할 수 있지만 『배화 100년사』에는 14호를 끝으로 종간되었을 것이라고 기록되어 있다. 편집 겸 발행인 미국인 헬리 부이 교장, 미국인 딕스(Miss Ruth Diggs, 한국명 지익수[池益水])(2호), 사토미 야스키치(里見安吉)(12호), 누마다 나쓰코(沼田夏子)(13호), 인쇄인 김진호, 때때로 김진주, 조철주, 김성균, 김용규, 조인목이 각각 1회씩 담당한다. 발행소 배화여자고등보통학교 교우회. 인쇄소 한성도서주식회사, 대동출판사(12호)이다. A5판 평균 200쪽 내외이며 비매품이다. 그러나 2호에 실린 기록에 의하면 교우의 소개로 구입을 원할 경우는 40전의 실비를 받고 팔았다고 한다. 배화여자중고등학교와 고려대, 서울대, 서강대에 소장되어 있다.

배화여자고등학교 교우회에서 발간한 교지이다. 배화학당의 전반적인 교육방향, 즉 민족교육과 여성교육의 이념을 전파하기 위해 창간되었다. 창간호에는 「여자의 사명」(이만규), 「신앙 중심의 인생관」(이덕봉) 등의 논설과 김윤경의 증언 「전교생에게 줌」, 「훈민정음(김윤경)」, 「배암 이야기」와 같은 강습용 기사가 있다. 학생들을 주 독자대상으로 하는 교지답게 특별히 '학습란'을 따로 설정하여 「운동」, 「도서, 자수, 원화」, 「음악」, 「영어」, 「가사실습」, 「식물학」, 「역사」, 「지리」, 「성경」, 「대수」, 「수신」 등 제 과목들에 대한 학습법이 재학생들의 글로 채워져 있다. 이처럼 재학생들의 글이 거의 대부분의 지면을 차지하는데 이들의 글에는 수필 장르가 가장 많다. 이러한 장르가 편중되는 현상에는 필자가 비전문가이자 여성, 즉 여학생들이라는 조건이 작용한 듯하다. 근대 초기에는 전위적인 지식인의 글쓰기 양식이었던 수필이 20년대 말부터는 비전문인들, 특히 여성과 아동의 글쓰기 양식으로 위치 지워졌기 때문이다. 여학생들 사이에 수필은 매우 보편적인 글쓰기 양식이었다. 이 지면에서는 특히 여행일기 등 기행란의 기사량이 많다. 보편적으로 문학란의 비중이 높은 식민지 시기 교지의 특성에 비해 교지 『배화』에서는 문학란이 활성화되지 못한 편이다. 창간호와 대부분의 지면에서 문학란은 시가란으로 한정되어 있다. 이 역시 문학소녀들의 취향이 소설보다는 시에 경도되어 있었다는 것을 증명해 주는 것이다. 창간호에는 후에 소설가가 된 장덕조의 「경주수학여행기」가 있고, 4집에는 지명희의 시와 함께 장덕조의 시가 실려 있다.

특별히 5호에는 문학란이 다양화되어 시가, 동화, 희곡 등 갈래별로 재편된다. 이는 문학란을 다양화시키려는 편집지의 시도였다고 볼 수 있고, 그만큼 투고량의 늘고, 다양화된 듯하다. 그러나 이 호수 이외에 이러한 경우는 드물다. 그 밖에 2호에 실린 일기자의 「학교이야기」가 실려 있고, 늘 편집 말미에 부록으로 일년간의 학교 행사와 교우회의 활동이 보고되었다.

2호에 실린 맹원영, 「우리 배화의 교풍」을 분석해 보면 교지 『배화』가 지향하는 바를 짐작할 수 있다. 이 글에서는 "실천궁행하는 교풍, 순결하고 순진한 교풍, 자치와 자학자습하는 교풍, 예모(禮貌)있고 신령한 교풍, 과학적이고 합리적인 교풍"으로 배화의 교풍을 설명하고 이를 실천할 것을 계몽하고 있다. 이는 기독교 여성 교육이 지향하는 순결하고 순종적인 여성상을 그대로 답습하고 있는 경우다. 또한 "여자는 가정에서나 사회에서나 성격이 원만하여야 한다. 포함성(包含性)이 있어야 한다. 겸손하고 순박하여야 한다. 조화성이 있어야 한다. 이 모두가 종교적 수양에서 나오는 것이다"며 기독교적인 인격 수양을 강조한다. 주체적인 자기 발언보다는 조직의 논리에 순종하는 여성이 바로 아름답다는 논리다. 『배화』에서는 이러한 보수적인 여성상에 대한 계몽적 논조가 지속된다. 그러나 졸업생 고 이재덕의 글 「조선여자의 이상과 포부」에서는 "지금의 시대로부터 자기라는 자를 밝히 알고 자기의 책임을 깊이 깨달아 타인에게 의지하지 아니하도록 힘쓰며 언제든지 세계인류 중 일분자된 것을 기억하여 가정에서든지 학교에서든지 사회국가에서라도 자기라는 자를 정의로운 길에 정립하여 놓고 한 세상을 지날 때에 자기를 놀리지 말고 부지런히 활동시키어 자기의 책임을 다함으로 자기를 부끄럽지 아니하도록 힘써야겠다"는 구절도 보여, 당대 배화의 여학생들이 지향했던 자기 실현에의 욕망 역시 강렬했음을 보여준다.

주요 필자로 교사인 김윤경의 글은 창간호부터 「여자의 사명」(5호) 등 논설이 지속적으로 실린다.

한글학자 김윤경은 배화에서 1922년에서 26년, 29년에서 37년까지 전후 두 차례를 합쳐 12여 년이 교사생활을 하면서 한글교육과 역사 교육을 담당한 것으로 기록되어 있다. 교사 이만규 역시 「학생의 할 일」(2호) 등과 학교 교풍을 계몽하는 글을 거의 매회 수록한다. 그 밖에 재학생들 이외에 졸업생들의 글도 투고 받았다.

기사에 사용된 언어로는 한글과 일본어 혼용인데, 30년대 후반부터는 일본어 기사의 비중이 매우 높아지고 38년부터는 친일적인 기사도 눈에 띈다. 그러나 전반적으로 교지 『배화』에는 일본어의 비중이 매우 적은 편이었다. 이 일로 교지를 발행하는 동안 우여곡절이 있었다. 김지환의 책임편집하에 『배화』 7호(1934)를 발행했는데 이후에 경기도 학무과 시학관이 야스오카는 이 교지에 일어 기사가 거의 없다는 점을 들어 배일사상이 깔려 있다고 판단하여 편집자인 김지환을 편집에서 제외시키라는 조치를 취한 바 있다고 한다(『배화 100년사』). 결국 이러한 총독부 학무과의 세세한 검열공작에 의해 교지 『배화』도 14호로 그 운명을 달리한다.

• 배화여자고등보통학교 교우회

배화여자고등보통학교 교우회는 1923년 11월 24일에 창립된다. 『배화 100년사』에 의하면 본 교우회는 교우들 간에 기독교 정신을 함양하여 서로 사랑하며 사회생활을 원만히 하는 데 필요한 지식과 덕성과 신체를 단련하려는 목적을 가지고 창립되었다고 한다. 1926년 5월31일 임시총회를 통해서 개정된 회칙에 의하면 회원은 본교 직원 혹은 본교에 유공한 자(명예회원), 졸업생(특별회원), 학생(통사회원)으로 구성된다. 본회 산하의 기관으로는 종교부, 지육(智育)부, 체육부, 사교부음악부를 두고 있다. 『배화』 5호에 의하면 교우회는 각 부서활동을 충실하게 진행하고 있었던 것으로 기록하고 있다. 28년 선출된 초기 교우회 임원으로는 회장으로는 헬리 부이, 총무로는 이만규, 박봉자, 서기로는 이덕봉, 이복녀, 종교부장으로 노함안, 지육부장으로는 김엽동, 체육부장으로는 백순이, 사교부장으로는 박미경이 선출되어 활동하였다. 이후 5호 교지에 의하면 김윤경이 총무로 활동하며 이 교우회 활동에 관여한 바 있다. 교우회는 교내의 각종 행사를 주체적으로 주관하는 활동을 하였다. 예를 들면 1928년의 경우 종교부에서는 수양회를 주관하고, 사교부에서는 졸업생 송별회, 신임 직원과 신입생 환영회 등을 개최하고, 체육부에서는 테니스 등 각종 경기를 관리하는 것으로 밝혀졌다. 그 밖에 영화회를 상영하거나, 수학여행 감상담회 등을 여는 것도 교우회의 활동이었으며 무엇보다도 중요한 활동은 바로 교지를 발간하는 것이었다. 교지를 발간하는 데는 이만규와 김지환 교사의 역할을 컸으며 이들이 전체적인 편집실무를 보았다고 한다.

이처럼 교우회 활동의 중심 대상은 학생들이었으며, 교사들이 함께 참여함으로써 명실공히 교사와 학생들이 함께하는 자치활동 단체로 성장해 갔다.

이를 볼 때에도 교지 『배화』는 식민지 여성 교육하에서 이루어진 당대 여학생들의 다양한 활동상황과 의

식세계를 분석해 볼 수 있는 중요한 매체이다. (박지영)

참고문헌

최덕교 편저, 『한국잡지백년』, 현암사, 2004; 배화백년사 편찬위원회, 『배화백년사(1989~1998)』, 배화학원, 1999.

백광(白光)

1937년 평양에서 발행된 문예 중심의 종합 월간지

1937년 1월 1일 평양에서 창간된 문예 중심의 종합 월간지이다. 6집까지 내고 종간되었다. 편집 겸 발행인 전영택(田榮澤), 주간 안일성(安日成), 인쇄인 김진호(金鎭浩), 인쇄소 한성도서(주), 발행소 백광사(평양·전구리 122), A5판 182면 국판, 정가 20전이다.
이 잡지는 관서지방의 여류 교육사업가 백선행(白善行)의 공덕을 기리고 그 정신을 계승하기 위한 기념사업의 하나로 간행되었다. 평양에서는 처음 간행된 잡지이다. 제2호의 내용 중 일부는 일제 측에 의하여 삭제되어 출간되었다. (남기현)

참고문헌

최덕교 편저, 『韓國雜誌百年』 3, 현암사, 2004; 『朝鮮出版警察月報』 제100~104호.

백구(白鳩)

1921년 일본에서 발행한 아동 잡지

1921년 4월 1일 백구회(白鳩会)의 기관잡지로 문교서원(文敎書院)이 발행한 아동 잡지이다. 이후 발행처는 삼공출판사(三共出版社)로 변경되었다. 정가는 30전이고, 창간호 지면수는 104쪽이다. 표지 뒷면에는 「백구회 취지(白鳩会の趣旨)」가 게재되었는데, "본회의 취지는 소년 소녀들의 자유창작, 자유연구 및 창의적 수양의 정신을 조장하는 데 있다"고 기록되어 있다. 현재 잡지 원본은 가가와대학(香川大學) 가미하라문고(神原文庫)가 소장하고 있다.

1918년 『붉은 새(赤い鳥)』의 창간 이래 일본에서는 『금선(金の船)』, 『동화(童話)』와 같은 아동 잡지의 창간이 이어졌고, 이를 무대로 동화와 동요의 창작이 활발했다. 기타하라 하쿠슈(北原白秋)와 노구치 우조(野口雨情)·사이조 야소(西条八十) 등의 지도에 따라 가네코 미스즈(金子みすゞ)와 요다 준이치(与田順一) 등이 활발히 투고했다. 또 아동의 창작을 통한 자유시도 커다란 반향을 불러일으켜 각 지역의 아동들이 이들 잡지에 많이 투고했다.

『백구』도 이러한 시대적 흐름 속에서 발행된 잡지이다. 표지에 '소년소녀 자유창작'이라고 게재된 것처럼 아동의 창작에 의한 동화와 동요, 자유시, 작문, 자유화, 단카, 자연연구 등이 수록되었다. 또 시마자키 도손(島崎藤村)에 의한 문장 강화(講話)와 오즈미 구로이시(大泉黒石)에 의한 동화도 게재되었다. (이규수)

참고문헌

牛島俊 作, 『日本言論史』, 河出書房, 1955; 『近代文學雜誌事典』, 至文堂, 1965; 桂敬一, 『明治·大正のジャ-ナリズム』, 岩波書店, 1992.

백두산(白頭山)

1930년 서울에서 창간된 어린이 과학 월간지

1930년 10월 20일 백두산이학회(白頭山理學會)에서 창간했다. 편집 겸 발행인은 한경석(韓慶錫)이었으며, 주간은 염근수(廉根守)가 담당하였다. 인쇄인은 곡강인쇄소의 이동숙(李東淑), 발행소는 백두산사(白頭山社, 경성부 수송동 44) 총판은 이문당, 판형은 A5 국판 면수는 70쪽, 정가는 20전(1931년 5월호 예고에는 정가가 10원으로 인하된다는 사고[社告]가 나감)이다. 통권 8호로 종간되었다.
백두산이학회는 이학(理學)을 연구, 보급하기 위하여 1930년 10월 결성된 단체로 야외관찰, 공장견학, 제작강습, 전람회, 발표회, 강연회, 과학영화회, 과학동회, 실험회 등의 사업을 추진하였으며, 기관지인 『백두산』을 발간하였다. 창간호는 서울대에 소장되어 있으며 고려대에 2권 2호와 2권 5·6호가 복사본으로 소장되어 있다. 그리고 '아단문고'에는 창간호와 2권 1호, 2권 3호, 2권 4호가 소장되어 있다.

창간호의 「독자에게」에서는 "우리가 여러분께 바라는 것은 과학을 목숨으로 알고 연구하라는 것입니다. 과학은 별다른 것이 아니고 우리가 사는데 여러 가지 괴로운 점을 어떻게든지 연구하여서 괴롭지 않게 만들어 가지고 살기 위하여 연구하는 학문을 말합니다. …… 이렇게 귀중하고 소중하고 필요한 학문이 조선에는 어째서 그렇게 적고 적다느니 보다도 아주 없는 셈이니 어떻게 살겠습니까. 분발하고 나설 때는 지금입니다. 너나 할 것 없이 과학을 힘써서 남에게 지지 않도록 분투하시기를 바라는 바"라고 창간의 취지를 밝히고 있다.

'최신 과학을 주로 하여 절대로 쉽고 재미있고 유익한 잡지'를 만들 것을 편집방침으로 삼고 있으며, 과학상식에 관한 짧은 읽을거리를 비롯하여 전기, 야화, 훈화, 동화, 발명 소개, 문예창작 등을 싣고 있다. 창간호에는 채운석(採隕石)의 「달나라를 찾아서」, 신요한의 「텔레비전이야기」, 황주승(黃周承)의 「소금이 되기까지」, 염근수(廉根守)의 「말을 알아듣는 개고리가 있다」, 김소운(金素雲)의 「개암이의 큰 힘」, 양재응(梁在應)의 「동물의 애정」, 오원석(吳元錫)의 「학질 안 앓는 법」, 류성호의 「고산식물 이야기」, 이원배(李源培)의 「노래하는 궤짝」 같이 과학기술에 관한 흥미를 유발하는, 일상생활에서 접하기 쉬운 현상과 사물에 대한 이야기가 많은 비중을 차지하고 있다.

'최신 과학성과의 소개와 해설지'임을 표방한 『백두산』은 과학기술 지식을 평이하게 소개함으로써 과학의 중요성을 제고하고 과학을 통하여 근대 문명의 발전을 꾀하고자 하는 데 심혈을 기울였다. 특히, 어린이들에게 과학이 왜 중요하고 주력해야 할 분야인가를 계몽하기 위해 힘을 쏟는 한편으로, 민족과 국가의 발전에 있어 과학기술의 필요성이 얼마나 지대한지를 일깨워 식민지 조선에서도 위대한 과학자가 배출되기를 바라는 열망을 드러내고 있다.

과학 잡지로서의 특징적 면모

최첨단의 문명의 이기인 '유성기', '텔레비전', '라디오', '무선기' 등을 소개하고, '소금의 생성 원리'나 '고산식물에 대한 해설', '상대성원리' 해설 등의 과학적 지식을 알려 주며, 생활에 유익한 과학지식과 위생에 관한 정보를 제공하는 등 과학기술 전반에 걸쳐 다양한 기사를 다루고 있다.

사진화보도 선명한 화질을 자랑하고 있는데, 백두산 풍경, 토성이 움직이는 광경, 석양의 모습, 아인슈타인의 사진, 알프스의 5색 다리, 미국 오하이오주의 한 보통학교의 연극 장면 등이 각각 실려 이국적인 상상력과 과학적 상상력을 자극한다.

또한 『백두산』 발간에 찬조한 사회 저명인사 명단 58명을 공개하고 있다. 이를 통해 어린이에게 과학에 대한 관심과 과학의 중요성을 인식케 하고, 과학 교육의 문제가 얼마나 중차대한 과제인지 공감대 형성이

이루어지고 있다는 사실을 짐작할 수 있다. (전상기)

참고문헌

김병관, 「일제하 조선인 기술자의 형성과정과 존재양상」, 충남대 박사논문, 1996; 이재철, 「일제강점기 시대의 아동문학」, 『아동문학평론』, 2005; 염근수, 『물새발자국』, 누리기획, 2000; http://gangneung.grandculture.net/gc/contents/contents.jsp?tid=30001541.

백악(白岳)

1932년 서울에서 발행된 잡지

1932년 1월 30일 창간된 잡지이다. 조선 고아사업을 인도하는 성격을 띠고 있다. 4호 판권지에 따르면 편집 겸 발행인 강봉재(姜鳳在), 인쇄인 김현도(金顯道), 인쇄소 (주)창문사(彰文社), 발행소 백악사(서울 종로 2가 12, 조선고아구제회 내), A5판, 70쪽이다. 1932년 5월 발간호의 가격은 10전이다.
필진으로는 양우정(梁又正), 안회남(安懷南), 이태준, 김태성 등이 있다. 글로는 이태준의 『나의 고아시대』, 김태성의 『우리 가정』 등이 있다. (남기현)

참고문헌

최덕교 편저, 『韓國雜誌百年』 2, 현암사, 2004; 『동아일보』, 1932.5.15.

백웅(白熊)

1928년 공주에서 발행된 문학동인지

1928년 2월 1일 공주에서 창간된 문학 동인지이다. 2호까지는 발행한 것으로 확인된다. 창간호에 따르면 편집 겸 발행인은 윤상갑(尹相甲, 공주군 공주면 상반리 116), 인쇄인 배상인(裵相仁), 인쇄소 대동(大東)인쇄(주)(서울 공평동 55), 발행소 백웅사(白熊社, 공주군 공주면 본정 231), 지방 주문은 공주 복음(福音)서관, 서울 총판은 박문(博文)서관, A5판 54면, 정가 20전이다.
이 잡지는 공주를 중심으로 한 신진 문학청년들이 순수문학을 표방하여 만들었다. 동인은 양고봉(梁孤峯)·윤파운(尹把雲, 상갑)·철수(喆洙)·철고(鐵鼓)·진우촌(秦雨村)·엄흥섭(嚴興燮)·운공(雲公)·금원(琴園)·안신영(安信永)·박아지(朴芽枝) 등이다. (남기현)

참고문헌

최덕교 편저, 『韓國雜誌百年』 2, 현암사, 2004; 『두산백과사전』; 『동아일보』 1928.3.31.

백조(白潮)

1922년 서울에서 발행된 문학동인지

1922년 1월 9일에 창간되었다. 종간호는 통권 3호로서 1923년 9월 6일에 간행되었다. 편집인은 창간호와 2호는 홍사용, 3호는 박종화, 발행인은 창간호의 경우에는 미국인 아펜젤러(H. G. Appenzeller, 亞扁薛羅, 미국인 선교사이자 배재학당 교장), 2호는 보이스 부인(미국인), 3호는 훼루훼로(러시아인), 창간호 인쇄인은 대동인쇄주식회사의 김중환(金重煥), 2호와 3호의 인쇄인은 신문관 인쇄소의 최성우(崔誠愚), 발행소는 창간호와 2호는 문화사(文化社 경성부 낙원동 256), 종간호인 3호는 백조사(白潮社 경성부 낙원동 256)이다. 판형은 A5판으로 총 144쪽 내외이며 정가는 창간호가 60전, 2호가 70전, 3호가 90전이다.
잡지를 격월간으로 발행하려고 했으나(실제 창간호 판권지에는 '격월간'이 명기되어 있다) 사정이 여의치 않아 띄엄띄엄 나왔다. 또한 이들 동인은 『백조』 외에 사상잡지 『흑조(黑潮)』를 발간하려 했는데 성공하지는 못했다. 1976년 원문사에서 영인되어 나와 있으며, 원본은 연세대도서관과 아단문고에 소장되어 있다.

창간 동인은 홍사용, 현진건, 나도향, 박영희, 이상화, 김기진, 노자영, 오천석, 안석주, 우전 원세하(雨田 元世夏), 이광수, 박종화 등 12명이다. 휘문의숙 출신의 박종화 홍사용과 배재학당 출신의 나도향, 박영희 등이 만나 동인이 이루어졌다고 한다. 잡지를 내는 자금은 김덕기와 홍사중 두 후원자가 전담했다. 안석주가 꾸민 창간호 표지 장정에는 노작 홍사용이 쓴 창간사 「백조는 흐르는데 별 하나 나 하나」가 실려 있다.

"커다란 침묵은 길이길이 조는데 끝없이 흐르는 밀

물 나라에는 낯익은 별 하나이 새로히 비춥니다. 거기서 웃음 섞어 부르는 자장노래는 다소히 어린 금빛 꿈터에 호랑나비처럼 훨훨 날아듭니다. 어쩌노! 이를 어쩌노. 아— 어쩌노! 어머니 젖을 만지는 듯한 달콤한 비애가 안개처럼 이 어린 넋을 휩싸들으니 …… 심술스러운 응석을 숨길 수 없어 뜻 아니한 울음을 소리쳐 웁니다."

즉, 『백조』 탄생의 알림과 달콤한 비애에 휩싸인 문학청년들의 불안과 설렘을 거의 액면 그대로 담아내고 있는 고백투의 수필이 이 잡지의 성격을 짐작하게 한다.

창간호에는 한시와 번역시를 포함하여 모두 7편의 시가 실려 있다. 월탄 박종화, 노작 홍사용, 회월 박영희, 이상화, 오천석 번역의 투르게네프(Turgenev)의 시, 춘성 노자영 등이 시를 투고했고, 소설은 노자영의 「표박」, 나도향의 「젊은이의 시절」, 현진건 번역의 치리코프 소설 「영춘류(迎春柳)」, 희곡으로는 오스카 와일드 원작(박영희 역)의 「살로메」, 감상에는 박종화의 「영원의 승방몽(僧房夢)」, 그리고 기행으로 꿈길로는 춘성 노자영의 「철옹성에서」와 월탄의 「러시아의 민요」 등이 구색을 갖추고 있다. 동인들이 최소한 두 편 이상씩 번역, 혹은 창작하여 잡지의 내용을 채우고 있다. 적지 않은 분량의 잡지를 만들기 위해서는 시와 소설을 겸업하거나 적어도 번역하는 노고를 아끼지 않으면 안 되었던 사정을 헤아리게 된다. 그 밖에 이광수가 번역한 '악부'가 들어 있고, 「육호잡기」가 마지막에 배치되어 있는데, 특히 후자의 경우는 박종화, 나도향과 박영희, 홍사용이 기록한 편집후기로서 남궁벽의 요절을 비롯하여 저간의 문단 사정과 동인들의 신변에 관한 비교적 상세한 정보가 담겨 있다.

2호는 1922년 5월 22일에 간행되었다. 창간호에서 약속한 격월간 발행을 지키지 못한 셈이다. 장정은 석영 안석주와 우전 원세하가 맡았고 편집 내용은 창간호와 크게 다르지 않다. 나도향의 「별을 안거든 울지나 말걸」을 비롯하여 현진건의 「유린(蹂躪)」, 노자영의 「표박」 등의 소설, 시로는 박영희의 「꿈의 나라로」 외 3편, 이상화의 「가을의 풍경」, 홍사용의 「봄은 가더이다」, 박종화의 「흑방비곡」이, 희곡에는 박영희가 번역한 오스카 와일드의 「살로메」와 평론으로 박종화의 「명호아문단(嗚呼我文壇)」, 그리고 기행에 현진건의 「몽롱한 기억」과 노자영의 「우연애형에게」, 이광수의 「감사와 사죄」, 박영희의 「감상의 폐허」 등의 수필, 이광수의 악부 번역 등이 자리를 잡고 있다. 「육호잡기」도 어김없이 서술되어 홍사용, 이광수, 현진건이 전하는 동인들의 사정과 원고 게재 여부, 서신의 내용 등이 소개되고 있다.

종간호인 3호는 '문화사'에서 '백조사'로 출판사 등록을 하고 펴낸 까닭에 이전의 호수들보다는 훨씬 안정감을 느끼게 한다. 우선 목차에서 소설, 시, 시극, 연구, 상화(想華) 등으로 나눠 일목요연한 배치를 꾀했을 뿐더러, 투고한 작품수도 증가하여 종합문예지의 면모를 명실상부한 것으로 보이게 했다. 그리고 여기에 문학사에서 자주 거론한 작품들이 많이 보이는 것도 특징이다.

소설로는 현진건의 「할머니의 죽음」, 박종화의 「목매는 여자」, 나도향의 「여이발사」, 홍사용의 「저승길」, 박영희의 「생」과, 시에는 이상화의 「나의 침실로」, 홍사용의 「묘장(墓場)」, 박영희의 「월광으로 짠 병실」, 김기진의 「한 갈래의 길」, 박종화의 「사의 찬미」, 홍사용의 「그것은 모두 꿈이었지만」(산문시), 노자영의 「외로운 밤」 외 1편, 홍사용의 「흐르는 물을 붙들고」, 시극에는 박종화의 「'죽음'보다 아프다」, 연구에 박영희의 「생의 비애」, 그리고 수필에 김기진의 「떨어지는 조각조각」과 홍사용의 「그리움의 한 묶음」이 각각 실려 있다. 또한 「육호잡기」도 게재되어 박영희, 홍사용, 나도향, 김기진의 보고서를 살펴보게 한다. 김기진은 3호에 등장하지만 편집을 할 만큼 주도적인 역할을 하는 것으로 보아 이미 동인들과의 친분관계나 문학적 역량을 인정받은 것이 아닌가 짐작하게 된다.

개인적 친분 관계로부터 확대되어 문학을 통한 조선 문화 발전에 기여하고자 한 일련의 젊은이들의 잡지로서 『백조』는 '퇴폐적 낭만주의'로 규정된 바 있다. 하지만 이는 지극히 피상적인 평가로서 서구의 사조를 모범으로 하는 미성숙, 혹은 왜곡된 사조라는 피학적 자조의식에서 나온 것이다. 따라서 당대의 젊은 문학인들이 어떻게 자신을 인식하고 문학 활동을 통해서 사회에 발언하고자 한 내용과 방법을 면밀하게 살펴야 한다. 그랬을 때, 이들에 대한 평가와 이들이 고민하고 매달렸던 문제의식이 비로소 해명될 수 있을 것이다. 『백조』의 의미는 그런 점에서 본다면, 나태한 패배의식에서 벗어나 새롭게 자신을 세우고 새로운 사회를 건설하고자 한 젊은이들의 문학적 응전을 잘 보여 주는 사례로써 자리할 수 있을 것이다. (전상기)

참고문헌

최덕교 편저, 『한국잡지백년』 1권, 현암사, 2004; 권영민, 『한국근대문인대사전』, 아세아문화사, 1990.

백지(白紙)

1939년 서울에서 발행된 순문학 동인지

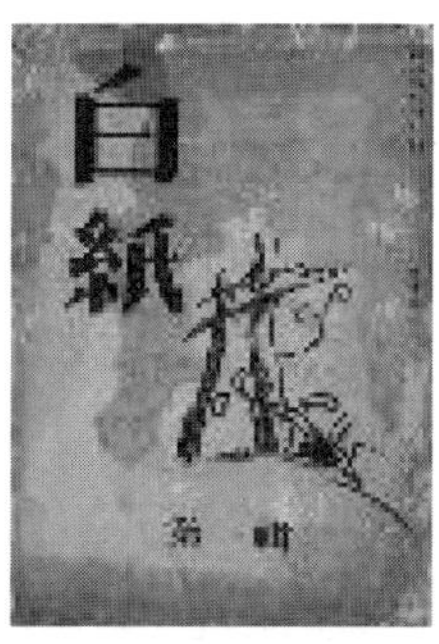

1939년 7월 1일 창간한 순문예 동인지이다. 같은 8월과 10월에 2호와 3호가 각각 발행됐는데 종간호는 3호이다. 편집 겸 발행인은 최익연, 인쇄인은 수영사 인쇄소의 한동수(韓東秀), 발행소는 백지사(경성부 명륜정 3가 26)이다. 판형은 국판으로 창간호는 92면, 2호는 92면, 3호는 64면으로 꾸며졌고 정가는 30전이다. 연세대와 고려대에 원본이 소장되어 있다. 영인본은 1982년 현대사에서 1, 2호가 묶여져 나와 있다.

「창간사」가 없는 대신 「수휴록(愁休錄)」이라는 제목의 '편집후기'에는 "난각(卵殼)을 뚫고 병아리는 나왔습니다마는 아직 다리에 힘이 오르지 못한 느낌이 있습니다. 그래도 어딘가 귀여움이 넘치는 것 같습니다"라고 하여, 동인지 발간의 어려움과 동인들 스스로에 대한 대견함이 느껴진다. '편집후기'의 당사자는 김해진과 조지훈으로 두 사람이 연명으로 서명하고 있다. 이때 조지훈은 나이가 19세였다.

창간호를 보면 주로 시가 많이 실려 있다. 박호진, 장성진, 김석준, 박수래, 장상봉, 조지훈, 신상보, 조인행, 오화룡이 시를, 이재영의 희곡 「산동(山童)」을, 김해진은 산문, 김용태는 소설 「수방도(遂放圖)」를 각각 투고했다. 그 밖에 「명작스토리 소개」와 전쟁문학선이 있다.

2호는 창간호와 마찬가지로 시가 주류를 이루는 가운데, 이재영의 희곡 「군도」와 길손임의 「낭자군」, 김해진의 「은야무」의 소설, 그리고 전쟁문학선이 실려 있다.

3호에서는 14편의 시(그중 김용태의 장시 「사택」 포함)와 길손임의 산문 「달 있는 밤」, 김동규의 「사실」(소설)이 전쟁문학선과 함께 들어 있다.

문학에 대한 열망으로 들끓는 젊은이들의 동인지로 출발한 『백지』는 조지훈 한 사람만을 한국문학사에 올리는 데 성공한다. 그럼에도 3호까지 핵심적인 동인들이 활동하면서 동인지를 발간했다는 것은 그만큼 문학적 열망과 동인 간의 결속력이 있었기 때문이 아닌가 한다. 전시기인 만큼 '전쟁문학선'을 펴내는 시류적 감각을 갖추었다고 할 수 있겠는데, 젊은 패기와 정열이 세태와 타협하는 국면이랄 수도 있겠다.

편집 겸 발행인인 최익연은 1939년 11월에 창간한 『영화연극』지의 편집 겸 발행인이기도 했다. 인쇄인 한동수 역시 『영화연극』의 인쇄를 맡아 했는데, 발행소인 영화연극사의 주소는 경성부 종로 6정목 7번지였다. 아마도 이 시기에 최익연은 『백지』와 『영화연극』을 동시에 주재한 발행인으로 등록한 것 같은데, 전자의 경우에는 편집 일체를 조지훈과 김해진에게 맡기고 명의만 빌려준 것이 아닌가 한다.

이처럼 '청록파'의 시인 조지훈이 이 잡지를 중심으로 활동했다는 사실이 이채를 띤다. 왜냐하면 그는 동인지를 내던 그해 『문장』 4월호에 정지용의 추천으로 「고풍의상」을 발표하고 11월호에는 「승무」를, 그리고 1940년 2월호에는 「봉황수」를 발표하여 추천을 완료한다. 문제는 이 작품들이 대개 고전적 소재를 전아한 시풍으로 전개한 데 반하여, 『백지』에 발표된 작품들은 전혀 다른 형상을 가진다는 점이다. 창간호의 「계산표」만 보더라도 확연히 다른 면모가 느껴지는 바, 조지훈 연구에서 초기 시절을 해명하는 한 단서가 될 수 있는 자료라 하겠다. (전상기)

참고문헌

권영민, 『한국근대문인대사전』, 아세아문화사, 1999; 최덕교 편저, 『한국잡지백년』 3, 현암사, 2004.

백치(白雉)

1928년 평양에서 발행된 문예지

1928년 1월 1일 평양에서 창간된 문예지이다. 편집 및 발행인 홍종인(洪鍾仁), 인쇄인 권지용(權址龍), 인쇄소 (주)광문(光文)사, 발행소 백치사(평양 하수구리 170), B6판 64쪽, 정가 20전이다.
이 잡지는 시·소설·평론을 아우르는 문예지였다. 한국 신문사에 비중 있는 인물인 홍종인이 발행한 것이 눈에 띈다. 2호는 치안방해(治安妨害)의 죄목으로 압수당하여 출판되지 못하였다. (남기현)

참고문헌

최덕교 편저, 『韓國雜誌百年』 2, 현암사, 2004; 국사편찬위원회 소장, 「不許可 出版物 竝 削除記事 概要 譯文」, 『국내외 항일운동 문서』.

백합화(白合花)

1927년 서울에서 발행된 협성여자신학교 학생청년회 문학부 교지

1927년 3월 19일 협성여자신학교 학생청년회 문학부(協成女子神學校 學生青年會 文學部)가 창간했다. 편집 겸 발행인 틴슬레(H. Tinsley, 한국명 천실라[千實羅], 남감리교 선교사, 협성여자신학교 교수). 발행소는 백합화사(百合花社)이다. 판형은 국판으로 면수는 40쪽, 정가는 15전이다. 통권 1호로 창간호가 종간호로 된 경우이다. 서울대에 창간호가 소장되어 있다.

협성여자신학교(현 감리교신학대학교)는 1920년 북감리교 여선교부와 남감리교 여선교부가 함께 여성 지도자 양성을 위해 만든 신학교다. 『백합화』는 청년 여자를 위한 수양잡지로 방황과 번민, 고통 가운데 헤매는 우리 청년 여자를 위하여 종교적 신앙과 정신수양의 인도자가 되고 벗이 되고자 한다는 발행목적을 갖고 있었다. 제호는 백합(百合)의 인물이 되어 자기주장과 자기 목적을 포기하지 말고 주관적 인격을 이루는 동시에 객관적 사업에 공헌이 많기를 기대한다는 뜻에서 나온 것이라고 한다.

창간호에는 채필근(蔡弼根)의 「여자의 인격적 가치」, 틴슬레의 「여자의 지위를 향상시키는 노력」 등 여성문제를 다룬 논설과 전영택(田榮澤)의 「인격의 향기」, 「죽음을 바라보면서」, 김종희(金鍾熙)의 「신앙을 생활에」, 윤홍림(尹洪林)의 「고향을 찾아가는 사람」, 이영례(李永禮)의 「어머니의 전형」 등의 산문을 비롯하여 장정심(張貞心)의 시 「이잔을 받으서요」, 늘봄(전영택)의 소설 「어머니는 잠드셨다」 등의 문예물이 실려 있다.

'저는 학교를 마치고 나가서 주를 위하여 동족과 우리 사회에 예수의 이름으로 참평화를 주기 위하여 일하기를 결심했다'는 요지의 장정심의 「어데로 갈까」는 이 잡지의 성격을 대표하는 글이라 할 수 있다. 황에스더 교수나 전영택 등의 가르침이 여성의 지위 향상만이 아니라, 그늘진 곳에 찾아가 예수의 참사랑을 가르치고 그들과 더불어 희로애락을 같이 하는 실천적 신여성상을 지향하는 것을 독려하고 있다. 『상록수』의 모델이 된 최용신도 이 학교를 나와 농촌계몽운동을 벌였던 바와 같이, 식민지 조국과 겨레를 위하여 헌신해야 하는 사명을 안고 있는 여학생들의 꿈과 희망이 녹아 있는 잡지라고 하겠다. (전상기)

참고문헌

한왕수, 「한국초기(1885~1945) 기독교육의 사회성연구: 기독교학교와 신학교를 중심으로」, 협성대신학대학원 석사논문, 2001; 윤정란, 『한국기독교여성운동의 역사』, 국학자료원, 2003; 박용규, 『한국기독교회사』 1, 2, 생명의 말씀사, 2004.

▌백화(白話)

1904년 일본 도쿄에서 창간된 중국어 정치운동 잡지

1904년 9월 24일 일본 도쿄(東京)에서 창간되었다. 추진(秋瑾)이 조직한 혁명단체인 연설연습회(演說練習會)에서 월간으로 발행하고, 추진이 주필을 보았다. 1905년 6호를 발행하고 종간되었다. 저장성도서관에 소장되어 있다.

광서(光緖) 연호를 사용하지 않고 간지(干支) 연호를 사용하였는데 이는 청 정부에 대한 반항을 표시하기 위함이었다.

내용은 논설과 교육, 역사, 지리, 이과, 시평, 담총(談叢), 가요, 희곡 등의 항목이 있고, 백화문(白話文)을 사용했다.

여성에 대한 봉건적 예법과 도덕을 규탄하고 정부의 무능을 통탄하는 추진의 「우리동포에게 고함(警告我同胞)」, 「중국 2억 여성동포에게 고함(警告中國二万万女同胞)」 등의 문장이 발표되었다. 또한 「중국역사의 촬영(中國歷史的撮影)」, 「염치를 말함(說廉恥)」, 「호몽귀래(好夢歸來)」와 같은 문학작품들을 소개하여 여권 제창과 전족(纏足) 반대, 남녀평등을 주장하였다.

열강의 침략 행위와 러일전쟁의 진상을 폭로하고, 청 정부는 외국인의 노예라고 규탄하면서 공개적으로 청 정부의 전복을 호소하였다. 반청(反淸) 혁명과 공화제 건립을 주장하면서 청 정부 통치자들을 직접적으로 '호인(胡人)' 또는 '소달자(騷韃子)'라 공격하였다.

추진은 1904년 봉건 가정을 박차고 나와 가산을 팔아 자비로 일본 유학을 떠나 재일본 유학생 혁명 활동에 참여하였다. 1906년 귀국한 후에는 상하이(上海)에서 『중국여보(中國女報)』를 창간하여 여권운동과 혁명운동에 투신한 중국 근대사에 주요한 인물로, 이 『백화』는 그의 활동과 근대 여성운동을 연구하는 중요한 역사 자료이다. (김성남)

참고문헌

彭永祥, 『辛亥革命時期期刊介紹』, 人民出版社, 1986; 方漢奇 主編, 『中國新聞社業通史』, 中國人民大學出版社, 1996.

▌백화(白樺)

1910년 일본 도쿄에서 발행한 문예지

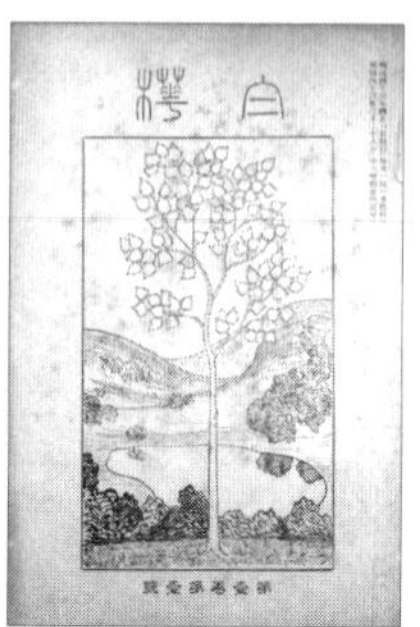

1910년 4월 도쿄의 라쿠요도(洛陽堂)가 발행한 문예지이다. 발행처는 8권 11호부터는 백화사(白樺社)로 변경되었다. 가가와대학(香川大學) 중앙도서관 등에서 소장하고 있다.

잡지 발행은 가쿠슈인(學習院)을 모태로 하면서 그 기풍을 가미한 세 그룹, 즉 무샤노코지 사네아쓰(武者小路実篤), 시가 나오야(志賀直哉), 기노시타 리겐(木下利玄), 오키마쓰 긴카즈(正親町公和)의 '야망(望野)', 사토미 돈(里見弴), 소노이케 고지(園池公到), 고지마 기쿠오(児島喜久雄) 등의 '보리(麦)', 야나기 무네요시(柳宗悦), 고리 도라히코(郡虎彦)의 '도원(桃園)'을 중심으로 한 그룹이 합동으로 만든 잡지이다.

당시 『백화』는 『스바루(スバル)』, 『미타문학(三田文學)』, 제2차 『신사조(新思潮)』와 더불어 반(反)자연주의의 거점이 되었다. 창간호에는 연장자인 아리시마 다케로(有島武郎)와 그의 동생 이쿠마(生馬), 1년 후부터는 나가요 요시로(長与善郎)도 참가했다.

잡지는 참여자들의 다양한 개성을 철저히 살려 문학만이 아니라 미술 잡지의 요소도 가미시켰다. 각각이 내적 요소에 충실히 따라 지속된 공간으로 14년간 발행되어 다이쇼 시기 문단을 주도했다.

『전문학회잡지』는 1888년 10월 도쿄전문학교(東京專門學校, 와세다대학의 전신) 내에 설립된 전문학회가 발행한 학술지이다. 발행자 겸 인쇄자는 호리코시 간스케(堀越寬介), 편집자는 나카사토 기시로(中里喜司)였는데, 이들은 모두 전문학회의 창립회원이다. A5 국판, 구성은 1단, 분량은 60쪽 전후, 정가는 1부 8전, 월1회 발행이었다.

전문학회는 도쿄전문학교 교내외 학생 및 졸업생이 회원이었다. 발간 목적은 창간호의 「전문학회 잡지발행에 한마디 한다(專門學會雜誌發行ニ付一言ス)」에 의하면 "학교에서 정해진 교과과정을 공습(攻習)하는 것만으로 스스로 만족하지 않는 열혈심(熱血心)에서 모임을 만들어 더욱 학식을 연마 연구하려는 바람에서 만들었다"고 말한다.

전문학회의 창립위원은 위의 두 사람 이외에 모두 11명이었다. 또 찬성회원(취지에 동의하여 직간접적으로 보조를 승낙한 사람)으로는 다카타 사나에(高田早苗), 쓰보우치 유조(坪內雄藏), 나카무라 다다오(中村忠雄), 아마노 다메유키(天野爲之), 미야케 유지로(三宅雄二郎), 세키 나오히코(関直彦) 등 15명이 가담했다.

이들 대부분은 도쿄전문학교의 강사이다. 잡지의 종간은 불명확하며, 현재 잡지는 와세다대학 중앙도서관에 10호(1889.8)까지 보관 중이다.

창간호에서는 시가 나오야의 「망주까지(網走まで)」가 게재되었고, 권두논문으로는 무샤노코지 사네아쓰의 「'지금으로부터'에 대해서('それから'に就て)」가 실렸다. 또 나쓰메 소세키(夏目漱石)는 「'지금으로부터'에 대해서」의 주인공 시로시케(代助)의 내적 자연에 대한 공감을 표시했다.

2호 이후는 세잔느의 소개와 '모던호' 특집, 고흐, 고갱, 마티스 등의 그림이 삽화로 등장했다. 간토대지진을 계기로 종간되었지만, 이후에도 『불이(不二)』와 『대조화(大調和)』로 잡지는 계승되었다.

『백화』의 영향을 가장 많이 받은 지역은 신슈(信州)로 이 지역의 자유교육의 역사와도 관련이 깊다. (이규수)

참고문헌

牛島俊 作, 『日本言論史』, 河出書房, 1955; 『近代文學雜誌事典』, 至文堂, 1965; 桂敬一, 『明治・大正のジャーナリズム』, 岩波書店, 1992.

백화소설(白話小說)

1908년 중국 상하이에서 창간된 문예지

1908년 11월 상하이(上海)에서 창간되었다. 장단푸(張丹斧)와 첸제천(錢芥塵)이 편집을 맡아 월간으로 발행되었다. 종간 시점은 정확히 알려져 있지 않으며 현재 1호만이 현존한다.

구 소설체제를 이용하여 신사상을 담아내는 것이 발행목적이었다. 백화문을 전용하여 누구나 이 잡지를 읽고 이해할 수 있도록 하는 것을 기본 원칙으로 하였다.

현존하는 1호에는 소설 여덟 편이 발표되어 있다. 즉 「박천석(朴天石)」, 「영웅루(英雄泪)」, 「속관장현형기(續官場現形記)」, 「미인혈(美人血)」, 「부도옹(不倒翁)」, 「신세계(新世界)」, 「속청루보감(續青樓寶鑒)」이 그것이나 모두 작가의 이름은 밝혀져 있지 않고, 1회분의 내용이다. 「해상화열전(海上花列傳)」 1회분에서는 앞으로 64회를 연속 편으로 매월 연재할 것을 표명하고 있지만 연재되지 못하였다.

• 장단푸(張丹斧)

본명은 옌리(延禮)이다. 1909년 『강남일보(江南日報)』의 주필을 보았으며, 『신문보(新聞報)』와 『신주일보(神州日報)』에서 편집을 담임하였고, 『정보(晶报)』에서 위안한윈(袁寒雲)과 공동 주필을 맡아 보았다.

그는 『번화보(繁華報)』를 비롯하여 『종보(鍾報)』, 『광보(光報)』, 『대보(大報)』, 『소일보(小日報)』, 『홍도보(紅豆報)』, 『성광보(星光報)』, 『세계소보(世界小報)』 등의 편집과 집필에 참여한 20세기 초 상하이 언론계의 유명 언론인이다.

언론인으로서의 장단푸는 '소보(小報)' 편집을 전문으로 하였다. 소보(小報)의 편집과 성격은 대보(大報)와는 달랐다. 일반적으로 대형 언론매체들이 사회성과 정치성을 그 기본 목적으로 삼은데 반해 소보는 생활과 취미활동을 위주로 하였다. 근대 소보의 왕이라 칭해지는 『정보(晶報)』의 편집자가 바로 장단푸이다. 그는 항상 편집부에서 일상생활과 사회현상에 대한 잡담 나누기를 즐겨하면서, 이를 원고로 만들어 내었다. 이렇게 사람들의 입을 통해 전해지는 유언비어적인 사회문제를 기사화하는 '사회신문'이 바로 근대 소보의 큰 특징이다. (김성남)

참고문헌

周葱秀·涂明 著, 『中國近現代文化期刊史』, 山西教育出版社, 1999; 王檜林·朱漢國 主編, 『中國報刊辭典』, 太原: 書海出版社, 1992.

번(鷭)

1934년 4월 일본에서 창간된 문예지

1934년 4월에 창간되어 같은 해 7월까지 모두 두 차례 발간된 계간 문예지이다. 편집 겸 발행인은 우치다 다쓰지(內田辰次)였고 발행처는 번사(鷭社)였다.

쇼노 요시노부(庄野義信)의 추천으로 『신인(新人)』에 참가하여 「이 집의 성격」(此家の性格)을 발표함으로써 명성을 얻은 단 가즈오(檀一雄)가 도쿄제국대학(東京帝國大學) 시절의 친구이던 우치다 다쓰지를 발행인으로 하고 후루야 쓰나타케(古谷綱武), 후루야 쓰나마사(古谷綱正) 형제를 참가시켜 창간하였다.

당시 『해표(海豹)』에 게재되고 있던 다자이 오사무(太宰治)의 「추억」(思ひ出)에 감복한 단 가즈오는 다자이 오사무의 글을 매호 게재하려는 구상을 갖고 있었다고 한다.

1호에는 이토 세이(伊藤整) 등이 평론을, 사토 하루오(佐藤春夫), 무로 사이세이(室生犀星), 나카하라 주야(中原中也), 가네코 미쓰하루(金子光晴) 등이 시를, 진자이 기요시(神西淸)가 문예 시평을, 오자키 가즈오(尾崎一雄) 등이 수상을 야스다 요주로(保田與重郞) 등이 읽을거리 전망을 기고하였으며, 소설로는 다자이 오사무가 「잎(葉)」을 게재하였다.

2호는 야마기시 가이시(山岸外史) 등이 평론을, 쓰무라 노부오(津村信夫), 나카하라 주야 등이 시를, 가메이 가쓰이치로(龜井勝一郎), 가타야마 도시히코(片山敏彦) 등이 문예 시평을, 무샤노코지 사네아쓰(武者小路實篤) 등이 수필을 기고하였으며 소설로는 다자이 오사무가 「원숭이처럼 생긴 소년(猿面冠者)」, 단 가즈오가 「아름다운 혼의 고백(美はしき魂の告白)」을 게재하였다. (이준식)

참고문헌

小田切進 編, 『現代日本文藝總覽 中巻』, 明治文獻, 1968; 日本近代文學館·小田切進 編, 『日本近代文學大事典』 第5卷, 講談社, 1977.

법률과 정치(法律及政治)

1921년 일본의 메이지대학 메이지대학회에서 발행한 학술지

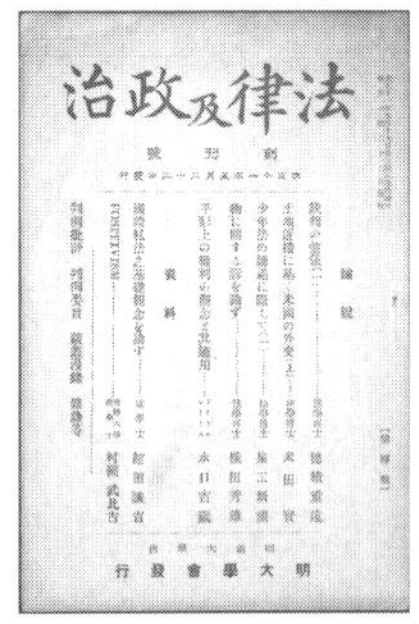

1921년 5월 22일 메이지대학(明治大學)의 명대학회(明大學會)가 발행한 법학과 정치학에 관한 논문을 모은 기요이다. 메이지대학은 본지와 동시에 『경제와 상업(經濟及商業)』이라는 경제학, 상학을 취급한 잡지도 창간했다. 잡지에는 법학, 정치학에 관한 논문과 자료를 중심으로 구성되었다. 잡지 원본은 메이지대학 중앙도서관과 가가와대학(香川大學) 가미하라문고(神原文庫) 등이 소장하고 있다.

창간호에는 호즈미 시게토(穗積重遠)의 「재판의 가치(裁判の価値)」, 요네다 마코토(米田實)의 「토지 근접에 의거한 미국의 외교(土地近接に基く米国の外交)」, 모토지 신쿠마(泉二新熊)의 「소년법 통과에 즈음하여(少年法の通過に際して)」 등의 논문이 게

재되었다.

이 밖에도 판례 비평과 판례 요지, 법률에 관한 칼럼, 최근 국회를 통과한 중요법안의 해설, 변호사시험합격자의 모범해답 코너로 구성되었다. (이규수)

참고문헌

牛島俊 作, 『日本言論史』, 河出書房, 1955; 『近代文學雜誌事典』, 至文堂, 1965; 桂敬一, 『明治·大正のジャ-ナリズム』, 岩波書店, 1992.

법률신문(法律新聞)

1900년 일본에서 변호사 다카키 마스타로가 창간한 법률신문

1900년에 다카키 마스타로(高木益太郎)가 주간으로 창간한 법률신문이다. 다카키의 사후에는 사위인 변호사 오카자키 겐이치(岡崎源一)가 계승하여 1944년 4922호까지 발간되었다. 신문은 후지출판(不二出版)에 의해 총 232권 부록 1권으로 복간되었다.

발간 목적은 다카키 주간의 「발간의 주지(發刊の主旨)」에 잘 나타난 바와 같이 주로 하급심의 재판 사례를 폭넓게 게재하여 법률의 보급과 입법 자료로서의 기능을 담당하고자 했던 것이다. 또 대심원 판결에 대해서도 「판결록(判決錄)」이나 「판례집(判例集)」의 형태로 전문 수록했다. (이규수)

참고문헌

『近代文學雜誌事典』, 至文堂, 1965; 西恭子, 「竹久夢二と『法律新聞』」, 『女子美術大学紀要』 29, 1999; 清水誠, 「高木益太郎の人と業績(日本の在野法曹: 人と業績(特別企画)」, 『法学セミナ-』 164, 1969.

법률주보(法律週報, The Law Weekly)

1923년 중국 베이징에서 창간된 법률신문

1923년 7월 8일 베이징(北京)에서 창간되었다. 법률주보사에서 편집 발행되었다. 논설(論說), 잡술(雜述), 국내법률 및 법원신문, 국외법률신문, 외국법연구, 법권회수관계 문건, 대리원 신판례, 최근 법령 및 공문, 함건 잡재, 대리원 본주내 녹시(錄示)의 해석, 평정원 재결서, 대리원 본주내 녹시 등의 난을 두었다. 58호 이후 판형을 크게 바뀌었다.

중국의 법치질서가 매우 낙후하다는 현실인식에 따르면서도, 단순한 외국 법률제도의 모방이 아니라 중국의 현실에 맞추어 '법치'와 '사회질서'의 재편을 모색하고자 하였다. 특히 법률을 연구하고 각 방면의 법률 현상을 비교함으로써 법의 개진을 도모한다는 것이 취지였다. 특히 당파와 정부로부터 독립된 순수한 입장에서, 법률에 대한 전문적인 연구와 토론을 통해 국민의 법치 관념을 환기하고, 국가의 법치정신을 부조(扶助)하겠다는 것이었다. 구체적으로는 베이징에서 발행되는 각 신문 중에서 법률 관련 신문을 채록하여, 다양한 법률 현상을 토론하고 동시에 국제적인 영사재판권 회수 및 사법 개량 문제와 관련하여, 연구 토론하였다(마더룬[馬德潤], 「발간사」, 1권 1호). 이를 위해 법률 이론과 각국의 법률을 소개하고, 정부의 유관 문건을 등재, 정부의 법령 및 조문을 해석하였다. 중국의 법제사 연구에 중요한 참고 자료이다. (오병수)

법률학경제학내외논총(法律學經濟學內外論叢)

1902년 일본의 호분칸이 발행한 학술지

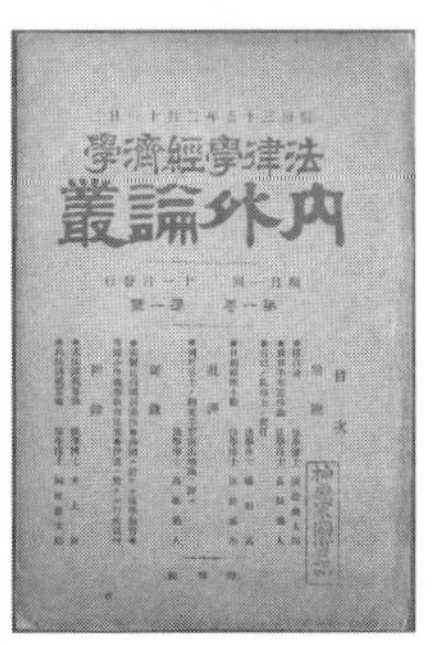

1902년 2월 11일에 호분칸(寶文館)에서 간행된 학술지이다. 편집주임은 이노우에 미쓰(井上密), 오카마쓰 산타로(岡松参太郎), 다카네 요시히토(高根義人) 등이었고, 편집 찬동인은 미노베 다쓰요시(美濃部達吉) 등이었다. 잡지는 당시 법률학계의 저명한 학자들에 의해 격월 간행되었다. 잡지의 원본은 가가와대학(香川大學) 중앙도서관이 소장하고 있다.

「간행 취지」에 의하면 "학문적으로 힘써 심원고상한 연구를 하고, 더불어 구미학계의 소식을 전달하여 참신한 사상을 발휘하는 것이다"고 밝히고 있는 것처럼 순수하게 학술적인 법학연구의 수준향상을 추구할 목적에서 발행되었다.

창간호에는 오카마쓰 산타로의 「권리론(権利論)」, 다카네 요시히토의 「어음요건론(為替手形要件論)」, 오다 요로즈(織田萬)의 「관리의 민사상 책임(官吏の民事上の責任)」 등의 논문이 게재되었고, 권말에는 법학을 연구하는 자를 위해 이노우에 미쓰에 의한 헌법, 오카마쓰 산타로에 의한 민법의 「강의요록(講義要録)」이 수록되었다.

당시의 많은 법률잡지가 일반 독자를 의식하여 소설 등의 읽을거리나 잡록(칼럼)에 적지 않은 지면을 할애한 것과는 달리, 『법률학경제학내외논총』은 지면의 대부분을 논설과 비평으로 채웠다. 또 대학의 기요와 같이 필자를 특정 대학의 교수, 졸업생으로 채우지 않았다.

잡지의 한 특색은 폭넓은 법학자들의 집필을 통해 순수한 전문적 학술지를 추구한 점에 있다. (이규수)

참고문헌

牛島俊 作, 『日本言論史』, 河出書房, 1955; 『近代文學雜誌事典』, 至文堂, 1965; 桂敬一, 『明治·大正のジャ-ナリズム』, 岩波書店, 1992.

법원월보(法院月報)

1907년 타이완총독부가 발간한 사법 잡지

1907년 6월에 창간되어 1910년 12월 제4권 12호까지 발간된 타이완총독부(臺灣總督府)의 사법 잡지이다. 타이완총독부 안의 대법월보발행소(臺法月報發行所)에서 법령의 전달과 정보 수집을 목적으로 1905년 6월부터 발간하던 『대법월보(臺法月報)』(제1차)가 다음해 11월에 폐간된 뒤 그 후속 잡지로 창간되었다. 타이완총독부 법무과(法務課)에 사무소를 두고 법무과의 직원들이 편집, 회계 업무를 담당하였다.
창간 이후 80쪽 안팎이던 잡지의 쪽수는 1907년 관습란이 신설되면서 100쪽 안팎으로 늘어났다. 독자의 수는 1700여 명 정도였다. 1907년 3월에 창간된 『타이완감옥월보(臺灣監獄月報)』와 합병하여 1911년 1월부터는 『대법월보(臺法月報)』(제2차)로 간행되었다. 현재 도쿄대학(東京大學) 도서관 등에 소장되어 있다.

편집방침은 타이완 통치에 관한 법령, 판례, 통계, 관습 등의 각 항목에 걸쳐 자료와 정보를 전달하고 사법사무의 발달을 도모하는 것을 목적으로 한다는 것이었다. 법령란에는 율령, 부령(府令), 훈령, 통달, 부의(府議) 결정 및 법원총회 결의안 등을 게재하여 여러 법령의 전달, 주지 철저를 기하였다.

판례란에는 민사, 형사 사건에 관한 복심법원의 판결 및 지방법원의 판결 가운데 중요한 것을 게재하였다. 통계란에서는 민사, 형사 관계의 조정, 즉결에 관한 통계, 관습란에서는 법제 및 농업, 공업, 상업 등 각 부문의 경제 활동에서 무시할 수 없는 구관(舊慣)의 조사를 다루었다.

이 밖에도 식민지 법제에 관한 기사로서 유럽 제국주의 여러 나라(독일, 프랑스)의 식민지 법제에 관한 실정과 그것을 통합하는 법 이론상의 여러 문제, 또는 조선 통치에서 조선 법제론 등의 조사 보고, 연구, 학설을 게재하였다.

『법원월보』는 타이완에서의 법제, 통치를 일본 국내의 법제와 동일한 법적 규범에서 보지 않고 식민지 법제에 속하는 것으로 보는 자세를 공공연하게 드러냈다. 일본과 타이완의 법 수준의 차이는 사법, 행형 두 측면의 구체적인 사례의 법적 취급에 그대로 나타났는데, 특히 민사, 형사의 여러 판례, 조정, 즉결에서 현저하였다.

『법원월보』는 창간 두 달 뒤인 1907년 8월, 제7권 8호부터 관습란을 신설하였다. 이는 이 무렵 타이완의 오랜 관습을 조사하던 타이완관습연구회(臺灣慣習研究會)가 해산되고 그 기관지인 『타이완관습기사(臺灣慣習記事)』도 폐간된 상황에서 『타이완관습기사』의 독자를 끌어들이기 위한 것이었다. (이준식)

참고문헌

アジア經濟研究所圖書資料部, 『舊植民地關係機關刊行物綜合目錄 臺灣編』, アジア經濟研究所, 1973.

법정논총(法政論叢)

1917년 일본 강법회(講法會)가 발행한 학술지

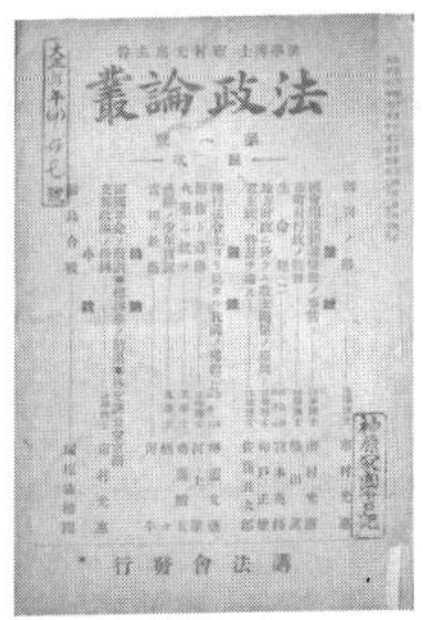

1917년 6월 15일 이치무라 고헤이(市村光惠)를 주간으로 주로 교토제국대학(京都帝国大學) 법과대학 교수가 집필에 참여하여 발간되었다. 현재 잡지 원본은 가가와대학(香川大學) 가미하라문고(神原文庫) 등이 소장하고 있다.

잡지 발행의 목적은 국민의 법률·정치·경제에 관한 지식 향상의 필요와 학술의 보급이었다.

게재된 논문은 전문적인 학술논문이었지만, 종래의 전문지가 너무나도 전문에 특화되어 일반 독자에게 이해받지 못한 점을 반성하여 전문교육을 받지 않은 자라도 이해할 수 있는 내용을 추구했다.

타이틀과 창간의 목적으로부터도 알 수 있듯이 법률·경제·정치에 관한 논문이 본지의 중심이었다. 권두에는 주간인 이치무라가 집필한 「국회 개설 칙유 환발의 사정(国会開設勅諭煥発の事情)」이란 제목의 논문이 게재되었다. 하지만 잡록(칼럼)으로서 「화약에 대해서(火薬について)」, 요시다 쇼인(吉田松陰)과 같은 타이틀의 소논문이 게재되는 등 내용적으로는 법률·정치·경제에 한정되지는 않았다.

잡록의 대부분은 박사학위를 지닌 전문가에 의해 집필되었다. 또 「이즈시마 합전(嚴島合戦)」이라는 소설이 게재되는 등 일반 독자를 의식한 구성이었다. (이규수)

참고문헌

牛島俊 作, 『日本言論史』, 河出書房, 1955; 『近代文學雜誌事典』, 至文堂, 1965; 桂敬一, 『明治·大正のジャ-ナリズム』, 岩波書店, 1992.

법정자료(法政資料)

1902년 일본 교토제국대학의 제국법정학회가 발행한 법률잡지

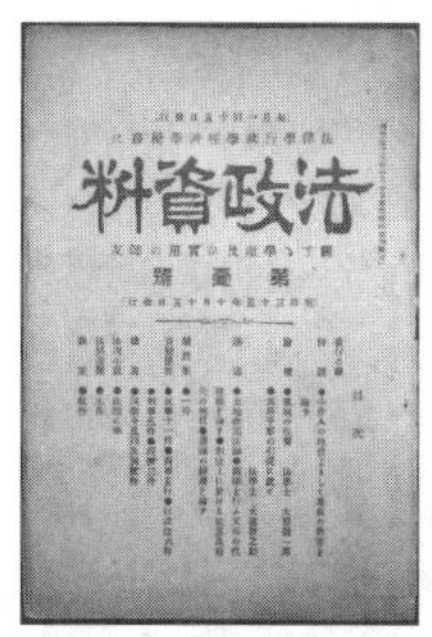

1902년 10월 15일 후쿠토미 군조(福富薫三)가 간사인 제국법정학회(帝國法政學會)가 발행한 잡지이다. 집필자의 대부분은 교토제국대학(京都帝國大學) 교수와 대학원생이었다. 잡지의 원본은 가가와대학(香川大學) 중앙도서관이 소장하고 있다.

후쿠토미 군조는 법학자에 의한 법학이론이 때때로 탁상공론에 빠져 실제 법률을 적용할 시에는 충분한 효과를 발휘할 수 없다는 문제에 관심을 갖고 있었다.

『법정자료』는 법학적인 이론과 실제 법률의 운용 쌍방을 사회에 폭넓게 전달하여 그 격차를 메울 목적으로 발간되었다. 일반적으로 법률잡지에는 논설, 비평, 판례소개 등이 게재되었지만, 『법정자료』는 학술적인 논설은 게재하지 않았다.

주요 내용은 실제의 법률 운용을 법학적인 관점에서 검토한 것이 중심이었다. 구체적으로 창간호에서 거론한 테마는 「소작인의 지위에서 지조의 이해를 논한다(小作人の地位よりして地租の利害を論ずる)」, 「조세의 성질(租税の性質)」, 「어음의 인수에 대해서(為替手形の引き受けに就て)」 등이었다.

또 민법 · 상법 · 행정법 · 형법 · 경제법 등 각 법에 대한 합계 30건의 질의응답(Q&A 방식에서의 사례해설)이 게재되었다. 법률의 적용에 역점을 둔 잡지이다. (이규수)

참고문헌

牛島俊 作, 『日本言論史』, 河出書房, 1955; 『近代文學雜誌事典』, 至文堂, 1965; 桂敬一, 『明治 · 大正のジャ-ナリズム』, 岩波書店, 1992.

▌법정잡지(法政雜誌)

1906년 일본 도쿄에서 창간된 중국어 법률잡지

1906년 3월 일본 도쿄(東京)에서 창간되었다. 편집인은 장이펑(張一鵬)이며 월간이다. 같은 해 9월 제7호부터 톈진 북양관보 총국(天津北洋官報總局)이 인수하여 『북양법정학보(北洋法政學報)』로 제호를 바꾸고 계속 간행되었다. 1910년 11월 다시 『북양정학순보(北洋政學旬報)』로 개명하였다. 현재 베이징대학도서관에 소장되어 있다

백성들에게 법률 지식을 제공하고 정부의 입헌준비를 준비하는 것이 발행목적이었다.

내용은 논총(論叢), 역회(譯匯), 강연(講演), 법령일반(法令一斑), 법정계쇄문(法政界瑣聞), 시사 등의 공간을 개설하였다. 외국 자산계급의 법학과 법률을 소개했으며, 특히 일본의 정치 서적을 번역 소개하였고, 외국의 정치제도를 논술하였다.

또한 부르주아 입헌파의 정치 요구를 반영하였으며, 중국 사회의 현실 문제 연구를 매우 중시하여 중국의 경제와 법률, 외교 방면의 현황 연구 보고를 게재하였다.

「구미열강 대청 무역정책(歐美列强對淸貿易政策)」과 「티베트문제(西藏問題)」 등의 문장을 통해 제국주의 국가들의 중국 침략을 폭로하고, 「중국의 외국인 법률상의 지위를 논함(論中國之外國人法律上的地位)」에서는 중국 법률주권을 파괴하는 제국주의를 고발하였다. (김성남)

참고문헌

葉再生 著, 『中國近代現代出版通史』, 北京: 華文出版社, 2002; 王檜林 · 朱漢國 主編, 『中國報刊辭典』, 太原: 書海出版社, 1992.

▌법정학계(法政學界)

▶ 법학협회잡지(法學協會雜誌)

▌법정학보(法政學報)

1918년 중국 베이징에서 간행한 사회과학 월간지

1918년 3월 베이징 법정대학의 법정학보사가 간행한 법률학 전문 잡지이다. 월간지로서 중간에 정간된 적도 있지만, 1926년 4월 25일까지 비교적 긴 시간 간행되었다. 총 간행 권수는 5권 4호이다(1,2권은 모두 12호, 3,4권은 10호, 4권은 7 · 8양기 합간본을 제외하고 6호에 8호이다). 논설, 전저, 역술, 필기, 법령, 특조(特組), 문원(文苑), 통신(通信), 판례(判例), 선록(選錄), 법령해석(法令解釋), 본교기사, 시사술평, 변단(辯壇) 및 기재(記載) 등 난을 두었다. 서구의 정치 경제체제에 관한 이론, 규법 학설들을 주로 실었다. 기사는 자체 원고가 중심이지만, 『신보(晨報)』, 『시사신보』 등 국내 유명신문과 일본의 『국가잡지』 등을 전제한 경우도 많았다. 주요 집필자는 시간에 따라 변화가 크지만, 우퉁

쉬(吳統續), 가오위엔(高元) 등이었다.

베이징 법정학교에서 간행한 전문적인 법률잡지이다. 중국에서 법률 관련 잡지는 이미 청말 법정교육과 함께 등장하였다. 서구법의 이해와 보급을 중시하였기 때문이다. 민국 이후에는 법정 교육과 법률 교육이 더욱 유행하였다. 서구의 법률체계에 비추어 중국의 법률을 해석·개선하고 중국의 국제적인 지위를 개선하려는 사회적 수요가 증대한 결과였다.

이에 따라 다양한 서구 법률 저작과 조문이 번역되고, 법률 잡지들이 새로 창간되었다. 『민국도서총목』에 의하면, 민국시기 출판된 각종 법률 서적은 1000여 종에 육박한다. 대표적인 것으로는 『영헌정의(英憲精義)』『사회법리학원리(社會法理學原理)』, 『법률진화론』, 『독일민법전(德國民法典)』, 『프랑스민법전(法国民法典)』, 『스위스민법전(瑞士民法典)』 등이었다. 모두 서양의 법률 사상과 학설을 소개하고 보급하기 위한 것이었다.

한편 다수의 법학 잡지들이 창간되었으니 예컨대 1911년 창간된 『법학회잡지』를 필두로 『법정주보』(1914), 『법정잡지』(1916), 『법정학보』(1918), 『법률총간』(1928), 『현대법학』(1931), 『정치경제와 법률』(1931), 『법학특간』(1932), 『법학론총』, 『법학잡지』(1935), 『중화민국법학회회보』(1936), 『신법학』(1948) 등이 그 대표적인 예였다.

이러한 잡지들은 약간의 차이는 있지만, 보통 당시 법률에 대한 해석, 법학 강의, 역저, 전저 등을 통한 외국법에 대한 소개 및 사법관고시와 관련된 참고서적 광고를 싣는 것이 일반적이었다. 『법정학보』 역시 이 같은 잡지들과 같이 서구의 서구 정치 경제체제와 관련된 법률, 제도적 각종 규범 및 법률 지식을 소개하는 것을 일차적인 목표로 삼았다. 이에 따라 형법, 민법, 물권법 등 근대적 법률체계와 이론 외에 영국, 프랑스, 독일, 미국 등 배심제도의 기원과 연혁, 선거제도 등을 간략하게 소개하였고, 「법률실용조례총강」, 「비교민법개요」, 「"국제명의와 실질의 연구」 등 법률 학설을 소개하고 있다.

『법정학보』는 특히 구미 자본주의 경제체제 및 학설에 높은 관심을 갖고 있었다.

그런데 『법정잡지』가 주목을 끈 것은 단순한 법정지식의 소개에 그치지 않고 당시 사회적 문제를 법률적 측면에서 분석하고 토로하였기 때문이었다. 예컨대 전후 파리회의에 대한 기대 속에 중국의 국제적 지위 상승 및 대응방안을 법률적으로 검토한 「의화열석문제(議和列席問題)」(우퉁쉬, 1권 5호), 「구주의화대회(歐洲議和大會)의 예측」(장쥔마이[張君勱], 1권 6, 7호), 「국제연맹과 우리나라의 포부」(우퉁쉬, 1권 9호), 「정부 및 국회에 대한 국민외교협회의 청원문」(1권 11호), 「세계화평과 중국」(량치차오[梁啓超], 1권 12호) 등은 당시 지식계의 관심의 표현이라 할 수 있다.

동시에 전후 중국의 독일 이권 및 영사재판권 문제 등을 심도 있게 다루면서 칭도를 포함한 일본의 영토적 야심을 규탄하였다. 「이상하도다, 이른바 독일교주만 문제」, 「훼훼 아세아주의」(가오위안[高元], 1권 9호) 등은 일본은 아시아를 병탄할 야심을 갖고 있고 따라서 일본의 신아세아주의는 일본의 먼로주의이자 대일본주의에 불과하다고 폭로하고 있다.

또 법정학보는 마르크스주의 및 혁명 이후 러시아 사정에 대해서도 상당히 많은 관심을 보였다. 「사회주의 각파 학설」(강티즈[岡悌治], 1권 5호), 「윌슨주의와 레닌주의」(셰롄[謝濂], 2권 4호) 등은 일본문을 번역한 수준이지만, 노동가치론 및 잉여가치설 등 마르크스의 자본론이나, 노농독재개념을 충실하게 정리하고 있다. 또 「아라사소유의연방공화국헌법전문」(장쥔마이, 2권 2호) 및 기타 혼인법, 노동법에 대한 소개를 통해 러시아혁명 이후 실정에 대한 왜곡된 인식의 수정을 시도하고 있다.

이러한 『법정학보』의 논설 등은 당시 지식계의 관심을 끌었다. 특히 창간호에 실린 가오위안의 「강력여무력(强力與武力)」이라는 글은 전제국가는 강권에 기초한다는 리다자오(李大釗)의 글을 대해, 전제군주라도 최소한 민의에 기초하지 않으면 존재할 수 없다고 반박하자, 리다자오가 해명성 글을 발표하여(리다자오, 『언치』 3) 일대 토론을 일으키고 있는 점에서 이를 잘 알 수 있다. 「리서우창(李守常) 상군의 신아세아주의를 평함」(가오위안, 1권 10호)도 같은 맥락에서 이해할 수 있다.

그러나 본 잡지는 량치차오, 린자이핑(林宰平), 장쥔마이, 장둥쑨(張東蓀), 천주산(陳筑山), 마인추, 량훙례(梁鴻烈), 린창민(林長民), 판다다오(潘大道), 펑쉐푸(彭學浦) 등 주요 필자에서 알 수 있듯이 량치차오를 중심으로 그와 가까운 연구계 지식인 및 자유주의적 입장의 현실인식과 노선을 주로 반영하고 있다. 이점은 후기로 갈수록 북양군벌과 국민당을 동시에 비판하고 있는 점에서 뚜렷이 알 수 있다.

량치차오 등은 1918년 국민외교후원회 자격으로 출국하여 파리회담에 참석하고, 전후 유럽에서 등장한 새로운 서구 사조를 시찰하고 귀국하였다. 따라서 당시 어느 세력보다도 국외 정세 및 서구의 정치·경제체제에 밝았다고 할 수 있다. 이 잡지는 당시 중국의 대표적 지식인 집단이 이들이 특히 사회적 영향력이 가장 강했던 시기의 현실인식과 노선을 잘 함축하고 있다는 점에서 의미가 크다.

그 외에도 이 잡지는 학술사적인 측면에서 다양한 의미 있는 글을 싣고 있다. 허빙숭(河炳松)이나 주젠즈(朱兼之)의 많은 글들이 그러한데 특히 허빙숭의 「중국고대국제법(中國古代國際法)」 등은 미국에서 완성한 그의 석사논문을 토대로 한 것으로 춘추시기 열국 간의 외교 교섭을 근대 서구의 국제법적인 개념으로 분석한 글이다. 이러한 허빙숭이나 주젠즈의 글은 당시 이성적인 토론을 통해 사회개조를 추구하던 연구계의 입장을 반영한 것이지만, 특히 중국의 전통을 근대적인 학술 기준으로 정리하려는 당시 지식계 일반의 입장을 대변한 것으로 학술사적인 의미가 크다.

『법정학보』는 1919년 5월, 차이위안페이를 요청하여 학보 창간 일주년기념회를 개최하였다. 그런데 이 자리에서 발표한 차이위안페이의 연설사는 그의 교육사상을 압축한 명연설로 꼽힌다. 차이위안페이는 법정학당 학생들에 대한 사회적 평가가 높지 않은 것은 "학생들이 '구학'을 목적으로 하는 것이 아니라 하나의 '자격(资格)' 획득을 목표로 하기 때문"이라고 일갈하고 진실한 학문에 몰두할 것을 촉구하였다.

차이위안페이는 연설에서 "특정 대학이 만일 진실한 학문이 조금도 없이, 그저 사회적으로 좋은 지위 획득만을 목표한다면 그것은 가짜 명품을 비싸게 파는 것과 같이 절대 취해서는 안 되는 것이다. 종전의 법정대학은 관료 교육, 직업 교육에 치중하여, 학생들의 밥그릇을 챙겨주는 것을 목적으로 하여 진정한 학리를 추구할 필요가 없었다. 이럴 바에는 학생들은 강의나 열심히 듣고, 점수나 얻으면 되는 것이니 학보 같은 것은 간행할 필요가 없을 것이다"라고 일갈하였다.

물론 차이위안페이는 일반적 직업학교와 달리 법정학교와 같이 상당히 정돈된 고급학교를 겨냥한 것이었다. 당시 법정학교는 차오양대학(朝陽大學), 둥우대학(東吳大學), 베이징대학(北京大學) 등과 함께 괜찮은 법률교육기관이었다. 차이위안페이는 이 학교가 직업교육기관에서 탈각하여야 진정한 학교로 벗어날 수 있다고 본 것이다.

그래서 차이위안페이는 법률교육의 문제점과 함께 『법정학보』 창간의 의의를 세 가지로 요약하였다. 우선 하나는 학생들로 하여금 학리 연구에 대한 흥미를 제고할 수 있다. 학생들에게 새로운 사상적 자극을 줄 수 있다. 학생들을 이기적이 아닌 공덕심을 기를 수 있다. 이를 통해 직업교육의 악습으로 벗어날 수 있다. 연설문은 1권 11호에 실려 있다. (오병수)

▌법제계(法制界)

1903년 일본의 문관보통시험학과강습회에서 발행한 법률 잡지

1903년 12월 8일 문관시험의 참고서 등을 출판하던 문관보통시험학과강습회(文官普通試驗學科講習會)가 창간한 것이다. 잡지의 원본은 가가와대학(香川大學) 중앙도서관 등이 소장하고 있다.

창간사에 의하면 간행의 목적은 "가급적 비근 통속한 방법으로 가장 건전한 법률사상을 고취시키는 데에 있다"고 밝히고 있는 바와 같이 법학 연구자와 사법에 종사하는 사람만이 아니라, 일반 시민에게도 폭넓게 이해되는 내용을 추구했다.

『법제계』 창간호는 오쿠다 요시히토(奥田義人)의 「국가와 사회(國家と社会)」, 야마와키 겐(山脇玄)의 「지방행정에 대해서(地方行政に就て)」와 같은 논설 이외에 담화, 평론, 최근의 판례 해설, 칼럼, 법률문제의 Q&A 등 다채롭고 흥미 있게 구성되었다.

특히 법률에 관한 정보제공에 힘을 기울여 최근의 법률안, 법률개정안 해설, 법안의 심의상황 등을 게재한 「시보(時報)」, 각 지방의 관결과 법조계 상황 등을 전한 「지방사정(地方事情)」 등에 일정한 지면을 할애했다. 또 문관보통시험학과 강습회가 창간한 잡지답게 권말에는 법률의 개설(창간호는 행정법)이 연재 형태로 게재되었다. (이규수)

참고문헌

牛島俊 作, 『日本言論史』, 河出書房, 1955; 『近代文學雜誌事典』, 至文堂, 1965; 桂敬一, 『明治·大正のジャ-ナリズム』, 岩波書店, 1992.

▌법학계(法學界)

▶ 법학협회잡지(法學協會雜誌)

▌법학협회잡지(法學協會雜誌)

1908년 서울에서 발행된 법정잡지

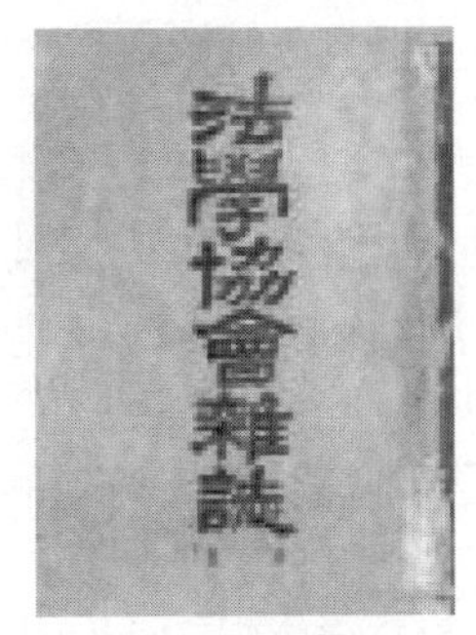

1908년 11월 25일 법학협회(法學協會)에서 발간하였으며, 1910년 5월 통권 19호로 종간되었다. 이후 1915년 10월부터 『법학계(法學界)』로 제호를 바꾸어 발간되었다. 매호 120쪽 내외로 분량이 적지 않았다. 판권지를 보면, 편집 겸 발행인은 변호사 장도(張燾), 인쇄인은 현군성(玄群成)이며, 인쇄소는 탑인사(塔印社), 발행소는 한성 다동(茶洞)에 소재한 법학학회이다.

창간호의 「특고(特告)」에서 "무릇 아국민이 완전한 생활을 20세기 무대 위에 향획(享獲)하고저 한다면 부득불 본보의 이론으로 불미(不迷)의 등광을 시작(是作)할지라. 선박이 상착(相錯)하고 우종(郵踪)이 여직(如織)한 금일에 본보의 유포가 설편전광(雪片電光) 같기를 시망(是望)"한다고 창간의 취지를 밝히고 있다. 이런 취지 아래 전체 체계는 논설, 산록, 잡보, 판결례, 법학협회 관련 기사, 부록으로 구성되어 있다.

논설란에는 변영만(卞榮晩)의 「국민의 법률적 정신」, 장도(張燾)의 「법률상의 인격론」, 이면우(李冕宇)의 「송리관(訟理觀)」, 이원식(李元植)의 「영토권의 성질을 논함」, 안종오(安鍾五)의 「법인의 입법주의」 등 주로 법의식과 법제도 관련 글이 중심이다. 특히 변영만은 국민의 법률적 정신을 내세워 우리의 국민주권이 명확함을 밝히고 있다. 요컨대 법률상으로 영토나 국민의 권리를 해석하여 한국의 자주적 권리를 옹호하는 내용이 적지 않았다.

이어지는 산록란에는 송정균(宋定均)의 「동양척식회사(東洋拓植會社)의 설립이 아국 경제상황(我國經濟狀況)에 급(及)하는 영향」, 조성구(趙聲九)의 「국가의 정치는 입헌정체가 가호아 전제정체가 가호아」

등의 글이 실려 있다.

기사란에는 「총회록」, 「평의원회결의」, 「회계보고」, 「회원명부」, 「회원동정」 등 법학협회 관련 자료를 싣고 있다. 잡지 말미의 부록에서는 새로 제정된 법령을 소개하고 있다. 필자는 법학협회 회원이 겸하고 있다. 이 잡지는 우리나라 최초의 법률 전문 잡지인 만큼 한말 법률가들의 법에 대한 이해를 잘 보여주고 있으며, 판결례, 법령 같은 관련 자료를 제공하고 있다.

이 잡지는 1907년 창간된 『법정학계(法政學界)』에 이어서 발간되었으며, 이후 1915년에 『법학계(法學界)』란 이름으로 다시 발간되기에 이른다. 초창기 법정잡지의 형성에 중요한 역할을 한 것이 바로 이 잡지이다. 나아가 이보다 앞서 나온 『법정학계(法政學界)』가 보성전문학교에서 발간하여 학교 차원에서 이루어졌다면, 이 잡지는 법정학회가 결성되어 그 기관지로 발간되었다는 점에서 우리나라에서 전문적이고 본격적인 법정잡지가 된다 하겠다.

• 법학학회

법학학회는 신과학(新科學)을 진흥하고 정치, 경제, 법률에 관한 학리를 연구, 토론할 목적에서 1908년 3월 결성된 법학단체이다. 잡지 「총회록」에 보면, 1908년 3월 15일 오후 1시에 양정의숙(養正義塾)에서 창립총회를 열었음을 알 수 있다.

회장은 장헌식(張憲植), 평의원으로는 잡지의 발간을 맡았던 장도(張燾) 등 10명이었다. 그리고 따로 편술원을 두었는데, 변영만(卞榮晩) 등 당대 법률지식가가 모두 포함되어 있다. 회원은 100명이 넘었다. 결성 이후 정치, 경제, 법률문제에 관한 토론회를 개최하고 민법, 상법에 관한 관습조사를 실시하는 한편 기관지인 이 잡지를 발간하게 된 것이다. (정환국)

참고문헌

한국잡지협회 편, 『韓國雜誌總覽』, 1989; 최덕교 편저, 『한국잡지백년』, 현암사, 2004.

▌베이징고등사범학교교우회잡지(高等師範學校校友會雜誌)

1913년 중국 베이징고등사범학교에서 간행한 잡지

베이징고등사범학교(北京高等師範學校)의 교지로서 연간물이다. 신문화운동 이전 베이징고등사범으로 대표되는 중국의 대학 문화를 알 수 있는 전형적인 자료이다. 교우회는 재학생과 졸업생으로 구성된 조직으로 구체적인 운영에 대해서는 잘 알려져 있지 않다. 정간 시기는 미상이며, 4집까지를 중국국가도서관 등지에서 볼 수 있다.

체제와 분량은 일정하지 않지만, 논총(論叢), 역림(譯林), 연구(硏究), 조사(調査), 전건(專件), 명인 강연, 기타 학생들의 작문과 문예작품, 본교기사 등을 실었다. 논총(論叢)은 학교의 학생과 교수외 외부의 유명인사의 글을 실었다. 특히 2집에서는 "도시교육과 향촌교육 실시법"을 주제로 한 공개 논문을 모집하여 게재하였다. 초보적이지만 아동심리 등 교육이론이 수용되고 있음을 볼 수 있다. 역림란은 「당파(黨派)의 의기(意氣)」, 「정견(政見)의 경알(傾軋)」(허페이평[河沛豊]) 등 학생들의 정치적 관심을 읽을 수 있는 글을 번역하여 실었다. 연구란은 각과 교수법 초안이나 「회족잡거내지고(回族雜居內地考)」, 「발해의 연구」 등 학생들의 졸업논문 등을 실었다. 조사란은 주구점(周口店) 등 광물 참관, 저장 이성 소학보고(浙江二省小學報告) 및 각지의 여행 참관 보고 등을 실었다. 본교 규정에는 직원인사 통칙 및 잡칙, 부속학교 실습규정 등 다양한 규정을 싣고 있다. 본교기사에는 교직원 씨명록, 학생동학록, 교유회 임직원 표 등을 게재하여 학생의 문화를 구조적으로 알 수 있다. 특히 학생활동은 학교운동회 및 각종 교육실습이 전부여서 이후 정치화된 대학문화와 비교된다. 명인 강연란에는 왕정팅(王正廷), 천두슈(陳獨秀) 등의 강연이 실려 있다.

그 외 자료로는 「역년(歷年) 학생 평균성적 비교도」, 「각과 학생수 비교도」, 「역년학생 평균연령 비교도」, 「학생 출신 적관(籍貫)분포 비교도」, 「졸업생 직업백

분비 비교도」 등 대학의 주체인 대학생의 구성에 대한 생생한 자료를 싣고 있다.

참고로 당시 베이징고등사범학교는 본과외에 예과와 교육전공과, 국문전수과 사범교원 양성소 등을 거느리고 있었으며 재학생들의 출신 적관은 즈리(直隸), 저장(浙江), 펑톈(奉天) 순으로 많았고, 졸업생 진로는 당연히 중학교원 및 학감, 사범교원 또는 교무주임이 압도적이었다.

이 같은 자료들은 본교 규정 등과 함께 당시 베이징고등사범, 또는 일반 대학 생활을 역추적할 수 있는 좋은 자료라 할 수 있다. (오병수)

베이징여보(北京女報)

1905년 중국 베이징에서 창간된 여성 신문

1905년 베이징(北京)에서 창간된 일간지이다. 편집인 겸 발행인은 장준샹(張筠薌)과 장위수(張毓書)이다. 장준샹의 원래 친정 성은 두(杜) 씨로 간혹 『베이징여보』의 발행인이 "두씨(杜氏)"라고 표기되기도 하며, 그의 아들인 장위수의 부친에 대해서는 알려진 바가 없다. 114호에 '본관의 주인은 장부인(本館主人張老太太)'이라 명시되어 있고, 『대공보(大公報)』 제1285호(1906.2.4)에 「여보관장태부인(女報館張太夫人)」이라는 기사로 보아 이 신문사의 실질적 경영자는 두(杜)씨 성을 가지고 장준샹이란 이름을 사용한 장씨 부인임을 알 수 있다.

그의 아들 장위수는 베이징 언론계에서 활발한 활동을 하던 언론인으로 자(字)를 잔윈(展雲)이라 하였다. 『베이징여보』 주필을 맡기 전 『베이징보(北京報)』의 주필이었는데, 그 당시는 장잔윈(張展雲)이라 불렸다. 『베이징여보』 제1163호와 1182호에 "본관 발행 및 편집 장짠윈(本館發行及編輯張展雲)"이라 명시되어 있는 것을 볼 수 있다.

창간 초기에는 장씨 모자 2인이 함께 경영과 주필을 맡다가 왕즈전(王子眞)을 주필로 초빙하였다. 『베이징여보』 제703호 「특별광고(特別廣告)」에는 왕즈전 선생을 주필로 초빙하였다는 회사광고가 실려 있다.

정확한 창간일은 창간호 원본이 소실되어 정확한 날짜를 알 수 없는데, 당시 다른 언론들의 기사를 추정하여 1905년 8월 20일이라는 설이 유력하다. 마지막 종간일은 1908년 제1216호가 현존하는 마지막 발간본이나 연구결과에 의하면 1909년 1월 15일로 추정되고 있다. 베이징수도도서관에 1905년 12월 5일에서 24일까지, 즉 107호에서 126호까지가 보관되어 있고, 베이징대학도서관에 제3년차 일부분과 제4년차 전체가 보관되어 있다.

베이징 지역 최초의 여성 신문이며 전국에서 유일한 여성 일간지로 발행 목적은 낙후되어 있는 중국 여성들의 교육 수준을 높이고 백성들에게 새로운 바람을 일으키는 것이었다.

현재 이 신문의 창간호가 현존하지 않아 창간사를 직접 볼 수는 없지만 톈진(天津) 『대공보(大公報)』 1075호(1907.6.28)에 「베이징여보 창립연기(創設北京女報緣起)」가 있어 이것으로 창간 목적을 볼 수 있다.

즉, 중국의 문자가 오랜 역사를 가지고 있음에도 여성들의 문자 해독은 유아 수준을 벗어나지 못하고 있어 이 신문은 구어체 문장인 백화(白話)를 사용할 것과 이를 부녀자들만이 아닌 많은 사람들이 볼 수 있도록 한다는 점을 명시하고 있다.

편집은 대략 80개의 항목으로 구성되어 있는데, 관문초(官門抄) 상유(上諭), 연설(演說), 전건(專件), 주절(奏折), 여계신문(女界新聞), 시사요문(時事要聞), 각 성과 수도 뉴스, 중국여계사(中國女界史) 등이 있다.

'연설'은 일종의 사설로 매일 여성문제를 위주로 하면서 간혹 사회문제나 정치문제들도 기고되었다. '여계신문(女界新聞)'은 여성 관련 소식과 사건들을 보도했다. '시사요문(時事要聞)'과 '중외대사(中外大事)'는 국내외 주요 시사문제들을 보도하였다.

편집 경향은 여성 독자를 위한 가정생활과 취미, 교양 관련 내용을 충실히 담고 있으며, 새로운 뉴스와 사회 소식도 판면의 1/3 이상을 차지하고 있다. 대중적인 백화문(白話文)과 베이징 전통 토속언어의 사용으로 여성들만이 아닌 일반 대중의 관심을 받았으며 대중적 일간지로의 면모를 갖추고 있었다.

정치적 성향은 당시 중국이 직면한 제국주의 세력의 침탈과 청 정부의 부패와 무능에 대한 질책과 비판을 기조로 하면서 사회 위기 극복을 위한 애국심을 고무하는 평론들을 게재하였다.

여성문제에 대한 입장은 여성을 구국운동 대열에 합류시키기 위한 선동과 주장이 기본 방향을 이루고 있었으며, 남녀평등을 주장하기 위한 여러 논지들을 전개하였다. 1201호'연설'에서는 인간이 모두 평등하니 국가 흥망 앞에서 필부(匹夫)가 책임이 있다면 필부(匹婦) 역시 책임이 있으나, 여성은 삼종지덕(三從之德)이란 옛 성인 말씀에 따라 마치 바보와 어린아이 같은 처지에 놓여 있음을 비판하였다. 이에 학습권 쟁취를 강조하고 남녀평등을 실현하려면 반드시 여학교를 일으켜야 함을 주장하였다. 여성의 자립은 교육에서 시작되는 것으로 이는 여성 교육을 목표로 한 이 잡지의 기본 강령이었다.

이 「연설」 원고의 상당 부분은 독자 투고로 이루어져 있는데 상하이(上海)에서 산시(山西), 장쑤(江蘇)와 일본 유학생에 이르기까지 상당히 광범위한 지역에서 독자를 확보하고 있었음을 알 수 있다. 청 말기 여성 신문의 면모를 잘 볼 수 있는 자료이다. (김성남)

참고문헌

姜緯堂 · 劉寧元 主編, 『北京婦女報刊考』, 光明日報出版社, 1990; 王檜林 · 朱漢國 主編, 『中國報刊辭典』, 太原: 書海出版社, 1992.

변태성욕(變態性慾)

1922년 일본에서 발행된 의학 잡지

1922년 일본의 일본정신의학회(日本精神醫學會)에서 발행한 잡지이다. 이 잡지는 선행 잡지였던 『변태심리(變態心理)』로부터 탄생하였다. 선행 잡지인 『변태심리』는 일본정신의학회가 1917년에 창간하였는데, 창간 당시부터 '성' 문제를 취급하였고, '이상성욕(理想性慾)'에 관한 논문을 게재하였다. 이러한 흐름에 따라 1922년 일본정신의학회는 '성'을 테마로 한 새로운 잡지로 『변태성욕』을 창간하였다. 『변태심리』 지면은 새로운 잡지를 '성문제연구(性之問題硏究)의 최고급 잡지'라는 광고로 선전하였다.

『변태성욕』 출간 이전에도 이미 『성의 연구(性之硏究)』, 『성(性)』, 『성욕과 인생(性慾と人生)』 등 약 10여 종의 성을 테마로 한 잡지가 발간되고 있었다. '성(性)'과 '성욕(性慾)'이 저널리즘의 테마로서 한 부분을 차지하게 되고, 이 테마를 다루는 전문 잡지가 등장한 것은 다이쇼(大正) 후반기였다. 그러나 이러한 잡지에 대한 세간의 평가는 '천하의 속서(俗書)', '사이비 연구' 등의 혹평이 일반적이었다. 이러한 평가는 무엇보다도 성적인 자극과 그 내용의 범람 때문이었다. 이와 같은 시대적 조건에서 일본정신의학회와 잡지를 주재한 다나카 고가이(田中香涯)는 '성의 연구가 인생 및 사회문제를 해결하는 데 긴요하다'는 문제의식과 '순학술적(純學術的)인 고급 성욕연구'를 목표로 잡지를 창간하였다.

잡지 『변태성욕』은 『변태심리』의 자매 잡지로서 1권 1호가 1922년 5월 1일에, 『변태심리』 9권 5호와 나란히 간행되었다. 『변태심리』는 1책 50전이었던 비해, 『변태성욕』은 35전이었다. 잡지의 주재자인 다나카 고가이는 이미 1918년 10월부터 잡지 『변태심리』에 많은 글을 게재하였다. 당시 그는 『의학 및 의정(醫學及醫政)』이라는 잡지의 편집을 주도하고 있었다. 그는 일본정신의학회 창설에 관여하지 않았고, 학회의 평의원이나 찬조원(贊助員)도 아니었다. 오직 잡지 교환과 논문을 매개로 『변태심리』의 주재자였던 나카무라 고쿄(中村古峽)와 친분을 맺고, 사상적 동지가 되었다. 나카무라와 다나카는 성에 대한 고찰, 당시 성과 사회에 관한 인식 등에서 사상적 유사성을 상호 인식하게 되었고, 이러한 배경에서 나카무라는 다나카에게 성과 성욕의 전문 잡지 발간을 제안했던 것이다.

창간호에 수록된 글의 제목을 보면, 「성적조숙과 조숙성발정(性的早熟と早夙性發情)」, 「월경의 생물학적 의의에 관한 일의문(月經の生物學的意義に關する一疑問)」, 「할체의 유풍으로 인식되는 일본 민족의 귀두나출(割體の遺風と認むべき日本民族の龜頭裸出)」, 「에도시대에 있어서 성적 범죄의 형(江戶時代に於ける性的犯罪の刑)」, 「거대한 음낭상피병(巨大なる陰囊象皮病)」, 「변태성욕요설(變態性慾要說)」 등이었다. 모든 글의 집필자는 다나카 고가이였다.

잡지는 1922년 5월부터 1925년 6월에 발행된 제6권 6호까지 모두 36호가 발행되었다. 종간호에 수록된 글의 제목을 보면, 「금욕생활에 기인한 잔인성(禁慾生活に基因する殘忍性)」, 「처녀에 관한 법의학(處女に關する法醫學)」, 「월경을 부정시하는 민족적 관습의 연원에 관한 고찰(月經を不淨視する民族的慣習の淵源に關する考察)」, 「성고등교육강좌(性高等敎育講座)」, 「인도의 고전『카마수트라』에 있어서 변태성욕(印度の古典『カマストラ』に於する變態性慾)」, 「수태에 가장 적당한 기일에 관한 학설(受胎に最も適當なる期日に關する學說)」, 「에도 시대 간통이 많았던 이유에 대해서(江戶時代に姦通の多かりし理由に就いて)」 등이었다.

1923년 후반기에는 4호밖에 발행되지 못하였는데, 간토대지진(關東大地震)의 영향 때문이었다. 제6권 6호로서 독립 잡지로서는 종간되었지만, 이후『변태심리』에 흡수합병되는 형태로 지속되었다. 즉『변태심리』의 일부 항목이 나카무라 단독 집필의 '변태성욕'란으로 할당되었던 것이다. 이러한 형식은 1925년 7월 1일 발행의『변태심리』 16권 1호부터 시작되어, 1926년 1월 1일 발행의『변태심리』 17권 1호까지 계속되었다. (문영주)

참고문헌

齋藤光, 「解說 學術的と壞亂敵の間: 『變態性慾』と田中香涯」, 『「變態性慾」解說·總目次』, 不二出版, 2002; 『日本出版百年史年表』, 日本書籍出版協會, 1968.

▌변태심리(變態心理)

1917년 일본에서 발행된 의학 잡지

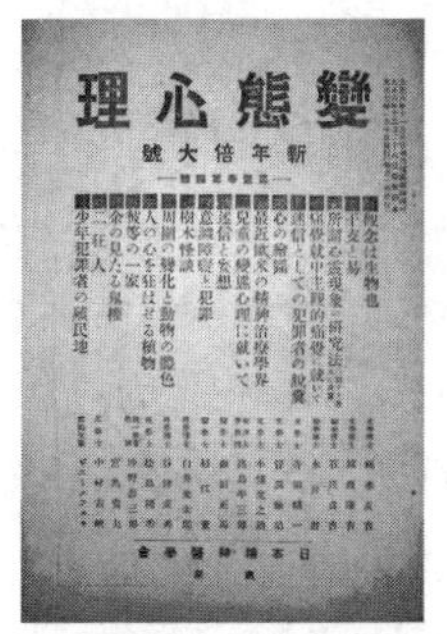

變態心理

新年倍大號

日本精神醫學會

1917년 일본의 일본정신의학회(日本精神醫學會)가 기관지로 발행한 월간지이다. 1917년 10월의 창간호부터 1926년 10월의 제18권 4호까지 정확히 10년간 총 103호를 발행하였다.

잡지 제호의『변태심리』라는 용어는 오늘날까지도 오해를 불러일으키는 말이지만, 변태심리의 개념은 성심리(性心理)에만 한정되지 않고, 이상심리(異常心理), 초심리(超心理) 등 정상적이지 않은 정신이나 심리현상 전체를 포함하는 말이었다.

또한 일본정신의학회의 기관지라는 점에서, 전문적인 학회지라는 인상을 받을 수 있는데, 실제 이 잡지는 전문학계로부터 무시를 당했으며, 이런 측면이 오히려 잡지의 의의였다고 할 수 있다. 즉 잡지는 당시 철학, 심리학, 의학에서 학문적 대상으로 인식되지 못하였던 개인이나 집단의 이해 불가능한 정신, 심리현상의 사례를 광범위하게 모으고, 이를 해석하거나 치료하기 위해 기존의 학문영역을 초월해서 다양한 분야의 집필자를 구하였다. 또한 잡지는 '변태'정신이나 심리현상으로 고통받고 있던 당시 사회 각층의 다수의 독자에게 다양한 정보를 제공하는 역할을 수행하였다.

잡지를 주재한 사람은 나카무라 고쿄(中村古峽)였다. 나카무라는 1917년 일본정신의학회를 창설하고 5월 1일 「일본정신의학회설립취의(日本精神醫學會設立趣意)」를 통해, 학회의 회원을 모집하였다. 회원은 연 회비 2엔 20전을 납부하신 대신, 매월『변태심리』를 받아 볼 수 있었다.

「설립취의」에서 나카무라는 당시의 일본 의학계가 정신과 육체를 분리하고, 오직 생리적(生理的) 요법만을 연구하기 때문에 정신적 요법을 망각하고 있다고 비판하였다. 나카무라는 '정신의학(精神醫學)'이라는 용어를 사용했는데, 이 용어는 메이지(明治) 이래 일본 의학계가 사용하고 있던 '정신병학(精神病學)'과는 다른 개념이었다. 즉 정신병학이 '정신병'을 연구하는 학문을 의미하였다면, 정신의학은 육체나 물질과 구별되는 의미에서의 인간 일반의 '정신'을 연구하는 학문을 의미했다.

창간호에 수록된 글의 제목을 보면, 「프로이트 정신분석법의 기원」, 「지나(支那)에 있어서 영적현상(靈的現狀)」, 「인간적 증권, 일광자(一狂者)의 추상록(追想錄)」, 「습관성 범죄자에 대해서」, 「이중인격(二重人格)의 소년(1)」, 「식물의 심리」, 「변태심리일지」, 「일본정신의학회설립취의」 등이었다. 창간호의 편집 겸 발행자는 나카무라 고쿄였고, 가격은 20전이었으며, 분량은 80쪽이었다.

『변태심리』는 1926년 10월까지 거의 매월 순조롭게 발행되었다. 이 기간 동안 잡지는 「불량소년연구호(不良少年硏究号)」, 「최면술혁신호(催眠術革新号)」, 「대본교추격호(大本教追擊号)」, 「정신요법연구호(精神療法硏究号)」, 「신경쇠약자강호(神經衰弱自强号)」, 「잠재의식연구호(潛在意識硏究号)」, 「유언심리호(流言心理号)」, 「소년교양문제호(少年教養問題号)」, 「공포심리와 괴담의 연구(恐怖心理と怪談の硏究)」, 「죽음의 고뇌 연구(死の苦惱の硏究)」, 「독서심리의 연구(讀書心理の硏究)」, 「악인연구호(惡人硏究号)」, 「반역의 연구호(反逆の硏究号)」 등의 특별호를 발행하였다.

이와 같이 잡지 『변태심리』가 적극적으로 다루었던 문제는, 사회정신의학, 임상심리학, 정신분석학, 사회심리학, 종교사회학, 교육사회학, 예술심리학, 민속학, 문학 등 인간의 정신과 심리의 전 영역에 걸쳐 있었다. 즉 잡지는 정신과 심리를 통해 본 인간 총체의 연구를 목적으로 발행되었다고 할 수 있다.

잡지의 발행소인 일본정신의학회는 잡지뿐만 아니라 변태심리에 관계된 연구서도 출판하였다. 그 외에 변태심리학강습회, 변태심리강화회, 최면심리실기강습회 등도 여러 차례 개최하였다. 또한 『변태심리』 독자를 통해서 일본 각지에 지부를 설립하였다. 나카무라 등의 간부는 지방지부로 직접 출장을 가서 강연을 개최하고, 회원과 독자 간의 직접적인 교류를 시도하였다. 그리고 1921년에는 일본정신의학회의 부회(部會)로서 일본변태심리학회(日本變態心理學會)를 발족시켰고, 이 학회에서는 『변태심리학강의록』과 『근세변태심리학대관』 등의 전문 연구서를 출판하기도 하였다.

일본정신의학회의 활동과 잡지 『변태심리』의 내용에서 일관된 공통점은, 꿈(夢), 성(性), 망상(妄想), 최면(催眠), 광기(狂氣), 범죄(犯罪), 미신(迷信), 종교(宗教), 폭동(暴動) 등등 합리적으로는 설명할 수 없는 개인이나 집단으로서의 인간들의 다양한 변태심리를 광범위하게 연구하면서, 이것들을 과학적으로 해석하려고 노력하였다는 점이다. 그리고 이를 통해 급속한 근대화, 합리화, 제도화가 진행되었던 다이쇼(大正)기 사회에서 배제되어, 사회 표면에는 결코 드러나지 않았던 사회 각층 사람들의 마음의 어두운 부분(暗部), 그리고 여기에 잠재되어 있던 민중의 어두운 욕망과 에너지를 조명하고 부각시켰다.

또한 잡지의 성격을 고찰할 때 중요한 점은 잡지가 시도한 연구의 대상과 방법이다. 즉 잡지가 시도한 연구방법은 근대국가의 요청에 근거하여 정비된 의학, 심리학, 교육학, 기타의 전문학문의 제도에서는 배제되어 있는 것이었다. 이러한 방법론을 포함해서, 『변태심리』는 근대화 과정에서 배제되고, 은폐되어 버린 사람들에게 빛을 주고, 사회로 나갈 수 있는 방법을 고민한 잡지였다.

1925년 7월호부터 1926년 10월호까지의 7호는, 이전부터 자주 잡지에 기고를 했던 나카무라 고가이(田中香涯)의 개인잡지인 『변태성욕(變態性慾)』과 합간(合刊)으로 발행되기도 하였다. 잡지가 종간된 이유는 경제적인 문제 이외에도 나카무라가 의사 면허를 취득한 사정과도 관련이 있었다. 나카무라는 잡지가 종간된 해인, 1926년 도쿄의전(東京醫專)에 편입학하고 1928년에 졸업하여, 의사면허를 취득하였다. 그는

1934년에 요양소를 개소하고 환자의 진찰과 치료에 전념하였다. (문영주)

참고문헌

增根博義, 「心の闇をひらく: 中村古峡と『變態心理』」, 『「變態心理」 解說·總目次·索引』, 不二出版, 1999; 『日本出版百年史年表』, 日本書籍出版協會, 1968.

별건곤(別乾坤)

1926년 서울에서 발행된 대중취미 잡지

1934년 8월 통권 74호로 종간되었다. 개벽사에서 1920년 6월부터 발간해 오던 『개벽』이 1926년 8월 통권 제82호로 강제 폐간당하자, 그 뒤를 이어 발행한 것이 『별건곤』이었다. 편집 겸 발행인은 이을(李乙)이었으며, 1년 뒤에 차상찬(車相瓚)으로 바뀌었다. 인쇄인은 민영순(閔泳純)이고, 인쇄소는 대동인쇄(주), 발행소는 개벽사(서울 경운동 88)이다. A5판 150쪽으로 정가는 50전이다. 1931년 3월부터 B5판 50쪽 내외로 바뀌었다. 경인문화사와 국학자료원에서 영인본을 출간하고 있다.

『별건곤』에서 '건곤(乾坤)'이란 '천지(天地)'와 같은 의미이니, 제호는 별천지, 별세계쯤으로 해석할 수 있다. 창간사는 없고 편집후기인 「여언(餘言)」에 따르면 『별건곤』은 "이상적인 취미 잡지란 취미라고 무책임한 독물(讀物)만을 늘어놓는다든지, 혹은 방탕한 오락물만을 기사로 쓴다든지 비열한 정서를 조장해서는 안 될 뿐만 아니라 그러한 취미는 할 수 있는 대로 박멸하기 위한 것"이라고 취지를 밝히고 있다.

『별건곤』이 '취미(趣味)와 상식(常識)'을 표방한 것은 단순히 대중적인 오락거리를 유포하고자 한 것이 아니라, 당대 첨단의 근대적 교양과 문화에 초점을 맞추고자 한 것이었다. 따라서 창간의 최초 취지는 일부 계층의 독점물이었던 취미와 교양을 대중적으로 유포하고 향유할 수 있도록 하고자 함이었다.

이와 관련하여 『별건곤』 창간 당시인 1920년대 중후반 담론체계의 변화 양상들 역시 고려해 봄직하다. 1920년대 중후반은 이전과 같은 지사적, 계몽적 방식의 담론체계가 새로운 글쓰기 방식, 즉 소비와 향유의 주체로서의 대중들에 의한 담론의 창출로 전환되던 시기라고 할 수 있다. 당대를 주도했던 잡지들인 『개벽』(1926년 8월, 72호로 폐간)의 폐간, 『조선문단』(1926년 8월, 18호로 휴간)의 휴간, 그리고 좌익 진영의 잡지였던 『문예운동』(1926년, 창간 3호로 폐간)의 폐간이 『별건곤』의 발간(1926년 11월 창간)으로 이어지는 연속지점에는 이 같은 담론체계와 글쓰기 방식의 전회(轉回)가 놓여 있기도 한 것이다.

『별건곤』이 보여 주는 기괴함, 엽기성, 공포, 에로티시즘 등을 계열화할 때 우리는 이 담론이 대중을 창출하고 그들의 정서와 공명하는 식으로 상호 유통되고 있음을 발견할 수 있다.

『별건곤』의 창간 당시 사정을, 창간호의 「여언」을 통해 잠시 확인해보자.

"우리는 벌써 일 년이나 전부터 취미와 과학을 갖춘 잡지 하나를 경영하여 보자고 생각하였었다. 그러나 일상하는 일이지만 말이 먼저 가고 실행이 나중 가는 것은 일반이 아는 사실이라 더 말할 것도 없지마는 벼르고 벼르던 것이 일년 동안이나 내려오다가 개벽이 금지를 당하자 틈을 타서 이제 『별건곤』이라는 취미 잡지를 발간하게 되었다. 물론 개벽의 후신으로는 언론 잡지의 출간이 허락되는 대로 또 편집을 시작하려니와 『별건곤』으로 말하면 휴가 한 겨울을 이용하여 시작한 것이니 결국 앞으로 2종의 잡지를 우리는 기대하여 보자!"

이것은, 사상과 계몽의 시대가 일대 전환을 맞게 되었음을 반영하는 증거로도 볼 수 있는 것이다.

창간호의 목차를 일별해 보면 다음과 같다. 논문에

해당하는 글로 벽타(碧朶)의 「빈취미증만성(貧趣味症慢性)의 조선인(취미론)」, 야뢰(夜雷)의 「대우주와 취미(취미론)」, 차상찬의 「만고 정충(萬古 精忠) 임경업장군(전기)」, 이낙춘의 「서양음악 명곡 해설(상식)」, 김창해의 「인어는 미녀인가 동물인가?(상식)」, 반송작(盤松雀)의 「제비의 여행과 기러기의 문안」이 실려 있고, 수필에 해당하는 글로는 웨딩테불생(生)의 「자유결혼식장 순례기」, 속기자의 「암실의 앙가(鴦歌)」, 팔봉의 「신추 잡감」, DTY의 「사랑의 마호메트」, 정석태의 「양행 중 잡관 잡감」, 김진구의 「김옥균 선생의 뱃노래」, 정현모의 「주왕산 탐승기」, 최승일의 「신변잡사」 등이 실려 있으며, 소설은 이기영의 「박선생」, 회월의 「철야」, 영주생(影洲生)의 「80만년 후의 사회(과학소설)」이, 시는 상화의 「지구 흑점의 노래」, 고시조 6장 등이 실렸고, 잡조는 이익상의 「부인운동자 회견기」, 일기자의 「주시경 씨의 유족 방문기」, 추인(秋人)의 「일충일언(一蟲一言)」, 일기자의 「비하팔촌(鼻下八寸)」, 편집실「통계실」 등이 실려 있다.

이렇듯 논설, 수필, 전기, 상식, 탐방기, 회견기 및 시, 소설, 희곡, 시조 같은 문예창작물 등으로 구성된 『별건곤』은 취미, 오락 위주의 종합지로 출발했지만 읽을 만한 역사 이야기, 뼈 있는 논설, 촌철살인적 시사만평, 연재소설 등 다양한 읽을거리를 제공했다는 점에서 20년대 후반과 30년대 풍속, 문화사 연구에 있어서 중요한 자료이다.

한편 『별건곤』은, 1930년에 들어서면서 갈수록 급박해지는 시대상과 함께, 그와는 이질적인 통속적이고 대중적인 내용의 글을 함께 배치하는 것도 특징적이다. 이것을 잠시 48호(1932.2.1)와 59호(1933.3.1)의 목차와 내용을 통해 확인해보자.

48호에 실린 기사 중에는 「군축회의란 무엇이냐?」, 「만몽과 일중(日中) 간의 제 조약집」, 「중군 편의대」, 「중국인 이동 좌담회(그들이 본 일중 충돌)」, 「현대 조선 이십사 려인(麗人)(화보)」, 「만몽 독립운동에 관련될 인물들(화보)」, 「세계 진기 인종박람회(화보)」 등 당시 중일전쟁과 관련된 일련의 국제정치 보도기사들이 있다. 그리고 동시에 「정월풍속 줄다리기」, 「멍텅구리 전람회」, 「성악가 안기영의 연애 로맨스」, 「하하 히히 호호 킥킥」, 「중국명화 호접양의 로맨스」, 「변장기자 비밀 가정 탐방기」, 「만엽경」, 「개복수술의 공개」 등, 제목만으로도 선정적이고 가십적인 기사들이 함께 실려 있다.

본래 『별건곤』의 성격은 후자의 기사류에 더 가까운데, 그럼에도 당시 주요 정치, 시사적 이슈는 놓치지 않는 기민함도 보여준다고 하겠다. 그 밖에 69호에 실린 기사를 잠시 살펴보자.

「움직이는 세상, 이 달의 동향」, 「조선 고풍과 관습」 등 시대상에 대해 엿보게 하는 논문이 있는가 하면, 「카페 여급일기」, 「잊히지 않는 그 정경」 시리즈, 「야담」 코너, 「황금광조곡」, 「졸업할 아들과 아버지의 대화」, 「약한 자여! 네 이름은 남자」 시리즈, 「에로 섹숀」 코너, 「첨단결혼진담(인도왕궁비화)」, 「백화 종로가상의 여괴도」, 「코 묻은 도적놈(말세의 부산물)」, 「키쓰 방해료 사천원」, 「유모어 집」, 「자살도 팔자」, 「지구의 열」, 「룸펜의 정경」, 「몽탕 연필」 등 유머러스하면서도 말초적 흥미를 북돋는 기사들이 함께 실려 있다.

여기에서는 당시 유행인 모던 담론의 몇몇 요소들을 엿볼 수도 있으니 흥미로운데, 카페 여급과 룸펜 등 새로운 인물상 모습, 황금광 시대, 졸업난, 과감해진 연애 풍속도, 자살에 대한 센세이셔널한 접근 등 1930년대 초반을 설명할 만한 여러 키워드들이 그것이다.

이렇듯 『별건곤』은 대중의 관심사와 시대적 분위기를 반영했다는 점에서, 그리고 계몽적 파토스로부터 분리되기 시작한 감성의 영역을 개척했다는 점에서, 그리고 매체의 다양성을 반영한 잡지라는 점에서 중요하게 평가할 수 있다. 식민지 시대 상품으로서의 잡지 발간과 잡지경영 실태 연구에 관해 주목할 만한 잡지이기도 하다. (이경돈)

참고문헌

이경돈, 「『별건곤』과 근대 취미독물」, 대동문화연구원, 『대동문화연구』 46집, 2004; 류석환, 「개벽사의 출판활동과 근대잡지」, 성균관대학교 석사학위논문, 2006; 최덕교 편저, 『한국잡지백년』, 현암사, 2004.

별나라

1926년 서울에서 발행된 아동문학지

1926년 6월 창간되어, 1935년 2월에 폐간된 아동 잡지. 편집겸 발행인 안준식(安俊植), 박세영(편집인)인쇄인 안영식(安英植), 최병화, 이유기로 바뀌며 인쇄소, 동아사 인쇄부, 발행소 별나라사, B6판 50~100쪽, 정가는 5전이거나 10전이다. 연세대학교에 소장되어 있다.

『별나라』는 『어린이』, 『신소년』, 『아희생활』과 함께 식민지 시대 대표 아동 잡지이다. 특히 『별나라』는 『신소년』과 함께 좌파적 성격이 강한 매체로 분류되고 있다.

5주년 기념호에 실린 「별나라는 이렇게 컸다: 별나라 6년 약사」를 보면 "가난한 동무를 위하야 값싼 잡지로 나오자"란 슬로건으로 '커다란 자본가' 없이 안준식의 인쇄소를 거점으로 창간되었다고 한다. 처음에 힘쓴 인물로는 최병화, 김도인을 꼽았다. 그리고 그 후 1927년에는 1만 독자와 만나게 되었고 6주년에는 3만 독자(6년 현재 2만 6700여 명)이라고 자축하고 있다.

그리고 이 글에 실린 별나라의 주요 편집진은 안준식, 김도인, 최명화, 박세영, 임화, 송영, 염근수, 엄흥섭이다. 이외에도 『별나라』에는 이기영, 박아지, 윤곤강, 정청산, 이주홍, 김해강, 이정호 등 대부분의 프로문인들이 활동한다.

42호(1930.6)에 실린 「집필선생(執筆先生)님의 면영(面影)」에 의하면, 박세영, 안준식, 김영팔, 맹오영, 송영, 김도인, 최병화, 염근수 등이 사진과 함께 실려 있다.

그 외에도 이기영, 임화, 윤기정, 신고송, 권환, 엄흥섭 등의 글이 있어, 모든 카프의 문인들이 이 매체에 필자로 동원된 듯한 인상을 준다. 이는 카프 조직 내에서도 이 잡지에 대해 많은 관심을 가지고 있었다는 점을 증명하는 것이다.

그들에게 조선의 어린이를 무산아동으로 즉 계급적 자각으로 이끄는 일은 매우 중요한 일이었기 때문이다.

또한 45호(1930.10)에 실린 박영희의 「맑스'는 누구인가?」와 57호(32.3)에 실린 권환의 「변증법이란 무엇인가」란 기사는 이 매체가 기대하는 독자층이 지적인 능력이 갖추어진 연령층으로 광범위하지 않았나 추측하게 한다. 또한 문학평론과 같은 전문적인 기사도 게재되어 있어 이러한 추측에 힘을 실어준다. 57호에 실린 박병도의 「맹인적 비평은 그만두라」, 조형식의 「우리들의 동요시에 대하야」 등이 그 예이다.

그러나 이러한 좌파적 작가들 이외에도 초기에는 김억, 주요한, 최남선 등의 글도 간혹 실리기도 하며, 이무영, 유진오도 글도 눈에 띈다. 또한 『어린이』의 단골 필자였던 한정동과 유도순의 동요, 그리고 이정호의 동화나 소설도 자주 실린다. 한정동이나 유도순의 글은 『어린이』에 실린 동요들과 그다지 성향이 다른 것이 아니었다. 이를 볼 때 『어린이』, 『신소년』, 『별나라』 등 잡지와 일간지 학예면을 포함해서 그 지면의 폭이 매우 넓어서 당대 아동문학 작가들의 활동이 생각보다 활발하게 진행되었음을 알 수 있다.

엄홍섭에 따르면 『별나라』는 1926년 창간에서 1935년 정간까지 모두 3기로 나누어서 볼 수 있다고 한다. 1926년 창간부터 1927년 7월까지 '계몽기', 1927년 8월부터 1932년 6월까지 '목적의식기', 그리고 1932년 7월부터 정간까지가 '투쟁기'다. 목적의식기 앞쪽은 송영이 『별나라』의 편집을 맡았고, 박세영은 1927년 11월부터 편집을 맡았다. 그러면서 『별나라』는 점점 "무산아동의 튼튼한 진영 속으로 들어가게" 되었다(엄홍섭, 「별나라의 거러온 길: 별나라 약사」, 1945, 해방속간 제1호). 그러나 소위 계몽기라고 지칭된 1926년 창간부터 1927년 7월까지도 좌파적 색채가 분명히 드러난다.

창간호는 안타깝게도 구할 수 없으나, 1929년 6월에 나온 돌 기념호에 실린 안준식의 글을 살펴보면 『별나라』 창간의 이념을 알아볼 수 있다.

「첫돌을 마지하면서」에서는 "별나라는 얼음같이 차디차고 캄캄하고 험악한 그 가운데에서 주림에 울고 배움에 목말라 해대는 오백만의 우리 조선 어린이와 동모가 되어 먹을 때는 같이 먹고 기뻐할 때는 같이 기뻐하고 놀 때는 같이 놀고 일할 때는 같이 일하고 싸울 때는 같이 싸워 슬픔에서 기쁨으로 구속에서 자유로 차별에서 평등으로 새로운 생명을 찾아나가려고 으아 소리를 높이치며 이 세상에 탄생하였다"는 구절이 나온다.

또한 2주년 기념호에 실린 「별나라 선언」에서도 "넘어져서 울기만 하든 약한 것을 버리고 정숙하게 머리를 가다듬어서 일어나며 나아가며 잘 살며 하자"는 구절이 나온다.

「별나라 6년 약사」에서도 이 매체가 "달이나 새나 노래하던 작문연습과 노래 되풀이만을 요리조리 어여쁘게 꾸며놔서 우리들의 눈을 속이고 우리들의 할 일을 방해하는 그들의 잡지와 완연히 달라졌던 것"이라고 한다.

이 글은 적어도 『별나라』가 천사동심주의를 표방하고 있는 『어린이』와는 그 노선을 분명히 달리한다는 점을 알려준다. 즉 조선 어린이를 가엾게 여기고 계몽하고자 하는 목적은 『어린이』의 지향과 같지만, "같이 일하고 같이 싸워", "구속에서 자유로 차별에서 평등으로 새로운 생명을 찾아나가려는" 지향은 '노동하는 아동'을 독자대상으로 계급적 관점을 세워 함께 평등한 세상을 일구어 가겠다는 계급적 인식이 분명히 들어 있는 것이다.

그리고 2호에 실린 추천 동요, 최인준의 「나와 누나」, 현동염의 「가는 봄: 어떤 여공의 노래」는 시적 화자가 근로소년으로 상정되어 이들의 억압적 삶의 현실을 힘겹게 살아가지만, "그래도 조흔세상 바라구잇죠"라면서 계급 해방적 전망을 드러낸다는 점에서도 이 매체의 성격이 드러난다.

전체적인 편집체제를 살펴보면 우선 문학잡지인 만큼 문학작품에 많은 부분을 할애한다. 우선 동화가 거의 4~5편, 소설도 2~3편 실리고 동요와 시도 7~8편 정도 실린다. 동화의 경우도 전래동화(「조선 숨은 얘기」)와 창작동화 모두 존재하고, 소설에도 탐정소설, 야구소설, 괴기소설, 과학소설 등 다양한 시도가 있었으며, 「손오공」 등 여러 호를 거쳐 연재되는 장편소설도 있었다. 이외에도 전기류와 역사물(「역사=백제시조 온조왕」), 애화류가 편재되어 있기도 하다. 그 외에도 송영의 동화극 「자라사신」(2권 8, 10호)은 계급적 관점에서 별주부전을 새롭게 해석한 희곡으로 기억할 만하다.

김영팔도 「옥순의 생일」(41호)이라는 아동극을 쓴다. 카프의 맹장 임화도 영화소설 「신문지와 말대리」(4권 4~6호)를 연재했다는 점도 특이하다. 박세영은 서사시 「탈주 1만리」를 41호에 실었다.

그리고 늘 어린이 독자들의 참여를 유도하여 매체를 선전하고 계몽적 효과를 극대화시키고자 했던 『어린이』의 매체 운용방식은 『별나라』에서도 그대로 이월된 듯하다.

『별나라』에도 거의 매회 '독자문단'란이 개설되어 있고, 이를 위해 한정동의 동요작법 강좌도 있었다. 또한 때때로 갖가지 현상(懸賞)을 걸어 독자들의 적극적인 참여를 유도하고 있다. 예를 들면 「크로쓰 워-드 퍼즐」(2권 7호), 「현상문제: 어느 길이 빠를까?」(2권 8호) 등 퀴즈문제 풀기와 같은 방식이 그것이다. 그리고 2호부터 늘 독자들의 소식을 서로 공유하는 독자란 '별님의 모임'은 창간호부터 지속되었으리라 추측할 수 있다.

그리고 교육용 기사로 상식란과 '세계견학'란, '소년물리', '과외이과'(41호) 등 학습란 등도 적은 분량이나마 거의 매회 등장한다.

그리고 별나라사는 이러한 잡지 발간 이외에도 1927년 6월 이래로 매년 '전국소년소녀작품전람회'도 개최하려 한다. 물론 일제의 감시로 매회 개최되지는 못했지만, 이들이 힘써온 전국적 소년 집회였다는 점은 분명하다.

『별나라』도 다른 좌파적 매체처럼 검열의 구속에서 자유롭지 못하였다. 「별나라 60년사」에 의하면 "1928년 1929년 이 두 해 동안에는 여섯 번이나 잡지는 못나오고 다섯 번이나 병신된 꼴로 나오고 몇 번이나 열녀든 사업도 하지 못하게 되였다 . 1930년 역시 두호나 나오지를 못하였다"는 구절이 있다.

이렇게 여러 난관을 겪어오던 이 잡지는 1935년 2월호를 마지막으로 찾아볼 수 없게 된다.

잡지 『별나라』는 식민지기 좌파적 성향의 작가들이 추구했던 아동문학의 실상을 알아볼 수 있는 매우 중요한 매체이다. 이를 통해 현재 『어린이』의 천사동심주의 계열만을 중심으로 서술된 한국현대아동문학사의 서술은 풍부해질 것이다.(박지영)

참고문헌

엄흥섭, 『별나라의 거러온 길: 별나라 약사』, 『별나라』, 1945, 해방속간 제1호; 신현득, 「『新少年』·『별나라』 회고」, 『兒童文學評論』 31권 2호, 제119호(2006. 여름호); 박태일, 「나라잃은 시기 아동 잡지로 본 경남·부산지역 아동문학」, 한국문학회, 『한국문학논총』 제37집, 2004.8.

병진(丙辰, The Sun Dragon)

1916년 중국 상하이에서 창간된 정론성 월간지

1916년 상하이(上海)의 병진잡지사(丙辰雜誌社)에서 간행하고, 태동도서국(泰東圖書局)에서 발행한 월간 정론지이다. 간행일은 매월 15일이었다. 잡지의 이름인 "병진(丙辰)"은 공화 재조년(再造年)이자 창간(創刊) 해인 병진년(丙辰年)에서 연유하였지만, 병(丙)과 진(辰)은 방위가 남방, 동남방이고 밝다는 뜻에서 취했다(刊行辭). 주편은 정리싼(鄭立三)이다. 중국국가도서관, 상하이도서관 등지에 보관되어 있다.

창간 취지는 "정의(正誼)의 입장에서 치술(治術)을 천명(闡明)하고, 근세문명을 보급하여 민국의 복리를 촉진하"는 것이었고, 특히 중국의 현실을 고려하여 반드시 국정과 부합한 논단을 펼 것을 강조하는 등 정론지를 표방한 것이다.

주편은 정리싼이었고, 진쑹녠(金松年, 쑹천[松岑]), 싱사오지(邢紹基) 등이 찬고자로 참여하였다. 잡지의 형식은 논설(論說), 전건(電件)·역건(譯件), 비승(備乘), 휘록(彙錄), 통신(通信) 예원(藝苑) 등으로 구성하였다. 『병진』은 발간 당시부터 자신들의 논설의 방향을 "잡지의 내용과 특색"을 통해 밝혔다. 우선 정부는 국가를 대표할 수 없는 사체(私體)라고 규정하여, 국가와 정부를 명확히 구별하는 한편 인민의 자율적 활동의 성취로 이루어지는 사회의 대변자임을 자처하였다. 또한 세계에 대해서는 중국이 바라는 세계와 세계가 인식하는 중국의 차이를 인정하고, 장래에는 중국과 세계의 창조적인 상호 관계가 되기를 희망한다는 것을 밝히고 있다.

전건과 역건에서는 정치경제, 외교적으로 중요하다고 생각하는 것을 당파 구별 없이 게재하였다. 비승은 정부 및 국회, 기타 중요한 사건을 시간 순서에 따라 정리한 것이었다.

쑨원(孫文), 바이원웨이(柏文蔚)의 축사를 게재하였고, 천두슈(陳獨秀), 차이위안페이(蔡元培), 장빙린(章炳麟), 우즈후이(吳稚輝), 장스자오(章士釗), 리젠눙(李劍農) 등의 글을 전재한 것으로 보아, 상하이를 중심으로 한 혁명 세력의 입장을 대변한 잡지로 생각된다.

잡지의 내용은 정치사회적 주요 사건들에 대한 평론 및 제언을 다루고 있다. 그러나 중앙정부에 대한 비판과 함께 지방자치, 민중의 실력향상 등을 강조하는 입장을 취하고 있다. 특히 교육과 실업 문제의 중요성을 강조하고, 장쑤(江蘇)의 자치 실적과 대안을 논의하였다. 물론 당시 정치 현안인 1차 세계대전 참전문제를 논의하고 있지만, 전체적으로는 금본위 문제, 국세와 지방세, 표준문제, 전부정리문제(田賦整理問題)에 대책에 대한 원고를 모집하고 있다.

두드러진 점은 몽골(蒙古), 시캉(西康)의 건성의 필요성을 논하고(사오지[紹基], 「변도여요새[邊圖與要塞]」, 4호), 용하변이(用夏變夷)를 강조하는 등 상당한 정도의 국가주의적 입장이 두드러진다. 그러나 주편자인 정리싼은 문화적 민족주의에 기초한 중화문명을 강조하면서도 제민의 예법과 정교가 구분되어야 한다는 것을 정교한 논리로 주장하여 공교논의에는 반대하고 있다(정리싼, 「존공도숭례교의 진위[尊孔道崇禮敎之眞僞]」, 1권 1호). 구습에 대한 비판(샤진성[夏盡生], 「구습은 진리의 적이다[舊習爲眞理之敵]」, 3호), 국민적 정치사회적 각성을 강조(천두슈[陳獨秀], 「애국주의」, 3호), 쇼펜하우어의 철학을 소개(중즈화이[宗之槐], 「쇼펜하우어철학(蕭彭浩哲學)」, 4호)하며 강등을 강조하고 있지만, 오히려 이들은 전통 학술에 근거하여 치술을 논하는 등 청말의 정론지를 계승하고 있어서 신문화운동과 관련성은 적다. 당시 지방 세력이 지향하는 지방자치의 실제를 알 수 있는 자료적 가치가 높다. 그 외 실업 및 교육과 관련한 글도 발표되었다. (오병수)

보건운동(保健運動)

1932년 서울에서 창간된 보건위생 관련 월간지

1932년 2월 1일 보건운동사(保健運動社)에서 창간했다. 현재 창간호 밖에는 확인할 수 없다. 창간호는 판형이 A5 국판이고 총 면수는 74쪽이다. 편집 겸 발행인은 양봉근(楊奉根)이고 발행소는 보건운동사이다. 서울대에 창간호가 소장되어 있다.

'보건운동사'는 보건강좌를 열고, 무료검사를 개최하는 등 대중에게 보건위생사상을 보급하고 이를 대중적으로 실천하기 위하여 노력하였다. 월간 『보건운동』의 창간도 보건위생사상 보급의 일환으로 이루어진 것이다. 창간호의 「창간사」에서 무기력한 민중에게 원기를 북돋아 주기 위하여 "민중 보건위생에 관한 과학적 연구, 조사와 사회적 실천에 우리의 전 심력(心力)을 경주"한다고 발간의 취지를 밝히고 있다.

창간호에는 양봉근(梁奉根)의 「아등(我等)의 보건관」, 이인규(李仁圭)의 「보건운동과 우생운동을 일으키자」, 이선근(李先根)의 「유아보건의 필요를 논함」, 김세용(金世鎔)의 「민중체조단조직의 제창」, 구난도(具蘭都)의 「조선민중 보건상태의 통계적 관찰」 등 보건위생, 보건운동 및 보건 실태에 관한 논문과 논설을 싣고 있으며, "각계인사의 보건관"과 "귀국의 보건운동은 어떠한가"라는 특집을 통하여 보건위생에 관한 각계의 생각을 청취하고 보건의 중요성을 알리는 한편, 세계 각국의 보건운동을 소개하고 있다. 이 밖에 건강과 성에 대한 상식, 피임법도 싣고 있다.

『보건운동』은 우리나라 최초의 보건전문 잡지로서 보건위생에 대한 당시의 인식을 엿볼 수 있다. 상대적으로 낙후된 조선의 보건위생 실태와 보건위생의 필요성을 역설한다는 의미에서 열등감을 해소하고 근대적 보건 의료체계의 시급한 도입을 주장하여, 대중적 보건위생의 계몽과 보건위생 관념 향상에 기여하였다. 그러나 한편으로는, 과학적 연구에 기반한 보건위생사상을 보급한다는 명분 아래 조선의 의료체계와 민간 치료, 한의의 상대적 폄하, 생활 습관의 전면적 개량 필요성이 제기되면서 재래의 관습이나 의학적 성과 등이 폐기되고 터부시되는 '근대 의료체계'의 만능 사상이 유포되는 데도 일조하였다고 평가할 수 있다. (전상기)

참고문헌

고미숙, 『한국의 근대성, 그 기원을 찾아서』, 책세상, 2001; 신동원, 『의학오딧세이: 인간의 몸, 과학을 만나다』, 역사비평사, 2007.

보도(保導)

▶ 보도월보

보도시보(保導時報)

▶ 보도월보

보도월보(保導月報)

1933년 서울에서 창간된 일본어 초중등학생 보도 관련 월간 신문

1933년 8월 결성된 경성보도연맹이 12월 8일 창간한 일본어 월간 신문이다. 매월 15일 발간을 원칙으로 삼아 8쪽 전후로 발간하였다. 나중에는 12쪽으로 분량이 늘어나고 임시호와 증간호도 발간하였다. 정가는 2전이었으며, 편집 겸 발행인은 보도연맹의 이사장이 맡았는데, 대개 이사장은 경기도 내무부장이 담당하였다. 경성보도연맹의 사무실은 경기도 학무과 내에 두었다.

1938년 3월부터『보도』로 제호를 바꾸었는데, 이 시기를 전후하여 매호 분량은 8쪽으로 줄어들고 있다. 이 시기의 발행부수는 매월 3만 부에 이르렀다고 한다.

국립도서관에 1호부터 38호(1936.12)까지와 88호(1941.1)부터 111호(1942.12)까지 발간분이 소장되어 있다. 그리고 1938년 2월에는 매월 시찰·보도한 사항의 개요와 행사 및 참고사항 등을 수집하여 각 학교장 및 특수 관계인에게 배포할 목적으로『보도시보』를 창간하여, 창간호 150부를 배포하였다고 한다. 아직『보도시보』는 실물이 발굴되지 않았다.

신문에는 보도와 관련한 논설이나 연설문을 앞부분에 게재하고 있으며, 학생들의 각종 사고, 피해, 하숙, 교통 이용, 영화 관람 등과 다양한 통계자료를 싣고 있다. 그리고 보도주임 총회 등의 각종 회의와 간담회 등의 요록을 수록하였다. 보도춘추와 정보라는 고정란을 마련하여, 보도와 관련한 그 밖의 각종 소식을 게재하고 있다. 1930~40년대 경성지역 각급학교 학생들의 교내외 생활을 알 수 있는 중요한 자료이다.

• 경성보도연맹

경성보도연맹은 조직을 결성하게 된 배경과 목적을 다음과 같이 설명하고 있다. 최근 사회의 분화가 급속하게 이루어지고 또 도회 생활의 특수성이 가지는 유혹이 있어, 학생들이 죄악으로 빠지는 경향이 있으나 이는 가정이나 학교만의 힘으로는 온전히 막기 힘든 상황이 되었다. 이런 상황에서 학생들을 보호하고 선도하기 위하여 경성보도연맹을 결성한다. 이 목표를 달성하기 위해서는 청소년들의 생활 장소인 사회의 정화가 필요한 바, 사회 일반의 이해와 동정만이 아니라 이 사업에 대한 각계의 후원이 필요하다.

경성보도연맹은 연맹의 취지에 찬동하는 경성 부내와 근교의 초중등학교를 대상으로 조직하며, 가맹학교의 아동과 생도를 보호·선도하고 교외 교육의 연락과 교육환경을 정화·향상시키는 것을 그 목적으로 삼는다고 규정하고 있다. 이를 위하여 각 학교의 교외 감독기관을 통일하고, 아동·생도의 교외 생활 상황을 시찰하여 교육환경을 정리하며, 관서 등의 여러 기관과 제휴하여 아동·생도의 불량화를 방지하고, 보도에 필요한 조사연구 및 시설을 하도록 하였다.

임원으로는 당연직으로 총재에 경기도지사, 이사장에 경기도 내무부장, 부이사장에 경기도 학무과장을 선임하며, 그 밖에 약간 명의 이사를 두기로 하였다. 직원으로는 보도위원장과 보도위원 약간 명을 두며, 보도주임은 가맹학교에서 1명씩을 두기로 하였다. 그리고 고문을 두되, 고문은 이사회에서 추천하고 이사장이 임명하도록 하였다. 이사회에서는 예산 결의, 결산 및 사업의 보고 등을 협의하도록 하였다. 총회는 각 학교의 대표자로 조직하도록 하였으며, 회비는 가맹학교에서 내는 갹출금과 보조금, 기부금 등으로 충당하도록 하였다.

1933년 현재 임원은 다음과 같다. 총재에 마쓰모토 마코토(松本實, 경기도지사), 이사장에 미쿠라 류(美座流, 경기도 내무부장), 부이사장에 하라다 다이로쿠(原田大六, 경기도 학무과장) 등이 재직하였고, 이사로는 경기도 시학관(視學官)과 시학, 경성부 학무과장과 시학, 각급 학교의 교장들이 참여하였다. 위원장은 에토 로쿠로(江頭六郎) 경기도 시학관이었는데 그는 이사를 겸직하고 있었으며, 5명의 위원이 근무하고 있었다. 가맹학교에서 한 명씩의 보도주임이 선임되었으며, 고문으로 경기도와 경성부, 경찰서, 헌병대, 법원 등에서 각종 관료들이 참여하였다.

경성보도연맹에서 발간한 단행본 자료로는 다음과 같은 것이 있다. 먼저 보도총서 5권이 발간되었는데, 1권 『보도연맹이란 무엇인가(保導聯盟とは何ぞや)』(1939), 2권 『생도 아동과 교통기관의 문제에 대하여(生徒兒童と交通機關の問題について)』(1939), 3권 『중등학교 생도의 하숙문제(中等學校生徒の下宿問題)』(1939), 4권 『보도상으로 본 영화문제(保導上より見たる映畵問題)』(1939), 5권 『전선 교외보도연구대회기록(全鮮校外保導研究大會記錄)』(1940)이 그것이다. 다음으로 『교외보도 7년지(校外保導七年誌)』(1939)가 있는데, 이 책에는 보도연맹의 역사와 활동 내용이 자세하게 소개되어 있다.

각지의 보도·교호(敎護) 관련 단체

경성보도연맹은 1933년 11월 오사카에서 열린 전국보도대회에 참가한 이래 매년 이 대회에 대표자를 출석시켰으며, 1936년 3월에는 전국 보도교호단체연합회(全國保導敎護團體聯合會)에 가맹하였다. 그리고 조선 내 각지의 보도단체와도 인쇄물을 교환하고, 통신이나 방문 등의 방법으로 연락을 유지하고 있으며, 장래에 전선 조직을 결성할 방침을 세웠다.

1939년 현재 경성 이외 지역의 보도단체에는 전주보도연맹, 이리보도연맹, 군산보도연맹, 정읍보도연맹, 평양보도회, 광주교외훈육연맹, 춘천교호(敎護)연맹, 강릉보도연맹, 대전보도회, 부산중학교연합훈육회, 부산소학교아동교호연맹, 안주교회보도회, 진남포보도회, 공주교호회, 경성(鏡城)보도부회, 신의주교외훈육연맹, 청부보도회, 원산부초등학교보도연맹, 창진보도부회, 나남보도부회, 인천보도부회, 개성보도연맹, 수원보도연맹, 옹진아동보도연맹, 안악보도연맹, 재령보도연맹, 황주보도연맹 등 28지역에 보도연맹이 결성되어 있었다. (윤해동)

참고문헌

『보도월보』 국립도서관 소장본.

보사총담(報四叢談)

1874년 일본 도쿄의 호치샤(報知社)가 발행한 종교 잡지

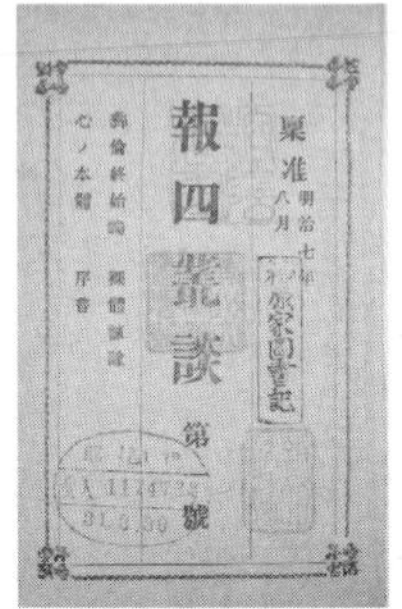

1874년 8월에 간행된 종교 잡지이다. 잡지명 '보사'란 사덕(四恩, 왕을 받들고, 모든 사람들과 화합하고, 성현의 가르침에 따르고, 부모에게 효를 다하는 것)을 갚는다는 뜻이다. 15장짜리 책자 형태였으며, 잡지의 편집은 오우치 세이란(大内青巒)이 담당했고, 정가는 5전이었다. 가가와대학(香川大學) 가미하라문고(神原文庫)에 1호부터 1876년 2월 21호까지 3권으로 합철되어 보관 중이다.

1호 내용은 「이륜종시론(彝倫終始論)」, 「나체계유(裸体誡諭)」, 「마음의 본체(心の本体)」, 「서론(序論)」 등 4편으로 이루어졌다. 제2호에는 부록이 첨부되었다. (이규수)

참고문헌

牛島俊 作, 『日本言論史』, 河出書房, 1955; 『近代文學雜誌事典』, 至文堂, 1965; 桂敬一, 『明治·大正のジャ-ナリズム』, 岩波書店, 1992.

보전교우회보(普專校友會報)

1931년 서울에서 한국어로 중간된 학술문화 잡지

참고문헌

▶ 친목

▍보전학생(普專學生)

1936년 서울에서 발행된 보성전문학교 교우지

1936년 12월 10일 창간된 보성전문학교 교우지이다. 종간이 언제 되었는지는 알 수 없다. 편집인 겸 발행인 문관영(文觀永), 인쇄인 주정순(朱貞順), 인쇄소 선광(鮮光)인쇄(주), 발행소 보성전문학교 학생회(서울, 안암동 1), A5판 208쪽 비매품이다. 문장은 국문이 중심이고 일부는 일문으로 쓰였다.
이 잡지는 1926년 창간되어 1927년 8월을 마지막으로 종간된 『시종(時鐘)』의 후신이다. 보성전문학교 학생회는 연극, 강연, 토론회 등을 개최하였다. 이 잡지에 이러한 학생회의 활동을 각 부서별로 보고하였다. 글의 종류는 논문, 수필, 기행문, 시, 소설로 다양하다. 1호는 연세대학교와 고려대학교에, 1938년 2월 발행된 제2호는 고려대학교에 소장되어 있다.

보성전문학교 학생회는 1926년 회지 『시종(時鍾)』을 출간한 바 있었다. 여러 가지 사정으로 휴간되었던 회지는 1936년 12월 다시 『보전학생』이라는 이름으로 속간되었다.

『보전학생』 발행 당시 보성전문학교의 학생회는 집행위원장 문관영, 서무부 김기갑(金基甲), 엄익장(嚴翼璋), 경리부 김재홍(金在洪)·이봉구(李奉九), 연구부 한호림(韓鎬林)·고재국(高在國), 도서 겸 편집부 이태진(李泰鎭)·하용락(河容洛)·송옥동(宋玉童)·변화식(邊華植)·김세련(金世鍊), 변론부 조시형(趙時衡)·윤재국(尹在國)·오의환(吳義煥), 덕육부 정대숙(丁大琡)·이문형(李玟亨), 체육부 김성곤(金成坤)·최석규(崔錫圭), 연극부 강옥(姜鋈)·정윤모(鄭允謨)·홍승고(洪承皐), 음악부 강용길(姜龍吉)·김기덕(金基悳)으로 구성되었고, 김용린(金容麟)·유인섭(柳仁燮)·윤우균(尹雨均)이 감사로 참여하였다. 조직 내 역할분담에 따라 회보의 간행은 도서 겸 편집부에서 담당하였다.

종합지로 창간된 『보전학생』은 논문과 문예작품을 발표하는 장이었다. 학생회는 부정과 악, 허위 등이 정의와 선, 정을 가장하고 있는 혼란스러운 당시의 현실을 문화에 대한 수난기라고 보았다. 근대 문화라고는 하지만 신문과 잡지, 라디오에서 보도하는 사실이 오히려 사실을 호도하는 경우가 많았다. 그러므로 학생들은 횡행하는 사실들을 무비판적으로 받아들일 것이 아니라 여러 가지 사실을 종합, 분석, 비판함으로써 그 본질을 파악해야만 한다는 것이다. 이것이 학생회가 『보전학생』을 발행하는 이유였다.

보성전문학교 학생회는 창간호에서 잡지 창간을 자축하는 한편, 잡지가 가진 종합지의 성격으로 인해 각 방면의 이해와 요구를 두루 수렴하기에는 지면이 부족하므로 앞으로 뉴스, 논문집, 문예지의 형태로 발전해 나갈 것을 기대한다고 언급하였다.

『보전학생』의 내용은 학생회 회원들의 논문과 평론 수필, 기행문, 시 등으로 구성되었다. 창간호에는 학교 전경과 집행위원회 일동의 사진, 전조선남녀전문학생토론대회 장면, 학생회 연극공연 상황이 도판으로 수록되었고, 제주도와 만주 수학여행 기행문이 실렸다. 대공황에 대한 문제의식을 반영하듯 공황의 원인을 분석하는 논문과 이민열차에 관한 시가 눈에 띈다. 잡지의 말미에는 학생회의 회무보고가 수록되어 있다. 회무보고에는 집행위원 및 감사의 명단과 각 부서별 보고를 상세히 수록하여 학생회원들이 『보전학생』을 통해 학생회 각 부서의 활동을 일목요연하게 파악할 수 있도록 하였다.

이렇게 『보전학생』은 보성전문학교 학생들이 현실을 비판, 분석하는 학술문예지의 성격을 띠면서도 회보로서 보성전문학교 학생회의 소식지 역할을 충실히 하고 있었다. (정진아, 남기현)

참고문헌

『고려대학교 구십년지』, 고려대학교출판부, 1995; 『육십년지』, 고려대학교출판부, 1965; 최덕교 편저, 『韓國雜誌百年』 2·3, 현암사, 2004; 『동아일보』, 1920~1937.

보전학회논집(普專學會論集)

1934년 서울에서 한국어와 일본어 병용으로 창간된 학술 잡지

1934년 3월 16일 보성전문학교 보전학회에서 발행한 학술잡지이다. 발행자 겸 편집인 겸 인쇄인은 최태영(崔泰永)이었고, 발행소는 경성부 송현동 34의 보성전문학교 보전학회였다. 조선인쇄주식회사에서 인쇄를, 동광당서점(東光堂書店)에서 판매를 맡았다. 한국어와 일본어로 간행되었으며, 정가는 1원 50전이었다. 매년 발행하고자 하였으나 1집은 1934년, 2집은 1935년, 3집은 1937년, 특별호는 1942년에 발행된 후 종간되었다. 국립중앙도서관에서는 1, 2, 3집과 특별호 모두 원문제공서비스를 하고 있다.

김성수(金性洙)는 창간사에서 한 사회와 민족의 융성과 쇠퇴는 그 민족의 문화 향상과 학문 발달 여하에 달려있고, 문화 향상과 학문 발달은 우수한 학자와 연구기관의 성패에 달려있다. 그러므로 한 사회와 민족의 융성을 꾀하려면 학자의 배출을 위해 연구기관을 완성시키는 데 모든 노력을 다하지 않으면 안 된다. 고등교육기관으로서 전문학교는 학술을 수학하고자 하는 청년학도를 지도하고 학문을 연찬하는 학자의 연구기관이자, 학문의 집결지가 되어서 사회문화의 중심기관으로 우뚝 서야 할 중대한 사명을 가지고 있다. 우리 보성전문학교는 아직 미력한 힘이지만 이러한 사명을 달성하기 위해 연구발표기관으로서 매년 1회의 논문집을 발간하기로 하였다고 말하였다. 김성수는 학교 인수 이후 보성전문학교를 명실상부한 민족교육기관이자, 학문의 중심지로 만들고자 노력하였고, 보전학회 논집은 그러한 노력의 소산이었다.

이러한 취지 아래 먼저 연구기관인 보성전문학교 보전학회가 결성되었다. 결성된 보전학회의 구성원은 다음과 같았다. 회장 김성수, 회원 김용무(金用茂)·최두선(崔斗善)·김영주(金泳柱)·홍성하(洪性夏)·와타나베 가쓰미(渡邊勝美)·다카하시 유타카(高橋豊)·백상규(白象圭)·옥선진(玉璿珍)·최태영(崔泰永)·김광진(金洸鎭)·오천석(吳天錫)·유진오(兪鎭午)·이승우(李升雨)·노무라 조타로(野村調太郎)·김병로(金炳魯)·마루야마 게이지로(丸山敬次郎)·이관구(李寬求)·박승빈(朴勝彬)·천철(泉哲)·이희상(李熙祥)·함병업(咸秉業)·와타나베 류지(渡邊隆治)·이상기(李相基)·최용달(崔容達)·현상윤(玄相允)·김권제(金權濟)·오노 가쓰타로(小野勝太郎)·애니 블리스(Annie Blyth)·안호상(安浩相)·플램튼(A. B. Frampton) 등.

보전학회는 위와 같이 보성전문학교의 교수들로 진용을 정비한 후 창간사에서 약속한 바와 같이 보성전문학교 연구연보인 『보전학회논집』을 발간하였다. 『보성전문학교논집』은 1부를 법률과 정치, 2부를 경제와 상학, 3부를 문학과 철학으로 나누고 각 분야의 논문을 실었다. 편집은 다카하시 유타카와 최태영, 김광진, 오천석이 담당하였다.

3집까지 발행한 『보전학회논집』은 1942년 안호상의 논문 「헤겔의 판단문제(ヘ-ゲルニ於ケル判斷問題)」를 특별호로 발행하였다.

와타나베 가쓰미는 『보전학회논집』이 오랜 기간 발행되지 않다가 안호상의 논문을 특별호로 발행하게 된 사정을 다음과 같이 전하고 있다. 제3집이 발행된 후 오랜 시간 연구연보가 발행되지 않음으로써 잡지 속간에 대한 요구가 높았다. 4집을 조속히 발행하고자 했으나 현실은 이를 허락하지 않는다. 지금 전문학교는 모두 신체제에 편입되어 연구자들은 종전과 같이 상아탑 안에서 자기 연구에만 몰두할 수 없기 때문이다. 올해 안에 제4집을 완성하기 어려우므로 본 논문을 특별호로 발행하고자 한다. 와타나베는 속간을 다짐하였으나, 결국 특별호를 마지막으로 『보전학회논집』은 발행되지 못하였다. 전시체제로 들어선 조선의 시국은 학생들뿐 아니라 교수진도 연구에 매진할 수 없는 상황으로 전개되었기 때문이었다. (정진아)

참고문헌

『고려대학교 구십년지』, 고려대학교출판부, 1995; 『육십년지』, 고려대학교출판부, 1965.

보중친목회보(普中親睦會報)

1910년 서울에서 발행된 보성중학교 졸업생들의 친목회지

1910년 6월 10일 창간된 보성(普成)중학교 졸업생들의 친목 회지이다. 1910년 12월 2호를 내고 종간되었다. 편집 겸 발행인 이수삼(李秀三), 인쇄인(金漢洙), 인쇄소 동문관(同文館), 발행소 보중친목회(한성 중부 전동 보성중학교 내), A5판, 156쪽, 정가는 15전이다. 2호는 1911년 1월 4일 발매 후 반포금지를 조치를 당했다. 유통되던 잡지는 압수되었고 발행이 정지되었다. 1911년 4월 10일 발행정지가 해제되었으나 더 발행되지 못했다. (남기현)

참고문헌

최덕교 편저, 『韓國雜誌百年』 2, 현암사, 2004; 국사편찬위원회, 『일제침략하 36년사』.

▌보통학보(普通學報)

1901년 중국 상하이에서 창간된 학술교육 잡지

1901년 11월 상하이(上海)에서 창간되었다. 창간인 두야취안(杜亞泉)이 주필을 맡아, 보통서실(普通書室)에서 편집 발행하였다. 1902년 5월 제5호까지 발행된 후 종간되었다. 중국국가도서관에 소장되어 있다.

두야취안이 발행하던 『아천잡지(亞泉雜誌)』가 종간된 뒤 그가 다시 창간한 과학 보급형 월간지이다.

내용은 8개의 항목을 개설하였다. 즉 경학과(經學科)에 심리, 논리, 정법, 종교, 철학을 게재하였고, 박물과(博物科)에 광물, 동물, 생리, 위생 등을, 학무잡지에 학교 교과장정, 신도서 평론, 해외 유학생 통신(通迅)을 담았다. 그리고 이외에 사학과(史學科), 문학과, 산학과(算學科), 격물학과(格物學科), 외국어학과의 여덟 항목으로 분류하여 편집하였다.

지식 소개를 위주로 하여 교육을 제창하고 봉건미신을 반대하며 서양 자연과학을 소개하는 데 공헌하였다. 수(數), 이(理), 화(化), 지질, 동식물 등 과학지식과 서양의 자연과학 방면의 연구 성과를 이해하기 쉽게 소개하였다. 사회과학 방면의 글은 많지 않았으나 시정(時政)은 많이 게재되었다. 입헌제와 교육 발흥, 반미신(反迷信) 등 개량사회의 진보적 사상을 적극 선전하였다.

차이위안페이(蔡元培)의 「철학총론」, 「군학설(群學說)」 등의 문장이 발표되었다. (김성남)

참고문헌

葉再生 著, 『中國近代現代出版通史』, 北京: 華文出版社, 2002; 王檜林·朱漢國 主編, 『中國報刊辭典』, 太原: 書海出版社, 1992.

▌보행(步行)

1933년 일본 도쿄에서 발행된 오락 잡지

1933년 일본의 장건보행회(獎健步行會)에서 발행한 오락 잡지이다. 잡지 창간은 당시에 유행했던 '걷고 걷는 운동(步け步け運動)'의 산물로 생각된다.

오락 잡지의 일종이었는데, 전설과 역사 등의 깊이 있게 다루고 있다는 점에서 일반 오락 잡지와는 다른 면을 가지고 있었다.

그러나 시국의 추이에 따라, '걷고 걷는 운동(步け步け運動)'의 기관적 성격을 탈각하고 시류에 편승하는 형태가 되었다. 창간 당시 16쪽 분량에 정가 10전이었던 잡지는 태평양전쟁 개시의 시점에서는 분량이 64쪽에 30전이라는 규모로 확대되고 회원수도 5000명 정도에 달했다.

잡지를 발행한 장건보행회(獎健步行會)의 요강을 보면, 일광욕(日光浴)을 해서 자연과 친해지자, 스포츠 정신을 존중하고 호연(浩然)의 기운을 양성하자, 순박(淳朴)과 자유를 구해서 편력(遍歷)하자, 조국의 지리와 전설을 알자, 조국애(祖國愛)와 국민정신(國民精神)을 양성하자 등이었다. 요강을 보면, 1933년이라는 시대를 고려할 때 국가주의적 경향이 강했다는 것을 알 수 있다.

그러나 전쟁 기간에 돌입하면 체력은 자신을 단련하는 행위가 아니라, 그 자체가 전쟁 수행을 준비하는 행위로서 의미가 있었다. 그렇지만 식량 사정이 넉넉하지 못한 상황에서 체력 단련은 소모적인 행위

라는 모순이 발생하였다. 잡지의 운명도 이와 같았다.

1942년 2월호의 주요 목차를 보면, 「12월 8일(十二月八日)」, 「겨울 산의 어제와 오늘(冬山の今昔)」, 「걷고 걷은 것에서 무엇을 배울 것인가('歩け歩け'から何を學ぶか)」, 「겨울 산의 꿈(冬山の夢)」, 「백천내한연성행군음행(百粁耐寒錬成行軍吟行)」, 「어머니에의 감사의 마음에서 답파한다(母への感謝の氣指で踏破す)」 등이었다. (문영주)

참고문헌

高崎隆治, 『戰時下の雜誌その光と影』, 風媒社, 1976, 235~236쪽; 松浦總三, 『體驗と資料 戰時下の言論彈壓』, 白川書院, 1975; 高崎隆治, 『戰時下のジャ-ナリズム』, 新日本出版社, 1987; 『日本出版百年史年表』, 日本書籍出版協會, 1968.

복보(复報)

1906년 중국 상하이에서 창간된 정치운동 잡지

1906년 5월 8일 상하이(上海)에서 창간되었다. 창간인은 류야쯔(柳亞子)이며, 이 매체의 전신은 1905년 장쑤(江蘇) 우장(吳江) 자치학사(自治學社)에서 주간으로 발행했던 『자치보(自治報)』이다. 제호를 『복보(復報)』로 개명한 것은 광복의 의미를 갖고 있다. 1906년 5월 8일 제호를 『복보』로 개칭하고 월간으로 간행하면서 제1호 목록 아래 '원래 68호(原六十八號)'라고 표시하여 『자치보』와의 관계를 밝혀두었다. 1907년 8월 25일 11호를 발행하고 종간되었다. 1~11호가 현존하며 상하이도서관에 소장되어 있다.

주요 내용은 사설과 정법(政法), 전기(傳記), 역사, 연단(演壇), 음악, 가요 등의 난이 있으며, 반청(反淸) 사상과 민주주의를 고취했다.

『복보』는 연호를 '중국 개국 기원 4604년'이라 표시하여 광서(光緖) 연호를 인정하지 않음을 표명하였고, 『민보(民報)』의 혁명적 관점을 절대적으로 지지하여 『민보』의 소위성(小衛星)이라 칭해졌다.

주요 집필진은 천취빙(陳去病), 가오톈메이(高天梅), 마쥔우(馬君武), 차이즈민(蔡治民) 등으로 이들은 진보 문학단체인 남사(南社)의 발기인들이다. 대중화와 통속화, 구어화(口語話)된 문장을 의식적으로 발표하여 혁명선전을 위해 노력했다. (김성남)

참고문헌

彭永祥, 『辛亥革命時期期刊介紹』, 人民出版社, 1986; 方漢奇 主編, 『中國新聞社業通史』, 中國人民大學出版社, 1996; 葉再生 著, 『中國近代現代出版通史』, 北京: 華文出版社, 2002.

볼셰비키(布爾塞維克)

1927년 중국 상하이에서 창간된 정치운동 잡지

1927년 10월에 중국공산당 중앙위원회의 기관보로 창간되어 1932년 7월에 정간되기까지 5년 동안 52호를 발행했다. 총편집 책임자는 취추바이(瞿秋白)이며, 편집부는 초기에 상하이 자오펑(兆豊 花園 愚園路 亨昌里 418)에 있었다. 1928년 편집위원회 주임은 중공 중앙 선전부 책임자인 리리싼(李立三)이 겸임하였다. 창간시는 4×6배판으로 매주 30~40쪽 약 3만 자 정도의 분량이었다. 1928년 2월 27일 제19호가 출판된 후 3개월 간 휴간했으며, 다시 20호부터 복간되어 반월간 혹은 10일에 한 번씩 간행되었다. 1928년 10월 1일 2권 1호(총 제29호)부터 매월 1회 출판되었고 분량도 100~130쪽 약 8만 자 정도가 되었다. 1929년 2권 7호(총 35호)부터 4×6배판에서 4×6판으로 바뀌었고 분량도 100~150쪽으로 일정하지 않았으며 약 5만 자 내외였다. 1930년 6월 15일에 출판된 3권 6호(총 45호)이후 반년 동안 휴간했다. 1931년 여섯 차례 부정기적으로 발행되다가 1932년 종간되었다.

『볼셰비키』는 『향도』의 후신으로 발간되었다. 발간사에서 볼셰비키정신으로 프롤레타리아계급이 국내와 국외의 부르주아계급에 대한 계급투쟁을 실행하고, 농민과 일반 빈민을 지도해서 호신(豪紳) 부르주아계급의 통치를 타도하여, 봉건적 착취를 소멸시키며 지주계급의 토지를 몰수해야 한다고 하였다. 이와 함께 모든 반동분자를 섬멸하고 하층민중이 직접 민권을 행사하여 소비에트 정치제도를 실행해야 한다고 하였다. 『볼셰비키』는 이러한 혁명사상을 선전하는 것이 창간의 주된 목적이었다.

『볼셰비키』라는 제호는 취추바이가 『향도』라는 명칭을 다시 사용하지 말자고 했기 때문에 『볼셰비키』로 결정되었다. 지도기관은 당 중앙 기관보 편집위원회이고 중앙상임위원회에서 취추바이, 뤄이눙(羅亦農), 덩중샤(鄧中夏), 왕뤄페이(王若飛), 정차오린(鄭超麟) 등 5명을 임명하고 취추바이가 편집위원회 주임 겸 총편집을 맡았다. 편집위원회는 중공중앙상임위원회의 감독과 지도 아래 『볼셰비키』와 관련된 업무를 관장했다. 중앙위원은 편집에 참가했고, 투고할 의무가 있었다.

수록된 글은 국내정치, 국제상황, 노동운동, 농촌폭동, 중국혁명문제, 마르크스주의 이론문제, 지방통신 등이었다. 이외에 '촌철(寸鐵)', '독자의 소리', '우리들의 죽은 자(我們的死者)' 등의 난이 있었다.

『볼셰비키』를 『향도』와 비교해 보면 다음과 같은 특징이 있다. ① 『향도』는 명의상으로 중국공산당의 기관보였지만, 실제 정책적으로는 '좌파국민당'의 상태에 있었다. 그러나 『볼셰비키』는 완전히 공산당의 독립적인 정치적 주장을 담고 있었다. ② 『향도』는 글이 간단하여 선언과 전단(傳單)식의 글이 많아서 정책이나 이론문제에 주의하지 않았는데, 『볼셰비키』는 이론 선전을 중시했다. 1928년 11월 중국공산당 중앙위원회에서 『홍기』라는 간행물을 발간한 이후 『볼셰비키』는 이론적인 글이 주가 되었다. 『볼셰비키』는 국제문제에 관한 글이 많이 수록되었으며 마르크스레닌주의에 근거하여 각종 정책과 전략 등 실제 문제와 관련된 토론이 많았다.

『볼셰비키』의 필자는 주로 국민당지역의 중공중앙지도자들과 당의 지방조직 지도자들이었다. 취추바이, 정차오린, 천두슈, 뤄치위안(羅綺園), 리리싼, 샹중파(向忠發), 차이허썬(蔡和森), 셰줴짜이(謝覺哉) 등이 『볼셰비키』에 많은 글을 수록했으며 저우언라이(周恩來), 장원톈(張聞天), 윈다이잉(惲代英), 펑파이(彭湃), 왕밍(王明), 화강(華崗), 리핑신(李平心), 우량핑(吳亮萍), 샹잉(項英), 선쩌민(沈澤民), 류즈쉰(柳直荀), 인콴(尹寬) 등의 글도 있었다. 또한 스탈린, 부하린, 몰로토프, 미프 등의 글도 수록되었다. 가장 많은 글을 발표한 사람은 취추바이로 사론(社論), 평론(評論) 등 40여 편을 발표했다. 정차오린도 평론 등 20여 편을 발표했다. 천두슈는 촌철 등의 난을 포함하여 80여 편의 단문(短文)을 발표했다.

『볼셰비키』에 수록된 저우언라이의 「각 제국주의의 중국 침략 형세(各帝國主義侵略中國的形勢)」는 사실에 의거하여 각 제국주의가 연합하여 중국을 침략한 것과 군벌전쟁 사이의 관계, 각 제국주의 사이의 모순을 이론적으로 분석한 글이다. 『볼셰비키』에는 트로츠키파를 비판하는 윈다이잉의 「스춘퉁의 중국혁명이론(施存統對中國革命的理論)」, 장원톈의 「취소파가 중국혁명을 취소하는가 중국혁명이 취소파를 취소하는가?(是取消派取消中國革命, 還是中國革命取消取消派?)」, 차이허썬의 「천두슈주의를 평함(評陳獨秀主義)」 등이 발표되었다.

『볼셰비키』는 국민당 당국의 검사와 국민당 특무의 이목을 피하기 위해 1929년 1월 2권 3호(총 31호)부터 겉면에 볼셰비키라는 글자를 넣지 않고 "소년회춘(少年懷春)"이라는 그림을 넣었고 2권 4호부터 11호까지는 "중앙관월간(中央關月刊)"로 위장했다. 3권 1호부터 5호까지는 "신시대국어교수서(新時代國語教授書)"라고 인쇄하고 "소학고급용(小學高級用)"이라는 글자도 함께 넣었고, 출판사도 "상무인서관출판(商務印書館出版)"이라고 했다. 또한 당시의 유명한 학자들의 저서로 위장하기도 했다. 『볼셰비키』 3권 6호는 "중국문화사(中國文化史)", "고강백편(顧康伯編)"이라고 했고, 4권 1호는"중국고사고(中國古史考)", "역사연구총서(歷史研究叢書)", 저자는 "첸쉬안퉁 편저(錢玄同編著)"라고 위장했다. 4권 2호부터 3호는 "금귀은천지연구(金貴銀賤之研究)", "중국경제협회출판", "1931년 6월"이라고 했다. 4권 4호에는 "BOLSIEVIK" 4집이라고 쓰여 있다. 4권 5호에는 "평민(平民)"이라는 두 글자를 표기하였다. 4권 6호는 "경제월간(經濟月刊)"이라고 했다. (김지훈)

참고문헌

方克, 『中共中央黨刊史稿』 上, 紅旗出版社, 1999; 王檜林·朱漢國, 『中國報刊辭典』, 書海出版社, 1992; 伍杰, 『中文期刊大詞典』, 北京大學出版社, 2000.

▌봉화(烽火)

1937년 중국 상하이에서 창간된 정치운동 잡지

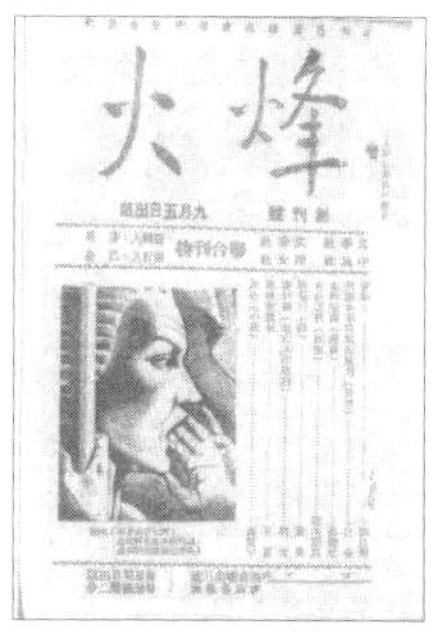

『납함(吶喊)』이라는 제호로 1937년 8월 상하이에서 창간되었다가 1937년 9월 5일 3호부터 『봉화』로 개칭하였다. 마오둔(茅盾)이 편집인, 바진(巴金)이 발행인을 맡았다. 주요 필진은 바진, 류바이위(劉白羽), 왕퉁자오(王統照) 등이다. 처음에는 주간(週刊)으로 발행되었다. 1937년 11월 7일 12호를 출간한 후 정간되었다가 1938년 5월 1일 광저우(廣州)에서 복간되었고 호수는 이전의 것을 지속하였다. 13호부터 편집인은 바진, 발행인은 마오둔이 담당했고 순간(旬刊)으로 전환하였다. 1938년 10월 11일 광저우의 함락으로 1938년 11월 총 20호를 발행하고 종간되었다. 베이징대학도서관과 상하이도서관 등에 소장되어 있다.

내용은 소설, 시가, 보고문학, 잡문, 만화 등의 작품을 게재하였으며, 중일전쟁 초기 중국군민의 생활과 투쟁을 반영하였다. 『봉화소총서(烽火小叢書)』도 출판했는데 1부는 바진이 쓴 「공소(控訴)」였고, 2부는 진이(靳以)의 「우리들의 피(我們的血)」였다. (김지훈)

참고문헌

王檜林 · 朱漢國, 『中國報刊辭典(1815~1949)』, 書海出版社, 1992; 伍杰, 『中文期刊大詞典』, 北京大學出版社, 2000; 上海圖書館, 『上海圖書館館藏近現代中文期刊總目』, 上海科學技術文獻出版社, 2004.

▌부강보(富强報)

1897년 중국 상하이에서 창간된 상업신문

1897년 5월 21일 상하이(上海)에서 창간되었다. 저장성(浙江省) 지방 부르주아계급들이 발행한 매체로 상하이소보관(上海蘇報館)에서 5일 간(刊)으로 발행하였다. 현재 1호 창간호부터 14호까지가 베이징수도(首都)도서관에 소장되어 있다.

내용은 조서(詔書), 상주문(上奏文), 시정(時政)과 논설, 각 지역 경제 소식과 외국경제 상황을 소개하는 글들이다.

창간호의 「예언(例言)」에서 개혁을 통해 가난을 부강하게 바꾸며, 약함을 강하게 바꾸기 위해 이 매체의 이름을 『부강보(富强報)』라 하였다고 설명한다.

서양 언론에서 중국의 이권과 관련된 기사들을 발췌하여 번역 소개하고, 복장 개혁과 변법 사상을 보도하였지만, 장즈둥(張之洞)이나 탄중린(譚鍾麟)과 같은 지방 관원의 글을 많이 게재하였다. 논설 역시 양무파(洋務派)의 논조를 가지고 있다.

정치상으로는 구국을 위한 부강정책과 변법유신(變法維新) 사상을 선전하고 봉건제도의 폐단을 주장하였다. 제국주의의 침략 야심을 폭로하고 중화민족으로의 자립을 강조하여 광범위한 계층으로부터 환영을 받았다. (김성남)

참고문헌

方漢奇 主編,『中國新聞社業通史』, 中國人民大學出版社, 1996; 王檜林·朱漢國 主編,『中國報刊辭典』, 太原: 書海出版社, 1992.

부녀세계(婦女世界)

1932년 서울에서 창간된 가정주부 계몽을 위한 여성 종합 월간지

1932년 3월 1일에 창간했다. 현재 창간호만 확인이 가능하다. 편집 겸 발행인은 동아산업시보사(東亞産業時報社) 사장인 최일(崔一)이 맡았다. 부녀세계사(婦女世界社)에서 발행하였고 창간호는 판형이 A5 국판이며 면수는 20쪽이다. 서울대에 창간호가 소장되어 있다.

창간호의 「창간에 제(際)하여」에서는 배우지 못한 여성의 처지를 한탄하면서 "배움에 주린 우리 여성들아, 자각하여라. 각오하여라. 이 기회를 잃지 말고 실행하여라. 부녀세계의 사명이 무엇인가. 아마 우리를 돕는 길이며 여성운동의 원로인 줄로 필자는 자인하는 바"라고 발간의 취지를 밝히고 있다. 여성의 문맹률이 비교적 높은 당대의 남존여비 사회에서 여성의 교육의 필요성을 역설하고 있다. 문자를 익히고 교육을 받아 여성의 처지를 자각하고 여성의 사명을 깨달아야만 현재의 상황을 타개할 수 있다는 것이다. 잡지의 내용은 논설, 수필, 서간문, 문예창작 등으로 구성되어 있다.

창간호에는 방영숙(方英淑)의 「여자의 의무」, 이옥희(李玉喜)의 「조선의 여성아」, 박인숙(朴仁淑)의 「여성책임은 무엇인가」, 최경자(崔敬子)의 「여성과 자유성」, 김인경(金仁敬)의 「조선의 여성아 모범인물이 되라」 등 가정의 주인으로서 여성의 위치를 자각하고 가정과 자녀에 대한 교양과 상식의 습득에 힘쓸 것을 촉구하는 계몽적 성격의 논설이 큰 비중을 차지하고 있다. '부녀세계사' 사원은 최일, 조원(曹源), 어윤실(魚允實), 이옥희, 김영자(金英子), 박인숙, 최경자, 고한옥(高漢玉), 박성복(朴成福), 방영숙 등이며, 잡지의 집필을 겸하고 있다.

『부녀세계』는 부인에게 가정의 주인으로서의 자각을 촉구하는 한편, 가정에 대한 규범과 지식을 보급하는 계몽적 성격의 잡지였다. 가정주부를 대상으로 하여 재래의 가정과는 다른 규범과 지식이 요구되고 근대 사회에 걸맞는 교양과 상식을 습득할 필요성을 강조하고자 했다. 여성의 발언과 사회 활동이 활발히 이루어지는 시대에 '신여성'이나 '하이칼라 여성', '모던걸'이 아니라, 자신들의 주된 공간인 가정을 규모 있게 꾸미고 자식들의 교육에 소홀하지 않으며 남편의 내조도 훌륭하게 해내는, 그러면서도 근대 여성으로서의 매력을 갖춘 '현모양처'로서의 역할을 강조하고 있는 것이다. 이 잡지는 새롭게 창출되는 순종형 여성 모델상을 제시하고 그에 맞게 여성을 관리하려는 의도에서 간행되었다고 하겠다. (전상기)

참고문헌

조은,『근대가족의 변모와 여성문제』, 서울대출판부, 1997; 김혜경, 「가사노동담론과 한국근대가족」,『한국여성학』 15권 1호, 1999; 이정덕,『한국의 근대가족윤리』, 신정, 2002; 김혜경,『식민지하 근대가족의 형성과 젠더』, 창비, 2006.

부녀잡지(婦女雜誌)

1915년 중국 상하이에서 창간된 여성지

1915년 1월5일 상하이(上海)에서 창간된 여성지이다. 월간이며 부녀잡지사에서 편집하여 상무인서관(商務印書館)이 발행하였다. 편집장은 왕윈장(王蘊章)과 후빈샤(胡彬夏), 장시천(張錫琛), 두주톈(杜就田)이 차례로 역임하였다. 1931년 12월 총 17권 204호를 발행하고 종간되었다. 베이징수도도서관에 소장되어 있다.

내용은 논설과 학예, 가정(家政), 명저(名著), 소설, 역해(譯海), 문원(文苑), 미술, 잡조(雜俎), 전기(傳奇), 기재(記載), 여흥(餘興) 등의 공간을 개설하였다. 주요 내용은 문예를 위주로 하여 여성문제 논설과 가정생활 상식 등을 실었으며, 여성들의 작품을 게재하려고 노력하였다. 집필진들은 다수가 남사(南社) 회원이다.

게재된 소설에는 리한추(李涵秋)의 「설연일기(雪蓮日記)」와 청잔루(程瞻廬)의 「약녀회천록(弱女回天錄)」, 왕윈장(王蘊章)의 「한 송이 구름(一朶雲)」, 후지천(胡寄塵)의 「모범여아전(慕凡女兒傳)」 등이 있다. 번역소설로 「덕황의 정탐(德皇之偵探)」, 「철혈여아(鐵血女兒)」 등이 소개되었다.

이외에 집필진으로 가오톈메이(高天梅)와 가오셰(高燮), 우즈잉(吳芝瑛), 첸지보(錢基博), 천취빙(陳去病), 윈다이잉(惲代英) 등이 참여하였다.

이 잡지의 출현은 일종의 사회 신사조를 표명하는 것이었으나 정절을 지킨 열녀를 찬양하는 등 전통 관념의 고리에서 완전히 자유롭지 못하였고, 여성참정권을 반대하면서 여전히 현모양처를 요구하는 봉건사상의 한계를 벗어나지는 못하였다. 그러나 여성교육의 제창과 자연과학, 생리위생의 신지식을 소개하는 등 새로운 신사조의 도전을 받아들여 여성의 입장에서 여성 해방을 모색하였고, 일정한 영향력을 미쳤다. (김성남)

참고문헌

周葱秀·涂明 著, 『中國近現代文化期刊史』, 山西敎育出版社, 1999; 王檜林·朱漢國 主編, 『中國報刊辭典』, 太原: 書海出版社, 1992.

▌부녀지광(婦女之光)

1924년 서울에서 발행된 여성지

1924년 7월 15일자로 개조사(改潮社)에서 창간했다. 독자는 여학생과 신여성들을 타깃으로 삼은 듯 하나 띄어쓰기 없이 국한문혼용으로 세로짜기 편집되어 있어 얼마나 선호되었는지 의문이 든다. 종간호 여부나 속간 여부는 현재 알 수 없다. 저작 겸 발행자는 서성렬(徐成烈), 인쇄인은 한성도서주식회사의 노기정, 발행소는 개조사(改潮社, 경성부 가회정 177)이다. 판형은 A5판으로 총 면수는 대략 90쪽 정도이며, 정가는 30전이었다. 연세대도서관과 고려대도서관에 소장되어 있다.

「권두언」에서 다음과 같이 밝히고 있다.

"인생은 저를 표준한다. 표준할 자기가 없는 때는 만상이 어찌 있으랴. 모두 허공이다. '나'라는 것이 없는 곳에 어찌 인(人)과 물(物)의 구별이 있으랴! 가정도 없고 사회도 없도다. 인성은 자유를 찾는다. 자유가 없으면 노예다. 노예의 생활에 어찌 쾌락이 있으랴. 그러므로 2, 3세의 유아도 저의 자유로움을 얻지 못하면 반드시 규호하며 읍체한다."

개인의 독립과 주체성 자각의 필수 요건으로 자유를 드는 것으로 보아 개성론과 사회진화론의 맥락에서 토해내는 창간의 변으로 읽힌다.

잡지의 내용은 문예란을 비롯하여 여학교 방문기, 동화, 신여성에게 주는 말, 부모님께 드리는 호소, 가정개선, 요리법에 이르기까지 다방면에 걸쳐져 있다. 그 중에서 참고할 만한 글은 아래와 같다. 방산의 「아버님 어머님 죄없는 사람을 가두지 마시오」, 이광의 「우리 자매의 현상(現狀)」, 이사윤의 「여자의 종횡관(縱橫觀)」, 일엽의 「우리의 사상」, 일여성의 「신여성 여러분에게」, 유내완의 「우리의 선결할 문제는 무엇인가?」 등은 당시의 여성 문제에 관한 논의를 엿볼 수 있는 글들이다. 그 밖에도 벽호의 「처녀의 눈물」, 「외로운 처녀」, 「평화로운 독신」, 청거의 「님 생각」, 방화산인의 「마음의 영(影)」 등의 시와 수필, 그리고 가을사람의 가정애화 「순자의 운명」 등은 운명 한탄조의 눈물을 자아내는 작품들로 꾸며져 있다.

특기할 만한 기사로는 일기자가 작성한 「경성 각극계 현상」으로 1924년 당시 조선 극단의 활동상을 조감하는 보고서로서의 의미를 갖는다 하겠다.

대중을 계몽하고 독자에게 지식을 전달하며 조선사회의 발전과 도약을 위해 그에 필요한 지식과 정보를 집적하는 잡지의 존재는 식민지 대중에게 절대적으로 필요한 매체일 수밖에 없었다. 그런 시대적 요구와 민족적 사명을 절감하여 출판사를 설립하고 잡지를 발간했던 개조사 사원들로서도 나름의 역사적 책임과 의무를 느꼈을 것이다. 그러나 『부녀지광』의 내용을 보건대 편집원칙이나 뚜렷한 지향이 없이 잡다한 기사들을 모아놓은 것에 불과하다는 인상을 준다. 그만큼 잡지 발간에 앞서는 준비와 뚜렷한 목적의식이 결여된 것이 아닌가 싶은 인상을 주는 이 잡지는 종간의 원인 역시 그것에서 찾을 수 있을 것이다.

이 잡지 창간호의 앞머리에는 2면에 걸쳐 '본사 3대 잡지'를 광고를 싣고 있다. 첫째가 『사상선도』, 둘째가 『개조』, 그리고 셋째가 『부녀지광』이다. 도판으로 "본사창립기자사진"이 실려 있는데 사장 이하 13명의 사원이 2층 사옥 앞에서 기념 촬영한 것이다. 창립 취지와 목적은 대단했던 것으로 보이는데 이유는 모르지만 『부녀지광』 외에 다른 잡지의 존재 여부는 현재 전혀 알 수 없다. (전상기)

참고문헌

이소연, 「일제강점기 여성잡지 연구」, 이화사학연구소, 『이화사학연구』, 2002; 최덕교 편저, 『한국잡지백년』 1, 현암사, 2004.

부보(部報)

1937년 타이완총독부가 발간한 정보 잡지

1937년 9월 창간된 정보 잡지이다. 발행처는 타이완총독부(臺灣總督府) 임시정보부(臨時情報部)이다. 나중에는 『타이완정보(臺灣情報)』, 『타이완시보(臺灣時報)』 등의 타이완총독부 기관지와 함께 편집의 쇄신이 기도되어 1940년에 설치된 정보부가 이를 담당하게 되었다. 이후 발행처는 타이완총독부 관방정보과(官房情報課)로 이관되었다. 1일, 11일, 21일 발행의 순간이었다. 판형은 B6판이었고 매호 32쪽 정도였다. 현재 1942년 3월에 발간된 147호까지 확인된다. 일본의 국립국회도서관, 아이치대학(愛知大學)도서관, 오사카(大阪)부립도서관에 소장되어 있다.

1937년 7월 일본과 중국 사이에 전면전이 전개됨에 따라 타이완이 중국에 대한 정보 수집의 거점으로 중요한 지위를 차지하게 되었다. 이에 타이완총독부는 정보 수집 업무를 전담할 부서로 임시정보부를 설치하였다.

『부보』는 임시정보부의 기관지였다. 『부보』의 내용은 주로 중국 대륙 각 지역에서 중일전쟁의 전국의 진행 상황, 국민당 난징(南京) 정부의 움직임, 중국인의 항일운동의 동정 등을 전하는 외에 타이완 내부의 치안 상황 및 해외 정보도 취급하였다. 매호 말미에 중일전쟁 일지를 게재하였다. 집필은 임시정보부 외에 타이완총독부의 여러 과가 나누어 맡았다. (이준식)

참고문헌

アジア經濟研究所圖書資料部, 『舊植民地關係機關刊行物綜合目錄 臺灣編』, アジア經濟研究所, 1973.

부산(釜山)

1926년 부산에서 창간된 부산부의 일본어 월간 홍보 잡지

1926년 7월 창간된 것으로 보이나, 아직 창간호는 발굴되지 않았다. 이 잡지의 편집 겸 발행자는 부산부였다. 월간지 형태로 발행되었는데, 1930년 3월 발행의 5권 3호가 마지막이다. 1930년 4월 개정된 「휘보발행규정」으로 『부산휘보』로 개제되었으며, 매월 수시 필요에 따라 발행하는 것으로 규정이 개정되었다. 현존하는 『부산휘보』 46호(1933.9)~
52호(1935.1)를 보면 발행 빈도가 1~6개월에 걸쳐 있어 매우 부정기적이었다.

판형은 국판이었고, 32쪽부터 72쪽까지 발행되었는데 대개 40~50쪽 내외가 많았다. 원래 비매품으로 발간되었던 것으로 보이지만, 3권 5호(1928.5) 이후에는 정가 30전으로 기재되어 있는 것이 3호가 있다. 발행부수는 1928년 7월까지는 350부였으나, 1929년 4월부터는 555부로 증가하였다.

부산시립도서관에 1926년부터 1930년까지 통상호 39책과 별책 1책, 모두 40책이 소장되어 있는데, 창간호와 4권 9호가 결호이다.

이 잡지는 1926년 4월의 부산부 내규 「휘보(彙報)발행규정」에 의해 발행되었는데, 부산부 시설의 주지(周知) 및 주요 사정의 보도에 도움을 주기 위하여 발행한다고 하였다.

잡지의 배포 대상은 정(町) 총대, 조장(組長), 학교조합 의원, 부협의회 의원 등 주로 공직자였다. 정 총대와 조장은 1925년 1월에 설치된 명예직이었는데, 부

행정에 관한 정동 내의 공공사업 또는 사무를 보조하는 것을 주요 업무로 하였다. 이를 보면 그들에게 정보를 제공하여 그들의 업무를 원활하게 수행하도록 하는 것이, 이 잡지를 발행한 주요한 목적이라고 할 수 있겠다. 이 잡지를 발행한 예산 항목인 「휘보발행비」는 「사회교화비」 중의 「교화제비(敎化諸費)」에 포함되어 있다.

대개 사진과 권두언이 실려 있고, 주장과 연구조사, 공무(公務), 서임사령(敍任辭令), 통계보고, 잡보, 기타, 편집후기 등으로 잡지가 구성되어 있다.

부산부의 도시사회정책과 노동행정 등을 연구하는 데에 기본적인 자료가 될 것이다.

잡지의 편집

「휘보발행규정」 4조에는 "『부산』의 편찬을 위하여 편찬위원장과 편찬위원을 둔다"고 하였으며, 위원장과 위원은 "부윤이 임명하거나 촉탁한다"고 규정하고 있다. 창간 이후 인선은 불명확하지만, 잡지 종간 직전인 1930년 1월 부이사관 다카히사 사카에(高久榮), 부속(府屬) 오카다 다케오(岡田武男), 스즈키 시토미(鈴木蔀), 기요카와 하마키치(淸川浪吉)의 4명이 편찬위원으로 임명되어 있는 것이 확인된다.

실제 편집을 담당한 것은 부산부청 내무계에 근무하는 서기였는데, 이름이 책의 뒤에 발행인으로 기재되어 있다. 그에 따르면 창간부터 2권 9호(1927.9)까지는 내무계 서기 요시다 마사히로(吉田正廣)였고, 2권 10호(1927.10) 이후로는 내무계 서기(5권 1호=1930년1월에는 학무계)였던 우라다 쇼조(浦田省三)였다.

요시다 마사히로는, 생몰년과 자세한 경력은 알 수 없지만, 1922년 경기도 내무부 농무과 기수, 1926~1927년 부산부 서기, 1928년 조선총독부 식산국 농무과장, 1933년 경기도 소작관보, 1937년 황해도 소작관, 1940년 조선총독부 농림국 농촌진흥과 이사관, 1941년 조선총독부 외사부 척식과 촉탁으로서 근무한 것이 확인된다. 편저서로 『조선의 소작관행(朝鮮の小作t慣行)』, 『조선에서의소작에 관한 기본법규 해설(朝鮮における小作に關 する基本法規の解說)』이 있다.

우라다에 대해서도 역시 자세한 것은 알 수 없지만, 1914년부터 함경도 원산, 1923년부터 부산에서 소학교 훈도(訓導)로 근무하였으며, 1927년에 전직하여 부산부 서기로 취직하여 1939년까지 근무하였다. 우라다는 모두 31호의 편집을 거의 혼자서 담당하였던 것으로 보인다. 우라다의 주요한 담당 업무는 '사회교화'였고, 기독교 신자였던 것으로 보인다. 우라다는 후계지 『부산휘보』 5호까지의 편집 겸 발행인으로도 기재되어 있다.

1920년대의 부산

부산은 1876년 조선 최초의 개항장으로, 개항 후 구 왜관에 일본인 거류지가 설치되고 재류 일본인에 의해 도시 형성이 진전되었다. 1905년 경부철도가 개설되고, 관부연락선이 취항하였다.

1910년대 중엽에는 일본인이 조선인보다 더 많이 거주하는 특이한 도시였으며, 1925년에는 진주에서 부산으로 경남 도청이 이전되었다. 1925년 부산의 인구는 10만 4000명으로 경성(30만), 평양(10만 9000)에 이은 조선 3대 도시였으며, 거주 일본인의 비율은 38%에 달하였다.

잡지 『부산』에는 1920년대 후반 부산부의 상황이 드러나 있다. 우선 1920년대 후반 부산부 협의회원의 구성 상황을 알 수 있다. 1920년 부산부 협의회원 20명 가운데 일본인이 16명, 조선인이 4명이었으며, 1923년에는 일본인이 17명, 조선인이 3명이었다. 1936년에는 정원이 30명으로 늘어났으나, 그 가운데 일본인이 27명, 조선인이 3명을 차지하고 있다.

이 잡지를 통하여 특히 식민지 도시 부산의 사회사업에 관한 자세한 상황을 확인할 수 있다.

기념호 발행

부산부의 주요 행사를 홍보하기 위하여 모두 5호의 기념호가 발행되었다. 제일 먼저 1926년 "개항50년 기념호"(1926.11)가 발행되었는데, 거의 대부분의 지면을 특집 기사가 차지하고 있다. 우선 조선총독부를 비롯한 주요 기관 간부의 축사, 「개항50주년 기념제」를 비롯한 「무역품전람회」, 「상품견본시」, 「향토사료전람회」 등 각종 기념행사의 실황기사가 게재되어 있으며, 무역공로자로 표창된 5명의 약력, 「재부(在釜) 40년 이상 재주자」 명부 등 부산 재주 일본인 사회 형성과 관련한 기사도 있다.

"시민체조 장려호"(1927.7)는 1927년 7월 부산부가 주최한 '시민체조회'를 기념하여 발행한 것으로, 대중체육법으로서의 시민체조를 장려하고 있다. 이 시민체조는 일본 체신성의 간이보험국이 1925년 미국의 생명보험회사로부터 도입하여 '국민보건체조'라고 명명한 것으로, NHK가 1928년 11월 어대전(御大典)기념사업으로 기획한 '라디오체조'가 전국적으로 보급되기 직전에 만들어진 것이었다. 라디오체조의 원형이 이미 식민지 도시에서 실시되었다는 점에서 흥미롭다.

"축항준공기념호"(1928.3)에는 총독부와 부산부의 주요 간부 축사와 공사보고, 준공식 실황 등이 게재되어 있다. 1928년에는 "어대전봉축준비호"(1928.10)와 "어대전기념호"(1928.11)가 연속으로 발행되고 있다. 1926년 쇼와(昭和) 천황이 즉위한 것을 기념하여, 어대전이 이루어진 1928년까지 전국적으로 천황 즉위를 둘러싼 각종 캠페인이 전개되었다. 이 기념호를 통하여 총동원체제 이전 시기에도 이미 식민지에 황국의식을 전파하는 각종 캠페인이 실시되고 있었음을 확인할 수 있다.

이 밖에 별책부록으로 『부산부위생시설개요』 두 권을 발행하였는데, 아직 실물이 발굴되지 않았다. (윤해동)

참고문헌

坂本悠一·木村健二, 『近代植民地都市 釜山』, 櫻井書店, 2007; 박철규, 「일제시기 부산지역의 사회사업」, 『지방사와 지방문화』 9권 2호, 2006; 홍순권, 「1910~20년대 부산부협의회의 구성과 지방정치」, 『역사와 경계』 60호, 2006.

▌부산상공회의소월보(釜山商工會議所月報)

부산에서 발간된 일본어 경제월간지

원래 『부산상업회의소월보』라는 이름으로 창간되었으나, 1930년 상업회의소가 상공회의소로 개편되면서 1930년 10월호부터 『부산상공회의소월보』로 개제되었다. 창간부터 폐간까지의 자세한 상황은 알기 어렵다. 1926년 9월호부터 1939년 12월호까지가 서울대도서관 경제문고에 소장되어 있다.

1930년까지의 『부산상업회의소월보』는 크게 부산의 경제활동에 관한 보도, 분석기사를 다루는 기사란과 각종 통계자료를 수록한 중요 경제통계란으로 구성되었다. 1930년 10월 이후 『부산상공회의소월보』는 권두언, 조사 및 자료, 부산경제상황, 부산경제시사(時事), 본소록사(本所錄事), 경제통계 등으로 재구성되었다. 여기에 조선상공회의소연합회나 조선무역협회 등의 단체에 관한 주요자료가 첨부되기도 하였다. 1935년 7월호부터는 경제정보와 부산경제일지(日誌)가 추가되었는데, 경제정보는 만주, 타이완, 중국 등 해외의 경제사정에 관한 내용이 중심이었다. 1930년대 초반에는 만주에 관한 경제기사가 증가하였고, 1930년대 후반에는 통제경제정책과 관련한 기사가 증가하고 있다. 부산에서 활동하고 있던 실업인들의 관심이 해외로 확대되고 있음을 보여 주고 있다.

1920~1930년대 부산항의 경제상황을 파악하는 데 기본이 되는 자료이다.

• 부산상공회의소

부산에는 개항 직후인 1879년에 이미 일본인상업회의소 조직인 부산 일본인상법회의소가 설립되었다. 이는 도쿄와 오사카의 상법회의소에 이어 일본인들이 세운 세 번째 상법회의소였다. 1893년 부산항일본상업회의소로 개칭되었다가, 1908년에는 부산상업회의소로 다시 변경되었다.

이에 대응하여 조선 상인들은 1889년 부산객주상법회사라는 이름으로 조선인 상인단체를 창설하였다. 이는 부산항의 객주 44명이 합동하여 설립한 일종의 객주 조합이었으나 근대적 상업회의소 조직의 초기단계 조직으로 간주할 수 있다. 1908년 8월 부산객주상법회사는 동래상업회의소로 개편되었다가, 1910년 다시 부산조선인상업회의소로 개칭되었다.

1915년 민족별 분리조직의 통합을 강제하는 조선상업회의소령이 공포됨에 따라 1916년 부산의 조선인 상업회의소와 일본인 상업회의소는 부산상업회의소로 통합 개편되었다. 부산상업회의소는 1930년 조선상공회의소령이 발포됨에 따라 부산상공회의소로 개명되었다. 1944년 조선상공경제회령이 발포되자, 경상남도상공경제회로 개편되고 이어 마산지부, 통영지부, 진주지부가 설치되었다.

부산 상공회의소는 일본인 자본가가 중심이 된 조직이었으나, 1930년 상공회의소로 개편되면서 2명의 부회장 가운데 1명은 조선인으로 선임되었다. 부산상공회의소에서 발간한 단행본으로는 『부산의 시각으로부터 본 동해안』(1933년)이 있다. (윤해동)

참고문헌

부산상공회의소, 『부산상공회의소 백년사』, 1989; 田中市之助, 『全鮮商工會議所發達史』, 釜山日報社, 1935; 『부산상공회의소월보』, 서울대도서관 경제문고 소장본.

▌부산상공회의소통계연보(釜山商工會議所統計年報)

부산에서 일본어로 발행된 경제통계 관련 연간지

부산상공회의소가 발행한 일본어 연간 통계자료집으로, 현재 1938년(1939년 발간) 분만 국립중앙도서관에 소장되어 있다. 창간부터 종간까지의 자세한 사정에 대해서는 확인하기 어렵다.

연보는 인구, 재정, 무역, 금융, 교통·운수, 창고 및 보세공장, 시장, 공업, 물가·노임의 9개 항목 통계자료로 구성되었다. 그 가운데 무역과 금융, 교통·운수의 3개 항목 통계가 가장 구체적이고 분량도 많다. 무역은 수이출, 수이입, 대외국무역(수출, 수입), 대내지무역(이출, 이입), 통과무역 등의 세부항목으로, 금융은 예금, 대출금, 외환 및 송금(爲替及振替), 수표 교환, 조선은행권 등 5개 세부항목으로 구성되었다. 교통·운수 항목은 무역 선박, 무역 화물, 철도 화물, 여객, 통신 등 5개 항목으로 구성되었다. 부산의 경제상황을 파악하는데 가장 기본적인 자료이다. 부산상공회의소의 통계연보는 다른 소도시의 연보에 비해 분량도 훨씬 많을 뿐만 아니라, 항목도 매우 구체적이다. 이는 부산항의 경제활동이 매우 활발했음을 드러내는 것이다.

부산상공회의소에서는 이외에도 『부산상공회의소월보』(1930년 이전에는 『부산상업회의소월보』)를 발간하였다. 부산상공회의소와 『부산상공회의소월보』에 관해서는 『부산상공회의소월보』 항목을 참조. (윤해동)

참고문헌

田中市之助, 『全鮮商工會議所發達史』, 釜山日報社, 1935; 『부산상공회의소통계연보』, 국립도서관소장본.

▌부산상업회의소월보(釜山商業會議所月報)

▶ 부산상공회의소월보

▌부산일보(釜山日報)

1905년 부산에서 발간된 일본어 일간지

1905년 1월 러일전쟁 중에 창간되었으며 창간 당시의 제호는 『조선일보』였으나, 11월 『조선시사신보』로 제호가 바뀌었다. 1908년 아쿠타가와 다다시(芥川正)가 경영을 인수하여, 『부산일보』로 개칭하였다. 1915년 현재 사장 겸 주필이 아쿠타가와 다다시, 발행인 겸 편집인은 가와노 히카리(河野光)였다. 1919년 주식회사로 변경되었는데 이후에도 아쿠타가와 다다시는 사장 겸 주필로 경영에 참여하였다. 1928년 아쿠타가와가 병사한 이후, 가시이 겐타로(香椎源太郎)가 이사로 취임하여 회사를 대표하였다.

『부산일보』는 불기(不羈) 독립의 견지에서 정당이나 관권 민권 등에 편중되지 않음으로써 독자의 신뢰를 얻는 것을 목표로 삼았다고 한다. 『부산일보』의 사시는 메이지 천황의 어서문(御誓文) 5개조를 기본으로 삼았다.

1918년 4월부의 조례와 기타 공고해야 할 사건을 등재하는 공식 신문으로 『조선시보』와 함께 지정된 후, 부산부의 법령을 중심으로 한 부산부의 공식 기사가 계속 게재되었다.

1919년 자본금 25만 원의 주식회사로 변경되었으며, 조직의 변경과 아울러 사세가 확장되어 동아시아의 '관문'인 부산 역두에 커다란 사옥을 건축할 정도가 되었다고 한다. 판매구역은 조선을 넘어 만주 오지에까지 확대되었다. 1926년 현재 본사에는 24명이 근무하고 있었으며, 강원도, 호남선 연선, 평양 등지에 총무소를 두어 전국의 지사를 통할하게 하고 경북판, 호남판, 중선판, 강원판 등의 지방판을 발간하기도 하였다.

본사는 부산의 기시모토정(岸本町)에 있었으며, 1929년 현재 조간 4쪽, 석간 4쪽으로 발간되었다. 주요 설비로는 윤전기 3대, 평판인쇄기 5대, 활자는 7포인트 75, 스테레오 및 사진 요철판 인쇄기 등이 있었다. 지면은 1행 75자, 1단 135행, 1면 12단으로 구성되었으며, 구독료는 1개월 1원, 광고료는 5호 1행에 1원 30전이었다. 현재 부산시립도서관에 1915년 1월부터 1916년 2월 사이에 발간된 신문이 보관되어 있다. 『조선시보』와 섞여 있으며, 그중 일부는 누락되어 있다.

1926년은 부산 개항 50주년이었다. 부산은 1925년 도청을 이전함과 아울러 행정구역을 확장함으로써 인구가 15만에 달하는, 조선과 일본을 통틀어 주요한 도시의 지위에 올라섰다. 1925년 부산의 무역액은 2억 2000만 원으로, 고베 요코하마 오사카에 이어 일본 지배 지역 전체에서 4위를 차지하였다. 이는 조선 전체 무역액의 절반을 차지하는 것이었다. 상하이 항로와 홋카이도 항로의 개설, 타이완 항로의 기획과 아울러 부산은 동아시아 항로망의 관건을 차지하게 되었다.

특히 1931년 일본의 만주침략으로 만주붐이 일게 되자 부산은 일본과 만주를 잇는 매개로서 일약 국제적인 도시로 부상하게 되었다. 부산은 일본인이 가장 많이 그리고 조밀하게 거주하는 도시이기도 하였다.

부산의 도시적 확대와 아울러 『부산일보』 역시 괄목할 만한 사세의 확장을 보이고 있다. 각 지역에 지사, 지국을 관리하는 총무소를 둔 것은 이런 신문의 확장을 반영하는 것이었다. 『부산일보』는 대륙적 실업의 언론기관으로서 만선에 웅비하는 것을 목표로 삼았다.

1925년에는 아쿠타가와 사장 도선(渡鮮) 40주년 기념으로 대부산건설 대강연회를 개최하였다.

1941년 총독부의 일도일지제(一道一紙制)라는 신문통합정책에 의하여, 부산에서 발행되던 『조선시보』와 마산에서 발행되던 『남선일보』가 『부산일보』에 통합되었다.

부산일보사에서 발간한 단행본으로는 구라타 이치지로(倉田逸次郞), 『설학유고(雪學遺稿)』(1918), 부산일보사 군산지사에서 발행한 『군산』(1928), 다나카 이치노스케[田中市之助]의 『전선상공회의소발달사』(1936) 등이 확인된다.

• 가시이 겐타로(香椎源太郎)

1928년 사장으로 취임한 가시이 겐타로는 조선의 '수산왕(水産王)'으로 지칭된 인물이다. 원래 후쿠오카(福岡)현 출신으로, 청년시절에 대륙낭인 단체인 겐요샤(玄洋社)의 영향을 크게 받은 것으로 알려져 있다. 러일전쟁 중인 1905년 조선으로 건너와, 통감 이토 히로부미의 주선으로 조선왕실 소관의 어업권을 획득하였다. 이것을 바탕으로 조선의 수산왕으로 일컬어질 정도의 규모가 큰 사업의 기틀을 마련하였다고 한다. 참고로 후지이 간타로(藤井寬太郞)는 조선의 수리왕(水利王)으로, 오구라 다케노스케(小倉武之助)는 조선의 전기왕(電氣王)으로 일컬어졌다고 한다.

가시이는 부산에서 부산수산회사, 부산수출수산회사, 경성에서 히노마루(日の丸)수산회사, 경성수산회사 및 기타 은행 회사 등의 창립에 관여하여 사장 혹은 중역을 역임하였으며, 동양척식회사의 고문으로 위촉되기도 하였다. 또 부산의 경질도기회사의 경영이 부진하자 그를 인수하여 회생시키기도 하였다.

그는 1909년에는 부산일본인민단의 의원으로 선출

되었다. 부산상업회의소의 특별회원을 거쳐 1920년 상업회의소 회두에 취임하여, 16년 동안 활발하게 활동하였다. 조선수산조합 평의원, 조선수산회 회장 등을 역임하였으며, 부산학교조합 평의원, 부산부협의회 의원, 경상남도회 의원 등 행정에도 관여하였다. (윤해동)

참고문헌

田中市之助, 『신흥조선개발사정』, 조선민보사, 1939; 中村明星, 『朝鮮滿洲新聞雜誌總覽』, 新聞解放滿鮮支社, 1929; 『新聞總覽』, 日本電報通信社, 각년판; 홍선영, 「일본어신문 『조선시보』와 『부산일보』의 문예란 연구: 1914~1916년」, 『일본학보』 57-2, 2003.

부산휘보(釜山彙報)

▶ 부산

부인(婦人)

1922년 서울에서 발행된 월간 여성지

개벽사(開闢社)가 가정주부를 대상으로 한 월간 여성지이다. 1923년 9월 통권 16호로 종간되었다. 발행인은 이돈화, 인쇄인은 민영순이다. 인쇄소는 신문관, 편집주임은 현철이다. 창간호는 A5판, 100쪽 미만으로 발행되었으며 정가는 30전이다. 국한문이 병기되었다. 국회도서관에 소장되어 있다.

창간호의 「창간사」에서는 현재의 부인 사회가 배우지 못한 야만의 상태에 처해 있는 현실을 한탄하고 있다. 이를 잠시 발췌하면 다음과 같다.

"배울 수 있는 대로 배워야 할 것이며 알 수 있는 대로는 알아야 할 것이니 이것은 가장 간편한 방법과 가장 널리 알 것은 부인의 신문이나 부인의 잡지 밖에는 더 좋은 방법이 없습니다. 우리의 이 조그마한 잡지가 여러분으로 하여금 배움이 있고 가르침이 있어 한 걸음이라도 문명한 길을 나아가게 되면 이곳 우리의 크게 바라는 바이다."

그 밖에 논설, 방문기, 수필, 문예창작 등으로 잡지는 구성되어 있다.

창간호의 「어머님께 여쭙든 그대로」에서 춘파(春坡)는 "이 잡지를 보시면 첫째 부인네로서의 할 만한 도리를 아시게 되며, 둘째 남편을 잘 섬기며, 셋째 아이들을 잘 기르며, 그 밖에 손님 접대하는 것이라든지 청결이라든지 위생이라든지 무엇이든지 다 잘 알아 잘하게 됩니다"라고 언급하고 있듯이 부인들을 대상으로 가정에 대한 교양과 상식을 보급하는 계몽적인 글을 싣고 있다.

또한 박사직의 「즐거운 가정」에서는 우리 가정의 불행으로 가난한 것, 쓸쓸한 것을 지적하면서, 부인네들이 비단옷을 입지 말고 절용하여 가난을 극복할 것과 무식을 면하여 남편의 대화 상대가 될 것을 권하고 있으며, 송원 여사의 「저녁에 돌아오는 남편을 어떻게 맞을까」는 밖에서 지친 남편에게 아내는 최대한의 안락을 제공해야 한다고 말하고 있다. 이처럼 『부인』은 여성지이기는 하지만 여성들을 위하기보다는 당시 남성들의 여성에 대한 요구를 강변하는 내용이 많다.

한편 「독자를 위하여」에서는 1000만 여성을 위한 상담실로서 여러 방면에 고문을 두고 '무엇이든 물어보세요'를 싣고 있다. 그리하여 독자들의 의문이나 어려운 일 등을 해결하기 위하여 각 분야의 고문을 두었는데, 법률고문에는 변호사 김병로(金炳魯), 변호사 이승우(李升雨), 변호사 박승빈(朴勝彬), 위생고문에는 평일의원장 김용빈(金容彬), 김용채 내외과의원 원장 김용채(金溶彩), 홍제의원장 유홍종(劉洪鍾), 제중원부인외과 방규환(方奎煥), 가정고문에는 본사 부인기자 김경숙(金慶淑), 번민고문에는 본지편집부주임 현희운(玄僖運), 상식고문에는 본사 편집부, 미용고문에는 경성미용원장 현희운(현철) 등을 두어서 부인문제에 관한한 나름대로 전문성을 갖추려고 노력했음을 엿볼 수 있다.

특히 창간호 목차 바로 뒷면에 나온 경성미용원 광고를 눈여겨 볼만하다. 즉 본래 '화장품과 미용술을 연구하는' 경성미용원에서는 『향흔(香痕)』이라는 잡지를 내고 있었다. 그런데 원장 현희운이 개벽사 발행 『부인』의 편집주임이 되면서 '같은 의미의 두 잡지를 발행할 것이 없으므로' 『향흔』을 그만두고 『향흔』에서 내던 가정문답과 미용문답을 모두 『부인』에 내기로 한다는 것이다. 그리고 이러한 이유로 『향흔』 독자들은 앞으로 『부인』을 애독해 달라는 내용이 있어서 흥미롭다.

『개벽』의 필진들이 집필을 담당하고 있는 『부인』은 『개벽』의 자매지 격으로, 가정에 대한 교양과 상식을 보급하는 계몽적 성격의 잡지였다. 『부인』은 1923년 9월부터 『신여성』으로 개제하여 발행하였다. (이경돈)

참고문헌

류석환,「개벽사의 출판활동과 근대잡지」, 성균관대학교 석사학위논문, 2006; 최덕교 편저,『한국잡지백년』, 현암사, 2004; 이경자,「한국여성잡지의 역사적 고찰: 1945년 이전에 발간된 여성잡지를 중심으로」, 서울대학교신문대학원, 석사학위논문, 1971; 이소연,「일제강점기 여성잡지 연구」,『이화사학연구』 29집, 2002.

부인계(婦人界)

1902년 일본 긴코토쇼세키에서 발행한 여성지

1902년 7월 교과서 출판으로 유명한 긴코토쇼세키 주식회사(金港堂書籍株式會社)가 발행한 잡지 시리즈 가운데 6번째로 창간된 잡지이다. '부인'이라는 이름을 제호에 붙인 일본 최초의 본격적 여성지이다. 월간으로 발행되었고, 정가는 20전이었다. 잡지 발행은 창간 이후 1904년 12월에 일시 휴간되었다가, 1909년 5월에 다시 복간되어 1917년 8월호로 폐간되었다.

잡지는 '논설' 항목을 줄이고, 실용기사를 많이 게재한 '가정(家庭)'란에 지면을 많이 할애했다. 또 직업안내 등을 게재한 '사회(社會)'란도 중시되었다. 이러한 잡지의 구성은 이후의 종합여성지(소위 부인잡지)의 지면 구성을 시사하는 내용으로 주목할 필요가 있다.

휴간으로부터 5년 후에 복간된 『부인계』는 이전에 비교해 커다란 차이점은 없지만, 독자층으로 새로이 젊은 여성, 특히 여학생을 염두에 두었다. 현재 잡지는 일본 국회도서관 등이 소장하고 있다. (이규수)

참고문헌

牛島俊 作,『日本言論史』, 河出書房, 1955;『近代文學雜誌事典』, 至文堂, 1965; 桂敬一,『明治·大正のジャ-ナリズム』, 岩波書店, 1992.

부인계(婦人界)

▶ 신여성(新女性)

부인공론(婦人公論)

1916년 일본의 중앙공론사가 발행한 종합잡지

1916년 1월 도쿄의 중앙공론사(中央公論社)가 발행한 종합잡지이다. 창간호의 정가는 70전이었다. 잡지는 여성의 해방과 자아의 확립을 주장하는 '청탑(青鞜)'

으로 대표되던 시대의 요청과 더불어 발행되었다. 현재 잡지 원본은 가가와대학(香川大學) 가미하라문고(神原文庫)가 소장하고 있다.

창간 당시는 공론란을 권두에 만들어 지식부인을 대상으로 한 고답적 편집으로 출발했지만, 쇼와 시기에는 대중화되었다. 연애, 결혼, 직업, 가정과 부인의 문제를 거론했고, 시국과 결부된 국제·정치문제도 여성해방의 관점에서 거론한 잡지이다.

매호 게재된 창작란에는 마사무네 하쿠초(正宗白鳥)의 「찬 눈물(冷涙)」, 우노 고지(宇野浩二)의 「여괴(女怪)」, 다니자키 준이치로(谷崎潤一郎)의 「신과 인간 사이(神と人との間)」, 도쿠다 슈세이(徳田秋声)의 「연애방랑(恋愛放浪)」, 사토 하루오(佐藤春夫)의 「도시의 우울(都市の憂鬱)」, 아쿠타가와 류노스케(芥川龍之介)의 「신기루(蜃気楼)」, 기노시타 준지(木下順二)의 「석학(夕鶴)」, 아리요시 사와코(有吉佐和子)의 「향화(香華)」, 이토 세이(伊藤整)의 「감상부인(感傷婦人)」, 기타 모리오(北杜夫)의 「도쿠토루만보 청춘기(どくとるマンボウ青春記)」, 미시마 유키오(三島由紀夫)의 「문장독본(文章読本)」 등이 발표되었다. 또 번역으로는 폴 발레리(Paul Valery), 사강(Francoise Sagan), 사르트르(Jean-Paul Sartre) 등의 작품이 게재되었다. (이규수)

참고문헌

牛島俊 作, 『日本言論史』, 河出書房, 1955; 『近代文學雜誌事典』, 至文堂, 1965; 桂敬一, 『明治·大正のジャ-ナリズム』, 岩波書店, 1992.

▌부인공론(婦人公論)

1936년 서울에서 발행된 여성교양지

1936년 5월에 발행되어 1936년 8월에 폐간된 여성교양잡지이다. 통권 4호가 발행된 것으로 추정된다. 현재 1권부터 3권은 연세대학교에 소장되어 있다. 국판 107~170쪽. 편집인은 김해진, 인쇄인은 김진호, 인쇄소는 한성도서주식회사, 발행소는 사해공론사이다. 정가는 20전이다.

1936년 5월, 사해공론사에서 『사해공론』의 자매지로 나온 대중 여성지이다. 신불출의 만담 「광상시인(狂想詩人)」으로 시작하는 이 잡지는 각종 시사적인 이야기와 문학작품, 그 외에 가벼운 읽을거리들이 공존하는 대중적 종합지이다.

김태오, 정인섭, 신백희, 오영도, 백철, 유영삼, 엄홍섭, 이헌구, 이북명, 김태준, 함대훈, 박영준, 이하윤, 김우영, 백철, 김억 등이 필자들로 참여한다.

창간호에는 여성시평(女性時評)으로 이선희의 「여성과 법률」, 신덕경의 「부부애」, 윤영춘의 「직업부인의 경향과 그의 호소」 등 당대 여성들의 다양한 관심사들을 다루고 있다.

문학작품으로는 김희규의 시조 「황성춘경(皇城春景)」, 임연의 소설 「시인과 강아지」, 김해진의 시 「도시의 하로」, 주수원의 수필 「여교사의 하로」가 실려 있다. 그 외는 윤덕순의 「남녀상성(男女相性): 결혼과 호루몬」, 「선뵈는 사진 박이는 법」 등 홍미위주의 실용적인 기사들과, 「격언」, 「나타륜이 황후」, 「방자 폐지」, 「이혼위자료 청구 공판」, 윤천일의 「결혼반지 이야기: 그 유래와 전설」 등 홍미를 유발하는 지식 기사들이 있다. 특히 전영실의 「볼가이 뱃노래」, 송종호의 「그리샤 신화: 야화」, 「명곡이야기: 1인 1화」 등 문화적인 지식 기사들이 꽤 많은 비중으로 실려 있어 당대 여성들의 문화적 욕구를 충족시키려는 의도를 보여준다. 그 외에 산물이라는 필자의 수기 「애기 잃은 뒤」와 같은 애화류 기사도 실려 이 매체가 매우 다양한 방식으로 대중성을 구현한다는 점을 알 수 있다.

창간호 이외에 현재 실물을 구할 수 있는 3호와 4호를 살펴보면, 이후에도 창간호의 편집방침이 그대로 이어지는 것을 알 수 있다.

단, 3호부터는 창간호에 실렸던 「여성시평」이 사라져, 점차 이 매체에서 정론성이 사라져간다는 것을 알 수 있다. 대신 3호에는 호기심을 자극하는 설문 기사들이 실려 있다. 3호에는 「문인들의 비별기(悲別記)」라는 주제로 당대 문인인 백철, 한흑구, 정래동, 유영삼이 차례로 글을 싣고 있고, 「여행과 문인의 로멘쓰」라는 주제로도 이헌구, 최영수, 이북명, 김계림, 최인준이 글을 쓰고 있다. 이러한 점은 이 매체가 당대 문인들의 스타성을 이용하여 잡지의 대중성을 높이려는 시도라고 볼 수 있다. 1호부터 이 매체에는 문인들에 대한 가십성 기사들이 실려 있다. 1호에는 「문인인상기」가 실려 있고, 3호에는 「문인전보 수집철」, 4호에는 김억의 「문인들의 중학시절 통신부」가 있다.

물론 문학작품은 이후에도 지속적으로 실리는데, 엄흥섭의 장편연재소설 「구원초」가 3호부터 연재되고, 김억의 시 「시집간 뒤에」(3호)가 실려 있다. 4호에서는 고트프리트 켈러(Gottfried Keller)의 단편소설 「오이게니아」도 번역 소개되고 있다. 그리고 3호부터는 '독자문예란'도 설치하여 독자들의 참여를 유도한다. 그 외에도 여성지라는 특성상 어머니로서의 역할을 의식한 탓인지 아동문학작품이 실려 있다. 황규환의 「맘씨 좋은 작은별: 아기네이야기」(1호), 김춘강의 「자장가: 아기차지」(1호), 이종섭의 「어른의 이야기: 동요」, YSC의 「금닭알: 동화」, 「노새와 강아지: 동화」 등이 그 예이다.

또한 모성을 강조하는 1930년대 여성담론의 주류에 충실하여, 이 매체에는 신백희 「엄마에서 어머니로」(1호), 최석광의 「서양요리 먹는법」(3호), 「주부상식대학」, 페스탈로치(Pestalozzi), 요한 하인리히(Johann Heinrich)의 「육아일기」 등 어머니들을 위한 실용기사들도 실려 있다. 또한 미혼자들을 위해서는 1호에 실려 있는 SKP의 「구혼자의 채점법: 처녀독본」이나 3호에 천안거사(千眼居士)의 「처녀의 궁전, 이화여전기숙사참관기」 같은 흥미성 기사도 잊지 않았다.

그런데 기억할 만한 것은 4호에 만화특집이 실려 있다는 것이다. 김한성의 「사람과 개」, 은진동(銀津童)의 「하이킹 제1과」, 홍성(紅星)의 「흑생창기병(黑色槍騎兵)」, 영신아(永新兒)의 「모낼 때의 사랑」, 녹양아(綠羊兒)의 「도시 색씨는 화장도 첨단」, 김안재(金安在)의 「지게꾼」이 4호에 실린 만화특집들이다. 이는 당대 사회의 다양한 대중문화에 관심을 갖고 있었던 사해공론사의 장점이 드러나는 대목이다.

1930년대 중후반에는 대표적인 여성지 『여성』을 비롯하여 대부분의 여성지들은 점차 사회적인 정론성을 잃어가고, 모성담론 등 당대 사회의 보수적인 여성담론에 포섭되어가는 한편, 점차 흥미위주의 대중성을 추구하게 된다. 『부인공론』도 이러한 과정의 맹아를 보여 주는 여성지 중 하나이다. (박지영)

참고문헌

이경자, 「한국여성잡지의 역사적 고찰-1945년 이전에 발간된 여성잡지를 중심으로」, 서울대학교 신문대학원, 석사학위논문, 1971; 이소연, 「일제강점기 여성잡지 연구」, 『이화사학연구』 29집, 2002.

▌부인교회잡지(婦人敎會雜誌)

1888년에 일본에서 발행된 정토진종계 종교잡지

1888년 2월에 간행된 정토진종(淨土眞宗) 계열의 종교 잡지. 이 잡지는 정토진종의 여성교화활동에 호응하여 탄생하였다. 1892년 4월부터는 제호를 『부인잡지(婦人雜誌)』로 개명하여 1919년 12월까지 간행하였다. 월간으로 발행 면수는 20쪽부터 24쪽이었고, 정가는 3전이었다.

정토종은 아미타불(阿彌陀佛)을 신봉하는 불교의 한 종파였다. '무한한 빛의 부처'라는 의미에서 '무량광불(無量光佛)'이라고도 한다. 대승불교에 속하며 오늘날 동아시아에서 가장 널리 지지를 받고 있는 종파 가운데 하나이다. 이 종파에서는 누구든지 깊은 신앙심을 갖고 아미타불의 이름을 부르기만 하면 아미타불의 서방정토에 태어나게 된다고 믿는다. 이러한 정토신앙의 토대가 되는 세 경전이 곧 『무량수경(無量壽經)』, 『관무량수경(觀無量壽經)』, 『아미타경(阿彌陀經)』이다(일반적으로 『무량수경』을 '대경[大經]'이라 하며 『아미타경』은 '소경[小經]'이라 함). 이 경전들은 장래의 아미타불인 법장(法藏) 비구 이야기를 다루는데 그는 진리에 대한 확신에 가득차서 일련의 서원들을 세우고 그 서원들이 이루어질 때 자신은 부처가 되겠다고 기원했다고 한다. 그 서원들 가운데 가장 중요한 18번째 서원에서는, 깊은 신앙심을 갖고 자신의 이름을 부르는 이는 누구든지 정토에 태어나서 괴로움과 궁핍으로부터 자유로운 삶을 영위하다가 궁극적인 깨달음에 이르게 되길 기원하고 있다. (이규수)

참고문헌

牛島俊 作, 『日本言論史』, 河出書房, 1955; 『近代文學雜誌事典』, 至文堂, 1965; 桂敬一, 『明治·大正のジャ-ナリズム』, 岩波書店, 1992.

부인문예(婦人文藝)

1934년 일본 도쿄에서 발행된 문예지

1934년 6월 22일 창간되어, 1937년 8월 1일에 발행된 제4권 8호로 종간된, 가미치카 이치코(神近市子)가 주재한 문예종합잡지이다. 본 잡지는 하세가와 시구레(長谷川時雨)가 주재한 『여인예술(女人藝術)』과 와타나베 도메코(渡辺とめ子)가 주재한 『화조(火の鳥)』 등 쇼와(昭和) 초기 시대에 여성이 주재했던 선행 문예지의 흐름을 계승하면서, 프롤레타리아문학운동 해체 후의 소위 「문예부흥(文藝復興)」의 짧은 시기에, 많은 여성 작가, 문필가에게 표현의 장을 부여했다.
월간으로 모두 37책이 간행되었다. 편집 겸 발행인은 가미치카 이치코의 남편인 스즈키 아쓰시(鈴木厚)였다. 발행소는 당시 도쿄에 위치한 신치샤(新知社)였으며, 잡지 크기는 국판(菊判)이었다. 본문의 분량은 110쪽에서 220쪽 사이였는데, 특집호의 경우 분량이 200쪽이 넘었다. 정가는 35전에서 60전 사이에서 결정되었다. 발간 당시에는 문예종합잡지라는 체제로 시작했지만, 다음해인 1935년 10월부터 '사회문예 종합잡지'라는 성격으로 재출발하였다. 이 때문에 지면은 사회시평, 연구, 시사해설, 좌담회 등으로 주로 구성되었다. 그리고 "직업부인문제 특집호", "현대여성진출 특집호" 등 당시 활동하는 여성에게 절실했던 테마를 설정하고, 부인문제의 관점에서 특집을 구성하기도 하였다.

창간호의 편집후기에는 우리 부인을 위한 부인 자신의 손에 의해 문예지를 만들겠다는 의도가 서술되어 있다. 또한 독자의 대상을 부인문예 애호가 전반으로 확대하고, 무명인의 작품 투고를 크게 환영한다고 서술하였다. 이 때문에 『부인문예』에는 하세가와 시구레의 세대부터 20세 전후의 신인에 이르기까지 다양한 세대와 다양한 사람들이 글을 투고하였다.

잡지의 주재자였던 가미치카 이치코는 잡지 1권 4호에 「문학에 있어서 페미니즘」이라는 글을 투고하였다. 그녀는 이 글을 '문학에서 성별은 존재하지 않는데, 그럼에도 부인 자신의 전속 잡지를 만들어서 문학을 구별할 필요는 있는가'라는 내외의 의문에 답하기 위해 썼다. 그녀는 이 질문의 앞부분에 대해서는 무조건 인정하였지만, 이로부터 기계적으로 뒷부분의 '부인 자신의 전속 잡지'의 불필요론을 이끌어 내는 오류를 지적하고, '스스로의 재능 개발'과 동시에, 이것을 가능케 하는 환경적 조건을 만드는 여성 자신의 '수평운동(水平運動)'으로서의 '문학상에 있어서의 여권주의운동(女權主義運動)'의 필요성을 강조하였다.

가미치카의 이러한 주장에서, 잡지 『부인문예』는 『청탑(青鞜)』 이래의 페미니즘 및 사회주의의 관련성에서 그 사상적 위치를 부여할 수 있을 것이다. 『청탑』으로 시작된 일본의 발생기 여권주의운동은 결국 신부인협회(新婦人協會)가 주도한 운동으로 종말을 고하고, 부선획득동맹(婦選獲得同盟)의 설립 및 이로부터 발전한 새로운 운동으로 대체되었다. 발생기의 페미니즘에 대해 네오페미니즘이 등장했음을 의미하는 것이다. 이러한 정세에서 생겨난 부인 자신에 의한 운동을 올바로 지도 개발시키는 방향 안에서 잡지 『부인문예』는 위치를 부여할 수 있을 것이다. 이 때문에 『부인문예』에는 '부인'이라는 막연한 호칭은 없고, 소위 '여자노동자'도 아닌, 활동하는 것에 자신감을 가지고 있었던 당시의 새로운 여인상으로 '직업부인'이라는 명확한 이미지가 설정된 것이었다.

가미치카는 『부인문예』의 폐간의 사정에 대해, 경제적 이유와 전쟁의 기운이 높아져서 활동하기가 곤란했기 때문이라고 자신의 자서전에서 밝혔다. 이와 함께 남편과의 이혼도 잡지 폐간의 한 이유였을 것으로 생각된다. 『부인문예』는 전후인 1956년 11월에 새롭게 50명의 발기인과 15명의 고문으로 재출발하였다.

짧은 기간이었지만, 1933년의 만주사변의 종결부터 1937년 7월의 중일전쟁 개시까지 잡지는 『여인예술』, 『화조』 폐간 후의 공백을 메우고, 다수의 여성작가, 문필가에게 집필의 기회를 부여함과 동시에, 여성의 입장에서 절실한 문제를 제기하고, 파시즘의 파도에 저항하면서 가능한 한 자유로운 표현의 장을 확보하는 역할을 수행하였다. (문영주)

참고문헌

黑澤 亞里子, 『解說 「婦人文藝」 解說·總目次·索引』, 不二出版, 1987; 浜崎廣, 『女性誌の源流』, 出版ニュ-ス社, 2004; 『日本出版百年史年表』, 日本書籍出版協會, 1968.

부인운동(婦人運動)

1925년 일본 도쿄에서 발행된 여성운동 잡지

1925년 9월 일본에서 창간된 여성운동 잡지이다. 『부인운동』의 선행 잡지는 1923년 6월에 창간된 『직업부인(職業婦人)』이었다. 잡지 제호는 1924년 4월에 간행된 2권 1호부터 1925년 8월에 간행된 3권 7호까지 『부인과 노동(婦人と勞動)』으로 개제되었다. 그리고 1925년 9월의 3권 8호부터 다시 잡지명은 『부인운동』으로 개제되었고, 이후 1941년 8월에 간행된 19권 8호의 잡지 종간호까지 이 제호가 지속되었다. 따라서 본지 『부인운동』은 『직업부인』과 『부인과 노동』을 연속적으로 계승한 잡지였다. 세 잡지의 주재자는 오쿠 무메오(奥むめお)였으며, 잡지의 권호도 연속성을 가지고 있었다.

『부인운동』은 문자 그대로, 일본 여성운동의 족적을 살펴볼 수 있는 잡지이다. 이와 함께 본 잡지는 관제적(官制的)이지 않은 자주적(自主的) 여성운동의 기관지로 유명한 『부선(婦選)』보다 발행연차에서나, 간행기간에서 모두 선구적인 잡지였다. 일본의 자주적 또는 시민적 여성운동은 1920년대 발족된 신부인협회(新婦人協會)를 시작으로, 부인연맹(婦人聯盟)을 거쳐, 부선제단체(婦選諸團體)의 대동단결로서 1924년 12월에 결성된 부인참정권획득기성동맹회(婦人參政權獲得期成同盟會)의 설립에 의해 그 기초를 확립하였다. 부인참정권획득기성동맹회는 창립 다음해인 1925년 4월 부선획득동맹(婦選獲得同盟)으로 단체명을 개칭하고, 1940년 4월 해산될 때까지 일본의 시민적 여성운동을 주도하였다.

본지는 당연히 『부선』과 같은 모양으로, '여성참정권' 문제를 축으로 잡지 내용과 구성이 편집되었다. 그러나 『부선』보다는 폭 넓은 입장에서 이 문제를 다루었다는 특징을 가진다. 이것은 잡지의 주재자인 오쿠 무메오의 폭 넓은 인맥과 상응한 현상으로, 본 잡지 특징의 하나라고 할 수 있다.

『부인운동』 선행 잡지인 『부인과 운동』은 3권 7호 권두에 「협력하라 조직으로」라는 글을 게재하고, "우리들의 부인운동은 경제문제에 핵심을 두고 진행하지 않으면 안 된다. 이 가을부터 우리 직업부인사(職業婦人社)는 직업부인의 문제를 중심으로, 보다 폭 넓게 일반 부인 문제에 대해서 적극적으로 행동해 나갈 것이다"라고 기술하였다. 이 글에서 언급한 '일반 부인 문제'의 중심 과제는 무산계급의 가정부인의 문제였다고 생각된다. 이와 같은 직업부인사가 조직을 확대하고 부인운동으로 본격적인 활동을 개시하게 되면서, 이러한 변화는 먼저 잡지 제호의 변경으로 나타났고, 그 이름이 바로 『부인운동』이었다.

이와 같은 배경에서 탄생한 『부인운동』은 발행 초기부터 자연스럽게 무산운동적 색채를 매우 강하게 드러낼 수밖에 없었다. 『부인운동』의 창간호에 해당하는 1925년 9월 10일 발행의 3권 8호의 주요 기사는, 「조선 무산형제의 기근을 구하자(朝鮮無産兄弟の饑饉を救へ)」, 「직업부인의 내면적 생활의 각성을 촉구한다(職業婦人の內面的生活の覺醒を促す)」, 「영국부인운동조합운동사(英國婦人運動組合運動史)」, 「미이케 탄산과 비참한 부인노동자(三池炭山と悲慘な婦人勞動者)」, 「부인의 사회적 교양(婦人の社會的敎養)」, 「일본해운조합의 내분 문제(日本海運組合の內分問題)」, 「조선부인의 자각(朝鮮婦人の自覺)」, 「조선에서 와서(朝鮮に來て)」 등으로 구성되었으며, 잡지 분량은 43쪽이었다.

이렇게 시작된 『부인운동』의 역사는 크게 잡지명 개제부터 1931년 9월의 만주사변까지의 1기, 만주사변부터 1937년 7월의 중일전쟁까지의 2기 중일전쟁 이후 종간까지의 3기로 구분할 있다.

1기에는 무산부인전선(無産婦人戰線)의 통일, 자치·협동의 소비조합운동(消費組合運動), '모성(母性)'에 대한 재평가 등을 중심으로 잡지의 내용이 구성되었다. 2기에는 '비상시국'을 맞아 1기에서보다도 체제비판과 시국비판의 강도를 높였다. 소위 '야당적 입장'에서 관으로부터 시작된 대대적인 선거숙정운동(選擧肅正運動)과 이 운동에의 여성 참여를 적극적으로 비판하였다.

그러나 3기로 들어가면 『부인운동』의 성격과 역할은 크게 변화한다. 중일전쟁의 발발 이후인 3기는 전국(戰局)의 확대, 전시체제의 진전으로 사람도 물자도 모두 국가통제로 조직되어 가는 시기였다. 이러한 시대의 압력은 잡지 지면에도 반영될 수밖에 없었다. 「비상시를 상시로 한 기분으로(非常時を常時とする氣構へ)」, 「성전 제3년의 봄을 맞이하여(聖戰第三年の春を迎へて)」, 「활동적인 부인보국연맹의 제창(働く婦人報國聯盟の提唱)」, 「직역봉공으로(職域奉公へ)」 등의 기사에서는 전시의 기분이 느껴지지 않을 수 없었다.

그리고 이 시기에 잡지 주재자인 오쿠 무메오의 '공직생활'이 시작되었다. 오쿠 무메오는 1939년 3월 대장성의 저축장려 부인강사(貯蓄獎勵婦人講師)로 위촉된 것을 시작으로, 1939년 3월 도쿄부 군사원호중앙상담위원(東京府軍事援護中央相談委員), 동년 11월에는 후생성 노무관리조사위원(厚生省勞務管理調査委員), 1941년 대정익찬회조사위원회(大正翼贊會調査委員會) 위원, 1942년 대일본부인회 심의원(大日本婦人會 審議員) 등의 공직을 지속하고 있다.

오쿠 무메오가 공직에 취임한 시기는 다른 여성 지도자나 운동가에 비하면 조금 늦었다고 할 수 있다. 그러나 그녀의 공직 취임은 자신과 『부인운동』이 독자적으로 수행해 오던 일본 사회운동에서의 역할이 마침내 종지부를 찍었음을 의미하는 것이기도 하였다. 잡지의 종간은 태평양전쟁 시작 전인 1941년 8월 전시하 잡지 통합 방침에 따라 이루어졌지만, 잡지의 사명은 그 이전에 끝나 있었다.

『직업부인』부터 본지의 역사를 고찰한다면, 본지의 창간은 일본 여성운동이 본격적으로 개시된 시기였다. 본지가 폐간된 1940년은 부선획득동행과 유일한 무산정당으로서 활동하던 사회대중당(社會大衆黨)도 해산되어, 익찬체제(翼贊體制)로 흡수되었던 때이다. 이런 의미에서, 본지는 일본 여성운동은 물론이고, 일본 사회운동의 발흥, 발전기부터 붕괴기에 이르는 소장(消長)을 조명할 수 있는 귀중한 자료라고 할 수 있다. (문영주)

참고문헌

鈴木裕子, 「解說: 奥むめおと『婦人運動』のたどった軌跡」, 『「婦人運動」解說·總目次·索引』, 不二出版, 1995; 浜崎廣, 『女性誌の源流』, 出版ニュ-ス社, 2004; 『日本出版百年史年表』, 日本書籍出版協會, 1968.

▌북동일본후생(北東日本厚生)

1934년 일본에서 발행된 건강 잡지

1934년 일본의 북동일본후생협회(北東日本厚生協會)가 협의 기관지로 발행한 잡지이다. 월간지로 발행되었으며 시중에 판매되었다. 본 잡지는 잡지 분류상, '건민잡지(健民雜誌)'라고 할 수 있는데, 건강위생(健康衛生)·체육단련(體育鍛鍊)을 목적으로 발행한 잡지로 분류할 수 있을 것이다.

1944년 7월호의 목차를 보면, 「결전건민운동의 전개(決戰健民運動の展開)」, 「국력과 소위 노인병(國力と所謂老人病)」, 「군의의 심득(軍醫たるの心得)」, 「침냉과 소화불량(寢冷と消化不良)」, 「여름철 아이들의 심신단련법(夏の子供の心身鍛鍊法)」, 「여름은 물에서 단련하자(夏は手に鍛えよ)」, 「소설·천염의 방법(天塩の道)」, 「소설·호원(湖園)」 등으로 구성되어 있었다.

잡지 이름만 보면 지방지(地方誌)적 성격이 강했을 것으로 생각되지만, 잡지 내용은 결코 지방민의 건강이나 체력단련 등의 문제에 한정되어 있지 않았다. 예를 들어 1944년 7월호에 수록되어 있는 「국력과 소위 노인병(國力と所謂老人病)」이라는 글은, 정부의 전시 의료대책은 전쟁의 제일선에서 활동해야 하는 청소년층과 이후에 청소년이 될 유아자(幼兒資), 그리고 장래의 국민을 생산해야 하는 어머니들을 주 대상으로 해야 한다고 주장하였다. 따라서 장년 이후의 노인층은 아직 고려의 대상이 아니라고 강조하였다. 지도층을 인물들을 제외하면, 일반 노인층은 거의 전력(戰力)에 도움이 되지 않는 존재로 간주되었고, 식량 사정과 전국(戰局)의 악화로 무용자(無用者)로 취급받고 있었던 당시 상황이 그대로 표현되어 있다.

다른 건민잡지와 본 잡지의 차이점은, 잡지의 상당 부분을 소설, 시와 같은 문학작품에 할당하고 있었다는 점이다. (문영주)

참고문헌

高崎隆治, 『戰時下の雜誌その光と影』, 風媒社, 1976, 233~234쪽; 松浦總三, 『體驗と資料 戰時下の言論彈壓』, 白川書院, 1975; 高崎隆治, 『戰時下のジャ-ナリズム』, 新日本出版社, 1987; 『日本出版百年史年表』, 日本書籍出版協會, 1968.

북두(北斗)

1931년 중국 상하이에서 창간된 문예지

1931년 9월 상하이(上海)에서 창간되었다. 북두잡지사(北斗雜誌社)에서 월간으로 발행하였으며 중국 좌익작가연맹 기관지였다. 딩링(丁玲)이 주편을 맡았고 야오펑쯔(姚蓬子), 선지위(沈起予), 정보치(鄭伯奇), 장톈이(張天翼) 등이 차례로 편집 주필을 보았다. 호풍서국(湖風書局)에서 출판하였다.
1932년 국민당중앙선전위원회(國民黨中央宣傳委員會)가 본 잡지를 '"공산당기관지'로 인정, 그해 7월, 2권 4호로 정간되었다. 모두 8호가 발행되었다. 베이징사범대학도서관 등에 소장되어 있다.

내용은 작품 발표를 위주로 하여 소설과 희극, 시가, 세계명저, 비평과 소개, 문예수필 등의 공간을 개설하였다. 중국 좌익작가연맹의 기관간행물이었지만 잡지의 생존을 위해 비교적 회색적 색깔을 유지하였다.

1권 1호의 「편집후기(編後記)」에서 딩링(丁玲)은 "이 월간을 펴내는 이유는 아직도 여전히 읽을 만한 잡지가 매우 적기 때문이다. 나 스스로 이러한 것이 괴롭게 느껴져 내가 뜻을 세워 독자들에게 과분하지 않은 적당한 책을 펴낸다. 따라서 독자들이 속지 않는 간행물을 만들려고 한다"라고 이 잡지의 기본 방향을 설명하였다.

루쉰(魯迅)은 여기에 잡문 「우리는 또다시 속지 않는다(我們不再受騙了)」와 번역소설 「비료(肥料)」를 발표하였으며, 딩링(丁玲)의 소설 「수(水)」와 마오둔(茅盾)의 소설 「희극(喜劇)」, 러우스이(樓適夷)의 극본 「S. O. S」, 구페이(谷非)의 시 「원수의 제례(仇敵的祭禮)」 등이 게재되었다.

『북두』는 청년작가 배양을 중시하여, 아이칭(艾青)의 시 「동방부의 회합(東方部的會合)」, 거친(葛琴)의 소설 「총퇴각(總退却)」 등을 발표하였다.

또한 문학 활성화를 위한 토론 조직 활동을 통해 논쟁적인 여러 문장들을 발표하였다. 즉, 선치위의 「항일 외침중의 문학(抗日聲中的文學)」, 첸싱춘(錢杏邨)의 「1931년 중국문단의 회고(一九三一年中國文壇的回顧)」 등이 그것이다.

9·18 만주침략 이후 문학 창작의 경향은 전쟁이 대중에게 주는 고통을 묘사하고, 제국주의의 흑막과 대부르주아의 타협적 매국본성을 폭로하는 데 치중하였다. 또한 민중을 향한 항일 선전을 위주로 하였기 때문에 창작 부진의 원인 및 그 출로를 모색하는 대규모의 토론들이 이 매체를 통해 진행되었다.

'창작 부진의 원인과 그 출로', '문학대중화 문제' 등의 토론을 조직하여 위다푸(郁達夫), 장톈이, 다이왕쉬(戴望舒), 루쉰(魯迅), 선돤셴(沈端先), 예성타오(葉聖陶), 후위즈(胡愈之), 마오둔(茅盾), 톈한(田漢), 천왕다오(陳望道) 등 유명한 작가들이 참여하여 활발한 토론과 문장들을 발표하였고, 문예운동과 문예창작의 발전을 추동하였다.

좌익작가연맹의 중요 간행물이었을 뿐만 아니라 1930년대 전국적 영향력을 가진 주요 매체의 하나였으며, 좌익 문예운동 발전에 많은 공헌을 하였다.

1931년 중국의 좋은 간행물로 공인되었는데, 약간의 회색적 색채를 유지하면서 정치적으로 격렬하지 않은 작가들의 작품을 게재하였기 때문이었다. 그러나 후기에는 색채가 점점 붉어지기 시작하였으며, 여러 혁명작가들이 전투성을 구비한 작품을 발표하면서 결국 1932년 7월 국민당에 의해 폐쇄되었다. (김성남)

참고문헌

北京師範大學圖書館報刊部 篇, 『北京師範大學圖書館館藏中文珍稀期刊題錄』, 北京圖書館出版社, 2002; 周葱秀·涂明 著, 『中國近現代文化期刊史』, 山西教育出版社, 1999; 王檜林·朱漢國, 『中國報刊辭典(1815~1949)』, 太原(山西): 書海出版社, 1992; 方漢寄 主編, 『中國新聞事業通史』, 北京: 中國人民出版社, 1996; 葉再生, 『中國近代現代出版通史』 第2卷, 華文出版社, 2002.

북방권(北方圈)

1945년 중국 신징에서 일본어로 발행된 학술지

1945년 중국의 신징출판주식회사(新京出版株式會社)에서 발행한 잡지이다. 1945년 1월에 창간되었으며, 일종의 학술지라고 할 수 있다. 월간지로 발행을 준비했는데, 전쟁 말기라는 시대적 상황에서 몇 호까지 발행되었는지는 정확하게 확인할 수 없는 실정이다. 잡지의 편집은 북방권학회(北方圈學會)에서 담당하였다. 그리고 북방권학회는 만일문화협회(滿日文化協會) 내부의 단체였다.

북방권(北方圈)이라는 잡지 이름에서 북방(北方)은 만주(滿洲) 및 몽골 지역을 의미하였다. 그때까지 이 지역에 관한 학문적 연구는 내실 있게 진행되고 있었지만, 자연과학의 영역은 거의 연구 대상에서 제외되어 있었다.

창간사에는 "새로운 시대는 무엇보다도 새로운 시대를 형성하는 식견(識見)과 능력이 필요하다. 그리고 국가의 절실한 욕구를 앞장서서 수행할 의무가 있는 것이다. 따라서 학문으로서 사회와 국가에 필요한 필수적인 내용을 연구할 필요가 있다"고 적혀 있다. 이러한 잡지 창간의 입장과 목적은 순수한 학문적인 것은 아니었고, 만주의 지도층의 기분을 맞추고, 그 기분에 의지해서 잡지를 유지하려는 정치적 목적을 여실히 드러낸 것이다. 그리고 식민지 지배민족이 국가를 강조하는 것도 일종의 열등감의 다른 표현이라고 할 수 있었으며, 국가의 권력에 의지하지 않으면, 아무것도 할 수 없다는 무기력한 자기증명이기도 하였다.

창간호의 목차를 보면, 「종족·민족·국민(宗族·民族·國民)」, 「황제론(皇帝論)」, 「몽골포(蒙古包)」, 「금주의 자규(金州の子規)」, 「국방심리학의 개황(國防心理學の槪況)」, 「재래지나농법고(在來支那農法考)」 등이 구성되어 있었다. 북방권학회의 임원에는 중국인과 일본인이 고루 섞여 있었다. (문영주)

참고문헌

高崎隆治, 『戰時下の雜誌その光と影』, 風媒社, 1976, 237~238쪽; 松浦總三, 『體驗と資料 戰時下の言論彈壓』, 白川書院, 1975; 高崎隆治, 『戰時下のジャ-ナリズム』, 新日本出版社, 1987; 『日本出版百年史年表』, 日本書籍出版協會, 1968.

북선시사신보(北鮮時事新報)

1908년 함남 함흥에서 창간된 일본어 일간지

1908년 12월 함남 함흥에서 창간되었다. 창간시의 제호는 『함남신보』였다. 1910년에 발행부수가 늘어남에 따라 사원을 늘이고, 신문사의 기초를 확립하였다고 한다. 1911년 함흥 시내 본정(本町)에 사옥을 신축하고, 일간으로 바꾸었다. 1922년에는 사세가 늘어남에 따라 함흥 신시가지의 중앙부에 사옥을 신축 이전하였다. 1927년 『북선시사신보』로 제호를 바꾸었다.

1929년 당시 사장은 하타모토 잇페이(畑本逸平)였으며, 신문사는 자본금 6만 원으로 사장 개인이 경영하는 회사였다. 편집국장은 이모토 기요시(井本淸)였다. 조간으로 매일 6쪽을 일본어로 발간하였으며, 경성과 아울러 함남의 각 지역에 지국을 운영하였다.

주요 설비로는 평판인쇄기 2대, 사용 활자는 구활자였고, 연판주입기와 사진제판기가 각 1대씩 구비되어 있었다. 지면은 1행 12자, 1면 100행, 1면 11단으로 구성되었다. 구독료는 월 90전, 광고료는 1행 80전, 특별면 1원이었다.

함남신보사와 북선시사신보사에서 발간한 단행본으로는 『함경남도사정(咸鏡南道事情)』(1922), 『30년 후의 조선(三十年後の朝鮮)』(坂本春吉, 1927), 『함경남도 사업과 인물명감(咸鏡南道事業ト人物名鑑)』(하나모토 잇페이[畑本逸平], 1927), 『함남명감(咸南名鑑)』(1934)이 있다.

『원산매일신보』와 아울러 함남 지방에서 발간되던 양대 일본어 신문이었다. 아직 실물은 발굴되지 않았다. (윤해동)

참고문헌

中村明星, 『朝鮮滿洲新聞雜誌總覽』, 新聞解放滿鮮支社, 1929; 田內武, 『朝鮮施政十五年史』, 1926; 『新聞總覽』, 日本電報通信社, 각년판.

북선일보(北鮮日報)

1907년 함북 청진에서 창간된 일본어 일간지

1907년 8월 아사오카 난메이(淺岡南溟)가 창간한 신문으로, 창간 당시에는 『북한신보(北韓新報)』라고 명명하였다. 1910년 오카모토 조지로(岡本常次郎)에게 경영권이 이관되면서 『북선일보』라고 개제하였으며, 이를 계기로 신문의 면모가 일신되었다고 한다. 북선 지방의 개발에 기여하는 것을 신문의 목표로 삼았다. 나남에서 발간되던 『북선일일신문』과 아울러 함북 지방의 양대 일본어 일간지였다.

1918년 합명회사로 조직을 변경하고 사업을 확장하였다. 이 신문은 길회철도(吉會鐵道)의 개통에 수반하여 동아의 관문으로서의 청진의 중요성에 주목하였다. 특히 북선 지방과 소련, 만주 및 일본 동해안 지방의 경제적 연락을 원활히 하는 것을 도모하고, 일본의 만몽정책(滿蒙政策) 수행에 공헌하는데 주력하였다. 그리고 일반 민중을 위하여 지방 물가를 조절하는 데에도 큰 관심을 가졌다.

1929년 현재 대표이사 사장에 오카모토 조지로, 주필 겸 편집장에 오모토 히카리(大元輝)가 근무하고 있었다. 자본금 4만 원의 합명회사로, 본사는 청진부 부도정(敷島頂)에 있었다. 매일 조간 4면을 발간하였다. 경성과 간도, 그리고 함경도 지방에 많은 지국을 운영하고 있었다.

사장 오카모토는 1897년 기슈(紀州)현 와카야마(和歌山)에서 출생하였다. 간사이(關西)법률학교를 나왔으며, 1908년 청진으로 와서 청진일본인회 서무주임으로 근무하였다. 이후 청진상업회의소 서기장으로 1912년까지 4년 동안 근무하였다. 신문을 잘 경영하여, 청진항 최대의 성공가라고 평가되었다.

주요 설비로는 윤전기 1대, 평판인쇄기 5대, 사용 활자는 7포인트 반, 연판주입기 1대, 사진제판기 1대가 있었다. 신문사 인쇄부에서는 따로 인쇄업에도 관심을 두었다고 한다. 월 구독료는 90전, 광고료는 1행 보통면에 80전, 특별면에 1원 80전, 지정면은 1원 60전이었다. (윤해동)

참고문헌

國井天波, 『大淸津港』, 1916; 中村明星, 『朝鮮滿洲新聞雜誌總覽』, 新聞解放滿鮮支社, 1929; 田內武, 『朝鮮施政十五年史』, 1926; 『新聞總覽』, 日本電報通信社, 각년판 참조.

북선일일신문(北鮮日日新聞)

1920년 함북 나남에서 창간된 일본어 일간지

1920년 5월 함경북도 나남에서 창간된 일본어 일간지이다. 1929년 현재의 사장은 미카미 신(三上新), 주필은 기무라 겐이치로(木村元一郞)였다. 석간 4면으로 발간되었다.

신문사는 자본금 3만 원의 익명조합으로 운영되었으며, 본사는 나남부 생구정(生駒町)에 있었다. 오사카와 경성 그리고 북선 지방의 주요 지역에서 지국을 운영하고 있었다.

나남은 일본 서부 지역과 만주, 소련을 잇는 지역에 위치해 있어 이와 관련한 기사를 주요하게 다루었으며, 이를 바탕으로 신문의 세력을 넓혀가고 있었다고 한다.

주요설비로는 평판인쇄기 2대, 사용 활자는 7.75, 사진제판기, 연판주입기가 각 1대 구비되어 있었다. 1행 15자, 1단 125행, 1면 12단으로 지면이 구성되었으며, 월 구독료는 90전, 광고료는 보통면 1행 80전, 특별면 1행 1원 20전이었다.

북선일일신문사에서 발간한 단행본 자료로는 『대나진(大羅津)』(1933), 『만주사변 38여단의 분투(洲事變三八旅團の奮鬪)』(1933), 『함북의 수산(咸北の水産)』(1939)이 있다.

청진에서 발간되던 『북선일보』와 아울러 함북 지방의 양대 일본어 일간지였으나, 아직 실물이 발굴되지 않았다. (윤해동)

참고문헌

中村明星, 『朝鮮滿洲新聞雜誌總覽』, 新聞解放滿鮮支社, 1929; 田內武, 『朝鮮施政十五年史』, 1926; 『新聞總覽』, 日本電報通信社, 각년판.

▌북성(北星)

1934년 서울에서 창간된 학생 월간지

1934년 4월 15일 창간한 학생잡지이다. 창간호를 끝으로 더 이상 발간되지 못한 것으로 보인다. 편집인은 원유각(元裕珏), 발행인은 김종대(金鍾大), 발행소는 북성잡지사(北星雜誌社)이다. 판형은 국판으로 총 44쪽이며 정가는 10전이다. 창간호가 서울대도서관과 연세대에 소장되어 있다.

학생잡지로서의 면모는 졸업시즌을 맞아 숙명여고, 경기상업, 동덕여고, 휘문고보 학생 4명이 쓴 「남녀 졸업생의 학창생활의 회고」에서 가장 잘 드러난다. 학창 생활의 아쉬움과 즐거웠던 일, 졸업을 앞둔 회한과 감상, 재학생 후배들에게 당부하는 말 등이 서술되어 있는 것이다. 유일한 논설 유현상(劉賢商)의 「조선의 여학생들에게」도 학생을 대상으로 학창 생활에 충실히 임하고 여학생으로서의 사명과 의무를 다할 것을 당부하고 있다.

편집인이 권하는 글로는 윤희영(尹喜永)의 음악강좌인 「악보는 어떻게 보나」, 목일신(睦一信)의 동요 「바람」, 모기윤(毛麒允)의 동요 「꽃」, 김만조(金萬祚)의 동요 「봄애기들」, 학창 생활을 그린 김태석(金泰晳)의 소녀극 「봄」, 김성도(金聖道)의 소설 「처녀」 등이다.

창간호의 특집은 조선민요, 즉 고요(古謠)였다. 「새야새야」, 「아리랑」을 비롯하여 8편의 민요가 수록되어 있다. 이를 통하여 우리 전통가요에 나타난 애환과 소망을 이해함으로써 민족이 처한 수난과 굴곡의 역사를 극복하려는 의지를 키우기를 바랐음을 알 수 있다. (전상기)

참고문헌

서원대학교 한국교육자료박물관, 『식민지 교육의 풍경』, 서원대출판부, 2005; 문옥표, 「일제시대 조선청소년들의 삶과 경험」, 『한국문화인류학』 제39권 2호, 2006.

▌북신(北新)

1926년 중국 상하이에서 창간된 문학잡지

1926년 8월, 상하이(上海)에서 주간(週刊)으로 창간되었으며 주필은 쑨푸시(孫福熙)이다. 1927년 11월부터 반월간으로 변경되었으며, 판쯔녠(潘梓年) 등이 편집을 맡았다. 1930년 12월에 총 124호를 출간하고 종간되었다. 이어서 『현대문학(現代文學)』과 합병하여『청년계(青年界)』로 새로이 시작하여 1949년까지 간행되었다. 4권 15호(1930)부터 편집자가 북신서국(北新書局)으로 되어 있다. 3호(1926)부터 판권지에 제명을 북신주간(北新週刊)이라 하였고, 2권(1927)부터는 제목을 북신반월간(北新反月刊)이라 하였다.

『북신』은 북신서국(北新書局)의 출판업무와 활동을 촉진하기위해 창간한 잡지로 유명 저작들과 신간 서적을 소개하고 비평하는 일에 중점을 두었다. 또한 학술 근황이나 동태 및 출판계의 소식을 보도하였다. 2권부터는 지면이 확대되고 내용도 증가되었는데, 주로 사상비평과 학술연구, 사회문제의 토론, 가치 있는 문학작품이나 간행물에 대한 비평과 소개 등으로 구성되었다.

2권 1호의「편집자의 말(編者致詞)」에서 다음과 같이 서술하고 있다.

"책과 간행물의 비평과 소개는 본 잡지가 원래 정한 목표이며, 영원히 변화를 허용하지 않을 것이다. …… 사상과 사회문제에 대한 평론은 책과 간행물의 비평이나 소개와 직접적인 관계가 있다. 우리가 만약 사상과 사회문제를 방치한다면 책과 간행물 역시 비평할 수 없으며, 소개할 수 없는 것이다."

또한 학술연구의 중요성을 강조하여 학술에 근거하지 않은 사상은 모두가 허황된 것이며, 쉽게 착오가 생기는 것으로 학술에 근거하지 않고 만든 책과 간행물 역시 천박할 수밖에 없으며 피상적인 작품에 불과하다는 점을 강조하였다. 과학과 철학, 정치, 경제, 사상, 문예 방면의 저술이나 번역들을 다양하게 소개하였다. 루쉰의「아Q정전의 성인(阿Q正傳的成因)」과「유헝생에게 답함(答有恒先生)」등이 발표되었다.

주요 집필자로는 루쉰, 푸레이(傅雷), 자오징선(趙景深), 리진밍(黎錦明), 왕런수(王任叔), 중징원(鐘敬文), 빙신(冰心), 위다푸(郁達夫), 천쉐자오(陳學昭), 쑨푸시(孫福熙), 후윈이(胡雲翼), 린위탕(林語堂), 쉬친원(許欽文) 등이 있었다. 또 프랑스 문호 모파상의 소설 여러 편을 실었다. 신문화운동이 퇴조한 이후에 등장한 영향력 있는 잡지 중의 하나이다.

(김성남)

참고문헌

北京師範大學圖書館報刊部 篇,『北京師範大學圖書館館藏中文珍稀期刊題錄』, 北京圖書館出版社, 2002; 周葱秀·涂明 著,『中國近現代文化期刊史』, 山西教育出版社, 1999.

북양정학순보(北洋政學旬報)

1910년 중국 톈진에서 창간된 군사법률 잡지

1910년 11월 톈진(天津)에서 창간된 북양 육군 기관지로 북양관보총국(北洋官報總局)이 편집 발행하였다. 이 잡지의 전신은『법정잡지(法政雜志)』로 1906년 3월 일본 도쿄(東京)에서 창간되었으나 같은 해 9월 톈진의 북양관보총국에서 인수하여『북양법정학보』로 개명하고 156호까지 출판하였다. 그 후 1910년 다시『북양정학순보』로 개명되었다.

1911년 10월 신해혁명 후 종간되었다. 현재 상하이도서관에 소장되어 있다.

내용은 헌정(憲政), 재정, 군정(軍政), 외교, 교육, 실업(實業) 여섯 부분으로 구성되었으며, 유럽과 미국, 일본 등 선진 국가의 사회, 정치, 군사, 경제제도를 번역하여 게재하였다.

초기에는 법률학 연구에 치중하였으나 1910년 청 정부의 입헌 필요에 따라 내용을 사회정치의 각 영역까지 넓히게 되었다. 중국의 정치, 경제 상황 등을 조사하고 청 정부를 위해 다방면의 대책방안을 내놓은 정치 논문들을 게재하였다. (김성남)

참고문헌

王檜林·朱漢國 主編,『中國報刊辭典』, 太原: 書海出版社, 1992; 張靜廬輯註,『近現代出版史料』, 上海書店出版社, 2003.

북지(北支)

1939년 일본에서 발행된 중국 관련 교통 잡지

1939년 일본의 제일서방(第一書房)에서 발행한 중국 관련 교통잡지이다. 잡지의 편집은 베이징의 화베이교통자업국(華北交通資業局)에서 현지 편집하였다. 잡지 크기는 B5판이었고, 분량은 40쪽 내외의 월간지로 발행되었다. 잡지 지면의 대부분은 그래픽이 점하고 있는 선전적 요소가 강한 그래픽 잡지였다.

잡지 제호를 보면, 화베이(華北)의 자연이라든가, 정치 경제, 또는 치안 문제 등을 주제로 잡지라고 생각할 수 있지만, 실제는 수송업무가 중심 내용이었고, 연선(沿線)의 농민과 농촌 생활실태는 부수적 문제로 취급되었다. 따라서 잡지는 '화베이교통' 잡지라고 할 수 있었다.

잡지가 이러한 성격을 가지게 된 것은, 시대적 배경에서 화베이의 교통사정을 외부에 선전이 필요했던 영업정책상의 필요가 있었기 때문이었다. 치안문제에 대해서 안전성을 강조하거나, 한편으로 국가나 군부에 대한 선전이 그 목적이었던 것으로 생각된다.

1943년 3월호의 주요 기사 제목을 보면 「대동아전쟁과 화베이민족(大東亞戰爭と華北民族)」, 「모범애호촌건설(模範愛護村建設)」, 「철로를 보호하다(鐵路を護る)」, 「애로미담집(愛路美談集)」, 「화베이에 있어서 양계상황(華北に於ける養鷄狀況)」, 「산둥·산시의 불교사적(山東·山西に於ける佛敎史蹟)」 등이 수록되어 있다.

집필자에는 지명도 높은 인물은 거의 없었으며, 대부분 화베이교통사원(華北交通社員)이거나 선무반원(宣撫班員)이었다. 1943년 3월호에 수록된 기사 중에서 '애로(愛路)'라는 용어가 나오는데, 노선(路線)의 양측 10킬로미터 지역 내의 촌락을 '애로촌(愛路村)'이라고 지정하고, 소년단과 부녀단을 만들어 노선의 안전을 확보하는 운동을 의미하였다. (문영주)

참고문헌

高崎隆治, 『戰時下の雜誌その光と影』, 風媒社, 1976, 231~232쪽; 松浦總三, 『體驗と資料 戰時下の言論彈壓』, 白川書院, 1975; 高崎隆治, 『戰時下のジャ-ナリズム』, 新日本出版社, 1987; 『日本出版百年史年表』, 日本書籍出版協會, 1968.

▌북한신보(北韓新報)

▶ 북선일보

▌북화첩보(北華捷報, North China Herald)

1850년 중국 상하이에서 창간된 영어 시사종합신문

1850년 8월 3일 상하이(上海)에서 창간된 영어 신문이다. 매주 토요일마다 4쪽으로 발행되었으며, 창간인은 영국 상인 시아만(Shearman, 奚安門)이고 영문 제호는 "North China Herald"이다.
여러 차례 제호를 바꾸고 합병 과정을 거듭하다가 1864년 『자림서보(字林西報)』로 흡수되었다. 중국 국가도서관에 소장되어 있다.

수입된 형태의 근대 신문 형식을 완비한 이 신문의 발간 목적은 상하이 조계(租界)에 거주하던 영국 교민들의 상호 교류와 상업 활동에 필요한 정보와 소식을 제공하여 통상 무역을 촉진하고 교민들의 이익을 보호하기 위함이었다.

창간호 1면은 대부분 광고이다. 상하이 주재 서양인들이 경영하는 점포와 보험공사, 부동산과 은행 등에 관한 광고를 게재하였고, 상하이 거주 영국인들의 명단과 신상정보를 실었다.

2면은 「영국인의 현재와 미래 중국과의 관계를 논

함」이라는 사설을 게재하였고, 기타 면은 선박 운항 소식과 상업 정보를 위주로 하면서 다른 신문에 발표되었던 문장들도 게재하였다.

정치상으로는 영국 부르주아의 관점과 이익을 대변하였으며 이를 위해 중국 인민들의 반봉건투쟁을 반대하고 공격하였다.

1853년 상하이 소도회(小刀會)가 봉기를 일으켜 조계에 위협이 되자 1854년 10월 21일 사설을 통해 이들과 통하는 모든 식량 운송로를 차단하여 소도회를 봉쇄할 것을 주장하였고, 이를 받아들여 영국·미국·프랑스 3국이 연합하여 이들 주둔 지역을 둘러싸는 벽을 쌓아 올려 소도회를 완전 고립시키기도 하였다.

홍슈취안(洪秀全)이 이끄는 태평천국(太平天國)에 대해서도 초기에는 중립성을 주장하며 우호적인 보도도 있었으나, 곧 태도를 바꾸어 공격을 하였다. 태평천국에 대한 심각한 왜곡 보도와 함께 이들을 폭도와 양창대(洋槍隊)라 묘사하였다.

중국에 장기 거주한 외국인 선교사 메드허스트(Rev. Walter Henry Medhurst, 麥都思)와 브리지먼(E. C. Bridgman, 裨治文) 등 중국에 해박한 지식을 갖고 있는 일련의 편집인들이 참여하여 그 내용이 상당한 수준에 이르렀으며, 중국의 정치·경제·문화·사회 등 각 방면의 풍부한 자료를 제공하고 있다. (김성남)

참고문헌

方漢奇 主編, 『中國新聞社業通史』, 中國人民大學出版社, 1996;
王檜林·朱漢國 主編, 『中國報刊辭典』, 太原: 書海出版社, 1992.

▌분투(奮鬪)

1920년 중국 베이징에서 창간된 무정부주의 잡지

1920년 1월 4일 베이징(北京)에서 순간지로서 창간되었다. 창간자는 당시 베이징대학생이던 이자웨(易家越), 궈멍량(郭夢良), 주첸즈(朱謙之) 등이었다. 현재 9호까지 베이징도서관 등에 보관되어 있다.

『분투』는 일체의 이성적 실천에 의한 사회개조를 주장하였다. 중심인물인 궈멍량은 베이징대학 철학과 강사로서 『평론지평론』을 주편하는 등 5·4시기 다양한 사회주의 사상과 토론에 앞장선 인물이다. 분투사 원 중에는 그와 동향인 푸젠(福建) 출신이 많았다.

당시 러시아혁명과 마르크스주의에 반대하는 특집호를 게재하였다. 볼셰비키혁명을 이론적인 측면에서 비판하였던 점에서, 사회주의 논전을 주도한 『해방여개조(解放與改造)』의 입장과 유사하다. 실제 『분투(奮鬪)』는 직업대표제와 지방자치를 중심으로 국가 건설을 모색하였다는 점에서 이들과 유사한 점이 있다.

예컨대 『분투』는 원고 투고 광고(징문계사[徵文啓事])를 통해 "본 잡지는 현재 상황에서 직업단체가 연합하여 지방자치를 실행하고, 민단(民團)을 정리하는 것을 군벌 개혁정치의 방법으로 삼는다. 이를 위해 특집을 구상하는데 그에 따른 전문가들의 의견을 구함"이라 하고 2호부터 6호까지 「정치와 직업단체」(직업단체의 조직 및 직업단체와 정치의 관계에 대해 작자가 자유로 제목을 정하여 투고할 것), 「현시향자치(縣市鄕自治)」(현시 자치와 연성 자치의 관계, 중국이 실행한 적이 없는 현시 자치가 중국 정치에 미치는 영향), 「단련(團練)과 치비(治匪)」(단련[團練]을 정리하는 방책, 단련의 유폐를 예방하는 방책, 국민이 토비[土匪]를 지배하도록 바꾸는 방책, 민생과 정치의 관계 등), 「재병(裁兵)과 재관(裁官)」, 「실업 개발」 등으로 설정하고 있다. 모두 장둥쑨(張東蓀), 장팡전(蔣方震) 등이 주도한 『개조(改造)』 등 연구계와 유사함을 할 수 있다.

실제 궈멍량 등은 이후 쉬류지(徐六幾) 등과 함께 길드사회주의를 주장하는 금인회(今人會)를 조직하고 활동하다가 장쥔마이가 운영하는 국립정치학원에서 길드사회주의를 강의하다가 요절하였다. (오병수)

▌불교(佛敎)

1924년 서울에서 발행된 불교 잡지

1924년 7월 15일 창간된 조선불교계의 대표적인 월간지이다. 1933년 7월 통권 108호로 휴간했다가, 1937년 속간되어 1944년 12월까지 통권 67호를 발간했다. 창간호의 판권장은 편집 겸 발행인 권상로(權相老), 인쇄인 노기정(魯基禎), 인쇄소 한성도서(주), 발행소 불교사(서울 수송동 82), A5판, 정가는 20전이다. 1931년 6월 통권 84·85 합호부터 1933년 7월까지의 발행인은 한용운이다. 1937년 3월 이후의 발행인은 허영호(許永鎬), 김삼도(金三道), 임원길(林原吉) 등이 담당했다.
이 잡지는 불교의 진리와 역사를 소개하는 잡지였다. 이 잡지에는 한용운이 발표한 항일운동, 종교사상에 관한 글들이 40여 편이 실려 있다. (남기현)

참고문헌

최덕교 편저, 『韓國雜誌百年』 1, 현암사, 2004; 『동아일보』, 1925.4.30.

불교진흥회월보(佛敎振興會月報)

1915년 서울에서 발행된 불교 잡지

1915년 3월 15일 불교진흥회에서 발간하였으며, 같은 해 12월 15일 통권 9호로 종간되었다. 발간일은 매월 15일이고, 매호 분량은 80면 내외이다. 정가는 10전이다. 이 잡지는 이듬해 『조선불교계(朝鮮佛敎界)』로 다시 발간되나 통권 3호로 다시 종간되고 만다. 판권란을 보면, 발행 겸 편집인으로 이능화(李能和), 인쇄인은 심우택(沈禹澤)이며, 인쇄소는 성문사(誠文社), 발행소는 경성 수송동(壽松洞, 지금의 조계사 자리)에 소재한 불교진흥회 본부이다.

이 잡지의 전체 목차는 크게 논설, 교리, 사전(史傳), 학술, 문예, 소설, 잡조, 회록, 휘보 등으로 구성되어 있다. 논설란에는 만향당 국인(晩香堂菊人)의 「논금일불교지진흥(論今日佛敎之振興)」, 이능화의 「풍수미신의 폐해원류에 대하여 유불 양가(儒佛兩家)의 관계를 논함」 같은 글이 주목된다. 이 글은 불교가 진흥되어야 할 이유를 들고, 풍수설 따위의 미신적인 것과 불교의 위치를 확실히 구분하여 불교가 유교와 양립할 수 있는 이론적 근거를 확보하고자 하였다.

교리란에는 범룡(梵龍)의 「전법종지(傳法宗旨)」 등의 불교 교리가 실려 있다. 사전란에는 앞 시대 대사(大師)와 사찰의 역사기록을 싣고 있으며, 간혹 옛 비명(碑銘) 등을 그대로 전재하고 있기도 하다. 학술란에는 전후 시기의 중요한 학문 분야를 소개하고 있는데, 칸트를 다룬 「서철강덕 격치학설(西哲康德格致學說)」 등이 대표적이다.

문예란과 소설란은 사찰의 상량문이나 「석사자상(石獅子像)」 같은 소설을 연재하고 있다. 그리고 잡조란에는 영산회상곡(靈山會上曲)의 연기(緣起) 같은 불교와 관련된 다양한 견문 잡기가 수록되어 있다.

한편, 창간호의 회록란에는 「불교진흥회취지서(佛敎振興會趣旨書)」와 「경무총감부(警務總監部) 인가장등본(認可狀謄本)」, 「불교진흥회규칙」 등이 실려 있다. 한편, 불교정책과 관련 있는 조선총독부의 관보를 요약한 「관보초(官報抄)」와 「조선선교양종삼십대본산주지회의소 제4 정기총회 회의상황」도 실려 있다.

이상에서 알 수 있듯이 이 잡지는 1910년대 조선총독부의 불교정책과 맞물려 발간이 이루어졌고, 그리하여 내용과 성격 또한 조선 불교의 친일화 과정과 무관할 수 없었다.

• 불교진흥회

이 잡지를 발간한 불교진흥회는 친일승려인 이회광(李晦光)의 주도하에 1914년 12월 24일에 결성하였으며, 포교사(布敎師)양성소를 설치하여 인재를 배양하고 일본의 선례를 통해 불교를 진흥하겠다는 취지를 표방하며 설립되었다.

발행인 이능화는 충북 괴산 출신으로, 프랑스어를 가르칠 정도로 외국어에 뛰어났다. 그는 이 잡지 외에도 전통문화 관련 저서를 많이 저술하였다. 대표작으로 『조선불교통사』, 『조선신교원류고(朝鮮神敎源流考)』, 『조선유교지양명학(朝鮮儒敎之陽明學)』, 『조선도교사(朝鮮道敎史)』, 『조선여속고(朝鮮女俗考)』, 『조선해어화사(朝鮮解語花史)』 등이 있다.(정환국)

참고문헌

석대은, 「'불교잡지'와 나-백호에 대한 감상」, 『불교사 불교』 100호, 불교사, 1932; 최덕교 편저, 『한국잡지백년』, 현암사, 2004; 김종진, 「근대 불교시가의 전환기적 양상과 의미」, 『한민족문화연구』 22집, 한민족문화학회, 2007.

▌불꽃(Искра)

1859년 러시아 상트페테르부르크에서 창간된 문학잡지

1859년에 러시아 상트페테르부르크에서 창간된 문학잡지이다. 주간지였으며 편집인은 쿠로츠킨(В. С. Курочкин)이었다.

『불꽃』의 시인들 쿠로츠킨, 미나예프, 베인베르크, 팔리민, 보그다노프 등은 러시아 시사(詩史)에 독창적이고 다채로운 페이지를 장식했으며, 쿠로츠킨은 『불꽃』 주변에 모여든 민주주의적인 시인과 풍자작가 집단을 이끌었다.

1860년대에 『불꽃』은 푸시킨이 창간한 진보적 잡지인 『동시대인(Современник)』(1836년 창간, 1866년 폐간)의 일종의 부록 같은 형식이었지만, 동시대인은 특별한 풍자잡지 『피리(Свисток)』를 부록으로 가지고 있었다.

『불꽃』은 제정러시아의 차리즘과 그것을 떠받치는 사회세력, 그들의 사회활동과 문화 활동에 드러나는 반동적인 현상을 고발하고 풍자하는 데 근거가 되는 사상을 담고 있었다. 1859년에 창간된 『불꽃』은 끊임없이 압박을 받으면서도 1873년까지 계속되었다. (이항준)

참고문헌

Искра. СПб. 1859; 소연방과학아카데미 역사연구소 편 (이경식, 한종호 역), 『러시아문화사(19세기 전반~볼셰비키혁명)』, 논장, 1990.

▌불꽃(Искра)

1900년 러시아 레닌그라드에서 발행된 러시아 볼셰비키의 기관지

1900년 12월 24일 레닌(В. И. Ленин)이 창간한 볼셰비키의 기관지이다. 러시아 최초의 비합법적 마르크스주의 신문으로 러시아 전국에 배포되었다. 한 달에 적게는 1회, 많게는 5회 발행되었다. 1905년 10월 8일 폐간되기까지 총 112호가 발행되었다. 편집인은 레닌(В. И. Ленин), 플레하노프(Г. В. Плехонов), 마르토프(Ю. О. Мартов), 악셀로드(П. Б. Аксельрод), 포트레소프(А. Н. Потресов), 자술리츠(В. И. Засулич) 등이다. 창간호는 페테르스부르크에서 발행되었고, 제2호는 뮌헨에서, 1902년 4월부터는 런던에서, 1903년 봄부터는 제네바에서 발행되었다. 모스크바에 위치한 레닌도서관에 소장되어 있다.

러일전쟁, 제1차 러시아혁명, 1차 세계대전 등 20세기 초의 사건들은 러시아 저널리즘의 발달에도 영향을 미쳤다. 러시아에서 출판된 잡지, 문집, 신문의 수가 증가하였다. 1905년에는 러시아어로 1419점의 정간물이 출판되고 있었다. 사건에 즉각적으로 반응하고, 긴급한 문제를 보도할 수 있는 신문은 여론의 대변자로서 출판계에서 제1위를 점하고 있었다. 저널리즘의 발전에서 중요했던 것은 노동자출판물이었으나, 합법, 비합법으로 출판된 볼셰비키의 기관지도 대단히 중요한 역할을 수행하였다. 1900년 말에는 레닌의 『불꽃』이 발행되었는데, 이것이 멘셰비키의 기관지가 되자 잠시 동안 볼셰비키의 신문 『전진(Вперёд)』이 발행되었다. 제3차 당대회(1905.4) 후에는 당의 중앙기관지 『진실(Правда)』이 커다란 역할을 수행하였다.

『불꽃』의 편집장이자 이 기관지를 실질적으로 이끈 사람은 레닌이었다. 『불꽃』에는 총 50편이 넘는 그의 논문이 게재되었다. 「우리 운동의 핵심적 과제(Насущные задачи нашего движения)」(1호), 「노동당과 농민계급(Рабочая партия и крестьянство)」(3호), 「무엇으로 시작하는가?(С чего начать?)」(4호), 「위기의 교훈(Уроки кризиса)」(7호), 「국외 사업(Заграничные дела)」(9호), 「경제주의 비호자와의 대

담(Беседа с защитниками экономизма)」(12호), 「시위행동의 기원(Начало демонстрации)」(13호), 「정치적 선동과 계급적 관점(Политическая агитация и классовая точка зрения)」(16호) 등이 그것이다. 「우리의 계획에서 민족문제(Национальный вопрос в нашей программе)」(44호), 「유럽 프롤레타리아에게 독립적인 정치정당이 필요한가?(Нужна ли 'самостоятельная политическая партия' европейскому пролетариату?)」(34호), 「아르메니아 사회: 민주주의자들의 성명서에 관하여(О манифесте армянских социал: демократов)」(33호) 등에서는 민족문제와 부르주아·소부르주아 민족주의의 폭로 등을 설명하고 있다. 23~24호에 연재된 「혁명적 모험주의(Революционный авантюризм)」는 사회혁명당에 대한 반대의사를 표명하고 있다. 부르주아적 자유주의에 반대하는 혁명적 마르크스주의자로서 레닌의 투쟁은 「전제정치의 동요(Самодержавие колеблется)」(35호)에 잘 나타나 있다.

『불꽃』의 상설란으로는 '정당으로부터', '우리의 사회적 삶으로부터', '공장으로부터의 노동자운동과 편지', '농촌으로부터', '외국 평론', '우체통' 등이 있었다.

『불꽃』은 러시아에서 광범위한 통신망을 가지고 있었으며, 이를 통해 다량의 자료를 수집할 수 있었다. 바쿠와 키쉬네프 지역에 있는 비밀인쇄소에서 『불꽃』이 인쇄되었다. 『불꽃』의 수많은 비밀요원들이 진보적인 노동자들에게 이 신문을 배포하였다.

『불꽃』의 부수는 8000부에서 1만 부까지 달했다. 러시아 비밀인쇄소에서는 최고 1만 2000부까지 발행하기도 했다.

페테르부르크와 모스크바를 비롯한 러시아의 여러 도시에서 레닌과 『불꽃』의 경향을 따라 러시아사회주의노동당(РСДРП) 그룹과 위원회가 형성되었다. 레닌의 적극적인 주도하에 『불꽃』은 정당의 프로그램을 연구하고, 러시아사회주의노동당 제2차 대회를 준비하였다. 1903년 7~8월에 열린 제2차 당대회 직전까지 『불꽃』은 총 45호가 발행되었다.

이즈음에 러시아 각 지역에 존재하던 사회-민주주의 조직들은 『불꽃』을 중심으로 연합하기 시작했고, 『불꽃』의 전술, 프로그램, 조직적 계획에 찬동하였다. 당대회에서는 당파투쟁에서 『불꽃』의 특별한 역할을 인정하여 본지를 러시아사회주의노동당(РСДРП)의 중앙기관지로 승인하였다.

제2차 당대회에서 레닌, 플레하노프, 마르토프가 『불꽃』의 편집위원으로 임명되었다. 하지만 마르토프가 이를 거절하면서 46호부터 51호는 레닌과 플레하노프의 편집으로 발간되었다. 이후 플레하노프가 『불꽃』의 편집에 멘셰비키 사람들의 참여를 요구했으나 레닌이 이에 불응하면서 52호는 플레하노프의 1인 체제하에서 발간되었다(1903.10.19). 1903년 11월 13일 플레하노프는 당대회의 의견을 무시한 채 독단적으로 멘셰비키 편집위원들을 『불꽃』의 편집위원으로 편입시켰다. 결국 『불꽃』은 52호부터 멘셰비키의 기관지로 전환되어 1905년 10월까지 총 112호를 끝으로 종간되었다.

레닌이 주도한 『불꽃』은 볼셰비키당의 이념적·조직적 통합체를 만들어냄으로써 신문의 새로운 유형을 창출한 것이었다. 『불꽃』은 노동자계급과 농민층의 연대를 위해 투쟁했으며, 노동계급의 정치적 신문으로서 노동운동사에서 커다란 역할을 수행하였다. (이항준)

참고문헌

Русская переодическая печать (1895-октябрь 1917). М. 1957; Институт общественной мысли. Общественная мысль России ⅩⅧ - начала ⅩⅩ века. М. 2005; Политические партии России. Конец ⅩⅨ - первая треть ⅩⅩ века. М. 1996; 소연방과학아카데미 역사연구소 편(이경식·한종호 역), 『러시아문화사(19세기 전반~볼셰비키혁명)』, 논장, 1990.

▌불꽃

1926년 중국 상하이에서 발간된 조선공산당 기관지

상하이(上海) 주재 조선공산당 해외부가 발행한 신문으로서, 국한문 혼용의 활판인쇄물이다. 1926년 1월 15일에 창간호가 나왔으며, 8호(1926.12.1)까지 발간되었다. 창간호는 16쪽, 그 뒤의 모든 호는 8쪽으로 이뤄져 있다. 1개면은 5단 조판이며, 세로쓰기로 편집되었다. 『불꽃』 1개호의 분량은 200자 원고지로 대략 100쪽이었고, 창간호는 그 두 배였다. 창간호 맨 마지막 면에 발행지가 경성(京城)이라고 표시되어 있지만 이는 사실과 다르다. 망명지 상하이에서 발간하여 국내로 비밀리에 운반해야 하는 정황을 감춰야 할 필요 때문에 그와 같이 기재했던 것이다. 발행 간격은 불규칙했다. 3호와 4호, 4호와 5호 사이의 간격은 보름간이었다. 한 달 반 만에 발행되는 경우도 있었다. 2호와 3호, 5호와 6호, 6호와 7호 사이가 그러했다. 7호와 8호 사이의 간격이 세 달로서 가장 길었다. 대략 두 달에 한 번꼴로 간행되었다고 볼 수 있다. 신문 대금은 한 호에 '10전'이라고 적혀 있지만, 그렇다고 해서 이 신문이 상업적 경로를 통해서 유통됐던 것은 아니다.

창간호에 따르면 이 신문의 목적은 '자본 계급의 거대한 사회 조직'을 파괴하는 데에 있었다. 어뢰 하나가 거대한 군함을 격침시킬 수 있는 것과 같이 이 신문의 힘으로 부르주아지(bourgeoisie)의 불합리한 이념을 깨드리겠다고 자임했다.

이 신문을 발간한 주체는 재상하이 조선공산당 해외부였다. 이 기관은 1925년 12월에 발발한 조선공산당 검거사건을 피하여 상하이로 망명한 중앙 간부들에 의해 설립됐다. 조선공산당 중앙위원 김찬(金燦), 고려공산청년회 중앙위원 김단야(金丹冶), 조봉암(曹奉岩) 등이 그 중심인물이었다. 그외에 여운형(呂運亨), 조동호(趙東祜)도 가세했음을 확인할 수 있다. 이들은 국내에서 비밀리에 재구성된 신중앙위원회와 긴밀한 연락을 맺으면서 여전히 강한 영향력을 행사했다. 1926년 6·10만세운동에 적극적으로 개입한 것은 그 사례였다.

이 신문은 비합법 비밀 간행물이었다. 신문 편집부는 독자에게 당부하는 글을 통하여, 이 신문이 '비밀출판물'임을 환기하고 읽기를 마친 뒤에는 곧 다른 사람들에게 비밀리에 전파해 줄 것을 당부했다.

이 신문에 게재된 기사들은 주로 논설과 주장으로 이뤄져 있다. 사건 정보의 신속한 전달을 목적으로 하는 보도기사는 거의 실리지 않았다. 그 이유는 간행 주기가 평균 두 달에 한번 발행된 때문이기도 했지만, 그보다는 이 신문이 반일운동의 정당성과 전술을 전파하는 정치 신문의 성격을 띠었기 때문이었다.

실물을 확인할 수 없는 제8호를 제외한다면, 기사 숫자는 도합 70개이다. 이 중에서 무기명 기사는 22개(31%), 기명 기사는 48개(69%)이다. 비밀 출판물인데도 기명 기사의 비중이 높은 점이 이채롭다. 하지만 필자의 표기는 모두 실명이 아니라 가명이나 필명으로 이뤄져 있다. 두 차례 이상 사용된 필명은 이우(爾友), 예남(睨南), 동호(同好), 남청(南靑), 천리구(千里駒), 북예(北睨) 등이다. 이 중에서 '이우'는 김단야, '동호'는 조동호의 필명으로 추정된다. 그 밖의 필명들이 실제로 누구를 가리키는지는 아직 확인되지 않았다.

『불꽃』 각호에는 굵은 활자의 표어가 여럿 게재되어 있다. 1호부터 7호까지 수록된 표어 개수는 도합 44개였다. 이를 몇 개 그룹으로 유형화할 수 있다. 그중 가장 강렬한 것은 「조선의 절대 독립」, 「인민공화국 수립」, 「일본제국주의 박멸」 등과 같이 조선공산당의 강령적 목표를 제시한 표어였다. 조선혁명의 성격을 사회주의혁명이 아니라 민족해방혁명으로 제시하고 있음이 눈에 띈다. 민족통일전선정책이 강조된 점도 특기할 만하다. '민족적 통일전선' 또는 '민족유일전선'을 추진하자는 표어가 매호마다 되풀이 게재되었다. 다만 "타협주의자를 박멸하자"라는 표어를 아울러 제시함으로써 '타협주의자'는 민족통일전선 대열에서 제외됨을 명백히 했다.

이어서 노동자, 농민, 청년, 여성층의 단결과 동원을 촉구하는 표어가 빈번히 게재됐으며, 세계 무산계급과 피압박 민족의 국제적 단결을 표방하는 표어도 다양한 표현으로 반복되었다. 특정 시기의 투쟁 구호도 제시되었다. 1926년 4월에는 메이데이 캠페인, 5~6월에는 6·10만세운동에 관한 투쟁 구호가 지면을 점하고 있다. (임경석)

참고문헌

러시아국립사회정치사문서보관소(РГАСПИ) ф.539 оп.3 д.775; 박철하, 「1920년대 조선공산당 창립 과정에 대한 연구」, 숭실대사학과 석사학위논문, 1991.

불란서문학(佛蘭西文學)

1921년 일본 게이오불란서문학회가 발행한 학술지

1920년에 발족된 게이오불란서 문학회(慶應佛蘭西文學會)의 창립 1주년을 기념하여 간행되었다. 잡지의 원본은 게이오대학 중앙도서관 및 가가와대학(香川大學) 중앙도서관이 소장하고 있다.

잡지는 프랑스 문학연구 및 소개를 목적으로 간행되었다. 고토 스에오의 평론 「플로베르에 대해서(フローベルについて)」, 히로세 데쓰시(広瀬哲士)의 「이성에게 보낸다(플로베르의 편지)(異性に送れる[フローベルの手紙])」, 요시다 쇼고로(吉田小五郎)의 「수필(随筆)」, 아오야나기 미즈호(青柳瑞穂)의 「의혹(疑惑)」(번역시) 등 당대의 대표적 연구자들의 평론, 번역, 수필 등이 게재되었다. (이규수)

참고문헌

牛島俊 作, 『日本言論史』, 河出書房, 1955; 『近代文學雜誌事典』, 至文堂, 1965; 桂敬一, 『明治·大正のジャ-ナリズム』, 岩波書店, 1992.

불인(不忍)

1913년 중국 상하이에서 창간한 월간지

1913년 캉유웨이(康有爲)가 상하이에서 창간한 월간지이다. 캉유웨이의 제자였던 천순이(陳遜宜), 마이딩화(麥鼎華), 캉쓰관(康思貫) 등이 편집을 맡았다. 상하이 광지서국(廣智書局)에서 납 활자본으로 간행하였다. 정론(政論), 교설영담(教設瀛談), 예림(藝林)란을 두었고, 2호부터 국문(國聞)란을 따로 설치하였다. 공자기년을 쓰고, 1908년, 1909년 캉유웨이가 이집트 등지를 여행하면서 찍은 도편과 시문을 잡지의 머리에 배치하였다.

『불인』 잡지의 대부분은 캉유웨이의 논설로 채웠다. 예컨대 「이재구국론(理財救國論)」, 「중화구국론(中華救國論)」, 「구망론(救亡論)」, 「중국환혼론(中國還魂論)」 등이었다. 민초 정국에 대한 비판과 그의 지론인 "허군공화제(虛君共和制)"를 주장하는 것들이었다.

입헌군주제를 주장해 온 캉유웨이는 당시 공화정을 수용한 민초 정국에 비판적이었다. 중국 인민이 총통 및 의원선거를 치를 만큼 성숙하지 않았을 뿐 아니라, 오히려 권력을 둘러싼 극심한 분열과 혼란을 초래할 것이라고 보았기 때문이다. "불인"이라는 제호도 "법률이 유린되는 것을 보고", "정당이 쟁란하는 것을 목도하고", "국수가 상실되는 상황"을 차마 볼 수 없다는 현실인식에서 기인한 것이었다(발간사). 따라서 "공교를 높여 국교화하고, 청실을 복벽하며(허군), 군주입헌을 실행하여"야 한다고 주장하였다. 청실을 복벽하여 명의상의 군주를 두어 사회적 분열을 막고 입헌제를 운용함으로써 국민의 헌정능력을 배양하여야 한다는 것이 그의 허군공화제론의 골자였다.

특히 캉유웨이는 일생 공교의 선양과 국교화를 주장하였다. 『불인』에 실린 「공교회서(孔教會序)」, 「이공교위국교배천의(以孔教爲國教配天議)」, 「맹자징(孟子徵)」, 「예운주서(禮運注序)」은 모두 이와 관련된 것들이었다. 당시 지식계에서 캉유웨이가 이단시되었던 만큼 이러한 공교 국교화 주장은 큰 반향을 불러일으키지는 못했다. 그러나 제헌실패와 국회 해산으로 민초 공화정이 혼란에 처하면서부터 만청 유로를 자처하는 경향의 보수파와 결합하면서 중화민국 초기 정국의 중요한 복고 사조를 형성하는 기폭제가 되었다. 이를 발판으로 캉유웨이는 위안스카이 반대 복고운동을 전개할 수 있었다.

그 외 『불인』 잡지는 「공자개제고(孔子改制考)」 등 기왕 캉유웨이가 발표했던 많은 문장을 실었다. 특히 「대동서」를 연재하기 시작하였다는 점이 중요하다. 이 글은 캉유웨이의 사상을 밝히는 중요한 글인데 1902년 무렵 창작된 뒤 발표할 기회를 갖지 못하다가 『불인』 지를 통해서 세상에 널리 알려지게 되었다. 물론 두 편만의 연재로 끝났다. 1912년 캉유웨이가 모친상을 당하면서 정간되었다가 1918년 복간되어 다시 두호를 간행하였다. (오병수)

불일(佛日)

1924년 서울에서 발간된 불교 종합지

1924년 7월 23일 창간된 불교 종합지이다. 1924년 11월까지 통권 2호를 발간했다. 편집 겸 발행인 김세영(金世暎), 인쇄자 노기정(魯基禎), 인쇄소 한성도서(주), 발행소 불일사(서울 낙원동 50, 조선불교회 내), A5판 53쪽이다. 정가는 확인되지 않는다.

조선불교회는 한국사에서 역사와 전통이 심대한 불교를 계승하고 그를 조선동포에게 널리 알림과 동시에 세계에도 발휘하자는 취지에서 발족한 단체이다.

창간호에 김세영의 「부처님 세계 그림 장엄」, 백용성의 「마하반야바라밀다심경(摩訶般若波羅密多心經) 역해(譯解)」와 권상로의 「미타경 '즉역'」이 게재되었다. 2호에는 권상로의 번역 기고문인 「불설무량수경(佛說無量壽經)에서 48원(四十八願)」이 게재되었다. 이 잡지에는 불교경전이 순한글로 번역되어 기재되었다. (남기현)

참고문헌

최덕교 편저, 『韓國雜誌百年』 1, 현암사, 2004; 김광식, 「일제하의 역경」, 『대각사상』 제5호, 2002.

불청운동(佛靑運動)

1931년 서울에서 발간된 조선불교청년총동맹의 기관지

1931년 8월 1일 창간된 조선불교청년총동맹의 기관지이다. 1933년 8월 통권 11호까지 발간되었고 그 이후의 발행은 미상이다. 편집 겸 발행인 김상호(金尙昊), 인쇄인 이병화(李炳華), 인쇄소 신소년사 인쇄부, 발행소 조선불교청년총동맹(서울 수송동 44), B5판 24면, 정가는 5전이다.
이 잡지의 게재된 글의 내용은 불교운동과 이상 확립, 불교의 대중적 진출, 조선불교 혁신 등에 관한 내용이다. 7, 8호는 합본이다. 11호(1933.8.15)의 권두언은 한용운이 작성했다. (남기현)

참고문헌

최덕교 편저, 『韓國雜誌百年』 1, 현암사, 2004; 『동아일보』, 1932.10.31.

불효보(拂曉報)

1938년 중국 췌산에서 창간된 정치 신문

1938년 9월 30일 허난(河南) 췌산(確山)에서 창간되

었다. 신사군(新四軍) 제6지대(支隊), 팔로군 제4종대(縱隊), 신사군 제4사단 정치부(第4師政治部)가 차례로 주관하였으며, 신사군의 제4사 사령관 펑쉐펑(彭雪楓)이 만들었다. 창간시 부정기적으로 발행되다가 3일간으로 바뀌었으며, 1943년 5월에는 2일간으로 바뀌었다. 1942년 중국공산당 화이베이구(淮北區) 당위원회에서 펴낸 『인민보(人民報)』와 합병하여 중국공산당 화이베이구위원회의 기관지가 되었다. 1946년 『설풍보』로 개명한 뒤, 천전(陳陣), 장윈(章蘊)이 차례로 사장을 역임하고, 쉬멘르(徐勉日)가 총편집을 맡았으며, 1949년 2월 종간되었다. 중국국가도서관과 지난(濟南)의 산둥(山東)대학도서관 등에 소장되어 있다.

1945년 봄, 일본군에 의해 화이베이구가 동서로 양단되자, 구당위원회(區黨委員會)에서는 진포로(津浦路) 동쪽은 계속 출판하도록 하고, 진포로 서쪽에는 천전(陳陣) 등을 파견하여 신문의 서로판(路西版)을 펴내도록 결정하였다. 중공중앙화중분국이 성립된 후 원래 동쪽에서 출판되던 것은 화중분국(華中分局) 제7지구당위원회의 기관지가, 서쪽에 있던 것은 화중분국 제8지구당위원회의 기관지가 되었다. (김지훈)

참고문헌

王檜林 · 朱漢國, 『中國報刊辭典(1815~1949)』, 書海出版社, 1992; 伍杰, 『中文期刊大詞典』, 北京大學出版社, 2000.

붉은기

1922년 러시아 연해주 아누치노에서 발간된, 러시아공산당 연해주연합회 고려부의 기관지

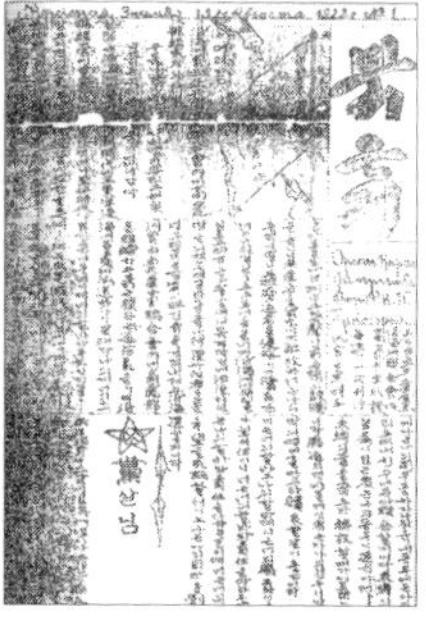

1922년 8월 19일에 창간된, 러시아공산당 연해주연합회 고려부의 기관지. 발행 장소는 고려부의 소재지인 연해주 아누치노였다. 매주 1회 등사판으로 인쇄되었으며, 4단 세로쓰기로 조판되었다. 한 호는 4개면으로 이뤄져 있고, 발간 주체는 '러시아공산당 연해주연합회 고려부 출판계'라고 명시되어 있다. 발행부수는 1호당 80부였다. 이 신문은 14호까지 발행되었다. 현재 1호(1922.8.19), 2호(1922.8.27), 3호(1922.9.10) 등이 남아 있다. 창간호는 국한문 혼용으로 쓰여 있으나, 2호부터는 순한글로 표기되어 있으며, 한자를 드러낼 경우에는 괄호 속에 넣는 방식으로 변화되었다.

러시아공산당 연해주연합회 고려부는 1922년 6월 연해주 아누치노에서 조직되었다. 이 단체는 연해주 각처에 소재하는 한인 공산주의 세포단체들을 관리하는 상급기관이었다. 설립 당시는 러시아 내전이 진행중인 때였다. 백위파 메르쿨로프 정부가 연해주를 통치하고 있었기 때문에 비밀 지하운동 방식을 택해야만 했다.

고려부 설립을 주도한 사람들은 러시아 적군 제5군단 정치학교를 졸업한 조선인 20여 명이었다. 면면을 보면, 이영선(李永善, 고려부 비서), 오병묵(吳秉默), 최호림(崔虎林), 박동희(朴東禧), 정일계(鄭日桂), 심순(沈順), 김덕영(金德永), 장한련(張漢連), 박윤세(朴允世) 등이다. 이중에서 최호림은 기관지 『자유보』의 주필 역할을 맡았다.

신문 지면은 논설, 공산당 조직활동란, 기사, 광고 등으로 구성되었다. 1면에는 논설에 해당하는 '강단'이 실렸고, 1~2면에는 러시아공산당의 활동상을 알리는 '당살림'이 게재되었다. 2~3면에는 국경 밖 혁명 정세를 알리는 '외보'를, 3~4면에는 러시아 국내 상황을 전하는 '잡보'가 자리잡았다. 2호부터는 광고와 횡설수설란을 새로이 추가했으며, 시사만화도 신설했다. (임경석)

참고문헌

內務省 警保局, 「露國共産黨沿海道高麗部の情勢」, 『外事警察報』 41(金正明 編, 『朝鮮獨立運動 5』 東京: 原書房, 1967,

201~202쪽; 박환, 『러시아지역 한인 언론과 민족운동』 경인문화사, 2008.

▌붉은저고리

1913년 서울에서 발간된 어린이 잡지

1913년 1월 1일에 창간한 어린이 잡지이다. 1913년 6월 총독부가 강제 폐간하기까지 월 2회(1일·15일)로 통권12호를 발간하였다. 발행인은 최남선이다. A4(국배판)보다 약간 큰 판형에 4단 세로짜기 체제로 매호 8면을 발행하였고, 가격은 2전이었다. 빌행소는 신문관(新文館)이다.

이 잡지는 1911년 5월 폐간된 최남선의 첫 잡지인 『소년』의 뒤를 이어 나왔다. 『붉은저고리』는 『소년』에 비해 계몽성이 약한 편인데, 일제의 감독을 피하기 위한 방편이었을 것이다. 이 때문인지 잡지의 대상 연령을 낮추고, 제호도 『붉은저고리』로 한 것이다. 창간호의 표제 위에 쓰인 "공부거리와 놀이감의 화수분"이라는 보조적 해설과 창간사를 대신한 「인ᄉᆞ 엿줍ᄂᆞᆫ 말슴」에 "공부거리와 놀이감도 적지안히 만들어 ᄉᆞᆸᄂᆡ다"라는 데서 발간 취지를 엿볼 수 있다. 대체로 시가, 설화, 우화, 위인전기, 동화 등을 통해 어린이들의 읽을거리를 통해 계몽을 시도한 것이다.

이를 위해 국문 표기와 삽화를 통한 이해를 돕는 등 독자에 대해 상당한 배려를 하고 있다. 특히 삽화의 경우 심전(心田) 안중식(安中植)이 담당하였다.

최남선은 「한국문단의 초창기를 말함」(『현대문학』 1호, 1955)이라는 글에서 당시를 회고하며 "『소년(少年)』, 『청춘(靑春)』이 다 이천 부 밖에 찍지 못한데 비하여 『붉은저고리』만이 삼천 부를 냈었다"고 하여 이 잡지의 호응이 상당했음을 알 수 있다. (신상필)

참고문헌

정혜원, 「1910년대 아동 잡지의 계몽성 변화양상」, 『돈암어문학』 20집, 2008; 조은숙, 「1910년대 아동신문 『붉은져고리』 연구」, 『한국근대문학연구』 제4권 2호, 2003; 최덕교 편저, 『한국잡지백년』 1, 현암사, 2004.

▌비판(批判)

1931년 서울에서 창간된 좌파 성향의 시사 월간지

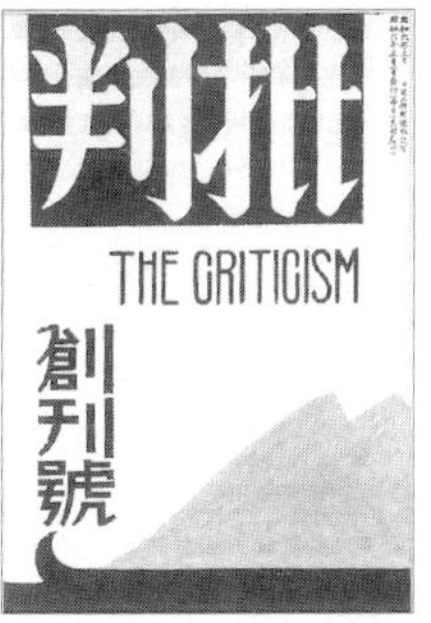

1931년 5월 1일 비판사(批判社)가 창간했다. 그리고 1940년 3월 26일 통권 114호로 종간되었다. 편집 겸 발행인은 사상단체 북성회(北星會) 출신의 송봉우(宋奉瑀)였다. 인쇄인은 평화당의 이근택(李根澤), 인쇄인과 인쇄소는 한성도서주식회사의 김진호로, 비판사 인쇄부의 김진호로 2, 4호를 격하여 바뀌고, 대동출판사 김용규, 일신인쇄주식회사 최인환으로 교체된다. 발행소는 비판사(경성부 원동 77-5), 총판매소는 민중서원(民衆書院 경성부 관훈동 141, 이후 관훈동 121의 삼문서사점으로 바뀜)이었다. 판형은 A5 국판으로 총 156쪽이었으며 정가는 20전이었다(나중에 30전으로 인상). 연세대와 고려대에 소장되어 있으며 현대사에서 영인본으로 출판했다.

기사의 일부가 삭제되고 주간 송봉우와 동인이자 필자였던 조경서(曹京敍), 박일형(朴日馨)이 용산경찰서에 피검되는 우여곡절 끝에 발행된 창간호는 나오자마자 재판을 찍는 인기를 누렸다. 이후에도 이 잡지는 일부 혹은 전문이 삭제당하거나 강연회나 좌담회 등이 제재를 받고 사원들이 검속을 당하면서 1933년 4월호와 5월호의 경우처럼 휴간하는 경우가 많았다. 종간호가 나올 즈음에는 2, 3개월 휴간하고 총면수도 줄어드는 등의 우여곡절을 겪는다.

발행인 송봉우는 한때 『학생계』(한성도서주식회사 발행, 1920.7~1924.6, 통권 22호)에서 일한 적이 있고, 1923년 4월에는 일본유학생 사회주의단체인 '북성회(北星會)'의 기관지 『척후대(斥候隊)』를 편집 창간했다고 전해진다. 1933년 2월에 발간된 『삼천리』 별책부록인 『조선사상가총관』에는 그에 대한 기록이 나온다.

"송봉우: 현재 잡지 『비판』의 주간, 북성회·경성청년회 간부로 운동에 분주, 제1차 조선공산당 사건으로 투옥, 학력 니혼대학 수학, 1899년 경남 하동(河東) 출생, 주소 경성부 송현동, 나이 35세."

『비판』은 창간사에서 잡지의 방향을 "이론을 심화하며 그 모순을 제거하며 운동의 귀추를 확립하며 당면한 혼란을 숙청하는 것은 오직 자기 자신의 과거·현재·장래에 대한 통렬한 가차 없는 비판만이 능히 할 수 있는 것"에 있다고 밝혔다. 진보와 인간 해방의 가치가 쇠퇴하고 파시즘이 발호하는 세계의 반동적 조류를 막기 위하여 '비판'의 필요성을 주장하고 있는 것이다. 창간호가 나온 5월호에는 "메이데이 특집"이 실려 '노동절'의 의미를 알리고 노동자의 권익을 옹호하며 노동자 대중이 스스로의 존재를 자각해야 할 필요성을 제기했다. 또한 좌우합작 민족운동 협의체인 '신간회'의 해소를 둘러싼 논의도 몇 차례에 걸쳐 게재되고 있다.

원고모집 광고에 따르면 독자들에게 정치·시사에 대한 비판, 국내·해외운동 정세보고, 사상·경제연구논문, 문예 등의 투고를 바란다고 쓰여 있다. 조선사회에 대한 전반적인 사정과 국내외에서 일어나는 이슈, 사회주의 이론연구, 그 밖에도 현지 공장에서 일어나는 파업 과정, 감옥 안의 생활환경 보고문, 편지, 범죄의 사회적 환경에 관한 온갖 문제를 비판적 관점에서 수용하려는 의도를 보이고 있다. '우리(편집진—인용자)가 배척하는 객체' 이외의 "누구라도 비판할 자유를 막지 않겠다"는 '권두언'의 다짐처럼, 비판의 예봉을 갈고 갈아 사회와 세계 전반에 걸쳐 벌어지는 문제에 대해 긴장과 관심을 가져야 한다는 독려이기도 하다.

내용에서는 변증법적 유물론, 레닌주의의 기초, 자본론 해설 등 사회주의 이론을 연재물로 소개(1931.12, 통권 8호에서 "맑쓰학설 제1회특집"을 실은 데 이어 1932년 12월호에서는 "맑쓰학설 제2회 특집"을 실기도 했다)하였으며, 정치경제학, 사회·경제 문제와 국내외 정세를 깊이 있게 분석하였다. 그리고 「최린론」, 「김성수론」, 「김활란론」 등을 통해 소위 민족지도자라고 하는 인사들의 허상을 폭로하기도 했다. 언론에 관한 비판에도 많은 지면을 할애했는데, 여론을 담아내고 민중을 계도하는 매체의 중요성과 그 역할에 대해 끊임없는 주의와 관심을 기울이고 있었기 때문이었다. 「사회조직과 신문」, 「신문기자에 대한 호사난상」, 「영화비판에 대한 일고찰」, 「검경에 비친 중앙일보와 노정일」, 「조선일보사 구제금 유용사건 검토」, 「3신문 신년호 개평」, 「조선신문계의 전망」, 「조선신문의 특수성과 타락상」, 「십자가상의 동아일보」, 「검경에 비친 동아·조선 추극, 동아조선일보의 상쟁에 대한 소견」, 「풍전등화의 조선」, 「중앙일보 특집」, 「동아·중앙의 대중적 토론」, 「시사신보의 폐간전말기」, 「신문통제의 사상문제와 보도문제」 등이 그것이다.

한편 『비판』은 우파의 실세 천도교의 기관지인 『신인간』 및 자매지격인 『혜성』의 조선민족운동에 관한 논설들의 개량적 입장을 문제 삼아 맹공하며 논쟁을 야기하기도 했다. 특히 『혜성』과의 논쟁은 격렬했는데, 『혜성』 1931년 10월호에 진영철(陳榮喆)이 쓴 「조선운동의 신전망」이라는 글에 대해 『비판』 11월호가 「비판의 비판」란에 반박문을 싣자, 『혜성』 12월호에는 진영철이 다시 「비판지: 비판의 비판의 반비판 비판」을 실어 반격했다. 『비판』 1932년 2월호에는 김약수의 비판문이 다시 실렸고 진영철이 다시 『혜성』 3월호에서 반박함으로써 이 논쟁은 세인의 주목을 끌기에 충분했다. 이 과정에서 『혜성』은 『비판』이 좌파잡지를 표방하면서도 부르주아지의 돈을 받아 탄생했다고 비난했고 『비판』의 편집진은 솔직히 창간 당시 이만희(李晩熙)의 돈을 받았으나, 그를 견인하고자 하는 의지에서 비롯된 것이라고 항변하기도 했다.

그 밖에도 '비판의 비판'란이나 '비판사전', '비판통신', '사회일지' 등도 주목해 볼 필요가 있다. 매호마다 이 잡지의 당대적 주요 사안에 대한 견해가 들어 있을 뿐만 아니라, 대중들에게 알리고자 한 이론적 논의 가운데 무엇을 중점적으로 이해시키려 했는지를 사전의 서술항목을 통해 짐작할 수 있고, 또 잡지가 어떤 사회문제에 초점을 맞춰 비판적 문제의식을 이끌어내려 했는지도 알 수 있는 것이다.

그런데 9년이라는 오랜 기간 동안 『비판』의 발간이 가능했던 것은 우파에 대해 무조건적인 배타적인 태도를 취하는 것이 아니라, 우파를 포함한 여러 당파들에게 어느 정도 지면을 할애했던 편집방침과 무관하지 않다. 창간을 축하하는 시를 쓴 이도 바로 이광수였다. 이외에 『비판』은 종교 비판에도 심혈을 기울였다. 「종교비판의 의의」, 「조선종교론」을 비롯하여 「종교비판과 반종교운동」이라는 동일한 제목의 글은 여러 편이 실렸다. 1930년대 후반으로 갈수록 정치나 시사와 같은 민감한 문제에 대한 논설은 줄어드는 대신에 당대 최고의 좌파 지식인인 인정식, 이청원, 김재찬, 김태준 등의 학술적으로 가치가 높은 논문들이 지면을 장식하였다. 그러나 1938년부터는 『비판』의 모두(冒頭)에 「황국신민서사」가 실리게 되고 좌파 경향의 필자들도 퇴진하게 되면서 논조가 온건했고 비판이라는 본연의 취지가 점차 무색해져 갔다.

『비판』은 조선의 사회주의 진영에서 매월 꾸준히 펴낸 잡지로서 진보적 시각에서 당대 사회문제와 세계동향에 대해 비판적 의견을 피력한 자료라는 데에 의의를 갖는다. 1940년에 가까울수록 비판의 예봉이 무뎌지고 일제에 굴복하는 사례가 보이지만, 잡지 특유의 비판적 시각은 예리했다. 따라서 검열로 인한 삭제와 게재되지 못한 글들이 많았다(1932년 10월호를 보면 '부득이한 사정'으로 실리지 못한 글이 무려 34편이나 된다. 그래서 편집자들도 실리지 못한 글들을 나열해 놓으면서 "너무 심했다"고 하고 있다). 이러한 상황 속에서 중국을 침략하고 아시아의 패권을 차지하려 혈안이 되어 있는 일제의 탄압과 온갖 방해 공작을 꿋꿋이 이겨 내며 조선의 미래와 민중들의 고통, 민족의 아픔을 좌시하지 않고 투쟁의 방향과 해방을 위한 발걸음을 멈추지 않았던 이 잡지의 중단 없는 전진은 높이 평가해야 마땅할 것이다. (전상기)

참고문헌

역사학연구소, 「식민지 경제구조와 사회주의운동」, 『역사연구』 제6호, 풀빛, 1998; 전명혁, 『1920년대 한국 사회주의 운동 연구』, 도서출판 선인, 2006; http://www.ihs21.org/jun/

사관(士官)

1927년 서울에서 발행된 구세군 사관들의 교양지

편집 겸 발행인은 두영서, 발행소는 경성서대문 구세군 조선본영이다. 국판 32쪽으로 한글2단 내리편집이다. 한국잡지박물관에 디지털 원문 자료로 열람이 가능하다.

창간호에 실린 두영서 사령관의 「『사관』 및 「사관」의 목적」이라는 글을 통해 본지 발간의 목적을 살펴보면 다음과 같다.

"사관의 유익을 장만하여 주기 위하여 사관에게만 한하야 잡지를 발행하는데, 그런고로 매우 기쁜 마음으로 대장의 승낙을 받아 이 조선군국에서도 사관이라는 잡지를 발행하게 되었는데, 이 잡지는 '사관'이라 하며 금년에는 매 2개월에 일차씩 발행하기로 작정된 것이니 매우 기쁜 뜻으로 제일호를 전선에 있는 각 사관에게 발행하게 되었노라 …… 사관의 목적은 다름이 아니라 각 동관되는 사관에게로 도움을 주고저 하는 것인데, 이 아래 몇 가지 기록한 방면으로 도와주라고 함이라…….”

이러한 전제하에 ① 신령상 지도, ② 구세군의 원리, ③ 구세군 전쟁에 필요한 훈령과 지도를 사관들에게 주기 위해 『사관』지를 펴낸다는 것 등을 목적으로 했다.

창간호는 두영서의 창간사에 이어 훈령으로 구세군 창립자 윌리엄 부드의 「창립자께서 사관을 훈계하시는 말씀」, 대장 부람웰부드의 「사관과 및 그의 성경」, 서기장관정령보 도원의 「구령(救靈)대회」, 「환란 중에 인내」 등이 있고, 성경연구 글로 「기독께서 세상을 구원하시는 방법」, 연구로는 「구세군의 역사, 구세군 교리」 등이 있으며, 교육글로 「주일학교 반장공과준비회」, 설교요목으로 「성결회에 쓸 강제(講題)」, 「병사회에 끌 강제」, 「구령회에 쓸 강제」 등이 있다.

또한 뒷표지에는 영문 목차를 실음으로써 32쪽 전체를 채우고 있는데, 호를 거듭할수록 만국 구세군 약사, 구세군 교리, 주교 교육, 성서 강해, 인격 수양, 하사관 군률, 난해성구 해설, 비교종교론, 성결의 교리, 성령의 은사 등 사관들이 질적 향상을 위한 글을 싣고 있다.

필진을 보면, 타교파의 문서운동과 달리 초창기에는 물론 말기까지도 거의 외국인의 글 또는 외국물의 번역이 대부분을 차지한다. 한국인 집필자로는 황종률, 박창해, 성낙철 등이 있었으나, 8·15해방 후에는 위도선 부인, 폐리, 레이더 등 몇 사람의 외국인을 제외하고는 안준삼, 전용섭, 김해득, 도창현, 이환권, 황종률, 최광수, 장귀석, 김사국, 김형수, 김광채, 김현장, 이성욱, 임호성, 장희동, 허원조, 정경애, 이명섭, 김달영, 김성환, 양영창, 김소인, 장형일 등이 집필하고 있다.

사관지 발행의 우여곡절

사관지는 본래 32쪽이었는데 40쪽으로 증면하는 발전을 보이기도 하고 일제 말기에는 폐간을 당하기도 하는 등 부침이 심했다. 또한 8·15 해방 후인 1955년 6월 28일에는 계간으로 속간했는데, 1965년 6월까지 25권 2호를 발간하면서 66쪽까지 증면 발행했고, 23권 2호부터는 영문 목차를 실어 발행하기도 했다.

그 후 1968년까지는 계속 계간을 발행했으나 1969년부터는 연2회로, 다시 1973년부터는 계간으로 환원 발행했고, 1978년 1월에 펴낸 통권 38권 2호에는 “60주년 선교”를 주제로 발행한 바도 있다. (이경돈)

참고문헌

『한국신문·잡지총목록』, 대한민국국회도서관, 1966; 계훈모, 『한국언론연표』, 관훈클럽신영연구기금, 1979; 『아단문고장서목록』, 아단문화기획실, 1995; 최덕교 편저, 『한국잡지백년』, 현암사, 2004.

▌사림(史林)

1916년 일본 교토에서 발행된 학술지

교토(京都)대학 졸업생과 관계자가 주축이 되어 조직한 사학연구회(史學硏究會)의 기관지이다. 잡지는 『사학연구회강연집(史學硏究會講演集)』 1~4권 (1908~1912), 『史的硏究』(1914년), 『속사적연구(續史的硏究)』를 계승하여 1916년 1월 창간되었다. 1943년 28권까지는 계간으로 발행되었다. 1954년 37권부터는 격월간으로 발행되었다.

잡지 사림의 창간 당시 편집주임은 교토(京都)대학 교수인 미우라 히로유키(三浦周行)가 담당하였다. 미우라 히로유키는 잡지 사림을 도쿄(東京)대학에서 발행하고 있던 『사학잡지(史學雜誌)』와는 차이가 있는 역사학술지로 만들기 위해 노력하였다.

이 때문에 미우라 주간시대에 잡지 『사림』은 다른 역사학술지에서는 볼 수 없는 논문들이 많이 게재되었다. 예를 들어 「작년의 사학고고학지리학(史學考古學地理學界)」를 매년 게재하여 학계의 동향을 자세히 소개하였다. 그리고 이마니시 류(今西龍)가 쓴 「조선사 길잡이(朝鮮史の栞)」, 아마누마 슌이치(天沼俊一)의 「일본 고건축연구 길잡이(日本古建築硏究の栞)」 등을 연재하였다.

1931년 미우라 히로유키의 퇴임과 함께 위와 같은 특색은 많이 약해졌다. 그러나 교토대학 졸업생과 관계자는 물론이고 일반 회원들의 논문을 다수 게재하였다. 이를 통해 역사학, 고고학, 지리학을 망라한 역사종합 학술지로서의 창간 이래의 특징은 유지되었다.

잡지 제60권 특별호에는 1권에서 60권까지의 총목록이 수록되어 있다. 잡지에 게재된 연구논문은 역사학 일반 24편, 일본사 519편, 동양사 332편, 서양사 288편, 서남아시아사 7편, 현대사 27편, 지리학 171편, 고고학 110편(일부 중복을 포함)이었다. (문영주)

참고문헌

加藤友康·由井正臣 編,『日本史文献解題辞典』, 吉川弘文館, 2000.5;『日本出版百年史年表』, 日本書籍出版協會, 1968.

▌사명(使命)

1926년 일본 도쿄에서 국한문혼용으로 발간된 재도쿄 한국YMCA기관지

편집 겸 발행인은 최승만이었으나, 후에는 이기윤, 윤근으로 바뀌었다. 발행소는 재일본 도쿄조선기독교청년회이며, 국판 20쪽으로 종서 편집되었다. 정가는 1부 10전이다. 1937년 통권 21호까지 발행하고 폐간되었다.

현대 문명의 여명기를 맞은 한국 청년들은 배움의 길을 찾아 도쿄로 모여들고 그들을 바로 지도하자는 의미에서 1907년 도쿄 한국YMCA가 창립되었다. 그리고, 1909년에는 재일본 조선인교회가 각각 창립되었다.

그리하여 도쿄YMCA에서는 1911년에서부터 회지 발간을 시도했으나 편집 겸 발행인을 백남훈으로, 제호를 '기독청년'으로 정한 후 정기적으로 발행하기는 1917년 11월 17일 창간 이후부터이다. 1920년 1월 31일에는 제호를 '현대'로 고쳐서 내다가 재정난으로 폐간했다.

1923년에는 '젊은이'로 창간해서 2호까지 발간하고는 간토대지진으로 중단했다. 그리고 1926년 3월 1일 '사명'으로 이름을 고쳐 발행했는데, 처음에는 편집 겸 발행을 최승만이 맡았다가 1930년 12월 31일 발행한 8호는 이기윤이 맡았고 1936년 11월 2일 통권 10호부터는 윤근이 맡아 발행했다.

본지의 사명을 제1호에 실린 편집인의 발간사에서 찾아보면 다음과 같다.

"우리 회가 동경천지에서 소리를 치고 나타난 지가 그만해도 벌써 20여 성상의 짧지 않은 긴 세월을 지나왔다. 그동안 여러 가지 파란곡절이 끝날 새 없었으며 어지럽고 흉흉한 가운데서 금일까지 헤매온 일을 회상하면 아직 감개무량할 뿐이다. …… 금년부터는 기어히 무엇이든지 하나 발간하야 회의 상황이나 회원동정 등도 그러니와 기타 우리의 사색, 감상 등이라도 다소간 발표해 보자는 의견이 분분한 가운데서 '사명'이 탄생되었다."

이 같은 취지에서 창간된 본지 창간호 내용은 다음과 같다. 편집인의 발간사에 이어 논문으로 「종교에 대하여」(김동명), 「조화론」(김준성), 「우리 민족의 실생활과 예수의 종교」(송창근), 「인격의 건설」(송기용) 등이 있고, 문예란에는 김동명의 시산문인 「애모」가 있다. 기타 해외소식과 청년회 경과사항 등이 실려 있다.

본래 편집위원회에는 매호 8면을 발행하기로 결의한 바 있으나 창간호는 그동안 YMCA의 경과보고 상황도 많아서 20쪽으로 발행했다. 그러나 1930년 12월에 발행한 제8호는 64쪽으로 발전세를 보였고, 1932년 6월에 발행한 9호를 지나서 1936년 11월에 낸 통권 10호, 즉 4년 만에 다시 펴내는 속간호는 142쪽으로 더욱 확대시킨 후 내용면에서도 2장의 화보와 「기독청년의 선언」이라는 권두언을 비롯하여, 논문 14편, 시 3편, 잡문 4편, 도쿄 한국YMCA 헌장, 기숙사칙, 회무일지, 내방인사 명단, 건물, 각부 사업 보고, 청년회 임원들을 소개하는 등 우렁차게 재출발을 시도했다.

그 후 1년을 더 발행하고 문을 닫아야 했는데, 도쿄경시청의 압력으로 1937년 통권 21호까지 발행하고 폐간해야 했기 때문이다. 1926년 3월 격월간으로 창간하여 12년 동안 21권을 발행했다. (이경돈)

참고문헌

『한국신문·잡지총목록』, 대한민국국회도서관, 1966; 계훈모, 『한국언론연표』, 관훈클럽신영연구기금, 1979; 『아단문고장서목록』, 아단문화기획실, 1995; 최덕교 편저, 『한국잡지백년』, 현암사, 2004.

▌사명쇄기(四溟瑣記)

1872년 중국 상하이에서 창간된 문학잡지

『영환쇄기(瀛寰瑣記)』가 1875년 종간되면서 『사명쇄기(四溟瑣記)』로 제호를 바꾸었다. 신보관(申報館)에서 월간으로 간행하였다. 주필은 왕타오(王韜)이다. 1876년 1월 총 12권을 발간하고 정간되고, 다시 『환우쇄기(寰宇瑣記)』로 제호를 바꾸었다. 중국국가도서관에 소장되어 있다

구성체제와 내용은 모두 이전의 『영환쇄기』와 같고, 시사(詩詞)를 위주로 하여 희극과 논설 등을 게재하였다.

천페이즈(陳裴之)의 「징회당문초(澄懷堂文鈔)」, 베이칭차오(貝靑喬, 양웨이무커[揚威幕客])의 「군중잡영시 팔십수(軍中雜詠詩八十首)」, 선마오량(沈懋良)의 「강남 춘몽필기(江南春夢筆記)」, 왕타오의 「미주암사(眉珠盦詞)」, 옌젠차오(嚴間樵)의 「우란몽전기(盂蘭夢傳奇)」, 황허탕(黃賀棠)의 「재주원시화(載酒園詩話)」, 청궈판(曾國藩)의 「쑨원봉순절기(孫文鳳殉節記)」 등의 문장들이 발표되었다. (김성남)

참고문헌

周葱秀·涂明 著, 『中國近現代文化期刊史』, 山西敎育出版社, 1999; 王檜林·朱漢國 主編, 『中國報刊辭典』, 太原: 書海出版社, 1992.

▌사상(思想)

1921년 일본에서 간행된 학술지

1921년 10월에 간행되어 1928년 8월에 폐간된 사상잡지이다. 와쓰지 데쓰로(和辻哲郎)를 중심으로 이와나미 시게오(岩波茂雄)도 편집에 참여했고, 이와나미쇼텐(岩波書店)에서 발행했다. 1947년 2월 복간 후 현재(1020년) 월간으로 이어져 오고 있다. 철학, 예술, 문화 일반에 대한 월간 학술지이다.

이 잡지는 나카 간스케(中勘助)의 「개(犬)」가 풍속을 혼란시켰다는 이유로 발매금지 처분을 받은 것처럼 창작이나 소품을 게재했다. 창간호부터 구보 벤(久保勉)이 서영 수필을 번역 게재한 것도 이와 같은 맥락에서였다. 편집은 와쓰지 데쓰로에 이어서 다카하시 유타카(高橋穰), 이토 요시노스케(伊藤吉之助) 등이 담당했다. 이 잡지는 통권 82책을 발행하고 일시 휴간한 다음, 1929년 4월 83호부터 와쓰지 데쓰로, 다니가와 데쓰조(谷川徹三), 하야시 다쓰오(林達夫) 등이 편집을 담당했다. 주요 특집은 변증법, 헤겔, 일본정신, 니시다(西田) 철학, 민족과 전통, 정치철학, 영국의 민족성, 미국의 민족성, 자유주의 검토 등이었다. 전시체제 아래 용지 배당제도 때문에 1943년 10월 273호로 휴간하기에 이르렀다. 1945년 9월, 8월호부터 복간되었다. 1946년 3월, 3·4월호를 내고 휴간되었고, 1947년 2월 복간되었다. 봉건성이란 무엇인가, 권력의 이론, 천황제, 조직의 문제, 사상의 자유 등이 특집이었다.

이와나미쇼텐에서 발행한 철학 잡지로 『철학잡지(哲學雜誌)』, 『사조(思潮)』가 있었다. 이들은 『사상(思想)』에 뒤이어 창간된 것으로 휴간을 자주했으나 지금도 계속 간행되고 있다. 『문학(文學)』, 『과학(科學)』과 함께 학술지의 중핵이다. 필자들은 이와나미아카데미즘의 경향이 있는데, 새로운 필자도 발굴되고 있다.

창간된 『문학』과 함께 철학, 예술학, 미학, 사상사학 등의 관점에서 중후한 논문이 게재되어 문학이론의 발전에 크게 기여했다. 아울러 시사적인 문제의식을 잃지 않았으나 전체적인 경향이 아카데믹하다.

• **와쓰지 데쓰로**(和辻哲郎, 1889~1960)

윤리학자, 문화사가. 동양의 도덕정신을 서구의 윤

리사상과 결합시키려 한 근대 일본 사상가 중에서 특히 두드러진 활동을 펼쳤다. 도쿄대학에서 철학을 공부하고, 교토대학과 도쿄대학에서 윤리학교수를 지냈다.

와쓰지의 초기 저작 가운데 『니체 연구』(1913)와 『쇠렌 키르케고르』(1915) 두 작품이 주목할 만한데, 이들 책에서 그는 수십 년 뒤 일본에 실존주의가 도입되는 초석을 마련했다. 이후 고대 일본 문화와 일본 불교의 정신을 연구하는 쪽으로 관심을 돌려, 일본 문화의 다양한 측면을 다룬 저서와 논문을 썼다. 또한 인도의 초기 불교와 불교 발전에까지 연구 범위를 넓혔다. 그러나 주요저작은 윤리학 분야였다. 『인간학으로서의 윤리학(人間の學としての倫理學)』(1934), 『윤리학(倫理學)』(3권, 1937~49), 『일본윤리사상사(日本倫理思想史)』(2권, 1952) 등이 그것이다. 와쓰지에 의하면, 윤리적 물음에 바른 답을 얻기 위해서는 개인이면서 동시에 사회적 존재인 인간의 이중적 존재양식의 의미를 먼저 이해해야 한다. 그는 그의 사상에 미친 니시다 기타로(西田幾多郞)의 영향을 들면서 이렇게 주장한다. 우리가 인간 존재의 이 기본 특징을 완전히 깨닫기 위해서는 형이상학적 기초로서 '절대무(絶對無)'라는 불교 관념에 의지해야 한다. 그는 이런 인생관을 발전시켜 가장 단순한 것에서 아주 완전한 것까지, 예컨대 가족에서 국가까지 서로 간의 관계에 적용되게 했고, 실제적인 인간관계의 배경으로서 역사와 풍토에 대한 고유한 사상을 제시했다. 1961년 바우나스(G. Bownas)가 번역하고 일본 정부 출판국이 간행한 『풍토: 철학적 연구(A Climate: A Philosophical Study)』가 와쓰지의 저작 가운데 유일하게 영역된 것이다.

• 니시다 기타로(西田幾多郞, 1870~1945)

일본에서 서양철학을 동양의 정신적 전통에 동화시키려고 노력했던 대표적 인물. 아버지 니시다 야스노리(西田得登)는 한때 초등학교 교사였고, 아들 기타로도 그의 몇 안 되는 제자 중 하나였다. 어머니 도사(寅三)는 불교의 한 교파인 정토종(淨土宗)의 독실한 신자였다. 니시다는 어머니를 매우 존경하여 어머니에 대한 기억을 소중히 간직했다. 그의 집안은 지주계급이었으나, 그가 어릴 때 아버지가 가산을 탕진했기 때문에 1883년 가족 모두가 가나자와로 이사해야만 했다. 같은 해 가나자와초등학교의 초급반에 입학했으나 이듬해 병 때문에 휴학했다. 1886년에 다시 학업을 시작하여 1888년에는 제4고등학교(가나자와 소재의 전문대학 과정)에 입학했다. 소년시절에는 이름난 유학자에게 전통적인 유교교육을 받았고 중고등학교 시절에는 한학(漢學)에 조예가 깊은 학자에게서 가르침을 받았다. 이 같은 교육을 받고 한학을 공부하여 인품을 도야한 그는 평생 유교적 덕성과 세계관을 유지하게 되었다. 나중에 서양철학과 불교(특히 선종)가 그의 완숙한 심성에 가미되었으나, 내면 깊은 곳에는 유교적 확신, 즉 '군자(君子)', 진(眞)과 선(善)에 이르는 '도(道)', 성실, 극기, 그리고 초연(超然) 같은 유교적 덕목이 그대로 남아 있었다. 니시다가 속한 세대는 유교 경전을 교육받으며 인격을 쌓은 일본의 마지막 세대이다. 소년시절부터 그는 가나자와에서 여러 좋은 친구와 사귀어 왔으며, 그중에는 후에 유명한 불교학자가 되어 서방세계에 선종을 널리 소개한 스즈키 다이세쓰(鈴木貞太郞)도 끼어 있다. 스즈키와는 제4고등학교의 동급생으로 만나게 된 뒤 평생토록 서로 정신적 영향을 끼치는 사이가 되었다.

1928년 12월 교토제국대학을 정년퇴임한 뒤 펴낸 회고록 『정년퇴임한 어느 교수의 변』에서 니시다는 이렇게 쓰고 있다.

"제4고등학교의 학창시절이 내 일생 중 가장 행복한 시기였다. 나에게는 젊은이다운 패기가 넘쳐흘렀다. 나중 일 따위는 신경 쓰지 않고 하고 싶은 거라면 모두 했다. 결국 나는 학교를 중퇴해야만 했다. 그 당시 나는 혼자 공부해서는 아무것도 이루지 못한다는 말이 꼭 옳다고는 생각하지 않았다. 사실 학교라는 구속에서 벗어나 자유롭게 책을 읽는 편이 더 낫겠다는 생각을 했다. 그러나 1년도 채 못 되어 의사로부터 더 이상 책을 읽지 말라는 권고를 받았다. 눈병을 앓고 있었기 때문이었다. 나는 자유롭게 책을 읽겠다는 계획을 포기하고 도쿄로 가서 도쿄대학 철학과 선과(選科)에 입학했다(1891~1894)."

도쿄대학을 졸업한 뒤 그는 고향 근처 중학교의 교사가 되었다(1895). 이 뒤 제4고등학교의 교사로서 심리학 · 논리학 · 윤리학 및 독일어를 강의했다(1899~1909). 한편 야마구치(山口)와 가나자와에서 교사로 근무하던 시절에 그는 참선(參禪)에 열중했다. 이 시절의 일기를 보면 참선에 대한 얘기가 많이 나온다. 참선과 고등학교 강의를 통해 얻어진 결과가 처녀작인 『선의 연구(善の硏究)』(1911)이다. 이 책의 일부가 일본 철학 전문지에 실리는 계기로 독창적인 철학가로서 일본 철학계의 주목을 받게 되었다.

1909년 도쿄에 있는 가쿠슈인(學習院)대학에서 1년간 교수로 재직한 뒤 교토제국대학의 윤리학 조교수로 임용되었다. 1913년 종교철학 교수가 된 데 이어 이듬해에는 철학 교수로 취임하여 1928년 은퇴했다. 교토제국대학에서 정년퇴임할 무렵 니시다철학은 원숙하게 발전하여 '무(無)의 토포스(topos, 장소)철학'이 정립된다. 말년에 그는 철학적 문제를 깊이 연구했으며 자기 논리로 좀 더 구체적인 사실들을 설명하려 했다. 무(無)의 장소에서 주체와 객체의 양분법을 극복, 참된 현실을 지향하는 자신의 철학이 '역사적 세계에서 역사적 실체를 가지고 있기 때문에' 의미심장한 것이라고 역설했다. 은퇴한 뒤에는 『철학논문집』(전 7권)을 펴내 절대 무의 개념을 확충, 발전시켰다. 그의 말년은 2차 세계대전이 끝나가던 시기였는데 니시다는 한밤중에 불타는 도시를 바라보면서 구약성서에 나오는 이스라엘 예언자들의 이야기를 깊이 생각했다. 그는 이 전쟁이 승자도 패자도 예측할 수 없는 끔찍한 결과를 낳으리라고 말했다. 1945년 가마쿠라에서 죽었다.

그의 철학적 사고방식이 서구적이라고 하여 니시다의 철학은 2차 세계대전 중 일본 국수주의자와 군국주의자들의 공격을 받았다. 이후로 마르크스주의 철학자와 반(反)형이상학적 합리주의 철학자들이 니시다의 애국심과 형이상학적 불명료성(obscurantism)을 비판해 왔으나, 이 같은 비판은 합리적 근거가 없었기 때문에 수그러지고 말았다. 다카하시 사토미(高橋里美)와 다나베 하지메(田邊元)는 철학적으로 중요한 비평을 했다. 다카하시는 니시다의 『선의 연구』에서 보이는 독특한 일본적 철학정신을 발견하고 높이 평가한 최초의 학자로서, 원숙한 경지에 이른 니시다철학에 대해 비판적 탐구서를 펴내기도 했다. 다나베는 니시다의 제자로서 그의 뒤를 이어 교토제국대학 철학 교수로 재임했고(1927~1945), 그 나름의 철학적 관점에서 니시다철학을 연구하여 가치 있는 비평서를 펴낸 사람이다.

니시다는 회고록에서 칠판을 축으로 한 위치의 변동으로 자기 인생을 파악한다고 말했다. 인생의 전반기(1기)에서는 칠판을 마주보며 책상에 앉아 있었고, 후반기(2기)에는 칠판을 등지고 앉았다는 것이다. 이 비유를 계속해 보면, 무의 토포스의 철학으로 상징되는 3기에 니시다는 칠판의 앞과 뒤라는 두 입장을 모두 초월하여 그 자신과 그의 논리가 역사적 세계라는 칠판 위의 백묵이 되길 원했다고 할 수 있다. 니시다철학의 각 단계는 나름대로 독자적인 가치를 지니고 있다. 2개의 커다란 강(예컨대 서양과 동양)이 합류할 때 일련의 소용돌이가 일어나듯이 각 단계는 그 자체로 자기 완결적이다. 각 단계들이 연속적으로 이어진다고 해도 앞의 체계가 나중 체계를 대치해서는 안 되는 것이다.

자신의 철학을 전개해 나가는 첫 번째 단계에서 니시다는 참선에 열중함으로써 기본적인 통찰력을 획득했다. 그는 윌리엄 제임스의 철학과 심리학에서 영향을 많이 받았고 제임스로부터 빌어 온 심리학적 개념을 이용하여 자신의 기본적인 통찰을 철학적으로 해석하려고 노력했다. 『선의 연구』의 서두는 니시다 사상의 전반적인 방향성을 보여준다.

"경험한다는 것은 사건들을 정확하게 있는 그대로 안다는 것을 의미한다. 그것은 선별적으로 사고하는 태도를 다 버리고 사실과 부합되게 안다는 것을 뜻한다. 사람들은 경험을 이야기할 때조차도 어떤 생각을 덧붙이기 때문에, 여기에 사용된 '순수'라는 말은 생각이나 사고가 조금도 가미되지 않은 진정한 경험 그 자체의 상태를 의미한다. 예를 들면 어떤 색깔을 보거나 어떤 소리를 듣는 바로 그 순간을 의미한다. 보거나 들음으로써 외적인 어떤 것과 연관시키는 판단을 내리기 이전의 순간이나 자신이 어떤 감각을 느낀다는 느낌

이전의 순간을 말할 뿐만 아니라, 그 색깔이 무슨 색깔이고 그 소리가 어떤 소리인지를 판단하기 이전의 순간을 의미한다. 따라서 '순수경험'은 '직접경험'과 같은 말이다. 사람이 자신의 의식 상태를 직접 경험하게 될 때는 아직 주체도 객체도 없고 지식과 그 대상물은 완전히 합일하게 된다. 이것이 가장 순수한 형태의 경험이다."

여기에 설명된 순수경험의 개념은 서양철학의 틀에 오랜 참선으로 배양된 니시다 자신의 종교적 경험이 가미되어 만들어진 것이다. 그것은 주체와 객체의 이분법을 초월한 것과 마찬가지로 전체와 부분의 차이도 초월한 단계에 있는 것이다. 말하자면 우주 전체가 개인의 존재 속에 결정(結晶)된 것과 마찬가지이다. 개인의 순수하고 빈틈없는 생활 중의 모든 행위 속에서 그의 전(全)존재가 투명하게 됨으로써 마치 거울이 된 것처럼 모든 사물들의 변화하는 모습을 비추고 또 그 사물 속에 참여한다. 이것이 '사실과 부합되게 안다'는 것이다. 현실의 오묘함, 현실에 대한 경험의 직접성, 의식이라는 창조적 흐름 속에서 저절로 발전해 나가는 동적인 체제, 이런 것들이 니시다철학의 대표적 주제들로서, 그의 사상이 궁극적으로 어디에서 연유하는 것인가를 잘 보여준다.

니시다에 의하면 판단은 직관적 전체를 분석함으로써 얻어진다. 예를 들어 말이 달린다는 판단은 달리는 말을 직접 경험함으로써 얻어진다. 판단의 진실성은 원래의 직관적 전체(intuitive whole)의 진실성에 근거한다. 왜냐하면 직관적 전체로부터 실체와 속성, 주체와 객체의 양분법을 통해 판단이 얻어지기 때문이다. 판단의 진실성을 확립하기 위해, 판단은 그 자체의 이분법을 통해 판단의 원천인 직관을 참조하게 된다. 그 이유는 직관이야말로 헤겔이 말하는 관념(Begriff)과 유사한, 스스로 발전하는 전체로 간주되기 때문이다. 헤겔이 "모든 것은 관념이다", 또는 "모든 것은 판단이다"라고 말했다면, 니시다는 "모든 것(현실)은 직관이다" 또는 "모든 현실은 직접적인 의식이다"라고 말한다. 왜냐하면 이것이 "의식만이 유일한 현실"이라는 그의 주장의 핵심이기 때문이다.

니시다는 자신의 철학을 펼쳐나가는 두 번째 단계에서 프랑스 철학자 앙리 베르그송의 영향을 받았다. 니시다는 베르그송의 철학을 당시 일본 철학계에서 유행하던 독일 신칸트학파의 사상과 종합하고자 했다. 니시다철학의 두 번째 단계는 『자각에서의 직관과 반성』(1917)에 잘 나타나 있다. 기본적 개념에는 아무런 변화도 없었지만 그는 순수경험을 다른 방식으로 설명하려 했다. 신칸트학파의 영향을 받아 니시다는 그의 사상에서 심리학적 용어를 모두 제거하고 시종 논리적 사고의 길만을 고집했다. 그러나 실제로 자신이 막다른 골목의 끝에 서있음을 발견했고 그곳에서 자신의 논리로는 뚫고 들어갈 수 없는 어떤 것과 부딪치게 되었다. "불가지(不可知)와의 오랜 싸움 끝에 나의 논리는 신비주의의 진영에 굴복하라고 나에게 명령했다"라고 그는 서문에서 쓰고 있다. 이리하여 사고와 직관의 단위인 자아(自我)는 신비주의적 배경을 획득하게 된다. 자아는 순수한 행위이지만 궁극적으로는 어둠의 심연 속에 자의식이 발산하는 모든 빛을 감싸 안고 있는 자기 자신을 발견하게 된다. 그러나 이 어둠은 '찬란한 불명료(dazzling obscurity)'로서 자아에게 의미와 존재의 헤아릴 수 없는 깊이를 제공한다. 자아는 이렇게 하여 빛나는 어둠에 둘러싸이게 된다.

니시다철학의 세 번째 단계는 그의 모든 체계가 반전(反轉)되는 것이 특징인데, 그러한 점은 『움직이는 것에서 보는 것으로』(1927)에 잘 나타나 있다. 그는 그때까지 자아를 철학적 사유의 출발점으로 여겨 왔으나, 이제는 초월적 이상주의와 완전히 결별하고, 아니 그뿐 아니라 이상주의를 뚫고 나아가 그 뒤에 놓인 현실의 영역이 자신의 신비적 경험과 호응함을 발견한다. 이것을 비자아(非自我) 또는 무(無)의 영역이라고 할 수 있을 것이다. 그러나 이것을 주체에 대비되는 객체의 영역을 말하는 이상주의의 비자아나 사르트르의 실존주의에서 나오는 파괴적 비자아와 혼동해서는 안 된다. 니시다의 '비자아'는 주체와 객체의 분리가 극복되는 궁극적인 현실을 말한다. 불교적 전통에 따라 그는 이것을 '무'(無)라고 불렀고, 이 무의 절대적 존재로부터 세계 속의 모든 것(그것이 사물이든 자아이든)에 대한 개체적 현실을 이끌어내려고 했다. 보편적 인식 또는 일반인식으로서의 이상주의적 '순수자아'는 아직도 추상적이지만, 니시다의 비자아는 절대적인 무 가운데 진정한 개체로서 그 자신을 확립하고, 물자체(사물의 궁극적 실체)의 개체를 제외시키는 것이 아니라 오히려 포함한다. 사실 개체의 문제가 이제 니시다의 주요 관심사가 되었다. 그는 해결책을 찾아내기 위해 그리스 철학, 특히 플라톤과 아리스토텔레스를 집중적으로 연구했다.

그는 서양 현대철학과 비교해볼 때 이 철학자들이 주체와 객체의 분리에 대해 상대적으로 자유로운 입장에 서 있다는 것을 발견했다. 서양 현대철학은 의식적이건 무의식적이건 간에 언제나 코기토(cogito, 생각하는 주체)를 사유의 출발점으로 상정한다. 그러나 플라톤과 아리스토텔레스의 존재론은 현실적 논리가 스스로 그 자체를 드러내게 하는 것으로서 이 논리는 내면에서 본 현실의 세계를 설명한다. '설명하는 것'이든 '보는 것'이든 간에 이 같은 논리는 현실세계 그 자체에서 벌어지는 행위와 같은 것으로 이해되어야 한다(논리가 곧 행위). 니시다는 이렇게 하여 절대무의 관점에서 개체와 보편의 의미를 해명하려고 했다. 그는 무가 보편적 개념으로서 속성을 뛰어넘어 추구되어야 할 보편이고, 아울러 무의 심연에서 개체로서의 자아가 결정(結晶)된다고 주장한다. 그는 플라톤의 티마에우스에서 토포스라는 개념을 빌려와 '무의 토포스'라는 개념을 발전시켰고 이때부터 무는 토포스의 특성으로 설명된다. 니시다철학이 발전되어 나가는 제4단계에서 니시다는 무의 토포스 개념을 적용하여 그의 '역사적 세계'를 설명했다. (이규수)

참고문헌

『近代文學雜誌事典』, 至文堂, 1965; 홍현길, 「和辻哲郎의 日本人論」, 『일본학보』 26, 1991; 板垣哲夫, 「戰後期和辻哲郎における內在と超越」, 『山形大學紀要 人文科學』 16-1, 2006; 加藤恵介, 「和辻哲郎のハイデガー解釈」, 『神戸山手大学紀要』 7, 2005; 星野勉, 「和辻哲郎の『風土』論: ハイデガー哲学との対決」, 『法政大学文学部紀要』 50, 2005; 板垣哲夫, 「初期和辻哲郎における內在」, 『山形大学大学院社会文化システム研究科紀要』 1, 2005; 高田哲史, 「和辻哲郎『倫理学』における肉体の現代的意義」, 『体育哲学研究』 36, 2005; 『國文學 解釋と鑑賞』 (10月) 第30卷 第13号, 東京: 至文堂, 1965; 日本近代文學館·小田切進 編, 『日本近代文學大事典』 5卷, 東京: 講談社, 1977.

▌사상운동(思想運動)

1925년 일본 도쿄에서 발행된 재일본 한국인 사회주의 사상단체인 일월회의 기관지

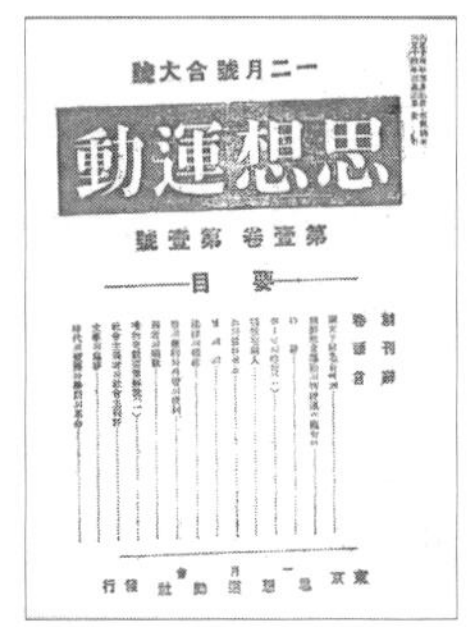

1925년 2월에 창간된 월간지이다. 발행지는 일본 도쿄였다. 편집인 명의는 창간호부터 2권 3호(1925.10)까지는 이여성(李如星)이었고, 3권 1호(1926.1)부터 3권 4호(1926.4)까지는 박낙종(朴洛鍾)이었다. 창간 이후 1926년 4월까지 모두 11개호가 발간되었다. 이 가운데 오늘날 확인할 수 있는 것은 1권 1호(1925년 1·2월 합병호), 2권 1호(1925년 7·8월 합병호), 2권 2호(1925.9), 2권 3호(1926.10), 3권 1호(1926.1), 3권 2호(1926.2), 3권 3호(1926.4) 등 7개호이다.

잡지 『사상운동』은 '무산자의 언론기관'이 될 것을 자임했고, 투쟁을 위한 '과학적 이론'의 정립에 노력하겠노라고 선언했다. 창간사에서 표명하기를, "우리 운동은 용감한 싸움을 요구하는 동시에 엄숙한 이론을 요구한다. 과학적 이론을 좇는 싸움만이 정당한 운동일 것이다"라고 했듯이, 이 잡지는 이론 활동에 큰 의의를 두었다.

이 잡지를 만든 사람들은 사상단체 일월회(一月會)의 임원들이었다. 주요 필진은 이 단체의 간부진과 거의 일치한다. 1925년 10월 25일에 열린 일월회 임시총회에서 선출된 간부진을 보면, 서무부에 이여성, 김탁,

김광수, 선전부에 하필원, 송언필, 김정규, 박천, 조사부에 안광천, 이상호, 편집부에 박낙종, 한림, 변희용, 신태악, 하용식, 방치규 등이었다. 이들은 거의 대다수가 재일본 유학생들이었다. 이중에서 안광천(安光泉)과 이여성은 상무위원으로서 그 중심적 지위를 점하고 있었다. 특히 안광천은 효구(孝駒) 등의 필명을 통하여 거의 매호에 글을 실었다.

수록된 글 중에서 절반 정도가 마르크스·레닌주의의 이론과 국제사회주의운동사를 소개하는 것이었다. 그에 뒤이어 많은 비중을 점하는 것은 국제정세를 다룬 글이었다. 조선 국내의 사회운동과 노동운동에 관한 논설도 각호마다 빠지지 않고 수록되었지만 그다지 많지는 않았다. 그 이유는 당시의 실정법과 관련이 있었다. 당시 일본 본국의 법률체계하에서는 사회주의를 연구하는 행위는 보장되었으나 선전·주장하는 행위는 불법이었기 때문이다. 따라서 구체적인 운동론을 개진하는 데에는 제한이 따랐다.

이 잡지는 재정난 때문에 정기적으로 발행되지 못했다. 각호의 '편집 여언'란에는 재정난을 호소하는 구절이 빈번히 등장한다. 그에 더하여 정기적인 발간을 저해한 또 하나의 요인은 경찰의 압박이었다. 이 잡지는 '안녕질서 문란죄'라는 명목으로 경찰로부터 발매금지, 압수 등의 압박을 받았다. 창간 이후 1년 3개월 동안 11개호를 냈는데, 그중에서 8회의 압수, 2회의 벌금형을 당했다. 어렵사리 발행에 성공한 경우에도 조선 국내에 반입되는 단계에서는 예외 없이 모조리 압수당했다. 2권 1호 권두언에 "발행된 지 반년에 1권 각호는 모조리 조선에서 압수당했다"라고 적혀 있는 것으로 보아, 1권 1호와 2권 1호 사이에 몇 호가 더 발간됐던 것으로 판단된다. 그렇더라도 일정한 수준에서는 독자의 손에 잡지를 전달할 수 있었다고 한다. 3권 1호에 실린 「본지 내용을 고치면서」라는 글에는 비록 발매금지가 되어도 대개는 독자의 손에 들어갔다고 회고하는 내용이 실려 있다.

『사상운동』 편집부는 잡지의 국내 배포를 위해서 조선 각지에 지국과 분국을 두었다. 지국과 분국의 운영자들이 그즈음 자주 개최되던 각 지방기자대회에 『사상운동』 기자 자격으로 참석한 사례가 다수 발견된다.

『사상운동』 편집부는 대중용 한글 문헌 출판을 전담하는 근독부(勤讀部)라는 부서를 설립했다. 처음 발간한 팸플릿 「청년에게 호소함」은 발간 직후 독자의 큰 환영을 받아서 곧 매진되었고 재판을 찍었다. 이후 부서는 1926년 2월 이후 근독사(勤讀社)로 명칭을 바꾸고 독립하였다. 그 후 1926년 4월까지 7종의 사회주의 한글 문헌을 발간했거나 발간할 예정이었다.

• 일월회

1925년 1월 3일 북성회 회원 안광천, 이여성 등은 북성회가 김약수 일파에 의해 이용되자 북성회를 해산시키고 일월회를 조직했다. 강령은 다음과 같다.

"1. 대중 본위의 신사회의 실현을 도(圖)함. 1. 모든 억압과 착취에 대하여 계급적, 성적, 민족적임을 불문하고 민중과 같이 조직적으로 싸울 것. 1. 엄정한 이론을 천명하여 민중운동에 제공할 일."

1925년 현재 현원은 37명에 불과했지만, 재일본조선노동총동맹, 삼월회, 재도쿄조선무산청년동맹 등에서 지도적인 역할을 했다.

일월회는 국내에서 전개된 화요파 중심의 조선공산당과 서울파 중심의 고려공산동맹 사이의 분쟁에 대해 시종 중립적인 자세를 견지하면서 적극적으로 사회주의운동의 통일을 주장했다. 그리고 조선에서 전개되는 사회주의운동의 파쟁에 적극 간단하는데 반대하여 국내 공산주의그룹이 도쿄로 진출하여 파쟁을 연장하는 것에 적극 투쟁했다. 아울러 일월회의 안광천, 하필원, 박락종, 남대관, 한림, 김정규 등은 사회주의운동의 통일을 주장하는 베이징(北京)의 혁명사와 밀접한 관계를 유지했다.

일월회는 1926년 3월 19일 「분열로부터 통일에」라는 전단을 발행했다. 여기에서 운동전선 통일의 필요성을 강조하고 『사상운동』을 통한 원칙적인 이론투쟁을 제기했다. 「내외협치에 대하야: 재일본조선무산계급운동에 대한 적극적 희망과 소극적 희망」(3권 4호, 1926.4)은 다양한 의견 수렴의 장으로 1926년 4월 시기운동의 통일이 재일조선인 민족해방운동세력 내부에서 거론될 때 KW(전진회), 김경재(金璟載, 화요회), 김혁명(金革命, 조선노동당), 심은숙(沈恩淑, 여성동우회) 등의 의견이 실리기도 했다. 1926년 6월 5일 『대중신문』 창간호에는무백(武伯)의 「조선운동의 통일과 그 촉진」, 야마카와 히토시(山川均)의 「일치를 위하여」라는 글이 실려 발간의 취지를 명확히 했다. 『사상운동』과 『대중신문』이 발간되자 일월회는 이를 근거로 통일운동을 전개했던 것이다.

1926년 11월 12일 일월회는 재일본조선노동총동맹, 도쿄조선청년동맹, 삼월회 등의 간부들과 함께 정우회, 전진회와의 항쟁에 대한 박멸과 성명을 발표하기로 결정했다. 그리고 선언에서 파벌주의의 박멸에 대해 언급했다. 여기에서는 파벌 출현의 조건으로 ① 지방열의 재생산, ② 봉건 당습의 변태, ③ 중산계급의 몰락과 정치적 불평을 제시했다. 그리고 파벌주의의 죄악으로 ① 파벌주의는 민중을 철두철미하게 기만했다, ② 파벌주의는 대중의 의식적 생명을 여지없이 유진시켰다, ③ 파벌주의는 우리 운동의 국제적 관계를 여지없이 무력하게 했다는 것이다. 아울러 파벌 소멸의 조건으로 다음의 내용을 피력했다. ① 봉건경제의 소멸, ② 청년과 대중의 의식 앙진(昻進), ③ 일본 무산계급 이론의 영향을 들고 있다.

「파벌주의에 대한 철의 전강(戰綱)」을 선포했다. 그 내용은 다음과 같다. ① 우리는 오늘 조선 내에 있는 소위 사상단체 정우회, 전진회를 파벌주의의 결정체로 볼 수밖에 없다. 우리는 대중의 이름으로 이 양 단체의 철저한 해체를 선언한다. ② 우리는 이 양자가 대중의 선언에 응하지 않는 경우에는 그들을 철저히 박멸할 것을 주저하지 않는다. ③ 우리는 이 양자가 해체되지 않는 경우에는 철저히 박멸하고 나아가 우리가 운동의 각 방면에 침입해 있는 파벌주의의 세균까지도 여지없이 소독하여 대중의 정로(正路)를 개척함과 동시에 진정으로 우리가 무산계급적 정신으로 국제적, 세계적으로 단결하여 촉진하는 데 태만하지 않을 예정이라고 했다. 이후 일월회는 11월 28일 스스로 해체를 성명하고 해산했다.

1926년 6월 무산계급의 계몽지로 『대중신문(大衆新聞)』(조선문)을 간행했다.

• 안광천(安光泉, 1897~?)

본명은 안효구(安孝駒)이고 안호우(安乎于)·노정환(盧正煥)·사공표(史空杓)라고도 불리었다. 1897년 경상남도 김해 진영에서 태어났으며, 경성의학전문학교를 졸업하고 가난한 사람을 치료하기 위해 설립된 자혜병원(慈惠病院)에서 근무하였다. 1923년 김약수(金若水)·김종범(金鍾範)·송봉우(宋奉瑀)·변희용(卞熙鎔)·이여성(李如星) 등이 도쿄에서 조직한 사회주의단체인 북성회(北星會)의 국내 순회강연에 자극을 받아 사회주의 사상단체에 가입하여 사회주의 사상을 전파하였으며, 이듬해 일본으로 건너가 북성회에 가담하였다.

1925년 이여성·하필원(河弼源) 등과 함께 북성회를 발전적으로 해체하고 결성한 일월회 상무집행위원이 되었고, 그해 2월에 도쿄에서 이헌(李憲)·신재유(辛載裕)·송장복(宋章福) 등과 함께 재일본조선노동총동맹을 결성하여 조선인 노동자 권익보호에 힘썼다.

1925년에 일어난 을축년 대홍수 수재의연금을 전달하기 위해 일시 귀국하여 같은 사회주의 사상단체인 화요회(火曜會)와 서울청년회를 합치는 데 힘쓰다가 일본으로 돌아갔다. 한편 같은 해 4월 광양청년연맹에서 연설하다가 불온하다는 이유로 금지되기도 하였다.

1926년 9월 제2차 조선공산당 선전부장에 선임된 뒤 사회주의운동의 새로운 방향을 밝힌 정우회선언(正友會宣言)을 발표하였으며, 12월에 제3차 조선공산당(일명 ML당) 책임비서가 되었다.

1927년 2월 민족주의 계열과 사회주의 계열의 민족협동전선체인 신간회(新幹會) 결성에 동참하였고 4월에 조선공산당 검거 사건으로 와해된 조선공산당 일본총국의 재조직을 박낙종(朴洛鍾)·한림(韓林)에게 지시하였다.

1928년 2월 일제의 스파이라는 혐의를 받고 하필원의 집에 감금되어 있다가 도망쳤으며 제3차 조선공산당 검거 사건을 피해 중국으로 망명하였다. 1929년 베이징에서 의열단 단장 김원봉(金元鳳)과 함께 조선공산당재건설동맹, 1930년에는 무산자전위동맹을 결성하였고 1930년에 레닌주의정치학교를 설립하였다.

• 이여성(李如星, 1901~?)

호는 청정(靑汀), 필명은 명련(命連)·사천선(沙泉先)이다. 1901년 대구의 부유한 집안에서 태어났다. 성악가 박경희(朴慶姬)의 남편이며, 조선건국준비위원회 재정부장을 지낸 김세용(金世鎔)이 매부이다.

1918년 중앙고등보통학교(중앙고등학교의 전신)를 졸업하고 중국으로 망명하였다가 3·1운동 때 귀국하였다. 대구에서 혜성단(彗星團)을 조직하여 항일운동을 벌이다가 체포되어 3년 동안 복역하였다.

이후 일본으로 건너가 릿쿄대학(立敎大學)에 입학한 뒤, 1923년 김약수·김종범(金鍾範)·송봉우(宋奉瑀)·변희용(卞熙鎔) 등과 함께 도쿄에서 사회주의단체인 북성회(北星會)를 결성하였고, 1925년 안광천·하필원 등과 함께 북성회를 발전적으로 해체하고 일월회를 창립하였다.

1931년 7월 『조선일보』 조사부장에 재직시 만보산(萬寶山) 사건의 진상을 취재하기 위해 특파되었고, 『동아일보』가 폐간되자 복식사와 고미술연구에 몰두하였으며, 1944년 여운형(呂運亨)이 결성한 항일비밀결사 건국동맹에 가담하였다.

1945년 조선건국준비위원회 선전부장에 선임되었으며, 그해 11월 여운형이 조직한 조선인민당 정치국장이 되었다. 1946년 2월 좌익 세력의 통일전선체인 민주주의민족전선 중앙위원이 되었고, 같은 해 11월 여운형의 사회노동당에 참여하였으며, 1947년 4월 사회노동당의 후신인 근로인민당 중앙상임위원을 지냈다.

월북하여 1948년 8월 황해도 해주에서 열린 남조선인민대표자대회에서 최고인민회의 대의원에 선출되었으며, 김일성종합대학 교수를 지냈다. 저서에 『숫자조선연구』(김세용 공저)가 있다.

• 하필원(河弼源, 1900~?)

1900년 경상남도 하동에서 태어났다. 일본으로 건너가 와세다대학 정치경제과를 졸업하였으며, 1925년 안광천·이여성·하필원 등이 북성회를 발전적으로 해체하고 결성한 사회주의 사상단체인 일월회에 가입하였다.

1926년 8월 귀국하여 화요회·북풍회(北風會)·조선노동당·무산자동맹 등의 통합단체인 정우회(正友會)에 가입하였고, 12월 조선공산당 조직부장에 선임되었다.

1927년 1월 제2차 조선공산당 검거사건으로 와해된 고려공산청년회 중앙부서 개편시 책임비서에 선임되었으며, 1928년 2월 제3차 조선공산당 검거 사건(일명 ML당 검거 사건) 때 치안유지법 위반으로 검거되어 징역 6년을 선고받았다.

1945년 9월 여운형이 주도한 조선인민공화국 경제부장이 되었으며, 그해 11월 전국 각 지역에 조직된 인민위원회 대표자들이 모여 조선의 완전독립, 미군정과의 관계, 기타 당면 문제 등을 심의하기 위해 개최된 전국인민위원회대표자대회에서 중앙집행위원에 선임되었다.

1946년 2월 좌익 세력의 통일전선체인 민주주의민족전선 중앙위원에 선임되었으며, 11월 남조선신민당·조선공산당·조선인민당의 3당 합동 때 박헌영(朴憲永) 중심의 남조선노동당에 반발하여 여운형의 사회노동당에 동참하여 중앙위원이 되었다가 1946년 11월 북조선노동당이 사회노동당의 분파주의를 비판하여 정세가 사회노동당에 불리해지자 1947년 1월 사회노동당을 탈당하였다.

1948년 8월 황해도 해주에서 열린 남조선인민대표자대회에서 최고인민회의 대의원에 선출되었다. (임경석, 김인덕)

참고문헌

朴慶植 編, 『朝鮮問題資料叢書』 第5卷, 東京: 三一書房, 1983; 이준식, 「'사상운동'의 해제」 한국역사연구회 사회주의운동사연구반 발제문, 1991.11.24; 김인덕, 『식민지시대 재일조선인운동연구』, 국학자료원, 1996; 박종린, 「1920년대 사회주의사상의 수

용과 일월회」, 『한국근현대사연구』 40(2007. 봄호).

사상월보(思想月報)

1931년 서울에서 일본어로 창간된 월간지

1931년 4월 조선총독부 고등법원 검사국 사상부에서 월간으로 창간하였다. 1934년 11월까지 4년간 44호를 발간하였다. 1934년 12월부터는 『사상휘보』로 개제하여 계간으로 1940년 12월까지 25호를 발간한 후 중단되었다가, 1943년 10월 속간되어 한 호가 발간되었다.
조선의 사상운동에 관해서는 조선총독부 경무국 보안과에서 1933년부터 1937년 사이에 발간하던 『고등경찰보』와 1939년부터 1940년 사이에 발간하던 『고등외사월보』를 참고할 수 있다. (윤해동)

참고문헌

『사상월보』(복각본), 고려서림, 1988.

사상휘보(思想彙報)

1934년 서울에서 창간된 일본어 계간 잡지

1931년 4월 조선총독부 고등법원 검사국 사상부가 월간으로 창간하여 1934년 11월까지 4년간 44호를 발간한 『사상월보』를 계승하여, 1934년 12월 창간되었다. 계간으로 1940년 12월까지 25호를 발간한 후 중단되었다가, 1943년 10월 속간되어 한 호가 발간되었다. 고등법원 검사국 사상부가 사상 검사를 위해 발간한 것으로 관련 기관에 참고자료로 배포되었다. 매호 300쪽 전후의 분량으로 발간되었다.

잡지는 대개 다음과 같은 구성을 가지고 있었다. 조선 중대사상사건 경과표를 권두에 실었고, 조사, 자료, 조선 사상사건 판결, 집계, 잡록 등의 고정란으로 구성되었다. 조사란에는 사상운동, 노동쟁의, 소작쟁의, 불경죄, 유언비어, 시국관계 범죄, 치안유지법 위반, 외국인 범죄 등 다양한 분야에 걸친 각종 부문운동에 관한 조사자료를 싣고 있다.

자료란에는 코민테른, 소련공산당, 중국공산운동, 재외 조선인의 운동, 보호관찰 상황, 창씨 상황, 학생운동, 노동운동, 농민운동 기타 각종 운동에 관련한 자료를 게재하고 있다.

조선사상사건 판결란에는 주요 사상사건의 판결록을 싣고 있으며, 통계조사(집계)란에는 각종 운동과 관련한 조사 통계자료를 싣고 있다. 잡록에는 전향서나 감상록, 각종 운동의 전망 등 비교적 가벼운 자료를 배치하고 있다. 간혹 부록을 말미에 배치하기도 하고, 고등법원 검사장의 훈시를 권두에 싣기도 하였다.

1930년대 조선에서의 각종 사상운동과 부문운동에 관한 연구에 필수적인 자료라 할 수 있다.

조선의 사상운동에 관해서는 조선총독부 경무국 보안과에서 1933년부터 1937년 사이에 발간하던 『고등경찰보』와 1939년부터 1940년 사이에 발간하던 『고등외사월보』를 참고할 수 있다. (윤해동)

참고문헌

『사상휘보』(복각본), 고려서림, 1988.

사조(思潮)

1917년 일본에서 발행된 사상 잡지

1917년 5월에 창간되어 1919년 1월까지 발행된 사상문화잡지이다. 잡지 주간은 아베 지로(安部次郎). 주요 동인은 이시하라 겐(石原謙), 와쓰지 데쓰로(和辻哲朗), 고미야 도요타카(小宮豊隆), 아베 요시시게(安倍能成) 등이었다. 판형은 국판이고, 발행처는 이와나미쇼텐(岩波書店)이었다.

잡지 발행은 창간호에서 밝히고 있는 바와 같이 "협소한 국수주의는 철저한 이해와 비평이 결여된 상태에서 외국을 모방하는 것이고, 우리의 문명과 생활을 빈한하게 만드는 것이다. 이러한 두 가지 오류에 대항하여 모든 사물에 대한 풍부한 동정과 철저한 이해를 매개로 한다"는 것을 발행의 목적으로 삼았다. 동인들은 각각 특색 있는 역작을 게재했는데, 주간 아베의 개인적인 이유로 19호로 폐간되었다. 주요 논설로는 헤겔의 「묻는 사람에게 답한다(問者に答ふ)」, 와쓰지 데쓰로의 「고사 순례(古寺巡禮)」, 아베 요시시게의 「니체의 차라투스트라, 해석 및 비평(ニィチェのツアルツストラ, 解釋並びに批評)」 등의 연재를 비롯해 아베 요시시게의 「사상상의 민족주의(思想上の民族主義)」, 다나베 하지메(田邊元)의 「도덕적 자유(道德的自由)」, 니시다 기타로(西田幾多郞)의 「일본적이라는 것에 대해서(日本的といふことに就いて)」, 오니시 요시노리(大西克禮)의 「근대 문예에서의 사회적 흥미의 발전(近代文藝に於ける社會的興味の發展)」 등이 발표되었다. 이 잡지는 다이쇼 시기 교양파의 거점 역할을 수행했고, 이후 『사상(思想)』으로 발전했다. (이규수)

참고문헌

牛島俊 作, 『日本言論史』, 河出書房, 1955; 『近代文學雜誌事典』, 至文堂, 1965; 桂敬一, 『明治·大正のジャ-ナリズム』, 岩波書店, 1992.

▌사조(思潮)

1927년 개성에서 발행된 종합월간지

편집 겸 발행인은 김영기(金永祺), 인쇄인은 심우택(沈禹澤)이다. 인쇄소는 대동인쇄(주), 발행소는 개성 형설사(螢雪社, 개성 서본정 74)이다. 월간이며, A5판, 138면으로 정가는 50전이다.

『사조』는 사전검열을 위해 제출한 창간호 원고 전부가 압수되어 1927년 7월 6일 불허 처분을 받는 산고를 겪은 끝에 8월 13일 재허가를 받아 12월 1일 창간한 사회주의적 경향의 잡지다.

창간호 첫 장에는 '권두(卷頭)의 언(言) 전문삭제(全文削除)'라고 적혀 있으니, 그 창간의 취지는 「편집후기」에서 엿볼 수 있다.

「편집후기」에는 "우리의 목적은 인간의 진리를 찾기 위하여 싸우려고 나선 몸이니까 뼈가 부서질 때까지 싸워야겠습니다. …… 우리가 갖고자 하는 새로운 문제는 새로운 인간을 창조할 것입니다. 우리는 하루 바삐 옛 문화를 ××하여야 되겠습니다. 우리의 신념과 작품에는 기성 예술 종교의 개선이 아니고, 그러한 기성의 종교 도덕 예술로는 도저히 구하기 어려운 우리를 우리의 협력으로 구하자는 뜻을 가진 이들의 피와 혼에서 생산한 신념과 예술을 담는 중심기관이 되고자……" 한다고 쓰여 있다.

이렇듯 이 잡지는 신문화를 통해 신인간을 창조하자는 구상을 갖고 있었는데, 이는 사회주의적 인간형의 창조를 의미한다. 창간호에는 이러한 취지에 동조하는 일본인의 글과 함께, 조선어와 일본어로 된 논설 및 도쿄에서 보내 온 글들도 있다.

창간호의 목차를 살펴보면 다음과 같다. 논문 형식의 글로 P생의 「유물론의 기원과 그 사적 발전」, 동경 재등준(齋藤峻)의 「지식계급적 무산문예에 대하여」, 동전(東田)의 「맑스와 헤겔」, 김영기의 「악마와 종교」처럼 사회주의적 경향성이 충만한 글들이 우선 눈에 띄고, 그 밖에 R생의 「혼인의 예약을 논함」, 동원(東園)의 「도덕의 가치에 대하여」, H생의 「아인스타인의 약전」, 송악산인의 「톨스토이의 연애와 생애」 등이 있다.

또한 수필 류의 글로는 동경 망월의 「사도풍과 매소호풍」, 이봉환의 「남은 여의 부속품」, 다카하시 신키치(高橋新吉)의 「죽는 일이 한번 "쾌락이다"라는 것은」, 김영기의 「생각한 대로」, 김창배의 「예술 단편」, 이일소의 「20년 후」, 강산월인의 「무더운 여름」, 유촌의 「망향가」, 의 「김은월단편상(斷片想)」, 춘파의 「월광의 밑에서」, 민오영의 「단편록」 등이 있고, 소설에는 BCR생의 「석양의 대화」, 강산월인의 「애의 선언」 등이 있으며, 희곡에는 오영의 「두 여성(전1막)」, 김영기의 「직공의 도맹(전1막)」, 시는 다카하시 신키치(高橋新吉)의 시 1편, 화강석(花崗石)의 「깨어진 사당」, 김일균의 「자연의 노래」 등이 있다.

그 밖에 잡조 성격의 글로는 WS생의 「와일드의 영고(榮枯)」, 적초(赤草)의 「시성(詩聖)과 하치부(鍛治夫)」, KS생의 「키네마왕의 출생 략화(略話)」, WO의 「생사로써 조각한 작품」, 계림학인(鷄林學人)의 「이완뿌닌」, 편집동인의 「시간 고찰」 등의 글이 실렸고, 이외에도 전문 삭제된 동경 ST생의 글이 있다.

필자 중, 카프 개성지부의 평론가 민병휘(閔丙徽),

일본 다다이즘 시인이었던 다카하시 신키치(高橋新吉, 1901~1987) 등의 이름도 주목할 만하다. (이경돈)

참고문헌

『한국신문·잡지총목록』, 대한민국국회도서관, 1966; 계훈모, 『한국언론연표』, 관훈클럽신영연구기금, 1979; 『아단문고장서목록』, 아단문화기획실, 1995; 최덕교 편저, 『한국잡지백년』, 현암사, 2004.

▌사지총간(史地叢刊)

1920년 중국 베이징에서 발간된 학술지

1920년 6월 베이징(北京)에서 창간되었다. 베이징고등사범학교(北京高等師範學校) 사지학회(史地學會)에서 편집을 맡았다. 부정기간행물로, 학생을 위한 학술 간행물이다. 1922년 상하이로 옮겨 출판되었다. 1923년 4월 정간되었다. 모두 2권을 출간하였다. 베이징사범대학도서관 등지에 소장되어 있다.

대량의 역사와 지리 관련 문제를 다룬 연구논문, 찰기(札記), 교재교수법 개혁 의견 등이 수록되어 있다. 중국사학사를 연구할 수 있는 참고 자료이다. (이은자)

참고문헌

王檜林·朱漢國, 『中國報刊辭典(1815~1949)』, 太原(山西): 書海出版社, 1992; 葉再生, 『中國近代現代出版通史』, 北京: 華文出版社, 2002.

▌사지총간(史地叢刊)

1933년 중국 상하이에서 발간된 학술지

1933년 11월 상하이(上海)에서 창간되었다. 상하이대하대학(上海大夏大學) 사지학회(史地學會)에서 편집을 맡았다. 정간일자는 불확실하다. 베이징사범대학도서관 등지에 소장되어 있다.

학생을 위한 연간 학술 간행물이다. 대량의 역사 지리 연구와 교육과 관련된 논문, 찰기(札記), 의견 건의 등이 수록되어 있다. 중국사학사를 연구할 수 있는 참고 자료이다. (이은자)

참고문헌

王檜林·朱漢國, 『中國報刊辭典(1815~1949)』, 太原(山西): 書海出版社, 1992; 葉再生, 『中國近代現代出版通史』, 北京: 華文出版社, 2002.

▌사지학보(史地學報)

1921년 중국 난징에서 발간된 학술지

1921년 11월 난징(南京)에서 창간되었다. 둥난대학(東南大學) 사지연구회(史地硏究會)에서 편집을 맡았다. 원래 계간이었으나 제2권부터 월간으로 바뀌었다. 1926년 10월 정간되었다. 1947년 복간 후 5호를 출판한 뒤 정간되었다. 상하이도서관 등지에 소장되어 있다.

평론, 통론, 사지 교육, 연구, 조사, 세계 소식, 기상 보고란으로 구성되었다. 대량의 역사 지리 문제 관련 연구논문, 찰기, 번역서 등을 수록하였다. (이은자)

참고문헌

王檜林·朱漢國, 『中國報刊辭典(1815~1949)』, 太原(山西): 書海出版社, 1992 ;葉再生, 『中國近代現代出版通史』, 北京: 華文出版社, 2002.

▌사학(史學)

1921년 일본 도쿄에서 발행된 학술지

게이오대학(慶應義塾) 사학과를 중심으로 만들어진 미타사학회(三田史學會)의 기관지이다. 1921년 11월 창간 이후 1999년 현재 68권까지 발행되었다. 계간으로 발행되었으며, A5판 크기로 매호 100쪽 분량 정도이다. 필요에 따라 대상을 한정한 특별호도 발행하였다.

하얀 표지 위쪽 사각 틀 안에 "사학"의 제호를 새겼다. 그 아래 권호와 내용목차, 집필자명을 게재하였는데, 이러한 체제는 지금까지 변하지 않고 있다.

게재 논문의 분야는 일본사학, 동양사학, 서양사학, 고고학, 민족학 등 광범위하였다. 집필자는 게이오대학 관계자가 중심이었지만, 다방면에 걸쳐 논문 투고를 받았다.

1937년에는 1권에서 15권의 총 목차와 색인, 1975년에는 31권에서 50권까지의 총 목차와 색인을 별책으로 간행하였다. 16권에서 30권까지의 색인 제작 작업은 현재 진행 중에 있다.

국서간행회에서 편찬한 『일본사관계잡지문헌총람』(상)에 151호까지 일본사 관계 논문 목록이 정리되어 있다. (문영주)

참고문헌

『日本出版百年史年表』, 日本書籍出版協會, 1968; 加藤友康·由井正臣 編, 『日本史文献解題辞典』, 吉川弘文館, 2000.5.

사학잡지(史學雜志)

1929년 중국 난징에서 발간된 학술지

1929년 3월 난징(南京)에서 창간되었다. 난징 중국사학회(南京中國史學會)에서 주관하였다. 쌍월간이다. 모두 2권 간행되고, 1931년 4월 정간되었다. 베이징칭화대학(淸華大學)도서관 등지에 소장되어 있다.

주로 중국 고대사 연구의 학술 논문을 게재하였고, 외국사, 대외관계사 방면의 연구논문이 발표되었다. 대학과 중등학교 역사교육의 내용과 교수법 관련 내용도 포함되어 있다. 사학 연구 태도, 사서 출판 등을 소개하였다. (이은자)

참고문헌

王檜林·朱漢國, 『中國報刊辭典(1815~1949)』, 太原(山西): 書海出版社, 1992; 葉再生, 『中國近代現代出版通史』, 北京: 華文出版社, 2002.

사해공론(四海公論)

1935년 서울에서 창간된 월간 대중 잡지

1935년 5월 1일 사해공론사가 창간한 월간대중잡지이다. 1939년 11월 1일 통권 55호로 종간되었다. 편집 겸 발행인은 약국 '신성당(神聖堂)'의 주인인 김해진(金海鎭), 인쇄인은 수영사 인쇄소의 한동수(韓東秀), 발행소는 사해공론사(경성부 죽첨정), 판형은 A5 국판에, 195쪽이었다. 정가는 10전이다. 고려대와 연세대에 주로 소장되어 있으며 영인 출판되기도 했다.

창간호 내용과 목차를 통해 파악할 수 있는 『사해공론』의 경향은 대체로 다음과 같다. 창간호에 실린 창간사에서 편집인 김해진은 당대 언론계의 위축되고 부진한 상황을 지적하고, 사회는 언론의 여하한 불순과 부도덕을 허용하지 않는다고 주장하며, 가장 긴장한 분위기 속에서 신성하고도 엄정한 태도와 창조적인 공헌으로 건실한 진보 발달을 기할 각오가 되어 있다고 밝히고 있다.

창간호에 실린 논문과 문학작품들은 분야가 다양하고 당대 주목받는 지식인들이 집필한 것이었다. 논문으로는 이광수의 「조선문학의 개념」, 「조선소설사」, 김태준의 「소설의 정의」, 서춘의 「경제를 중심한 국책」, 김정희의 「조혼폐지」 등이 실렸다. 현상윤의 「새벽」, 나빈 나도향의 「그믐달」, 박종화의 「윤씨」, 최학송 「담요」, 현진건 「할머니의 죽음」 등의 문학작품도 자리를 차지하고 있다. 잡조란에는 「조선총독부예산표일람표」가 실려 있어 한해의 예산과 구체적 세목들을 확인할 수 있게 해 준다.

1936년 6월 1일에 발간된 통권 14호의 경우에는 문학평론가인 백철의 「인간탐구의 문학」, 전원배의 「현대독일철학과 나치스의 세계관」 등과 함께 흥미를 돋우는 야사류의 글과 정인과와 김활란을 다룬 인물론이 실려 있다. 김문집이 쓴 '문단인물지'에서도 나타나 있는 바와 같이, 사회 저명인사들에 대한 촌평은 대중들의 호기심을 만족시키고 당내 인사들 간의 우의를 다지는 데 한몫했다. 이를 통하여 거명되는 인사들의 성격과 습관, 인간 됨됨이를 짐작할 수 있는 자료를 얻을 수 있다.

1937년 1월 1일에 발간된 통권 21호는 당시 시국을 반영하여 서두에 「1937년의 위기와 구라파 열강의 군비」라는 논문을 게재하였다. 다음달인 1937년 2월 1일에 발간된 22호의 경우는 논문과 잡조란이 중국과 관련된 논설과 기사로 가득 차 있다. 이처럼 암운을 드리우는 전쟁의 위기와 인류의 미래에 대한 어두운 전망을 그대로 제시하는 한편, 그 소용돌이를 벗어날 수 없는 조선의 상황을 전해준다.

그로부터 1년 반 뒤인 1938년 7월 1일에 발간된 39호에서는 우리말에 대한 특집이 실려 있다. 이극로, 최현배 등 당대 한글학자들이 총동원되어 「바른 글과 바른 말을 쓰라」, 「문장과 문장부호」, 「논리의 언어로서의 조선어」, 「이두와 조선문학」, 「과학어로서의 조선어의 통일」 등을 집필했는데, 이는 절망적인 상황 속에서 '모국어'를 기억함으로써 당시의 비극적인 현실을 되새기고 민족적 긍지를 발휘하여 어둡고 험난한 시대를 극복하고자 하는 눈물겨운 노력을 엿볼 수 있다.

또 하나 주목할 것은, 해당 작품은 거의 실리지 않았는데도 「라디오문화론」, 「조선에서의 음악교양의 현상」, 「조선영화감독론」, 「대자본의 진출과 조선영화」 등 대중문화에 대한 논설과 기사가 상당한 비중을 차지하고 있다는 점이다. 그해 9월과 10월에 발간된 41호와 42호도 대체로 39호와 같은 경향을 보인다. 바야흐로 대중문화가 대중들의 관심분야 중에서 중요한 항목으로 떠오르고 있음을 보여 주는 사례라고 하겠다. 실제로 영화나 연극, 대중가요, 야담, 대중소설에 대한 인기는 높아서 각 장르에 대한 잡지가 각각 발행됐을 정도였다.

41호에는 「전선전향자대회 방청기」가, 42호에는 「전선사상보국연맹의 진로」 등이 실려 있어 조선총독부 당국의 사상탄압이 본격적으로 진행되고 있음을 엿볼 수 있게 해준다. 84쪽에 불과한 종간호(통권 55호, 1939.11.1)에는 총독의 훈시를 그대로 실은 「경방기구의 확충」 외에도 「동원가치의 위대성」, 「국민정신의 작흥」 등이 지면을 차지함으로써 이미 잡지의 대중적 인기를 잃고 친일정책을 보도·찬양하는 총독부 기관지로 변질되어 더 이상의 유지가 곤란하다는 것을 실감케 한다.

이처럼 『사해공론』은 1930년대 중반 이후 변화하는 세태에 어떻게 지식인들이 대응해 나가는지를 엿볼 수 있게 한다. 조선을 병참기지화하려는 일본제국주의의 정책으로 인하여 대중 잡지에도 전선 소식이 실리고 천황의 교지를 받들어 실천하고 내선일체의 논리가 공공연히 언급되는데, 거기에 발을 맞추듯 필진들이 부응하는 형국이라 하겠다. 그런 점에서 보면 일문으로 된 친일 잡지 이외에 『사해공론』과 같은 대중 잡지의 기고글을 통하여 지식인계의 사상적 지형 변화를 추적하는 단서도 포착할 수 있으리라 판단된다.

이 잡지의 정가는 10전이었는데 그 값은 당시 이만한 면수와 여러 볼거리의 잡지로는 파격적이었다고 전해진다. 한때 임화(林和)가 편집인으로 잠시 관여하기도 했다고 한다.

『사해공론』에 관한 일반적인 평은 중량감 있는 논문이나 문학작품이 거의 수록되지 않았다는 것이다. 대중잡지의 성격을 띠었다는 것으로, 그래서 책값도 파격적으로 쌌고 대중들이 가볍게 읽을거리를 제공한다는 취지로 편집체제도 이루어졌으리라 짐작할 수 있다. 매호 논문, 수필·소설·희곡·시 등의 문학작품, 잡조(雜俎) 순으로 편집되었다.

발행인 김해진이 운영하던 '신성당'약국은 당시 조선에서 유명했다고 전해진다. 1935년에는 『조선중앙일보』에 '신성당 7대 명약'이라는 제하에 광고를 대대적으로 실었다. 그 병명을 보면, 폐병·늑막염·치질·매독·임질·대하증 등 당시 가장 흔했던 병이 무엇이었는지도 알 수 있는 한편으로, '신성당'약국은 그 병들을 치료하는 약품을 구비해 놓을 정도로 대규모의 매장이었을 것으로 추정된다. (전상기)

참고문헌

김근수, 『한국잡지사연구』, 한국학연구사, 1999; 최덕교 편저, 『한국잡지백년』 3, 현암사, 2004.

▌사회(社會)

1899년 일본에서 창간된 사회학 잡지

1899년 1월에 창간되어, 1902년 2월 『사회학잡지』로 제목이 바뀐 뒤, 1903년 4월 제5권 3호 이후 폐간된 사회학 잡지이다. 발행처는 창간 당시 부산방웅지부(富山房雄志部)였지만, 2권 10호 이후 사회발행소(社會發行所)로 바뀌었다.

창간 당시의 편집 주임은 다케이 데이시로(武井悌四郎)였지만, 나중에 와카기 잇페이(若木市平), 누노카와 마고이치(布川孫市)로 차례로 바뀌었다. 판형은 국판이었고 매호 평균 90쪽 정도였다. 창간호의 정가는 10전이었다.

1901년 12월 3권 12호가 간행된 뒤 1902년 2월부터는 『사회학잡지』로 이름이 바뀌어 4권 1호가 간행되었다. 『사회학잡지』의 표지에는 "사회학 사회문제 및 사회정책상의 평론"이라는 부제와 "The Journal of Sociology"라는 영어 표기가 붙어 있었다. 잡지의 이름이 바뀌면서 발행처와 발매처도 사회학잡지사(社會學雜誌社)와 메이지서원(明治書院)으로 각각 바뀌었다.

사회학연구회(社會學硏究會)의 기관지로 창간되었다. "사회학의 원리, 사회문제 및 사회개선책을 연구한다"라는 목적 아래 1898년 6월 사회학연구회가 설립되었다. 발기인은 가토 히로유키(加藤弘之), 모토라 유지로(元良勇次郎), 다카키 마사요시(高木正義), 오카 햐쿠세이(岡百世), 도미오기 지카(富尾木知桂), 다케이 데이시로(武井悌四郎), 다카쿠와 고마키치(高桑駒吉) 등이었다.

편집체제는 그림, 논설, 사회, 잡록, 휘보, 시평 등으로 짜여 있었다. 『사회』에 앞서 창간된 『사회잡지』와 비교하면 교계란을 제외하고는 거의 비슷한 구성이었다. 특히 시평과 휘보는 당시 사회 정세를 알려 주는 유용한 자료이다.

모토라 유지로 등의 조사에 의한 「일본 현시의 학생의 종교 관심에 관한 조사 보고(日本現時の學生の宗教關心に關する調査の報告)」(3권 1호), 누노카와 마고이치, 오카모토 마사유키(岡本誠之) 등의 현지 조사에 의한 「아시오광산 광독지 조사 보고(足尾鑛山鑛毒地調査報告)」(3권 11호) 등도 주목된다.

주요 필진은 사회학연구회 발기인 이외에 가타야마 센(片山潛), 구레 아야토시(吳文聰), 히사마쓰 요시노리(久松義典), 도메오카 고스케(留岡幸助), 다구치 우키치(田口卯吉), 쓰보이 쇼고로(坪井正五郞), 우키타 가즈타미(浮田和民), 아리가 나가오(有賀長雄), 도토키 와타루(十時彌), 히구치 히데오(樋口秀雄), 이노우에 데쓰지로(井上哲次郎) 등이었다. 그 가운데서 가장 많은 글을 기고한 것은 누노카와 마고이치와 다카키 마사요시였다.

가타야마 센의 「일본의 노동(日本に於ける勞働)」(1권 4~6호)이나 구보타 세이타로(窪田靜太郞)의 「사회제도 일반(社會的制度一般)」(1권 6, 7호), 「노동자 강제 보험(勞働者强制保險)」(1권 8호) 등을 제외하면 분명히 학자라고 부를 수 있는 필자들의 글이 많이 실린 것이 『사회』의 한 특징이었다.

또한 3권 2호(1901)의 시평으로 실린 다키가와 산겐(瀧川三軒)의 「제국주의와 사회주의(帝國主義と社會主義)」 등에서 알 수 있듯이 시대의 변화에 따라 『사회』의 내용에도 일정한 변화가 나타나고 있었다.

바뀐 『사회학잡지』의 주요 필자에는 『사회』의 필진에 새로 미와타 겐도(三輪田元道), 오하라 쇼이치(大原祥一), 도요하라 마타오(豊原又男), 다나카 다로(田中太郞), 마에다 사다지로(前田貞次郞) 등이 새로 가세하였다. 호즈미 노부시게(穗積陣重), 가와카미 하지메(河上肇), 오가와 시게지로(小河滋次郞) 등의 기고도 눈에 띈다.

『사회학잡지』는 사회학 전문 잡지로서의 성격이 강한 가운데서도 당시 노동문제, 사회문제를 반영하여 '사회시평', '시사우감(時事偶感)'에서는 공장법안, 여성·유년 노동문제, 공장법과 경찰령, 이민 사업, 이론 문제 등을 다루고 있다.

『사회학잡지』의 기사 가운데 또 하나 흥미로운 것

은 1902년 5월, 4권 5호의 「다카키 마사요시 씨의 조선행(高木正義氏の朝鮮行)」이다. 이 기사에는 사회학 연구회의 핵심 인물 가운데 한 사람인 다카키 마사요시가 경성(京城)의 제일은행 지점에 부임한다는 내용이 담겨 있다. (이준식)

참고문헌

川合隆男 編, 明治期社會學關係資料』(復刻版), 龍溪書舍, 1991; 布川孫市, 「明治三十年前後の社會學界, 社會運動に關する追懷談」, 『社會學雜誌』 제53호, 1928; 川合隆男 編, 『近代日本社會調査史 Ⅰ』, 慶應通信, 1989; 川合隆男, 『近代日本社會學の展開: 學問運動としての社會學の制度化』, 恒星社厚生閣, 2003.

▌사회개량(社會改良)

1917년 일본 도쿄에서 창간된 노동 잡지

1917년 5월에 창간되어 1918년 6월(2권 6호)까지 모두 14호가 발간된 노동 잡지이다. 발행처는 사회개량사(社會改良社)였고, 편집 주임은 노사카 산조(野坂參三)였다. 사회개량사의 사주는 당시 일본의 대표적인 노동단체이던 우애회(友愛會)의 지도자인 스즈키 분지(鈴木文治)였다. 쪽수는 30쪽 안팎이었고 정가는 6전이었다. 우애회 회원만이 아니라 광범위한 학생층을 독자 대상으로 간주하고 있었다.

1918년 6월 일시 휴간 상태가 되었지만 이후 다시 간행되지 못하였다. 사회개량사의 사주인 스즈키 분지가 노사카 산조를 편집 주임에서 해고하고 스스로 편집을 맡았지만, 우애회 등의 활동에 분주하였기 때문에 실제로 편집의 일을 할 수 없었던 데다가 나중에는 사회개량사 자체가 경영 부진에 빠졌기 때문이었다고 한다.

우애회의 활동과 밀접한 관련을 갖고 있던 잡지였다. 곧 우애회가 노동운동뿐만 아니라 일본의 정치, 사회운동에도 관여하려는 의도에서 창간한 것이 이 잡지였던 것이다. 『사회개량』의 창간호 편집후기에는 "사회문제 연구의 유일한 기관으로서 부끄럽지 않은 것이 되려는 생각"이라고 적혀 있다.

노동문제와 관련된 논문, 강화(講話), 사회개량자 열전, 내외사조의 소개, 사회 소설, 학술지·종합잡지에 게재된 노동 관계 논문의 목록, 문헌 해제 등을 실었으며, 창간호에서는 가와카미 하지메(河上肇)의 「가난 이야기(貧乏物於)」 등을 게재하기도 하였다. 특히 1918년 3월호에는 아베 이소(安部磯雄)의 「칼 마르크스 탄생 100년을 맞아 그를 추억함(カール·マルクス生誕百年を迎ふに當りて彼を憶ふ)」 등 여러 편의 칼 마르크스 관련 논문이 실려 있다. (이준식)

참고문헌

『社會改良』, 複製版, 法政大學出版局, 1977; 杉原四郎 編, 『日本經濟雜誌の源流』, 有斐閣, 1990.

▌사회개선공도(社會改善公道)

▶ 공도(公道)

▌사회경제사학(社會經濟史學)

1931년 일본 도쿄에서 발행된 학술지

1931년 5월 사회경제사학회가 기관지로 발행한 경제 학술지이다. 1권은 계간으로 발행되었지만, 2권부터 월간으로 발행되었다. 1939년 7월에는 이사회 의촉에 따라 20인의 편집위원이 선정되었다.

2차 세계대전의 악조건 속에서도 발행은 계속되었지만, 1944년 12월 14권 9호까지 발행되고 발행이 중단되었다. 10호 및 11·12호 합병호의 편집을 마친 원고가 인쇄소의 화재로 모두 타버리기도 하였다.

1948년 10월에 복간 1호(15권 1호)가 격월간으로 발행되어 현재에 이르고 있다. 1961년에는 편집위원회가 조직되어 투고논문의 검토, 서평 및 서목(書目)의 선정과 기고 의뢰 등에 대해 합의하여 게재논문을 결정하였다. 현재 발행부수는 약 1500부 정도이다. 대부분은 회원에게 배포되고 일부는 도서관·연구기관·회원 이외의 연구자에게 배포된다. 1권 1호로부터 16권 4호까지의 복제판이 린센쇼텐(臨川書店)에서 간행되었다. (문영주)

참고문헌

加藤友康·由井正臣 編,『日本史文獻解題辞典』, 吉川弘文館, 2000.5;『日本出版百年史年表』, 日本書籍出版協會, 1968.

사회과학월보(社會科學月報)

1937년 중국 상하이에서 창간된 시사종합잡지

1937년 3월 10일 상하이(上海)에서 창간하였으며, 펑즈중(馮執中)이 편집을 맡았다. 월간이며 총 5호를 발행하고 1937년 7월 10월 종간되었다. 인민대학도서관과 상하이도서관 등에 소장되어 있다.

발행 목적은 국가·사회와 대중의 행복을 추구하고 객관적인 태도와 과학적 방법으로 복잡한 세계를 연구하는 것이었다. 내용은 외국의 경제, 정치에 관한 연구와 중국의 노동정책문제, 교육문제, 공공사업의 발전상황 등 국내외의 정치, 경제, 군사, 문화 등 각 방면에 관한 것이다. '사회의원(社會醫院)'이라는 난을 두었는데 국내문화교육, 재정경제 등과 관련한 정책에 대해 비평하였고, 민주적 사상을 가지고 항일을 주장하였다. (김지훈)

참고문헌

王檜林·朱漢國,『中國報刊辭典』, 書海出版社, 1992; 伍杰,『中文期刊大詞典』, 北京大學出版社, 2000; 上海圖書館,『上海圖書館館藏近現代中文期刊總目』, 上海科學技術文獻出版社, 2004.

사회문제연구(社會問題研究)

1919년 일본 교토의 고분도쇼보가 발행한 가와카미 하지메의 개인잡지

도쿄대학(東京大學)과 교토대학(京都大學)에서 경제학부가 창설된 1919년 1월, 가와카미 하지메(河上肇)의 개인잡지로 창간되었다. 창간호는 송료 포함 15전이었다. 이후, 거의 매월 1권이 발간되었으며, 1930년 5월 제106권까지 간행되었다. 이 가운데 제74, 90, 91, 93, 95, 101권은 발매금지처분을 받았다. 83책까지는 고분도쇼보(弘文堂書房)가 발행했고, 이후는 이와나미쇼텐(岩波書店), 우에노쇼텐(上野書店), 도진샤쇼텐(同人社書店) 등으로 발행처가 변경되었다. 잡지 원본은 호세이대학(法政大學) 오하라사회문제연구소와 가가와대학(香川大學) 가미하라문고(神原文庫) 등이 소장하고 있다.

창간은 가와카미 하지메가 본격적으로 마르크스 연구를 시작한 시기이고, 또 대중의 계몽운동을 열망하던 시기이기도 했다. 가와카미 하지메에게 개인잡지의 발간을 권유한 자는 오지마 스케마(小島祐馬)로 고분도쇼보의 야사카 센지로(八坂浅次郎)의 쾌낙을 얻어 곧바로 간행이 실현되었다.

가와카미 하지메는 창간호의 「서(序)」에서 "저서라고도 말하기 어렵고, 잡지라고도 이름 붙이기 어려운 일종의 소책자이다"고 말하고 있다. 당초는 번역과 서간의 소개를 제외하면 가와카미의 집필만을 게재했는데, 제91책부터 오야마 요시오(大山良雄), 스즈키 야스조(鈴木安蔵), 이소무라 히데지(磯村秀次) 등도 집필에 참여했다.

이 잡지를 기획한 시점에서 가와카미는 광범히 읽히리라고는 기대하지 않았다. 하지만 가와카미의 술회에 의하면, 창간 후 4개월 만에 2만 부, 최성기에는 4만 내지 5만 부를 판매했다고 한다.

1925년 무렵까지의 지면은 「마르크스의 노동가치관(マルクスの労働価値説)」, 「마르크스 자본론 약해(マルクス資本論略解)」 등 『자본론』의 해설에 많은 지면을 할애했다. 이후는 후쿠모토 가즈오(福本和夫) 비판인 「유물사관에 관한 자기청산(唯物史観に関する自己清算)」과 레닌의 해설, 혹은 정치적 색채가 농후한 기사가 많아졌다.

『사회문제연구』는 1922년에 발행된 고베 마사오

(神戸正雄)의 「시사경제문제(時事経済問題)」와 1928년에 발행된 우에다 데이지로(上田貞次郎)의 「기업과 사회(企業と社会)」와 같은 개인잡지의 선구적인 역할도 수행했다.

• 가와카미 하지메(河上肇, 1879~1946)

일본의 언론인·시인·대학교수. 일본에서 마르크스주의 경제학의 선구자이다. 1902년 도쿄제국대학 정치과를 졸업한 뒤 언론인으로 활동하면서 셀리그먼(Edwin Seligman)의 『역사의 경제적 해석(Economic Interpretation of History)』을 번역하여 변증법적 유물론을 일본에 처음 소개했다. 1913년에 유럽으로 유학을 떠났다가 1915년 귀국하여 교토제국대학에서 경제학을 가르쳤다.

그의 강의는 1928년에 정치활동이 문제가 돼 강단을 떠날 때까지 계속되었다. 교토에 있는 동안 개인잡지인 『사회문제연구』를 창간하여 학생과 노동자들에게 마르크스주의 경제학을 전파했다. 그의 『경제학대강(經濟學大綱)』(1928)과 『자본론입문(資本論入門)』(1929)은 1920~30년대 일본에서 이론경제학이 발전하는 데 결정적인 역할을 했다.

1920년대를 통해 점차 직접적으로 정치에 참여하게 되었으며, 비록 당선되지는 못했으나 신노동당(新勞動黨)의 후보로 출마하기도 했다. 당시 불법화되어 있던 일본공산당에 입당해 비합법 정치활동을 하다가 체포됨으로써 사실상 적극적인 정치 참여는 끝나버렸다.

1937년 석방된 뒤 자서전을 집필하기 시작하여 젊어서 톨스토이적 민족주의자였던 그가 마르크스주의자로 사상적 변모를 겪는 과정을 기술했다. 2차 세계대전이 끝난 뒤인 1946년 1월 영양실조로 숨졌다. 사후인 1946년에 4권으로 된 시집이 출판되었다. (이준식)

참고문헌

『社會問題研究』(復刻板), 社會思想社, 1974~1976; 渡部義通·鹽田庄兵衛 編, 『日本社會主義文獻解題』, 大月書店, 1958; 杉原四郎, 一海知義, 『河上肇: 学問と詩』, 新評論, 1979; 『河上肇全集. 別巻』, 岩波書店, 1986; 住谷一彦, 『河上肇研究』, 未來社, 1992.

▌사회사연구(社会史研究)

▶ 민족과 역사(民族と歴史)

▌사회세계(社會世界)

1912년 중국 상하이에서 창간된 중국사회당 기관지

1912년 4월 상하이(上海)에서 창간된 중국사회당내 무정부파의 기관지로 알려지고 있다. 창간인은 청스푸(程思普)이다. 1912년 정간되었다. 3호까지 중국국가도서관에 보관되어 있고, 성균관대학교 존경각에서 마이크로필름 형태로 열람할 수 있다.

창간 취지는 "악렬사회를 개혁하고, 혁신사업을 촉진하며, 평등교육을 보급 주장하며, 세계 화평을 무치주의를 실현하는 것"이다. 특히 일체의 정치사회적 불평등과 국가, 민족 간의 차별을 폐지된 이상 사회로서 사회세계를 지향하였다.

'사회봉갈(社會棒喝, 사회를 향한 경고)', '시사월단(時事月旦)', '본국대사(本國大事)', '세계대사(世界大事)', '본당기사(本黨記事)', '긴요신문(緊要新聞)', '소설전기(小說傳奇)', '전금기고(傳今記古)', '잡저총담(雜著總談)' 등의 난을 두었다. 내용은 무정부주의에 대한 선전이 많다. 당시 사회의 일체 모순을 개인 사유에 두고 그에 대한 폐지를 강조하였다. 특히 본당 기사는 당시 중국사회당의 조직 발전 상황을 자세하게 기술하고 있다.

이들은 1912년 10월, 노선투쟁 끝에 중국사회당으로부터 독립하여 신사회당을 결성하였지만, 위안스카이 정권의 탄압으로 당이 해산되면서 정간된 것으로 추정된다. (오병수)

▌사회운동통신(社會運動通信)

1928년 일본 사회운동통신사가 간행한 주간지

1928년 5월 17일 창간호가 나왔고 일본 사회운동통신사(日本社會運動通信社)에서 매주 금요일 발행된 일본 사회운동 관련 주간지이다. 사회운동 관련 각종 발간 자료를 편견을 갖지 않고 게재했다.
발행부수는 1259호의 기사를 보면, 대체로 1만 명의 독자를 상대한 것을 알 수 있고, 2000부 발행선을 넘지 못한 것 같다.

창간될 때는 히라노 마나부(平野學)가 기획하고, 이토 도쿠호(伊藤德邦), 이와사키 히코타로(岩崎彦弥太)가 참가했다. 이후 창간 1년이 지나서는 경영이 도쿠다 교지(德田狂二)에게 넘어 갔고, 편집장을 우라다 시게오(浦田武雄)가 맡았다. 그리고 가토 리조(加藤利藏)가 편집 인쇄 겸 발행인이 되었다.

사장 가토 리조와 별도로 하여, 명의인은 후쿠다 이나오(福田稻夫)로, 그가 1929년 7월부터 1935년 4월까지 장기간 책임을 맡았다. 폐간 종간호(2698호, 1940. 9.14)를 보면 사장은 가도 야스오(加藤康夫), 주간은 메구미 다니노부(惠谷信)였다. 메구미 다니노부는 '순정일본주의(純正日本主義)' 단체인 황도진리회(皇道眞理會)의 서기장이었다.

일본 사회운동통신사의 사무소를 보면, 창간 때의 발행소는 마루노우치(丸ノ內)의 마루(丸)빌딩365구(區), 편집부는 마루노우치(丸ノ內) 미쓰비시나카도오리(三菱仲通り) 4호관(號館) 6호(號)였다.

구독료는 상당한 고액이었다. 창간호부터 207호까지의 구독료는 월 20엔, 그 뒤 208호부터 1609호의 경우는 구독료를 알 수 없고, 1610호부터 종간호까지는 연 120엔이었다.

특히 유료 독자수와 발행부수 사이에는 상당한 간격이 있고, 『사회운동통신』의 경우 운동단체를 취재 대상으로 해서 운동단체의 문서, 자료가 중요한 기삿거리였다. 따라서 『사회운동통신』은 이들 단체에게는 기증되었고, 대기업이 유료독자였다.

『사회운동통신』의 기자는 간단한 코멘트를 달거나 주석을 첨가하는 수준이었다. 재일조선인 단체의 각종 관련 기사도 다량 실려 있다. (김인덕)

참고문헌

『國文學 解釋と鑑賞』(10月) 第30卷 第13号, 東京: 至文堂, 1965; 日本近代文學館·小田切進 編, 『日本近代文學大事典』 5卷, 東京: 講談社, 1977; 春原昭彦, 『近代新聞通史』, 東京: 新泉社, 2003.

▌사회잡지(社會雜誌)

1887년 창간된 일본의 사회학 잡지

1887년 4월에 창간되어 1898년 8월까지 모두 15호가 발간된 사회학 잡지이다. 편집 주임은 당시 메이지여학교(明治女學校)의 교사이던 누노카와 마고이치(布川孫市, 누노카와 세이엔[布川靜淵])였고 발행처는 사회잡지발매소(社會雜誌發賣所)였다. 판형은 국판이었다. 매호 90쪽 전후였다. 창간호의 정가는 10전이었다.

『사회잡지』는 누노카와 마고이치가 주재하던 사회학회(社會學會)의 기관지였다. 창간호에 따르면 『사회잡지』는 "사회학, 사회주의, 사회문제 등에 관한 제반 사건을 논의하는 전문 잡지"로서 "실제 사회의 생활을 조사하여 사회개량의 방침을 보여 주는 것"을 목적으로 하고 있었다.

논설, 시론, 잡찬, 사조, 휘보의 여러 난이 있었으며 제7호부터는 역시 누노카와 마고이치가 주재하고 있던 『일본종교』(日本宗敎, 1895년 창간)를 합병하면서 따로 교계란을 두어 종교계의 동정을 논평하였다. 그 가운데서도 잡판, 휘보의 각종 조사, 통계 일람은 당시의 사회 상황을 파악하는 데 유용한 자료이다.

『사회잡지』에 가장 많은 글을 실은 것은 누노카와 마고이치였다. 그 가운데 주요한 것으로는 2호의 「인력거와 차부(人力車及車夫)」, 11호의 「여공 문제(女工問題)」, 「현재의 정당과 장래의 사회운동(現今の政黨と將來の社會運動)」, 12호의 「사회정책의 방침(社會政策の方針)」, 13호의 「빈민 문제(貧民問題一般)」

등을 들 수 있다.

이 밖에도 주요한 필자로는 창간호에 「사회 생존의 두 방면(社會生存の二方面)」을 쓴 가토 히로유키(加藤弘之), 미국에서 귀국한 뒤 노동운동에 관여하면서 창간호와 2호에 「사회학과 사회개량(社會學と社會改良)」, 5호와 6호에 「산업 조합론(産業組合論)」을 쓴 가타야마 센(片山潛), 그리고 이 무렵 가타야마 센과 같이 활동하면서 제호에 「일본의 노동운동(日本に於ける勞働運動)」, 4호에 「자살적 일본의 공업(自殺的日本の工業)」을 쓴 다카노 후사타로(高野房太郎) 등이 있다.

2호에 「광독지 시찰 보고(鑛毒地視察報告)」를 쓴 마쓰무라 가이세키(松村介石), 7호에 「노동문제 소감(勞働問題所感)」을 쓴 시마타 사부로(島田三郎), 제7호와 8호에 「감옥 시찰기(監獄視察記)」를 쓴 나마에 다카유키(生江孝之), 9호에 「공장 조례 제정의 필요(工場條例制定の必要)」를 쓴 사쿠마 데이이치(佐久間貞一) 등도 눈에 띈다.

한편 당시 도쿄제국대학(東京帝國大學) 강사이던 다카키 마사요시(高木正義)가 「사회학 일반(社會學一般)」(10~12호), 통계학자로 농상무성(農商務省)에 근무하고 있던 구레 아야토시(吳文聰)가 「사회 연구의 방법(社會硏究の方法奈何)」(3, 10, 11, 13, 14호), 「빈민에 대한 고찰(貧民に對する穿さく)」(15호)을 기고한 것도 주목된다. (이준식)

참고문헌

川合隆男 編, 明治期社會學關係資料』(復刻版), 龍溪書舍, 1991; 布川孫市, 「明治三十年前後の社會學界, 社會運動に關する追懷談」, 『社會學雜誌』 제53호, 1928; 川合隆男 編, 『近代日本社會調査史 I』, 慶應通信, 1989; 川合隆男, 『近代日本社會學の展開: 學問運動としての社會學の制度化』, 恒星社厚生閣, 2003.

▌사회정책시보(社會政策時報)

1920년 일본의 재단법인협조회가 발행한 월간잡지

1920년 9월에 창간되어 1946년 6·7월 합병호를 내고 종간될 때까지 모두 294호가 발간된 사회정책 잡지이다. 발행처는 재단법인협조회(財團法人協調會)였다. 창간호는 40전이었다. 출판물에 대한 통제가 강화된 태평양전쟁 기간에도 계속 발간되었지만, 1946년 7월 협조회가 해산됨에 따라 폐간되었다. 잡지 원본은 가가와대학(香川大學) 가미하라문고(神原文庫) 등이 소장하고 있다.

1차 세계대전 후에 일본에서 노동운동이 고양되는 가운데 협조회가 결성되었다. 가족주의적인 종단(縱斷) 조합과 노자 협조의 필요성을 주장한 도코나미 다케지로(床次竹二郎) 내무대신의 뜻에 따라 1919년 12월 시부사와 에이이치(渋澤榮一) 등 재계의 인물들이 노자 협조를 추진할 단체로 협조회를 창설한 것이다.

협조회의 회장은 귀족원 의장인 도쿠가와 이에사토(德川家達)가 맡았고 당시 일본의 내각총리대신인 하라 다케시(原敬), 헌정의 신이라고 불리던 이누카이 쓰요시(犬養毅) 등 정계의 거물들이 고문으로 추대되었다. 회원으로는 도쿄제국대학(東京帝國大學) 교수인 가나이 노부루(金井延), 미쓰이(三井) 재벌의 단 다쿠마(団琢磨), 일본은행(日本銀行) 총재인 이노우에 준노스케(井上準之助), 일본구세군 사령관인 야마무로 군페이(山室軍平) 등 학계, 재계, 관계, 언론계, 종교계의 중요한 인물들이 참여하고 있었다.

그러나 협조회를 실질적으로 이끈 것은 내무성에서 파견된 관료들이었다. 이들의 지도 아래 협조회는 노동운동, 사회운동 및 사회정책의 조사, 연구, 계몽, 정책 제언, 노동쟁의 중재 등을 주요 사업으로 추진하였다. 『사회정책시보』의 발간도 그 가운데 하나였다.

『사회정책시보』에서 말하는 사회정책이란 노동문제였다. 『사회정책시보』는 1차 세계대전 이후 일본에서 나타나고 있던 노동문제에 관한 논설, 문헌 자료를 다수 게재하였다. 그리고 경제, 농업정책 및 농민운동, 사회법제 및 사회문제, 식민지문제의 논설도 게재하였다.

주요 필자는 자본가, 관료, 학자 등 다양한 분야에 걸쳐 있었다. '노동 사정'이라는 난에서 잘 드러나듯이 실증적인 조사를 바탕으로 한 기사도 많이 실렸다. 노동문제만이 아니라 농민문제와 사회문제 일반도 다루었다. 전시체제 아래에서는 산업보국운동 등을 주제로 한 글이 많이 실렸다.

『사회정책시보』의 기조는 한마디로 노자 협조였다. 창간호의 권두에서 시부사와 에이이치가 "협조회의 취의는 교온주의(交溫主義)로 자본가도 노동자도 서로 경애충서(敬愛忠恕)의 마음으로 서로 따듯하게 사귀자는 것이다"라고 주장한 것이 이를 단적으로 보여준다. 같은 창간호에서 협조회의 상무이사인 구와타 구마조(桑田熊蔵)가 "사회주의는 실패의 역사를 보여 주는 것"이라고 단언하면서 사회주의운동에 대항하는 자세를 분명히 한 것도 같은 맥락에서 이해될 수 있다.

『사회정책시보』의 매년 3월호는 지난해의 '산업 노동 정세 개관'호로 말하자면 1945년 이전의 『노동백서(勞働白書)』라고 할 수 있다. 때때로 400쪽에서 500쪽에 이르는 특집호를 발간하였다. 『사회정책시보』에서 다룬 특집은 '노자협약문제(勞資協約問題)', '사회정책의 재검토(社會政策の再檢討)', '사회사상문제(社會思想問題)', '일본 상품의 진출과 중소공업 사정(日本商品の進出と中小工業事情)', '규슈의 산업과 노동(九州における産業と勞働)', '우리나라 사회 정책의 검토(我國社會政策の檢討)', '임금문제(賃銀問題)' 등이었다.

쌀소동

1918년 쌀값 폭등이 원인이 되어 일어난 일본의 민중운동이다. 메이지유신 이후 1890, 1897년 두 차례에 걸쳐 도야마현(富山縣)을 중심으로 쌀소동이 일어난 적이 있지만, 보통 1918년 전국적인 규모로 일어난 소동을 가리킨다.

일본의 자본주의 경제는 1차 세계대전 영향으로 급속히 발전했지만, 물가가 폭등하여 전쟁 말기에는 무산대중의 실질임금이 전쟁 전의 70% 이하로 떨어져 있었다. 더구나 쌀값은 정부의 가격 조절 실패, 그리고 시베리아 출병을 예상한 지주와 쌀상인의 투기·매점 행위로 인해 급격히 상승하여 민중은 심각한 식량위기와 생활난에 빠졌다.

이러한 상황에서 7월 23일 도야마현 우오즈시(漁津市) 어촌 부인들이 이 현에서 생산된 쌀이 다른 지역으로 유출되는 것을 저지하는 운동을 일으켰고, 이를 계기로 현내 각지에서 대중운동이 잇따르면서 급속하게 전국 각지로 파급되었다. 운동은 쌀가게에 쌀을 싼값으로 팔 것을 요구하고, 쌀 투기상인이나 쌀거래소를 비롯하여 고리대금업자나 지주 등을 습격하는 등의 형태로 전개되었다.

정부는 경찰과 군대를 동원하여 진압에 나섰지만 9월 19일까지 1도(道) 3부(府) 32현에 걸쳐 500여 곳에서 소동이 발생했으며, 70만 명으로 추정되는 대중들이 직접 참가했다. 이 때문에 9월 데라우치 마사타케(寺內正毅) 내각이 붕괴되고 하라 다카시의 정우회(政友會) 내각이 탄생했다. 쌀소동은 사전에 아무런 조직도 갖지 않은 채 자연발생적으로 일어난 봉기로서 근대 일본이 경험한 최초의 대규모 대중투쟁이었다. (이준식)

참고문헌

『社會政策時報』(復刻板), 原書房, 1978~1981; 『協調會史料都市·農村生活調査資料集成』, 柏書房, 2001; 美濃口時次郞, 「協調會と社會政策時報」, 『季刊社會保障硏究』, 제1권 3호, 1965; 『財團法人協調會史: 財團法人協調會三十年の步み』, 偕和會, 1980; 杉原四郞 編, 『日本經濟雜誌の源流』, 有斐閣, 1990; 法政

大學大原社會問題硏究所 編, 『協調會の硏究』, 柏書房, 2004; 法政大學大原社會問題硏究所 編, 『協調會の硏究』, 柏書房, 2004.

▌사회주의연구(社會主義硏究)

1924년 일본 페비안협회에서 발행한 평론 잡지

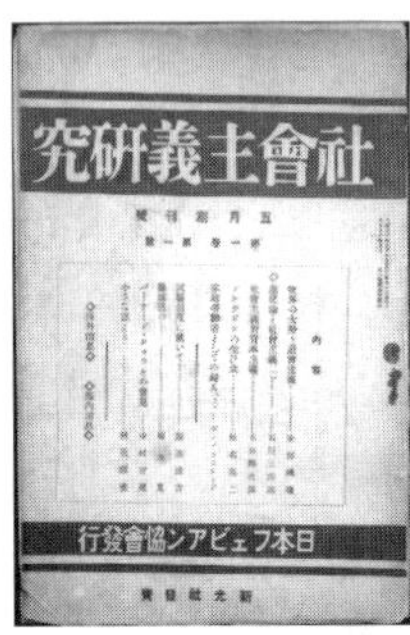

1924년 5월 도쿄의 일본페비안협회(日本フェビアン協會)가 발행한 평론 잡지이다. 통권 15책으로 간행되었다. 잡지 원본은 가가와대학(香川大學) 가미하라문고(神原文庫)와 호세이대학(法政大學) 오하라사회문제연구소(大原社會問題硏究所) 등이 소장하고 있다.

잡지는 창간사를 통해 사회주의를 현실적으로 검토할 필요성을 제기했다. 문예란에는 아키타 우주쿠(秋田雨雀), 후지모리 세이키치(藤森成吉), 마에다코 히로이치로(前田河広一郎), 아오노 스에키치(青野季吉) 등이 집필하여 무산계급문예의 발전을 도모했다.

또 창간호에는 기쿠치 간(菊池寛)이 「세 가지 잡상(雑感三つ)」이라는 제목으로 사회주의운동의 경제적 자립의 필요성을 역설했다. (이규수)

참고문헌

牛島俊 作, 『日本言論史』, 河出書房, 1955; 『近代文學雜誌事典』, 至文堂, 1965; 桂敬一, 『明治·大正のジャーナリズム』, 岩波書店, 1992.

▌사회학도(社會學徒)

1927년 창간된 일본의 사회학 잡지

1927년에 창간되어 1944년까지 월간으로 발간된 사회학 잡지이다. 편집 겸 발행인은 사쿠라이 쇼타로(櫻井庄太郞)였고, 발행처는 도쿄의 사회학도사(社會學徒社)였다. 실질적으로 편집을 주도한 것은 감수를 맡고 있던 쓰무라야 히로시(円谷弘)였다. 1944년 7월호를 발간하고 폐간되었다.

『사회학도』는 니혼대학(日本大學)의 교수로 재직중이던 쓰무라야 히로시가 프랑스 사회학 전공자인 다나베 주리(田邊壽利), 경제학자이자 사회학자인 다카타 야스마(高田保馬) 등을 옹립하여 간행한 잡지이다. 대학의 기관지도 아니었고 학회지도 아니었다. 다만 사회학에 관심을 갖고 있는 사람들에게 열려 있던 사회학 전문 잡지라는 점에서 매우 특이하다.

『사회학도』의 체제는 논문, 번역, 신간 소개, 기사와 노트 등으로 짜여 있었다. 특히 1935년 무렵까지만 해도 외국 특히 프랑스의 사회학 관련 글을 번역하여 소개하는 것이 많았다. 1920년대 후반에 프랑스에서 뒤르켐(E. Durkheim)의 사회학이 부활하고 있던 상황과 관련하여 같은 시기에 뒤르켐파 사회학을 적극적으로 소개하고 있던 것이 주목된다.

『사회학도』의 또 다른 특징은 일본에서 전시체제가 강화되고 있던 상황에서 1930년대 중반부터 시국 관련 논문이 차지하는 비중이 현저하게 높아졌다는 점이다. 그 가운데서도 일본 식민지와 점령지의 상황을 분석하는 논문이 상당수에 달했다는 사실은 전시체제 아래 『사회학도』의 성격을 이해하는 데 시사적이다.

여기에 해당되는 대표적인 논문으로는 쓰무라야 히로시의 「황도주의하의 타이완(皇道主義下の臺灣)」(9권 3호), 「중국 농업 집단의 분석(支那農業集團の分析)」(10권 2호), 「중국 정치 사상의 분석(支那政治事象の分析)」(10권 4호), 「학도가 본 대륙정책(學徒の見た大陸政策)」(12권 1호), 「집단주의를 기초로 한 노동조합론(集團主義を基礎とした勞働組合論)」(12권 4호), 「동아 집단 이데올로기에 대하여(東亞集團イ

デオロギーに就いて)」(14권 1호), 이케다 요시나가(池田善長)의 만주의 사회 문화 발현의 기초로서의 지도적 민족(滿洲ニ於ケル社會文化發現ノ基礎トシテノ指導的民族)」(10권 5호), 이모리 리쿠헤이(井森陸平)의 「전시 전선의 원리(戰時宣傳の原理)」(12권 8호), 이와무라 가즈오(岩村一夫)의 「전시 경제체제의 발전(戰時經濟體制の發展)」(13권 1~3호), 바바 아키오(馬場明男)의 「최근 중국 연구와 그 성과(最近の支那研究と其の成果)」(13권 12호), 유무라 에이이치(湯村榮一)의 「민족 사회학 서설(民族社會學序說)」(14권 1호), 「일본주의의 전개(日本主義の展開)」(15권 5, 6호), 「일본주의의 사회적 표현(日本主義の社會的表現)」(16권 1, 2호), 「민족 개념의 규정(民族概念の規定)」(16권 5호), 아오키 다카요시(青木孝義)의 「동아 공영권과 필리핀(東亞共榮圈とフィリッピン)」(14권 12호), 사쿠라이 쇼타로의 「타이완에 대하여(臺灣について)」(15권 4, 5, 7호), 사이토 쇼지(斎藤正二)의 「대동아 문화와 일본 정신(大東亞文化と日本精神)」(16권 10호) 등을 들 수 있다.

• 쓰무라야 히로시(円谷弘, 1888~1949)

사회학자이다. 교토제국대학(京都帝國大學)을 졸업한 뒤 유럽에서 사회학을 공부하였다. 니혼대학의 교수로 재직하면서 『사회학도』를 창간하였다.

『일본 자본가 계급의 발달과 자본주의적 정신(我國資本家階級の發達と資本主義的精神)』(三田書房, 1920), 『사회학도가 그린 세계(社會學徒の描く世界)』(文修堂書店, 1925), 『현대 사회정책(現代社会政策)』(文精社, 1926), 『집단 사회학 원리(集團社會學原理)』(同文館, 1934), 『중국 사회의 측량(支那社会の測量)』(有斐閣, 1936) 등의 저작이 있다. (이준식)

참고문헌

夏刈康男, 「『社會學徒』におけるフランス社會學研究」, 『社會學論叢』 제141호, 2001; 夏刈康男, 「昭和初期日本におけるフランス社會學研究: 『社會學徒』志を中心として」, 『日佛社會學年報』, 제13호, 2003.

▌사회학연구(社會學硏究)

▶ 연보사회학(年報社會學)
▶ 사회(社會)

▌산업(産業)

1895년 일본에서 발행된 경제 잡지

1895년 창간되어 1907년 38호로 폐간된 농업 잡지이다. 월간으로 마에다 마사나(前田正名)가 사주였던 산업사(産業社)에서 발행하였다. 창간호는 56쪽이었고, 정가는 9전이었다. 『산업』은 일본경제평론사(日本經濟評論社)에서 복각한 『메이지중기산업운동자료(明治中期産業運動資料)』 제20권에 수록되어 있고, 총 목차가 첨부되어 있다.

마에다 마사나와 그의 사상에 공명한 실업운동의 기관지로서 발간되었다. 이러한 배경에서 제13호(1895)부터 전국실업각단체연합회(全國實業各團體聯合會)의 기관지가 되었다.

연합회에는 일본무역협회, 대일본상공회, 일본다업회(日本茶業會), 일본잠사회(日本蠶絲會), 오이회(五二會: 직물, 부물[敷物], 도[陶]·동[銅]·칠기[漆器], 지[紙], 잡화[雜貨]의 7업자의 단체), 일본인촌의회(日本燐寸議會), 농사제회(農事諸會), 구주탄광업동맹회(九州炭鑛業同盟會)의 8단체, 나중에 대일본목납회(大日本木蠟會), 전국주조조합연합회(全國酒造組合聯合會), 대일본목축회(大日本牧畜會)를 더해서 11단체가 참가했다. 회장은 마에다 마사나였다.

따라서 본지는 마에다 마사나가 기도했던 일련의 실업운동의 경험을 바탕으로 각지의 실업단체와 개개 소영업자의 활동을 촉진하게 위해 창간되었다. 즉 마에다 마사나는 자신의 생각을 보다 많은 독자에게 정확하게 전달할 목적으로 잡지를 창간하였다.

전국실업각단체연합회의 기관지가 되면서, 대회기록과 활동상황 보고, 회의에의 건의 등 의사록적인 기사가 많아지게 되었다.

창간호에는 마에다 마사나가 쓴 3편의 논설「잡지 발행의 취의(趣意)」,「수출세 전폐에 대해」,「단결」과 다마리 기조(玉利喜造)와 요코이 도키요시(横井時敬) 등 13인의 '특별기고' 외에 '내외보고', '잡록', '통계'로 구성되어 있다. '특별기고'란에는 마에다의 의견에 공명한 사람들에 의해 기고되었다. (문영주)

참고문헌

杉原四郎 編,『日本経済雑誌の源流』, 有斐閣, 1990; 杉原四郎 著,『日本の経済雑誌』, 日本経済評論社, 1987.

산업계(産業界)

1923년 서울에서 발행된 조선물산장려회 기관지

1924년 9월 8일 5호로 종간되었다. 편집 겸 발행인은 유성준(兪星濬), 인쇄인은 서우충(徐佑忠)이며, 인쇄소는 보광사(普光社), 발행소는 조선물산장려회(서울 관훈동 30)이다. B5판 70면으로, 정가는 25전이다. 인쇄소는 1호는 보광사였지만 2, 3호는 신생활사(新生活社), 4, 5호는 한성도서주식회사(漢城圖書株式會社)로 일정하지 않았다. 고려대학교에 소장되어 있다.

이 잡지는 조선물산장려회(朝鮮物産奬勵會) 기관지이다. 이를 반영하듯 이 잡지의 권두언에서는 "조선과 조선사람은 생산을 증진하고 소비를 절약하기를 서로 공약하자는 것이 오인의 주장이다"라며 조선물산장려회의 입장을 명백히 밝히고 있다.

이종린의 창간사(부제는 '물산장려와 산업계')에서는 자급자족을 강조했고,「조선물산장려회 취지서」에서는 조선 경제적 자립의 실행사항으로 ① 의복은 우선 남자는 주의(周衣), 여자는 상(裳)을 음력 계해 정월1일부터 조선인 산품(産品) 또는 가공품을 염색하여 착용할 일, ② 음식물은 식염·설탕·과물·청량음료 등을 제외한 외는 모두 조선인 산물을 사용할 일 등을 내세웠다.

이외에도 창간호 목차를 보면 시인(是人)의「산업화하자」, 김철수(金喆壽)의「산업과 생활」, 조정호(曹定昊)의「우리의 오직 취할 것은 산업일뿐이다」, 취원(翠園)의「빈병(貧病)에 양희(良醫)될 이가 누구인고」, 공민(公民)의「조선농산지와 생산력」, 김병준의「우리는 이러한 소질이 있다」, 신태악의「북선순례(北鮮巡禮)의 잡관(雜觀)」등이 있다.

1924년 1월에 발행된 2호에는 "당국의 검열을 거쳐 발행하므로 정치시사를 논평할 자유가 없다"는 점이 밝혀져 있다. 2호에는 이종린의「우리의 과거와 장래」, 선우전의「산업계를 통하여」, 나경석의「기갈정점(飢渴頂點)에 입(立)하여」등 유명인의 글이 망라되어 있고, 또 한 명의 대표논객인 설태희(薛泰熙)의「조선인의 현재 경제적 처지와 물산장려」는 삭제당해 실리지 못했다. 이외에도 조선물산장려회의 활동 관련 기사와「조선물산지상품평회」,「조선물산장려회회원명부록」및 문예물로「소녀의 슬픔」,「나는 근홍(槿紅)이여요」가 실려 있다.

1924년 3월에는 3호가 발행되는데, 주로 조선의 산업관련 조사의 필요성을 강조한 논설 이순탁의「조선인생산조사의 필요를 논함」과 현재 파악된 통계 관련 기사들「조선 내 각 금융기관 대출총고」,「조선경지면적」,「조선농업에 관한 숫자적 고찰」,「경상남북도의 산업일람」등이 게재되어 있다.

1924년 7월에 발행된 제4호에는 조선물산장려회 제2회 총회관련 소식과 기사들이 게재되어 있다.「본회의 제2회 총회를 경과하고서」,「조선물산장려회 제2회총회회록」등이 있다. 그 밖에「생활비조사보고」,「작년 1년간의 조선무역」,「최근 10년간의 무역상황」,「경성노동임은표」,「조선 내 각지 조합은행 영업상황」등 조선 산업과 관련된 각종 조사와 통계 관련 기사들이 다수 실려 있다. 한편 안재홍의 글「결생적으로 생활권내로 약진하자」는 검열에 의해 전문이 삭제되었다.

1924년 9월에 발행된 제5호는 종간호인 셈인데, 그 표지에는 "내살림은 내 것으로 조선사람 조선 것"이라는 표어가 쓰여 있다. 제5호는 물산장려운동론에 관한 논설보다는 당시 조선 산업계의 현실을 알려 주는 구체적인 기사들로 지면을 채우고 있다.「최근산업통계일속」이라는 제목하에 각종 통계조사가 일목요연하게 배치되어 있고, 사회주의에 대해 송종우(宋鍾愚)의

「경제적 위기에 임한 사상적 경향」도 눈에 띈다.

이처럼 1년간 5회를 발행한 『산업계』는 물산장려운동의 쇠락기에 창간되었으나 물산장려운동 관련 연구에서는 핵심적인 자료의 가치를 지닌다.

• 조선물산장려회

조선물산장려회는 1923년 1월 20일 유진태(兪鎭泰), 이종린(李鍾麟), 백관수(白寬洙) 등 20여 단체의 대표들이 모여 결성한 단체로 집행기관으로 이사회를 두고 20명의 이사를 선출하고 유성준을 이사장으로 선출했다.

본부는 서울 견지동에 있었고 각 지방에 분회를 설치했으며 강연회 개최, 가두시위, 기관지 발행 등을 통해 대중에게 외래품 배척과 경제적 자립의 필요성 인식시키는 운동을 전개했다.

1907년 국채보상운동 이후 두 번째의 범민족적 경제부흥운동이었는데, 조선물산장려회는 창립 직후부터 남자는 말총모자, 무명두루마기 차림을, 그리고 여자는 치마를 염색하여 입고 음식 및 일용품은 가능한 한 토산품을 사용할 것을 결의하였다. 그리고 이를 계몽하기 위하여 강연회를 개최하고 가두시위를 하며 선전활동을 벌였다.

그러나 이 열기는 1년도 되지 못하여 급격히 냉각되고 말았는데, 토산품 가격의 폭등과 서민들의 손해 및 사회주의자들의 비판(무산계급과 관계없는 유산계급 옹호운동이라는) 때문이었다. 그럼에도 불구하고 기관지 발행사업은 활발했는데, 『산업계』가 발간된 것은 이즈음이었고, 그 밖에 『자활』, 『조선물산장려회보』, 『장산(裝産)』, 『실생활』 등이 있었다.

『산업계』 창간호에는 조선물산장려회의 활동과 관련된 자료들이 수록되어 있다. 「소비조합의 내력과 경영」, 「산업상의 주요 통계」, 「조선물산장려회의 취지서」, 「헌칙(憲則)」, 「회의록」, 「이사회회록(理事會會錄)」, 「회원명부록」, 「조선물산경성소비조합의 강령 및 정관」 등이 그것이다. (이경돈)

참고문헌

『한국신문·잡지총목록』, 대한민국국회도서관, 1966; 최덕교 편저, 『한국잡지백년』, 현암사, 2004; 방기중, 「1930년대 물산장려운동과 민족·자본주의 경제사상」, 『동방학지』 115집, 2002.3; 윤해동, 「일제하 물산장려운동의 배경과 그 이념」, 『한국사론』 27집, 1992.6.

▌산업노동시보(産業勞働時報)

1925년 창간된 일본의 노동운동 잡지

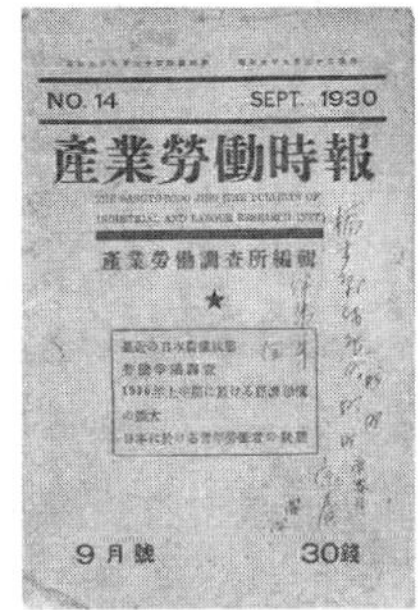

1925년 8월에 창간되어 1933년 5월까지 모두 63호가 발간된 노동운동 잡지이다. 발행처는 산업노동조사소(産業勞働調査所)였다. 창간 이후 1927년 2월 제14호까지 발간된 뒤(1차) 3·15사건 당시 산업노동조사소가 습격을 당하여 한동안 발간이 중지되었다. 1929년 6월에 다시 1호부터 발간되기 시작하여 1933년 4월호까지 49호가 발간되었다(2차).
창간 당시는 등사판으로 인쇄되었지만 나중에 보통의 인쇄로 바뀌었다. 영어 표기는 “Bulletin of Sangyo Rodo Chosasho”(1차 1~13호), “Monthly Bulletin of Sangyo Rodo Chosa-sho”(1차 14호), “The Bulletin of Industry and Labour Research Institute”(2차 1권 2호)로 바뀌었다. 1차는 월회비 1원으로 회원에게 배포되었다. 2차는 처음에는 소분카쿠(叢文閣)를 통하여 발매되다가 1930년 1·2월 합병호인 8호부터 기보가쿠(希望閣)를 통하여 발매되었다.

산업노동조사소는 1924년 3월 일본노동총동맹(日本勞働總同盟)의 지원 아래 전일본광부총연합회(全日本鑛夫總聯合會)의 조사부를 계승하는 형태로 설립되었다. 노사카 산조(野坂參三)가 주사로 취임하였으며 아카마쓰 가쓰마로(赤松克麿), 아소 히사시(麻生久), 야마나 요시쓰루(山名義鶴), 이노마타 쓰나오(猪保津南雄), 가토 간주(加藤勘十), 다카하시 가메키치(高橋龜吉) 등도 참여하였다. 노로 에이타로(野呂榮太郞)가 게이오대학(慶應大學) 재학 중 참가하였다는 이야기도 있다.

"일반 노동대중을 지도하여 승리를 획득하기 위해서는 정확한 통계와 조사가 절대로 필요하다"는 인식 아래 일본에서 유일하게 무산계급의 입장에 서서 노동문제를 조사하는 잡지라는 것을 내세우고 있었다.

창간호에 실린 취의서(趣意書)에 따르면 "널리 노동운동을 위해 필요한 여러 문제 곧 정치 경제, 노동자 상태, 농민 상태, 사회사상, 교육문제, 여성문제, 사회사업, 그리고 국제문제에 관한" 조사연구 자료를 제공하는 것이 발간의 목적이었다.

당시 일본에서는 정부는 물론이고 각종 민간단체에서도 노동 관련 조사를 활발하게 하고 있었다. 산업노동조사소는 『산업노동시보』를 통하여 기존의 조사를 다시 정리함으로써 일본 노동운동의 진전을 위한 기초를 마련하려고 한 것이다.

• 노사카 산조(野坂參三, 1892~1993)

야마구치현(山口縣)에 출생. 게이오기주쿠(慶應義塾) 재학 중에 우애회(友愛會)에 가입하였다. 졸업 후에는 우애회의 상임 서기가 되었으며 1919년 영국에 파견되어 영국공산당에 참가하였다.

귀국 후 일본공산당의 당원이 되었으며 산업노동조사소의 주사가 되었다. 1931년 이후 소련, 미국에서 활동하다가 1940년에는 중국공산당과도 관계를 가졌다.

1944년 일본제국주의 타도를 목표로 하는 일본인민해방연맹을 조직하였다. 일본의 패전 이후에는 일본공산당의 제일서기, 의장을 역임하였지만 소련의 스파이였다는 이유로 1992년 당에서 제명을 당하였다. (이준식)

참고문헌

『産業勞働時報』(復刻板), 法政大學出版局, 1986; 衫原四郎編, 『日本經濟雜誌の源流』, 有斐閣, 1990.

산업조합(産業組合)

1905년 일본에서 발행된 경제 잡지

1905년 11월 창간되어 1943년 9월 455호로 폐간된 산업조합중앙회의 기관지이다. 발행소는 초기에는 대일본산업조합중앙회였다가 후에 산업조합중앙회로 개칭되었다. 월간으로 발행되었으며, 창간호는 4×6배판으로 39쪽 발행되었고, 가격은 10전이었다. 일본평론사에서 전권이 복각되었으며 총색인이 첨부되어 있다.

「창간사(創刊之辭)」에는 국민경제, 사회의 변천, 지방자치라는 3개의 관점에서 협동의 필요성을 부여하고, 기관지 역할의 임무를 설명하였다.

국민경제의 관점에서는 전 세계를 상대로 한 경제 전쟁에서 이겨내기 위해서는 대규모의 경제적 조직이 필요하지만, 경제 기초를 소규모 농업과 상업에 두고 있는 일본에서는 경제조직의 대규모가 곤란하다는 것, 이 때문에 산업조합을 만들어 종래의 고립과 누습을 교정해서 협동일치를 바탕으로 한 경제사업을 행해야 함을 강조하였다.

사회변천의 관점에서, 자본이 없는 자들은 자본가들에 압박되고, 수공업자들은 기계공업에 의해 그 직업을 상실하는 경향이 있기 때문에, 이들이 계급투쟁에 호소할 위험성을 방지하기 위해서 산업조합의 설립 필요성을 역설하였다. 또 지방자치의 관점에서는 산업조합이 인보상뢰(隣保相賴)의 정신 함양에 크게 공헌할 것임을 강조하였다. 따라서 잡지 『산업조합』은 산업조합 간의 협동을 도모하는 매체로서 발행되었다.

창간호에는 농상무대신, 내무대신 등 정부관계자의 축사가 게재되었다. '논설'란에는 「자치담(自治談)」, 「회보 발간에 임한 소감」, 「저축조합의 장래에 대해」, 「지회의 사업」 등이 실려 있다. '내외실례(內外實例)'란에는 야마나시현(山梨縣) 산업조합의 소개와 한국의 면작 상황 등이 소개되었다. 이외 협동조합의 원칙론을 설명하는 기사가 많았다. (문영주)

참고문헌

杉原四郎 編, 『日本経済雑誌の源流』, 有斐閣, 1990; 杉原四郎 著, 『日本の経済雑誌』, 日本経済評論社, 1987.

▌산학보(算學報)

1897년 중국 원저우에서 창간된 학술교육 잡지

1897년 7월 저장성(浙江省) 원저우(溫州)에서 창간되었다. 중국 최초의 수학 지식을 소개한 월간지로 초창기에는 석판인쇄로 간행되다가 후에 목판으로 바뀌었다. 창간인은 황칭청(黃慶澄)이다.
원저우에서 창간되었으나 2호부터 상하이(上海)로 옮겨져 상하이출판에서 발행되었고, 시무보관(時務報館)과 격치서실(格致書室), 육선서국(六先書局) 등에 판매처를 갖고 있었다. 1901년에 일본 요코하마(横濱)에서 발행되던 『청의보(淸議報)』와 합본되었다.

중국 수학 잡지의 시조이다. 창간인 황칭청은 원저우 출신으로 변법을 주장하고 새로운 학문을 제창하였다. 산학(算學)의 계몽 교육과 기초 훈련을 매우 중시하여 『수학계몽(數學啓蒙)』을 저술하기도 하였다.

내용은 수학의 주요 원리들을 연재하여 체계적인 수학이론과 교육을 강조하였다. 1호에서는 가감승제(加減乘除)를 논하였고, 2호에서는 비율을 논하였다. 이어서 3호에서는 평방근이나 입방근을 산출하는 방식을, 4호에서 7호까지는 대수를 논하였고, 8호에서 10호까지는 기하학을, 11호에서는 구장(九章)을, 12호에서는 수리를 논하였다.

또 학산초계(學算初階), 비례신술(比例新術), 개방제요(開方提要), 대수 열쇠(代數鑰), 기하 제십권 석의(幾何第十卷釋義) 등을 편집하여 게재하였다.

황칭청은 수학을 알지 못하면 두뇌가 발달하지 않으며, 이것이 중국인의 큰 병폐라고 생각하여 특별히 수학 계몽교육을 강조하였다.

중국의 수학 연구를 촉진시키고 신진 연구자들을 배양하여 원저우에 수학자의 고향이라는 명예를 가져다주는 데 큰 역할을 하였다. (김성남)

참고문헌

方漢奇 主編, 『中國新聞社業通史』, 中國人民大學出版社, 1996; 葉再生 著, 『中國近代現代出版通史』, 北京: 華文出版社, 2002.

▌삼광(三光)

1919년 일본 도쿄에서 한국어로 발행된 음악 잡지

1919년 2월 10일 조선유학생악우회(朝鮮留學生樂友會)에서 창간하여 1920년 4월 통권 3호로 종간되었다. 매호 50면 내외의 분량이며, 정가는 20전이었다. 표지를 보면, '삼광'이라는 제하에 바그너의 초상을 실었고, 하단에 "재도쿄조선유학생악우회발행"이라 하였다. 판권란을 보면, 편집 겸 발행인은 홍영후(洪永厚)인데, 바로 홍난파(洪蘭坡)의 본명이다. 인쇄인은 아베 세쓰지(阿部節治), 인쇄소는 일본 도쿄의 도쿄코쿠분샤(東京國文社), 발행소는 도쿄의 산코샤(三光社)이다. 우리나라에도 판매소를 두어 서울 종로 2가의 광익사관(廣益書館)에서 판매하였다.

우리나라 최초의 문예지인 『창조(創造)』가 1919년 2월 1일자로 창간되는데, 여기 『삼광』도 불과 10일 뒤에 창간이 된다. 모두 3·1운동 전으로 순수한 문예지의 출발을 이 두 잡지를 통해서 짐작해 볼 수 있다.

이 잡지의 목차를 살펴보면 크게 논설, 논문, 수필, 문예창작, 잡조(雜組) 등으로 구성되어 있다. 1호의 「음악이란 하오」, 「음악상의 신지식」, 2호의 「창가유희의 교육상 효능」, 3호의 「음악상 음의 해설」 등 홍난파의 음악 관련 논문과 논설이 실려 있으며, 이외에 희곡, 시, 수필, 소설 등 다양한 문예창작물을 싣고 있는데,

필자는 대부분 조선유학생악우회 회원들이다.

홍난파의 「음악이란 하오」는 음악 원론으로, '참음악은 청자에게 감흥을 주는 것이어야 한다'는 원론을 논리적으로 설명하고 있다. 따로 희곡으로 「이상적 결혼」이란 작품도 실려 있는데, 이는 유지영(柳志永)의 작품이다. '속가희극(俗歌喜劇)'이라 하여 전2막 전3장으로 구성되었으며, 등장인물은 15명이다. 이 작품은 여주인공 애경(愛瓊)과 남주인공 택수(澤洙)가 결혼하는 과정을 그린 작품이다. 작자 유지영은 우리나라 최초의 창작동요 「설날」과 「고드름」을 지은 동요작가이기도 하다.

이처럼 이 잡지는 우리나라 최초의 예술 잡지로서 홍난파를 비롯한 도쿄유학생악우회의 활동상과 그들의 예술 의식을 보여 주고 있다. 원래 조선유학생악우회가 음악, 미술, 문학 이 세 분야를 아우르는 예술을 표방하였으나, 잡지 발간의 주체가 음악인이었던 터 결국 음악 중심으로 엮어지게 된다.

이런 면모를 창간호의 「창간의 변」을 보면 더 명확해진다. "우리 조선은 깨는 때올시다. 무엇이던지 하려고 하는 때올시다. 할 때올시다. 남과 같이, 남보다 더 낫게 할 것이올시다. 암흑에서 광명으로, 부자유에서 자유로 나가야 합니다. 퇴패한 구습과 고루한 사상을 타파하고 새 정신, 새 사상, 훌륭한 욕망, 위대한 야심을 집어넣어야 할 것이외다. 그리하여 우리의 실력을 건전하고 충실하게 양성하여야 한다"는 창간사는 이 잡지가 음악, 즉 예술을 "새정신, 새사상"의 표현체이자 "훌륭한 욕망, 위대한 야심"의 대상으로 표현하고자 했다는 점을 보여준다.

조선유학생악우회와 홍난파

이 잡지를 발간한 조선유학생악우회는 음악, 미술, 문학을 중심으로 한 순수 예술잡지를 표방하며 1918년 일본 도쿄에서 결성되었다. 특히 음악사상의 보급과 사회음악의 발달을 도모하고자 하였다. 이 단체의 주요 인물이며 이 잡지의 발행인인 홍난파는 1918년 일본으로 유학을 가서 이 단체의 결성에 중요한 역할을 했을 뿐만 아니라, 이 잡지의 주요 필진이기도 하였는데, '난파', 'Y·H생', 'ㅎㅇㅎ', '솔파' 등 다양한 필명으로 등장한다.(정환국)

참고문헌

김근수, 『한국잡지사』, 청록출판사, 1980; 최덕교 편저, 『한국잡지백년』, 현암사, 2004.

삼남신보(三南新報)

▶ 호남일보
▶ 대전신문

삼사문학(三四文學)

1934년 서울에서 발행된 문예 동인지

1934년 9월 1일에 창간되었다. 1934년에 낸다고 하여 '34문학'이라고 명명했는데 종간호는 1935년 12월로 통권 6호였다. 편집 겸 발행인은 신백수(申百秀)이고 인쇄인 역시 삼사문학사(경성부 수송정 45)의 신백수, 발행소 역시 삼사문학사였다. 판형은 국판으로 창간호는 총 62면이었고 등사판이었다. 글자의 크기는 5호 활자보다 조금 큰 것으로 매우 정교하게 썼다. 창간호의 정가는 15전이었다. 2호부터는 활판인쇄로 등사판이 아니었고 인쇄인이 한성도서주식회사의 김진호로 바뀌었으며, 총 판매소는 북성당(경성부 관철동 142), 정가는 20전이었다.
창간동인은 김영기, 김원호, 신백수, 유연옥, 이시우, 이종화, 정현웅, 정희준, 조풍연, 한상직, 한탁근(한천) 등 11명이다. 1984년 현대사에서 1~3집까지 영인되어 나와 있으며, 2004년 도서출판 이회에서 간호배 편저로 1~5집이 영인되어 출판되었다.

「'34'의 선언」을 보자.

"모됨은 새로운 나래다.

—새로운 예술로의 힘찬 추구이다.

모됨은 개개의 예술적 창조행위의 방법통일을 말하지 않는다.

—모됨의 동력은 끓는 의지와 섞임의 사랑과 상호

비판적 분야에서 결성될 것이매.

이 한쪽의 묶음은 모듬의 낯이다.

이 묶음은 질적 양적 경제적의 모든 '적(的)'의 조건 환경에서 최대치를 연2회에 둔 부정기간행이다."

이를 통해 알 수 있는 바와 같이, 이 잡지는 문학에 뜻을 두고 있는 열혈 문학청년들의 동인지적 성격을 갖는다.

창간호에는 한천, 이시우, 한상직, 신백수, 유인옥, 정희준, 이종화의 시와 정현웅의 수필, 그리고 김영기, 김원호, 조풍연의 소설, 한상직의 희곡이 실려 있다. 목차가 뒤에 배치되어 있고 그림은 정현웅이, 글씨는 조풍연이 썼음을 명기해 놓고 있다.

2호(1934. 12)는 총 43쪽으로, 이제는 목차가 앞에 배치되어 있으며 목차 위쪽의 3면 위에 김원호, 신백수, 유인옥, 이시우, 이효길, 정현웅, 조풍연, 한천 등 동인들의 이름이 나열되어 있다. 이시우를 비롯하여 정현웅, 장서언, 한천, 신백수, 최영해, 유인옥, 홍이섭, 두춘, 김대봉, 김해강, 늘샘, 이효길, 김도집의 시가 발표되어 있고, 한수의 「무성영화예술의 근본 문제」(평론)와 조풍연의 「유희궤도」(소설)가 들어 있다.

이후에 나온 3, 4, 5호도 대개 비슷한 체제로 편집되어 나왔다. 편집은 주로 수필가로 알려진 조풍연과 삽화가 정현웅이 맡아했다.

종간호인 6호는 특이하게도 도쿄에서 발간했는데, 이 호에는 김환기, 길진섭, 김병기 등의 젊은 화가들이 삽화와 컷을 그렸고, 황순원과 한적선 등이 시를 썼으며, 이상의 산문도 실렸다.

문학청년들이 주축이 돼서 창간한 잡지답게 미숙함과 열정이 동시에 느껴지는 『삼사문학』은 나중에 유명 문인으로 우뚝 서는 몇 사람의 문학청년기적 작품을 고스란히 간직하고 있다. 비록 문학청년들의 열정과 패기로 시작했으나 삽화나 컷을 그린 사람들이 근대한국화단의 샛별 같은 존재들이라는 점에서도 문학만이 아닌 예술사적 자료로서의 가치를 갖는 한편, 경향문학의 쇠퇴기에 새로운 문학적 경향을 모색하는 혼돈과 방황의 생생한 현장을 보여준다는 측면에서도 나름의 의미를 지니는 잡지로 여겨진다.

• 조풍연(趙豐衍, 1914~1991)

언론인·수필가·동화작가. 본관은 풍양(豊壤)이다. 호는 청사(晴史)로 서울에서 출생했다. 교동보통학교와 제이고등보통학교(第二高等普通學校)를 거쳐, 1938년 연희전문학교를 졸업하였다.

1934년 연희전문학교 학생시절 『삼사문학』 동인으로 문학 활동을 시작하여 1937년 『조선일보』에 콩트 「거리의 여인」이 입선되었고, 1938년 『매일신보(每日新報)』 신춘문예에 소설 「젊은 예술가의 군상(群像)」이 당선되면서 문단에 정식 등단하였다.

일제 말기 문예지 『문장(文章)』을 편집하였고, 광복 후 을유문화사(乙酉文化社) 주간을 거쳐 1954년 이래 한국일보 편집국장 겸 문화부장, 1960년 소년한국일보 주간으로 13년간이나 재직하였다.

1935년 『조선일보』에 동화 「원숭이」·「백화점의 개」 등을 발표하였으며, 6·25 이후 본격적으로 아동문학에 관심을 기울여 동화와 소년소설을 다수 발표하였다.

1970년대 색동회 중흥에 진력하였고, 눈솔상(아동문학 부문)을 받았다. 어린이를 위하여 서양의 명작 소설들을 다수 번역 소개하였고, 1960년대에는 반공·추리·탐정·모험을 그린 「소년함장 돈큐」·「백자바위의 마인(魔人)」·「버어마의 한국소년」 등 흥미본위의 장편소설을 수록한 7권의 『붉은 마인(魔人)』 시리즈와 3권의 『소년검객 마억(馬億)』(1963)을 출간하였다.

그 밖에 단편 동화와 소설을 모아 엮은 『노래의 날개 위에』(1977)와 수필집 『청사수필』(1956), 『명상하는 서민』(1962) 등이 있다. (전상기)

참고문헌

조풍연, 「『삼사문학』의 기억」, 『현대문학』, 1957. 3; 조풍연, 「『삼사문학』의 신백수」, 『현대문학』, 1962. 12; 박근영, 「『삼사문학』 연구」, 『상명대논문집』, 1986.

삼일신보(Samil Shinbo)

1928년 미국 뉴욕에서 한국어로 창간된 주간 신문

1928년 6월 29일 창간했다. 4면 8단제, 순한글로 미주에 있던 한인 지식인들이 발행한 주간신문이었다. 홍득수(洪得洙), 송세인, 리봉수, 허정(許靖), 장덕수, 김양수(金良洙) 등의 발기로 창간되어 1930년 6월까지 2년 동안 발간되었다.
사장은 허정, 재무 홍득수, 서기 윤주관(尹周觀), 영업부장 안택수(安澤洙), 고문 이승만, 서재필이 맡았다. 편집부원으로는 김도연(金度演), 김양수, 이동제(李東濟), 윤치영(尹致映) 등 25명이 활동했다.

『삼일신보』는 1928년 6월 29일 당시 미주에 재류하고 있는 유지들에 의해 창간을 보게 되었다. 이 신문의 창간에는 장덕수, 윤치영, 허정, 홍득수, 이봉수, 김양수 등이 합찬하였다고 한다.

미주 뉴욕에서 발간된 1930년 2월 28일자 제88호를 보면 제1면 상단에 독립선언서를 게재하고, 표제에는 "최후의 일인 최후의 일각까지 민족자존의 정권을 회복하자!"는 구호하에 독립선언 제11주년을 기념하였다.

1면의 제호 아래에는 임시정부에 인구세를 내고 독립운동에 기본금을 내면서 동포 단결하기를 맹약하자는 구호를 게재하여 재미동포의 협력을 요청하고 있다. 하단에는 함경북도에서 경성고등보통학교학생들이 만세를 고창하고 경찰에 100여 명이 체포되었다는 등 국내 각지에서 벌어진 독립운동의 소식을 보도하고 있다.

2면에는 3·1절 기념식을 재뉴욕 한인예배당에서 거행하기로 하였다는 기사 등 재미한인들의 동정을 보도하고 있으며, 『삼일신보』의 파리 통신원에 대한 보도와 광고를 실었다.

3면에는 논문이 소개되어 있는데, '삼일론단'이라는 사설란에서는 「경축의 의의」라는 제목으로 3·1운동의 의의를 크게 선양하였다. 보스턴에 있는 정성봉의 공동회에 관한 기고문과 '간디'를 중심으로 한 인도의 독립운동에 관한 평론도 연재되었다.

4면에는 재정 경제 세계동정, 시와 연재소설 등이 차지하고 있다. 그리고 이 신문의 사명관으로서 「본보의 쥬의 쥬댱」을 3면 머리에 다음과 같이 발표하였다.

"우리 한민족의 자유 독립과 로동 대중의 경제덕 해방과 세계렬민족과의 공존공명을 실현하기 위하여 우리 전민족의 혁명덕 세력을 춍집중하며 우리 전민중의 사회생활을 배양 죠직하며 세계 각 민족의 자결에 의한 련맹의 촉성을 긔함." (이신철)

참고문헌

『한국신문백년 사료집』, 사단법인 한국신문연구소, 1975; 『한국신문백년지』 1, 한국언론연구원, 1983; 윤임술 편, 『한국신문백년지』 2, 한국언론연구원, 1983; 김원용 지음·손보기 엮음, 『재미한인50년사』, 혜안, 2004.

▌삼일혁명(三一革命)

1922년 중국 상하이에서 한국어로 발간된 신문

1922년 3월 2일경 창간되었다. 상하이에서 활동하던 삼일청년구락부에서 발간했다. 신문반분형이었다. (이신철)

참고문헌

윤임술 편, 『한국신문백년지』 2, 한국언론연구원, 1983.

▌삼진정론(三秦政論)

1937년 중국 시안에서 창간된 교육학술지

1937년 5월 산시성(陝西省)의 시안(西安)에서 창간되었다. 산시성지방정무연구회(陝西省地方政務研究會)의 회지로, 전신은『산시성지방정무연구월간(陝西省地方政務研究月刊)』이었다.
월간이며, 1938년 10월 1권 6호를 출간하고 정간되었으나 1943년 6월 복간하면서 격월간으로 바꾸고, 권과 기를 다시 시작하였다. 1943년 1권 2호를 출간한 후 종간되었다. 중국국가도서관 등에 소장되어 있다.

발행목적은 "본회 회원의 연구 성과와 지방행정을 혁신하는 이론과 실제 문제를 소개하고, 명인 및 전문 학자의 논저를 골라 수록하며, 본성(本省)의 개선에 뜻이 있는 자들이 참고"하도록 하는 것이었다.

내용은 강연, 회원연구, 전재(專載), 공개토론, 정론선록(政論選錄), 표격(表格) 등의 난이 있었으며, 산시성의 지방정치, 경제, 재정, 군사, 법률, 교육, 공업, 농업과 교통운수 등과 관련한 문제를 수록하였고, 농촌건설 및 사회조사의 관련 자료를 게재하였다. (김지훈)

참고문헌

王檜林·朱漢國,『中國報刊辭典(1815~1949)』, 書海出版社, 1992; 伍杰,『中文期刊大詞典』, 北京大學出版社, 2000; 上海圖書館,『上海圖書館館藏近現代中文期刊總目』, 上海科學技術文獻出版社, 2004.

삼천리(三千里)

1929년 서울에서 발행된 월간 종합지

1929년 6월 12일 발간된 종합지이다. 편집 겸 발행인은 김동환(金東煥), 발행은 삼천리사이다. A5판, 50쪽. 창간호는 B5판 70쪽이었으나 월간, 격주간 등으로 B4판, A5판 등으로 계속 간행되었으며, 1941년 11월 통권 150호로 종간하였다. 이후 1942년 5월『대동아』로 이름을 바꾸어 두 호를 내고는 종간되었다.
1995년 도서출판 한빛, 구일문화사에서 김동환의 3남 김영식에 의해 영인출판되었다.

창간호의「사고(社告)」를 잠시 참고해보자. "1. 훨씬 값이 싼 잡지를 만들자. 2. 누구든지 볼 수 있고 또 버릴 기사라고 없는 잡지를 만들자. 3. 민중에게 이익되는 좋은 잡지를 만들자"라는 세 가지는 이 잡지의 주요 편집방침이었다.

1930년대의 시대상을 잘 보여 주는 자료인『삼천리』는 3대 민간신문사에서 나온『신동아』,『조광』,『중앙』등과 규모나 비중면에서 나란하게 놓이면서도 큰 차이점을 지니기도 한다. 또한『삼천리』의 창간이 1929년인 만큼, 1920년대 잡지들과도 여러모로 비교할 지점이 있는데, 잡지의 수명과 관련된 것이다. 3·1운동 후 총독부는 문화정치를 표방하면서『동아일보』,『조선일보』,『시사신문』과 함께 조선인에게도 몇 개의 잡지 발행을 허용한다.『개벽』,『신천지』,『신생활』,『동명』,『조선지광』등이 그 주요 잡지였는데, 그중『개벽』이 1920년 6월부터 1926년 8월까지 발행되었으니 수명이 가장 길었다 하겠다. 또한 1926년 6월에는 흥사단을 배경으로『동광』이 창간되었으나 1927년 8월부터 휴간되고, 1931년 1월에 속간되어 1932년 11월까지 통권 40호를 발행한다. 이처럼 20년대의 주요 종합잡지는『삼천리』창간 전후로 해서 모두 폐간 혹은 휴간된 상태였던 것이다. 즉, 조선 잡지계의 공백이나 다를 바 없던 1929년 당시에『삼천리』의 창간은 특기할 만한 것이었고, 다른 주요 잡지들과 달리 대중지향성을 띠고 있었다. 1930년 5월호의 '편집자의 독백'에서 김동환은 남이 돈을 할 때에 자신은 정성으로써 하고, 남들이 재주로 할 때에 자신은 노력으로써 하겠다는 각오를 밝힌 것도 눈여겨 볼 일이다. 김동환은 개인 역량이『삼천리』발행과 지속적으로 연결되기 때문이다.

그렇다면 잡지 편집 겸 발행인인 김동환에 대해 살펴볼 필요가 생긴다. 김동환은 함경북도 경성(鏡城)에서 출생하여 서울 중동중학교와 일본 도요대학 문화학과를 수료했다. 1924년 9월에는『북선일일신문(北鮮日日新聞)』의 조선문판 기자로, 10월에는『동아일보』기자로 입사하다가 이후 시대일보와 중외일보 사회부로 옮긴다. 동아일보 퇴사는 사회부 기자들이 결성한 언론단체 철필구락부의 급료인상 투쟁 가담건 때문이었다. 이어 1927년 5월에 조선일보 사회부에 근무하다가, 1929년 6월에 월간 『삼천리』를 창간한 것이다.

김동환은 언론계에 몸담기 이전에 이미 『금성』에 「적성(赤星)을 손가락질하며」라는 시를 발표했고, 신문사에 재직하는 동안에는 1927년 1월에 '불개미 극단'을 창단했으며 이후 7월에는 극단 '종합예술협회'에 참여했다. 또한 1930~1931년까지는 신간회의 중앙집행위원으로 재임했다.

김동환은 대중의 관심을 잘 알았고, 소재를 잘 포착했으며, 일류 필진을 동원했다. 『삼천리』가 다루고자 했던 시사문제는 처음부터 일제의 검열 때문에 게재할 수 없었는데, 이를테면 창간호 특집이 '민족문학과 무산문학의 차이점과 합치점'이었으나 이 특집이 대부분 검열 때문에 삭제된 사정이 이를 잘 말해준다. 30년대 초기까지의 편집후기를 보면 검열로 인해 게재하지 못한 기사가 많다는 아쉬움을 토로한 것을 자주 볼 수 있다.

『삼천리』에 대한 당대의 평가를 잠시 살펴보자. "가뭄에 콩나듯 『삼천리』를 사방(四方)치기로 내이드니 그것이 얼마큼 기초가 잡히자 다짜고짜로 신문사에다가 사표를 들이치고, 일의전심(一意專心)으로 자기의 잡지에다가 모든 성열(盛熱)을 다하는 것을 보니, 씨가 한동안 신문사에 다니던 것은 그 뜻이 다른 곳에 있었던 것을 다시금 짐작할 수가 있는 것이외다. 맨주먹을 들고 금일의 『삼천리』를 만들어 놓았으니, 씨는 야성(野聲)의 시인이라고 결코 흠으로 볼 수 없는 일이외다. 『삼천리』의 내용에는 저급이라고 할 만한 목차가 없지 아니한 것은 아니외다만, 얼마나 그것이 일반 독자급의 호의를 만족시킬 만한 것입니다. 씨는 분명히 자신의 시가(詩歌)의 핵심을 잡듯이 조선독자 대중의 심상(心像)을 잡는 기자외다. 무엇보다도 염가를 잡지에도, 단행본에도 표방한 것을 보아도 씨의 선견(先見)을 알만하외다. 씨는 『삼천리』의 사장, 기자, 발행자, 소사, 외교원, 이러한 것을 모두 한 몸에 겸임하고 활동하니 씨의 다정다능(多情多能)한 것을 알만하외다. 가난한 살림살이에 부디끼는 씨라, 원고료는 내일 수가 없고 그러하고 그러한 기사를 아니 시를 수 없고 보니 부득이 자장격지(自將擊之)하지 않을 수가 없는 일이외다" (김만의 「잡지기자만평」, 『동광』 1931.8).

한편 『삼천리』지의 재정난이나 검열난에 대한 다음의 회고도 좋은 자료다. 우선 최정희가 회고하는 검열 관련 어려움에 대한 글이다. "한 번이나 두 번쯤 가서 필자를 만나는 경우도 있지만, 10여차를 가도 만나지 못하는 경우도 있었다. 박계주 씨가 윤치호옹을 만나기 위해서 열한 번을 갔더라는 이야기는 박계주 씨 입으로 열한번은 더 들었을 것이다. 이렇게 어렵게 만나서 이야기를 들어가지고 쓴 원고가 검열에 걸리게 되는 경우를 생각해 보라. 더구나 검열이 되기 전에 원고는 인쇄소에서 인쇄되고 있는 판이니까 어쩌랴. 검열이 되어 나오기를 기다릴 수 없기 때문이었다. 그때까지 기다리노라면 잡지는 다음 달에나 나오게 되기 때문이었다. …… 붉은 줄이 쭉쭉 그어져 있다든가 '삭제'라는 도장이 뚝뚝 찍혀 있는 페이지가 나오면, 파인의 얼굴엔 경련이 일어나곤 했다. 벌써 원고뭉치를 받아드는 때부터 경련이 일 것 같은 핼쓱한 얼굴인 것이다"(최정희, 「'삼천리'의 회상」, 『삼천리』 창간호, 1960.5).

또한 재정난에 대한 다음의 글도 흥미롭다.

"발간 이래 15~16년간 파인은 그 잡지를 운영해 나아가기에 갖은 고초를 겪어 왔다. 번번이 재정난에 빠져 빚에 쪼들리고 몰리는 그는 '사기꾼', '도둑놈' 소리까지 들어가면서도 이를 악물고 칠전팔기의 사투를 반복해 왔었다. 어지간한 사람이면 자살할 경우도 한 두 번이 아니었다. 잡지가 인쇄, 제본되었어도 돈이 없어서 찾아 내오지 못하여 발매 못하는 것은 보통이요, 영하 20도 이상의 추운 날, 집이 차압당하여 가재도구가 집달리의 손에 의해 대문 밖에 내 던져져 쫓겨나기도 했고, 세집에서 집세를 못 내어 갖은 천대와 욕설까지 듣는 등 이루 말할 수 없는 곤경에서 헤엄쳤었다. …… 게다가 원고료가 지불되지 못하여 전화로 욕설을 퍼붓는 문인이 있는가 하면, 편지로 야단치는 문인들도 있었다"(박계주, 「납치된 '국경의 밤'의 시인」, 『자유문학』, 1963.1).

이렇듯 재정과 검열로 인한 어려움에도 불구하고 꾸준히 발간된 『삼천리』는 초기에는 무거운 논설이나 학술논문을 가능한 배제하고 호기심을 끌 만한 기발한 주제들이나 '가십난'에 주력하였으나, 1930년대에 들면서 국제정세와 국내운동에 대한 기사도 많이 싣는다.

창간호의 경우 「돈 십만원이 있다면」, 「내가 다시 태어난다면」, 「신선(新選) '반도팔경' 발표」 같은 흥미 위주의 주제를 내세우면서도 「민족문학과 무산문학의 차이점과 합치점」 같이 당대의 쟁점도 소개하고 있다. 가십 기사에 중점을 두고 호기심을 끌만한 특종을 잘 포착하였지만, 제목에 비해 내용이 빈약한 것도 적지 않았다. 이에 대해 연구자 김근수의 혹평도 참조할 만하다. 김근수는 『삼천리』를 두고 "'가십'지(紙)라 할 수 있을 정도로 '가십' 기사의 비중이 컸다"고 한다. 이를테면 창간호에 실린 '돈 십만 원이 있다면'이라든지 '내가 다시 태어난다면'과 같은 설문이 그런 예이다. 그러나 편집자의 말을 빌자면, 이 모든 것은 "조선인 불타(不打) 조선인"이라는 입장을 벗어나는 일이 없었다. 즉 조선사람끼리는 서로 헐뜯지 말고 잘못이 있어도 못 본 체하거나, 잘못한 말이 있어도 못들은 체 하자는 것이었다. 편집방침의 특색을 잘 보여 주는 말이기도 하다. 문예면은 중견작가가 쓴 「문예강좌」와 김동인의 「춘원연구」가 실리는 등 역량 있는 작가의 작품을 많이 싣고 있어서 취미 중심의 잡지였으면서도, 교양과 사회 문제를 등한시하지 않았다.

1932년 5월에는 타블로이드판으로 바뀌고 월 2회 발행을 시도한다. 여기에 대해 월간잡지를 월 2회간으로 만들다가 주간으로 발전시키고 이후 일간을 발행하겠다는 계획에서 말미암은 것이라는 추측도 있다. 그 무렵 『조선일보』와 『중앙일보』가 내분과 경영난으로 어려움을 겪던 터였으므로 김동환은 『삼천리』를 일간으로 발전시킬 포석으로 타블로이드판을 발행했을 가능성을 생각해볼 수 있는 것이다. 이후 『삼천리』는 1937년 중일전쟁 무렵부터 점차 친일적 어조를 띤다. 그러다가 김동환은 1942년 3월 대동아사를 설립하고 5월 1일부터 『삼천리』의 제호를 『대동아』로 바꾸면서 친일논조로 일제의 전쟁수행에 협력하는 등의 내용을 견지하며 1943년 3월호까지 발행했다. 김동환은 정부 수립 이후 반민족행위처벌법 발효에 따라 1949년 2월 28일 반민특위에 자수했고, 같은 해 8월 공민권정지 5년의 선고를 받았다. 그러나 김동환은 반민특위 재판에 앞서 1948년 5월 『삼천리』를 속간했다. 타블로이드판 20면의 신문 형태였는데, 편집 겸 발행인은 최낙종으로 되어 있으나, 실제는 김동환이 발행한 것이었다. 이것은 일제 말기 친일 행적으로 인해 자신의 이름을 표면에 내세울 수 없던 탓이었다. 속간한 『삼천리』는 1950년 6월까지 20호가 발행되었다. (이경돈)

참고문헌

『한국신문 · 잡지총목록』, 대한민국국회도서관, 1966; 계훈모, 『한국언론연표』, 관훈클럽신영연구기금, 1979; 『아단문고장서목록』, 아단문화기획실, 1995; 최덕교 편저, 『한국잡지백년』, 현암사, 2004.

삼천리문학(三千里文學)

1938년 서울에서 발행된 순문학잡지

종합지 『삼천리』가 자매지로 발행한 순문학잡지이다. 1938년 1월 1일에 창간되어 동년 4월 1일 통권 2호가 나왔고 3호(1938년 5월 1일 발행된 "창작특집호"라서 정가가 70전으로 책정되었다)가 발간되었다는 광고가 『삼천리』 1938년 8월호 154쪽에 실린다. 이로 미루건대 이 잡지는 최소 3호까지는 나왔음을 알 수 있으나 단명에 그친 것만은 확실한 문예지라 하겠다. 편집 겸 발행인은 김동환(그러나 실제 편집의 임무는 최정희와 모윤숙이 도맡아 했다), 인쇄인은 대동인쇄소의 김현도(金顯道), 발행소는 삼천리사이다. 판형은 국판으로 1호는 263쪽, 2호는 228쪽이었고, 정가는 50전이다.

1982년 현대사에서 영인되어 나와 있다(1, 2호만 나오고 3호는 나오지 않음).

삼천리사 창립 10주년 기념사업의 일환으로 발행된 것으로 당시 문단이 외래 문학사조에 휩쓸려 민족전통이 흐려졌음을 개탄, 토착적인 민족문학의 전통 확립을 표방했다. 저작 겸 발행자로 등재돼 있는 파인 김동환의 창간사 「소설과 시의 '길': '삼천리문학'의 창간에 제하야」에서는 "슬라브족의 이 명상성과 이 둔중성은 코리앤족의 성격과 비슷하여서", "고뇌의 끗헤 글을 써내든 우리의 한 철도 잇섯더러니, 어느새 이 음영을 버서버리고 남구풍(南歐風) 경쾌(輕快)를 본밧게 되어 우리 문단에는 깁흔 고민을 거치지 안은 작품과, 또 향토에 발을 부치지 않은 작가들이 나와서 민족적 성격을 빗군길로 것게 한 일을 생각하면" 착잡하다고 개탄한다. 그리하여 '조선적의 것을 고조'하고 '진실로 우리네에게 한가달의 정신문화의 상속의 길이 남어 잇다면', '깁흔 고행(苦行)과 깁흔 사색(思索) 우에서 우리가 보어야 할 생명의 작품을 내노차'고 역설하고 있다.

순문예지로서 시, 소설, 희곡, 평론, 수필 등이 골고루 실려 있다. 또한 30여 명의 중견작가가 망라되어 집필에 참여하고 있다는 점이 특징적이다. 이는 파인 김동환의 출판인으로서의 위상과 관련이 있다고 하겠다. '창간사'에서도 언급되어 있듯이, "이 시대에 우리네가 쓰는 작품은, 혹은 공번된 한글로서 여러 가지 뜻으로 심히 중요한 문헌이 될는지도 모르겠"다는 민족어로서의 문자(학) 행위의 절박한 위기감을 공유하기라도 하는 것처럼, 프로문학 진영이나 민족문학 진영, 모더니즘 진영, 혹은 해외문학파 등 전 문단적 필진을 포괄하고 있는 것이다. 1, 2호를 합쳐 소설 11편, 희곡 1편, 평론 12편, 시 20편, 수필 12편이 실렸는데 그 작품의 질이 결코 떨어진다고 볼 수 없다(3호는 목차를 확인할 수 없어 1, 2호만 환산함. 『삼천리』 1938년 5월호 297쪽과 1938년 8월호에 3호의 광고가 목차 내용과 함께 실려 있다). 『임꺽정』의 작가로 유명한 홍명희의 「이조문학논의」나 사학자로 이름을 날린 문일평의 '신라문학논의'도 주목에 값한다고 하겠다.

그 밖에도 작가들의 내면을 엿볼 수 있는 '작가일기'(이태준, 김안서, 박영희, 함대훈, 노춘성, 모윤숙, 안회남, 최정희, 유진오)가 있으며, 김동인이 다시 시작하는 '춘원연구'도 이곳에 실린다. 또한 김동인, 박종화, 이태준, 유진오, 김동환, 최정희, 모윤숙이 참여하는 「소설가회의」도 세대별로 활동하는 작가들의 경험과 의식의 편차를 확인하는 좋은 자료라고 여겨진다.

비록 3호로 단명했지만, 출판과 인맥관계에 있어 유달리 영향력이 있었던 김동환의 야심이 담겨 있는 잡지였다고 할 수 있다. 이는 『삼천리문학』이 발간되는 기간 동안 모잡지인 『삼천리』가 발간되지 않았다는 사실을 통해서 그만큼 재정난과 원고 수급, 출판사 내의 여러 사정이 어려웠음을 짐작할 수 있는 동시에, 『삼천리문학』에 투여한 재정적·정신적·물리적 노동이 어떠했으리라는 사실이 예상되는 까닭이다. 그리고 김동환은 이 잡지를 통해 한국 문학의 정전화 작업도 동시에 진행하려 했다는 점도 빼놓을 수 없는 대목이다. 이광수 문장 9편을 뽑아 재수록하고 주요한의 시도 7편을 실어 그들의 문학적 성과를 공고히 하려 하며, 요절한 김소월의 시 중에서 7편을 수록하고 있다. 여기에 실린 김소월의 시는 이후에 김소월의 대표작으로 거론되는 작품으로, 김동환의 문학적 안목은 물론, 상징화 작업의 상징자본가로서도 그 역량을 발휘하는 생생한 증거를 확인할 수 있다. 독자들의 이해와 요구도 적극적으로 수용하기 위한 배려 또한 눈에 띈다. '편집후서' 바로 앞에 '삼천리문학 독후감'란을 따로 두어 '주소'와 '성명'을 기입하게 하고 빈 공간을 남겨서 독자들의 잡지를 읽고 난 소감을 받고자 했다. 독후감을 보내오는 독자들의 의견은 편집에 반영하고 애독자 명부를 따로 관리하는 데 이용함은 물론, 그런 독자들에게는 '삼천리사'에서 발행하는 도서목록을 '무대진정(無代進呈)'하겠다고 홍보하였다.

『삼천리』 1938년 5월호 「편집후서」에 보면, "『삼천리』, 『삼천리문학』, 『삼천리영화』의 세 가지를 매월 어김없이 하여나가려 전력을 다하겠읍니다"고 다짐하고 있다. 김동환의 야심은 이만큼 문화예술 전반에 걸친 출판 주체로서의 탄탄한 기반을 마련하려고 노력한 것처럼 보인다. 그러나 김동환의 바람과는 달리, 『삼천리문학』은 더 이상 나오지 않았고 대신 『삼천리』가 1938년 5월호로 발간되는 것을 보면, 잡지 발간이 얼마나 힘든 일이었는지를 짐작할 수 있다.

이 매체에서 특이한 것은 22명에 이르는 작가, 시인들이 2쪽에 걸쳐 쓴 '작가자서전'(이광수, 주요한, 이태준, 모윤숙, 김억, 서항석, 유진오, 함대훈, 이효석, 김광섭, 박팔양, 이선희, 노자영, 김진섭, 이원조, 이헌구, 정래동, 박태원, 한인택, 채만식, 이석훈, 임화)이다. 이 기사는 '작가일기', '문인풍경'을 보완하면서도 작가의 공적인 이력을 알 수 있는 자료로서 가치가 있다. (전상기)

참고문헌

권영민, 『한국근대문인대사전』, 아세아문화사, 1999; 최덕교 편저, 『한국잡지백년』 2, 현암사, 2004.

삼천리영화(三千里映畵)

1938년 서울에서 발행된 종합예술잡지

삼천리사가 『삼천리』의 자매지로서 발간한 종합예술잡지이다. 1938년 5월 초순에 발매되었다는 광고(『삼천리』 1938년 5월호 299쪽)가 실리는데 잡지제목이 『조선영화』(1936년 10월 1일 백명곤(白命坤)이 조선영화주식회사에서 발행한 동명(同名)의 잡지와 구별해야 한다)이다. 발행소는 삼천리사이며 나머지는 알 수 없다. 다만 『삼천리』 1938년 5월호 「편집후서」를 보면, 잡지의 발행인 김동환이 『삼천리』, 『삼천리문학』, 『삼천리영화』 세 잡지를 매월 어김없이 발행하겠다는 강한 다짐을 하고 있는 것으로 보아 잡지의 형태로 발행된 사실이 있음을 짐작할 수 있다. 정가는 50전으로 책정되었다. 현재 이 잡지가 어디에 소장되어 있는지는 확인할 수 없고, 다만 『삼천리』지의 광고를 통해서만 알 수 있는 형편이다.

이 잡지는 경성을 중심으로 진행되던 대중문화적 지반과 유행이 낳은 매체라고 할 수 있다. 그만큼 영화가 대도시를 중심으로 형성되던 대중을 주조하고 견인해내는 역할을 유감없이 발휘하던 대로 수많은 영화잡지들이 발행되었는데, 김동환 역시 대중의 기호와 관심이 영화에 쏠리고 있음을 간파하고 영화 잡지를 만들었음을 짐작할 수 있다. 파인 김동환의 출판가, 문화자본가로서의 면모를 여실히 수긍할 수 있는 내용들이 주조를 이룬다. 하지만 파인은 영화만이 아니라, 다른 예술들도 이 잡지에 포용하여 소개하려고 시도했다. 그리하여 이 잡지의 성격을 일컫기를, "반도 유일의 영화, 연극, 무용, 음악 종합잡지"임을 표방했다.

「문단제씨가 본 명화」에는 안석영, 이규환, 안종화, 박기채 등의 영화감독들이 '제작에 대한 포부'를 말하는 한편으로, 함대훈, 정지용, 백철, 안회남, 이기영, 박태원, 김광섭, 김안서 등이 영화에 대한 코멘트를 던지고 있다.

「명배우고심기」에는 내로라하던 배우들(김복진, 지경순, 문예봉, 심영, 김소영, 한은진, 김영옥, 김치근, 김웅, 김동규)이 '로케이션 나가서 울고 싶던 일', '러브신을 연기할 때 고심했던 일', '내가 좋아하는 여러 명화'에 대한 일을 토로한다. 이서구의 「유행가수홍망성쇠기」, 나웅의 「은막서 사라진 명우」, 수련의 「파리여성의 연가」, 최남주의 「영화회사설계도」, 정현웅의 「미인과 영화」, 주영섭의 「동경학생예술좌」, 김관수의 「기업과 극장운동」 등의 기사가 눈에 띈다.

그 밖에도 김동성의 「미주동포와 조선영화」나 이창용의 「양화수입금지와 조선」, 연학년의 「중앙무대진로」, 이기세의 「일활촬영소 방문기」, 「여우화장실풍경(女優化粧室風景)」도 당시의 영화검열과 영화계의 전반적인 동향, 분위기를 엿볼 수 있는 기사로 보인다.

종합예술잡지답게 화보에도 신경을 써서 초호화판 화보만 30여 쪽에 달하는 장관을 연출하였다. 춘원 이광수의 「분예봉찬」, 안기영의 「음악, 방랑」, 장혁주의 「동경의 춘향전」, 서항석의 「검찰관 풍년기」, 이효석의 「문학과 영화」 등도 흥미로운 읽을거리 항목에 속한다.

김동환의 사회, 문학, 예술을 세 잡지로 총괄하려는 야심 아래 창간되었음에도 불구하고 금전적인 문제로 단명한 잡지였음을 알 수 있다. 이후에 이 잡지의 광고가 출현하지 않은 것으로 보아 창간호가 종간호로 마감되지 않았을까 하는 짐작이다. 그렇지만 김동환의 문화전반에 대한 감식안과 대중의 코드를 읽는 안목이 이 잡지에도 투영되었음을 확인할 수 있다.

흥미로운 기사로는 5개의 영화사들이 준비하는 영화(5·6월에 개봉될 "무정", "애연송", "춘풍만리", "군용열차", "한강")의 화면과 출연배우들의 연기경험기를 소개하는 코너이다. 이 기사들은 영화제작의 실제를 구체적으로 실감하는 자료로서의 가치가 있다. 일본이 중국 본토를 침공하고 태평양전쟁을 준비하는 이른바 '전쟁시기'에 식민지 조선의 영화계를 조감하는 사례가 되는 것이다. 예컨대 당대의 조선영화사의 사정, 감독의 스타일, 배우의 연기에 대한 의식을 전반적으로 살피는 데 도움이 된다 하겠다. (전상기)

참고문헌

권영민, 『한국근대문인대사전』, 아세아문화사, 1999; 최덕교 편저, 『한국잡지백년』 2, 현암사, 2004.

상강평론(湘江評論, The Shian Kian Weekly Review)

1919년 중국 창사에서 창간된 정론성 주간지

1919년 7월 14일 후난성 창사(湖南 長沙)에서 창간된 5·4기 진보적인 간행물 중의 하나이다. 후난(湖南)학생연합회에서 발행하고, 마오쩌둥(毛澤東)이 주편하였다. 1919년 8월 제5호부터 정간되었다. 1959년 인민출판사에서 영인하여 출판한 바 있다.

"최신 사조의 소개, 보급"과 진보적 청년들과의 교류를 창간 취지로 하였다. 체제는 『매주평론(每週評論)』과 유사하다. 서방대사술평(西方大事述評), 동방대사술평(東方大事述評), 세계잡평(世界雜評), 상강잡편(湘江雜評), 방언(放言), 신문예(新文藝), 회재(會載), 어떤 이야기(甚麽話) 등 난을 두었다. 창간호를 4000부 이상 간행할 만큼 대중의 환영을 받았다.

『상강평론』은 마오쩌둥이 주편하고 대부분의 정론을 집필하였다는 점에서 주목을 받았다. 볼셰비즘 수용 이전 마오쩌둥의 초기 사상과 교우관계를 알 수 있는 중요한 자료이기 때문이다. 실제 마오는 백화문과 통속적인 문장으로 신문화사상 및 실천방안을 제시함으로써 전국적인 이름을 얻었다. 마오는 창간사에서 "각종 개혁은 한마디로 말하면 '강권'으로부터 자유를 획득하는 것에 불과하다. 강권에 대항하는 근본적인 이념은 평민주의이다." 어떻게 강권을 타파할 것인가? "학술적으로는 철저하게 연구하여 전설과 미신의 속박으로부터 벗어나, 진리를 찾는 것이다. 대인적(對人的)인 측면에서는 군중 연합을 통해 강권자에 대해 지속적으로 충고하고 혁명을 실행하는 것이다"라고 주장하였다. 이러한 지식인과 대중의 연대, 군중의 연합론은 마오쩌둥의 초기 사상을 규명하는 핵심적인 관건으로 평가되고 있다.

특히 "민중적 대연합"론은 마오쩌둥이 『상강평론』 2, 3, 4호에 연재한 것으로 당시 진보적인 신청년들이 주도하는 개별 소집단의 실천을 전제로 아래로부터 작은 자치 조직을 결성하고 그것을 누층적으로 확대함으로써 신문화운동이 지향하는 중국사회의 개조를 달성하자는 논의였다. 당시 후난성 자치운동에 참여하고 있던 마오쩌둥의 체험과 사회개조를 통해 국가 건설을 추구하는 신청년들의 이상을 표현한 것이었다. 그 외 마오쩌둥은 「천두슈(陳獨秀)의 체포와 구함」, 「각국의 파공(罷工) 풍조」 등을 집필하였다.

『상강평론』은 마오쩌둥의 글과 함께 샤오산(蕭三), 샤오쯔성(蕭子升) 등 마오쩌둥의 동료와 진보적인 지식인들의 글을 다수 게재함으로써, 여러 잡지에 소개될 만큼, 전국적으로 호평을 받았다. 그러나 후난성 자치를 두려워한 군벌정권에 의해 1919년 8월 제5호부터 강제로 정간되었다. 1959년 인민출판사에서 영인하여 출판한 바 있다. (오병수)

상공월보(商工月報, 新義州商業會議所)

▶ 신의주상공회의소월보

▌상공조선(商工朝鮮)

1932년 서울에서 한국어로 창간된 경제 잡지

1932년 8월 상공조선사에서 발간한 월간 경제 잡지이다. 발행주기는 매월이었으나, 창간호만 남아 있어 종간일자는 알 수 없다. 편집인 겸 발행인은 물산장려운동과 신간회에 참여했던 정수일(鄭秀日)이었고, 발행소는 경성부 종로 1정목 55번지의 상공조선사였다. 책값은 1책 20전, 3개월분 60전, 6개월분 1원 10전, 12개월분 2원이었다. 우송료는 권당 1전이었으나 12개월을 구독하는 사람에는 별도의 우송료를 받지 않았다. 창간호는 연세대학교에 소장되어 있다.

창간호만 남아 있어 『상공조선』의 성격을 파악하기는 쉽지 않다. 다만 편집인 겸 발행인이었던 정수일(鄭秀日)의 행적과 창간호의 내용을 통해 『상공조선』의 성격을 추측해볼 수 있다.

정수일은 1920년대 후반 물산장려운동과 신간회에 결합한 인물이었다. 물산장려운동은 3·1운동 이후 경제적 자립과 정치적 독립을 위한 운동이 활발하게 전개되는 가운에 제기된 경제적 실력양성운동이었다. 1923년 1월 23일 창립된 조선물산장려회는 '조선인의 산업진흥'과 '조선인의 경제자립'을 목표로 한 산업진흥운동, 경제자립운동을 제창하였다. 경제 자립을 위해 조선 사람은 조선 사람 것을 쓰자는 물산장려운동은 일본 독점자본에게 수탈당하던 한국인들에게 큰 반향을 불러일으켰다. 그러나 물산장려운동은 상공업자들의 이해만을 대변하였을 뿐 몰락하고 있는 노동자, 농민들의 현실을 외면하였고, 정치적 독립운동과의 연계고리를 찾지 못함으로써 곧 대중들에게 외면당하였다.

침체기에 들어갔던 물산장려회는 1920년대 후반 재건되었다. 이후 물산장려회는 민족협동전선운동(신간회) 참여를 통해 부문운동으로서의 위상을 확립하고, 자본가계급과의 합작을 통해 물산장려운동을 활성화하고자 하였다. 이때 물산장려회에 결합한 인물 중 하나가 정수일(鄭秀日)이었다. 그는 경제평론가로서 북풍회(北風會)가 주도한 경성청년회(京城青年會)에서 활동하였고, 이후 신간회에도 참여하였다.

정수일을 비롯한 재건기 물산장려회의 중심인물들은 1920년대 조선경제가 일본 금융자본과 독점자본의 진출에 따라 비약적으로 발전하고 있다고 보았다. 그러나 이러한 발전은 철저히 일본인 경제와 일본인 자본의 발전과정으로 귀결되었다. 그러므로 이들은 조선경제가 발전하면 발전할수록 조선인 경제의 주역인 중소상공업자와 농민층은 필연적으로 몰락의 길을 걸을 수밖에 없으며, 대공황은 이러한 상황을 전면화시키고 있다고 판단하였다. 이에 이들은 조선인 중심의 산업진흥과 경제 자립을 시급히 해결해야 할 당면과제로 인식하고, 민족주의를 바탕으로 물산장려운동을 조선민족 전체의 생존과 공동이익에 봉사하는 민족적 경제운동으로 발전시키고자 하였다.

『상공조선』의 발행 또한 그 연장선상에 있었다. 각계 명사들이 보내온 축사는 이러한 분위기를 그대로 반영하고 있었다. 동아일보 사장 송진우(宋鎭禹)는 상공업 발달은 상공권을 조선인이 갖는 방향으로 이루어져야 한다고 주장한 후, 『상공조선』이 상공업의 개량과 발전을 위하여 분투해주기를 기원하였다. 재건기인 1920년대 후반 정수일과 물산장려운동을 함께 했던 『동아상공시보』 사장 김영철(金英喆)은 지금은 세계적인 상전(商戰)의 시대이나, 우리는 훈련, 기술의 부족으로 열세를 면치 못하고 있으니 『상공조선』이 실업정신을 고창하고 개척하는 데 앞장 서 달라고 당부하였다. 또한 물산장려운동 기관지 『장산사(奬産社)』 주무였던 정세권(鄭世權)은 『상공조선』이 상공계의 연구기관이 되어 달라고 주문하였다.

이러한 각계의 요구에 호응하듯 『상공조선』은 창간호 권두언에서 상공인층의 계몽에 전력함으로써 상공업자들을 자각시키고, 상공업자들의 나아갈 길을 밝히는 '상공계 최후의 일선(一線)'이 되겠다는 포부를 밝혔다.

이를 위해 창간호는 일본인 중심의 경제 발전으로 궁핍 일로에 있는 농촌과 상공업자에 대한 대책 문제를 집중 조명하였다. 또한 「조선상공계는 어디로?」라는 특집기사를 실어 상공인에게는 전통과 인습을 벗고 상공업을 진흥할 것을 촉구하는 한편, 상공인층의 규합과 단결의 필요성을 역설하였다.

이렇듯『상공조선』은 조선 상공인의 각성과 규합 및 단결을 통해 조선인 경제의 활로를 찾아보려는 시도에서 간행된 잡지였다. (정진아)

참고문헌

鄭秀日,「朝鮮經濟와 朝鮮人」,『新民』33, 1928.1; 鄭秀日,「朝鮮經濟와 朝鮮人經濟의 回顧와 展望」,『大衆公論』2, 1930; 鄭秀日,「朝鮮人의 經濟的 危機(上)·(下)」,『別乾坤』30·31, 1930.7·8; 金英喆,「産業振興에 對한 覺悟」,『獎産』2-6, 1931.6; 方基中,「1920·30年代 朝鮮物産獎勵會 硏究-再建過程과 主導層 分析을 中心으로」,『國史館論叢』67, 1996; 方基中,「1930년대 物産獎勵運動과 民族·資本主義 經濟思想」,『東方學志』, 2002.

▌상모교계월보(上毛教界月報)

1898년 일본에서 발행된 종교 잡지

군마현(群馬県) 안나카교회(安中教会)의 목사 가시와키 기엔(柏木義円)이 창간하여 459호에 걸쳐 월간으로 간행되었다.

잡지는 정부의 종교정책, 즉 기독교에 대한 개입·이용을 싫어하여 신민교육(臣民教育)에 정면에서 반대했다. 또 잡지는 사회주의사상을 수용하는 과정에서 가시와기 기엔의 기독교 인간관을 게재하여 반봉건적·제국주의 국가에 비판을 가했다. 또 아시오(足尾) 광독 사건과 폐창문제를 처음으로 제기했다. 당시 기독교인이나 기독교 사상이 결코 일본의 국가이념이나 천황을 정점으로 하는 체제에 '비(非)국민적' 역할, 반역적 정체성을 지닌 것이 아니라는 사실을 애써 변명하는 일로써 정치사회적 비판과 백안시(白眼視)에 대처하는 진로를 택한 것이다. 그러나 아무튼 이 우치무라의 불경 사건을 계기로 천황제 확립기에 있어 일본 기독교는 심각한 위기를 맞게 되었다. 전통적인 '기독교 사교론(基督敎邪敎論)'은 차치하더라도 천황제 이데올로기의 형성, 강화 과정에서 역시 기독교가 문제의 걸림돌이 된다는 여론이 거세게 일었다.

이러한 기독교 위기의 와중에서 반대 여론의 주도자 이노우에를 반박하며 기독교 변증을 강력히 주도한 인물로는 가시와키 기엔을 들 수 있다. 그의 논지를 간추려 보면 대개 다음 네 가지로 정리될 수 있다.

① 천황이 국민도덕을 훈시한다고 하면 기독교는 세계 인류를 위한 인간의 대도를 세우는 것이라고 하였다. 곧 기독교는 원리이고 국민도덕은 응용인데, 기독교는 결코 무국가주의가 아니며 보편적 원리로서의 위치에서 각국의 차이를 초월하는 가치일 뿐이라고 주장했다. 즉 천황의 칙어가 국가의 중심이요 표준으로 설 뿐 개개인의 내면이나 학문연구의 각론적 분야에까지 관여하지 않는, 일본국의 보편적 가치이듯이 기독교는 인류의 대도(大道)로서 또한 보편적 가치라는 것이다. 따라서 칙어와 기독교 간에는 상용 여부를 논할 같은 차원의 비교 준거도, 상치될 이유도, 윤리적 가치가 대립될 기준의 상사(相似)도 없다.

② 기독교는 결코 장래의 완성만을 염원하거나, 현재의 안락만을 추구, 혹은 현세적 가치를 경시하는 차원이 아니다.

③ 박애를 논하며, 유교의 박애가 친자 간의 정애, 곧 '자연적 사랑'으로 출발한다면 기독교의 박애는 "하나님이 그 스스로 인간을 사랑하심을 시작으로, 저자거리의 사람들이란 곧 하나님의 사랑하시는 피조물들이며 그 분의 형상(形象)인 것을 확신하여 그들을 존중함으로서 가능한 것"이기 때문에 진실로 서로 돕고 사랑하는 것이다.

④ 기독교가 칙어의 충효도덕을 방해한다 함은 옳지 않다. 인간의 품성은 실로 그 '경건의 염(念)'의 성숙과 발달로 좌우된다. 임금과 부모에 대한 존숭의 마음가짐도 '경건의 염'과 무관치 않다. 깊은 기독교적 경건은 충효의 함양에 기여한다. 기독교를 두고 교육과 종교의 충돌 운운은 진리의 본체 안에서 서로 통하는 인간성품의 경건과 행위의 문제를 간과한 소치이다. (이규수)

참고문헌

『近代文學雜誌事典』, 至文堂, 1965; 서정민, 「수용기 일본기독

교의 국가체제 적응 과정과 그 특성」, 『日本宗教史의 諸問題: 일본사상상사학회 제5차 학술대회 자료집』, 1999.

상무보(常務報)

▶ 상무일보(常務日報)

상무일보(商務日報)

1909년 중국 한커우에서 창간된 정치운동 신문

원래 제호는 『상무보(常務報)』로 1909년 10월 8일 한커우(漢口)에서 상업의 원활한 소통을 목적으로 창간된 상업신문이었다. 그러나 창간인이 얼마 후 병사하자 1909년 12월, 일지회(日知會) 회원 완쓰옌(宛思演), 잔다베이(詹大悲)가 이 신문사를 인수하여 『상무일보』로 제호를 바꾸었다. 완쓰옌이 사장, 류푸지(劉復基)가 회계와 발행인으로 되어 있다. 1910년 종간되었다.

잔다베이가 총편집을 맡았으며, 허하이밍(何海鳴), 메이바오지(梅寶玑), 차광포(査光佛), 양왕펑(楊王鵬), 리다루(李大如) 등이 편집과 집필에 참여하였다.

이들은 모두 후베이(湖北) 혁명단체인 군치학사(群治學社) 회원들로 군치학사의 기관 신문이 되었다. 그러나 자금이 부족하여 경영이 어려워 잔다베이가 개인 자산을 팔아 겨우 유지를 하였는데, 군치학사는 이 신문사를 비밀연락 장소로 이용하면서 이곳에 무장봉기를 준비하는 총과 탄약들을 보관하였다.

1910년 4월, 후난(湖南)에서 굶주린 백성들이 쌀을 훔치는 사건들이 빈번히 발생하자 이러한 창미(搶米) 풍조를 대대적으로 보도하였다.

후광(湖廣) 총독 루이웨이한(瑞微函)이 한커우 영국 영사에게 신문사를 폐쇄하도록 요청하여 1910년 폐간되었다. (김성남)

참고문헌

葉再生 著, 『中國近代現代出版通史』, 北京: 華文出版社, 2002; 方漢奇 主編, 『中國新聞社業通史』, 中國人民大學出版社, 1996.

상보(湘報)

1898년 중국 창사에서 창간된 정치운동 신문

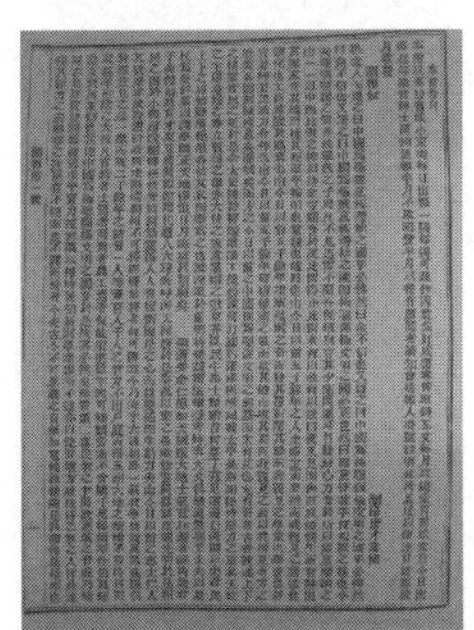

1898년 3월7일 후난성(湖南省) 창사(長沙)에서 창간되었다. 연인(鉛印) 인쇄로 4면의 서본 형태의 일간지이다. 4월 21일부터는 매일 부록 1쪽에 광고를 실어 무료로 발행했다.

슝시링(熊希齡)이 총주임을 맡았으며, 량치차오(梁啓超), 탕차이창(唐才常), 탄쓰퉁(譚嗣同), 리웨이거(李維格)가 이사를, 류산훙(劉善泓)과 왕좌오위안(王兆元)이 사장이다.

1898년 창간 7개월 후 모두 177호를 발행하고 종간되었다. 상하이도서관에 소장되어 있다.

변법유신파들이 자본을 모아 창간한 후난 지역 최초의 근대 일간지로 자본주의 기업의 경영관리를 채택하고 노동 조건에 대한 구체적인 명시를 하고 있었다. 하지만 발행 목적은 영리가 아닌 유신변법운동의 정치적 선전에 있음을 신문 장정(章程)에 명시해 두고 있다.

제일 중점을 둔 것은 애국적 구국운동을 위한 정치적 선전이다. 국내외 언론에서 발췌한 기사와 평론을 실어 제국주의 침략을 폭로하고 독자들에게 구국 투쟁의 대열에 함께 할 것을 선동하였다.

변법 강화를 주장하는 문장을 집중적으로 게재하고 남학회(南學會)의 연설문을 옮겨 실었다. 즉, 중국이 변법을 실행하지 않을 경우의 위험성과 수구파와 양무파의 변법에 대한 방해를 경고하고, 서학을 배울 것과 민의를 열고 의회를 설립할 것, 민족 공업을 발전시키고 제국주의 국가들의 무역전쟁을 막을 것 등 변법의 주장과 실천을 강조한 글들이다.

이 밖에도 다른 변법 언론매체에 게재된 유신운동에 관한 소식들인 「변법술문(變法述聞)」, 「부전족회서문(不纏足會敍聞)」, 「유양흥학(瀏陽興學)」 등의 변화하는 유신운동의 상황을 신속히 보도하였다. 논설의 특징은 봉건전제에 대한 강렬한 공격과 민권 평등학설의 고무였다.

창간 後 2개월 사이 판주이(樊錐)의 「개성편(開誠篇)」, 탄쓰퉁의 「치사편(治事篇)」, 탕차이창의 「변혹(辨惑)」 등의 문장을 실어 '만인 평등의 구호'를 외쳤다. 그러나 이들 민권을 주장한 문장들은 개량주의적 한계를 벗어나지 못했을 뿐만 아니라 민권평등 학설에 대한 이해와 소개도 체계적이지 못했고, 공자와 맹자의 경전(經典)에서 그 논거를 찾으려는 모순과 맹점도 적지 않았다.

한편, 신문 편집 면에서는 많은 발전이 있어, 논설을 머리에 배치하고 시사평론을 중시하면서 뉴스도 비중 있게 다루었다. 또한 민족 자본주의 공상업의 발전을 촉진시키기 위해 민족 자본 기업 광고를 중시하였다. 이에 부록으로 지면을 증면하여 광고비를 낮추고, 새로운 광업과 상업 광고, 그리고 발명과 창조적인 광고, 복리후생 광고 등은 무료로 게재해 주었다.

창간 초기부터 독자수를 늘리는 데 중점을 두어 대중적 언어와 문자를 사용하였으며, 판로 확대를 위해 다른 신문보다 싼 값에 판매하였다. 발행 초기 5000부에서 3개월 뒤 6000부로 증가되어 후난 지역 유신운동의 여론 중심 기지가 되었다.

이 신문이 후난 지역에서 큰 영향력을 발휘할 수 있었던 원인은 튼튼한 집필진에 있었다. 량치차오(梁啓超)를 비롯한 주필 탕차이창과 탄쓰퉁, 판주이, 허라이바오(何來保) 등은 급진적 유신 좌파로 핵심 편집진이었다.

치열한 논전과 언론탄압

창간 3주 후인 1898년 3월 29일 제20호에 게재된 「중국의이약위강설(中國宜以弱爲强說)」은 민권 역시 군권(君權) 만큼 중요함을 주장하면서 연호를 개정하고 복장을 개혁할 것을 주장하는 등 그 논거의 정도가 일반적 수준을 넘어서 있었다. 이는 장즈둥(張之洞)과 왕셴첸(王先謙) 등 후난(湖南) 지역 수구파의 거센 반격을 받게 만들었고, 수구세력과 유신파의 치열한 논전의 현장이 되었다.

결국 『상보』는 지방 당국의 압력으로 5월 23일 사과 성명을 발표하였다. 이로부터 2개월 동안 『상보』에서 평등이나 민권 등의 문자는 찾아볼 수 없었고, 탄쓰퉁과 탕차이창의 문장은 실리지 않았다.

그러나 7월 14일 이후 다시 급진적 개혁을 주장하는 문장들을 게재하기 시작하였고, 수구파의 압력은 더욱 심해져 정간 명령이 내려졌고, 7월 19일부터 12일간 휴간되었다.

8월 2일 다시 복간되어 계속 개혁적 문장들을 발표하였으나, 9월 21일 무술정변 실패로 탄쓰퉁 등 무술육군자(戊戌六君子)가 죽음을 당하였다. 그리고 탕차이창 등 주요 편집진의 도피로 『상보』는 10월 6일 정간되었다. 10월 12일 직원 왕후청(王笏承)이 다시 복간을 하였으나 4회를 발행하고 10월 15일 종간되었다.

• **탄쓰퉁(譚嗣同, 1865~1898)**

탄쓰퉁은 후난성 창사 출신으로 자(字)는 후성(復生), 호(號)는 좡페이(壯飛)이다. 유신변법(維新變法)의 급진적 사상가이며 정치운동가이다. 후난 지역 유신파들을 결집시켜 이 지역 유신운동을 활성화 한 인물이며, 남학회(南學會)의 조직가로 『상보』의 핵심 발행인이다. 『시무보』와 『상학보』, 『농학보(農學報)』 등에서도 편집진으로 활동하면서 여러 문장들을 발표하였다.

1898년 무술변법(戊戌變法) 실패 후 처형당했다. 유신파 6인 린수(林旭), 양선슈(楊深秀), 류광디(劉光第), 양루이(楊銳), 캉광런(康廣仁)과 같이 희생되어 무술육군자(戊戌六君子)라 칭해진다.

그의 저서 『인학(仁學)』은 봉건전제 정치를 적극 반대한 중국 근대사에서 유명한 명저이다. 후에 그의 저술들을 모아 편찬한 『탄쓰퉁전집(譚嗣同全集)』이

출판되어 있다. (김성남)

참고문헌

彭永祥,『辛亥革命時期期刊介紹』, 人民出版社, 1986; 方漢奇 主編,『中國新聞社業通史』, 中國人民大學出版社, 1996; 葉再生 著,『中國近代現代出版通史』, 北京: 華文出版社, 2002.

상하이신보(上海新報)

1861년 중국 상하이에서 창간된 시사종합신문

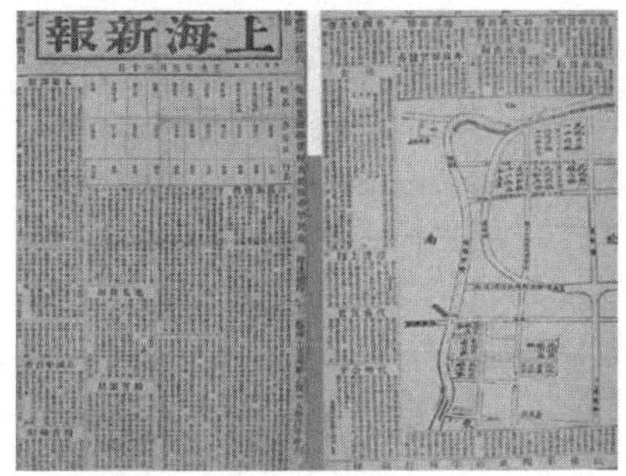

1861년11월 상하이(上海) 자림양행(字林洋行)에서 출자하여 창간되었다. 초기에는 주간으로 발간되다가 1862년5월부터 주 3회씩 발간되었고, 1872년부터는 다시 일간으로 바뀌었다.
편집 책임은 우드(M .F Wood, 伍德), 프라이어(John Fryer, 傅蘭雅), 알렌(Young J. Allen, 林樂知) 등 영국과 미국 선교사들이 차례로 맡았으며, 소수의 중국인들이 편집에 참여하였다.
상하이 지구에서 발간된 최초의 중국어 신문이며, 최초로 흰 신문 용지를 사용하여 발행된 매체이다. 초기에 2면으로 발간되어 1면은 상업 정보와 소식을, 2면은 대부분 상업적 내용으로 구성되었다. 1872년 12월 2일 종간되었다.

서양 자본주의 열강의 시장 확대를 위해 시장 정보와 상품 광고를 위한 중국어 신문이 필요하였던 외국 상인들의 요구에 부응한 언론이다. 각종 상업 정보들이 주요 지면을 차지했고, 화물 운송을 위한 항운선박 정보란과 은화(銀貨)와 동전(銅錢)의 환율 가격, 주요 통상 해안의 물품 종류와 가격 등 행정정보를 알려 주고, 각종 고지사항을 알리는 지면이 고정되어 있다.

당시는 태평천국(太平天國)운동이 한참이던 시기로 이 매체는 태평천국의 최신 동향과 소식들을 상세히 보도하여 독자들의 욕구에 부응하였다. 이러한 정보들은 청 지방정부와 홍콩의 외국어 신문으로부터 취재한 것도 있었지만, 태평천국 혁명군과 선교사들 사이의 은밀한 접촉에서 제공받은 정확한 정보들이 많았다. 선교사들은 난징(南京) 일대의 태평천국 군대 주둔지까지 깊숙이 들어가 그들의 동태와 정보들을 수집하였다. 따라서 이 신문은 태평천국운동의 정보를 얻는 중요 소식통이 되었다.

이 신문은 창간 당시, 시사정치와는 무관한 상업적 언론의 편집방향을 유지하고 있어 언론매체로는 중시되지 않았다. 그러나 태평천국운동 실패를 전후하여 장편의 문장인 「역구략론(逆寇略論)」을 연재하여 태평천국을 진압한 상승군(常勝軍)의 공적을 치켜세우고, 혁명군을 최종적으로 어떻게 제거할 것인가에 대한 계책을 게재하였다.

이러한 문장들은 이 신문의 정치적 입장과 경향성을 충분히 표현하고 있었지만, 또 한편으로는 소수의 다른 의견이나 평론들도 게재하였다. 이렇듯 정치적 입장과 논조는 시기에 따라 불분명하고 차이가 있었다. 그러나 상업정보와 소식을 전해주는 매체로서는 안정된 지위를 가지고 있었다.

이 신문은 창간 후 10년 가까이 상하이에서 유일한 중국어 신문으로 그 지위를 누려왔으나, 1872년 『신보(申報)』가 창간되면서 강력한 경쟁자를 만나게 되었다. 『신보』의 출현 이후, 주 3회씩 발행하던 것을 일간으로 바꾸고 내용도 보다 다양한 정보들을 보도하면서 『신보』를 모방하여 문예란도 신설하였다. 또한 『신보』가 판매가격을 인하하여 저가 경쟁을 시작하자 『상하이신보』도 1부에 30문(文)에 판매하던 것을 8문으로 인하하였다.

그러나 과다한 경쟁으로 결국 재정적 압박을 이기지 못하고 결국 그해 12월 종간되고 상하이 신문계에서 퇴출되고 말았다. (김성남)

참고문헌

方漢奇 主編,『中國新聞社業通史』, 中國人民大學出版社, 1996; 葉再生 著,『中國近代現代出版通史』, 北京: 華文出版社, 2002.

상하이주보(上海週報)

1939년 중국 상하이에서 창간된 시사종합잡지

1939년 11월 상하이(上海)에서 창간되었으며, 영국계 독립출판회사에서 발행했다. 영국 상인 브리터가 편집인이었지만 실제로는 중국공산당 상하이 지하당의 통제를 받고 있었다. 책임자는 장중린(張宗麟), 총편집은 우징숭(吳景崧), 조리편집은 저우윈타오(鄒雲濤)였다.
1942년 9월 4권 24호를 출간하고 정간되었으며, 모두 102호가 출간되었다(1~3권은 매권 26호). 중국국가도서관 등에 소장되어 있다.

내용은 사론(社論), 일주간평(一週簡評), 국제시사논저, 국내문제논저, 헌정문제토론, 일본과 소련(日本與蘇聯), 외론역총(外論譯叢), 경제, 학술사상, 교육, 화교, 과학연구 등의 난이 있었다. 주로 중일전쟁의 정세와 임무를 연구하고, 정치, 경제, 교육 등과 관련한 문제를 탐구하고 토론하였으며, 영국, 미국, 소련, 일본 등의 대 중국정책을 평가하고 분석하였다.

에드거 스노(Edgar Parks Snow)의 「마오쩌둥 인상기(毛澤東印象記)」, 저우언라이(周恩來)의 「일본의 신전략을 논함(論日本新戰略)」 등을 발표하였으며, 왕징웨이(汪精衛)와 일본제국주의가 체결한 '일본·왕징웨이 밀약(日汪密約)'에 대해서 폭로했다. 또한 유격구와 항일전선의 전투상황을 소개하고 소련작가의 작품을 번역 소개했다.

환남사변(皖南事變)이 일어나자 사건의 진상과 국민당의 독재에 관한 보도를 했다. 『상하이주보』에 글을 게재한 인물은 메이이(梅益), 왕런수(王任叔), 야오처우(姚溱), 장강(張鋼), 팡항(方行), 중왕양(鍾望陽) 등이었다. 마오둔(茅盾), 후위즈(胡愈之), 저우타오펀(鄒韜奮), 왕자오스(王造時), 장유위(張友漁), 쉬디신(許滌新) 등도 참여했다. (김지훈)

참고문헌

王檜林·朱漢國,『中國報刊辭典』, 書海出版社, 1992; 伍杰,『中文期刊大詞典』, 北京大學出版社, 2000; 上海圖書館,『上海圖書館館藏近現代中文期刊總目』, 上海科學技術文獻出版社, 2004.

상하이한보(上海韓報)

1897년 중국 상하이에서 창간된 시사종합잡지

1897년 6월 상하이(上海)에서 창간되었다. 미국 선교사 리자보(利佳伯)가 창설한 상현당(尙賢堂)에서 발행하였다. 편집장은 중국인 딩웨이량(丁韙良)이 맡아 월간으로 발행되었으며, 3호부터 『신학월보(新學月報)』로 개명되었다. 발행형식은 『상현당월보』와 같았다. 1898년 6월에 모두 12호를 발행하고 종간되었으며, 베이징 중국사회과학원 경제연구소도서관에 소장되어 있다.

내용은 논설과 외국민요 수집, 전보의 발췌 번역, 유접(諭摺) 등의 항목이 있다. 이로운 것을 일으키고 해로운 것은 제거하기위해 각국의 새로운 학문을 밝히고, 오래된 학문의 부족한 부분을 보충함에 그 발행 목적을 두었다. (김성남)

참고문헌

方漢奇 主編,『中國新聞社業通史』, 中國人民大學出版社, 1996; 王檜林·朱漢國 主編,『中國報刊辭典』, 太原: 書海出版社, 1992.

상학신보(湘學新報)

1897년 중국 창사에서 창간된 시사종합신문

1897년 4월 22일 후난(湖南) 창사(長沙)에서 창간되었다. 순간(旬刊)으로 매회 1책 약 30면 정도 목각 인쇄로 발행되었다. 발행인은 장뱌오(江標), 황쭌셴(黃遵憲), 수런주(徐仁鑄)이고, 탕차이창(唐才常)과 천웨이이(陳爲鎰)가 주필을 보았다. 교경서원(校經書院)에서 발행하였다.
21권부터 『상학보(湘學報)』로 개칭하여 1898년 8월

28일까지 45권을 발행하고 종간되었다. 중국국가도서관과 베이징사범대학도서관에 소장되어 있다. 1권에서부터 45권까지 발행 본이 영인되어 『상학보대전집(湘學報大全集)』으로 편집 출판되었고, 1권부터 40권까지 『상학보류편(湘學報類編)』으로 편집 출간되었으나 편성 형식은 원간(原刊)과 다르게 편집되었다. 타이완 화련(華聯)출판사에서도 영인본이 출간되었다.

유신번법운동 시기 후난 지역 변법유신파들이 출간한 언론으로 중부 지역에서 중요한 여론 기지 역할을 하였다.

창간인 장바오는 1894년 후난 학정(學政)으로 임명된 후, 창사 교경서원(校經書院) 등의 수구적 서원을 개혁하는 작업을 진행하였다. 1896년 청 정부로부터 학교 진흥을 위한 경비를 지원받아 교경서원에서 산학(算學)과 방언(方言) 학회를 조직하였다. 『상학신보』는 바로 이 교경서원 명의로 발행되었다.

내용은 사학(史學), 시무(時務), 여지학(輿地學), 산학(算學), 상학(商學), 교섭학(交涉學)으로 이루어져있다.

사학(史學) 문장은 세계 각국 홍망성쇠의 역사를 위주로 한 「최고각국정학 홍쇠의 이치를 논함(論最古各國政學興衰之理)」, 「일본안정이래대사략술(日本安政以來大事略述)」 등이 게재되었다. 시무(時務)에서는 「학교통론(學校通論)」, 「논상중소흥신정(論湘中所興新政)」 등이, 여지학(輿地學)에서는 「여지학약(輿地學約)」, 「오령형세고(五嶺形勢考)」 등이 있다. 상학(商學)에서는 외국과의 무역을 평론한 「금연사법(禁煙私法)」이, 교섭학(交涉學)에서는 외교 현황을 소개한 「고려와 각국교섭 정형을 논함(論高麗與各國交涉情形)」 등의 문장이 있다.

학술을 강조하긴 했지만 여러 가지 뉴스를 게재하였고, 유신 변법 사상과 유신단체 장정(章程)이나 원고를 항상 머리기사로 배치하였다. 또한 『신보(申報)』나 『지신보(知新報)』, 『순환일보(循環日報)』 등 국내외 신문의 뉴스와 평론을 옮겨 실었다.

주요 집필자는 탕차이창, 양위린(楊毓麟), 리구숭(李固松), 천웨이이(陳爲鎰) 등으로 모두 교경서원과 시무학당의 지식 청년들이었다. 이들은 애국적 열정으로 서학의 중흥이 바로 구국의 길이라 믿었고, 이를 적극 학습하며 소개하여 후난 지역에서 서학의 중요 기지가 되었다.

집필자 가운데 가장 활발한 집필 활동을 한 탕차이창은 「각국 변통정교의 유무공리를 논함(論各國變通政敎之有無公理)」, 「각국 교섭원류 고찰(各國交涉源流考)」 등의 논문 십여 편을 발표하여 서학을 소개하고 의회제도를 찬미하며 입헌군주제 실시를 주장하였다.

이 신문은 후난 지역에서 많은 독자를 확보하여 후베이(湖北) 관청에서도 정기 구독을 하였고, 상하이(上海)에도 판매처를 설치하였다.

그러나 서학을 숭상하고 캉유웨이가 주장한 공자(孔子) 연호를 지지하여 봉건 수구세력을 자극하게 되었다. 이에 1898년 5월 장즈둥(張之洞)이 『상학신보』에 황당한 문장이 너무 많음을 문제 삼아 지역 관청에게 구독을 정지시켰고, 지역 수구파의 압력을 받은 편집인 수런주가 이에 타협하여 37책부터 장즈둥이 주장하는 '중본서용(中本西容)'의 내용을 담은 「권학편(勸學篇)」이 종간시까지 계속 게재되었다.

관학(官學) 기관인 교경서원을 배경으로 하고 있었기 때문에 청 조정에 관여하지 않을 것을 창간 시 선언하여 시사 정치성은 농후하지 않았으며 문장의 수준 역시 깊지는 못했다. 또한 후난 지역에서 처음 시작한 매체로 편집진들이 대부분 지역 청년 지식인들로 구성되어 경험이 일천하여 편집과 조판 등에도 문제가 많았던 한계를 가지고 있다. (김성남)

참고문헌

方漢奇 主編, 『中國新聞社業通史』, 中國人民大學出版社, 1996; 葉再生 著, 『中國近代現代出版通史』, 北京: 華文出版社, 2002.

▌상해배달상보(上海倍達商報)

1922년 중국 상하이에서 한국어로 창간된 신문

1922년 3월 1일 상하이에서 창간되었다. 옥관빈(玉觀彬)이 자신이 경영하던 무역회사 배달공사(倍達公司의 선전을 위해 발행했다. 편집 겸 발행인은 옥관빈이었고, 발행소는 상하이(上海 福照路 愛仁里 3)의 상하이배달상보사였다. 경성부 낙원동(樂園洞)에 분매처(分賣處)를 두었다. 전면 6단 체제였다.

옥관빈은 1922년 무역공사인 '배달공사(倍達公司)'를 설립하고 그 선전기관으로 『상해배달상보』를 창간했다. 그는 상하이 여덕양행(麗德洋行)에서 경리 경험이 있던 사람으로서 여덕양행에서 사퇴한 후 독립하여 상하이에서 당시 한인 경영의 유일한 기관을 경영했다. 또한 『독립신문』 영업부에서도 일을 했다.

1호를 보면 전면 6단의 지면으로 1면에는 무역 관계 기사와 한국산 제약 광고 및 중국 각 약 광고를 게재하고 있고 창간사에 대신하여 「배달공사설립에 대하여」라고 대표자의 개업 인사를 말하고 있다. 배달공사의 창설 취지를 잠시 살펴보자.

"배달공사는 순전한 우리 배달인의 경영이오 또 배달민족의 국제직접 무역하난 유일의 이상적 기관입니다. 배달민족이 최만족한 대행복을 향(享)코저 하면 무엇보다 먼저 식산흥업에 참여하여야 되겟고 특히 대(對)해외무역을 확장하고 발전시켜야 하겟습니다."

이어서 배달공사가 갖는 두 가지의 영업 목적을 다음과 같이 밝히고 있다.

"영업목적은 유이(有二)하니 1은 외국시장에 재(在)하여는 영리적으로 하여 자체의 이익을 도(圖)하며 1은 본국 형제에 대해서는 의무적으로 하야 감히 해외무역의 시험을 권장하며 지도코저 함이라 오인은 지력(智力)이 천단(淺短)하고 경력이 핍소(乏少)하나 오직 일념 지성(至誠)은 형제가 다 잘 벌어서 함께 잘 살자 함에 잇습니다."

앞에서 지적한 바와 같이 공사창설의 목적이 배달민족의 경제적 발전에 있음을 엿볼 수 있다. 무역공사를 시도한 것도 초기 단계에서는 앞일을 관망하기 어렵지만, 성공했을 때 이를 일반에게 제공하기 위해 합명회사(合名會社) 조직을 구상하였던 것이다. 이를 통해 국제무대에 나아가 상업적으로 발전하려는 우리 민족의 의욕을 뽐내고, 영광을 가져 오려고 하였던 것이다.

한편, 당시 이 신문은 분매처를 경성부 낙원동에 두고 상하이와의 연락을 취하였다.

• 옥관빈

젊은 시절 옥관빈은 1911년 신민회 105인 사건에 연류되어 5년형을 선고 받았다. 그는 김구와 함께 교육계몽운동에 앞장서기도 했다. 1909년 안악면악회와 양산학교에서 교육인력을 조직적으로 양성하기 위해 개최했던 제3기 하기사범강습회(1907년 제1회)에서는 명연설로 청중을 사로잡기도 했다. 3·1운동 후 상하이로 건너가 안창호의 측근으로서 임시정부 활동에 참여했다.

임시정부 활동이 쇠퇴하자 그는 임시정부를 떠나서 '자약창(慈藥敞)'이라는 제약회사와 '삼덕양행(三德洋行)' 등을 운영하였다. 상당한 재산을 모아 상하이의 유명인사로 알려졌고, 돈으로 신문사를 포섭하고, 상하이 정부의 고급관리는 물론 경제계와 종교단체와도 교분을 넓혔다.

그러면서 옥관빈은 호화주택을 가지고 고급 승용차를 타고 다니면서 위세를 부렸다. 그는 독립운동기관에는 자금을 제공하지 않았지만, 일본군대에 2만 원 상당의 재목을 제공하고, 일본 관헌에게 혁명운동에 관한 정보를 밀고하는 등 밀정행위를 하였다. 어느덧 그는 상하이의 대표적 친일인사로 변절해 있었다.

이에 김구는 당시 상하이에서 가장 활발하게 움직이고 있던 독립운동단체였던 무정부주의자 조직 '남화한인청년연맹(南華韓人靑年聯盟)'과 손을 잡고 옥관빈 처단 계획을 수립했다. 이 단체는 만주사변 이후 상하이로 집결한 무정부주의자들이 정화암(鄭華岩), 유자명(柳子明), 이강훈(李康勳), 백정기(白貞基) 등을 중심으로 1931년 9월경에 조직한 단체였다.

김구, 안공근, 정화암 등이 거사를 준비하여 1933년 8월 1일 오면직(吳冕稙)과 엄형순이 자신의 종형 옥성빈의 집에서 나오는 옥관빈을 암살하였다. 옥관빈은 3발의 총을 맞고 그 자리에서 사망했다. 프랑스조계 공무국 경찰로 근무하던 옥성빈 또한 동생을 살해한 범인을 찾으려고 애쓰다가 12월18일 프랑스조계 김해산(金海山)의 집 입구 길가에서 암살되었다. (이경돈·이신철)

참고문헌

윤임술 편, 『한국신문백년지』 2, 한국언론연구원, 1983; 손세일, 「손세일의 비교평전」, 『월간조선』; 『한국신문백년 사료집』, 사단법인 한국신문연구소, 1975.

상해시보(上海時報)

1929년 중국 상하이에서 한국어로 발행된 친일신문

민족주의운동과 사회주의운동을 하다가 변절한 김경재(金璟載)가 사장이었던 친일신문이다.

• 김경재(1899~?)

황해도 황주 출신이다. 필명으로 김작(金綽), 적성(赤星), 진영철(陳榮喆), 김광우(金光宇) 등을 사용했다. 중산층 집안에서 태어났으며, 황주공립보통학교를 졸업하고 1919년 수원고등농림학교를 졸업하였다. 1920년 고향에서 독립운동단체 향촌회(鄉村會)를 조직하고, 같은 해 군비주비단(軍備籌備團)에 가입한 뒤 일제 관리들의 생명과 재산을 탈취하겠다는 편지를 황주군 면장과 순사 등에게 발송하였다.

이후 일본 도쿄로 가서 1년 정도 식물병리학을 배우다가 중국 상하이로 갔다. 1922년 대한민국 임시정부에서 발행하는 『독립신문』 기자가 되었다. 1923년 봄, 중국 동북 지역과 러시아를 시찰하고 돌아오는 길에 하얼빈에서 일본영사관 경찰에 검거되었다. 검거 당시 상하이 『신한공론』 주필이었고, 신한독립당 비서과장 및 산업부장이었다. 국민대표회 당시 창조파에 속하였다. 검거된 후 취조를 받고 서울로 호송되었으나 곧 석방되었다. 그 후 고향으로 내려가 교육활동에 종사하였다.

1920년대 중반 사회주의운동에 참여해 화요회와 북풍회에 참가했으며, 『개벽』·『조선지광』·『시대일보』 등 언론매체를 통해 사회주의 사상을 보급하였다. 1925년 전조선민중운동자대회 준비위원에 황주 대표로 참가했고, 같은 해 7월에는 화요회의 일원으로 북풍회·조선노동당·무산자동맹회가 함께 참여한 '4단체합동위원회' 위원으로 참가하였다. 12월 고려공산청년회 중앙위원으로 선출되었고, 1926년 조선공산당에 입당하였다. 같은 해 '2차 조선공산당검거사건'으로 검거되어 징역 2년 6월을 선고받았다. 검거 당시 경기도청년연맹 상무집행위원, 한양청년연맹 상무집행위원, 신흥청년동맹 회원, 신흥청년사 동인, 정우회 회원, 조선기근구제회 위원, 『조선지광』 기자로서 활동하였다.

1929년 8월 출옥한 후 언론가로서 활동하며, 『삼천리』·『혜성』·『비판』 등 각종 잡지에 다양한 필명으로 사회운동에 관한 글을 발표하였다. 1930년대 중반 이후에는 주로 중국과 관련된 글을 『삼천리』에 연재하였다. 1940년대 전반 가네자와 히데오(金澤秀雄)로 창씨개명한 뒤 상하이로 건너가 친일신문 『상해시보(上海時報)』 사장을 지냈다.

「독립정책을 근본적으로 개혁하라」(『독립신문』 1922.6.24~7.1), 「농촌문제의 전개 경향」(『개벽』 69호, 1926년 5월호), 「외래 자본주의의 조선 안에서의 발전」(『혜성』 1~3호, 1931년 5월호), 「신간회 해소과정의 재음미」(『삼천리』 1931년 12월호), 「안재홍 코-스 비판」(『삼천리』 24호, 1932년 3월호) 등을 집필하였다. (이신철)

참고문헌

윤임술 편, 『한국신문백년지』 2, 한국언론연구원, 1983; 강만길

· 성대경 엮음, 『한국사회주의운동인명사전』, 창작과비평사, 1996.

▌상해평론(上海評論)

1924년 중국 상하이에서 한국어로 발간된 국문 주간지

1924년 12월 24일 상하이에서 창간되었다. 국문 주간지였고 편집인은 박정수(朴貞洙)였다. (이신철)

참고문헌

윤임술 편, 『한국신문백년지』 2, 한국언론연구원, 1983.

▌상해한문(上海韓聞)

1931년 중국 상하이에서 한국어로 발행된 한국독립당 기관지

1931년 상하이에서 한국독립당의 기관지로 창간된 주간지이다. 이유필(李裕弼), 차리석(車利錫), 이수봉(李秀蜂), 박창세(朴昌世), 이기성(李基成) 등이 신문 발간에 관여했다. 1932년 1월 11일 제2호를, 1932년 4월 25일 제17호를 발간했다. 반지형(半紙型)의 등사판 인쇄였고 2장이었다.

• 한국독립당

1930년 만주에서 조직된 독립운동 정당이다. 1926년경부터 국내외 민족독립운동 전선에서는 분열된 독립운동단체를 통일하려는 민족유일당운동(民族唯一黨運動)이 전개되었다.

그 결과 국내에서는 신간회(新幹會)가 조직되었고, 중국의 베이징(北京)·상하이(上海)·난징(南京)·우한(武漢)·광둥(廣東)에서는 1926년부터 민족유일당 결성을 위한 촉성회가 결성되었다.

만주 지역에서도 단위 독립운동단체의 통합운동이 일어나 참의부(參議府)·정의부(正義府)·신민부(新民府)가 설립되었고, 이를 중심으로 민족유일당운동이 추진된다.

1928년 만주에 있던 18개 독립운동단체 대표 39명이 모여 유일당 조직문제를 협의하였으나 완전한 통일을 이루지는 못하고, 우선 전민족유일당조직촉성회(全民族唯一黨組織促成會)와 전민족유일당조직협의회(全民族唯一黨組織協議會)의 두 단체로 통합되었다.

여기서 '촉성회'파는 기존 단체를 무시하고 하나로 통합하자고 주장했으나, '협의회'파는 기존 단체를 존중하는 태도를 취하였다.

'협의회'파의 중심 세력인 정의부는 참의부·신민부와의 통합운동을 벌였으나 완전 통합에는 실패하고, 신민부의 민정파(民政派)와 참의부의 일부 세력을 모아 1929년 국민부(國民府)를 조직함으로써 정의·신민·참의 3부는 해체되었다.

한편, '촉성회'파는 참의부와 신민부의 군정파(軍政派) 및 정의부의 촉성회파로 구성되었는데 이들은 민족유일당재만책진회(民族唯一黨在滿策進會), 일명 혁신의회(革新議會)를 조직하였다.

이와 같이 만주 지역에서의 민족유일당운동은 혁신의회와 국민부의 두 단체로 통합되었으나, 끝내 완전한 통일은 이루지 못하였다.

한편, 상하이에서 개최된 중국 각지의 유일독립당촉성회 연석회의에서는 만주 방면의 연락책임자로 홍진(洪震)·정원(鄭遠)을 파견하였는데, 이들은 혁신의회와 더불어 군민혁신의회(軍民革新議會)를 조직하였다.

1930년대에 들어와 혁신의회 계통은 김좌진(金佐鎭) 중심의 한족총연합회(韓族總聯合會)를 구성했으며, 김좌진이 암살되자 홍진·지청천(池靑天) 등이 이 연합회를 한국독립당(韓國獨立黨)으로 개편하였다.

한국독립당은 중앙에 6개 위원회를 두고 중앙당부·지당부·구당부의 3단계 조직체계를 갖추었는데, 동북만(東北滿)의 의병·유림·대종교(大倧敎) 등의 집단을 망라하였다.

당시 핵심 간부로는 중앙위원장에 홍진, 총무위원장에 신숙(申肅), 조직위원장에 남대관(南大觀), 선전위원장에 안훈(安勳), 군사위원장에 지청천, 경리위원장에 최호(崔灝), 감찰위원장에 이장녕(李章寧)이 선임되었다.

한편, 산하 군사조직으로 한국독립당군을 결성하

고, 총사령에 지청천, 부사령에 황학수(黃學秀)를 임명하였다. 한국독립당군은 동북 만주를 중심으로 활약하다가 1933년경 활동 무대를 중국 본토로 옮겼다.

이 해 2월 25일 홍진·김원식(金元植)이 한국혁명당(韓國革命黨) 대표 윤기섭(尹琦燮)·연병호(延秉昊) 등과 회합하여 양당 통합에 합의함으로써, 이한국독립당은 신한독립당(新韓獨立黨)으로 발전적인 해체를 하였다. (이신철)

참고문헌

윤임술 편, 『한국신문백년지』 2, 한국언론연구원, 1983; 박환, 「재만 한국독립당에 대한 일고찰」, 『한국사연구』 59, 1987.

상해한보(上海韓報)

1932년 중국 상하이에서 한국어로 발행된 신문

1932년 중국 상하이에서 창간되었다. 같은 해 1월 11일 제2호가 발간되었다.

2호에는 이봉창 의사의 의거에 대한 기사를 실었고, 당시 민단 신간부들을 다음과 같이 소개하였다. 정치위원 이유필(李裕弼), 김구, 김철(金徹), 심판위원 이시영(李始榮), 안창호, 김사엽(金思燁). 간부의 명단으로 보아 민단은 대한교민단을 일컫는 것으로 보인다. (이신철)

참고문헌

윤임술 편, 『한국신문백년지』 2, 한국언론연구원, 1983; 김광재, 「'상해거류조선인회'(1933~1941) 연구」, 『한국근현대사연구』 35, 2005.12.

▶ 우리들의 소식

새동무

1920년 서울에서 발간된 소년소녀 잡지

1920년 12월에 창간된 것으로 생각되는 소년소녀잡지이다. 1920년 11월 29일에 '제3종 우편물 인가'를 받고 제2·3호 합병호가 1921년 1월 28일 나왔기 때문이다. 그 후 정간되었다가 1922년 7월 다시 발행되었다. 언제까지 몇 호가 발간되었는지는 미상이다. 2·3호 합병호에 따르면 편집인 한석원(韓錫源, 서울 정동 제1예배당), 발행인 양재기(梁在璣), 인쇄인 박인환(朴仁煥), 인쇄소 조선복음관(서울 황금정, 지금의 을지로 148), 발행소 활문사(活文社)서점(서울 수송동 83), A5판 80쪽, 정가는 30전이다. 1921년 4월 발간된 1권 4호의 가격은 20전이다.
이 잡지의 2·3호 합병호는 연도를 표시할 때 '다이쇼(大正)'를 쓰지 않고 '서기'를 쓴 것이 특색이다. 1932년 5월에는 일제의 검열 때문에 원고수집에 어려움을 겪었다. (남기현)

참고문헌

최덕교 편저, 『韓國雜誌百年』 2, 현암사, 2004; 『동아일보』, 1921.4.9.; 1932.5.24.

새마을(新しき村)

1918년 일본에서 발행된 동인지

근대 일본 초기의 이상촌 공동체운동인 '새마을(新しき村)'의 기관지이다. 제1차는 1918년 7월부터 1923년 12월까지 발행되었다. 이후 휴간했다가 1926년 4월부터 일명 『히(ひ)』 휴우가(日向)판 『새마을(新しき村)』로 1929년 8월까지 다시 발간되었지만, 또다시 휴간되었다. 1933년 3월에 재차 복간되었고, 발행처는 도쿄시 간다구(神田區) '새마을사(新しき村社)'이다. 초기 편집 겸 발행인은 나가시마 나오아키(永島直昭, 1894~1930)였다. 국판 40쪽이었다.

『새마을』은 소설가이자 시인인 무샤노코지 사네아쓰(武者小路實篤)가 창시한 이상촌 공동체운동 '새마을(新しき村)'의 기관지였다.

이들 동인 이외에 오구니 히데오(小国英雄, 1904~1996), 아스케 소이치(足助素一, 1878~1930) 등도 이 잡지에 글을 실었다. 시와 감상문 등의 기사와 함께 휴우가의 공동체 마을과 전국 각지에 있는 새마을 지부의 근황 등을 보도한 기사도 많았다. 그래서 이 잡지를 통해서 새마을운동에 대한 당시의 다양한 반응을 살피는 것이 가능하다.

『자라나는 별무리(生長する星の群)』가 폐간된 뒤 제1차 『새마을』과 합병되어 『인간생활(人間生活)』(1924.1~1924.11)이 편집 겸 발행인 기무라 쇼오(木村莊五)로 잡지가 나왔다. 『인간생활』의 말미에는 항상 '새마을란'이 따로 있었다.

전쟁 시기와 전후에는 『마령서(馬鈴薯)』 등으로 이어지며 휴간과 복간을 되풀이했다. 1953년 1월에 복간되고 1960년 4월에 『이 길(この道)』라는 제명으로 재창간되었다.

한편 휴우가판 『새마을』의 발행소와 인쇄소가 모두 '휴우가의 새마을(日向の新しき村)출판부'로 되어 있고 편집 겸 발행인은 가와시마 덴키치(川島伝吉)였다. 국판 50쪽 정도였으며, 표지는 무샤노코지 사네아쓰와 기시다 류세이(岸田劉生)가 번갈아 그렸다. 무샤노코지를 필두로 가와시마 덴키치, 스가야마 마사오(杉山正雄), 도야마 나라오(外山楢夫), 오쿠니 히데오 등 '새마을'의 관계자가 주로 기고자로 활동했다. '새마을출판부'에서 무샤노코지 사네아쓰의 『시백편(詩白篇)』, 『센게 모토마로(千家元麿) 시집』을 비롯한 시리즈물이 간행되기도 했다.

종전 후의 『새마을』은 사이타마현 이루마군(埼玉縣 入間郡)으로 발행소를 옮기고 세이구치 야에키치(關口八重吉)가 편집 겸 발행인이 되었다. 그 사이에는 센게 모토마로, 나가요 요시로(長与善郎) 등이 기획한 특집이 나왔고 나가요와 무샤노코지, 나카가와 등이 주고받은 편지가 연속으로 발표되기도 했다. 한편 『이 길(この道)』은 1960년 4월에 창간된 잡지인데 잡지에 '새마을'란을 상설하고, 특히 12월에는 '새마을' 특집호를 냈다.

무샤노코지 사네아쓰(武者小路實篤)와 이상주의 공동체 새마을

『새마을』을 이해하기 위해서는 '새마을' 공동체운동의 역사와 그 실체에 대해 검토하는 것이 반드시 필요하다. 또한 무샤노코지 후반기의 활동과 주변 인물들의 활동에 대한 이해도 필수적이다.

무샤노코지 사네아쓰는 1885년에 도쿄에서 태어나 가쿠슈인(學習院)을 거쳐 도쿄대학 사회학과에서 공부했다. 가쿠슈인 수학 시절 톨스토이주의에 깊이 경도되었고 도쿄대 재학 중에 문단에 나왔다. 『백화(白樺)』파의 주요 구성원으로서 활동했으며 전쟁과 휴머니즘문제에 천착하는 작품들을 잇달아 발표했다. 1차 세계대전 중에 인도주의운동을 결심했는데, 1918년에 미야자키현 기조초(木城町) 이시가와(石河)에 처음 와 보고 인가가 드물고 대부분이 산림과 들로 이루어진 이 마을에서 자신의 이상을 실현할 공동체운동을 펴기로 했다. 그때부터 자기 주변의 청년 문학가와 예술가 가족 18명을 도쿄로부터 이주하게 했다.

미야자키현 기조초에 남아 있는 그의 문학비에 "산과 산이 서로 찬탄하듯이 / 별과 별이 서로 찬탄하듯이 / 인간과 인간이 서로 찬탄하고 싶다(山と山とが讃嘆しあうように/星と星とが讃嘆しあうように/人間と人間とが讃嘆しあいたいものだ)"고 새겨진 것처럼 무샤노코지 사네아쓰는 신분이나 계급을 넘어 공동으로 노동하고 함께 예술과 문학을 즐길 수 있는 전인적 존재의 유토피아를 실현하기 위해 '새마을'을 만들었다. 마을의 주민들은 농업을 중심으로 공동으로 노동하고, 함께 클래식 음악을 듣고 테니스를 치는 등 문학이나 미술, 연극 등의 예술 활동을 즐기고 마을 축제일도 만들고 인쇄소를 두어 문화 활동을 폈다 한다. 1938년에 댐건설 때문에 사네아쓰와 촌민들은 사이타마현에 마련된 제2의 '아타라시키무라'로 이주하게 된다. 무샤노코지 사네아쓰는 전쟁 중에 체제에 적극 협력했고 종전 후에 공직 추방령을 받았다. 그러나 '양지(陽地) 새마을'운동은 사네아쓰의 첫 번째 부인인 무샤노코지 후사코(武者小路芳子) 등에 의해 계승되어 오늘에까지 이르고 있다고 한다.

제1차 『새마을』은 후기 『백화』파와 일종의 형제 관계였다. 창간호에는 무샤노코지 사네아쓰, 야나기 무네요시(柳宗悅), 시가 나오야(志賀直哉), 아리시마 다케오(有島武郞) 등의 글이 실렸다. 또한 시인 가토 간스케(加藤勘助), 미야자키 류지(宮崎丈二), 무샤노코지 후사코, 국문학자 이시야마 데쓰로(石山徹郞), 미술사학자 나카무라 류헤이(中村亮平) 등이 이 공동체운동의 동인이었다. (천정환)

참고문헌

『近代文學雜誌辭典』; '무샤노코지 사네아쓰기념관'홈페이지 www.mushakoji.org; 한국일어일문학회, 『나쓰메 소세키에서 무라카미 하루키까지』, 글로세움, 2003.

새벗

1925년 서울에서 창간된 월간 어린이 잡지

1925년 11월 1일 창간되었던 월간 어린이 잡지이다. 1933년 3월에 종간된 것으로 추측된다. 통권 호수는 밝혀져 있지 않다. 창간호의 판권장에 따르면, 저작 겸 발행인 노병필(盧炳弼), 인쇄인 심상복(沈相福), 인쇄소 문창(文昌)인쇄소, 발행소 새벗사(서울 적선동 8), 총 발매소 문우당(文友堂), B6판(4×6판), 120쪽, 정가 10전이다.

이 잡지는 적극적인 민족의식 고취에 앞장을 섰던 『어린이』와 소극적이며 타협적인 편집태도를 취한 초기 『신소년』 사이의 중간적인 경향을 띠었다.

내용은 순수 문예지라기보다는 독자의 오락성에 상당히 영합하려는 모습을 보였다. 전설·진문(珍聞)·기괴물(奇怪物)·탐정물(探偵物), 영화이야기 등을 연재하여 독자들에게 부담 없고 흥미 있는 읽을거리를 마련해주었다. 1929년을 전후해서는 우리나라 잡지사상 유례가 없는 3만 부 발행기록을 수립하기도 했다.

집필진으로 소설에 홍은성(洪銀星)·박인범(朴仁範), 동요에 신재환·이정구(李貞求) 등이 활약했으며, 그 밖에 한동욱(韓東昱)·김재철(金在哲)·안영수(安英洙)·김영팔(金永八) 등이 활동하였다. (남기현)

참고문헌

리재철, 『한국현대아동문학사』, 일지사, 1978; 한국잡지협회 편, 『한국잡지총람』, 1982; 최덕교 편저, 『한국잡지백년』, 현암사, 2004.

새벽북

1920년 러시아 옴스크에서 한국어로 발행된 신문

옴스크(Omsk) 한인공산당이 기관지로 발행한 한글 신문이다. 1920년 5월 10일 창간되었다. 4호까지 간행되었다. 각 호마다 800부 정도가 인쇄되었으며, 시베리아와 러시아 중앙부 일대의 한인 이주민들 사이에 배포되었다.

옴스크 시는 당시 시베리아의 정치, 경제, 문화의 중심지였다. 백위파 콜차크(A. Kolchak) 정권의 수도였고, 러시아공산당 시베리아국 집행부의 소재지이기도 했다. 곧 시베리아의 혁명운동과 반혁명운동의 거점이었다. 이 도시에는 일찍부터 현지 한인들에 의해 국민회와 청년회가 조직되었다. 국민회 회장은 김봉준(金奉俊)이었고, 청년회 지도자는 이인섭(李仁燮)이었다.

옴스크 한인들 중에서 맨 먼저 마르크스주의 사상을 수용한 사람들은 청년회원들이었다. 초기 사회주의 운동의 주요활동가였던 이인섭에 의하면, 1917년 옴스크 사회당원 '파벨리카조르 리'라는 이가 있어 사회주의를 전파했다고 한다. 옴스크 사회당이란 아마도 볼셰비키와 멘셰비키로 분열되기 이전의 러시아 사회민주노동당 옴스크지구위원회를 가리키는 것으로 보인다.

옴스크 한인청년회 내부의 사회주의자들이 볼셰비키적 색채를 선명히 한 것은 1919년 말 콜차크 백위파 정권이 무너진 직후였다. 옴스크의 내막을 잘 아는 채성룡(蔡成龍)에 의하면 1919년 11월 14일 백위파가 패하고 적위군이 그곳을 점령한 직후, 14명의 한인 청년회원들이 공산당을 조직했다고 한다. 이 단체가 바로 옴스크 한인공산당이었다. 그리고 이들이 기관지로 발행한 신문이 『새벽북』이었다.

신문 외에 마르크스주의를 담은 한글 단행본이 번

역 출판되기도 하였다. 『민주공화와 의회공화』, 『부하린과목』, 『제8의 대의(代議)과목(러시아공산당 제8회 대회 해설)』 등이 그것이었다. 러시아공산당의 정강과 소비에트제도의 우월성을 주장하는 내용 위주였다. 그중에서 『민주공화와 의회공화』의 발행부수는 4000부나 되었다.

• 옴스크 한인공산당

옴스크 한인공산당은 1919년 11월 14일에 결성되었다. 옴스크시의 한인 청년회원으로서 활동하던 14명의 청년들이 조직 결성의 주체였다.

조직 당시의 정황을 보여 주는 「옴스크 한인공산당 14인의 신상서」에 조직경위와 당원 14명의 성명이 기재되어 있다. 그에 따르면, 모스크바 공산당 한인 조직 지도원 이피득의 주도하에 14명의 옴스크 한인 청년회원 14명이 옴스크 시에 한인 공산주의 세포단체를 조직할 것을 결의했다고 한다.

옴스크 한인공산당은 1919년 11월 20일, 러시아공산당의 민족별 지부인 '옴스크 공산당 고려족부(高麗族部)'로 승인받았다. 옴스크공산당은 시베리아 전역의 공산주의운동을 대표하는 러시아공산당 시베리아국을 지칭하는 것으로 추정된다. 따라서 이때부터 옴스크 한인공산당의 활동 반경은 옴스크시에만 한정되지 않고 시베리아 전역을 대상으로 했던 것 같다. 옴스크 한인공산당은 시베리아 전역의 한인 사회주의자들을 대표하는 지위를 획득했던 것이다.

옴스크 한인공산당은 결성 이후 조직 활동에 주력했다. 매주 1회씩 '통상회'를 열어 사무를 처리했고, 러시아 중앙부와 시베리아에 산재한 한인들을 총괄하는 대단체 결성을 꾀했다. 그를 위해 전러시아한인국민회 대표자회의를 성사시키고자 했으나, 대표자회의는 결국 성사되지 못했다.

옴스크 한인공산당은 교육 활동에도 큰 비중을 두었다. 한인공산당은 각 지방의 사회주의 조직을 지원하기 위해 특별선전원을 선임하여 각지에 파견하였다. 또한 옴스크 국민회에서 설립한 야학교에도 3명의 당원을 교사로 파견했다. 한인공산당은 일주일에 한 번씩 정치에 관한 강연을 개최했다. 또한 한인공산당 자체 내에 '정치속성과'를 열고 학생을 모집하여 매일 4시간씩 강연과 교수에 진력했다.

옴스크 한인공산당 활동 중에서 특히 중요하게 간주된 것은 군사활동이었다. 당은 군사간부 양성을 위한 '한인사관학교'를 설립했다. 이 학교는 한인공산당뿐 아니라 현지의 국민회, 청년회와 연합하여 세운 것이었다. 사관학교의 규모는 작지 않았다. 사관생도는 도합 80명이었다. 톰스크에서 11명, 노브이니콜라옙스크에서 17명, 옴스크에서 50여 명을 선발했다. 수업기한은 4개월이었으며, 교관은 한인이 맡았다. 교과서는 한글로 된 것을 사용했다고 한다. 한인사관학교에 재학 중인 생도는 거의 모두가 사회주의자였다. 이 가운데 공산당원은 10여 명, 후보당원은 60여 명이었다고 한다. 이처럼 옴스크 한인공산당은 발족 당시에는 현지의 한인국민회와 긴밀한 관련 속에서 활동했다. (이신철)

참고문헌

임경석, 『한국사회주의의 기원』, 역사비평사, 2003; 강만길·성대경 엮음, 『한국사회주의운동인명사전』, 창작과비평사, 1996.

▌새별

1913년 서울에서 발간된 월간 청소년 잡지

1913년 4월에 창간된 월간 청소년 잡지이다. 신문관(新文館)에서 1915년 1월 제16호까지 발행하였다. 최남선(崔南善)이 주관하고, 이광수(李光洙)가 편집에 관여하였다. A5판의 50쪽 분량이며, 정가는 6전이다.

잡지 『새별』은 창간호가 발견되지 않아 정확한 창간 시기를 확인할 수 없다. 다만 국사편찬위원회에서 간행한 『일제침략하 한국36년사』(2권)에 의하면 1913년 4월조에 "월간지 『새별』이 창간되다. 편집인은 최남선(崔南善)이다"라 하였고, 1915년 1월조에는 "잡지 『새별』이 16호로 폐간되다"라고 하였다. 이 기록은 당시 자료에 기초해 작성되었다는 점에서 이를 잡지 『새별』의 창간과 폐간 시기로 확정해도 좋을 것이다.

『새별』은 최남선이 『소년』(1908)에서 시작해 『붉은저고리』(1913), 『아이들 보이』(1913), 『청춘』(1914)에 이르는 어린이 잡지의 발간과 궤를 같이하고 있다. 다만 『붉은저고리』, 『아이들 보이』가 어린이의 오락과 지식 증진을 위주로 편집된 데 반해, 『새별』은 문예란에 보다 충실을 기하고 있다는 점이 특색이다. 그 마지막 발간호의 목차를 통해 대략을 확인해보면 다음과 같다.

'굽은다리 겻흐로서'란: 한샘/ '서국명화집(西國名話集)'란: 「一. 가장 귀한 행위」, 「二. 성냥팔이 처녀」, 「三. 매가 님검 살닌 이약이」, 「四. 와싱톤이 어린이를 살니다」, 「五. 텔이 자기 아들 머리 우에 노힌 임금(林檎)을 쏘다」, 「六. 정복자 윌리암의 세 아들」/ '만화'란 「허생전(許生傳)」(상): 외배/ '한글 472회기념회'란/ '우슴거리'란: 「못알아드러」, 「파리의 대낙상(大落傷)」, 「간판에 거짓말」, 「혼자 경주」, 「유혹(誘惑)」/ '읽어리란: 「내 소와 개」, 이광수(李光洙)의 「말코니」, 「우어오칙(寓語五則)」.

『새별』의 문예적 성격은 '읽어리'란이 대표적이다. 이는 문예류의 강좌, 실제 작문의 예시, 작품모집과 평가 등을 게재하였던 것이다. 당시 '읽어리'란이 독자들의 인기를 모아 경향의 여러 사립학교에서 필수 참고서로 채택되기도 하였다. (신상필)

참고문헌

이재철, 『한국현대아동문학사』, 일지사, 1978; 최덕교 편저, 『한국잡지백년』 1, 현암사, 2004.

▌새세계(新世界)

1920년 러시아 블라고베셴스크에서 발간된 한인공산당 흑룡주연합회 기관지

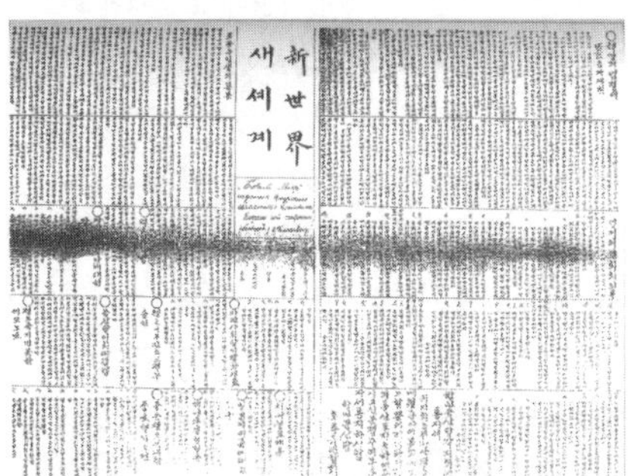

1920년 6월 11일 창간호가 발행되었다. 보름에 1회 간행되었으며, 제13호(1920.11.10), 제14호(1920.11.20)가 현재 남아 있다. 순한글로 편집된 5단 조판의 석판(石版) 인쇄물이다. 제호 표기는 한글로는 '새세계'로, 한자로는 '신세계(新世界)'로 나란히 병기되었다.

한인공산당 흑룡주연합회는 1920년 4월, 내전에 휩싸여 있던 러시아 아무르주 수도 블라고베셴스크가 적위군에 의해 해방된 직후에 결성되었다. 인접한 자유시를 적위군이 점령한 것은 1920년 2월 17일이고, 일본군이 블라고베셴스크를 떠나 하바로프스크로 퇴거한 때가 그해 3월 8일이었다. 바로 그 직후에 이 단체가 설립됐던 것이다.

일본군의 정보기록에 따르면, 이 단체를 주도한 사람은 회장 최태일(崔泰一), 부회장 임성춘(林成春), 의사부장 장도정(張道定), 통신부장 김진(金震), 외교원 겸 러시아어 비서 박이반, 러시아어 번역원 오성묵(吳成默) 등이었다. 당원 숫자는 1920년 가을 현재 200명에 이르렀다.

한인공산당 흑룡주연합회의 활동 범위는 러시아 아무르주와 프리아무르주에 걸쳐 있었고, 아무르강 너머 중국령에 거주하는 한인들에게도 영향력을 갖고 있었다. 이 단체는 관내 한인 거주지마다 지부 조직을 만들었다. 또 러시아혁명의 파급을 차단하기 위해 파견된 일본군을 상대로 일본어로 작성한 사회주의 선전물을

발간했다. 이 단체의 임원이었던 장도정이 작성한 글을 보면, 8회에 걸쳐서 1만 6000매의 유인물을 제작하여 일본군을 상대로 배포했다고 한다.

이 신문의 지면은 사회주의운동 초창기에 러시아 한인들이 발간하던 다른 신문들과 마찬가지로 논설, 기사, 번역, 광고 등으로 이뤄져 있었다. 제13호의 논설은 「노동은 인생의 본분」이었고, 제14호의 그것은 「우리의 앞길」이었다. 이 논설들 속에는 공산주의 이념과 운동에 대한 정열적인 헌사가 담겨 있다. 지면 중에는 한인공산당 흑룡주연합회의 내막을 전하는 기사도 포함되어 있다. '흑룡주연합회 정기의원회' 회의록과 포고서, 프로그램 등도 실렸다.

이 단체는 초창기 한국 사회주의 대열을 양분한 상하이파와 이르쿠츠크파의 분쟁 와중에서 뚜렷이 전자의 편에 섰다. 그 때문에 같은 시기 블라고베셴스크에 본부를 뒀던 대한국민의회와도 갈등을 빚었다. 대한국민의회는 러시아 거주 한인들의 최고 자치기관으로서 1920년 4월 연해주참변을 피하여 연해주에서 흑룡주로 근거지를 옮겨왔었다. 양자 사이의 분쟁은 1921년 6월 한인 무장부대 사이의 유혈 충돌인 자유시참변의 한 원인이 되었다.

1921년 5월에 이 단체의 집행부는 전격적으로 교체되었다. 상하이파 공산당을 지지하는 구 간부들에 대신하여 이르쿠츠크파 공산당을 지지하는 신 집행부가 들어섰다. 이 과정에서 당원 숫자도 줄었다. 그 즈음 이르쿠츠크에서 개최된 고려공산당 창립대회에는 한인공산당 흑룡주연합회 대표자도 출석했는데, 그 사람의 보고에 따르면 당원 숫자는 73명이었다고 한다. 이 변동 이후에 『새세계』의 지면도 크게 바뀌었을 것으로 생각되지만, 현 자료 여건으로는 그를 확인하기 어렵다. (임경석)

참고문헌

「高警第871號,露領に於ける不逞鮮人の狀況」 1921.1.19(金正明 編,『朝鮮獨立運動 3: 民族主義運動篇』 東京: 原書房, 1967, pp.491~497); 박환,『러시아지역 한인 언론과 민족운동』 경인문화사, 2008.

새소식(新消息)

1945년 서울에서 한국어로 간행된 친일 주간 간이신문

1945년 3월 중순 창간되었다. 조선총독부 기관지 『매일신보』를 펴내던 매일신보사에서 발간했다. 순한글판이었다. 타블로이드 절반 4쪽으로 『매일신보』의 자매지였다. 편집 겸 발행인은 김동진(金東進)이 맡았고, 인쇄인은 최익진(崔益進)이었다. 발행소는 경성부 중구 태평통(太平通)이었다. 각 도별로 따로 발간되었다. 중선(中鮮)판은 목요일, 남선 경상판은 금요일, 남선 전라판은 토요일, 평안 황해판은 화요일, 함경판은 수요일의 순서로 발행되었다. 1부에 3전이었다. 발행부수는 20만 부였다. 해방과 동시에 폐간되었다.

전시총동원을 위해 발행된 신문이었다. 군수 출신의 특수신문부장 최병협(崔秉協)이 총독부 경무국에 진언하여 창간되었다고 한다. 그의 주장은 "어려운 『매일신보』를 읽을 만한 자는 대개 『경성일보』를 읽고 있은 즉 난해한 매신보다는 무식한 일반 대중을 위하여 순한글로 시사를 알림이 효과적"이고, "앞으로는 매신도 없애고 『새소식』 하나만 남기는 것이 용지 절약과 '국어(일어) 장려'의 일석이조의 묘책"이라는 것이었다. 신문은 "아모에게나 낫장으로 파난 것이 아니고 반드시 애국반을 통하야 배급하기로 된 것이니 부락연맹을 통하야 읍·면 연맹에 신청"해야 했다. (이신철)

참고문헌

윤임술 편,『한국신문백년지』 2, 한국언론연구원, 1983; 정진석,『언론조선총독부』, 커뮤니케이션북스, 2005.

▌새시대(Новое Время)

1867년 러시아 상트페테르부르크에서 발행된 신문

1867년부터 1917년까지 러시아 상트페테르부르크에서 발행된 신문이다. 이 신문의 발행인은 폴란드 역사학자이자 사회평론가였던 키르코프(А. К. Кирков)였다. 1868년 1월 1일부터 1871년 1월 28일까지는 유마토프(Н. Н. Юматов)와 함께 발행하였다.

『새시대』의 발행초기의 경향은 중도 자유주의적이면서 친폴란드적인 성격이었다. 이 때문에 신문은 독자층에게 인기를 얻지 못했으며, 적자를 보는 상황이었다. 1871년 적자 상태의 신문을 인수한 사람은 우스트랼로프(Ф. Н. Устрялов)였다. 그는 신문의 자유주의적인 경향을 강화하였다. 『새시대』는 끊임없는 검열탄압 속에서 편집인이었던 수호믈린(И.Сухомлин)이 떠난 후 1872년 5월 10일에 폐간되었다가, 저널리스트이자 극작가 표도로프(М.П.Фёдоров)가 편집인이 되면서 1872년 11월 25일에 복간되었다. 하지만 그는 편집체제에 별다른 영향을 끼치지 못했으며 1873년 3월 25일에 신문은 다시 폐간되었다. 1873년 11월 6일에 『새시대』는 노토비치(О.К.Нотович)에 의해 인수되어 1874년 3월 20일까지 다시 복간되었다. 신문은 또 한 번 검열에 의해 폐간되었고, 6개월 후인 1874년 12월 1일에 세 번째 인수자인 트루브니크(К.В.Трубник)에 의해 복간되었다.

1876년 2월에 『새시대』를 인수한 사람은 수보린(А.С.Суворин)이었다. 그는 리하쵸프(В.Н.Лихачёв)의 협력을 얻어 실질적인 편집장을 지냈다. 수보린은 당시 정치가 및 문학가와 교류가 활발했으며, 1889년부터 '짧은 편지'라는 연재를 통해 당시의 정치현안 문제에 깊숙이 개입하였다.

수보린은 『새시대』의 목적을 "사회에 해독을 끼는 현상들을 제거하기 위해서 취해지는 정책들을 비판적 시각으로 보는 것"이라고 지적하면서, 신문은 "학문과 삶의 중개자이면서 진실의 안내자"여야 한다고 주장하였다.

『새시대』는 학생, 작가, 관료뿐만 아니라 황제도 구독하였다. 당시 러시아 정부 관료는 각종 현안을 분석하여 보고서를 작성할 때 참고자료로 『새시대』를 스크랩하였다. 뿐만 아니라 당시 일본 언론은 『새시대』를 번역하여 러시아의 상황을 보도하였다. 조선 언론은 이 신문의 일본어 번역을 다시 인용하여 조선에 러시아 상황을 보도하였다.

조선 국왕이었던 고종도 국내 언론을 통해 『새시대』에 보도된 기사를 접할 수 있었다. 그리하여 20세기 초반 러시아와 일본이 만주와 조선을 교환한다는 소문[만·한교환설(灣韓交換說)]에 관한 『새시대』의 기사가 국내에 보도되자 고종은 주러시아공사인 이범진에게 만·한교환설에 대한 진위 파악을 지시하기도 하였다. 이와 같이 『새시대』는 19세기 후반에서 20세기 초반의 러시아 및 인접한 극동지역 국가의 국내정치 및 외교정책이 반영되어 있으며, 그 결정에 영향을 끼치기도 하였다.

『새시대』에 조선에 대한 보도가 가장 활발했던 시기는 러일전쟁 전후였던 1903~1906년이었다. 주요 기사는 만주와 조선을 둘러싼 러시아와 일본의 대립과 협상과정, 조선의 국내 상황, 러일전쟁 초기의 정황, 전쟁 당시 조선의 상황, 러·일평화협상 등이 있다.

러일전쟁 전후시기에 조선에 대한 러시아의 관심을 반영하듯, 『새시대』는 동시기에 조선과 관련한 기사를 대략 150건 정도 보도하였다. 이와 관련한 기사 내용은 크게 일본의 조선 식민지화 과정을 보여 주는 기사, 조선 내부의 반일운동 관련 기사, 조선의 정치 상황 관련 기사, 러일전쟁 당시 강제 동원된 조선인 관련 기사 등으로 구별할 수 있다. 특히 1903년에 실린 조선 관련 사진과 그림은 당시 조선의 상황을 보여줄 수 있는 귀중한 자료로 평가된다.

『새시대』는 모스크바에 위치한 레닌도서관에 소장되어 있고, 한국에는 1900년부터 1904년까지의 기사가 마이크로필름 형태로 한일역사공동연구위원회에 소장되어 있다. (이항준)

참고문헌

Институт общественной мысли. Общественная мысль России XⅧ - начала XX века. М. 2005; 『러시아신문 '노보예 브레먀'의 러일전쟁 전후 극동 및 한국관련 기사목록(1903~1906)』, 한일역사공동연구회 및 역사문제연구소, 2005; 김영수, 「대한제국을 바라보는 러시아 역사학계의 시각」, 『역사와 현실』 63, 한국역사연구회, 2007.

▌생의 성(生의 聲)

1928년 황해도 황주군에서 발행된 문예지

편집 겸 발행인은 김태화(金泰化), 인쇄인은 심우택이다. 인쇄소는 대동인쇄(주), 발행소는 황해도 황주군 흑교면 흑교리 427이다. A5판, 78면으로 발행되었으며, 정가는 30전이다. 1928년 6월 15일 통권 4호로 종간되었다. 도서출판 역락에서 영인본으로 출간하고 있다.

『생의 성』은 시, 소설, 수필 등의 문예 전반을 아우르는 신인 중심의 잡지이다. 발행소는 황해도에 있었으나, 편집과 제작은 서울에서 이루어졌다. 판권장에는 창간호가 1권 2호로 기록되어 있는데, 그 사정은 「편집여기」에서 다음과 같이 확인해 볼 수 있다.

"지난 12월에 창간호 원고를 정성껏 편집하여 당국에 제출하였더니, '불허가'라는 액운의 서리를 맞고……" 라는 구절이 나온다. 『생의 성』은 창간호부터 순탄치 않은 행보를 보이고 있다.

창간호는 시 · 소설 등의 창작과 수필상화(隨筆想華), 평론, 시가로 구성되어 있다. 「생존과 생존의식」 이라는 제목의 창간사(春山)에서 『생의 성』의 발간취지를 엿볼 수 있는데, 인류의 생활을 보다 향상시키고 보다 고급의 문화를 건설하기 위해서는 무엇보다 생존의식을 고조할 만한 자격(刺激)을 풍부하게 해야 한다고 밝히고 있다. 이때 '생존'이라는 단어를 '살아 있는 것' 또는 '끝까지 살아서 남는 것' 등으로 풀이하는 것에서, 그들이 '조선 민중'에게 이 매체가 큰 자극제가 되기를 염원했음을 유추해 볼 수 있다.

창간호의 목차를 살펴보면, 창간사에 이어 소설 김영팔의 「적심(赤心)」, 윤효봉의 「봉변」, 이동간(李東肝)의 「호떡의 힘」, 김태화의 「품 파는 사람」 등이 있고, 시 함효영의 「삶의 소리」, 은룡(隱龍)의 「황혼」, 삼봉(三峰)의 「봄바람」, 춘산(春山)의 「S항의 추억」 외 1편, KTH의 「한장의 편지를 받고」(산문시), 김병율의 「객창에서」, 함춘하의 「그믐밤」 외 2편, 서파(曙波)의 「저주의 밤」, 장소류의 「너는 나의 넋이러라」 외 2편, K생의 「추야잡음」, 신혁의 「나의 선생」 외 1편, 홍성약의 「설 명절」, 무궁화의 「깊은 밤」, 권용섭의 「생의 성」(동요) 등이 있으며, 잡조에 해당하는 글로는 김영팔의 「신춘잡필」, 김신묵의 「편상록」, 필운동인(弼雲洞人)의 「단상일기」, 김태화의 「가두촌감」, 장재문의 「호생록(狐生錄)」, 원형묵의 「무사시노(武藏野)를 걸으며」, 적벽생(赤壁生)의 「고통과 비애」(전면 삭제), 홍효민의 「생활단편」(전면삭제), 평론으로는 윤기정의 「문예운동의 금후전개」(전면 삭제), 그리고 「편집여기」 등이 실려 있다. 검열로 전문 삭제된 작품을 제외하고는 대체로 신인들에게 많은 지면을 할애한 편이고, 시가 압도적으로 많으며 순문예물만 게재되어 있다. (이경돈)

참고문헌

『한국신문 · 잡지총목록』, 대한민국국회도서관, 1966; 최덕교 편저, 『한국잡지백년』, 현암사, 2004.

▌생장(生長)

1925년 서울에서 발행된 문예지

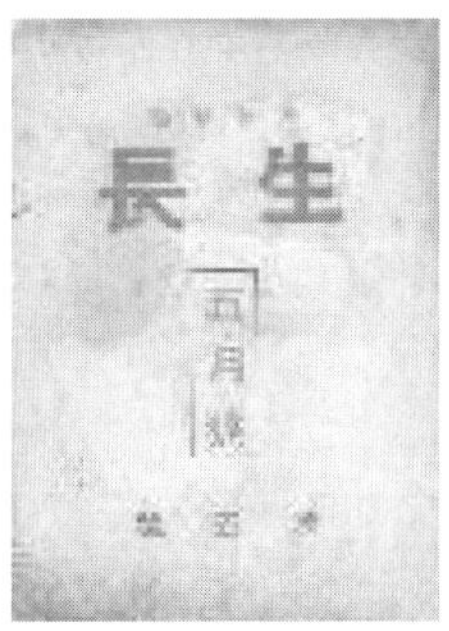

1925년1월 1일에 창간되었다. 종간호는 통권 5호로

1925년 5월에 발간되었다. 편집 겸 발행인은 김형원(金炯元), 인쇄인은 한성도서주식회사의 노기정, 발행소는 생장사(경성부 효자동 60)이다. 판형은 A5판으로 총 75쪽 내외였으며 정가는 30전이다.
『생장』이 창간되고 김형원이 '파스큘라'와 '조선프롤레타리아예술동맹'에서 활동하던 당시가 겹쳐 『생장』을 파스큘라의 기관지로 여기는 사람들도 많았다고 한다. 그러나 어디까지나 그것은 김형원의 개인이 발간한 잡지였다. 아단문고에 전부 소장되어 있다.

창간사는 따로 없다. 편집후기는 「생장잡기」를 포함해서 「편집후기」까지 있지만 잡지가 나오기까지 어려웠던 과정을 한탄하고 그럼에도 발간되었음을 알리는 호소가 대부분의 내용을 차지한다. 아마도 김형원 자신의 개인잡지라서 어떤 주장이나 문학관을 피력하기보다는 문학에 대한 열정, 그것만을 표가 나게 내세우고 싶었는지도 모른다. 김형원의 시와 수필, 「생장친미」 등이 실려 다른 사람들의 작품보다 많은 분량을 차지하고 있다. 그 외에도 김낭운의 소설 「귀향」, 김운정의 시 「전변(轉變)」, 김안서의 「타이피스트의 탄식」 외 4편의 시, 북극성의 소설 「어린양」, 나도향의 수필 「주노애(酒奴愛)」, 그리고 톨스토이의 평론 「현대예술의 타락」 등이 자리를 차지하고 있다.

2호는 '염상섭론'이 실려 이채를 띤다. '인물합평'이라는 제목 아래 양건식, 김기진, 김억, 이익상, 김형원 등이 참여한 이 특집은 문단 활동을 시작한지 얼마 되지 않은 염상섭이 그만큼 주목의 대상이 되었으며 당대적 시각에서 그가 어떻게 평가되고 있는지를 알려 주는 귀중한 자료라고 할 수 있다. 그 밖에 김기진의 「감각의 변혁」, 성해의 「문예의 영원성」 등은 신경향파 문학의 문학론을 면밀히 따져보는 데 도움이 되는 평론들이다. 또한 김형원의 시 작품을 몇 줄에 걸쳐서 삭제한 대목을 접하면 일제의 검열이 문예작품에 어떻게 가해졌는지를 생생하게 느낄 수 있다.

3호(1925.3)는 '문단에 대한 희망호'로 꾸며졌다. 우보 민태원의 「저널리즘과 문학」, 김형원의 「서적 이전 서적 이후」(파스큘라 동인 주최 문예강연 초고), 박영희의 「환멸기에 있는 체홉의 일면」(파스큘라 강연회에서) 등의 평론과 문단에 바라는 각계 인사들(안재홍, 김창제, 김양수, 배화원정생, 강매)의 글이 실려 있다. 그리고 제1회 현상문예란을 마련하여 투고작이 실리고(여기에 이종명의 이름이 보인다) 김형원의 「선후수언(選後數言)」도 첨부되어 어떤 기준과 요건으로 작품을 게재했는지를 알 수 있게 해준다.

4호(1925.4)에는 투르게네프(Turgenev)의 작품 「밀회」가 북극성의 번역으로 실렸고 3호에 시가 현상문예에 뽑혔던 이종명의 소설 「X체조선생」이 게재된다. 그 밖에 김운정의 평론 「교화기관과 아동극」과 「문예만화(文藝漫話)」가 당대 문학에 대한 의식, 유통, 시대와의 관계 설정, 독자와의 관계 등을 두루 살필 수 있게 해준다.

종간호인 5호(1925.5)는 이장희의 「겨울밤」, 「고양이의 꿈」과 김창술의 「기원」, 「나무장사의 한탄」 등의 시가, 톨스토이의 소설 「영원한 추방」(벽오동 역), 이종명의 당선 소설 「옥순이」, 그리고 김형원의 평론 「민주문예소론」, 김복진의 「소묘」, 북극성의 「문예만화」가 실린다.

이처럼 『생장』은 김형원 개인이 주재했으나 그의 동료들인 · 김낭운 · 김기진 등이 창간에 참여하였다. 창간호의 「편집후기」에 명기되어 있는 K군은 아마 이 둘 중 하나일 것이다. 특히 이 잡지는 카프 결성 이전과 결성 직후에 걸쳐 발행됨으로써 신경향파와 신경향파 이후의 경향문학이 어떻게 자신의 문학론을 형성하고 있으며, 어떤 문학론으로 변주해 가는가를 알 수 있는 생생한 자료를 제공해주고 있다. 또한 '염군사'에 대비되는 '파스큘라' 동인들의 문예강연을 수록함으로써 잘 드러나지 않는 '파스큘라'의 모습을 그려보는데 유용한 자료와 시각을 제공해준다. 뿐만 아니라 염상섭을 자신들의 영역으로 끌어들이려 함으로써 작품의 빈곤을 해소하는 한편, 신인들을 꾸준히 발굴하여 문단에 등단하게 함으로써 새로운 문학 경향의 세력을 넓히려 한 증거 자료도 제공해준다. 이 잡지는 신경향파 문학을 둘러싼 논의에 있어 아주 중요하고 반드시 참고해야 할 자료이다.

• 김형원(金炯元, 1901.11.16~?)

호는 석송(石松)이다. 충청남도 강경(江景)에서 출생했다. 보성고등보통학교를 졸업하고 1919년 『매일신보』 기자로 출발하여 『동아일보』, 『조선일보』, 『중외일보』 사회부장을 역임했다. 1934년에 『조선일보』 편집국장, 1938년 『매일신보』 편집국장을 지냈으며 해방 후에는 다시 『조선일보』 편집국장, 『서울신문』 전무 등을 역임했다.

1920년대에 문단에 등장했다. 1921년 『개벽(開闢)』에 미국의 민중시인 휘트먼을 소개하고 '파스큘라'에 가담하면서 경향적인 시를 발표했다. 그리고 한때는 문예지 『생장(生長)』을 주재하기도 했다.

1948년에는 공보처 차장이 되기도 했다. 그러다가 1950년 6·25전쟁 중 납북되었다. 작품으로는 「아! 지금은 새벽 네 시」, 「내가 조물주이면」, 「생장(生長)의 균등」, 「벌거숭이의 노래」, 「불순의 피」 등이 있다.

그는 영탄과 감상이 풍미하던 당시 시단에 처음부터 이단자로 등장하여 민중시론을 제창했다. 그리고 월트 휘트먼의 민주주의 시론을 수용하여 사회주의 사상과 관련을 맺고 있던 신경향파 시론의 형성에 크게 이바지하였다. 그의 시론에서 골격이 되는 '힘의 시' 개념은 특히 '문학과 실생활의 관계를 논하여 조선 문학 건설의 급무를 제창함'에서부터 비롯된다. 그가 강조하는 바는 휘트먼의 미래주의에 대한 낙관적 관념인데, 이러한 휘트먼 시론 수용의 결과는 민중시의 방향을 설정하는 데 도움을 준 것에서 그치지 않고 팔봉 김기진과 월탄 박종화에게까지 이어진다. (전상기)

참고문헌

최덕교 편저, 『한국잡지백년』 2권, 현암사, 2004; 권영민, 『한국근대문인대사전』, 아세아문화사, 1990.

▌생활과 예술(生活と藝術)

1913년 일본 도쿄에서 발행된 문예지

1913년 9월 도쿄의 도운토(東雲堂)가 발행한 문예지이다. 통권 34책으로 발행되었다. 다이쇼 초기 신시대 문학의 기치를 내걸고 『요미우리신문(読売新聞)』 기자이자 가인(歌人)인 도키 아이카(土岐哀果)가 창간했다. 기고자가 모두 잡지의 지지자로서 원조하였다. 발행부수는 1000~1500부, 창간호는 18전이었다. 잡지 원본은 가가와대학(香川大學) 가미하라문고(神原文庫) 등이 소장하고 있다.

잡지는 『스바루(スバル)』 1913년 8월호에 창간 예고를 "현대 사회를 규명하고 그 속에 살아가는 실생활을 성찰한다. 그러한 감상을 자유롭게 표백(表白)한 것이 우리의 예술이어야 한다"는 잡지의 성격을 밝혔다.

잡지의 발간 동기는 먼저 1911년 이시가와 다쿠보쿠(石川啄木)에 의해 잡지 『수목과 과실(樹木と果実)』의 발간 계획이 추진되었으나 이시가와의 발병으로 좌절된 것, 또 아라하타 간손(荒畑寒村)과 오스기 사카에(大杉栄)가 간행한 『근대사상(近代思想)』에 자극을 받았기 때문이다.

신사상의 계몽, 생활과 예술의 교섭을 추구하는 등 다채로운 활동을 통해 신시대문학의 선구로서의 역할을 수행했다. (이규수)

참고문헌

牛島俊 作, 『日本言論史』, 河出書房, 1955; 『近代文學雜誌事典』, 至文堂, 1965; 桂敬一, 『明治·大正のジャ-ナリズム』, 岩波書店, 1992.

▌생활일보(生活日報)

1936년 홍콩에서 창간된 정치운동 신문

1936년 6월 7일 홍콩(香港)에서 일간지로 창간되었으며, 매주 일요일마다 『생활일보성기증간(生活日報星期增刊)』을 별첨으로 발행하였다. 사장 겸 주필은 저우타오펀(鄒韜奮)이다.
같은 해 7월 31일 총 8권을 발행하고 정간되었으며, 『생활일보성기증간(生活日報星期增刊)』을 『생활일보주간』으로 제호를 바꾸어 계속 간행하였다.
8월 23일 상하이에서 제호를 다시 『생활성기간(生活星期刊)』으로 바꾸어 1권 17호부터 발행이 시작되었고 저우타오펀이 주필과 발행인을 겸하였다. 그해 11월 총 26호를 발행하고 종간되었다. 현재 상하이도서관 등에 소장되어 있다.

신문의 내용은 주로 정치, 경제, 사회, 문화에 대한 분석과 토론이었다. 국내외 여러 민족들이 당하고 있는 침략의 현황과 구국운동의 소식을 담아내었다. 발행 목적은 민족해방을 촉진하고 대중문화를 널리 보급하는 것이었다.

주요 집필자는 저우타오펀(鄒韜奮), 류스(柳湜), 타오싱즈(陶行知), 첸자주(千家駒), 장중린(張宗麟), 후위즈(胡愈之), 진중화(金仲華) 등이다.

신문 머리 면에 위치한 '사론(社論)'은 모두 저우타오펀이 직접 집필한 글들로 중요한 사회문제들을 간략하고 쉬운 문장으로 전달하였다. 즉, 구국의 방법에서부터 쌀과 소금, 땔감 문제까지 다양한 소재들을 대중의 언어와 정서로 담아냈다.

또한 문예와 소설, 시가, 수필 등의 문학작품도 실었다. 저우타오펀이 주관한 언론매체들의 특징은 독자들의 글과 참여를 중시하는 것인데, 이 신문도 '우체통(信箱)'이라는 난을 설치하여 독자가 의견을 발표하고 토론하는 무대로 만들어 항일구국문제에 참여하게 하였다.

7월 31일에는 '전재(專載)'의 형식으로 선쥔루(沈鈞儒), 타오싱즈(陶行知), 장나이치(章乃器), 저우타오펀이 연합 서명하여 공개서신으로 발표한 「단결항쟁의 몇 가지 기본조건과 최저요구(團結御侮的幾个基本條件與最低要求)」라는 문장은 전국에 강렬한 반응을 불러일으키며 독자들의 지지를 받았다.

이렇게 이 신문은 항일구국운동의 여론 기지가 되었고, 중국공산당의 관심과 지지를 받아 당시 톈진(天津) 중공중앙화베이국(中共中央華北局)의 류샤오치(劉少奇)가 직접 서명한 편지를 두 차례 저우타오펀에 보내 『생활일보』 발간에 환영을 표시하고 이 신문의 임무와 선전활동에 건의 사항을 전달하였다. 이에 저우타오펀은 『생활일보성기증간』에 이 2통의 서신을 발표하고 류샤오치가 제기한 문제들을 모두 받아들인다는 입장을 표명하였다. 또 공산당 당조직원인 후위즈(胡愈之), 류스, 윈이췬(惲逸群)이 신문 편집에 참여하였다.

1권 1호와 6호에 류샤오치의 문장 「민족해방의 인민진선(民族解放的人民陣線)」과 「인민진선과 관문주의(人民陣線與關門主義)」가 게재되기도 하였다.

그러나 『생활일보』는 경제적으로 많은 어려움이 있었고, 원고들은 홍콩 영국 식민지 정부의 검열을 받아야 했기 때문에 신문 지면에는 '제국주의'를 '□□주의', 혹은 '××주의'라는 식으로 표현하는 방식이 자주 사용되었다. 또한 당시 종이 품귀현상과 열악한 인쇄시설로 연자(鉛字)가 불완전하여 글자들도 제대로 조합이 이루어지지 않은 채 글자의 크기나 모양도 제각각인 활자들이 지면에 등장하기도 하였다.

이러한 어려운 여건 속에서도 발행부수가 2만여 부에 달했지만, 특히 화난(華南) 지방의 열악한 교통 여건으로 신문의 배포와 발행에도 많은 어려움이 있었다. 이에 공산당 남방 당국은 신문사를 상하이로 이전하여 전국적인 영향력을 확대할 것을 제안하였고, 저우타오펀은 이 제안을 받아들이게 되었다.

이로서 『생활일보』는 1936년 7월 31일에 정간되었으며, 부록으로 매주 일요일마다 발행되던 『생활일보성기증간』을 『생활일보주간』으로 제호를 바꾸어 홍콩에서 계속 발행하게 되었다.

그러나 국민당 정부가 상하이에서 『생활일보』의 등록을 받아주지 않아 발행이 이루어지지 못했고, 다시 홍콩에서 발행하던 『생활일보주간』을 상하이로 이전한다는 공고를 1권 11호에 발표하게 되었다. 『생활일보주간』은 8월 23일 제호를 다시 『생활성기간(生活星期刊)』으로 바꾸어 1권 17호부터 상하이에서 발행이 시작되었고 여전히 저우타오펀이 주필과 발행인을 겸하였다.

그러나 1936년 11월 22일, 선예(深夜), 선쥔루(沈鈞儒) 등이 상하이에서 체포된 사건에 저우타오펀이 연루되어 체포되면서 『생활성기간』은 진중화(金仲華)가 주필과 발행인을 맡게 되었으나, 국민당 상하이 시 정부사회국이 명의변경 신청을 받아주지 않아 결국 28호를 마지막으로 종간되고 말았다.

생활일보 문제에 관한 총답변

1권 3호에 실린 「생활일보 문제의 답변에 관하여(關於生活日報問題的總答復)」라는 문장은 앞으로의 방향에 대해 다음과 같이 설명하고 있다.

"반드시 전국 대중의 실제 생활에 반응하는 신문, 반드시 대중문화의 가장 영민한 촉각, 반드시 5억 중국인이 하루라도 거르면 안 되는 정신의 양식이 되어야 한다. 전국 대중의 실제생활을 반영하는 신문이려면 반드시 대중의 집체작품을 생산하여야 하며, 전국 각지의 노동자, 농민, 직원, 학생이 직접적으로 언론과 신문자료를 제공하여야 할 뿐 아니라, 소수의 직업 투고자와 신문기자 역시 포함하여야 한다.

대중문화의 가장 영민한 촉각이 되려면 신문의 내용이 응당 그날의 중국 내지와 세계 각지 대중의 생활활동과 희망과 요구를 기재하여야 한다. 인민이 하루라도 거르면안 되는 정신의 양식이려면 이 신문에 실리는 소식이 결코 요인들의 왕래, 금가의 등락이어서는 안 되고 인민대중의 이해관계와 밀접한 일체의 것이어야 한다. …… 비록 우리의 국가가 폭풍우의 바람 속에 있지만, 비록 중국의 인민대중이 목전의 생활이 기아선상에 있지만, 가령 당신이 중국을 사랑하는 중국인이라면 절대로 중국의 광대한 미래가 없다고 낙심할 필요가 없다. 독립된 자유 신중국은 반드시 어느 날인가 출현할 것이다. 이는 우리의 희망일 뿐 아니라, 우리의 신념이다. …… 지금 우리는 신중국의 창조에 대해 얘기할 겨를이 없다. 우리는 우선 구국을 해야만 한다. 구국이야말로 무엇보다 시급한 문제이다. 더는 앉아서 기다릴 수 없다. 우리가 급하게 창간한 생활일보는 우리의 역량을 다해 민족해방운동의 신속한 발전을 추동하고, 민중의 공동분투를 환기하고, 매우 위태로운 국가를 구해내기 위해…… 신중국의 창조과정은 필연적으로 매우 고된 노력과 분투가 필요하다." (김성남)

참고문헌

北京師範大學圖書館報刊部 篇, 『北京師範大學圖書館館藏中文珍稀期刊題錄』, 北京圖書館出版社, 2002; 周葱秀·涂明 著, 『中國近現代文化期刊史』, 山西教育出版社, 1999.

▌생활일보성기증간(生活日報星期增刊)

▶ 생활일보(生活日報)

▌생활주간(生活周刊)

1925년 중국 상하이에서 발간된 시사종합잡지

1925년 10월 상하이(上海)에서 창간되었다. 상하이 중화직업교육사(上海中華職業教育社)에서 주관한 잡지로 미국 유학에서 돌아 온 왕즈화(王志華)가 주편을 맡았다. 1926년 10월 왕즈화가 은행으로 자리를 옮김으로써 저우타오펀(鄒韜奮)이 『생활주간』의 주편을 맡았다. 이후 잡지의 사회적 영향력은 더욱 확대되었다. 주로 도시의 학생과 실업자들의 생활을 반영하는 글을 기재함으로써 도시의 중하층 청년직업계층이 주 독자층이었다. 총 8권을 발행하였다. 1980년 베이징 인민출판사에서 영인본을 출판하였다.

『생활주간』의 내용은 각지 직업교육 현황에 대해 알려 주는 등 주로 청년문제와 관련된 것들이었다. 그러나 저우타오펀이 주편을 맡은 후 잡지의 내용을 사회문제로 전환, 정치적으로는 민주를 주장하고 독재를 반대하였다. 항일전쟁이 일어난 이후 항일애국사상을 선전하였으며 민중의 생계에 관심을 갖고 하층민중과 실업자들에게 관심을 보였다. 그러한 태도가 많은 독자층을 형성하였다. 1933년 이미 15만 5000부를 인쇄하여 민국시기 발행부수가 가장 많은 잡지 중의 하나였다. 그러나 국민당은 "반동 언론이고 사상이 과격하며 당과 국가를 훼방한다"는 죄명으로 정간시켰다.

이후 저우타오펀이 없는 상황 속에서 두중위안(杜重遠)이 주편을 한 『신생(新生)』이라는 주간지가 『생활주간』의 입장을 이어 받아 발행되었지만(1934년 창간) 잡지에 실린 아이한쑹(艾寒松)의 「한화황제(閑話皇帝)」라는 글이 천황을 모욕하고 중일외교를 방해한다는 일본 주상하이 총영사의 주장을 받아들여 국민정부가 1935년 5월에 정간시켰다. 그 후 저우타오펀이 귀국하여 그해 11월 16일 『대중생활』주간을 창간하였지만 이 또한 창간된 지 2개월만에 정간당하였다. 당시 장제스(蔣介石) 정권은 항일민족운동이 공산주의자의 책략에 의한 것이라고 비난하며 1936년 2월 20일에 '치안유지 긴급 법령'을 반포, 『대중생활』을 비롯한 잡지 24종을 발행 정지시켰다. (이호현)

참고문헌

熊月之 主編, 『上海通史 - 10. 民國文化』, 上海人民出版社, 1999; 王檜林·朱漢國, 『中國報刊辭典(1815~1949)』, 太原(山西): 書海出版社, 1992.

▌생활학교(生活學校)

1935년 일본 도쿄에서 발간된 교육 잡지

1935년 1월에 창간되어 1938년 8월(4권 6호)까지 발간된 월간 교육 잡지이다. 창간 당시의 편집 명의인은 노무라 요시베(野村芳兵衛), 편집 실무는 도쓰카 렌(戸塚廉), 영업 담당은 스도 몬이치(須藤紋一)였다. 발행처는 창간호부터 1권 6호까지는 후생각(厚生閣)이었지만, 1권 7호 이후는 후소가쿠(扶桑閣)이었다. 발행과 편집의 주체는 도쿄(東京)의 이케부쿠로 아동의 마을 소학교(池袋兒童の村小學校)를 중심으로 한 생활교육연구회였다.
1권 6호까지는 국배판의 신문형(12~16쪽)이었지만, 이후에는 국판 잡지형으로 발행되었다. 1936년 8월의 아동의 마을 소학교가 폐교되자 편집 책임이 노무라 요시베에서 도쓰카 렌으로 바뀌었다.

도쓰카 렌은 원고 집필 등으로 알게 된 신흥 교육운동과 일본교육노동자조합(日本敎育勞動者組合)운동의 관계자인 이시다 우사부로(石田宇三郎), 고쿠류 시게유키(黑龍成之), 마스다 간이치(増田寛一), 마쓰나가 겐야(松永健哉) 등을 편집 그룹으로 조직하여 현실생활에 뿌리를 둔 생활교육을 실현하기 위하여 같은 해 10월에 재출발호를 발행하였다. 이 체제는 종간호까지 계속되었다.

『생활학교』는 "교육의 눈으로 본 종합 문화 잡지"를 목표로 창간되었다. 이 잡지를 실제로 이끈 것은 아동의 마을 소학교를 중심으로 교육 개혁을 주장하던 인물들이었다. 아동의 마을 소학교는 노구치 엔타로(野口援太郎), 시모나카 야사부로(下中弥三郎), 시가키 히로시(志垣寛), 다메토 고로(爲藤五郎) 등이 결성한 교육의 세기사(敎育の世紀社)기 교육 개혁을 실천하기 위해 만든 학교였다.

『생활학교』에는 단지 도쿄의 문화운동과 아동의 마을교육 등의 소개만이 아니라 전국 각지에 보내온 생활교육의 실천 보고가 게재되었다. 지역의 현실 생활에 뿌리를 둔 교육과 문화의 실천 보고, 교류 등이 이 잡지를 통하여 이루어졌다.

『생활학교』에 실린 글은 학급 문화의 교류, 교육 종이극(紙芝居), 생활 창가, 학교극, 생활 글쓰기, 언어교육, 과학교육, 기술교육, 성교육, 문화사 학습, 건강교육, 생산과 교육, 아동문화운동, 농촌 탁아소 등 다양한 주제에 걸친 것이었다.

특히 전면적인 생활교육운동의 추진이라는 입장에서 글쓰기 교사가 행하고 있던 생활교육 실천을 다루어 '생활교육 논쟁'의 무대를 제공하였다. 그리고 실천가와 연구자의 교류가 조직화되는 데 한 계기를 마련한 것도 『생활학교』의 중요한 성과였다. 1930년대 생활글쓰기운동은 물론이고 생활주의 교육을 내걸고 활동한 민간 교육연구 운동단체 교육과학연구회(教育科學研究會)도 『생활학교』에서 큰 영향을 받았다. (이준식)

참고문헌

『生活學校』, 複製版, 教育史料出版會, 1979~1980; 戸塚廉, 『兒童の村と生活学校: 野に立つ教師五十年』 2, 雙柿舍, 1978; 久保義三 外 編, 『現代教育史事典』, 東京書籍, 2001.

생활학교(生活學校)

1937년 중국 상하이에서 창간된 시사종합잡지

1937년 3월 10일 상하이의 생활학교사(生活學校社)에서 반월간으로 창간되었다. 편집자는 천쯔잔(陳子展)이다. 1937년 8월 10일 총 7호를 발행하고 종간되었다. 원래 격월간으로 발행되었으나 출판기일이 정확히 지켜지지는 않았다. 현재 베이징사범대학도서관과 상하이도서관 등에 소장되어 있다.

내용은 만담(漫談), 대중과학, 독서문답, 생활특사(生活特寫), 문예습작, 대중신상(大衆信箱) 등의 난이 있었다. 수록된 글들은 정치, 경제, 철학, 역사, 시사, 언어, 문화, 과학기술, 사상과 사회생활 등 다방면에 걸쳐 있었다.

항일을 적극적으로 선전하면서 다른 한편으로는 과학적 지식과 시가(詩歌), 목각(木刻), 만화, 가곡 등 문예작품을 게재하였다. 주요 집필자로 아이쓰치(艾思奇) 등이 있었다. (김지훈)

참고문헌

王檜林·朱漢國, 『中國報刊辭典』, 書海出版社, 1992; 伍杰, 『中文期刊大詞典』, 北京大學出版社, 2000.

서광(曙光)

1919년 서울에서 발행된 청년학생 대상의 종합 교양잡지

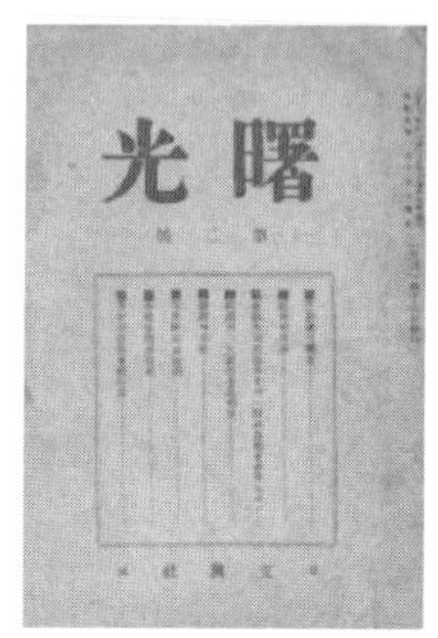

1919년 11월 30일에 창간되었다. 종간호는 1921년 1월에 간행된 통권 8호이다. 1921년 2월 24일자 『동아일보』에는 "『서광』 제9호 원고 압수"라는 기사가 실리는데, 아마도 외적인 압력과 내적인 응전 사이에서 위기를 이기지 못하고 종간된 것으로 보인다. 편집인은 장응진(張膺震), 발행인은 이병조(李秉祚), 인쇄인은 조선복음인쇄소의 김중환(金重煥), 발행소는 문흥사(文興社, 경성부 송현동 40)이다. 판형은 A5판에 총 150쪽 내외이고 정가는 40전이었다.
연세대도서관에 김윤경 박사의 기증으로 원본이 전부 소장되어 있고 아단문고에도 일부가 소장되어 있다.

「창간사」를 보면, 청년학생들에게 주는 격문조의 내용이 나온다.

"우리는 금일 문명의 낙오자가 아니냐. 우리 반도에는 아직까지 언론이나 사상을 발표할 만한 일종의 신문이나 잡지도 없다. 우리는 농자(聾者)요, 아자(啞者)요, 맹자(盲者)이다. 우리의 청년계는 아무 활기도 없고, 아무 경륜도 없고, 아무 희망도 없고, 아무 방면도 없고, 아무 노력도 없고, 다만 기시기시(其時其時)의 외위(外圍)의 충동으로 인하여 생활하여가는 동물의 그것과 다름이 없어 보인다. 그렇게 보인다. 그리고 일

신월변(日新月變)하여 가는 신시대에 처하여 원치 아니한들 어찌 면할 수 있으랴. …… 그러나 금(今)에 미성(微誠)을 합하여 자(玆)에 『서광』을 간행함은, 우리 반도 흑암 중(黑暗中) 일개의 효성(曉星)이 되어, 一은 우리 청년학생의 전진을 계시하기에 미광(微光)을 발하며, 一은 신지식 신사상을 고발(鼓發)하여 사회진운에 만분일(萬分一)을 공헌함이 유할까 자기(自期)함이로다."

즉, 『조선일보』나 『동아일보』가 창간되기 이전에 청년학생들을 위한 매체의 필요성을 절감하여 창간했음을 알 수 있다. 이 잡지의 목적은 비단 청년학생만이 아니라, 조선의 식자층 모두에게 나아갈 방향을 제시하고 새로운 지식과 새로운 사상을 소개, 일깨움으로써 조선의 처지와 자신들의 상황을 깨달아 개선하게 하는 데 목적이 있었다고 하겠다.

잡지의 창간은 그 자체로 조선민족에게 경사스럽고 더 많이 필요한 까닭에, 각계 인사들의 '축사'도 줄을 이었다. 창간호의 목차를 보건대, 춘사의 「신시대를 영(迎)함」, 원인의 「조선청년의 무거운 짐」, 이일의 「청년에게 기(寄)함」, 신종석의 「시대의 변천과 오인의 각성」, 임경재의 「관습에 대하여」, 유홍종의 「학문의 본색」, 최종환의 「조선공업의 장래」, 김태진의 「위생강화」 등의 논설이 눈에 띈다. 나머지 내용은 수필과 소설, 시와 노래 등으로 꾸며져 있고 자료편에는 「대전(大戰, 1차 세계대전)의 기인(起因)과 약사(略史)」, 「동경제신문잡지인쇄고 일람표」, 「경성제사주식회사 방문기」 등이 수록되어 있다. 여기에서 특기할 것은, 당시 휘문고보 2학년에 재학 중인 정지용이 소설 「삼인(三人)」을 발표했다는 것이다.

1919년 12월에 발간된 제2호에는 이돈화, 춘사, 김준연, 신종석, 장도빈, 김병로, 노익근의 논설들이 실려 있다.

3호는 1920년 1월에 발행되었는데 신년을 맞는 각오와 새해에 대한 다짐의 글들을 싣고 있다. 홍영후, 이돈화, 임경재, 원종린, 김태진, 춘파, 이동원의 논설들과 고범 이서구, 월탄 박종화의 문예물도 한 자리를 차지한다. 그리고 시사 논설로 실린 「비판 없는 사회, 활기 없는 사회」는 당대 현실과 청년학생들을 향한 반성과 호소의 목소리이다.

4호(1920.3)에는 후쿠자와 유키치의 「수신요령」이 이채를 띤다. 논설에는 이돈화, 박달성, 박종화, 배성룡, 윤필균, 이동원 등이 참여하여 투고하였다.

5호(1920.6)에 오게 되면 눈에 띄는 논설들이 많아진다. 김윤경의 「청년의 독서와 자(自)수양을 권함」, 김시욱의 「재(在)서백리아 청년에게 여함」, 이돈화의 「금후 이후의 종교문제」, 홍병선의 「개조론의 진의」, 고영환의 「인생과 노동」, 이완조의 「논(論)남여유별문제」, 박달성의 「다 각기 그 직업에 취하라」, 그리고 필자를 알 수 없는 「생활난은 목전에 시급한 사회의 대문제」 등이 그 즈음에 논란이 되었던 '개조론'을 비롯하여 시급하고 초점으로 떠오른 시사문제를 다루고 있다.

6호(1920.7)에는 신종석의 「세계적 사조와 문화운동」, 윌리암의 「과격파 수령 레닌의 마력」, 나혜석의 「부인문제의 일단」, 김윤경의 「현시 우리 사회의 급무는 형이상학인가? 형이하학인가?」, 항소생의 「현금 교육계의 운명을 개탄함」, 고범생(이서구)의 「돈 없는 설움」, 이일의 「시대의 요구하는 인물을 사(思)하고」 등이 볼 만하다.

1920년 9월에 발행된 7호에는 신종석의 「노동문제의 연원과 유래」, 춘사의 「우리 학생계의 위기를 보고」, 홍병선의 「불평과 불평」, 야나기 무네요시(柳宗悅)의 「조선에 래(來)한 감상」, 정백의 「조선부인의 직업문제」, 지영린의 「농촌문제의 문화적 의의」 등이 실려 있다.

종간호인 8호는 논설이 소략하고 문예물이 많이 실려 있는 것이 특징이다. 또한 전체적으로 볼 때 분량이 많이 줄어들어 내적인 사정이 있음을 짐작하게 한다. 아마도 일제의 검열과 탄압이 심해진 까닭이 아닐까 싶다. 장응진의 「목하 울리 조선인의 결혼 및 이혼문제에 대하여」, 지영린의 「반도의 농춘문제」, 홍병선의 「사람의 심리적 해부」, 해원생의 「역사란 무엇인가?」가 주목된다. 문예물로는 김억과 황석우, 늘봄, 김창제가 각각 작품을 게재하고 있다.

『서광』은 1919년 3·1운동이 일어난 직후에 창간되었다. 일제의 탄압과 조선인의 무기력 상태를 딛고 일어난 운동의 여파는 곧바로 청년학생들을 대상으로 하는 잡지의 창간으로 이어졌다고 할 수 있다. 잡지의 발행주체들로서는 그만큼 시급하고 반드시 필요한 일로 잡지 발간을 택했던 바, 우선은 청년학생들에게 조선 독립의 의지와 가능성을 심어주어 새로운 희망을 불어넣어 주고 싶었을 것이고, 그 다음으로는 새로운 사상과 지식을 전함으로써 그들로 하여금 조선의 독립과 발전에 대한 비전을 모색하라는 비원을 담고자 했던 것이다. 그리하여 궁극적으로는 청년학생 독자들 개개인이 주체적 존재로서 자신을 곧추 세우고 근대사회의 원리와 정치적 민주주의의 실현 과정, 그리고 인간 존재의 사회적 의미 등을 깨우치고 익히게 하려는 의도에서 많은 중요한 논설들을 잡지에 싣고자 했던 것이다. 그렇기 때문에 이 『서광』에는 조선 사회의 발전을 둘러싸고 벌어지는 이념과 체제, 경제적 비전에 대한 미묘한 편차가 드러나는 글들이 실려 있어 그 시기 혼돈과 모색의 실상을 파악하는데 중요한 자료로 기능하고 있다.

• 장응진(張膺震, 1880.3.15~1950)

황해도 장진에서 태어났다. 16세까지 고향에서 한문을 배웠다. 그의 아버지 장의택은 신학문의 필요성을 깨닫고 아들을 신학문의 길로 인도했다고 한다. 그리하여 그는 18세인 1897년에 관립영어학교에 입학하였으나 1년 남짓밖에 다니지 않았다. 하지만 그는 이 기간에 처음으로 사회운동에 직접 참여할 수 있었다. 독립협회에서 주최한 '만민공동회'에 영어학교의 대표로 참여했다가 일경에 쫓겨 피신하던 도중 그는 일본 유학을 결심한다.

1900년경 그는 순천중학교 2학년에 편입하여 1904년에 졸업한다. 그리고 다시 미국 로스앤젤레스로 유학을 떠났지만 정규학교에 입학하지는 못하고 다시 일본으로 돌아온다. 그는 일본 고등사범학교 수리과에 입학하여 태극학회에 적극적으로 참여하게 되는데, 그 결과 1906년에는 태극학회 초대회장으로 선출되고 『태극학보』의 편집 및 발행에 힘쓴다. 이 잡지에 1906년 8월부터 1907년 12월 제16호까지 1년 4개월 동안 꾸준히 글을 실었다(1908년 11월 통권 27호로 종간).

1909년 8월 그는 귀국하여 안창호의 평양 대성학교 학감으로 교편을 잡고 사회 활동을 벌이다 105인 사건에 연루되어 1심에서는 실형을 선고받으나 2심에서 무죄로 풀려난다. 그는 이어 휘문의숙의 학감으로 자리를 옮겨 『서광』을 발행하기도 하는 등의 사회활동을 벌이지만 이전에 비해서는 활동의 폭을 줄이고 교육계에 충실히 임하다 1950년도에 사망하였다. (전상기)

참고문헌

정연길, 「『서광』지 시단고」, 한성대 한성어문학회, 『한성어문학』 1, 1982; 김윤재, 「백악춘사 장응진 연구」, 민족문학사학회, 『민족문학사연구』 12, 1998; 최덕교 편저, 『한국잡지백년』 2권, 현암사, 2004; 권영민, 『한국근대문인대사전』, 아세아문화사, 1990.

서광(曙光)

1919년 중국 베이징에서 간행된 동인지 형식의 문학월간지

1919년 베이징에서 청년 학생들이 조직한 문학단체인 서광사의 동인지이다. 1919년 11월 창간되어 1920년 11월까지 총 7호를 내고 종간되었다. 간행기간은 짧지만 5·4기 마르크시즘 수용 이전 청년학생들의 정치·사회의식을 잘 보여 주는 잡지이다. 애초 판형은 16개본으로 60쪽 내외였으나. 2권부터 120쪽 정도로 늘어났다. 서광사의 사원은 왕퉁자오(王統照), 겅지즈(耿濟之), 취스잉(瞿世英), 정전둬(鄭振鐸), 쑹제(宋介), 취추바이(瞿秋白) 등이었다
편집은 송지예로 표기되어 있으나 왕퉁자오, 정전둬 등이 활발하게 원고를 집필하였다. 후에 공산당의 이론가가 된 취추바이 역시 몇 편의 역문을 싣고 있다. 그러나 전반적으로는 모두 길드사회주의적 성격이 강하다. 출간과 동시에 진보적인 잡지로 인식되어 널리 읽혔다.

5·4 후기 베이징에서 청년 학생들이 간행한 동인지 형식의 월간지이다. 왕퉁자오, 겅지즈, 취스잉, 정전둬 등 기독 청년회관에 드나들면서 독서욕을 충족하던 문

학청년들의 5·4 경험과 마르크시즘 등 신 사조를 수용하고 사상을 형성하는 과정을 잘 대변하는 잡지였다.

이들은 당시 량치차오(粱啓超), 장팡전(蔣方震), 장쥔마이(張君勱) 등 연구계와 관계가 깊었다. 정전둬가 상무인서관에서 『소설월보』 개혁을 주도할 수 있었던 것도 장팡전의 도움 덕택이었다. 따라서 잡지에 실린 글의 내용 역시 5·4기 량치차오 등의 입장과 지적 연관성을 예상할 수 있다.

그런데 "서광"이라는 제호에서 알 수 있듯이 당시 이들은 중국의 현실을 암흑으로 규정하였다. 따라서 새로운 사회를 지향하는 것이 당연한 과제였다. 이에 따라 『서광』은 "과학적 연구, 양심적 주장에 근거하여 국인(國人)의 철저한 자각(自覺)을 촉구하고, 국인의 혁신운동을 고무"할 것을 표방하였다.

이들은 사회가 불합리하다면 개조되어야 하고 그를 위해서는 과학적 연구를 통해 방법을 찾아야 한다고 주장하였다. 그러나 특정한 이념이나 구체적인 방법을 제시하지는 않은 채 모호한 언술로 사회개조의 희망을 피력하는 수준이었다. 또 당시 이들은 과학적 입장에 따른 사회개조를 주장하면서도 니체나 베르그송 등 이른바 비이성주의 사조를 수용하였다. 과학의 발전과 함께 인간의 정신생활과 물질생활의 총체적 개혁을 주장하였다. 이른바 진선미를 함께 주장한 것이다.

또 이들은 이러한 개조의 방법으로서 교육을 강조하였다. 사회를 비판적으로 인식하고 그 해결을 모색할 수 있는 이성적인 시민의 육성을 고대한 것이다. 특히 왕퉁자오는 미육(美育)을 강조하였다.

"세계의 모든 불안, 인류의 불안전, 크게 말하면 공전의 전쟁의 참극이나 적게 보면 비루한 인간성 등은 모두 미육(美育)을 결여한 상황에서 나온 것이다. 미육(美育)은 인간을 개조하는 복음이며, 모든 악을 제거하는 이기(利器)이며, 일체 교육의 종지로서 머리에 두어야 할 것이다."

일견 유미주의적 경향을 보이는 이러한 언급은 진선미를 두루 갖춘 시민의 육성과 그에 기초한 사회개조론에 기초한 것이다. 특히 이들은 당시 진보청년들의 실천 모델인 학공주의에 적극 찬동하는 한편 여성문제, 가족문제 등 일체의 사회문제를 적극적으로 제기하기 시작하였다. 가부장권, 조혼(早婚), 정절(貞節)로 대표되는 가족제도 양성의 평등을 도모하기 위해서는 풍속을 개량하지 않으면 안 된다는 것이었다. 동시에 당시 유행하던 자살문제를 예로 들어 일체의 사회불합리성이 인간의 죽음을 초래한다고 비판하였다. 이러한 인식은 당시 진보적인 청년학생들의 일반적인 인식이었음은 물론이다.

1920년을 지나면서 일부 구성원들은 마르크시즘을 수용하기 시작하였다. "경제 환경의 변화는 일체 환경 변화의 근본적인 동력이다. 경제 환경이 변화하면, 종교(宗教), 법률(法律), 사회(社會), 정치(政治), 윤리(倫理) 등도 자연스럽게 따라 변화한다", "문화운동을 통해 사상 문화를 개혁하고자 한다면 먼저 경제 환경을 개조하지 않으면 안 된다"(「완성과 문명[完成與文明]」, 1권 4호)는 것이었다. 동시에 "모든 사회는 연관되어 있으므로 부분별 개조는 불가능하고, 혁명적 방식으로 사회의 죄악적 부분을 총 공격하는" 이른바 사회혁명을 옹호하기 시작하였다.

특히 1권 6후부터는 러시아혁명 이후 소련의 정세를 적극적으로 소개하여 레닌의 강연 등 23편의 문장을 소개하고 있다. 소련의 현실, 소비에트 공화국 정부의 조직, 경제정책, 농업의 사회화, 노동조직, 홍군, 문화교육정책, 여아와 아동 상황 등을 소개하였다. 물론 당시 정보의 한계상 과장된 점은 있으나 볼셰비즘에 대한 이들의 관심을 읽을 수 있다.

물론 이러한 인식 자체가 볼셰비즘 또는 마르크시즘의 수용을 의미하는 것은 아니다. 그러나 초기의 유미주의적 인식을 넘어서 현실에 대한 심화된 인식의 표현임은 당연한 것이었다. 특히 2권 1호부터는 사회정치경제 현실을 직접적으로 비판하면서 구체적인 대안을 모색하였다. 물론 구체적이라기보다는 광범위한 의미에서 시민 자치와 사회주의의 수용을 통해 자본주의의 문제점을 극복하고자 하는 데 지나지 않았다.

이러한 의미에서 이들은 우선 철저하게 국가권력과 대립되는 시민자치에 기초한 사회영역을 설정하고, "평민자치운동은 어떻게 실현될 수 있는가? 반드시 대

다수 평민의 정치적 각성을 바탕으로 조직적 대중을 이룬 뒤 자치운동을 전개하면 가능하다"고 전제하고, 러시아혁명의 예를 들어 중국의 "인민의 정도가 낮다"거나 "정치적 훈련이 결핍되어 있다"는 논리를 반박하고 "인민 정도의 고저는 원래 일정한 기준이 있는 것이 아니다. 인민의 정도가 어느 단계에 이르면 자치를 할 수 있다는 것은 아무도 장담할 수 없는 황당한 것이다. 소비에트제도가 처음 실행될 때 저 농부 공인의 정도 역시 중국의 평민과 다를 바 없었다. 그 많은 농민 공인들이 대표를 뽑고 소비에트에 참석하여 질서 정연하게 의안을 정리하였다. 비록 러시아 인민의 정도는 낮지만, 소비에트를 통해 정치적 훈련을 한 셈이다. 그런즉 중국 인민만이 진정한 평민자치를 할 수 없고 정치적 훈련만이 하여야 한단 말인가? 반대로 영원히 자치를 하지 않으면, 우리 국민은 영원히 훈련이 부족할 것이고, 그것을 높일 기회도 없을 것이니(「자치운동[自治運動]」, 2권 1호)라고 하였다.

이와 동시에 이들은 자본주의 일반을 계급 착취라는 점에서 비판하고, 국제 노동운동과 세계혁명을 주장하였다. "중국 민족이 자유 평등을 얻으려면, 자본국을 타도하지 않으면 희망이 없다. 이러한 입장에서는 전국을 일종의 노동단체로 전환시켜, 다른 나라의 노동단체와 함께 소수의 자본가를 타도하지 않으면 안 된다", "우리가 말하는 사회주의혁명은 세계혁명을 의미한다"(「중국의 실업을 발전시키기 위해서는 어떤 방법을 택해야 할까?[發展中國的實業究竟要採用什麽方法]」, 2권 2호).

그러나 『서광』은 이러한 자본주의에 대한 부정과 세계 혁명에 대한 희망에도 불구하고 그것을 실현할 만한 구체적인 방법을 제시하지는 못했다. 예컨대 후에 취추바이에 의해서 정립되는 혁명정당으로서 공산당이나 대중을 조직하여 정권을 구축하기 위한 구체적인 전망을 제시하지는 못하였다. 오히려 자본주의제도 일반, 국가일반을 부정하고 있다는 점에서 무정부주의에 기초하여 민주주의를 지향하였다고 할 수 있다. 이 점은 서광의 후속으로 발간된 신사회를 통해서도 확인된다. (오병수)

서림(書林)

1937년 중국 광저우에서 창간된 학술지

1937년 3월 10일 광저우(廣州)에서 창간되었다. 광저우시립중산도서관(廣州市立中山圖書館)에서 편집 출판하였으며 반월간이다. 1937년 8월 2권 4호를 출간한 후 정간되었으며, 총 12호가 간행되었다. 현재 인민대학도서관과 상하이도서관 등에 소장되어 있다.

도서관 간행물로 주로 도서관학과 서목이론(書目理論), 도서 분류와 편목(篇目)문제, 도서 관리의 이론과 방법, 판본과 목록의 연구, 중국과 외국의 서적에 대한 평가 등을 하였다.

내용은 각종 문헌과 비적(秘籍) 등에 관한 학술적인 글을 게재하였다. 국내외의 도서판본과 목록의 연구, 관련 사료의 고증과 교정 등을 포함하고 있다. 선본 도서(善本圖書)와 고본(稿本), 진본 서적(珍本書籍)의 서록(敍錄), 제기(題記), 서문(序文)과 발문(跋文) 등을 게재하였고, 도서 관리 이론과 방법에 관련된 논술을 발표하였다. 이와 함께 도서관, 장서가, 출판계 등과 관련한 조사보고와 탐방 등도 게재하였으며, 중국과 외국의 작가 등을 소개하였다. (김지훈)

참고문헌

王檜林·朱漢國, 『中國報刊辭典』, 書海出版社, 1992; 伍杰, 『中文期刊大詞典』, 北京大學出版社, 2000.

서북학회월보(西北學會月報)

1908년 서울에서 발간된 서북학회의 기관지

1908년 6월 1월에 발간하여 종간호가 확인되지 않은 서북학회의 학회지이다. 지금까지 1910년 7월에 나온 25호까지 확인된 상태이나, 20호 이후부터는 통감부의 압수 등으로 인해 구체적으로 몇 호까지 나왔는지 알 수 없다. 다만 한일강제병합 직전까지 발간이 되었을 것으로 추측이 된다. 호당 면수가 50~60쪽 정도여서 비교적 짧다. 창간호 판권을 보면, 주필에 박은식(朴殷植), 편집 겸 발행인은 김달하(金達河), 인쇄인은 이

달원(李達元)으로 나와 있다. 인쇄소는 보성사(普成社), 발행소는 한성 교동(校洞)에 소재한 서북학회이며, 발매소는 서울의 대한서림(大韓書林), 박문서관(博文書館), 중앙서포(中央書鋪) 등이었다. 따로 서북지역의 발매소를 두지 않았는데, 이는 서북학회의 활동이 대부분 서울에서 이뤄졌기 때문인 것으로 보인다. 이 잡지는 1978년 아세아문화사에서 한국개화기학술지의 하나로 전3권으로 영인하였는데 여기에는 19호까지만 제본되어 있다.

이 잡지는 논설, 교육부, 위생부, 잡조(雜俎), 사조(詞藻), 인물고, 법령적요·관보적요 등으로 구성되어 있다. 논설의 주요 내용은 실력양성론, 교육구국론, 실업진흥론 등으로 요약된다. 당시 계몽운동을 풍미하던 사회진화론을 기반으로 한 구국운동에 중점을 둔 것이다.

교육부는 정신교육, 가정교육의 중요성 및 외국의 학문을 소개하고, 상업교육을 강조하는 글을 싣고 있다. 위생부는 「국가론의 개요」라는 글의 제목을 통해 알 수 있듯이 질병예방이나 의학에 관한 글보다는 주로 위생이 부국의 기틀이 된다는 내용의 글이 실려 있다.

잡조에는 학회소식을 비롯하여 풍속기, 소논문 등 다양한 형태의 글을 소개하였다. 이를테면 4호에 실린 「민속(民俗)의 대관건(大關鍵)」은 유원표(劉元杓)의 글인데, 재혼의 문제를 심도 있게 다루고 있다. 이제는 재혼도 드러내놓고 혼인 절차를 밟아야 하며, 그것은 수치스럽거나 부도덕한 처사가 아니라는 점을 강조하고 이런 문제가 제대로 정리되어야만 민속은 새롭게 정리될 수 있을 것이라고 확신하고 있다. 당시 풍속개량과 관련하여 흥미로운 글이 아닐 수 없다.

한편 당대 만연했던 '영웅론'을 개진하기도 했는데, 박한영(朴漢榮)의 「시세(時世)가 조영웅(造英雄)」(2호) 등이 그 예이다. 심지어 「각국국력비교」(2호)라 하여, 1905년을 기준으로 각국의 국력을 수치로 나타내어 당시 주변 정세를 살피는 데 요긴한 정보를 제공했던 것으로 보인다.

인물고는 역사상 위대한 인물을 선정하여 그들의 활동을 본받고, 애국심을 고취하자는 취지로 마련한 난이다. 입전식으로 구성되어 있는데, 「휴정대사전(休靜大士傳)」(1호), 「이지란전(李之蘭傳)」(2호), 「정봉수전(鄭鳳壽傳)」(3호), 「박대덕전(朴大德傳)」(4호), 「한우신전(韓禹臣傳)」(5호), 「황순승전(黃順承傳)」(6호), 「김방경전(金方慶傳)」(7호), 「나언술전(羅彦述傳)」(9호), 「김경서전(金慶瑞傳)」(10호), 「최효일전(崔孝一傳)」(11호), 「정묘의사사략(丁卯義士事略)」(12호), 「임중량전(林仲樑傳)」(13호), 「김시습선생전(金時習先生傳)」(14호), 「이응거전(李膺擧傳)」(15호), 「김양언전(金良彦傳)」(16호) 등이다. 흥미로운 사실은 이들 대부분 인사들은 서북 지역 출신들이란 점이다. 인물고를 통해서 이 잡지는 서북민들의 정체성을 보여 주려 한 것이다.

사조에는 학회소식 및 회원들의 시, 문예활동 등을 실었다. 이는 서북학회의 구성원이 신흥 지식인과 시민층이었기 때문에 주로 실업교육장려, 민족산업의 육성 등을 강조한 것으로 생각된다. 이를 위해 매호마다 사립학교 설립에 관계된 법령을 수록하고, 이를 거점으로 계몽운동을 전개하려고 했던 사실은 주목할 만하다.

한편, 17호부터는 잡지의 체제가 상당히 바뀌는데, 논설, 교육부, 문예, 사조, 연단(演壇), 가총(歌叢, 또는 街叢), 담총(談叢), 잡조 순으로 배치되어 있다. 특히 가총, 담총란은 거리의 노래, 거리의 이야기들이 다양하게 취재되어 있는데, 이를테면, 인력거군의 수작(酬酌), 뚜쟁이의 수작, 그리고 아이들의 노래 등이 실려 있다. 이는 일종의 현장 르포적인 성격으로, 이 잡지가 이 시기 여타 잡지와 마찬가지로 정치적인 성향이 강하면서도 문화계몽지적인 성격을 갖추려 했다는 점을 보여 준다. 그리고 이 잡지에는 호를 거듭할수록 사회의 문제들을 심층적으로 분석하는 글을 많이 실렸다.

• 서북학회

서북학회는 1908년 민력 양성을 목적으로 서북 지방에서 설립된 계몽단체였다. 이 단체는 문명의 진보와 교육의 확장을 목적으로 한다고 천명했는데 종전의 한북학회(漢北學會)와 서우학회(西友學會)를 통합한

이 학회의 구성원은 주로 평안도, 함경도 황해도민이었다. 이들이 서울에 총사무소를 두고 회장, 부회장, 총무, 부총무, 평의원, 사찰원 회계, 서기 등의 직책을 두고 활발한 활동을 벌였던 것이다.

회장은 이동휘(李東輝)가 맡았으며, 잡지의 주필이었던 박은식은 임원이었고, 편집 겸 발행을 맡았던 김달하는 총무를 역임하였다. 월보간행을 위해서 주필 1명과 편집인 1명, 협찬원 19명을 두었다. 서북지방민으로 국권회복을 원하는 사람이면 누구나 회원이 될 수 있었다. 회원은 약 2500명 정도에 이른 것으로 추산되며, 주로 신지식인과 신흥시민층이 참여하였다. 특히 이 학회의 계몽강연활동은 학회의 여러 모임을 통하여 급속히 확산되었으며, 애국심 고취와 실력양성운동에의 참여를 촉구하였다.

이 학회는 국권을 회복하고 인권을 신장하여 입헌공화국의 수립을 목적으로 하였다. 이를 위하여 학보간행, 계몽 강연, 청년지도를 통한 민족계몽운동 등을 전개하였다. 서북협성학교(西北協成學校), 수상야학(水商夜學), 측량과(測量科), 심학강습소(心學講習所), 농림강습소(農林講習所) 등을 설치, 인재를 양성하였다. 그 뒤 일본 통감부의 탄압이 강화되자, 독립전쟁전략을 채택하여 국외의 독립군기지건설과 무관학교설립운동에 주력하였고, 1909년에는 지도층이 만주 등지로 근거지를 옮겨 계몽운동을 국외 독립군운동으로 전환시키는데 기여하기도 하였다. (정환국)

참고문헌

한국학문헌연구소 편, 『西北學會月報』 상·중·하, 아세아문화사 영인본, 1978; 김근수, 『한국잡지사』, 청록출판사, 1980; 최덕교 편저, 『한국잡지백년』, 현암사, 2004.

서선일보(西鮮日報)

1906년 진남포에서 창간된 일본어 일간지

1906년 평안남도 진남포에서 하세가와 요시오(長谷川義雄)가 창간한 일본어 일간지이다. 1920년 『평양매일신문』과 통합됨으로써 발간이 중지되었다가, 1923년 재간되었다.

1929년 현재 서선일보사의 사장은 하세가와이며, 자본금 5만 원의 개인 경영 회사였다. 본사는 진남포에 있었으며, 석간 4쪽으로 매일 발간되었다. 주요 설비로는 윤전기 1대, 사용 활자는 7포인트 75, 카피기, 연판 주입기, 연판 마무리기가 각 1대씩 구비되어 있었다. 지면은 1행 15자, 1단 135행, 1면 12단으로 구성되었다. 월 구독료는 70전, 광고료는 보통면 1행 1원, 특별면 1행 1원 15전이었다. 아직 실물은 발굴되지 않았다. 서선일보사에서 발간한 단행본으로 『도미다옹사적(富田翁事蹟)』(1915)이 국립도서관에 보관되어 있다. (윤해동)

참고문헌

中村明星, 『朝鮮滿洲新聞雜誌總覽』, 新聞解放滿鮮支社, 1929.

서양학예잡지(西洋學藝雜誌)

1887년 일본 서양학예잡지사가 발행한 학예잡지

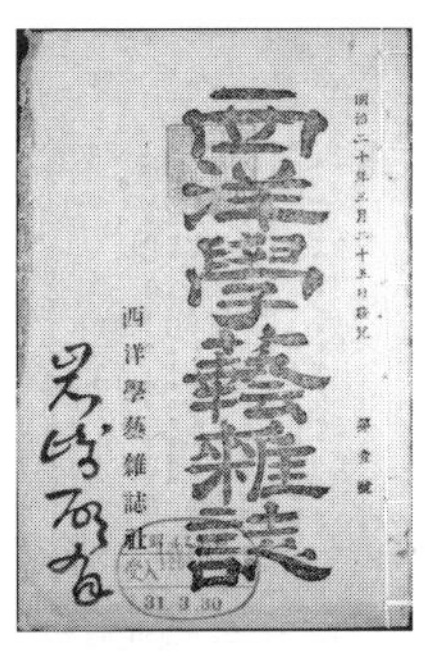

1887년 3월 25일 서양학예잡지사(西洋學藝雜誌社)가 발행하고, 나카무라 후쿠타로(中村福太郎)가 편집한 학예잡지이다. 잡지의 원본은 가가와대학(香川大學) 중앙도서관 등이 소장하고 있다.

잡지는 주로 구미의 여러 학설을 번역하여 소개하고, 시사적인 화제를 제공했다. 또 잡지는 영어독학자에게 입문용 교재를 활용한 영어 첫걸음을 게재했다. 본지는 소위 어학잡지 형태가 확립되던 메이지 시기의 초기 단계를 반영한 것이다.

잡지 발행의 목적은 '일문의 부' 서두에 밝혀져 있다. 그 내용은 개국 이후의 문명개화정책에서 유형적 학리(學理), 즉 소위 형이하 분야에서의 진보에 비해 무형적 학리는 아직 진보하지 못했다는 것이다.

또 이에 대해 「본지의 목적」에서는 "우리나라의 문명은 구미로부터 전래된 구미의 문명이 번성하고 많다. 우리의 문명은 아직도 깊지 않다. 우리의 개화는 피상적이다. 그리고 유형적 진보는 멀지 않아 따라갈 수 있으나, 무형적 진보는 쉽사리 한걸음도 나아가지 못하고 있음을 알아야 한다. 우리의 급무는 그들의 좋은 점을 받아들여 단점을 보충하는 데에 있다. 우리는 앞으로 나아가 사회를 향한 진정한 문명의 대표자 즉 혼잡의 수부자(受負者)가 되어야 한다. 오로지 세상 사람들과 더불어 이 혼잡번다(混雜繁多)한 속계에 표박하여 훗날을 기다려야 한다. 진정한 진리를 발견하고 완전무결한 사회를 세워야 한다. 우선 그 수단으로 우리보다 앞선 그들을 표준으로 삼고 앞으로 나아가 진계(眞界)에 도달하기를 바란다"고 강조하고 있다.

더욱이 「사고(社告)」라는 형식의 광고에는 잡지에 대해 "본지가 추구하는 바는 구미의 학리(學理)를 연구하는 데에 있다. 세상 일반의 저역(著譯)이 아무리 고상하고 훌륭하더라도 그러한 학리는 통속적이고 쉬워 부녀자까지도 쉽게 이해할 수 있어야 한다. 여러 대가와 선생의 강술은 그 글의 뛰어남 보다 오히려 글의 의의를 해부하는 데에 있다. 영학(英學)은 제군의 질의에 응하고자 한다"며 메이지 영학 시대의 잡지임을 내걸고 있다.

이러한 방침을 표명한 아래 창간호 내용은 다음과 같다. 먼저 「학술의 부(學術の部)」는 「사회몽상론 물 씨 원저강의[토마스 모어의 유토피아론](社會夢想論ムール氏原著講義[トーマス・モアのユートピア論])」, 「라셀라스전 존슨 씨 원저강의(ラセラス傳ジョンソン氏原著講義)」, 「경제론 호세트 씨 원저강의(經濟論ホーセット氏原著講義)」, 「자유무역론 몽글레덴 씨 원저강의[영국의 자유무역연혁사](自由貿易論モングレデーン氏原著講義[英国の自由貿易沿革史])」, 「법률원론국법 번역[듀리 씨 법률원고발](法律原論國法 飜譯[テュリー氏法律原論抜])」, 「정치론 리벨 씨 원저번역[주해](政治論リーベル氏原著飜譯[註解])」가 게재되었다.

또 잡록으로는 「유령은 왜 다리가 없는가(幽靈に足なきは何故ぞ)」, 「신공부의 착발탄 외(新工夫の着發彈ほか)」가 게재되었고, 권말에 횡서로 시작되는 '영학 입문의 부(英學入門の部)'는 웹스타의 스펠링 북, 뉴내셔널 및 롱맨의 제1독본, 일영회화편이 직역 형식으로 20페이지에 걸쳐 게재되었다. (이규수)

참고문헌

牛島俊 作, 『日本言論史』, 河出書房, 1955; 『近代文學雜誌事典』, 至文堂, 1965; 桂敬一, 『明治・大正のジャ-ナリズム』, 岩波書店, 1992.

서우(西友)

1906년 서울에서 발행된 계몽 잡지

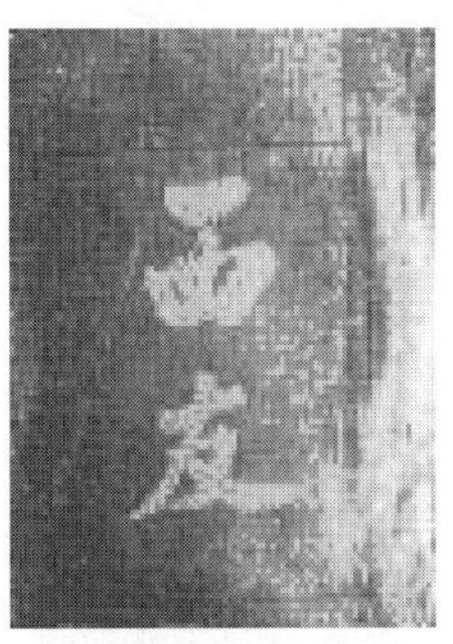

1906년 12월 1일 서우학회(西友學會)에서 창간했으며, 1908년 1월 14호로 종간되었다. 매월 1일 1회씩 발간되었으며, 매호 50쪽 전후 분량이다. 창간호 판권을 보면, 주필에 박은식(朴殷植), 편집 겸 발행인에 김명준(金明濬)이었으며, 인쇄소는 보성사(普成社), 발행소는 경성에 소재한 서우학회관(西友學會館), 발매소는 경성의 동화서관(東華書館), 평양의 대동서관(大同書觀), 의주의 한서대약방(韓西大藥房), 재령(載寧)의 제중원(濟衆院) 등이었다. 9호부터는 편집 겸 발행인이 김달하(金達河)로 바뀌고 인쇄소도 경성일보사(京城日報社)로 변경되었다. 박은식과 김달하는 이 잡지의 후신인 『서북학회월보』의 주필과 편집을 맡게 된다. 1978년 아세아문화사에서 한국 개화기 학술지의 하나로 영인되어 있다.

이 잡지의 목차를 살펴보면, 사설(社說)·논설·교육부·위생부·잡조(雜俎)·아동고사(我東古事)·인물고·사조(詞藻)·문원(文苑)·시보(時報)·회보 등으로 구성되어 있다.

사설에서는 주로 애국계몽활동을 촉구하는 내용이 담겨져 있는데, 창간호에 실린 박은식)의 논설에서는 과거에 있었던 도계(道契)가 학회의 배태(胚胎)라 할 수 있지만, 도계가 단순히 계원의 상부상조를 목적으로 했던 하는 것과는 달리 학회는 청년 교육의 진기(振起)와 동포의 지식 개발, 단체를 결성하여 국가의 기초를 세우는 것이라 하였다. 그리고 서도(西道)는 문명개화가 타도보다 앞선 데다 국민 교육 의무를 책임지고 학회를 조직하였으니, 이후 전국 문명개화의 최선두로써 계몽운동에 진력해야 함을 말하고 있다.

논설에서는 교육구국론·의무교육론·구습개혁론·사회진화론·실력양성론 등 계몽사상을 논하고 있다. 1호부터 14호까지의 논설 목차를 보면, 「교육이 불흥이면 생존을 부득」, 「구습개량론」, 「단체 성부의 문답」, 「기회 비희(悲喜)」, 「사범양성의 급무」, 「인민의 생활상 자립으로 국가가 자립을 성함」, 「평양과 개성의 발달」, 「문약지폐는 필상생국(必喪生國)」, 「국민의 특성」, 「자치론」, 「자조론」 등으로 그 대강이 계몽과 교육에 있음을 알 수 있다. 한편, 8호에 실린 박은식의 논설에서는 현재 국세가 기울게 된 데에는 정부의 책임뿐만이 아니라 민중의 나태나 무사안일의 습관에도 있다 하여 그 습관을 고칠 것을 주장하고 있다.

교육부에서는 국권회복을 위한 실력양성 중에 으뜸은 교육임을 강조하고, 인재를 양성할 학교교육의 중요성을 강조하고 있다. 그래서 미국의 교육제도, 여자교육, 가정교육, 체육교육, 교육 관련 법안, 사범 교육을 소개하고 박은식의 번역으로 학교총론이라는 량치차오의 글을 소개하고 있다. 또한 가정학, 유학에 대한 글을 번역하여 소개한다.

위생부에서는 의사인 김봉관(金鳳觀)이 위생문제를 다루고 있는데, 서양의 위생학을 골간으로 하여 공기, 음식물, 의복의 청결함을 강조하고 있다.

잡조(雜俎)에서는 민중의 애국심을 고취하는 글과 구미 각국 인민들의 애국심을 사례, 우리 민족의 문제점, 실업 교육과 실업 발전 방안 및 자원의 개발 등에 관한 글을 소개하고 있다. 특히 2호에 실린 주시경(周時經)의 「국어와 국문의 필요」는 이 잡지가 한문현토 형식의 글쓰기인데도 순국문으로 쓰였으며, 국가와 자국어와의 관계를 명확히 규정하고 있다. 곧 "한 나라에 특별한 말과 글이 있는 것은 곧 그 나라가 이 세상에 천연으로 한몫 자주국 되는 표요 그 말과 그 글을 쓰는 인민은 곧 그 나라에 속하여 한 단체되는 표라"하여 국어와 국문, 국가와 국민의 관계를 서구의 근대국가의 탄생과 연결시켜 설명하였다. 주시경의 이 글은 이후 이른바 '국문운동'의 시발점이 된다는 점에서 의미가 크다.

아동고사(我東古事)란에서는 우리나라의 사적 등을 소개하고 있다. 즉 삼성사(三聖祠)·기자묘(箕子廟)·동명성왕의 유적·신라 시조·탐라국·가배절(嘉俳節)·선덕성(善德聖)·화랑·만파식적·죽장능(竹長陵)·서출지(書出池)·경성고탑(古塔) 등이 정리되어 있다.

인물고에서는 우리나라의 역사상 인물들을 소개하고 있는데, 소개된 인물을 살펴보면, 팽오(彭吳), 왕수긍(王受兢), 대부례(大夫禮), 아란불(阿蘭弗), 성기(成己), 부분노(扶芬奴), 송옥구(松屋句), 밀우(密友), 유유(紐由), 을지문덕, 양만춘, 김유신, 온달, 장보고, 정년전(鄭年傳), 강감찬, 김부식, 이순신 등이다. 당시 사회진화론적 인식에서 영웅예찬론은 일반적 경향이었는데 부분노, 밀우, 을지문덕, 김유신, 강감찬, 이순신 등 강국과의 전쟁에서 무인으로서 전쟁을 승리로 이끈 인물들에게 많은 지면을 할애하고 있다.

이 점에 대해서는 확인해 둘 것이 있다. 즉 이 시기 '영웅론'은 크게 두 가지 지점을 가지고 있었는데 한쪽은 실력양성론에 기반한 영도자 유형이었고, 다른 한쪽은 무력 항쟁을 지휘한 장군 계열이었다. 대체로 자강 계열의 인사들은 영도자 유형을 선호하였는데, 여기서는 장군 계열의 무력 투쟁을 촉구했던 모양이다. 신채호도 1909년에 가면 이런 무력 투쟁에 필요한 영웅을 갈구한 바 있다. 이 밖에 시보에서는 국내외 소식을, 회보에서는 학회의 소식을 전하고 있다.

• 서우학회

서우학회는 1906년 10월 박은식 외 11명으로 발기한, 서도 출신들이 중심이 되어 만든 학회이다. 회장에는 정운복(鄭雲復), 부회장 겸 총무원에 김명준(金明濬), 평의장에 박은식 등 14명으로 구성되었으며, 1907년에는 미국에서 돌아온 안창호(安昌浩)도 참가하였다. 이 학회는 서도인의 친목과 교육 사업을 위해 조직되었으나, 실상 민족의 대동단결을 도모하기 위한 것이었다.

취지서를 한번 보자. "범물이 고(孤)하면 위(危)하고 군(群)하면 강(强)하며 합(合)하면 성(成)하고 이(離)하면 패(敗)함은 고연지리라 신금세계(矧今世界)에 생존경쟁은 천연(天演)이오 우승열패는 공례라 위(謂)하는 고로 사회의 단체성부로써 문야(文野)를 별하며 존망을 판하느니 금일오인의 여차히 극렬한 풍조를 당착하야 대이(大而)국가와 소이(小而)국가의 자보자전지책을 강구하면 아동포청년의 교육을 개도면려하야 인재를 양성하며 중지를 계발함이 즉시국권을 회복하고 인권을 신장하는 기초라……." 이처럼 강경한 어조로 국권회복을 염원하고 있다. 이 같은 학회의 취지와 맞물려 이 잡지에는 계몽과 교육이 국권회복의 차원에서 개진되고 있다.(정환국)

참고문헌

한국학문헌연구소 편, 『西友』 상·하, 아세아문화사 영인본, 1978;
최덕교 편저, 『한국잡지백년』, 현암사, 2004.

▌서울

1919년 서울에서 발행된 종합지

1919년 12월 15일 창간되어 1921년 9호를 끝으로 종간되었다. 그 사이 1920년 10월 15일 발간 예정이던 8호가 압수되어 1920년 12월 15일에 발간되었으며, 1921년 2월 9호 원고가 압수되면서 완전 폐간되는 과정을 겪었다. 매월 15일 발간을 예정하였으나 실제로는 거의 격월간으로 발행되었다. 표지에는 상단에 "THE SEOUL"이라는 영문 제호가 붙었고, 검은 바탕에 흰 글씨로 "서울"이라는 제호가 붙었다. 편집 겸 발행인은 장도빈(張道斌)으로, 그는 단독으로 이 잡지를 발간하였다. 인쇄인은 최성우(崔誠愚), 인쇄소는 신문관(新文館)이며, 발행소는 1호부터 3호까지는 서울사에서, 4호부터 종간호까지는 한성도서주식회사(漢城圖書株式會社)인데, 한성도서주식회사는 이봉하(李鳳夏) 등이 설립한 최초의 기업적 출판사이기도 하다.

장도빈은 블라디보스토크 망명시절 조선인의 나태성과 무위도식하는 사고방식을 보고 이를 극복하기 위한 교육의 필요성을 절감하였다. 그리하여 귀국 후 언론기관 또는 출판회사를 설립하여 교육에 힘쓰게 되는데, 이 잡지의 창간은 가장 처음 진행된 사업이었다. 그는 이 잡지의 대부분의 기사를 작성하기도 하였다. 여러 사정이 있었겠지만 경영의 어려움도 적지 않았던 것으로 판단된다. 집필진은 그 외에 오천석, 전영택, 양기탁, 김억 등이 참여하였다.

전체 목차를 살펴보면 크게 논문, 문예, 기행, 시 등으로 편제되어 있다. 주로 문예물이 중심이나, 국사의 보급과 발달된 서구문명, 그리고 1차 세계대전 이후 변화하는 국제정세를 소개하는데 심력을 기울이고 있다. 이 기사들에는 세계개조의 대세에서 우리도 낙오하지 않기 위해 개조에 힘써야 한다는 취지가 들어 있다.

내용 중 「조선독립운동사건전말」, 「세계에 대한 조선인의 요구」(이상 6호) 「조선청년에게 고함」, 「강화조약의 정문(正文)과 각국 현세」, 「조선교육의 근본문제」, 「법륭사(法隆寺)」, 「조선청년회연합회기성회의 경과」(이상 8호) 등의 기사는 일제의 검열에 의해 전문 삭제를 당한 비운을 겪기도 했다. 그리고 제2호에 실린 「연개소문실기」는 장도빈이 쓴 작품으로, 상당한 분량을 자랑하는데, 실제 이 작품은 뒤에 단행본으로 출판이 이루어졌다. 한편, 1920년 6월에 발행된 6호부터는 마르크스와 크로포트킨·레닌 등을 소개하고 있기도 하다. 하지만 이들의 사상 소개나 평가는 지양하고 단지 인물의 약력을 주로 소개하는 정도에 그치고 있다. 아마도 검열을 의식하였기 때문으로 판단된다. 그러나 단편적이나마 이런 인물들이 소개됨으로써 새로운 사상의 유행으로 사상계의 변화가 일고 있다는 점을 감지할 수 있다.

그런데 이 잡지가 주장하는 중요한 부분 중에 한 가지는 조선의 쇠락의 원인을 규명하고 있는 점이다. 장도빈은 조선의 쇠락 원인으로 유교·한학의 폐해, 조선인의 당파성과 끈기의 부족 등을 들고 있다. 그러면서 서구사상의 유래로 인한 신구사상의 충돌과 서양숭배열을 우려하면서, 서구사상제도의 도입은 어디까지나 민족적 현실에 기반하여 이루어져야 한다고 주장한다.

이 잡지의 발간은 바로 3·1운동 직후였다. 그러나 역동적인 정세의 변화를 실감할 만큼의 내용은 싣지 못하고 있다. 대체로 미온적인 성격의 글이 많다는 것이다. 게다가 편집체계도 일관성이 없고 산만한 편이다. 이 점은 당시 출판법의 시행과 검열의 문제와 결부해서 이해할 부분이다. 『서울』의 경우, 출판법에 의해 발행허가가 난 잡지이기 때문에 시사평론이나 정치적 논설은 찾아보기 힘들다. 그러나 이 잡지는 1차 세계대전 이후 국제정세의 변화와 신사상을 소개하고 조선의 구사상과 구관습을 비판하는 등 1920년대 초반의 중요한 논의였던 개조론을 전개하였다. (정환국)

참고문헌

최덕교 편저, 『한국잡지백년』, 현암사, 2004.; 국립민속박물관 편, 『한국세시풍속 자료집성』, 국립민속박물관, 2003.

▌서울프레스(The Seoul Press)

1907년 서울에서 창간된 통감부의 영문 기관지

1907년 7월 18일 서울에서 창간되었다. 종간호는 1937년 5월 30일(지령 9089호)이다. 영문으로 발행되었고, 대형 4면 3단제였다. 편집 겸 발행은 도모토 모토사다(頭本元貞)였고, 일본인 기자가 쓴 것을 당시 영어학교 교사인 프램톤이 교정하여 평판으로 발행하였다. 매장당 20전이었고, 월 정가는 2원 50전이었다. 영인출판되어 나와 있다.

이토 히로부미(伊藤博文)가 영국인 베델(Ernest Thomas Bethell, 한국명 배설[裵說])의 『코리아데일리뉴스(The Korea Daily News)』와 미국인 헐버트(Homer B. Hulbert) 박사의 『코리안리뷰(The Korea Review)』 등이 배일적 영자 신문을 낸 것에 대항하기 위해 1907년 2월 10일 이토의 공보비서였던 도모토 모토사다(頭本元貞)를 편집 겸 발행인으로 하여 발행한 통감부 기관지였다. 일간지였는데, 일본인 기자가 쓴 것을 당시 영어학교 교사였던 프램톤이 교정하여 발행했다.

1면과 4면에 광고를 실었고, 해외뉴스를 비롯하여, 국내 잡보와 라디오 프로 및 당시의 외환 시세를 매일 게재한 것이 특기할 만하다.

국권 침탈 후에는 조선총독부의 기관지로, 한국에서 발간되는 유일한 영어 신문이었는데, 1930년 2월에는 조선총독부의 일어판 기관지였던 『경성일보』에 통합된 후 1937년 5월 30일자 지령 제9089호(5.30)로써 자진 폐간했다. 폐간사는 2면에 게재했다. 이로써 8·15광복 때까지 한국에는 영어 신문이 하나도 남지 않게 되었다.

『서울프레스』 발간 무렵에 일본과 중국에는 이미 여러 종류의 영어 신문이 발행되고 있었다. 그러나 조선에는 영국인 베델의 『코리아데일리뉴스』와 헐버트의 월간잡지 『코리아리뷰』가 발행되고 있을 뿐이었다. 일본인과 중국인을 제외한 외국인 거주자는 전국적으로 730명에 불과했던 조선에서 두 개의 영어 일간지가 발행되는 것이 불가능하다는 것은 상식일 터였다.

그럼에도 통감부가 굳이 영어 신문을 발간한 이유는 여러 가지로 생각해볼 수 있다. 우선 항일 언론을 견제하고 봉쇄하기 위한 것이었다고 생각해 볼 수 있다. 이를테면 『코리아데일리 뉴스』와 『코리아리뷰』가 일본의 침략정책을 신랄하게 비판하는 반일 논조의 신문이었으므로 『서울프레스』로 하여금 이 두 신문에 대항케 했던 것이다. 통감부는 본지에 충분히 경영 자금을 지급하여 『코리아데일리뉴스』와 『코리아리뷰』에 맞서도록 했고, 이들 언론이 존재하지 못하도록 할 계획이었다.

또한 『서울프레스』를 통해 일본의 침략정책을 더욱 효율적으로 홍보할 수 있었는데, 서울 거주 외교관들과 서양 선교사 및 서양인들은 조선 정세를 파악하기 위해 어쩔 수 없이 영어 신문을 보아야 했으므로, 『서울프레스』는 일본의 가장 효과적인 선전기관이었다.

한편, 본보를 통해 국제 여론의 지지를 꾀할 수도 있었다. 『서울프레스』는 서울에서 발간되었지만 일본 내각의 기관의 『재팬 타임즈(The Japan Times)』와 긴밀하게 연관되어 있었다. 『서울프레스』의 기사와 논설은 『재팬 타임즈』가 인용하거나 전재함으로써 일제의 정책을 선전하는 효과는 증대되었다. 뿐만 아니라 일본과 중국 등에서 영국인들이 발행하는 독립된 영어 신문들이 『서울프레스』를 인용하는 일도 있었으므로 그 영향력은 나라 바깥에까지 미칠 수 있었다. 또한 서울 주재 외교관들은 조선 정세를 본국에 알리는 자료로도 이 신문을 인용하는 경우가 많았으므로 열강국의 외교정책 수립에도 일제에게 유리한 방향으로 유도할 수 있었다.

본지의 전신은 영국인 하지(John Weekeley Hodge)가 주간으로 발행하던 『서울프레스 위클리(The Seoul Press Weekly)』였다. 이 주간지는 1905년 6월 3일 창간되었는데, 주한 일본공사관의 보조를 받다가 마침내 통감부가 그 판권과 제호를 매수하여 일간으로 발전시킨 것이다. 『서울프레스』는 1년 반 동안 주간으로 발행되었다.

주간이었던 하지는 1892년 5월 일본 나가사키를 거쳐 조선에 도착한다. 도착 후부터 그는 서울 낙동에 있는 성공회의 인쇄시설을 맡아 일한다. 성공회의 문서 선교사업을 하다가 그는 성공회로부터 자립할 무렵부터 『서울프레스 익스프레스(Seoul Press Express)』를 일간으로 발행한다. 이 신문의 정확한 창간 날짜는 정확하지 않다. 『서울프레스 익스프레스』는 주간 『서울프레스 위클리』가 창간되기 전부터 일간으로 발행되었고, 위클리가 창간된 뒤에도 익스프레스는 계속 발행되었다. 『서울프레스 위클리』의 판권에는 『서울프레스 데일리 익스프레스』를 구독하는 사람에 한해 월 구독료를 2엔으로 했고, 『서울프레스 위클리』만 구독하는 경우는 1.30엔으로 책정했다.

『서울프레스 위클리』가 창간될 당시에는 1904년 7월 베델이 창간한 『코리아데일리뉴스』가 자금난으로 1905년 3월부터 휴간 중이었고, 헐버트의 월간지 『코리아리뷰』가 유일한 영어 정기간행물이었다.

헐버트는 『서울프레스 위클리』가 조선의 실정을 올바르게 알리고, 조선의 처지에서 대변해 주기를 바란 바 있다. 그는 『코리아리뷰』에서 『서울프레스 위클리』의 창간을 환영하는 글을 통해, 『서울프레스 위클리』가 조선의 실정을 올바르게 알리고, 조선의 처지에서 대변해 주기를 바랐다. 그는 일본 당국과 민간인들이 조선인들에게 혜택을 주기 위함이라고 주장하면서 내놓는 모든 사업에 대해 명확하고도 충분히 알려져야 할 것과 만일 그런 일들이 갖는 해악이 있다면 일반인들에게 공개되어 이곳 실정에 맞게 지성적 여론이 형성되게 해야 한다고 했다.

『서울프레스 위클리』가 창간된 지 2개월 뒤인 8월 11일에는 휴간 중이었던 베델의 『코리아데일리뉴스』도 속간되었다. 속간된 『코리아데일리뉴스』는 일본을 신랄하게 비판하는 논조를 그대로 견지했다.

그러나 당시 주한 일본공사관은 하지에게 매월 보조금을 지급하는 대가로 『서울프레스 위클리』를 완전히 일본의 입장을 대변하는 신문으로 만들어 달라고 제의했다. 『코리아데일리뉴스』가 속간된 지 10일 뒤인 1905년 9월 21일이었다. 일본 공사관은 하지에게 매월 350엔씩을 지급하고, 이에 따르는 대가로 하지는 타블로이드 주 8면이었던 신문을 12면으로 늘리고, 논조 역시 일본 측의 요구에 맞는 내용으로 제작해 달라는 것이었다. 하지는 일본의 제의를 기꺼이 받아들인다.

한편, 일본공사관은 영국 측에 반일 논조의 『코리아데일리뉴스』를 발행하는 베델의 처벌을 요구하는 한편, 베델을 매수하는 방법도 생각하면서 『서울프레스』

를 적극적인 친일 신문으로 만들었다.

1906년 4월 헐버트 발행의 『코리아리뷰』에서는 『서울프레스』를 가리켜 "일본인들의 감정을 대변하는, 적어도 일본의 준 기관지로 볼 수밖에 없다"고 평하고 있고, 1906년 4월, 7월호 『코리아리뷰』에서 『서울프레스』를 강도 높게 비판하고 있다. 결국 하지의 『서울프레스』는 1906년 11월까지 발행된 다음 통감부로 판권이 넘어갔다.

한편 『서울프레스』는 일간으로 발행되기 직전인 11월 21일부터 24일까지 『대한매일신보』에 영문에 능한 조선인 편집위원을 구한다는 광고를 게재하고 있다. 『서울프레스』가 일간으로 발행되기 시작한 것은 1906년 12월 5일부터였고, 주간지의 지령을 이어받지 않고 새로 창간하는 형식으로 호수를 처음부터 매기기 시작했다.

본보가 발행되는 동안 조선에 거주하는 외국인은 많지 않았지만 그들은 당시 조선의 운명을 좌우할 수 있는 비중 있는 인물들이었다. 또한 영어로 된 신문은 조선 내에 거주하는 외국인들만을 대상으로 하는 신문이 아니었기에, 일본은 적자를 감수하고 이 신문을 통해 조선 내 외국인에게, 일본의 조선 진출을 정당화하고 여론을 자신들에게 유리하도록 하려는 목적을 갖고 있었다. (이경돈)

참고문헌

『한국신문백년 사료집』, 사단법인 한국신문연구소, 1975; 『한국신문백년지』 1, 한국언론연구원, 1983; 이해창, 『한국신문사연구』, 성문각, 1983; 정진석, 『언론조선총독부』, 커뮤니케이션북스, 2005.

서일본(西日本)

1932년 일본 교토에서 발행된 문예지

1932년 일본의 교토(京都)에 있었던 일본문화사(日本文化社)에서 발행한 잡지이다. 간사이 지방(關西地方)의 몇 안 되는 종합문예지 가운데 하나이다.

전쟁 기간에 잡지의 존재 이유와 발행 목적은 '동일본(東日本)은 문화의 주도권를 가지고 있지만, 조악한 저널리즘과 집필료(執筆料)를 산정하면서 생겨난 출판문화가 신생 일본의 피와 정열을 더럽히고 있다. 지방의 건강한 전통과 비약을 담고 있는 혼은 서일본(西日本) 문화 밖에는 없다. 서일본(西日本)은 무릇 동서를 다시 통일하려고 하기보다는 엄혹한 전시하(戰時下)에서 일본 문화의 강인함과 정열(情熱)한 사상의 모태(母胎)가 되어야 한다'는 것이었다.

1943년 6월 합병호의 주요 목차는, 「남방미술과 화가의 과제(南方美術と畵家への課題)」, 「만주화신(滿洲畵神)」, 「잊히진 아이들(忘れらた子等)」, 「임나부 전후(任那部戰後)」, 「정국의 마음(靖國のこころ)」, 「튼튼한 검양의 도(健儉讓の道)」, 「국기의 마음과 역사(國旗のこころと歷史)」 등이었고, 전쟁을 주제로 한 시가가 몇 편 게재되었다.

이 잡지의 편집자와 경영자가 소위 일본낭만파(日本浪漫派)와 어떠한 관계가 있었는지는 알 수 없다. 그러나 잡지의 내용과 성격을 보면, 적어도 일본낭만파적 지향과 전혀 관계가 없었다고 볼 수는 없다. 이것은 집필진이 일본낭만파였다는 의미가 아니라, 역으로 전혀 인연이 없는 사람들이 집필진을 구성하고 있었다.

어쩌면 소외되고 문화나 전통의 정통성을 주장하고자 하면, 일본낭만파의 언어나 발상의 필요했던 시대적 폐쇄성을 보여 주는 것이라고 생각된다. 이러한 폐쇄성은 전쟁 말기가 되면 더욱 현재화(顯在化)되었다. (문영주)

참고문헌

高崎隆治, 『戰時下の雜誌その光と影』, 風媒社, 1976, 201~202쪽; 松浦總三, 『體驗と資料 戰時下の言論彈壓』, 白川書院, 1975; 高崎隆治, 『戰時下のジャ-ナリズム』, 新日本出版社, 1987; 『日本出版百年史年表』, 日本書籍出版協會, 1968.

서화협회회보(書畵協會會報)

1921년 서울에서 발행된 미술 잡지

1921년 10월 25일 창간된 최초의 미술 잡지이다. 근대 최초의 미술단체인 서화협회의 기관지이다. 1922년 3월 2호를 발간하고 종간되었다. 편집 겸 발행자 홍방현(洪邦鉉), 인쇄자 최성우(崔誠愚), 인쇄소 신문관(新文館), 발행소 서화협회(서울 장교동 8), B5판, 정가는 40전이다. 배송비 포함 42전이었다.

최초의 미술 잡지이다. 창간사는 김돈희(金敦熙)가 집필했다.

창간호의 게재된 글들의 내용은 「서(書)의 연원(淵源)」, 「동서양화(東西洋畵)의 연원」, 「서화연구법(書畵硏究法)」 등이었다. 이외에 작품사진, 기념 휘호, 화단 소식, 협회 소식 및 회원의 동정, 회원의 명단과 주소, 협회 규칙 등이 실렸다.

작품으로는 김홍도의 산수작품, 전 현직 작가들의 작품 외에도 중국인 오창석의 작품, 일제 총독의 축필을 비롯해서 일본인들의 작품이 있었다. 잡지를 홍보하면서는 '조선 초유의 미술 잡지로써 서화가뿐 아니라 일반 문예가의 상식을 얻기에 좋은 출판물'이라고 자부하였다. (남기현)

참고문헌

최덕교 편저, 『韓國雜誌百年』 3, 현암사, 2004; 『동아일보』, 1921.10.27.

선구(先驅)

1922년 중국 베이징에서 반월간으로 발행된 중국사회주의 청년단의 간행물

반월간으로 발행된 중국사회주의청년단의 간행물이다. 1922년 1월 15일에 베이징(北京)에서 창간되었다가 1923년 8월 15일에 정간되었다. 『선구』는 모두 25호가 간행되었다. 초기에는 베이징 지방 사회주의청년단 조직에서 편집하여 출판하였다. 류런징(劉仁靜)과 덩중샤(鄧中夏)가 주간하였다. 그러나 베이징 군벌정부에서 발행을 금지했기 때문에 4호부터 청년단 임시 중앙국이 지도하였고 상하이에서 스춘퉁(施存統)이 주간이 되어 편집 출판하였다. 8호는 다시 사회주의청년단의 중앙집행위원회에서 편집 출판하였고, 이 시기의 주간은 차이허썬(蔡和森), 가오창더(高尙德), 스춘퉁, 지우(寄吾) 등이었다.
상하이도서관 등에 소장되어 있다.

「발간사」에서는 국민을 자각시키고, 인습, 노예성, 의뢰심 등의 습관을 타파하며 반항하는 창조적 정신으로 대체하도록 노력하는 것과 실제적으로 중국문제를 해결하는 방안을 찾는 것이라는 발간 목적을 명기했다. 적극적으로 마르크스레닌주의를 선전하고 소련과 국제공산주의운동의 상황을 소개했다. 특히 레닌주의와 레닌의 민족식민족문제에 관한 이론을 선전했다. 『선구』는 가장 처음 레닌이 코민테른 제2차 대표대회에서 제출한 「민족과 식민지문제에 관한 테제」(미완)와 「원동 각국 공산당 및 민족혁명단체 제1차 대회의 선언」을 번역하여 게재했다.

『선구』는 소련의 상황을 소개하는 것을 중시하여 「러시아의 신경제정책(俄國的新經濟政策)」, 「소비에트러시아의 아동교육과 위생(蘇俄之兒童教育及衛生)」, 「노동자농민러시아의 정치(勞農俄國的政治)」, 「소비에트에서 하는 사업(蘇維埃所做的事業)」, 「6종의 소비에트에 대한 비난(六種對于蘇維埃的非難)」, 「노동자농민러시아의 대표인물(勞農俄國的代表人物)」, 「전국러시아청년공산연맹(全俄靑年共産聯盟)」 등을 게재했다.

『선구』는 소년공산국제(少年共産國際)와 각국 청년운동 관련 자료를 번역하고, "국제청년공산주의운동호(國際靑年共産運動號)"와 "국제소년일 기념호(國際少年日記念號)", "소년국제대회호(少年國際大會號)"를 게재하였다. 「국제청년공산당당강」, 「소년국제집행위원회의 보고」, 「소년국제간행물결의안」 등을 소개하였다.

『선구』는 장둥쑨(張東蓀), 장쥔마이(張君勱) 등의 길드주의와 무정부주의를 비판하였다. 사회주의청년단과 청년운동문제와 관련된 글을 대량 수록하였다.

사회주의청년단 제1차 전국대표대회 이후 『선구』

는 사회주의청년단 중앙집행위원회의 간행물이 되어 청년단의 시국에 대한 주장, 중대한 사건에 대한 선언과 중앙집행위원회의 중요 통고, 전단 등을 발표하였다. 『선구』는 주로 사회주의청년단 제1차에서 제2차 대표대회 사이의 활동을 반영하고 있다. 청년단의 제2차 대표대회 이후 사회주의청년단 중앙은 『선구』를 대신하여 『중국청년』을 출판하기로 결정하였다. (김지훈)

참고문헌

王檜林 · 朱漢國, 『中國報刊辭典(1815~1949)』, 書海出版社, 1992; 葉再生, 『中國近代現代出版通史』 2, 北京, 華文出版社, 2002; 上海圖書館, 『上海圖書館館藏近現代中文期刊總目』, 上海科學技術文獻出版社, 2004.

선만지재계휘보(鮮滿之財界彙報)

1937년 서울에서 일본어로 발행된 경제 잡지

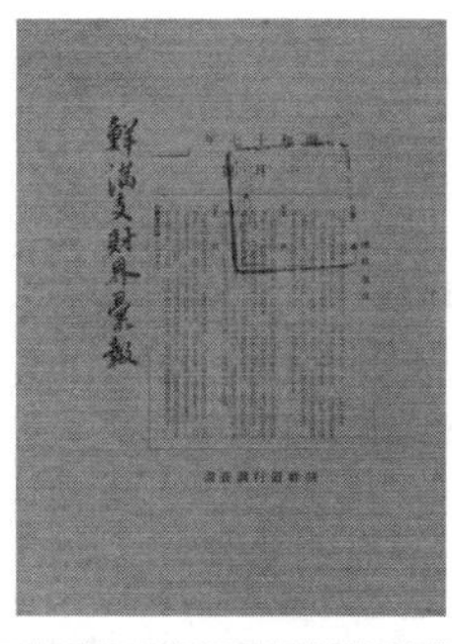

1937년 1월부터 조선은행조사부(朝鮮銀行調査部)에서 월간으로 발행한 경제정보잡지이며 1942년 8월 종간되었다. 조선은행의 업무용 참고자료였기 때문에 판매되지 않는 비매품이었다. 편집 겸 발행인은 시부야 레이지(澁谷禮治)였고, 발행소는 경성부 남대문통 3정목 110번지의 조선은행이었으며, 인쇄인은 에구치 에이지(江口英二)였다. 1937년 1월호부터 1942년 12월호까지 국립중앙도서관에 소장되어 있다.

조선은행조사부가 잡지를 발행한 목적은 1937년 1월호에 다음과 같이 기술되어 있다. "본 휘보는 조선(朝鮮), 만주(滿洲) 및 지나(支那) 방면에서 전달되는 재계의 중요문제를 소개하고, 이로써 당행 업무의 참고에 이바지하기 위한 것"이었다. 잡지 지면은 '조선(朝鮮)', '만주(滿洲)', '중국(支那)', '경제일지(經濟日誌)'의 항목으로 구성되었다.

1937년 1월호의 기사 내용은 다음과 같다. '조선' 항목에는 「만주국보험통제(滿洲國保險統制)의 선내(鮮內)로의 영향」, 「동척(東拓)의 광산금융(鑛山金融)」, 「최근 전해지는 선내(鮮內) 신규사업」, 「조질(朝窒)의 신사업(新事業)」, 「남선6도(南鮮六道)의 전기대통제(電氣大統制)」, 「일산(日産)의 온어업(鰮漁業)에의 진출」, 「미곡회사안(米穀會社案)과 조선측(朝鮮側)의 태도」, 「북선(北鮮)의 세관규칙(稅關規則) 개정 요망」, 「나진(羅津)의 도시건설(都市建設)과 만철(滿鐵)」, 「선만(鮮滿)국경가교(國境架橋)협정」, 「1937년 조선총독부특별회계(特別會計)」 등의 기사가 게재되었다.

'만주' 항목에는, 「만주금융통제난(滿洲金融統制難)」, 「대만(對滿)투자액」, 「특수취인(取引)기구의 근본적 변혁기 도래(到來)」, 「제분(製粉)사업통제」, 「채금회사(採金會社)의 계획대강(計劃大綱)」, 「만주국(滿洲國) 산업 5개년계획 대강(大綱)」, 「주내(州內) 통제산업 종목」, 「강덕(康德) 사년도 총예산 공포」 등의 기사가 게재되었다.

'중국' 항목에는, 「북지(北支)경제개발과 흥중공사(興中公司)」, 「외무성(外務省)의 북지(北支)경제개발책(經濟開發策)」, 「일지(日支)경제합작의 구체화」, 「하이난섬(海南島)의 개발책」, 「최근 성립된 삼차관(三借款)」, 「일본 대화(對華)보상법의 적용과 현지 측의 요망」, 「북지전력흥업(北支電力興業)의 창립」, 「각성시(各省市)와 제 외국과의 협정무효선언」 등의 기사가 게재되었다.

현재 확인되는 마지막 호인 1942년 12월호의 지면 구성도 1937년 1월호의 체제를 그대로 유지하고 있다. 기존의 '조선', '만주', '중국' 항목 이외에 '부록', 「재화(在華)방적공장일람표」와 '경제일지' 「십일월중(十一月中)」이 첨부되어 있다.

이렇듯 『선만지재계휘보』는 조선과 만주, 중국에

서 시행되는 주요정책과 재계의 동향을 면밀히 조사함으로써 조선뿐 아니라 만주, 중국 침략정책의 선봉에 섰던 조선은행의 활동을 뒷받침하는 역할을 담당하였다. 이러한 정보를 바탕으로 조선은행은 일본과 조선뿐 아니라 베이징, 허베이성, 톈진, 스먼시(石門市), 허난성, 타이위안시(太原市), 산시성, 칭타오, 지난(濟南), 산둥성, 준하이성(准海省), 상하이, 장쑤성, 신징에까지 지점과 출장소를 확장해 나갔다.

그러나 조사부가 직접 현지에서 경제정보를 수집한 것은 아니었다. 즉 잡지에 수록되어 있는 "자료는 특수한 경우를 제외하면 대개 신문 기타"에 수록되어 있는 정보를 수집한 것이었다. 따라서 본 잡지는 1937년부터 조선은행이 효율적인 은행 업무를 위해 조선과 중국 지역의 각종 경제정보를 언론매체를 통해 스크랩해서 정리한 2차 정보잡지였다.

이러한 제한적 성격을 가지고 있었지만, 잡지는 1937년 이후, 특히 1937년 7월 중일전쟁 이후 일본제국주의가 지배한 지역에서 작동되는 전시경제통제 시스템의 구조와 주요 일지를 일목요연하게 파악할 수 있는 장점을 가지고 있다. 그리고 각지 통제법령, 기업, 인물에 대한 정보가 풍부하게 담겨져 있다. 특히 본 잡지는 중일전쟁 발발 이후 식민지 조선에서 가동되는 식민지 전시통제경제의 구조와 내용을 파악할 수 있다는 측면에서 자료적 가치가 있다.

같은 시기 조선식산은행(朝鮮殖産銀行)이 발행한 『식은조사월보(殖銀調査月報)』와 조선금융조합연합회(朝鮮金融組合聯合會)가 발행한 『조선금융조합조사휘보(朝鮮金融組合調査彙報)』와 같은 경제정보 잡지를 본 잡지와 상호 교차해서 살펴보면 식민지 전시통제경제의 실상을 구체적으로 파악할 수 있을 것이다. (문영주, 정진아)

참고문헌

朝鮮銀行調査部, 『鮮滿之財界彙報』 1937년 1월호~1942년 12월호; 韓國銀行調査部, 『韓國銀行十年史』, 1960; 朝鮮銀行史研究會 編, 『朝鮮銀行史』, 東洋經濟新報社, 1987; 韓國銀行 編, 『韓國銀行 50年史』, 2000.

▌선민(選民)

1923년 창간된 일본의 전국수평사청년동맹 기관지

1923년 11월 결성된 전국수평사청년동맹(全國水平社靑年同盟)의 기관지로 1924년 2월 15일 창간되었다. 판형은 B4판이었고 18호(1925.7)까지 월간으로 발간되었다. 쪽수는 당초에는 4쪽이었지만 나중에는 16쪽까지 늘어났다. 발행부수도 애초 1000부에서 3000부로 늘어났다.
발행·편집·인쇄인은 기무라 교타로(木村京太郎)였지만 실제의 편집에는 기무라 외에 다카하시 사다키(高橋貞樹), 나카무라 진사이(中村甚哉), 기시노 시게오(岸野重春)가 관여하였으며, 특히 기시노 시게오가 사실상의 발행 책임자였다.

전국수평사청년동맹은 일본공산당의 지도 아래 전국수평사(全國水平社) 안에 만들어진 청년 단체였다. 조직을 주도한 것은 다카하시 사다키, 기시노 시게오 등이었다. 당초에는 전국수평사의 '무조직의 조직' 노선을 비판하면서 교화와 훈련에 의한 집중적 조직으로의 개편을 주장하였다.

1924년 4월부터는 일본공산당의 방침에 따라 정치투쟁으로의 진출을 강조하고 정치운동의 전위를 자임하게 되었다. 전국수평사청년동맹의 이러한 방침은 수평운동을 무산계급운동의 일환으로 하는 계급투쟁 제일주의 노선으로 치닫게 했으며 전국수평사 안에서 내부 대립이 격화되는 요인이 되었다.

전국수평사청년동맹의 기본적 성격을 반영하여 『선민』에는 마르크스주의의 관점에서 수평운동의 조직 강화, 부락 차별에 대한 철저한 규탄의 진화를 제기하고 전국 각지의 청년동맹의 활동을 소개하는 글이 집중적으로 게재되었다.

동시에 「시평」, 「민족문제 연구」, 「정치 교육의 보급」, 「(강화)사회문제」, 「농촌문제 강화」 등의 연재를 통해 유물 사관을 쉽게 소개하는 데 노력하였다. 필진에는 사카이 도시히코(堺利彦), 야마카와 히토시(山川均), 도쿠다 규이치(德田球一), 니시나 유이치(仁科雄一), 고이와이 기요시(小岩井淨), 호소사코 가네미쓰

(細迫兼光) 등도 참가하였다.

제목의 '선민'은 '천민(賤民)'으로 차별을 당하고 있던 부락 청년이 사회 변혁의 선두에 서게 되었다는 사명감을 표현한 것이다. 일본공산당의 지도 아래 1925년 8월 전국수평청년동맹이 전일본무산청년동맹(全日本無産青年同盟)으로 개조됨에 따라 19호부터 『청년대중(青年大衆)』으로 제목이 바뀌었고 부락문제는 더 이상 게재되지 않았다. (이준식)

참고문헌

『選民』(復刻板), 世界文庫, 1969; 木村京太郎, 『水平社運動の思い出(上)』, 部落問題研究所, 1975; 部落解放研究所, 『部落問題事典』, 解放出版社, 1986.

▌선보(選報)

1901년 중국 상하이에서 창간된 정치운동 신문

1901년 11월11일 상하이(上海)에서 창간되었다. 창간인은 자오쭈더(趙祖德), 주필은 장즈유(蔣智由), 마쉬룬(馬敍倫)이며, 순간(旬刊)으로 상하이선보관(上海選報館)에서 발행하였다.
제1호부터 제56호 1903년 9월 발행 본까지 현존하고 있으며 중국국가도서관에 소장되어 있다.

국내외 여러 신문 잡지들에서 각종 소식과 사설들을 선별하여 보도하고, 한 편의 논설을 발표하는 형식으로 발췌를 위주로 하여 제호를 『선보(選報)』라 하였다.

발간사에서 밝힌 발간 목적은 국민정신을 발휘한 글들을 위주로 하여 깊고도 미려한 문체의 논설로 광둥(廣東)지역 제일의 언론이 되고자 한다는 의지를 밝혔다.

진화론 사상을 지도하면서 구망도존(救亡圖存)을 선전하였으나, 정치적 개량과 혁명에 대한 영역과 지식이 불분명하였다. 청말 부르주아혁명파의 발췌형 간행물로 초기 부르주아혁명파의 정치 관념을 반영하고 있다. (김성남)

참고문헌

方漢奇 主編, 『中國新聞社業通史』, 中國人民大學出版社, 1996; 葉再生 著, 『中國近代現代出版通史』, 北京: 華文出版社, 2002.

▌선봉

1923년 러시아 블라디보스토크에서 한국어로 발행된 신문

1923년 러시아 블라디보스토크에서 전동맹공산당(볼셰비키) 블라디보스토크현 간부를 발행기관으로 하여 창간되었다. 1923년 3월 1일 『3월 1일』이라는 제호로 창간되어 3호까지 발행되다가 4호부터 『선봉』으로 신문명을 바꾸었다. 처음에는 매주 1회 또는 2회(일, 목) 발행되다가 한인의 강제이주가 시작되기 직전인 1937년 9월 12일 폐간되었다. 블라디보스토크에서 발행되던 『선봉』은 1929년 3월 하바롭스크로 이전되어 발행되었으며, 발행기관은 전동맹공산당 원동변강위원회와 원동변강 직업동맹 소비에트로 변경되어 1938년 『레닌기치』로, 1991년 『고려일보』로 각각 제호를 바꾸었다.

신문은 ① 연해도 고려인의 계급성 고취와 공산주의 교양, ② 당과 소비에트 주권의 소수민족에 대한 정책의 표현과 도시와 농촌의 혁명적 건설에 대한 지도, ③ 과거 제정 시대에 행해진 소수민족의 정치적 경제적 압박을 완전히 벗어난 자유 평등의 새 사회 건설을 교육, ④ 러시아의 선진 혁명 군중으로부터 혁명에 대한 모든 것을 배워 고려 및 전 세계의 혁명 전선에서 용감한 투사가 되도록 교양, ⑤ 소비에트 국가의 모든 혁명적 법령을 고려 민중에게 소개, ⑥ 도내 고려 인민의 경제 인문 생활을 후원, ⑦ 남북만주와 고려 내지의 노력자들에게 혁명적 건설, 훈련, 교양 등에 대한 사항의 소개와 기타 세계 각국의 혁명운동 소식을 연해도 고려 군중에게 소개하는 것 등을 자신이 추구해야 할 목표로 표방하였다.

모두 4쪽으로 되어 있었는데, 대개 1면에는 사설을 비롯하여 주로 사회주의운동 관련 기사를 중심으로 한 조선 국내의 소식, 주요 세계 혁명 소식이 배치되었다. 2면 상단에는 세계 각지 소식, 하단에 극동 소비에트

지역 단신이 배치되었다. 3면에는 당 사업 보고, 강령, 지시, 지령, 각 기념식의 연설문, 당이나 공화국 명의의 격문이나 결정서가 주로 실렸다. 4면에는 정치경제학 강의, 신경제 안의 해설, 노동법 해설 같은 내용이 실렸다.

창간부터 1923년 6월경까지 편집자는 이백초였다. 1923년 7월부터 1924년 7월까지는 이성, 1924년 7월부터 1925년 5월까지는 다시 이백초였다. 1925년 6월부터 오성묵이 담당하였으며, 1931년에는 이괄(李适)이, 1936년부터 1937년까지는 김홍집이 임시 주간이었다. 발행인, 편집진들로 미루어 볼 때, 주로 이르쿠츠크파 인물들에 의하여 주도되었던 것으로 보인다.

1937년 강제이주 시 1930년대 간행되었던 한글 신문들이 모두 폐간되었지만, 『선봉』만은 그 명맥을 유지하였다. 『선봉』은 제호를 변경하여 『레닌기치』라는 이름으로 카자흐스탄 크질오르다에서 1938년 5월 15일 그 첫 호가 발행되었다. 그 후 1978년 카자흐스탄의 수도 알마아타로 신문사를 이전했다. 신문의 내용은 소련공산당에 대한 선전 내용들이 주류를 이루었다. 그러나 1980년대 말부터 한인의 강제이주 등에 대한 기사들도 점차 실리기 시작하였다. 한편 『레닌기치』는 1990년대 소련이 붕괴되면서 1991년 초부터 신문 제호를 『고려일보』로 개칭하여 오늘에 이르고 있다.

• 이르쿠츠크파

1919년 연해주 이르쿠츠크에서 김철훈(金哲勳) 등이 중심이 되어 결성한 사회주의단체이다. 정식 명칭은 전로(全露)고려공산당이나, 이동휘 중심의 고려공산당과 대비시켜 이르쿠츠크파 고려공산당이라고 한다. 1918년 1월 이르쿠츠크 공산당 한인지부로 출발하여, 1919년 9월 전로한인공산당으로 명칭을 바꾸었다가, 1920년 7월 다시 전로고려공산당으로 개칭했다. 고문 보리스 스미야스키, 위원장 김철훈, 군정부장 최고려(崔高麗), 오하묵(吳夏默), 비서장 이성 등이 활약했다. 청년교육과 군사훈련에 힘썼으며 기관지 『경세종(警世鍾)』을 발행했다. 1921년 상하이에 지부를 설치, 김만겸(金萬謙), 여운형, 조동호(趙東祜) 등이 위원으로 활동했고, 고려공산청년동맹을 결성하여 박헌영·김단야(金丹冶)·임원근(林元根) 등이 주요 간부로 활동했다. 이르쿠츠크파 고려공산당과 상하이파 고려공산당은 서로 대립하면서 소련 정부와 코민테른으로부터 정통성을 인정받고, 지원을 얻고자 경쟁·반목하는 한편, 한인 무장부대의 통수권을 둘러싸고 대립을 벌여 '자유시 참변'이라는 비극을 낳기도 했다. (이신철)

참고문헌

박환, 『재소한인 민족운동사』, 국학자료원, 1998; 위암장지연선생기념사업회, 『한국근대언론과 민족운동』, 커뮤니케이션북스, 2001; 임경석, 『한국사회주의의 기원』, 역사비평사, 2003; 정진석, 『언론과 한국현대사』, 커뮤니케이션북스, 2001.

▶ 경세종(警世鍾)
▶ 레닌기치
▶ 고려일보

▌선원(禪苑)

1931년 서울에서 발간된 선의 대중화를 위한 잡지

1931년 10월 6일 창간되어, 1932년 2월에 2호, 1932년 8월에 3호, 1935년 10월에 통권 4호까지 발행되었다. 창간호의 판권장에 따르면 편집 겸 발행인 김적음(金寂音), 인쇄인 이병화(李炳華), 인쇄소 신소년사 인쇄부, 발행소 선학원(禪學院, 서울 안국동 40), A5판 42면, 정가 20전이다.

1935년 10월호의 발행자는 조선불교중앙선리참구원(朝鮮佛敎中央禪理參究院)이다. 『동아일보』에 따르면 2월호의 정가는 19전, 3호는 15전, 4호의 정가는 20전 이었다. 제2호의 권두언을 한용운이 썼다. (남기현)

참고문헌

최덕교 편저, 『한국잡지백년』 1, 현암사, 2004; 『동아일보』 1932.2.16.: 1932.8.28.: 1935.10.17.

▌선전(宣傳)

1921년 중국 상하이에서 창간된 한국어 기관지

1921년 상하이 대(對)태평양회의 외교후원회의 기관지로 창간된 국한문 혼용의 주간신문이다. 통신처는 상하이(上海) 중신상(中信箱) 117호였고, 소형판 4단제였다.

독립을 위한 대한민국의 선전이 발행목적이었다.

창간사에서는 "선전이 우리 독립사업에 급무임은 유·개언(有·皆言)임으로 일반이 차(此)를 갈망하고 기대하던 바 금(今)에 본지를 선전이라 명명함에 하등의 설명을 불요하고 임의 기(其)의의를 동해(洞解)하리라"라고 하면서 제호에 대한 설명을 하고 있다. 이어서 "선전의 사명은 자임하는 본지가 맡은 그 책임이 중차대함으로 이 선전지가 가지는 사명과 그 목적하는 것을 내외에 선명(宣明)하여야 하겠노라. …… 본지는 차(此)양대주의를 제창하여 역행하여써 우리의 목적을 관철함으로 직지(職志)를 삼노니 국내의 사정은 국외로, 국외의 사정은 국내로 통보하며 소개하여 고취함이 또한 『선전』의 책무됨은 다행을 불요하리라, 하물며 동아평화를 전제로 하는 태평양회의와 여(如)한 국제문제가 더욱 긴장되어 변몰무상(變沒無常)한 흑막(黑幕)과 도용불측(洶湧不測)한 고조(高潮) 가 동대륙(東大陸)을 동탕(東蕩)하는 동시 우리 국제상 사활문제가 호흡에 재(在)한 금일에 우리의 선전사업을 어찌 주저하리오"라고 했다. 이 신문은 또 공명정대함을 종지(宗旨)로 삼고 대한의 국가와 민족에 공헌할 것을 무도(務圖)하는 바라고 주장했다.

• **태평양회의 외교후원회**

태평양회의 외교후원회는 1921년 태평양회의에 한국의 독립문제를 제기하기 위하여 대한민국 임시정부가 조직한 외교활동 후원회이다. 소재지는 중국 상하이에 있고, 주요 활동으로는 태평양회의에 한국 독립청원서를 제출하는 것이었다.

구체적으로 조직 경위를 살피면 본 후원회는 해군군비축소문제와 태평양지역문제를 토의하기 위하여 1921년 11월 워싱턴에서 열리는 태평양회의(일명 워싱턴회의)에 대비하여 그해 8월 26일 상하이의 프랑스 조계(租界)에서 발기·조직되었다.

태평양회의에 이승만·김규식 등을 대표로 파견하여 독립청원서를 제출하였다. 그러나 회의에 참석하여 발언할 수 있는 기회를 얻으려고 하는 노력은 강대국의 이권 조정을 목적으로 한 회의의 성격상 이루어질 수 없었다. (이경돈)

참고문헌

김희곤, 『대한민국임시정부 연구』, 지식산업사, 2004; 이현희, 『대한민국 임시정부사』, 집문당, 1982; 정용대, 『韓民國臨時政府外交史』, 韓國精神文化硏究院, 1992.

▌섬서청년(陝西靑年)

1940년 중국 시안에서 창간된 시사종합잡지

1940년 5월 산시성(陝西省) 시안(西安)에서 창간되었으며 월간(月刊)이다. 1941년 5월 2권 5호를 출간한 후 종간되었다. 베이징사범대학도서관과 상하이도서관 등에 소장되어 있다.

발행목적은 "비상시대와 비상환경 아래서 산시 청년과 전국청년들의 지행(知行)의 중추를 만들어 청년들에게 지식과 행동의 지침으로 제공한다"는 것이었다.

내용은 당의(黨議), 정치, 경제, 청년문제, 역저(譯著), 전장통신(戰場通訊), 청년통신, 시가(詩歌), 산문, 소설, 목각(木刻) 등의 난이 있다. 주로 국민당의 정강을 명확히 밝히고, 청년의 실제문제를 토론하고 각종 학과 지식을 소개하고 토론하였으며, 국내외의 정황을 전달하였다.

장제스(蔣介石)의 「혁명적 인생철학(革命的人生哲學)」, 「청년단 단원이 일을 처리할 때의 정신과 방법(靑年團團員辦事的精神和方法)」, 「당과 단의 관계(黨與團的關係)」 등을 게재하였다. (김지훈)

참고문헌

王檜林·朱漢國,『中國報刊辭典』, 書海出版社, 1992; 伍杰,『中文期刊大詞典』, 北京大學出版社, 2000.

▌성과학연구(性科學研究)

1936년 일본에서 발행된 의학 잡지

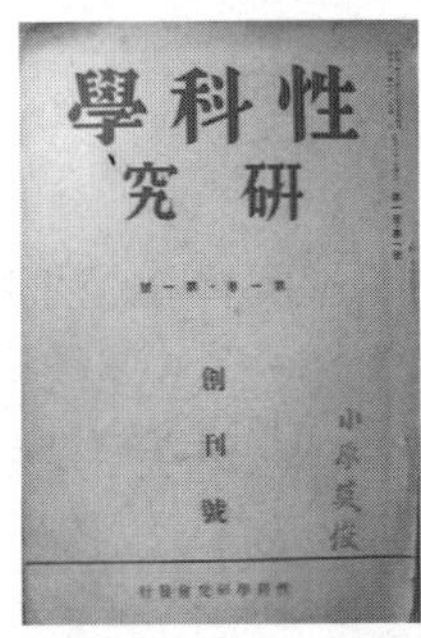

1936년부터 1937년까지 발행된 잡지이다. 잡지 이름에서 알 수 있듯이, 잡지가 주로 다룬 내용은 '성(性)'과 '성욕(性慾)'이었다. 잡지 발행 목적은 '종래 왜곡된 성 문제를 올바르게 바로잡기 위한 것'이었다. 이 때문에 잡지는 크게 두 종류의 정보를 수록하고 있었는데, 하나는 '성'과 관련된 과학적 연구 성과였고, 다른 하나는 정확하고 정밀한 자료였다. 잡지는 이러한 정보의 보급을 통해 새롭게 올바른 성과학의 기초를 세우려고 하였다.

잡지 제호는 1936년 1월 1일 발행된 창간호부터 1936년 9월 1일 발행된 제1권 9호까지는 『성과학연구』였다. 그러나 같은 해 11월 1일 발행된 1권 11호부터는 1937년 1월 1일 발행의 종간호인 2권 1호까지는 잡지 제호를 『성교육(性敎育)』으로 개제하였다. 1936년 10월호는 휴간이었다.

창간호의 주요 목차는 「종합과학으로서의 성과학(綜合科學として性科學)」, 「고대일본인의 성관념과 혼인제(古代日本人の性觀念と婚姻制)」, 「언어에서 나타난 고대인도의 부인지위(言語のうえ現れた古代印度の婦人の地位)」, 「성충동과 성생활(性衝動と性生活)」, 「아국의 이혼형식의 변천(我國の離婚の形式の變遷)」, 「성교육의 필요(性の敎育の必要)」, 「풍속자료집(風俗資料集)」, 「성교육자료집(性敎育資料集)」, 「결혼의 숫자(結婚の數字)」 등이었고, 분량은 108쪽이었다.

잡지 1호 4호는 풍기와 안녕질서를 해친다는 이유로 발행금지를 당하였다. 1호부터 주의를 받았던 「성교육자료집」의 지속적인 게재가 발행금지의 실질적인 이유였다. 잡지는 발행기간 동안 여러 차례의 특집호를 구성하였다. 1권 15호의 「변애(變愛) 특집호」, 1권의 7호의 「성적범죄(性的犯罪) 특집호」, 1권 8호의 「성교육(性敎育) 특집호」, 1권 9호의 「성적 무지의 비극(性的無智の悲劇)」 등이었다.

1937년 1월 1일에 발행된 잡지 종간호(2권 1호)의 주요 제목은, 「성의 수필(性の隨筆)」, 「성의 생물학(性の生物學)」, 「새색시교육: 새색시학교강연의 서(花嫁敎育: 花嫁學校講演の序)」, 「현대사회와 청년(現代社會と靑年)」, 「새로운 가정생활(新しき家庭生活)」, 「가정의 매력(家庭の魅力)」, 「학교에서의 성교육(學校に於ける性敎育)」, 「아이들의 수치심의 지도 방법(子供の羞恥心の導き方)」, 「성과학강좌(性科學講座)」, 「만엽동가의 애정(萬葉東歌の愛情)」, 「통속의학(通俗醫學)」, 「40세부터의 성생활(四十歲からの性生活)」 등이었고, 분량은 124쪽이었다.

『성과학연구』나 『성교육』을 편집 발행한 책임자는 오타 다케오(太田武夫)였다. 그는 1900년 교토(京都)의 의사 집안에서 태어났다. 그는 1925년 규슈제국대학교(九州帝國大學)를 졸업하고, 교토제국대학교(京都帝國大學) 산부인과에 들어갔다. 오타는 산아조절운동(産兒調節運動)과 관련을 맺고 있었으며, 그의 주위에 몰려드는 사람들과 자연스럽게 성문제를 토론했던 것으로 생각된다.

그가 잡지의 간행을 구체적으로 계획한 때는 1935년 말부터였다. 당시 성을 테마로 발행되고 있던 잡지는 『성(性)』이었는데, 오타는 그 내용에 불만을 가지고 있었으며, 이 잡지는 엽기적이고 비속하다고 평가하였다. 그리고 잡지의 간행은 그가 준비하고 있었던 유물론전서(唯物論全書)의 간행과 일정한 관계가 있었다. 이 전서는 과학적 지식의 계몽과 계발을 목적으로 하고 있었는데, 이 목표는 『성과학연구』의 발행 목적과 같은 것이었다. 즉 오타 다케오의 잡지 발행 목적은 '일본의 성관념, 성생활의 역사적 연구와 성의 계몽'의 위한 것이었다. 엽기적이고 비속한 성의 언설에 대항해서, 진면목이고 연구적인 정밀한 과학적 연구를 제시하는 잡지가 그가 만들고자 한 잡지의 성격이었다. (문영주)

참고문헌

齋藤光, 「解說」, 『「性科學硏究」 解說·總目次·索引』, 不二出版, 2001; 『日本出版百年史年表』, 日本書籍出版協會, 1968.

▌성기평론(星期評論)

1919년 중국 상하이에서 창간된 정론성 주간지

1919년 6월 8일 상하이(上海)에서 창간되었다. 다이지타오(戴季陶), 쑨다이싼(孫逮三), 선솬루(深玄盧)가 주편하였고, 주지신(朱執信), 후한민(胡漢民), 랴오중카이(廖仲愷) 등이 참여하였다. 1920년 6월 6일 53호를 끝으로 종간하였다. 주로 『민국일보(民國日報)』의 부간 형식으로 유통되었으며 광범위한 영향력을 발휘하였다. 1985년 상하이서점에서 영인되었다.

쑨원(孫文) 등이 5·4운동 시기 고조된 민족주의와 평민주의 대중운동을 배경으로 새로운 사상적 모색을 위해 창간한 것으로 당시 국민당 핵심부의 현실인식과 사회주의 사상을 잘 반영하고 있다. 당시 세계 각국 및 중국의 노동운동을 집중 보도함으로써 주목을 받았다. 특히 『매주평론(每週評論)』, 『상강평론(湘江評論)』과 함께 진보적인 청년들에게 많은 영향을 미쳤다.

『성기평론』의 정치적 입장은 2호에 실린 「민국건설의 방침과 주장」을 통해 비교적 완정한 정치 강령 형식으로 제출되었다. 총7장 29조로 되어 있는 강령은 1장의 '주의(主義)'란을 통해 "민주주의를 신조로 신봉하며, 일체 군국주의(軍國主義), 계급주의(階級主義)에 근거한 제도와 정책의 폐지를 주장한다. 국가의 모든 제도는 자유, 평등, 호조의 정신에 따른다. 문화를 촉진하고, 인권을 옹호하며, 사회의 평등과 세계 영구평화를 도모한다고 선언하였다. 2장은 일반강령으로서 국가의 조직은 각 지방과 민족이 충분히 자유롭게 발전하는 데 적합한 체제여야 하며, 따라서 중앙집권적인 행성제도나, 기미주의식의 치번정책은 폐지한다. 정부조직은 의원을 기초로 하며, 인민의 언론, 출판, 집회, 결사의 자유는 절대적으로 보장한다. 또 사법부의 엄정한 독립, 지방 성장의 민선과 자유로운 지방자치제도, 점진적 방법에 의한 직접적인 민선제도의 강화를 추진한다.

동시에 경제적으로는 국민경제, 국제경제에 걸맞은 통일 화폐의 제정, 관세 조정 및 이금의 폐지와 함께 사회적 평등과 호조의 조직화를 원칙으로 하는 누진지가세법(累進地價稅法), 누진재산상속세, 누진소득세를 채택하였다. 노동자와 농민에 대한 보호, 특히 자본가와 지주의 부당한 압박을 면하기 위한 상호보험제, 양노연금제, 노동시간법 등을 제정 등을 골자로 하고 있다. 당시 적극적으로 사회주의정책을 수용하고자 하였던 쑨원 및 선솬루 등의 사상을 반영한 것이다. 또 일체의 구 악습의 폐지와 함께 불평등조약의 폐지를 외교정책으로 선언하였다.

『성기평론』은 사회주의 사상 및 정책과 관련하여 세계 각국의 사례를 종합적으로 분석하고 있다. 특히 볼셰비키혁명에 대한 인식의 변화를 주목할 필요가 있다. 본래 『성기평론』은 러시아의 노동운동에 대해서는 긍정적으로 평가하였지만 러시아혁명 자체에 대해서는 부정적 인식이 지배적이었다. 그러나 카라한 선언 등 소비에트 정부가 중국에서 가지고 있던 일체의 제국주의적 권익을 포기한다는 것이 알려지고, 워싱턴 회의에서 산둥문제 해결이 유보되면서 급격하게 긍정적 인식으로 바뀌었다.

예컨대 다이지타오는 "노농정부의 정책은 소련의 국내 정치라는 점에서 좋고 나쁘고 할 것이 없지만, 그러나 이미 중국에 대한 말라토프 왕조시대의 일체 밀약을 폐기하였다. 우리는 이 점이 우리 중국과 서로 어울릴 수 있음을 인식하여야 한다"(다이지타오, 「소련의 근황과 연합국의 대아정책」, 26호). 또 45호에 소련의 대화선언(對華宣言)의 전문과 함께 소련인민정부의 중국 인민에 대한 이러한 선언은 "확실히 인류 이래 종전의 미거(美擧)이며, 어느 민족 어느 국가도 역사상해본 적이 없는 위대한 사업이며, 청결 고상한 도덕이다"라고 선언하였다. 또한 선찬루는 여기에서 더 나아가 즉각 "러시아를 본받아 학생과 공인을 중심으로 민국을 재건하고, 군벌, 명류, 정객이 지배하는 정치구조를 대체하자고"고 선언하였다(「중화민국의 기초」, 21호).

『성기평론』의 이러한 사회주의에 대한 관심 속에 홍콩, 상하이의 노동문제에 대해 상당한 관심을 표현하였다. 상하이 홍콩 등 외지 노동자의 상황과 파공 활동 등을 보도하고 세계 각지의 노동운동을 연구하고 노동운동을 장려하고 해결할 수 있는 방안을 논의하였다.

우선 1920년 1월 1일에 발간된 신년호는 이러한 노동자문제의 해결을 주제로 삼아 리다자오의 「미국의 신촌 종교운동」, 천두슈(陳獨秀)의 「중화혁명당이 보습해야 할 과제」, 주지신의 「인류의 장래」, 랴오중카이의 「중국과 세계」 등의 글을 실었다. 또 5월 1일에 발간된 48호는 "노동기념호"로서 10장까지 판을 늘리고, 리다자오의 「5·1운동사(五一運動史)」, 다이지타오의 「상하이의 동맹파공」, 스춘퉁[施存統]의 「"공독호조단(工讀互助團)"의 실험과 교훈」을 글과 리한준(李漢俊), 주지신이 번역한 「인력거부」, 「오일(五一)」, 「강도계급(强盜階級)의 성립」, 「병(兵)의 변태심리(變態心理)」 등을 다루었다. 또한 같은 맥락에서 「영국노동운동과 삼각동맹」, 「영국의 노동조합」, 「영국산업계의 대공황」, 「미국산업전의 준비기」, 「일본 노동운동의 신기축」, 「L. W. W.의 연혁」, 「노동회의와 특수국」, 「노동문제의 발생 및 그 귀숙」 등을 게재하였다. 모두 노동문제를 중심으로 국가 건설을 모색하려는 생각에서 나온 것이었다.

이 같은 논의들은 5·4기를 계기로 정치운동에 진출한 대중의 자발성을 국가 건설로 연결시키려는 쑨원 등 국민당의 이론가들의 관심의 반영이었으며 후스(胡適) 등 신문화운동가들의 적극적인 환영을 받았다. 후스는 「우리들의 형제를 환영함: 『성기평론』」(『매주평론[每週評論]』 28호)이란 글을 통해 『성기평론』이 단체주의를 강조하고 집단적 연구의 결과이며 중국의 현실 문제를 해결하려는 절실한 문제의식에 터전하고 있다는 점에서 높게 『성기평론』에 실린 글 및 이론 작업을 높게 평가하였다.

특징적인 것은 『성기평론』의 일본에 대한 인식이다. 특히 일본의 현대화 노선에 대한 부정적 인식이 일반적이었다. 일본의 편협한 국가이기주의, 침략주의, 군국주의, 노동착취적 자본주의 운용방식을 서구형 민주주의와 관련하여 비판적으로 인식하고 있다. 일본이 더 이상 중국지식인들에게 현대화의 전거가 될 수 없음을 의미하고 있다. 간행기간은 짧지만, 당시 미묘한 국제정세와 맞물려 중국 국민당의 주도세력의 사상적 변화 과정을 잘 보여 주는 매체라 할 수 있다. (오병수)

성사(醒獅)

1905년 일본 도쿄에서 창간된 중국어 정치운동잡지

1905년 9월29일 일본 도쿄(東京)에서 창간되었다. 편집 겸 발행인은 리센(李縣)이며, 도쿄 중국 유학생 회관에서 월간으로 발행하였다.
1906년 6월 22일에 간행 된 제5호를 마지막으로 종간되었다. 베이징(北京) 중국사회과학원 근대사연구소 도서관에 소장되어 있다.

제호를 『성사(醒獅)』라 한 것은 중국이 잠자는 사자에서 깨어나기를 바라는 의미를 담고 있다.

내용은 논설과 군사, 교육, 정법(政法), 학술, 화학, 의학, 음악 등의 항목을 개설하였으며, 선명한 혁명적 태도를 견지하였다.

천취빙(陳去病), 주란샤(朱髯俠), 류야쯔(柳亞子), 마쥔우(馬君武), 리수퉁(李叔同), 쑹자오런(宋敎仁), 가오수(高旭) 등이 집필에 참여하였으며, 대부분 애국

주의와 민주주의를 선전하고 반청혁명을 강력히 주장하는 글들이다. (김성남)

참고문헌

方漢奇 主編,『中國新聞社業通史』, 中國人民大學出版社, 1996; 葉再生 著,『中國近代現代出版通史』, 北京: 華文出版社, 2002.

▌성사주보(醒獅周報)

1924년 중국 상하이에서 발간된 정치운동 잡지

1924년 10월 10일 상하이(上海)에서 창간되었다. 청치(曾琦), 쭤순성(左舜生), 천치톈(陳啓天), 위자쥐(余家菊) 등이 주관하였다. 1927년 11월 19일부터 제162호부터 국민당과 모순으로 국민당 상하이시 정부공안국에 의해 금지되었다. 동년 12월 10일에 계속 출판되었으나, 1930년 9월 정간되었다. 모두 211호로 중국 국가도서관 등지에 소장되어 있다.

『성사주보』는 주로 국가주의파(國家主義派)인 중국 국가주의 청년단의 주장을 선전하였다. '국가지상(國家至上)', '전민국가(全民國家)', '전민정치(全民政治)'를 고취하여 국가 관념으로 계급관념을 반대하고, 국가 고유의 전통 문화를 가지고 마르크스주의를 반대하였으며, 군벌 통치를 유지하고 사회주의 소련과 '연소(聯蘇)', '용공(容共)'의 국공합작을 공격하였다. (이은자)

참고문헌

王檜林 · 朱漢國,『中國報刊辭典(1815~1949)』, 太原(山西): 書海出版社, 1992; 葉再生,『中國近代現代出版通史』, 北京: 華文出版社, 2002.

▌성서강대(聖書講臺)

1927년 평안남도 덕천군에서 발간된 기독교 잡지

편집 겸 발행인은 김성여이고, 발행소는 평남 덕천군 덕천면 성서강대사이다. 국판 50쪽으로 국한문 2단 내리 편집되었다. 정가는 25전이다. 국립중앙도서관과 국회도서관에 소장되어 있다.

현재 확인할 수 있는 것은 1927년 9월 20일에 발간된 3호인데, 그 내용은 다음과 같다. 설교에 해당하는 글로 「우리는 오직 그리스도의 십자가」, 「최귀(最貴)한 생명(요 3:6~17)」, 「애와 인생(고전 13:13)」, 성서강해 글로는 「욥기 연구」, 「요나서 강의」, 논문에 해당하는 글로는 「영적생활」, 「기독교와 직업」, 「교회존재의 필요」, 「이상적 신자」, 「조선교회의 급무」, 「회의」, 「종교교육의 사명」 등이 있고, 강연 원고로 「금주하라」(편암), 기타 「성서강대 10월호 내용」 등이 있다.

이상의 내용을 검토해보면 성서강해, 설교, 기독교 논문으로 교역자들에게는 설교 재료를 제공하고, 일반 독자들에게는 복음의 증인이 되자는 선교를 목적으로 하였다는 점을 알 수 있다. 또한 총 14편의 글 중 김성여(편암, 편집실)의 글이 4편, 김성여의 형 김화식의 글이 5편, 그리고 나머지 5편이 친구 5명이 기고한 글인데, 이런 필진이 4호에도 계속되는 것으로 보아 김성여는 형 김화식과 같이 본지를 발행했다고 볼 수 있다. 평남 덕천 시골에서 인쇄, 발행된 잡지라는 점도 주목할 만하다.

• 김성여 목사

편집 겸 발행인 김성여 목사는 김찬성 목사의 2남이다. 김찬성 목사는 1896년 평남에서 출생하여, 1909년 평양신학교를 제2회로 졸업한 후 그해 9월에 목사 안수를 받고 평남 안주에서 목회를 시작했다. 김찬성 목사는 장남으로 김화식, 차남으로 김성여를 낳았는데, 김화식은 1927년 평양신학교를 21회로 졸업하고 목사가 되었고, 김성여는 1934년 평양신학교를 29회로 졸업하여 목사가 되어 주로 만주에서 목회를 했다. 당시 북한 지역에서 김찬성, 김화식, 김성여 세 사람은 삼부자 목사로 유명했다.

한편 본 잡지를 창간한 것은 1927년 7월이므로 김성여가 평양신학교를 졸업하기 7년 전이다. 김성여 목사는 경성 감리교 협성신학교에서 수학하고 34년에 평양

신학교를 졸업했다. 일찍이 협성신학교에서 공부한 후 얼마간 평남 덕천에서 목회생활을 하면서 27년 평양신학교를 졸업하고 목사가 된다. 이후 젊은 시절부터 당대의 설교자로 이름을 날리던 형 김화식 목사의 도움으로 본지를 발행한 것이라 추측된다.

그는 1924년경 별세한 친구 안세백에 대하여 회고하는 자리에서 "안군은 우리가 10년 전부터 순복음주의 잡지 발간을 계획할 때에 수석 동지가 되었던 명사"라고 한 바 있다. 이러한 점을 미루어볼 때, 김성여는 안세백과 함께 협성신학교 재학 당시부터 잡지 출판을 꿈꾸어 왔던 것을 알 수 있다. (이경돈)

참고문헌

『한국신문·잡지총목록』, 대한민국국회도서관, 1966; 윤춘병, 『한국기독교신문잡지백년사(1885~1945)』, 대한기독교출판사, 1984.

▌성서조선(聖書朝鮮)

1927년 일본 도쿄에서 국한문혼용으로 발행된 무교회주의 월간지

편집 겸 인쇄인은 정상훈, 발행인은 류석동이었으나, 8호부터 편집 겸 발행 겸 인쇄인이 정상훈으로, 17호부터는 김교신으로 바뀌었다. 발행소는 도쿄 성서조선사였으나, 8호부터 경성부 외룡강면 공덕리 활인동 130-3 성서조선사로 바뀌었다. 국판 36쪽으로 2단 종서 편집이다. 정가는 20전이다.

이 잡지는 창간호부터 7호까지는 연 네 차례(1, 4 ,7, 10월) 발행하다가 8호부터 월간으로 발행했고, 계간시 정가는 1부 20전(1년 80전)이었는데, 월간으로 바뀌면서 1부 15전(반년 80전, 1년 150전)으로 개정되었다. 1942년 3월 1일 통권 158호로 폐간되었다.

잡지 창간의 목적에 대해 창간사를 통해 살펴보자.

"그러므로 걱정을 같이하고 소망을 한 곳에 붙이는 우자(愚者) 5, 6인이 동경시외 삼병촌(杉並村)에 처음으로 회합하여 '조선성서연구회'를 시작하고 매주 때를 기하여 조선을 생각하고 성서를 강(講)하면서 지내온 지 반세기에 누가 동의하여 어간의 소원 연구의 일단을 세상에 공개하려 하니 이름을 『성서조선』이라 하게 되도다. …… 다만 우리의 염두의 전축을 차지하는 것은 '조선' 이자이고 애인에게 보낼 최진(最珍)의 선물은 성서 1권뿐이니 양자의 일을 버리지 못하여 된 것이 그 이름이었다. 축원은 이를 통하여 열애의 순정을 전하려 하고 지성의 선물을 피녀에게 드리려 함이로 …… '성서조선'아 너는 소위 기독신자보다도 조선혼을 가진 조선사람에게 가라, 시골로 가라, 산촌으로 가라, 거기에 나무꾼 한 사람을 위로함으로 너의 사명을 삼으라……."

이를테면 조선을 사랑함으로 성서를 전하지 않을 수 없고 성서를 사랑함으로 조선을 더 위하지 않을 수 없다는 것이다. 모든 글 속에 흐르는 사상은 조선과 조선의 형제자매들이라는 애국애족 사상이었다.

창간호의 논문으로는 「인류구원은 하처(何處)로부터」(송두용), 「크리스찬이란 하자(何者)를 칭함이뇨」(정상훈), 「여호와 신의 성격에 대한 고찰」(양인성), 「여호와 다사린다」(정상훈), 「영혼에 관한 지식의 고금」(김교신), 「먼저 그 의를 구하라」(함석헌), 「신과 신앙」(송두용), 「아브라함의 신앙」(류삼민) 등이 있고, 잡문으로 「한양의 딸들아」(김교신), 「단상집」(정상훈) 등이 있다.

1942년 3월 1일 통권 158호에 권두문은 바로 폐간을 불러온 글인데 그 내용은 다음과 같다.

"봄비 쏟아지던 날 새벽. 이 바위틈의 영혼도 드디어 풀리는 날이 왔다. 오래간만에 친구 와군(蛙君)들의 안부를 살피고자 담(潭) 속을 구푸려 찾았더니 오호라 개구리의 시체 두세 마리 담꼬리에 부유하고 있지 않은가! 짐작컨대 지난 겨울의 비상한 혹한에 작은 담수의 밑바닥까지 얼어서 이 참사가 생긴 모양이다. 예년에는 얼지 않았던 데까지 얼어붙은 까닭인 듯, 동사한 개구리 시체를 모아 매장하여 주고 보니 담저에 아직 두 마리 기어 다닌다. 아, 전멸은 면했나보다……."

즉, 여기에서 개구리와 봄의 논벌의 비유는 일본과 식민지 조선에 대한 비유였기 때문에 필화사건을 불러일으켰는데, 『성서조선』의 폐간을 초래했고, 김교신, 송두용, 유달영 등 13명은 1년의 옥고를 치르기도 했다.

무교회주의와 『성서조선』 동인들

『성서조선』을 논하려면 김교신과 무교회주의를 함께 논해야 한다. 일본 무교회신앙이 우치무라 간조(內村鑑三)에게서 비롯되었다면 한국의 무교회신앙 운동은 김교신 등 『성서조선』 동인들로부터 비롯되었다고 보아야 하기 때문이다. 물론 김교신 이전에도 최태용 등 몇 사람이 있었으나 별다른 활동은 없었다.

1920년, 도쿄 영어정치학교를 마치고 도쿄고등사범학교에 입학하면서 노방 전도인의 전도를 통해 입신하고 야라이초(失來町)성결교회에서 세례를 받은 후 일요일이면 우치무라 간조의 성서연구회에 참석했던 김교신과 도쿄고등사범에 다니던 함석헌, 그리고 와세다대학에서 공부하던 유석동과 신학을 공부하던 정상훈, 도쿄 농대에 재학 중인 송두용, 역시 도쿄에서 공부하던 양인성 등은 정상훈의 신학교 기숙사에 모여 조선성서연구회를 만들고 성경 공부를 하는 신앙의 동지들이 된다. 그리고 도쿄시 교외 금정관 강당에서 일요일마다 모였던 우치무라 간조의 성서연구회에 참석하면서부터 무교회 신앙의 동지로 결속된다.

1927년 모두 학업을 마치고 귀국했는데, 김교신은 함흥 영생여자고등보통학교 교사로, 함석헌은 평북 오산중학교 교사로, 양인성은 평북 선천소학교 교사로, 유석동은 서울 양정중학교 교사로 가는 바람에 단지 송두용만은 농대를 중퇴, 오류동에서 농사를 짓기 위해 각각 귀국했다. 이들은 각각 평북, 함경, 서울, 인천 등지에 흩어져 있었지만 6명이 동인이 되어 전도지를 발행하되 정상훈이 편집을 맡고 유석동이 발행인이 되어서 1927년 7월 1일 창간호를 낸 것이 바로 『성서조선』이다.

김교신이 『성서조선』을 창간하던 1927년 여름에 함흥에서 경성 양정중학교로 전근해 왔으나, 『성서조선』 2, 3호와 11, 12, 13호에는 글을 싣지 않았고, 다른 호에 발표한 글들도 본격적인 성서연구보다 종교의 주변적인 글을 쓰고 있음을 알 수 있다. 그러므로 처음에는 정상훈과 함석헌이 호마다 두 편 이상의 글을 내고 있을 뿐 아니라 편집후기에 해당하는 『성서통신』도 편집자인 정상훈이 쓰고 있어서 처음에는 정상훈의 개인지 같은 인상을 준다. 또한 18호까지는 번역물을 더러 실었으나, 주로 동인들의 글만을 싣고 있는 점도 특징이다.

정상훈이 부산으로 내려가자 편집 겸 발행인이 김교신으로 바뀐다. 그것이 1930년 5월 『성서조선』 통권 16호부터이다. 그는 잡지 편집을 맡으면서부터 일본 우치무라 간조의 본을 따라 성서연구 모임을 갖기 시작하는데, 그의 성서연구는 본격적 주해서와 바이어의 희랍어 대사전과 히브리어 원전까지 참고한 것이었다. 그의 산상보훈 연구가 잡지에 실리기 시작한 『성서조선』 24호부터는 거의 매달 김교신 한 사람의 글이 잡지의 지면을 채우고 있다. (이경돈)

참고문헌

최덕교 편저, 『한국잡지백년』, 현암사, 2004; 류달영, 「성서 조선'을 간행하여 민족정신을 일깨운 김교신」, 『한국인』 6권8호, 사회발전연구소, 1987; 김순옥, 「일제시대 무교회주의 신앙운동에 관한 일고찰: 「성서조선」을 중심으로」, 이화여자대학교 석사학위논문, 1986.

성종(醒鐘)

1932년 중국 상하이에서 한국어로 발행된 잡지

1932년 상하이에서 4월 17일 발간되었다. 상하이한인청년당의 기관지였다. 주간지였고, 반지형(半紙型)의 등사판 인쇄 신문이었다. 3장으로 발행했다.

• **상하이한인청년당**

1932년 1월 29일 상하이한인독립운동청년동맹이 이름을 바꾼 것이다. 김철이 이사장으로 활약했다. 상하이한인독립운동청년동맹은 1931년 7월, 안창호 등이 만들었던 한국독립당의 외곽단체로 설립되었다. (이신철)

참고문헌

윤임술 편, 『한국신문백년지』 2, 한국언론연구원, 1983; 노경채, 「한국독립당의 결성과 그 변천(1930~1945)」, 『역사와 현실』 1, 1989.5.

성화(醒華)

1908년 중국 톈진에서 창간된 시사종합신문

이 신문의 전신은 『성속화보(醒俗畵報)』로 1907년 톈진(天津)에서 창간되었다가 1908년 『성화(醒華)』로 제호를 변경하였다. 개명한 이후 매월 9회를 발행하였으며, 1908년 5월 16일 화보(畵報) 계열의 『성화일보(醒華日報)』를 증간하여 발행하다가, 1910년 『성화』와 『성화일보』를 합병하였다. 격일간으로 매 짝수 일에 발행하여 매월 15회를 발행하였다. 1910년까지 격일간으로 발행되다가 그 이후부터는 5일간으로 발행되었다. 1912년 5월 종간되었으며, 총 526회가 발행되었다. 랴오닝성(遼寧省) 도서관에 소장되어 있다.

대중적 시사간행물로 그림을 위주로 하여 문자를 배치하였다. "그림은 상세하고 뛰어난 반면, 문자로 하는 일은 얕고 천박하다"는 것이 기본 입장이다.

내용은 정치, 경제, 군사, 문화, 도덕 윤리, 시화(詩畵), 도면소설 등의 항목을 개설하였다.

사회 부패와 암흑을 형상화하여 폭로하고, 국가와 민족이 멸망의 위협에 직면한 사실을 질책하였다. 인민의 자강구국을 일깨우면서 나라 잃은 고통을 일깨우고, 또한 국내외의 피압박민족의 부단한 반항투쟁에 대한 보도를 진행하여 인민이 중국을 구제하도록 인도하고자 하였다.

신해혁명의 승리 과정을 열정적으로 보도하고, 혁명당원의 활동 보도를 통해 공개적으로 혁명을 지지하였다. 신해혁명 실패이후에는 혁명의 불철저성을 비판하면서 강렬한 애국주의적 입장을 표명하였다.

이 신문의 소식들은 모두 그림의 형식으로 구성되어 있어서 현재 청말 사회 풍조를 연구하고 이해하는 데 귀한 자료적 가치를 가지고 있다. (김성남)

참고문헌

周葱秀·涂明 著, 『中國近現代文化期刊史』, 山西敎育出版社, 1999; 彭永祥, 『辛亥革命時期期刊介紹』, 人民出版社, 1986.

성화(聖化)

1927년 창간된 일본의 기독교 잡지

1927년 1월에 창간되어 1939년 6월까지 모두 149호가 발간된 기독교 잡지이다. 발행처는 창간호부터 96호까지는 군마현(群馬縣) 다카사키(高崎)의 세이카샤(聖化社)였다. 세이카샤의 소재지는 97호부터 같은 현의 도미오카(富岡)로 바뀌었다.

발행인은 군마현 간라교회(甘樂敎會) 목사인 스미야 덴라이(住谷天來)였다. 스미야 덴라이는 일찍이 우치무라 간조(內村鑑三)가 주도하던 『성서의 연구(聖書之硏究)』에 「묵자의 비전주의(墨子の非戰主義)」를 발표하는 등 일본의 군국주의와 침략 전쟁을 비판하는 움직임에 앞장섰던 인물이었다.

『성화』는 청일전쟁 이래 일본의 반전운동의 연장선에서 자신의 독자적인 평화 사상을 결부시켜 스미야 덴라이가 개인적으로 발간하던 잡지였다.

1939년 경찰의 명령에 의하여 폐간될 때까지 12년 동안 초지일관 기독교 정신과 인간 존중의 사상에 입각하여 일본의 군국주의를 비판하였다. 『타산지석(他山の石)』, 『지가키요리(近きより)』, 『가언(嘉信)』, 『고인금인(古人今人)』 등과 함께 1945년 이전 일본에서 발간되던 반체제, 반전쟁 잡지 가운데 대표적인 것이었다. (이준식)

참고문헌

『聖化』, 復刻版, 不二出版, 1990; 住谷悦治, 『鶏肋の籠』, 中央大學出版部, 1970; 田中秀臣, 『沈默と抵抗: ある知識人の生涯, 評傳·住谷悦治』, 藤原書店, 2001.

세계(世界)

1907년 프랑스 파리에서 중국어로 창간된 사진화보집

1907년 프랑스 파리에서 창간된, 중국어로 발행된 최초의 사진화보집이다. 편집은 야오후이(姚蕙)와 파리대학 교수인 난쿠이(南奎)가 참여하였다. 계간(季刊)

으로 창간되어 2호를 발행하고 종간되었다.

동판지 인쇄와 화려한 제본으로 이루어진 이 사진 잡지는 프랑스를 여행하는 화교와 해외 중국인들을 대상으로 하여 발행되었으며, 상하이(上海)에 발행소를 개설하고 중국 내에서도 판매가 되었다.

내용은 「세계명주의 경물(世界明珠之景物)」, 「세계진리의 과학(世界眞理之科學)」, 「세계기념의 역사(世界紀念之歷史)」, 「세계진화의 약술(世界進化之略述)」 등의 공간을 개설하여 이와 관련된 사진과 그림들을 해설과 함께 게재하였다.

매회 300~400편의 그림을 게재하였는데 세계 각지의 풍경과 명승지, 과학기술, 문화생활작품, 시사 사진들이다.

1905년 상하이 인민들의 영국 반대운동이 고조되면서 발생했던 영국 영사 자동차 방화 사건이나 여자 천족회(天足會)에 관련된 시사 사진들이 게재되었지만, 그 색채는 강렬하지 않으며 단지 중국 내 사정에 대한 관심을 표명하는 수준에 머물러 있다. (김성남)

참고문헌

方漢奇 主編, 『中國新聞社業通史』, 中國人民大學出版社, 1996; 周葱秀·涂明 著, 『中國近現代文化期刊史』, 山西敎育出版社, 1999.

▌세계공익보(世界公益報)

1903년 홍콩에서 창간된 정치운동 신문

1903년 12월 29일 홍콩(香港)에서 창간되었다. 일간이며 영문명은 "The World news"이다. 기독교 인사인 린휘(林攫)와 탄민싼(譚民三)이 출자하여 자금을 모으고 정관궁(鄭貫公)이 총편집을 맡았다. 1907년 종간되었다.

매회 두 장의 대형 지면을 분할하여 시론(時論)과 뉴스를 게재하고 삽화를 첨부하였으며, '경성신문(京省新聞)', '만국신문(萬國新聞)', '마카오소식(澳聞)', '홍콩소식(港聞)', '잡평(雜評)' 등의 항목이 있다.

황루이(黃魯逸), 리다싱(李大醒), 황스중(黃世仲), 추이퉁웨(崔通約), 탄민싼 등이 편집과 기자를 담당하였다.

1905년 이후 홍콩에서 동맹회(同盟會) 여론의 장이 되며 혁명운동 언론이 되었으나 재정적 어려움으로 1907년 종간되었다.

• 정관궁(鄭貫公)

창간인 겸 주필을 맡았으며, 원명은 정다오(鄭道)이다. 1899년 량치차오(梁啓超)가 일본 요코하마(橫濱)에 설립한 대동학교(大同學校)에 입학하여 서양의 새로운 학문들을 공부하였다.

그 후 1900년 『청의보(淸議報)』에서 편집 업무에 종사하였으나 량치차오의 보황(保皇)정책에 불만을 품어 별도로 『개지록(開智錄)』을 창간하여 자유평등사상과 반청(反淸) 혁명, 민권 사상을 선전하였다. 이로 인해 『청의보』에서 면직을 당한 후, 1901년 쑨중산(孫中山)의 소개로 홍콩으로 와 『중국일보』의 기자가 되었다가 후에는 주필로 임명되었다. 『중국일보』를 사직한 후, 1903년 말 린훠와 탄민싼 등과 함께 『세계공익보』를 창간하였다.

그러나 그 다음해 3월 『세계공익보』의 사설에 많은 제약이 따르는 것에 불만을 품고 사직하고, 다시 『광둥일보(廣東日報)』와 부간(附刊) 『무소위(無所謂)』를 발행하여 혁명사상을 격렬히 선전하였다. 그 뒤 1906년 갑자기 병으로 26세의 나이에 세상을 떠났다. (김성남)

참고문헌

方漢奇 主編, 『中國新聞社業通史』, 中國人民大學出版社, 1996; 王檜林·朱漢國 主編, 『中國報刊辭典』, 太原: 書海出版社, 1992.

▌세계관(世界觀)

1915년 중국 청두에서 창간된 종합 학술지

1915년 8월 청두(成都)에서 창간된 종합 학술월간지이다. 샤오궁비(蕭公弼)가 주편을 맡고 푸창허(傅暢和), 펑쥐(彭擧), 청쉬에촨(曾學傳), 샤오위스(效愚氏), 자오샤오성(趙曉生), 장칭성(張慶聲) 등이 참여하였다. 1915년 12월 5호를 내고『교육잡지』와 합병하였다.『세계관』은 민국 초기 보수주의의 사조를 대표하는 전형으로 쓰촨(四川)성 도서관등에 보관되어 있다.

창간호에 밝힌 발간 취지는 약육강식의 강권적 세계질서와 망국의 위험에 처한 "국민의 영혼을 환기하여 세계에 부활시키고 나아가 부강한 국가를 모색하는 것"이 취지였다(「발간사」). "본 잡지는 정론으로 인심의 환기를 종지로 하되, 본국에 대해서는 자강으로 국명(國命)의 터를 다지고, 세계에 대해서는 화평으로써 대동을 추구한다"고 하였다. 이를 위해 민덕(民德), 민지(民智), 민생(民生)의 삼대주의를 바탕으로 사회도덕을 제창하고, 세계지식을 보급하며, 보통 실업을 지도할 것을 선언하였다. 이를 위해 정치, 학술, 사회에 대한 원칙을 세우겠다고 선언하고(「세계관석명[世界觀釋名]」), 정치, 종교, 철리 경학 사학과 함께 문예(文藝), 잡저(雜著), 야승일문(野乘軼聞) 등 다양한 내용을 다루었다.

민국 초기 보수주의와『세계관』

신해혁명 이후 공화정이 파행을 거듭하고, 정치사회적 갈등이 지속되면서 공화정 자체를 부인하는 보수적인 사조가 광범위하게 유행하였다. 이러한 보수 사조는 다양한 세력에 의해 유포되고 있었다. 청말 유로 집단과 캉유웨이(康有爲) 등 복고를 지향하는 집단도 있었지만, 옌푸(嚴復), 린수(林紓)처럼 총통의 권력을 강화하는 등 중앙정부의 집권성을 높이는 입장에서 사회질서를 재편하여야 한다는 입장도 있었다.

『세계관』 역시 보수성이 농후한 잡지였다. 대표적인 논객인 청쉬에촨은 중국인은 아직 세계지식이나 국가관념, 실업사상 등 공화정을 운용할 만한 국민적 기초가 미숙하므로 위안스카이(袁世凱)를 중심으로 하는 총통제를 강화하는 방향에서 정국의 안정을 도모하여야 한다고 주장하였다. 공화정의 이름으로 전제정치의 효과를 노려야 한다는 것이었다. 공화정으로 바뀌었다고는 하지만 일반 국민이나 관료 등은 과거의 정치문화에서 탈각되지 못하였다는 점에서 전제정치를 지속하는 것이 장기적인 통치의 방법이라는 것이었다.

이런 입장에서『세계관』은 위안스카이가 제시한 신약법과 총통선거법을 긍정하면서 "헌법은 국민의 헌정 운용 능력을 포함한 국정과 시세를 감작하여 선택하여야 하며, 내란을 두절하고, 신정을 실시하기 위해서는 총통을 10년에 한번 선거하고 무한한 연임을 허용하여 한다고 주장하였다. 그러한 주장의 근거는 남미의 경우처럼 잦은 선거는 정국의 불안과 국가의 멸망을 부를 뿐이라는 이유였다. 또한『세계관』은 위안이 전개하는 일련의 집권정책을 옹호하면서, 제헌이 이루어진 만큼 쿠데타는 불가능하다고 주장하였다.

그러나 위안스카이 제제운동이 본격화되자, 복벽에 대한 반대를 분명히 했다(「상인의 국체담[商人之國體談]」 등). 제제운동은 국체 변경을 의미하는 것으로 그것은 사회적 분열을 야기함으로서 혁명을 초래하거나 외국의 간섭을 부르고 말 것이라는 것이 그 이유였다.

『세계관』 잡지는 당시 제기된 당시 보수 사조 속에 등장한 공교의 국교화운동에는 적극 찬성하였다. 특히 공교(孔敎)는 도덕 존숭이라는 종지와 전 인류를 포괄하는 종교로서의 보편성을 갖고 있다는 점, 다른 종교와 달리 현실에서의 도덕 정치를 추구한다는 점에서 종교와 학리라는 두 측면을 겸할 수 있고, 또 그렇게 하여야 민국의 기초를 다질 수 있다고 주장하였다.

보다 특징적인 것은 이 같은 공교 주장과 함께 형이상학(形而上學), 신학(神學)을 철학적 근거로 내세웠다는 점이다. 샤오궁비와 샤오위스는 「귀학철리(鬼學哲理)」(3호)와 「영혼계(靈魂界)」(4호)를 통해 유물론과 객관성에 근거한 과학을 비판하고, 칸트의 우주론을 비롯한 형이상학과 주관 능동성을 기초로 유교의 종교화 가능성을 모색하였다. 또 부패한 봉건윤리를 대신해서 새로운 사회 윤리를 모색하기 위해 「대승기신론(大乘起信論)」, 「유마경(維摩經)」, 「화엄경(華嚴經)」

등 불경을 읽기 쉽게 해설하였다. 견강부회한 점이 없지 않지만 보은(報恩), 민인아(泯人我), 자애(慈愛), 보시 등 불교 덕목을 사회 공중도덕의 기초로 삼고자 한 것이다.

이런 국민도덕에 대한 입장에서 『세계관』은 국민 형성의 기초로서 학교교육을 중시하였다. 학교 교육은 국민 형성을 지향하다는 점에서 일정한 방침과 원칙하에 진행되어야 하고 특히 국민이 자립할 수 있도록 보편적인 세계 지식과 중국의 정체성 근간인 유가에 대한 적절한 교육이 이루어져야 한다고 주장하였다(「국민교육론」). 특히 이들은 신식 학교 자체를 부정하지는 않지만, 청말 이래 신식 교육이 원칙 없는 서구 추수주의로 일관함으로써 자유와 평등에 입각한 혁명정서를 양산하였다고 비판하고, 국민의 건전한 인격과 지식 도덕을 겸비하게 함으로써 열강과 겨룰 수 있는 국민을 형성하여야 한다는 것이었다.

평등 자유설은 프랑스의 루소에서 시작되어, 프랑스 혁명의 기초가 되었다. 그러나 프랑스인들은 국민으로서 완전한 자격을 갖추고 있지 못하였기 때문에 이설에 고무되어 전제정치는 타도할 수 있었지만, 이후 민기를 다스리지 못해 80여 년이나 혼란에 처해 있음을 교훈 삼아야 한다고 주장하고, 민국의 기초인 가유 평등은 이미 공맹이 언급한 것이므로 서구의 그것과는 구별하여 가르칠 필요가 있다고 주장하였다. 실제 당시 쓰촨에서는 공화혁명 이후에도 여전히 학교에서는 독경을 계속하였다.

『세계관』은 또한 자치능력이 없는 국민에게 자치를 주면 결국 국가사회가 망할 수밖에 없다고 경고하고, 당파주의에 빠진 정당은 부정하는 대신, 도덕적 자치단체인 공교회와 기타 국가의 법정단체인 국회, 지방의회, 교육회, 농회, 공회, 상회 등의 자치를 국가 건설 방안으로 제시하였다. (오병수)

참고문헌

『辛亥革命期刊介紹』 5, 人民出版社, 1985.

세계만보(世界晩報)

1924년 중국 베이징에서 발간된 시사 종합 석간신문

1924년 4월 15일 베이징(北京)에서 창간되었다. 1920년대 화베이 지역의 주요 민영신문 중의 하나였다. 청서워(成舍我)가 창간하였고 궁더바이(龔德柏), 장헌수이(張恨水), 황사오구(黃少谷), 장유롼(張友鸞) 등이 연이어 맡았다.
항전기간 잠시 정간되었다가 항전 승리 후 다시 복간되었고 결국 1949년 종간되었다. 중국국가도서관 등지에 소장되어 있다.

사진이나 기사 제목에 신경을 써서 독자들을 끌어들이기 위해 애썼으며 청서워 등이 쓴 사설 등이 독자들의 환영을 받았다. 부간(副刊)이었던 『야광(夜光)』에 실린 장헌수이의 소설 「춘명외사(春明外史)」는 생생한 인물 묘사로 사람들의 이목을 끌었으며 이것이 신문 판매에 도움을 주었다. (이호현)

참고문헌

王檜林·朱漢國, 『中國報刊辭典(1815~1949)』, 太原(山西): 書海出版社, 1992; 葉再生, 『中國近代現代出版通史』 第1卷, 華文出版社, 2002.

세계번화보(世界繁華報)

1901년 중국 상하이에서 창간된 문예신문

1901년 4월 14일 상하이(上海)에서 일간지로 창간되었다. 창간인 겸 주필은 리보위안(李伯元)이며 상하이 세계번화보관(世界繁華報館)에서 발행하였다. 후기에는 시추성(惜秋生, 어우양주위안[歐陽巨源])과 진수지(董叔繼)가 주필을 보았다. 1910년 4월 종간되었다.

내용은 논설란을 비롯하여 시사희담(時事嬉談), 활계(滑稽), 풍림(諷林), 신어(新語), 예문지(藝文志), 야사(野史), 관잠(官箴), 북리지(北里志), 고취록(鼓吹錄), 소설, 담총(譚叢), 이원쇄록(梨園瑣錄), 유원잡기

(游園雜記), 명루여화(茗樓余話), 희원일록(戲院日錄), 예원잡간(藝苑雜刊), 신서품평(新書品評), 잡시(雜詩) 등의 난을 개설하였다.

매일 신문의 전면에 시(詩) 한 수를 게재하였는데, 대부분 풍자와 유머를 담아 정부 관료 사회를 풍자한 시들이다.

리보위안의 「관장현형기(官場現形記)」와 「경자국변탄사(庚子國變彈詞)」, 우옌런(吳硏人)의 「호도세계(糊涂世界)」 등 유명 소설을 이 신문에서 처음 연재하였다. (김성남)

참고문헌

葉再生 著, 『中國近代現代出版通史』, 北京: 華文出版社, 2002; 王檜林·朱漢國 主編, 『中國報刊辭典』, 太原: 書海出版社, 1992.

세계부인(世界婦人)

1907년 일본에서 발행된 여성지

1907년 1월에 세계부인사에서 창간되어 1909년 7월 38호까지 발행된 일본의 여성 사상 잡지이다. 발행 당초는 월 2회 발행되었으나, 이후 월간으로 발행되었다. 신문 형태는 타블로이드판 소책자이다. 정가는 4전 5리였다.

주간은 후쿠다 히데코(福田英子)이다. 그녀는 창간사에서 "현대의 사회 상태를 바라보면 거의 모든 사정은 모두 부인의 천성을 박해하고, 압색(壓塞)하는 것이다. 그렇다면 여기에서 세력을 보아 부인 자신의 사회운동을 일으켜야만 한다. 이는 정말 영원한 사업으로 우리의 일일 것이다. 바라건대 이 잡지가 그 선두에 서기를 바란다"고 밝혔다. 후쿠다 히데코는 스스로를 '학식 없고, 재능 없고, 더욱이 실패에 실태를 거듭하는 죄 많고, 치욕적인 몸'으로 지칭했다. 이는 히데코 스스로의 결사의 선언이었다. 사회주의에 심취하던 그녀가 생활고와 싸우면서 『세계부인』을 간행한 것이다. 주요 기고자로는 아베 이소오(安部磯雄), 기노시타 나오에(木下尙江), 사카이 도시히코(堺利彦), 고토쿠 슈스이(幸德秋水) 등이었다. 하지만 잡지는 38호에 게재된 세 편의 논설이 '신문지법'에 저촉되어 발행금지 처분을 받아 폐간되기에 이르렀다. (이규수)

참고문헌

牛島俊 作, 『日本言論史』, 河出書房, 1955; 『近代文學雜誌事典』, 至文堂, 1965; 桂敬一, 『明治·大正のジャ-ナリズム』, 岩波書店, 1992.

세계정치(世界政治)

1937년 중국 장쑤성의 난징에서 창간된 중국 국제연맹동지회의 월간회지

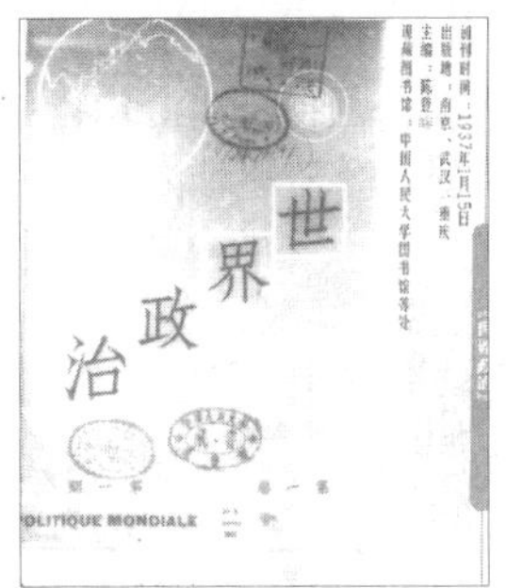

1937년 1월 15일 장쑤성(江蘇省)의 난징(南京)에서 창간되었다. 『세계정치』는 원래 중국국제연맹동지회(中國國際聯盟同志會)의 회지로 창간되었고 처음에는 월간이었으며 천덩하오(陳登皞)가 편집을 맡았다. 1938년 6월 3권 1호부터 반월간으로 바뀌었고, 후베이성(湖北省)의 우한(武漢)으로 옮겨 출판하였다. 1938년 10월 3권 9호부터 충칭(重慶)으로 옮겨 세계정치사(世界政治社)에서 출판하였다. 7권 16호(1942.10)부터 다이커광(戴克光)이 편집을 맡았다. 1945년 1월 9권 1호로 정간되었다. 1948년 4월 난징에서 복간하였는데 연합국중국동지회(聯合國中國同志會)가 편집과 출판을 맡게 되었고, 권과 기를 다시 시작하였다 1948년 8월 1권 2호를 출간한 후 종간되었다.

내용은 전저(專著), 역술(譯述), 세계인물지, 선록(選錄) 등의 난이 있었다. 『세계정치』에 실린 글들은 세계 각국의 상황과 국제정치 정세 및 국제관계를 분석

하였고, 세계의 저명 인물과 중국의 외교정책을 소개하였다. 또한 제네바군축협정의 상황을 보도하기도 하였다. 이 잡지는 제3권까지는 명칭이 『중국국제연맹동지회반월간(中國國際聯盟同志會半月刊)』이었고 제5권에서 8권까지는 『세계정치』였다. (김지훈)

참고문헌

王檜林 · 朱漢國, 『中國報刊辭典(1815~1949)』, 書海出版社, 1992; 伍杰, 『中文期刊大詞典』, 北京大學出版社, 2000; 葉再生, 『中國近代現代出版通史』 3, 北京: 華文出版社, 2002; 上海圖書館, 『上海圖書館館藏近現代中文期刊總目』, 上海科學技術文獻出版社, 2004.

세광(世光)

1920년 춘천에서 발행된 국한문혼용의 기독교 잡지

편집 겸 발행인은 스토크스(M. B. Stokes, 한국명 도마련[都瑪蓮])이고, 발행소는 세광사(춘천군 춘천면 위동리 229번지)이다. 국판 30쪽으로 1단 내리 편집되었다. 정가는 10전(1년 1원)으로, 종간은 불분명하다.

우선 1권 1호 내용을 살펴보면, 창간사와 유한익 목사의 축사에 이어 교리로는 「표어: 완전한 구원을 표하는 어(語)」, 「칭의(稱義)」, 「성결 혹 완전」 등이 있고, 수필 성격의 문예 두 편이 실려 있다. 이를 통해 보건대, 본지는 기독교 중심의 교리를 다룬 후에 신도의 전기를 실음으로써 이론과 실제를 동시에 추구하고 있다고 볼 수 있다. 이 편집방침은 호를 거듭해도 변함이 없었다.

단, 2호부터는 논설부가 설치되어 「세계개조」와 「기도(설교)」를 게재했고, 3호에는 「에덴 낙원」을 싣고 있으며 4호에는 「조선기독교의 현상」 및 「성서연구자의 입장을 견한 그리스도의 재림」이라는 우치무라 간조(內村鑑三)의 강연을 번역해서 싣고 있다. 5호에는 「현시 조선기독교회의 사명」, 7호에는 「아(我)반도 교역자 제군에 대하야」, 「요셉의 소사(小史)」, 8호에는 「화천강두에서」, 「요셉의 소사2회」, 등을 싣고 있다. 또한 2권 2호부터는 주일학교부를 설치한 후 유년부 교사들의 편의를 돕고 있다.

한편 필자들은 매 편마다 이름이 없거나 중요 교리와 성자 소개에 대해 호마다 체계적으로 다루고 있는 것 등 종교교육에 대한 전문가적 면모를 보이고 있기 때문에, 당시 조선 주일학교연합회에서 일을 하며 기독교 교육에 대한 전문 지식을 가진 스토크스 한 사람의 글이 아닐까 추정된다.

본지의 폐간 시일은 알 수 없다. 다만 스토크스이 1923년 안식년을 맞아 미국으로 갔다가 다시 내한했어도 춘천으로는 가지 못했다고 하니, 귀국차 춘천을 떠난 1923년경이 아닐까 추측할 수 있을 뿐이다.

춘천과 선교사 스토크스(M. B. Stokes, 한국명 도마련)

1920년대 춘천은 가옥 450여 동에 인구 약 800가구가 사는 산골 읍에 불과했다. 그런데 『세광』과 같은 큰 잡지가 나왔다는 것이 흥미롭다.

본래 강원도는 남감리교회의 선교구역으로서 1900년 원산에서 선교하던 하디(Robert A. Hardie, 한국명 하리영[河鯉泳]) 선교사가 강원도에서는 처음으로 지경대(地境垈)에 교회를 세운 후, 철원, 금화, 고성, 양양, 춘천 등지에 많은 교회를 세운 후 교통 중심지인 춘천에 선교사를 주둔시키고 선교 본부를 삼았다. 그로 인해 1918년에는 스토크스 선교사가 파송되어 주둔하였다.

남감리교회 소속으로 1907년에 내한한 스토크스는 처음에는 서울에 있으면서 통일공과를 번역하는 등 조선주일학교연합회에서 종교교육 사업을 돕다가 1918년부터 1922년까지 춘천 주재 지방선교사업으로 파송을 받아 일하게 되자 평소 중요하게 여기고 있던 문서선교사업을 위해 춘천에 잡지사를 차리고 그 첫 호를 낸 것이 『세광』이다.

스토크스는 1923년 안식년으로 귀국했다가 다시 주일학교연합회에서 일을 했고 1926년에는 철원읍으로 내려가 장로사로 일할 때에도 정남주 목사와 협력하여 월간 『성화(聖火)』지를 펴내되 동지의 발행인이 되어 문서사업에 많은 공을 세운 선교사이다. (이경돈)

참고문헌

『한국신문 · 잡지총목록』, 대한민국국회도서관, 1966; 윤춘병, 『한국기독교신문잡지백년사(1885~1945)』, 대한기독교출판사, 1984.

▌세브란스교우회보

서울에서 발행된 세브란스교우회에서 발간한 기관지

세브란스교우회에서 발간한 기관지다. 창간이 언제 되었는지 정확히 알 수 없다. 세브란스교우회 창설 직후부터 발간된 것으로 보인다. 현재 남아 있는 것은 1926년 3월 3일에 발행된 제6호를 비롯하여 1936년에 발행된 제25호까지 18개 호가 남아 있다. 동은의학박물관에서는 현재 남아 있는 18개 호 가운데 16개 호를 원본으로 소장하고 있으며 제19호와 제25호는 각각 연세대학교 중앙도서관과 고려대학교에 소장되어 있다. 1929년 11월에 발간된 제12호의 판권장에 따르면 편집인 최동(崔楝), 발행인 부츠(J. L. Boots), 인쇄인 정경덕(鄭敬德), 인쇄소 기독교창문사(彰文社), 발행소 세브란스 연합의학전문학교 교우회, A5판 75쪽, '1년 3회 매학기 발행', 비매품이다.

세브란스교우회는 1924년에 조직되었다. 동창회장은 홍석후가 담당했다. 세브란스교우회는 학예부, 편집부, 운동부, 회계부 등으로 조직되어 있었다.

『세브란스교우회보』의 내용은 동창회 소식지에 실리는 내용들이 주류를 이루고 있다. 학교 및 병원 건물과 주요 인물들의 화보를 비롯하여 학교 소식, 수필 등의 문예작품, 학생 및 동창의 근황, 광고 등이 실려 있다. 그리고 의학계의 동향 기사들과 의학 논문들이 실려 있다. (남기현)

참고문헌

최덕교 편저, 『韓國雜誌百年』 3, 현암사, 2004; 연세대학 의과대학 동창회, 「자료로 본 한국의학의 역사, 『동창회보』 216호, 2003.

▌소국민문학(小國民文學)

1943년 일본에서 창간된 아동 잡지

1943년 5월부터 같은 해 7월까지 발간된 아동 잡지이다. 가토 다케오(加藤武雄)가 간사장으로 있던 일본소국민문화협회문학부회(日本小國民文化協會文學部會)가 편집을 맡았고 발행처는 동원서방(東宛書房)이었다. 판매 가격은 35전이었다.
전쟁 상황이 계속 악화되는 가운데 국민 문학의 수립에 선행되어야 할 소국민 문학을 목표로 "문학부 회원의 자기 연성의 한 기관"으로 창간되었다. '소년 소설(少年小說)', '동화 문학(童話文學)', '보도 문학(報道文學)'의 세 특집호를 내고 폐간되었다.

동화 작가 고토 나라네(後藤楢根)의 「밝은 아침 길(明るい朝の道)」, 니이미 난키치(新美南吉)의 「귀(耳)」, 요다 준이치(與田準一)의 「어떤 소년에게(ある少年に)」, 히라쓰카 다케지(平塚武二)의 「불가사의한 것(フシギナモノ)」, 다쓰미 세이카(巽聖歌)의 「우치하라 훈련소(内原訓練所)」, 우지하라 다이사쿠(氏原大作)의 「기차 개동(汽車開通)」 등이 게재되었다.

평론으로는 야마다 사부로(山田三郎), 가와사키 다이지(川崎大治), 쓰카하라 겐지로(塚原健二郎), 나메카와 미치오(滑川道夫), 모모타 소지(百田宗治), 사카모토 에쓰로(坂本越郎), 간 주도(菅忠道), 하타노 간지(波多野完治), 하세가와 고헤이(長谷川鑛平), 요시다 요시다 기네타로(吉田甲子太郎) 등이 집필하였다.

당시 육해군 정보국의 지도 아래 결성된 일본소국민문화협회의 일익을 맡고 있던 문학부회의 기관지였다. 일억일심(一億一心)이라는 구호 아래 전의 앙양에 앞장을 서고 있던 전시 통제 하 아동문학의 모습을 여실히 보여 주고 있다.

• 가토 다케오(加藤武雄, 1888~1956)

가나가와현(神奈川縣)에서 태어났으며 1911년 신초샤(新潮社)에 입사하였다. 1916년에는 『문장구락부(文章倶楽部)』, 『톨스토이 연구(トルストイ研究)』의 편집 주간이 되었다. 1926년 무렵에는 『농민 소설집(農民小說集)』(新潮社),

『농민 문예의 연구(農民文藝の研究)』(슌요도[春陽堂])를 내면서 농민 문학에 깊은 관심을 보이기 시작하였다.

1927년에는 『농민(農民)』의 발행인이 되었다. 그 후에는 주로 통속 소설과 대중 소설 분야에서 활동하였다. 1940년대 이후에는 전시체제에 적극적으로 협력하는 모습을 보였다. 1940년 국방문예연맹(國防文藝聯盟)의 상임위원, 문예가협회의 명예 회원이 되었다. 그리고 이 해 9월 문예가협회가 주최한 문예총후운동의 순회강연에 참여하는가 하면 같은 해 12월에는 증산보국추진대(增産報國推進隊)의 집회에 참가하였다.

1942년 2월 일본소국민문화협회를 결성하고 간사장이 되었다. 그리고 같은 해 11월에 열린 제1회 대동아문학자대회(大東亜文學者大會)에 일본 대표로 참가하여 '대동아에서 소국민 교화의 방책'을 제안하기도 하였다. (이준식)

참고문헌

日本近代文學館·小田切進 編, 『日本近代文學大事典』 第5卷, 講談社, 1977; 『日本出版百年史年表』, 日本書籍出版協會, 1968.

소국민의 벗(小國民の友)

1942년 창간된 일본의 아동 잡지

1942년 2월 창간되어 1948년 11월까지 발간된 아동 잡지이다. 발행처는 쇼각칸(小學館)이었다. 다이쇼(大正) 시기에 각 학년별로 나오던 아동 잡지가 1941년 말부터 추진된 정보국(情報局)의 잡지통합정책에 따라 통합되면서 새로 발간된 잡지이다.

정보국의 정책에 따라 창간된 잡지였기 때문에 잡지의 내용도 전시 색채를 강하게 띠고 있었고, 총후(銃後) 국민을 연성하는 데 편집의 초점이 모아지고 있었다. 아동 잡지에 '소국민'이란 이름이 쓰이기 시작한 것은 1938년 10월 내무성(内務省)과 문부성(文部省)의 지침에 따라 종래의 '아동 잡지'를 '소국민 잡지'로 통칭하기 시작하면서부터였다.

이부세 마스지(井伏鱒二), 오사라기 지로(大佛次郎) 기쿠타 가즈오(菊田一夫), 사토 하루오(佐藤春夫), 오자키 시로(尾崎士郎), 다카무라 고타로(高村光太郎), 무라노 시로(村野四郎), 세이간지 겐(淸閑寺健) 등 이미 문단에서 활동하고 있던 기성 작가의 글이 많이 게재되었다.

특히 하야시 후미코(林芙美子)의 「소로쿠의 일기장(宗六の日記帳)」, 쓰보이 사카에(壺井榮)의 「고향의 냄새(故郷のにおい)」가 주목된다. 이 밖에 오가와 미메이(小川未明), 요다 준이치(與田準一), 다쓰미 세이카(巽聖歌)도 기고하였다.

• 하야시 후미코(林芙美子, 1903~1951)

야마구치현(山口縣) 출생. 히로시마현(廣島縣県)의 오미치시립고등여학교(尾道市立高等女學校)에서 공부하였다. 1930년에 발간한 『방랑기(放浪記)』로 당대 인기 작가가 되었다. 그 후에도 『뜬 구름(浮雲)』, 『밥(めし)』, 『늦게 피는 국화(晩菊)』 등을 계속 발표하였다. (이준식)

참고문헌

日本近代文學館·小田切進 編, 『日本近代文學大事典』 第5卷, 講談社, 1977; 『日本出版百年史年表』, 日本書籍出版協會, 1968.

소녀계(少女界)

1902년 일본 도쿄에서 발행한 아동 잡지

1902년 4월 교과서 출판으로 유명한 긴코토쇼세키 주식회사(金港堂書籍株式會社)가 잡지계에 선보인 7종의 잡지 시리즈 가운데 하나이다. 잡지는 1901년 11월 창간된 『교육계(教育界)』, 1902년 2월 창간된 『소년계(少年界)』, 같은 3월 창간된 『문예계(文藝界)』에 이어 네 번째로 창간되었다. 잡지 원본은 일본 국회도서관이 소장하고 있다.

소년 잡지 전성의 시대에 처음으로 탄생한 본격적인 소녀 잡지이다. 월간으로 발행되었고, 정가는 10전이다. 다른 잡지 시리즈가 20전 혹은 30전이었던 것을 고려하면, 잡지의 독자나 대상이 주로 아동이었기 때문에 저렴하게 발행했음을 알 수 있다. (이규수)

참고문헌

牛島俊 作, 『日本言論史』, 河出書房, 1955; 『近代文學雜誌事典』, 至文堂, 1965; 桂敬一, 『明治·大正のジャ-ナリズム』, 岩波書店, 1992.

▌소녀세계(少女世界)

1906년 일본 도쿄에서 발행한 소녀 잡지

1906년 9월 9일 도쿄의 하쿠분칸(博文館)에서 발행했다. 편집 겸 발행인은 이와야 스에오(巖谷季雄, 小波)였고, 정가는 1부당 10전이었다. 창간호의 지면수는 112쪽이다. 『소녀잡지』는 1895년에 간행된 『소년세계(少年世界)』의 자매지로, 『소년세계』의 '소녀란(少女欄)'을 확대 발전시킨 형태였다.

잡지는 현모양처주의의 교육관 아래 읽을거리와 실용기사를 게재했다. 창간호 권두에는 이와야 스에오의 동화가 게재되었고, 그 밖에 다야마 가타이(田山花袋)의 시, 하니 모토코(羽仁もと子)의 훈화(訓話), 사사키 노부쓰나(佐佐木信綱)의 가론(歌論) 등이 게재되었다.

또 잡지에는 황실관련기사, 의장도안(意匠図案)과 자수물 등의 실용기사, 여자의 수양, 소녀의 미담 등도 게재되었다. 전체적으로 메이지 시기의 현모양처적인 자녀수양관 색채가 농후한 잡지이다.

창간호 '잡화실(談話室)'에는 "소년세계는 남자아이들뿐이기 때문에 나는 무언가 바뀌길 바랐는데, 이번에 소녀세계가 만들어졌기 때문에 앞으로 얼마든지 투고하겠다"는 투서가 게재되었다.

잡지는 창간 이후 25년간 발행되었지만, 아동문학사적인 평가는 낮다. 메이지 시기 아동 잡지의 영역을 벗어나지 못하고 유명한 작품을 남기지 못했기 때문이다. 다이쇼시기에 들어가서는 다채로운 기사를 게재한 『소녀의 벗(少女の友)』, 『소녀화보(少女画報)』에게 독자를 빼앗겼다. 간행기간은 길었지만, 아동문학사에 남길만할 작품은 게재하지 못했다.

잡지의 중심인물은 이와야 가타이이고, 거의 모든 발행 잡지의 권두에 작품을 집필했다. 가타이는 『소년세계』와 『소녀세계』를 무대로 정력적으로 활동한 메이지를 대표하는 아동문학작가였다. 1권 1호(1906. 9)부터 21권 11호(1926. 11)까지 도쿄도립대학이 소장하고 있다. (이규수)

참고문헌

牛島俊 作, 『日本言論史』, 河出書房, 1955; 『近代文學雜誌事典』, 至文堂, 1965; 桂敬一, 『明治·大正のジャ-ナリズム』, 岩波書店, 1992.

▌소년(少年)

1908년 서울에서 발간된 월간 청소년 계몽 잡지

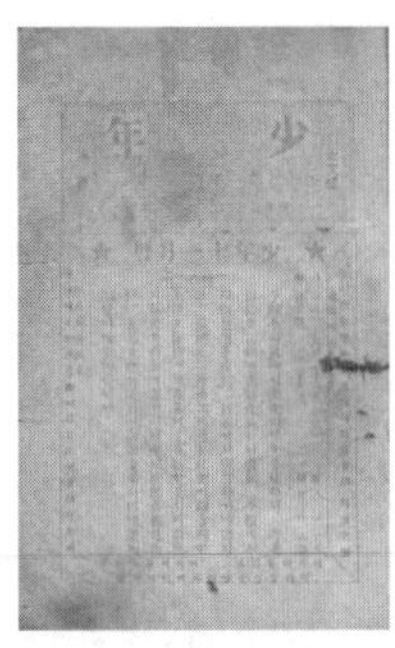

1908년에 창간된 월간 청소년 계몽잡지이자, 근대적 형식을 갖춘 최초의 잡지이다. 1908년 11월 최남선(崔南善)에 의하여 창간되었으며 1911년 1월 4권 1호, 통권 23호로 강제 폐간되었다. 편집·발행인 최창선(崔昌善: 최남선의 형), 인출인(印出人) 박영진(朴永鎭), 인출처 신문관(新文館), 발행처 신문관(한성 남부 사정동, 현 서울 을지로 입구), A5판, 정가 14전이다.

최남선은 두 차례의 유학을 통해 당시 일본의 출판문화에 상당한 관심을 가지고 있었다. 1906년 6월 학생 모의국회에서 경술국치(庚戌國恥)를 안건으로 삼자 이에 반발한 조선 학생 일부와 동맹퇴학하면서 그는 인쇄기를 구입해 돌아와 1907년 여름 신문관(新文館)이라는 출판사 겸 인쇄소를 개설하였다.

당시 19세였던 그는 한성 남부 사정동(絲井洞) 자택에 마련한 신문관에서 『소년』을 간행하기 시작하였다. 1908년 11월 1일자 창간호에는 "우리 대한으로 하야곰 소년의 나라로 하라. 그리하랴 하면 능히 이 책임을 감당하도록 그를 교도하여라"라고 소년 대중의 계몽을 간행 취지로 밝히고 있다. 이와 같은 취지는 창간호 「편집실통기(編輯室通寄)」에서 "본지는 어대ᄭᅡ디던디 우리 소년에게 강건하고 견확(堅確)하고 궁통(窮通)한 인물되기를 바라난 고로 결코 연약(軟弱)·나타(懶惰)·의시(依恃)·허위(虛僞)의 마음을 자격(刺激)할듯한 문자는 됴곰도 내이디 아니할터이오. 그러나 미적사상과 심신훈도에 유조(有助)할 것이면 경연(輕軟)한 것이라도 됴곰됴곰 게재하게소"라고 구체화하였다.

여기서 청년의 정신적 계몽과 교화로부터 국가를 담당할 주체로 세우려 했던 잡지의 성격을 분명하게 확인할 수 있다. 뿐만 아니라 '소년문단(少年文壇)'이라는 난을 마련하여 독자 원고를 모집하는 권고문의 취지에서도 잡지의 취지가 읽혀진다. 그는 어떤 종류의 글도 관계치 않으나 "행문결사(行文結辭)하는 사이에 진경을 그리고 실지를 잃지 말지니, 집필인은 사조(詞藻)에 부(富)한 것도 취(取)치 아니 할 것이요, 결구(結構)에 묘한 것도 택(擇)치 아니하며, 다만 거짓말 아닌 듯한 것과 수미가 상접하여 이르려 한 뜻이 나타난 것이면 뽑을 터"라고 한다. 형식이 아닌 내용을 중시한다는 것으로 개인의 주체적 실질적 측면을 중시하였음을 알 수 있다.

창간호 「편집실통기」의 첫머리에는 "편집하는 손이 적어 본문 중에 삽화가 적고 글은 세련(洗鍊)을 지내지 못하고, 재료의 선택도 실당(失當)한 것이 많아, 이 꼬락서니를 만들어 놓았"다고 한 것으로 보아 처음에는 최남선 혼자 집필과 편집을 담당한 것으로 보인다. 이런 이유로 창간호에는 집필자의 이름이 없다가, 3권 2호부터 이광수(李光洙)·홍명희(洪命熹) 등이 필자로 참여하고 있다.

이광수는 이 당시의 기억을 「나의 고백(告白)」에 이렇게 그리고 있다. "그는 벌써 신문관이라는 인쇄소를 차려 놓고 『소년』 잡지를 발행하고 있어서, 나이는 나보다 두 살 위밖에 아니되나 우리나라의 명사가 되어 있었다. 더구나 도산 안창호(島山 安昌浩)의 지우를 받아서 그는 청년학우회(靑年學友會)의 간부였고, 그의 잡지 『소년』은 그 준기관지였다." 때문에 당국의 감독의 눈길을 피하기 어려워 8호는 발매금지되었고, 이후 3개월 동안 정간을 당하였다가 1910년 12월 3권 9호로 속간되었다. 1911년 1월에 4권 1호, 4개월 만인 1911년 5월에 4권 2호(통권 23호)로 다시 폐간을 당하였다.

『소년』은 근대적인 체제를 갖춘 최초의 잡지라는 점이 주목된다. 현재 '잡지의 날'이 11월 1일로 된 것은 『소년』의 이러한 성격을 인정하여 그 창간일을 기념한 것이다. 무엇보다 창간호에는 최초의 신체시(新體詩)

인 「해(海)에게서 소년(少年)에게」로가 게재되고 있다. 또한 톨스토이, 바이런, 엘리어트, 빅토르 위고 등의 유명 작품들을 번역 소개하고 있다. 이 점에서 『소년』은 『청춘(靑春)』과 더불어 『창조(創造)』·『폐허(廢墟)』·『백조(白潮)』등 순문예 동인지 이전의 과도기적 성격을 지닌 것으로 이해되기도 한다.

하지만 이와 함께 실렸던 근대 과학지식, 국내외의 인물전기, 각국의 역사·지리·정치·문화에 대한 다양한 소개는 근대 문명의 소개와 계몽이 근간이었음을 말해준다. 이는 잡지의 성격이 청소년 계몽운동에 중점을 두었던 최남선의 편집 원칙과 세계관에 근거하고 있음을 말해준다. (신상필)

참고문헌

전영표, 「육당 최남선의 출판행위와 『소년』지 연구」, 『출판잡지연구』 12집, 2004; 최덕교 편저, 『한국잡지백년』 1, 현암사, 2004; 한기형, 「최남선의 잡지 발간과 근대문학의 재편: 『소년』, 『청춘』의 문학사적 위상과 역할」, 『대동문화연구』 45집, 2004.

▌소년(少年)

1937년 서울에서 발간된 월간 소년 잡지

1937년 4월 1일 경성에서 창간되어 1940년 12월호로 강제 폐간되기까지 통권 45호를 간행한 월간 소년잡지이다. 편집 겸 발행인 방응모(方應謨), 인쇄인 김현도(金顯道), 인쇄소 대동(大東)인쇄소, 발행소 조선일보사 출판부(京城 太平通一丁目六十一), A5판 80면 분량, 정가는 10전이다. 창간호의 주간은 이은상(李殷相), 편집장은 윤석중(尹石重)이 담당했다. 1939년 7월부터는 소설가 이석훈이, 폐간 당시에는 소설가 김영수(金永壽)가 편집장을 맡았다.

이 잡지의 편집 및 창간은 윤석중이 주도했다. 그는 이미 교동보통학교 3학년인 12세(1923)부터 '꽃밭사'라는 독서회를 만들어 잡지 『꽃밭』을 편집하고 친구들과 돌려보았을 정도로 소년잡지 편집에 관심을 가진 인물이었다. 이후 1925년 1년 4회의 등사판 잡지 『깁븜』과 『꽃밭』과 같은 회람잡지인 『굴렁쇠』를 기획하였다.

윤석중의 이러한 관심은 지속적되어 다양한 아동매체로 이어졌다. 이후 1933년 개벽사에 입사해 방정환 아래서 『어린이』의 주간을 맡고, 1935년 조선중앙일보사의 『소년중앙』, 1945년 11월에는 고려문화의 주간지 『어린이신문』, 1946년 2월 조선아동문화협회의 『주간소학생』을 창간하며 편집 주간을 맡았다.

『소년』은 1936년 8월 9일 손기정(孫基禎)의 베를린 올림픽 마라톤 우승 소식과 관련된 일장기 말소 사건으로 『조선중앙일보』가 폐간되면서 『소년중앙』도 쉬게 되자 조선일보사에서 창간하는 잡지를 맡은 것이다. 창간사는 이은상이 집필했으며, 윤석중은 편집후기에 해당하는 '만들고 나서'를 통해 "나는 이 잡지를 꾸미는 동안에 아주 욕심쟁이가 되어버렸습니다. …… 그것은 사발 하나에다가 밥 두 사발을 담으려는 것이나 마찬가지 욕심이었습니다. 그러나 밥은 많이 먹으면 배탈이 나기 쉽지마는, 아무리 많이 알더라도 우리 머리는 체하는 법이 없습니다."라며 대단한 의욕을 피력하고 있다.

이와 같은 그의 자신감은 창간호의 차례에 고스란히 드러나 있다. 창간호에는 2면에 걸친 차례에 '백년후의 세계', '봄편지', '과학', '훈화', '동요', '아동극', '나의 소년시대', '소년 영웅전', '동요 작곡', '연재만화', '어릴 때 하던 장난', '종아리 맞은 이야기', '장편동화', '장편소설', '특별대부록' 등의 여러 꼭지에 다양한 내용을 소개한 것이다. 참여한 면면도 이효석(李孝石), 이광수(李光洙), 모윤숙(毛允淑), 이태준(李泰俊), 최현배(崔鉉培), 차상찬(車相瓚), 홍난파(洪蘭坡), 안회남(安懷南), 김유정(金裕貞), 이기영(李箕永), 주요섭(朱耀燮), 채만식(蔡萬植) 등 당대의 쟁쟁한 문인들이었고, 문인 뿐 아니라 '나의 소년시대'에는 제금가(提琴家, 바이올리니스트), 무용가, 성악가, 체육인, 소설가, 동화가, 비행사, 성악가, 조각가, 시인 등 여러 분야 인사들의 글을 실었다.

윤석중은 창간에서부터 2년 동안 편집장을 맡다가 방응모 사장의 눈에 들어 '계초(啓礎) 장학금'을 받아 조지(上智)대학에서 신문학을 공부하고자 3년간의 유학을 떠났다. 이후 강제 폐간되기까지 소설가 이석훈과 김영수가 편집장을 이었다. (신상필)

참고문헌

최덕교 편저, 『韓國雜誌百年』 2, 현암사, 2004.

소년구락부(少年俱樂部)

1914년 일본에서 발행된 아동 잡지

소년을 대상으로 한 월간잡지로 1914년 대일본웅변회고단샤(大日本雄弁會講談社)가 발행했다.

당시 이미 아동 잡지로는 『소년세계(少年世界)』, 『일본소년(日本少年)』을 비롯해 소년을 대상으로 한 잡지가 다수 발행되고 있었다. 그 가운데에서도 『일본소년』은 발행부수 20만 부를 넘는 소년잡지로 정착했다. 소년을 대상으로 한 잡지가 난립하는 가운데 각 출판사는 인기 있는 회화가를 기용하고, 각종 칼라사진과 부록을 첨부하여 독자 획득에 노력했다. 창간 당시 『소년구락부』의 발행부수는 불과 3만 5000부였는데, 이후 다양한 편집내용을 내세워 발행부수를 신장시켰다. 잡지는 요시카와 에이지(吉川英治)와 오사라기 지로(大佛次郎) 등 인기작가의 연재소설과 만화 「노라쿠로(のらくろ)」의 폭발적 인기로 최성기인 1936년에는 발행부수가 75만 부에 달했다. (이규수)

참고문헌

牛島俊 作, 『日本言論史』, 河出書房, 1955; 『近代文學雜誌事典』, 至文堂, 1965; 桂敬一, 『明治·大正のジャ-ナリズム』, 岩波書店, 1992.

소년세계(少年世界)

1895년 일본 도쿄에서 발간된 아동 잡지

1895년 1월 1일 도쿄의 하쿠분칸(博文館)이 발행한 아동 잡지이다. 1권 1호(1895.1)부터 38권 10호(1932.10)까지 간행되었다. 1부당 정가는 5전이고, 월2회 발행되었다. 창간호는 120쪽에 달했는데, 다른 잡지에 비해 압도적인 내용이 게재되었다.
편집인은 아동문학가로 유명한 이와야 스에오(巖谷季雄, 小波)였다. 표지에는 "본지는 유년잡지(幼年雜誌), 일본지소년(日本之少年), 학생필전장(學生筆戦場) 및 소년문학(少年文學)과 유년옥수상(幼年玉手箱)의 총서류를 합병 개제(改題)한 것이다"고 되어 있다. 잡지는 가가와대학(香川大學) 중앙도서관에 소장되어 있다.

1895년을 계기로 하쿠분칸은 그동안 발행하던 이들 아동용 잡지를 『소년잡지』로 통합하고, 또 다른 잡지 6종을 『태양(太陽)』으로 통합하여 『소년잡지』와 『태양』이라는 구 잡지에 전력을 쏟았다.

잡지의 지면 구성은 논설·소설·사전(史伝)·과학·유희·문학·기서(寄書)·잡록·정청화담(征清画談)·학교안내·유람안내·도서안내·시사·부록 등으로 구성된 소년용 종합잡지가 되었다.

권두에는 "우리 제국의 광영(光榮)을 발양(発揚)함으로써 신강국의 소국민이 되자"는 것으로부터 알 수 있듯이 청일전쟁 직후 고양된 공기 가운데, 국가를 지탱하는 소국민의 육성을 추구한 잡지로써 창간되었다. 이후 40년 가까이 『소년구락부(少年俱楽部)』의 융성에 자리를 빼앗길 때까지 장기간 소년잡지계의 중심에 있었다.

주필은 이와야 스에오였는데, 그는 『교토히노데신

문(京都日出新聞)』의 주필에서 영입되었다. 창간호 권두에는 사사키 노부쓰나(佐佐木信綱)의 시가 개제되었고, 논설문 다음에 소설의 필두로 스에오의 「히노마루(日の丸)」가 게재되었다. 스에오는 1891년에 대표작 「고가네마루(こがね丸)」를 발표하여 인기를 얻은 인물이었다. 이후 스에오는 30년 동안 하쿠분칸을 무대로 정력적인 활동을 전개했다.

『소년잡지』에는 요시카와 에이지(吉川英治)·요코미조 세이지(横溝正史)·가와구치 마쓰타로(川口松太郎)·사토 고로쿠(佐藤紅緑)·하세가와 신(長谷川伸)·노무라 고도(野村胡堂) 등 소위 대중문학작가가 소년용 읽을거리를 많이 발표했고, 오가와 미메이(小川未明)·하마다 히로스케(浜田広介)·기타하라 하쿠슈(北原白秋)·무로 사이세이(室生犀星)·하기와라 사쿠타로(萩原朔太郎) 등도 기고하고 있다. (이규수)

참고문헌

牛島俊 作, 『日本言論史』, 河出書房, 1955; 『近代文學雜誌事典』, 至文堂, 1965; 桂敬一, 『明治·大正のジャ-ナリズム』, 岩波書店, 1992.

소년세계(少年世界)

1920년 상하이에서 창간된 소년중국학회의 두 번째 기관지

소년중국학회의 두 번째 간행물로서 난징(南京)분회가 주편하였다. 1920년 1월 1일 상하이(上海)에서 창간되어 12월 종간까지 모두 12호를 간행하였다. 21년 4월에 한차례 "일본 특집호"를 간행하기도 하였다. 형식은 『소년중국』과 같았다.

간행 취지는 중국을 개조하여 세계 개조의 책임을 다한다는 것이었다. 발간사는 "중국을 개조하는 것은 세계 개조의 일부이며 여기에는 세 가지 순서가 있다. 첫째는 과학적 정신을 바탕으로 현대사조를 연구함으로써 중국인으로 하여금 현대사조에 대한 명확한 개념을 갖도록 하고 둘째는 현대사조의 변화 사실을 상세하게 기록함으로써 보다 깊은 자극을 두고, 셋째는 사소와 사실의 추세를 바탕으로 명확한 개조방안을 도출한다"고 선언하였다.

『소년세계』는 『소년중국』의 자매지로서 일차 대전 이후 세계 사조의 변화에 조응하면서 철학, 문학 등 인문학 위주의 『소년 중국』과 달리 과학 등 응용과학을 강조하였다.

그 외 5·4운동 이후 회원들이 대규모로 출국한 데 따라 회원 간의 연락을 긴밀히 할 필요성에 따라 일상생활 및 단체 활동에 대한 기사를 많이 실었다. 특히 학생세계, 학교조사, 교육세계, 공장조사, 노동세계, 농촌생활, 화교소식 등의 난을 두고 국내외 공인, 학생운동과 화교의 상황 등의 난을 두고, 공장, 농촌의 실지조사 보고 및 국내외 노동자들의 생활 상활과 관련한 내용을 많이 실었다. (오병수)

소년세계(少年世界)

1929년 서울에서 창간된 월간 아동문학잡지

1929년 12월 1일에 창간된 월간 아동문학잡지이다. 총 발행호수는 정확히 알지 못하나 30호 이상 출간된 것으로 보인다. 1932년 12월호의 판권장에 따르면 편집 겸 발행인 이원규(李元珪), 인쇄소 소년세계사 인쇄부, 발행소 소년세계사(서울 인사동 98), A5판 32쪽, 정가 5전이다. 이후 『신세계(新世界)』로 개명하여 소년세계사 명의로 발행되다가 폐간되었다.
이 잡지에는 직업소년, 실업소년 등 근로소년들을 의식한 글들이 많이 실렸다. (남기현)

참고문헌

정신문화연구원, 『한국민족문화대백과사전』, 1991; 李在徹, 『韓國現代兒童文學史』, 一志社, 1978; 한국잡지협회 편, 『韓國雜誌總覽』, 1982; 최덕교 편저, 『韓國雜誌百年』 2, 현암사, 2004.

소년소녀담해(少年少女譚海)

1920년 일본 도쿄에서 발행된 아동 잡지

1920년 1월 1일 도쿄의 하쿠분칸(博文館)이 발행한 아동 잡지다. 발행 당시의 정가는 20전, 지면은 128쪽에 달했다. 잡지 원본은 가가와대학(香川大學) 가미하라문고(神原文庫)가 소장하고 있다.

당시 하쿠분칸은 『신청년(新青年)』을 창간했지만, 이는 소년·청년을 대상으로 한 종합 오락 잡지였다. 이에 반해 『소년소녀담해』는 아동을 대상으로 한 오락 잡지로서 창간되었다.

내용은 골계화(滑稽話)와 강담, 영웅호걸전, 괴담 등 어디까지나 오락물이 중심이고, 예술성이 높은 『붉은 새(赤い鳥)』 등과는 확연히 달랐다. 간토대지진 이후에는 이러한 대중적 오락 잡지가 다시 중심이 되었다.

창간호에는 오카모토 이치헤이(岡本一平)에 의한 만화이야기 「고병 만들기(尻餅つき作)」, 모리시타 우손(森下雨村)의 「톰섬이야기(トム·サム物語)」, 이와야 사사나미(巖谷小波)의 「의경이야기(義経物語)」, 요시하라 노부코(吉屋信子)의 「나이팅게일(ナイチンゲール)」 등이 게재되었다.

이후에는 오카모토 기도(岡本綺堂), 하세가와 신(長谷川伸), 야마모토 슈고로(山本周五郎), 운노 주자(海野十三), 요코미조 세이시(横溝正史), 오사라기 지로(大佛次郎), 오시가와 슌로(押川春浪) 등 소위 대중문학작가가 다수 집필했다. (이규수)

참고문헌

牛島俊 作, 『日本言論史』, 河出書房, 1955; 『近代文學雜誌事典』, 至文堂, 1965; 桂敬一, 『明治·大正のジャ-ナリズム』, 岩波書店, 1992.

소년시대(少年時代)

1925년 서울에서 발행된 아동지

편집 겸 발행인은 김진태(金鎭泰)이고, 발행소는 소년시대사(경성)이다. 격주간 발행이며, A5판, 33쪽으로 정가는 15전이다.

소년을 대상으로 한 잡지는 이미 1908년 육당 최남선이 『소년』을 발간하면서 그 효시를 보인 바 있다. 그러다가 한국에서 아동 잡지는 1923년 방정환이 발간한 『어린이』를 비롯하여 1920년대에 들어와서 본격적으로 발간되기 시작한다. 1925년 창간된 『소년시대』도 이러한 문화주의적 풍토에서 발간된 잡지이다.

주로 유소년의 교양과 문화적 풍부함을 겨냥했다는 점에서 당대의 유사 잡지들과 크게 다르지 않다.

창간호에 따르면 『소년시대』의 발간취지는 "소년의 품성과 도덕 과학 학술적 식견을 높이며 소년계의 사상을 풍부하게 하는 데" 있다고 밝히고 있다. 창간호는 당시 발간되는 잡지들이 아직은 기사화하지 않았던 외국관련 기사를 번역해 실은 것이 대부분이었고, 필진 역시 평범한 편이다. 발행인 김진태가 본명, 필명, 익명으로 대부분의 글을 집필한 것으로 보이는데, 일찍이 최남선이 『소년』지를 발행할 당시의 일인 다역 체제와도 유사하다.

창간호 목차를 대략 일별하면 「소년위생」, 「소년운동의 종류」, 「소년사고심득」, 「세계 과학적 기문」, 「소년의 상식」, 「조선언문풀이」, 「모범 될 만한 미국소년단」 등 이 시기 소년의 상황과 입지 및 지향을 짚어 볼 수 있는 글들이 실려 있다고 할 수 있다.

『소년시대』는 나라의 동량으로서의 소년에 대한 기대감을 짙게 노출하던 잡지였다고 할 수 있다. 창간호 말미에 1925년 6월 초 보름간의 소년운동의 현황에 관하여 일지 형식을 통해 알리고 있는 것도 눈여겨 볼 만하다. (이경돈)

참고문헌

김근수, 『한국잡지개관 및 호별목차집』, 영신아카데미 한국학연구소, 1973; 이재철, 『韓國現代兒童文學史』, 일지사, 1978.

▌소년원(少年園)

1881년 일본에서 간행된 소년종합잡지

1888년 11월 창간호부터 1895년 4월 13권 156호까지 월 2회 발행되었다. 일본에서는 당시 양지의 생산 증대와 활판인쇄기술의 진보에 따라 잡지시대가 도래했다. 『소년원』은 투고 잡지가 아니라 읽을거리를 주로 게재한 잡지였다. 메이지 시대의 많은 소년 잡지는 교양, 오락 등을 중심으로 편집하고, 당대의 저명인사가 기고했지만, 『소년원』의 발행은 소년잡지 융성의 계기를 만들었다. 잡지의 내용과 구성면에서 후속잡지를 선도했다.

잡지 주간은 야마가타 데이사부로(山県悌三郎)였고, 발행지는 도쿄의 야마가타 저택이었으나, 1890년부터는 발행처를 내외출판협회(内外出版協會)로 변경했다. 잡지 기자는 다키자와 슈교(滝沢秋暁), 가와이 스이메이(河井酔茗), 이가라시 하쿠렌(五十嵐白蓮), 고지마 우스이(小島烏水), 지바 에도(千葉江東) 등이었고, 이가라시 하쿠렌이 편집을 총괄했다.

판형은 4×6배판이고, 지면은 80쪽 전후, 발행부수는 평균 2~3000부였다. 주요 집필자는 가와이 스이메이, 요코세 야우(横瀬夜雨), 이라코 세이하쿠(伊良子清白), 시마키 아카히코(島木赤彦), 기타하라 하쿠슈(北原白秋), 히토미 도메이(人見東明), 핫토리 요시카(服部嘉香), 모리카와 기손(森川葵村), 가와지 류코(川路柳虹) 등이었다.

• 기타하라 하쿠슈(北原白秋)

기타하라 하쿠슈는 옛 다치바나한(立花藩)의 문화의 향기 높은 성시에서 유복한 양조장의 장남으로 태어나, 서정이 풍부한 환경 속에서 소년 시대를 보낸 것이

훗날의 하쿠슈의 시작에 커다란 영향을 미쳤다. 16세 때 생가가 큰 화재를 만났으며, 그 3년 후 하쿠슈는 문학에 뜻을 품고 상경한다. 24세에 출판한 처녀 시집 『자슈몬』은 이국적이며 관능적인 서정성으로 일본 내에 센세이션을 일으켰다. 그의 재능은 시에 멈추지 않고 단카, 민요, 동화 문학에도 미쳐, 57세로 세상을 뜰 때까지 근대 일본의 시가, 문학에 새로운 바람을 계속 불어넣었다. 근대 일본의 시성(詩聖)이라고 불리며 많은 사람들로부터 애정을 받았던 기타하라 후쿠슈. 일생 동안 야나가와를 사랑하고 '자신의 시가의 모체'로서 야나가와에 뜨거운 정을 쏟았던 것이다.

또한 하쿠슈는 조선 시가, 민요를 높이 평가한 시인이기도 했다. 1929년의 『조선민요집』(김소운 편저)의 출판에 즈음해서는 서문을 쓰는 등 진력했으며, 1943년에 출판된 『조선시집』의 권두에는 하쿠슈 선생 묘전(墓前)이란 헌사가 있다. 하쿠슈의 민요나 동요에는 어딘가 조선 민요에 공통되는 세계가 느껴지며, 낭만파 시인이었던 하쿠슈의 일면을 전해주어 흥미가 깊다.

• 가와이 스이메이(河井酔茗)

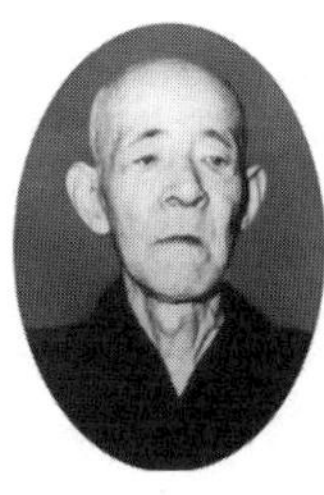

시인. 본명은 마타헤이(又平). 『문고(文庫)』의 기자로 시란(詩欄)을 담당하여 많은 시인을 육성했다. 또 잡지 『여성시대(女性時代)』, 『시인(詩人)』을 간행하는 등 구어자유시(口語自由詩)를 제창했다.

시집에 『무현궁(無弦弓)』, 『탑영(塔影)』 등이 있다. 18살에 『소년문고(少年文庫)』 등에 시를 투고했다. 20세에는 시 「죽은 동생(亡き弟)」이 처음으로 『소년문고』에 게재되어 이후 『문고(文庫)』(『소년문고』를 개제)의 기자로서 1907년 퇴임할 때까지 시란을 담당했다. 이 밖에도 가와이 스이메이는 『여자문단(女子文壇)』, 『신소녀(新少女)』의 편집을 담당했고, 『문고』

를 퇴임한 이후는 『시인』을 발행하여 구어자유시, 산문시를 추진했다. 또 가와이는 일본시인협회와 대일본시인협회의 창립에도 참가했고, 여성시대사(女性時代社)를 창립하여 『여성시대(女性時代)』를 간행하는 등 쇼와 시기 시의 발전에 노력했다. 1937년 예술원 회원이 되었고, 일본시인클럽, 일본문예가협회 명예회원이 되었다.

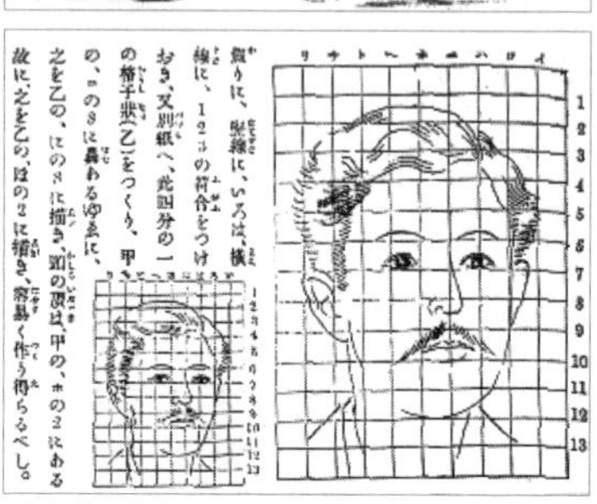

잡지 『소년원』에 실린 삽화

일본의 초창기 아동 잡지

일본의 초창기 아동 잡지는 『소년원』(1888.11~1895.4)에 야마가타 데이사부로(山縣悌三郎)가 있고, 『소국민(小国民)』(1889.7~1902.12)에 이시이 렌도(石井研堂)가 있었던 것처럼 확고한 이념을 지닌 주재자가 있었다. 『소년원』의 경우는 편집자가 경영자도 겸했고, 『소국민』의 경우는 경영자가 잡지 내용에 전혀 관여하지 않았다고 한다.

『소국민』의 창간 당초의 발행인은 다카하시 쇼조(高橋省三)였다. 기무라 쇼슈(木村小舟)의 『소년문학사 메이지편(少年文學史 明治篇)』 상권(1942년, 童話春秋社)에 의하면 기후현(岐阜県) 출신으로 일시적으로 소년원(『소년원』 잡지의 발행처)의 영업부에 근무하다가 독립하여 출판사·학령관(學齡館)을 개업했다. 이 잡지는 잡기 발행 초기부터 이시이 렌도가 실질상의 주필이었다.

『소국민』은 주로 소학생(당시는 4년제)을 독자 대상으로 상정한 종합아동 잡지로 기존의 다른 잡지가 대상으로 삼지 않은 연령층이었다. 창간호(1889.7.10)는 초판 2500부를 발행했고 곧바로 재판을 찍었다. 1년 제4호(1889.10.10)에는 "지금 8000여 부를 다시 찍을 정도로 세가 달했다"고 말하고 있고, 3년 제1호(1891.1.3)의 「관고(館告)」에는 "소국민은 이미 소학잡지의 왕위를 벗어나 일본의 여러 잡지의 왕위를 차지하기에 이르렀다"고 밝히고 있다. 또 3년 제2호(1891.1.18)에는 "지금은 3만 부에 달한다", 4년 제18호(1892.9.18)에는 "10만 부"라는 기술조차 보인다. 선전을 위한 과장이 있었다는 점을 고려하더라도 당시로서는 경이적인 발행부수이다. 이후 이시이 렌도가 회상하고 있는 바와 같이(『소국민총람』, 1941.10.21), 이 잡지의 최성기는 청일전쟁의 와중으로 발행부수는 15000부였다.

『소국민』은 최첨단의 인쇄기술을 채용하면서 다른 잡지의 사례에서 보이지 않는 다량의 그림과 삽화, 도판을 게재하여 비용을 많이 들인 점이 특징이다. 2년 제8호부터는 서양목판 기술을 도입했고, 3년 제15호(1891.8.3)에는 사진동판 기술을 도입했다. 사진동판을 잡지에 도입한 첫 시도였다. 또 다색 인쇄 그림을 매 호 게재한 것도 당시로서는 획기적인 시도였다. 2년 제24호(1890.12.3)에는 기구에 승선하여 취재한 「풍선승실황도(風船乗実況図)」가 게재되었다. 이에 대해 이시이 렌도는 『증보: 개정, 메이지 사물기원(增補: 改訂, 明治事物起原)』, 하권(1944, 春陽堂)에서 "1890년 영국인 스펜서 씨, 요코하마(横浜)에서 풍선기구를 타고 11월 12일 도쿄를 돌았고, 같은 달 24일 우에노(上野)박물관 안의 광장에서도 기구를 탔다"며 감회를 서술하고 있다. 『소국민』의 기사 「풍선승실견의 기록(風船乗実見の記)」에 의하면 호기심 왕성한 이시이 겐도는 화가인 고바야시 기요치카(小林清親)와 더불어 스펜서의 흥행을 구경하러 갔다. 오늘이라면 카메라맨을 동반하여 취재에 나선 것인데, 보도사진 대신에 고바야시 기요치카의 삽화를 의뢰한 것이다. 더구나 잡지 발행 일자는 흥행이 이루어진 날로부터 불과 9일째에 해당한다. 더욱이 『소국민』의 삽화에는 두 종류의 다른 그림판이 현존하고 있다. (이규수)

참고문헌

『近代文學雜誌事典』, 至文堂, 1965; 目黒 強, 「『少年園』における表象としての『現実』と『地方少年』, 『日本文学』 47, 1998; 松木 博, 「雑誌『少年園』と森鴎外」, 『大妻女子大学紀要 文系』 23, 1991.

소년전기(少年戰旗)

1929년 창간된 일본의 프롤레타리아 아동문학잡지

1929년 5월에 창간되어 1931년 9·10월 합병호까지 모두 20호가 발간된 프롤레타리아 아동문학잡지이다. 편집 겸 발행인에는 야마다 세이자부로(山田清三郎)의 이름이 보이지만 편집 책임자는 당초 프롤레타리아 문학운동에 앞장서고 있던 이노 쇼조(猪野省三)였다가 나중에 동화 작가이자 동요 시인이던 무라야마 가즈코(村山籌子)로 바뀌었다.

이 밖에도 역시 프롤레타리아 동화 작가이던 가와사키 다이지(川崎大冶), 마키모토 구스로, 곤노 다이리키(今野大力) 등이 편집에 참여하고 있었으며 가와지리 도지(川尻東次)가 그림과 만화를 담당하고 있었다. 발행처는 전기사(戰旗社)였다.

창간호부터 1권 5호(1929.9)까지는 『전기(戰旗)』의 부록으로 발행되었고 3권 3호(1931.3)는 『부인전기(婦人戰旗)』의 임시증간호로 발행되었다. 『전기』의 부록으로 발행될 때는 발행부수가 1만 4000부 정도였지만, 독립 후에는 3000~4000부로 줄어들었다. 1930년 6월부터는 신문 형태로 바뀌었고, 제목의 표기도 한자 표기에서 가나 표기(ショーネンセンキ)로 바뀌었다. 그리고 발행부수도 2000부로 줄었다.

1928년 미야기현(宮城縣) 도메군(登米郡) 도요사토(豊村)의 소작쟁의에 참가한 도요사토노농소년단(豊里勞農少年團)의 모습에서 이노 쇼조는 큰 감동을 받았다. 그리고 계급투쟁의 일선에서 싸울 미래의 투사들을 위한 새로운 아동 잡지를 만들기로 결심하였다.

이노 쇼조는 발간 당시 "공장, 농촌에서 소년 소녀 대중을 프롤레타리아 의식으로 교화하고 훈련하고 조직하여 나간다"는 것을 원칙으로 하던 편집방침이 나중에 "노동자 빈농의 소년 소녀에 기초를 두어 새로운 제너레이션의 교화 육성, 훈련, 조직을 위한 프롤레타리아 의식에 의한 소년 소녀의 선전, 선동"으로 바뀌어 갔다고 적은 바 있다.

편집방침에서 알 수 있듯이 잡지의 내용은 문학적 성격보다 텍스트로서의 교화, 계몽을 목표로 하고 있던 것이 많았다. 이는 통상적으로 잡지 뒤에 실리는 편집후기 대신에 전국 각지 소년단의 「투쟁통신(鬪爭通信)」을 싣고 있는 데서도 잘 드러난다. 잡지의 성격 때문에 발매금지의 위협에 직면하고 있었다. 그리하여 "직접 전기사로 신청하면 발매금지의 때에도 반드시 손에는 들어온다"고 급하게 광고를 할 정도였다.

수신 교과서의 개작과 유명한 전래 동화 「모모타로(桃太郎)」, 「아시가라야마(足柄山)」 등의 개작도 있다. 특히 전래 동화를 계급적 입장에서 개작하는 작업은 큰 반향을 불러 일으켰다. 아지 쓰토무(阿地努)가 개작한 「아시가라야마」(1930.1)를 둘러싸고 『동화연구(童話硏究)』(1934.3~5)에서 논쟁이 벌어질 정도였다.

아동의 투서도 게재되었는데 보기를 들어 데라시마(寺島)제2소학교 4년생 세키네 히로시(關根弘)의 이름도 보인다. 주요 집필자는 마키모토 구스로, 무라야마 도모요시(村山知義), 에구치 간(江口渙) 등이었다.

• 무라야마 가즈코(村山籌子)와 무라야마 도모요시(村山知義)

무라야마 가즈코와 무라야마 도모미치는 부부이다. 부인인 무라야마 가즈코는 가가와현(香川縣) 다카마쓰(高松)에서 태어났으며 1946년 사망하였다.

자유학원고등과(自由學園高等科)에서 공부한 뒤 『부인지우(婦人之友)』의 기자로 활동하다가 거기서 발간되던 『아이들의 친구(子供之友)』 편집에 종사하였다.

1924년 『아이들의 친구』 삽화를 맡고 있던 무라야마 도모요시와 결혼한 뒤 동요 시인으로 알려지기 시작하였다. 남편인 도모요시와 힘을 합하여 만든 동요와 동화는 이후 일본 아동문학사에 큰 영향을 미쳤으며 오늘날에도 일본 사람들에게 많이 읽히고 있다.

남편인 무라야마 도모요시는 1901년 도쿄에서 태어났으며 1977년 사망하였다. 도쿄의 가이세이중학교(開成中學校)에서 공부하는 동안에 일본의 대표적인 기독교 지식인인 우치무라 간조(內村鑑三)의 영향을 받았다.

중학교 재학 중 이미 소설과 그림으로 인정을 받았다. 제일고등학교(第一高等學校)와 도쿄제국대학(東京帝國大學), 그리고 독일 베를린대학에 진학한 뒤에도 소설과 그림 창작을 계속하였다. 1920년대에 연극, 영화, 미술 등 광범위한 분야에서 전위적 예술가로 활동하였으나 결혼 후인 1925년 말 일본프롤레타리아문예연맹(日本プロレタリア文藝連盟)에 가입하면서 진보적 예술운동으로 전환하였다.

1926년 10월에는 좌익 극단인 전위좌(前衛座)를 만들었다. 1927년 11월에는 전위예술가동맹(前衛藝術家同盟)을 창설하고 전위좌도 전위극장(前衛劇場)으로 개조하였다. 1928년 4월 전위예술가동맹과 일본프롤레타리아예술연맹이 전일본무산자예술연맹(全日本無産者藝術連盟)을 결성하자 전위극장을 프롤레타리아극장과 합하여 좌익극장(左翼劇場)으로 확대하였다.

1929년 2월에는 좌익극장을 중심으로 일본프롤레타리아극장동맹(日本プロレタリア劇場同盟)을 결성하고 중앙집행위원이 되었다. 이 무렵 계급운동의 시각에서 쓴 좋은 작품을 계속 발표하여 프롤레타리아 문예운동의 핵심적인 인물로 각광을 받았다. 1930년 치안유지법 위반으로 체포되었고 다음해 5월 일본공산당에 입당하였다.

1931년 5월 일본프롤레타리아문화연맹(日本プロレタリア文化連盟)이 결성되자 일본프롤레타리아극장동맹을 연극동맹으로 개칭하고, 중앙집행위원장이 되었다. 1932년 다시 체포되었고, 1933년 옥중에서 전향하였다.

1934년 신협극단(新協劇團)을 결성한 뒤 1940년까지 활발한 연극 활동을 벌였다. 특히 전시체제 아래에서도 파시즘에 영합하지 않는 양심적인 내용의 공연을 계속하였으며, 식민지 조선의 연극에도 깊은 관심을 보였다. 1940년 다시 경찰에 체포되면서 신협극단도 해체되었다. (이준식)

참고문헌

『少年戰旗』(復刻版), 戰旗復刻版刊行會, 1977; 菅忠道, 『日本の兒童文學』, 大月書店, 1966; 西鄕竹彦 · 鳥越信 · 宗武朝子 · 尾崎秀樹, 『子どもの本の百年史』, 明治圖書出版, 1973; 中村擴三, 『資料集成 · 小さな同志: 日本におけるピオネール運動 その全貌(III) 論評篇』, 生活教育研究所, 1998; 小杉義雄, 「不屈の兒童文學者 猪野省三」, 『鹿沼 歷史と文化』 제7호, 2002.

소년중앙(少年中央)

1935년 서울에서 창간된 아동 월간지

1935년 1월 1일 창간했다. 편집 겸 발행인 김동성(金東成), 발행소는 조선중앙일보사(朝鮮中央日報社), 판형은 국판으로 총 72쪽이었다. 정가는 20전. 1940년 12월 1일 통권 72호로 종간됐다.
창간호를 비롯한 잡지의 대부분이 연세대학교에 소장

되어 있다.

창간호에서 조선중앙일보사 사장 여운형(呂運亨)은 『소년중앙』을 호랑이 어머니에 비유하며 그 젖을 먹고 자라 사납고 용감스러운 훌륭한 일꾼이 될 것을 당부하고 있다. 여운형은 조선중앙일보사에 입사하자마자 부사장 최선익(崔善益)과 전무 윤희중(尹希重)을 졸라 아동 잡지를 하나 내자고 하여, 대중잡지 『중앙』을 내고 있던 이정순(李貞淳)에게 『소년중앙』을 창간하게 할 만큼 열성적이었다고 한다. 뿐만 아니라 그는 직접 어린 자녀들을 데리고 '파고다공원'으로 나가 눈 속에 돋아난 새싹을 배경으로 사진을 찍어 화보에 실을 만큼 『소년중앙』 발간에 공을 들였다. 필진은 당대의 사회명사와 예술가들이 총출동했다고 할 만큼 화려하다. 우선 권동진, 조만식, 한용운, 양주삼, 최규동, 김활란, 유억겸, 이용설 등 사회명사들의 어린이에 대한 짤막한 당부들이 실려 있다. 여기에도 여운형의 인맥 관계와 유형무형의 노고가 작용했다고 보인다.

이광수의 「작문독본」, 배성룡의 「이달의 세계 형편」, 마해송의 「어머님 생각」, 이무영의 「남빛 나는 옷」, 전영택의 「돈」 등이 주목할 만한 글이라 할 수 있다. 「병구는 왜 사람을 죽였나?」라는 제목의 지상좌담회에는 이광수, 이만규, 김동성, 소완규, 심명섭, 정구충, 이헌구, 이태준, 박팔양, 서은숙, 구영숙, 조재호 등이 참가했다. 그 외에도 자신의 어린 시절을 회고하는 운동선수들의 이야기를 담은 「나의 소년시대」를 비롯하여 과학상식과 아동생활에 필요한 지식을 담은 단편 기사들이 실려 있다. 그리고 「소년중앙 창간호를 손에 들고」라는 제목의 감상문 응모를 정례화했고 동요, 작문, 습자, 자유화, 만화 등에 관한 소년작품현상을 통해 작품모집을 적극적으로 행하였다. 또한 틀린 사진 알아맞추기 등으로 흥밋거리를 제공하여 아동들의 잡지 참여를 유도하기도 했다.

잡지의 말미에는 유년기 아동을 대상으로 하는 『유년중앙(幼年中央)』이라는 부록이 첨부되어 있다. 윤석중의 「아기방문기」를 비롯하여 유아들을 위한 이야기와 그림 등이 실려 있다. 어린이들과는 차별화된 유아들에 대한 교육과 계몽의 필요성을 절감한 기획의 산물이었음을 짐작하게 해주는 대목이다. 판권장에는 편집 겸 발행인이 김동성으로 되어 있지만, 명목상의 이름만 올라 있을 뿐이고, 편집후기를 집필한 윤석중이 『소년중앙』의 편집과 제작을 실제 주도했던 것으로 보인다. (전상기)

참고문헌

이재철, 「한국아동문학가 연구(2): 윤석중과 강소천의 동시」, 건국대 국어국문학과, 『국문학논집』 11권, 1983; 노원호, 「윤석중론: 윤석중은 과연 초현실주의 낙천주의 시인인가?」, 한국아동문학학회, 『한국아동문학연구』, 제8회 아동문학연구발표대회 자료집, 2004.

▌소년한국(Young Korea)

1919년 미국 오하이오에서 창간된 한국어 잡지

1919년 1월 25일 오하이오 컬럼버스 한인 학생회에서 창간했다. 월간 학생보였다. 같은 해 4월부터 대한인국민회에서 매월 180달러씩 보조금을 받아서 운영했다. 3·1운동을 선전했다. 같은 해 10월 1일 필라델피아 한국통신부(Bureau of Information for the Republic of Korea)의 기관 잡지 『코리아리뷰(Korea Review)』에 통합되었다. (이신철)

참고문헌

김원용 지음·손보기 엮음, 『재미한인 50년사』, 혜안, 2004; 방선주, 『재미 한인의 독립운동』, 한림대학교 아시아문화연구소, 1989.

▌소년한반도(少年韓半島)

1906년 서울에서 창간된 월간 소년 잡지

1906년에 11월에 창간된 월간 소년잡지이다. 1907년 4월 1일 통권 6호로 종간되었다. 우리나라 최초의 청소년 잡지이다. 한(漢)자를 주로 쓴 국한 혼용문을 사용하였고 4호 활자로 2단 세로짜기로 한 체제이다. 판권장을 보면, 발행대표자 양재건(梁在謇), 저작자 소년한반도사(임시 사무소 돈화문 앞 보광학교 내), 인쇄소 보광사(普光社, 南署 會洞 박우물골), B5판 50쪽, 정가 신화 15전이다. 사장은 양재건, 총무는 조태진(趙泰鎭), 찬술원(撰述員)은 양재건·조중응(趙重應)·이해조(李海朝) 등 15명이었다. 편집은 주로 이해조가 맡아하였다. 이 잡지는 30여 종에 이르는 근대잡지 중 최초의 상업지로 꼽히고 있다. 서울대학교·연세대학교 도서관에 소장되어 있다.

이 잡지는 개화기 청소년들에게 새로운 시대의 문화와 사상을 보급하여 애국심을 기르고 일제의 침략을 막고자 계몽하는 데 주력하였다. 신교육을 부르짖고 신문학의 필요성을 강조하였다.

주요 기사로는 이해조의 소설 「잠상태(岑上苔)」를 연재하고, 이인직(李人稙)의 「사회학」, 원영의(元泳義)의 「교육신론」, 정교(鄭喬)의 「국제공법」, 조중응의 「농업대지」, 유길준(兪吉濬)의 「대한문전」 등을 연재하였다. (남기현)

참고문헌

김근수, 『구한말잡지개관』, 아세아연구 X-3, 1967; 백순재, 「대한자강회보와 소년지」, 『사상계』, 1965.11; 최덕교 편저, 『한국잡지백년』 1, 현암사, 2004.

▌소련문예(蘇聯文藝)

1942년 중국 상하이에서 창간된 문예지

1942년 11월 상하이(上海)에서 창간되었다. 로고프(B. H. Рогов, 羅果夫)가 편집자였고, 상하이의 소련이 경영하던 시대서보사(時代書報社)에서 발행하였으며, 월간(月刊)이었다. 『소련문예』는 시대주간사(時代週刊社)에서 소련이 경영하던 시대서보사의 명의로 출판한 것이었다. 상하이의 타스통신사 사장 뤄궈푸가 명목상의 편집자였고 실제로는 장춘팡(姜椿芳)이 편집을 담당했다. 1949년 7월 정간되었으며, 모두 37호가 간행되었다. 베이징사범대학도서관 등에 소장되어 있다.

『소련문예』는 중국공산당이 국민당의 문화를 저지하려는 목적으로 창간한 간행물이었다. 소련에 우호적인 인사들의 지지를 받았으며 소련의 반파시스트 전쟁과 관련된 전시소설(戰時小說)과 제정 러시아 시대의 문예작품, 문예이론, 음악 등의 글을 번역하여 수록하였다. 아울러 소련 인민의 생활과 투쟁을 소개하였으며, 러시아 인민의 투쟁사를 소개하는 난을 만들어 소련의 각 시대 특히 반파시스트전투의 민족영웅을 소개하여 항전의지를 제고하는데 긍정적인 역할을 하였다. 원래 월간이었지만 출판기일을 잘 맞추지 못했다. (김지훈)

참고문헌

王檜林 · 朱漢國, 『中國報刊辭典(1815~1949)』, 書海出版社, 1992; 伍杰, 『中文期刊大詞典』, 北京大學出版社, 2000; 葉再生, 『中國近代現代出版通史』 3, 北京: 華文出版社, 2002.

▌소보(蘇報)

1896년 중국 상하이에서 창간된 정치운동 신문

1896년 6월 26일 상하이(上海)에서 창간되었다. 창간인 후장(胡璋)이 일본 국적 부인인 성쥐웨(生駒悅) 명의로 상하이 일본 영사관에 등록을 하였다. 창간시 주필은 쩌우타오(鄒弢)이며, 유광wl(油光紙)에 단면인쇄로 매일 1장씩을 발행하다가 후에는 흰색 신문용지에 양면 인쇄로 발행되었다.

1900년 천판(陳範)에게 인수되었고, 왕원바오(汪文溥)를 주필로 초빙하여 개량주의 노선을 유지하다가, 1902년 장스자오(章士釗)를 주필로 초빙하면서 혁명언론으로 바뀌었다.

1903년 7월7일 종간되었으며, 상하이도서관 등에 소장되어 있다. 1965년 상하이소보관(上海蘇報館)에서 편집한 영인본이 타이완 상무인서관(商務印書館)에서 출판되어 있다.

『소보』는 창간 초기와 후기 사이가 편집내용에 많은 차이가 있다. 창간시의 『소보』는 성쥐웨의 후광을 업고 일본 외무상과 암묵적인 친밀 관계에 있었다. 주필은 쩌우타오였지만, 실제 논설 방향의 결정권은 후장이 행사하고 있었고, 쩌우타오는 후장과의 불화로 해고되었다. 이 시기의 『소보』는 내용은 조잡하고 후장의 개인적 편견으로 특정인을 공격하거나 관청에 고소된 도색(桃色)적인 사건들을 집중 보도하여 독자들의 호기심에 영합하였으며, 시정(市井)의 상거래 내용이 많았다.

이후 판매가 부진하자 1900년에 퇴직 관원 천판(陳范)에게 인수되었다. 천판이 인수한 후 왕원바오(汪文薄)를 주필로 초빙하여 개량주의적 노선을 지향하였다. 그러나 1902년 이후 국내외 여론이 점차 보황(保皇)입헌주의에서 혁명적 경향으로 흐르자 천판도 혁명노선에 동조하게 되었다.

이 시기 『소보』는 각 지역에서 발생하는 봉기 소식을 보도하면서 표면적으로는 '난당(亂黨)', '회비(會匪)' 등의 표현을 사용하였지만 내용상으로는 비교적 객관적 관점으로 사실만을 보도하고 이에 대한 평론을 덧붙이지 않았다.

또한 학생운동에 대해서는 더욱 긍정적 태도를 견지하였고, 1902년 '학계풍조(學界風潮)'란을 특설하여 국내외 애국학생운동에 관한 보도를 하였다.

1902년 여름, 혁명단체인 애국학사(愛國學社)와 협약을 맺어 애국학사의 논설을 매일 한편씩 게재하고 매월 100원씩의 헌금을 기부하기로 약정을 체결하였다. 이 약정 체결로 애국학사의 논설 이 매일 발표되고 혁명을 고취하는 「석구만(釋仇滿)」, 「매국노의 변(漢奸辨)」, 「중국학생동맹회의 발기를 논함(論中國學生同盟會之發起)」 등의 논설을 발표하여 혁명조직 애국학사의 기관지가 되었다.

천판도 혁명적 입장으로 방향을 정하면서 애국학사 교원인 장스자오(章士釗)를 주필로 초빙하였다. 장스자오는 난징 육사학당(南京陸師學堂)에서 퇴학당한 후, 애국학사에 참가하다가 『소보』 주필로 초빙되었다. 이때 그의 나이 겨우 22세였지만, 그가 주필을 맡은 1903년 5월 27일에서 폐간당한 7월 7일까지 40여 일은 『소보』의 가장 찬란한 시기였다. 이 기간 동안 매일 혁명을 고취하는 유명한 명문장들을 발표하여 사회적 영향력을 높여갔다.

혁명을 선동하는 격렬한 문장들인 「나라 없는 백성을 애도함(哀哉無國之民)」, 「축 베이징대학당 학생(祝北京大學堂學生)」, 「중국의 공부하는 자는 모두 혁명파임을 논함(論中國當道者皆革命黨)」, 「보황당에 부르짖다(鳴呼保皇黨)」, 「만주경찰학생의 역사(滿洲警察學生之歷史)」, 「국민의정회 제군에게 알림(警告國民議政會諸君)」 등을 발표하였다. 이들 문장 중 일부의 견해는 부정확한 것들도 있었지만 『소보』의 이러한 혁명적 선동은 강렬한 사회적 진동과 공감을 불러일으키는 작용을 하였다.

1903년 4월, 일본 유학에서 귀국한 쩌우룽(鄒容)이 청 정부를 전복하고 외국 침략에 항거하며 독립자주적인 중화공화국 건설을 주장하는 내용의 소책자 『혁명군(革命軍)』을 발표하고, 이를 진톈허(金天翮)와 차이인(蔡寅) 등이 돈을 모아 상하이대동서국(上海大同書局)에서 출판하였다. 이때 장빙린(章炳麟)은 이 책에 매우 감동받아 서문을 썼다.

1903년 6월 9일 『소보』는 '신간 소개(新書紹介)'란을 통해 『혁명군』을 선전하고, 다음날 다시 장빙린이 쓴 서문을 게재하여 이 책을 격찬하였다.

이러한 『소보』의 선전에 힘입어 『혁명군』은 엄청난 영향력을 분출하면서 무려 100만 부에 달하는 판매량을 기록하여 중국 출판 사상 최고의 기록을 갱신하였다.

또한 6월 1일 장빙린이 유신운동으로는 혁명을 수행할 수 없음과 캉유웨이(康有爲)를 혁명의 반동이라 공격하고 개량주의를 배척하는 문장을 발표하였다. 이 문장에서 장빙린은 혁명의 중요성을 설득력 있게 설명하면서 혁명만이 진흙탕 속에 빠진 중국을 건져내 부강하게 할 수 있음을 호소하였다.

이에 청 정부는 혁명단체 애국학사와 이 단체의 입노릇을 하고 있는 『소보』에 대한 박해를 시작하여 조계 각국 영사관에 차이위안페이(蔡元培), 천판, 우징헝(吳敬恒), 장빙린 등에 대한 조회와 체포 동의를 요청하였다.

6월 29일 『소보』가 다시 장빙린의 위 문장과 함께 광서제(光緒帝)를 조롱하는 글을 게재하자 청 정부는 결국 조계 당국의 동의를 받아내어 이들의 체포에 나서게 된다. 천판과 우징헝 등은 미리 도피하였으나 장빙린과 쩌우룽은 체포되어 투옥되었다.

그럼에도 『소보』는 장스자오를 중심으로 결연한 투쟁적 태도를 견지하였으나, 결국 7월 7일 신문사가 폐쇄되고 애국학사도 해산되었다.

• 애국학사(愛國學社)

1902년 4월, 차이위안페이(蔡元培), 황중양(黃宗仰), 우징헝, 장즈유(蔣智由) 등이 상하이에서 교과서 개정과 교육 개량을 국권회복의 기초로 삼을 것을 천명하고 중국교육회(中國敎育會)를 설립하였다.

그 이후 남양공학(南洋公學)에서 50여 명의 학생들이 언론 탄압에 항의하다 퇴학을 당한 사건이 발생하자 중국교육회는 이 학생들을 받아들이기 위해 11월 16일 애국학사를 설립하게 되었다.

차이위안페이가 총리에 임명되고 우징헝이 학감에, 황옌페이(黃炎培)와 장빙린, 장웨이차오(蔣維喬) 등이 교원으로 임명되었다.

애국학사는 1903년에도 난징육사학당(南京陸師學堂)에서 같은 이유로 퇴학당한 학생 40여 명을 입학시켰다.

• 쩌우룽(鄒容)과 장빙린(章炳麟)

소보(蘇報) 사건으로 구속된 쩌우룽은 1년 뒤 옥중에서 중병을 얻어 보석으로 석방될 예정이었으나 보석 하루 전날인 1905년 4월 3일 공부국 의원에서 제조한 약을 먹고 갑자기 사망하였다. 『혁명군』으로 중국 최초의 100만 부 베스트셀러를 기록하며 화려하게 혁명운동에 투신하였던 그의 나이 겨우 21세였다.

장빙린은 『시무보(時務報)』의 편집진으로 일하다가 캉유웨이의 공자(孔子) 연호 사용에 반대한다는 이유로 배척당해 사직하였다. 이후 항저우(杭州)의 『경세보(經世報)』와 상하이의 『실학보(實學報)』, 『역서공회보(譯書公會報)』 편집에 참여하였다.

1902년, 일본에서 흥중회(興中會)에 참가하다가 상하이로 귀국한 후에 중국교육회와 애국학사에서 일하다 소보 사건으로 투옥되었다. 1906년 출소한 후 일본으로 가 동맹회 기관보인 『민보(民報)』의 주필을 보았다.

1911년 상하이 광복 후 귀국하여 통일당을 조직하여 총재를 맡았고, 『대공화일보(大共和日報)』를 창간하였다. 쑨중산(孫中山)의 고문을 역임하기도 하였으며 1913년 다시 투옥되었다가 위안스카이(袁世凱)가 사망한 뒤 석방되었다. 저서로 『장씨총서(章氏叢書)』 3편이 남아 있다. (김성남)

참고문헌

周葱秀·涂明 著, 『中國近現代文化期刊史』, 山西教育出版社, 1999; 方漢奇 主編, 『中國新聞社業通史』, 中國人民大學出版社, 1996; 彭永祥, 『辛亥革命時期期刊介紹』, 人民出版社, 1986.

▌소비에트예술(ソヴエート藝術)

1929년 일본 도쿄에서 발행된 예술잡지

1929년 3월 일러예술협회(日露芸術協會)의 기관지 표제가 『일러예술(日露藝術)』에서 『소비에트예술

(ソヴエート藝術)』로 변경되어 하쿠요샤(白揚社)에서 창간호로 출판된 것이다. 부제는 "4월 특집호 소비에트 연극호"이다. 발행자는 나카무라 도쿠지로(中村徳次郎)이다. 잡지 원본은 가가와대학(香川大學) 가미하라문고(神原文庫) 등이 소장하고 있다.

당시의 시대상황을 반영하여 소비에트 예술을 다각적으로 소개하고 있다. 편집의 주안점은 연극에 있었다. 편집후기란에는 "소비에트 러시아의 예술적 활동에 대해 우리나라의 신흥계급과 광범한 독자층이 얼마나 깊은 흥미와 살아 있는 탐구심을 불태우고 있는가라는 것은 여기에 새삼 쓸 필요는 없다. 다만 본지는 우리나라에서 이 요구를 충족시킬 유일 최고의 권위적 연구, 소개기관이라는 협회 본래의 사명이 충실하면 좋겠다. 우리는 이 길을 나아가는데 뒤따를 모든 곤란을 극복하여 이 사명을 위해 싸워나갈 것이다"고 쓰여 있다.

본 호에서는 특별기사로 당시 일본의 가부키(歌舞伎)가 소비에트에서 상연된 것을 계기로, 그 공연이 러시아 사람들의 이해를 얻었는가. 또 가부키 배우의 눈에 소비에트 예술로서의 연극이 어떻게 비추어졌는가를 논한 「소비에트 연극 좌담회(ソヴェート演劇座談会)」가 게재되었다.

시게모리 다다시(茂森唯士)의 「소비에트 예술이라 이름 붙인다(ソヴエート芸術に題す)」에는 권두언의 다음 페이지에서 소비에트에서 유명했던 화가집단의 "고리키를 맞이하여(ゴーリキィを迎えて)"라는 제목의 그림이 게재되었다.

잡지의 내용은 「러시아 프롤레타리아문학의 비판(露西亜プロレタリア文學の批判, ア・ゾーニン)」, 「마르크스파와 비마르크스파(マルクス派と非マルクス派の文學論争, 金田常三郎)」, 「러시아 문단 최근의 걸작(ロシヤ文壇最近の傑作, 田村佐雄)」, 「소비에트 문단 유모레스크(ソウェート文壇ユーモレスク)」 등이었다. (이규수)

참고문헌

牛島俊 作, 『日本言論史』, 河出書房, 1955; 『近代文學雜誌事典』, 至文堂, 1965; 桂敬一, 『明治・大正のジャ-ナリズム』, 岩波書店, 1992.

▌소설대관(小說大觀, The Grand Magazine)

1915년 중국 상하이에서 창간된 문학계간지

1915년 8월 1일 중화민국 초기에 상하이(上海)에서 간행된 문학잡지이다. 소설잡지류에서는 최초의 계간지이다. 매집마다 300쪽, 20만 자 이상 실었다. 문명서국(文明書局)과 중화서국(中華書局)에서 공동으로 발행하였다. 모두 15집을 내고 1921년 6월 정간(停刊)하였다. 중국국가도서관, 상하이도서관 등에 보관되어 있다.

중국 문학사에서 대형잡지로는 비교적 이른 시기에 속하는 것으로 원앙호접파의 간행물이다. 창간 취지는 "여기에 실린 소설은 모두 정밀하고 엄격하게 선택해서 종지가 순정(純正)하고 사회에 이익이 되며, 도덕에 유익한 작품들로 경박하고 광탕스러워서 사회를 음란하게 하는 풍(風)은 없다", "문언(文言), 속어(俗語)를 불문하고 흥미를 중심으로 한다"는 것이었다(「예언」).

소설을 중심으로 하여서, 매 집당 장편소설 3, 4종과 10여 편의 단편소설을 실었다. 10여 만 자에 이르는 초대형 소설을 제외하고는 모두 한 호에 실었다. 소설의 내용도 다양해서, 정치, 외교(外交), 역사(歷史), 사회, 윤리(倫理), 가정(家庭), 학교, 언정(言情), 기실(紀實), 경세(警世), 군사(軍事), 정탐(偵探), 신성(神聖), 골계(滑稽), 과학소설과 기타 번역소설을 두루 실었다. 그 외 극본(劇本), 필기, 일기, 외전(外傳) 등의 난을 두었고, 청대의 많은 일화 등을 기록하였다. 문체는 모두 문언체이며, 매집(每集)의 머리에 사녀(仕女), 명화(名画), 풍속(風俗), 명승풍경(名勝風景) 등10여 편의 그림을 넣었다.

주편은 바오톈샤오(包天笑)로서 거의 매호마다 장·단편소설 한 편 씩을 실었다. 그 외 주요 기고자는 예추창(葉楚傖), 야오옌(姚艶), 천뎨셴(陳蝶仙), 판옌차오(范烟橋), 저우슈쥔(周瘦鵑), 장이한(張毅漢), 비이훙

(畢倚虹) 등이다.

게재된 주요 작품은 바오톈샤오의 「명홍(冥鴻)」, 「우봉서어(牛棚絮語)」, 「영매억어(影梅憶語)」, 「천축예불기(天竺禮佛記)」, 쑤만수(蘇曼殊)의 「비몽기(非夢記)」 등이 있고 그 외 쑤쯔유(蘇子由), 천두슈(陳獨秀, 천유지[陳由己])가 번역한 프랑스 빅토르 위고의 「레미제라블」 및 루스난(陸士南)의 「효흠후외전(孝欽侯外傳)」 등이 있다. 특히 저명한 정치가이자 「남사(南社)」 성원이었던 예추창은 2집에 장편소설 「몽변명축기(夢邊鳴筑記)」를 발표하고, 저명한 장편소설 「이 같은 서울(如此京華)」을 3집부터 8집에 걸쳐 연재하였다. 두 작품은 1920년 문명서국에서 단행본으로 출판되었다. (오병수)

▌소설림(小說林)

1907년 중국 상하이에서 창간된 문예지

1907년 2월 상하이(上海) 굉문관유한합자회사(宏文館有限合資會社)에서 창간되어 12호를 발행하고 1908년 10월 종간되었다. 월간이며 창간인은 쩡푸(曾朴, 둥야빙푸[東亞病夫]), 쉬녠츠(徐念慈, 줴워[覺我]), 황런(黃人, 모시[摩西]) 등이며 편집장은 쉬녠츠이다. 1908년 10월 총 12호를 발간하고 종간되었다. 현재 베이징 중국과학원도서관에 소장되어 있다.

단편소설과 문학평론, 시사 및 희극작품을 위주로 한 문학잡지로 내용은 논설, 가정소설, 사회소설, 역사소설, 정탐소설(偵探小說), 평림(評林), 문원(文苑), 연정소설, 군사소설, 기정소설(奇情小說), 총록(叢錄), 신간소개 등의 난으로 구성되어 있다.

소설소화(小說小話)라는 고정란을 만들어 소설위주로 지면을 구성하였으며, 번역소설인 프랑스 뒤마(Alexandre Dumas, 1802~1870, 大仲馬)의 「여왕 마고(馬哥王后佚史)」를 쩡푸의 번역으로 게재하였다. 또 이 난을 통해 소설에 대한 견해를 발표하고 옛 소설에 대한 사실 고증과 소설의 사료적 가치에 대해 논했다. 신간소개란에서는 번역소설 50여 종을 소개하여 독자들의 시야를 열어주었다.

창작소설로는 쩡푸의 「얼해화(孽海花)」를 2회부터 25회까지 연재하였고, 톈샤오성(天笑生)의 「벽혈막(碧血幕)」 등을 게재하였다. 또한 이 잡지는 소설이론 면에서 많은 사람들의 주목을 받았다.

아잉(阿英)은 『만청문예보간술략(晩清文藝報刊述略)』을 통해 창간호에 게재되었던 황런의 「소설림발간사」와 쉬녠츠의 「소설림연기(小說林緣起)」에 대한 논평을 하였다. 즉 이 두 문장은 당시 중국 문예계의 소설에 대한 인식을 잘 보여 주는 것이었으며, 이는 10여 년 전의 샤수이칭(夏穗卿)이나 캉유웨이(康有爲), 량치차오(梁啓超) 등에 비해 진일보한 이해를 보여 주는 것이라고 평가하였다. 황런은 발간사에서 중국 인민들의 소설에 대한 생각들이 이미 많은 변화를 가져왔음을 지적하고 옛사람들이나 량치차오 등이 가지고 있던 소설 관념의 편견을 교정해야 함을 말하였다.

쉬녠츠는 「소설림연기」에서 소설가는 이상적 미학과 감정적 미학을 합하여 최고로 끌어올리는 사람이라고 설명하였는데, 이러한 이해는 과거 시대에 비하면 큰 진보였다. 당시의 소설들은 정치에 치중되어 예술성을 논하지 않는 경향이 많았으나 이 잡지는 서양의 미술사상에 관심을 기울이며 소설의 예술성을 강조하였다. 당시의 예술성을 고민하지 않는 소설 창작에 대하여 서양 미학사상에 근거하여 소설의 예술성을 강조하였다.

추진(秋瑾)이 순국한 후 '문원(文苑)'란에 여러 차례 추진의 유작 시가(詩歌)와 그녀를 추도한 시문, 희곡들을 수록하였는데 「추여사역사(秋女士歷史)」, 「추진질사(秋瑾軼事)」, 「벽혈막(碧血幕)」, 「벽혈비잡극(碧血碑雜劇-龍禪居士)」 등이 그것이다.

또한 중국 소설 목록과 1907년 상무인서관(商務印書館)에서 출판된 소설 목록을 조사하여 실었으며, 외국의 문화와 풍속, 인물 등도 실었다.

발간사

"오늘날은 문명이 서로 교류하는 시대다. 바로 소설이 교통하는 시대인 것이다. 국민 자치는 바야흐로 준비를 하는 기간이고, 교육개량은 아직 보급의 단계가 아니다. 과학은 골동품을 수집하는 것과 같아서 진짜와 가짜를 구별하기 어렵다. 실업 역시 취한 사람과 같아서 아직 설 자리가 없다. 소위 소설이라는 것은 그 일어남이 활발한 것이다. 국내의 문호가 걸식하는 방침과, 높은 상투와 풍요로운 삶을 구가하는 방략을 바꾸어, 소리 없이 말을 몰며, 보배를 진상하거나, 예리한 글로써 현 상황을 개척할 수 있는 것이다. ……『소설림』은 상하이에서 최고의 잡지이다. 시작을 세우고, 이미 세워진 훌륭한 것에는 아첨하지 않는다."

• 쩡푸(曾朴, 1872~1935)

호는 멍푸(孟朴)이며, 필명은 둥야빙푸(東亞病夫)라고 하였다. 소설로 「얼해화(孽海花)」가 있고 프랑스 에밀 졸라(Emile Zola, 左拉)의 「남단과 내농부인(南丹與奈儂夫人)」, 몰리에르(Moliere, 莫里哀)의 「여인학교(夫人學堂)」 등을 번역 소개하였다. 후일 진미선서점(眞美善書店)을 개설하였고, 『진미선잡지(眞美善雜誌)』를 창간하였다.

• 쉬녠츠(徐念慈, 1874~1908)

자(字)는 옌스(彦士)이며 별호는 각아(覺我) 또는 서동해각아(署東海覺我)라고도 했다. 소설평론가, 번역가이다.

• 황런(黃人, 1855~1913)

자(字)는 모시(摩西)이며, 문학평론가로 소설이론 방면에서 많은 영향력을 발휘했다. 저서로 『중국문학사』가 있다.

이들 3인은 모두 혁명파의 영향을 받았다. (김성남)

참고문헌

周葱秀·涂明 著, 『中國近現代文化期刊史』, 山西敎育出版社, 1999; 北京師範大學圖書館報刊部 篇, 『北京師範大學圖書館館藏中文珍稀期刊題錄』, 北京圖書館出版社, 2002.

▌소설시보(小說時報)

1909년 중국 상하이에서 창간된 문예지

1909년 10월14일 상하이(上海)에서 디바오셴(狄葆賢)이 창간하여 유정서국(有正書局)에서 발행되었다. 제1호부터 제16호까지는 월간으로 발행되다가 제17호부터는 계간으로 바뀌었다. 편집은 천징한(陳景韓)과 바오톈샤오(包天笑), 룬류(輪流), 비이훙(畢倚虹)이 담당하였다. 1917년 11월 28호를 발간하고 정간되었다가 1922년 복간되었다. 복간 이후 편집장은 리한추(李涵秋)이며 제5호까지 발간하고 종간되어 모두 33회가 발행되었다. 이외에 증간된 1부가 있다. 현재 베이징 중국과학원도서관에 소장되어 있다.

잡지 내용은 단편소설, 장편소설, 도화(圖畵), 잡기수필, 명저잡역(名著雜譯), 각국소식, 잡기수필(雜記隨筆) 등이었다. 주요 지면은 소설 위주로 구성되었으며 소재는 다양하여 연애소설과 전기소설이 많이 발표되었다.

외국 번역소설로 영국 해거드의 「대협금피객전(大俠錦披客傳)」과 러시아 푸시킨의 「러시아 피터황제(俄帝彼得)」를 비롯하여 「생계(生計)」, 「사진첩(寫眞帖)」, 「육호실(六號室)」 등이 번역 소개되었다. 이러한 외국 작품 소개는 이 『소설시보』의 큰 공헌으로 중국인의 각성과 문학 발전에 큰 역할을 하였다.

발표된 창작소설로는 천징한의 「결투(決鬪)」, 루준(路鈞)의 「여허무당(女虛舞黨)」, 관쯔(冠子)의 「건귁수미(巾幗須眉)」, 비이훙(畢倚虹)의 「검사관의 처(檢查官之妻)」 등이 있다. 또한 산문 수필에는 디바오셴의 「평등각쇄언(平等閣瑣言)」, 「평등각잡기(平等閣雜記)」, 「평등각필기(平等閣筆記)」와 핑겅(苹梗)의 「진준감구집(秦准感舊集)」 등이 있다.

『소설시보』는 폭력과 반항의 역사소설과 허무당소설도 게재하였으며, 집필에 참여한 대부분의 작가들이 후에 원앙호접파(鴛鴦蝴蝶派)가 된 관계로 원앙호접파의 초기 간행물로 인식되기도 한다.

• 천징한(陳景韓, 1877~1965)

소설가이며 번역가다. 상하이 『시보(時報)』의 주

필을 맡아 '시평(時評)'난을 개설하여 매일 자신의 시평을 게재하였다. 평론가 후스(胡適)에 의하면 당시 천징한의 이러한 단평(短評)은 일종의 문체혁명이었다고 평해졌다. 별호를 냉혈(冷血)이라 하였는데, 바오톈샤오(包天笑)와 함께 냉소(冷笑)라 불리었다.

• **바오톈샤오**(包天笑, 1876~1973)

소설가이며 번역가다. 장편소설 「경도선화(瓊島仙花)」 외 20여 편을 발표했으며, 단편소설 「애신의 모형(愛神之模型)」, 「창주도중(滄州道中)」, 「포의회(布衣會)」등과 번역소설로 「고아유랑기(孤兒流浪記)」 등이 있다. 잡지 『소설대관(小說大觀)』과 『소설화보(小說畵報)』, 『성기(星期)』 등의 주필을 역임하였다. (김성남)

참고문헌

周葱秀·涂明 著, 『中國近現代文化期刊史』, 山西敎育出版社, 1999; 葉再生 著, 『中國近代現代出版通史』, 北京: 華文出版社, 2002.

▌소설월보(小說月報)

1910년 중국 상하이에서 창간된 문예지

1910년 8월 상하이(上海) 상무인서국(商務印書局)에서 창간되었다. 편집장은 왕윈장(王蘊章)이며, 이어서 왕시선(王西神), 우톄차오(吳鐵樵), 선옌빙(沈雁冰·마오둔[茅盾]), 정전둬(鄭振鐸)가 차례로 편집장을 역임하였다.

원래 창간된 이래 원앙호접파(鴛鴦胡蝶派)의 작품들을 게재하여 왔다. 그러나 1921년, 12권 1호부터 선옌빙이 주편을 맡아 체제 및 내용을 전면적으로 혁신하고, 문학연구회의 기관지로 삼으면서 신문학을 대표하는 문학잡지로서 자리를 굳혔다. 1932년 '1·28' 상하이 사변으로 정간되기까지 총 22권 262호를 간행하였다. 월간으로 창간되었으나 간행 주기가 매우 불규칙하여 1911년에는 1년에 1권을 발행하기도 하였으며, 1931년 12월 종간될 때까지 모두 22권 259호를 발행하였다. 중국국가도서관에 소장되어 있다.

주로 원앙호접파(鴛鴦胡蝶派) 문인들이 문언문(文言文)으로 쓴 장회소설(章回小說), 구체시사(舊體詩詞), 개량신극(改良新劇) 및 서양 소설과 극본의 번역작품을 실었다. 린수(林紓) 등 사회 소설이 없는 것은 아니었지만, 통속적이고 소비적인 애정 소설, 즉흥소설이 대부분이었다. 사실상 원앙호접파를 상징하는 매체이다.

1918년 상무인서관은 신문학 사조가 대세를 점하자 시세에 조응하기 위해 고심하였다. 특히 5·4운동 이후 신문학이 청년독자층을 대상으로 더욱 확산되자, 1920년 1월 11권부터 '소설신조(小說新潮)'란을 증설하고 선옌빙을 초빙하여 편집을 맡기고, 신문학을 부분적으로 수용하고자 하였다. 제한적이지만 이른바 신시(新詩), 역문(譯文)과 논문(論文) 등 '백화(白話)'로 상징되는 신문학을 게재하고 개혁의 방향을 모색한 것이다.

본격적인 개혁은 1920년 11월, 선옌빙이 주편을 맡으면서 진행되었다. 선옌빙은 당시 준비 중이던 중국 최초의 신문학 단체인 문학연구회(文學硏究會)와 손을 잡고, 그 회원인 정전둬(鄭振鐸), 왕퉁자오(王統照) 등 문학연구회 동인들의 원고를 제공받아 신문학으로 방향을 급속도로 전환하였다.

선옌빙은 우선 설총(說叢), 탄사(彈詞), 문원(文苑), 영담(瀛談), 유기(遊記), 소설신조(小說新潮), 편집여담(編輯餘談), 소설구락부(小說俱樂部) 등으로 구성된 잡지의 체제를 논평(권두언, 사평[社評]), 창작(創作), 역총(譯叢), 해외문단소식(海外文壇消息), 문예총담(文藝叢談) 등으로 일신하였다. 이는 창작과 역평을 중점에 둔 것으로 이후에도 비평란이 개설되거나 특집호로 편집되는 경우가 있었지만, 『소설월보』의 기본체제로서 자리를 잡았다. 개혁 첫 호인 12권 1호(1921년 1월 10일 간행)의 책머리에 실린 「개혁선언」을 통해 "인생을 위한" 현실주의 문학을 표방하고, 쉬디산(許地山), 왕퉁자오, 취스잉(瞿世英), 쑨푸위안(孫伏園) 등의 작품과 역고만을 게재하였다. 부록으로는 문학연구회 간장(簡章) 등을 실었다. 특히 외국문학의 번역과 소개에 역량을 집중하였다. 문자 그대로 면모를 일신한 것으로 신문학이 명실공히 주류적 형식으로 제도화되는 순간이었다.

1923년부터는 선옌빙을 이어 정전둬가 주편을 맡아 방침을 이어갔고, 1924년에는 쉬댜오푸(徐雕孚)가 편집에 참가하였다. 1927년 5월부터 1928년 10월까지 정이 급변하는 정치 정세를 피하여 유럽여행을 떠나자 예성타오(葉聖陶)가 대리하여 주편하였다. 1930년 말 예성타오와 정전둬가 정치적인 이유로 상무인서관(商務印書館)을 떠난 이후에는 1932년 1월 일본군의 폭격으로 정간하기까지 쉬댜오푸가 편집을 맡았다.

내용은 논총, 소설, 시, 희극, 문예이론, 잡문, 그림과 사진(圖像) 등으로 구성되어 있다. 명작을 번역하고, 새로운 이론의 주입과 상식의 증진이 발간 목적이었다. 저술과 번역 소설 위주로 편집되었다.

마오둔(茅盾)의 「개혁선언(改革宣言)」

12권 1호에서 마오둔은 개혁선언을 발표하였다.

"첫째, 한 나라의 문예는 한 나라의 국민성의 반영이다. 또한 국민성을 나타낼 수 있는 문예야말로 진정한 가치가 있는 문예이며, 세계의 문학 중에서 일정한 지위를 차지할 수 있는 것이다. 둘째, 중국의 과거 문학은 과거시대에 상당하는 지위가 있을 뿐 아니라. 미래에 대해서도 약간의 공헌점이 있을 것이다. 셋째, 광범한 구미 각 파의 문예사조를 소개하는 것으로써 본보기를 삼고자하였다. 예술을 위한 예술과 인생을 위한 예술 모두 지지할 수 없다."

신인 발굴과 작품 소개

창작은 근대문학의 백미라 할 수 있는 소설을 중심으로 하면서 시가, 희극, 산문 등을 실었다. 루쉰은 「단오절」, 「사희(社戲)」, 「술집에서」 등 소설을 발표하였지만, 초기 두해 동안은 대부분 예사오준(葉紹鈞), 빙신(冰心), 왕퉁자오, 쉬디산, 루인(廬隱) 등의 단편소설 및 주쯔칭(朱自淸), 쉬위눠(徐玉諾), 주샹(朱湘), 량쭝다이(梁宗岱), 쉬즈(徐雉) 등의 신시(新詩) 작품을 실었다. 이들의 작품은 모두 인생의 고통을 반영하고, 사회의 비리를 폭로하는 등 압박 받는 사람들을 동정함으로써 일정 정도 반제 반봉건 작용을 한 것으로 알려지고 있다.

1923년 후에는 쉬제(許杰), 왕이런(王以仁), 왕런수(王任叔), 루옌(魯彦), 뤄헤이즈(羅黑芷) 등 일군의 신인작가를 발굴하는 한편, 왕퉁자오의 「황혼(黃昏)」, 장원톈(張聞天)의 「여도(旅途)」, 라오서의 「장씨(張氏)의 철학」 등 장편소설과 주쯔칭의 「훼멸」, 예성타오의 「유하(瀏河)의 전장(戰場)」, 주샹의 「왕자오(王嬌)」 등 장시(長詩)를 게재하였다.

1927년 5월 예성타오는 주편을 대행하면서 창작을 대폭 강화하였다. 선옌빙이 마오둔(茅盾)이라는 필명으로 발표하기 시작한 중편소설 「환멸」, 「동요(動搖)」, 「추구(追求)」 등을 연재하는 외에 딩링(丁玲)의 처녀작인 「몽가(夢珂)」 및 초기 대표작, 「소피아 여사(女士)의 일기」, 바진(巴金)의 첫 번째 중편소설 「멸망」 및 후예핀(胡也頻), 선충원(沈從文), 다이왕쉬(戴望舒), 스저춘(施蟄存), 쑨시전(孙席珍), 장톈이(張天翼) 등 신인들의 신작(新作)을 발굴 게재하였다. 이러한 작품들은 넓은 배경을 바탕으로 다양한 측면에서 1920년대 중국의 사회생활과 시대적 풍모를 강렬한 현실주의적 정신으로 그리고 있는 데 특색이 있었다.

근대 서구문학의 소개와 비평

12권부터 종간호까지 『소설월보』에 게재된 번역 작품은 총 39개국 300여 작가의 800여 편에 이른다. 러시아 투르게네프(Turgenev)의 「사냥꾼 일기」(경지즈[耿濟之] 역), 사빈코프(Savinkov, 필명은 롭신[Ropshin])의 「회색(灰色) 말」(정전둬 번역) 등 장편소설은 모두 번역 연재되었다. 아울러 『소설월보』는 "피압박 민족문학호", "타고르 특집호", "안데르센 특집", "반전문학 특집(非戰文學 特輯)", "현대 세계문학 특집" 등의 특집호와 "러시아 문학 연구", "프랑스 문학 연구" 등의 증간호를 내었다.

12권 10호에 실린 "피압박민족 특집호"는 저우쭤런(周作人, 근대 폴란드 문학 개관), 선옌빙(신유태문학 개관) 등이 번역한 체코, 폴란드, 유태문학 등을 소개하고 작품을 번역하여 실었다.

12권 증간호인 「러시아 문학 연구」는 정전둬의 「러시아 문학의 시원시대」, 경지즈의 「러시아 4대 문학가 합전」, 장원톈의 「톨스토이의 예술관을 논함」 등 논문 24편과 동시에 라시아 작가 고골리(Nikolaj V. Gogol), 고리키(Maksim Gorkij), 투르게네프(Ivan S. Turgenev), 안드레예프(Leonid N. Andreev), 도스토옙스키(F. E. Dostoevskii), 아르치바셰프(Mikhail P. Artsybashev) 등의 작품 29편을 중심으로 러시아 문학사와 발전 상황을 비교적 계통적으로 소개하였다.

15권 증간호인 "프랑스 문학 연구"는 선옌빙·정전둬(유럽문학에 대한 프랑스 문학의 영향), 경지즈(중산계급 승리시대의 프랑스 문학, V. M. Vritche 원저), 류옌링(劉延陵, 19세기 프랑스 문학 개관) 등 16편의 논문을 통해 프랑스의 근대 낭만주의, 자연주의, 사실주의 희극 및 근대 프랑스 문학을 소개하고, 프랑스 작가인 발자크(H. De Balzac), 조르주 상드(George Sand), 모파상(Maupassant), 샤를 필리프(Charles L. Philippe), 프랑스(A. France) 등의 작품을 소개하였다.

중국의 고대 문학의 정리와 관련하여 1923년 정전둬는 주편을 맡은 직후 '정리국고(整理国故)와 신문학운동'란을 개설하고 위샹선(余祥森)의 「정리국고와 신문학운동」, 구제강(顧詰剛)의 「우리들이 국고(国故)에 대해 취해야 할 태도」, 왕보샹(王伯祥)의 「국고(国故)의 지위」 등의 논문을 실어 중국의 구(旧) 문자를 정리하는 문제를 집중적으로 토론 하였다. 1927년에는 다시 17권 증간호로서 "중국문학연구"(상·하)를 간행하고 정전둬, 궈사오위(郭绍虞), 류다바이(劉大白), 천위안(陳垣), 쉬더산 등의 35명의 60여 편의 연구논문을 실었다. 내용은 선진문학에서 위진육조문학(魏晋六朝文學), 당시(唐詩), 송사(宋詞), 원곡(元曲), 명청소설 및 민간문학에 이르기까지 망라하여 서술하는 중국 고전문학 연구와 관련한 기념비적인 학술논문집이었다. 또 『소설월보』 "번역 문학서 토론", "어체의 서구화문제 토론", "창작토론" 및 "자연주의", "문학의 주의문제"등의 토론을 조직하였다.

『소설월보』가 진정으로 사회적 영향력을 발휘한 시기는 혁신 후 11년이었다. 루쉰을 포함하여 당시 대다수의 작가, 번역가, 중외문학 연구자들이 모두 참여하여 새로운 문학 이론을 소개하고, 신문학(新文學)의 창작 및 비평, 중국 고대문학의 정리에 뚜렷한 성과를 내었다. 이러한 점 때문에 『소설월보』는 중국 근대문학사 연구의 저본으로 꼽힌다. 베이징의 서목문헌출판사(書目文獻出版社)에서 이미 『소설월보』 12권부터 22권까지를 영인하여 출판하였다.

• 문학연구회

1921년 1월 4일 정전둬, 경지즈 등이 베이징에서 조직한 문학단체이다. 장팡전(蔣方震), 쑨푸위안(孫福園) 등이 후원하였다. 창립당시 회원은 21명이었다. 정전둬가 서기 간사를 맡고, 경지즈가 간사를 맡았다. 정전둬가 상무인서관에 취직한 이후 마오둔(茅盾), 예사오준(葉紹鈞), 셰류이(謝六逸), 자오징선(趙景深) 등과 함께 문학연구회 상하이분회를 조직하고, 『문학주보』를 간행하였다. 곧 회원이 48인에 달했다.

창립 당시 문학연구회의 종지는 "세계문학을 연구 소개하고, 중국의 구 문학을 정리하며, 신문학을 창조한다는 것"(文學硏究會 簡章)이었다. 특히 이들은 봉건문학, 구(舊)문학, 또는 원앙호접파류의 유희적 소비문학에 반대한다는 점에서 일치된 태도를 갖고 있었다. 특히 원앙호접파와 논전 과정에서 마오둔, 정전둬 등은 '인생을 위한 예술'을 제창하였는데, 이것이 문학연구회 성원들이 일관되게 견지하는 원칙이 되었다. 그들은 신해혁명이 군벌정치로 붕괴하는 것을 경험하면서, 객관적이고 냉정한 태도로 문학으로서 사회를 개조할 수 있기를 희망하였다. 이 점은 『신청년』 등을 계승하면서도 단계를 달리하는 것이었다. 그렇기 때문에 이들은 창작과정에서 사회문제를 반영하는 것이 비교적 많으며, 현실을 진솔하게 묘사하였다. 그래서 이들의 작품은 문제소설로 불리거나, 문학연구회 성원들은 "인생파"로 불리기도 하였다.

문학연구회는 성립과 동시에 창조사와 논쟁을 벌렸는데, 그것은 창조사가 "문예는 천재의 창작물"이라는 위다푸(「예문사견[藝文私見]」)의 말처럼 자아의 표현을 중시한 데 대해서, 문학연구회가 문학의 사회적 계몽작용을 중시하였기 때문이다. 『소설월보』가 대표적이지만, 외국 문학의 번역과 소개, 중국 고전에 대한 정리 역시 같은 맥락에서 이루어진 것이었다.

물론 문학연구회는 매우 느슨한 조직이며, 1932년 『소설월보』의 정간 이후 조직으로서 활동은 중단되었다고 할 수 있다. 회원은 장팡전, 저우쭤런, 쉬더산, 취스잉, 천다베이(陳大悲) 등 70여 명이며, 루쉰은 정식으로 가입을 하거나 이름을 올리지는 않았지만, 시종 이들과 활동을 같이 하였다.

연구회의 간행물로는 『소설월보』 외에도 『문학순간(文學旬刊)』, 『시(詩)』, 『성해(星海)』 등이 있고, 상무인서관에서는 『문학연구총서(文學硏究叢書)』로 수십종의 작품과 번역, 이론, 비평서를 냈다.

『소설월보』의 문학사적 의의

「개혁선언」을 통해 밝힌 개조의 취지는 중국에서 새로운 문예의 형식과 내용을 창조하는 방향에서, "그것을 더욱 새롭게 확충하여, 서양의 저명한 소설을 역술하여 소개하는 외에 세계 문학계의 조류의 방향을 소개하고, 중국 문학의 혁신방법을 토론한다는 것이었다." 실제 『소설월보』는 개조 후에 논평 및 연구, 역총, 창작, 특재(特載), 잡재(雜載)란을 두었다. 대부분은 문학연구회 회원 등의 찬고한 이론 논문이 많았지만, 그중 상당수의 문장은 그의 손을 거친 것이었다. 특히 「신문학 연구자의 책임과 노력」(12권 2호), 「창작의 전도(前途)」, 「사회 배경과 창작」(12권 7호), 「자연주의와 중국현대소설」(13권 7호). 「문학과 정치사회」(13권 9호), 「춘계창작단 만평」, 「루쉰론」 등은 현실주의 문학사상을 반영하면서 문학연구회의 이론적 주장을 대표하는 것이었다.

『소설월보』는 또한 '창작토론', '창작비평', '문예총담' 등의 난과 각종 사평(社評), 잡담, 통신, 독후감 등의 형식으로 루쉰(魯迅), 정전둬, 후위즈(胡愈之), 저우쭤런, 예성타오, 취추바이(瞿秋白), 선쩌민(沈澤民) 등의 문학 이론을 게재함으로써, 인생을 위한 예술을 주창하고, "피와 눈물의 문학"을 고취하였다. 또한 적극적으로 외국문학 개념, 논저와 동향을 소개하고 낡은 문학관념을 비판함으로써 현대문학 건설의 중요한 기초를 닦았다. 신문학운동을 추동 발전시키는 데 획기적으로 기여하였음은 물론이다. (오병수, 김성남)

참고문헌

周葱秀·涂明 著, 『中國近現代文化期刊史』, 山西敎育出版社, 1999; 北京師範大學圖書館報刊部 篇, 『北京師範大學圖書館館藏中文珍稀期刊題錄』, 北京圖書館出版社, 2002; 范泉 主編, 『中國現代文學社團流派辭典』, 上海書店, 1993; 楊義, 『中國現代小說史』 1, 人民文學出版社, 1986.

▌소설총보(小說叢報)

1914년 중국 상하이에서 창간된 월간 문학잡지

1914년 5월 상하이(上海)에서 창간된 문학잡지이다. 『민권보(民權報)』의 편집원과 합자하여 창간한 것으로 당시 원앙호접파의 영향을 받은 간행물로서 원앙호접파의 기관지로 평가받았다.
월간지로서 첫 해에는 12호를 출판하였고, 1915년은 10호, 그리고 1916년에 다시 12호를 내는 등 총 45호를 내고 1919년 8월 종간하였다. 창간 당시는 국화(國華)서국에서 발행했으나 2호부터 소설총보사에서 발행했다. 경리 겸 편역원은 수이신(水心)이었다. 편집주임은 쉬전야(徐枕亞, 1915~6, 1918), 우솽러(吳雙熱, 1917) 등이었다. 주요 집필진은 쉬전야, 리딩이(李定夷), 우솽러, 류톄링(劉鐵玲), 선둥나(沈東納), 니하오선(倪灝森), 후이완(胡議頑), 쉬샤오톈(徐嘯天) 등이었다. 표지에는 모두 미인도로 배치하여 대중의 주목을 끌었다. 상하이도서관에서 열람할 수 있다.

잡지의 내용은 도화(圖畵), 장편소설, 단편소설, 문원(文苑), 역총(譯叢), 제림(諸林), 필기(筆記), 전기(專奇), 탄사(彈辭), 신극(新劇), 여흥(餘興) 등을 다루었다. 1916년부터는 항목 명칭을 소설해(小說海), 한묵림(翰墨林), 해객담(海客談), 기사주(記事珠), 향염집(香艶集), 연화설(莲花舌), 가무태(歌舞台), 쇄금방등(碎锦坊等) 등으로 바꾸었다. 주로 소설을 다루어서, 언정소설(言情小說), 사회소설, 역사소설, 협의소설, 골개소설, 탐정소설 등 다양한 장르의 통속서설을 게재하였다.

주요 게재 작품으로는 재자가인(才子佳人)의 애정을 그린 일종의 연정 소설이 많다. 딩이(定夷)의 「반랑원(潘郎怨)」, 우솽러의 「연어(燕語)」, 「단장화(斷腸花)」, 양난춘(楊南村)의 「비취부용(翡翠芙蓉)」, 위안옌(瑗艶)의 「도리인연(桃李姻緣)」, 「옥루주망(玉楼珠網)」, 두허(獨鶴)의 「소설미(小說迷)」 등이다. 또 「설홍루사(雪鴻淚史)」는 『민권보』에 연재되어 인기를 끌었던 「옥리혼(玉梨魂)」의 주인공의 일기라 칭하여 18호나 연재될 만큼 대중의 관심을 끌었다. 신문학의 유행과 원앙호접파 문학의 퇴조로 이후 쇠퇴하였다. (오병수)

소해월보(小孩月報)

1874년 중국 푸저우에서 창간된 아동 잡지

1874년 2월에 푸저우(福州)에서 창간되었으며, 영문명은 "Child`s Paper"이다. 창간인은 푸뤄무(普洛姆)와 후바얼(胡巴爾)이나 1875년 3월 상하이(上海)로 옮겨 파른햄(J. M. W. Farnham, 范約翰)이 인수하고 주필을 맡아 상하이청심서관(上海淸心書館)에서 발행하였다. 후에는 중국성교서회(中國聖教書會)로 발행지가 바뀌었다. 1915년 이름을 『개풍보(開風報)』로 바꾸었으며, 개명 이후 5호를 출간하고 종간하였다.

중국 근대 초기 화보 가운데 하나로 내용은 시가(詩歌), 고사(故事), 명인 전기, 박물, 과학 지식 등의 지면이 있었으며, 문장이 생동감 있고 읽기에 편한 아동용 잡지였다. 삽화는 세심한 목각 인쇄로 양질의 종이에 인쇄되었다. (김성남)

참고문헌

葉再生 著, 『中國近代現代出版通史』, 北京: 華文出版社, 2002;
王檜林·朱漢國 主編, 『中國報刊辭典』, 太原: 書海出版社, 1992.

속보잡지(速報雜誌)

1944년 타이완총독부의 기관지

1944년 5월에 창간된 종합 정보 잡지이다. 1944년 2월의 2권 2호까지 발간된 것이 확인된다. 편집은 타이완총독부(臺灣總督府) 관방정보과(官房情報課)가 맡았으며, 타이완시보발행소(臺灣時報發行所)에서 발행되었다. 월간이었다. 현재 일본의 아시아경제연구소에 소장되어 있다.

『속보잡지』는 전시체제 아래 정보활동을 강화하기 위하여 창간된 잡지였다. 일본의 정보국(情報局), 내무성(內務省), 타이완총독부의 지원에 의하여 일본에서 발간되던 잡지사와 계약하여 중요한 기사를 자유롭게 전재하였다. 대상이 된 잡지는 모두 20종이었다. 잡지 이름, 집필자 이름, 제목을 명기하였고 문장은 그대로 전재하였다.

계약을 맺은 잡지는 『중앙공론(中央公論)』, 『현대(現代)』, 『공론(公論)』, 『사상(思想)』, 『문예춘추(文藝春秋)』, 『신아세아(新亞細亞)』, 『시국정보(時局情報)』, 『태평양(太平洋)』, 『신여원(新女苑)』, 『일본평론(日本評論)』, 『동양경제신보(東洋經濟新報)』, 『다이아몬드(ダイヤモンド)』, 『경제매일(經濟每日)』, 『과학주의공업(科學主義工業)』, 『과학아사히(科學朝日)』, 『항공조일(航空朝日)』, 『신경제(新經濟)』, 『양우(糧友)』, 『촌과 농정(村と農政)』, 『익찬장년운동(翼贊壯年運動)』이었다.

『속보잡지』의 부인 가정판인 『아유미(あゆみ)』가 역시 타이완총독부 관방정보과의 편집으로 일본의 주요 부인잡지의 기사를 전재하여 1944년 10월에 창간되었다. (이준식)

참고문헌

アジア經濟硏究所圖書資料部, 『舊植民地關係機關刊行物綜合目錄 臺灣編』, アジア經濟硏究所, 1973.

쇼와문학(昭和文學)

1942년 창간된 일본의 문예지

1942년 2월 창간되어 1943년 12월까지 발간된 문예지이다. 다만 종간호는 1943년 12월호이지만 표지에는 신년호라고 적혀 있다. 편집 겸 발행인은 간바라 마사미(鎌原正巳)였고, 발행처는 쇼와문학사(昭和文學社)였다.
정보국의 방침에 따라 1941년 말 문학잡지 통합이 이루어지는 과정에서 『문학초지(文學草紙)』, 『탑(塔)』, 『게(蟹)』, 『제작(製作)』, 『하사(はさ)』 등의 일곱 잡지가 합쳐진 것이다. 일본청년문학자회(日本靑年文學者會)에 속하였다. 1944년부터 『일본문학자(日本文學者)』로 통합되었다.

『쇼와문학』에서는 『문학초지』 출신의 간바라 마사미와 도미나가 지로(富永次郎) 외에 하라 게이이치로(原奎一郞), 후루야 쓰나타케(古谷綱武), 하세가와 고헤이(長谷川鑛平), 모리 소이치(森莊已池), 이마이 준(今井順), 세키 히데오(關英雄) 등이 활약하였다.

특히 간바라 마사미의 「부자 생탄(父子生誕)」(1942년 3월~4월), 후루야 쓰나타케의 「이시가와 다쓰조론(石川達三論)」 등이 이 잡지의 수확으로 꼽힌다.

세키 히데오, 모리 소이치 등의 "아동문학 평론 특집(兒童文學評論特輯)"(1942.12), 도미나가 지로, 하세가와 고헤이 등의 "평론특집(評論特輯)"(1943.2)도 중요하다. 태평양전쟁의 전황이 악화되고 있음을 반영한 "건함 헌금호(建艦獻金號)"(1943.5)도 있다. (이준식)

참고문헌

日本近代文學館·小田切進 編, 『日本近代文學大事典』 第5卷, 講談社, 1977; 『日本出版百年史年表』, 日本書籍出版協會, 1968.

수리계(數理界)

1924년 서울에서 발간된 초등학생용 교육 잡지

1924년 9월 창간된 초등학생들을 위한 교육 잡지이다. 잡지는 발견되지 않는다. 신문기사를 통해 이 잡지의 기본 사항에 대하여 알 수 있다. 『동아일보』 1924년 9월 18일 기사에 따르면 이 잡지 창간호의 주관 및 편집은 백남규(白南奎), 발행소 수리계사(경성 가회동 58), 정가는 10전이다. 2호는 『초등부신년현상호(初等部新年懸賞號)』로 정가는 15전이다.

창간호를 소개하는 신문기사를 보면 이 잡지는 통학교 5·6학년, 고등보통학교 1년 정도의 학생을 대상으로 하고 있음을 알 수 있다. 내용은 간단한 계산법, 교과서 중요문제 해설, 금년도 각 학교의 시험 해제, 질의문답, 기타 산술이야기 등이었다. (남기현)

참고문헌

최덕교 편저, 『韓國雜誌百年』 2, 현암사, 2004; 『동아일보』, 1924.9.18; 1925.1.16.

수리학잡지(數理學雜誌)

1905년 서울에서 발간된 수리학 관련 잡지

1905년 12월 5일 창간된 월간지이다. 목적은 수리학의 보급이었다. 우리나라 최초의 수리학 잡지이다. 1906년 9월 통권 8호까지 발간되었다. 매월 5일 발행하는 것이 원칙이었다. 창간호의 판권장에 따르면 주필 유일선(柳一宣), 인쇄소 박문사(博文社), 정가 신화(新貨) 6전이다. 발행소 '남대문내(南大門內) 상동(尙洞) 덕국공관(德國公館: 독일공관) 우편(右便) 수리학잡지사(數理學雜誌社)'이다. B5판으로 분량이 8쪽 정도이다. 1906년 2월 5일 발간된 3호에는 이 당시 잡지로는 특이하게 '광고료' 항목이 있었다. 1행(23자) 보통 25전, 특별 30전, 반면(半面) 보통 3원, 특별 4원, 1면 보통 5원, 특별 6원 이었다.

이 잡지의 창간 목적은 선진문명을 섭취하여 부국강병한 근대국가를 건설하자는 것이었다. 그것을 위해서는 과학사상의 보급과 수리학 교육의 시급함을 주장

하였다. 유일선은 1906년 6월 우리나라 최초의 여성지인 『가뎡잡지』를 발간했다. (남기현)

참고문헌

최덕교 편저, 『韓國雜誌百年』 1, 현암사, 2004; 김숙자, 『대한제국기의 구국민권의식』, 국학자료원, 1998.04.20.

▌수상소설(綉像小說)

1903년 중국 상하이에서 창간된 문예지

1903년 5월 27일 상하이(上海)에서 창간되었다. 리보위안(李伯元)이 주필을 맡아 상무인서관(商務印書館)에서 반월간으로 발행되다가 1906년 여름 72호를 마지막으로 종간되었다. 상하이 과기(科技)도서관에 소장되어 있으며, 기타 판본으로 1980년 영인본이 출판되어 있다.

창간 목적은 문학의 통속성을 통해 인민의 지력을 개발하고, 애국을 선전하여 인민을 일깨우고 부강한 국가를 건설하는 것이었다.

내용은 명(明), 청(淸) 소설을 주로 게재하고 삽화를 배치하였다. 소위 수상(綉像)이란 소설에 삽화를 첨부한 것을 말하는데 화법은 매우 사실적이어서 당시의 사회와 풍속을 잘 반영하고 있었다. 또한 글과 삽화가 어울려 상승효과를 가져왔다.

이 잡지의 체제는 장편소설과 전기(傳奇), 새로운 희곡(新戱), 번역작품 및 시조, 창가 등이며, 현악기에 맞추어 노래하고 이야기하는 민간 문예인 탄사(彈詞)와 몇 차례로 나누어 이야기를 진행하는 장회소설(章回小說)이 있다.

리보위안의 「문명소사(文明小史)」, 류어(劉鶚)의 「노잔유기(老殘游記)」, 우젠런(吳趼人)의 「할편기문(瞎騙奇聞)」 등 유명 소설을 연재 형식으로 발표하였는데, 제국주의 침략과 봉건정치의 부패를 비판하고 개량주의를 선전하는 내용들로 사회적 영향력이 컸다.

이 잡지에 게재된 유일한 한편의 토론 문장은 3호에 실린 샤청유(夏曾佑)의 「소설원리(小說原理)」이다. 이 문장은 사람들이 소설을 즐겨 읽는 원인을 구체적으로 분석한 글로 소설의 특징은 지식의 이치를 상세하게 쓰는 것이라 하였다.

그리고 소설 창작의 규율성 문제를 토론하면서 소설 창작의 다섯 가지 난제를 제기하였다. ① 소인은 쉽지만 군자는 어렵고, ② 작은 일을 쓰는 것은 쉽지만 큰 일을 쓰는 것은 어렵다. ③ 빈천한 것을 쓰는 것은 쉽지만 부귀한 것을 쓰는 것은 어려우며, ④ 사실을 쓰는 것은 쉽지만 없는 일을 쓰는 것은 어렵다. ⑤ 사실을 서술하는 것은 쉽지만 의논을 서술하는 것은 어렵다는 것이다. 그가 제출한 이 창작의 다섯 가지 문제는 당시 소설 창작의 일반적 상황과 병폐를 반영한 것이었다.

또한 소설은 적극적으로 부녀와 노동인민을 향해야 한다고 선전하면서 소설의 통속성은 문화를 받아들이게 하며, 지식을 개발하고 사회발전을 촉진한다고 주장하였다.

게재된 작품의 내용은 매우 광범위하다. 청 조정 관료의 부패를 폭로하는 것에서부터 제국주의 열강의 중국 침략 폭로, 유신운동과 입헌운동을 반영한 것, 구국애국운동을 선전하는 것, 번역작품을 통해 서양 문화를 전파하는 것 등이다.

잡지의 표지 도안은 두 종류가 있었는데 그 하나는 1호부터 8호까지 활짝 핀 목단화의 그림이 실렸고, 다른 하나는 9호부터 꼬리 날개를 활짝 핀 공작의 그림이었다. 종간이 될 때까지 이 그림은 변하지 않고 단지 배경의 색채 변화만 있었다.

이 잡지는 『신소설(新小說)』, 『월월소설(月月小說)』, 『소설림(小說林)』 등과 함께 청말 4대 소설잡지로 불리며, 그중에서도 수명이 가장 길고, 영향력도 큰 잡지다.

발표된 주요작품으로는 리보위안의『남정정장(南亭亭長)』과『활지옥(活地獄)』, 류성(旅生)의『치인설몽기(痴人說夢記)』와『유신몽전기(維新夢傳奇)』, 어우양쥐위안(歐陽巨元)의『부폭한담(負曝閑談)』, 지원(姬文)의『시성(市聲)』등과 번역작품『천방야담(天方夜譚)』등이 있다.

수상소설의 편집 인쇄 배경

상무인서관 발행인은「본관이 수상소설을 편집 인쇄하게 된 이유(本館編印綉像小說緣起)」를 이렇게 설명하고 있다.

"서구화된 인민이란 소설의 영향이 크다. 천하의 대세를 살피며, 인류의 이치를 돌아보며, 과거를 추측하고, 미래를 예단하여, 자신의 견해를 드러내고, 글을 써서 책을 만들어 백성의 이목을 각성하는 것이다. 혹은 인간집단의 적폐에 대해 바른 소리로 지적하고, 혹은 국가의 위험에 대해 본보기를 세우는 것이다. 그 뜻을 추측하여, 국가에 도움이 되고 백성을 이롭게 한다.

중국은 가장 오래 전에 나라를 세웠으며, 작가도 많으나 괴이하고, 그릇되고, 황당한 말을 쏟아내지 않으면 지저분하고, 음란한 일을 할 뿐이었다. 약간이라도 나라를 돕고, 약간이라도 백성의 이익을 위하는 것은 거의 백에 하나도 찾아보기가 어렵다.

지금은 기뻐서 힘든 것도 잊게 된다. 사람의 정은 모두가 같은 것이다. 강담하고 노래하는 것으로 사람을 감화하는 것은 매우 쉽다. 본관이 이러한 것을 감안하여 동지를 규합하고, 이 책을 편찬하기 시작한다. 멀리는 유럽의 좋은 규범을 취하고, 가까이는 해동의 영향을 받아들이며, 혹은 글을 쓰고, 혹은 책을 번역하고, 때에 따라 글을 채용하면서 한 달에 두기를 출간하여 우매한 백성을 개화시키고자 한다." (김성남)

참고문헌

北京師範大學圖書館報刊部 篇,『北京師範大學圖書館館藏中文珍稀期刊題錄』, 北京圖書館出版社, 2002; 周葱秀·涂明 著,『中國近現代文化期刊史』, 山西教育出版社, 1999.

▌수성(水星)

1934년 중국 베이징에서 창간된 문예지

1934년 10월 베이징(北京)의 문학서국(文學書局)에서 발행되었다. 창간 시 주필은 볜즈린(卞之琳)이며, 제2권부터는 장진이(章靳以)가 맡아 발행되었다. 1935년 6월 2권 3호를 간행하고 종간되었다.

내용은 소설과 산문, 시, 잡기(散記), 잡문(雜文) 등의 항목으로 구성되었으며, 주로 중국 작가의 문학창작물을 실었다.

제호에 대해서는 '편집고백'이란 문장을 통해 "우리는 모처에서 하룻밤을 좌담하였는데 고개를 들면 별이 보이고 고개를 숙이면 물이 보이므로 한 사람이 수성(水星)으로 할 것을 제의하였다. 모두가 이 말을 듣고 색다른 특색이 있다고 생각하였다. 수성(水星)은 8대 행성 중의 하나로 소행성이지만 빛을 발사하는 발광체라는 의미에서 제호를 가져왔다."고 설명하고 있다.

1호 창간호에는 발간사가 없고, 창작 작품만을 게재하였다. 이 잡지에는 많은 우수 작가들의 작품이 모여 있는데 선충원(沈從文), 리광톈(李廣田), 리젠우(李健吾), 정전둬(鄭振鐸) 등의 산문을 들 수 있다.

편집위원은 볜즈린(卞之琳), 바진(巴金), 선충원, 리젠우(李健吾), 장진이(章靳以), 정전둬이다. 주요 집필자로는 마오둔(茅盾), 바진, 허치팡(何其芳), 샤오첸(蕭乾), 라오서(老舍), 장톈이(張天翼), 짱커자(臧克家), 빙신(冰心), 우보샤오(吳伯蕭), 주쯔칭(朱自淸) 등이 참여하였다.

제2호에 게재된「고백」

"이 잡지는 창간의 고백도 없고, 편집후기도 없으며, 표지에 그림도 없고, 본문에 삽화도 없으며, 또한 광고도 없다. 때문에 이 잡지가 처음 나올 때 잡지처럼 보이지 않을 수도 있다.

그러나 우리는 오히려 이렇게 성실한 자세로 계속해 나갈 것이다. 논문과 번역에 대해서는 우리 역시 중요함을 안다. 그러나 우리는 잠시 이론과 소개의 사업은 다른 잡지들에 넘길 것이다. 그렇지 않다면 우리의 잡지라고 할 수가 없을 것이며, 이는 개성도 없고 잡지 세계 속의 또 하나 실속 없는 짓을 하는 것이 될 것이기 때문이다. 낭비를 줄이는 것 역시 좋은 일이다." (김성남)

참고문헌

周葱秀·涂明 著, 『中國近現代文化期刊史』, 山西敎育出版社, 1999; 北京師範大學圖書館報刊部 篇, 『北京師範大學圖書館館藏中文珍稀期刊題錄』, 北京圖書館出版社, 2002.

수원농학회보(水原農學會報)

1936년 수원에서 일본어로 창간된 경제 잡지

1936년 3월 31일 창간된 수원농학회의 기관지로, 1941년 3월 6호를 마지막으로 종간되었다. 간행주기는 1년이었고, 일본어로 발행되었으며 비매품이었다. 편집 겸 발행인은 가와구치 기요토시(川口淸利)였다. 발행소는 수원고등농림학교 내 수원농학회였고, 인쇄소는 경성 장곡천정(長谷川町) 76번지에 있는 합명회사 지카자와인쇄부(近澤印刷部)였다. 국립중앙도서관에서는 『수원농학회보』의 원문을 소장하고 있을 뿐 아니라, 인터넷 접속을 통한 원문제공서비스도 하고 있다.

수원농학회 회장 나카지마 도모스케(中島友輔)는 창간호에서 농학회 창립 경위를 다음과 같이 설명하였다.

"원래 농학회는 수원고등농림학교 3학년 생도를 중심으로 구성되었다. 당시 경종(耕種) 방면을 전공하는 인물들로 연구회(후에 동호회)를 개최한 것이 농학회 출범의 동기가 되었다."

이후 농학회는 이 연구회 활동을 기반으로 하여 1935년 5월 학회로 발전하였다.

회칙에 의하면 수원농학회는 농학에 관한 제반사항을 연구하고 회원 상호의 친목을 도모할 목적으로 설립된 기관으로서, 수원고등농림학교 내에 사무소를 두기로 하였다. 수원농학회는 농학과 생도를 구성원으로 하는 통상회원, 농학과 졸업생을 구성원으로 하는 특별회원, 교관과 조수를 구성원으로 하는 찬조회원, 농학회에 공로가 있거나 회장이 추천하는 명예회원으로 구성되었다. 수원농학회의 회장은 농학과장이 맡았고, 이사는 찬조회원 중에서 회장이 임명하였으며, 간사는 통상회원중에서 호선하였다. 또한 수원농학회는 연 4회(4·6·10·12월) 정기모임(例會)을 개최하고, 연 1회 회보를 발간하며, 동호회는 조사연구 사항을 정례회나 회보에 발표하도록 하였다.

수원농학회의 활동은 전술한 바와 같이 동호회 활동을 기반으로 하였다. 동호회는 연구조사한 내용을 발표함으로써 지식을 연마할 목적으로 설립되었고, 매 학년 초에 회원을 모집하였다. 동호회는 3인 이상이면 조직할 수 있었고, 지도교관의 지시를 받았으며, 그 활동내역을 기록하여 회장에게 제출해야 하였다.

1935년 5월 29일 현재 활동하고 있었던 동호회는 보통작물동호회, 대소맥(大小麥)동호회, 대소두(大小豆)동호회, 과수동호회, 화분동호회, 초면(草綿)동호회, 약초동호회, 소채(蔬菜)동호회, 양(羊)동호회, 양계동호회, 양봉동호회, 곤충동호회, 토양비료동호회, 농정동호회, 조선어동호회, 지나어동호회, 주산동호회의 17개 동호회였고, 1935년 6월 잡초동호회가 추가되었다.

1935년 6월 제1회 예회에서 농학과 3학년 오쿠라 고지(大倉幸二)가 「샤보텐(シャボテン, 선인장)의 유행」을 주제로 발표한 것을 시작으로 예회가 정례적으로 개최되었다. 이후 개최된 예회에서는 농촌공업화와 산업조합, 근류균(根瘤菌)의 배양, 조선의 기후와 과수, 조선 재래과수에 관한 고찰, 만주농업의 특장과 그 장래 등의 주제가 다루어졌고, 그중 마쓰다 쇼지(松田正二)는 근류균 배양에 관한 발표문을 발전시켜 「두과식물의 근류균 접종에 대하여」라는 글을 창간호에 투고하였다.

회보는 논설과 본회기사로 구분되었다. 논설에는 농학과 관련한 다양한 주제의 논문들이 실렸고, 본회기사에는 수원농학회의 휘보와 동호회 보고, 각 연도 역원의 씨명, 회원명부가 수록되었다. 창간호 본회기사에는 휘보와 동호회 보고, 임원명단, 회원명부와 더불어 수원농학회 회칙과 사무처리 세칙, 동호회 규약이 실려 있다.

창간호와 2호에 수록된 논문 내용을 살펴보면 다음과 같다.

1호: 함남의 농업, 모관통수속의 실험식에 대하여, 헤아리 베치(ヘアリ-ベッチ) 종자의 발아력에 대하여, 조선의 면화장려와 그 실적, 감저 지주세우기와 덩굴감기가 생육수량에 미치는 영향, 도(稻)와 미(米)의 명칭, 산반(算盤)동호회의 일원으로서, 염해지(鹽害地)의 농업, 전남의 경안(耕鞍) 보급상황, 두과식물의 근류균 접종에 대하여, 쌀을 존중하자, 최근 사라 브렛(サラブレット)의 승용종축적(乘用種畜的) 가치, 조선의 대두재배법, 금비(金肥)에 대하여, 내지여행기 발췌, 정호수(井戶水) 분석에 대하여, 산업조합의 사회관적 기초, 조선재래 과수에 관한 고찰, 성장하고 있는 전남의 박하, 미곡 통제문제 해설

2호: 함남의 농업, 토양 및 비료에 관한 신관점, 가축사료로서의 미강(米糠), 1935년의 미가개황, 백무고원(白茂高原)의 재배화분의 원종(原種)에 대하여, 농업의 근대적 경향, 인공속성퇴비, 이식에 적합한 묘(苗)와 묘령(苗齡)에 대하여, 광도현(廣島縣 하무군(賀茂郡) 및 강산현(岡山縣) 부전촌(浮田村)의 포도 재배, 수원 부근에서 이용할 수 있는 잡초의 분류, 중시(中柴) 농민의숙에 기거하면서, 전기와 농원예(農園藝), 평과(苹果)의 화아(花芽) 형성과 엽수(葉數), 제주도의 축산 사정, 본년의 기상과 직파답, 조선의 대맥자급 비료에 대하여, 감저의 저장 방법, 만몽마의 사양(飼養)관리, 까치에 대하여

3호부터는 논설을 보통작물부, 원예작물부, 축산부, 농업경제 기타, 곤충부, 견문록으로 세분하여 기사를 수록하였으며, 기사의 분량도 제1호가 114쪽, 제2호가 144쪽이었던 데 비해 312쪽으로 급증하였다. 만주와 중국에 대한 기사가 하나 둘 등장하고 있으며, 부록으로 농학과 졸업논문 제목이 수록되기 시작하였다. 그러나 1940년 발행된 제5부터는 세분되었던 기사가 다시 각 부의 구분 없이 논설 항목에 함께 실려 있으며, 분량도 제5호 159쪽, 제6호 110쪽으로 축소되었다.

• 수원농림학교

수원농림학교의 전신은 1904년 설립된 관립농상공학교이다. 일제는 강점 후 체계적인 농업교육을 위해 관립농상공학교에서 농림학교를 분리시키고, 수원으로 교사를 이전시켰다. 농림학교는 1911년 조선총독부속농림학교로 개편되었고, 3년제 준고등교육기관이 되었다. 이후 수원농림학교는 조선에서 농업에 관한 최고 교육기관의 역할을 담당하였다.

일제는 조선을 강점한 후 토지조사사업을 실시하여 한국인의 토지를 수탈하고, 식민지의 지배기반인 지주제를 확대, 강화하였다. 일제는 수탈로 인한 농민층의 몰락이라는 구조적인 문제점을 은폐한 채, 조선농업이 가진 문제가 농업기술의 부족으로 인한 생산력의 낙후성에 있다고 선전하였다. 그들은 이러한 생산력의 낙후성이 품종개량, 기술개량, 수리시설의 확충 등 농업증산책을 통해 달성될 수 있다고 강조하였다.

수원농림학교는 이러한 식민농정, 농업증산책을 전국 각지의 농촌현장에서 실천해갈 말단 실무관리를 양성하는 기관이었다. 그러므로 수업료는 무료였고, 학생들에게는 기숙사와 학비 일부가 제공되었다. 생산력 증대를 위한 농업기술자 양성과 '농촌계몽'을 위한 지도자 교육이 수원농림학교 설립의 목표였기 때문에 수원농림학교의 교육은 이론 보다는 기술과 실습 위주의 응용농학에 집중되었다.

졸업생은 총독부 산하의 각급 관청이나 농업관련 기관의 기수 또는 간이농림학교나 보통학교의 교원으로 임용되었다. 농림학교 졸업생들은 전국 각지에 배치되어 일선 농업정책을 담당하는 실무진 또는 간이농림학교나 보통학교의 교원으로 활동하는 한편, 교우회나 학회 조직을 통해 각 지역 농촌현황 및 활동에 관한 정보를 교환하였다. (정진아)

참고문헌

李基俊, 『教育 韓國經濟學發達史』, 一潮閣, 1983; 방기중, 『한국근현대사상사연구』, 역사비평사, 1992.

▌수첩(手帖)

1927년 일본에서 발행된 문예지

1927년 3월부터 11월에 걸쳐 전 9권을 문예춘추사(文藝春秋社)에서 발행했다. 가타오카 뎃페이(片岡鐵兵)이 일관되게 편집, 발행인을 담당했다. 1인 1쪽의 잡지 제작 방법은 신선한 발상이며, 잡지의 말미에 공백으로 여러 쪽을 넣어 둔 것은 자유롭게 감상 등을 적어 보라는 의미였다. 모든 글이 1쪽 내외의 짧은 글로 문학 사상의 명작이나 걸작은 아니지만, 세련된 문장에 더해서 편집의 기교가 돋보이는 문예지이다. 쇼와(昭和)의 모더니즘문학의 단서를 엿볼 수 있는 잡지라고 할 수 있다.

요코미쓰 리이치(横光利一), 가와바타 야스나리(川端康成)가 『문예시대(文藝時代)』의 폐간에 앞서 창간했기 때문에, 『문예시대』, 『문예춘추(文藝春秋)』의 관계자가 많았다.

편집자의 기록에 의하면 이 책은 모양 좋은 월간 일기장이라고 할 수 있는데, 필자가 각자 1쪽을 사용해서 자유롭게 자신의 의견을 쾌활한 필체로 개진하고 있다. 전성기를 맞이한 프롤레타리아문학운동과 다른 자세를 보이고 있다.

창간호를 제외한 각호에는 사에키 유조(佐伯祐三)와 나카가와 노리모토(中川紀元), 이시이 쓰루조(石井鶴三), 고가 하루에(古賀春江), 나카가와 가즈마사(中川一政), 가와노 미치세이(河野通勢) 등의 스케치가 실렸다. 이러한 화가의 활용은 『수첩』의 한 특색으로, 지면이 보다 풍부해졌다.

동인 이외의 사람도 글을 실고 있는데, 마사무네 하쿠초(正宗白鳥)의 「번역에 대하여(飜譯について)」(1권 8호), 시가 나오야(志賀直哉)의 「산새(山鳥)」(1권 8호)를 비롯해, 다카무라 고타로(高村光太郎), 무라노 시로(村野四郎), 다카하마 교시(高浜虛子)의 하이쿠(俳句), 요사노 아키코(与謝野晶子)의 단카(短歌)도 있고, 가네코 미쓰하루(金子光晴)의 쑤저우(蘇州), 난징(南京), 항저우(杭州) 등에 대한 날카로운 감상(1권 7호)과 기타가와 후유히코(北川冬彦)의 「절망의 책(絶望の書, A Miyoshi tatsuji)」(1권 8호)가 실려 있다.

(김인덕)

참고문헌

『國文學 解釋と鑑賞』(10月) 第30卷 第13号, 東京: 至文堂, 1965; 日本近代文學館·小田切進 編, 『日本近代文學大事典』 5卷, 東京: 講談社, 1977; 紅野敏郎, 「解題」, 『「文党·手帖」總目次』, 早稻田大學圖書館, 2005.

▌수평(水平)

1922년 일본에서 창간된 전국수평사 기관지

1922년 3월 3일 일본 교토(京都)에서 열린 전국수평사(全國水平社) 창립대회에서 채택된 결의를 기초로 발간된 기관지이다. 창간호는 1922년 7월에 나왔다. 인쇄 부수는 3000부였다. 제2호는 같은 해 11월에 발행되었다. 표지에는 에스페란토어로 “LA HORIZONTALO” 라고 적혀 있다. 편집·발행·인쇄인은 모두 요네다 도미(米田富, 1901~1988)였다. 『수평』의 발간은 재정난 때문에 2호로 끝났고 나중에 전국수평사의 또 다른 기관지인 『수평신문(水平新聞)』에 인계되었다.

전국수평사 창립대회와 각 지역의 수평사 창립의 움직임, 그리고 주요 수평사 동인의 사상을 보여 주는 귀중한 자료이다. 총 111쪽의 창간호(창립대회호)에는 「전국수평사 창립대회기(全國水平社創立大會記)」, 교토, 사이타마(埼玉), 미에(三重), 나라(奈良), 도쿄(東京) 등 각 지역 수평사 창립의 개황, 수평운동 일지 외에 부락 해방운동의 초기 지도자인 사이코 만키치(西光萬吉)의 권두언, 미나미 우메키치(南梅吉), 아라키 소후(荒木素風), 사카모토 세이이치로(阪本清一郎), 이즈미노 리키조(泉野利喜藏), 고마이 기사쿠(駒井喜作), 곤도 히카루(近藤光), 히라노 쇼켄(平野小劍), 구스카와 요시히사(楠川由久), 요네다 도미, 이토 노에(伊藤野枝), 니시오카 게이코(西岡系子)의 평론, 투고, 소설 등이 게재되었다.

2호(전설과 잔혹사)에는 이즈미노 리키조의 권두언 「내무성의 진보적 개선안을 평한다(內務省の進步

的改善案を評す)」 외에 요네다 도미, 사이코 만키치, 고마이 기사쿠, 히라노 쇼켄, 사카모토 세이이치로, 구스카와 요시히사, 다카하시 사다키(高橋貞樹), 기무라 교타로(木村光太郎), 나카무라 진사이(中村甚哉) 등의 평론 외에도 사이코 만키치, 구스카와 요시히사 등의 소설과 희곡이 게재되었다.

• 전국수평사

일본 전근대 사회에서 도살과 피혁업에 종사하던 에타(穢多)와 시체를 처리하는 일을 하던 히닌(非人)이 모여 사는 마을을 부락이라고 한다. 에다와 히닌으로 구성된 천민은 단순히 신분제적으로 최하층에 놓인 존재에 그치지 않고 사람 취급을 받지 못하던 존재였다.

따라서 부락이란 말은 바로 차별을 상징하는 용어였다. 메이지유신 이후 1871년 '해방령'에 의해 법적으로 천민제는 폐지되었지만 사회적 차별은 계속되었다. 그리고 부락의 천민에 대한 차별을 철폐하기 위한 운동이 1920년대에 들어서면서 수평운동으로 귀결되었다.

1920년 5월 15일 니시미쓰, 사카모도, 고마이 등은 나라현(奈良縣) 미나미카쓰라기군(南葛城郡) 와키카미촌(掖上村)에서 연회(燕會)라는 청년 단체를 만들고 부락 해방운동을 벌이기 시작하였다. 이러한 움직임이 전국 각지에서 발생한 결과 전국적인 부락 해방운동 조직을 만들려는 움직임으로 이어졌다.

그리하여 1921년 가을 니시미쓰, 고마이, 요네다, 사카모도 등이 중심이 되어 당시까지 오랫동안 지속되어 오던 부락 차별을 해소하고 인간의 존엄과 평등을 이룰 것을 내걸고 나라현에 전국수평사 창립사무소를 설립하였다.

그리고 1922년 3월 3일 드디어 전국수평사 창립대회가 열렸다. 피차별 부락민의 인권을 회복하기 위한 이 대회에는 3000명 이상이 모여 "차별로부터의 해방은 부락민 스스로의 힘으로 이루어야만 한다. 이를 위해 전국의 부락민이 단결해야만 한다"고 부르짖었다. 자유와 평등을 기조로 하는 수평사선언(水平社宣言)은 일본 역사상 최초의 인권 선언이라고 불린다.

전국수평사의 창립은 부락 해방운동의 역사에서 획기적인 일이었다. 노골적인 사회적 차별에 대한 항의운동이 전국적인 범위에서 조직적으로 이루어지기 시작하였다. 전국수평사의 지도자들은 부락 해방을 이루기 위해서는 차별을 낳는 사회 구조를 근본적으로 변혁하는 것이 필요하다고 판단하여 이후 노동운동, 농민운동은 물론이고 부인해방운동, 보통선거권 획득운동 등 광범위한 민주주의운동과 적극적으로 연대하는 노선을 채택하였다. (이준식)

참고문헌

阪本清一郎, 「解説 水平社創立の思い出」, 『水平』(復刻板), 世界文庫, 1969; 部落解放研究所, 『部落問題事典』, 解放出版社, 1986; 宮橋國臣, 『至高の人 西光万吉』, 人文書院, 2000; 師岡佑行 編, 『米田富と水平社のこころ』, 阿吽社, 2001.

▌수평선(水平線)

1922년 창간된 일본의 오사카부수평사 기관지

1922년 3월 3일 수평운동의 전국적 조직인 전국수평사(全國水平社)가 창립된 데 이어 같은 해 4월 7일에는 오사카에서도 오사카부수평사(大阪府水平社)가 출범하였다. 『수평선』은 오사카부수평사의 기관지로 1924년 11월 20일에 창간되었다. 그러나 현재는 제4호(1925년 1월 20일 발행)만 남아 있다.

편집발행 겸 인쇄인은 오사카 지역 수평운동의 핵심 인물이자 오사카부수평사의 집행위원을 맡고 있던 기타이 쇼이치(北井正一)이고, 발행소는 오사카부수평사 수평선발행소이다.

4호에는 1923년 12월 히라노 쇼켄(平野小劍) 등에 의해 추진된 교토회의(京都會議)에 반대하는 오사카부수평사 대의원회의 성명(1925.1.16) 등이 게재되어 있다. (이준식)

참고문헌

部落解放研究所, 『部落問題事典』, 解放出版社, 1986; 『日本出版百年史年表』, 日本書籍出版協會, 1968.

수평신문(水平新聞)

1929년 창간된 일본의 전국수평사 기관지

1924년 6월에 『수평(水平)』을 이어받아 창간된 전국수평사(全國水平社)의 기관지이다. 1937년까지 통산 73호 발행되었지만 재정난과 관헌의 탄압으로 도중 3번의 정간을 겪었다. 정간에서 복간될 때마다 다시 1호부터 제호를 붙였기 때문에 오늘날에는 각각을 제1차, 2차, 3차, 4차로 통칭하고 있다. 『수평신문』은 1945년 이전 일본에서의 수평운동의 전개, 부락 해방 이론의 발전을 보여 주는 1급 자료이다. 각 시기의 실질적 편집 담당자는 1, 2차가 기무라 교타로(木村京太郞), 3차가 오키다 도메키치(沖田留吉)·구사코 가즈시케(草香一介), 4차가 이모토 린시(井元麟之)였다. 때에 따라 수평운동의 조직적 역량을 반영하여 호마다 쪽수가 바뀌어 2~8쪽으로 발간되었으며, 판형은 타블로이드판이었다.

다만 3차 12호는 등사판의 2쪽으로 발간되었다. 발행부수도 1만 부를 최고로 대개 5000부에서 7000부였지만, 극도로 상황이 나빴을 때는 50부에서 300부 정도가 발간된 적도 있었다. 4차 『수평신문』은 사진, 그림, 만화를 활용하여 대중적인 신문의 형태를 띠고 있었다.

1차 『수평신문』은 1호(1924.6)부터 5호(1924.10)까지 발간되었고, 발행인은 센자키 도미이치로(千崎富一郞)였고, 발행지는 교토(京都)였다.

2차 『수평신문』은 1호(1925.9)부터 26호(1929.3)까지 발간되었는데 그 가운데 3, 11, 12, 14호는 결호이다. 발행인은 기무라 교지로(木村京次郞, 1~10, 22~26호), 기무라 교타로(13~21호)였고, 발행지는 고베(神戶)였다.

3차 『수평신문』은 1호(1929.12)부터 16호(1932.7)까지 발행되었는데 그 가운데 15호는 결호이고, 8, 11, 12호는 발매가 금지되었다. 발행인은 오키다 도메키치(1~10호), 기타하라 다이사쿠(北原泰作, 11~16호)였고 발행지는 오사카(大阪)였다.

4차 『수평신문』은 1호(1934.11)부터 26호(1937.8)까지 발간되었는데 그 가운데 16, 18, 19, 24, 25, 26호는 결호이다. 발행인은 아사다 센노스케(朝田善之助, 1~13호), 이모토 린시(14~23호)였고, 발행지는 오사카였다.

이외에도 1935년 6월 15일자의 호외, 같은 해 11월 5일의 부록 『읽는 수평신문(読め水平新聞)』, 전국 대회의 움직임을 알리는 뉴스로 1933년 2월에 『전국대회투쟁뉴스(全國大會闘争ニュース)』, 1937년 2월에 『전수뉴스(全水ニュース)』, 1938년 12월에 『제15회대회보고(第十五會大會報告)』, 1939년 8월에 『전수뉴스』, 1940년 8월에 『전수대회고지(全水大會告知)』가 발행된 바 있다. 『나라현 부록』도 발행되어 3호(1924.8)부터 10호(1925.6)까지 남아 있다. (이준식)

참고문헌

村崎信夫, 「解說」, 『復刻板 水平新聞』, 『水平新聞』 刊行會, 1972; 木村京太郞, 「水平新聞の編集発行とその経緯について」, 『水平新聞』(復刻板), 世界書院, 1972; 部落解放硏究所, 『部落問題事典』, 解放出版社, 1986.

순교자(殉敎者)

1933년 평양에서 한국어로 발간된 도마스목사순교기념회 회보

1933년 평양에서 발간되었다. 평양숭의여학교 내에 사무소를 두고 있던 도마스목사순교기념회에서 발간했다. 소형판이었고 4면 5단제였다. 1단 48행, 1행 14자, 4호 활자로 인쇄하였다. 국한문혼용체였다. 발행 겸 편집인은 미국인 모펫(Samuel Austin Moffet, 한국

명 마포삼열[馬布三悅])이었고, 인쇄인은 김병룡(金秉龍)이었다. 인쇄소는 평양부 신양리(新陽里) 150번지 소재의 기신사(紀新社)였다. 비매품이다.

창간호 1면에는 오문환의 「희년기념과 초대교회운동」, 2면과 3면에는 평양숭은여자성학교(崇恩女子聖學校) 부애을(富愛乙)의 연재논문을 게재했다. 4면에는 '도마스목사순교기념회의' 5대 전도안을 실었다. 그 중 하나가 회보 발행에 관한 내용인데, 이를 통해 창간 취지를 밝히고 있다. 그 내용은 다음과 같다.

"본회의 제1·2사업은 유한한 사업이지만 방금 당면한 제3사업 즉 전도사업은 무한한 사업이니, 위에 발표한 몇 가지는 실로 제3사업의 일부에 불과한 것이다. 이것을 원만히 계획하고 실행화려면 전조선 교회 급(及) 교우들과 보조를 같이함에 있다. 그러므로 본회는 기관지 『순교자』를 발간하여 일반 교회에게 본회 소식을 전달하며 선배 제씨의 고견도 게재하고 세계 유수한 전도자와 우리 교회 내 유력한 전도자의 생활을 소개하여 전조선교회 의 전도열(傳道熱) 고취 영화운동(靈化運動)의 일비지력(一臂之力)이나마 되어 보려고 합니다."

• 로버트 토마스(Robert Jermain Thomas, 1840~1866)
런던선교회 소속 선교사로 청나라에 파송되었다. 선교 기회를 찾다가 조선에서 온 상인들을 만나면서 조선 선교를 계획했다. 조선말을 배우고 기회를 보던 중 프랑스공사로부터 조선원정군의 통역이 되어 달라는 부탁을 받아 승낙했다. 그러나 프랑스군의 계획이 바뀌고, 함대가 홍콩으로 방향을 돌리게 됨에 따라 조선으로 갈 수 없게 되었다. 때마침 산동성 지푸항에서 조선으로 갈 미국 상선 제너럴셔먼호에서 통역 제의를 받게 되었다. 통역 자격으로 조선을 방문하였다. 그 전에도 한 차례 조선을 방문한 경력이 있지만, 그 시기는 정확치 않다. 1866년 8월 9일 제너럴셔먼호를 타고 조선으로 향했다. 제너럴셔먼호가 평양에 도착해 물의를 일으키면서 전투가 벌어졌고, 그 와중에 포로가 된 토머스 목사는 군중들에 의해 죽음을 맞았다. (이신철)

참고문헌

윤임술 편, 『한국신문백년지』 2, 한국언론연구원, 1983; 전택부, 『한국 교회발달사』, 대한기독교출판사, 1987.

순문예(純文藝)

1939년 일본 도쿄에서 발행된 문예 동인지

1939년 8월 1일 창간했다. 시·소설·평론을 아우르는 동인지로서 도쿄(東京)에서 발행되었다는 특색을 갖는다. 하지만 창간호가 종간호가 된 경우이다. 편집 겸 발행인은 이종길(李鍾吉), 인쇄인은 삼문사 인쇄소의 최낙종, 발행소는 이종길의 집(東京府 本鄕区 眞寺町 25 眞成館 內)이었고 도쿄 총판은 소히아(蘇比亞)서점, 경성 총판은 연구서점이었다. 판형은 국판으로 총 32면이었고 정가는 없다. 연세대도서관 귀중본실에 소장되어 있다.

창간사는 따로 없으나 김광섭이 시론의 형식으로 「시」를 써서 전면에 내세웠다.

"시는 앵무새만도 아니었고 종달새만도 아니었다. 더군다나 숲이 다르면 노래가 달라졌고 하늘이 다르면 음성도 달라졌다.

드디어 시는 생각게 되었고 땅에 내려와서 구차스런 사람과 함께 살게 되었으니

사람의 괴로움과 시의 괴로움이 같이 되었다. '시의 세계는 곧 사상의 감동의 세계가 되었다.

해와 달과 별과 시내와 꽃의 서정시보다도

오히려 살아가는 고민의 서정을 택하였다.

그리하여 영원은 고민의 상징에서 나왔다.

여기에 사상과 철학과 침식을 함께 하는 현대시의 생리가 있다."

이 선언으로 미루어 보건대, '삶과 밀착된 문학'을 하겠다는 선언으로 보인다. 김광섭의 시 외에 폴 발레리의 시 「꿀벌」이 번역되어 있고, 이종길이 번역한 말라르메(Mallarme)의 시 「바다의 풍미」, 이용악의 「두메산골」, 조원한의 「까치」, 「가을 느티나무」, R생의 「승리의 네안」 등의 시와, 김영수의 「병실」(단편소설), 그리고 안함광의 평론 「순수문학론」이 실려 있다.

김광섭과 이용악, 안함광 등의 작품은 청탁에 의한 것이 아닐까 짐작이 된다. 말라르메와 발레리의 시를 싣고 있는 것으로 보아 경향성과는 시각을 달리하는 편집자 이종길의 편집의도가 엿보이는데, 그는 상징주의 계열을 선호하지 않았나 짐작이 된다. 잘 알려지지 않은 조원한의 시가 두 편 실려 있는 것은 그의 시가 뛰어났거나 개인적인 친분 관계가 작용하지 않았나 싶다.

그러나 무엇보다도 이 잡지의 의미는 전쟁기에 접어든 일본 한복판에서 조선문으로 쓰인 동인지를 발간했다는 점, 그리고 20년대 초반에 김억에 의해 시도되었던 상징주의 계열의 외국시를 소개하고 문학의 한 모델로 제시했다는 점을 평가할 수 있다. (전상기)

참고문헌

권영민, 『한국근대문인대사전』, 아세아문화사, 1999; 최덕교 편저, 『한국잡지백년』 2, 현암사, 2004.

순천시보(順天時報)

1901년 중국 베이징에서 발간된 종합 일간지

1901년 10월 일본인 나카지마 기사오(中島眞雄)에 의해 베이징에서 창간된 중문 일간지이다. 주편은 일본인 가메이 리큐료(龜井陸良)이 맡았다. 중화민국 초년에는 총편집이 중국인 장바오간(張伯甘)으로 바뀌었다. 1930년 3월 정간되었다. 중국국가도서관 등지에 소장되어 있다.

일본인이 중국에서 창간한 신문 중 하나로, 외국인이 베이징에서 출판한 첫 번째 일간지이다. 1905년 일본 주중공사관이 담당하면서 일본 외무성의 기관지가 되었다. 내용은 궁문초(宮門抄), 상유(上諭), 유설(諭說), 각지통신(各地通訊), 소설, 문원(文苑), 로이터통신(路透電報), 도쿄특전(東京特電), 시사요문(時事要聞), 경사요문(京師要聞), 광고 등의 난으로 구성되었다. 중일 문화를 융합하고, 민족의 선린, 경제 제휴, 상호 존중과 이해 등을 기치로 하였다. 중국의 여러 주요 도시에 기자와 통신원을 파견하여 중국 정국의 내막, 군사, 경제 등의 정보를 수집하였다. 중국의 내정에도 간섭하여 친일파 군벌을 지지하였고, 일본제국주의의 중국 침략을 위한 주요한 도구가 되기도 하였다. (이은자)

참고문헌

李焱勝, 『中國報刊圖史』, 武漢: 湖北人民出版社, 2005; 王檜林·朱漢國 主編, 『中國報刊辭典(1815~1949)』, 太原(山西): 書海出版社, 1992.

순환일보(循環日報)

1874년 홍콩에서 창간된 시사종합신문

왕타오(王韜), 황핑푸(黃平甫), 원칭시(溫淸溪) 등이 홍콩(香港)에서 설립한 중화인무총국(中華印務總局)에서 1874년 2월 창간되었고, 주필은 왕타오이다. 창간시 매회 2장 4판, 양면인쇄로 일요일을 제외하고 매일 발행되었으며, 1년에 은(銀) 5원(元)에 판매되었다. 일본군의 홍콩 점령 이후 『대광명보(大光明報)』와 합작하여 『동아만보(東亞晩報)』로 제호를 바꾸어 발행하다가, 종전 후 원래의 이름을 회복했다. 1947년을 전후하여 정간되었으며, 1959년 10월 홍콩에서 다시 『순환일보』로 발행되었다.

발행목적은 서양의 선진 과학문물을 배우고 중화진흥과 애국주의적 변법자강을 선전하는 것이었다. 정론 위주의 신문으로 청나라 말기 최초로 변법(變法)을 공개 선전한 언론이다.

1면은 홍콩의 비단과 잡화, 주식회사의 주식 시세 등을 게재하였으며, 2면은 '뉴스'난으로 '경보선록(京報選錄)'과 '양성신문(羊城新聞)'란에 광저우(廣州)와 광둥성(廣東省)의 소식을 담았고, '중외신문(中外新聞)'란에는 평론과 기타 지역 및 해외 소식들을 게재하였다. 3면은 항운 소식과 광고를, 4면은 광고와 계몽 공지사항들을 담았다.

특히 '중외신문(中外新聞)'란에는 매회 논설 한편 이상이 등재되었는데, 주요 내용 러시아와 일본, 영국, 프랑스 등의 침략 야심을 폭로하고 중국인이 당면한 문제들을 제기하는 것이다. 이러한 논설을 통해 체계적으로 변법 자강사상을 선전하였다.

이러한 편집 형식은 창간 후 10년 동안 큰 변화가 없었는데, 이는 당시 홍콩 신문에서 유행하는 형식이기도 하여 같은 시기에 발행되었던 『홍콩중외신보(香港中外新報)』와 『홍콩화자일보(香港華字日報)』등과 대동소이하다.

창간 다음해에 중요 시사평론들을 묶어 매월 한 권씩 간행하여 1년에 1원(元)에 판매하였으나 판매가 부진하여 1년이 못되어 종간되었다. 1878년에는 경쟁력을 강화하기 위해 석간으로 바꾸었으나 4년 후 다시 조간으로 돌아왔다.

주필 왕타오는 매일 논설 한편씩을 게재하여 양무(洋務)에 대해 논평하고, 서구의 국가통치 기술 학습과 변법자강(變法自强)을 고무하였다. 이곳에서 출판 간행한 『변법(變法)』, 『중민(重民)』 등의 글은 당시 영향이 자못 컸다. 왕타오가 주필을 맡은 10년의 기간 동안 초창기를 제외하고는 훙간푸(洪干甫)가 실제 업무를 도와 신문 발행을 하였으며 왕타오는 원고 집필에 치중하였다.

이 신문은 중국인이 직접 창간한 신문 중 가장 오랜 기간 발행 되었고 영향력도 컸던 매체이다. 물론 『순환일보』는 많은 한계점을 갖고 있었다. 여기서 강조한 새로운 정책은 선박과 총포 제조, 광산 개척, 군대 훈련 등을 중점적으로 고취하고 있을 뿐 정치체제에 관한 언급은 많지 않다.

이후 1912년 훙간푸가 주필에 취임하였고, 1925년에는 허야쉬안(何雅選)이 뒤를 이어 취임하였다. 왕타오가 홍콩을 떠난 후 이 신문사의 인쇄설비와 재정적 여건은 차츰 개선되어 갔지만, 사상은 점점 보수화 되었고 신문의 영향력도 점차 쇠퇴하였다.

• 주필 왕타오(王韜)

왕타오는 쑤저우(蘇州) 사람으로 봉건교육을 받았으나 22살이 되던 1849년, 영국 선교사 메드허스트(Walter Henry Medhurst, 麥都思)를 만나 그가 운영하던 상하이 묵해서관(墨海書館)에서 에드킨스(Joseph Edkins, 艾約瑟), 와일리(A. Wylie, 偉烈亞力) 등과 번역 작업에 종사하였다.

또한 『육합총담(六合叢談)』의 제작에도 참여하며 이곳에서 13년을 일하였다. 이 기간 동안 서양 자연과학에 대한 지식을 쌓았고, 또한 태평천국(太平天國)운동에 직접 참여하여 청 정부의 부패와 무능을 통감하면서 새로운 개혁 사상을 갖게 되었고, 이는 그의 언론 활동에 중요한 영향을 주었다.

1862년 태평천국운동에 관한 글로 청 정부로부터 죄를 받게 되자 홍콩으로 도피하여 그곳에서 원래 이름 한(瀚)을 도(韜)로 바꾸었다.

홍콩에 거주하면서 영국 선교사 레그(James Legge, 理雅谷)를 도와 중국 경서(經書) 번역 작업을 하였다. 1867년 레그를 따라 영국과 프랑스 여행을 한 후 1870년 홍콩으로 돌아왔다. 이 기간 동안 그는 서양에 대한 풍부한 경험과 신문 제작 지식을 쌓을 수 있었다.

홍콩으로 돌아온 후, 황핑푸(黃平甫)와 함께 원래 영화서원(英華書院) 소유였던 인쇄설비를 사들여 중화인무총국(中華印務總局)을 세우고 1874년 『순환일보』를 창간하였다. (김성남)

참고문헌

周葱秀·涂明 著, 『中國近現代文化期刊史』, 山西教育出版社, 1999; 方漢奇 主編, 『中國新聞社業通史』, 中國人民大學出版社, 1996.

술보(述報)

1884년 중국 광저우에서 창간된 시사종합신문

1884년 4월 18일 광저우(廣州)에서 창간된 일간지이다. 광저우 해묵루석인서국(廣州海墨樓石印書局)에서 간행되었다. 한 면의 크기는 가로 13.5㎝, 세로 23.5㎝이다. 1885년 종간되었다. 광저우박물관에 소장되어 있다.

내용은 1면과 2면은 「중외 긴요한 시사 해설(述中外緊要時事)」로 국내외 중요 시사문제를 보도하였고, 3면은 서양 서적들을 번역하여 게재했다. 4면에는 여러 상품 정보와 선박 출입 소식들을 게재하여 매회 4면의 지면을 내용과 기사 종류에 따라 분류 편집하였다.

중국인이 직접 광저우에서 창간한 최초의 일간지로 신문 삽화를 중시했다. 거의 매회 마다 하나 이상의 삽화를 그려 넣어 기사에 대한 이해를 도왔으며, 철로와 전화, 등탑, 기차 등 신식 기계나 세계 지도 등을 그려 넣어 새로운 문물에 대한 이해를 중시하였다.

그리고 『점석재화보(點石齋畵報)』에 실린 청불(淸佛) 전쟁과 사회문제에 관한 그림들도 인용하여 게재하였다.

특히 월남문제로 프랑스와의 전쟁이 고조되던 시기에 창간되어 월남에서 프랑스에 항전하던 흑기군(黑旗軍) 수령인 류융푸(劉永福)의 사진과 월남지도를 인쇄 보도한 것은 일간지들 중 가장 참신한 보도로 평가되었다. 항불(抗佛) 투쟁을 적극 지지하고 지면의 70% 이상을 이 전쟁 소식과 평론으로 채웠으며, 프랑스군의 광시(廣西) 침략, 닝보(寧波) 소요, 타이완전쟁 등의 전 과정과 정부 대책, 민간 반응 등을 연일 상세히 보도하였다. 이는 현재 청불전쟁을 연구하는 연구자들에게 중요한 사료가 되고 있다.

또한 외국 신문의 문장을 번역 게재하거나 평론을 중시하였는데, 홍콩, 상하이에서 발행되는 신문들과 영국과 프랑스 및 일본 언론도 인용하였다. 외국 언론들의 발췌 보도 외에도 직접 통신망을 조직하고 통신원들을 확보하여 직접 현장 소식들도 취재 보도하였다.

그리고 매월 주요 기사들을 내용별로 분류하여 별도의 책으로 묶어 출판하였다. 시사와 평론은 『중외근사회편(中外近事匯編)』이란 제호로, 번역물은 『격치편람(格致便覽)』으로 출판되었다. (김성남)

참고문헌

方漢奇 主編, 『中國新聞社業通史』, 中國人民大學出版社, 1996; 葉再生 著, 『中國近代現代出版通史』, 北京: 華文出版社, 2002.

▌숭실활천(崇實活泉)

1922년 평양에서 창간된 전문학교 교지

1922년경이라고 기록만 있을 뿐 정확한 발행일과 종간일은 알 수 없다. 평양 숭실전문학교의 교지이다. 편집자는 김희선, 이홍현, 강태민으로 바뀌고, 발행자는 모펫 박사(Samuel Austin Moffet, 한국명 마포삼열[馬布三悅])였다. 발행자는 그후 변경되었다. 14호에는 매쿤 박사(McCune, 한국명 윤산온[尹山溫])로 기록되어 있다. 인쇄자는 박치록(4호), 권지룡(6호), 김건영(12호), 김병룡(15호), 인쇄소는 주식회사광문사(평양 신양리 150), 기신사(紀新社)(12호), 한성도서(주)(14호), 발행소는 숭실학생회에서 숭실 YMCA문예부로 바뀐다. 정가는 20~40전, 부피는 90~180쪽 정도 된다. 연세대학교와 숭실대학교에 소장되어 있다.

숭실전문학교의 교지이다. 숭실전문학교는 1897년 평양에 세워진 숭실학당이 그 모체이다. 숭실전문학교는 1905년 설립된 우리나라 최초의 대학인 숭실대학이 전문학교로 개편된 학교이다. 숭실대학은 1925년 총독부의 '전문학교 규칙'에 의하여 문학부만을 승격시켜 전문학교로 개편된다.

발행주체가 숭실 YMCA문예부(15호)였던 만큼 문예란이 거의 2/3를 차지하고 있다. 14호는 문예특집호로 꾸며질 정도로 문학란은 이 매체의 중심축이었다. 나머지는 논설이나 지식기사들이 실려 있다.

현재는 4호부터 그 실물을 볼 수 있다. 4호 목차를 살펴보면, 이두해의 「권두언」, 홍병선의 「사상과 오인의 태도와 주의」, 김상철의 「제5회전조선축구대회의 소감」, 취보(翠圃)의 「피랴는 국화」, 임용업의 「전선축구대회인상기」, 이선목의 「오인의 실패의 원인과 그 제거의 도(道)」, 이상목, 「소위 황금만능주의?」, 은암의「생도의 자치적훈련」, 김홍식의「자기의 처지를 알 것」, 채필근의「사회의 개조와 오인의 사명」, 김건의「시의 진가」, 이두해의「성공의 길을 밟는 이들에게」, 최성구의「의학으로 견(見)한 접문(接吻)의 해(害)」, 취보의「새벽종소래: 일기 중에셔」, 강태민의「우리의 활로」, 황봉찬,「하기전도상황(夏期傳道狀況)을 약술(略述)」, 오문옥의「청년의 입지」등이다.

『숭실활천』에는 인격수양과 지식의 섭취를 강조하는 논설들이 실려 있다. 그 나머지는 시와 감상문 등 수필이다. 6호(1927.12)에는 문호 톨스토이에 대한 특집 기사가 실려 있다.

이 교지에는 본 학교 출신인 유명 문인들의 이름이 눈에 띈다. 14호「문예특집호」에는 김조규의 시「출발」, 김현승의「유리창」, 황순원의「황혼의 노래」, 이무영의 소설「우정」등이 실려 있다. 15호에는 시단란에 김조규의「북으로 씨우는 편지 외 1편」, 황순원의 시「고아 외 1편」이, 시가란에는 윤동주의 시「공상」이, 12호에는 황순원의「남경충(南京蟲)」이 수록되어 있다.

이 학교의 교수로 재임했던 인사들의 글도 눈에 띈다. 14호에 양주동의 시「포플라」가 15호(1930.10)에는「화한삼재도회조선어고(和漢三才圖會朝鮮語考)」, 역시 15호에는 조만식의「졸업할 이들에게 기(寄)함」, 이훈구의「이기와 이타주의의 조화생활」이라는 논설이 실려 있다. 교수였던 신학자 채필근의 글도 매호 실려 있다.

교지인 만큼 학생들의 투고를 중시하였다. 광고「투고환영」에서는 투고 범위로 "학술, 문예, 종교, 급 기타에 대한 논문, 평론, 전기, 시, 소설, 감상문, 단 시사정담(時事情談)은 불수(不受)함"이라고 적고 있다. '시사정담'을 기피하는 이유는 검열 때문이었다.

『숭실활천』은『연희』나『이화』등과 함께 몇 안 되는 식민지 시대 전문학교 교지로서 당대 지식청년들의 생활상과 세계관을 엿볼 수 있게 하는 귀중한 자료이다.

그 밖에 숭실학원의 교지들

숭실에는 학생들이 주체가 되어 발간한 매체가 유독 많다.

우선 교지『숭실학보』가 1915년 9월 창간된 바 있다. 1914년 숭실대학 문학부가 조직된 것을 보면 이 부서가 발간을 담당했을 것으로 추측된다. 현재는 그 현물을 구할 수 없어 안타깝다.『숭실 100년사』에 실린 기록에 의하면, 설립자인 베어드(William M. Baird, 한국명 배위량[裵緯良])과 편집인 김인준(金仁俊)이 주관하여 교수 교우 지방 유지들이 많은 글을 투고한(기사 51편, 200쪽)다. 이 교지는 일본 요코하마시에서 인쇄했다고 한다.『숭실 100년사』에는 창간호 목차가 전한다. 2호부터 평양에서 발간하였다. 교수와 학생의 논단이 마련되어 있으며, 학생들의 문예작품이 6편이 수록되어 있었다. 정일선의 소설「제것 먹여도 도적질」이 그 대표적인 예이다.

1916년 3월에는 숭실대학 '문학부'의 회보인『숭실문학보』가 등사판으로 발행되었다. 그해 6월에 2호가 발행되었다는 기록이『숭실100년사』에 전한다. 이 매체는 학생들의 입회비와 학보 대금 등의 수입금으로 출간하다보니 지속적인 발간이 힘들었을 것이라 추측할 수 있다.

1919년에는『숭대시보』가 발간된다. 1921년에 학생기독청년회가 창립되고, 1924년에는 숭실대학 학생기독청년회 지육부(智育部)가 편찬한『崇實』이 발간된다. 이 잡지는 1927년에 제5호가, 1934년에 제15호가 발행되었다. 연세대학교 소장되어 있다.

교지『숭실』15호에는 시인 김현승의 작품「쓸쓸한 겨울 저녁이 올 때 당신들은」이 실려 있다. 그는 당시 숭실전문학교의 교수였던 양주동의 추천으로『동아일보』문예란에 이 작품을 발표한 바 있다. 16호에는 김현승 작사, 김동진 작곡의「숭실의 노래」가 악보와 함께 실려 있다. 시인 김조규의 시「마음의 칠현금」도 16호에 실려 있다.

1928년 부임해서 1937년까지 영문학과 한국문학을 강의했던 양주동은 교지 발행에 직접적으로 개입했던 것으로 보인다. 실제로 교지『숭실』에는 교수 양주동의 글과 채필근의 글은『숭실』지에 도 거의 매회 실린다(교지『숭실』은 연세대학교에 소장되어 있다). 1936

년 이효석이 교수로 부임하는데, 그 역시 교지 발행에 나름의 역할을 했던 것으로 추측된다.

1930년경에는 학생잡지 『숭전교우』가 창간되었다. 1932년에 이미 4호를 출판하였다고 한다. (박지영)

참고문헌

숭실대학교 100년사편찬위원회, 『숭실대학교 100년사』, 숭실대학교 출판부, 1997; 최덕교 편저, 『한국잡지백년』, 현암사, 2004.

스스메(進め)

1923년 일본에서 발행된 노동·사회운동과 관련한 잡지

1923년부터 1931년까지 9년 동안 나온 노동운동·사회운동과 관련한 잡지이다. 편집인은 기타하라 다쓰오(北原龍雄), 발행인은 후쿠다 교지(福田狂二)였다. 편집인 기타하라 다쓰오는 제1차 일본공산당의 구성원으로, 초기 『스스메』의 성격을 결정짓는데 결정적인 영향을 미쳤다.
제호 위에 「무산계급 전투잡지(無産階級 戰鬪雜誌)」라고 이름이 붙어 있다. 춤추는 듯한 제자와 그 아래 약동하는 일러스트에 더해, 초기 『스스메』의 표지는 1920년대 사회운동 고양기의 분위기를 읽게 해 준다. 이 『스스메』의 특징은 이러한 자세로 1923년 2월 창간된 이후 10여 년 동안 존속하며, 좌익·중간파·우익의 입장을 시대의 변화와 함께 갖고 있다는 점이다. 발행부수는 1925년의 경우 3만 부 정도였다. 크기는 B5판·B4판이다.

집필진은 다양하여 사카이 도시히코(堺利彦)·아라하타 간손(荒畑寒村)·야마카와 히토시(山川均) 등의 사회주의자, 아나키스트인 나카하마 데쓰(中浜鉄), 공산당의 도쿠다 규이치(徳田球一)를 비롯한 아소 히사시(麻生久)·스즈키 분지(鈴木文治)·아사누마 이나지로(浅沼稲次郎)·야마카와 기쿠에이(山川菊栄), 그리고 오가와 미메이(小川未明)·고마키 오우미(小牧近江)·마에다고 히로이치로(前田河広一郎) 등 다양했다.

다이쇼 데모크라시의 고양과 더불어 생성·발전하여 그 종말과 더불어 사상적 위상이 크게 변질된 본지는 사회운동사 자료의 보고라고 말할 수 있다. 현재 잡지는 후지출판(不二出版)에 의해 전 12권·별책 1권으로 복간되었다.

1924년 2월 다구치 운조(田口運蔵) 주간 당시의 『스스메』가 새롭게 지국 모집 광고를 내고, 같은 해 3월호부터 6월호까지 홋카이도(北海道)부터 규슈(九州), 나아가 조선까지 각지에 61개의 지국을 설치했다.

『스스메』의 조선 관련 기사를 보면, 당시 재일조선인은 메이데이 행사에 계속 참가했는데, 재일조선인에게 있어 메이데이의 의미는 조·일 양 프롤레타리아의 동일한 적에 대한 승리를 위해 협동전선을 구축하는데 있었다고 한다.

• 후쿠다 교지(福田狂二)

1887년 6월 14일 시마네현(島根縣 簸川郡 久多美村 東福)에서 차남으로 태어났다. 군인이 되고자 한 후쿠다 교지는 일본 육사(陸士) 입학을 위한 예비학교인 도쿄(東京)의 성성중학(成城中學)에 입학했다. 여기에서 청국(淸國) 유학생의 감화를 받아, 혁명평론사(革命評論社)를 방문하고 가타야마 센(片山潛)을 만나기도 했다. 그리고 메이지대학(明治大學)과 와세다대학(早稻田大學) 정경학부에 입학하여 사회문제에 대한 관심을 심화시키고, 1907년 야나카 무라(谷中村)와 아시오(足尾)탄광을 방문하여 다나카 쇼조(田中正造)와 니시카와 고지로(西川光二郎)한테 큰 영향을 받았다.

1907년 징병검사에서 갑종 합경을 받고 후쿠다 교지는 요코스카(橫須賀) 중포병연대에 입영했으나, 상관 항명(抗命)과 탈주의 죄로 히메지(姬路)와 오사카(大阪)의 위술감옥(衛戍監獄)에 수용되어 오랫동안 군복무를 했다. 대역(大逆)사건 때는 옥중에 있었고, 출옥 후에는 중국에 건너가 상하이(上海)와 난징(南京), 광저우(廣州)에 20명 정도의 일본인 의용군의 한 사람으로 중국혁명군에 참가했다.

귀국 후 1914년 5월 일본노동당(日本勞働党)을 결성하여 간사장이 되었고, 당원 300명을 대표했으나, 결

사 금지를 당해 곧바로 일본평민당(日本平民党)을 결성했다. 1918년 2월 보통선거청원 데모를 계획했고, 여기에 대한 탄압에 항의하여 경시총감실에 진입하여 구속되었다. 그리고 사회운동이 고양되는 정세에 따라 잡지 『스스메』를 발간했다. (이규수)

참고문헌

田中眞人, 『進め(解說, 總目次, 索引)』, 不二出版, 1990; 朱鐘建, 「メ-デ-と朝鮮の問題」, 『進め』(1-4), 1923.5; 荻野正博, 「『進め』誌と新潟県支局について」, 『歴史評論』 1975. 10; 『近代文學雜誌事典』, 至文堂, 1965.

▌스탈린녜츠

1933년 러시아 블라디보스토크 나제진스크 엠테에스 정치부에서 러시아어로 발행한 신문

블라디보스토크 나제진스크 엠테에스 정치부에서 1933년 10월 10일 창간한 신문이다. 현재 창간호부터 9호까지만 남아 있다. 시기로는 1933년 10월 10일부터 같은 해 12월 3일까지이다. 책임주필은 사랍킨이며, 5일 간격으로 발행되었다.

간행 목적은 소련의 제2차 5개년 계획 기간에 콜호스를 공고히 하고 콜호스 회원들을 부유하게 하며 생산량을 증대시키는 데 일익을 담당하게 하려는 것이었다. 아울러 콜호스의 발전을 저해하는 토호 등 해독자들과 투쟁하는 것이었다. 이 신문에서는 콜호스 성원들에게 당과 정부의 결정을 소개하고, 콜호스 회원 및 여자 회원들의 풍습 및 문화적 휴식을 어떻게 만들 것인가에 대해서도 강구하고 있다. 추수와 콜호스에서의 수입 분배에 대한 내용을 주로 싣고 있다. (이신철)

참고문헌

박환, 『재소한인 민족운동사』, 국학자료원, 1998; 위암장지연선생기념사업회, 『한국근대언론과 민족운동』, 커뮤니케이션북스, 2001; 김 블라지미르 저, 조영환 역, 박환 편 해제, 『재소한인의 항일투쟁과 수난사』, 국학자료원, 1997.

▌스태티스틱스잡지(スタチスチック雜誌)

1886년 일본에서 발행된 통계 잡지

1886년 4월 출간했다. 발행소는 스태티스틱스사이다. 창간호는 동년 4월 30일이었다. 잡지의 체제는 4×6판으로 본문 35쪽 분량이었다. 녹색 표지에 목차가 게재되었고, '매매금지(禁賣買)'라고 적혀 있다.
본문은 세로 1단조, 구5호활자가 사용되었으며, 정가는 8전 5리였다. 매월 말 발행(22호부터는 매월 20일 발행)되었다. 1892년 스태티스틱스사가 통계학사로 개명되면서 잡지 이름도 69호(1892.1)부터 『통계학잡지』로 개제되었다.

1876년 2월 11일 '표기학사(表記學社)'가 결성되었다. 1878년 2월 표기학사가 '스태티스틱스사'로 개칭되었다. 스태티스틱스의 번역어로서 '통계', '통계학'이 거의 정착되던 당시에, 원어를 그대로 채용한 이유는 번역어에 의해 그 본래의 의미가 오해될 것을 염려했기 때문이었다.

이 직후 도쿄통계협회에서 『통계집지(統計集誌)』(1880.11)가 간행되었다. 이에 따라 스태티스틱스사도 잡지 발간을 위해 노력했지만 실패하고 말았다. 잡지 발간문제는 1886년 3월 스태티스틱스사가 구 공립통계학교의 연구단체인 '스태티스틱스동명회'를 흡수하고 회원수 100여 명의 진용을 갖춘 후에 다시 논의되었다. 그 결과 1886년 4월 40일 본지가 창간호가 발행되었다.

본지의 내용은 기사, 논설, 표기(表記), 잡록의 네 부분으로 구성되어 있다. 기사란은 스태티스틱스사의 정기강독회의 내용보고, 논설란은 사원의 강연속기, 연구논문 및 외국통계학서의 번역, 표기는 국내외의 통계자료가, 또 잡록에는 통계에 관한 제 기사가 게재되었다.

5호(1886.8) 잡록란에는 『통계집지』 제60호에 게재된 「통계학의 범위」를 비판하는 「스태티스틱학의 정의」라는 글이 게재되어 작은 논쟁이 발생하기도 하였다. 논쟁의 내용은 결국 용어해석상의 문제였지만,

그 배경은 서양 선진제국의 통계학을 빠르게 흡수하고 소화하려고 했던 당시 연구자들의 고민이었다.

1889년 역서 『의학통계론(醫學統計論)』이 간행되면서 일대 논쟁이 전개되었다. 이 논쟁은 '스태티스틱스'의 번역어 문제를 비롯하여, 「통계에 대해서」(37호), 「다시 통계에 대해서」(39호), 「세 번째 통계에 대해서」(41호), 「네 번째 통계에 대해서」(44호)로 이어지는 글을 통해 1년 가까이 논쟁이 진행되었다.

논쟁의 내용은 양자 간의 통계학관의 차이에 근거하고 있었다. 즉 통계학을 독립된 실질 사회과학으로서 고찰하려는 입장과 철저하게 방법론의 입장에서 고찰하려는 입장 간의 학문적 성격이 짙은 논쟁이었다. 이 논쟁은 일본 통계학 사상에서 최초의 본격적인 통계학논쟁이었다.

1892년 1월 17일 스태티스틱스사는 통계학사로 개명되었다. 스태티스틱스를 사용했던 동사도 메이지 중기를 거치면서, 스태티스틱스=통계·통계학의 번역어가 일본에 정착되어 거의 확정적으로 되었던 시기의 정세 변화에 대응한 것이었다. 이에 따라 본지도 69호부터 제호를 『통계학잡지』로 변경하였다. (문영주)

참고문헌

杉原四郎 編, 『日本経済雑誌の源流』, 有斐閣, 1990; 杉原四郎 著, 『日本の経済雑誌』, 日本経済評論社, 1987.

습작시대(習作時代)

1927년 인천에서 발행된 문예지

1927년 2월 1일 인천에서 창간됐다. 종간호는 제4호인데 최덕교의 책을 보면 창간호가 발간되고 나서 속간된 기록이 없다고 잘못 나와 있다. 편집 겸 발행인은 진종혁(秦宗爀), 인쇄인은 동흥인쇄소의 노승진(盧承軫), 발행소는 습작시대사(인천부 용리 60)이다. 판형은 국배판으로 총 18면이며 정가는 10전이었다. 주로 신인들의 작품이 발표된 것으로 보아 신인들이 자신들의 작품 발표의 장으로 삼은 것을 알 수 있다. 발행인 진종혁은 훗날 희곡작가로 활동하는 진우촌(秦雨村)인데, 그는 습작시대사의 주소와 같은 곳에서 살았다. 잡지의 편집과 운영 등 제반 사항은 진우촌과 엄흥섭이 담당했다고 전해진다. 연세대도서관에 3호(1927.4)가 소장되어 있다.

이 잡지는 표지에 목차와 권두언을 함께 볼 수 있게 실었다. 그만큼 지면을 최대한으로 아꼈다고 하겠다. 주요한이 쓴 권두언 「습작시대」를 보면, 이 잡지의 의미에 대해서 고평하고 있는데 아마도 신인들의 패기와 의지를 북돋기 위한 것으로 보인다.

"습작시대라는 말은 조선 문단 전체를 지칭한 것이 아닐까. 근일에 소위 '기성문단 대 신인문단'의 논쟁까지 있어 흡사히 '문단'이란 것이 조직된 감이 있는 듯하나, 냉정한 관찰자의 눈에는 조선의 문단이란 겨우 발을 뗄까 말까 한 것임이 분명히 간득(看得)될 것이다. …… 단순히 말하자면 『습작시대』의 출현은 무명작가가 유명작가가 되려 하는 노력, 즉 일종의 항쟁이다. 오늘의 저널리즘에는 무명작가의 출세에 대하여 많은 장애가 있다. …… 『습작시대』의 출현은 가장 기의(機宜)를 득하였다. 문단 침체의 성이 높은 이때에, 이 무명작가군의 활동이 문단 출판업자 및 일반 독자의 시청을 끌 것이다. 『습작시대』는 방금 형성 중도(中途)에 있는 문단에 대하여 획시기적 사명을 수하고야 말 것이다."

창간호 표지는 노수현이 그렸다. 수필로는 주요한의 「습작시대」를 비롯하여 윤기환의 「문단과 작가」, 정국당의 「인생에 대한 조각 생각」, 유도순의 「산보」, 염근수의 「낙랑기」, 최병화의 「기우」 등이 있고, 시에는 김동환의 「월미도 해녀요」, 김여수의 「인천항」, 유도순의 「과부」, 한정동의 「꿈」, 강병주의 「희작 2편」, 엄흥섭의 「내 마음 사는 곳」, 변추풍의 「아침에」, 나그네의 「바다의 노래」, 형타(熒坨)의 「겨울밤」, 그리고 김순민의 시조가 실려 있다. 창작소설로는 윤기영의 「간호부」, 양재응의 「안해」, 최호동의 「승리자」가 발표되었고 마지막으로 「편집여언」이 붙어 있다.

3호는 창간호에 비해서는 면수가 늘어나고 평론도 포함되었다. 박아지의 「농민시가소론」, 전영택의 「사람과 글: 문예창작의 태도」, 양주동의 「문예단상」 등의 평론과 김도인, 유도순, 진우촌, 엄홍섭, 이성로, 감호 한인, 홍효민 등의 수필, 박아지, 이학인, 장정심, 소용수 등의 시와 윤귀영의 「김주부」 소설, 그리고 이경손의 「승객」과 한형택의 「종소리 나는 날」 등의 희곡이 실려 있다.

처음 출발은 신인 위주로 잡지의 내용을 채웠지만 점차로 기성 문인들도 참여한 것으로 보인다. 지방에서 발간되는 만큼 신인의 패기와 문학적 열망이 담겨져 있으나 미숙하고 아쉬움을 남기는 면도 있었다고 판단된다. 인천 지역의 경제적 여유와 문화에 대한 열망이 만나 이루어진 잡지로 1920년대 후반 지역 문화의 활성화를 가늠하고 추적하는 데 유효하다. (전상기)

참고문헌

권영민, 『한국근대문인대사전』, 아세아문화사, 1990; 최덕교 편저, 『한국잡지백년』 2, 현암사, 2004.

▌시건설(詩建設)

1936년 평북 중강진에서 발행된 시 전문지

1936년 11월 평북 중강진에서 창간되었다. 종간호는 제8집으로 1940년 6월 발행이 마지막이었다. 편집 겸 발행인은 김익부(金益富, 평북 자성군 중강면 중평동 489), 인쇄인은 대동출판사(경성부 견지정 111)의 김용규(金容圭), 발행소는 시건설사(평북 중강진)이다. 판형은 A5판이고 총 60쪽 내외이며 정가는 30전이었다. 이 잡지가 특이한 것은 당시 대부분의 잡지가 세로짜기 편집이었는데 반하여 가로짜기 편집을 하여 새로운 맛을 냈다는 점이다. 고려대도서관에 1~5집이 소장되어 있고 연세대도서관에 5집과 7집이 소장되어 있다. 1981년 태학사에서 영인한 '한국시잡지집성'에 실려 있다.

창간호를 보면 "시가 결핍한 오늘에 있어서 시의 왕성화를 꾀하는 혼성시단(混成詩團)을 이루어 그 꿈에서 진실하고 강력한 하나의 대오가 생기는 날 시의 신영토를 개척하여 보려는 의진(意盡)을 『시건설』 만이 가진다"고 주장하였다. '혼성시단'과 '강력한 하나의 대오'를 통하여 전국적인 시인망의 구축과 시적(문학적) 연대를 꾀하려는 의도를 엿볼 수 있다. 실제로 이 잡지사에서는 모든 조선 시인의 작품을 총망라하여 시인총보인 대시집도 내보겠다는 방침으로 잡지 『시건설』을 발간하였다.

창간호 발간 동인들을 보면, 김창술, 정강서, 김병호, 김해강, 김남인 등 5명이다. 이찬, 윤곤강, 유치환, 진우촌, 서정주, 신석정, 그리고 동인들의 작품이 실려 있다. 「편집을 끝내고」에서도 나와 있듯이 오랫동안 작품을 쓰지 않던 김창술의 「지평의 착각」이 실린 것이나, 작품성을 인정받는 시인들의 작품을 두루 망라한 점이 대단한 수고를 더했으리라고 판단된다. "편집, 인쇄, 발행을 모다 시골서 하지만 우리 시문학 건설의 보람있는 역할을 다하려 권위와 역량있는 보조로 지구전을 해가련다"는 다짐이 새삼 허언이 아님이 느껴지는 것이다.

2집은 창간호보다 더 많은 시인과 작품들이 실린다. 박세영, 조벽암, 이정구, 장만영, 박남수, 마명, 그리고 김동리의 시가 무려 3편(「무제」, 「모밀꽃」, 「바위」)이나 게재된다. 2호의 편집은 김남인과 더불어 김해강이 참여했음을 「편집후기」에서 확인할 수 있다(이때부터 김해강도 김남인과 편집을 맡아하게 된다).

3집에는 시만을 취급하여 오던 관행을 깨고 김용제의 「시단시감: 시건설 제2집 시평을 겸하여」가 실린다. 또한 김조규와 이용악, 김광주, 이석훈 등의 시인이 새롭게 투고 행렬에 가담한다.

4집에는 김용제가 시를 투고하고 황민이 새롭게 참여한다. 그리고 '시단동정'을 따로 두어 박월탄, 김용제,

안함광, 이석훈, 정노풍, 김광주, 신석정, 김상용, 김광섭, 임화, 김기림, 한효, 박아지, 김창술 등 여러 시인들의 최근 생활이 묘사된다.

5집은 임화, 신석정, 김광섭, 유치환, 김조규, 장만영, 마명 등의 시가 수록되었고 시론으로는 양운한의 「시와 시인」, 그리고 '녹색 계절의 일기'라는 제목으로 김기석, 홍효민, 유진오, 정래동, 한효 등의 수필이 실린다.

조선반도의 맨 위쪽 오지 지방에서 간행된 이 잡지는 꺼져가는 조선 시혼을 되살리고 절필이나 침묵으로 일관하던 시인들을 일깨워 작품 창작의 의욕을 고취시키고 독자들에게는 조선어로 쓰인 시를 읽힘으로써 조선어의 시적 가능성을 시험하게 했다는 데에서 그 의의를 찾을 수 있다. 이 잡지의 편집자들은 기성과 신인을 망라하여 시가 반드시 쓰여야만 하고 시혼이 살아 있는 한 조선의 정신도 살아 있음을 의연히 간행하는 잡지의 증좌로써 제시하고자 했다. 실제로 여기에 투고한 시인들은 김남인이라는 평북 중강진의 무명 신진 시인에게 감화를 받아 기꺼이 자신의 작품을 투고하고 서로 격려하여 조선 시가가 엄연히 살아 있음을 증명하고자 했던 것이다. 그랬기 때문에 이 잡지는 풍전등화와 같은 상황에서도 8호에 이르기까지 잡지의 생명을 유지한 것이 아닌가 한다. 전쟁 준비기에 접어들어 조선의 전통과 문화가 말살당하는 시점에서 전국의 시인들의 작품을 모아 한 자리에 담아냈다는 사실은 대단한 용기와 노력, 열정이 아니었다면 불가능했을 것이다. 그런 점에서 『시건설』은 1930년대 후반에 명멸했던 무수한 시 동인지 가운데서도 단연 빛을 발하는 보석으로 기억되어야 마땅하리라.

• 김익부(1910.1.11~1951.6)

호는 남인(嵐人)이다. 평북 자성군 중강면에서 가난한 농부의 아들로 태어났다. 고향에서 호하영명학교 4학년을 마치고 중강공립보통학교에 편입했으나 퇴학당하였다. 1920년대 중반부터 서울과 평양 및 베이징 등에서 고학을 하다가 1930년에 귀향하여 인쇄노동자로 활동하면서 문학 활동을 시작했다고 한다. 그러한 활동이 연장되어 시 전문 잡지 『시건설』을 창간했다고 보인다. 또한 식민지 시대에는 조국광복회의 10대 강령지를 인쇄하여 조직에 보내기도 하는 등의 혁명운동에 일조했다.

해방 후에는 「해방」(1945), 「대동당」(1946), 「독립문」(1946), 「홰불」(1946) 등의 작품을 발표하였다. 또한 1946년까지 조선공산당 평북도당 선전부장을 지냈다고 한다. 한국전쟁 기간에는 북한의 종군작가로 참가했다. 그는 가평전투와 낙동강 전투에 종군했는데 결국 중동부 전선에서 1951년 6월에 사망했다.

대표적인 작품집으로는 항일운동을 그린 「청색마」(1939)와 함께 한국전쟁 중의 김일성의 활약을 다룬 『강철청년부대』(청년출판사, 1989)가 꼽히고 있다. 그는 특히 후자로 인하여 '혁명작가'로 평가받기 시작했다. 김일성 사후에 진행되는 '혁명작가'에 대한 재조명 작업은 새로 구축되는 김정일 체제를 굳건히 하기 위한 작업의 일환으로 해석된다. (전상기)

참고문헌

이명재 편, 『북한문학사전』, 국학자료원, 1995; 권영민, 『한국근대문인대사전』, 아세아문화사, 1999; 최덕교 편저, 『한국잡지백년』 3, 현암사, 2004.

▌시국신문(時局新聞)

1932년 일본에서 발행된 신문

만주사변 발발 이듬해에 창간된 이 신문은 당시 군국주의 체제에 영합하던 일반신문과 잡지의 타락과는 달리 비판적인 저널리즘 정신을 관철한 희소한 미디어이다. 발행인은 하세가와 구니오(長谷川国雄), 편집고문으로는 아오노 스에키치(青野季吉), 오야 소이치(大宅壯一), 스즈키 시게사부로(鈴木茂三郞) 등이 활약했다. 신문은 반(反)파시즘의 입장을 선명히 내세웠기 때문에 수차례에 걸쳐 발매금지 처분을 당하다가 1936년 폐간되었다. 신문은 도시노동자와 농민 등 '대중'을 중심으로 독자층을 확보했다. 전쟁으로 나아가던 일본제국주의에 반대한 전선통일의 가능성을 제기한 신문으로 근대사 연구에 귀중한 자료이다.

• 오야 소이치(大宅壯一, 1900.9~1970.11)

일본의 사회평론가이자 『시국신문』의 편집주간. 중학시절에 가가와 도요히코(賀川豊彦) 등의 영향을 받고 쌀소동에 자극되어 사회주의에 접근했다. 이 때문에 4학년 때 퇴학 처분을 받았으나 중학졸업자격 검정고시를 통해 1919년 제3고등학교에 입학했다. 1922년 도쿄대학 문학부 사회학과에 입학하여 재학 중에 제7차 『신사조(新思潮)』에 참가하여 문예평론가로 두각을 나타냈다. 그 후 대학을 중퇴하고 『천일야화』 등을 번역해냈다. 1933년 10월 일본공산당 동조자로 검거된 후 전향했다. 2차 세계대전이 발발하자 곧 자바 파견군으로 징용되기도 했다(1942). 전후에는 사루토루 데쓰(猿取哲)라는 필명으로 문예·사회 비평을 비롯한 각 방면의 평론 및 논픽션 분야에서 활약했다. 조어(造語)의 명인으로 '공처(恐妻)', '에키벤대학'(驛弁大學, 6·3제의 실시로 1949년 이래 종전의 고등학교·전문학교·대학이 신제 대학으로 개편됨을 꼬집은 말), '일억총백치화'(一億總白痴化, 텔레비전이 온 국민을 바보로 만든다는 말) 등의 말을 만들어냈다. 주요 저서로는 『모던 층과 모던 상(モダン層とモダン相)』, 『문학적 전술론(文學的戰術論)』, 『세계의 뒤안길을 가다(世界の裏街道を行く)』, 『불길은 흐른다(炎は流れる)』 등이 있다. (이규수)

참고문헌

田中秀臣 · 中村宗悦, 「雑誌『サラリ-マン』と『時局新聞』におけるジャーナリズム批判(特集=メディアの周辺, 周辺のメディア)」, 『メディア史研究』 9, 2000; 田中秀臣 · 中村宗悦, 「『時局新聞』論: 経済雑誌『サラリ-マン』の別動隊」, 『上武大学商学部紀要』 11-1, 1999.

▌시나노마이니치신문(信濃毎日新聞)

1873년 설립된 일본의 시나노마이니치신문사가 발간한 지역신문

시나노마이니치신문사(信濃毎日新聞社)는 1873년 설립된 일본의 오래된 신문사 중의 하나이다. 1890년 종래의 개인 경영 방식을 바꾸어, 주식회사 조직으로 전환시키고 고사카 젠노스케(小坂善之助)가 사장, 야마지 아이잔(山路愛山)이 주필로 초빙되었다. 이후 고사카 젠노스케가 사망하자 고사카 준조를 사장으로 추대했다. 신슈(信州) 문화의 고무와 진흥에 노력했다. 1922년 신문을 6항에서 8항으로 체제를 바꾸고, 새로이 석간을 발행하였다. 그리고 사토 고이치(佐藤功一)의 설계 감독으로 사옥을 마련하였다. 1929년에는 고속윤전기를 갖추었다.

사시(社是)는 다음과 같다. ① 민론대표(民論代表)의 전통을 유지한다. ② 진실을 추구하고 보도의 공정을 도모한다. ③ 향토에 입각하여 산업문화의 융성을 기한다.

1942년 5월 『신슈니치니치(信州日日)』, 『신슈고도(信州合同)』, 『주신마이니치(中信毎日)』, 『보쿠슈마이니치(北信毎日)』, 『난슈마이니치(南信毎日)』를 합동하여 새롭게 출발했다. 특히 나가노현(長野縣)의 지리적 사정을 고려하여 스와(諏訪)시에 지사를 창설하여 『석간난슈한(夕刊南信版)』을 발행, 동사에서 발행한 조간과 함께 신속한 보도를 도모했다.

시나노마이니치(信濃毎日)신문사는 각종 행사를 거행했는데, 체육대회를 비롯해서 역전마라톤대회, 강좌, 웅변대회, 음악회, 무료공개 영화시사회 등을 열었다. 특히 『신농 2600년사(信濃2千6百年史)』 등을 간행하기도 했다.

시나노마이니치신문사는 나가노시(長野市 南縣町 657番地)에 있었다. (김인덕)

참고문헌

『昭和18年 新聞總攬』, 東京: 日本電報通信社, 1943; 春原昭彦, 『近代新聞通史』, 東京: 新泉社, 2003.

▌시대공론(時代公論)

1931년 서울에서 발행된 사회주의적 경향의

월간 종합잡지

1931년 9월 1일 시대공론사(時代公論社)에서 창간했다. 2호로 종간됐는데 종간호는 1932년 1월 1일에 출간됐다. 창간호는 편집 겸 발행인은 김철묵(金徹默)[2호의 발행인은 김영득(金榮得), 즉 영화감독 김유영(金幽影)], 인쇄인은 제3선사 인쇄부의 박신출(朴新出), 발행소는 시대공론사(경성부 청진동 246)이다. 판형은 A5 국판이며 총 118쪽, 정가는 20전이다. 창간호는 서울대와 연세대에 각각 소장되어 있다. 2호는 세종대 '김근수 문고'에 소장되어 있다.

창간호의 「우리들의 코―스」에서는 사회민주주의가 사회파시즘으로 전환하는 국제정세에 주목하면서 "프롤레타리아 계급을 위한 엄정한 입장에서 전 세계의 제 문제를 검토하고 국내에서 직접으로 일어나는 모든 첨예적 사실을 신시대의 전위에 입각하여 비평"하고저 한다고 창간의 취지를 밝히고 있다. 잡지의 편집체제는 국내외 정세 소개, 세계 자본주의 분석, 강좌, 수기, 문예창작 등으로 구성되어 있다.

창간호는 배성용(裵成龍)의 「세계제패를 목표하는 미국의 영국정책」, 김장환(金章煥)의 「로(露)오개년계획과 그 실적」, 김철(金哲)의 「소련의 반종교운동 전망」, 육군(陸群)의 「인도 간디운동의 위기와 금후 전개」, 임우(林優)의 「중국국민군에게 대한 공산군의 전략」, 김승?(金昇?)의 「인도국민운동의 전망」, 아기라의 「이태리파시즘의 파탄과 무산계급운동에 미치는 교훈」, 박철병(朴鐵兵)의 「협동전선 검토」, 신영우(申榮雨)의 「만보산사건에 관한 편상」 등 국제정세와 사회주의운동에 관한 글이 많은 비중을 차지하고 있으며, 김남천(金南天)의 「반 '카프'음모사건의 계급적 의의」, 윤기정(尹基鼎)의 「영화시평」, 석일량(石一良)의 「룸펜영화제작업자의 대중적 보이코트를 기함」 등 예술운동에 관한 글 및 자본주의 분석과 유물론 강좌도 싣고 있다. 문예창작물도 상당한 비중을 차지하고 있는데, 이기영(李箕永)의 소설 「부역(賦役)」과 전무길(全武吉)의 소설 「퇴폐」 등을 싣고 있다.

2호는 이선근(李瑄根)의 「세계정국잡관: 1931년 하반기 정계개관」, 김장환의 「만몽(滿蒙)에서의 일중충돌」, 전무길의 「험악화한 최근의 중일관계」, 이여성의 「총독부 세출의 제특징」, 김혁의 「자본주의 제국가의 조소」, 함대훈의 「국제적으로 발전되는 소비에트 경제전망」, 홍대하의 「만몽(滿蒙)경제의 위기검토」, Y생(Y生)의 「조선농업농민문제」 등의 국제정세, 사회주의운동, 자본주의 분석에 관한 글들과 현인의 「프로예술운동 작금의 회고와 전망」, 박승극의 「농민문학운동과 배포문제」, 이효석의 「문예시평」, 석일량의 「최근 조선극계의 동향」, 전미력의 「프롤레타리아 미술의 개척」 등의 평론, 그리고 최로사의 「극동에 있는 동포들의 집단 농장」, 전영숙의 「방직공장 방문기」, 송도생의 「북방 농촌을 보고서」, 박혁의 「농촌탐방기」, 효주의 「소비에트 철공소에서」 등의 르포 기사가 있다.

문예시평이 따로 마련되어 이갑기의 「카프분규에 대한 대중적 견해」, 박영화의 「최승희무용공연을 보고」, 추적양의 「영화 '방아타령'평」, 서광제의 「영화인자서전」, 박신출의 「레닌이 좋아하던 문예작품은?」, 이엽의 「소련의 극영 '라디오'에 대하여」, 김유영의 「소형극장공연을 앞두고」, 조규진의 「지상영화 '공색의 급행열차'」, 「수암유사의 전설」 등이 실렸다.

그 밖에 문예물로는 김창술의 「도시는 암운에 싸이고」, 김해강의 「몸을 바치던 최초의 그밤」, 박세영의 「천변의 병원」, 황순원의 「동생을 위하여」, 이찬의 「이러자꾸나」, 박완식의 「우리를 배반하고 달아난 녀석」, 여수의 「동지여」 등의 시와 소설로는 최정희의 「명일의 식대」, 송계월의 「S언니에게」, 이기영의 「부역」(연재 2회), '시나리오'에는 김철의 「흑색의 밤」, 희곡으로 유진오의 「김첨지」, 송영의 「호신술」 등의 작품이 실렸다.

『시대공론』은 세계적인 경제공황이 일어나고 전 세계적으로 파시즘이 발호하는 시대를 맞아 위기의식에 처한 사회주의 진영의 세계정세 분석과 자본주의 경제 위기의 해명이라는 과제에 부응하는 모습을 보여주고 있다. 그리고 다른 한편으로는 예술운동, 특히 카프의 문예운동의 단말마적 활동이 여실히 드러난다. 즉, 조직 개편을 서두르고 '문예운동의 볼셰비키화'의 노선 확정과 폐기를 둘러싼 저간의 상황이 카프의 현실적 대응 방식으로 나타나는 것이다.

또한 2호의 경우, 목차에 나와 있는 것과 내용에 본문이 빠진 것을 확인할 수 있는데, 이는 대개 검열에서 삭제된 것으로 보아야 할 것이다. 또한 2호의 「권두언」에서 발행인 김영득(김유영)은 "그리고 다음호부터는 『제3선』으로 개제하여 순문예잡지로서 나가게 되겠사오니……"라고 했으나, 실제로 발간되지 못했다.

그 외에 특이한 사항은 이른바 '동반자 작가'군으로 불리는 이효석과 유진오의 시평과 희곡이 실려 있다는 점이다. 여기에는 채만식이 빠져 있지만 이효석과 유진오의 경향 작가적 특질을 살필 수 있다는 점에서 주목할 필요가 있다.

• 김유영(金幽影, 1907~1939)

발행인 김유영은 경북 선산 출신으로 대구고보를 다니다 보성고보로 전학, 졸업했다. 1928년 서광제 등과 함께 '조선영화예술협회'를 조직, 1929년 도쿄, 교토 등지의 각 촬영소에서 연구 실습을 하며 특히 유명한 다사카 도모타카(田坂具隆) 감독과 교유했으며, 귀국 후에는 작가 최정희와 결혼했다. 1933년 8월 중견 문인 단체인 '구인회'의 발기인이 되고 구성원으로 활동했으며, 그해 11월 '신건설사 사건'(전주 사건)으로 체포되어 전주감옥에서 1년 6개월의 옥고를 치르고 1935년 출감했다. 32세 때인 1939년 문예봉, 김일해 등이 출연한 발성영화 "수선화"를 병중에서 연출하고 11월 25일 세상을 떠났다. 1940년 7월 경성 다카라즈카(寶塚) 주최로 '고 김유영 감독 추도 "수선화" 유료시사회'가 열렸다고 한다. (전상기)

참고문헌

임규찬·한기형 편, 『볼셰비키화와 조직운동: 카프비평자료총서 4』, 태학사, 1990; 권영민, 『한국계급문학운동사』, 문예출판사, 1998.

시대공론(時代公論)

1932년 중국 난징에서 발간된 학술 평론 잡지

1932년 4월 난징(南京)에서 창간되었다. 양공다(楊公達)가 주편을 맡았다. 주간 간행물이다. 1935년 3월 정간되었다. 모두 156호 출간되었다. 샤먼대학도서관(厦門大學圖書館) 등지에 소장되어 있다.

『시대공론』은 '국인(國人)에게 자유사상의 발표 기회를 제공하고 국사(國事)에 도움이 되는 데 공헌한다'는 기치를 내세웠다. 내용은 정치, 경제, 외교, 법률, 교육, 중일문제, 청년문제, 국제문제, 시베이(西北)문제 연구와 평론 등을 포함한다. 시사평론, 독자 논단 등의 난으로 구성되었다. 항일을 주장하고 국민당의 대일 부저항 정책을 반대하였다. 개방 정권을 주장하여 국민당의 일당 전제와 독재를 비판하였다. (이은자)

참고문헌

王檜林·朱漢國, 『中國報刊辭典(1815~1949)』, 太原(山西): 書海出版社, 1992; 葉再生, 『中國近代現代出版通史』, 北京: 華文出版社, 2002.

시대동향(時代動向)

1937년 중국 광둥성 광저우에서 출판한 문화 잡지

1937년 1월 시대동향 편집부에서 편집하여 광둥성(廣東省) 광저우(廣州)의 시대동향사에서 출판하였다. 처음에는 순간(旬刊)이었고, 3권 1호부터 반월간으로 바뀌었다. 『시대동향』은 1938년 9월 4권 6호를 출간한 후 정간되었다. 1권은 18호, 2권과 3권은 각각 12호였다. 베이징의 중국국가도서관과 상하이도서관 등에 소장되어 있다.

내용은 단평(短評)과 특별게재(特載), 시사 10일 동향(時事十日動向), 소품, 만화 등의 난이 있었다. 『시대동향』은 민중문화계를 구국(救亡)의 집단으로 만들고 민중들이 위대한 민족자구의 역량을 발휘하도록 하는 것이었다. 광둥현의 정치 개혁, 민족혁명과 현대문화계가 담당해야 할 사명 등을 토론했다. 주로 항전시기의 정치, 경제, 재정, 교육, 사회 및 민족문학 등의 문제를 연구하고 토론하였다. 소비에트 러시아의 외교동향을 분석하고 민족적 위인의 전기를 발표하기도 했다. 중국 신문학의 이론과 발전방향을 탐색하는 글이 실리기도 하였다. 『시대동향』의 정론(政論) 성격의 글들은 독재통치와 대일타협을 고취하는 것도 있었다. 2권 7호(1938)에는 "국민당임시전당대회" 특별호가 증간하여 수록되었다. (김지훈)

참고문헌

王檜林 · 朱漢國, 『中國報刊辭典(1815~1949)』, 書海出版社, 1992; 伍杰, 『中文期刊大詞典』, 北京大學出版社, 2000; 葉再生, 『中國近代現代出版通史』 3, 北京: 華文出版社, 2002; 上海圖書館, 『上海圖書館館藏近現代中文期刊總目』, 上海科學技術文獻出版社, 2004.

▌시대문예(時代文藝)

1937년 1월 상하이에서 창간된 문예지

1937년 1월 16일에 상하이(上海)에서 사오잉(邵英)과 황쉬(黃旭) 등이 편집하여 창간한 문학 간행물이었다. 베이징사범대학도서관과 상하이도서관 등에 소장되어 있다.

『시대문예』는 문예의 형식으로 중국의 국가적 위기를 타개하려는 의도를 가지고 있었다. 창간호에 발표된 권두어 「시대적 행진(時代的行進)」에서는 다음과 같이 발간의 목적을 설명하고 있다.

"이 곤란한 시기에 생존하면서 우리는 비애가 없고 탄식도 없다. 다만 분노가 있을 뿐이다. 이 분노는 마치 불같이 강렬하게 타오르고 있다! 한편으로는 적들의 칼이 위협을 더해 가고 있고, 다른 한편으로는 구국운동이 오히려 탄압을 받고 있다! 이런 상황이 우리를 얼마나 마음 아프도록 하는가? 참을 수 없다! 그러나 이 위대한 사업을 이대로 중단할 수는 없지 않은가? 광범한 민중은 이렇게 침묵해야 하는가? 아니다. 한 사람 한 사람이 망국노가 되길 원치 않는다면 어떠한 위협도 두려워하지 말고 어떠한 희생도 안타까워하지 말고 민족해방투쟁을 지속하여야 한다! 우리들은 문예애호가이다. 동시에 우리는 매우 단순하고 견결한 하나의 생각을 가지고 있다. '망국노가 되기를 바라지 않는다'는 것이다. 그래서 우리는 한간 매국노들이 굴욕적으로 구차하게 살아남기 위해 중화민족을 가볍게 내버리는 것을 지켜볼 수 없다. 자신을 위해, 전 민족을 위해, 우리는 생존을 쟁취하여야 한다! 우리는 다 방면으로 구국의 방식에 따라 문예의 형식을 운용하여 현실을 반영하고, 추악함을 폭로하며 대중투쟁의 결심을 강화할 것이다! 시대는 진행하는 것이며 암흑의 뒷면에 바로 광명이 있다. 우리는 역사가 결정한 신성한 사명을 받아들여 신시대의 도래를 기다린다!"

『시대문예』는 좌익작가의 시와 보고문학, 극본, 번역물 등 다양한 문학활동을 취급하였다. 『시대문예』에는 이론, 평론, 소설, 통신, 극본, 시가(詩歌), 산문, 번역 등의 난이 있었다. 루쉰(魯迅)의 『중국의 감옥(中國的監獄)』은 일본의 잡지 『개조(改造)』에서 번역한 것으로 『시대문예』를 통해 처음으로 독자와 만난 작품이다. 『시대문예』의 작가와 작품의 내용으로 볼 때 이는 1936년 '좌련(左聯)'이 해산된 후 그 구성원들이 창간한 간행물로 보인다. '좌련'은 비록 해산되었지만 적지 않은 '좌련'의 구성원들은 여전히 어려운 환경에서 투쟁을 계속하고 있었다고 할 수 있다.

이 잡지의 주요 집필자는 어우양산(歐陽山), 루편(蘆焚), 웨이진즈(魏金枝) 등이었다. (김지훈)

참고문헌

伍杰, 『中文期刊大詞典』, 北京大學出版社, 2000; 北京師範大學圖書館報刊部 編, 『北京師範大學圖書館館藏中文珍稀期刊題錄』, 北京圖書館出版社, 2002; 上海圖書館, 『上海圖書館館藏近現代中文期刊總目』, 上海科學技術文獻出版社, 2004.

▌시대일보(時代日報)

1924년 서울에서 창간한 일간지

1924년 3월 31일에 주간잡지 『동명』을 개제하여 창간되었다. 편집국장 진학문, 논설반 안재홍, 주종건, 변영만, 정치부장 안재홍, 기자 신태악, 박석윤, 이시목, 경제부장 김철수, 기자 어수갑, 이건형, 사회부장 염상섭, 기자 현진건, 나빈, 김달진, 유지영, 유연화, 지방부장 김정진, 학예조사부장 진학문, 정리부장 최원식 등이 활동하였다. 발행소는 경성부 명치정 이정목이었다. 국한문혼용체였고, 대형판 4쪽으로 발행하였으며, 1행에 14자, 1단 124행, 1면 12단이었다. 1926년 8월경 폐간하였다. 영인출판되었다.

최남선, 진학문이 발행한 주간잡지 『동명』을 개제하여 1924년 창간했는데, 『시대일보』의 창간에는 민족개량주의를 확산하려 했던 일제의 의도가 개입되었다. 『동명』의 발행에 총독부가 창간 자금을 지원했다는 점을 근거로 할 때, 『동명』을 개제한 『시대일보』도 같은 경제적 지원을 받았을 것이라 추측하는 견해도 있다. 특히 진학문은 큰 역할을 했는데, 그는 총독과 자주 만날 정도로 긴밀한 관계를 유지했고 1936년에는 만주국의 참사관까지 지낸 바 있다는 점이 중요한 근거로 제시된다.

이렇듯 『시대일보』는 일제의 지원을 받으면서 최남선과 진학문 등 민족개량주의자들이 주도해서 창간했다고 평가받고 있지만, 창간 직후부터 매우 심각한 재정난을 겪었다는 사실과 비교한다면 총독부가 『시대일보』에 운영자금까지 지원했다는 주장은 무리가 있기도 하다.

모든 점을 통틀어 볼 때, 총독부가 민족개량주의를 확산시키기 위해 최남선을 회유하고 다소의 창간 자금을 지원하여 『동명』, 『시대일보』가 창간되도록 했으나, 적극적 운영 지원은 하지 않았다고 볼 수 있다. 즉, 일본은 친일적 인물들에게 신문 발행은 허가했지만 적극적 자금 지원은 하지 않았다고 할 수 있다.

그리하여 신문사의 운영진이 어떤 어려움을 겪었는지 다시 짚어 보자. 최남선은 『동명』의 부채 1만 원을 지닌 채 운영 자금을 모집했다. 또한 의도했던 바대로 주식회사의 설립은 이루어지지 않아서 처음부터 재정난을 겪었는데, 이 어려움 속에서도 『동아일보』나 『조선일보』와 경쟁할 정도로 인기가 있었다.

이것은 기존 신문과 차별점을 둔 것도 주효했다. 1면은 정치면이 아니라 사회면으로 배치했고, '오늘닐 래일일'이라는 시평 칼럼란을 두기도 했으며, 「엉석받이」라는 미국 만화와 특약계약을 맺어 6단 길이와 6단 폭으로 6컷짜리 대형만화를 연재하기도 하는 등 다른 신문과의 차별점이 두드러졌다. 정진석은 "한국인에게 참정권이 없는 식민치하에서 독자들에게 거리감을 주는 딱딱한 정치기사보다는 연문체의 사회기사를 집중적으로" 다루는 것이 낫다는 판단 때문이었다고 평가한다.

그러나 본보는 재정난을 극복할 수 없어서 정상적으로 발행하지 못하고, 1925년 4월 조준호의 출자에 의해 홍명희를 사장으로 속간한다. 홍명희가 사장이 된 후에도 재정적 어려움은 쉽게 해결되지 않았다. 결국 1926년 8월경까지 명맥만 유지하며 발행되다가 폐간하게 된다. 이어 이상협이 9월 18일 『중외일보』라는 제호로 새 신문의 발행허가를 받았다.

창간 당시 기자들 중 사회주의자가 많았던 것도 특기할 만하다. 최남선이 주종건, 어수갑, 유연화, 변희용, 박찬희 등의 사회주의자들은 입사시켰던 것은 각 분야 인물들을 두루 포괄하고자 했던 의도로 보인다. 진보적 사상에 대한 독자들의 요구에 부응하기 위한 것이었다. (이경돈)

참고문헌

『한국신문·잡지총목록』, 대한민국국회도서관, 1966; 『한국신문백년 사료집』, 사단법인 한국신문연구소, 1975; 계훈모, 『한국언론연표』, 관훈클럽신영연구기금, 1979; 『한국신문백년지』, 한국언론연구원, 1983; 정진석, 『한국언론사』, 나남, 1990; 이해창, 『한국신문사연구』, 성문각, 1983.

▌시론분석(時論分析)

1938년 중국 광시 구이린에서 창간된 시사종합잡지

1938년 9월 16일 광시(廣西)성의 구이린(桂林)에서 반월간으로 창간되었다. 광시건설연구회(廣西建設研究會) 편역실(編譯室)에서 편집하여 출판하였으며, 건설서점(建設書店)에서 판매하였다. 후에는 건설연구회의 편집위원회에서 편집을 담당했다. 초기에는 반월간이었지만 후에 월간(月刊)으로 바뀌었다. 『시론분석』의 편집에는 탄푸즈(譚輔之), 샤멍후이(夏孟輝), 황징바이(黃景柏), 리간쥔(李干軍), 쑤궈푸(蘇國夫), 장줘화(張卓華), 천후이(陳暉), 장시창(張錫昌), 리후이(李徽), 우화쯔(吳華梓), 천즈항(陳知行) 등이 참여하였다. 1943년 2월 정간되었으며, 모두 54호가 출간되었다. 중국국가도서관과 상하이도서관 등에 소장되어 있다.

『시론분석』은 정치, 경제, 국제, 외교, 문화 등의 난이 있었으며 매월 국제외교, 정치, 경제, 문화 등 각 방면의 중요한 문제나 사건을 중심으로 국내 각 당파의 각종 의견과 간행물의 평론을 소개하여 시대사조와 동향을 반영하고 시대적 배경을 설명했다. 국민당을 비롯하여 공산당이나 기타 당파의 시각도 수록하였다.

『시론분석』에는 『중앙일보(中央日報)』, 『광시일보(廣西日報)』, 『신화일보(新華日報)』, 『군중(群衆)』, 『대공보(大公報)』, 『구망일보(救亡日報)』, 『소탕보(掃蕩報)』, 『운남일보(雲南日報)』, 『력보(力報)』 등의 간행물에서 전제한 기사들이 수록되었다. 『시론분석』은 주로 2차 세계대전 전기의 유럽과 태평양지구의 국제형세와 국제관계를 실었으며, 그중 중일관계와 중일전쟁의 형세를 비교적 상세히 분석하였다. 또 전시 중국의 경제건설, 재정, 문화건설, 교육, 정치방침, 외교정책 등과 관련한 문제를 토론하였다. 아울러 국민당통치지구의 헌정문제와 새로운 현(縣)제도 등의 문제를 연구하였다. (김지훈)

참고문헌

王檜林 · 朱漢國, 『中國報刊辭典(1815~1949)』, 書海出版社, 1992; 葉再生, 『中國近代現代出版通史』 3, 北京: 華文出版社, 2002; 上海圖書館, 『上海圖書館館藏近現代中文期刊總目』, 上海科學技術文獻出版社, 2004.

시림(詩林)

1939년 서울에서 발행된 시 동인지

1939년 3월 5일에 창간했다. 종간호는 통권 3호로 1936년 9월에 나왔다. 편집 겸 발행인은 고경상(高敬相), 인쇄인은 창문인쇄주식회사의 고응민, 발행소는 삼문사(三文社, 경성부 관훈정 121)이다. 판형은 A5판으로 총 22면 내외이며 정가는 10전이었다.
아단문고에 창간호가 소장되어 있으며 연세대도서관에 창간호와 3집이 소장되어 있다. 그리고 1981년 태학사에서 발간된 '한국시잡지집성'과 1982년 현대사에서 발간한 '한국시문학전집'에 영인되어 있다.

창간사가 없이 동인들의 시만 나열되어 있다. 김대봉의 「10월」 외 1편, 최재형의 「아침」, 조연현의 「밤」 외 1편, 정낭파의 「나의 고향」, 이세열의 「5월의 바다」 외 1편, 일영의 「창현아」, 정태의 「분노」, 이정희의 「어느 시인에게」, 윤군선의 「눈」, 조현의 「무진향(無盡享)」, 박일연의 「새해의 꿈」 외 1편, 김상옥의 「고목」, 김포백의 「상살(相殺)」, 배종혁의 「황혼의 범선」, 한진옥의 「가을의 여상(旅想)」, 조수완의 「유상(幽想)」, 정HC생의 「믿음의 슬픔」, 양기준의 「나락」, 박준열의 「폐허」, 권홍석의 「비가」, 정태용의 「무중의 터널」, 고영의 「순정」, 조옥윤의 「성변(城邊)」, 김수향의 「전신주」, 한백숙의 「산중야(山中夜)」, 김유섭의 「만가(挽歌)」 등이다. 여기서 잘 알려져 있는 사람은 조연현과 정태용, 그리고 김대봉, 김상옥 정도이다.

「편집후기」에 보면, "이 땅에 권위 있는 시지가 입때껏 하나도 없었다는 건 심히 유감된 일이다. 그러나 근일 『시건설』, 『맥』, 『시인춘추』 등이 꾸준한 진보를 보여준 것은 여간 기쁜 일이 아닐 수 없다. 『시림』은 언제나 요 모양으로 있지는 않을 것이다. …… 2집도 곧 나와야 하겠으니 여러분의 옥고를 기다릴 따름이다. 투고와 서신은 다음 주소로 해 주십시오. 서울 명륜동1가 58-23 조연현"라는 대목이 나온다. 이로써 이 잡지를 조연현이 주재했음을 알 수 있다. 그리고 이 창간호에 실리는 광고를 통해 김대봉 시집 『이심(二心)』, 양우정 시집 『청춘(靑春)』, 조연현 시집 『구름』, 윤군선 시집 『탁조(濁潮)』 등이 근간됨을 예고하고 있다(하지만 실제로 이 시집들이 발간되었는지는 확실치 않다. 다만 김대봉의 시집은 1938년 10월에 맥사에서 『무심(無心)』만 나왔을 뿐, 더 이상의 시집이 발간되지 않았던 듯하다).

1939년 6월에 발간된 3집은 조연현의 「시론부정론: 시론촌감」과 정태용의 수필 「수상ABC(隨想ABC)」을 제외하고는 22편의 시가 수록되어 있다. 그중에서 알려진 시인과 작품은 마명 「심(心)량」, 김대봉 「자장곡(自葬曲)」, 김광섭 「담배」, 정태용 「요렇게 사는 마음은 어데서 왔느뇨」, 김경린 「양등(洋燈): 터널」, 조연현 「어느 여급의 애시(哀詩): 실제(失題)」 등이고 그 밖에 조정국, 유동준, 박일연, 박준열, 윤군선, 정낭파, 장무유, 김재귀, 이세열, 이범, 방수용, 배종혁, 최태성, 전봉제, 이상인, 김추형 등이 각각 1편씩의 작품을 투고했다.

『시림』은 1938년 7월에 창간된 『아(芽)』에 이어 시 전문지를 주재하는 조연현의 문학청년 시절을 엿볼 수 있는 잡지이다. 여기에 참여한 시인들은 문단에 막 진입했거나 새롭게 등단하는 신진시인들로서, 문학에 대한 열의는 뜨거웠지만 아직은 문학적 수련을 요하는 수준이었다. 하지만 창간호의 「편집후기」에서 보듯이, 당대에 발간되는 시 전문지들과의 연대 의식과 사명감 아래에서 잡지 발간에 임했다는 점을 확인할 수 있다. 당시 조연현의 나이가 19세의 새파란 청춘이었는데 자신의 문학 행위를 한국문학사의 선상에 놓고 잡지 편집 작업에 임했다는 사실이 놀랍다. 명민한 천재의 편린을 보는 듯하다. (전상기)

참고문헌

최덕교 편저, 『한국잡지백년』 3권, 현암사, 2004; 권영민, 『한국근대문인대사전』, 아세아문화사, 1990.

시무보(時務報)

1896년 중국 상하이에서 창간된 정치운동 신문

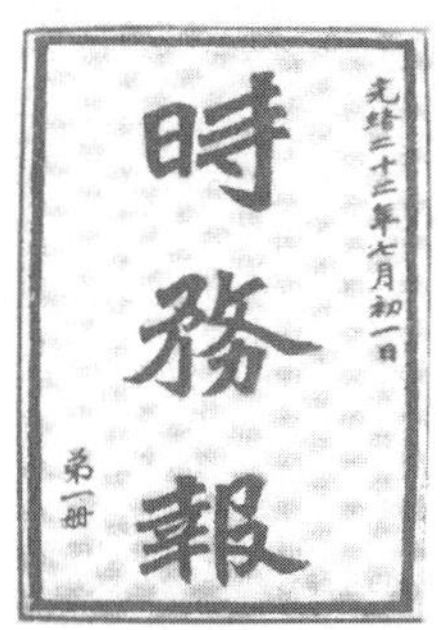

1896년 8월 9일 상하이(上海) 영국 조계에서 창간되었다. 량치차오(梁啓超)의 책임 아래 황쭌셴(黃遵憲)과 우더샤오(吳德瀟), 쩌우링한(鄒凌翰), 왕캉녠(汪康年) 5인이 연명하여 창간을 발기하였다. 왕캉녠이 발행과 실무를 책임지고 량치차오가 주필을 맡아 순간(旬刊)으로 매회 32쪽의 서본 형식으로 발행되었다. 1898년 8월 8일 69호를 마지막으로 종간되었다. 중국국가도서관과 베이징사범대학도서관에 소장되어 있다. 영인본이 타이완 문해출판사(文海出版社)에서 1987년 8책으로 출판되어 있다.

매호마다 머리 면에 정론(政論)이 배치되고, 1~2면과 하단에는 '공록유지(恭錄諭旨)', '주절록요(奏折錄要)', '경외근사(京外近事)', '성외보역(城外報譯)' 항목이 있다. 2호부터는 '성외보역(城外報譯)'란을 분할한 '서문보역(西文報譯)', '동문보역(東文報譯)', '법문보역(法文報譯)'의 기사가 매회 지면의 절반을 차지하였다.

창간 초기, 편집부 사정은 매우 열악하여 실제로 량치차오 한 사람의 손으로 거의 모든 작업이 이루어지는 형편이었고, 발행 2년의 기간 동안 발표된 정론(政論) 133편 중 그가 집필한 문장이 60여 편에 이른다. 1896년 겨울이 지나면서 편집 인원들이 보충되어 마이멍화(麥孟華), 쉬친(徐勤), 장타이옌(章太炎) 등이 합세하였고, 유명한 고문(古文)학자로 이름을 날린 왕궈웨이(王國維)도 참여하였다.

창간 초기에는 발행부수가 4000부에 불과했으나,

량치차오 문장이 독자들의 환영을 받으면서 7000부로 늘었고, 1년 후에는 1만 2000에서 1만 7000부까지 증가하여 전국에서 최고의 발행량과 영향력을 가진 신문이 되었다.

이 시기 『시무보』는 변법유신파의 선전기관이었고 변법운동의 중요 기지였다. 유신파들의 연락과 통신 장소였으며, 어떤 학회와 단체들은 이 신문사 내에서 회합을 하였고 학회의 회비나 사무 처리를 대행해 주기도 하였다.

『시무보』 창간호에는 두 편의 논설이 발표되어 있다. 하나는 「국사에 유익한 신문사를 논함(論報館有益于國事)」인데, 량치차오가 언론매체의 기능과 역할에 대해 그의 생각들을 체계적으로 정리한 문장이다. 중국이 수십 년간 외국의 모욕을 당하고 있는 이유는 위와 아래가 막혀 있고 안과 밖이 통하지 않음이 가장 큰 원인으로 어떻게 하면 이 막힘을 제거하고 서로 소통할 것인가를 묻고 있다. 그리고 그의 해답으로 눈과 귀가 없고 입이 없는 장애인과 같은 형국에서 막힌 것을 뚫고, 눈과 입, 귀의 역할을 언론이 담당해야만 할 것을 강조하였다.

또 하나의 문장은 「변법통의(變法通議)」이다. 이 문장은 변법사상을 선전한 량치차오의 명문장으로 실제로 유신파의 변법사상을 대표하는 정치 강령이었다. 「변법통의」는 21호에 걸쳐 연재가 되었는데 학교문제를 논한 글들이 제일 많다. 서양과 일본의 학교 교육 발전이 부강의 원천임을 강조하면서 학교를 열고 과거 제도를 바꿀 것을 주장하였다. 그리고 민족 자본주의의 발전과 제국주의 경제침략을 반대하는 문장인 「상전론(商戰論)」을 담았다.

『시무보』가 발표한 많은 문장들 가운데 특히 관심을 모으는 것은 '복민권(復民權)'과 '개회 의원(開議院)'으로 자본계급 계몽가의 정치적 색채가 강한 글이다. 량치차오는 의회문제를 매우 시급한 과제로 인식하면서 의회가 열리지 못한다면 위아래의 소통은 이루어질 수 없음을 강조하였다.

이러한 『시무보』의 변법운동은 전국에서 강렬한 반응을 일으키면서 자발적인 모금운동과 판매 촉진 활동이 일어났으며, 일부 학교에서는 신문의 기사를 학교 교재로 사용하기도 하였고, 지방 관원들이 정기구독을 독려해주기도 하였다.

한편 양무파는 이중적 태도를 가지고 있었다. 변법유신파의 언론 활동 초기에는 비교적 우호적 태도를 견지하였고, 장즈둥(張之洞)의 경우 호광총독(湖廣總督) 명의로 관청에서 이 신문을 구독하게 하고, 중국에서 제일 유익한 신문이라 칭송하기도 하였다. 또한 그는 이 신문을 위한 모금을 하였으며, 288부의 정기 구독권을 사서 이를 전국의 유명한 아문(衙門)과 서원, 학당 등에 보내기도 하였다.

• 왕캉녠(汪康年)

『시무보』의 발행인. 1890년 장즈둥의 부름을 받고 량후서원(兩湖書院) 교사로 일하면서 그의 신임을 받았다. 1895년 상하이 강학회를 성립할 때 장즈둥은 은(銀) 1500냥을 헌금하여 강학회 활동을 지원하다가 이를 폐쇄시키면서 남은 경비를 왕캉녠에게 귀속시켰다. 왕캉녠이 이 경비를 『시무보』의 재정으로 사용하면서 장즈둥은 자연 『시무보』의 주주가 되었고, 왕캉녠은 이 신문사에서 장즈둥의 대리인이 되었다.

창간 초기 그가 쓴 몇 문장은 민권(民權)을 신장하고 의회를 세울 것을 주장하기도 하였으나 그의 태도는 후기로 가면서 큰 변화가 있어 량치차오의 문장에 대해 여러 차례 수정과 반대를 하면서 장즈둥의 입장을 대변하였다.

1897년 11월 량치차오가 후난(湖南) 시무학당(時務學堂)으로 자리를 옮기고 난후, 제55호 이후부터 량치차오의 문장은 『시무보』에서 다시는 볼 수 없게 된다. 종간 2개월 사이는 유신파와 반유신파 사이에 『시무보』의 주권을 위한 싸움이 격렬해지면서 결국 량치차오의 패배로 종간이 되고 말았다.

• 량치차오(梁啓超, 1873~1929)

『시무보』의 주필. 자(字)는 줘루(卓如)이고 호(號)는 인빙실 주인(飮冰室主人)이며, 필명으로 인빙(飮冰) 또는 아이시커(哀時客)를 사용하였다. 청 말기 유신운동의 핵심 인물로 1895년 『만국공보(萬國公報)』에서부터 시작한 그의 언론 활동은 1920년 『개조(改造)』의 주필까지 27년간을 언론 활동에 종사하면서 유신운동을 주도하였다.

그가 『시무보』 주필의 책임을 진 당시 그의 나이 24세에 불과한 청년이었지만, 훌륭한 문장력과 우국충정에 찬 비장한 문장으로 많은 논설을 발표하였다. 변법유신운동의 정치 주장과 열정적 표현들은 많은 독자들을 매료시키면서 정치 토론의 대표적 문체로 인식되어 '시무문체(時務文体)'라는 칭호를 받기도 하였다. (김성남)

참고문헌

方漢奇 主編, 『中國新聞社業通史』, 中國人民大學出版社, 1996; 葉再生 著, 『中國近代現代出版通史』, 北京: 華文出版社, 2002.

▌시문학(詩文學)

1930년에 서울에서 발행된 시 동인지

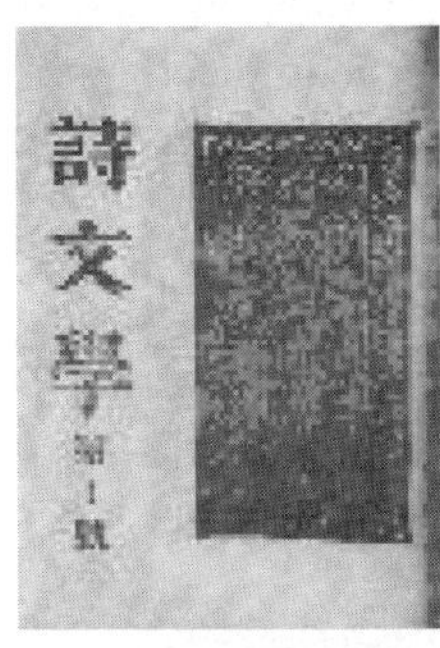

1930년 3월 5일 창간했다. 종간호는 3호로 1931년 10월에 나왔다. 편집 겸 발행인은 박용철, 인쇄인은 요시오카 우타로(吉岡宇太郎) 인쇄소의 요시오카, 발행소는 시문학사(경성부 옥천정 16), 총 판매소는 동광당 서점이다. 판형은 국판으로 창간호는 40쪽, 2호(1930.5)는 48쪽, 종간호인 3호는 각각 32쪽이었는데 정가는 20전이다.
창간호의 동인은 박용철, 김영랑, 정지용, 정인보, 이하윤 등이며 2호부터는 변영로, 김현구가, 3호에는 허보, 신석정이 참여했다. 2004년 깊은샘 출판사에서 '박용철 발행잡지총서' 1권으로 영인되어 나와 있다.

「편집후기」에 다음과 같은 다짐이 있다.

"우리는 시를 살로 새기고 피로 쓰듯 쓰고야 만다. 우리의 시는 우리의 살과 피의 맺힘이다. 그러므로 우리의 시는 지나는 걸음에 슬쩍 읽어 치워지기를 바라지 못하고, 우리의 시는 열 번 스무번 되씹어 읽고 외어지기를 바랄 뿐, 가슴에 느낌이 있을 때 절로 읊어 나오고 읊으면 느낌이 일어나야만 한다. 우리의 시는 외어지기를 구한다. 이것이 오직 하나 우리의 오만한 선언이다."

즉, 시의 음악성과 시적 언어의 조탁을 중시하는 태도를 분명히 하고 있는 것이다.

창간호에는 영랑 김윤식의 시가 13편(그중 널리 알려진 「동백잎에 빛나는 마음」과 「누이의 마음아 나를 보아라」가 들어 있다), 정지용의 시 4편, 이하윤의 시 2편, 그리고 박용철의 시 5편이 실려 있다. 거기에 외국의 시도 번역되어 발표되었다. 목란시(木蘭詩)는 정인보가, 프랑스 시인 폴 포트(Paul Fort)의 시는 이하윤이, 독일의 실러와 괴테의 시는 박용철이 각각 번역하였다.

2호에는 정지용, 김영랑, 박용철이 각각 7편, 9편, 4편의 시를 기고했으며, 변영로가 1편, 김현구가 4편을 실어 새로운 동인으로 참여하고 있다. 외국의 번역시는 정인보 번역의 「고가사(古歌辭) 2편」, 정지용 번역의 윌리엄 브레이크(William Blake)의 시, 김영랑 번역의 예이츠(W. B. Yeats) 시, 이하윤 번역의 알베르 사맹(Albert-Victor Samain) 시, 그리고 박용철 번역의 하이네(Heinrich Heine) 시가 각각 실려 있다.

2호의 「편집후기」에서는 간행이 늦어진 것을 사과하는 한편, 내용이 충실해진 것을 자랑스러워하는 자부심도 드러내고 있다. 또한 창간호에서부터 '원고모집'을 하는 「기고규정」을 내보냈던 바, 그에 대한 논평을 여기서 남기고 있다.

"시문학에 대한 기대가 컸음인지 원고를 보내주신 분은 의외로 많이 계셨습니다. 그러나 그 다수가 시라는 형식은 가장 짧아서 가장 쓰기 쉬운 것이니 써본다는 태도에 가까운 것은 서운한 일이었습니다. 참으로 우수한 작품을 많이 보내어 지상에 싣는 영광을 주시기를 충심으로 바랍니다.”

이를 통해서도 시에 대한 ‘시문학’만의 독특한 견해와 명확한 관점을 확인하게 된다. 그 많은 원고 중에서 채택된 작품이 바로 김현구의 시로서, 현구의 시는 곧바로 다른 동인들과 나란히 2호의 작품으로 실리는 영광을 맞는다.

3호에서도 박용철의 시 7편, 김현구의 시 4편, 정지용의 시 4편, 김영랑의 시 7편 외에, 허보의 시가 2편, 그리고 신석정의 시가 1편 실려 있다. 외국의 번역시 또한 이하윤과 박용철의 번역으로 게재돼 있다. 그리고 3호에는 다른 호와는 다른 「시인의 말」이 번역되어 있는데, 자신들의 시적 지향을 대변해준다고 생각하는 프랑스의 구르몽(Gourmont)과 영국의 셸리(Shelley)의 시에 대한 발언 가운데서 선택하여 ‘시적 발언’으로 삼고자 한다는 점이다.

이와 같이 『시문학』은 3호밖에 나오지 않았지만 순수시의 한국적 가능성을 타진하고 시에 대한 현대적인 사유의 물꼬를 트려했다는 점에서 그 의미를 찾을 수 있다. 창작시 76편과 번역시 31편이 발표되고 동인들의 문학적 지향이 과거에 행해졌던 이른바 ‘경향시’와는 다른 지점을 향해 고투어린 모색으로 나아갔다는 점이 한국 시문학사에 이들 동인을 돋보이게 하는 것이다. 이러한 시적 열정과 시창작의 활력은 편집자이자 발행인인 용아 박용철의 헌신이 견인해낸 노력 외에도, 동인들의 인간적 친밀감과 새로운 시에 대한 고민이 만들어낸 결과였다. 3호의 「편집후기」에는 격월간 예정이었던 이 잡지의 발행을 제대로 지키지 못한 데 대한 사과와 함께 다음과 같은 다짐이 실리고 있다.

“본시 격월간행의 예정이었으나 이번부터 발행회수를 연4회(3, 6, 9, 12월) 간행으로 변경하는 대신 발행기(期)를 약속과 틀리지 않게 하기를 기합니다.”

이런 약속을 하고 나서 그들은 ‘미의 추구’를 시적 지향으로 선명하게 드러낸다.

“우리의 감각에 여릿여릿한 기쁨을 일으키게 하는 자극을 전하는 미, 우리의 심회에 빈틈없이 폭 들어 안기는 감상, 우리가 이러한 시를 추구하는 것은 현대에 있어 흰 거품 몰려와 부딪치는 바위 위의 고성에 서 있는 감이 있습니다. 우리는 조용히 걸어 이 나라를 찾아볼까 합니다.”

위의 발언에서 보듯이 자못 비장하고 또한 자긍심에 넘쳐 있다.

하지만 이후에 『시문학』은 발간되지 않았다. 짐작하건대, 『문예월간』 발행으로 인한 재정적 부담과 노동력의 한계 때문으로도 보인다. 편집자 박용철이 3호의 「편집후기」에도 밝히고 있듯이, 두 잡지를 동시에 발간하고 운영하겠다고 했지만, 그것은 그의 예상보다 훨씬 더 어려운 일이었을 것이다. (전상기)

참고문헌

권영민, 『한국근대문인대사전』, 아세아문화사, 1999; 최덕교 편저, 『한국잡지백년』 3, 현암사, 2004.

▌시베리아와 인접 국가들에 관한 역사 - 통계정보 자료집(Сборник историко−статистических сведений Сибири и сопредельных ей странах)

1875년 러시아 상트페테르부르크에서 발간된 잡지

1875년 1월 11일 상트페테르부르크에서 창간된 시베리아와 인근지역에 관한 역사, 통계자료집이다. 정가는 5루블이었다.

당시 미개척지이면서 잘 알려지지 않았고, 들리는 풍문조차도 왜곡되어 있던 시베리아 지역을 사실적으로 알리고자 창간한 잡지이다. 시베리아에 대한 관심은 1858년 아이훈조약과 1860년 베이징조약으로 아무르·우수리 지역이 러시아에 병합되면서 나타나기 시작하였다.

당시까지는 지방의 출판 검열기관이 없었고, 따라서 자료집을 발행하는 데 필요한 출판 원칙조차 부재한 상황이었기 때문에 극동지역의 문서보관소나 연구소에 시베리아에 대한 적지 않은 자료들이 축적되어 있음에도 불구하고 지역연구자들이 연구 성과물을 발간할 수 없었다. 이 때문에 러시아의 중심부에서는 시베리아에 대한 정보물과 접촉할 수 있는 기회가 없었다.

이와 같은 상황을 극복하기 위해서 지역연구가 수행되었고, 그 결과물로 나온 것이 바로 『시베리아와 인접 국가들에 관한 역사 - 통계자료집』이었다.

잡지의 창간 목적은 독자들에게 시베리아와 그 주변 국가들을 소개하는 데에 있었다. 특히 중점을 둔 부분은 당시까지 축적되어 있던 해당지역들에 대한 서지학과 참고문헌을 제시하는 것이었다. 자료집에 실린 논문의 저자들은 하나의 관점에 종속되지 않고 자유로운 분위기에서 독자적으로 연구를 수행하였다.

창간호에서 발행인은 자료집 발간의 성공 조건으로 두 가지를 지적하였다. 하나는 자료발간을 지속케 하는 원동력인 독자층의 공감대 형성이었고, 다른 하나는 그 공감대에 정당성과 가치를 부여할 수 있는 필자들의 능력과 열정이었다.

잡지의 창간에 조력한 사람은 상업고문관이었던 트라페즈니코프(А. К. Трапезников)였다.

창간호에는 조선에 관한 논문이 두 편이나 게재되었다. 하나는 바긴(В. Вагин)의 「아무르지역의 조선인들(Корейцы на Амуре)」이다. 이 논문은 조선이주민에 대한 러시아 최초의 연구로서 남우수리 지역의 조선인 이주를 긍정적으로 평가하였다. 그는 "조선인들은 근면하여 경제적 측면에서 러시아에 매우 유익한 존재이며, 겸손하고 '충성스러움'까지 갖고 있어 그들을 관대하게 포용한다면 극동지역에 러시아에 우호적인 집단을 건설할 수 있을 것"이라고 판단하였다. 조선인들이 극동러시아 지역으로 이주한 초기에 우호적인 입장을 보였던 제정러시아의 관점과 동일한 시각이었다.

두 번째 논문은 푸시키노(П. И. Ждань-Пушкин)의 「조선(Корея)」이다. 이 논문은 200쪽에 달하는 방대한 연구물로서 조선의 역사, 국가기관, 언어, 도덕, 관습, 기독교의 전파 등에 대해 서술하였다. 소장처는 모스크바에 위치한 사회과학학술정보연구소이다. (이항준)

참고문헌

Сборник историко: статистических сведений Сибири и сопредельных ей странах. Том 1. СПб. 1875~1876; 이항준, 「러시아 연흑룡총독 운떼르베르게르의 조선이주민 인식과 정책」, 『역사와 현실』 64, 한국역사연구회, 2007.

▌시보(時報)

1886년 중국 톈진에서 창간된 시사종합신문

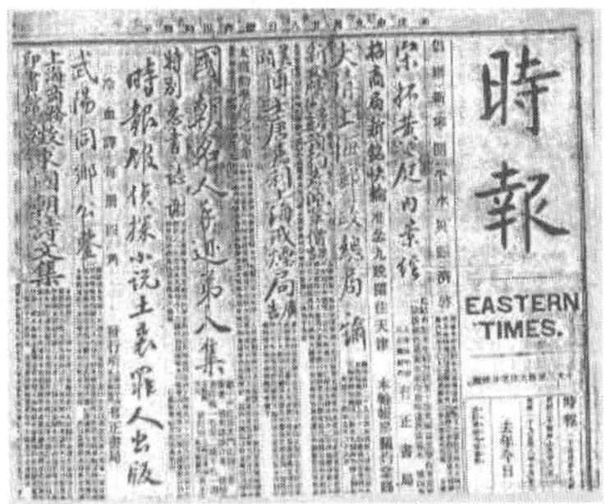

1886년 8월 톈진(天津)에서 일간지로 창간되었다. 발행인은 티모시 리처드(Timothy Richard, 李提摩太)이며, 시보관(時報館)에서 영문판 『중국시보(中國時報, The Chinese)』와 함께 중문판 『시보(時報)』가 발행되었다.
1891년 6월, 티모시 리처드가 상하이 광학회(廣學會)로 임직되어 가면서 종간되었다. 이 시보관의 재산은 이후 베링햄(William Bellingham, 貝令漢)의 톈진인쇄공사로 이전되었다. 톈진도서관에 소장되어 있다.

논설이 매회 머리기사로 게재되었고 그 밖의 기사들은 『경진신보(京津新報)』와 『외성신문(外省新聞)』의 기사들을 발췌하여 보도하였다. 뒷면은 주로 광고란과 소량의 문예란이 있다. 판매가는 1년에 3원(元) 5각(角)이었다.

이러한 북방 신문은 남방 지역에서는 보기 드문 크기와 형식으로 지방색이 현저하였고, 시사성은 강하나 기타 정보와 오락성은 부족하였다.

발행인 겸 주필을 본 영국 선교사 티모시 리처드는 1870년 중국에 들어온 후 산둥(山東)과 동북 지방에서 선교활동을 하면서 리훙장(李鴻章)과 같은 정부 관리들과 관계를 맺었다. 이 신문을 발행한 시보관은 톈진 이화양행(怡和洋行)에서 출자한 곳으로 톈진 해관세무사(海關稅務司) 더트링(Gustar Detring, 德璀琳)의 적극적 지지를 받았다. 또한 즈리총독겸북양통상사무대신(直隸總督兼北洋通商事務大臣) 리훙장과도 긴밀한 관계를 갖고 있었다.

티모시 리처드는 이 신문을 진지로 삼아 적극적으로 중국의 개혁을 주장하는 문장을 매일 한 편씩 게재하여 1년에 200여 편의 논설을 썼다.

이 중 일부를 모으고 지도와 사진을 첨가하여『시사신론(時事新論)』이란 제호의 책 12권을 출판하였으며, 또『시보』의 영향력을 확대하기 위해 1890년 8월『직보(直報)』를 주간으로 창간하여 이미『시보』에 게재되었던 중요 논설과 문장들을 담아 발행했다. (김성남)

참고문헌

方漢奇 主編,『中國新聞社業通史』, 中國人民大學出版社, 1996;

葉再生 著,『中國近代現代出版通史』, 北京: 華文出版社, 2002.

▌시보(時報)

1904년 중국 상하이에서 창간된 시사종합신문

時報

EASTERN TIMES

1904년 6월 12일 상하이(上海)에서 창간된 대형 일간지이다. 청 정부의 간섭을 피하기 위해 명의상의 발행인은 일본인 소가타 고타로(宗方小太朗)이었으나 실제 창간인은 디추징(狄楚靑, 1873~1921)이다. 1921년 황보후이(黃伯惠)에게 매각하였으며, 1939년 9월 1일 종간되었다. 현재 상하이도서관에 소장되어 있다.

지면은 시평(時評), 신문여론, 새로운 저작 소개, 문예란 등으로 구성되었다. 내용과 격식에서 새로운 것을 추구하여 편성 순서에 힘쓰고, 1호부터 6호까지 여러 종류의 글자체를 이용하여 주요기사들은 큰 글자체로 표기하는 등 사람들의 이목을 끌기 위해 노력하였다.

본 신문 이외에도 실업(實業), 부녀, 아동, 예술 등의 주간(周刊)을 증간하여 신문과 함께 배포하였다.

『시보』는 창간 초기 캉유웨이(康有爲)와 량치차오(梁啓超)의 도움을 많이 받았다. 1904년 봄 디추징은 캉유웨이의 명을 받고 일본에서 상하이로 돌아와 이 신문 창간을 준비하였고, 4월에 량치차오도 상하이로 돌아와 직접 창간 작업에 참여하였다. 창간 이후에는 위 두 사람이 요코하마(橫濱)에서 작성한 원고들을 우편으로 보내왔으며 경제적으로도 많은 지원을 하였다.

총 주필은 캉유웨이 제자인 뤄샤오가오(羅孝高)가 편집 업무를 책임지는 등, 초기의『시보』는 캉유웨이와 량치차오의 정치적 주장들을 전달하는 중국내 창구 역할을 하였다. 즉, 군주입헌제와 사회개량을 제창하고 청 정부의 거짓 입헌제를 공격하면서 외국 열강들의 침략을 반대하였다. 1904년에는 민간의 철로건설운동을 지지하고 1905년 미국상품 거부운동을 선전하여 애국정신을 표현하며 광범위한 사회적 영향력을 형성하였다.

1908년 이후『시보』는 위 두 사람과의 관계를 단절하고 입헌파인 장젠(張謇) 등과 관계가 가까워졌으며, 신해혁명 이후부터는 디추징이 독자적으로 신문사를 경영하였다. 디추징은 1904년『시보』의 창간을 주관한 이후 17년을 이곳에서 종사하였다. 정치상으로는 진보당을 지지하고 동맹회를 반대하였으나, 후에 위안스카이(袁世凱)가 진보당을 배척하고 독재정치를 실시하자 위안스카이 정부를 비판하면서 '공화의 이름은 가지고 있으나 공화의 실천은 없다'고 공격하였다.

『시보』의 가장 큰 영향력은 신문 편집의 개혁에 있

었다. 즉 평론 방면에서 '논설' 외에도 '시평'란을 만들어 그날그날의 새로운 소식들을 전하고 평론하였는데, 그 분량은 짧고 시효성은 강하여 흡인력을 갖고 있었다. 이 '시평'은 매일 3명이 나누어 집필하였는데, 천징한(陳景韓) 책임의 '시평 1'은 주로 중국 내 큰 사건을 중심으로, 바오톈샤오(包天笑) 책임의 '시평 2'는 각 지역 도시 소식을, 레이지싱(雷繼興) 책임으로는 상하이 시내 소식을 다루었다.

또한 신속한 보도를 목표로 각 지역에 기자를 파견하여 전보를 이용한 신속 정확한 뉴스를 전달하였다. 당시는 러일전쟁 시기로 특파원이 현지에서 보내는 풍부한 소식들은 국내외 독자들의 주목을 받게 되었다.

문학 방면에서는 별호 형태의 부장(附張)에 '소설'란을 만들어 매일 한 두 편의 소설과 단편들을 게재하였다. 『시보』 이전 일간지들에서 소설을 게재하는 일은 매우 드물었는데 이 신문은 소설을 통해 서양사상과 문화를 전파한다는 목적을 가지고 부록을 발행하였다. 이 문장들은 주로 번역작품 위주였는데, 단순히 '재미'만이 아닌 '유익'을 동시에 중시해야 한다고 주장하였다. 이런 방향 아래 세계문학작품들을 번역 소개하여 프랑스 과학 환상 소설인 쥘 베른(Jules Verne)의 「80일간의 지구여행」을 1905년 12월부터 게재하였으며, 셰익스피어(W. Shakespeare)의 「햄릿(哈姆雷特)」 등을 발표하였다. 이들 모두 재미와 유익을 겸비하고 있는 명작들임을 강조하였다.

1911년 신해혁명 이후에는 빅토르 위고(Victor M. Hugo)의 프랑스대혁명의 역사적 배경을 그린 장편소설 『혁명소설 93년 사적촬요(革命小說: 九三年事迹撮要, 원제 "93년")』를 게재하면서 중국 혁명정세의 발전 상황을 선전하였다.

『시보』는 내용과 형식에서 상하이 신문계의 낡은 관습을 타파하고 새로운 신문 형식을 열었다. 즉 기존 신문들이 고수하던 책 형태(書本式) 판형을 열려진 신문의 4판 양면 인쇄인 현대식 신문 형식으로 바꾸어 놓았다.

1921년 황보후이에게 인수되었고, 거궁전(戈公振)이 편집장을 맡으면서, 새로운 인쇄기를 구입하여 동판 인쇄 사진을 담은 『시보화간(時報畫刊)』을 증간하여 매주 발행하였으며, 판로도 더욱 확장하였다. 그러나 체육과 사회뉴스, 오락 위주의 내용이 강화되고 정치적 색채는 차츰 퇴색되었다. (김성남)

참고문헌

彭永祥, 『辛亥革命時期期刊介紹』, 人民出版社, 1986; 葉再生 著, 『中國近代現代出版通史』, 北京: 華文出版社, 2002.

▌시사신문(時事新聞)

1920년 서울에서 민원식이 창간한 국민협회 기관지

1920년 4월 1일 창간되었다. 사장 민원식, 부사장 김명용, 주간 이동우, 편집주임 김환, 경리주임 방한복 등이 활동하였다. 4쪽으로 발행되었으며 발행소는 서울시 중부 종로 주전후동 제23통 12호이고 발행인은 백낙균(白樂均)이었다. 민원식이 암살당한 후 1921년 4월 15일에 종간하였다.

『시사신문』은 민원식이 창간한 친일 신문이다. 이 신문은 1920년 1월 6일 『동아일보』, 『조선일보』와 함께 총독부 허가를 받아 4월 1일에 창간했다.

사장 민원식은 경기도 양평 출신으로 어렸을 때부터 일본에 가 있다가 20세 되던 1906년에 귀국하여 이토 히로부미(伊藤博文)의 지우를 얻어 구 한국 정부의 내부(內部) 위생과장, 황실 회계심사위원 등을 지낸 바 있다. 그는 이때 정우회라는 단체에 간여했고, 1919년 3·1운동 뒤 협성구락부를 조직했다가 이를 국민협회로 개칭하였다. 그는 3·1운동 직후인 1919년 4월 9일부터 16일까지 「소요의 원인과 광구례안(匡救例案)」이라는 글을 『매일신보』에 8회에 걸쳐 연재하면서 3·1운동을 맹비난하였다. 이듬해인 1921년 그는 조선인의 참정권 청원을 목적으로 일본에 갔다가 2월 16일에 양근환에게 암살당하였다.

민원식은 일찍부터 신문 발간에 관심이 있었는데, 그가 신문에 손을 댄 것은 구한말부터였다. 1910년 1월 1일부터 동일한 제호(『시사신문』)의 신문을 창간하여

5월까지 100호를 발행했으나 사원들 월급을 3개월 동안이나 지불하지 못하여 재정난으로 휴간한 바 있다. 한일강제병합 후에는 한국인이 발행하는 신문은 모두 금지되어서 민원식 역시 신문을 발행하지 못했다. 그러다가 1920년 다시 『시사신문』을 발행하기 시작한 것이다.

『시사신문』은 『동아일보』 창간일인 4월 1일에 동시 창간되었다. 민원식이 주재하던 협성구락부를 국민협회로 개칭하여 그 기관지로 총독부 허가를 받은 것이다.

그러나 이 신문의 친일적 논조로 인해 동아, 조선과는 달리 독자의 인기를 얻지 못했다. 이 해 10월에는 진용을 개편하여 편집국장 윤교중(윤백남), 경리국장 김상회로 바꾸기도 했다. 편집주임인 김환은 구한말 친일지였던 『국민신보』에도 근무한 바 있었고, 한일강제병합 후에는 『매일신보』에 참여하여 1917년에는 경파(硬波)주임이 되기도 했다. 그는 1917년 7월 선우일 발간의 『만주일보』의 서울주재 특파원을 지내기도 했던 친일 언론인이었다. 윤교중은 1917년 『매일신보』에 입사하여 1919년에는 경제부장을 지낸다. 이같이 친일 인사로 구성된 본지는 1921년 2월 16일 민원식이 도쿄에서 암살당한 후 자연스레 폐간절차를 밟는다. 그가 죽은 후 『시사신문』은 조직을 주식회사로 변경한다는 이유로 4월 15일에 해산식을 가졌다. 그 후 이사 김상회와 이기세가 속간을 준비한다는 설도 있었으나 결국 속간을 보지는 못했다. 김상회와 이기세 모두 후에 『매일신보』의 요직을 맡는 인물들이다.

국민협회는 『시사신문』의 판권을 이어 1922년 4월부터 1928년 1월까지 월간으로 『시사평론』을 발행했으며, 1930년 2월 일간으로 『민중신문』을 창간해 1930년 말까지 발행했다. (이경돈)

참고문헌

『한국신문·잡지총목록』, 대한민국국회도서관, 1966; 『한국신문백년 사료집』, 사단법인 한국신문연구소, 1975; 계훈모, 『한국언론연표』, 관훈클럽신영연구기금, 1979; 『한국신문백년지』, 한국언론연구원, 1983.

▶ 시사평론

▌시사신보(時事新報)

1907년 중국 상하이에서 창간된 대표적인 시사일간지

『시사신보』의 기원은 1907년 12월 5일 상하이(上海)에서 창간된 『시사보』로 거슬러 올라간다. 입헌파의 여론지였던 『시사보』는 1909년 상하이에서 『여론일보(輿論日報)』와 합병하여 『여론시사보』로 개명하였고, 1911년 5월 15일 규모를 확충하고 이름을 『시사신보』로 바꾸었다. 『신보(申報)』, 『시보(時報)』와 함께 상하이에서 입헌파를 대변하는 일간지로서 주목받았다. 1948년 정간되었다. 상하이도서관, 중국국가도서관, 그리고 성균관대학교 동아시아학술원의 존경각에서 마이크로필름 형태로 열람할 수 있다.

중화민국 이후 『시사신보』는 줄곧 량치차오(梁啓超) 노선을 대변하였다. 특히 5·4운동 이후 량치차오, 장둥쑨(張東蓀), 란궁우(藍公武) 등이 논설을 책임지면서 사실상 연구계 지식인의 기관지로서 구실하였다. 당시 문화 권력이었던 이들은 신칸트주의, 길드사회주의 등을 중심으로 직업대표제에 입각한 국민대표제, 그리고 윤리적 시민론과 사회개조론을 바탕으로 연성자치론을 중심으로 한 국가 건설 방안을 제시함으로서, 북양군벌 및 국민당의 혁명노선에 맞섰다. 이른바 군치, 당치에 대립하는 민치세력을 자부함으로써 상하이 등지의 다수 지식인들의 지지를 얻고 있었다. 『시사신보』와 그 부간인 『학등(學燈)』, 『사회주의 연구』, 『문학순간(文學旬刊)』 등은 바로 이들의 입장을 대변하는 토론 공간이었다.

동시에 당시 『시사신보』는 선진적인 인쇄 설비와 참신한 편집으로 교육계, 문화계 및 진보적 지식인들에게 이름을 날렸고, 『신보(申報)』, 『시보(時報)』, 『신문보(新聞報)』와 함께 상하이의 4대 일간지로서 명성을 구가하였다. 특히 『시보』와 『신문보』와 달리 『시사신보』는 지식인들에게 인기가 있었다.

그러나 조곤의 회선으로 북양군벌의 정통성이 붕괴와 군벌 간 내전의 확산에 따라 연성자치론이 너 이상

대안으로 가능성을 상실한 대신 국공합작을 통해 대중 노선으로 전환한 국민당이 북벌을 주도하면서 대중의 호응을 얻자, 이들의 노선은 더 이상 문화적 영향력 확대가 어려웠다. 특히 1925년 쑨원의 사망에 대한 장둥쑨의 비아냥이 여론의 질타를 받으면서 문화적 주도능력을 상실하였다.

이에 따라 1926년 북벌 시기, 『시사신보』는 편집진을 대폭 정리하여 연구계와 관계를 청산하고 주식회사 체제로 전환하였다. 그러나 재정적인 곤란으로 『신보』의 경리 부장이자 국민당과 가까웠던 장주핑(張竹平) 등에게 매각되었다. 장주핑은 1930년부터 전문적으로 『시사신보』을 운영하였다. 스스로 경리 겸 총 주필을 맡고, 천부레이(陳布雷), 판궁비(潘公弼)를 연이어 주필로 영입하면서 예전의 영향력을 회복하였다. 장은 이에 힘입어 여러 사람들의 자금을 끌어모아 영문판 『대륙보(大陸報)』, 『대만보(大晚報)』를 인수하여 원래 운영하던 통신사인 신시전신사(申時電訊社)와 합쳐서 "시사신보, 대륙보, 대만보, 신시전신사, 사사연합판사처(四社聯合辦事處)"를 대륙보사(大陸報社) 3층에서 운영하였다. 사설 '보업연합체(報業聯合體)'이자 또는 이른바 '보단(報團)'의 맹아라 할 수 있다. 각각의 언론은 독립채산제를 유지하면서도, 뉴스 정보 등 업무상의 협조를 꾀함으로서 효율을 극대화하려는 시도였다.

그러나 장주핑은 당시 국민당의 당내 경쟁과 관련하여 장제스(蔣介石) 중심의 훈정에 반대하고 민주주의를 내세운 좌파 입장을 대변하면서 장제스의 주목을 받기 시작하였다. 특히 1933년 11월 국민당 좌파와 중공이 합작하여 성립한 푸젠(福建) 인민정부를 적극 옹호하였다. 인민 정부가 곧 붕괴하자 곧 일당 독재 및 권력 집중을 추구하던 장제스의 탄압을 받은 것은 당연한 일이었다.

1934년 장제스 정권은 『시사신보』의 배포를 탄압하는 한편, 상하이 칭방(青幇)의 두목인 두웨성(杜月笙)을 사주하여 20만 원이라는 헐값에 국민당의 실력자인 쿵샹시(孔祥熙)에게 매각 처분 하였다. 이후 사사는 여전히 주식회사로서 운영되었다. 두웨성이 동사장을 맡고, 웨이다오밍(魏道明), 쉬신류(徐新六) 등을 동사(董事)로 하는 체제를 갖추었으나 실질적인 지배자는 쿵샹시였다. 당시 재정적인 권력자였던 쿵샹시는 일견 국민당 좌파, 지유주의 지식인들의 잡지 활동을 지원하는 등 상대적으로 진보적 입장에 대한 유보적인 입장을 취하였고, 『시사신보』가 갖는 진보성을 정치 자원으로 활용하고자 한 것이었다.

중일전쟁 폭발 후 『대륙보』, 『대만보』, 신시전신사는 차례로 정간되고, 『시사신보』는 국민정부를 따라 충칭(重慶)으로 옮겼다. 1939년 중국공산당원이자 좌파 지식인인 쉐농산(薛農山)을 중심으로 전면 개조되었다. 장완리(張萬里)가 총경리가 되고, 셰유란(謝友蘭)이 총 주편을 맡았다. 장유위(張友漁)가 총 주필로 초빙되어 사론(社論)을 책임지고, 전체 논조를 대변하였다. 장완리는 당시 공개적인 좌파 지식인으로 영입된 것이었다. 그 외 주필은 추이징보(崔敬伯)과 쑨치멍(孫起孟)이었다. 당시 『시사신보』에는 이들 외에도 다수 중공 지하당원들이 집입하였다. 국제판의 편집자인 평핑(彭平), 천한보(陳翰伯) 등이었다. 이들이 주도하는 『시사신보』는 당시 국민당 중앙기관지인 『중앙일보』와 달리 국공합작을 선전하고, 민족적인 단결과 민주화에 기초한 일치항전을 적극 주장하였다. 그러나 환남사변(皖南事變)을 계기로 국민당 중앙 선전부의 보도 지침이 심화되자, 편집진이 대거 이탈함으로써 사실상 중공과의 관계는 끝이 났다. 물론 총경리였던 장완리는 국민당으로부터 상당한 압력을 받았다.

중일전쟁 종결 후 『시사신보』는 사지를 상하이로 옮기고, 충칭에서 지방신문으로 『시사신보』를 간행하였다. 상하이로 옮기기 전 장완리는 당시 푸단대학(復旦大學) 교수였던 왕옌스(王研石)를 총 편집으로 초빙하고 스스로 부경리에 취임하였다. 그러나 경영 악화로 왕옌스가 사직하였고 이어서 충칭산시유화은행(重慶山西裕華銀行) 경리 량쯔잉(梁子英)과 『익세보(益世報)』 편집장이던 장사오청(張紹曾)이 총 편집으로 영입되었다. 그러나 당시 국민당은 민맹(民盟)을 비롯한 민주세력에 대한 탄압을 강화하였다. 『시사신보』는 이를 어길 수 없었던 까닭에 「민주동맹의 비적에 대한 아부와 국가에 대한 반역」이라는 사설을 쓰는 등 전향 국민당에 투항하였다. 이를 계기로 좌파적 지식인들이 모두 떠나면서 편집 역량이 대폭 약화되었다. 또 량쯔잉 역시 상하이로 돌아가면서 더 이상 유지할 수 없게 되자 1948년 스스로 정간 선언을 하고 간행을 멈추었다.

『시사신보』는 장기간 간행되면서 각 정체 세력의 입장을 대변하여 왔다. 유신파에서 시작하여 민초 진보당 및 연구계를 대변하였고, 북벌시기에서 항전 초기까지는 국민당 좌파의 입장을 비교적 대변하였다. 물론 중일전쟁 시기 국민당 체제하에서 중공과 선을 닿고 있었다. 사실상 중국의 근현대 국가 건설 과정을 주도한 제 세력의 입장을 대변해 온 셈이다. 국가 건설을 둘러싼 제 세력 간의 경쟁관계 속에서 그나마 민주주의를 추구하였지만 당치 체제와 모순관계 속에서 탄압받은 대표적인 사례의 하나이다. (오병수)

▌시사총보(時事叢報)

1899년 서울에서 발행한 격일간신문

1899년 1월 창간한 격일간신문으로 황국협회의 기관지라는 설이 있다. B4판 4쪽으로 국한문혼용으로 발간되었다. 1899년 8월 제100호 발행을 마지막으로 재정난으로 문을 닫은 후 고서 출판을 전문으로 하는 광문사로 개편되었다. 사주 겸 발행인에 홍중섭이, 편집인에 장지연이 활동했다. 영남대학교도서관에 소장되어 있다.

중서 정선방 하한동 제58통 3호에서 사주 겸 발행인 홍중섭, 편집인 장지연으로 1899년 1월 22일 창간된 격일간신문이다. 장지연은 이 신문을 토대로 언론인으로서 본격적으로 발걸음을 내딛었고, 홍중섭은 1904년 일본이 황무지 개간권을 요구해왔을 때 이를 저지하기 위한 농업회사 설립에 참여했다고 한다.

국한문 혼용체를 사용했으며, 타블로이드판, 전체 4쪽으로 1면을 4단으로 나누어 1단은 34행, 1행은 16자로 편집했다. 격일간으로 같은 해 8월 17일까지 발간되었다가 정간되었다. 전체 4쪽으로 발행되었으며 1면은 3단, 2·3면은 4단(1단 32행, 1행 16자)으로 구성되어 있다. 지대는 '1매당 엽전 5푼, 한 달에 엽전 6돈'이었다.

『시사총보』 창간의 취지와 기재하는 범례를 싣고 있는 창간호를 제외하고 2호에서 9호까지는 주로 1면에 사설이 실려 있고 관보초록, 잡보, 외보 순으로 기사가 실려 있으며 4면은 광고란으로 구성되어 있다. 이후 10호부터는 1면에 관보초록이 실리고 사설이 2면으로 옮겨졌다. 또한 31호부터 따로 외보란을 두지 않고 잡보란에 외국사정에 대한 기사를 함께 싣고 있다.

『시사총보』의 창간 배경에는 독립협회와 대한제국 정부 사이의 갈등이 존재하고 있었다고 한다. 1898년 들어 독립협회와 대한제국과의 대립이 첨예화되면서 결국 같은 해 12월 대한제국이 독립협회를 무력으로 해산시키기에 이른다. 『시사총보』는 명시적으로 드러내고 있지는 않지만 독립협회의 해산이라고 하는 정치적 변동 상황 속에서 대한제국이 추구하는 개혁에 대한 여론의 환기를 위해 한시적이나마 역할을 담당했다고 보인다. 황국협회가 독립협회에 맞서기 위해서 이 신문을 기관지로 발행했다는 설도 제기되었지만, 실제로 황국협회가 해체될 즈음에 이 신문이 창간되었고 주필이 장지연이었던 것으로 이는 명확히 확인된 바는 아니다. 점진적 개혁을 추구하는 친정부파에 의한 언론으로서 역할을 담임했다는 것은 『시사총보』에서 주장하고 있는 개혁 방안들이 대한제국의 그것과 반드시 일치하고 있지는 않다는 데서도 알 수 있다.

1899년 5월 23일자에 "구행개화호접래(拘杏開花虎蝶來)"라는 글귀에 대구(對句)를 현상모집하였는데, 이것은 신문이 문예작품을 현상모집한 첫 기록이라고 지적된다.

같은 해 8월 17일까지 제100호를 발간하였으나, 기계 고장을 이유로 휴간하면서 40일 후에 속간하겠다고 공고했으나 끝내 속간되지 않았다. 『시사총보』의 인쇄 시설은 후에 광문사(廣文社)라는 출판사로 개편되어 사용되어다.

• 장지연

주필 장지연은 개화 사상가이자 국학자이기도 하지

만 그의 활동 가운데 가장 큰 비중을 가진 것은 역시 언론 활동이라고 할 수 있다. 1864년 음력 11월 30일 경상북도 상주에서 영남의 명문, 안동 장 씨의 후손으로 태어난 그의 초명은 지윤(志尹)이었고 후에 지연(志淵)으로 개명한다. 호는 위암(韋庵), 숭양산인(嵩陽山人)이라고도 불렸다.

장지연은 동학혁명과 청일전쟁이 일어나고 일본의 강요로 갑오경장이 시작되는 격변의 시기인 1894년에 진사(進士) 병과(丙科)에 급제하였다. 이때까지 그는 정치문제에 관해 몇 편의 글을 지었을 뿐, 별달리 특출한 면모를 보이고 있지는 않았다. 그러다 1894년 명성황후가 시해되자 러시아공사관으로 파천한 고종의 환궁을 요청하는 만인소(萬人疏)를 기초한 것으로 두각을 드러내기 시작한다. 이때가 1897년이었는데 고종이 환궁한 후 다시 왕의 황제 즉위를 요청하는 만인소를 다시 쓰면서 정치 중앙무대에 화려하게 능력을 인정받게 된다. 그해 사례소(史禮所) 직원으로 『대한예전(大韓禮典)』 편찬에 참여, 이듬해 내부주사(內部主事)에 재임하는 등 처음 관직을 얻게 되었지만 곧 사직했다.

장지연이 관직을 사임하고 떠난 1898년 10월은 독립협회의 활동이 가장 왕성했을 때였고 그는 이때 무엇보다 언론 활동이 중요하다고 깨닫고 있었다.

보통 장지연의 언론활동은 다음 3기로 이루어진다. 1기는 1898년 초부터 1902년 8월 이전까지로 이때 그는 1898년 윤치호가 창간한 『경성신문』을 남궁억, 유근, 박은식이 인수하여 개제한 『대한황성신문』에 관계했다. 그러나 이 신문이 『황성신문』으로 발전되기까지 장지연은 주필이기는 했지만 아직 관직에 있었기 때문에 신문 제작과 경영의 전면에 나서지는 않았었다.

『시사총보』의 주필을 맡으면서 시작한 2호가 장지연이 언론활동에 본격적으로 투신한 시기로 자리매김된다고 할 수 있다. 1899년 1월 22일 창간한 『시사총보』의 판권에는 발행인 겸 사주 홍중섭의 이름과 함께 주필 장지연의 이름이 대표 게재된다. 그러나 이 신문은 오래 가지 못했고 장지연은 현채, 양재건 등과 함께 황제에게 시사총보사의 후신으로 광문사 출판사를 창설할 것을 주품했고, 이것이 받아들여지자 곧 정약용의 『목민심서』를 비롯한 고서발간작업에 몰두한다. 광문사의 편집원으로 있는 이때에도 그는 『황성신문』의 주필로 활동하고 있었고 1902년 곧 황성신문사의 사장으로 선출되었다. 그러나 고질적인 재정난과 더불어 1905년 장지연의 유명한 「시일야방성대곡」으로 『황성신문』은 문을 닫게 된다.

장지연의 언론활동 3기는 1906년 2월 출옥하여 대한자강회를 발기하고 『조양보』의 주필직을 맡았다가 블라디보스토크에서 발행되던 『해조신문(海潮新聞)』의 주필로 재개되었다. 그 후 한국에 돌아와 『경남일보』의 주필이 되었고 1907년 3월에는 휘문의숙장과 평양일신학교장을 차례로 맡으며 저술 활동에 몰두하기 시작한다. 『경남일보』는 당시 지방에서 창간된 유일한 민간지였지만 이 역시 심각한 경영난에 처해 있었고 영향력도 지방에 한정되어 있었다. 그러한 오히려 그러한 한계 때문에 일제의 합방 후에도 가장 늦게까지 발행을 지속시킬 수도 있었다. 『경남일보』에서 물러난 1914년 총독부 기관지 성향의 『매일신보』가 그를 초빙하겠다는 의사를 타진해 왔으나 끝내 이를 거절했다고 하니 『경남일보』가 바로 그의 마지막 언론 활동이었던 셈이다.

저서에 『유교연원(儒教淵源)』, 『동국유사(東國類史)』, 『대동시선(大東詩選)』, 『농정전서(農政全書)』, 『일사유사(逸士遺事)』, 『위암문고(韋庵文庫)』, 『대한최근사(大韓最近史)』, 『대동문수(大東文粹)』, 『대동기년(大東紀年)』, 『화원지(花園誌)』 등이 있다. (김미정)

참고문헌

『한국신문백년지』, 1983; 정진석, 『한국언론사』, 나남출판, 1995; 정진석, 『역사와 언론인』, 커뮤니케이션북스, 2001.

▌시사평론(時事評論)

1922년 서울에서 발행된 시사평론지

당시 3대 신문의 하나였던 『시사신문(時事新聞)』의 후신으로 나온 친일적 성격의 월간잡지이다. 편집 겸 발행인은 김상회(金尙會)이고, 인쇄인은 이영석(李永錫)이다. 인쇄소는 삼영사이며, 발행소는 시사평론사(서울 수은동 59)이다. A5판 157쪽으로 정가는 50전이다. 1927년 6월호부터는 이병렬(李炳烈)이 편집을 맡았다. 1928년 1월 15일 통권 57호로 폐간되었고, 1925년 6월부터는 국민협회 직영으로 발간되었다. 현대사에서 영인자료로 출간하였다.

잡지 발간 당시의 상황부터 살펴보자. 3·1운동 후 3대 조선총독으로 부임한 사이토 마코토(齋藤實)가 문화정책을 펴면서 1920년부터 조선인 신문발행을 허가했는데, 이때 『동아일보』, 『조선일보』와 함께 『시사신문』을 허가받아 발행인이 된 사람이 민원식(閔元植)이다. 당시 그는 친일단체 '국민협회'의 회장이었고 『시사신문』은 국민협회의 기관지였다. 국민협회는, 1920년 1월 조선총독부 경무국 사무관 마루야마 쓰루키치(丸山鶴吉)의 지원 아래 민원식이 창설한 협성구락부(協成俱樂部)를 개칭, 확대하여 재조직하여 친일여론을 확산하기 위해 조직한 단체다.

창간호의 목차는 다음과 같다. 사진화보로 「평화박람회 조선관」이 실려 있고, 논문으로 김상회(金尙會)의 「조선통치에 관한 사견」, 김아연(金阿然)의 「조선에 참정권을 부여하라」, 김의용(金義用)의 「참정권에 대한 오인의 의식」, 「조선참정권요구건백서」 등 참정권운동 관련 논설과 기사가 특징적이고, 그 외에도 국민협회의 후견자 격인 마루야마 쓰루키치의 「전후에 2대 사조와 공정한 사조의 비판」과 당시 거세게 몰아쳐 오던 사회주의적 기풍을 의식하고 나름의 사회주의관을 피력한 성당(誠堂)의 논설 「사회주의 관견」이 눈에 띈다. 그리고 잡지 말미에는 국민협회에 관한 소식란이 따로 있어 국민협회 관련 연구에 유용한 자료를 제공한다.

1922년 5월에 발행된 2호의 경우, 권두언에 「망국근성을 타파하라」를 실어, 조선 민족의 민족성을 문제삼기도 했다. 그리고 마루야마 쓰루키치가 직접 「노농노국(勞農露國)의 실정 급 선전(實情及其宣傳)」이라는 글을 통해 사회주의국가인 러시아에 관한 글을 싣고 있어서 주목을 끈다. 그 밖에 「도지사회의의 총독총감의 훈시」, 「각 도 지방비예산」 등 조선총독부의 조선통치와 관련된 소식들이 다수 있다.

국민협회는 조선에서의 산업개발에 상당한 관심을 갖고 있었는데, 이에 관한 글들이 매호마다 비중 있게 실렸다. 2호의 경우는 「조선미간지의 분포 및 이용의 현상」이 실려 있고, 3호(1922.7)에는 「시사측면과 산업개발상의 일대 병폐」, 「경성의 공산(工産)」이 실려 있다. 그리고 3호에는 식민사관적 내용을 담고 있는 PK생의 「기자전설에 취하여」가 실리기도 했다. 4호(1922.8)에서는 「지나사회의 본질 급 작용」, 「부활된 중화민국의 국회」, 「노농정부의 3두 정치」 등 주변국인 중국과 러시아 정세에 대한 연재물과 기사들이 실리기 시작한다. 5호(1922.9)에서는 주간인 김상회의 「문화정치의 근본정신」이라는 글을 실었는데, 조선총독부의 입장을 선전하는 입장을 보여 주고 있어 흥미롭다.

『시사평론』은 조선총독부의 통치를 선전하고 일제의 강점에 동조하며 이를 합리화했고, 내지연장주의를 주창하며 참정권운동을 펼치던 대표적 친일잡지였다. 심지어 언론탄압의 강화를 주장하는 입장을 보이기도 했다.

국민협회는 국민정신 발양, 사상 선도, 입헌사상의 계몽과 민권신장, 자치정신 배양 등을 강령으로 한 신일본주의를 주창하면서 한일강제병합을 정당화하고자 하였다.

신일본주의란 '일본과 조선이 병합해서 신일본이 태어났기 때문에 이제는 일본을 위한 조선도 아니고 조선을 위한 일본도 아니다. 양자의 합작으로 새로운 일본이 된 것인 만큼 신일본은 양 민족의 공동책임과 의무로서 건설되어야 한다'는 주장을 폈다.

그리고 국민협회는 해마다 일본 의회에 참정권 청원서를 내는 등의 청원운동을 일삼았다. 이들이 주창한 참정권이란 '일본 중의원선거법'을 조선에서도 실시해 달라는, 이른바 '내지연장주의'를 의미한다.

그러나 민원식이 1921년 2월 16일 도쿄철도호텔에

서 민족주의자 양근환에게 피살되자 『시사신문』은 곧 폐간되지만 『시사평론』으로 재창간된다. '시사평론'이라고 제자(題字)를 한 이는 당시 조선총독 사이토 마코토였다. (이경돈)

참고문헌

『한국신문·잡지총목록』, 대한민국국회도서관, 1966; 최덕교 편저, 『한국잡지백년』, 현암사, 2004; 김근수, 『한국학자료총서: 한국잡지개관 및 호별목차집』, 영신아카데미, 1973.

▌시여조(時與潮, Time and Tide)

1938년 중국 후베이성 한커우에서 창간한 항일 간행물

1938년 4월 후베이성(湖北省) 한커우(漢口)에서 동북지역의 청년 진창유(金長佑), 선모(沈默), 장선슈(張愼修), 왕이위안(王一元) 등이 창간하였다. 반월간이다. 창간한 지 몇 개월 후 재정 부족으로 원래 국민당 중앙정치회의 비서와 국민참정회(國民參政會) 참정원인 치스잉(齊世英)의 지원을 받았다. 치스잉은 그가 주관하는 동북협회(東北協會)를 통하여 월급을 보조해 주었다. 치스잉이 사장이 되고 진창유가 총편집이 되었지만 치스잉이 바빴기 때문에 진창유가 실제 업무를 담당했다. 1938년 1권 5호부터 충칭(重慶)으로 옮겨 출판하였다. 회사는 처음에는 시내의 미팅쯔(米亭子)에 있었는데 후에 사핑바(沙坪壩)의 충칭대학(重慶大學) 교문 부근으로 이전하였다. 『시여조』는 1946년 2월 24권 6호를 출간한 후 정간되었다가 1946년 12월 『시여조』 반월간과 『시여조부간』이 상하이(上海)에서 복간되었고, 권과 기는 이전 것을 계승하였다. 이 시기 『시여조』의 편집자는 덩롄시(鄧蓮溪)였고 『시여조부간』은 리춘린(李春霖)이었다. 『시여조문예』는 복간되지 못했다. 1949년 2월 『시여조』와 『시여조부간』은 동시에 정간되었다. 『시여조』 반월간은 후에 치스잉의 아들 치전이(齊振一)에 의해 타이베이(臺北)에서 주간으로 바뀌어 복간되었다. 현재 베이징대학도서관과 상하이도서관 등에 소장되어 있다.

『시여조』는 "삼민주의(三民主義)와 항전건국강령을 선전하고, 항전정신을 발양하며, 건국방안을 연구하고, 국제형세를 소개하며, 문화사상을 전파한다는 것을 취지로 삼았다. 『시여조』는 미국, 영국, 소련, 일본, 독일 등 국가의 국제정치, 군사, 경제, 문화와 사회 각 방면의 글을 번역하여 소개하였다. 『시여조』는 번역문 이외에 사론, 단평과 시여조점적(時與潮点滴) 등의 난이 있었다.

『시여조』는 2차 세계대전에 착종된 복잡한 국제형세와 각국의 외교정책을 소개하였고, 중일전쟁의 진전 상황과 중국의 정치, 경제, 군사, 교육, 외교 등과 관련한 정황을 분석하였다. 아울러 일본군벌 및 그 지배적 군사기구와 독일, 이탈리아의 내정을 특별히 논술하였으며, 강렬한 반(反)파시즘적 경향을 가지고 있었다.

량춘푸(梁純夫)와 관멍줴(關夢覺) 등이 편집에 참여하여 진창유의 지지를 받으면서 내용이 좌경화했다. 치스잉은 이에 불만을 품었고 쌍방이 협의를 했지만 합의에 도달하지 못했다. 결국 진창유는 대부분의 편집자들을 이끌고 시여조사(時與潮社)를 퇴사하여 오십년대출판사(五十年代出版社)를 만들었다. 이후 치스잉은 시여조사의 실질적인 업무를 담당했고 다롄(大連)의 『태동일보(泰東日報)』의 총편집이었던 사오충샤오(邵冲霄)를 총편집, 선모를 부총편집으로 초빙했다. 후에는 자뉴(賈牛)와 쑨진싼(孫晉三)이 정부총편집을 맡았다. 『시여조』는 계속 발전하여 류성빈(劉聖斌)과 덩롄시를 주영국, 주미국 특파원을 파견하기도 했다. 아울러 사핑바에 시여조서점을 개설했고 구이린(桂林)과 시안(西安)에는 항공판을 발행하였다. 『시여조』는 1만 부 정도가 판매되었고 전성기 때는 2만 부에 달했다.

1942년 초에 『시여조부간』이 월간으로 창간되었다. 『시여조부간』은 내용을 넓히고, 견문을 늘리며, 지식을 증가시킨다는 목적을 가지고 있었다. 3분의 2는 번역문이었고 3분의 1은 작가들이 쓴 글이었다. 『시여조부간』에는 량스추(梁實秋), 허룽(何容), 궈더하오(郭德浩), 첸거촨(錢歌川), 펑쯔카이(豊子愷), 주광첸(朱光潛), 청자오룬(曾昭輪), 루오자룬(羅家倫), 류우지(柳無忌) 등의 글이 수록되었다. 『시여조부간』은 우시전(吳溪眞)이 편집자였다. 『시여조부간』은 독자들

의 환영을 받아 1만 5000부가 판매되었다. 1943년 4월 시여조사는 종합문예간행물로 『시여조문예(時與潮文藝)』를 발행했다. 『시여조문예』는 창작과 번역작품, 이론적인 글이 수록되었고, 처음에 격월간이었지만 2권부터 월간으로 전환되었다. 이 잡지는 격조가 있어서 발행부수가 5000부를 넘지 못했다. 1944년 4월 계림항공판을 출판했다. 사여조사는 이외에 50여 종의 서적을 번역 출판하였다. (김지훈)

참고문헌

王檜林 · 朱漢國, 『中國報刊辭典(1815~1949)』, 書海出版社, 1992; 伍杰, 『中文期刊大詞典』, 北京大學出版社, 2000; 葉再生, 『中國近代現代出版通史』 3, 北京: 華文出版社, 2002; 上海圖書館, 『上海圖書館館藏近現代中文期刊總目』, 上海科學技術文獻出版社, 2004.

시와 소설(詩와 小說)

1936년 서울에서 발행된 순문예지

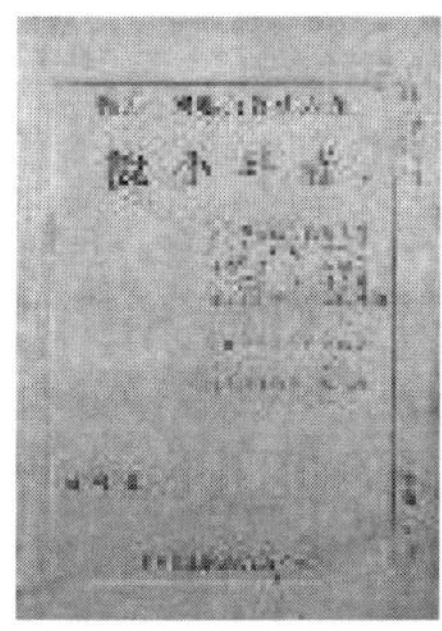

1936년 3월 13일에 창간됐다. 창간호만 내고 종간된 잡지이다. 편집 겸 발행인은 구본웅, 인쇄인은 주식회사 창문사의 고응민, 발행소는 창문사 출판부(경성부 서대문정 3가 139)이다. 판형은 국판으로 총 39쪽이며 정가는 10전이었다.

구인회의 창립일은 1934년 9월로 이종명, 김유영이 발의하여 동인들은 이태준, 이효석, 조용만, 정지용, 김기림, 이무영, 유치진 등이 참가, 9명이 되었기 때문에 구인회라 명명했다. 그 후 이종명, 김유영, 이효석이 탈퇴하고 박태원, 이상, 박팔양이 가입했다. 그리고는 다시 조용만, 유치진이 탈퇴하고 김유정, 김환태가 합류하여 회원은 언제나 9명이었다. 연세대에 창간호가 소장되어 있으며 1976년 경문사에서 '단층' 1~3집과 합집으로 영인되어 나와 있다.

권두에는 권두언 대신 9명의 편편상(片片想)이 실려 있다. 그중에서 "결국은 '인텔리겐치아'라고 하는 것은 끊어진 한 부분이다. 전체에 대한 끊임없는 향수와 또한 그것과의 먼 거리 때문에 그의 마음은 하루도 진정할 줄 모르는 괴로운 종족이다"(김기림), "소설은 인간사전이라 느껴졌다"(이태준), "어느 시대에도 그 현대인은 절망한다. 절망이 기교를 낳고 기교 때문에 또 절망한다"(이상), "언어 미술이 존속하는 이상 그 민족은 열렬하리라"(정지용), "예술이 예술된 본령은 묘사된 대상에 있는 것이 아니라, 그를 종합하고 재건설하는 자아의 내부성에 있다"(김환태) 등의 아포리아들이 눈에 띈다. 기존의 문학과는 다른, 새로운 감각과 기교를 보이던 문인들 특유의 문예관이 짧은 고백 속에 담겨 있는 것이다.

전체적으로 보자면 평론 1편, 수필 4편, 소설 1편, 시 7편으로 이루어져 있으나 분량이 적다고 무시할 만한 잡지가 아니라는 데 주목해야 한다. 예컨대 김기림이 평론 「걸작에 대하여」를, 김유정이 단편소설 「두꺼비」, 그리고 수필은 이태준의 「설중방란기(雪中訪蘭記)」를, 박태원이 「R씨와 도야지」와 「방란장주인」을, 김상용의 「시(詩)」를 내놓고 있으며, 이상의 「가외가전(街外街傳)」, 김기림의 「제야」, 백석의 「이두국주가도(伊豆國湊街道)」, 「탕약」, 김상용의 「물고기하나」, 「눈오는 아침」, 정지용의 「유선애상(流線哀傷)」 등이 실려 있어 문학인들의 단순한 친목만이 아니라, 그들이 고민하고 있는 미적 이상과 기교가 갖고 있는 의미를 천착하고 있음을 알게 해준 다.

그리고 「편집후기」에는 다음과 같은 언급이 나온다.

"차차 페이지도 늘릴 작정이다. 회원 밖의 분 것도 물론 실린다. 지면 벼르는 것은 의논껏 하고 편집만 인쇄소 관계상 이상이 맡아 보기로 한다. 지난달에 태원이 첫따님을 낳았다. 아주 귀애죽겠단다. 명명(命名) 왈 '설영(雪英)'—, 장래 기가 막힌 모던걸로 꾸미리라는 부친 태원의 원대한 기업이다. 『시와 소설』의 일체 통신은 창문사 출판부 이상한테 하면 된다"(이상).

여기서 알 수 있듯이 편집과 외부 연락은 이상 혼자서 처리했음을 알 수 있으며, 그 밖에 동인들의 사소한 일상도 자세히 기록하고 있어 작가의 전기적 구성의 자료가 된다. 맨 끝에는 회원 주소록이 붙어 있다.

좌익단체 카프에 속하지 않은 시인·작가들이 집필하여, 동인들만의 미적 지향과 기교를 실험하고 작품으로 발표했다는 점에서 이 잡지의 의미를 찾을 수 있다. 비록 한 호로서 폐간되었으나 당시의 계급주의·공리주의를 제거하고 순수문학을 확립하는 데 크게 이바지하였다. 한편으로는, 일제의 좌익문학 탄압에 편승하여 문학의 순수성과 기교를 자신들의 문학적 경향으로 내세웠다는 비판을 받기도 한다. 그럼에도 구인회의 동인지로서 민족주의나 사회주의 지향의 문학과는 다른 미적 정치성을 자신의 문학적 모토로 삼아 그것을 추구했다는 의미는 높이 살 수 있을 것이다.

• 구인회(九人會)

1934년 9월 문단에서 활동하고 있던 작가 김기림(金起林)·이효석(李孝石)·이종명(李鍾鳴)·김유영(金幽影)·유치진(柳致眞)·조용만(趙容萬)·이태준(李泰俊)·정지용(鄭芝溶)·이무영(李無影) 등 9명이 결성하였다.

얼마 후 이종명·김유영·이효석이 탈퇴하고, 박태원(朴泰遠)·이상(李箱)·박팔양(朴八陽)이 가입하였으며, 다시 유치진·조용만 대신에 김유정(金裕貞)·김환태(金換泰)로 교체되어, 항상 9명의 회원을 유지하였다.

1930년대 경향문학이 쇠퇴하고 문단의 주류가 된 이들은 계급주의 및 공리주의 문학을 배격하고 순수문학을 확립하는 데 크게 기여하여 당시 순수문학의 가장 유력한 단체로 활동하였으나 3~4년 만에 해체하였다. 이상과 박태원이 중심이 되어 『시와 소설』이라는 기관지를 펴냈다. (전상기)

참고문헌

권영민, 『한국근대문인대사전』, 아세아문화사, 1999; 최덕교 편저, 『한국잡지백년』 3, 현암사, 2004.

▌시와 시론(詩と詩論)

1928년 창간된 일본의 문학 계간지

1928년 9월에 창간되고 1931년 12월에 종간한 시 중심의 문학 계간지이다. 전 14책, 호세아카쿠쇼텐(厚生閣書店)에서 간행되었다.

창간 당시의 동인은 기타가와 후유히코(北天冬彦), 안자이 후유에(安西冬衛), 이지마 다다시(飯島正), 우에다 도시오(上田敏雄), 간바라 다이(神原泰), 곤도 아즈마(近藤東), 다케나카 이쿠(竹中郁), 도야마 우사부로(外山卯三郎), 하루야마 유키오(春山行夫), 미요시 다쓰지(三好達治) 등으로 하루야마 유키오가 편집을 담당했다. 하루야마 유키오는 1902년 나고야에서 태어난 시인으로 『시와 시론』의 창간에 주도적으로 관여하며 전위적 예술운동의 일선에 서게 되었다.

5권(1929.9)부터 앞에서 이들 동인 외에 사토 가즈히데(佐藤一英), 사토 하지메(佐藤朔), 요시다 잇스이(吉田一穗), 요코미쓰 요이치(橫光利一), 호리 다쓰오(堀辰雄), 니시와키 준자부로(西脇順三郎) 등의 집필자가 추가로 참가하였다. 이때 동인제를 폐지하고 기고자 조직으로 바뀌었다.

8호(1930.6)에는 『시와 시론』에서 탈퇴한 기타가와 후유히코, 미요시 다쓰지, 간바라 다이 등이 하루야마 유키오의 편집방침에 반발하여 『시와 시론』이 현실과 유리되었다고 비판하며 『시·현실』을 창간했다. 이들은 『시·현실』에서 초현실주의와 과격파 모더니즘을 비판하며 새로운 현실주의적 시운동을 벌여 나갔다.

1931년 12월에 14권으로 일단 휴간하고 다음해 1932년 3월 계간 『문학(文學)』으로 개명하고 6권(총 20권)을 출간하였다. 이때도 하루야마 유키오가 편집을 담당했다.

모더니즘 문학운동과 『시와 시론』

『시와 시론』 동인들은 구 시단의 무(無) 시학적 독재를 타파하고 오늘의 시정신(포에지)을 정당하게 보여줄 수 있는 기회를 추구한다는 취지로 동인을 결성한다고 선언하며, 모더니즘 시 운동을 벌여나갔다. 일본에는 이미 1920년에 다카하시 신기치(高橋新吉)에 의해 다다이즘문학운동이 소개되고, 신감각파와 신심리주의 및 주지주의운동이 차례차례 소개되기는 했지만, 『시와 시론』을 통해 모더니즘은 조직적인 문학운동으로 발전해 갈 수 있었던 것이다. 『시와 시론』에는 주지주의와 아방가르드 경향을 띠는 '과격 모더니즘'이 공존했다.

이론적이며 세계사적인 근거를 확보하기 위하여 『시와 시론』은 1차 세계대전 이후의 유럽의 미래파, 다다이즘, 표현주의파, 초현실주의(쉬르리얼리즘) 등의 첨단적 문학운동을 소개하고 그에 영향 받은 문학가들의 작품을 다수 실었다. 장 콕토(Jean Cocteau), 앙드레 브르통(André Breton), 루이 아라공(Louis Aragon), 폴 엘뤼아르(Paul Eluard), 엘리엇(T. S. Eliot), 허버트 리드(Herbert Read) 등의 초현실주의 또는 순수시의 시론과 작품을 연속해서 게재하고 또한 로렌스(D. H. Lawrence), 마르셀 프루스트(Marcel Proust), 앙드레 지드(Andre Gide), 제임스 조이스(James Joyce) 등의 문학도 소개했다.

이처럼 『시와 시론』의 운동은 '시화회(詩話會)'를 중심으로 자연주의적인 창작 방법과 프롤레타리아 시의 관념적 조작에 반대해서 시의 순수성을 지키려고 한 '에스프리누보(esprit nouveau)운동'(신 시정신운동)이라 정리할 수 있다. 물론 이는 프랑스에서 일어난 동명의 전위적 예술운동을 본 뜬 것이다. 『시와 시론』은 앙드레 브르통의 「다다(dada) 선언」(3호)과 「초현실주의 선언」(4, 5호)의 번역 연재와, 이러한 선언에 입각하여 창작된 초현실주의 시 작품을 통해 일본 현대시에 미친 영향이 실로 크다.

또한 「현대 시인 리뷰」, 「앙드레 지드 연구」, 「폴 발레리 연구」, 「오늘의 세계문학 전망」 등이 특집으로 마련되어 세계적 흐름에 호흡을 맞추려는 노력이 계속되었다. 모더니즘과 서구 지향성이 『시와 시론』 그룹의 가장 큰 특징이었다. 이와 관련하여 별책 『현대영문학 평론』(1930.12)과 별책 『연간소설』(1932.1) 등을 편찬하여 영향력을 확대하려 했다.

하루야마 유키오는 『현대의 예술과 비판 총서』 22권을 기획 간행하기도 했는데, 그중에는 호리 다쓰오 번역 『장 콕토 초』, 안자이 후유에의 시집 『군함 말리』, 기타가와 후유히코의 시집 『전쟁』, 니시와키 준자부로의 「초현실주의 시론」, 아베 도모지(阿部知二)의 「주지적 문학론」, 이토 세이의 「신심리주의 문학」 등이 수록되었다.

『시와 시론』에서 최후까지 활동한 문인은 하루야마 유키오, 니시와키 준자부로, 기타가와 후유히코, 우에다 도시오 등이 있고, 이 중 하루야마의 초현실주의 시론과 니시와키의 작품은 전 문단에 상당한 영향력을 행사했다. 신산문시운동을 전개한 『시와 시론』에 의해 현대시의 변혁과 확립이 이루어졌다고 해도 과언이 아니다. 그리고 『시와 시론』에 총망라되었던 시인·평론가에 의해 쇼와시대의 문학사가 형성되었다고 말할 수 있다. 문학 계간지로서 『시와 시론』은 선구적인 존재였던 것이다.

김기림 등의 시인·문학가를 경유해서 『시와 시론』은 한국 문학사에도 영향을 미친 것으로 볼 수 있다. 「시작에 있어서의 주지적 태도」(『신동아』 1933.4)와 같은 평문에서 볼 수 있듯이 식민지 시기 한국 모더니즘 문학의 형성 과정 자체에 『시와 시론』과 그에 관계된 일본 문학가들이 영향을 미쳤기 때문이다. 임화의 비평 「담천하의 시단 일년」(『신동아』, 1935.12)의 경우 하루야마 유키오를 거론하며 당시 조선 문단의 '기교파', 즉 모더니스트들을 비판하고 있다. 이는 반대 방향에서 일본 모더니즘운동의 영향을 보여 주는 예라고도 할 수 있겠다. (천정환)

참고문헌

『近代文學雜誌辭典』; 김윤식, 『한국현대문학사상비판』, 일지사, 1994; 平野謙 저, 고재석·김환기 역, 『일본 쇼와 문학사』, 동국대출판부, 2000.

▌시원(詩苑)

1935년 서울에서 창간된 시 전문 월간지

1935년 2월 1일 창간했다. 종간호는 1935년 12월 발행된 통권 5호이다. 편집 겸 발행인 오희병(吳熙秉 吳一島)이고 인쇄인은 한성도서 주식회사의 김진호, 발행소는 시원사(경성부 수송동 137)이다. 판형은 A5 국판이고 면수는 총 58쪽이며 정가는 20전이다. 연세대와 고려대, 서울대, 국립중앙도서관에 각각 소장되어 있으며, 칭간호는 1972년 한국문화개발사에서 '한국잡지총서'로 영인되기도 했다.

창간호 「편집후기」에서 "문학이 그 시대의 반영이라면, 문학의 골수(骨髓)인 시는 그 시대의 대표적 울음일 것이다. 그러면 현재 조선 시인은 무엇을 보고 무엇을 느끼고 또 무엇을 노래하는가? 이것을 우리는 우리 여러 독자에게 그대로 전하여 주고자 한다"라고 발간 의의를 밝히고 있다.

창간호에는 노천명의 「내 청춘의 배는」, 김상용의 「나」, 모윤숙의 「겨울밤」 등이 있고 그 밖에 다른 호들에서는, 김광섭의 「고독」, 정지용의 「다른 하늘 또 하나 다른 태양」, 「바다」, 신석정의 「휘파람」, 오희병의 「누른 포도잎」을 비롯하여 박월탄, 박용철, 김안서, 신석정 등의 시가 수록되어 있다. 그 가운데 편집자인 오일도(오희병)의 「노변(爐邊)의 애가(哀歌)」는 그가 작품 활동을 시작하면서 처음 발표한 시다.

시조와 조이스, 하이네의 역시 등을 소개하는 난도 있다. 이 잡지의 동인들이 순수서정시 이외에도 전통시에 대한 관심과 현대적 모더니즘 시를 탐구하는 면모가 엿보이는 대목이다. 이은상의 「한산(寒山)의 삼언시(三言詩)」와 김기림의 「현대시의 연구」가 그 대표적인 예이며, 김상용의 「오마 카이암의 루바이얏 연구」라는 글도 외국 시인과 시에 대한 관심이 단순한 호기심 이상이었음을 알게 해준다. 또한 3대 신문 신춘현상모집에서 당선된 시가 소개되고 있고, 시인들의 사생활을 다룬 「시인의 연애비화」 등도 싣고 있다.

이 잡지의 동인으로는 오희병·모윤숙·김광섭·김상용 등이 참여하였다. 경향시와 차별화되면서도 시정신의 본위를 찾고자 노력하였고, 당시 발행된 『시문학』지와 함께 서정시운동을 전개하면서 순수시를 지향했다.

• **오희병**(1901~1946)

발행인 오희병은 경북 영양 출신으로 서울에서 제1고보에 입학했으나 도중에 일본에 유학하여 1929년 릿쿄대학(立敎大學) 철학부를 졸업했다. 한때는 근화학교(槿花學校, 지금의 덕성여고) 교사로 근무했고, 『시원』을 발간했는데 그 자금은 맏형 희태(熙台)가 대주었다고 한다. 『시원』이 종간되고 나서 시원사 명의로 『을해명시선』(1936.3)과 요절한 조지훈의 형 조동진(趙東振, 호는 세림[世林])의 『세림시집』(1938.1)을 간행했다. 일제 말기에는 낙향하여 수필 「고정기(苽亭記)」를 쓰면서 자연에 묻혀 지냈다. 광복 후에는 『시원』을 복간하려고 시도했으나 뜻을 이루지 못하고, 폭음으로 병을 얻어 요절하고 말았다. (전상기)

참고문헌

김광섭, 「사랑의 신도 오일도」, 『현대문학』 9권 1호, 1963; 윤동재, 「오일도의 시와 한시에 나타난 주제의식」, 한민족어문학회, 『한민족어문학』 37권, 2000; 한경희, 「오일도 시 연구」, 안동대학교 인문과학연구소, 『인문과학연구』 제5집, 2002; 오일도, 『지하실의 달』, 작가문화, 2003.

▌시인부락(詩人部落)

1936년 서울에서 창간된 시 동인지

1936년 11월 14일 창간 제1집을 냈다. 제2집은 같은 해 12월에 냈는데 그것으로 종간호가 됐다. 당시 혜화전문학교 학생이던 서정주가 주재했는데, 20대 초반의 신인다운 열정이 담겨 있음을 짐작할 수 있다. 편집 겸 발행인은 서정주(경성부 통의정 3, 이곳은 '보안여관'으로 서정주는 여기에서 함형수와 함께 기거하면서 잡지를 기획하고 편집했다), 인쇄인은 중앙인쇄소의 조수성(趙洙誠) 발행소는 시인부락사(경성부 관훈정 27-3)이다. 판형은 A5판으로 총 32쪽이며 정가는 20전이다.
연세대도서관에 1집이, 서울대도서관 '가람문고'에 2집이, 그리고 아단문고에는 1집과 2집이 모두 소장되어 있다. 또한 1974년 한국문화개발사에서 영인한 '한국시잡지전집'에 수록되어 있고, 1981년 태학사에서 펴낸 '한국시잡지집성'에도 영인되어 있으며, 1982년 현대사에서 연인하여 펴낸 '한국시문학전집'에도 들어 있다.

『시인부락』은 1930년대 후반 서정주를 중심으로 등장한 일명 '생명파'의 시세계를 고찰할 수 있는 중요한 매체이다.

김용직에 의하면 『시인부락』은 '한국의 현대시지 가운데서도 가장 호화판 시지의 출현'이라고 할 정도로 장정이 훌륭했다고 한다. 서정주의 회고에 서 "트럼프만한 부피의 토질(土質) 아트지(紙) 표지(表紙)에 鷄卵(계란)빛의 장부지(帳簿紙)를 속종이들로 한 멋들어진 것"이라는 표현하였다.

이렇게 정성을 들여 만든 동인지 『시인부락』 1집의 「편집후기」에는 서정주가 쓴 다음과 같은 말이 있다.

"될 수 있는 대로 우리는 햇볕이 바로 쪼이는 위치에 생생하고 젊은 한 개의 '시인부락'을 건설하기로 한다. 뒤에로 까마득한 과거에서 앞으로 먼 미래를 전망할 수 있는 곳—이미 병들은 벗들에게는 좋은 요양소, 오히려 건강한 벗들에게는 명일의 출발을 위한 충분한 자양이 될 수 있도록, 여기 이 미증유의 아름다운 공사가 하루바삐 완성될 날을 기다리면서 우리 열네(실제 창간 동인은 12명) 사람은 준비 공작에 착수하였다."

이러한 발언은 기존의 시와는 다른 시를 추구하고 작품으로 써내겠다는 포부와 벅찬 긍지를 드러내고 있다는 점에서 문학청년 시절의 서정주의 모습을 떠올리게 한다.

또한 "벌써 여기다 꼭 무슨 빛깔 있는 기치를 달아야만 멋인가? …… 우리는 우리 부락에 되도록이면 여러 가지의 과실과 꽃과 이를 즐기는 여러 가지의 식구들이 모여서 살기를 희망한다"고 했다.

이는 『시인부락』이 지향하는 바가 무엇이었는지를 보여 준다. 그들의 목적은 말 그대로 '시인부락' 즉 시인들의 자유로운 창작적 요람을 건설하는 데 있었던 것이다. 더 나아가 서정주는 "제1집에는 일부러 시론을 빼기로 하였다. 쓴다면 동인 중에 누가 써야할 것이나 시보담도 시론을 앞에 세우고 싶지 않다는 것이 모든 동인들의 의견이었고 또 동인 중에 한 두 사람이 시론을 써서 그것이 마치 『시인부락』 전체의 의견이나 되는 것처럼 시끄럽게 이해하기 좋아하는 이들이 있을지도 몰라 그러한 이들에게는 되도록이면 그러한 기회를 절약시켜 주자는 의미도 있다"라고 말하여 그들이 지향하는 바가, 동인들 개개인의 시세계를 존중하는 매우 자유로운 공간이라는 점을 강조하였다.

1집 첫 면에는 동인들의 이름이 가나다 순으로 연명되어 있다. 김달진, 김동리, 김상원, 김진세, 여상현, 이성범, 임대섭, 박종식, 서정주, 오장환, 정복규, 함형수 등 12명이고, 2집에서는 오화룡, 이시복, 이용희, 이해관 등 4명이 더 가입하였다.

1집에는 함형수의 「해바라기의 비명(碑銘)」 외 3편, 이성범의 「체멸(遞滅)」, 서정주의 「문둥이」 외 2편, 김동리의 「홀로 무어라 중얼거리며 가노라」 외 3편, 오장환의 「성벽」 외 6편, 여상현의 「장(腸)」 외 1편, 김진세의 「토막부락」 외 1편, 김달진의 「황혼」 외 2편, 김상원의 「가을밤」 외 1편, 정복규의 「탄부」 외 1편, 임대섭의 「갈매기」, 박종식의 「마을」 외 2편이 실려 있다. 총 34편이다.

2집에는 10명의 시 35편이 실렸다. 그중에 서정주의 「화사(花蛇)」, 함형수의 「소년행(少年行)」, 오장환의 「해항도(海航圖)」, 여상현의 「법원(法院)과 가마귀」 등이 있으며, 상해(象海)의 시론 「현대시(現代詩)의 주지(主知)와 주정(主情)」이 있다. 상해는 후일 정치학자가 된 이용희(1917~1997, 호는 東洲로 서울대 교수를 역임하고 통일원장관직도 수행했다)를 가리킨다.

시론을 싣지 않았던 1호와 달리 2집에는 상해(象海, 이용희)가 쓴 시론 「현대시의 '주지(主智)'와 '주정(主情)'」이 실렸다. 그런데 이 글에는 『시인부락』 시 세계를 짐작할 수 있게 하는 의미심장한 발언이 들어 있다. "시에 인생이니 생을 찾는다. 그러면 그 생, 인생은 바로 그것이 아니라 정서적인 것, 개인감정에서 나온 생의 약동이니 인생의 깨끗한 상태니 하는 기분으로 쓰는 것", 즉 시가 "생의 약동"이라는 표현은 바로 『시인부락』 혹은 서정주가 추구했던 "생명파 시절"의 시 세계를 함축적으로 표현해주는 문구이기 때문이다.

그리고 『시인부락』 2집의 편집후기를 살펴보면 이러한 그들의 시적 지향이 얼마나 패기 넘치는 의욕에서 출발한 것이었는가를 알 수 있다.

2집 편집후기는 1집의 후기를 썼던 서정주가 아닌 함형수와 여상현, 그리고 이성범이 쓴다.

"인제야 빈곤하던 조선시단도 제법 옳은 길에 들어선 모양이다. …… 바야흐로 동인지 홍수시대가 현출하였다할 것이다. 취중(就中)에도 주목되는 것은 태반이 시지가 점령하고 있는 사실이다. 역량의 문제는 막론하고 위선 우리 시를 위하는 사람들로서는 얼마나 기꺼운 일인지 모르겠다. 오랫동안 저-널리즘의 구석 페이지에 쪼그리고 앉아 무수한 학대와 구박을 받아가며 무의의 가면을 쓰고 저도 모르게 타락의 길에 들어서던 무기력한 조선의 시도 이제 정히 옳은 자리를 잡을 것이며 값 산 아첨과 타협을 넘어선 (함)."

여기서 말한 대로 1930년대 조선 문단의 시 동인지의 전성시대이다. 이 전성시대에 『시인부락』 동인은 "그야말로 불꽃이 일어나는 실력 싸움이 벌어질 것이다"라는 편집후기대로, 싸움의 출사표를 던진 것이다. 『시인부락』은 임화와 김기림, 정지용, 김영랑 등 당대 기라성 같은 선배 시인들의 활동 무대 위에서 나름대로 호기있게 "생명파"라는 자기 기반을 마련한 일군의 시인들의 매체였다. 비록 2집으로 끝났으나 '생명에 대한 외경과 감탄'을 시적 주조로 삼고 한국시의 한 가능성의 영역을 모색했다는 점에서 이 잡지의 위상은 적지 않다.

『시인부락』은 이처럼 신세대의 대담한 자기 발언이 가능했던 1930년대의 성숙한 조선 시단의 양태를 실제적으로 규명하게 해 주는 중요한 자료였다.

김달진(1906~1995)은 호는 월하(月下)이고 한문학자이다. 특히 『전당시』와 『한국한시』를 번역하여 펴낸 학자로 유명하다. 그는 당시 동인 중 나이가 제일 많은 편이었다. 그 나머지 동인들은 20대 초반으로서 문단에 이름을 올리지 못한 신인들이었다. 하지만 그 중에서 김동리(본명 김시종(金始鍾))만은 이 잡지에 참여하기 전에 이미 시 「백로(白鷺)」(『조선일보』, 1934), 소설 「화랑의 후예」(『조선중앙일보』, 1935), 소설 「산화(山火)」(『동아일보』, 1936) 등이 신춘문예 현상모집에 당선되어 세 신문사 모두에 당선되는 기록을 세운 작가로 화제를 모은 신진작가였다. (전상기, 박지영)

참고문헌

최덕교 편저, 『한국잡지백년』 3, 현암사, 2004; 서정주, 「천지유정: 내 시의 편력, 『월간문학』, 1969.1; 김용직, 「'시인부락' 연구」, 단국대학교 국어국문학과, 『국문학논집』 3집, 1969; 김윤식, 「무속에서 전개되는 변증법: 「시인부락」의 어떤 생리와 논리」, 시와시학사, 『시와시학』 23호, 1996년 가을; 이은정, 「1930년대 후반 동인지들의 의미: 『시인부락』의 모색과 도정」, 상허학회, 『상허학보』 제4집, 1998.11.

▌시인춘추(詩人春秋)

1937년에 서울에서 발행된 시 동인지

1937년 6월 8일자로 창간되었다. 종간호는 2호로 1938년 1월에 나오고는 다시 속간되지 못했다. 편집 겸 발행인은 이인영(李仁永), 인쇄인은 한성도서주식회사의 김성균(金成均), 발행소는 시인춘추사(경성부 본정[지금의 충무로 4가]5), 총판매소는 남송당서점이었다. 판형은 A5판으로 30쪽 내외이며 정가는 20전이다. 고려대도서관에 1, 2집이 소장되어 있다.

"화려하지 못할 바에는—, 몇 몇 친구는 이렇게 말하기도 하였다. 그러나 건실은 화려함보다 낫고 권태와 피곤의 무위는 각고면려(刻苦勉勵), 정력을 다한 작은 '이룸'만 못하다는 신조 아래 끝끝내 힘써 본 것이 오늘에야 내놓게 된 이 『시인춘추』 1집이다. 첫소리를 내기란 무척 어려운 성싶다"는 「편집후기」를 보면, 시 전문 잡지를 내는 것이 얼마나 힘든 일인지를 고백하고 있다. 또한 그때까지 나온 시 잡지를 연대기적으로 열거하면서 자신들이 해야 할 시사적 과제를 '심한 구박'을 '용감히 뚫고 나아가'는 것으로 삼고 있음을 확인할 수 있다.

1집에는 이해문의 「서시」를 비롯하여 박노춘의 「향로」 외 1편, 조은호의 「산」, 마명의 「사랑」 외 1편, 이고려의 「황혼」, 박노홍의 「소곡」, 김북원의 「대륙의 소야곡」, 김광섭(金光燮, 「성북동비둘기」의 金珖燮과 다른 사람임)의 「강」, 이가종의 「근영수제(近詠數題)」, 육일신의 「별」, 김대홍의 「젊은 고민」, 이해문의 「제야」 등의 시와, 조마사(趙痲史)의 「성스러운 백운(白雲)」, 이육구의 「무형(無形)의 보패(寶貝)」,이가종의 「품성의 춤」, 김치식의 「춘추의 씨」, 마용석(馬龍錫, 마명)의 「시자 지지소지야(詩者 志之所之也)」, 이고산(李孤山, 이해문)의 「감정의 표현」 등의 산문, 평론이 실려 있다.

2집에는 박세영, 조벽암, 신석정, 윤곤강, 김조규, 한흑구, 박노춘 등의 작품이 실리는 한편, 이해문의 평론 「중견시인론」이 게재되었다. 이해문의 평론에는 당시 조선시단을 유파별로 분류하여 구별해 놓았다는 점에서 참고 자료로 활용할 수 있다.

조선 시단의 시적 가능성과 발전을 위하여 신인들을 중심으로 창간한 이 잡지는 2집에 이르러서 기성 시인들의 작품을 대거 실었는데, 그것은 아마도 원고 수집이나 잡지의 판매가 부진했기 때문이었지 않나 한다. 시의 미학적 쟁투와 언어적 표현의 어려움을 치열하게 밀고 나간 사례로서 평가받기에는 미흡하고 다소 질에 미치지 못하는 작품들도 눈에 띈다. 그리하여 시대의 암울함을 시적 지향의 치밀함으로 밀고 나가지 않고 다소는 감상에 빠진 바도 있다고 여겨진다.

• 이해문(李海文)

『시인춘추』의 편집 겸 발행인. 충남 예산에서 태어났으며 1930년대 말에 『시인춘추』 동인으로 활약했다. 또한 시 전문지 『맥』의 동인으로도 활동했다. 『한글』 75호에 「시인과 언어」라는 평론을 발표하기도 했으며 『시인춘추』에 「서시」, 「제야」 등의 시와 『맥』 3집에 「그리움」이라는 시를 발표하기도 했다. 시집으로는 『시인춘추』 1집에 대대적으로 광고를 낸 『바다의 묘망(渺茫)』이 있으며, 그는 또한 요절한 이가종의 시집 『노림(老林)』(남창서관, 1941) 발간에도 힘을 썼다. 그의 시집에 대한 논평으로는 마명의 「이해문 시집 『바다의 묘망』」(『동아일보』, 1938.3.18)이 있다. (전상기)

참고문헌

문덕수 편저, 『세계문예대사전』, 성문각, 1975; 권영민 편저, 『한국근대문인대사전』, 아세아문화사, 1999; 최덕교 편저, 『한국잡지백년』 3, 현암사, 2004.

▌시조(時兆)

1923년 서울에서 발행된 국한문혼용의 제7일 안식일 예수재림교회 기관지

편집인은 왕거린(T. S. Wangerin, 한국명 왕대아[王大雅])이고, 발행인은 우르크하트(E. J. Urquhart, 한국명 우국화[禹國華])이다. 발행소는 제7안식일 예수재림교회와 시조사이다. 국판 40쪽, 1~3단으로 내리 편집되었다. 정가는 1부 10전으로 월간이다.
1910년 10월부터 『셰텬ᄉᆞ의긔별』이라는 제호로 창간 발행해 오다가 1916년 7월부터 『시조월보(時兆月

報)』로 제호를 변경하여 발간하였다. 87호부터는 다시 제호를 『시조(時兆)』로 변경하여 발행하였다.

『시조(時兆)』 1926년 3월 통권 16권 3호의 내용을 살펴보면 다음과 같다.

'권두언'에 「사진을 보면서」가 실려 있고, '시조논단'에는 9개의 글들이 차례로 게재되고 있는데, 살펴보면 「교혼술법자(交魂術法者)가 오백불의현상(懸賞)을 얻지 못함」, 「세계일의 중앙 정거장」, 「적(逷)나왕의 붕어(崩御)」, 「희극배우와 성악대가의 결혼식」, 「세계일의 조종」, 「금고식(今古式)의 연돌(煙突)」, 「재봉기의발명」, 「미국독립백오십년기념제」, 「세계적 최대 시종과 세계적 최대 시간적 예보」가 그것이다. '강단'으로 우국화(禹國華)의 「영생의천」, 배희제(裴希濟)의 「생명의 가장 큰 신비」가 게재되고, '과학란'에는 「진화론과과학적법칙」, 왕대아(王大雅)의 「천문계의신비와인간적지식」, 「통신기관의 신발명」이 게재되었으며, '가정란'에는 「가정을 어떻게 건축ᄒᆞ엿느냐?」, 「아의 가정에」가 실렸으며, '위생란'에는 의사 모리득(毛利得)의 「청결한 공기」, 의사 을니도(乙尼道)의 「피부병과 천연적치료법」가 각각 게재되었다. 그리고 '논설'로 배희재(裴希濟)의 「소망」이, 잡문으로는 「더 깊이」, 왕대아의 「기회」, 롱에클의 「공전절후(空前絶後)한 대발명가」가 각각 게재되었으며, 끝으로 '시총(詩叢)'으로 군산 피상봉(皮相鳳)의 「어머니의 '눈물'」, 군산 피상봉의 「성서의 '빛'」, 장한진(張漢軫)의 「설의산야」가 실렸다. (이경돈)

참고문헌

박진성, 「제칠일안식일예수재림교 서울중앙교회 성장사」, 삼육대학교 석사학위논문, 2008. 2; 제칠일안식일예수재림교회, 『제칠일안식일예수재림교 한국선교 100주년: 1904-2004』, 제칠일안식일예수재림교회, 2004.

시조월보

▶ 시조(時兆)

시종(時鍾)

1926년 서울에서 발행된 종합잡지

1926년 1월 3일에 창간했다. 보성전문 졸업생 친목회가 발행하였고 종간호는 통권 5호로 1926년 9월에 나왔다(최덕교 편저, 『한국잡지백년』 2, 현암사, 2004. 450~2쪽에서는 종간호가 통권 4호로 1927년 8월이라고 나와 있는데 이는 착오이다). 편집 겸 발행인은 김세원(金世元), 인쇄인은 한성도서주식회사의 노기정, 발행소는 시종사(時鍾社, 경성부 송현정 34)이다. 판형은 A5판이며 창간호 85쪽, 2호 60쪽, 3호 59쪽, 4호 62쪽, 5호 56쪽 등이며 정가는 40전이었다.
창간시 '보전친목회'의 구성원은 아래와 같다. 김대흥, 이헌구, 김남주, 정세종, 유도준, 민병철, 문정태, 우형식, 이창환, 김세원, 김기준, 최동열, 임순환, 이영원, 박관서, 김종문, 하호용, 임영달.
연세대에 1~5호가 소장되어 있으며 아단문고에 2, 3호와 1927년 1호가 소장되어 있다.

먼저 창간사를 살펴보기로 하자.

"우리 모교의 교육, 우리 교우의 활약이 조선의 운명을 좌우할 것을 생각하면, 우리의 책임이 얼마나 중대하다는 것을 느끼게 됩니다. 일시에 백가지 사업이라도 하고 싶지마는, 우선 『시종』이란 월간잡지를 간행합니다. 돌이켜보면 우리 교우들은 일찍이 『정경학계』를 발간하였고 금년에도 『보성』을 내놓았습니다. …… 이 『시종』은 우리 모교의 종인 동시에 우리 학우의 종이며, 우리 교우의 종인 동시에 현 시대 전반의 경종이 될 것입니다."

1922년 조선교육령에 따라 전문학교로 정식 인가를 받은 뒤 보성전문 졸업생들이 담론적 활성화를 꾀하기 위하여 창간하였다는 것을 확인할 수 있다. 중요한 것은 이 잡지가 특정 학교 졸업생들의 친목회지가 아니라 조선 사회 전체를 향한 학술 문예의 종합잡지라는 점이다. 당대의 전문학교 졸업생들의 사회적 지위와 민족적 기대감, 엘리트로서의 각자가 느끼는 소명의식은 그만큼 큰 것이어서, 잡지의 내용도 그만큼 충실하게 짜일 수밖에 없었다.

창간호에는 잡지의 무게감과 사회적 지위를 반영하듯 여러 명사들의 글이 게재되어 있다. 이광수와 최남선, 김억, 염상섭, 이범승 등의 축하글 또는 시, 기타 작품을 확인할 수 있는 한편으로, 몇 편의 논문도 실려 있다. 안재학의 「일청년의 수양상의 기본 신념」, 고영환의 「사회의 진화와 사상의 변천」, 최태영의 「법률사상사론」, 호손 앨빈(H. Houson Alvin)의 「생산기술적 역사관」, 이긍종의 「고대 바라문교와 유대교의 경제사상」, 정관재의 「악마의 종교가(1)」, 박관서의 「보험의 본질을 논함」 등이 학술적 성격을 띤 글들이다.

2호(1926.2)에는 이광수, 이학인, 김억, 우이동인, 한정동, 현진건, 염상섭 등의 문예작품이 실려 있고 학술적인 논문으로는 다음과 같은 것들이 있다. 김경재 「인간생활의 기본문제」, 정관재 「악마의 종교가(2)」, 유숙준 「채권자의 취소권을 논함」, 이창휘 「법안으로 본 민중운동」, 김준연 「비례대표제도」, 김호 「건강과 체육」 등이다. 법률과 경제, 종교를 다뤘던 창간호와 약간 다르게 채권자의 권리와 민중운동의 정당성, 민주주의 투표제도, 건강 위생 등이 논의에 오르고 있음을 확인하게 된다.

3호(1926.3)를 보면, 이긍종의 「경제학상의 자연법칙」과 김호의 「인생의 수명(1)」, 일서생의 「결혼문제에 관한 일고찰」 정도가 논문으로 시려 다른 호에 비해 학술적 글이 소략함을 알 수 있다. 이광수, 김억, 우이동인, 염상섭의 문예작품은 여전히 투고되었고 허영숙의 「남자의 여자에게 대한 태도」가 실려 있는 점이 이채롭다.

4호(1926.8)는 3호가 나온 뒤 5개월이 지나 발행되었는데, 학술 논문은 거의 사라지고 문예작품들이 주류를 이루고 있다. 김억의 「때는 흘러」, 월파의 「채석장의 아침」, 육해의 「고독」, 남삼LK생의 「여인(旅人)」, 주인의 「한송이 백합화」, UH의 「가을의 아침」, 고성생의 「가뭄비」, OCH의 「고원에 오니」 등의 작품들이 실려 있는 것이다. 5호인 종간호(1926.9)는 주목되는 글이 다만 「뷔프렌의 유한계급론」과 임순혁의 「자아와 주의」, 그리고 황영진의 「만주견학을 마치고」 등 정도이다.

이상을 통해서 확인할 수 있듯이, 보성전문 졸업생들이 친목을 도모하기 위하여 만든 잡지의 애초 성격과는 달리, 사회적 문제 상황이나 새로운 학문적 문제들을 학문적으로 접근한 글들도 발표됨으로써 『시종』은 당대의 식자층에게 다가가려고 했다. 물론 그들의 논의 분야와 범위가 지나치게 전문적인 내용들이어서 얼마나 독자들에게 어필되었느냐는 차치하고라도, 자신들이 배운 지식을 전파하고 조선 사회의 특정 문제에 적용해 보려한 노력은 일단 높이 사줘야 할 것이다. 더욱이 졸업생 친목회지가 아닌 전 조선 사회를 향한 종합지를 지향함으로써 자신들의 울타리를 벗어나 함께 고민하고 그 고민을 공유하고자 한 점은 이 잡지의 커다란 장점이라 아니할 수 없다.

특이한 사항으로 염상섭의 「악몽」이 연재된 점을 들 수 있다. 횡보 염상섭은 이 학교 출신으로서 그 인연으로 작품을 연재했을 것이나 실제로 횡보의 작품 연보에 「악몽」의 존재는 간단히 언급되었거나 없기가 십상이었다. 창간호부터 3호에 이르기까지 3회에 걸친 횡보 염상섭의 작품 연재는 염상섭 연구자들에게도 잘 알려지지 않은 사실이기 때문에 이 작품에 주목할 필요가 있는 것이다. (전상기)

참고문헌

권영민, 『한국근대문인대사전』, 아세아문화사, 1990; 최덕교 편저, 『한국잡지백년』 2권, 현암사, 2004.

▌시즈오카신문(静岡新聞)

1941년 일본 시즈오카신문사에서 창간한 지역신문

1941년 12월 1일 시즈오카현(靜岡縣)의 6개 신문사 즉, 시즈오카민유신문사(靜岡民友新聞社), 시즈오카신보사(靜岡新報社), 하마마쓰신문사(濱松新聞社), 시미즈신문사(淸水新聞社), 누마쓰합동신문사(沼津合同新聞社), 도카이아사히신문사(東海朝日新聞社)가 신문통제에 따라 1현(縣) 1지(紙)로 창설된 것이다. 시즈오카신문사(静岡新聞社)는 창간과 함께 새로운 진용을 정비하고, 완비된 통신망의 활동과 동맹 동시 발신뉴스 수신 설비 등에 의해 획기적인 우수 지면을 작성했다. 향토색과 종군기자의 기사는 신문의 특징 중 하나라고 할 수 있다. 아울러 전선파견 연예위문단의 조직, 호국신사헌화 등의 행사를 거행했다.
시즈오카신문사는 시즈오카시(静岡市 紺屋町 46番地)에 소재했고, 사장은 오이시 고노스케(大石光之助)였다. 1943년 발행은 조간 4항, 석간 2항으로, 구독료는 1개월에 1원이었다. (김인덕)

참고문헌

『昭和18年 新聞總攬』, 東京: 日本電報通信社, 1943; 春原昭彦, 『近代新聞通史』, 東京: 新泉社, 2003.

▌시천교월보(侍天敎月報)

1911년 서울에서 발행된 시천교의 기관지

1911년 2월 17일 창간된 시천교의 기관지이다. 1913년 4월 27일 통권 27호로 종간되었다. 그 후 『구악종보(龜岳宗報)』·『중앙시천교회종보』 등으로 이어졌다.
편집 겸 발행인은 정원섭(丁元燮), 인쇄인 정창호(鄭昌鎬), 인쇄소 광제사(廣濟社), 발행소 시천교원보사(서울 북부 대사동), A5판 33면, 정가는 10전이다.
이 잡지에는 종교와 관련된 내용을 중심으로 법률과 사회문제에 관한 논설이 게재되어 있다. 그리고 대중 교양적인 내용도 취급하고 있다.
창간호의 표지에는 '제세주 강생 88년(濟世主 降生 八十八年)'이라고 적혀 있다. 이것은 천도교 교주 최제우가 태어난 지 88년이 지났음 의미한다. (남기현)

참고문헌

최덕교 편저, 『韓國雜誌百年』 1, 현암사, 2004; 황민호, 「일제의 식민지 언론정책과 법률 관련 논설의 경향: 1895~1945년까지의 잡지자료를 중심으로」, 『정신문화연구』 제26권 2호(통권 91호), 2003.

▌시촌(詩村)

1924년 서울에서 발행된 시 동인지

저작자는 허도이고, 발행자는 송학순(宋鶴淳)이다. 발행소는 시촌사(경성)으로, 4×6배판, 25쪽이다. 정가는 25전이며, 석판인쇄되었다.

『시촌』은 1923년부터 허도, 일몽(一夢), 운강(雲崗, 김태오) 등이 『신우(新友)』라는 시 동인지를 발간하기 위해 준비하면서 제작한 준비호격의 시 동인지다.

창간호를 참고하면 『시촌』은, 목마른 혼들의 부르짖는 한숨만을 소개하고자 하는 의도에서 출발했다고 한다. 창간호는 허도가 허죽재(許竹齋), HD, 늘대집, 허도, 순식, 춘암(椿岩), 시촌생(詩村生) 등의 필명을 사용하여 발표한 시들로 편집되어 있어서, 개인시집의 성격을 크게 벗어나지는 못했다.

게재된 시의 경향은 「가슴에서 타는 불」, 「꽃구경하고 오는 길에」, 「인생의 밑자리」, 「칼 끝에 핀 꽃」, 「광야(曠野)에서」, 「가을은 온다」, 「생(生)? 사(死)?」 등 서정시가 주종을 이룬다.

책 말미에 실린 사고(社告)를 보면, 창간호는 개인시집에 가까운 형태로 나왔지만 2호부터는 명실상부한 시 전문 잡지로서의 구색을 갖추기 위해 투고를 받겠다는 점을 천명하고 있다. (이경돈)

참고문헌

『시촌』 창간호, 1924.1(아단문고 소장본); 허도, 『종교대에서(全)』, 영문당, 1928.

▌시카라미쿠사지(しからみ草紙)

1890년 도쿄의 신세이샤가 발행한 문예지

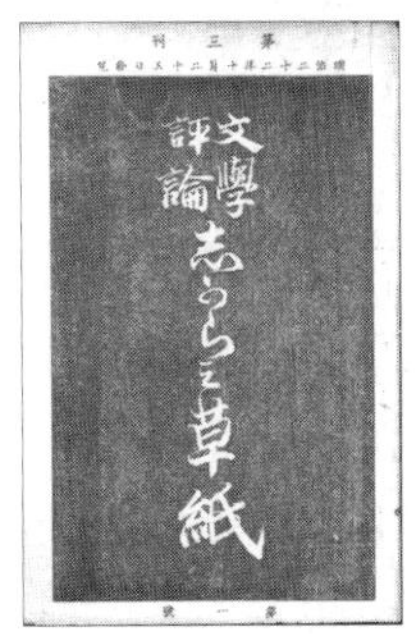

1890년 10월 도쿄의 신세이샤(新聲社)가 발행한 문예지이다. 1부당 정가는 7전이고, 통권 59호까지 발행되었다. 모리 오가이(森鷗外)와 그의 동생 도쿠지로(篤次郎)가 운영했고, 발매부수는 많을 때에는 2000부 정도 판매되었다. 가가와대학(香川大學) 중앙도서관 등이 소장하고 있다.

모리 오가이는 『무희(舞姫)』, 『산초대부(山椒大夫)』 등으로 알려진 일본의 소설가이다. 그는 2차 세계대전 이후 나쓰메 소세키(夏目漱石)와 더불어 당대의 문호(文豪)라 일컬어진다. 소설가는 말하자면 부업으로 군의총감(軍医総監)까지 지낸 군의였다. 그의 본명은 모리 린타로(森林太郎)이다.

신세이샤는 모리 형제 이외에 여동생 고가네이 기미코(小金井喜美子)와 오치아이 나오후미(落合直文) 등의 그룹이 모태였다. 이들이 펴낸 번역집 『어머니의 슬하에서(於母影)』(『국민지우[國民之友]』, 1890.8)의 원고료 50엔이 잡지 발행의 기금이 되었다.

창간호에 게재된 모리 오가이의 「『시카라미쿠사지』의 본령을 논한다(『しからみ草紙』の本領を論ず)」에는 잡지의 발행 취지가 격조 높은 문장으로 제시되어 있고, 서구의 시학(詩學)을 비평원리로 문장을 평론할 것을 주장했다.

모리 오가이는 핸들먼의 미학을 최고의 학문으로 바라보면서, 『시카라미쿠사지』의 모든 호에 걸쳐 비평활동을 전개했다. 그는 연극개량론을 비롯해 당시 논의되던 언문일체론(言文一致論), 회화개량론(絵画改良論), 신체시론(新体詩論) 등에 반론을 전개하면서 몰이상 논쟁을 펼쳐나갔다. (이규수)

참고문헌

牛島俊 作, 『日本言論史』, 河出書房, 1955; 『近代文學雜誌事典』, 至文堂, 1965; 桂敬一, 『明治・大正のジャ-ナリズム』, 岩波書店, 1992.

▌시학(詩學)

1939년 서울에서 발행된 시 전문지

1939년 3월 12일에 창간되었다. 종간호는 그해 10월 통권 4호이다. 편집 겸 발행인은 김정기(시 전문지 『맥』의 발행인이기도 했다), 인쇄인은 한성도서주식회사의 김동옥(金東玉), 발행소는 시학사(詩學社, 경성부 종로 2정목 67), 발매소는 대성당(大省堂)이다. 판형은 A5판이고 총 46쪽 내외이며 정가는 20전이었다. 표지와 컷은 이주홍이 그렸다. 고려대도서관에 소장되어 있다.

「권두언」을 보자.

"오늘날처럼 시가 창없는 방—, 순환 세계 속에서 만보하는 시절이 앞으로 있을까? 감식의 폐사, 관념의 망령, 문자의 행렬.

시의 부정과 그것의 긍정. 이 두 개의 '접촉점'에서 시인의 피는 불꽃을 피우리라. 그것의 불행을 구하기 위함이라면 무엇이든지 먼저 그것을 '사랑'하는 데서부터 시작되어야 한다.

여기서 아집척이(我執脊異)는 버려도 좋다. 이 두 개의 접촉점에서 시인의 피는 불꽃을 피우리라. 시는 좀더 일찍이 사회의 의지가 되어도 좋았을 것이다. 시인은 좀더 일찍이 시의 정신을 들쳐메고 온갖 괴로움과 슬픔의 성채를 뛰어 넘어서려는 커다란 의욕을 가져도 좋았을 것이다.

오랜 산문에의 인종의 쇠사슬을 끊고 자아의 새벽을 향하여 돌진해야만 될 시와, 낡은 편견과 미몽을 아낌없이 팽개치고 눈먼 저널리즘에 대한 시 독자(獨自)의 기폭을 옹호해야 될 시인을 위하여 『시학』은 생탄한다."

시대의 암울함과 그에 맞서는 시의 본연의 임무를 자각하고 어떤 지점에서 시인이 자리해야 하는가를 촉구하는 의지가 결연하다. 이는 자국의 언어가 위태로운 지경에서 어떻게 민족정신을 고취하고 문학의 최소한의 자리를 마련할 것인가 하는 고민의 바탕위에서 나온 민족적 호소로도 읽힌다.

이원조의 「현대시의 혼돈과 근거」, 최재서의 「시의 장래」라는 평론을 실어 프로시와 모더니즘 시를 대표적으로 옹호하는 두 관점의 대비가 가능하다. 그리고 권환의 「유언장」, 이육사의 「연보」, 신석정의 「등고」, 윤곤강의 「빙하」, 김광균의 「공원」, 이병각의 「사당」, 이찬의 「춘교」, 서정주의 「웅학」, 이정구의 「새벽」, 김달진의 「입춘」, 신석초의 「파초」, 오장환의 「나의 노래」, 박노춘의 「수족관」, 김정기의 「향연」 등의 시 14편이 실려 있다. 좌우익을 망라하는 시인들의 시가 비교적 고르게 배치되어 있다고 할 수 있다.

그리고 「권두언」이나 「편집여묵」을 보면 다음과 같은 언급이 눈에 띈다. "우리는 이제부터 무기력한 소주관(小主觀)과 자기 흥분을 버리고 한 개의 신선한 호흡을 가져 보기로 하자. 지금까지의 온갖 시지(詩誌)가 걸어온 전철을 되풀이하지 말고 포에지의 고매한 에스프리를 살펴보자."

이처럼 이 매체의 필자들은 시 쓰기가 근본적으로 위협받고 있는 시기에 한글로 시를 쓰는 행위 자체가 얼마나 소중한 일인가를 서로가 공유하고 있었던 것이다.

2집(1939.5)에는 신석초의 「이상과 능력의 문제」, 양운한의 「시와 비평문제」라는 평론이 실려 있다. 또한 「시인 현주소」가 수록돼 있어 당시의 시인들(총 59명)의 소재지를 파악하는데 도움을 준다.

3집에도 시인들의 시작품은 물론이거니와 3인의 평론이 실려 있다. 홍효민의 「시의 탈환」, 이병기의 「시와 시조」, 이병각의 「홍류초(紅蓼抄)」 등의 평론과 추천시 공모로 당선된 정기서의 「주(呪)」, 방수룡의 「유언」, 임백호의 「기·인생(其·人生)」, 김동림의 「기후」, 심호섭의 「아카시아와 장미」, 최환섭의 「창」 등의 시가 수록돼 있다.

4집에는 한흑구의 「시의 생리학」, 이정구의 「『동물시집』의 정신」, 이병각의 「향수하는 소시민」, 민태규의 「시집 『헌사(獻詞)』를 읽고」 등의 평론이 있다. '시작품 특집호'로 꾸며진 4집은 다른 집들과는 다르게 많은 시인들의 시가 수록되어 있다. 이찬의 「모비(母碑)」와 번역시 황하윤의 「나이팅게일」, 그리고 공모시 2편을 제외하고도 총 16명의 시인들이 각각 시를 투고하였다. 4집은 그 외에도 XY생이 쓴 「정침(頂針)」에서 당시 문단의 가십이 소개되어 임화의 평론 「시의 세대론」이 일으킨 파장에 대해 언급하고 있다.

이 잡지는 다른 동인지와는 달리 제1집 때부터 '추천시 공모'를 하여, 당선된 작품은 기성 시인들과 다름 없는 지면으로 대우하는 파격을 단행하고 있다. 그렇게 해서 2집에는 방수룡의 「아침」, 3집에는 정기서의 「주(呪)」, 방수룡의 「유언」, 임백호의 「기·인생」, 김동림의 「기후」, 심호섭의 「아카시아와 장미」, 최환섭의 「창」, 그리고 제4집에는 정기서의 「기차」와 임백호의 「황혼의 구도」 등이 실린다.

이처럼, 비록 4집으로 단명한 잡지였음에도 불구하고 『시학』은 한글로 시 쓰기가 힘든 시절에 문학인들이 이념과 문학적 경향의 차이를 넘어 각자의 시를 투고·게재했다는 점이 커다란 장점으로 남는다. 그리고 '추천 작품 공모'를 통해 새로운 시인들을 과감하게 기성작가들 못지않게 대우하여 문단 서열화를 깨는데도 기여했다고 할 수 있다. '추천 작품 공모'는 같은 시기(1939.2)의 『문장』 역시 마찬가지였지만 『시학』의 경우에는 어떤 파벌이나 경향을 따지지 않았다. 그리하여 이 잡지는 문학 활동 자체가 힘든 시기에 민족적 일체감을 꾀하고 민족어의 시적 가능성을 탐색하려는 시도했다는 데 그 의의를 평가할 수 있다. (전상기)

참고문헌

최덕교 편저, 『한국잡지백년』 3권, 현암사, 2004; 권영민, 『한국근대문인대사전』, 아세아문화사, 1990.

▌식량경제(食糧經濟, THE FOOD ECONOMY)

1938년 일본에서 발행된 경제 잡지

1938년 8월 『미곡일본(米穀日本)』(1935년 9월 창간)을 계승하여 발행된 잡지이다. 도쿄에 있던 일본미곡협회사무소에서 월간으로 발행하였으며 잡지 크기는 국판이었다. 개제호 분량은 200쪽이었으며, 가격은 30전이었다.

농업문제를 식량문제의 시각에서 파악한 잡지이

다.『미곡일본』을『식량경제』로 개제한 것은, 개별적인 미곡정책에서 종합적인 식량정책으로 미곡문제라는 문제설정을 심화시키기기 위한 것이었다.

문제의식의 심화는 구체적으로 전시경제하에서의 식량문제 해결이라는 방안을 찾기 위한 것이었다. 그런데 일본 경제에서 식량문제가 발생하는 근본적인 배경을 일본농업의 봉건성 때문으로 진단하였다. 즉 메이지유신 이후 급속한 공업발달로 인해 농업에서는 유신 이전의 봉건적 잔재가 여전히 존재하고 있으며, 봉건적 잔재는 일본 자본주의 발전에도 농업관계를 지배하고 있다고 판단하였다.

그러나 식량문제의 해결책은 봉건적 요소를 타파하는 것이 아니라, 오히려 봉건성을 보다 강화하는 방향에서 찾아질 수 있다고 주장하였다. 즉 일본 농민의 근면과 복종에서 문제해결의 실마리가 있다는 것이었다.

또 식량문제는 전쟁정책과 식민지 지배에 의해 해결될 수 있다고 전망하였다. 전시식량정책의 문제점을 농업생산 면에서는 식량자급의 과제와 일본 경제의 존립과의 관계에서, 전쟁협력 면에서는 인마(人馬)의 응소, 비료 부족에 대처하기 위한 전시생산계획의 수립과 배급기구의 개혁 등에서 찾았다.

기타 농림성미곡과 편 '중요미곡통계 및 휘보'란과 '농업정책자료' 등에는 볼 만한 자료가 많다. (문영주)

참고문헌

杉原四郎 編,『日本経済雑誌の源流』, 有斐閣, 1990; 杉原四郎 著,『日本の経済雑誌』, 日本経済評論社, 1987.

식민시보(植民時報)

▶ 식민협회보고(植民協會報告)

식민협회보고(植民協會報告)

1894년 일본에서 발행된 해외 · 식민지 이주권장단체의 기관지

1894년 3월에 설립된 식민협회의 월간 기관지이다. 1호는 1894년 4월에 발행되었고, 69호(1899.8)부터『식민시보(植民時報)』로 개제되었다.『식민협회보고』는 해외 이주자에게 정보와 편의를 제공하기 위해 발행되었다. 이주하기 적당한 세계 각지의 지지(地誌), 정치, 경제, 산업, 사회 등에 대한 조사보고와 참고자료, 이민에 관한 다양한 정보가 수록되어 있다.

『식민협회보고』의 지면은 ① 논설과 논담(論談), ② 조사보고, ③ 이주 적지(適地)에 관한 참고자료, ④ 잡록, ⑤ 회보로 구성되어 있다.

이중 ② 조사보고서는 크게 세 종류로 구분된다. 하나는 외무성이 세계 각지에 설치한 영사관을 통해 조사되어 관보 등에 게재된 영사관 보고서 중에서, 협회가 중요하다고 판단한 자료의 전부 또는 일부를 게재한 것이다. 예를 들어「하와이 설탕산업 보고」(6 · 7호),「하와이의 상황과 일본인의 이주 상황」(35 · 36호),「홍콩 부근 거주 일본인 상황」(60호),「영국령 콜롬비아주 사정과 거류 일본인」(28호) 등이 있다.

다른 하나는 영사는 아니지만, 외무성, 농무성 등에서 의뢰를 받은 사람들이 작성한 보고서가 있다. 예를 들어「필리핀 군도시찰보고서」(2 · 5호),「태평양연안 지방탐험보고」(19호),「멕시코 탐험보고서」(23호) 등이 있다.

마지막으로 민간단체, 이민회사의 의뢰와 사비(私備)로 조사한 사람들의 보고서가 있다. 예를 들어「미국 태평양연안순회지」(해외동지회 의뢰 · 4호),「하와이 설탕산업 및 노동자의 상황」(해외도항주식회사 의뢰 · 40호) 등이 있다.

이외에 기행문, 탐험담으로는「항남일기」(1 · 2 · 3 · 4 · 6호),「남행항해일지」(20호) 등이 수록되어 있다. 청일전쟁 이후에는 아시아 대륙에 대한 관심이 높아지면서 29호와 30호에는 인천일본영사관이 보고한「조선국 충청도 순회보고」, 31호에는「타이완사정」, 38~41호에는「청국출장복명서」가 게재되어 있다.

잡지『식민협회보고』가 가지고 있는 자료적 가치를 다음 두 가지 이다.

하나는 근대 일본의 해외이민관을 살펴볼 수 있는 자료라는 점이다. 식민협회가 설립된 시기는 일본 정부가 하와이로의 출가형 이민을 적극적으로 추진하고 있던 때였다.

식민협회는 출가형 이민이 아닌 영주정착을 목적으로 한 정주(定住)이민의 확대를 주장하였다. 주요 열강에 의한 식민지 쟁탈전이 진행되는 가운데, 장래 해상권과 상권의 확보를 목적으로 한 이민의 필요성을 강조하였다.

메이지 이래 일본인의 해외 이주 흐름은 두 개의 방향으로 진행되었다. 하나는 하와이, 아메리카, 브라질 등의 동쪽 신대륙으로 향하는 흐름이었다. 다른 하나는 타이완, 조선, 만주 등의 식민지권과 필리핀, 인도네시아 등 동남아시아로 향하는 흐름이었다. 두 흐름은 근대 일본의 발전과 표리일체의 관계가 있었다.

『식민협회보고』의 해외 이민관은 일차적으로 식민협회의 역사적 역할을 평가하는 자료이고, 메이지기의 다양한 이민관을 검토할 수 자료이다. 이와 더불어 근대일본의 발전을 고찰하기 위한 귀중한 자료로서의 가치가 있다.

『식민협회보고』의 두 번째 자료적 가치는 메이지 20년대와 30년대 전반에 이르는 이민사 연구와 사회경제사 연구에 풍부한 기초적 자료를 제공하고 있다는 점이다.

조사보고의 조사대상은 멕시코를 중심으로 북미, 남미의 여러 나라, 동남아시아의 각지, 태평양의 여러 섬, 그리고 아시아 대륙의 각지에 걸친 광범위한 지역이었다.

특히 구미열강의 지배로부터 독립한 중남미 지역과 동남아시아의 각지의 신흥 독립국과 식민지하에 있는 지역에 대한 심층 조사보고서가 수록되어 있다. 따라서 잡지는 이미사 연구을 위한 자료일 뿐만 아니라, 조사대상 지역의 경제, 산업, 지지(地誌) 등의 연구 자료로서도 충분히 활용될 수 있다.

잡지 1호부터 68호까지 잡록이라는 형태로 수록되어 있는 일본 국내 및 세계 각지의 이민에 관한 정보는 이민의 계몽정보 잡지로서의 특징을 단적으로 보여 주고 있다.

잡록에 수록되어 있는 자료에는 1차 자료와 2차 자료가 혼재되어 있기는 하지만, 적절하게 활용한다면 이민사 연구를 위한 자료의 보고로서 가치를 가지고 있다.

『식민시보』로 개제된 69호 이후에 지면 구성은 논설·논담, 통신·사료, 기행·전기·공문·사단(詞壇)·내외잡보·본회기사 등으로 구성되었다. 식민협회보고가 이민조사보고, 탐험담에 중점을 두었다면, 식민시보는 논설·논담의 비중이 높아졌다는 차이점을 발견할 수 있다.

『식민시보』 말미에는 회보·본회기사라는 별도 지면을 구성도어 있다. 총회와 평의원회의 진행상황, 회원의 동정, 연설회, 협회수지계획서 등이 수록되어 식민협회의 동향을 상세히 알 수 있다.(문영주)

참고문헌

杉原四郎 編,『日本経済雑誌の源流』, 有斐閣, 1990; 杉原四郎 著,『日本の経済雑誌』, 日本経済評論社, 1987.

식은조사월보(殖銀調査月報)

1938년 서울에서 일본어로 발행된 경제 잡지

발행 주체였던 조선식산은행이 탄생한 것은 1918년 2월이었다. 동년 6월의 조산총독부 부령 제7호 '조선식산은행령'에 의해서 조선 각지에 분립해 있던 농공은행(農工銀行) 6행을 합병, 자본금 1000만으로 설립되었다. 주요 업무는 장기대부에 의한 산업금융으로, 농업과 상업, 광공업 사업에 대한 자금융자였다.
조선식산은행 조사부는 1936년 2월 이후 업무 참고용으로 사용하기 위해 『조사집록(調査輯錄)』을, 조사부가 설립된 1938년 6월 『식은조사월보』로 개제하고, 『조사집록』 29호를 『식은조사월보』 1호로 재 발간하였다.

이 시기 조선식산은행이 조사부를 설립하고 조사진(調査陣)의 충실과 조사활동의 활성화를 시작한 한 가장 중요한 이유는, 통제경제가 시행되고, 군수사업의 중점적 육성을 내용으로 한 소위 '공업화'정책이 본격적으로 진행되면서, 조선식산은행도 공업화정책의 일익으로서, 종래 익숙했던 농업에서 새로운 분야인 광공업으로 업무활동을 넓힐 필요가 있었기 때문이었다.

이러한 변화를 배경으로 1938년 6월 이후 계속해서 통제입법이 구체화되었다. '임시자금조정법(臨時資金調停法)'은 이미 적용되고 있었고, '수출입품등임시조치법(輸出入品等臨時措置法)'도 물동계획이 개정되어 1938년 6월 이후 통제품목의 범위가 확대, 사실상 적용되었다. '국가총동원법(國家總動員法)'도 6월의 '군수품생산상 필요한 노무대책요강'의 각의 결정 이후 구체화되었고, 8월에는 신규 기능자 확보를 목적으로 '학교졸업자사용제한령(學校卒業者使用制限令)'이 공포되어, 노무 통제가 구체화되었다. 계속해서 1938년 7월에는 산업보국연맹(産業報國聯盟)이 발족, 노무협조(勞務協助)에서 노자일체(勞資一體)로 중일전쟁에 참가하는 체제가 만들어졌다.

이러한 통제입법은 거의 동시에 식민지인 조선과 타이완에 적용되었다. 당시 물동계획에 의하면, 조선, 타이완은 국내라는 범주에 들어 있지 않았지만, 통제면에서는 일본과 같은 취급을 받을 수밖에 없었다. 조선식산은행에 조사부가 설립되어 조사활동을 전개, 『식은조사월보』를 발간한 배경에는 이와 같은 사정이 있었던 것이다.

통제경제의 필요성을 배후로 발족했던 식은조사부와 『식은조사월보』는 그 조사의 주력을 통제경제의 실시와 조선 '공업화'에 두고 있었다. 1호는 「임시자금조정법과 조선경제(상)」, 「소연방에 있어서 장기금융기관의 현상에 대해서(상)」을 '조사·자료'란에 게재하고, 2호에서는 「제국피혁자원으로서의 조선피혁」을 게재하였다. 5호에는 미곡통제와 면사배급통제를 논하고, 7호에서는 「조선산금업의 재검토」를 전개하였다.

『식은조사월보』가 통제하에서 광공업의 육성을 주요 논점으로 삼았던 것은 목차만 살펴보아도 일목요연하다. 분석의 수법은 다소 차이가 있지만, 당시 절대적인 권위를 가진 마르크스주의의 영향이 농후했던 것은 분명하다. 이런 측면에서는 『만철조사월보(滿鐵調査月報)』와 일맥상통한 내용을 가지고 있었다. 분석의 밀도가 높았던 것도 조선, 만주라는 대상을 달리했지만, 두 잡지는 거의 쌍벽을 이루고 있었다고 생각된다.

수록된 논문과 자료 중에는, 전시 조선 경제를 분석, 검토할 때 빼 놓을 수 없는 자료들이 많다. 『식은조사월보』가 그 발행을 마쳤던 것은 1945년 2월, 79호였다. 64쪽 분량으로 구성된 최후의 제79호의 목차는 다음과 같다. '조사·자료'에는 「전시하 조선농촌에서 부채와 저축의 실상」, 「선내재계사정(鮮內財界事情)」, 「조선경제개황」, 「경성상황 및 금융」, 「선내지방상황」, 「조선경제일지」가 게재되었고, '문헌', '통계' 항목이 뒤를 이었다. 1945년 초두의 발행부수는 1100부, 정가 40원이었다.

그러나 이것으로 정간되었던 것은 아니다. 그 후 1946년 7월 2일부터 발행소 조선식산은행 조사부, 편집 겸 발행인 김영휘(金永徽) 이름으로, 비매품 20호가 계속 발행되기도 하였다. (문영주)

참고문헌

小林英夫, 「解題『殖銀調査月報』の概觀と背景」, 『殖銀調査月報』, 御茶の水書房刊, 1985.

▌신가정(新家政)

1933년 서울에서 발행된 여성 교양잡지

1933년 1월 1일에 창간되어 1936년 8월 폐간된 여성지이다. 가격은 20전, 부피는 평균 A5판으로 100쪽 내외이다. 저작 겸 발행인은 양원모(梁源模), 편집장 이은상, 변영로(35년 4월호부터), 담당 기자로는 김자혜, 인쇄인은 김진호(金鎭浩)이다. 인쇄소는 한성도서주식회사, 발행소는 신동아사로 1931년 11월에 창간된 잡지 『신동아』의 자매지로 모두 동아일보사 산하에서 나온 매체이다. 연세대학교에 소장되어 있다.

『신가정』은 제목이 암시하는 바대로 '가정', 문제가 주요 논점인 매체이다. 1920년대 '여성 담론'의 핵심이 개별적인 인격적 존재로서의 여성이라는 정체성을 강조하는 '신여성' 담론이었다면, 1930년대 여성담론의 핵심은 가정을 꾸리고 가꾸어가는 주체로서의 여성, 즉 어머니로서의 숭고한 정체성을 추구하는 '모성담론'이었다.

『신가정』은 1920년대 '신여성' 담론의 주요 담지체였던 『신여성』의 역할을 수행했던 1930년대 대표적인 대중적 여성지이다.

송진우의 창간사는 다음과 같다. "우리는 진실한 의미에서 가정생활을 갖지 못한 사람들입니다. 그러고도 이 사실에 관심하지 아니합니다. 그러나 가정이란 것이 사회적으로 어떠한 의의와 가치가 있는 것인 줄 깨달을 때, 우리는 비로소 이 가정문제를 중대시 아니할 수 없게 됩니다. 따라서 새 사회를 만들자, 광명한 사회를 짓자, 하는 것이 우리의 다시없는 이상이라 할 것이면, 먼저 그 근본적인 방법인 점에서 새 가정을 만들고 광명한 가정을 지어야만 할 것입니다. 그러면 어떻게 하는 것이 우리의 가정을 새롭고 광명하게 만드는 것일까? 그중에서도 특별히 주부된 이가 가장 무거운 짐을 많이 가지고 있느니 만큼, 우리는 가정문제를 생각할 때 누구보다도 먼저 주부된 이를 목표로 하지 않을 수 없습니다. …… 만일 조선이라는 사회를 2천만이라는 개인 분자를 떠나서 설명할 수 없을 것이 물론입니다. 한 가정이 새롭고 광명하고 정돈되고 기름지다고 하면, 그것은 그 개인 그 가정만의 행복이 아니라 그대로 조선 사회, 조선 민족의 행복으로 볼 것입니다 …… 내용에 있어 가정의 실제문제와 그 상식, 자녀 교육과 그 방법 등 가정주부의 필수지식을 전하는 것이야 물론, 그 밖에도 각 방면의 상식을 구비케 하고자 하는 이 모든 의도가 필경은 지식적, 실제적으로 가정을 향상시키려 하는 한뜻에 있을 따름입니다."

이처럼 이 잡지는 가정 즉 서구적 핵가족 모델 즉 '스위트 홈'의 이상을 지향하고 있었다.

그런 만큼 이 매체의 주요 키워드는 '어머니'와 '주부'이다. 즉 '어머니로서의 바람직한 역할', '가정주부로서의 바람직한 역할'에 대한 계몽적 내용이 대부분을 차지한다. 예를 들면, 창간호에 실린 「가정부인좌담회」에는 당대 유명인사 부인들이 차 마시며 담소를 나누는 내용을 생중계하면서, 이들이 꾸려가는 부르주아 가정에 대한 동경의 시선을 자극한다.

특히 3호(1933.3)에 실린 「여자전문중등학교금춘졸업생일람」은 『신가정』이 지향하는 독자층이 가정주부가 된 엘리트 신여성들이었다는 점을 보여 준다. 창간호에 실린 논설 김장환의 「세계정세는 어떠한가?」 등 시사 교양 기사는 이 잡지가 엘리트 출신 가정주부들을 대상으로 한 계몽 교양지임을 알 수 있게 한다. 하지만 이 잡지의 주요 논점은 「현대여성의 예의」(문애성), 「삼국시대의 여류문학」(이은상), 「동서여왕순례」(백낙준), 「동양의 여왕」(김윤재) 등 당대 여성들이 추구해야 할 여성적 전범을 제시하고 계몽하는 것이었다.

유각경, 신 알베르트와 노자영, 김윤경 등 남녀 유명인사의 「잊을 수 없는 어머니 말씀」이라는 조각 글들과 주요섭, 박인덕 등이 참여한 '세계소년기질' 등에 관한 기사 역시 이러한 기조에 있는 것이다.

이외도 현명한 가정주부가 되기 위한 구체적인 방도를 제시하는 실용 기사도 많은 부분을 차지한다. 「물가의 등고 원인」 등 가정 경제를 알뜰하게 꾸려나가기 위한 방도를 제시하는 경제 강좌, 아름다운 외모를 가꾸기 위한 미용강좌, 현명한 어머니가 되기 위한 육아강좌, 가정수첩 등이 그 예이다. 그 외에도 음악강좌 등은 교양있는 주부를 표방하는 이 잡지의 목적에 잘 부합하는 기사이다.

그리고 이 잡지가 인텔리 여성 독자를 겨냥하는 만큼 그들의 다양한 관심 영역을 등한시 할 수는 없었을 것이다.

황신덕, 「한국부인운동 어떻게 지나왓나?」(4호), 「내가 만일 여성운동가라면」, 「현대부인해방론」 등 여성운동이 주요 주제인 4호의 성격은 이 매체가 당대 여성문제에 대해서도 등한시하지 않았다는 점을 보여 주기도 한다.

그 밖에도 각 권 마다 다양한 기획기사가 존재한다. 「기획: 아동을 위하야」(5호), 「여성과 직업문제」, 「직업여성시비론」 등과 3권 2호의 직업여성문제에 대한 중점 기사들은 『신가정』이 표방한 시사-종합지적 성격을 보여 주는 것이다.

물론 「남편에게 애인이 생길 때」(창간호)와 같은 자극적 기사도 있어, 계몽성과 함께 대중성을 추구하는 이 잡지의 성격을 잘 보여준다.

1930년대 여성지의 특성은 문학란의 활성화이다. 1920년대 잡지 『신여성』만 해도 문학란이 그다지 많은 비중을 차지하지 못했다.

『신가정』에는 논리적인 글 이외에도 수필, 동요, 소설 등 문학적인 글도 많은 비중을 차지한다.

필자들은 주로 당대 유명 인사들이다. 김자혜의 수필 「어머니된 죄」, 윤석중의 동시 「엄마목소리」, 박화성의 소설 「젊은 어머니」, 주요섭의 글 「어머니의 사랑」 등이 대표적인데 이들의 글 역시 지향하는 바가 '가정'을 위해 아낌없이 헌신하는 '희생적인 어머니'상이었음을 증명한다.

그 밖에도 박마리아, 나혜석, 모윤숙, 최의순 등의 수필류의 글과 박화성·송계월·최정희·강경애·김자혜의 연재소설 「젊은 어머니」, 이무영, 윤석중, 가람 등의 문학작품이 실려 있다.

그런데 당대 종합지들이 그러하듯 『신가정』의 문학란은 매우 중요한 가치를 지닌다. 그것은 문학작품들이 당대 기사들이 검열로 다루지 못했던 문제들을 다루고 있기 때문이다.

『신가정』의 소설들 역시 마찬가지이다. 『신가정』의 소설들은 이 매체의 기사들이 현모양처의 보수적 담론에서 벗어나지 못하고 있는 점에 비할 때 매우 다채로운 면을 지니고 있다.

노희준의 연구에 의하면, 『신가정』에 실린 소설들은 ① 가족과 계급, 사상의 문제를 다룬 작품군, ② 불륜 및 자유연애의 문제를 다룬 작품군, ③ 계급문제와 여성문제를 함께 다룬 작품군 ④ 혼인제도와 신여성의 문제를 다룬 작품군 등 다양한 주제를 다루고 있다.

나아가 노희준은 ①군에는 박화성의 「홍수 전후」, 「눈오든 그밤」, 「불가사리」, 이근영 「과자상자」가 속하며, ②군으로는 김말봉의 「고행」, 「요람」, 계용묵의 「연애삽화」, 조벽암의 「수심고(獸心苦)」, 「여점원(女店員)」, ③군에는 강경애 「원고료 이백원」, 「번뇌」, 엄흥섭의 「윤락녀」, 주요섭의 「대서」, 이무영 「수인의 아내」, 조벽암·강경애·한인택의 연작 「파경」, ④군으로는 최인준의 「마누라」, 「이년후」, 이무영의 「용자소전」, 이일석의 「사기결혼」, 김광주의 「파혼」, 장영숙의 「봄」, 이선희의 「오전11시」 등을 그 예로 들고 있다.

이러한 다양성은 당대의 작가들은 여성문제를 다양한 각도에서 진지하게 고민하고 있는가를 보여 주는 것이다.

이 작품들은 여성문제와 계급문제, 여성문제와 민족문제 등이 중층적으로 얽혀 있는 텍스트이다.

물론 이러한 문제들이 여성들의 주체적인 의식의 소산이라기보다는 남성들의 여성관에 교묘하게 포섭되어 있다는 점은 그 한계라고 볼 수 있다. "'여성해방론'을 남성중심적인 사회운동의 내조자로 유도하는 무의식적 이데올로기를 공통적으로 보여 주"(노희준)고 있다는 평가는 이를 설명해 준다. 그러나 이러한 한계에도 불구하고 이 잡지의 문학란은 당대 인텔리 여성들이 지향하는 사회의식이 매우 예각화되어 있었다는 점을 반증한다는 점에서 충분히 의미가 있다고 본다.

그 외에도 독자문예란이 4권 3호(1936.3)부터 신설되어 폐간까지 지속적으로 살피는데 장르는 시, 시조, 민요 등이다.

이 잡지의 주요 필자로는 이은상, 백낙준, 이윤재, 피천득, 현제명, 나혜석 등이다. 1920년대 잡지 『신여성』보다 여성 필자의 비중이 확연히 높아진 것은 근대 여성교육의 수확이다.

이러한 미덕으로 잡지 『신가정』은 1920년대의 『신여성』, 조선일보사의 『여성』과 함께 일제시대 3대 여성지로 손꼽힌다. 이후 『신가정』은 1936년 8월 『동아일보』가 일장기말소사건으로 무기정간처분을 당하자, 36년 9월 1일 통권 45호로 강제폐간되었다. (박지영)

참고문헌

이소연, 「일제강점기 여성잡지연구: 1920~30년대를 중심으로」, 이화여자대학교 석사학위논문, 2001; 노희준, 「신가정 연구: 1930년대 여성 이데올로기를 중심으로」, 경희대학교 인문학연구소, 『인문학연구』, 2005.

신계단(新階段)

1932년 서울에서 창간된 사회주의 계열의 월간 시사 잡지

1932년 10월 8일 『조선지광(朝鮮之光)』의 후신으로 창간되었다. 1933년 7월 5일 검열로 인한 삭제기사가 다수를 차지한 제11호를 끝으로 종간되었다. 편집 겸 발행인은 유진희(兪鎭熙), 인쇄인은 한성도서 주식회사의 김진호(金鎭浩), 발행소는 조선지광사(朝鮮之光社, 경성부 경운동 96-7)였다. 판형은 A5 국판이고 창간호는 총 132쪽에, 정가는 20전이다.
연세대와 고려대, 서울대에 소장되어 있으며, 1호부터 10호까지 1982년 현대사(現代社)에서 2권으로 영인되어 나왔다.

『신계단』은 1930년대 발간된 잡지 중에서는 사회주의적인 성향이 가장 농후했으며, 자신들의 이와 같은 노선을 가장 선명하고 일관되게 주장했으므로 인해서 단명하고 말았다.

한때 한설야(韓雪野)가 편집 실무를 맡아 보기도 했다. 집필진으로는 한설야, 임화(林和), 김남천(金南天), 이기영(李箕永), 한철호(韓鐵鎬), 이청원(李靑垣), 서강백(徐康百), 남만희(南萬熙), 정우진(鄭宇鎭) 등이 참여했다. 2호에 지사모집광고가 나간 후 김천·산청·금화·남해·이원등지에 지사가 설치되었다.

창간호의 「편집후기」를 보면 이 잡지 역시 창간호부터 몹시 곤란한 압박을 받았음을 알 수 있다. 8월 중순부터 잡지 편집을 시작하고 9월 초에 책이 나오도록 노력했으나 1400~1500매(국판 약 300쪽)의 원고가 검열에 걸려 애초의 계획이 수포로 돌아가고 10월호를 창간호로 냈음을 보고하고 있는 것이다. 정치·경제·시사·철학·종교에 관한 논문과 공장, 직장, 농촌에 관한 보고기사 등을 모집했으며, "지면을 좀 더 절박한 필요에 충당시키"기 위하여 순수 문예물을 싣지 않고 '될 수 있는 대로 쉽게 쓰자'라는 방침을 정하였다. 주로 논설과 논문으로 구성되어 있으며, 말미에 각국의 통계와 산업실태를 소개한 자료란과 국내외의 주요 사건들을 정리한 「국내국제 사회일지」를 싣고 있다. 논설과 논문은 국내외 정세 분석, 자본주의 분석, 유물론 소개, 반동적 문화·이론·단체 비판 등에 관한 글이 대부분을 차지하고 있다.

그러나 2호부터 문예창작물을 싣기 시작하여 프로문학 계열의 시, 소설, 평론을 주로 게재하였다. 창간호부터 혹독한 검열로 인하여 원래 게재하고자 했던 원고의 약 1/4 밖에 싣지 못하였고, 이후 계속된 검열과 탄압으로 창간호에서 약속한 다양한 방면에 대한 논문들이 검열·삭제되었기 때문에 부득이하게 문예물을 싣지 않을 수 없었음을 짐작할 수 있다. 하지만 그럼에도 이 잡지는 1년 만에 종간되는 운명을 맞고 말았다.

제3차 조선공산당인 ML당의 기관지였던 『조선지광』의 후신으로 나온 종합잡지였던 만큼, 국제정세 및 사회 전반에 관한 다양한 내용을 다루고 있다. '원고를 보내라'라는 광고란을 보면 정치·경제·시사·철학·종교에 관한 원고와 문학평론·소설·희곡·시 등의 원고, 공장·직장·농촌의 보고기사 등을 모집했음을 알 수

있다. 제4호에서는 천도교 정체폭로에 관한 논문 및 자료도 원고로 모집한다는 사고를 내보내기도 했다.

또한 편집부에서는 되도록 쉽게 쓰자는 대중적 글쓰기를 필자들에게 요구했다. 그러므로 모집된 원고는 잡지의 성격에 맞게 다시 손질해서 싣기도 했다. 고정란으로는 국제정세란, 학술란, 자료란, 국내국외 사회일지, 질의응답란 등이 있었다. 있다.

내용상으로 보면 『신계단』은 크게 네 가지 특징을 갖고 있다.

① 국제정세, 국내외 정치·경제 및 유물론 등 각종 철학에 관한 좌파적 경향의 글이 논설의 대부분을 차지하고 있다.

② 민족개량주의에 대한 사상적·정치적 투쟁의 일환으로 민족개량주의의 이론적 허구성을 폭로하거나 이를 대변하는 언론을 집중적으로 공격하고 있다. 창간호에서는 잡지총평을 통해 당시의 대표적 잡지인 『동광』, 『신동아』, 『제일선』, 『신조선』, 『실생활』, 『삼천리』 등을 공박하였다. 2호에는 「민족개량주의 비판」이라는 글과 함께 창간호에 실었던 배성룡(裵成龍)의 두 글(「인플레이션과 조선농민」, 「재등내각의 시국광구책비판(時局匡救策批判)」)을 문제 삼아 그를 개량적 경제주의자로 비판하는 홍일우(洪一宇)의 글이 실렸다. 3호에서는 「제반동적 유파의 농민-농업이론을 비판함」이라는 글을 통해 우파의 개량적 농업이론을 비판하고 논단시평을 통해서는 『동아일보』, 『신동아』, 『제일선』 등에 실린 사설, 권두언, 논문 등을 비판했다. 민족개량주의를 이론적으로 비판하는 글로는 4호에 「민족개량주의 비판」, 6호에 「민족주의 지도원리비판」, 7호에 「민족개량주의에 대하여」, 9호에 「민족개량주의자는 부인문제를 해결할 수 있나」 등이 실렸다.

③ 종교세력, 특히 천도교를 집중 타격대상으로 삼아 지속적으로 비판했다는 점이다. 4호에는 50여 쪽에 걸쳐 천도교비판 특집란이 마련되기도 했다. 그 발단이 된 것은 천도교청우당원들이 1932년 11월 유진희에게 폭행을 가한 사건이었는데 이로부터 『신계단』은 지속적으로 천도교를 분석하고 비판하는 글을 싣는 한편 5호부터는 종교비판란을 설치하여 천도교는 물론, 기독교, 불교, 그리고 기타 종교들에 대해 지속적으로 분석한 비판문을 실었다.

④ 당대 프롤레타리아문학운동에 상당한 영향을 미쳤다. 한설야, 이기영, 이북명, 유진오 등의 본격적인 프로소설, 이찬, 박세영 등의 프로시(詩), 임화, 안함광, 한설야 등의 프로문학운동에 대한 평론 등이 실렸다.

『신계단』은 국내외 정세와 자본주의에 대한 심도 있는 분석을 전개하고 있으며, 제국주의, 민족주의, 민족개량주의에 대한 좌파 지식인의 인식을 보여 주고 있다.

• 유진희(俞鎭熙, 1893~?)

『신계단』의 발행인. 광복 직후에 한국민주당 조사부장을 지낸 정치가. 호는 갑세(甲世)·무아(無我)이며, 1893년 충청남도 예산에서 태어났다. 1910년 예산의 배영학교를 마친 뒤 경성의학전문학교를 졸업하였다. 1920년 박중화(朴重華)·박이규(朴珥圭)·차금봉(車今奉)·오상근(吳祥根)·신백우(申伯雨)·장덕수(張德秀) 등과 함께 노동단체인 조선노동공제회를 결성하였으며, 1920년 12월 『개벽』 12월호에 「순연한 민중의 단결이 되라」라는 기사로 검거되어 벌금형을 선고받았다.

1922년 11월 잡지 『신생활』이 사회주의 사상을 퍼뜨린다는 이유로 일어난 신생활사 필화사건으로 박희도(朴熙道)·이시우(李時雨)·김명식(金明植)·김사민(金思民) 등과 함께 체포되어 신문지법 위반으로 징역 1년 6월을 선고받았다.

1924년 최남선(崔南善)이 창간한 『시대일보』 기자가 되었고, 이듬해 4월 조선공산당 창당에 참여한 뒤 중앙집행위원에 선임되었으나, 그해 12월 제1차 조선공산당 검거사건(일명 '신의주 사건') 때 체포되어 징역 4년을 선고받고 서대문형무소에 수감되었다가 1931년에 만기 출감하였다.

1932년 조선공산당 기관지 『신계단(新階段)』 발행인에 취임하였다. 1945년 9월 사회주의 사상을 청산하고 김성수(金性洙)가 결성한 우익 정당인 한국민주당 창당에 동참하여 조사부장이 되었으며, 12월 미군정이 설립한 한국의 과도적 입법기관인 남조선과도입법의원 관선(官選) 의원에 선임되었다. (전상기)

참고문헌

김민환, 「일제하 좌파잡지의 사회주의 논설내용 분석」, 한국언론학회, 『한국언론학보』 제49권 1호, 2005; 한기형, 「식민지 검열정책과 사회주의 관련 잡지의 정치역학」, 동국대학교 한국문학연구소, 『한국문학연구』 제30집, 2006.

신광(新光)

1923년 일본에서 유진걸이 발행한 잡지

1923년 5월 10일 도쿄조선노동동맹회 간부의 한사람이었던 유진걸(柳震杰)이 편집, 발행한 잡지이다. 일본어로 되어 있고, 도쿄 신코샤(新光社)에서 발행했다. 민족적 입장을 견지했던 것으로 알려져 있다. 창간호는 1923년 5월 10일 발행되었고, 7월에 폐간되었다. 전체 호수는 정확하지 않다.

창간호의 목차를 보면 다음과 같다. 「창간사」, 「조선해방문제와 무산계급운동」, 「애란(愛蘭)자유국의 전도」, 「사회시평」, 「청년의 추억」, 「재일 청년학생 제군에게」, 「주해론(酒害論)」, 「단체의 소식」. 「재일 청년학생 제군에게」는 전문 삭제되었다.

창간사는 생산계급이 신사회를 동경(憧憬)한다면서, 사회문제, 민족문제, 부인문제 등의 해결은 국제적인 관점에서 인류 해방운동의 일익으로 적극적으로 행동해야 한다고 했다. 그리고 일본의 동지와 함께 할 것을 주장했다. (김인덕)

참고문헌

『新光』(創刊號); 朴慶植 編, 『朝鮮問題資料叢書』 5, 東京: アジア問題研究所, 1982.

신광(新光)

1931년 서울에서 창간된 여성 종합 월간지

1931년 1월 25일 창간했다. 이후에 속간되지 못하고 말았다. 편집 겸 발행인은 김이환(金二煥), 인쇄인은 선광인쇄주식회사의 조진주(趙鎭周), 발행소는 신광사(경성부 창성동 20-1)였다. 판형은 A5 국판으로 총 112쪽이고 정가는 25전이다. 창간호가 연세대에 소장되어 있다.

창간호는 언론, 인물, 소개, 비화, 전기, 공개장, 여류수필, 학생코너인 학원문화(學園文華), 문예, 만화삽화 등의 체제를 갖추고 있다. 언론란에서는 당시 대표적인 논객인 배성룡의 「세계적 공황과 조선농촌」를 비롯하여 함상훈의 「부인과 소비조합운동」, 주요한의 「신'신생활론'」, 박희도의 「신여성의 책임과 의무」 등이 실려 있다. 손초악(孫初岳)의 「신기록」, 고영(孤影)의 「눈 오는 밤」, 청송(青松)의 「제야」, 백사(白沙)의 「활발과 경솔」 등의 여류수필을 비롯하여 「신흥 토이기(土耳其)와 부인의 진출」, 「중국의 여류작가들」, 「현대 세계적 여성순례」, 「자유결혼과 명사의 의견」 등 여성관련 기사에 상당한 비중을 두고 있다. 여성들의 견문을 넓히고 생각을 깨우치기 위해 세계적 공황이나 소비조합, 신생활운동 등에 관한 시사적인 문제와 해외 인물, 특히 외국의 진보적인 여성들을 소개하는 데에 많은 지면을 할애했다. 또한 당시에 여전히 논란이 있는 '자유연애'에 관한 각계의 의견을 묻는 「자유결혼과 명사의 의견」을 특집 기사로 채택하여 세 사람의 남성 저명인사(송진우 동아일보 사장, 이용설 세브란스의전 교수, 한용운 불교지 사장)와 한 사람의 여류 인사(윤성상 신문기자)의 견해를 싣고 있다.

문예란에는 춘원의 시 「새 여자의 노래」, 적구 유완

희의 「자라나는 힘」, 유진오의 소설 「열 네 살 때에」, 최독견의 소설 「눈오는 밤」 등이 실려 있다.

학생과 여성을 주독자 층으로 겨냥하면서 독자적인 기획보다는 명성 있는 필자들의 글을 모아 흥미와 정보, 계몽, 실용지식 등을 백화점식으로 진열한 잡지라 할 수 있다. (전상기)

참고문헌

김은희 외, 『신여성을 만나다』, 새미, 2004, 연구공간 수유+너머 근대매체연구팀, 『신여성』, 한겨레신문사, 2005; 나혜석 외, 『신여성, 길 위에 서다』, 호미, 2007.

신교육(新教育, The new education)

1919년 중국 상하이에서 창간된 대표적인 교육 잡지

1919년 2월 상하이(上海)에서 창간된 교육 월간지이다. 장쑤성교육회(江蘇省教育會), 베이징대학(北京大學), 난징고등사범학교(南京高等師範學校), 베이징고등사범학교(北京高等師範學校), 지난학교(暨南學校)와 중화직업교육사(中華職業教育社[余日章]) 등이 공동으로 조직한 교육공진사(教育共進社)가 교육총서와 함께 간행한 교육전문 월간지이다. 1921년 실제교육조사사, 신교육공진사, 신교육편집사가 중화교육개진사(中華教育改進社)로 합병되자 『신교육』 역시 1922년(4권 3호)부터 명의를 바꾸어 간행되었다. 1925(7권 10호)이후에는 출판지도 베이징(北京)으로 옮기고, 초등교육계간사(初等教育季刊社)와 함께 편집하였다. 판형은 25㎝(16개본)이고, 매 기당 100여 쪽 정도 매년 2권씩, 권당 5호씩 간행하여 7,8월을 제외한 매월 간행하였다. 평론(評論), 전론(專論), 실험보고, 도서소개, 세계교육, 사무기요(事務紀要) 등의 난을 두었다 유통범위는 홍콩(香港)을 포함하여 전국 35개 도시에 판매 대행처를 두었고, 도쿄에서도 읽힐 정도였다.

애초 주편은 장멍린(蔣夢麟)이었고, 황옌페이(黃炎培)가 통신기자로서 참여하였다. 그 외 각 단체의 대표들인 선언푸(沈恩孚), 구펑전(賈豊臻, 장쑤성교육회), 차이위안페이(蔡元培), 후스(胡適), 타오루궁(陶履恭, 베이징대학), 궈빙원(郭秉文), 류징쉬(劉經庶), 타오싱즈(陶行知), 주진(朱進) 등 난징고등사범학교, 천바오취안(陳寶泉), 덩추이잉(鄧萃英), 허빙숭(何炳松), 청스쿠이(程時奎), 왕원페이(王文培) 등 베이징고등사범학교 교수들이 공동 편집을 맡았다. 또 교육개진사가 교육보통문제조, 교육철학조, 교육행정조, 중등교육조, 초등교육조, 직업교육조, 사범교육조 등 18개조로 구성되면서 그에 따른 교육 전문가로 편집조를 따로 두었다. 당시 여론 및 정책 결정에 영향이 컸다.

당시 구미의 교육사상과 제도를 소개하고, 중국 교육의 개혁의 모색을 취지로 삼았다. 교육과 사회의 긴밀성을 강조하고 개혁을 통한 중국 사회의 개조를 표방하였다.

장멍린, 타오싱즈, 쉬쩌링(徐則陵)이 잇달아 주편하였다. 장멍린과 타오싱즈는 컬럼비아대학 출신이고, 쉬쩌링은 콜롬비아대학 교육학원을 1년 동안 고찰한 적이 있었다.

『신교육』은 총 11권 53호를 출판하고 13개 항목에 총 1456편의 논문을 실었다. 듀이호, 학제연구호, 먼로연구호 등 10개의 특집호를 간행하였고, 총 발표인수는 378명이다. 그중 5편 이상 발표자는 타오싱즈, 위쯔이(俞子夷), 장멍린, 후스, 궈빙원 등 컬럼비아대학을 졸업자와 동남대학, 난징고사 교수들이 많았다.

특히 듀이(Dewey, 1919~1913), 먼로(Monroe, 1922~1925) 사상 등 당시 서구의 교육사조를 적극 소개하고 미국식 학제개혁을 주도하였다. 그 외 평민교육운동, 국어의 통일과 교육, 백화문과 문자 등 각종 교육개혁에 관한 논의를 진행하였다. 1925년 2월 정간되었다. (오병수)

신교육연구(新教育研究)

▶ 신교육잡지(新教育雜誌)

신교육잡지(新教育雜誌)

1931년 일본 신교육협회가 발행한 교육 잡지

1931년 1월 1일에 창간된 교육 잡지이다. 애초에는 『신교육잡지』였으나 1933년에 『신교육연구』로, 그리고 1938년 9월에 『일본신교육』으로 두 차례 이름이 바뀌었다. 발행처는 신교육협회(新敎育協會)였다. 처음에는 매년 1, 4, 7, 10월에 발간되는 순간 잡지였지만 나중에는 이상의 4회를 "오직 학술적, 실제적 연구로 채우는" A5판 64쪽의 특집호로 하고, 나머지 8개월을 "내외의 신교육 상세(狀勢)를 간결하게 보도"하는 8쪽의 보통호로 변경되었다. 다시 1933년부터는 팸플릿 형태의 보통호가 폐지되고 연간 잡지가 되었다. 편집인은 창간 당시에는 시가키 히로시(志垣寬)였지만 1934년부터는 후지타니 시게오(藤谷重雄)로 바뀌었다. 1941년 1월 신교육협회의 회장이자 이 잡지의 후원자이던 노구치 엔타로(野口援太郞)가 사망한 뒤 폐간되었다. 잡지 원본은 가가와대학(香川大學) 가미하라문고(神原文庫) 등이 소장하고 있다.

신교육협회는 1930년 11월에 신교육운동관계자가 합동하여 발족한 도쿄 이케부쿠로(池袋)의 민간교육단체이다. 회장은 노구치 엔타로, 부회장은 이리사와 무네토시(入澤宗壽)이다. 회칙 제2조에는 "본회는 신교육의 향상발전을 도모하고 아울러 국제적으로 연락하는 것을 목적으로 한다"고 되어 있다.

주요 사업으로서는 신교육과 관련된 조사연구, 도서잡지의 편집발행, 강연강습회의 개최, 내외 신학교 소개, 세계신교육연맹과의 연락, 기타 신교육과 관련된 일반 사항(제4조)을 내걸었다. 『신교육잡지』는 협회 사업의 일환으로 발행된 기관지이다. 창간호는 60페이지였고, 발행에 즈음한 신교육협회취의서를 최초로 게재하고 있다.

『신교육잡지』는 신교육협회의 기관지로 창간되었다. 신교육협회는 1930년 노구치 엔타로를 중심으로 시가키 히로시, 시모나카 야사부로(下中弥三郞), 다메토 고로(爲藤五郞), 야마자키 히로시(山崎博), 사사키 슈이치(佐佐木秀一), 이리사와 무네토시(入澤宗壽), 고바야시 스미에(小林澄兄), 이나게 소후(稻毛詛風) 하라다 미노루(原田實), 기타자와 다네카즈(北澤種一), 아카이 요네키치(赤井米吉)가 "신교육의 향상 발전을 도모하며 아울러 국제적으로 연락할 것"이라는 목적으로 조직한 교육 단체이다. 창립 이래 신교육에 관한 조사연구, 일본 안팎의 신학교 소개, 세계교육연맹과의 연락 등의 활동을 벌였다.

1930년 12월 1일 발행한 "신교육잡지준비호(新敎育雜誌準備號)"에 따르면 노구치 엔타로 등이 추구한 신교육의 본질은 "① 아동의 생활을 존중하고 문화 창조의 새로운 세력이 되게 한다, ② 개성 발휘에 의한 협력 사회의 완성으로 향하도록 유도한다, ③ 생활의 구체적 환경에 입각하여 신선한 도야재(陶冶材)를 구성한다, ④ 노작 교육을 중시하며 자발 활동을 왕성하게 한다, ⑤ 교육자는 교육애, 민족애, 인간애에 살아간다"는 구호로 압축된다.

이러한 목표를 이루기 위해 신교육협회는 기관지를 간행하였다. 애초에 회원 대부분이 기관지에 '신교육'이라는 이름을 붙이는 데 반대하였지만 편집 책임을 맡은 시가키 히로시의 의사에 따라 기관지의 이름이 결정되었다.

창간호 권두에는 "신교육협회의 진용은 더욱 번창해왔다. 우리 협회의 발기자로서 이름을 빌려준 유력한 대교육가, 대심리학자 중에는 이 길의 대원로인 다니모토(谷本) 박사, 히로시마문리과대학(広島文理科大學)의 나가타 신(長田新), 나라여고(奈良女高) 교사 기노시타 다케지(木下竹次), 도쿄문리과대학(東京文理科大學) 교수이자 학제의 전공가인 아베 시게타카(阿部重孝)가 있다"며 참여진용을 소개하면서 "신교육잡지가 앞으로 계속 호를 거듭하면서 점차 그 진면목을 새롭게 할 것이다"고 자부하고 있다.

본문의 내용은 고바야시 스미에의 「신독일의 신교육(新ドイツの新教育)」, 이리사와 무네토시의 「세계의 신교육 정세(世界に於ける新教育の情勢)」, 노구치 엔타로의 「대중협력의 세계(かくて大衆協力の世界)」 등의 신교육 소개 기사가 게재되었다. 또 도쿄시 후지소학교(東京市富士小學校)의 「창조교육의 지도원리(創造教育の指導原理)」, 야마자키 히로시의 「개성조사연구보고서(個性調査研究報告書)」, 다지마소학교(田島小學校)의 「특설교과 『생활과』, 『작업과』 연구(特設教科『生活科』『作業科』の研究)」의 신교육 실천연구가 소개되었다. 이 밖에도 제5회 세계신교육회의 개관 및 「신교육협회 창립의 유래 및 금후의 이상(新教育協會創立の由来及今後の理想)」 등이 게재되었다.

1938년에 『일본신교육』으로 이름이 바뀐 데는 "현하 국체 및 국체 정신이 앙양되는 시세"에 대한 고려가 작용하였다. 곧 1938년 이후 잡지에 쓰인 '일본'은 단순히 지역을 가리키는 개념이 아니라 특별히 국체라든지 국민성이라는 의미를 강하게 내포한 개념이었던 것이다. 따라서 『일본신교육』 단계에 이르러서는 일종의 시국 교육 잡지로 변모하고 말았다.

• 노구치 엔타로(野口援太郎, 1868~1941)

도쿄고등사범학교(東京高等師範學校)를 졸업한 뒤 34세의 젊은 나이로 효고현제이사범학교(兵庫縣第二師範學校, 히메지사범학교[姬路師範學校]의 전신)의 교장이 되었다.

일본 사범 교육 개혁의 모범가이자 교육 현장에서 학생의 개성을 신장하는 교육을 이론화하고 실천한 교육가로 '일본의 페스탈로치'라고 불렸다.

• 시가치 히로시(志垣寬, 1889~1965)

출판인이자 교육 평론가이다. 구마모토사범학교(熊本師範學校)를 졸업한 뒤 교사를 거쳐 도분칸(同文館)에서 간행한 『소학교(小學校)』의 편집 주임이 되었다.

노구치 엔타로, 시모나카 야사부로 등과 함께 1923년 교육 개혁을 추진하기 위한 단체로 교육의 세기사(教育の世紀社)를 결성하였다. 교육의 세기사 활동의 일환으로 이케부쿠로 아동의 마을 소학교(池袋兒童の村小學校)를 만든 것으로도 유명하다. (이규수)

참고문헌

東洋館出版社編集部 編, 『近代日本の教育を育てた人びと』, 東洋館出版社, 1965; 大井令雄, 『日本の'新教育'思想: 野口援太郎を中心に』, 勁草書房, 1984; 中野光, 『教育改革者の群像』, 國土社, 1991; 原國芳, 『日本新教育百年史 1』, 玉川大學出版部, 1970.

신군(新群, The Social Reconstrution)

1919년 중국 상하이 중국공학 교원들이 간행한 월간 사회과학 잡지

1919년 11월 상하이(上海) 중국공학 교원들이 간행한 사회과학 잡지이다. 주요 기고자는 당시 중국공학 교수였던 류빙린(劉秉隣), 량차오산(梁喬山), 차오런위안(曹任元) 등이다. 월간지로서 1920년 2월까지 불과 4호만 간행되었다. 국민 사상의 혁신을 통한 문화역량의 제고를 목표로, 서구 사상의 수용 소개를 통해 중국 현실을 비판하고 그 개혁을 모색하였다. 특히 서구 사회학을 비롯하여 각종 사회주의 사조를 소개하고, 사회개량주의의 관점에서 근본개혁론과 혁명론을 비판하였다. 5·4시기 진보적인 간행물의 일종이라 할 수 있다.

제호 그대로 사회개조를 표방한 잡지였다. 특히 다양한 사회주의 사조를 소개하고 현실 문제를 토론하면서 사회개조론을 견지하였다. 『신군』의 이러한 간행 목적과 성격은 이미 문화운동을 모색하며 중국공학을 경영하고 있던 량치차오(梁啓超) 집단의 주장을 대변한 것이었다.

이들의 주장하는 개조론은 신해혁명의 붕괴에 따른 현실인식에서 기원한 것이었다. 당시 이들은 중국의

정치사회적 혼란이 단순한 제도 차원의 문제가 아니라 그것을 운용하는 국민의 능력에서 연유하는 문제이며, 따라서 근본적인 개혁을 위해서는 단순한 정치제도의 개선이나 정권의 교체가 아니라 '가정조직', '경제조직', '정치조직' 등 전반적인 사회 조직을 개조하여야 한다는 것이었다. 이에 따라 진보적인 서구사상에 비추어 중국의 노동문제, 조세문제, 가정문제 등 사회일반의 문제점을 토론하고 있다. 혁명파들이 주장하는 반군벌 혁명정권의 수립에 반대하는 것이었다.

개조의 방법은 무엇인가? 이에 대해 류빙린은 과학적 방법과 인도주의를 내세웠다. 국민 개개인이 과학과 윤리를 기초로 사회 및 자신의 생활환경을 개조할 수 있는 능력을 갖춰야 한다는 것이었다. 량치차오 집단이 주장한 전형적인 사회개조론을 표방하고 있는 셈이다. 물론 그 주체는 5·4운동을 통해 등장한 군중운동이었다. 이를 통해서 군벌정치를 타도할 수 있다는 것이다.

물론 이러한 개조론이 공산당 등 사회주의 세력과 다른 것은 중국에서의 실현해야 할 사회주의의 방법 때문이었다. 특히 혁명파가 주장하는 근본해결, 또는 폭력혁명과 계급독재론에 반대하면서 중국의 조건에 걸맞는 사회주의 방안을 모색하였다는 것이다. 특히 다른 중국에서는 당장 사회주의가 발생할 필요가 없으며, 오히려 사회주의의 전제인 자본주의의 폐해를 예방하는 방안을 연구하였다. 이를 위해 각종 사회주의를 비교 토론하면서 특히 서구 사회학을 적극 수용하여 중국의 현실을 해석하는 한편 호조론, 무정부주의 공산주의 사조와 실천사례를 분석하였다.

여기에는 러시아 소비에트의 경험도 포함되는 것이었다. 소비에트를 신시기 방법이자 절대적인 개량의 양약으로 관심을 기울였다. 그러나 이는 어디까지나 개조론의 틀 속에서 합리적 대안을 찾으려는 모색 속에서 나온 것으로 소비에트 정부의 급격한 토지정책 등 계급정책, 폭력적 방법 등에 대해서는 비판을 아끼지 않았다

물론 이러한 『신군』 논조는 나름의 한계가 많다. 그러나 『신군』은 미래 사회의 대안으로 사회주의를 수용하고 있고, 볼셰비키혁명을 포함하여 서구 사회학 및 사회주의 사조를 적극 검토하면서 대안을 모색할 뿐만 이 아니라 5·4운동과 1차 세계대전 이후 민치주의의 평민주의를 반영하고 있다는 점에서 진보성이 크다. 동시에 『신군』은 길드사회주의자로서 크게 활약하는 류빙린의 초기 사상을 잘 살필 수 있다는 점에서 의미가 크다.

류빙린(劉秉隣)과 페이비언주의

『신군』의 주요 이론가인 류빙린은 후난 창사(长沙) 출신으로 베이징대학을 갓 졸업하고 중국공학의 경제학과 교수로 부임한 듯하다. 이미 베이징대학 시절 오사를 경험하면서 사회에 대한 관심이 높았을 것으로 생각된다. 이후 중국공학에 부임한 왕샤오원(王效文), 주진즈(朱進之) 등도 모두 베이징대학의 동문이자 사회적 실천을 중시하는 젊은 지식인 들이었다.

류빙린은 1921년 영국 런던대학으로 유학을 가기 전까지 중국공학 교수로 있으면서 장둥쑨(張東蓀)이 주관하던 『해방여개조』, 『시사신보』에 개조론과 관련한 글을 투고하였다. 특히 길드사회주의에 대한 이론적인 글이 많았다. 길드사회주의는 장둥쑨, 장쥔마이(張君勱) 등 량치차오 집단이 주장하고 선전하는 논리였다. 류빙린이 런던대학으로 유학을 간 것은 자연스러운 선택이었다. 런던대학 자체가 기왕의 케임브리지, 옥스퍼드 등 귀족 중심의 대학과 달리 평민주의, 시민민주주의를 모토로 설립되고 운용된 대학이었기 때문이다. 양돤류(楊端六), 청전지(程振基) 등 저명한 길드주의자들이 모두 런던대학 출신인 것은 우연이 아니다.

류빙린은 런던대학 졸업 이후 독일의 베를린대학을 거쳐 1925년 말 귀국하였다. 귀국 이후 다시 중국공학에 복귀하여 교무장을 맡는 등 중견교수로 활약하였다. 주목할 것은 이미 유학 과정에서 페이비언주의를 소개하였다는 점이다. 1926년 중국공학의 학교간행물인 『중국학간』 제2호에 「지식계급의 연합과 중국 페이비언사의 조직」을 발표하였는데, 이는 페이비언주의 이론에 기초하여 중국의 진보적인 지식인의 연대와

사회적 실천을 모색할 수 있는 대안을 제시하고 있다는 점에서 주목할 필요가 있다.

본래 호조와 연대를 표방하는 길드사회주의는 국가권력과 거대자본의 결탁에 맞서, 윤리적 능력을 갖춘 시민적 자치의 확대를 통해 사회문제를 해결하겠다는 실천적인 운동이었다. 특히 직업단위별 자치 영역의 확대를 통해 국가권력을 제한하여야 한다는 것이었으니 당시 지식인들에게는 매우 실천적인 동기를 부여할 수 있는 논리이지만, 결정적으로 현실 정치 세력인 군벌이나, 볼셰비키식의 정당과 같은 정치권력을 구성할 수 있는 방안을 결여하고 있다는 점에서 실험적인 논리에 불과하였다. 실제 중국에서는 1924년 내전의 격화, 국공합작의 성립으로 사실상 설 자리를 잃었다. 이에 따른 대안으로 등장한 것이 페이비언주의였다. 이는 길드사회주의자에서 페이비언주의자로 전향한 해럴드 라스키(Harold Laski)의 영향을 받고 귀국한 류빙린, 뤄룽지에 의해 적극 소개되었고, 장쥔마이는 라스키의 원전을 번역할 만큼 신봉하였다.

페이비언주의는 길드사회주의에 비하여 국가를 여타의 사회조직과 구별되는 공공성을 중시한다는 점과, 직업단위 별 자치가 초래할 수 있는 직업이기주의를 넘어서서 지적이고 도덕적인 지식인의 정치 참여를 강조한다는 점에 특징이 있었다. 중국에서 이러한 페이비언주의 이론은 장쥔마이, 뤄룽지 등이 주도한 국가사회당의 이론이자, 자유주의 지식인들이 국민당의 독재에 저항하는 이론적 근거로 작용하였다. 이는 단순한 정치권력의 획득이 아니라 사회 조직의 개선을 통해 국가권력의 공공성을 확보하려는 『신군』의 논리와 일맥상통하는 것이라 할 수 있다. (오병수)

▌신극잡지(新劇雜誌)

1914년 중국 상하이에서 창간된 문예지

1914년 5월 상하이(上海)에서 창간된 월간 문예지이다. 문학과 문예이론을 주로 실었고, 특히 당시 신극계의 동향을 대변하였다. 초기에는 샤추펑(夏秋風)이 편집을 맡았다. 기고자는 남사(南社) 성원이 많았다. 관이화(管義華), 왕슈웨(王瘦月), 류야쯔(柳亞子), 후지천(胡寄塵), 장주차오(蔣箸超), 쑨쉐니(孫雪泥) 등이었다. 베이징사회과학원 문학연구소도서관 등에 보관되어 있다.

잡지의 체제는 서언(序言), 언론(言論), 월단(月旦), 전기(傳記), 기사(記事), 극사(劇史), 소설(小說), 각본(脚本), 잡저(雜著) 등으로 난을 나누었다. 잡지의 내용은 신극의 사회 계몽적 역할을 강조하면서, 새로운 예술형식으로 신극의 방향을 모색하는 것이었다. 특히 민국 초기 공화정의 수립에 맞추어 인민들이 전제와 미신을 타파하고 민주와 과학 정신을 배양할 수 있는 수단으로서 연극의 역할을 강조하였다. "현재 중국이 처한 위험을 극복하기 위해서는 사람들의 양심을 일깨우지 않으면 안 되고", "현재 중국의 정법군학계 및 여러 사물의 폐해를 개혁하기 위해서는 역시 양심을 일깨우지 않으면 안 된다". 이를 위한 방법으로는 여러 형식과 방법이 있겠지만, "인심을 개량하기 위해서는 절실하고 신속한 사회교육이 아니면 안 된다. 사회 교육적인 측면에서 신속하고 절실한 효과를 볼 수 있는 것은 신극(新劇) 만한 것이 없다"는 것이었다(샤오톈[嘯天], 「나의 극론」, 1호). 장지쯔(江季子)의 「신극과 도덕의 관계」, 「신극과 문명의 관계」 등의 신극에 대한 비평적인 글의 상당수가 모두 이러한 신극의 계몽적 특성을 강조한 것이었다.

물론 이를 위해서는 구극의 폐단을 청산 개량하는 것이 필수적이었다. 구극에 내포된 미신(迷信), 야만(野蠻), 음탕(淫蕩)한 요소나, 가정극에 내표된 봉건적인 도덕을 청산하지 않으면 안 된다고 주장하였다(왕슈웨[王瘦月], 「희극진화론」, 2호). 동시에 신극은 애국이라는 새로운 가치를 감동적으로 포함하여야 하며, 이렇게 해야 국가나 학교 교육이 하지 못한 연극의 효과를 기대할 수 있다고 주장하였다. 동시에 왕은 외국에서 수입한 설익은 것이 아니라 "중국의 실정에 맞는 것", 또 사람들의 진취심, 공공성을 제고할 수 있는 사실적인 연극을 개발하여야 한다는 것이 그 주장이었다(샤오톈, 「나의 극론」, 1호).

또한 『신극잡지』는 새로운 신극 예술 형식을 탐구하였다. 윈야오(尹曜)의 「각본을 편찬하는 영성(編纂脚本之靈性)」, 「극본전이설(劇本專利說)」, 추평(秋風)의 「신극의 유지계획(維持新劇計劃)」, 장랑(江郎)의 「각본(脚本)과 소설(小說)」 등은 모두 관객의 감정이입문제, 신극의 공연 방식, 인물의 전형 설정의 문제, 무대장치 및 음향효과의 문제 등 하나의 예술 형식으로 신극의 개선을 위한 이론과 실제 문제를 토론하고 있다. 윈야오는 이 같은 이론을 바탕으로 신극은 종합과학이자 종합학문이라고 주장하였다.

그 외 『신극잡지』는 당시 공연되고 있던 일련의 신극을 비평하는 가운데 「신극원류고(新劇源流考)」, 「1년간 상하이의 신극(一年來上海之新劇)」 등을 통해 신극 및 연극사에 관한 자료를 정리하였다. 특히 1914년 5월 상하이 신극공회(新劇公會)는 신민(新民), 민명(民鳴), 개명(開明), 춘류(春柳), 계민(啓民), 문명(文明) 등 6개 극단을 모아 신극을 공연하면서 저명한 비평가를 초빙하여 평론한 내용을 『신극잡지』 2호에 게재하는 등(「6대 극단 연합연극의 품평[六大劇團聯合演劇之品評]」, 2호) 당시 공연된 신극에 대한 비평을 시도하였다. 당시로서는 보기 드문 사례이면서 동시에 당시의 신극공연 상황에 대한 중요한 정보라 할 수 있다. 그 외 상당한 정도의 연극에 대한 자료를 정리 하고 있는데 그중 중요한 것은 "신극공회(新劇公會)" 사료, "아시아영화공사사료(亞細亞映戲公司史料)" 및 기타 연극사에 대한 많은 자료를 정리하여 게재하고 있다.

신극공회는 유명무실해진 '신극구진회(新劇俱進會)'를 대신하여 1914년 쉬샤오톈(許蕭天) 등 300여 명이 신극의 발전을 위해 조직한 동업조직으로 『신극잡지』는 이들의 발기회의 상황과 자정 활동상황을 자세히 게재하고 있다. 아시아영화공사(亞細亞映戲公司)는 1909년 벤자민 브라스키(Benjamin Brasky)가 창립한 영화사이지만 1913년 『신극잡지』의 발행인 중 한사람인 장스촨(張石川)이 고문을 맡아 신극 배우와 중요 인물들을 영화제작에 참여시키면서 본격적으로 발전하였다. 이들이 제작한 "그 남편에 그 아내(難夫難處)" 등 중국 영화사에 길이 남는 영화들이었다. 『신극잡지』는 이에 대한 상세한 사정들을 싣고 있어서 중국 초기 영화를 연구하는 데 상당한 도움을 주고 있다.

그 외 『신극잡지』는 매호마다 '극사(劇史)'란을 통해 그동안 공연되었던 "고해화(苦海花)", "구대랑(仇大娘)", "대남(大南)" 등 신극을 일일이 소개할 뿐 아니라 관련 배우들의 사진을 싣고 있어서 중국의 초기 연극사를 연구하는 데 많은 참고자료를 제공하고 있다. (오병수)

▌신기원(新紀元)

1905년 창간된 일본의 기독교 사회주의 잡지

1905년 11월에 창간되어 다음해 11월까지 모두 13호가 발간된 기독교 사회주의 잡지이다. 발행 겸 편집인은 이시카와 산시로(石川三四郎)였고 아베 이소(安部磯雄)도 편집에 참여하였다. 발행처는 도쿄(東京)의 신기원사(新紀元社)였다.

『신기원』은 유물주의, 폭력주의에 반대하면서 인도주의적 입장을 선명하게 내걸고 창간된 기독교 사회주의의 독립 월간지였다.

『신기원』을 주도한 것은 이시카와 산시로, 아베 이소, 기노시타 나오에(木下尙江)였다. 그리고 우치무라 간조(內村鑑三), 도쿠토미 로카(德富蘆花), 시바 데이키치(斯波貞吉), 오카와 슈메이(大川周明) 등도 글을 기고하였다.

가장 중요한 필자인 이시카와 산시로, 아베 이소, 기노시타 나오에는 모두 경건한 기독교 신자인 동시에 사회주의운동에 투신한 실천가였다. 이들은 일요일마다 설교를 듣고 매월 사원의 만찬회를 갖고 격주로 성경 연구회를 가졌다.

『신기원』의 편집은 기독교 사회주의의 주장을 제외하면 『광(光)』의 편집과 비슷하였다. 특히 도쿠토미 로카가 소설 「흑조(黑潮)」의 제2편을 연재하였고, 우치무라 간조의 기고도 인기가 있었다. 그렇지만 『광』 정도의 활기는 없었다.

『신기원』의 정신주의는 이시카와 산시로의 「계급전쟁론(階級戰爭論)」(7호)에 전형적으로 표현되어 있다. 그는 이 글에서 노동자계급의 계급적 자각을 호소하면서도 자본가 계급과 노동자계급이 동포이기 때문에 "계급 증오의 생각"을 조장하는 유물론에 강하게 반대하였다. 당연히 이러한 주장은 당시 사회주의자들로부터 큰 반발을 불러일으켰다.

『신기원』의 모순은 기노시타 나오에가 종간사에서 사회주의와 기독교를 동시에 추구한 것이 "동시에 두 주인에 봉사할 것을 바란 두 마음의 망령된 신하"라고 평가한 데서 잘 나타나 있다. 실제로 기노시타 나오에는 이후 사회주의운동에서 발을 뺐으며, 아베 이소도 와세다대학(早稲田大學)의 교수로 돌아가 청년 교육에 전념하게 되었다.

일본에서 사회주의 사상, 운동의 성립기에 기독교 사회주의가 사회민주당(社會民主黨)의 결성, 비전론(非戰論) 논의 등을 통하여 수행한 적극적 역할은 『신기원』의 종간으로 끝나게 되었다.

기독교사회주의

기독교의 사랑과 정의 윤리에 의하여 공동 사회를 실현하려는 사회주의 사상이다. 특히 19세기 중반 영국에서 성행하였다. 이 시기는 산업 자본주의의 확립기로서 자본의 자유 경쟁과 이윤 추구가 광범위한 노동자계급의 궁핍과 계급투쟁의 격화를 초래하고 있었다.

이러한 상황에서 영국 국교회의 목사인 모리스(F. D. Maurice)와 킹슬리(C. Kingsley)는 1848년 『인민을 위한 정치』라는 잡지를 통하여 "기독교를 갖고 신앙에서 사회 행동까지 활동하고 또한 사회주의를 기독교화"할 것을 주장하였다. 정치보다는 종교적, 인도적 견지를 우선시하는 가운데 폭력과 혁명을 부정하고 교육사업, 협동조합운동에 중점을 두고 있었다.

그러나 이러한 주장은 좌우 양쪽으로부터 공격을 받아 1850년대 말에는 소멸하였다. 그렇지만 그 계보는 기독교사회동맹 등을 거쳐 노동당으로 이어졌다. 미국과 독일에서도 한때 유력한 사상이었다. 일본에서도 아베 이소, 기노시타 나오에, 가가와 도요히코(賀川豊彦) 등이 이 사상의 영향을 받았다. (이준식)

참고문헌

勞働運動史硏究會 編, 『新紀元』, 複製版, 明治文獻資料刊行會, 1961; 渡部義通·鹽田庄兵衛 編, 『日本社會主義文獻解題』, 大月書店, 1958.

▌신대륙(新大陸)

1932년 만주 펑톈에서 창간한 친일 성향의 일본어 월간지

1932년 7월 1일 만주 펑톈(奉天)의 신대륙사(新大陸社)에서 창간했다. 현재 창간호와 통권 4호(1932.12)만 확인이 가능하다. 따라서 언제 종간되었는지도 알 수 없다. 창간호는 A5 국판이며 총 93쪽으로 이루어져 있다. 편집 겸 발행인은 김삼민(金三民)으로 신대륙사 조선총지점(朝鮮總支店)에서 발행하였다. 창간호와 통권 4호(1932.12)가 연세대에 소장되어 있다.

신대륙사는 '① 재만조선동포의 경제적 발전과 문화 향상을 기(期)함. ② 국내동포의 만몽 발전을 기함. ③ 동양 민족의 진실한 평화와 공영을 기함'이라는 강령을 내걸고 "친일배일(親日排日), 친중배중(親中排中)의 사상을 초월하고 조선인의 입장에서 조선인 본위의 경제운동을 한다"라는 방침 아래 만철(滿鐵)과 당국자에게 조선인에 대한 경제적 지원을 요청하고 피난민구제운동을 전개하였으며, 재만동포의 사정을 국내동포에게 소개하고 국내동포의 만주 진출을 돕기 위하여 경성에 신대륙사 직영의 조선총지사를 설치하고 일본어로 된 월간지 『신대륙』과 동시에 한글로 된 월간지 『신만몽』(1932.8.1)을 발행하였다. 창간호의 「창간사」에서는 "내외 동포의 만몽 연구 및 대륙 진출에 편리하게 하고 일만 관민식자(官民識者)의 재만조선인에 대한 올바른 정책 수립에 기여함으로써 재만조선동포의 경제적 발전과 문화적 향상을 도모하고 아등(我等)의 복리증진과 신운명 개척에 일조의 역할을 하려는 것"이라고 창간의 취지를 밝히고 있다. 창간호에는 김삼민(金三民)의 「재만조선인의 장래」, 윤상필(尹相弼)의 「만주국에서 조선동포의 현상과 장래」, 호즈미 신로쿠로(穗積眞六郞)의 「장래에 대한 재만조선인의

각오」, 박춘금(朴春琴)의 「만몽문제해결책」, 유춘풍(柳春風)의 「만주국에 대한 오인의 희망」, 신민생(新民生)의 「재만조선인 지식계급의 실업문제와 그 중대성」 등 재만동포문제와 관련된 논설이 대부분을 차지하고 있다.

재만조선인 인구에 대한 조사보고, 만주의 풍습 소개 등이 실려 있으며, 잡지의 끝부분에는 「신대륙사의 내용에 대하여」라는 신대륙사 관련 기사를 싣고 있다.

『신대륙』은 만철과 당국자의 지원, 협력을 통하여 재만조선인 문제를 해결하려고 하는 친일적 지향을 보이지만, 만주국 수립 직후 재만조선인의 위상과 생활실태를 살펴볼 수 있다. 잡지 발행인의 입장에서 볼 때, 만주에 정착하여 살고 있는 조선인의 생존과 권리, 생활은 구체적이면서도 실제적인 문제였으므로, 만주국과의 관계 설정을 유리하게 할 필요가 있었다고 여겨진다. 또한 일본 당국으로서도 재만 조선인의 생활 실태와 동향을 파악함으로써 만주국을 지배하고 경영하는 지표로 삼는 데 도움이 되는 만큼, 서로의 이해관계가 만나는 지점에서 잡지의 발행과 배급, 유포는 필요했던 것처럼 보인다. 그럼에도 재만조선인의 관리와 통제가 주된 목적이었으므로 친일 성향을 부정할 수는 없으며, 신대륙사의 주된 사업을 충실히 담아내는 잡지의 성격을 띨 수밖에 없다고 하겠다. (전상기)

참고문헌

신규섭, 「만주국 치외법권 철폐와 재만조선인에 대한 인식」, 성균관대 대동문화연구소, 『대동문화연구』 제43권, 2003; 최병도, 「만주동포문제협의회의 결성 및 해체에 관한 연구」, 한국근현대사학회, 『한국근현대사연구』 제39집, 2006; 최삼룡, 「재만조선인문학에서의 친일과 친일성향 연구」, http://www.aks.ac.kr/EngHome/files/lit14.htm.

신대중(新大衆)

1938년 일본에서 발행된 오락 잡지

1938년 8월 일본의 신대중사(新大衆社)가 창간한 대중용 오락 잡지이다. B6판의 소형크기로 발행되었으며, 당시 오락 잡지 중에서 일급은 아니고 이류 정도의 위치를 차지하고 있었다. 전국 서점에서 판매되었지만, 서점에서 많이 볼 수 없었는데, 그 이유는 주로 '황국위문(皇軍慰問)'용으로 사용되었다는 점과 일류 잡지와 이류 잡지의 용지 할당에 큰 차이가 있었다는 점이었다.

이 잡지의 논조나 성격은 해군색(海軍色)이 강하였는데, 권두언이나 논문 같은 것은 해군의 장관이 집필한 것이 상당히 많았다. 또한 해군성 흑조회(黑潮會) 회원의 수기와 보도가 상당히 많이 눈에 띈다. 오락 잡지였지만 직장소설, 시대소설, 전기 등도 게재하였다. 그러나 집필진이 일류 잡지에 비해서 빈약했던 것은 어쩔 수 없는 상황이었다.

예를 들어 1944년 2월호 지면의 구성을 살펴 보면, 소설이 6편 게재되어 있는데, 이 중에서 다소라도 이름이 알려져 있는 작가의 작품은 3편에 불과했다. 따라서 잡지의 '만재(漫才)'라든가, '강담(講談)'란은 편집지가 거의 대부분은 쓴 것으로 생각되고, 이 때문에 일류라고 생각되는 잡지와는 현격한 차이를 노정했다.

일반적으로 오락 잡지는 전속 작가가 2명이나 3명에 불과했고, 분량의 반 정도를 편집자나 독자(투고자)가 채우는 형태였다. 본 잡지에도 역시 투고란이 설정되어 있었는데, 평범한 일반인은 아니고, 세미프로에 가까운 문단예비군(文壇豫備軍)이 단카(短歌), 하이쿠(俳句), 시 등을 투고하였다. 이들의 작품 중에는 때때로 전문시인이나 가인(歌人)의 관념적으로 공허한 작품보다도 현실 생활의 진실을 전하는 작품들이 보인다. (문영주)

참고문헌

高崎隆治, 『戰時下の雜誌その光と影』, 風媒社, 1976, 146~147쪽 高崎隆治, 『戰時下のジャ-ナリズム』, 新日本出版社, 1987; 『日本出版百年史年表』, 日本書籍出版協會, 1968.

신대한(新大韓)

1919년 중국 상하이에서 신채호가 발행한 한자신문

1919년 10월 28일 신채호가 상하이에서 창간했다. 주간은 신채호였다.

1919년에 임시정부의 『독립신문』과 함께 창간되었지만, 논조는 서로 달랐다. 『독립신문』은 이승만을 옹호하는 논조를 편 데 대하여 『신대한』은 이승만을 공격하고 정치적 논쟁을 전개했다. 신채호가 유력한 논객이었고, 베이징의 박용만(朴容萬) 및 신대한동맹 등과 긴밀한 연락관계를 맺고 있었다.

안창호는 『신대한』의 이승만 비판에 대해 일기에 다음과 같이 기록하고 있다. "1월 18일 임현(林鉉)군이 래방하야 상해의 분쟁되는 것을 잘 조화하라 하다. 여일(餘日) 『신대한』의 논조를 조심하야 논쟁이 기치 않게 하라 하다." (이신철)

참고문헌

윤임술 편, 『한국신문백년지』 2, 한국언론연구원, 1983; 신용하, 「신채호의 생애와 사상과 독립운동사상」, 『계간 사상』 10, 1991.8.

신동아(新東亞)

1931년 서울에서 창간된 종합 월간지

1931년 11월 1일 동아일보사 직영인 신동아사(新東亞社)에서 창간했다. 1936년 9월 '일장기말소사건'으로 『동아일보』가 무기 정간될 때 통권 59호로 강제 폐간되었다. 해방 이후 동아일보사에서 1964년 8월 다시 복간하여 오늘에 이르고 있다. 편집 겸 발행인은 양원모(梁源模), 인쇄인은 대성당 인쇄회사의 한동수(韓東秀), 발행소는 신동아사(경성부 광화문동 139)였다. 창간 초기에는 판형이 B5판으로 총 200쪽 내외였다가 제6권 4호(통권 54호, 1936.5)부터 판형은 A5 국판 에 총 300쪽 내외로 바뀌었다. 정가는 30전이다.
서울대, 고려대, 연세대와 국립중앙도서관에 소장되어 있으며 영인된 자료도 나와 있다.

주요섭이 주간을 맡아 조선 민족 전도의 대경륜을 제시하는 전람회이자, 토의장이요, 요람소의 역할을 다하려고 하였다. 또한 조선 민중의 표현기관이요, 민족주의를 표방하고, 민주주의를 지지하며, 문화주의를 제창하는 3대 근본취지를 내세웠다

사장 송진우는 「창간사」에서 다음과 같이 창간 취지를 밝혔다.

"조선 민족은 바야흐로 대각성, 대단결, 대활동의 효두(曉頭)에 섰다. 사업적 대활동의 전구(前驅)는 사상적 대온양이 아닐 수 없다. 그런데 사상적 대온양은 민족이 포함한 특색있는 모든 사상가, 경륜가의 의견을 민족 대중의 앞에 제시하여 활발하게 비판하고 흡수케 함에 있다. 이러한 속에서 민족대중이 공인하는 가장 유력한 민족적 경륜이 발생되는 것이니 월간 『신동아』의 사명은 정히 이곳에 있는 것이다."

「편집후기」에 『동아일보』 편집국장대리이면서 『신동아』 편집을 주관하던 소오(小梧) 설의식(薛義植, 1897~1954)이 편집방침을 밝히고 있다. 즉, '망라주의'를 방침으로 삼아 정치, 경제, 사회, 학술, 문예 등 각 방면을 통하여 시사, 평론으로부터 과학, 운동, 연예, 취미에 이르기까지 지식과 견문을 넓히고 실익과 취미에 도움이 될 만한 것이면 모두 싣고자 하였다. 사장 송진우가 언명한 대로 '조선민족의 공기(公器)'이고자 한 것이다. 200~300쪽에 이르는 방대한 지면에 각계 명사가 망라된 500여 명의 집필진을 동원하였으며, 권말에는 특별부록으로 「콜사이스문고」와 「동서고금사상가열전」을 붙여 작은 지면에 많은 내용을 넣으려 애를 썼다.

"전쟁시비 특집"(통권 4호), "신량호(新凉號)"(통권 11호), "과학호"(통권 19호), "세계위기호"(통권 30호), "현대위걸(偉傑)호"(통권 37호), "극동문제 특집"(통권 38호), "모험 특집"(통권 45호), "문예 특집"(통권 47호), "입학문제 특집"(통권 54호) 등 시의적절한 특집을 잘 꾸려 그에 대한 평판을 쌓았으며 많은 독자를 확보하였다.

『신동아』의 출현과 성황에 자극을 받아 다른 신문사에서도 잡지 발간이 활발히 이루어졌다. 일본제국주의의 문화통치정책 아래에서 대자본을 배경으로 한 신문사 겸영잡지의 대표격이었던 것이다. 조선중앙일보사의 『중앙』, 조선일보사의 『조광』 등 신문사 경영의 잡지가 출현함으로써 '신문잡지시대'를 열었으며, 다양한 글을 통하여 시대적 분위기를 잘 보여 주고 있다. (전상기)

참고문헌

신성웅, 「자료: 『신동아』, 『중앙: 문예면』, 『대한계년사』 공연예술 주제색인」; 한국음악사학회, 『한국음악사학보』 제34권, 2005; 이민주·양승목, 「일제시대 언론연구의 위상과 동향」, 한국언론학회, 『한국언론학보』 50권 6호, 2006.

신만몽(新滿蒙)

1932년 서울에서 창간된 월간 경제 종합지

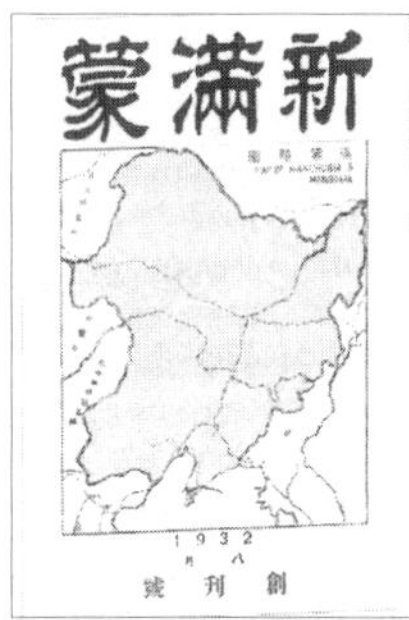

1932년 8월 1일 신대륙사(新大陸社)에서 창간했다. 현재 창간호와 통권 4호(1932.12)밖에는 확인할 수 없다. 창간호는 A5 국판이며 총 100쪽에 정가 20전이다. 편집 겸 발행인은 김삼민(金三民), 인쇄인은 대성당 인쇄합자회사의 김창여(金昌汝), 발행소는 신대륙사 조선총지사(朝鮮總支社, 경성부 명치정[지금의 명동 2가 82])이다. 신대륙사 본사는 대련(대련 왕양가 415)에 있었다고 한다. 창간호와 통권 4호(1932.12)가 연세대에 소장되어 있다.

신대륙사는 '① 재만조선동포의 경제적 발전과 문화 향상을 기(期)함. ② 국내 동포의 만몽 발전을 기함. ③ 동양 민족의 진실한 평화와 공영을 기함'이라는 강령을 내걸고 "친일배일(親日排日), 친중배중(親中排中)의 사상을 초월하고 조선인의 입장에서 조선인 본위의 경제운동을 한다"라는 방침 아래 만철(滿鐵)과 당국자에게 조선인에 대한 경제적 지원을 요청하고 피난민구제운동을 전개하였으며, 재만동포의 사정을 국내동포에게 소개하고 국내동포의 만주 진출을 돕기 위하여 경성에 신대륙사 직영의 조선총지사를 설치하고 한글로 된 월간지 『신만몽』과 동시에 일본어로 된 월간지 『신대륙』을 발행하였다.

창간호의 「창간사」에서는 "내지(內地) 동포의 만몽 사정 연구와 대륙 진출을 조(助)하며 재만동포의 경제적 발전과 문화적 향상을 도(圖)하여 신운명 개척에 일조의 역할을 하려 한"다고 창간의 취지를 밝히고 있다. 창간호에는 김삼민(金三民)의 「만주와 조선민족」, 이원학(李源鶴)의 「만주역사의 개요」, 호즈미 신로쿠로(穗積眞六郎)의 「장래에 대한 재만조선인의 각오」, 이영두(李永斗)의 「만주국에 대한 촉망」, 한일민(韓逸民)의 「재만조선피난동포문제의 중대성과 그 대책」, 김강석(金剛石)의 「만주와 조선인 취직문제」 등 재만동포 문제와 관련된 논설이 대부분을 차지하고 있다. 만주 물산에 대한 조사보고, 만주의 풍습 소개 등이 실려 있으며, 말미에는 「신대륙사의 내용에 대하여」라는 신대륙사 관련 기사를 싣고 있다.

『신만몽』은 만철과 당국자의 지원, 협력을 통하여 재만조선인 문제를 해결하려는 친일적 지향을 보인다. 또한 만주국 수립 직후 재만조선인의 위상과 실태를 살펴볼 수 있다. 여기에 덧붙여 주목해야 할 것은, 만주국을 설립한 일본이 만주에 거주하는 조선인의 경제사정과 조선인들이 처한 생존문제를 시급한 사안으로 보고 있다는 사실이다. 식민지 경영을 통하여 대륙 진출을 꾀하고자 하는 일본에게 있어 만주로 건너간 조선인의 생존은 가볍게 넘길 문제가 아니었다. 당시 재만 조선인이 150만이었다는 점을 상기한다면 그들의 생활상을 파악하고 자신들의 관리 아래 두는 것은 필요한 일이었다. 그리하여 일본어 잡지와 조선어 잡지를 이원화하여 재만 조선인에 대한 관심과 배려를 드러내는 한편으로, 그들의 실태를 조사하고 그들의 곤란을 해결함으로써 자신들의 통제에 용이하게 하는 것은 반드시 해야만 하는 일이었다. 따라서 일본어와 조선어로 된 각각의 잡지를 통하여 소기의 목적을 달성하려고 한 의도가 엿보인다. (전상기)

참고문헌

신규섭, 「만주국 치외법권 철폐와 재만조선인에 대한 인식」, 성균관대 대동문화연구소, 『대동문화연구』 제43권, 2003; 최병도, 「만주동포문제협의회의 결성 및 해체에 관한 연구」, 한국근현대사학회, 『한국근현대사연구』 제39집, 2006; 최삼룡, 「재만조선인문학에서의 친일과 친일성향 연구」, http://www.aks.ac.kr/EngHome/files/lit14.htm.

신만주(新滿洲)

1939년 일본에서 발행된 이민 잡지

1939년 4월부터 1940년 12월까지 만주이주협회(滿洲移住協會) 기관지로 발행한 잡지이다. 본 잡지는 1936년 4월 역시 만주이주협회의 기관지로 창간되었던 『척만몽(拓け滿蒙)』을 개제하여 발행되었다.

잡지제호의 변경은 『척만몽』 1939년 3월호에 예고되었다. 즉 지금 만주이주협회의 기관지인 것은 물론이지만, 단순한 기관지가 아니라, 국책 만주 이민의 유일한 월간지임과 동시에 만주에 대한 것이라면 무엇이라도 알고 있는 권위와 관록을 자랑하는 잡지라는 것이다. 그런데 『척만몽』이라는 제호는 장래의 비약을 고려할 때 유치할 뿐 아니라, 제한된 느낌이 들기 때문에, 제호를 변경한다고 기록되어 있다. 이런 측면에서 본 잡지는 철두철미하게 만주 이민의 선전을 목적으로 간행된 이민 잡지였던 것이다.

따라서 잡지 제호 변경 이전부터 분량이 급증함과 동시에 다루는 테마도 광범위하였다. 제호 변경 이후에는 「만주의 것이라면 무엇이라도 안다」, 「국책만주개척의 유일한 권위」가 이 잡지의 2개 슬로건이 되었다.

제호를 변경한 1호(1939.4)는 분량은 120쪽이었다. 제호 변경 직전의 『척만몽』 분량은 100쪽이었다. 잡지 지면 구성에서도 큰 변화가 있었다. 각 항목의 분량은 근소했지만, 「시국독본(時局讀本)」, 「농촌문제의 상식(農村問題の常識)」, 「의용군현재보고(義勇軍現地報告)」, 「개척지의 근경(開拓地の近頃)」, 「부형과 가족의 항(父兄と家族の頁)」, 「소학생란(小學生欄)」, 「만몽개척상담란(滿蒙開拓相談欄)」, 「신만주담화실(新滿洲談話室)」 등의 난이 개설되었다.

4월호에는 제74의회에서의 이주문제를 둘러싼 논전(論戰)이 자세히 소개되어 있다. 중일전쟁의 장기화에 따라 노동력 부족이 현재화되었기 때문에, 일부 의원들에 의해서 이민중지론(移民中止論)이 요구되었다. 이에 대해 정부 측의 답변은 이민 목적이 변화하였음을 강조하였다. 즉 당초 농촌의 과잉인구 대책으로 출발했던 이민이었지만, 현재는 '일만일체(日滿一體) 불가분(不可分)의 국가를 구성하고 만주의 국방이 즉 일본의 국방이다'라는 점을 강조하고, 국방의 견지에서 이민이 중시되고 있다고 주장하였다.

일본의 만주 이민사에서 하나의 시기를 획한 「만주개척정책기본요강(滿洲開拓政策基本要綱)」이 정식 결정을 본 것은 1939년 말이었다. 이와 관련하여 잡지는 요강에 관한 기사를 여러 차례 게재하였다. 2월호의 시사해설 기사를 시작으로, 3월호에는 「일만이민회의(日滿移民會議)에서는 무엇이 논의되었는가」, 7월호에는 「비약하는 개척국책(開拓國策)」, 9월에는 「개척국책 최후방침 확립」, 12월에는 「만주개척기본정책요강 성안」 등이 그것이다. 그리고 1940년 1월호는 요강을 구체화하기 위한 예산 조치를 소개하였다.

1940년에 들어서면, 지금까지의 과대한 선전에 종시되었던 지면은 매우 다른 분위기가 되었다. 대량이민의 실태가 전해지면서, 장밋빛 꿈만을 묘사할 수 없게 된 것이다. 신년호에 게재된 「노동력 문제와 농촌의 재편성 문제에 대해서」, 「만주개척지의 농업경영 개선의 목표는 무엇인가?」라는 기사가, 문제의 소재를 시사하고 있다. 이민송출 측에서는 농촌 노동력 부족이라는 송출곤란, 만주현지 측에서는 영농상의 제 모순은 이 이후 여러 차례 지면에서 반복된다.

1월호에는 또 「청소년의용군소대편성운동(青少年義勇軍小隊編成運動)에 대해서」라는 기사가 게재되었다. 소학교 고등과 재학생에서 선발한 생도를 군단위에서 모집해서 척식훈련을 실시하고, 훈련수료 중에서 의용군 일개 소대를 편성, 송출하자는 운동이었다.

1940년에는 분촌·분향(分村·分郷)의 송출모촌(送出母村)의 조사보고가 연재되었다. 연재에 앞서 2월호에 「만주갱급촌건설연기(滿洲更級村建設緣記)」가 게재되었다. 연재는 9월호부터 다음해 9월호까지 13회에 걸쳐 게재되었다. 단순한 소개기사가 많았지만, 다양한 사례가 보고되었고, 자료로서 유용하게 이용될 수 있다. 이외 연관기사로, 선견대(先遣隊) 송출 이후의 모촌(母村)에서의 후속자 모집의 어려움을 언급한 「분촌계획과 모촌의 재건(分寸計劃と母村の再建)」이라는 기사가 10월호에 게재되었다. 또 1월호에 이어서 농촌재편성 문제를 논한 「분촌운동과 일본농촌의 재편성」이라는 기사라 8월호로 게재되었다. 이 해 가을부터는 분촌운동의 새로운 의의가 부여되어, 경제갱생에 대신하여 농촌재 편성이 강조되었다.

한편, 만주에서 이주농민의 농업기술 문제가 왕성하게 논의되었다. 일본이주농민들은 주로 일본의 재래농법에 익숙하였는데, 이 농법을 중국인들이 거부하였고, 또한 광대한 토지가 할당되어 경작에 어려움을 겪게 되었다. 결국 이들은 지주가 되는 경우가 많았다. 이러한 사정이 알려지면서, 잡지에서도 이와 관련된 기사들이 게재되었다. 4월호에는 「만주의 재래농구는 어떠한 것인가」, 5월호에는 「북만(北滿)의 수도재배(水稻栽培)에 대해서」, 9월호에는 「만주가 배워야 할 북해도농법」 등이 게재되었다.

의용군에 대해서는 소대편성운동과 결합해서, 소학생의 척식훈련이 중시되었다. 소학생에 대한 홍아교육(興亞教育)이 왕성하게 행해졌다. 3월호에는 「특집·불타오르는 소학생의 척식훈련(燃へ上る小學生の拓殖訓練」이 게재되었다. 한편, 1938년도에 만주에 간 의용군은, 1940년에 3년간의 훈련을 종려하고 개척단(開拓團)으로 이행되었다. 10월호의 「개척단으로 독립된 선구(先驅) 의용군」, 11월호의 「의용대 개척단의 건설과 경영에 대해서」는 최초로 개척단을 언급한 기사들이었다.

이외 주목할 만한 기사가 있다면, 임업개척단(林業開拓團)에 관한 기사가 2월호, 11월호에 게재되었다. 또 조선인 이민에 관한 2개의 기사가 게재되었다. 9월호의 「압록강을 넘어서 개척에 정신, 반도청년 의용군 편성(鴨綠江を超えて開拓に挺身, 半島青年義勇軍編成)」, 10월호의 「반도인의 만주개척에 따뜻한 지도(半島人の滿洲開拓に溫い指導)」라는 기사가 그것인데, 이러한 기사도 단순하게 볼 수 없는 자료적 가치를 가지고 있다.

1940년 잡지 지면의 현저한 특색으로는, 의용군대원의 수기와 「개척독물(開拓讀物)」, 「신만주문예(新滿洲文藝)」 등의 제목을 단 장편, 단편소설류의 현저히 증가했다는 점이다. 대륙에서의 「신문화 창조」라는 괘성(掛聲)에 호응한 것이었다. 1940년 신년호에는 「홍아문학을　제창한다!(興亞文學を提唱す!)」라고 칭하고, 「기원2600년기념단편소설현상모집(紀元二千六百年記念短篇小說懸賞募集)」이 행해졌다. 그리고 "이 나라를 들어서 홍아(興亞)의 성업(聖業)에, 국민의 모든 계층이 참가할 때, 예술 그중에서도 문학의 적극적인 참가가 요망된다"라고 기술되어 있다. 또 4월호부터 '만주어강좌(滿洲語講座)', '대륙농업의 안내'란이 신설되었다. *전상기)

참고문헌

『「拓け滿蒙」, 「新滿洲」, 「開拓」 解說 解題 總目次』, 不二出版, 1998; 『日本出版百年史年表』, 日本書籍出版協會, 1968.

신무도(新武道)

1941년 일본에서 발행된 시사 잡지

1941년 일본의 국방무도협회(國防武道協會)가 창간한 잡지이다. 창간 당시에는 B5 크기의 대형 잡지였지만, 전쟁 말기에는 A5판으로 판형이 변화하였다. 1945년 6월호까지 발행된 것이 확인되지만 그 이후 상황은 자세히 알 수 없다. '매호가 최후의 각호'에서 편집했다고 후기에 적혀 있을 만큼 편집자의 잡지 발행의 각오는 절박했던 것으로 보인다.

잡지의 성질상 전쟁을 테마로 다양한 모티브를 가지고 잡지가 구성된 것은 당연한데, 다만 전쟁 상황을 외면하지 않는 편집을 했다는 점에서, 전쟁 말기의 다른 잡지와는 다른 모습을 보였다. 예를 들어 1946년 6월호의 대담에는 위대한 지도자가 없다든가, 민심이 동요하고 있다는 등의 솔직한 발언이 그대로 적혀 있다.

그리고 6월호에는 미군의 자동소총의 성능이 상술되어 있다. 다소 과소평가되어 일본의 소총보다는 더 좋은 것은 아니라고 생각되었지만, 일본에 자동소총이 없다는 점을 부정한 것은 아니었다. 미군의 자동소총은 "기능 확실(機能確實), 경량(輕量), 부분품소수(部分品小數), 안전성 확고(安全性堅確), 분해수입 용이(分解手入容易)"한 것으로, 1분간 "40~50발을 발사 할 수 있다"고 설명하였다. 그러나 이러한 총을 결코 두려워 할 필요는 없다고 서술하였다. 이미 개량된 자동소총이 전투에서 사용되고 있는 점을 무시하고 있었다.

따라서 잡지가 전쟁 상황을 외면하지 않았다고는 하지만, 위와 같은 한계를 가지고 있었다. 이런 측면에서 일본은 미군만을 대상으로 전쟁을 수행했음에도 불구하고, 가장 초보적이고 기본적인 무기로서의 소총에서 이미 패배하고 있었던 것이다. (문영주)

참고문헌

高崎隆治,『戰時下の雜誌その光と影』, 風媒社, 1976, 151~152쪽;『日本出版百年史年表』, 日本書籍出版協會, 1968.

신문계(新文界)

1913년 서울에서 발행된 종합지

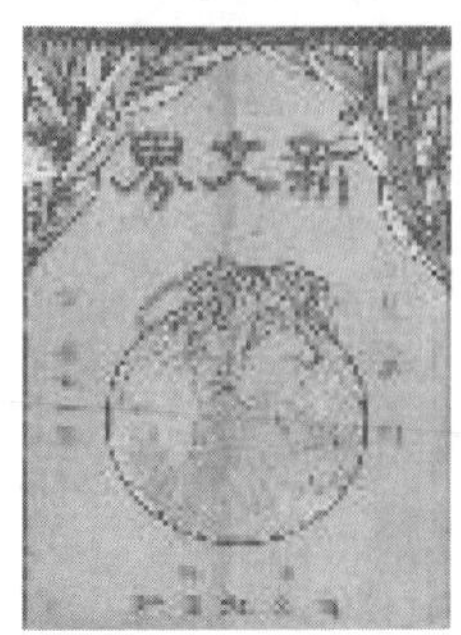

1913년 4월 5일 신문사(新文社)에서 창간하여 1917년 3월 5일 통권 48호로 종간되었다. 매월 5일에 발간했는데, 종간이 될 때까지 한번 발간을 거른 적이 없다. 표지를 보면 상단에 신문계(新文界)라 하여 한자 제호가 있고, 중간에 한글 제호와 아시아를 중심한 지도 위에 호랑이가 내려다보는 그림이 있다. 그리고 하단에는 '경성 신문사발행'이라고 쓰여 있다. 판권란을 보면, 발행 겸 편집인은 다케우치(竹內錄之助), 인쇄인은 무네조(宗像)이며, 인쇄소는 경성인쇄소(京城印刷所), 발행소는 신문사(新文社)이다. 가격은 15전이다.

이 잡지는 발행인 다케우치가 2개월 전에 발행한『신문세계(新文世界)』를 개제(改題)하여 발행한 것이다. 다케우치는 이 잡지를 발간한 같은 해 12월에 이 신문사에서 순한글 잡지『우리의 가뎡』을 발간한 바 있다. 또한 이 잡지가 1917년 종간되자, 바로 일본 도쿄서 발간한 시사종합지『반도시론』의 사장이 된 인물이다. 한편, 이 잡지의 고문 및 기자로 참여한 조선인으로는 김형배(金亨培), 최찬식(崔讚植), 백대진(白大鎭), 강매(姜邁), 강전(姜荃), 유동민(劉東敏), 유전(劉銓) 등이었다. 특히 최찬식은 주요 기자로 활동하였다. 그 외에 야스타 게이잔(安田溪山), 다케우치 긴게쓰(竹內吟月), 야마자키 도슈(山崎東洲) 등의 일본인이 집필진으로 참여하였다. 목차를 보면, 제목만 나열하고 필자가 표기되어 있지 않다. 이는 주로 원고를 편집부에서 정리, 작성했기 때문에 발생한 문제이다.

인문학 관련기사는 주로 철학관계의 논문이었고,

그 주된 집필자는 배재학당 교사였던 강매였다. 그는 「윤리」(창간호), 「정조로 견(見)한 양심」(7호), 「도덕은 실유(實有)인가, 가유(假有)인가」(8호) 등을 연이어 실었다.

그러나 조선의 민족언어와 민족문화, 그리고 정치사회문제에 대한 기사는 철저히 배제되었다. 반면 '국어(일본어)'에 대해서는 고정지면을 확보해 회화, 장단문 독해, 서간문과 같은 어학학습을 실시했는데 노승갑, 정대진, 최규익, 임경재, 최찬식, 백대진이 담당자였다. 그리고 따라 배워야 할 위인으로 후쿠자와 유키치(福澤諭吉)로 대표되는 일본 근대문명론자들의 행적이 소개되기도 했다. 「일본 신문명의 건설자 복택유길 씨」(1916.1) 같은 글이 대표적이다.

조선인의 경우에는 정치적인 인물이 배제되어 있고 대신 이웅선, 김덕창, 김윤수, 박덕유 등 경제적으로 입신한 인물들을 소개해서 눈길을 끈다. 한편, 이 잡지에는 소설, 한시 및 시조 등의 문학작품도 상당수 게재되었다.

특히 21편의 소설 중 백대진이 총16편의 소설을 싣고 있다. 여기에 실린 소설의 대부분은 단편소설들로, 형식적인 면에서는 한국 근대 단편문학의 형성과 변화에 일정한 역할을 했다고 볼 수 있다.

또한 잡지의 편집내용 가운데 중심이 되었던 것은 근대 과학기술의 성과에 대한 소개이다. 결과적으로 이 잡지는 식민통치의 기틀을 마련하기 위해 온갖 극단적인 수단들이 동원되던 시기에 보다 효율적인 조선지배를 위한 이데올로기 조작의 일환으로 간행된 성격이 짙다.

이 잡지의 창간 당시 가격은 당시로서는 파격적인 가격인 15전이었다. 이 잡지의 발행 자금은 대부분 다케우치 개인이 마련한 것으로 보인다. 그래서 이 잡지는 발간 비용 마련을 위해 광고를 적극적으로 활용한 것으로 보이지만, 기본적으로 상당한 적자를 감수하면서 발간되었다. 이처럼 적자를 감수하면서 굳이 이 잡지를 간행한 목적은, 식민지 현실을 호도하여 일본이 한국의 주체적 근대화를 결정적으로 거세했다는 사실을 은폐하려는 다케우치 자신의 의지가 강했기 때문이다. 그리하여 이 잡지는. 한국 역사에 대한 기만적 부정을 통해 민족적 자긍심을 잃게 하며 식민지화가 오히려 근대문명을 가져다 주었다는 환상을 심어주려고 했다.

이러한 선전의 주대상층은 "청년 학해(學海)의 신사상을 발양하는 세계화(世界花)"(1913년 11월호 표지말)라는 표현에서 알 수 있듯이, 기본적으로 학생층이었다. 편집진은 학생들을 식민지 체제 안으로 포섭하기 위해 다양한 이데올로기 공세를 펼쳤는데, 창간호 서두에 실린 글에서 '어둡고 괴로웠던 구시대는 물러가고 봄날과 같이 따사로운 신세계가 전개되었으니 학생들은 오직 학문에 매진하여 새 시대의 주역이 되라'고 격려하며 식민현실을 호도하기도 했다(『춘과 학생』 1913년 4월호).

결과적으로 이 잡지는 한일강제병합 이후부터 3·1운동 직전까지 일본의 식민정책을 기반으로 한 어용잡지의 역할을 한 것이다. (정환국)

참고문헌

『신문계』, 국립중앙도서관 소장; 김근수, 『한국잡지사』, 청록출판사, 1980; 한기형, 『한국근대소설사의 시각』, 소명출판, 1999.

▌신문보(新聞報)

1893년 중국 상하이에서 창간된 시사종합신문

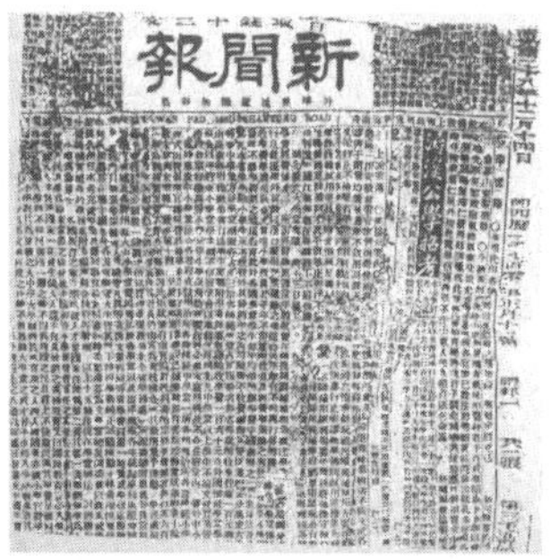

1893년 2월 17일 상하이(上海)에서 창간된 일간지이다. 중국 상인 장수허(張叔和)와 영국 상인 단포스(A.W.Danforth, 丹福士)가 합자하여 창간하였는데, 양무파(洋務派) 관료인 성숸화이(盛宣懷)와 장즈둥

(張之洞) 등이 지분을 갖고 있었다. 단포스가 총수, 페리스(F. Ferris, 斐禮士)가 사장이 되어 경영하다가, 후에 단포스가 독자적으로 출자하여 모든 주식에 대한 권리를 인수하였다.
창간 초기 차이얼캉(蔡爾康)을 주필로 초빙하였으나 의견 차이로 6개월 후 사직하였고, 그 후 위안쭈즈(袁祖志)와 쑨위성(孫玉聲)이 차례로 주필을 맡았다.
1899년 미국인 퍼거슨(J.C.Ferguson, 福開森)에게 매각되었고, 1929년 다시 중국 상인이 인수하였다.
1941년 12월 8일 태평양전쟁으로 한차례 정간되었다가 12월 15일 복간되었다가 1945년 9월 17일 다시 정간되었다. 이듬해 1946년 1월 22일 다시 복간되었으나 1949년 5월 27일 상하이가 해방을 선포한 이후 세 번째의 정간을 끝으로 종간되었다. 상하이도서관 등지에 소장되어 있다.

당시 상하이의 양대 신문이었던 『신보(申報)』와 『자림호보(字林滬報)』에 맞서보겠다는 의도로 상하이 언론계에 진입한 이 신문은 체계와 양식, 인쇄 형식 등이 상하이 주요 신문들과 비슷하였으며 판매가는 『자림호보』와 같은 8문(文)이었다.

사설을 매회 게재하고, 뉴스도 대동소이하였지만, 사설과 보도의 수준은 그리 높지 못했다. 문예란도 시사(詩詞) 몇 수를 옮겨 싣는 수준이었지만, 광고는 매우 중시하여 광고 면이 다른 신문들보다 많았다. 특기할 만한 것은 매회 화보(畵報) 1장씩을 부록으로 발행하였다.

이 신문사의 경제력은 위의 두 신문과 필적하기에는 부족하였고 경영주 단포스가 경영하던 기업들도 순조롭지 못한 상태로 결국 1899년 파산을 선언하고, 신문사를 미국인 퍼거슨에게 매각하였다.

이 신문이 영향력을 가진 신문으로 인정받는 것은 대체로 푸카이선에게 인수된 이후부터이다.

창간 초기는 그 영향력이 그리 크지 못하여 매회 300부를 발행하는 데 그쳤으나, 1년 뒤 3000부의 판매량을 갖는 신문으로 성장하였다.

1929년 푸카이선은 이 신문사의 주식을 중국 상인에게 넘겼다. 『신문보』는 수차례 주인이 바뀌었지만, 주요 내용은 경제 뉴스와 상업 무역 소식을 위주로 보도하였다. 그리고 독자를 끌어들이기 위해 『쾌활림(快活林)』, 『예해(藝海)』, 『다활(茶活)』과 같은 취미성 보조 간행물을 발행하였다. (김성남)

참고문헌

方漢奇 主編, 『中國新聞社業通史』, 中國人民大學出版社, 1996; 葉再生 著, 『中國近代現代出版通史』, 北京: 華文出版社, 2002.

▌신문세계(新文世界)

▶ 신문계

▌신문춘추(新聞春秋)

1928년 서울에서 창간된 신문학 관련 잡지

이 잡지의 출간일은 정확하게 알기 힘들다. 보통 헤드라인 바깥줄에 있어야 할 발행일자가 없기 때문이다. 『동아일보』의 기사에 따르면 창간호 발매일은 1928년 7월 20일 경이다. 창간호를 마지막으로 더 이상 출간되지 못했다. 1929년 8월 2일 제2호가 '조선의 몇 명 신문기자들의 생사 거처 여부'로 차압되었기 때문이다. 편집 겸 발행인 김을한(金乙韓), 인쇄인 박한주(朴翰柱), 발행소 신문춘추사(서울 익선동 174), 면수는 미상, 구독료 30전, 광고료 14자 1행 1원이었다.
이 잡지는 학술지는 아니었으나 신문학 연구자에게 신문학 관계 논문의 발표의 장을 제공해 주는 한편 일반인에게도 신문·잡지 등에 관한 관심을 제고하는 데 중요한 역할을 했다고 한다. (남기현)

참고문헌

최덕교 편저, 『한국잡지백년』 2, 현암사, 2004; 『동아일보』, 1928.7.16; 국사편찬위원회, 「출판경찰개황: 가 차압 및 삭제 출판물 기사요지, 『신문춘추』 제이호」, 『조선출판경찰월보 제12호(국내외 항일운동 문서철)』, 1929.8.2.

▌신문학(新文學)

1935년 중국 상하이에서 창간된 문예지

1935년 4월 상하이(上海)에서 창간되어 서신문학사(署新文學社)에서 편집 발행되었으며, 제2호는 중화잡지공사(中華雜誌公司)가 같은 해 5월에 발행한 후 종간되었다.
제1호는 『창작전호(創作專號)』이며, 제2호는 「번역전호(飜譯專號)」로 출간되었다.

내용은 문학 이론 소개와 창작과 희극, 시가와 산문, 잡기(雜記)의 항목으로 구성되어 있다.

1호는 『창작전호(創作專號)』로 라오서(老舍)의 「노자호(老子號)」와 쉬친원(許欽文)의 「선포(宣布)」, 바진(巴金)의 「나의 아우(我的弟弟)」, 궈모뤄(郭沫若)의 「노빙·관윤·환연(老聘·關尹·環淵)」 등의 작품이 발표되었다. 그리고 왕징즈(汪靜之)의 「문학작가의 조건(文學作家的條件)」, 리창즈(李長之), 쑤쉐린(蘇雪林), 사오징선(趙景深) 등의 이론문장이 실렸다.

소설과 희극방면으로는 리푸위안(李朴園), 헤이잉(黑嬰), 완디허(萬迪鶴) 등의 작품이 발표되었으며, 짱커자(臧克家)의 「밝은 그림자(亮的影子)」, 린위탕(林語堂)의 「벗에게 글을 쓰다(與友人書)」와 천형저(陳衡哲), 리니(麗尼) 등의 산문과 시가가 또 쉬디산(許地山)과 저우웨란(周越然)의 잡문이 실렸다.

2호 번역전호(飜譯專號)의 역자 진용도 상당하였는데, 둥추팡(董秋芳), 런바이타오(任白濤), 왕러이(王了一), 린위탕, 리징야(李青崖), 야오펑쯔(姚蓬子), 샤정눙(夏征農), 리진파(李金發), 왕루옌(王魯彦), 쉬디산 등이다. 이들 집필자들은 명성이 있던 작가들로 이 잡지의 내용은 정치적으로 급진적이지는 않았지만, 예술상으로는 뛰어난 특색을 가지고 있다.

이에 대해서는 「편집후기(編後瑣語)」의 다음과 같은 문장을 통해 볼 수 있는데, 형식이 아닌 내용에 충실할 것을 강조하였다.

"별종 간행물을 출판한다. 대부분 대대적인 발간사나 권두어가 있지만, 본 잡지는 이런 것을 하지 않으려 한다. 우리는 실천적으로 일을 하고자 한다. 우리는 이렇게 하는 것이 허황된 말과 비교하여 나은 방법이라 생각한다. 우리는 아무런 배경도 가지고 있지 않다. 역시 모종의 주의도 제창하려 하지 않는다. 발간의 취지는 완전히 문학을 위해 노력한다는 것이다. 총명한 독자라면 한번 보면 바로 알 것이다." (김성남)

참고문헌

周葱秀·涂明 著, 『中國近現代文化期刊史』, 山西教育出版社, 1999; 王檜林·朱漢國 主編, 『中國報刊辭典』, 太原: 書海出版社, 1992.

▌신민(新民)

1925년 서울에서 사회교화를 표방하며 창간된 월간 종합잡지

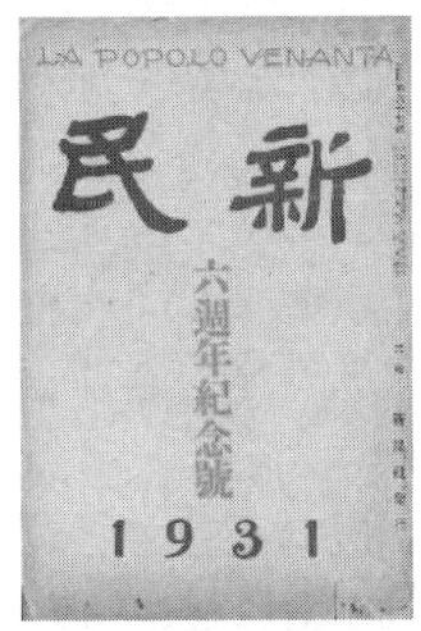

1925년 5월 10일 사회교화를 표방하며 창간된 월간 종합잡지이다. 1932년 6월 1일 제73호를 간행하고 통권 73호로 종간되었다. 편집 겸 발행인 이각종(李覺鍾), 인쇄인 김중환(金重煥), 인쇄소 한성도서(주), 발행소 신민사(서울 다동 98), A5판, 160면 분량, 정가 50전이다.

『신민』은 1921년 2월부터 1925년 1월까지 통권 48호를 발행한 유도진흥회(儒道振興會)의 기관지 『유도(儒道)』를 뒤이어 나온 잡지이다. 원래 『유도』는 사회교화를 목표로 삼았으나, 그 취지와는 달리 친일 인사들의 글과 일제에 동조하는 내용이 많아 친일적 색채가 농후하였다. 이러한 이유로 당시 각계 인사들로부터 사회적 지탄을 받자 자진 폐간하기에 이른다. 이후 이각종이 신문사를 설립하고 '신문지법'에 따라 허가를 받아 발간한 잡지가 『신민』이다.

이 잡지는 『유도』와 달리 사회·정치·경제·종교·교육의 현실 제 방면에 관심을 두고 있음이 특징이다. 이는 창간호의 첫머리에 실린 이각종의 「신흥민족(新興民族)의 초발심(初發心)」이라는 발간 취지의 글에서도 밝히고 있다.

"우리 조선인은 신흥민족이다. 비로소 현대사조에 눈써서 신생명을 찾기 위하야 흥기하는 민족이다. …… 우리의 실생활에 편의하도록 진리를 세우고 이상을 지어갈 뿐이다."

그는 이렇게 글을 시작하여 "민족의기를 진작하자", "생활문제를 해결하자", "사회를 개조하자"라는 소제목 아래 간행 취지를 구체적으로 설명하고 있다.

이러한 발간 취지에 맞춰 『신민』에는 발간 즈음의 시사와 관련된 문제를 중점적으로 다루고 있다. 특집 형식으로 꾸며 해당 주제의 저명인사의 글을 싣고 있음이 특징이다. 창간호 "지방 개량의 자취", 2호 "신사조", 5호 "천도교회의 분규에 취(就)하야", 8호 "소작문제(小作問題)에 취하야", 9호 "구미인(歐美人)이 본 조선의 장래", 12호 "소작쟁의(小作爭議)", 13호 "훈민정음 8회갑 기념", 17호 "정사문제비판(情死問題批判)", 23호 "졸업생의 취업문제", "시조(時調)는 부흥할 것이냐?", 24호 "중국은 공산화할 것이냐?", 28호 "학생맹휴문제비판(學生盟休問題批判)", 43호 "소작관행개선운동(小作慣行改善運動)" 등이며, 45호는 1929년 신년 특대호로 "소작관행개선운동에 취하야", "산업진흥의 일방책", "우리 청년의 진로"를 다루었고, 47호는 아예 "이상향건설호(理想鄕建設號)"로 출간하였다.

문예면에도 비중을 두어 시·소설·수필·희곡·동화 등을 매호 꾸준히 싣고 있다. 필진으로는 이윤재(李允宰)·이병도(李丙燾)·최남선(崔南善)·이병기(李秉岐) 등이 참여하였고, 소설의 경우 최학송(崔鶴松)의 「설날밤」·「그믐밤」, 최독견(崔獨鵑)의 「소작인의 딸」, 김동인(金東仁)의 「원보 부처」, 방인근(方仁根)의 「최박사」, 나도향(羅稻香)의 「화염에 싸인 원한」, 염상섭(廉想涉)의 「미해결」 등이 발표되었다. (신상필)

참고문헌

최덕교 편저, 『한국잡지백년』 1, 현암사, 2004; 김근수, 『문화정치표방시대(전기)의 잡지개관: 한국잡지개관 및 호별목차집』, 영신아카데미한국학연구소, 1973.

신민공론(新民公論)

1921년 서울에서 창간된 것으로 추측되는 종합잡지

1921년에 창간되고 1923년 1월에 종간된 것으로 추측된다. 『동아일보』 1921년 6월 3일 기사에 "『신문공론』(6월호)"라고 소개되고 있다. 따라서 창간호의 발행은 1921년 6월 3일 이전이다. 1922년 12월 30일 발행된 '1923년 신년호'의 판권장에 따르면 편집 겸 발행인 오은서(吳殷瑞), 인쇄자 심우택(沈禹澤), 인쇄소 대동(大東)인쇄(주), 발행소 신민공론사(서울 광화문통 213), A5판 130쪽, 정가는 60전이다.
'1923년 신년호'의 잡지 첫머리 목차 앞에 "근하신년 주식회사 신민공사 취체역 사장 박영효, 전무취체역 오종섭(吳宗燮)"이라는 광고가 있다. 주식회사 신민사의 자본금은 50만 원이었다. 1921년의 취체역 사장은 영남의 갑부였던 장길상(張吉相)이었다. (남기현)

참고문헌

최덕교 편저, 『한국잡지백년』 2, 현암사, 2004; 『동아일보』, 1921.6.3; 1923.1.15.

신민국(新民國)

1923년 중국 베이징에서 창간된 정치 월간지

1923년 11월 15일 베이징(北京)에서 중국 국민당 베이징 지부가 창간한 간행물이다. 부패 정치 타도와 제국주의의 구축을 통한 진정한 민치 국가 건설을 표방하고 그를 위한 방법을 토론하자는 것이 창간 취지였다. 당시 베이징대학 출신으로 전국학생연합회 대표로 광주국민당 개조대회에 참가한 판티런(范體仁) 등이 쑨원(孫文)과 국민당 베이징 지부의 지도하에 창간한 것으로, 개조 이후 국민당이 국민혁명을 모색하면서, 베이징 지역의 진보적 지식인 학생들을 대상으로 지지기반을 확대하려는 데 그 의도가 있었다. 제2차 직봉전쟁 등으로 야기된 학생 지식인들의 반군벌 및 반제국주의 정서를 국민 혁명으로 조직해 내려는 것이 궁극적인 목표였던 것이다.
1권 6호 이후 정부의 탄압으로 정간을 당했다가 다시 출판되었다. 현재 1925년 6월 1일 출판된 "쑨중산기념특호(孫中山記念特號)"까지가 후난(湖南)도서관 등에 남아 있다. 중국국가도서관에서 열람할 수 있다.

잡지의 내용은 국민당의 이념, 정치경제논문(政治經濟論文), 중외시사술평(中外時事述評) 등이었다. 구체적으로는 국민당의 당강과 개조선언등을 일일이 부록으로 첨부하는 한편, 랴오중카이(廖仲愷), 「평균지권론(平均地權論)」(1권 1호, 1923.11.15), 천구위안(陳顧願), 「오권헌법론(五權憲法論)」(1권 2호, 1923.12.20) 등 쑨원의 민생주의, 평균지권론, 오권헌법론 등에 대한 해설과, 「혁명의 정신과 이후의 급무(革命之精神與今後之急務)」(1권 1호, 1923.11.15), 「민족주의이강(民族主義二講)」(1권 6호, 1924.6.20), 「군대 전승(軍隊 戰勝)과 당원 전승(黨員 戰勝)」(1권 4호, 1924.2.20) 등 쑨원의 강연을 싣고 있다. 특히 쑨원이 북상(北上) 과정에서 밝힌 「중국의 건설과 토론(中國之統一與建設)」(1권 7호)이라는 연설은 "무력과 제국주의의 결합을 타파하고 무력을 국민과 결합시키고 궁극적으로는 국민의 무력으로 만들겠다", "모든 이익을 민중에게, 각파가 과분하고 있던 이익을 모두 민중에게", "각종 실업단체, 상회, 교육회, 대학, 각성 학생연합회, 공회, 농회, 조오(曹吳)에 반대하는 각 군, 정당의 대표로 구성되는 국민회의 소집" 등 쑨원의 국민혁명론의 핵심을 잘 천명한 것이었다.

주요 기고자는 국민당 베이징 지부의 핵심인 리다자오(李大釗)를 중심으로 저우경성(周鯨生), 가오이한(高一涵), 천구위안, 마쉬룬(馬敍倫) 등 베이징대학 교수 및 그리고 황르쿠이(黃日葵), 판티런, 주우산(朱務善), 류런징(劉仁靜) 베이징대학 출신의 중공당원들이 다수 참여하였다. 우즈후이(吳稚輝), 랴오중카이(廖仲愷) 등의 글도 있으나 베이징대학의 구성원 및 졸업생들이 편집에 적극 관여하였다. 통신처를 베이징대학 제일원(第一院)에 두었고, 대학 내 진보적인 잡지인 『사회과학계간』 등을 적극 홍보하였다.

이들 지식인들은 당시 사회적 화두였던 「광저우의 해관문제(廣州的海關問題)」(1권 2호) 등 시사문제를 분석하거나, 국가 건설의 이념으로서 쑨원의 사상 및 국민당의 이념을 해설, 선전하였다. 물론 대부분은 국민혁명의 논리 속에서 허멍진(何孟津)의 「혁명당원응구적요소여책임(革命黨員應具的要素與責任)」(1권 1호), 판티런의 「국민혁명(國民革命)과 자산계급(資産階級)」(1권 2호), 리한차오(李漢樵)의 「국민혁명운동에서 학생의 사명(學生在國民革命運動中的使命)」(1권 3호) 등을 통해 혁명당과 각 계급의 역할과 동원방법에 대해 논의하기도 했다.

특징적인 것은 매 호의 머리에 제시한 '시사술평(時事述評)'란을 통해 중외 시사문제를 날카롭게 풍자하고 있는 점이다. 특히 북양 정부 및 군벌 각파 간의 사정을 비판하고, 대안으로 국민정부를 설득력 있게 제시하고 있다. 예컨대 1개월 이상 끈 사면파업투쟁의 승리는 결국 대중의 반제투쟁을 장기적으로 조직하고 지도해 온 광저우의 국민정부의 역량 덕이며, 이는 제국주의와 함께 민중 탄압에 앞장선 베이징정부와 대조시켰다. 이훙(一鴻)의 「사면 중국인의 대파업투쟁은 최후 승리를 거뒀다: 우리당 지도하의 소극 저항의 승리(沙面華人大罷工獲得最後勝利: 吾黨治下消極抵抗的勝利)」(1권 6호, 1924.6.20) 등은 대중에게 상당한 호소력이 있었다.

인도(印度), 조선(朝鮮), 타이완(臺灣), 베트남, 미얀마, 필리핀 및 중동 여러 나라 등 동아시아 각처의 독립운동과 반제국주의 연대에 대한 높은 관심을 표현하였다. 1권 5호에 실린 「아시아 민족운동의 최근 동향(亞洲民族獨立運動之近最)」은 간디 출소 이후 인도의 독립운동의 동향과 아시아 반식민지 연대론, 타이완의 타이완의회 청원운동을 상세하게 보도하고, 특히 일본의 수평사(水平社)와 한인(韓人)들의 형평사(衡平社)의 합작을 아시아 제 민족 연합의 제일보라고 높게 평가하고 있다. 기본적으로는 사회주의적 국제주의가 고조되는 시대적 분위기를 배경으로 하지만, 중국 지식인들의 동아시아에 대한 관심이란 점에서 주목할 만하다.

1925년 6월 1일 출판된 "쑨중산기념특호(孫中山記念特號)"는 북상하던 중 사망한 쑨원의 장례식과 함께 장멍린(蔣夢麟), 뤄둔웨이(羅敦偉)의 글을 싣고 있다. 베이징 지역 진보적 지식인들이 국민혁명의 진전에 상응하여 국민당과 쑨원을 대안으로 수용하였음을 나타내는 것이라 할 수 있다. 전체적으로 국민혁명시기 베이징 지역의 진보적 지식인의 정치의식을 엿볼 수 있는 자료이다. (오병수)

▌신민보(新民報)

1925년 중국 북만주에서 한국어로 발간된 신민부 기관지

1925년 4월 1일 창간되었다. 북만주 충동로(虫東路) 석두하자(石頭河子) 한인촌에서 발간되었다. 편집인은 허성(許星)이었다. 순간으로 발행되었다.

1925년 8월 29일 발간된 제12호를 보면 「제15회 국치일에 제(際)하여」라는 사설을 실었다. 그 외에 각지의 민족운동 소식을 보도했다. 외지 소식은 상하이재류동포의 3·1학교 설립기사를 보도했다.

• 신민부(新民府)

1925년 북만주지역에서 조직되었다. 처음 명칭은 한족연합회였다. 김좌진(金佐鎭)의 대한독립군단과 김혁(金赫)의 대한독립군정서를 주축으로 공산계의 적기단(赤旗團)을 제외한 각 단체대표 및 여러 지역의 민선대표와 국내단체대표들이 참가하여 닝안현(寧安縣)에서 결성되었다.

삼권분립제도를 채택하여 행정기관인 중앙집행위원회, 입법기관인 참의원, 사법기관인 검사원으로 구성되었다. 중앙집행위원회는 위원장 김혁을 포함해 11명의 위원이 있었고, 참의원과 검사원은 각각 15명과 10명이었다. 그러나 참의원과 검사원은 유명무실한 상태였고, 모든 권력은 중앙집행위원회에 집중되었다.

창립 이후 지방조직을 확장, 강화하는 한편, 권총과 소총으로 무장한 약 500여 명의 별동대와 보안대를 편성하여 군사부위원장 겸 총사령 김좌진의 통솔하에 활동을 개시했다. 항일전에 대비할 독립군의 양성을 위하여 무링현(穆稜縣)에 성동사관학교(城東士官學校)를 설립하여 속성교육을 실시하고 500여 명의 졸업생을 배출했다.

지방에는 군구제(軍區制)·둔전제(屯田制)를 실시하고, 산업의 진흥을 위해 공농제(公農制)를 실시하였으며, 식산조합·소비조합 등을 설치했다. 재만동포에 대한 자치활동과 아울러 북만주에 거주하는 친일파 암살을 비롯하여 국내에 사람을 보내 조선총독 암살을 계획하기도 했으나, 1927년 2월에 일본경찰과 중국군의 습격을 받아 김혁을 비롯한 중간간부가 체포되었다.

1927년 12월 총회에서 군정파(軍政派)와 민정파(民政派)가 대립했다. 1928년 12월에 해체된 군정파는 한족총연합회의 중심세력이 되었으며, 1929년 3월에 해체된 민정파는 국민부에 참여함으로써 신민부는 와해되었다. (이신철)

참고문헌

윤임술 편, 『한국신문백년지』 2, 한국언론연구원, 1983; 박환, 「신민부에 대한 일고찰」, 『역사학보』 108, 1985.

▌신민총보(新民叢報)

1902년 일본 요코하마에서 중국어로 발행된 정치운동잡지

1902년 2월에 일본 요코하마(橫濱)에서 창간되었다. 1902년 창간시 반월간으로 발행되다가 1904년 2월부터는 발행기일에 맞추어 간행되지 못하고 부정기적으로 발행되었다. 매회 120쪽 분량으로 양식 제본을 하고 표지에는 사진을 첨부한 현대식 잡지이다.
1907년 11월 총 96회를 발행하고 종간되었다. 베이징도서관에 소장되어 있다.

편집장은 평판산(馮紫珊)이나 실제 편집장은 량치차오(梁啓超)이며 대부분의 중요 문장들은 량치차오의 저술이다. 1903년 2월부터 11월까지 량치차오가 미국에 머무르는 동안은 장관윈(蔣觀雲)이 주필을 대신하였다. 당시 개량파의 선전활동과 자산계급 의식 형성에 중요한 활동의 장이었다.

주요 내용은 논설과 그림(圖畵), 학설, 시국, 역사(史傳), 지리, 교육, 학술, 병사, 소설, 명가담총(名家談叢), 국문단평, 해외소식(海外匯報), 여론일반(與論一斑), 잡담(雜俎) 문예(文苑), 신간소개(紹介新著), 정치, 종교, 농공상, 재정, 법률, 문답, 중국근사(中國近事), 여록(餘錄), 역술(譯述) 등으로 이루어져 있다.

"풍기를 넓게 개화하고, 문명을 전파 한다"는 것을 기본 목적으로 하여 자산계급의 사상과 문화를 선전하고, 인민들에게 반봉건적 사상을 계몽하고 선전하였다. 또 자산계급의 인생관, 도덕관을 이용하여 도덕교육을 진행하였다. 정치상으로는 온건한 개량주의적 노선을 주장하였다.

주로 철학과 역사 방면의 논저를 게재하고, 시국에 대한 정계의 평론과 소량의 문학작품도 게재하였다.

중요 문장으로는 「중국 학술사상 변천의 대세에 대해 논함(論中國學術思想變遷之大勢)」, 「중국전제정치 진화사론(中國專制政治進化史論)」, 「민약론의 대가 루소의 학설(民約論巨子盧梭之學說)」, 「아리스토텔레스의 정치학설(亞里士多德之政治學說)」, 「전제정체는 백 가지 해악을 가지고 있으며 군주는 한 가지의 이익도 없음을 논함(論專制政體有百害于君主而無一利)」, 「불교와 군중정치의 관계를 논함(論佛教與群治的關係)」, 「정당론(政黨論)」, 「중국 국민의 품격을 논함(論中國國民之品格)」, 「공동정감의 필요론(共同情感之必要論)」, 「평등론과 중국 구논리의 충돌(平等論與中國舊論理之衝突)」, 「법률의 성질에 대해 논함(論法律之性質)」, 「구미 각국 입헌사론(歐美各國立憲史論)」, 「미륵 요한의 학설(彌勒約翰之學說)」 등을 들 수 있다.

또 다른 특색은 매권마다 앞부분에 중국과 외국 각지의 풍경을 실은 그림이나 사진, 세계의 유명 지역, 유명 인사의 사진을 실었다.

주요 집필자로는 마쥔우(馬君武), 우중야오(吳仲遙), 캉유웨이(康有爲), 장타이옌(章太炎), 장팡전(蔣方震), 평방간(馮邦干), 마이멍화(麥孟華), 쉬친(徐勸), 한원쥐(韓文擧), 량치순(梁啓勛), 양두(楊度), 쉬포쑤(徐佛蘇), 황쭌셴(黃遵憲), 옌푸(嚴復), 장관윈(지유[智由]), 황궈캉(黃國康) 등이 참여하였다.

『신민총보』의 발전 단계는 세 단계로 나눌 수 있다. 창간 초기는 자산계급 자유주의사상을 적극 선전하면서 계몽활동에 대한 영향력이 타 언론매체보다 월등하던 시기이다. 매회 마다 머리기사로 서양 자산계급 문화와 사상을 소개하는 문장들을 발표하였다. 고대 희랍과 로마에서 근대 영국과 미국 등 자산계급 국가의 철학과 역사에서 문학, 경제, 법률 지식들을 소개하여 중국인의 시야를 열고 사회개혁을 위한 새로운 사회적 조건들을 만들어 나갔다.

그후 1903년은 민주혁명운동이 고조되면서 량치차오의 정치사상과 『신민총보』의 내용은 큰 변화가 있게 된다. 전반기는 기본적으로 1902년의 본령을 유지하고 있었으나 주필인 량치차오가 일본과 미주 여행을 마치고 귀국하면서 민주혁명운동을 반박하는 문장을 발표하는 등 그의 사상이 뒷걸음질 침에 따라 내용도 점점 반동이 되어가며 혁명파를 반대하기 시작하였다.

1905년에서 1907년 사이는 개량파가 혁명파를 공격하는 언론 공간이 되어버렸다. 량치차오를 중심으로 보황(保皇)을 주창하면서 중국은 바로 공화입헌제를 실시할 수 없다는 논리를 주장하여 혁명파 언론인 『민보(民報)』의 격렬한 비판을 받았다.

창간호의 「본보고백(本報告白)」

창간호 「본보고백」을 통해 세 가지의 창간목적을 설명하고 있다.

"첫째, 본보는 신민의 뜻을 크게 학습하여 우리국가를 유신하고, 우리 인민을 유신한다. 중국이 부진한 것은 국민의 공덕이 결핍하고, 지혜가 열리지 않았기 때문으로 본보는 이 병에 대한 치료를 할 것이다. 중서도덕을 결합하는 것이 덕육의 방침이며, 넓은 정학(正學) 이론이 지육(智育)의 본원이다.

둘째, 본보는 교육이 그 핵심이며, 정론(政論)은 부가적으로 따르는 것에 불과하다. 다만 현재 세계는 국가주의 교육을 강화하고 있기 때문에 부득불 상세하게 할 수밖에 없다. 모든 논의의 유일한 임무는 인민들의 국가사상을 배양하는 것에 있으므로 눈앞의 한두 가지 일에 일희일비 할 필요는 없다.

셋째, 본보는 우리나라의 전도를 위하여 국민 공리공익을 목적으로 하며 논설을 공평하게 하는 것을 지지하며, 어느 당파에도 치우치지 않고, 막말이나 쓸데없는 얘기는 하지 않을 것이다. 중국을 망치는 것의 책임은 전적으로 한 사람에게만 책임이 있는 것이 아니다. 위험하고 격렬하지 않은 말로 중국의 진보를 천천히 이끌도록 할 것이다." (김성남)

참고문헌

北京師範大學圖書館報刊部 篇, 『北京師範大學圖書館館藏中文珍稀期刊題錄』, 北京圖書館出版社, 2002; 葉再生 著, 『中國近代現代出版通史』, 北京: 華文出版社, 2002.

▌신백화보(新白話報)

1904년 일본 도쿄에서 중국어로 창간된 정치운동잡지

1904년 1월 일본 도쿄(東京)에서 장시성(江西省) 출신 유학생들이 주관하여 월간으로 발행하였다. 총 8호를 발행하고 종간되었으며, 발행본 중 4부가 현존한다. 현재 광둥성(廣東省) 중산(中山)도서관에 소장되어 있다.

내용은 논설, 정사(政事), 시평(時評), 지리, 역사, 과학, 교육, 군사, 전기(傳記), 기문(紀聞), 잡조(雜俎), 소설, 문원(文苑), 희곡 등의 항목을 개설하였다.

지면 대부분을 열강의 중국 침략 역사와 현황 소개로 채웠으며, 러일전쟁에 대해 특별한 관심을 가지고 보도하였다. 혁명파의 관점을 선전하고, 격앙된 문장으로 제국주의의 침략과 청 정부의 타협정책을 폭로하면서 애국 애족과 한족(漢族)의 광복을 주장하였다. 민족독립과 평등한 자유공화국의 건립을 강조하였다.

단당(擔當), 궁인(公因), 이칭(易淸), 부이(捕夷) 등이 주로 글을 썼으며, 이들 이름은 대부분이 필명이다. (김성남)

참고문헌

葉再生 著, 『中國近代現代出版通史』, 北京: 華文出版社, 2002;
王檜林·朱漢國 主編, 『中國報刊辭典』, 太原: 書海出版社, 1992.

▌신보(申報)

1872년 중국 상하이에서 창간된 시사종합신문

1872년 4월 30일 상하이(上海)에서 일간지로 창간되었다. 창간인은 영국인 메이저(Ernest Major, 安納斯脫 미사)이며, 주필은 천선경(陳莘庚)과 우쯔랑(吳子讓)이고, 허구이성(何桂笙)과 시쯔페이(席子佩)가 편집에 참여했다. 이후, 주필이 짱즈샹(蔣芷湘)으로 바뀌었고, 1884년부터 첸신보(錢昕伯), 1889년 이후에는 황셰순(黃協塤), 진젠화(金劍華), 장지자이(張繼齋), 허구이성 등이 차례로 주필을 맡았다.
1901년, 시쯔페이가 차관을 받아 『신보』를 인수하였

지만, 명의상으로는 여전히 외국자본이 포함된 외국인 명의로 남아 있었다. 1909년, 다시 총경리를 맡고 있던 시쯔페이가 『신보』의 모든 주식을 인수하여 모든 권리는 중국인의 수중으로 들어갔다.
1937년 중일전쟁이 시작되면서 12월 정간되었다가 1938년 1월 한커우(漢口)로 이전하여 복간되었고, 3월에 홍콩판이 발행되었다. 1938년 7월 31일 한커우판이 정간되고, 10월 상하이로 다시 돌아와 복간하였다.
태평양전쟁 시기 일본에 비합법적으로 빼앗겼다가 일본이 물러간 후, 국민당 정부에 접수되었다. 1949년 5월 25일 상하이에서 국민당이 물러가고 27일 종간되었다. 『신보』는 중국국가도서관에 그 원본이 보존되어 있으며, 타이완(臺灣) 학생서국(學生書局)에서 1965년 출간한 영인본과 1983년 상하이서국(上海書局)에서 연도별로 원본을 정리한 영인본이 출간되었다. 그리고 기사 색인어 목록으로 『신보색인(申報索引)』이 상하이서국에서 1987년 간행되었다. 그리고 『신보』의 부간(副刊)으로 발행되었던 『자유담(自由談)』의 주요 문장들을 발췌 정리한 『신보잡문선(申報雜文選)』(탕타오[唐弢] 편, 1987, 상하이문예출판사)이 출간되었다.

영리를 목적으로 창간된 언론매체로 그 당시 신문들이 지향하고 있던 기독교 복음의 전파나 정치적 관점을 배제하였다. 독립적인 재무구조 위에 독립적인 편집 방향을 지닌 신문의 출현은 중국 근대 상업신문 발전에 새로운 진전을 가져왔다.

『신보』는 새로운 독자층 확보를 위해 몇 가지 개혁 조치를 단행하였다. ① 논설의 중요성을 강조하여 신문 첫 면에 논설란을 고정하고 중국이 당면한 사회현상과 민초들의 생활들을 주요 논설의 주제로 삼았다. 부국(富國)정책과 백성들의 삶을 개선하기 위한 정책들을 담은 논설들을 발표하면서 중국 정계와 지식계는 물론 대중들로부터도 환영을 받아 신문의 판로는 더욱 확대되어나갔다.

② 문예란을 만들어 다양한 문예작품들을 소개했다. 당시 다른 신문들은 문예란을 소홀히 하여 가끔 옛시와 우화들을 게재했지만, 단순한 권선징악과 종교적 내용을 벗어나지 못했다.

『신보』가 논설과 문예란을 고정하면서, 논설, 문예, 광고, 뉴스의 네 가지 요소를 기본으로 한 신문 형식은 신문의 기본형식으로 정착되어나갔다. 이는 『신보』가 중국 근대 신문 산업 발전에 기여한 중요한 공헌이다.

③ 사회면 뉴스보도에 많은 개선을 가져왔다. 사람들에 의해 전해진 소식이나 풍문들을 정리해서 싣는 수준에 머물러있던 사회면을 『신보』는 실제 일상생활에서 기삿거리를 찾아 백성들이 직면한 생활들을 기사로 만들어내었다.

④ 군사 소식 역시 획기적인 진보가 있었다. 1874년 일본과의 타이완 전쟁시, 직접 기자를 타이완까지 파견하여 자세하고 생동감 있는 군사 소식들을 보도하였다. 이는 전쟁 지역에 특파원 파견 취재라는 새로운 발전을 가져오는 계기가 되었다.

『신보』의 판로는 더욱 활발해져 발행지역도 상하이를 넘어 전국화 되어나갔고, 발행부수도 초기 600부에 불과하였던 것이 1876년에 2000부를 넘어섰고 곧 5000부 이상을 발행하였다. 판매부수가 늘어나자 신보관(申報館)은 전동인쇄기를 구입하여 시간 당 1000부에 달하는 인쇄를 할 수 있게 되었으며, 1879년에는 석인기(石印機)를 설치하였다. 1879년 4월부터 『신보』는 매주 일요일에 휴간하던 것을 취소하고 하루도 빠짐없이 신문을 발행하였다.

최초의 전보 발송용 전선이 1881년 12월 24일에 톈진(天津)에서 상하이까지 설치되어 전보 발송이 가능해지자 『신보』는 3주 후, 바로 이 전보 선을 활용하여 원고를 받기 시작하였다. 중국에서 전보를 이용한 신문 제작이 최초로 시작되었던 것이다.

또한 중국 신문사에서 외국에 취재를 위한 기자를 파견한 최초의 신문이기도 하다. 1882년 조선에서 임오군란이 일어나자 기자를 특파하여 이를 취재 보도하였고, 1884년 프랑스가 월남을 침략하자 메이저는 러시아인을 기자로 고용하여 프랑스 군사작전 지역에 파견하여 취재하게 하였다. 그리고 일본 나가사키(長崎)에 특파원을 장기 파견하여 일본 관련 기사들을 보도하였다.

『신보』는 편집과 인쇄 기술면에서도 발전을 계속하여 1905년에는 기사란을 종류에 따라 분리 배열하는 편집방법을 채택하였고, 편집 종이도 흰색 신문용지를 사용하여 현대 신문의 판형과 형식을 갖추었다. 그리고 1911년 8월 24일, 『자유담(自由談)』을 문예 전문 부간으로 발행하여 문예작품들을 수록하였다.

그러나 상업신문으로서 중국 신문 발전에 긍정적인 역할을 하였지만, 편집방향과 논설의 기조는 보수적이었다. 갑오전쟁이나 의화단운동과 팔개군연합군 등의 문제에 관해 아무런 입장을 표명하지 못했고, 또한 무술정변시 캉유웨이(康有爲), 량치차오(梁启超) 등을 역도라 칭하여 독자들의 비판을 받았다.

이러한 독자들의 불만으로 판매량이 감소하게 되자 주편 황스취안(黃式權)과 주필 진젠화 등 편집진이 사직하고 새로운 개혁을 하게 되었다. 1905년 개혁시 이러한 논설의 기조와 정책을 바꿔 유신변법을 찬성하는 쪽으로 입장을 선회하여 캉유웨이와 량치차오의 문장을 게재하고 입헌파의 입장에 선 논설들을 실었다.

또 무창(武昌) 봉기와 쑨중산(孫中山)의 혁명운동을 보도하고, 민주공화국 건립을 주장하면서 신문의 첫 장 머리에 쓰는 날짜에서 선통(宣統) 연호를 폐기하였다. 또 자희(慈禧) 태후의 비리와 광서제(光緒帝)의 의문의 죽음 등을 보도하였으며, 언론계 인물들에 대한 박해와 언론통제 상황 등도 비교적 상세히 보도하였다.

그러나 후에 정국이 변화하면서 다시 보수적 논조를 유지 하였고, 태평양전쟁으로 일본이 상하이를 접수한 후, 일본의 통제 아래서도 계속 간행되었다.

• 어니스트 메이저(Ernest Major, 安納斯脫 美査)

창간인 어니스트 메이저는 그의 형인 프레더릭 메이저(Frederick Major, 菲尔特利克 美査)와 함께 동치(同治)년 초기 중국에 들어와 차와 필목 사업 등을 하였다. 그 후 1872년 『신보』를 창간하였다. 메이저가 왜 신문을 시작하였는지에 대해서는 몇 가지 설이 있는데 중국에서 사업이 잘되어 여유 자금을 투자할 곳을 찾아 신문사업을 하였다는 것이 정설로 받아들여지고 있다.

1889년 그는 신보관(申報館)을 개조하여 메이저형제 유한공사(美査兄弟有限公司, Major Bros. Ltd.)로 바꾸고 이사회를 만들었다. (김성남)

참고문헌

彭永祥, 『辛亥革命時期期刊介紹』, 人民出版社, 1986; 張靜盧 輯註, 『近現代出版史料』, 上海書店出版社, 2003(1996); 葉再生 著, 『中國近代現代出版通史』, 北京: 華文出版社, 2002.

신보(新報)

1876년 중국 상하이에서 창간된 시사종합신문

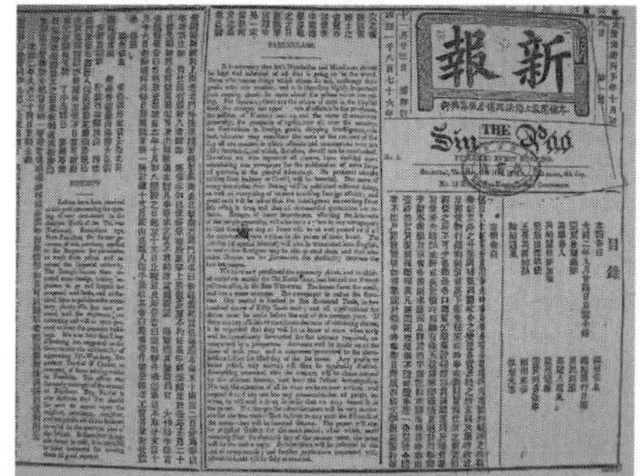
新報

1876년 11월 23일 상하이(上海)에서 중국인이 창간한 신문이다. 1882년 2월 14일에 종간되었다.

대외 정보와 소통하며 상호 이해를 증진시키는 데 발간 목적이 있었으며, 상업 소식과 정보들, 외무 관련 소식들을 신속히 보도할 것과 특별히 국정에 대해서는 논하지 않을 것을 천명하였다.

매회 8면으로 내용과 항목은 『회보(匯報)』나 『휘보(彙報)』와 대동소이하였으며, 외국 신문들을 번역하여 게재한 문장이 많고, 경제와 상무에 관한 원고를 중시하였다. 문예작품은 게재하지 않았으며, 당시 신문에서 유행하던 민족적 결의를 다지는 내용들은 많지 않다. 서양의 과학기술 학습을 주장하고 근대 실업 증진을 위한 의견을 제시하면서 봉건문화와 도덕을 수호할 것을 설교하였으나, 조정의 부패와 양무운동의 심각한 모순들에 대해서는 언급하지 못했다.

『신보』는 명의상으로는 상하이 상인들이 자금을 모아 발행한 것으로 되어 있으나 실제 주요 자금의 출처는 상하이시 정부에서 나온 자금이었다. 즉 관(官)과 상(商)이 결합한 것으로 상하이시 정부가 발행과 편집을 통제한 언론이다.

당시 상하이 지방관(道臺)이었던 펑준광(馮焌光)은 양무파(洋務派) 관원으로 이 신문을 자신의 선전 도구로 활용하여 상하이 거주 외국인들 여론에 영향력을 행사하려 하였다.

따라서 외국 독자들을 위해 신문 원고를 중문과 영문을 병행하여 문장에 병렬 배치하는 형식으로 간행하였다. 그러나 외국인 독자는 많지 않아 1877년 6월 9일 이후 영문 원고는 등재되지 않았다.

관(官)의 지지를 받은 덕분에 비교적 순조롭게 발간이 지속되었으나, 창간 6년 뒤 새로 부임한 지방장관이 발간을 원치 않아 1882년 2월 14일에 종간되었다. (김성남)

참고문헌

葉再生 著, 『中國近代現代出版通史』, 北京: 華文出版社, 2002; 王檜林·朱漢國 主編, 『中國報刊辭典』, 太原: 書海出版社, 1992.

신보(晨報)

1916년 베이징에서 발간된 시사평론 일간지

처음에는 『신종보(晨鍾報)』라는 이름으로 1916년 8월 15일 베이징(北京)에서 창간되었다. 1918년 12월 본명으로 바뀌었다. 1928년 6월 5일 정간되었다. 같은 해 8월 5일 『신신보(新晨報)』로 개명하여 출간되었다. 1930년 9월 정간되었으나, 12월에 다시 『신보』로 복간되었다. 중일전쟁 전야에 정간되었다. 베이징인민출판사(北京人民出版社)에서 영인, 출간되었다.

『신보』의 창립자는 량치차오(梁啓超), 탕화룽(湯化龍), 푸뎬준(蒲殿俊) 등이다. 량치차오, 탕화룽이 당수로 있는 진보당(후에 헌법연구회 곧 연구계[硏究系]로 개명)의 기관지였다. 창간시 편집 주임은 리다자오(李大釗)였다. 그는 발간사를 대신하여 『신종보의 사명('晨鍾'之使命)』에서 청년에게 구세력의 속박을 떨쳐버리고 민주, 자유의 최전선에 설 것을 호소하였다. 그러나 9월 5일 리다자오가 사직하고, 천광타오(陳光濤)가 총편집을 맡았다. 1918년 북양군벌 돤치루이(段祺瑞) 정부가 일본의 차관을 도입했다는 소식을 폭로하자 봉쇄되었지만, 같은 해 12월 『신보』로 이름을 바꾸어 복간되었다. 발간사에서 금일의 중국은 군벌의 정치에 관여하여 국가를 팔아먹으며 민생과 민의를 돌보지 못함을 강하게 비판하였다. 총편집은 천주산(陳築山), 푸보잉(蒲伯英), 천보성(陳博生) 등이 담당하였다. 내용은 사론, 논설, 시평, 중요소식(緊要新聞), 베이징소식(本京新聞), 전재(專載), 명령, 잡록(雜錄) 등이다. 국내외 정치 소식을 위주로 북양군벌 정부의 정치 활동을 비교적 많이 실었다. 1920년 10월 취추바이(瞿秋白)가 모스크바 특파원으로 임명되어 대량의 탐방 기사를 『신보』에 발표하였다. 원래 『신보』는 창립 초부터 제7판의 내용이 부간(副刊)의 성질을 갖고 있었다. 소설, 시가, 학술 강연, 수감(隨感), 소품(小品) 등을 전재하였다. 1919년 2월 리다자오의 지지로 제7판을 개혁하여 '새로운 수양, 새로운 지식, 새로운 사상(新修養, 新知識, 新思想)'을 소개하는 난을 늘렸다.

1920년에는 쑨푸위안(孫伏園)이 주편을 맡았다. 1921년 10월 20일 『신보』 제7판을 한 장으로 독립하여 『부전(副鐫)』으로 제목을 달았다. 매일 1장을 발행하고 매월 하나의 책으로 묶었다. 이것이 유명한 『신보부전』 곧 『신보부간(晨報副刊)』이다. 리다자오와 루쉰(魯迅)의 지지로 쑨푸위안은 『신보부간』에서 적극적으로 신문화운동을 소개하고 사회주의를 앞장서서 말하였다. 『신보부간』은 종합성 부간으로 강연록, 논단, 평술, 시가, 소설, 전기, 희극 연구, 특재(特載) 등의 난으로 구성되었다. 1919년 5월 1일 『신보부간』은 "노동절 기념" 특집호를 출판하였는데, 이는 중국 신문에서 최초로 노동절을 기념한 것이었다. 같은 해 5월 5일 마르크스 탄신 101주년 기념일에는 "마르크스 연구" 특집호를 발간하고 계속해서 6개월 동안 마르크스 서적과 문장을 소개하였다. 또한 『신보부간』은 가장 먼저 루쉰의 저명한 소설 「아Q정전」을 발표하였고, 루쉰의 문장을 게재하였다. 당시『신보부간』은 상하이『민국일보(民國日報)』부간『각오(覺悟)』,『시사신보(時事新報)』의 부간『학등(學燈)』, 베이징『경보부간(京報副刊)』과 더불어 '4대 부간'으로 불렸다.

『신보』는 1925년 '신월파(新月派)'의 쉬즈모(徐志摩) 등이 주관하면서 보수화되었다. 펑톈파(奉天派) 북양군벌 장쭤린(張作霖)이 베이징을 장악했을 때 많은 신문이 봉금되었는데,『신보』역시 권세에 눌려 본래의 역할을 하지 못하였다. 국민혁명군이 베이징에 진입한 뒤 1928년 6월 5일 정간되었다. 같은 해 8월 5일 국민혁명군에 가담했던 옌시산(閻錫山)이 이 신문의 기기 설비를 구입하고『신신보(新晨報)』로 개명하여 출판되었다. 1930년 9월 장제스(蔣介石)와 국민혁명군에 가담했던 군벌들간의 중원대전(中原大戰)에서 옌시산 등이 패전하여 베이징을 철수하자 정간되었다. 그러나 12월에 다시『신보』로 복간되었다. 1931년 만주사변 후 난징(南京) 국민정부에 편향되었고 중일전쟁 전야에 정간되었다. (이은자)

참고문헌

葉再生,『中國近代現代出版通史』, 北京: 華文出版社, 2002; 方漢奇 主編,『中國新聞社業通史』, 北京: 中國人民大學出版社, 1996; 王檜林·朱漢國 主編,『中國報刊辭典(1815~1949)』, 太原(山西): 書海出版社, 1992.

▌신보월간(申報月刊)

1932년 중국 상하이에서 발간된 시사평론 잡지

1932년 7월 상하이(上海)에서 창간되었다. 위쑹화(兪頌華), 링치한(凌其翰), 황유숑(黃幼雄)이 편집을 맡았다. 스량차이(史量才)가 발행하였다.『신보(申報)』창립 1주년을 기념하여 창간하였다. 1935년 13월 제4권 12호에『신보매주증간(申報每周增刊)』으로 이름을 바꾸어 권호를 따로 매겼다. 1943년 원래의 이름을 회복하여 권호를 따로 매겼다. 1945년 6월 정간되었다. 신3권 6호까지 출간되었다. 베이징사범대학도서관 등지에 소장되어 있다.

국내 시사와 국제 형세 평론 분석, 학술연구, 통속문학작품 등을 등재하였다. 외론적요(外論摘要), 시사소언(時事小言), 실내담영(室內譚瀛), 소설, 해외통신 등의 난으로 구성되었다. 또한 러시아와 일본의 상황을 소개하는 문장을 발표하였다.『신보월간』은 당시 국내외 시사 정치 평론 외에, 학술과 문화 관련 내용도 많이 소개되었다. 마오둔(茅盾) 소설「임가포자(林家鋪子)」가『신보월간』에 가장 먼저 발표되었다. (이은자)

참고문헌

王檜林·朱漢國,『中國報刊辭典(1815~1949)』, 太原(山西): 書海出版社, 1992; 葉再生,『中國近代現代出版通史』, 北京: 華文出版社, 2002.

▌신사조(新思潮)

1907년 일본에서 간행된 해외 연극 번역 잡지

1907년 오사나이 가오루(小山內薰, 1881~1928)의 개인 편집에 의해 해외 연극 번역 소개를 중심으로 일본 신극운동의 선험적 역할을 담당했다. 이를 제1차 신사조라고 한다. 제2차는 고토 마쓰오(梧桐松尾), 다니자키 준이치로(谷崎潤一郎) 등이 참가하며 탐미적 경향을 띠게 된다. 제3차는 도요시마 요시오(豊島與志雄), 구메 마사오(久米正雄), 아쿠타가와 류노스케(芥川龍之助), 기쿠치 간(菊池寛) 등이 참가하며, 제4차는 3차 동인 중 아쿠타가와 류노스케, 구메 마사오, 기쿠치 간, 마쓰오카 유즈루(松岡讓), 나루세 세이치(成瀬正一) 5명에 의해 창간된다. 이들은 자연주의로 대표되는 문학에 대항하는 다이쇼기 젊은 작가들로 나쓰메 소세키(夏目漱石)를 정신적 지주로 존경하고 있었다. 이들은 백화(白樺)파와 같이 근대 개인주의를 사상적 기반으로 깔고 있기는 하지만, 현실 사회의 갈등을 더 적극적으로 취하여 개인주의의 의미를 되묻는 역할을 하였다.

문학사상 잘 알려진 것은 3~4차 『신사조』로 당시의 동인은 기쿠치 간, 아쿠타가와 류노스케, 구메 마사오, 마쓰오카 유즈루 등이었다. 이들은 소위 '신사조파(新思潮派)'로 불리며 다이쇼 문학의 거점을 형성했다. 『신사조』의 시기 구분은 다음과 같다.

1차(1907~1908년): 오사나이 가오루의 편집에 의해 창간된 종합문예지이다. 잡지 발행 자금은 오사나이의 지인의 원조에 의지했다. 서구문학의 번역과 입센연구회의 기록 등을 게재했다. 6호까지 발행되었다.

2차(1910~1911년): 다니자키 준이치로(谷崎潤一郎), 와쓰지 데쓰로(和辻哲郎) 등이 참가했다. 다니자키는 데뷔작 『탄생(誕生)』과 출세작 『자청(刺青)』 등을 발표했다. 오사나이가 창간호에 소설을 기고했다. 잡지는 도쿄제국대학 학생이었던 다니자키 등의 동인지였다.

3차(1914년): 구메 마사오, 마쓰오카 유즈루, 도요시마 요시오(豊島與志雄) 등이 활약했다. 오사나이는 창간호에 평론을 기고했다.

4차(1916~1917년): 나루세 세이치(成瀨正一), 구메 마사오, 기쿠치 간, 아쿠타가와 류노스케 등이 참가했다. 창간호에 게재된 아쿠타가와의 「코(鼻)」는 나쓰메 소세키(夏目漱石)로부터 격찬을 받았다.

5차(1918~1919년)

6차(1921년~): 가와바타 야스나리(川端康成), 곤도코(今東光), 스즈키 히코지로(鈴木彦次郎), 이시하마 긴사쿠(石浜金作), 사카이 마사토(酒井真人) 등이 참가했다.

• **아쿠타가와 류노스케(芥川龍之助, 1892~1927)**

1916년 『신사조』에 단편 「코」를 발표하며 문단에 혜성과 같이 등장하였으며, 「나생문」(1915), 「감자죽」(1916), 「지옥변」(1918), 「로쿠노미야 공주님」(1922) 등 왕조 설화집에서 제재를 취한 왕조물, 「봉교인의 죽음」(1918), 「신들의 미소」(1922)와 같은 기독교물, 「희작삼매」(1917)와 같은 예술지상주의적인 작품을 잇달아 발표했다. 이후 「개화의 살인」(1918), 「거미줄」(1918) 등 화제작을 계속 발표하며, 특히 「덤불 속」(1922)은 7인의 진술이라는 방법을 사용해 상대적 관점에서 인간의 양태를 읽는 수작이라 평가받는다. 그 외 「야쓰키쓰의 수첩에서」(1923), 「갓파」(1927), 「어느 바보의 일생」(1927) 등을 남겼으며, 유서에 '막연한 불안'이라고 새기고 수면제 과다복용으로 생을 마감한다.

• **기쿠치 간(菊池寛, 1888~1948)**

「옥상의 광인」(1916), 「아버지 돌아오다」(1917) 등의 희곡에 역량을 발휘하지만 문단 진출 계기를 얻지 못하다 테마소설의 전형이라 평가받는 「무명작가의 일기」(1918), 신문소설의 규범을 만들어낸 「진주부인」(1920) 등으로 인기를 얻는다.

• **구메 마사오(久米正雄, 1891~1952)**

제3차 『신사조』에 발표한 「우유가게의 형제」(1914)가 호평을 받으며 극작가로 활동한다.

• **다니자키 준이치로(谷崎潤一郎)**

나가이 가후의 추천을 받아 문단에 등단하여 문단의 주류에서 벗어난 여성미나 변태성욕을 제재로 소설을 발표하였다. 「문신」(1910)의 성공으로 「기린」(1910), 「소년」(1911), 「익살꾼」(1911), 「비밀」(1911) 등을 잇달아 발표하며, 천재의식과 악의 공존을 테마로 한 「신동」(1916), 「이단자의 슬픔」(1917) 등을 선보인다. 다나자키의 또 하나의 특징으로 모성사모를 테마로 하는 소설들을 들 수 있다. 「어머니를 그리워하는 글」(1919), 「요시노쿠즈」(1931), 「소장 시게모토의 어머니」(1950), 「꿈의 부교」(1959) 등이 이에 속하는 글이다. 또한 모던 걸, 모던 보이의 소비지향적 사랑을 그린 「치인의 사랑」(1924), 「여뀌 먹는 벌레」(1929), 동성애와 이성애를 동시에 체험하는 애증극인 「만지」(1930), 「장님 이야기」(1931), 「갈대치기」(1932) 등을 꾸준히 발표한다. 태평양전쟁 당시에는 일본적인 감수성과 구조적인 미가 합치된 장편 『세설』을 집필하기도 하였다. (이규수)

참고문헌

牛島俊 作, 『日本言論史』, 河出書房, 1955; 『近代文學雜誌事典』, 至文堂, 1965; 桂敬一, 『明治・大正のジャ-ナリズム』, 岩波書店, 1992.

신사조(新思潮)

1929년 중국 상하이에서 발간된 종합이론 잡지

1929년 11월 상하이(上海)에서 창간되었다. 원명은 『신사조월간(新思潮月刊)』이다. 1930년 5월 발간된 제7호부터 『신사조』로 바뀌었다. 월간이다. 1930년 7월 당국에 의해 금지되었다. 베이징대학도서관 등에 소장되어 있다.

『신사조』의 주요 내용은 중국 사회의 정치 경제와 문화 사상을 논술하고 부르주아의 사회과학 이론을 비판하는 것이었다. 일찍이 중국 사회 성질 문제를 둘러싸고 트로츠키파와 논전을 전개할 때 "중국경제연구 특별호"를 출간하여, 판퉁저우(潘同周)의 『중국의 경제 성질(中國的經濟性質)』, 왕쉐원(王學文)의 『중국경제에서 중국 자본주의의 위상과 발전 및 장래(中國資本主義在中國經濟中的地位, 其發展及其將來)』 등의 문장을 게재하였다. 기본적으로 마르크스주의 관점에서 중국공산당의 중국 사회와 중국 혁명 문제에 관한 견해를 천명하였다. (이은자)

참고문헌

王檜林・朱漢國, 『中國報刊辭典(1815~1949)』, 太原(山西): 書海出版社, 1992; 李焱勝, 『中國報刊圖史』, 武漢: 湖北人民出版社, 2005.

신사회(新社會)

1926년 서울에서 발행된 사회문제 종합지

편집 겸 발행인은 김형준(金炯埈), 발행소는 신사회사(서울 돈의동 125-2)이며, 인쇄인은 이영구(李英九), 인쇄소는 망대성경(望臺聖經)기독교서회 인쇄부이다. A5판 74면으로 정가는 30전이다. 통권 1호 발행되었다. 서울대학교와 서강대학교에 소장되어 있다.

창간 당시 베이징, 함남, 창원, 함안, 인천, 나남, 홍성, 개성, 영흥, 원산, 대구 등지에 지사를 설치했고, 1925년 7월 도쿄에서 발간했다가 조선에서 다시 창간하는 형식이었는데, 속간되지 못했다.

창간호의 「권두언」에서 발행인 김형준은 다음과 같이 말하고 있다. "국민 간의 적대심! 무너져라 무너져라, 때는 왔다. 전 인류는 한 가족적으로 단결하자. 민족 간의 장벽심(障壁心)! 무너져라 무너져라, 씨없이. 전 사회는 한 가족으로 일치하자. 신사회(新社會)를 창조하려는 신인간(新人間)의 외치는 소리 …… 동일한 육체와 평등한 정신과 다 같은 이상의 신을 마음속에 가진 형제들아. 자신의 대가족의 영화와 행복을 위하여 공노(共勞)하자. 위대한 이상을 가지고 결합하자, 한데 뭉치자. 그리하여 튼튼한 새 재목으로 건설하자, 신사회를!"

잡지의 체제는 논설, 수필, 문예창작 등으로 구성되어 있으며, 논설이 많은 비중을 차지하고 있다.

창간호의 목차를 살피면, 최린의 「역경의 생활」, 정한경의 「세상을 응시하여 개인의 이상을 제창함」, 홍성하의 「고대의 노예제도」, 김찬경의 「신구의 암투」, 김철수의 「농촌문제와 농민사상의 전개」, 김형준의 「노동문제에 대한 사적 고찰」, 황일산의 「인류의 근본성과 단결력」, 이견파의 「전환기에 임한 조선여성관」, 정이경의 「볼세비즘의 예술」 등 문명사회의 건설, 사회개량, 인격 향상을 촉구하는 논설을 싣고 있다.

그 밖에 수필 이긍종의 「귀국후 소감일편」, 조상연의 「생각나는 대로」, 김기명의 「작고한 기명의 비애」(유고작), 시로는 수주의 「자기의 그림자」, 패상인의 「회상곡」, 노춘성의 「표백」 외 2편, 버들쇠의 「금순의 생일」(동요), 염근수의 「피꽃(血花)」(동요), 김기만(9세 아동)의 「종다리 같은 누님」, 전기에 김기명의 「리자일」 등이 게재되었다.

한편, 필자 중 버들쇠는 당시 동아일보 사회부 기자이자 1924년 2월 『어린이』에 「고드름」(버들쇠 요, 윤극영 곡)을 발표하기도 한 유지영(1897~1947)의 필명이고, 또한 염근수 역시 동요작가이다.

『신사회』는 1920년대 중반 개량주의적 경향을 가진 인사들의 사회문제 인식을 보여 주는 잡지라고 평가받고 있다. (이경돈)

참고문헌

『한국신문·잡지총목록』, 대한민국국회도서관, 1966; 계훈모, 『한국언론연표』, 관훈클럽신영연구기금, 1979; 최덕교 편저, 『한국잡지백년』, 현암사, 2004.

신사회(新社會)

1915년 창간된 일본의 평론 잡지

1915년 9월에 창간되어 1920년 1월까지 모두 50호가 발간되었다. 사카이 도시히코(堺利彦)가 1904년 바이분샤(賣文社)에서 발행하던 『수세미 꽃(へちまの花)』을 개제하여 1915년 9월에 2권 1호부터 간행한 잡지이다.
발간 당시는 1500부를 인쇄하였고, 정가는 5전이었다. 1920년 2월에는 『신사회평론(新社會評論)』으로 이름이 바뀌어 7권 1호로 발간되었다. 『신사회』의 정가는 도중에 몇 차례 인상되었는데, 마지막에는 25전이었다.

창간 권두에 사카이 도시히코는 「작은 깃발 오르다(小さき旗上げ)」라는 권두언을 써서 새로운 시대의 태동을 맞이하겠다는 결의를 밝혔다. 『신사회』는 구성원과 내용으로 보아 크게 세 시기로 구분된다.

1기는 1907년 7월에 간행된 3권 11호까지이다. 1기에는 네덜란드 출신 마르크스주의자인 호르터르(Herman Gorter)저, 사카이 도시히코 역의 「유물사관 해설(唯物史觀解說)」(연재), 야마카와 히토시(山川均)의 「만국운동의 부활(萬國運動の復活)」(3호), 야마카와 히토시의 「유물론자가 본 베르그송(唯物論者の見たベルグソン)」(7호), 다카바타케 모토유키(高畠素之)의 「사회주의 범죄학(社會主義犯罪學)」(1호), 사카이 도시히코의 「국가전과 계급전(國家戰と階級戰)」(11호) 등 사회주의 이론을 소개하는 글을 정력적으로 게재하는 한편 구쓰미 게손(久津見蕨村), 시라야나기 슈코(白柳秀湖), 소에다 도모미치(添田知道=添田啞蟬坊), 히라쓰카 아키코(平塚明子), 이시카와 산시로(石川三四郎), 에토 데키레이(江渡狄嶺), 야마지 아이잔(山路愛山), 야스나리 지로(安成二郎) 등 다양한 사상적 경향을 지닌 지식인들의 기고도 모으고 있었다. 제1기에 실린 글 가운데는 문학작품도 상당수였다. 이러한 의미에서 제1기의 『신사회』는 종합 계몽 잡지의 성격을 지니고 있었다.

1917년 8월에 발간된 3권 12호부터는 아라하타 간손(荒畑寒村=荒村勝三), 사카이 도시히코, 요시카와 모리쿠니(吉川守邦), 다카하타 모토유키, 야마자키 게사야(山崎今朝弥), 야마카와 히토시, 와타나베 마사타로(渡邊政太郎)가 공동으로 경영하는 것으로 조직이 바뀌었다. 발행처도 세민샤(世民社)로 바뀌었다. 이때부터를 2기라고 할 수 있다. 이 기간에는 이쿠타 조코(生田長江), 에토 데키레이, 나카니시 이노스케(中西伊之助), 오자키 시로(尾崎史郎), 엔도 무스이(遠藤無水), 기타하라 다쓰오(北原龍雄), 소에다 도모미치 등의 기고도 게재되었지만, 야마카와 히토시, 다카하타 모토유키, 사카이 도시히코, 아라하타 간손을 중심으로 하는 마르크스주의 이론 계몽 잡지(사회주의운동의 준비 잡지)로서의 성격을 명확하게 하였다.

특히 4권 2호(1917.10)에 사카이 도시히코가 번역한 레닌의 「러시아혁명(ロシア革命)」은 러시아에서의 10월혁명 이전에 레닌의 이론을 일본에 소개한 것으로 특기할 만하다. 그렇지만 이 시기의 말기부터 사카이 도시히코, 야마카와 히토시, 아라하타 간손 등의 볼셰비즘과 다카하타 모토유키, 엔도 무스이, 오자키 시로, 기타하라 다쓰오 등의 국가사회주의 이론이 표면화되었다. 그리하여 5권 7호(1919.3)를 마지막으로 양자는 결별하게 되었다.

1919년 5월에 발간된 6권 1호부터는 경영 조직이 변경되었다. 사카이 도시히코가 주필을 맡았고 발행처도 신샤카이샤(新社會社)로 바뀌었다. 이때부터가 제3기이다. 6권 1호에 사카이 도시히코는 「마르크스주의의 깃발(マルクス主義の旗印)」, 「후쿠다 도쿠조군을 평한다(福田德三君を評す)」를 쓰고 플레하노프(Georgii Valentinovich Plekhanov)의 「마르크스주의의 근본 문제(マルクス主義の根本問題)」를 번역하기 시작하였다.

6권 3호(1919.7)부터 '사회주의 평론 잡지'임을 분명하게 밝힘으로써 사회주의운동의 중심 기관지로서의 성격을 드러냈다. 같은 호에 사카이가 쓴 「유신사의 교훈(維新史の敎訓)」은 처음으로 메이지유신(明治維新) 이후의 일본 근대사를 역사적 유물론에 의해 해석한 기념비적인 논문이다.

6권 7호(1920.1)부터는 다시 경영 조직을 변경하였다. 여전히 사카이 도시히코가 주필을 맡았지만, 발행처는 헤이민대학(平民大學)으로 바뀌었다. 6권 7호에는 이쿠타 조코의 시, 미야치 가로쿠(宮地嘉六)의 소설 등이 게재되었다. 그러나 『신사회』라는 이름으로 발간된 것은 이 호가 마지막이 되었다. (이준식)

참고문헌

『新社會』, 複製版, 不二出版, 1982; 渡部義通·鹽田庄兵衛 編, 『日本社會主義文獻解題』, 大月書店, 1958.

▌신사회(新社會)

1919년 중국 베이징 기독청년회의 청년운동 조직인 '사회실진회'가 간행한 청년잡지

1919년 5·4기 베이징의 진보적 지식 청년들이 간행한 동인지이다. 원래는 주간지를 기획하였으나 순간에 그쳤다.
1913년 베이징의 기독청년회(YMCA)가 조직한 '사회실진회(社會實進會)'가 발행하였다. "사회실진회"는 베이징 지역의 중등학교 이상의 학생과 교원을 대상으로 한 청년운동단체라 할 수 있다. 사회실진회는 1919년 진보적인 청년조직으로 재편되었는데, 『신사회』는 그 기관지로 재편을 주도한 취추바이(瞿秋白), 정전둬(鄭振鐸), 겅지즈(耿濟之), 쉬디산(許地山), 취스잉(瞿世英) 등이 편집 간행한 것이었다. 이들은 당시 철도학교 아문전수관(俄文專修館)에 다니던 학생들로 YMCA에 드나들면서 독서를 즐기던 문학청년들이었다. 5·4시기 베이징대학 등과 달리 학내에 조직을 갖지 못한 진보적인 청년학생들이 YMCA를 빌려 진보적인 운동단체를 조직한 셈이었다. 사회실진회의 종지는 "베이징 학생계와 연합하여, '사회복무'에 종사하고, 풍속 개량을 실천한다는 것"이었다. 『신사회』의 종지 역시 사회 복무와 풍속 개량에 두었다.
1919년 11월 1일 4절 한 장짜리의 소형 신문으로 6호를 내었고, 1920년부터는 8절 형식으로 12-6짜리 타블로이드 판으로 간행하였다. 17·8호, 19호는 노동자 특집호였다. 잡지는 1년 만에 폐간되었는데 그것은 재정문제와 함께 급진적인 마르크시즘의 수용에 따른 구성들의 이념적인 분화 탓이 컸다고 한다.

『신사회』는 5·4시기 베이징 지역의 진보적인 청년들이 기독교 청년조직인 사회실진회의 명의로 간행한 잡지이다.

1차 세계대전 이후 유럽에서 유행하던 사회주의 사조, 무정부주의 사조를 폭넓게 수용하면서, 사회개조 문제를 논의하였다. 량치차오(梁啓超) 등이 주도하던 사회개조론과 상통하는 부분이 많지만, 당시 유행하던 급진주의 사상을 적극적으로 수용하였다. 취추바이 등 5·4기 진보적인 청년들의 민주주의 사상과 이념적인 분화과정을 알 수 있는 대표적인 잡지이다.

『신사회』는 우선 중국의 현실을 암흑으로 규정하고 민주주의적 개조를 기본 종지로 내세웠다. "우리가 지향하는 데모크라시는 중국의 구사회를 개조하는 한편으로 새로운 사회를 창조하는 것이다. 그것은 자유 평등, 그리고 일체의 계급과 전쟁이 없는 평등하고 행복한 신사회이다." 동시에 "우리들의 개조의 방법은 아래로 향하는 것이다. 대다수 하급의 평민 생활 사상 습관을 개조하는 것이다. 또한 그것은 점진적인 것이다. 교육의 보급을 통한 평화로운 개조운동이다. 또 절실

(切實)한 것이니, 한편으로 해방 사상을 제고하고 한편으로 우리의 지식과 도덕관념을 제고하는 것이다"(「발간사」)라고 하여 개조운동을 표방하였다.

이들은 사회과학 원리에 입각한 과학적 연구와 세계 개조의 경험을 참고하되, 우선 중국 사회의 문제점을 폭로 비판 토론에 집중하였다. 특히 정신과 물질의 두 방면의 개조를 통한 교육과 계몽을 통한 근본 개조를 주장하였다. 베르그송 등 비이성주의의 영향을 받고 있다고 할 수 있다.

"자본주의 지배하의 사회는 이미 존재의 여지가 없다. 그것의 어둠, 노력과 소비량의 분배의 불평등, 그것의 잔혹(殘酷), "인류를 희생양으로 하는", 그리고 기타 여러가지의 죄악, …… 현재 완전히 죽지는 않았으나 이제는 곧 땅에 묻히고야 말 것이니"(「현대사회운동[現代的社會運動]」, 11호).

이러한 비판적인 인식하에서 이들은 그 방법으로 당시 서구의 사회주의, 국제노동주의 볼셰비키혁명을 검토한 뒤 무정부주의적 입장에서의 사회개조를 주장하였다. 어떤 정치권력이나 특권계급으로부터 자유로운 시민의 연대에 의한 국가 건설을 추구하는 것이었다. 특히 볼셰비즘 역시 사회 진보의 제일보이긴 하지만 대의제를 완전히 탈각하지도 못하고, 사회조직을 근본적으로 바꾸지도 못한 것이라고 주장하였다. 따라서 정치사회, 도덕 등을 모두 개혁하려면 무정부주의적 입장에서 근본적인 개혁에 착수하여야 한다는 것이었다.

"이 세계 개조시대를 맞이하여 만일 노동자 들이 자율적인 조합을 결성하고, 대규모의 기업을 조직하여 인인이 노동자가 되고 인인이 기업관리가 즉 기업가가 된다면, 그것이 바로 자본공유주의, 기업자치주의 인데, 구미의 노동자들이 쟁취하지 못한 것을 우리 중국 노동계가 그것을 손에 넣을 수 있다면 그 아니 행복이 아니겠는가?"(「중국 노동운동의 장래[中國勞動界之將來]」, 17호).

물론 이러한 입장은 신칸트주의, 베르그송주의 영향을 받은 것으로 이성과 과학에 기초한 현실개조론과 연결되는 것이었다. 특히 지식인의 헌신적인 노력을 통한 대중과의 결합을 강조하였다.

이러한 주장은 당시 5·4청년들의 일반적인 인식을 대변하는 것으로 취추바이 역시 같은 입장이었다. 취추바이는 여기에 「지식계의 가정(知識階級的家庭)」(2호), 「혁신의 시기가 왔도다(革新時期到了)」(3호), 「중국의 노동문제인가? 세계의 노동문제인가?(中國勞動問題? 世界勞動問題?」(4호), 「지식은 훔친 것(知識是臟物)」(6호), 「사회운동의 희생자(社會運動的犧牲者)」(8호), 「미국의 신촌운동을 읽고(讀美利堅的新村運動)」(9호), 「사회와 죄악(社會與罪惡)」(13호), 「장래 사회와 현세의 엇갈림(將來的社會與現世的逆勢」(16호), 「벨의 범노동주의관(伯伯你的汎勞動主義觀)」(18호) 등을 발표하였다. 러시아 유학 이전, 즉 마르크시즘을 수용하기 이전 진보적 청년으로서 취추바이의 정치사회사상을 잘 표현하고 있다. 특히 취추바이는 톨스토이 등 무정부주의적 영향을 강하게 받고 있었다. 『신사회』 폐간 이후 『인도』를 새로 창간하였는데 이 역시 톨스토이의 인도주의에 영향을 받은 것이었다.

이러한 신사회는 당시 광둥 쓰촨(四川) 등지까지 배포될 만큼 상당한 영향력을 발휘하였다. 특히 사회주의정당이 없었던 당시의 현실에서 급진주의를 대표하는 잡지로 인식되기도 하였다. (이은자, 오병수)

葉再生, 『中國近代現代出版通史』, 北京: 華文出版社, 2002; 王檜林·朱漢國 主編, 『中國報刊辭典(1815~1949)』, 太原(山西): 書海出版社, 1992.

신사회(新社會)

1931년 중국 상하이에서 발간된 시사평론 잡지

1931년 7월 상하이(上海)에서 창간되었다. 반월간이다. 리관란(李觀瀾), 류쑹화(劉頌華), 장숴이(張朔一)가 전후로 편집 겸 발행인을 맡았다. 1935년 6월 정간되었다. 모두 8권이다. 베이징 칭화대학(淸華大學)도서관 등지에 소장되어 있다.

『신사회』는 시사평론, 문예, 현대 사료 등의 난으로

구성되었다.

취지는 다음 세 가지이다. ① 애국을 고취하여 전국에서 다투어 일어나길 기대한다. ② 국민의 타락성을 예리하게 지적한다. ③ 농촌 개조에 중점을 둔다.

일본군의 중국 침략 행위를 비판하고 세계 군비 쟁탈과 정치, 경제 대세를 평가하였다. 또한 중일, 미일, 러일 등 국제관계를 소개하고, 반제애국운동을 적극 창도하였다. (이은자)

참고문헌

王檜林·朱漢國,『中國報刊辭典(1815~1949)』, 太原(山西): 書海出版社, 1992; 葉再生,『中國近代現代出版通史』, 北京: 華文出版社, 2002.

▌신생(新生, The New Life)

1928년 서울에서 발행된 월간 종합교양잡지

1928년 10월 1일 월간종합교양잡지로 창간되어 1934년 1월 1일 제7권 1호(통권 60호)를 끝으로 폐간되었다. 발행 겸 편집인은 젠소(J. F. Genso, 한국명 김소[金炤]), 주간은 유형기(柳瀅基)였다. 2호부터는 발행 겸 편집인·주간이 모두 유형기로 바뀌었다. 이윤재(李允宰)·이은상(李殷相)·이태준 등이 편집을 맡았다. 경성(鐘路 2丁目 91)에 있는 신생사(新生社)에서 간행하였다. 처음에는 25×17.5㎝에 30면 안팎이었으나 그 뒤 19×14㎝에 65면으로 변경되어 발행하였다. 정가는 1부에 10전이었으며, 1년 구독은 1원이었다.

『신생』은 도쿄 아오야마학원(青山學院) 신학과를 마치고 미국으로 건너가 보스턴대학·하버드대학 등에서 종교철학을 전공한 유형기가 창간한 잡지이다. '종교적으로, 인격적으로, 학술적으로 신생함이 있어야 하겠다는 확신'을 가지고 국내외 학자들을 필자로 종교·철학·문학·예술·교육·역사 등 각 분야에 무게 있는 글을 실어 많은 지식인들의 공명을 얻었다.

2호부터 발행 겸 편집인·주간도 모두 유형기로 바뀌었고, 이윤재(李允宰)·이은상(李殷相)·이태준 등이 편집을 맡았다. 판형과 면수도 처음에는 25×17.5㎝에 30쪽 안팎이었으나 그 뒤 19×14㎝에 65쪽으로 변경되어 발행되었다. 『감리회보』 창간호에 실린 『신생』 광고에는 "조선기독교계에 오직 하나인 교양잡지"라고 소개하고 있다.

『신생』은 1929년 10월 창간 1주년 기념호를 내면서 그동안의 필진을 소개했는데, 이는 지금 보아도 당대의 문필가들을 일람할 수 있는 귀중한 자료이다. 윤치호, 최현배, 이광수, 안재학, 조윤제, 채필근, 김활란, 문일평, 최활, 김영진, 백성욱, 최남선, 양주동, 김억, 변영로, 이상설, 김동명, 전영색, 홍병선, 김동환, 이태준, 이은상 등을 들 수 있다.

참고문헌

『신생』 창간호·제2호, 신생사, 1928; 최덕교 편저, 『한국잡지백년』 1, 현암사, 2004; 윤춘병, 『한국기독교신문잡지백년사(1885~1945)』, 대한기독교출판사, 1984.

▌신생명(新生命)

1923년 서울에서 발행된 기독교 계열의 종합 월간지

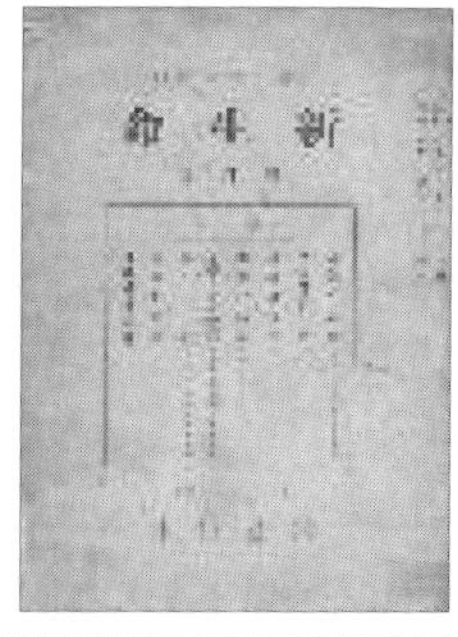

기독교창문사가 전영택을 주간으로 창간하였다. 영어 표제는 The New Life이다. 편집 겸 발행인은 쿤스(E. W. Koons, 한국명 군예빈[君芮彬])이고, 인쇄인은 노기정(魯基禎)이다. 인쇄소는 한성도서(주)이며, 발행소는 조선기독교창문사(朝鮮基督敎彰文社, 서울 인사동 84)이다. 월간이며, A5판, 124쪽면으로 발행되었다. 정가는 30전이다. 1925년 10월 통권 21호로 종간되었다. 고려대학교와 서강대학교에 소장되어 있다.

잡지 『신생명』은 1923년 1월 창설된 기독교인의 문서운동단체인 조선기독교창문사의 첫 사업이었다. 조선기독교창문사는 일제의 압력을 덜 받는 방편으로 선교사를 발행인으로 내세웠다.

주필은 목사이며 소설가인 전영택이었고, 편집 실무는 방인근, 송창근 등이 담당했다. 제호는 전영택이 정한 것으로 처음엔 생명으로 했으나 일본에 같은 이름의 잡지가 있어 '신생명'이라고 한 것이라고 한다.

창간사 「인류와 생명」을 참조하자면, 잡지 발간의 목적은 건전한 도덕을 주창하여 진실로 사회를 개조하며 경전하고 생명 있는 종교와 신앙을 선전하여 도덕 향상으로 개성을 개조하는 데 있었다고 한다.

그 밖에 창간사에는 조선의 과거를 조선민족의 생명을 잃게 한 역사로 평가하면서 기독교의 경천애인, 인류만인의 자유평등이 우리 민족에게 신생명과 신생활을 가져다 줄 것이라고 주장하는 내용이 있다. 또한 조선 기독교가 예수교의 근본 대의를 위반하고 형식, 허례, 위선에 빠져 점차 침체하고 부패하고 있어 이에 신생명을 불어넣기 위해 창간했다는 내용 역시 찾아볼 수 있다.

또한 전영택은 창간호 「편집여언」에서 『신생명』의 창간 목적을 다음과 같이 밝히고 있다.

"다시 내용에 대하야 한 말슴하겟습니다. 처음에도 말삼햇습니다마는 우리가 당초부터 경영하는 바는 본지로 일반 사상계를 지도하고 연구가의게 그 연구를 도아 주고 신앙가의게는 그 신앙을 더욱 독후하게 하고 교육가로 하야금 교육의 신광명을 보게 하며 교회와 사회의 긴급한 실제문제를 논하야 크게 여론을 니르키며 가정과 부인, 아동의 벗까지 되게 하려고 하는 것임니다……."

창간호의 목차를 일별하면 다음과 같다. 전영택의 「문화와 종교」, 채필근(蔡弼近)의 「영원한 신생명」, 만우생(晩雨生)의 「조선기독교의 장래와 신앙문제」, 이관용(李灌鎔)의 「원학(原學)인 철학」 등의 논설과 채필근의 「창세기강해」, 김지환(金智煥)의 「루터의 갈라디아서 개론」, 일기자(一記者)의 「문학으로 본 성서」, 존 번연(John Bunyan) 저, 일천생 역의 「성전(聖戰)」 등 신학 관련 글들이 실려 있고, 일기자의 「어머니들에게」, 편운생의 「잡담」을 비롯하여, 김억의 「해바라기」 등 몇 편의 시와 전영택의 동화 「붉은 구즈」를 비롯하여 방인근의 「영혼의 경매」, 춘해생(방인근)의 「분투」 등의 문학작품도 실려 있다. 김영기(金永耆), 최병헌(崔炳憲), 양주삼(梁柱三), 하디(Robert A. Hardie, 한국명 하리영[河鯉泳], 남감리교 선교사)의 축사도 실려 있다. 잡지 말미에는 당대 유지인사 41명이 붓으로 쓴 창간 축사가 큼직하게 실려 있다.

이 잡지는 전반적으로 청년을 대상으로 한 종교문제(기독교)를 다룬 논설이 많았고, 종교 교리를 주 골자로 하는 글, 그 밖에 문학, 소식(사회·기독교교계)이 실려 있다.

마지막으로 종간호인 21호의 목차를 통해 종간 즈음의 분위기를 일별해보자. 권두언으로 근(槿)의 「인격의 신」, 논설로는 박동완의 「그리스도 사업과 그 인물」, ㅂ생 역의 「사랑과 운명」, 최태용의 「영원한 생명」, 최태용의 「이상과 신행(信行)」, MH생 「돈과 말과 사람」, 근곡생(槿谷生)의 「구약의 국민주의와 개인주의」, 강명석의 「신비주의와 기독교(二)」, 백석생의 「오이켄의 기독교에 관한 사상」, 일촌의 「사회주의의 종종상(種種相)」, 소설로는 근곡생 역의 「영혼의 경매(18)」, 동화로는 김호월 역의 「서리 어머니」, 시로는 「창조의 미」, 「편집여묵」 등이 있다.

• 기독교창문사

1921년 8월 31일 윤치호, 이상재, 유성준, 이승훈, 김석태, 박승봉, 최병헌, 김백원 등 당시 사회적으로나 교회적으로 유력한 평신도들이 중심이 되어 기독교 서적을 전문으로 출판하는 주식회사 광문사를 창설한 바 있었는데 그것을 1923년 1월 30일에 기독교창문사로 명칭을 바꾸고 사장 이상재, 전무 박봉서가 취임하면서 첫 사업으로 시작한 것이 월간 『신생명』이었다.

따라서 당시 유일한 한국성교서회(현 대한기독교서회)가 선교사들의 재정으로 주로 선교사들의 글을 펴내는 데 반해 기독교창문사는 한국인의 재력과 글로 문서선교운동을 한 출판사이다. (이경돈)

참고문헌

최덕교 편저, 『한국잡지백년』, 현암사, 2004; 윤춘병, 『한국기독교신문잡지백년사(1885~1945)』, 대한기독교출판사, 1984.

▌신생주간(新生週刊)

1934년 중국 상하이에서 창간된 시사종합 주간지

1934년 2월 10일 상하이(上海)에서 창간되었다. 편집 겸 발행인은 두중위안(杜重遠)이며 신생주간사(新生週刊社)에서 주간으로 발행되었다. 1권 36호(1934)는 "쌍십특호(雙十特號)"로 발행되었으며, 1935년의 2권 1호는 "1주년 기념특간"이다. 1935년 6월 22일 2권 22호를 마지막으로 종간되었다. 총 72호를 간행하였다.

저우타오펀(鄒韜奮)이 주관했던 『생활주간』이 1933년 12월 국민당 정부에 의해 '언론 반동, 사상 과격 '이라는 이유로 강제 폐쇄 당하자 두중위안이 '수십만 독자들의 정신적 양식은 중단될 수 없다'며 새로이 창간한 신문이다.

『신생』은 『생활』의 전통을 계승하여 항일구망과 민족생존을 위해 분투할 것을 발행 목적으로 삼았으며, 판형과 편집체계가 『생활』과 동일했고 편집진과 직원들도 그대로 이어졌다. 『생활』에서 저우타오펀의 편집업무를 도와주던 아이한쑹(艾寒松)과 쉬보신(徐伯昕)이 계속 두중위안의 편집업무를 지원했다.

주요 집필진에는 장진이(章靳以), 장쉰자이(章恂斋), 멍루(孟如), 저우타오펀, 류스(柳湜), 루쭤푸(盧作孚), 원신(聞心), 싱펑(星峰), 리후이잉(李輝英), 샤오첸(蕭乾), 가오핑(高平) 등이 참여했다.

내용은 '솔직한 말(老實話)', '일주대사기(一週大事記)', '대소언(大小言)', '신술어(新述語)'의 항목으로 구성되어 있었다.

머리면 논단인 '솔직한 말'란은 저우타오펀의 '소언론(小言論)' 정신을 계승하여 항일구국을 호소하는 지면이었다. 이 지면은 충만한 애국심으로 독자들에게 동북 지역 동포들의 비참함을 알리고 소위 '중일친선(中日親善)'의 허구성을 폭로하면서 일본의 대 중국정책 동향을 분석하여 독자들의 주목을 받았다.

『신생』은 이러한 정치적 목적 아래서도 여전히 통속과 재미를 유지하며 하층 대중들의 성향에 부응하였고, 각 기사란 마다 특징과 색깔을 갖고 있었다. 저우타오펀의 '평종기어(萍踪寄語)'는 독자들의 인기를 받으며 37편이 발표되었고, 류스(柳湜)의 '가두강화(街頭講話)'는 '단 한 벌의 바지와 셔츠뿐인 친구들'에게 주는 통속적 언어와 문자로 노동대중들에게 환영을 받았다. 이들은 생동감 넘치는 비유로 인간의 자연성과 사회성을 묘사하였고, 자본 수출과 제국주의의 세계 분할, 전쟁의 기원과 마르크스주의 기본 상식을 전해주었다. '가두강화'는 아이쓰치(艾思奇)가 『독서잡지』에서 전담했던 「대중철학」과 같이 30년대 최고의 영향력을 행사한 통속적인 대중이론 선전의 장이 되었다.

또 하나의 특색으로는 매호 잡지의 표지나 뒤표지에 국내외 시사, 사회생활 및 세계 각지의 풍경을 담은 사진 등을 실었다.

두중위안은 「발간사」에서 이 신문의 발행 목적을 다음의 세 가지로 설명하고 있다. 즉 하나는, 광명정대함으로 민족생존을 위해 분투할 것이며, 둘은 불편부당한 태도를 지켜 일반 민중의 입장에 설 것이며, 셋은, 본 신문의 내용은 깊게 들어가되 쉽게 표현될 것이며, 새로운 지식의 배양 무대가 되기를 기대한다고 하였다.

제호인 『신생』은 민족의 새로운 탄생을 구한다는 의미를 갖는 것으로 '신생'을 주제로 한 여러 분야의 글들이 특집으로 편집되어 발행되었다. 즉, 1권 36호의 "쌍십특간(雙十特刊)"에는 첸즈(倩之)의 「세계의 신생(世界的新生)」, 장나이치(章乃器)의 「중국의 신생(中國的新生)」, 후위즈(胡愈之)의 「신생의 세계관(新生的世界觀)」, 핑싱(苹星)의 「신생의 인생관(新生的人生觀)」, 커스(克士)의 「과학의 신생(科學的新生)」, 타오싱즈(陶行知)의 「교육의 신생(教育的新生)」, 푸둥화(傅東華)의 「문학생활의 신생(文學生活的新生)」, 마오둔(茅盾)의 「문학의 신생(文學的新生)」, 비원청

(畢雲程)의 「직업의 신생(職業的新生)」, 무후이(慕暉)의 「부녀의 신생(婦女的新生)」, 천왕다오(陳望道)의 「연애의 신생(戀愛的新生)」 등의 논문이 실렸다.

이 신문은 국내외의 경제, 정치, 시가 방면의 글들이 중심을 이루고 있었지만, 수필과 소설, 신술어해석(新述語解釋) 등의 문학작품도 실었다. 루쉰(魯迅)도 「중국어문의 신생(中國語文的新生)」이라는 잡문(雜文)을 이곳에 발표하였다.

1주년 기념특간에서 두중위안은 다시 한 번 이 신문의 목적에 대해 다음과 같이 밝히고 있다. "중화민족의 유일한 출로는 오로지 민족혁명의 전쟁을 일으켜서 중국의 위망을 구제하고 생존을 도모하여야만 한다. 이로서만이 제국주의자들이 결코 우리를 굴복시킬 수 없을 것이며, 그들의 침략 야심을 끝낼 수 있을 것이다. 동시에 제국주의세력이 우리 중국에 하루라도 존재한다면 우리는 무엇도 할 수 없으며 소위 민족부흥이라는 것은 말도 꺼낼 수 없을 것이다."

1935년 5월 4일 2권 15호에 아이한쑹의 「한화황제(閑話皇帝)」라는 문장이 발표되자 일본은 주 상하이 영사관을 통해 이 글이 천황을 모욕하고 국가 간의 교류를 방해한다는 항의서를 제출하였다. 이에 일본의 압력을 이기지 못한 국민당 정부의 압력으로 이 신문은 6월 22일 총 72호를 발행하고 폐쇄되게 이른다.

결국 편집장 두중위안이 체포되고 재판을 받게 되었다. 1935년 7월 9일, 장쑤(江蘇)고등법원에서 열린 공판에 각계의 군중 수천 명이 방청을 위해 몰려들었고, 두중위안은 법정에서 일본은 중국 내정에 간섭하지 말 것과 동북 지방은 중국의 땅이니 일본군은 철수할 것을 소리 높여 주장하였다. 1년 2개월의 징역 형기가 내려지자 흥분한 군중들은 '애국은 죄가 아니다, 나라를 팔아먹은 도적을 타도하라'는 구호를 외치며 분노하였다.

이 '신생 사건(新生事件)'은 전국을 요동치게 만들었고, 이 사건으로 『신생』은 역사적으로 유명한 언론이 되었다. 신문은 폐쇄되었지만 이들이 체현한 애국정신은 많은 감동을 주면서 항일운동에 많은 영향을 미치었다. 1930년대 중국의 항일민족운동을 연구하는데 좋은 참고자료이다.

두중위안의 「발간사」

두중위안은 「발간사」에서 이 신문의 창간동기에 대해 다음과 같이 말하고 있다.

"기록자 스스로 망국의 고통을 경험하였다. 따라서 전국 민중을 향해 큰 소리로 외칠 권력이 필요하다. 중국이란 국가가 이 지경에 이른 것은 몇몇의 훌륭한 군사 전문가들이 저항하여 재난을 되돌릴 수 있는 것이 아니며, 역시 몇몇의 뛰어난 외교가의 몇 차례 절충으로 국제 분쟁을 해결할 수 있는 것도 아니다.

더더욱 몇몇의 건달 학자나, 길거리 정객, 이것저것 조리 없는 이야기, 표절한 일단의 새로운 사상, 공허한 명패로는 4억 5000만 백성을 재난으로부터 구하고, 안락으로 이끌 수 없을 것이다. 지금은 반드시 대다수 민중으로 하여금 중국민족의 지위와 제국주의의 침략에 대한 심각한 이해를 하게하고, 민중 자신의 임무와 미래에 대해 절실하게 인식하도록 하여 민족적 용기와 결심을 고취시켜야만 한다."

「본간을 애호하는 벗들에게 다시 답한다(再答愛護本刊的友人們)」

1권 14호에 발표된 「본간을 애호하는 벗들에게 다시 답한다」라는 문장에서 편집자는 다시 한 번 본간의 태도를 강조하였다.

"불편부당한 민중의 입장에 서서 민족의 정신을 발양한다. 우리가 왜 이 민족정신을 중시하는가? 왜냐하면 이러한 광풍의 시대에 수많은 사람들이 제국주의의 대포와 비행기에 떨고, 물질문명의 화려한 축제에 심취하면서, 자신들의 자신감, 자존심을 상실하고, 혹은 강적에게 투항하거나, 혹은 고통의 바다에 떨어지거나. 핍박에 산등성이로 쫓겨나기 때문이다. 십 수 년래 열혈청년들은 자신들에게 닥친 박해와 파괴를 수없이 경험하였다.

이러한 느리고 어두운 밤 속에서, 어떤 이는 경서를 읽으면 구국할 수 있다 하고, 어떤 이는 부적으로 소멸할 수 있다하며, 어떤 이는 공허하게 제창한 구도덕이

위망으로부터 민족을 구제할 것이라 믿는다. 민중은 이러한 마취에 속아 더욱더 무엇을 따라야 할지 알 수 없다. 기록자는 성세를 찬양할 줄 모르고, 또한 태평함을 꾸미고 싶지 않으며, 그저 진실하게 농촌의 현상, 민중의 고통을 한 자루의 무딘 붓을 빌어 적나라하게 폭로하고, 공자(公子)와 관료들에게 이렇게 꽃이 만발한 아름다운 세계에 아직도 수많은 화난이 끝나지 않고, 수해가 다하지 않아 유랑하는 굶어죽는 이들이 있음을 보게 하고, 그들의 부귀영광을 얼마 동안이나 향수할 수 있을 것인지 물어볼 것이다."

"제국주의의 발광하는 군벌과 관료가 횡행하는 시대에, 우리는 실질적으로 하나의 청년의 출로문제를 해결할 방법이 없다. 오로지 청년들이 병의 근원을 인식하고, 정확히 목표를 바라보며, 대오를 결성하여 무리를 이루고, 공동 진군하게 하는 것, 그것이 유일한 출로이다.

우리는 하층의 민중 속으로 깊게 파고 들어가기를 바라고, 우리는 각고의 노력으로 일하기를 바라며, 일체의 허영, 일체의 이익은 모두 하늘 끝 멀리 버리고자 한다. 문화는 끊임없이 발전하는 것이며, 시대는 부단히 변천하는 것으로, 최후의 영광과 최후의 승리는 당연히 용감하고 충실한 사람들에게 속할 것이다."

• **두중위안**(杜重遠, 1897~1943)

일본 유학 시절, 도쿄 유학생들을 조직, 반제국주의 시위를 주도하여 1923년 귀국을 당하였다.

1932년 저우타오펀(鄒韜奮)이 주관한 『생활(生活)』 주간신문에 많은 견문 통신기록들을 발표하였으며, 상하이 항전이 발발하자 항일 19로군(十九路軍)을 지원하였다. 1932년, 리궁푸, 후위즈 등과 『생활일보』를 창간하였으며, 1933년 『생활』이 정간을 당하자 『신생』을 창간하고 직접 편집과 발행인을 겸하면서 반제항일 민족혁명을 지도하였다.

1935년 5월, 『신생』에 발표된 「한화황제(閑話皇帝)」라는 문장으로 일본의 분노를 사게 되었고 이어서 6월, 다시 "최후의 승리는 제국주의자에 속한 자들이 아닌 피압박 인민에게 있을 것"이라는 강렬한 문장을 발표하여 7월에 구속되었다.

1936년 봄, 국민당 당국은 여론의 압력에 밀려서 두중위안을 홍차오(虹橋)요양원에 보내 연금하였다. 그러자 4월, 장쉐량(張學良)과 양후청(楊虎城)이 이 요양원에 병 치료를 이유로 들어오면서 이들은 조석으로 만나 항일구국운동의 방안을 모색하였다.

1936년 9월, 석방이 되자 바로 장쉐량, 양후청과 함께 시안(西安)으로 가서 '시안사변(西安事變)'을 준비하였다. 시안사변 발생 3일 뒤에 두중위안은 난징(南京)으로 압송되었으며 직접 장제스(蔣介石)와 면담 후 석방되었다. 시안사변 이후 쑹칭링(宋慶齡), 선쥔루(沈鈞儒) 등과 함께 중국공산당 연합정부 요원으로 추대되었다.

『반제전선(反帝戰線)』에 발표한 문장으로 신장(新疆)의 독판(督辦) 성스차이(盛世才)의 미움을 사 1940년 자택 연금을 당하였으며, 다음해 5월 성스차이가 날조한 매국노라는 죄명을 쓰고 체포되어 '소련의 간첩', '비밀공산당원'을 인정하라는 모진 고문을 당하였다. 1944년 결국 성스차이가 보낸 밀정에 의해 독살 당하였다. (김성남)

참고문헌

周葱秀 · 涂明 著, 『中國近現代文化期刊史』, 山西教育出版社, 1999; 北京師範大學圖書館報刊部 篇, 『北京師範大學圖書館館藏中文珍稀期刊題錄』, 北京圖書館出版社, 2002.

▌신생활(新生活)

1921년 중국 상하이에서 한국어로 발행된 임시정부 계열의 잡지

1921년 상하이에서 발행되었다. 이동휘(李東輝) 계열의 신문 『대한독립보』가 발간된 지 몇 달되지 않아 폐간되자 그 뒤를 이어 창간되었다. 잡지의 주필은 이동휘와 함께 상하이파 고려공산당을 조직한 김만겸(金萬謙)이었다. 기자로는 김하구(金河球)가 활약했다. 폐간 시기와 발행인, 발행사, 발행호수 등은 알 수 없다. (이신철)

참고문헌

윤임술 편, 『한국신문백년지』 2, 한국언론연구원, 1983; 반병률, 『성재 이동휘 일대기: 조국광복만을 위해 살다 간 민족의 거인』, 범우사, 1998

▶ 대한독립보

신생활(新生活)

1922년 서울에서 창간된 사회주의 잡지

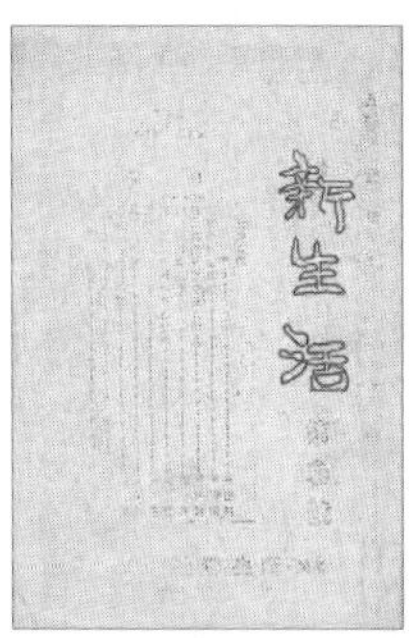

1922년 3월 11일 창간 사회주의 잡지이다. 1호부터 5호까지는 순간(旬刊) 잡지였다. 6호부터는 월간으로 바뀌었다가 다시 순간으로 간행하였다. 1923년 1월 8일 발행금지 처분을 당했다. 편집 겸 발행인은 미국인 선교사 베커(Arthur Lynn Becker, 한국명 백아덕[白雅悳]), 인쇄인 노기정(魯基禎), 인쇄소 한성도서(주), 발행소 신생활사(서울 견지동 32), A5판 70여 쪽, 정가는 20전, 주필은 김명식(金明植)이다.

1920년 국내의 사회주의운동과 관련되어 창간된 잡지이다. 당시 장덕수(張德秀)를 중심으로 활동하였던 사회혁명당(상하이파)은 일제와의 대결이 아닌 문화계몽운동을 통한 사회주의연구를 주장하였다. 이러한 노선은 사회주의세력 안에서 온건주의로 인식되어 상당한 비판을 받았다. 결국 김명식(金明植) 등 일군의 사회주의자들은 이를 비판하며 조직을 탈퇴하여 '신생활그룹'을 조직하였다. 이후 1922년 1월 15일 민족대표의 한 사람이었던 박희도(朴熙道), 황해도 해주의 이승준(李承駿)과 같은 민족주의자와 손을 잡고 '신생활사'를 설립하여, 3월 11일 『신생활』을 창간하였다.

창간호에 소개된 조직표에 의하면 이사 겸 사장, 박희도, 전무이사 이병조(李秉祚), 이사 겸 편집부장 강매(姜邁), 이사 겸주필 김명식, 이사겸영업부장 이경호(李京鎬), 이사 김원벽(金元璧)·이승준(李承駿)·언더우드(Horace H. Underwood, 한국명 원한경[元漢慶], 연희전문학교 학장)·이강윤(李康潤)·민관식(閔寬植)·베이커(A. L. Beker, 한국명 백아덕[白雅德], 숭실전문 교장, 연희전문 부학장), 기자 신일용(辛日鎔)·이성태(李星泰)·정백(鄭栢) 등으로 구성되었다.

이들은 취지서를 통해 다음과 같이 창간 취지를 밝혔다.

"세계 인류의 공통한 표어가 '개조(改造)이며 혁신(革新)'이라 …… 사회의 기초는 인간이오 인간의 실재는 생활이라 …… 사회를 개조하랴면 그 기초인 인간을 몬져 개조하여야 할지오. 인간을 개조하랴면 또한 반다시 몬저 그 실재인 생활을 개조치 안이치 못할지라 차(此)는 인습에 질곡하며 위력에 신음하며 경제에 노예하는 생활을 해탈하고 …… 자유와 평등의 신생활을 영위하여야 비로소 가히 득(得)할지니 신생활을 제창하는 소이(所以)가 엇지 타(他) 유(有)하리오 오즉 개조라 혁신이라하는 인류의 공통표어의 세계대세에 순응코자함이로다."

아울러 무산대중의 개조와 혁신이라는 기치 아래 "一. 신생활을 제창함. 一, 평민문화의 건설을 제창함. 一, 자유사상을 고취함"을 신생활의 3대 주지로 삼았다.

창간호가 나오자 곧 발매금지가 되었으며, 상당 부분이 검열로 삭제되어 있어 내용의 민감성을 확인할 수 있다. 1922년 11월 14일자 11호의 경우 "노국(露國)혁명5주년기념호"의 특집으로 나왔으나 발매금지되었다. 이때 사장 박희도 및 인쇄인 노기정 두 사람이 구속되었고, 당시 김명식(金明植)의 「러시아혁명기념」, 유진희(劉鎭熙)의 「민족운동과 무산계급의 전술」, 이항발(李恒發)의 「자유노동조합결성의 취지」 등이 문제되었다. 결국 이로 인해 주필 이하 다수의 집필자가 검거 또는 기소되어 1923년 1월 8일 전원 2년 6월 내지 1년 6월의 징역이 선고되었다. 이를 마지막으

로 통권 11호의 『신생활』은 폐간되고 말았다. (신상필)

참고문헌

박종린, 「김윤식사회장 찬반논의와 사회주의세력의 재편」, 『역사와현실』 38권, 2000; 최덕교 편저, 『한국잡지백년』 2, 현암사, 2004.

신세계(新世界)

1920년 러시아 블라고베셴스크에서 한국어로 발행된 신문

아무르주의 한인 사회주의자들이 1920년 4월에 블라고베센스크에서 조직한 아무르주 한인공산당이 발행한 신문이다. 2주일에 한 번씩 발간되었다. 신문의 편집자는 최태일(崔泰一)과 오성묵(吳成默)이었다.

아무르주의 한인 민족주의자들은 한인의회를 설립했고, 한인 사회주의자들은 '아무르주 한인공산당'을 조직했다. 이 단체는 한인의회보다 약간 늦은 1920년 4월에 블라고베센스크 시에서 결성되었다.

일본 측 정보문서를 보면, 이 당은 "일찍이 블라디보스토크에서 활동하였던 한인사회당의 변신(變身)으로 추정된다"고 했다. 이 추정은 사실과 부합되는 것으로 판단된다. 연해주 한인사회당의 지도자 장도정(張道政)이 직접 양자의 연관성을 진술한 기록에 의하면, 아무르주로 이동한 연해주 한인사회당 인사들이 현지의 사회주의자들과 협력하여 아무르주 한인공산당을 결성했다고 한다.

아무르주 한인공산당은 기관지로 『신세계』를 발행했다. 그 밖에도 한글 팸플릿과 단행본 여러권을 출판하였다. 일본어 선전물도 발행하였다. 이것은 시베리아에 파병되어 있는 일본군들 사이에 살포할 목적으로 제작되었다. 장도정에 의하면 일본어 선전물은 8회에 걸쳐 1만 6000매를 발간했다고 한다.

• 아무르주 한인공산당

아무르주 한인공산당은 1920년 4월에 블라고베센스크시에서 결성되었다. 아무르주로 옮겨 간 연해주 한인사회주의자들이 현지의 한인 사회주의자들과 힘을 합하여 조직했다.

단체의 명칭이 사회당에서 공산당으로 바뀐 점이 눈에 띈다. 장도정에 의하면 당시 아무르 지방에는 연합군도, 일본군도 없었기 때문에 정강대로 명칭을 변경하기로 결정했다고 한다. 그뿐만 아니라 아무르주 한인공산당은 중국령과 러시아령 양쪽에 통지하여 전부 공산당의 명칭을 갖게 했다고 한다. 연해주 한인사회당과 관련을 갖고 있던 모든 사회주의단체들은 이때부터 '공산당'을 표방했던 것이다.

당원 총수는 약 200명이었다. 주요 간부로는 회장 최태일, 부회장 임성춘(林成春), 의사부장 장도정, 통신부장 김진, 외교원 겸 러시아어 비서 박이반(朴昌殷과 동일인), 번역원 오성묵 등이 있다. (이신철)

참고문헌

임경석, 『한국사회주의의 기원』, 역사비평사, 2003; 강만길·성대경 엮음, 『한국사회주의운동인명사전』, 창작과비평사, 1996.

신세계소설사보(新世界小說社報)

1906년 중국 상하이에서 창간된 문예지

1906년 7월 상하이(上海)에서 창간되었다. 편집장은 징성(警僧)이며 월간이다. 1907년 1월 모두 9호를 발행하고 종간되었다. 현재 저장성도서관에 소장되어 있다.

창간호의 「발간사」에서 발행 목적을 소설과 역사, 소설과 풍속, 그리고 소설과 세계역사의 관계를 통해 소설의 가치를 논술하는 것이라고 설명하였다. 즉 "신세계가 있어 신소설이 있으며, 신소설이 있어야 이에 신세계가 있다"는 관점을 제기하여 이 매체의 특징을 선명히 하였다. 또한 문명의 이기를 전파하는 것과 교육의 보급을 시도하는 것을 기본 방향으로 삼았다.

내용은 논술과 소설, 시사한평(時事閑評), 번역소설, 문학평론 등을 게재하였다. 정치소설을 위주로 단편소설과 희곡을 게재하였으며, 연애소설, 과학, 탐정 내용의 번역소설이 많았다. 논문과 시평(時評)에서는 정치적 사건들을 많이 다루었으며 "백성을 깨우치고

백성의 덕을 수양"하기 위한 방법으로 소설로 교육의 보급을 모색하였다.

게재된 소설에는 다톈셴(大天仙)의 「신마술(新魔術)」, 「신중국의 호걸(新中國之豪杰)」, 야둥포포(亞東破佛)의 「삼가촌(三家村)」 등이 있다. (김성남)

참고문헌

周葱秀·涂明 著, 『中國近現代文化期刊史』, 山西教育出版社, 1999; 王檜林·朱漢國 主編, 『中國報刊辭典』, 太原: 書海出版社, 1992.

신세계학보(新世界學報)

1902년 중국 상하이에서 창간된 학술지

1902년 9월 2일 상하이(上海)에서 반월간으로 창간되었다. 창간인은 천푸천(陳黻宸), 발행인은 유츠스(有耻氏)이며, 집필진은 마쉬룬(馬叙倫), 탕얼허(湯爾和), 두스전(杜士珍) 등이다. 1903년 6월 총15호를 발행하고 종간되었다. 베이징도서관에 소장되어 있다.

신학(新學) 소개를 목적으로 한 종합 학술지로 현실 정치에 대해서는 논하지 않았고, 서양 학설을 중시하였다. 고금의 중외(中外) 학술을 통해 학계와 언론의 새로운 관점을 중시하였다.

내용은 경학, 사학, 역학, 정치학, 심리학, 교육학, 법률학, 병학(兵學), 사상학, 종교학, 의학, 농학, 이재학(理財學), 지리학 등의 공간을 개설하여 비교적 광범위한 내용을 다루었다.

마르크스 학설을 소개하였고, 일본인 히사마쓰 요시노리(久松義典)의 「근세 사회주의 평론」을 1903년 2호에서 6호까지 연재하였다. 유신파의 '학술구국(學術救國)' 사상을 실현하려고 노력하였다. (김성남)

참고문헌

葉再生 著, 『中國近代現代出版通史』, 北京: 華文出版社, 2002; 周葱秀·涂明 著, 『中國近現代文化期刊史』, 山西教育出版社, 1999.

신세기(新世紀)

1934년 서울에서 창간된 여성 월간지

1934년 7월 1일 창간한 여성지이다. 1934년 4월 1일 자로 창간된 『여성(女聲)』의 후속지로 『여성』의 발행인 오영철(吳影哲)과 친분이 두터운 임휘(林輝)가 편집 겸 발행인이다. 발행소는 신세기사이고 판형은 4×6 배판에 총 52쪽으로 이루어졌으며 정가는 15전이다. 연세대에 소장되어 있다.

잡지 『여성』의 후속지이다. 『여성』 창간호에 5월호의 목차가 소개되었으나 계속 이어지지는 못하고 종간되었음을, 『신세기』의 「편집후기」에서 확인할 수 있다.

"몇몇 젊은이가 큰 포부를 가지고 모여 앉아서 꾸물거리다가 빚어낸 것이 『여성』이었다. 그런데 이 『여성』 하나를 내놓느라고 말도 많고 탈도 많았었는데, 바깥 여러 분으로부터도 꾸지람깨나 좋이 받았고 타이르는 말도 들었다. 그래서 그 대신으로 『신세기』를 내게 되었다."

1939년 1월 1일자로 창간된 동명의 대중 종합 월간지와 구별할 필요가 있다. 『여성』이 카페 여급이 중심이 된 잡지라는 비난을 받고 구설수에 올랐던 전례를 의식했음인지 『신세기』는 첫머리를 무솔리니의 「빛나는 신세기의 패자 청년을 예찬한다」라는 글로 시작한다. 미래의 동량이자 청춘의 빛나는 가능성에 초점을 맞추어 선정적이고 퇴폐적인 이미지를 탈피해보려는 시도로 읽힌다. 창간호는 이어 「파리명물 아팟슈의 이야기」, 「나치스는 남녀공학을 금지한다」를 비롯하여 해외 소설 「얼음」, 「칵텔 비제법(秘製法)」 등 서구

지향적인 여성문화의 일면을 보여 주는 기사들을 싣고 있다.

그러나 『여성』에서 보여준 면모를 탈각하지 못하고 「여점원의 고백, 주인의 야욕에서 벗어나기까지」, 「쓰라린 하소연 사랑의 개가」, 「단발낭(斷髮娘) 방문기」, 「여자는 남자보다 추하다」, 「여자란 것은?」 등 주로 여성을 소재로 한 흥미위주의 기사를 싣고 있다. 이는 유흥업소에서 일하는 여성들의 어둡고 비참한 생활상을 고발하고 그들의 처지와 권익을 보호하려는 의도가 비열한 호기심과 뒤틀린 쾌감의 대상으로 작용하고 있음을 미처 깨닫지 못하는 과오를 드러낸 것으로도 보인다. 오히려 그 사실을 즐겼다고 하는 것이 옳을 것이다.

영화란은 따로 배치하여 여배우들의 사진과 찰리 채플린이 주연한 「거리의 등불」 관련 기사를 싣고 있다. 그리고 「소위 술철학」, 「결혼신청」, 「어디서인지 만나본 듯한 여자」와 같은 산문·만담·콩트를 비롯하여 문예물로는 여러 편의 시와 소설 홍엽산인의 「이상(異像)」 등이 실려 있다

이처럼 『신세기』는 여급이나 유흥산업에 종사하는 여성 독자들을 대상으로 화려하고 낭만적인 서구문화에 대한 흠모와 욕망의 실현 불가능한 최대치로서의 환상을 충족하는 한편, 같은 처지의 여성이 처한 곤궁과 전락에 동감·공명하게 함으로써 일시적 카타르시스를 유도하는 황색 잡지의 한 모습을 보여 주고 있다. (전상기)

참고문헌

서지영, 「식민지 시대 카페 여급 연구: 여급잡지 『女聲』을 중심으로」, 한국여성학회, 『한국여성학』 제19권 3호, 2003; 김미선, 「1930년대 신식화장담론이 구성한 소비주체로서 신여성: 여성잡지 『신여성』, 『신가정』, 『여성』을 중심으로」, 이화여대 한국여성연구원, 『여성학논집』 제22권 2호, 2005.

신소년(新少年)

1923년 서울에서 창간된 아동문학잡지

1923년 10월에 창간되어 1934년 2월 통권 125호로 종간되었다. 발행인은 이문당 대표인 일본인 다니구치 데이지로(谷口貞次郎), 다카하시 유타카(高橋豊)이며, 인쇄인 김칠성, 이병화, 최학준, 유국종 인쇄소는 동성사, 신소년사(중앙인서관)에서 발행하였다. 국판. 60면 내외이다. 정가는 15전, 편집은 신명균·김갑제·이주홍으로 바뀐다. 4권 11호부터는 신명균이 편집겸 발행인으로 나선다. 서울대와 고려대도서관에 소장되어 있다.

『신소년』은 천사동심 계열의 『어린이』, 좌파 계계열의 『별나라』, 기독교 계열의 『아희생활』과 함께 식민지시대 대표 아동 잡지로 손꼽히는 잡지이다. 초기의 성격은 『어린이』에 가까웠지만, 점차 『별나라』처럼 좌파적 성향으로 바뀐다.

운제학인(雲濟學人)이 쓴 2주년 기념호의 권두언 「두돌을 마즈며」(1925.10)에 의하면, "존경하고 사랑하는 우리 조선 삼백만 소년소녀들에게 '착실한 시중꾼' 되기를 굳게 맹서하여" 이 잡지를 창간하였다고 한다. 이는 이 매체가 "거짓없이 참다운 사람이 되라고", 그리고 "객기에 뜨인 양반노릇을 말고 손에 지팡이 자루, 낫가락을 들고 신선한 대기를 마시며 따뜻한 대지를 발벗어 얼굴이 검어무트레한 농군 되시기를 간절하게 빌었다"고 한다. 이러한 점은 이 매체가 아동들의 건전한 인격수양을 목적으로 하였다는 점을 알 수 있게 한다.

그러다가 1929년부터 엄흥섭, 이주홍, 송완순, 권환, 신고송 등이 필자로 등장하면서 이후로 좌파적 색채가 강해진다.

이처럼 29년을 기점으로 그 이전의 매체에 실린 기사들의 경향을 살펴보면 초기에는 식민지 시대 교육용 도서를 주로 출판했던 이문당의 특성이 잘 반영된다.

이 매체의 초기 특성은 2권 1호(1924.1)를 예로 들면, 이과, 지리, 산술, 훈화, 소년과학 등 주로 교육용 기사들이 거의 반 이상을 차지한다. 특히 경성제이고보의 입학시험문제 답안이 실려 있는 것으로 보아, 이 매체가 당대의 교육열과 학벌의 형성 과정에 힘입어 대중적인 인지도를 얻으려 했다는 점을 알 수 있다. 2권 1호는 거의 신명균이 전담하다시피 하며 집필하였다.

기사의 나머지 반 정도는 역사담, 동화, 동요, 모험소설 등 아동문학작품으로 쓰여 있다.

작품들을 분석해보면, 『어린이』나 『별나라』가 추구했던 계몽적 강박에서는 다소 벗어나 있었다. 신명균의 「어머니를 차저 3만리」(2권 1호) 등을 살펴보면 민족주의적 인식보다는 '재미'를 추구하려는 경향을 보여준다. 그리고 대개의 아동 잡지가 그러하듯 이 매체 역시 독자란을 매우 활성화시키고 있다. 「소년문단」란에는 장르도 동요, 수필 등 다양하며, '통신', '소년신문'란 역시 활발하게 이루어졌다. 독자 현상 또한 거의 매회 이루어지고 있다.

방정환이 색동회를 만들어 어린이 문화운동을 전개한 데 자극을 받아 나오게 되었다는 말처럼, 이러한 점은 계몽을 위해 늘 아동들의 주체적인 참여를 유도하는 데 힘썼던 『어린이』의 편재와 많이 닮아 있다. 당대 최고의 논객인 최남선(「금강산의 아름다움」, 3권 1호, 1925.1)도 이 매체에 글을 썼다.

『신소년』에는 '사담(史譚)' 혹은 '역사이야기'란이 존재하는데 여기서는 문익점, 주시경, 최영, 성삼문 등을 다루고 있다. 손진태의 「조선역사」를 연재한 것도 이 매체의 초기 성격이 매우 민족주의적이었음을 알려주는 것이다.

그러나 29년 이후 동시에는 배부른 부자(자본가) 형상에 대한 풍자나 착취받는 소년노동자나 농민의 형상, 그리고 계급투쟁을 하다 갇힌 언니의 형상 등 좌파적인 형상의 화자가 많이 등장한다. 『신소년』의 9권 8·9호 합호에서 「수만독자에게 고한다」라는 글에서는 "내월호부터는 더 새롭고 힘잇고 가장 진정한 우리 노동소년들의 잡지가 될 것이라는 것을 약속하여 둔다"는 구절이 있다.

그러기 위해 새로 질의란과 보고란을 설치한다고 하였다. 이는 좌파적 사상의 선전선동을 위해 계몽의 수위를 높이기 위해 설치한 것이라 볼 수 있다. 또한 검열의 수위도 높았던 듯하다. "8월호의 첫 번 원고는 검열 중 전부 통과되지 못하고 두 번째 임시호를 만들었다가 그것도 대부분 삭제되여 세 번째 추가 검열을 맡게 되었다"는 사고가 실려 있다. 9권10호에서는 철아(鐵兒)라는 필자의 「사회란건 무엇인가」라는 난이도 높은 강좌가 지속적으로 실린다.

『별나라』는 중간에 잠시 휴간하였다가 1928년 4월에 다시 속간하였다.

주요 집필자로 이호성 · 신명균 · 맹주천 · 김석진 · 마해송 · 연성흠 · 고장환 · 정열모 · 권환 · 정지용 · 이주홍, 신영철, 등이 있다. 그 외에 색동회의 정인섭, 손진태와 양봉근, 최현배, 이극로 등도 필자로 등장한다.

『신소년』의 가장 큰 수확은 정지용의 동요가 실려 있다는 점이다. 4권 11호에 「넘어가는 해」와 「겨울밤」이, 5권5호부터 5권 6호까지(1927.5~6) 정지용의 동시 「산넘어 저쪽」, 「할아버지」, 「산에서 온 새」, 「해바라기씨」가 실려 있다. 이 작품들은 모두 정지용이 아동의 시에도 깊은 관심이 있었고, 그만큼 기량도 뛰어났다는 점을 증명해주는 것이다. 일본 유학 당시부터 일본의 대표 아동문학가이자 작가인 기타하라 하쿠슈(北原白秋)를 흠모했던 정지용 동시의 미덕은 시적 언어의 함축성을 최대한 살리고, 그로 인해 상징적이고 비의적 분위기를 창출해 낸 데 있다. 그에게 동시, 아동의 시는 당대 다른 아동문학 작가들이 추구했던 감상성과 계몽적 강박에서 벗어난 것이라는 점에서 매우 의미가 깊다.

동화 분야에서 단연 돋보이는 작가는 이주홍이며, 그도 이 매체의 독자투고를 통해서 등단하였다. 그 외에 소년 투고 문단의 필자로는 신고송, 이성홍(이주홍의 동생), 이원수, 소용수, 서덕출, 박석정 등 식민지 시기 아동문학계의 중요한 인물들이다.

윤석중의 데뷔작도 1924년『신소년』에 실린 동요「봄」이라는 사실은 이미 널리 알려진 사실이다. 마해송의 소설「홍길동전」, 황순원의 소년수필「도회의 번민」(9권 6호, 1931.6)도 주목해 볼 만한 작품이다.

이처럼 당대『신소년』은『별나라』와 함께 초기에는『어린이』와 나란히, 1933년『어린이』의 폐간 이후에는 그몫까지 다 해내었던 식민지 시대 최고의 아동잡지이다.

• **신명균**(1889~1941)

잡지『신소년』의 편집 겸 발행인이다. 국어학자로, 한성사범학교(漢城師範學校)를 졸업하고 서울특별시의 동덕여학교(同德女學校) 등 여러 학교에서 교편생활을 하는 한편, 국어연구에 힘써 1931년 장지영(張志暎)·이윤재(李允宰) 등과 함께 조선어연구회를 창립하였다. 초기『신소년』의 인쇄소로 명기되어 있는 중앙인서관(中央印書館)을 경영하며『조선문학전집』간행을 계획하여 시조집(時調集)·가사집(歌辭集)·소설집 등을 출판하였다.『신소년』의 초기 발행인은 다니구치 데이지로(谷口貞次郎)인데, 그가 대표로 있는 이문당에서 최초의 국어사전인, 1930년 4월 10일에 나온『보통학교 조선어사전』이 발간되었던 점도 신명균과 관련이 깊은 일이다.

• **이주홍**(1906~1987)

『신소년』의 후기 발행시기의 편집인으로,『신소년』의 발행 후반기의 기획과 기사 내용에 가장 큰 영향력을 끼친 인물이다. 호는 향파(向破). 경상남도 합천(陜川) 출생. 보통학교 졸업 후 서당에서 한학을 배우다가 서울로 올라와 고학하던 중 1924년 일본으로 건너가 식료품·제과공장 등에서 일하였다. 그러다가『신소년』을 통해 아동문학가의 길로 들어선다. 박태일의 연구에 의하면 그는 1928년『신소년』5월호에「배암새끼의 무도」를 발표하면서 등단했고, 이후 1929년『조선일보』신춘문예에『가난과 사랑』도 입선되어 등단한다. 이후 신영철의 소개로『신소년』사에 입사하게 된다. 거기서 그는 활발한 작품 발표는 물론 '향파(香波), 이향파(李向波), 이향파, 주홍'이라는 필명으로 한 권에 여러 작품을 썼고, 표지그림도 도맡아 했다고 한다. 31년 후반에는 활동이 뜸해졌다가, 1932년부터 폐간할 때까지 이주홍은 다시『신소년』의 편집을 이끌었다고 한다.

그의 회고담「격랑을 타고」에 의하면 그는 29년 입사 이래 '혼자서 여러 다른 이름으로 작품을 메워 넣어야 하기도 했고 표지에서부터 컷 삽화까지 혼자 도맡아서 하는 일인다역을 했다'고 한다.

『신소년』에 실린 그의 작품 세계는 주로 계급모순을 형상화하여, 소년들로 하여금 계급적 자각을 이루도록 계몽하는 것이 주를 이룬다.

광복 후에는 배제중학·동래중학 등에서 교편을 잡다가 1949년부터는 부산수산대학교(현 부경대학교) 교수를 지냈다.

그는 소설·시·희곡·동화·동시 등에서 많은 작품을 발표하였다. 작품의 특성은 해학·기지·풍자로 엮어지는 사실적 묘사와 치밀한 구성에 있다. 대표작으로는 단편소설「완구상」(1937),「늙은 체조교사」(1953),「지저깨비들」(1966), 아동소설「피리부는 소년」(1957) 등이 있다.(박지영)

참고문헌

신현득,「『신소년(新少年)』·『별나라』회고」,『아동문학평론』제31권 2호 제119호, 2006년 여름; 박태일,「나라잃은시기 아동잡지로 본 경남·부산지역 아동문학」, 한국문학회,『한국문학논총』제37집, 2004.8; 박태일,「이주홍의 초기 아동문학과『신소년』」, 현대문학이론학회,『현대문학이론연구』, 2002; 이주홍,「이 세상에 태어나서」,『격랑을 타고』, 삼성출판사, 1976.

신소설(新小說)

1889년 일본 도쿄의 슌요도출판사에서 발행한 문예지

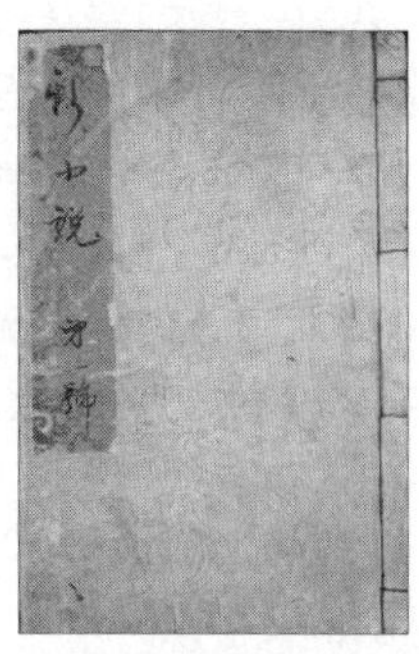

1889년 1월 슌요도(春陽堂)에서 발행한 소설잡지이다. 이 시기에 발행된 것은 1호 잡지라 부르고, 1896년 7월부터 1926년 11월까지 간행된 것은 2호 잡지라 부른다. 이후 잡지는 『흑조(黑潮)』로 제호를 변경하여 1927년 3월까지 간행되었다. 『신소설』은 야마다 비묘가 1888년 10월에 발간한 『미야코의 꽃(みやこのはな)』에 대항하여 창간되었다. 잡지는 가가와대학(香川大學) 중앙도서관 등이 소장하고 있다.

창간호에서는 아사히나 지센(朝比奈知泉)이 「신소설 발행의 주지(新小説発行の主旨)」를 통해 희작자류의 구(舊)문학에 결별을 선언하고 있지만, 명확한 문학의식이 보이지 않는다. 결국 잡지의 발간취지와 불충분한 책임체제 때문에 제1호 잡지는 휴간되었다.

2호는 청일전쟁이라는 상황과 더불어 발간되었다. 많은 새로운 작가를 등용시켰고, 장편의 게재라는 대작주의(大作主義)에 바탕을 둔 본격적인 소설잡지를 추구했다. 당초는 고다 로한(幸田露伴), 이시바시 닌게쓰(石橋忍月), 고토 추가이(後藤宙外) 등이 순차적으로 편집을 담당했고, 1915년부터는 스즈키 미에키치(鈴木三重吉)가 편집 고문이 되었다. 1924년에는 아쿠타가와 류노스케(芥川龍之介)와 기쿠치 간(菊池寛)이 편집 고문을 맡았다.

신인작가로서는 오구리 후요(小栗風葉), 이즈미 교카(泉鏡花), 도쿠다 슈세이(徳田秋声), 야나가와 슌요(柳川春葉), 고스기 텐가이(小杉天外), 구니키다 돗포(国木田独歩), 오가와 미메이(小川未明) 등이 등장했다. 다야마 가타이(田山花袋)의 「포단(蒲団)」과 나쓰메 소세키(夏目漱石)의 「초침(草枕)」, 아베 지로(阿部次郎)의 「산타로 일기(三太郎日記)」 등도 게재되었다.

잡지는 메이지 말기부터 다이쇼 시기에 걸쳐 자연주의로부터 반(反)자연주의 작가의 작품까지 폭넓게 게재되어 당시 문단의 대표적인 문예지가 되었다. 하지만 『신소설』은 프롤레타리아문학의 전성기라는 신시대에 적응하지 못하고 1927년 폐간되었다.

『신소설』이 담당한 역사적 역할은 높이 평가할 만하다. 철저한 소설중심주의를 표방한 잡지의 편집방침의 유산은 근대문학, 특히 1910년대 전후의 문학계 정황을 종합적으로 파악하는데 불가결한 자료이다.

『신소설』과 그림엽서

일본에서 사제 그림엽서 발행이 허가된 것은 1900년 10월이었다. 이후 잡지는 『금세소년(今世少年)』을 비롯해 몇몇 잡지가 그림엽서를 부록으로 판매하기에 이르렀다. 『신소설』도 그 가운데 하나였다. 다음 그림은 1901년 7월호 부록으로 판매된 것으로 일본 그림엽서사 가운데 초기의 것이다.

그림 부분은 빨간색 단색에 의한 석판인쇄이다. 사이즈가 다른 화면을 두개로 분할함으로써 박록색의 공백에 변화를 주었다. 이러한 공백에 통신문을 썼다. (이규수)

참고문헌

牛島俊 作, 『日本言論史』, 河出書房, 1955; 『近代文學雜誌事典』, 至文堂, 1965; 桂敬一, 『明治・大正のジャ-ナリズム』, 岩波書店, 1992.

▌신소설(新小說)

1902년 일본 요코하마에서 창간된 중국어 문예지

1902년11월 일본 요코하마(橫濱)에서 창간되었다. 명의상 발행인 겸 편집인은 자오위린(趙毓林)이나 실제 편집인은 량치차오(梁啓超)이며, 한원쥐(韓文擧), 장즈유(蔣智由), 마쥔우(馬君武) 등이 편집에 참여했다. 1904년까지 부정기적으로 간행되다가 1905년 출판지가 요코하마에서 상하이(上海)의 광지서국(廣智書局)으로 바뀌면서 월간으로 발행되었다. 1906년 종간되었다. 베이징사범대학도서관에 소장되어 있다.

내용은 그림, 논설, 역사소설, 과학소설, 철학, 소설, 모험소설, 정탐소설, 전기(傳奇), 광동극본(廣東劇本), 잡기, 잡가요, 법률소설, 사회소설 등으로 구성되어 있다.

『신소설』은 전통적인 백화(白話)소설을 매우 높게 평가하였는데 이는 이런 대중적 문학 형식이 인민을 계몽하는 데 유용하다고 생각하기 때문이었다. 의식적으로 혁신적인 내용들을 강조하여 정치와 밀접하게 결합시키고, 사람들에게 오락이나 시간 보내기용으로 읽혔던 과거의 소설들을 명확한 사회적 목적을 가진 신문학으로 변화시키고자 하였다.

이러한 혁신적인 주장은 시종일관 관철되었고, 이 잡지의 커다란 특징이 되었다. 때문에 이곳에 발표된 작품은 소설, 희극, 시가, 수필이나 또 역사소설, 정치소설, 사회소설을 막론하고, 모두 현실적 지점 위에 서 있었으며, 선명한 정치적 경향성과 애국주의를 표현한다는 공통된 주제를 가지고 있다. 비록 우스갯소리나 수수께끼라 할지라도 그 속에 정치적 내용을 담고 있다.

또 다른 특징은 사상의 자유와 창작의 자유를 주장하였다는 점이다. 혁명을 선전하거나 허무주의, 혹은 개량주의나 입헌군주주의를 선전하는 등 다양한 작품들을 발표하여 당대 각종 사상을 대표하는 여러 작품들이 출현하였고, 이 매체가 큰 역할을 담당하였다.

7호부터 '소설총화(小說叢話)'란을 새로 신설하였는데, 이 난을 통해 소설과 관련한 평론과 토론이 활발해졌다. 이러한 수필식의 짧은 문장들은 형식에 구애받지 않고 생각하는 바를 그대로 표현할 수 있어 자유로운 사상과 정감이 살아 있고 재미가 있었다.

이 잡지를 통해 백화문을 사용하자는 주장과 고전소설에 대한 높은 평가, 현실주의적인 문학이론의 제창, 소설의 사회적 기능에 대한 중시 등등 신선한 주장들이 발표되었다. 이는 소설의 혁신을 창도하고, 신소설을 통해 새로운 도덕과 신정치, 신풍조, 신문예 등의 성장을 촉진하였다. 후에 창간된 『수상소설(綉像小說)』, 『월월소설(月月小說)』, 『소설림(小說林)』과 함께 청 말기 4대 소설잡지로 칭해진다.

또 이 잡지의 특색은 국내외 유명 인물들의 사진이나 세계 유명지의 경치나 고적의 사진을 실었다는 것이다.

게재된 주요 작품으로는 장편소설로 위천쯔(雨塵子)의 「홍수화(洪水禍)」, 링난위이(嶺南羽衣)의 「동유럽 여호걸(東歐女豪杰)」, 량치차오의 「신중국 미래기(新中國未來記)」 등이 있다.

우젠런(吳趼人)이 아불산인(我佛山人)이라는 필명으로 쓴 현실 비판주의 소설 「이십년 목도의 괴현상(二十年目睹之怪現象)」과 「통사(通史)」, 링난장써우(嶺南蔣叟)의 「구명기원(九命奇冤)」, 구쉬(顧瑣)의 「황수구(黃綉球)」가 있으며, 전기(傳奇)와 희곡으로는 량치차오의 「협정기(俠情記)」, 신광동무생(新廣東武生)의 「황소양회두(黃蕭養回頭)」, 장루산(蔣鹿山)의 「명료(冥鬧)」, 남전외사(南荃外史)의 「탄로(嘆老)」, 치펀성(奇憤生)의 「경황종(警黃鍾)」, 천남소파산인(川南筱波山人)의 「애국혼전기(愛國魂傳奇)」, 추칭(楚卿)의 「문학상 소설의 위치(文學上小說之位置)」, 숭링(宋岺)의 「사정소설과 신사회의 관계를 논함(論寫情小說于新社會之關係)」, 싼아이(三愛)의 논희곡(論戲曲)」 등 유명한 문장들이 발표되었다.

량치차오의 발간사

이 잡지는 량치차오의 논문 「소설과 군중정치의 관계를 논함(論小說與群治之關係)」을 발간사로 하고 있다.

"만약 한 나라의 백성을 새롭게 하고자 한다면 반드시 한 나라의 소설을 새롭게 해야만 하고, 새로운 도덕을 세우고자 한다면 반드시 신소설이 필요하다. 새로운 종교를 세우고자 해도 반드시 신소설이 필요하고, 새로운 정치를 원한다면 반드시 신소설이 필요하다. 새로운 풍속과 새로운 인심, 새로운 인격을 원한다고 하여도 역시 신소설이 있어야 한다.

왜냐하면 소설은 불가사의한 힘으로 사람의 도리를 지배하기 때문이다." (김성남)

참고문헌

北京師範大學圖書館報刊部 篇, 『北京師範大學圖書館館藏中文珍稀期刊題錄』, 北京圖書館出版社, 2002; 周葱秀·涂明 著, 『中國近現代文化期刊史』, 山西教育出版社, 1999.

▌신소설(新小說)

1929년 서울에서 창간된 문예지

1929년 12월 1일자로 창간된 소설 중심의 문예지이다. 창간호에는 시와 수필, 희곡은 한 편도 실지 않았으며 1930년 9월 통권 5호로 종간, 이후에 『해방』으로 개제되어 발행되었다. 편집 겸 발행인은 김대식, 인쇄인은 창문사의 최덕흥(崔德興), 발행소는 건설사(경성부 경운동 96)이다. 판형은 국판으로 총 108쪽에 정가는 30전이었다. 주로 일류 소설가(이광수, 홍명희, 이태준, 염상섭, 이효석, 현진건 등)의 작품을 실었다. 연세대에 3권 1호를 제외한 나머지 전권이 소장되어 있다.

창간사는 홍명희가 썼다.

"더구나 우리 사회는 분열의 사회요 원만한 사회가 아니며, 모순의 사회요 통일의 사회가 아니다. 이러한 사회에서 나오는 예술은 이러한 사회의 특질을 포함치 아니지 못한다. 묻노라! 누가 말하기를 예술은 사회적 모순을 초월한다고 하더냐? 『거북전』은 봉건적 충의(忠義)를 장려하고, 『춘향전』은 동양적 정렬(貞烈)을 고조하였다. 미미한 조선의 소설가도 양반계급의 이익을 대변하기 위하여 성심만은 충분하였다. 막연히 사회적 모순은 엄폐하고 사회적 모순을 한각(閑却)하느니보다는 차라리 내 견지를 명백히 함이 대담치 않을까? 조선에도 근년에 이르러 시인이 나고 문인이 나고 소설가도 났다. 그중에는 상당한 수재도 없지 않다. 그러나 조선 사람도 예술을 수요하느냐? 우리는 이 두 가지 문제를 먼저 생각지 아니할 수 없다. 왜 그러냐 하면, 우리는 영구와 초월을 이해하지 못한다. 오직 현하의 조선을 대상으로 예술을 표현하는 까닭이다. 조그만 집착과 오만을 표현하는 까닭이다. 조그만 집착과 오만을 버려라! 그리고 냉정히 세계 대세 아래 조선의 앞길을 전망하라."

창간사로 미뤄 볼 때, 세계를 냉정하게 관찰하고 분석하며 현실에 대한 인식의 긴장을 놓치지 않으려 한다는 점을 감지할 수 있다. 그런 관점에서 소설 창작에 임하려 한 태도를 엿볼 수 있다. 여기에 참여한 소설가의 면면을 봐도 당대의 쟁쟁한 이름들이 등장한다.

창간호에는 현빙허의 「정조(貞操)와 약가(藥價)」, 최독견의 「환원(還元)」, 이성해의 「유산(流産)」, 최서해의 「같은 길을 밟는 사람들」, 김동인의 「K박사의 연구」, 염상섭의 「남편의 책임」, 북극성의 「신사도적」, 윤백남의 「기광출세(碁狂出世)」, 이광수의 「아들의 원수」(장편소설), 심훈의 「영화단편어」 등의 작품이 실렸다.

종간호인 5호에도 윌리엄 허드슨(이하윤 역)의 「소설연구」, 이춘원의 「처」, 최독견의 「연애시장」, 이효석의 「북극사신」, 현빙허의 「웃는 포사(褒姒)」, 이태준의 「어떤날 새벽」, 이원영의 「분장사」, 최병화의 「봉희의 편지」, 이철우의 「장한가」, 구소청의 「정사(情死)」(희곡), 수필로는 최상덕의 「첨단어」, 전무길의 「열일(熱日) 스케치」, 유광열의 「진월광곡연(進月光曲戀)」, 강병주의 「가는 사람의 노래」, 이동원의 「상원

잡초(想園雜草)」, 최서해의 「의문의 그 여자」, 그리고 시로 지용의 「바다」, 번역시(譯詩)에 이하윤과 김안서가 참여했다.

문단의 쟁쟁한 사람들이 망라되어 작품을 싣고 있는 이 잡지는 제호에서 풍기는 바대로 '해방'으로 바뀌면서 종간되었는데, 아마도 신간회로 대표되는 민족협동전선의 와해와 뒤를 이은 좌익계열의 극단적인 이념성이 작용하지 않았나 짐작된다. (전상기)

참고문헌

강영주, 『벽초 홍명희 평전』, 사계절, 2004; 최덕교 편저, 『한국잡지백년』 2, 현암사, 2004.

신시(新詩)

1936년 중국 상하이에서 창간된 문예지

1936년 10월 10일 상하이(上海)에서 창간되었다. 월간이며 신시사(新詩社)에서 발행되었다. 제2권 3, 4호는 "창작신시 전호(創作新詩專號)"로 발행되었으며, 2권 5호는 "푸시킨 서거 100년 기념특집호"이다. 편집장은 볜즈린(卞之琳)이며 쑨다위(孫大雨), 량중다이(梁宗岱), 펑즈(馮至), 다이왕쉬(戴望舒) 등이 편집에 참여하였다. 1937년 7월에 총 10호를 간행하고 종간되었다.

『신시』의 특징은 당시 대부분의 문예지들이 추구하던 시대적 저항에 관한 문제보다는 시적 예술성 추구에 있다.

내용은 창작시와 번역시(譯詩), 잡문, 시인연구 소개(詩人硏究介紹), 제발(題跋), 토론, 서평, 도상수적(圖像手迹)의 난으로 구성되어 있다.

1호의 「사중잡기(社中雜記)」에서 편집방향을 "결코 어느 특정한 시파의 전용지가 아니며, 특정한 신시운동의 언론기관도 아니다. 우리가 바라는 것은 시들어 버린 중국의 시단이 번영하여 일어나는 것뿐이다"라고 설명한 것처럼 시의 예술 방면에서 일정한 공헌을 하였다.

주요 내용은 창작시 발표를 위주로 하였으며, 번역시와 평론도 겸하였다. 창작내용은 주로 서정과 풍경을 묘사한 것들이며, 형식과 풍격은 다양했다.

번역작품으로는 푸시킨의 작품이 있고, 평론은 시인과 시집의 평론이나 토론을 포괄하였다. 특별히 외국 시인에 대한 소개는 당대 시인들에게 큰 영향을 준 전대의 시인을 주로 소개하였다. 한 시인의 작품을 소개할 때는 동시에 시인의 연구논문을 같이 실었으며, 시인을 소개하는 관련된 삽화를 함께 실어 독자들이 체계적으로 시인을 이해할 수 있도록 하였다.

본 잡지의 내용은 크게 분류하면 창작시와 번역시, 시인 시파의 연구소개, 시학에 관한 일반논문, 시단인물 방문기 혹은 회고록, 시인서체일기(詩人書禮日記), 시서지(時書誌), 신시한화(新詩閑話), 국외시단통신, 시가문제의 토론 등등이었다. 특히 중시한 것은 예술형식에 대한 탐색을 들 수 있다. 시적 예술성 추구와 음율, 풍격 등의 여러 방면에서 진지한 탐색을 모색하여 새로운 시 운동에 많은 영향력을 생성하였다.

주요 집필자는 천멍자(陳夢家), 이징(藝靑), 허치팡(何其芳), 차오바오화(曹葆華), 린겅(林庚), 쉬츠(徐迟), 진커무(金克木), 스니춘(施蟄存), 두헝(杜衡), 페이밍(廢名), 리젠우(李健吾), 주광첸(朱光潛), 볜즈린(卞之琳), 다이왕수, 난싱(南星), 펑즈, 쑨다위, 량중다이 등이다. (김성남)

참고문헌

周葱秀·涂明 著, 『中國近現代文化期刊史』, 山西敎育出版社, 1999; 葉再生 著, 『中國近代現代出版通史』, 北京: 華文出版社, 2002.

신시단(新詩壇)

1928년 진주에서 발행된 동인지

1928년 8월 1일에 창간되었다. 이 잡지는 특이하게도 창간호에 통권 호수를 1권 2호로 달았다. 하지만 창간호가 종간호가 된 잡지이다. 편집 겸 발행인은 신명균(申明均), 인쇄인은 진양당인쇄소의 강주수(姜周秀), 발행소는 신시단사(경남 진주부 진양면 금정), 총판매소는 한성도서 주식회사가 담당했고 지방주문소는 진주 송남서관이었다. 판형은 국판으로 총 50면이었으며 정가는 20전이었다.
연세대도서관에 원본이 소장되어 있고 다른 영인본으로 여러 차례 간행되었다.

「창간사」가 없는 대신 「편집후기」가 실려 있다. 거기에는 이 동인지를 발간하기 위한 노력이 절절하게 담겨 있다. "창간호는 당국으로부터 '발간 불허가'의 처분을 받고 이에 다시 원고를 준비하여 임시호를 발간합니다. 경영난·검열난·원고난, 이 세 가지 난관을 등에 진 조선의 잡지사업이란 그야말로 범의 꼬리와 같이 위험합니다. …… 동지여!『신시단』에 잎이 피고 열매가 열 때까지, 그대들은 거름을 주고 북돋아 주는 힘찬 일꾼들이 되어 주소서 …… 앞으로 본지에 게재되는 우수한 작품을 널리 해외문단에까지 소개하고자, 방금 미주에 계시는 주요섭 임영빈 오천석 제씨의 주선이 있습니다." 이를 통해 볼 때, 동인들의 포부는 지방지를 넘어 세계문단과 교류하려는 원대한 꿈을 꾸었음을 알 수 있다.

시 동인지인 만큼 시가 압도적으로 많이 게재됐다. 유도순, 진우촌, 이학인, 김병호, 엄흥섭, 이찬, 이성묵, 변추풍, 이근파, 소용수, 김종식, 정창원, 안종언, 이정구, 김철 등이 대부분 한편씩을 내놓고 있으며, 수필로는 엄성주, 민병휘, 김찬성, 김상우가, 동요에는 정태이와 이구월이, 그리고 평론은 이학인(「예술이란 무엇인가: 신시 연구」)이 각각 기고하였다. 탁상수는 당시를 시조풍의 형식으로 번역하여 실었고, 여기에서 김찬성의 수필 「봄밤의 비애」는 목차에 제목만 실렸을 뿐, 전문 삭제되어 검열 당국의 지방 잡지에 대한 관심도와 지방 검열의 강도를 짐작하게 해준다.

유서 깊은 충절의 도시 진주에서 발간된『신시단』은 진주 문인들의 역량을 한곳에 집약하여 놓았다는 데 의미를 찾을 수 있다. 그만큼 진주는 충절의 고장 특유의 자존심과 문화 역량이 살아 숨 쉬는 곳이었다. 그리하여 당대 문인들이 지방 문화를 활성화하고 중앙 문단에 뒤지지 않는 동인지를 창간했던 바, 몇몇 이름 있는 인사들이 중심이 되어 동인잡지를 만들어 냈던 것이다. 하지만 검열에 시달리고 그 밖에도 경영난과 원고난에 빠져 2호 발간에 실패했던 것으로 보인다.

홍섭, 이성로, 소용수

동인들의 면면을 보건대, 홍섭은 나중에 소설로 이름을 날리는 엄흥섭을 지칭한다. 그리고 김병호(1909~1961)는 30여 년을 교단에 몸을 담고 시골 초등학교 교사를 거쳐 교장을 역임하며 창작에 몰두한 향토 시인으로서 시집으로는『황야의 규환(叫喚)』(평화당, 1949)이 있다.

또한 이성로는 본명이 이학인(생몰연대 미상)으로 필명은 이성로(李城路), 우이동인(牛耳洞人)이었다. 1920년대에 김세원이 편집 발행한 월간 학술지『시종』 등에 시를 발표하고 1924년에는 시집『무궁화』를 간행하였다. 1925년 잡지『보성』에 시를 발표했으며, 1934년에는『신동아』 현상문예에 소설「아주머니」가 2등으로 당선되었는가 하면, 1935년에는 휴간되었던『조선문단』을 속간하기도 했다. 그러나 이 잡지가 종간된 이후에는 별다른 문학 활동을 벌이지 않아 행적을 알 수가 없다.

소용수는 윤석중(1911~2003)이 13세 때인 1924년 8월, 미래 문학가를 꿈꾸는 어린이들을 모아 '기쁨사'를 세우고『기쁨』이라는 등사판 잡지를 내고『굴렁쇠』라는 회람문집을 냈을 때 같이 동인으로 활동한 사람이다.『굴렁쇠』 시절의 시골 동인으로는 진주의 소용수, 마산의 이원수, 울산의 서덕출, 언양의 신고송 등이 있었다. 이들은 모두 문단에서 알려진 인물들로 활동한다. 강희근의『경남문학의 흐름』(보고사, 2001)에 의하면 소용수는 카프 계열의 경향으로 시작활동을 활발하게 펼쳤다고 한다. (전상기)

참고문헌

권영민,『한국근대문인대사전』, 아세아문화사, 1990; 강희근,『경남문학의 흐름』, 보고사, 2001; 최덕교 편저,『한국잡지백년』 2, 현암사, 2004.

▌신시대(新時代)

1937년 중국 쓰촨성 청두에서 발간된 항일구국 간행물

1937년 3월 14일 쓰촨성(四川省) 청두(成都)에서 창간되어 1938년 1월 8일까지 발간된 항일구국 간행물이었다. 순간(旬刊)으로 발간되었으며 발행인은 왕원딩(王文鼎)이었고 궈쭈제(郭祖劼)가 편집을 담당했다. 베이징사범대학도서관과 상하이도서관 등에 소장되어 있다.

항일구국 간행물인 『신시대』의 발간취지는 대중의 인식을 환기하여 스스로 신시대에서의 임무를 담당하도록 하고, 구국사업의 의의와 중요성을 인식하도록 하는 것이었다. 『신시대』는 주로 시사, 정치소식, 쓰촨성 내외의 항전과 구국운동의 개황을 게재하였다. 『신시대』 2권 7호에는 마오쩌둥(毛澤東)의 「국공 양당 통일전선 성립 후 중국혁명의 절박한 임무(國共兩黨統一戰線成立後中國革命的迫切任務)」 등이 수록되었다. 이외에도 뤄푸(洛甫, 장원톈[張聞天])의 「항일민족혁명전쟁의 지구성을 논함(論抗日民族革命戰爭的持久性)」, 리푸춘(李富春)의 「전국 인민은 무장하여 일어나라(全國人民武裝起來)」, 쉬융(徐永)의 「항전 중의 청년학생(抗戰中的青年學生)」과 「중공중앙의 현재의 형세와 당의 임무에 관한 결정(中共中央關於目前形勢與黨的任務決定)」, 「중국공산당항일구국10대 강령(中國共産黨抗日救國十大綱領)」, 「중국공산당은 국공합작선언을 공포한다(中國共産黨爲公布國共合作宣言)」, 펑더화이(彭德懷)의 「대일전략문제(對日戰略問題)」 등이 게재되었다. (김지훈)

참고문헌

北京師範大學圖書館報刊部 編, 伍杰, 『中文期刊大詞典』, 北京大學出版社, 2000; 北京師範大學圖書館報刊部 編, 『北京師範大學圖書館館藏中文珍稀期刊題錄』, 北京圖書館出版社, 2002; 上海圖書館, 『上海圖書館館藏近現代中文期刊總目』, 上海科學技術文獻出版社, 2004.

▌신시대(新時代)

1940~1941년 사이에 서울에서 창간된 대표적인 친일 잡지

일본의 전쟁 관련 기사를 많이 실은 대중잡지이다. 창간 년도는 정확히 알 수 없다. 1940~1941년 사이에 창간된 것으로 생각된다. 1944년 2월 통권 54호로 종간되었다. 2호의 판권장에 따르면 편집 겸 발행인 노익형(盧益亨, 瑞原益亨), 인쇄인 이상오(李相五), 발행소 신시대사(서울 종로 2가 86), A5판 304쪽, 정가는 50전이다.
『신시대』는 가장 대표적인 친일 성향의 잡지이다. 일제에의 협력을 권장하는 글과 오락물로 편성되었다. 1942년 1월부터 노성석(盧聖錫, 瑞原聖)이 노익형을 계승하여 경영하였다. 이 잡지는 일선문 혼용과 일선인 공동 집필의 내선일체 체제를 완성하였다. (남기현)

참고문헌

최덕교 편저, 『한국잡지백년』 3, 현암사, 2004; 임종국, 『실록 친일파』, 돌베개, 1996.

▌신신소설(新新小說)

1904년 중국 상하이에서 창간된 문예지

1904년 9월 상하이(上海)에서 창간된 문학잡지로 『신신소설』이라는 제호는 량치차오(梁啓超)의 『신소설(新小說)』에서 영향을 받은 것이다. 편집장은 천징한(陳景韓)이다. 창간 초기는 월간이었으나, 실제로는 부정기적으로 발행되었다.
종간 시점은 정확치 않으며 1907년 5월호가 현재 남아 있는 최종호이다. 근 3년이라는 기간에 단지 10회만이 발행된 것으로 보인다. 현재 상하이도서관에 소장되어 있다.

창간 초기에는 소설과 시사잡기(詩詞雜記), 기문소담(奇聞笑談), 가요, 유희문자(游戲文字) 등을 위주로 이들을 수집 소개하는 데 중점을 둘 것을 창간호에서 설명하였다.

그러나 3호부터 그 편집방향이 수정되어 '본보특백(本報特白)'란을 통해 매 호마다 협객(俠客) 위주의 전

문호를 발행할 것을 표명하였다. 이 이후부터 번역소설이 많아지고 정탐소설과 협객담 위주의 전문 지면을 개설하였고, 특히 러시아와 프랑스의 정탐소설들을 번역하여 소개하였다.

「조여생전(刁余生傳)」, 「여협객(女俠客)」, 「허무상기화(虛無常奇話)」 등의 협객 소설 및 탐정, 전쟁류 등의 소설과 단편 작품을 중점적으로 게재하여 우국우시(憂國憂時)적 사상에 치우친 경향을 보였다. 이러한 정탐소설을 통해서 의협사상(義俠思想)을 선전하고자 한 것은 기타 잡지들과 구별되는 특징이다. (김성남)

참고문헌

周葱秀·涂明 著, 『中國近現代文化期刊史』, 山西教育出版社, 1999; 王檜林·朱漢國 主編, 『中國報刊辭典』, 太原: 書海出版社, 1992.

신앙생활(信仰生活)

1931년 평양에서 발간한 기독교계 개인 월간지

1931년 12월 15일 창간했다. 편집 겸 발행인 김인서(金麟瑞, 1894~1964)이고 발행소는 신앙생활사이다. 평양에서 발행되었으며 판형은 A5 국판에 총 33쪽, 정가는 15전이다.
연세대(창간호와 그 밖의 호)와 서울대(창간호), 그리고 국회도서관에 마이크로필름으로 소장되어 있다.

평양장로신학교 재학 중에 한국인 첫 신학교수인 남궁혁의 권유로 『신학지남(神學指南)』의 편집 실무를 맡았던 김인서는 졸업 후 문서선교사업에 헌신할 것을 결심하고 『신앙생활』을 창간했다. 장로교회뿐만 아니라 각 기독교파의 교역자와 평신도를 대상으로 한 개인잡지의 형식으로 발간되었는데, 그의 뛰어난 문장력과 열성에 힘입어 널리 읽히는 잡지가 되었다. 그는 이미 학생 시절에 기독교 문단에 등단한 바 있었다.

그는 이 잡지를 통해 성서와 신학·목회·교육·신앙지도에 이르기까지 기독교 전파와 수용에 따른 모든 문제에 대해 풍부한 자료 제시와 예리한 비판을 가했다. 표지 뒷면의 고정란이었던 밀실의 영음은 짧은 메시지였으나 김인서의 놀라운 영감의 표현으로 당시 독자들에게 가장 인기 있는 난이었다고 한다. 창간호는 1200부를 발행했으나 일제당국에 의해 1941년 6월 강제 폐간될 무렵에는 3700부에 이르렀다고 한다. 그러므로 『신앙생활』은 1930년대 한국 기독교를 이해하는데 중요한 자료로 평가받고 있다. 창간호는 잡지 발간의 목적이 기독교와 성경에 대한 일반 교인의 이해를 높이기 위해 국한문 성경을 읽을 수 있는 예수 신자이면 누구나 깨달을 수 있는 진리를 설명하고자 하는 데 있다는 점을 분명히 하고 있다.

또한 목회자들의 성경 강의·설교·사증(事證)이 강단에만 국한되어 후세에 전하지 못하는 현실을 안타까워하면서 그것들을 수집해 싣고자 하는 계획도 갖고 있었다. 김인서는 「선언」을 통해 신학이나 이론이 아니라 성령의 지시에 직접(直接)하여 진리를 주장하고 십자가에 정립(正立)하여 신앙의 사실에 출동(出動)할 것을 약속했다. 「강령」으로는 복음신앙, 영화운동(靈化運動), 인화주의(人和主義)를 제시했다. 창간호에는 선언과 강령을 비롯하여 김인서의 「성탄설교」, 「조선의 첫번 대부흥회실기」, 「옵아디아서의 연구」와 함께 길선주(吉善宙) 목사의 「성산(聖山)의 영계(靈界)」, 김선두(金善斗)의 「너희는 와서 의논하자」, 임종순(林鐘純)의 「순교자 나붓」 등이 실려 있다

김인서 자신이 사장, 편집자, 기자, 사원의 일을 혼자 해내면서도 잡지는 꾸준히 발행됐고, 많은 독자에게 인기가 있었다는 것은 그가 잡지를 내는 틈틈이 전도집회와 부흥집회를 통해서 『신앙생활』을 알리고 판매했기 때문에 가능할 수 있었다. 또한 정통주의와 복음주의를 견지하면서 교권주의를 배격하며 자유주의 신학의 경향에 대해서도 비판을 할 수 있었던 배경에는 자신만의 신앙이 굳건히 자리 잡고 있었으며, 그러한 믿음이 10년에 가까운 잡지의 장기 발행의 원동력이 되었기 때문일 것이다. 그리고 그러한 행위는 기독교계의 정통이라고 하는 서북파로부터 고립되고 민족주의 계열의 교파로부터도 '반민족주의자'라는 비난을 받는 빌미로 작용하기도 했다.

다음은 그가 『신앙생활』을 창간하며 서원한 기도의 일부이다. 이를 통하여 이 잡지가 어떤 믿음과 소망 아래서 오랫동안 독자의 사랑을 받을 수 있었는지를 짐작할 수 있다.

"주여! 나는 글도 변변히 모르고 돈도 없고 조업(祖業)도 잃은 일개 한미한 자일 따름입니다. 그러나 당신을 신앙(信仰)하는 마음만은 있사옵고, 당신을 증거하고 싶은 마음은 너무도 간절하여 이런 소문서(小文書)를 내어 놓습니다. 이것이 사람 보기에는 보잘것 없어 과부의 한푼 돈과도 같습니다. 나는 이제 이 책위에 눈물을 부으면서 과부의 한푼 돈은 그의 눈물에 젖었던 것을 알았읍니다." (전상기)

참고문헌

김주평·임동빈, 「기독교에 관련된 한국의 잡지에 관한 연구」, 『부산여자대학논문집』 21, 2000; 윤춘병, 『한국기독교신문잡지백년사(1885~1945)』, 감리교신학대학교 출판부, 2003.

신앙세계(信仰世界)

▶ 게자씨

신여계(新女界)

1909년 일본에서 간행된 여성 종교 잡지

1909년 4월에 간행되어 1919년 2월에 폐간된 여성 종교 잡지이다. 잡지 발간의 목적은 창간호에 게재된 바와 같이 기독교에 의거하여 "부인이 인간으로서 정신적 발달에 기여한다"는 것이었다. 잡지 발행인 겸 편집인은 에비나 단조(海老名彈正), 주필은 야스이 데쓰코(安井哲子)였다. 발행처는 신진샤(新人社)였고, 정가는 15전이었다.

신진샤는 당시 『신여계』 이외에도 자매지인 『신인(新人)』을 발행했다. 이후 두 잡지는 에비나 단조 부부의 해외 이주와 야스이 데쓰코의 사정으로 인해 합병하여 『신여계』는 1919년 2월 폐간되었다. (이규수)

참고문헌

牛島俊 作, 『日本言論史』, 河出書房, 1955; 『近代文學雜誌事典』, 至文堂, 1965; 桂浜崎廣, 『女性誌の源流』, 出版ニュース社, 2004.

신여성(新女性)

1921년 일본에서 간행된 여성종합잡지

1921년 11월에 창간되어 1923년 4월에 폐간된 여성지이다. 도쿄의 신여성사(新女性社)가 발행했고, 주간은 다키자와 소스이(滝澤素水)였다. 본문은 200쪽 전후였고, 정가는 50전. 잡지에는 구니에다 간지(邦枝完二), 무로 사이세이(室生犀星), 우노 고지(宇野浩二)의 소설이 게재되었고, 계절요리 기사 등이 실렸다. 주목받는 기사로는 「세간을 떠들썩하게 만든문제 여자의 현재(世間を騷がした問題の女の現在)」, 「유혹에 둘러싸인 직업부인의 안과 밖(誘惑に圍まる職業婦人の裏表)」 등과 같이 여성의 살아 있는 모습을 실화형식으로 기사화한 점이다.

1923년 5월부터는 『부인계(婦人界)』로 제호를 변경했다. 발행소도 신여성사에서 부인계사로 변경되었다. 신문광고에 의하면 "예전의 부인계를 대신하여 새로운 부인계가 되었다", "엄선한 기사를 만재한 재미있는 잡지로 바꾸었다", "이렇게 재미있는 잡지가 달리 있는지 비교해보세요" 등과 같이 『신여성』 시대보다 풍속사건을 많이 게재했다.

• 무로 사이세이(室生犀星)

일본의 시인, 소설가. 절의 양자로 자랐으며 4년제 고등소학교를 중퇴했다. 기타하라 하쿠슈(北原白秋)에게 배웠으며, 동문인 하기와라 사쿠타로(萩原朔太

郎)와 친교를 맺었다. 시지(詩誌)『다쿠조훈스이(卓上噴水)』(1915)를 거쳐 『간조(感情)』(1916)를 공동 주재하여 감정시파(感情時派)를 형성했으며『사랑의 시집(愛の時集)』(1918),『서정소곡집(抒情小曲集)』(1918),『제2사랑의 시집(第二愛の詩集)』(1919)을 발표해 하기와라와 함께 다이쇼시대 시단의 새로운 기수가 되었다.

또한 소설가로도 활동해 「유년시대(幼年時代)」(1919), 「성에 눈뜰 무렵(性に眼覺める頃)」(1919), 「어떤 소녀의 죽음까지(或る少女の死まで)」(1919)에서 유년과 소년기의 체험을 서정과 감성의 세계로 대상화했다. 2차 세계대전 후에도 「안즛코(杏っ子)」(1956~57), 「가게로후 일기유문(かげろふの日記遺文)」(1958~59) 등의 훌륭한 작품을 남겼다.

• 우노 고지(宇野浩二, 1891~1961)

일본의 소설가. 본명은 가쿠지로(格次郎). 사소설(私小說)의 약점을 가장 잘 알고 있었던 사소설 작가로 꼽힌다. 소년 시절을 오사카(大阪)에서 보냈으며, 1911년 와세다대학(早稻田大學) 영문과에 입학했으나 중퇴했다. 외국작품을 공동으로 번역했던 것이 인연이 되어, 작가 히로쓰 가즈오(廣津和郎)와 알게 되었으며 히로쓰의 소개로 「곳간 속(藏の中)」(1919)을 발표했다. 같은 해 「고뇌의 세계(苦の世界)」를 통해 인간의 삶의 비참함과 해학을 오사카 사람다운 꾸밈없는 능변으로 경쾌하게 묘사해 인정을 받았다. 이후 작풍의 폭을 넓혀, 일종의 구원의 여성에 대한 사모와 인생의 어둠이나 중압감을 견뎌내는 인간의 낭만적인 동경을 그린 「꿈꾸는 방(夢見る部屋)」(1922) 등을 발표해 이색적인 문학세계를 구축했다.

이 뒤 건강이 나빠져 한때 창작력이 쇠퇴하기도 했지만 「고목이 있는 풍경(枯木のある風景)」(1933) 등을 발표하면서 문단에 복귀했다. 「잔재주가 많으면 궁하다(器用貧乏)」(1938)는 그의 대표적 작품 중의 하나로 간결하고 냉정한 관찰자 수법을 써서 불행한 한 여인의 삶을 밀도 있게 그린 걸작이다. 만년에는 「아쿠타가와 류노스케(芥川龍之介)」(1953) 등 회상적 작가론을 많이 썼으며, 히로쓰의 영향으로 마쓰카와 사건(松川事件, 1949년 8월 17일 도호쿠선[東北線] 마쓰카와역 부근에서 발생한 열차 전복 사건으로 국철 노조원과 공산당원 20명이 검거되었으며, 여론의 비난을 좌익세력에 돌리도록 하는 데 이용됨)에 관심을 가지게 되어 「참으로 기이한 이야기(世にも不思議な物語)」(1953)를 쓰는 등 선인(先人)에 대한 경모와 현실에 대한 응시 속에 엄격한 창작 태도를 고수해나갔다. (이규수)

참고문헌

浜崎廣,『女性誌の源流』, 出版ニュース社, 2004; 島崎市誠,「犀の眼 笠森勇 著,『蟹シャボテンの花-中野重治と室生犀星』」,『室生犀星研究』29, 2006; 齋藤勝,「昭和10年代前半の室生犀星と佐藤春夫: 文学賞をめぐる関わりから」,『室生犀星研究』29, 2006; 中島賢介,「室生犀星論: 旧約聖書『ダニエル書』が童話『緑色の文字』に与えた影響」,『北陸学院短期大学紀要』36, 2005; 笠森勇,「『転向』と『復讐』: 中野重治と室生犀星」,『金沢学院短期大学紀要』2, 2004.

신여성(新女性)

1923년 서울에서 발행된 대표적 여성지

1934년 4월 통권 38호로 종간하였다. 국판, 100면 내외로, 초대 편집 겸 발행인은 박달성(朴達成)이었다. 제3호부터는 방정환(方定煥)이 맡았는데, 그가 죽은 뒤 1931년 7월호부터는 차상찬(車相瓚)이 맡았다. 가격은 30전 내외이다. 현대사에서 1982년 영인자료로 출간된 바 있다. 그 외에 원본이 연세대, 아단문고, 국립중앙도서관 등에 소장되어 있다.

개벽사에서 발행하였으며, 이돈화·김기전·박달성·주요섭 등이 집필진으로 참여하였다. 1926년 10월 휴간했다가, 1931년 1월 속간하여 1934년 4월 4일 통권 38호를 끝으로 폐간했다.

최초의 여성지는 1906년 유일선이 발행한 『가뎡잡지』와 1917년 도쿄여자유학생친목회가 만든 『여자계』가 있다. 『가뎡잡지』는 가정문제를 중심으로 편집되어 본격적 여성지로서는 부족함이 있고 『여자계』는 여성 스스로 자신들의 소리를 매체에 담아 여성지의 효시로 볼 수 있지만 도쿄에서 발행되었다는 점에서 영향력을 의심할 수 있다. 그 후 1920년 김원주를 비롯한 일본 유학생 출신의 여성들이 만든 『신여자』가 있었으나 극소수 엘리트 여성들의 전유물 역할에 머무르는 한계가 있었다.

1922년 6월 개벽사가 창간한 『부인』은 대중적인 여성 계몽 실천을 목표로 삼고, 가정부인의 교양 교육에 주목했다는 점에서 본격적인 여성지라 할 수 있다. 개벽사는 계몽의 대상을 새로운 시대의 주도자가 될 여학생으로 시선을 옮겨 제호를 『신여성』으로 바꾸고 변신을 꾀한다. 그러나 제호 변경은 쉽지 않았다. 『부인』에서 『신여성』으로의 제호 변경은 다음과 같은 고충 속에서 이뤄졌다.

"'신(新)'자부터 주목이고 자유니 평등이니 해방이니 균등 등의 문고만 보면 선동이니 시사니 하여 삭제, 삭제도 유부족(猶不足)하여 발행인을 불러 불허가니, 하지 말라느니 하고 혹령(酷令)을 내립니다. 항문의 뼈까지 뼈란 뼈는 다 빼고, 소학교 소녀의 작문 같은 물렁물렁한 것, 살만 남겨서 일순(一旬)이나 이순(二旬)을 묵혔다가 자기 생각나는 때에 내어줍니다. 달마다 당하는 구구한 말이야 다하여 무엇하겠습니까"(『개벽』, 1924.2).

『신여성』은 월간지로 기획되었으나, 조선출판계의 고질적인 3가지 고충인 검열난, 자금난, 원1고난으로 정기적 간행을 하지 못하다가 1926년 10월 정간했다. 1931년 속간되었는데, 1920년대의 『신여성』에 비해 상업성이 한층 두드러지는 특징을 보였다.

『신여성』의 기사들은 여성을 둘러싼 근대의 다양한 풍경을 잘 드러낸다. 주로 여학생의 생활상을 여학생들의 경험담을 통해 보여 주거나 유명 신여성의 소식과 인터뷰 등을 통해 당대 여성들의 미래를 드러낸다. 또 연애문제, 부부문제, 이혼문제, 정조문제, 학비문제, 육아문제, 소비문제, 복식문제, 매음문제, 임신출산문제, 위생문제 등 여성들과 관련한 사회적 담론에 대한 갑론을박을 통해서도 당대 여성들의 주된 고민과 그들에 대한 사회적 시선을 엿볼 수 있다.

『신여성』의 표지는 남성 독자들의 종합지에 비해 이채로운데, 구상적인 표현이 주를 이루고 장식성이 강조되었으며, 30년대에 들어서는 전면을 채우는 여성의 얼굴을 화려하게 그려 넣었다. 표지의 디자인은 주로 석영 안석주와 웅초 김규택이 맡았다.

『신여성』의 필진은 매우 다양하고 필명도 여러 가지를 사용했다는 특징이 있다. 주요 필자로는 방정환, 김기전, 박달성, 차상찬, 김명호, 김경재, 이정호, 손진태, 고한승, 윤석중, 정인섭 등이 활약했고, 여성 필자로는 김원주, 허정숙, 나혜석, 김명순, 신알벳트, 주세죽, 황신덕, 조백추 등이 있었다.

문인으로는 주요섭, 주요한, 김억, 최승일, 김기진, 이은상, 이상화, 이태준 등이 자주 기고했다. 수록된 작품으로는 논문에 「여성의 계급적 지위」, 「약한 여성과 노동계급의 기원」 등과 소설에 최승일의 「새벽」, 주요섭의 「영원히 사는 사람」, 이태준의 「구원의 여상」, 그 외로 방정환의 수필 「어린이 찬미」 등이 있다. (이경돈)

참고문헌

최덕교 편저, 『한국잡지백년』, 현암사, 2004; 이희경 외, 『新女

性: 매체로 본 근대 여성 풍속사』, 한겨레신문사, 2005; 김수진, 「1920~30년대 신여성담론과 상징의 구성」, 서울대학교 박사학위논문, 2005.

신여자(新女子)

1920년 서울에서 발간된 여성지

1920년 3월에 창간되었으며, 3·1운동 이후 국내에서 처음으로 나온 여성지라는 의미를 지닌다. 김일엽(金一葉)이 발행한 것으로 알려져 있다. 판권장에 따르면 발행인은 빌링스 부인(Mrs. Billings), 편집인은 김원주(金元周, 김일엽의 본명)이다. 인쇄소는 하쿠분칸인쇄소, 발행소는 신여자사(新女子社, 서울 평동)이었다. A5판 66쪽이고, 정가는 30전이었다. 고려대학교에 소장되어 있다.

『신여자』는 권두에 신여자의 사회에 대한 책임을 논하고 일반 '여자계(女子界)'를 각성하게 하려는 주의(主義)를 선명(宣明)하기 위해 창간되었다고 밝히고 있는데, 김일엽이 쓴 창간사의 몇 구절을 옮겨 보겠다.

"개조(改造)! 이것은 5년간 참혹한 포탄 중에서 신음하던 인류의 부르짖음이요, 해방(解放)! 이것은 수천 년 암암(暗暗)한 방중에 갇혀 있던 우리 여자의 부르짖음입니다. …… 때는 왔습니다. 온갖 것을 바로잡을 때가 왔습니다. 지루한 전쟁의 몽몽(濛濛)한 포연(砲煙)은 걷히어 지구의 암야(暗夜)는 밝았고, 평화의 서광이 새로 비치어 새로운 희망 아래 새 무대가 전개되었습니다. …… 아아, 새로운 시대는 왔습니다. 모든 헌 것은 거꾸러지고 온갖 새것을 세울 때가 왔습니다. 가진 것을 모두 개조할 때가 왔습니다. 모든 비(非) 모든 악(惡)이 사라질 때가 왔습니다. 가진 것을 모두 개조하여야 될 때가 왔습니다. …… 사회를 개조하려면 먼저 사회의 원소인 가정을 개조하여야 하고, 가정을 개조하려면 가정의 주인 될 여자를 해방하여야 할 것은 물론입니다."

『신여자』 1호는 발간 후 호평을 받으며 인기리에 찍어낸 2000부가 모두 팔려나갔다. 이러한 관심 속에 1920년 4월에 발간된 『신여자』 2호에서 김일엽은 '신여자 선언'이라 일컬어지는 「우리 신여자의 요구와 주장」을 발표했다.

"우리의 요구하는 바와 주장하는 바가 무엇이겠습니까? …… 몇 세기를 두고 우리를 냉혹하게도 압박하고 우리를 극심하게도 구속하던 인습적 구각(舊殼)을 깨뜨리고 벗어나서, 우리 여자가 인격적으로 각성하여 완전한 자기 발전을 수행코자 함이외다. 남자들은 이를 이르되 파괴라 반항이라 배역(背逆)이라 하겠지요. 그렇지만 보십시오. 고래로 우리 여자들을 사람으로 대우치 아니하고, 마치 하등동물같이 여자를 몰아다가 남자의 유린에 맡기지 아니하였습니까? …… 하므로 우리는 신시대의 신여자로 모든 전설적·인습적·보수적·반동적인 일체의 구사상에서 벗어나지 아니하면 아니되겠습니다. 이것이 실로 『신여자』의 임무요, 사명이요, 또 존재 이유로 삼는 것이올시다."

'신여자 선언'은 큰 반향을 일으키면서 신여성운동에 불을 붙이기 시작했다. 그때부터 '신여자', '신여성'이란 말이 크게 퍼졌고, 젊은 여성들의 가슴을 부풀게 했다. 자기도 신여성이 되리라는 꿈을 안고 넓은 바깥 세상으로 뛰쳐나온 사람이 많았다.

김일엽은 신문 등 기고를 통해 여성 교육의 필요성을 알리기도 하였고, 신여자사(新女子社) 주최로 강연회도 열면서 여성운동에 박차를 가하였다.

• 김원주(金元周, 1896~1971)

『신여자』를 주간하였던 김일엽은 시인이며 수필가로, 본명은 원주이다. 그는 평남 용강(龍岡)에서 5대 독자집의 무남독녀로 태어났다. 9세에 구세(救世)학교에 입학, 11세에 진남포 삼숭(三崇)학교를 거쳐 1913년 이화학당에 입학, 1918년 이화여자전문학교를 졸업, 1919년 3·1운동에 참가하였으며, 그 후 도쿄에 가서 영화(英和)학교에 입학, 1920년에 수료 귀국했다.

귀국 후 『신여자』의 주간이 되어 동분서주하였는데, 그는 시와 소설을 발표하기도 하였지만, 작품 창작보다는 '여성해방론'을 부르짖으며 누구보다도 여성 지위 향상에 앞장섰다. (이한울)

참고문헌

최덕교 편저, 『한국잡지백년』 1, 현암사, 2004; 이화여자대학교 한국여성사편찬위원회 편, 『한국여성사』, 이대출판부, 1972; 유진월, 「김일엽의 '신여자' 연구」, 푸른사상, 2006.

신의주상공회의소월보(新義州商工會議所月報)

1928년 신의주에서 발간된 일본어 월간 경제 잡지

1927년 설립된 신의주상업회의소에서는 1928년 5월부터 기관지로 월간 『상공월보』를 간행하였다. 1930년 상업회의소가 상공회의소로 개편되면서 『상공월보』는 『신의주상공회의소월보』로 개제되었지만, 그것이 언제인지는 확실하지 않으며, 폐간 일자도 확인할 수 없다.

1928년 5월 창간호부터 1932년 7월호(47호)까지 서울대도서관 경제문고에 보관되어 있다. 『신의주상공회의소월보』는 1936년 1월호부터 1937년 12월호까지가 역시 서울대도서관 경제문고에 소장되어 있다.

창간 당시 내건 월보 발간의 목적은 상공업에 관한 각종 조사, 상거래 소개, 회사·조합 등의 조직에 관한 기안, 상공업에 관한 분쟁 중재, 상품에 관한 감정과 증명, 상공업에 관한 관청과의 교섭, 상공업에 관한 교폐와 개선 등에 관한 내용을 제공하는 것이었다.

이에 따라 잡지도 대개 본회의소록사(本會議所錄事), 무역개황, 금융개황, 상황, 자료조사, 무역통계, 금융, 교통운수, 우편통신, 창고, 미두검사, 어시장, 물가, 노동임금 등의 목차에 따라 구성되었다.

신의주의 경제상황을 파악하는 데 있어 기본적인 자료이다.

• 신의주상공회의소

신의주에서 상업회의소가 설립된 것은 다른 지역보다 훨씬 늦은 1927년이었다. 1915년 발포된 상업회의소령에 따라 설립에는 조선인과 일본인이 공동으로 참여하였다. 이후 조직 개편은 다른 지역과 마찬가지의 경로를 따르고 있다. 1930년 발포된 조선상공회의소령에 따라 10월 신의주상공회의소로 개칭하였으며, 1944년 공포된 조선상공경제회령에 따라 평안북도 상공경제회로 개편되었다. 1930년대 신의주상공회의소의 임원 구성 역시 다른 지역과 마찬가지로 일본인이 중심이 되었지만, 2명의 부회장 가운데 한 명은 조선인으로 선임하여 민족별 안배를 하였다. 신의주상공회의소에서 발간한 단행본으로는 『신의주상공회의소 10년지』(1937), 『신의주상공안내』(1938, 1940, 1942년판)가 있다. (윤해동)

참고문헌

田中市之助, 『全鮮商工會議所發達史』, 釜山日報社, 1935; 『신의주상공회의소월보』, 서울대도서관 경제문고 소장본.

신의주상공회의소통계연보(新義州商工會議所統計年報)

신의주에서 일본어로 발간된 경제통계 관련 연간지

신의주상공회의소가 발간한 일본어로 된 연간 통계자료집으로, 현재 1936년(1937년 발간), 1937년(1938년 발간)분만 국립중앙도서관에 소장되어 있다. 창간부터 종간까지의 자세한 사정에 대해서는 확인하기 어렵다.

연보는 기상, 호구, 재정, 무역, 금융, 통신, 교통·운수, 농무(農務), 가축, 수산, 광산, 임산, 공산, 시장, 물가, 창고, 잡의 17개 항목으로 구성되었다. 그 가운데 무역 관련 통계가 가장 구체적이고 또 분량도 많다. 무역관련 통계가 많은 부분을 차지하는 것은 상품 수출입 통로로서의 신의주가 차지하는 위상을 잘 말해주는 것이라 하겠다.

잡 항목에는 신의주의 회사표, 관공아표(官公衙表), 교육기관표, 언론기관표, 주요단체표, 상공회의소 의원 및 특별의원, 임원 씨명표 등이 수록되어 있어, 신의주의 상황을 파악하는 데 참고가 된다. 신의주의 경제상황을 파악하는데 가장 기본적인 자료이다.

신의주상공회의소에서는 또 『신의주상공회의소월보』(1932년 이전에는 『상공월보』)를 발간하였다. (윤해동)

참고문헌

田中市之助, 『全鮮商工會議所發達史』, 釜山日報社, 1935; 『신의주상공회의소통계연보』, 국립도서관 소장본.

▶ 신의주상공회의소월보

▌신이와테일보(新岩手日報)

1938년 일본 이와테현에서 발간한 지역신문

신아와테사(新岩手社)는 원래 이와테일보사(岩手日報社)의 종업원이 결속하여 '신문도(新聞道)'의 확립을 위해, 동사로부터 분리하여 1938년 1월 1일 설비, 건물을 매수하여 『신이와테일보(新岩手日報)』를 창간하여, 현의 주민의 절대적인 지지를 받았다. 1943년경의 사장 겸 주간은 고토 교로(後藤清郎)였다. 신이와테사는 이와테현(岩手縣 盛岡市 仁王 第1地割字内丸 105番地)에 소재했다. 1943년 발행은 조간 4항, 석간 2항, 구독료는 1개월에 1원이었다.

1941년 국책에 따라 현 당국의 지도에 따라, 현 내 일간신문 5개사, 순간·월간 4개사를 매수 통합하여 1현(縣) 1지(紙)가 되었다. 본사는 발족 이래 신문보국의 정신에 따라, 보도의 신속, 정확, 지방신문의 사명을 인식하고 지도정신을 확립하여, 태평양전쟁 발발 직전에 도메이통신사(同盟通信社) 지국을 사내에 병설했다.

단파 무전 수신 설비를 갖추고 전황을 보도했다. 1943년경에는 중국에 특파원을 1명 파견하고 전황을 지상에 연재했다. (김인덕)

참고문헌

『昭和18年 新聞總攬』, 東京: 日本電報通信社, 1943; 春原昭彦, 『近代新聞通史』, 東京: 新泉社, 2003.

▌신인(新人)

1938년 일본에서 발행된 청소년 잡지

1938년 일본의 영어통신사(英語通信社)에서 발행한 잡지이다. 청소년의 교양 잡지라는 명목으로 1938년에 창간되었다. 처음에는 『후레시맨』이라는 제호를 사용하였지만, 시국의 진전에 따라, '적성어(敵性語)」를 피하기 위해 개제하였다.

개제와 동시에 전쟁 색채를 농후하게 드러냈고, 그 때문에 명랑하고 자유로운 오락성을 상실하였다. 수험잡지를 제외하면 이런 종류의 중학생을 대상으로 발행된 잡지는 거의 없었는데, 그런 의미에서 중요한 존재였다. 실제로 많은 중학생들에게 사랑을 받았는데, 『수험순보(受驗旬報)』나 『수험과 학생(受驗と學生)』의 독자, 즉 열심히 공부하는 면학형 생도에게는 무시된 잡지이기도 하였다.

교양, 취미, 소설, 과학기사, 시사, 영화, 음악 등 종합지로서의 풍부한 편집은 당시 젊은이들에게 큰 즐거움을 주었다. 1941년 9월호(항공특집)의 목차를 소개하면, 「전시국민생활(戰時國民生活)」, 「항공사상과 전설(航空思想と傳說)」, 「성층권으로 돌진(成層圈へ

突進)」, 「비행기 이야기(飛行機の話)」, 「혈거지대(穴居地帶)」, 「외인부대(外人部隊)」, 「갱급일기·침초자(更級日記·枕草子)」, 「일본인의 마음(日本人の心)」, 「대격전지 노몬한의 회고」, 「청빈담(淸貧譚)」, 「갑양태평기(甲陽太平記)」, 「합성고무의 이야기」, 「현악기의 이야기」 등이었다.

지면은 편집자의 취향에 따라 구성된 것이 아니라, 중학생이 희구하는 것이 무엇인가를 적확하게 파악한 지면 구성이었다. 어려운 소설 수준을 낮추고, 테마를 가급적이면 통속적인 것으로 설정하였는데, 이것은 또한 집필자를 구할 수 없었다는 사정 때문이었지, 편집자의 책임은 아니었다. 이러한 점은 당시 중소 출판사의 한계를 보여 주는 것이라 생각된다.

그런데 이 잡지에서 특기할 만한 것은 원자폭탄의 공포을 과학기사로 취급하고 있었다는 점이다. 선진국이 가까운 장래에 이것을 완성하고 2차 세계대전에 사용할 것이라는 예언이었다. 4년 후 일본인은 그 참화를 고스란히 당했는데, 원폭의 개발에 각국이 혈안이 되어 있었다는 것과 그 성능에 대해서도 일본 국민의 거의 알고 있지 못했다는 속설은 아마도 정정될 필요가 있을 것이다. (문영주)

참고문헌

高崎隆治, 『戰時下の雜誌その光と影』, 風媒社, 1976, 144~145쪽; 『日本出版百年史年表』, 日本書籍出版協會, 1968.

▌신인(新人)

▶ 신여계(新女界)

▌신인간(新人間)

1926년 서울에서 창간된 천도교 기관잡지

1926년 4월 1일 창간된 천도교 기관지로서 1945년 1월 통권 189호로 종간되어다. 초기 발행인 겸 편집인은 이돈화(李敦化)였고, 인쇄인은 강우(姜禹)였다. 인쇄소는 해영사(海英舍) 인쇄소, 발행소는 신인간사(경성 경운동 88)였다. B5판 79쪽이었고, 정가는 20전이었다.

천도교 신파 계열에서 1926년 4월 『만세보』와 『천도교회월보』에 이어 세 번째로 창간되었다. 『신인간』 창간 당시 천도교는 이미 기관지 『천도교회월보』를 발간하고 있었다. 그러나 1922년 손병희(孫秉熙)가 죽은 뒤 종통 계승 문제로 신·구파 분열이 일어나자 기관지 『천도교회월보』는 1925년 12월호부터 구파 측으로 넘어가 독점 발행하게 되었다. 기관지가 구파 측에 독점되자 천도교 청년당 중심인 신파 측에서 별도로 『신인간』을 창간하게 된 것이다. 당시 1926년 1월 22일자 『동아일보』는 이렇게 보도하였다.

"천도교 청년당에서는 신년 사업으로 인간 개조를 목적한 사상잡지 『신인간』을 발간하기로 하고, 방금 분망 중이라는데 창간호는 오는 3월 1일에 내기로 하였다."

『신인간』의 창간이 비록 교단 분규에서 산출되었다 하더라도, 『신인간』이라는 제호는 시대감각을 잘 나타냈으며, 「무하설(無何說)」이라는 창간사는 당당한 시대적인 선언이었다. 현대사상의 혼돈과 세계의 암흑은 오직 신인간이라야 구원할 수 있다고 밝히고 내세적인 구시대의 신앙관에서 탈피, 현세지향적인 신인간을 통한 새 사회 건설을 주장하였다.

창간호부터 국문 비중이 높은 국한문혼용으로 비교적 쉬운 문장의 편집을 하였다. 초기 발행인 및 편집인은 이돈화(李敦化), 발행소는 신인간사였다. 초기 집필진에는 좌우익이 모두 포함되었으나 1932년 사상논쟁으로 좌익계 필진들이 대거 탈락되기도 하였다.

그러다가 신·구파가 1930년 12월 합동대회를 계기로 5년 만에 연합이 되자 통권 54호까지 내고 자진 휴간에 들어갔고 교단은 본래대로 『천도교회월보』만 발행하게 되었다. 그러나 1년 4개월 만에 신·구파가 다시 분열되자 1932년 5월 통권 55호부터 새로 복간되었다.

한편, 신·구파로 분열된 교단은 1940년 4월 합동대회를 개최함으로써 두 번째 합동이 이루어졌다. 따라서 1938년 『천도교회월보』가 폐간된 뒤 구파 측에서 발행하던 『중앙총보(中央叢報)』를 자진 폐간하고 『신인간』과 합동하기로 결정함에 따라 『신인간』은 명실공히 유일한 교단지가 되었다.

이렇게 출범한 『신인간』은 일제강점기하에 보국안민의 기치를 든 천도교의 기본성격 때문에 민족주의적 성격을 띨 수밖에 없었다. 그로 인하여 태평양전쟁이 일어난 해인 1941년 9월호부터 『신인간』의 지면은 30쪽 이하로 줄어들었고, 1944년 5월호부터는 격월간으로 바뀌어 16쪽이나 12쪽 정도로 명맥만 유지하다가, 1945년 1월호(통권 189호)에서 강제 폐간 당하였다.

광복 후에도 절대수의 교인들이 북한 치하에 묶이게 되어 정상적인 발간을 하지 못하다가 6·25전쟁을 계기로 북한 교인들이 다수 월남하여 교회재건 일환으로 복간을 추진하였다.

국내정세가 안정되어 속간 32호까지 발행해 오다가 재정난으로 법적 발행실적을 채우지 못하여 잠시 『새인간』으로 바꾸어 1965년부터 1968년 3월까지 격월간 18호를 발간하기도 하였다. 그 뒤 1968년에 이르러 교단중흥의 기치를 내걸고 체제를 정비하여 본래의 제호를 찾아 월간으로 간행, 오늘에 이르고 있다.

이로부터 대폭 증면하고 편집의 다양화를 시도하면서 천도교 신앙과 사상이념의 지면확대 내지 대중화에 역점을 두게 되었다. 1977년 9월 제350호부터 지면 80쪽을 원칙으로 하고 동학과 천도교관계 학술논문과 자료소개에 중점을 두어 편집하면서 오늘의 체제를 갖추었다.

1982년 8월호로 통권 400호를 기록한 『신인간』은 '동학의 현대적 조명'이라는 주제로 특집을 마련하는 한편 두 번째의 목차집을 발간하였다.

60여 년의 역사를 가진 『신인간』은 일제강점기에는 보국안민과 민족의식고양에 힘썼고, 8·15광복 이후에는 포교와 교리체계 확립에 주력하였다. 기관지인 만큼 천도교단 변천사 및 전개 과정을 명확히 알 수 있는 귀중한 자료이기도 하다. (이한울)

참고문헌

최덕교 편저, 『한국잡지백년』 1, 현암사, 2004; 김응조 저, 『신인간 400』, 신인간사, 1982; 김응조 저, 『신인간 438』, 신인간사, 1986.

신인문학(新人文學)

1934년 서울에서 창간된 통속 월간 문예지

1934년 7월 9일 창간했다. 저작 겸 발행자는 노자영(盧子泳), 인쇄인은 한성도서 주식회사의 김진호, 발행소는 청조사(靑鳥社, 경성부 견지동 32)이다. A5 국판이었으며 총 124쪽이었고 정가는 20전이었다. 그리고 1936년 3월 9일 통권 21호로 종간되었다.
서울대와 연세대, 그리고 국회도서관에 소장되어 있으며 영인자료로도 나와 있다.

노자영 개인이 펴낸 잡지였기 때문에 그 개성과 취향이 그대로 반영되었으나 어떤 주의나 경향을 따른 것은 아니었다. 다른 문학잡지에 비해 기행문과 편지글을 많이 실었으며, 대중오락지적인 성격도 강했다.

이 잡지는 특이하게도 「창간사」나 「편집후기」가 실려 있지 않다. 그래서 어떤 이유와 목적에서 창간했는지 알 수가 없다. 다만 맨 마지막 면에 큰 활자로 다음과 같은 인사말이 쓰여 있을 뿐이다.

"본사는 근 7, 8년간이나 노자영 씨의 신병으로 정체상태에 있사옵던 바, 금번 동씨의 병이 쾌차함을 기회로 사무(社務)를 일신하고 도서 잡지를 간행하는……."

창간호에서 노자영이 내세운 대표적인 글로는 김문약(金文若)의 「조선인 사관(士官)의 중국남북대전참전기」, 이광수의 「나의 문단생활 30년」, 자신의 서사

시인 「은월하의 화금보(花琴譜)」, 이규갑(李圭甲)의 「우랄산을 넘어 노도(露都)에」, 그리고 여러 사람이 집필한 「세계명소절경순례기」 등이 있다.

문학작품으로는 이무영의 소설 「당기 삽화」, 노자영의 소설 「청묘」, 박종화의 시 「아춘(餓春)」, 김억의 시 「바다」, 신석정의 시 「오월의 아침」 등이 수록되어 있다. 이 밖에 이광수, 이은상, 이태준의 가정을 엿본 「문인들의 가정생활」과 문인들의 별명 · 외국어학력 · 원고료 · 월수입 등을 밝힌 '잡록' 등은 당시 문인들의 삶을 탐색할 수 있는 자료 구실을 한다. 또한 '각 잡지의 발행부수'가 조사되어 잡지의 규모와 독자수, 독자들에 대한 영향력을 짐작하게 하는 데 도움을 준다.

노자영의 「구주(歐洲)의 멸망과 신사회연방」, 우몽산인의 「작가박식론」 등의 논설도 실려 있다. 이로 미루어 볼 때, 문예지에 시사적인 글이 수록되어 특색을 더하고 있지만, 그럼에도 이 잡지는 대중들의 흥미와 오락거리에 대한 요구에 부응하여 상업적인 측면에 적극적인 노력을 기울였다. 그래서 대중들이 좋아할 만한 기사들을 찾아 실은 흔적이 역력하며, 본격적인 문예물보다는 가볍고 재미있게 읽을 수 있는 수필류나 가십성의 글, 혹은 아마추어적인 수준의 글이 실렸던 것으로 보인다. (전상기)

참고문헌

최양옥, 『노자영 시 연구』, 국학자료원, 1999; 김민수, 「춘성 노자영 연구」, 상명대 석사학위 논문, 2002.

▌신조선(新朝鮮)

1938년 중국에서 한국어로 창간된 조선민족해방동맹의 기관지

1938년 5월 1일 창간되었다. 사회주의운동의 관점에서 잡지가 구성되었다.

• 조선민족해방동맹

1926년 전후 중국 내 각지에 있던 한국독립운동가들은 민족 · 공산 양 계통으로 분립되어 통일전선운동을 개시했다. 1936년 3월 난징(南京) 한족회의 김성숙 · 손두환(孫斗煥) · 김철남(金鐵男) 등이 각지에 분산되어 있는 동지 20여 명을 규합해 조선민족해방동맹을 조직했다.

그들은 공산주의자 집단으로 자처했으나, 제3국제공산당과의 관계는 긴밀하지 못하였다. 이즈음 중국의 항일혁명군이 크게 세력을 떨쳤다. 이후 조선민족해방동맹은 김규광(金奎光) · 박건웅(朴健雄) · 장명(張明) 지도하에 조선민족전선연맹(朝鮮民族戰線聯盟)에 가입했다.

1940년 가을에 이르러 조선민족해방동맹은 조선청년전위동맹 및 이정호(李貞浩) 등과 공동으로 조선민족해방투쟁동맹(朝鮮民族解放鬪爭同盟)을 조직하고 좌파 진영 중의 김원봉 등과 뜻과 행동을 같이하고자 하였다.

그러나 성과가 별로 없자 조선청년전위동맹은 허베이(河北)로 갔고 점차 중국공산당이 쫓겨간 옌안(延安)으로 들어가게 되었다. 이후 충칭(重慶)에 남아 있던 이들은 조선민족해방동맹을 재차 회복하여 대한민국임시정부와 제휴하고자 했다.

충칭 시대의 조선민족해방동맹은 동맹원이 적었으나 각자의 능력과 의욕이 커서 대한민국임시정부 내의 정치에 영향력을 끼쳤다. 정치입장에 있어서 레닌(U. Lenin)과 스탈린(J. Stalin) 노선의 실행자에 속한다고 자인했으나, 임시정부와 광복군에 대해서도 옹호 지지한다고 밝혔다.

특히 청년전위동맹의 인사들이 물러간 이후 조선민족해방동맹은 반일 혁명역량을 집중시키기 위해 현 단계에서 모든 한국의 독립운동단체는 임시정부 아래에서 우선 민족해방운동을 완성하고 민족해방 이후에 한국의 사회주의혁명을 결행해야 마땅하다고 주장했다.

한국의 사회주의 당파는 이 때 민족주의 당파와 긴밀한 합작을 위해 "임시정부 · 반일민주강령 · 태극기, 임시정부의 한국독립지도자 선배를 시종 옹호한다"는 등 4위 1체의 중심사상을 공동 노력, 실천하는 목표로 삼았다.

조선민족해방동맹은 1939년부터 민선(民線, 조선민족전선연맹)의 조선민족혁명당 · 조선민족전위동

맹·조선혁명자연맹 등과 같이 광선(光線, 한국광복운동단체연합회) 민족단일당 창당을 목표로 7당 회의에 참가했다.

그러나 민족진영의 광선(한국국민당·한국독립당·조선혁명당)이 인원이나 역량으로 보아 우세해지자 "민족주의를 위해 공산주의 조직을 포기할 수 없다"고 성명서를 낸 뒤 탈퇴했다. 미국 본토에서 참가한 한국인 단체가 김원봉의 좌파단체와 합작하지 않겠다고 강경한 태도를 보이자 조선민족해방동맹이 앞장서서 결별을 선언했다.

그러나 같은 해 7월 17일 충칭에서 좌우합작의 전국연합진선협회(全國聯合陣線協會, 약칭 연협)가 정식으로 성립, 선포되었던 것은 큰 성과였다. 이러한 연협의 단결을 깬 것은 좌파였다.

조선민족해방동맹은 1941년 12월 1일 대한민국임시정부와 광복군을 지지하는 성명을 발표했다. 이때부터 임시정부와 임시의정원의원(臨時議政院議員)에 김성숙·박건웅 등이 참여하여 상당한 비중을 차지했다.

1938년 5월 1일 기관지로 『신조선』을 창간하여 사회주의 선전에 주력하다가 조선민족전위동맹과 통합하여 1940년 12월 충칭에서 조선민족해방투쟁동맹(김성숙·박건웅·이정호)으로 새롭게 발족했다.

이들은 1943년 5월 10일 한국독립당·조선민족혁명당·한국애국부인회·한국청년회 등 10여 개 단체와 공동으로 재중국자유한인대회(在中國自由韓人大會)의 명의로, 전세계 반침략 각국 정부 및 국민에게 선언서를 발표하였다. 여기서 이들은 한국은 마땅히 독립국이어야 되고 한민족은 당연히 자유민이어야 함을 강조하였다. (이신철)

참고문헌

양영석, 「조선민족해방동맹의 노선과 활동」, 『한국독립운동사연구』 4, 1990.11; 강만길, 『조선민족혁명당과 통일전선』, 서울: 화평사, 1991; 한상도, 「중경 임정 시기 김성숙의 활동과 정치사상」, 『한국근현대사연구』 44, 2008.3.

신조선(新朝鮮)

▶ 신흥조선(新興朝鮮), 실생활(實生活)

신조신문(新朝新聞)

1904년 미국 하와이 호놀룰루에서 창간된 이민 시대 최초의 한국어 신문

1904년 3월 27일 미국 하와이 호놀룰루에서 창간되었다. 최운백이 사장직을 맡고, 김익성이 주필을, 최영만이 번역을 맡아 활동하였다. 등사판 인쇄로 월 2회 간행되었다. 1905년 4월 종간하였다.

논설·잡보·외보·광고로 지면을 꾸몄고, 한글 전용체를 사용했으며, 인쇄시설을 갖추지 못해 붓으로 직접 써서 등사판으로 찍어냈다. 창간 후 1년 동안 월 2회 발행하다가 이듬해 4월 재정난으로 폐간되었다. 해외교포가 국문으로 발행한 최초의 신문으로, 당시 하와이로 건너간 많은 노동자들에게 우리말과 소식을 알려줌과 동시에 지식보급과 문맹퇴치에 기여했다

당시 국내에서 발간되던 『황성신문』은 제8권 251호(1905.11.4)에서 『신조신문』의 발간을 높이 평가하면서 제1면 전면을 할애하여 논설 「포와도의 신조(新朝) 신문에 대하여 치하함」이라는 제목의 사설을 게재하여 이 신문의 발행 사정을 다음과 같이 밝혔다.

"우리나라 인민들이 미국령의 포와도에 가 있는 동포들의 전후정경은 이왕 여러번 말하얏거니와 재작일에 체전부가 신문한뭉텅이를 전하는데 곳 신조신문이라 제목하였는지라 그 신문을 상고하야 본즉 포와도에 가있는 우리나라 동포들이 우리나라 국문으로 개간하고 제목은 홍묵으로 신조신문이라 하고 논설과 잡보와 외보와 광고 등을 기재하였으되 활자와 기계로 인쇄한 것이 아니라 신문 한 벌을 만들어 써서 등사판에 박혔고 그 신문사는 포와도 호노루루 '포스츄릿'에 설시하고 그 주장은 최윤백씨오 주필은 김익성씨오 번역은 최영만씨더라……이천만인이 거생하는 본국에서도 제국 황성 두 곳뿐이오 지방 대처라도 유명한데서도 신문잡

지 한권 창간하는 사람이 없는데 그 여러 만리 밖에 모군으로 뽑혀간 사람들이 신문을 창간하였으니 어찌 장하지 아니하리오."

신문 창간의 뜻 높음을 치하하고 하와이 이민들의 사정과 신문 없는 백성을 한탄하였고 『신조신문』의 기계, 활자 구입에 따른 경비문제에 대해 권고하는 등의 내용을 실었다. (이경돈)

참고문헌

『한국신문·잡지총목록』, 대한민국국회도서관, 1966; 『한국신문백년 사료집』, 사단법인 한국신문연구소, 1975; 계훈모, 『한국언론연표』, 관훈클럽신영연구기금, 1979; 『한국신문백년지』, 한국언론연구원, 1983; 최기영, 『대한제국시기 신문연구』, 일조각, 1991.

신주여보(神州女報)

1907년 중국 상하이에서 창간된 여성신문

1907년 11월 상하이(上海)에서 창간되었다. 1904년 1월 창간된 『여자세계(女子世界)』와 1907년 1월 창간된 『중국여보(中國女報)』가 합병하여 발행한 매체이다. 월간이며, 지군서사(智群書社)에서 간행되었다. 1908년 1월 3호를 출간하고는 정간되었다가, 1912년 11월 상하이에서 다시 복간되었다.
새로 복간된 『신주여보』는 순간(旬刊)으로 발행되다가 1913년3월 다시 월간으로 바꾸어 4호를 출간하고 1913년 7월 종간되었다. 베이징(北京)중국사회과학원 역사연구소에 소장되어 있다.

중국의 여학(女學)과 동아시아 여권(女權) 육성, 보수적인 기풍의 개화를 발행 목적으로 하여 논설, 학문, 여론, 소설, 기사 등의 항목을 두었다. 여성이 가정의 속박에서 벗어나야 할 것과 강제결혼 타파와 자유결혼주의를 제창하였으며, 이혼과 재혼의 자유를 선포하였다.

주필 천즈췬(陳志群)은 원래 『여자세계(女子世界)』의 주필이었으며 집필진에는 우즈잉(吳芝瑛), 쉬지천(徐寄塵) 등이 참여하였다.

『신주여보』 창간호는 추진(秋瑾) 기념 특집으로 천즈췬의 「신주여계 신위인 추진여사전(神州女界新偉人秋瑾女士傳)」과 우즈잉(吳芝瑛)의 「추여사전(秋女士傳)」, 쉬지천(徐寄塵)의 「제추여사문병서(祭秋女士文幷序)」, 「허무당의 성도 소비아전(虛無黨之聖徒蘇菲亞傳)」 등의 문장을 실어 추진을 추도하고 찬양하였다.

이후에도 추진의 죽음을 애도하는 각계인사들의 제문과 추진의 유고들인 「자매들에게 고함(警告姊妹們)」, 「중국여보발간사(中國女報發刊辭)」, 「면여권가(勉女權歌)」, 「연설의 좋은 점(演說的好處)」 등을 게재하였다.

이 신문은 대중들의 환영을 받으면서 그 판매량이 최고였을 때에는 5000부에 달했으나, 혁명적 색채가 농후했고 직접적으로 청 정부를 공격하여 탄압을 받으면서 재정적 곤란이 심각해져 1908년 1월 3호를 출간하고는 정간되었다.

그 후 1912년 11월 상하이에서 장자오한(張昭漢), 탕췬잉(唐群英), 탕궈리(湯國梨)가 신주여계(神州女界) 동맹회를 조직하여 복간되었다. 새로 복간된 『신주여보』는 교육의 보급과 실업을 제창하고 여성의 정치사상을 고취하였다. (김성남)

참고문헌

方漢奇 主編, 『中國新聞社業通史』, 中國人民大學出版社, 1996; 葉再生 著, 『中國近代現代出版通史』, 北京: 華文出版社, 2002.

신주일보(神州日報)

1907년 중국 상하이에서 창간된 정치운동 신문

1907년 4월 2일 상하이(上海)에서 위유런(于右任)이 창간하였다. 주필은 양두성(楊篤生)이며 청말 자산계급 혁명파의 중요 매체로 매일 3장의 대형 지면을 발행하였다.
1907년 5월 화재가 나서 정간되었다가 복간하면서 왕위안중(汪元中)이 주필을 맡았다. 1908년 6월 위유런이 사직하면서, 예중위(葉仲裕), 왕펑녠(汪彭年)이 신문사를 맡아 운영하였고, 주필은 다시 양두성이 보았다.
1915년 군주제 의원 쑨전둥(孫震東)이 본 신문사를 사들였다가 다음해 첸치천(錢齊塵)에게 양도하였다. 1918년 다시 위쉰(余洵)이 인수하였으며, 1927년 1월 『국민일보(國民日報)』로 개명하였다. 1936년 10월 10일 원래 제호인 『신주일보』로 회복하고 발행 호수를 이어갔으며, 제8352호까지 발행 후 1946년 12월 종간되었다. 현재 상하이도서관에 소장되어 있다.

창간호인 4월 2일자 위유런의 발간사(發刊辭)에 의하면 『신주일보』라는 제호는 3개의 신주주의(神州主義)를 제기한 것이다. 즉, 신주 사회주의, 신주 국가주의, 신주 제국주의를 제창하면서 중화민족의 잠재되어 있는 민족의식을 환기시켜 신주주의를 건설한다는 것이다.

내용은 사설, 논설, 전전(專電), 중요 소식, 각 성(省) 소식, 잡조(雜俎), 상하이 소식(滬事), 평론, 상업소식, 문원(文苑) 등의 공간이 있다.

이 신문은 창간되자마자 많은 사람들의 관심을 받으면서 단기간에 발행부수가 1만 부를 넘어서 상하이 지역에서 가장 잘나가는 신문의 하나가 되었다. 그러나 불과 37일 후 화재가 발생하여 모든 신문 인쇄 시설과 원고 등이 소실되었으나, 주변의 적극적인 지원을 받아 정간 하루 만에 다시 발행을 재개하였다. 복간 후에 발표한 「본보 37호 기념사(本報三十七號記念詞)」에서 편집진은 자신감을 가지고 앞으로 국민들 앞날의 희망이 무궁하며 신주일보 장래의 사업도 무궁하며, 모든 편집진은 무궁한 책임감을 갖는다는 요지의 글을 발표하였다.

그러나 화재로 모든 시설을 잃어버린 후 정상적인 사업회복이 어려워지면서 위유런은 1908년 6월 20일 신문 머리기사로 사직을 발표하게 되었다.

위유런은 당시 『소보(蘇報)』를 비롯한 진보적 언론들이 폐간 당한 경험과 대중들의 의식 정도, 그리고 조계 지역의 특수한 상황 등을 고려하여 비교적 신중한 태도로 언론 활동에 임하였다. 즉, 기사의 제목에 가능한 자극적인 표제를 줄이고 격렬한 문구들을 자제하였다. 또 혁명운동의 소식들을 발표하면서 본보 기자의 직접 보도 형식이 아닌 외신이나 다른 언론의 보도를 인용하는 방법을 사용하였으며, 평론에서도 직접 혁명을 고취하거나 청 조정을 자극하는 문구를 자제하였다.

그러나 이러한 방법조차도 상대적으로 다른 언론에 비해서는 강렬한 것이었으며, 지역에서 발생하는 각종 봉기에 관한 소식들과 청 정부의 부패와 실정을 폭로하고 보도하였다. 제국주의 국가들의 침략행위에 대해서도 매우 강렬한 논조의 문장들을 게재하였는데 「일본 관동주행정 근래소식(日本關東州行政近聞)」, 「일본 현재의 해군(日本現在之海軍)」, 「일본인만주철도회의(日人滿洲鐵道會議)」, 「열강의 대중국정책(列强對華政策)」 등의 문장을 통해 제국주의의 침략과 음모를 폭로하였다.

그리고 「상무조사(常務調査)」, 「실업시론(實業時論)」, 「상무역론(常務譯論)」 등의 고정란을 개설하여 상하이 지역의 금융과 무역에 관한 상세한 소식과 현황 보도를 제공하였다. (김성남)

참고문헌

方漢奇 主編, 『中國新聞社業通史』, 中國人民大學出版社, 1996;
葉再生 著, 『中國近代現代出版通史』, 北京: 華文出版社, 2002.

▌신중국(新中國, The New China)

1919년 중국 베이징에서 창간된 사회과학 잡지

1919년 5월 15일 베이징(北京) 신중국잡지사에서 간행한 종합 사회과학 잡지이다. 매 기당 200~300쪽에 달하는 대형 월간지로서, 표지에 정부 주요인사, 각성의 군벌 관료, 유명 인사의 필적으로 제호를 표기한 점이 특색이다.

"신사상으로써 신정치, 신도덕, 신학술을 만든다"는 것이 창간 취지였다. 당시 화두인 "사상 개조"와 "사회개조" 를 표방하면서 신문화운동에 대한 비판적 토론을 추구하였다.

창간 당시 편집자는 장쉰(張煊), 우짜이성(吳載盛), 왕샤오인(王小隱) 등이 있었다. 당시 베이징대학 또는 일본 유학생들이었다. 주요 필자는 주로 쑤퍄오핑(蘇飄萍, 전징[振靑]), 쑨지이(孫幾伊), 류사오사오(劉少少), 장허우다이(張厚戴), 후징즈(胡靜之) 등 베이징 지역의 언론인과 차이위안페이(蔡元培), 후스(胡適), 가오이한(高一涵), 천치슈(陳啓修), 그리고 우짜이성(吳載盛, 톈팡[天放]), 주쳰즈(朱謙之) 등 베이징대학의 교수와 학생들이었다. 그 외 량치차오 집단인 장쥔마이(張君勱), 장둥쑨(張東蓀), 류빙린(劉秉隣), 루딩쿠이(陸鼎揆) 등의 원고도 게재하였다. 또 취추바이(瞿秋白), 정전둬(鄭振鐸) 등 신청년과, 신문학에 반대한 셰류이(謝六逸), 바오톈샤오(包天笑), 주지쥐안(朱瘠鵑) 등의 작품을 함께 실었다. 거의 신구 명류를 막론하고 당시 언론 및 다른 잡지에서 활약하고 있던 인물들을 망라하고 있음을 알 수 있다.

잡지의 내용은 중국의 시사문제와 신사조, 학술상의 연구 및 번역, 중국의 공, 상, 교육 및 사회생활에 대한 조사 등이었다.

사실 편집자인 장숸 역시 『신조』에 대항하여 창간한 『국고』의 동인이었다. 5·4운동 직후 이념적 분화가 전개되기 전, 제 세력을 가진 명망가들을 '사회개조'라는 공동의 목표로 결집한 잡지라고 할 수 있다.

『신중국』은 5·4시기 출현한 월간 사회과학지이다. 새로운 사상의 소개와 사회개조를 표방하고 있지만 특정한 이념이나 원칙보다는 종합 망라성을 표방하고 있는 것이 특징이다.

우선 주요 찬고자가 다양하다. 주요 정론은 당시 베이징에서 활동하던 기자들에게 맡기고 있으며 중요한 주제에 따른 글을 당대 명류를 창자 의뢰하는 방식을 취하고 있다. 따라서 사회개조에 입각한 군벌정치에 대한 비판과 폭로(「산시 용민정치술략[山西 用民政治述略]」, 「옌스산[閻石山]의 최근 언론」, 1권 7호), 사회현실에 대한 조사(장허우짜이[張厚載], 「인력거문제」, 1권 1호)를 제외하면 뚜렷한 정치적 입장이나 이념적 지향성을 찾아보기 힘들다.

오히려 5·4 이후 군중운동에 대한 비판과 중국 인민들은 야심가에게 이용되기 쉬운 대중운동 보다는 정치지식과 법률상식 등 스스로의 실력을 먼저 쌓아야 한다는 등 상당히 보수적인 일면도 내포하고 있다.

따라서 이 잡지의 종합성은 5·4시기, 아직 이념이나 신구간의 갈등이나 학술적 규범 등이 분화되기 이전 지식계의 상황을 그대로 반영하고 있는 듯이 보인다. 특히 지방 세력인 군벌들에게까지 휘호를 부탁하고 사진을 싣고 있는 것이나, 신문기자와 차이위안페이 등을 같은 공간에서 배치하고 있는 점에서 이를 잘 알 수 있다.

이렇기 때문에 원칙을 가진 안정적인 편집진을 갖추지 못했고, 또 기획 편집도 거의 없는 것으로 보인다. 다만, "겸허한 마음으로 스스로를 돌아보고, 지도적 이념을 연구한다. 공격적인 태도를 회피한다. 맑은 마음으로 자세히 관찰하고 그러한 절실함으로 공적인 것을 광명으로 받아들이며, 이에 더욱 힘을 써서 각종 어두운 세력을 점점 축소시키고, 스스로 소멸하여 형체가 없어지도록 하겠다"고 하여 사회적으로 다양한 담론을 동일한 지형공간에 결집하여 토론을 유도하는 데 급하고 있다.

신구문학과 사상을 둘러싼 서로 다른 입장의 글을 배치한 것은 대표적인 예이다. 예컨대 『신중국』은 「신구문학의 충돌」, 「신구학파 간 쟁조에 대한 감상 신구사상」(이상 1권 1호), 「신구문학을 논함」(1권 2호), 「신구문학 평의」(1권 5호) 등을 통해 신사상의 수용에는 찬동하지만, 신문학을 백화문에 한정하는 한편 신구문학 간의 조화를 촉구하는 애매한 태도를 취하고 있다.

이는 편집자들이 보수적인 『국고(國故)』의 창간인이거나(장숸, 후에 장쉐량[張學良]의 비서), 중기 등 국가주의파와 가까웠던 보수적인 인물(우짜이성, 『국민

國民』의 동인)이란 점을 고려하면 이해하기가 어렵지 않다.

다만 주목되는 것은 헤겔의 「생명론」과 「우주의 신비」 듀이의 「민주주의와 교육」, 러셀의 「사회개조의 원리」, 혼마 히사오(本間久雄)의 「신문학개론」 등 외국 명저를 두루 번역함으로써 당시에 상당한 파급력을 가졌다는 점이다. 그 외 주젠즈의 「주진제자학통술(周秦諸子學通述)」, 서신성의 「미학(美學)」 등 학술적인 논저를 실었다. (오병수)

▌신중국보(新中國報)

1900년 미국 호놀룰루에서 중국어로 창간된 정치운동 신문

1900년 3월 20일, 미국 호놀룰루에서 중무셴(鍾木賢)이 창간한 보황회 기관지이다.

보황입헌(保皇立憲)과 혁명저지를 주요 목적으로 삼아 「보황회동지에게 알리는 서신(敬告保皇會同志書)」를 게재하였다. 쑨중산(孫仲山)과 혁명파를 공격하여 이들로부터 격렬한 반박을 당하기도 하였다.

량치차오(梁啓超)가 호놀룰루를 떠난 후 황사오춘(黃紹純)이 주필을 맡았다. 이후 중국 본토에서 천쉬안(陳宣庵)과 리다녠(黎大年), 량원칭(梁文卿)이 편집에 참여하였다. (김성남)

참고문헌

王檜林·朱漢國 主編, 『中國報刊辭典』, 太原: 書海出版社, 1992; 葉再生 著, 『中國近代現代出版通史』, 北京: 華文出版社, 2002.

▌신중화(新中華)

1915년 중국 상하이에서 창간된 월간 정론지

1915년 10월 1일 상하이(上海)에서 창간된 월간 정론지이다. 1916년 6월까지 정간되었고, 1918년 태동서국에서 영인 되었다. 사설(社說), 역론(譯論), 통신(通信), 조사란을 두었다. 주로 미국·영국·프랑스 등 각국의 정치, 경제제도 및 소련 연방제 등을 소개하고 있다. 주요 집필자는 장둥쑨(張東蓀, 성신[聖心]), 리젠눙(李劍農, 젠눙[劍農]), 양돤류(楊端六, 돤류[端六]), 왕푸옌(王馥炎) 등이었다. 특히 대부분의 정론성 문장은 장둥쑨이 성신(聖心)이란 필명으로 집필하였다. 필자들은 일본 유학을 통해 서구 정치 사조를 접한 비판적인 지식인들이라는 공통점이 있다. 특히 양돤류, 리젠눙은 저우겅성(周鯨生)과 함께 『태평양』을 간행한 뒤 함께 영국 유학을 떠났다. 『신중화』는 이들이 유학 이전 자유주의적 지식인들이 결집한 초기의 담론공간이라 할 수 있다.

이들의 언론 활동을 전개하게 된 계기는 위안스카이(袁世凱)가 시도한 제제복권운동과 민초 공화정의 유린 당하는 절망적 현실 때문이었다. 이들은 당시 현실을 초래한 중요 요인이 공화정의 기초라 할 수 있는 시민사회의 결여에 있다고 생각하였다. 따라서 관심 역시 이러한 시민을 어떻게 형성할 것인가의 문제였다.

『신중화』의 주요 정론은 위안스카이 및 그의 추종자들을 비판하면서 국민적 계몽을 촉구하는 글이 많았다. 위안스카이의 제제운동을 망국으로 규정하고 국민적 저항을 촉구하였다. 특히 량치차오(梁啓超)의 호국전쟁에 호응하는 한편 제제파인 쉬스창(徐世昌), 저우쉐시(周學熙), 량스이(梁士怡) 등을 규탄하였다.

동시에 공화정의 실패를 반성하면서 그것을 보완할 수 있는 대안을 모색하였다. 예컨대 장둥쑨이 주장한 연방자치론이 그러한 예의 하나이다(성신, 「연방입국론(聯邦立國論)」, 1권 1호, 2호; 성신, 「연방의 성질 및 그 정신(聯邦之性質及其精神)」, 1권 1호). 주장의 요점은 직업 단체를 단위로 한 최소한의 자치 조직을 사회통합 방안의 기초로 삼을 것을 주장하면서 이를 연방제의 틀 속에서 도입하고자 하였다. 당시 갓 수용된 주권다원론이나 직업 대표제론을 구사함으로써 국민혁명 이론으로 발전될 가능성을 보인다고 할 수 있다. 이러한 장의 입장은 기본적으로 사회적 역량에 의한 국가권력의 제한을 목표로 한다는 점에서 시민사회에 기초한 자유주의 사상이라 할 수 있다.

또한 장은 국가를 운용하는 근본 조건으로 "첫째 국

가의 강성은 선량한 사회조직에 달려 있고, 선량한 사회조직은 시대 문명의 조류에 호응하는 데 있으며 그것을 기약하기 위해서는 감정이나 무력을 동원한 갑작스런 변화가 아니라 희망과 용인(容忍)에 기초한 점진적 변화에 있다(一曰 國之强成在善良社會組織(?), 二曰 善良社會組織在有應乎時代潮流之文明, 三曰 所以期之之道在漸進而不在豹變, 在希望與容忍不在感情與强力)"(성신, 「국가의 근본(國本)」, 1권 4호).

이러한 입장은 영국, 미국, 독일 등 다양한 국가들의 지방자치 운용방식에 대한 조사를 기초로 제시된 것이지만 엘리트 중심의 영국식 헌정제를 이념으로 하고 있음을 알 수 있다.

이들의 논리가 전형적으로 영국식 자유주의를 바탕으로 하고 있다는 점에서 민국시기 후스(胡適)와 다른 자유주의 지식인들의 결집공간이란 점에서 주목할 필요가 있다. (오병수)

▌신중화(新中華)

1933년 중국 상하이에서 발간된 종합잡지

1933년 1월 상하이(上海)에서 창간되었다. 반월간이다. 중화서국(中華書局)에서 출판된 영향력 있는 종합 간행물이다. 1937년 8월 중일전쟁으로 휴간되었다. 1943년 1월 충칭(重慶)에서 복간되면서 반월간에서 월간으로 바뀌었지만 권호는 계속 이어졌다. 1946년 상하이에서 다시 출판되면서 반월간으로 바뀌었지만, 권호는 계속 이어졌다. 1951년 12월 4권 12호를 끝으로 종간되었다. 상하이도서관 등에 소장되어 있다.

『신중화』는 저우셴원(周憲文), 첸거촨(錢歌川) 등이 주편을 담당하였다. 평론, 통속 과학, 담수(談藪), 농촌 통신, 세계 소문, 참고 자료, 반월요문(半月要聞) 등의 난으로 구성되었다. 시대 지식을 주입하고, 민족정신의 발양을 취지로 하였다. 국가 건설, 민족 생존, 국제 시사, 국내 정치 등의 문제에 대해 중점적인 평론과 보도를 하였다. 1937년 8월 중일전쟁으로 휴간되었다가 1943년 1월 충칭에서 복간되었다. 진자오쯔(金兆梓), 장단펑(章丹楓), 야오샤오화(姚紹華) 등이 전후로 주편을 맡았다. (이은자)

참고문헌

葉再生, 『中國近代現代出版通史』, 北京: 華文出版社, 2002; 王檜林·朱漢國 主編, 『中國報刊辭典(1815~1949)』, 太原(山西): 書海出版社, 1992.

▌신진부인(新眞婦人)

1913년 창간된 일본의 여성운동 잡지

1913년 5월에 창간되어 1921년 11월에 통권 102호를 내고 폐간된 여성운동 잡지이다. 발행처는 신진부인사(新眞婦人社)였다. 『신진부인』의 주재자는 초기 여성 사회주의자인 니시카와 후미코(西川文子), 배우인 기무라 고마코(木村駒子), 종교가인 미야자키 미쓰코(宮崎光子)였다.

니시카와 후미코는 1882년에 기후현(岐阜縣)에서 태어났으며 1960년에 사망하였다. 초기 사회주의단체인 헤이민샤(平民社)에서 활동한 니시카와 고지로(西川光二郎)의 부인이다.

교토부여학교(京都府女學校)를 졸업하였다. 니시카와 고지로가 벌이고 있던 사회주의운동과 반전운동의 영향을 받으면서 여성운동가가 되었다. 니시카와 후미코는 기무라 고마코, 미야자키 미쓰코와 함께 1913년에 『새롭게 여자가 가야 할 길(新しき女の行くべき道)』을 쓰는 등 여성운동의 동반자로 활동하고 있었다.

『신진부인』은 명확하게 여성문제의 해결, 여성 해

방을 목표로 내건 평론 잡지였다. 게재된 글의 논조는 남성 중심 사회를 신랄하게 규탄하는 것이었다. 또한 집필자도 다채로워 다이쇼(大正) 데모크라시 시기의 여성운동의 분위기를 충분히 보여 주고 있다. (이준식)

참고문헌

『新眞婦人』(復刻板), 不二出版, 1994; 天野茂 編, 『平民社の女: 西川文子自傳』, 青山館, 1984.

▌신천지(新天地)

1921년 서울에서 발행된 종합잡지

1921년 7월 10일자로 창간된 종합잡지로서, 1923년 9월호를 마지막으로 폐간되었다. 편집 겸 발행인은 백대진(白大鎭)이고, 인쇄인은 최성우(崔誠愚)였다. 인쇄소는 신문관(新文館), 발행소는 신천지사(경성 견지동 54)였다. A5판 125쪽이었고, 정가는 50전이었다. 백대진이 주간이고, 오상은(吳相殷)이 사장이었다.

민족적 자각의 촉진을 사명으로 하고 정치적 사상의 함양을 목적으로 하여 새 사조(思潮)와 새 문화를 직접 소개할 것을 편집방침으로 시발한 이 잡지는 창간호부터 당국의 비위를 거슬려 중단·삭제의 비운을 겪었다. 창간호에 싣기로 한 백대진의 「신천지임을 선언하노라」는 검열에서 전부 삭제되었고, 결국 '백생(白生)'이라는 익명으로 권두언 「신천지의 전개(展開)」를 썼다. 그 몇 구절은 이러하다.

"각 민족은 단일성이던 구(舊)세계를 중성(衆性)의 신(新)세계로, 계급적이던 구세계를 평등의 신세계로, 유린적이던 구세계를 자유의 신세계로 시기(猜忌)적이던 구세계를 부액(扶腋)의 신세계로, 교태주의의 구세계를 엄호(掩護)의 신세계로, 부자의 낙토(樂土)이던 구세계를 공제(共濟)의 신세계로 만들고자 노력하는 도다. 어시호(於是乎), 과거의 세계가 그대로 남아 있지 못하게 되었으며, 과거의 시대가 도한 그대로 남아 있지 못하게 되었나니, 비록 시대가 춘하추동의 사서(四序)와 같이 변역되는 것은 아니로되, 일관한 생명하에 과거에 있던 시대는 그 영(影)이나마 촉(促)치 못할 만치 추이(推移)되랴 하는도다. 그러므로 …… 오인(吾人)의 안전(眼前)에는 신시대의 기원이 획정되려 하며 신천지의 페이지가 전개되려 하는도다."

백대진(1893~1967)은 관립 한성사범 본과를 졸업한 인물로서 1919년 7월 『매일신보』 사회부장을 거쳐 1921년 7월 『신천지』의 주간이 되었다.

『신천지』의 창간 배경에서부터 종간되기까지의 경위를, 백대진과 오랜 교분이 있던 언론인 유광렬(柳光烈, 1898~1981)은 다음과 같이 증언하고 있다.

"필자가 그 신문사(『매일신보』)에 들어갔을 때, 백대진은 이미 사회부장의 데스크를 보고 있었다. 그때의 사회부에는 대부분 새로 입사한 이로 김형원(金炯元), 홍난파(洪蘭坡), 유지영(柳志永) 등이 있었고, 그 전부터 일하던 이로는 이 나라 최초로 경찰서에 출입하여 기자를 썼다는 정우택(鄭禹澤) 씨가 있었다. …… 백대진 씨가 세상의 시비를 듣기를 1920년 7월 미국 의원단이 동양시찰을 위하여 중국을 거쳐 우리나라로 왔다가 일본으로 가던 때의 일이다. …… 의원단 일행이 봉천(奉天)을 거쳐 서울로 오는데 『동아일보』에서는 김동성(金東成) 씨를 특파원으로 보냈고 『매일신보』에서는 백대진 씨를 보냈다. 그러나 일본 경찰은 김씨를 강제로 하차시키고 백씨만 의원단과 접촉하게 하여 '매신'에서 보내는 메시지를 전하였다. 그 내용을 얻어 보지는 못하였으나 총독부 기관지로서의 성격이 있으므로……, '동아'에서는 김씨를 통하여 얻은 인터뷰 기사가 없는 만큼 '본사 기자는 강제 하차'라는 제목 옆에 '백대진 씨 대활동'이라고 보도했다. 이 때문에 백씨는 곤혹에 빠졌다. 신문 독자뿐 아니라 서울 시민들도 그를 아는 이, 모르는 이가 모두 비난의 눈으로 대하게 되었다. …… 백씨는 고민 끝에 『매일신보』를 시작하고, 박 모와 함께 『신천지』라는 잡지를 발행하여 총독정치에 공격의 화살을 퍼부었다. …… 일본 경찰의탄압을 받아서 1922년 12월에 잡지는 발행금지를 당하고 백씨와 박 모씨는 감옥으로 가는 구속의 몸이 되어 오랜 옥고를 겪었다. 재판 때에 이승우(李升雨) 씨의 변론에 '기사 중 조선은 조선인의 조선이 되어야 한다는 말을 조선독립을 주장했다 하여 구속하였으나, 그것만으로는 독립 주장은 아니다. 서울은 서울사람의 서울이 되어야 한다 했대서, 반드시 서울의 독립이라고 인증할 수는 없지 않느냐'고 검사에게 변론전을 펴던 생각이 난다."

1922년 11월 백대진은 『신천지』에 게재한 「일본 위정자에게 고함」이라는 글 때문에 구속되어 징역 6개월을 선고 받았다. 이 글이 조선의 독립을 주장했다는 것이 유죄판결의 이유였다. 1920년 조선총독이 문화정치를 표방한 후 필화(筆禍)로 유죄판결을 받기는 이 사건이 처음이었다. 1923년 9월에는 「조선 귀족계급의 몰락호」를 발행하였으나 기사 전부가 압수되었다.

이 잡지의 마지막 호가 된 9월호에는 「약소민족에게 호소하야 단결을 채촉함」이라는 신천지 기자 유병기(兪炳璣)의 글이 말썽이 되어 본인은 물론 편집장 박제호(朴濟鎬)까지 구속되고 발행이 금지되었다. (이한울)

참고문헌

최덕교 편저, 『한국잡지백년』 2, 현암사, 2004; 류광렬 저, 『기자반세기』, 서문당, 1969.

▌신청년(新青年)

1915년 중국 상하이에서 발간된 시사종합잡지

1915년 9월 15일 상하이(上海)에서 창간되었다. 처음 잡지명은 『청년잡지(青年雜志)』였는데, 1916년 9월 2권부터 본명으로 바꾸었다. 월간이다. 1922년 7월 9권 발간 후 휴간되었다. 1923년 6월 계간 4호로 속간되어 중국공산당의 이론적 기관 간행물이 되었다. 1925년 4월 부정기간행물로 바뀌어 기수(期數)를 새로 시작하였다. 1926년 7월 5호 발간 후 정간되었다. 1954년 베이징인민출판사(北京人民出版社) 출판 영인본이 있다.

『신청년』은 5·4 신문화운동의 대표적 잡지이다. 천두슈(陳獨秀), 리다자오(李大釗), 첸쉬안퉁(錢玄同), 가오이한(高一涵), 선인모(沈尹默) 후스(胡適) 등이 전후로 주편을 맡았다. 정치적으로 위안스카이(袁世凱)의 전제정치가 강화되고 더 나아가 제제운동(帝制運動, 위안스카이가 공화제를 포기하고 재차 황제제도를 수립하려고 했던 운동)이 전개되고, 문화적으로 복고와 공자 존숭이 이루어지고 있던 암울한 시기에 창간되었다. 사상 혁명의 기치를 내걸고 국민성을 개조해야 한다고 주장하였으며, 미래의 희망을 청년에게서 찾았다.

천두슈는 발간사 「삼가 청년에게 고함(敬告青年)」에서 자주적이되 노예적이 되지 말라, 진보적이고 보수적이지 말라, 진취적이되 물러서지 말라, 세계적이되 쇄국적이지 말라, 실리적이되 형식적이지 말라, 과학적이되 상상하지 말라고 호소하였다. 민주와 과학의 양대 기치를 높이 들고, 봉건주의 구(舊)제도, 구도덕, 구예교, 구문학에 대한 맹렬한 공격을 하였다. 러시아 10월혁명 후 마르크스주의를 선전하고 소개하기 시작하였다.

전술한 천두슈의 「삼가 청년에게 고함」 외에, 「헌법과 공교(憲法與孔教)」, 「공자의 도와 현대생활(孔子之道與現代生活)」, 「문학혁명론(文學革命論)」, 리다자오의 「청춘(青春)」, 「서민의 승리(庶民的勝利)」, 「나의 마르크스주의관(我的馬克思主義觀)」, 후스의 「문학개량추의(文學改良芻議)」, 루쉰(魯迅)의 「광인일기(狂人日記)」, 이바이사(易白沙)의 「공자평의(孔子評議)」, 차이위안페이(蔡元培)의 「노공신성(勞工神聖)」 등 주요 작품이 있다. 민족의 각성과 마르크스주의의 중국 전파를 촉진하는 데 중요한 작용을 하였다. (이은자)

참고문헌

王檜林 · 朱漢國 主編, 『中國報刊辭典(1815~1949)』, 太原(山西): 書海出版社, 1992; 葉再生, 『中國近代現代出版通史』, 北京: 華文出版社, 2002.

▌신청년(新青年)

1919년 서울에서 발행된 문예 동인지

1919년 1월 20일에 창간했다. 종간호는 통권 6호로

1921년 7월 15일에 발행되었다고는 하나 이후에 더 나왔는지는 아직 확인할 수 없다. 편집 겸 발행인은 이정섭(李鼎燮), 인쇄인은 일한인쇄소의 쓰네에(久家恒衛), 발행소는 영풍서관(永豊書館, 경성부 종로4정목 76)이고, 4호부터는 발행인이 최승일(崔承一), 발행소가 경성청년구락부(京城青年俱樂部 경성부 서대문동 2정목 88)로 바뀐다. 판형은 B5판으로 총 15쪽 내외이고 정가는 7전이었다.
1~3호까지의 주도자들은 방정환, 유광렬(필명은 鐘石), 이중각, 김선배 등이었고 4~6호까지는 박영희, 나도향, 최승일 등이 새로운 편집진으로 구성되었다.
아단문고에 제5호가 결락된 채 원본이 소장되어 있다.

창간사 「처음에」는 집필자의 이름이 명기되지 않은 채 실렸는데 만해 한용운이 쓴 글이라고 한다.

그 내용을 보면 다음과 같다.

"방아머리 까치저고리 앵도같은 어린 입술로 천진난만하게 부르는 너의 노래, 그 성파(盛波)가 얼마나 퍼지며 그 곡조가 음률(音律)에 맞으랴마는, 지음(知音)의 고수(鼓手)는 두리둥둥 울리면서 자연의 음조(音調)에 맞는다고, 흑암(黑暗)의 적막(寂寞)을 깨치는 무슨 노래의 초성(初聲)이라 하느니라.

'한강의 깊은 물에 자맥질하는 사람들아 아느냐 오대산(五臺山) 바위 틈에서 실낱같이 흐르는 그 물의 근원을' 어리하니라, 너의 일도 이러하고 나의 일도 이러하며 마(魔)의 일도 님의 일도 온갖 일이 이러하니라.

하늘에 가득한 바람과 눈 그 가운데서 피는 매화(梅花), 용기인지 원력(原力)인지 자연의 천기(天機)인지 대(大)우주의 율칙(律則)인지, 무슨 비밀을 폭로하면서 너의 노래의 요구를 보답하리라."

이른바 최초의 동인지라 일컫는 『창조』가 정확히 열흘 뒤인 1919년 2월 1일에 창간했다는 것을 염두에 둘 때, 이 잡지가 갖고 있는 의미가 새롭게 주목을 받게 되는데, 더욱이 3·1운동의 전야에 끝끝내 비타협적으로 일관했던 만해 한용운의 글이 창간호에 '창간사'로 실렸다는 것은 '매화'의 암향부동과 같은 선구자적 찬사를 받기에 부족함이 없었기 때문일 것이라고 짐작된다.

표지 겉장에 창간사와 더불어 실려 있는 창간호 목차의 좌우에는 "새 시대의 새로운 별!!", "새청년의 새로운 벗!!"이라는 광고 문구가 배치되어 있고 각각의 작품 제목이 잡지 내용의 대강을 알린다. 한산(閒山) 임종연의 「시재시재(時哉時哉)여」, 이일의 「현실부터 영원에」, 이기선의 「기다리는 동안」, 이양식의 「희망은 성공의 원동(原動)」, 조준기의 「불안한 일야(一夜)」, 최국현의 「가을의 수확」, 장안 색미객(長安 索米客)의 「사진이지 참아버지는 아니요」, 경성 운정생의 「전차의 일분시(一分時)」, 경성 최선배의 「고향을 향하는 최군에게」, 청주 김용원의 「사랑하는 벗에게」, 월야생의 「그날밤」, SP생의 「동경 K형에게」, 이복원의 「축 신청년의 성파(聲波)」(이상 수필), 해몽 장두철의 「아버지의 선물」(산문시), 소파 방정환의 「금시계」(단편소설), 이상춘의 「운명」, 그리고 시로는 일해 이중각의 「나는 나니라」, 의당 이범규의 「추풍에 신감각」, 소파생의 「암야」, 안영묵의 「내일은 없다」, 해암 조준기의 「천변」 등이 실렸다.

2호(1919.12.8)의 총 면수는 24쪽으로 늘었으며 인쇄인도 조선복음인쇄소의 김중환으로 바뀌었다. 편집 체제는 창간호와 크게 달라지지 않았는데 다만 앞머리에 당시 경성휘문고등보통학교장인 임경재의 청년훈화 「수양에 대하여」가 실린 것이 이 잡지의 독자층이 누구를 겨냥하고 있는지를 알게 해주는 표지라고 할 수 있다. 학생소설인 잔물의 「졸업의 일(日)」, 연애 소설 P생의 「사랑의 무덤」과 일기자의 「위고 출세담」, 롱펠로우(천원 역)의 「엔디미온(Endymion)」(시) 등이 주목할 만한 작품들이다.

3호(1920.8.1)의 편집 겸 발행자는 이천(李泉), 인쇄인은 조선인쇄주식회사의 하야마시게루(羽田茂), 발행소도 경성청년구락부로 표기되어 있다. 가격도 그 사이 올라 10전에 판매되었다. 타고르(C W 역)의 시 「자유의 낙원」과 심대섭(심훈의 본명)의 소설 「찬미가(讚美歌)에 쌓인 원혼(怨魂)」, 유종석의 「숨은죄」, 오천석의 연애소설 「영원(永遠)길의는 자(者)」가 눈에 띈다.

4호에 오면 이전에 발행된 호수들보다는 훨씬 짜임

새 있고 한결 본격적인 글들이 구성돼 있다는 인상을 받는다. 이전의 호에서는 글자가 작고 한 면의 편집을 3단으로 나눴는데 2단으로 배치하여 쉽게 눈에 들어오는 것이다. 일기자의 「문학이란 무엇이냐?」(평론), 송은(박영희)의 「시인 바이런의 생애」(평론), 은하(나도향)의 「나의 과거」(소설), 회월(박영희)의 「애화(愛花)」(소설)와 시로는 추곡(최승일)의 「애(愛)와 이성(異性)」, 월탄의 「눈물의 꿈결」, 동경XX생의 「옷을 벗어버리고」, 「사랑하는 이에게」, 괴테(란봉 역)의 「아름다운 꽃」, 한뫼의 「털옷입은 소녀」, 황석우의 「송(頌): 신청년 4호에 기하여」 등이 들어 있다.

6호(1921.7.15)에는 나도향의 「박명한 청년」, 추곡의 「무덤」, 고광(孤光)의 「처녀」, 러시아 사이스에프(품달 역)의 「고요한 새벽빛(曙光)」 등의 소설과 회월의 「눈물의 궁전」, 이홍의 「나는 홀로 기적을 보다」 등의 시, 그리고 소품으로 외빛의 「S형에게」, 천계의 「K선생의 죽음을 고합니다」가, 희곡으로는 계원의 「희생된 소녀」, 평론에는 송은(박영희)의 「은하(나도향)군과 그의 작품」, 이름을 알 수 없는 「문예상의 넷째 넓이」가 각각 실려 있다.

이 잡지의 의미는 3·1운동이 벌어지기 직전의 어떤 고양된 분위기를 문학이라는 형상을 통하여 보여 주고 있다는 점일 것이다. 『신청년』은 『창조』 보다도 먼저 발간되었고 후자가 동경에서 발행된 데 비하여 국내에서 발간되었다는 것이 또한 이 잡지의 존재를 두드러지게 한다. 앞에서도 잠시 언급하였듯이, 이 잡지는 1기, 2기로 구분되는데 그것은 아주 현저한 차이에서 기인한다기보다는 편집위원들이 바뀌었다는 점에서 나누었다. 1기 『신청년』은 2기 『신청년』과는 또 다른 차원에서 중요한 문학사적 문제를 제기하고 있다는 것이다. 즉, 1기 『신청년』의 중요성은 근대문학의 본격적 형성기에 있어 한국 '내부의 시각'을 보여 주었다는 점이다. 『창조』 1호가 1919년 2월 1일 도쿄에서 간행되기 열흘 전에 『신청년』 창간호가 나왔다는 점을 염두에 둘 필요가 있는 바, 『창조』 동인들이 일본 동경에서 문학의 절대성을 고창할 때 『신청년』은 3·1운동의 전야를 긴장된 자세로 준비하고 있었다. 『신청년』의 창간사를 만해 한용운이 썼다는 점은 그가 불교 잡지 『유심』을 주재하고 있었다는 점만이 아니라, 비타협적인 민족주의자로서의 올곧은 정신과 심원한 불교사상의 대표자로서도 손색이 없는 계보를 『신청년』에 물려줬다는 의미로도 해석할 수 있다. 식민지 조선과 '내지 도쿄'의 거리는 근본적 단층이 있을 수밖에 없을 것인데 『신청년』의 존재는 그러한 단층의 비교를 위한 하나의 척도가 되는 셈이다. 『신청년』의 존재는 동인지 『창조』의 위치를 상대화한다. 최초의 동인지라는 문학사적 권위 때문에 가려졌던 『창조』의 객관적 좌표가 『신청년』을 통해 재조정될 수 있는 것이다.

『신청년』에 글을 실은 사람 중 이상춘(李常春), 소파 방정환(小波 方定煥), 조준기(趙俊基), 최국현(崔國鉉), 그리고 유종석(柳鍾石, 본명은 柳光烈) 등은 『청춘』 12호(1918.3.16)의 '현상문예'에 당선된 사람들이다. 또 6호까지의 투고자 중에서 후일 문단에 이름이 오른 이는 심훈(沈熏), 오천석(吳天錫), 장두철(張斗澈), 나도향(羅稻香), 박영희(朴英熙), 박종화(朴鍾和), 이일(李一), 최승일(崔承一), 진장섭(秦長燮), 황석우(黃錫禹), 현진건(玄鎭健) 등이다.

유광렬이 쓴 회고의 일부분을 통해서 경성청년구락부와 『신청년』의 이야기를 엿보도록 하겠다.

"일본인의 눈을 속이면서 비밀결사를 하기로 하였다. 이름은 싱겁고 평범하게 '청년구락부'로 하기로 하였다. 1919년 3·1운동 전해까지 회원이 200여 명이나 되었으니 십팔구세 소년들의 일로는 상당히 큰 것이었다. 청년구락부의 중심은 역시 방정환이었다. 그는 매사에 주밀하게 생각하는 성질이었고, 또 무슨 일에나 비용이 드는데 비록 처가에 붙이어 있는 몸이라도 용돈 속에서 할애하는 것이라도 다소간 재정을 담당할 수 있는 것도 큰 이유였다. 나는 방정환에게 회장이 되어라고 하였더니, 그는 '내가 회장이 되어서는 일을 맘대로 할 수 없으니 차라리 그대(나)와 나는 테두리 밖에서 일하는 것이 낫겠다'고 하였다. 이렇게 상의하여 결정한 것이 회장에 이복원(李馥遠), 부회장에 이중각(李重珏)이었다. 방 군의 설명으로는 이복원은 평동대신의 몇촌 조카라고 한다. 평동대신이란 평동(平洞)에 사는 이완용내각의 학부대신 이용직(李容稙)으로 조약 문서에 조인하지 않은 사람이다. …… 회장에는 이복원, 부회장에는 이중각을 추대하고, 방 군과 나는 그 밑에서 일을 하였으니 청년구락부를 운영하는 사천왕(四天王)으로 자처하였다. 그로부터 수년 후인 1919년 3·1운동이 일어나자, 이중각은 상해임시정부와 연락하면서 꾸준히 운동을 하다가 잡히어 종로경찰서에서 구문 치사로 죽어서 시체로 나왔고, 이복원은 독립운동단체인 흑기(黑旗)연맹을 조직하여 대규모의 테러리즘을 자행하려다가 체포되어 서대문감옥에서 옥사하여 역시 시체로 나왔으니, …… 1917년 가을 어느 날, 회원은 구파발 한 밤나무 동산에서 야유회를 하였는데, 이 모음에서 우선 청년구락부의 일로 잡지를 내기로 하였다. 당시 불교계의 중진인 만해 한용운은 불교청년들을 교양하면서 『유심(惟心)』이라는 잡지를 내고 있었다. 권두의 글은 그에게 받기로 하여 이중각이 가기로 하였다. 이중각은 한용운과 교향이 같으므로 편리하다고 본 것이다. 한용운은 취지를 듣더니 곧 써주기를 약속하였다. ……『신청년』은 처음에는 방 군이 등사판으로 내고 있었으나 2호부터는 인쇄판으로 내게 되었다. 이 잡지에 방 군과 이중각과 나는 무슨 글인가 썼으나 그 내용은 잊었다. 이것이 1918년 가을 일이다."

『동아일보』 1920년 4월 12일자 기사에 따르면 『신청년』 2호를 2000부 발행 후, 또다시 2000부 재간행하였다고 하니, 당시 인기를 실감할 수 있는 대목이라 할 수 있겠다. (전상기, 이한울)

참고문헌

최덕교 편저, 『한국잡지백년』 1권, 현암사, 2004; 권영민, 『한국근대문인대사전』, 아세아문화사, 1990; 한기형, 「잡지 『신청년』 소재 근대문학 신자료(Ⅰ): 나도향, 박영희, 최승일, 황석우의 작품들」, 『대동문화연구』 41집, 2002; 「신청년, 학생을 상대로 한 소년문예잡지 신청년 제2호재간」, 『동아일보』, 1920.4.12; 유광렬, 『기자반세기』, 서문당, 1969; 최덕교 편저, 『한국잡지백년』 2, 현암사, 2004; 한기형, 「잡지 『신청년』 소재 근대문학 신자료(Ⅰ)」, 『대동문화연구』 41집, 2002.

신취미(新趣味)

1930년 서울에서 창간된 문학·오락 월간지

1930년 5월 1일 근대생활사(近代生活社)에서 창간했다. 속간 여부는 미상이며 현재 창간호 밖에는 확인할 수 없다. 편집 겸 발행인은 이강흡(李康洽), 인쇄인은 대동인쇄 주식회사의 이무영(李無影 소설가), 발행소는 근대생활사(경성부 성북동 93)이다. 판형은 A5 국판으로 총 60쪽이고 정가는 21전(송료포함)이다. 서울대에 소장되어 있다.

근대생활사는 '① 우리는 조선의 현실이 요구하는 일반 도서를 출판함. ② 우리는 지방 독자의 편의를 돕고자 도서주문을 받음. ③ 우리는 우리가 일상 소용되는 일반물품을 실비 제공함'을 내걸고 "풍속을 초월한 취미, 속되지 않은 취미"를 방침으로 잡지를 발간하였다. 시, 시조, 소설, 수필, 콩트 같은 문예창작물과 실화, 야담 같은 흥밋거리 기사로 구성되어 있다. 목차를 일별컨대, 잡지의 명칭과 일견 어울리지 않는 기사들이 실려 있다고도 볼 수 있지만, 취미를 '수필, 꽁트, 실화, 야담'과 같은 흥밋거리 기사에 대한 호기심과 선호도로 해석하면, 이국 풍물과 야사, 기담에 대한 대중적 요구가 읽을거리로서의 오락물을 찾았을 것이라는 추정을 할 수 있다.

창간호에는 염상섭(廉想涉)의 「지선생」, 이무영(李無影)의 「미남의 최후」 및 이은상(李殷相)의 「정초부(鄭樵夫)의 시가(詩歌)」가 실려 있으며, 「세계제일의 이혼시장」, 「불란서혁명과 삼걸의 최후」, 이강흡(李康洽)의 「파리강도대학」, 이선풍(李旋風)의 「여청

수(女靑鬚)사건」, 김진구(金振九)의 「만고여장부」, 연성흠(延星欽)의 「이완대장의 호담(豪膽)」 같은 흥밋거리 기사 및 야담이 실려 있다. 취미잡지를 표방했지만 소설, 수필 같은 문예창작물을 많이 싣고 있는 까닭은, '속되지 않은 취미'에 대한 대응적 성격을 갖추기 위해서이지 않을까 짐작할 수 있다.

문학잡지와 취미 잡지의 절충적인 모습을 가진 『신취미』는 다양한 흥밋거리 기사를 통하여 당시의 대중들의 관심사와 읽을거리의 시대적 의미, 그리고 독서물의 새로운 영역 창출을 시도하려는 잡지사의 상업적 고투의 실패와 좌절 분위기를 엿보게 된다. (전상기)

참고문헌

천정환·이용남, 「근대적 대중문화의 발전과 취미」, 민족문학사학회, 『민족문학사연구』 제30권, 2006; 이경돈, 「"취미"라는 사적 취향과 문화주체 "대중"」, 성균관대 대동문화연구소, 『대동문화연구』 제57권, 2007; 문경연, 「한국 근대초기 공연문화의 취미담론 연구」, 경희대 박사학위 논문, 2008.

신통(申通)

1925년 서울에서 발행된 종교 종합지

종교, 교육, 실업, 자선 등을 주 내용으로 하는 종합지이다. 속간되지는 못했다. 편집 겸 발행인은 신현구(申鉉九)이고, 인쇄인은 노기정(魯基禎)이다. 인쇄소는 한성도서(주)이며, 발행소는 신통사(서울 종로 4가 80)이다. A5판, 100면으로 정가는 10전이다. 서울대와 연세대에 소장되어 있다.

『신통(申通)』은 공공적 기관지를 표방하며 사회공헌을 하겠다는 취지로 창간되었다. 발행인 신현구가 쓴 창간사에 따르면 이 잡지가 표방하는 4대 주의는 국민개선(國民皆善), 국민개학(國民皆學), 국민개업(國民皆業), 국민개애(國民皆愛) 등이었다. 잠시 창간사를 참고해보자.

"현 사회제도 하에 재(在)하여는 자본이 세력이요 황금이 만능이다. 유산자는 우자(優者)가 되고 무산자는 열자(劣者)가 되어 행복의 광선을 볼 수 없고 안락의 활로를 찾을 수가 없구나. 그런 고로 우리는 공존공영의 이상적 신사회를 건설하기에 우자(優者)가 되어야 할 것이다."

즉, 『신통』의 창간 목적은 '공존공영의 이상적 신사회 건설'에 있었다고 볼 수 있다.

잡지는 종교부, 교육부, 실업부, 자선부로 나뉘어 편집되었다. 종교부에는 십자산인(十字山人)의 「조선의 기독교」, 동원거사(東園居士)의 「조선의 유교」, 황해명의 「조선의 불교」 등이, 교육부에는 신현구의 「교육학의 원리」, 하배범의 「소아교양」, 남해란의 「천연적 교훈」, 지석영의 「금일교육의 보급에는 조선문이 필요함」, 신익철의 「조선어를 세계어로 통용하는 것이 편의(便宜)하다」, 실업부에는 한진교의 「농림적 조선」, 염재(鹽齋)의 「농공상개량의 급무」, 유경근의 「산업진흥이 근로에 있다」, 진대선의 「화학공예강의」 등이, 자선부에는 일기자의 「재단법인 경성보육원 방문」, 「대구나병원소식」, 「4세 자선가 이종익씨」, 「손창원씨 자선사업」, 「고 김혁암 자선사업」 등이 실려 있다.

각 부분 말미에는 「권선총보(勸善叢寶)」, 「권학정훈(勸學正訓)」, 「권업금언(勸業金言)」, 「권애진결(權愛眞訣)」 등 4대 주의에 대해 학리적으로 접근한 글들이 실려 있다.

산록(散錄)란에는 이인영의 「철학적 경지에서」, 남창우의 「비 축축히 오는 날의 사비(思悲)」 외 남창우, 녹성, 이회준, 김근영 등의 신시, 한시와 진대선의 창작소설 「돈 없는 설움」 등의 다양한 문예물이 실려 있다. 그러나 제목 '신통'의 의미에 대해서는 알려진 바가 없다. (이경돈)

참고문헌

『한국신문·잡지총목록』, 대한민국국회도서관, 1966; 계훈모, 『한국언론연표』, 관훈클럽신영연구기금, 1979; 최덕교 편저, 『한국잡지백년』, 현암사, 2004.

신학보(新學報)

1897년 중국 상하이에서 창간된 시사종합신문

1897년 8월 상하이(上海)에서 창간되어, 반월간으로 보름마다 20여 쪽씩 연사지(連史紙)에 석인(石印)으로 발행되었다. 주필은 예야오위안(葉耀元)이며, 신학회(新學會)와 산학회(算學會)가 편집하여 발행되었다.
현재 1호부터 6호까지 베이징 중국사회과학원 근대사 연구소도서관에 소장되어 있다

창간호의 「장정(章程)」에서 밝힌 발행 목적은 수학을 진흥시키며 인재 발굴을 중시하고, 수학과 정학(政學), 의약, 박물(博物)을 새로운 논리와 법으로 보도하는 것이다.

이 밖에도 구국강병과 제국주의 침략을 반대하고, 황제 칙유 등의 기사들도 게재되었다. (김성남)

참고문헌

方漢奇 主編, 『中國新聞社業通史』, 中國人民大學出版社, 1996; 葉再生 著, 『中國近代現代出版通史』, 北京: 華文出版社, 2002.

신학보(神學報)

1925년 평양에서 발행된 평양 야소교 장로회 신학교 학우회보

편집인은 고려위이고, 발행인은 나부열이다. 발행소는 평양 조선야소교 장로회신학교 학우회으로, 국판 30면, 내리 편집되었다. 계간되었다.

교수 한 명을 편집책임자로 하고 발행한 『신학지남(神學指南)』에는 주로 성경연구와 신학 논문을 실은 데 비해 학생회에서 발행한 회우지에는 회우들의 동정을 비롯하여 교내 소식을 상세히 보도하고 있으므로 교사(校史)에 좋은 자료가 되며, 한국 장로교회사 연구에도 좋은 자료 역할을 한다.

창간호를 통해 그 내용을 대략 살펴보자. 권두언에 이은 논문으로는 「신의 내재관」, 「신령한 은혜」, 「교회내 비기독교적 사조에 대한 목사의 태도」, 「예수 황천기행」 등이 있고, 문예로는 「한많은 옛날(시)」, 「피아노(시)」 등이 있고, 잡문으로는 「토마스 아켐비스의 기도」, 「하기휴양은 어디에서」 등이 있다. 그 밖에 본교소식, 본회소식, 본교직원 급 교수씨명, 본신학교 재학생 씨명(1학년 25명, 2학년 30명, 3학년 38명) 등이 실려 있다.

여기에서 '본교직원 급 교수씨명'란에는 교장 신학박사 나부열 목사를 필두로 5명의 선교사 교수들의 이름과 조교수로 한국인 남궁혁 박사를 소개하고 있다. 학교 소식란에 의하면 남궁혁 박사는 그해 가을 학기부터 강의를 맡는 것으로 되어 있는데, 그렇다면 한국에 선교가 시작된 1885년부터 40년 만에, 그리고 신학교가 설립된 지 20여 년 만에 비로소 한국인 교수 한 분을 얻은 셈이라고 하겠다. 남궁 박사는 미국 신학문사로 조교수에 취임했다.

그런데 1925년 7월 13일 발행한 본지 춘기호가 『신학보』로서는 창간호에 해당한다고 하겠다. 왜냐하면 1926년 1월에 발행한 것까지는 추기호로 계절 명칭을 따라 호명을 기록했으나 1926년 6월에 발행한 것을 제3호로, 1927년 3월에 발행한 것을 제4호로 명기한 것을 감안한다면 1925년 7월에 발행한 춘기호는 창간호가 되는 셈이다.

그러나 창간호를 창간호로 기록하지 않은 이유가 있다. 본교 학우회 소식에 보면 이미 발행해 오던 『학우회보』의 명칭을 『신학보』로 개제하여 발행했기 때문이다. 본보는 500부 발행에 제작비가 40원이 소요되었다. (이경돈)

참고문헌

『한국신문·잡지총목록』, 대한민국국회도서관, 1966; 계훈모, 『한국언론연표』, 관훈클럽신영연구기금, 1979; 윤춘병, 『한국기독교신문잡지백년사(1885~1945)』, 대한기독교출판사, 1984.

신학지남(神學指南)

1918년 평양에서 한국어로 창간된 종교 잡지

1918년 3월 20일 평양의 평양장로교신학교의 기관지로 창간되어 1호를 발행하였고, 1940년 9월 22권 5호

를 마지막으로 발행이 중단되었다. 처음에는 국한문혼용체를 사용하였으나, 1928년 1월 10권 1호부터 언문일체로 바뀌었다. 정가는 1부 15전, 1년분은 55전이었다. 창간호부터 22권 5호까지 몇 권을 제외하고는(4권 3호, 6권 2호, 6권 4호, 7권 1호, 7권 3호, 10권 3호, 10권 4호, 13권 1호, 14권 2호, 14권 5호, 15권 2호 결호) 연세대학교에 원문이 소장되어 있고, 교보문고와 누리미디어에서 원문을 구축하여 DBpia에서 원문제공서비스를 하고 있다.

발간 초기 편집을 담당했던 사람들은 외국인 선교사들이었다. 신학교의 교수진이 모두 외국인 선교사들이었기 때문이었다. 1918년부터 1920년까지는 호주장로회 선교사 엥겔(George O. Engel, 한국명 왕길지[王吉志])이, 1921년부터 1927년까지는 미국 북장로회 선교사 베어드(William Martyne Bard, 한국명 배위량[裵緯良])가 편집을 맡았고, 논문도 모두 교수진이었던 선교사들이 집필하였다. 신학교에 남궁혁(南宮爀), 이성휘(李聖徽) 두 한국인 교수가 임명되고, 1928년 남궁혁이 편집을 담당하게 됨에 따라 편집체제가 완전히 새로워졌다. 문장체가 국한문혼용체에서 언문일체로 바뀌었고, 발행주기도 계간에서 격월간으로 바뀌었다. 구성 또한 신학교리와 강도(講道) 중심의 체제에서 논설과 실천신학, 성서강해, 역사, 조직신학, 독자질문란으로 다채로워졌다. 집필진에도 변화가 있었다. 신학교의 외국인 교수진에 집중되었던 필진에서 숭실전문학교 교수 채필근(蔡弼近)과 숭실중학교 교사 박형룡이 촉탁투고자 형식으로 논설진에 합류하였다. 성경강해 부문에는 로버트(Stacy L. Robert, 한국명 나부열[羅富悅]), 에드먼(Walter C. Erdman, 한국명 어도만[漁塗萬])과 더불어 남궁혁과 이성휘가 글을 쏟아냈고, 채필근, 김린서, 박임현 등의 목회자와 신학생들도 투고에 참여하였다. 이에 따라 『신학지남』은 필진구성에서 내용에 이르기까지 점차 한국인 목회자들 중심의 잡지로 변모해갔다.

초대 편집인 엥겔은 『신학지남』의 발간 목적에 대해 다음과 같이 말하였다.

"이 잡지는 성경에 의거하여 우리 장로교회의 목사와 신학생들에게 신학의 광활한 바다에서 방향을 제시해주려는 데 그 목적이 있다. 우리 졸업생들이 신학에 속한 문제를 더 공부하려면 평양에서 졸업 후 별과(別科)에서 공부할 수 있다. 하지만, 교회 사무나 개인 형편 때문에, 혹은 먼 거리 여행을 할 수 없는 경우에 다른 방법을 사용하여 신학지식을 넓힐 필요가 있다. 이 잡지는 이렇게 우리 졸업생들을 도우려는 것이다. 우리 교회의 목사들이 매주일과 매수요일 예배당에서 강설을 할 때 강도(講道) 문제나 기도회 제목에 대하여 도움을 주려는 목적으로 제1호에는 절반을 강도부에 할애하였다."

위의 발간요지를 볼 때 『신학지남』은 장로교 신학생 및 졸업 후 목회활동을 하는 목사들을 대상으로 교리에 대한 심층적인 이해를 돕고, 목회 활동을 할 때 실제적인 도움을 주고자 발행되었음을 알 수 있다. 이러한 발행취지에 따라 『신학지남』의 구성은 크게 교리해설과 강도의 두 부분으로 나뉘었다. 1928년 남궁혁이 편집인에 취임하면서 문장과 구성, 필진에 많은 변화가 있었다. 그러나 목회자들에게 기독교 교리를 해설하고, 목회활동을 지원한다는 기본 발행취지는 그대로 이어졌다.

신학의 광활한 바다에서 방향을 제시하겠다는 목적에서도 드러나듯이 『신학지남』은 신학해석에 있어서 뚜렷한 지향을 가지고 있었다. 변증학, 조직신학, 성경신학, 역사신학 등 여러 부문을 다루고 있었지만, 그 내용은 철저히 보수주의적 입장에 서 있었다.

1930년대 초 진보주의적 입장을 가진 인물들에게 필진이 개방되면서 보수주의적 입장을 가진 기존 필진과 새로운 필진 사이에 신학해석을 둘러싼 갈등이 드러나기 시작하였다. 이것은 비단 이 잡지에 국한된 문제가 아니었다. 신학 해석과 교회 운영, 기독교의 사회참여 활동 등을 둘러싼 양자 간의 갈등은 결국 진보주의적 입장의 목회자들이 서울에 조선신학교를 세우는 것으로 귀결되었다. 장로교회의 분열이었다.

장로교회의 분열과 더불어 당시의 시국으로 인해 『신학지남』의 발간은 큰 어려움에 봉착하였다. 1930년대 후반부터 노골화된 일본의 신사참배 강요는 종교활동의 자유를 근본적으로 억압하는 요소였다. 결국 1938년 6월 8일 신학교가 문을 닫게 됨에 따라 『신학지남』의 발행도 위기를 맞았다. 선교사들과 교수진의 노력으로 얼마간 지속되었던 『신학지남』은 1940년 10월 25일 제22권 제5호의 발행을 마지막으로 그 발행이 중단되고 말았다.

해방 후의 『신학지남』

평양을 근거지로 했던 장로교총회신학교는 6·25전쟁기 대구에서 개교하였고, 대한민국 정부 환도 후 서울 남산 부근에 다시 자리를 잡았다. 『신학지남』 또한 1954년 2월 1일 장로회총회신학교의 기관지로서 서울에서 속간되었다.

속간 당시의 편집인 겸 발행인이었던 박형룡은 속간사 「신학의 지남침은 다시 움직인다」에서 "이 신학의 지남침도 세속의 풍진과 시국의 운무 때문에 얼마동안 수난하였으나 마침내 재기하여 움직인다. 신학의 정로를 찾고자 하는 곤란을 덜할 것이요, 부끄러움을 면할 것이다. 이 땅에 신앙의 동지들은 나 일어나서 신학의 정도를 가리키는 이 성역에 합력하여 매진하세" 라고 언급하여 신학지남이 신학교리와 목회활동의 지침서로서의 역할을 하고, 목회자들이 여기에 적극적으로 협력해줄 것을 기대하였다. 그러나 속간 후 『신학지남』은 장로교 신학교 내부의 갈등과 분열 등 내외의 파동에 의해 결간되거나 간행이 중지되는 등 안정된 잡지 발행을 하지 못하였다.

1965년 봄 장로교총회신학교가 부산신학교와 합동하고, 남산에서 사당동의 현 위치로 이전하여 안정된 발전을 하게 됨에 따라 『신학지남』의 간행도 점차 안정되어 갔다. 『신학지남』은 1964년 8월 공보부에 등록하면서 연 4회 발행하는 계간지로서의 면모를 갖추었고, 대한예수교장로회총회를 대표하는 보수주의 신학잡지로 자리매김하였다. (정진아)

참고문헌

박형룡, 「신학지남 50년」, 『신학지남』 140, 1968년 봄호; 尹春炳, 『韓國基督教 新聞·雜誌 百年史』, 大韓基督教出版社, 1984; 박아론, 「신학지남과 한국교회의 신학」, 『신학지남』 254, 1998년 봄호; 정성구, 「평양 장로회신학교 교수 약전」, 『신학지남』 267, 2001년 여름호; 정훈택, 「신학지남에 나타난 총신 신약신학 90년」, 『신학지남』 292, 2007.9.

▌신한국보

1909년 미국 하와이에서 한국어로 발간된 국민회 하와이 지방총회 기관지

홍언(洪焉, 1880~1951)과 신한국보

서울 출신의 미주지역 독립운동가이다. 본명은 종표(宗杓)이다. 1902년부터 중국에서 측량사무소(量地事務所)의 일을 보다가 1904년 귀국하여 하와이로 이민하였다. 1906년 가와이섬 막가월리 농장에서 송건(宋建) 등과 함께 자강회(自强會)를 조직하였다.

그 기관지로 『자신보』를, 1907년 9월에는 하와이 한인협성협회(韓人協成協會)를 조직하고 『한인합성신보』 등을 발간하면서, 한인의 문맹퇴치와 애국사상 고취를 위한 활동을 전개하였다. 1909년 2월 국민회(國民會)가 조직되어 『신한국보(新韓國報)』를 발행할 때 그 책임을 맡았고, 1911년부터는 『신한민보(新韓民報)』의 주필로 활동하였다.

1912년 11월 샌프란시스코에서 대한인국민회(大韓人國民會) 중앙총회를 설립할 때 만주 지방총회 대표 대리로 참석하였고, 부회장에 선출되었다. 1913년 안창호(安昌浩)와 함께 흥사단(興士團)을 창립하였고, 흥사단의 일곱 번째 단우(團友)로 경기도 대표를 맡았다.

1919년 3·1운동 후 대한인국민회(大韓人國民會) 중앙총회에서 화교위원(華僑委員)에 임명되어 미주지역의 화교들을 대상으로 자금을 모금하는 활동을 전개하였다. 1921년 1월에는 구미위원부(歐美委員部)의 화교위원으로 임명되었다.

미주지역 및 캐나다 지역을 순방하면서 임시정부의 공채(公債)를 판매하고, 독립운동자금을 수합하였다. 이후 주로 대한인국민회에서 활동하였고, 1944년 10월 미주지역 13개 단체가 모여 주미외교위원부(駐美外交委員部)를 개조하였을 때, 서기로 활동하였다. 1995년 건국훈장 독립장이 추서되었다. (이신철)

참고문헌

독립운동사편찬위원회, 『독립운동사자료집』 8, 1976; 방선주, 『在美韓人의 獨立運動』, 한림대학교 아시아문화연구소, 1989; 김원용 지음 · 손보기 엮음, 『재미한인 50년사』, 혜안, 2004.

▶ 국민보, 한인합성신보

▌신한민보(新韓民報)

1909년 미국 샌프란시스코에서 창간된 한국어 샌프란시스코 국민회 기관지

1909년 2월 10일 샌프란시스코 국민회(Korean National Association)에서 발행하였고, 주간(수요일 발행)으로 발행되었다. 국문 활판인쇄였다. 발행인은 최정익, 인쇄인은 전성덕이었다.

샌프란시스코의 국민회 기관지였는데, 『대동공보(大同公報)』와 『공립신보(共立新報)』가 합류하여 『공립신보(共立新報)』의 지령을 계승했다. 그리하여 1909년 2월 10일 제119호로 발간했다. 개제(改題) 후 1호 1면은 한국지도 위에 한자로 해서체(楷書體)로 "신한민보(新韓民報)"라고 제호를 표시했고, 체제는 종전 4단에서 7단(1단 56행, 1행 15자)으로 하여 기사량을 늘렸다. 특색은 사설과 논설을 구별했다는 점이다.

사설란에는 '본보의 명칭'이라는 제하의 개제 이유를 밝혔고 국민회의 설립을 축하하는 논문을 논설란에 실었다. 아래 2단은 기서란(奇書欄)과 광고란이 있다.

사설에서 제호의 '글자뜻'을 풀이하여 "신한민보는 글자뜻과 같이 우리 대한을 새롭게 하는 우리 국민의 신보라 어이하여 새롭게 한다 함이뇨 더러운 때와 추한 몬지를 목욕하여 신체를 청결히 함도 새롭게 함이오, 10년 적병을 공격요리하야 기혈의 강건을 회복함도 새롭게 함이오, 천년로옥을 헐어버리고 고대광실을 다시 건축함도 새롭게 함이오, 침침장야에 리마망량이 횡횡란주하다가 일륜 홍일이 부상에 높이 소사 세계가 광영함도 새롭게 함이오, 엄빙설한에 만물이 폐식하다가 춘풍이 다시 더워 초목이 발영함도 새롭게 함이니……" 라고 했다.

동보는 『공립신보』와의 관계를 들어서 다음과 같이 언급하고 있기도 하다.

"공립신보와 신한민보는 그 목적도 하나이오, 그 처소도 하나이오, 그 조직도 하나이오 …… 그 같지 아니함은 저는 소소한 자체에 한하엿되 이는 커다란 우리 국민 전체에 미침이요, 저는 소년아동 시기에 있었더니 이는 노성한 대장부의 처지를 취함이오, 저는 부속기관의 사용함을 응하였으되 이는 기관을 사용하는 주인의 자리를 누린다 하노라."

즉, 『공립신보』는 일개 단체의 대표기관이었으나 통합된 『신한민보』는 민족 전체의 진일보한 대변기관이라고 주장했다. 동보는 1948년 1월 22일자 제2116호에서 신한민보의 사명과 당면 문제를 다음과 같이 전한다.

"신한민보는 국민회의 기관지다 질정하여 말하면 국민회가 하는 말을 하고 회원이 하는 말을 하며 회원간의 의견이 있는 경우에는 최고기관의 결정을 기다려 말한다."

그리고 3대 주요 사명은 다음과 같다. ① 재류지안령보장(在留地安寧保障), ② 국가사업원조(國家事業援助), ③ 재류국(在留國)과 우의유지(友誼維持).

개제 제1호 사설에서 이 신문이 준수해야 할 십계명을 선정하기도 했는데 이를 지면에 수시로 발표했다.

"1. 너는 하나님의 주신 우리 민족의 자유독립주의 보다 다른 주의를 선전하지 말라. 너의 맡은 사명은 하늘 아래와 땅 우에서 오직 우리 민족의 대연결을 기성함이니라. 너는 민족 대연결주의를 포기하면 하나님의 질시하야 너의 자손만대에 벌을 주시리라.

2. 너는 민족 연결주의를 사랑하는 기천만 동포에게 깊은 동정을 주어라.

3. 너는 하나님의 이름을 빌어서 거짓 민족연결주의자를 삼기지 말라. 하나님께서 너의 죄를 용서치 않으시리라.

4. 너는 예배 4월을 기념하여 이날을 생명일로 지키라. 예배 4일을 일반 독자가 네 주의를 알려고 기대하는 날인 바 이 날을 진실하게 지키면 하나님께서 너에게 복을 주시리라.

5. 너는 네 동족의 경제발전을 기도하라. 하나님께서 주신 생존권이 여기 있느니라.

6. 너는 공리의 죄인이 되지 말라.

7. 너는 소재국 법률 위반되는 일을 선동하지 말라.

8. 너는 헛된 명예를 도적질하지 말라.

9. 너는 남의 사실 없는 말로 남을 무함하지 말라.

10. 너는 남의 재산을 탐하지 말며 남의 헌법적 결사 자유를 침범하지 말며, 남의 헌법적 동등권을 방해치 말라."

또한 본보는, 1915년 3월 11일자 제359호부터 이대위(李大爲)가 고안한 '인터타입'의 식자기(植字機)로 신식 국문활자를 사용하기 시작했다. 이때 사용활자는 모두 170여 자로서 4000여 종의 국문자를 식자하였다.

제호 글자체(字體)는 세 번 바뀌었는데 특이한 것은 1925년경 국문자를 풀어 써서 'ㅅㅣㄴㅎㅏㄴㅁㅣㄴㅂㅗ'라고 한 것이다. 그러나 오래 가지는 못하고 다시 한국지도 위에 한자로 "신한민보(新韓民報)"라고 표기한 것을 사용하다가 한국지도 바탕에 국문으로 "신한민보"로 표기하여 사용했다.

• 국민회

공립협회와 하와이의 한인합성연회가 합동하여 1909년 2월 1일에 결성한 단체이다. 위태로운 조국의 운명과 비참한 민족을 구하기 위해 미주의 교포조직이 단일화되어야 한다는 두 단체의 의견을 모았고, 교포사회의 여론 역시 국민회의 결성을 촉구한 것이다.

공립협회와 합동한 한인합성협회는 1907년 9월 30여 개로 난립하고 있었던 하와이 내의 한인단체를 단일화한 단체로, 국권회복의 후원과 재유동포의 안녕, 교육 증진을 그 목적으로 내세웠다. 공립협회에서는 캘리포니아 지역에서 주로 활동하던 또 다른 한인단체인 대동보국회와의 합동이 주로 논의된 바도 있다. 그러나 오히려 한입합성협회와의 합동이 먼저 이루어졌던 것이다. 국민회의 조직은 중앙총회와 지방총회, 지방회 등으로 구성되었으나 중앙총회는 1912년에 가서야 이루어진다.

국민회의 목적은 교육과 실업의 발달과 자유, 평등의 제창으로 국권회복을 이루자는 것이었다. 『공립신보』를 『신한민보』로 개제한 후 사설에는 공립협회와 한인합성회의와의 통합에 대해 언급하고 있는데, 『신한민보』가 『공립신보』와 그 목적이나 장소, 조직, 체제는 다르지 않지만, 한국인 전체를 새롭게 하고 대표할 수 있는 신문이 되고자 제호를 바꾸었다고 덧붙이고 있다.

『신한민보』가 일개 단체의 기관지가 아니라 국민을 대표하는 신문임을 내세웠지만, 국민회 북미지방총회의 기관지였음을 분명했다. 즉 공립협회가 국민회 북미 지방총회로 전환된 것뿐이었다. 국민회 북미지방총회는 『신한민보』를 발간하면서 멕시코의 유카탄에 거주하는 동포들과의 연계도 시도한 바 있다. (이경돈)

참고문헌

『한국신문백년지』 1, 한국언론연구원, 1983; 최기영, 『대한제국시기 신문연구』, 일조각, 1991; 최기영, 「구한말 '공립신보', '신한민보'에 관한 일고찰」, 『동아연구』 17집.

신한청년(新韓靑年)

1919년 중국 상하이에서 창간된 신한청년당의 기관지

1919년 중국 상하이(上海)에서 조직된 신한청년당(新韓靑年黨)의 기관지로서 1919년 12월 1일 발행되었다. 영문제목은 'The Young Korea'이다. 판권장에 따르면 주필은 박은식(朴殷植), 이광수(李光洙)였고, 편집 및 발행은 신한청년당이다. 정가는 대한(大韓) 5각(角)이었다. '국한문판'과 '순한판'으로 각각 발행된 것으로 보인다. 한문판은 4호 활자도 썼지만 주로 5호 활자로 2단 세로짜기를 했다. A5판 80쪽 안팎이었다. 창간호 이후 속간되지는 못하였다.

중국 상하이에서는 임시정부가 수립되기 이전부터 동제사(同濟社)·신한청년당 등의 단체들이 결성되어 독립을 위한 활동을 하고 있었다. 신한청년당은 1918년에 중국 상하이 프랑스 조계(租界) 바이얼로(白爾路) 25호(번지)에서 여운형(呂運亨)·장덕수(張德秀)

· 김철(金澈) · 한진교(韓鎭敎) · 조동호(趙東祜) 등 6인의 발기에 의하여 창립되었는데, 그 기관지로서 『신한청년』을 1919년 발행하였던 것이다.

『신한청년』의 주필인 이광수(李光洙)는 1919년 상하이로 건너가 이미 1919년 8월 21일자로 창간된 대한민국임시정부 기관지 역할을 하였던 『독립(獨立)』(후에 『독립신문』으로 개제)의 사장 겸 주필이었다. 이광수도 신한청년당원으로서 활동을 하였는데, 이때 『신한청년』의 주필을 맡았던 것으로 보인다.

'한문판'의 「창간사」는 백암(白巖) 박은식이 썼고, '국한문판'의 창간사는 이광수가 썼다.

『신한청년』은 신한청년당의 기관지였던 만큼 신한청년당 창립의 목적을 알 수 있는 신한청년당 취지서(新韓青年黨 趣旨書)가 실려 있는데 그 전문을 인용하면 다음과 같다.

"청년아, 치욕을 설할지어다. 선조시절의 영광을 회복할지어다. 인류의 금후의 역사를 빛내일 새로운 대영광을 창조할지어다. 대한의 청년아, 이것이 우리의 직분이 아니냐. 신성한 직분, 행복된 직분, 면하랴. 면치 못할 직분이 아니냐. 위대하고 구원한 이 대이상과 대직분을 생각할 때에 우리는 일변 송구하여 전율하며 일변 장쾌하여 용약함을 금치 못하도다. 우리의 사업의 시초는 독립을 완성함에 있도다. 우리의 수천대조선의 피로 지킨 국토와 자유를 회복하여 우리의 천만대 자손이 생활하고 우리의 위대한 영원한 이상이 실현될 기업을 정함이 우리의 사업의 시초로다. 우리는 마음으로, 몸으로, 피로, 목숨으로, 이를 위하여 힘쓰리라. 우리의 국토와 자유가 회복되는 날까지 싸우고 싸우리라. 그러나 대한의 청년아, 독립의 완성이 우리의 목적의 전체라 말하지 말지어다. 이는 오직 우리의 사업의 시작이니, 우리에게는 독립 이상에 더 중요한 사업이 있도다. 무엇이뇨. 같은 민족의 개조와 실력의 양성이니라. 우리 민족은 질이 우용하거니와 수백년간의 타락을 경한 현대의 우리 민족은 궤휼하니라, 허위되고 이기적이요, 의리에 박하고 고식적이오, 위대한 이상이 없나니라. 우리가 영구하고 명예로운 독립한 국가의 자유민인 행복을 향하려 할진대 우리는 현대의 우리 민족을 근본적으로 개조하여 선하고 정대하고 충실하고 정직하고 애국심있고 고달한 이상을 포부하는 신대한민족을 성하여야 하나니라. 우리 민족은 학문을 애하고 창조력이 부하더니라. 우리의 국토는 기후가 적의하고 천산이 풍부하더니라. 그러나 근대 불량한 정치하에 극도의 압박을 경한 현대의 우리 민족은 결코 학술기예와 창조발명을 가진 자가 아니요, 타족과 비견할 만한 부력을 가진 자가 아니라. 우리는 정신적으로 민족을 개조하는 동시에 학술과 산업으로 우리 민족의 실력을 충실케 해야 하나니라. 이로써 우리 민족 자체의 자유와 문화와 행복을 득하려니와 이것으로 만족치 못하리니, 마침내 단군의 혈에서 출한 신문화가 전인류에게 위대한 행복을 여하기에 지하기를 기할지니라. 이러한 주지로 우리 기개 동인은 사생으로써 맹약하고 본당을 조직하니, 본당은 성공을 급치 아니하며 당원의 다함을 탐치 아니하노라. 일보일보 근면히 실행하기에 힘쓸 뿐이오, 일인일인 본당의 주지와 강령을 승인하는 절대로 승인하는 동지를 환영할 뿐이라. 대한의 청년아, 우리의 임이 중하고 도가 원하도다. 이에 수언으로 본당의 취지를 서하여 써 스스로 경계하며 아울러 전대한의 청년형제에게 고하노라."

• **신한청년단**

1919년 중국 상하이에서 조직된 청년운동단체이다. 신한청년당이라고도 한다. 망명독립지사 김규식(金奎植) · 여운형(呂運亨) · 김구(金九) · 서병호(徐丙浩) · 선우혁(鮮于爀) · 이광수(李光洙) · 한진교(韓鎭敎) · 한원창(韓元昌) · 김순애(金淳愛) · 안정근(安定根) · 장덕수(張德秀) · 김철(金澈) 등이 주축이 되어 조직을 강화하고 외교활동에 주력하였다. 신한청년단의 단강(團綱)은 대한독립 · 사회개조 · 세계대동(世界大同)이었다. 『신한청년보(新韓青年報)』를 발행하여 교포에게 독립정신을 고취시키는 한편, 독립청원서를 작성하여 김규식을 파리강화회의에 파견하기도 했다. 핵심단원들은 1919년 4월 프랑스 조계(租界)에 독립임시사무소를 설치하였는데 뒷날 대한민국임시정부의 모체가 되었다. (이한울, 이신철)

참고문헌

최덕교 편저, 『한국잡지백년』 2, 현암사, 2004; 신용하, 「신한청년당의 독립운동」 『한국학보 44』, 일지사, 1986; 『신한청년』 창간호, 1919. 12; 김준엽 김창순 공편, 「여운형예심청구서」, 『한국공산주의 운동사 자료편 1』, 1979; 윤임술 편, 『한국신문백년지』 2, 한국언론연구원, 1983; 김희곤, 「신한청년당의 결성과 활동」, 『한국민족운동사연구』 1, 1986.8.

신화남(新華南)

1939년 중국 취장에서 발간된 중국공산당 광둥성위원회의 기관지

1939년 4월에 광둥(廣東) 취장(曲江)에서 창간되었다. 창중이(尙仲衣) 등이 편집을 담당했고 신화남사(新華南社)에서 1941년 1월까지 발행했다. 1939년 창간부터 1940년 2월까지는 월간으로 발간되었고, 1940년 3월부터 1941년까지는 반월간이었다. 베이징사범대학도서관, 상하이도서관 등에 소장되어 있다.

주요란으로는 단평, 통신, 전재(專載), 전지문예(戰地文藝) 등이 있었다. vol. 1, no. 5(1939)는 "7·7기념특대호(七·七紀念特大號)"였고, vol. 1, no. 6(1939)은 "전지통신특집(戰地通訊特輯)"이었으며, vol. 1, no. 8(1939)은 "유럽전쟁·중국·소련특집(歐戰·中國·蘇聯特輯)"이었다. 이외에도 vol. 1, no. 9(1939)는 "유럽전쟁과 중일전쟁의 교착단계(歐戰與中日戰爭的相持階段)" 특집을 실었고 vol. 1, no. 10(1939)은 "왜 헌정을 실행해야 하고 어떻게 헌정을 실행할 것인가(爲什麽要實行憲政與怎樣實行憲政)" 특집을 게재했다. 편집자로는 런비밍(任畢明), 허자화이(何家槐), 스피란(石辟瀾) 등이 더 있었다. vol. 1, no. 4(1939)부터 편집자 창중이가 사망하고 남은 3명은 계속 『신화남』의 편집을 담당했다. 매권은 12호가 출판되었다.

『신화남』은 정치 간행물로 중공 광둥성위원회(廣東省委員會)의 기관지였다. 본간은 "대중적이며, 항전사업을 하는 동지들이 함께 공유하는 것"을 원칙으로 하였다. 항일, 단결, 진보를 견지하고, 투항, 분열, 도태를 반대하였다. 주로 전국 군·민이 떨쳐 일어난 간고한 항전투쟁의 통신, 보도, 현재 청년의 임무, 시국의 변화, 전쟁의 수단 등을 반영하여 실었다. 항전강좌를 개최하였고, 왜 헌정을 실시하여야 하는지 또 어떻게 헌정을 실시할 것인지를 논술하고, 세계의 정치, 군사사건 예를 들면 유럽전쟁과 소련의 형세와 중국에 대한 영향, 유럽전쟁과 중일전쟁의 교착상태, 중일전쟁과 왕징웨이(汪精衛)를 토벌하기 위한 투쟁 등을 소개하였다.

1권 4호에 "샹선생 기념 특집(尙先生紀念特輯)"이, 1권 8호에 "청년문제특집(靑年問題特輯)"과 "루쉰 기념 특집(魯迅紀念特輯)"이, 1권 7호에 "왕징웨이 토벌 특집(討汪特輯)"이 실렸다. 이 잡지에 수록된 주요 글로 스피란의 「광둥민중동원의 과거와 장래(廣東民衆動員的過去及將來)」, 창중이의 「기층 정공인원 훈련 강요(基層政工人員訓練綱要)」, 린솽추(林爽秋)의 「단결, 항전, 위기 극복(團結,抗戰,克服危機)」, 선쥔루(沈鈞儒)의 「적을 쉬게 할 수 없다(不能讓敵人休息)」, 허자화이의 「루쉰 선생의 전투정신을 학습하자(學習魯迅先生的戰鬪精神)」, 마오쩌둥(毛澤東)의 「제2차 제국주의 전쟁(第二次帝國主義戰爭)」, 바이슈앙(白霜)의 「광둥의 부녀운동을 논함(論廣東的婦女運動)」 등이 있었다.

주요 집필자는 스비란, 왕다푸(王達夫, 위다푸[郁達夫]의 오기로 보임), 쑨선(孫愼), 쓰마원썬(司馬文森), 종징원(鍾敬文), 허자화이, 바이충시(白崇禧), 장파쿠이(張發奎), 선쥔루, 장나이치(章乃器), 쉬퉁(舒同), 마오쩌둥(毛澤東) 등이었다.

1941년 환남사변 이후 국민당 정부에 의해 발간이 금지되었다. (김지훈)

참고문헌

王檜林 · 朱漢國, 『中國報刊辭典(1815~1949)』, 書海出版社, 1992; 伍杰, 『中文期刊大詞典』, 北京大學出版社, 2000; 北京師範大學圖書館報刊部 編, 『北京師範大學圖書館館藏中文珍稀期刊題錄』, 北京圖書館出版社, 2002; 上海圖書館, 『上海圖書館館藏近現代中文期刊總目』, 上海科學技術文獻出版社, 2004.

▌신화일보(新華日報)

1938년 중국 후베이성의 한커우에서 창간된 일간지

1938년 1월 11일 후베이(湖北)성의 한커우(漢口)에서 창간되었다. 중일전쟁시기 중국공산당이 국민당 지역에서 공개적으로 출판한 유일한 신문이다. 이사장은 저우언라이(周恩來), 경리는 쉬마이진(徐邁進), 사장은 판쯔녠(潘梓年), 총편집은 화강(華崗), 편집은 차례로 쉬디신(許滌新), 장한푸(章漢夫), 우커젠(吳克堅), 루이(陸詒) 등이 맡았다. 『신화일보』는 보통 1장 반에서 2장을 발행했고 1장을 발행할 때도 있었다. 1947년 국민당과 공산당의 담판이 결렬되자 1947년 2월 28일 국민당 당국의 폐쇄조치로 정간되었다. 1963년 중국 국가도서관에서 영인본을 출판하였다.

『신화일보』는 국내외 뉴스를 보도하고, 중국공산당 중앙책임자의 글을 발표하였다. 마오쩌둥(毛澤東)의 「지구전을 논함(論持久戰)」과 저우언라이의 37편의 글을 게재했다.

15종의 부간(副刊)을 출판했는데 사회생활, 문예창작, 자연과학상식 등에 관한 것이었다. 국민당 지역에서 공개적으로 출판되었기 때문에 중국공산당이 비밀리에 만든 유인물이나 지하통신으로 소식을 전하던 제약에서 벗어날 수 있었다. 국민당 지역의 공산당원은 『신화일보』와 『해방』, 『군중』 등을 통해서 중공중앙 정치국 지도자의 글을 읽어보고 토론할 수 있었다. 『신화일보』는 한커우에서 발행되던 시기 중공중앙장강국(中共中央長江局)의 지도를 받았다. 이 시기 왕밍(王明, 천사오위[陳紹禹])이 중공중앙장강국의 서기 겸 당보위원회(黨報委員會)의 주석이었으며 신화일보 이사회의 이사장으로 『신화일보』에 큰 영향을 미쳤다. 팔로군(八路軍)과 신사군(新四軍), 국민정부군대의 항일 전적(戰績)을 보도하여 중국인의 항일투쟁의지를 고양시켰고 공산당의 정책을 선전하였다.

1938년 9월 29일부터 11월 6일까지 중공은 6계(屆) 6중전회를 개최하고 왕밍의 「우경투항주의의 잘못」을 비판하고 장강국을 철폐하기로 결정하고 당시 장강국의 부서기였던 저우언라이를 남방국(南方局)의 서기에 임명했다. 저우언라이는 『신화일보』의 업무에 관심을 기울여 69편의 글을 게재하였다.

1938년 10월 25일 우한(武漢)이 함락되자 『신화일보』도 철수하였다. 우한에서 철수하기 전부터 충칭(重慶)과 광저우(廣州), 구이린(桂林) 등에 지국을 두고 있었기 때문에 우한에서 발행을 중단한 25일 충칭에서 신문을 발행하였다. 『신화일보』가 복간되었지만 여전히 사장은 판쯔녠이었고 총편집은 화시위안(華西園, 화강[華崗]), 우커젠이었으며 총경리는 슝진딩(熊瑾玎)이었다. 1938년 5월 28일부터 충칭에서 항공판 『신화일보』를 발행하였다.

1939년 5월 3일과 4일 일본은 충칭을 폭격기를 동원하여 공중 폭격하였다. 일본군의 폭격으로 충칭의 신문사는 타격을 받았다. 5월 4일 국민당 중앙선전부는 장제스(蔣介石)의 지시에 따라 각 신문사 책임자를 소집하여 긴급회의를 개최하고 신문 발행을 멈출 수 없으므로 충칭의 각 신문 연합판을 만들기로 결정했다. 저우언라이와 판쯔녠은 국민당 중앙선전부에 각 신문의 연합판의 시한을 명확하게 정하지 않으면 『신화일보』가 참가할 수 없다고 했다. 국민당은 1개월을 기한으로 제시했고 『신화일보』도 1939년 5월 6일 발행을 중단하고 충칭 각 신문 연합판에 참여했다. 충칭 각 신문 연합판에는 『대공보(大公報)』, 『시사신보(時事新報)』, 『소탕보(掃蕩報)』, 『중앙일보(中央

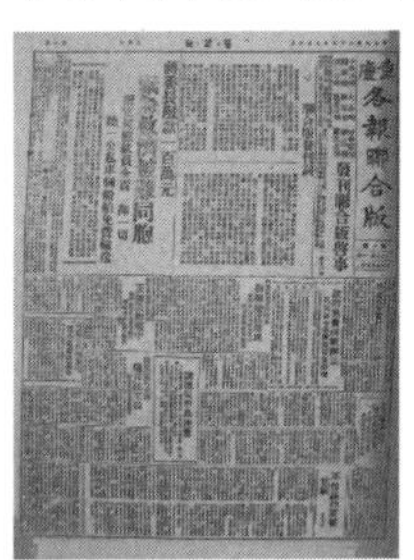

충칭각보연합판

日報)』, 『신화일보』 등 10개 신문이 참여했다.

5월 17일 중공중앙서기처는 『신화일보』가 공산당의 언론기관으로 다른 신문사와는 다르기 때문에 단독으로 발행할 권리가 있다고 지시하였다. 이에 따라 『신화일보』는 국민당의 중앙선전부와 『신화일보』 복간을 협의했다. 1939년 8월 12일 충칭의 각 신문 연합판은 종결되고 8월 13일 각 신문은 단독으로 출판하였고 『신화일보』도 복간되었다.

『신화일보』는 한커우 시기부터 『신군총서(新群叢書)』 17권을 출판했다. 이 가운데 『신화일보』와 『군중』 주간에서 편집하여 출판한 주더(朱德)의 『우리들은 어떻게 적을 타격할 것인가(我們怎樣打擊敵人)』도 있다. 충칭으로 이전한 이후에도 제18권으로 보구(博古, 친방셴[秦邦憲])의 『항일민족통일전선의 발전, 곤란 및 그 전도를 논함(論抗日民族統一戰線的發展,困難及其前途)』을 출판했다.

1938년 12월 19일에는 마오쩌둥의 『시구전을 논함(論持久戰)』(수정본), 저우언라이(周恩來)의 『목전의 항전형세를 논함(論目前抗戰形勢)』 등을 출판했다. 1939년 충칭의 민생로(民生路) 208호에 신화일보 도서과(圖書科)가 설립되어 도서관련 영업을 시작하였다. 도서과가 설립된 이후 1943년 말까지 100여 종의 도서를 출판하였다. 이외에 문시부(門市部)에서는 소련의 『프라우다』, 『소련건설화보』 등을 판매했다. 1945년 7월 6일 신화일보는 마오쩌둥의 『연합정부를 논함(論聯合政府)』의 전문을 단행본으로 발행했다.

중일전쟁에서 승리한 이후 『신화일보』는 상하이와 난징(南京)에서 복간을 준비했지만 국민당 당국에 의해 저지당했다. 1946년 7월 장유위(張友漁)가 충칭 『신화일보』의 대리 사장으로, 총편집 슝푸(熊復), 경리는 위강(于剛)이 임명되었다. (김지훈)

참고문헌

王檜林 · 朱漢國, 『中國報刊辭典(1815~1949)』, 書海出版社, 1992; 伍杰, 『中文期刊大詞典』, 北京大學出版社, 2000; 葉再生, 『中國近代現代出版通史』 3, 北京: 華文出版社, 2002.

신흥(新興)

1929년 서울에서 발행된 경성제국대학 법문학부 출신들의 종합학술지

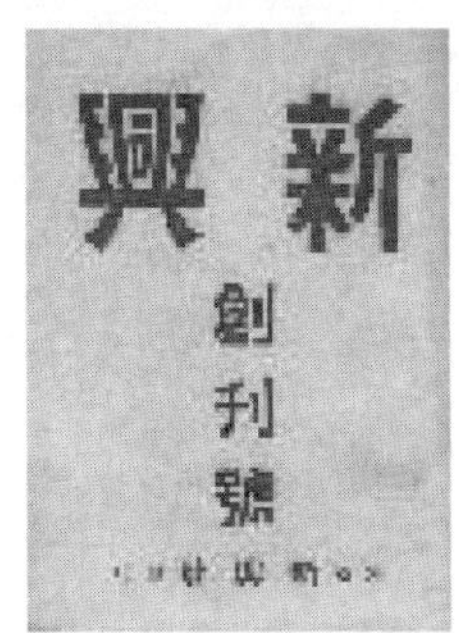

인쇄인은 김진호(金鎭浩)이고, 인쇄소는 한성도서(주), 발행소는 신흥사(서울 수창동 106), 총판매소 한성도서(주)이다. A5판 120쪽으로 정가는 40전이다. 이후 발행인은 이강국(李康國), 유진오(兪鎭午), 장후영(張厚永), 서재원(徐載元) 등으로 바뀌었고, 1937년 1월 18일에 통권9호로 종간되었다. 1년에 1, 2회 또는 3회씩 간행되었으며 때로는 2년을 뛰어 넘어 간행되기도 하였다. 서울대학교에 소장되어 있다. 제1호부터 제9호까지 태학사(太學社)에서 상하 2권으로 묶어 영인하였다.

1929년 4월에 최초 법문학부 졸업생이 배출된 기록에 미루어볼 때, 이들은 졸업과 동시에 잡지 발행에 착수했음을 짐작할 수 있다.

1929년에 제1, 2호가, 1930년에 제3호가, 1931년에 제4 · 5 · 6호가, 1932년 제7호가, 1935년에 제8호가, 1937년에 제9호가 각각 나왔다.

경성제국대학의 조선인 학생들은 학문을 통한 업적을 쌓고 명성을 날려보겠다는 야심이 컸다. 특히 문학도의 경우 셰익스피어, 괴테, 버나드 쇼가 되어야겠다는 투지로 가득 찼다. 이 같은 분위기에서 생겨난 모임이 적송회(赤松會)였다. 그러나 적송회는 단순한 친선 서클이어서 오래가지는 못했다.

학부 개설 이듬해에 학내 문학동호회인 낙산(駱山) 문학회가 조직되었다. 1회 동인은 유진오(법), 신상호(사), 강신철(문), 염정권(문), 배상하(철), 함원영(의),

박천규(의) 등이었고, 2회 동인은 박문규(법), 고유섭(철), 주평로(법) 등이 가입했다. 그러나 낙산문학회는 1927년 겨울 해산된다. 적송회와 낙산문학회 모두 회지(동인지)는 없었다.

그런데 유진오는 이미 이 때 『조선지광』 등에 단편 소설들을 발표하면서 문단의 주목을 받고 있었고, 그런 가운데 적송회, 낙산문학회 멤버들이 졸업을 하자 다시 뜻을 모아 펴낸 것이 바로 문예와 학술을 아우르는 종합잡지 성격의 『신흥』이었다.

잡지의 창간사는 없고, 창간호의 편집후기는 Y와 S라는 필명으로 두 사람이 썼는데, 창간의 동기는, '확호(確乎)한 이론, 과학적 근거로부터 우러나오는 조선의 운동이 될 수 있도록 좀 더 진실한 의미에 학술논문을 발표하고자 창간했다'로 요약될 수 있을 것이다.

전반적인 내용은 인문과학과 사회과학 관련이 대부분이고 소설이나 시와 같은 문예물도 말미에 싣고 있다.

창간호에는 사회과학·철학·조선연구·해외문화의 동향·시·창작 등으로 영역을 구분하여 논문과 문예물을 싣고 있다. 2호부터 이러한 구분이 사라지지만 대체적인 내용구성은 크게 변하지 않고 대동소이한 편이다.

그중에서 가장 많은 비중을 차지한 것은 조선연구에 해당되는 논문들이다. 1호에는 조윤제의 「삼국시대의 가무희(歌舞戲)」, 김창균의 「연오랑세오녀전설의 유래」, 신석호의 「신라시대의 골품제도」 등이, 2호에는 도남의 「고가요 일장(一章)」, 김창균의 「낙랑대방시대의 사회생활상태」 등이, 3호에는 윤용균의 「다산의 정전고」, 성낙서의 「관촉사 석불상고」 등이 실려 있다. 조선연구 특집호인 4호에는 고유섭의 「금동미륵반가상의 고찰」, 조윤제의 「시조자수고」, 이희승의 「조선어 '때의 조동사'에 대한 관견」, 「다산의 정전고」 2회분 등이 실려 있다. 5호에는 이재욱의 「조선의 백의속고」, 김태준의 「이조의 한문학원류」, 「조선어 '때의 조동사'에 대한 관견」(2), 김재철의 「조선민요만담」 등이, 6호에는 고유섭의 「조선탑파전설」, 조윤제의 「영남여성과 그 문학」, 이재욱의 「소위 산유화가와 산유해, 미나리의 교섭」 등이 실려 있다. "조선문제특집호"인 8호에는 신기석의 「조선통상교섭사의 일절」, 김태준의 「대원군의 서원훼철령의 의의」, 고유섭의 「고려의 불사건축」, 이숭녕의 「모음 '·'의 음가고」 등이 실려 있다. 9호에는 신기석의 「한러외교사」, 김태준의 「신라화랑제도의 의의」, 유형렬의 「조선의 산토신숭배에 대한 소고」, 조윤제의 「고려시가 '진작'의 시가명칭성」 등이 실려 있다.

철학 논문의 경우, 당시의 유행사조에 대단히 민감하면서도 학구적인 논문들이 주류를 이루는데, 신칸트학파나 신헤겔학파의 철학사조의 영향을 받은 것이 많다.

반면에 사회과학논문의 경우, 유물변증법과 사회주의 등의 좌파적 성향의 글들이 많은 것이 특징이다.

소설로는 유진오의 「삐틀러양과 그 책상」, 이효석의 「오후의 해조(諧調)」, 이종수의 「일자리 있소」, 「실업자의 아내」, 이삼청의 「빠나나」, 「선중(船中)」 등의 작품들이 실려 있다.

창간호(1929)에서 9호(1937)까지 본지에 실린 논문 수는 총 94편(번역 13편 포함)이었고, 문학작품은 29편(번역 6편 포함)을 세 배나 넘어선다. 그 밖에 해외의 정치, 경제, 문예 상황을 소개하는 글 18편을 포함한다면 논문수는 총 112편에 이른다. 논문의 내용을 일별하면, 당시 마르크시즘과 민족주의가 당시 학생들의 사상에 있어서 양대 산맥을 이루고 있었음을 짐작하게 한다. 철학은 거의 독일철학(칸트, 헤겔, 마르크스, 딜타이, 후설)이고, 7호와 8호의 뒷표지는 아예 독일어로 논문의 목차까지 표기하고 있다. 당시 일본과 독일 파시즘 사이의 연관성을 짐작케 하는 대목이기도 하다.

서지학자 김근수(1910~1999)의 『신흥』 영인본(태학사, 1985) 해제에 따르면 "『신흥』은 인문과학과 사회과학에 걸친 종합학술지로서, 당시에 있어서 '진단학회'가 조선 및 인근문화 연구를 목적으로 하여 연4회씩 간행하던 『진단학보』와 더불어 손꼽힐 '한국연구'에 중점을 둔 학술잡지였다"고 한다. 그 성격과 특색을 대략 아홉 가지로 정리하면 다음과 같다.

① 인문과학과 사회과학 등 다방면에 걸친 종합잡

지였다. ② 특히 한국학 관계 논문이 다수임. 특히 제4호는 '조선연구 특집호', 제8호는 '조선문제 특집호'였다. ③ 내용은 다소 좌파적 성향이 있었다. ④거의 매호마다 해외문화의 동향을 소개했다. ⑤ 문학에 많은 관심을 보였다. ⑥ 정기간행물이면서 연1회, 2회, 3회씩 간행하고, 또는 2년이나 3년을 건너뛰어 간행하기도 했다. ⑦ 면수가 제일 많을 때는 A5판 150쪽, 적을 때는 94쪽으로서, 평균 100쪽 내외였다. ⑧ 당시로는 수준이 높은 학술 논문이 1~9호에 총 100여 편이 수록되어 있다. ⑨ 집필자들의 전공분야가 다채롭다.

조선 문단과 식민지 시대 교지

당시 교지는 그 영향 범위가 학교의 울타리를 넘어서 있었다. 즉, 당시 '학교'란 교육기관 이상의 의미를 지니고 있었던 것이다. 계몽운동 시기에 중요한 의미를 띠었던 학교는 이후에도 각종 학회지나 교지를 발간하면서 한국 근대 문단 형성 이전의 과도기적 모습을 보여 주고 있다. 공식적 문단이 성립하기 이전에 학교 교지는 아마추어 문예를 수용하는 장이면서 동시에 문인들의 초창기 작품 발표의 장이기도 했다. (이경돈)

참고문헌

박광현, 「경성제대와 『新興』」 『한국문학연구』, 26집, 2003; 최덕교 편저, 『한국잡지백년』, 현암사, 2004.

▌신흥과학(新興科學)

1927년 일본 도쿄 유학생이 창간한 사회과학 잡지

1927년 4월 20일 재도쿄(在東京) 유학생들에 의해 창간된 사회과학 잡지이다. 1928년 7월호로 종간되었다. 판권장을 보면, 편집 발행 겸 인쇄인은 김동훈(金東訓), 발행소는 신흥과학사(新興科學社, 東京府 下戸塚町 諏訪 160), 인쇄소는 도세이샤(同聲社) 인쇄소였다. A5판 59쪽이었고, 정가는 30전이었다.

신흥과학연구회의 기관지로서 1927년 4월 20일에 창간되었다. 신흥과학연구회는 이 잡지를 발간하면서 사회주의 학생운동의 이론을 정립하여 이를 선전하고자 하였다. 아울러 일본 유학생층만이 아니라 조선에 있는 학생들에게까지 발송하여 영향력을 확대하고자 하는 노력을 취하기도 하였다.

1928년 7월 20일 발행인 2권 1호에 실린 'P생'이 쓴 권두언 「동경유학생이란 이데올로기에 대하여, 귀국하는 동무들에게」를 몇 구절 옮겨본다.

"동무들! 귀국하는 동무들! …… 1년에 한 번씩 모토(母土)로 돌아가는 제군들은 당초에 동경역을 출발할 때는 실로 유쾌한 기분을 금하지 못할 것이다. 그러나 현해탄을 건너서 부산에 상륙하겠지, 그리하여 제군들은 먼저 무기력하게 길거리에 내왕하는 흰옷 입은 제군들의 부형을 보겠지, 영주(瀛洲)동 골목의 오막살이를 보겠지, 또는 경부선 연변의 무수한 패전(敗戰)자의 참상을 볼 것이다. 여기서 제군들의 그 센티멘털은 폭발하게 될 것이다. 센티멘털은 조선의 민족성이라고도 할 수 있기 때문에 …… 나는 흔히 보았다. 동경에 있을 때는 자기는 민중을 위해서 일하겠다고 선전하며, 또는 민중을 위한 일을 하기도 하던 그러한 동무들이 한 번 휴가에 조선으로 귀국하게 되면 어느덧 신사로 변해버리는 것을. 경미(輕美)한 하의(夏衣)에 자동차를 몰고 이리 왔다 저리 갔다 하든지, 승경(勝景)의 지(地)에 약첩(藥貼)과 애인을 준비하고 피서한다든지 하는 것을. 제군! 이것은 무엇을 말하는가? 이것은 두말할 것 없이 '나는 동경유학생이다'라는 이데올로기에서 산출(産出)된 것이다. 제군! 제군은 이 이데올로기를 단연히 버리지 않으면 안 될 것이다. …… 제군들이 민중의 신뢰를 확보하게 된다면, 제군들은 또한 무수한 사업을 발견하게 될 것이다. 관혼상제(冠婚喪祭) 등 허례 타파라든지, 노복(奴僕) 및 여성에 대한 경어 사용, 기타 봉건적 미신 습관의 박멸(撲滅)을 비롯한 민중운동에 많은 성과를 얻을 수 있을 것이다. …… 민중을 위해 일하려는 자는 첫째 민중운동에 많은 성과를 얻을 수 있을 것이다. …… 민중을 위해 일하려는 자는 첫째 민중에 대한 세사(細些)한 이해, 민중에 대한 신뢰의 확보가 제일 전제조건이 아니면 아니 된다."

목차는 다음과 같다.

'권두언' P생「동경유학생이란 이데올로기에 대하여, 귀국하는 동무들에게」, '논문' 김오「조선학생운동의 사적고찰」/ 일파「사회과학과 학생층」/ TM생「조선무산계급운동과 학생운동과의 관계」/ 남궁허「학생운동의 정치전쟁에로의 전향」/ 김세경「학생투쟁에 관한 조직을 논함」/ 문철「절대적 진리와 객관적 진리」/ 김태욱「변증법적 유물론」/ 고준「종교표상에 대한 마르크스주의적 비판」/ 황하일「우리의 당면의 무에 대하여」/ 해성「현교육에 대한 불평」/ 정치언「학생과 현실문제」/ GK생「우리 지식계급의 맹성을 촉하노라」, '편집여언(여언)' 등이 게재되었다.

신흥과학연구회와『신흥과학』은 당시 높은 수준 이론으로서 사회주의 진영의 학생운동론이 체계화될 수 있도록 뒷받침이 되었고, 이후 1929년 11월 3일 일어난 '광주학생독립운동'에도 영향을 미쳤다.

• 신흥과학연구회(新興科學研究會)

신흥과학연구회는 1926년 11월 1일 도쿄에서 한국 유학생들이 조직한 사회주의사상 연구단체였다. 일월회(日月會)의 이종모(李鍾模)·유영준(劉英俊) 등과 조선무산청년동맹회의 박천(朴泉)·정희영(鄭禧永)·김삼봉(金三峰) 등이 중심이 되어 사회주의사상 연구를 위한 단체조직을 결의하고, 일본에 유학 중인 한국 학생들을 모았다. 현대사회의 과학적 연구, 한국 민족의 발전, 인류평등, 평화·행복 증진을 지향하였다. 1927년 중앙고등보통학교와 이듬해 함흥공립고등보통학교의 동맹휴학 때에 각각 성명서를 발표하였는데, 식민지교육을 비판하고 항일맹휴운동이 나아갈 바를 제시하며, 한국 학생의 투쟁과 궐기를 독려하려는 것이었다. 성명서로 말미암아 항일동맹휴학은 더욱 확산되었다.

신흥과학연구회의 발기인은 다음과 같다. 현철, 최익한, 황병석, 강철, 안병수, 송창렴, 박원조, 홍양명, 이병호, 이우적, 김형식, 권대형, 김동훈, 서상석, 김상혁, 박천, 정희영, 신헌길, 김일선, 최돈, 유영준, 박태원, 박원태, 조학제, 장지형, 홍기문, 임무, 박형채, 강소천, 김삼봉, 이종모, 박인규, 송형순, 임준석, 양재도, 천용근 등이었다.

• 최익한(崔益翰, 1897~?)

경상북도 울진에서 출생했다. 부유한 가문에서 태어나 어려서부터 한학을 배우다가 15세 때 영남학파의 거유(巨儒)인 곽종석(郭鍾錫)의 문하에 들어가 5년 동안 수학하였다.

1917년 곽종석의 권유로 서울에 가서 신학문을 익히기 시작하였다. 중동학교를 마친 뒤 기독교청년회관에서 영문학을 배웠다. 이어 3·1운동의 영향을 받아 항일운동에 가담하였고, 임시정부의 군자금 모금원으로 활약하였다.

1919년 8월 영주군에서 1600원을 모금하여 보낸 사건으로 1921년 경성복심법원에서 징역 4년형을 선고받았으나 감형되어 1924년 석방되었다. 그 뒤 일본으로 건너가 와세다대학(早稻田大學) 정경학부를 다니면서 사회주의사상을 받아들이기 시작하였다.

당시 진보적인 사상단체인 고려공산청년동맹·일월회·재일본무산청년동맹·신흥과학연구회 등에 가입하였을 뿐만 아니라 제3차 조선공산당에 참여하여 일본부 조직부장을 맡았다. 신간회 창립을 전후한 시기에는 방향전환론을 주장하는 ML당의 이론가로서 활약하였다. 그 뒤 조선공산당 일본부 선전부장으로 있다가 1928년 2월에 잡혀 징역 6년을 선고받았다.

1932년 7월 대전형무소로 이송 도중 대전역에서 만세시위를 주도하여 징역 1년이 추가되어 7년간 복역하였다. 1935년 12월 출옥한 뒤에는 서울로 옮겨왔다. 만주사변 이후 전시체제로 이행한 상황하에서는 공개적인 사회주의운동이 불가능하였으므로 학문 활동에 전념하게 되었다.

조선일보사 향토문화조사위원, 동아일보사 논설사원으로 활동하였고, 신문이 폐간된 뒤에는『춘추』지에 글을 발표하였다.

해방 직후에는 ML계 인사들과 함께 조선공산당 서울시당부에 참여하는 것을 시작으로 활발한 정치활동을 전개하였다.

조선건국준비위원회·조선인민공화국의 간부로

지명되기도 하고, 조선공산당에 입당한 뒤 박헌영(朴憲永)일파의 노선에 반대하는 사회노동당·근로인민당 창당에 관여하였다.

『력사제문제』·『력사과학』 등에 논문을 발표했고, 김일성대학(金日成大學)에서 강의도 한 것으로 전해진다. 해방 이후인 1947년에 『조선사회정책사』, 1955년에는 『실학파와 정다산』을 간행하였다.

• **송창렴**(宋昌濂, 1905~?)

황해도 안악 출신으로 평양 광성고등보통학교를 중퇴했다. 1924년 12월 도쿄(東京)에 가서 노동을 하면서 생활을 했다. 1925년 4월 니혼대학 전문부 사회과에 입학했다. 그리고 신흥과학연구회에도 가입했다.

1926년 재일본조선노동총동맹에 가입하여 중앙집행위원, 정치부장으로 선임되었다. 1927년 5월 신간회 도쿄지회 총무간사로서 정치문화부를 담당했다. 11월 고려공산청년회 일본부 조직부원이 되었나.

1928년 3월 조선공산당 일본총국에 입당하여 북부 야체이카에 소속되었으며, 5월 선전부원이 되었다. 8월 조선공산당 일본총국이 주도한 국치일 기념투쟁에 참가했다가 일본경찰에 검거되었다. 1945년 8월 평남인민위원회 결성에 참여하고 평양 보안서장이 되었다.

• **홍양명**(洪陽明, 1906~?)

전라남도 출신으로 일본의 와세다대학에서 공부했다. 본명은 순기(淳起)로, 그는 조선소년동맹, 조선독립청년동맹에서 활동했다. 1925년 12월 휴간 중이던 『신천지(新天地)』를 속간했다. 1925년 3월 서울청년회 등 11개 단체가 주최한 재경조선해방운동자단체 연합간친회에 청년조선사(青年朝鮮社) 대표로 참석해 서기를 맡았다.

1925년 4월 서울청년회 계열의 조선사회주의자동맹의 선전부 상무위원이 되었다. 1927년 도쿄에서 프롤레타리아 문예운동의 일환으로 제삼전선사(第三戰線社)를 조직하고 기관지 『제삼전선』을 발행했다. 1927년 5월 신간회 도쿄지회 설립에 참여해 간사가 되었다. 1927년 9월 조선프롤레타리아예술동맹(KAPF) 결성에 참여하고 도쿄지부 중앙집행위원을 맡았다.

1928년 고려공산청년회 제주도 야체이카 책임자가 되었다. 1928년 1월 『조선일보』에 「조선운동의 특질, 번역주의의 극복과 특수 조선의 인식」을 연재했다. 1928년 5월 도쿄에서 일본경찰에 검거되어 1930년 5월 징역 1년 6월, 집행유예 3년을 선고받았다.

1931년 10월 『조선일보』 상하이특파원으로 「상해를 중심으로 한 반일운동의 실상」이라는 글을 게재했다. 1930년대 초부터는 사회주의운동의 일선에서 물러났다. 1939년 3월 『삼천리』에 「조선민중과 만주국의 개척」이라는 평론을 기고했다. 1945년 일제 패망 직후 창춘(長春)에서 동북대한민단(東北大韓民團)과 창춘지구 인민해방대동맹 결성에 참가하고 간부가 되었다.(이한울, 김인덕)

참고문헌

최덕교 편저, 『한국잡지백년』 2, 현암사, 2004; 박찬승, 「1920년대 도일유학생과 그 사상적 동향」, 『한국근현대사연구』 제30집, 한울, 2004. 가을; 박찬승, 「11·3학생독립운동의 정치사상적 배경」, 『전남사회운동사연구』, 한울, 1992; 「신흥과학연구회 지난 일일 동경서 창립, 재동경류학생들로」, 『동아일보』, 1926.11.6; 『新興科學』(2-1), 1928; 金俊燁·金昌順, 『韓國共産主義運動史』(3), 서울, 高麗大學校 亞細亞問題研究所, 1973; 스칼라피노·이정식, 한홍구 옮김, 『한국공산주의운동사』(1), 서울, 돌베개, 1986; 최익한, 『실학파와 정다산』, 서울: 청년사, 1989; 『한국민족문화대백과사전』, 서울: 한국정신문화연구원, 1991; 김인덕, 『식민지시대 재일조선인운동 연구』, 서울: 국학자료원, 1996; 강만길·성대경 엮음, 『한국사회주의운동인명사전』, 서울: 창작과비평사, 1996.

▌신흥교육(新興教育)

1930년 일본에서 창간된 프롤레타리아 교육 잡지

1930년 9월에 창간되어 1933년 6월(3권 4호)까지 발간된 프롤레타리아 교육 잡지이다. 편집 발행인은 창간 당시는 야마시타 도쿠지(山下德治)였지만, 곧 오다 히데오(織田秀雄)로 바뀌었다. 발행처는 신흥교육연구소(新興教育研究所)였다. 제3호의 발매가 금지되는 등 끊임없이 관헌의 탄압을 받았다. 신흥교육연구소에는 『신흥교육』을 계속 간행하기 위하여 유지회원을 모집하는 등의 노력을 기울였지만 계속 회원이 감소하는 반면에 회비 체납은 늘어나 결국 1933년 6월호를 내고 종간되었다. 종간호는 신흥교육동맹준비회(新興教育同盟準備會) 기관지로 표시된 등사판이었다.

『신흥교육』은 신흥교육연구소의 기관지였다. 신흥교육연구소는 1930년 8월 "반동적 부르주아 교육의 극명한 비판과 그 실천적 배격" 및 "신흥 교육의 과학적 건설과 그 선전"을 내걸고 창립되었다. 여기서 신흥 교육이란 프롤레타리아 교육을 의미하는 것이었다. 실제로 신흥교육연구소의 에스페란토어 표기는 "Preleta Instituto Pedagogia"였다.

신흥교육연구소의 핵심은 아사노 겐신(淺野研眞), 야마시타 도쿠지였다. 이 밖에도 아키타 우자쿠(秋田雨雀), 후세 다쓰지(布施辰治), 이북만(李北滿) 등도 연구소원으로 활동하였다.

신흥교육연구소는 1932년 1월 코프 곧 일본프롤레타리아문화연맹(日本プロレタリア文化聯盟)으로 발전적으로 해소하기로 결정하는 등 당시 일본에서 전개되던 프롤레타리아 문화운동의 일익을 맡고 있었다.

『신흥교육』은 "교육자는 교육 노동자여야만 한다"는 신흥교육연구소의 창립 정신에 입각하여 프롤레타리아 교육운동과 관련된 다양한 글을 게재하고 있었다. 그 중요한 특징은 다음과 같이 요약된다.

가장 중요한 것은 교육 노동운동 및 교육 연구운동의 방침을 보여 주고, 그것의 이론적, 실천적 검토에 관한 글을 게재하고 있었다는 점이다.

대표적인 보기로 창간호에 실린 신흥교육연구소 창립 선언, 1930년 11월호에 실린 신흥교육연구소 조직 방침, 1931년 3월호와 5월호에 실린 「신흥교육연구소의 목적과 임무에 대하여(新興教育研究所の目的·任務について)」 등을 들 수 있다.

두 번째는 교육 노동자의 계급적 지위와 교육 투쟁의 과제에 대하여 구명하는 글을 게재하고 있었다는 점이다.

「일본에서의 교육 노동자 조합에 대하여(日本に於ける教育勞働者組合に就いての)」(1930.11), 「일반 사용인층의 계급 분석 및 그 역사적 전망(一般使用人層の階級分析及びその歷史的展望)」(1931.8), 야마시타 도쿠지의 「신흥 교육의 건설로(新興教育の建設へ)」(1930.9), 하라 데쓰오(原哲夫)의 「교원 봉급 미지급 및 기타 일체 의무교육비의 자본주의 국가 전액 부담운동(教員俸給不拂竝びにその他一切義務教育費の資本主義國家全額負擔運動)」(이상 1932.3) 등이 여기에 해당한다.

마지막으로는 국가주의적 교육 또는 반동적 부르주아 교육을 비판하는 데도 전력을 기울였다는 점이다.

그 가운데서도 나가이 스스무(長井進)의 「산업 합리화와 청년운동(産業合理化と青年運動)」(1930.9), 야마시타 도쿠지의 「부르주아 교육의 비현실성(ブルジョア教育の非現實性)」, 고바야시 다케오의 「직업 지도 운동 비판(職業指導運動批判)」(1930.10), 야마시타 도쿠지의 「교육계의 경제적 위기(教育界の經濟的危機)」, 아사노 겐신의 「향토 교육의 반동성(鄕土教育の反動性)」(이상 1930.12), 후세 다쓰지의 「제59의회의 문교 개혁과 의무 교육비 국고 부담의 토의(第五十九議會に於ける文教改革·義務教育費國庫負擔の討議)」(1931.1), 다베 규(田部久)의 「글쓰기에서 생활 지도의 문제(綴方における生活指導の問題)」(1931.2), 아사노 겐신의 「부르주아지는 왜 학제 개혁을 하는가(ブルジョアは何故學制改革をするか)」, 모리타 사부로의 「결식 아동 문제(缺食兒童問題)」(1932.4) 등이 주목된다.

이 밖에도 『신흥교육』은 국제적인 운동의 경험, 일본 각 지역에서의 경험, 현장 교사의 선진적인 교육 실천, 반제 평화 교육의 실천, 새로운 교육 방법과 교재 등을 소개하는 글도 게재하였다. 그 핵심은 진보적 교육이라는 한 마디로 압축될 수 있다. (이준식)

참고문헌

『新興教育』(復製版), 白石書店, 1975; 黒滝チカラ 外編, 『日本教育運動史 2: 昭和初期の教育運動』, 三一書房, 1960; 菅忠道, 海老原治善 編, 『日本教育運動史3 戦時下の教育運動』, 三一書房, 1960; 坂元忠芳·柿沼肇 編, 『近代日本教育論集 2: 社會運動と教育』, 国土社, 1969; 小原國芳 編, 『日本新敎育百年史』 第1卷, 玉川大學出版部, 1970; 勞働運動史研究會 編, 『教育勞働運動の歴史』, 勞働旬報社, 1970; 渡部徹 編, 『1930年代日本共産主義運動史論』, 三一書房, 1981; 柿沼肇, 『新興教育運動の研究, 1930年代のプロレタリア教育運動』, ミネルヴァ書房, 1981.

신흥시대(新興時代)

1931년 서울에서 발행된 종합월간지

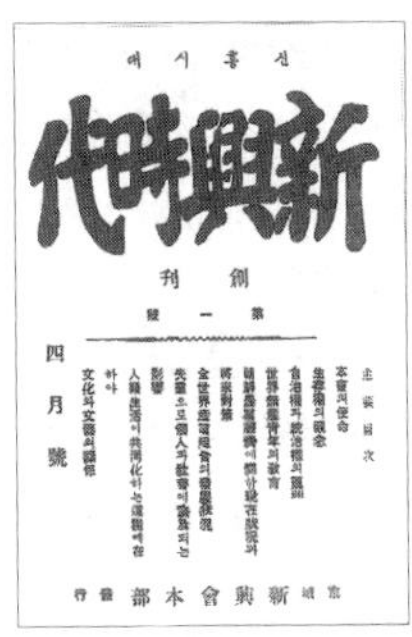

1931년 4월 1일 신흥회(新興會)에서 창간했다. 현재 창간호만 확인할 수 있다. 편집 겸 발행인은 김형진(金衡鎭), 인쇄인은 선광인쇄 주식회사의 조진주(趙鎭周), 발행소는 신흥회(경성부 다옥동[지금의 다동] 109)이다. 판형은 A5 국판으로 총 69쪽이었으며 정가는 20전이었다.
서울대에 창간호가 소장되어 있다.

창간호 말미의 「신흥시대 간행에 관한 사항」에서는 "오인(吾人) 생존권을 보장함에 기(基)하여 과거의 형식적 용의(冗儀)와 계급적 편견을 일소하고 오인 인류생활에 필요불가결할 지적 욕구와 물적 이용과 의적(意的) 권능에 관한 것을 학설 또는 실제적으로 이를 무도선전(務圖宣傳)하여 일반의 보익(補益)이 있도록 기(期)"함에 잡지의 사명이 있다고 창간의 취지를 밝히고 있다. 논설과 논문이 대부분을 차지하고 있으며, 이밖에 국내외 정세 기사, 신흥회 관련 기사 등을 싣고 있다. 창간호는 박헌용(朴憲用)의 「생존권의 개념」, 강영철(康永喆)의 「자치권과 통치권의 구별」, 박중화(朴重華)의 「세계무산청년의 교육」, 박중화(朴重華)의 「조선농업경제에 관한 현재상황과 장래대책」, 김형진(金衡鎭)의 「전세계산업조합의 발전상황」, 홍원표(洪元杓)의 「실업으로 개인과 사회에 파급되는 영향」 등 민족의 생존권을 보존하기 위하여 조합 설립과 인재 양성을 촉구하는 논설을 싣고 있으며, 「신흥소비조합 중앙총본부규약」, 「회의약초」, 「신흥회 취지서·강령·규칙」 등 신흥회 관련 자료를 싣고 있다.

『신흥시대』는 신흥회의 이념과 논리를 널리 알리는 데 주력하고 있다. 즉, 1930년대 초반 조합운동을 통하여 빈민구제와 피식민지 민족교육에 힘쓰고, 민족자본의 육성을 꾀하는 한편으로, 건전한 사회질서를 유지하는 등의 국내외 정세에 대처하려는 개량주의적 인식을 엿볼 수 있다.

신흥회와 홍원표

'신흥회'는 1931년 2월 '① 오인(吾人)의 생존권을 보장하여 민복(民福)의 증진을 기할 사. ② 교육의 완비를 촉진하여 민지(民智)의 향상을 기할 사. ③ 산업의 진흥을 장려하여 민력(民力)의 충실을 기할 사. ④ 사회의 풍화(風化)를 선미(善美)케 하여 민덕(民德)의 배양을 기할 사'를 목적으로 결성된 단체로, 경성실업전수학교를 인수하는 한편, 기관지 『신흥시대』를 발간하였다. '신흥회'의 결성은 그 당시 『동아일보』와 『조선일보』에도 실릴 정도로 유명했다고 한다. 공주 갑부 홍종협의 유언에 따라 손자 홍원표(洪元杓, 1930년 당시 29세)가 조부의 채권 3만 원을 전액 면제하고 설정된 저당권까지 말소하는 한편으로, 소작인 2000여 명에 대하여 소작인 1인에게 소작료 10말씩 총 1000여 석을 탕감해 준 다음, '신흥소비조합운동'을 전개하고 '경성실업전수학교'를 운영하였다. 홍원표는 잡지 첫장에 나온 프로필에 의하면, "약관(弱冠)에 장지(壯志)를 품고 동경에 유력(遊歷)한 후, 북으로 대륙을 밟아 중국 베이징대학에 이학하여 소지(素志)를 달성하고 돌아와서는, 항상 우리 사회를 위하여 공공(公共)사업에 뜻을 두고 있었다"고 전해진다. '신흥회'가 자신의 자금으로 세워진 단체임에도 불구하고 홍원표는 발기인의 한 사람으로 참여하고 전면에 나서지 않았음을 1931년 2월 6일 오후 3시에 남대문통 '식도원(食道園)'에서 열린 신흥회 창립총회 '회록'을 보면 알 수 있다. 그 회의에서 김형진(金衡鎭), 박중화(朴重華), 이풍재(李豊載), 박충식(朴忠植), 임경호(林敬鎬), 윤동섭(尹同燮) 등의 5인을 집행위원으로 뽑고 집행위원장에 김형진을 선출했다. 그런데 '신흥회'는 회장이 없이 집행위원장이 회를 대표하는 규약으로 운영되었다. 아마도 홍원표는 경성실업전수학교 운영에 힘을 더 쏟지 않았나 싶다. (전상기)

참고문헌

김근수, 『한국잡지사연구』, 한국학연구소, 2004; 최덕교 편저, 『한국잡지백년』 2, 현암사, 2004.

▌신흥영화(新興映畵)

1932년 서울에서 창간된 월간 문예지

1932년 6월 1일 신흥영화사(新興映畵社)에서 창간했다. 현재 창간호만 확인할 수 있다. 편집 겸 발행인은 마춘서(馬春曙), 발행소는 '신흥영화사(경성부 인사동 98)이다. 창간호는 A5 국판이며 총 60쪽이었다. 주간은 발행인인 마춘서(馬春曙)가 담당했다. 창간호는 서울대, 연세대, 고려대에 각각 소장되어 있다.

창간호의 「창간사를 대(代)하여」에 따르면 "예술은 인간의 진생활(眞生活)을 속임 없이 표현하는 것이며, 그 시대의 그 인물의 사상을 발현하며 생활을 증명하는 콤파스다 …… 이같이 인간생활에 만반 사실을 그대로 발현하고 그대로 소개하는 반면에 작일에 무미(無味)하던 생활을 금일에는 감미(甘味)가 나도록 다시 말하면 불영양적이던 것을 영양적으로 지도"하는 데 창간의 목적이 있다고 밝히고 있다.

잡지의 내용을 보면, 논설과 논문, 강좌, 상식, 콩트, 수필, 일기, 문예창작 등으로 구성되어 있다. 창간호는 현철(玄哲)의 「조선신극계(新劇界)의 회고와 전망」, 현철(金曉星)의 「싸베트의 토-키이론」, 유치진(柳致眞)의 「연극의 대중성」, 나태영(羅泰榮)의 「영화와 표현」, 홍해성(洪海星)의 「희극론」 등 연극·영화 관련 논설과 논문을 비롯하여 영화극과 강의 노트인 「영화강좌 영화극배우술」도 실려 있다. 이 밖에 무우생(無憂生)의 「'검찰관'을 보고」 같은 연극평과 나웅(羅雄)의 「고향」 같은 시나리오도 싣고 있다.

『신흥영화』는 대중들의 열광적인 관심과 호응으로 영화가 상영되던 시기에 문예지를 민간 영화사에서 독자적으로 발간했다는 의미를 갖는다. 영화를 직접 제작하고 발표하는 영화사에서 영화에 관한 것만이 아니라, 연극과 문예물을 다룬다는 것은 그만큼 대중들의 관심에 귀를 기울이고 대중들의 문화적 욕구에 부응하고자 했음을 알 수 있다. 이 잡지는 1930년대에 들어 여러 영화 잡지들이 발간되는 추세에서 연극·영화를 아우르고 여타의 문예물에까지 문호를 개방하여 더 좋은 영화적 자원을 마련하려 애쓴 영화사의 노력과 당시 도입된 연극·영화 이론 및 연극·영화계의 현황을 살펴볼 수 있다. (전상기)

참고문헌

최덕교 편저, 『한국잡지백년』 2, 현암사, 2004; 김미현 편, 『한국영화사』, 커뮤니케이션북스, 2006.

▌신흥영화(新興映畵)

1929년 창간된 일본프롤레타리아영화동맹의

준 기관지

1929년 9월에 창간되어 1930년 6월까지 모두 10호(1권 1호~2권 6호)가 발간된 영화 잡지이다. 발행처는 신흥영화사(新興映畵社), 발매처는 교세이가쿠(共生閣)이었다. 교세이가쿠은 레닌의 『경제학교정(經濟學敎程)』, 『고리키 전집』 외에도 프롤레타리아문학의 작품집을 출간하던 출판사였다. 신흥영화사도 사실상 교세이가쿠 안에 있었다.

발행 편집 겸 인쇄인은 1권 3호까지 나카지마 마코토(中島信), 1권 4호부터 2권 2호까지 니시무라 마사미(西村正美), 2권 3호 이후 다바 가즈오(田葉一雄)였지만, 실질적인 편집 책임자는 프로키노(プロキノ)곧 일본프롤레타리아영화동맹(日本プロレタリア映畵同盟) 초대 중앙집행위원장이던 이토 히카루(伊東光)를 비롯하여 무라야마 도모요시(村山知義), 이와사키 아키라(岩崎昶)의 세 사람이었고 이 밖에도 편집원으로 우에다 이사무(上田勇), 기시 마쓰오(岸松雄), 삿사 겐주(佐佐元十), 기타가와 데쓰오(北川鐵夫=기타가와 후유히코[北川冬彦]), 다키다 이즈루(滝田出), 마쓰자키 게이지(松崎啓次) 등 프로키노의 구성원들이 참여하고 있었다.

여기에 무라야마 도모요시 외에 극장동맹, 작가동맹의 아키타 우자쿠(秋田雨雀), 센다 고레야(千田是也), 기시 야마지(貴司山治) 등이 잡지의 간행에 협력하고 있었다. 곧 1920년대 말과 1930년대 초에 일본 좌익 영화운동에서 활동하던 인물들이 힘을 합하여 만든 잡지인 것이다. 『신흥영화』는 1930년 8월부터 프로키노의 순수 기관지 『프롤레타리아 영화(プロレタリア映畵)』로 발전적으로 해소되었다.

『신흥영화』는 처음부터 프로키노의 외곽 잡지 내지는 준기관지로 창간되었다. 실제로 잡지의 편집은 프로키노의 구성원들에 의하여 이루어지고 있었다. 프로키노는 나프 곧 전일본무산자예술단체협의회(全日本無産者藝術團體協議會)의 지도 아래 1929년 2월 2일 "① 프롤레타리아 영화 생산 발표를 위해 싸운다, ② 일체의 반동적 영화의 비판 극복을 위해 싸운다, ③ 영화에 가해지는 정치적 억압 철폐를 위해 싸운다"라는 강령 아래 조직되었다.

이러한 강령은 이전에 『영화해방(映畵解放)』과 『영화공장(映畵工場)』이라는 기관지에 기반을 두고 비평 위주의 활동을 벌이던 일본프롤레타리아영화연맹)의 노선에 대한 비판이라는 의미도 갖고 있었다.

『신흥영화』의 내용은 좌익적 영화인의 대동단결에 의한 프롤레타리아 영화운동의 출발이라는 의미를 갖는다. 나카지마 마코토에 이어 형식적으로 잡지의 책임을 맡고 있던 니시무라 마사미나 다바 가즈오는 프로키노의 구성원이 아니었다. 그렇기 때문에 『신흥영화』는 프로키노의 기관지라기보다는 준기관지로서 광범위한 좌익 영화인을 결집시킨 대중적 영화운동 잡지로서의 성격을 갖는다고 할 수 있다.

『신흥영화』에서 우선 눈에 띄는 특징은 무라야마가 만든 표지가 참신하다는 점이다. 여기에 그라비아와 사진 이야기 등을 통한 외국 영화 특히 소련 영화의 소개, 외국 영화 이론의 소개와 번역, '국제영화'란, 창작 시나리오의 게재, 또한 촬영소와 상설관 종업원의 내부 고발, 검열제도의 고발 등에 편집의 특징이 있었다. 아울러 당시 일본의 식민지이던 조선 등의 영화계 상황과 영화운동도 자주 소개하였다.

그러면서도 때마침 "도회교향악(都會交響樂)"(미조구치 겐지[溝口健二] 감독의 1929년 작품), "우산 검법(傘張劍法)"(쓰지 기치로[辻吉郞] 감독의 1929년 작품), "땀(汗)"(우치다 도무[內田土夢] 감독의 1930년 작품), "유신 암류사(維新暗流史)"(쓰지 기치로 감독의 1930년 작품), "무엇이 그녀를 그렇게 하였는가(何が彼女をそうさせたか)"(스즈키 주키치[鈴木重吉] 감독의 1930년 작품) 등 기성 영화 촬영소에서 이른바 '경향영화(傾向映畵)', 곧 좌익적 색채를 띤 영화가 계속 제작되었기 때문에 『신흥영화』는 이러한 영화들을 비평하는 데 전력을 기울이고 있었다.

이와 같이 『신흥영화』를 통한 비평이 활동의 중심에 놓이는 데 반해 프로키노가 직접 영화를 제작하고 상영하는 활동이 침체 상태에 빠지자 조직 내부에서 『신흥영화』에 대하여 '리버럴리스트와의 공동' 작업 때문에 '소시민적 경향'을 띠게 되었다고 비판하는 분위기가 형성되기 시작하였다.

1930년 4월에 열린 제2회 프로키노 전국 대회에서 "프롤레타리아 영화를 공장 농촌으로!"라는 구호 아래 제작과 상영을 활동의 중심으로 삼는다는 방침이 정해짐에 따라 결국 『신흥영화』는 1930년 6월 2권 6호를 종간호로 발간하게 되었다. (이준식)

참고문헌

プロキノを記録する會 編, 『日本社會主義文化運動資料 昭和初期左翼映畵雜誌, 1~3 新興映畵』(復刻板), 戰旗復刻版刊行會, 1981; プロキノを記録する會 編, 並木晋 作, 『日本プロレタリア映畵同盟(プロキノ) 全史』, 合同出版, 1986; 牧野守, 「日本プロレタリア映畵同盟(プロキノ)の創立過程についての考察」, 『映像學』 27호, 1983.

신흥예술(新興藝術)

1932년 서울에서 창간된 문예지

1932년 5월 1일 창간되었다. 문일(文一), 현훈(玄勳), 김인규(金寅圭) 등이 발기하였으며, 발행처는 신흥예술사(서울 서대문동 1가 7번지)였다. 정가는 15전이었다.

문일(文一), 현훈(玄勳), 김인규(金寅圭) 등은 조선의 신흥예술, 특히 영화계(映畵界)와 극계(劇界)의 발전을 위하여 1932년 3월 25일, 서대문정(西大門町) 1정목 7번지에 모여 신흥예술사(新興藝術社)를 창립하였다.

신흥예술사가 창립 후 행한 첫 사업은 월간지 『신흥예술』을 발행한 일이었다. 『신흥예술』은 영화, 연극, 무용, 미술, 문예를 모두 망라하는 '종합잡지'를 표방하였다.

창간호의 필자는 김유영(金幽影), 서광제(徐光霽), 이효석(李孝石), 홍해성(洪海星), 윤백남(尹白南), 안석영(安夕影), 석일량(石一良), 심훈(沈熏), 김영팔(金永八), 유도순(劉道順), 안종화(安鍾和), 최정희(崔貞熙) 이경손(李慶孫) 윤봉춘(尹逢春), 김대균(金大均), 나웅(羅雄), 문일(文一), 현훈(玄勳), 김인규(金寅圭), 함춘하(咸春霞) 등이었다.

당시 창간호에 실렸던 글의 목차를 모두 확인할 수는 없지만, 『동아일보』 1932년 5월 14일자 신문기사에 따르면 「쏘베트 영화예술의 오개년 계획」, 「발성영화는 왜 소리가 나는가」 등의 글이 실렸음을 알 수 있다.

『신흥예술』은 창간(1932.5)되기 이미 한 달 전부터 『동아일보』나 『중앙일보』 등의 신문기사를 통해서 창간 소식이 전해졌다. 또한 기사 중에는 독자의 투고를 공모하고, 지사(支社)도 모집한다는 내용도 포함되어 있다. 이는 당시 국내에서 영화나 연극 등의 예술 사업이 큰 주목을 받고 있었으며, 이에 따른 관심과 기대가 많았다는 사실도 짐작해 볼 수 있는 근거가 될 수 있다고 본다. (이한울)

참고문헌

「신흥예술창간 영화와 극중심의 잡지 오월일일부터 발행, 금인규 현훈 문일씨 중심으로 시내서대문정서」, 『동아일보』 1932.4.1; 「신흥예술(창간호)이십칠일경출래」, 『동아일보』 1932.4.27; 「신흥예술(창간호); 신흥예술사발행」, 『동아일보』 1932.5.14; 「신흥예술 창간」, 『중앙일보』 1932.4.2; 최덕교 편저, 『한국잡지백년』 2, 현암사, 2004.

신흥조선(新興朝鮮)

1933년 서울에서 발행된 시사종합 월간지

1933년 10월 1일 조선물산장려회(朝鮮物産奬勵會)에서 창간한 시사종합 월간지이다. 1934년 1월 통권 3호로 종간되었다. 판형은 B5판으로 60쪽 내외이며 정가는 15전이다. 편집 겸 발행인은 '조선물산장려회'

회장인 이인(李仁), 인쇄인은 대동인쇄소의 김종협(金鍾協) 발행소는 조선물산장려회 내의 신흥조선사(新興朝鮮社, 경성부 수표동 42)에서 발행하였다. 고려대, 서울대, 연세대, 그리고 국회도서관에 각각 소장되어 있다.

창간호의 「창간사」에서는 "사람의 생활이 사회적인 동시에 민족적 국가적 관계를 가진 이상 전세계적으로 모든 것이 바야흐로 역사적 전환기에 직면하였을 뿐 아니라 따라서 그 급박한 상세(狀勢)와 험악한 공기에 있는 우리로서 대내적으로 그 자신을 성찰함과 대외적으로 급각도로 추이되는 우내대세(宇內大勢)를 인식함이 자못 긴급한 대무(大務)일 것이다. 이에 우리의 경제적 자활을 도모"하고자 한다고 재발간의 취지를 밝히고 있다.

전체적인 내용은 논설과 논문, 경제 분석, 사화(史話), 야담, 전설, 전기, 상식, 문예창작 등 다양한 분야의 글로 구성되어 있다. 창간호는 서춘(徐椿)의 「블럭의 의의와 그 영향」, 이인(李仁)의 「현행 법률의 중대변화」, 김도연(金度演)의 「공업 발달과 기업가」, 김홍희(金鴻熙)의 「빈민문제의 기본개념」 등 대공황 이후 사회의 전반적인 변화를 조망하는 논설과 논문을 싣고 있으며, 이종린(李鍾麟)의 「조선물산장려운동의 십년」, 이만규(李萬珪)의 「물산장려에 대하여」 등 물산장려운동과 관련된 글도 싣고 있다.

'조선물산장려회'의 기관지로 재발간된 『신흥조선』은 1920년대 초반 시작된 물산장려운동의 현황과 쇠퇴를 보여 주는 동시에, 1930년대 초반 민족주의 계열 인물들의 시대 인식을 잘 보여준다.

• 이인(1896~1979)과 조선물산장려회

이인은 변호사로서, 허헌(許憲) 김병로(金炳魯)와 함께 항일독립운동가들이 일제에 투쟁하다 검거되어 사회적 반향이 큰 사건이 터질 때마다 민족의 입장에서 변론을 전개하여 당시 조선 사회에서 크게 신망을 받던 인물이다.

'조선물산장려회'에서는 1923년 11월 기관지 『산업계』를 발간한 이래 『자활(自活)』, 『조선물산장려회보(朝鮮物産獎勵會報)』, 『장산(獎産)』, 『신조선(新朝鮮)』 등으로 제호를 바꾸어 발간해 오다가 재정 곤란으로 『신조선』의 발간이 중단되자 1933년 10월에 다시 제호를 바꾸어 『신흥조선』을 발간하였다. (전상기)

참고문헌

김근수, 『한국잡지사연구』, 한국학연구소, 2004; 최덕교 편저, 『한국잡지백년』 2, 현암사, 2004.

신흥희곡(新興戲曲)

1931년 일본에서 창간된 연극 잡지

1931년 1월 창간되어 1932년 6월까지 모두 18호가 간행되었다. 편집 발행인은 오쿠마 도시오(大隈俊雄)였고 발행처는 신흥희곡사(新興戲曲社)였다.

『신흥희곡』은 전신인 『무대희곡(舞臺戲曲)』과 같은 취지에서 상연 희곡의 소개를 목적으로 하고 있었다. 그렇지만 오쿠마 도시오 혼자 편집을 맡았기 때문에 『무대희곡』보다는 예술적 색채가 짙다는 특징을 갖고 있었다.

게재된 주요 희곡에는 무라야마 도모요시(村山知義)의 「시에츠베린 사건(シェツベリン事件)」(1931.1), 도쿠다 기지(德田戲二)의 희곡 「다링 하우스(タリン・ハウス)」(1931.10), 가네코 요분(金子洋文)의 「아키타 명물 쓰쿠다니 행상(秋田名物佃煮行商)」(1932.3) 등이 있다.

특히 1932년 6월호에는 하야시 야와라(林和)의 「오토모 부자(大友父子)」가 실려 있어 주목된다. 『무대희곡』과 함께 『신흥희곡』은 연극 대본을 충실하게 재록하고 있다는 점에서 귀중하다. (이준식)

참고문헌

日本近代文學館·小田切進 編, 『日本近代文學大事典』 第5卷, 講談社, 1977; 『日本出版百年史年表』, 日本書籍出版協會, 1968.

실생활(實生活)

1931년 서울에서 발행된 시사 종합 월간지

1931년 8월 10일 장산사(奬産社)에서 창간한 월간지이다. 2호가 1931년 9월에 발간되고 3호(1931.10)는 『신조선(新朝鮮)』 합병호로 통권을 2권 9호로 지정한 다음, 『신흥조선』 통권 3권을 발간하고 난 한참 뒤에 다시 속간하는 우여곡절을 거친다. 즉, 통권 10권 11호(1938.11)로 속간되어 1941년 1월호까지 나온다. 그 후에 이어졌는지는 확인되지 않고 있다. 편집 겸 발행인은 정세권(鄭世權), 발행소는 장산사에서 발행하였다. 창간호는 A5 국판으로 총 47쪽이다.
고려대와 연세대, 서울대, 그리고 국회도서관에 각각 소장되어 있다.

창간호의 유광렬(柳光烈)의 「실생활 창간의 의의」에서는 "실생활은 공리공론을 떠난 생활이다"라고 규정하고, 조선시대 들어 공리공론으로 열패자가 된 역사를 설명하고 난 뒤, "오직 실력을 양성함에 있다. …… 『실생활』지는 조선 중심의 특수한 생활양식과 조선 중심의 특수한 산업기술을 고조하며 공리공론을 배제하고 우리 실생활 향상의 일조가 되려 함"이라고 창간의 의미를 밝히고 있다.

농업의 다각적 과학적 경영, 공산품의 이화(理化), 상공업가와의 연락, 일반적 생활의 개신 등을 방침으로 삼고 있으며, 논설, 교양상식, 시대상, 문예 창작 등으로 구성되어 있다.

창간호는 정세권의 「성공의 본도」, 김수준(金繡準)의 「소비조합의 진흥을 촉(促)함」, 이종갑(李鍾甲)의 「경제의 파멸에 직면하여 실업 교육의 충실을 절규함」, 박영도(朴英道)의 「사회상의 추악화」 등 자기본위에서 벗어나 실업 교육 및 산업 진흥에 주력할 것을 촉구하는 논설을 싣고 있다. 그리고 실생활의 측면에서 가정과 건강에 대한 상식도 소개하고 있다.

정치색을 배제하고 실제적인 생활의 개량을 추구하는 『실생활』은 30년대 초반 사회문제 및 상공업, 교육에 대한 개량주의적 인식을 보여준다. 비록 '조선물산장려회'와는 발행인과 발행소가 다른 잡지를 발간했다 하더라도 기본적으로 잡지 발간의 목적과 의도는 민족주의 계열의 생활개선운동과 동일한 맥락의 논조를 보여 주고 있다 하겠다.

조선물산장려회(朝鮮物産奬勵會)와 기관지 발행

1920년과 1923년 평양과 경성에서 각각 조직된 국산품 장려 민족운동단체이다. 설립목적은 민족자본 육성, 경제적 자립이었으며, 주요활동 외래품 배척, 국산품 애용, 금연·금주운동 및 기관지 발행이었다.

1920년 평양에서 조만식(曺晩植)·김동원(金東元)·오윤선(吳胤善)·김보애(金寶愛) 등 70명이 발기하여 민족자본을 육성하고 경제적 자립을 도모한다는 목적으로 결성하였다. 1907년 국채보상운동 이후 두 번째로 일어난 범민족적 경제 살리기 운동이었으며 남녀노소, 빈부계층을 가리지 않았다.

국산품 장려, 소비절약, 금연·금주 등의 운동을 벌여 전국적인 호응을 얻자 1923년 1월 9일 유진태(兪鎭泰)·이종린(李鍾麟)·백관수(白寬洙) 등 20여 단체의 대표들이 경성에 모여 조선물산장려회 발기준비위원회를 구성한 후 20일 서울 낙원동 협성학교(協成學校)에서 창립총회를 개최, 조선물산장려회를 조직하였다.

집행기관으로 이사회를 두고 그 아래 경리부·조사부·선전부를 설치하였으며, 회의 실무를 계획·집행하는 상무이사를 두는 한편, 이사장에는 유성준(兪成濬)이 선출되었다. 본부를 경성 견지동(堅志洞)에 두고 각 지방에 분회를 설치하였으며 강연회 개최, 가두시위, 기관지 발행 등을 통하여 대중에게 외래품 배척과 경제적 자립의 필요성을 인식시키는 일대 민족운동을 전개하였다.

운동 주동자들은 말총모자, 무명 두루마기 차림으로 전국을 누비면서 음식이나 일용품은 토산품을 애용할 것을 결의하였다. 그러나 이 운동은 조선인들로부터 열렬한 호응을 얻었음에도 1년이 채 안 되어 시들해졌다. 토산품 가격의 폭등으로 서민들이 손해를 보았을 뿐만 아니라 무산계급과 관계없는 유산계급을 옹호하는 운동이라고 사회주의자들로부터 비판받았기 때문이다.

그 후 활동방향을 전환하여 소비조합 조직, 조선물산진열관 설립, 조선물산품평회 등 새로운 사업을 모색하였으나 실현하지 못하고 침체되었다. 그럼에도 기관지 발행사업은 활발하여 『산업계』, 『자활』, 『조선물산장려회보』, 『장산(奬産)』, 『실생활』 등을 발간하였다.

조만식·명제세(明濟世)·김성준(金星濬) 등이 10여 년을 이끌어오다가 1934년부터 재정난을 겪기 시작하면서 일제의 탄압과 좌파의 책동으로 1940년 조선총독부에 의해 해산되었다. (전상기)

참고문헌

윤해동, 「일제하 물산장려운동의 배경과 그 이념」, 서울대 국사학과, 『한국사론』 27, 1992; 김근수, 『한국잡지사연구』, 한국학연구소, 2004.

▌실업(實業)

1927년 서울에서 발행된 실업계 월간지

통권 제1호로 종간되었다. 편집 겸 발행인은 민걸(閔杰)로 실업사에서 발행하였다. 창간호는 A5판 28쪽이다. 연세대학교에 소장되어 있다.

1927년 4월 민걸, 최양준(崔養俊), 홍한표(洪漢杓) 등은 실업사를 설립하는데, 실업사는 삼공실업사(三共實業社)에서 분리한 것으로서, 양봉(養蜂)의 보급에 주력한 단체이다. 실업사는 양봉 장려와 양봉기술 보급을 위하여 기관지 격으로 『실업』을 발간하였다.

창간호의 「권두언」에서는 "우리는 모든 일이 이론에 그치고 실행이 부족한 까닭이다. 우리는 다만 애상적 비명의 소리만 낼 것이 아니라 좀 더 힘 있게 실제로 노력하자. 더욱이 자멸(自滅)의 비경(悲境)에 궁박한 경제를 힘써 만회하자"라고 발간의 취지를 밝히고 있다.

창간호에는 최양준(崔養俊)의 「조선의 지식문제」, 민걸(閔杰)의 「우리는 어떻게 살까」, 길윤식(吉潤植)의 「경제의 안목으로 본 농촌부업」, 박도순(朴道順)의 「우리 여성은 각오하라」, 최림(崔林)의 「근로와 인내는 성공의 기초」 등 농가 부업으로서 양봉의 필요성과 중요성을 소개하고 양봉 장려를 촉구하는 논설이 중심이며, 이 밖에 양봉기술 소개, 양봉에 대한 경험담, 양봉상황, 양봉에 대한 질의응답 등을 싣고 있다.

『실업』은 사상성이나 계몽성을 주창하는 것을 넘어서, 구체적인 농촌 현실에 대한 관심에서 출발하고 있고, 한편으로는 농가 부업으로서 양봉을 소개, 보급하는 데 그 목적이 있었다. 그리하여 당시 농촌의 양봉기술과 양봉 실태를 엿볼 수 있는 자료라는 점이 이 잡지의 주요 의의이다. (이경돈)

참고문헌

『실업』, 창간호, 1927년 6월(연세대학교 소장본); 김근수, 『한국잡지개관 및 호별목차집』, 영신아카데미 한국학연구소, 1973.

▌실업지세계(實業之世界)

1908년 일본에서 발행된 경제 잡지

1908년 실업지세계사(實業之世界社)가 발행한 정치산업경제 잡지이다. 전신은 1905년 11월 3일 창간된 『미타상업계(三田商業界)』였다. 이 잡지의 5권 1호를 『실업지세계』라고 제호를 변경하고 1908년 5월 1일 발행되었다.

실업지세계는 잠시 월 2회 발행이 된 적도 있었지만, 창단 당시부터 월간으로 발행되었다. 창간호의 발행부수는 1만 부였다. 1968년에 65권 8호부터 제호를 『실업의 세계(實業の世界)』로 변경하여 발행 중이다.

『실업지세계』는 러일전쟁 이후 전개된 일본의 산업경제 성장과 함께 발전한 정치산업경제 잡지이다. 잡지의 성격에는 창간 당시부터 오랫동안 발행 겸 편집인을 맡았던 노요리 슈이치(野依秀一)의 강렬한 개성이 반영되어 있다.

실업지세계는 황실중심주의를 기본 논조로 삼았으며, 오쿠마 시게노부(大畏重信)와 시부사와 에이이치(渋沢栄一)를 통해 일본 경제계, 특히 재정과 재계에 관한 다수의 글을 게재하였다.

실업지세계는 1910년 도쿄(東京)의 전등사용료

30% 인하를 주장하면서 세간에 주목을 받기 시작하였다. 또한 세간이 놀랄 만한 기획으로 재·정계의 개인과 회사의 비리를 공격하고 그 이면을 폭로하였다.

1920년대 후반에는 『아사히신문(朝日新聞)』에 대한 공격을 지속하였다. 1932년 8월 10일 창간된 『데이코쿠니치니치신문(帝國日日新聞)』과는 자매지가 되었다. 『실업지세계』와 『데이코쿠니치니치신문』에는 미야케 세쓰레이(三宅雪嶺)의 청에 따라 노요리 슈이치가 글을 집필하였다.

2차 세계대전 이전과 전쟁기에 『실업지세계』와 『데이코쿠니치니치신문』에는 구 학생운동가와 구 마르크스주자들이 편집자로 취임하기도 하였다. 이로 인해 단순한 폭로잡지의 성격을 넘어서려는 노력이 진행되기도 하였다.

1968년 3월 노요리 슈이치가 죽음에 따라, 같은 해 9월 발행사 이름을 실업지세계사에서 실업의 세계사(實業の世界社)로 변경하였다. 잡지 제호도 같은 해 제8호부터 『실업의 세계』로 변경하였다. (문영주)

참고문헌

杉原四郎 編, 『日本経済雑誌の源流』, 有斐閣, 1990; 杉原四郎 著, 『日本の経済雑誌』, 日本経済評論社, 1987.

▌실업지일본(實業之日本)

1897년 일본에서 발행된 경제 잡지

1897년 6월 10일 창간된 실업잡지이다. 1895년 5월 일본 실업의 발전 진흥을 도모할 목적으로 미쓰오카 이이치로(光岡威一郎)가 설립한 일본실업학회에서 발행하였다. 발행부수는 창간 당시에는 3000부, 1927년에는 6만 부, 1983년 55만 부였다.

『실업지일본』의 창간 당시 편집은 『요미우리신문(讀賣新聞)』 경제부 기자였던 마시타 요시이치(增田義一)가 담당했다. 1900년 5월 미쓰오카 이이치로에게 경영 일체를 양도받은 마시타 요시이치는 신문사를 퇴직하고 실업지일본사(實業之日本社)를 설립하였다. 그는 실업지일본사의 사장 겸 주필로서 경영에 전념하였다.

이후 『실업지일본』은 일본 실업가의 성공을 도모하는 것을 목적으로 발행되었다. 이러한 발행 목적은 일본 자본주의의 발전에 적응한 것으로, 잡지는 순조로운 발전을 거듭하였다.

1909년 1월 니토베 이나조(新渡戶稻造)가 편집고문에 취임하였다. 또한 도쿠라 요시이치(都倉義一)·나가타 신노조(永田新之允)·이시이 이사무(石井勇)·구리하라 시치조(栗原七藏) 등이 재직하여 잡지 발전에 기여했다.

1964년 7월 1일과 15일 발행된 합병호인 제67권 13호부터 『실업의 일본(實業の日本)』으로 제호가 변경되었다. 결호가 있지만 대부분이 국립국회도서관에 소장되어 있다.

자매지로 『부인세계(婦人世界)』(1906년 1월 창간~1931년 10월 폐간), 『일본소년(日本少年)』(1906년 1월 창간~1938년 10월 폐간), 『소녀의 벗(少女の友)』(1909년 2월 창간~1955년 6월 폐간) 등이 발행되어 동시에 호평을 받았다. (문영주)

참고문헌

杉原四郎 編, 『日本経済雑誌の源流』, 有斐閣, 1990; 杉原四郎 著, 『日本の経済雑誌』, 日本経済評論社, 1987.

▌실업지조선(實業之朝鮮)

1919년 군산에서 일본어로 발간된 종합잡지

1919년 8월에 군산상업회의소 부회두이자 군산상공조합장인 우시오 쇼이치(牛尾正一)가 창간하였으며, 일본어로 된 월간 경제 관련 종합잡지이다. 1926년 12월 우시오는 군산일보 사장 마쓰오카(松岡琢磨)에게 실업지조선사의 경영권을 양도하였다.
1921년 7~12월, 1922년 1~6일, 1926년 7~12월, 1928년 9~12월, 1939년 3~5월, 7~11월, 1940년 3, 5, 7, 9월호가 서울대도서관 경제문고에 소장되어 있다.

1921, 1922년 발간분에는 1차 세계대전 전후 일본 경제의 불황 및 일본 경제의 전망, 중국과의 관계 변화 특히 산둥반도(山東半島)문제에 관한 기사가 많은 지면을 차지하고 있다. 태평양군축회의와 관련한 기사 및 일본으로의 미곡 이출과 관련한 문제, 일본 미곡대회 관련 기사, 미곡 운반과 관련한 사설철도 문제, 농업 대출과 관련한 금융문제 등에도 많은 관심을 기울이고 있다.

1926년과 1928년에는 부협의회 의원 선거, 일본 천황의 즉위식 등과 관련한 시사 보고 기사가 주요 부분을 차지하고 있다. 하지만 역시 경제 관련 기사가 중심을 이루는데, 산미증식계획, 미곡거래소의 통폐합 문제, 농업창고, 미수 확고 예상, 토지개량사업 등 미곡의 생산 및 유통과 관련한 기사가 가장 많은 부분을 차지하고 있다. 이와 아울러 식림사업, 금 수출문제, 전기 관련 문제 등의 경제문제 일반에 대해서도 폭넓은 관심을 보여 주고 있다.

1939, 1940년에는 총동원정책과 관련한 문제가 대부분을 차지하는데, 그중에서도 내선일체론, 일본 정신과 국체론, 조선 교육계의 문제 등 시사적인 문제와 아울러, 만주 경제에 대한 문제, 통제경제정책과 관련한 문제, 통제경제하의 경제상황 등에 대해서도 많은 관심을 기울이고 있다. (윤해동)

참고문헌

『실업지조선』, 서울대도서관 경제문고 소장본.

실학보(實學報)

1897년 중국 상하이에서 창간된 시사종합신문

1897년 8월 28일 상하이(上海)에서 창간되었다. 주필은 왕런준(王仁俊)이며 장타이옌(章太炎)이 편집에 참여했다.
현재 1호 발행본부터 14호까지가 베이징사범대학도서관에 소장되어 있다.

주필 왕런준은 「실학보계(實學報啓)」를 통해 학문을 중시하되 명실상부한 실학문을 위주로 할 것과 다양한 지식을 여러 신문 매체로부터 선록하겠다는 뜻에서 『실학보』라 제호를 정했다고 설명하였다.

내용은 실학반의(實學半議), 실학통론(實學通論), 유지경기(諭旨敬紀), 장주회편(章奏匯篇) 등의 항목이 있으며, 외국신문들을 편집 번역하여 게재하였다.

창간 초기 집필을 맡았던 장타이옌의 「유도(儒道)」와 「유병(儒兵)」, 「유법(儒法)」, 「유묵(儒墨)」 등의 문장도 발표되었다.

또한 실학 중시를 표방하면서 새로운 정치에 대한 글들도 발표하였는데, 왕런준은 「실학평의(實學平議)」 중 「민주박의(民主駁議)」와 「개제벽유(改制辟謬)」 문장을 통해 캉유웨이(康有爲)와 량치차오(梁啓超)의 변법운동에 반대를 표명하였다. (김성남)

참고문헌

方漢奇 主編, 『中國新聞社業通史』, 中國人民大學出版社, 1996;
葉再生 著, 『中國近代現代出版通史』, 北京: 華文出版社, 2002.

실화(實話)

1930년 창간된 중국공산당의 기관지

『실화』는 두 종류의 판본이 있다. 하나는 상하이(上海)에서 출판된 것으로 1930년 10월부터 1931년 3월까지 발간되었다. 다른 하나는 중앙소비에트구에서 출판된 것으로 1932년 2월부터 1933년 2월까지 발간되었다. 우리가 현재 볼 수 있는 것은 단지 중공중앙이 1930년 10월 30일에 상하이에서 창간한 『실화』이다. 『실화』는 5일에 한 번씩 발행되었고 예약을 한 사람에게만 한정하여 배포했다. 현재 볼 수 있는 마지막 『실화』는 1931년 3월 5일에 출판된 제13호이다.

『실화』가 창간된 이유에 대해서는 창간호의 「『실화』 5일간의 임무(實話五日刊的任務)」에서 4개월 동안 홍기일보가 혁명투쟁에 관한 정확한 지시를 하고 당의 노선도 전달했지만 혁명 전략에 대한 토론과 당의 노선에 대한 연구가 적었기 때문이라고 하고 있다.

『실화』의 창간은 중국공산당 안의 '좌경모험주의'와 6계 3중전회와 직접 관련이 있다. 1930년 6월부터 9월 사이에 중국공산당 내에는 리리싼(李立三)을 대표로 하는 '좌경모험주의'의 잘못이 발생하였다. 1930년 6월 11일 리리싼은 중공중앙정치국회의를 개최하고 중국혁명의 정세, 성질과 임무 등에 대해 "좌경"적 주장을 제기하였으며 전국 각지에서 곧 봉기를 준비해야 한다고 요구했다. 곧 전국의 홍군은 중심도시를 공격하는 모험적 계획을 수립했다. 이러한 '좌경모험주의'의 잘못을 '리리싼노선'이라고 한다. 리리싼은 공산당에서 지도적 지위를 차지하고 공산당과 혁명에 큰 손실을 초래했다. 동시에 리리싼은 공산당 내의 일부 간부들의 제지를 받았으며 코민테른도 그를 비판했다.

1930년 9월 상하이에서 제6계 3중전회가 개최되어 리리싼의 '좌경모험주의'노선을 비판하고 전국적 봉기와 전국의 홍군을 집중하여 중심도시를 공격하는 모험적 행동을 정지시켜서 '리리싼노선'이 종결되었다. 이 1개월 후에 출판된 『실화』 창간호는 6계 3중전회 특집호였다. 이후의 각 기에는 리리싼의 '좌경모험주의'의 잘못을 비판하는 글이 많았다.

『실화』는 다음과 같은 명확한 입장을 가지고 있었다. ① 공산당의 정확한 노선을 전달하고 상세하게 해석을 하며, 각급 당부와 혁명단체에 공급하여 운용하도록 했다. 특히 중공중앙의 3중전회의 노선과 정신을 전달하고 해석하는 사명을 가지고 있었다. ② 공산당의 전략과 전술을 상세하게 연구하고 공작방법을 탐구하여 구체적 방안을 만들어 공산당원들에게 제공하는 것이었다. ③ 일반적으로 당면한 정치적 문제를 상세하게 토론하여 공산당의 노선과 전략을 일반 당원들이 잘 운용할 수 있게 하는 것이다. ④ 공산당의 입장에서 자아비판은 볼셰비키화의 유용한 무기로 부정확한 경향을 제거하여 노선투쟁의 임무를 달성하고 당원들의 잘못을 고치는 중요한 방법이라고 소개했다. ⑤ 각 지방의 공작경험과 교훈을 수집하여 전파하는 일을 했다. ⑥ 소련공산당의 중요 전략과 과거의 경험과 다른 국가의 프롤레타리아계급투쟁의 경험을 소개하는 것이었다. ⑦ 최후 간행본에는 토론란이 설치되어 각종 문제를 토론하여 수록했다.

현재 남아 있는 『실화』 13호의 글은 모두 60여 편이다. 『실화』에 수록된 글은 대체로 세 종류로 분류할 수 있다. ① 당 중앙의 결의·선언·통고·사론, ② 중국혁명과 관련된 코민테른의 문헌과 소련의 상황을 소개한 것, ③ 당의 노선과 방침, 정책 등 이론적인 글을 토론한 것이다. 주요 필자는 취추바이(瞿秋白), 왕자샹(王稼祥), 왕밍(王明), 장원톈(張聞天), 리웨이한(李維漢), 장궈타오(張國燾) 등이었다. 이 60여 편 가운데 반 이상이 '리리싼노선'을 직접 비판한 글이다.

'리리싼노선'을 비판한 글도 세 종류로 나누어 볼 수 있다. ① 중공중앙의 관련 결의와 코민테른의 관련 결의, 서신 등이다. 1호의 「중국문제결의안: 코민테른집행위원회 정치 비서처(中國問題決議案: 共產國際執委會政治秘書處)」, 「정치상황과 당의 총임무 결의안: 중공중앙확대 3중전회에서 코민테른결의안을 접수한 결의(政治狀況和黨的總任務決議案: 中共中央擴大的三中全會接受共產國際決議案的決議)」, 3호의 「코민테른집행위원회에서 중공중앙에 보낸 서신(共產國際執委會給中共中央的信)」 등이다.

② 리리싼의 '좌경모험주의'를 분석, 비판한 글이다. 예를 들면 제6호의 왕자샹이 쓴 「리리싼주의와 무장폭동(李立三主義與武裝暴動)」은 리리싼의 '좌경사상'

의 근원을 분석한 것이다. 이 글에서 왕자샹은 리리싼이 대도시에서 무장폭동을 일으키기로 결정했을 때 근본적으로 객관적 정세와 계급역량을 분석하지 않았고 노동운동과 농민운동의 결합을 이해하지 못했다. 『실화』 3호에 수록된 「당내에 철저한 인식이 있어야 한다(黨內必須有一個徹底的認識)」에서 장궈타오(張國燾)는 리리싼이 지도하는 중앙정치국이 잘못된 정책을 채용했고, 노동조합(工會)과 청년단의 조직을 취소했으며 잘못된 지시와 명령을 했다고 비판하였다.

③ 『실화』는 실제 공작과 연계하여 리리싼의 좌경노선을 비판하는 글을 수록했다. 『실화』에 수록된 일부 글들은 하난(河南), 장쑤(江蘇) 소비에트 구역의 무장폭동, 노동운동, 여성운동 등 실제공작에 근거하여 리리싼노선의 문제점을 분석·비판하였다. 『실화』 9호에 수록된 「장쑤공작에서 리리싼 노선의 검열(立三路線在江蘇工作中的檢閱)」에서 뤄마이(羅邁)는 다음의 8가지 면에서 장쑤성에서 리리싼노선을 구체적으로 분석하고 비판하였다. 구체적으로는 ㉠ 1929년 본의 성위원회 확대위원회, ㉡ 상하이 홍색5월운동의 교훈, ㉢ 반마르크스레닌주의, 반코민테른의 폭동방침, ㉣ 직공운동(職工運動)에서 리리싼노선, ㉤ 농민운동에서 리리싼노선, ㉥ 사병운동에서 리리싼노선, ㉦ 리리싼노선과 반제운동, ㉧ 성확대회의에서 12월 18일 이전까지 장쑤성위(江蘇省委)의 조화주의(調和主義) 등이다.

이러한 글들은 리리싼의 노선을 좌경노선이라고 보고 비판하고 있지만 관점에서 차이가 있었다. 『실화』 1호의 "6계(屆) 3중전회 특집호"에서는 좌경노선을 교정하려고 하였다. 그러나 왕밍(王明) 등의 좌경교조주의자들이 6계(屆) 4중전회에서 당 중앙의 지위를 차지하여 중국공산당 내부에 혼란이 초래되었다. 이러한 상황 속에서 『실화』는 거의 2호(1930.12.9)부터 리리싼의 '좌경모험주의'보다 더 '좌'적인 길로 나아갔다. 『실화』는 3호부터 '제3시기' 이론을 선전했다. 3호에 사오위(紹玉)가 쓴 「리싼노선과 전후 자본주의 제3시기(立三路線與戰後資本主義第三時期」는 코민테른의 '제3시기' 이론으로 '리리싼노선'을 비판하고 "제3시기는 자본주의의 일반적인 위기가 더욱 격렬해지고 첨예화되는 시기로 자본주의가 잠시 국부적인 안정에서 더욱 동요하고 더욱 부패하여 완전히 붕괴로 나아가는 시기"라고 강조했다. 이 글 이후 왕밍은 '제3시기' 이론을 중국에 전파했다. 이 이론은 왕밍이론체계의 핵심이었다. 이 시기에 "제국주의 국가 간의 제국주의전쟁과 제국주의국가들의 소련에 반대하는 전쟁, 제국주의에 반대하는 민족해방전쟁이 발생하여 일체의 제국주의의 모순이 더욱 첨예해져서 자본주의의 총체적 위기가 극단적으로 악화될 것으로 보았다. '제3시기' 이론은 자본주의의 전복을 현식적인 혁명의 목표로 삼고 있었다. 이는 코민테른의 정치, 이론상의 '좌경화'를 반영한 것이었다. 이 이론과 1929년 코민테른이 중공중앙에 보낸 「코민테른집행위원회에서 중공중앙에 보내는 농민운동에 관한 서신(共産國際執委給中共中央關于農民問題的信)」, 「코민테른집행위원회에서 중공중앙위원회에 보내는 서신(共産國際執委致中共中央委員會的信)」 등은 중공중앙의 정책을 나날이 '좌경'으로 밀어 넣었다.

『실화』는 6계(屆) 3중전회를 비판하고 당 중앙의 주요 지도자를 비판하였다. 왕밍은 「리리싼노선과 전후 자본주의의 제3시기(立三路線與戰後資本主義第三時期)」에서 리리싼을 비판하면서 동시에 소위 '우파'와 '국제6차대회상의 중공대표'를 비판했다. 실제로는 6계 3중전회 이후의 중공중앙의 지도자인 취추바이(瞿秋白)와 저우언라이(周恩來) 등을 비판했다. 아울러 중앙소비에트구에서 활동하고 있던 마오쩌둥(毛澤東)도 '중앙소비에트구의 5대 착오'라고 비판했다.

『실화』는 중국공산당의 기관지로 당시 공산당의 노선과 방침, 정책 등과 밀접한 관계를 가지고 있다. 전체적으로 『실화』는 6계 3중전회의 정신을 선전하고 '리리싼노선'을 비판하였으며, 공작 방법을 연구하고 소련의 상황 등을 소개하는 등의 역할을 했다. 그러나 왕밍 등이 점차 당 중앙을 통제하게 되면서 '좌경'적인 태도를 보였다. 『실화』에는 리리싼의 '좌경노선'을 비판하는 글이 게재되었지만 대부분의 글은 더욱 '좌경화'한 것이었다. (김지훈)

참고문헌

王檜林·朱漢國, 『中國報刊辭典(1815~1949)』, 書海出版社, 1992; 方克, 『中共中央黨刊史稿』上, 北京, 紅旗出版社, 1999; 伍杰, 『中文期刊大詞典』, 北京大學出版社, 2000; 葉再生, 『中國近代現代出版通史』 2, 北京, 華文出版社, 2002.

▌십일소설(十日小說)

1909년 중국 상하이에서 창간된 문예신문

1909년 9월 상하이(上海)에서 창간된 순간(旬刊) 신문이다. 환구사(環球社)에서 편집과 발행을 겸하여 출간하였다. 3호까지는 『도화일보(圖畵日報)』의 증본으로 첨부되어 발행되다가 제4호부터 단독으로 간행되었다. 종간 시점은 정확하지 않으며 현재 1910년 1월 11일에 발간된 제11호가 볼 수 있는 최종호이다. 지린대학(吉林大學)도서관에 소장되어 있다.

내용은 삽화, 소설, 해담(諧談), 여묵(餘墨)의 4개 항목으로 구성되었지만 소설이 중심을 이루고 있다.

발표된 장편소설은 관장(官場)소설, 풍자소설, 국민소설, 경세(警世)소설, 성세(醒世)소설, 의협소설, 사회소설, 애정(哀情)소설, 연애소설 등으로 분류되어 게재되었으며 주요 내용들은 관청의 암흑을 풍자 폭로하고, 봉건 혼인제도를 비판하는 진보적 의의를 가지고 있다.

비교적 영향력 있는 작품으로는 창춘판(張春帆)의 「환해(宦海)」와 주이츠(醉痴)의 「여부참극(驢夫慘劇)」, 톈멍(天夢)의 「이매혼(魑魅魂)」, 이민(逸民)의 「입헌몽(立憲夢)」, 환레이(還泪)의 「자유얼(自由孽)」, 징워(警我)의 「파란경(波蘭鏡, 일명 亡國之運動)」 등이 있다. 단편소설에는 장징젠(蔣景緘)의 「홍대인(紅大人)」과 주투(酒徒)의 「인요(人妖)」, 난펑팅창(南風亭長)의 「유전독(遺傳毒)」 등이 있다. 여묵란에는 중국 내외의 진기한 이야기와 시평 잡문, 우화, 흥미 있는 이야기들을 소개하였다. (김성남)

참고문헌

周葱秀·涂明 著, 『中國近現代文化期刊史』, 山西敎育出版社, 1999; 王檜林·朱漢國 主編, 『中國報刊辭典』, 太原: 書海出版社, 1992.

▌쑤저우백화보(蘇州白話報)

1901년 중국 쑤저우에서 창간된 시사종합신문

1901년 10월 21일 장쑤(江蘇) 쑤저우(蘇州)에서 창간되었다. 창간인은 바오톈샤오(包天笑), 주필은 우싱쥔(吳興君)이다. 주간으로 발행되었으며, 1호부터 9호까지 상하이도서관에 소장되어 있다.

주요 기사란으로 논설과 뉴스, 연예(演報), 가요, 잡록 등의 항목이 있으며, 문자는 대중들이 쉽게 볼 수 있도록 매 문구마다 띄어 읽어야 할 곳을 공란으로 표시하고 어려운 글자는 주석을 붙여 학식이 낮은 사람들도 지식을 열어야 할 것을 발행 목적으로 하였다.

정치상으로는 광서(光緖) 황제를 옹호하면서 군주입헌제를 지지하고 부르주아 개량파의 입장을 대표하였다. 유신변법 선전과 남녀평등권을 주장하고 교육진흥과 사회 개선을 주장하였다.

2호에 바오톈샤오는 외국에 침략당하고 있는 중국의 형세가 위험의 극에 달했으니 사농공상(士農工商)은 물론이고 부녀자와 아이들까지도 모두 국가에 힘을 보탤 것을 주장하는 논설을 발표하였고, 「내감망참(內監妄僭)」, 「총통유산(總統遺産)」, 「위원실체(委員失體)」 등의 문장을 발표하여 청 정부 관원들의 부패와 무능을 규탄하였다.

유신변법을 지지하고 혁명을 반대하였으며, 「신정가행(新政可行)」, 「태수신정(太守新政)」 등의 문장을 통해 청 정부에서 시행하는 사회개량정책을 적극 지지하고 자희(慈禧)태후가 발포한 신정(新政)을 중국의 변법(變法)이라 찬양하였다. (김성남)

참고문헌

葉再生 著, 『中國近代現代出版通史』, 北京: 華文出版社, 2002; 王檜林·朱漢國 主編, 『中國報刊辭典』, 太原: 書海出版社, 1992.

▌쓰촨학보(四川學報)

1905년 중국 청두에서 창간된 교육 잡지

쓰촨(四川) 학무처(學務處)가 주최한 학무관보(學務官報)로 1905년 2월 청두(成都)에서 창간되었다. 초기에는 한 달에 두 번씩 반월간으로 발행되었으나 1906년 20호 이후 월간으로 바뀌었다. 1907년 9월 『쓰촨교육관보(四川教育官報)』로 개명하였으며, 1911년 8월 총 112호를 발행하고 종간되었다. 쓰촨성도서관에 소장되어 있다.

각 성(省)정부와 교육기관의 공문, 학당 강의와 교과 및 학무요지(學務要旨) 등을 게재하였다. 학교의 교육제도 상황을 비롯하여 청 정부의 개혁사조 소식을 소개하였는데, 혁명사조가 학생들에게 영향을 주는 것을 방지하기 위해 선택한 방법이었다.

궁다오겅(龔道耕), 저우셴장(鄒憲章), 옌푸(嚴復), 우톈청(吳天成), 류광한(劉光漢), 장타이옌(章太炎) 등이 집필에 참여하였다. (김성남)

참고문헌

王檜林·朱漢國 主編, 『中國報刊辭典』, 太原: 書海出版社, 1992; 葉再生 著, 『中國近代現代出版通史』, 北京: 華文出版社, 2002.

▌쓰키지소극장(築地小劇場)

1924년 일본에서 발행된 예술잡지

1924년부터 1930년까지 발행된 예술잡지. 잡지 발행인은 오사나이 가오루(小山内薫)와 히지카타 요시(土方与志). 이들은 1924년 쓰키지소극장(築地小劇場)을 창설하여 일본 신극운동의 막을 열었다. 이 운동은 극장과 극단이 일체가 되는 획기적인 운동이었다. 이 운동의 기관지 『쓰키지소극장』은 오늘날 근대 연극사 연구가에게 귀중한 문헌이다.

쓰키지소극장의 면적은 100평, 단층 건축물이었다. 객석은 400~500석. 전기를 사용한 세계 최초의 조명실 설비를 지녔다. 쓰키지소극장은 고도의 조명 설비와 훌륭한 무대를 겸비했기 때문에 연극의 실험실로서의 역할을 수행했다. 배우의 양성에도 힘을 기울여 일본 신극운동의 거점이 되었다. 쓰키지소극장 출신으로는 센다 고레야(千田是也), 다키자와 오사무(滝沢修) 등이 있다.

홍해성(洪海星)과 쓰키지소극장

연출가·배우이다. 1921년에 '극예술협회'를 조직, 후에 신흥극장·극예술연구회의 중심인물로 연출을 담당하면서 한국 신극 발전에 주도적인 역할을 했다.

한국 최초의 독립된 본격적인 전문 연출가라 하면 홍해성이다. 대구에서 태어나 니혼대학 예술과를 수료하고 일본 근대극의 선구자인 오사나이 가오루의 제자가 되어 그의 소개로 일본 근대극의 요람 쓰키지소극장(1924)에 한국인으로는 최초로 입소하여 연기와 연출을 공부하였다. 그는 이 극장 창립공연 막심 고리키의 「밤주막」(오사나이 연출)에 처녀 출연을 하였는데 호연이란 평을 받았다. 그는 1924년부터 쓰키지소극장 67회 공연(1927)까지 만 3년 동안 32편의 작품에서 대소역을 맡아 무대에 섰었다.

그의 스승 오사나이는 철저한 서구 근대극 운동의 신봉자로 모스크바예술극장과 스타니슬라브스키(Stanislavsky)를 그의 이상으로 삼았었다. 홍해성은 바로 이 스승을 그대로 뒤따랐다. 그는 한국에 처음으로 스타니슬라브스키를 소개하기 시작하였다. 오사나이가 모스크바에 다녀 온 다음해(1928)에 죽고 쓰키지소극장마저 극심한 분열을 일으키자 홍해성은 1930년 일본을 떠나 귀국하였다. 귀국 첫 연출인 「모란등기」(1930.11)는 실패했다. 연극을 하는 상황이 한국은 일본과 너무 달랐기 때문이었다.

1931년 '극예술연구회' 창립에 선배격으로 참가하여 처음에는 극단 공연평을 담당하다가, 1932년부터 '극연' 직속 실험무대 제1회 공연 고골의 「검찰관」(1932)으로부터 3회(1933) 체호프의 「기념제」, 유치진의 「토막」까지 도맡아 연출을 맡았다. 그러나 극심한 생활고는 홍해성으로 하여금 '극연'의 라이벌이면서 상업극단인 '조선연극사(朝鮮硏劇舍)'의 연출 의뢰를 뿌리칠 수 없게 만들었으며, 두 극장을 왔다갔다 하던 그는 1935년 동양극장의 연출 책임자가 되어 '극연'을 떠났다.

그는 1942년까지 만 7년 동안 동양극장에서 400여 편의 엄청난 연출작을 남기고 그해 홍해성은 심장마비로 활동 불능의 중병을 얻어 동양극장을 떠나게 되었다. 그가 무대에 다시 나타난 것은 1956년 국립극단의 "신앙과 고향" 연출을 맡았을 때이지만 불행히도 그 다음해에 지병으로 숨지고 말았다. (이규수)

참고문헌

菅孝行, 「西欧近代アヴァンギャルドと築地小劇場: 「近代日本の演劇·第3回」への問題意識 (共同討議 近代日本の演劇(3)「築地小劇場」とその時代)」, 『演劇人』 18, 2005; 神永光規·馬政熙, 「韓国新劇運動に与えた築地小劇場の影響: 洪海星を中心に」, 『日本大学精神文化研究所紀要』 34, 2003; 今村忠純, 「小山内薫と丸山定夫の手紙--築地小劇場」から「桜隊」へ(特集 手紙のディスタンス)(作家·思想家と手紙)」, 『国文学 解釈と教材の研究』 662, 2000.

아(芽)

1938년에 서울에서 발행된 시 동인지

1938년 7월 15일에 발행되었다. 종간호는 그해 9월에 나온 통권 2호이다. 저작 겸 발행인은 이영식(李泳植), 인쇄인은 창문사의 고응민, 발행소는 아사(芽社, 경성부 황금정 29 지금의 을지로 1가 29)였다. 판형은 A5판으로 총 22쪽 내외이며 정가는 10전이었다.
고려대도서관과 '아단문고'에 각각 1, 2호와 창간호가 소장되어 있다.

이 잡지는 창간사도 없고 편집후기도 없다. 표지는 김원재가 그렸다.

창간호에는 고성의 「봄의 오후」, 김원재의 「세기말의 소리」, 조수완의 「조개껍질」, 정량파의 「개아미」, 정류(靜流)의 「인생무대」, 조연현의 「비 내리는 밤의 애수」 외 1편, 이영식의 「5월의 오후」, 이석의 「수모(愁毛)의 노래」, 송훈의 「귀여운 독백」, 취몽의 「단상수제(斷想 數題)」, 박형기의 「광명의 찾는 자」, 춘호의 「암운」 등 12명의 작품이 실려 있다. 동인들 모두는 문학청년들로 습작시에 가까운 작품들임을 알 수 있다. 그랬기 때문에 본명을 밝힌 사람 외에 필명을 사용한 사람들도 보이거니와, 치기 어린 열정이 가득하게 드러난다.

2집에는 희성의 「무능자의 고백」, 김대봉의 「향수」, 「수학(水壑)」, 낭파의 「그들은 갔다」, 「저녁노을」, 이영식의 「흑색의 회화」, 조연현의 「창백한 정열」, 「무제」, 김원재의 「쌍곡선의 역리, 진리」, 최필봉의 「자기」, 김원의 「아주 젖은 것이란」, 취몽의 「금고」, 고성의 「황혼의 항구」, 송훈의 「운명의 악희(惡戲)」, 김종희의 「모순」, 이재영의 「표박자의 애수」, 무릉의 「그대의 영전에」, 박형기의 「모순의 성격」, 우야등의 「고향에 보내는 시」 등이 수록되어 있다. 그리고 투고시단에 8편의 시가 선정되어 게재됐다. 그러니까 2집부터 이 잡지 역시 투고시를 뽑아 잡지에 싣는 작업을 실시하였음을 알 수 있다.

이 잡지의 의미는 훗날 유명한 문학평론가이자 문학사가로 활동하는 석재 조연현의 문학청년 시절의 작품을 수록하고 있다는 점에서 찾아야 할 것 같다. 대부분이 문학청년들로 구성되어 있었고 작품의 수준이 낮았기 때문에 이 시기에 많은 수를 차지하던 시 전문 잡지의 흐름 속에서 순수한 문학청년들이 자신들의 동인지를 갖고자 했던 노력을 증거하는 의미로 자리매김될 수 있다 하겠다.

조연현의 문학청년 시절(18세)의 시는 다음과 같다.

비 내리는 밤의 애수

깊은 밤!
보이지 않는 적을 상대로 원고지에 펜을 달리다가
고요히 어머니! 부르짖고

비 내리는 창밖을 우러러 한숨 짓는다.

하나의 자식을 잃고 남은 자식의
'소원성취(所願成就)'를 비는
어머니의 염줄 넘기는 소리도 애처롭다.

어린 아우의 종언을 실은 관이
이향 공동묘지에 파묻히는 밤도
이와 같이 궂은비 내리던 밤이었다.

오늘밤과 같이 비 내리는 쓸쓸한 밤이면
어머니는 나를 꼭 껴안고
'너는 네 아버지 닮아서는 아니 된다 나는 너 혼자만 믿고 이 세상을 산단다'하시며
내 머리를 쓰다듬으면서 눈물 적시셨다.

귀여운 자식을
그 아버지 닮지 말으라고 충고해야 할
어머니의 설운 운명이여
나의 괴로움이여!

커다란 기대를 가진 남은 자식이
조선의 문학청년이란 것을 안
어머니의 야릇한 심사를 모르는 배 아니언만
아! 태양열 같이 타오르는 의욕의 슬픔이여!

한 시대를 저주해야 할 입장이면서도
새 시대를 저주하지 못하는 어머니!
아버지의 사랑을 받아보지 못한 어머니
돈 없는 어머니! 외로운 어머니! 이러한 어머니를 마음껏 위로하지 못하는 이 자식의 슬픔이여! 안타까움이여!

외로이 앉아 염줄을 넘기시는 어머니의 가슴에도
원고지와 싸우는 나의 마음에도
그리고 또 아우의 무덤에도……. (전상기)

참고문헌

최덕교 편저, 『한국잡지백년』 3권, 현암사, 2004; 권영민, 『한국근대문인대사전』, 아세아문화사, 1990.

아나키즘문학(アナーキズム文學)

1932년 창간된 일본의 아나키즘 계열 문예지

1932년 7월에 창간되어 그해 11월까지 모두 네 차례에 걸쳐 발간된 문예지이다. 제2차 『흑전(黑戰)』이 이름을 바꾼 것이다. 발행처는 흑전사(黑戰社)였고 편집발행인은 시오 나가고로(鹽長五郎)였다.

창간호에는 이소자키(磯崎邦=시오)의 「아나키즘 문학의 주요 문제는 무엇인가」를 비롯하여 당시 대두하고 있던 파시즘 문학과 대립하는 문학의 아나키즘 이론을 주장한 아오야나기 유(青木優)의 「파시즘 문학의 본질」 등이 게재되었다.

2호에는 집단적, 사회적, 상호적 장으로서의 아나키즘 이론을 주장하는 이소자키의 「아나키즘 문학은 무엇으로부터 이루어져야 할 것인가」 등이 실려 있다. (이준식)

참고문헌

小田切進 編, 『現代日本文藝總覽 上卷』, 明治文獻, 1969; 日本近代文學館·小田切進 編, 『日本近代文學大事典』 第5卷, 講談社, 1977.

아동세계(兒童世界)

1933년 서울에서 한국어로 창간된 아동 잡지

1933년 1월에 창간되었다. 발행인은 김소운(金素雲)이고, 발행소는 경성부 연건동(蓮建洞) 302의 아동세계사(兒童世界社)였다. 1934년 9월 현재 정가는 6전이었다. 국립중앙도서관에 소장되어 있다.

김소운(金素雲, 1907~1981)과 아동세계

아동 잡지 『아동세계』의 발행을 주도하였으며, 본명은 교중(敎重)이다. 시인이자 수필가이고 번역문학가이다. 광복 후 소운(素雲)으로 개명하였다. 부산 출

신으로 1919년 옥성보통하교 4년을 중퇴하고 1920년 일본으로 건너가 도쿄 가이세이중학교(開成中學校) 야간부에 입학하였다가, 1923년 간토대지진으로 중퇴하였다.

1929년에는 『매일신보』 학예부원으로 근무하였으며, 1931년 다시 일본으로 건너가기까지 아동교육기관을 경영하여 청소년 교육에 힘썼다.

이후에도 그는 다양한 영역에서 활동하였는데, 가장 주목받는 것은 일본에 한국 문학을 번역하여 소개한 것이다. 1927년 『조선의 농민가요』를 일본의 『지상낙원(地上樂園)』지에 번역, 소개하면서 시작된 그의 한국 문학 번역 작업은 민요·동요·동화·현대시·사화(史話) 등 여러 부분에 걸쳐 폭넓게 이루어졌다. 그의 이러한 활동으로 인해 한국 문학의 바른 모습을 일본인들에게 알리는 데 크게 공헌하였다고 할 수 있다.

이외에도 그는 한국 수필문학사에서 현대를 대표하는 중요한 수필가 가운데 한 사람으로 꼽힌다. 첫 수필집 『마이동풍첩(馬耳東風帖)』(1952)을 낸 뒤부터 『목근통신(木槿通信)』(1952), 『삼오당잡필(三誤堂雜筆)』(1955) 등 8권의 수필집과 『은수삼십년(恩讐三十年)』(1954) 등 3권의 일문(日文)으로 수필집을 내기도 했다. 1978년, 그동안의 수필을 총 정리한 『김소운수필전집』 전5권을 간행하였다.

이와 같이 김소운은 한국 문학사에서 빼놓을 수 없는 인물이지만 그가 발행하였던 『아동세계』에 관한 기록은 그다지 많지 않다. 다만 일본에서 나온 그의 수필집 『하늘 끝에 살아도(天の涯に生くるとも)』(1989) 말미에 있는 「연보」에서 그에 관한 이야기를 찾을 수 있다.

"1933년(25세) 1월 『언문조선구전민요집(諺文朝鮮口傳民謠集)』을 다이이치쇼보(第一書房)에서 간행, 1월 『조선동요선(朝鮮童謠選)』을, 8월 『조선민요선(朝鮮民窯選)』을 함께 이와나미분코(岩波文庫)에서 간행, 그해 일본에서 귀국하여 '조선아동교육회'를 설립, 이후 4년 동안 단속적으로 『아동세계(兒童世界)』·『신아동(新兒童)』·『목마(木馬)』 등의 아동 잡지를 간행했으나 끝내는 자금 사정으로 종간하고 말았다." (이한울)

참고문헌

「兒童世界(九月號) 京城府 兒童世界社 發行」, 『東亞日報』 1934.9.28; 최덕교 편, 『한국잡지백년』 2, 현암사, 2004.

아동시보(亞東時報)

1898년 중국 상하이에서 창간된 정치운동 신문

1898년 6월 25일 상하이(上海)에서 창간되었다. 일본 을미회(乙未會)의 간행물로 일본인 야마네 도라(山根虎)의 도움으로 유지되었다.
제6호부터 탕차이창(唐才常)이 편집장을 맡았으며, 1899년 장타이옌(章太炎)이 편집에 참가하였고, 이밖에 비융녠(畢永年)과 쑹수(宋恕), 왕캉녠(汪康年), 일본인 미야마라 도라타로(深山虎太郎)와 무나카타 호쿠헤이(宗方北平) 등이 집필에 참여하였다.
창간 초기에는 월간으로 시작했으나 7호부터 반월간으로 바뀌었다.
1900년 5월 일본의 중국어 신문 『동문호보(同文滬報)』가 발간되면서 여기에 흡수되어 종간되었다. 베이징대학도서관에 소장되어 있다.

중국어와 일본어 양국 문자로 간행되었으며, 두 나라의 우의를 촉진하고 의사를 소통하여 아시아의 공동번영을 주장하였다.

내용은 논설과 투고 원고, 조서(詔書), 번역, 잡기, 교육, 군사, 문예란이 있다. 어떤 글들은 중일관계를 기반으로 한 팽창주의적 입장을 표출하기도 하였으나, 캉유웨이(康有爲)와 량치차오(梁啓超)의 유신변법운동을 적극 지지하면서 청 정부의 부패 정치를 공격하였다. 5호부터 19호까지 탄쓰퉁(譚嗣同)의 「인학(仁學)」 전문을 연재하였다. 무술정변 이후 유신파 언론들이 모두 폐쇄되고 정간 당한 상황에서도 『아동시보』는 계속 발행되었다. (김성남)

참고문헌

方漢奇 主編, 『中國新聞社業通史』, 中國人民大學出版社, 1996; 葉再生 著, 『中國近代現代出版通史』, 北京: 華文出版社, 2002.

아동예술연구(兒童藝術研究)

1934년 일본에서 창간된 아동 관련 이론 잡지

1934년 11월에 창간된 아동 관련 이론 잡지이다. 통권 14책으로 종간되었다. 발행은 오사카(大阪)에 근거지를 두고 있던 아동예술교육연구소(兒童藝術教育研究所)이다.

이시이 바쿠(石井漠), 가와사키 다이지(川崎大治), 스가 다다미치(菅忠道), 기타가와 다미지(北川民次), 다케우치 아이지(竹內愛二), 나카이 세이이치(中井正一), 쓰지베 세이타로(辻部政太郎), 난코 니치로(南江二郎), 야마다 도쿠베헤(山田德兵衛) 등의 집필진에서 알 수 있듯이 아동문학뿐만 아니라 아동을 위한 연극, 음악, 회화, 무용, 완구 등 아동 문화, 예술 전반을 대상으로 했다.

아동에 대한 관심이 거의 없던 시대에 기성의 어른의 눈에 보이지 않던 아동의 생활과 자주성을 중시했다. 당시로는 신선한 의견을 갖고 새로운 소비에트, 중국의 문헌을 번역, 소개하고 어린이들의 문화, 예술을 글로벌하게 취급했다. 1930년대 독특한 민주적, 진보적 선구성은 1945년 이전 암흑의 시기에 양심의 증거라고 할 수 있다. (김인덕)

참고문헌

『國文學 解釋と鑑賞』(10月) 第30卷 第13号, 東京: 至文堂, 1965; 日本近代文學館・小田切進 編,『日本近代文學大事典』5卷, 東京: 講談社, 1977.

아등(我等)

1931년 서울에서 창간된 학술 교육 잡지

1931년 4월 15일 창간되었다. 판권장에 따르면, 편집 겸 발행인은 신명균(申明均), 인쇄인은 이병화(李炳華)였다. 인쇄소는 신소년사(新少年社) 인쇄부이며, 발행소는 서울 수표동 42의 아등사(我等社)였다. A5판 58쪽, 정가는 10전이었다. 1932년 5월호까지 발행하다가 이후부터는 『우리들』로 개제하여 계속 발행하였다.

『아등』은 교육 정도가 낮은 청소년을 대상으로 한 계몽 잡지였다. 창간사에서는 창간목적을 다음과 같이 밝히고 있다.

"① 우리는 모든 것을 알아야 한다. 그러나 바로 알아야 한다. 과학적으로 알아야 한다. 그래서 우리는 모든 원시적 우상 숭배심과 묵은 습관과 쓸데없는 공포심과 또 모든 신비적 미신을 깨뜨리고 밝고 바른 새 길로 나아가야 한다. ② 아직도 많은 사람들이 어디로 갈까, 어떻게 하면 좋을까를 몰라서 어두운 미로 가운데서 고민을 부르짖고 있다. 그러나 그것은 많은 그들이 아직도 이 사회에 대하여 확연한 과학적 인식을 갖지 못한 까닭 외에는 아무것도 없다. ③ 이 시대에 가장 긴급한 사업이라고 하는 계몽사업에 조그만 보역(補役), 즉 날개(翼)가 못되면 깃(羽) 하나라도 되고자 이 『아등(我等)』을 발간한다. ④ 더구나 이 『아등』에 많은 기대를 갖기에는 아직도 힘이 너무 작고 제한이 많은 것을 우리 스스로 잘 안다……그러나 우리는 아무리 작은 계몽사업이라도, 아무리 작은 역할이라도 우리는 모든 힘을 다하여 노력하려 한다."

창간호는 「창간사」, 배성룡(裵成龍)의 「농촌청년(農村青年)에게」, 볼테르의 「종교(宗教)란 무엇이냐」, 신명균(申明均)의 한글강좌 「왜 글을 바로잡나」, 강석우(江石尤)의 「칼 맑스 전」, 베베르의 「모권제도시대(母權制度時代)의 여성」, 권환(權煥)의 「예술의 발생과 발달과정」, 성산의 「조선농촌경제의 전향과정(轉向過程)」, 엄흥섭(嚴興燮)의 소설 「두 첨단」, 「통계조사」, 「최근과학뉴스」로 구성되었다.

창간호의 목차에서도 알 수 있듯이 『아등』은 쉬운 한글강좌에서부터 각 방면의 논설까지 다양한 주제를 다루었으며, 당시 농촌 청소년들을 계몽하는 역할을 담당하였다. (이한울)

참고문헌

「我等(創刊號), 我等社 發行」,『東亞日報』1931.4.23;「我等(五月號)」,『東亞日報』1932.5.17;「우리들(我等改題) 六, 七月號」,『東亞日報』1932.7.4; 최덕교 편,『한국잡지백년』2, 현암사, 2004.

▌아등(我等)의 소식(消息)

1920년 중국 상하이에서 한국어로 발행된 고려교민친목회의 기관지

1920년 상하이에서 발행되었다. 신석우(申錫雨), 여운형(呂運亨) 등이 발행했다. 고려교민친목회(高麗僑民親睦會)의 기관지였다. 등사판으로 인쇄했다. 선전신문이었다. 나머지 사항은 자세히 알 수 없다.

• 신석우(1894~1953)

일본 와세다대학(早稻田大學)을 졸업한 뒤, 중국 상하이에 건너가 여운형(呂運亨)과 함께 고려교민친목회를 조직하고, 『유인신문(油印新聞)』, 『아등의 소식』을 발간했다. 1919년 임시정부 교통총장으로 있었다. 같은 해 29명이 참석한 임시정부 첫 의정원 회의에서 '대한민국'이라는 국호를 제안하였으며, 반대와 논란을 물리치고 국호 제정을 관철시켰다.

임시정부 관제에 군무부를 증설하거나, 임시정부 헌장에 병역(兵役)을 포함시키고, 초대 대통령에 이승만을 추천하는 등 초기의 임시정부 활동에 상당한 영향력을 행사했다. 1924년 경영난에 빠진 조선일보사를 인수, 이상재(李商在)를 사장에 추대하여 민족지로서의 면목을 갖추고, 자신은 부사장을 맡았다. 그 뒤 1927년 사장에 취임하여 1931년까지 재직했다. 또한 신간회가 창립될 때 간부직을 맡았고, 8·15 이후 한때 주(駐)타이완대사를 지냈다. (이신철)

참고문헌

윤임술 편, 『한국신문백년지』 2, 한국언론연구원, 1983; 국가보훈처, 『대한민국 독립유공자 공훈록』 제12권, 1996.

▌아사히신문(朝日新聞)

1897년 일본 오사카에서 발행된 신문

1879년 1월 25일 오사카(大阪)에서 창간된 일간지이다.

창간 당시 오사카에서는 정론본위의 대신문으로 『오사카일보(大阪日報)』, 『오사카신보(大阪新報)』가 발행되고 있었고, 사회기사를 본위로 하는 소신문으로 『오사카신문(大阪新聞)』, 「오사카데쓰치신문(大阪でつち新聞)」이 발행되고 있었으며, 경제지로 『중외물가신보(中外物價新報)』가 발행되고 있었다. 『아사히신문』은 소신문에 속하였다.

『아사히신문』은 창간 이후 6개월 간 1일 평균 2568부를 발행하였으며, 1년 후인 1880년 6월에는 7449부, 1880년 12월에는 1만 5000부를 발행하면서, 지속적으로 발전하였다.

주간이었던 쓰다 데이(律田貞)가 경영자와 이견이 생겨 1880년 5월 퇴사하고 『사키가케신문(魁新聞)』을 발행하고 아사히신문에 대항했기 때문에, 일시 경영에 타격을 받기도 하였다.

그러나 1881년 무라야마 료헤이(村山龍平)과 우에노 리이치(上野理一)가 다시 공동출자하여 경영을 맡고, 『오사카일보』의 고무로 신스케(小室信介)를 주필로 맞이하면서 경영 위기를 탈출하였다. 또한 『사키가케신문』이 자멸함에 따라 지세를 더욱 확장하였다.

국회 개설 칙유와 함께, 자유당, 입헌정당, 입헌개진당, 입헌제정당 등의 여러 정당이 조직되면서, 전국의 신문은 각각의 진영으로 나뉘어 정론지로 변모하였다.

그러나 『아사히신문』은 1882년 7월 1일 지상에 "아사히신문의 목적"이라는 글을 게재하고, 불편부당(不偏不黨)의 대중신문으로서 기능할 것을 천명하였다. 이를 바탕으로 1883년에는 2만 1461부를 발행하여 2만부를 전국 수위가 되었다.

이 시기 『아사히신문』은 보도면에서 1882년 조선의 임오군변(壬午軍變), 1884년 청불전쟁(淸佛戰爭), 1884년 조선의 갑신정변(甲申政變), 1885년 톈진조약 체결 등에 특파원을 파견하여 해외보도에 힘을 쏟았다. 1888년에는 논설기사 오다 준이치로(織田純一郎)를 구미에 파견하고, 해외 신문사정을 시찰하도록 하였다.

한편 무라야마 료헤이는 도쿄로의 진출을 계획하고, 1886년 도쿄지국을 개설하였다. 같은 해 호시 도루(星亨)의 『메지마시신문(めざまし新聞)』을 매수하

였다. 1888년 7월 10일에는 『도쿄아사히신문(東京朝日新聞)』을 창간(계속호수 1076호)하고, 9월에는 사옥을 도쿄로 이전하였다. 10월에는 호시 도루의 정론지 『공론신보(公論新報)』를 매수하여 자매지로 삼았다.

1889년 1월 3일에는 오사카에서 발행하고 있던 『아사히신문』의 제호를 『오사카아사히신문』으로 변경하였으며, 정론지 『오사카공론(大阪公論)』을 발간(1889~1890)하였다. 동시에 『공론신보』를 『도쿄공론(東京公論)』으로 개제하였다.

결과적으로 대중지인 『도쿄아사히신문(東京朝日新聞)』과 『오사카아사히신문(大阪朝日新聞)』, 정론지인 『오사카공론』과 『도쿄공론』 등 4종의 일간지를 발행하게 되었으며, 이를 통해 보도평론에 만전을 기했다.

1890년 파리에서 윤전기를 구입하고, 11월 25일 제1회 제국의회 소집을 계기로 『도쿄공론』과 『대동신문(大同新聞)』을 합동하여, 신자매지 『국회(國會)』(1890~1895)를 창간하였다.

1889년 2월 1일 제국헌법 발포에 즈음해서는 조서(詔書)와 헌법전문을 전보로 오사카로 송부하여, 즉일 호외를 발행하기도 하였다.

이 때문에 경영에 타격을 받은 도쿄의 일간지 16사는 1890, 1891년(17사) 두 번에 걸쳐 신문판매점에 압력을 가해 불매운동을 벌이기도 했다. 그러나 불매운동은 실패로 끝났고, 오히려 『도쿄아사히신문』의 기반은 더욱 확고해졌다. 1891년 『도쿄아사히신문』은 하반기 판매부수를 6만 155부라고 공표되었다.

자매지 『국회』는 정론뿐만 아니라, 문학신문으로서의 명성도 있었는데, 1995년 폐간된 것은 도쿄와 『오사카아사히신문』이 이미 정론지적 성격을 겸비하고 있었기 때문이었다.

청일전쟁, 북청사변(北淸事變), 러일전쟁으로 이어지는 사건보도에는 다수의 특파원을 파견하여 신문의 성가를 높였다.

그리고 포츠머스강화조약에 대한 비판적 논설은 가쓰라 내각을 곤경에 빠트렸고, 이 때문에 『도쿄아사히신문』은 15일간, 『오사카아사히신문』은 3회에 걸쳐 모두 35일간의 발행정지 처분을 받기도 하였다.

이후 아사히신문의 뚜렷한 언론활동으로는 1911년 말에 일어난 가쓰라 내각탄핵 헌정옹호운동, 1914년 야마모토(山本) 내각탄핵 호헌운동, 1918년 시베리아 출병반대, 쌀소동(米騷動)에 따른 데라우치(寺內) 내각탄핵 등이 있었다. 이 때문에 『오사카아사히신문』은 필화를 겪으면서 무라야마 사장이 물러나고 우에노 리이치가 취임하기도 하였다.

한편 1919년 8월 1일 합자조직을 자본금 150만 엔의 주식회사로 전환하였다. 1920년 4월에는 자본금을 200만 엔으로 증액하고 도쿄아사히신문사는 신사옥을 건축하였다.

1922년 5월에는 자본금을 400만 엔으로 증액하였으며, 1923년 1월 1일 『오사카아사히신문』은 발행부수가 91만 4620부라고 발표하였다.

1923년 간토대지진으로 도쿄아사히신문사가 전소되어 큰 타격을 받기도 하였다. 그러나 1927년 3월 신사옥을 건축하고, 1938년 2월 16일 『도쿄아사히신문』은 1만 5000호를 발행하면서 순조롭게 발전하였다. 1940년 9월 1일 제호를 『아사히신문』으로 통일하고 도쿄, 오사카, 나고야(중부), 고쿠라(小倉, 서부)의 각 본사에서 발행하였다.

그러나 1930년대 들어 군부의 압력을 받기 시작하고, 우익의 폭력에도 시달리게 되었다. 2·26사건으로 도쿄아사히신문사도 습격을 받았다. 만주사변, 중일전쟁, 태평양전쟁으로 이어지는 침략전쟁기에는 언론의 자유가 박탈되었다. 전후에도 연합군의 간섭을 받아 발행정지를 당하기도 하였다. (문영주)

참고문헌

加藤友康·由井正臣 編, 『日本史文献解題辞典』, 吉川弘文館, 2000.5; 春原昭彦, 『日本新聞通史』, 新泉社, 2003; 新聞研究所, 『日本新聞年鑑』, 1943.

아성(我聲)

1921년 서울에서 한국어로 창간된 조선청년회연합회의 기관지

1921년 3월 15일자로 창간된 조선청년회연합회의 기관지이다. 판권장을 보면, 편집 겸 발행자는 안확(安廓), 인쇄인은 최성우(崔誠愚)이다. 제1·2호의 발행인은 안확, 제3·4호의 발행은 오상근(吳祥根)이다. 인쇄소는 신문관(新文館)이고, 발행소는 조선청년회연합회(경성 광화문통 209)였으며, A5판 108면에 정가는 46전이었다. 1921년 10월에 통권 4호를 내고 종간되었다. 국립중앙도서관에 소장되어 있다.

1920년 12월 장덕수(張德秀)·오상근·박일명(朴一秉) 등 뜻이 있는 청년지도자들은 모든 청년단체를 통합하여 조선청년회연합회를 결성하였다. 그 기관지로서 창간된 것이 『아성(我聲)』이었다.

창간호에 실린 권두언 「천성과 지성(天性과 地性)」의 일부를 현대문으로 옮기면 다음과 같다.

"근래에 신사조를 표방하고 신문화를 지향하여 활동하는 추세가 더욱더 높아져, 결사가 별같이 널리고 잡지가 수풀처럼 생기는지라, 그 상태가 번다(繁多)하고 왕성하도다. 그러나 그 뿌리가 원기와 정신에 입각하지 않으면, 그 하는 것이 아무리 장대(壯大)할지라도 필경 사상누각(沙上樓閣)을 면치 못할지니, 이같이 격조가 높지 않은 작태(作態)는 우리들의 희망이 아닌 것이다. 우리 연합회의 결성은, 내적(內的)으로 스스로 동(動)하여 이상적 문화의 달성에 힘을 다하는데 있다……먼저 지방의 작은 단체를 이룬 뒤에 이를 바탕으로 다시 크게 단결함이라. 이는 곧 단체와 단체가 서로 관계되는 원리로서 …… 우주의 진리를 부합하여 된 것이니, 주의(主義)는 오로지 수양을 앞세우고 인격적 최고 목적을 위하여 전진할 뿐이니라. 『아성』 즉 '우리 소리'라 이름한 것은, 천하에 지순(至純)한 덕성과 순결한 열정이 있는 청년에게 심금(心琴)을 울려 건전한 방향으로 나아가게 함이니 ……."

당시 전국적으로 산재한 청년회에서는 주로 연설과 강연을 통해 잠자는 민중을 깨우치면서 애국계몽운동과 사회개혁운동을 활발히 전개하고 있었는데, 이들 지방 단체를 연합하여 이 운동을 보다 유기적으로, 보다 성과 있게 하자는 것이 이 연합회의 본뜻이었다. 연합회의 조직방법은, ① 조선인의 각 청년단체를 단결시켜 일대 연합단체를 조직할 것, ② 연합단체는 중앙연합기관으로 존재하며, 각지의 청년단체는 각기 독립된 단체로 있으면서 연합회의 일원이 될 것, ③ 각 청년단체가 가입할 때는 본회 위원회 심사를 받을 것 등을 규정했다.

그리고 "오인(吾人)은 세계 개조(改造)의 기운(機運)에 순응하여 각인의 천부(天賦)인 생명을 창달(暢達)하여 민족의 고유한 생영(生榮)을 발휘하기 위하여"라 전제하고는 ① 사회를 혁신할 것, ② 건전한 사상으로 지식을 광구(廣求)할 것, ③ 건전한 사상으로 단결할 것, ④ 덕의(德義)를 존중할 것, ⑤ 건강을 증진할 것, ⑥ 산업을 진흥할 것, ⑦ 세계문화에 공헌할 것 등의 7대 주의(主義) 강령을 발표했다.

성공적으로 발족한 조선청년회연합회였지만, 1922년 1월 한말의 중신(重臣)이자 문장가인 김윤식(金允植)이 죽자, 그의 사회장 문제를 두고 오상근 장덕수 등은 장의위원이 되었으나 서울청년회 간부인 김사국(金思國) 김한(金翰) 등은 사회장을 반대하고 나섰다. 이때의 의견 충돌로 연합회에는 양파가 생기게 되고, 그 후 1924년 2월 사회주의 청년단체 조선청년동맹이 결성되자 조선의 청년단체는 크게 2개로 나누어졌다. 그러다가 1931년 5월 신간회(新幹會) 해소를 고비로, 이들 청년단체 또는 내분과 대립, 일제의 탄압 등으로 해서 사실상 해소되고 말았다. (이한울)

참고문헌

「兒聲 創刊號 發行, 靑年聯合會 機關紙로」, 『東亞日報』 1921.3.12; 「兒聲 創刊號」, 『東亞日報』 1921.3.25; 최덕교 편, 『한국잡지백년』 1, 현암사, 2004.

▌아시아의 지리, 지형 통계자료 모음집 (Сборник географических, топографических и статистических материалов по Азии)

1883년 러시아 상트페테르부르크에서 발간된 자료집

1883년부터 1896년까지 러시아 참모본부 군사학술위원회에서 발간한 자료집이다. 1880년대 러시아의 활동을 다룬 역사적으로 중요한 시리즈로서 모든 자료는 '기밀'이라고 표시되어 있다. 출판된 보고서들은 참모본부 소속의 장교, 관리들과 유망한 하급장교들이 작성한 것들로서 아르메니아에서 조선에 이르는 광범위한 지역에서 다양한 주제에 걸쳐 기록되어 있다. 총 87호까지 발간되었다.

『아시아의 지리, 지형, 통계자료 모음집』은 아시아 전역을 대상으로 하여 다양한 주제에 걸쳐 가치 있는 자료를 제시해 준다. 지리학적 연구가 대부분의 지면을 채우고 있지만, 외교문제를 비롯한 모든 자료는 러시아의 정책과 관련을 갖고 있다. 예를 들면 일본 및 청국 주재 러시아 군사무관인 보각크(Богак) 제독의 천진교섭—1895년 시모노세키 조약을 이끈—에 대한 보고가 그것이다(60, 61호). 조선주재 러시아 총영사 마튜닌(N. Matunine)의 조선과 열강의 관계에 대한 보고서도 있다(58호). 한반도 북동쪽 해안의 항구들에 대한 외교적 논의를 평가하기 위해서는 송전항과 신포항에 대한 자료가 필요하다(53호). 일본의 기동연습을 묘사한 보고는 러시아 군부가 일본 군대의 능력을 어떻게 생각했는지를 살펴볼 수 있게 해준다(55호).

또한 이 자료집에는 영국 영사 보고문과 군사·정치 문제 정보를 포함하는 일본과 청국의 신문들을 러시아어로 번역하여 실어 놓았다. 북만주의 청국 정착자들에 대한 보고와 아무르강 좌안(러시아 측)에 청국 정착자들이 잠입한 것에 대한 보고들이 대표적인 것이다(58호).

『아시아의 지리, 지형, 통계자료 모음집』에는 조선을 여행한 장교들의 보고서도 실려 있다. 조선에 호의적이었던 러시아 정부는 참모본부로 하여금 조선탐험대를 수차례 파견하여 조선의 지리, 군사, 정치, 경제, 사회, 문화에 대한 전반적인 연구조사에 착수하도록 하였다. 그 보고서가 다데쉬칼리아니(К. Н. Дадешкалиани) 공후의 「조선기(Очерк Кореи)」(22호), 델로트케비치(П. М. Делоткевич)의 「서울에서 포시에트까지 도보여행 일기(Дневник на пути пешком из Сеула в Посьет через северную Корею, 1885~1886гг.)」(38호), 베벨(Ф. М. Вебель)의 「1889년 조선으로의 여행(Поездка в Корею 1889г.)」(41호), 알리프탄(В. А. Альфтан)의 「조선여행(Поездка в Корею)」(69호), 카르네에프(В.П.Карнеев)와 미하일로프(Михайлов)의 「조선 남부 여행(Поездка по Южной Корее в 1895-1896гг.)」 등이다.

행정관리였던 다데쉬칼리아니 공후는 「조선기」(1885)에서 여정 자체보다는 조선의 중부지역, 동북쪽의 국경지대, 기후, 동식물, 관습, 국가조직 등을 체계적으로 서술하였다.

델로트케비치의 「서울에서 포시에트까지 도보여행 일기(1885.12~1886.2)」은 조선 민중, 특히 채광장 노동자들이 봉건적 압제와 서양인들의 침투에 대항하는 모습을 묘사하였다. 그는 '조선의 노동자들은 근면하나, 그들이 받는 임금은 매우 적다. 모든 것은 일본인들에게 금을 파는 조선 관리들에게 넘어 간다'라고 서술하였다.

육군 중령 베벨은 1889년 여름 조선북부지방을 여행하고 「1889년 조선으로의 여행」이라는 보고서를 작성하였다. 여기에는 조선의 교통로와 기후, 생활환경, 조선 사람들의 인심 등이 기록되어 있다.

육군 중령 알리프탄은 「조선여행」에서 1895년 12월부터 1896년 1월까지 조선 중북부를 여행하면서 조선의 지리, 의식주, 조선과 일본과의 관계 등에 대해 소개하였다.

러시아 참모본부 소속 육군 대령 카르네에프와 그의 보좌관 미하일로프의 「조선 남부 여행」은 주로 1895~1896년의 조선 중남부 지역에 대한 전반적인 정보와 여정 등을 매우 사실적으로 일목요연하게 기술하였다.

이상의 보고서들은 당시 조선에서 일어난 역사적 사건들인 갑신정변, 동학농민전쟁, 을미사변, 아관파천, 단발령 등에 대한 기록들도 생생하게 전하고 있다. 또한 조선을 억압하려는 일본인들의 야욕과 일본 자본 침투 이후의 조선의 경제에 대한 우려와 같은 사안도 비판적으로 언급하고 있다.

1958년에 모스크바에 있는 동방문학 출판사에서

위의 다섯 개의 자료집을 하나로 묶어 『조선여행기(1885~1896)(По Корее путешествия 1885~1896 гг.)』라는 단행본을 출판하였다. 편집인은 고려인 역사학자 탸가이(Г.Д.Тягай)가 담당하였다.

『아시아의 지리, 지형, 통계자료 모음집』에는 조선과 일본, 중국뿐만 아니라 만주, 몽골, 연해주와 관련된 많은 자료들도 게재되어 있다. 모스크바에 위치한 사회과학학술정보연구소에 소장되어 있다. (이항준)

참고문헌

Сборник географических, топографических и статистических материалов по Азии; По Корее путешествия 1885~1896гг; A. 말로제모프 (석화정 譯), 『러시아의 동아시아정책』, 지식산업사, 2002.

▌아시아협회회보(アジア協會會報, Transactions of the Asiatic Society of Japan)

1872년 일본에서 영어로 발행된 종합잡지

1872년 10월 요코하마(橫浜) 재류 영국인과 미국인을 중심으로 설립된 일본아시아협회 기관지이다. 일본 및 아시아 제국에 대한 지식의 수집 발표를 목표로 창간되었다. 회보는 간토대지진, 2차 세계대전으로 일시 발행이 중단되었다. 따라서 회보의 발행은 세 시기로 구분할 수 있다. 1호(1874~1922)에는 vol.1~vol.10, 2호(1924~1940)에는 두 번째 시리즈로 vol.Ⅰ~vol.Ⅹ, Ⅸ, 3호(1948년 이후)에는 세 번째 시리즈로서 vol.1부터 발행되어, 1970년 말 현재 vol.12가 발행되었다.

내용은 협회의 사무적 보고 외에 아시아 각 지역의 정치, 사회, 경제, 역사, 문학, 언어, 종교, 기행 등 다방면에 대한 기사와 논문 등으로, 특히 일본 관계 기사가 많다. (문영주)

참고문헌

加藤友康·由井正臣 編, 『日本史文献解題辞典』, 吉川弘文館, 2000.5; 『日本出版百年史年表』, 日本書籍出版協會, 1968.

▌아언(雅言)

1913년 중국 상하이에서 간행된 반월간 종합잡지

1913년 12월 상하이(上海)에서 창간된 반월간지이다. 종합성 사회과학지를 표방하였다. 정간일자는 미상이다. 현재는 1915년 2월까지 모두 12호를 볼 수 있다. 처음에는 아언잡지사가 편집하고 상하이고문사(上海古文社)에서 발행하였으나, 6권부터(1914) 우문사인쇄소(右文社印刷所)에서 발행하였고 이어서 판형도 바꿨다. 장타이옌(章太炎)의 제자이자 베이징대학 철학계 교수였던 캉바오중(康寶忠)이 주편하였다.

논설(사론[社論], 통론[通論], 평론[評論], 역론[譯論]), 기사(국내, 국외), 문예(명유유저[名儒遺著], 학록[學錄], 문선[文選], 시록[詩錄], 총담[叢談], 소설[小說]), 잡록(雜錄) 등의 난을 두었다. 『아언일보』와 함께 간행하였다. 당시 의회주의자였던 판리산(潘力山), 차오관허우(曹管候) 등이 논설과 장타이옌의 학술 논문 및 시문을 실었다. 특히 당시 공교를 중심으로 유포되고 있던 존공(尊孔), 사공(祀孔) 등 보수적 풍조를 비판하는 『박건립공교의(驳建立孔教议)』를 실었다.

쑹자오런(宋教仁)이 암살된 직후 창간되었고, 장타이옌의 제자인 주필인 캉바오중이 주편하면서 초기에는 장타이옌의 정치 노선을 대변하였다. 당시 장타이옌은 위안스카이(袁世凱)를 '위해민국(危害民國)'으로서 비난하다 연금 상태에 있으면서도, 쑹자오런 안에 대해서는 법률적 해결을 주장하는 등 쑨원과 거리를 두었다. 『아언』은 이러한 장타이옌과 공화당의 입장을 잘 반영한 것이다.

특히 『아언』은 국사와 정체를 탐구, 토론하는 한편 '법률의 사회적 연원', '경제적인 전국통일 방안' 등 법률과 정치 경제에 대한 논의를 진행하였다. 특히 국가권력을 중심으로 한 국민 경제의 발전, 노동자와 자본가의 합작을 통한 경제적 자강 등 경제적 국가 건설 방안을 주장하였다. 또 중국의 교육사와 현황을 평론하고, '실업구국'과 '교육구국'의 융합을 주장하였다. 또한 중화민족의 정신전통을 강조하고, 민족 자긍심을 강조하는 등 장타이옌과 같은 민족주의적 정서가 충만하였다.

그 외 문학적으로는 내용이 풍부하고, 격조가 높고 고상한 작품과 평론을 많이 실었다. 이미 혁명작 장사를 담은 소설이 있었다.

그러나 1914년 초부터 『아언』은 반 위안스카이적인 태도가 더욱 견결해지기 시작하였다. 또 적극적으로 시대의 폐단에 대해 글로써 규탄하였고, 정부의 무능을 지적하였다.

한편 러몽협약, 그리고 일본의 군비강화 등에 대해 비판적이었으며, 멕시코, 터키, 러시아 등에 대한 기사를 자주 실었다. 반제적 입장을 잘 읽을 수 있다. 특히 중국을 침략한 열강의 모순관계와 그에 대한 대책 등을 논의하였다.

당시 명망 있던 장타이옌, 류스페이(劉師培), 셰우량(謝無量), 황칸(黃侃) 등이 학술문을 실었기 때문에 꽤 큰 영향을 미쳤다. (오병수)

아오모리신문(青森新聞)

1879년 일본 아오모리현에서 발행된 신문

아오모리(青森)현 최초의 신문인 『호쿠도신문(北斗新聞)』의 후속지로서 1879년 3월 6일 창간되어 1882년 종간된 신문이다.
『호쿠도신문』은 1877년 3월 창간되어 1878년 10월 100호로서 종간되었다. 발행부수는 400부 미만이었다. 천하국가를 논하는 것이 아니라 아오모리현 내의 사정을 독자에게 알릴 목적으로 격일로 발행되었다.
자유민권운동기에는 민권사상과 운동의 보급에 노력하였다. 발행부수는 800부 정도였다.
도쿄대 메이지신문잡지문고, 히로사키(弘前)시립도서관, 아오모리현립향토관에 소장되어 있다. (문영주)

참고문헌

春原昭彦, 『日本新聞通史』, 新泉社, 2003; 新聞研究所, 『日本新聞年鑑』, 1943.

아이동무

1933년 평양에서 창간된 아동 잡지

1933년 5월 15일에 창간되었다. 종간호는 확실치 않으나 통권 31호로 1936년 2월호라는 설도 있다. 제27호(1935.10) 판권장에 보면 편집 겸 발행인 미국인 매쿤(Georges S. McCune, 한국명 윤산온[尹山溫]), 인쇄인은 문명사 인쇄소의 김표엽(金彭燁), 발행소는 아이동무사(평양부 신양리 39)이다. 판형은 A5판이며 총 58쪽에 정가는 5전이다.
아단문고에 3권 3호, 3권 10호(1935.3.5)가 있으며, 연세대에는 3권 3, 4, 9, 11, 4권 1, 2호가 소장되어 있다.

발행인 매쿤은 당시 평양숭실전문학교 교장이었으며 이 잡지 이외에도 『농민생활』(1929.6)을 발간하고 있었다. 원래 평양은 북장로교회 본산지로서 선교사들이 대거 주둔하여 선교활동을 벌였고, 교육기관 역시 숭실전문학교 이외에 소학교 숭덕학교와 숭현여학교가 있었고, 중학교는 숭실학교를 비롯하여 숭의여학교와 숭인상업학교가 있었으며, 전문학교로 평양신학교와 남녀 성경학교가 있어서 한국 미션 교육의 중심지를 이루고 있었다고 전해진다. 『아이동무』가 다달이 빠지지 않고 발행되면서도 31호에 이르기까지 장수할 수 있었던 것은 아마도 이러한 분위기 때문이었을 것이다.

잡지의 체제는 '우편통'이라는 편지형식의 권두언이 실리고 동시, 동요, 동화, 소년소녀소설, 번역소설 등이 게재되었다. 이 잡지에 참여한 작가는 김요섭, 심상렬, 김성호, 윤홍철, 우봉익, 박근홍, 전덕인, 금파, 한상진, 이성주, 김용복, 강승환, 배선권, 윤기용, 안회종, 박경종, 김정업, 배길동, 윤산온, 송영길, 강문구, 정서호, 송창일, 조활용, 장윤성, 우성익, 양순옥, 강소천, 최영일 등이었다. 독자 투고 작품을 모집하여 싣기도 했으며, 연재동화와 소년소설을 몇 호에 걸쳐 실어 독자들의 흥미를 유발하고 독자들로부터 지대한 관심과 성원을 이끌어냈다.

한국적십자사 총재를 지낸 서영훈에 의하면, 이 잡

지를 숭실전문학교에서 발간한 것으로 알고 있는데, 이는 아마도 발행인인 미국인 매쿤이 숭실전문학교 교장으로 재직하면서 학교 안에 '아이동무사'를 두었기 때문에 그렇게 기억하고 있지 않은 것으로 추측된다.

조선에 진출한 북장로교회 선교사들은 평양을 자신들의 거점으로 삼아 소학교에서 전문학교, 대학교에 이르는 학교를 설립하는 한편, 세대별, 계급별 잡지를 발간하여 조선인의 계몽과 해방, 기독교 정신의 정착화에 힘을 기울였다. 그런 맥락으로 보아 어린이 교육의 필요성과 어린이의 보호 및 육성에 부단한 노력을 기울였음을 알 수 있다. 궁극적으로는 조선의 복음화가 목적이었지만 일제의 식민치하로부터의 해방에 현지인들과 똑같이 동참하고 일제의 탄압을 받았다는 점에서 북장로회 선교사들의 독립운동에 기여한 바가 적지 않았다. 따라서 이 잡지의 성격도 당시의 평양 주변 여건을 면밀히 검토하고 그것과의 관련 속에서 자리매김해야 할 것으로 보인다.

조지 매쿤(George S.McCune, 1878~1941.12.7)

한국명은 윤산온(尹山溫)이다. 1935년 선교사로 한국에 온 그는 평북 선천의 신성(信聖)중학교 교장으로 있으면서 지도자 양성에 심혈을 기울였으며, 백낙준(白樂濬)은 그의 주선으로 미국 유학을 하였다. 1911년 105인 사건에 연루, 일본 정부로부터 추방을 받고 귀국하였다. 미국에서는 사우스다코타주(州)의 휴런대학장으로 있으면서 한국 유학생들을 도왔다.

1928년 재차 한국에 오게 된 그는 평양의 숭실전문학교와 숭실중학교의 교장직을 겸임하였다. 일제의 신사참배를 반대하였기 때문에 숭의여자고등보통학교 교장 스누크(V. L. Snook)와 함께 총독부로부터 교육자 자격을 박탈당하였다. 그리하여 그는 일제의 탄압을 받다가 3개월 뒤에 추방되었다. 미국으로 돌아간 그는 시카고의 무디성서학교에서 강의하였다. (전상기)

참고문헌

윤춘병, 『한국기독교신문잡지백년사(1885~1945)』, 대한기독교출판사, 1984; 최덕교 편저, 『한국잡지백년』 2, 현암사, 2004; 서영훈 「나의 일 나의 길: 先진화와 함께 善진화도 이뤄야」, 『문화일보』 2007. 1. 16.

아이들보이

1913년 서울에서 한국어로 창간된 아동 잡지

1913년 9월 5일 최남선(崔南善) 주재로 창간되었던 어린이 잡지로서 1914년 9월 통권 13호로 종간했다. 저작 겸 발행자는 최창선(崔昌善), 인쇄인은 최성우(崔誠愚)였다. 인쇄소는 신문관 인출소, 발행소는 경성부 남부 상리동 32의 신문관이었다. A5판 40여 쪽, 정가 6전이었다. 국회도서관에 소장되어 있다.

『소년』지가 일제총독부에 의해 강제 폐간된 뒤에 이어서 나온 것이 『붉은 저고리』였고, 이것이 다시 폐간된 뒤 세 달 후에 창간된 것이 『아이들보이』와 『새별』이다. 우리나라 어린이 잡지의 정통을 이은 것이라 할 수 있다.

창간사를 옮겨보면 다음과 같다.

"조선 백만 아이들이 다 우리 잡지의 동무될지니라. 우리는 물론 이리 되기까지 여러 가지로 정성을 다하려니와 여러분이 또한 이리 되도록 애쓰기를 아끼시지 말으소서. 이 잡지 보는 즐거움을 다 같이 함이 또한 큰 즐거움이 아니오리까. 우리가 사랑하고 우리를 사랑하시는 여러분이여!"

『소년』, 『붉은 저고리』 등과 더불어 이들 잡지들은 편집방법이나 체제가 대체로 비슷하였으나 『아이들보이』는 보다 더 아동의 기호나 취향에 접근시키려고 한 점이 특징이었다.

표지에는 붉은색 바탕에 갑옷을 입은 장군이 전통(箭筒)을 등에 메고 긴 창과 활을 들고 백마를 타고 있는 모습이 그려져 있다. 당대의 대가 심전 안중식(心田 安中植)이 그렸다. 아래쪽 왼편 모서리에는 호랑이의 얼굴이 아주 사나운 표정을 하고 있다.

『아이들보이』의 가장 두드러진 현상으로 인명 외에는 모두 한글을 전용한 것을 들 수 있다. 한자를 쓰지 않았을 뿐 아니라 한자어도 순수한 우리말로 바꾸어 쓰려고 노력하였으니 표제의 '아이들 보이'에서 '보이'

도 '보다(람[覽])'의 어간에 명사화접미사 '이'를 붙여 '읽을거리'를 나타내는 것 따위가 바로 그것이었다.

11호 맨 끝의 '한글풀이'에서는 한글의 자음과 모음을 분리하여 한글 풀어쓰기를 시범하기도 하였는데, 『육당연구』의 저자인 홍일식은 『아이들보이』 해제에 이렇게 썼다.

"『아이들보이』에서 볼 수 있는 '한글 풀어쓰기', 다시 말하면 각 자모 글자를 떼어서 옆으로 써 나가는 형식은 여기서는 그저 아동들로 하여금 한글에 대한 흥미를 갖고 한글 변형기교에 관심을 갖도록 하기 위한 수단으로 한 것이겠지만, 이 사실은 『한글』(1932년 5월 1일 창간) 5권 2호에 발표된 최현배의 「가로글씨의 이론과 실제」에서 말하고 연구한 것보다 실로 20년이나 앞서서 육당은 그것을 시도한 것이니, 한글사(史)에도 이 사실은 간과할 수 없는 것이 아닐까 한다."

또한 12호에 게재된 최남선의 「남잡이와 저잡이」는 모두 14절 56행에 이르는 7·5조의 노래인데, 이것은 최초의 근대적 동화요(童話謠)로 평가되고 있다. (이한울)

참고문헌

洪一植, 『六堂硏究』, 日新社, 1959; 金根洙, 「武斷時代의 雜誌」, 『亞細亞硏究』 11-1, 1968; 李在徹, 『韓國現代兒童文學史』, 一志社, 1978; 최덕교 편, 『한국잡지백년』 1, 현암사, 2004.

아이들의 과학(子供の科學)

1924년 일본에서 발행된 아동과학 잡지

1924년 소학교 고학년과 중학생을 대상으로 일본의 세이분도 신코샤(誠文堂新光社)에서 발행한 아동용 과학 잡지이다. 그 이후 현재까지 젊은 세대를 대상으로 과학의 재미를 제공하고, 일상적인 현상부터 최첨단의 연까지 자연과학의 다양한 연구 성과를 소개하였다.

이러한 잡지의 성격은 전쟁 기간 동안 시대적 제약을 받기도 하였다. 1944년 12월호의 권두언에는 "본토 내습을 미리 알 수 있었던 것은, 말할 것도 없이 우수한 전파탐지기(電波探知機) 때문이었다. 우리 과학기술자의 고심의 결정인 전파탐지기가 결코 적군의 그것에 비해 열악하지 않고 우수하다는 것은, 우리 국민들의 의지를 강하게 하는데 일조할 것이다"라고 기술되어 있다.

그러나 전쟁 기간에 일본의 전파탐지기가 미국이나 영국의 그것보다 열악하고, 그 개발도 늦었으며, 수량에서도 극히 소수만을 보유하고 있었던 것은 지금은 널리 알려진 사실이다. 따라서 전파탐지기 그 자체가 일본 독자의 개발에 의해 만들어진 것처럼 서술한 것은, 아이들의 '의지를 강하게 한다'는 목적의식적인 것이었다. 따라서 전후, 전쟁 동안 학교에서 교육 받은 아이들이 대인(大人)에 대해서 격렬한 증오를 나타낸 것은 이해할 수 없는 일이 아니었다.

전쟁 말기에 본 잡지는 일견 농업 잡지와 같이 농산촌의 기사와 농산물에 관한 기술이 많았다. 그것은 소학생이 전쟁에 협력하는 방법이 식료의 증산에 참여하는 것이었고, 또한 도시의 아이들 대부분이 농산촌으로 소개되어 있었기 때문에 이러한 기사가 풍성하게 게재되었던 것이다. 1944년 11월호에도 「산촌소국민의 멸적증산(山村小國民の滅敵增産)」, 「농산물해충강좌(農産物害蟲講座)」, 「증산병기·농기구(增産兵器·農器具)」, 「증산과 비료(增産と肥料)」라는 테마로 전체 분량의 2/3가 채워져 있다. 이외에는 「방공과 별(防空と星)」, 「소년금속학(少年金屬學)」, 「반사의 검사법 발견(反射の檢査法發見)」의 3편 만이 게재되어 있다. 과연 소개되어 있는 아이들이 이 잡지를 보고 즐거워했을지는 여전히 남겨져 있는 문제이다. 1945년 8월 이후 지금까지 발행되고 있다. (문영주)

참고문헌

高崎隆治, 『戰時下の雜誌その光と影』, 風媒社, 1976, 122~123쪽; 『日本出版百年史年表』, 日本書籍出版協會, 1968.

아천잡지(亞泉雜誌)

1900년 중국 상하이에서 창간된 과학 잡지

1900년 11월 29일 상하이(上海)에서 창간되었다. 중국인이 직접 편집 발행한 최초 과학 잡지의 하나로 초기에는 반월간으로 발행되다가 5호부터 월간으로 바뀌었다. 주필은 두야취안(杜亞泉)이며 매회 16쪽 분량으로 아천학관(亞泉學官)에서 발행하였다. 1901년 총 10호를 발행하고 종간되었다. 현재 베이징대학도서관에 소장되어 있다.

발행목적에 대해 두야취안은 「아천잡지서(亞泉雜誌序)」를 통해 정치의 발달은 이상에 근거하며, 이상의 실제 현실은 예술이 발달할 수 없다는 점을 염려한다며 정치와 예술의 관계에 대해 설명하였다. 또 중국은 모두가 정치 위주로 되어 있어 인물을 배출하지 못하며, 우리 생활은 반드시 농업과 상업, 공업의 세계를 필요로 하므로 『아천잡지』의 발행목적은 격치(格致), 산(算), 화(化), 농(農), 상(商), 공(工), 예(藝) 등 모든 과학을 소개하는 것이라 하였다.

내용은 자연과학의 지식 소개를 위주로 하여 화학, 물리, 수학, 박물, 화산, 지진, 양잠(養蚕) 등 다방면의 내용으로 과학지식 보급에 기여하였다. 또한 일본에서 출판된 각종 수리화학 서적들을 소개하였는데 수학서적이 531종, 이과 서적이 377종에 달했다.

• 두야취안(杜亞泉, 1873~1933)

본명은 웨이순(煒孫)이며 호가 야취안(亞泉)이다. 1900년 『아천잡지』를 창간하고 아천학관(亞泉學館)을 열었다. 『아천잡지』가 종간된 뒤 다시 1902년 보통학서실(普通學書室)을 개설하고 『보통학보』를 발간하였다. 1904년부터 상무인서관(商務印書館)에서 이화학부(理化學部) 주임을 보았으며 『동방잡지(東方雜誌)』 주필을 9년간 역임하기도 하였다.

일생 과학지식 보급에 힘쓰면서 많은 저술을 남기었다. 『식물학대사전(植物學大辭典)』을 책임 편찬하여 과학계의 거작으로 평가되고 있으며, 『동물학대자전(動物學大字典)』, 『쇼펜하우어 처세철학(叔本華處世哲學)』, 『동서문화비평(東西文化批評)』, 『인생철학(人生哲學)』, 『박사(博史)』, 『생물학(生物學)』, 『자연과학(自然科學)』, 『화학공예보감(化學工藝寶鑑)』 등의 저서가 있다. (김성남)

참고문헌

葉再生 著, 『中國近代現代出版通史』, 北京: 華文出版社, 2002; 王檜林·朱漢國 主編, 『中國報刊辭典』, 太原: 書海出版社, 1992.

아쓰마신문(あづま新聞)

1890년 일본에서 발행된 입헌자유당 좌파 신문

1890년 12월 13일 창간된 신문이다. 오이 겐타로(大井憲太郎)가 노동세민층에 자유민권사상을 계몽하기 위해 창간한 입헌자유당 좌파의 신문이다. 그 주장은 입헌제확립을 위해 국민 대중을 기반으로 한 의회정치, 정당내각제의 수립과 대외적으로는 강경외교를 주장했다.

노동세민층도 읽을 수 있도록 소신문의 형식을 취하였고, 정가도 당초 1부에 5리였다. 이 때문에 처음에는 3만 부가 발행되었다고 한다.

1891년 말 휴간과 연이은 폐간으로 오이 겐타로는 1882년 10월 3일 『신동양(新東洋)』을 창간했지만, 곧 폐간되었다. 이후 1896년 12월 6일부터 『아쓰마신문』으로 제호를 붙인 신문이 출간되었다. 이 신문의 初刊이 제529호인 점에서 추정해 보면, 어떤 신문을 개제한 것인지는 알 수 없지만, 아마도 이전의 『아쓰마신문』을 계승한 것으로 보이는데, 이 신문도 단명하고 말았다. (문영주)

참고문헌

春原昭彦, 『日本新聞通史』, 新泉社, 2003; 新聞研究所, 『日本新聞年鑑』, 1943.

아키타사키가케신보(秋田魁新報)

1889년 일본 아키타현에서 발행된 신문

1889년 2월 15일 창간되었다. 전신은 1874년 2월 2일 창간된 『가지신문(遐邇新聞)』이다. 메이지 초기에 지방지는 대부분 현의 광보지로서 창간되었는데, 가지신문도 그 일례이다. 가지신문에는 현의 광보(廣報), 현내외의 잡보가 게재되었다.
하이신문은 1878년 『아키타가지신문(秋田遐邇新聞)』으로 제호를 변경하였다. 1882년 다시 제호를 『아키다일보(秋田日報)』으로 변경하고, 혁신파 아키타개진당(秋田改進党)의 정당신문으로 기능하였다. 국판 4×6판 8쪽으로 발행되었으며, 발행소는 아키다개진당(秋田改進黨) 사무소였다.
1884년 8월 15일부터 경영난 해결을 위해 제호를 변경하였지만, 1개월 12호를 발간하고 폐간되었다. 1886년 『아키타신보(秋田新報)』로 복간되었고, 1889년 2월 15일 『아키타사키가케신문(秋田魁新聞)』으로 제호를 변경하여 발행되었다. 『아키타사키가케신문』은 근대신문으로 체제를 정비하고, 특히 학예면을 강화하여 주요 작가의 작품을 게재하였다.
1914년에는 윤전기를 설치하고, 1925년 9월 25일 석간을 발행하였다. 1942년 전시신문합병 시기 발행부수는 22000부였다. 1944년 석간 발행이 정지되었다가 1949년 9월 석간이 복간되었다.
신문은 아키타사키가케신문사(秋田魁新聞社), 현립아키타도서관(縣立秋田圖書館), 도쿄대메이지신문잡지문고(東大明治新聞雜誌文庫)에 보관되어 있다. (문영주)

참고문헌
春原昭彦, 『日本新聞通史』, 新泉社, 2003; 新聞研究所, 『日本新聞年鑑』, 1943.

아희생활

1926년 서울에서 발행된 아동 잡지

1926년 3월 1일 창간되어 44년 1월에 폐간된 잡지로 식민지 시대 가장 수명이 길었던 아동 잡지이다. 기독교계 어린이월간잡지이다. 발행인은 나의수(羅宜秀), 편집인은 정인과(鄭仁果), 그 뒤 발행인은 홀드크로프트(James G. Holdcroft, 한국명 허대전[許大殿])·본윅(G. W. Bon Wick, 한국명 반우거[班愚巨])·앤더슨(W. J. Anderson, 한국명 안대선[安大善])·한석원(韓錫原) 등이 대를 이었고, 편집 실무는 전영택·방인근·이윤재·최봉칙·임홍은 등이 차례로 맡았다. 발행처는 아희생활사이다. 인쇄처는 일신 인쇄주식회사이고 부피는 4×6판으로 80쪽 정도이다. 어린이 잡지로는 당시 평균 4200부 발행이라는 최고발행부수를 기록했던 잡지이다. 35년에는 제호를 『아이생활』로 고쳤다. 이후 해방 후 50년 『새벗』이라는 제호로 재창간이 준비되었고 52년 피난지 부산에서 빛을 보았다. 기독교서회가 발행하다가 강재훈(姜在勳) 개인이 발행했고 휴간의 과정을 거쳐 81년 이후 성서교재간행사가 발행하고 있다. 연세대와 고려대, 가톨릭대학교에 소장되어 있다.

한국 아동문학사에 의하면 『아희생활』은 『어린이』, 『별나라』(『신소년』)와 함께 식민지 시대 3대 아동 잡지로 손꼽히는 잡지이다. 당대 기독교가 아동 교육용으로 발행하였다. 더 정확히 하면, 이 잡지는 1922년 11월 성서공회 회의실에서 장로교, 감리교 두 교파의 한국 교회 대표와 선교부 대표 등 10개 단체의 대표가 모여 조선 주일학교연합회를 조직하였는데, 그 연합회에서 발간한 매체이다. 이 단체가 발간한 매체로는 1925년 7월에 발행한 교육전문월간지 『주일학교잡지』와 1926년 9월에 발행한 계간 『주일학교통신』이 있다.

『아희생활』에는 동화, 동시, 소설 등 문예작품과 역사 사화, 성경이야기, 위인전기, 세계명작소개 등 교양의 내용, 그리고 일기, 재미있는 이야기, 동화 동시 작법 등 어린이들에게 꿈과 소망을 심어 줄 수 있는 다양한 내용이 수록되어 있었다. 당대 소년소녀들에게 민족정신을 심어주면서 기독교적 윤리를 가르치는 잡지였다.

창간호를 살펴보면, 우선 장홍범의 「영생하여라」, 석근옥의 「깃분 소식」의 축사가 있어 기독교적 윤리 안에서 이루어져야 할 아동교육에 대한 기대를 보여 주고 있다. 역시 큰실과란 필자의 「아희생활의 출세」란 머리말과 홍병선의 「아희생활의게」란 글도 마찬가지이다.

작품의 경우, 김태오의 동화 「수선(꽃)나라」, 고한승의 「백조왕자」가 눈에 띈다. 우선 잡지 『어린이』에서도 활동을 했던 김태오의 동화 「수선(꽃)나라」, 고한승의 「백조왕자」이 눈에 띈다. 이외에도 이보식의 소년소설 「인정」, 로엘의 시 「아기의 손」의 번역되어 있고, 역사이야기로 강준원의 「소년 을지문덕」이 있어 아동문학 장르를 고르게 수용하고 있다. 이외에도 수신동화로 단계생(生)의 「저금을?!」이 있으며, 동화극으로 정남연의 「침묵과 다언(多言)」, 김현순의 「앵무의 가정」이 있다. 이외에 독자들의 흥미를 위해 소화(笑話)로 윤영완의 「아버지 줌으실 때」, 북문통인(北門通人)의 「시조에 밋친 노인」, 광주인의 「닭차지러」 등이 편성되어 있다.

현재 실물을 확인할 수 있는 것은 창간호 이후에는 9호가 있는데, 9호에는 특별히 9호부터는 '어린문단'이라는 독자투고란이 개설되었고, 이외에 자유논단이 있다. 이외에 기독교 잡지답게 공옥생(攻玉生)의 성가극 「띄보니어쓰」와 최창남의 「추수감사절을 당하야」라는 연설문이 실려 있다.

9호에도 『어린이』나 『별나라』 등에서 활동하는 윤복진의 「밤:」과 「국화」가 '어린가단(歌壇)'란에 있고, 이정구의 「가을편지」, 이원수의 「문안」 등이 실려 있다. 이외에도 현철의 「눈오는 밤」, 현제명의 「새벽별」, 정홍교의 「크리스마쓰의 꿈」 등이 있다. 이를 볼 때 『아희생활』 역시 당대 아동문학잡지인 『어린이』와 『신소년』, 『별나라』 등과 필자를 공유했던 것으로 볼 수 있다. 이외에도 눈에 띄는 필자들로는 조병옥의 글 「배호랴면 실습하라」란 글이 3권 1호에 실려 있고, 전영택은 3권 11호의 권두언을 쓰고 있어, 그가 이 매체에 관여하고 있었으리라 추측할 수 있다. 주요한 역시 동요 가을이 3권 11호에 실려 있다. 5권 1호에는 이광수의 「새해 어린이들에게 한말슴」이 있고, 이외에도 백낙준, 고황경, 전영택, 방인근, 이윤재를 필자로 섭외하고 있어 기독교 매체의 위력을 보여준다. 이후에도 주요한, 주요섭, 김태오, 이은상, 김윤경, 최창남, 정인과 등은 계속 필자로서 활동을 한다. 특히 7권 7호부터 등장하는 박용철은 독자들이 투고한 동요를 선발하는 작업을 하면서 『아희생활』의 편집에 관여했다. 그리고 7권 10호부터는 윤석중의 동요와 동시도 지속적으로 실린다.

이외에도 7권 7호에는 황석우, 이은상, 유광렬 9권 1호에 이태준, 9권 5호에는 서덕출, 9권 8호에 오장환과 안재홍, 9권 12호에는 이태준, 김동환이 필자로 참여하고 11권 2호에는 김소월의 「신시독본」, 14권 5호에는 정지용의 동요 「해바라기씨」가 실려 있다. 14권 6호에는 박영종(박목월)의 동요가 실려 있으며 13권 10호부터 강소천의 아동극과 동요 작품이 대략 3회 정도 실린다. 이처럼 『아희생활』의 필자는 다양했다.

그 내용들은 좌파 잡지들에 비해서 매우 온건한 편이었고, 오히려 『어린이』의 천사동심주의적 경향에 가까웠다. 기독교적 윤리인 근면과 성실, 그리고 우애를 강조하는 내용이 많았다.

기독교가 배경이었던 덕에 이 잡지는 식민지 아동잡지 중 그나마 오래 발행될 수 있었다. 그러나 윤춘병에 의하면 그동안에도 잡지의 발행은 그리 순탄하지만은 못했다고 한다. 우선 재정난이다. 1935년 인쇄비가 배로 오르고 광고료 수입이 매월 40원씩 줄어든 데다 같은 해 10월 2일 예수교서회의 보조금과 주일학교연합회에서 오던 후원금도 끊어지자 매체의 발간조차 어려웠다고 한다. 그러다가 뉴욕부인회와 캐나다선교부에서 원조금을 받아 겨우 다시 발간할 수 있었다.

또한 기독교잡지이자 소년소녀 잡지이지만 이 월간지는 삭제 압수 등 탄압을 받기도 하였다. 실제로 『아희생활』 2권 10월호 42쪽을 보면, 세로 2줄을 검게 먹물로 덮어 삭제한 부분을 발견할 수 있다. 그 내용은 신라의 박제상을 소개하는 부분인데, 삭제된 곳을 최창남이 그 면의 옆에다 만년필로 원문을 추적하여 다시 써넣었다고 한다. "내가 차라리 계림의 개 도야지가 될지언정 일본의 신하가 되지 않을 것이며 계림의 초달을 맞을지언정 일본의 록은 원치 않습니다 하고"라는 내용의 부분이었다.

또한 1933년 7월호와 1934년 7월호, 그리고 1936년

8월호 등 여러 번 압수를 당했다. 그렇게 견디다가 결국 이 잡지 역시 발간을 지속하기 위해 일제에 협력하는 제스처를 취할 수밖에 없었다고 한다. 1942년 8월 사무실을 경성서대문으로 옮기고, 한석원이 편집 겸 발행인이 되어 발간한 17권 6호에는 다른 잡지가 그랬듯 말미에 '황국신민의 맹세'가 실려 있고, 기사들 역시 전시체제하의 편재로 이루어져 있었다. 41년부터는 실제로 목차에 창씨개명한 필자들의 성명이 보인다.

그러다가 1944년 4월 1일 통권 218호로 폐간을 당한다. 그리고 이후 해방 후에 다시 복간된다.

이 잡지는 한국 근대화 과정에 기독교가 끼친 문화적 영향력이 구체적으로 무엇이었는가를 알려 주는 매체로서 의미가 깊다. (이경돈)

참고문헌

윤춘병, 『한국기독교신문잡지백년사(1885~1945)』, 대한기독교출판사, 1984, 이재철, 『한국현대아동문학사』, 일지사, 1978.

안아보(安雅報)

1900년 중국 광저우에서 창간된 시사종합신문

1900년 광저우(廣州)에서 창간되었다. 창간시의 원 제호는 『안아서국세설편(安雅書局世說編)』이었으나 후에 『안아보』로 개명하였다.
주필은 리페이스(黎佩詩)와 주허(朱鶴), 탄루젠(譚汝儉), 잔쥐인(詹菊隱) 등이 차례로 맡아 발행되었다. 1918년에 종간되었다.

내용은 논설과 저초공록(邸抄恭錄), 본성신문(本省新聞), 각성신문(各省新聞), 국외신문(國外新聞) 등의 난이 있다.

창간 초기에는 새로운 학문 전달을 주요 목적으로 하였으나, 후에는 비교적 선진적 사상을 가지고 있던 잔쥐인이 새로운 사상적 조류에 순응할 것을 주장하여 논설이 차츰 정치적 비판이 더하여졌다. 사설은 온건하면서도 용감하고, 또한 예리한 비평을 함축하고 있어 독자들의 환영을 받으면서도 당국의 미움을 사지 않아 장기간에 걸쳐 발행이 지속되었다. (김성남)

참고문헌

方漢奇 主編, 『中國新聞社業通史』, 中國人民大學出版社, 1996; 葉再生 著, 『中國近代現代出版通史』, 北京: 華文出版社, 2002.

안후이속화보(安徽俗話報)

1904년 중국 안후이 우후에서 창간된 시사종합신문

1904년 3월 21일 안후이(安徽) 우후(蕪湖)에서 창간되어 반월간으로 음력 1일과 15일에 발행되었다. 편집장으로 천두슈(陳獨秀), 팡추우(房秋五)와 우루청(吳汝澄), 왕멍쩌우(汪孟鄒) 등이 편집에 참여하였다. 한 차례 정간되었다가 1905년9월31일 총22호를 발행하고 종간되었다.

내용은 논설과 긴요신문(緊要新聞), 본성신문(本省新聞), 역사, 지리, 교육, 실업, 소설, 시가(詩歌), 회곡 등의 난이 있으며, 후에 병사(兵事), 위생, 격치(格致)란이 증면되었다. 문장이 간명하여 이해하기 쉬웠고 애국과 반봉건 색채를 분명히 하였다. 구독 대상은 교사와 농부에서 수공업자, 생업에 종사하는 사람, 관리와 병사, 여인과 어린이까지 다양하였다.

천두슈는 싼아이(三愛)라는 필명으로 많은 글을 썼는데, 그가 편집한 원고들은 상하이로 보내져 교과학도서사(交科學圖書社)에서 인쇄된 후 다시 우후로 보내져 배포되었다.

발행 목적은 안후이 사람들이 학습을 통해 시사(時事)를 알 수 있도록 하기 위함이며, 이를 위해 대중적 문장으로 애국과 구국을 호소하였다. 천두슈는 창간호에 발표한 「과분중국(瓜分中國)」을 통해 모든 사람은 나라 일과 국가 보위를 알고 애국을 알아야만 하다고 강조하였다.

또한 외국인들의 수중에 있는 중국 경제의 회복과 공상업의 발전을 호소하였으며, 국민교육의 보급과 과학지식을 제창하고 문예작품을 무기로 하여 제국주의와 청 왕조와의 투쟁을 진행할 것을 주장하였다.

1904년 8월 12호의 '본사광고(本社廣告)'란에는 매회 발행부수가 1000부에서 3000부로 증가하였으며 판

로가 확대되어 국내외 백화보(白話報) 가운데 제일이라 쓰여 있다. (김성남)

참고문헌

方漢奇 主編, 『中國新聞社業通史』, 中國人民大學出版社, 1996; 葉再生 著, 『中國近代現代出版通史』, 北京: 華文出版社, 2002.

압강일보(鴨江日報)

1907년 중국 신의주에서 발간된 일본어 일간지

1896년 중국의 안동현(安東県)에서 발행된 『만한신보(滿韓新報)』가 발행소를 평안북도 신의주로 옮기면서 창간하였다. 처음에는 『압강시보』로 시작하여 『의주시보(義州時報)』로 개제하였다가, 1907년 4월 『압강일보』로 바꾸었다. 앞 신문과의 연속성은 확인되지 않는다.

1910년 가토 데쓰지로(加藤鐵次郎)가 인수하여 사장직에 취임하였으며, 사재를 털어 운영하다가 1920년 익명조합(匿名組合)으로 변경하였다. 다시 1927년 주식회사로 변경하였다. 1929년 현재 사장에 가토 데쓰지로, 주필에 오카와 요부노시(小川延吉)를 포함해 19명의 사원이 근무하고 있다.

1929년 현재 주요 설비와 지면 상황은 다음과 같다. 평판인쇄기 2대, 사용 활자는 7포인트 75, 사진제판기 1대, 연판주입기 1대가 있었다. 조간 쪽으로 발간되었으며, 1행 14자, 1단 136행, 1면 13단으로 구성되었다. 월 구독료는 80전, 광고료는 보통면 1행 80전, 특별면 1행에 1원 20전이었다. 조선에서 처음으로 1면 13단으로 지면을 구성하였다고 한다. 경성과 평북 각 지역에서 지국을 운영하였다. 그러나 『압강일보』는 아직 실물이 발굴되지 않았다.

사장 가토 데쓰지로는 기후(岐阜)현 출신으로 1910년 신의주가 개항하기 이전인 1905년 신의주로 건너와 미곡무역상회인 마루가(丸加)상회를 열었다. 신의주 상업회의소의 창립 이래 회두로 참여하여 만년 회두로 일컬어질 정도로 중심적 역할을 수행하였으며, 부회 의원과 부회 의장을 계속하여 역임하였다. '국경개척의 선구자'로 일컬어지는 다다 에이키치(多田榮吉)과 함께 황무지였던 신의주를 개척한 쌍벽으로 일컬어진다. 신의주 상업회의소와 부회는 가토의 세력권이었으며 평안북도 도회는 다다가 부회장으로 있으면서, 상호 영역을 나누어 협조한 것으로 알려져 있다. 가토는 이처럼 금융, 상공업, 부 행정 등에 기여함으로써 신의주 건설과 국경 개척의 최대 기여자로 당시에 평가되었다. 『압강일보』는 가토가 사재를 털어 운영하였다고 한다.

『압강일보』는 국경지방 유일의 일간지로서 그 지방에서는 권위를 가지고 있었고, 성가가 높았다. 『압강일보』는 조선박람회 개최의 여론을 일으켰으며, 사원을 도내 각지에 파견하여 도내의 산업과 각종 사정을 소개, 선전하였다. 또 백두산 산록의 사적을 처음으로 조사하였으며, 압록강의 계곡과 밀림을 사진으로 찍어 『국경대감』을 발행한 것 등을 이 신문사의 주요 사업으로 들 수 있다.

압강일보사에 발간한 단행본으로는 이시마루 긴이치(石丸銀一)가 촬영한 『국경』(1934), 『국경사진대관』 등이 확인되고 있다.

『압강일보』는 아직 실물이 발굴되지 않았지만, 자료가 발굴되면 식민지기 평북 지방 연구에 크게 기여할 수 있을 것으로 판단된다. (윤해동)

참고문헌

田中市之助, 『新興朝鮮開發事情』, 1939; 中村明星, 『朝鮮滿洲新聞雜誌總覽』, 新聞解放滿鮮支社, 1929; 『新聞總覽』, 日本電報通信社, 각년판.

앞길

▶ 민족혁명

앞길

1942년 중국 충칭에서 한국어로 간행된 임시정부의 월간신문

1942년 초 창간된 월간신문이다. 임시정부에서 조선앞길사의 명의로 발간했다. 조선앞길사의 소재지는 충칭(中京) 탄자석(彈子石) 대불단(大佛段) 150호였다. 국한문혼용으로 1942년 1월 1일자 특집호는 타블로이드판 6면 4단제였다. 같은 이름의 민족혁명당의 기관지(1937)가 있다.

임시정부를 지지하는 내용을 신문 상단에 실었다. 1945년 1월 1일자 1면 상단에는 "새해의 첫 아침에 우리들은 공동히 결심하자! 우리들은 단결을 더욱 공고히 하고 또 단결의 범위를 확대하야 국내외 일체혁명역량을 모다 임시정부의 기치하에 통일 집중케 하자"라는 구호가 실려 있다. 이 신문은 사설을 제1면에 실었는데, '단결을 강화하며 공작을 전개하자'라든가, '승리의 새해', '전투의 새해'와 같은 제목이었다.

일본군에 강제로 끌려갔다 탈출하여 임시정부를 찾아왔던 한국인 청년들을 위해 만든 신문이었다. 이에 학도병 출신의 젊은이들이 편집을 도왔다.

독립기념관에 보관되어 있는 1943년 6월 15일자와 1944년 7월 5일자 신문에는 '조선민족혁명당(朝鮮民族革命黨)' 창립 9주년을 기념하는 글과 조선의용대에서 활동하다가 1942년 화베이(華北)의 태항산(太行山)에서 일본군과 교전 중 전사한 독립운동가 윤세주(尹世胄)에 관한 내용을 수록하였다. (이신철)

참고문헌

윤임술 편, 『한국신문백년지』 2, 한국언론연구원, 1983; 『앞길』, 독립기념관 소장본.

▌앞으로

1936년 러시아 모스크바의 외국노동자출판사에서 발행한 한글 잡지

1936년에 모스크바의 외국노동자출판사에서 발행했다. 한글 잡지이다. 1936년도에 간행된 1호부터 6호까지 남아 있다.

러시아인들이 작성한 내용을 번역한 것과 『프라우다(Pravda)』지에 실린 글을 번역하여 실은 것, 그리고 한인들이 작성한 것 등으로 구성되어 있다. 이 잡지는 스탈린의 활동, 러시아 공산주의에 대한 내용과 주변 국가의 혁명가들의 활동을 주로 다루었다.

특히 『앞으로』에서 주목되는 것은 한국 관련 기사를 많이 싣고 있다는 점이다. 그 가운데 가장 주목되는 것은 3·1운동 관련 내용과 6·10만세운동에 관한 기사이다. 이 잡지에서는 조선에서 일어난 3·1운동과 6·10만세운동을 사례로 소개하고 당시 국제공산당에서 강조하고 있던 민족유일전전선운동의 필요성을 주장하였다.

또한 만주 지역에서 활동하고 있던 조선인 항일투사에 대한 기사도 게재하였다. 이 잡지에서는 북만주에 있는 동북인민혁명군 전체의 존경과 신임을 상징하는 박진우의 죽음을 애도하는 기사를 싣기도 했다.

한편 『앞으로』에서는 한문을 한글로 쓰는 문제, 러시아어를 한글로 번역하는 문제 등에 대한 기사도 있다. 즉 한문을 가능하면 쓰지 않고 순한글로 우리의 뜻을 표현하는 데 있어서 나타나는 문제점과 그러한 노력들에 대해서 다루었다. 또한 러시아어를 한국어로 번역하는 데 있어서 드러나는 문제점 등에 관한 기사도 실었다. 외국노동자출판사는 러시아어로 된 글들을 각국어로 번역하는 기관이었다. 이곳에는 고려부도 있어서 러시아어를 한글로 번역하여 출간하고 판매하기도 하였다. 대표적인 것으로 레닌의 『국가와 혁명』, 『자본주의 최고단계로서의 제국주의』 등을 들 수 있다.

• **박진우**

박진우의 본명은 김웅섭이고, 1910년 원동 이만에

서 출생하였다. 교육은 일찍부터 간도 동흥(東興)학교에서 받았으며, 중학교 시절부터 혁명운동에 참여하였다. 1930년 7월에 중국공산당에 가입하였으며, 청년단 현위원으로 활동하였다. 1932년부터는 당중심 현위의 책임자로 활동하였으며, 북만지방의 중심인물이었다. 1935년 7월에는 동북만주의 유격대가 동북인민혁명군으로 재편성될 때 단 부부단장으로 피선되었다. 1935년 음력 8월 24일 일본군이 동북인민혁명군 근거지를 공격할 때 일본군과 전투를 벌이다 전사하였다.

• 동북인민혁명군

동북인민혁명군은 1933년 9월에 조직된 중국공산당 만주성위원회의 무장부대이다. 당시 만주에서는 지청천이 이끄는 한국독립군과 양세봉(梁世奉)이 지휘하는 조선혁명군이 일본군의 대토벌에 저항하여 자위부대를 조직했으며, 농민들의 봉기가 각지에서 일어났다. 이러한 봉기가 발전하여 항일유격대가 조직되었다. 이들은 일본군에 맞서 싸우면서 1932년 하반기부터 1933년 봄에 걸쳐 동만주 지역에 유격근거지를 건설했고, 이 같은 항일투쟁의 발전에 조응하여 이 지역의 중국공산당 만주성위원회가 동북인민혁명군을 조직하였던 것이다. 이는 만주 지역에 흩어져 있는 여러 무장부대의 통일적 군사력으로서 특히 남만주 지역의 제1군과 동만주 지역의 제2군은 조선인이 주력이었다. 이들은 조국해방을 위해 끊임없이 국내진공작전을 폈는데, 1935년 2월 제1군 제1사장 이홍광(李紅光)이 주도한 평북 동흥(東興) 공격이 그 대표적인 사례였다.

1935년 7월 코민테른 7차 대회에서 제국주의 파시즘에 대응한 반파쇼 인민전선과 식민지에서의 민족통일전선 방침이 제시됨에 따라 중국공산당도 국민당에게 내전중지와 항일통일전선 결성을 호소하였고, 그와 함께 동북인민혁명군은 동북항일연군(東北抗日聯軍)으로 확대 개편되었다. 동북항일연군 중 김일성이 이끄는 조선인 무장부대들은 활발한 유격활동을 전개하고, 조국광복회와 함께 국내진공작전을 벌이기도 했다. 1937년의 보천보(普天堡) 전투가 그 대표적인 예이다. 그러나 1940년대에 들어서면서 관동군과 만주군을 동원한 일제의 대토벌로 그 활동이 위축되어 시베리아 쪽으로 이동했다. (이신철)

참고문헌

박환, 『재소한인 민족운동사』, 국학자료원, 1998; 위암장지연선생기념사업회, 『한국근대언론과 민족운동』, 커뮤니케이션북스, 2001.

▌애국(愛國)

1932년 서울에서 비정기적으로 발간된 일본어 간행물

조선군사령부 애국부에서 1932년 2월(1호), 4월(2호), 1934년 5월(3호)에 걸쳐 발간한 비정기간행물이다. 그러나 단행본에 호수를 붙이고 있고, 연속성이 있어 이를 정기간행물로 간주할 수 있다. 국립도서관에 1호부터 3호까지 모두 소장되어 있다.

일본의 만주침략 이후 애국의 미담과 가화(佳話)가 많았는데, 이 가운데 조선군사령부 애국부에서 취급한 것과 조선 내 신문 등에 게재된 것을 수집하여 일반인들에게 소개하기 위하여 발간한다고 하였다. 조선군사령부 애국부장은 조선군 참모장이 맡고 있었는데, 조선군사령부 애국부는 일제의 만주침략 이후 조선군의 상황을 널리 선전하고 대중들의 지원을 얻기 위하여 창설한 조직이라고 한다.

1호는 종군 지원, 위문(일반, 학생, 아동), 애국기 헌납의 세 부분으로 나누어 각종 사례를 소개하고 있다. 종군 지원의 경우 주로 일본인들의 혈서 지원 사례를 소개하고 있으며, 위문의 경우 부상병 위문이나 조선인의 사례를 소개하고 있다. 학생이나 아동의 경우 그 애국적 순수함을 강조하고 있으며, 애국기 헌납을 위한 헌금운동을 광범위하게 소개하고 있다.

2호는 애국기 조선호 헌납과 관련한 특집호이다. 1932년 4월 17일 애국기 조선호 헌납식이 거행되었는데, 조선호 헌납운동은 1932년 2월에 시작되었다고 한다. 1932년 1월 14일 일본의 애국기 1, 2호가 조선을 통과하여 만주로 비행하자, 대구, 부산 등지에서 애국호 헌납운동이 시작되었다고 한다. 1월 말 이 운동이 전 조선으로 확장되자, 조선군사령부 애국부에서는 2월 5일 조선호 헌납운동을 알선하기로 확정하였다고 한다. 이후 헌금이 8만 원을 돌파하여 조선호 건조 발주를 마쳤다. 이는 88식 정찰기로서, 가격은 8만 원이었으며, 애국 제10호 조선호로 명명되었다. 전체적으로는 헌금이 20만 원을 넘어 2, 3호기도 발주할 예정이라고 하고 있다.

이 헌금운동 사례를 모아 발간한 것이 바로 2호이다. 각지의 헌금 모집운동을 일반, 단체, 학생 및 아동 등으로 나누어 사례를 모아두고 있다.

3호는 1932년 이후 1934년까지의 출정 장병 위문이나 국방헌금 등과 관련한 미담을 모아 소개하고 있다. 헌금과 관련한 제 단체의 활약 상황, 근검절약에 의한 제 단체의 헌금, 공동노동에 의한 헌금, 계속 헌금, 조선방공병기의 헌납, 애국지성의 다양한 면모, '제2국민'(아동을 가리킴)과 현역 병사의 적성(赤誠) 등으로 나누어 소개하고 있다.

1938년 이후 조선인에 대한 지원병제나 징병제를 실시하기 이전, 조선군사령부가 조선인을 포함한 대중들에게 전쟁 동원의 정당성을 알리기 위해 어떤 활동을 하고 있었던가를 살펴보는 데 유용한 자료라고 할 수 있다. (윤해동)

참고문헌

『애국』 국립도서관 소장본.

애국신문

중국 연길현에서 김립, 김하석 등이 발행한 신문

발행연도는 미상이다. 연길현 합마당(蛤蟆塘)에서 발행되었다. 김립(金立), 김하석(金夏錫) 등이 안동 방면으로부터 인쇄 기계와 국문활자를 구해서 창간했다. 기독교 계열의 청년들이 판매 확장에 힘을 쏟으며 배일사상 고취에 힘썼다. 창간자 김립과 김하석의 행적으로 볼 때 사회주의사상을 전파하는 역할을 하였을 것으로 추정된다.

• 김립(金立, ?~1922)

본명은 김익용(金翼容)이다. 한인사회당 중앙위원, 상해임시정부 비서장 등을 역임했다. 1911년 블라디보스토크에서 '권업회' 결성에 참가했다. 1913년 북간도에서 간민회에 참여했다. 그해 왕청현 나자구(羅子溝) 대전자(大甸子)에서 '동림(東林)무관학교' 설립에 참여하고 교사가 되었다. 1917년 러시아 2월혁명 발발 후 러시아 영내에서의 반일운동 재개를 모색하기 위해 잠입했다가, 당시 대 독일 전쟁의 지속을 추진 중이던 러시아 임시정부 경찰에 의해 '독일스파이' 혐의로 체포되었다. 1918년 1월 하바로프스크에서 개최된 '아령한인회 대표자회의'에 참석하여 부회장으로 선임되었다. 2월 하바로프스크에서 개최된 신민회 망명간부회의에서 공산주의 수용을 주장하는 좌익 진영에 가담했다. 4월 하바로프스크에서 개최된 한인사회당 결성회의에서 선전부장이 되었다. 출판사 '보문사(普文社)'를 설립하여 사회주의 문헌을 한글로 간행했으며, 한인사회당 중앙기관지 『자유종』 발간을 주도하고 주필이 되었다. 1919년 4월 블라디보스토크 근교에서 신민단과 한인사회당을 합동하여 새로이 '한인사회당'을 결성하고 선전부 담당 중앙위원이 되었다. 9월 임시정부 통합운동을 추진하기 위해 이동휘와 함께 상하이로 갔다. 그 후 재상하이 한인사회당을 조직하고 중앙위원이 되었다. 통합 임시정부 국무원 비서장을 지냈다.

1920년 8월 상하이에서 한인사회당 대표자회의를 개최하여 한인공산당으로 개칭할 것을 결의하고 코민테른 파견 대표자로 선임되었다. 9월 상해임시정부 비서장직을 사임했다. 10월 베르흐네우딘스크에서 개최된 한인공산당 중임 당원회의에 참석하여 통일 고려공산당 결성문제와 코민테른 자금관리 문제를 협의했다. 12월 모스크바 자금을 상하이로 운반하여 구 한인사회당 중앙위원들과 함께 자금 관리를 협의했다. 1921년 5월 상하이 고려공산당 창립대회에 참석하고 비서부장이 되었다. 1922년 2월 6일 상하이에서 코민테른 자금을 임시정부에 귀속시킬 것을 주장하는 오면직(吳冕稷), 노종균(盧宗均)에게 암살당했다.

• 김하석(金河錫, 1886~?)

저비(低鼻)라는 이름으로도 활동했다. 알려진 행적으로 보아 김하석(金夏錫)과 동일인물로 추정된다. 고려공산당 중앙위원을 지냈다. 1910년 러시아 연해주로 망명했다. 1912년 북간도 소영자(小營子)에 광성(光成)학교를 설립하고 교감이 되었다. 1913년 왕청현 라자구(羅子溝) 대전자(大甸子)에서 '동림(東林)무관학교' 설립에 참여하고 교사가 되었다. 1916년 10월 광성학교 교육내용이 반일적이라는 이유로 일본 영사관으로부터 '추방'형을 선고받고, 함북 청진에서 거주했다. 1919년 3·1운동이 발발하자 북간도를 거쳐 연해주로 망명했다. 그 후 연해주에서 대한국민의회 군무부장이 되어 조선인 무장부대를 결성하고 러시아 중동선(中東線) 사령관 호르바트 군대에 편입시켰다. 1920년 4월 러시아혁명 간섭을 위해 출병한 일본군이 연해주 혁명정부를 전복하기 위해 쿠데타를 일으키자 연해주를 떠나 흑룡주로 이주했다. 1920년 가을 블라고베셴스크 한인공산당에 입당했다. 1921년 5월 이르쿠츠크에서 열린 고려공산당 창립대회에서 중앙위원으로 선임되었다. 같은 달 러시아 및 만주의 조선인 반일무장부대들을 단일한 대부대로 편성하기 위해 코민테른 동양비서부의 지도하에 조직된 고려혁명군정의회의 위원으로 선임되었다. 12월 모스크바에서 개최된 극동민족대회에 고려혁명군 대표 자격으로 참석했다. 시베리아 내전이 종결된 뒤 1923년 8월 블라디보스토크 해상선박검사소에서 근무했다. 1923년 6월 공산당에서 탈당했다. (이신철)

참고문헌

윤임술 편, 『한국신문백년지』 2, 한국언론연구원, 1983; 강만길·성대경 편, 『한국 사회주의운동 인명사전』, 창작과비평사, 1996.

▌애국신문(愛國新聞)

1924년 일본에서 창간된 미에현수평사와 일본농민조합 미에현연합회의 합동 기관지

미에현(三重縣)의 수평운동단체와 농민운동단체가 합동으로 간행한 기관지이다. 편집인은 야마타 세이노스키(山田清之助), 가와이 히데오(河合秀夫)가 차례로 맡았다. 미에현수평사(三重縣水平社)의 기관지 『미에수평신문(三重水平新聞)』이 폐간된 후 일본농민조합 미에현엽합회(日本農民組合三重縣聯合會)와의 합동 기관지로 1924년 3월 1일 창간되었다. 창간호부터 21호까지는 순간, 이후는 재정난으로 인해 월간으로 발행되었다. 쪽수도 당초의 8쪽에서 4~6쪽으로 줄어들었다. 부수는 보통 때는 2000부였지만 전성기에는 7000부에 이르렀다. 정가는 7~10전이었다.

미에현의 마쓰자카(松坂) 외에도 우지야마다(宇治山田), 구마노(熊野), 이치시(一志, 이상 미에현), 도쿄(東京)에 지국이 있었다. 1926년 1월 1일의 37호를 마지막으로 같은 해 4월 일본농민조합 미에현연합회 기관지 『미에농민신문(三重農民新聞)』으로 개제하였다.

『애국신문』의 이름은 "지금으로서는 이 자본제도도 무너져 새로운 제도가 대신할 시대가 도래하였다. 이를 위한 운동이 노동운동, 농촌운동, 수평운동으로 이를 주장하는 것이 애국주의이다"(창간호)라는 입장에서 유래한 것이다.

『애국신문』의 기사 가운데 주목되는 것은 저명한 사회주의자 사카이 도시히코(堺利彦)가 사카이 코센(堺枯川)이라는 필명으로 「강담 오시오 소동(講談大鹽騷動)」(5~14호)에 연재하였다는 사실이다. 이는 『애국신문』이 전국적으로 주목받고 있었음을 보여준다.

『애국신문』은 출범 직후의 수평사를 비롯한 미에현의 무산계급운동이 볼셰비키파에 입각하게 되기까

1925년 6월 미에현의 메이데이 시위를 보도한 『애국신문』

지의 과도기를 이끌면서 피차별 부락의 사람들을 계몽하고 계급투쟁으로 전환하도록 하는 데 중요한 역할을 하였다.

따라서 단순히 한 지역운동단체의 기관지에 그치는 것이 아니라 근대 부락사의 자료 가운데서도 수평운동이 무산계급 운동으로 전환하는 과도기적 상황을 보여 주는 자료라는 의미를 가진다. (이준식)

참고문헌

『愛國新聞』(復刻板), 勞動運動史刊行委員會, 1975; 三重縣部落史研究會, 『解放運動とともに: 上田音市のあゆみ』, 三重縣良書出版會, 1982.

▌애국신보(愛國申報)

1921년 만주 용정에서 한국어로 발행한 독립운동신문

1921년 1월 만주 간도 용정촌(龍井村)에서 발행했다. 등사판 인쇄신문이다. 공산당계열의 신문으로 추정된다. 발행자는 김원묵(金元默)이었다. 나머지 상황은 자세히 알 수 없다. 김원묵은 1921년 5월 30일 일제에 의해 체포되었다.

• 김원묵

1924년 12월 고려공산청년회 간도총국대회에 참가하여 선전부 담당 집행위원으로 선출되었다. 1929년 모스크바 동방노력자공산대학 본과에 다녔다. 4년제 과정을 2년에 마쳤다. 1932년 3월 태평양노동조합 블라디보스토크 사무국 간부로서 적색노동조합운동을 지도하기 위해 귀국했다. '제2차 태평양노동조합 탄압사건' 당시 적색노조 책임비서를 지냈다. 『노동자신문』 발간 책임을 맡았다. 5월 일본 경찰에게 체포되었다. 9월 고문으로 인해 함흥도립병원에 입원 치료 중 탈출했다. 2주일 만에 다시 함흥 경찰서에 체포되었다. 옥사했다. (이신철)

참고문헌

윤임술 편, 『한국신문백년지』 2, 한국언론연구원, 1983; 강만길·성대경 엮음, 『한국사회주의운동인명사전』, 창작과비평사, 1996.

▌애국신지(愛國新誌)

1880년 일본에서 창간된 자유민권운동 전국지도조직 애국사의 기관지

자유민권운동의 전국적 지도조직인 애국사(愛國社)의 기관지이다. 『애국신지』의 전신은 『애국지림(愛國志林)』이다. 『애국지림』은 도사릿시샤(土佐立志社)가 1879년 3월 애국사 제2회 대회에서 애국사의 기관지를 만들어 전국적인 지도이론을 제시할 필요성을 주장함으로써 만들어진 것이다.

1880년 3월 13일 1편이 발행되어 같은 해 8월 8일자 10편까지가 『애국지림』이고, 이후 『섭해잡지(攝海雜誌)』(1880년 1월 창간)를 흡수하여 『애국신지』로 제호를 변경했다. 『애국신지』는 1880년 8월 14일 1호를 간행하여 19호까지는 주1회, 20호 이하는 월3회 발행하다가 1881년 6월 17일 36호로 종간되었다.

『애국신지』는 종간과 더불어 7월 『고치신문(高知新聞)』에 합병되었다. 발행지는 『애국지림』과 『애국신지』 30호까지는 오사카(大阪)였으나 이후 고치로 옮겨갔다. 두 잡지의 체제는 모두 4×6배판 22쪽 구성의 소책자이다. 발행부수는 정확히 알려져 있지 않지만, 내용은 지도적 이론지에 걸맞게 충실했다. 잡지는 『메이지문화전집(明治文化全集)』 14, 자유민권편(속)에

전문이 복간되었다.

대회 결정에서는 신문을 발행하기로 의결했지만, 자금모집의 문제로 어쩔 수 없이 잡지를 발행하게 되었다. 자금은 릿시샤가 부담했고, 편집자도 모리와키 나오키(森脇直樹), 히로타 노부타케(弘田伸武), 우에키 에모리(植木枝盛) 등 릿시샤 사원을 중심으로 나가다 이치지(永田一二)와 구리하라 료이치(栗原亮一)가 가담했다.

두 잡지를 통해 게재된 논문 151편 가운데 애국사의 사설은 79편이다. 사설은 우에키 에모리가 52편, 나가타가 12편, 사카모토 나미오(坂本南海男)가 각각 3편을 집필했다.

이들 논문의 특징은 기본적 인권에 대한 명확한 이론을 전개하면서, 저항권과 혁명권 사상을 분명히 제시했다는 점이다. 예를 들면 "인민은 첫째로 자유를 주장하는 인민으로서 위력의 가증스러움과 천박함을 알고 있다. 정부가 자유를 대신하여 위력을 행사한다면, 인민 또한 이에 저항하기 위해 위력을 사용할 수밖에 없다"(11호)고 밝혔다.

더욱이 15번에 걸쳐 연재된 나가타의 「국회론(國會論)」에서는 민약헌법과 인민주권론을 주장했고, 우에키는 「대의원론(代議院論)」을 통해 일원제 의회야말로 진정한 입헌정체에 걸맞다고 주장했다. 이는 이후 사의헌법안(私擬憲法案) 가운데 가장 높게 평가받는 「동양대일본국국헌안(東洋大日本國國憲按)」으로 결실을 보았다.

또 우에키는 「무상정법론(無上政法論)」(11회 연재)과 「세계대야만국(世界大野蠻國)」에서 침략주의와 식민지주의를 철저히 반대하고, 아시아인의 연대를 주창했다. 하지만 우에키가 주장한 「만국공의정부(萬國共議政府)」와 아시아 연대는 추상적으로 언급되어 구체성이 결여되었다.

그럼에도 이러한 주장이 제기된 것은 만민에게 기본적 인권을 보장해야 한다는 사고방식을 제시한 것으로 높이 평가할 수 있다. 자유민권사상과 운동이 일부 사족과 호농층의 전유물이 되어서는 안 되고, '동포 3000여 만의 형제자매'와 더불어 전개되어야 한다는 지도층의 사고방식의 전환을 촉구한 것이었다.

• 애국사(愛國社)

자유민권운동 시기의 중앙정당명이다. 1875년 2월 22일 오사카회의(大阪會議)에 참가한 이타가키 다이스케(板垣退助)가 이전의 애국공당(愛国公黨) 동지를 다시 결집하여 만든 정당이다.

중심 세력은 고치(高知)의 릿시샤 사원을 중심으로 도쿄에 본사를 두었으나, 결성한지 10일도 지나지 않아 이타가키가 참의(參議)가 되자 자연히 소멸했다. 세이난전쟁(西南戰爭) 이후 1878년 4월, 릿시샤는 전국 동지의 결집을 위해 애국사의 재흥을 결정했다.

사이고군(西鄕軍)의 패배 결과, 릿시샤는 전제정부의 타도가 아니라, 언론과 대중결사의 조직으로 방침을 바꾸었다. 같은 해 9월 릿시샤는 오사카에서 애국사재흥대회(愛國社再興大會)를 개최하여 자유민권운동의 전개에 새로운 활력을 불어넣었다. 이후 애국사는 여론을 신장시키고 국회 개설을 목적으로 한 집단결성에 힘을 쏟아 국회개설운동의 핵심적 조직체가 되었다.

1879년에는 사족 중심의 정사(政社)로부터 호농 중심으로 변경되어 현회(県會) 의원 중심이 되었다. 애국사의 지도에도 릿시샤 중심에서 국회기성동맹 중심으로 바꿨다. 이 결과 릿시샤 그룹은 애국사를 존속시켜 『애국지림』을 간행했다. (이규수)

참고문헌

牛島俊 作, 『日本言論史』, 河出書房, 1955; 『近代文學雜誌事典』, 至文堂, 1965; 桂敬一, 『明治・大正のジャ-ナリズム』, 岩波書店, 1992.

▌애국지림(愛國志林)

▶ 애국신지(愛國新誌)

▌야나기자와통계연구소계보(柳澤統計研究所季報)

▶ 야나기자와통계연구소보(柳沢統計研究所報)

▌야나기자와통계연구소보(柳沢統計研究所報)

1925년 일본에서 발행된 통계 잡지

1925년 2월 28일 야나기자와통계연구소가 통계자료의 해제를 목적으로 창간한 잡지 『통계서해제월보』가 시초였다. 『통계서해제월보』는 1927년 7월부터 『야나기자와통계연구소월보』로 개제되었다가, 1938년 12월부터 『야나기자와통계연구소보』로 다시 개칭되었다. 연구소가 1925년 2월 28일 연구소에 들어온 자료의 해제를 목적으로 발간한 잡지가 『통계서해제월보』였다. 『통계서해제월보』 창간호는 B4판, 본문 4쪽으로 『간이보험국통계연보』 등 10개의 해제가 등사인쇄되어 있다. 2호부터 6호(1927.7)까지는 4×6배판 등사쇄로 되어 있고, 쪽수는 30쪽 내외였다.

야나기자와(柳澤)가 통계사업의 발달을 도모하기 위해 연구소를 설립한 때는 1913년 7월 1일이었다. 야나기자와통계연구소의 설립 목적은 인구 및 사회통계에 관한 연구와 그 조사에 종사하고 공설통계기관을 보조하는 임무를 완수하기 위한 것이었다. 연구소의 운영자금은 야나기자와가 보유하고 있던 주식의 배당금으로 충당되었고, 장학금의 대여사업도 같이 실시하였다.

『통계서해제월보』는 7호부터 『야나기자와통계연구소월보』로 개칭되고, 국판 활판인쇄로 발행되었으며, 해제를 중심으로 '잡보', '부록' 등이 첨가되었다. 18호(1926.9)부터 『야나기자와통계연구소계보』로 다시 개명되어, '연구', '강연', '통계잡담' 등의 지면이 처음 구성되어 학술지에 가까운 형태를 취하였다. 「통계해설의 중요성과 그 문제」(34호) 등이 게재되었다.

야나기자와 사후 42호(1938.12)부터 『야나기자와통계연구소보』로 개칭되고, 연2회 발행되었다. 내용도 '논설'과 '잡록'란 만으로 구성되었다. 52호(1943.12)가 최종호라고 생각되지만, 확인할 수 는 없다.

40호(1936.3)는 『통계선집』으로서 야나기자와가 필자로 쓴 통계학 관계의 논문 및 강연 중에서 대표적인 것을 선택하여 수록하였다.

『월보』와 『소보』에는 야나기자와의 출신계층(화족)의 영향이 농후하여, 화족관계의 통계기사, 자료가 많이 수록되어 있다. 25호와 38호에는 「화족동태조사통계표」 특집이 구성되어 있다. 또 하나의 특징은 야나기자와가 1899년 오슬로에서 개최된 국제통계협회회의에 정부파견 대표위원으로 처음 참가한 이후 전후 11회 참가한 동회의 관계 기사가 매호 게재된 것이다. 특히 1930년 9월 도쿄 '국제통계협회회담'에서 야나기자와는 동통계회의 준비위원회 회장으로서 동회의 유치와 개최에 진력을 다하였다.

따라서 다이쇼부터 쇼와 초기에 걸쳐 국제통계회의의 소식 및 동회의와 일본 통계학계와의 관계를 살펴보려고 할 때 일련의 『야나기자와통계연구소보』는 필수적인 문헌이라고 할 수 있다. (문영주)

참고문헌

杉原四郎 編, 『日本経済雑誌の源流』, 有斐閣, 1990; 杉原四郎 著, 『日本の経済雑誌』, 日本経済評論社, 1987.

▌야담(野談)

1935년 서울에서 발행된 취미문학 월간지

1935년 11월 20일에 창간했다. 종간호는 1945년 2월호로 통권 110호이다. 편집 겸 발행인은 김동인(金東仁), 인쇄인은 선광인쇄 주식회사의 박충식(朴忠植) 발행소는 야담사(野談社 경성부 행촌동 210-96)이다. 판형은 A5 국판이며 총 160쪽으로 정가는 20전이다. 당시의 잡지 사정으로 볼 때 오랫동안 발간되었으며, 특히 창간호는 재판까지 찍을 정도로 인기가 있었다고 한다.
국립도서관, 국회도서관, 그리고 고려대와 세종대 '김근수 문고'에 각각 소장되어 있으며 영인 자료도 발간되어 있다.

김동인이 직접 쓴 편집후기 「선언(宣言)」에는 다음과 같은 언급이 나온다. "이러한 내용을 가진 잡지가 한 권 있으면 하고 희망한 지는 오랬습니다. …… 권고하여 기다리기 십수년, 종내 다른 사람은 하지 않기에 내 손으로 만들어 보려고 이것을 꾸몄습니다. 문예 창작·옛말·사화(史話)·일화(逸話) 등등에서 순전히 취미 있고 이야기로 될 만한 것만을 택하여 편집하였으며 장래의 방침도 그러합니다."

창간호의 목차를 보면, 윤백남의 「신문고(申聞鼓)」, 전영택의 「기연(奇緣)」, 방인근의 「천정배필(天定配匹)」, 유팔극(柳八克)의 「병풍 뒤의 얼굴」 등의 야담과 김동인의 「광화사(狂畵師)」, 이광수의 「천리 밖의 애인」, 금동(琴童, 김동인의 호)의 「왕자의 최후」 등의 소설, 그리고 '문헌연구'로 원옹(元翁)의 「전역 삼국유사(全譯 三國遺事)」와 한시 번역, '소한록(消閑錄)'으로 「인두구안(人頭狗眼)」, 「하나와 둘」, '이야기'로는 「고려직필사(高麗直筆史)」, 「사육신과 윤부인」, 「군신칭(君臣稱)」과 '한담'으로 「견(狷)이냐 견(犬)이냐」, 「처녀정감별(處女貞鑑別)」, 「탐식재상(貪食宰相)」, 「불고 식상통(不顧 食傷痛)」 등이 실려 있다. 주로 역사와 관련된 야사나 거기에서 파생된 이야기가 흥미와 정보를 동시에 만족시켜주는 형태로 채택되고 연재되었음을 알 수 있다.

또한 김동인의 문단적 위치와 폭넓은 대인 관계로 인하여 많은 작가들이 잡지 발간에 직간접으로 관여되어 있다. 최독견, 이광수, 김안서, 윤백남, 전영택, 방인근, 염상섭, 양백화와 화가로는 삽화를 그린 안석영, 이승만, 이청전(이상범), 김규택 등이 후원해주었다는 감사의 말이 「편집후기」에 보인다.

김동인은 후일 『신천지』(1948.3~1949.2)에 실린 「문단 30년의 발자취」에서 이 시기의 일에 대해 회고하고 있다. 윤백남의 권유로 야담을 쓰기 시작하다가 자신의 글만으로 내용이 채워지는 『월간야담』(윤백남 발행, 1934.10~1939.10)을 보고 자신도 뜻을 굳혔다고 한다. 당시 김동인은 밀려드는 청탁에 응하면서도 경제적으로는 힘든 상황이었는데 야담을 씀으로써 그 문제도 해결할 생각이었던 것이다.

『야담』은 윤백남의 『월간야담』과 더불어 실의와 절망에 빠져 있는 조선 민족의 자랑스런 역사와 정감어린 옛 이야기를 야담의 형식을 통해 전달함으로써 일말의 희망을 일깨우려 했다. (전상기)

참고문헌

최덕교 편저, 『한국잡지백년』 3, 현암사, 2004; 공임순, 「건전하고 유익하게, 건전한 취미독물 야담의 프로파간다화」, 『민족문학사연구』 34, 2007.

야뢰(夜雷)

1907년 서울에서 한국어로 창간된 종합잡지

1907년 2월 5일 창간되었다. 판권장을 보면, 편집 겸 발행인은 오영근(吳榮根), 인쇄소는 보성사(普成社), 발행소는 한성 중서(中署) 전동(磚洞) 12통 1호의 야뢰보관(夜雷報館)였다. A5판 54쪽이었고, 정가는 15전이었다. 1907년 7월 통권 6회를 내고 종간되었다.

『야뢰』는 오영근(吳榮根), 유문상(劉文相) 등에 의해 1907년 2월 5일 창간되었다. 발행인 오영근이 쓴 창간 「취지서」는 순한문으로 쓰여 있는데, 이를 현대문으로 옮겨 내용을 살펴보면 다음과 같다.

"태고의 시초 인문이 열리지 않았을 때는, 혹 그림을 그려 뜻을 나타내고 노끈을 맺어 정사(政事)를 기록함으로써, 얻어진 지려(智慮)와 해박한 사물을 비록 정밀하게 연구하고도 기록하는 방법이 없어서, 일세에 널리 펴고 후대에 길이 전하지 못하여 한 가지로 아득한 데 묻히고 말았다. 중고(中古)에 이르러 서계(書契)의 법이 점차 발달하여 사물을 기록하는 학문이 울연(蔚然)히 일어나, 경사(經史)와 정법(政法)으로부터 백공(百工) 기예(技藝)에 이르기까지 널리 캐내어 기록하여 조목조목 나누고 올올이 풀어내어, 깨우쳐 인도하는 방법과 이용후생의 길이 갖추지 않는 일이 없고 수립되지 않는 몸체가 없어서 참으로 중고의 한 문명점이 되었다. 그러나 세속이 강하(降下)하고 문폐(文弊)가 자라면서 많은 서책과 시문이 표절하고 꾸며 진부한 글이 아니면 모두가 허황하고 쓸데없는 학문이라. 우리 3천리 강토가 넓지 않은 것이 아니고 2천만 인민이 많지 않은 것이 아니니, 진실로 안으로 닦고 밖으로 미더워 장맛비를 미리 대비하고 국력을 배양한다면 족히 세계 열강 사이에 어깨를 나란히 할 터인데, …… 온 나라가 미혹되고 혼몽하여 목우(木偶) 이소(泥塑)와 같아서, 옥석이 다 가루되고 화가 눈앞에 박두했는데도 스스로 깨닫지 못하니, 이는 다만 알지 못한 허물만은 아니다. 저들은 거칠고 꾸물대어 비록 창상(滄桑)이 뒤바뀌는 큰 화를 겪고도 자각 자신(自新)하는 능력이 전연 없으니, …… 동서고금의 제도 정형(情形)과 학술 기업(技業)에 이르기까지 크고 작은 것을 다 갖추고, 삼라만상을 망라하여 한권의 책 속에 모아 일반 국민에게 보통지식을 채워준다면, 한 가지 학문 한 가지 기예를 전공하는 데 10수년을 허비하다 중도에 그만두는 것과는 달리 …… 이를 손쉽게 가질 수 있게 한 것이 본지가 생긴 까닭이다. 만물을 움직이는 것으로 우레보다 빠를 것이 없고, 소리가 큰 것으로 우레보다 더한 것이 없다 …… 본지가 이를 취한 것은 장차 그 소리를 크게 내어 온나라를 긴 밤 단꿈 속에서 깨어나게 하여 천문(千門) 만호(萬戶)가 활짝 열려 고동치고 분발하여 신천지를 보게 함이라."

창간호의 목차는 다음과 같다.

오영근(吳榮根)의 「취지서」, '논설' 김성희(金成喜)의 「자유설(自由說)」, 현채(玄采)의 「무능수론(無能獸論)」, 「사설(社說)」, 이기(李沂) 박승건(朴承健)의 「축사」, '시사평론' 박태서(朴太緖)의 「국어유지론(國語維持論)」, 현공염(玄公廉)의 「논청국유학생(論淸國遊學生)」, '학술' 이필선(李弼善)의 「이화학(理化學)의 주지(主旨)」, 신해용(申海容)의 「생리학」, 윤태영(尹泰榮)의 「육식식물(肉食植物)」, '역사 지리' 현채(玄采)의 「살수대첩」, 「왕인수학어일본태자(王仁授學於日本太子)」, 「금강산(金剛山)」, '문예' 윤태영(尹泰榮)의 「골계소설(滑稽小說)」, 하정산인(荷亭山人) 김건중(金建中) 해가(諧歌) 「사조(詞藻)」, '실업(實業)' 김대희(金大熙)의 「권고우(勸告于) 상업회의소 실업가 제군」, 안국선(安國善)의 「응용경제」, 신해용의 「합금제조법」, 김동완(金東完)의 「농학총담(農學叢談)」, '외국사정', '내국휘보', '잡보'. (이한울)

참고문헌

『夜雷』 창간호, 1907.2, 국회도서관 소장본; 최덕교 편, 『한국잡지백년』 1, 현암사, 2004.

야마가타신문(山形新聞)

1876년 일본 야마가타현에서 창간된 대표적인 지역신문

1876년 9월 창간된, 야마가타현의 대표적인 신문이다. 창업 이래, 1943년 현재 지령이 2만 호를 넘었다. 발행은 조간 4항, 석간 2항이었다. 구독료는 1개월에 1원 5전이었다.

『야마가타신문』은 1942년 2월 1일 현의 4개 신문을 통합하여 1현(縣) 1지(紙)의 태세가 정비되자, 본 신문은 재출발했다. 아울러 도메이통신사(同盟通信社) 지국의 동사 사옥 내 개설에 따라 뉴스망의 무선화가 강화되었다.

1943년경 사장은 핫토리 게이키치(服部敬吉), 주간은 핫토리 게이오(服部敬雄)이다. 아울러 야마가타신문사(山形新聞社)는 고속인쇄기의 설치와 신형활자의 개주로 인쇄능력이 향상되었고, 지면이 선명하게 되어 대표적인 지방지가 되었다.

1942년 12월 8일부터 신예군용기 헌납운동을 제창하여, 모든 주민의 돈을 모아 3개월 만에 거액을 모아

육해군성에 4대의 비행기를 보냈다. 야마가타신문사는 소재지가 야마가타시(山形市 七日町 471番地)였다. 지국은 도쿄(東京), 오사카(大阪), 센다이현(仙臺縣) 내 8개소였다. (김인덕)

참고문헌

『昭和18年 新聞總攬』, 東京: 日本電報通信社, 1943; 春原昭彦, 『近代新聞通史』, 東京: 新泉社, 2003.

▌야마나시니치니치신문(山梨日日新聞)

1872년 일본 야마나시니치니치신문사가 간행한 지역신문

1872년 7월 간행되어 1936년 4월 10일 2만 호의 자축호를 간행했다. 도쿄(東京) 지국과 오사카(大阪) 지국은 1937년 1월 개국했다. 발행은 조간 4항으로, 구독료는 1개월에 70전이었다.

야마나시니치니치신문사(山梨日日新聞社)는 1940년 11월 현내 지방지인 『야마나시민보(山梨民報)』, 『교추신보(峡中新報)』를 매수했고, 같은 해 12월에는 야마나시니치니치신문사(山梨每日新聞社) 매수를 완료했다.

대정익찬회(大政翼贊會)의 설립과 함께 사내에 대정익찬산일추진위원회(大政翼贊山日推進委員會)를 설치했고, 자매 인쇄소인 우신사(又新社)와 공동출자로 산일보국후생회(山日報國厚生會)를 설립했다.

종업원의 후생 증진에 노력했고, 각종 스포츠 행사를 개최했다. 1942년의 주요한 행사는, 서도대회, 유아건강상담소 개설, 우량아선발대회, 사회인 야구대회, 시군대항 탁구대회, 시군대항 정구대회 등이었다. 야마나시니치니치신문사는 소재지가 고후시(甲府市 百石町)이었다. 1943년경 사장은 노구치 니치로(野口二郎), 편집국장은 데라타 시게오(寺田重雄)였다. 『야마나시니치니치신문』은 1937년 자동주조기를 도입하여 지면을 새롭게 인쇄했다. 그해 12월에 지면을 14단제를 채택했고, 1940년에는 15단제로 강화시켰다. (김인덕)

참고문헌

『昭和18年 新聞總攬』, 東京: 日本電報通信社, 1943; 春原昭彦, 『近代新聞通史』, 東京: 新泉社, 2003.

▌야마토신문(やまと新聞)

1886년 일본 도쿄에서 창간된 신문

1886년 10월 17일 창간된 일본의 신문이다. 야마토신문사(やまと新聞社)의 창간 초기의 사장은 초야 사이기쿠(條野採菊), 주필은 가도 고마지(角駒治)였다. 소재지는 도쿄도(東京都 芝區 田村町 5丁目 16번지)였다. 발행은 석간 2항, 구독료는 1개월에 60전이었다.

『야마토신문』은 1898년 다카시마 가쿠헤이코(高島革丙子)가 소유하게 되었고, 1900년 마쓰시다 군지(松下軍治)가 경영하게 되었다. 당대의 일류 문사인 고야 호리야마(小室屈山), 마사오카 게이요(正岡藝陽), 야나기카와 슌요(柳川春葉) 등이 글을 썼고, 일본 전역에 영화를 상영했다. 사업 발전에도 노력하여 1911년경에는 윤전기 7대, 발행부수 30만 부를 돌파했다. 초기에 사내에 공간을 마련하여 연예인을 출입시켜 공연도 했다. 그리고 이에 대한 내용을 신문에 실기도 했다.

『야마토신문』은 1911년 우에노에서 납량(納凉)박람회를 개최한 것을 비롯하여, 1913년 메이지(明治)기념박람회, 기타 국기관, 야스쿠니(靖國)신사 경내에서 전국학생스모대회를 열어 세인의 주목을 받았다. 1923년 간토대지진으로 사옥과 기계가 소실되어, 1930년 2월 사옥을 신축하고 1932년 이와타 후미오(岩田富美夫)가 사장으로 취임했다. 이후 그가 죽자 고다마 요시오(兒玉譽士夫)가 취임했다.

야마토신문사는 1941년 창설 55주년을 맞이하였고, 또한 일본이 전시체제로 이행하자, 이에 조응하여 기구의 변혁을 단행했다. 기존의 스모대회와 함께 두 가지 사업을 기획하여 1941년 이를 완료했다. 첫째, 전선에 위문대를 파견했다. 야마토신문사는 연예위문대를 조직하여 12월 1일부터 10일 동안, 도쿄를 중심으로 각 육군병원을 방문하여 위문하고 전선에 파견했다. 둘째, 병기헌납운동을 전개했는데, 보국화(報國畵)를

화가들로 하여 그리게 하여 이것을 판매하여 이 운동을 전개했다. (김인덕)

참고문헌

『昭和18年 新聞總攬』, 東京: 日本電報通信社, 1943; 春原昭彦, 『近代新聞通史』, 東京: 新泉社, 2003.

야앵(夜鶯)

1936년 중국 상하이에서 창간된 문예지

루쉰(魯迅)이 창간한 문학월간지인 『해연(海燕)』의 자매지로 1936년 3월 5일 상하이(上海)에서 창간되어 야앵사(夜鶯社)에서 발행되었다. 편집장은 팡즈중(方之中)이며, 1호 제4호는 『민족혁명전쟁의 대중문학특집(民族革命戰爭的大衆文學特輯)』으로 발간되었다. 같은 해 6월 10일 제4호를 발간하고 종간되었다.

주요 내용은 만담(漫談)과 창작(創作), 이론(理論), 소개 및 비평(介紹及批評) 등의 항목으로 구성되어 있다.

'국방문학(國防文學)'과 '민족혁명전쟁의 대중문학'이라는 2개의 구호를 내걸고 논쟁한 주요 언론매체이다. 팡즈중은 『야앵』이 보고문학에 대한 준비와 함께 신문소설을 더욱 강조하여 제창할 것임을 선언하였는데, 즉 항일구국을 주요 내용으로 한 전투성과 보고기록을 특징으로 하고 있다.

제호 『야앵』이라는 이름을 취한 이유는 이 새가 엷은 홍색을 띤 아름다운 새로 야간에 우는 소리가 매우 듣기 좋기 때문인데, 즉 야간(夜間)은 국민당의 암흑정치를 상징하며, 듣기에 좋다는 것은 인민군중의 목소리를 반영하는 것이다.

이 잡지는 출간 후 루쉰(魯迅)의 많은 지원을 받았는데, 1권 4호에 실린 「구망정보(救亡情報)」는 기자가 병중에 있던 루쉰을 방문하여 인터뷰한 것이다. 루쉰은 이때 4개의 문제를 얘기하였는데 ① 학생구국운동, ② 연합전선에 관한 문제, ③ 목전에 수요 되는 문학, ④ 신문학운동이 그것이다.

루쉰의 「3월의 조계(三月的租界)」 등이 발표되었으며, 팡즈중은 「신문소설을 논함(論新聞小說)」이란 문장을 통해 문학의 새로운 형식을 제창하고 자신의 신문소설을 발표하였다.

주요 집필자는 루쉰(魯迅), 후펑(胡風), 예이췬(葉以群), 녜간누(聶紺弩), 우시루(吳奚如), 팡즈중, 왕런수(王任叔) 등이었다.

루쉰은 1936년 5월 4일 「깊은 밤에 글을 쓰다(寫于深夜里)」라는 문장을 송고하면서 이 문장이 마지막 원고가 될지도 모른다는 편지를 남겼는데, 결국 그의 예견대로 얼마 후, 압수 수색을 당하고 4호를 출판한 후 종간되었다.

창간호 「편집후기」

팡즈중은 창간호 편집후기에서 이 잡지의 편집 방향에 대해 다음과 같이 쓰고 있다.

"우리를 무시하는 많은 냉정한 눈빛 속에서 드디어 출판을 하였다. …… 비록 문단에 이른 시기에 사람들이 트러스트의 웅장한 기도를 조직하였으나 결국 실현하지는 못하였다. 하지만 소기업가가 여전히 도처에 존재하고 있고, 어떤 상품은 어떤 집의 특허품으로 서로 섞이기 쉽지 않을 것이다. …… 본간이 이를 한번 되돌려보고자 하는 것은 이 민족이 멸망에 직면한 이 시기의 관건이기 때문이다. 낡은 것과 새 것, 유형과 무형에 관계치 아니하고 우리의 구국 진로에 장애가 되는 것이라면 우리는 무정하게 제거할 것이다. 만약 쇠말뚝 돌덩이를 만난다 해도 우리는 조금도 굴하지 않고 큰 도끼로 공격을 할 것이다. …… 창작의 방면에서는 우리는 보고문학에 대해 준비할 것이며, 신문소설을 많이 제창할 것이다." (김성남)

참고문헌

周葱秀·涂明 著, 『中國近現代文化期刊史』, 山西敎育出版社, 1999; 北京師範大學圖書館報刊部 篇, 『北京師範大學圖書館館藏中文珍稀期刊題錄』, 北京圖書館出版社, 2002.

야초(野草)

1940년 중국 광시성 구이린에서 발간된 문예 간행물

1940년 8월 20일 광시(廣西) 구이린(桂林)에서 발간한 문예 간행물이다. 구이린의 과학서점(科學書店)에서 발간하였고 1948년 종간하였다. 편집은 쑹윈빈(宋雲彬) 등이 담당했다. 1940년 8월 20일 제1권 1호가 창간되었고 1943년 6월 1일 제5권 5호를 발행하고 정간되었다. 1946년 10월 1일 복간되었으며 신 2호는 1946년 11월 20일에 발간되었다. 신 11호는 1948년 8월 20일에 발간되었다.
1940년부터 1943년까지는 월간이었고 1946년부터 1948년까지는 부정기로 간행되었다. 판권면에 "야초월간(野草月刊)"이라는 제명이 쓰여 있었다. 편집자는 친쓰(秦似), 멍차오(孟超), 녜간누(聶紺弩) 등이었다. 1947년 신 6호의 간명은 "야초총간(野草叢刊)"이었다. 신 8호부터 1948년 11호까지의 제명은 "야초문총(野草文叢)"이었다. 이 간행물은 1946년 10월 홍콩으로 옮겨 출판하였다. 1947년 신 5호부터 각 기에는 단독적인 제명이 있었다. 1947년 신 5호는 "9유10개(九儒十丐)"였고, 1947년 신 6호는 "앵무새는 뱀의 독을 말할 수 있다(能言鸚鵡毒於蛇)", 1948년 신 7호는 "천하대변(天下大變)"이었고 1948년 신 8호는 "봄날(春日)"이었다. 1948년 신 9호는 "백러시아를 논함(論白俄)", 1948년 신 10호는 "마누라를 두려워함(怕老婆)", 1948년 신 11호는 "혈서(血書)"라 제명을 붙였다. 베이징사범대학도서관과 상하이도서관 등에 소장되어 있다.

『야초』는 중일전쟁시기에 전문적으로 잡문(雜文)을 게재하던 문예지였다. 『야초』의 주된 취지는 다음과 같다. ① 항일, 단결, 진보의 선전, ② 국민당 반동파의 각종 도태, 부패상황의 폭로와 비판, ③ 국제문제에 있어서 반파시즘 투쟁의 선전이었다.

이 잡지는 단소하고 예리한 문자와 명쾌한 필치로 중일전쟁 전후의 사회 풍모를 반영하는 잡문과 시평을 그 특색으로 하였다. 『발간사』에서 다음과 같이 밝히고 있다.

"필을 약간 놀려 피로써 침략자의 총구를 막고, 생명으로 민족의 자유를 추구하는 젊은이들에 비해서 젊은이들은 총알이고 우리는 장식에 불과한 것이다. 하지만 '영국의 안개' 심지어 '미국의 개'와 같은 간행물들이 대량으로 인쇄되고 있는데 설사 장식물이라 하더라도 강하고, 부드러운 것과 좋은 것과 나쁜 것을 구별할 수 있게 하는 것이다. 어떤 것은 부인들의 치마 장식품으로 쓸 수밖에 없으며 어떤 것은 전쟁을 위한 깃발을 장식할 수가 있는 것이다. …… (이 간행물에 대해) 우리가 『야초』라고 명명한 것은 결코 과거의 전범을 따르고자 함이 아니다. 이는 우리가 이러한 하나의 소소한 사물에 대해 결코 높고 멀게 보는 것이 아니라 그의 비속하고 훌륭한 의론이 결여된 체 스스로 이름을 먼저 결정하였음을 설명한다. 야초는 얼마 남지 않은 늦겨울 배태하지만 성장과 척식은 반드시 봄에 이르러 하는 것이다. 만약 엄동이 다시 온다면 그는 자연적으로 소멸할 밖에 방법이 없다. '들불이 다 태울 수 없고, 봄바람이 불면 다시 소생한다'는 말은 풀숲의 완강함을 보여줄 뿐 아니라 동시에 자연계의 기계적 순환의 비극을 보여준다. 이러한 기계적 순환은 인류에 적용되지 않는다. 대개 사람의 봄이 오면 엄동은 스스로 사멸을 선고하게 되는 것이다. 그러나 이는 야초에 적용되는 일이 아니다. 지금은 야초가 무질서하고 꽃 피고 열매를 맺을 희망도 없을 뿐 아니라 역시 나뭇가지와 잎으로 만들어질 그늘도 없다. 그는 큰 나무가 아니라서 바람도 일으킬 수 없어서 많은 사람들에게 여름에 청량함을 공급할 수 없다는 것은 분명한 사실이나 그는 다만 상처 입은 전투자들에게 하나의 잠시 휴식할 수 있는 공간을 제공하고, 그들이 잠시 야초로 후퇴하여 피를 닦고 휴식을 할 수 있기를 희망할 뿐이다."

1941년 국민당이 구이린서점(桂林書店)을 봉쇄하자 본간은 녜간누의 「한씨 약방(韓家的藥店)」을 실었는데 이 글은 문화계를 뒤흔든 문장으로 과거의 것을 빌려 현대를 풍자하고, 깊이 있고 날카롭고 예리한 문장으로 국민당을 풍자하였다.

이 잡지에는 각종 특집이 게재되었다. 1권 2호에는 "우청스(吳承仕) 선생 순국 1주년 기념(吳檢齋先生殉國週年紀念)" 특집이, 1권 6호에는 "졸라 기념 특집(左拉紀念特輯)"이, 2권 1, 2호 합간에는 "마야콥스키 기념(瑪

雅可夫斯基紀念)" 특집이, 2권 4호에는 "고리키 서거 5주년 기념(高爾基逝世五週年紀念)" 특집이, 3권 1호에는 "독소전쟁 특집(蘇德戰爭特輯)"이 게재되었다.

이 잡지에 수록된 주요 글로는 3권 3, 4호에 게재된 페이웨이(佩衛)의 「한 사람 한 사람의 진정한 중국인에게 요구함(要求於每一個眞正的中國人)」, 친쓰(秦似)의 「나의 신앙(我的信仰)」, 옌안(延安)의 마오쩌둥(毛澤東) 역시 이 간행물에 대해 비상한 관심을 가지고 있어서 매호마다 두 권씩을 그에게 부쳐주었다. 1941년 환남사변(皖南事變) 이후 저우언라이(周恩來)가 충칭(重慶)에서 두 차례에 걸쳐 사람을 불러 그의 본간의 편집방침에 대한 의견을 전달하였는데 투쟁방식에 주의를 기울일 것과 투쟁 속에서 스스로를 보존할 것을 강조하였다. 『야초』의 편집자들은 저우언라이의 편집방침을 집행하였기 때문에 험악한 환경 속에서도 2년여의 시간동안 출판할 수 있었다. 『야초』는 1943년 6월 5권 5호를 출판한 이후 국민당 정부 상하이(上海)시 선전부의 폐쇄 조치로 정간을 당하였다. 이때의 죄명은 '공산주의의 선전'이었다. 1946년 10월 1일 홍콩에서 복간되었다.

이 잡지의 주요 작가로는 샤옌(夏衍), 마오둔(茅盾), 류야쯔(柳亞子), 아이우(艾蕪), 친무(秦牧), 쓰마원썬(司馬文森), 사오촨린(邵荃麟), 허자화이(何家槐), 녜간누, 쑹윈빈, 친쓰, 톈한(田漢), 멍차오 등이 있었다.(김지훈)

참고문헌

王檜林 · 朱漢國, 『中國報刊辭典(1815~1949)』, 書海出版社, 1992; 伍杰, 『中文期刊大詞典』, 北京大學出版社, 2000; 北京師範大學圖書館報刊部 編, 『北京師範大學圖書館館藏中文珍稀期刊題錄』, 北京圖書館出版社, 2002; 上海圖書館, 『上海圖書館館藏近現代中文期刊總目』, 上海科學技術文獻出版社, 2004.

▌양양사담(洋洋社談)

1875년에 일본 도쿄에서 창간된 양양사의 기관지

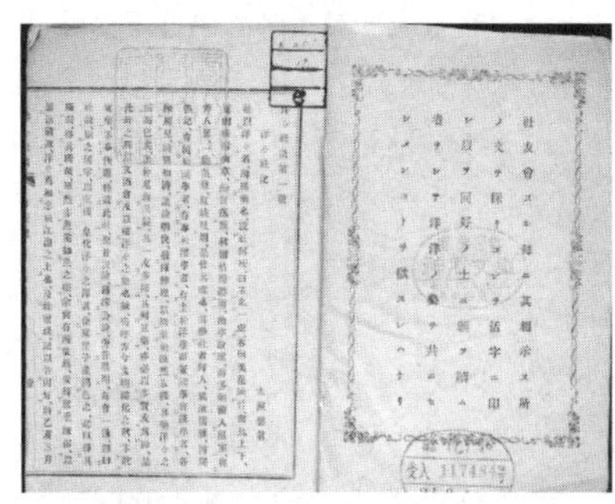

'양양지락(洋洋至樂)'을 추구하는 사람들에 의해 결성된 학술집단 양양사(洋洋社) 동인들의 기관잡지로 1875년 4월에 창간되었다. 양양사는 '풍류유아(風流儒雅), 박문강기(博聞强記)'의 국학자, 한학자, 서양학자가 함께 모여 계절이 바뀔 때마다 월 1회 술을 마시면서 담론을 나눈 것을 잡지에 게재했다.
잡지는 종이 반절 2장을 접은 형식으로, 각 호는 대부분을 8장 16쪽, 30자 13행 체제였다. 표지에는 '양양사지인(洋洋社之印)' 도장이 찍혀 있고, 표지 안에는 간행의 취지가 기재되었다. 이러한 체제는 『명육잡지(明六雜誌)』와 같은 것이다.
정가는 1부당 3전 5리, 월 1~2회 발행되었다. 발행처는 아사노신문사(朝野新聞社)이고, 4호부터는 편집 겸 인쇄인 이지마 한주로(飯島半十郎)의 이름이 기재되었다. 잡지는 1883년 3월 95호까지 간행되었다.

잡지 내용은 국사, 지리, 풍속, 과학, 동식물, 천문, 정치, 법률, 경제, 의식주, 연극, 국문학 등 광범위했다. 이 가운데에는 외국의 것을 언급한 것도 보인다. 하지만 잡지의 성격은 진보적 경향의 『명육잡지』와는 달리 보수적 회고적 경향이 두드러진다.

주요 집필자는 오쓰키 반케이(大槻磐溪), 나카 미치카타(那珂通高), 요다 하쿠센(依田百川), 이토 게이스케(伊藤圭介), 구로카와 신라이(黑川眞賴), 히라타 지슈(平田知秋), 고나카무라 기요노리(小中村淸矩), 기무라 마사지(木村正辭) 등과 메이로쿠샤(明六社)의 니시무라 시게키(西村茂樹), 나카무라 마사나오(中村正直), 사카타니 시로시(阪谷素), 오쓰키 후미히코(大槻文彦) 등이 참여했다.

오쓰키 후미히코의 「일본문법론(日本文法論)」(7

호, 1875.11), 난부 요시카즈(南部義籌)의 「문학을 개환하는 뜻(文學ヲ改換スル議)」(7호, 1875.11), 나카 미치카타의 「속어출처(俗語出處)」(11호, 1876.2), 「여러 나라의 동요속요(諸國ノ童謠俚歌)」(57호, 1879.8), 「왜문독법(倭文讀法)」(35호, 1877.10), 나카 미치요(那珂通世)의 「고대의 문자(古代ノ文字)」(31호, 1876.9), 「고금 문자의 연혁(古今文字の沿革)」(23호, 1876.11), 고나카무라 기요노리의 「속어근거(俗語根據)」(57호, 1879.8) 등 국어국문학이 게재되었다.

그리고 구로카와 신라이의 「도요토미 히데요시 약보(豊太閤略譜)」(2호, 1876.9)나 「상고분묘고(上古墳墓考)」(20호, 1876.8) 등의 고증도 게재되었다. 또 니시무라 시게키에 의한 한문번역시 「행복인시(幸福人詩)」(8호, 1875.10)를 비롯해 이토 게이스케에 의한 서구의 시계, 사진, 전신기 등을 읊은 한시 「청인의 시 몇 수(清人ノ詩數首)」(28호, 1877.3/ 43호, 1878.6)의 소개, 기무라 마사지의 수필 「매화를 보러 가는 기행(梅見に行たる記花)」(10호, 1876.1) 등도 게재되었다.

『양양사담』은 당시 서구화의 전성기에서 일본의 전통문화를 고찰하고, 그 지식을 바탕으로 새로운 것을 소화하려는 태도를 지니고 있었다. (이규수)

참고문헌

牛島俊 作, 『日本言論史』, 河出書房, 1955; 『近代文學雜誌事典』, 至文堂, 1965; 桂敬一, 『明治·大正のジャ-ナリズム』, 岩波書店, 1992.

▌양우화보(良友畵報)

1926년 중국 상하이에서 창간된 화보 잡지

1926년 2월 15일 상하이(上海) 양우도서공사(良友圖書公司)에서 간행한 대형 채색 화보집이다. 정치, 경제, 군사, 사회와 문화사업 등과 관련된 보도 사진을 대중적인 감각으로 제시함으로써 국내외에 지대한 영향을 미쳤다. 특히 당시 가장 광범위한 독자와 발행량을 자랑하는 대중 잡지로 유명하다. 만청(晩淸)부터 등장한 『점석재화보(點石齊畵報)』 등 화보잡지의 전통을 계승 발전시킨 것이라 할 수 있다.

초기에는 월간지였으나, 1933년 7월부터 반월간으로 바뀌었고, 1935년 1월부터 다시 월간으로 회귀하였다. 처음 우렌더(伍聯德)라는 26세의 청년이 주편을 맡았으며, 5호부터 잠시 출판계의 원로이자 원앙호접파(鴛鴦胡蝶派)의 대표인 저우슈좐(周瘦鵑)이 주편을 맡았고, 이후 량더쒀(梁得所), 마궈량(馬國亮) 등이 계임, 총 5명의 주편자가 있었다. 1937년 '8·13'사변이 발발하여 『양우화보』의 제133~138호는 홍콩에서 출판되었다.

1926년 2월 창간되어 1945년 10월 정간될 때까지 20여 년간 172호가 출판되었다. 그중 1941년 10월 171호가 출판된 후 태평양전쟁이 발발하여 상하이가 함락됨으로써 잡지가 일본군에 의해 일시 정간되었다. 항전 승리 후 1945년 10월 다시 복간되어 출판되었지만, 단지 1호만 출판하고 종간되었다. 상하이도서관 등에 보관하고 있으며, 1986년 상하이서점(上海書店)에서 영인 출판하였다.

『양우화보』의 영문 이름 "The Young Companion"에서도 드러나듯이 젊은 독자층을 대상으로 한 잡지였다.

창간 취지는 "학자나 전문가가 깨닫지 못하는 천박성과 촌부(村夫)나 주부들이 싫어하지 않는 고상함을 갖춘" 대중 문화잡지를 지향하였다. 초기부터 대중성, 통속성을 지닌 종합성 화보를 지향한 것이다.

물론 『양우화보』는 내용과 체제를 발전시켜 일정한 사회적 계도성과 독자 대중의 감각과 요구를 결합시킴으로써 상당한 문화적 품격을 확보한 것으로 평가되고 있다. 특히 량더쒀가 주편을 맡은 이후 내용과 편제를 대폭 수정하였다. 종래의 소비 오락적 기능을 강조하는데서 나아가 대중의 견문을 넓히고 문화적 미감(美感)과 심지(心智)를 계발함으로써 생활의 지혜를 넓히는 방향으로 편집방향을 바꾸었다.

『양우화보』의 가장 큰 특색은 주부, 현대 여성, 경찰, 공인, 학생 등을 가리지 않는 광범위한 독자층과 일반 가정은 물론이고 희원(戱院), 다실(茶室), 공원(公園) 등 장소를 가리지 않고 판매되었다는 점이다. 이미

1호부터 재판을 거듭하여 7000부 이상 판매되었고, 1932년도 기준으로 상하이에서 간행되는 잡지 중 『생활(生活)』 주간 다음으로 높은 시장 점유율을 자랑하였다.

특히 창간 당시는 저렴한 1각(一角)으로 채색 화보를 제공함으로써 주목을 받았지만, 30년대 이후에는 4각(四角)이라는 적지 않은 가격을 받은 만큼, 상당한 경제력을 가진 대중을 독자군으로 확보하였다. 특히 부르주아 및 정규 수입을 지닌 직원과 상당 규모의 중산층이 주요한 독자층이었다.

『양우화보』가 이처럼 대중적 잡지로 자리 잡은 것은 창간 당시부터 명확히 대중성, 통속성을 지향하면서, 독특한 영업 전략과 편집방침을 구사한 결과였다. 특히 우란더는 창간 초기부터 지속적인 국내 시장 개척과 함께 싱가포르, 말레이시아, 인도네시아 및 미국 등을 직접 방문하여 화교들을 독자층으로 확보하였으며, 30년대 중반에는 정기독자 배가운동 등 공격적인 영업 전략을 구사하였다. 이러한 『양우화보』의 판매 호조에 따라 '양우편천하(良友遍天下)'라는 찬사와 함께 '양우출판공사'의 자본을 확대하고 안정적인 투자를 유치할 수 있었다.

물론 이 같은 영업확대가 가능했던 것은 역시 이미 상하이가 상당한 정도의 대중사회를 형성하였다는 점, 그리고 그에 맞추어 『양우화보』 자체 내용이 상당한 정도 대중적 흡인력을 갖추었기 때문이었다. 예컨대 표지를 후데(胡蝶), 롼링위(阮玲玉), 류샤오만(陸小曼), 황류솽(黃柳霜) 등 유명한 대중 예술인이나 사회명사 등의 컬러사진을 활용한 것은 대표적인 예이다. 특히 이들의 미감과 우아한 자태에 그들이 지닌 시대를 대표하는 '신여성(新女性)'으로서 상징성과 함께 일시에 대중의 이목을 집중시켰다.

또 104호부터는 '상하이지방생활소묘(上海地方生活素描)', '거리에서 보는 상하이', '도회의 인마(人馬): 인력거군의 생활' 등의 난을 통해 상하이의 대중들의 일상과 풍경을 생생하게 표현하였다. 특히 '상하이지방생활소묘'는 차오쥐런(曹聚仁), 마오둔(茅盾), 무무톈(穆木天), 위다푸(郁達夫), 훙선(洪深) 등 유명 문인들과 특약하여 당구장, 증권교역소, 룽당(弄堂), 정취 있는 찻집, 음식점 등에 대한 친근한 사진과 함께 대중적 정서로 표현함으로써 독특한 성과를 거두었다.

또 '성공인사의 자술(自述)'과 '명인생활(名人生活) 회억록' 등을 통해 대중의 관심을 받는 인물인 유명 축구선수 리훼이탕(李惠堂), 화가 쉬베이훙(徐悲鴻), 영어 교육가 쾅푸줘(鄺富灼), 의학가 딩푸바오(丁福保), 여권운동가 왕리밍(王立明) 등과 기타 정치 예술계적 풍운인물 펑위샹(馮玉祥), 간나이광(甘乃光), 펑쯔카이(豊子愷), 거궁전(戈公振), 훙선(洪深) 등의 인생이야기를 생생하게 구술하게 함으로써 대중의 호기심과 성공에 대한 갈망을 만족시키는 한편, 당시의 시대 분위기와 맞물려 대중적 민족주의를 자극하였다. 이점은 『양우화보』의 판매를 급속하게 증가시키는 원인이 되었다.

1932년 9월부터 게재한 「양우전국촬영여행단(良友全国撮影旅行團)」의 전국 경치과 인문지리적 정보 역시 독자들의 시야 확대와 국민적 정체성 향상에 크게 기여하는 것은 물론이고 그에 기초하여 새로운 독자를 확보하는 데 크게 기여하였다.

이 같은 『양우화보』의 성공에 힘입어 각종 양우출판공사는 화보사진집을 출판하였다. 가장 즉자적인 것은 국내외 유명한 연예인의 채색 사진집이었지만, 다양한 화보집을 출판하였다. 예컨대 1926년에 "쑨중산기념특간(孫中山記念特刊)"을 간행하고 따로 『북벌화사(北伐畫史)』, 『쑨중산기념화책(孫中山紀念畫冊)』, 『봉안대전(奉安大典)』(쑨중산 장례의식 기록집), 『역계운동회특간(歷屆運動會特刊)』 및 항일전쟁 기간 각종 전쟁화보 등 시사적인 화보집을 출판하여 영업적으로 큰 성공을 거두었다.

그 외 『고궁도록(古宮圖錄)』, 『서수벽화집(西陲壁画集)』, 『세계유적대관』, 『세계인종풍속대관』, 『세계기관(世界奇觀)』, 『남양대관(南洋大觀)』, 『활발한 소련』, 『백과화집(百科画集)』, 『만유화고(萬有畫庫)』, 『중국대관(中国大觀)』과 『중국경상(中国景象)』 및 소련과 영국에서 출판된 각종 화보집을 출판함으로써 채색 인쇄도서 출판사로서 명성을 굳혔다. 물론 양우

출판사는 이를 통해 축적한 자본으로 다양한 예술서적과 문학 총서를 간행하기도 하였다.

상하이가 일본에 의해 점령을 당한 후에는 모든 중국어 신문, 잡지가 일본 육군보도부의 심사를 받아야 했지만, 영국인이나 미국인이 주관하는 경우는 예외에 속하였다. 때문에 당시 양우도서인쇄공사가 전쟁으로 파괴되는 등 여러 원인으로 파산을 선고하였지만, 『양우』 몇몇 동인들과 책임자들이 다시 인쇄공사를 조직하여 『양우』를 상하이로 옮기기로 하고 아울러 미국인 변호사 밀스(M. P. Mills)를 발행인으로 걸어 두고 장원환(張沅桓)이 주편을 맡아 상하이에서 출판하였다. (오병수, 이호현)

참고문헌

熊月之 主編, 『上海通史: 10. 民國文化』, 上海人民出版社, 1999; 李康化, 『良友画报』 및 그 문화효용」, 『上海交通大學學報』, 2002(2); 劉煥宇, 「『良友画报』의 成功 啓示」, 『中国新闻研究』, 2006.10.

▌양정

1924년에 서울에서 발간된 학교 교지

1924년 창간되어 41년 2월 통권 17호로 폐간된 양정고등보통학교 교우회지이다. 편집 겸 발행인은 이소베 하쿠조(磯部百三), 15호부터는 이나미 산지(稻見俊次)이고 인쇄인은 지카자와 시게히라(近澤茂平), 인쇄소는 합명회사 지카자와인쇄부(近澤印刷部), 발행소 양정고등보통학교 교우회이다. 분량은 100~200쪽 정도이다. 비매품이다. 양정고등학교와 연세대에 소장되어 있다.

교장 엄주익은 창간호의 축사에서 "창립된 지 이래 십수개 성상에 교육자의 진지한 성의와 피교육자의 근실한 열심의 결정으로 기다(幾多)의 인격을 성취하믄 본교 설립자의 본의를 저저 실현함이니 래두(來頭)의 익창(益昌)할 휴미(休微)은 구서(龜筮)를 부지하고 예기할 바어니와 일반유감은 보간(報刊)은 미황(未遑)함이 결점이라. 고로 본교 교원제씨와 학생제군이 일치협력하야 교우회회보간행을 도(圖)하야 계획이 완성하야 창간이 유일하니 명명왈 양정이라 종차(從此)로 생도의 정신이 우익마려(尤益磨礪)되고 지식이 수이 확장하리니 수(誰)가 찬성치 아니하리오"라고 말한 바 있다.

이 밖에도 부회장 명의의 안종원 등의 축사가 있다. 교사 역시 교지의 주요 필자라는 일반적인 통념을 증명하듯, 엄주익과 안종원은 이후에도 종종 교지에 논설을 실어 자신들의 교육관을 학생들에게 계몽한다. 엄주익의 「근학의 설(設)」, 안종원의 「근자득지(勤者得知)」(3호)가 그 예이다. 열심히 근면하게 학업에 열중하는 것, 그것이 양정의 민족주의적 교육관의 핵심이었고, 이것은 대사회적 활동 대신 개인적인 인격의 연마와 지식의 습득을 중시하던 1920년대 인텔리 청년들의 교양주의가 내포한 보편적인 양상이기도 했다. 재학생들의 글로는 5학년 최대영의 「진보론」, 4학년 이용선의 「예술에 친하라(藝術に 親しめ!)」(3호) 등이 있는데 이 글들은 대체로 일반적인 교양 수준의 지식의 습득과 이를 추구하는 학생들의 태도를 보여준다.

그리고 당대 여타의 교지들처럼 『양정』에서도 '문단'이라는 문학란이 많은 지면을 차지하고 있다.

우선 창간호에는 5학년 박준영 등의 산문과 석정 안종원과 4학년 한회수 등의 시, 4학년 최태영의 '축양정창간'이라는 축시 등이 게재되어 있다. 특이하게도 근대적 교육기관의 교지에 한시가 실려 있다는 점이다. 예를 들면 창간호에 3학년 손영환과 1학년 김교욱 등의 한시가 수록되어 있다. 그 외에도 단카, 시조나 민요시

양식의 시가가 실린 '가요'란 등과 '가(歌)', '하이쿠(俳句)'란 등이 있다. 조선과 일본의 다양한 시가 양식이 실려 있다는 점 역시 근대시 위주로 학생문단을 구성한 여타의 교지와 다른 점이다. 그리고 영어로 쓰인 '구문(歐文)'란이 매호 있고, 5학년 김종열의 「북선기행」 등 기행문이 꽤 많은 분량이다.

창간호부터 일본어의 분량이 많다. 이는 당대 식민지 중등교육이 얼마나 식민체제 내부에 포섭되어 있었는가를 보여 주는 단적인 예이다.

다른 교지들처럼 『양정』에도 잡지 말미에는 교우회회원 명부와 졸업생 명부가 부록으로 실려 있다. 문예부, 강연부 등 교우회의 활동에 관한 보고가 있다. 그 밖에 문예부와 강연부와 이발부는 활동 내용이 생략되어 있다.

『양정』에서 찾아볼 수 있는 주목할 만한 필자의 글로는, 3호에는 이 학교 졸업생인 윤석중이(당시 2학년)의 기행문 「평화의 마을 남한산성을 찾아서(平和の村南漢山城を 尋ねて)」가 실려 있다. 5학년 윤오영의 「지나문학의 어제와 오늘(地那文學の今昔)」(4호), 수필가이자 농민운동가 유달영의 시 「봄찾으러나가자」, 「이곳에 섰으란다」(5호)와 「검도부 보고」(9호) 등이 있다.

『양정』은 여타의 교지들처럼, 식민지 시대 고등보통학교 학생들의 생활상을 물론, 그들의 지식체계와 세계관을 살펴보는 데 매유 유효한 자료이다. (박지영)

참고문헌

양정창학100주년기념사업회, 『양정백년사(養正百年史): 1905~2005』, 양정창학100주년기념사업회, 2006; 신기형, 『양정의 얼굴』, 양정동창회, 1995.

▌양쯔강백화보(揚子江白話報)

1904년 중국 상하이에서 창간된 시사종합잡지

1904년 5월 15일 상하이(上海)에서 『양쯔강(揚子江)』이라는 제호로 창간되어 반월간으로 발행되었다. 같은 해 10월, 『양쯔강백화보』로 개명하였다. 편집장은 두커위안(杜課園)이다. 1905년 7호를 발행하고 정간되었다가 1909년 12월 『양쯔강백화총보(揚子江白話叢報)』로 개명하여 복간되었으나, 1호를 발행하고 종간되었다. 현재 6호가 현존하며 상하이도서관에 소장되어 있다.

종합 정치성 간행물로 열강의 침략과 봉건 전제주의의 변법행위를 폭로하였다. 민족자치를 주장 했지만 군주입헌은 찬성하여 변법개량(變法改良)에 치우치는 경향을 가지고 있었다.

내용은 논설과 정치, 학문, 실업, 지리, 뉴스, 기언(記言), 기사(記事), 선보(選報), 문원(文苑), 창가(唱歌), 소설, 전기(傳奇) 등의 항목으로 구성되어 있다.

소설로 국외한인(局外閑人)의 「경찰괴현상(警察怪現狀)」과 단푸(丹斧)의 「소년(少年)」, 장징젠(蔣景緘)의 「군인혼(軍人魂)」 등을 발표하였다.

그러나 이렇게 지방에서 출간된 백화 잡지들은 지방색이 강하고 지역이 국한되어 있어 큰 영향력을 갖지는 못했으며, 말과 글이 조화를 이루지 못하여 판매에 어려움이 있었다.

1905년 두커위안은 '문자가 죄를 받아 법정에 수감되었다(文字獲罪 被收法庭)'는 이유를 들어 7호를 발행하고 정간하였다. 그 후 1909년 12월, 두커위안의 지인 링탄위안(淩探原)과 청줴민(成覺民) 등의 노력으로 복간하여 다시 『양쯔강백화총보』라는 제호로 발행을 시작하였으나 단지 1호를 출간하고는 종간되었다. (김성남)

참고문헌

周葱秀·涂明 著, 『中國近現代文化期刊史』, 山西敎育出版社, 1999; 方漢奇 主編, 『中國新聞社業通史』, 中國人民大學出版社, 1996.

▌양쯔강소설보(揚子江小說報)

1909년 중국 한커우에서 창간된 문예지

1909년 5월19일 한커우(漢口)에서 월간으로 창간되었다. 주필은 후스안(胡石庵)이며 중서일보사(中西日報社)에서 발행되었다. 종간 시점은 정확하지 않으며 현재 총 5호가 남아 있다.

타오바오비(陶報癖)는 「발간사」에서 기존의 문학 잡지들이 단기간에 종간되거나 발행기간을 맞추지 못하고 부정기적으로 발행되었던 점, 그리고 내용을 풍부하게 하지 못했던 점들을 지적하면서 본 잡지의 소설 진흥을 위한 임무를 설명하였다.

내용은 그림(圖畵)과 사문(社文), 소설, 문원(文苑), 사림(詞林), 잡록 등 6개 난으로 구성되어 있다.

주요 기사는 장편소설 위주로 채워졌으며 후스안의 「로마칠협사(羅馬七俠士)」와 리한추(李涵秋)의 「이운겁(梨云劫)」 등이 있다. 시사(詩詞)에는 푸원샹(濮文湘)의 「회상각시초(懷湘閣詩鈔)」, 리한추의 「심향각시집(沁香閣詩集)」, 왕샤오눙(汪笑儂)의 「왕샤오눙시초(汪笑儂詩草)」 등이 있다.

이 잡지는 또한 타오청유(陶曾佑)의 「중국 원명청 소설가 일람표(中國元明淸小說家一覽表)」와 「중국 소설보조사표(中國小說報調査表)」, 「소설총담(小說叢談)」 및 타오청유 등이 집필한 7편의 「발간사」를 게재하였다.

이는 모두 조사연구의 기초 위에 완성된 문장들로 중국 소설의 역사와 현황을 이해하는 데 도움을 줄 뿐만 아니라, 소설 이론의 문제점들을 분석한 사료적 가치가 있는 글들이다.

후스안(胡石庵, 1880~1926)은 작가 겸 편집가로 후베이(湖北) 혁명단체인 일지회(日知會)에 가입했으며, 혁명단체 문학사 기관보인 『대한보(大漢報)』와 『천성보(天聲報)』 등의 편집을 담당하였다. 그의 소설 작품들도 비교적 유명하다. (김성남)

참고문헌

周葱秀·涂明 著, 『中國近現代文化期刊史』, 山西敎育出版社, 1999; 王檜林·朱漢國 主編, 『中國報刊辭典』, 太原: 書海出版社, 1992.

어린이

1923년 서울에서 창간된 월간 아동 잡지

1923년 3월 20일 창간된 아동 잡지로서 아동문학가 방정환(方定煥)을 중심으로 개벽사(開闢社)에서 '천도교소년회'의 기관지적 성격으로 발행되었다. 1934년 7월 통권 122호로 폐간되었으나 이어 1948년 5월호로 복간, 1949년 12월호까지 15호를 더하여 총 137호를 발행했다. 창간 당시에는 대체로 보름에 1회 꼴로 발행되다가 곧 월간체제로 정착, 폐간 때까지 계속되었다. 그러나 여러 가지 이유로 매년 1회 정도 결간 되었다. 발행인은 방정환이 일본에 거주했던 관계로 1~30호는 김옥빈(金玉斌)이 31호(1925.8)~82호(1931.2)까지는 일본에서 돌아온 방정환이 편집 겸 발행인으로 활동한다. 이후 방정환 사후에는 이정호가 87호(1931.8)부터 편집 겸 발행인으로 되어 있다. 인쇄인은 정기현(丁基賢)이었다. 인쇄소는 (주)대동인쇄였고, 발행소는 개벽사(경성 경운동 88)였다. 창간 당시는 타블로이드판 12쪽으로 된 신문 형식이었으나 8호부터는 A5판 또는 B6판의 책자형식으로 바뀌었다. 일반기사는 국한문을 혼용하거나 한자를 괄호 처리하였으며, 문예물은 한글을 전용하였다. 호를 거듭할수록 삽화나 사진을 늘려서 지면을 다양하게 해나갔다. 지면의 부피는 12쪽에서 90쪽까지 증감의 폭이 컸으나 월평균 70쪽 정도였다. 가격은 대체로 5전이었으며, 12호부터(1924.1)는 10전으로, 32호(1925.9)부터는 15전으로 인상되었다가 다시 54호(1927.12)부터는 10전으로 인하된다. 보성사에서 영인본으로 출간되어 있다.

창간 초기에는 천도교소년회에서 '새싹회' 회원들이 주관하였는데, 방정환은 그 중심인물이었다. 따라서『어린이』는 방정환의 사상과 경영에 따라 운영되었고, 그의 유고시나 사후에는 김옥빈(金玉斌), 이정호(李定鎬), 신영철(申瑩澈), 윤석중(尹石重) 등이 편집에 참여하였다.

방정환이 쓴 「처음에」라는 창간사의 일부분을 인용해보면 다음과 같다.

"새와 같이 꽃과 같이 앵두 같은 어린 입술로 천진난만하게 부르는 노래, 그것은 고대로 자연의 소리이며, 고대로 하늘의 소리입니다. 비둘기와 같이 토끼와 같이 부드러운 머리를 바람에 날리면서 뛰노는 모양 고대로가 자연의 자태이고 고대로가 하늘의 그림자입니다. 거기에는 어른들과 같은 욕심도 있지 아니하고 욕심스런 계획도 있지 아니합니다. 죄 없고 허물없는 평화롭고 자유로운 하늘나라! 그것은 우리의 어린이의 나라입니다. 우리는 어느 때까지든지 이 하늘나라를 더럽히지 말아야 할 것이며, 이 세상에 사는 사람사람이 모두, 이 깨끗한 나라에서 살게 되도록 우리의 나라를 넓혀가야 할 것입니다. 이 두 가지 일을 위하는 생각에서 넘쳐 나오는 모든 깨끗한 것을 거두어 모아 내는 것이 이 『어린이』입니다."

이 창간사는 잡지 『어린이』가 어린이를 '순진무구'한 천사같은 존재로서 바라보는 1920년대 일본으로부터 도입된 천사동심주의 아동관의 영향 하에 출발하고 있다는 점을 보여 준다.

B5판 12쪽 밖에 안 되는 창간호에 많은 기사를 담을 요량에서 전면 8포인트 활자를 썼으며, 자리에 따라서는 콘사이스사전의 글자 만한 7호 활자를 쓰기도 하였다. 이즈음의 잡지에서는 생각할 수도 없는 일이다. 종이가 귀하던 때, 보다 많은 내용을 독자에게 주고자 한 것으로 보인다.

이 잡지는 동요·동화·동극 등의 구분을 확실히 하여 장르의식을 확립하는 한편, 최초로 동요·동화의 창작품을 게재하였다는 점에서 한국 아동문학의 본격적인 출발선을 그었다.

근대적인 형식의 창작동화를 다수 수록하여, 근대 동화의 양식적 기틀을 만드는 데 이바지하였으며, 특히 창작 동요를 다수 게재하여 1925년을 전후한 동요 황금시대로 이끌어 갔다.

방정환이 소개한 일본 동요 「형제별」, 윤극영(尹克榮)의 「반달」, 유지영(柳志永)의 「고드름」, 서덕출(徐德出)의 「봄편지」, 이원수(李元壽)의 「고향의 봄」, 윤석중의 「오뚜기」 등 현재에도 애창되고 있는 대표적인 한국의 창작동요를 「동요란」에 게재하여 한국 근대 동요 발전의 기틀을 마련하는 데에도 크게 이바지 하였다.

이러한 점은 자연스럽게 우수한 아동문학가를 배출하는 데 크게 이바지하였다. 마해송·정인섭(鄭寅燮)·한정동(韓晶東) 외에 독자투고란을 통해 윤석중·이원수·박목월(朴木月, 본명 박영종으로 활동), 서덕출 등이 모두 이 잡지를 무대로 활동하였고 육성되었다.

『어린이』는 광복 후에 과거의 법통을 계승하여 복간된 바 있다. 1948년 5월 복간 123호에서 1949년 12월 통권 137호까지 발행하고 폐간되었다. 편집인은 과거 방정환의 『어린이』를 도왔던 고한승(32호 이후는 이응신[李應辰])이었고, 발행소도 광복 후 부활된 개벽사였으며, 편집체제도 과거 『어린이』를 답습하였다. 그러나 지나친 복고풍은 새로운 독자들의 호응을 받지 못하여 단명에 그치고 말았다.

'어린이'라는 말을 널리 쓰게 된 것은 이 잡지가 탄생한 후부터였다.

• **방정환**(1899.11.9~1931.7.23)

호는 소파이며, 잔물·몽견초(夢見草)·물망초·몽중인(夢中人)·북극성·은파리·깔깔박사 등 많은 필명을 쓰기도 했다. 서울 야주개(夜珠峴, 지금의 당주동)에서 방경수(方慶洙)의 장남으로 출생, 1913년 미동(渼洞) 보통학교를 졸업했다. 그는 자라면서 최남선이 발간하던 『소년』·『붉은 저고리』·『아이들 보이』·『새별』 등을 탐독했고, 그 후에 나온 『청춘』의 현상작문에 당선되면서 아동문학에 뜻을 두기 시작했다.

1913년 선린(善隣)상업학교에 입학했으나 2년으로 중퇴, 1915년 조선총독부 토지조사국에 사자생(寫字生)으로 취직했다. 1917년 4월 천도교 3세 교주요, 3·1운동 33인의 대표인 손병희(孫秉熙)의 셋 째 딸 손용화(孫溶嬅)와 결혼했으며, 이때부터 천도교 관계 기관과 깊은 인연을 맺는다.

1918년 보성 전문학교에 입학, 유광렬(柳光烈)과 함께 『신청년』을 편집 발간했다. 1919년 3·1운동 때는 『독립신문』을 비밀히 발행하고, 「독립선언서」를 배포하다가 체포되어 고초를 겪었다. 1920년 4월 일본으로 가서 도요대학(東洋大學) 도서관에서 당시 일본에서 번역된 안데르센 동화나 그림형제 동화 등 서구의 아동문학작품을 두루 섭렵하였다고 한다.

또한 당대 일본에서 활발하게 벌어지고 있는 소년운동과 미디어 발간 상황을 유심히 관찰하여 이후 조선의 아동문화운동에 접목시킨다.

그리고 그해 6월 『개벽』이 창간되자 도쿄특파원으로 활약, 1921년 「안데르센동화」·「그림동화」·「아라비안나이트」 등을 초역한 세계명작동화집 『사랑의 선물』을 편집, 1922년 6월 개벽사에서 발행하여, 식민지시대 대표적인 베스트셀러로 만들어 낸다.

읽을거리가 턱없이 부족하던 당시 이 책은 마침내 가장 잘 팔리는 책이 되어 『어린이』가 폐간될 때까지 10여 년 동안에 20여 판이 나갔다고 한다. 또한 틈틈이 여름방학에 귀국하여 전국을 순회 강연하면서 어린이 운동을 전개했다.

1923년 3월 『어린이』를 창간했으며, 이어서 5월에는 유학생들이 중심이 된 '색동회'를 도쿄(東京)에서 조직, 발족시켰다. 이는 어린이운동의 모체가 되었다. 5월 1일을 '어린이날'로 정하기도 하였다. 1924년에는 '전조선소년지도자 대회'를 열었으며, 1925년에는 '소년운동협의회'를 조직했다.

1929년에 중학생 잡지 『학생』을 발간했으나, 지병인 신장병이 악화되어 1931년 7월 23일 세상을 떠났다. 장례는 3일장으로 천도교당 앞마당에서 지냈다고 한다. 윤석중이 세운 새싹회에서는 그를 기념하여 1956년 '소파상'을 제정, 오늘에 이르기까지 시상하고 있다.

그가 아동문학가로 활동한 기간은 약 10년간으로서 「가을밤」, 「귀뚜라미」 등 많은 동요를 발표했고, 동화로는 「천사」, 「마음의 꽃」, 「농부와 굴뚝새」, 「흘러간 삼남매」 등 작품이 많다. 「어린이 예찬」(『신여성』 1924.6)은 그의 대표적인 수필로 꼽힌다. 발간된 책으로는 동화집 『사랑의 선물』을 비롯하여 『소파전집』, 『방정환아동문학독본』, 『소피아동문학전집』 등이 있다.

• 천도교소년회(天道教少年會)

1928년 1월 28일 『동아일보』 기사에 의하면 『어린이』의 발간이 천도교 소년회의 회의에서 결정되었다는 점을 알 수 있다.

천도교 소년회는 천도교청년회의 하위 조직이었다. 천도교는 3·1운동의 일 주체로서 교주 손병희를 비롯하여 지도층이 시련을 겪게 되자 이를 계기로 새로운 젊은 지도층을 중심으로 교단의 정비가 이루어진다. 이 때 만들어진 것이 '천도교청년교리강연부'였다. 이후 이 단체는 1920년 4월 25일 '천도교 청녀회'로 개칭되고 포덕부, 편집부, 체육부, 지덕부, 음악부, 실업부 등을 하위 조직으로 두게 된다. 그러다가 1921년 4월에 포덕부 내에 "소년의 덕지체의 발육을 시킬 방법과 실행을 강구"하고자, '소년부'를 특설하고, 이후 이를 확장시켜 '천도교소년회'를 조직하게 된다. "만 7세부터 만 16세까지의 소년으로 조직"되었으며, 이로써 조선 내에는 전국적인 단위의 규모를 지닌 소년회가 탄생하게 된다.

이 '소년회'가 기관지격으로 『어린이』를 창간한 것은 1920년대 초기 문화운동의 중추 기관이었던 천도교단의 민족주의운동의 연장선상으로 볼 수 있다. 장차 조선의 운명을 이끌어나갈 주체로서 소년들을 상정하고 그들의 덕지체 발달에 이바지하기 위해서였던 것이다.

그리하여 천도교라는 조직을 기반으로 일정한 독자를 확보할 수 있었던 점은 『어린이』의 발행에도 매우 유리한 토대를 제공한다.

그러나 그렇다고 해도 천도교의 종교적 색채를 지나치게 강조하지 않고, 어린이 대상의 대중적 계몽지의 역할에 충실하고자 했던 점은 방정환의 매체 운용의 능력으로, 매체 『어린이』의 성공 열쇠였다.(이한울, 박지영)

참고문헌

최덕교 편저, 『한국잡지백년』 2, 현암사, 2004; 이재철 저, 『아동잡지 '어린이' 연구』, 개문사, 1983; 박현수, 「잡지 미디어로서 『어린이』의 성격과 의미」, 『대동문화연구』 50집, 2005.

▌어사(語絲)

1924년 중국 베이징에서 창간된 문학잡지

1924년 11월 베이징(北京)에서 쑨푸위안(孫伏園)이 루쉰(魯迅)의 지원 아래 창간한 문학지로 어사사(語絲社)에서 주간(週刊)으로 발행되었다. 1927년 10월, 발행금지를 당하여 154호부터 상하이로 이전하여 발행을 계속하였다. 이후 루쉰과 러우스(柔石), 리샤오펑(李小峰)이 차례로 편집을 맡아 발행되었으며 1930년 3월, 총 260호를 간행하고 종간되었다.
상하이로 이전한 1927년부터는 북신서국(北新書局)으로 발행사가 변경되었으며 1928년부터 다시 어사사(語絲社)에서 발행이 되었다. 매 20호마다 한 권의 합본을 출판하였으며 매권의 합본 마다 총목록이 게재되어 있다.

창간인 쑨푸위안은 원래 『신보부간(晨報副刊)』의 편집인이었으나 루쉰의 「나의 실연(我的失戀)」이라는 한 편의 시를 둘러싼 총편집진과의 의견 충돌로 『신보부간』을 사직하고 『어사』를 창간하게 된다.

『어사』라는 제호는 위핑보(兪平伯) 등이 편집한 간행물 『우리들의 7일(我們的七日)』에 게재된 장웨이치(張維祺)의 「소시(小詩)」 중에 나오는 말이다.

편집진의 구성을 보면 쑨푸위안이 주필을, 리샤오펑, 촨다오(川島)가 편집과 발행을 맡아 간행되었으나 실제 원고의 취사선택 결정은 주로 저우쭤런(周作人)이 하였다. 쑨푸위안은 얼마 뒤 『경보부간(京報副刊)』의 편집을 맡아 『어사』를 떠나게 되었다.

촨다오가 「루쉰 선생과 어사를 기억하며(憶魯迅先生和語絲)」에서 말한 것을 보면 『어사』의 내용과 형식 및 원고 처리에 관해 모두 루쉰 선생의 의견을 구했다고 기록하고 있다.

발표된 문장은 잡문(雜文)과 단론(短論)이 많았으며, 사회비평과 문학비평에 치중하였다. 저우쭤런은 「발간사」에서 다음과 같이 지적하고 있다.

"우리 몇 사람이 이 주간을 발표하는 것은 어떠한 야심이나 야망이 있어서가 결코 아니다. 우리는 단지 현재의 중국생활이 매우 침체되고 답답하여 일종의 불쾌한 감정이 생겨서 몇 마디 하고자 하는 것이다. 때문에 이 소책자를 창간하여 자유롭게 발표할 수 있는 공간을 만드는 것이다. …… 우리는 무슨 선전이나 주장을 가지고 있지 않으며, 정치경제문제에 대해서도 역시 아무런 흥미를 가지고 있지 않다. 우리는 다만 중국의 생활과 사상계의 혼탁하고 정체된 공기를 환기하고 싶은 것뿐이다. 우리 개인의 사상은 같지 않다. 하지만 일체의 결정이나 비열에 대한 반항에는 차이가 없다. 우리의 이 주간의 주장은 자유사상, 독립적 판단, 화목한 생활을 제창하는 것이다. …… 주간상의 문자는 간단한 감상과 비평이 주이지만, 문예창작과 문학미술, 그리고 일반사상의 소개와 연구를 겸할 것이다."

이러한 발간사의 방향은 문화계의 광범위한 지지를 받았다. 여기에 참가하는 집필자들의 사상이 모두 일치하는 것은 아니었지만 기본 방향에서는 대체적인 일치를 보고 있었다.

루쉰은 「나와 『어사』의 시작과 끝(我和語絲的始終)」이란 문장에서 이 잡지에 대해 "새로운 생산을 촉진하고, 유해한 낡은 것을 배격하지만, 어떠한 새로움을 생산할 것인가에 대해서는 오히려 명백하게 나타내지 않고 있다. 위급함을 느낄 때면 또한 역시 말을 얼버무리고 만다"라고 『어사』의 현실을 지적하였다.

또 "권력자의 칼 아래 있거나 그의 권위를 찬양하는 것을 바라지 않으며, 그것에 대한 아부를 조롱하고 있다. 이 역시 '어사파(語絲派)'의 공동된 태도라고 할 수 있을 것이다. 따라서 『어사』가 베이징에서 돤치루이(段祺瑞) 및 그 주구들의 습격으로부터 도망하였으나 끝내는 장대원수(張大元帥)에 의해 금지되고 말았다"라는 총평을 하고 있다.

『어사』의 문학상의 공헌은 중국 산문(散文) 발전을 추동하여 독특한 산문의 풍격을 형성하였다는 점이다. 즉 '어사의 문체(語絲的文體)'라는 산문류파를 형성하였으며 이를 두고 '어사파'라 칭하게 되었다. 이 '어사파'

는 실제상으로는 하나의 산문류파를 가리키는 말로 당시 루쉰과 저우쭤런, 린위탕(林語堂) 등이 어사문단을 이루고 있었다.

『어사』에는 루쉰의 여러 작품이 발표되었는데, 예를 들면 「야초(野草)」 24편의 산문이 모두 이곳에 발표되었으며, 이외에도 전기 루쉰 시대의 폐단을 지적하는 잡문들, 봉건전제를 비판하는 이론들이 발표되었다. 「뇌봉탑의 거꾸로 무너짐을 논함(論雷峰塔的倒掉)」, 「뇌봉탑의 거꾸로 넘어짐을 다시 논함(再論雷峰塔的倒掉)」, 「거울을 보고 느낌(看鏡有感)」, 「유화진군을 기념(紀念劉和珍君)」, 등이 있다.

「눈을 크게 뜨고 볼 것을 논함(論睜了眼看)」 에서 루쉰은 다음과 같이 지적하였다. "중국의 문인은 인생에 대해, 사회현상에 대해, 미래를 바로 응시할 용기를 가지고 있지 않다. …… 문예는 국민정신을 발휘하게 하는 빛이며, 동시에 국민정신을 인도하는 선도의 등불이다. …… 중국인은 미래에 대해 감히 바로 보지 못하는 인생이므로, 하는 수 없이 속이고, 기만한다. 때문에 속이고, 기만하는 문예가 생산되는 것이며, 중국인에게 더욱 심한 속임과 기만의 대양에 빠져들게 하는 것이다. 심지어는 이미 자신도 느끼지 못하게 된 것이다. 세계는 하루가 다르게 변하고 있다. 우리의 작가들 역시 가면을 벗고 성실하게, 대담하게 인생을 간취하고, 그 자신이 피와 살로 써낼 때가 이미 온 것이다. 일찍이 마땅히 한편의 참신한 문장이 있었어야 하며, 일찍이 마땅히 몇 명의 용맹한 맹장이 있어야 했다. …… 일체의 전통사상과 수법을 돌파할 맹장이 없다면 중국은 신문예를 할 수 없는 것이다."

후기에 발표된 루쉰의 문장은 문예의 관점에 대한 논쟁에 편중되어 있다. 예를 들면 「종루위에서(在鐘樓上)」, 「문학과 땀흘림(文學和出汗)」, 「문예와 혁명(文藝和革命)」, 「취한 눈 안의 몽롱함(醉眼中的朦朧)」, 「편(扁)」, 「길(路)」, 「머리(頭), 「나의 태도기량과 년기(我的態度氣量和年紀)」 등이 그것이다.

집필진으로는 첸쉬안퉁(錢玄同), 린위탕, 위핑보(俞平伯), 류우지(柳無忌), 류반눙(劉半農), 위다푸(郁達夫), 저우젠런(周建人), 쉬친원(許欽文), 러우스(柔石), 자오징선(趙景深) 등이 있었다.

『어사』는 초창기에 광고의 선택에 대해 매우 엄격한 규율을 두었으나 상하이로 이전한 뒤 북신서국(北新書局)에서 발행 된 시기에는 많은 광고들이 등재되었다. 북신서국 사장이 경제적 이익을 위해 잡다한 광고들을 게재하였던 것이다. 이에 반대한 루쉰이 사장과 여러 차례 교섭을 벌였지만 무위로 끝나자 결국 루쉰은 편집의 직무를 그만두고 사직하고 만다. 그 뒤로 러우스가 6개월간 편집을 맡아보다가 사직하였고 결국 『어사』는 그 이전의 영향력을 다시는 찾지 못하였다.

20세기 1920년대의 문예사조와 루쉰 시대 작가들의 활동을 연구하는 중요한 자료이다. (김성남)

참고문헌

北京師範大學圖書館報刊部 篇, 『北京師範大學圖書館館藏中文珍稀期刊題錄』, 北京圖書館出版社, 2002; 周葱秀·涂明 著, 『中國近現代文化期刊史』, 山西教育出版社, 1999.

언어학잡지(言語學雜誌)

1900년 일본의 부산방 잡지부가 발행한 언어학회의 기관지

1900년 2월 15일 부산방 잡지부(冨山房雜誌部)에서 발행된 잡지다. 1898년 우에다 가즈토시(上田萬年)가 창설한 언어학회 사업의 일환으로 간행되었다. 편집은 후지오카 가쓰지(藤岡勝二)가 담당했다. 언어학회는 학회 창립의 목적을 "언어와 관련된 여러 항을 연구하는 데에 있다"고 밝혔다. 잡지의 원본은 가가와대학(香川大學) 중앙도서관 등이 소장하고 있다.

이 잡지는 언어학의 전문지로 간행되었다. 『언어학잡지』의 규칙 3조에는 "본회의 목적을 달성하기 위해 3건을 이행한다"라고 규정하였고, 3항에 "잡지는 매월 발행하여 본 회의 기사 강연의 필기 및 기타 논설 잡록 시보 등을 게재하여 회원에게 배포한다"라고 하였다.

또 「언어학회 광고(言語學會廣告)」 1항의 "본회는 국어학 및 일반 언어학에 관한 기고를 받아 선택하여 본지에 게재한다"는 항목에서는 잡지가 취급할 장르가 제시되고 있다.

창간호에는 이노우에 데쓰지로(井上哲次郎), 우에다 가즈토시의 축사에 이어 논설로는 다카쿠즈 준지로(高楠順次郎)의 「일본자서의 완성(日本字書の完成)」, 호시나 고이치(保科孝一)의 「인문사와 언어학(人文史と言語學)」, 오카쿠라 유사부로(岡倉由三郎)의 「어미 '구'에 대해서(語尾の'く'に就いて)」가 게재되었다.

잡록으로는 하가 야이치(芳賀矢一)의 「막스 뮐러(Max Muller)에 대한 휘트니(Whithey)의 논쟁(「マクス, ミユルレル」に對する'ホイットニー'の論爭)」, 「광언기에 보이는 속어(狂言記に見えたる諺)」, 후지오카 가쓰지의 「언어계 사견(語學界私見)」이 게재되었다.

또 사전(史傳)으로는 야스기 사다토시(八杉貞利)의 「프란츠 보프(Franz Bopp)의 생애 및 학설(「フランツ, ボップ」の生涯及學說)」이 게재되었다. 신무라 이즈루(新村出)의 신저 소개 2건, 잡보 13건, 질의응답 8건이 이어졌다.

이 잡지는 니시 아마네(西周)가 번역한 박언학(博言學)이 이후 언어학이라는 이름으로 열매를 맺은 당시에 이를 상징하는 것으로 발행되었다. 일본 언어학사에서 중요한 위치를 차지하고 있다. (이규수)

참고문헌

牛島俊 作, 『日本言論史』, 河出書房, 1955; 『近代文學雜誌事典』, 至文堂, 1965; 桂敬一, 『明治·大正のジャ-ナリズム』, 岩波書店, 1992.

▌언치(言治, Statemanship)

1913년 중국 톈진북양법정학회가 간행한 학술지

톈진(天津)의 북양법정학회(北洋法政學會)가 간행한 학술지이다. 북양법정학당에서 간행하였다. 1913년 4월 1일 월간지로 창간되어 1913년 9월 종간한뒤, 1917년 계간지로 다시 창간되었다. 월간으로는 총 6호를 간행하고, 계간지는 3호를 간행하였다. 1호부터 3호까지는 리다자오(李大釗) 등이 주편하였고, 이후 주편자는 정확하지 않다.
주필자는 위이(郁嶷), 바이젠우(白堅武), 리다자오 등이었다. 특히 편집을 맡은 리다자오의 문장이 많다. 당시 젊은 지식인들이 공화정의 좌절을 통해 신문화운동으로 전화하는 과정을 잘 드러내고 있을 뿐 아니라 일본 유학 전후 시기 리다자오의 사상의 형성 과정을 읽을 수 있다.
6호를 낸 이후 뚜렷한 이유 없이 폐간되었으나 1917년 4월 계간지로 재창간되었다. 리다자오 등 주요한 편집진의 일본 유학과 밀접한 관련이 있었던 것으로 생각된다. 창간 이후 보수파인 옌푸, 린수 등과 심각한 논쟁을 전개하였다.

『언치』는 톈진 최초의 법률 간행물 중 하나로 유명하다. 북양법정학회(北洋法政學會)는 1912년 9월 정치와 법률문제를 탐구한다는 목적하에 조직된 학술단체였다. 회원은 북양법정학당 학생을 중심으로 200명 정도였다. 회장은 학감인 장언환(張恩緩), 톈제(田解), 장징춘(張競存) 등 3명이 겸임하였다. 평의(評議), 조사(調査), 편집(編輯), 서무부 4개부로 구성 되었다. 그중 리다자오와 위이 등이 부장을 맡은 편집부의 역할이 두드러졌다.

이들이 주목을 받기 시작한 것은 중국인은 공화정을 운용할 만한 능력이 없기 때문에 외국의 분할통치를 받는 것이 낫겠다는 외국 언론을 비판하는 글을 발표하면서부터였다(「중국 분할의 운명을 반박함」, 1권 1호). 이에 대한 호응을 발판으로 1913년 4월 1일 『언치』를 정식 창간한 것이다.

발행 배경은 창간호에 "우리들이 조직한 『언치』는

정식국회와 정식정부의 등장에 맞추어 창간된 것이니, …… 무한한 희망이 그 사이에 있다. 지켜보지(감시하지) 않을 수 없고, 말하지 않을 수 없다"고 한 데서 알 수 있듯이 신해혁명 이후 우여곡절 끝에 출범한 공화정에 대한 희망과 함께 비판을 목적으로 한 것이었다. 체제는 통론(通論), 전론(專論), 잡론(雜論), 역술(譯述), 기사(.紀事), 문원(文苑), 부록(附錄)란을 두었으며, 잡지로서는 드물게 4000여 부 이상 발행 될 만큼 여론계의 환영을 받았다.

그 주요 내용은 민초 공화정의 굴절과 사회에 대한 비판과, 해외의 선진 정치제도를 소개하는 것이었다. 특히 쑹자오런(宋敎仁) 암살 이후 정치상황과 대의제의 무력화, 이를 감시하여야 할 사회적 기초의 미비에 대한 비판이 많다.

동시에 서방 자본주의 국가의 의회, 법률과 민주제도 등을 두루 소개함으로써 공화정에 대한 희망을 표현하고 있다.

리다자오(李大釗)와 『언치』

『언치』는 북양법정학당의 학생이던 리다자오가 주편하고 활발하게 글을 발표한 잡지이다. 리다자오는 처음부터 리다자오, 리자오(李釗), 또는 자오(釗)라는 필명으로 여러 편을 발표하였다. 쑹자오런의 암살 이후 정국 혼란과 사회적 분열을 비판한 「숨은 근심(隱憂篇)」, 「큰 슬픔: 우리 국민의 잃은 바를 싫어함(大哀篇: 哀吾民之失所也)」(1권 1호, 1913.4.1) 을 시작으로, 자국의 학술의 부흥을 위해 일본 유학에 임하는 결의를 표현한 「자연율과 평형율(自然律與衡平律)」(1권 6호, 1913.11.1)에 이르기까지 매호마다 다양한 글을 발표하였다.

그 내용은 학생다운 미숙함이 없는 것은 아니지만 「갈석산시행문(遊碣石山雜記)」(1권 6호, 1913.11.1), 「문호(文豪)」(1권 6호, 1913.11.1), 「일원제와 이원제(一院制與二院制)」(1권 4호, 1913.9.1), 「법률 반행 순서와 원수(法律頒行程序與元首)」, 「헌법 공포권이 헌법회의에 속하는지를 논함(論憲法公布權當屬憲法會議)」(1권 5호, 1913.10.1)이나, 「각국 국회의원 봉급고(各國議員俸給考)」, 「유럽각국선거제도(歐洲各國選擧制度)」(1권 6호, 1913.11.1) 등 당시 제헌논쟁과 관련한 법률적 논의 및 서구의 제도에 대한 소개도 있지만, 민초 정치사회에 대한 비판이 주류를 이루고 있다.

「정객의 취미(政客之趣味)」(1권 4호, 1913.9.1)와 같이 당시 의원들을 황금과 부패한 생활을 풍자하거나, 「민권의 방락을 논함(論民權之旁落)」(1권 3호, 1913.6.1)과 같이 제도적으로 권리가 없어서가 아니라 그것을 행사할 능력이 안 되는 국민의식의 미숙성에 대한 비판과 함께, 「암살과 사회 도덕(暗殺與群德)」(1권 3호, 1913.6.1), 「원살(原殺)」(1권 4호, 1913.9.1) 등에서 공화정의 왜곡으로 암살과 자살을 유행시킬 수밖에 없는 사회 현실 전반에 대한 절망을 표현하고 있다.

특히 관료주의가 부정적인 단어이지만, 학식을 기본으로 관료주의를 강화하여 혼탁한 정계를 청소하자는 주장이나(「관료주의를 논함[論官僚主義」, 1권 4호, 1913.9.1), 지방세력의 권력을 제한해야 한다는 주장(「재독을 논함[裁都督之橫議」, 1권 3호, 1913.6.1)은 민초 사회에 대한 그의 깊은 인식을 보여 주는 사례이다.

한편 민초 공화정의 붕괴 과정을 지켜본 리다자오는 일본에서 21개조 요구 소식에 대항하는 유일 학생대표로 맹렬한 활동을 한 뒤 귀국하여 『갑인(甲寅)』, 『신보(晨報)』 주간의 편집자로 활동하면서 『언치』 계간의 편집을 맡았다. 일본 유학을 통해 사상적 시야를 확대하면서 마르크스주의를 수용한 것을 알 수 있는데, 「동서 문명의 근본적인 차이」(계간 3권, 1918.7.1), 「강력(强力)과 자유정치」, 「프랑스·러시아혁명(法俄革命)의 비교관」 등은 리다자오의 사상적 전환을 명시적으로 보여 주는 자료라 할 수 있다. (오병수)

▌업(業)

1940년에 일본 도쿄에서 발행된 국문판 문예 동인지

1940년 6월 8일에 창간됐다. 특히 이 잡지는 일본 도쿄(東京)에서 유학 중인 문학청년들이 주축이 되어 발행하였으나, 창간호에 이어 더 이상 발간하지 못했다. 저작 겸 발행자는 윤봉주(尹奉周), 인쇄인은 삼문사 인쇄소(東京 淀橋區 戶塚町)의 최낙종(崔洛鍾), 발행소는 장학사(獎學社 東京 神田區 猿樂町 2-4)이다. 판형은 A5판으로 총 85면, 정가는 30전이었다. 연세대도서관과 아단문고에 소장되어 있다.

이 잡지는 창간사나 편집후기도 없이 동인들의 작품만 덩그러니 싣고 있다. 시에는 김병길의 「무제」, 윤봉주의 「신비」와 「방랑」, 장세무의 「고향에 가서」와 「아스팔트길」이 있고, 소설에는 탁시연의 「정맥(靜脈)」, 문성빈의 「흐름」, 김희선의 「세월」 등이 작품의 전부이다. 그러니까 시 5편에 소설이 3편인데, 소설이 차지하는 분량이 있어서 그런지 지면이 85쪽에 달한다.

당시 정세는 태평양전쟁이 일어나는 해로 전운이 감돌고 있었다. 조선에서는 『조선일보』와 『동아일보』가 폐간을 당했고, 이듬해 1941년 4월에는 『문장』이 폐간당하는 혹독한 시절이었던 것이나. 그렇게 전쟁 총동원령이 내려진 때에 제국 일본의 한복판인 도쿄에서 조선어로 쓴 문학잡지가 발간되었다는 사실 자체가 어쩌면 경이로운 일이었는지도 모른다. 그만큼 내외적으로 어두운 시기에 문학적 열정을 가지고 시대적 분위기에 응전하는 조선어 문학 활동은 일정한 의미를 갖는다고 보인다. (전상기)

참고문헌

김근수, 『한국잡지사연구』, 한국학연구소, 2004; 최덕교 편저, 『한국잡지백년』 3권, 현암사, 2004.

여광(麗光)

1920년 개성에서 한국어로 창간된 문예지

1920년 4월 5일 창간된 문예지이다. 창간호의 판권장에 따르면, 편집 겸 발행인은 우관형(禹觀亨), 인쇄인은 최성우(崔誠愚)였다. 인쇄소는 서울 황금정 2정목 21번지의 신문관(新文館)이었고, 발행소는 개성 만월동 644번지의 여광사, 총발매소는 개성 남대문 밖의 숭남서관(崧南書館)이었다. A5판 40쪽이었고, 정가는 25전이었다. 연 6회 발간을 내세웠다.

『여광』의 창간은 당시 보성고보 재학 중 동맹휴학 사건으로 퇴학당하고 귀향한 마해송(馬海松)을 비롯하여 고한승(高漢承), 진장섭(秦長燮) 등이 주도하였다. '여광(麗光)'이라는 제호는 다원 고석후(茶園 高錫厚)의 휘호였다.

「머리의 말」을 옮겨 보면 다음과 같다.

"구부러진 가지 마른 잎 속에서 날 바를 몰라 하는 저 황앵아, 경난미풍(輕暖微風)에 나부끼는 양류(楊柳) 그늘 속에서 화평곡을 주(奏)하는 네가 아니런가! 쇠잔한 풀언덕에 갈 바를 몰라 방황하는 저 호접(胡蝶)아, 홍하향리(紅蝦香裡) 중에 꽃수염을 물고 태평무를 아뢰던 네가 아니던가! 너희의 화락하던 그 노래는, 절묘하던 묘예의 그 무도는 일장춘몽으로 변하였구나! 아! 주리라, 따뜻하고 자애롭고 다정하고 재예(才藝)있는 '여광'으로. '여(麗)의 광(光)'아! 힘껏 비추어 방화복욱(芳花馥郁)한 동산을 지어라. 천조만사(千條萬絲)의 신류(新柳)를 만들라. 비애에 넘친 저들로 힘껏 노래하여, 고독에 겨운 그들로 마음껏 춤추도록."

창간호의 목차는 다음과 같다.

「머리의 말」/ 삼당(三堂), 「시(時)와 주의(主義)」/ 고한승(高漢承) 「웃음」/ 이만규(李萬珪), 「여광에 대하여」/ 공손수(公孫樹), 「여광의 출현을 축(祝)하여」, /'소설' 서원(曙園), 「친구의 묘하(墓下」/ 식얼, 「구조(救助)한 사랑」, / 마상규(馬湘圭), 「축 여광 창간」/ '시' 서원(曙園), 「돌아간 누님」/ 철연아(哲然兒), 「고객(孤客)의 추몽(秋夢)」/ 취연생(醉戀生) 「연애(戀愛)」/ MSP, 「청춘과 경쟁심」/ 한양일객(漢陽一客), 「여광(麗光)오빠」/ 「정경수구(情景數句): 시문독본(詩文讀本)에서」/ 「고(故) 학산(學山) 김군(金君)을 조(弔)함」, / '희가(喜歌)' 동랑생(東廊生), 「호떡곡(曲)」/ '장시(長詩)' WKH, 「몽신(夢神)에게」/ 음고생(吟孤生), 「낙엽(落葉)」/ 진장섭(秦長燮), 「여광의 창간을 축(祝)함」/ RKP, 「축 여광」/ '시' 최문우(崔文愚), 「크리스마스」. (이한울)

참고문헌

『麗光』 창간호, 1920.4, 국립중앙도서관 소장본; 「麗光 第一號 出版」, 『東亞日報』 1920.4.14; 「麗光 四月號」, 『東亞日報』 1927.5.7; 최덕교 편, 『한국잡지백년』 2, 현암사, 2004.

여권(女權)

1871년 일본에서 발행된 여성 사상 잡지

도쿄 간다(神田)에 소재한 부인덕의회(婦人德義會)의 기관지이다.

잡지 발행의 목적은 부인덕의회가 주장하는 "남자와 동등한 권리를 가진다"는 목적 아래 여권신장과 남존여비의 풍조를 개선하는 것이었다. 이는 부인덕의회의 설립 목적과도 부합하는 것이었다. 제1호의 논문 및 축사에는 남녀 불평등을 호소하여 여성의 권리를 주장하는 격렬한 문장에 게재되었다. 창간 당초에는 사상 평론 잡지로서 역할을 수행했지만 이후의 경과에 대해서는 불명이다. (이규수)

참고문헌

牛島俊 作, 『日本言論史』, 河出書房, 1955; 『近代文學雜誌事典』, 至文堂, 1965; 浜崎廣, 『女性誌の源流』, 出版ニュース社, 2004.

여마(驢馬)

1925년 창간된 일본의 월간 문예지

1925년 4월 창간, 1928년 5월 종간한 월간 문학잡지. 창간호로부터 1927년 3월까지 10권이 출판되고 11개월을 휴간한 뒤 1928년 2월, 5월에 각각 11, 12호를 내고 폐간했다. 발행처는 도쿄시 '여마발행소(驢馬發行所)'

무로 사이세이(室生犀星)의 집에 출입하며 사숙하던 젊은 나카노 시게하루(中野重治), 구보가와 쓰루지로(窪川鶴次郎), 니시자와 류지(西澤隆二, 일명 누야마 히로시), 호리 다쓰오(堀辰雄), 미야기 기쿠오(宮木喜久雄) 등이 발의하여 창간했다. 창간 당시 편집·발행인은 구보가와 쓰루지로로 되어 있었고, 1928년본의 편집 발행인 명의는 미야기 기쿠오였다.

무로 사이세이, 아쿠타가와 류노스케(芥川龍之介), 하기와라 사쿠타로(原萩朔太郎) 등의 영향을 많이 받았던 학생 동인잡지로서 처음에는 시가 중심이었지만 후기에는 산문의 비중이 커졌다. 시에서는 히라키 니로쿠(平木二六) 작품이 가장 많았고, 나카노 시게하루의 「새벽이 오기 전에 안녕 (夜明け前のしょなら)」, 「노래(歌)」, 「제국호텔(帝國ホテル)」 등과 같은 작품이 이 잡지에 발표되었다.

나카노 시게하루(中野重治)와 일본 프롤레타리아문학

일본 프롤레타리아문학의 대표적인 시인이자 평론가의 한 사람이었던 나카노 시게하루는 도쿄4고(四高)의 졸업반 시절에 무로 사이세이와 교류했고, 1924년에 도쿄대 영문학과에 진학했다. 이 잡지가 발간될 즈음에는 '신인회(新人會)'에서도 활약했다. '신인회'는 1918년 도쿄대학 학생들이 결성한 사상운동단체였다. 처음에는 국수주의와 우익에 대항하고, 민주주의를 옹호하기 위해 결성되었으나, 이후 마르크스주의를 지향하여 지식인과 노동자의 연대를 도모했다. 『데모크라시』(1920.2), 『선구(先驅)』(1920.10), 『나로드(ナロオド)』(1921.7) 등의 기관지를 운영하기도 했다. 경찰과 대학 당국의 압력 때문에 1929년에 해산했다.

나카노 시게하루는 임화와 같은 조선의 작가들에게 많은 영향을 주었으며, 조선에 대한 일본의 식민지 통치를 비판하는 시를 발표하기도 했다. 그중 유명한 것은 「비 나리는 시나가와 역(雨の降る品川驛)」인데, 특히 김윤식을 비롯한 한국 문학 연구자들에 의해 여러 차례 그 의미가 거론되기도 했다.

"잘 가거라 신(辛) / 잘 가거라 김(金) / 잘 가거라 리(李) / 잘 가거라 여인 리(李) // 가서 저 굳은 두꺼운 미끄러운 얼음을 때려 부숴라 / 오래 막혔던 물로 하여금 솟구치게 하여라 / 일본 프롤레타리아의 뒷방패 앞방패 / 잘 있거라 / 보복의 환희에 울고 웃는 날까지(さようなら辛 / さようなら金 / さようなら李 / さようなら 女の李 / 行ってあのかたい 厚い なめらかな氷をたたきわれ / ながく堰かれていた水をして

ほとばしらしめよ／日本プロレタリアートのうしろ盾まえ盾／さようなら／報復の歡喜に泣きわらう日まで)."

위의 구절이 포함된 이 시는 일본과 조선 프롤레타리아운동의 연대의식을 표현하고 있기 때문이다. 이 시는 처음에 임화에 의해 한국의 『무산자』(1호, 1929)에 번역 소개되었다.

또한 『여마』에는 호리 다쓰오의 「천사들이… (天使達が…)」, 「시(詩)」, 「병(病)」 등과 같은 작품도 이 잡지에 게재되었으며 그 밖에 다지마 이누코(田島いね子), 무로 사이세이, 아쿠타가와 류노스케, 다카무라 고타로(高村光太郎), 사토 하루오(佐藤春夫) 등의 작품이 실렸다. 번역시는 호리 다쓰오에 의해 주로 프랑스 시인 장 콕토(Jean Cocteau), 아폴리네르(Guillaume Apollinaire)와 프란시스 잠(Francis Jammes) 등이 번역되어 실렸다. 또한 나카노 시게하루는 레닌을 번역하기도 했다. 소설로는 미야기 기쿠오, 평론은 나카노 시게하루의 작품이 많다. 그 밖에 모모타 소지(百田宗治), 센게 모토마로(千家元麿), 구보타 만타로(久保田万太郞), 후쿠시 고지로(福士幸次郞) 등이 『여마』에 기고했다.

프롤레타리아문학을 지향하는 나카노 시게하루와 서구적 모더니즘 문학을 지향한 호리 다쓰오는 각각 기성문학에 대립하며, 새롭고 젊은 쇼와기 문학 전체의 방향성을 대표하는 것으로 볼 수 있다. 둘은 완전히 대조적인 입장이라고도 할 수 있지만 『여마』 시기에 양자는 사상적으로 대립하지 않았다. 오히려 다카무라 고타로나 사토 하루오 등의 지지를 얻어 다이쇼기 문학의 정수를 계승하고 지양하려는 의도가 더 강했다.

쇼와 문학의 주요 담당자들은 다이쇼 말기에 나온 동인지에서 독립하고 나와서 새로운 문학잡지를 창간하기 시작했다. 『여마』는 그즈음에 놓인 잡지였다. 『여마』는 발행부수도 적었지만 문학적 입장이나 구성원들의 면모가 신선했고 종래의 문학에 없었던 새로운 경향이 싹트게 한 점에서 소화 문학의 개막을 알리는 하나의 상징으로 인정된다. (천정환)

참고문헌

『近代文學雜誌辭典』; 平野謙 저, 고재석·김환기 역, 『일본 쇼와 문학사』, 동국대출판부, 2000;; 김윤식, 『임화 연구』, 문학사사상사, 1989.

여명(黎明)

1925년 대구에서 창간된 종합잡지

1925년 6월 20일 대구에서 창간된 종합잡지. 편집 겸 발행인은 김승묵(金昇默), 인쇄인은 권태균(權泰均)이었다. 인쇄소는 대동(大東)인쇄주식회사(서울 공평동 55)였고, 발행소는 여명사(대구 竪町 110)였다. 판형은 A5판 120쪽으로 이뤄져 있었고, 월간으로 간행되었으며, 정가는 50전이었다. 1926년 6월 통권 7호까지 발행되었다고 한다. 현재 1926년 6월호만 남아 있다. 1960년 12월 '일본근대문학연구소'에서 한정 300부로 처음 영인되었다.

잡지 『여명』은 혹독한 원고 검열로 인하여 발간에 어려움을 겪었다. 1926년 6월 14일자 『동아일보』 기사를 보면 원고 검열이 얼마나 가혹했는지를 엿볼 수 있다.

"당국의 검열관계로 오랫동안 문제 중에 있던 여명잡지(黎明 雜誌)는 그 사이 휴간 중으로 지내오던 바, 여러 가지 난관을 거쳐 다시 6월 호부터 발간하게 되어, 지난 5월 20일 경에 벌써 인쇄를 마치었으나, 또한 당국의 허가를 얻지 못하여 일시 발간을 중지하고 있던 중, 재작 12일에야 겨우 통과되는 즉시로 이제야 비로소 6월호를 발행하였다."

이 기사에 따르면 『여명』은 오랫동안 휴간하였다가 1926년 6월 12일에 6월호로 속간하였는데, 이 과정도 순탄치 않았음을 알 수 있다.

권두에 실린 「사고(社告)」에서도 비슷한 사정을 엿볼 수 있다.

"본지는 창간 이래로 …… 신시대의 여명운동에 공헌할 촌심(寸心)으로 자자(孜孜) 노력하여 왔던 바, 첫째 조선인된 우리들에게는 출판의 자유가 없으므로 원고의 검열을 받지 아니하면 임의 발간치 못하는 것은 독자 여러분도 양실(諒悉)하시는 일이어니와, …… 혹

편의상 외국인의 명의를 빌려서 발간하는 것까지 전부 엄금하게 되었고, 본지도 최초부터 사용하던 납본 식의 발행권이 금지당하고 …… 그러나 기어이 속간하고자 다시 원고검열을 받게 되었으나 이것도 예정과 틀려, 작년 11월에 제출한 원고가 그 사이 4개월이나 지난 금년 2월에야 비로소 받게 되었습니다. 이것은 신년호를 편집한 것으로 태반이 시기가 맞지 않고 압수된 부분도 적지 않으므로 다시 원고를 보충, 추가 검열을 받아서 이제야 겨우 발간하게 된 그간의 경위를 독자에게 보고하나이다."

1926년 6월호의 목차를 보자.

'권두언' 김승묵의 「병인신춘(丙寅新春)의 일언」/ '논문' 김정설의 「스핑크스 본기론(本紀論)」, 조상환의 「이중과세(二重過歲)의 고통」, '길림(吉林)' 박기백의 「만주에 등한(等閑)한 조선신문계(朝鮮新聞界)」, 윤홍열의 「신문의 존재까지 부인할 수 없는 조선사회관(朝鮮社會觀)」, 류교하의 「은행조직론」, 장하오의 「부력(富力)과 인생관」/ '세계 뉴스' 「석탄으로 석유액을 만드는 영독(英獨) 양국의 신발명」, 「세계 제일의 조선 부인복」(도쿄미술학교 교장담), 「서주단신(西洲短信)」/ '수필' 노자영의 「영혼의 문을 두드리는 자」, 장재윤의 「여수(旅愁)와 회상(回想)」, 손정규의 「고적(孤寂)」, 북경 배천택의 「고국(故國)의 회망(回望)」, 북경 약송의 「고국의 친우(親友)에게」/ '시' 이동원의 「상외시(想外詩)」, 춘성의 「두만강의 밤」, 이장희의 「봄 하늘에 눈물이 돈다」, 강병주의 「단념(斷念)」, 심형진의 「한시(漢詩)」/ '소설' 장적우의 「저주의 눈이 번득인다」, 최호동의 「작부(酌婦) 계월이」/ '전설·일화' 경주 최두환의 「토함산에 숨은 애사(哀史)」, 상주(尙州) 조운계의 「자칭봉하조(自稱奉賀朝)」, 동경 이성로의 「황포(黃浦)의 울음소리」 등이 실렸다.

1929년 5월 31일자 『동아일보』 기사에 따르면, 『여명』의 발행인이었던 김승묵이 여명사 본사를 이전하여 계속 발간할 뜻을 밝혔다고 한다. 하지만 이후에도 계속 발간되었는지는 알 수 없다. (이한울)

참고문헌

『黎明』 1926년 6월호; 崔德敎 편저, 『韓國雜誌百年』 2, 현암사, 2004; 「問題中의 黎明發刊」, 『동아일보』 1926.6.14; 「黎明誌 本社移轉, 社主 金昇默氏는 渡東」, 『동아일보』 1929.5.31.

여보(女報)

1909년 중국 상하이에서 창간된 여성지

1909년 1월 상하이(上海)에서 창간된 여성전문 월간지다. 발행인은 천이이(陳以益), 진넝즈(金能之), 예쓰샹(葉似香)이다. 종간시점은 정확하지 않으며 현재 1~3호와 임시 증간한 『여론(女論)』과 『월한(越恨)』이 현존하며 베이징 중국사회과학원 근대사연구소 도서관에 소장되어 있다.

중국 여학(女學)의 제창과 동아시아 여권(女權) 육성을 발행 목적으로 하였다.

내용은 논저(論著)와 교육, 가정, 사회, 문예, 기재(記載) 등의 항목을 개설하여 천부여권(天賦女權)학설로 남녀평등 사상을 주장하고 중국의 여권(女權) 분발을 강조하였다. (김성남)

참고문헌

王檜林·朱漢國 主編, 『中國報刊辭典』, 太原: 書海出版社, 1992; 周葱秀·涂明 著, 『中國近現代文化期刊史』, 山西敎育出版社, 1999.

여성(女性)

1922년 일본에서 발행된 여성문예지

1922년 5월부터 1928년 5월까지 발행된 여성을 대상으로 한 문예지이다. 통권 71호 발행되었다. 발행소는 본사 오사카(大阪), 지국은 도쿄에 있었다. 간행 당시의 발행자는 이타사카 인노스케(板阪寅之助), 편집자는 이마무라 산사부로(今村粲三郎)였다. 1924년 1월부터 발행 겸 편집자는 나카야마 도요조(中山豊三)로 변경되었고, 이 무렵부터 오사나이 가오루(小山内薫)도 관여했다. A5판으로 본문은 91쪽부터 420쪽에 달했다. 잡지는 지식계급 여성의 계몽적 역할을 담당했고, 저명한 작가는 물론 신인작가의 작품도 망라한 신인작가의 등용문이었다.

잡지는 발행 당시에는 중앙공론사(中央公論社)가 발행한 『부인공론(婦人公論)』과 같이 여성의 정신생활의 향상을 목적으로 한 부인잡지였다. 하지만 잡지의 편집방침은 점차 순수문예지로 성격을 변질시켜 최고의 문예지로 자리매김하였다. 주요 게재 내용은 다음과 같다. 여성문제로는 고바야시 아이오(小林愛雄)의 「부인이 되기 이전에 인간이 되어라(婦人となる前に人間となれ)」(1924.5), 미야케 세쓰레이(三宅雪嶺)의 「부인참정권문제(婦人參政權問題)」(1924.5)가 주목된다. 연재물로는 이즈미 교카(泉鏡花)의 「용담과 무자(龍膽と撫子)」, 모리타 구사헤이(森田草平)의 「윤회(輪廻)」, 사토미 돈(里見弴)의 「비에 피는 꽃(雨に咲く花)」, 이와자키 준이치로(岩崎潤一郎)의 「치인의 사랑(痴人の愛)」, 무샤노코지 사네아쓰(武者小路實篤)의 「그들과 그녀들(彼等と彼女達)」, 미즈카미 류타로(水上龍太郎)의 「오사카의 집(大阪の宿)」, 나가이 가후(永井荷風)의 수필 「이무초(耳無草)」 등이 있다. 아쿠타가와 류노스케(芥川龍之介)의 「시의(お時儀)」(1923.10), 히로쓰 와로(広津和郎)의 「어머니(母)」(1923.11), 시가 나오야(志賀直哉)의 「흑견(黑犬)」(1925.1), 요코미쓰 리이치(横光利一)의 「봄은 마차를 타고(春は馬車に乘って)」(1926.8), 야마모토 유조(山本有三)의 희곡 「해언산언(海彦山彦)」(1923.8) 등도 게재되었다.

• 미야케 세쓰레이(三宅雪嶺)

일본의 저널리스트이자 철학자이다. 본명은 유지로(雄二郎). 1883년 도쿄대학(東京大學) 철학과를 졸업했다. 1888년 이노우에 엔료(井上円了), 스기우라 주고(杉浦重剛), 시가 시게타카(志賀重昂) 등의 지지를 얻어 정교사(正敎社)를 조직하고 잡지 『일본인(日本人)』을 발행, 도쿠토미 소호(德富蘇峰) 등의 '구화주의(歐化主義)'에 반대해 '일본주의'를 제창했다. 1889년 구가 가쓰난(陸南)이 창간한 신문 『니혼(日本)』에서도 주필로 참가해 국수주의적 입장에서 반정부적인 평론활동을 전개했다.

1906년 『니혼』을 퇴사하고 『일본인』을 『일본 및 일본인(日本及日本人)』으로 제호를 바꾸었다. 1923년 다른 편집자와 의견이 대립되자 이 잡지를 떠나 개인잡지인 『아관(我觀)』을 창간했다. 1943년 문화훈장을 받았다. 8번이나 중의원에 당선된 유명한 나카노 세이고(中野正剛)는 그의 사위이다. 주요 저서로 『진선미일본인(眞善美日本人)』·『동시대사(同時代史)』·『우주(宇宙)』 등이 있다.

• 아쿠타가와 류노스케(芥川龍之介)

일본의 소설가. 일본 도쿄(東京) 출생. 도쿄대학 영문과 졸업. 도쿄대학 재학 중에 나쓰메 소세키(夏目漱石)의 문하에 들어가 구메 마사오(久米正雄), 기쿠치 간(菊池寛) 등과 제3차 『신사조(新思潮)』를 발간하여 처녀작 「노년(老年)」을 발표하였다.

이어서 『신사조』에 「코(鼻)」를, 『신소설(新小說)』에 「고구마 죽」을 발표하여 문단의 인정을 받았다. 그 후로는 역사소설로써 역설적인 인생관을 나타내려고 하는 이지적 작풍을 주로 하였다. 합리주의와 예술지상주의 작풍으로 일세를 풍미하였으나, 만년에는 프롤레타리아문학의 대두 등 시대의 동향에 적응하지 못하여 회의와 초조와 불안에 싸여 드디어 심한 신경쇠약으로 인해 '막연한 불안'을 이유로 수면제를 다량 복용하고 자살하고 말았다.

복잡한 가정사정과 병약한 체질은 그의 생애에 어두운 그림자를 드리워 회의적인 인생관을 간직하고 있었다.

1935년부터 매년 2회(1·7월) 시상되는 아쿠타가와상은 그를 기념하여 문예춘추사(文藝春秋社)에서 제정한 문학상이다.

그는 창작을 위한 여러 가지 재료를 동서의 문헌자료에서 섭렵하였고 제재에 따라 다양한 양식을 구별하여 썼으며, 새로운 문체의 시도 등 신기교파(新技巧派)의 대표작가로 알려졌다.

아쿠타가와 류노스케는 현대 일본 문학 이전 시대인 근대 일본 문학의 거장으로 일컬어진다. 그는 특유의 광기와 천재성으로 점철된 독특한 작품세계로도 유명했고, 그에 걸맞는 생애로 세인들의 주목을 받기도 했다.

1892년 일본 도쿄에서 태어나고 불과 7개월 후, 생모가 정신질환을 일으킨다. 이로 인해 그는 외가로 보내지게 된다. 그가 10세가 되던 해에, 정신병원에 입원 중이던 생모는 결국 죽음을 맞게 된다. 생모의 죽음 이후, 외가인 아쿠타가와 집안에 입양되어 소년기를 보내게 된다. 이러한 어린 시절의 경험과 기억들은 그에게 정신적인 불안감을 심어주는 계기가 되었다.

그는 이미 10세 무렵, 처음으로 「낙엽을 태우며 나뭇잎의 신을 본 밤이여」라는 하이쿠를 지어보임으로서 문학의 재능을 보인다. 그리고 도쿄대학에 다니기 시작할 무렵, 그의 창작욕은 높아져 다양한 작품을 동인지에 발표하기 시작한다. 도쿄대학 재학 중 「나는 고양이로소이다」 등의 명작을 발표한 나쓰메 소세키의 문하에 들게 된 그는, 스승으로부터 자신의 습작 「코」에 대해 다음과 같은 편지를 받는다.

"차분하고, 가볍지 않으며, 자연 그대로의 우스꽝스러움이 저절로 배어난다는 점에서 고상한 홍취를 자아냅니다. 그리고 소재가 아주 새롭다는 점이 눈길을 끕니다. 문장도 요령 있게 정리되어 있습니다. 탄복을 금치 못합니다. 이런 작품을 앞으로 2, 30편 더 써보세요. 문단에 다시없는 작가가 될 것입니다."

이후 불안정한 정신상태가 계속되었지만 그의 습작은 열병처럼 계속되어 「지옥변」, 「덤불속」, 「서방사람」 등의 수작들을 발표하여 평론가와 일반인들로부터 호평을 받는다. 단편 위주인 그의 작품들은 주로 '예술지상주의'와 '고전문학'의 흐름을 반영하고 있다. 예술적 미의 가치를 무엇보다 높게 평가했던 류노스케는 자신의 작품에 이를 충실히 반영했다.

그의 초기 작품인 「라쇼몽」은 지금까지도 높은 평가를 받고 있다. 여기에서 그는 나약한 인간의 심성과 이기심을 잘 표현하고 있다. 특히 장면 하나하나를 세부적으로 침착하게 그려내는 묘사력과 치밀한 구성력은 그의 작품들을 한 단계 뛰어난 것으로 끌어올려준다.

류노스케의 작품세계가 정점을 이룬 것은 1918년 발표된 「지옥변」에서였다. 「지옥변」에서 그는 이제까지의 작품에서 시도했던 탐미주의, 예술지상주의를 예의 그 묘사력으로 걸출하게 그려내었다.

「지옥변」은 짤막한 단편이다. 기행을 일삼던 당대의 화가가 염원하던 「지옥의 풍경」을 그리기 위해 자신의 외동딸을 수레에 태워 죽인다. 내용 또한 단순하고, 괴이하다. 이 짧은 내용 속에서 그는 장편소설에나 볼 수 있는 구성과 묘사를 한껏 내보인다. 발표된 이후 비난과 호평을 동시에 받았으며 현재까지도 그를 논하기 좋아하는 평론가들의 입에 자주 오르내리는 작품이다.

• 시가 나오야(志賀直哉)

일본의 소설가. 직관적인 섬세함과 간결함을 갖춘 그의 문장은 '시가(志賀) 문체'라고 불렀다.

시가는 귀족 계급인 무사 집안에서 태어났으며, 1885년 부모를 떠나 도쿄에 사는 조부모에게로 갔다. 젊은 시절에 기독교 교육자인 우치무라 간조(內村鑑三)의 영향을 받았지만, 기독교 자체는 그의 마음을 지속적으로 움직이지 못했다.

1906년 귀족 학교인 가쿠슈인(學習院)을 졸업한 뒤 도쿄제국대학 영문과에 들어갔지만 2년 뒤에 중퇴했다. 1910년 무샤노코지 사네아쓰(武者小路實篤), 아리시마 다케오(有島武夫)를 비롯한 가쿠슈인 시절의 친구들과 함께 잡지 『백화(白樺)』를 창간했는데, 이 잡지는 개인주의와 톨스토이의 인도주의를 강조하는 중요한 문학운동을 주도했다. 이 운동은 1920년대 초까지 지속되었지만, 그는 이 운동의 이상주의가 좀 더 현실적인 자신의 문학 양식과 양립할 수 없다는 것을 깨닫고 탈퇴했다. 그는 오랫동안 객관적인 문체를 갈고 다듬어 주인공들의 민감한 반응을 명쾌하고 간결하며 직관적으로 묘사하는 데에 모든 노력을 기울였다. 오랫동안 문학 활동을 하지 않다가 갑자기 수많은 작품을 봇물처럼 쏟아내기 시작하여, 훌륭한 단편작가로 명성을 얻게 되었으나, 글을 써서 생계를 유지한 적은 없었다.

그의 소설이 대부분 화목하지 못한 가족관계를 주제로 삼고, 1인칭 주인공들의 심리 갈등에 중점을 두기 때문에 몇몇 단편소설은 '사소설(私小說)', 곧 자전적 소설의 범주에 들어간다. 단편 「화해(和解)」(1917)와 대표적인 장편소설 『암야행로(暗夜行路)』(1921~37, 2부로 나누어 씀)는 가족의 갈등과 개인적 갈등에 직면한 주인공이 마음의 평화를 찾으려고 애쓰는 모습을 묘사하고 있다. 단편 「기노사키에서(城の崎にて)」(1917)는 자신의 정신 상태를 섬세하고 냉철하게 다룬 훌륭한 예이다. 그의 작품 활동은 『암야행로』가 완성되었을 때 사실상 끝났다. (이규수)

참고문헌

『近代文學雜誌事典』, 至文堂, 1965; 伊藤佐枝, 「日本近代文学に於ける'親密性テロリズム'の様相·序説: 志賀直哉『范の犯罪』とその周辺を起点として」, 『論樹』 20, 2006; 小林幸夫, 「志賀直哉『転生』論: 小説形式の複合」, 『上智大学国文学科紀要』 23, 2006; 上田穗積, 「『和解』以後の志賀直哉-大正6年の'回顧'という方法」, 『徳島文理大学研究紀要』70, 2005; 山岡頼弘, 「季刊·文芸時評(2004年·夏) 内と外, または志賀直哉」, 『三田文学』 83, 2004.

여성(女性)

1936년 서울에서 창간한 여성지

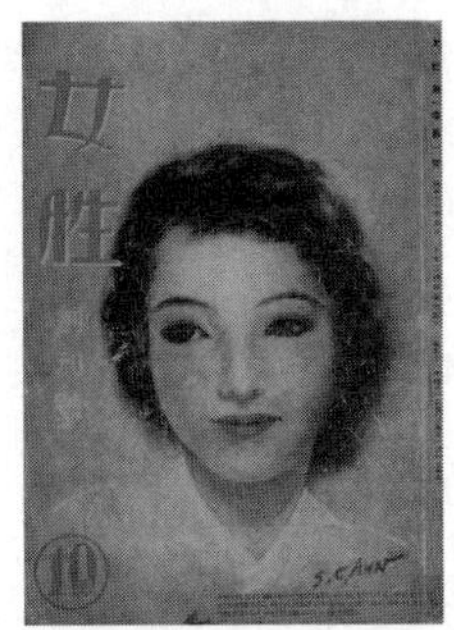

1936년 4월 발행되어 1940년 12월에 종간된 여성교양지이다. 가격은 10전, 저작 겸 발행인은 방응모(方應謨), 인쇄인은 고응민(高應敏), 편집장은 시인 백석(白石), 인쇄소는 창문사, 발행소는 조선일보사 출판부이다. 조선일보사가 창간한 호화로운 도색 인쇄로 이루어진 여성지이다. B4판 48쪽이며 이후 100쪽 내외로 발행된다. 해방 전 여성지로는 최장수 출판을 자랑한다. 연세대학교에 소장되어 있고, 도서출판 역락에서 영인본이 출간되어 있다.

조선일보사에서 출간한 종합잡지 『조광』(1935.11)의 자매지로 『조광』 창간 5개월 후에 발간된다. 자매지인 만큼 『여성』에는 『조광』의 편집진과 필자가 모두 관여한다. 식민지 시기 가장 호화로운 화보와 도색, 인쇄로 이루어진 여성지이며, 필진 역시 『조선일보』사의 자본에 힘입어 높은 원고료 덕분에 수많은 명사들로 포진되는 특권을 누린다.

김기림, 김문집, 김억, 노자영, 노천명, 모윤숙, 박노갑, 박태원, 방인근, 안석영, 안회남, 이광수, 이상, 이석훈, 이선희, 이태준, 이헌구, 이효석, 장덕조, 정비석, 정인섭, 정지용, 채만식, 함대훈, 허보, 강경애, 계용묵, 김광섭, 김기석, 김남천, 김달진, 김동리, 김동인, 김여제, 김오성, 김유정, 김진섭, 김환태, 길진섭, 김광섭, 김남천, 마해송, 박노갑, 박인덕, 박종화, 방신영, 방종현, 백석, 백신애, 백철, 손초악, 송금선, 송영, 신고현, 신석정, 신정언, 엄흥섭, 김영랑, 유자후, 유진오, 유치진, 윤성상, 이건혁, 이극로, 이기영, 이병각, 이병기,

이선희, 이원조, 이은상, 이하윤, 이훈구, 임옥인, 임학수, 전숙희, 조경희, 최정희, 최이권, 최재서, 한설야 등 당대 거의 모두 사회적인 명사들이다.

잡지 『조광』이 동아일보사의 『신동아』를 의식해서 만들어진 잡지인 것처럼 『여성』도 역시 동아일보사에서 발간한 『신가정』을 의식해서 발간한 잡지이다. 『신가정』이 서구의 근대적 핵가족을 모델로 조선의 여성들을 모성과 주부로서 호명한 잡지라면, 『여성』은 이러한 모든 기조를 포괄하면서도 다양하게 흥미 위주의 테마도 다루는 대중적 매체이다.

이를 증명하듯 잡지 『여성』은 특별한 창간호가 없이 시작한다. 창간호 이후에도 잡지 『여성』에는 그 흔한 권두언조차 없다. 이러한 점은 이 매체가 지향하는 바가 정론성에서는 매우 거리가 먼 것임을 보여준다. 이 역시 『조광』의 지향점이 '상식의 도를 얻도록 하자'(「창간에 제하여」, 1호)는 데 있었다는 것과도 긴밀히 연결된다. 『조광』이 추구했던 '상식'의 내용은 『신동아』가 추구했던 '지식과 견문, 그리고 실익과 취미'(「편집후기」, 창간호) 등 종합교양지로서의 성격과는 다소 거리가 있다. 즉 『조광』과 『여성』은 동아일보사의 매체들과 달리 정론성, 시사성보다는 대중성에 더 많은 중점을 두고 있었던 잡지이다.

창간호의 기사를 분석해보면 이러한 『여성』의 편집방침을 살펴볼 수 있다. 우선 김기림이 「파랑포구」라는 모더니즘 시로 지면을 열고 있으며, 그 후 김상용의 「하이킹 예찬」이라는 가벼운 글이 실려 있다. 그리고 이광수의 「대여학(大女學): 결혼론」, 김여제의 「애정의 심리」 등은 당대 여성들의 낭만적 사랑론을 자극하는 내용의 글이 실려 있다. 그리고 「결혼 전후: 내 남편을 말함」이라는 주제와 「처녀와 한때: 혼자 못 사는 여자, 퐈스트롤에 명랑해지는 김수임씨」라는 주제의 설문 기사들은 명사들 개인의 사생활을 기사화하여, 그 은밀한 세계를 들여다보는 감각적 즐거움을 준다. 실화 「저주받은 운명」이나, 배우 문예봉의 「내가 거러온 길」 역시 무겁지 않고 가벼운 읽을거리로서의 역할에 충실한 글들이다.

당대 최고인 문인들이 쓴 글이라고 해도 마찬가지이다. 김유정, 안회남의 꽁트 「봄밤」, 정지용, 박용철, 김기림의 「여상사제(女像四題)」라는 기사들도 가벼움을 잃지 않는다.

또한 박길래, 조현경의 「산아제한을 해야 하나?: 모두들 해야 한답니다」, 박길용의 「새살림의 부엌은 이렇게 했으면」, 「봄화장」과 같은 실리적인 여성용 기사도 구색을 갖추고 있었다. 그리고 「레코-드 추천시장」, 「영화해설: 미답의 처녀지」 등은 문화적인 소비 욕구를 채워주기 위한 글로 보인다.

이처럼 잡지 『여성』은 실리적이고 흥미로운 기사 위주의 대중성을 표방한 잡지였다.

창간호에서 보여준 이러한 편집방침은 이후에도 지속된다. 특히 당대 명사들에게 묻는 설문조사식 기사들은 여전히 흥미위주로 편성되었다. 「어떠한 남편이 어떠한 부인을 마지할까?」, 「그안해, 그남편」(이상 1권 2호), 「여류예술가의 결혼비화」(3권 2호), 「연애와 결혼은 별것인가?」(3권 5호)도 역시 당대 여성들의 낭만적 사랑과 결혼에 대한 동경을 의식한 기사들이다.

그리고 1권 6호부터 2권 9호까지 연재된 「가정태평기: 스윗홈의 창넘어를 본다」는 의사 김택원, 한글학자 이극로, 현제명, 송금선, 김복진, 유진오 등 당대 사회가 선망하는 명사들의 가정을 방문하여 서구적인 스위트홈의 모형을 창출해 내고 있다. 이는 이 매체가 서구적인 스위트홈을 꾸며가는 현모양처형 여성을 지향하고 있다는 것과도 무관하지 않다. 「요새철에 맞는 중국 요리 몇 가지」(2권 11호) 등 요리 강좌를 통해 슬기로운 가정주부가 되는 길을 보여 주고 「자녀교육에 성공한 양친을 찾아: 자녀 7남매를 대학 졸업 시킨 평양 주공삼씨 댁 방문기」(3권 4호)도 억척스러운 모성을 강조하는 기사가 그 예이다.

또한 「결혼화장법」(2권 7호), 「우리의 의복은 무엇을 암시하나」(2권 9호) 등 외모지향적인 실용기사들의 등장도 서구적인 외모 중심으로 여성성을 배치해가는 당대 사회의 일면을 엿보게 한다. 이러한 기사들을 통해 『여성』은 당대 여성들이 부르주아적 상류 가정에 대한 선망의식과 소비문화를 부추겼다. 즉 현모양처를 바람직한 여성의 전형으로 삼는 보수성과 부르주아적 소비문화를 꿈꾸는 계급적 인식은 잡지『여성』이 추구하는 바였다.

그리고 여성지인 만큼 이들 기사에는 당대 유명 여류 명사들을 소개하는 기사들이 많다. 김남천, 「조선인기여인예술가군상」(2권 9호), 「여류정치운동가 송미령 여사」, 「산아제한운동가 마가렛 생거」(2권 11호), 2권 4호부터 연재된 「여성(류)인물평」에는 정찬영, 김원복, 김말봉, 모윤숙, 박화성, 강경애, 정훈모, 최승희, 배구자가 소개되고 있다.

그러나 동시에 여성들에 대한 남성필자들의 태도는 왜곡되어 있다. 정인섭의 「여자는 천사냐, 악마냐」(5권 1호)와 같은 기사들은 이분법적인 왜곡적 여성상을 보여 준다.

『여성』에는 특히 문학기사가 중요한 비중을 차지한다. 편집진으로 문인이었던 계용묵, 윤석중, 노천명 등이 참여하고 있으며 시인 백석이 편집장을 역임한 바 있다.

창간호 역시 허보의 시 「안해」, 모윤숙의 수필 「렌의 애가」, 이석훈의 소설 「사엽(四葉) 클로버의 꿈」, 함대훈의 연재소설 「빈사의 백조」 등과 김문집, 이태준, 안로이 등의 수필이 실려 있다.

이처럼 문학란이 매우 중요한 위치를 차지하는 것은 식민지 시기까지만 해도 살아 있었던 '문학'의 대중적 장악력 때문이다. 그래서인지 『여성』에는 문학사적으로 중요한 작품들도 실려 있다.

『여성』에는 이상의 「봉별기」(1권 9호), 김유정의 「땡볕」(2권 2호)이 실려 있고, 그 밖에 오장환의 시 「호수」(1권 9호)와 백석의 시 「나와 나타샤와 흰 당나귀」(3권 3호)가 실린 것도 『여성』지였다.

특히 여성작가들의 작품을 다수 수록하고 있다. 유명한 모윤숙의 수필인 「렌의 애가」 이외에 소설장르에도 박화성의 「호박」(2권 7호), 이선희의 「도장」(2권 1호), 강경애의 「어둠」(2권 1~2호), 「마약」(2권 11호), 백신애의 유고작 「아름다운 노을」(4권 11호~5권 2호), 장덕조의 「악마」(3권 8~9호), 「횡액」(4권 7호), 전숙희의 「시골로 가는 노파」(4권 10호), 노천명의 「사월이」(2권 7호), 「우장」(5권 4호) 등이 수록되어 있다.

김양선의 연구에 의하면, 이들 여성작가들의 작품들은 "공사 영역에서 여성이 처한 어려운 현실을 리얼리즘적으로 그리거나, 여성의 내면 심리를 섬세하게 묘사함으로써 여성문학이 현실과 다양한 방식으로 접목하려 했음을 예증한다"고 한다.

이러한 점은 잡지 『여성』이 갖는 작은 수확이다. 기성문인들의 작품 이외에도 이 매체는 2권 1호부터 4권 1호까지 '독자문예'(독자소품, 독자쌀롱랑)란을 두고 예비 여류 문사들의 투고를 받았다.

그러나 잡지 『여성』은 1930년대 말에 가면, 점차 일본의 황국신민화 논리에 적응해가는 태도를 보인다.

「공중폭격과 부인의 임무」(2권 11호), 「부인시국뉴스」(4권 12호), 「시국독본: 적의 동계 공세」(5권 2호), 「내선일체의 실천과 부인」(5권 1호), 「전시하 소자본 가정부업 성공비결」(5권 3호) 등 전시체제하에서의 여성의 역할 특히 총후부인(銃後婦人)으로서 전선을 지원하는 후방부대원으로서의 역할을 강조하는 기사들이 많이 실린다.

『여성』도 식민지 말기 여타 매체들처럼 존속을 위해 갈 수밖에 없었던 길에 이른 것이라고 볼 수 있다. 하지만 잡지 『여성』이 표방하는 대중성이 사회적 인식의 전환을 꾀하는 데 그 목적을 두기보다는 상업성에 두고 있었다는 점과도 무관하지 않다. 이로써 잡지 『여성』은 흥미위주의 대중성과 부르주아적인 보수적인 여성담론을 창출하는 현재의 대중적 여성지의 한계를 창출하는 원형으로 자리잡게 된다.(박지영)

참고문헌

이소연, 「일제강점기 여성잡지연구: 1920-30년대를 중심으로」, 이화여자대학교 석사학위논문, 2001; 김양선, 「식민주의 담론과 여성 주체의 구성: 『여성』지를 중심으로」, 한국여성문학학회, 『여성문학연구』 3집 , 2000.

▌여성(女聲)

▶ 신세기(新世紀)

▌여성개조(女性改造)

1922년 일본의 개조사가 발행한 부인잡지

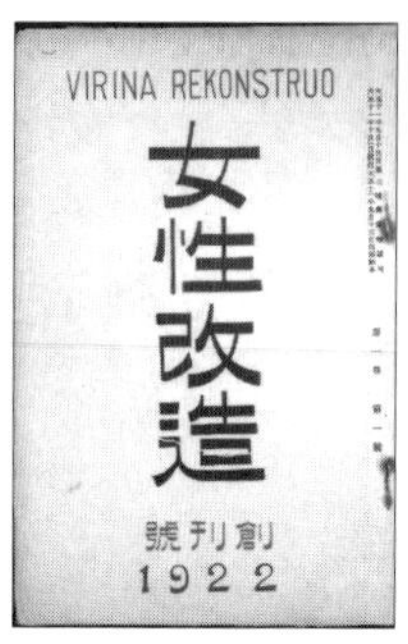

1922년 10월 도쿄의 개조사(改造社)가 발행한 부인잡지이다. 통권 25책 발행되었다. 1912년 10월에 창간되어 1924년 12월 종간될 때까지 모두 25호가 발간된 여성지이다. 1913년 12월호는 휴간되었다. 발행처는 개조사였다. 편집은 히라타 간이치로(平田貫一郎), 우에무라 기요타미(上村清敏), 마루야마 다카노(丸山たかの)가 차례로 맡았다. 잡지 원본은 가가와대학(香川大學) 가미하라문고(神原文庫)가 소장하고 있다.

잡지는 모든 인습을 타파하여 여성이 부당한 인종(忍從)으로부터 해방되기 위한 언론매체였다. 여성의 경제적 정신적 자립과 개성의 발휘를 주장하고, 여성문화의 최고 수준을 확보하려는 지적 계몽지를 추구했다.

창간호에는 프랑스의 로망 롤랑(Romain Rolland)이 쓴 「일본의 젊은이들에게(日本の若き人人へ)」, 스에히로 이즈타로(末廣嚴太郎)의 「혼인에 관한 법률과 여자 직업 문제(婚姻に関する法律と女子職業問題)」, 시마무라 다미조(島村民藏)의 「인간 예술가로서의 여성」, 히라쓰카 라이테우(平塚らいてう)의 「여성으로 생활하면서 우리가 현행법에 대하여 느끼는 것(女として生活する上に於て我が現行法に対し感じたこと)」, 사회주의 여성 해방운동가인 도라 러셀(Dora Russel)의 「중국의 여권주의와 여성 개조운동(支那における女權主義と女性改造運動)」, 호즈미 시게토(穂積重遠)의 「법률극 '이혼법안'(法律劇'離婚法案')」, 스토너 부인의 「제6감의 싹틈과 모성(第六感の芽ぐみと母性)」, 야마카와 기쿠에(山川菊榮)의 「무산계급의 부인운동(無産階級の婦人運動)」 등의 논고 외에 야마모토 센지(山本宣治) 등이 참여한 '정조의 과학적 연구' 특집이 실려 있다.

이 밖에도 창간호에는 구리야가와 하쿠손((厨川白川), 기시다 류세이(岸田劉生), 가가와 도요히코(賀川豊彦), 다니자키 준이치로(谷崎潤一郎), 기타하라 하쿠슈(北原白秋) 등이 수상을 게재하였다. 그리고 기쿠치 간(菊池寛), 사토 하루오(佐藤春夫), 나카자토 가이잔(中里介山), 무샤노코지 사네아쓰(武者小路實篤)가 소설을 게재하였다. 『개조(改造)』 자매지로서 문예에도 역점을 두고 있었다는 것이 창간호에서도 드러난다. 무로부세 코신(室伏室高)이 시평을 맡았고 권말에는 에스페란토 강좌도 실렸다.

이후 주요 필자는 하세가와 뇨제칸(長谷川如是閑), 구라타 햐쿠조(倉田百三), 이쿠타 조코(生田長江), 와쓰지 데쓰로(和辻哲郎), 히라바야시 하쓰노스케(平林初之輔), 사토미 톤(里見弴), 아베 이소오(安部磯雄), 가미치카 이치코(神近市子), 가토 가즈오(加藤一夫), 지바 가메오(千葉龜雄), 쓰치다 교손(土田杏村), 요사노 아키코(與謝野晶子), 우노 고지(宇野浩二), 아쿠타가와 류노스케(芥川龍之介), 아리시마 다케오(有島武郎), 후지모리 세이키치(藤森成吉), 무로 사이세이(室生犀星) 등이었다. 이쿠타 조코의 「부인 해방론의 천박함(婦人解放論の淺薄さ)」(1924.6)과 야마카와 기쿠에의 「부인 비해방론의 천박함(婦人非解放論の淺薄さ)」(1924.9)의 논쟁이 세상 사람들의 주목을 끌기도 하였다.

"다케우치 마사시 추도 소특집(竹內仁追悼小特輯)"(1922.12), "아리시마 다케로 추도호(有島武郎追悼號)"(1923.8), 노가미 야에코(野上彌生子)가 간토(關東)대지진 당시 남편인 오스기 사카에(大衫榮)와 함께 살해된 이토 야에코(伊藤野枝, 1895~1923, 여성해방운동가, 작가)를 회상한 「노에씨 이야기(野枝さんのこと)」(1923.11), 오스기 사카에와 이토 야에코의 편지 「7년 전의 사랑의 왕복(七年前の戀の往復)」(1923.11), 가미치카 이치코의 「노가미 야에코론(野

上彌生子論)」(1924.10) 등은 문학사적으로 의미가 있는 자료이다. (이규수)

참고문헌

早稲田大學圖書館 編,『女性改造』, マイクロフィッシュ版, 雄松堂出版, 2002; 近代女性文化史研究會 編,『近代婦人雑誌目次総覧. 第11卷』, 大空社, 1986; 日本近代文學館·小田切進 編,『日本近代文學大事典』第五卷, 講談社, 1977.

▌여성시대(女性時代)

1930년 창간된 일본의 여성 종합 문예지

1930년 11월에 창간되어 1944년 3월까지 모두 161호가 발간된 여성 종합 문예지이다. 편집 겸 발행인은 가와이 스이메이(河井醉茗=가와이 마타헤이[河井又平])였고, 발행처는 여성시대사(女性時代社)였다. 가와이 스이메이와 그의 부인 시마모토 히사에(島本久恵)를 중심으로 80여 명의 사우(社友)로 출발하였다.

처음에는 가와이 스이메이가 주의 사람들의 재정적 지원을 받아 잡지를 꾸려나갔지만 사규(社規)에 의하여 사우들로부터 사비(社費)를 걷는 데 성공하면서 경영 상태가 좋아졌다. 여기에『여성시대』외에 출간한 단행본 가운데 몇 권이 판매에 성공하였기 때문에 태평양전쟁 말기에 전시통제령(戰時統制令)에 의한 종이 부족으로 폐간될 때까지 월간의 형태를 안정적으로 유지할 수 있었다.

권두에 창간호의「백지로 천하의 여성에 임함(白紙を以て天下の女性に臨む)」을 비롯한 가와이 스이메이의 시, 평론, 시평을 게재하였고 시마모토 히사에의 시, 창작도 게재하였다. 단편소설, 시, 동화, 민요, 감상, 소품, 평론, 단카, 하이쿠(俳句), 소식난도 만들어졌다. 가와이 스이메이, 이마이 구니코(今井邦子, 1934년 10월호까지), 무로 사이세이(室生犀星, 1934년 11월호까지)가 선자(選者)가 되어 짧은 평을 덧붙였다.

2권부터는 특집을 만들어 시인, 평론가의 기고를 받았다. 미조구치 하쿠요(溝口白羊), 이라코 세이하쿠(伊良子清白), 고지마 조스이(小島烏水), 지바 가메오(千葉亀雄), 요시하라 시게오(吉原重雄) 등의 글이 실렸다. 고마키 보초(小牧暮潮), 기시 구니조(喜志邦三), 다나카 레이조(田中令三) 등의 작품도 눈에 띄지만 여성다운 일상생활을 읊고 문학에 뜻을 두는 가운데 가정의 질곡에서 벗어나지 못하는 비애, 사상운동에서의 남녀의 정애 등을 주제로 한 창작 등 시대를 반영한 작품이 많았다.

그러나 가와이 스이메이가 창간호에 쓴「만천하 여성에 고함(滿天下の女性に告ぐ)」에서 단적으로 드러나듯이 여성지를 표방하면서도 당시 시대 조류와는 달리 사상성과 정치성은 거의 추구하지 않았다. 오히려 전시체제가 강화되는 상황 아래에서는 군국주의와 전쟁을 찬양하는 작품을 게재하는 모습을 보였다.

1932년부터 1937년까지 가와이 스이메이의「현대 시작법(現代詩作法)」해설편과 작법편이 연재되었고, 이 밖에도 시마모토 히사에의「장류(長流)」(1934.1~1939.1), 고지마 조스이의「메이지 문단 회고록(明治文壇回顧錄)」(1935.2~1935.5), 소마 곳코(相馬黒光)의「히로세카와의 물가(廣瀨川の畔)」(1937.2~1938.12),「호다카 고원(穗高高原)」(1939.1~1940.2) 등의 연재물이 있었다. 특집으로는 요코세 야우(橫瀨夜雨, 일본 근대시인)의 죽음을 추도하는「야우를 말한다(夜雨を語る)」(1934.4), 아키타 우자쿠(秋田雨雀), 혼마 히사오(本間久雄), 야나기다 이즈미(柳田泉) 등 12명이 참가하여 소마 곳코의 자서전『모쿠이(默移)』(女性時代社, 1936)에 대하여 논한「모쿠이의 반향(默移の反響)」등이 주목된다.

『여성시대』의 전성기는 1931년부터 1934년 무렵까지로 매호 100쪽이 넘었지만 점차 얇아졌고, 중일전쟁 이후에는 전시 색채도 나타나기 시작하였다. 1941년 11월에는 사토 소노스케(佐藤惣之助), 안자이 후유에(安西冬衛), 시로토리 세이고(白鳥省吾) 등의 시「아세아의 산하를 생각한다」(亞細亞の山河を想ふ)를 특집으로 게재하였으며, 가와이 스이메이의「전시의 어제오늘」(戰時の昔今)」(1941.12~1942.11),「애국 시화(愛國詩話)」(1943.1~8)도 연재되었다.

그러나 결국에는 「전쟁에 직면하여」(戰ひに直面して)를 내고 휴간할 수밖에 없었다. 시마모토 히사에, 소마 곳코의 연재물이 단행본으로 나온 외에도 오노 료코(大野良子)의 시집 『월래향』(月來香), 『마두금』(馬頭琴), 토토키 노부코(十時延子)의 시집 『화계』(花季) 등 사우의 시집, 동화집도 간행하여 여성의 문학적 지향을 만족시켰다.

• 가와이 스이메이(河井醉茗, 1874~1965)

오사카 출생. 간사이청년문학회(關西青年文學會)의 기관지인 『선악초(よしあし草)』의 간행에 관여하였다.

1901년 첫 번째 시집 『무한궁(無限弓)』을 출판하여 시인으로 인정을 받았다. 낭만적인 7·5조의 정형시를 주로 썼지만 1910년부터는 구어(口語) 자유시로 전환하여 다시 사람들의 주목을 받았다. 다이쇼(大正) 시기에 들어서면서는 여성 시인을 육성하는 데 앞장서기 시작하였다.

그 대표적인 경우가 가와이 스이메이와 시마모토 히사에의 공동 제자로 1930년부터 『여성시대』 사우가 된 뒤 활발한 시작 활동을 통하여 천재 시인으로 불리다가 1938년 스스로 목숨을 끊은 에구치 기치(江口キチ, 1913~1938)를 들 수 있다. (이준식)

참고문헌

『女性時代』(復刻板), 講談社, 1982; 島本久恵, 『明治詩人傳』, 筑摩書房, 1967; 島本久恵, 『明治の女性たち』, みすず書房, 1966; 『現代日本文學大系. 12』, 筑摩書房, 1971; 日本近代文學館·小田切進 編, 『日本近代文學大事典』 第5卷, 講談社, 1977.

▌여시(如是)

1928년 서울에서 발행된 학술 문예 중심의 종합지

편집 겸 발행인은 방인근(方仁根)이고, 인쇄인은 심원진(沈遠振)이다. 인쇄소는 한성도서(주)이며, 발행소는 여시사(서울 수송동 44)이다. A5판 170쪽으로 정가는 40전이다. 통권 1호로 종간되었다. 고려대학교와 서강대학교에 소장되어 있다.

표지는 완당 김정희의 진적(眞蹟)에서 집자한 것으로 춘곡 고의동의 안(案)이었으며, 컷은 묵로 이용우가 그리는 등 다른 잡지에서는 보기 드문 품격을 갖추었다.

또한 앞의 필진에서 확인해 볼 수 있듯, 민족진영의 학자, 문인, 화가, 종교가 등의 글이 주류를 이루었고, 내용상으로도 대중적이거나 시류적인 것은 없었으며 오직 학술과 문예에 국한되어 있었음을 볼 수 있다.

한편, 출판법에 의한 잡지이기 때문에 시사평론이나 정치적 논설이 제외되어 있는 점이 그 특색이라 하겠다. 권두언을 간단히 옮기면 다음과 같다.

"여시함은 본시 여시하거늘 새삼스러히 여시하다 함은 그 엇짐인고, 여시함도 역시 여시함이라 여시함이 본시 여시하거니 그러므로 여시한 것이니라, 여시 여시."

편집여묵을 잠시 보면, 당시 잡지계 역사가 하루살이 혹은 아침이슬과 같은 현실에서 그렇지 않기 위해 여시(如是)하려는 각오에서 이 잡지를 출판하고자 한다고 한다. "'여시'는 여러분 일생에 길동무가 되고 종이 되여 여러분의 생활의 한구퉁이라도 재미잇게 유익하게 하여드리고저"하는 목적을 갖는다고 밝히기도 한다.

그런데 창간호가 곧 종간호가 될 운명을 감지하기라도 한 듯 다음과 같은 대목이 있기도 해서 눈길을 끈다.

"우리는 결코 위대와 장구를 기대하지 않습니다. 우리들에게는 꾸무럭거리기만 하면 성공뿐인 것을 믿기 때문에 이 여시가 차간호만 나고 그만둔대도 우리에게는 그만한 성공인 것을 압니다. 일보 걸어나가면 일보의 성공이니 다만 두리건대 우리의 행진이 행여 쉬일까 함입니다. 우리의 행진이 쉬이지 않는 이상에야 반드시 올 그 때야 오겠지요. 쉬려 하되 쉴 수 없는 우리의 행진이요 성공을 바라지 않아도 저절로 틔여질 우리의 앞길이니 함께 그날을 기다리며 우리네의 할일이 남들보다도 더 많고 재미있을 것을 즐기사이다."

그리고 다음 호부터는 예원풍문기와 예원소식도 게재하겠다고 했으나 여기에서 끝나고 만다.

잡지의 내용은 신문지법에 의해 허가가 난 것이 아니고 출판법에 의한 잡지이기 때문에, 시사나 쓰고자 하는 기사를 싣지 못하고 학술, 문예 방면의 글만을 싣게 된 것에 대한 아쉬움을 토로하고 있기도 하다.

창간호의 목차를 살펴보면 다음과 같다. 논문으로 최남선의 「민족적 시련기에 조선(임진란의 본말)」, 손진태의 「조선·지나민족의 원시신앙연구(一)」, 정인보의 「지나문학논총」, 이한복의 「조선예술사상에 나타난 완당선생」, 전영택의 「야소와 그의 교설」, 권상로의 「현대와 불교」, 백성욱의 「인생이란 무엇인가」, 류신원의 「헤겔 철학개관」, 박석윤의 「영국교육인상기(1)」, 서화 및 골동 감상으로 오세창의 「고구려시와 해제」, 이도영의 「아(我)」(동양화), 공지운의 「완당선생인존(印存)」, 이종익의 「조선서도고」, 「예조(睨祖)」(그림) 등이 실려 있다. 수필로 유엽의 「건실」, 박한영의 「여시관」, 이용우의 「그림의 동서」, 진장섭의 「시론단편」, 춘해의 「처녀의 머리채」가 있고, 시로는 이장희의 「저녁」 외 1편, 김안서의 「해마다 생각나는」, 시조 적라산인(赤羅山人)의 「첫봄」, 희곡 홍사용의 「할미꽃」, 양백화의 「사현추(四絃秋)」, 소설 유엽의 「정성스럽게 살기 위하여」, 방인근의 「천당과 지옥」 등이 있다. 염상섭의 「문예가의 사회성」은 검열 과정에서 전문 12면 삭제되었다. 필진은 당대 일류였으나 창간호로 끝나고 말았으니, 방인근의 매체 발간을 통한 문화운동에 대한 의욕은 『조선문단』에 이어 이번에도 주저앉은 것으로 평가된다. (이경돈)

참고문헌

김근수, 「기미운동 전후의 잡지소고(1): 「창조」·「서울」·「아성(아성)」·「신천지」·「신생활」·「현대평론」·「여시(여시)」지에 관하여」, 고려대학교 아세아문제연구소, 『아세아연구』 10권1호, 1967; 최덕교 편저, 『한국잡지백년』, 현암사, 2004.

여인(女人)

1926년 서울에서 발행된 여성 종합 월간지

1932년 6월 1일 비판사(批判社)에서 창간했다. 1933년 1월 휴간되었다가 1936년 4월에 다시 속간되었으며, 언제 종간되었는지 확인할 수 없다. 편집 겸 발행인은 송봉우(宋奉瑀), 인쇄인은 길강(吉岡)인쇄소의 김용규(金容圭), 발행소는 비판사(경성부 송현동 48)이다. 판형은 A5 국판이고 총 100쪽 내외이며 정가는 20전이었다. 비판사에서 『비판』의 자매지로 발행하였다. 고려대도서관에 1932년 10월호(통권 5호) 복사본이 소장되어 있다.

사회주의 잡지 『비판』의 자매지이다. 이 잡지는 창간호의 「창간사」에서 "'인형의 치마를 벗어버리자!' …… 누가 조선의 여성을 손질하여 인형의 치마를 벗어버리지 못한 여성이라고 부르겠느냐. …… 조선여성은 두 갈래 층으로 나누어 있다. 하나는 일군 층의 여성들이요, 또 하나는 깨달아야 할 층의 여성이란 말이다. 이 여성층들은 우리와 걸음을 같이할 바 여성을 가리켜 말함은 물론이다. 이제 우리와 걸음을 같이할 바 두 갈래 층의 조선 여성 대중에게 이 『여인』을 보내면서 힘은 가늘고 약할망정 그들의 길동무가 될지어다. 그들에게 교과서가 될지어다라고 빌기를 마지 아니한다"라고 창간의 취지를 밝히고 있다. 논설, 국제정세, 방문기, 서간문, 수필, 강좌, 문예창작물 등으로 구성되어 있다.

창간호에는 서강백(徐康百)의 「진실한 여성미는 이렇다」, 이장우(李長雨)의 「모성의 속박」 등 여성해방을 촉구하는 논설을 싣고 있으며, 「가버린 피녀(彼女) 추억기」, 「여인(麗人) 옥중기」, 「피녀(彼女)들의 옥중통신」, 장진영(張振英)의 「여자공산청년단원과 조선인 망명객」 등 여성 활동가들의 경험과 관련된 글을 싣고 있다. 이 밖에 시, 소설, 수필 등 문예창작물에도 많은 지면을 할애하고 있다.

'세계의 동향'란이나 '강좌', '옥중통신' 등을 통해서 알 수 있듯이, 가정의 울타리 밖 흐름과 여성의 사회적 역할, 여성 해방의 실천이 갖는 의미 등을 이론적으로나 생생한 체험적 진실을 통해서 고취하고자 하는 편집 체제로 이루어져 있다.

『여인』은 여성 교양지이면서도 여성 해방에 대한 각성과 여성들의 사회적 실천을 강조하고 있다. 다른 여성지들이 여성교양지를 표방하고 있음에도 서구 여러 나라의 여성을 모델로 하는 근대적 여성 따라잡기나 혹은 신여성의 스캔들 내지는 가정의 행복을 운운하는 데 치중하고 있다면, 『여인』은 확실한 차별화를 보인다고 할 수 있다. 여성을 남성과 동등한 주체로서 자리매김하고 그들의 각성과 실천적 행동화를 촉구하는 데 주의를 기울이는 잡지임을 알게 되는 것이다.

• 송봉우

발행인 송봉우는 학생 시절부터 일찍이 사회운동에 투신했던 인물이다. 1920년 1월 도쿄에서 '조선인고학생 동우회'를 결성하여 활동하고 1923년 1월에는 '북성회' 집행위원으로 활동했다. 이후에 귀국하여 '북풍회'를 결성하고 집행위원으로 있다가(1924.11) '조선공산당' 중앙검사위원이 된다(1925.4). 1926년 1월에 '제1차 조선공산당 사건'에 연루되어 체포·투옥되기에 이른다. 그리고 감옥을 나와 경찰의 감시와 통제 속에서도 '비판사'를 설립하여 진보적 잡지 『비판』과 『여인』을 발행한다. (전상기)

참고문헌

최덕교 편저, 『한국잡지백년』 1, 현암사, 2004; 윤영옥, 「1920~30년대 여성잡지에 나타난 신여성 개념의 의미 변화와 사회문화적 의의: 『신여성』을 중심으로」, 국어문학회, 『국어문학』 40, 2005.

여인예술(女人藝術)

1923년 일본의 여인예술사가 발행한 여성 문예지

1923년 7월 도쿄의 여인예술사(女人藝術社)가 간행한 여성 문예지이다. 이후 잡지는 1928년 7월 재간되어 1932년 6월까지 통권 48책 발행되었다. 간행 당초의 편집은 하세가와 시구레(長谷川時雨)와 오카다 야치요(岡田八千代)가 담당했다. 이들은 연극을 중심으로 활동을 전개했는데, 1928년 창간에서는 집필, 표지 그림, 편집 등 모든 것이 여성의 손으로 이루어져 여성의 자유로운 언론기관으로 출발했다. 잡지 원본은 가가와대학(香川大學) 가미하라문고(神原文庫)가 소장하고 있다.

잡지는 시가, 수필, 평론을 중심으로 단순한 가정부인 잡지나 문예지가 아니라, 인텔리 부인층을 대상으로 한 강한 사상성을 주창했다. 1930년부터는 그림과 사진을 통해 소련을 소개하는 등 잡지가 좌경적 성향을 내세우자 발매금지처분을 받았다.

하야시 후미코(林芙美子)는 1928년 10월호부터 「방랑기(放浪記)」를 연재하여 일약 주목을 받았다. 이 밖에도 엔치 후미코(円地文子), 사타 이네코(佐多いね子), 나카모토 다카코(中本たか子), 야다 쓰요코(矢田津世子), 히라바야시 다이코(平林たい子), 미야모토 유리코(宮本百合子), 오카모토 가노코(岡本かの子) 등이 활약했고, 많은 여류문학자를 배출했다.

잡지는 당시 여류문예지의 정점에 선 잡지였다. (이규수)

참고문헌

牛島俊 作,『日本言論史』, 河出書房, 1955;『近代文學雜誌事典』, 至文堂, 1965; 桂敬一,『明治・大正のジャ-ナリズム』, 岩波書店, 1992.

▌여자계(女子界)

1917년 일본 도쿄에서 발행된 여성지

1917년 12월 22일 재일본도쿄여자유학생친목회(在日本東京女子留學生親睦會)가 발간하였으며, 1921년 7월 통권 7호를 끝으로 종간되었다. 이보다 앞서 1917년 봄에 이 잡지는 이미 등사판으로 등장했다가 같은 해 6월 비로소 인가를 받아 12월에 활판으로 공식 창간호를 낼 수 있었다. 편집 겸 발행인은 김덕성(金德成)인데, 뒤에 이숙종(李淑鍾)으로 바뀐다. 그리고 인쇄인은 오리사카 도모유키(折坂友之), 발행소는 일본 도쿄의 여자계사(女子界社)로 나와 있다. 연세대학교에 2호부터 속간 4호까지 소장되어 있다.

이 잡지는 처음에 여자 유학생들 간의 간단한 소식지 형태로 나왔다가 유학생뿐만 아니라 조선본국의 여성들에게도 발언하는 여성지로서 위상을 높이면서 당국의 인가도 받고 활판으로 만들어 공식적으로 발행한 것으로 보인다. 등사판 『여자계』와 창간호는 숭의여학교 출신 여자유학생들의 주도하에 발간하였는데 제2호부터는 도쿄여자친목회의 기관지 형식으로 나왔다.

그러다가 4호부터는 발행주체에 변화가 생긴다. 1920년 1월 4일 여자일본유학생들이 조선여자유학생학흥회(朝鮮女子留學生學興會)를 조직한다. 학흥회라는 단체명에서 알 수 있듯이 설립목적은 "조선여자의 교육보급, 넓은 지식향상"에 있었다. 여자학흥회는 창립과 함께 회장 유영준, 부회장 현덕신 등의 임원을 구성하고 『여자계』 제4호를 발간하였다.

여자학흥회는 도쿄여자친목회를 중심으로 친목도모와 조직활동의 경험을 쌓아가던 여자유학생들이 본격적으로 여성 계몽운동을 펴나가기 위해 조직한 여성단체였다. 이 잡지가 여자학흥회의 기관지가 되면서 생긴 가장 큰 변화는 이때부터 여자유학생들이 이 잡지를 독립 경영하였다는 점이다. 도쿄여자친목회는 1918년 12월 17일 『여자계』 유지 방안에 관한 특별총회를 개최하고 잡지를 계속 발간하기로 결정하였다.

창간호부터 3호를 발간하기까지 전영택과 이광수의 비용과 편집에서의 도움을 받았지만, 이제 여자유학생들은 학흥회의 설립과 『여자계』의 독립경영을 통해 그야말로 여성계의 새로운 변화를 담당하게 된 것이다.

이 잡지에 전영택과 이광수가 고문으로 참가한 사실은 잡지발간 과정에 남자유학생들이 일정 정도 참여하였음을 의미한다. 이들은 당시 신지식층을 대변해 문명개화를 여성들에게 선전하고 현모양처의 중요성을 강조하기 위해 참여한 것이었다. 전영택이 쓴 「가정제도를 개혁하라」(2호)라는 글이 특별히 강조되면서 "조선가정의 개량은 꼭 그렇게 할 것이외다"라는 이 잡지의 편집진의 당부가 그러한 의도를 잘 보여준다.

전체 목차를 보면, 사설, 논문, 시, 수필, 소설 등으로 편제되어 있다. 사설과 논문란에는 대부분 일반 신지식층의 입장을 반영하고 있다. 신지식층은 조선의 유교와 가족제도 등 구사상과 구관습을 비판하고 문명화된 현모양처를 거론하면서 여성의 인격회복을 주장하였다. 신지식층이 논설을 통해 그들의 논리를 전개했다면 여자유학생들은 모성론이나 육아법 등을 서술하거나 시, 소설 등의 문학작품을 실었다. 곧 여자유학생들은 신지식층의 논리를 바탕으로 구체적인 여성의 역할과 의의를 제시하였다.

그런데 이러한 글 가운데는 국권을 상실한 조선을 여성에 비유하면서 민족의식을 표현하거나-조선의 현실을 병든 어머니 혹은 병들고 어머니를 잃은 손녀로 표현하면서 병을 고치기 위한 딸 혹은 할머니의 역할을 강조하는 경우도 있었다. 김덕성의 「권두의 사」(2호)와 나혜석의 「회춘한 손녀에게」(3호) 같은 작품이 대표적이다. 또한 과학적 고찰을 통해 여성의 생물학적 특징을 이해하려는 글도 있었다. 춘정생(春汀生)의 「처녀(妻女)의 번민(煩悶)」(2호) 같은 작품이 그렇다. 이런 유는 여성으로서 가지는 독특한 시각을 드러내는 글이라 할 수 있다. 종래 부정적인 존재로 인식되어 왔던 여성을 자아의식과 과학지식을 통해 긍정적으로 바라보기 시작했던 것이다.

4호 이후로는 주로 사회문제와 여성문제를 바라보는 여자유학생들의 다양한 시각을 담았다. 그것은 3·1운동 이후 식민지조선과 조선여성의 현실에 관한 논의, 여성지식인으로서 자신들이 가지는 책임과 각오, 새로운 남녀관계에 대한 주장, 그리고 여성노동에 대한 관심 등으로 표출되었다.

이처럼 이 잡지에는 문명개화를 위해 가정개량을 주장할 필요를 느낀 신지식인층의 요구와 스스로 여자사회의 개혁을 담당할 선도자로 자임한 여자유학생들의 사명감이 어우러진 결과물이다. 그리고 이 잡지는 무엇보다도 여자유학생들이 여성으로서 자각을 가지고 자신의 의견을 집단적으로 드러낼 수 있는 공간을 확보했다는 점에서 의미가 있다.

• 재일본도쿄여자유학생친목회

재일본도쿄여자유학생친목회는 1915년 4월 김필례(金弼禮), 김정화(金貞和), 나혜석(羅蕙錫) 등 10여 명이 발기하여 결성되었는데, 설립 목적은 도쿄에 거주하는 조선여자 상호 간의 친목도모와 품성함양에 있었다. 초대회장으로 김필례가 피선되었다. 이 단체의 창립은 이 시기 일본 유학생 사회에 실력 배양의 분위기가 고조되고 남자 유학생 중심의 통일단체가 결성된 상황 속에서 여자 유학생들만의 성별조직을 마련하였다는 점에서 의미를 갖는다.

그리하여 1917년 이후 이 단체는 전체 여자유학생의 대표단체로서의 성격을 갖게 된다. 1917년 10월 17일 임시총회를 계기로 도쿄여자친목회를 본부로 삼고 일본 각 지방에 있는 여자친목회의 대표가 총회에 참석하기 시작하였던 것이다. 이 날 임시총회에서 임원을 개선하여 김마리아를 회장, 나혜석을 총무로 선출하고 『여자계』의 편집사무를 주간하기로 결정하기에 이른다. 그리고 편집부장 김덕성, 편집부원 허영숙, 황애시덕, 나혜석을 선출하고, 따로 찬조원으로 전영택(田榮澤)과 이광수를 임명하여 편집부를 구성하였다. 이리하여 『여자계』는 도쿄여자유학생친목회의 기관지로 발행될 수 있었다.

『여자계(女子界)』와 『학지광(學之光)』

이 『여자계』가 발간된 즈음 같은 일본에서 남자유학생 학우회가 『학지광』을 발간하고 있었다. '재일본도쿄조선유학생학우회'가 1914년부터 1930년까지 통권 29호를 발행한 것이다. 주지하듯이 『학지광』은 신문학 사조를 도입하여 우리나라 학술계와 사상계에 적지 않은 영향을 미쳤다.

마찬가지로 『여자계』 또한 비록 통간 7호에 불과했지만, 여성지식인들의 시각에서 신사조를 도입시켜 당시 우리나라 여성계에 큰 반향을 불러 일으켰다. 또한 두 잡지 모두 별도의 재정이 있었던 것이 아니고, 유학생들 스스로 자비를 갹출하여 발간을 했다. 결과적으로 1910년대 일본 유학생 사회를 대표하는 잡지가 『학지광』이라면 『여자계』는 일본 유학생 사회의 일반적 분위기를 반영하는 동시에 여자 유학생의 고민과 새로운 모색의 방향을 가늠하게 해주는 여성지라 할 수 있을 것이다. (정환국)

참고문헌

최덕교 편저, 『한국잡지백년』, 현암사, 2004; 지화연, 「1920~30년대 잡지 『신여성』에 나타난 가정 관련 기사 분석」, 동국대 석사학위논문, 2005.

여자백화순보(女子白話旬報)

1912년 중국 베이징에서 창간된 여성신문

1912년 10월 베이징(北京)에서 창간되었다. 제8호부터 『여자백화보(女子白話報)』로 제호가 바뀌었다. 발행인은 탕췬잉(唐群英)이고, 베이징전청광무양관협도(北京前青廣武陽館夾道)에서 편집과 발행을 하였다. 상하이도서관에 1호부터 11호까지가 보존되어 있고, 베이징대학도서관에 3호가 보관되어 있다.

발행목적은 3호에 게재된 『여자백화보간장(女子白話報簡章)』에 잘 설명되어 있다. 즉, 중화민국(中華

民國) 여성계가 조직하여 만든 여자 백화보(白話報)로 이를 널리 보급하여 여성들의 지식을 높이고 남녀평등을 위해 힘쓴다는 점을 강조하고 있다. 그리고 정치, 교육, 실업, 시사를 다루며 매월 1일, 11일, 21일 3회 발행할 것임을 설명하였다.

국가 대사에 여자들도 반드시 참여해야 함을 강조하고, 외국의 여성 참정권운동 사례와 여성들에게 직접 의원을 선출할 권리가 있음을 소개하였다.

여자참정동맹회의 선전지로 여성 참정권운동이 중심 내용을 이루고 있고, 백화문(白話文)을 사용하여 대중적으로 새로운 사상과 이념을 전달한 진보적 여성지이다.

• **탕췬잉(唐群英)**

중국 여성운동의 선구자로 1904년 일본 유학 시 중국동맹회에 가입하였고, 1906년 재일본 여학생회 서기와 회장을 맡았다.

1911년『유일여학생회 잡지(留日女學生會雜誌)』를 창간하였으며, 신해혁명이 발발하자 상하이에서 여자북벌대(女子北伐隊)를 조직하고 여자후원회를 창설하였다. 민국(民國) 초기에는 여자 참정운동을 전개하여 1912년 2월 여자참정동맹회를 난징(南京)에서 창립하였다. (김성남)

참고문헌

姜緯堂 · 劉寧元 主編,『北京婦女報刊考』, 光明日報出版社, 1990; 彭永祥,『辛亥革命時期期刊介紹』, 人民出版社, 1986.

여자세계(女子世界)

1904년 중국 상하이에서 창간된 여성지

1904년 1월 17일 상하이(上海)에서 창간되었다. 주필은 딩추워(丁初我)이며 주요 집필자는 류야쯔(柳亞子), 쉬줴워(徐覺我), 선퉁우(沈同午), 장웨이차오(蔣維喬), 딩무루(丁幕卢) 등이다. 상하이 대동인서국(大同印書局)에서 월간으로 간행되었다.

1905년 2년차 제6호부터는 천즈췬(陳志群)이 주필을 보았고, 상하이소설임사(上海小說林社)에서 간행되었다. 1907년 6월 총 18호를 간행하고 종간되었다. 11월에『중국여보』와 합병하여『신주여보』로 개명하였다.

창간사에서 여자는 국민의 어머니로, 새로운 중국을 만들려면 필히 새로운 여성이 있어야 하고, 강한 중국에는 필히 강한 여자가, 문명 중국에는 필히 문명한 여자가 있어야만 함을 강조하였다.

내용은 사설, 연단(演壇), 과학, 실업, 역림(譯林) 등의 난이 있다. 부녀의 전족 금지와 교육기회, 경제 독립과 혼인 자유 쟁취를 선전하는 내용들이다.

「여자가정혁명론(女子家庭革命論)」, 「여계혁명(女界革命)」, 「여권설(女權說)」, 「여혼편(女魂篇)」, 「혁명부인(革命婦人)」, 「혁명과 여권(革命與女權)」, 「여계를 애도함(哀女界)」 등의 문장을 통해 여성을 억압하는 예법과 풍속, 학설, 봉건문화와 도덕을 공격하였으며, 여권운동을 선전하고 남녀평등을 주장하면서 여성들이 혁명운동에 적극 참가할 것을 고취하였다.

또한 정치의 혁명과 가정의 혁명이 함께 나아갈 것과, 남자와 여자가 손을 잡고 나아가 이민족을 축출하고 '구 정부'를 무너뜨려 '신 중국'을 건설할 것을 주장하였다. (김성남)

참고문헌

方漢奇 主編,『中國新聞社業通史』, 中國人民大學出版社, 1996; 葉再生 著,『中國近代現代出版通史』, 北京: 華文出版社, 2002.

여자청년계(女子青年界)

▶ 메이지의 여자(明治の女子)

여자학술(女子學術)

1906년 일본에서 창간된 여성지

1906년 5월 여성들을 상대로 간행된 학술지이다. 월 2회 발행되었고, 정가는 12전이다. 폐간 년도는 불명이다. 잡지 창간호는 일본 국회도서관이 소장하고 있다.

『여자학술』이 다른 여성지와 비교해 다른 점은 본문을 둘로 구분하여 하나는 보통의 읽을거리, 또 하나는 「여자학술강의요목(女子學術講義要目)」이라는 형태로 「수신(修身)」, 「국어해석 및 문법(國語解釋及文法)」, 「일본역사(日本歷史)」, 「동양사(東洋史)」, 「일본지리(日本地理)」, 「물리(物理)」, 「산술(算術)」, 「가정(家庭)」, 「작가(作歌)」, 「서양사(西洋史)」, 「외국지리(外國地理)」, 「화학(化學)」, 「박물(博物)」, 「재봉(裁縫)」, 「간호법(看護法)」 등 15과목을 각 분야의 전문가가 텍스트를 만들어 게재했다는 점이다.

창간호에는 "여자에게 필요한 교육의 재료와 문학 기예(技藝)의 발전을 도모하여 고등교육을 받거나 받으려는 자를 위해 좋은 친구가 되고자 한다"고 되어 있다. (이규수)

참고문헌

牛島俊 作, 『日本言論史』, 河出書房, 1955; 『近代文學雜誌事典』, 至文堂, 1965; 桂敬一, 『明治・大正のジャ-ナリズム』, 岩波書店, 1992.

여학보(女學報)

1898년 중국 상하이에서 창간된 여성신문

1898년 7월24일 상하이(上海)에서 창간되었다. 상하이 계서리여학회(桂墅里女學會)와 계서리여학당(桂墅里女學堂)의 간행물로 중국 최초의 여성 신문이다. 『관화여학보(官話女學報)』로 창간하였으나 『여학보』로 개명하였으며, 순간(旬刊)으로 발행되었다. 그 후 9호 「본관고백(本館告白)」에서 9월부터 5일 간(刊)으로 발행 일수를 바꾼다는 광고를 게재한 후, 10호부터 5일 간으로 1898년 10월 29일 12호까지 발행되었다. 종간된 시점은 정확히 알 수 없으며, 현재 볼 수 있는 마지막 발행본은 1898년 12호이다.

대형판 한 장에 항목을 분할하여 논설과 뉴스, 정문(征文), 고백(告白) 광고란이 있었고, 매회 삽화를 첨부하였으며 20여 명 여성 집필진의 이름을 함께 실었다.

캉유웨이(康有爲)의 딸인 캉퉁웨이(康同薇)와 량치차오(梁啓超) 부인 리후이셴(李惠仙), 『우시백화보(無錫白話報)』의 창간인 추위팡(裘毓芳)이 주필을 보았다.

판숸짜이(潘璇在)는 「연기(緣起)」에서 여학회와 여학당, 『여학보』는 마치 한 그루 나무처럼 연결되어 있는 것으로 여학회는 나무의 근본이고 여학당은 열매와 같으며, 『여학보』는 잎과 꽃과 같은 존재라고 하였다. 따라서 여학회의 소식과 여학당의 장정(章程) 등 모든 정보와 상황은 바로 이 『여학보』가 있어 정보 전달이 가능하다는 사실을 강조하였다.

그러나 1899년 3월 6일 잡지의 호수를 다시 1호로 하여 발행하면서 '고백(告白)'란을 통해 앞으로 미국인 린메이루이(林梅蕊)가 번역 주필을 맡게 되었으며 월간으로 출판할 것임을 광고하였다. 그 이후 원래 『여학보』의 주필진과 장정(章程) 및 발행처 등이 모두 바뀌었다. (김성남)

참고문헌

方漢奇 主編, 『中國新聞社業通史』, 中國人民大學出版社, 1996; 葉再生 著, 『中國近代現代出版通史』, 北京: 華文出版社, 2002.

여학보(女學報)

1902년 중국 상하이에서 창간된 여성신문

1902년 5월8일 상하이(上海)에서 창간되었다. 월간이며 창간인 겸 주필은 천셰펀(陳擷芬)이다. 초기에는 단면인쇄로 발행되었으나 2년 뒤부터 신문용지에 양면인쇄로 매회 60쪽을 간행하였다. 1904년 초기에 종간된 것으로 알려져 있으며, 현재 볼 수 있는 최종호는 1903년 3월 발행분이 마지막 호이다.

여성의 교육과 여권 쟁취, 남녀평등을 주장하였으

며, 후기에는 혁명적 색채를 강화하였다. 내용은 논설과 연설, 여계근사(女界近事), 역건(譯件), 척소(尺素), 사한(詞翰) 등의 항목이 있고 삽화를 넣어 편집하였다.

창간인 겸 주필인 천셰펀은 『소보(蘇報)』의 발행인 천판즈(陳范之)의 장녀이다. 『여학보』는 천판즈의 지원으로 시작되어 발행 작업도 소보관(蘇報館)에서 대행하였다. 천판즈는 「독립편(獨立篇)」을 통해 고관들은 조정의 통제를 받고 있고, 하급 관원은 고관의 억압을, 백성은 하급관원의 억압을 받아왔는데, 작금의 현실은 조정과 고관, 관리, 백성 모두가 외국인의 통제를 받고 있음을 지적하면서, 여성의 자주독립 문제를 제기하였다.

그러나 1903년 『소보』가 폐쇄 당하면서 천판즈는 일본으로 피신하였고, 이때 천셰펀도 동행하게 되어 『여학보』는 제2년차 3호를 발행하고 휴간하였다.

이들은 도쿄(東京)에 머무르면서 1903년 11월 제4호를 속간하였으나, 다시 천셰펀이 요코하마(橫濱)로 가게 되면서 『여학보』는 1904년 초기에 종간되었다. (김성남)

참고문헌

方漢奇 主編, 『中國新聞社業通史』, 中國人民大學出版社, 1996; 葉再生 著, 『中國近代現代出版通史』, 北京: 華文出版社, 2002.

여학세계(女學世界)

1901년 일본에서 발행된 여성지

1901년 1월 하쿠분칸(博文館)이 간행한 여성을 대상으로 한 종합교양잡지이다. 젠더, 여성, 교육, 가정, 육아, 취미 등 근대 일본의 여성을 이해하는 데 필수적인 잡지이다. 주요 필자로는 시모다 우타코(下田歌子), 쓰다 우메코(津田梅子), 고다 로한(幸田露伴), 구니키다 돗포(国木田独歩), 도쿠토미 소호(徳富蘇峰), 요사노 아키코(与謝野晶子), 사사키 노부쓰나(佐佐木信綱), 오쿠나 시게노부(大隈重信) 등 당대의 교육자, 문학자, 저널리스트, 가인(歌人), 정치가 등 다양한 필진이 참여했다.

• 고다 로한(幸田露伴)

일본의 소설가, 수필가. 본명은 고다 시게유키(幸田成行). 영웅적인 인물을 다룬 소설을 써서, 좀 더 낭만적인 경향을 띤 오자키 고요(尾崎紅葉)와 나란히 일본의 근대 문학을 형성하는 데 크게 기여하였다.

일찍부터 일본과 중국의 고전문학을 널리 익혔고 1884년에 기술학교를 졸업했지만 곧 작가의 길로 들어섰다. 신비로운 이상적 사랑을 시적으로 그린 「후류부쓰(風流佛)」(1889)로 명성을 얻었으며 「오중탑(五重塔)」(1891~92)은 한 순박한 장인(匠人)이 일편단심으로 헌신한 끝에 남다른 위업을 이루는 내용이다. 그의 미적 세계는 강한 의지와 상상력의 힘을 강조하고 있다. 미완성 소설 「소라우쓰나미(天うつ波)」(1903~1905)는 좀 더 사실주의적인 경향을 보여 주었다. 역사에 대해 지속적인 관심을 가졌던 그는, 결국 하이쿠(俳句)의 거장 마쓰오 바쇼(松尾芭蕉)의 작품을 해석한 주해서를 마지막 대작으로 남기고 세상을 떠났다.

그의 대표작 「오중탑」은 중편소설로 1891년부터 1892년에 걸쳐 신문 「국회(國會)」에 연재되었다. 목수인 주베에(十兵衛)는 오층탑 건립에 있어서, 주지에게 애원하여, 명목수인 겐타(源太)로부터 강제로 일을 뺏는다. 그리고 겐타가 건립의 비법을 가르쳐 주려는 호의를 물리치고, 결국 탑을 완성한다. 봉건적 의리/인정을 넘어서 자기의 예도(藝道)에 정진하는 주베에에게 자주독립의 기풍을 중시하는 작자의 이상주의가 투영된 대표작이다.

• 구니키다 돗포(國木田獨步)

일본의 작가. 구니키다 가메키치(國木田龜吉)라고도 함. 워즈워스(W. Wordsworth)식의 자연관이 깊이 배어 있는 단편소설을 발표해 일본 문단에 새로운 인간관을 제시했다.

일본 남부에서 자랐으나, 도쿄전문학교(지금의 와세다대학교)에 입학하기 위해 도쿄로 갔으며 그곳에서 1889년 기독교 신자가 되었다. 1893년 일본 남부의 규슈(九州)에 있는 사에키(佐伯)에 교사로 부임했을 때는 이미 이반 투르게네프(Ivan S. Turgenev), 토머스 칼라일(Thomas Carlyle), 랠프 월도 에머슨(Ralph Waldo Emerson)의 작품을 읽고 있었다. 그해 워즈워스의 시를 읽은 것이 결정적인 계기가 되어 자연에 대해 깊은 관심을 가지게 되었다. 다시 도쿄로 돌아간 뒤 청일전쟁(1894~1895) 기간에 영향력 있는 비평가이자 역사가인 도쿠토미 소호(德富蘇峰)가 발간하는 신문의 종군기자로 일했다. 그가 송고한 기사들은 『아이테이쓰신(愛弟通信)』이라는 제목의 책으로 엮어져 나왔다. 『거짓 없는 일기(欺かざるの記)』는 개인적으로 고통스러운 시기였던 1893~1897년에 쓴 것이다. 이 시기에 결혼했고 첫 아내에게 버림받았는데, 그녀는 나중에 아리시마 다케오(有島武郎)의 소설 「어떤 여자(或る女)」(1919)에 나오는 여주인공의 모델이 되었다.

구니키다 돗포는 자연주의 문학에 속하는 작가로 기억되고 있지만 짓밟힌 평민들의 삶을 통해 비극적인 이야기들을 시적으로 그려낸 그의 소설들은 사실적이라기보다는 낭만적이다. 「무사시노(武藏野)」(1898)에서는 자연에 대한 사랑을, 「고기와 감자(牛肉と馬鈴薯)」(1901)에서는 이상주의의 추구를, 「겐 삼촌(源叔父)」(1897)과 「봄새(春の鳥)」(1904)에서는 비열한 인간들의 운명에 대한 날카로운 시각을 엿볼 수 있다.

• 도쿠토미 소호(德富蘇峰)

일본의 역사가, 비평가, 언론인, 수필가. 본명은 도쿠토미 이이치로(德富猪一郎). 2차 세계대전 이전에는 일본의 군국주의를 지지한 주요 문필가였다. 교토에 있는 기독교계 학교인 도시샤(同志社, 지금의 도시샤대학)에서 서양식 교육을 받았으며, 중퇴한 뒤에는 언론인이자 문인으로서 경력을 쌓아나갔다. 1887년에 민유샤(民友社)라는 출판사를 차렸는데, 그해부터 이 출판사는 일본 최초의 종합지 『국민지우(國民之友)』라는 영향력 있는 잡지를 발행하기 시작했다. 민유샤는 1890년에 『고쿠민신문(國民新聞)』이라는 신문도 발행하기 시작했는데, 이 신문은 수십 년 동안 일본에서 가장 영향력이 큰 신문 가운데 하나가 되었다.

그는 특히 일본의 근대화에 관심이 많아 『장래의 일본(將來之日本)』(1886)과 같은 초기 저서에서는 서양식의 자유 민주주의적 개혁이 일본에서도 이루어져야 한다고 주장했다. 그러나 그 뒤 몇 십 년 동안 제국주의 일본을 지지하는 호전적 국가주의자로 활동했으며, 1920~30년대에는 일본에서 제국주의를 주장한 사람들 가운데 손꼽히는 인물이었다.

일제강점기에는 조선총독부의 기관지였던 『경성일보(京城日報)』의 감독을 역임하기도 했다(1910~17). 이후 2차 세계대전이 끝난 뒤 미국 점령군 당국의 명령으로 가택에 연금되었다. 100권으로 이루어진 그의 『근세일본국민사(近世日本國民史)』(1918~46)는 초국가주의적인 경향을 띠고 있지만, 1534년부터 19세기 말까지 일본에서 일어난 사건들을 빠짐없이 포괄적으로 기록한 귀중한 역사 개론서이다. (이규수)

참고문헌

『近代文學雜誌事典』, 至文堂, 1965; 梅津順一, 「徳富蘇峰と帝国日本の魂: 『大正の青年』の使命をめぐって」, 『聖学院大学論叢』 19-2, 2007; 梅津順一, 「徳富蘇峰と『力の福音』-『将来之日本』から『時務一家言』へ」, 『聖学院大学論叢』 19-1, 2006; 澤田次郎, 「徳富蘇峰の大日本膨脹論とアメリカ: 明治20年代を中心に」, 『同志社アメリカ研究』 41, 2005; 齋藤洋子, 「日清戦争後の徳富蘇峰: 『変節』問題と欧米漫遊」, 『ソシオサイエンス』 11, 2005; 米原謙, 「『膨脹』する『大日本』: 日清戦争後の徳富蘇峰」, 『阪大法学』 50-4, 2000; 本井康博, 「徳富蘇峰と福澤諭吉」, 『同志社談叢』 18, 1998.

여학잡지(女學雜誌)

1885년 일본에서 발행된 여성계몽 잡지

1885년 창간되고 1904년 종간된 일본 메이지(明治) 시기의 여성계몽 잡지의 하나였다. 잡지의 주필은 이와모토 요시하루(嚴本善治, 1863~1942)였다.

1885년 7월 창간된 『여학잡지』는 '여성의 복장이나 가사에 관한 실용적 지식' 뿐만 아니라, '여성, 남녀관계, 결혼' 등 메이지 20년대 여성문제를 사상적으로 고찰한 여성계몽 잡지의 하나로 평가된다. 특히 메이지 초기 연애라는 말이 등장하기 전에 '남녀관계'라는 용어를 사용하면서, 잡지는 새로운 시대에 어울리는 남녀관계상을 만들고자 하였다.

잡지 창간호의 「발행의 주지(發行の主旨)」(1호, 1885.7.20)를 보면, '서양학자가 어떤 나라의 여성의 지위여하를 보면 그 나라의 문명 고하(高下)를 알 수 있다'고 한 서양학자의 말을 인용하여 여성의 지위를 한 나라의 문명을 재는 척도로 규정하였다. 그리고 '지금의 일본 여성의 사회적 지위를 보면, 일본은 개화한 나라라고 할 수 없다'고 개탄하였다.

『여학잡지』가 제시한 문명의 척도는 메이지 초기 일본의 근대화 이데올로기였던 계몽주의에 다름 아니었다. 특히 그 전형은 후쿠자와 유키치(福澤諭吉)가 제시한 문명, 반개(半開), 야만의 구분방식이었다. 잡지는 이러한 구분을 남녀 관계에도 그대로 적용시켰다.

1885년 8월 10일 발행된 2호의 「부인의 지위(상)(婦人の地位 (上))」를 보면, 남녀의 교정(交情)도 진보하는데, 진보의 단계에는 색(色)의 시대, 치(癡)의 시대, 애(愛)의 시대라는 각 단계가 있는 것으로 설명하였다. 그리고 색(色)은 동물 암수가 서로 교접하는 것 같은 육체상의 정욕을 의미하였다. 치(癡)는 정(情)으로부터 나오는 것이고, 애(愛)는 진정한 영혼으로부터 발하는 것이라고 규정하였다.

잡지는 1886년 처음으로 「남녀교제론」이라는 글을 게재하였는데, 1886년에 2편, 1888년에 5편의 글이 총 7회 연재되었다. 잡지가 남녀교제라는 문제를 긴 시간 동안 잡지에 글로서 연재한 이유는 무엇이었을까.

잡지는 남녀가 교제하는 것은 자연의 순리라는 논리를 내세워 남녀교제를 주장하였다. 또한 이러한 남녀교제를 통해 인간은 이제까지와는 다른 '고상(高尙)하고 선미(善美)한 동물'이 될 수 있다고 하였다(「남녀교제론 제2[男女交際論 第二]」, 113호, 1888.6.9). 바로 이 '고상하고 선미한 동물'이 메이지 초기 야만에서 문명으로 또는 반개(半開)에서 개화로 나가는 문명화의 방향성을 의미하였다. 결국 잡지는 문명화된 남녀가 되기 위해서는 자유로운 남녀교제를 허용할 필요가 있음을 주장하였고, 이를 통해 도래한 문명의 세계는 남녀관계에 있어서는 바로 사랑의 시대였던 것이다.

또한 잡지는 남녀가 교제를 하게 되면, 남녀 각각의 미질(美質)이 발달되고, 상대방의 미질을 확인하게 된다고 주장하였다. 그 결과 남성에게는 여성을 존중하는 마음이 생기고 이것이 바로 여성의 권리를 신장시킬 수는 있는 방편이라고 설명하였다(「남녀교제론 제5[男女交際論, 第五]」, 117호, 1888.7.7).

같은 시기에 발행되었던 잡지 『국민지우(國民之友)』에서도 여성의 권리 신장 문제는 논의되고 있었다. 1888년 5월호 『국민지우』에는 「사교에서의 부인의 세력(社交上に於ける婦人の勢力)」이라는 글이 수록되어 있는데, 이 글의 내용은, '동양의 부인은 세력이 있음에도 이를 발휘할 장소가 없었다'고 전제하고, 부인은 '교제의 천사'이므로 '사회에서 한 남자와 다른 한 남자와의 사이에 원심력이 작용하여 그 거리를 좁힐 수 없으나', 그들의 교제를 '조화롭게 할 수 있는 것'은 '부인의 세력뿐'이라 하여 교제에서의 부인의 역할을 강조하였다.

이 글에 대해서 『여학잡지』는 여성을 '사교상의 꼭두각시'로 여긴다고 비난하면서 '남녀교제를 통해 서로의 미질을 드러나고 이로써 남녀 서로 가까워지고 존경하게 되며 그 결과 남녀동등하게 되고, 남녀동등하게 되면 이미 여권을 얻은 것이다'라고 주장하였다. 즉 남녀교제 - 여성성 - 여성의 권리를 재차 강조하였던 것이다.

그리고 여성의 권리가 발휘되는 공간으로서의 가정을 중요시 했다. 가정은 '사기, 음란, 불신 등의 악덕'이 있는 세상으로부터 침범당하지 않은 채 '서로 생각하고, 서로 돕는 미덕'이 충만한 곳으로 규정되었다. 따라

서 이러한 가정을 소중하게 지키기 위해서는 결혼이전부터 '청결한 남녀교제법을 유행시켜 남녀 서로 선택을 안정하게 하라' 주장하였다(「일본의 가족 제1[日本の家族 第1]」, 96호, 1888.2.11; 「일본의 가족 제2[日本の家族 第2]」, 101호, 1888.3.17).

1888년 6월 23일 발행된 제115호의 「남녀교제론 제4[男女交際論 第四]」에 서술된 다음 인용문은 잡지가 지향한 여성의 모습이 무엇이었는지를 보여준다.

"부인의 지위는 반드시 남자의 부조(副助)에까지 이르러야 할 것을 각오하여 여러 개량책을 취해야 할 것이다. 오늘날 부인은 남자의 하인(下婢)이다. 나는 이보다 더 나아가 남자를 돕고 상담상대가 되기를 바란다. 오늘날 부인은 남자의 압제 속박을 받아 무엇보다 이에 굴종해야 하는 상황이다. 그러나 이에 더 나아가 남자의 보호를 받아 남자에 따라 나아가야 할 자이다."

이러한 여성론(女性論)과 가족론(家族論)은 가족의 정서적 융합을 중요시하는 새로운 가족상을 제시하고 있지만, 가정의 중요성이 강조될수록 여성=가정이라는 등식이 강화되었다. 이는 여성의 주체적인 사회적 역할을 외면하고 독립된 인간으로서의 여성이 결락된 채 남성의 편리에 맞춰, 잡지의 여성론과 가족론이 남녀관계론을 정립하는 수단으로 사용될 가능성이 높았음을 의미한다. (문영주)

참고문헌

송혜경, 「근대적 남녀교제론의 전개와 문명개화: 『여학잡지(女學雜誌)』의 「남녀교제론」을 중심으로」, 『일본학보』 65호, 한국일본학회, 2005; 浜崎廣, 『女性誌の源流』, 出版ニュ-ス社, 2004; 『日本出版百年史年表』, 日本書籍出版協會, 1968.

여학총지(女學叢誌)

1885년 일본에서 발행된 여성주간지

1885년 12월 주간지로 발행되어 월 3회 간행되었다. 정가는 4전이고, 16~20쪽 정도의 소책자 형태였다. 잡지는 1887년 8월 종간되었다. 일본국회도서관이 소장하고 있다.

일본 최초의 여성 종합잡지라고 말할 수 있는 『여학신지(女學新誌)』나 『여학잡지(女學雜誌)』와 비교하여 커다란 차이는 보이지 않지만, '가정요보(家政要報)'란을 51호부터 새로 편집했다. 여기에는 「목면을 잘 키우는 법(木棉を旺す法)」(54호), 「머리카락을 부드럽게 하는 법(髮の毛の艶をよくする法)」(57호), 「맥분으로 빵을 제조하는 법(麥粉にて麵包を製造する法)」(64호), 「서양요리 간편법(西洋料理の簡便法)」(66~68호)과 같은 생활정보를 지면에 할애했다. (이규수)

참고문헌

牛島俊 作, 『日本言論史』, 河出書房, 1955; 『近代文學雜誌事典』, 至文堂, 1965; 桂敬一, 『明治·大正のジャ-ナリズム』, 岩波書店, 1992.

역문(譯文)

1934년 중국 상하이에서 창간된 문예지

1934년 9월16일 상하이(上海)에서 창간되어 생활서점(生活書店)에서 월간으로 발행되었다. 1935년 9월16일에 총 13호를 발행하고 정간되었다가 1936년 3월16일 다시 복간되었다. 복간호부터 권호를 새로 시작하여 역문사에서 발행되다가, 다시 1937년부터는 상하이잡지공사(上海雜誌公司)로 발행자가 바뀌었다. 3권 2호(1937)는 "스페인특집호"이다.
1937년 6월 16일 3권 4호를 마지막으로 총 29호를 발행하고 종간되었다.

루쉰(魯迅)과 마오둔(茅盾), 리례원(黎烈文)이 발기하여 창간된 외국문학 소개를 위주로 한 문예지이다. "충실한 번역태도로 읽을 가치가 있는 외국문학을 문예 애호가들에게 소개한다"는 것이 이 잡지의 발간 취지였다.

편집자는 황위안(黃源)으로 서명되어 있으나, 창간호부터 3호까지는 루쉰이 주필이었고, 그 이후 황위안이 주필을 맡아 편집하였다. 그러나 실제로는 번역하여 편집하거나 그림과 사진을 고르는 등의 모든 일을 루쉰이 기획하였다. 창간에서 정간에 이르기까지 루쉰이 시종일관 정열을 가지고 이 잡지 편집에 관여하였으며 창간호 「전기(前記)」와 복간호의 「복간사」 모두 루쉰이 쓴 것이다.

소련과 서구의 진보적 문학작품을 소개하고 번역하였으며, 국민당의 문예전선에 대한 봉쇄를 뚫고, 진보문학의 전파를 추동하여 당시 혁명문학운동에 상당한 작용을 하였다. 또한 그 내용이 광범위하고 자료 선정이 엄격하였으며, 번역에 열정을 기울여 외국문학을 소개하는 당시 최고의 간행물이었다.

창간호에는 루쉰이 번역한 러시아 문인 고골(Николай Гоголь, 果戈里)의 소설 「비자(鼻子)」와 리예신(立野信)의 「고골 사관(果戈里私觀)」 등이 발표되었다. 이어서 고골의 「사혼영(死魂靈)」이 2부로 연재되었으며, 신 1권 2호에는 프랑스 문인 "롤랑(Rolland) 탄생 70주년 기념(羅曼羅蘭七十誕辰紀念)"이, 제5, 6호에는 "고리키 서거 기념특집"이 실렸다. 신 2권 1호는 "푸시킨특집"이, 제3호에는 "애도 루쉰 선생 특집(哀悼魯迅先生特輯)"이 실렸다. 신 2권 6호는 "푸시킨 서거 100년 기념호"였고, 신 3권 1호에는 "디킨스 특집(狄更斯特輯)"이 실렸다.

이밖의 주요 집필자로는 마오둔(茅盾), 리례원(黎烈文), 루춘(茹純), 덩당스(鄧當世), 웨원(樂雯), 장루루(張祿如), 후펑(胡豊), 푸둥화(傅東華), 후위즈(胡愈之), 바진(巴金), 저우양(周揚), 왕퉁자오(王統照), 차오징화(曹靖華), 샤오첸(蕭乾) 등이 있다.

루쉰의 「전기(前記)」

"독자제군, 여러분도 아마 추측할 수 있을 것이다. 어떤 사람이 우연히 여유가 생겨서 우연히 외국작품을 읽게 되고, 우연히 번역을 시작하였는데, 우연히 다른 사람들을 만나 얘기를 나누니 즐거웠다. 그래서 이 잡지에 우리도 참가하기로 하고, 몇 명의 동지를 모으고, 인쇄를 맡을 서점을 찾았다. 그리하여 한권의 작고 작은 『역문』이라는 잡지가 태어났다.

소재에는 제한이 없다. 태고에서 최근에 이르기까지 글의 종류 역시 고정되어 있지 않다. 소설, 희극, 시, 논문, 수필, 모두 쓸 것이다. 원문을 직역하여도 좋고, 혹은 간접적으로 중복하여 번역한 것이라도 모두 상관이 없다. 오직 하나의 조건은 모두가 번역문이어야 한다는 것이다.

문자 이외에도 많은 그림을 첨가할 것이다. 문자와 관계가 있는 것이 있을 수 있는데 이는 흥미를 가질 수 있도록 돕고자 하는 의미이다. 문자와 아무 관계도 없는 것 역시 있을 수 있는데 이는 그냥 우리가 독자들에게 서비스한다는 정도의 작은 의미이면 족할 것이다. 복제된 그림은 복제된 문자에 비해 원본의 가치를 보다 더 많이 가지고 있을 것이다." (김성남)

참고문헌

周葱秀·涂明 著, 『中國近現代文化期刊史』, 山西教育出版社, 1999; 北京師範大學圖書館報刊部 篇, 『北京師範大學圖書館館藏中文珍稀期刊題錄』, 北京圖書館出版社, 2002.

▌역보(譯報)

1937년 중국 상하이에서 발간된 신문

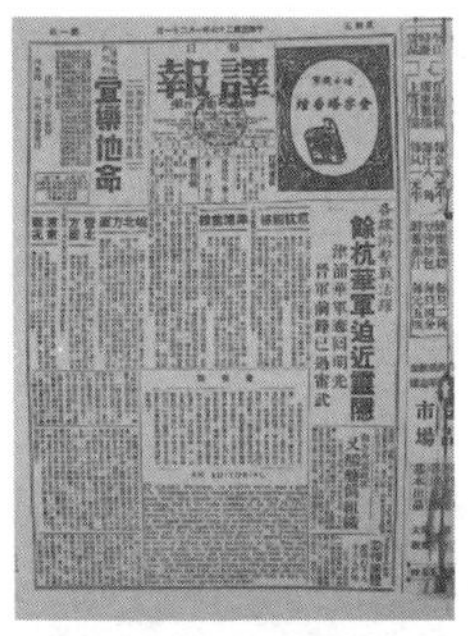

1937년 12월 9일 중국의 상하이(上海)에서 창간되었고 샤옌(夏衍)이 편집자였다. 샤옌이 광저우(廣州)의 『구망일보(救亡日報)』를 맡게 되면서 메이위(梅雨)가 주편이 되었고 장춘팡(姜椿芳), 위링(于伶) 등도 참가했다. 그러나 당시 샤옌과 매우 등은 좌경분자로 공인되어 있었기 때문에 조계당국에 등기를 할 때 『역보』의 발행인으로 딩쥔타오(丁君陶), 편집인은 자오방쉬(趙邦鑠)로 했다. 1937년 12월 20일 12호를 끝으로 정간되었다. 『역보』는 정간된 이후 영국인 샌더스(J.

A. E. Sanders-Bates)와 보너(N. E. Bonner)를 발행인으로 하고 『매일역보(每日譯報)』라는 이름으로 창간하였다. 1939년 5월 정간되었다. 상하이도서관 등에 소장되어 있다.

『역보』의 뉴스, 특집, 통신, 평론 등은 모두 외국신문을 번역한 것이었다. 『역보』는 외국신문의 기사 가운데 항일전쟁에 유리한 내용을 선택하여 번역 수록했다. 『역보』의 창간호는 「마오쩌둥이 영국기자에게 발표한 중대 담화(毛澤東對英記者發表重要談話,譯自本月六日英文大美晚報)」 등 중국공산당의 정책과 상황을 선전하는 글을 수록했다. 『역보』는 독자들의 환영을 받았고 영향력도 컸다. 그러나 일본제국주의에 의해 12월 20일에 12호를 출판한 후에 정간되었다.

『역보』는 정간된 이후 영국인 샌더스와 보너를 발행인으로 하고 『매일역보』라는 이름으로 창간하였다. 『매일역보』는 "Mei Jih I-Pao-The News Digest"라는 영문 이름으로 상하이 공공조계 경무처와 프랑스조계 중앙포방(中央捕房)에 등기하여 1938년 1월 21일에 다시 출판하였다. 『매일역보』의 실제업무는 메이위와 자오방쉬가 담당했고 양판(楊帆)과 왕런수(王任叔) 등도 편집에 참여했다.

후에 왕지화(王紀華), 쉬더민(許德民), 스즈앙(石志昂) 등 중국공산당의 지하당원도 참여했다. 중국공산당장쑤성위원회는 메이위 등 지하당원을 통하여 이 신문을 지도했다.

이 신문의 내용은 외국의 전신(電訊)과 평론 등을 번역한 이외에 국내통신사의 전신을 전재하는 형식으로 중국의 항전상황과 중국공산당의 정책과 항일 근거지의 상황을 선전했다.

초기에는 순수한 번역 위주의 신문이었으나 동년 2월 20일 개혁을 진행하여 각종 뉴스를 종합하고 중국과 일본의 전쟁 관련 뉴스를 보도하였으며, 사회동태, 신문약(新聞鑰, 신문의 키포인트) 등의 난을 편성했다. 『역보』는 『작화(爝火)』, 『대가담(大家談)』 등의 부간(副刊)과 성기평론(星期評論, 일주간 평론), 시대부녀(時代婦女), 직공생활(職工生活), 청년원지(青年園地) 등의 특집판을 주간으로 만들었다. 동시에 내지의 『신화일보(新華日報)』와 『구망일보』 등에 발표된 중요한 글을 옮겨 실었다. 『역보』는 항일을 위해 단결하자는 입장을 견지하였으며, 일본군에 점령된 지역에서 비교적 영향력이 큰 매체였다.

1938년 6월 28일부터 신문의 판형을 키우고 『역보』의 앞에 "매일(每日)"이라는 작은 글자를 첨가하여 발행했다. 『역보』는 광고와 발행부수의 제약으로 경영면에서 어려움을 겪다가 1938년 4월 말 자오방쉬가 물러나고 상하이항일문화협회(上海抗日文化協會)에서 매일역보공사(每日譯報公司)를 설립하여 『역보』의 경영을 맡았다. 황딩후이(黃定慧)가 회장, 장중린(張宗麟)이 총경리(總經理)를 맡았고 첸나수이(錢納水)가 총주필 겸 총편집을 맡았다. 자본금은 1만 원으로 했으나 실제로는 자금이 부족했다. 편집인원은 항일문화협회의 성원인 메이위, 왕런수, 이핑신(李平心), 다이핑완(戴平萬) 등으로 충원했다. 매우는 국내외 전신(電訊)을 담당했고 왕런수는 부간(副刊)의 주편자였다. 『역보』의 사론(社論)은 주로 첸나수이와 왕런수가 집필했다. 후에 윈이췬(惲逸群)도 사론 집필에 참여했다.

『매일역보』는 『중미보(中美報)』, 문회보(文匯報)와 함께 국민정부에서 발표하는 중요한 글의 경우 전문을 게재하기로 방침을 정했다. 1939년 5월 1일 노동절에 국민정부의 장제스(蔣介石) 위원장은 국민정신총동원에 관한 글을 발표했는데 지면의 제한으로 두 번에 걸쳐 연재하였다. 처음 보도가 나가자 영국의 조계당국은 『매일역보』의 영국인 발행인에게 계속 이 기사를 게재하는 것을 허락할 수 없다고 통지하였다. 『매일역보』는 항의의 뜻으로 하루를 정간하고 결국 전문을 게재하였다. 5월 18일 『매일역보』는 장제스가 전국생산회의에서 한 발언을 게재하여 『중미보』, 『문회보』와 함께 2주 동안 정간당했다. 그리고 이 사건을 계기로 영국인 발행인 샌더스와 보너는 발행인을 담임하는 것을 거절하였기 때문에 다시 발행할 수 없었다. (김지훈)

참고문헌

王檜林 · 朱漢國, 『中國報刊辭典(1815~1949)』, 書海出版社,

1992; 伍杰, 『中文期刊大詞典』, 北京大學出版社, 2000; 葉再生, 『中國近代現代出版通史』 3, 北京: 華文出版社, 2002; 上海圖書館, 『上海圖書館館藏近現代中文期刊總目』, 上海科學技術文獻出版社, 2004.

역서공회보(譯書公會報)

1897년 중국 상하이에서 창간된 시사종합신문

1897년 10월 26일 상하이(上海)에서 창간되었다. 발행인은 윈지순(惲積勛)과 타오샹덩(陶湘等)이며, 주필은 장타이옌(章太炎)과 양모(楊摸)가 맡아 주간으로 역서공회(譯書公會)에서 발행되었다.
현재 제1책부터 제10책까지의 발행 본이 보존되어 있으며, 중국국가도서관에 소장되어 있다.

발행목적은 백성의 지혜를 열고 견문을 넓히기 위해 외국 언론과 동서양의 유용한 서적들을 번역 소개하는 것임을 「계사(啓事)」를 통해 설명하였다.

이 매체가 자주 인용한 외국 언론으로는 영국의 『태오사보(泰晤士報)』, 『율예보(律例報)』, 『동방보(東方報)』와 프랑스의 『비얼라보(非軋羅報)』, 『국정보(國政報)』, 미국의 『자립보(自立報)』, 『뉴욕보(紐約報)』, 일본의 『정책보(政策報)』, 『태양잡지(太陽雜誌)』, 『도쿄아사히신문(東京朝日新聞)』 등이 있다. 그리고 서양에서 새로 나온 정치 과학 서적들도 번역 하여 실었다.

장타이옌(章太炎)은 제2책에 「역서공회보서(譯書公會報敍)」를 게재하였고, 「독일본국지(讀日本國志)」 등의 문장을 발표하였다. (김성남)

참고문헌

周葱秀·涂明 著, 『中國近現代文化期刊史』, 山西教育出版社, 1999; 方漢奇 主編, 『中國新聞社業通史』, 中國人民大學出版社, 1996.

역서회편(譯書匯編)

1900년 일본 도쿄에서 창간된 중국어 종합잡지

1900년 12월 6일 일본 도쿄(東京)에서 월간으로 창간되었다. 발행인 겸 편집인은 후잉민(胡英敏)이며 지이후이(戢翼翬), 양팅둥(楊廷棟), 양인항(楊蔭杭), 레이펀(雷奮) 등이 편집에 참여했다.
총 21호를 발행하고 1903년 4월 제호를 『정법학보(政法學報)』로 바꾸었다. 중국국가도서관에 소장되어 있다.

재일본 유학생 단체인 여지회(勵志會) 회원들을 중심으로 창간되었으며, 서양문명을 받아들이고 일본의 개혁 방법을 모방하는 것이 중국을 구하는 유일한 길이라고 보았다.

창간 초기는 주로 서양 열강들의 선진 학문과 저서들을 번역 소개하는 데 중점을 두어 농업과 상공업 등 전문 서적들을 번역한 원고들로 항목을 분류 편집하지 않았으나, 9호부터는 편집과 체제에 큰 변화가 있었다. 「개정체례고백(改正體例告白)」을 통해 타인의 사상을 취하되 자신의 사상과 융합 관통해야 함과 사설의 필요성에 따라 편집방침을 저술 위주로 할 것임을 발표하였다.

이러한 편집 방향에 따라 기사를 분류하고 정치통론, 정치, 법률, 경제, 역사, 철학 등의 난을 두었고 삽화도 게재하였으며, 내용과 명실상부하도록 1903년 4월에는 제호도 『정법학보(政法學報)』로 바꾸었다.

자유와 평등을 논한 루소(Jean-Jacques Rousseau)의 『민약론(民約論)』과 몽테스키외(Montesquieu)의 『만국공리(萬國公理)』 등 유명한 저서들을 번역 게재하여 민주혁명의 이론적 토대를 제공하였다. 개혁사회와 정권참여를 제의하였으며, 강렬한 애국주의 정신과 민주주의 경향을 구현하였다. (김성남)

참고문헌

周葱秀·涂明 著, 『中國近現代文化期刊史』, 山西教育出版社, 1999; 方漢奇 主編, 『中國新聞社業通史』, 中國人民大學出版社, 1996.

▌연극(演劇)

1915년 일본에서 창간된 연극 잡지

1915년 5월에 창간되어 1921년 5월 폐간될 때까지 모두 3호가 발간되었다. 편집 겸 발행은 나카타 스케지(中田介二)였고 연극편집부 발행이었다. 와세다대학(早稻田大學) 교수 시마무라 호게쓰(島村抱月)가 주관하던 연극 단체 예술좌(藝術座) 기관지로 창간되었다.

『연극』에 관여한 나카무라 기치조(中村吉蔵), 아키다 우자쿠(秋田雨雀)는 예술좌의 간사였으며 나카타는 예술좌의 대표적인 배우였다. 그렇지만 이 잡지는 실제로는 신극만이 아니라 극계 전반에 걸쳐 다루고 있던 종합 연극 잡지로서의 성격도 갖고 있었다.

특히 나카무라의 「우리나라에서 소극장의 의의」, 시마무라의 「이 점을 어떻게 할 것인가」를 비롯하여 혼마 히사오(本間久雄), 마쓰이 쇼오(松居松葉), 시마무라 다미조(島村民藏) 등이 집필한 연구 부문에 특색이 있었다. 희곡에는 아키다의 「관을 에워싼 사람들(棺を囲む人人)」, 나가타 히데오(長田秀雄)의 「구원된 남자(救はれざる男)」, 나카무라의 「진짜 인간(眞人間)」 등이 있다.

시마무라 호게쓰(島村抱月)와 예술좌(藝術座)

1871년 시마네현(島根縣)에서 태어났다. 와세다대학의 전신인 도쿄전문학교(東京專門學校)를 졸업하였다. 재학 중에 일본 근대 문학의 아버지라고 불리는 쓰보우치 쇼오(坪内逍遙)의 영향을 받았다. 졸업 후에는 문학뿐만 아니라 가부키에도 깊은 관심을 갖게 되었다.

1902년 유럽으로 유학을 떠나 영국의 옥스퍼드 대학과 독일의 베를린 대학에서 문학과 미학을 공부하면서 연극에도 심취하였다. 귀국 후에는 여러 신문과 『와세다문학(早稻田文學)』을 통하여 자연주의 문학과 연극 비평에 관한 글을 발표하여 일류 평론가로서의 위치를 확보하였다.

그리고 스승인 쓰보우치와 함께 1909년에 "우리 국문학, 미술, 연예의 개선과 보급을 도모하고 사회의 풍상(風尙)을 높인다"는 목적을 내걸고 문예협회(文芸協會)를 결성하였다. 다음해에는 스스로 무대 감독이 되어 입센의 "인형의 집"을 성공리에 공연하였다.

그러나 셰익스피어 연극에 기울어져 있던 쓰보우치와는 달리 시마무라 호게쓰는 입센, 톨스토이 등의 근대 연극을 상연해야 한다는 생각을 갖고 있었다. 그리하여 쓰보우치는 문예협회에서 만난 당대의 인기 여배우 마쓰이 스마코(松井須磨子)와 함께 자연주의를 바탕으로 한 신극을 만들기 위해 문예협회에서 탈퇴하고, 1913년 스스로 신극 단체 예술좌를 만들었다.

예술좌는 그의 연극관을 실천에 옮기기 위한 것이었다. 실제로 예술좌는 그의 의도에 따라 "인형의 집", "살로메"(오스카 와일드 작품), "부활"(톨스토이 작품) 등의 작품을 무대에 올렸다. 특히 예술좌가 중시한 것은 지방 순회공연이었다. 그런 가운데 마쓰이가 가추샤 역을 맡은 『부활』은 이전에 볼 수 없었던 대성공을 거두었다.

그러나 신극운동에 온 힘을 기울이던 그가 1918년 11월 갑자기 사망하고, 마쓰이도 두 달 뒤 스스로 목숨을 끊음으로써 예술좌는 사실상 막을 내리게 되었다. (이준식)

참고문헌

『早稲田文学』, 1918년 12월호(島村抱月追悼号); 尾崎宏次, 『日本近代劇の創始者たち』, 未来社, 1965; 河竹繁俊, 『逍遥·抱月·須磨子の悲劇:: 新劇秘録』, 毎日新聞社, 1966; 川副国基, 『島村抱月: 人及び文学者として』, 日本図書センタ-, 1987; 池野誠 編, 『抱月: 新劇の父 近代演劇に尽した島根の人びと』, 松江市民劇場, 1998.

▌연극(演劇)

1923년 창간된 일본의 연극 잡지

1923년 1월에 창간된 월간지이다. 편집 발행인은 히가시타니 도쿠마쓰(東谷德松)였고 발행처는 연극사(演

劇社)였다. 3호 이후에는 발행이 확인되지 않는다. 『연극』은 하나야나기 쇼타로(花柳章太郎) 등이 만든 신극좌(新劇座)를 응원하고 신파극의 혁신과 재흥을 이루는 것을 목표로 하여 창간되었다. 다나카 소이치로(田中總一郎)가 편집을 담당하였다.

창간호에는 오카 에이이치로(岡榮一郎), 이토 기미오(伊藤公雄), 다나카 소이치로 등이 신파 중견 배우를 격려하는 글을 게재하였고 이 밖에도 오치아이 요시오(落合良雄)의 희곡 「한신(韓信)」, 오닐(Eugene Gladstone O'Nell) 작, 기타무라 기하치(北村喜八) 번역의 희곡 「포경선의 일실(捕鯨船の一室)」이 실려 있다.

1923년 3월호에는 세토 에이이치(瀬戸英一)의 희곡 「탕아(遊蕩兒)」, 오닐 작, 다나카 소이치로 번안의 희곡 「지평선 너머(地平線の彼方)」가 게재되었다. (이준식)

참고문헌

日本近代文學館·小田切進 編, 『日本近代文學大事典』 第5卷, 講談社, 1977; 『日本出版百年史年表』, 日本書籍出版協會, 1968.

연극(演劇)

1932년 일본에서 창간된 연극 잡지

1932년 4월에 창간되어 같은 해 10월까지 모두 7호가 발간되었다. 편집 발행인은 미즈타니 다케시(水谷武=미즈타니 지쿠시[水谷竹紫])였고 발행처는 연극연구사(演劇研究社)였다. 나카무라기치조(中村吉藏), 미즈타니 다케시를 편집 대표로 하여 노오토미 마사타케(納富誠武), 오야마 히로미쓰(大山廣光) 등 과거 『연극연구』(演劇研究) 동인들이 편집에 참여하였다.

『연극』에는 미즈타니 야에코(水谷八重子)의 예술좌(藝術座)를 비롯하여 가부키(歌舞伎), 신파극, 신국극(新國劇)의 레뷰 이외에도 상업 극단, 영화, 라디오, 외국 연극에 대한 평론, 연구, 극평, 희곡 등 다방면에 걸친 글이 게재된 것이 특징적이다. "모리타 간야(守田勘弥, 도쿄의 유서 깊은 가부키 극장 모리타좌[守田座]의 경영자) 추도호"(1932.7), "이이 요호(伊井蓉峰, 당대의 유명한 신파극 배우) 추도호"(1932.9)도 있다. (이준식)

참고문헌

日本近代文學館·小田切進 編, 『日本近代文學大事典』 第5卷, 講談社, 1977; 『日本出版百年史年表』, 日本書籍出版協會, 1968.

연극(演劇)

1942년 창간된 일본의 연극 잡지

1942년 4월에 창간되어 1943년 9월까지 발간되었다. 편집인은 요시무라 기요시(吉川清)였고 발행처는 무방서방(畝傍書房)이었다.

태평양전쟁 아래 국민 의지 통일의 수단이 되고 있던 국민 연극운동 가운데서 창간된 이후 평론과 희곡을 발표하는 잡지로서 1943년 정부에 의한 제2차 연극 잡지 통합까지 계속되었다. 1943년 10월 이후 『국민연극(國民演劇)』에 통합되었다.

『연극』에 실린 주요한 희곡으로는 미요시 주로(三好十郎)의 「3일간(三日間)」(1942.10), 기쿠타 가즈오(菊田一夫)의 「꽃피는 항구(花咲く港)」(1943.1), 정보국 주최의 국민연극 각본 입선작인 아키즈키 게이타(秋月桂太)의 「농사짓는 사람(耕る人)」(1942.4), 아오에 슌지로(青江舜二郎)의 「심리부인과 논리군(心理婦人と論理君)」(1942.9), 오카다 데이코(岡田禎子)의 「조국(祖國)」(1942.5), 다구치 다케오(田口竹男)의 「가미오무라(紙王村)」(1942.6), 「고토부키노마치(壽の町)」(1943.4), 이자와 다다스(飯沢匡)의 「베이징의 유령(北京の幽靈)」(1943.2) 등이 있다.

작가들의 면면에서 알 수 있듯이 이들 사이에 특정한 경향이 공유되고 있었던 것은 아니다. 이러한 특징은 평론에서도 마찬가지로 나타나고 있었다. 동서 연극에 걸쳐 다양한 문제가 논의되고 있었다. 스가 야스오(管泰男), 니시야마 마쓰노스케(西山松之助), 스다 아쓰오(須田敦夫) 등 당시 각광을 받기 시작하던 신진

평론가들의 글이 게재되고 있었다는 점도 주목된다. (이준식)

참고문헌

日本近代文學館·小田切進 編,『日本近代文學大事典』第5卷, 講談社, 1977;『日本出版百年史年表』, 日本書籍出版協會, 1968.

연극개조(演劇改造)

1926년 일본에서 창간된 연극 잡지

1926년 4월에 창간되어 1928년 11월까지 모두 27호가 발간된 월간 연극 잡지이다. 1928년 6월부터 1928년 8월까지는 휴간하였다. 편집인은 극작가인 하야시 야와라(林和), 발행인은 쓰무라 교손(津村京村)이었고, 발행처는 연극개조사(演劇改造社)였다.
창간한 뒤 2개월 만에 쓰무라 교손이 물러나고 하야시 야와라가 편집 겸 발행인이 되었다. 오다기리 데루(小田切照), 오쿠마 도시오(大隈俊雄)가 동인이었다. 표지화는 가와노 미치세이(河野通勢)가 그렸다. 1934년 9월 신문 형식으로 재간되었다가 다시 잡지 형식으로 돌아갔다.

애초에는『문예춘추(文藝春秋)』의 형식을 모방하여 수필을 주로 하였지만, 1926년 하야시 야와라가 '현대 연극의 지방 보급화'와 '진정으로 민중화된 일본 국민극의 창설'을 목적으로 연극개조연맹(演劇改造聯盟)을 만든 뒤에는 그 기관지와 같은 역할을 수행하였다. 가부키(歌舞伎)를 비롯하여 대중 극단의 극평, 희곡평, 평론, 해외 연극의 소개, 연구 등의 다양한 지면을 구성하고 있던 것이 특징적이었다.

게재된 희곡 가운데는 하야시 야와라의「술가게 오센(樽屋おせん)」, 곤 도코(今東光)의「살리는 미쓰히데(生ける光秀)」 외에 후지이 마스미(藤井眞澄), 하세가와 신(長谷川伸), 나가타 고키치(永田衡吉), 고데라 유키치(小寺融吉), 시마무라 다미조(島村民藏), 이토 마쓰오(伊藤松雄) 등의 작품이 있다. "연극 영화 연구호(演劇映畵硏究號)", "무대 감독 연구호(舞臺監督硏究號)"의 특집호 외에 오카모토 기도(岡本綺堂)의「장편 희곡의 상연 곤란에 대하여(長編戱曲の上演困難に就て)」(1928.2),「대중극에 대하여(大衆劇に就いて)」(1928.10), 바바 고초(馬場孤蝶)의 수상, 아쓰미 세이타로의「근세 오야마 열전(近世女形列傳)」, 도야마 시즈오(遠山靜雄)의「무대 조명 사전(舞臺照明辭典)」 등의 연재가 주목된다. (이준식)

참고문헌

日本近代文學館·小田切進 編,『日本近代文學大事典』第5卷, 講談社, 1977;『日本出版百年史年表』, 日本書籍出版協會, 1968.

연극계(演劇界)

1943년 일본에서 창간된 연극 잡지

1943년 11월 창간된 연극 잡지이다. 증간호도 수시로 발간하였다. 태평양전쟁이 끝난 후에도 1946년 6월부터 10월 사이의 기간을 제외하고는 계속 발간되어 현재에 이르고 있다.

1943년 여름 정보국은 1940년의 잡지 통폐합에 이어 두 번째의 잡지 통폐합 작업을 추진하였다. 정보국은 일본연극사(日本演劇社)의 사장에 오카 오니타로(岡鬼太郎)와 구보타 만타로(久保田万太郎)를 차례로 임명하고 일본연극사가 연구 평론 잡지인『일본연극(日本演劇)』과 감상 지도 잡지인『연극계』를 발간하는 것을 허가하였다.

『연극계』는 기존의 연극 잡지이던『연예화보(演藝畵報)』와『동보(東寶)』가 합병한 것이다. 편집진에는 처음에는 연예화보사(演藝畵報社)에서 아쓰미 세이타로(渥美淸太郞), 아베 유타카(安部豊), 동보발행소(東寶發行所)에서 오야마 이사오(大山功)가 참가하였다.

1944년 7월 도사카 야스지(戶坂康二)가 입사하면서부터『연극계』는 아쓰미 세이타로, 아베 유타카를 중심으로『연예화보』의 실질적인 후계 잡지가 되었다. 1945년 이전의『연극계』는『연예화보』의 전통을 이어 받아 상업 연극, 특히 가부키(歌舞伎)를 주로 한 무대 사진, 극평, 예담(藝談), 고전 감상, 흥행 뉴스 등을

집중적으로 게재하고 있었다. (이준식)

참고문헌

日本近代文學館·小田切進 編, 『日本近代文學大事典』 第5卷, 講談社, 1977; 『日本出版百年史年表』, 日本書籍出版協會, 1968.

연극신조(演劇新潮)

1914년 일본에서 창간된 연극 잡지

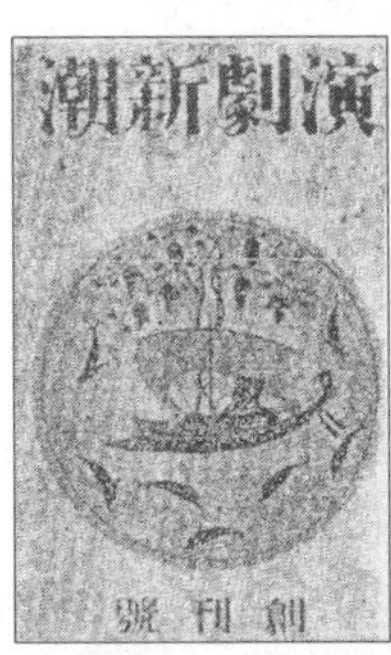

1914년 1월부터 1925년 6월까지(1차), 그리고 1926년 4월부터 1927년 8월까지(2차) 모두 35호가 발간된 연극 잡지이다. 발행처는 제1차가 신초샤(新潮社), 제2차가 문예춘추사(文藝春秋社)였다. 지형은 국판으로 1차는 본문이 대체로 180쪽에서 220쪽 정도였고 2차는 처음에는 170쪽 정도였지만, 1927년 2월호부터 종간호까지는 90쪽 정도였다. 정가는 1차의 창간호가 1원이었고 2차가 40전이었다. 1차의 발행부수는 1만 부였지만 팔리지 않아 반품된 것이 40~50% 정도를 차지하였다. 2차는 처음에 2만 부를 발행한다고 예고하였지만 종간의 예고도 없이 폐간되었다.
편집 주임은 창간호부터 1924년 12월까지는 야마모토 유조, 1925년 1월부터 6월까지는 구메 마사오(久米正雄)였고 편집 실무는 노지마 다케후미(能島武文)가 맡았다. 무대 사진 담당은 무라오카 긴료(村岡欽亮)였다.

제1차의 동인에는 극작가협회의 구성원 가운데 유력한 극작가들이 거의 망라되었다. 이하라 세이세이엔(伊原靑靑園), 이케다 다이고(池田大伍), 오사나이 가오루(小山內薰), 오카모토 기도(岡本綺堂), 요시이 이사무(吉井勇), 다니자키 준이치로(谷崎潤一郞), 나카무라 기치조(中村吉藏), 나가요 요시로(長與善郞), 구보타 만타로(久保田萬太郞), 구메 마사오, 야마자키 시코(山崎紫紅), 야마모토 유조(山本有三), 기쿠치 간(菊池寬), 사토미 돈(里見弴)의 15명이 그들이다. 1925년 1월부터는 가네코 요분(金子洋文), 우노 시로(宇野四郞), 노지마 다케후미, 후지이 마스미(藤井眞澄), 후지사와 세이조(藤澤淸造), 기타오 가메오(北尾龜男), 기시다 구니오(岸田國士), 미즈키 교타(水木京太), 세키구치 지로(關口次郞)의 9명도 편집 동인에 참여하였다.

창간호에 "연극 부흥호(演劇復興號)"라는 제목이 붙은 데서도 알 수 있듯이 간토(關東)대지진으로 도쿄 일원에서 발간되던 거의 대부분의 잡지가 사실상 폐간된 당시 가장 먼저 극 문단의 부흥을 들고 나온 잡지였다. '해외 소식(海外消息)', '해외 희곡(海外戲曲)'(1924. 3~1924.6), '현대 극작가 평전(現代劇作家評傳)'(1924. 6~1925.6) 같은 난을 신설하는 등 1차 세계대전 이후 외국의 새로운 연극을 소개하는 데 중요한 역할을 하였다.

창작 희곡의 진흥에도 힘을 기울여 동인은 물론이고 다른 유력 작가나 발굴된 신인이 쓴 신작 희곡을 발표하는 장도 마련하였다. 화보 중심이던 종래의 연극 잡지와는 달리 수준 높은 평론, 수필을 게재한 것도 이 잡지의 특징이다. 극단 시평, 극평도 연극계에서 권위를 인정받고 있었다.

동인 외에는 우에다 세이지(上田整次), 다쓰노 유타카(辰野隆), 나이토 아로(內藤濯), 니이제키 료조(新関良三), 야마모토 슈지(山本修二), 구로다 다쓰오(黑田辰男), 시가 나오야(志賀直哉), 아쿠타가와 류노스케(芥川龍之介), 마사무네 하쿠초(正宗白鳥), 도키 젠마로(土岐善麿), 오카 오니타로(岡鬼太郞), 하세가와 뇨제칸(長谷川如是閑), 가와바타 야스나리(川端康成) 등 당시 극 문단 안팎을 가리지 않고 가장 활발한 활동을 벌이던 작가들도 이 잡지를 통하여 활동하고 있었다. 그리하여 '연극 언론계의 최고 기관'이라는 평가를 안팎에서 받고 있었다.

또한 동인을 중심으로 극 문단의 동정을 그때그때 생생하게 전하는 '연극신조 담화회'를 창간호부터 연재하였다. 예를 들면 6회 「동인 만담(同人漫談)」(1924.7)에는 쓰키지소극장(築地小劇場) 개막 전야의 오사나이 가오루의 강연과 야마모토 유조의 「쓰키지소극장의 반성을 촉구한다(築地小劇場の反省を促す)」를 함께 게재하면서 쓰키지소극장에 대한 비판을 전개하였다. 그리고 제7회 「쓰키지소극장에 대하여(築地小劇場に就いて)」(1924.8)에서는 외부의 히지카타 요시(土方與志), 기시다 구니오, 그리고 오사나이 가오루를 포함한 동인 7명이 참여하여 이른바 쓰키지소극장 논쟁을 전개하였다.

오카모토 잇페이(岡本一平)의 「극작가 그림 평판(劇作家繪評判)」(1924.2~1925.5)은 당대의 극작가를 거의 망라하였고 오사나이 가오루와 나카무라 기치조를 다룬 「극계인의 인상(劇界人の印象)」(1925.1~1925.2), 이후쿠베 다카테루(伊福部隆輝)의 「다니자키 준이치로론 각서(谷崎潤一郎論覺書)」(1924.12), 노지마 다케후미의 「인상의 야마모토 유조론(印象的山本有三論)」(1925.3)도 작가 연구사에서 중요한 의미를 갖는 자료다. 또한 '극계 인명록'이 잡지 뒤에 붙어 있어 당시 극 문단의 소식을 대부분 알 수 있다.

「낡은 완구(古い玩具)」, 「치로루의 가을(チロルの秋)」, 「궤도(軌道)」, 「브랑코(ぶらんこ)」 등 기시다 구니오의 초기 희곡도 거의 대부분 이 잡지를 통하여 발표되었다. 르나르의 「나날의 빵(日日の麵麭)」, 「이별도 즐거워(別りも愉し)」, 쿠르트리스의 「우리 집의 평화(我家の平和)」의 번역도 실려 있다. 이나가키 다쓰로(稻垣達郎)가 지적하였듯이 이 잡지의 수확은 혜성과 같이 등장한 기시다 구니오의 발굴이었다.

이 잡지에 실린 주요 작품으로는 무샤노코지 사네아쓰(武者小路實篤)의 「요(堯)」, 기쿠치 간의 「물가의 이엉집(浦の苫屋)」, 세키구치 지로(關口次郎)의 「청년과 강도(青年と强盜)」, 아키타 우자쿠(秋田雨雀)의 「해골의 무도(骸骨の舞蹈)」, 오카모토 기도의 「지쿠마의 탕(筑摩の湯)」, 구보타 만타로의 「불행(不幸)」, 사토 하루오(佐藤春夫)의 「노무라 지쿠테이(野村竹亭)」, 스즈키 센자부로(鈴木泉三郎)의 「살아 있는 고헤이타(生きてる小平次)」, 나카무라 기치조의 「소와 싸우는 남자(牛と鬪ふ男)」, 오사나이 가오루의 「시시야마 이야기(西山物語)」, 야마모토 유조의 「하녀의 병(女中の病氣)」 등이 있으며 번역으로는 단세이니의 「명예와 시인(名譽と詩人)」, 체호프의 「담배의 폐해에 대하여(煙草の害に就て)」 등이 있다. 스즈키 센자부로, 도기 뎃테키(東儀鉄笛, 1869~1925, 배우이자 음악가)의 추도 기사도 보인다.

2차는 1차 폐간의 1년 뒤에 미야케 슈타로(三宅周太郎)을 편집 주임으로 하여 재간되었다. 동인은 다니자키 준이치로를 비롯한 14명과 이전의 편집 동인을 포함하여 모두 23명이었다. 기쿠치 간의 「극단 시사(劇壇時事)」(1926.4~1927.3)에 상징적으로 드러나듯이 일관하여 쓰키지소극장을 비판하는 입장을 보이다가 1926년 11월부터 신극협회(新劇協會)의 경영에도 적극적으로 나서고 있던 문예춘추사의 분위기가 지면에 반영되기 시작하였다.

호를 거듭할수록 점점 계몽적이고 대중적인 잡지로 바뀌었다. 평론, 좌담회 등은 3단 내지 4단 편집이 되었고, 희곡도 점차 1편 정도만을 게재하게 되었다. 다만 편집의 기본 틀만은 제1차를 답습하고 있었다.

극평, 합평회 등과 함께 기시다 구니오의 「우리의 극장(吾等の劇場)」, 이하라 세이세이엔의 「메이지 연극사의 일절(明治演劇史の一節)」(1926.4~1926.7), 도야마 시즈오(遠山靜雄)의 「조명의 기록(照明の記錄)」도 연재되었다.

「열전 극작가(列傳劇作家)」(1926.4.~1926.12), 「극작가 연구(劇作家硏究)」(1926.7~1927.1), 「명극순례(名劇巡禮)」(1926.8~1926.12)도 시작되었다. 좌담회 「신극운동의 회고와 공적(新劇運動の回顧, 功績)」(1926.8) 등도 좋은 자료이고, 「서양에서 본 연극 이야기(西洋で見た芝居の話)」(1927.1)는 이 무렵 유럽 연극이 수용되는 양상을 잘 보여 주는 자료이다.

희곡 가운데는 이케다 다이고(池田大伍)의 「오토코다테바야리(男達ばやり)」, 마야마 세이카(眞山青果)의 「고반 십일량(小判拾壱両)」, 도요시마 요시오

(豊島與志雄)의 「끽연실(喫煙室)」, 요코미쓰 리이치(横光利一)의 「닫혀진 커튼(閉らめカーテン)」, 무아야마 도모요시(村山知義)의 「용감한 주부(勇ましき主婦)」, 「스커트를 입은 네로(スカートをはいたネロ)」, 기시다 구니오의 「옥상 정원(屋上庭園)」, 기타무라 고마쓰의 「원숭이에게서 얻은 감씨(猿から貰つた柿の種)」 등이 주목을 받았다.

야마모토 슈고로(山本周五郎)가 발췌한 「법림사이기(法林寺異記)」도 게재되었다. 번역으로는 체호프의 「마지못한 비극 배우(嫌嫌ながらの悲劇役者)」, 싱클레어(Upton Sinclair, 1878~1968)의 「2층의 남자(二階の男)」, 쿠르트리스의 「사람 좋은 서장(署長さんはお人好し)」 등이 있다. (이준식)

참고문헌

早稲田大學圖書館 編, 『演劇新潮. 第1次, 第2次』, マイクロフィッシュ版, 雄松堂フイルム出版, 2005; 今村忠純, 「『演劇新潮』細目」, 『宮城學院女子大學研究論文集』, 1972~1973; 日本近代文學館·小田切進 編, 『日本近代文學大事典』第5卷, 講談社, 1977.

▌연극연구(演劇研究)

1925년 일본에서 창간된 연극 잡지

1925년 4월에 창간되어 1931년 10월까지 발간된 연극 잡지이다. 편집 겸 발행인은 처음에는 하세베 다카시(長谷部孝)였지만, 나중에 오야마 히로미쓰(大山廣光)로 바뀌었다. 발행처는 연극연구사(演劇研究社)였다.

『연극연구』는 희곡 작가인 나카무라 기치조(中村吉藏)를 중심으로 하세베 다카시, 오야마 히로미쓰 외에 나가타 고키치(永田衡吉), 고데라 유키치(小寺融吉), 하네다 요시로(羽田義朗) 등으로 이루어진 와세다(早稲田)파의 잡지로 출발하였다.

그러나 1927년 9월 체제를 바꾸고 와세다파 이외의 인물들도 받아들여 12명의 동인 조직이 되었다. 그리고 나카무리 기치조 감수 아래 잡지의 간행을 계속하였다.

희곡 외에도 평론, 연구에도 활발한 움직임을 보였다. 희곡으로는 나카무라 기치조의 「계급(階級)」, 오시마 반세이(大島萬世)의 「와타라세카와의 의인(渡良瀬川の義人)」, 히로쓰 지요(弘津千代)의 「노무라 모토니(野村望東尼)」(에도 말기의 가인), 하네다 요시로의 「흑인 피아니스트(黑人ピアニスト)」 등이 있다.

평론으로는 자주 특집호를 편집하여 신사극(新史劇), 대중극, 신희극(新喜劇), 일본 신극운동사, 입센 탄생 100년 기념, 무산 연극, 영화극, 톨스토이, 쓰보우치 쇼요(坪内逍遙), 사와다 조지로(澤田正二郎), 소극장 진출 문제, 가부키(歌舞伎)의 장래 등의 주제를 다루어 연극계에 신선한 화제를 제공하였다. (이준식)

참고문헌

日本近代文學館·小田切進 編, 『日本近代文學大事典』第5卷, 講談社, 1977; 『日本出版百年史年表』, 日本書籍出版協會, 1968.

▌연극예술(演劇藝術)

1927년 일본에서 창간된 연극 영화 잡지

1927년 2월에 창간되어 1928년 5월까지 모두 11호가 발간된 월간 연극 영화 잡지이다. 편집 겸 발행인은 데라시타 다쓰오(寺下辰夫)였고, 발행처는 연극예술사(演劇藝術社)였다. 창간 1주년을 맞아 "입센 탄생 100년 기념호"를 내면서 다음 호부터 문예 종합잡지 『연극◇예술』(演劇◇藝術)로 발행한다는 예고를 내고 종간하였다.

『연극예술』은 사이조 야쓰(西條八十)의 제자인 데라시타 다쓰오가 신극과 해외 연극, 영화, 음악, 무용에 관한 평론 수상을 중심으로 예술지상주의의 입장에서 편집한 잡지였다.

사이조 야쓰, 이와타 도요(岩田豊雄=시시 분로쿠[獅子文六]), 곤 히데미(今日出海), 노보리 쇼무(昇曙夢), 야마모토 슈지(山本修二), 오카모토 기도(岡本綺堂), 나가타 류오(永田龍雄) 등 광범위한 필진이 평론, 극평, 수필, 번역, 창작 희곡을 게재하였다.

평론으로는 시마무라 다미조(島村民藏)의 「시, 소설 및 희곡에서의 비장(詩·小說及び戲曲に於ける悲壯)」, 가와구치 나오테루(川口尙輝)의 「연극학의 관념 및 한계(演劇學の觀念及限界)」, 야마모토 슈지의 「에우레이노프의 '연극적 본능'론(エウレイノフの'演劇的本能'論)」, 「미학적 연극론(美學的演劇論)」과 루이스의 「일막물 희곡의 작법(一幕物戲曲の作法)」 연재 등이 있다.

희곡은 기시다 구니오(岸田國士)의 「동원 삽화(動員插話)」, 요코미쓰 리이치(橫光利一)의 「시끄러운 행복(喧しい幸福)」 외에 데라시타 다쓰오, 시마무라 다미조, 도키타 에이타로(鴇田英太郎), 기타무라 히사오(北村壽夫), 자가오카 데루코(長岡輝子) 등의 창작 희곡, 장 콕토 등의 번역 희곡이 게재되었다.

• 사이조 야쓰(西條八十, 1892~1970)

도쿄(東京) 출생, 시인이자 불문학자이다. 와세다 대학(早稻田大學)을 졸업하고 프랑스 유학을 다녀온 뒤 모교의 교수가 되었다. 상징파 시인, 동요시인으로 이름을 날렸지만 가요의 작사가로도 활약하였다.

그가 작사한 가요 가운데 특히 현대적인 도쿄의 모습을 그린 「도쿄 행진곡(東京行進曲)」, 중국의 이국적 정서를 묘사한 「소주 야곡(蘇州夜曲)」 등이 유명하다. (이준식)

참고문헌

日本近代文學館·小田切進 編, 『日本近代文學大事典』 第5卷, 講談社, 1977; 『日本出版百年史年表』, 日本書籍出版協會, 1968.

▌연극운동(演劇運動)

1932년 서울에서 한국어로 창간된 예술잡지

1932년 5월에 창간되었다. 편집인은 송영(宋影), 임화(林和), 윤기정(尹基鼎), 현인(玄人) 등이었고, 발행소는 경성부 안국동 98번지의 연극운동사였다. 월간이었고, 정가는 15전이었다.

『연극운동』은 창간호를 낸 1932년 5월 이전부터 발간을 위해 애썼으나, 발간은 쉽지 않았다. 1932년 4월 8일자 『동아일보』 기사에는 『연극운동』의 창간호가 그동안 검열 중이었으나 원고의 대부분이 불허되었으므로 다시 추가원고를 제출하여 늦어도 4월 20일까지는 반드시 발간하겠다는 내용이 실려 있다.

우여곡절을 거쳐 5월 비로소 『연극운동』은 창간되었다. 편집에 참가한 인물은 송영, 임화, 윤기정, 현인 등이었다. 송영(1903~1978)은 주로 노동자계급의 삶을 표현한 내용과 소시민적 삶이나 현실에서의 의식의 패배를 그리는 작풍의 소설들을 발표한 소설가이자 극작가였고, 카프에도 가담하였다. 시인이자 평론가였던 임화(1908~1953) 역시 카프를 주도하였던 인물이고, 1947년이 월북하였다. 윤기정(1903~1955) 역시 카프에서 활동한 소설가이자 문학평론가였으며, 이후 월북하였다.

이들은 조선의 연극운동이 부진함을 유감으로 생각하고 이를 부흥시키고자 잡지 『연극운동』을 창간하였다고 밝히고 있다. (이한울)

참고문헌

「'演劇運動' 創刊」, 『中央日報』 1932.3.6; 「'演劇運動' 不許可」, 『東亞日報』 1932.4.8; 「演劇運動 創刊號」, 『東亞日報』 1932.5.16; 최덕교 편저, 『한국잡지백년』 2, 현암사, 2004.

▌연극평론(演劇評論)

1936년 일본에서 창간된 연극 잡지

1936년 2월부터 4월까지 모두 두 차례 발간된 연극 잡지이다. 편집 겸 발행인은 니시자와 요타로(西澤揚太郎)였고, 발행처는 연극평론사(演劇評論社)였다. 니시자와 요타로, 나카무라 마사오(中村雅男)를 중심으로 오야마 이사오(大山功), 도쿠다 조지(德田戲二) 등의 동인이 참여하였다.

『연극평론』은 평론, 극평을 주로 게재한 신극잡지였다. 「연극 본질론의 연구(演劇本質論の硏究)」(창간호), 「희곡에서 신극의 발전(戲曲における新劇の

發展)」(2호)을 특집으로 게재하였다.

특집의 필자는 동인들이었다. 희곡에는 니시자와 요타로의 「싫은 저녁 경치(嫌だ晩景)」(창간호), 다고 도라오(田鄉虎雄)의 「아사코(麻子)」(창간호) 등이 있다. 「신극 연대기(新劇年代記)」도 연재되었다. (이준식)

참고문헌

日本近代文學館·小田切進 編, 『日本近代文學大事典』 第5卷, 講談社, 1977; 『日本出版百年史年表』, 日本書籍出版協會, 1968.

연극학(演劇學)

1932년 일본에서 창간된 연극 연구 잡지

1932년 5월에 창간되어 1936년 9월까지 계간으로 발간된 연극 연구 잡지이다. 편집 겸 발행인은 아키바 요시미(秋葉芳美)였고, 발행처는 연극학회(演劇學會), 발매처는 아즈사쇼보(梓書房)였다.

『연극학』은 연극학을 수립한다는 목적 아래 아키바 요시미, 이시와리 마쓰타로(石割松太郎), 노가미 도요이치로(野上豊一郎), 기시다 구니오(岸田國士), 이이즈카 도모이치로(飯塚友一郎), 니이제키 료조(新關良三), 슈즈이 겐지(守隨憲治) 등이 만든 연극학회의 기관지였다.

연극학회의 회원들은 주로 일본의 고전 연극과 구미 연극의 연구자였다. 이들의 연구, 시평 외에 가부키(歌舞伎), 조루리(淨瑠璃) 자료의 번각 등이 게재되었다. 새로운 연구를 의욕적으로 수록하는 모습을 보이고 있었다. (이준식)

참고문헌

日本近代文學館·小田切進 編, 『日本近代文學大事典』 第5卷, 講談社, 1977; 『日本出版百年史年表』, 日本書籍出版協會, 1968.

연보사회학(年報社會學)

1933년 일본에서 창간된 사회학 잡지

1933년 12월에 창간되어 1943년 7월의 9집까지 발간된 연간 사회학 잡지이다. 5집만 춘계호(1937.5), 추계호(1938.4)로 두 차례 나왔다. 발행처는 이와나미쇼텐(岩波書店)이었지만, 실제로는 일본사회학회(日本社會學會)에서 내던 잡지였다. 9집은 이와나미쇼텐이 아니라 일본사회학회의 이름으로 간행되었다. 편집 당당자는 1집부터 5집까지는 도쿄제국대학(東京帝國大學) 조수(助手) 오다카 구니오(尾高邦雄)였고, 6집은 호세이대학(法政大學) 교수 마쓰모토 준이치로(松本潤一郎), 그리고 7집 이후는 마키노 다쓰미(牧野巽)였다. 1944년 『사회학연구(社會學硏究)』로 이름이 바뀌어 1집이 다카야마쇼인(高山書院)에서 간행되었다.

『연보사회학』은 일본사회학회의 기관지였다. 일본사회학회(the Japan Sociological Society)는 일본사회학원(日本社會學院)의 뒤를 이어 1924년에 전국적인 학회 조직으로 창립되었다. 일본사회학원이 다케베 돈고(建部遯吾)에 의하여 전제적으로 운영된 데 비하여 일본사회학회는 도쿄제국대학(東京帝國大學)의 젊은 연구자가 중심이 되어 시모이데 슌키치(下出隼吉), 하야시 메구미(林惠海), 후지와라 간지(藤原勘治), 이마이 도키로(今井時郎), 도다 데이조(戶田貞三) 등의 알선에 의하여 설립되었다. 사무국은 도쿄제국대학(東京帝國大學) 문학부 사회학연구실 안에 두고 있었다.

일본사회학회는 창립 이래 월간지 『사회학잡지(社會學雜誌)』(1924~1930), 계간지 『계간사회학(季刊社會學)』(1931~1932)에 이어 연간 잡지로 『연보사회학』을 간행하였다.

『연보사회학』의 편집 구성은 논설, 일본사회학회 대회 연구보고 및 대회기사, 해외 사회학 정황(근황), 신간 소개(비평), 학회휘보, 편집후기 등이었다. 권에 따라 자료, 학회 근황, 외국 사회학 관계 문헌, 일본 사회학 문헌목록, 학회 보고 등의 기사가 추가로 편집되었다.

기본적으로는 특집 체제를 갖추었는데, 1집에는 "이론과 실천의 문제(理論と實踐の問題)", 2집에는

"민족과 국가(民族と國家)", 3집에는 "자연과 사회(自然と社會)", 4집에는 "도시와 농촌(都市と農村)", 5집에는 "사회 규범(社會規範)"이 실려 있다. 그리고 8집에는 특집은 아니지만 도쿄에서 열렸던 '기원 2600년 기념 강연'의 내용이 실려 있다.

『연보사회학』의 창간 당시만 해도 이론에 치중하는 모습이 잠시 나타나기도 하였지만, 만주사변 이후 전시체제가 강화되고 있던 상황과도 관련하여 특집 논문(특히 2집)과 개별 논문 가운데는 군국주의 체제에 협조하는 경향이 두드러지게 나타났다.

대표적인 보기로 신메이 마사미치(新明正道)의 「파시즘의 세계관(ファシズムの世界觀)」(1집), 시미즈 이쿠타로(清水幾太郎)의 「현대의 위기와 이론의 실천성(現代の危機と理論の實踐性)」(1집), 우스이 지쇼(臼井二尚)의 「민족의 개념(民族の槪念)」(2집), 와타누키 데쓰오(綿貫哲雄)의 「민족성(民族性)」(2집), 가다 데쓰지(加田哲二)의 「나치스와 민족·인종 문제(ナチスと民族·人種問題)」(2집), 이마이 도키로의 「군집·군중과 국가 및 민족(群集·群衆と國家及民族)」(2집), 세키 이이키치(關榮吉)의 「기초 사회로서의 민족(基礎社會としての民族」(2집), 「유럽에서 좌우 블록의 대립과 일본의 입장(歐羅巴に於ける左右ブロックの對立と日本の立場)」(7집), 구로카와 준이치(黑川純一)의 「현대의 위기와 국가의 과제(現代の危機と國家の課題)」(2집), 다카다 야스마(高田保馬)의 「민족과 문화(民族と文化)」(7집), 구야마 미쓰오(久山滿夫)의 「민중 오락의 개념(民衆娛樂の槪念)」(7집), 요네다 쇼타로(米田庄太郎)의 「우리나라 사회학자의 금일의 임무(我國社會學者の今日の任務」(8집) 등을 들 수 있다.

이 밖에 당시 경성제국대학(京城帝國大學) 교수이던 아키바 다카시(秋葉隆)의 「조선의 무단(朝鮮の巫團)」(5집)도 주목된다. 아키바 다카시의 글이 『연보사회학』에 게재된 것은 1933년 일본사회학회의 가입 대상이 조선을 포함한 '제국 판도'로 확대되면서 그가 일본사회학회의 새로운 이사로 선출된 것과도 관련하여 흥미롭다. (이준식)

참고문헌

秋元律郎, 『日本社會學史: 形成過程と思想構造』, 早稻田大學出版部, 1979; 川合隆男, 「'日本社會學會'の設立とその後の經緯」, 『법학연구』 제61권 5호, 1988; 川合隆男 編, 『近代日本社會學關係雜誌記事目録』, 龍溪書舍, 1997; 川合隆男, 竹村英樹 編, 『近代日本社會學者小傳: 書誌的考察』, 勁草書房, 1998; 川合隆男, 『近代日本社會學の展開—學問運動としての社會學の制度化』, 恒星社厚生閣, 2003.

연예구락부(演藝俱樂部)

1921년에 일본에서 창간된 연극 연예 잡지

1912년 4월에 창간된 연극, 연예 잡지이다. 1914년 10월까지 통권 31호가 발간되었다. 편집자는 창간 당시만 해도 이시바시 시안(石橋思案), 오카무라 시코(岡村柿紅), 이쿠타 조스케(生田蝶介)의 세 사람이었지만 1913년에 오카무라 시코가 사직하고 아베 유타카(安部豊)가 그 자리를 맡아 사진, 그림을 담당하고 이쿠타가 본문의 편집을 담당하였다.
1914년 3월부터 이시바시 시안 대신에 이쿠타 조스케가 책임자가 되었다. 발행처는 하쿠분칸(博文館)이었다. 연극, 연예의 일대 전문지를 표방하고 창간되었지만 오래 가지를 못하고 1914년 11월 역시 하쿠분칸에서 발행되고 있던 『연예화보(演藝畵報)』로 흡수되었다.

『연예구락부』의 내용은 각본, 극평 및 평론, 연구, 외국 극계의 소개 등이었는데 평론은 노(能), 가부키(歌舞伎), 신파, 신극, 희극 등의 연극 외에 강담(講談), 라쿠고(落語) 등의 연예, 영화, 나아가 나가우타(長唄), 도도이쓰(都都逸), 기야리(木遣り), 비파(琵琶), 나니와부시(浪曲) 등 넓은 범위를 포괄하고 있었다.

주요한 각본이 상당수 게재되었는데 대표적인 것으로는 오카모토 기도(岡本綺堂)의 「헤이케 게(平家蟹)」(1권 1호), 이즈미 교카(泉鏡花)의 「야차의 못(夜叉ヶ池)」(2권 3호), 요시이 이사무(吉田勇)의 「저녁의 21일(暮の二十一日)」(3권 4호) 등이 있다.

각본의 집필진에는 앞에서 언급한 사람들 외에도 이데 쇼우(井手蕉雨), 야마자키 시코(山崎柴紅), 나카무라 기치조(中村吉藏), 고도 도쿠치(幸堂得知), 다구치 기쿠테이(田口掬汀), 사노 고로쿠(佐野紅綠), 에미스이인(江見水蔭), 나카무라 슈코(中村秋湖), 사노 텐세이(佐野天聲), 고지마 고슈(小島孤舟), 오카 오니타로(岡鬼太郎), 오카무라 시코, 야마기시 가요(山岸荷葉), 오치아이 나미오(落合浪雄), 다케시바 신키치(竹柴晋吉), 아오야마 세이카(青山青果), 다무라 니시오(田村西男), 요시야마 굣코(吉山旭光), 후지사와 고세쓰(藤澤古雪), 기요미 로쿠로(淸見陸郎), 이다 겐세이(井田絃聲), 모리 교코(森曉紅) 등 다채롭다. 극평진도 오카다, 오카모토 기도, 고도 도쿠치, 미즈타니 겐카(水谷幻花), 모토야마 데키슈(本山荻舟), 하세가와 시구레(長谷川時雨), 요시이 이사무, 야마자키 시코, 아에바 고손(饗庭篁村, 필명 竹の家主人), 쿠니에다 시로(國枝史郎), 구보다 만타로(久保田萬太郎), 하마무라 요네조(浜村米藏) 등 당시 대가는 물론이고, 신예가 망라되어 있었다.

평론 및 연구의 주된 것은 나카우치 조지(中內蝶二)의 「나가우타 연구(長唄硏究)」, 세토 한민(瀨戶半眠)의 「신파극의 연혁(新派劇の沿革)」, 사카모토 셋초(坂元雪鳥)의 노 평론, 이하라 세이세이엔(伊原青青園), 오카 오니타로의 「극평가로서의 20년(劇評家としての二十年)」 등이 있다.

외국 극에 관해서는 앞에서 언급한 번역극의 소개 외에 오사나이 가오루, 오카모토 기도, 아키다 우자쿠(秋田雨雀), 우부카타 도시로(生方敏郎), 쓰보우치 시코(坪内士行), 이치카와 마타히코(市川又彦), 야마모토 규자부로(山本久三郎久三郎) 등에 의하여 외국 극계의 사정 또는 보고가 이루어졌다.

아베 유타카에 의한 가부키 형(型)의 기록, 제3권 2호부터 시작된 무대 기록은 이미 『연예화보』에서 시도된 것을 답습한 것이기는 하지만 귀중하다. 이를 담당한 것은 혼마 히사오(本間久雄), 도쿠다 슈세이(德田秋聲), 마쓰다 세이후(松田青風), 세키네 모쿠안(關根默庵) 등이었다.

특히 마쓰다 세이후가 스케치에 의해 무대의 움직임을 구상적으로 포착한 점이 기록 자료로서의 가치를 높이고 있다. 매호 그림과 그라비아에 의한 무대의 소개도 특색이 있다. 라쿠고나 강담을 연재한 점도 특이하다. 다이쇼 초기의 연예 전반의 상세한 기록을 남긴 점에서 이 잡지는 높은 평가를 받고 있다. (이준식)

참고문헌

日本近代文學館·小田切進 編, 『日本近代文學大事典』 第5卷, 講談社, 1977; 『日本出版百年史年表』, 日本書籍出版協會, 1968.

▌연예화보(演藝畵報)

1907년 일본에서 창간된 연극 잡지

1907년 1월에 창간된 일본의 대표적인 연극 잡지이다. 정부의 잡지통제정책에 의해 1943년 10월 종간될 때까지 모두 439권이 발간되었다. 발행처는 도쿄연예화보사(東京演藝畵報社)였다.
메이지(明治) 시기부터 다이쇼(大正) 시기를 거쳐 쇼와(昭和) 시기까지 37년 동안 계속하여 매월 가부키(歌舞伎)를 중심으로 한 전국의 크고 작은 극장의 공연에 대하여 무대 사진, 공연평, 평론, 각본, 고증, 담화, 예담(藝談), 의상 등을 게재한 종합 연극 잡지이다.
창간 당시의 사주는 기쿠치 다케노리(菊地武德)이고 편집인은 나카타 다쓰사부로(中田辰三郎)였지만 곧 나카타 다쓰사부로 자신이 사주가 되었다. 1912년부터는 아쓰미 세이타로(渥美淸太郎), 미시마 소센(三島霜川), 후지사와 세이조(藤澤淸造) 등이 편집을 담당하였다.

1914년 11월에는 하쿠분칸(博文館)이 1912년 4월부터 발행하고 있던 『연예구락부』(演藝俱樂部)를 합병하고 발행처를 연예구락부로 불렀다. 다시 합동 제1년 제1호로 속간되었다. 1923년 9월 간토(關東)대지진 때문에 3개월 동안 휴간하였지만, 1924년 1월 재간한 것을 계기로 다시 발행처를 연예화보사로 바꾸고 호수도 창간호부터 통산하여 제18년 제1호로 하였다.

이 무렵의 편집은 아쓰미 세이타로가 주로 본문 기사를, 아베 유타카(安部豊)가 사진을 담당하고 여기에 미시마 소센이 협력하는 형태로 이루어졌다. 1934년 10월부터는 잠시 미시마 소센, 아베 유타카, 아쓰미 세이타로가 책임 편집으로 목차에 스스로의 이름을 기록한 시기도 있었다.

1943년 태평양전쟁의 전황 악화에 따라 용지와 인원의 부족 현상이 심각해지자 정보국이 잡지의 통합정책을 실시하면서 10월호를 기해 폐간되었다. 이후에는 『연극계(演劇界)』라는 이름으로 발간되었다. 창간 당시의 판매 가격은 30전이었다.

'가장 싸면서도 고상한 즐거움'이라는 사주의 방침에 따라 연극만이 아니라 예기(藝妓)의 사진, 오테이 긴쇼(鶯亭金升, 메이지 시기와 다이쇼 시기에 활약한 극작자이자 신문 기자), 이노우에 겐카보(井上劍花坊, 5·7·5의 음을 지닌 일본 전통시의 하나인 센류[川柳]의 작가)의 페이지를 두고 있었다.

본문 기사 이외에 사진, 그림 등이 풍부한 것도 이 잡지의 특징이었다. 그리고 이를 위해 정기적으로 기자를 극장에 보내 무대를 촬영하였고, 또한 매호마다 도리이 기요타다(鳥居淸忠), 가부라키 기요카타(鏑木淸方), 구보타 베이사이(久保田米齋) 등 유명 화가의 권두 그림을 게재하였다.

3호부터는 「명가진상록(名家眞相錄)」이라는 제목으로 유명 예능인의 이력, 담화를 게재하였는데 이 난은 다이쇼 초기까지 계속되었다. 이 계획은 매호 좋은 평가를 얻게 되어 범위가 가부키, 신파는 물론이고 다양한 예능 분야에까지 미쳤다. 또한 무대상의 연기를 지면에서 재현한다는 화보 잡지 특유의 기획에 의하여 이야기, 무대 장치, 의상, 분장 등에 관한 자세한 정보를 제공한 것이 30년 이상 계속된 것도 특기할 만하다.

『연예화보』의 주요 필진은 가와지리 세이탄(川尻淸潭), 아쓰미 세이타로, 엔토 다메하루(遠藤爲春) 등이었지만 다이쇼 시기부터는 미시마 소센이 우타노스케(歌之助)라는 필명으로 상당 분량의 글을 기고하였다.

1913년 5월호부터 1906년 1월호까지는 '무대 관찰 안내'가 연재되어 가부키의 귀중한 연구 자료로서 주목된다. 배우에 대한 평론으로서는 미시마 소센의 「다이쇼 배우 예풍기(大正役者藝風記)」(1903년 이후)가 80여 명의 배우를 논해 좋은 평가를 얻었다. 배우의 예담으로서는 이구치 세이지(井口政治)가 쓴 6세 오노에 바이코(尾上梅幸)의 「매화나무의 하풍(梅の下風)」(1927년 이후), 7세 마쓰모토 고시로(松本幸四郞)의 「백구 야화(白鷗夜話)」 등이 실려 있다.

극평편은 창간 4년째부터 충실해지기 시작하여 고도 도쿠치(幸堂得知), 아에바 고손(饗庭篁村), 이하라 세이세이엔(伊原靑靑園), 마쓰이 쇼오(松居松葉), 미즈타니 후토(水谷不到), 세키네 모쿠안(關根默庵), 나카무라 기치조(中村吉藏), 오카 오니타로(岡鬼太郞), 도이 슌쇼(土肥春曙), 오사나이 가오루(小山内薰), 오카다 야치요(岡田八千代), 하세가와 시구레(長谷川時雨), 미기타 도라히코(右田寅彦), 도쿠다 슈세이(德田秋聲), 이케다 다이고(池田大伍), 오카무라 시코(岡村柿紅), 미시마 소센, 구보다 만타로(久保田萬太郞) 등을 비롯하여 각 시기의 극평가의 거의 대부분이 매호 지면을 장식하였다.

평론은 극단의 동향을 파악하여 게재하였고, 가부키만이 아니라 신극의 평론도 포함시켰다. 고증물로서는 다이쇼 초기에 미타무라 엔교(三田村鳶魚)의 「연극과 사실(芝居と史實)」을 비롯하여 스즈키 슌보(鈴木春浦) 등의 기술이 많았다.

희곡은 창간호부터 게재하기 시작한 이래 수시로 극작가의 발표의 장이 되었다. 그 가운데서도 오카모토 기도(岡本綺堂)는 「미노와 자살(箕輪心中)」을 비롯하여 23편을 게재하였다. 이 밖에도 희곡 연구, 인물 연구에 대한 양도 엄청났고, 『연예화보』가 발간되던 시기의 가부키 각본도 거의 망라하여 소개되고 있었다.

특집 기사는 1919년 무렵부터 활발하게 되었는데 특히 「가부키 극형 18종(歌舞伎劇型,十八種)」, 「연극 20강좌(演劇二十講座)」, 「일본 무용의 연구(日本舞踊の硏究)」, 「가부키의 악 연구(歌舞伎の惡硏究)」, 「희곡이야기(戱曲物語)」, 「국립 극장론(國立劇場論)」, 「가무키 쇠퇴론(歌舞伎衰退論)」, 「일본 연극 독본(日本演劇讀本)」, 「가부키 특질 연구(歌舞伎特質硏究)」, 「서민 교켄 연구(世話狂言の硏究)」, 「분류 가부키사(分類歌舞伎史)」, 「괴담 교켄 연구(怪談狂言硏究)」, 「일본 무용 일람(日本舞踊一覽)」, 「신작 각본 연표(新作脚本年表)」 등의 특집이 주목된다.

사진 그림은 『연예화보』의 중요한 특징이어서 창간 당시에는 본문 140쪽 가운데 28쪽, 다이쇼 초기에는 본문 230쪽 가운데 50쪽, 간토대지진 이후 복간 제1호부터는 본문 80쪽 가운데 두 가지 색 인쇄 2쪽, 사진판 32쪽일 정도였다.

1912년 5월에는 이치카와 단시로(市川段四郎)의 '권진장(勸進帳)'형(型)의 연속 사진을 수십 종 게재하였는데 이것이 사진으로 형을 기록하는 것으로는 처음이었다. 이러한 종류의 연속 사진은 이후에도 수시로 게재되었다. 따라서 『연예화보』에 게재된 사진은 모두 합하여 수만 매에 이르는 방대한 분량이다.

『연예화보』는 메이지, 다이쇼, 쇼와의 37년 동안의 연극에 관한 종합적 기록이며, 메이지 중기 이후 현재까지의 상업 연극의 역사를 구체적으로 보여 주고 있다. (이준식)

참고문헌

『演藝画報 明治篇』, 三一書房, 1977~1978; 『演藝画報 大正篇』, 不二出版, 1987~1990; 『演藝画報 昭和篇』, 不二出版, 1990~1994; 國立劇場藝能調査室 編, 『演藝画報総索引 一般編』, 平凡社, 1977; 國立劇場藝能調査室 編, 『演藝画報総索引 作品編』, 平凡社, 1977; 國立劇場藝能調査室 編, 『演藝画報総索引 人物編』, 平凡社, 1977; 日本近代文學館·小田切進 編, 『日本近代文學大事典』 第5卷, 講談社, 1977.

연의백화보(演義白話報)

1897년 중국 상하이에서 창간된 문예신문

1897년 11월 7일 상하이(上海)에서 창간되었다. 『백화연의보(白話演義報)』라고도 불린다. 장보추(章伯初)와 장중허(章仲和)가 주편을 맡아 발행된 소형 문예 일간지로 문장과 광고 양면으로 구성되었다. 한 면을 4등분으로 접어서 페이지를 매겨 서본 형태로 만들었다. 상하이도서관에 소장되어 있다.

백화문으로 편집한 소형 신문으로 새로운 소식과 수필, 소설을 주요 내용으로 하며 백성을 계몽하는데 그 목적을 두었다.

중문(中文)이 사회를 충만하게 할 수 있으며, 초등교육을 하여 우민(愚民)을 교육하는 것이 중국을 구할 수 있는 첫 번째 의(義)의 힘이라고 하였다.

문예 선전을 중시하여 「동협기(東俠記)」, 「협적기(俠賊記)」, 「왕도사기(王道士記)」 등을 발표하였고 장편 「통상원위연의(通常原委演義)」를 연재하여 영국에 의해 강제로 체결된 조약들을 폭로하였다.

문예 기사 외에도 국내외 소식과 정치, 경제 등 여러 방면의 뉴스들을 게재하였는데, 특이한 점은 모든 기사들을 단신으로 처리하여 모든 기사들이 수십 글자의 짧은 내용으로 이루어졌다.

정치적 성향은 혁명을 반대하여 1897년 10월 26일 기사를 통해 쑨중산(孫中山)을 '모반대죄(謀叛大罪)'를 범한 자라 비판했다.

이 신문의 백화문풍과 짧은 문장 형식의 편집 방법은 이후 백화 언론들이 이를 모방하면서 일정한 영향력을 행사했다. (김성남)

참고문헌

周葱秀·涂明 著, 『中國近現代文化期刊史』, 山西敎育出版社, 1999; 方漢奇 主編, 『中國新聞社業通史』, 中國人民大學出版社, 1996.

연축(演築)

1934년 원산에서 한국어로 창간된 영화 잡지

1934년 3월 10일 창간되었다. 발행인은 고기봉(高奇峯)이고 발행지는 함경남도 원산시 광석(廣石)동 1번지였다.

1934년 3월 10일 창간된 『연축』은, 그에 관한 정보가 많지 않다. 서지사항은 발행인이 고기봉이고, 발행지가 함경남도 원산시 광석동 1번지였다는 사실 정도만 알 수 있을 뿐이다.

1919년 한국 최초의 연쇄극 「의리적 구투(義理的仇鬪)」가 상영된 이후 비로소 국내에도 영화 잡지가 나오기 시작했다. 1920년대에서 1945년 8·15 해방 전까지 나온 영화 잡지는 그 수가 30여 종이나 되었다고 한다. 『연축』은 그중 하나로 영화뿐만 아니라 연극도 아울러 다룬 잡지였다.

발행인 고기봉은 일찍이 극단 '메가폰'과 이동식 소형극장에서 활약하던 이로서, '연축극장'이라는 연극 단체를 조직하고자 하였다고 한다. 그러나 실제로 연축극장을 조직하였는지는 알 수 없다. (이한울)

참고문헌

김종욱, 「창간호를 통해 본 한국영화잡지 70년」, 『映畵』 152, 영화진흥공사, 1994; 최덕교 편, 『한국잡지백년』 2, 현암사, 2004.

▌연해주어부

1930년 러시아 블라디보스토크에서 한인 어부를 대상으로 발행된 한글 신문

1930년 7월 13일 창간되었다. 러시아 블라디보스토크에 있는 식량직업회에서 발행했다. 한글 전용이었다. 처음에는 블라디보스토크 당 간부와 식량직업회 당간부회 기관보로 발행되기 시작했다가 1930년 말에 식량직업회의 결정에 의하여 5일 간격으로 정기적으로 발행되었다.

혁명 전 러시아 지역의 어업은 극히 낙후되어 있었다. 소비에트 정권기 레닌의 지시에 의하여 극동에서 어업이 발전하기 시작하였다. 소비에트 정부는 어업 전체의 계획적인 조직에 관하여 중요한 결정을 하였다. 1928년 이후 소련의 집단화정책 이후 어획고를 높이기 위하여 한인 콜호스들이 조성되기 시작하였다. 그 결과 1930년 초 레닌등대, 수찬 빨치산, 거인, 붉은 수이즈가 형성되었다. 그리고 생산 증대를 위하여 신문도 간행되었다. 『연해주어부』가 바로 그것이다.

신문은 1930년 7월 13일에 발행되어 1933년 4월 20일까지 약 3년 동안 5일 간격으로 총 161호가 발행되었다. 그러나 언제 폐간되었는지는 정확히 알 수 없다. 아마도 신문의 내용이 점차 『선봉』과 큰 차이가 없어지면서 폐간된 것으로 보인다.

신문은 어업 관련 신문이었으나 블라디보스토크 지역의 모든 노동자를 대상으로 하는 신문으로 변화하였다. 즉 1933년 10월 전동맹 볼셰비키 공산당 해삼시위원회 비서부의 결정 '연해주어부의 사업에 대하여'에 따라 시당 간부의 기관지로 변화하였다. 그 결과 135호부터(1930.10.20) 시의 방침에 따라 어업 관련 사항뿐만 아니라 구역 노동자들의 사회주의 건설에 관한 기사도 다수 싣고 있으며, 아울러 발행기관도 해삼시 당간부로 바뀌었다.

신문은 4면으로 구성되었다. 1면에서는 주로 정치적인 내용을 다루었으며, 2·3·4면에서는 연해주 지역의 한인 어민들을 독려하면서 어업 생산량을 증대시키는 내용이 주종을 이루었다. 그 외에 재소 한인 관련 기사도 다수 게재하고 있다. 특히 한국 관련 각종 기념일에는 일본제국주의를 비판하는 기사와 더불어 제국주의 타도, 사회주의 국가 건설 등을 호소하였다. (이신철)

참고문헌

박환, 『재소한인 민족운동사』, 국학자료원, 1998; 위암장지연선생기념사업회, 『한국근대언론과 민족운동』, 커뮤니케이션북스, 2001; 정진석, 『언론과 한국현대사』, 커뮤니케이션북스, 2001.

▌연희(延禧)

1922년에 서울에서 창간된 교지

1922년 5월 9일 창간했다. 종간호는 정확하지 않고 다만 8호(1932.12)까지는 확인되나 그 후에 계속 간행했는지 여부는 알 수 없다. 발행인은 베커(Arthur Lynn Becker, 한국명 백아덕[白雅悳], 당시 교장대리), 편집인은 정성봉(鄭聖鳳), 인쇄인은 한성도서주식회사(경성부 견지동 32번지)의 노기정(盧基禎), 발행소는 연희학생회지육부(延禧學生會智育部, 고양군 연희면 연희전문학교), 발매소는 경성각서포로 되어 있다. 판형은 A5판으로 총면수는 창간호가 92쪽을 비롯하여 대개는 180여 쪽 전후이며 정가는 50전이었다(4호격인 임시호의 경우에는 40전이었다). 편집인은 교지의 특성상 자주 바뀌었다. 2호, 4호에 해당되는 호수를 '임시호'라 명명한 것도 특징이라면 특징이다. 고려대도서관에 2~6호가 소장되어 있다.

창간호를 제1호라 표지에 명시하였다. 그리고는 목차 바로 뒤에 창립자 언더우드 박사의 사진을 실은 다음, 1922년 교수진의 사진을 게재해 놓고 있다(이묘묵, 김병선, 김수천, 김영휘, 김윤경, 계병호, 박승호, 최평집, 그리고 최종호와 김형삼 두 사람의 사진을 구하지 못해 실지 못했음을 사과하고 있다). 「창간에 임하여」를 보면 아래와 같은 대목이 눈에 들어온다.

"즉 우리는 모름지기 상식과 수완은 거진 없다리 만큼이나 불충분할망정 우리는 바야흐로 한 조각 붉은 마음과 한 덩어리 푸른 머리는 의심 없이 가졌습니다. 이러고 또한 녹아 흐름이 있고 느낌과 놀라움, 눈물과 웃음, 아픔과 쓰림, 보고 들음과 깨달음과 뚫어봄, 미루어 살핌과 떨림이 어찌 없을까 보리오."

비록 자신들의 지식과 재주가 미숙하고 세련되지 못하지만 젊음의 열정과 패기, 비판정신을 가지고 그들 학습의 성과물과 지식의 일단을 보고하고 있음을 고백하는 것이다. 문자해독률도 미약하고 근대 문물을 직접 접하고 수용하는 지식층도 일천한 시대에 전문학교에 재학 중이거나 졸업하는 자신들의 민족적 사명과 사회에 대한 지식인의 임무를 자각한 예비 지도자로서의 어떤 포부를 엿볼 수 있는 대목이다. 또한 몇 가지의 신문과 잡지가 있었지만 발표 지면이 제한되어 있고 발언의 기회도 극히 통제된 상황에서 자신들의 사회적 발언을 쏟아내려는 욕구도 작용했음을 짐작할 수 있다. 당대의 교지는 특정 전문학교의 교우지로서 끝나는 것이 아니라 그만큼 사회적 관심사의 일부이고 지식인이면 누구나 관심을 갖지 않을 수 없는 대상이었기 때문에 최남선도 「신우(新友)의 탄생을 축하여」라는 축사를 기고했을 것이다.

창간호에는 노정일의 「기독교와 자연주의」, 이화대의 「루소의 교육관」, 원한경의 「조선기독교의 유래」, 일우(一遇)의 「근세 사회주의의 기원」과 스타 박사의 강연록 「조선학생의 결점」, 그리고 시 2편, 번역소설 1편, 창작소설 1편이 실려 있다. 또한 부록으로는 교수진이 쓴 세 편의 논문 김윤경의 「종교적 신앙과 실제적 생활」, 이묘묵의 「근대사상의 개관」, 김영휘의 「화폐가치와 물가의 관계」가 딸려 있다.

2호격인 1923년 임시호에는 위당 정인보의 「연희 임시호 발간에 대하여」가 앞부분을 장식한다. 1호에 비해 우선 분량이 많이 늘었고 그에 따라 논설과 문예, 학생문단란의 작품 편수와 논의의 질 역시 나아졌다고 할 수 있다. 편집부가 작성한 「발간주지」 위쪽에 '임시호'라 명기한 다음 괄호 안에 다시 '제2호'라고 적어 놓았다. 김종의 「문학이란 무엇인가」, 이경열의 「예술과 인생」, 김윤경의 「인생의 목적」, 박태화의 「가정개조론」, 백남석의 「주의에 대하여」, 김광수의 「청년과 종교」, 그리고 「조선의 장래」가 교수진을 중심으로 기고된 글들이고, 학생들의 글 중에서는 이순탁(경제학사)의 「사회주의의 분류」, 윤병섭의 「인종개량문제」가 눈에 띈다. 그 밖에는 문예작품이 실려 있는데, 16편의 시, 그리고 수필이 8편, 3편의 소설(여기에는 노산 이은상이 쓴 「섬 속의 무덤」도 들어 있다는 점)과 이관용의 「영원신성한 발전」이라는 금강산 사상 기행문이 부록으로 마지막에 실렸다. 2호의 「편집후기」를 보면 발행금지와 원고 압수가 심하여 '임시호'라는 제호를 달 수밖에 없었음을 밝혀 놓고 있는 점으로 보아 원래 내기로 했던 이듬해(1923) 봄을 지나 겨울의 길목에서야 책이 나온 이유를 알게 된다.

3호는 3월을 넘긴 1924년 5월 10일에 '춘기호'로 발행되었다. 이경열의 「과학과 철학」, 노동규의 「국부에 대하여」, 김봉래의 「인생과 종교」, 최상현의 「기독교와 사회개량」, 조봉환의 「공황의 기인과 그 예방구제책」, 박희성의 「나의 죄악관과 사랑의 힘」, 노동규의 「현재 조선산업 상태에 여하한 관세정책이 가할가」, 허연의 「사회현상의 일반」, 이은상의 「지나 희곡 소설의 연원」, 윤정하의 「조선 화폐 연혁에 취하야」(상), 그리고 부록으로 이관용, 일우, 김정설 등의 「임마누엘 칸트」에 대한 논문들이 게재돼 있다.

4호 역시 '임시호'로 기재된 것으로 보아 발매금지를 당했음을 「편집후기」에서 확인할 수 있다. 피쉬어(정인승 역)의 「교육의 근본적 목적」, 노정일의 「오인의 행복과 이상」, 이순탁의 「유심사관과 유물사관」, 김봉래의 「문예부흥의 사적 고찰」, 정인승의 「행복과 쾌락에 관한 희랍사상」, 최상현의 「문예와 종교의 관계」 등과 이경열의 「묵자사상의 개관」, 정태진의 「보편주의와 개성주의」, 필링스(최광범 역)의 「사학연구의 가치」, 베커(염형우 역)의 「물리학의 사적 고찰」, 이관용의 「성(聖)」, 윤정하의 「조선화폐 연혁에 취하여」, 이석용의 「자연과학에 대하여」 등이 실려 있어 호수가 늘어날수록 본격적인 학술 논문수가 증가하고 있음을 확인할 수 있다. 그에 비하면 문예란은 분량이 많이 줄었는데, 아마도 학문의 재생산과 관련한 욕구가 높아졌음을 짐작할 수 있다.

5호는 1925년 9월 30일에 인쇄되었다. 이경열의 「인식의 성립」, N. S. PAIK, M. A.의 「HOW MUCH ENGLISH WORK SHOULD BE COVERED IN THE HIGHER COMMON SCHOOL」, 김봉래의 「희랍사상의 개관」, 김성호의 「인생의 진의」, 이순탁의 「'소비에트' 국가의 종교」, 김윤경의 「나의 종교관」, 윤정하의 「우리 학생의 추향(趨嚮)에 대하여」, 최상현의 「현대인의 종교」, 조병옥의 「사회과학의 수련」, 김영호의 「근대정신개혁의 제일보」, 오철환의 「시인과 시」, 강성주의 「인생을 위한 예술이 되기까지」 등의 논문과 문예 작품이 실려 있다.

1926년 5월 18일에 인쇄된 6호에는 이은상을 비롯하여, 사정현(북간도), 채우병(관동 일대) 등의 기행문이 눈길을 끈다. 그리고 시론으로는 안병덕의 「시호시호부재래(時乎時乎不再來)」, H생의 「과도기에 임하여 역사적 정로에서 대세에 순응하라」가 앞부분에 배치되어 있고, 논문에는 김영호의 「실제주의의 입각지에서 창조적 진화를 논하노라」, 한치관의 「순정과학과 구미의 사상계」, 임병두의 「경제상으로 본 조선인의 의복문제」, 김성호의 「노농 노서아의 국가조직」, 오재성의 「이중경(二重鏡)에 반사되는 인종개선문제에 대하여」 등이 실렸다. 그 외에도, 문예작품으로는 주요한의 시, 현파의 희곡 「이혼」 등이 눈에 띈다.

7호(1931.5)는 속간의 형태를 띠고 발행된다. 「속간일언」에 의하면 '학생회 내의 사정에 의하여' 4년간 중단된 뒤에 다시 펴낸다고 밝히고 있다. '학내 본위를 떠나서 대외적 진출을 계도(計圖)'하고 '조선의 학술계에 일조'하려고 한다는 포부를 밝히는 것이다. 또한 7호부터는 발행소가 '연희학생회 지육부'에서 '연전학생회'로 바뀌었다. 학생회비 3원을 받아 운영되는 『연희』의 발간에서 재정적인 압박은 다른 잡지에 비해 상대적으로 덜했던 반면, 총독부의 검열은 집요해서 휴간 기간을 생각해 보면 얼마나 잡지 발행이 쉽지 않았던가를 미루어 짐작해 볼 수 있다. 학생회 산하의 '지육부'에서 '학생회'로 발행소가 바뀐 이유도 이와 같은 맥락에서 이해해야 할 것이다. 7호에 실린 논문들을 보면 1930년 당시의 시대 상황을 짐작할 수 있는 글들이 몇 편 주목된다. 노동규의 「산업합리화 서설」, 백남환의 「조선경제의 장래성」, 곽세현의 「실업상황으로 본 1930년」 등이 그것들이다. 최활의 「근대문학의 원천」, 김윤경의 「훈민정음창작에 대한 이설」, 정인섭의 「'사상예술'상의 방법론적 여성연구」, 김봉집의 「과학자와 사회」, 신웅균의 「자연과학이란 무엇인가」, 안석온의 「과학문명의 추세」, 영원학인의 「전기의 힘」, 유근석의 「지식계급론」, 김영길의 「조선주류양조업에 대한 고찰」, 채공열의 「문예창작에 대한 근본적 태도」, 오길만의 「사물발전과정의 변증법적 일고찰」, 그리고 외솔 최현배의 기행문 「고구려 고지(故地)를 찾아」 등은 각 방면의 학술적 탐구를 피력한 글들이다.

8호는 1931년 12월 22일에 발간되었다. 노동규의 「소농경제의 원리」, 서강백의 「교육발전과정에 대한 사적 소고」, 정진석의 「조선문단의 위기」, 최활의 「영시단 사적 소고」, 최순주의 「조선무역증가는 얼마나 되었는가」, 김영석의 「포오와 탐정문학」, 신동욱의 「헤겔 철학의 자기의식론」, 안석온의 「과학적 견지에서 본 인류문화사관」, 강치봉의 「페스탈로찌 소고」 등이 각 방면의 학술적 논문들이다. 권두언의 「널리 보고 깊이 생각하자」는 표어대로 학생들만이 아니라, 사회 일반의 식자층들도 자기가 몰두, 탐구하고 있는 학문 분야에서 매진하여 소기의 성과를 거두기를 바라는 마음에서 전문적이고 학술적인 논의들을 보고하고 있는 것이다.

『연희』는 연희전문학교 지육부에서 발행한 일종의 교우지 형태를 띠고 있지만 당대 사회의 담론과 여론을 형성, 발전시키고 주도해나가는 예비지식인인 학생들에 의해서 편집되고 발간되었기 때문에 학내의 문제에만 국한될 수 없는 사명을 지녔다. 따라서 졸업생들을 위한 교우지로서의 성격을 어느 정도 가지고 있다고 하더라도 사회에 대한 책임과 역할을 맡고 있는 만큼, 학교의 울타리를 벗어난 지식인들 사이에서도 지식을 얻고 학술적인 논의를 펼치는 장으로서의 매체적 성격을 가지고 있었음도 주목해야 한다. 그러했으므로 단순히 교내에서 회람하는 용도를 초월하여 경성 시내에 총판매소를 두고 일반에 판매하기도 했던 것이다.

그리고 7호 말미에는 '연희동문회원록'이 수록되어 있다. 여기에는 1회 졸업생(1919)들의 주소와 과, 직업이 12회 졸업생(1930)에 이르기까지 망라되어 있어 졸업생의 규모와 사회진출, 그에 따른 식민지 시대 지식층의 행적을 추적하는 귀중한 자료로 활용될 수 있다.

이처럼 『연희』는 학생회 기관지로서의 성격, 그리고 시대의 흐름을 반영하는 사회적 성격이 혼효되어 나타난다. 이는 이러한 혼재성이 당시 식민지 조선의 지적, 사회적 상황의 반영인 것이다. (전상기)

참고문헌

최덕교, 『한국잡지백년』 3, 현암사, 2004; 박헌호, 「『연희』와 식민지 시기 교지의 위상」, 한국문학연구학회, 『현대문학의 연구』 28, 2006.

연희시온(延禧詩薀)

1930년 서울에서 발행된 전문학교 교지

1930년 12월 창간한 연희전문 학생기독청년회 발간 교지이다. 폐간년도는 알 수 없다. 편집 겸 발행인은 로즈, 면수는 147쪽, 나머지 서지는 교지에 판권 기록이 없어, 알 수 없다. 4호가 고려대학교에 소장되어 있다.

『연세대학교사』에 의하면 『연희시온』은 1930년 12월에 창간호를 발행하였다고 한다. 이환신은 창간에 제하여 '시온'은 "거룩한 곳 주 계신 곳의 상징이다. 우리 YMCA가 초산한 옥동의 이름이다. 이는 정욕으로가 아니라 신의 감동으로 낳은 거룩한 아기다"라고 하였다. 백낙준도 "우리는 생명 양식을 먹고 자라는 청년이고, 십자가 지고 가는 기독의 문도이오, 하늘나라 건설하는 일꾼이다"하고는, "우리는 배고프고 목마르고 쓰러지고 방황하는 인간과 함께 주고 나누려 함이다. 이 은혜와 이 느낌을"이라고 하면서 창간의 목적을 밝힌다. 또한 2호 권두언에서는 "우리는 이 시온으로써 조선 학생기독교운동에 한 역원이 되고자 한다. 우리 학생단체로서 이 이상하는 바를 실현코자 한다. 그러므로 모든 결점과 불합리를 돌파하는 적도 있을 것이다. 우리는 정의를 앞세우고 열과 성으로 매진하는 용사가 되고저 한다"라고 서술한다.

안타깝게도 현재 실물을 볼 수 있는 『연희시온』은 36년에 발행된 4호 뿐이다.

먼저 첫 장을 열면 '대경양복점', '남계양행', '박인준 공무소', '동광당서점' 등 광고가 실려 있다. 이외에도 곳곳에 사진관, 병원 등의 광고가 실려 있다. 이를 볼 때 학생기독청년회는 이 광고비를 통해서 매체의 발간비를 충당했으리라 추측할 수 있다.

원송(元松)의 권두사에 의하면 "보라! 세계에는 '힘'이 있다. 힘! 힘! 힘! 우리의 삶을 활동으로 표현하려면 힘을 기르자! 아니 참힘을 기르자!"고 하면서 그 참 힘은 "신앙의 힘, 인격의 힘, 지식의 힘, 인생은 활동의 계속이오, 노력의 확장이다"라고 하였다. 그래서 "연희시온은 이 힘을 길음에 한 줌의 걸음이 되라고 제군의 안두(案頭)에 보낸다"고 하며 『연희시온』 발간의 의미를 밝히고 있다.

목차를 살펴보면 '연구논문', '감상수필', '시', '창작', '본회보고'란으로 분할되어 있다.

'연구논문'란에는 갈홍기(葛弘其) 박사의 「현대기독교신학사조」, 이앙묵(李印默) 박사의 「히틀러와 기독교」, 손진태 선생의 「년령을 해는 고속(故俗)」, 현제명 박사의 「음악상으로본 기독교의 공적」 등 교수들의 글과 김하태의 「자아의 발견」, 송귀현의 「중수소(重水素)와 중수(重水)」, 김원송의 「조선기독교회의 주인공」이 실려 있다.

'감상수필'란에는 모기윤의 「단상수감(斷想隨感)」, 이구조의 「워-즈워-쓰의 '영원의 암시부'에 대하여」, 이영근의 「수상일속(隨想一束)」, 이창호의 「생활단상」, 이영근의 「취야의 파종』, 주영하의 「다방의 포란스」, 황윤섭의 「우울의 계절」이 실려 있다.

'시'란에는 코엔(R. Coen)의 「도브 오브 데스티니(Dove of destiny)」, 김성도의 「꽃 2편」, 이구조의 「여름밤의 탐미파」와 「노정표, 송귀현의 「밤」, 백남훈의 「밤」, 윤태웅의 「로재틔 시2편 역」, 김영기의 「삶의 노래」, 한표욱의 번역으로 로버트 브라우닝(Robert Browning)의 「나에게 주는 선물(The Last Ride Together)」가 역시 모기윤의 시 「기원」이 실려 있다.

'창작'란에는 김성도의 「분가(分家)」, 민자호의 희곡 「진리의 팔」, 김도집의 「만기가 펄럭인 후」가 실려 있다.

마지막에 실린 기독청년회임원명부를 살펴보면, 회장은 모기윤, 총무로는 여운대, 서기는 임근수와 이영근, 재무부장으로는 김영기, 부원으로는 한경원, 장병건, 종교부장으로는 김영환, 부원으로는 김하태, 전형국, 이영규, 지육부장으로는 김원송, 부원으로는 김성도, 강약한, 민자호, 박창해, 사회부장으로는 송귀현, 부원으로는 최윤식, 김정섭, 음악부장으로는 김도집, 부원으로는 엄창섭, 곽정선이 있다. 이를 보면 주로 청년회 임원들이 이 매체의 주요 필자였음을 알 수 있다.

활동보고란을 살펴보면 이 교지는 '지육부'에서 책임발행한 것이다. 이외에도 지육부에는 신입회원환영강연회, 소년소녀동화대회, 문예강연회 등 활발한 활동을 벌이고 있다.

그리고 이 교지에는 「전조선학생기독청년회급 회장씨명」이 소개되어 있어 흥미롭다.

즉 남자전문학교로는 경성세브란스의전, 평양숭전, 감리교신학, 경성연전의 YMCA 회장들의 명부가 있다. 여자전문학교로는 경성이화여전, 감리교여신학, 원산마르따윌손여신학, 중앙보육, 세의전간호원양성소 YWCA 회장 명단이 있다. 그 외에 전주신학, 경성경신 등 남자중등학교 YMCA 회장 명단과 경성이화여고, 함흥영생여고, 동래일신여교, 개성호수돈여고 등의 YMCA 회장 명단이 실려 있다. 이는 당대 전조선학생기독청년회 산하 기독교학교의 명단을 확인해볼 수 있는 귀중한 자료가 된다.

이처럼 『연희시온』은 연희전문학교 학생들의 높은 지식수준과 창작욕구와 능력, 그 외에 다양한 생활상을 살펴볼 수 있게 하는 매체이다. (전상기)

참고문헌

연세대학교백년사편찬위원회, 『연세 대학교 백년사』, 1985; 박대선(연세창립80주년기념사업위원회), 『연세대학교교사』, 연세대학교출판부, 1969.

▌열혈일보(熱血日報)

1925년 중국 상하이에서 발간된 정치 평론 일간지

1925년 6월 4일 상하이(上海)에서 창간되었다. 창간된 지 겨우 20여 일 만인 1925년 6월 27일 24호를 출판한 뒤 정간되었다. 상하이도서관 등지에 소장되어 있다.

『열혈일보』는 중국공산당이 1925년 5월 30일 일어난 5·30운동을 호소하기 위해 창간한 최초의 일간지이다. 취추바이(瞿秋白)가 주편을 맡았다. 사론(社論), 상하이소식(本埠新聞), 국내 주요 소식(國內要聞), 국제 주요 소식(國際要聞), 긴요 소식(緊要消息), 여론의 재판(輿論之裁判) 등의 난으로 구성되었다.

강렬한 정치 선동적이고 전투적인 성격의 이 신문은 발간사에서 다음과 같이 말하였다.

"현재 상하이 시민의 열혈은 이미 외국인의 총탄으로 정점으로 끌어 올렸다. 공간상 상하이 시민의 열혈은 전국 인민의 뜨거운 피를 끌어왔다. 시간상 현재인의 열혈이 이어서 일어나는 자의 열혈을 끌어오고 있다."

5·30운동의 발생 경과와 5·30운동이 상하이를 비롯하여 전국에서 일어난 과정을 상세히 보도하였다. 제국주의의 죄행을 폭로하고 북양군벌정부의 매국적 추태를 질타하였다. 아울러 상하이 자본가계층이 5·30운동을 파괴하는 행위를 폭로하였다. 『열혈일보』는 반제운동의 방향을 제시하였다. 민족해방운동의 승리를 쟁취하기 위해 반드시 다음 세 가지가 이루어져야 한다고 했다. ① 적과 동지를 분명히 구분해야 한다. 취추바이는 「누가 적이고 누가 동지인가」라는 문장에서 제국주의, 외국에 아첨하는 관료, 군벌간상(軍閥奸商)이 우리의 적이고, 우리를 동정하고 우리를 원조하는 광대한 민중과 애국인사가 우리의 진정한 동지라고 하였다. 우리는 진정한 동지를 단결하여 진정한 적을 공격해야 한다. ② 농민 군중을 발동하고 조직해야 한다. "학생, 노동자, 상인을 엄밀히 조직하는 외에", "향촌의 농민에게도 그들의 조직을 도울 수 있게 해야 한다. 이러한 조직이 있은 뒤에 민중은 비로소 진정한 역량이 있을 수 있다"고 하였다. ③ 평민 무장의 사상을 건립해야 한다. 이 신문은 3호 연속해서 「해방 중국과 무장 평민(解放中國與武裝平民)」의 문장에서 반드시 평민의 무장이 있어야 함을 반복해서 논증하였다. (이은자)

참고문헌

方漢奇 主編, 『中國新聞社業通史』, 北京: 中國人民大學出版社, 1996; 葉再生, 『中國近代現代出版通史』, 北京: 華文出版社, 2002; 王檜林·朱漢國 主編, 『中國報刊辭典(1815~1949)』, 太原(山西): 書海出版社, 1992.

▌염군(焰群)

1922년 서울에서 한국어로 발행된 문예지

1922년 겨울에 창간되었다. 경성부 종로구 청운동 79번지의 염군사(焰群社)에서 발행하였다. 이적효(李赤曉)·이호(李浩)·송영(宋影)·심대섭(沈大燮)·김영팔(金永八)·최승일(崔承一)·박세영(朴世永) 등이 활약하였다. 창간호와 제2호가 발행되었고, 1924년 3월 제3호가 조선총독부에 의해 압수됨으로써 폐간되었다.

『염군』은 1922년 겨울, 이호(李浩), 송영(宋影)을 중심으로 한 문예 동인들이 모여 창간하였다. 당시 모였던 동인들은 강택진(姜宅鎭, 소작농운동자), 최창익(崔昌益, 8·15 해방 후 북의 부수상), 김동환(金東煥, 『북선일보』 기자), 김두수(金斗洙, 시인), 정흑도(鄭黑濤, 아나키스트), 윤우열(尹又列, 허무당[虛無黨] 당수), 정순경(鄭順敬), 지정신(池貞信, 상조회(相助會) 회장), 최화수(崔華秀, 시인), 김인숙(金仁淑, 정우영의 처) 등이었다.

1922년 12월 즈음 "본지는 무산계급 해방문화의 연구 및 운동을 목적으로 함"이라는 강령 밑에 『염군』 창간호를 편집하면서 발행허가를 신청했으나 허가장이 나오지 않았다.

창간호의 내용은 희곡 송영(宋影)의 「백양화(白洋靴)」/ 소설 홍파(紅波)의 「어두운 마을」/ 소설 적효(赤曉)의 작품(제목미상) / 동화 송영(宋影)의 「자매(姉妹)」/ 시 두수(斗洙), 이호(李浩), 세영(世永), 인숙(仁淑) 등이었다.

1호가 불허된 후 1923년 2월경에 2호도 발행이 금지되었다. 그럼에도 1923년 3월에는 3호로 '국제부인데이 기념호'를 내기위해 준비하였다. 내용은 '론(論)'부터 '시(詩)'까지 '부인데이'에 관한 것이었다. 이와 더불어 부인운동을 전개하고자 하였으나 모두 사전에 중지 당하고, 『염군』도 발행금지 당하였다. 염군사 성원들은 잡지발행을 위해 고군분투하였으나, 안타깝게도 그들의 노력은 빛을 발하지 못하였다. 그러나 이후에도 '염군사'의 세력들은 또 하나의 좌익문인들의 조직인 '파스큘라'와 통합하여 '카프'를 결성하였고, 그 일원으로서 지속적인 활동을 하였다. (이한울)

참고문헌

宋影, 「그때의 裏面史 ① 新興藝術이 싹틀 때」, 『文學創造』, 별나라社, 1934. 6; 「焰群에도 壓迫, 세번 련하야 압수」, 『동아一步』 1924년 3월 5일; 최덕교 편, 『한국잡지백년』 2, 현암사, 2004.

영계(靈界)

1933년 서울에서 창간된 기독교 월간지

1933년 11월 23일 창간됐다. 편집 겸 발행인은 황국주(黃國柱), 판형은 A5 국판이고, 총 46쪽이며 정가는 30전, 발행소는 영계사(靈界社)이다. 통권 1호로 종간됐다. 영계사의 사장은 정중명(鄭重明)이고 부사장은 발행인인 황국주, 총무는 이세극(李世克), 편집주간은 한진원(韓鎭源)이었다. 연세대와 아단문고에 소장되어 있으며, 고려대에는 복사본이 소장되어 있다.

편집여필에 따르면 창간호에 대해 어떤 학자의 학설을 소개하려 하지 않고 평범하고 실제적인 신앙을 표준으로 하여 그리스도의 이상과 정신, 그리고 그 진리를 표명하기를 노력하였기 때문에 기도적 기분이 많다는 자체평가를 내리고 있다. 발행인 황국주는 창간사를 통해 이 잡지는 일개 논리가 사상이나 정신 방면이나 역사적으로나 사회적 고찰이 아니라는 점을 분명히 하고 철저한 신학론의 입장에서 창조주의를 역설하며 신앙생활을 강조하고자 한다고 밝히고 있다.

창간호에는 영계사 간부의 글이 대부분을 차지하고 있다. 황국주는 창간사를 비롯하여 「인류의 평화」를, 한진원은 머리말을 비롯하여 「신앙의 위력」을, 이세극은 「악으로 선으로」, 「기도 어디까지 가오릴까」 등을 싣고 있다. 그 외의 글은 사도 바울, 사도 요한 등 대부분 필명으로 작성되었는데 이 역시 이들 간부들의 글일 가능성이 높다. 신학이 아니라 신앙을 강조하는 분위기가 창간호 전반을 압도하고 있다.

범파생(帆波生)의 「이용도 목사의 주창이 이단인가」라는 글은 당시 기성교회의 회개를 촉구한다며 전국적으로 부흥회를 개최하고 기도운동을 전개하면서 파란을 일으킨 감리교 목사 이용도를 옹호하는 글로서 눈길을 끈다. 이용도 역시 「주(主)로서 귀사의 번영을 축하합니다」라는 축사를 싣고 있다. 문예물로는 시 4편과 수필 「북선 일일생활」, 소설 「희생(雅聲)」 등이 실려 있다

『영계』는 당시 이단으로 지목받던 기독교 신비주의자 황국주가 자신의 생각과 체험을 공표하기 위해 간행을 시도한 개인잡지로서의 성격이 크다. 자신의 종교적 믿음을 널리 알리고자 했다는 점에서 김인서가 운영한 『신앙생활』과 비교되기도 하지만, 그 성격이나 호응도 면에서는 현저하게 대조되는 잡지이기도 하다.

• 황국주

황국주는 1930년대 종교운동가이다. 황해도 출신으로 간도 용정중앙교회에 출석하며 신앙생활을 시작했다고 한다. 백일기도 중에 은혜의 체험을 했다는 그는 점차 열광적 신비주의에 사로잡혀 왜곡된 일원적 신비주의자로 전락해갔다. 그는 머리와 수염을 기르고 한복을 차려입고 예수그리스도와 비슷한 풍채라고 주장하기도 했다. 또한 예수 그리스도와 영 육간의 합일이 이루어져 자기 속에는 예수 그리스도의 피가 들어왔고, 자기 목소리는 예수의 목소리로 변했다고 했다. 그가 가는 곳마다 그를 보고 모여드는 신자가 많았다. 심지어는 가정을 버리고 따라 다니던 유부녀들도 있었다고 한다. 그가 서울역에 왔을 때에는 전국 교회가 떠들썩했다. 그는 삼각산에 가서 기도원을 차리고 그곳에서 몸가름, 피가름을 하였다.

황국주가 죽은 후 그의 피가름 교리가 통리교로 이어지고 있다. 1933년 평안도의 안주노회가 그를 '위험한 이단'으로 정죄하고 이어 1933년 제22회 총회에서도 그를 '이단'으로 정죄했다고 한다. (전상기)

참고문헌

『영계』 창간호, 1933. 11.

영광(靈光)

1933년 만주 평톈에서 발행한 기독교 월간지

1933년 3월 1일 창간했다. 종간호는 정확히 알 수 없다. 다만 제4호가 '어린이주일호' 특집호로 꾸며졌다고 한다. 그러니까 4호 이후에 다시 5호가 이어졌는지는 알 수 없다. 편집 겸 발행인은 이석락(李晳洛), 발행소는 영광사(靈光社 滿洲 奉天市 十間房 109號)이다. 판형은 4×6배판으로 총 18면에 국한문 2단으로 편집하였고 정가는 15전이었다. 창간호부터 3호까지는 윤춘병 개인이 소장하고 있다.

조선장로회 평북 의산노회 지역이었던 만주 2백만 동포의 복음화와 기독교 문화 창달을 위해 펑톈(奉天) 서탑교회에서 시무하던 이석락 목사와 그를 중심으로 한 만주지역의 교계 인사들이 주축이 되어 발행하게 되었다. 영광사의 사원을 소개하면, 사장 겸 편집부장 이석락, 부사장 조영한(趙榮漢), 경리부장 최사림(崔士霖), 영업부장 전병택(田炳宅), 서무부장 김창호(金昌浩), 그리고 사우들로 김창덕, 김재광, 이병주, 김운학, 전학현, 김현수, 박원양, 김성준, 이혜철, 백지화, 김병국, 황순조, 조정화, 김신근, 방사현, 최일수, 이찬희, 최영규, 백세훈, 한만엽, 김제술 등이 1933년 2월 27~30일까지 신의주 제일교회에서 모였던 제29회 의산노회의 승인을 얻어 발행할 수 있었다. 그러다가 1932년 12월 22일 재펑톈 일본영사에게 출판 허가를 제출하여 1933년 1월 31일 지령 제2002호로 허가를 받아 창간할 수 있었던 것이다.

창간사를 보면 다음과 같은 간행 목적을 확인할 수 있다.

"금반 『영광』을 발간한 본의가 기독교 복음주의 하에 기인하여 재만동포의 구령운동의 제일성 중 겸하여 신의 聖旨를 본지로 통하여 만천하에 영포키로 하는 바입니다. 더구나 재만백의(在滿白衣) 크리스찬의 문화보급을 주로 하고 혈성을 뿌려 청소년의 교양과 대중의 구령운동을 절실히 하고저 하는 바입니다. 3월 1일에 발간을 기하여 차의(此意)를 공고합니다." 영혼을 구하려는 최대의 목적도 목적이지만, 만주에서 살고 있는 동포들의 문화보급과 청소년의 교양 사업에 매진하겠다는 의지를 나타내고 있다. 해외에서 조선문으로 된 잡지를 구하는 것도 어렵거니와, 모국과 연계된 잡지를 접하는 것이 쉽지 않은 일일 터, 그런 사정을 누구보다도 먼저 간파하여 사업을 시작한 이석락 목사의 안목과 추진력은 높이 평가받아 마땅하리라.

창간호의 목차를 보면 아래와 같다. 이석락 「에스겔서 강의」, 어도만 「학개서 연구」, 홍민 「종교교육교재 연구」, 수산 「우리운동의 새 방향」, 시 작품으로 설화 「엄마잃은 새」, 전원서 「주여 다시 옵소서」, 목은성 「꽃이라면」, 최창성 「길대달나조」, 「엿 사줄건」, 계명식 「병상에서」, 한해용 「눈할머니」, 재원 「참새」, 전기로 최정옥 「화성(畵聖) 벤자민 웨스트」, 그리고 축사들이 이어지고 '통신'란에 「교회통신」, 「편집여록」 등으로 이루어졌다.

2호에는 창간호와 마찬가지로 축사를 많이 실어서 다른 기사를 실을 여지를 만들지 못했음을 안타까워하고 있다.

3호에는 사설, 성경연구 2편, 설교 1편, 청년지도 논문 1편, 그리고 문예물 3편, 사담(史譚) 3편, 교회통신, 편집여적, 세계사전 등으로 내용이 충실하게 짜여 있다.

4호에는 사설과 「청년에 대한 교회의 사명」, 「금일의 청년과 명일의 세계」, 「생활안정에 주력하라」, 「신앙생활로 지도」, 「신앙보다 실행을 보이자」, 「성경반을 조직하자」, 「성실한 사람되게」, 「수양과 실천」, 「난관에 봉착한 조선청년의 지도책」, 「청춘기의 예배지도」, 「기독교 연구」, 「교회의 종이여」, 「벗은 나에게 이르기를」, 「성화 벤자민 웨스트」, 「아동의 성교육」, 「소년범죄와 교화운동」, 「아동학대방지법안」, 「유아애호」, 「교회통신」, 「편집여적」 등으로 이루어졌다. 여기서는 종래의 필진 이외에 유형기, 최석주, 홍병선의 이름도 보인다.

이 잡지는 평양신학교에서 종교교육을 전공한 이석락 목사가 1933년 2월 25일 펑톈서탑교회에 위임받아 재직하게 되면서 재펑톈 동포에게는 주일학교, 유치원 성경학교 등의 교육을 통하여 신앙과 민족정신을 키워주는 동시에 재만 200만 민족에게는 문서로 지도해 보고자 들고 나선 것이다. 그렇다고는 해도 교회를 중심으로 해외에 살고 있는 동포들을 모으고 조선과의 연계성을 잃지 않도록 한 의의는 높이 사야 할 것이다. 민족정신을 고취시키고 소년과 청소년의 미래를 염려하여 그들이 유혹에 빠져 그른 길로 가지 않도록 지도하고 이끌어주려는 노력은 참으로 대단한 것이라고 아니할 수 없다. 따라서 『영광』은 기독교를 매개로 만주에 나가 사는 조선동포의 네트워크를 형성하고 조선 민족의 긍지와 자부심을 잃지 않도록 힘을 쓴 잡지라고 할 수 있다. (전상기)

참고문헌

윤춘병, 『한국기독교신문잡지백년사(1885~1945)』, 대한기독교출판사, 1984; 윤춘병, 『한국감리교수난백년사』, 감리교신학대학교출판부, 2003.

▌영남백화잡지(岭南白話雜志)

1908년 중국 광저우에서 창간된 문화예술 잡지

1908년 2월 광저우(廣州)에서 창간된 종합성 문화 주간잡지이다. 종간 시점은 정확히 알려져 있지 않으며 현재 5호만이 현존하고 있다.

내용은 논설을 비롯하여 미술과 소설, 희곡, 음악 등 다양한 항목으로 구성되어 있다. 즉, 논설란인 연설대와 그림난인 미술가, 과학지식란에 장서루(藏書樓), 소설란인 기사실(記事室), 번역소설란인 번역관, 잡기란인 구락부(俱樂部), 위생란인 길정국(洁淨局), 시사난 열보사(閱報社), 유희장(遊戲場), 가곡란인 음악방, 희곡난인 도무회(跳舞會) 등이 있다.

소설로 어우보밍(歐博明)의 「학해조(學海潮)」와 황보야오(黃伯耀)의 「간음보(奸淫報)」, 준싼랑(俊三郎)의 「유회기(游會記)」 등을 게재하였다. 극본은 핑지성(萍寄生)의 「참삼사(斬三蛇)」와 후이젠(慧劍)의 「인간두(人間蠹)」 등이 발표되었으며, 문학논문인 황보야오의 「신희극 개량이 사회 전이의 묘약(改良新戲系轉移社會的妙藥)」을 게재하는 등 비교적 활발한 활동을 한 잡지이다. (김성남)

참고문헌

周葱秀·涂明 著, 『中國近現代文化期刊史』, 山西教育出版社, 1999; 王檜林·朱漢國 主編, 『中國報刊辭典』, 太原: 書海出版社, 1992.

▌영대(靈臺)

1924년 창간된 문학동인 월간지

1924년 8월 5일 창간한 문학동인지이다. 김관호(金觀鎬), 김소월(金素月), 김동인(金東仁), 김억(金億), 김여제(金輿濟), 김찬영(金讚永), 전영택(田榮澤), 이광수(李光洙), 임장화(林長和), 오천석(吳天錫), 주요한(朱耀翰)에 의하여 창간되었다.
편집 겸 발행인은 임장화(林長和)이고 인쇄인은 광문사 인쇄소의 양제겸(楊濟謙), 발행소는 영대사(靈臺社 경성부 도렴동 41)이다. 특이한 것은 이 잡지가 경성에서 인쇄되었지만, 발행인이나 동인 모두가 평양 출신으로 이루어져 있다는 점이다(발행인 임장화의 주소는 평양부 신양리 151로 되어 있다) 편집은 평양에서 하고 발행은 경성에서 한 것이다. 판형은 B6 4X6 국판이며 총 168쪽(2호 180쪽, 3호 142쪽, 4호 123쪽, 5호 261쪽)으로 정가는 당시의 가격으로는 비싼 50전이었다.
1925년 1월 11일 통권 5호로 종간되었다.
경인문화사에서 1976년 영인 자료로 출간하였다.

『영대』의 동인으로는 고희동과 함께 한국 서양화의 개척자로 일컬어지는 화가 김관호(주로 삽화를 그렸다)·김소월·김동인·김억·김여제·김찬영(화가로 창간호 표지화를 그렸다)·이광수·오천석·전영택·주요한 등이 활약했다. 김소월 등을 제외한 대부분이

『창조』의 동인들로 구성됐다는 점에서 『창조』의 후속 잡지로서의 성격을 갖고 있다.

김동인과 김안서, 김찬영 등 셋이 발의하여 잡지에 청탁을 받아 눈칫밥 먹는 기분이 아닌, 의무적으로 작가 본연의 자세를 견지할 필요성에서 동인지를 만들었다고 전해진다. 문학을 하겠다는 순수한 창조적 의욕을 내세웠지만 경향적으로는 유미적(唯美的)·악마파적 경향이 농후한 동인지였다. 이러한 경향성을 대표하는 작품으로는 2호(1924년 10월호)에 실린 야영(夜影)의 「미의 절대성」과 임노월의 「악몽」을 들 수 있다.

창간호에 수록된 작품으로는 이광수의 「인생의 향기」, 임노월의 「예술지상주의의 신자연관」, 김유방의 「완성 예술의 설음」 등의 수필·평론이 있다. 주요한의 시 「묵은 일기책에서」와 「세계의 시고(詩庫)」, 「눈의 순간」 등의 번역시도 실려 있다. 소설로는 초적의 「T선생과 난봉처녀」, 김동인의 「유서」 등이 실려 있다.

권두에 실린 춘원의 「인생의 향기」는 5호까지 연재된 인생론인데, 몇 대목을 보면 다음과 같다.

"인생은 고해(苦海)라고 한다. 쓴 바다, 고생바다, 고통의 바다, 노고(勞苦)의 바다, 고난의 바다라는 뜻이다. …… 나는 인생을 고해로 보지 아니치 못하는 불행한 사람이다. …… 빈궁·불건강·세상의 핍박·사업의 실패·민족적 고민·나 자신의 인격과 능력에 대한 불만족, 모두 불행거리다. 이러한 것을 생각하면 앞이 캄캄해지고 죽고 싶게 괴롭다."

전반적인 잡지의 성격에 비추어 볼 때 춘원의 글은 다소 이질적인 감이 있지만, 크게 문제될 바는 아니다.

그 밖에 주요한이 「묵은 일기책에서」라는 제목으로 발표한 네 편의 시는 "동인들의 독촉에 못 이겨서 몇 해 전 일기책을 끄집어내어 이 몇 줄을 베껴 책임막이하다"라는 단서가 붙어 있어서 흥미롭다.

한편 김동인은 「문단 30년의 발자취」(『신천지』 1948.3~12 연재)에서 다음과 같은 기록을 남긴 바 있다.

"동인잡지가 없으면 자연 게을러진다. 의무적으로 꼭 써야 할 기회가 없으면 자연 붓을 들기 싫어지는 것이 인정이다. 게다가 우리의 동인지가 아닌 잡지에 글을 쓰자면 자연 눈칫밥 먹는 것 같아서 쓰고 싶은 소리를 마음대로 쓰지 못한다. 뿐더러 『개벽』은 원고료를 바라서 쓰는 것 같아서 쓰기 싫고, 거기 쓰자니 남의 시비가 있고 모두 귀찮으니 동인지를 발간해보자는 것이었다. …… 서울서 판매를 맡은 임장화와 안서에게서는 엽전 한 푼도 오지 않았다. 그 실정을 알아보고자 나는 어느 날 상경하여 몸을 임노월 집에 던졌다. 이 임노월이라는 친구 재미있는 친구로서 탄실과 동서(同棲) 생활을 하다가 탄실은 모(某)에게 빼앗기는 체하고 밀어치우고 현재는 김원주, 지금은 중이 된 일엽과 동서를 하고 있었다. ……『영대』 판매대금을 조사해 보니, 안서의 술값과 노월의 콩나물값으로 둘이 경쟁적으로 '총판매소'를 찾아가는 형편이었다. 이에 『영대』는 신년호까지나 내고서는 폐간하려고 마음먹고 평양으로 돌아와서는 김찬영과 의논하고 『영대』는 생명 6개월로 제5호로 폐간하였다."

다른 잡지에 비해 가격이 높았던 『영대』의 판매대금은 김안서의 술값과 임노월의 생활비로 쓰였다는 김동인의 회고(「문단 30년의 발자취」)가 나온다. 김동인은 아울러 안서와 노월에 의해서 판매대금이 사라지는 것을 확인하고는 김찬영과 상의한 후, 폐간하기로 결정했다는 저간의 사정도 적어놓고 있다.

『영대』는 다른 동인지에 비해서 면수가 많았다. 1호는 168쪽, 2호는 180쪽, 3호는 142쪽, 4호는 123쪽, 5호는 261쪽에 달하였다. 서지학자 김근수(金根洙)의 「『영대』에 대하여」에 따르면 1호부터 5호까지에 수록된 주요 작품은 창작소설 7편, 번역소설 2편, 창작희곡 1편, 번역가극 1편, 번역대화 1편, 수필 10편, 평론 7편, 창작시 32편, 번역시 40편 등이었다.

잡지의 매수(枚數)가 다른 것에 비해 월등했던 것은 당시 이름난 부잣집 아들들인 김동인과 김찬영 때문이었던 것으로 전해지고 있다. 그렇기 때문에 다른 동인들은 잡지 발간과 종간에 관해서는 발언권이 약했음을 짐작할 수 있다. (이경돈, 전상기, 이한울)

참고문헌

정우택, 『한국 근대 자유시의 이념과 형성』, 소명출판, 2004; 조영복, 『1920년대 초기시의 이념과 미학』, 소명출판, 2004; 김근수, 『한국 잡지사연구』, 韓國學硏究所, 1992; 최덕교 편, 『한국잡지 백년』 2, 현암사, 2004.

영생(永生)

1936년 중국 상하이에서 창간된 정치운동 신문

1935년 상하이(上海)에서 창간된 『대중생활(大衆生活)』이 『영생(永生)』의 전신이다. 원래 저우타오펀(鄒韜奮)이 주관하여 발행되다가, 1936년 2월 국민당국의 폐쇄조치로 종간되었다. 그 후, 1936년 3월 『영생』으로 개명하여 진중화(金仲華) 주관으로 영생주관사(永生週刊社)에서 발간되었으며, 주간신문이다. 1936년 6월 정간되었다가 1941년 5월 17일 홍콩에서 복간하였으며, 원래의 제호인 『대중생활』을 다시 회복하였다. 1941년 12월 6일 30호를 출간한 후 태평양 전쟁으로 인해 종간되었다. 상하이도서관과 베이징사범대학도서관 등에 소장되어 있다.

주요 내용은 국내외 시사 보도와 평론이었고, 동시에 전국 각지의 구국운동을 선전하는 것이었다. 국내외 시국발전과 사회민생에 대한 분석과 평론, 전국 각지의 구국운동에 대한 대대적인 선전 등이 주요내용을 이루고 있다. 아울러 부분적으로 문예작품과 만화, 사진 등을 게재하였다. 주요 항목으로 '매주평론(每週評論)'과 '독자의 소리(讀者之聲)'가 있었다.

주요 집필자는 마오둔(茅盾), 펑쯔카이(豊子愷), 장나이치(章乃器), 뤄겅모(駱耕漠), 첸준수(錢俊庶), 타오싱즈(陶行知), 예성타오(葉聖陶), 진중화(金仲華) 등이었다.

창간사 「구생의 도로(救生的道路)」

편집자 진중화는 창간사 「구생의 도로(救生的道路)」에서 창간의 초심을 다음과 같이 밝히고 있다.

"본 신문은 주로 양 방면의 문제에 대해서 탐구하며 토론할 것이다. 미친 풍랑과 같은 시대조류 속에서 개인의 생명이라는 것은 보장 받기 어려운 것이다. 자연재해와 인위적 박해에 고립된 개인은 모두 그 위협으로부터 피할 수 없고, 항거할 수 없다. …… 하나의 거대한 동란의 시대에 고립된 개인은 가장 가련하고 무용한 생물인 것이다. 미친 풍랑과 같은 시대는 모두 인류 스스로 조성한 것이다. 인류가 일체 재난의 위협을 해결하고자 한다면 역시 스스로의 노력에 의존하는 수밖에 없다. 한 사람의 역량은 매우 미약하다. 두 사람의 역량은 그 보다 약간 강해질 수 있다. 수많은 건전한 사람들이 연합한다면 매우 큰 역량이 발휘될 수 있다. 이러한 연합을 단결하는 것이라 할 수 있다. 이러한 단결은 건전한 집단을 만든다. 건전한 집단에서 개인의 역량은 단체의 역량과 유기적 작용을 하여 일체의 공황과 위협에 저항할 수 있도록 한다. ……

한 사람이 건전한 집단에서 생활한다면 그의 생명은 건전한 집단과 하나가 된다. 집단의 정신이 계속된다면 바로 개인의 생명은 영생을 하는 것이다. 한 사람이 압박을 받는 것은 쉬운 일이다. 그러나 집단의 생명은 쉽게 소멸될 수 없는 것이다. …… 하나의 민족이 영생을 얻고자 한다면 그 길은 개인의 그것과 마찬가지일 것이다. 수많은 피압박 약소민족이 연합한다면 하나의 위대한 역량을 만들어 낼 수 있을 것이다. 이러한 위대한 역량을 발휘하여 부단한 투쟁을 지속하여야 한다. …… 피압박 약소민족이 자각적 투쟁에서 생존을 구하지 않는다면 바로 망연하게, 막연하게 사멸의 길로 떠밀리게 될 것이다. …… 목전의 혼란하고 불안한 시기에 피압박 개인과 민족이 생존을 구하는 길은 다음가 같은 뚜렷한 두 가지 길밖에는 없다. 즉, 개인의 생명을 건전한 집단에 두고서, 그로 하여금 집단의 항쟁이 계속될 수 있도록 하는 것이다. 또, 민족의 생명은 응당 침략 압박자에 대한 부단한 투쟁 속에 있을 때 소멸의 길에 이르지 않고 발전을 계속하게 될 것이며, 최후의 해방을 쟁취하게 될 것이다. 우리는 스스로를 비관과 추락에 함몰되게 해서는 안 되며, 우리 민족을 소멸과 두려움에 방치해서는 안 된다. 우리는 이 두 가지 광명의 길에 의지하여 개인의 영생과 민족의 영생을 구해야만 한다."

• 진중화(金仲華, 1907~1968)

필명은 멍루(孟如)이다. 1932년 초 『동방잡지(東方雜誌)』와 1935년 『생활서점(生活書店)』 편집에 참여하였으며, 1936년 저우타오펀이 창간한 『생활일보(生活日報)』와 『세계지식(世界知識)』 등의 주필을 보았다. 1938년 이후 『세계지식』과 『싱다오일보(星島日報)』의 주필을 맡았으며, 1943년 중국민주혁명동맹에 가입하여 활동하였다.

중화인민공화국 성립 이후 『신문일보』, 『문회보(文匯報)』, 영문판 『중국건설』 등의 사장을 역임하였다. 제1, 2, 3차 전국인민대표대회 대표와 상하이 부시장을 지내기도 하였으나 문화혁명이 시작되면서 박해를 받아 1968년 자신의 서재에서 목을 매어 자살했다. (김성남)

참고문헌

周葱秀·涂明 著, 『中國近現代文化期刊史』, 山西教育出版社, 1999; 北京師範大學圖書館報刊部 篇, 『北京師範大學圖書館館藏中文珍稀期刊題錄』, 北京圖書館出版社, 2002.

영어문학(英語文學)

1918년 일본의 료쿠요샤가 발행한 영문학잡지

1918년 1월 5일 도쿄의 료쿠요샤(綠葉社)가 발행한 영문학잡지이다. 영어 타이틀은 "The Lamp"이다. 잡지 원본은 가가와대학(香川大學) 가미하라문고(神原文庫) 등이 소장하고 있다.

본지 창간에 대해 「발간사」에는 "영어를 통해 문학을 즐기고, 문학을 통해 영어를 습득한다. 본지 발간의 취의는 이 두 말로 표현된다"고 되어 있다. 잡지는 영문학 전문지이면서 영어 습득에 일조하려는 목적에서 편집된 것이다.

주간 히라타 도쿠보쿠(平田禿木)는 "문학은 본래 인터내셔널한 것이다"라는 문학관을 표방했다. 그리고 잡지에는 영미 문학만이 아니라, 영역을 통해 전달된 구주 대륙의 문학, 일본 문학의 영역 혹은 일본 문인의 영문을 통한 창작평론 등도 게재되었다. (이규수)

참고문헌

牛島俊 作, 『日本言論史』, 河出書房, 1955; 『近代文學雜誌事典』, 至文堂, 1965; 桂敬一, 『明治·大正のジャ-ナリズム』, 岩波書店, 1992.

영어문학(英語文學)

1932년 경기도 고양군에서 한국어로 창간된 영문학 잡지

1932년 6월 25일 창간된 한국 최초의 영문학잡지이다. 판권장에 따르면, 발행 겸 인쇄인은 정인섭(鄭寅燮), 인쇄인은 김진호(金鎭浩)였다. 인쇄소는 한성도서주식회사, 발행소는 고양군 연희면 신촌동 110-4번지의 영어문학사였다. B5판 37쪽에 정가는 25전이었다. 속간 여부는 알 수 없다.

『동아일보』 1932년 4월 1일자 기사에 따르면, 영문학을 전공하였던 정인섭(鄭寅燮)은 4월 말경에 이미 『영어문학』을 발간할 예정이었다. 정인섭의 발간 취지는 영어연구와 영미문학 연구를 주로 하고, 조선의 문학을 해외에 소개하기 위한 영문지(英文誌)를 둠으로써 조선 문학의 세계적 진출을 도모하기 위한 것이었다.

정인섭이 쓴 「권두언」에 의하면 그가 『영어문학』을 발간한 목적은 ① 영어 연구 일반 ② 영어교수법 연구 ③ 영미문학 연구 발표 ④ 영어로 통한 조선문적 소산(所産)의 소개의 네 가지였다.

그리고 "남이 하는 일을 그저 욕하고 시기하고 비웃

기 좋아하는 무리들의 말을 귀에 담지 않고 군세게 나아가는 참된 연구의 동지가 많이 나타나기를 바라는 바이다"라고 하여 한국에서 영어를 연구하는 일이 쉽지 않음을 말하고 있다.

창간호에는 언더우드(H. H. Underwood), 유억겸(兪億兼)의 제자(題字), 「권두언」, 윤치호(尹致昊)의 「조선 최초 영어학습 회고담」, 백낙준(白樂濬)의 「영어연설을 통변하는 방법」, 백남석(白南奭)의 「조선학생과 영어학습」, 박술음(朴術音)의 「소화 칠년도(조선 내 고등전문학교) 영어입학문제를 읽고」, 정인섭(鄭寅燮)의 「조선 영어 신교수법」, 정인섭(鄭寅燮)의 「Shaw의 Life-Force에 대하여」, 레이몬드 밴톡(Raymond Bantock)의 「When you sang to me」 외 산문시 한편, 장현직(張鉉稷)이 번역한 「미국시인 칼 샌드버그(Carl Sandburg)」, 정인섭(鄭寅燮)의 「키이츠의 희랍고병부에 관하여(Keatsの希臘古瓶のodeに關して)」, 영문특별부록 「KOREA FOLK-LORE」, 「편집여언」, 「현상문제」 등이 수록되었다. (이한울)

참고문헌

「英語文學 創刊 四月 末日頃 發行, 鄭寅燮氏 個人志 形式으로 高陽郡 新村서」 『東亞日報』 1932. 4. 1; 「英語文學 創刊號 英語文學社 發行」 『東亞日報』 1932. 7. 8; 최덕교 편, 『한국잡지백년』 3, 현암사, 2004.

▌영어연구지(英語研究誌)

1897년 일본 도쿄영어학회가 발행한 어학 잡지

1897년 6월 5일 도쿄영어학회(東京英語學會)가 발행한 어학 잡지다. 잡지의 편집은 나카무라 무네지로(中村宗次郎)가 담당했다. 잡지의 원본은 가가와대학(香川大學) 중앙도서관 등이 소장하고 있다.

잡지 창간의 해인 1897년은 일본이 청일전쟁에서 승리하고, 시모노세키강화조약이 체결된 바로 직후였다. 잡지 창간호의 「발간에 대해서(發刊に就きて)」에서도 이러한 시대적 정황을 반영하고 있다.

발간사의 요지는 다음과 같다.

"구미제국이 일본을 깔보면서, 일본은 끽연하는 아동처럼 어른 흉내를 낸다. 어른의 풍채를 꾸민다 하더라도 필경 어른의 능력이 없다고 말하지만, 청일전쟁은 이러한 유견(謬見)을 타파시킨 것이다. 우리나라는 일등 강국과 비교하더라도 전혀 손색이 없다는 사실을 표시한 것이다. 그럼에도 미국은 일본의 화물에 고액의 관세를 부과하는 등 열강의 압력이 높아지고 있다. 국내에서도 내지 개방이 2년 후로 다가왔는데, 외국인 중에는 여전히 유치한 영역을 벗어나지 못한 일본의 상업에 파고들어 영리를 도모하려는 자가 있다. …… 충분한 상업의 발달을 도모하는 것보다 급무는 없다. 그리고 상업의 발달 여부는 우리의 상업적 지식과 관련된다. 상업적 지식은 안과 밖의 모양을 식별하는 데에 있고, 안과 밖의 모양을 통찰하기 위해서는 외국어를 숙달해야 한다. 여기에 실로 외국어가 필요한 이유가 있다. 이러한 위급존망(危急存亡)의 가을에 서둘러 각국의 국어를 연구해야 한다. 다행히도 영어는 전 세계에 보급되었다. 오히려 상업어(商業語)라고 말하는 것이 적당할 것이다. …… 바라보건데 다른 국어를 연구할 필요가 없다. 영어에 숙달하면 충분하다. 시급히 영어만을 연구하는 것이 작금의 최대 급무이다. 현명한 독자제군은 편자의 의지를 믿고 상업을 확장시켜 우리나라의 위업을 전 세계에 빛내주기를 바란다"고 강조했다.

하지만 창간호의 내용은 영어 타이틀 "A Magazine Devoted to the Study of English for the Japanese"가 제시하고 있는 바와 같이 일반적인 종합영어학습지에 머물고 있다. 창간사에서 강조하던 상업영어잡지를 추구한 것은 아니다.

목차는 「발간에 대해서(For the Publication)」, 잡보(General News, 시사 뉴스), 영문법론(Grammar, 가정법의 해설), 영문일역과 일문영역(Translation from Japanese in to[sic] English), 역사 및 일화(Histories and Stories, 영문일역), 시사회화(Conversation), 격언, 숙어연구, 전보(Latest Telegrams), 현상문 등의 구성이다.

창간호 말미에는 「회칙(會則)」을 게재하여 "본지는 매월 2회(5일과 20일) 발행한다"고 밝히고 있다. 도쿄영어학회는 이 밖에도 『영어청년(英語青年)』을 월 2회 발행했다. (이규수)

참고문헌

牛島俊 作, 『日本言論史』, 河出書房, 1955; 『近代文學雜誌事典』, 至文堂, 1965; 桂敬一, 『明治・大正のジャ-ナリズム』, 岩波書店, 1992.

▌영어지일본(英語之日本)

1908년 도쿄의 겐분칸이 발행한 영어잡지

1908년 1월 1일 도쿄의 겐분칸(健文館)에서 발행한 메이지 시기의 대표적 영어잡지이다. 잡지의 주간은 사가와 슌스이(佐川春水)였고, 『재팬 타임스(Japan Times)』 기자 아키모토 도시키치(秋元俊吉)가 영문으로 사설(Editorial)을 썼다. 편집은 하세가와 야스시(長谷川康)가 담당했다. 잡지의 관계자로는 사이토 히데사부로(斎藤秀三郎)의 제자가 많은 관계로 사이토가 경영하던 세이소쿠영어학교(正則英語學校)의 기관지적인 성격이 강하다. 1917년 제11권까지 속간되었는데, 최근 전권이 복간되었다. 잡지 원본은 가가와대학(香川大學) 중앙도서관 등에 소장되어 있다.

잡지 창간의 목적은 아키모토 도시키치가 작성한 장문의 영문 사설을 통해 확인할 수 있다. 아키모토는 일본의 개국유신 시절부터 불과 50년 동안 일본은 눈에 띈 발전을 이룩해 세계의 열강에 들어섰다는 것, 그 이전에는 중국문명의 전래가 이루어져 언제부터인가 그것이 과도하게 존신(尊信)되어져 일본 고유의 가치관이 경시되었다가 개국을 통해 새로운 빛이 비치고 있다는 것, 그러나 그렇다고 구미의 문명을 무조건・무비판적으로 받아들이는 잘못을 범하지 말고 일본문명의 뛰어난 부분은 지켜나가면서 구미문명의 좋은 점을 배움으로써 화혼양재(和魂洋才)의 일본인을 육성하는 것이야말로 잡지 창간이 추구하는 바라고 말했다.

창간호의 내용은 회화, 일문영역, 영시 역주, 신식영문해석법을 비롯해 상용서한문, 입학시험문제해답, 독자문예, 수필, 학교 참관기 등 다양한 구성이었다. 더욱이 잡지에는 주간 사가와가 부록으로 당시의 대표적 독본의 강의를 매호 연재했다.

학교 참관기의 첫 번째는 세이소쿠 영어학교가 소개되었다. 또 「신년의 웃는 문(新年笑ふ門)」이라는 난에서는 영어 대가의 잘못된 발음을 소개하고 있다. 이 기사는 오늘날 영학자의 발음을 녹음을 통해 들을 수 없기 때문에 데이터로써 귀중하다. (이규수)

참고문헌

牛島俊 作, 『日本言論史』, 河出書房, 1955; 『近代文學雜誌事典』, 至文堂, 1965; 桂敬一, 『明治・大正のジャ-ナリズム』, 岩波書店, 1992.

▌영재신지(穎才新誌)

1877년 일본에서 소학생의 작문교육을 위해

창간한 투서 잡지

일본 활판인쇄의 효시이자, 1870년대 청소년의 의식과 정신을 파악하는 데 중요한 자료이다. 잡지는 이후 아동만이 아니라 교사, 중학생, 사범학교 학생 등도 대상으로 삼았다. 잡지는 국배판 소신문 형태였다. 본문은 5호 활자 2~3단으로 구분되었고, 행이나 활자 등은 발행 시기에 따라 다소 바뀌었다. 초기에는 4쪽 편집이었고, 정가는 8리였다. 이후 투서가 늘어남에 따라 잡지는 차츰 쪽수를 늘려갔다. 편집자는 하케다 시로(羽毛田侍郞)를 비롯하여 모리시타 유조(森下勇三), 다나카 시로(田中四郞), 호리코에 슈이치로(堀越修一郞) 등이 관여했고, 사장도 고마자키 린조(驅崎林三)가 요 소노지(陽其二)의 뒤를 이었다. 매주 토요일 발행되었고(일시적으로 10일에 한 번 발행), 발행처는 도쿄의 세이시분사(製紙分社, 이후 東京印刷)였다. 세이시분사는 1880년 영재신문사로 상호를 바꿨다.

1877년 3월 요 소노지가 발행한 활판인쇄에 의한 일본 최초의 아동용 투고 잡지이다. 투고 잡지는 메이지시기 소년잡지의 특색이다. 소년들의 작문, 시, 서화 등의 투고를 게재하여 소년들로부터 대환영을 받았다. 『영재신지』에 투고함으로써 글재주를 연마한 문학자도 많았다. 호시노 텐치(星野天知), 야마다 비묘(山田美妙), 오자키 고요(尾崎紅葉), 오마치 게이게쓰(大町桂月) 등이 그들이다. 또 요 소노지는 모토키 쇼조(本木昌造)와 협력하여 일본의 활판인쇄 발전에 크게 공헌한 인물이다.

잡지 창간호에는 발간의 목적에 대해 "현재 학교가 번창하고 있다. 신속한 개명을 위해서는 교사나 훈도가 남녀학생들의 올바른 면학을 계속 증진시켜야 한다"는 문제의식 아래 잡지를 간행했다고 한다. 주로 그림이나 필적을 비롯하여 작문, 한시, 와가 등이 게재되었고, 이후에는 하이쿠 등과 같은 수려한 작품도 게재되었다.

잡지는 당시 문학적 상상력이 풍부한 소년소녀들에게는 화려한 무대였다. 잡지의 분량이 늘어남에 따라 차츰 내용도 풍부해졌다. '질의문답(質疑應答)'이나 '영학자수(英學自脩)'와 같은 난을 만들어 독학이 가능한 체제로 편집했다.

투서의 대부분은 소학교, 중학교, 사범학교, 외국어학교, 한자학원 등의 학생들로 연령은 12~13세 전후였다. 발행부수는 일시적으로는 모든 잡지 가운데 1위를 차지하기도 했다.

특히 1870년대에는 입지, 면학, 근면, 인내 등을 주제로 한 작문이 많았고, 인물론으로는 나폴레옹이나 모리나가 신오(護良親王), 오다 노부나가(織田信長), 도요토미 히데요시(豊臣秀吉), 오이시 요시오(大石良雄), 구즈노기 마사시게(楠木正成) 등의 영웅이 인기가 많았다. 한시, 와가의 투고도 많았지만, 또 한편으로는 서양시 75편(1886.7)이 번역 발표되었고, 1895년 무렵부터는 신체시도 게재되었다.

잡지는 풍부한 자금력과 전국 소학교 교사의 적극적인 협력 덕분에 발행부수가 급격히 늘어났다. 이에 자극을 받아 같은 시기에 『소학교문잡지(小學教文雜誌)』(1879), 『소학작문신보(小學作文新報)』(1885) 등과 같은 유사잡지가 창간되었지만, 『영재신지』에는 미치지 못했다.

이후 문필로 이름을 떨친 오마치 게이게쓰(大町桂月), 사카이 고센(堺枯川, 이후 사카이 도시히코[堺利彦]), 오카자키 고바(尾崎紅葉), 야마다 비묘(山田美妙), 다야마 가타이(田山花袋) 등도 투서가 가운데 한 사람이었다.

『영재신지』는 문호를 육성한 잡지였던 것이다. 말기에는 잡지 발행이 월간(1899년 10월부터)으로 변경되었고, 같은 달 『중학문원(中學文園)』을 합병하여 1901년 6월(1149호)까지 간행되었다. 이후에는 『영재

(穎才)』로 잡지명을 변경했지만, 언제까지 발행되는지는 알 수 없다. 잡지는 일본의 후지출판(不二出版)에서 영인본으로 복간했다. (이규수)

참고문헌

河合章男, 「『穎才新誌』における俳句欄の登場: 明治20年における俳句文化の一側面」, 『情報メディア研究』 3-1; 桑原三郎, 「『穎才新誌』の変貌: '学制'の開明から自由民権の閉塞まで」, 『白百合児童文化』 4, 1995.

▌영학보(嶺學報)

1898년 중국 광저우에서 창간된 시사종합신문

1898년 2월10일 광저우(廣州)에서 창간되었다. 판옌퉁(潘衍桐)과 리궈롄(黎國廉)이 발행을, 주루쑨(朱籙孫)과 탄루젠(譚汝儉)이 편집을 담당하였다. 순간(旬刊)으로 발행되었으며, 현재 1호 발행본부터 5호까지가 중국국가도서관에 소장되어 있다.

내용은 주로 논설과 외국신문 번역으로 크게 나누어 서양의 정치, 군사, 법률, 교육 상황을 번역 소개하였고, 서양을 배우고 부국강병 할 것을 선전하였다.

분국정편(分國政篇), 방교편(邦交篇), 국정편(國政篇), 국교편(國交篇), 문교편(文敎篇), 무비편(武備篇), 사학편(史學篇), 민사편(民事篇), 유지(諭旨) 등의 항목이 있다.

발행 취지는 「약예(略例)」를 통해 서양의 학문과 정치의 원류를 고찰하고 상세히 그 득실을 가리며, 『상학보(湘學報)』를 간략하게 모방할 것임을 설명하였다.

창간 후부터 바로 1898년 3월에 『영해보(嶺海報)』를 부설 일간지로 창간하여 적극적으로 무술변법을 선전하였다. (김성남)

참고문헌

方漢奇 主編, 『中國新聞社業通史』, 中國人民大學出版社, 1996; 葉再生 著, 『中國近代現代出版通史』, 北京: 華文出版社, 2002.

▌영해보(嶺海報)

1898년 중국 광저우에서 창간된 시사종합신문

1898년 3월 광저우(廣州)에서 창간되었다. 창간 초기는 『영학보(嶺學報)』의 부설 일간지로 매일 8면이 발행되었으며 『영학보』가 종간된 후에 독립적으로 발행되었다. 주필과 편집진은 천칭차이(陳慶材)와 왕성셴(王笙閑), 주루쑨(朱籙孫), 양샤어우(楊肖歐), 취바오칭(區宝慶) 등이다. 정확한 종간일은 알 수 없다

내용은 논설과 저초공록(邸抄恭錄), 교도신문(京都新聞), 각성신문(各省新聞), 양성신문(洋城新聞), 외양신문(外洋新聞) 등의 항목이 있다.

유신운동에 관한 많은 문장들과 량치차오(梁啓超)가 보국회(保國會) 성립대회에서 연설한 원고들을 다량으로 게재하였다.

무술정변 후에도 캉유웨이(康有爲)와 량치차오를 변론하는 문장을 계속 실어 광둥(廣東) 당국의 경고를 받았다. 이후 탄압을 피하기 위해 독일 상인의 명의를 빌어서 『덕상영해보(德商嶺海報)』로 개칭하고 간행되었다.

1900년, 의화단(義和團)의 8국 연합국과의 전투 승리 기사를 보도하여 광둥 당국으로부터 폐쇄를 당하였다. 이후 쑤청환(蘇城寰)이 인수하여 발행되었으며 후옌훙(胡衍鴻)이 주필을 보았다.

그러나 1903년 3월 혁명당원 훙취안푸(洪全福), 량무광(梁慕光), 리지탕(李紀堂) 등이 광저우 봉기를 기도하다 실패하자 이들을 대역부도한 자들로 공격하였고, 이에 대해 홍콩의 『중국일보(中國日報)』가 성명을 내어 이를 반박하면서 『영해보』와 『중국신문』 사이의 필전이 격렬해졌다. 여론은 혁명당 지지파인 『중국신문』으로 기울어졌고, 『중국신문』은 판매량이 급속히 증가된 반면 『영해보』는 점점 기울어졌다. (김성남)

참고문헌

方漢奇 主編, 『中國新聞社業通史』, 中國人民大學出版社, 1996; 葉再生 著, 『中國近代現代出版通史』, 北京: 華文出版社, 2002.

▌영화보(映畵報)

1937년 서울에서 창간된 영화 잡지

1937년 11월 1일 창간되었다. 발행인은 김정혁(金正革)이었고, 발행소는 경성부 종로 2가 91번지 야소교 빌딩 4층의 영화보사(映畵報社)였다. 월간으로 간행되었고, 정가는 20전이었다. 국회도서관에 소장되어 있다.

『영화보』의 발행 당시 상황을 1937년 10월 29일자 『동아일보』는 다음과 같이 말하고 있다.

"영화출판기관 하나도 갖지 못한 것을 적지 아니 유감하든 바 금번 업계의 중진 시나리오 작가와 감독자 제씨의 발의로 월간잡지 『영화보』를 발행키로 되었다는 바 그 창간호는 방금 인쇄 중이므로 오는 30일에 나온다고 한다 …… 지방에는 지국도 모집하리라고 한다."

이 기사에 실린 편집위원의 명단은 감독 김유영(金幽影), 안종화(安鍾和), 이규환(李圭煥), 박기채(朴基采), 안석영(安夕影), 평론가 서광제(徐光霽), 기사 양세웅(梁世雄), 시나리오 이효석(李孝石), 김정혁(金正革), 유영삼(劉令三) 등이었다.

『영화보』 창간호의 목차를 소개하면 다음과 같다.

박기채(朴基采)의 「중견감독 사진판 기(其) 1: 안석영(安夕影), 김유영(金幽影)」, 「봉절(封切)을 앞둔 조선영화 스틸: 심청, 한강」, 「크로즈 엎: 문화인 거래」, 박기채(朴基采)의 평론 「조선영화 이상론」, 서광제(徐光霽)의 「푸로듀서론」, 한인택(韓仁澤)의 「영화원작과 현실성」, 안석주(安碩柱)의 영화수필 「심청을 제작하고서」, 홍효민(洪曉民)의 「영화보는 취미」, 엄흥섭(嚴興燮)의 「소생되는 기억」, RYS의 해설 「촬영소의 조직과 기획과정」, 양세웅(梁世雄)의 「명촬영기사리-감씨에 대하야」, 신영선(申永善)의 특종 「명우 나운규 임종의 찰나」, 「S S 방담회: 부장 과장 교수들이 모혀서」, 설문 「엽서왕래」, 김정혁(金正革)의 「사중(社中)우화」, 이찬(李翼)의 「반도영화: 한강」, 안종화(安鍾和)의 「단편토키 씨나리오 (1): 어머니와 아들」, 「소흑판」 등. (이한울)

참고문헌

「映畵雜誌 '映畵報' 出版 執筆은 斯界重鎭」『東亞日報』 1937.10.29; 「映畵報(第一輯) 京城 鐘路 映畵報社 發行」『東亞日報』 1937.11.9; 『映畵報』 第1輯, 映畵報社, 1937.11, 국회도서관소장본; 최덕교 편, 『한국잡지백년』 2, 현암사, 2004.

▌영화세계(映畵世界)

1924년 일본에서 창간된 영화 잡지

1924년 4월에 창간되어 1930년 9월까지 발간된 영화 잡지이다. 1권 3호부터 "Movie World"라는 영어 표기가 부가되었다. 발행처는 1권 4호까지는 가마다잡지사(蒲田雜誌社)였지만, 1권 5호부터는 영화세계사(映畵世界社)로 바뀌었다.

1931년에 『영화지우(映畵之友)』로 제목이 바뀐 이후에는 전시체제의 잡지 통합정책 아래에서도 살아남았고 일본의 패전 이후에도 복간되었다. 원래 『영화세계』란 제목의 잡지는 나중에 희극 배우로 이름을 날리게 되는 후루카와 롯파(古川綠波)에 의해 발행되고 있었다. 그런데 가마다잡지사에서 『가마다(蒲田)』를 발행하고 있던 다치바나 고이치로(橘弘一郎)가 후루카와 롯파로부터 잡지의 이름을 사들여 발행한 것이다.

『영화세계』는 외국 영화 팬을 위한 전문 잡지였다. 주필은 후루카와 롯파였고 편집 집필진은 니토 무슈(二戶儚秋), 아오야마 사부로(青山三郎), 구보타 다쓰오(久保田辰雄) 등이었다. 이 밖에도 이지마 다다시(飯島正), 우치다 기미오(內田岐三雄), 이마이 세이카(今井青果), 난부 게이노스케(南部圭之助), 나미카와 하루오(波川春郎), 요도가와 나가하루(淀川長治) 등의 글이 실렸다. (이준식)

참고문헌

今村三四夫, 『日本映畵文獻史』, 鏡浦書房, 1967; 『日本出版百年史年表』, 日本書籍出版協會, 1968.

▌영화순보(映畵旬報)

1941년 일본에서 창간된 영화 잡지

1941년 1월에 창간되어 1943년 11월까지 모두 100호를 발간하고 폐간된 영화 잡지이다. 발행처는 주식회사 영화출판사(株式會社映畵出版社)였다. 매월 2회(1일의 상순호와 21일의 하순호) 또는 3회(1일의 상순호, 11일의 중순호, 21일의 하순호) 발간되었다. 판형은 4×6배판이었다.
편집인은 시미즈 지요타(清水千代太)였고 발행인은 사메지마 다케오(鮫島威男)였다. 이 밖에 도키자네 쇼헤이(時実象平), 무라카미 다다히사(村上忠久), 하야시 가쓰토시(林勝俊), 사토 구니오(佐藤邦夫), 난부 게이노스케(南部圭之助) 등이 편집에 참가하였다.
창간 이후 계속되는 용지 제한으로 쪽수를 줄여나가다가 2차 정기간행물 통제에 의해 1943년 11월 21일자의 100호를 마지막으로 폐간되었다. 「잡지 통합과 본지 종간에 대하여(雜誌統合と本志終刊に就いて)」라는 제목의 종간사는 난부 게이노스케가 썼다.

『영화순보』는 대일본영화협회(大日本映畵協會)가 발간한 『일본영화(日本映畵)』와 더불어 전시체제 일본의 대표적인 영화 잡지였다. 일제는 전시체제로 접어들면서 민중을 전쟁에 동원하는 '선전전, 사상전'의 유력한 무기의 하나로 영화에 주목하고 영화에 대한 통제체제를 확립해나갔다.

1940년 12월에는 전시하 정기간행물 통제정책에 의해 기존의 영화 잡지를 모두 폐간하도록 하고 대신에 7개의 영화 잡지의 발간만을 인정했다. 『영화순보』는 이때 새로 발간된 영화 잡지 가운데 하나이다.

『영화순보』는 제목이나 체제를 볼 때 사실상 이전의 영화 잡지 가운데 가장 대중적으로 인기를 끌고 있던 『키네마순보(キネマ旬報)』를 계승한 것이다. 그러면서도 「창간의 사」에서 "국가 총력전을 맞아 영화가 필수불가결의 이기(利器)인 것은 이미 상식이 되고 있으며, 일본 영화 및 영화업계에 대한 국가의 요망도 점점 다대해지고 있다.

이 때 본격적 영화 당업지(當業誌)의 이상을 목표로 발족한 우리 『영화순보』의 직책도 또한 중차대한 것을 통감하는 것이다"라고 밝힌 데서 알 수 있듯이 일제 파시즘의 전쟁 확대와 맞물리면서 이 무렵부터 본격화된 '영화 신체제'를 대중에게 선전하는 대표적인 영화 잡지로서의 성격을 갖고 있었다.

『영화순보』의 내용은 대개 '신체제'와 관련된 영화 이론 및 정책, 그리고 '신체제'에 부응하는 영화를 소개하는 글과 좌담이 주종을 이루고 있었다. 이 잡지에 글을 쓰거나 좌담에 참여한 인물들은 주로 '신체제'를 주도하던 문화 선전 부문(내각정보국 제5부)의 이른바 '혁신' 관료들과 '신체제'를 지지하던 영화인들이었다.

전자의 대표적인 보기로는 일본 영화정책을 총괄하고 있던 내각정보국 제5부 제2과 과장이던 후와 스케토시(不破祐俊), 일본 최초의 문화 입법인 '영화법'의 입안자이며 나치의 선전정책을 책임지고 있던 괴벨스(P. T. Goebbels)에 빗대 '일본의 괴벨스'라고 불리던 다테바야시 기미오(舘林三喜男) 등을 들 수 있다.

그리고 만주와 조선에서 영화 통제정책을 구체화하는 데 앞장서고 있던 무토 도미오(武藤富男, 만주국 홍보처장), 아마카스 마사히코(甘粕正彦, 만주영화협회 이사장), 구라시게 슈조(倉茂周藏, 조선군 보도부장), 모리 히로시(森浩, 조선총독부 경무국 도서과장), 다나카 사부로(田中三郎, 조선영화제작주식회사 사장), 이케다 구니오(池田國雄, 조선총독부 경무국 영화검열실) 등의 글이 실려 있는 것도 주목된다. 당시 일본의 대륙 영화정책에서 핵심적인 위치를 차지하고 있던 가와키타 나가마사(川喜多長政, 중화전영[中華電影股份有限公司] 전무)도 기고와 좌담회를 통하여 『영화순보』에 자주 등장하였다.

한편 후자의 대표적인 보기로는 영화 회사의 기쿠치 간(菊池寬, 대일본영화협회 사장), 나가타 마사이치(永田雅一, 대일본영화협회 전무), 기토 시로(城戶四郞, 쇼치쿠[松竹] 부사장), 당시 일제 파시즘을 적극 지지하던 영화 평론가 쓰무라 히데오(津田秀夫), 이지마 다다시(飯島正), 하즈미 쓰네오(筈見恒夫), 시미즈 아키라(清水晶), 이시마키 요시오(石卷良夫) 등을 들 수 있다.

이 밖에 일본제국주의의 대외 침략과 관련하여 만들어진 만주영화협회, 중화전영, 화베이전영(華北電影股份有限公司), 남양영화협회(南洋映畵協會) 등의 실무자들도 수시로 『영화순보』에 글을 기고하였다.

『영화순보』와 '대동아공영권'

『영화순보』에는 「대동아영화권의 확립(大東亞映畵圈の確立)」(43호), 「남방 영화 사정(南方映畵事情)」(43, 52호), 「만주 영화(滿洲映畵)」(55호), 「영화 신체제 1주년(映畵新體制一週年)」(58호), 「화베이전영(華北電影)」(64호), 「군과 영화(軍と映畵)」(67호), 「영화 배급사 1주년 기념(映畵配給社一週年記念)」(78호), 「조선 영화(朝鮮映畵)」(87호) 등 국책으로서의 영화를 다루는 굵직굵직한 특집이 실렸다.

특집의 주제에서도 알 수 있듯이 『영화순보』는 일본제국주의의 대외 침략 과정에서 영화가 적극적인 역할을 수행해야 한다는 내용의 기사를 집중적으로 게재하고 있었다. 이른바 '대동아 영화 공영권(大東亞映畵共榮圈)' 이데올로기를 유포하는 데 앞장을 서고 있었던 것이다.

이와 관련해 주목되는 기사는 처음으로 '대동아영화권'이라는 용어를 사용한 야마네 마사요시(山根正吉)의 「대동아영화권 확립의 급무(大東亞映畵圈確立の急務)」(38호)를 비롯하여 다음의 기사들이다.

永田雅一 외, 「大東亞映畵建設の前提(座談會)」(41호)
森岩雄, 「大東亞映畵圈の建設 夢と現實: 日本映畵の東亞共榮圈進出の問題」(43호)
川喜多長政, 「中國映畵の復興と南方進出」(43호)
三木茂 외, 「三木茂氏の南方報告(座談會)」(50호)
笠間杲雄, 「南方映畵政策の問題」(52호)
山根正吉 외, 「對佛印映畵工作を語る(座談會)」(52호)
川喜多長政 외, 「大陸映畵聯盟の結成をめぐる座談會」(64호)
金指英一, 「われわれの目的は大東亞共榮圈の建設にある」(69호)
清水千代太, 「對支映畵工作に望むことあり!」(69호)
小木曾潤, 「泰國映畵界報告」(73호)
星野辰男, 「南方映畵工作より還りて」(81호)
清水晶 외, 「中國映畵の現狀(座談會)」(82호)
川喜多長政, 「中國における映畵工作の新目標」(85호)
森久, 「對支政策轉換と支那映畵界の將來」(85호)
城戶四郎, 「南方映畵經綸序說」(86호)
內海信二 외, 「南方映畵工作の現段階(座談會)」(86호)
山根正吉, 「佛印映畵界の近況」(89호)
田口修治 외, 「南方問題・報告と要望」(92호)
飯島正 외, 「大東亞映畵の構想(座談會)」(95호)
武藤富男, 「大東亞建設と映畵進軍について」(100호)
田中三郎, 「共榮圈映畵政策確立を機に」(100호)
津村秀夫, 「大東亞映畵と政治的映畵」(100호)
甘粕正彦, 「大東亞映畵の理想に就いて」(100호)
田中三郎, 「大東亞と朝鮮映畵」(100호)
森岩雄, 「大東亞映畵建設への私見」(100호)
三橋哲生 외, 「日本映畵と南方建設(座談會)」(100호)

『영화순보』의 조선 관련 기사

『영화순보』는 이 무렵 발간되던 영화 잡지 가운데 일제의 식민지 및 점령지(만주국 포함)에 대한 특집 및 일반 기사(영화계 동향 및 영화관 현황 포함)가 가장 빈번하게 게재되고 있었다는 점이 주목된다.

그 가운데 조선과 관련된 주요 기사만 보더라도 다음과 같다.

滋野辰彦, 「朝鮮映畵二つ」(8호)
「半島映畵だより」(24호)
佐藤邦夫, 「朝鮮映畵界寸見」(25호)
「映畵法二周年史」, 『映畵旬報』(27호)
亞木朗, 「朝鮮映畵令1周年回顧」(28호)
「半島映畵を繞る二つの問題」, 29호)
「君と僕 座談會」(29호)
「朝鮮映畵新體制樹立のために(座談會)」(30호)
李創用, 「昭和十六年度 朝鮮映畵」(37호)
熊谷生, 「半島映畵界 新機構瞥見」(40호)
「朝鮮通信」(42호)
「朝鮮映畵通信」(43호)
歸山敎正, 「朝鮮映畵界の印象」(51호)
「朝鮮通信」(59호)

中田晴康, 「朝鮮映畵株式會社創立に當つて」(61호)
「シナリオ評 望樓の決死隊」(61호)
「朝鮮映畵通信」(66호)
「劇映畫紹介 望樓の決死隊」(77호)
「朝鮮映畵製作最近の動向」(79호)
森浩, 「朝鮮に於ける映畵に就いて」(87호)
田中三郎, 「朝鮮映畵の新動向」(87호)
中田晴康, 「映畵政策と映畵製作」(87호)
倉茂周藏, 「朝鮮映畵への希望」(87호)
辛島驍, 「朝鮮と映畵」(87호)
「座談會 朝鮮映畵の特殊性」(87호)
朝鮮映畵文化研究所, 「朝鮮映畵三十年史」(87호)
朝鮮映畵文化研究所, 「朝鮮映畵作品年表」(87호)
「朝鮮總督府映畵行政の沿革と統制經緯」(87호)
「朝鮮總督府の映畵製作」(87호)
「登錄技能者名簿」(87호)
池田國雄, 「映畵檢閱上の特殊事情」(87호)
「新作朝鮮映畵紹介」(87호)
「朝鮮映畵製作株式會社概況」(87호)
「社團法人朝鮮映畵配給社概況」(87호)
「主要映畵關係團體一覽」(87호)
朝鮮映畵配給社, 「全鮮映畵館錄」(87호)
編輯部, 「朝鮮の映畵配給展望」(87호)
時實象平, 「朝鮮の映畵館」(87호)
「主要京城映畵關係者名簿」(87호)
淺見茂, 「前進途上の朝鮮映畵界」(96호)
田中三郎, 「大東亞と朝鮮映畵」(100호) (이준식)

참고문헌

『映畵旬報』(復刻板), ゆまに書房, 2004; 櫻本富雄, 『大東亜戦争と日本映画』, 東京: 青木書店, 1993; 加ピ-タ-B. ハ-イ, 『帝國の銀幕 十五年戰爭と日本映畵』, 名古屋: 名古屋大學出版會, 2001; 古川隆久, 『戰時下の日本映畵』. 東京: 吉川弘文館, 2003; 加藤厚子, 『總動員體制と映畵』, 新曜社, 2004; 岩本憲兒 編, 『日本映畵とナショナリズム 1931-1945』, 森話社, 2004.

▌영화시대(映畵時代)

1931년 서울에서 한국어로 창간된 영화 · 연극 잡지

1931년 2월 16일에 창간된 연극, 영화, 문예 종합잡지이다. 박루월(朴淚月), 조용균(趙容均)에 의해서 발행되었다. 발행처는 경성부 수은동 130번지 단성사 2층의 영화시대사(映畵時代社)였다. 정가는 10전이었다. 국회도서관에 소장되어 있다.

『영화시대』는 1931년 2월 16일 '3월 특집호'라는 이름으로 창간되었다.

창간호에는 윤백남(尹白南)의 「조선영화 내면적 향상에 취하야」, 김적봉(金赤峰)의 「발성영화에 대하야」 등의 글 외에 시나리오, 소설, 소식, 사진 등이 실렸다.

'3월 창간호'를 낸 영화시대사는 곧 사무실을 경성부 견지동 96번지로 확장 이전하고, 영화촬영부를 새로 두어 박정현을 총지휘로, 박루월 원작, 박일영(朴一影) 각색의 영화를 촬영하기도 하였다.

영화시대사는 창간호 이후 1931년 하반기까지 매월 꾸준하게 발간하였으나, 이후 몇 년간은 드문드문 간행하였다. 그리고 한동안 휴간에 들어갔다. 휴간 중인 것을 안타깝게 여긴 김유영(金幽影)이 1938년 1월 속간 1집을 내 속간되었다. 이 당시 『영화시대』의 발행소는 경성부 권농정(勸農町) 173번지였다.

그러나 또다시 휴간하게 된 『영화시대』는 해방 후인 1946년 4월에 다시 복간되기도 하였으나 오래지 않아 폐간되었다. (이한울)

참고문헌

「映畵時代' 創刊, 二月 上旬 出來」, 『東亞日報』 1931.1.27; 「映畵時代 創刊號, 三月特輯號)」, 『東亞日報』 1931.2.18; 「映畵時代社 移轉, 撮影準備에 奔忙」, 『東亞日報』 1931.3.11; 「映畵雜誌 '映畵時代' 續刊」, 『東亞日報』 1937.11.7; 「映畵時代 續刊 第一輯 映畵時代社 發行」, 『東亞日報』 1938.1.13; 「雜誌 映畵時代 續刊」, 『東亞日報』 1946.4.28; 「映畵時代 創刊號 映畵時代社 發行」, 『東亞日報』 1946.4.28; 최덕교 편, 『한국잡지백년』 2,

현암사, 2004.

영화연극(映畵演劇)

1939년 서울에서 발행된 영화 · 연극 잡지

1939년 11월 1일에 창간했다. 제2집은 1940년에 발행했는데 그 이후에 3집이 나왔는지는 확실하지 않다. 편집 겸 발행인은 최익연(崔翼然)이고 인쇄인은 수영사인쇄소의 한동수이며 발행소는 영화연극사(경성부 종로 6가 7)이다. 판형은 국판으로 136쪽이며 정가는 30전이었다. 편집위원으로는 이주홍, 김석, 진우촌, 백은선, 홍구 등이다.
창간호는 고려대에 소장되어 있으며 1982년 '한국문화간행회'에서 펴낸 『한국잡지총서』 12권에 창간호가 영인되어 있다.

편집 겸 발행인 최익연이 쓴 「편집전기」에는 다음과 같은 포부를 엿볼 수 있다.

"영화나 연극이 문화 부문에 있어 얼마나한 존재가치를 갖고 있는 것일까 하는 것을 우리 영화연극인은 깊이 인식할 필요가 있지 않을까 한다. 바야흐로 신동아건설을 목표로 우리의 인식은 일상생활에 이르기까지 반성과 명찰이 있어야 할 즈음 영화연극인도 가장 매력 있는 행동이 있을 줄 안다. 영화법에 따라 연극법 실시도 멀지 않은 장래를 약속하고 있는 이 때라 어찌한지 더 중한 책임이 있지나 않을까 하여진다. 그럼으로 이 영화연극은 이 중한 시기에 있어서 조그만 역할이나마 끼치려는 충심에서 아무런 편견이나 잘못을 될 수 있는 한 피하여서 참다운 영화연극인의 공기(公器)가 되고자 한다."

표지 다음에는 사진화보로 당대에 유명한 김선초, 차홍녀, 지경순, 윤봉춘, 서월영, 김신재, 문예봉 등의 프로필이 기재돼 있고, 「흑란(黑蘭)의 여자」, 「더러운 얼굴의 천사」, 「비밀의 참모실」, 「수업료」, 「복지만리」, 「새출발」, 「신개지」 등의 영화 한 장면이 실려 있다.

창간호의 목차를 보면 윤봉춘의 「나운규일대기」가 눈에 띈다. 남수월의 「조선영화감독론」, 진우촌의 시나리오 「밀물이 들 때」, 홍구 편 「산대도감」(특집전재, 180쪽) 역시 편집자들이 강조하고자 한 내용들임이 드러난다. "시나리오를 문학의 장르로 보나"라는 논쟁적인 설문에 응답한 김남천의 「영화예술학 완성에 따라」, 유진오의 「현상(現狀)은 불완전하나」, 민촌 이기영의 「새 영화예술의 발달」, 유치진의 「원칙적으로 인정」의 글들이 보인다. 이러한 설문은 당대 문학인들의 영화 · 연극에 대한 인식과 시각을 알아보는 데 중요한 자료로 활용될 수 있을 것이다.

낭만좌(浪漫座) 동인(이헌, 서성대, 김연옥, 이실영, 권서추)의 「나의 일기첩에서」를 통해서는 좌익 연극단체였던 그들의 내면을 엿볼 수 있다. 김태진의 「연극 재미에 관한 소고」, 김을한의 「영화연기의 창의」, 최익연의 「영화와 윤리」, 그리고 자신의 작품을 영화화하는 소감과 논평을 담은 민촌 이기영의 「신개지 영화화에 대하여」 등도 볼만한 내용을 싣고 있다.

그 밖에 "내가 본 너 네가 본 나"라는 제목 아래 배우들이 서로에 대해서 품앗이 하듯 평을 하고 있다. 이런 인사치레와 수사가 곁들여진 기사는 용문산인이 쓴 「여우해명기(女優解名記)」와 더불어 읽으면 흥미는 물론이거니와 당대 영화연극인들의 아우라를 파악하는 데도 도움이 될 것이다.

• **낭만좌(浪漫座)**

좌익계의 김욱(金旭, 연출) · 이병현(李秉玹, 장치) · 진우촌(秦雨村) · 안동수(安東洙) · 오장환(吳章煥) · 이화삼(李化三) · 박학(朴學) 등이 주요 단원이며, "실천과 이론을 통하여 신극 수립의 일석이 되자"라는 취지로 창립되었다. 1938년 2월 제1회 『동아일보』 주최 연극경연대회에 셰익스피어 작 『햄릿』을 진우촌이 번안하여 참가함으로써 창립공연을 삼았다.

이후 제2회 작품으로는 도스토옙스키 원작 "죄와 벌"을 각색하여 공연하였고, 계속하여 "지열(地熱)", "태양의 아들", "상하(上下)의 집", 진우촌 작 "바다의 남편", "낙랑공주", "항구의 노래" 등을 공연하였다. 10회 공연으로 예정했던 "월사금(月謝金)"의 상연이 금지되었고, 1940년 11월 조선총독부의 연극단체정비 시책으로 강제 해산되었다. 문인 취향의 작품을 주로 공연하였다는 비판과 함께 서양의 대작을 과감히 공연하는 등 의욕이 돋보였다고 긍정적으로 평가받았다. (전상기)

참고문헌

권영민, 『한국근대문인대사전』, 아세아문화사, 1999; 최덕교 편저, 『한국잡지백년』 2, 현암사, 2004.

▌영화예술(映畵藝術)

1938년 서울에서 한국어로 창간된 영화 잡지

1938년 4월 15일 창간된 영화관련 계간지였다. 발행처는 경성부 명치정 2정목 82번지 동아예술사(東亞藝術社) 내에 위치한 영화예술사(映畵藝術社)였다. 국립중앙도서관에 소장되어 있다.

『동아일보』 1938년 2월 25일자 기사에는 『영화예술』의 발간 당시 상황을 다음과 같이 적고 있다.

"조선영화가 비약적 발전성을 띠고 있는 이때에 영화예술의 진실성을 일반에게 확인시키고, 또는 영화의 예술적 향상과 이론의 확립과 시나리오 문학운동을 제창키 위하야 금번에 문인과 영화이론분자들이 모이어 동인지 『영화예술』이라는 것을 발행하기로 되었는바, 목하 그 준비를 진행 중 늦어도 4월 초순에는 그 창간호가 나오게 될 터이라 하며, 년 4회 계간으로 발행할 예정이라 한다."

이러한 목적으로 모인 문인과 영화이론가들은 이병현(李秉玹), 이육사(李陸史), 윤규섭(尹圭涉), 이운곡(李雲谷), 김관(金管), 박천민(朴天民), 서민(徐珉), 민형일(閔亨一), 이기현(李起炫) 등이었다. (이한울)

참고문헌

「文人과 映畵人들이 모여 '映畵藝術'志 刊行 映畵의 理論的 發展을 爲하야」, 『東亞日報』 1938.2.25; 최덕교 편, 『한국잡지백년』 2, 현암사, 2004.

▌영화왕래(映畵往來)

1925년 일본에서 창간된 영화 평론 잡지

1925년 1월에 창간된 영화 잡지이다. 편집은 주로 당시 『키네마순보(キネマ旬報)』의 발간도 주도하고 있던 다나카 사부로(田中三郎)가 맡았다. 애초에는 키네마순보사(キネマ旬報社)에서 발행되었지만, 1928년 3월부터 독립하여 영화왕래사(映畵往來社)에서 발행되었다. 판형은 국판이며 창간 당시의 정가는 20전이었다. 당초에는 광고를 게재하지 않았지만 영업의 문제 때문에 나중에는 광고도 게재하였다.

『영화왕래』는 『키네마순보』의 동인을 중심으로 영화 비평을 자유롭게 발표할 수 있는 매체로 간행되었다. 다나카 사부로 외에 이지마 다다시(飯島正), 이와사키 아키라(岩崎昶), 오카무라 아키라(岡村章), 오카자키 마사오(岡崎眞砂雄), 호바라 가오루(芳原薫), 다무라 요시히코(田村幸彦), 쓰다 도키오(津田時雄), 야마모토 료쿠요(山本緑葉), 후루카와 롯파(古川緑派), 우치다 미키오(內田岐三雄), 기타카와 후유히코(北川冬彦), 미즈마치 세이지(水町青磁), 시미즈 지요타(淸水千代太), 스즈키 주시로(鈴木重四郎) 등이 동인으로 참가하고 있었는데, 이들 가운데 상당수는 『키네마순보』의 동인이기도 하였다.

당시 대부분의 영화 잡지가 주로 인기 배우의 사진이나 영화계의 이런저런 가십 종류의 기사를 싣고 있었던 데 반해 영화에 대한 계몽운동을 내걸고 처음으로 진지한 연구의 불길을 당긴 잡지였다. 그리고 매월 여러 편의 시나리오를 게재한 것도 주목할 만하다. (이준식)

참고문헌

今村三四夫, 『日本映畵文獻史』, 鏡浦書房, 1967; 『日本出版百年史年表』, 日本書籍出版協會, 1968.

▌영화집단(映畵集團)

1935년 일본에서 창간된 영화 잡지

1935년 7월에 창간되어 1938년 1월까지 모두 12집이 발간된 영화 잡지이다. 편집과 발행처는 영화집단 편집부(映畵集團編輯部)였다. 실제로 『영화집단』의 편집을 주재한 것은 신진기예의 평론가 이마무라 다이헤이(今村太平)와 도쿄제국대학 미학과 학생이던 스기야마 헤이이치(杉山平一)였다. 이마무라 다이헤이가 이미 치안유지법 위반으로 검거된 적이 있었던 데다가 중일전쟁 이후 특고(特高)가 잡지 제목의 '집단'을 문제로 삼자 1938년 초 12집을 발간한 뒤 『영화계』로 잡지의 이름을 바꾸었다.

『영화집단』은 공식적으로는 동인지는 아니었다. 그러나 사실상 당시 가장 인기가 있던 『키네마순보(キネマ旬報)』에 투고하던 인물들, 곧 도키자네 쇼헤이(時實象平), 요시오카 도시오(吉岡俊雄), 이와부치 마사요시(岩淵正嘉), 가와시마 유조(川島雄三), 코바야시 게이자부로(小林桂三郎), 야마우치 다쓰이치(山內達一), 사와무라 쓰토무(澤村勉) 오쿠다 히사시(奧田久司), 에비사와 고이치(蛯沢功一) 등이 『영화집단』에 정규적으로 글을 기고하였다.

특히 중요한 역할을 한 것은 이마무라 다이헤이와 스기야마 헤이이치였다. 이들은 일본프롤레타리아영화동맹의 해산 이후 『영화창조(映畵創造)』를 발간하고 있던 이와사키 아키라(岩崎昶) 등의 그룹과 긴밀한 교류를 맺으면서 잡지를 발간하고 있었다.

• 스기야마 헤이이치(杉山平一)

1914년 후쿠시마현(福島縣)에서 태어났다. 고교 재학 시절부터 영화광이어서 『키네마순보』에 글을 투고하였다. 도쿄제국대학 재학 중에 『영화집단』의 편집을 맡았다. 대학을 졸업한 뒤에는 시 창작으로도 활동을 확대하였다. 『사계(四季)』, 『해풍(海風)』, 『오사카문학(大阪文學)』 등을 통하여 많은 시를 발표하였다. 오사카시나리오학교(大阪シナリオ學校) 교장도 지냈다. (이준식)

참고문헌

『戰前映像理論雜誌集成. 第9巻 映畵集團 上』, ゆまに書房, 1989; 『戰前映像理論雜誌集成. 第10巻 映畵集團 中』, ゆまに書房, 1989; 『戰前映像理論雜誌集成. 第11巻 映畵集團 下』, ゆまに書房, 1989; 時實象平, 「川島雄三と私と映畵集團」, 『映像文化』 6호, 1963; 今村三四夫, 『日本映畵文獻史』, 鏡浦書房, 1967; 杉山平一, 『今村太平 孤高獨創の映像評論家』, リブロポート, 1990.

▌영화창조(映畵創造)

1936년 일본에서 창간된 영화 잡지

1936년 5월에 창간되어 1938년 1월까지 열두 차례 발간된 영화 잡지이다. 편집 겸 발행인은 하타야마 요시오(畑山義夫)였고, 발행처는 영화창조사(映畵創造社)였다. 그리고 협화서원(協和書院)을 통하여 발매되었다.
제2권 4호부터는 부정기적으로 간행되었다. 중일전쟁 이후의 전시체제 아래 일본의 사상계 전반에 대한 통제가 강화되는 가운데 1938년 1월호를 발간하고는 자연 소멸되었다.

『영화창조』는 프롤레타리아 영화운동의 중심이던 프로키노(プロキノ, 일본프롤레타리아영화동맹)가 와해된 이후 구 프로키노 구성원들이 합법적인 이론 활동을 전개하기 위하여 만든 잡지이다.

1권 3호에 37명의 동인 명부가 실려 있는데, 그 가운데 아오이 야스키치(青井保吉, 기타가와 후유히코[北川冬彦]), 이와사키 아키라, 이마이 다다시(今井正), 우에노 고조(上野耕三), 나미키 신사쿠(並木晋作), 후루카와 요시노리(古川良範), 하타야마 요시오 등 20여 명이 프로키노에서 활동하던 인물들이었다.

그리고 야마모토 사쓰오(山本薩夫)처럼 프로키노의 구성원은 아니었지만 프로키노의 영화 제작에 관련한 바 있던 인물도 동인이었다. 따라서 『영화창조』는 사실상 프로키노의 활동이 연장된 것으로도 이해할 수 있다.

프로키노는 1929년2월에 창립된 이래 "프롤레타리아 영화 생산 발표를 위해 싸운다"는 슬로건 아래 제작 상영운동을 적극적으로 추진하여 1945년 이전의 일본

영화사에서 가장 전투적인 집단으로서의 위상을 확립하고 있었다.

그러나 1933년 이후 프로키노의 활동은 권력의 탄압 때문에 침체 상태에 빠지고 말았으며, 1934년에 들어서는 사실상 해체 상태에 놓여 있었다. 이러한 상황을 타개하기 위하여 프로키노의 구성원이던 이와사키 아키라, 기타카와 후유히코, 우에노 고조 등이 중심이 되어 활동의 무대를 합법적인 이론 활동의 옹호와 심화에 한정하는 형태의 잡지를 만든 것이 『영화창조』였던 것이다.

『영화잡지』에서 가장 주목되는 것은 당시 대표적인 마르크스주의 연구자 단체이던 유물론연구회(唯物論硏究會)와 밀접한 교류를 맺고 있었다는 사실이다. 실제로 도사카 준(戶坂潤)이 창간호와 종간호의 권두평론을 쓴 것을 비롯하여 오카 구니오(岡邦雄), 이즈 기미오(伊豆公夫) 등의 글을 기고하였다.

역으로 『영화창조』의 동인인 우에노 고조, 이마무라 다이헤이(今村太平) 등은 유물론연구회의 기관지인 『유물론연구(唯物論硏究)』와 그 후계 잡지인 『학예(學藝)』에 글을 실었고 이와사키 아키라는 『영화론(映畵論)』을 제2차 '유물론 전서(唯物論全書)'의 한 책으로 간행하였다.

이 밖에 프롤레타리아문학운동의 중요 구성원이던 주조 유리코(中条百合子), 나카노 시게하루(中野重治) 등도 필진으로 참가하는 등 『영화잡지』는 폭넓은 필진을 확보한 평론지였다.

후루카와 요시노리의 「일본 영화 예술사를 위한 각서(日本映畵藝術史のための覺え書)」, 우에노의 「영화 예술학을 위하여(映畵藝術學のために)」라는 두 종류의 연재물을 게재하는 등 영화 예술사, 영화 예술론을 추구하는 특징을 보였다. 이마무라 다이헤이의 「새로운 예술의 욕망(新しい藝術の慾望)」, 「영화의 시간(映畵の時間)」, 「일본 영화의 현재(日本映畵の現在)」, 우에노 고조의 「예술적 인식에 대하여(藝術的認識について)」, 아오이 야스키치의 「영화예술의 표현적 성격(映畵藝術の表現的性格)」, 구리하라 아키코(栗原章子)의 「시대극 영화의 전환(時代劇映畵の轉換)」 등도 이 무렵 『영화창조』의 높은 수준을 보여주는 글이다.

미요시 주로(三好十郞)의 「히코로쿠(彦六) 크게 웃다」 등 창작 시나리오도 매호 게재하였다. 1937년 3월호에 "시나리오의 문제(シナリオの問題)"를 특집으로 게재한 데 이어 1937년 12월호에도 "시나리오 문학연구(シナリオ文學硏究)"를 다시 특집으로 게재할 정도로 『영화창조』는 시나리오에 깊은 관심을 보였다.

세계 영화계의 동향을 전하는 「세계 영화 문화 정보」나 나중에 진보적인 영화감독으로 활동하게 되는 이마이 다다시의 글 등도 귀중한 자료이다.

• 주조 유리코(中条百合子)

본래의 성은 주조이지만 문예 평론가이자 일본공산당의 당원이던 미야모토 겐지(宮本顯治, 후일 일본공산당 서기장)와 결혼한 후에 미야모토 유리코(宮本百合子)로 바뀌었다. 1899년에 태어났으며 프롤레타리아문학의 작가, 민주주의 문학의 지도자로 활약하다가 1951년에 죽었다. 니혼여자대학(日本女子大學)을 중퇴하였다.

열일곱 살에 「가난한 사람들(貧しき人々の群)」로 문단에 등장하여 천재 소녀로 주목을 받았다. 1927년에는 소련을 방문하여 당시 프롤레타리아 영화운동에 큰 영향을 미치던 소련 감독 에이젠슈타인(Sergei Mikhailovich Eizenshtein)과 친교를 맺었다. 이 무렵 역시 소련과 유럽을 방문하고 있던 영화감독 기누가사 데이노스케(衣笠貞之助), 귀국 후에 광범위한 민중의 진보적 요구에 적합한 연극의 창조라는 기치를 내걸고 전진좌(前進座)를 만들게 되는 가와라사키 조주로(河原崎長十郞) 등과도 친교를 맺었다.

1930년 12월 일본프롤레타리아작가동맹에 가입하여 본격적으로 프롤레타리아문학운동에 참가하였다. 1931년에는 일본공산당에도 입당하였으며, 1930년대 중반부터는 검거와 집필 금지를 거듭하였다. (이준식)

참고문헌

『映畵創造』(復刻板), 不二出版, 1986; 今村三四夫, 『日本映畵文獻史』, 鏡浦書房, 1967.

영화평론(映畵評論)

1925년 창간된 일본의 대표적인 영화 잡지

1925년 9월 창간된 이래 같은 제목 아래 여러 차례에 걸쳐 복간을 거듭한 영화 잡지이다. 애초에 이 잡지는 NSO영화평론회에서 사사키 노리오(佐佐木能理男)를 편집 겸 발행인으로 하여 국판으로 창간되었다(제1차). 사사키 노리오외에도 데라사키 히로세쓰(寺崎廣節), 오타 구니오(太田國夫), 나가타 도시오(永田敏雄, 재미) 등이 집필 동인이었다. 발행소는 도쿄(東京)로 되어 있었지만 사실상은 미야기현(宮城縣) 센다이(仙台)에 있던 구제(舊制) 2고(현재의 도호쿠대학[東北大學])의 젊은 지식인들에 의해 시작된 동인지였다. 1차『영화평론』은 4권만 낸 상태에서 곧 중단되고 말았다.

1926년 4월에는 영화평론사(映畵評論社)라는 독자적인 회사에 의하여 4×6배판으로 복간되었다(2차).

1차의 동인 외에 오쓰카 교이치(大塚恭一), 시미즈 슌지(淸水俊二), 오카다 신키치(岡田眞吉), 야스타 기요오(安田淸夫), 다카하라 후지로(高原富士郞), 아사오카 요시오(淺岡吉雄) 등이 동인으로 참가하였다. 1930년의 8권 1호(1927~1933년 사이에는 반년마다 권을 바꿨다)부터는 판형을 국판으로 다시 바꾸었다. 1940년 내무성이 '정기간행물 통제령'에 따라 영화 잡지를 통합한다는 방침을 세우면서 22권 11호로 종간되었다.

1941년 1월 4×6배판 형태의 새로운『영화평론』이 영화일본사(映畵日本社)에 의해 발간되었다(3차). 3차『영화평론』의 발간은 1943년 11월까지 이어졌다. 그리고 정부의 영화 잡지 2차 통합에 의해 1944년 1월부터는 판형은 제3차와 같지만 일본영화출판주식회사(日本映畵出版株式會社)가 발행처가 되어 새로운 권호 체제로 발간되었다(4차).

이때 편집책임이 데라시키 히로세쓰에서 시미즈 아키라(淸水晶)로 넘어갔다. 제4차『영화평론』은 태평양전쟁의 상황이 악화됨에 따라 계속 지면이 줄어들다가 1945년의 3·4월 합병호를 마지막으로 휴간 상태로 들어갔다.『영화평론』이 복간된 것은 태평양전쟁이 끝난 직후인 1945년 9월이었다.

『영화평론』은 일본의 변방인 도호쿠(東北) 지방의 지역 인텔리 청년들에 의해 동인지로 창간된 후 일본 문화의 중심인 도쿄로 진입한 뒤 상업지로 자리를 잡는 데도 성공한 특이한 영화 잡지이다. 아울러 미국에 체류하고 있던 나가타가 중심이 되어 미국에서도 원고를 모집하고 있었다는 점이 주목된다.

2차『영화평론』은 1권 1호를 당시 인기 있던 영화배우 가미야마 소진(山上草人)의 특집호로 꾸민 데 이어 당시 독일을 대표하던 감독인 프리츠 랑(Friedrich Christian Anton Lang), 할리우드 최고의 배우이던 채플린(Charles Chaplin), 로이드(Harold Lloyd), 그리고 일본의 신예 감독이던 우시하라 기요히코(牛原虛彥), 이토 다시스케(伊藤大輔) 등 매호마다 감독과 배우를 대상으로 하는 특집주의를 관철시켜 나갔다.

1930년 판형을 바꾼 뒤에는 "오즈 야스지로호(小津安二郞號)", "야마나카 사다오 연구(山中晶雄硏究)", "뒤비비에(Julien Duvivier) 연구" 등 이전처럼 영화 작가 특집을 계속 내는 한편 "프랑스 영화 연구", "문학과 영화", "색채 영화 연구", "영화와 민족의 문제", "영화 이론의 전개" 등의 특집도 게재하였다.

동인에도 기지마 유키오(來島雪夫), 우에노 이치로(上野一郞), 시미즈 아키라, 사와무라 쓰토무(澤村勉), 쓰지 히사카즈(辻久一), 도가와 나오사(登川尚佐, 도가와 나오키[登川直樹]) 등이 참가하여『키네마순보(キネマ旬報)』와 나란히 오랫동안 영화 관련 2대 잡지로 영화론의 시야를 넓히고 깊게 하는 데 이바지하였다.

1933년부터는 평론, 비평 외에도 매호 시나리오를 게재하여 영화 작품의 활자화라는 스타일을 확립하기도 하였다. 영화의 고전을 시나리오의 형태로 남김으로써 과학적인 영화 연구에의 길을 열었고 이것이 다시 시나리오 문학론의 형태를 통해 영화와 문학이라는 문제를 환기하는 계기를 만든 것이다.

이 밖에도 영화평론사는 좀 더 심도 있는 연구지인 『계간영화연구(季刊映畵研究)』를 간행하였다. 그리고 출판부에서는 당시로서는 가장 선진적인 이론을 담고 있던 『영화배우론(映畵排優論)』, 『영화감독론(映畵監督論)』, 『영화제작론(映畵製作論)』 등의 영화 서적을 번역 출판하기도 하였다. 야마구치 다케미(山口竹美)의 『일본영화서지(日本映畵書誌)』(1937)를 출간한 것도 특기할 만하다.

3차 초기에 이르기까지 세계 영화계의 동향에 적극적인 관심을 보이고 있던 것도 『영화평론』의 중요한 특징이었다. 미국, 프랑스, 독일 영화에 대한 특집호가 자주 게재되었으며 제3차에서는 당시 일본으로서는 유럽과 미국 영화에 유일하게 열려 있던 상하이(上海)에서 보내온 쓰지 히사카즈와 마쓰야마 다카시(松山崇)의 통신도 연재되었다.

시미즈 히로시(清水宏) 감독의 「미카헤리의 탑(みかへりの塔)」, 오즈 야스지로 감독의 「아버지(父ありき)」, 쿠로사와 아키라(黑澤明) 감독의 「스가타 산시로(姿三四郎)」 등 당시를 대표하던 작품의 시나리오를 게재하는 등 이전의 전통도 계속 이어나가고 있었다.

그러나 1940년대에 들어서 이른바 군부와 '혁신' 관료에 의하여 '영화 신체제'가 확립되면서 『영화평론』의 논조는 급격하게 바뀌었다. 그 결정적인 계기는 내각정보국이 주도한 영화 잡지 통폐합이었다. 이 과정에서 살아남은 『영화평론』은 국가의 문화선전정책에 적극적으로 순응하는 모습을 보였다.

그것은 처음에는 영화 신체제가 내세운 국책 영화론에 동조하는 것에서 시작하여 점차 일본제국주의 침략 전쟁에 적극적으로 편승하여 영화를 통하여 대동아 공영권을 실현하자는 주장으로까지 나아갔다.

이를 가장 잘 보여 주는 것이 3차 이후의 특집 "영화 신체제안을 둘러싸고(映畵新體制案を繞つて)"(3차 1권 10호), "대동아 영화 건설에의 구상(大東亞映畵建設への構想)"(3차 2권 4호), "전쟁과 기록 영화(戰爭と記錄映畵)"(3차 2권 6호), "일본 영화 대외 선전(日本映畵對外宣傳)"(4차 1권 7호), "남방 영화 공작의 근본 문제(南方映畵工作の根本問題)"(4차 3권 1호) 등의 특집 주제이다. 특집의 제목에서도 알 수 있듯이 영화 신체제와 침략 전쟁에 적극 호응하는 모습이 나타나고 있었다.

특히 4차 『영화평론』에서 전시 색채는 극에 달하였다. 3차와 4차의 기사 가운데 영화 신체제와 대동아 영화에 관련된 주요 기사만 뽑으면 다음과 같다.

平井茂, 「日本映畵と大陸」, 1권 7호(1941)
津村秀夫, 「映畵配給統制論」, 1권 10호(1941)
内田三岐雄, 「革新に際して」, 1권 10호(1941)
岡田眞吉, 「映畵の國家管理に就て」, 1권 10호(1941)
上野耕三, 「映畵新體制と文化映畵」, 1권 10호(1941)
清水敏夫, 「映畵統制上の政治性について」, 1권 11호(1941)
村尾薫, 「日本映畵の現地報告: 日本映畵を支那側に上映した成果」, 1권 12호(1941)
山根正吉, 「大東亞戰爭と邦畵南進の諸問題」, 2권 1호(1942)
筈見恒夫, 「大東亞映畵のありかた」, 2권 2호(1942)
多田裕計, 「上海租界進駐と文化工作」, 2권 2호(1942)
辻久一, 「大東亞戰爭と支那に於ける映畵」, 2권 3호(1942)
不破祐俊, 「大東亞映畵建設の目標」, 2권 4호(1942)
津村秀夫, 「大東亞映畵政策に關するノート」, 2권 4호(1942)
飯島正, 「大東亞映畵としての日本映畵」, 2권 4호(1942)
吉村公三郎, 「大東亞映畵の建設について」, 2권 4호(1942)
清水敏夫, 「大東亞に於ける映畵政策」, 2권 4호(1942)
村尾薫, 「大東亞映畵へ進む北支映畵界」, 2권 4호(1942)

山根正吉, 「大東亞映畫と南方映畫」, 2권 4호(1942)
筈見恒夫, 辻久一 외, 「大東亞映畫政策を語る現地座談會 中日合作映畫の將來」, 2권 2호(1942)
上野一郎, 「馬來, 比律賓, 蘭印の映畫事情」, 2권 5호(1942)
村尾薫, 「大東亞映畫の構想」, 2권 5호(1942)
奥好晨, 「日本映畫の南進について」, 2권 8호(1942)
村尾薫, 「大東亞映畫工作の機構」, 2권 11호(1942)
猪熊弦一郎 외, 「從軍畫家座談會 南方事情と映畫」, 3권 1호(1943)
岡田眞吉, 「國民映畫論」, 3권 5호(1943)
辻久一, 「これからの大陸映畫」, 3권 7호(1943)
永田雅一, 「大東亞映畫人大會を提唱す」, 1권 1호(1944)
「大東亞映畫圈要覽」, 1권 2호(1944)
田中三郎, 「非常措置を契機として」, 1권 5호(1944)
神保環一郎, 「南方調查記」, 1권 5호(1944)
村尾薫, 「南方から見た日本映畫, 1권 7호(1944)
神保光太郎, 「共榮圈と日本映畫」, 1권 7호(1944)
安田清夫, 「ジャワに於ける日本映畫の宣傳的役割」, 1권 7호(1944)
蘆原英了, 「印度支那に於ける日本映畫」, 1권 7호(1944)
「川喜多長政氏と一問一答 南方映畫工作に寄せる」, 1권 8호(1944)

『영화평론』의 조선 관련 기사

1차와 2차 『영화평론』에는 조선 관련 기사가 거의 실려 있지 않다. 『영화 평론』에 조선 영화계의 동향을 소개하는 기사가 실리기 시작하는 것은 1940년대에 들어서면서부터였다. 1941년 7월에 발간된 1권 7호에서 "반도의 영화계에 무관심"하였던 것을 반성하면서 '조선 영화의 현상'(朝鮮映畫の現狀)을 특집으로 기획한 것이 그 출발점이었다.

조선에 관련된 기사 가운데 주요한 것은 다음과 같은데, 특히 최인규(崔寅奎), 백철(白鐵) 등이 참석한 좌담회, 일제강점기의 대표적인 선전 영화이지만 현재 필름이 남아 있지 않은 『그대와 나(君と僕)』의 시나리오, 그리고 나중에 한국을 대표하는 극작가로 활동하는 오영진(吳泳鎭)의 글 등이 중요하다.

內田岐三雄, 「半島映畫について」, 1권 7호(1941)
黑田省三, 「朝鮮映畫雜感」, 1권 7호(1941)
日夏英太郎, 「內鮮兩映畫界の交流について」, 1권 7호(1941)
西龜元貞, 「朝鮮映畫の題材について」, 1권 7호(1941)
최인규, 백철 「座談會 朝鮮映畫の全貌を語る」, 1권 7호(1941)
「シナリオ 君と僕」, 1권 7호(1941)
大黑東洋士, 「朝鮮映畫行(1)」, 1권 9호(1941)
登川尚佐, 「作品月評: 望樓の決死隊」, 3권 5호(1943)
松山崇, 「北邊の國境に望樓を建てる」, 3권 5호(1943)
島崎清彦, 「'若き姿'の撮影技術から」, 3권 6호(1943)
吳泳鎭, 「映畫と朝鮮大衆」, 3권 11호(1943) (이준식)

참고문헌

今村三四夫, 『日本映畫文獻史』, 鏡浦書房, 1967; 『日本出版百年史年表』, 日本書籍出版協會, 1968.

영화학예잡지(英和學藝雜誌)

1887년 도쿄영화학교 학습회가 발행한 기관지

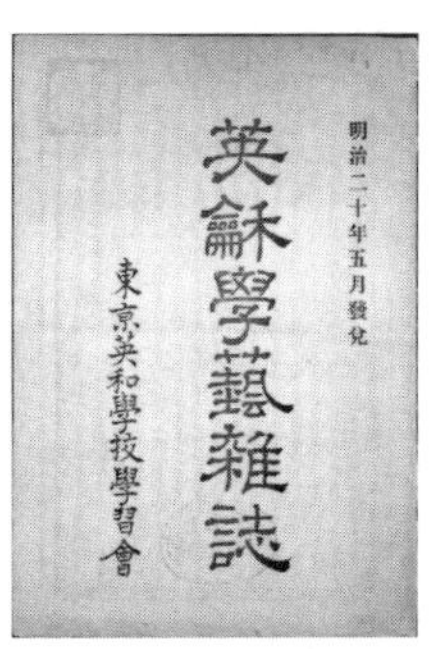

1887년 5월 도쿄영화학교 학습회(東京英和學校學習會)가 발행한 잡지로 편자는 불명이다. 잡지는 일반인에게 시판되던 영어잡지가 아니라, 현재 아오야마학원대학(青山學院大學)의 전신인 도쿄영화학원(東京英和學校)의 기관지이다. 영문 타이틀은 "The Tokyo

Anglo-Japanese College Advocate"이다. 잡지의 원본은 가가와대학(香川大學) 중앙도서관 등이 소장하고 있다.

창간호 잡지는 '일문의 부'(21쪽)와 '영문의 부'(13쪽)로 구성되어 있다. 일문의 부 표지 뒤에 게재된 「예언(例言)」에는 잡지 발행의 목적이 잘 나타나있다.

"본지는 도쿄영화학교 교사 학생 및 내외의 여러 학사(學士)의 논설로 신학, 철학, 이학, 문학 기타 제반의 학예와 관련된 자를 모아 전문적으로 지식을 개진하여 풍화보익(風化補益)의 목적을 달성하고자 한다. 본지는 논설, 휘문(彙聞), 잡록, 잡보 등 네 개로 나눈다. 논설에는 도쿄영화학교 교사 학생 및 특히 본회를 위해 노력한 자들의 고론탁설(高論卓說)을 기재한다. 휘문에는 본교 내에서 열린 연설의 필기 및 세간 학사의 논설로 세상에 유익한 것을 게재한다. 잡록에는 만언 시가 문장 등 우아한 글로 사회의 풍화를 돕는 글을 게재한다. 잡보에는 본교 내외에서 일어난 유익한 사실을 모아 게재한다."

창간호 '일문의 부'는 '논설'로서 멕레이의 「잡지의 효용(雜誌ノ効用)」, 고이쓰카 료(肥塚龍)의 「소장자의 세력(少壯者の勢力)」, 데라야마 게이노스케(寺山啓之助)의 「노자철학(老子哲學)」 등 3편이 게재되었다. '휘문'에서는 멕레이의 「자치를 논한다(自治を論ず)」, 스기 고지(杉亨二)의 「우리 일본제국 인민의 장래를 아는 것과 그 방법(我日本帝國人民の將來を前知するの說及び其方法)」 등 2편이 실렸다.

'영문의 부'에는 창간사에 해당하는 "Editorial: Design of the Advocate; Introduction to the Advocate"에 이어 4편의 '기고논문(Contributed Articles)'이 게재되었다. 즉 매클레이(Rev. R .S. Maclay)의 "Public Journalism", X의 "The Taxation of Private Schools", 코리 씨(Mr. T. Kori)의 "True Manliness", 이와무라 부인(Mr. T. Iwamura)의 "An Ancient Japanese Story"의 논설이다. 이 가운데 최초의 매클레이의 글이 '일문의 부'에 게재된 「잡지의 효용」과 내용이 일치하고, 다른 논설은 별도의 글이다.

『영화학원잡지』는 말하자면 외국어 공부를 위한 학습 잡지가 아니라, 일본어와 영어로 편집된 논설잡지이다. (이규수)

참고문헌

牛島俊 作, 『日本言論史』, 河出書房, 1955; 『近代文學雜誌事典』, 至文堂, 1965; 桂敬一, 『明治·大正のジャ-ナリズム』, 岩波書店, 1992.

영환쇄기(瀛寰鎖記)

1872년 중국 상하이에서 창간된 문예지

1872년 11월 상하이(上海)에서 창간된 근대중국 최초의 문학 월간지이다. 존문각(尊聞閣)이 창간하고 신보관(申報館)에서 인쇄되었다. 1875년 1월, 총 28권을 간행한 후 2월에 제호를 『사명쇄기(四溟瑣記)』로 개칭하였다.

창간호에 게재된 창간사 「영환쇄기서(瀛寰瑣記敍)는 리사오주스(蠡勺居士)가 쓴 것으로 보아 그가 이 잡지의 주필이었던 것으로 보인다. 이 서문에서 그는 『중서문견록(中西聞見錄)』을 모방하되 더욱 광범위한 내용을 담을 것을 표방하고 있다. 국내외 소식을 비롯한 제세안민(濟世安民)의 의무를 다함과 동시에 농월음풍(弄月吟諷)의 재미도 넓게 살리겠다고 하였다.

내용은 시(詩)와 사(詞), 곡(曲), 부(賦), 소설, 잡문 등 다양한 형식의 문학작품과 산수 유람기, 인물 전기, 묘비 명문, 일기 등도 게재되었다. 또한 시정(時政)을 의논하는 논설과 관리의 인사이동 소식, 해외의 풍치를 소개하였다.

리사오주스가 번역한 영국소설 「신석한담(昕夕閑談)」과 일본 명저 『강호번창기(江滬繁昌記)』를 게재하였는데, 이는 중국 근대 최초의 번역 문학작품이다.

리싸오거사는 「흔석한담 머리글(昕夕閑談小敍)」에서 이 책을 번역한 목적을 민주사상을 수입하고 정치체제를 변경하여 중국이 부강의 길을 가도록 하기 위함이라 하였다. 소설에 대해서도 새로운 견해를 제기하여 소설의 교육적 효과를 주장하였다. 즉 제자백가의 서적이나 성경과 비교해보면 유명한 고전들은 사람들을 졸게 하거나 듣기 싫어하지만, 소설은 독자들을 즐겁게 하고 감동을 주면서 사람의 마음을 움직이는 능력을 가지고 있다고 하였다. 이는 전통적 소설 관념에 대한 도전이었으며, 현대 소설 이론의 첫 걸음을 내디딘 것이었다.

이 잡지는 다양한 문예작품들을 발표하였는데, 우메이보(吳梅伯)의 「청초산관시존(聽茗山館詩存)」, 장춘화(張春華)의 「호성세사구가(滬城歲事衢歌)」, 어우둥산차오(歐東山樵)의 「벽랑호도가팔십수(碧浪湖棹歌八十首)」, 푸쉐차오스(賦雪草室)의 「독홍루몽잡기(讀紅樓夢雜記)」 등을 게재하였다.

집필진에는 주타이청(朱台成), 지안(寄庵), 한바오선(韓寶森), 양팅둥(楊廷棟), 바오전쯔(抱眞子) 등이 있다.

이 잡지는 중국인이 직접 편찬 간행한 최초의 정기간행물이라는 의의를 갖고 있으며, 과거의 전통적 문장들도 게재하였지만, 계몽 사상적 작품들을 많이 소개하였다. (김성남)

참고문헌

周葱秀·涂明 著, 『中國近現代文化期刊史』, 山西教育出版社, 1999; 王檜林·朱漢國 主編, 『中國報刊辭典』, 太原: 書海出版社, 1992.

▌예문(藝文)

1902년 일본에서 간행된 문예지

1902년 6월부터 8월까지 발행된 문예지. 이 잡지는 모리 오가이(森鴎外)가 발행한 『메사마시쿠사(めさまし草)』와 우에다 빈(上田敏)이 발행한 제1차 『예원(藝苑)』을 통합한 잡지로 통권 2권이 발행되었다. 발행처는 분토모칸(文友館)이며 발해인 겸 편집인은 이토 도키(伊藤時)이었다. 국판 구성으로 본문은 116쪽과 139쪽이었다. 잡지는 평론, 시가, 번역이 중심이었다. 특히 「금색야우합평(金色夜又合評)」은 많은 문인들이 참가하여 다양한 각도에서 소설을 비평했다. 주요 집필자는 이노우에 미치야스(井上通泰), 사사키 노부쓰나(佐佐木信網), 히라타 도쿠보쿠(平田禿木), 간바라 아리아케(蒲原有明) 등이었다. 이 잡지는 일본 근대문학사에 커다란 족적을 남긴 모리 오가이와 우에다 빈이 최초로 결합한 잡지로 주목된다.

• 모리 오가이(森鷗外)

일본의 소설가, 평론가, 번역가, 군의. 본명은 린타로(林太郎)이다. 일본 근대문학의 창시자 가운데 한 사람이다. 대대로 쓰와노 한의 영주의 전의(典醫)를 맡아온 의사 집안에서 태어났다. 메이지유신 이후 모리 가(森家)는 도쿄로 이주했으며, 오가이는 1881년 도쿄대학 의학부를 졸업했다. 군의관으로 있다가 1884년 오랜 염원이던 독일 유학을 떠나 약 4년 동안 위생학을 공부했다. 1888년 귀국해 육군군의학교 교관이 되었으며 이듬해부터 군의이자 문학가로서 왕성한 활동을 시작했다. 1889년 번역시집 『오모카게(於母影)』를 냈으며, 잡지 『시가라미조시(しがらみ草紙)』를 창간했다. 1890년 소설 「무희(舞姬)」를 발표했는데, 이는 베를린을 무대로 일본 유학생과 독일 소녀와의 비련을 그린 것으로 작가의 체험을 바탕으로 하여 쓴 것이다. 기성작가들의 비개인적인 픽션으로부터 이탈한 이 작품은 일본작가들 사이에서 자전적 소설에 대한 유행을 불러일으켰다. 한편 1907년에는 군의로서 최고위직인 육군군의총감, 육군성 의무국장이 되었다. 오가이의 가장 유명한 소설 「기러기(雁)」(1911~1913)는 대금업

자의 첩이 매일 집 앞을 지나다니는 한 의대생을 연모하는 내용의 소설이다. 한편 안데르센의 자전적 소설 「즉흥시인(Improvisatoren)」을 번역하기도 했다.

1912년 오가이는 세상을 떠난 메이지 천황의 뒤를 따라 자살한 노기 마레스케(乃木希典) 장군에게서 깊은 감동을 받게 되면서 사무라이들의 규범을 그린 역사물들을 쓰기 시작했다. 그의 작품에 등장하는 여러 주인공들은 무사들이며 노기 장군과 같이 죽은 주군의 뒤를 따라 자살을 한다. 초기의 그의 고백적인 작품과는 대조적으로 오가이는 작품의 주인공인 사무라이들처럼 감정을 배제하려고 노력했다. 이러한 그의 초연함으로 인해 후기 작품들은 다소 건조해 보인다. 그러나 주인공들의 힘과 성실함은 그가 존경해 마지않았던 사무라이들의 이상과 아주 가까웠다.

• 우에다 빈(上田敏, 1874~1916)

일본의 시인, 평론가, 영문학자. 1889년 제1고등학교에 입학했으며, 『문학계(文學界)』 동인으로 참가했다. 1894년 도쿄대학 영문과에 진학한 그는 『제국문학(帝國文學)』 창간에 참가하여 창간호부터 프랑스 상징시 등 해외문학을 소개하는 데 주력했다. 1897년 대학 졸업 후 도쿄고등사범학교 교수, 도쿄대학 강사 등을 역임하면서 『명성(明星)』, 『예문(藝文)』(이후 『만년초[万年艸]』로 개칭), 『예원(藝苑)』 등의 잡지에 서양 문학 번역작품이나, 예술비평을 발표하여 모리 오가이와 함께 탐미주의 사조의 지도적 이론가로 주목받았다.

특히 프랑스의 고답파(高踏派)나 상징주의의 시 번역을 모은 『해조음(海潮音)』은 시단에 큰 영향을 끼쳤다. 1907~1908년 미국과 프랑스 등지를 방문했으며, 1909년에는 교토대학 교수가 되었다. 또한 오가이와 함께 『미타문학(三田文學)』, 『스바루(スバル)』의 고문으로도 활약했다. 소설 「소용돌이(うづまき)」(1910)는 자신의 분신인 주인공을 통해 유년기의 회상과 인생관·예술관을 피력한 장편으로, 탐미주의 이론이 구체화된 작품으로 평가받았다. (이규수)

참고문헌

『近代文學雜誌事典』, 至文堂, 1965; 宗像和重, 「鴎外·明治41年3月17日: 上田敏宛書簡から」, 『森鴎外研究』 9, 2002; 佐藤隆一, 「上田敏と前田純孝」, 『大阪城南女子短期大学研究紀要』 36, 2002; 九里順子, 「上田敏における『趣味』と芸術観」, 『日本文学ノート』 35, 2000; 渋沢孝輔, 「現代性の批評家·上田敏」, 『新潮』 79-9, 1982; 岡田英雄, 「琢木と上田敏」, 『国文学攷』 28, 1962.

예배육(禮拜六)

1914년 중국 상하이에서 발간된 주간 문예지

1914년 6월 6일 상하이(上海)에서 창간되었다. 작가들 모임이었던 "예배육(禮拜六, 토요일)"파 간행물이었다. 대표적인 원앙호접파(鴛鴦胡蝶派) 작가들이 이 잡지를 통해 글을 발표하였다. 1916년 4월 100호를 끝으로 정간되었다가 1921년 여름, 다시 복간되었다. 이후 다시 1923년 2월 200호로 종간되었다. 중국국가도서관 등지에 소장되어 있다.

초기에는 둔건(鈍根, 왕후이[王晦])이 주편을 맡았으나 19호부터는 젠추(劍秋, 쑨둥[孫烱])가, 그리고 후기에는 쉬좐(瘦鵑, 저우궈셴[周國賢]) 등이 주편을 맡았다. 앞 100호는 모두 소설을 발표하였고 후 100호는 잡문, 즉 통속적인 잡문을 주로 실었다. 예성타오(葉聖陶)가 예타오라는 필명으로 많은 글을 발표하였으며 소설, 잡문 대부분이 사회의 어두운 이면을 폭로하고 군벌의 횡포와 봉건적 가정, 자유결혼 등을 얘기하였다. 그 외 많은 서양의 명저를 싣기도 하였다. (이호현)

참고문헌

王檜林·朱漢國, 『中國報刊辭典(1815~1949)』, 太原(山西): 書海出版社, 1992; 中國近現代史大典編委會, 『中國近現代史大典』, 中共黨史出版社, 1992.

▌예보(豫報)

1906년 일본 도쿄에서 창간된 시사종합신문

1906년 11월 일본 도쿄(東京)에서 허난동향회(河南同鄕會)가 창간하였다. 제1호와 제2호, 1907년 11월 1일 출판된 제4호가 현존하고 있으며, 중국국가도서관에 소장되어 있다.

게재된 글은 대부분 허난(河南) 지역과 관련된 기사로 논설, 정치, 지리, 실업(實業), 시평(時評), 역총(譯叢), 문원(文苑), 소설, 뉴스, 잡조(雜俎), 조사 등의 난이 있다.

풍속 개선과 백성들의 지식 개발, 지방자치 제창, 민족사상 환기가 유일한 발간 목적임을 표명하면서 애국주의 사상을 선전하였다.

동맹회 허난(河南) 분회파의 층자오원(曾昭文), 주빙린(朱炳麟), 루지쉐(劉積學) 등이 자금부족을 이유로 종간을 결정하고, 허난유학생 동맹회에서 별도의 잡지 『허난(河南)』을 발간하게 되었다. (김성남)

참고문헌

方漢奇 主編, 『中國新聞社業通史』, 中國人民大學出版社, 1996;

葉再生 著, 『中國近代現代出版通史』, 北京: 華文出版社, 2002.

▌예비입헌공회보(豫備立憲公會報)

1908년 중국 상하이에서 창간된 학술지

1908년 2월 말 상하이(上海)에서 창간되었다. 청말 입헌단체인 예비입헌공회보(豫備立憲公會報)의 기관보이다. 반월간으로 매월 13일과 23일에 20쪽 정도 책의 형태로 간행되었다. 첫 해에 22호를 발행하였고, 2년 차에 24호를 발행하여 총 46호를 발행하고 1910년 1월 말 정간되었다. 현재 베이징대학도서관에 소장되어 있다.

예비입헌공회는 1906년 12월 16일 상하이에서 설립된 입헌단체로 회장은 정샤오슈(鄭孝胥), 부회장이 장젠(長張謇)과 탕서우첸(湯壽潛)이며 당시 중국 내에서 매우 영향력 있는 입헌단체였다.

내용은 찬술(撰述), 집역(輯譯), 기사(記事)의 세 항목을 개설하였으며, 2년차부터 소해법령(疏解法令), 회등문독(匯登文牘), 수집언론(收輯言論), 역술서보(譯述書報) 등을 증설하였다.

"인민들에게 입헌의 모든 일을 알리고, 입헌의 진화사상을 촉진하자"는 것을 그 발행목적으로 삼았다. 군주입헌선전을 중시하여 예비입헌을 촉진하는 주장들을 게재하였다.

일본 유학에서 귀국한 멍자오창(孟昭常)이 주필을 맡았고 쩌우루이제(奏瑞玠), 탕이어(湯一鶚), 멍썬(孟森), 장자전(張家鎭), 허셰(何械), 사오의(邵義) 등이 편집과 집필에 참여하였다. 편집진 대부분이 일본 호세이대학 유학생 출신으로 입헌, 행정, 법률, 재정, 외교, 교육 방면의 이론과 현실문제에 대해 연구와 토론을 진행하였으며, 중대 사건에 민감하게 반응하는 등 태도가 명확하였다. 청말 입헌운동을 연구하는 중요 자료이다. (김성남)

참고문헌

葉再生 著, 『中國近代現代出版通史』, 北京: 華文出版社, 2002;

王檜林·朱漢國 主編, 『中國報刊辭典』, 太原: 書海出版社, 1992.

▌예수교신보(The Church Herald)

1907년 서울에서 창간된 감리교와 장로교의 연합신문

『그리스도신문』을 개제하여 1907년에 창간되었다. 발행인은 게일(James Scarth Gale, 한국명 기일[奇一]) 박사였고, 발행소는 경성 정동이었다. 1910년에 폐간하였다.

언더우드(H. G. Underwood, 한국명 원두우[元杜尤]) 목사가 경영해 오던 『그리스도신문』(1897년 4월 1일 창간)을 개제, 게일 박사에 의해 1907년 창간된 감리교와 장료교의 연합신문이다.

지식의 보급과 교회연합이라는 임무를 띤 이 신문은 순국문 3단제로 제1면에 시사문제를 중점적으로 취급하고 각 지방의 교회통신은 2면에 게재했다. 1면의 시사는 주로 국제정세에 관한 것으로 영국와 프랑스 상호간에 교제가 친밀하다는 식의 기사를 비롯하여 유럽의 국제분쟁에 대한 기사 및 미국 정계 소식 등을 전했다. 폐간은 1910년으로 정확한 날짜는 알 수 없다. (이경돈)

참고문헌

『한국신문백년지』 1, 한국언론연구원, 1983; 최기영, 『대한제국시기 신문연구』, 일조각, 1991; 윤춘병, 『한국기독교신문잡지백년사(1885~1945)』, 대한기독교출판사, 1984; 한국기독교역사연구소, 『그리스도신문 · 예수교신보 · 예수교회보 색인자료집』, 한국기독교역사연구소, 2003.

예수교회보

1910년 서울에서 창간된 순수 선교지

1910년 2월 18일 창간되었다. 발행인은 게일(James Scarth Gale, 한국명 기일[奇一]) 목사이며, 소형 8면 4단제로 발행되었다. 서울신학대와 장신대학교에 소장되어 있다.

장로교 선교사인 게일 목사에 의해 창간된 소형 신문이다. 1910년 2월 18일에 창간되었으나 폐간일자는 알 수 없다.

순수한 선교지인 이 신문은 제1면 우측 하단에 '기도모범'란을 실었고 상단에는 교회통신란을 설치하여 매호마다 실었다.

2~3면은 전국 각 지방의 교회소식과 교리 해설, 4면은 사설, 5~6면은 '셩경 연구란'을 게재했다. 7면에는 '긔담'을 8면에는 전체 광고인데 모두 약광고라는 것이 특기할 만하다.

1면의 '기도모범'란은 단적으로 이 신문의 성격을 가늠하게 한다. 다음은 그 전문이다. "일만 스승의 스승되신 주여 현금 각처에서 학교를 다시 열고 공부를 시작하오니 주가 함께하여 모든 가르침과 배우는 일을 홀로 주관하옵소서 아멘."

즉, 이 신문은 일반 지식의 계몽을 위한 기사는 거의 없고 순수하게 선교를 목적으로 하는 내용만으로 채워져 있다.

• 게일(James Scarth Gale, 1863~1937)

한국명은 기일(奇一)이다. 1863년 2월 19일 캐나다 온타리오에서 스코틀랜드 계의 부모로부터 출생했다. 1888년, 토론토대학을 졸업하고 같은 대학 기독청년회 지원으로 25세 되던 1888년 12월 15일 기포드(D. L. Gifford)와 함께 인천으로 내한했다.

1889년 황해도 해주 지방과 경상도 지방을 순회하며 전도한 뒤, 1890년 예수교학당에서 영어를 가르쳤다. 1891년 2월 토론토대학의 선교비 중단으로 같은 해 8월 31일 미 북장로회 선교부로 전적했다. '천로역정'을 한글로 번역하고, 김만중의 「구운몽」을 "The Cloud Dream of the Nine"라는 제목의 영어로 번역(1922), 출판하는 등 단행본 저서가 43권에 이른다. 문서선교사업에 특히 힘을 쏟았다. (이경돈)

참고문헌

『한국신문백년지』 1, 한국언론연구원, 1983; 최기영, 『대한제국시기 신문연구』, 일조각, 1991.

예술(藝術)

1934년 서울에서 창간된 종합예술 계간지

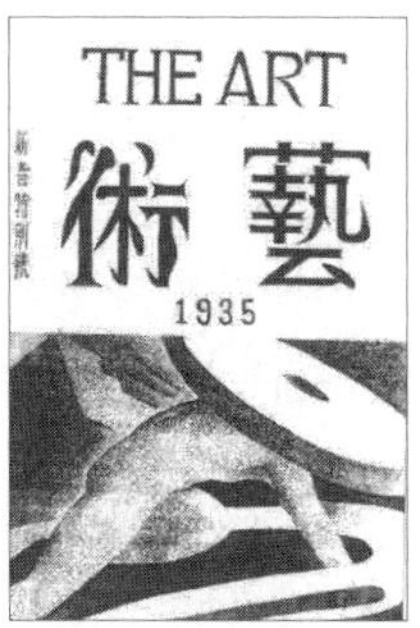

1934년 12월 10일 창간한 흔치 않은 종합 예술 잡지이다. 판권장에 적혀 있는 날짜와는 다르게 표지에는 1935년 '신춘특별호'로 명시돼 있어 정확하게는 1935년 1월 창간으로 보는 것이 옳다. 저작 겸 발행인은 박송

(朴松), 인쇄인은 선광인쇄 주식회사의 홍기식(洪騏植), 발행소는 예술사(藝術社, 경성부 중림동 225)이다. 판형은 A5 국판으로 총 91쪽이며 정가는 25전이었다. 1936년 1월 10일 통권 4호로 종간되었다. 창간호는 1935년 1월 1일에, 2호는 1935년 4월 1일, 3호는 1935년 7월 1일에 각각 부정기적으로 간행되었다. 고려대와 연세대, 그리고 세종대 '김근수 문고'에 각각 소장되어 있다.

일반인의 예술에 대한 이해와 그 지식 보급을 목적으로 발간되었다. 편집후기에 따르면 쓸쓸한 조선에서 문화운동, 즉 예술운동만은 남보다 우월한 지위를 점령하고자 예술을 창간했다고 한다. 시·소설·희곡·영화·해외문학·평론 등 예술 분야를 종합적으로 다루고자 했다.

창간호에서 가장 많은 비중을 차지하는 장르는 '평론'이다. 임화의 「언어와 문학」, 유진오의 「극작가와 무대」를 비롯하여 전평「창작방법과 영화예술」, 김수효의 「신흥 연극의 무대 장치 실제」, 박기채의 「영화의 교육적 의의와 본질」, 설강 김태오의 「무대사진예술에 대하여」, 김봉면의 「장극(章劇)에 대한 편론」, 안영일의 「연기에 대한 각서」 등이 그것이다. 평론을 특집으로 꾸며 예술 전반에 걸쳐 각 분야별로 논의하는 체제를 갖추고 있다.

또한 안함광, 이태준, 윤곤강, 백철, 최정희, 박영희 등의 문인들에게 연극과 영화의 앞날에 대한 견해를 물어 싣고 있다. 영화와 관련해서는 「영화의 해외소식」, 「영화용어해설」 등을 실어 각별한 애정을 표하고 있다. 박송의 소설 「어촌의 밤」, 주요한의 시 「아기는 살았다」를 비롯하여 시조, 시가, 소설, 시나리오, 희곡 등의 창작 문예물도 실려 있다.

2호(1935.4)는 '논문'이 특집으로 실렸는데 주로 문학에 관한 글들이다. 안함광의 「조선 프로문학의 현단계적 위기와 그 전망」, 한효의 「1934년도 문학운동의 제경향」, 이헌구의 「불(佛)문단 사조의 동태」, 김광섭의 「영(英)문단 금후의 진전」, 진우촌(秦雨村)의 「사회주의 문학은 어디로 가나?」, 민병휘의 「조선문학을 찾자」, 이석훈의 「문학가협회 조직」, 김우철의 「신춘 문단에 대한 잡감」 등의 면면들은 카프의 해산을 전후로 하여 문학의 방향을 모색하는 고민과 조선 문학이 처한 난관을 엿볼 수 있다. 그 밖에도 '세계문단총관'이나 '세계극단의 동태', 장혁주의 「해외문학 수입의 필요」, 박화성의 「작가 교양의 의의」, H. 아놀드의 「사회학과 문학사」 등의 글이 실려 있다.

3호와 4호인 종간호 역시 1호의 성격과 유사하게 편집되었다.

일본의 아시아 패권을 차지하려는 침략 전쟁이 본격화되는 시점에서 조선 문학의 위축은 당연할 수밖에 없었다. 이 잡지는 그러한 위기의 징후를 여실하게 보여 준다. 좌익적 경향의 문단 인사들만이 아니라 문학관과 입장을 달리하는 문인들의 글이 보이는 것이다. 김기림이나 이병기, 이은상, 이헌구, 윤곤강, 최정희의 이름은 그것을 예시화한다고 할 수 있다. '조선문학가협회'에 관한 논의가 있었던 것은 아마도 문학 활동의 위기를 공히 공감하고 그 대응책으로 모색했던 공통화제가 아니었나 짐작된다. 그리고 이러한 필요성을 바탕으로 예술 전반에 걸친 소개와 관심을 고취하고자 『예술』이 창간되었음을 창간호의 「편집후기」를 통해서도 알 수 있다.

"『예술』이 만난(萬難)을 일축하고 세상에 나온 이상 여러분의 기대에 어그러지지 않도록 활동할 것입니다. 왜 그런가 하면 『예술』은 그 이름과 같이 쓸쓸한 조선이나마 문화운동만은 예술운동만은 남보다 우월한 지위를 점령하려고 나온 것입니다." (전상기)

참고문헌

김근수, 『한국잡지사연구』, 한국학연구소, 2004; 최덕교 편저, 『한국잡지백년』 3, 현암사, 2004.

예술운동(藝術運動)

1927년 일본 도쿄에서 한국어로 창간된 카프의 기관지

1927년 11월 15일자로 창간된 카프(KAPF, 조선프롤레타리아 예술가 동맹)의 기관지였다. 김두용(金斗

鎔), 조중곤(趙重滾), 이북만(李北滿) 등 일본 유학생이 중심이 되어 발간하였고, 김두용이 주재하였다. 발행소는 도쿄부(東京府 下吉祥寺 2544)의 조선프롤레타리아 예술가 동맹 도쿄지부였고, 인쇄소는 도세이샤(同聲社)였다. A5판 86쪽이었고, 정가는 30전이었다. 1928년 2호가 나오자마자 종간되었다.

카프 기관지로서, 검열문제로 인해 서울에서 발행되지 못하고 도쿄에서 발행되었다. 그러나 1호가 나오자마자 도쿄에서 압수되었고, 1928년 2호가 나올 때 도쿄와 서울간의 의견차이로 종간되었다.

논문과 문학작품으로 구성되어 있으며, 창간호의 내용으로는 본부초안(本部抄案) 「무산계급에 대한 논강(論綱)」을 비롯하여 박영희(朴英熙)의 「무산계급 문예운동의 정치적 역할」, 나카노 시게하루(中野重治)의 「일본 프롤레타리아예술연맹에 대하여」, 이북만의 「예술운동의 방향선환론은 과연 진정한 것이었나」, 장준석(張準錫)의 「노농러시아 공산 십주년 기념」 등의 논문이 있으며, 시로는 임화(林和)의 「담(曇)」, 홍양명(洪陽明)의 「××처녀지에 드리는 송가」, 소설로는 윤기정(尹基鼎)의 「앞날을 위하여」, 조중곤의 「×앗기고만 살가」가 있으며, 아동시로 송영(宋影)의 「모기가 없어지는 까닭」이 수록되어 있다.

백철(白鐵)은 『예술운동』에 대해 다음과 같이 기술하였다. "『예술운동』은 프롤레타리아문학이 처음으로 가진 기관지로서 나오기 전에 발금(發禁)이 되어 결국 동맹원들의 수중에만 배부된 것이지만, 이것은 최초의 문학기관지라는 의미에서 의의가 클 뿐 아니라, 이때에 와서 1927년도 전기(前期)의 문예운동의 '방향전환론'이 재수정되는 단계에 이르렀다는 의미에서 중요한 것이다."

1927년 10월에 설치된 카프 도쿄지부는 사무소를 두고 다음과 같은 강령을 발표했다. ① 봉건적 및 자본주의적 관념의 철저한 배격, ② 전제적 세력과의 항쟁, ③ 의식층조성운동의 순행.

조선프롤레타리아 예술동맹 도쿄지부는 '전위양성소'와 같은 역할을 했는데 실제로 그 구성원인 이북만, 김두용, 고경흠, 최병한, 황양명, 조중곤, 이우적, 장준석 등이 재일조선인 민족해방운동단체에서 주도적인 활동했다. 이들은 일체의 투쟁을 정치투쟁이라고 사고하고 재일조선인 민족해방운동을 일선에서 선도했다. 이 가운데 이우적의 사고는 「청년운동과 문예투쟁」(『예술운동』 1927.11)에서 확인할 수 있었다.

카프 도쿄지부는 구성원이 무산자사에 합류하면서 1929년 11월 17일 해산했다.

• 김두용(金斗鎔)

함경남도 함흥 출생으로 교토3고(京都三高)를 졸업했다. 도쿄제대(東京帝大) 미학과를 중퇴하고, 이후 신인회(新人會)에 가입했으며, 일본반제동맹(日本反帝同盟)에 참가했다.

김두용은 1927년 3월 잠정기관으로 제3전선사를 조직, 조선프롤레타리아예술동맹 도쿄지부로 전환시켰고, 1927년 11월 15일 기관지 『예술운동』을 창간하여 창간호의 편집 겸 발행인으로 활동했다. 특히 그가 주도했던 당시 조선프롤레타리아 예술동맹 도쿄지부는 '전위양성소'와 같은 역할을 수행했다. 이와 함께 합법 출판사로 무산자사를 갖고 있었다.

무산자사에서 활동하다가 검거를 피하고, 김두용은 조선프롤레타리아 예술동맹 도쿄지부 구성원, 도쿄조선프롤레타리아 연극회원, 도쿄의 조선인 유학생들과 도시샤(同志社)를 결성하여 주도했다.

1930년대에는 조선예술좌 결성을 주도했다. 조선예술좌는 재일조선인 연극 단체로, 재일조선인의 문화적 요구를 충족시키고, 동시에 조선의 진보적 연극 단체의 수립을 도모하기 위해 도쿄신연극협회의 합동 제안으로 도쿄신연극협회, 조선예술좌, 학생예술좌가 합동하여 조직했다. 이때 김두용은 위원장을 맡았다.

합법 출판사로 무산자사를 주도했던 그는 여기에서 재일조선인 민족해방운동의 해소를 주장했다. 김두용은 「재일조선인운동을 어떻게 전개할 것인가(在日本朝鮮勞動運動は如何に展開すべきか)」에서 종래 재일본조선노동총동맹은 노동계급 독자의 투쟁을 등한시하고 조선공산당의 지도 아래 활동했으며, 조선 내의

민족적 투쟁과 결합하여 재일본조선노동총동맹의 혁명적 조합투쟁을 방해하고, 또한 일본 좌익단체와 연락이 지속적이지 않았기 때문에 일본제국주의의 특수한 탄압에 중심 분자를 잃게 되었다고 했다. 이것은 운동 방침의 오류에서 야기된 것이 분명하다고 보고, 종래 조선공산당의 지도 아래에 특수한 탄압을 받았기 때문에, 일본에서는 일본공산당의 지도 아래 들어가 일본제국주의의 공세에 대항해야 한다고 했다. 그리고 진실로 노동계급의 이익을 옹호 획득하는 길은 전 노동계급의 공동투쟁 이외에는 아무 것도 없다고 했다.

재일본조선노동계급의 이익을 대표하여 충실하게 투쟁하기 위해서는 모든 민족적 투쟁을 버리고 오로지 좌익노동조합에서 투쟁을 수행해야 한다고 했다. 그는 조·일 노동자의 노동 조건은 완전히 일치하고 임금의 차별, 민족적 차별 등의 특수한 탄압은 일본노동계급을 위한 것이 아니며, 일본제국주의의 소산이기 때문에 이들 차별의 철폐는 일본노동계급과의 협력 없이는 실현이 불가능하다고 했다. 그리고 일본에서 노동계급의 계급적 이해를 옹호하고, 권력 획득 투쟁을 수행하는 혁명적 노동단체는 전협이기 때문에 여기에 합류하는 것이 타당하다고 보았다.

해방과 함께 그는 조련 활동을 통해 재일조선인 사회에서 중심적인 역할을 다시 수행했다. 정치범 석방운동은 그의 존재가치를 보다 강화시켜준 계기가 되었다. 이와 함께 김두용은 재일조선인과 일본공산당의 연계 고리로 조선인운동과 해방 후 일본의 사회운동을 결합시키는데 일정하게 기여했다.

• 이북만(李北滿, 1908~?)

충청남도 천안 출신이다. 본명은 복만(福萬), 일본명은 유춘수(柳春樹), 야마다(山田萬太郎)이다. 빈농 집안에서 태어나 보통학교를 졸업한 뒤 동아연초주식회사, 경성일보사에서 급사로 일하면서 상업학교를 졸업했다.

1926년 3월에 일본으로 가서 제일해상화재보험주식회사와 도쿄아사히신문사(東京朝日新聞社)에서 일을 하면서 『프롤레타리아예술(プロレタリア藝術)』 등을 통해 문필 활동에 종사하기 시작했다. 1927년 봄 제삼전선사(第三戰線社) 결성에 참여했으며 제삼전선사의 기관지 『제삼전선』 발행에도 관여했다.

1927년 7월 일본프롤레타리아예술동맹에 가입했고, 8월에는 경성에서 열린 조선프롤레타리아예술동맹(카프) 합동총회에 참석해 중앙위원으로 선출되었다. 같은 해 10월 카프 도쿄지부를 창설하고, 출판부를 담당했다. 재일본조선청년총동맹, 신간회 도쿄지회에서도 활동했다. 1928년 5월 고려공산청년회 일본부의 기관지 편집 겸 출판위원으로 선정되어 활동했다.

1929년 5월에는 카프 도쿄지부를 중심으로 무산자사를 조직하고 공산당의 재건운동과 관련된 조직의 확대운동에 주력했다. 그 뒤 일본프롤레타리아문화연맹에 가입해 프롤레타리아과학조선위원회를 담당했다.

일본 지역에서 재건공산당 사건으로 주요 인물들이 검거되자 무산자사나 카프에 관계했던 김두용·박노갑·김정한 등과 도쿄 유학생을 중심으로 1931년 11월에 '도시샤'를 결성했다.

1932년 1월 노동계급사(勞動階級社) 결성에 참여해 공산주의 비밀 출판물의 간행을 담당했다. 같은 무렵 김치정(金致廷) 등이 주도한 조선공산당재건투쟁협의회에 참여해 조선공산당 재건운동을 벌였다. 1933년 2월 조선공산당재건투쟁협의회 사건으로 경찰에 검거되었다가 1935년 9월 병보석으로 가석방되었다. 12월 도쿄에서 조선신문사(朝鮮新聞社) 창립에 참여하고 편집국에 배속되었다.

1936년 4월 가석방 상태에서 열린 재판에서 징역 2년, 집행유예 3년을 선고받았다. 7월 『조선신문』 탄압 사건에 연루되어 경찰에 다시 검거되었다.

박영희의 방향전환론을 비판한 「예술운동의 방향전환론은 과연 진정한 방향전환론이었던가」(『예술운동』, 1927.11)는 대표적인 평론이며, 이어 「사이비 변증법의 배격」(『조선지광(朝鮮之光)』, 1928.7)을 발표해 프로 문학에 동조하는 진보적 소부르주아들에 대한 문제를 제기했다.

해방 후 귀국해 백남운(白南雲)이 주도하던 조선학술원 회원, 민족문화연구소 연구원, 『독립신보(獨立

新報)』 논설위원으로 역사 연구와 집필에 종사하면서 『조선사논집(朝鮮史論集)』(1946), 『이조사회경제사연구(李朝社會經濟史硏究)』(1948)를 저술했다. 한국전쟁 이후에는 일본에서 김삼규(金三奎) 등과 함께 남북통일촉진협의회 중앙대표위원으로 평화통일운동을 전개했다. (이한울, 김인덕)

참고문헌

金允植, 『韓國 近代 文藝批評史硏究』, 一志社, 1976; 白鐵, 『新文學思潮史』, 新丘文化社, 1982; 최덕교 편, 『한국잡지백년』 2, 현암사, 2004; 임영태 편, 『植民地時代 韓國社會와 運動』, 서울: 사계절, 1985; 『한국민족문화대백과사전』, 서울: 한국정신문화연구원, 1991; 방기중, 『한국근현대사상사연구』, 서울: 역사비평사, 1992; 김인덕, 『식민지시대 재일조선인운동 연구』, 서울: 국학자료원, 1996; 강만길·성대경 엮음, 『한국사회주의운동인명사전』, 서울: 창작과비평사, 1996.

예술자유교육(藝術自由教育)

1921년 일본의 아루스가 발행한 교육 잡지

1921년 1월 1일 일본자유교육협회(日本自由教育協會)의 기관지로 발행되었다. 1921년 1월에 창간되어 같은 해 11월에 종간될 때까지 모두 10호가 발간된 예술 교육 잡지이다. 편집자는 농민 미술운동가로 유명한 야마모토 가나에(山本鼎)였고, 발행자는 시인이자 동요 작가인 기타하라 하쿠슈(北原白秋)였다.
발행처는 아루스(アルス)였다. 2호에는 일본자유교육협회(日本自由教育協會) 편집, 편집 위원 가타카미 노부루(片上伸, 러시아 유학생 출신의 문학 평론가), 기시베 후쿠오(岸邊福雄, 교육가이자 구연동화가), 히로타 류타로(弘田龍太郎, 작곡가), 야마모토 가나에, 기타하라 하쿠슈라고 명기되어 있다. 잡지 원본은 가가와대학(香川大學) 가미하라문고(神原文庫) 등이 소장하고 있다.

1차 세계대전 이후의 시대사조인 자유주의는 교육계에도 영향을 미쳐 자유 교육론이 요원의 불길처럼 타오르고 있었다. 국어 교육이 가장 먼저 성과를 올렸지만, 1918년 스즈키 미에키치(鈴木三重吉)가 창간한 『붉은 새(赤い鳥)』에 의하여 아동 예술운동이 전개되기 시작하였다.

일본의 다이쇼신교육운동(大正新教育運動)은 교육계 이외의 문학자와 예술가도 교육에 대해 발언하고, 통제적 획일교육에 대한 비판과 함께 예술운동을 통해 아동의 심성 해방을 주장했다. 그 핵심은 글쓰기의 쇄신과 자유시, 자유화 등의 새로운 움직임이었다. 이전의 통제적이고 획일적인 교육을 비판하는 동시에 예술교육을 통하여 아이들의 심성을 해방시키려고 한 아동예술운동은 초등학교 교육에 큰 영향을 미쳤다.

이러한 시대적 배경 아래 1920년 12월 야마모토 가나에, 기타하라 하쿠슈, 가타야마 신(片山伸), 히로타 류타로, 기시베 후쿠오 등에 의해 일본자유교육협회가 결성되었다. 그들의 주장은 잡지 『예술자유교육』을 통해 확산되었다.

이 잡지의 편집위원들은 모두 개성을 무시한 획일적인 예술 교육을 부정하고 아이들의 개성 해방을 목표로 하는 자유 예술 교육운동을 주장하던 인물들이었다. 그리고 1920년 12월에는 자신들의 생각을 실천하기 위하여 일본자유교육협회를 결성한 바 있었다.

『예술자유교육』은 가타야마, 기시베, 기타하라, 야마모토(대표)가 위원으로 편집을 담당했고, 창간호의 「권두언(卷頭言)」에는 그들의 주장과 의욕이 토로되었다. 가타야마는 임화(臨画)에 의한 개성이 없는 그림교육을 부정하면서 아동의 개성해방을 추구한 자유화교육운동을 제창한 인물이다.

기시베 후쿠오도 스웨덴의 자유주의 교육운동가인

엘렌 케이(Ellen Karolina Sofia Key, 1849~1926)를 소개하는 가운데 "아동의 잘못은 소중한 경험이다. 이러한 경험을 쌓은 것에 의하여 처음으로 진정 자연에 합치하는 교육이 완성될 수 있다"고 함으로써 아동의 경험을 중심으로 교육을 주장하였다. 한 마디로 이 잡지는 '예술 교육이라는 무형의 대건축'이 시작되는 기초를 제공하는 '설계 사무소'의 역할을 자임하고 있었던 것이다.

또 동요부활론에서 종래의 학교를 감옥이라고 혹독하게 비판한 기타하라는 "나는 시(詩)가 없는 교육을 극단적으로 배척한다. 시가 없는 곳에 자유는 없다. …… 나는 시를 통해 재래의 고루한 교육과 싸우겠다"는 투지를 불태웠다. 더욱이 문예교육론자인 가타야마는 "「예술교육』이라는 무형의 대건축이 시작된다. 그리고 이 잡지가 그 설계사무소이다"고 잡지의 사명을 밝히고 있다.

창간호의 본지는 135페이지에 달했다. 본문 내용은 가타야마 신의 「문예교육론(文芸教育論)」, 기타하라 하쿠슈의 「동요부흥(1) 아동자유시 선전의 전제(童謡復興(一) 児童自由詩宣伝の前提)」, 야마모토 가나에의 「자유화교육의 반대자에게(自由画教育の反対者に)」 등 5편의 예술자유교육 논문과 동요 기타하라 하쿠슈의 「하얀 달님(白いお月さま)」, 작곡동요 기타하라 하쿠슈 작가· 히로타 류타로 작곡의 「참새집(雀のお宿)」, 동요 요사노 아키코(与謝野晶子)의 「종이로 자른 코끼리(紙で切った象)」의 작품 3점이 게재되었다.

이 잡지는 자유로운 예술 활동을 교육의 기본으로 하는 이론과 실천을 추구하였다. 집필자는 거의 예술가였고, 아동의 작품 등도 매호 수록하는 등 예술 잡지로서의 성격도 갖고 있던 교육 잡지로 일본 예술 교육의 역사에서 중요한 의미를 갖고 있다. 실제로 불과 1년 만에 종간되었지만, 이 잡지는 당시 일본의 교육계에 큰 영향을 주었다.

• **야마모토 가나에**(山本鼎, 1882~1946)

아이치현(愛知縣)에서 태어났다. 도쿄미술학교(東京美術學校)를 졸업하고 프랑스에 유학을 갔다 온 뒤인 1917년부터 농민 미술운동을 제창하는 한편 어린이의 그림 교육을 개혁할 것을 주장하였다. 이를 위하여 1918년 창작판화협회(創作版畵協會)를 결성하고 다음해에는 일본농민미술연구소(日本農民美術研究所)를 열었다.

그가 주장한 자유화 교육운동은 1920년대 이후 전국 각지의 교육 현장에서 받아들여졌다. 그가 주장한 농민 미술운동은 이후 프롤레타리아 미술운동에 큰 영향을 미쳤다. (이규수, 이준식)

참고문헌

日本近代文學館·小田切進 編, 『日本近代文學大事典』 第5卷, 講談社, 1977; 『日本出版百年史年表』, 日本書籍出版協會, 1968.

▌오사카마이니치신문(大阪每日新聞)

1888년 일본 오사카에서 발행된 신문

1888년부터 발행되기 시작한 일본의 유력지 중의 하나이다. 전신은 1876년 창간된 『오사카일보(大阪日報)』였다. 『오사카일보』는 『일본입헌헌정신문(日本立憲政黨新聞)』, 다시 『오사카신문』으로 제호를 변경하였다가, 1888년부터 『오사카마이니치신문』라는 제호로 발행되었다.

신문 이름이 계속 변경된 배경은 1888년 『오사카마이니치신문』으로 제호를 정하기 전에 정론정당신문(政論政黨新聞)으로서 부침이 수 십 년간 지속되었기 때문이었다.

『오사카일보』는 오사카재판소, 오사카상등재판소(大阪上等裁判所)의 사법관들이 여가시간에 쓴 사설을 모아서 발표할 목적으로 1876년 2월 20일 창간되었다. 이후 『오사카일보』는 정론지(政論誌)로 전환하면서 오사카 지역에서 1만 부 이상의 부수를 발행하는 일급신문이 되었다. 그러나 사장과 사원들의 갈등이 발생하면서 사원들이 퇴사하여 1877년 12월 18일 『오사카신보(大阪新報)』를 창간하기도 하였다.

『오사카일보』는 내분으로 인한 휴폐간의 위기를

『도쿄니치니치신문(東京日日新聞)』의 도움으로 극복하였다. 또한 후쿠자와 유키치(福澤諭吉) 문하생들의 기고를 받아 신문에 게재하였다. 그리고 이때까지의 발행소였던 슈쇼샤(就將社)를 오사카일보사로 전환시켰다. 그러나 신문의 변화를 주도한 세력은 오사카일보사를 개조하여 이후에 일본입헌정당(日本立憲政黨)이 되는 근기자유당(近畿自由党) 조직본부의 정당기관지 발행소로 만들려고 노력하였다. 이 때문에 정당지로의 전환에 반대하는 본지의 독자층이 이탈하기 시작하였고, 1881년 본지의 발행부수는 3770부로 감소하였다.

이에 따라 1882년 2월 1일 일본입헌정당은 『오사카일보』를 휴간시키는 한편, 『일본입헌정당신문』 1호를 4000부 발행하였다. 그러나 발행 직후 필화(筆禍) 사건이 발생하여 발행이 정지되었다. 『오사카일보』를 복간했지만 3일 후에 『오사카일보』도 제178호로 발행이 정지되었다. 1882년 4월 일본입헌정당은 신문발행소를 다시 정하고 당세(黨勢) 확장에 노력했지만, 1883년 3월에 공포된 집회조례(集會條例)에 의한 구속을 피하기 위해 당을 해산하였다.

그러나 『오사카일보』는 지역유지의 도움으로 속간되었다. 그러나 1885년 6월 1일부터 다시 발행된 『오사카일보』는 정당신문의 이전 호수를 계승하여 제948호로 속간되었다. 이후 『오사카일보』는 상공도시 오사카의 실정에 맞는 재정경제 기사를 다수 보도하였지만, 정당신문의 전통을 고수하려는 기본 편집방향 때문에 재정난은 지속되었다.

이러한 배경에서 『오사카마이니치신문』은 1888년 11월 20일 『오사카일보』의 제호와 사옥을 계승하여 제1795호부터 발행되었다. 실업가 6인이 자본금 3만 엔을 투자하여 신문사를 조합으로 경영하였다. 1889년 후지타쿠미(藤田組)의 지배인 모토야마 히코이치(本山彦一)가 상당역(相談役)이 되었다. 그는 유학생과 사원(社員)을 독일, 오스트레일리아, 아메리카에 특파하여 해외소식을 신속하게 보도하였다. 그리고 윤전인쇄기(輪轉印刷機)를 설치하여 인쇄 능력을 향상시켜 신문 지면을 6면으로 늘렸다. 그는 상담역으로 재직한 5년 동안 오사카신문사 경영의 근대화에 기초를 다졌다.

1903년 모토야마 히코이치는 사장에 취임하여 기업적으로 오사카신문사를 경영하고, 지세 확장에 주력하였다. 청일전쟁 시기에는 5명의 특파원을 파견하였고, 러일전쟁 때는 41명을 현지에 파견하여 보도의 정확성과 신속성을 높여 독자의 신뢰를 쌓아 갔다. 이 기간 무려 498회의 호외가 발행되었던 것도 위와 같은 노력의 일환이었다.

오사카신문사는 도쿄에서의 열세를 만회하기 위해 『덴포신문(電報新聞)』을 매수하였다. 그리고 동지를 1906년 12월 21일부터 『마이니치덴포(每日電報)』로 제호를 변경하여 112호부터 발행하였다. 1911년에는 경영난에 봉착한 『도쿄니치니치신문』의 경영을 위임받았다. 같은 해 3월 1일에는 『마이니치덴포』를 『도쿄니치니치신문』에 합병시켰다.

1911년 1월 1일 당시 『오사카마이니치신문』의 발행부수는 26만 9260부, 『도쿄니치니치신문』은 같은 해 3월 1일 당시 발행부수는 7만 6398부였다. 동시에 발행된 『오사카마이니치신문』과 『도쿄니치니치신문』의 경영 합병은 전국적 기반을 가진 『도쿄니치니치신문』과 언론계의 신세력으로 출현한 『오사카마이니치신문』의 결합을 의미하였다. 그 결과 10년 후인 1921년 양 신문의 발행한 신문 부수는 합계 100만 부를 넘겼다. 경영 안정을 바탕으로 1922년 오사카일보사는 『영문대매(英文大每)』, 『점자대매(点者大每)』 등 『오사카마이니치신문』 외에 다양한 종류의 신문을 발행하였다.

이후 본지는 『오사카아사히신문(大阪朝日新聞)』, 『도쿄아사히신문(東京朝日新聞)』과의 경쟁을 통해 지속적으로 성장하였으며, 1935년에는 일본 서부지역과 중부지역 나고야(名古屋)에서 직접 신문을 인쇄하기 시작하면서, 명실상부한 전국지로서의 체제를 확립하였다. 1943년 1월 1일 『오사카마이니치신문』과 『도쿄마이니치신문』은 『마이니치신문』이라는 제호로 통합되었고, 현재에도 일본의 유력지로서 계속 발행되고 있다. 통합 당시 발행부수는 합계 327만 9294부였

다. (문영주)

참고문헌

春原昭彦,『日本新聞通史』, 新泉社, 2003; 新聞研究所,『日本新聞年鑑』, 1943; 加藤友康·由井正臣 編,『日本史文献解題辞典』, 吉川弘文館, 2000.5.

▌오사카은행통신록(大阪銀行通信錄)

1897년 일본에서 발행된 금융 잡지

오사카은행집회소가 편집 발행한 월간지이다. 1897년 11월에 창간되었다. 1900년 3월에 발행된 제29호부터 일반에게 공간되었다. 전국금융통제회가 편집을 계승하여 발행하다가 1942년 8월 제540호로서 폐간되었다. 금융시장의 개황과 은행주요감정을 비롯하여 유력회원과 정부, 일본은행 수뇌부, 간연, 논설 및 은행실무 해설, 법령판례 등을 수록하였다.『은행통신록』과 함께 동서금융경제계의 지도지로서 기능하였다. 도쿄은행협회 은행도서관에 1호부터 540호, 국립국회도서관에 55호부터 540호가 각각 소장되어 있다.

본지의 오사카동맹은행집회소가 발행했던『은행보고지』를 계승해서 1897년 11월 30일에 제1호가 간행된 이래 1942년 8월 간행된 540호까지 속간된 오사카은행집회소의 기관지이다. 도쿄은행집회소의 기관지『은행통신록』과 더불어 대표적인 금융 잡지였다.

『은행보고지』는 1897년 8월에 폐간되었지만, 9월에 8월분의 동맹은행 실제보고를 별쇄한『은행보고』를 배포하고,『은행보고지』를 계승한 잡지의 발간을 예고하였다. 오사카은행집회소는 1897년 11월 30일 기관지『오사카은행통신록』제1호를 발행했다. 전신『은행보고지』와 같은 A5판, 월간, 25쪽이었다.

1호의 권두에는「오사카은행집회소설립의 내력」이 게재되었고, 이하「금융시장」(일은권발행고, 정화준비, 일은영업경황, 오사카조합은행자금이식), 잡보(오사카은행통계, 신화폐의 형성), 해외휘보, 법령'이 이어졌다. 다음으로 통계표로서 오사카조합은행의 주요감정, 위체취조고, 수형교환고가 있고, 최후로 집회소조합은행과 그 대표자 일람이 수록되어 있다. 이러한 본지의 지면구성은『도쿄은행통신록』과 큰 차이가 없었다. 오사카를 중심으로 각지「금융 및 상황」기사가 게재되었던 것도 같았다.

1897년『도쿄은행통신록』의 지면쇄신은 본지의 편집방향에도 영향을 미쳤다.『도쿄은행통신록』제172호(1900.3)에 게재된『오사카은행통신록』광고에는 3월에 간행되는 호(29호)부터 지면을 일대 쇄신하여, 오사카은행집회소기사, 통신, 내외휘보, 외국보, 법령, 상황등으로 지면을 구성한다고 되어 있다. 도쿄『은행통신록』과 같이 금융조사지, 평론지로의 성격변화가 진행되었다. 1900년 3월 발행된 본지 29호부터는 B5판의 대형 판형으로 쪽수도 50쪽으로 늘어났으며, 분량은 이후 100쪽가 늘어났다.

『도쿄은행통신록』제204호(1902.10)에 소재한『오사카은행통신록』광고에는 본지가 오사카은행집회소가 발행하는 은행금융화폐 무역재정 등에 관한 통계, 논설, 법규, 판례, 기타 내외 중요사건을 망라해서 은행업자 및 상업가 필휴의 잡지라고 선전되어 있다.

1942년 8월에 발행된 제540호로서 폐간되고,『전국은행통제회회보』로 흡수되었다. 1945년 이후 오사카은행협회가 만들어졌지만, 오랫동안 기관지는 간행되지 않았다. 1963년 4월 18일 동협회 이사회에서 협회보 발행이 결정되어 1964년 1월을 제1호로 하는『오사카은행협회보』가 간행되었다. 본지의 계승지라고 할 수 있는 협회보는 월간, A5판, 20쪽 분량으로 발행되었는데, 총회, 이사회, 각상치위원회의 결정사항, 매월의 수형, 위체교환개황, 사원은행의 예대금, 수형교환 등의 계수를 수록하는데 주력하였다.

『오사카은행통신록』소재의 1900년부터 1923년간의 특수기사, 중요기사 약간은『일본금융사자료 메이지 다이쇼편』제6권, 동소화편, 23, 26, 32권에 수록되어 있다. 또 오사카은행협회 편『오사카은행협회사』에는「오사카은행통신록소재·주요강연·논문 등 일람」이 자료로서 수록되어 있다.『오사카은행통신록』도 도쿄은행협회은행도서관에 1~540호가 소작되어 있다. (문영주)

참고문헌

杉原四郎 編,『日本経済雑誌の源流』, 有斐閣, 1990; 杉原四郎 著,『日本の経済雑誌』, 日本経済評論社, 1987.

▌오사카일보(大阪日報)

▶ 오사카마이니치신문(大阪每日新聞)

▌오사카지지신보(大阪時事新報)

1905년 일본 오사카에서 발행된 신문

1905년 3월 15일 지지신보사(時事新報社)가 오사카(大阪) 진출을 목적으로 창간한 신문이다. 1942년 6월 『석간오사카신문(夕刊大阪新聞)』과 합병되어 본지의 제호는 소멸되었다.

본지의 초대 주필은 다카미 히사시(高見龜)였는데, 그는 『지지신보(時事新報)』의 유력사원이었다. 1916년 다카미 히사시(高見龜)가 사망한 이후 도쿄(東京)에 있던 시시신보사 사장 후쿠자와 스테지로우(福澤捨次)가 겸임하였다.

1920년 6월 지지신보사(時事新報社)가 자본금 500만 엔(円)의 주식회사로 전환되면서, 오사카지지신보사대는 지지신보사 오사카지점이 되었다.

1923년 도쿄의 본사와 분리해서 오사카지지신보사(자본금 150만엔)가 설립되었고 이후 1930년 3월까지는 동서의 지지신보는 자매지의 관계를 유지하였다.

1911년 10월 이후에는 석간을 발행하였고, 또 도쿄와 오사카 서쪽 지역 및 타이완, 조선에서도 지방판을 발행하는 등, 한때『오사카아사히신문』,『오사카마이니치신문』 다음의 세력을 가지기도 하였다.

그러나 이후 경영부진에 빠졌고, 1930년 3월『고베신문(神戶新聞)』에게 경영권이 양도되었다. 1942년 5월 신문통합정책에 따라『고베신문』의 경영에서 벗어나,『석간오사카신문』 등과 합병하여 신문지명이 사라졌다.

1923년 말 1일 발행부수는 약 10만 부였다. 1호부터(1905.3)부터 1만 3422호(1942.1)까지 국립국회도서관에 소장되어 있다. (문영주)

참고문헌

春原昭彦,『日本新聞通史』, 新泉社, 2003; 新聞硏究所,『日本新聞年鑑』, 1943.

▌오이타신문(大分新聞)

1889년 일본에서 발행된 신문

1889년 6월 1일 오타개진당(大分改進党)의 창립자였던 오바라 마사토마(小原正朝) 등이 공동 출자하여 창간한 신문이다. 창간초기 크기는 국판(菊版)으로 분량은 8쪽이었다. 격일(隔日)로 발행되었다.

본지는 창간 초기 개진당(改進党)의 주요당원이 편집방향과 운영에 주도권을 장악하고 있었다. 이 때문에 개진당 기관지적 성격을 가지고 있었으며, 경영면에서 정치운동 자금과 신문 경영비가 따로 관리되지 못하였다. 이러한 배경에서 본지는 결국 경영난에 빠지게 되었고 1894년 출자자의 한 사람이었던 오노 요시히코(小野吉彦)에게 양도되었다.

본지는 창간 이후 1886년부터 발행된 자유당(自由党)계의 『호슈신문(豊州新聞)』과의 격렬한 논쟁과 판매경쟁을 통해 성장하였다 본지가 설비를 개선하여 일간으로 발행되기 시작한 시기는 1904년 2월 10일이었다.『호슈신문』이 일간으로 발행된 시점은 1906년이었다. 이 점을 고려하면『오이타신문』과『호슈신문』이 오이타현(大分縣)의 신문계를 양분하고 있었음을 알 수 있다.

이후 본지는 순조로운 발전을 거듭하면서, 1916년 7월에는 조간과 석간을 각각 6쪽씩 발행하였다. 그리고 1917년에는『나가쓰신문(中津新聞)』을, 1924년 3월에는 미야기현(宮城縣)에 진출하여『미야기일보(宮城日報)』,『노베오카신보(延岡新報)』을 발행했다. 1942년 4월 3일에는 다년간의 경쟁지였던『호슈신문』과 합병하여『오이타니치니치신문(大分日日新聞)』으로 제호를 변경하였다. 이후 본지는 반세기에 걸친 개진당(改進党)·헌정회(憲政會)·민정당(民政党)계 신문으로서의 역사를 접게 되었다. 오이타시가 2차 세계대전 중에 전재(戰災)를 당했기 때문에 보존되어 있는 본지는 없다. (문영주)

참고문헌

春原昭彦, 『日本新聞通史』, 新泉社, 2003; 新聞硏究所, 『日本新聞年鑑』, 1943.

오주시사회보(五洲時事匯報)

1899년 중국 상하이에서 창간된 시사종합신문

1899년 9월 5일 상하이(上海)에서 창간되어 반월간으로 발행되었다.

내용은 '논설'과 '유접(諭摺)', '오주근사(五洲近事)', '장정(章程)' 등의 항목이 있으며, 「중국에 수구의 적을 논함(論中國所以守舊之敵)」, 「유신삼걸사략(維新三杰事略)」 등의 논설을 게재하여 유신파에 대한 지지를 표명하였다.

장타이옌(章太炎)의 「황종의 장래를 논함(論黃種之將來)」, 「익교총편서후(翼教叢編書后)」, 「번진론(藩鎭論)」 등의 문장을 발표하였다.

'오주(五洲)소식'란을 설치하고 아주(亞洲), 구주(歐洲), 미주(美洲), 아프리카(非洲), 유럽(澳洲)으로 나누어 각국의 시사 소식들도 게재하였다. (김성남)

참고문헌

方漢奇 主編, 『中國新聞社業通史』, 中國人民大學出版社, 1996; 葉再生 著, 『中國近代現代出版通史』, 北京: 華文出版社, 2002.

오쓰카지리학회논문집(大塚地理學會論文集)

1933년 창간된 일본의 지리학 잡지

1933년에 창간되어 1935년에 5집을 내고 종간된 지리학 잡지이다. 2집이 상·하의 2권이기 때문에 발간된 것은 모두 5집, 6권이다. 부정기적으로 간행되었다. 편집은 오쓰카지리학회가 맡았고, 발행처는 고콘쇼인(古今書院)이었다. 2차 세계대전이 끝난 뒤인 1950년에 통권을 넣지 않은 논문집이 한 차례 더 발간되었다.

오쓰카지리학회는 쓰쿠바대학(筑波大學)의 전신인 도쿄문리과대학(東京文理科大學)과 도쿄고등사범학교(東京高等師範學校)의 지리학 관계 교수, 졸업생, 재학생이 조직한 단체이다. 도쿄문리과대학의 교수인 다나카 게이지(田中啓爾)가 오랫동안 회장을 맡았다. 학회의 명칭은 두 학교의 소재지에서 유래한 것이다. 매호 19편 이상의 논문이 게재되었다. 논문의 내용은 지지, 자연 지리, 인문 지리 등 여러 분야에 걸친 것이었다. 특히 야외 조사를 바탕으로 한 지리적 경향이 강한 논문이 많았다. (이준식)

참고문헌

日本地誌硏究所 編, 『地理學辭典』, 二宮書店, 1989; 『日本出版百年史年表』, 日本書籍出版協會, 1968.

와세다문학(早稲田文學)

1906년 일본에서 창간된 문예지

1889년 6월 1일 오타개진당(大分改進党)의 창립자였던 오바라 마사토마(小原正朝) 등이 공동 출자하여 창간한 신문이다. 창간 초기 크기는 국판(菊版)으로 분량은 8쪽이었다. 격일(隔日)로 발행되었다.

1906년에 창간된 『와세다문학』은 자연주의 문학 운동의 배경이 되었다. 다야마 가타이(田山花袋)를 비롯하여 시마자키 도손(島崎藤村), 도쿠다 슈세이(德田秋聲), 마사무네 하쿠초(正宗白鳥), 이와노 호메이(岩野泡鳴) 등 소설가와 평론가가 함께 참여했다. 낭만주의를 벗어난 일본적 자연주의문학은, 현실을 직시하고 회색(灰色) 인생관을 피력하며 무이상(無理想)·무해결·무기교의 문학적 태도를 보였다. 대표작으로 「시골 선생」 등을 들 수 있다. 이러한 자연주의에 맞서 등장한 것이 『미타문학(三田文學)』과 『백화(白樺)』로 대표되는 다이쇼시대의 문학이다. 다이쇼시대 문학은 스스로의 자질·감정·생리·육체 전체에 걸친 실감을 토대로 움트기 시작했다. 이들 '도쿄 야마노테의 청년'이라 불린 세대의 사람들은 자기 육체의 자연스러움을 존중하고, 대담한 에고(ego)에 의한 각양각색의 개성 신장에 역점을 두었다. 특히 『백화』의 존재는 정체상태에 빠진 문단에 산뜻한 활력소로 받아들여졌다. 한편 나가이 가후(永井荷風), 다니자키 준이치로(谷崎潤一郎) 등 탐미주의자들은 시대와 상관없이 내면의 모티프에 따른 작가활동을 전개하여 '반(反)근대' 자세로 일관했다. 런던에서 귀국한 나쓰메 소세키(夏目漱石)는 「나는 고양이로소이다」, 「도련님」, 「산지로(三四郎)」, 「마음」, 「명암(明暗)」 등을 발표, 근대 최고의 문학가로서 메이지 시대 근대화에 부착된 피상적 요소를 제거하는 데 큰 영향을 주었다. 그가 죽은 1916년 전후는, 모리 오가이의 역사소설과 메이지 이래의 자연주의 작가, 『백화』 사람들, 탐미파 사람들, 아쿠타가와 류노스케(芥川龍之介), 기쿠치 간(菊池寬) 등 다이쇼 시대 작가가 모두 함께 활약하여 근대문학의 전성기를 이루었다. 또한 1인칭소설을 핵심으로 하는 순수문학의식이 왕성해진 시기이기도 하며, 소설가와 시가(詩歌)의 관계자가 상호 교류함으로써 소설과 시가의 밀월시대가 출현했다. 한편 다이쇼시대 작가 대부분은 연극에도 관심이 많아서 유럽연극 도입과 함께 소설·희곡을 활발히 발표했다. 오사나이 가오루(小山內薰) 등의 자유극장과 시마무라 호게쓰의 예술좌(藝術座) 등의 결성에 이어 쓰키지(築地) 소극장이 탄생했다. 스즈키 미에키치(鈴木三重吉)는 『붉은새』를 창간했고, 기타하라 하쿠슈(北原白秋), 사이조 야소(西條八十), 노구치 우조(野口雨情) 등은 애창동요를 써서 근대아동문학의 시초가 되었다. 사회주의문학은 대역사건(大逆事件) 이후 암흑기를 맞았으나, 오스기 사카에(大杉榮), 아라하타 간손(荒畑寒村) 등은 『근대사상』, 사카이 도시히코(堺利彦)는 『수세미외 꽃』, 도키 아이카(土岐哀果)는 『생활과 예술』을 창간함으로써 민중시파(民衆詩派)와 노동문학이 발흥되었고, 『씨뿌리는 사람』이 창간됨으로써 프롤레타리아문학의 새벽을 맞이했다.

• 쓰보우치 쇼요(坪內逍遥)

일본의 극작가, 소설가, 비평가, 번역가. 약 반세기 동안 일본 문학계에서 독보적인 위치에 있었다. 본명은 쓰보우치 유조(坪內勇). 최초의 본격적인 현대 일본문학 비평서인 『쇼세쓰신즈이(小說神髓)』(1885~1886)를 썼으며, 윌리엄 셰익스피어의 모든 작품을 번역해냈다.

현대적인 일본 연극 육성에 힘썼으며, 도쿄에 있는 와세다대학의 유명한 교수였다. 나고야 근처에서 무사 집안의 막내아들로 태어났으며, 1883년에 도쿄제국대학을 졸업했다. 그는 1880년대에 월터 스콧, E. G. E. 불워리턴, 셰익스피어의 작품들을 번역했으며, 9권의 소설과, 의회주의를 지지하는 많은 정치우화를 써서 명성을 얻었다.

『쇼세쓰신즈이』에서 그는 당시 일본 소설의 약점인 치밀하지 못한 구성과 빈약한 묘사를 공격했으며, 사실주의에 입각한 성격 분석에 힘을 쏟을 것을 작가들에게 촉구했다. 그러나 그의 대표작으로서 당시 몇 명의 대학생들이 겪은 어리석은 체험을 그린 「도세이쇼세이카타기(當世書生氣質)」(1885~1886)도 그가 지적한 문제점들을 그대로 가지고 있었다.

1883년부터는 와세다대학의 전신인 도쿄전문학교에서 사회과학을 가르치기 시작했으며, 1890년 이 학교에 문과를 개설하는 데 힘썼다. 또한 와세다 중학교를 설립하는 데 기여했고 나중에 이 학교의 교장이 되었다. 1891년에는 문학잡지인 『와세다문학』을 창간하고 편집을 담당했다. 쇼요는 일본에서 신극운동을 창시한 사람 중 하나이다. 이 운동은 헨리크 입센(Henrik Ibsen)과 조지 버나드 쇼(George Bernard Shaw)를 일본에 소개하는 데 기여했으며, 일본의 작가들이 현대연극을 쓰는 표현수단을 마련해주었다. 1915년 와세다대학에서 퇴직한 뒤에는 여생을 셰익스피어의 작품을 번역하는 데 바쳤다.

• 다야마 가타이(田山花袋)

일본의 소설가. 다야마 로쿠야(田山錄彌)라고도 함. 일본 자연주의 문학을 발전시키는 데 중심적 역할을 했다. 초기 작품은 매우 낭만주의적이었지만, 「노골적인 묘사(露骨なる描寫)」(1904)라는 평론을 통해 프랑스 문단의 성향을 따라 좀 더 사실주의적인 방향으로 나아갈 것임을 시사했다.

객관성을 엄격히 지켜 사물을 있는 그대로 묘사하라는 그의 권고는, 초기 프랑스 자연주의 문학가인 기드 모파상과 공쿠르 형제에게 영향을 받은 것으로 일본 문학의 주요 장르인 사소설(私小說)로 발전했다. 한 중년 작가(다야마 자신)가 젊은 여학생에게 빠져드는 모습을 당혹스러울 정도로 세밀하게 묘사한 「이불(蒲團)」(1907)로 명성을 얻었으며, 3부작 자전소설 「생(生)」(1908), 「처(妻)」(1908~1909), 「연(緣)」은 일본 자연주의의 독특한 형식을 정착시켰다. 「시골 교사(田舍敎師)」(1909)는 공쿠르 형제와 귀스타브 플로베르의 「보바리 부인(Madame Bovary)」의 영향을 두드러지게 보여 주는 작품이다. 그는 자신의 문학이론에 대한 소론 「가타이분와(花袋文話)」(1911)에서 '평면묘사(平面描寫)'라는 용어를 비평언어에 도입했다.

말년에는 자연주의의 영향이 퇴조하면서 개인적인 혼란기에 접어들었는데, 「잔설(殘雪)」(1917~1918)에 반영된 차분하고 종교적인 자세로써 이 혼란에서 벗어났다. 비평가이자 작가인 마사무네 하쿠초(正宗白鳥)는 그를 가리켜 20세기의 첫 20년 동안 일본 문학계에 가장 큰 영향을 끼친 작가라고 평가했다.

• 시마자키 도손(島崎藤村)

일본의 시인, 소설가. 본명은 시마자키 하루키(島崎春樹)이다. 메이지유신 당시 급속한 근대화 과정으로 열병을 앓고 있던 일본에서 낡은 가치관과 새로운 가치관이 일으키는 충돌을 훌륭하게 묘사했다. 도쿄의 메이지학원(明治學院)에서 교육을 받고 세례까지 받았지만, 기독교는 그의 인생이나 사상에 지속적으로 영향을 미치지는 않았다.

1890년대 초에 시를 쓰기 시작해 젊은 시인과 작가들의 낭만주의운동에 참여했다. 그러나 이 운동은 곧 명맥이 끊겼으며, 나중에 그는 장편소설 「봄(春)」(1908)에서 이 운동을 기술했다.

주요 작품 가운데 첫 장편소설인 「파계(破戒)」는 사회에서 따돌림 받는 한 젊은 교사가 자아실현을 위해 애쓰는 이야기로, 당시 유행한 자연주의 문학의 대표작으로 손꼽혀왔지만, 사실은 에밀 졸라(Emile Zola)보다 오히려 장 자크 루소(Jean-Jacques Rousseau)의 영향을 받았음을 보여 주고 있다. 「집(家)」(1910~1911)은 그의 가족이 일본의 근대화 과정 속에서 받은 정신적 압박을 묘사하고 있다. 「신생(新生)」(1918~1919)은 그와 조카딸 사이의 불륜관계를 그렸는데, 자신의 잘못을 고백하고 참회한다는 원칙을 지나치게 과장하여 극단으로 몰고 간 느낌을 준다. 1928년부터 그의 대표작이자 일본 근대문학의 걸작 가운데 하나인 「새벽이 오기 전(夜明け前)」(1935)을 쓰기 시작했다. 이 소설은 시골 마을을 무대로 1860년대의 왕정복고를 위한 일련의 투쟁을 묘사한 작품이다. 작가 자신의 아버지를 모델로 한 주인공은 비교적 순수한 애국심이라는 대의명분을 가지고 왕정복고 이후의 경박한 근대주의자들에게 배반당했다는 울분 때문에 화병에 걸려 죽는다. 마지막 소설 「동방의 문(東方の門)」은 미완성으로 끝났지만, 현재의 곤경에서 벗어나기 위해 중세 일본 불교의 지혜에 호소하고 있다.

• 시마무라 호게쓰(島村抱月)

일본의 평론가, 미학자, 영문학자, 신극 지도자. 어려서 부모를 잃고 시마무라 집안의 양자가 되었으며, 고학으로 1894년 와세다대학의 전신인 도쿄전문학교 문학과를 졸업했다.

소설가이자 극작가인 쓰보우치 쇼요에게 사사했으며, 졸업논문인 「심미적 의식의 성질을 논한다(審美的意識の性質を論ず)」, 「사이카쿠의 이상(西鶴の理想)」(1895)을 『와세다문학』에 발표하고 이 잡지를 편집하여 뛰어난 재능을 인정받았다. 1902~1905년 영국과 독일에 유학하고 돌아와 시마자키 도손(島崎藤村)의 「파계(破戒)」(1906), 다야마 가타이(田山花袋)의 「이불(蒲團)」(1907) 등이 출간되자 이를 이론적으로 뒷받침하여 자연주의 문학운동을 이끌었다.

한편 쓰보우치가 주재하는 문예협회(文藝協會)의 연극 지도를 맡았으나 여배우 마쓰이 스마코(松井須磨子)와의 연애를 계기로 쓰보우치를 떠나 1913년 극단 예술좌(藝術座)를 결성했다. 이후 마쓰이 스마코를 중심으로 입센·톨스토이(Tolstoy)·하우프트만(Gerhart Hauptmann)·마테를링크(Maeterlinck) 등의 번역극을 연이어 상연하고 신극운동의 지도 원리를 확립했다. 「근대문예의 연구(近代文藝之硏究)」(1909) 외에 소설집 『란운슈(亂雲集)』(1906)를 남겼다.

• 마사무네 하쿠초(正宗白鳥)

일본의 작가, 비평가. 본명은 마사무네 다다오(正宗忠夫). 일본 자연주의 문학의 거장들 가운데 한 사람이다. 다른 자연주의 작가들과 달리, 그는 기본적으로 인류에 대해 냉정하고 회의적인 시각을 갖고 있었던 것으로 보이며, 그의 글은 눈에 띄게 냉담한 어조를 띠게 되었다.

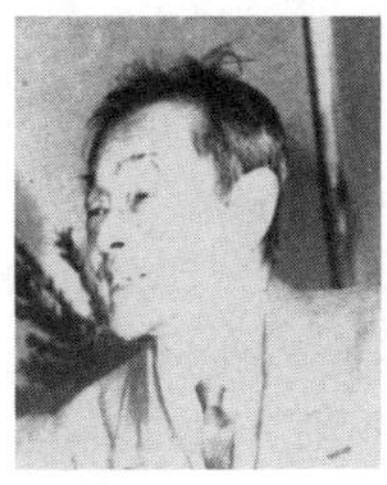

일찍이 기독교 사상의 영향을 받은 마사무네는 1896년에 도쿄로 가서 도쿄전문학교(지금의 와세다대학)에 들어갔으며 이듬해 세례를 받았다. 1903년에는 『요미우리신문(讀賣新聞)』에 문학과 예술 및 문화 비평을 쓰기 시작했다. 그는 이미 독특한 평론으로 널리 알려져 있었지만, 「어디로(何處)」(1908), 「진흙 인형(泥人形)」(1911)이라는 소설을 통해 소설가로도 주목받게 되었다. 이 2편의 소설은 야망과 희망이 전혀 없는 우울한 세계에서 살고 있는 사람들의 이야기이며, 「외양간 냄새(牛部屋の臭ひ)」(1916)와 「산 자 죽은 자(死者生者)」도 비슷한 작품들이다. 또한 희곡에도 눈을 돌려 몇 편의 작품을 남겼는데 가장 잘 알려진 희곡은 「인생의 행복(人生の幸福)」(1924)이다.

마사무네는 흔히 평론에서 가장 훌륭한 업적을 이룩한 것으로 평가된다. 1932년에는 유명한 『문단 인물평론(文壇人物評論)』을 출판했는데, 날카로우면서도 인상주의적인 관찰이 특징이다. 그 밖에 중요한 평론으로는 「사상 무사상(思想無思想)」(1938), 「문단적 자서전(文壇的自敍傳)」(1938)이 있다. 마사무네의 작품은 세월이 흘러도 힘이 넘쳤으며 그는 내내 대담한 표현을 구사했다.

• 도쿠다 슈세이(德田秋聲)

마사무네 하쿠초, 다야마 가타이, 시마자키 도손과 더불어 일본 자연주의의 '네 기둥'이라 불리는 소설가이다. 본명은 도쿠다 스에오(德田末雄). 1894년 고향 가나자와를 떠나 당시 문단의 지도자였던 오자키 고요(尾崎紅葉)의 제자가 되었다. 그러나 그의 재능은 오자키의 화려하고 낭만적인 양식에는 어울리지 않아 좀처럼 명성을 얻지 못했다. 그러다가 러일전쟁(1904~1905) 뒤 문학적 경향이 사실적이고 객관적인 묘사 쪽으로 바뀌기 시작하면서 그 역시 어엿한 자신의 세계를 개척하기에 이르렀다. 종전의 기준으로 보면 다소 단조롭게 느껴지는 직선적이고 간결한 문체는 경제적으로나 감정적으로 궁핍한 생활을 꾸려가는 사람들을 냉정하고 날카롭게 묘사하는 데에는 더할 나위 없이 완벽한 표현 수단이었다.

그는 영세 기업가의 아내의 삶을 묘사한 「신혼가정(新世帶)」(1907)을 통해 처음으로 대중적인 명성을 얻었다. 자기 아내의 초년생활에서 소재를 얻은 「발자취(足跡)」(1910)와 자신의 결혼생활을 묘사한 「곰팡이(黴)」(1911)는 「진무름(爛れ)」(1914)과 마찬가지로 무기력과 절망이라는 주제를 거듭해서 다루고 있다. 「억센 사람(あらくれ)」(1915)은 강한 의지를 가진 여성을 아주 훌륭하게 묘사하고 있다. 젊은 작가 지망생과 자신의 연애사건을 소재로 삼은 「가장인물(假裝人物)」(1935~1938)과 나이 든 게이샤(芸者)가 자신을 첩으로 삼은 남자에게 자신의 인생을 이야기하는 「축도(縮圖)」(1941~1946)에는 좀 더 부드럽고 풍부한 격조가 나타나 있다. 그의 날카로운 관찰과 정확한 인물 묘사는 일본 문학에서 아주 인상적인 몇몇 인물들을 창조했다.

• 이와노 호메이(岩野泡鳴)

일본의 소설가, 평론가, 시인. 분방한 사생활과 개성이 강한 작품을 통해 근대작가 중 극히 이색적인 작가로 꼽힌다. 본명은 요시에(美衛)이다.

메이지학원(明治學院)과 센슈학교(專修學校)에서 공부했으나 중퇴했다. 1890년에 구니키다 돗포(國木田獨步) 등과 『문단(文壇)』을 창간하여 에머슨론과 신체시를 발표했고, 1891~1894년에는 도호쿠학원(東北學院)에서 신학을 배웠다. 그 뒤 영어교사 등을 하면서 시집으로 『세월(露じも)』(1901), 『석조(夕潮)』(1904), 『비련비가(悲戀悲歌)』(1905)를 출판했다. 한편 1903년 마에다 린가이(前田林外), 소마 교후(相馬御風) 등과 함께 『명성(明星)』에서 탈퇴하여 잡지 『시라유리(白百合)』를 창간하여 낭만주의운동을 일으켰다.

1906년 평론 「신비적 반수주의(神秘的半獸主義)」를 발표해 본능적, 찰나적인 행동주의를 주장하였고, 후에 「신자연주의(新自然主義)」(1908), 「비통의 철리(悲痛の哲理)」(1910)로 발전시켰으며, 「탐닉(耽溺)」(1909)으로 작가로서의 기반을 굳혔고, 「방랑(放浪)」(1910), 「단교(斷橋)」(1911), 「발전(發展)」(1911~1912), 「독약을 마시는 여자(毒藥を飮む女)」(1914), 「원령(憑き物)」(1918) 등 호메이 5부작을 썼다. 이들은 모두 분방하고 노골적인 필치로 대담한 '반수주의'(半獸主義)의 주장에 근거하여 자신의 실생활을 서술했다. 표현에 있어서 다야마 가타이(田山花袋) 등의 평면묘사를 부정하고 시점을 고정하여 묘사하는 '일원묘사(一元描寫)'를 주장하여 실행했다. 그 밖에 『플루타르크 영웅전(プルターク英雄傳)』(1915~1916)을 완역했고, 고신도(古神道)의 세계성을 논한 평론집 『일본주의(日本主義)』(1916), 일원묘사의 가장 성공적인 소설집 『오세이의 실패(おせいの失敗)』(1920) 등을 남겼다. (이규수)

참고문헌

『近代文學雜誌事典』, 至文堂, 1965; 石塚純一, 「第二次『早稲田文学』の創刊と金尾文淵堂」, 『日本近代文学』 74, 2006; 林えり子, 「『早稲田文学』のことなど」, 『三田文学』 84-82, 2005; 塚原孝, 「明治期の文芸雑誌におけるアンドレーエフ受容史: 『早稲田文学』, 『趣味』を中心に」, 『ロシア語ロシア文学研究』 32, 2000; 內藤寿子, 「第二次『早稲田文学』に関する一考察: 『彙報』欄と女性」, 『文藝と批評』 80, 1999; 石田忠彦, 「文学メディアとしての『早稲田文学』(特集 文学/教育-動く主体・動かされる主体)」, 『敍説』 17, 1998; 桐山襲, 「メディアという暴力: 『早稲田文学』の場合を中心に」, 『早稲田文学』 176, 1991.

▌완승(完勝)

1942년 일본에서 발행된 군사 잡지

1940년대 일본의 관동군참모부(關東軍参謀部)에서 발행한 잡지이다. 즉 관동군참모부가 편집 발행한 관하(管下) 장교용 월간지이다. 1941년 12월 8일 태평양전쟁 발발 직후인 1942년 1월에 제1호가 발행되었다.

권두에는 다음과 같이 적혀 있다.

"군기(軍機)를 준수함에 세심하라, 첩자(諜者)는 항상 신변(身邊)에 있다. 전진훈(戰陣訓)의 교육을 장교 먼저 스스로 시범하라, 본 책자의 소각, 분실방지 등 자신의 책임을 적확(的確)하게 처치하라."

태평양전쟁 직후에 창간되었다는 것은, 이 시점에서 이미 관동군의 주력이 남방(南方)으로 전용되기 시작했다는 사실과 상응한 것이다. 이러한 배경에서 관동군 간부들은 큰 위기감을 가지고 있었기 때문에 잡지를 창간한 것이었다. 관동군은 통솔과 훈련에 있어서 일본군 중에서 가장 군기가 엄정하고 정예화된 것으로 평가되었지만, 잡지에서는 "제 부대의 군기풍기(軍紀風紀)가 결코 양호하다고 할 수 없다"라고 지적하고 있다.

잡지를 통한 관동군 내부의 군기엄정에 대한 지적은 특히 사상계(思想係) 장교들에 의해서 지속적으로 언급되었다. 이들은 중소대장 및 하사관에 대해서 비판을 계속하였으며, 관동군의 하급지도관은 무능력자들의 집단이라는 혹평하였다. "중대장이 행하는 정신교육은 병사들보다는 간부에게 실행한 필요가 있다"라든가, "하사관 품성의 저열 무위(無爲)는 준위(准尉)의 무능 저열 때문이다"라는 지적이 그것이다. 본 잡지는 현재 11호까지 확인된다. (문영주)

참고문헌

高崎隆治, 『戰時下の雜誌その光と影』, 風媒社, 1976, 88~89쪽;
『日本出版百年史年表』, 日本書籍出版協會, 1968.

▌외교보(外交報)

1902년 중국 상하이에서 창간된 정치외교신문

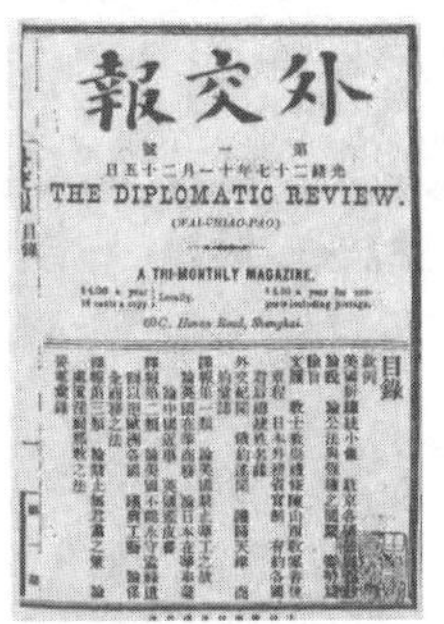

外交報

第一號

光緒二十七年十一月二十五日

THE DIPLOMATIC REVIEW.

A TRI-MONTHLY MAGAZINE.

目錄

1902년 1월 상하이(上海)에서 창간되었다. 장위안지(張元濟)가 창간인 겸 주필을 맡아 순간(旬刊)으로 발행되었다. 초기에는 상하이 외교보관에서 편집하고 보통학서실(普通學書室)에서 발행되다가 29회 이후부터는 상무인서관(商務印書館)에서 발행되었다. 1911년 1월까지 모두 300회를 발행하고 종간되었다. 베이징도서관에 소장되어 있다.

중국 최초의 국제문제와 외교관계 전문 언론매체이다. 차이위안페이(蔡元培)는 「외교보서례(外交報敍例)」에서 이 신문이 중요한 선봉적 대열의 기사를 위주로 할 것과 지방의 소소한 사건들은 다루지 않을 것을 설명하였다.

주요 항목으로는 논설과 유지(諭旨), 문독(文牘), 외교, 기문(紀聞), 역보(譯報), 요전(要電) 등이 있다.

이 신문의 큰 특징은 지면의 반을 외국의 여러 신문들을 선별 번역하여 게재한 것이다. 주요 외교 유지(諭旨)와 공용문서, 외교 소식, 외국 신문의 선별 번역, 전보록 등을 게재한 중국 외교사의 중요 참고자료이다.

제국주의 국가들의 중국침략정책을 폭로하고 이권회수를 주장하면서 청 정부의 굴욕적인 대외정책 비판과 민중의 국사에 대한 관심을 환기시켰다. 군주입헌과 교육구국(教育救國)을 주창하였으며, 신해혁명이 전까지 중국과 열강의 교섭 과정을 자세하게 게재한 이 시기 외교 편년사(編年史)라고 말할 수 있다. (김성남)

참고문헌

葉再生 著, 『中國近代現代出版通史』, 北京: 華文出版社, 2002; 王檜林·朱漢國 主編, 『中國報刊辭典』, 太原: 書海出版社, 1992.

▌외국어학잡지(外國語學雜誌)

1897년 일본 도쿄의 하쿠분칸에서 발행한 어학 잡지

1897년 7월 10일 하쿠분칸(博文館)이 발행한 어학 잡지이다. 당시 복수의 외국어를 취급한 어학 잡지로는 『외국어학잡지』 이외에도, 1884년에 창간된 『양학독안내지(洋學獨案內誌)』(영어 및 독일어), 1906년의 『어학(語學)』(영어, 독일어, 프랑스어) 등이 간행되었다. 이들 잡지에 비해 『외국어학잡지』는 영어·독일어·프랑스어·러시아어·이탈리아어·스페인어·조선어·중국어 등 서구 및 아시아 8국가의 언어를 취급한 독특한 어학 잡지이다. 잡지의 편집자는 오쿠무라 신타로(奧村信太郎)이다. 잡지의 원본은 가가와대학(香川大學) 중앙도서관 등이 소장하고 있다.

당시는 적은 분량의 어학 잡지가 대부분이었다. 이에 반해 『외국어학잡지』는 파격적으로 200쪽에 달했다. 잡지 창간호의 권두에는 하쿠분칸 관주 오하시 신타로(大橋新太郎)가 「발행 취지(發行の趣旨)를 기고했는데, 이는 잡지의 성격과 정도, 내용을 잘 말해주고 있다.

오하시는 여기에서 "개정조약의 실시가 눈앞에 다가왔다. 먼 훗날이라고 생각하던 내지잡거(內地雜居)도 머지않아 이루어질 것이다. 외국어 연구는 초미의 급무가 되었다. …… 이들 여러 나라의 말은 실업, 문학, 혹은 정치상업의 관계에서 점점 필요성이 늘어나고 있다. 우리가 새로이 외국어학 잡지를 발행하는 것은 바로 이런 연유이다. 외국어학 잡지에 수록할 외국어는 8개이다. …… 그 가운데 영어는 가장 널리 사용되고 있음으로 잡지의 절반을 차지하고, 독일어와 프랑스어가 뒤를 잇는다. …… 잡지는 주로 심상중학(尋常中學) 정도의 학생을 대상으로 삼고 있지만, 그 밖의 사람들에게도 유익할 수 있도록 다채롭게 구성했다. 『외국어학잡지』는 발음, 회화, 문전, 작문, 번역 등과 투고란을 구성했다. 투고에는 통상(通常)과 특별(特別)로 구분된다. 통상기고에는 주로 학생의 투고를 게재했고, 특별투고에는 전문가의 기고를 수록했다. 기고는 정치, 문학, 사회 등 제반 사항에 걸쳐 있다. 이 때문에 『외국어학잡지』는 어학을 연구하는 잡지임과 동시에 외국문으로 편집한 논평 잡지의 성격도 있다"고 밝히고 있다. 이러한 「발행 취지」는 스페인어를 제외한 7개 국어로 번역되어 창간호에 게재되었다.

창간호에 게재된 전문가의 특별기고에는 월터 데닝그의 「월후전길전(越後傳吉傳)」, 난니치 쓰네타로(南日恒太郎)의 「불행에 빠져 행운을 바라는 것처럼 아픔은 없다(不幸に陥りて幸運の折を願ふ程痛ましきはなし)」, 노구치 요네지로(野口米二郎)의 「서양시 두 편(西詩二篇)」 등이 게재되었다. 이들 기고는 모두 영문이다.

학습기사는 영어에 대해서는 발음 철자를 비롯해 회화, 유의어 해설, 영어의 일본어역, 일본어의 영역, 수사학 등 다채로웠는데, 러시아어를 제외하고는 모두 문자, 발음, 철자 정도의 기초적인 내용에 머물렀다.

『외국어학잡지』는 의욕적인 목적 아래 창간되었지만, 다양한 독자층을 확보하지 못했다. 더욱이 박문사의 경제적인 어려움도 겹쳐 잡지는 발행 후 1년 만에 폐간되었다. 이후 하쿠분칸은 1907년 어학의 대상을 영어로 한정한 『영어세계(英語世界)』를 창간하여 1919년 말까지 간행했다. (이규수)

참고문헌

『近代文學雜誌事典』, 至文堂, 1965; 桂敬一, 『明治·大正のジャ

-ナリズム』, 岩波書店, 1992; 日本近代文學館·小田切進 編, 『日本近代文學大事典』 第五卷, 講談社, 1977.

▌외사평론(外事評論, Views of Foreign Affeairs)

1915년 중국 베이징에서 창간된 권용국화회와 중화국화유지회의 연합 기관지

1920년 6월 15일 월간지로서, 베이징에서 권용국화회(勸用國貨會)와 중화국화유지회(中華國貨維持會)의 연합 기관지로 창간되었다. 창간 종지는 "국제정국을 조사하고, 동아시아 상황을 연구하며, 국민의 외교 지식을 증진하고, 국민외교 정신을 발휘하도록 하는 것"이었다. 1920년 10월 재정문제로 모두 4호를 내고 정간되었다. 간행기간은 짧지만, 1920년대 초반 중국 지식인의 동아시아 인식을 살펴볼 수 있는 중요한 자료이다. 베이징대학도서관 등에 보관되어 있다.

1차 세계대전 이후 동아시아가 세계적인 관심대상으로 등장하는 한편 일본의 중국 침략이 노골화되는 상황에 대한 중국 지식인들의 대응의 일환이었다. 논설(論說), 역총(譯叢), 기재(記載), 첨재(僉載)란을 두고 일본의 정치 외교 상황을 정밀하게 분석하는 글이 주류였다. 원고는 대부분 편집자가 담당한 듯 보이지만, 논설 및 역총란을 막론하고 일본에 대한 분석이 대부분이었다. 「일본군벌론(日本軍閥論)」, 「일본 양식문제(日本糧食問題)」, 「일인의 시베리아문제에 대한 주장」 등에서 알 수 있다. 그 외 「일본의 중일관계에 대한 관측」, 「영일동맹의 경과 및 장래를 논함」 등 중일관계, 영일동맹, 일소관계 등을 다루고 있다. 특히 「일본 군벌론」은 장장 4회에 걸쳐서 군벌의 유래, 군벌의 현세, 군벌의 내용(육군벌[陸軍閥], 해군벌[海軍閥]), 일본군의 장래 등을 상세히 다루고 있다. 기재(記載)란 역시, 「특별대사기요(特別大事紀要)」, 「일본대사기요(日本大事紀要)」, 「구주대사기요(歐洲大事紀要)」 등으로 나누어 전제하는 등 일본에 관한 정치 경제적 정보를 중시하고 있음을 알 수 있다. (오병수)

▌요람(搖籃)

1937년 서울에서 발행된 문학동인지

1937년 1월에 창간했다. 시와 소설 위주로 채워져 있으며 2호는 1937년 9월에, 종간호인 3호는 1939년 2월에 나왔다. 편집 겸 발행인은 최영수(崔永秀), 인쇄인은 동아사인쇄소의 이유기(李有基), 발행소는 요람사(경성부 아현정 1정목 252)이다. 판형은 국판으로 1집은 총 61쪽, 2집은 93쪽, 3집은 48쪽이며, 정가는 10전이었다. 동인은 김종천, 이응렬, 이철, 백영, 지운 등 6인으로 구성되었다. 연세대도서관에 1, 2호가 소장되어 있고, 최덕교가 3호를 접했다고 했는데 어디에 있는지는 알 수 없다.

창간사가 없는 대신에 잡지 제목으로 실린 김종천의 시 「요람」이 있으나 동인지의 성격을 드러낸다고 볼 수는 없다. 김종천은 「시인」이란 제목의 시 한 편을 더 실었고, 지운 역시 「초생달」, 「그대여―K에게」 등의 시 2편을, 이철은 시 「오동잎」과 소설 「늦가을의 독백」을, 백영은 소설 「그날의 분이」를, 갈잎은 소설 「탁류」을 각각 게재하였다.

2호에는 5편의 시 목천의 「취향」, 김일묵의 「미련」, 이화의 「밤의 열차」, 「춘수(春愁)」, 해연의 「눈보라치는 황혼」과 3편의 소설 채운의 「철없는 애들」, 해연의 「아홉 식구」, 백영의 「왜가리」가 실려 있다.

3호은 1, 2호보다는 분량이 줄어든 채 출간되었다.

문단에 진출하지 못한 문학청년들의 동인지로서 1년여에 걸쳐 활동한 흔적을 고스란히 보여 주고 있다. 그러나 동인지를 발간하는 문제가 여러 가지로 노출되게 되는데, 예컨대 일정한 문학적 관점을 공유하지 못하는 경우도 생기고, 그래서 동인을 탈퇴하거나 열성적으로 참여하지 않는 등의 문제로 우여곡절을 거듭하다가 어느새 자취도 없이 사라지는 것이다. 이 동인지 역시 그런 과정을 밟았을 가능성이 농후하다. 이 잡지는 휘문고보 시절 정지용이 박팔양 등과 등사판으로 발행했다는 회람잡지 '요람'과 구별할 필요가 있다. (전상기)

참고문헌

권영민, 『한국근대문인대사전』, 아세아문화사, 1999; 최덕교 편저, 『한국잡지백년』 3, 현암사, 2004.

요람(搖籃)

1921년경 서울에서 발행된 등사판 회람용 동인지

창간호가 언제 나왔는지는 정확하지 않다. 1919년 12월에 창간됐다는 얘기가 있다. 또 다른 의견으로는 1921년 혹은 22년에 등사판으로 발간되었으며 종간호 역시 몇 호인지는 미상이다. 박팔양의 회고에 의하면 10호 넘게 발행되었던 잡지였음을 알 수 있다. 시와 소설, 수필, 평론 등이 실렸으며 동인은 8명으로 정지용, 박팔양, 박제찬, 김용준, 김화산, 김경태, 전승영, 그리고 나중에 합류한 이세기 등이다. 동인지 이름은 정지용의 발의로 지어졌다고 한다. 이 잡지가 어디에 소장되어 있는지는 알 수 없다. 박팔양의 「요람시대의 추억」(『중앙』 1936년 7월호)에 소개되어 있을 뿐이다. 물론 1937년 1월에 창간된 동인지 『요람』 과도 구별돼야 할 것이다.

주로 중등학교 혹은 전문학교의 학생들이 주축이 돼서 이루어진 동인지인 까닭에 그들의 문학적 열정과 청년의 패기가 미숙하나마 발휘되었음을 짐작할 수 있다. 편집은 주로 정지용과 박제찬, 박팔양 3명이 맡아 했다고 전해진다. 또한 정확성 여부는 좀 더 면밀히 검토해야겠지만, 박팔양의 증언에 의하면 정지용의 『정지용시집』(시문학사, 1935)에 들어 있는 「향수」, 「압천」, 「카페·프란스」, 「슬픈 인상화」, 「슬픈 기차」, 「풍랑몽」 등은 전부 이 잡지에 등재하였던 작품이라고 한다. 그 외에도 3편의 동시와 민요풍의 작품들 과반수 역시 동인지 활동 당시의 작품이라는 것이다. 뿐만 아니라 정지용은 창간호에 그의 유일하고도 처음 발표한 소설인 「3인」을 기고했다고 한다.

"프롤레타리아 문예 특집"으로 기획된 원고인 김용준과 김화산의 '신흥예술론'과 김화산의 선동시는 '경무국 도서과'에 압수되었을 뿐더러, 그 외에도 동인들은 여러 차례 원고 압수처분을 받았다고 전해진다.

그 당시 '요람' 동인의 선배 중에 홍사용이 있었는데, 홍사용은 유일하게 '요람' 동인들의 작품을 비평해 줬다고도 증언한다.

동인들의 이후 행적도 흥미롭다. 전승영은 요절했고 김경태는 중국으로, 정지용(1919년 3·1운동이 일어나 교내문제로 야기된 휘문사태의 주동으로 이선근과 함께 무기정학을 받아 수업을 받지 못했다는 소문도 있다)과 박제찬은 경도 도시샤대학(同志社大學)으로, 김용준은 도쿄미술학교로, 김화산과 이세기, 박팔양은 사회에 나와 직업을 갖게 되었다고 한다. 이들은 비록 떨어져서 각자의 생활을 하는 중에도 원고를 매어서로 돌아보는 이른바 '원고회람'을 했다고 한다. 그래서 그들의 원고 뭉치는 경성에서 경도로, 경도에서 도쿄로 우편망을 따라 돌아다녔다는 소식도 후일담으로 소개되어 있다.

동인들의 학적 사항

『요람』 동인들의 활동 당시 학적 사항은 다음과 같다. 정지용, 박제찬, 전승영: 휘문고보/ 김용준: 중앙고보/ 김경태: 일고/ 이세기: 고상/ 김화산, 박팔양: 법전. (전상기)

참고문헌

권영민, 『한국근대문인대사전』, 아세아문화사, 1999; 최덕교 편저, 『한국잡지백년』 3, 2004.

요미우리신문(讀賣新聞)

1874년 일본에서 창간된 일본의 3대 일간지

요미우리(讀賣, '읽으면서 판다'라는 뜻)란 도쿠가와(德川) 시대에 신문판매상들의 관습을 가리키는 말로서, 그 사람들이 활자가 발명되기 이전에 손으로 새긴 목판을 사용해서 찍은 신문종이를 큰 소리로 읽으면서 팔았던 데에서 연유했다.

요미우리신문사 연보

1874년 11월 2일 합명회사 닛슈샤(日就社)가 『요미우리신문(讀賣新聞)』을 창간. 초대 사장은 고야스 다카시(子安峻).

1889년 12월 23일 쓰보우치 쇼요(坪内逍遙)가 문학주간이 됨.

오사키 모미지(尾崎紅葉), 유키타 로한(幸 田露伴)이 입사.

1897년 1월 1일 오사키 모미지의 「금색야차(金 色夜叉)」 연재 시작.

1917년 12월 1일 회사 이름을 니슈샤에서 요미우리신문사(讀賣新聞社)로 개칭.

1924년 2월 25일 경영난으로 쇼리키 마쓰타로(正力松太郎)가 매수, 제7대 사장에 취임.

1925년 11월 15일 『요미우리 라디오판(よみうりラヂオ版)』을 신설.

1931년 11월 25일 석간을 발행.

1934년 12월 26일 대일본도쿄야구구락부(大日本 東京野球倶楽部, 현재의 요미우리자이언쓰) 창설.

1942년 8월 5일 '호치신문사(報知新聞社)'를 합병. '요미우리호치(讀賣報知)'로 개체(改題).

1946년 5월 1일 제호가 『요미우리신문』으로 복귀.

1950년 6월 1일 요미우리신문사가 주식회사로 개조(改組).

1952년 11월 25일 오사카시에서 『오사카요미우리신문(大阪讀賣新聞)』을 창간.

간사이(関西)에 진출.

1953년 4월 1일 제호 『오사카요미우리』에서 '오사카'를 빼고, 도쿄와 마찬가지로 『요미우리신문』으로 함.

초대 사장은 고야스 다카시였다. 고야스 다카시는 1870년 12월 8일 창간되어 일본 최고(最古)의 일간지라고 하는 『요코하마마이니치(横浜毎日新聞)』의 창간자 중 한 사람이다. 그리고 일본에서 가장 오래되었다고 하는 연활판인쇄소(鉛活版印刷所)인 니슈샤의 창립자이기도 했다. 원래 그는 기후(岐阜)현 출신의 번사(大垣藩士)였다. 니슈샤를 창시한 사람에는 사가현(佐賀縣) 출신의 번사(藩士)인 모토노 모리유키(本野盛亨), 나가사키(長崎)의 시바타 마사요시(柴田昌吉)가 있었다.

니슈샤에서는 고야스 다카시가 편찬한 『영화자휘(英和字彙)』의 간행을 제1차 계획으로 하고, 1870년 4월에 요코하마(横浜 元弁天町)에서 설립되었다. 『영화자휘』를 간행한 이후 도쿄(東京 芝琴平町)로 옮겨, 거기에서 창립 목적 중의 하나였던 신문을 발행하게 된다. 1917년 회사명이 요미우리신문사로 변경될 때까지 니슈샤에서 『요미우리신문』을 발행했다. 문명개화(文明開化)의 선두주자로 발간 이후 순조롭게 부수도 늘어나고, 각종 정론도 전개되었고, 문학의 육성에도 진력했다.

1887년 다카타 사나에(高田早苗)를 주필로 초빙했고, 1889년 쓰보우치 쇼요를 문학주필로, 오사키 모미지와 유키타 로한, 모리 오가이(森鷗外) 등에게 집필을 담당하게 했다. 1897년 오사키 모미지(尾崎紅葉)의 「금색야차(金色夜叉)」가 『요미우리신문』에 연재되기 시작했다. 1898년 이후에는 문학란을 자연주의 작가들인 시마무라 호게쓰(島村抱月), 도쿠타 슈세이(徳田秋晴) 등이 담당하게 되었다. 여기에는 고스기 덴가이(小杉天外), 마사무네 하쿠초(正宗白鳥) 등이 함께 했다.

1904년 러일전쟁이 일어나자 주전론적 논조와 함께 톨스토이, 체호프(A. P. Chekhov), 푸시킨(A. S. Pushkin)의 기사가 문예란을 풍미하고 고리키의 「코사크의 소녀」가 도쿠타 슈세이의 번역으로 실렸다. 비전론(非戦論)을 주장했던 고토쿠 슈스이(幸徳秋水), 사카이 도시히코(堺利彦) 등의 헤이민샤운동(平民社運動)과 가까웠다. 이후에는 가와카미 하지메(河上肇)가 입사하여 '천산만루주인(千山万楼主人)'이라는 이름으로 「사회주의평론(社会主義評論)」을 연재했다. 또한 헤이민샤의 가미쓰카사 쇼켄(上司小劍), 후에 프롤레타리아문학자로 유명한 아오노 스에키치(青野季吉), 나중에 일본공산당 위원장을 역임했던 이치카와 세이이치(市川正一) 등도 입사했다.

아오노 스에키치는 다음과 같이 당시의 분위기를 설명해 준다. "요미우리에는 특별히 좋은 점이 있는데, 일본에서 유일한 문화주의 신문으로, 예를 들면 문예,

과학, 부인문제 등에 대한 지면이 있는 반면에, 특히 오랫동안 계몽적인 노력을 해왔다. 때문에 요미우리신문이라고 하면 문학예술 신문으로 일반적으로 세간에 알려지게 되었다. 또한 그렇게 말하는 문화주의적인 공기가 여러 가지 형태로, 예를 들면 영리주의적인 공기랄지, 비속한 저널리즘의 공기 사이에서 무엇보다도 농후하고 지배적이었다. 이 신문에서 일을 하는 것은 무엇인가 일본 문화의 발달이라고 하는 것에 봉사하는 것이라는 그런 생각을 하게 했던 것이다."

메이지(明治) 초기에는 최첨단을 달렸는데, 메이지 말기에는 침체기를 맞이했던 것도 사실이다.

1918년 일본의 출병과 함께 요미우리신문사의 매수 이야기가 돌았고, 해군 출신의 수상 야마모토 곤베에(山本権兵衛)가 처음 의욕을 보였다가 육군계가 손을 대기 시작했다. 주필에 우익계인 이다치 겐이치로(伊達源一郎)가 취임하자 논조가 친정부 쪽으로 기울어 시베리아출병론을 부르짖기 시작했다. 특히 경제부장, 정치부장, 사회부장의 주요 포스트가 이다치(伊達) 계열에 의해 점령되었다.

편집국 내부에서 논쟁이 발생하여 인쇄국까지 포함된 스트라이크가 유발되었다. 결국 이 일은 편집국의 패배로 끝났는데, 군벌을 배경으로 했던 이다치 일파도 요미우리신문사 제압의 어려움을 느끼고, 요미우리신문사 매수계획을 좌절시켰다. 당시 일본 사상계는 전환기로 좌익사상과 공산주의운동이 각 신문사에 자연발생적으로 침투해 들어갔는데, 『요미우리신문』이 최전선이었다.

요미우리신문사의 경영권이 재계의 손에 넘어가게 된다. 1919년 두 번째 사주인 모토노 세이이치(本野盛一)가 경영권을 익명의 조합에 넘겼고, 새로운 사장에 마쓰야마 주사브로(松山忠三郎)가 되었다. 마쓰야마 주사브로는 전형적인 일본의 근대적인 신문 엘리트의 한 사람이었다. 와세다대학(早稲田大學)의 전신인 도쿄전문학교(東京専門學校) 정치과를 졸업한 이후 『도쿄경제잡지(東京経済雑誌)』를 거쳐 『도쿄아사히신문』에 입사했다. 이후 1898년에는 미국에 특파되어 컬럼비아대학에서 유학하고, 귀국 후에는 재정 경제기자로 논단을 장악했다.

그는 『도쿄아사히신문』의 편집국장이었는데, 사장인 무라야마 류헤이(村山龍平) 이하의 도자이아사히신문사(東西朝日新聞社) 수뇌부의 대부분이 퇴사해야 했던 일본 신문사상 최대의 필화사건인 '백홍관일(白虹貫日) 사건'에 연좌되었던 사람이다.

사장이 바뀐 것은 종업원의 전원 해고를 의미했다. 예전의 사원은 급료의 1개월분이나 3개월분만 받고 그만두게 되었다. 재임용에 있어서도 좌파계 인사와 군벌계 이다치파(伊達派)는 제외되었다. 대신 도자이아사히신문사(東西朝日新聞社)를 사퇴했던 편집진이 마쓰야마 주사브로 휘하에 참가하게 되었다.

마쓰야마 주사브로 시대의 요미우리의 지면은 문학적 전통에 다시 귀의하게 되었고, 부인운동과 프롤레타리아문학운동에 발표의 기회를 부여했다. 그 배경에는 다이쇼(大正)데모크라시의 영향이 있었다. 다이쇼데모크라시는 1912년부터의 자유민권적 사상이 주류를 이루던 시대의 흐름을 지칭하는데, 이 흐름에 따라 요미우리신문은 '신선한 문예부흥의 기수'를 자임했다.

1923년 9월 1일 간토대지진(関東大震災)이 엄습했다. 이로 인해 요미우리신문사는 건설 중인 신관의 낙성일을 맞이하여 큰 타격을 입었다. 마쓰야마 주사브로는 재계의 원조를 구해 동분서주했다. 재계에서도 원조를 합의했으나, 갑자기 분위기가 바뀌어 버렸다. 결국 마쓰야마 주사브로는 사퇴하게 되었다. 대신 취임한 사람이 경시청(警視庁) 경무부장(警務部長)을 지냈던 쇼리키 마쓰타로였다.

마쓰야마 주사브로와 쇼리키 마쓰타로는 공업구락부(工業倶楽部)에서 익명조합(匿名組合)의 대표인 고세이 유키스케(郷誠之助), 후지하라 긴지로(藤原銀次郎), 나카시마 규마키치(中島久万吉) 등의 입회 아래, 요미우리신문사의 경영권 양도에 합의하고, 쇼리키 마쓰타로가 조인할 때 5만 엔, 마쓰야마(松山)와 함께 그만두는 13명에게 합계 1만 6000엔의 퇴직수당을 지불하는 것을 승낙한, 이후 '양도계약서(譲渡契約書)'를 체결했다.

1924년 2월 26일 악명 높은 경시청의 경무부장인

쇼리키 마쓰타로가 제7대 사장에 취임했다. 쇼리키 마쓰타로는 새롭게 사장이 되어 일본공업구락부회관(日本工業倶楽部会館)에서 가와코 요시나리(河合良成)와 고토 구니히코(後藤国彦)를 만나서, 자금 제공에 대한 긍정적인 반응을 받아냈다. 쇼리키 마쓰타로가 만난 이 두 사람은 그의 도쿄제대(東京帝大) 시절의 친구였다. 회합 장소였던 일본공업구락부회관은 지금도 옛 모습 그대로 남아 있고 도쿄역(東京駅)의 마루노우치(丸の内)의 기타쿠치(北口)에 있다.

쇼리키 마쓰다로는 고토 신페이(後藤新平), 번정회(番町会), 익명조합 등의 재벌로부터 헌금을 얻어냈다. 이후 그가 사장에 취임하고 나서, 요미우리신문은 좌익에서 급속히 우익으로 급선회했다.

사장에 취임한 쇼리키 마쓰다로는 취임 직후에 인사에 손을 댔다. 총무과장에 고바야시 미쓰마사(小林光政, 경시청 특고과장[警視庁特高課長]), 서무부장에 쇼다 아키라(庄田良, 경시청 경부[警視庁警部]), 판매부장에 다케후지 데쓰야(武藤哲也, 경시청 조사과장[警視庁捜査課長])를 초빙했다. 이렇게 경시청시절의 심복을 불러 신문업계에서 요미우리가 경찰에 의해 경찰신문이 되었다는 탄식이 나오게 했다.

쇼리키 마쓰다로는 내부에서 세력만 키우지는 않았다. 오히려 천재적인 기획력을 발휘하여 신문의 대중화를 추구했다. 다양한 기사를 실어 독자를 늘려 요미우리신문사는 아사히신문사, 마이니치신문사와 함께 어깨를 나란히 하게 되었다.

1925년 11월 15일 라디오방송에 주목하여 다른 신문사에 앞서, 일본 최초의 라디오판인 『요미우리라디오판』을 창설했다. 이것이 대 반향을 일으켜서, 『요미우리신문』의 부수가 매월 1000부씩 늘어났다. 다음으로 쇼리키 마쓰다로가 주목한 것은 '바둑 대기획'으로 일본기원(日本棋院)과 기정사(棋正社)의 대국이었다. 당시의 바둑계는 간바시 히데야(坊秀哉)를 정점으로 하는 일본기원과 가리가네 긴준(雁金準)이 거느린 기정사가 기계(棋界)를 양분하고 있었다. 이 두 사람의 기보와 관전평을 게재한 요미우리는 호평을 받아 부수가 크게 늘었다. 또한 일본 최초의 지방판을 만든 것도 쇼리키 마쓰다로였다. 이렇게 해서 요미우리는 『도쿄마이니치신문』, 『아사히신문』과 함께 도쿄 3대지(三大紙)가 되었고, 수도권의 톱의 자리를 차지했다.

1926년 3월 15일 쇼리키 마쓰다로는 가부키좌(歌舞伎座)를 빌려서 사장 취임 대축하연을 열었다. 3천명이 모인 자리에서 쇼리키 마쓰다로는 신문 보국(新聞報国)에 대한 굳은 결의를 개진했다. 여기에 대해 격려와 축하를 한 사람 중에는 수상(首相) 와카쓰키 레이지로(若槻礼次郎), 일본신문협회(日本新聞協會) 회장 아오우라 게이고(清浦圭吾), 고토 신페이(後藤新平) 등의 이름이 보인다. 이후 요미우리는 특징적인 자세를 보이기 시작했다. 내부적으로 요미우리신문사는 일본의 경찰 구조와 유사하게 계통적인 통제를 했고, 경시청 출신의 인맥이 힘을 발휘하여 노무지배를 강화해 갔다.

지면은 급변했다. 「에로와 그로」(에로티즘과 그로테스크)를 적극적으로 취급하는 에로저널리즘이 되었다. 여기에 더해, 일본제국주의의 제국주의적 침략 활동을 후방에서 지원하는 어용신문이 되었다. 구체적으로는 선동적인 전쟁 보도를 통해 '성전(聖戦)'에 가담하게 되었다. 이것으로 『요미우리신문』은 경이적인 발전을 거듭했다.

만주사변이 시작되자 석간 발행이 중지되고, 1931년 사설이 다시 부활되었으며, 내용도 관보와 같은 수준이 되었다. 1931년 12월 19일 대규모 미디어의 공동선언으로 만주의 독립지지를 선언하게 되었다.

1931년 전미 야구올스타 선수를 초대했다. 당시 일본에는 프로야구팀이 없어 17전 전패했다. 그러나 이 일로 인해 『요미우리신문』의 발행부수는 30만 부를 넘었다. 나아가 1934년 12월 26일 제2회 미일야구대회가 성공하자 일본에서는 처음으로 프로야구구단인 대일본도쿄야구구락부를 창설했다. 이것이 오늘날의 요미우리쿄진군(読売巨人軍)이다. 그리고 미국 프로팀과의 시합을 기획하여, 이것이 성공을 거두어 1936년에 공식전이 개시되었다.

1938년 신문용지제한령(新聞用紙制限令)에 따라 1현(県) 1지(紙)화가 정책적으로 채택되어 신문통합시대(新聞統合時代)가 시작되었다. 신문통합정책(新聞統合政策)은 내각 정보국(内閣情報局)과 내무성(内務省)이 주관 관청이 되어 진행했는데, 이 과정에서 『요미우리신문』은 『아사히신문』·『마이니치신문과 함께 3대 중앙지의 지위를 굳게 지키게 되었다. 그리고 『규슈신문(九州日報)』, 『산인신문(山陰新聞)』, 『나카사키니치니치신문(長崎日日新聞)』, 『시즈오카신보(静岡新報)』, 『가라후토신문(樺太新聞)』, 『오타루신문(小樽新聞)』, 『오사카신문(大阪新聞)』을 계속해서 산하에 거느리게 되었다.

1944년 쇼리키 마쓰다로는 기시 노부스케(岸信介)의 추천으로 귀족원(貴族院) 의원이 되었다. 그리고 고이소(小磯)내각의 고문이 되었다. 이러한 쇼리키 마쓰다로(正力松太郎)의 요미우리 경영은 상업지로서는 성공적이었는지 몰라도 질적으로는 크게 저하되었다. 미국의 에로·저널리즘을 채용한 그는 몰이상주의적 경영자였다. 그의 사후 요미우리신문 사장은 무타이 미쓰오(務台光雄), 고바야시 요소지(小林与三次), 와타베 쓰네오(渡辺恒雄)로 3대가 했다.

요미우리신문사는 사회봉사의 일환으로 도쿄본사(東京本社) 빌딩 3층에 요미우리진료소(読売診療所)를 설치했다. 1929년 개설 후 한동안은 연말에 무료진료를 했는데, 1930~1940년대에는 '지방 순회 진료'와 '재해 시 출동진료'를 전개했다. 7년간 약 18만여 명을 진료했다.

경쟁지인 『아사히신문』이나 『마이니치신문』처럼 5개 지방판의 석간 및 조간을 발행하며, 도쿄에서는 영어판도 내고 있다. (김인덕)

참고문헌

『昭和18年 新聞總攬』, 東京: 日本電報通信社, 1943; 木村愛二, 『読売新聞·歴史検証』, 東京, 汐文社, 1996; 『読売新聞100年史』, 東京: 読売新聞100年史編集委員会, 1986; 『日本労働年鑑 第22集/戦後特集』, 東京: 法政大学大原社会問題研究所, 1949; 御厨貴, 『馬場恒吾の面目: 危機の時代のリベラリスト』, 中央公論社, 1997.

요양촌(療養村)

1938년 황해도 해주 구세요양원에서 발행한 보건 잡지

1938년 5월 1일 창간된, 결핵 예방과 요양을 지도하는 보건잡지이다. 판권지를 보면, 편집 겸 발행인은 셔우드 홀(Sherwood Hall, 한국명 하락[賀樂]), 인쇄소는 한성도서주식회사, 발행소는 해주읍 왕신(王神)리 210번지의 해주구세요양원(海州救世療養院) 출판부였다. A5판 100쪽에 정가 10전이었다. 1940년 6월 통권 7호로서 종간되었다고 하나, 『동아일보』 1940년 7월 7일자 기사에 따르면 그해 7월에도 발간되었던 것 같다. 고려대학교도서관에 소장되어 있다.

해주구세요양원은 당시 대표적인 질병이었던 결핵을 앓는 환자들의 '특별한 요양처'로서의 역할을 하였던 곳으로서 1928년 10월 25일 설립되었다. 처음에는 대지 8000여 평과 건축비 7000여 원, 100여 평의 양식건축물을 가지고 시작하였으나, 전국 각지에서 모여드는 결핵 환자들로 인하여 그 규모가 점차 확대되었다. 요양원은 바다를 가까이 하고, 송림이 울창한 곳에 위치하여 결핵환자에게 가장 적합한 환경을 제공하였고, 당시 조선에서는 시설이 가장 좋은 요양원이었다.

『요양촌』은 해주구세요양원 창립 10주년을 기념하여 발행한 잡지였다. 「창간사」는 발행인이며, 해주구세요양원의 창설자이자 원장인 셔우드가 썼는데, 이 「창간사」를 통해서 그 취지를 더 자세히 알 수 있다.

"해주요양원은 믿음으로 섰고 또한 하나님께서 이 사업에 많은 복을 주심으로, 우리는 요양원 창립 10주년 기념을 기회로 폐결핵의 예방과 치료에 관한 조선 최초의 잡지 발간을 하려하며, 우리는 이 새로운 믿음의 시험에 대해서 여러분의 지지와 원조와 격려를 바라는 바입니다. 폐결핵 문제는 공장 수가 많아지고 교통이 대단히 편리하여감에 따라, 공기는 더욱 더럽히고 많은 통학생들은 이 무서운 병을 전파시키기 쉽기 때문에 더욱 곤란하여 갑니다. 조선서 매년 40만 결핵환자가 늘어간다고 합니다. …… 우리 잡지 발간의 목적은 이 부단(不斷)의 위협에 대한 최초의 예방지식을 가르

치자는 것입니다. …… 그것이 우리 잡지의 사명입니다."

창간호의 목차는 다음과 같았다.

하락(賀樂), 「창간사」/ 양주삼(梁柱三)·김항섭(金恒燮)·최희영(崔羲楹)·박천규(朴天圭)의 「축사」/ '논문' 최희영(崔羲楹)의 「폐결핵과 공기」/ 이정우(李廷雨)의 「대기안정요법(大氣安靜療法)」, 김종칙(金鍾則)의 「폐결핵과 여성」, 이점학(李點鶴)의 「불면증」, 김병서(金秉瑞)의 「각혈에 대하여」, 김영순(金靈淳)의 「결핵을 예방박멸 하자」/ '소개' 「① 해주구세요양원 10년간 사업개괄」, 「② 빈민결핵환자 구료기관 결핵박멸후원회」, 「③ 해주구세의료원 재단법인 기부행위규정의 일부」, KH의 「요양소 칠요생활(七曜生活) 안내」, 태백자(太白子)의 「'요양환(療養丸)' 지상 세계 일주기행」/ '르뽀' 정사영(鄭士永)의 「해주에서 도쿄까지(결핵시설 시찰기)」/ '수필' 김기전(金起田)의 「나의 투병」, 춘영(春影)의 「인생견학」, 차홍녀(車紅女)·황철(黃徹)의 「요양지에 보내는 예원(藝苑)의 편지」, 이태준(李泰俊)의 「병후수제(病後數題)」, 김영만(金永萬)의 「한시사수(漢詩四首)」/ '소설' 김태진(金兌鎭)의 「어느 남편의 염마장(閻魔帳)」/ '희곡' 송영(宋影)의 「바보 장두월(張斗越)」/ '요우통신(療友通信)' 김애희(金愛喜)의 「나의 실험과 감상」, 김현세(金顯世)의 「난치증(難治症)이 회복(恢復)」, 민병휘(閔丙諱)의 「나의 경험」, 김인옥(金仁玉)의 「요양기」, 유복순(劉福孫)의 「내 요양생활의 추억」/ 「편집후기」(이한울)

참고문헌

「海州救世療養院 다시 擴張計劃, 각디의 결핵환자를 치료, 三千餘圓 經費豫算」, 『東亞日報』 1929.7.16; 「療養村 第十七輯 海州府 王神里 海州救世療養院 出版部 發行」, 『東亞日報』 1940.7.7; 최덕교 편, 『한국잡지백년』 2, 현암사, 2004.

요코하마마이니치신문(橫浜每日新聞)

1871년 일본에서 처음으로 창간된 일간지

1871년 1월 28일(음력 1870년 12월 8일) 일본의 요코하마(橫浜)에서 창간된 일본 최초의 일본어로 된 일간지이다. 당초는 무역상황 기사가 주종을 이루었으나, 이후 정론신문(政論新聞) 시대의 전개와 더불어 정치성이 가미되었다. 1889년 누마 모리카즈(沼間守一)가 신문사를 매수한 이후는 편집국을 요코하마에서 도쿄로 이전하고, 제호도 『도쿄요코하마마이니치신문(東京橫浜每日新聞)』으로 변경했다. 신문은 민권파 언론의 일익을 담당하면서 주목을 받았다. 『요코하마마이니치신문』은 후지출판(不二出版)에 의해 전 149권으로 복간되었다. 『요코하마마이니치신문』은 요코하마활판사(橫浜活版舍)에서 발행했다. 요코하마활판사는 이후에 요코하마마이니치신문사가 되었다.
가나가와(神奈川)현 지사였던 이세키 모리토메(井関盛艮)가 근대 신문의 필요성을 요코하마의 무역상들에게 이야기하여 창간되었던 것이다. 편집자는 요코하마세관(橫浜税関)의 번역관이었던 고야스 다카시(子安峻)였다. 그는 나중에 『요미우리신문』의 사장이 되었다.
발간 초기에는 무역에 관한 정보가 지면의 중심이었는데, 1874년경부터 민권파(民権派)의 신문으로 보였다. 1879년 11월 18일 누마 모리이치(沼間守一)가 매수해서 도쿄로 옮기고, 『도쿄요코하마마이니치신문』이라고 개제했다. 발행소도 도쿄요코하마마이니치신문사에서 마이니치신문사로 개칭되었다.
1886년 5월 1일 『마이니치신문』, 1906년 7월 1일 『도쿄마이니치신문』으로 각각 개제되었다. 이 사이 시마타 사브로(島田三郎)가 사장이 되어, 러일전쟁에 대해서는 철저하게 반전의 자세를 취했다.
경영이 방만해서 1909년 호치신문사(報知新聞社)에 매도되어, 『호치신문(報知新聞)』의 방계지가 되었다. 그러나 이것도 오래가지 못했다. 1914년 야마모토 사네히코(山本実彦)에게 양도되었다. 마침내 1940년 11월 30일 『데이토니치니치신문(帝都日日新聞)』에 흡수·병합되어, 일본 최초의 일간지는 소멸되었다.
막말(幕末)의 신문은 반지(半紙)를 둘로 나누거나, 혹은 넷으로 나눈 것을 책으로 만든 것에 비해, 『요코하마마이니치신문』은 양지(洋紙)의 양면에 기사를 목활자로 인쇄하고 지면을 난으로 나눈 현재의 신문과 거의 같은 모습이었다. 현재의 『마이니치신문』과 마이니치신문사와는 전혀 관계가 없다.
『마이니치신문』이 '일본 최고(最古)의 일간지'라고 알려진 것은 『도쿄니치니치신문』이 1943년에 지금의 제호로 변경되었기 때문이다. 『요코하마마이니치신문』의 발행에서 『도쿄니치니치신문』의 발행까지 창간된 일간지(日刊紙)는 현재 완전히 소멸되었다.
마이니치신문사의 모체였던 『오사카마이니치신문』이 도쿄에 진출했을 때, 먼저 눈에 띈 것이 이 『도쿄마이니치신문』이라는 본지였다. 그러나 경영권이 고액이었고, 경영 상황이 최악이었기 때문에 『오사카마이니치신문』은 매수를 접고, 『도쿄마이니치신문』과 합동하게 되었다.
일본 최초의 일본어 일간지로, 그 이전의 근대신문은 1861년 11월 23일 창간된 주간 영자 신문 「재팬·헤럴드」(요코하마), 1862년 에도막부(江戸幕府)가 네덜란드어를 번역했던 『관제(官版)바타비야신문』(에도), 1864년 요셉 히코(Joseph Heco, 원명은 하마다 히코소[浜田彦蔵])가 번역했던 『해외신문(海外新聞)』(요코하마), 1860년대 창간의 영자 신문 『재팬 · 코마셜·뉴스』(요코하마), 1867년 창간의 영자 일간 석간신문 『재팬·가제트』(요코하마), 1870년 1월 창간의 주간신문 『재팬 · 위크리 · 메일』(요코하마) 등이 있다.

• 누마 모리카즈(沼間守一)

1843년 12월 2일 에도(江戸) 출생. 요코하마에서 제임스 헵번(James Curtis Hepburn)으로부터 영어를 배운 다음 1866년 『영국보병조전(英国歩兵操典)』의 번역에 참여했다. 1867년에는 막부전습대(幕府伝習隊)의 보병두병(歩兵頭並)이 되었고, 보신전쟁(戊辰戦争)에서는 기타간토(北関東)에서 사쓰마 조슈의 관군과 전투를 벌였다.

이후 이타가키 다이스케(板垣退助)와의 만남을 통해 도사번(土佐藩)의 교수로 초빙되었다. 1872년부터는 메이지 신정부에 진출하여 대장성(大蔵省)과 사법성(司法省)에 근무했다. 또 한편으로 1873년 그는 고노 도가마(河野敏鎌) 등과 함께 자유민권운동을 축으로 한 결사체인 오메이샤(嚶鳴社, 법률강습회)를 조직했다.

누마 모리카즈는 1875년 10월에는 원로원권대서기관(元老院権大書記官)으로서 당시 반정부 농민운동이 전개되었던 사카다현(酒田県)에 파견되었다. 왓파(わっぱ) 소동을 둘러싼 판결에서는 모리후지 우에몬(森藤右衛門) 등 사카다현 주민 측이 건백한 현정 압제에 의한 주민탄압의 주장을 전면적으로 인정하여 현 측에 유죄를 내려 과중하게 거두어들인 세금 6만 3000엔의 반환명령을 내렸다. 하지만 그는 같은 해 번벌정치에 분노하여 스스로 공직을 사임하고 재야로 들어갔다.

이후 1879년에는 재차 사법성에 진출했으나 성내의 방침에 반발하여 사직하고 『요코하마마이니치신문』을 매수했다. 그는 신문의 제호를 『도쿄요코하마마이니치신문』으로 변경하여 국회 개설, 자유민권사상을 유포시켰다. 1882년부터 만년까지 도쿄부의회 의장을 역임했고, 입헌개진당(立憲改進党)에 참가했지만, 정부의 집회조례 개정에 따라 오메이샤는 해산되었다. 1890년 5월 17일 사망했다.

『요코하마마이니치신문』의 광개토대왕비 관련 기사와 사코 가게노부(酒匂景信)

광개토대왕비문의 유래는 비문 연구에 있어서 가장 초보적인 단계이자 비문의 진실성을 밝히는 가장 중요한 사항이기도 하다. 그러나 1883년 광개토대왕비문을 입수한 일본 육군참모본부는 이에 대한 모든 사항을 날조하여 꾸며내거나 숨겨왔으며, 심지어는 비문을 가져온 자에 대해서도 철저하게 비밀에 붙여왔다.

가장 먼저 광개토대왕의 비문 해독에 착수한 아오에 슈(靑江秀)는 『동부여영락태왕비명지해(東夫餘永樂太王碑銘之解)』라는 논저의 권수(卷首)에 '부언(附言)'하여, "차경(此頃) 모신문(某新聞)에 이르길, …… 석면을 깨끗이 닦았을 때 마침 일본인(日本人) 모

(某)가 이곳에 있어 이를 석탑(石搨)하여 갖고 돌아 왔다"라고 하고 있다.

1888년 10월에 육군참모본부 편찬과원의 요코이 다다나오(橫井忠直)는 『고구려고비고』(회여록본)를 집필하면서 또 다른 『고려고비고』 2본을 만들었다. 그중 1본은 현재 교토대학도서관(京都大學圖書館)에 소장되어 있으며, 또 다른 1본은 뮤규가이도서관(無窮會圖書館)에 소장되어 있는데 말미(末尾)에 모두 "1878년 10월 요코이 다다나오 씀(明治卄一年十月 橫井忠直識)"이라 기록하고 있다. 그중 뮤규가이본(無窮會本) 「고려고비고(高麗古碑考)」는 "일고구려고비탑본자, 요우사코 대위 청국만유중소획야(一高句麗古碑榻本者, 僚友酒勾大尉 淸國漫遊中所獲也)"라 하여 직접적인 이름을 거론하고 있다. 그런데 경도대학본의 「고려고비고」에서는 "일고구려고비탑본, 요우 모씨 청국만유중소획야(一高句麗古碑榻本, 僚友某氏淸國漫遊中所獲也)"라 하여 이름은 밝히지 않고 요우(僚友)로만 기록하고 있다. 이를 보면 아오에 슈와 요코이 다다나오가 함께 참모본부에서 비문해독에 참여하고 있지만 요코이 다다나오만이 사고(酒匂)의 이름을 알고 있었으며 동료인 아오에 슈에게 조차 숨기고 있음을 알 수 있다.

특히 아오에 슈가 그의 해독에서 '부언(附言)'한 내용은 참모본부로부터 들은 것이 아니라 "모신문(某新聞)"에 실린 내용을 인용한 것으로 이는 비문에 대한 최초의 발설(發說)로서 비문 연구에 있어서 큰 관심의 대상이 아닐 수 없다.

사에키 아리키요(佐伯有淸)는 『고대 동아시아 금석문논고(金石文論考)』에서 밝히길, 최근에 도쿄대학 문학부학생 고다니 히사카주(小谷壽量) 씨가 알아내었는데, 이 모신문은 1884년(메이지 17) 6월 29일부 『도쿄요코하마마이니치신문』이라는 것이 밝혀졌다고 한다. 이 기사의 전문은 다케다 유키오(武田幸男)의 「비문지유래기(碑文之由來記) 고략(考略): 광개토왕비 발견의 실상」(『에노키박사송수기념동양사논총[榎博士頌壽記念東洋史論叢]』)에 다음과 같이 게재되어 있다.

"만주 성경성과 조선국의 경계인 압록강 상류에 예부터 물밑에 묻혀있던 한 대석비(大石碑)가 있는데, 차경(此頃) 성경장군이 들은 바, 다수의 인력을 들여 조금씩 파들어 갔다. 석면을 깨끗이 씻었을 때 일본인 모가 이곳에 있어 이를 석탑(石搨)하여 가지고 돌아와 목하 참모본부에 장(藏) 하였다."

또 비석을 파낼 때 별도로 길이 8촌 폭 4, 5촌 정도의 기형(奇形)의 와(瓦) 1개를 얻었다. 와의 횡면좌우(橫面左右)에 "원대왕지묘안여산고여구(願大王之墓安如山固如丘)"의 11자가 각해 있다고 한다.

이 기사의 내용을 아오에 슈는 『동부여영락태왕비명지해(東夫餘永樂太王碑銘之解)』에서 '부언'하여 인용한 것이 1884년 7월인데, 『도쿄요코하마마이니치신문』에 이 기사가 게재된 것은 1884년 6월 29일로, 아오에 슈의 『동부여영락태왕비명지해』가 거의 완성단계에 이르렀을 쯤으로 추정된다. 이는 아오에 슈가 신문기사를 보기 전까지는 비문을 가져온 자에 대해서 아무런 정보를 가지고 있지 않았다는 것을 말하는 것으로, 참모본부에서 아오에 슈에게까지 철저하게 비밀로 하였음을 알 수 있다.

그런데 아오에 슈에게까지 비밀로 할 정도라면 당시 비문을 가지고 온 자에 대해서 알고 있는 사람은 사코 가게노부와 요코이 다다나오를 비롯한 1, 2명 정도일 것으로 보이는데 이것이 어떻게 신문에까지 누설되었는지 의문이 아닐 수 없다. 이것은 참모본부의 의도와는 상반되는 것이기 때문에 참모본부원이 누설했다고는 보기가 힘들다.

그런데 사코의 경력을 보면, 사코가 '귀조(歸朝)'의 명을 받은 것은 1883년(메이지 16)년 10월 4일이고 광개토대왕의 비문을 가지고 일본에 돌아온 시기는 이에 가까운 시기로 보이며, 사코가 참모본부의 출사(出仕)를 면(免)한 것이 1884년 6월 2일이므로 신문의 기사는 그 이후가 된다. 따라서 최초로 외부에 광개토대왕릉 비문의 입수가 알려진 것은 사코가 참모본부요원에서 벗어난 시기인 까닭에, 사코로부터 일부 누설된 것이라는 추정을 배제할 수 없다. 특히 직접 실견(實見)하지 않고는 알 수 없는 비문에 대한 일부의 내용과 입수한

와(瓦) 에 새겨진 문자 등을 기술했다는 것이 이를 뒷받침하고 있다.

그러나 비문 입수자인 사코의 존재가 나타난 것은 1888년 10월 11일 궁내성에서 요코이 다다나오, 아오에 슈, 가와타 쓰요시(河田剛), 마루야마 사쿠야쿠(丸山作藥), 이노우에 다노무(井上頼) 등이 모인 가운데 사코를 직접 불러 쌍구본(雙鉤本)의 순번을 정정하는 과정에서 확인된다. 당시 비문을 가져온 자에 대하여 처음에는 사가와 대좌(佐川大佐)로 기록했다가 이를 다시 사코 대좌(酒匂大佐)로 정정한 것을 보면 사코에 대하여 요코이 다다나오만이 알고 이를 비밀에 붙여 오다가 순번을 정정하는 과정에서 사코가 현장에 나타남으로서 실제의 인물이 밝혀진 것임을 알 수 있다. 그러나 절대 함구령을 내렸음인지, 회여록이 출판되기에 앞서 1888년 11월에 나온 『여란사화(如蘭社話)』에서는 "마침 모가 그 비를 탁본하여 돌아 왔다"라고 하고 있으며, 이어 광개토왕비문을 최초로 공식적으로 소개한 요코이 다다나오의 「고구려비출토기」에서는 "일본인 모가 마침 이곳을 유람하다가 하나를 구하여 돌아왔다"라고 하고, 1891년 스가 마사토모(菅政友)는 "이는 메이지 17년 모씨가 청국에 가서"라고 하고 있으며, 1893년 나카 미치요(那珂通世)는 『고구려고비고』에서 "이 비가 세상에 나온 것은 메이지 15, 6년경으로 동 17년 황국인(皇國人) 모씨가 청국의 비가 있는 지역에 도착해 탁본을 얻어 가지고 왔다"라고 하고 있다. 그러나 제국박물관(도쿄국립박물관)소장 주내 쌍구본 원본이 요코이 다다나오 등의 연구를 거쳐 1888년 12월 이전에 「영락대왕비문석젭(永樂大王碑文石摺)」이라 제(題)하여 사코 가게노부(酒匂景信)의 이름으로 메이지왕(明治王)에게 헌상(獻上)한 문서가 미야자키현 종합박물관에 소장되어 있으며, 문서에 분명히 "육군포병대위 사코 가게노부(陸軍砲兵大尉 酒匂景信)"의 이름이 나타나 있으나 이것이 그간의 학자들의 기록에 나타나지 않은 것은 의도적으로 그 이름을 비밀에 붙이고 있음을 알 수 있다. 그런데 1898년 미야케 요네키치(三宅米吉)는 『고려고비고(高麗古碑考)』에서 "메이지 17년 육군포병대위 사코 씨가 그곳에 이르러 그 1본(一本)을 얻어 가지고 왔다"라고 하면서 처음으로 관직과 이름을 거명하였으나 완전한 이름은 밝히지 않았다. 미야케 요네키치는 이 기술에 대해 "이상 제국박물관소장 『고려고비본래유(高麗古碑本來由)』 및 아세아협회 인행(印行) 『회여록(會餘錄)』 제5집에 근거했다"라고 하고 있으며, 사에키 아리키요(佐伯有淸)는 도쿄국립박물관소장의 『고려고비본래유』에 대해 "출현(出現)을 기대(期待)"한다고 하는 것으로 보아 이것이 아직은 미공개로 보인다. 그리고 사에키 아리키요(佐伯有淸)의 조사에 따르면, 와세다대학도서관에는 "메이지 17년 갑신(甲申) 12월 요코이 다다나오 술(述)"이라 말미에 기한 『고려고비고』와 『고구려고비문』 또 『고려고비본지래유』라 제한 기록이 함께 철해져 소장된 사본(寫本)이 있는데, 여기의 『고려고비본지래유』에 "이 고비본은 메이지 17년 육군 포병대위 사코(酒匂)모가 지나 여행 중에 구구(購求)하여 돌아온 것임"이라고 기해 있다고 한다. 그런데 이것은 미야케 요네키치가 참고한 제국박물관소장 『고려고비본래유』와 그 내용이 동일 한 것으로 보고 있어, 제국박물관소장 『고려고비본래유』도 요코이의 기록으로 추정된다. 미야케 요네키치는 당시 제국박물관 학예원이었던 점을 고려하면 비장되었던 이 사본을 충분히 볼 수 있는 기회가 있었을 것으로 보인다. 따라서 미야케 요네키치는 요코이 다다나오가 공개하지 않고 있던 내용을 찾아내어 발설한 셈이다. (이규수 · 김인덕)

참고문헌

『近代文學雜誌事典』, 至文堂, 1965; 三好徹, 「近世ジャ-ナリスト列伝-4-鉄の如く-沼間守一」, 『中央公論』 95-14, 1980; 帆足図南次, 「激動期の異材 沼間守一」, 『英学史研究』 10, 1977; 安在邦夫, 「沼間守一の政体構想と政治認識」, 『史観』86 · 87, 1973; 真田良一, 「嚶鳴社領袖沼間守一の政治構想について-立憲改進党政治思想の考察のために」, 『歴史教育』 18-1, 1970; 『昭和18年 新聞總攬』, 東京: 日本電報通信社, 1943; 『國文學解釋と鑑賞』(10月) 第30巻 第13号, 東京: 至文堂, 1965; 日本近代文學館 · 小田切進 編, 『日本近代文學大事典』 5巻, 東京: 講談社, 1977; 春原昭彦, 『近代新聞通史』, 東京: 新泉社, 2003.

요코하마무역신보(横浜貿易新報)

1890년 일본에서 발행된 신문

1890년부터 1940년까지 요코하마에서 발행된 유력 일간지이다. 1890년 2월 1일 요코하마무역상조합(横浜貿易商組合)의 기관지로서 『요코하마무역신문(横浜貿易新聞)』이라는 제호로 창간되었다. 본사는 요코하마시(横浜市) 남중통(南仲通) 4정목(四丁目)에 위치하였고 동격에 지국을 설치하였다.

체제는 창간 당시에는 국배판(菊倍版) 3단조(三段組) 12쪽이었다가 1890년 9월부터 보통신문의 크기로 발행되었다. 발행부수는 1901년 현재 1개월 평균 7만 3075부였다.

1904년 6월 20일부터 『요코하마신보(横浜新報)』로 제호를 변경하였으며, 무역관련 실업신문에서 일반신문으로 성격을 전환하였다.

1906년 12월 3일 2000호부터 『요코하마무역신보(横浜貿易新報)』로 제호를 변경하였다. 제호 변경일 신문은 40면의 특집호가 발행되었다. 이 시기 발행부수는 1개월 평균 29만 3401부였다.

1910년 7월에는 도쿄니치니치신문(東京日日新聞) 경제부장 등을 역임한 미야케 이와(三宅磐)가 사장 겸 주필로 취임하였다. 전성기인 1910년대 초반부터 1924년까지의 발행부수는 15만 부에 달하였다. 이 시기 가나자와현(神奈川縣) 내에서의 점유율은 『아사히(朝日)신문』, 『도쿄니치니치(東日)신문』을 훨씬 상회하는 75%였으며, 지방지로는 『후쿠오카니치니치(福岡日日)』 등과 함께 당시 최고의 유력지 중의 하나였다.

1925년 이후 미야케가 정계로 진출하고 도쿄의 유력지들이 요코하마에 진출함에 따라 점차 발행부수가 감소하기 시작하였다. 전시신문통제정책에 따라 1940년 12월 12일로 『요코하마신보(横浜新報)』와 합병해서 13일부터 『가나자와현신문(神奈川縣新聞)』으로 제호를 변경하였다. 국립국회도서관, 도쿄대메이지(東大明治)신문잡지문고 등에 소장되어 있다 (문영주)

참고문헌

春原昭彦, 『日本新聞通史』, 新泉社, 2003; 新聞研究所, 『日本新聞年鑑』, 1943; 日本新聞協會 『地方別日本新聞史』.

요코하마신보 모시호초(横浜新報もしほ草)

1868년 일본 요코하마에서 미국인 벤 리드가 간행한 신문

1868년 4월 11일 미국인 벤 리드(Eugene M. Van Reed, 1835~1873)와 기시다 긴고(岸田吟香)에 의해 발간된 목판인쇄 소책자형 신문이다. 속칭 『모시호초(もしほ草)』라 불린다. 편집에는 기시다 긴고 이외에 구리다 만지로(栗田萬次郎) 등이 참여했다.

신문은 토막파 성향의 신문이었지만, 외국인 소유였기 때문에 메이지정부의 간섭을 받지 않았다. 신문에서는 막말 내란을 틈탄 외국세력의 공세위험을 논했고, 만화를 통해서도 이를 강력히 경고했다. 발행인은 벤 리드와 기시다 긴고 2명에 의해 창간된 형태였지만, 대부분의 기사는 긴고가 집필했다.

이를 반영하여 본지에는 벤 리드의 이름만이 실렸고, 긴고의 이름은 보이지 않는다. 이는 긴고가 필화를 피하기 위한 전략이었다. 벤 리드가 거주하던 요코하마 거류지가 치외법권 지역으로 막부도 간섭할 수 없었기 때문이다.

기사는 한자와 히라가나(平仮名)를 혼재한 평이한 문체로 게재되었다. 『모시호초』에는 같은 시기 요코하마에서 요셉 히코(Joseph Heco, 이는 세례명으로 원명은 하마다 히코소[浜田彦蔵])가 발행한 『해외신문(海外新聞)』이나 페리(Perry)가 발행한 『만국지신문(万国新聞紙)』과는 달리 광고기사가 전혀 개제되지 않았다. 『모시호초』의 체제는 목판쇄, 46판, 1행 20자,

1면 10행, 당지 편면쇄 표지였다. 1870년 3월 13일 제42편으로 종간되었다.

『모시호초』 제1호 서문에서 기시다 긴고는 평이한 문체의 중요성을 강조하고 있다. 그는 "이번의 신문지는 일본 전국 내의 사건은 물론 미국, 프랑스, 이탈리아, 중국(支那)의 상하이, 홍콩으로부터 전달된 새로운 소식은 즉일로 번역하여 출판해야 한다.

또한 매월 10번 정도 출판해야 한다. 따라서 이런저런 색깔의 이야기를 비롯해 세간의 기사진담(奇事珍談), 오래되고 낡은 이야기는 지면에 실지 않는다. 또 확실한 이야기만을 추구하고, 결코 소문을 게재하지 않는다"는 편집방침을 내세웠다.

『모시호초』는 메이지 초기에 간행된 다른 신문과는 달리 언론의 자유를 누렸다. 당시의 야나가와 슌산(柳河春三)의 『주가이신문(中外新聞)』이나 구리모토 조운(栗本鋤雲)의 『유빈호치신문(郵便報知新聞)』, 그리고 나리시마 류호쿠(成島柳北)의 『조야신문(朝野新聞)』과는 달리 발행인이 벤 리드라는 외국인이었기 때문에 긴고는 이를 활용하여 비교적 자유로운 기사를 쓸 수 있었다.

『모시호초』 1호 표지에는 상부에 오른쪽으로부터 '요코하마신보', 중앙부에는 횡으로 '모시호초'라는 제호가 초서체로 게재되었다. 그리고 하단부에는 'K. S. ASOM'의 도장이 찍혀 있다. 신문은 매호 6매로 발행되었다. 한자와 히라가나가 병용되었는데, 외국 지명과 인명은 현재와 같이 가타가나로 표기되었다.

1편에 게재된 창간사에는 당시 폐간된 『해외신문』과 『만국지신문』에 대해 언급한 다음, "신문지는 아주 유익한 것이다. 지금은 세계 문명국에 신문이 없는 나라가 없다. 그럼에도 일본에 아직도 신문이 많지 않은 것은 신문지가 세상에 유익하다는 것을 알지 못함이다. 다만 신문지를 편집하는 사람만이 학자처럼 지나문자를 사용할 뿐이다. 출판이 늦어지면 시세에 뒤쳐지는 것이다"고 밝혔다. 신문의 중요성, 이점, 편집방침 등 신문의 존재방식을 논한 긴고의 의식을 나타낸 것이다.

제1편의 기사 내용은 아이즈번(会津藩)의 군사들이 신슈(信州)의 마쓰시로성(松代城)을 포위하여 성주와 담판했다는 것, 영국공사 팍스와 공사관 통역 앰네스트 사토가 요코하마에 도착했다는 것, 아편금지령이 공포되었다는 것을 보도했다.

또 38편에는 미국의 대륙횡단철도의 개설, 39편에는 수에즈운하의 개통 사실을 보도했다. 이들 뉴스는 『해외신문』이나 『만국지신문』이 난해한 문체로 보도된 것과는 달리 모두 서민적이고 평이한 문장으로 보도되었고, 또 상업광고나 영업광고가 전혀 없었다.

• 기시다 긴고(岸田吟香, 1833~1905)

일본의 신문기자, 실업가, 교육가이다. 현재의 오카야마 현(岡山県) 출신이며, 일본 최초의 종군기자로도 알려져 있다. 안약 '정기수(精錡水)'를 판매하는 등 약업계의 대부로서도 유명하다.

긴고의 집안은 부유한 농가였다. 소년시절에는 쓰야마번(津山藩)의 유학자 사카야 세케이(昌谷精渓)에게 배운 다음, 1850년 17세에 에도로 나가 하야시도서두(林図書頭)의 서당에 들어갔다. 22세에 병으로 고향에 돌아온 다음, 이후 오사카에서 후지사와 도호(藤沢東畡)에게 배웠다.

1856년 23세에 다시 에도에서 후지모리 교스케(藤森恭助)의 문하에 들어갔다. 교스케는 미토파(水戸派)의 학자이자 막부의 위약함을 지적한 『해방비론(海防備論)』 2권을 집필한 인물이다.

1864년(31세)에 미쓰쿠리 슈헤이(箕作秋坪)의 소개로 요코하마에서 선교사이자 의사인 헵번(James Curtis Hepburn, 1815~1911)의 『화영어림집성(和英語林集成)』의 편찬에 관여한다. 『화영어림집성』은 긴고가 명명한 것으로, 영어화자의 일본어학습, 일본어화자의 영어학습에 효과적이어서 호평이 좋았다. 여기에서 헵번식 로마자가 태어났다. 또 표류자로 미국영사관 통역이었던 요셉 히코를 알게 되어 그로부터 영어를 배웠다. 6월 28일 히코는 『해외신문』을 발행했는데, 혼마 스가오(本間清雄)와 함께 그를 거들었다.

긴고는 1866년 『화영어림집성』을 탈고하고 헵번과 함께 상하이로 건너가 미화서관(美華書館)에서 약 2년간 인쇄와 교정에 종사했다. 미화서관은 미국 장로회가 1860년 상하이에 진출하여 설립한 인쇄소로 제6대 관장 윌리엄 갬블(William Gamble) 밑에서 당시 아시아 최고의 인쇄소였다. 하지만 사전에 필요한 가타가나 활자가 없어 긴고는 활판을 주조할 수밖에 없었다.

그리고 이때부터 긴고는 언문일치체 일기를 쓰기 시작했다. 이것이 『오송일기(呉淞日記)』이다. 다카시마 도시오(高島俊男)는 이 일기에 대해 "19세기 일본인이 쓴 가장 뛰어난 문장이다"고 평가했다.

긴고는 1867년 일본에 귀국했다. 이 무렵부터 긴고는 헵번으로부터 '정기수'의 제조법을 배웠다. 또 같은 해 기선회조업에 종사하는데, 이는 업계의 시조이다. 1868년 긴고는 주일하와이 총영사 리드와 『요코하마 신보 모시호초』를 발행한다. 또 독자적으로 『금천일지(金川日誌)』도 발행한다.

1873년 긴고는 도쿄니치니치신문사(東京日日新聞社)에 입사하여 주필이 되었다. 1874년에는 타이완 출병에 종군하여 전쟁의 양상과 타이완의 풍토를 전한 「타이완종군기(台湾従軍記)」를 연재했다.

1877년 긴고는 도쿄니치니치신문사를 퇴사하여 신문계로부터 멀어졌다. 헵번으로부터 제조법을 배운 '정기수'의 제조와 판매를 본업으로 바꿨다. 이를 위해 긴고는 도쿄에 악선당(楽善堂)을 설립했다. '정기수'의 판매 향상을 위해 긴고는 신문광고를 적극적으로 활용했다.

1878년 청국으로 건너가 상하이에 악선당 지점을, 이후에도 청국 각지에 지점을 설립했다. 맹인교육에 대한 관심도 높아 마에지마 히소카(前島密), 나카무라 마사나오(中村正直), 야마오 요조(山尾庸三) 등과 1880년에 수업을 개시한 악선회 훈맹원(楽善会訓盲院)을 창설했다.

또 청국에 대한 관심도 높아 청일간의 우호와 무역을 위해 1880년 2월 에노모토 다케아키(榎本武揚), 나가오카 모리요시(長岡護美), 소네 도시토라(曽根俊虎) 등과 흥아회(興亜会, 亜細亜協會), 1898년 6월에는 고노에 아쓰마로(近衛篤麿) 등과 정신사(精神社)와 흥아동문회(東亜同文会, 東亜同文書院), 1890년에는 아라오 세이(荒尾精)와 일청무역연구소(日清貿易研究所)를 설립했다. 만년에는 『청국지지(清国地誌)』의 편찬에 힘썼으나 완성을 눈앞에 두고 1905년 6월 72세로 죽었다. (이규수)

참고문헌

『近代文學雜誌事典』, 至文堂, 1965; 桂敬一, 『明治·大正のジャ-ナリズム』, 岩波書店, 1992; 日本近代文學館·小田切進 編, 『日本近代文學大事典』 第五卷, 講談社, 1977.

용성(傭聲)

1931년 서울에서 창간된 노동 월간지

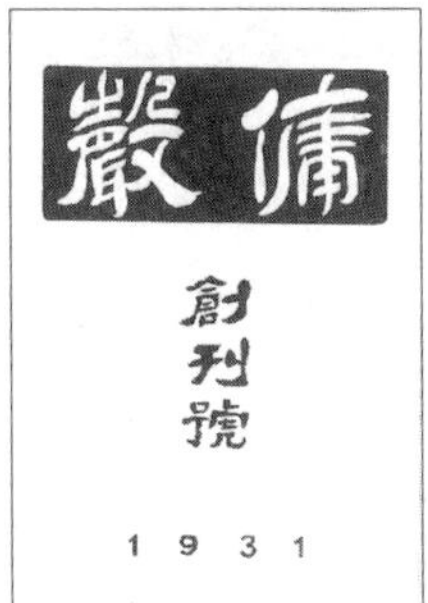

1931년 8월 13일 창간한 노동잡지이다. 편집 겸 발행인은 장두정(張斗貞), 인쇄인은 신소년사 인쇄부의 이병화(李炳華), 발행소는 용성사(경성부 낙원동 51)이다. 판형은 A5 국판이며 총 95쪽에 정가는 20전이었다. 월간으로 발행되었지만 속간되었는지는 미지수이다. 서울대에 소장되어 있다.

창간사에 따르면 이 잡지는 모든 기회로부터 제외된 피용자(被傭者) 계급의 생활기록, 실천의 보고, 그의 고양, 전망 등을 다루기 위해 창간되었다고 한다. 그리고 값싼 에로와 센티멘털리즘에서 벗어나 좀 더 과학적으로 있는 그대로의 한 뭉치의 인간관계를 그려내고자 한다는 것이다(「편집여언」). 발행의도인 즉, 자본주의 사회 속에서 고용인, 곧 노동자들의 계급적 자기 인식과 임무를 일깨우고자 하였다.

창간호에는 이러한 취지에 찬동하는 사회명사들의

축사로 가득하다. 이인, 유광렬, 김남수, 배성룡, 강우, 정칠성, 백남규, 박팔양, 임은파 등이 축사를 보내 이 잡지에 대한 기대를 표명했다. 노동 잡지로서의 면모는 주하우(朱下愚)의 「고용계약론」, 최운해(崔雲海)의 「매음의 사회적 근거와 그 극복」, 이인(李仁)의 「고용관계와 법적 관계」 등의 논설을 비롯하여 「보이생활의 하루밤」, 「무산자의 생계를 통하여」 등 노동자의 삶을 다룬 르포나 기사를 통해 접할 수 있다. 하지만 대체적으로는 동정과 연민에 얽힌 시혜적 관심과 고용자 자신들의 정서적 호소조의 글들로 채워져 부실한 감을 준다. 오히려 이우한(李愚漢)의 「삼민주의」를 비롯하여 스페인혁명, 중국의 광둥정부 수립, 도쿄의 메이데이 행사 등 해외소식이 상당한 지면을 차지하고 있다. 해외에서 일어나는 혁명 소식을 통해 조선의 고용인들 역시 자신의 처지를 인식하고 행동으로 실천하기를 바라는 의도도 내포되어 있었음을 짐작할 수 있다.

"고용인들의 목소리"라는 잡지 제목에서 보이듯이, 노동자 자신들의 현장의 목소리를 담아내고 자신들이 능동적 주체로 서려고 노력했다는 것을 증언하고 있는 잡지이다. (전상기)

참고문헌

김근수, 『한국잡지사연구』, 한국학연구소, 2004; 최덕교 편저, 『한국잡지백년』 2, 현암사, 2004.

▌용언(庸言)

1912년 중국 톈진에서 량치차오가 창간한 종합성 정론지, 후에 진보당 기관지

1912년 12월 톈진(天津)에서 량치차오(梁啓超)가 창간한 종합성 정론지이다. 사지는 톈진 일본조계 쉬제(旭街, 현재 허핑루[和平路])에 있었다. 1912년 9월 귀국한 량치차오가 정치활동을 재개하면서 급히 창간한 것으로 량치차오와 그가 창당한 진보당의 정치적 기관지라 할 수 있다.
량치차오가 주간을 맡았고, 처음 주편은 그의 친구인 우관인(吳貫因)이 맡다가 2권 1호부터 황위안융(黃元鏞)으로 바꾸고 발행지도 베이징(北京)으로 옮겼다. 반월간지로 처음에는 1만 부를 간행하였으나 나중에는 3만 부까지 간행을 확대하였다. 상무인서관(商務印書館), 광지서국 등 대형 서점을 통해 전국에 보급되었다. 정간년도는 정확히 알 수 없으나 대략 2차 혁명과 제헌이 실패하면서 정국이 파정을 고한 1914년 무렵 재정 부족으로 폐간된 것으로 추정된다. 현재 2권 6호인 1914년 6월호까지 남아 있다.

창간 취지는 창간호를 통해 살펴볼 수 있는데 특히 량치차오는 창간사를 통해 "용의 뜻은 세 가지가 있으니 말함에 기울음이 없음이요, 항언으로써 바꾸지 않음이 없음이요, 그 말을 활용함에 적용하기 위한 것이라(庸之義有三, 一訓尙言無奇也, 一訓恒言無不易也, 一訓用言其適應也)"라고 하여 불편부당한 독립기관으로서 언론을 지향하였다.

각 권마다 10만자 정도의 분량을 건언(建言), 역술(譯述), 검재(險載), 예림(藝林), 잡록(雜錄) 등 5개의 난으로 나누어 실었다. 건언은 다시 통론(通論)과 전론(專論)으로 나누어 량치차오가 창당한 진보당(進步黨)의 정견(政見) 및 이론, 량치차오 자신의 연설사를 주로 실었다. 역술란은 외국의 유명한 저술이나 매체에 실린 글을 번역하여 채웠다. 특히 공화정과 관련한 정치 저술문장이 많았다. 검재란은 국문, 외기, 시사일지(時事日志) 등으로 구성하였다.

정론지인 만큼 시론, 정론 등을 실었으나 예림란을 통해서 당대 명류인 뤄춘룽(羅淳融), 천옌(陳衍), 판청샹(樊曾湘), 정샤오쉬(鄭孝序), 천싼리(陳三立) 등의 수필과 한시를 실었다. 특히 매호마다 실린 천옌의 시화(詩話)는 후일 『석유시화(石遺詩話集)』로 출간될 만큼 저명하였다.

주요 투고자는 딩스쩌(丁世澤), 우관인, 린수(林紓), 린웨이강(林唯剛), 린창민(林長民), 샤청유(夏曾佑), 쉬포쑤(徐佛蘇), 량치쉰(梁啓勳), 마이멍화(麥孟華), 마이딩화(麥鼎華), 천옌, 탕줴둔(湯覺頓), 황위안융, 장쥔마이(張君勱), 옌푸(嚴復), 웨이이(魏易), 란궁우(藍公武), 뤄춘룽 등이었다. 량치차오와 오랫동안

같이 활동해 온 지식인들이 중심을 이루고 있음을 알 수 있다.

『용언』과 민초 정국

『용언』은 신해혁명(辛亥革命) 발발 후 1년 만에 귀국한 량치차오가 창간한 정론지였다. 국민당(國民黨)과 위안스카이(袁世凱) 사이에서 이렇다 할 정치적 기반을 갖지 못한 량이 1차 선거에 대비하여 급하게 창간한 것이다. 찬고인들은 당시 량치차오와 정치적 입장을 같이 하였던 지식인들을 망라하고 있다. 특히 우관인등 캉유웨이(康有爲) 제자 집단, 옌푸 등 유신파 인사, 그리고 장쥔마이 등 유학생 출신의 젊은 지식인들이 그들이다.

특히『용언』과 관련하여 적극적으로 활동한 사람들은 우관인, 탕줴둔, 란궁우 등은 후에 참여한 장둥쑨과 함께 량치차오의 정치 노선을 대변하는 심복들이라 할 수 있다. 이들은 정치적 참모이자 대변자로서 이들은 량치차오의 정치적 복원을 뒷받침하는 핵심적인 기초였다.

이러한 성격상『용언』의 내용은 민국 초기 량치차오의 정치적 구상을 잘 대변하고 있지만 특히 다음과 같은 점에서 주목할 필요가 있다.

첫째, 민국 초기 양의 정치적 입장과 진보당의 노선을 충실하게 대변하고 있다는 점이다. 입헌론자였던 량치차오가 현실정국에 참여하면서 이른바 '강유력정부론(强有力政府論)'을 구호로 내세웠다. 그 핵심 내용은 영국식 정당 정치와 내각제에 있는 것이니 정치적 기반이 허약한 량치차오가 정국의 주도권을 장악할 수 있는 유력한 방법으로 선택한 것이었다. 특히 위안스카이는 물론 쑨원 등 혁명파를 제외하고 의회주의자를 결집하여 정국을 주도하겠다는 발상이기도 하였다. 이를 위해 량은 위민(萎民)세력과 폭민세력에 대한 상당한 비판을 전개하였다.

그러나 이러한 구상이 실현되기 위해서는 국회의원 선거에서 승리하고 제헌의 주도권을 확보하는 것이 급선무였다. 량치차오는 곧 진보당을 조직하고 곧 국회선거에 뛰어들었다.『용언』은 자연스럽게 진보당의 대변지로서 작동하였다.『용언』의 이러한 활용은 여론을 정치적 무기로 활용하겠다는 그의 정당정치 이념에 기초한 것이기도 하였다.

량치차오는 당시 중국의 현실을 아직 공화정을 운용할 기초가 결여되어 있는 상황으로 파악하고 지적 엘리트 중심의 정당 정치를 구상하고 있었다. 미숙한 국민을 대신하여 엘리트들이 정당을 통해 국가를 통합하고 건전한 공화 시민을 형성하여야 한다는 발상이었다. 이는 다음과 같은 그의 언론 사상에 잘 나타났다. "입언의 종지는 민지를 바르게 하고 민덕을 기르고 민력을 발양하여 공화와 법치의 국민을 힘써 양성하게 하려는 데 있다(立言之宗旨卽仍在濬牖民智, 薰陶民德, 發揚民力, 務使養成共和法治國國民之資格)"(「나의 언론에 대한 과거 및 미래의 주장(鄙人對於言論界之過去及將來)」, 1권 1호).

이러한 지적 문화적 엘리트로서의 자의식은 그 외 국성편(國性篇)(1권 1호), 중국도덕의 큰 본질(中國道德之大原) 등을 통해 잘 드러난다.

둘째,『용언』은 민초 제헌 논쟁 및 그 좌절 과정을 착실하게 반영하고 있다. 특히 량치차오는 제일차 국회의원 선거에서 참패함으로써 곤경에 처하게 되었지만 쑹자오런(宋敎仁), 장스자오(章士釗) 등 온건파를 끌어들여 의회를 통해 위안스카이의 총통권력을 제한하고자 하였다.

『용언』 2호에 실린 량치차오의 「전문적인 헌법기초기관을 세우자(專設憲法案起草機關議)」는 국회가 아닌 제삼의 보다 객관적인 제헌기관을 만들자는 주장으로 이러한 량치차오의 의도를 잘 나타내고 있다.

이들의 주장은 국가는 통합되어야 하되 권력은 분산되어야 한다는 것이었다. 이에 따라 행정권에 대한 의회권력의 절대적 우위(탄핵권)와 지방 분권을 통해 총통권을 견제하려던 국민당의 입장과는 대립될 수밖에 없었다(장둥쑨, 「논통치권총람지유무[論統治權總攬之有無]」, 1권 11호, 1913.5.1).

그러나 의회 내 소수당의 대표인 양은 행정권과 입법권의 적절한 균형을 추구하였는데 이는 국회의 주도권을 장악하고 이를 발판으로 내각구성권을 획득한 국민당을 견제할 수밖에 없는 량치차오 집단의 현실적인 입장을 잘 나타낸다.

『용언』의 이러한 정치적 입장은 2차 혁명 이후 슝시링(熊希齡) 내각을 통해 진보당이 집권 세력으로 등장하면서 더욱 강조되었다.

문제는 제헌을 통해 총통을 견제할 수 있는가 하는 점이 관건으로 등장하였다. 특히 『용언』은 량치차오 집단의 집권을 중견정치의 실현으로 선전하는 한편 적극적인 제헌을 서둘렀다. 옌푸의 『'민약(民约)'평의(平議)』(25·26호 합간)역시 같은 입장이었다.

그러나 원의 방해로 제헌에 실패하면서 이러한 양의 논리는 쇠퇴하였다. 이후 황위안융의 주도하에 비판적 여론지를 자처하다가 정간당했다. (오병수)

우라키(The Rockey)

1925년 미국에서 한국어로 발행된 북미조선인학생총회의 기관지

1925년부터 1936년까지 북미조선인학생총회(The Korean Student Federation of North American)에서 발간하였다. 1925년 9월 26일자 창간호 이후 1926, 1928, 1930, 1931, 1933, 1936년에 이르기까지 통권 7호를 발간하였다.
편집 겸 발행인은 안동원(安東源)이고, 인쇄인은 정경덕(鄭敬德)이다. 인쇄소는 (주)조선기독교창문사이며, 총판은 한성도서 및 평양 광명서관, 구미(歐美)총대리부는 시카고에 있었다. A5판 170여 쪽으로 정가는 50전이다.

북미조선인학생총회는 1919년 1월 1일 출범한 단체이다. 미국에는 1887년 서재필(徐載弼)과 서광범(徐光範)이 망명한 이래 1910년까지 약 30명 정도의 유학생이 거주하였다. 1918년 말 오하이오(Ohio) 몇몇 대학 유학생들이 한인유학생회를 조직하기로 결의하여 3·1운동을 두 달 앞두고 조직한 것이다. 이후 1923년 6월의 미주유학생대회에서 '학생보'를 발간하기로 결의하고 『우라키』를 발간했다.

우라키는 록키산맥의 한글 발음에서 나온 것이라 한다. 제호에 대한 특별한 설명은 없고, 『우라키』 2집에서 "본지는 우라키 산과 같은 순결(純潔), 장엄(莊嚴), 인내(忍耐) 등의 기상을 흠모한다는 말이다"라는 말로 잡지의 특성을 말하고 있다.

잡지의 편집은 유학생총회의 편집부가 담당하였는데, 편집부는 편집부장과 분야별 편집담당자로 구성되어 있었다. 편집부장(혹은 총편집, 주필)은 4집까지 오천석(吳天錫)이었고 전영택(田榮澤, 5집), 정일형(鄭一亨, 6집), 김태선(金太線, 7집)으로 이어졌다. 편집진은 종교철학, 교육, 사회, 자연과학, 문예기사 등으로 분담 구성되었다.

1집만 살펴보자면, 편집위원은 사회과학 부문에 김도연(컬럼비아대학원 경제학부), 교육 부문 김활란(보스턴대학원 철학부), 종교철학부문 유형기(보스턴대학원 신학부), 문예부문 오천석(코넬대학 사회교육학부), 자연과학부문 장세운(시카고대 수리학부) 등이 있었다.

미국에서 편집 간행된 우라키는 국내에도 전달되어 간행되었는데 총독부에 제출하여 사전검열을 얻은 뒤 발간하였다고 한다.

국내의 편집 겸 발행인은 1집, 2집 안동원(安東源, 이화여전 교수)이었고, 3집은 도이명(都伊明, 미국인), 4집 피시어(皮時漁, 미국인 연희전문학교), 5집 방인근(方仁根), 6집 오천석, 7집 김명선(金明善, 세브란스의전)이었다. 인쇄는 1집에서 3집까지 조선기독교창문사 인쇄부, 4집은 대동인쇄주식회사, 5집부터 7집은 한성도서주식회사였다.

우라키가 유학생들의 잡지요 기관지로서 출발하였으나 기관지의 성격보다는 국내 동포들에 대한 계몽적 성향을 더 강하게 가지고 있다.

1집에서는 창간사를 내세우지 않고 '이 가난한 거둠을 고향의 동포들에게 들이면서'라는 편지체의 머리말을 썼다. "이 가난한 책은 고향에 대한 정을 기록한 편지", "부모형제에게 드리는 예물"이라고 밝히고 있으며 다수의 계몽적 성격의 논단, 유학예비자에 대한 정보제공 및 유학생계의 동향 소개 등이 내용의 주류를 이루고 있다.

또한 1집에는 1925년 당시 재학 중인 유학생 명단을

'유미(留美)학생통계표'라 하여 실었는데, 총 당시 미국 유학생은 190명으로 확인된다. 이 중 평안도 출신이 70명이나 된다는 점도 특기할 만하다. 한편 졸업생 명단을 '유미졸업생 일람표'라 하여 실었는데, 졸업생은 총 106명이라는 것을 알 수 있다.

이렇듯, 이 잡지를 통하여 재미 한인유학생사회의 조직과 중심인물에 대한 기본적 정보를 확인할 수 있으며 나아가 한인들의 미주이민사(美洲移民史)와 미주동포사회의 모습을 살피는 데 중요한 자료로 존재한다고 하겠다.

유학생의 양가성

물론 미국에서 유학한 당대 지식인들이 미국을 조선의 유일한 모범으로만 생각한 것은 아니었다. 물질문명의 발전으로 인한 도덕의 상실과 빈부 격차 등을 문제점으로 인식하며 이런 비판의식을 바탕으로 하는 반성하는 이들도 있었던 것이 사실이다. 그러나 대다수는 미국을 지상 낙원으로 인식하고 있었던 듯하다. 그것은 근대와 미국이라는 어떤 지표에 대해 유학생들이 자연스레 느낄 수밖에 없던 것이었는데, 낙후된 조선과 우월하고 아름다운 미국 사이에서 느끼는 이분법적 문명 의식은 어쩌면 식민지 후발국 출신의 지식인이 자연스레 가지게 되는 모습이었는지 모른다. 이렇듯 조선과 미국 사이에서 대다수가 느끼고 가지는 유학생의 양가성은 『우라키』가 대략적이나마 보여 주는 것이다.

• 북미한인유학생총회

1921년 4월 30일 결성되었다. 1년간의 학생단체 통일운동의 성과로 결성되었다. 각지의 학생들에게 연락하여 다수 의사로 조직했다. 총회의 위치는 뉴욕시였다. 회장에는 리용직, 부회장에는 조병옥이 선출되었다. 동서 연락의 중심지이고 학생의 왕래가 편하다는 이유로 1923년 5월 15일 총회를 시카고로 이전했다. 이전 후 회장은 염광섭이, 부회장은 황창하가 맡았다.

재미유학생 단체들은 1913년부터 생기기 시작했고, 유학생 단체 통합운동은 1919년 9월 시작되었다. 최초의 유학생 단체는 1913년 6월 4일 네부라스카주 헤스팅스 지역에서 박용만이 처음 결성한 학생회였다. 회장은 박처우가 맡았다. 이후 각 지역에 학생회가 생기기 시작했는데, 그 창립일과 지역, 명칭은 다음과 같다.

① 1919년 9월 3일, 하와이 호놀룰루 한인중앙학원, 한인학생친목회
② 1916년 7월 13일, 하와이 호놀룰루, 한인학생야구단 클럽
③ 1916년 10월 27일, 북가주 상항, 한인학생친목회
④ 1918년 5월 1일, 오하이오 컬럼버스, 한인학생친목회
⑤ 1918년 8월 19일, 중가주 딴유바, 한인학생친목회
⑥ 1918년 10월 8일, 일리노이스 시카고, 한인학생회
⑦ 1921년 5월 10일, 하와이 호놀룰루, 한인학생회
⑧ 1922년 10월 19일, 남가주 라성, 한인학생회
⑨ 1926년 9월 2일, 남가주 라성, 28클럽
⑩ 1927년 7월 1일, 하와이 호놀룰루, 무궁화클럽

각지의 학생단체들은 1919년 9월 26일, 마침내 북가주 상항(桑港, 샌프란시스코)에서 한인 학생 친목회 주최로 유학생 대표회를 개최하기에 이르렀다. 각 지역에 산재한 학생과 학생회를 규합하여 한국 학생 전체를 대표할 수 있는 통일기관을 결성하자는 취지였다. 대표회에서는 연락위원을 선출하고 각 지역 학생과 학생회에 연락을 취했다. 6개월의 활동 결과 1920년 4월 6일 학생총회 결성대회를 소집했다가 연락의 미비를 이유로 총회 결성 발기자회를 조직했다. 발기자의 명부는 아래와 같다.

① 하와이: 김길석, 주명근, 조제언
② 샌프란시스코: 김현구, 김용중, 김려식, 명일선, 몬또라티
③ 윌로우스: 최능익, 최윤호, 조종익, 최능진
④ 라성: 주영한, 윤게은, 윤애나
⑤ 팍빌: 백성빈, 리용직
⑥ 조지아: 림두화, 염광섭, 김경순
⑦ 시카고: 강영승, 양명진, 현승염, 현정염

⑧ 보스톤: 김계봉, 양유찬

⑨ 워싱턴D.C.: 림병직, 신마실라

⑩ 오하이오: 윤영선, 한치관, 김원용, 리춘호, 김노디, 리병두, 김영기

⑪ 뉴욕: 필지성, 김용대, 윤헨른, 조득림, 조병옥, 조정환

북미한인유학생학생회는 1927년 3월 9일 유학생 대회에서 명칭을 북미대한인유학생회로 변경했다. 이때 유학생은 박사원생(대학원) 60명, 대학생 125명, 예비대학생(초급대학) 35명, 특별과 36명으로 모두 255명이었다.

1930년 12월 24일 위원제도를 채택했다. 1945년까지 24년간 유지되다가 해방을 계기로 해산했다. (이신철, 이경돈)

참고문헌

최덕교, 『한국잡지백년』, 현암사, 2004; 김희곤, 「북미유학생잡지 『우라키』 연구」, 『慶北史學』 21집, 1998; 김원용 지음·손보기 엮음, 『재미한인 50년사』, 혜안, 2004.

우리동무

1933년 9월에 일본프롤레타리아문화연맹 산하 조선협의회가 간행한 기관지

일본프롤레타리아문화연맹 중앙기관지의 하나로 산하 조선협의회의 기관지이다. 편집장은 김두용(金斗鎔)으로 1932년 6월 창간준비 제1호, 동년 8월에 제2호, 같은 해 9월에 창간호, 11월에 제2호가 나왔다. 1933년에는 신년호, 2월호, 8월호가 나왔다.

• 조선협의회

조선협의회는 일본프롤레타리아문화연맹의 기관으로 성립되었는데, 이 협의회의 협의원은 이홍종, 박영근, 김용제, 유정식, 은무엄, 윤기청, 정운상 등이 선출되었다. 1932년 12월에는 송수찬, 신고송, 김파우, 박석정, 김용제 등으로 바뀌었다.

1932년 2월에 조선협의회 발족 당시의 협의원 은 다음과 같다. 이홍종(李洪鐘, プロット, 일본프롤레타리아연극동맹), 박영근(朴榮根, PM, 일본프롤레타리아음악가동맹), 김용제(金龍濟, ナルプ, 일본프롤레타리아작가동맹), 유정식(劉正植, プロ科, 프롤레타리아과학연구소), 은무암(殷武巖, ポエウ, 일본프롤레타리아에스페란티스트동맹), 윤기정(尹基靑, 신흥교육, 신흥교육연구소), 정운상(鄭雲祥, プロフォト, 일본프롤레타리아사진가동맹), 박해교(朴亥釗, マップ, 일본프롤레타리아예술가동맹) 등이었다.

조선협의회는 1932년 2월의 창립 이래 3월 말까지에 2회의 협의회를 개최하고 협의회의 임무 및 확대강화책을 결정했다. 그 임무는 문화를 통하여 재일조선인을 선전 선동하고 그들을 조선협의회의 조직에 흡수하기 위한 통일적 대책을 강구할 것과 그것을 위하여 각 동맹에 조선예술연구회, 조선문제연구회 등을 조직하여 적극적으로 활동하게 하며, 전체적으로 통일시킬 것, 재일조선인에 대한 선전선동을 위한 한글 잡지를 발간할 것, 특히 조직선전부와 결합하여 문화서클의 활동에 주력할 것 등으로 결정하였다.

확대강화책은 각 동맹 출판물의 조선 내 독자 연락 조직을 동원하여 적극적으로 활동할 것, 조선 안의 잡지에 논문 및 소설 등을 제공할 것, 조선과의 연락을 긴밀히 할 것 등으로 결정했다. 이를 알리기 위해 조선협의회 서기국 발행의 『조협뉴스(朝協ニュース)』와 함께 코프 기관지 『대중의 벗(大衆の友)』의 부록으로 『우리동무』를 발행했다. (김인덕)

참고문헌

田駿, 『朝總聯硏究』, 서울: 고려대아세아연구소, 1972; 朴慶植, 『在日朝鮮人運動史: 8·15解放前』, 東京: 三一書房, 1979; 『한국민족문화대백과사전』, 서울: 한국정신문화연구원, 1991.

우리들의 소식

1919년 중국 상하이 교민친목회에서 한국어로 발간한 소식지

1919년 상하이에서 교민친목회에서 3·1운동 등 국내 소식을 전하기 위해 발간했다.

• 대한교민단

상하이거류민단이라고도 한다. 대한민국임시정부가 직접 해외동포를 통할하면서 독립운동을 수행할 수 없게 되자 운동의 효과적 수행을 위해 동포 거주지역에 설치한 기구이다. 임시정부와는 불가분의 관계에 있었다.

상하이에 거주하는 대한민국임시정부의 요인과 그 가족·친지 및 망명동포로 구성되어 교민의 친목과 단결을 도모하던 교민친목회(僑民親睦會)는 고종의 죽음과 2·8독립선언 및 3·1운동 소식을 듣고 『우리들의 소식』을 발간하여 만주지역에 배포하는 한편, 1919년 3월 16일 독립운동 지원단체를 조직하기 위해 상하이 징안쓰루(靜安寺路)의 중국학생회관에 모여 회칙을 정하고 회장 신헌민(申獻民)을 선임하였다.

그 뒤 회원수는 350여 명으로 증가하였으며, 1919년 6월 회장 신헌민이 붙잡히자 고일청(高一淸)이 회장직을 대행하면서 교회에서 운영하던 인성학교(仁成學校)를 친목회 소관으로 이관하여 학무위원회를 두고 독립운동가 2세를 교육시켰다.

1919년 9월 22일 명칭을 상하이대한인민단(上海大韓人民團)으로 변경하고 단장에 여운형(呂運亨)을 선출하였다. 1920년 1월 9일 상하이대한인거류민단으로 다시 개칭하고 단장에 여운형, 총무에 선우혁(鮮于爀), 간사에 임재호(任在鎬)·김보연(金甫淵)을 선출하였으며, 1920년 3월 16일 대한민국임시정부의 국무원령으로 거류민단제가 공포되어 대한민국임시정부 내무부의 지휘·감독을 받게 되었다.

의사기관으로 상의원(常議員) 19명을 두고, 집행기관으로 총무 밑에 서무·회계·교육·구제의 4개 과를 두었으며 간사가 각 과의 일을 맡았다. 임원은 대부분 대한민국임시정부의 요인으로 구성되었으며, 530여 명의 상하이 동포 사회를 남일구(南一區)·남이구·남삼구·동구·서구·북구의 6개 구로 나누고, 각 구에 구장을 두어 통신·납세 등의 지구행정을 관장하게 하였다.

1920년 10월 의원은 모두 17명으로, 한진교(韓鎭敎)·서병호(徐丙浩)·이유필(李裕弼)·안병찬(安秉瓚)·김구(金九) 등 대한민국임시정부 요인들이 겸하였으나, 1925년에는 대한민국임시정부에서 운영만 관장하고 정부요원이 의원을 겸직하지 못하도록 하였다. 1920년 10월 7일 대한민국임시정부 내무부령 제4호에 따라 거류민단제를 폐지하고 자치적 성격을 강화한 교민단제로 개편한 뒤 상하이대한교민단으로 발전하였다.

1921년 1월 신임단장에 장붕, 총무에 김보연, 간사에 강경선(姜景善)을 보임하고 사무실을 강녕리(康寧里) 2호로 이전하였다. 1921년 대한교민단(大韓僑民團)으로 개편하고 교민들의 안전과 자체의 질서를 유지하기 위하여 의경대(義警隊)를 두었다. (이신철)

참고문헌

윤임술 편, 『한국신문백년지』 2, 한국언론연구원, 1983; 김광재, 「'상해거류조선인회'(1933~1941) 연구」, 『한국근현대사연구』 35, 2005.12.

▶ 상하이한보

▌우리소식

▶ 대한민국임시정부공보

▌우리의 가뎡

1913년 서울에서 발행된 여성지

1913년 12월 15일에 창간하여 1914년 11월에 12호로 종간한 여성지이다. 1914년 11월 통권 12호로 종간되었다. A5판 40쪽 내외. 가격은 10전이다. 순국문으로 제작되었으며 편집 겸 발행인은 다케우치 로쿠노스케(竹內錄之助)이다. 발행소는 신문사(新文社)이며, 인쇄인은 김홍규(金弘奎), 인쇄소는 대동인쇄소이다. 서울대에 소장되어 있다.

다케우치 로쿠노스케가 발행한 『신문계』의 자매지이다. 김근수는 『신문계』를 포함해 다케우치가 발행한 『신문세계』, 『반도시론』, 『우리의 가뎡』이 "일제의 앞잡이 내지 동조자로서의 입장에서 발간된 것"이라고 단언한 바 있다. 이처럼『우리의 가뎡』은 일제의 식민지정책에 부합하는 식민지 피지배자들로 당대 여성들을 계몽하기 위해 발간된 잡지이다.

창간호의「『우리의 가뎡』을 발간하는 동기」에서는 "우리 사회의 문명을 발달코져 부인계의 상식을 널리 소개하고 여러 부인에게 보통 지식을 소개하고자 규중에 있는 여러 부인에게 국어 배우는 기회를 드리고자"한다고 발간의 취지를 밝히고 있다. 기사는 논설, 수필, 소설, 잡조(雜俎) 등으로 구성되어 있다.

창간호에서는 특히 "가정" 내 부인의 의무가 강조되는데 각각 '가정의 규범, 가정의 학술, 가정의 위생'이 소개되고 있다. 이처럼 이 잡지의 주요 내용은 '가정 내에서의 부인의 역할'이다.

6호에서도「부인의 직업」,「목욕과 위생」등이 주요 기사이다. 그리고 9호에 실린「여자의 진보와 시대의 요구하는 책임에서는 "오늘날 사회의 변화를 깨달아 자신의 권리와 의무로서 사회생활을 해 나가는데 적합한 새 지식을 구할 것, 둘째는 남성과 같이 진보에 참여하며, 셋째는 여자를 교육시키지 않는 구습과 여성 자신의 진취를 위해 노력하지 않고 남자에 의존하여 활동하고자 하는 습관을 타파할 것, 넷째는 타국의 여성과 같이 교육을 받자고 할 것" 등 구체적으로 조선 부인의 역할을 강조하고 있다. 그 외에도 임신과 출산에 관한 지식도 소개하고 있다. 또한「가정의 학술」,「국어 배우기」등 일본어를 가르치는 난도 두고 있으며, 일부 글에서는 흥미를 끌고 이해를 돕기 위하여 만화를 곁들이고 있는 점이 특징적이다.『우리의 가뎡』은 근대적 가정에 필요한 규범과 지식을 제공하는 잡지로 식민정책의 입장에서 가정과 여성에 대한 계몽적 인식을 보여 주고 있다.

• 다케우치 로쿠노스케(竹內錄之助)

『우리의 가뎡』과 그 자매지인『신문계』의 발행인이다. 그에 대한 객관적인 행적은 아직 밝혀진 바 없다. 그러나 그간『신문계』와『반도시론』연구에서 밝혀진 바에 의하면, 다케우치는 1910년대 최남선과 함께 1910년대 잡지계를 이끈 대표적인 인물이다. 이 두 인물은 즉 잡지와 단행본 출판을 망라하는 종합 미디어사업을 추진했던 공통점을 지닌다. 최남선이『소년』과『청춘』을 발행했다면, 다케우치는『신문계』와『반도시론』을 발간했다. 최남선 그룹은 이광수, 현상윤, 진학문 등으로 구성되어 있었으며, 다케우치 그룹은 최찬식, 백대진, 송순필 등이 기자로 활동했다. 또한 다케우치 그룹은 모두 일본 유학의 경험이 있는 다수의 현직 교사들을 고문으로 확보하고 있었다.

이들은 매체의 발간을 통해 과학적 지식 등 도구적 지식을 보급하여 조선의 청년들을 식민지 지배체제와 근대지식의 장으로 이끌고자 하였다.

이러한 다케우치의 인식은『신문계』에는 글을 쓰지 않았기 때문에『반도시론』에 실린 글을 통해서 추측할 수 있다. 여기에 실린 논설을 통해 밝혀진 바로는 이른바 그의 인식적 토대는 '아시아연대주의'라는 동양패권주의였다. 즉 다케우치는 일왕(日王)과 군국주의 노선에 대한 충실한 지지자였다. 그리하여 그는 일제의 노선을 고무하고 나아가 동양의 맹주로서 일본의 위치를 확고히 하여, 조선의 식민지 지배를 정당화하는 것에 복무하고자 했다. 이러한 글들을 통해서 볼 때 1904년 조선에 와서『신문계』와『우리의 가뎡』과 같은, 잡지를 발간한 목적 또한 일본 군국주의자들의 정책목표를 실현하기 위한 활동의 일환이었다는 점을 알 수 있다.

『신문계』는 일본의 통치로 한국의 근대화가 시작되었다는 환상을 유포했고 선진국가의 문명을 누릴 수 있다는 기대를 부추켜 조선인의 식민체제에 대한 자발적 참여를 유도하려 했다. 이를 통해 볼 때『우리의 가뎡』역시 조선의 여성들로 하여금 '남성과 같이 진보에 참여하여' 식민지 근대화에 자발적으로 참여하도록 유도하려는 의도에서 발간된 매체였다고 볼 수 있다. (박지영)

참고문헌

이옥진,「여성잡지를 통해 본 여권신장: 1906년부터 1929년까지를 중심으로」, 이화여자대학교 석사학위논문, 1980; 김근수,『한국잡지 개관 및 호별 목차집』, 한국학연구소, 1988; 한기형,「무단

통치기 문화정책의 성격: 잡지『신문계』를 통한 사례 분석」, 한기형,「근대잡지와 근대문학 형성의 제도적 연관: 최남선과 竹內錄之助」,『대동문화연구』 48집.

우리의 길

▶ 민족혁명

우리의 편지

1919년 만주 간도의 한국독립기성회에서 한국어로 발행한 신문

1919년 만주 간도에서 발행되었다. 한국독립기성회 통신부장 이홍준(李弘俊)이 제작했다. 등사판 인쇄신문이었다. 한민족의 자주독립정신을 배양하고 이를 선전 고무하는데 그 목적을 두었다. 무산(茂山), 간도, 삼도구(三道溝) 등에 배포되었다고 한다. (이신철)

참고문헌

윤임술 편,『한국신문백년지』 2, 한국언론연구원, 1983; 편집부저 김승일 역,『중국항일전쟁과 한국독립운동』, 시대의 창, 2005.

우리집

1931년 서울에서 한국어로 발행된 계간지

1931년 12월 10일 창간되었다. 편집인은 채핀(A. B. Chaffin, 한국명 채부인[蔡富仁]), 발행인은 홀(W. J. Hall, 한국명 허을[許乙]), 발행소는 가정사(家庭社)였다. 국판 36쪽에 한글로 2단 편집하였다. 정가는 1부에 5전이었다. 고려대학교에 소장되어 있다. (윤해동)

참고문헌

윤춘병,『한국기독교신문잡지백년사(1885~1945)』, 대한기독교출판사, 1984; 이만열,『한국기독교문화운동사』, 대한기독교출판사, 1987.

우생(優生)

1934년 9월 서울에서 한국어로 창간된 조선우생학회의 기관지

조선우생협회의 기관지로서, 1934년 9월 연간지로 창간되어, 1935년 9월(2호), 1936년 10월(3호)까지 발간되었다. 편집 겸 발행인은 이갑수(李甲洙)였다.

『우생』은 민중에게 우생학 지식을 보급하는 것을 발간의 목적으로 삼았다. 권두언을 실었으며, 학술란과 가정란이라는 고정란을 두어 우생학이나 유전학과 관련한 논문을 게재하였는데, 이는 우생협회 주최의 강연회에서 발표된 내용이었다. 우생학이나 우생운동에 대한 소개, 유전·결혼·산아제한·태교·성교육·화류병 등에 관한 내용이 주를 이루고 있다.

매호 좌담회의 내용을 옮겨 실었는데, 1호의 주제는「배우자 선택에 대하여」였으며, 2호는「건강한 자녀를 두자면」, 3호는「성교육에 대하여」였다.

잡록란에는 우생학 관련 국내외의 주요 동향을 실었으며, 독일의 우생 관련 법령을 소개하기도 하였다. 우생협회 기사란에는 취지서와 회칙, 기타 사업 경과 등을 실었다.

3호를 합쳐 12명이 모두 19개의 기명 논설이 게재하고 있다. 12명 가운데 7명이 의사였으며, 나머지는 윤치호, 구자옥, 이명혁, 홍병선, 김호직이 쓴 것인데, 이명혁과 김호직은 생물학을 전공한 사람이었다. 당시 생물학에서도 유전학과 우생학에 관심이 많았음을 알 수 있다. 의사와 생물학 전공자를 합치면, 모두 9명으로 기고자의 거의 대부분을 차지하고 있다.

조선에서의 우생학 수용

우생학은 진화론, 사회 다위니즘, 유전학 등과 상호 융합하고 지지하는 관계를 가지면서 19세기 후반 유럽 사회에서 확산되기 시작하였다. 우생학의 창시자 프랜시스 갈톤(F. Galton)은 우생학을 "육성을 통해 인류를 개선하는 학문"이라고 정의하였다.

조선에는 사회 다위니즘의 수용과 함께 1910년대에 '민족개선학' 또는 '인종개선학'이라는 이름으로 일

본을 통해 수용되었다. 1920년대 초반 우생학이라는 개념이 등장하였으며, 유전학과 함께 일반인들에게 보급되기 시작하였다. 1920년대에는 지식인들 사이에서는 광범위하게 유포되어 있었는데, 잘 알려져 있는 이광수의 「민족개조론」이라는 논문을 통해서도 이런 사실을 확인할 수 있다. 이후 사회적으로 열등한 사람에 대한 공포와 우려가 건강한 신체 육성 프로그램과 더불어 본격적인 우생학의 형태로 확산되었다. 조선우생협회의 결성은 이런 사회 상황을 배경으로 한 것이었다.

• 조선우생협회

조선우생협회는 1933년 9월 14일 창립되었는데, 협회의 목적으로는 "후생의 육체와 정신을 우생학적으로 개량하여 사회의 행복을 증진케" 한다는 것으로 설정되었다. 우생협회는 비우생적 사례 조사, 우생학에 관한 이론과 실제 응용에 관한 연구, 우생운동의 정신과 지식을 전파하기 위한 강연회·토론회·좌담회 개최, 간행물 발행, 아동 보건 및 결혼 의학 상담 등을 주요 사업으로 설정하였다. 실제로 우생협회는 1933년부터 1935년 사이에 지속적으로 강연회와 좌담회를 개최하고 있다.

발기인으로 윤치호, 권동진, 여운형, 유억겸, 김성수, 이광수, 현상윤, 주요한 등 모두 85명이 참여하였다. 발회식에는 40여 명이 출석하여 규칙 초안을 통과시키고 임원을 선거하였다. 이때 확정된 임원은 다음과 같다. 회장에 윤치호, 이사로는 이갑수, 여운형, 송진우, 방응모, 유억겸, 김성수, 김활란, 오긍선, 이갑수, 신흥우, 구자옥이 선임되었고, 총무이사에는 이갑수가, 간사에는 이갑수, 백인제, 구자옥, 김응집이 임명되었다.

조선우생협회의 발기인은 크게 의사와 의사가 아닌 사람으로 구별되는데, 의사는 전체 85명 가운데 25명이었다. 서구 유전학의 영향을 받은 의사들이 우생학에 관심이 많았음을 알 수 있다. 나머지 발기인은 조선인 사회에서 큰 영향력을 가지고 있었던 교육가, 언론인, 종교인 등이 다수를 차지하고 있으며, 이들은 대개 서양학문의 세례를 받은 지식인들이었다. 발기인 가운데 상당수가 미국, 일본, 독일 등에서 유학한 경험을 가지고 있었다.

발기인 가운데 흥업구락부 소속의 지식인이 많았다는 점은 특기할 만하다. 흥업구락부에 참여하고 있던 발기인은 모두 30여 명에 달한다. 이승만이 주도하던 재미 동지회의 지부격 조직으로서 1925년 신흥우가 국내에서 조직한 흥업구락부는, YMCA와 기독교계의 주요인물 및 미국에서 유학한 인물과 자산가층이 주로 참여하고 있었다.

조선우생협회는 1937년까지 존속되었으나, 이후 휴면 상태로 들어갔다. 1946년 한국민족우생협회로 개칭하여 활동을 재개하였으며, 우생법을 입법화하기 위해 노력하였다.

• 이갑수(李甲秀)

조선우생협회의 창립과 운영에는 이갑수(李甲秀)가 핵심적인 역할을 수행하고 있었는데, 그는 독일과 일본에서 유학하였다. 협회의 총무이사를 맡았으며, 『우생』의 편집인 겸 발행인으로 가장 많은 글을 기고하고 있다. '국민우생결혼상담소'를 열어 운영하기도 하였다. 이갑수는 1899년 황해도 금천(金川)에서 출생하였으며, 1920년 경성의학전문학교를 졸업하고 독일로 유학을 떠나 1924년 베를린대학교 의학대학을 졸업하였다. 프라이부르크대학 내과에서 1년 동안 수련을 마치고, 귀국 후 수송동에서 내과의원을 개원하였으며, 이후에는 경성여자전문학교 교수 겸 동학교 부속병원 내과 과장을 역임하기도 하였다.

이갑수는 1933년 다시 도일하여 1936년 교토제국대학에서 의학박사 학위를 받았다. 일본 유학 시절 도쿄제국대학 교수였던 나가이 히소무(永井潛)로부터 큰 영향을 받은 것으로 알려져 있다. 나가이는 일본우생협회 회장을 지냈으며, 우생결혼상담소를 운영하면서 다양한 우생운동을 전개한 사람이다.

이갑수가 독일 유전병 방지법을 소개하거나 독일 나치스의 우생운동을 소개하고 있는 것으로 보아, 독일 유학 시절에 우생학에 심취한 것으로 보인다. 이갑수는 단종법을 주요 내용으로 하는 국민우생법 제정을 집요하게 추진하였는데, 1940년 일본에서 국민우생법이 제정되자 조선에도 이를 적용할 것을 주장하였으나 결국 실현되지 않았다. 그는 국민총력조선연맹에도 적극적으로 참여하였다.

해방 후에는 안호상과 함께 조선민족청년단에 참가하였다. 한국민족운생협회에 참여하였으며, 보건부 차관으로 국민우생법 제정을 다시 기도하였으나 결국 성공하지 못했다. 나중에는 수도의과대학 학장으로 근무하였다. (윤해동)

참고문헌

신영전, 「식민지 조선에서 우생운동의 전개와 성격: 1930년대 『우생』을 중심으로」, 『의사학』 15-2호, 2006.

우시백화보(無錫白話報)

1898년 중국 우시에서 창간된 시사종합신문

1898년 5월 장쑤성(江蘇省) 우시(無錫)에서 창간되었다. 창간인은 치우팅량(裘廷梁)이며, 그의 질녀 치우위펀(裘毓芬)과 구즈지(顧植之), 우인지에(吳蔭階), 왕즈런(汪子仁), 딩메이숀(丁梅軒) 등이 편집에 참여했다. 1호는 유인(油印)으로 인쇄되었으나 2호부터는 목활자인쇄로 매회 10여 쪽에서 20여 쪽이 발행되었다. 중국 근대 최초의 백화문(白話文)을 사용한 간행물로 5일에 한 번씩 발행되다가 반월간으로 변경 발행되었다. 5호부터 제호를 『중국관음백화보(中國官音白話報)』로 개칭하였으며, 1898년 9월 24호를 최종호로 종간되었다.

발행인 치우팅량은 발간사에서 중국 변법을 더욱 확장시키는 것이 이 신문의 첫 번째 중요한 임무라고 강조하였다. 당시 변법을 지지하는 많은 언론들이 간행되고 있었지만 그 효과는 그리 크지 못하고 그 발행량도 많지 못한 점을 지적한 것이다.

백성들의 지혜를 개발하기 위해서는 사대부만이 아닌 농부와 상공인 등 여러 계층 사람들이 모두 글을 읽을 수 있어야만 하는 까닭에 필히 백화문의 사용을 강조하였다.

내용은 세계 각국에서 오는 전보와 외국 소식, 우시(無錫) 지역소식, 해외의 놀라운 이야기, 해외 명언 등의 항목이 있었고, 시사와 뉴스, 서양의 책과 신문을 번역하여 보도하였다.

서양의 역사와 지리 및 해외 풍토 소개에 중심을 두었지만, 정치상 유신변법에 편향되어 있었으며, 「일본변법기(日本變法記)」, 「러시아 황제 피터대제 변법기(俄皇彼得變法記)」 등의 문장을 발표하였다.

제호에 '우시(無錫)'라는 두 글자를 넣은 관계로 지방 방언을 사용한 매체이거나 혹은 지방성 언론이라는 오해를 받게 되어 5호부터는 제호를 『중국관음백화보(中國官音白話報)』로 개칭하게 되었다. (김성남)

참고문헌

方漢奇 主編, 『中國新聞社業通史』, 中國人民大學出版社, 1996;
葉再生 著, 『中國近代現代出版通史』, 北京: 華文出版社, 2002.

우주풍(宇宙風)

1935년 중국 상하이에서 창간된 문예지

1935년 9월 상하이(上海)에서 창간되었다. 린위탕(林语堂)과 타오캉더(陶亢德)가 주필을 맡아 초기에는 반월간으로 발행되다가 후기에는 순간(旬刊)으로 바뀌었다. 1946년 152호를 발행하고 종간되었다. 베이징사범대학도서관 등에 소장되어 있다.

인생에 대한 진솔한 대화를 추구하면서 소설, 잡문, 평론과 전기 등의 문학작품을 게재하였다. 전문지식을 통속적 장르를 통해 일반 독자들에게 보급하고, 전근대적인 유학의 잔재를 제거함으로써 성실과 자유, 관용과 자연주의적인 현대 인생관을 배양하고자 노력하였다. 펑쯔카이(豊子愷), 라오서(老舍), 위다푸(郁達夫) 등의 대가들이 집필진으로 참여하였다.

『우주풍』은 정간과 복간을 여러 차례 되풀이 하였다. 1935년 상하이에서 창간되어 66호까지 발행되었으며, 1938년5월 광저우(廣州)로 이전하여 67~77호를 발행하였다. 1939년 5월 회사가 다시 홍콩으로 이전하면서 구이린(桂林)에 분사를 설치하여 78~105호를 홍콩에서 편집한 배판을 구이린으로 가져가 인쇄 출판하였다. 그리고 1944년 편집부가 홍콩에서 구이린으로 옮겨가면서 그곳에서 106호에서 138호까지 간행하였고, 1945년 6월 충칭(重慶)으로 다시 이전하여 139~140호를 발행하였다. 1946년 2월 광저우에서 141호부터 152호를 마지막으로 발행하고 종간되었다.

오늘날 『우주풍』에 대한 평가는 여러 편견들이 있다. 이는 초기에 발행된 이 잡지가 소품문(小品文)과 유머를 위주로 하여 국가적 재난 시기에 정치성 언론이 아니었다는 이유이지만, 후기에 들어서면 이 잡지 역시 견고한 항전 투쟁을 선전하는 입장이 강화되고 있다.

루쉰(魯迅)은 『우주풍』에 대해 중국인들이 즐겨 흡입하는 아편과 같은 것이라는 비판적인 말을 하기도 하였지만, 그럼에도 이 잡지의 판매량은 4만 5000부에 달했다. (김성남)

참고문헌

周葱秀·涂明 著, 『中國近現代文化期刊史』, 山西教育出版社, 1999; 王檜林·朱漢國 主編, 『中國報刊辭典』, 太原: 書海出版社, 1992.

▌운남(雲南)

1906년 일본 도쿄에서 창간된 정치운동잡지

1906년 10월 15일 일본 도쿄(東京)에서 윈난(雲南) 출신 유학생들이 창간하였다. 초기에는 월간으로 발행되다가 1908년 제12호부터 두 달에 한 번씩 발행되었다. 자금과 인력 부족으로 1910년 제19호부터 『전화보(滇話報)』와 합병하고 계간으로 바뀌었다. 1911년 무창(武昌) 봉기 이후 총23호를 발행하고 종간되었다. 또 부간(副刊)으로 『전수(滇粹)』를 발간하였다.
창간인은 리건위안(李根源)과 자오선(趙伸)이며, 장야오쩡(張耀曾), 시핀천(席聘臣), 쑨지청(孫志曾) 이 주필을, 양전훙(楊振鴻), 뤼즈이(呂志伊), 리셰이(李燮義) 등이 집필에 참여하였다. 중국사회과학원 근대사 연구소 도서관에 소장되어 있다.

내용은 논저(論著), 역총(譯叢), 문원(文苑), 조사(調查), 방함(訪函), 전건(專件), 소설, 기사 등의 항목이 있다.

창간인 리건위안이 쓴 서문 「운남잡지선집서(雲南雜誌選輯序)」에 쑨중산(孫中山)이 1906년 1월 그와 뤼즈이와 자오선, 양전훙, 뤄페이진(羅佩金) 다섯 사람을 만나 윈난의 혁명적 요인 두 가지에 대해 설명한 문장이 있다. 하나는 윈난 지역 관리들의 부패이고, 두 번째는 영국과 프랑스의 침략에 대한 민중들의 분노가 극에 달했다는 점을 들어 혁명 언론매체의 창간 필요성을 제안하였다는 내용이다.

주요 내용은 영국, 프랑스 제국주의의 윈난(雲南)에 대한 침략과 약탈을 폭로하고, 청 조정과 윈난성 정부의 부패, 무능을 비판하면서 인민들을 동원하여 반청 투쟁을 진행하는 것이었다. 기치가 선명하고, 내용이 풍부하며 형식이 다양하였는데, 그중 전론(專論)과 시평(時評)이 주요 지면이다. 부르주아계급의 국가관과 시국 형세 및 파악방법에 대해 비교적 체계적으로 서술하여 반제반봉건 사상이 충분하게 체현된 매체였다. 청말 민주혁명운동에 일정한 영향을 미쳤으며, 중국 전역에 39개의 발행처를 설치하였고 해외에도 여러 곳의 판매처가 있어 그 영향력이 컸다.

주요 문장으로는 「군인과 국가(軍人與國家)」, 「국민주의(國民主義)」, 「국민세력과 국가의 관계(國民勢力與國家之關係)」 등이 있다. 집필자는 대부분 동맹회 회원이었다.

1908년 4월 자매지로 『전화보(滇話報)』를 창간했는데, 대중성을 갖춘 진보 매체로 류중화(劉鐘華)가 주필을 맡았고 리건위안과 자오선 등의 도움을 받았다. (김성남)

참고문헌

方漢奇 主編, 『中國新聞社業通史』, 中國人民大學出版社, 1996; 葉再生 著, 『中國近代現代出版通史』, 北京: 華文出版社, 2002.

▌운동(運動)

1906년 도쿄운동사가 발행한 체육 잡지

1906년 도쿄운동사(東京運動社)가 발행한 체육 잡지이다. 편집은 오쿠니 데라마사(大國照正)가 담당했다. 잡지의 원본은 가가와대학(香川大學) 중앙도서관이 소장하고 있다.

잡지 간행의 배경은 "근년 발달한 운동(스포츠)의 진전에 대해 그 성행(盛行)은 기뻐해야 할 일이지만, 그에 따른 악폐의 교정도 아주 중요하다. 또 운동 본래의 진의를 둘러싼 연구가 불가결하고, 시대가 이를 요구하고 있다"는 인식에서 출판사의 동인이 관계 각위의 협력을 얻어 창간했다.

그 내용은 각종의 운동이론, 역사, 기술해설, 심판법 등 다방면에 걸친 스포츠의 기술향상과 보급발전에 관한 계몽서이다. 잡지가 언급한 경기종목은 수영, 유도, 정구, 조정, 궁술, 야구, 각력(스모), 검술, 수렵, 축구, 자전거 등이다. (이규수)

참고문헌

『近代文學雜誌事典』, 至文堂, 1965; 桂敬一, 『明治・大正のジャ-ナリズム』, 岩波書店, 1992; 日本近代文學館・小田切進編, 『日本近代文學大事典』 第五卷, 講談社, 1977.

웃음판

1937년에 서울에서 창간된 오락 잡지

1937년 9월 15일자로 '조선을 웃기자!'라는 모토를 걸고 창간되었다. 종간호는 몇 호인지 확실하지 않고 다만 창간호만 전할 뿐이다. 창간호 역시 내용은 멀쩡하나 판권장이 기록된 부분만 파손되어 아쉬움을 준다. 다만 발행인만은 확인할 수가 있는데, 그는 다름 아닌 당대 최고의 만담가 신불출(申不出)이다. 발행소는 동방문화사(東方文化社)이다. 판형은 A5판으로 총 103쪽이고 정가는 20전이었다. 아단문고에 창간호가 소장되어 있다.

이 잡지는 표지에 아예 '유—모어 잡지'라고 명기해 놓았다. 표지 그림 역시 넉넉하게 웃으며 윗몸의 반을 드러내고 있는 달마대사풍의 스님이 장식하고 있다(정제 최우석[鼎齊 崔禹錫]). 속표지 역시 제목이 '웃음판'으로 웅초 김규택(熊超 金奎澤)이 그렸으며 '화보'에 실린 사진은 '간디와 채플린의 담소 사진' 등을 선정한 것에서도 알 수 있듯이, 전쟁준비기에 처한 조선 민족을 위한 청량제이자 숨통을 트이게 하려는 의도에서 창간한 것임을 알 수가 있다. 이는 고도로 통제된 사회에서 '웃음'만이 그런 상황을 돌파할 수 있다는 어떤 사명감과 믿음의 발로를 실천에 옮겼다는 의미를 갖는다.

"웃음의 철학적 연구! 웃음의 과학적 정리! 이에다가 이 『웃음판』이 점지되는 출발 의도와 근본 목적을 두고 싶습니다. 이 『웃음판』의 사회적 가치는 이완된 신경에 탄력과 자극을 주어 일으키게 하고, 우울한 생활에 명랑과 유쾌를 가져오게 하는 데 있을 것이고, 및 그 특징을 삼을 것이겠습니다.

이 『웃음판』 속에 담겨진 웃음의 보배가 모두 하나같이 아름답고 비싸야 될 것이니, 익살맞은 넌센스가 되지 말고 그럴듯한 유머가 될 일이요, 종횡무진한 해학과 자유분방한 풍자로 이루어진데다가, 아주 경쾌한 풍미가 곁들였으면 그야말로 천하일품이 되고도 남겠습니다.

조선엔 재주꾼은 많아도 일꾼은 드뭅니다. 이조 5백년이 입심의 역사였지 손심의 역사가 아님도 이 때문입니다. 체면에서는 진실이 못 나오는 겝니다. 표시되는 테두리 안에서 백천개의 사이비 지도이론을 앙탈하고 뇌까리는 것보다는, 단 하나의 정직한 웃음을 들추고 있는 것이 차라리 죄가 가볍지 않을까요.

시방 조선은 열 사람의 고답적인 베토벤보다도 한 사람의 대중적인 유행가수를 아쉽게 생각하고 있는 시절이외다. 이『웃음판』의 사회적 의의를 그 누가 장난감이라고 욕할 것이고, 대개 그런 이는 인식부족을 훈장 차듯 할 사람인저…….”

신불출은 확실히 웃음의 사회적 기능과 역할을 정확하게 꿰뚫어 보고 있다. 그의 창간사 「『웃음판』을 세상에 내보내면서」는 웃음에 관한 한 누구보다도 심도 있게 사고하고 그것을 직접 실연함으로써 사회에 기여하고자 한 희극작가의 웃음에 관한 생각의 한 면을 엿볼 수 있는 것이다.

1호에는 다음과 같은 글들이 수록되어 있다. 방인근의 「웃음판을 시작하는 말」, 소사(笑使)의 「웃음전람회」, 소실(笑室)의 「웃음육법전서」, '만문만화(漫文漫畵)' 소탄양반(笑嘆兩半)의 「이발하다가」, 소대성이(笑大成以)의 「그럴 일」, 소군소군(笑君笑君)의 「안할 말」, 소진장위(笑鎭腸胃)의 「망신」, 소라전북(笑羅全北)의 「축사」, 방인근의 「빈대의 라디오방송」(유머수필), 신정언의 「거울의 풍파(風波)」(야담), '웃음시가(詩歌)' 김안서의 「희작 3편」, 신불출의 「마음」, 「내 웃음」 등 9편, 방인근의 「노루영감」(웃음소설), 신불출의 「유머문학의 풍자성」(평론), '세계 문호 유머작품 소개' 프랑스(佛國) 그산로푸(김영진 역)의 「미혼여자라야」(콩트), 중국 시내암(施耐庵)(양백화 역)의 「수호서(水滸序)」(만문[漫文]), 미국 오 헨리(O Henry)(춘해 역)의 「노처녀의 사랑」(소설), 「깔깔소학교」, 「깔깔중학교」, 「깔깔대학교」, 신불출의 「김립병연전(金笠炳淵傳)」, 조영희(趙英姬) 「여자교제법」, 민혜숙(閔惠淑)의 「가두잡감(街頭雜感)」, '단편소화(短篇笑話)' 소다수(笑多壽)의 「말썽」, 정찬조의 「버르장머리」, 소화약(笑化藥)의 「욕속부달(欲速不達)」, 묵봉(墨峰)의 「자다가」, 방인근의 「연애도」(연애소설), 황재경의 「복수」(만담), 유광열의 「사백호 구생한음(死白湖 救生漢陰)」, 신불출의 「웃음철학」, 춘해의 「학·돼지·산돼지·돌·바위·고래」(웃음동화), 신불출의 「웃음의 사회적 의의」(평론), 이서구의 「젊은이는 멋쟁이」(유머소설), 익살쟁의(諡殺爭議)의 「곁말경연회」, 유엽의 「문사들의 일화」, 소주병(笑注甁)의 「웃음 꽃밭」, 「명사방명록」, 소식통의 「웃음판 신문」, '후기' 신불출의 「남은 잉크」 등.

편집후기 「남은 잉크」에서 신불출은 다음과 같이 소회를 밝힌다. “인생 최대의 비극은 진실을 발견하는 때부터 개막되는 것인가 봅니다. 고독에 자신을 잃은 나는 춘해 방인근 선생을 벗하여 남은 길 위에서 울며 웃으며 이『웃음판』을 짜 나가기로 했습니다.” 전시기에 처한 조선은 당시 일본의 중일전쟁 개전으로 인하여 시국이 불안하고 조선 민족은 절망감에 빠져 있는 상태였다. 전시기 특유의 경색되고 암울한 상황에서 신불출 역시도 그런 상태에 있었는데, 방인근의 독려와 제안으로 이 잡지 창간에 나선 것이다. 명랑소설이나 연애소설을 주로 창작하던 방인근이 신불출과 만나 새로운 잡지를 펴내고 자신의 주특기를 살려낸 것도 의미가 있는 일이지만, 웃음의 중요성과 필요성을 그 시기에 창안하여 사회적인 확산을 도모했다는 점에서 그 둘의 안목을 높이 사게 된다. 웃음이야말로 절망과 피로에 지친 조선 민족에게 가장 시급한 에너지원이었고 웃음을 통해 조선인들은 상처와 피해의식에서 벗어나 새로운 미래를 꿈꿀 수 있었던 바, 이 잡지의 의미는 바로 이러한 수준 높은 유머 정신의 당대적 의의를 설파하고 함께 웃음으로써 딱딱하고 관료적인 식민체제를 균열시키는데 일정한 역할을 했던 것이다.

• 신불출(申不出)

일제 식민지 시대의 유명한 만담가이다. 극작가로도 활동했으며 시조도 창작했다고 전해진다. 1930년대 초 '단성사'에서 공연하는 도중 “동방이 밝아오니 잠을 깨고 일터로 나가자”는 대사를 “동방이 밝아오니 대한독립을 위해 모두 떨쳐 일어나자!”하여 종로서에 구속되기도 했다. 그는 이후에도 날카로운 세태풍자와 타고난 말솜씨로 최고의 인기를 누렸으나 시국풍자 → 연행 → 석방을 계속해야 했다. '망둥이 세 마리'라는 만담을 통해서는 일본의 도조 히데키, 독일의 히틀러, 이탈리아의 무솔리니를 망둥이에 빗대 풍자하였고, 돈을 주제로 만담을 하여 자본주의 사회의 모순을 비판하기도 하였다.

좌익 성향이 짙었던 그는 해방이 되어 이승만이 귀

국하게 되자 자신의 인기를 이용, 무료공연을 열어 환영인파를 분산시키기도 하였다. 1946년 6·10만세운동 기념 연예대회에서 태극기를 모독한 사건으로 인하여 우익청년들에게 집단폭행을 당하기도 하는 등의 곡절이 있었으나 만담가로서 6·25 전까지는 서울에서 활약했다. 그리고 전쟁 기간에 월북한 것으로 추정된다.

신불출은 월북 후 1957년 조선문학예술총동맹(문예총) 중앙위원으로 임명되어 노력훈장을 수상하기도 했고, 1961년 국립만담연구소 소장을 역임하기도 했다. 그는 북한에서도 풍자정신을 잃지 않아 북한의 통제사회를 풍자하여 세 차례나 구속되기도 했다 한다. 결국 1962년에 종파주의 및 복고주의적 반동분자라는 죄목으로 숙청되어 협동농장으로 추방되었다. 그리고 다시 복권되어 66년 중앙방송위원회 만담가로 활동했다.

중앙방송위원회 극작가로 활동했던 장해성 씨는 "신불출의 만담은 당대에 유명해 두터운 책자로도 발행됐다"며 특히 서울의 전력난을 풍자한 「서울의 전기세」, 미국을 비난한 「승냥이」 만담은 주민들 사이에서 커다란 인기를 끌었다고 증언했다.

장씨는 또 신불출이 "한설야 당시 문예총 위원장의 생일축하 좌석에서 한설야를 치켜세우는 발언을 해 60년대 말 지방으로 추방됐다"며 당시 보고를 받은 김일성 주석은 "아주 사상성이 없다"고 신불출을 강하게 비판했다고 전했다.

신불출은 70년대 초 평양으로 복귀했으나 뇌출혈 때문에 만담가로서의 활동을 전혀 못한 채 곧 사망했다고 장씨는 밝혔다.

장씨는 "유명인사에 대한 복권에서 김정일 국방위원장의 평가가 중요한데, 심영과 달리 신불출에 대한 김 위원장의 평가는 전혀 없었던 것으로 안다"며 "이 때문에 신불출의 월북 행적에 관한 공식기록이 없는 것 같다"고 덧붙였다. (전상기)

참고문헌

『최신북한인명사전』, 사단법인 북한연구소, 1991; 최덕교 편저, 『한국잡지백년』 3, 현암사, 2004.

▌웅계(雄鷄)

1939년에 서울에서 발행된 시 전문 계간지

1939년 1월 1일에 창간되었으나 그것이 종간호가 되고 말았다. 원래는 계간지임을 밝혔지만 종간되는 바람에 그런 바람도 실현하지 못했던 것이다. 편집 겸 발행인은 이영식(李泳植), 인쇄인은 창문인쇄주식회사의 고응민, 발행소는 웅계사(雄鷄社, 경성부 황금정 1가 32 지금의 을지로 1가 32), 총판매소는 동광당서점이었다. 판형은 B5판으로 총 30쪽에 정가는 25전이었다. 연세대도서관에 소장되어 있다.

창간사나 편집후기도 없다. 잘 알려진 기성 문인들과 신인들의 작품이 골고루 실려 있는데, 김남인이나 마명, 박노춘, 고성 등의 이름이 눈에 띄는 것으로 보아 일정한 시단의 흐름을 읽을 수 있다. 즉, 훗날 문학사에 나타나는 '청록파'나 '생명파' 등의 시인들보다도 활발하게 활동한 시인들이었다는 점이 그것으로, 시 전문지를 꾸준히 펴내고 시에 대한 열정을 가지고 있는 전국의 시인들을 발굴하려는 노력을 기울인 흔적이 역력한 것이다. 이들의 노력에 부응이라도 하듯 이광수나 구본웅, 모윤숙 등이 시를 기고하고 표제화를 그리지 않았을까 짐작된다.

『웅계』의 목차를 살펴 보면 다음과 같다. 이광수의 「맘」, 모윤숙의 「밤에 본 코스모스」, 김우철의 「허한 무덤」, 이찬의 「고원」, 박노춘의 「초조」, 김남인의 「추야(秋夜)」, 노양근의 「사향(思鄕)」, 마명의 「금붕어」, 「생의 한(恨)」, 이고려의 「어느 풍류」, 최필봉의 「내 마음」, 조우식의 「궁전처럼 슬픈 아내의 의자」, 김대봉의 「창외」, 이영식의 「낙오자의 노래」, 김원재의 「단상」, 박정호의 「귀뚜리」, 김태은의 「등대의 소녀」, 소원의 「실제(失題)」, 이시복의 「향산에서」, 「새벽」, 최운해의 「어머님」, 고성의 「5전짜리 푸른 버스」, 김동옥의 「달 밝은 밤」, 김엽의 「귀신달 굿날」(산문시) 등 22명의 24작품이 수록되어 있다.

기성 시인들과 신진 시인들의 작품이 고르게 분포되어 있는 이 잡지는 어두운 시절에 조선어로 시를 씀으로써 조선 고유의 정신을 지키고자 한 조그만 열정이 담겨 있다. 전시체제 아래에서 조선어로 문학 활동을 한다는 것 자체가 모험이고 신변의 위협을 느끼는 상황인 까닭에, 더욱이 시 잡지를 만들어 전국에 흩어져 있는 시인들의 인맥을 관리하고 집단적으로 시를 모아 한 지면에 펴낸다는 것은 결코 소홀히 할 수 없는 가치를 지녔다고 평가되는 것이다. 따라서 제목을 통해서도 느껴지는 '집단적으로 울려 퍼지는 닭울음 소리'는 소극적인 형태로나마 조선의 정신과 조선어가 살아 있음을 알리려는 눈물겨운 호소였다.

• 김대봉(金大鳳, 1908~1943)

호는 포백(抱白)이고 경남 김해에서 출생했다. 평양의전을 졸업하고 경성제대 세균학 교실에서 연구하는 한편, 의사로서도 활동했다. 이때에 시작을 병행하여 시 동인지 『맥』의 동인으로 활동하였고 『웅계』 에도 기고하였다. 또한 의학의 대중화를 지향한 잡지 『대중의학』을 주재하기도 했다.

시집으로 『무심』(맥사, 1938.10)을 남겼는데, 시의 경향이 대개가 내향적인 입장에서 인간의 그늘진 면을 다루고 있다. (전상기)

참고문헌

최덕교 편저, 『한국잡지백년』 3권, 현암사, 2004; 권영민, 『한국근대문인대사전』, 아세아문화사, 1990.

▌원고시대(原稿時代)

1928년 일본 도쿄에서 편집하고 서울에서 발행된 문학청년들의 습작문예지

1928년 9월 경성에서 발행되었다. 창간호가 종간호로 되었는데, 편집은 도쿄에서 하고 인쇄·발행은 경성 원인사 임시사무소에서 했다. 편집 겸 발행인은 이정근(李貞根), 발행소는 원인사(原人社, 日本 東京 本鄕區 台町 242), 판형은 국판으로 총 면수는 100쪽이며 정가는 30전이었다. 연세대도서관에 소장되어 있다.

잡지를 소개하는 광고에 "문예사조의 계몽운동, 무명작가의 작품 발표"라는 메인 카피가 알려 주는 대로 "조선은 물론이요, 멀리 중국에 산재한 우리 남녀 학생의 처녀작 발표, 무명작가의 창작발표, 도쿄 학교 안내, 고학 안내 등"을 다루고 있다. 기성 작가의 작품도 실렸지만 주로 신인들 중심으로 잡지를 운영할 계획임을 알려 주는 편집방침임을 알 수 있다.

다른 잡지에 비해 창간사가 많을 뿐더러, 거기에 권두언까지 실렸다. 나날이 늘어가는 유학생들의 창작의욕을 고취시키고 우수한 문학청년들의 작품을 소개하고자 하는 취지가 얼마나 컸던가를 잘 살필 수 있는 대목이라고 하겠다.

기성 작가의 작품 중에는 이정근의 「유랑」, 김우진의 「잠 드는 순간 - 잠 깨는 순간」(수필), 장기제의 「먼나라의 뱃노래」(시), 양주동의 「문예만평수제」(평론), 장정심의 「병상」(시) 등이 눈에 띈다.

그리고 신인들의 작품들은 대략 14편에 이른다. 그 외에도 번역작품들도 있다. 에드거 앨런 포(Edgar Allan Poe)의 「검둥 고양이」와 토마스 하디(Thomas Hardy)의 「아들의 거절」이 그것인데, 유학생이나 문학청년들이 주로 어떤 외국문학작품을 읽는지 한 단서를 제공해주고 있다.

『원고시대』는 문학수업을 받는 유학생이나 문학에 대한 열망이 강한 문학청년들을 주 대상으로 선정하여 그들의 습작들을 선별하여 싣고자 한 잡지이다. 문학이 근대학문 중에서 각광 받는 시대, 조선 특유의 문학에 대한 편애가 빚어낸 잡지 창간의 풍경을 보여 주는 사례로서 기억할 만하다고 하겠다. 창간호가 비록 종간호가 되었지만 총 100면에 이르는 지면을 확보하여 해당 작품들을 실었다는 것은 그만큼 문학적 열정이 대단했음을 보여 주는 증거라 할 수 있다. (전상기)

참고문헌

권영민, 『한국근대문인대사전』, 아세아문화사, 1999; 최덕교 편저, 『한국잡지백년』 2, 현암사, 2004.

▌원산매일신문(元山每日新聞)

1909년 원산에서 창간된 일본어 일간지

1909년 1월 원산에서 창간되었는데, 그 전신은 니시다 쓰네사부로(西田常三郎)가 운영하던 『북한실업신문(北韓實業新聞)』이었다. 1912년 본사와 공장을 신축하였으며, 이 시기를 전후하여 사세가 크게 확장되었다고 한다.

이 신문은 함남지방을 근거로 조선 전체와 서부 일본 지방, 소련 연해주 등으로까지 세력권을 넓혔으며, 조선·일본·소련 등에서 지국을 운영하고 있었다. 1929년 당시 사장은 니시다였으며, 이사 겸 편집국장은 하세도루(長谷享)였다. 신문사는 사장이 경영하는 개인회사였다. 본사는 원산부 행정(幸町)에 있었으며, 조간 4면으로 매일 발행되었다.

지면은 1행 15자, 1단 135자, 1면 12단으로 구성되었다. 주요 설비로는 평반인쇄기 2대, 사용 활자는 7포인트 75, 연판주입기 1대, 사진제판기 1대가 구비되어 있었다. 구독료는 매월 90전, 광고료는 5호 1행에 1원 30전, 2호 1행에 2원 60전이었다.

원산매일신문사에서 발간한 단행본 자료로는 『대청진항』(1916), 『함남명감(咸南名鑑)』(1940)이 있다. 『함남신보』(나중에 『북선시사신보』)와 아울러 함남지방에서 발간되던 양대 일본어 신문이었다. 아직 실물은 발굴되지 않았다. (윤해동)

참고문헌

中村明星, 『朝鮮滿洲新聞雜誌總覽』, 新聞解放滿鮮支社, 1929; 田內武, 『朝鮮施政十五年史』, 1926; 『新聞總覽』, 日本電報通信社, 각년판.

원예지우(園藝之友)

1895년 일본원예연구회가 발행한 원예잡지

1895년 일본원예연구회(日本園藝研究會)의 기관지로 발행되었다. 일본원예연구회는 "과수, 소채, 화훼, 분재, 정원, 기타 원예 일반에 관한 학술과 기술을 연구하여 편의를 제공한다"는 목적으로 결성되었다. 잡지는 연구회 사업의 하나로 창간되었다. 창간호부터 1923년까지 19년분의 잡지 원본은 현재 가가와대학(香川大學) 가미하라문고(神原文庫)가 소장하고 있다.

창간호는 그림에 화려한 튤립의 칼라 도판을 넣었다. 잡지 구성은 총설, 과수와 야채, 정원과 화훼, 원예화학, 원예와 문예, 병리와 병해, 주방, 집보 등의 항목으로 각각 1~2편의 기사를 게재했다.

잡지의 구성은 연구회 설립 목적에서 바라본다면 폭넓은 것이고, 또 모든 한자에 음독을 첨부하는 등 다양한 독자를 상정하여 발행되었다. 이는 당시 이미 원예에 관한 읽을거리가 사회적으로 어느 정도 요청되었음을 의미한다.

잡지는 새로운 서양 야채로 캐버지(cabbages)와 네이블 오렌지를 소개하고, 이들 야채가 이미 일본에서도 생산되고 있음을 알리고 있다. 또 파인애플(鳳梨)이 원래 어떤 식물인가를 기사로 소개하고, 당시 이미 망고가 홍콩(香港)으로부터 수입되고 있음을 알리고 있다.

시류와 관련된 기사로는 1894년에 개전된 청일전쟁과 관련하여 전시의 야채로서 연기물의 도두(刀豆)를 소개했다. 메이지 중기 이후 일본의 원예사정을 파악할 수 있는 귀중한 자료이다. (이규수)

참고문헌

『近代文學雜誌事典』, 至文堂, 1965; 桂敬一, 『明治・大正のジャーナリズム』, 岩波書店, 1992; 日本近代文學館・小田切進編, 『日本近代文學大事典』 第五卷, 講談社, 1977.

월간매신(月刊每申)

1934년 서울에서 한국어로 창간된 종합 대중잡지

조선총독부의 국문판 기관지인 『매일신보(每日申報)』

의 부록으로 1934년 2월 1일에 창간되었다. 발행인은 김선흠(金善欽)이었고, 발행소는 경성부 태평통 1정목의 매일신보사였다. B5판 50쪽 안팎으로 발행되었다. 고려대학교와 서강대학교 도서관에 소장되어 있다.

『월간매신』 창간호의 목차는 다음과 같다.

이당(以堂) 김은호(金殷鎬) 화(畵)의 표지, '권두시' 김소운(金泰雲)의 「봄맞이」/ '연재' 역사소설 홍목춘(洪木春)의 「탕춘대(蕩春臺) (1)」/ 연애소설 방인근(方仁根)의 「남녀전(男女戰) (1)」/ 골계(滑稽)소설 박태원(朴泰遠)의 「미남 정군의 방비(放屁)」/ 괴기소설 행행자(行行子)의 「마루밑」/ '사화' 유광렬(柳光烈)의 「비풍(悲風) 부는 해도(海島)」/ '동요' 원유숙(元裕淑) 요·원소동(元素童) 곡의 「달마중 가자」/ '동시' 남응손(南應孫)의 「비행기」/ '동화' 엄춘인(嚴春人)의 「바보할아버지」/ '유년동화' 원유각(元裕珏)의 「복돌이 생일잔치」/ '아동만화' 마사성(馬斜星)의 「막동이의 주정(酒酊)」/ '만화' 삼소생(三笑生)의 「화가와 음악가」/ '취직·입학 성공비결' 「취직에 성공할려면: 미야하라(宮原) 경성부립직업소개소장담(京城府立職業紹介所長談)」/ 「입학시험에 성공할려면: 시내 K고보 교유담(敎諭談)」/ '아동지식' 「몽골(蒙古)의 정월놀이」/ 일기자의 「신문이 되기까지」/ 「가정상식」/ 「소문만복래(笑門萬福來)」/ 「신문어해의(新聞語解義)」/ 「견보문자(犬譜文字)」/ 「화장문답(化粧問答)」/ 「예술가사망진단(藝術家死亡診斷)」/ '그림찾기' 「현상모집」/ '특별부록' 「개운점법비팡(開運占法秘方)」 등.

목차에서 알 수 있는 사실은 『월간매신』이 총독부 기관지라는 위치에 있음에도 정치성이 있다거나 총독부를 선전하는 시사적인 것 글이 하나도 보이지 않는다는 것이다. 딱딱한 기사들 보다는 그저 부담 없이 웃고 즐길 수 있는 글이 대부분이었다.

삽화는 주로 행인 이승만(杏仁 李承萬, 1903~1975)이 그렸다. 창간사나 권두언은 없고, 대신 김소운이 지은 시 「봄맞이」가 권두에 실려 있다는 점이 특징적이다. (이한울)

참고문헌

『月刊每申』 창간호, 1934.2, 고려대학교 소장본; 「신간소개」, 『조선중앙일보』 1934.2.14; 최덕교 편, 『한국잡지백년』 3, 현암사, 2004.

월간민예(月刊民藝)

1939년 일본에서 창간된 공예 잡지

1939년 4월에 창간되어 1946년 12월까지 모두 70호가 발간된 공예 잡지이다. 편집 겸 발행인은 아사노 가즈시게(淺野重量), 시키바 류자부로(式場隆三郎)였고, 발행처는 일본민예협회(日本民藝協會)였다.

『월간민예』가 창간되기 이전에 민예운동의 정기간행물로서는 이미 야나기 무네요시(柳宗悅)에 의하여 『공예(工藝)』가 발간된 바 있었다. 그러나 『공예』는 전문 잡지로서의 성격이 너무 강하여 대중이 쉽게 접근하는 데 한계가 있었다.

따라서 민예운동을 대중에게 더 널리 보급하기 위하여 시키바 류자부로를 중심으로 "가볍게 쓰고 가볍게 읽는 것을 특징"으로 하는 『월간민예』가 창간된 것이다. 이 잡지는 민예운동에 관한 활발한 평론, 수상, 좌담회, 탐방 등의 기사를 게재하여 소기의 목적을 이루는 데 성공하였다.

• 시키바 류자부로(式場隆三郎, 1898~1965)

니가타(新潟縣)에서 출생. 민예운동가이자 정신과 의사이다. 니가타의학전문학교(新潟醫學專門學校) 재학 중에 이미 문예 활동을 벌인 바 있었다. 무샤노코지 사네아쓰(武者小路實篤), 야나기 무네요시(柳宗悅), 시가 나오야(志賀直哉) 등에게 사사하였다.

야나기 무네요시가 제창한 민예운동에 직접 참가한 이색적인 정신과 의사이다. 1945년 일본의 패전 이후에는 『로망스(ロマンス)』, 『부인세계(婦人世界)』, 『영화스타(映畵スター)』 등을 발간하기도 하였다. (이준식)

참고문헌

日本近代文學館 · 小田切進 編, 『日本近代文學大事典』 第5卷, 講談社, 1977; 『日本出版百年史年表』, 日本書籍出版協會, 1968.

월간야담(月刊野談)

1934년 서울에서 창간된 대중문예지

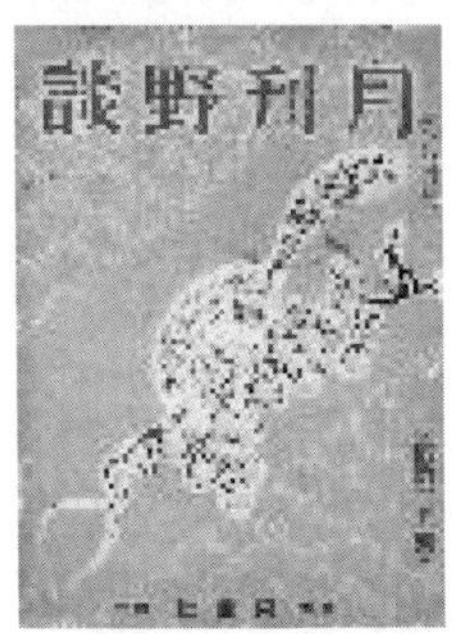

1934년 10월 10일 창간했다. 저작 겸 발행인 윤백남(尹白南), 인쇄인은 대동인쇄소의 박인환(朴仁煥), 발행소는 계유출판사(癸酉出版社 경성부 서대문동 2가 1)이다. 판형은 국판이며 창간호는 총 96쪽에 정가는 20전이었다. 1939년 10월 통권 55호로 종간되었다. 국립도서관과 고려대에 소장되어 있다. 또한 영인 자료도 나와 있다. 연세대도서관 구간서고에는 창간호(96쪽)와 2호(1934년 11월 10일, 115쪽), 3호(1934년 12월 10일, 119쪽), 4호(1935년 1월 10일, 115쪽)가 보존되어 있다.

창간호부터 4호까지 주요 집필자로는 윤백남과 신정언(申鼎言), 신가일(愼可一), 사운거사(沙雲居士) 등이 활약했다. 윤백남은 매호 「십이야화(十二夜話)」를 연재했다. 신정언의 글로는 「천하기인 이토정의 면영(面影)」(1호)과 「백제사담 사비 수상(水上) 위의 어린 향혼」(2, 3호), 「기괴한 실명」(4호) 등이 있다. 신가일의 글로는 「충의무쌍 류하 장군」(1호), 「가인상(佳人想) 일타홍(一朶紅)과 일송(一松)에 얽힌 삽화」(2호), 「일포(一砲)로 축명사(逐明使)」(3호), 「옥환의 기연」(4호) 등이 있다. 사운거사의 글로는 「복수기담 순치황제와 협사」(1호), 「기담 슬기(智略)」(2, 3호), 「발원과 성공」(4호) 등이 있다. 그 외에는 우리말의 어원을 살필 수 있는 「조선사원만담(朝鮮辭源漫談)」이 1호부터 4호까지 연재되었다. 2호부터는 전통 시가인 시조를 소개하는 '시조 10수'란이 마련되었다.

「창간사」에서 나오듯이 "얄팍한 현대문명으로써 두툼한 조선 재래의 정서(情緖)에 잠겨 보자. 그리하여 우리의 잊혀진 애인을 그 속에서 찾아보자"는 윤백남의 의도가 있었다. 즉, 빛나는 역사를 가진 민족에게 식민지적 패배감과 열등감으로부터 벗어나게 하려는 충정에서 야사의 형식을 빌어 우리의 역사를 전하려 한 것이다. 이는 이야기성을 중시하던 조선 후기의 '야담'과는 차별화를 꾀하며 새로운 기운을 불어넣고 새로운 형식을 창출하려는 야담운동의 맥락을 이어 받은 것이라고 할 수 있다. 민족적이며 민중적인 동시에 현대성과 계몽성을 가미하여 역사적인 인물이나 사건을 통해 민족적 자긍심을 일깨우려는 시도는 의미가 있는 것이었다.

『월간야담』을 1935년 12월 1일 김동인이 창간한 『야담』과 혼동하는 경우가 종종 있다. 이 잡지는 『조선야담전집』으로 일약 유명해진 계유출판사 내 야담구락부(野談俱樂部)가 주축이 되어 발간된 것이다. 창간호부터 뉴스, 논문, 시, 평론을 절대로 싣지 않는다는 원칙을 천명하여 세인의 주목을 받았다. 대중의 취미 독서물의 요구에 부응하여 창간된 잡지였던 까닭에 실제로 어떤 교훈을 얻거나 타산지석으로 삼을 만한 내용이 없어서 김기진 같은 문인으로부터 비판을 받은 것도 사실이다. 그러나 민족의 위안거리로서 내지는 역사에 대한 기억의 매개자로서의 역할을 담당한 것도 사실이며, 무엇보다도 우리 전통의 서사성을 가지고 있는 장르라는 점에서도 이 잡지가 맡은 역할은 무시할 수 없는 것이다.

• 윤백남(尹白南, 1888.11.7~1954.9.29)

본명 교중(敎重). 충남 공주 출생. 1904년 도일, 1910년 도쿄고등상업학교를 졸업, 1911년 보성전문 강사로 근무했다. 1912년 조중환(趙重桓)과 극단 문수성(文秀星)을 조직, 제1회 공연을 원각사(圓覺社)에서 가졌다. 1913년 『매일신보』 편집국장을 지내고 1916

년 반도문예사(半島文藝社)를 설립, 월간지 『예원(藝苑)』을 창간하는 한편 이기세(李基世) 등과 극단 예성좌(藝星座)를 조직, 초연을 단성사(團成社)에서 가졌다.

1917년 백남프로덕션을 창립, 여러 편의 영화를 감독·제작했다. 1919년 동아일보사에 입사, 『수호지』를 번역·연재했고, 한국 최초의 대중소설 『대도전(大盜傳)』을 발표하고 이어서 월간지 『월간야담』을 발간했다. 1922년 예술협회 소속 극단 예술좌(藝術座)에 참여한 데 이어 민중극단을 조직, 신극운동을 전개하였다.

1934년 만주에 건너가 1945년 귀국 때까지 역사소설을 썼다. 6·25전쟁 때는 해군 중령으로 복무, 1953년 서라벌예술대학 학장, 1954년 초대 한국예술원 회원이 되었다. 작품으로 『항우(項羽)』, 『난아일대기(蘭兒一代記)』, 『봉화(烽火)』, 『흑두건(黑頭巾)』, 『해조곡(海鳥曲)』, 『백련유전기(白蓮流轉記)』, 『미수(眉愁)』, 『낙조(落照)의 노래』, 『야화(野花)』, 『조선형정사(朝鮮刑政史)』가 있다.

조선야담사와 김진구의 활동

조선시대 후기부터 인기를 끌고 있던 야담을 근대적 형식과 내용으로 변모시킨 주역으로 '조선야담사'의 활동과 그 중심에 있었던 김진구를 주목할 필요가 있다.

조선야담사는 1927년 11월 23일 김진구의 자택에서 창립총회를 열고 발족하였다. 이 총회에서는 김진구, 민효식(閔孝植), 신중현(申仲鉉), 김익환(金翊煥), 이종원(李鍾遠)을 간사로 선임하여 다섯 가지 결의 사항을 체결한다. 신문사의 후원을 입어 '야담대회'를 개최하고 전국 순회 '야담대회'를 여는 대대적인 활동을 벌인다. 당시 대중들의 호응도도 높아 성황을 이루었다고 전해진다. 이에 일제는 야담대회에서 불온한 말이 있다는 이유로 대회를 불허하거나 연사들을 연행하여 야담운동이 쇠퇴하기에 이른다.

김진구는 창립총회 이전에 이미 천도교 기념관에서 '김옥균 일화'를 중심으로 강연하고 여러 곳에서 강연활동을 펴는 한편, 야담 대본을 집필하기도 한다. 그가 가는 곳마다 인산인해를 이루어 신문에서도 그에 대한 기사를 쓸 정도로 대단한 인기를 누렸다고 한다. 이렇게 야담 대회가 인기를 끌자 여러 곳에 몇 사람이 나누어 강연을 하고 그런 과정에서 일제의 주목을 받아 김익환과 김성이 피검되기에 이른다. 그리고 이 과정에서 김진구는 윤백남에게 주도권을 넘기고 『개벽』지 기자로 활동하는 반면, 윤백남이 바톤을 이어받아 야담대회를 이끌어갔으며 잡지 발행을 하기에 이르렀다. (전상기)

참고문헌

김준형, 「야담운동의 출현과 전개양상」, 민족문학사학회, 『민족문학사연구』 제20호, 2002; 신상필, 「일제시기 야담대회의 현장」, 우리한문학회, 『한문학보』 제16집, 2007.

월요(月曜)

1926년 일본의 에후칸이 발행한 문예지

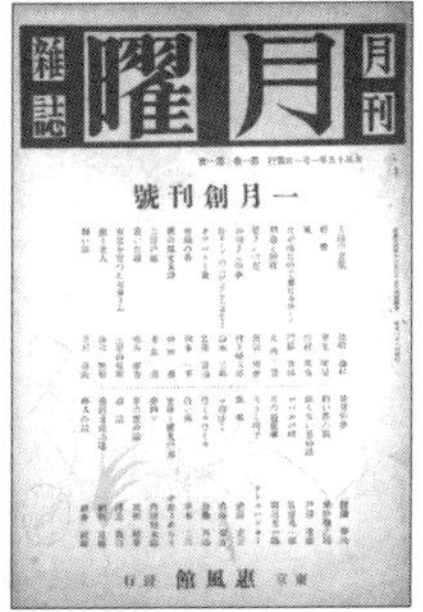

1926년 1월 도쿄의 에후칸(惠風館)이 발행한 문예지이다. 잡지 원본은 가가와대학(香川大學) 가미하라문고(神原文庫)가 소장하고 있다.

창간호의 편집후기에는 "넓은 의미에서의 동화입니다. 우리가 이런저런 복잡한 생활 속에서 잠깐 벗어나 읽기 좋은 책이라 생각합니다. …… 동화, 동요, 시, 그림, 음악, 희곡, 소설, 읽을거리, 수필 등 모두 가벼운 것입니다. 좋은 봄날에 손에서 결코 뗄 수 없는 책입니다"고 밝히면서 잡지의 특징을 이야기하고 있다.

창간호에서는 시마자키 도손(島崎藤村), 무로 사이세이(室生犀星), 오카모토 이치헤이(岡本一平), 사토

하루오(佐藤春夫), 아나가키 다루오(稲垣足穗), 사토 하치로(サトウハチロー) 등이 집필했고, 미야자와 겐지(宮澤賢治)의 「오츠벨과 코끼리(オツベルと象)」도 게재되었다. (이규수)

참고문헌

『近代文學雜誌事典』, 至文堂, 1965; 桂敬一, 『明治・大正のジャ-ナリズム』, 岩波書店, 1992; 日本近代文學館・小田切進 編, 『日本近代文學大事典』 第五卷, 講談社, 1977.

▌월월소설(月月小說)

1906년 중국 상하이에서 창간된 문예지

1906년 10월 상하이(上海)에서 창간되었다. 상하이 군악서국(上海群樂書局)에서 월간으로 발행되다가 제9호부터 개군학사도서발행소(改群學社圖書發行所)에서 발행되었다. 편집진은 왕웨이푸(汪惟父), 우젠런(吳趼人), 쉬유민(許優民)이 차례로 주필을 맡았으며, 총 24회를 발행하고 1908년 종간되었다. 베이징 칭화(淸華)대학 도서관에 소장되어 있다.

내용은 역사소설과 철리(哲理)소설, 사회소설, 전기(傳奇)소설, 골계(滑稽)소설, 과학소설, 정탐(偵探)소설, 예기(禮記)소설, 도화(圖畵), 잡록(雜錄) 등으로 구성되어 있다.

1권 3호에 실린 발간사를 통해 본 잡지는 문장을 화려하게 쓰고, 뛰어난 문객을 받아들이며, 묘한 말들이 끝없이 이어지지만 모든 것은 사회의 개량과 민지의 개통에 주의를 기울일 뿐이며, 이것이 바로 발행 목적이라고 하였다.

통속적이고 난해하지 않은 소설 형식을 이용하여 민중을 계발하고, 입헌주의를 선전하는 데 중점을 두고 역사 소설, 사회소설, 기실(記實)소설, 연애소설과 문예이론을 게재하였으며, 봉건도덕의 회복을 주장하고 입헌파와 혁명당을 비난하였다.

주필 우젠런은 서문에서 도덕이 땅에 떨어진 시기를 만나 이러한 나쁜 풍조를 바꾸려면 그 처음은 소설로부터 시작되어야 한다고 주장했다. 때문에 역사소설을 편찬하는 것으로 교육에 도움이 되고자 하는 것이며, 역사소설 외에도 사회소설, 가정소설, 과학, 모험소설로, 혹은 기언(奇言)으로 혹은 정언(正言)으로 사람들을 도덕 범위 내로 이끈다고 하였다. 애정소설이라 하더라도 반드시 그 규범이 정도를 걸어서 그 감정이 덕육에 도움이 되어야 하는 것임을 강조하였다.

주요 집필자로는 저우구이성(周桂笙), 장룬(張倫), 장잉(張瑛) 등이 있다.

『수상소설(繡像小說)』, 『신소설(新小說)』, 『소설림(小說林)』과 더불어 청 말기 4대 소설잡지로 불린다. 이 잡지에 실렸던 연정소설들은 훗날 원앙호접파(鴛鴦蝴蝶派)의 기원이 되었다. (김성남)

참고문헌

方漢奇 主編, 『中國新聞社業通史』, 中國人民大學出版社, 1996; 葉再生 著, 『中國近代現代出版通史』, 北京: 華文出版社, 2002.

▌유년신보(幼年申報)

1928년 한국 평양에서 한국어로 발행된 소년소녀 기독교잡지

1928년에 창간되었다. 소년소녀 기독교잡지로 월간지였다. 편집 겸 발행인은 모우리(E. M. Mowry, 한국명 모의리[牟義理]), 발행소는 평양 신양리(新陽里)에 있는 평양노회주일학교협의회(平壤老會主日學校協議會)였다. 40쪽에 한글로 내리 편집하였다. 정가는 1부에 5전이었다.

참고문헌

윤춘병, 『한국기독교신문잡지백년사(1885~1945)』, 대한기독교출판사, 1984; 이만열, 『한국기독교문화운동사』, 대한기독교출판사, 1987.

유도(儒道)

1921부터 1922년에 걸쳐 서울에서 발행된 유림 잡지

유도진흥회는 경북 유림 88명이 1920년 1월 조선총독부의 보조를 받아 결성한 친일 유림단체이다. 잡지 『유도』는 유도진흥회가 1921년 2월부터 발간하였는데, 처음에는 계간으로 발간되었으나 1922년부터는 격월간으로 바뀌었다.
1호부터 10호까지 국립중앙도서관에 소장되어 있는데, 그 발간 상황을 보면 다음과 같다. 1호(1921.2), 2호(1921.5), 3호(1921.8), 4호(1921.12), 5호(1922.1), 6호(1922.3), 7호(1922.5), 8호(1922.7), 9호(1922.10), 10호(1922.12).

조선에서의 유도 진흥과 관련한 다양한 논설을 주로 게재하였으며, 그 밖에도 각종 시사문제와 관련한 논설이나 총독부에 대한 건의사항, 사조(詞藻) 등을 실었다. 잡보에는 유도진흥회 소식이나 지방지부 설립상황, 기타 유도 단체의 소식이나 각종 단체의 소식, 나아가 외국의 시사적 상황에 대해서도 폭넓게 소개하였다. 1920년대 유도단체에서 발간한 대표적인 시사 잡지라고 할 수 있다.

유도진흥회는 1920년 1월 경성구락부에서 경성의 유림과 경상남북도 유림들이 모여 결성하였다. 일본을 시찰하고 돌아온 경북 유림 88명이 발의하였고, 결성 당시 조선총독부에서 수백 엔을 보조하였다. 경북 지방 유생들의 반일정서를 약화시키고 통제하여 식민통치에 협력하게 하고자 하는 목적으로 설립한 단체였다. 따라서 설립목적은 "유도를 진흥하여 퇴마(頹靡)한 유풍을 되살리고 동양도덕의 진원(眞源)을 발휘하여 민심의 안정을 꾀하고 국가의 진운에 바친다"는 것으로 설정되었다. 취의서와 회칙에서는 "국헌을 존중히 여기고 국법에 순종하여 백성의 복리를 염두에 둘 것"과 "세상 돌아감에 뒤지지 않도록 평상시 대국(大局)을 눈여기고 경거불온(輕擧不穩)한 행동을 삼가며 일반 민중의 모범이 되도록 힘써"라고 하여 사회적 영향력을 갖고 있는 유생들을 조선총독부 통치에 순응하도록 하고 적극 협력하도록 유도하는 것을 지향했음을 알 수 있다.

이후 지부 설치에 주력하였는데, 1920년에만 경북 대구, 경남 진주, 경기도 양주, 남양주, 장연, 충남 서산, 아산, 천안, 함남 안변, 영흥 등에 지부가 결성되었다.

중앙에는 회장 1명, 부회장 2명, 유사장 1명, 유사 약간 명, 장의장(掌議長), 장의·강사 약간 명, 서기 2명을 두었고, 지방에는 도 단위로 지부장 1명, 부지부장 1명, 주사 약간 명, 군 단위 분회장 1명, 부분회장 1명, 위원 약간 명을 두었다.

중앙조직의 초대회장에는 김영한(金永漢, 중추원 참의), 2대 회장에는 박제빈(朴齊斌)이, 부회장에는 윤희구(尹喜求), 장의장에는 정진홍(鄭鎭弘, 중추원 참의), 총무에는 윤필구(尹弼求), 이사로는 정봉시(鄭鳳時), 김영한(金榮漢), 권순구(權純九), 서광전(徐光前), 최강(崔岡), 김진한(金鎭漢), 정인욱(鄭寅昱), 홍고숭(洪祜崇) 등이 참여하였다.

중앙조직의 대표 김영한이 조선총독 사이토 마코토(齋藤實)에게 보낸 「조선유도진흥회경과상황보고서」를 보면, 재정적 어려움과 더불어 각 부·군·도에 세력을 확대하는 문제와 같은 성격의 친일단체인 대동사문회와의 경쟁에 따른 어려움을 호소하고 조선총독을 유도진흥회 총재로, 정무총감을 부총재로, 총독부 각 국장을 고문으로 추대하고자 하니 동의해 줄 것을 간절히 요구하고 있다. (윤해동)

참고문헌

『유도』 국립도서관 소장본.

유물론연구(唯物論硏究)

1932년 일본에서 발간된 마르크스주의 연구 평론 잡지

1932년 11월에 창간되어 1938년 3월에 종간될 때까

지 모두 65책이 발간되었다. 편집 겸 발행인은 창간호는 후쿠다 히사미치(福田久道), 2호부터 7호까지는 하세가와 이치로(長谷川一郎), 8호부터 22호까지는 마쓰오카 기쿠타로(松岡喜久太郎), 23호부터 63호까지는 도사카 준(戸坂潤), 64호 이후는 가리타 신시치(刈田新七)였다. 발행처는 5호까지는 고쿠세이샤(木星社), 6, 7호는 류쇼가쿠(隆章閣), 8호 이후는 유물론연구회(唯物論研究會), 20호부터는 다이바쇼텐(大畑書店)이었다.

1932년 10월 30대 초반의 젊은 마르크스주의 연구자인 도사카 준(철학), 오카 구니오(岡邦雄, 과학사), 사이구사 히로토(三枝博音, 철학) 등에 의하여 창립된 유물론연구회의 기관지로 출범하였다.

1937년부터는 편집의 핵심이던 도사카 준, 오카 구니오 등이 사실상 집필이 금지되고 결국 1938년 유물론연구회가 해산되는 상황에 처하였지만, 1938년 4월에 학예발행소(學藝發行所)를 새로 만들어 『유물론연구』를 개제한 『학예(學藝)』를 8호(1938. 11)까지 발간하였다. 태평양전쟁이 끝나자 1947년 10월 혼마 유이치(本間唯一)를 중심으로 계간 『유물론연구』가 창간되었다.

유물론연구회는 "현실적인 제과제로부터 유리(遊離)하는 것이 아니라 자연과학, 사회과학 및 철학에서 유물론을 연구하고 나아가 계몽에 임할 것을 목적"으로 하는 합법적인 연구 단체였다.

위의 세 사람 외에 주요한 회원은 아이카와 하루키(相川春喜, 저술가), 미타 세키스케(見田石介=甘粕石介, 경제학, 철학), 이시하라 아쓰시(石原純, 물리학), 이와사키 아키라(岩崎昶, 영화평론), 가케하시 아키히데(梯明秀, 경제학), 구시마 가와사부로(具島兼三郎, 정치학), 고자이 요시시게(古在由重, 철학), 고야마 히로타케(小山弘健), 나가타 히로시(永田廣志, 사상사), 핫토리 시소(服部之総, 역사학), 혼다 슈로(本多修郎, 과학철학), 모리 고이치(森宏一, 철학), 혼마 유이치 등이었다.

전체 회원의 수는 150여 명이었는데 그 가운데 대다수는 철학, 자연과학의 전문 연구자(대학 교수, 학자, 저널리스트)였다.

유물론연구회는 단순히 마르크스주의자들의 단체라기보다는 유물론에 대한 연구에 동조하는 비마르크스주의 연구자들도 참여하는 단체였다.

실제로 유물론연구회는 "유물론이라는 하나의 대상에만 한정되는 것으로 이것 외에는 아무런 제약도 영역도 없다"고 역설하는 한편 "아무런 정치적 색채, 경향을 갖지 않는 것"을 첫 번째 조건으로 하여 "아무런 정치적 조직도 갖지 않는 대중 단체"라는 점을 여러 번 강조함으로써 파시즘에 대항하는 합리적, 과학적 정신의 결집체로서의 위상을 확립하려고 하였다.

이와 같이 참여의 폭을 넓힌 데는 사회주의운동을 탄압하는 도구이던 치안유지법에 의한 탄압을 피하려는 의도도 작용하고 있었다.

유물론연구회의 사업은 연구, 계몽, 출판의 세 분야로 설정되었다. 실제로 유물론연구회는 도사카 준의 영향 아래 파시즘에 반대하는 입장에서 진리와 과학 정신 옹호를 위하여 정력적인 활동을 전개하였다.

특히 『유물론전서(唯物論全書)』를 간행함으로써 태평양전쟁의 패전 이후 일본의 유물론 연구에 큰 영향을 미쳤다. 그렇지만 자유주의자에 대해서도 탄압이 가중되는 시대 상황 때문에 애초에 유물론연구회에 참여하였던 비마르크스주의자들이 이탈하고 나중에는 마르크스주의 진영 내부에서 전향 현상이 빠른 속도로 확산되면서 회원의 수는 줄어들었다.

이러한 어려운 상황에서 회의 활동을 지탱한 것은 실질적 조직자이자 지도자이던 도사카 준, 오카 구니오, 혼마 유이치, 고자이 요시시게 등이었다. 그러나 결국에는 파시즘의 탄압 때문에 1937년 말 도사카 준 등 주요 성원들이 검거되자 1938년 들어 해산되고 말았다.

『유물론연구』에는 문예 분야의 경우 "예술 문제(藝術問題)", "문예학(文藝學)", "예술·문학의 제문제(藝術·文學の諸問題)" 등의 특집 등이 실렸다. 이 밖에도 가와구치 히로시(川口浩)의 「예술학과 변증법적 유물론(藝術學と辨證法的唯物論)」, 니이지마 시게루(新島繁)의 「예술학 연구를 위한 각서(藝術學研究のた

めの覺え書)」, 모리야마 게이(森山啓)의 「이데올로기와 예술(イデオロギーと藝術)」, 하세가와 이치로(長谷川一郞)의 「예술의 방법(藝術の方法)」, 미야모토 유리코(宮本百合子)의 「금일 문학의 조감도(今日文學の鳥瞰圖)」, 스기야마 히데키(衫山英樹), 「세계관과 창작 방법의 모순에 대하여(世界觀と創作方法との矛盾について)」 등의 논문이 실려 있다.

『유물론연구』는 내용과 역사적 발전에 따라 크게 세 시기로 나눌 수 있다. 첫 번째 시기는 창간부터 1934년 말까지이다.

이 시기에 잡지 편집의 중심은 자연과학 분야에 두어지고 있었다. 이시하라 아쓰시의 「양자론의 발달(量子論の發達)」(3호), 「물리학상의 개념에 대한 유물성의 의미에 대하여(物理學上の概念に對する唯物性の意味について)」(1호) 등이 대표적인 글이다.

한편 철학, 사회과학, 예술 부문은 유물론에 입각한 집단적 연구가 새롭게 시작되는 중이었기 때문에 일반적으로 추상적이고 공식적인 글이 많았는데 그런 가운데서도 몇 가지 쟁점이 크게 부각되었다.

① 소비에트 철학의 영향에 의하여 철학의 당파성, 이론의 당파성의 문제가 논의된 것이다. 객관주의 비판의 논쟁이 행해져 1934년 무렵부터는 일본의 관념주의적 철학에 대한 당파적 비판이 이루어졌다. 사이구사 히로토의 「니시다철학의 근본 문제(西田哲學の根本問題)」(18호), 나가다 히로시의 「반동 철학자의 유물변증법 '비판'의 비판(反動哲學者の唯物辨證法'批判'の批判)」(19호) 등이 대표적인 글이다.

② 레닌의 「철학 노트」가 번역된 것을 계기로 인식론으로서의 변증법의 문제도 변증법, 인식론, 논리학의 3자의 관계를 어떻게 해명할 것인가 하는 데로 모아져 토론이 거듭된 것이다.

③ 유물사관의 기초 범주로서의 생산력, 생산 관계, 기술의 세 범주의 구체적 규정과 상호 관계를 둘러싼 논의가 이루어진 것이다.

두 번째 시기는 1935년이다. 이 시기에는 비마르크스주의자가 유물론연구회를 탈퇴하면서 회의 구성 자체가 '유물론자의 연구 단체'로 바뀌기 시작하였다.

이러한 사정을 반영하여 문제를 취급하는 것이 일반적이고 추상적인 태도에서 현실적이고 구체적인 것으로 바뀌었다. 문화의 모든 영역에 걸쳐 구체적인 문제를 둘러싼 유물론적 검토가 이루어졌다.

이 시기에는 파시즘론과 관련된 인텔리겐치아의 기본적 규정, 사회적 역할과 기능에 관한 논쟁, 아시아적 생산 양식론에 대한 논고 발표가 이어졌다. 그리고 수학, 언어학, 의학, 정밀공학 등 개별 과학에서 자연 변증법을 추구하는 독창적인 연구 성과도 발표되었다.

세 번째 시기는 1936년부터 1937년까지이다. 이 시기에는 2·26사건, 중일전쟁의 시작으로 일본의 파시즘화가 더욱 강화되고 있었다. 곧 언론, 사상에 대한 통제가 더욱 조직화되고 통일화되고 있었던 것이다.

콤아카데미(コム・アカデミー) 사건과 인민전선 사건의 탄압에 의하여 『유물론연구』를 제외한 모든 매체가 비합법화됨으로써 『유물론연구』만이 광범위하게 이루어지고 있던 마르크스주의 연구의 결과를 발표할 수 있는 장으로서의 역할을 하게 되었다.

따라서 『유물론연구』에 실리는 글의 성격도 더욱 다방면에 걸친 것으로 바뀌었다. 여기에 현실에 대한 강한 관심 때문에 시사문제를 다루는 글도 게재되고 있었다.

보기를 들어 "의식의 문제(意識の問題)"(45호), "예술 문제(藝術問題)"(46호), "교육문제(教育問題)"(46호), "문예 문제(文藝問題)"(51호), "현대 사조의 제과제(現代思潮の諸課題)"(58호), "민중과 오락(民衆と娯樂)"(58호), "사회 보건의 문제(社會保健の問題)"(59호), "과학적 정신이란 무엇인가(科學的精神とは何か)"(60호), "예술 문학의 문제(藝術文學の問題)"(61호), "경제학의 제이론(經濟學の諸理論)"(62호), "현대 인물론(現代人物論)"(63호)과 같은 특집호를 통하여 당시 사회의 중요 문제를 집중적으로 검토하고 있었다.

이 시기의 개별적 연구 가운데서는 고자이 요시시게의 「독일 철학의 이중성에 대하여(ドイツ哲學の二重性について)」(55~57호), 도사카 준의 「과학적 정신이란 무엇인가」(54, 59호), 세타 유이치(世田雄一)

의 「수학사의 연구(數學史の硏究)」(46~50호), 그리고 자연과학과 기술론에 관한 오카 구니오의 여러 글이 주목을 받았다.

• 도사카 준(戸坂潤, 1900~1945.8.9)

도쿄 출생. 가이세이중학교(開成中學), 제일고등학교(第一高等學校, 현재의 도쿄대학 교양학부)를 거쳐 교토제국대학(京都帝國大學)을 졸업하였다. 원래는 물리학을 전공하였지만 나중에 니시다 기타로(西田幾太郎) 밑에서 철학을 공부하였다. 니시다 기타로에 사사하는 한편 마르크스주의 연구자로서의 길을 걷게 되었다. 그리하여 미키 기요시(三木清), 후나야마 신이치(舩山信一), 가케하시 아키히데 등과 함께 니시타 좌파(西田左派)에 속하게 되었다.

도사카 준의 입장은 신칸트주의에서 출발하였지만 공간론의 연구를 진행하는 가운데 유물론으로 바뀌었으며 나중에는 일본의 대표적인 유물론 철학자라는 평가를 받게 되었다.

1932년 유물론연구회 창립 당시 주역의 한 사람이었으며 호세이대학(法政大學) 교수로 재직하면서 유물론연구회의 사무장의 역할을 맡았다. 『유물론연구』 등을 통하여 관념론 철학을 비판하는 데 앞장서던 중 1937년 12월 특고경찰에 의하여 치안유지법 위반으로 체포되었다가 옥사하였다. (이준식)

참고문헌

『唯物論硏究』(復刻板), 青木書店, 1972~1976; 『思想資料パンフレット 特輯 昭和15年6月 唯物論研究會關係者手記 1 岡邦雄, 2 戸坂潤』, 文生書院, 1969; 渡部義通·鹽田庄兵衛 編, 『日本社會主義文獻解說』, 大月書店, 1958; 『季刊·唯物論研究』 編集部 編, 『証言·唯物論研究會事件と天皇制』, 新泉社, 1989.

▌유보(渝報)

1897년 중국 충칭에서 창간된 시사종합신문

1897년 10월 쓰촨(四川) 충칭(重慶)에서 순간(旬刊)으로 창간되었다. 경영은 숭위런(宋育仁)과 양다오난(楊道南), 주필은 판칭인(潘淸蔭), 부주필은 메이지쉰(梅際郇)이다. 목각 인쇄로 매회 30여 쪽 서본 형태로 발행되었다. 1898년 총 16호를 발행하고 종간되었다.

내용은 유지(諭旨), 주접(奏摺), 논설, 번역문, 국내외 소식 등이며 서양의 문화교육과 과학기술을 소개하고 쓰촨 지방의 광산 개척 등에 관한 정보들을 보도하였다.

발행인 숭위런은 창간호 「학보서예(學報序例)」에서 『시무보(時務報)』와 『상학보(湘學報)』 등을 받아들여 충칭에서 신문사를 열었음을 설명하고, 새로운 기풍을 위해서 교(敎)와 정(政), 학(學), 업(業)의 네 가지가 가장 중요한데, 그중에서도 교(敎)가 그 첫 번째라고 강조하였다.

유신변법(維新變法)을 선전하고 철도 수리와 은행 개설, 경제발전과 부국강병을 고취하였다. (김성남)

참고문헌

方漢奇 主編, 『中國新聞社業通史』, 中國人民大學出版社, 1996; 葉再生 著, 『中國近代現代出版通史』, 北京: 華文出版社, 2002.

▌유소위(有所謂)

1905년 홍콩에서 창간된 정치운동 신문

1905년 6월 4일 홍콩(香港)에서 창간되었다. 총 편집인 겸 발행인은 정관궁(鄭貫公)이며, 황스중(黃世仲), 천수런(陳樹人), 왕푸(王斧), 리멍저(李孟哲), 루웨이천(盧偉臣) 등이 편집에 참여하였다.
정식 제호는 『유일취보유소위(惟一趣報有所謂)』이다. 1906년 봄에 정간당하고 『동방보(東方報)』로 개명하여 발행되다가 이듬해 1월 종간되었다.

내용은 제사(題詞), 낙화영(落花影), 전인사(前人史), 골계혼(滑稽魂), 관신경(官紳鏡), 신고취(新鼓吹), 사회성(社會聲), 풍아총(風雅叢), 박의(博議), 단평(短評), 방고(訪稿), 광동신문(廣東新聞), 국내소식(要聞), 외국소식(電音), 홍콩소식(港聞), 내서(來書)

등의 항목으로 구성되었다.

반매국, 반제국 애국운동을 발행목적으로 하여 홍콩과 마카오, 광저우 지역에서 결사적인 반제반봉건 투쟁을 견지하고 군중투쟁을 선동하였다. 언론을 민주혁명 중의 '필창(筆槍)'이라 하여 중시하였다.

이민족을 배척하고 한족(漢族) 중심의 민족주의를 주장하면서 민족에 반하는 야만 정적을 암살할 것을 선동하였다.(김성남)

참고문헌

方漢奇 主編, 『中國新聞社業通史』, 中國人民大學出版社, 1996; 葉再生 著, 『中國近代現代出版通史』, 北京: 華文出版社, 2002.

▌유신일보(維新日報)

1879년 홍콩에서 창간된 시사종합신문

1879년 홍콩(香港)에서 창간되었다. 창간인은 루지춘(陸驥純)이며, 루젠캉(陸建康)과 황다오성(黃道生)이 주필과 제작에 참여하였다.
1908년 류사오윈(劉小云)이 인수하여 운영하다가 1909년 제호를 『국민일보(國民日報)』로 개칭하였다. 1912년 종간되었다.

모두 4면을 발행했는데, 2면은 뉴스 면으로 『경보선록(京報選錄)』, 『양성신문(洋城新聞)』, 『중외신문(中外新聞)』에서 기사를 발췌하여 실었다. 나머지 면은 기타 행정과 광고 내용으로 이루어졌다.

부르주아계급 민주혁명 과정에서 군주입헌을 지지하였으나 영향력은 그리 크지 못했다. (김성남)

참고문헌

葉再生 著, 『中國近代現代出版通史』, 北京: 華文出版社, 2002; 王檜林·朱漢國 主編, 『中國報刊辭典』, 太原: 書海出版社, 1992.

▌유심(惟心)

1918년 서울에서 발행된 불교 잡지

1918년 9월 1일자로 창간되었다. 종간호는 그해 12월 통권 3호로 발행되었다. 편집 겸 발행인은 한용운(韓龍雲), 인쇄인은 신문관 인쇄소의 최성우(崔誠愚), 발행소는 유심사(惟心社, 경성부 계동 43)이다. 판형은 A5판으로 총 64쪽 내외이며 정가는 18전이었다.
집필자는 대부분 불교도로 최린, 최남선, 유근,·이광종, 이능우, 김남천, 강도봉, 서광전, 김문연,·임규, 박한영, 백용성, 현상윤, 홍남표, 권상로 등이 참여하였다. 고려대와 연세대도서관에 원본이 결락된 채 소장되어 있고 1982년 현대사에서 전권이 영인되었다.

창간사 「처음에 씀」을 보면 은유와 상징으로 가득찬 시적 예지와 현실적 고난에 맞서려는 굳센 의지, 그리고 미래의 희망을 감지하는 예언자적 목소리가 은은하면서도 깊은 울림으로 펼쳐지고 있다.

"배를 띄우는 흐름은 그 근원이 멀도다. 송이 큰 나무는 그 뿌리가 깊도다.

가벼이 날리는 떨어진 잎새야, 가을 바람의 굳셈이랴. 서리 아래에 푸르다고 구태여 묻지 마라. 그 대(竹)의 가운데는 무슨 걸림도 없느니라.

미(美)의 음(音)보다도 묘한 소리, 거친 물결에 돛대가 낫다.

보느냐. 샛별같은 너의 눈으로 천만의 장애를 타파하고 대양에 도착하는 득의의 파(波)를.

보이리라 우주의 신비. 들리리라 만유의 묘음(妙音).

가자 가자, 사막도 아닌 빙해(氷海)도 아닌 우리의 고원(故園), 아니 가면 뉘라서 보랴, 한 송이 두 송이 피는 매화."

이는 질적인 면에서 『님의 침묵』에 나오는 시편과 비교해도 하등의 우열을 가리기 힘든 경지이다. 그만큼 심혈을 기울여 내놓은 잡지임을 인정하지 않을 수 없다.

창간호에는 한용운이 쓴 글이 대부분을 차지한다. 「처음에 씀」을 비롯하여 시 「심(心)」, 논설 「조선청년과 수양」, 「고통과 쾌락」, 「고학생」, 「전로(前路)를 택하여 진(進)하라」 등과 국여(菊如)의 소설 「오(悟)」와 우산두타(寓山頭陀)의 「우담발화 재현어세(優曇鉢花 再現於世)」, 계동산인(桂洞山人)의 글 「학생의 위생적 하기 자수법(自修法)」, 타고르의 「생의 실현」(번역), 그리고 나머지 잡저를 모두 한용운이 쓴 것이 확실해 보인다. 이렇게 따진다면 그의 글은 총 64면 중에서 40면을 차지한다.

그 밖에 다른 글들은 최린의 「시아(是我) 수양관(修養觀)」, 최남선의 「동정 받을 필요 있는 자가 되지 말라」, 유근(柳瑾)의 「수진(修進)」, 이광종의 「유심(唯心)」, 이능화의 「종교와 시세(時勢)」, 김남천의 「심론(心論)」, 강도봉의 「반본환원(反本還源)」, 서광전의 「가정교육은 교육의 근본」, 김문연의 「자기의 생활력」, 「수양총화」 등이다.

2호(1918.10)에도 마찬가지로 한용운이 거의 반절이 넘는 글을 쓴다. 권두언 「일경초(一莖草)의 생명」, 「마(魔)는 자조물(自造物)이라」, 「항공기 발달 소사」, 일기자 「과학의 연원」, 타고르 원저 「생의 실현」(번역), 국여(菊如) 「오(悟)!」, 「수양총화」 등이 그것들이다. 그리고 나머지는 임규의 「인격수양의 초보」, 박한영의 「유심은 즉 금강산이 아닌가」, 이광종의 「선양량심(善養良心)」, 백용성의 「파소론(破笑論)」, 김남천의 「심(心)의 성(性)」, 권상로의 「피차일반」, 위음인(威音人)의 「유심(惟心)에」 등이다.

3호는 다른 필자의 글이 이광종의 「정좌법(靜坐法)」, 석전(石顚)의 「타고왕(陁古尢)의 시관(詩觀)」, 권상로의 「피하위자(彼何爲者)오」, 소성(小星)의 「먼저 이상을 세우라」, 홍남표의 「근노(勤勞)하라」 등 다섯 편이고 나머지, 권두언을 위시로 하여 「자아를 해탈하라」, 「천연(遷延)의 해(害)」, 「전가(前家)의 오동(梧桐)」, 「무용(無用)의 노심(勞心)」, 「훼예(毁譽)」, 일기자 「과학의 연원」, 「수양총화」 등을 모두 직접 한용운이 썼다.

그리고 3호에는 창간호부터 줄곧 '현상응모'를 냈던 광고에 독자가 응하여 보내온 문예작품 중에서 당선작을 뽑아 게재하고 있는 것이 특징이다. 상금 1원에 당선된 학생소설 「고학생」의 당선자는 견지동 118 ㅈㅎ생, 상금 50전의 보통문 「인생의 진로」를 쓴 평양 창전리 89번지 김순석(金淳奭), 상금 50전의 시 「마음」의 견지동 118 ㅈㅎ생의 작품이 각각 실려 있으며 選外佳作으로 뽑힌 작품과 지은이도 소개되었다. 여기에서도 나중에 이름을 얻은 김형원, 철아(鐵啞), 소파생(小波生), 김창진, 이중각 등도 눈에 띈다. 당선작가인 ㅈㅎ생은 소파 방정환이다.

'현상당선문예' 말미에는 큰 글씨로 다음과 같은 내용이 박혀 있다. "「생의 실현」은 불인가로 인하여 연재치 못하오니 미의(小波生)를 양(諒)하시오." 이 잡지 역시 조선총독부의 검열 체제에서 자유롭지 못했음을 알려 주는 대목이다. (전상기)

참고문헌

최덕교 편저, 『한국잡지백년』 2, 현암사, 2004; 권영민, 『한국 근대문인 대사전』, 아세아문화사, 1999; 송현주, 「한용운의 불교·종교 담론에 나타난 근대사상의 수용과 재구성」, 한국종교문화연구소 편, 『종교문화비평』 11, 2007.

유학역편(游學譯編)

1902년 일본 도쿄에서 창간된 중국어 시사종합잡지

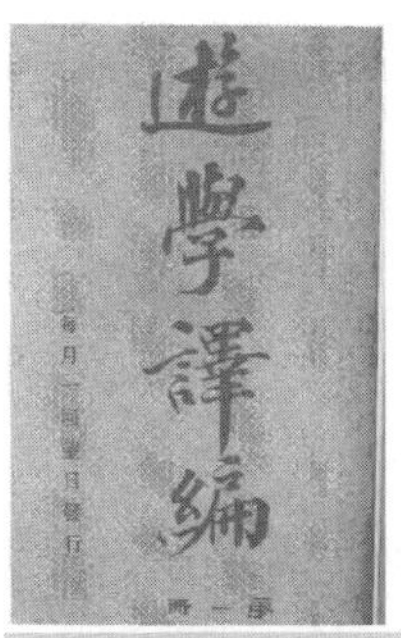

1902년 12월 14일 일본 도쿄(東京)에서 월간으로 창간되었다. 후난(湖南) 출신 일본 유학생들이 주관한 간행물로 도쿄유학역편사(東京游學譯編社)에서 편집하고, 창사(長沙) 광무총국(礦務總局)에서 발행되었다. 주필은 양위린(楊毓麟)이며, 양두(楊度), 저우자수(周家樹), 저우훙예(周宏業), 량환이(梁煥彝), 황전(黃軫), 천톈화(陳天華) 등이 집필에 참여하였다.

제1책과 제2책이 같은 날 발행되었고, 제4책 이후부터는 편집 겸 발행인 서명이 슝예추이(熊野萃)로 바뀌어 있다. 1903년 11월 3일 제12책을 발간하고 종간되었다. 중국국가도서관에 소장되어 있다.

내용은 기사란을 분류하여 학술, 교육, 군사, 역사, 지리, 외론(外論), 해외통신, 시론, 실업, 소설 등의 난이 있다.

번역을 위주로 유명한 글을 게재하였는데, 주로 서양 정치제도와 교육제도를 소개하고, 열강의 중국침략 정책과 범법 행위를 폭로하였다. 번역을 위주로 했지만 당시의 격변하는 정세에 대해 감상문 형식으로 글을 첨부하다가 정론(政論) 형식으로 자신들의 정치적 견해를 발표하여 번역과 정론을 위주로 한 잡지가 되었다.

초기에는 개량주의적 색채가 농후하였으나 1903년 이후는 당시의 혁명운동 선전에 열중하였다. 그러나 지방자치 형식의 개량적 관점을 선전하는 등, 향우회 잡지의 한계성을 벗어나지는 못했다. (김성남)

참고문헌

方漢奇 主編, 『中國新聞社業通史』, 中國人民大學出版社, 1996; 葉再生 著, 『中國近代現代出版通史』, 北京: 華文出版社, 2002.

▌유희보(游戲報)

1897년 중국 상하이에서 창간된 문예신문

1897년 6월 24일 상하이(上海)에서 일간지로 창간되었다. 편집장은 리보위안(李伯元)이며, 1910년경에 종간되었다. 정확한 종간일은 알려지지 않고 있다.

청 말기에 간행되었던 문예일보로는 가장 장기간에 걸쳐 발행되었고, 영향력도 비교적 큰 매체이다.

본보 63호에 발표된 「유희보의 본의를 논함(論遊戲報之本意)」을 통해 우화와 풍영(諷詠), 풍자 노래 등으로 어리석음을 일깨우고, 번뇌를 없애주며, 농부나 상공인은 물론 부녀자들도 그 뜻을 알 수 있도록 할 것임을 설명하고, 진정한 유희(遊戲)란 무엇인가를 물었다.

초기에는 매일 2판 단면 인쇄로 발행되다가 후에는 본문 2판에 광고 4판을 더하여 풍부한 내용을 갖추어 갔다.

내용은 논설과 흥미로운 사회 소식, 단편소설, 시사 우담, 가요, 민간설화, 익살스러운 글, 시정소식 및 시가, 연극 평론, 수수께끼 등을 주로 다루었다.

중국 근대 문학사 위에 큰 영향을 미친 작품들인 량치차오(梁啓超)의 「신로마전기(新羅馬傳奇)」와 리보위안의 「관장현형기서(官場現形記序)」, 가오타이츠(高太痴)의 「화은거열사전서(花隱居列使傳序)」, 펑랑(鋒郎)의 「소년군탄사(少年軍彈詞)」와 「영웅몽전기(英雄夢傳奇)」 등이 이곳을 통해 발표되었다. (김성남)

참고문헌

周葱秀·涂明 著, 『中國近現代文化期刊史』, 山西敎育出版社, 1999; 王檜林·朱漢國 主編, 『中國報刊辭典』, 太原: 書海出版社, 1992.

▌육군영화(陸軍映畵)

1933년 일본에서 발행된 영화 잡지

1933년 일본의 육군영화사(陸軍映畵社)에서 발행한 영화 잡지이다. 1933년 창간 당시부터 육군성(陸軍省)의 후원을 얻었으며, 군수보급을 목적으로 활동을 계속하였다. 그러나 이 잡지가 물 만난 고기처럼 활동한 것은 중일전쟁이 전면화 된 이후였다.

군사잡지이므로 내용이나 수준을 기대하긴 어렵겠지만, 대부분의 잡지가 젊은이 또는 소년을 독자 대상으로 했기 때문에, 내용적으로도 그만큼 전문적이지 않았다. 말하자면, 계몽 선전적인 성격이 이 잡지의 특징이라면 특징이라고 할 수 있다.

육군성과의 관계도 이런 잡지 중에서는 가장 밀접했는데, 집필자도 직업군인이 과반수를 점하고 있었다. 따라서 문학적 어떤 것이나 문화적인 교양을 이 잡지에서 구하는 것은 어렵다. 그러나 군수기술이나 군수정보를 얻는다면, 이 잡지는 훌륭한 수단으로 역할을 할 수 있을 것이다. 직업군인이나 소년병에 뜻을 둔 사람에게는 양식과도 같은 잡지였지만, 그 이외에 일반 청년이 매력을 느낄 만한 것은 없었다.

물론 잡지 지면이 전부 그러한 기사와 논문으로 채워진 것은 아니고, 한 두 편의 소설과 독물(讀物)이 있었다. 그러나 이 경우에도 그 주제는 전쟁이었으며, 집필자도 주로 귀환작가(歸還作家)나 보도반원(報道班員)이 많았다.

1942년 3월호에는 당시 육군성 군무국장(軍務局長)이 쓴 글이 수록되어 있는데, 그 내용은 "대동아전쟁(大東亞戰爭)에서 이것저것 따질 것 없이 승리는 당연의 우리의 것이다. 이것이 필승의 신념이다. 이러한 관점에서 국민을 지도하기를 바란다"는 것이었다. 전쟁기간 이 잡지의 발간 목적과 성격이 무엇이었는지를 잘 요약해 주는 글이라고 생각된다. (문영주)

참고문헌

高崎隆治, 『戰時下の雜誌その光と影』, 風媒社, 1976, 252~253쪽; 『日本出版百年史年表』, 日本書籍出版協會, 1968.

▌육합잡지(六合雜誌)

1880년 일본에서 창간된 기독교 청년회의 기관지이자 기독교주의의 종합잡지

1880년 10월 기독교를 신봉하는 도쿄청년회(東京青年會)를 모체로 창간되었다. '육합'은 '코스모스'의 한역어이다. 창간 당초의 발행처는 청년회 잡지국(青年會雜誌局)이었지만, 이후 경성사(警醒社), 육합잡지사(六合雜誌社), 일본 유니테리안 홍도회(日本ゆにてりあん弘道會), 통일기독교 홍도회(統一基督教弘道會) 등으로 변경되었다.

편집 업무는 고자키 히로미치(小崎弘道), 다무라 나오미(田村直臣), 우에무라 마사히사(植村正久)가 담당했다. 잡지 체제는 1단 구성, 5호 활자 30자 12행, 64페이지 구성이었다. 정가는 1부 10전, 월1회 발행되었다. 1921년 2월, 481호로 종간되었다. 일본에 서구의 사상과 문학을 소개한 잡지이고, 문학계에 비평을 도입한 잡지이다.

잡지 발간의 목적은 "세상의 오류를 밝히고 기독교의 진리를 세상에 알리는 것"에 있고, "종교, 수신, 학술, 교육, 정치, 경제 등 모든 세상의 풍속을 보급하여 실익을 가져오는 기사와 논설을 게재한다"(「사고[社告]」, 1호)는 것이다. 기독교주의에 기반을 둔 계몽잡지라고 말할 수 있다.

우에무라 마사히사의 「종교론(宗教論)」(1880.11), 일본인에 의한 최초의 마르크스 소개의 효시인 고자키 히로미치의 「근세 사회당의 원인을 논하다(近世社會黨ノ原因ヲ論ス)」(1881.4), 다카하시 고료(高橋吾良)의 「일본고사고(日本古史考)」(1883.10) 등 평론, 소개, 연구가 게재되었다.

또 포즈의 역작인 「인류의 기원(人類ノ起源)」(1880.10~1872.1) 등의 번역을 비롯하여 서양의 중요 인물에 대한 전기를 게재했고, 기독교 반대론자의 논박에도 적극적으로 대응했다.

이 밖에도 문학비평으로는 우치무라 간조(內村鑑三)의 「단테와 괴테(ダンテとゲーテ)」(1891.12), 쓰보우치 쇼요(坪內逍遙)의 「문학관견(文學管見)」(1893.3), 이소카이 운보(磁貝雲峰)의 「국시론(國詩論)」(1892.12~1893.3) 등의 문학평론도 게재되었다. 특별기고가 중에는 우키다 가즈타미(浮田和民), 도쿠토미 이이치로(德富猪一郎), 이후카 가지노스케(井深梶之助), 미야케 유지로(三宅雄次郎), 다케코에 요사부로(竹越與三郎) 등의 글도 게재되었다.

『육합잡지』는 1895년 1월호(169호)부터 편집위원제로 개편되어 위원 6명이 편집을 담당했다. 특히 위원 중의 한 명 오니시 하지메(大西祝)는 헌신적으로 잡지 편집에 힘썼다. 잡지의 지면도 논설, 비평, 시론, 잡보라는 체제로 정비되었다. 이를 계기로 가타야마 센(片山潜)은 당시의 사회문제와 사회주의 노동문제에 관한 논고를 투고하여 여론의 주목을 받았다.

이후 잡지는 1898년 3월 유니테리안파(유일신교)의 잡지 『종교(宗教)』와 합병하고, 다음해 1899년 6월부터는 아베 이소(安部磯雄)가 주필을 담당했다. 잡지는 매호마다 사론(社論)을 게재하여 사회문제를 제창하고 활발한 언론활동을 전개했다. 기독교 사회주의 작가인 기노시타 나오에(木下尙江)와 고토쿠 슈스이(幸德秋水) 등도 활발히 기고했다. 이후 편집자의 교체와 더불어 잡지는 기존의 논설 이외에 철학, 문예면에도 관심을 높였다.

문예란에는 시, 단카, 하이쿠 등도 게재되었다. 1912년 1월부터는 고야마 도스케(小山東助), 우치가사키 사쿠사부로(内内崎作三郎)를 중심으로 한 동인제도(同人制度)로 변경되어 오카다 데쓰조(岡田哲藏), 사토 기요시(佐藤淸), 도이 반스이(土井晩翠) 등도 기고했다.

특집으로는 "베르그송호(ベルグソン號)"(1912.9), "오이켄 철학(オイケン哲學)"(1914.9), "타고르와 인도호(タゴール號と印度號)"(1915.5) 등이 기획되었다.

잡지는 1921년 2월, 총 481호로 종간되었다. 일본에 서구의 사상과 문학을 소개하고, 문학비평적인 측면에서도 기여한 바가 크다. 현재 『육합잡지』는 마이크로필름 전25릴로 영인되었고, 도시샤대학(同志社大學) 인문과학연구소가 발행한 총목차가 있다.

일본의 기독교와 『육합잡지』

일본에는 페리 내항에 의한 개국과 더불어 기독교가 다시 들어올 수밖에 없었다. 그들이 가져다준 문명은 기독교를 매개로 삼았기 때문이다. 외교문제로 비화된 신앙의 자유문제 앞에 신정부는 기독교 금지령을 철폐했다.

제국헌법에서는 "안녕 질서를 방해하지 않고 신민으로서의 의무를 저버리지 않는다"는 전제 위에서 '신교의 자유'를 인정했다. 불교와 신도가 중심이었던 일본인의 신앙세계에 완전히 이질적인 신앙이 펼쳐지게 되었다.

기독교는 크게 가톨릭, 그리스정교, 프로테스탄트로 구분되어 각각 일본을 전도의 땅으로 삼았다. 가톨릭은 기독교 금지령이 철폐되면서 새로운 포교를 시작했다. 그리스정교는 니콜라이에 의한 포교가 활발히 이루어졌다. 프로테스탄트는 미국 교회가 주력을 차지했다.

열성적인 포교활동에도 일본은 기독교 국가가 되지 못했다. 총 교도수는 인구의 1%에도 미치지 못했다. 이런 의미에서 기독교는 일본열도에 살아가는 일본인들의 신앙을 바꿀 수 없었다. 하지만 기독교는 사람들의 도덕관념과 문화의식, 사회활동에 많은 영향을 미쳤다.

기독교와 교육, 기독교와 문학, 기독교와 사회주의, 기독교와 금주운동 및 폐창운동, 가정의 관념과 일부일처제, 사회사업과 사회시설 등을 고려하면 근대 일본의 문화는 거의 대부분 기독교가 담당했다고 말할 수 있다.

종합잡지로서의 『육합잡지』는 교의는 물론 학술, 정치, 경제, 사회, 문예 등의 분야에서 의욕적인 평론활동을 전개했다.

막신(幕臣)의 자제로 민우사원 경력을 지닌 야마지 아이잔(山路愛山)은 유신 이후의 기독교사를 주제로 『현대일본교회사론(現代日本教會史論)』을 저술했다. 야마지는 여기에서 자신의 체험을 바탕으로 "모든 정신적 혁명은 대부분 시대의 음영으로부터 나온다. 기독교가 일본에 심어진 당초의 사태 역시 이러한 법칙에 따른 것이다"고 말했다. 그는 개종자에 에도막부를 지지하던 사바쿠파(佐幕派) 출신 자제들이 많았다는 사실을 지적하면서 그 실상을 논증하고 있지만, 이는 단지 사바쿠파에만 한정되는 문제가 아니다. 기독교에 귀의한 사람들은 당시 약한 입장에 놓인 사람들과 권력에서 배제당한 사람들이 많았다.

- **고자키 히로미치**(小崎弘道, 1856~1939)

메이지 다이쇼 시기의 대표적 기독교 지도자. 구마모토(熊本) 출신이다. 1871년 구마모토양학교(熊本洋學校)에 입학했다. 1876년 세례를 받고, 양학교의 폐교와 함께 도시샤(同志社)로 옮겨 니지마 조조(新島襄)에게 배웠다.

1879년 졸업 후 도쿄에 상경하여 레이난자카교회(霊南坂教會)를 설립했다. 1880년에는 우에무라 마사히사 등과 도쿄기독교청년회(東京基督教青年会)를 조직했다. 그 기관지 『육합잡지』에 발표한 근대적 유교 비판으로 평가받은 「정교신론(政教新論)」은 당시의 사상계에 커다란 영향을 주었다.

1885년에는 반마치교회(番町教會)를 창설하고, 니지마가 죽은 다음에는 1890~1897년에 걸쳐 도시샤 사장 겸 교장이 되었다. 이후 레이난자카교회에서 전도에 종사하면서 조합교회파(組合教會派)를 지도했다. 1912년에는 정부의 제창에 따라 신도, 불교, 기독교 대표자로 이루어진 회담에 기독교 대표자로 출석하는 등 기독교계의 장로적 존재가 되었다.

• 도쿠토미 소호(德富蘇峰, 1863~1957)

1863년 1월 25일 구마모토현(熊本縣) 출생이다. 본명은 도쿠토미 이이치로(德富猪一郎)이다. 1876년 8월 도쿄영어학교에 입학했다가 같은 해 10월 교토(京都)에 있는 기독교계 학교인 도시샤영어학교로 전입하여 설립자인 니지마 조에게 세례를 받았다.

1880년 졸업을 목전에 두고 학교를 중퇴하여 교회에서 제명되었고, 이후 잡지 편집과 강의 등에 전념하면서 저술활동을 병행하였다. 1887년 1월 출판사 민유사(民友社)를 설립하고, 같은 해 2월 일본 최초의 종합지 『국민지우(國民之友)』를 발행했다.

이어서 1890년에는 『고쿠민신문(國民新聞)』, 1891년에는 『국민총서(國民叢書)』, 1892년에는 『가정잡지(家庭雜誌)』 등을 연이어 발행하며 언론계를 주도했다. 초기에는 평민주의를 지향하였으나 점차로 정부의 입장에 서서 군비확장을 주장하는 등 적극적으로 일본의 군국주의를 지지했고, 1910년 데라우치 마사타케(寺內正毅) 조선총독의 요청으로 『경성일보(京城日報)』의 감독을 맡았다.

이후 귀족원 의원과 학사원 회원, 제국예술원 회원 등에 추대되었고, 문화훈장을 수여받는 등 영예를 누렸으나 2차 세계대전이 끝난 뒤 A급 전범용의자로 분류되어 몇 년 동안 자택에 칩거했다. 그 와중에도 1918년부터 1952년에 걸쳐 집필한 『근세일본국민사(近世日本國民史)』 100권을 마무리하고, 『승리자의 비애(勝利者の悲哀)』, 『독서 90년(讀書九十年)』 등을 출판하며, 『요미우리신문(読売新聞)』에 「3대 인물사(三代人物史)」를 연재하다가 1957년 11월 2일 94세를 일기로 사망했다.

• 이수정(李樹廷)과 『육합잡지』

한국 개신교 초기 신자이며 첫 한글성서 번역자의 한 사람인 전재(筌齋) 이수정은 1842년 전라남도 곡성군 옥과면에서 병규(秉逵)의 아들로 태어났다. 그의 가계는 전주 이씨로 왕족의 먼 친척으로 전해지기도 하고, 일설에는 평창 이씨인 천주교인 이승훈의 후손으로도 알려져 있다. 전재는 온건 개화파 양반학자 또는 상인신분으로 민영익의 집안일을 맡아보았다고 전한다. 그는 1882년 6월 임오군란 때 명성황후를 구출하여 피신시킨 공으로 왕실로부터 두터운 신임을 받았다.

이수정은 1881년 신사유람단 수행원으로 일본에 가서 농사개량법을 시찰하고 온 안종수(安宗洙)와 절친한 사이였으며, 안종수의 권유와 임오군란 때 명성황후를 보호한 공적 등으로 1882년 9월 19일 수신사 박영효(朴泳孝)의 수행원 자격으로 문물제도 시찰차 일본에 갔다.

그의 일본 방문 목적은 일본의 문화, 특히 농업과 법률, 우편 및 조운(漕運) 시설 시찰이었으나, 출국 전에 친구 안종수로부터 들은 바 있는 당대 일본의 대표적인 농학자이자 기독교인이었던 쓰다 센(津田仙, 1837~1908)을 만나 교분을 맺고 근대적인 농법, 법률, 우편제도 등을 배우다 기독교에 입교하였다.

1883년 초부터 이수정은 쓰다가 소개해 준 나가다 도시유키(長田時行)와 함께 체계적인 성경 공부에 몰두했고, 이 과정에서 기독교를 받아들였다. 이 결과 이수정은 같은 해 4월 29일 일본주재 미국장로교회 선교사 녹스(G. W. Knox)의 세례문답을 거쳐 일본인 목사 야스가와 사토루(安川亨)의 집례로 세례를 받아 기독교인이 되었다. 이로써 그는 일본에서 세례를 받은 첫 한국인 개신교 신자가 되었다.

그해 5월 8일부터 12일까지 도쿄 신에이(新榮)교회에서 열린 당시 일본인 기독교 지도자들이 모인 제3회 전국 기독교도 대친목회에 참석한 400명 가운데 이수정은 유일한 한국인 귀빈으로 참석했으며, 5월 11일 집회에서는 한국말로 대표기도를 드렸다. 대회 마지막 날인 12일 열린 야외예배에서 전재는 요한복음 14장의 내용을 중심으로 자신의 신앙을 고백하는 설교를 했는데, 그 기사는 「신앙고백서(信仰告白書)」로 일본의 교회잡지인 『육합잡지』 제34호(1883.5)에 발표됨으로써 당시 개신교인의 의식을 엿볼 수 있는 귀중한 자료가 되었다. 이는 문서로 남아 있는 한국 개신교 최초의 신앙고백서이다. (이규수)

참고문헌

『近代文學雜誌事典』, 至文堂, 1965; 桂敬一, 『明治・大正のジャ-ナリズム』, 岩波書店, 1992; 日本近代文學館・小田切進 編, 『日本近代文學大事典』 第五卷, 講談社, 1977; 同志社大学, 「『六合雑誌』の研究(同志社大学人文科学研究叢書), 教文館, 1984; 同志社大学, 「『六合雑誌』総目次(同志社大学人文科学研究叢書)」, 教文館, 1984.

▌육합총담(六合叢談)

1857년 중국 상하이에서 창간된 시사종합잡지

1857년 1월 상하이(上海)에서 창간된 최초의 중국어 언론매체이다. 영문 제호는 "Shanghai Sorial"이며, 당시 중국에서 통용되던 음력을 사용하여 월간으로 간행되었다. 창간인은 영국 선교사 윌리(A.Wylie, 偉烈亞力)이며, 그가 주필을 맡아 영국 선교사 메드허스트(Rev. Walter Henry Medhurst, 麥都思)가 상하이에 세운 묵해서국(墨海書局)에서 인쇄했다. 1년 넘게 출판되다가 이듬해에 종간되었다. 정확한 종간일은 알려져 있지 않다.

중국인에게 기독교 문화와 서양의 자연과학을 소개하는 것이 발행목적이며, 중국 내외의 시사 뉴스와 상하이의 수출입 상품 가격 및 교역 상황을 보도하였다. 선교를 위한 「예수의 길 총론(總論耶蘇之道)」, 「진리의 길 실증(眞道實證)」 등이 연재되었고, 천문과 지리, 자연과학 지식을 알려 주는 글들이 주요 내용이다.

또한 상업정보를 전하는 은표단(銀票單)과 수입 수출의 가격과 교역단(進出口之貨價與交易單)란이 있으며, 시사 소식으로 국내외 소식을 보도하는 '오동근사(奧東近事)', '금릉근사(金陵近事)', '중화근사(中華近事)' 기사란이 있다.

편집에는 영국 선교사인 에드킨스(Joseph Edkins, 艾約瑟), 윌리엄슨(Alexander Williamson, 韋廉臣), 뮤히드(William Muirhead, 慕維廉)가 참여하였으며, 왕타오(王韜)가 중국인으로서는 처음 신문 편집에 참여하였다. (김성남)

참고문헌

方漢奇 主編, 『中國新聞社業通史』, 中國人民大學出版社, 1996; 葉再生 著, 『中國近代現代出版通史』, 北京: 華文出版社, 2002.

▌융기단산신보(隆記檀山新報)

1881년 하와이에서 중국어로 발행된 정치운동 신문

1881년 청웨이난(程蔚南)이 하와이(檀香山)에서 창간하였으며, 『융기보(隆記報)』라고도 하였다. 초기에는 석인(石印) 인쇄로 주간 발행되다가 1899년 연인

(鉛印) 인쇄로 하여 주 2회씩 발행되었으며 다시 일간으로 바뀌었다. 정확한 종간일은 알 수 없다.

하와이 거주 화교 사회에서 발행되고 있던 이 매체는 1903년 쑨중산(孫中山)에 의해 흥중회(興中會)의 기관지로 새롭게 만들어졌다.

당시 해외 혁명운동의 최대 장애는 보황회(保皇會)의 공격이었다. 무술변법 실패 후 하와이에 온 량치차오(梁啓超)는 '보황이 바로 혁명(保皇卽革命)'이라는 논리를 주장하며 보황회 활동을 활발히 하고 있었다. 이로 인해 하와이 거주 화교들 사이에 보황회 지회가 8개나 설립되어 세를 확장해 나가고 있었다. 이에 하와이에서 보황회(保皇會)와의 일전을 치르기 위한 여론 기지가 필요하였던 쑨중산은 이 신문을 개조하여 흥중회 기관지로 삼았다.

쑨중산은 12월 이 신문에 「동향에 삼가 알리는 글(警告同鄕書)」를 발표하여 보황론의 허구성을 폭로하고 일대 논전을 시작하였다. 이후 『신중국보』에서 이를 반박하는 글을 싣자 다시 1904년 1월 쑨중산의 「보황보를 논박함(駁保皇報)」을 발표하는 등 논전의 장을 제공하였다.

이를 통해 혁명파와 보황파 사이에 정치 노선을 둘러 싼 공개적인 논쟁과 결렬이 선포되었으며, 하와이와 남양 지구 화교들에게 보황파의 허구성을 각성시키고 흥중회를 결집시키는 발전적 결과를 가져왔다.

이 신문은 쑨중산과 혁명파의 연락과 경비 모금에 중요한 근거지 역할을 하였으며, 미주 지역과 남양(南洋) 지구 혁명파의 여론지기 역할을 수행하였다. (김성남)

참고문헌

方漢奇 主編, 『中國新聞社業通史』, 中國人民大學出版社, 1996; 葉再生 著, 『中國近代現代出版通史』, 北京: 華文出版社, 2002.

▌융화시보(融和時報)

1929년 일본에서 발간된 중앙융화사업협회의 기관지

1929년 창립된 일본 동화행정(同和行政)의 중추적 기관인 중앙융화사업협회(中央融和事業協會)의 중심적인 기관지이다.
타블로이드판으로 당초에는 4쪽으로 출발하여 1929년 8월 제33호부터는 지방판도 붙어 20쪽 전후가 되었다. 물자가 부족해진 1943년부터는 10쪽 전후로 감소되고, 종간된 1944년 12월의 제216호는 2쪽이었다.

판형이 바뀌면서 내용도 크게 변했는데 『융화시보』는 융화운동, 사업의 각지에서의 구체적인 기사와 시사적인 논고, 독자들로부터의 투고를 중심으로 편집되었다. 특히 『융화시보』의 개판(改版)과 함께 그때까지 게재되었던 연구논문 등과 이론적 분야의 논고는 새롭게 간행된 『융화사업연구(融和事業硏究)』에 실리고, 『융화시보』는 명실공이 융화단체의 중앙기관지적 역할을 수행했다.

중앙융화사업협회의 동향은『융화시보』를 통해 개관할 수 있다. 수평사(水平社)의 직접 규탄=차별자의 사상적 인간적 변혁론에 영향을 받아, 관념적인 일반 차별자 측의 반성과 참회, 부락문제에 대한 계몽운동이 진행되었다. 나아가 1930년에 시작된 공황에 직면해서는 운동 내부에서 논쟁이 개시되어 생활옹호와 경제적 개혁의 중요성이 주장되어, 경제갱생운동이 전개되게 되었다. 그 구체적인 경험이 『융화시보』를 통해 중앙의 차원에서 지방으로 확산되었다.

동화정책과 행정에 관한 구체화, 조직화의 실태, 지도자 육성, 기구, 운영상의 문제 등에 대해서도 지면을 많이 할애하고 있다. 이 가운데 동화교육에 대해서는 방임주의적 교육의 제도적 수정, 사범학교에서의 동화교육의 개시, 동화교육지정학교의 교육실천의 내용 검토, 지도자와 해당 교원의 육성 등, 황민화교육 아래의 이른바 동화교육의 독자성에 기초해 정책과 활동을 기술하고 있는 내용도 보인다.

수평사운동의 정체(停滯)에서 융화운동의 역할이 중시되고, 이른바 '해방운동의 주체'로서의 사이비 자부심과 융화운동의 독자성이 모색되었다. (김인덕)

참고문헌

『國文學 解釋と鑑賞』(10月) 第30卷 第13号, 東京: 至文堂, 1965; 日本近代文學館・小田切進 編,『日本近代文學大事典』 5卷, 東京: 講談社, 1977.

▌은행논총(銀行論叢)

1923년 일본 오사카에서 발행된 경제 잡지

1923년 7월, 오사카의 은행문제연구소에 의해 창간되었다. 도쿄의『은행연구』와 함께, 50년의 역사를 가진 오사카의 대표적 민간은행잡지이다. 본지 창간호는 A5판, 159쪽이었다. 전쟁기에 일시 개제 혹은 휴간되었는데, 1951년 1월에 복간하고 1970년 6월 제64권 6호로 종간되었다.
창간호부터 41권 5호(1943.11)까지『은행논총』이라는 잡지명으로 발행되었는데, 1941년 12월부터『은행신판례』를 합병하였다. 41권 6호(1943.12)부터 제44권 1호(1945.1)까지『은행과 통제경제』로 개제하였다. 개제 후 제42권 1호로『통제경제시보』,『채권지 일본(債券之日本)』을 합병했다.

본지 창간 목적을 창간호「편집후기」를 통해 살펴보면, 정부가 금융제도의 근본적 개선책을 검토하는데, 은행 경영면에서 금융제도 개혁에 기여하는 것이었다. 따라서 본지 창간의 배경, 의도는 1921년 창간된 도쿄의 만간은행잡지『은행연구』와 거의 동일하였다. 실무적인 입장에서 잡지를 발행하였다는 점에서도 동일하였다. 그러나 정부의 금융정책보다는 은행경영면에서 금융개혁론의 관점을 제시함에 따라,『은행연구』가 의도한 자유로운 제도개혁 비판이라는 관점은 본지의 경우 처음부터 희박하였다. 이 점은『은행연구』와 이후 방향이 달라지는 배경이었다.

본지 창간호의 목차는「안전은행대합동의 재계에 미치는 영향」을 권두로「금융기관의 정비 특히 은행개선의 요체(要諦)」,「지불준비금문제의 고찰」,「은행개념 명정(明定)의 필요를 논한다」,「지방교환제도의 고찰」,「주시금융의 연구」,「금리의 등락과 채권시가」,「은행회계총론」,「독일에 있어서 은행 및 신용조직발달의 개요」,「은행범죄의 고찰과 예방 연구」,「대은행주의」로 구성되어 있다.

그러나 1925년 1월 이후 매호마다 은행실무가의 의견을 제개하는 것으로 편집방침이 변경되었다. 이후 권논문에는 은행 경영자의 글을 연재되었고, 일본은행 총재도 권두노문을 기고하였다.

기사란은 '논설', '실무', '잡록', '질의응답'으로 구분되었다. 창간부터 1930년경까지는 이와 같이 제일선의 은행경영자가 직면한 금융문제를 논하고, 실무를 논하였다. 이 점은 학자를 편집고문으로 금융문제를 논했던『은행연구』와는 다른 방식이었다. 특히 쇼와 초기 금융공황, 쇼와공황, 금 해금 등 금융경제의 격동이 계속되면서 이들 중요문제에 관한 제일선의 은행경영자, 금융당국자가 집필한 기사는 아주 중요한 정보였다. 본지 소재의 금융공황, 금수출해금, 재금지 관계 논문은『일본금융사자료 소화(쇼와)편』제23, 26권에 수록되어 있다.

1941년 12월 본지는『은행신파례』지를 합병한다. 지면에 "은행신판례합병"이라고 표시되었지만, 별도의 설명은 없다.『은행신판례』는『은행논총』의 발행소였던 은행문제연구소에서 창간한 은행법률잡지이다.

『은행논총』은 1943년 12월에 간행된 제41호 제6호부터『은행과 통제경제』로 개제하였다. 이것은 출판통제에 의한 본지의 자매지『통제경제시보』와『채권지 일본』의 양지를 통합했기 때문이었다. 그러나 통제에 의한 통합이었기 때문에, 이들 3지의 특징을 충분히 발휘할 수는 없었고, 결국 새로운 잡지는『은행논총』과는 전혀 성격을 달리하는 단순한 경제일반잡지로 변화될 수밖에 없었다. (문영주)

참고문헌

杉原四郎 編,『日本経済雑誌の源流』, 有斐閣, 1990; 杉原四郎 著,『日本の経済雑誌』, 日本経済評論社, 1987.

▌은행보고지(銀行報告誌)

1890년 일본 오사카에서 발행된 은행 잡지

오사카 은행업자의 단체인 오사카동맹은행집회소가 1890년 3월에 기관지로 창간한 잡지이다. 1897년 8월 30일 발행된 제92호로서 형식적으로 폐간되었지만, 실질적으로는 같은 해 11월 30일부터 다시 오사카은행집회소(오사카동맹은행집회소의 후신)의 기관지 『오사카은행통신록』으로 개제되어 계승되었다. 본지 창간호는 A5판, 29쪽, 월간으로 발행되었다. 2호는 33쪽 분량으로 반월간으로 발행되었지만, 같은 해 6월 30일 발행된 6호부터 다시 월간으로 간행되었다.

오사카 은행업자 단체는 1878년 6월 9일에 결성된 유력은행업자의 '협의회(協議會)'가 최초였다. 결성계는 일본 최초의 은행업자단체인 '택선회'가 생겨나고, 시부사와 에이이치(渋沢栄一)가 오사카에서도 은행업자들을 결속할 필요가 있음을 설득했기 때문이었다.

'협의회'는 은행업자의 협의와 친목을 위해 매월 1회 집회를 개최하였는데, 1879년 8월 일본은행 구오사카 지점에 은행고락부(銀行苦樂部)를 설치해서 협의회의 집회장소로 사용했다. 이것이 오사카동맹은행집회소의 시작이었다. 1881년 5월 은행고락부 및 오사카교환소는 이전되었는데, 동시에 은행고락부를 오사카동맹은행집회소로 개칭하였다.

오사카동맹은행집회소 창설 10주년인 1889년, 그 기념사업으로 창간된 것이 『은행보고지』였다. 기관지 간행을 제안한 자는 당시 집회소 간사를 맡고 있던 오사카공립은행장이었다. 제73회 동맹간친화에서 제기되고 다수의 찬성을 얻어 잡지가 간행되었다.

본지는 은행 업무에 이바지하기 위해 실리적인 기사에 중점을 두는 편집방침을 채용하였다. 본지 창간호의 목차는 4개의 부분으로 구성되어 있다. '관보', 오사카동맹은행집회소의 '록사', 오사카동맹은행을 비롯한 각 지방 은행의 각 은행 실제보고와 각 은행 예금금리 및 동맹은행집회소의 수형교환고와 수형거래 상황, 각지 '금융 및 상황'이 그것이다.

2호부터는 여기에 '잡보'란이 추가되어 5개 부분으로 구성되어졌다. 2호 '잡조'란에는 국립은행자금증감표, 정부지폐 및 은행지폐 유통고 등의 통계와 상업수형 유통방법안 등의 조사보고가 게재되어 있다.

지면 구성은 전체적으로 '관보'와 '록사' 부분을 적었다. 각 은행의 실태보고 부분은 1호 29쪽 중 16쪽, 제2호 33쪽 중 15쪽을 차지하고 있었고, 「잡보」란이 적었던 적은 호에는 실태보고란이 대부분을 차지하였다.

'각지 금융 및 상황'란은 메이지 20년대 도쿄은행집회소 기관지 『은행통신록』의 경우와 비교해보면, 분량과 비중이 모두 높았다. 90호(1897.7.30)의 「도쿄금융경황」은 도쿄 『은행통신록』의 그것을 다시 게재하기도 하였다.

'잡보'란은 후에 논설, 번역, 타지의 중요기사 재게(再揭), 건의원서(建議願書), 강연, 판결 등등 다양한 기사가 게재되었다. 논설란은 35호(1892.11.30)에 처음 만들어졌는데, 64호(1895.4.30)부터 상설란이 되었다. '잡보'란은 수형과 반례 등 은행 업무에 연관한 실무기사가 많았다.

1895년 3월부터 5월에 걸쳐 오사카동맹은행집회소에서는 집회소의 존폐가 논의되었다. 그리고 1897년 들어 다시 존폐론이 일어나 동년 9월 16일 임시총회에서 오사카동맹집회소는 해산이 결정되었다.

해산 배경은 당시 은행조례가 시행되고 오사카에서도 신은행이 다수 설립되어 이들 은행 간의 협조가 요청되었다. 또 1896년 3월 일본은행과 유기적으로 연락된 오사카수형교환소가 창설되어 집회소의 수형교환소는 현저히 그 기능을 상실하게 되고 동년 12월 1일 신수형교환소에 통합된 것 등이 그 이유였을 것으로 생각된다.

오사카동맹집회소의 개조문제는 본지에도 영향을 미쳤다. 제85호 이후, 발행은 늦어지게 되었다. 그러다 결국 본지는 1897년 8월 30일 발행된 제92호를 끝으로 폐간되었다.

『은행보고지』는 도쿄은행협회은행도서관에 제2~92호, 및 보권(補卷) 『은행보고』가, 니혼대학 경제학부도서관에 1~49호가 소작되어 있다. 또 『은행보고지』 78호에는 부록 「은행법령전서」가 있어서, 은행조례 등 각 업태별 법령이 수록되어 있다. (문영주)

참고문헌

杉原四郎 編, 『日本経済雑誌の源流』, 有斐閣, 1990; 杉原四郎 著, 『日本の経済雑誌』, 日本経済評論社, 1987.

▌은행연구-이론과 실제(銀行研究-理論と實際)

1921년 일본 도쿄에서 발행된 은행 잡지

민간상업계에서 발행한 『금융평론』 잡지의 대표는 1921년 창간된 도쿄의 『은행연구: 이론과 실제』와 1923년 창간된 오사카의 『은행논총』이 있다. 이중에서도 『은행연구』는 1921년 10월, 도쿄의 은행연구사(銀行研究社)에서 창간되었다. 따라서 본지는 일본 민간금융 잡지의 전형이라고 할 수 있다. 발행소인 은행연구사는 『은행사전(金融辭典)』, 『본방지방은행론(本邦地方銀行論)』, 『은행급금융시장(銀行及金融市場)』, 『화폐급금융원리(貨幣及金融原理)』, 『은행회계(銀行會計)의 특수연구(特殊硏究)』 등의 책을 출판한 금융전문 출판사였다. 창간호는 A5판으로 155쪽 분량이었다. 정가는 60전으로 비싼 편이었다. 창간호는 발행 당일 모두 절판되었는데, 발행부수는 6000부로 당시로서는 대단한 선풍을 일으켰다.

창간 이후 간토대지진과 전쟁으로 인해 2번에 걸쳐 휴간을 하였다. 본지는 1941년 1월에 용지통제에 따른 잡지의 통합정리 때 솔선해서 폐간을 단행한 『은행판례』, 『금융지식』, 『부동산판례』, 『경영문제』을 흡수하고 은행계 유일의 종합잡지로서 존속되었다.

1949년 1월부터 1956년 10월까지 3번째 휴간을 하였다. 그리고 1980년 1월 1일호를 마지막으로 4번째 휴간되었다. 통권 603호(1945년 이전 296호, 이후 307호)로 일관해서 금융전문지로서 간행되었다.

본지 창간의 직접적 계기는 각종 업무의 매뉴얼이 없었던 당시 은행원에게 실무상의 지침을 제공하기 위한 것이었다. 그러나 다른 한편으로는 도쿄은행집회소 기관지 『은행통신록』을 의식하고 동지에 대항하는 별도의 새로운 은행 연구지를 목적으로 하고 있었다.

당시 1차 세계대전을 계기로 경제의 패창과 전후 반동공황을 통해서 일본은행제도의 재편성이 요청되었다. 당시 대표적 금융지 『은행통신록』은 초기의 계몽·정보교환지로서의 성격을 탈피해서 은행업계에 의한 조사평론지로서 이미 평가가 확립되어 있었다.

그러나 정부, 일은 등 금융당국 혹은 업계를 이끈 도시대은행의 입장과 괴리되어 있었고, 자유롭게 객관적으로 금융제도개혁론을 논의하는 데는 제약이 있었다. 따라서 『은행연구』 창간 의미는 금융 당국의 행정과 정책을 자유로운 입장에서 비판 토의할 수 있는 민간 차원에 간행된 금융평론지라는 것이었다.

본지가 제호를 "이론과 실제"라는 부제를 붙인 이유는 이론 경향에 빠지지 않고, 실제면에도 치우치지 않는다는 편집방침 때문이었다.

본지 창간호의 목차는 「아국은행과 무역금융」을 권두논문으로, 「신탁업무와 은행업무의 교섭」, 「정기예금주의와 당좌예금주의」, 「제사금융론」, 「미국연방준비은행의 현재 및 장래」, 「영국법에서 수형능력」, 「은행예금실지」, 「은행대출실무의 연구」, 「매입외국위체전매의 정리법」, 「은행부기에 관한 초학자에게 제공한 서」, 「은행실무에 관한 질의」가 이어졌다.

실무관계 이외의 기사에는 초기에는 분업주의인가 겸영주의인가를 둘러싼 금융제도개혁론과 금해금론에 관한 기사가 주목을 끈다. 금융제도개혁론이든, 금해론이든 본지는 일방적으로 어느 한 입장만으로 지면을 구성한 것은 아니었다. 우수한 학자와 실무가가 연구한 논문을 발표하는 공간으로 최대한 기능하였다. 이런 점에서도 본지가 금융전문 학술지로서 당시에 큰 역할을 하였음을 알 수 있다.

본지에 수록된 금융공황, 금해금, 재금지관계 논문의 일부는 『일본금융사자료 쇼와편』 제23, 26, 32, 34권에 수록되어 있다. 또 『은행연구』 각권 총목차는 제4권(1923.1~6)부터 게재되기 시작하였다. 21권 4호(1931.10) 권말에 창간호부터 20권 6호까지의 집필자별 총목차가 첨부되어 있다. 교토대학 경제학부도서실은 1~52권, 고베대학부속도서관은 1~47권, 도쿄대학 경제학부도서실은 1~45권을 각각 소장하고 있다. (문영주)

참고문헌

杉原四郎 編, 『日本経済雑誌の源流』, 有斐閣, 1990; 杉原四郎 著, 『日本の経済雑誌』, 日本経済評論社, 1987.

▌은행잡지(銀行雜誌)

1877년 일본에서 발행된 최초의 은행 잡지

1877년 12월에 대장성 은행과가 은행 지식의 보급을 목적으로 간행한 일본 최초의 은행 관계 잡지이다. 1878년에는 택선회(択善会)가 발행한 『이재신보(理財新報)』를 합병하면서 규모를 확대시켰다. 그러나 대장성 은행과의 은행감독 업무가 늘어나면서, 1878년 12월 12호를 발행하고 폐간되었다.
월간, 4×6판의 소형 크기로 발행되었으며, 창간호의 분량은 10쪽이었다. 2호 이후에는 24쪽에서 48쪽으로 분량이 확대되었으며, 정가는 3전 5리였다. 제7호의 발행부수는 1000부에 달했다

『은행잡지』는 『이재신보』와 함께 『동양경제잡지』의 모태가 된 잡지였다. 『은행잡지』을 통해 일본의 근대 은행이 일본 정부의 지도와 계몽에 의해 설립되고 운영되었던 상황을 살펴볼 수 있다.

경제 관계 잡지가 존재하지 않던 당시에 본지는 경제 영역에서 특별한 특수 잡지의 하나로서 주목할 만한 가치가 있다.

이 잡지의 가장 큰 특징은 은행 감독관청인 대정성 은행과에서 간행했다는 점이다. 이 사실은 일본 근대 은행제도의 성립과정에서 보이는 특수성을 반영함과 동시에 본지의 내용을 규정한 것이다.

즉 서구의 근대적 은행제도를 도입하면서 시작된 일본의 은행육성책에 따라 은행지식을 계몽하기 위한 일환으로서 번역서의 간행, 강습회의 개설과 함께, 읽기 편하고 저렴한 가격으로 제공되는 잡지간행이 기도되었다.

창간 시기는 1876년 국립은행조례가 개정된 직후인 1977년 12월이었다. 본지의 간행도 대장성 은행과 정에 의해 제출된 「은행잡지발행의 의에 대해」에서 보이듯이, 문부성 『교육잡지』, 지리국 『산림보고』 등에서 이미 실시되고 있던 방식을 따르고 있었다.

창간호의 목차는 「국립은행창립심득」, 「일본국립은행사무취급방」, 「은행숙어해」, 「국립은행일람」으로 구성되어 있다. 국립은행에 관한 기사가 많은 것이 특색이다.

국립은행관계 기사는 이후에도 국립은행본지점표, 각 국립은행 자산부채일람표, 각 국립은행 이익금배당금일람표, 각 국립은행 적립금비교표, 각 국립은행 은행권유통고명세표, 국립은행 검사보고서제요 등 다수를 차지하였다.

그러나 대장성의 은행감독 업무가 증가하면서, 창간이래 편집사무에 참여했던 당시 대장성 어용괘(御用掛) 다구치 우키치(田口卯吉)가 『은행잡지」와 「이재신보』를 합병해서 새롭게 『동양경제잡지』를 민간에서 발행하였다.

『은행잡지』는 1878년 1월 20일 발행된 제13호로서 폐간되고 창간 이래 1년 1개월의 짧지만 귀국한 역사를 마쳤다. 이후 대장성은 잡지를 간행하지 않았지만, 1897년 1월부터 간행된 『동양경제잡지』에 자료를 제공하여 게재하였다.

1961년 일본은행조사국이 편찬한 『일본금융사자료: 메이지 다이쇼 편』 제6권에 『은행잡지』 전권이 수록되어 있다. (문영주)

참고문헌

杉原四郎 編, 『日本経済雑誌の源流』, 有斐閣, 1990; 杉原四郎 著, 『日本の経済雑誌』, 日本経済評論社, 1987.

▌은행잡지(銀行雜誌)

1898년 일본 도쿄에서 발행된 은행 잡지

금융평론지 간행이 본격적으로 시작된 것은 1920년대 이후이다. 그 이전에 간행된 것은 소수에 지나지 않는데, 1898년 10월 도쿄의 은행잡지사에서 창간한 『은행잡지』는 대장성, 은행동업자단체에서 독립한 민간 상업계에서 발행한 최초의 금융 잡지이다. 1877년 간행된 계몽지 『은행잡지』와 동명이지이다. A5판으로 창간 당초에는 반월간, 후에 월간으로 발행되었으며,

창간호는 분량은 92쪽이었고, 정가는 15전이었다. 31호까지만 소장이 확인된다. 국립국회도서관에 1~20호가 소장되어 있고, 도쿄대 메이지신문잡지문고에 1~5, 11~14, 16, 31호가 소장되어 있다. 폐간의 시점은 정확하지 않은데 31호 이후 그리 오랫동안 발행되지는 않았을 것으로 생각된다.

논설, 번역을 비롯한 관령, 통계, 보도기사가 게재되어, 은행지식의 보급에 공헙하는 외에, 은행실무가의 참고로 제공되었다. 창간호 목차는 관령, 사설, 통계, 번역, 은행상업기사, 잡보로 구성되었다. 금융전무의 평론지로서 형식을 갖추고 있었으며, 논설란은 제13호(1889.5)부터 설정되었다.

세키 나오히코(關直彦)가 사설에 서명을 한 것으로 보아서 본지 편집의 중심인물이었을 것으로 생각된다. 그는 1883년 도쿄제국대학교 법학부를 졸업한 후, 제정당(帝政党) 기관지였던 도쿄니치니치신문사에 입사하여 신문기자로 활동하였다. 1888년 사장 취임 후에 불편부당, 정론토의를 편집방침으로 내우기도 하였다.

세키 나오히코가 금융 잡지를 창간한 이유는 창간호 「발간의 취의」에 잘 나타나 있다. 후진 자본주의국 일본이 식산흥업정책을 수행하기 위해서는 자금공급이 원활해야 하는데, 이 때문에 근대적 은행의 발달을 촉진해야 한다는 것이었다.

본지의 지면에는 계몽적 기자와 함께 보호주의론에 입각한 기사도 많다. 다쿠치 우키치(田口卯吉)가 주도한 『도쿄경제잡지』의 자유주의에 대항해서, 아메리카의 보호주의론에 의거해서 『동양경제신보』를 주재한 이누카이 쓰요시(犬養毅)와 정치적 입장을 같이한 세키 나오히코의 사상적 경향을 알 수 있다.

그러한 한편으로 본지에는 평론기사 그 자체도 적지 않았다. 창간호에서 전체 70%가 잡록, 은행 및 상업기자라고 할 수 있는 뉴스였다. 또 금융전문가에 한정하지 않고, 본지에는 상공업관계의 기사가 많아서, 금융기사는 비교적 적었다.

위와 같은 본지의 지면 구성은 정보교환지로서의 성격을 가지고 있었던 도쿄은행집회소의 기관지 『은행통신록』과 오사카동맹집회소의 기관지 『은행보고지』가 1897년 이후 평론지적 성격을 갖는 지면쇄신을 단행하는 데 많은 영향을 미쳤다고 생각된다. 따라서 본지는 이후 본격적인 금융평론지 시대의 원형이었다고 할 수 있다.

세키 나오히코가 정치가로 변신하면서, 편집체제가 붕괴되면서, 본지의 생명력을 상실하였다. 20호(1889.10) 이후는 반월간의 발행기간이 지켜지지 않았고, 31호(1890.9)에는 논설 1편, 사설 3편, 분량 42쪽으로 20호에 비교하면 분량이 반감하는 상황이 되었다. (문영주)

참고문헌

杉原四郎 編, 『日本経済雑誌の源流』, 有斐閣, 1990; 杉原四郎 著, 『日本の経済雑誌』, 日本経済評論社, 1987.

은행주보(銀行週報)

1917년 중국 상하이에서 창간된 경제 주간지

중화민국시기 간행된 경제 관련 각종 잡지 중 가장 오랫동안 간행된 잡지이다. 중국에서 민족 자본을 중심으로 근대 경제가 기틀을 잡던 1917년 창간되어 1949년 3월 1635로 정간되기까지 무려 30년을 간행되었다. 또 게재한 기사 정보 역시 질량적인 측면에서 풍부한 내용을 담고 있다. 중국의 금융·산업·경제의 중심지인 상하이의 은행계 및 그와 관련된 민족자본의 대변지로서 매일의 경제상황과 활동을 지속적으로 풍부하게 기록하고 있기 때문이다. 푸단대학(復旦大學)도서관, 상하이 재경대학 도서관등지에 나누어져 있다. 일본 도쿄대학에서는 일본 내의 자료를 모두 모아 기사 목록집을 간행하였다.

장기간 간행된 만큼 체제는 일정하지 않지만, 매호 국내외 경제 동향 및 분석, 정책 건의를 포함하는 논설란 외에 기사(記事), 세계경제주관(世界經濟週觀: 경제주관[經濟週觀], 세계경제요목[世界經濟要目]), 통계표(경제통계[經濟統計]), 상하이 금융(매주금융[每週金融]), 경제상황(經濟商情: 상하이 상정[上海商情],

매주상정[每週商情]), 상하이 증권(上海證券: 매주증권[每週證券]), 상하이 회태(上海匯兌: 매주회태[每週匯兌]), 각 항구 금융 및 경제상황(各埠金融及商況) 등으로 난을 구성하였으며, 그 외 금융계소식회지(金融界消息彙誌: 금행계소식회지[銀行界消息彙志]) 등을 실었다.

특히 상하이 금융란은 양리(洋厘), 금탁(金拆), 표금(標金) 등 상하이의 금융 시장의 주간 동향을 분석하였다. 상정(商情)은 사경(絲經), 차, 소두(疋頭. 피륙), 면화, 양식유병(糧食油餅) 등 주요 상품시장 동향과 내채시장(內債市場)과 외국회사의 주식상황 등을 상세하게 분석하였다. 상하이 증권을 따로 분화하여 주식과 내채, 외국 회사의 주식 등을 다루기도 하였다. '각항구금융 및 경제상황'은 전국각지 중요도시의 경제상황에 대한 정보를 종합하였다. 물론 매주 분석대상은 일부 대도시에 제한되었다. 그 외 '금융계소식회지(金融界消息彙誌)' 등은 은행계의 동업지로서, 업계 동정과 소식을 다루었다.

논설은 세계 각국의 경제 동향과 정책, 금융제도 등을 분석, 해설, 소개하고, 특히 금융정책 및 업계 개선방향과 관련하여 상하이의 은행공회의 입장을 대변하는 내용이 주류를 이루었다. 예컨대 "재정혁신의견호(財政革新意見號)"(6권 13호, 1922.4.11)의 경우처럼, 경제 현안에 대한 의견을 개진하는 경우도 있었다. 다만 상하이의 민족자본가 계급을 대표하는 만큼 북양정권이든 국민당 정권이든, 중앙정부의 금융 통제에 대해서는 일정 정도 비판적인 입장을 유지하였다.

주편은 쉬창수이(徐滄水, 1918~1925), 선라이칭(沈籟清, 1925~1926), 다이아이루(戴藹蘆, 1926~1932), 리취안스(李權時), 주쓰황(朱斯煌) 등이 계속 부임하였다. 특히 초기 『은행주보』를 대표하는 쉬창수이는 일본 유학 출신으로 일본 경제계의 동향에 밝았고, 평민 금융 등 시민 자치에 관심이 많았다. 후기를 대표하는 리취안스는 미국에서 재정경제학을 전공한 학자로 당시 중국공학 교수였다. 그 외 참고인은 시기별로 차이는 있지만, 쉬융쭤(徐永祚), 양돤류(楊端六) 등 상하이에서 활동하고 있던 경제 전문가들이 많았다.

상하이은행공회(銀行公會)와 『은행주보』

『은행주보』의 창간은 상하이은행공회의 창립과 밀접한 관계가 있다. 은행공회는 1915년부터 위안스카이(袁世凱)의 정태령과 금융집권화정책에 대응하는 과정에서 상하이 은행가들 간의 연계 움직임이 있은 뒤 1916년 북경정부의 은행공회 장정 공포를 배경으로 본격적인 조직 논의를 시작하여 1918년 7월 8일 중국(中國), 교통(交通), 저장흥업(浙江興業)은행 등 12개 은행의 대표들이 출석한 가운데 상하이은행공회를 정식으로 출범시켰다. 『은행주보』는 이러한 은행공회 창립 논의를 배경으로 하면서, 그것을 촉진하기 위해 1917년 5월에 창간된 것이었다.

창간의 중심은 당시 중국은행 상하이지점 동사장(董社長)이던 장궁취안(張公權)과 쉬지칭(徐寄廎), 쉬신즈(徐新之), 천광푸(陳光甫), 리푸쑨(李馥蓀), 숭한장(宋漢章), 청주수(成竹書), 쑨징수(孫景書) 등이었다. 모두 상하이의 젊은 은행가들이었다. 장궁취안이 초대 편집 발행 책임을 맡았으나, 창간 후 얼마 지나지 않아 중국은행 부총재로 베이징으로 전출하면서 7월 이후 실제 책임은 저장(浙江)흥업은행 부경리(副經理)였던 쉬지칭이 맡았다. 창간 당초에는 중국은행 상하이 분점 건물 내에 편집부를 두었으나, 따로 시사신보사(時事新報社) 건물 내에 발행부를 따로 두었다. 창간 비용은 각 은행이 각각 분담 출자하였다.

이와 같은 은행계를 배경으로 탄생하였기 때문에 1918년 상하이은행공회가 정식 성립하자, 공회(公會) 건물 내에 편집부, 발행부를 부설하고 은행공회의 기관지로서 기능하기 시작하였다. 창간 취지는 금융기관의 발전 강화를 도모하기 위한 절실한 지식의 보급에 두었다(「발간사」). 또 경제뉴스의 보급, 통계, 지도(경제방면의 개혁을 위한 세론의 환기) 등을 들기도 하였다(「본보시말[本報未來]의 희망」, 2권 20호). 물론 그것은 이루기가 쉽지 않은 목표였다.

30년간의 편집체제의 변천을 정리하면 다음과 같은 세 단계로 나누어 보는 것이 보통이다.

1기(1917~25): 쉬위수(徐玉書), 쉬창수이 두 사람이 편집을 전담하던 시기이다. 1918년 7월까지는 두 사람이 공동편집이었고, 그후 1920년 9월까지는 쉬위수가, 이어서 쉬창수이가 편집을 전담했다. 그런데 쉬창수이는 1925년 과로로 급사했다.

2기(1926~32): 은행공회에서 선출된 편집위원회가 설치되고, 선라이칭(沈籟清, 1925~1926), 다이아이루(戴藹蘆, 1926~1932)를 편집장으로 위촉한 시기이다. 편집위원회를 설치하는 등 은행공회가 조직적으로 편집 발행을 지원하던 체제이다. 펑쯔밍(馮子明), 쉬위쑨(徐裕蓀), 류중롄(劉中廉), 천쯔미(陳子密) 등이 편집에 참여하였다.

3기(1932~42): 은행공회에서 선출된 편집위원에 더하여 은행학회 및 은행주보사가 자체적으로 편집위원회를 구성하기 시작하였다. 업계지이면서 동시에 학술지를 지향하였다. 리취안스가 편집장에 취임하였다.

4기(1942~50); 태평양전쟁으로, 일본군이 조계지역도 점령하는 사태에 이르자, 1942년 5월 편집발행권을 은행학회에 위임하고 편집위원회의 권한을 정지한 시기이다. 은행학회의 서기장이었던 주쓰황이 편집장을 겸임하였다. 이 체제는 항일전쟁에서 승리한 이후에도 계속되었다.

이상에서 알 수 있는 것처럼 『은행주보』는 은행공회의 성립·발전에 조응하여 창간되고, 성장하였다. 물론 여기에는 은행공회의 부설기관인 은행학회의 역할도 커서, 후기에는 거의 은행학회의 기관지처럼 존재했다. 이러한 사정은 잡지의 내용에도 그대로 반영되었다. 애초에는 그대로 생생한 경제 정보를 실었지만, 후기에는 학술적인 분석과 저작의 비중이 많아졌다. 이에 따라 창간 당시 지향했던 "학리와 경험을 갖춘 인재 양성"이라는 목표에 비추어 일관되게 경험과 학리의 균형이 일관되게 유지되었다고 할 수 있다.

창간 당시의 판매부수는 매월 고작 1000부에 지나지 않았다. 그나마 가격이 낮고, 광고수입도 적어서 재정적인 곤란이 많았다. 따라서 중국, 교통, 저장흥업, 금성(金城) 등 14개 은행이 제공하는 자금지원에 부분적으로 의존하지 않을 수 없었다. 그러나 판매부수가 늘어나고, 거의 채산성이 나아지는 1922년 이후에는 각 은행들은 정기구독과 광고게재 형식으로 지원하는 외에는, 점차 재정적인 독립성을 강화하였다. 1936년 단계에는 중국, 교통, 금성 등 세 은행만이 약간의 자금 지원을 계속했다.

그 후 판매부수는 계속 늘어 1936년 단계에는 매월 2만여 부에 달했다. 이러한 판매시장의 확대로 구독료 수입이 상당히 증가하였지만, 역시 가장 큰 수입원은 광고수입이었다. 특히 상하이은행공회의 회원 은행들이 모두 정기 광고를 게재하면서 총 광고 건수의 반 이상을 차지하였지만, 그와 관련하여 각 산업별 광고도 증대하였다. 1936년도 기준 전년 광고 67건을 분석하면, 은행39건, 출판사 상사 등 4건, 신탁회사 3건, 기타 담배회사, 약품회사 광고 등이었다.

구독자는 국내 장쑤(江蘇)성이 가장 많았고, 이어서 허베이(河北), 쓰촨(四川), 광둥(廣東), 저장(浙江) 등지였다. 만주사변 이전에는 동삼성에도 구독자가 많았다. 그 외 일본, 싱가포르, 영국, 미국 등 국외에도 독자들이 많았다. 독자의 절반 이상은 은행, 전장(錢莊) 등 금융기관이었고, 기타 금융업 관계의 국가기관 및 개인, 학교 등이었다. 경제사 연구의 주요자료로 쓰이고 있으나 본격적으로 연구가 필요한 부분이 많다.

참고문헌

徐幼贊, 「上海銀行公會事業史」, 『銀行週報十周年紀念刊』, 1927년 10월 11일; 徐寄廎, 「十年來之本報」, 『銀行週報十周年紀念刊』(날짜 부재); 徐寄廎, 「忽忽二十年」, 『銀行週報』 20권 19호, 1936년 5월 19일; 濱下武志 等, 『中國經濟關係雜誌記事總目錄; 『銀行週報』·解題』, 1987.

▌은행통신록(銀行通信錄)

1885년 일본 도쿄에서 발행된 은행 잡지

도쿄은행집회소가 『이재신보(理財新報)』의 후신으로 발행한 은행관계 잡지이다. 1885년 12월 창간되었으며, 4×6배판 월간으로 발행되었다. 1942년 전국금융통제회로 도쿄은행집회소의 조사 사무가 통합되면서,

같은 해 6월 제677호를 발행하고 폐간되었다. 따라서 1945년 이전 일본의 대표적인 금융 잡지라고 할 수 있다.

본지의 연혁은 일본 최초의 은행동업자 단체인 택선회(択善会)의 정기간행물 『택선회록사』·『이재신보』· 초기의 『도쿄경제잡지』를 전신으로 하였고, 1942년 8월에 전국금융통제회에서 간행된 『전국금융통회제회보』에 계승되었다. 그리고 1947년 4월부터 전국은행협회연합회의 기관지 『금융』으로 계승되었다. 따라서 본지의 역사는 100년이 넘었다고 할 수 있다.

세이난전쟁(西南戰爭) 후 인플레이션 수습책을 둘러싸고 시부사와 에이이치(渋澤榮一)와 다쿠치 우키치(田口卯吉)를 중심으로 한 택선회가 오쿠마 시게노부(大畏重信) 대상대신을 비판하면서, 오쿠마 시게노부가 택선회와 다구치 우키치의 『동양경제잡지』에 간섭하기 시작하였다.

이 문제에 대해 택선회 내부에서 견해가 통일되지 못하고, 결국 택선회는 해산되고 말았다. 택선회는 해산 직후인 1880년 9월 은행집회소로서 전환되었고, 『은행집회소반계실제보고』를 작성했다. 동보고는 『택선회록사』와 같은 모양으로, 업무부고서로 한정된 성격을 가지고 있었다.

그러나 은행집회소는 1882년 사업을 확장하고 조직을 개혁하기 위한 규정안 검토를 기회로 잡지간행의 건도 제안하였다. 이에 따라 같은 해 5월 15일 제20회 정례회에서 은행집회소 서기를 편집 겸 인쇄 책임자로 정하고, 잡지간행 재개를 결정하였다.

이후 일본은행 설립에 따른 국립은행 개조 등의 문제가 발생하여 잡지 간행은 늦어지다가, 1885년 12월 30일 창간되었다. 『은행통신록』은 『택선회록사』, 『이재신보』, 그리고 초기의 『도쿄경제잡지』에서 보이는 계몽지적 성격에서, 정보교환지로서 그 성격을 발전시켜 나갔다.

본지 창간호는 A5판 소형으로 561쪽 분량으로 발행되었다. 창간호에는 은행집회소 '기사'를 시작으로, 은행에 관련된 법령을 집성한 '관보초록', '은행국달', '도쿄금융 및 상황', '동맹은행실제보고요초', '각지 금융 및 상황', '은행위치전환', '잡록'의 각 난이 게재되었다.

이것은 1880년 8월 택선회와의 관계를 단절되기 전에 발행되었던 『도쿄경제잡지』 제36호의 금융기사를 그대로 계승한 것이었다. 금융 당국의 동향과 각 은행 및 각지금융시장의 동정보고 등 금융에 관한 모든 사항을 망라하고 있다.

따라서 본지의 편집은 『오사카은행통신록』을 비롯한 각지의 은행통신록과 달리, 전국적 시야에 서서 금융계의 중요사항을 망라하는 방침을 일관하고 있었다. 따라서 본지는 은행지식의 보급, 은행업무의 개선 및 정보교환에 지대한 공헌을 하였다.

창간시의 지면 구성은 35호(1888.10)까지 기본적으로 변화하지 않았다. 가장 큰 특징은 전국의 '금융 및 상황'과 '잡록'이 전체 분량의 대부분을 점하였다는 것이다. 36호(1888.11)이후가 되면, '금융 및 상황'란은 본지의 톱기사로 여전히 유지가 되고 있지만, 내용면에서는 후퇴하였다. 99호(1894.2)부터 동란의 비율은 『잡록』에 비해 감소되었다. 이것은 정보교환지로서 시작한 본지가 서서히 그 성격을 변화하기 시작했음을 의미한다.

이러한 배경에서 본지는 1897년 2월 15일 발행된 135호부터 지면 구성의 쇄신하였다. 청일전쟁 후의 산업자본 확립기를 맞이하여, 밖으로는 금본위제 이행, 안으로는 은행조례시향, 국립은행영업만기, 특수은행의 창립에 따른 은행제도 정비 등 해결할 과제가 많았다. 이러한 문제를 토의하는 장으로서, 본지는 충분히 기능할 필요가 있었다.

이에 따라 1897년 2월 15일 발행 본지 제135호는 판형이 종래의 A5판에서 B5판으로 대형화되었다. 지면 내용에서는 무엇보다도 '논설'란이 신설되었다. 또 본지쇄신의 목적 중의 하나로서 중시된 해외기사도 138호에는 47쪽 분량으로 전체 136쪽 중 35%를 점하였다. 1897년 지면쇄신은 초기의 계몽지, 정보교환지에서 내외의 금융조사지, 금융평론지로 성격 전환이 이루어진 것이다.

1900년 하기부터 본지의 발행부수가 기록되었다. 1901년 8월에 1750부에 달하였고, 1910년대에는 2000부, 1921년에는 3000부로 증가하였다.

1942년 9월 전시경제통제가 강화되어 주요금융기관을 대상으로 한 통제단체로서 전국금융통제회가 설치됨에 따라, 동년 6월 도쿄은행집회소는 전국금융통제회의 요청에 의해 조사기능을 동회에 위양하였다. 이에 따라 『은행통신록』도 제677호로서 폐간되었다. 이에 대신하여 통제회에서 새로 월간으로 『통신록』과 같은 체제의 『전국금융통제회회보』를 8월부터 간행하였다.

통제중추기관으로서의 통제회 및 하부기관인 보통은행, 저축은행, 신탁회사 등의 업태, 각통제회의 활동기록, 금융정세의 보도, 기초적 조사연구 등이 게재되었다. 『전국금융통제회회보』는 1945년 1월 (1944년 11·12월 및 1945년 1월의 3개월 합병호, 6권 1호)까지 발행되고 폐간되었다. 1947년 4월 본지는 전국은행협회연합회의 기관지 『금융』으로 계승되었다.

『은행통신록』의 부록에는 「통화사력」(7호), 「각지위체취조장소」(18호), 「각지금융계동요시말」(189호), 「구미제국지폐제도」(267호) 등 유익한 자료가 많다. 또 결산기의 은행영업공고가 경우에 따라서는 100쪽 이상이 게재되는 등 광고에도 특징이 있었다.

『은행통신록』의 목차는 각 연도 마다 권두 또는 권말에 첨부되어 있는데, 전체를 통람하는 것으로서, 『기관지기사색인』 1권(메이지·다이쇼편), 동제 2권(쇼와편)이 도쿄은행협회조사부에서 간행되었다. 또 동지의 중요기사 논문에 대해서는 『일본금융사자료 메이지 다이쇼편』 제6권(쇼와편) 23, 32, 34권에 수록되어 있다.

『은행통신록』 전권을 소장한 곳은, 도쿄은행협회 은행도서관, 동대경제학부자료실(일부 복제) 정도 인데, 1984년 6월부터 본지 본각판이 일본경제평론사에서 간행되기 시작하였다. (문영주)

참고문헌

杉原四郎 編, 『日本経済雑誌の源流』, 有斐閣, 1990; 杉原四郎 著, 『日本の経済雑誌』, 日本経済評論社, 1987.

▌음악(音樂)

1934년 서울에서 창간된 음악 잡지

1934년 7월 1일에 창간된 음악 잡지이다. 판권지에 따르면, 편집인은 최성두(崔聖斗)였고, 발행인은 안대선(安大善), 인쇄인은 김현도(金顯道)였다. 인쇄소는 조선기독교창문사(彰文社), 발행소는 경성부 정동 22-1번지의 음악사(音樂社)였다. B5판 32면에 정가는 20전이었다. 제3호는 A5판으로 나왔으나, 그 후부터는 다시 B5판으로 발행되었다.

창간호 표지에는 하이든의 초상이 그려져 있다. 창간호는 「창간사」, 「축사」, SY생의 「곡해설」/ '독창' 작곡자 염석정(廉錫鼎)의 「우리 아가」/ '독창 명곡' 작곡자 J. W. 비숍의 「금사조(金絲鳥)」, 일한(一翰)의 「하이든과 그의 예술」, 최성두(崔聖斗)의 「조선기독교회 찬양대 진흥론」, 묘(猫)방울의 「연전 음악부 · 이전 음악과 출신 만평」, 「연주회 왕래」 등으로 구성되었다.

창간사를 통해서 『음악』의 발간 동기와 목적, 더불어 발간까지의 어려움을 짐작해 볼 수 있다.

"예로부터 우리 조선민족은 화려한 강산에서 태어났음인지 예술적 기질을 타고나서 이에 대한 취미와 연구를 해보려고 하는 경향이 많다. 특히 최근에 와서는 레코드와 라디오를 통해서, 혹은 많지 않은 악인(樂人)과 연주가를 통해서 음악이 일반사회와 가정에 상당히 보급되었으며 진전되고 있다. 그러나 그들은 음악에 대한 교양이 적은 까닭에 이에 대한 이해가 불충분하여 남이 가지는 음악적 또는 예술적 취미를 가지지를 못한다. 그러므로 우리 『음악』은 음악을 좀 더 일반 대중에게 보급시키고자 하는 데서 발간하게 되었다. 이것이 본지의 목적이다 …… 불구아를 낳는 것은 완전아를 낳기보다 더 많은 신고(辛苦)가 산모에게 있는 것과 마찬가지로, 아직 불구아인 『음악』을 낳는 데는 상당한 고통이 있었다는 것을 말해 둔다."

「축사」는 모두 편집인 최성두와 사제 간(師弟間)이

거나 선후배 사이였던 유억겸(兪億兼, 연희전문 부교장), 최순주(崔淳周, 연희전문 음악부장), 홍난파(洪蘭坡, 경성보육 교수), 박경호(朴慶浩, 이화여전 교수), 말스베리(D. R. Malsbary, 숭실전문 교수), 현제명(玄濟明, 연희전문 교수) 등이 썼다. (이한울)

참고문헌

「音樂 創刊號 京城府 貞洞 音樂社 發行」, 『東亞日報』 1934.7.6; 최덕교 편, 『한국잡지백년』 2, 현암사, 2004.

음악과 시

1930년 서울에서 발행된 음악 잡지

1930년 9월에 창간되었다. 판권지에 따르면, 편집 겸 발행인은 양창준(梁昌俊), 인쇄인은 이주홍(李柱洪, 아동문학가 李周洪과 同人)이었다. 인쇄소는 대동(大東)인쇄주식회사, 발행소는 경성부 인사동 191번지의 음악과시사(音樂과詩社)였다. A5판 50쪽이었고, 정가는 15전이었다. 창간호를 낸 후 속간되지 못하였다.

『동아일보』 1930년 9월 11일자 '신간소개'란에 따르면 문예지 『음악과 시』는 1930년 9월에 창간호를 내었다.

창간호의 목차는 다음과 같다.

'동요' 이향파(李向坡) 요·곡, 「편싸움 놀이」/ 손풍산(孫楓山) 요·이일권(李一權)곡, 「거머리」/ 이구월(李久月) 요·곡, 「새 쫓는 노래」/ 양우정(梁雨庭) 요·김태원(金泰源) 곡, 「알롱아달롱아」/ '논설' 엄흥섭(嚴興燮), 「노래라는 것」/ 양우정(梁雨庭), 「민요 소고(小考)」/ 신고송(申鼓頌), 「음악과 대중」/ 이주홍(李周洪), 「음악운동의 임무와 실제」/ 편집부, 「악보 읽는 법」/ 김병호(金炳昊), 「최근 동요평」/ 김병호(金炳昊), 「작곡법」/ '시' 이주홍(李周洪), 「새벽」/ 권환(權煥), 「머리를 땅까지 숙일 때까지」/ 손풍산(孫楓山), 「소낙비」/ 김창술(金昌述), 「앗을 대로 앗어라」/ 김병호(金炳昊), 「그렇게 내가 뭐라 하던가」/ 박아지(朴芽枝), 「농장에서」/ 박세영(朴世永), 「바다의 여인」/ 김대준(金大駿), 「유월의 만경강반(萬頃江畔)」/ '동요·민요' 신고송(申孤松), 「고추장」/ 여항산인(艅航山人), 「고향 생각」/ 이일성(李一星), 「내 죽겠네」/ 박철(朴轍), 「벼 짜는 노래」/ '시' 김광균(金光均), 「소식」/ 허수만(許水萬), 「흑연기(黑煙氣)」/ 신만중(愼萬重), 「욕구」/ '기타' 「우리들의 편지 왕래」/ 「문예사전」/ 「음악사전」/ 「시인소식·악인(樂人)소식」/ 「삼릉경(三菱鏡)」 등. (이한울)

참고문헌

「音樂과 時 九月 創刊號 音樂과 詩社 發行」, 『東亞日報』 1930.9.11; 최덕교 편, 『한국잡지백년』 3, 현암사, 2004.

음악계(音樂界)

1925년 서울에서 발행된 음악 잡지

1925년 4월 25일에 창간되었다. 2호는 발간 예고된 대로 간행되었는데 3호가 발간되었는지는 확실치 않다. 아마도 편집 겸 발행인은 다키모도(瀧本覺造), 인쇄인은 조선기독교 彰文社 인쇄소의 정경덕(鄭敬德), 발행소는 연악회(硏樂會 경성부 서대문정 1-50)이다. 판형은 A5판으로 총 42쪽이고 정가는 30전이었다. 발행인은 일본인으로 되어 있으나 실제로는 홍난파가 주재했으며 잡지에 실린 기사 내용도 전부 국문으로 서술되었다. 원본은 아단문고에 창간호와 2호가 소장되어 있다.

『동아일보』는 이 잡지를 가리켜 "조선에서 처음 보는 순전한 음악 잡지"라고 소개, 평하고 있다.

창간호에는 홍난파의 「조선악계의 과거와 장래」, 「세계음악가 평전(1)」, 「세계명작가극개관」, 「작년도 음악계 총결산」, 「명곡 로맨스(1)」, 「중요악어(重要樂語)해설」, 「악계금석화(樂界今昔話)」, 「창간기념음악회」 등으로 짜여 있다. 이 중에서 홍난파의 「조선악계의 과거와 장래」는 조선 말기부터 당대에 이르기까지 조선에 서양음악이 들어온 과정을 체험적인 이야기로 서술함으로써 서양 음악의 조선 수용, 정착 과정에 대한 많은 자료를 제공해준다. 그리고 나머지 기사들은 기사를 쓴 사람의 이름을 명시하지 않았다. 그렇지만 음악계에 관한 소식을 가급적이면 빠뜨리지 않고 전하려는 의도는 충분히 느낄 수 있다.

전통음악과 민속음악에만 익숙해져 있던 조선 민중들에게 서양 음악은 낯선 것이고 이질적인 것이었다. 이러한 현실을 감안하여 조선 대중들에게 서양음악을 소개하고 서양음악의 아름다움과 특질을 설명하려 했던 이 잡지는 홍난파 개인의 노력으로 발행될 수 있었다. 『음악계』는 실제로 창간 기념 대음악회를 열기도 하고 더 많은 독자들을 포섭하여 음악의 매력에 빠지도록 애를 썼다. 그리하여 악보 출판도 겸했는데 그중에는 홍난파 작곡의 '애수의 조선', '로맨스', '동양풍의 무곡', '용사의 부활' 등의 악보 시리즈도 있었다. (전상기)

참고문헌

노동은, 「일제하 음악인들의 친일논리와 단체」, 민족음악학회, 『음악과 민족』 25, 2003; 최덕교 편저, 『한국잡지백년』 2, 현암사, 2004.

음악평론(音樂評論)

1936년 서울에서 발행된 음악 평론 잡지

1936년 4월 10일자로 발행된 한국 최초의 음악평론지이다. 그해 5월 제2호로 종간되었다. 편집 겸 발행인은 김복원(金福源), 인쇄인은 고응민(高應敏)이었고, 인쇄소는 창문사(彰文社), 발행소는 경성 다동 5번지의 음악평론사였다. A5판 44쪽이었고, 정가는 20전이었다. 연희전문 출신의 음악평론가 김관(金管)이 주간을 맡았다.

창간호는 A5판 44쪽밖에 안 되는 지면이었지만, 평론지답게 수준 높은 글들을 많이 실었다. 창간사 없이 권두에 실은 김관의 「음악미학의 개념과 본질」의 한 구절을 소개하면 다음과 같다.

"음악미학이라는 술어(術語)가 사용되기는 19세기 후반에 이르러서부터이다. 그것은 일반 미학에 촉진되어서 음악의 미학적 조직을 구성할 필요를 가졌기 때문이다. 물론 19세기 이전에 있어서도 음악철학이라든지 음악미론이란 명칭 하나에서 음악의 미학적 논설이 있었다. 음악의 본질을 추구하기는 희랍과 중세기의 철학자들의 논리적·철학적·수리학적 논설에 있어서도 볼 수 있었다. 피타고라스파의 음정이 수학적 기초와 수학적 관계는 '눈(眼)이 성신(星辰)을 관찰하는 것을 귀(耳)는 음의 협화(協和) 가운데서 인식한다'는 의견을 가져왔다. 결국 피타고라스철학은 칠유성(七遊星)이 리라(악기)가 칠현(七絃)인데 상응해서 공간을 회전하면서 음계의 칠음(七音), 미묘한 헤프타코드를 내었다(鳴)는 개념에 도달한 것이다. 이것은 나중에 쇼펜하워가 말한 '구상화(具象化)된 음악'이라는 개념에 그 흔적을 발견하게 된다."

『조선일보』 기자 홍종인(洪鍾仁)이 쓴 「오늘의 악단 어디로 가는가」에서는 그 당시 우리나라 사람들에게 생소했던 '관현악단'을 새롭게 소개하였고, 「중유럽 음악 특집」이라는 글에서는 헝가리 음악과 체코(보헤미아) 음악을 소개하기도 하였다. 권말에는 1936년 당시 「음악관계 인명주소록」이 실렸다.

『음악평론』은 순수음악의 영역뿐만 아니라, 음악시평적인 성격으로 방송음악, 음악교육의 문제, 음악과 시의 세계 등 음악사회학적인 관심을 표명하였고, 특히 논조 중에서 후진국 문화내용의 선진국 모방성을 경고하기도 하였다.

현실생활과 음악의 관계, 음악의 지적 표현 등에도 기여하였으며, 특히 김관의 음악 논평은 텐(H. Taine)의 환경 철학에 많은 영향을 받아, 민족음악창조의 최초의 이론적 비평으로 평가되었다. (이한울)

참고문헌

박용구, 『오늘의 초상: 박용구 예술평론』, 일지사, 1989; 최덕교 편, 『한국잡지백년』 2, 현암사, 2004.

의사잡보(醫事雜報)

1876년 오사카부병원이 발행한 의학 잡지

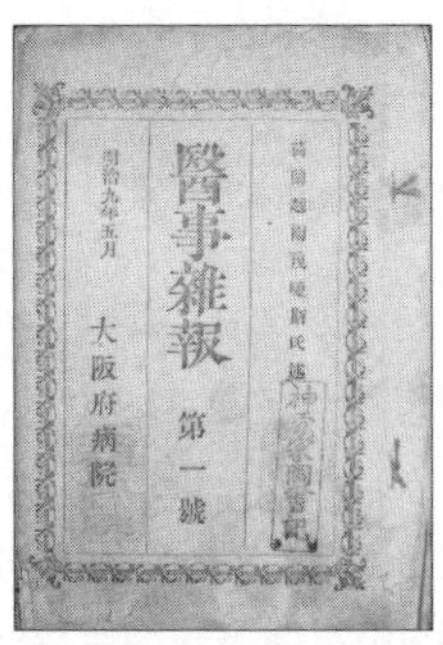

1876년 5월 오사카부병원(大阪府病院) 교사인 네덜란드인 엘메렌스(C. J. Ermerins, 越爾蔑嗹斯)의 강술을 모노베 세이치로(物部誠一郎)가 옮겨 적은 것이다. 정가는 8전이다. 제1호에는 「색맹(色盲)」, 「방광의 작은 결석을 제거하는 법(膀胱ノ小結石ヲ除去スル法)」 등 7편을 게재했다. 가가와대학(香川大學) 가미하라문고(神原文庫)는 제1호부터 제4호까지를 소장하고 있다. (이규수)

참고문헌

『近代文學雜誌事典』, 至文堂, 1965; 桂敬一, 『明治・大正のジャ-ナリズム』, 岩波書店, 1992; 日本近代文學館・小田切進 編, 『日本近代文學大事典』 第五卷, 講談社, 1977.

이고(梨高)

1934년 서울에서 발간된 이화학생기독청년회의 문예지

1934년 12월 25일 창간한 이화여자고등보통학교(梨花女子高等普通學校) 학생기독청년회 문학부의 문집이다. 편집 겸 발행인 아펜젤러(Alice Rebecca Appenzeller, 한국명 아편설라[亞扁薛羅], 이화여자전문학교 교장), 인쇄인 창문사의 김용규(金容圭), 발행소 이화여고 학생기독교청년회 문학부(경성부 정동 32)이다. 판형은 B5 4×6배판이고 총 93쪽이며 비매품이었다. 국문과 일문으로 쓰여 있으며 연간지이다. 속간여부는 미상이다.

이화여자고등보통학교는 1886년 미국 북감리회 여선교사 스크랜턴이 설립한 '이화학당(梨花學堂)'에서 출발한 사립학교이다. 1917년 조선총독부의 인가를 받아 '이화여자고등보통학교'로 교명을 변경하여 1934년에 이르렀다. 잡지는 연세대에 소장되어 있다.

창간사를 통해 교장 최치(崔峙, Marie E. Church)는 항상 미와 조화를 강조하고 문집이 재학생과 졸업생 간의 연락을 도모하고 상호 이해를 증진하는 기관의 역할을 할 것을 당부하고 있다. 창간호에는 이화여자고등보통학교와 기독교청년회의 연혁, 학교소식, 학교 연중행사, 기독교청년회 사업보고, 이화여고선교회 소식, 이화여고 후원회 소식, 졸업생 주소록 그리고 각종 통계가 제시되어 있어 풍부한 교사 연구 자료를 제공하고 있다.

창간호의 축사는 김활란(「우리 교우들의 정신적 식량이 되라」)과 여운형(「반도여성계의 등대가 되라」)이 썼다. 학생들의 글은 논설, 수필, 기행문, 시에 이르기까지 다양하다. 그리고 박물과, 가사과, 실업과 등에서는 박물관 학습 지도의 개선책과 가사실습지도, 염색 등에 관한 공지사항을 일어로 싣고 있다.

문집발간은 1932년 12월 창립한 이화여자고등보통학교 후원회의 지원에 힘입은 바 컸다. 학생들의 문집인 경우에는 비매품이기 때문에 특히, 졸업생과 재학생들의 경제적 후원이나 회비로써 창간할 수 있었다. 『이고』도 예외가 아니었다.

아펜젤러(A. R. Appenzeller, 1885~1950)

선교사이자 목사로서 한국의 교육계에 크게 공헌한 헨리 아펜젤러(H. G. Appenzeller)와 엘라 닷지(Ella Dodge) 사이의 장녀이다. 그녀의 부친은 성서를 번역하고 '정동교회'를 세웠으며 '배재학당'을 설립하고 '독립협회'와 '만민공동회'가 창립되는 데에도 기여하였다. 그녀의 오빠는 '배재학당' 교장을 역임하였고 그녀의 동생은 '이화학당'의 교수로 재직했다. 그녀 또한 평생 '이화학당'의 교장으로 활동하고 한국에서 숨을 거뒀다.

'정동교회'에는 '아펜젤러 기념비'가 서 있으며, 대를 이어 한국을 사랑한 그녀의 가족을 기리기 위해 배재학교 총동창회는 '양화진 외국인 묘지'에 아펜젤러 가족의 무덤을 마련, 안장했다. (전상기)

참고문헌

이만열, 「아펜젤러의 초기 선교활동과 '한국감기교회'의 설립」, 한국기독교역사연구소, 『한국기독교와 역사』 8, 1998; 최덕교 편저, 『한국잡지백년』 3, 현암사, 2004.

이량도여(以良都女)

1887년 일본에서 발행된 부인 잡지

잡지는 1887년 7월 9일에 창간되어, 1891년 6월 22일 제84호로 종간되었다. 발행소는 성미사(成美社)였다. 편집인 및 발행인은 야마타 다케타로(山田武太郎)이었다. 발행 간기는 1호부터 12호까지는 매월 두 번째 토요일에 발행되었으며, 13호부터 매월 4회 발행되어 주간지 형태로 변화되었다. 44호부터는 매월 2회 발행되었다. 잡지 판형은 1호부터 6호까지는 4×6배판, 7호 이후부터는 4×6반판으로 변화였다. 쪽수는 1호부터 6호까지는 50쪽, 7호부터 약 30~40쪽, 28호부터 약 20쪽, 78호 이후는 약 30쪽으로 발행되었다. 가격은 1책 8전으로 우송료 1원을 더하면 9전이었다. 28호부터 주간의 형태로 변화였기 때문에, 정가는 2전 5리, 우송료를 포함하면 3전이 되었다. 제78호부터 가격은 정가 5전, 우송료를 합하면 5전 5리였다.

잡지는 1880년 창간된 다양한 부인잡지의 하나였다. 대부분의 부인잡지는 1870년대 활발하게 창간되었는데, 부인의 계몽운동 때문에 생겨났다. 예를 들어 자유민권운동의 하나인 여권확장운동, 보수적인 현모양처주의를 주장하는 부인계몽운동을 배경으로 부인잡지가 탄생하였던 것이다.

이러한 배경에서 탄생한 잡지의 동인은 당시 도쿄제국대학 문과철학과 학생이었던 오가다 료헤이(岡田良平, 후에 추밀원 고문관), 같은 대학 법정정치과의 학생 잇키 기토쿠로(一木喜德郎, 후에 추밀원 의장), 당시 대학예비문(大學豫備門) 학생이었던 마사키 나오히코(正木直彦, 후에 도쿄미술학교 교장), 나카가와 고주로(中川小十郎, 후에 귀족원 의원으로 리쓰메이칸[立命館]대학창립자), 야마타 비묘(山田美妙), 그리고 당시 긴코토(金港堂)의 편집자였던 신보 이와타(新保磐次) 등 6명이었다.

이들은 구화주의(歐化主義)에 대항하는 새로운 학문을 구축하기 위한 보수주의의 입장에서 부인계몽잡지의 창간을 기도하였다. 즉 잡지는 반구화적(反歐化的) 신보수주의 입장에 서서 부인계몽잡지로서 창간되었다.

이러한 창간목적은 창간호에 게재된 「창간의 취지」에 잘 나타나 있다. 취지에는 남녀동권론(男女同權論)을 서양문명의 수입에 의해 일본에서 유행하고 있는 하나의 대오류(大誤謬)라고 비판하였다. 잡지가 서양풍속, 관습을 모두 부정한 것은 아니지만, 기본 편집방향은 일본의 미풍을 논하고 일본의 미풍을 위해 서양의 양속(良俗)을 취함으로서 일본부인의 교육을 진행하다는 것이었다.

그런데 창간 편집동인 중에서 야마타 미묘(山田美妙)를 제외하면 곧 잡지 발행에 직접 참여하기 어려운 사정이 생겼다. 학교입학과 출판사 경영에 전념했기 때문이었다. 이러한 배경에서 제14, 15호부터 잡지는 야마타 미묘의 언문일치(言文一致) 주장과 신체시(新體詩)를 중시하는 잡지로 변화될 수 있었다.

이런 측면에서 잡지는 부인계몽과 여자 교육문제 등의 사상사적인 교육사적인 연구에 필요한 자료임 동시에, 문학사적으로도 가치가 있는 자료이다.

잡지는 초기에 '월보', '가정요록', '잡록', '논설' 등의 항목으로 구성되었다. 이후 '소설', '비판', '강의', '여흥(餘興)', '기서(寄書)', '학예', '총화(叢話)' 등이 항목이 추가되었다.

잡지는 일본국회도서관, 도쿄대 메이지문고, 도쿄여자대학 도서관, 리쓰메이칸대학 도서관 등에 분산 소장되었는데, 후지(不二)출판사에서 복간하여 출판하였다. (문영주)

참고문헌

『「以良都女」解題·總目次 索引』, 不二出版, 1983; 浜崎廣, 『女性誌の源流』, 出版ニュ-ス社, 2004; 『日本出版百年史年表』, 日本書籍出版協會, 1968.

이러타

1931년 서울에서 창간된 시사 월간지

1931년 6월 20일 '사회실정조사소(社會實情調査所)'에서 창간한 월간지이다. 1936년 1월 통권 56호로 종간되었다. 편집 겸 발행인은 이종율(李鍾律), 인쇄인은 한성도서 주식회사의 김진호(金鎭浩), 발행소는 이러타사(경성부 견지동 80)이다. 판형은 B5 4X6판에 총 60쪽 내외이고 정가는 25전이었다. 통권 2권 6호(1932. 6)를 보면 박동수(朴東洙)가 창간한 『문학건설』과 같은 주소(경성부 가회동 170)로 되어 있어 잡지의 발행 여건과 잡지사의 성격을 짐작하게 한다.
연세대와 서울대, 그리고 '아단문고'에 각각 소장되어 있으나 극히 소량의 호수만 남아 있다.

1930년 4월 노동자들에게 조선과 세계의 구체적인 실정을 알려 주기 위하여 결성된 '사회실정조사소'는 국내외 정세에 대한 조사, 연구 및 관련 문헌의 번역에 힘쓰는 한편, 기관지 『이러타』를 발간하여 조직을 확대하고 강화하기 위해 노력하였다. '사회실정조사소'는 군부도세(郡府道勢)·노동조합·일반단체·특별사건·각종 집회·공장 등의 사항을 조사하여 기관지에 싣고 있다.

창간호에 실린 「활동시작에 제(際)한 대중에게의 통문」에서는 "'사조'(사회실정조사소) 및 기관지 『이러타』의 존재는 오직 대중적 비판과 지지 밑에서만"이라는 슬로건을 내걸고 노동자들이 '사회실정조사소'의 레포터(보고자)가 되어야 하며 방방곡곡에 『이러타』 지사를 세워야 한다고 촉구하고 있다. 주로 국내외 정치 정세 소개, 사회운동 및 노동운동의 현황 및 문제점, 노동문제에 대한 조사, 자본주의 분석 등에 대한 조사 보고서를 싣고 있으며, 말미에는 '자료란'과 '통계란'을 두고 있다.

중요한 사회단체의 행사 소식을 빠짐없이 실으려 한 노력이 돋보인다. 특히, '신간회' 해산 회의를 보고한 기사나 '반카프 음모사건', '형평사 전국대회 방청기' 등은 사회단체들의 면모와 참여 인사들의 동정을 살피는 데도 많은 도움이 된다. 아울러 '자료란'과 '통계란'을 둘 만큼 거시적 지표 아래 조선 사회의 모습을 조망하고 세계적 동향 속에서 조선의 미래를 과학적으로 예측하고자 한 안목은 높이 평가할 수 있을 것이다.

노동대중의 잡지를 표방하는 『이러타』는 국제정세, 사회문제, 노동운동에 대한 좌파의 인식을 보여주고 있다. 세계대공황 시기 좌파 노동운동 진영의 전략과 전술, 그들의 대중 포섭 노력 등을 엿보게 하는 잡지이다. (전상기)

참고문헌

전명혁, 「산수 이종률의 민족해방운동과 민족통일전선론」, 성균관대학교 사학과, 『사림』 제24호, 2005; 김승, 「일제강점기 이종율의 민족혁명운동」, 부경역사연구소, 『지역과 역사』 제18호, 2006.

이론투쟁(理論鬪爭)

1927년 일본에서 창간된 조선공산당 3차당의 기관지

1927년 1월에 창간된 이론잡지이다. 조선공산당 제3차당의 기관지이다. 전체 호수는 알 수 없다. 확인 가능한 호수는 1권 2호(1927년 4월 25일 간행), 1권 3호(1927년 8월 15일), 5호(1928년 3월 15일)이다. 제5호의 경우 매월 1회 15일 발행으로, 편집 발행 겸 인쇄인은 박낙종(朴洛鍾), 발행소 이론투쟁사(東京府 下戶塚町 諏訪 164 松岡方), 인쇄소는 도세이샤(同聲社), A5판 68쪽, 정가 30전이었다.

확인 가능한 문건을 살펴보면, 1권 2호는 지노비에프의 「당이란 무엇인가」, 최익한(崔益翰)의 「사상단체해체론」, 한림(韓林)의 「단일민족당 결성에 대하여」, 담평산(譚平山)의 「중국 국민혁명운동의 특질과 전위의 당면임무」, 김균(金均)의 「방향전환의 자기비판」, 좌목군(佐木君)의 「조선신흥운동의 조직문제에 관한 속학적 일고찰: 김만규(金萬圭) 씨의 논문을 평함(1)」, 후쿠모토 가즈오(福本和夫)의 「유물사관의 구성과정: 유물사관 연구방법 비판」, 1권 3호는 강철(姜徹)의 「'사회주의활살론'을 논살함」, 5호는 「협동전선과 노동계급에 대하여」, 왕태초(汪太初)의 「조선운동의 현계단의 서언: 아울러 모든 민족주의이론을 일축함」, KH생의 「조선마르크스주의자의 당면한 결정적 임무에 대하여: 장일성 씨 상회특제(商會特製), 『특수조선(特殊朝鮮)』의 이론 신형민족주의는 여하히 극복될 것인가?」, PDR의 「중국혁명의 현계단: 광동소비에트 수립과 그 의의」 자료로 「반제국주의국제연맹총평의회의 정책 방침의 결의」, 「전북사회운동자 신년간친회 토의안」 등이다.

「편집후기」를 보면 잡지 발행 전후의 사정을 좀 더 살펴볼 수 있다.

"지금 조선은 확실히 '방향전환기'에 들어서 있다. '파벌주의 박멸', '사상단체 해체', '전 민족적 단일당 결성의 촉진', 이 2·3문제는 '조선운동: 전 국면(全局面), 내외(內外) 및 도비(都鄙)를 물론하고'에 제기되어 있다. 아니 벌써 일보(一步) 일보 실현의 세계에로 진전(進展)하면서 있다. 파벌주의는 '박멸'에서 그 여재(餘滓)의 청산(淸算)에로! 사상단체는 해체에서 보다 고급(高級)적 조직에로! 전 민족적 단일당은 결성의 촉진(促進)에서 결성의 구체적 방침의 토구(討究)에로! 이것이 이 순간의 현실적 표현이다. 다시 말하면 정치적 의식의 고양(高揚)과 조직문제의 구체화가 우리 대중의 절박한 요구이다. 그러나 이 반면에 정치의식을 저열(低劣)화시키려는, 그리고 조직문제를 등한시하려는 모든 경향이 발연(勃然)히 대두(擡頭)한다. …… 3월호(창간호)는 특수적 환경에 지배되어 예정을 실현하지 못하였다. 그리고 4월호 발행도 늦어서 독자 제위에게 미안 천만."

5호의 「전북사회운동자 신년간친회 토의안」 가운데 '반동적 파벌주의 박멸에 관한 건' 에서는 당시의 당면한 과제로 파벌주의의 박멸을 내세우면서, 사상단체의 해체와 전 민족적 단일당의 결성이 절실하다고 했다. 아울러 편집 여언(餘言)에서는 광범위한 노농계급의 대중조직이운동의 유일한 기반으로 이것의 조직화가 전투적 전위의 당면임무라고 했다. 즉 전투적 전위의 조직적 자주적 투쟁만이 조선민족운동을 정당한 방향으로 지도한다는 것이다.

• 박낙종(朴洛鍾, 1899~1950)

경남 사천 출생으로 한학을 수학하고, 서울 중동학교에서 2년간 수학한 뒤 1922년 일본에 유학했다. 세이소쿠(正則)영어학교에서 2년간 수학하고, 1926년 와세다대학 전문부 정치경제과를 졸업했다. 대학 재학 중에는 구월회(九月會)를 조직했고, 북성회(北星會)와 일월회(一月會)에서 활동했다. 일월회의 기관지 『사상운동(思想運動)』 발행인 겸 편집인을 지냈다.

1927년 4월 조선공산당 일본부 책임비서로 선임되었다. 그리고 도쿄(東京)에서 도세이샤를 설립하여 『대중신문(大衆新聞)』, 『현계단(現階段)』 등의 정기간행물과 700여 종의 사회주의 출판물을 간행했다. 1928년 2월 '제3차 조선공산당 검거사건'으로 검거되어, 1930년 경성지법에서 치안유지법 위반으로 징역 5년을 선고받고 복역하다가 1934년 1월 출옥했다.

1945년 8월 장안파 조선공산당에 참가했고, 9월 조선인민공화국 중앙인민위원회 위원으로 선임되었다. 1946년 2월 민주주의민족전선 중앙위원이 되었고, 조선정판사 사장으로 『해방일보(解放日報)』를 비롯한 각종 출판물을 간행했다. 5월 '조선정판사 사건'으로 경찰에 검거되어 무기징역을 선고받고 목포형무소에 수감되었다. 한국전쟁이 일어난 직후 총살되었다. (김인덕)

참고문헌

『理論鬪爭』; 朴慶植 編, 『朝鮮問題資料叢書』 5, 東京: アジア問題硏究所, 1982; 강만길·성대경 편, 『한국사회주의운동인명사전』, 서울: 창작과비평사, 1996; 최덕교 편저, 『한국잡지백년사』 2, 서울: 현암사, 2004.

▌이민정보(移民情報)

1929년 일본에서 발행된 이민 잡지

1929년에 외무성 통상국이 창간한 이민관련 잡지이다. 관청에서 발행한 이민관련 잡지는 외무성 통상국이 메이지 말기부터 다이쇼 초기까지 발행한 『이민조사보고』가 있지만, 본격적인 잡지는 『이민정보』가 최초이다. 50쪽 내외의 분량으로 간행되었고, 정가 20전이었다. 편집인은 외무성 통상국이었으며 발행소는 도쿄의 신세이토(新生党)인쇄소였다.

본지는 논총, 정보, 회의, 규칙 변개(規則變改), 인사 잡찬의 5개 항목으로 구성되어 있다.

권두에 통상국장의 「이민정보의 발행에 대하여」가 게재되어 있다. 이제까지의 해외에 재류한 상황에 관해서는 당국에서 발행한 주간 『해외경제사정』에 게재했지만, 이 잡지는 해외통상에 관한 정보를 제공하는 것이 목적이기 때문에 '현재 왕성하게 일어나고 있는 해외이주열에 순응할 수 없기 때문에' 새로 월간지를 발행하고 '해외 각 공관으로부터 재류자에 관한 보고와 일본인의 해외도항에 관한 정보를 편집 게재'한다고 밝히고 있다.

창간호 '논총'에는 「백국아마존 하류지역의 말라리아조사개요」와 「영령동아불리가개관」이 게재되었다.

본지는 후에 외무성 아미리가국 편찬으로 발행주체가 변경되었고, 1937년 6월 10권 1호부터 『해외이주』로 제호를 변경하였다. 그리고 14권 5호 이후부터는 『라틴아메리카연구』(라틴아메리카중앙회, 1941)로 다시 제호가 변경되었다. 이들 잡지는 44년 10월호까지 국립국회도서관에 소장되어 있다. (문영주)

참고문헌

加藤友康·由井正臣 編, 『日本史文献解題辞典』, 吉川弘文館, 2000.5; 『日本出版百年史年表』, 日本書籍出版協會, 1968.

▌이민지사정(移民地事情)

1922년 일본에서 발행된 이민 잡지

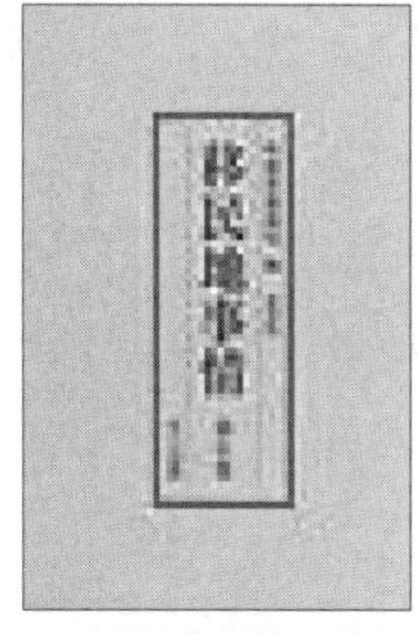

일본의 외무성 통상국이 편찬한 부정기간행물로서, 1922년부터 1931년까지 거의 9년 반에 걸쳐 총 27권이 간행되었다. 간행 속도는 일정하지 않았는데, 1922년 6월에 1권·2권이, 7월에 3권이 차례로 완성되어, 3권까지 관계기관과 개인에게 배포되었다. 이후 약 1년 반 정도의 공백 기간을 거쳐, 배일이민법(排日移民法) 성립이 가까워진 1924년 3월에 다시 4권이 송부되었다. 이후에는 1931년 10월의 마지막 27권이 간행, 배포될 때까지 매년 여러 권이 간행되었다.

『이민지정보』 간행 당시, 외무성이 편찬 발행한 간행물은, 정보국이 간행한 『국제사정(國際事情)』과 문서국이 간행한 『외무성보(外務省報)』 등의 정기간행물, 각종 『통계표』, 『연보』, 『공표외교문서(公表外交文書)』, 『조약집』 등의 부정기간행물, 그리고 상황에 따라 간행된 임시 간행물의 세 가지로 분류할 수 있다. 따라서 『이민지정보』는 부정기간행물에 속하는 것이었다.

『이민지사정』의 집필자 다수는 재외공관에 근무한 외교관이었고, 이외에 외무성과 재외공관의 촉탁을 받은 기사, 해외흥업주식회사(海外興業株式會社) 사원, 이주자들로 구성되었다. 따라서 『이민지사정』의 내용은 대부분 재외공관에서 근무한 외교관들이 작성한 조사, 출장, 순회보고서(復命書) 등을 중심이었다.

각 권은 독립 완결된 내용을 취급하였다. 표지의 우측 상단에는 편찬 연월일, 중앙에는 제호 이민지사정 몇 호, 그 옆으로 '~국사정(~國事情)', '~시찰보고'라는 각권의 개별 표제가 병기되었고, 좌측 하단에 발행부서인 외무성통상국이라는 국명이 적혀 있다. 이러한 표지 모양은 '조서(調書)'의 특징이라고 할 수 있는 세 가지 요소를 모두 갖춘 것으로, 잡지는 전형적인 조서 스타일을 답습하고 있었다.

『이민지사정』의 간행 부수에 대해서는 상세하게 알 수는 없지만, 수백 부에서 2000부까지로 시기별로 변화가 있었다. 1권에서 3권은 외무성 외부로 발송된 부수가 약 250부였지만, 4권은 2000부나 인쇄되었다. 이후에도 이 정도의 인쇄 부수를 유지하다가, 1927년 9월에 발행된 14권의 발송 부수는 400부로 격감하였고, 1938년 8월에 간행된 17권은 거의 300부 정도밖에 간행되지 않았다.

『이민지사정』가 발송된 대상은, 발송 부수는 시기별로 변화가 있었지만, 외무성내, 재외공관, 중앙성청(中央省廳), 지방청, 이민관계단체, 공공도서관, 대학·연구소·은행·상사(商社)·신문사 등이었다. 이외에 연구교육기관을 중심으로 외무성에 직접 기증, 송부를 의뢰한 단체, 조직, 개인에게도 발송되었는데, 이민 지원자가 잡지의 송부를 원하는 경우도 있었다. 잡지 발송을 희망하는 곳은 일본 국내뿐만 아니라, 국외에서도 있었다. 예를 들어 중국 동북 지방 톈진에 주둔한 보병대 제삼부대(北支那天津駐屯步兵隊第三部隊)나 설립 준비 중이었던 조선평양부도서관(朝鮮平壤府圖書館)에서도 잡지의 기증을 요청하였다.

외무성이 간행한 이민관계 잡지는 1908년 12월에 편찬 발행한 『이민조사보고(移民調査報告)』 12권이 유명하다. 『이민지사정』은 그 흐름을 흡수한 출판물이라고 할 수 있다. 『이민지사정』이 간행된 시기는 일본의 동아시아에 대한 제국주의적 팽창 때문에 구미열강, 특히 미국과의 마찰이 심화되고 있었던 시기였다. 미국과의 관계는 미국 서해안 지역의 일본 이민자에 대한 차별적 입법과 이민제한의 강화로 인해 악화일로를 걷고 있었다. 이러한 상황을 배경으로, 일본 정부는 일본인 이민의 송출 지역의 전환을 기도하고, 종래의 출가이민(出嫁移民)을 정주이민(定住移民)으로 전환하는 이민정책의 근본적은 변경을 강화하였다.

잡지 1권에 수록되어 있는 「남미 브라질의 사정」이라는 제목의 소논문은 이러한 사정을 정확하게 서술하고 있다. 잡지 18권이 영령(英嶺) 북보루네시아, 제25권이 필리핀 다바오 사정에 초점을 맞춘 것을 제외하면, 잡지의 나머지 25권은 모두 라틴 아메리카 지역에 대한 보고로 채워져 있다.

일본 정부의 이민정책 전환을 배경으로, 이주와 식민을 위한 식민적지(植民適地)의 선정과 식민지에 있어서 구체적인 경영 계획의 책정을 최종적인 목적으로 행해진 다양한 순회, 출장, 조사 등에 관한 보고가 『이민지사정』의 중심 내용이었다. 보고 내용은, ① 해당 지역에 관한 자연, 사회 전반에 대한 정보, ② 해당 지역에 거주하는 일본인의 현상 보고, ③ 식민적지의 선정, 현황, 평가, 경영계획으로 분류할 수 있다.

『이민조사보고』를 계승하는 형태로 간행된 『이민지정보』는 일반인을 대상으로 '각 이식민지(移植民誌)의 실정과 각 이주지에 관한 참고사항에 대해 가능한 한 최신의 정확한 지식을 전달'하기 위한 목적으로 1929년 4월부터 정기간행이 개시된 이주정보지 『이민정보(移民情報)』에 그 역할이 흡수되었다. 그 결과 『이민지정보』는 1931년 종간되었다. 『이민정보』는 1937년에는 『해외이주(海外移住)』, 1941년에는 『라틴아메리카 연구』로 그 지명을 변경하였고, 발행 명의도 외무성 통상국, 아메리카국, 외무성 내 이민문제연구회, 라틴아메리카중앙회로 변천을 거듭하면서, 전쟁 말기인 1944년까지 간행을 지속하였다.

이와 같이 『이민조사보고』에서 『이민지사정』, 그리고 『이민정보』라는 지명 변천은, 해당 시기의 고유한 역사적 상황을 반영한 것은 물론이다. 지명의 '이민'에서 '이민지'로의 변화와 '조사보고'에서 '사정' 그리고 '정보'로의 변화는 메이지 말기부터 다이쇼 그리고 쇼와라는 각각의 시대에 있어서 일본 정부의 이주정책의 변천과 그것에 따른 독자층의 변화를 보여 주는 표현이었다고 할 수 있다. 이와 같이 『이주지정보』는 출가이민의 시대에서 식민지를 전제로 한 정주이민의 시대로의 전환이라는 일본 정부의 이주정책의 크게 전환되는 경계의 시기에 간행된 잡지였다. 이런 의미에서 『이민정보』가 1937년 『해외이주』로 지명을 변경한 것이 함의하는 바가 무엇이었는지는 명확하다고 할 수 있을 것이다. (문영주)

참고문헌

柳田利夫, 「解說『移民地事情』」, 『「移民地事情」 解說·總目次」, 不二出版, 2002; 『日本出版百年史年表』, 日本書籍出版協會, 1968.

이바라키신문(茨城新聞)

1942년 일본 이바라키신문사가 창간한 지역 일간지

1942년 일본 이바라키신문사(茨城新聞社)가 창간한 지역 일간지. 이바라키신문사는 1891년 7월 이이무라 조사부로(飯村丈三郎)가 창간에 관계한 『이바라키(いはらき)』와 1900년 11월 18일 와타나베 히로시(渡邊廣治)가 창간에 관여했던 『조소신문(常總新聞)』 이외에 이바라키현(茨城縣)에는 일간지가 2개 더 발간되었는데, 1942년 2월 1일 이를 통합했다. 이바라키신문사는 1942년 11월에 『이바라키신문』을 창간하고, 소재지는 미토시(水戶市 南町 16番地)였다. 사장은 나카사키 유타카(中崎豊), 주간은 후쿠지 아쓰시(福地德)였다. 발행횟수는 조간 4항, 석간 2항이었고, 구독료는 1개월에 1원이었다.

근황적인 성격의 신문으로 여론 형성에 적극적이었다. 아울러 현 주민의 복지 향상과 구인 원호에 주목했다. 따라서 군인유가족 원호자금 모집운동과 총후부인 강연회(銃後婦人講演會) 등을 개최했다.

아울러 중등학교 입학고사 좌담회, 전통공예품증진좌담회, 농공노무좌담회, 농촌모성좌담회, 주택개선좌담회 등을 연속적으로 열었다. 그리고 건함(建艦) 모금운동을 개시했다.

1943년경에는 군관민 일체와 대전 완수 등의 일본 정부의 입장을 그대로 반영했다.

지사와 지국을 보면, 도쿄(東京) 지사, 오사카(大阪) 지사, 히다치(日立) 지사, 겐보쿠(縣北) 지사, 겐난(縣南) 지사, 겐사이(縣西) 지사, 오지(大子) 지국, 이시오카(石岡) 지국, 미쓰카이도(水海道) 지국 등이 있었다. (김인덕)

참고문헌

『昭和18年 新聞總覽』, 東京: 日本電報通信社, 1943; 春原昭彦, 『近代新聞通史』, 東京: 新泉社, 2003.

이상(理想)

1927년 일본에서 창간된 철학 사상 잡지

1927년 4월 고베(神戶)에서 계간지로 창간되었다. 편집 겸 발행인은 오에 세이시로(大江精志郎, 오에 세이이치[大江清一])였고 발행처는 이상사(理想社)였다. 태평양전쟁의 전황이 극도로 악화되자 1945년 5월부터 휴간 상태에 접어들었다. 1946년 1월에 복간되어 현재에도 계속 발간되고 있다. 통권 403호(1966.12)에는 총 목차와 집필자별 색인이 있다.

오에 세이시로 외에도 오에 세이조(大江精三), 이와사키 쓰토무(岩崎勉) 등이 집필을 맡고 있었다. 당시 같은 종류의 사상 잡지로 이와나미쇼텐(岩波書店)의 『사상』(思想)이 있었지만 『사상』의 전문지적 경향에 대하여 중립적 성격을 지키는 가운데 철학 사상을 대중에게 보급하고 생활화하는 것을 목표로 하고 있었다.

일정한 주제 아래 특집 형식의 편집을 하는 특징을 보였다. 특집에서 다룬 주제는 철학, 사상은 물론이고 종교, 문학에 이르기까지 광범위한 것이었다.

발간 2년째부터 도쿄(東京)에 진출하면서 집필자의 범위도 확대하였다. 다시 3년째부터는 격월 발간으로 바뀌었다. 그리고 11년째인 1937년 11월호부터는 월간이 되어 명실공히 철학 사상 잡지로서의 기초를 확립하였다.

그 사이에 철학자인 니시다 기타로(西田幾太郎, 전 교토제국대학 교수), 다카하시 사토미(高橋里美, 도호쿠제국대학 교수), 미키 기요시(三木清, 전 호세이대학 교수), 다나베 하지메(田辺元, 교토제국대학 교수), 구키 슈조(九鬼周造, 교토제국대학 교수), 신예 사회학자인 시미즈 이쿠타로(清水幾太郎), 윤리학자인 가네코 다케조(金子武藏), 평론가인 하세가와 뇨제칸(長谷川如是閑), 역사학자인 쓰다 소키치(津田左右吉, 와세다대학 교수) 등이 집필자로 참가하였다. (이준식)

참고문헌

日本近代文學館·小田切進 編,『日本近代文學大事典』第5卷, 講談社, 1977;『日本出版百年史年表』, 日本書籍出版協會, 1968.

이세신문(伊勢新聞)

1878년 일본에서 발행된 신문

1878년 1월 17일 창간되었다. 세이난전쟁(西南戰爭) 직후, 민권신장의 필요성을 느낀 마쓰모토 소이치(松本宗一)가 민권자론자의 지지를 바탕으로 창간하였다. 당초는 주 2회 정도의 부정기 간행이었다가 일간으로 발행되었다. 발행부수는 창간 당시 1200부, 메이지 말기에는 2000~3000부 정도였다.
창간 이래 자유당색이 강하였으며, 정우회(政友會) 성립 이후에는 정우회를 지지하였다. 태평양전쟁까지는 신문사 주도권은 마쓰모토 소이치의 손자가 장악하였다. 1942년 1월부터 4월까지 현 내의 각 신문을 합동하고 현내 유일한 신문으로 발행되었다. 이 신문은 창간 이래 신문이름을 변경하지 않은 전국 유일의 신문이다. 1878년부터 1881년 6월본까지는 도쿄대 메이지신문잡지문고, 1908년 6월부터 1914년 12월본까지는 국립국회도서관에 소장되어 있다. (문영주)

참고문헌

春原昭彦,『日本新聞通史』, 新泉社, 2003; 新聞硏究所,『日本新聞年鑑』, 1943; 日本新聞協會『地方別日本新聞史』.

이습(而習)

1928년 서울에서 발행된 보성고등보통학교 이습회의 문예지

편집 겸 발행인은 전구공(田口貢)이고, 발행소는 보성고등보통학교 이습회(경성)이다. 국판, 104쪽으로 비매품이다.

보성고등보통학교는 1906년 9월 5일 사립보성중학교로 개교한 사립학교다. 일제강점 이후 1913년 12월 6일 사립보성학교로 교명을 변경했다가 1917년 7월 1일 다시 조선총독부 인가를 받아 사립보성고등보통학교로 불리게 되었다.

『이습』은 1927년 학생자치단체인 이습회의 운영경비를 둘러싼 의혹과 일부 교사에 대한 불만으로 보성고등보통학교 학생들이 일으킨 동맹휴학이 수습된 후 창간된 것이었다. 학생들의 교양과 문예 취미를 조성하기 위하여 평소 학생의 작품 중에서 가작을 선발하여 간행하였다.

게재된 문예작품의 필자는 모두 조선인인데, 작품은 조선어만이 아니라 일본어로 작성된 것도 다수 실려 있다. 학생들의 글인 만큼 조선어는 특히 어법에 맞게 쓰도록 권장했다고 한다.

창간호에는 86명의 문예작품이 실려 있다. 그중 42개의 작품이 일본어로 작성된 것이다. 그 소재와 형식도 매우 다양하다.

부록으로는 문집 말미에 운동부와 회계부의 보고 및 직원과 학생들의 성명과 원적이 실려 있는데, 이는 연구에 필요한 참고자료로서 가치가 높다.

• 보성고등보통학교

보성학교는 1906년 9월에 이용익(李容翊)이 서울 중부 박동(珖洞, 지금의 수송동)에서 사립보성중학교로 설립하였다. 목표는 교육구국(敎育救國)을 위한 인재양성에 있었다.

수업연한 4년에 246명의 신입생을 모집하고 초대 교장에 신해영(申海永)이 취임하였으며, 교감 1명과 교사 7명이 있었다. 교과목은 수신·국어·한문·작문

·역사·지지·물리·화학·박물학·지문학·법학·수학·도서·가창·체조·외국어·농업학·상업학·부기학 등이었다. 1910년 4월에 제1회 졸업생 75명을 배출하였다.

1910년 8월 경술국치로 당시 경영을 맡고 있던 이용익의 손자 이종호(李鍾浩)가 해외로 망명하게 되었다. 이로 인해 학교가 경영난에 빠지게 되자, 같은 보성학원(普成學園) 재단에 속해 있던 보성전문학교의 제1회 졸업생 윤익선(尹益善)이 손병희(孫秉熙)와 의논하여 1910년 12월 천도교에 학교의 경영을 인계하였다.

1913년 일제에 의하여 교명이 사립보성학교로 개칭되었다가, 1917년 사립보성고등보통학교로 개편되었다. 1922년 보성고등보통학교로 개칭하고, 1924년 조선불교중앙교무원(朝鮮佛敎中央敎務院)이 학교의 경영을 인수하였으며, 1927년에 종로구 혜화동으로 교사를 이전하였다. 1934년 재단법인 고계학원(高啓學園)이 인수하고 1938년 수업연한 5년의 보성중학교로 개편되었다. (이경돈)

참고문헌

보성100년사 편찬위원회, 『보성백년사: 보성중고등학교.1906~2006』,보성중고등학교, 2006; 보성팔십년사편찬위원회, 『보성팔십년사 . 1906-1986』, 보성중고등학교, 1986.

▌이십세기대무대(二十世紀大舞臺)

1904년 중국 상하이에서 창간된 문예지

1904년 10월 상하이(上海)에서 창간되어 반월간으로 발행되었다. 그러나 단지 2회를 발행하고 발행금지 당하여 종간되었다. 현재 상하이도서관에 소장되어 있다.

중국 최초의 혁명적 희극잡지이다. 그 발행목적은 「총보초고계병간장(叢報招股啓幷簡章)」에 의하면 '악습을 개혁하고 민중의 지혜를 열며, 민족주의를 제창하여 국가사상을 환기시키는 것'이라고 하였다. 따라서 이 잡지는 문학과 희극(戱劇)의 형식을 이용하여 혁명사상과 민주사상을 적극 선전하였다.

편집장은 천취빙(陳去病)이며, 류야쯔(柳亞子)와 왕샤오눙(汪笑儂), 진쑹링(金松岺) 등이 편집과 집필에 참여하였다. 모두 당대의 유명 애국지사로 시인이며 언론인이다.

류야쯔는 「발간사」에서 앞으로 이 잡지는 전국 사회사상의 근거지가 되어 백성의 지혜를 열고 자유의 종을 울리는 데 매진할 것임을 천명하고, 장극(壯劇)과 쾌극(快劇)의 폐지와 희극(戱劇) 개량을 주장하였다.

내용은 논설과 도화(圖畵), 제사(題詞), 전기(傳記), 단편, 반본(班本), 소설, 총담(叢談), 문원(文苑), 가요, 비평 등 16개 공간을 개설하였다. 극본과 소설, 유명인의 전기(傳記)를 위주로 하였으며 유명 논문도 발표되었다.

특별히 새로운 희극을 제창한 문장들이 많아 주목을 받았는데, 징안(靜庵)의 「안락와(安樂窩)」와 천취빙의 「금곡향(金谷香)」, 왕샤오눙의 「장락노(長樂老)」, 어우양쥐위안(歐陽鉅元)의 「나파륜(拿破侖)」 등은 자희(慈禧)태후의 사치 방탕한 생활을 풍자하고, 청 관료들의 매국행위와 반청사상을 선전하였으며, 프랑스혁명을 빌어 반청혁명을 논하기도 하였다.

천취빙은 「희극의 유익함을 논함(論戱劇之有益)」과 「고우령(告優伶)」 등의 논문을 통해 혁명당원과 진보문학가들은 모두 새로운 사상의 희극을 통해 백성의 지혜를 열어야 한다고 주장하였다.

이 매체는 선명한 민족민주 혁명성을 드러내어 겨우 2회를 발행하고 폐간 당했지만, 정치적으로나 희극상으로 지대한 영향력이 파급되었다. 창간호가 발간되자마자 매진되어 재판이 발행되었고, 일본과 싱가포르까지 판매가 이루어졌다. 당시 『중국일보』는 특별담화를 발표하여 『이십세기대무대』의 격조는 민족 사상의 우수한 발흥이라고 격찬하였다.

• **천취빙(陳去病, 1874~1933)**

자(字)는 페이런(佩忍)이며 호는 차오난(巢南) 또는 추이훙팅장(垂虹亭長)이라고 한다. 그는 만주 청 정부를 흉노(匈奴)에 비하며 하루 속히 제거해야 할 병이라 인식하였고, 이에 따라 자신의 이름을 '거병(去病)'이라 칭하였다.

시인이며 학자, 정치활동가로 일찍이 동맹회(同盟会)에 참가하여 혁명운동에 가담하였다. 『경종일보(警鐘日報)』와 『장쑤(江蘇)』, 『국수학보(國粹學報)』 등의 편집을 담당하였다. 1923년 국립동남대학 교수로 재직하였고, 1928년 장쑤혁명박물관 관장으로 재직하였다. (김성남)

참고문헌

周葱秀, 涂明著, 『中國近現代文化期刊史』, 山西教育出版社, 1999; 葉再生 著, 『中國近代現代出版通史』, 北京: 華文出版社, 2002.

이십세기의 부인(二十世紀の婦人)

1904년 일본에서 발행된 여성 사상 잡지

1904년 2월에 발행되어 1906년 11월에 폐간된 여성 사상 잡지이다. 정가는 8전. 제1호 목차를 살펴보면 '논설(論說)', '부인과 실업(婦人と實業)', '시평(時評)', '외국부인계(外國婦人界)', '문림(文林)', '명원단평(名媛短評)' 등 6개로 구분되었다. 구성상의 특징은 다른 잡지와는 달리 '부인과 실업'이라는 항목이 편집된 것이다. 이에 대해 잡지 주필 이마이 우타코(今井歌子)는 기존의 '현모양처주의'라는 틀 속에 여성을 속박하는 것에 반대하여 정치와 직업에 여성이 진출할 것을 주장하여 '미국적 여성(亞米利加的女性)'을 이상으로 삼았다. 잡지는 더욱이 여성의 정치결사 가입, 정치집회 참가를 금지한 '치안경찰법 제5조 개정의 청원운동'에 가담했다. 이 잡지는 『복각 일본의 부인잡지(複刻日本の婦人雜誌)』(大空社, 1986)로 영인되었다.

치안경찰법 제5조 개정의 청원운동

1906년 2월 3일자 신문의 "유지부인의 청원(有志婦人の請願)"이라는 기사에는 "치안경찰법 제5조의 개정에 대해 드디어 유지부인 230여 명의 연서로 어제 에바라 소로쿠(江原素六) 씨의 소개로 중의원에 동조 개정청원서를 제출했다"고 보도되었다.

더욱이 1907년 1월 22일자 보도에는 「유지부인의 청원운동(有志婦人の請願運動)」이라는 기사를 통해 이마이 우타코, 엔도 세이코(遠藤清子), 후쿠다 히데코(福田英子) 등 당시의 유명한 사회운동가가 "본기 의회에도 여전히 청원서 제출을 결정하여 목하운동 중이다"라고 보도했다.

또 같은 달 25일자 「부인의 정치운동(婦人の政治運動)」이라는 논설은 이 문제를 크게 취급했다. 논설의 필자는 가와카미 하지메(河上肇). 이후 마르크스주의 경제학의 1인자로서 이름을 날리던 논객이었다. 하지만 그는 여성의 사회참가에는 적극적이지는 않았다. 그는 "여자가 사회적 사업에 관계하는 것이 그다지 효과가 있다고는 생각하지 않는다", "정치적 집회에 출석하거나 정치적 결사에 가입한다는 것은 우리 견지에서 바라보면 결코 일반 여자에 권고할 사항이 아니다"고 말했다.

하지만 그는 여성의 사회참여를 법률적으로 금지하는 것에 대해서는 "우리는 여자의 정치운동을 환영하는 자는 아니지만, 이 사실이 이를 부인하는 것은 아니다. 다행히 여자의 청원을 계기로 이를 금지하는 법을 폐지해야 한다"고 말했다.

이에 대해 같은 해 2월 27일자 '율당(栗堂)'이라는 이름으로 게재된 「부인문제의 치안경찰법의 개정(婦人問題/治安警察法の改正)」이라는 기사는 전면적인 남녀평등, 남녀동권론을 전개했다.

• **후쿠다 히데코(福田英子)**

일본 여성해방운동의 선구자. 결혼 전 성은 가게야마(景山). 자유당(自由黨)에 들어가 자유민권운동에 참가했으며, 1885년 오사카 사건으로 투옥되었다. 출옥 후 오이 겐타로(大井憲太郎)와의 사이에 아이를 하나 낳았지만 이별했다. 1893년 후쿠다 도모사쿠(福田友作)와 결혼했으며, 1900년 후쿠다와 사별한 이후에 여성 실업교육에 뜻을 두었지만 점차 사회주의 사상에 심취하게 되었다.

1907년 아베 이소오(安部磯雄), 기노시타 나오에

(木下尙江), 이시카와 산시로(石川三四郞) 등과 잡지 『세계부인(世界婦人)』을 창간하고 그 잡지의 주필을 맡아 활동하면서 여성해방을 주장했다. 저서로는 『나의 반생애(妾の半生涯)』, 『부인문제의 해결(婦人問題の解決)』 등이 있다.

• 가와카미 하지메(河上肇)

일본의 언론인, 시인, 대학교수. 일본에서 마르크스주의 경제학의 선구자이다. 1902년 도쿄제국대학 정치과를 졸업한 뒤 언론인으로 활동하면서 셀리그먼(Edwin Seligman)의 『역사의 경제적 해석(Economic Interpretation of History)』을 번역하여 변증법적 유물론을 일본에 처음 소개했다. 1913년에 유럽으로 유학을 떠났다가 1915년 귀국하여 교토제국대학에서 경제학을 가르쳤다. 그의 강의는 1928년에 정치활동이 문제가 돼 강단을 떠날 때까지 계속되었다. 교토에 있는 동안 개인잡지인 『사회문제연구(社會問題硏究)』를 창간하여 학생과 노동자들에게 마르크스주의 경제학을 전파했다. 그의 『경제학 대강(經濟學大綱)』(1928)과 『자본론 입문(資本論入門)』(1929)은 1920~30년대 일본에서 이론경제학이 발전하는 데 결정적인 역할을 했다.

1920년대를 통해 점차 직접적으로 정치에 참여하게 되었으며, 비록 당선되지는 못했으나 신노동당(新勞動黨)의 후보로 출마하기도 했다. 당시 불법화되었던 일본공산당에 입당해 비합법 정치활동을 하다가 체포됨으로써 사실상 적극적인 정치 참여는 끝이 났다. 1937년 석방된 뒤 『자서전』을 집필하기 시작해, 젊어서 톨스토이적 민족주의자였던 그가 마르크스주의자로 사상적 변모를 겪는 과정을 기술했다. 2차 세계대전이 끝난 뒤인 1946년 1월 영양실조로 숨졌다. 사후인 1946년에 4권으로 된 시집이 출판되었다. (이규수)

참고문헌

村田静子, 『福田英子:婦人解放運動の先駆者』, 岩波書店, 1959;
浜崎廣, 『女性誌の源流』, 出版ニュース社, 2004.

이십세기지나(二十世紀支那)

1905년 일본 도쿄에서 중국어로 창간된 정치 운동 잡지

1905년 6월 3일 청 말기, 일본 도쿄(東京)에서 화흥회(華興會) 회원이 창간하였다. 월간으로 2회를 발간하고 종간되었다. 그해 11월 26일, 『민보(民報)』로 제호를 바꾸고 동맹회 기관지로 발행되었다.

내용은 논설, 학설, 정법(政法), 역사, 군사, 이과(理科), 실업(實業), 총록(叢錄), 문원(文苑), 시사(時事), 시평(時評) 등의 공간을 개설하였다. 주로 제국주의의 중국 분할 야심을 폭로하고 반청(反淸) 인물들의 역사적 족적을 찾아 찬양하였으며, 국제법 및 사회 일반적 지식들을 소개하였다.

편집진에는 톈퉁(田桐), 쑹자오런(宋敎仁), 황싱(黃興), 바이위환(白逾桓), 천톈화(陳天華), 루위(魯魚), 처우스광(讐式匡) 등이 참여하였다.

2호에 일본의 중국 침략정책을 규탄하는 글을 게재하여 일본 정부로부터 발행금지를 당하였다.

1905년 8월 20일 동맹회(同盟會)성립대회에서 이 신문을 동맹회 기관신문으로 결정하였고, 11월 26일 『민보(民報)』로 개명하여 동맹회의 기관지로 발행이 계속되었다. (김성남)

참고문헌

葉再生 著, 『中國近代現代出版通史』, 北京: 華文出版社, 2002;
王檜林·朱漢國 主編, 『中國報刊辭典』, 太原: 書海出版社, 1992.

이육신보(二六新報)

1893년 일본에서 발행된 일간지

二六新報

1893년 10월 26일 도쿄에서 아키야마 데이스케(秋山定輔)가 창간한 일간지이다. 신문은 번벌(藩閥) 정치 반대를 주장하면서 조선문제와 중국의 동향에 주목한 독립적인 정론지였다. 하지만 신문발행은 경영난 때문에 1년 만에 휴간하기에 이른다. 1900년 2월 8일 다시 발행된 『이육신보』(2차)는 미쓰이재벌(三井財閥) 공격, 창기 자유폐업 지원, 노동자 간친회 개최, 러일강화조약 반대 등 사회문제와 관련된 캠페인에 중점을 두었다. 지면 또한 대중을 겨냥하여 재미있게 편성하고 염가 판매를 추구했다. 전성시대에는 『만조보(万朝報)』를 능가하여 최고 18만 부를 발행했다. 신문은 정부의 탄압을 받으면서 일시기 『도쿄이육신보(東京二六新報)』, 『정계신문(政界新聞)』 등으로 제호를 변경하다가 태평양전쟁 시기에 실시된 신문통합으로 1940년 9월 폐간되었다. 현재 잡지는 후지출판(不二出版)에 의해 1893년부터 1909년까지 전 48권으로 복간되었다. (이규수)

참고문헌

『近代文學雜誌事典』, 至文堂, 1965; 足立巻一, 「秋山定輔」, 『思想の科学』 35, 1965; 山口功二, 「ポピュリズムとしての新聞(2) 秋山定輔と『二六新報』, 『評論·社会科学』 62, 2000; 長山靖生, 「日露戦争異聞 江見水蔭, 『二六新報』, 郡司大尉」, 『日本及日本人』 1648, 2003; 山口功二, 「『二六新報』のスキャンダリズムとポピュリズム」, 『評論 · 社会科学』 56, 1997.

이재신보(理財新報)

1878년 일본에서 발행된 은행 잡지

1878년 5월에 『택선회록사』를 내용면에서 풍부하게 하고, 형식면에서 완전한 잡지 형태로 만들어 창간한 것이 『은행집회이재신보』이다. 본지의 간행을 제안한 사람은 시부사와 에이이치(澁澤榮一)로서, 그는 1878년 2월에 개최된 제8회 택선회에서 『택선회록사』의 체제를 일변시켜 문자 그대로 엄밀한 의미에서의 잡지 창간을 제안하였다. 판형은 4×6판의 소형으로 창간호는 29쪽으로 발행되었으며, 이후 16쪽에서 48쪽 정도의 분량을 발행되었다. 기사의 내용은 주로 은행집회의 의사록을 중심으로 외국 은행영업에 관한 기사를 번역해서 다수 싣고 있다. 편집은 제일국립은행이 담당하였고, 본지 창간호의 표지에는 정가 9전이라고 적혀 있다. 민간 잡지사가 발행했기 때문에 대장성이 간행한 『은행잡지』의 3전 5리보다는 비쌌다. 또 각호의 쪽수에 따라 4, 5전부터 13전까지 정가가 변동하였다. 발행부수는 정확히 알 수 없다. 원본은 도쿄대 법학부 메이지신문잡지문고에 1호부터 8호까지, 또 도쿄은행협회은행도서관에 1호부터 9호까지 전권이 각각 소장되어 있다.

본지가 『택선회록사』를 계승하면서, 은행업자 이외의 경제계 일반인을 대상으로 발행되었다는 점에서 차이가 있었다. 자료로서 이용할 만한 서구, 중국의 경제학자의 잡지논문을 소개하거나, 일본의 과거 사례를 연구논문을 게재한 것은 『택선회록사』에서 찾아볼 수 없는 점이었다.

본지 창간호 「서언」에는 선택회의 의사록을 동업자뿐만 아니라 경제계 일반인에게도 알리기 위해서 잡지를 새로 창간했음을 밝히고 있다. 본지가 창간된 이후 택선회록사는 10회부터 본지에 게재되었다.

창간호 목차는 「예언」, 「본보서언」, 「은행집회제십회록사」, 「태서은행사략」, 「영란은행사략」, 「불랑서은행사략」, 「일이만어용은행사략」, 「합중국은행사략」, 「미국주립은행일명자류은행의 제(制)」, 「미국국립은행의 제」, 「희아마류토씨은행실험론초역」이었다.

한편, 『은행집회제십회록사』의 내용과 시부사와 에이이치가 은행문헌을 소재로 쓴 글이 매호 게재되었다는 점에서 본지와 『택선회록사』의 연속성을 알 수 있다.

그런데 택선회는 『이재신보』의 체제를 바꾸고, 그 규모를 크게 해서 널리 일반 국민을 대상으로 한 경제 지식을 보급하려고 하였다. 한편 대장성이 간행하던 『은행잡지』가 대장성 업무 증가로 발행이 여의치 않게 되었다.

이에 따라 1879년 1월 양지를 합병해서 『도쿄경제잡지』라는 새로운 잡지가 간행되었다. 『이재신보』는 『일본금융사자료』 제6권에 전문이 수록되어 있다. (문영주)

참고문헌

杉原四郎 編, 『日本経済雑誌の源流』, 有斐閣, 1990; 杉原四郎 著, 『日本の経済雑誌』, 日本経済評論社, 1987.

▌이제학당보(利濟學堂報)

1897년 중국 원저우에서 창간된 의학 잡지

1897년 1월 20일 저장성(浙江省) 원저우(溫州) 이제학당(利濟學堂)에서 발행한 중국 최초의 의학 잡지이다. 천추(陳虬)가 주필을 맡아 반월간으로 간행되었다. 1년 24절기를 그 발행일로 정하여 매월 두 권의 책을 50쪽 정도로 간행하였다. 1898년 종간되었다.

주필 천추는 원저우에 이제의원(利濟醫院)을 설립하고 이제의학당(利濟醫學堂)을 부설로 만들었다. 그리고 이제의원 원장의 직함으로 주식을 모아 이제학당보(利濟學堂報)를 창간하였다.

내용은 의학당 학생들이 수업한 강의 내용을 중심으로 교사들의 연구와 의학적 성과들을 소개하고, 옛 의학의 재료 연구와 의학 논문의 소개 등 상당히 풍부한 내용을 갖추고 있다.

이외에도 다양한 전문학술지에서 농학과 공정(公政), 상무, 체조(體操), 몽학(蒙學) 등의 12문을 둘 것을 「이제학당보예(利濟學堂報例)」에서 설명하였다. 즉, 이제강의(利濟講義), 근정략고(近政略考), 시사감요(時事鑒要), 양무섭문(洋務攝聞), 학부신록(學蔀新錄), 농학쇄언(農學瑣言), 예사패승(藝事稗乘), 상무총담(商務叢談), 격치치언(格致癡言), 견문근록(見聞近錄), 이제외승(利濟外乘), 경세문전(經世文傳)의 12문이 그것이다.

그중 이제강의는 편집되어 『이제총서(利濟叢書)』로 간행되었으며, 여기에는 중국의학의 기초 교재인 「이제원경보요(利濟元經寶要)」와 학생들의 심신 단련과 질병 치유를 위한 체육교재 「위생경(衛生經)」 등이 포함되어 있다. 이외에도 기타 글들을 모아 『이제학당보회편(利濟學堂報匯編)』을 출판하였다.

배포 지역은 비교적 광범위하여 원저우에 22개 판매처와 저장성에 26개 판매처가 있었으며, 베이징에 3개, 전국 대도시에 16개, 홍콩과 마카오까지도 판매처를 두었다.

출판 과정도 작업 내용에 따라 세분화 되어 경영과 집필진, 조판과 교정 인원 등 직원이 50여 명에 달했다. 그러나 무술정변(戊戌政變) 이후, 천추가 체포되고 이제학당과 잡지사도 모두 폐쇄되었다. (김성남)

참고문헌

方漢奇 主編, 『中國新聞社業通史』, 中國人民大學出版社, 1996; 葉再生 著, 『中國近代現代出版通史』, 北京: 華文出版社, 2002.

▌이코노미스트(イコノミスト)

1923년 일본에서 발행된 경제 잡지

1923년 4월 오사카마이니치신문사(大阪每日新聞社)와 도쿄니치니치신문사(東京日日新聞社)가 창간한 경제 잡지이다. 반월간으로 발행하다가 순간, 주간으로 발행되었다.

『도쿄경제잡지』가 폐간된 수개월 후에 창간된 본지의 표지에는 영국의 『이코노미스트』의 영문제자가 그대로 사용되었다. 따라서 런던의 『이코노미스트』지를 모범으로 창간되었던 『도쿄경제잡지』를 계승한 잡지라고 할 수 있다.

본지가 경제정보에 한정되지 않고 재정경제 및 사회사정을 포괄적으로 다루고 있었다는 점, 경제학의 동향을 소개하려고 노력했다는 점에서도 『도쿄경제잡지』와 유사하다.

다만 본지가 동지적 경제잡지사라는 소규모 출판사에서 발행된 것이 아니라, 마이니치신문사라는 전국적 신문사에서 발행되었고, 이 때문에 내외의 광범위한 정보를 망을 활용할 수 있었다는 점에서는 『도쿄경제잡지』와 차이가 있었다.

이 점은 본지가 『도쿄경제잡지』와 유사한 경제정보지로서의 성격을 유지하면서 성장하는 한편, 『동양경제잡지』와 같이 경제평론지로서의 독자적인 사성적 개성을 상실했음을 의미한다.

다이쇼 데모크라시를 배경으로 창간된 본지는 기본적으로 자유주의적 성향을 가지고 있었다. 그러나 사상적 입장의 일관성을 존재 이유로 삼았던 경제 잡지의 시대는 종말을 고했기 때문에, 본지는 이런 의미에서 일본의 두 번째 『이코노미스트』였다고 할 수 있다. (문영주)

참고문헌

杉原四郎 編, 『日本経済雑誌の源流』, 有斐閣, 1990; 杉原四郎 著, 『日本の経済雑誌』, 日本経済評論社, 1987.

▌이화(梨花)

1929년 서울에서 발행된 여자전문학교 교지

1929년 2월 발행되어 1938년에 폐간된 이화여자전문학교 교지이다. 정가는 20~40전. 발간주체는 '이화여전 학생기독교청년회 문학부(梨花女專 學生基督敎青年會 文學部)'로 1호의 발간인은 문학부장 박겸숙(朴鎌淑)이며 이후에는 최직순(崔直順) 등으로 바뀐다. 이화여자고등학교에 소장되어 있다.

교지 『이화』의 발간에는 여러 가지 이유가 있겠지만, 직접적으로 지면에서 서술된 바는 없다. 단지 김욱제의 「축사」에서 "만근엔 학교지 발행이 거의 유행이 되다시피 각 전문학교는 물론 중등학교에까지도 업는 처가 기회한지라. 조선에 유일무이한 여자전문학교인 본교로서 저같은 장구한 역사를 가지고 당금 일책의 학보를 발행치 못함은 심히 유감으로 사"한다는 구절이 있어 당대 전문학교 학생들에게는 교지를 발간하는 일이 필수적인 일로 여겨졌을 것이라는 추측을 가능하게 한다. 『이화』 창간호에 연희전문학교 청년회의 축사가 실려 있는 것을 보면, 당대 전문학교 학생들 간에는 교류가 있었다. 이를 통해 당대 최고의 인텔리교육을 받는다는 자부심이 강했던 이전 학생들도 자극을 받아 자신들도 매체를 발간하고자 하는 욕망이 생겼을 것이다. 그리고 100면이 넘는 지면을 채울 수 있을 정도로 당대 여학생의 글쓰기의 역량이 성장해 있었다는 점도 발간에 추진력이 되었을 것이다.

이들의 열성적인 노력에 힘입어서인지, 『이화』는 식민지 시기에는 29년부터 39년 발행 정지되기 이전인 1938년 8호까지 발행된다. 거의 1년마다 1호씩 발행하려고 한 것으로 보인다. 가격은 평균 40전으로 시판되었다. 몇 부나 팔렸는지는 알 수 없으나, '『이화』 1호가 아직도 100여 권 남아 있으니 원하시면 본회 문학부로 청구하십시요'라는 광고가 『이화』에 게재되어 있는 것을 보면 적어도 100부 이상 인쇄를 하였다는 것과 초기에는 판매량은 그리 많지 않았다는 점을 알 수 있다.

모윤숙에 의하면 "학교교지도 도청 학무과 검열을 거쳐야 발표하게 된다"고 한다는 모윤숙의 언급에 의지하면, 교지 『이화』는 매 회마다 검열을 받았다. 『이화 100년사』에 의하면 창간호부터 총독부 검열과에서 출판허가를 내주지 않아 고생하였다고 한다. 교지 편집후기에는 "무엇보다도 죄송스러운 것은 셋째 이화를 고대하고 계신 여러분께 벌써 나와 뵙지 못한 일입니다. 그래도 처음에는 큰 계획을 세우고 일찍이 세상에서 오려고 하였으나 수속이 곤란하였고 또 힘이 부족하여 충실한 내용을 갖지 못하고 두루뭉수리가 되어 늦게야 여러분을 뵙게 된 것은 부끄럽게 미안스럽습니다. 그러나 잘못된 점은 널리 이해하여 주시고 좀 더 큰 희망에서 좀 더 충실하게 나올 앞에 이화들을 생각하시고 위안을 얻으시기 바랍니다"(「편집뒷말」, 3집, 1931.3.)라는 구절이 거의 매회 있다.

이러한 제약에도 발행면수는 5집을 빼고는 거의 100~200쪽으로 여느 잡지의 두께만큼은 된다. 전체적인 편집 내용은 주체가 '문학부'였던 만큼 논설을 포함한 일반기사와 문학란이 거의 1 : 1.5 정도의 비율로 편재되어 있다. 이 역시 당대 지식인 여성들에게 '문학'은 중요한 자기표현의 장으로, 여전히 위력을 떨치고 있었음을 가늠할 수 있게 한다.

교지『이화』의 정신적 기반은 우선 발간 주체의 성격을 통해서 고찰할 수 있다. 청년회 활동 연혁에 의하면 청년회의 창립 목적은 '일반회원에게 그리스도의 품격을 함양하며 영적생활에 있어나 외적생활에 있어서의 수양을 도모하며 회원의 사교적 행복을 증진하게 하는 데 있다(3집, 1931.3.)고 한다. 즉 이 모임은 기독청년회이었던 만큼 기독교적 정신세계의 추구와 인격도야, 그리고 회원 간의 사교를 그 목적으로 표방하고 있다. 자연스럽게『이화』의 필자들이 지향하는 바람직한 인간상도 이러한 기독교적 인간 형상과 그리 멀지 않다.

또한 이화여전 여학생들은 최고 여성 교육을 받는다는 자부심이 대단했고 그만큼 민족(사회)에 대한 의무감과 성공에 대한 열망이 강했다. 기독교 여성 교육이라는 환경 아래 그들은 금욕주의적 인격과 사회에 대해 자기 희생적 태도를 견지하려고 노력하였다.

또한 그들은 전위적 지식의 생산과 수용의 주체가 될 수 있다는 자신감을 가지고 있었다.

『이화』에 실린 논설을 살펴보면 그들의 지식 수준은 상당한 것이었다. 이들은 교지『이화』를 통해서 가정학, 과학, 문예, 사상 등 다양한 지식체계를 수용하고 재생산해 나갔다. 30년대 중반부터는 여성성을 규정하는 생물학적 담론과 가정학을 수용하면서 당대의 보수적 성적 담론과 현모양처 사상에 의해 굴절되는 양상을 보이기도 한다. 그들은 이를 통해 여성성, 특히 모성성을 자신들의 성적 정체성으로 받아들였다. 그러면서도 사회적 자아 실현에의 욕망 역시 버리지 못해 '슈퍼우먼'이 되어야 한다는 강박관념을 갖게 되었다.

그러나 문학란의 작품들을 보면 그들은 지식인으로서 매우 다양한 욕망들을 품었고, 이를 실현하기 위해 고민하는 모습도 볼 수 있었다. 당대 여성들에게 잔인한 현실에 연민을 품기도 하고 결혼과 자아실현의 길이 모순된 길이라는 점에 고뇌하였다. 민족적 현실에 안타까워하였으며 이념적 주체가 되는 꿈을 꾸기도 하였다.

그러다가 안타깝게도 이들의 욕망은 이후에 이들 중 일부가 교묘한 신민화 논리에 순응하는 결과를 낳았다.『이화』7집부터 드러나기 시작하는 친일의 논리는 이를 증명해준다.

이러한 교지『이화』의 성과와 한계는 이후 졸업생들의 활약으로 일간지, 잡지 등 다른 매체를 통해서 재생산된다. 가정학이라는 지식 체계와 과학적 모성 담론 등이 일간지 가정란을 통해서 끊임없이 재생되는 것은 그 예이다. 결국 교지『이화』는 한국 근대 여성들이 지식을 수용하고 재생산해 나가는 데 중요한 매개체로서 역할을 한 것이다.

주요 필진

『이화』는 1929년 2월에 1집이 출간된다.『이화』1집에 실린 청년회 명부에 의하면 회장은 전수진, 부회장은 채을손, 문학부장에는 박겸숙, 문학부원으로 최직순, 모윤숙, 최이권이 2개년 이사로 되어 있다. 서지에도 박겸숙이 편집겸 발행인으로 되어 있는 것으로 보아 실제로 박겸숙, 최직순이 주체가 되어 이 매체를 발간했을 것이다.

『이화』는 편집후기에 의하면, 졸업생과 재학생 그리고 교사들이 필자로 참여하였다. 좀 더 실증적으로 살펴보면 주요 필자는 모윤숙, 노천명, 주수원 등인데 이들은 역시 기독청년회 출신 여성작가들이다. 그 외 졸업생이자 교수였던 김활란이 통틀어 가장 많은 회수를 자랑하며 김자혜 등 사회적으로 명성을 얻고 있는 이화의 졸업생들의 참여도 무시할 수 없다.

발간에 관여했던 선생으로 김활란은 1집, 4~5집에 고문으로 기록되어 있으며, 김상용은 2집부터 거의 모두 고문으로 기록되어 있다. 이희승은 4집에 기록되어 있으며, 이은상의 경우는 직접적으로 교지에서 언급된 것은 없으나 『이화80년사』에서 지도교수로 기록되어 있다. 그 외에도 백낙준, 김합라(金合羅)가 1집의 고문으로 기록되어 있다. 이태준은 공식적으로 교수로는 기록되어 있지는 않지만 4집에서 서무외사부 선생으로 기록되어 있고, 7집에서 현상문예작품발표 지면에 심사위원으로 김상용, 이희승과 함께 기록되어 있다. 이 중에서 특히 김상용은 오랫동안 청년회 고문으로 활동하였는데, 『교지』의 내용과 편재에 지속적으로 영향을 미쳤을 것으로 추측할 수 있다. 그 외에도 『이화100년사』에 의하면 최현배가 교지 발간을 지도하였다.

• 이화여전 기독청년회

『이화』의 발간주체는 '이화여전 학생기독교청년회 문학부'이다. 『이화』 3집에 실린 기독청년회연혁에 의하면 청년회는 1926년 창립되었다. 이 청년회에는 1931년 당시 문학부, 농촌부, 종교부, 체육부, 재무부, 음악부, 사교부로 조직되어 있으며, 이 중에서 문학부가 『이화』 편집의 주체이다. 문학반은 연중 1차 잡지를 발행하는 '문예구락부'와 매2년 1회 상연하는 '극반', 각종 잡지를 강독하는 '도서반'으로 나뉘어져 있다. 활동으로는 교지 편집 이외에 "일반 학생을 위하여 수시로 구술대회 토론회 웅변대회를 개최하며 또 유명하신 선생님을 초대하여 시사문제 학술강연회를 열어 일반회원에게 상식을 보급"시키는 일을 하였다. 또한 극반의 연극공연은 매회 성황리에 개최되었다고 한다. 1931년 12월에 열린 「이전(梨專)연극제」는 셰익스피어 원작의 「말괄량이 길들이기」를 홍해성 씨의 연출로 공연하였는데, 1개월 전부터 입장권이 매진되었다. 그 밖에 1927년 버나드 쇼의 "성 잔다르크", 셰익스피어의 "베니스의 상인", 톨스토이의 "사람은 무엇으로 사는가", 몰레이의 "목요일 밤", 스트로의 "빈궁" 등을 공연했다. 이들 문학부원들의 연극 공연에 대한 열정은 모윤숙의 자서전(『나의 회상: 폭풍 속에 피는 꽃』)에서도 생생하게 기록된 바 있다.

역대 문학부장으로는 박겸숙, 모윤숙, 최이권, 최예순, 최원복 등이 있고, 노천명 등이 부원으로 활동하였다. (박지영)

참고문헌

박지영, 「식민지 시대 교지 『이화』 연구: 지식인 여성의 자기 표상과 지식 체계의 수용 양상」, 『여성문학연구』 2006.12; 정충량, 『이화 80년사』, 이화여자대학교 출판부, 1967; 이화100년사 편찬위원회, 『이화100년사』, 이화여자대학교 출판부, 1994; 최덕교 편저, 『한국잡지백년』, 현암사, 2004.

▌익문록(益聞錄)

1879년 중국 상하이에서 창간된 시사종합신문

1879년 상하이(上海) 쉬자후이총부(徐家匯總部)가 주관하여 상하이 익문보관(益聞報館)에서 출판하였다. 단면 인쇄로 매회 6쪽이 반월간으로 간행되다가 곧 주간으로 바뀌었으며, 3년 후 다시 1주에 2회씩 발행되었다. 1898년 8월 『격치신보(格致新報)』와 합병되었다. 『격치신보』와 합병된 후, 제호를 『격치익문휘보(格致益聞彙報)』로 개칭하고 계속 간행되었다.
상하이 격치보관(格致報館)에서 1898년 합본 정리하여 출판한 영인본이 있다. 보존본은 중국인민대학 도서관에 소장되어 있다.

근대 중국 언론사에서 가장 오래된 가톨릭 언론매체 가운데 하나이다. 가톨릭은 기독교보다 일찍 중국에 들어왔으나 언론 출판 활동은 비교적 늦게 시작되어 예수회(耶蘇會)가 1879년 창간한 『익문록』이 중국어 언론매체의 시작이다.

주필은 리뒤(李杕)였으며, 1882년에 저우타오(鄒弢)가 주필을 맡았다. 리뒤는 외국 교회에서 발행하는 신문의 주필을 맡은 첫 번째 중국인이다. 쉬자후이(徐家匯)에서 성경과 프랑스어를 공부했으며, 『익문록』과 『성신보(聖心報)』의 주필을 맡아 32년간을 복무한 중국 천주교회의 주요 인물이다.

내용은 시사 정보를 위주로 유지공록(諭旨恭錄), 논설, 경보조록(京報照錄) 등의 난이 있다. 주로 국내외 시사 뉴스를 보도하였으며, 새로운 소문과 소식, 시문도 있다. 비교적 객관적 입장을 유지하였고, 천주교 관련 문장은 매회 한 편의 단문들만 게재되었다.

그러나 예수회 본부가 프랑스에 있었고, 재 중국 천주교회에서 프랑스는 상당한 영향력을 가지고 있었던 관계로 중불(中佛)전쟁이 발발하자 프랑스에 매우 편향된 태도를 보였다. (김성남)

참고문헌

方漢奇 主編,『中國新聞社業通史』, 中國人民大學出版社, 1996;
葉再生 著,『中國近代現代出版通史』, 北京: 華文出版社, 2002.

익보(益報)

▶ 회보(匯報)

익세보(益世報)

1915년 중국 톈진에서 발간된 시사 종합신문

1915년 10월 1일 톈진(天津)에서 처음에는 천주교회 신문으로 창간되었다. 창간인은 벨기에인 뱅상 레브(Vincent Lebbe, 레이밍위안[雷鸣远]) 신부이다. 주요 일은 총경리 구이주쉬안(桂竹宣)이 맡았고 총편집은 판윈차오(潘雲超), 총주필은 옌쩌치(顔澤祺)가 맡았다. 톈진에서 『대공보(大公報)』 못지않게 주요한 신문으로서, 베이징(北京), 시안(西安), 난징(南京), 상하이(上海) 등지에도 분점을 두었다. 항일전쟁이 일어난 이후 1938년 8월에는 쿤밍(昆明)으로, 1940년 3월에는 충칭(重慶)으로 옮겨 신문을 발행하였다. 그 외 지역의 『익세보』는 『화베이신보(華北新報)』로 합병되었다. 1945년 12월 1일 톈진으로 돌아와 복간되었으며 류훠쉬안(刘豁轩)이 총경리를 맡았다. 당시 난징정부(南京政府)를 지지하였다

『익세보』는 4개의 분판이 존재한다. 베이핑판(北平版: 1916년 2월 8일 창간), 1945년 4월 이후 시안판(西安版: 1945년 4월 창간), 상하이판(上海版: 1946년 6월 15일 창간), 난징판(南京版: 1946년 11월 12일 창간). 1949년 1월 톈진판은 정간되었고 상하이판은 1949년 4월 30일까지 발행되었다. 중국에는 톈진시도서관(天津市圖書館) 등지에 소장되어 있으며 남개대학출판사(南开大學出版社)와 톈진고적출판사, 톈진교육출판사가 연합하여 영인본을 출판하였다. 서울대학교 도서관과 성균관대학교 존경각에서 열람해 볼 수 있다.

창간 당시, 마침 톈진에서 일어난 라오시카이사건(老西開事件)에 대해 『익세보』가 중국 입장에서 프랑스의 행동을 비난함으로써, 많은 독자들의 호응을 얻을 수 있었다. 이후 『익세보』의 주요 논조는 정의를 널리 퍼뜨리고 사회에 봉사하는 것을 목적으로 공산주의를 반대하였지만 애국 항일과 민주정치를 주장하며 학생운동을 적극 지지하였다. 예를 들어 일본이 21개조를 제기하였을 때는 적극적으로 반대의사를 표시하여 일본 광고를 싣지 않겠다고 선언하였고 5·4운동 때는 애국학생운동에 대해 적극적으로 보도하였다. 이 때 저우언라이(周恩來)가 쓴 수십편의 「유럽소식(旅歐通信)」 등을 싣기도 하였다.

9·18사변 후에는 뤄루지(羅陸基), 첸돤성(錢端升)을 초빙하여 사론(社論)의 책임을 맡기고 국민당의 부저항정책을 비판하였다. "1·29 학생운동"이 일어났을 때는 국민정부가 "교풍을 정돈"한다는 명목으로 학생운동을 진압하려 하자, 2월 2일 톈진 『익세보』는 사설을 통해 국민정부의 "교풍(校風) 정돈 문제"를 공격하였다. 또한 2월 25일에는 "애국 무죄"라는 사설을 통해 국민당 당국의 "치안유지를 위한 긴급 치안법"을 비난하기도 했다.

이 후 항일전쟁이 일어났지만, 『익세보』는 여전히 톈진 조계지에서 발행되었다. 그러나 계속해서 항일을 주장하다가 1937년 8월 18일 성바오탕(生寶堂)사장이 일본군에게 납치당하여 친일 신문으로 종용당하다가 끝까지 거부하자 피살되었다. 그 후 9월 신문은 정간되었다.

1938년 12월 로마교회에서 파견한 난징교구 총주

교 루빈(Rev. Roubin, 위빈[于斌])이 쿤밍에서 『익세보』를 복간하였고, 1940년에는 충칭으로 옮겨 발행하였다. 그해 레브 신부가 죽자 루빈이 동사장(董事長)을 맡았다. 항전 승리 후 1945년 12월 톈진으로 돌아와 복간되면서, 류훠쉬안이 사장을 왕옌스(王硏石)가 총편집을 맡았다. 톈진판은 1949년 1월 정간되었다. (이호현)

참고문헌

王檜林·朱漢國, 『中國報刊辭典(1815~1949)』, 太原(山西): 書海出版社, 1992; 葉再生, 『中國近代現代出版通史』 第2卷, 華文出版社, 2002; 中國近現代史大典編委會, 『中國近現代史大典』, 中共黨史出版社, 1992.

▌익찬정치(翼贊政治)

1942년 일본에서 발행된 시사 잡지

1942년 일본의 익찬정치회(翼贊政治會)에서 발행한 잡지이다. 정확한 창간 시기는 1942년 9월이었으며, 익찬정치회의 기관지로 발행되었다. 창간호 크기는 A5판이었으며, 잡지 분량은 104쪽이었다.

익찬정치회의 설립 목적은 규약 제2조에 "본회는 국체(國體)의 본의(本意)에 근거하여 대동아전쟁(大東亞戰爭) 완수을 위한 거국적(擧國的) 정치력을 결집하고, 익찬정치체제(翼贊政治體制)의 확립을 도모함으로서 대정익찬(大正翼贊)의 실(實)을 거두는 것을 목적으로 한다"라고 되어 있다.

익찬정치회는 1942년 5월에 설립되었는데, 설립 당시 회원은 '각계의 권위 있는 인물들' 약 1000 명으로 구성되었으며, 대정익찬회(大正翼贊會)와 별도의 정치결사(政治結社)로 조직되었다. 익찬정치회는 규약, 요강, 선언 등에서는 정치가들만의 조직인 것처럼 보이지만, 잡지 창간사나 편집후기를 읽어보면, 관청·회사, 기타 여러 단체의 지도자와 정치가로 구성된 조직이었음을 알 수 있다. 따라서 잡지 『익찬정치』는 이들 지도자들의 교화(敎化)·교육을 담당하는 기능을 수행하였으며, 이를 통해 이들이 일반 대중에게 익찬정치의 사상을 확대 침투시키는 것을 돕는 역할을 수행하였다.

창간호의 내용은 무서명(無署名)의 논설과 보고가 대부분을 차지하고 있었다. 제목을 보면, 「행정사무 간소 강력화에 대해(行政事務簡素强力化に就て)」, 「관민일체의 실천체제 성하다(官民一體の實踐體制成る)」, 「익찬정치회의 결성까지(翼贊政治會の結成まで)」, 「우리들의 제일성으로 협력을 맹서한다(吾等の第一聲に協力を誓ふ)」 등이었다. 그리고 창간호에는 도조 히데키의 「필승의 작전과 필성(必成)의 건설」이라는 글이 수록되어 있다. (문영주)

참고문헌

高崎隆治, 『戰時下の雜誌その光と影』, 風媒社, 1976, 249~250쪽; 『日本出版百年史年表』, 日本書籍出版協會, 1968.

▌인간(人間)

1919년 일본의 겐요샤가 발행한 문예지

1919년 11월 도쿄의 겐요샤(玄洋社)가 발행한 문예지이다. 통권 24책 발행되었다. 잡지 원본은 가가와대학(香川大學) 가미하라문고(神原文庫) 등이 소장하고 있다.

사토미 돈(里見弴), 구메 마사오(久米正雄), 요시이 이사무(吉井勇), 다나카 준(田中純)을 중심으로 창간된 다이쇼 중기의 유력한 문예지이다. 다이쇼 데모크라시를 배경으로 다이쇼 문단의 전형적인 문예지가 되었다. 『백화(白樺)』의 인도주의와 당시 대두하던 사회주의, 노동운동 등의 주장에 대해서 주의와 주장 이전의 있는 그대로의 '인간'을 묘사하고자 했다.

창간호에는 아리시마 이쿠마(有島生馬)의 「마음의 벽(心の壁)」, 구메 마사오의 「귀향(帰郷)」 등이 게재되었고, 4호에는 기쿠치 간(菊池寛)의 「원수의 그대에게(恩讐の彼方に)」의 희곡판 「적토이상(敵討以上)」이 게재되었다. 8호에는 오사나이 가오루(小山内薫)와 요시이 이사무 등의 「강연여행기(講演旅行記)」가 게재되어 문학가에 의한 강연여행의 원조가 되었다. 22호에는 요코미쓰 리이치(横光利一)와 가네코 미쓰하루(金子光晴) 등도 집필하는 등 많은 작가를 동원하여 수많은 명작을 남긴 다이쇼 문단의 상징적인 존재였다. (이규수)

참고문헌

『近代文學雜誌事典』, 至文堂, 1965; 桂敬一, 『明治·大正のジャ-ナリズム』, 岩波書店, 1992; 日本近代文學館·小田切進 編, 『日本近代文學大事典』 第五卷, 講談社, 1977.

인도(人道)

1920년 중국 베이징에서 창간된 월간잡지

『신사회』의 폐간 이후 취추바이(瞿秋白), 정전둬(鄭振鐸) 등이 1년의 준비 끝에 창간한 잡지이다. 1920년 5월에 역시 기독청년단체인 "사회실진회" 명의로 간행하였다. 계사를 통해 『신사회』를 계승한 것임을 명백히 하였다. 그러나 1호만을 내고 정간하였다. 2호는 "신촌연구호"로 원고를 모았으나 YMCA측의 경비 지원거부로 발간하지 못했다.

『인도(人道)』는 단명하였으나 유학 전 취추바이의 정치사상을 잘 반영하고 있다는 점에서 주목 받았다. 『인도』는 창간 선언을 통해 "인도는 축도(畜道)와 구별되는 것으로 약육강식의 논리에 의해 주도 되는 자본주의, 제국주의적 질서를 인간성 회복을 통해 극복하고자 하는 무정부주의적 입장을 반영하는 것이었다. 특히 이들은 인도주의를 인종과 계급을 넘어선 박애주의, 평민주의 서민주의로 해석하였는데 이 역시 톨스토이의 영향을 짙게 받은 것이었다.

동시에 이들은 인도주의에 기초한 사회계의 형성을 주창하였는데 이는 량치차오(梁啓超)가 주장하였던 사회 유기체론과 흡사한 것이었다. 이는 정치운동과 구별되는 계획적이고 포괄적인 사회운동을 지향하는 것으로 중국은 이미 학계, 정계, 공계, 농계, 군계 등이 있지만 이를 포괄하는 사회계가 미숙하다고 비판하고, 사회계의 수립을 통해 이를 통합할 필요가 있다고 주장하였다. 이는 당시 량치차오, 장둥쑨(張東蓀) 등이 주장해온 정치구상과 흡사한 것으로 군벌정치가 횡행하는 현실에서 정치권력을 극단적으로 축소하는 방향에서 국가 건설을 모색하는 논리였다. 『인도』 정간 이후 취추바이는 량치차오가 주편하던 『신보(晨報)』의 러시아 특파원 자격으로 모스크바 유학을 떠났다.

정전둬는 장팡전(蔣方振)의 소개로 상무인서관에서 소설 월보를 주편하였다. 기타 취스잉(瞿世英) 등은 베이징대학 강사를 거쳐 장쥔마이(張君勱)가 주도하던 정치학원에서 교편을 잡았다. (오병수)

인문평론(人文評論)

1939년 서울에서 한국어로 창간된 문학잡지

1939년 10월 1일자로 창간되어, 1941년 4월 통권 16호로 폐간된 문학잡지이다. 편집 겸 발행인은 최재서(崔載瑞)였고, 인쇄인은 김용규(金容圭)였다. 인쇄소는 대동(大同)출판사였고, 발행소는 경성부 광화문통 210번지의 인문사였다. A5 230면으로 발행되었으며, 정가는 50전이었다.

권두언 「건설과 문학」은 이렇게 시작하고 있다.

"세계의 정세는 시시각각으로 변하고 독·파(獨波)간에는 벌써 무력 충돌이 발생하여 구주의 위기를 고하고 있다. 그러나 동양에는 동양으로서의 사태가 있고 동양 민족은 동양 민족으로서의 사명이 있다. 그것은 동양 신질서의 건설이다. 지나를 구라파적 질곡으로부터 해방하여 동양에 새로운 자주적인 질서를 건설함이다. 이리하여 바야흐로 동양에는 커다란 건설이 경영되면서 있다. 정치적 공작에, 경제적 재편성에, 산업

개발에, 치수 관개에, 교통 시설에, 교육 개선에, 모든 인력과 물력이 놀랄 만한 능력을 발휘하면서 신질서 건설의 대 목표를 향하여 일로 매진하고 있다. 이때를 당하여 문학자는 무엇을 하여야 할 것인가?"

중일전쟁이 일어난 지 2년이 지난 지금 대동아신질서의 건설에 협력하여야 하며, 이는 문학자라고 해서 예외가 될 수 없다는 내용이다. 이는 일본의 침략전쟁을 긍정하고 합리화하는 내용으로서 『인문평론』이 친일잡지로 평가받는 근거가 되었다.

편집 겸 발행인 최재서는 1941년 2월호에 「전환기의 문학이론」을 발표하고, 이어서 1941년 4월호에 「문학정신의 전환」이란 글을 발표하여 '문학정신의 국민적 전환'을 강조하였다. 전환의 목표는 문화의 국민화(일본화), 곧 '국민문학'의 건설이었다.

최재서는 1941년 4월호로 『인문평론』을 폐간하고, 1941년 11월부터 『국민문학(國民文學)』을 편집, 발간하여 '국민문학'의 구체적인 문제를 제시, 실천하였다.

이렇게 『인문평론』은 창간 당시부터 일본의 침략정책에 적극 호응하고, 계속해서 '국민문학의 선도적 역할'을 실천하다가 『국민문학』으로 그 사명을 계승하였다. 『인문평론』은 한국의 식민지 문학이 암흑기에 이르러 친일문학으로 연결되는 가교 역할을 한 잡지였다.

이러한 치명적 약점에도 『인문평론』이 우리 문학에 끼친 공헌은 적지 않다. 문단에 문학비평의 새로운 방향을 모색하느라 노력했고, 중요한 문학 비평가를 등장시켰다. 불과 16호를 발간하면서 평론 200여 편, 창작소설 48편, 시 69편, 희곡 7편, 수필 33편 등을 실었으니, 이는 우리 문학의 큰 수확이었다. 13~16호에 연재한 임화(林和)의 『조선신문학사(朝鮮新文學史)』와 김기림(金起林), 김남천(金南天), 최재서가 집필한 『문예사전(文藝辭典)』, 『명저해설(名著解說)』, 『신간평(新刊評)』 등은 『인문평론』이 낳은 중요한 성과로 손꼽힌다. 또한 『인문평론』은 서구의 작품과 문학비평 이론의 도입에도 노력하였다.

당시 『인문평론』과 더불어 문학잡지의 쌍벽을 이루던 『문장(文章)』지가 창작과 더불어 사장되어 가던 우리 고전을 발굴하고 계승하는 데 중점을 두었다면, 『인문평론』은 평론과 해외문학 소개에 중점을 두었다고 할 수 있다. (이한울)

참고문헌

趙演鉉, 『韓國現代文學史』, 成文閣, 1980; 張德順, 『韓國文學史』, 同和出版公社, 1980; 최덕교 편, 『한국잡지백년』 1, 현암사, 2004.

인물평론(人物評論)

1933년 오야 소이치가 일본에서 발행한 인물 시사평론 잡지

언론·표현의 자유가 말살되어가던 1933년 불과 1년이라는 단명에 폐간되었지만 저널리스트 오야 소이치(大宅壯一)의 왕성한 비평정신을 체현한 인물·시사평론 잡지이다. 잡지 발행에 즈음하여 오야 소이치는 "이 밀폐된 실내에 누가 양풍(涼風)을 불어올 것인가!"라는 취지의 발언을 통해 시대정신의 관철을 도모했다. 잡지는 통렬한 오야의 평론 이외에 작가·만화가에 의한 흥미롭고 직설적인 평론·소설·그림도 다수 게재되었다. 일본 근대문학사·사상사·저널리즘사 연구에 귀중한 자료이다. 현재 『인물평론』은 후지출판(不二出版)에 의해 전5권 별책 1권으로 영인되었다.

• 오야 소이치(大宅壯一, 1900.9~1970.11)

일본의 사회평론가. 중학시절에 가가와 도요히코(賀川豊彦) 등의 영향을 받고 쌀소동에 자극되어 사회주의에 접근했다. 이 때문에 4학년 때 퇴학처분을 받았으나 중학졸업자격 검정고시를 통해 1919년 제3고등학교에 입학했다.

1922년 도쿄대학 문학부 사회학과에 입학하여 재학 중에 제7차 『신사조(新思潮)』에 참가하여 문예평론가로 두각을 나타냈다. 이후 대학을 중퇴하고 『천일야화』 등을 번역했다. 1933년 10월 일본공산당 동조자로 검거된 후 전향했다. 2차 세계대전이 발발하자 곧 자바 파견군으로 징용되기도 했다(1942). 전후에는 사루토루데쓰(猿取哲)라는 필명으로 문예·사회 비평을

비롯한 각 방면의 평론 및 논픽션 분야에서 활약했다. 조어(造語)의 명인으로 '공처(恐妻)', '에키벤대학'(驛弁大學, 6·3제의 실시로 1949년 이래 종전의 고등학교·전문학교·대학이 신제대학으로 개편됨을 꼬집은 말), '일억총백치화'(一億總白痴化, 텔레비전이 온 국민을 바보로 만든다는 말) 등의 말을 만들어냈다. 주요 저서로는 『모던 층과 모던 상(モダン層とモダン相)』·『문학적 전술론(文學的戰術論)』·『세계의 뒤안길을 가다(世界の裏街道を行く)』·『불길은 흐른다(炎は流れる)』 등이 있다.

그의 소장 잡지는 '오야 소이치 문고(大宅壯一文庫)'로 공개되고 있다. 또 이 문고에는 2005년 3월 현재 메이지 시대부터 현재까지 약 1만 종 64만 권의 잡지가 소장되어 있고, 특히 6000권의 창간호를 소장하고 있다. 유료 회원으로 가입하면 잡지에 관한 다양한 정보를 입수할 수 있고, 온라인으로 잡지 자료를 유료 복제할 수 있어 편리하다. (이규수)

참고문헌

『近代文學雜誌事典』, 至文堂, 1965; 大宅壯一, 「人物評論の視角」, 『前進』 38, 1950; 猪瀨直樹; 中村彰彦, 「歿後三十年 大宅壯一と三島由紀夫」, 『中央公論』 115-13, 2000; 坪井秀人, 「1930年代のメディア/文学論と黙読性の問題: 大宅壮一と大熊信行の理論の批判的検討」, 『日本文学』 43-2, 1994; 植田康夫, 「大宅壮一の『知的労働の集団化』論が戦後の週刊誌編集に与えた影響」, 『コミュニケーション研究』 22, 1992; 水上樹美久, 「一般誌を対象とする記事索引: 大宅壮一文庫雑誌記事索引総目録を中心に」, 『書誌索引展望』 15-4, 1991; 梶山季之, 「大宅壮一先生のこと」, 『文芸春秋』 49-1, 1971.

인민지우(人民之友)

1937년 베이징에서 발간된 시사정치 간행물

1937년 4월부터 7월까지 베이핑(北平: 베이징)에서 발간되었던 시사정치 간행물로 인민지우사(人民之友社)에서 격주간으로 발간하였다. 『인민지우』는 베이징사범대학도서관과 상하이도서관 등에 소장되어 있다.

『인민지우』의 1권 1호 「편자의 말(編者的話)」에서 다음과 같이 지적하였다.

"민족의 정세는 크게 변화하고 있는 중이다. 이는 국내의 평화통일로의 변화하는 것이며, 이는 전국이 하나가 되어 외세에 대응하는 변화로 가는 것이다. 이러한 변화의 경향과 그 모종 정도의 성취는 중국 인민이 '1·29' 이래 불요불굴하게 분투하여 쟁취한 과실인 것이다. 이러한 변화의 과정 중에 적들의 우리에 대한 공격의 방식은 더욱 많은 변화가 있었고, 국내의 각종 관계에 의해 더욱 복잡해져서 우리 인민의 임무는 더욱 무거워졌으며, 우리 인민에게는 보다 많은 노력이 필요해졌다. 우리가 당면한 수많은 곤란을 해결하고, 우리 민족과 우리 인민의 신성한 승리를 쟁취해야 한다. 이러한 정세아래 우리들이 4억 중국동포들의 면전에 본간을 선보이는 것은 자기의 역량을 다하기를 희망하기 때문이다."

『인민지우』에 게재된 글은 일본의 중국침략정책에 대한 폭로와 분석, 중국의 정치, 경제, 군사 문화 등과 관련한 문제에 대한 연구와 토론, 국민당 정부에 대한 비판, 중국공산당의 평화통일에 대한 소개, 국공합작의 선전, 전국 인민의 공동항일에 대한 선전, 국내 정치생활의 민주화의 실현에 대한 요구, 국민당과 공산당이 내전을 종식하고 함께 외세에 대응할 것에 대한 호소 등이었다. 『인민지우』에는 레닌의 「민족전쟁문제를 논함」과 미국의 기자 애드거 스노의 「서북의 항일민주세력(抗日民主勢力在西北)」이라는 글을 게재하기도 하였으며, 우하오(伍豪, 저우언라이[周恩來])의 「우리들의 국민대회법규 수정에 대한 의견(我們對修改國民大會法規的意見)」이라는 글을 전재하기도 하였다. (김지훈)

참고문헌

伍杰, 『中文期刊大詞典』, 北京大學出版社, 2000; 北京師範大學圖書館報刊部 編, 『北京師範大學圖書館館藏中文珍稀期刊題錄』, 北京圖書館出版社, 2002; 上海圖書館, 『上海圖書館館藏近現代中文期刊總目』, 上海科學技術文獻出版社, 2004.

▌인세간(人世間)

1939년 중국 상하이에서 창간된 문예지

문학 간행물로 1939년 8월 상하이(上海)에서 창간되었다. 타오캉더(陶亢德), 쉬쉬(徐訏)가 편집을 담당했고 상하이인세간사(上海人世間社)에서 발간하였다. 1945년 1월 2권 1호를 내고 정간했다. 1947년 3월 상하이에서 복간했고 권과 기를 다시 시작했으며 월간(月刊)으로 전환했다. 1949년 2월 복간 후 3권 2호로 정간했다. 베이징대학도서관 등에 소장되어 있다.

『인세간』은 "인간 세상의 각종 인물을 묘사하고, 사람들에게 이 묘사를 통해 인간세상의 아름다움과 추함을 이해시킨다"고 하였다. 내용은 담론, 인물, 국정(國情), 작가와 작품(作家與作品), 문예작품 등의 난이 있었다. 주로 문예작품을 통해 국민당통치지구의 정치상황과 어두운 면을 폭로하였으며, 당시 민중의 고뇌와 방황을 반영하였다. 동시에 많은 부분을 2차 세계대전 시기의 유럽과 미국, 일본 등의 상황을 소개했다.

『인세간』은 처음에는 반월간이었다. 1939년 4호를 출간하고 정간되었다가 1940년 3월 복간되면서 월간으로 바뀌었고 1942년 8월 2권 12호로 정간했다. 상하이인세간사는 1942년 10월 구이린(桂林)에서 『인세간』 반월간을 창간했으며 펑펑즈(封鳳子)가 편집을 담당했다.

구이린판 『인세간』은 순수한 문학작품을 발표하는 것을 중시했으며 창작과 평론을 포괄하고 있었다. 복간 후에는 종합성의 문예간행물이 되었고 소설, 시가, 잡문(雜文), 통신(通訊), 만화(漫畵), 영화평 등 각종 작품을 통하여 국민당 통치를 비판했다.

『인세간』에는 유기(游記), 특사(特寫), 소설(小說), 인물지(人物志), 산문, 시, 서보평가(書報評介), 역작(譯作) 등의 난이 있었다. "원이둬 주년제(聞一多周年祭)" 특집호를 내고 민주혁명을 위해 분투하다 국민당에 의해 살해당한 원이둬를 기념했다. 궈모뤄(郭沫若)의 「원이둬 만세(聞一多萬歲)」 등의 글은 민중의 마음속에 있는 반항정신을 반영한 것이었다.

『인세간』에는 사팅(沙汀), 아이우(艾蕪), 우쭈광(吳祖光), 펑이다이(馮亦代), 둥딩산(董鼎山), 왕런수(王任叔), 짱커자(臧克家) 등의 글이 게재되었다. (김지훈)

참고문헌

王檜林 · 朱漢國, 『中國報刊辭典(1815~1949)』, 書海出版社, 1992; 伍杰, 『中文期刊大詞典』, 北京大學出版社, 2000; 北京師範大學圖書館報刊部 編, 『北京師範大學圖書館館藏中文珍稀期刊題錄』, 北京圖書館出版社, 2002; 葉再生, 『中國近代現代出版通史』 3, 北京: 華文出版社, 2002; 上海圖書館, 『上海圖書館館藏近現代中文期刊總目』, 上海科學技術文獻出版社, 2004.

▌인천상공회의소월보(仁川商工會議所月報)

1916년 인천에서 발간된 일본어 경제월간지

조선인 실업인단체와 일본인 실업인단체가 통합되어 1916년 결성된 인천상업회의소가 발간한 기관지가 『인천상업회의소월보』이다. 인천상업회의소가 1930년 인천상공회의소로 개명되면서, 기관지도 『인천상공회의소월보』로 개제되었다. 서울대도서관 경제문고에 1930년 4월호(240호)부터 1940년 12월호(368호)까지 11년치 발간분이 소장되어 있다.

월보는 조사, 본소록사(本所錄事), 잡찬, 통계의 네 부분으로 구성되어 있다. 조사란에는 인천의 각종 경제 현황 보고가 수록되어 있으며, 본소록사에는 인천상공회의소의 운영과 관련한 정보가 게재되어 있다. 잡찬에는 주로 경제단체에 대한 각종자료가 수록되어 있으며, 통계란에는 무역, 통신, 곡물의 집산, 물가, 금융과 금리, 교통과 운수, 수산, 직공의 임금, 등에 대한 각종 통계와 인천항 부두하역임율표가 실려 있다. 통계란에 수록된 자료는 『인천상공회의소통계연보』와 일치한다.

• **인천상공회의소**

1885년 11월 일본 상인들의 회의단체로 인천항상법회의소가 설립되었는데, 이는 1892년 인천일본인상업회의소로 개편되었다.

이에 대응하여 조선 상인들은 1885년 객주상회(客主商會)를 조직하였다. 이어 1895년 공포된 상무회의소규례(商務會議所規例)에 따라 1896년 인천신상협회(仁川紳商協會)가 설립되었다. 이는 조선인에 의해 설립된 최초의 근대적 상업회의소라 할 만하다. 1899년에는 인천신상회사(仁川紳商會社)로 개칭되었다가, 1905년에 다시 인천조선인상업회의소로 개명되었다.

주지하는 바와 같이, 1915년 공포된 조선상업회의소령에 따라 민족별 상업회의소 조직은 통합되어야 했으며, 인천에서도 1916년 1월 양 단체가 통합하여 인천상업회의소가 설립되었다. 1930년 인천상공회의소로 개칭되었다. 이어 1944년에는 경기도상공경제회의 인천 지부로 개편되었다.

인천상공회의소에서 발간한 단행본으로는 『인천항』(1931), 『인천상공회의소50년사』(1938), 『인천상공회의소통계요람』(1939) 등이 있다. (윤해동)

참고문헌

인천상공회의소, 『인천상공회의소 110년사』, 1995년; 인천상공회의소, 『인천상공회의소 120년사』, 2005; 田中市之助, 『全鮮商工會議所發達史』, 釜山日報社, 1935; 『인천상공회의소월보』, 서울대도서관 경제문고 소장본.

▌인천상공회의소통계연보(仁川商工會議所統計年報)

인천에서 발간된 경제통계 관련 연간지

인천상공회의소가 발간한 일본어로 된 연간 통계자료집으로, 현재 1931년(1932년 발간) 분이 서울대 고문헌자료실에, 1937년(1938년 발간)분이 국립중앙도서관에 소장되어 있다. 창간부터 종간까지의 자세한 사정에 대해서는 확인하기 어렵다.

연보는 무역, 금융, 교통·운수, 주요곡물집산, 창고, 수산, 생과일 및 채소, 호구·수도·통신·전기, 특산품, 물가·노임, 은행·회사, 공장표, 보험, 인천부 재무 일반 등 14개 항목에 걸쳐 주요 통계자료를 수록하고 있다. 인천의 연보 역시 이 가운데 무역 및 금융, 교통·운수 등과 관련한 통계가 가장 구체적이고 또 분량도 많다. 무역관련 통계가 많고 곡물 집산에 관한 자료가 별도로 수록되어 있다는 것은 수출입 항구로서 인천이 차지하는 위상을 드러내는 것이다.

인천의 경제상황을 파악하는 데 가장 기본적인 자료이다. 인천상공회의소에서는 『인천상공회의소월보』(1932년 이전에는 『인천상업회의소월보』)를 발간하였다. (윤해동)

참고문헌

田中市之助, 『全鮮商工會議所發達史』, 釜山日報社, 1935; 『인천상공회의소통계연보』, 서울대도서관 고문헌자료실 소장본.

▌인천상업회의소월보(仁川商工會議所月報)

▶ 인천상공회의소월보

▌인천신보(仁川新報)

▶ 조선매일신문

일간해외상보(日刊海外商報)

1925년 일본에서 발행된 경제 잡지

1925년 일본의 외무성통상국(外務省通商局)에서 발행한 해외 경제정보 잡지이다. 잡지는 『통상공보(通商公報)』를 계승해서, 1925년 1월 6일에 발행된 제1호부터 1928년 3월 31일에 발행된 제1236호까지 간행되었다.

『통상공보』를 대체하고 새롭게 『일간 해외상보』를 발행한 사유에 대해서, 외무성 통상국은 '재외 각 공관이 보고하는 조사, 정보, 전보 등을 가급적 신속하게 널리 각 방면에 배포하고, 더불어 그 자료의 보전과 참조에 편리를 주기' 위해서라고 밝혔다. 이에 따라 이전에 외무성 통상국이 발행하던 『통상공보』와 『상보(商報)』를 합병 확대하고, 그 체제를 일간지로 변경하여 『일간 해외상보』를 간행하였다. 그리고 잡지에는 각국의 일반 경제 및 산업 상황에 관한 정확한 조사자료를 매주 1회 예정으로 인쇄 첨부하도록 하였다.

일본의 외무성은 1921년 10월에 상무직원관제(商務職員官制)를 시행하고, 이와 함께 재외공관으로부터의 통상보고의 공표, 이첩 등의 방법을 개선하였고, 간행하고 있던 『통상공보』와 함께 『상보』를 새롭게 간행하였다. 『상보』에는 특히 긴급하게 통첩할 정보와 주의를 환기할 필요가 있는 사항 등을 게재하였으며, 매일 관계 방면에 직송되었다. 그러나 배포처는 대장성과 농·상무성 등의 각 성(省), 지방장관, 주요 상업회의소 등에 한정되었으며, 배포 부수는 50통 정도에 그쳤다. 그리고 『상보』에 게재되었던 보고 자료는 조금 늦게 『통상공보』의 '전보', '속보' 항목에 다시 게재되었다.

『상보』의 간행은 정보 전달의 신속화와 정확성을 목표로 한 것이었다. 그러나 관계자들의 '배포처의 불통일', '신속성을 결할 우려' 등의 비판이 일어났다. 이에 대해 외무성 통상국은 『상보』 배포처의 확대와 『통상공보』에 대한 비판에 대처하기 위해, 양 잡지의 통합과 통상보고의 민활성을 확보하기 위해 '신문에 수록된 전보는 물론, 보통우송(普通郵送)된 보고 자료로서 당성(當省)에 접수된 것을 신속하게 게재하고, 이를 널리 관청, 학교, 도서관, 통신업자, 관련단체 등에 무료로 배포하는' 일간지로서 『일간 해외상보』를 창간하였다.

『일간 해외상보』의 간행기간은 3년여의 짧은 기간이었지만, 그 체제와 발행업자에는 몇 차례 변화가 있었다. 창간 당시는 국판(菊判) 크기로 12쪽에서 16쪽 분량으로 발행되었으며, 지면 구성은 전보, 상품시황(商品市況), 경제일반, 무역, 상품거래 등의 항목으로 구분되었으며, 각 항목에 통상보고 자료가 게재되었다. 잡지 크기가 커지면서, 통상보고 자료의 게재 가능 분량을 보면, 『통상공보』 보다 약 10%정도 증가하였다.

그러나 1925년 4월 1일부의 제86호 이후부터는, 인쇄, 판매업자가 종래의 제국지방행정회(帝國地方行政會)에서 해외상보사(海外商報社)로 변경되었다. 외무성 통상국은 발매와 배포를 개선시키기 위해 급히 해외상보사를 창립하였다. 외무성이 구입하는 잡지 부수가 1200부인데 반해, 일반인을 대상으로 시판되는 유료 판매부수가 200~300부로 떨어지고 있는 상황에 대처하기 위한 것이었다. 잡지 가격은 1책 10전, 1개월 2엔 10전, 6개월 12엔, 1개년 20엔이었고, 임시증간호를 발행 때는 별도의 대금을 받았다.

그러나 이와 같은 대처에도 유료 판매부수는 늘어나지 않았다. 이 때문에 외무성 통상국은 1926년 4월부터 지면을 더욱 확대하고, 인쇄 판매업자를 다시 교체하였다. 외무성 통상국은 1926년 4월 1일에 발행된 『일간 해외상보』 제440호에 「일간해외상보의 개선에 대해서」라는 글을 게재하고, "당국이 편찬에 관계한 일간 해외상보는 점차 그 내용의 충실을 도모함은 물론 열람이 쉽도록 하기 위해 체제를 신문체제로 개선하고 활자도 포인트식을 사용하는 등 면목을 쇄신함과 동시에, 더욱 신속한 보도, 배포의 확대를 도모함으로서 해외경제정보에 대한 당업자의 편리를 제공하기 위해 1926년 4월 1일 이후 본지의 판매 발행과 인쇄소를 변경한다"라고 밝혔다.

이에 따라 『일간 해외상보』는 타블로이드판으로

판형이 확대되고, 월요일부터 토요일까지는 4쪽, 일요일에는 대략 18쪽 분량의 특별호를 발행하였다. 1쪽은 보통 7단으로 편집되어, 기사게제 분량도 이전 보다 30%정도 증가하였다. 배포 가격도 1책 보통호는 5전, 일요일 특별호는 20전, 1개월 2엔, 6개월 10엔, 1개년 18엔으로 설정되었다. 지면 쇄신과 취급업자 변경이 유료 판매부수의 증가로 이어졌는지는 정확히 확인할 수 없다. 그러나 인쇄 판매업자인 중옥인쇄소(中屋印刷所)가 설정한 광고요금이 당초의 50엔에서 5월 6일부 474호에 26엔으로 인하된 것을 보면, 유료 판매부수의 증가는 생각만큼 이루어진 것은 아니라고 생각된다. (문영주)

참고문헌

高嶋雅明, 『「日刊 海外商報」 解說·總目次』, 不二出版, 2005; 『日本出版百年史年表』, 日本書籍出版協會, 1968.

▌일광(一光)

1928년 서울에서 한국어로 창간된 불교전수학교의 교지

1928년 12월 28일 창간된 불교전수학교(佛教專修學校)의 교지이다. 편집 겸 발행인은 조학유(曹學乳)였고, 인쇄인은 김재섭(金在涉)이었다. 인쇄소는 한성도서주식회사, 발행소는 경성부 숭일동 2번지의 불교전수교우회였다. A5판 118쪽에 정가는 처음에는 없다가 3호부터 30전이 되었다. 2호 이후 발행인은 송종헌(宋宗憲), 박한영(朴漢永), 김경주(金敬注) 등으로 바뀌었다. 고려대학교, 중앙대학교, 서강대학교 도서관에 소장되어 있다.

『일광』은 1928년 12월 28일 불교전수(專修)학교의 교지로 창간되었다. 이 불교전수학교는 이후 중앙불교전문학교가 되고, 다시 혜화전문학교가 되니, 오늘날의 동국대학교가 바로 그 후신이다.

표지에 쓰인 "일광(一光)"이라는 제자는 위창 오세창(葦滄 吳世昌)이 썼다. 창간호의 권두에는 다음과 같은 시조가 한 수 적혀 있다.

"부처님 되려거든 중생(衆生)을 여의지 마라
극락(極樂)을 가려거든 지옥(地獄)을 피치 마라
성불(成佛)과 왕생(往生)의 길은 중생과 지옥"

이는 만해 한용운(萬海 韓龍雲)이 지은 것이었다. 그는 대중과 고난을 함께 하는 것이야말로 불교전수학교가 나아갈 길이라고 설파하고 있었다.

창간호의 목차는 다음과 같다.

교장 송종헌(宋宗憲), 「시불전학생(示佛專學生)」/ 교수 김영수(金映遂)「조선불교와 소의경전(所依經典)」/ 교수 에다(江田俊雄), 「세계종교를 논하야 불전(佛專)의 사명에 급(及)함」/ 불교사 사장 권상로(權相老), 「불교대학」/ 대교사 박한영(朴漢永), 「고목춘(古木春)」/ 포교사 김태흡(金泰洽), 「각성의 종교)」/ 이왕직(李王職) 아락대장(雅樂隊長) 백우용(白禹鏞), 「양약과 조선약에 대한 소감」/ 철학박사 백성욱(白性郁), 「동지에게」/ 조학유(曹學乳), 「불전(佛專) 승격에 대하여」/ '학생작품' 투고자 최영환(崔英煥) 이재원(李在元) 김재원(金載元) 강유문(姜裕文) 동천홍(東天紅) 문기석(文奇錫) 박윤진(朴允進) 재락산인(載樂山人) 조명기(趙明基) 김해윤(金海潤) 행각자(行脚者) 도진호(都鎭鎬) 박봉석(朴奉石) 이병목(李秉穆) 박영희(朴暎熙) 화죽(化竹) 춘파(春坡) 황성민(黃性敏) 발가는 중 김용학(金龍鶴) 김종출(金鍾出) 한영석(韓英錫) 정재기(鄭在琪) 동산인(東山人) 유문 / 「북한봉대(北漢烽臺)」/ 「회원명부」 등. (이한울)

참고문헌

『一光』 창간호, 1928.12, 고려대학교 소장본; 「一光 第六號 京城崇仁洞 中央佛教專門學校校友會 發行」, 『東亞日報』 1936.1.23; 최덕교 편, 『한국잡지백년』 2, 현암사, 2004.

▌일본 및 일본인(日本及日本人)

1907년 일본에서 간행된 국수주의적 논조의 종합잡지

1907년 1월 1일 미야케 세쓰레이(三宅雪嶺)를 중심으로 간행된 국수주의적 논조의 종합잡지이다. 잡지의 전신은 극우정치단체인 정교사(政敎社)의 기관지로 1888년 4월 3일 창간된 『일본인(日本人)』이다. 잡지는 『일본인』의 제1차부터 제3차까지의 모든 호수를 계승했기 때문에 창간호는 제450호로 출발했다.
잡지명을 『일본 및 일본인』으로 개명한 까닭은 메이지 중기의 대표적 '국민주의' 신문인 『니혼(日本)』과 사상적으로 궤를 함께 했기 때문이다. 창간 당초의 발행인 겸 편집인은 핫타 도쿠사부로(八太德三郎), 인쇄인은 지바 가메오(千葉龜雄)였다. 매월 1일과 15일에 2책 발행되었다. B5판. 발행 당초는 100쪽 전후로 정가 15전이었다. 일본의 패전을 앞둔 1945년 2월까지 발행되었다. 국립국회도서관 및 도쿄대학 메이지신문잡지문고에 소장되어 있다.

『일본 및 일본인』의 발행은 메이지의 국수정치문화단체인 정교사의 행보와 밀접히 관련되어 있다. 정교사는 설립 당초 11명의 국수주의자들로 결성되었다.

이들은 세대적 사회적으로 공통된 의식을 지녔다. 그들은 한학에 서구적 교양을 겸비하여 최신의 서양학문을 정식으로 배운 세대였다. 『일본인』은 이러한 정교사 관계자들의 의견교환의 자리로서 출판되었다. 또한 재야적 논조를 견지하여 헌정옹호운동과 보선운동을 지지하고, 다이쇼 데모크라시기에 대두된 노동문제 등에도 비판적인 논조를 전개했다.

1923년에 정교사의 경영이 악화되자 미야케는 정교사의 해산과 경영 쇄신을 주장했지만 내분이 격화되어 9월 1일 발행된 제869호를 끝으로 미야케는 정교사를 떠나 별도로 『아관(我觀)』을 발행하기에 이른다. 이에 정교사의 해산에 반대한 존속파는 1924년 1월 1일 월간으로 재차 『월간 일본 및 일본인』을 창간하면서 보수적 색채를 강화시키고, 파시즘 체제를 지지하는 논조를 전개했다.

잡지는 창간호의 「제언(題言)」에서 "『일본 및 일본인』이라는 이름으로 일본이 어떻게 세계의 인문에 기여할 것인가, 세계가 일본을 위해 어떻게 해야 할 것인가를 설명하는 데 종사하고자 한다. 생각건대 결코 야비한 일이 아니다"고 밝히고 있는 바와 같이 '국수주의'와 세계주의가 공존하였고, 이를 반영하여 기고자는 당시의 언론인과 학계 등 저명인사 거의 대부분을 망라할 정도로 다채로웠다.

창간 당초의 고정란 가운데 「제언」과 권두논문은 미야케가 무기명으로 매호 집필했다. 한국관련 논설로는 한일강제병합을 정당화하고 적극적인 통치정책과 동화주의를 주장한 글들이 많다.

전체 목차는 일본근대사료연구회 편, 『잡지 「일본인」, 「일본 및 일본인」 목차총람(雜誌「日本人」, 「日本及日本人」目次總攬)』을 통해 확인할 수 있다. (이규수)

참고문헌

『近代文學雜誌事典』, 至文堂, 1965; 桂敬一, 『明治·大正のジャ-ナリズム』, 岩波書店, 1992; 日本近代文學館·小田切進 編, 『日本近代文學大事典』 第五卷, 講談社, 1977.

일본경제잡지(日本經濟雜誌)

1907년 일본에서 발행된 경제 잡지

가와카미 하지메(河上肇, 1879~1946)가 1907년 4월 창간한 경제 잡지이다. 반월간으로 발행되었으며, 가와카미 하지메가 발행 겸 편집인이었다.
1902년 도쿄대 법과를 졸업한 가와카미 하지메는 대학원에서 경제사를 연구하면서, 보수적인 평론 잡지 『명의(明義)』(1900년)과 『국가학회잡지(國家學會雜誌)』의 편집을 경험하였다. 1906년에는 요미우리(讀賣)신문사에 입사하여 경제란을 담당하였다. 한편 그는 당시의 여러 농업 잡지, 특히 요미우리사가 발행한 『일본농업잡지』(1905년)에 열심히 논고를 기고하였다. 이러한 가와카미의 경제 저널리스트로서의 체험과, 도쿄대 교수인 마쓰자키 구라노스케(松崎藏之助)의 원조, 그리고 미쓰이(三井)·일본은행·정금은행(正金銀行) 등의 자금원조가 결합해서 창간된 잡지가 『일본경제잡지』였다. 가와카미 하지메가 교토대에 부임한 1908년 10월 이후에는 나가노 하치로(永野八郞)가 편집자로 취임하였고, 본지는 1918년까지 발행되었다. 가와카미가 『일본경제잡지』에 쓴 글은 『가와카미 하지메 전집』 제4권에 수록되어 있다.

메이지 전기 경제 잡지의 특징은 일정한 사상적 입장에서 발행된 평론지라는 점이었다. 말기로 가면 실업인 개인의 처세나 성공, 치부를 위한 정보제공으로 방향으로 전환되었다.

메이지기 경제 잡지의 성격 변화 과정에서 『일본경제잡지』는 사상적 입장에서 발행된 메이지기 마지막 경제평론 잡지였다.

자유주의와 사회주의에 반대하면서, 본지는 보호무역과 농업중시를 주축으로 한 경제정책에 의한 「국위 선양과 민복(民福)의 증진」을 달성하는 국민주의적 경제평론 잡지였다. (문영주)

참고문헌

杉原四郎 編, 『日本経済雑誌の源流』, 有斐閣, 1990; 杉原四郎 著, 『日本の経済雑誌』, 日本経済評論社, 1987.

일본노동신문(日本勞動新聞)

1919년 오사카에 창간된 노동운동 관련 평론지

일본 상공업의 중심지인 오사카(大阪)시에서 이와테 긴지로(岩出金次郎)에 의해, 1919년 3월 1일 제20호로 창간되었다. 1921년 6월 10일자로 47호로 종간한 통산 28호의 월간 노동운동 관련 평론지이다. 창간호가 20호로 되어 있는 것은 이전의 신문을 계승했기 때문이라고 한다. 주로 노자협조(勞資協調)를 표방했다. 편집 인쇄 겸 발행인은 이와테 긴지로로 제35호부터 아라하타 가쓰조(荒畑勝三)이었다. 실제 편집 담당자는 20~24호는 하시우라 도키오(橋浦時雄), 25호부터는 와다 노부요시(和田信義), 제35호부터 종간까지는 아라하타 가쓰조, 단 423호는 아라하타 가쓰조가 검거되어 하시우라 도키오가 담당했다. 복각판은 호세이대학(法政大學) 오하라사회문제연구소(大原社會問題硏究所)에서 제작했다.

이와테 긴지로가 『일본노동신문』의 편집을 의뢰한 사람은 하시우라 도키오이다. 그는 이전에 『시계와 귀금속(時計と貴金屬)』을 발행할 때 오사카에 초대되었던 사람으로 도쿄로 돌아간 뒤에도 이와테 긴지로를 도와 『일본노동신문』 도쿄지국 명의를 갖고 있었다.

『일본노동신문』의 발간을 전후해서는 사원이 5, 6명 전후였던 것으로 보이며, 이름은 알 수 없다.

한동안 편집을 담당했던 하시우라 도키오는 1919년 7월 1일자, 24호까지를 편집했다. 하시우라 도키오 시기 특기할 만한 일은 독자 중의 유지들로 하여 노동문제에 관한 지식의 교환과 회원 상호의 친목을 도모할 목적으로 백우구락부(白雨俱樂部)를 조직한 것을 들 수 있다.

2대 편집장인 와다 노부요시 시기에는 누가 기획한지는 모르나, 일본노동신문사 주최로 1919년 10월 24일 오사카 나카노시마(中之島) 중앙공회당(中央公會堂)에서, 26일 교토(京都 三條靑年會館)에서 사카이 도시히코(堺利彦), 이쿠타 조코(生田長江), 가가와 도요히코(賀川豊彦), 다카야마 요시조(高山義三)을 초청하여 '노동문제 대강연회'를 개최하여, 열광적인 인기를 모았다. 이것은 다음해 9월의 아라하타 간손(荒畑寒村)의 '게이한신(京阪神)노동문제대강연회'로 연계되었다.

아라하타 간손은 창간 때부터 이와테 긴지로에 협조하고 있었는데, 한동안 아라하타 간손은 오사카에 있으면서 신문의 편집과 간사이(關西)지역의 노동조합운동에 관여 했다. 이 신문의 성가가 높아진 것은 1920년 5월 1일자 제35호의 아라하타 간손이 쓴 글로, 그는 여기에서 노동조합운동과 사회주의운동과의 긴밀화를 도모하기 위해 편집까지 담당했다.

아라하타 간손이 편집한 것은 종간까지의 2년 동안의 13호 중에 12호분에 지나지 않고, 노동조합운동의 사회주의운동화의 깃발을 선명히 하여 의욕적으로 논진을 구성했다.

1921년 6월 10일자, 47호로 종간하게 되었는데, 폐간의 계기는 명확하지 않다. 『일본노동신문』의 편집을 도왔던 나베야마 사다치카(鍋山貞親), 산조 게이이츠(三野啓逸)가 체포, 기소되어 공판과 투옥으로 신문 발간이 어렵게 되었기 때문으로 보인다.

인쇄소는 오사카시(大阪市 東區 內淡路町 1丁目 31)의 오사카활판소(大阪活版所)였다. 판형은 타블로이드판, 8쪽으로 제36호 이하는 페이지가 늘어 전체는 242쪽이다. 정가는 1부 10전, 제34호부터는 7전, 제35호부터는 10전으로 올랐고, 이후 종간 때까지 10전이었다.

월간에서 출발하여 반월간으로 발전했다. 교토(京都)와 도쿄, 후쿠오카(福岡), 와카야마(和歌山)에 지국을 설치하여 전국 신문으로 발전해 갔다. 발행일은 매월 1일이었으나 늦게 간행되기도 했다. (김인덕)

참고문헌

『國文學 解釋と鑑賞』(10月) 第30卷 第13号, 東京: 至文堂, 1965; 日本近代文學館 · 小田切進 編, 『日本近代文學大事典』 5卷, 東京: 講談社, 1977; 堀切利高, 『日本勞動新聞』, 東京, 大正勞動文學硏究會, 1983.

▌일본농업신지(日本農業新誌)

1892년 일본에서 발행된 농업 잡지

1892년 1월 창간된 농업 잡지이다. 월 2회 발행되었다. 요코이 도키요시(横井時敬)가 주필이었던 『산업시론(産業時論)』(1890년 창간, 産業時論社)을 계승하여, 8권 3호(1899)까지 발행되었다. 『일본농업신지』의 주필은 요코이 도키요시이었고, 하쿠분칸에서 발행되었다. 나중에 농업세계사에서 발행되었다. 4×6배판으로 발행되었으며, 창간호는 58쪽이었고, 가격은 8전이었다. 1899년 8월부터 『농업세계(農業世界)』(농업세계사)로 계승되었다. 『농업세계』는 1901년까지 발행되다 폐간되었다.

『일본농업신지』는 제국헌법 발포와 제국의회 소집으로 수렴된 것과 같이 세론(世論)이 새로운 전환점을 맞이한 시점에서 발행된 농업관련 전문 잡지였다.

즉 이전까지 경시되거나 천시되었던 농업계가 경제적 목적을 위해 자신들의 주장을 본격적으로 펼치기 위해 만든 잡지였다.

본지 창간의 첫 번째 목적은 농업계의 의견을 무시하고 억압하는 '상류인사'의 몰이해를 비판하기 위한 것이었다.

창간의 두 번째 목적은 '농업인사'의 의식개량이었다. 즉 농업을 담당하는 사람들이 교양과 전문적 지식을 체득하여 품위 있는 농업인사가 되도록 자기교육을 실시하도록 돕는 것이었다. 따라서 본지의 독자층은 자연스럽게 농업계에서도 지도적 위치에 있는 사람들이었다.

잡지는 '논설', '강의', '잡록', '수기', '여흥(餘興)', '통신', '기서(寄書)', '문답', '시사', '종묘교환(種苗交換)', '관보' 등으로 구성되었다.

'논설'에는 「질소급원(窒素給源) 및 그 이용법」, 「미작비료법칙(米作肥料法則)」 등과 같은 농업기술에 관한 내용이 많았고, '강의'에도 「인분비료(人糞肥料)에 대해서」 등과 같이 농업기술에 관한 내용이 많았다. '문답'은 독자의 질문에 독자가 답하는 형식으로 구성되었다. (문영주)

참고문헌

杉原四郎 編, 『日本経済雑誌の源流』, 有斐閣, 1990; 杉原四郎 著, 『日本の経済雑誌』, 日本経済評論社, 1987.

▌일본사회학원연보(日本社會學院年報)

1913년 일본에서 창간된 사회학 잡지

1913년에 창간되어 1923년까지 모두 10권이 발간된 연간 사회학 잡지이다. 편집은 도쿄제국대학(東京帝國大學) 문과대학 사회학연구실에서 같은 대학 문학부 사회학연구실로 바뀐 것으로 되어 있다. 발행처는 일본사회학원사무소(日本社會學院事務所)였다. "연보 발간은 10월, 12월, 2월, 4월, 6월을 기하여 1년 대략 600쪽으로 한다"는 일본사회학원 내규에 따라 해마다 다섯 호가 발간되었다.

일본사회학원 규칙은 연보의 발간을 담당하는 것이 편수원(編修員)이라고 규정하였다. 창간 당시의 편수원은 도쿄제국대학(東京帝國大學)의 다케베 돈고(建部遯吾)와 교토제국대학(京都帝國大學)의 요네다 쇼타로(米田庄太郎)의 2명이었지만, 제10년(1922)에는 여기에 도쿄상과대학(東京商科大學)의 다카다 야스마(高田保馬)와 도쿄제국대학의 이마이 도키로(今井時郎)의 2명이 더 가세하였다. 특이하게도 영어 표기를 병기하지 않고 "ANNAL de L'Institut Japonais de SCIENCE SOCIALE"라는 프랑스어 표기를 사용하였다.

1925년 4월부터는 후계 잡지인 『사회학연구(社會學硏究)』가 발간되기 시작하여 1927년 3월 2권 1호까지 모두 네 차례 간행된 뒤 종간되었다. 『사회학연구』의 편수원은 요네다 쇼타로, 다카다 야스마, 아카가미 요시쓰구(赤神良讓)였지만 실제로는 아카가미 요시쓰구가 주로 편집을 맡았다.

『일본사회학원연보』는 제목 그대로 일본사회학원의 기관지였다. 일본사회학원은 현재 일본사회학회(日本社會學會)의 전신으로 1913년 5월에 창립되었다. 도쿄제국대학의 다케베 돈고가 주재하고 교토제국대학(京都帝國大學)의 요네다 쇼타로 등이 참가하여 조직된 전국적인 학회 조직이었다. 그러나 애초에 그 중심은 도쿄제국대학이었다.

일본사회학원은 근대 일본의 국가 체제가 청일전쟁과 러일전쟁을 거치면서 더 공고해지고 식민지 확보와 더불어 제국주의의 양상도 더 강화된 1910년대 초에 출범하였다. 그리고 일본 사회학의 역사가 형성기에서 성립기로 넘어가는 단계에 핵심적 역할을 하였다. 학회지로 『일본사회학원연보』를 발간하는 한편 모두 25권의 '현대 사회문제 총서'를 간행하였다.

그러나 조직을 주재하던 다케베 돈고가 사회학 강좌 증설 문제로 인한 학내 분쟁으로 1921년 9월 도쿄제국대학 교수직을 사직한 데다가 1923년 12월 중의원 의원 선거에서 당선되었기 때문에 일본사회학원은 학회 조직으로서는 사실상 막을 내리게 되었다.

『일본사회학원연보』 창간호의 「서(敍)」에서 다케베 돈고는 "사회혼일체(社會渾一體)의 실리적(實理的) 연구"를 강조하였다. 여기서 사회혼일체란 사회유기체의 다른 말이었다. 아울러 그는 당시 분출하고 있던 일본의 여러 사회문제가 "대일본제국의 국체를 기준으로 하여" 해결되어야 한다는 입장도 표명하였다. 곧 그는 사회유기체설을 넘어 국가유기체설을 주장하고 민본 자유주의에 대하여 국가 본위 협동주의를 주장하고 있었던 것이다.

『일본사회학원연보』의 제1년(1913~1914)에는 도다 데이조(戶田貞三)의 「일본의 가제도 발달의 연구(日本に於ける家の制度發達の硏究)」, 요네다 쇼타로의 「사회학론(社會學論)」, 「사회학 관념의 비판과 수립(社會學の觀念の批判及樹立)」, 후지이 겐지로(藤井健次郎)의 「유물사관의 해부 및 성분(唯物史觀の解剖其素成分)」, 다카다 야스마의 「분리론(分離論)」 등이 게재되었다.

모두 일본 사회학의 역사에서 빼놓을 수 없는 중요한 사회학자이다. 여기에 2년 이후에는 마쓰모토 준이치로(松本潤一郞), 이마이 도키로, 하야시 메구미(林惠海), 와타누키 데쓰오(綿貫哲雄) 등도 논문을 기고하였다. (이준식)

참고문헌

『日本社會學院年報』(複製版), 第1卷~第10卷, 龍溪書舍, 1999; 小笠原眞, 『日本社会學史への誘い』, 世界思想社, 2000; 川合隆男, 『近代日本社會學の展開—學問運動としての社會學の制度化』, 恒星社厚生閣, 2003.

▌일본산업경제(日本産業經濟)

1942년 일본산업경제신문사가 창간한 경제 신문

1942년 11월 1일 일본산업경제신문사(日本産業經濟新聞社)가 창간했다. 일본산업경제신문사는 도쿄도 시내(東京都 日本橋區 茅場町 2丁目 16)에 있었다. 창립위원은 사장인 무라카미 고헤이(村上幸平)와 오바마 도시에(小汀利得), 사토 신에이(佐藤新衛), 도요나리 고분(豊成光文), 후지모리 야스마사(藤森康正), 기타 가즈시게(喜多一重)였다. 발행은 조간 6항, 석간 2항이었고, 구독료는 1개월에 1원 20전이었다.

일본산업경제신문사는 중외상업신문사(中外商業新聞社), 일간공업신문사(日刊工業新聞社), 경제시사신문사(經濟時事新聞社)의 3사가 일본 정부의 요청에 따라 국방경제의 확립, 생산력의 확충에 기여하는 것을 목적으로 설립했다. 일본산업경제신문사는 새로이 공업일일신문사(工業日日新聞社)와 동아공업신문사(東亞工業新聞社)의 신문사업을 계승했다. 창간한 『일본산업경제』는 태평양전쟁 아래 산업 총동원의 첨병으로 도쿄 지역 유일의 산업지였다.

중외상업신문사는 1876년 12월 2일 『중외물가신보(中外物價新報)』의 이름으로 발족했는데, 당초 주간이었으나 1885년 6월 1일부터 일간으로 바뀌었다. 같은 해인 1889년 1월부터 『중외상업신보(中外商業新報)』로 개제했고, 게재 사항도 경제, 재정, 정치, 기타 사회 일반에 대한 내외의 모든 기사였다. 1911년 8월 주식회사가 되었고, 1924년 사옥 신축과 함께 설비를 정비하고, 1934년 사옥 증축과 고속윤전기, 활자 주조와 기타 제반 설비를 완성했다. 일본 재계의 발전과 함께 동지도 발전을 거듭했다. 일본산업경제신문사가 오사카(大阪)에서 경영하던 『오사카중외상업신보(大阪中外商業新報)』는 개조와 함께 합병되었다.

일간공업신문사는 곤도 요시타로(近藤義太郎)가 1915년 11월 30일 창간한 월간지 『철세계(鐵世界)』를 1919년 신문형으로 개조하여, 다음해 2월 『공업신문(工業新聞)』으로 개제했다. 이후 점차 업무를 확장시키고 발행을 지속하여, 1922년 6월 새로운 공장의 완성과 함께 『일간공업신문(日刊工業新聞)』으로 개제, 이래 비약적인 발전을 거듭 했다.

1940년 도쿄에서 발행권을 획득함과 동시에 신바시역(新橋驛) 앞 별관에서 고속윤전기를 갖추는 등의 공장 시설을 새롭게 설치했다. 1941년 9월 본사를 도쿄로 옮겼다. 일간공업신문사는 신문 발행 이외에 『무역주보(貿易週報)』, 『전국공장통람(全國工場通覽)』, 『상공일기(商工日記)』, 『상공연감(商工年鑑)』, 『월간공업구락부(月刊工業グラフ)』, 『월간국민과학구락부(月刊國民科學グラフ)』 등의 정기간행물을 비롯하여 각종 사업을 주최했다.

경제시사신문사는 기다 가즈시게(喜多一重)가 『지지신보(時事新報)』 해산 후 경제부를 이끌고, 1937년 2월 11일 창간한 것이다.

일본산업경제신문사는 지사가 오사카(大阪), 지국이 요코하마(橫濱), 나고야(名古屋), 후쿠오카(福岡), 도야마(富山), 요코스카(橫須賀), 시즈오카(靜岡), 아오모리(青森), 센다이(仙臺), 삿포로(札幌), 미도(水戶), 우쓰노미야(宇都宮), 마에바시(前橋), 우라와(浦和), 구마타니(熊谷), 니카타(新潟), 나카노(長野), 고후(甲府), 시모노세키(下關), 고베(神戶), 교토(京都), 히로시마(廣島), 오카야마(岡山), 기후(岐阜), 욧카이치(四日市), 오구라(小倉), 타이페이(臺北), 난징(南京), 상하이(上海), 펑톈(奉天), 신징(新京), 방콕(盤谷), 사이공(西貢), 싱가포르(昭南), 마닐라였다. (김인덕)

참고문헌

『昭和18年 新聞總攬』, 東京: 日本電報通信社, 1943; 春原昭彦, 『近代新聞通史』, 東京: 新泉社, 2003.

▌일본산업보국신문(日本産業報國新聞)

1941년 일본산업보국신문사가 창간한 신문

1941년 1월 1일 일본산업보국신문사(日本産業報國新聞社)에서 창간한 신문으로, 정우회(政友會)의 기관지 중앙신문을 개칭하여 일본 전역의 500만의 산업전사를 대상으로 했다. 발행은 조간 2항으로, 구독료는 1년간 20원이었다.

오카 이쿠조(大岡育造)는 1890년 6월 『에도신문(江戶新聞)』을 매수하고 『주신문(中新聞)』, 그리고 『주오신문(中央新聞)』으로 개칭하여 21년 동안 혼자 운영했다. 이후 1910년 5월 조직을 고쳐, 정우회원 28명의 합자회사가 되어, 명실공히 정우회의 기관지가 되었다. 사장은 쓰루하라 사다키치(鶴原定吉), 이사는 요시에(吉植壓一郞), 다카하시 미쓰에(高橋光威)였다. 1914년 12월 쓰루하라 사다키치가 죽자 요시에가 사장으로 취임했다.

주식회사로 조직을 개편하여 노타우 다로(野田卯太郞)가 사장이 되었다. 1940년 9월 스기하라 사부로(杉原三郞)가 사장에 취임하자 일본산업보국신문사와 『도쿄사진신문(東京寫眞新聞)』을 인수했다. 그리고 인쇄 설비를 획기적으로 개선했고, 1941년 1월 1일 호부터 『주오신문』을 『일본산업보국신문』으로 개칭했다.

1943년의 부서는 사장 스키하라 사브로체제 아래, 편집부, 정리부, 광고부, 판매부, 기획부, 경리부, 회계부가 설치되었고, 오사카 지사가 와카바야시 이치오(若林一夫) 주도로 운영되었다.

일본산업보국신문사는 도쿄도(東京都 麴町區內幸町 1-2)에 있었다. (김인덕)

참고문헌

『昭和18年 新聞總攬』, 東京: 日本電報通信社, 1943; 春原昭彦, 『近代新聞通史』, 東京: 新泉社, 2003.

▌일본신교육(日本新教育)

▶ 신교육잡지(新教育雜誌)

▌일본원예회잡지(日本園藝會雜誌)

1889년 도쿄의 일본원예회가 발행한 원예잡지

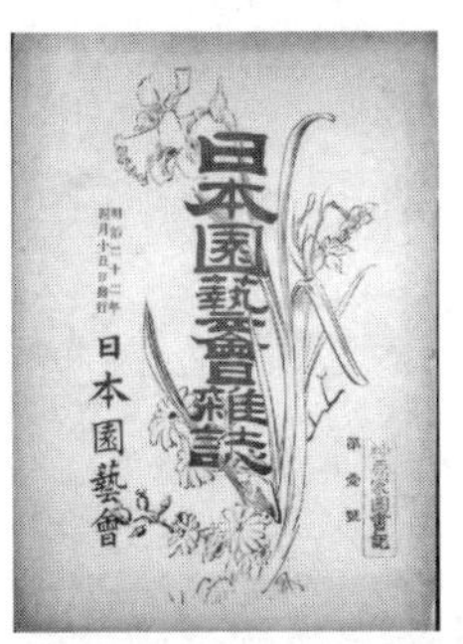

1898년 일본원예회(日本園藝會)의 회지로 발행되었다. 일본원예회는 '원예사업의 개량발전을 도모한다'는 목적으로 1889년에 창립되었다. 잡지 원본은 가가와대학(香川大學) 가미하라문고(神原文庫)가 소장하고 있다.

권두에 요시다 스스무(吉田進)의 「일본원예회 창립의 주지(日本園芸会創立の主旨)」라는 논설이 있다. 그 주지는 여러 외국과 견줄 수 있도록 발전한 일본에서 원예 분야는 아주 뒤떨어져 있고, 원예를 정당하게 인식하고 발전시킬 필요가 있다는 문제의식에서 출발했다.

그리고 원예는 정원 꾸미기만이 아니라, '종예(種芸)'로 바라보며 과실, 소채, 화훼, 정원으로 구별했다. 일본원예회의 설립은 영국과 프랑스의 원예협회를 의식한 것이다. 당시 관계자로는 구주의 원예사정에 따라가고 싶다고 열망한 인물들이었다. 또 원예를 하나의 학문 분야로 취급하여 그 발전을 목적으로 한 원예학회는 1923년에 설립되었다.

창간호의 내용은 먼저 「일본원예회 창립의 주지」에 이어 「원예론(園芸論)」, 「구주정원연혁약설(欧州庭園沿革略說)」이 게재되었다. 그리고 연중 원예, 오렌지 재배, 아스파라 배양 등의 기사도 게재되었다. 그리고 잡록으로는 황태후가 원예를 좋아한 것 때문에 프랑스 칸느에서의 화훼공진회의 해설, 미국에서 호초의 위물이 발견되었다는 기사 등 다채로운 기사도 실렸다.

또 후단에는 효고현(兵庫県)의 종묘대가표, 도쿄의 시황표, 런던의 식물거래표 등이 상세히 게재되었다. (이규수)

참고문헌

『近代文學雜誌事典』, 至文堂, 1965; 桂敬一, 『明治・大正のジャ-ナリズム』, 岩波書店, 1992; 日本近代文學館・小田切進 編, 『日本近代文學大事典』 第五卷, 講談社, 1977.

일본은행통계월보(日本銀行統計月報)

1890년 일본에서 발행된 통계 잡지

1890년 10월 일본은행이 발행하고 있던 『반계보고(半季報告)』 등의 영업활동 보고와는 별도로 중앙은행으로서의 지위와 역할에 비추어 당시 최고 수준의 조사능력을 활용해서 작성한 금융경제조사자료이다. B5판 크기로 매달 발행되는 정기간행물 형식으로 간행되었으며, 이후 『일본은행조사월보』로 발전했다는 측면에서 일본이 간행한 금융경제 조사지였다.

본지는 통계를 통해 일본은행의 업무 보고를 개괄하고, 전체 금융시장을 중심으로 일반 경제계의 동향을 통계를 통해 보고한 조사지로서의 성격을 가지고 있었다. 따라서 『통계월보』라는 명칭이 붙어 있지만, 본지를 단순히 수치를 게재한 통계지로만 볼 수 는 없다.

본지는 '총론'과 '각론'으로 구성되어 있다. 창간호의 목차는 총설, 본행업무, 전국통화, 국채, 금융, 상황(商況), 외국무역, 내지잡건(內地雜件), 외국중요사건으로 구성되어 있다. 본행업무 항목은 태환은행권, 국고금, 예금, 대부 및 할인, 금은출납, 공채증서금은지금매입, 주식이동, 제보호예(諸保護預), 문서왕복 등으로 구성되어 있다.

금융 항목은 지역을 크게 도쿄, 오사카, 각지로 구분되어 있다. 상황(商況) 항목에는 통관, 은행제회사, 주식 및 미상(米商)으로 구분되었고, 외국 무역 항목은 수출입, 위체상장으로 구성되어 있다.

본지 1년분은 『일본은행통계연보』로 묶여서 1890년부터 발행되었는데, 통계연보의 구성은 본지와 동일하였다.

이후 1906년 8월부터 조사기구의 정비강화에 따라 『일본은행조사월보』가 간행되면서, 『통계월보』와 『통계연보』는 그 사명을 『조사월보』에 계승하였다. 『조사월보』의 창간호인 1911년 5월호를 보면, 그 구성과 내용은 『통계월보』의 그것과 같다.

『일본은행통계월보』와 『일본은행조사월보』는 『일본금융사자료 메이지 다이쇼편』 제19권에, 각각 1890~1904년, 1908년 5월~1912년 12월까지 수록되어 있다. (문영주)

참고문헌

杉原四郎 編, 『日本経済雜誌の源流』, 有斐閣, 1990; 杉原四郎 著, 『日本の経済雜誌』, 日本経済評論社, 1987.

일본의 소녀(日本の少女)

1905년 일본의 대일본소녀회가 발행한 아동 잡지

1905년 6월 시모다 우타코(下田歌子)가 회장인 '대일본소녀회(大日本少女會)'의 기관지로 창간되었다. 폐간연도는 불명이다.

잡지는 표지(表紙), 그림(口繪), 사진판(寫眞版), 일본의 소녀(日本の少女), 강화(講話), 이야기(おはなし), 심심풀이(なぐさみ), 소녀학예(少女學藝), 잡록(雜錄), 부록(附錄) 등으로 구성되었다.

'강화'란에는 「동계 의복에 대해서(冬季の衣服について)」, 「양생 이야기(養生の話)」, 「소녀영어(少女英語)」와 같은 실용적인 기사도 게재되었다. 본지는 소녀를 대상으로 한 종합잡지의 형이다. 잡지는 현재 일본 국회도서관이 소장하고 있다. (이규수)

참고문헌

『近代文學雜誌事典』, 至文堂, 1965; 桂敬一, 『明治・大正のジャ-ナリズム』, 岩波書店, 1992; 日本近代文學館・小田切進

編,『日本近代文學大事典』第五卷, 講談社, 1977.

▌일본인(日本人)

1888년 일본에서 간행된 국수주의 단체인 정교사의 기관지

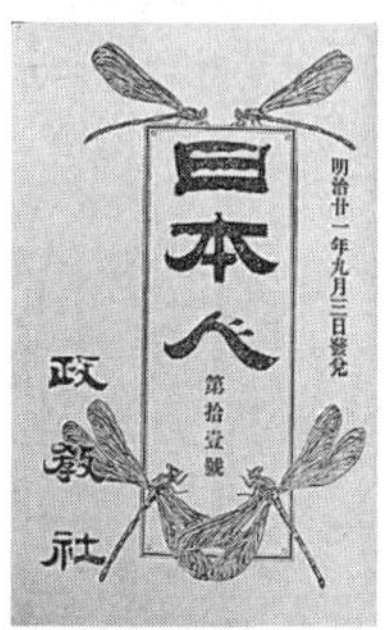

1888년 4월에 창간되었다. 미야케 세쓰레이(三宅雪嶺, 본명은 유지로[雄次郎 → 雄二郎]), 시가 시게타가(志賀重昂), 스기우라 시게오카(杉浦重岡) 등에 의해 결성된 정교사(政敎社)의 기관지이다. 정교사의 사우는 발족 당시 13명이었다. 설립 취지는 "일본 인민의 의장(意匠)과 일본 국토에 존재하는 여러 종교, 교육, 미술, 정치, 생산의 제도를 선택함으로써 일본 인민이 현재와 미래의 향배를 재단하는 것이 필요하다"는 것이었다. 이를 위해 정교사는 서구화주의에 대항하여 국수(國粹)의 보존과 현창을 표방하여 '제반의 폐풍(弊風)의 배제를 목표로 삼았다. 『일본인』은 편의상, 1호(1888.4~1891.6, 통권 73호), 2호(1893.9~1895.2, 통권 18호), 3호(1895.7~1906.12, 통권 449호)로 구분할 수 있다. 편집은 주로 시가 시게타가가 담당했고, 3호에는 미야케 세쓰레이가 담당했다. 잡지의 형태는 A5 국판, 2단 구성, 40쪽 전후이다. 잡지의 체제, 쪽수, 정가 등은 시기에 따라 변동했지만, 발행 당초의 정가는 1부당 1부 6전 5리였고, 월 2회 발행되었다.

일본은 메이지유신 이후 외형적으로는 근대국가로 출발했지만, 서구 열강과의 불평등조약 체결에 따른 압력에 굴복할 수밖에 없는 상황이었다. 이런 와중에 메이지정부가 선택한 일본의 진로는 아시아의 일원이 아니라, 서양문명국의 일원이 되고자함이었다. 그것은 후쿠자와 유키치(福沢諭吉)가 주장한 '탈아론'의 실천이고, 로쿠메이칸(鹿鳴館)으로 상징되는 서구사상을 받아들이는 것이었다. 이는 당연히 일본의 전통적인 규범과 문화의 경시로 연결되었다.

이러한 시대적 배경과 관련하여 1880년대에는 과도한 서구화주의에 대한 반동에서 근대적인 국수주의가 탄생한 시대이기도 했다. 정교사의 『일본인』과 구가 가쓰난(陸羯南, 본명은 實)이 사주 겸 주필을 맡아 1889년 창간된 신문 『니혼(日本)』이 이러한 움직임의 양 날개를 담당했다.

『일본인』은 외국 문화의 무비판적인 모방을 배격했다. 일본 고유의 진선미 보존과 사민평등을 기초로 한 국가주의를 주장하고, 번벌(藩閥) 등 일부 인사에 의해 국가를 움직이는 것에 반대했다. 이 때문에 잡지는 여러 번에 걸쳐 발행 정지되었다. 1891년 6월, 73호로 일시 폐간되었다가 1893년 10월 재간되었다. 또 1895년에는 18호로 또다시 폐간되어 같은 해 7월에 다시 재간되어 1호를 발행했다.

잡지는 이후 1907년 450호부터 『일본 및 일본인(日本及日本人)』으로 변경되었다. 잡지의 특색은 무엇보다도 일본주의적 색채가 농후하다는 점이다. 제1기는 국수주의 주창에 중점이 놓여졌다. 문예면에서는 한시나 약간의 번역, 비평, 나가사와 고토아마(長澤別天)의 평론, 예를 들면 「시인(詩人)」(46호), 「신시론 일반(新詩論一斑)」(61호), 「호반시인(湖畔詩人)」(65, 67호) 등이 게재되었다.

2기에는 나가사와 고토아마가 계속해서 활약하여 수필과 밀턴의 소개 글도 게재되었는데, 그의 주요 관심은 「사회주의 일반(社會主義一斑)」에 있었다. 특히 이 시기에는 다오카 레이운(田岡嶺雲)의 등장이 주목된다. 그는 「하이카이 관견(俳諧管見)」(5호)과 「하인리히 하이네(ハインリヒ ハイネ)」(8~12호)를 발표하여 화려하게 등장했다.

3기에 들어서면 새롭게 '문(文)'란도 만들어져 「일본문학의 신광채(日本文學に於ける新光彩)」(1호)를 비롯해 다오카 레이운의 평론이 주목을 받았다. 7호 이후에는 다카하마 교시(高浜虛子)가 등장하여 그의 하이쿠가 매호를 장식했다. 이 밖에도 잡지에는 가와

히가시 베키고도(河東碧梧桐), 나이토 메이세쓰(內藤鳴雪), 나쓰메 소세키(夏目漱石) 등의 작품과 일반에게 응모한 하이쿠도 게재되어 '일본'파 하이쿠의 거점이 되었다.

마사오카 시키(正岡子規)도 24호(1896.8) 이후 작품을 실었고 하이쿠를 비롯한 「문학(文學)」(24~29, 31호) 등의 평론과 많은 신체시를 게재했다. 또 시가 시게타가의 「연소시인(年少詩人)」(29호)은 노구치 요네지로(野口米次郎)에 주목한 최초의 글이다. 일시적으로 많이 게재된 문예면도 1898년경부터는 줄어들기 시작했다. 잡지에는 약간의 한시나 하이쿠가 게재되는 것에 머물렀다.

잡지는 근세사와 사회주의에 대한 관심이 높아졌다. 고토쿠 슈스이(幸德秋水)의 「혁명인가, 망명인가(革命乎亡命乎)」(1899.11), 가타야마 센(片山潛)의 「두려운 사회의 현상(恐るべき社會の現象)」(1901.10) 등이 게재되었다. 잡지는 신문 『니혼』의 내분으로 주요 멤버를 거느리고 잡지사에서 나간 미야케 세쓰레이가 잡지 『일본인』을 계승하여 1906년 12월 잡지 제호를 『일본 및 일본인』으로 바꾸었다. 잡지 목록은 근대일본사 사료연구회가 간행한 『일본 및 일본인 목차총람(日本及日本人目次総覧)』(전5권)이 있다.

• 정교사(政教社)

메이지 시기의 국수정치문화단체. 1888년 잡지 『일본인』의 발행처이다. 미야케 세쓰레이, 시가 시게타카, 미야자키 미치마사(宮崎道正), 이노우에 엔료(井上円了), 가가 슈이치(加賀秀一), 마쓰시타 다이키치(松下大吉), 스기우라 시게오카, 기쿠치 구마타로(菊池熊太郎), 이마가이 사부로(今外三郎)·다나바시 이치로(棚橋一郎)·다쓰미 고지로(辰巳小次郎), 시마지 모쿠라이(島地默雷) 등에 의해 설립되었다.

이들 동인의 성격은 시마지 모쿠라이를 제외하고는 세대적 사회적으로 공통된 경험을 지닌 사람들이다. 즉 그들은 번벌(藩閥)과 거리가 작은 번 출신이고, 세대적으로는 1860년 전후에 태어났다. 그들은 주로 한학을 배운 다음 서구적 교양을 받아들였다. 따라서 정교사는 서양 최신의 학문을 정식으로 배운 세대로 구성되었고, 동인들은 관료 이외의 길로 진출한 사람들이기도 했다.

또 이러한 사정으로 인해 정교사는 동인들 사이의 의견 교환의 장소가 되었고, 잡지 『일본인』을 출판하는 살롱이었다. 정교사 동인이 활약한 1880년대는 이미 많은 미디어가 존재했다. 미디어의 존재는 특정한 주의와 주장이 필요했고, 이를 둘러싼 교류와 토론도 필요불가결하게 되었다.

정교사는 1886년 무렵 제국대학 졸업생으로 영국과 미국에서 유학한 다음 귀국한 스기우라 시게오카와 오무라 주타로(小村寿太郎) 등이 만나 기존의 정당과는 다른 중정주의(中正主義)를 관철시키기 위해 설립한 것이다. 이들은 서양의 언어를 직역한 신문과는 다른 것을 새롭게 만들려했다. 이를 위해 모여든 인물들은 주로 국민론파 언론인이었다.

그들은 보국(報国)의 뜻을 품고 양학(洋學)을 배웠다. 그들은 『일본인』의 창간을 도모했다. 그 중심은 이과 중심의 도쿄영어학교(東京英語學校) 그룹과 문과 중심의 제국대학 12기생 그룹이었다. 이들 두 그룹은 사고방식이 서로 달랐다.

정교사는 11명으로 결성되었다. 결성 동기는 당대 일본이 세계에 대해 종교, 교육, 미술, 정치, 생산제도를 어떻게 모색할 것인가라는 절박한 상황하에서 가장 중대한 문제에 대해 학술을 어떻게 적용하고 응용할 것인가가 천재일우의 기회였다. 이를 이용하여 자기 독자적인 사명을 발견하면서 각자가 지닌 양심에 따라 시세와 시사를 토론할 권리를 발휘시키기 위해 뜻이 같은 사람들이 『일본인』을 창간하게 되었다.

『일본인』과 사회주의자

『일본인』은 국수주의를 표방했지만, 실제로는 일본의 선구적인 사회주의자인 가타야마 센과 고토쿠 슈스이가 『일본인』에 기고하기도 했다. 가타야마 센(1859~1933)은 모스크바에서 객사했고, 고토쿠 슈스이(1871~1911)는 대역사건으로 사형에 처해졌다. 『일본인』이 국수주의 입장이었다면 결코 용납될 수 없는 두 사람이었다.

이들이 잡지에 기고했다는 사실은 오히려 『일본인』이 표방하는 '국수주의' 문제를 고찰할 필요가 있다. 두 사람이 『일본인』에 게재한 글은 다음과 같다. 가타야마 센, 「영국금일의 사회(英国今日の社会)」(68호, 1890.6.5); 고토쿠 슈스이, 「혁명인가, 망명인가(革命乎亡命乎)」(103호, 1899.11.20); 고토쿠 슈스이, 「청국문제와 터키문제(清国問題と土耳其問題)」(118호, 1899.7.5); 고토쿠 슈스이, 「소위 전쟁문학(所謂戦争文學)」(122호, 1899.9.5); 가타야마 센, 「두려운 사회현상(恐るべき社会の現象)」(148호, 1901.10.5); 가타야마 센, 「인구증가와 노동자(人口増加と労働者)」(159호, 1902.3.20); 가타야마 센, 「노동조합과 우리 공업의 전도(労働組合と我工業の前途)」(154호, 1902.6.5); 幸徳伝次郎, 「외설스러운 문학(卑猥なる文學)」(135호, 1902.6.20); 가타야마 센, 「공장법안에 대한 사견(工場法案に対する私見)」(175호, 1902.11.20). (이규수)

참고문헌

山本武利, 「中野目徹著「政教社の研究」」, 「日本歴史」, 吉川弘文館, 1997; 塚本三夫, 「「政教社」における組織とイデオロギー: ナショナリズムの思想構造」, 「東京大学新聞研究所紀要」 17, 1968.

▌일본입헌정당신문(日本立憲政黨新聞)

▶ 오사카마이니치신문(大阪每日新聞)

▌일본지여학(日本之女學)

1887년 일본에서 간행된 여성 종합잡지

1887년 8월부터 1889년 12월까지 발행된 여성 종합잡지이다. 발행처는 하쿠분칸(博文館). 월간으로 발행되었고, 정가는 1호부터 5호까지는 12전이었다. 발행처가 하쿠분칸으로 변경된 6호부터는 정가는 10전이었다.

하쿠분칸의 사장 오하시 사히라(大橋佐平)는 도쿄에 진출하여 처음에는 종교 잡지와 여성지를 발행했다. 이후 여성교육의 발달과 더불어 『일본지여학』을 발간하기에 이른다. 발간 당시의 발행처는 위험 부담을 피하기 위해 '일본여성사'라는 명칭으로 발행했다. 제호명도 호에 따라 '지(之)'는 '내(乃)' 혹은 '노(の)'로 변경되었지만, 최종호는 『일본의 여학(日本の女學)』이었다. (이규수)

참고문헌

『近代文學雜誌事典』, 至文堂, 1965; 桂敬一, 『明治・大正のジャ-ナリズム』, 岩波書店, 1992; 浜崎廣, 『女性誌の源流』, 出版ニュース社, 2004.

▌일본평론(日本評論)

1916년 일본에서 발행된 종합잡지

1916년 7월 1일 순간지(旬刊誌) 『홍수이래(洪水以來)』를 개제한 계승지(繼承誌) 15호로 발행되었다.

『일본평론』의 선행지였던 『홍수이래』는 1916년 창간되었다. 1913년 화산(華山) 지하라 렌타로(茅原廉太郎)가 주도해서 창간한 순간지 『제삼제국(第三帝國)』이 주사(主事)의 지위에 있었던 망천(望天) 이시다 도모지(石田友治)와의 주도권 쟁탈을 발단으로 대립하고, 1915년 11월에 분열되었다. 이후 지하라 렌타로는 이시다 도모지가 주재하고 잡지명을 계승한 『제삼제국』에 대항해서 『홍수이래』를 창간하였다.

지하라 렌타로는 『홍수이래』가 다시 분열의 위기를 맞자, 공모에 의해 잡지이름을 『일본평론』으로 개제하였지만, 잡지의 권호수는 변경하지 않고 『홍수이래』의 호수를 그대로 계승하였다. 지하라 렌타로의 입장에서 보면, 『홍수이래』는 『일본평론』이나 『제삼제국』과 사상적 맥락에서 연결되어 있었고, 각 잡지는 혈연적 계보와 같다고 강하게 의식하고 있었다.

『홍수이래』는 1916년 6월에 발행된 14호까지 간행되었지만, 일원사(一元社)에 내분이 일어났다. 내분은 직원들의 임금인상 투쟁 때문에 발생하였다.

『일본평론』으로 지명은 개제되었지만, 편집방침이 크게 변한 것은 아니었다. 즉 『홍수이래』부터 『일본평론』까지의 31책은 한 세트로 볼 수 있다. 32책이 발행되었지만, 통산 제32호의 『일본평론』은 1913년 10월에 창간되어 지하라 렌타로가 주재한 『도쿄평론(東京評論)』과 합병하고, 『도쿄평론개제 일본평론』으로서 재출발하는 형태를 취하고 있었다. 호수도 『도쿄평론』의 호수를 이어 받아 제79호(1917년 11월)로 되어 있다. 따라서 제79호부터는 종래의 편집방침도 변경하고, 『도쿄평론』 주도형으로 변하였다.

지하라 렌타로는 1876년 5월 10일생이었다. 한때, 하쿠분칸(博文館)의 편집부에서 일한 적도 있었고, 젊은 시절에는 하이쿠(俳句)를 좋아했고, 별호(別号)를 소송난설(小松蘭雪)이라고 했다. 그 후 『마이니치신문(毎日新聞)』, 『주오신문(中央新聞)』, 『오사카신문(大阪新聞)』 등의 신문기자를 거쳐, 잡지편집을 시작했다. 1909부터 1910년경에는 대구보문학구락부(大久保文學俱樂部)라는 살롱을 주최하였다. 이 구락부는 매월 지하라의 집에서 '십일회(十日會)'라는 이름으로 모였다.

『일본평론』은 지하라 렌타로에 의존해서 간행된 잡지였다. 잡지의 기조는 그의 국가사회주의적(國家社會主義的) 논조를 근간으로 한 헌정옹호(憲政擁護)에서 국가옹호(國歌擁護)로 라는 사상적 위치의 보조에 부합되어 갔고, 민중이 태동하는 시대의 추세를 후방에서 '일본정신(日本井神)', '철인정치(哲人政治)'라는 언어로 지켜보았다.

『일본평론』이 소위 종합잡지의 체제를 갖춘 것은 1917년 11월에 발행된 2권 11호(총산 제31호)부터로 『홍수이래』 계승지로서의 역할은 여기서 종언을 고했다. 『일본평론』의 폐간 직후인 1916년 8월에 구미시찰을 간 지하라 렌타로가 1918년 6월 귀국한 후, '대활약, 대혁신, 금후의 본지를 보라, 신시대의 관현악을 연주하자'(86호, 1918.7)라고 하여 편집방침을 변경했다. 「모원화산자유논단(茅原華山自由論壇)」을 설정하고, 실업상업 기사는 반감하였다. 그러나 실업상업지 『도쿄평론』의 성격이 주류를 형성했다는 점은 부정할 수 없다.

다이쇼(大正) 시기 지하라 렌타로는 다이쇼 데모크라시의 기운이 고양되는 가운데, 군민동치(君民同治)의 민본주의(民本主義)를 역설하고 영육일치(靈肉一致), 동서사상의 융합이라는 사상적 숙명을 '제삼제국'이라는 언어로 포괄하려고 노력하였다. 이 숙명이 국권이 민권을 제압하는 상황과 조우해서 좌우로 요동하는 상황주의를 만들어낸 지하라 렌타로의 사상적 취약성을 만들어냈다. 이러한 취약성은 동시에 자신이 주재한 잡지의 흥망에도 영향을 미쳤다. (문영주)

참고문헌

『「日本評論」解説·總目次·索引』, 不二出版, 1989; 『日本出版百年史年表』, 日本書籍出版協會, 1968.

일본해사신문(日本海事新聞)

1942년 일본해사진흥회에서 창간한 국책신문

1942년 12월 8일 창간된 국책신문이다. 해무원(海務院)이 중심이 되어 정보국(情報局), 일본신문회(日本新聞會)의 지원으로 『해운무역신문(海運貿易新聞)』, 『일본해운신문(日本海運新聞)』을 통합하여 재단법인 일본해사진흥회(日本海事振興會)에서 발행했다.

신문의 발행을 위해 일본해사진흥회에서는 새로이 일본해사신문발행사무국(日本海事新聞發行事務局)을 설치하고, 인재를 초빙하여 일간지를 발간했다. 회사의 소재지는 도쿄도(東京都 芝區 田村町 5丁目 6番地)였다.

발간의 목적은 다음과 같다. ① 정부와 표리일체의 기관으로 국책방침을 철저히 구현한다. ② 해사관계자의 지침이 될 만한 해사관계 사항을 주지시킨다. ③ 해사 발전에 오류가 없게 하기 위해 항상 바른 지도를 한다. ④ 해운관계자의 의사를 정부에 전달하는 매개체로서의 역할을 한다. 다섯째, 해사진흥의 기초 확립을 도모한다.

1943년 1월 1일부터 일본의 해운 하역 증강주간을 이용하여, 해무원과 정보국의 후원 아래 항만운송업중앙협의회(港灣運送業中央協議會)의 원조를 얻어 일본해사진흥회와 함께 표어를 공모했다.

1943년 5월 현재 종업원은 187명, 지국은 7개였다. 독자는 거의가 해사관계자였다.

지국은 오사카(大阪), 고베(神戶), 요코하마(橫濱), 나고야(名古屋), 간몬(關門), 시미즈(淸水), 하코다테(函館)였다. 그리고 대동아공영권 내의 주요 도시, 구내 해무국 및 해무지국, 해무지국 출장소에 통신원을 두었다. (김인덕)

참고문헌

『昭和18年 新聞總攬』, 東京: 日本電報通信社, 1943; 春原昭彦, 『近代新聞通史』, 東京: 新泉社, 2003.

일성종(一聲鐘)

▶ 광둥일보(廣東日報)

일용편람(日用便覽)

1909년 서울에서 일본어로 발행된 연간 기상 편람

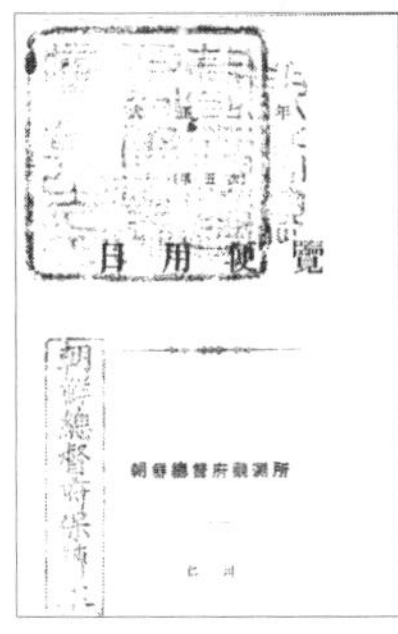

조선총독부관측소에서 일본어로 발간한 일력(日曆)

관련 연간 잡지이다. 1909년부터 간행되었다. 기상 관련 전문 잡지로는 『조선기상월보』와 『조선총독부관측소연보』가 있었으므로, 이 잡지는 여기에 수록된 사항을 일반인들에게 알리기 위해 간행한 것이다. 관측소 내의 직원으로 조직된 기상강화회(氣象講話會)에 위탁하여 간행하였다고 한다. 일반인들에게 실비로 배포하였다. 국립중앙도서관에 1909년부터 1944년까지의 1차부터 37차까지의 발간분이 일부만(2, 10, 11, 14, 36차본) 누락된 채 소장되어 있다.

잡지는 크게 일력(日曆), 기상, 지리, 잡부의 4부로 구성되었다. 일력에는 간지, 일출·몰, 주야 간의 시수, 남중(南中) 시각, 월출·몰, 월식, 잡절(雜節), 축제일, 표준시각, 고조(高潮) 시각, 연대표, 연호 등을 기재하였다.

원래 조선에서는 중국의 방식을 채택하여 역서를 편찬하였으나, 1911년부터 편력(編曆) 사무가 조선총독부관측소로 이관되었다. 관측소에서는 근대 천문학을 이용하여 계산방식을 고치고, 조선의 상황에 맞게 게재사항을 고쳐 편찬하였다. 이에 따라 일반 조선인들의 민력(民曆)이 편찬되었다.

기상부에는 기압, 기온, 풍속, 우량, 증발량, 무일(霧日), 결빙 등을 기록하였다. 지리부에는 경위도표, 조수, 해수온, 기타 지리에 대해, 잡부에는 도량형 등 생활에 필요한 각종 지식을 소개하였다.

「조선관측사략」(1912), 「일본해의 해류에 대하여」(1913), 「눈」(1919), 「조선의 기상사업」(1923), 「조선의 겨울」(1924), 「태풍잡화」(1926) 등 기상과 관련한 논문도 게재하였다.

조선총독부 관측소(나중에 기상대)와 관측소가 발간한 나머지 출판물에 대해서는 『조선기상월보』 항목을 참조. (윤해동)

참고문헌

宮川卓也, 「20세기초 일제의 한반도 기상관측망 구축과 식민지 기상학의 형성」, 서울대석사학위논문, 2008; 『일용편람』 국립도서관 소장본.

▌일월시보(日月時報)

1935년 서울에서 발행된 조선유교회의 기관지격인 월간지

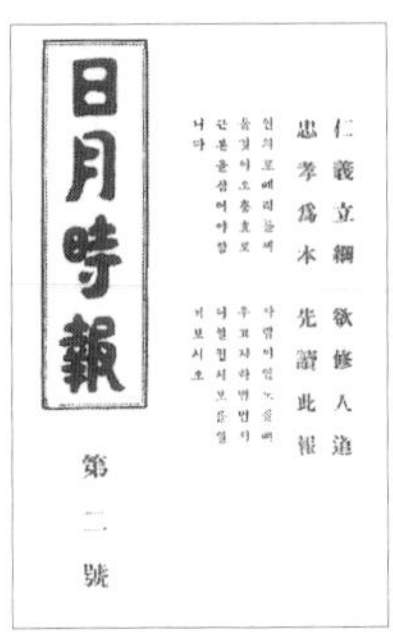

1935년 2월 8일 창간한 조선유교회(朝鮮儒道會) 기관지이다. 편집 겸 발행인은 박연조(朴淵祚), 인쇄인은 대동인쇄소의 박인환(朴仁煥), 발행소는 일월시보사(日月時報社 경성부 삼각동 67)이다. 판형은 B5 4×6 배판으로 총 150쪽이고 정가는 30전이다. 1935년 10월 10일 통권 6호로 종간되었다.

『일월시보』는 윤리, 도덕, 정신, 문화의 개척에 공헌하고자 주로 성경현전(聖經賢傳)에서 취재한 말들로 잡지의 내용을 삼아 성의(誠意), 정심(正心), 수신(修身), 제가(齊家), 격치(格致) 공부에 필요한 내용을 제공하여 삼강오륜과 인의도덕을 실행하는 도덕문명 기관지로서의 역할을 다하는 데 그 발간 목표를 두고 있었다.

창간호에는 박영효, 정만조를 비롯하여 중국 총영사 등의 축사가 실려 있다. '공부자상(工夫子像)'의 사진을 비롯하여 축시, 축하휘호가 수없이 많은 가운데, 공자의 사손(嗣孫) 연성공(衍聖公) 공덕성(孔德成)의 사진이 그의 친필 휘호 '효원백행 충관만사(孝源百行忠貫萬事)'와 함께 실려 있어 이채를 띤다. 그리고 안교환의 창간사와 「유교진흥에 노력할 것」이라는 논설을 비롯하여 유교진리의 간명(簡明)에 관한 논문, 문화계발, 사회생활개선, 미풍양속, 교화문제 등을 포함한 유학·유교·유도에 관한 기사들이 실려 있다.

150쪽이 넘는 책을 무상으로 제공하겠다는 창간호의 '교회공고'는 파격적이었다. 그만큼 유교의 이념과 원리를 현대에 되살리려는 노력은 대단한 것이었다고 할 수 있다. 「인생 생활에는 인도 대의를 불가폐함」(조선유도회), 「조선과 유교, 세계와 유교」(강담), 「일반여자와 아동교육의 도덕화」(경제), 「조선유림의 분기를 촉함」(표지양), 「청년제현에게 격함」(이유립), 「유교진흥에 노력할 것」(안교환), 「조선유교의 원류」(박연조) 등은 그런 열정적 호소를 담고 있다.

그러나 유교의 현대적 계승과 창조는 피를 깎는 반성과 시대적 사명을 다하는 데서 찾아야 하건만, 일부 간부들이 보인 친일적 행위는 '조선유도회'의 오점이자 이 잡지의 문제점이라 할 수 있다.

• 조선유교회

'조선유교회'는 1932년 8월 27일 안순환(安淳煥)의 주도로 창립된 전국적 단위의 유교단체다. 중앙에는 총부, 지방의 각 도 및 군읍에 지부를 설치하여 1만 3000여 명에 달하는 회원을 확보했다. '조선유교회'의 교육과 교화사업의 추진본부는 경기도 시흥에 설립한 안순환의 선조 안향을 모시는 녹동서원(鹿洞書院)이었다. 하지만 정만조, 정봉시, 정병조 등 친일 유교단체에서 활동했던 거물급 인사들이 요직을 맡는 등 친일적 색채를 완전히 탈피하지는 못한 한계를 갖고 있었다. '조선유교회'는 교화단체·교리단체로서의 역할뿐만 아니라 종교단체로서의 구실도 수행했다. 교역자제도 및 품계제도를 도입하고 교단 조직을 활용해 전교하였으며 서양식 교회제도를 수용하여 매주 일요일에 해당하는 복일(復日)에 강연회와 경전 강독을 거행했다. 또한 각급 학교의 설립을 추진하고 개량서당, 부인야학, 농민강습소 활동을 전개하고 국문으로 교리를 해설하고 경전 번역을 시도하는 등 유교의 대중화·저변화에 적극 앞장섰다.

'조선유교회'의 창립과 활동에 관해서는 창간호에 실린 「조선유교회 창립약력」, 「본 교회 공보(公報)」, 「조선유교회 창립시 교직명록」, 「본교회 창립 동지 씨명 발표 후 계속 입교인 씨명 발표」, 「제1회 강습생 26인 강연 기사」 등을 통해 살필 수 있다. (전상기)

참고문헌

최덕교 편저, 『한국잡지백년』 1, 현암사, 2004; 수요역사연구회, 『식민지 동화정책과 협력 그리고 인식』, 두리미디어, 2007.

일주간(一週間)

1934년 중국 상하이에서 창간된 시사종합잡지

1934년 5월17일 상하이(上海)에서 창간되어 현대서국(現代書局)에서 주간으로 발행되었다. 편집진은 훙선(洪深)과 장창런(張常人)이며, 2호부터는 출판자가 훙쉐판(洪雪帆)으로 되어 있다.

지면은 사평, 일주간, 특재(特載), 일주화간(一週畵刊), 현대 신사료, 큰 인물의 작은 일(大人物的小事), 명인명언, 생활의 반영, 국제, 국내, 일반사회, 신서(新書), 과학, 영화(電影), 수감(隨感), 필기(筆記)의 난으로 구성되어 있다.

주로 국내외 시사소식과 평론, 신문사진을 실었다. 일주간의 새로 나온 책과 영화를 소개하고, 정치, 경제, 사회, 군사, 문화, 과학 등과 관련한 문장을 발표하였다. 또한 유명인들의 이야기와 문학작품을 게재하였다.

1호에는 루인(廬隱)이 번역한 「소녀의 애수(少女的哀愁)」가 실렸으며, 이어서 3호에는 류다제(劉大杰)의 「오두막 은거 회고록(廬隱回憶錄)」이, 4호에는 펑청후이(彭成慧)의 「내 관을 중국으로 운반해주기를 당신들께 청하다(請你們把我底棺材運回中國)」, 5호에는 천가오융(陳高傭)의 「단양절에 중국민족 풍속의 사회의의를 말함(從端陽節說到中國民族風俗的社會意義)」, 6호에는 샤옌더(夏炎德)의 「중국의 5·4에서 5·30 시기의 문학운동(中國從五四到五三十時機之文學運動)」 등이 게재되었다.

주요 집필자는 루인, 훙선, 타이솽추(邰爽秋), 왕천(王晨), 커링(柯靈), 두뤄(杜若) 등이다. (김성남)

참고문헌

周葱秀·涂明 著, 『中國近現代文化期刊史』, 山西教育出版社, 1999; 王檜林·朱漢國 主編, 『中國報刊辭典』, 太原: 書海出版社, 1992.

일진회회보(一進會會報)

1904년 서울에서 한국어로 창간된 일진회의 기관지

친일 정치단체 일진회의 기관지로서, 1904년 8월에 창간되었다. A5판 20쪽이고 국한 혼용문이며, 4호 활자로 1단 세로짜기를 하였다. 정가는 50전이다.

1904년 창간된 『일진회회보』는 일진회의 기관지로서, 편집인이나 발행인에 관한 기록은 없다.

창간호는 '논문' 「일진회 입언(立言)」, 「일진회 취지서」, '활동기록' 「시정개선기(時政改善記)」, 「시론임기(時論臨記), 유신회(維新會) 개회식(開會式)」, '시사보도' 「만국관란(萬國觀瀾)」, 「국민지성(國民之聲)」, '광고' 등으로 구성되었다.

『일진회 회보』의 성격을 알기 위해서는 우선 이를 창간한 친일단체 '일진회'에 대해서 살펴볼 필요가 있다. 일진회는 1904년 일본이 고문정치만으로 한국 정부를 간섭하는 것에 만족하지 않고 친일적 민의(民意)가 필요하다고 생각하여 조직한 단체이다.

러일전쟁 때 일본군의 통역이었던 송병준(宋秉畯)과 구(舊) 독립협회의 윤시병(尹始炳)·유학주(俞鶴柱) 등은 1904년 8월 18일 유신회(維新會)를 조직했다가 8월 20일 일진회로 고치고 회장에 윤시병, 부회장에 유학주를 추대하여 발족했다. 일진회는 발족과 동시에 ① 황실을 존중하게 하고 국가의 기초를 공고하게 할 것, ② 인민의 생명과 재산을 보호하게 할 것, ③ 정부의 개선정치를 실시하게 할 것, ④ 군정과 재정을 정리하게 할 것 등 4개 강령을 내걸었다. 그 주지를 정부에서 실시하도록 권고하기 위해 정부에 헌의서(獻議書)를 제출하였다. 그리고 각 조목마다 총대위원 한 사람씩을 선정하여 국정 개혁을 요구하는 한편, 일진회의 탄압에 대해 항의하기도 하였다. 또, 회원은 모두 단발과 양복차림을 하는 등 문명의 개화를 급격히 서둘렀다.

처음 일진회의 활동은 서울 지역에 한정되어 지방에는 그 세력을 뻗치지 못하였다. 그러나 이 무렵, 송병준은 이용구(李容九) 등 동학(東學)의 잔여 세력을 규합하면서 이 해 9월 하순에 조직한 진보회(進步會)가 전국적인 기반을 가지고 있음에 주목하여 12월 2일 진보회를 매수, 흡수하여 일진회에 통합하였다. 이후 이용구는 13도 총회장직에, 송병준은 이듬 해 평의원장(評議員長)에 취임하였다. 1905년 11월에 개최된 총회에서는 회장 이용구, 부회장 윤시병, 지방총장 송병준, 평의원장 홍긍섭(洪肯燮)을 선출하여 일본인 고문 모치쓰키 류타로(望月龍太郞)와 함께 적극적인 친일활동을 전개하였다.

일진회의 회원은 창립 당시 300명이었으나 진보회와 통합한 뒤에는 곧 수만 명으로 늘었다. 일제가 한국을 강점한 1910년경에는 이른바 '100만 회원'이라는 구호를 내걸었으나 실제는 10만 명쯤 되었다고 한다. (이한울)

참고문헌

강창일, 「일진회의 '합방'운동과 흑룡회-일본 우익의 대아시아주의와 관련하여」, 『역사비평』 2000년 가을호; 최덕교 편, 『한국잡지백년』 1, 현암사, 2004.

일출(日の出)

1932년 일본에서 창간된 대중 잡지

1932년 8월에 창간된 대중 잡지이다. 1945년 12월호까지 발간되었다. 편집 겸 발행자는 사토 요시오(佐藤義夫), 가마카와 요고로(鎌川與五郞)였고, 발행처는 신초샤(新潮社)였다. 종래 순수한 문예물의 출판을 주로 하던 신초샤가 잡지계의 대중적 동향이 현저해지는 데 따라 대중 문예의 분야에 진출하기 위해 창간한 잡지이다.

잡지의 이름 '일출'은 250만의 응모작 가운데 시국에 맞추어 신흥 일본의 국운의 번창을 상징하고 나아가 잡지의 장래도 축하한다는 의미에서 선택된 것이다. 창간 직후는 기존의 대중 잡지, 특히 같은 형태의 잡지인 『킹(キング)』에 밀린 데다가 신초샤의 이름으로는 대중적 감각에 호소하는 힘이 약해 부진을 면하지 못하였다. 그러면서도 『킹』을 따라잡는 것을 목표로 내용상으로도 모방을 계속하는 시기가 있었다.

1937년 7월 중일전쟁 이후 비로소 판매가 호전되기 시작하였다. 국책 신장과 비상시국 의식 강조를 표방하는 『일출』의 특성이 시류와 맞아 떨어졌기 때문에 1939년, 1940년 무렵에는 매호 매진에 가까운 기록을 보였다. 창간 14년째인 1946년 1월 신초샤 사주인 사토 기리요(佐藤義亮)가 전범으로 공직에서 추방된 것을 계기로 자숙한다는 의미에서 자진 폐간하였다.

『일출』의 특징으로서는 만주국이 건국된 해에 창간된 것을 반영이라도 하듯이 국민정신의 고양을 잡지 편집방침에 그대로 반영하여 시국문제, 군사문제를 적극적으로 다루고 있었다는 점을 들 수 있다. 그리고 시국과 관련된 좌담회를 개최하는 데도 힘을 기울였다.

『일출』의 형태상 특징은 1934년까지 매호 다른 잡지에는 없는 부록을 발행한 것이다. 부록의 내용도 '미국, 러시아와 싸워 일본은 이길 것인가', '만주사변 대화보' 등 국방이나 시국과 관련된 것이 많았다. 또한 신초샤 사장 사토 기리요가 '일출의 말'이라는 제목으로 처세 훈화를 매호 집필하였다.

1937년 1월부터는 매호마다 순수 문학 작가 한 사람에게 정기적으로 집필을 의뢰하였다. 장편소설로는 에도가와 란포(江戶川亂步)의 「검은 도마뱀(黑蜥蜴)」, 나카무라 무라오(中村武羅夫)의 「달에 뜬 무지개(月に立つ虹)」, 요시카와 에이지(吉川英治)의 「신편 추신구라(新編忠臣蔵)」, 쓰노다 기쿠오(角田喜久雄)의 「요기전(妖棋傳)」, 요코미조 세이지(横溝正史)의 「야광충(夜光蟲)」, 오카다 사부로스케(岡田三郞)의 「어머니의 화환(母の花環)」, 가와구치 마쓰타로(川口松太郞)의 「아이젠카쓰라(愛染かつら)」, 다케다 린타로(武田麟太郞)의 「흑발기(黑髮の記)」, 이시자카 요지로(石坂洋次郞)의 「꽃피는 길(花咲く道) 등이 좋은 평가를 받았다.

특히 1940년을 전후한 시기에는 이른바 '일출'조 장편소설이 많이 연재되었다. 한편 가이온지 조고로(海音寺潮五郞)의 「무도 전래기(武道傳來記)」, 니와 후미오(丹羽文雄)의 「옛 모습(おもかけ)」, 이시자카 요지로의 「야나기좌(やなぎ座)」, 호조 슈지(北條秀司)의 「각하(閣下)」, 쓰쓰미 조(堤千代)의 「늦은 가을(晩秋) 등의 걸작 단편도 게재되었다. 야마오카 소하치(山岡莊八)가 「남자의 사랑(男の戀)」, 쓰쓰미 조가 「제비꽃 인형(すみれ人形)을 각각 발표하여 작가로서 성공

하는 계기를 마련한 것도 이 잡지를 통해서였다.

전쟁의 확대에도 판매는 정점에 달하였다. 그리고 1939년에는 '신시대의 가정에는 반드시 『일출』이 있다!'는 구호가 '『일출』보다 나은 위문품은 없다'의 표어로 바뀐 것처럼 전시 색채를 강하게 띠게 되었다. 1940년 11월부터 신체제의 전개에 발맞추어 잡지의 체제를 정비하여 전시하에 국민에게 봉사하는 잡지로서의 독자적인 색채를 더욱 강화하였다. 실제로 특집호를 계획하거나 좌담회를 개최하는 데 군부의 협력을 요청하는 것이 일상화되고 있었다.

창간 이래 만주사변, 만주국 건국, 국제연맹 탈퇴 등으로 이어진 국제적 사건을 배경으로 국민정신의 고양과 국책 신장을 위한 시국 문제를 풍부하게 다루는 가운데 『일출』은 대중 문예 전성기에 중요한 위상을 차지할 수 있었다.

• 사토 기리요(佐藤義亮, 1878~1951)

신초샤의 창업자이다. 아키다현(秋田縣) 출신으로 도요대학(東洋大學)을 졸업하였다. 1894년 신세이샤(新聲社)를 세우고 잡지 『신성(新聲)』을 창간하였다. 그리고 1904년에는 신초샤를 세우고 『신성』의 후신인 잡지 『신조』(新潮)를 창간하였다.

1914년부터는 일본 '출판계 최초의 염가본(廉價本)'이라고 하는 신조문고(新潮文庫)를 내기 시작하였고, 1925년부터 1926년에 걸쳐서는 일본에서 처음으로 『자본론』 완역판을 내기도 하였다. 1927년에 발간한 『세계문학전집』이 크게 성공하면서 신초샤는 일본의 대표적인 문예 도서 출판사가 되었다. '문예 출판의 실력자'로 불렸지만 일본제국주의 침략 전쟁에 협력하였다는 이유로 태평양전쟁이 끝난 후 공직에서 추방을 당하였다. (이준식)

참고문헌

日本近代文學館 編, 『複刻日本の雜誌(2) 日の出』, 講談社, 1982; 新潮社 編, 『佐藤義亮傳』, 新潮社, 1953; 日本近代文學館·小田切進 編, 『日本近代文學大事典』 第5卷, 講談社, 1977; 佐藤義亮·野間清治·岩波茂雄, 『出版巨人創業物語』, 書肆心水, 2005.

▌임시시보(臨時時報)

1927년 중국 상하이에서 한국어로 발간된 신문

1927년 10월 상하이에서 활동한 한국유일독립당촉성회(韓國唯一獨立黨促成會) 청년회에서 발간한 신문이다. 편집인은 한유청(韓唯靑)이었다.

1926년 조성환(曹成煥)을 중심으로 한 40여 명의 회원들이 베이징에서 한국유일독립당촉성회를 만들고 각지에 촉성회 결성을 호소하였다. 1927년 11월 상하이에서 한국유일독립당촉성회의 각지 대표연합회 예비회의를 개최하였는데 그 홍보를 위하여 만든 것이 임시시보(臨時時報)였다. 이 신문은 이미 6호까지 발행된 같은 이름의 신문을 계승한 것으로서, 종간일자는 확인되지 않고 있다. (이신철)

참고문헌

윤임술 편, 『한국신문백년지』 2, 한국언론연구원, 1983; 김희곤, 「한국유일독립당촉성회에 대한 일고찰」, 『한국학보』 제9권 4호, 1983.

▌임업시험장시보(林業試驗場時報)

1925년 서울에서 일본어로 간행된 임업관련 부정기간행물

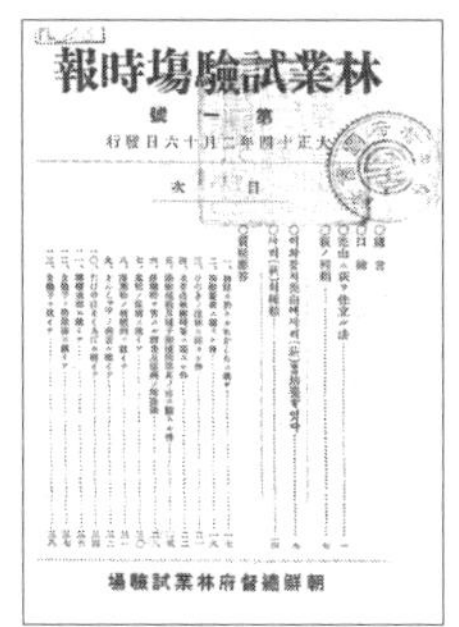
報時場驗試業林

號一第

行發日六十月二年四十正大

次目

場驗試業林府督總鮮朝

조선총독부에서 임업과 관련한 각종 시험 작업을 운영하기 위하여 청량리에 설립한 임업시험장에서 발간하던 잡지로, 1925년부터 1942년까지 부정기적으로 발간되었다. 임업시험장은 시험보고서를 발표하였지만, 이는 전문적인 것이었으므로 일반인들이 이해하기에는 어려움이 있었다. 이에 각종 시험 내용 가운데 중요한 것을 쉽게 설명하여 일반인에게 보급하기 위하여 이 잡지를 발간하였다고 한다.

국립중앙도서관에 1호부터 16까지 소장되어 있는데, 간행 일자는 다음과 같다. 1호(1925.2), 2호(1925. 4), 3호(1926.3), 4호(1926.3), 5호(1926.10), 6호(1932. 11), 7호(1933.3), 8호(1933.7), 9호(1933.12), 10호(1934.3), 11호(1934.6), 12호(1934.11), 13호(1935. 4), 14호(1935.7), 15호(1936.1), 16호(1936.7월). 2호, 3호, 4호, 5호, 21호(1939.11), 22호(1940.4), 23호(1941.1), 24호(1942.1월)가 서울대도서관 경제문고에 소장되어 있다.

잡지는 임업 시험과 관련한 주요 보고 기사와 질의와 응답으로 이루어진 질의응답란으로 구성되어 있다.

주요 내용으로는 각종 수목의 종자와 그 파종법, 수목 병충해 구제법, 주요 수목과 그 분포지, 각종 수목의 시험 성적, 종자의 발아촉진 방법, 벌채높이와 발아 정도의 관계, 사방림 조성의 방법, 사방림에 대한 약제 구제시험, 경성 부근 적송의 생장과 기후의 관계, 이류화탄소에 의한 해충 유충 구제 방법 등 각종 수목의 시험과 관련한 다양한 내용을 담고 있다.

• 임업시험장

1913년 조선총독부 농상공부 산림과에 촉탁 1명을 두고 삼림식물 조사를 시작하고, 고원(雇員) 2명을 두어 경성 교외 의릉원(懿寧園)과 포천군 소흘면 광릉에 묘포를 설치하여 양묘 식재 시험에 착수한 것이 임업시험장 설치의 효시이다.

1920년 식산국 산림과에 직원을 두어 시험에 착수하였으며, 1921년 경성 청량리에 청사와 작업장, 묘포, 수목원 등을 설치하였다.

1922년에는 '임업시험장 관제'를 발포하였는데, 임업에 관한 조사와 시험, 임업에 관한 분석과 감정, 조림용 종묘 배부, 임업에 관한 강습과 강화 등의 사업을 경영할 것을 규정하였다. 임업시험장의 장은 기사를 선임하고, 총독의 지휘를 받도록 하였다. 조림계, 보호계, 이용계, 시업계(施業係), 광릉출장소 등을 설치하여 업무를 분장하였다. 1937년 현재 직원은 37명이었다.

임업시험장에서 발간한 출판물로는 『조선삼림식물편』(1915~1936), 『임업시험장 식물요람』(1918), 『임업시험장 보고』(1928), 『조선산 목재의 식별법』(1928), 『본방산(本邦産)주요임목종자의 감별법』(1928), 『조선수목죽류(竹類)분포도』(1929), 『광릉시험림일반(一斑)』(1932), 『임업시험장 일람』(1937), 『임업시험장 시험요록』(1937), 『조선의 임수(林藪)』(1938) 등이 있었다. (윤해동)

참고문헌

朝鮮總督府林業試驗場, 『林業試驗場一覽』, 1937; 『임업시험장시보』, 국립도서관 소장본.

입보(立報)

1935년 중국 상하이에서 창간된 시사종합신문

1935년 9월 20일 상하이(上海)에서 일간지로 창간되었다. 창간인 청서워(成舍我), 장유롼(張友鸞), 추바오헝(褚保衡), 싸쿵랴오(薩空了) 등이 순서대로 총편집인이 되었으며, 옌어성(嚴谔聲)이 사장을 맡았다. 중공 지하당원 윈이췬(惲逸群)이 주요 편집인이다. 1937년 11월 25일 종간되었다.

1938년 4월 1일에 청서워가 홍콩에서 다시 『홍콩입보

(香港立報)』를 발행하였고, 중일전쟁에서 승리한 후 다시 상하이에서 복간하였으며, 루징스(陸京士)가 사장이 되었으나 그 영향력은 이전에 미치지 못하였다. 1949년 4월 30일 종간되었고, 상하이도서관 등에 소장되어 있다.

『입보』는 창간 당일 『신문보(新聞報)』에 광고를 내어 이 신문의 창간을 알리고, 정통한 소식과 시대를 앞서가는 신문을 단돈 5분(分)으로 천하의 일들을 알 수 있고, 1원이면 3개월을 볼 수 있다는 광고를 대대적으로 등재하였다.

판면은 4판으로 구성되었는데, 1판에는 주요소식들을 배치하고, 2판은 상판(上版)에 국내외 주요소식과 하판(下版)에 부간(副刊) 『언림(言林)』을, 3판에는 상하이시 뉴스와 『화과산(花果山)』을, 4판은 체육 뉴스와 부간(副刊) 『점심(点心)』을 등재하였다. 『점심』은 후에 『소차관(小茶館)』으로 개명하였다.

창간시기 발행부수는 10만 부였으나 발행부수가 10만 부를 넘지 않으면 광고를 게재하지 않겠다는 약속을 지키면서 광고를 싣지 않았다. 1936년 3월 16일 『입보』는 석간(夕刊)을 새로 발행하는데, 편집 형식은 대동소이했으며, 그날그날의 중요한 국내외 소식들을 호외 형식으로 발행하면서 광고도 등재하였다. 그러나 이 석간은 발행부수가 많지 않아 겨우 2개월 반 이후 정간되었다.

석간 종간 이후 『입보』는 판면을 증간하여 6판으로 늘려 편집체계도 크게 달라진다. '교육과 체육', '경제' 전문란이 만들어지고, 원래 4판에 있던 부간 『소차관(小茶館)』을 6판 전면으로 옮겼으며 광고도 등재되었다.

1937년 시국상황이 변하자 『입보』는 다시 변화를 모색하여 제3판 부간인 『화과산(花果山)』을 없애고 상하이시의 소식들을 증간하였다. 6판의 부간 『소차관』을 다시 4판 하단으로 옮기면서 전시 상황 반영에 중점을 둔 편집과 독자들의 투고를 중시하면서 이 시기 『입보』의 발행량은 20만 부에 달해 전국 신문 발행부수에서 수위를 점하였다.

이 신문은 평론을 매우 중시하여 거의 매일 평론을 게재하였는데, 대부분 공산당의 의견을 반영한 것들로 애국주의적 입장을 견지하면서도 완곡한 문체를 사용하여 국민당의 검열을 피하고 대중들이 받아들일 수 있는 수준을 유지하였다. 즉 시안사변(西安事變)이 발생하자 『입보』는 평론 1936년 12월 14일 「항거하기 위해서는 필히 단결을(御侮必須團結)」, 1937년 1월 3일 「특사와 대사(特赦與大赦)」, 1월 4일 「다시 대사를 논하다(再談大赦)」 등의 평론을 연일 발표하여 독자들의 사실에 대한 진상과 이해를 돕고 국민당 정부의 단결과 항일을 촉구하는 데 큰 영향력을 미치었다.

『입보』의 3개 부간은 각기 특색이 있었다. 『언림(言林)』은 푸단(復旦)대학 신문학과 주임 셰류이(謝六逸)가 주편을 맡았는데, 유명작가의 작품만이 아닌 젊은 청년들의 습작까지도 잘 편집하여 화려하지는 않지만 문예 애호가에게 감동을 주면서 문화계 애국인사들의 단결과 항일구국을 불러일으키는데 큰 역할을 한다. 『화과산(花果山)』은 장헌수이(張恨水)와 바오톈샤오(包天笑)가 차례로 주편을 보았는데, 장편소설 연재와 풍물, 명인(名人) 이야기, 세계의 진귀한 소식, 풍자소품 등을 게재하였다.

『소차관』은 초기에는 우추천(吳秋塵)이 주편을 맡아 주로 여러 방면의 지식들을 소개하였다. 1936년 1월부터는 싸쿵랴오가 주편을 맡았는데 그는 '상층 사람의 눈에 하층 사람으로 보이는 사람들도 모두 이 차관(茶館)에 와서 앉으라.'고 선전하면서 몇 개의 고정란을 만들었다. '피와 땀(血與汗)'란에서는 노동자들의 생활을 소개하였고, '신지식'란은 자연과학과 사회과학의 용어들을, '가두과학(街頭科學)'란은 생활상식을, '고인모범(苦人模範)'란은 빈곤으로 고통 받는 사람들에게 자신감을 고취 격려하였으며, '점심(点心)'란은 문제의식이 강한 단편의 잡문들을 게재하였다. 싸쿵랴오는 노동 대중들의 편지와 원고에 담겨 있는 그들의 맥박과 심리를 이해하며 지원하는 문장을 매일 한 편씩 발표하면서 사회의 암흑을 공격하였다. 이 『소차관』은 1930년대 상하이에서 편집의 민주사상을 체현하였고, 대중 중시의 편집방향을 실현하였다. 독자와의 친밀성은 싸쿵랴오가 독자의 투고들을 바로바로 매일의 문장을 통해 전달해내는데 성공했기 때문이었다.

중일전쟁 전야에 창간되어 "신문의 대중화"를 목표로 삼은 이 신문은 민족부흥을 이루기위해서는 반드시 신문의 대중화가 필요하다는 구호를 내걸었다. 이를 위해 독자들이 이해하기 쉬운 대중적 언어와 문자를 사용하여 민중들의 '능독(能讀), 필독(必讀), 애독(愛讀)'을 강조하였다. 신문의 대중화를 위해서는 가격이 저렴해야만 하고, 문자를 이해할 수 있어야 한다는 점에서 이 신문은 영원히 가격인상을 하지 않겠다는 점과 연중 휴간이 없다는 점을 선전하였다. 또한 판면의 형식이 참신하여 많은 독자들의 사랑을 받았다.

1937년 11월 13일 일본군에 의해 상하이가 함락되면서 11월 24일 『입보』는 정간을 공고하게 되었고, 25일 종간되었다. 『입보』는 상하이에서 2년 2개월여를 발행하면서 시종일관 신문의 대중화를 견지하였고, 대다수 민중의 공의를 실현하기 위해 노력하였다. 마지막 독자에게 고별을 고하면서 "우리들은 결코 우리의 책임을 방기하지 않을 것이며, 상하이 수십만 독자들 역시 결코 민족적 책임을 방기하지 않을 것임을 믿는다"는 글을 남기었다. (김성남)

참고문헌

方漢奇 主編, 『中國新聞社業通史』, 中國人民大學出版社, 1996;

葉再生 著, 『中國近代現代出版通史』, 北京: 華文出版社, 2002.

▌자력(自力)

1928년 서울에서 한국어로 발행된 민족운동 잡지

1928년 7월 1일에 3호가 발행되었다. 창간호와 2호는 발행되지 못했다. 3호의 판권장에 따르면, 편집 겸 발행인은 안희제(安熙濟), 인쇄인은 유한수(劉漢洙)였다. 인쇄소는 문해당(文海堂) 인쇄소였고, 발행소는 경성부 계동 103번지의 자력사(自力社)였다. A5판 125면에, 정가는 30원이었다. 1928년 8월 23일 제4호(8·9월 합병호)를 내고 종간되었다.

『자력』 3호의 「사고(社告)」를 보면 『자력』의 창간호와 제2호가 발행되지 못한 경위에 대해서 간단히 적고 있다.

"본지의 창간호, 제2호는 부득이한 사정으로 인하여 세상에 나오지 못하고 이제야 겨우 제3호를 여러분 앞에 드리게 되었습니다. 그래서 실로 미안한 것은 본호가 예상 이외로 내용이 불충실하게 된 것입니다. …… 내용이 이렇게 된 것도 역시 우리 동인(同人)의 본의가 아니란 것을 양해하실 줄 믿습니다."

그리고 권두언 자리에는 "권두언 본문 삭제"라는 글자만 크게 박고 전면을 백지로 두었는데, 권두언 역시 검열로 인해 실리지 못한 것으로 보인다.

• **안희제**(1885~1943)

호는 백산(白山)이며 경남 의령(宜寧) 출생으로 독립운동가인 동시에 교육가 실업가로 활동한 사람이다. 양정의숙(養正義塾)을 졸업하고, 동래(東萊)와 의령에 구명학교(龜明學校)와 의신학교(宜新學校)를 세웠다. 1908년에는 고향 입산(立山, 설뫼)리에 창남학교(刱南學校)를 세워 민족교육에 앞장섰고, 1909년에는 서상일(徐相日)·박중화(朴重華)·신성모(申性模) 등과 함께 항일비밀결사 대동청년당(大東青年黨)을 조직하여 구국운동을 전개하였다.

1911년에는 북간도와 시베리아를 돌면서 독립군 기지를 돌아보고 3년 후에 귀국하였다. 부산에서 백산상회(白山商會)를 설립하여 무역업에 종사하면서 그곳을 국내 독립단체의 연락처로 삼았다. 1925년에는 중외일보사(中外日報社)를 인수, 중앙일보사(中央日報社)로 개칭하여 사장이 된 후 총독 정치를 비난하는 글을 발표하기도 했다. 1933년에는 중국 헤이룽장성(黑龍江省) 둥징청(東京城)에 발해(渤海)농장과 발해학교를 세워 교포의 생활안정과 청소년 교육에 힘쓰는 한편, 대종교(大倧教)의 총본사전강(總本司典講)·교적간행회장(教籍刊行會長) 등을 역임하였다. 1942년 11월, 일본경찰에 체포·구금된 후 9개월 만에 병보석으

로 풀려났으나, 이듬해 무단장(牧丹江)병원에서 병사하였다. (이한울)

참고문헌

李東彦, 「白山 安熙濟 硏究」, 『한국독립운동사연구』 제8집, 독립기념관 한국독립운동사연구소, 1994; 최덕교 편, 『한국잡지백년』 1, 현암사, 2004.

▌자력갱생휘보(自力更生彙報)

1933년 서울에서 창간된 일본어 월간지

조선총독부가 농촌진흥운동을 원활히 추진하기 위하여 발간한 총독부의 기관지이다. 1933년 3월 창간되어, 1934년 3월부터는 매월 정기적으로 발간되었는데, 1941년 1월 88호로 종간되었다. 매월 3만 부가 인쇄되어, 각 지역의 유력자에게 배포되었다.
국립중앙도서관(1936년 발간분), 국회도서관(1937~1940년 발간분 일부), 서울대 농학도서관(1937~1939년 발간분)에 일부가 분산 소장되어 있지만, 접근이 어려워 그동안 제대로 이용되지 못했다. 일본 오카야마대학(岡山大學) 자원생물과학연구소에 전질이 보관되어 있는데, 이를 바탕으로 일본 유마니쇼보(ゆまに書房)에서 2006년 전권을 복각 출판하였다.

각 호에는 총독과 정무총감의 훈시, 각종 통첩과 정책에 관한 해설, 총독부 각 국장의 지시사항 등이 앞면에 게재되었다. 그리고 농촌진흥운동을 진행할 때의 주의사항과 조선 농업과 관련한 각종 논설과 해설, 각 지역의 보고, 각종 강연회의 초록, 농촌진흥운동 공적자 소개, 각지의 주요 시설 소개 등이 실려 있다.

그 밖에 1930년대 조선 농촌 및 농민의 상황과 이를 조직화하기 위한 총독부의 노력, 이와 관련한 각 시기 총독부정책 곧 심전개발정책이나 농산어촌보국운동 등의 성격을 자세히 설명하고 있다.

1931년 총독으로 부임한 우가키 가즈시게(宇垣一成)는 당시 강력하게 전개되고 있던 농민운동을 견제하고, 피폐한 농촌을 구제하기 위하여 '농촌진흥운동'을 추진하였다. 이 운동은 1933년 본격적으로 출발하여 1940년 10월 국민총력운동에 흡수될 때까지 약 7년 반 동안 조선 농촌에 강력한 영향력을 미치고 있었다. 이 시기에 약 3만 개 이상의 '부락'이 '갱생지도부락'으로 지정되었고, 이를 바탕으로 총동원체제를 구축할 수 있었다.

『자력갱생휘보』는 총독부의 기관지로 발간되었지만, 기관지로서도 독특한 위상을 가지는 잡지라 할 수 있다. 1932년부터 시작된 이른바 '농촌진흥운동'을 효과적으로 추진하기 위해서 발간되었기 때문이다. 그 이전에는 한 가지 정책만을 위해 잡지를 발간한 경우는 없었던 듯하다. 이후 '국민정신총동원운동' 및 '국민총력운동'이라는 형태로 총동원정책이 추진되면서, 『자력갱생휘보』와 비슷한 형식의 잡지가 발간되었던 것은, 이런 경험이 바탕이 되었을 것이다.

1930년대 농촌진흥운동은 일찍이 식민지 시기의 농업·농민·농촌 문제의 변화양상을 해명하는 핵심적인 문제로서 학계의 주목을 받았다. 그리하여 농촌진흥운동을 둘러싸고 다양한 해석이 각축해왔다. 농촌진흥운동이 식민지 지주제의 해체를 목표로 한 것인지 아닌지의 여부, 농촌진흥운동으로 인해 한국 농촌사회의 경제상태가 호전된 것인지 아닌지 등등의 논점을 둘러싸고 예리한 논전이 벌어지기도 했다.

농촌진흥운동이 한국 근대 농업·농민·농촌 문제에서 차지하는 위상에 비추어 아직 충분히 해명되었다고 할 수는 없는 바, 이 잡지는 농촌진흥운동의 성격을 전면적으로 해명하는 데에 크게 기여할 수 있을 것이다. (윤해동)

참고문헌

『자력갱생휘보』(복각본) ゆまに書房, 2006.

▌자림서보(字林西報, North China Daily News)

1864년 중국 상하이에서 창간된 영어 시사종합신문

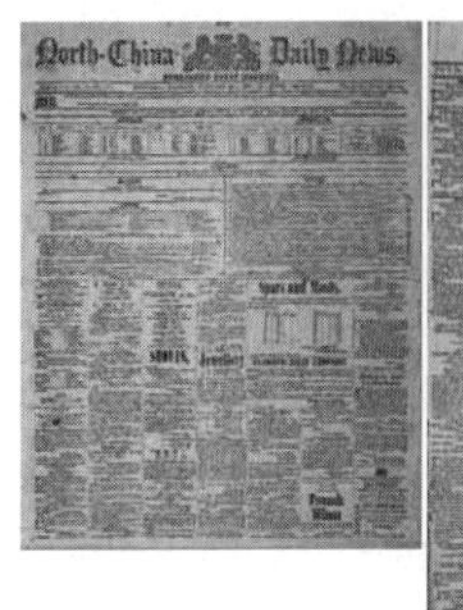
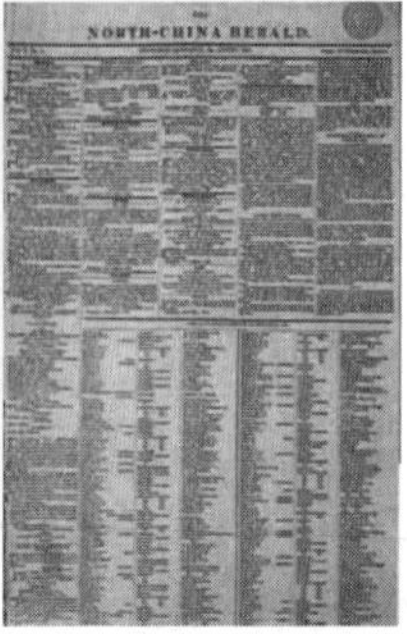

1864년 7월 1일 상하이(上海)에서 창간된 영어 일간지로 영문 제호는 『North China Daily News』이다. 처음에는 그 전신인 『북화첩보(北華捷報)』가 발행한 부간(副刊)이었으나 후에 발행량이 늘어나면서 『북화첩보』가 오히려 이 신문의 부속 간행물이 되었다. 1951년 3월 31일 정간되었으며 상하이도서관 등에 소장되어 있다.

영국 교민들의 정치적 이해를 대변하면서 영국 자본계급의 관점과 요구를 반영하였고 영국 신문의 형식과 분위기를 유지하고 있었다.

내용은 상업과 항운 소식을 중점적으로 보도하였다. 『북화첩보』의 편집경향과 정치적 성향이 비슷하였고, 상하이 공공조계(公共租界) 공부국(工部局)의 대변자였다.

칭하이(青海)와 간쑤(甘肅), 쓰촨(四川), 윈난(雲南) 등지에 통신원을 두고 있었으며, 1872년 상하이에 원동분사(遠東分社)를 세운 후 전보 전신 수단을 독점하는 권리를 획득하였다. 특별히 로이터(Reuter, 路透社)통신의 원고를 제공받는 특권을 취득한 것은 이 신문의 큰 특징이었다.

1883년 『자림서보』는 신문의 신속성을 강조하며 호외(號外) 형식을 통하여 월남을 두고 벌였던 프랑스와의 전쟁 소식을 보도하는 중국 최초로 호외를 발행하기도 하였다.

주요 집필자는 셔먼(Henry Shearman, 希爾曼), 헤이든(G. W. Haden, 海單), 리틀(R. W. Little, 利特爾), 빌(H. T. Montague Bill, 比爾) 등이 참여하였다. (김성남)

참고문헌

葉再生 著, 『中國近代現代出版通史』, 北京: 華文出版社, 2002;
王檜林·朱漢國 主編, 『中國報刊辭典』, 太原: 書海出版社, 1992.

자선부인회잡지

1908년 서울에서 발행된 여성교육 잡지

1908년 8월 5일 자선부인회(慈善婦人會)에서 창간한 월간 여성지로 현재 창간호만 확인이 된 상태이다. 창간호는 50면 정도이며, 순국문이다. 판권란을 보면, 편집인에 최찬식, 발행인에 박노학이며, 인쇄인은 이기홍, 인쇄소는 서울 중부 교동에 위치한 우문관이며, 발행소는 자선부인회이다.
현재 이 잡지는 1981년 이화여자대학교 한국여성연구소에서 펴낸 『한국여성관계자료집 한말여성지』에 영인, 수록되어 있다.

이 잡지의 창간호 목차를 보면, 논단, 잡저, 축사, 소설, 기사, 재미있는 이야기, 상줄 문제, 회보, 광고 순으로 편제되어 있다. 논단에는 총무인 김석자의 글이 실려 있는데, 「귀신에게 기도해서 복을 빌지 말고 불쌍한 사람에게 자선을 베풀 일」이라는 제하의 글이다. 전통적으로 미신에 기대어 복을 빌던 부인네들의 행태를 뜯어 고치고 유신하는 때를 맞이하여 불쌍한 이를 돕는 자선사업을 펼치자는 것이다. 이 글은 이 잡지의 발간 취지를 암시하고 있다.

이어서 이정숙의 「어린아이 교육론」, 정정당의 「자식을 실상으로 사랑할 일」, 차천경의 「정 없는 것도 저 일월이오 반가운 것도 저 일월이라」 등이 실렸다. 모두 자선사업, 자녀, 여성, 교육 같은 문제에 대한 논의이다. 잡저란에는 김홍경의 「자선부인의 연설」, 최장자의 「자선부인의 담화」 같은 부인들의 자선사업에 대한 소개와 윤경자의 「잉태한 부인의 조섭하는 법」, 변옥의 「어린아이 기르는 법」, 김범경의 「지리문답」 같은 교양, 상식을 싣고 있다. 이들 글이 대부분 끝에 '미완'이라 하여 다음호에 실릴 것으로 기대되나, 확인이 불가능하다. 또한 문답이나 대화 형식으로 논의를 끌어가는 수법이 많이 차용되고 있는데, 이는 여성들의 읽기에 용이한 방향에서 채택된 것으로 보인다.

축사란에는 명신여학교 교사인 이숙 등의 축사가 실려 있다. 그리고 소설란에는 심농생의 「약노금」이란 미완의 소설이 실렸다. 이 소설은 혼인 문제를 다룬 작품이다. "혼인이란 것은 그 사람만 선택할 것이오 문벌은 볼 것이 아니올시다. 우리나라는 문벌만 너무 숭상하는 고로 정치에도 방해가 적지 아니합니다. 나는 김승지댁 양반은 겁날 것 없으되 다만 신부의 숙덕이 어떠한지 염려올시다"라고 하여 문벌이 중요한 것이 아니라 당사자인 사람의 됨됨이가 혼인의 중요한 문제라는 점을 제기하고 있는 것이다.

또 기사란에는 구휼과 관련한 기사들이 4편 실려 있다. 상 줄 문제라 하여, 요즈음의 종이 접기에 해당되는 문제를 내놓고 이를 푸는 독자에게 1환 상당의 상품을 주겠다는 문제를 내놓고 있다. 흥미로운 코너를 만들어 독자의 참여를 높이고자 하는 의도가 엿보인다. 말미의 회보에는 「본회 취지서」, 「자선부인회 규칙」, 「본회 개략」, 「본회 현상」, 「본회 기아수용소」, 「회원명부」 등 자선부인회 관련 기사를 싣고 있다. 창간호 광고란에는 이 잡지에 광고할 경우 광고액수를 적시하였다. 크게 특등, 일등, 이등으로 삼등분하여 한 페이지와 한 칼럼당 액수를 정해 놓았다. 예를 들어 특등으로 한 페이지 전면 광고를 할 경우 15환(圜), 이등으로 한 칼럼을 이용하는 경우는 5환으로 나와 있다. 지금의 광고료가 명시되어 있는 셈이다.

이처럼 이 잡지는 자선부인회의 활동 상황을 보여주는 동시에 가정, 여성, 자녀교육 등에 대한 한말의 인식을 보여 주고 있다. 그러나 비록 자선부인회가 점점 친일적으로 변질되어 가기는 했으나, 현재 남아 있는 창간호로만 살펴볼 때 잡지의 내용은 이런 단체의 성격과 무관하게 여자들의 자선활동과 교육에 초점이 맞춰져 있었다고 볼 수 있다.

• 자선부인회

자선부인회는 여성들의 자선사업을 목적으로 하여 1907년 9월에 결성되었다. 김석자(金石子)의 발기로, 회장은 차천경, 부회장 신현자, 총무 김석자, 평의장 정당으로 꾸려졌다. 그리고 평의원으로는 변옥 등 19명, 회계장 최장자, 회계원 최영숙, 기사원 이정숙, 서무원 김홍경 등이었다. 창간호에 실린 회원만 102명이다. 회장부터 회원 모두가 순수 여성으로 구성되어 있었으며, 이들이 모두 필진이기도 했다. 이 자선부인회는 한성 서부 여경방(餘慶坊)에 있었던 것으로 확인된다.

이에 앞서 동년 4월에 여자교육회(女子敎育會)가 결성되어 여성들에 의한 여자교육이 한참 탄력을 받고 있었다. 자선부인회는 이에 한걸음 더 나아가 고아원, 맹아원, 자혜병원 등을 설립하여 고아를 돌보고 벙어리와 장님을 가르치며 병든 사람을 치료하는 등의 사업을 전개하고자 설립된 것이다. 그 구체적인 사업으로 경성고아원을 지원하고 기아(棄兒)수용소를 운영하는 한편, 기관지인 이 잡지를 발간하였다.

한편, 자혜병원(慈惠病院)의 설립을 계획했으나 이는 이루지 못하였다. 창간호의 「발간취지」에서는 "부인 안목에 널리 보시게 하여 첫째는 이 글을 보시고 자선심이 유연히 감발하여 각각 하늘이 주신 착한 성품 근본이 밝아지기를 바라며, 둘째는 이 자선부인회의 목적에 도달하기로 찬성하기를 바라는 마음으로 이 잡지를 발행하는 바"라고 창간의 취지를 밝히고 있다. 그러나 이후 민병석(閔丙奭)의 부인 민정자(閔貞子)가 회장으로 추대되고 거푸 친일적인 인물들의 부인들이 임원을 하게 되면서 친일화를 면치 못하였다. 뒤에 친일단체인 시천교(侍天敎)와 손을 잡기도 하였다. (정환국)

참고문헌

이화여자대학교 한국여성연구소 편, 『한국여성관계자료집 한말 여성지』, 이화여대출판부, 1981; 최덕교 편저, 『한국잡지백년』, 현암사, 2004; 정환국, 「1900년대의 여성, 그 전도된 인식과 반영의 궤적」, 『근대전환기 동아시아 삼국과 한국』, 성균관대출판부, 2006.

▌자수대학(自修大學)

1937년 중국 상하이에서 발간된 대중보급용

사회과학 격주간지

1937년부터 1938년까지 상하이(上海)에서 발간된 대중보급용 사회과학 정기간행물로 1937년 1월 23일 1호부터 7월의 15호까지 핑신(平心)이 편집을 담당했다. 『자수대학』은 1938년 1호부터 10호까지 새로 장훙페이(張鴻飛)가 발행인을 맡아서 출판하였다. 『자수대학』은 격주간지로 표지에 쓰인 제명은 『자수대학 양주간(自修大學兩週刊)』이었으며, '자학(自學)'이라는 약칭을 사용하였다. 표지에는 "대중지식을 공급하고 청년들의 자습을 돕는 새로운 형태의 종합잡지"라고 되어 있었다. 『자수대학』은 매 간행물의 페이지가 서로 연결되어 있었다. 이 간행물의 합정본은 1호부터 9호까지가 1권 1집이며 10호부터가 1권 2집이었다. 베이징사범대학도서관과 상하이도서관 등에 소장되어 있다.

이 잡지에는 일엽평론(一葉評論), 양주만화(兩週漫話), 백과기본지식속성반(百科基本知識速修班) 등의 난이 있었다. 『자수대학』은 일엽평론이라는 난으로 시작하였으며 대다수가 시사평론이었다. 이 간행물은 평론, 시국 정사(政事)에 대한 탐구토론 외에 매호마다 백과 명사해석을 게재하여 대중의 지식수준을 높이려 하였다. 이 잡지의 주요 집필자는 쉐모차오(薛莫橋), 쉬마오융(徐懋庸), 후위즈(胡愈之), 왕런수(王任叔), 뤄겅모(駱耕漠), 허간즈(何干之), 천보다(陳伯達), 후성(胡繩) 등이었다.(김지훈)

참고문헌

北京師範大學圖書館報刊部 編,『北京師範大學圖書館館藏中文珍稀期刊題錄』, 北京圖書館出版社, 2002; 上海圖書館,『上海圖書館館藏近現代中文期刊總目』, 上海科學技術文獻出版社, 2004.

자오선(子午線)

1937년 한국에서 발행된 시 동인지

1937년 11월 10일자로 창간됐다. 창간호를 발행한 후 다음호가 이어지지 않아 창간호가 종간호가 된 경우이다. 저작 겸 발행인은 민태규(閔泰奎), 인쇄인은 중앙인쇄소의 조수성(趙洙誠), 발행소는 자오선사(경성부 돈암정 399-8 민태규의 집)이다. 판형은 A5판으로 총 57면이며 정가는 25전이었다.
발행인인 민태규는 1936년 시 동인지 『낭만』을 창간한 바 있다.
1974년 한국문화개발사에서 영인한 '한국시잡지전집'에 수록되어 있고, 1981년 태학사에서 펴낸 '한국시잡지집성'에도 영인되어 있으며, 1982년 현대사에서 펴낸 '한국시문학전집'에도 들어 있다. 원본은 연세대 도서관에 소장되어 있다.

『자오선』은 시전문 동인지로, 한국시문학사에서 오장환, 이육사, 김광균이 활동했던 동인지로 알려져 있다.

창간사나 편집후기도 없이 오로지 시 작품들만 수록되어 있다. 작품 자체로써 동인지의 실력과 권위를 보여 주고자 한 자부심이 드러나는 대목이라고 하겠는데 실제로 수록된 작품이나 시인들 면면이 패기만만한 신인들로 과연 그 기대를 어느 정도는 충족시켜 준다고 평가할 수 있겠다.

시 전문 동인지 자오선의 출발은 "모든 생물은 황무지에서 출발하였고, 황무지에로 환원하였다"란 구절로 시작하는 오장환의 시 「황무지」였다.

엘리엇의 장시 『황무지』를 연상하게 하는 장시 황무지는 이후 2호에서 완결을 보기로 한 야심적인 장시이다. 이 작품과 함께 잡지 뒤쪽에 편재된 「선부의 노래 2」 역시 코스모폴리턴한 시각을 유지하고 있었던 오장환의 모더니즘적 감각이 드러나는 작품이다.

이외에 "일체의 절연에서 그는 무엇을 얻었든가"란 구절이 있는 이성범의 「이상애도」라는 시는 당대에는 매우 전위적인 사조였던 모더니즘을 지향하고 있었다는 점을 알려준다. 이 매체에는 이를 증명하듯 (고) 이상(李箱)의 시 「파첩(破帖)」이 실려 있다. 그 외에도 모더니스트 김광균의 시 「대화」나 다소 초현실주의적 성향을 띤 백수의 「몽개몽개 이러나」와 유인옥(劉演玉)의 「마네킹 유풍도」, 이해관의 제목이 없는 시 등 모더니즘적 경향의 시들이 실려 있다.

그렇지만 이 동인지는 영미 모더니즘이나 초현실주의 등 서구적인 모더니티만을 고집하는 매체는 아니었다.

각기 매우 다양한 방식으로 시적 모더니티를 구현해내고자 실험했던 1930년대 후반의 상황을 반영하고 있다.

일례로 「광야」, 「교목」 등 전통적인 저항시로 시세계가 이전하기 직전의 육사의 시 「노정기(路程記)」와 전통적인 미학적 세계에 귀착되어 새로운 시 양식을 실험했던 신석초의 「호접(胡蝶)」과 「무녀의 꿈」이 실려 있었다.

또한 함형수의 「소년행」은 각각 '성야', '구화행', '자전거의 소년' 등 소제목의 2-4줄짜리 산문시가 이어진 연작 형식을 가진 작품이다.

서정주의 작품인 「입마춤」, 「맥하(麥夏)」, 「앉은뱅이의 노래」는 『시인부락』에서 구현했던 그의 시 세계가 다시 한 번 구현된다. 이렇게 보면 시 동인지 『자오선』에는 서정주, 함형수, 오장환, 여상현(「군와(群蛙)」), 이성범 등 유치환을 제외한 『시인부락』 동인들이 모두 참가를 하고 있다.

이외에 『자오선』에는 윤곤강의 「고별」, 「별바다의 기억」, 이병각의 「귀로」, 박재륜의 「잔디에 누어서」, 「늙음의 나라」, 소정(素汀) 의 「유월공(六月空)」, 전형의 「정야(靜夜)」, 「별을 우르러」, 김상원의 「로화(盧花)」, 정호승의 「노래를 잊은 이 몸」, 민태규의 「황해(黃海)」가 실려 있다.

그리고 시론으로는 모더니즘 이론가 C. D. 루이스의 「시에 대한 희망」이 이성범의 번역으로 실렸다. 이 역시 이 잡지가 지향하는 바가 무엇인지를 성향에 대해서 알려준다.

시 동인지 『낭만』을 펴낸 민태규가 정확히 1년 만에 다시 시 동인지 『자오선』을 펴낸 것은 시에 대한 열망과 시인들의 작품 발표 지면에 대한 요구, 그리고 서서히 전쟁 분위기에 휩싸여 가는 조선 사회의 암울한 상황을 시적 에토스로써 극복하고자 했던 어떤 바람이 담겨 있었기 때문이다. 그만큼 여기에 실린 작품들은 수준이 상당한 것이어서 시대의 혹독한 분위기 못지않게 견결한 시적 기율을 유지하고 있다고 평가된다. 그런 점에서 보면 비록 창간호로 그치긴 했지만 시적 가능성을 정밀하게 탐구한 시 동인지로서의 면모를 띠고 있는 잡지로 『자오선』이 자리 잡고 있다고 하겠다. (전상기, 박지영)

참고문헌

최덕교 편저, 『한국잡지백년』 3, 현암사, 2004; 허윤회, 「미당 서정주의 시사적 위상」, 『한국의 현대시와 시론』, 소명출판, 2007; 김근수, 『한국잡지 개관 및 호별 목차집』, 한국학연구소, 1988.

▌자유등(自由燈)

1883년 일본에서 자유당 지도자 호시 도루가 창간한 정당기관지

1883년 5월 11일 자유당(自由党)의 최고간부였던 호시 도루(星亨)가 창간한 소신문이다. 신문의 역할은 다음과 같다. 첫째, 『자유등』은 정부로부터의 극심한 탄압을 받아 기존의 정당기관지인 『자유신문(自由新聞)』이 정간되자 그 대체지 역할을 수행했다. 또 하나는 국회 개설과 헌법 발포를 통해 격화되던 민권파(民權派) 진영과 정부와의 대립 속에서 자유민권사상을 국민에게 선전하는 기관지로서의 사명이었다. 창간호부터 『자유등』은 정치를 테마로 삼은 회화가 삽입된 연재소설을 게재한 대담한 편집으로 일반 독자를 매료시켰다. 또 기시다 도시코(岸田俊子)의 역사적 대표작인 「동포자매에게 알린다(同朋姉妹に告ぐ)」를 연재하는 등 자유민권사상을 계발하여 발행부수를 늘렸다. 이후 제호는 1886년 1월 14일부터 『등신문(燈新聞)』으로 변경하고, 1887년 4월 1일부터는 다시 『메사마시신문(めさまし新聞)』, 1887년 7월 10일부터는 『도쿄아사히신문(東京朝日新聞)』으로 제호를 각각 변경했다. 신문은 후지출판(不二出版)에 의해 총 13권 별책 1권으로 복간되었다. (이규수)

참고문헌

『近代文學雜誌事典』, 至文堂, 1965; 桂敬一, 『明治・大正のジャ-ナリズム』, 岩波書店, 1992; 日本近代文學館・小田切進編, 『日本近代文學大事典』 第五卷, 講談社, 1977.

자유록(自由錄)

1917년 중국 베이징에서 베이징대학 무정부주의단체인 '실사'가 간행한 부정기간행물

1917년 7월 창립된 베이징대학(北京大學) 무정부단체인 실사의 기관지이다. 민성사(民聲社) 발행으로 부정기간이었다. 실사의 발기인인 황링솽(黃凌霜), 위안전잉(袁振英), 취성바이(瞿聲白) 등이 동인으로 참여하였다. 논저, 학설, 역술, 전기, 기사, 통신, 소설 등의 난을 두었다. 2호를 내고 1919년『인군(人群)』,『태평(太平)』등과 합병되었지만, 황링솽, 위안전잉, 취성바이 등이 마르크스주의자와 논전을 벌였을 뿐 아니라 당시 활발하게 전개되었던 학생 중심의 무정부주의운동의 이론지로서 그 의의가 크다.

실사라는 이름은 "일마다 참을 구한다"는 뜻에서 취한 것이라 한다. "천두슈학(进德修學)을 종지로 하되 무정부주의(无政府主义)를 연구범위로 한다"는 것을 목적으로 한 베이징대학 학내 조직이었다. 물론 무정부주의를 표방한 만큼, 사장, 직원, 사원 등 직급별 구별이나, 기타 국계와 남녀의 차별을 넘어선 공개된 조직을 지향하였다. 신문화운동의 중심지인 베이징에서 창립되었다는 점에서 상징적 의미와 함께 사회적 영향력도 컸다. 그들 스스로 광저우(廣州)의 심사(心社), 난징(南京)의 군사(群社)와 더불어 대표적인 무정부 단체를 자부하였다. (오병수)

자유보(自由報)

1920년 러시아 블라고베센스크에서 발간한 대한국민의회의 기관지

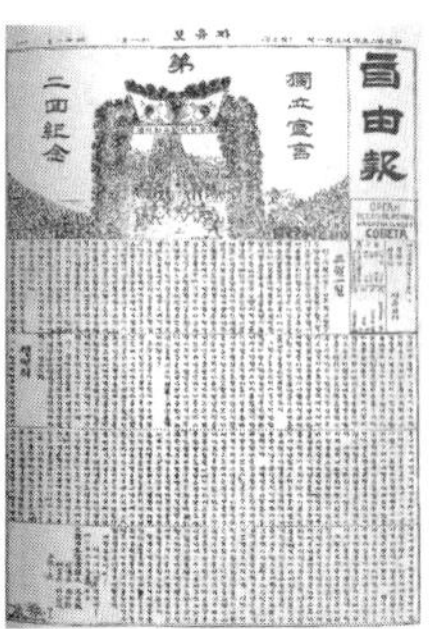

1920년 9월 12일 흑룡주 블라고베센스크에서 창간호가 발행되었다. 그곳에 본부를 둔 대한국민의회가 주 1회씩 발간한 주간신문이다. 창간호부터 제13호(1921. 5.22)까지 발간되었으며, 그중 몇개 호는 남아 있지 않다. 주필은 대한국민의회 문부부장 오창환(吳昌煥)이 담당했다. 6단 세로쓰기로 조판되었으며, 순 한글로 편집된 석판(石版) 인쇄물이다. 한 호는 4면으로 이뤄져 있다.

대한국민의회는 1919년 2월에 창립된, 러시아 거류 한인들의 최고 자치기관이다. 이 단체는 창립 이래 연해주에 본부를 뒀는데, 1920년 4월 참변 이후 일본군의 공격을 피하여 흑룡주 블라고베센스크로 본부를 옮겼다. 이전한 뒤 대한국민의회는 중앙 조직을 정비했다. 의장 문창범(文昌範), 부의장 원세훈(元世勳), 비서장 박창은(朴昌殷), 군무부장 김하석(金河錫), 문무부장 오창환 등이 지도적 역할을 담당했다. 오창환은 기관지『자유보』의 주필을 겸임했다.

대한국민의회는 한국 독립운동의 최고기관임을 자임했으며, 그 때문에 재상하이 대한민국임시정부에 가담하지 않았다. 그 때문에 양자는 서로 갈등 관계에 섰다. 대한국민의회는 1921년 6월 흑룡주 자유시에 집결한 한인 무장부대의 통수권을 놓고 대한민국임시정부를 지지하는 세력과 심각한 갈등을 빚었다. 수 백 명의 사상자를 낸 자유시사변은 그 탓에 초래된 비극이었다.

「창간사」에 따르면, 이 신문의 목적은 둘이었다. 첫째, 침략자 일본에 대해 복수의 전쟁을 전개하는 것이며, 둘째, 동포의 양심을 손상시키는 무리를 몰아내는 것이라고 한다.

이 신문은 논설과 사설, 기고문, 기사, 광고 등으로 이뤄져 있다. 그 밖에 대한국민의회의 입장을 전하는「선포문」,「선언서」,「재무부 포고」,「흑룡주한인대의회록」등을 게재함으로써, 이 신문이 대한국민의회의 기관지임을 뚜렷이 보여 주고 있다.

6호(1920.11.12)에는 개천절에 즈음하여 단군의 초상을 실었고, 고구려 시조 동명성제와 이순신 장군에 관한 기사를 싣는 등 민족의식 고취에 힘을 기울였다.

또한 거의 모든 호에 걸쳐서 서간도와 북간도, 연해주 등에서 전개되는 반일운동의 양상을 소개하는 기사를 실었다. 1920년 4월 연해주참변과 그해 10월의 간도참변 등의 실상에 대해서도 상세히 보도함으로써 일본군의 침략과 비인도적 만행을 폭로하고 있다. 11호(1921.3.1)와 제13호(1921.5.22)에는 상해임시정부의 분열상을 전하는 기사를 게재함으로써 그에 대한 비판적 입장을 명백히 드러냈다. (임경석)

참고문헌

반병률, 「대한국민의회의 성립과 조직」, 『한국학보』 13, 일지사, 1987; 박환, 『러시아지역 한인 언론과 민족운동』 경인문화사, 2008.

▌자유신문(自由新聞)

1925년 일본의 전국수평사청년연맹이 창간한 기관지

전국수평사(全國水平社) 안의 아나키스트들이 조직한 전국수평사청년연맹(全國水平社青年聯盟, 나중에 전국수평사해방연맹[全國水平社解放聯盟]으로 개편)의 기관지로 1925년 6월 창간되었다. 발행소는 시즈오카현(靜岡縣)이었다. 편집 겸 발행인은 시즈오카현 전국수평사 위원장이던 고야마 몬타로(小山紋太郎)였다.
1925년 11월 1월 발행의 6호를 마지막으로 발행소를 사이타마현(埼玉縣)으로 옮겼고, 편집발행인도 쓰지모토 세이이치(辻本晴一)로 바뀌었다. 사이타마현에서는 1926년 1월 15일의 창간호(실제로는 7호)부터 같은 해 5월의 4호까지 발간한 뒤 폐간되었다.

초기 전국수평사의 운동을 이론적으로 지도했고 특히 전국수평사내 볼셰비키파의 이론적 지도자로 손꼽히던 다카하시 사다키(高橋貞樹)가 부락 출신인가 아닌가를 둘러싸고 논쟁이 일어났을 때 『자유신문(自由新聞)』은 다카하시의 출신지에서 얻은 호적 초본을 근거로 다카하시가 오이타현(大分縣) 사족(士族)의 후손이라고 보도함으로써 다카하시 비(非)부락민설의 입장을 취하였다.

이는 기본적으로 『자유신문』이 아나키스트 계열로 전국수평사내의 볼셰비키파 및 일본공산당에 반대하고 있었기 때문에 나타난 현상이었다.

• 다카하시 사다키(高橋貞樹)

일본 부락 해방운동의 초기 지도자이자 『특수부락일천년사』(特殊部落一千年史)의 저자로 널리 알려진 인물이다. 오이타현 벳푸(別府) 출신으로 도쿄상과대학(東京商科大學) 재학 중 당시 일본 사회주의운동을 이끌고 있던 야마카와 히토시(山川均)의 문하에 들어갔다. 그리고 수요회(水曜會) 강좌를 통하여 당시 일본에는 아직 소개되지 않았던 레닌의 이론을 비롯하여 유럽의 혁명 이론에 접하게 되었다.

당시 같이 강좌를 듣던 청강생 가운데는 도쿠다 쇼이치(德田球一), 노사카 산조(野坂參三) 등 나중에 일본 사회주의운동을 지도하는 인물도 포함되어 있었다. 한편 『전위』(前衛) 등 당시 대표적인 사회주의 잡지의 발행에도 관여하였다.

1912년 9월부터는 수평사운동에 참가하여 다음해 11월 전국수평사청년동맹의 결성을 주도하는 등 볼셰비키파의 이론적 지도자 역할을 하고 있었다. 1924년 5월 5월 약관 19세의 나이로 『특수부락일천년사』를 써서 당시 활동가들의 피를 끓게 했다는 평가를 얻었다. 이 책은 지금도 일본 부락해방운동의 고전적 명작으로 평가되고 있다.

1926년까지 오사카(大阪)를 중심으로 활동하는 가운데 저술과 조직을 통하여 수평사운동의 핵심적 존재가 되었다. 그 뒤 3년 동안 소련의 레닌대학에서 수학하는 가운데 코민테른의 통역으로도 활동하였다. 귀국 직후인 1929년 특고경찰에 검거되어 치안유지법 위반으로 징역 15년의 판결을 받고 투옥되었다. 1935년 6월 건강이 악화되어 형 집행이 정지되었지만, 네 달 뒤인 11월 2일 사망하였다. 다카하시는 수평사운동의 희생자로 지금도 높은 평가를 받고 있다. (이준식)

참고문헌

高橋貞樹, 『被差別部落一千年史』, 岩波書店, 1992; 部落解放研究所,『部落問題事典』, 解放出版社, 1986.

▌자유잡지(自由雜誌)

1913년 중국 상하이에서 원앙호접파가 간행한 문학잡지

1913년 9월 20일 상하이(上海) 신보관(申報館)에서 간행하였다. 『신보(申報)』의 부간인 『자유담(自由談)』에서 내용을 추려 모은 전집(專集)이다. 타이아이러우(台愛樓)가 편집을 맡았으며, 저명한 장저(江浙) 출신의 원앙호접파(鴛鴦胡蝶派)의 작가들인 왕후이(王晦, 필명 춘건[純根]), 천쉬(陳栩, 필명 톈쉬찬성[天虛殘生]), 타이아이러우(필명 아이러우[愛樓]) 등의 작품을 실었다. 이들은 당시 따로 『부녀잡지』 등을 주편하였다. 현재 겨우 2호만이 상하이도서관에 남아 있다.

유희문장(遊戲文章), 해외기담(海外奇談), 심직구결(心直口快), 첨금일소록(千金一笑錄), 고금견문록(古今見聞錄), 자유실문선(自由室文選), 자유실잡저(自由室雜著), 존문각사선(尊聞閣飼選), 신극본(新劇本), 소설총편(小說叢編) 등 다양한 난을 두었다. 소설, 시, 기타 창가 등 다양한 형식의 문학작품을 실었다. 특히 『자유잡지』의 핵심은 이른바 '유희문장' 인데, 주로 애정 문제 등 통속적인 소재와 함께 당시 정치사회를 풍자하는 내용이 많았다. 이들은 이러한 '유희문장'을 통해 인간의 감정을 표현함으로써 구세의 효과를 거두겠다고 주장하였다. 이는 현실에 비분강개로 일관하는 다른 언론이 하지 못하는 것으로, 이를 통해 "세상의 나침반이자, 인심의 양약이 될 것"을 선언하였다.

그러나 사실 1930년대 루쉰이 비판한 이래 이 같은 『자유잡지』를 비롯하여 중화민국 초기 원앙호접파는 쑤완수(蘇蔓殊) 등 특정문학가의 작품이나, 일부 사회소설을 제외하면 문학사적으로 그다지 크게 평가받지는 못하였다. 그러나 최근 하버마스의 영향에 따른 공공영역에 대한 논의 과정에서 『신보』의 『자유담』 및 원앙호접파의 유희문장이 주목을 받았다. 신문학이 형성되는 이후까지 상당기간에도 여전히 가장 많은 독자를 거느렸다는 점에 주목할 필요가 있다. (오병수)

참고문헌

李歐梵, 「"비평 공간"의 개창 -『申報·自由談』」, 『二十一世紀』 1993년 10월호.

▌자유중국(自由中國)

1938년 중국 후베이성 한커우에서 창간된 문예계의 구국간행물

1938년 4월 1일 중국 후베이성(湖北省) 한커우(漢口)에서 창간되었다. 중일전쟁시기 문예계에서 주관한 구국문학 간행물로 짱윈위안(臧雲遠), 쑨링(孫陵) 등이 편집인이었고, 장윈시(張雲溪)가 발행인이었다. 출판지는 한커우 장한로(江漢路) 롄바오리(聯保里) 16호였다. 『자유중국』은 자유중국사(自由中國社)에서 출판했으며 신지서점(新知書店)에서 판매했다. 편집위원회는 옌안(延安)의 저우양(周揚), 시안(西安)의 정보치(鄭伯奇), 광저우(廣州)의 샤옌(夏衍), 충칭(重慶)의 선치위(沈起予), 진난(晉南)의 멍후이(夢回), 진베이(晉北)의 바이랑(白郎), 쑤저우(徐州)의 베이어우(北鷗), 홍콩의 양쉬(楊朔) 등 유명한 좌익 작가들이 참여하였다. 『자유중국』은 월간으로 발행되다가 1938년 8월 3호를 출간한 후 정간되었다. 1940년 11월 구이저우성(貴州省) 구이린(桂林)에서 복간되었으며, 권과 호를 다시 시작하였다. 1940년부터 1942년까지는 부정기로 발행되었다. 복간호부터 편집자는 쑨링 1인이었으며 책의 치수가 22㎝로 바뀌었다. 1942년 5월 2권 2호를 마지막으로 종간되었다. 베이징대학도서관과 상하이도서관 등에 소장되어 있다.

월간으로 발행된 『자유중국』은 논문, 소설, 산문, 잡문(雜文), 시, 보고, 가곡, 문화소식, 연재, 번역, 단론, 서보평가(書報評價)와 작가생활보도 등의 난이 있었다. 주요 집필자는 카이펑(凱豊), 판쯔녠(潘梓年), 천보다(陳伯達), 저우양(周揚), 아이쓰치(艾思奇), 양한성(陽翰笙), 청팡우(成仿吾), 딩링(丁玲), 궈모뤄(郭沫若), 허간즈(何幹之), 라오서(老舍), 짱커자(臧克家), 류바이위(劉白羽) 저우양, 톈한(田漢) 등이었다.

1938년에 출판된 3호는 종합성 문화간행물이었고 1940년 복간된 이후에는 기본적으로 문학 간행물이었다. 그 목적은 항전의 선전과 문화가 항전에 더욱 잘 복무하도록 하는 것으로, 주로 당시 저명 민주인사와 작가의 소설, 산문, 가곡, 시사(詩詞), 화고(畵稿, 밑그림) 등 문예작품을 실었다.

창간호에는 궈모뤄의 「항전 이래 문예의 특징(抗戰以來文藝的特徵)」과 「항전과 문화(抗戰與文化)」, 아이쓰치의 「철학적 현상과 임무(哲學的現狀和任務)」 등이 수록되었다.

2호에 게재된 궈모뤄, 라오서, 샤옌 등의 「항전 이래 문예의 전망(抗戰以來文藝的展望)」에서는 4개 방면으로부터 논술을 진행하고 있다. "① 항전 이래 문예의 특징, ② 항전 이래 문예종사자의 성과, ③ 항전 이래 문예종사자의 임무, ④ 중국 문예의 전도." 해당 기에는 또한 위다푸(郁達夫)의 「전시의 문예작가(戰時的文藝作家)」, 라오서의 「통속문예를 이야기함(談通俗文藝)」, 아이쓰치(艾思奇)의 「비평은 궤변이 아니다(批評不是詭辯)」, 양쉬의 「모택동특사(毛澤東特寫)」와 연재되던 샹차오(湘潮)의 「장정 이야기(長征的故事)」 등의 글이 실렸다.

10호에는 딩링의 「펑더화이 스케치(彭德懷速寫)」와 장편연재 「장정이야기(長征的故事)」 등이 주목을 끌었고 큰 영향을 미쳤다. 『자유중국』은 문화와 문예부문의 권위 있는 간행물로 인식되었다.

1940년 11월 구이린에서 복간되었다. 복간의 원인에 대해 작자가 다음과 같이 천명하고 있다.

"현재 전쟁의 포연으로 가득한 세계, 무고한 인류의 선혈이 참혹하게 유린당하고 있는 오늘, 이 작은 간행물은 종이의 부족, 인쇄의 곤란, 물가의 등귀, 교통의 두절 등 각종의 열악한 조건에서도 복간을 하였을 뿐만 아니라, 제군들의 면전에 볼 수 있게 되었다는 것이 편집자가 느끼는 가장 큰 희열이자 안위이며, 역시 가장 큰 고무이자 수확이다. 우리의 역량은 매우 작아서 20세기 오늘날, 지구상의 분란과 고난이 충만한 시대 속에서 자기의 소리와 색깔을 내는 사업을 해낼 수 없다. 왜냐하면 우리는 너무나 평범하기 때문이다."

단, "우리는 우리의 모든 역량을 다하여 일단의 평범하고 미미한 사업을 하고자 한다. 오로지 이 사업만이 그 위대한 사업을 도울 수 있으며, 그 사업만이 진정으로 중국의 자유와 인류의 행복을 위하는 것이다. 우리는 평범을 두려워하지 않는다. 미미함을 두려워하지 않는다. 우리는 영원히 이러하기를 희망한다. '무성무색(無聲無色)'한 사업을 계속하여 중국의 자유, 세계의 행복이라는 목적을 향해 갈 것이며, 전력을 다하여 중국인민과 세계인류에 대한 책임을 다할 것이다. 이 작은 간행물은 중국에서 가장 부자유한 시기—전 민족의 생명을 내어놓고 자유를 쟁취하여야 할 시기—에 탄생한 것이다."

"장래에 우리는 조국의 자유와 인류의 행복을 위해 사업하는 동지들과 독자제군이 더 많은 협조하기를 희망한다." "일체 애국 인민들을 단결하여 일어나 자유중국을 위해 투쟁하자!"

복간호에 게재된 쑨링의 장편연재 「대풍설(大風雪)」, 1권 2호에 실린 아이우(艾蕪)의 「문예사실에서 본 문예의 중국화(從文藝史實看文藝中國化)」, 1권 3호에 실린 아이우의 장편연재 「산야(山野)」, 사오촨린(邵荃麟)의 「가수(歌手)」, 1권 4호에 실린 바진(巴金)의 「죽다(死去)」 등이 있었으며 번역작품으로는 「고요한 돈강(靜靜的頓河)」의 일부 내용이 실렸다. 1권 2호에는 "기념 톨스토이 특집"이 실렸다. 주요작가로는 궈모뤄(郭沫若), 저우양(周楊), 위다푸, 아이쓰치, 라오서, 판쯔녠(潘梓年), 야오쉐인(姚雪垠), 짱커자(臧克家), 짱윈위안, 허루팅(賀綠汀), 뤄빈지(駱賓基), 톈타오(田壽), 바진, 리젠우(李健吾), 선충원(沈從文) 등이 있었다.

『자유중국』은 일반 문화와 예술 방면의 권위 있는 간행물로 영향력이 컸다. (김지훈)

참고문헌

王檜林 · 朱漢國, 『中國報刊辭典(1815~1949)』, 書海出版社, 1992; 伍杰, 『中文期刊大詞典』, 北京大學出版社, 2000; 北京師範大學圖書館報刊部 編, 『北京師範大學圖書館館藏中文珍稀期刊題錄』, 北京圖書館出版社, 2002; 葉再生, 『中國近代現代出版通史』3, 北京: 華文出版社, 2002; 上海圖書館,『上海圖書館館藏近現代中文期刊總目』, 上海科學技術文獻出版社, 2004.

자유통상(自由通商)

1928년 일본에서 발행된 경제 잡지

민간단체인 자유통상협회일본연맹의 기관지이다. 1928년 10월 창간되었으며,『자유통상협회일본연맹월보』라는 제호로 발행되었다. 판형은 4×6배판(四六倍版)이었고, 분량은 30쪽 내외였다. 비매품으로 협회 가맹회원과 기타 관계기관에 배포되었다.
1929년 2월(2권 1호)부터 제호를『자유통상』으로 변경하였고, 권호는『월보』를 계승하였다.『자유통상』은 국판 크기로 80쪽 내외로 발행되었으며, 비매품이었다가 1930년 6월호(3권 5호)부터 정가 30전에 판매되었다.
태평양전쟁 발발 후인 1942년 4월 자유통상협회일본연맹이 해소되고 '공영경제협회일본연맹'이 되면서,『자유통상』은 같은 해 6월호부터『공영경제(共榮經濟)』로 제호를 변경하여 발행되다가, 1945년 1월 18권 1호를 발행하고 휴간되었다.
『공영경제』로 전환할 당시 분량은 60쪽 내외였으며, 정가는 35전이었다. 편집발행인은 창간 이후 오사카 자유통상협회 사무국 주사였던 마사키 시게루(正木茂)였다.『자유통상』9권 7호(1936년 7월호)에 수록되어 있는 좌담회기를 보면, 당시 발행부수는 약 1200 내지 1300부로 주로 각지 협회회원과 각 관계기관, 연구기관에 기증되었으며, 시중에 판매된 것은 극히 적었다.

본지는『월보』의 회보적 성격도 가지고 있었지만,『자유통상』으로 제호를 변경하면서 관세, 무역문제를 중심으로 한 계몽적 경제 잡지의 성격을 갖게 되었다. 본지의 내용은 권두언, 논문, 자료, 잡록으로 구성되었다. 또 1권 2호부터 게재된 관세일지는 일본뿐만 아니라 세계 관세의 동향을 알 수 있게 해주어 자료적 가치가 높다.

본지를 특색 있는 잡지로 만든 것은, 자유통상과 관세 인하를 목적으로 설립된 연맹의 기관지로서, 이 범위 내에서의 평론, 조사자료를 게재하고 폭 넓은 평론 활동의 장을 제공하였다는 점이다.

자유무역운동의 모체로서 자유통상협회에는 특히『오사카아사히신문』,『오사카마이니치신문』,『오사카지지신보』가 처음부터 적극적으로 협력하였다. 이 때문에 각사의 소속 기자들의 투고가 많이 게재되었다. (문영주)

참고문헌

杉原四郎 編,『日本経済雑誌の源流』, 有斐閣, 1990; 杉原四郎 著,『日本の経済雑誌』, 日本経済評論社, 1987.

자유통상협회일본연맹월보(自由通商協會日本聯盟月報)

▶ 자유통상(自由通商)

자자서보(孖剌西報, Daily Press)

1857년 홍콩에서 창간된 영어 시사종합신문

1857년 10월 1일 홍콩(香港)에서 창간된 영어 신문이다. 미국 상인 라이더(George. M. Ryder, 뤄다[茹達])와 영국 상인 머로우(Yorick Jones Murrow, 莫羅)가 함께 창간하고 발행인과 편집을 분담하였다. 1년 뒤 머로우가 모든 권리를 갖게 되었는데, 당시 머로우가 '자자(孖剌)'라는 이름을 사용하였다고 한다.
1861년 영문이름을 "Daily Press"에서 "HongKong Daily Press"로 개칭하였으며『자자보(孖剌報)』라고도 한다.

『자자서보』는 당시 홍콩 영국 정부가 보다 신속히 침략적 개방정책을 추진할 것을 요구하며 홍콩 정부를 비판하던 상인들의 입장을 지지하면서 정부 비판적 입장을 견지한 언론이다. 발행인 머로우는 특히 홍콩 영국정부의 부패와 폐정에 공격을 가하여 당시 영국정부 고급관리인 직지총독을 구속시켜 명성을 얻었다.

홍콩에서 확실한 지위를 차지한 이 신문은 중화민국 정부가 성립된 후에 더욱 내용을 채우며 홍콩에서 역사를 자랑하는 유명 신문이 되었다.

그리고 1858년 자자보관(孖刺報館)에서는 홍콩 최초의 중문 매체인 『홍콩선두화가지(香航船頭貨價紙)』를 발행하였으며, 1867년에는 상업과 선박소식을 위주로 한 『홍콩주보 및 대륙상보휘보(香港週報及大陸商報彙報)』를 증보 출판하기도 하였다. (김성남)

참고문헌

葉再生 著,『中國近代現代出版通史』, 北京: 華文出版社, 2002; 王檜林·朱漢國 主編,『中國報刊辭典』, 太原: 書海出版社, 1992.

자활(自活)

▶ 신흥조선(新興朝鮮), 실생활(實生活)

작가(作家)

1936년 중국 상하이에서 창간된 문예지

1936년 4월 15일 상하이(上海)에서 창간되어 작가사(作家社)에서 월간으로 발행되었다. 편집장은 멍스환(孟十還)이며 창간호는 당시 일반 잡지의 10배에 달하는 총 350쪽 분량으로 발행되었다.
같은 해 11월 15일 총 8호를 간행하고 종간되었다. 제2권 2호는 『애도 루쉰 선생 특집호(哀悼魯迅先生特輯)』로 발행되었다

편집장 멍스환은 6호 「권종 췌어(卷終贅語)」에서 "문장은 인류의 현실적 생활과 사회를 벗어날 수 없다"는 것이 이 잡지의 기본 방향이라는 입장과 함께 『작가』는 영원히 피압박 민족의 충실한 동반자가 되기를 원한다고 설명하였다.

주로 문단에서 인정받는 유명 좌익작가들의 작품을 게재하여 작자들의 폭이 넓지는 않았지만 일정한 권위를 가지고 있었다. 번역작품은 주로 일본 소설과 고골, 고리키 등 러시아 작가가 쓴 문학 논술 문장이다.

『작가』의 속표지는 유화 작품인 「과녁 맞추기 연습실 내의 고리키(在打靶練習室里的高爾基)」라는 작품이 사용되었다. 1권 4호는 "막심 고리키 기념 특집(紀念瑪克辛高爾基專頁)"이 발행되기도 했다.

작품은 대부분이 사회기층 노동자, 농민, 학생, 선원, 소직원 등을 묘사대상으로 하였으며, 당시 사회의 어둠과 인민의 저항을 반영하였다. 그중 비교적 영향력이 컸던 것으로는 예쯔(葉紫)의 「산촌의 하룻밤(山村一夜)」, 바진(巴金)의 「비(雨)」, 샤오쥔(蕭軍)의 장편 연재 「제삼대(第三代)」, 황메이(荒煤)의 「장강상(長江上)」, 샤오훙(蕭紅)의 「손(手)」 등이 발표되었으며, 위니(雨尼)와 예성타오(葉聖陶)의 산문과 속사(速寫) 등도 게재되었다.

루쉰(魯迅)의 작품들도 발표되었는데 「나의 첫 번째 사부(我的第一个師父)」와 「출관의 관(出關的關)」, 「반하소집(半夏小集)」 등이 그것이다.

1권 5호부터 루쉰의 유명한 문장 「쉬마오융과 통일전선문제에 관하여 답함(答徐懋庸幷關於統一戰線問題)」이 게재되었으며, 뤼커위(呂克玉)의 「문학운동 몇 가지 문제의 의견에 대해 답함(對於文學運動幾個問題的意見)」을 게재하였다.

2권 1호에 발표된 모원화(莫文華)의 「이번 문예 논전 의견에 관한 나의 관점(我觀這次文藝論戰的意見)」은 특별한 가치를 지니고 있었다. 이 문장은 당시 가장 중요한 화두였던 두 개의 구호 즉, '민족혁명전쟁의 대중문학(民族革命戰爭的大衆文學)'과 '국방문학'의 논쟁에 대해 매우 수준 높은 종합적 분석을 하고 있다. 실제로 모원화는 류사오치(劉少奇)의 필명으로 이 문장은 역사적으로도 매우 중요한 문헌이며, 당시 상황을 이해하는 데 중요한 의의를 갖는 자료이다.

『작가』는 총 8호를 출간하고 종간되어 발행기간이 길지 않았지만, 진보적 작가들의 주요 진지가 되었으며, 발표된 대부분의 작품이 좌익작가연맹 작가들이 쓴 것이다.

주요 집필자는 이 밖에 장톈이(張天翼), 장진이(章靳以), 샤정눙(夏征農), 루펀(芦焚), 샤오훙(蕭紅), 리니(麗尼), 샤오첸(蕭乾), 차오밍(草明), 천황메이(陳荒煤), 예성타오(葉聖陶), 정보치(鄭伯奇), 뤄펑(羅烽), 짱커자(臧克家) 등이다. (김성남)

참고문헌

周葱秀·涂明 著,『中國近現代文化期刊史』, 山西敎育出版社, 1999; 方漢奇 主編,『中國新聞社業通史』, 中國人民大學出版社, 1996.

작품(作品)

1939년 서울에서 발행한 문예지

1939년 6월 1일에 창간했다. 후속 호는 나오지 않고 종간됐다. 창간 동기가 '영창서관'에서 발행한 '조선작가명작전집'과 더불어 전집을 소개하고 작가들의 작품을 모아 '영창서관'을 중심으로 한 작가 네트워크를 구성하려 했는데 뜻대로 되지 않아 무산된 것으로 보인다. 편집 겸 발행인은 강의영(姜義永, 그는 1916년 영창서관을 세운 창업주로 알려져 있다), 인쇄인은 대동출판사의 김용규(金容圭), 발행소는 작품편집부(최덕교에 의하면, 그렇게 적었을 뿐 영창서관 발행이라고 한다), 총판은 영창서관(경성부 종로 2정목 84)이다. 판형은 국판으로 총 30쪽이고 정가는 10전이었다.
1982년 한국문화간행회에서 펴낸 '한국잡지총서'(13권) 중 11권에 『청색지』, 『박문』, 『문장』 창간호와 함께 영인되어 수록됐다.

「창간사」가 따로 없다. 다만 「여묵(餘墨)」에 다음과 같은 편집후기가 실려 있다.

"사고(社告)로서 번거로이 말씀드렸거니와 조선작가명작전집(朝鮮作家名作全集)은 앞으로 우리 문단(文壇)에 던지는 커다란 선물이요 대출판(大出版)임에 틀림없음을 자랑합니다. 앞으로 많은 성원(聲援)이 있어 주사이다."

목차 상단에도 보면, '조선작가명작전집' 제1회 배본 이무영 작 「먼동이 틀 때」 광고가 실리고, 여기에는 '무영특집'으로 유진오 「무영의 문학」, 신남철 「무영의 프로필」, 김문집 「무영의 '된장'맛」, 그리고 이무영 자신의 「거짓말과 문학」이 배치되어 있는 것을 볼 때, 이 잡지의 용도가 짐작이 되고도 남는다. 이는 표지를 열자마자 '조선작가명작전집간행회'가 펴낼 작품목록이 제시되어 있는가 하면, 기타 영창서관에서 펴낸 책들의 광고가 여백마다 들어 있는 것을 확인하는 것으로도 증명되는 것이 아닐까 한다.

그 외에 김대봉의 「문학과 의학」과 '시와 시론' 특집으로 실린 조벽암의 「요동들에서」, 민병균의 「자조」, 김용제의 「애마」 등의 시와 윤곤강의 시론 「시와 창조」, 그리고 박세영, 엄흥섭, 최정희, 홍효민의 수필이 게재되어 있다. "① 창작시에 모델을 쓰십니까. ② 앞으로 어떠한 야심을 가지십니까. ③ 근일 애독서적은 무엇입니까"를 묻는 '설문'에 안회남, 정지용, 이무영, 김남천, 홍효민, 송영, 엄흥섭, 현진건, 김대봉, 김광섭이 각각 응답한 내용이 실려 당시 작가들의 창작습관과 독서습관을 조금은 엿볼 수 있다.

이처럼 잡지 『작품』은 『삼천리』나 『박문』을 통하여 출판사의 상업적 이익과 작가 인맥, 독자들에 대한 영향력을 획득하고자 한 의도와 같이, 그러한 동기에서 창간되었다고 할 수 있다. 창간호가 종간호였다는 사실에서 짐작할 수 있는 것은 영창서관의 의도가 크게 성공한 것처럼 보이지는 않는다. 하지만 이 잡지는 당시의 출판사의 영업 행태와 독자들의 책에 대한 반응을 들여다보는 자료로서의 가치는 가지고 있다고 여겨진다. (전상기)

참고문헌

최덕교 편저, 『한국잡지백년』 3권, 현암사, 2004; 권영민, 『한국근대문인대사전』, 아세아문화사, 1999.

잠업지조선(蠶業之朝鮮)

1924년 서울에서 발간된 잠사 관련 일본어 월간지

1920년 결성된 조선잠사회가 1924년부터 발간한 일본어 월간지이다. 발행인 겸 편집인은 조선잠사회의 회장이 맡았다.
현재 1928년부터 1940년까지의 잡지는 서울대도서관 경제문고에, 1938년부터 1942년까지는 국립중앙도서관에 소장되어 있다. 1945년 정간될 때까지 총 245호가 발간된 것으로 알려져 있지만, 1924년부터 1928년, 1943년부터 1945년까지 발간된 잡지는 아직 확인되지 않는다.

잡지는 대개 논총(論叢)과 담총(談叢), 조사와 연구, 지방란, 통계와 자료, 문원(文苑), 회보, 잡보와 여록 등으로 구성되었다. 논총과 담총란에는 주로 잠업장려의 방법, 총독부의 잠업정책 및 법령에 대한 소개와 해설 등의 기사가 게재되었다. 조사와 연구란에는 조선잠사업의 현황과 장래 전망, 내외의 잠사업 상황과 영업 상황 등 조선잠사업의 개량과 발달을 도모하기 위한 조사보고와 연구논문이 주로 실렸다. 지방란에는 지방잠사회의 기관지 중에서 지방잠사업의 현황을 소개하는 글이 주로 게재되었다. 통계와 자료에는 잠사업과 관련한 통계자료와 기타 자료를 다루었다.

문원란에는 회원들의 문예작품을 게재하였으며, 회보, 잡보와 여록란에는 조선잠사회의 운영과 관련한 기사가 실렸다. 이처럼 이 잡지는 기본적으로 조선잠사회 운영에 도움이 되고 회원의 친목을 도모하는 데 기여하기 위한 조선잠사회 기관지로서의 성격을 가지고 있었다.

이 잡지는 조선에서의 잠업과 관련한 제반 사항을 해명하는 데 기본적인 사실을 제공하는 중요한 자료라고 할 수 있다.

• 조선잠사회

조선총독부는 1919년 조선잠업령(朝鮮蠶業令)을 제정하였는데, 이는 조선에서 양잠업을 장려함으로써 일본의 대규모 제사 자본을 위한 원활한 원료 확보에 기여하기 위해 만들어진 것이었다. 당시 미국으로 수출되던 일본의 생사(生絲)는 일본의 무역 역조를 개선하는 데 매우 중요한 역할을 담당하고 있었으므로, 조선에서의 양잠업 진흥 역시 일본 경제 전체의 입장에서도 무시할 수 없는 중요성을 가지고 있었다.

조선잠사회는 조선 잠사업의 개량 및 발달을 도모하기 위한 목적으로 1920년 10월 창립되었다. 조직 구성은 회장 1명, 부회장 2명, 이사 10명, 평의원 약간 명을 두도록 하였는데, 한국인이 임원으로 참여한 경우는 거의 없었다. 회원은 명예회원, 특별회원, 보통회원을 두도록 하였다. 특별회원은 회비 10원 이상을 내거나 공로가 있는 자로 추천하며, 보통회원은 회비로 2원 이상을 내도록 하였다. 대개 3500명 정도의 회원으로 구성되어 있었다.

1924년 4월부터 전국 각 도에 지회를 설치하고, 각 도 산업국장이 지회장, 각 도 잠업담임 기사가 부지회장, 잠업계 기수가 간사장을 겸임하도록 하였다. 각 도를 순회하면서 매년 개최되고 있던 잠업 강습회가 잠사회의 가장 중요한 사업이었다. 요컨대 조선잠사회는 조선의 잠사업 진흥을 위한 관변단체였다.

조선잠사협회에서 발간한 단행본으로는 『조선잠사업의 현재 및 장래를 논한다』(1932년)가 있다.

조선잠사회와 관련한 주변 단체로 조선제사협회(朝鮮製絲協會), 조선잠종제조업조합중앙회(朝鮮蠶種製造業組合中央會), 조선상묘조합연합회(朝鮮桑苗組合聯合會) 등을 들 수 있다.

• 조선제사협회

1926년 창립되었다. 기본적으로 기계 제사업을 경영하는 사업자를 회원으로 하고, 제사업자 상호 간의 근로자 쟁탈을 방지하며, 품질을 개선하며, 원료 문제를 해결하며, 제사와 관련 연구·개발 등을 중심으로 제사업의 향상과 발전을 도모하는 것을 목적으로 삼았다. 1940년 현재 26개의 제사회사가 회원으로 가입하였으며, 회장은 대구제사주식회사 사장 오구치 하지메(小口肇), 부회장은 동양제사주식회사 사장 호리다 미노루(堀田稔)가 맡았다.

• 조선잠종제조업조합중앙회

1928년에 창립되었다. 각 도별로 산재하는 잠종제조업조합을 통일하여 중앙회를 설립하였다. 잠종 판매를 확장하고, 잠종 가격을 상호 협정하며, 잠종의 수급 조절을 원활히 하는 것이 단체 설립의 목적이었다.

• 조선상묘(桑苗)조합연합회

1934년에 창립되었는데, 이 역시 각 도별 조직인 상묘조합을 통일하여 조직된 것이다. 상묘조합중앙회는 종래 일본에서 수입하던 상묘를 대신하여 상묘를 개발하고, 생산자와 수요자를 연계시킴으로써 우량 상묘를 원활하게 공급하기 위해 설립되었다. (윤해동)

참고문헌

『잠업지조선』, 서울대도서관 경제문고, 국립도서관 소장본.

잡문(雜文)

1935년 일본 도쿄에서 창간된 중국어 문예지

1935년 5월 15일 일본 도쿄(東京)에서 중국 좌익작가연맹 도쿄분맹(東京分盟)이 창간한 문학잡지이다. 창간 시 편집장은 두솬(杜宣)이며 잡문사(雜文社)에서 발행되다가 3호부터 부어성(勃生, 싱퉁화[邢桐華])으로 바뀌었다. 1935년 9월 20일 1권 3호가 발행된 후 일본 정부에 의해 폐쇄되었다. 그해 12월 궈모뤄(郭沫若)의 제안으로 『질문(質問)』으로 제호를 바꾸어 계속 발행되었으나 1936년11월 총 8호를 간행하고 종간되었다.

창간시 루쉰(魯迅)이 제호를 썼으며, 제2권의 「편집후기(編後記)」에서 편집자는 "예술상의 여러 문제를 각 방면으로 발전시키고, 체계적으로 소개하여 비판, 해석, 창조할 것"이라고 발행목적을 설명하였다.

내용은 잡문(雜文)과 잡론(雜論), 잡기(雜記), 잡신(雜迅), 소개, 자료, 특집, 시, 소묘, 삽도(插圖)의 항목이 있으며, 시평(時評)과 잡문 위주로 지면이 구성되어 있다.

두솬은 「잡문에 관하여(關于雜文)」에서 잡문은 특수한 역량을 갖고 있어서 사회현상들을 즉석에서 분석하고 비판하는데 명쾌하고 참신한 수완을 발휘한다고 하였다.

루쉰은 이곳에 잡문 「현대 중국에서의 공부자(孔父子在現代中國)」와 「풍자란 무엇인가(什麽是'諷刺')」 등을 발표하였으며 웨이멍커(魏猛克)도 여러 잡문들을 발표하였다.

궈모뤄는 「공부자 밥을 먹다(孔父子吃飯)」 등의 여러 편의 소설과 논문 「시의 문제에 관하여(關於詩的問題)」, 「나의 작시의 경과(我的作詩的經過)」 등의 문장을 발표하였다. 이외에도 마오둔(茅盾)의 「문학적 유산을 받아들이는 것에 대한 의견(對於接受文學遺産的意見)」, 톈한(田漢)의 「슬픈 죄인의 노래(苦囚之歌)」 등이 발표되었다.

루쉰 서거 후에는 루쉰 추모전집을 발행하였으며, 린린(林林)과 싱퉁화(邢桐華)가 고리키의 문학논문을 번역 발표하면서 중국 진보문화운동에 상당한 공헌을 하였다. 마르크스주의 문예사상을 전파하는 데도 일정한 역할을 하였다. 특히 3대 문호의 지지를 받았기 때문에 설립되자마자 많은 사람들의 주목을 끌었으나 일본 당국의 늑령으로 정간되고 말았다. 불과 3호만을 출간하고 『잡문』의 제호로는 종간되었다.

3호의 「최후의 일보(最後的一步)」

"한 무리의 탱크 안 문학 불량배들은 입마다 정정당당한 이론투쟁을 요구한다. 본 잡지는 지난 두 차례에 걸쳐 그들에 대해 날카로운 평론을 한바있다. 하지만 그들은 회답하지 않았다. 다만 한두 개의 '아무것도 아닌', '작은 혼귀(小鬼)'를 파견하여 '탱크'안에 숨긴 채 문예선상에서 본 잡지에 게재된 글에 연막탄만을 쏘았을 뿐이다. ……

우리는 알고 있다. 탱크와 연막탄 뒤에는 비행기와 대포로 공격을 해올 것이라는 것을. 그때는 내가 하나의 전사가 아니라 하나의 작가라고 외치는 문학 불량배들이 총을 메고 선봉이 될 것이다. 동시에 더 이상 틈을 내어 문단에 와서 '산보'할 시간도 없을 것이다."

• 두솬(杜宣)

본명은 구이창링(桂蒼凌)이며 중국 현대 희극작가이자 시인이다. 1933년 일본 유학 시 중국좌익희극작가연맹에 가입하여 『잡문』의 편집장을 역임했다. 1937년 귀국하여 항일운동에 투신하였으며, 1941년 구이린(桂林)에서 신중국극사(新中國劇社)를 세워 사장에 취임하였다. 1949년에는 상하이 해방전쟁에 참가하였으며, 60년대 이후에는 희극작가협회에 종사하였다. (김성남)

참고문헌

周葱秀·涂明 著,『中國近現代文化期刊史』, 山西敎育出版社, 1999; 北京師範大學圖書館報刊部 篇,『北京師範大學圖書館館藏中文珍稀期刊題錄』, 北京圖書館出版社, 2002.

장난상무보(江南商務報)

1900년 중국 상하이에서 창간된 상업신문

1900년 3월 상하이(上海)에서 장난상무총국보관(江南商務總局報官)이 창간하고 상무인서관(商務印書館)에서 직무를 대행하여 순간(旬刊)으로 발행되었다. 현재 1호부터 37호까지 보존되어 있으며, 종간 시기는 명확하지 않다. 베이징대학도서관에 소장되어 있다.

장난상무총국(江南商務總局)의 관보이다. 관(官)과 상(商)의 상호 감정을 소통하고, 새로운 기풍을 열기 위해 중국과 외국 상인들의 소식과 외국 상무정보를 소개하는 것을 주요 목적으로 삼았다. 중국 상업의 발전 상황 등을 소개하면서 민족 부르주아들의 발전 요구와 공상업(工商業) 대중의 소리를 반영하였다.

내용은 화세(貨稅)와 상원(商原), 상정(商情), 상무열설(商務列說), 서문역편(西文譯編)과 중외 상업 상황 항목이 개설되었다.

의화단(義和團)의 반제애국(反帝愛國)운동과 8국 연합군의 중국침략전쟁이 중국 경제에 미치는 영향 등에 대한 많은 기사를 게재하였다. 이 시기 대부분의 상공업 신문들은 경제적 이권의 회수와 가중한 잡세(雜稅) 폐지, 공상업의 진흥을 통한 부국강병을 제창하였지만, 봉건주의에 대한 환상을 버리지 못하여 민주혁명을 적대시하는 한계를 가지고 있었다. 이러한 관점은『장난상무보』처럼 관에서 발행한 신문뿐만 아니라 민간이 발행하던『공상학보(工商學報)』나『화상연합보(華商聯合報)』등도 동일하였는데, 이는 당시 상업신문들이 민족부르주아의 관점을 대변하고 있었기 때문이다.

『장난상무보』는 매호마다 장쑤(江蘇), 장시(江西), 안후이(安徽) 성까지 배포되었으며, 19세기 말부터 20세기 초까지의 중국 경제 관련 자료를 많이 담고 있어 사료적 가치가 매우 높다. (김성남)

참고문헌

方漢奇 主編,『中國新聞社業通史』, 中國人民大學出版社, 1996; 王檜林·朱漢國 主編,『中國報刊辭典』, 太原: 書海出版社, 1992.

장년단(壯年團)

1935년 일본의 장년단중앙협회가 창간한 기관지

1935년 1월에 창간되어 1941년 11월(7권 10호)에 종간된 국민 동원 잡지이다. 월간으로 발간되었다. 발행처는 장년단중앙협회(壯年團中央協會)였다.

1930년대에 들어서면서 쇼와공황(昭和恐慌)을 겪고 경제갱생운동(経済更生運動)이 전개되는 가운데 일본 정부는 장년층의 역할에 주목하게 되었다. 그리하여 내무성의 주도 아래 장년단운동이 본격적으로 시작되었다.

전국 각지에 차례로 장년단이 결성되었고 장년단중앙협회도 출범하였다. 장년단운동은 기본적으로 반(反)사회주의, 반(反)정당 내지 비(非)정당, 향토애를 표방하고 있었다.

장년단중앙협회의 기관지인『장년단』에도 전시체제 아래 국민 통합과 동원을 적극적으로 지지하는 글이 게재되었다. 각 지역 장년단의 동향을 소개하는 글과 논설이 큰 비중을 차지하고 있었다.

『장년단』의 주요 필자는 일본 청년단·장년단운동의 지도자인 다자와 요시하루(田澤義鋪, 1881~1944), 조선총독부 경무부장 출신으로 1941년에는 대정익찬회(大政翼贊會) 사무총장을 지내는 마루야마 쓰루키치(丸山鶴吉, 1883~1956), 고노에 후미마로(近衛文麿)의 브레인으로 대정익찬회의 조직국장을 지내는 고토 류노스케(後藤隆之助, 1888~1984)를 비롯하여 고노에 후미마로 주변의 학자 집단인 쇼와연구회(昭和研究会)의 오자키 하쓰미(尾崎秀實, 1901~1944), 류 신타로(笠信太郎, 1900~1967), 로야마 마사미치(蠟山政道, 1905~1980) 등이었다. (이준식)

참고문헌

『壯年團』(復製版), 不二出版, 1985; 『日本出版百年史年表』, 日本書籍出版協會, 1968.

장미촌(薔薇村)

1921년에 서울에서 발행된 최초의 시 전문 동인지

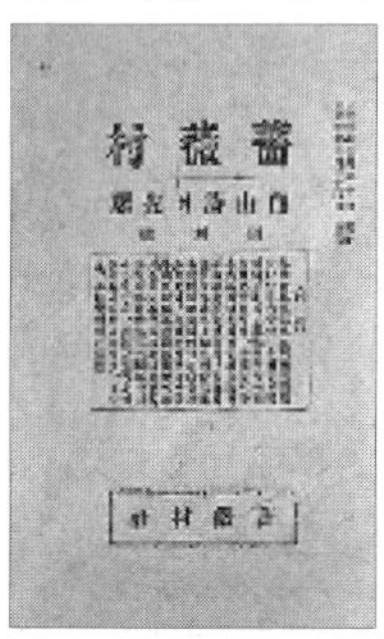

1921년 5월 24일 창간되었다. 창간호가 종간호가 된 사례이다. 편집인은 황석우, 발행인은 미국인 선교사 필링스(한국 이름은 변영서[邊永瑞]), 인쇄인은 한성도서주식회사의 노기정(魯基禎), 발행소는 장미촌사(薔薇村社 경성부 천연동 99), 발매소는 한성도서주식회사 영업부(경성부 견지동 32)이다. 판형은 A5판으로 총 23쪽에 정가는 20전이다. 동인으로 황석우·변영로·노자영·박영희·박종화·신태악·박인덕·오상순 등이 참여했다.
잡지 『폐허』가 1921년 1월에 중단되자 황석우를 중심으로 시 잡지를 따로 마련하자는 취지에서 출발하여 우리나라 최초의 시 동인지가 되었다. 1922년 1월 『백조』를 창간하기까지 교량 역할을 하여 『백조』의 전신이라고도 할 수 있다. 여러 곳에서 영인하였으며 연세대와 고려대도서관에 원본이 소장되어 있다.

표지에 '자유시의 선구'라는 부제를 달고, 그 아래 '선언'을 실었다. "우리들은 인간으로의 참된 고민의 촌에 들어왔다. 우리들의 밟아나가는 길은 고독의 끝없이 묘막(渺漠)한 큰 설원이다. 우리는 이곳을 개척하여 우리의 영(靈)의 영원한 평화요 안식을 얻을 촌(村), 장미의 훈향(薰香) 높은 신과 인간과의 경하(慶賀)로운 화혼(花婚)의 향연이 열리는 촌을 세우려 한다"라고 밝히고 있듯이 낭만적인 이상향을 지향하려고 하였다. 변영로의 창간사 「장미촌」 역시 이와 논조가 크게 다르게 느껴지지 않는다.

수록된 작품으로는 시에 황석우의 「장미촌의 향연」, 「장미촌의 제1일의 여명」, 근보(신태악)의 「생과 사」, 「초첨(超瞻)」, 노춘성의 「피어오는 장미」, 「밤하늘」, 회월 박영희의 「적(笛)의 비곡」, 「과거의 왕국」, 월탄 박종화의 「우윳빛 거리」, 「오뇌의 청춘」, 박인덕의 번역시 「콜럼버스」 등이 실려 있다.

그 밖에도 이홍의 「신월의 야곡」과 이훈의 「춘」, 그리고 우영(정태신)의 서신 「최후의 고향」이 들어 있다. 이 잡지의 6쪽에는 「독자시단공개」라는 광고가 실리는데 다음호가 이어지지 않아 독자 투고의 시를 게재하지는 못했다. 잡지의 맨 뒤에는 「동인의 말」이 편집후기와 같이 실려 있는데, 거기에 이 동인지에 참여했던 당시 동인들의 신상이 비교적 상세하게 기재되어 있어 이들의 활동상을 파악하는 데 좋은 자료라고 할 수 있다.

도쿄에서 유학한 학생들이 주축이 되어 잡지가 만들어졌다. 상아탑 황석우가 당시에 와세다대학 정경과에 재학 중이었는데 봄방학을 이용하여 귀국한 잠시 동안에 잡지 창간을 계획, 원고를 모으고 편집을 한 것이다. 그리하여 이 잡지 속에 다음과 같은 자신들의 동경과 꿈을 형상화한 바, 3·1운동 직후 새로운 시대의 기운과 젊은이들 고유의 낭만적 동경이 만나 아름다움과 영원에 대한 꿈을 시의 왕국, 즉 '장미촌'으로 집약하여 자신들이 찾고자 한 이상향을 표현하고 있다. 창간호가 비록 종간호로 화했지만 이 잡지는 한국 근대문학 최초의 시 동인지라는 의미 외에, 젊은이들의 방황과 그 속에서 꿈꾸는 이상향의 내역을 가늠하게 하는 데 중요한 자료로서의 의의를 갖는다. (전상기)

참고문헌

최덕교 편저, 『한국잡지백년』 1권, 현암사, 2004; 권영민, 『한국근대문인대사전』, 아세아문화사, 1990.

▌장산(奬産)

▶ 신흥조선(新興朝鮮), 실생활(實生活)

▌장학보(奬學報)

1908년 서울에서 발행된 최초의 교육학습지

1908년 1월 20일 장학월보사(奬學月報社)에서 발간하여 통권은 미상이다. 원래 창간호는 『장학월보』로 출발했으나 2호부터 『장학보』로 발간되었다. 현재 1908년 4월에 발간된 5호까지만 남아 있는 상태다. 판권란을 보면, 편집 겸 발행인에 박태서(朴太緖)인데 제2호부터는 이보상(李輔相)으로 바뀌고, 인쇄인은 김홍규(金弘奎), 인쇄소는 보문사(普文社)가 맡았다. 그리고 발행소는 서울 간동(諫洞)에 소재한 장학월보사이다.

장학월보사는 매달 학생들의 원고를 수합하여 시상하는 제도를 마련하고 학생들의 학업을 장려를 위한 목적으로 1907년에 설립된 단체이다. 사장은 박태서(朴太緖), 총무겸시상원은 이상민(李相敏), 회계는 조병기(趙炳基), 서기는 최성환(崔星煥)이었다. 학생들의 원고를 심사하고 평론을 했던 심사위원인 찬성장(贊成長)으로는 김윤식(金允植), 장지연(張志淵), 정만조(鄭萬朝), 유근(柳瑾), 안종화(安鍾和), 남궁억(南宮檍), 정교(鄭喬) 등이 맡았다. 장학보의 발간 목적은 '일반 학생을 장려하여 자상진보(自相進步)하게 하며 문학계를 찬조하여 사기(士氣)를 진흥발달시키는 데 있었다'고 한다.

목차를 보면, 축사, 사설, 논설, 소설, 사조(詞藻), 작문, 역사, 지리, 산술, 재담, 그리고 세계인종, 서양학술, 학산총필(學山叢筆), 사보 등으로 구성되어 있다. 논설, 사설, 소설, 사조, 작문, 역사, 지리 등의 난은 거의 대부분 독자가 투고한 글 중에 엄선하여 싣고 있다. 따라서 대부분의 글이 학생들의 투고이다. 2호에는 인천 인명학교(仁明學校) 교장 이종준(李鍾濬)을 비롯하여 각 학교 교장의 축사와 김원근(金源極), 오지영(吳知泳), 정만조 등의 글과 나를 사랑할 줄 알아야 나라를 사랑하게 된다는 내용의 「지애여연후(知愛予然後)에 지애국(知愛國)」라는 사설이 실려 있다.

또 남궁억이 심사한 논설 부문에서는 보성중학교 생도인 변영태(卞榮泰)가 「경쟁은 진보의 모(母)이라」의 제목으로 1등 없는 2등에 당선되기도 했다. 변영만(卞榮晩)의 동생이었던 변영태는 건국 후 국무총리까지 지낸 인물로, 번영로를 포함한 삼형제가 대단한 문필과 학문을 자랑하게 되는데 이 잡지를 통해서 그가 등단하고 있다.

소설은 법관양성소 2년생 심상직(沈相直)의 「만오(晩悟)」, 배재학당 학생 육정수(陸定洙)의 「혈(血)의 영(影)」, 고등학교 3학년생인 이규창(李揆昌)의 「영웅(英雄)의 혼(魂)」이 각각 1, 2, 3등으로 뽑혀 실렸다. 이 중 육정수는 뒤에 『배재학보(培材學報)』를 창간하기도 한다. 사조란에는 칠언율시의 한시가 뽑혀 실려 있으며, 작문란에는 「도덕과 문학의 관계론」(휘문의숙 중학과 1년 조용주) 등의 글이 실렸고, 역사란에는 「본국 인쇄업의 기원과 연혁」(16세 강문환) 등이 실렸다.

지리와 산술란도 대동소이하다. 그리고 제3호의 출제가 예고되는데, 논설과 소설은 자유 제목, 사조의 제목은 '권학(勸學)'에 대해서, 작문은 '신학과 구학의 관계'에 대해서, 역사는 '왕인(王仁)의 사적'에 대해서, 지리는 "오대강(五大江)의 수원(水源)과 지원(支源)을 상거(詳擧)"하라고 되어 있다. 다음호도 이와 비슷한데, 일어가 학생응시과목에 포함되고 「정치학」, 「법률개요」, 「서인목양(西人牧養)」, 「공예촬론(工藝撮論)」 등의 새로운 글이 등장한다. 「장학보 교정규칙」과 장학월보사의 주도하에 대동전문학교, 보성전문학교, 양정의숙 등을 비롯한 각 학교 학생들이 1908년 5월에 결성한 학생연합친목회의 취지서와 발기인 명단도 실려 있다. 그 외에 장학월보사의 규칙도 들어 있다.

이처럼 이 잡지는 주로 학생들의 학업을 장려하고 그들의 글들을 뽑아 잡지에 실어줌으로써 그들의 학업 증진을 위해 기획되었던 것이다. (정환국)

참고문헌

김근수, 『한국잡지사』, 청록출판사, 1980; 최덕교 편저, 『한국잡지백년』, 현암사, 2004.

▌장학월보(奬學月報)

▶ 장학보(奬學報)

▌장한(長恨)

1927년에 서울에서 발행된 여성지

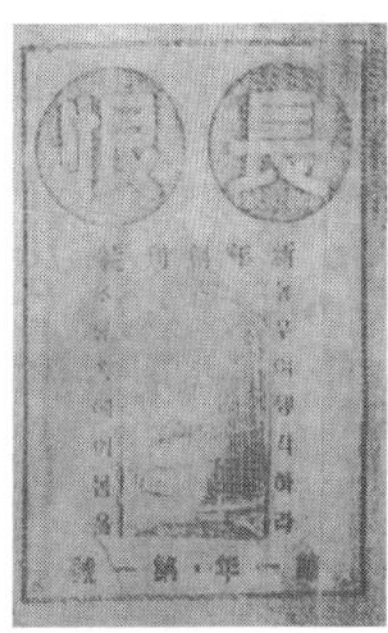

1927년 1월 10일에 창간되어 동년 2월에 폐간된 여성지이다. 일명 기생잡지. 발행소 장한사, 발행인 김보패(金寶貝), 인쇄인 노기정(魯基禎), 인쇄소는 한성도서주식회사, 정가는 40전, 1권과 2권 각각 111쪽, 108쪽, 1927년 당시 경성의 기생조합(권번)에서 활동하던 기생들이 스스로의 권익을 보호하기 위해 발행한 잡지이다. 연세대학교에 소장되어 있다.

이 잡지는 1927년 당시 경성의 기생조합(권번)에서 활동하던 기생들이 필자로 참여하여 발간된 최초의 기생 잡지이다. 발행기관인 장한사(長恨社)는 1927년 당시 경성 시내 권번과 요릿집 그리고 일부 기생들의 후원 속에 이 잡지의 간행을 위해 설립된 잡지사이다. 서지영의 연구에 의하면 당시 발행소의 주소를 확인해보면 국일관의 주소와 일치한다고 한다. 이를 통해서 볼 때, 국일관에서 이 매체의 자본을 대었을 가능성이 높다고 하였다.

또한 이 잡지를 처음 발견한 최덕교 씨에 의하면 소설가 최서해가 이 잡지의 편집을 맡았다고 말한 바 있다. 발행인으로 소개된 김보패(金寶貝)는 당시 유명한 기생, 여류명창으로 추정된다. 주요 필진은 대부분 당시 이름을 떨쳤던 유명 기생이다. 소설가 김유정이 사랑한 여인이자 훗날 여류 판소리의 대가로 꼽힌 명창 박녹주(朴綠珠), 김월선(金月仙), 윤옥향(尹玉香), 김남수(金南洙), 백홍황(白紅黃) 등 소개된 40여 편의 글 대부분이 현직 기생에 의해 직접 쓰였다.

김월선은 창간사 「창간에 제하야」에서 다음과 같이 말하였다.

“이전에 있어서 조선에 기생은 하루바삐 없애야 하겠으며 아니하여야 하겠다. 그것은 기생자신에 참담한 말로를 짓게 되며 일반사회에 많은 해독을 끼치는 까닭이다. 될 수만 있으면 기생자신을 위하야 또는 일반사회를 위하야 기생이란 부자연한 제도가어서 폐지되어야하겠다. 그러나 현하 사회제도가 아직 이것을 허락하지 않는 것은 부인하지 못할 사실이나 그대로 계속하여 있기로 말하면 모든 점에 있어서 향상되며 진보되어야 하겠다. 그리하야 사회에 끼치는 해독이 없도록 하며 자신에 돌아오는 참담을 면하도록 하여야 하겠다. 이와 같은 취지에 있어서 문화적 시설의 하나이며 향상진보기관의 하나로 잡지 장한(長恨)을 발행하는 것이다.”

또한 당대 유명 기생 박녹주의 글 「장한에 대하야」에서도 다음과 같이 말하였다.

“적지 않은 우리네도 이 사회에 살아가자면 조직적으로 단합할 필요가 있습니다. 이 필요를 느낀 까닭으로 우리 기생사회를 망라한 잡지가 비로소 고고의 소리를 외치게 되었습니다. 이 잡지야말로 우리의 생활과 의사와 설움과 기쁨을 거침없이 발표하는 마우스피스(Mouthpiece)입니다. …… 우리는 모든 사람과 같이 같은 대우를 받아야 한다. 더욱 우리도 사적으로. 똑같은 고락을 받을 터이다 하는 이만한 각오와 희망을 굳게 먹고 단결하여 발길을 한곳으로 향하게 되었습니다.”

이 글들에 의하면 『장한』은 당대 사회 속에서 천대받던 기생들이 스스로도 인권을 가진 개체임을 깨닫고, 그들의 목소리를 내고자 발간한 잡지임을 알 수 있다. 이처럼 당대 사회에서 가장 소외받는 집단의 하나였던 기생들이 자신들의 인권을 옹호받기를 요구했다는 점은 당대 여성들의 자기 각성의 수위가 매우 높았다는 점을 보여 주는 것이다.

또한 배죽엽은 「장한을 마지며」에서 "눈물과 한숨에서 살아오는 우리에게야 이것이 얼마나 절절한 이름이냐? …… 우리의 천부한 인권과 별같은 개성이 누구에게 다 바치고 이렇듯 호흡하는 인형이 되고 말았는가? …… 장한을 쓸어안고 하늘을 우러러 호소하며 땅을 굽어 통곡하자. 다 썩고 남은 우리의 가슴이나마 그래도 무슨 대답이 있을 때까지"(1호)라고 하여, 그들이 얼마나 자기 목소리를 내기를 원했는가를 보여 준다.

그 밖에도 계월헌(桂月軒)의 「여자계에 서광인 장한잡지창간에 대하야」(2집)에서도 기생들은 자기 삶에 대한 솔직한 고백적 발성을 통해서 자기 발언을 시작한다는 점을 천명한다.

그리하여 이 매체에서는 우선, 기생들의 자기들의 신세를 한탄하는 내용들이 가장 많다.

매헌(梅軒)의 「우름이라도 맘것 울어보자」(1호), 김일연(金一蓮)의 「'기생' 노릇은 일생의 액운-어서버서나야하겟다!」(1집), 이월향(李月香)의 「눈물겨운 나의 애화」(1집), 백홍황(白紅黃)의 「파란중첩한 나의 전반생: 어쩐이의 고백」(1집), 전산옥의 「초로(草露)가튼 인생」(1집), 패부자의 「역경의 아비로부터」(1집), 김도심의 「인명재천」, 박점홍의 「장한이라는 말이 마음에 백혀요」, 김란홍(金蘭紅)의 「기생생활 이면」(1집), 루사(淚史)의 「스러지는 청춘」(2집), 전산옥의 「나는 기생」, 이금홍의 「긔구한 몸」, 김남수(金南洙)의 「구천에 사모치는 우리의 한」(2집) 등의 기사에서는 천대받고 있는 자신들의 삶의 고통을 풀어내고 있다.

또한 자신들을 천대시하는 세상의 남자들에 대한 비판도 있다. 일기생의 「내가 만일 손님이라면 차별업시 하겟다: 보통인간으로 대하야주엇스면」(1집), 배화월(裵花月)의 「화류계에 다니는 모든 남성들에게 원함」(2집)은 당대 남성들에게 인격적 대우를 요구하는 기생들의 마음을 전달하는 글이다.

그리고 중요한 것은 이 매체가 단순이 신세한탄에만 머물고 있지는 않다는 것이다.

김계현의 「지금부터 다시 살자」(1호)에서는 "천대와 무시는 우리가 자취한 것이다. 우리가 우리의 기원과 목적을 모르고 일시적 액운에 빠져 옆길로 미끄러져서 직업적으로 물질을 탐내어 신성을 잃어버린 까닭이다"라면서 사회적 차별을 한탄하지만 말고 먼저 주체적인 각성을 하고 의지를 가질 것을 논리적으로 주장한다. 그리고 "그러면 내가 홀로 이것을 깨달았는가? 아니다 깨달은 동무도 많다"라면서 동지애를 강조하기도 한다.

또한 계산월(桂山月)의 「기생과 희생」(2호)에서는, 기생에게 자기희생은 아름다운 것이나 "자기 자신의 처지와 행복을 회고하야 신중히 또한 냉정히 생각한 연후에 결정하는 것이 좋을 것"이라하며 역시 기생들의 주체적인 의식의 전환을 호소한다. 그 밖에 김계현(金季鉉)의 「만자천홍(萬紫千紅): 기생도 사람다운 생활」(2집), 김녹주(金綠珠)의 「나의 생애에 비추어 동지 제매의게 소(訴)함」(2집), 윤옥향(尹玉香)의 「예기의 입장과 자각」(2집)과 같은 글들도 그 내용이다.

정류록의 「내가 바라는 여성」(2집)으로 "인습을 타파하고 새풍조의 눈 뜨는 마음이 강렬한 여성, 진실한 여성, 단결심이 많은 여성"을 예로 들어 근대적인 여성상을 추구하고 있다. 미국의 이혼재판을 소개하는 일기자의 「진기한 이혼재판」(1집) 역시 근대적이고 서구적인 의식의 신여성상을 선망했던 그들의 내면을 보여 주는 글들이다.

그러나 당대의 중요한 신여성에 대한 인식적 쟁점이었던 '여성의 단발'에 대한 글(오므브, 「기생과 단발」, 1집; 엄산월, 「단발과 자살」, 1호 등)들에서는 오히려 이 단발에 대해 부정적인 인식을 드러내고 있어, 주목을 요한다. 이들은 '단발'을 하는 것은 자유이나, 이것이 과연 주체적인 인식인가에 대해서 회의적이라는 입장을 전하고 있다. 이러한 점은 당대 기생들이 신여성들의 모습에 선망의 시선을 보내고 있으면서도, 당대 신여성들의 외모지상주의에 대해서는 비판적인 태도를 견지하면서, 오히려 그들과 함께 사치와 향락적인 존재로 취급받는 것을 거부하며 선을 그었다는 점을 알 수 있다. 당대 신여성에 대한 기생들의 시선에는 선망과 비판적 시선이 함께 했던 것이다. 그리고 그 대신 기생의 모범을 세워보려는 기사들로 기무라 이치로(木村一郞) 등이 쓴 「외국인이 본 조선의 기생-조선적의 기생이 되라!」, 「고상한 품격을 가지라」, 「예술적 기생이 되라」, 그리고 전난홍의 「기생노릇을 할 바에는 녯 기생을 본밧자」 등도 계몽적인 기사들이 있다. 이 기사들은 주로 한낱 노리개가 아닌 오히려 고전적인 정신적인 풍모를 지키는 고상한 여성으로 자신들을 위치 지우려는 의도를 보여준다. 이러한 복고적인 시선 역시 당대 신여성과 자신들을 구별시키려는 의도로 보인다.

그 외에도 오홍월(吳虹月)의 「신생활 경영에 대한 우리의 자각와 결심」(1호)에서는 사회적 변화에도 동참하고 싶은 그들의 욕망을 보여준다.

이처럼 『장한』에서는 당대 기생들이 지니고 있었던 사회비판적인 인식이 날카롭게 드러나기도 한다. 계급적 자각와 함께 당대의 물질만능주의, 향락주의에 대한 비판도 서슴지 않는다.

김남수(金南洙)는 「온돌야화(溫突夜話)」(1집)에서 "순수한 연애가 사라져가는 이유로 향락주의, 물질주의, 남자의 인격을 선택하는 지식이 생긴 까닭이라고 한다". 김녹주(金綠珠)의 서간문 「사랑하는 동무여!!」와 윤옥향(尹玉香)의 「세말소감(世末所感)」(1집)과 에서도 "물질의 욕심에 사로잡히여 정신의 충실을 알지 못하였고 눈앞에 조그마한 성공을 찾느라고 영원한 장래 계책을 세우지 못하였었다"는 비판적 언술이 있다. 또한 "교활한 사람을 보면 쥐새끼 같은 놈"이라고 한다면서 쥐의 입장에서 세상을 풍자한 「눈밝은 쥐」도 주목할 만한 기사이다.

또한 『장한』에는 기생들의 문학적 역량이 돋보인다. 김채봉의 시 「눈 오는 밤에」, 박점홍의 시 「석왕사에서」, 뎐난홍의 시 「가신님이여」, 뎡금홍의 시 「녯설음, 님은 가더이다」, 매헌의 「가신님에게」와 시 「눈물은 타고난 팔자」(이상 1집), 김금홍의 「앵도」, 박점홍(朴点紅)의 서간 「멀리게신 어머님에게」, 김설옥(金雪玉)의 「처참한 압길」 등과 재동경 곡류생(曲流生)의 영화소설 「매암이의 노래」, 방옥매(方玉梅)의 「여러 형님께」와 시 「우지마라요」, 「그대가 그리워」(이상 2집) 등 문학 기사가 많다.

시와 서간문은 주로 애상적이고 정감어린 서정성을 추구한다. 그런데 당대 잡지에 실린 문학작품들에 비해 질이 떨어지지 않는다. 오히려 감정을 제어하는 경향이 있다. 시문에 능통하는 것을 기생의 주요 덕목으로 삼았던, 당대 기생들의 수련 과정을 감안한다면 이들의 기량은 평가되어야 할 것으로 본다.

또한 『장한』은 당대의 대중적인 잡지의 모형을 따라 흥미위주의 기사를 싣기도 한다. ㅍ.ㅋ.트의 「세계일의 남자: 『쌔렌티노』의 사(死)」(1집), 조선권번 출신으로 연극배우가 된 석정희(石貞姬), 최산월(崔山月)의 단발 소식, 등 가십거리를 실은 '무선전화'란, 2집의 '우슴거리'란과 기생이 여배우를 하면 대개 성공한다는 내용의 K.O생의 「여배우와 기생」, 「여자양복」 등과 작은 에피소드를 모은 '소화집(笑話集)'란(1집) 등 당시 독자들의 자극적 구미를 당기기 위한 기사들이다.

그 외에도 기생에게 실용적인 기사로 연구생(硏究生)의 「월경(月經)과 부인」, 조동흠의 「부인의 구강위생」 등이 있다.

이렇듯 다양한 종류의 기사를 소화하려는 『장한』 편집진의 의욕은 독자들의 투고를 요구하기도 했다. 1집에 실린 사고(社告) 「투고대대환영」에서는 "소설, 희곡, 시, 산문, 로만쓰, 연의(演義)"장르에서 투고를 받고자 한다. 또한 1집에 실린 「지분사모집광고」 모집은 편집진들이 이 매체를 키워가려는 의욕에 넘쳐 있었다는 점을 보여준다. 그러나 아쉽게도 이 잡지 『장한』은 2집에서 그 명을 다한다.

비록 빈약한 발행부수를 지니고 있지만, 잡지 『장한』은 1920년 근대적인 지식과 의식으로 개인의 인격에 대한 자각이 소중하게 논의되었던 시기에도 소외될 수밖에 없었던 기생들도, 의연히 자기 목소리를 지니고 있었다는 점을 보여 주는 매우 희귀한 매체임을 틀림이 없다.

권번(券番)

일제강점기에 기생들이 기적(妓籍)을 올리던 조합이다. 당시 서울에는 한성권번(漢城券番, 무교동)·조선권번(朝鮮券番, 서린동)·대동권번(大同券番, 서린동)·한남권번(漢南券番, 공평동)의 4개소가 있었으며, 평양에 기성권번(箕城券番)이 있었고, 광주·남원·달성·경주·개성·함흥 등지에도 각각 권번이 있었다. 권번에서는 동기(童妓)에게 노래와 춤을 가르쳐 기생을 양성하는 한편, 기생들의 요정(料亭) 출입을 지휘하고 화대(花代)를 받아주는 중간 역할을 담당하였다. 당시 기생은 허가제여서 권번에 기적을 올리고 세금을 바쳐야 했다. 권번은 2차 세계대전이 한창일 때 일제의 강압정책으로 폐쇄되었다.

『삼천리』 8권 6호에 실린 「명기영화사(名妓榮華史) 조선권번」에 의한 조선권번의 연혁은, "개명 이후 모든 제도가 일신하고 새로워지는 통에 이 기생에 대한 제도도 새로 생겨났던 것이다. 그전에 기생들은 기생 서방에게 매달려서 일생을 기생으로 그 서방에게 모든 것을 다 바쳐 오던 지난날의 서방제도를 없이 하고 새롭게 기생권번을 만들었던 것이니 이것이 1910년(明治四十三年), 하규일(河奎一) 씨와 그 밖에 몇몇 분이 널리 전선으로 기생을 모집하여 소위 기생조합을 만들었던 것이다. 이때에 모여온 기생들이란 대부분이 평양 기생들이었다. 이것이 1919년(大正八年)에 와서 비로소 '대정권번(大正券番)'이란 이름으로 오늘의 조선권번의 전신(前身)이 되었던 것이"라고 한다. 그리고 이 조선권번을 만든 하규일의 손에 많은 기생들이 길러졌다고 한다. 김월선 역시 하규일이 총애했던 기생중 하나로 조선권번에서 경성잡가(京城雜歌)와 서도잡가(西道雜歌)를 잘하는 명창(名唱)이 되었다고 한다. (박지영)

참고문헌

서지영, 「식민지 시대 기생 연구(3): 기생 잡지 『장한(長恨)』을 중심으로」, 성균관대학교 대동문화연구원, 『대동문화연구』 53집, 2006.3; 이범진, 「조선 기생들, 동인지 만들어 여성 운동했다」, 『주간조선』 1846호, 2005.03.21.

재생(再生)

1932년 중국 베이징에서 발간된 시사평론 잡지

1932년 5월 베이징에서 창간되었다. 중국국가사회당 기관지이다. 처음에는 월간이었으나, 1937년 3월 제4권 1호부터 반월간으로 바뀌었다. 중일전쟁 기간 중 한커우(漢口), 충칭(重慶)으로 옮겨 출판되었다. 1938년 10월부터 호수를 다시 시작하였다. 1940년 다시 순간(旬刊)으로 바뀌었다. 1946년 3월 상하이로 옮겨 출판하였는데 다시 주간으로 바꾸었다. 1949년 4월 정간되었다. 중국국가도서관 등지에 소장되어 있다.

『재생』은 국가사회주의를 널리 알리면서 국민당 일당 전제를 반대하였으며, 동시에 중국공산당도 공격하였다. 주로 시사 정치 평론과 관련된 글이 게재되었으나 문예 사상을 연구하고, 문학작품과 문예 평론 관련 글들도 발표되었다. 논저, 사조, 문예, 서평, 통신 등의 난으로 구성되었다. 창간호에서 「우리가 말하고자 하는 말(我們所要說的話)」을 발표하여 국가사회당의 정치적 주장을 천명하였다. (이은자)

참고문헌

王檜林·朱漢國, 『中國報刊辭典(1815~1949)』, 太原(山西): 書海出版社, 1992; 葉再生, 『中國近代現代出版通史』, 北京: 華文出版社, 2002.

저작림(著作林)

1906년 중국 항저우에서 창간된 문예지

1906년 말 항저우(杭州)에서 봉건 사대부 문인(文人)이 창간한 문학 간행물이다. 월간으로 저작림사(著作林社)에서 발행되었으며 편집장은 천디에셴(陳蝶仙)이다. 1908년 8월 상하이(上海)로 옮겨갔다가 같은 해 12월 『국문일보(國聞日報)』에 편입되어 총 21회를 발행하고 종간되었다. 중국국가도서관에 소장되어 있다.

내용은 문수(文藪), 사원(詞苑), 시해(詩海), 곡란(曲欄), 설부(說部), 악부(樂府), 잡조(雜俎) 등의 항목

이 있다.

『저작림』은 '국수(國粹)의 보존'과 '골동품의 수집', '선인이 남긴 서적의 수집'을 발행 목적으로 하고 있다. 당시 유행하던 진보문학을 배척하였다.

참여한 작가들은 대부분 곤궁한 문인과 뜻을 이루지 못한 정객, 퇴직관료 등으로 여기에 게재된 문장은 주로 옛 형식의 시사(詩詞)나 소설이었는데 사상 수준이 높지 못했고, 예술적 가치도 결핍되어 있었다. 다만 설부(說部)와 잡조(雜組)의 난에는 비교적 사회의 현실을 반영하는 작품들이 실려 있었다. (김성남)

참고문헌

周葱秀·涂明 著,『中國近現代文化期刊史』, 山西教育出版社, 1999; 王檜林·朱漢國 主編,『中國報刊辭典』, 太原: 書海出版社, 1992.

저장부녀(浙江婦女)

1939년 중국 리수이에서 창간한 부녀잡지

1939년 7월 중국 저장(浙江)성의 리수이(麗水, 지금의 진화[金華])에서 창간되었다.『저장부녀』는 전시아동보호회 저장분회(戰時兒童保育會 浙江分會)에서 편집발행하였으며, 월간이었다. 1943년 10월 정간되었다. 중국국가도서관 등에 소장되어 있다.

『저장부녀』는 1939년 7월 15일 진화에서 창간되었다.『저장부녀』의 편집자는 천화이바이(陳懷白), 린추뤄(林秋若), 친추구(秦秋谷) 등이 담당했고 이들은 모두 공산당원이었다.

『저장부녀』에는 시사보고, 여학생원지(女學生園地), 문예원지, 생산지식 강좌, 법률고문, 의약고문, 부녀문제강좌, 아동보육강좌, 부녀호성(婦女呼聲), 부녀동태 등의 난이 있었다.『저장부녀』는 단결, 교육, 광범하게 여성을 동원하여 끝까지 항전을 견지하고 최후의 승리를 쟁취한다는 방침을 가지고 있었다.『저장부녀』의 내용은 여성문제의 토론, 부녀활동 동향, 부녀아동공작 경험 소개, 각지 여성과 아동의 생활실태의 묘사, 보고, 소설, 희극, 시가 등 문예작품을 게재하였다.『저장부녀』는 "반침략운동특집", "저장보위특집(保衛浙東特輯)" 등의 증간호를 발간했고, 중국공산당이 발표한「77선언(七七宣言)」을 적극적으로 선전하였으며,「황군감옥일월기(皇軍監獄一月記)」,「난징위안소(南京慰安所)」 등의 글을 발표하여 일본제국주의의 야만성과 잔인함을 폭로했다.

『저장부녀』는 3000~4000부를 발행했으며 저장성 내의 52개 현과 쓰촨(四川)과 구이저우(貴州) 등에도 판매되었다. 1942년 4월 6권 4호를 출간한 후 정간되었으며, 모두 34호가 출간되었다(이 가운데 1~5권은 매권 6호를 출판했다). 1943년 3월『저장일보(浙江日報)』는 제4판에『저장부녀』 주간(週刊)을 게재했는데 진추곡이 편집자였다. 1943년 10월 국민당의 지명수배를 받게 된 진추곡이 고향으로 도주하게 되어『부녀주간』도 30호를 출간하고 정간되었다. (김지훈)

참고문헌

王檜林 · 朱漢國,『中國報刊辭典(1815~1949)』, 書海出版社, 1992; 伍杰,『中文期刊大詞典』, 北京大學出版社, 2000; 葉再生,『中國近代現代出版通史』3, 北京: 華文出版社, 2002; 上海圖書館,『上海圖書館館藏近現代中文期刊總目』, 上海科學技術文獻出版社, 2004.

저장조(浙江潮)

1903년 일본 도쿄에서 창간된 중국어 시사종합잡지

1903년 2월 17일 일본 도쿄(東京)에서 창간되었다. 도쿄 저장동향회(浙江同鄕會)가 편집하여 월간으로 간행되었으며 1904년 12호를 발행하고 종간되었다.

내용은 사설과 논설, 학술, 정법(政法), 실업, 철리(哲理), 교육, 지리, 과학, 대세(大勢), 각국 내정(各國內情), 국제정국(國際政局), 소문록(所聞錄), 동보수역(東報隨譯), 쇄담편편(瑣談片片), 유학계기사(留學界紀事), 소설, 문원(文苑), 조사회고(調査會稿) 등의 기사란이 있다.

제국주의 국가들이 중국에서 행한 각종 죄행을 폭로함으로써 인민들이 나라를 구하는 일에 나서도록 호소하기 위함이 발행목적이다. 매권 마다 앞부분에 저장의 명인과 명승지의 그림을 천연색으로 한 폭씩 실었다.

중국 청년 학생들의 민족위기에 대한 심각한 인식을 반영하면서 비교적 명확하게 구국 구민의 길을 제시하고 있었는데 그것은 바로 민족주의 건국이었다. 민족주의 건국을 천명하는 과정에서 봉건적 전제 통치를 비판하였으며, 특히 4호 이후로는 청 정부를 지명하여 비판하기 시작하였다. 개량주의 역시 비판하였으며, 혁명을 고취하였다.

문학작품들도 발표하였는데 루쉰(魯迅)도 이 매체를 통해 번역작품을 발표하기도 하였다.

창간사

"오호, 망국의 아픔이라는 것은 그 망함을 모른다면 고통이 없을 것이며, 망하는 것을 알면서 그것을 방치한다면 또한 고통이 없을 것이다. 망하는 것을 차마 방치하지 못하고 나서서 이야기하는 사람을 들어본 적이 없고, 자기 목숨을 바쳐 나라를 지킨 사람을 들어본 적도 없고, 나라는 이미 망하였다.

살아생전에 참으며 냉정한 눈으로 망하는 것을 보아야만 하고, 웅장한 영혼만 남아 바다에서 큰소리고 외칠 뿐이다. 옛일은 말하지 말라. 오로지 이것을 기념물로 남겨 끝없는 한을 품은 채 후인에게 본보기를 삼아 후세사람들이 염려하지 않게 할 것이다.

아름답다. 저장(浙江)의 조류, 만마가 뛰고 오르던 산과 바다의 기운을 품고 우리 국민의 머리를 자극하고, 그 웅대한 마음을 발휘하여 그 기백을 기르자. 20세기의 대 풍조 중에 이전에 나타났던 용과 같이 그 기백을 품고 세계로 달리자! 푸른 용은 서쪽으로 맑은 하늘을 만리까지 바라보며 고향의 풍경은 역력하게 가슴에 남아 있는 법이다.

우리 청년의 세력은 마치 저장의 풍조와 같다. 우리 청년의 기백이 또한 저장의 풍조와 같다. 우리 청년의 명예가 또한 저장의 풍조와 같다. 우리가 원하는 잡지 역시 또한 이와 같다. 따라서 이 이름으로 본보기를 삼고, 이로써 사람의 본보기를 삼고, 이로써 스스로 경계하려 한다." (김성남)

참고문헌

北京師範大學圖書館報刊部 篇,『北京師範大學圖書館館藏中文珍稀期刊題錄』, 北京圖書館出版社, 2002; 周葱秀·涂明 著,『中國近現代文化期刊史』, 山西教育出版社, 1999.

쩌날리즘

1935년 서울에서 발행된 언론전문 잡지

1935년 9월 1일 '쩌날리즘사'가 창간한 언론전문지이다. 1호가 발행되는 데 그치고 말았다. 판형은 4×6배판으로 총 59쪽이었으며 가격은 20전이었다. 발행인은 송태형(宋泰亨), 인쇄인은 창문사의 김용규(金容圭), 발행소는 쩌날리즘사(경성부 이화동 190), 경성 총판매소는 원남서원이다. 관훈클럽 신영연구기금(信永研究基金)에서 1992년 발행한 '한국언론전문지총서' 중 제2권으로 영인되어 나왔다.

편집후기에 따르면 창간 목적은 "신문사의 선행이나 죄악을 대중 앞에 포양(褒揚)하거나 폭로하는 데 있는 것이 아니라, 쩌날리즘을 토구간명(討究簡明)하고 또는 일반에게 신문잡지의 과학적 지식을 보급케 하자"는 데 있었다고 한다.

창간호의 내용은 대체로 분류하자면 다음과 같다. 우선 출발선상에 선 언론 전문지로서의 자기점검을 언론사(言論史)를 되돌아보는 것으로 시작하고 있다. 안재홍(安在鴻)의 「신문사초(新聞史草) 오십년간의 회고」라는 연재물 첫 회는 그러한 의도를 반영하는 글이다. 그리고 당시 언론활동을 옥죄던 신문지법(新聞紙法)과 출판법(出版法)의 개정을 요구하는 변호사 이인(李仁)의 「신문·출판 양법의 비판과 개정의 긴급」이라는 글이 실려 있다. 유광렬(柳光烈)의 「기자생활의 고락」이라는 글은 당시의 기자상을 가늠할 수 있도록 해준다. 『조선일보』·『동아일보』·『조선중앙일보』·『매일신보』 등 당시 대표적인 신문들이 다투어 창간 축하

광고를 실은 반면에, 축사를 직접 게재한 것은 니혼전보통신사(日本電報通信社) 기자 최규설(崔圭卨), 신문연합사 최기섭(崔基涉), 한말부터 언론계 활동을 하면서 언론계 대부역할을 하던 천도교 구파의 이종린(李鍾麟) 등이었다.

창간호에서 가장 주목할 만한 기사는 특집인데, 당시 언론계의 고질적인 갈등이던 『조선일보』 대 『동아일보』 간의 '전쟁(戰爭)'이 보성전문학교 문제를 계기로 더욱 악화되어 가는 상황을 상세히 분석하였다. 심판자라는 필명으로 「동아 대 조선전의 진상급기 비판」이라는 글을 싣는 것은 물론, 김활란(金活蘭), 한용운(韓龍雲), 김약수(金若水) 등 각계 인사의 분쟁에 대한 비판문을 실었다. 또한 조선일보사는 기존의 운전수를 내보내고 굳이 평북 정주로부터 운전수를 채용하는 등 노골적인 지방색을 드러내어 세간의 비판이 되었으며 동아일보사 사장 송진우(宋鎭禹)는 번번이 평안도 출신의 언론인으로부터 배신을 당하거나 배척을 당하는 사건이 발생한다고 하여 신문사 간의 지역갈등을 구체적인 사례를 들어 문제 삼고 있기도 하다. 언론 상식과 관련한 기사들도 풍부하게 싣고 있는 편인데, 각국의 기자 양성과 관련된 각종 시설들, 일본의 출판도서의 종류와 수량, 나치정부의 기자법(記者法), 세계통신망 소개 등이 실려 있다. 그리고 「쩌날리즘강좌」라는 연재물을 통해서는 저널리즘에 대한 이론적 접근을 시도하겠다는 의지를 피력하고 있다.

한편, 1935년 7월 초 조선일보사가 주최한 신문전람회에 관한 관람기가 실려 있다. 쩌날리즘사는 당시 출품되었던 『조보(朝報)』, 『한성순보(漢城旬報)』, 『황성신문(皇城新聞)』 등의 창간호 사진을 판매하여 수익을 올리기도 했다. 또한 전국적으로 지사모집을 한다는 광고를 실었다.

편집후기에 따르면 창간호에 게재하기로 한 세계신문사(世界新聞史), 문학과 저널리즘, 각 신문사의 진용 등은 다음호에 실을 예정이며 문예, 극, 영화 등도 다음호부터 취급한다고 밝혔다. 1930년에 창간되었던 『철필(鐵筆)』과 비슷한 성격의 언론전문지인 『쩌날리즘』은 결국 1호의 단명에 그쳤고 이후 일제강점기에는 '언론전문지'가 다시는 등장하지 않았다. (전상기)

참고문헌

정진석, 『한국언론사』 나남출판, 1995; 최덕교 편저, 『한국잡지백년』 2, 현암사, 2004.

적기(赤旗)

1928년 창간된 일본공산당의 기관지

치안유지법이 존재했던 1928년에 창간되었다. 당시에는 『셋키(せっき)』, 이후에는 『아카하타(アカハタ)』로 불렸다. 비합법적으로 발행되었던 지하신문이다. 1928년 창간 때는 등사판이었고, 1932년 4월에 활판인쇄를 했다.

1920년대 기사 중에는 일본 무산계급의 대표적인 활동가들의 1920년대 초 '조선해방'에 대한 인식을 확인할 수 있는 글이 있다. 야마카와 히토시(山川均)와 사카이 도시히코(堺利彦)는 조·일 무산계급의 단결이 요구된다는 국제주의적 시각에 섰던 것에 반해 대다수의 활동가들은 심정적 공감대의 구축, '선 일본 해방 후 조선 해방'적인 시각 등을 견지하고 있었다.

일제시대 일본공산당은 어떤 나라의 공산당도 모두 형제라고 전제하고 '조선공산당원과 일본공산당원은 끊을 수 없는 인연이 있다'면서 '일본프롤레타리아국가'는 '조선프롤레타리아국가'와 긴밀하게 연대하여 세계혁명에 공헌할 것이라고 했다.

일본공산당이 식민지문제에 관하여 그 독립을 슬로건으로 내세운 것은 1931년 3월 7일부 『적기』 제7호에서 「조선·타이완 등 식민지의 독립」이 처음이다. 그때까지는 일본공산당은 조선공산당이나 재일조선인 당원에 대해서는 주의자로서의 동지적 결합이라든가 우당으로서의 제휴를 제창하기는 했으나, 그 독립을 적극적으로 내세운 바는 없었다.

2차 세계대전 이후에도 사상통제로 발행이 금지된 적이 있었다. 1958년 미야모토 겐지(宮本顯治)가 서기장에 취임한 이후 일본공산당 중앙에 의해 당세 확대의 방침과 동시에 『적기』의 확대운동이 전당적으로 전개되어, 1960~1970년대에는 구독자가 늘어났다. 1980년경에는 일간지로만 약 300만 부가 넘었다. 현재는 『신문 아카하타(新聞赤旗)』가 지명(紙名)이다. (김인덕)

참고문헌

『赤旗』; 『國文學 解釋と鑑賞』(10月) 第30卷 第13号, 東京: 至文堂, 1965; 日本近代文學館·小田切進 編, 『日本近代文學大事典』 5卷, 東京: 講談社, 1977; 김인덕, 『식민지시대 재일조선인운동 연구』, 서울: 국학자료원, 1996.

적서(Красный Архив)

1922년 러시아 모스크바에서 발행된 역사잡지

1922년부터 1941년까지 모스크바에 있는 소비에트 중앙문서보관소에서 발행한 역사잡지이다. 1년에 여섯 차례씩 발행되어 총 106권까지 나왔다. 1922년부터 1924년 사이에는 부정기적으로 간행되었다. 일정치 않은 규격판으로 평균 200쪽 분량이었다. 중앙문서보관소장이었던 역사학자 포크롭스키(М.Н. Покровский)가 1932년까지 실질적으로 편집장을 역임했다. 편집위원으로는 아도라츠키(В. В. Адоратский), 벨치코프(Н. Ф. Бельчиков), 베르진(Я. А. Берзин), 막사코프(В. В. Максаков), 로트시테인(Ф.А. Ротштейн), 세르게예프(А. А. Сергеев) 등 역사학자와 문헌학자들이 참여하였다.

소비에트 정권은 1921년 말, 러시아 내전 직후 중앙문서보관소를 설립하였다. 이 기관은 『적서』를 편집하고 중요한 새 문서들을 출간하였다. 주요 자료는 혁명 이전 시기와 소비에트 역사자료, 볼셰비키정당 자료, 내전(1918~1920) 자료, 소비에트 사회주의건설 자료, 국제관계 자료 등이다.

서양을 다룬 문서들은 별도의 각 권으로 편리하게 분류했고, 동아시아에 관한 문서들에도 상당한 관심을 기울여 지면을 할애하였다. 이 같은 문서들을 출간한 이유 중의 하나는 차르 정권을 불신했기 때문이었겠지만, 결과는 정반대로 나타났다. 동아시아 특별각료회의를 다룬 문서는 그 회의를 지배한 자제력과 사려 깊은 분위기를 반영하고 있다. 이 문서들은 제정러시아의 동아시아정책의 건실함이나 그 정책의 타당성을 너무 많이 노출하고 말았던 것이다. 결국 1933년경 중앙문서보관소는 러시아 동아시아정책에 관한 문서의 출간을 중단하였다.

『적서』에는 러시아의 동아시아정책을 입증하는 데 매우 중요한 자료들이 수록되어 있다. 그 가운데 가장 중요한 세 그룹의 문서가 있다. 하나는 의화단사건에 대한 러시아의 외교 관련 서신이고(14권, 1926), 다른 하나는 1888~1903년의 동아시아 문제에 대한 특별회의 일지이며(52권, 1932), 나머지는 1902년과 1903년의 특별각료회의 일지이다(63권, 1934). 후자의 두 그룹은 동아시아 문제에 관한 러시아의 태도와 정책을 결정했던 가장 중요한 사료들이다.

2권(1923)에 실린 육군대신 쿠로파트킨의 일기도 주목할 만하다. 이 기록은 러일전쟁 이전의 1년 반 동안을 다루고 있다. 자신과 차르와의 밀접한 연계, 나중에 손상되기는 했지만 재무대신 비테와의 우정, 동아시아에 관한 중요한 모든 회의의 참석 등이 기록되어 있다.

『적서』에는 이 밖에도 가치 있는 항목들이 많이 있다. 63권에는 러시아의 동아시아정책 연구에 이용할 수 있는 14개의 항목이 있다. 비테가 내무대신 시퍄긴에게 보낸 서신들, 차르가 몇몇 대공들에게 보낸, 동아시아 사건들에 대한 자신의 태도를 표현한 서신들이 있다. 1904년~1905년 베자브라조프와 아바자 사이에 오고간 몇몇 서신들을 제외하고는, 모든 항목들이 제정러시아 관리들에 대해서 적대적인 시각보다는 호의적인 시각을 보여 주고 있다. 모스크바에 위치한 사회과학학술정보연구소에 소장되어 있다. (이항준)

참고문헌

Красный архив, т.1-106, М., 1922~1941; Красный архив исторический журнал 1922-1941 Аннотированный указатель содержания, Сост. Р.Я. Звеев, М., 1960; А. 말로제모프(석화정 譯), 『러시아의 동아시아정책』, 지식산업사, 2002.

▌전구(前驅)

1938년 중국의 푸젠성 룽옌에서 발간된 시사 잡지

1938년부터 1939년까지 중국의 푸젠성(福建省) 룽옌(龍岩)의 전구사(前驅社)에서 발행한 시사정치 간행물이었다. 이 잡지는 반월간으로 발행되었으며 1939년 2권 4호부터 편집자가 전구사에서 야오커창(姚克强)으로 바뀌었다. 1939년 2권 4호에는 『중공 민서남 조매특위 제5차 집행위원회 확대회 특집호(中共閩西南潮梅特委第五次執委擴大會專號)』가 출간되었다. 이 간행물은 1938년 10월 2권 3호를 출간하고 휴간되었다. 1939년 2월 2권 4호로 다시 복간되었고 매권 12호를 출판했다. 『전구』는 1939년 2권 6호 이후 국민당 당국의 "심사표준에 저촉되었다"는 구실로 폐쇄를 당하였다. 베이징사범대학도서관 등에 소장되어 있다.

시사정치 종합간행물로 중공민서남 조매특위(中共閩西南潮梅特委)가 주관하였다. 7호부터는 공개적으로 발행하였으며, 활판인쇄로 바뀌었다. 주로 평론, 시사, 논문, 통신 등을 게재했다. 중국공산당의 항일에 대한 주장을 선전하고, 팔로군(八路軍)과 신사군(新四軍)의 항일 전황과 정치사회동태를 중점적으로 보도하였다. 아울러 각계 인사의 항일전쟁에 대한 의견을 발표하기도 하였다. 국내의 정치를 평론하였으며, 장딩청(張鼎丞)의 「항일민주통일전선의 실제공작(抗日民主統一戰線的實際工作)」, 즈리(智犁)의 「일당독재와 민족통일전선(一黨專政與民族統一戰線)」, 젠푸(簡朴)의 「항전 중의 직공운동과 직공조직(抗戰中的職工運動與職工組織)」, 왕밍(王明, 천사오위[陳紹禹])의 「세계청년과 중국 청년의 단결(世界青年與中國青年的團結)」, 천사오위·저우언라이(周恩來)·보구(博古)의 「우리들의 우한 보위와 제3기 항전문제에 대한 의견(我們對保衛武漢與第三期抗戰問題底意見)」, 장지류(江激流)의 「어떻게 구망간훈반을 개설할 것인가(怎樣開辦救亡干訓班)」, 에드거 스노(Edgar Parks Snow)의 「일본군 후방의 팔로군(在日軍後方的八路軍)」, 세위차이(謝育才)의 「푸젠 남부의 항전준비공작에 대한 검토(對閩南抗戰準備工作的檢討)」, 마오쩌둥(毛澤東), 천사오위, 친방셴(秦邦憲), 린보취(林伯渠), 우위장(吳玉章), 둥비우(董必武), 덩잉차오(鄧穎超) 등 중국공산당의 7명의 참정원(中國共產黨七位參政員)이 발표한 「우리들의 국민참정회에 대한 의견(我們對於國民參政會的意見)」 등이 실렸다. 이 간행물의 2권 4호는 "중공 민서남 조매특위 제5차 집행위원회 확대회 특집호"였는데, 해당 집행위원회의 각종 보고와 문건, 항전의 현 단계의 단결을 강화하고 통일을 공고히 하는 문제, 전국 항전 형세의 해석과 천명, 푸젠·광동성(閩粵) 주변의 항일구국운동과 공산당사업에 대한 검토와 비판, 푸젠·광동성 지역의 전국적 항일전에 대한 지지와 향토를 사수하는 긴급한 임무를 제기하는 등 모두 중대한 의의를 가지고 있었다. (김지훈)

참고문헌

伍杰, 『中文期刊大詞典』, 北京大學出版社, 2000; 北京師範大學圖書館報刊部 編, 『北京師範大學圖書館館藏中文珍稀期刊題錄』, 北京圖書館出版社, 2002; 上海圖書館, 『上海圖書館館藏近現代中文期刊總目』, 上海科學技術文獻出版社, 2004.

▌전국책(戰國策)

1940년 중국 윈난성 쿤밍에서 창간된 철학 잡지

전국책파(戰國策派)의 철학 간행물로 1940년 4월 1일 윈난성(雲南省) 쿤밍(昆明)에서 창간되었다. 전국책편집사(戰國策編輯社)에서 반월간으로 출판했다. 서남연합대학(西南聯合大學)의 천취안(陳銓), 린퉁지(林同濟) 교수 등이 창간한 것이다. 이외에도 선충원(沈從文), 청자오룬(曾昭輪), 페이샤오퉁(費孝通), 허린(賀麟), 주광첸(朱光潛), 레이하이중(雷海宗) 등이 참여하였다. 1941년 3월 1권 3호 총 17호를 출간한 후 정간되었다. 베이징사범대학도서관 등에 소장되어 있다.

『전국책』은 철학, 정치, 문예를 포괄하는 종합성의 간행물이었다. 여기에 게재된 글들은 소위 '의지철학(意志哲學)', '영웅사관', '문화형태사관(文化形態史觀)' 등을 크게 선양하였고, 의지가 우주인생의 원천이며 모든 것을 추동하는 동력으로 인류의 모든 것을 지배하는 것은 권력의지로 보았다. "인류의 의지야말로 역사진보의 중심이며, 영웅은 인류의지의 중심이다", "만약 그들이 없다면 아마도 우주의 만사, 만물도 정지할 것이다"라고 주장하였다.

또 그들은 영웅사관에 따라 역사를 봉건시대, 전국시대, 대일통시대(大一通時代)의 세 단계로 나누었다. 『전국책』은 1940년대 중국이 '전국시대'에 처해 있다고 보고, 때문에 중국은 "모든 것이 전쟁을 위해 존재하고, 일체의 모든 것이 전쟁이다"라는 '전능국가(全能國家)'를 필요로 한다고 하였다. 그들은 전쟁이 모든 것을 결정하며 전쟁을 떠나서는 아무 가치가 없다고 보았다. 이러한 약육강식에서 의지와 영웅사관을 찬양하였다. 따라서 민치(民治)문제는 '차선의 위치'로 밀려나게 되었으며, 장제스(蔣介石)의 '국가지상', '민족지상'이라는 파시즘이론에 동조하게 되었다. 이러한 『전국책』의 주장은 당시 철학계와 사상계에 논란을 불러 일으켰고 이들의 철학적 관점을 '전국책파'라고 부르게 되었다. 중일전쟁시기 공개적으로 파시즘을 선전하던 간행물이었다. (김지훈)

참고문헌

王檜林 · 朱漢國, 『中國報刊辭典(1815~1949)』, 書海出版社, 1992; 伍杰, 『中文期刊大詞典』, 北京大學出版社, 2000; 葉再生, 『中國近代現代出版通史』 3, 北京: 華文出版社, 2002.

전남평론(全南評論)

▶ 호남평론(湖南評論)

전도월간(前導月刊)

1936년 중국 안후이에서 창간된 학술지

1936년 10월 안후이성(安徽省) 안칭(安慶)에서 창간되었다. 1937년 6월 정간되었다. 베이징대학도서관 등에 소장되어 있다.

학술을 연구하여 민족해방에 전력을 다한다는 발행 취지를 표방하였다. 내용은 시평, 논저, 문예, 학생생활, 사회조사, 과학진문(科學珍聞), 위인전기, 서보평가(書報評價) 등의 난이 있었다.

중화민족의 추락 원인은 중국인의 몽롱한 관념과 물질상의 빈곤에 있다고 보았기 때문에 민족을 진흥시키기 위해서는 반드시 경제를 건설하여 국민의 물질생활을 풍성하게 하기 위해 노력할 것과 심리 건설을 통해 국민의 정신생활이 충실해지도록 노력해야 한다고 하였다.

대일본문제에 있어서는 장제스(蔣介石)의 타협정책에서 벗어나기 위해 노력했지만, 동시에 장제스의 통일된 지휘 아래서 민족구국운동을 진행해야 한다고 강조하였다. (김성남)

참고문헌

王檜林 · 朱漢國 主編, 『中國報刊辭典』, 太原: 書海出版社, 1992; 周葱秀·涂明 著, 『中國近現代文化期刊史』, 山西敎育出版社, 1999.

전매의 조선(專賣の朝鮮)

▶ 전매통보(專賣通報)

전매통보(專賣通報)

1925년 서울에서 한국어와 일본어로 발간된 월간 종합잡지

조선전매협회가 1925년 5월부터 월간으로 발간하기 시작하였다. 처음에는 한글판과 일본어판을 동시에 발간한 것으로 보인다. 국판으로 대개 50쪽 전후의 분량으로 발간하였다. 1933년 1월호부터는 지질을 향상시키고, 분량도 2배로 늘려 100쪽 가까운 쪽 수로 발간하였다. 현재 1932년 1월호부터 1938년 12월호까지가 국립중앙도서관에 소장되어 있다. 그 가운데 1932년 1월호부터 12월호까지는 한글판이다. 서울대도서관 경제문고에는 1935년 7월호부터 1939년 1월호까지 소장되어 있다.
1940년 1월호부터는 『전매의 조선』으로 개제하지만, 잡지의 성격에는 큰 차이가 없다. 『전매의 조선』는 현재 국립중앙도서관에 1940년 1월호부터 1942년 12월호까지 소장되어 있다. 서울대도서관 경제문고에는 1940년 발간분이 소장되어 있다.

시평과 각종 논설이 잡지의 중심을 이루고 있는데, 여기에는 전매국의 소식과 연초업과 염전의 기술과 관련한 보고도 포함되었다. 하지만 많은 부분을 차지하는 것은 회원들의 미담, 감상, 기행, 소품문, 단카 등의 시문, 각종 수필, 만화와 만문, 소식 등 가벼운 읽을거리이다. 그리고 휘보가 첨부되었다. 이런 점으로 볼 때, 이 잡지는 전매협회의 기관지이자, 종합잡지로서의 성격을 가지고 있다고 할 수 있다. 1936년 7월호는 "전매 창업 15주년 기념호"이고, 1942년 7월호는 "전매 창립 20주년 기념호"이다.

1930년대 후반부터는 총동원체제 및 통제 경제와 관련한 기사가 많은 부분을 차지하고 있는데, 증산보국(增産報國)이라는 슬로건이 핵심이었다.

• 조선전매협회

조선총독부가 경영한 전매사업은 크게 두 가지로 나뉜다. 연초사업과 염전 경영이 그것이다. 조선전매협회는 전매사업의 개선·발달에 기여하고 회원의 친목을 도모하기 위하여 1921년 결성되었다. 곧 전매국 직원의 친목조직이 조선전매협회였다고 할 수 있다.

조선총독부 전매국 직원과 연초경작조합 직원 및 기타 인원으로 회원을 조직하고, 본부 사무실은 총독부 전매국 내에 두며, 지부는 전매지국 내에 두었다.

임원으로는 회장과 이사 4명, 감사 2명을 두도록 하였는데, 회장에는 총독부 전매국장이, 이사로는 전매국의 과장을 당연직으로 선임하되, 전무이사는 서무과장이 담당하도록 하였다. 경비는 회비와 기부금으로 충당하되, 회비는 관리의 직급에 따라 차등을 두었다.

전매협회가 경영하는 사업으로는 잡지를 발행하고 도서를 출판하는 일이 가장 주요한 사업이었던 듯하다.

1941년 총동원운동의 통제조직으로 국민총력연맹이 결성되면서 조선전매협회는 국민총력조선전매연맹으로 개편되었다.

조선전매협회에서 발행한 단행본 자료로는 『조선총독부전매국지침』(1935)이 있다. (윤해동)

참고문헌

朝鮮專賣協會, 『朝鮮總督府專賣局指針』, 1935; 『전매통보』, 국립도서관, 서울대도서관 경제문고 소장본.

▌전문학회잡지(專門學會雜誌)

1888년 일본 도쿄전문학교가 발행한 학회잡지

1888년 10월 도쿄전문학교(東京專門學校, 와세다대학의 전신) 내에 설립된 전문학회가 발행한 학술지이다. 발행자 겸 인쇄자는 호리코시 간스케(堀越寬介), 편집자는 나카사토 기시로(中里喜司)였는데, 이들은 모두 전문학회의 창립회원이다. 국판(菊版), 구성은 1단, 분량은 60쪽 전후, 정가는 1부 8전, 월1회 발행이었다. 전문학회는 도쿄전문학교 교내외 학생 및 졸업생이 회원이었다.

잡지 발간의 목적은 창간호의 「전문학회 잡지발행에 한마디 한다(專門學會雜誌發行ニ付一言ス)」에 의하면 "학교에서 정해진 교과과정을 공습(攻習)하는 것만으로 스스로 만족하지 않는 열혈심(熱血心)에서 모임을 만들어 더욱 학식을 연마 연구하려는 바람에서 만들었다"고 말한다. 전문학회의 창립위원은 위의 두 사람 이외에 모두 11명이었다.

또 찬성회원(취지에 동의하여 직간접적으로 보조

를 승낙한 사람)으로는 다카타 사나에(高田早苗, 1860~1938), 쓰보우치 유조(坪內雄藏), 나카무라 다다오(中村忠雄), 아마노 다메유키(天野爲之, 1861~1938), 미야케 유지로(三宅雄二郎), 세키 나오히코(関直彦) 등 15명이 가담했다. 이들 대부분은 도쿄전문학교의 강사이다. 잡지의 종간은 불명확하며, 현재 잡지는 와세다대학 중앙도서관에 제10호(1889년 8월호)까지 보관중이다.

잡지의 창간호에는 오쿠마 시게노부(大隈重信)의 축사, 제3호에는 마에지마 히소카(前島密)의 축사가 각각 게재되었다. 잡지내용은 논설, 번역, 잡록, 비평, 국회법 연습, 모의재판, 기사 등의 항목으로 구별되었다. 이 가운데 논설란이 가장 중시되었는데, 찬성회원과 회원의 연설기사 논고가 발표되었다. 「일본국가사(日本國家史)」(2, 6호), 「일본 국책 이야기(日本國責の話)」(5호), 「일본 농학을 논한다(日本農學ヲ論ス)」(7호), 「법리난문(法理難問)」(9호), 「국회정치의 세계예산(國會政治の歲計豫算)」(10호), 「고대 희랍의 도덕과 기독교 도덕(古代希臘の道德と基督教の道德)」(10호) 등 다방면에 걸쳐 있다.

와세다대학의 설립자인 오쿠마 시게노부와 오노 아즈사(小野梓)는 '와세다대학의 본존(本尊)'이라 불린다. 이들과 더불어 초창기 대학의 기초를 완성한 공로자로는 다카타 사나에, 아마노 다메유키, 이치지마 겐키치(市島謙吉, 1860~1944), 쓰보우치 쇼요(坪内逍遙, 1859~1935)를 들 수 있다. 이들 4명은 소위 '와세다의 4존'이라 불린다. 잡지에는 이들의 글이 다수 게재되었다.

문예면에서는 다카타 사나에의 교우회에서의 연설기록인 「미사학의 필요를 논한다(美辭學の必要を論す)」(1, 3, 4호), 미야케 유지로의 「소설가는 어디에서 배출되는가(小說家は何処に輩出するや)」(3, 4호) 등이 게재되었다. 특히 '와세다 문학의 아버지'로 불리는 쓰보우치 쇼요의 「여러 문학 이야기(いろいろ文學の話)」(4, 7, 8호[7, 8호에서는 「문학 이야기」])는 「문학의 정의」나 「영시(英詩) 이야기」를 둘러싼 쇼요의 주장을 개진한 것인데, 서구이론에 입각하여 발언한 것으로 주목할 필요가 있다. 「영시 이야기」는 영시의 규율에 대해 8항목을 예로 들어 상설한 것으로 서양시에 대한 새로운 인식을 환기시킨 글이다. 이 밖에 미야자키 고쇼시(宮崎湖處子)는 다른 필명으로 「도쿠가와 씨의 말로(德川氏の末路)」(5호)를 발표했다.

잡지는 도쿄전문학교 관계자들로 구성된 동공회(同功會)가 발행한 『중앙학술잡지(中央學術雜誌)』의 폐간에 뒤를 잇는 형태였지만, 잡지 발간의 목적과 내용은 달랐다. 『전문학회잡지』는 근대적 문학론과 문학비평의 확립에 기여한 잡지이다. (이규수)

참고문헌

『近代文學雜誌事典』, 至文堂, 1965; 桂敬一, 『明治・大正のジャ-ナリズム』, 岩波書店, 1992; 日本近代文學館・小田切進 編, 『日本近代文學大事典』 第五卷, 講談社, 1977.

전민주간(全民週刊)

1937년 중국 우한에서 창간한 구국회의 간행물

1937년 12월 11일에 후베이성(湖北省)의 우한(武漢)에서 구국회(救國會)의 종합성 정치 간행물로 창간되었다. 사장은 선쥔루(沈鈞儒)이고 발행인은 리궁푸(李公樸)이었으며 리궁푸와 류스(柳湜)가 주편을 맡았다. 편집위원은 선쥔루, 리궁푸, 류스, 왕곤룬(王昆侖), 장신부(張申府), 장즈랑(張志讓), 첸쥔루이(錢俊瑞), 장중스(張仲實) 등이었다. 1938년 7월 2일 2권 5호를 출간한 이후 정간되었다. 3일간(三日刊)인 『저항(抵抗)』과 합병하여 『전민항전(全民抗戰)』으로 이름을 바꾸고 권과 기를 다시 시작하였다.

1937년 12월 원래 상하이의 저우타오펀(鄒韜奮)이 주편한 『항전(抗戰)』 3일간으로 우한으로 이전하여 출판하였다. 『항전』과 『전민주간』의 성격이 유사했기 때문에 당시 중공 장강국 문위(文委) 서기 판한녠(潘漢年)이 노력하여 두 간행물이 1938년 7월 7일 합병하여 『전민항전』을 창간했다. 『전민주간』은 1938년 7월 제2권 5호를 마지막으로 정간했다. 『전민주간』은 총 30호를 출판했으며 한커우(漢口 交通路 31)에서 출판하였다. 베이징대학도서관 등에 소장되어 있다.

「창간사」에서 전민족의 통일전선을 통하여 전민족이 항전하여 민족적 위기를 벗어나야 하며 쑨원의 삼민주의와 혁명정책을 실현해야 민족혁명전쟁의 승리를 쟁취할 수 있다고 주장하였다.

내용은 사론(社論), 단평(短評), 보고(報告), 논문(論文), 시사해석(時事解析), 편지함(信箱) 등의 난이 있었다. 주요 내용은 국제시사뉴스의 보도, 국제형세의 분석, 중일전쟁시기의 중일관계, 중국의 정치, 경제, 사회, 문화, 교육, 구사 등 방면의 소개 등이었다.

『전민주간』에 게재된 글들은 국민당과 공산당 양당이 내전을 정지하고, 대외적으로 일치된 보조를 취하며, 항일민족통일전선을 건립하여 항전 승리를 쟁취할 것을 호소하고 옹호하였다. 또 시대의 병폐를 비판하였고, 민주주의의 실행을 요구하였으며, 전제독재를 반대하였다. 국민당에 대해서는 단순히 정부와 군대를 포함하여 항전하는 협소한 항전방식에 불만을 표시하였으나, 동시에 "장위원장(장제스[蔣介石])의 계속적인 항전을 옹호한다"고 성명을 발표하였다.

『전민주간』은 종합성의 간행물로 항일전쟁의 상황을 반영하는 것을 사명으로 하고 있었다. 정치문제를 위주로 경제, 사회, 문화 등을 취급하였다. 특히 국민당과 공산당 이외의 민주인사들의 정치적 주장들을 반영하였다. (김지훈)

참고문헌

王檜林 · 朱漢國, 『中國報刊辭典(1815~1949)』, 書海出版社, 1992; 伍杰, 『中文期刊大詞典』, 北京大學出版社, 2000; 葉再生, 『中國近代現代出版通史』 3, 北京: 華文出版社, 2002; 上海圖書館, 『上海圖書館館藏近現代中文期刊總目』, 上海科學技術文獻出版社, 2004.

전민항전(全民抗戰)

1938년 중국 우한에서 창간된 종합성 정론지

1938년 7월 7일 후베이성(湖北省)의 한커우(漢口)에서 창간되었으며, 『전민주간(全民週刊)』과 『저항(抵抗)』이 합병하여 만들어졌다. 이 간행물의 편집위원회는 선쥔루(沈鈞儒), 후성(胡繩), 저우타오펀 등으로 구성되었고 전민항전사(全民抗戰社)에서 발행하였다. 본간은 144호와 145호에 지시사항을 준수하지 않았다는 이유로 1940년 11월 국민당에 의해 폐쇄되었다. 1938년 7월 처음 창간될 때는 3일간(三日刊)이었으나, 1938년 10월 30호부터 1939년 5월까지 5일간으로 발간되었고, 충칭(重慶)으로 옮겨 출판하였다. 1939년 5월 70호부터는 주간으로 1941년 2월까지 발간되었다. 1938~1939년간 "보위대우한특집(保衛大武漢特輯)" 13호를 발간하였다. 1939년 57호부터 발행자가 생활서점(生活書店)으로 바뀌었다. 1940년 124호부터 전민항전사(全民抗戰社) 발행으로 바뀌었다. 매호의 페이지는 서로 연결되어 있었고 책의 치수가 여러 차례 변경되었다. 1941년 2월 정간되었으며, 모두 157호가 출간되었다. 베이징(北京)의 중국인민대학도서관(中國人民大學圖書館)과 베이징사범대학도서관, 상하이도서관 등에 소장되어 있다.

『전민항전』에는 사론(社論), 시사해설 등의 난이 있었다. 타블로이드 형식을 채용하였으며, 시사성과 정론성(政論性)이 비교적 강했다. 중일전쟁시기 국민당 통치지구에서 비교적 영향력이 컸던 시사 정치 간행물의 하나였다.

1호에 실린 「전민항전의 사명(全民抗戰的使命)」에서 편집자는 다음과 같이 지적하였다. '민족해방의 큰 물결은 더욱 커지고 있다. 전면적인 전 민족적 항전은 지금 제3시기에 접어들고 있다. 장렬하고 참혹한 전투가 바로 우리의 면전에서 전개되는 것이다. 광대한 중국의 민중을 동원하여 당면한 전쟁을 지지하고, 전쟁에 참가하여야 하는 것이 더욱 절박한 임무가 되고 있다. 때문에 여론은 이 시기에 그 중요성이 더욱 커지고 있다. 우리 스스로 느끼는 우리 신상의 책임 역시 하루하루 가중되고 있다. …… 우리의 신념과 인식은 『항전(抗戰)』과 『전민(全民)』에서 이미 명확히 표현하였다. 지금에 이르러서도 조금도 변하지 않았다. 이는 여기서 더 이상 얘기할 필요조차 없다. 지금 본간은 항전건국의 총체적인 임무 아래 당면한 실천적 임무에 이르렀다. 우리는 이 임무가 두 가지라고 생각한다. 첫째는 전국의 단결을 공고히 하고, 민족의식을 제고하며, 항전지식을 주입하고, 정부의 국책을 전달, 해석하며, 국내정치, 군사, 경제 문화 및 국제정세를 분석하는 교육 선전의 임무이다. 또 다른 하나는 정부가 늘 인민들의 소리, 민간의 질곡, 동원의 상황, 행정의 우열을 들을 수 있도록 하며, 정부로 하여금 항전을 영도하도록 하고, 여러 정치상의 참고가 되도록 하는 것이 우리의 정치적 임무이다. 본간의 내용에 대해서 간략하게 언급하고자 한다. 3일간은 성질에서 원래 이중성을 갖는다. 3일간은 일간신문과 잡지의 중간적인 간행물인 것이다. 따라서 신문과 잡지의 이중적인 특성을 갖는다. 따라서 본간은 금후에 시사방면에서 힘을 다해 신문의 품격을 유지할 것이다. 그러나 체계적으로 신문을 공급하는 것을 원칙으로 할 것이다. 그 밖에 방면으로는 오히려 잡지의 특징을 발휘할 것이다."

잡지는 "전민의 동원, 끝까지 항전할 것"을 호소하였다. 또 국공합작과 공동으로 항전건국의 강령을 실현할 것을 호소하였다. 타블로이드 신문의 형식을 채용하였으며, 시사성, 정치성이 비교적 강하였다. 게재된 글들은 주로 국내정치, 경제, 군사, 문화, 교육 각 방면에 대한 비평과 건의를 한 것들이었다. 아울러 국제형세를 보도하였다.

1호에는 "항전일주년(抗戰一週年)" 특집이 실렸고, 143호에는 "국민참정회에 대한 감상(對國民參政會的感想)" 특집이 실렸다.

『전민항전』에 실린 글들은 주로 국내정치, 경제, 군사, 문화, 교육과 관련한 정책에 대해 비평하고 건의를 하였으며, 국제형세에 대한 보도를 하였다. 또 국공합작과 항전건국강령(抗戰建國綱領)을 공동으로 실현할 것을 요청하였다. 아울러 중국공산당이 지도하는 항일민주정권을 칭송하였다. 『전민항전』은 중일전쟁시기 국민당통치지구에서 비교적 영향력이 큰 간행물이었다.

주요 집필자는 저우타오펀, 후성, 첸쥔루이(錢俊瑞), 진중화(金仲華), 장중스(張仲實), 쉐무차오(薛暮橋), 두중위안(杜重遠), 짱커자(臧克家) 등이었다. (김지훈)

참고문헌

王檜林 · 朱漢國, 『中國報刊辭典(1815~1949)』, 書海出版社, 1992; 伍杰, 『中文期刊大詞典』, 北京大學出版社, 2000; 北京師範大學圖書館報刊部 編, 『北京師範大學圖書館館藏中文珍稀期刊題錄』, 北京圖書館出版社, 2002; 葉再生, 『中國近代現代出版通史』 3, 北京: 華文出版社, 2002; 上海圖書館, 『上海圖書館館藏近現代中文期刊總目』, 上海科學技術文獻出版社, 2004.

전봉(前鋒)

1923년 중국 광저우에서 발간된 정치운동 잡지

1923년 7월 광저우(廣州)에서 창간되었다. 제1차 국공합작 시기 중국공산당 중앙위원회 기관보이다. 실제로는 상하이에서 출판되었다. 취추바이(瞿秋白)이 주편을 담당하였다. 광저우평민서사(廣州平民書社)에서 발행되었다. 월간이었으나 매월 발행되지는 못했다. 1924년 2월 3호가 출간된 뒤 정간되었다. 베이징인민출판사에서 1954년 12월 영인되었다.

『전봉』은 반제 반봉건을 목적으로 하는 국민혁명의 선전을 목적으로 창간되었다. 정치적 성격의 간행물로 정론적인 문장을 발표하였다. 모두 3호가 출판되었는데 그 내용은 주로 다음 세 가지 방면에 집중되어 있다. ① 국제형세를 소개하고 열강의 중국 침략을 강조하였다. ② 국민혁명을 소개, 연구, 추진하였다. ③ 혁명 이후 러시아를 찬양하고 피압박 민족 상황을 소개하였다. 매 기마다 '촌철(寸鐵)'란을 열어 천두슈(陳獨秀), 취추바이가 시정의 폐단을 예리하게 지적하였다. (이은자)

참고문헌

葉再生, 『中國近代現代出版通史』, 北京: 華文出版社, 2002; 王檜林·朱漢國 主編, 『中國報刊辭典(1815~1949)』, 太原(山西): 書海出版社, 1992.

전사(戰士)

1925년 중국 창사에서 발간된 정치운동 잡지

1925년 12월 창사(長沙)에서 창간되었다. 중국공산당 후난(湖南) 지구 위원회 기관 간행물이다. 처음에는 순간이었으나 제14호 이후에는 주간으로 바뀌었고, 1927년 4월 정간되었다. 모두 42호 간행되었다. 베이징인민출판사에서 1982년 영인본이 출간되었다.

『전사』는 중국공산당 호남지구위원회의 공고, 선언, 문건을 게재하고, 평론 문장을 발표하였다. 제1차 국공합작 시기 베이징의 군벌정부 타도를 목표로 추진하였던 북벌 전쟁과 각지 노동자, 농민운동 소식을 보도하였다. 언론, 잡평(雜評), 역술(譯述), 각지 통신, 술평 등의 난으로 구성되었다. 일찍이 '5·30운동 특집호'와 '10월혁명 특집호'를 출간하였고, 1927년 3월에는 마오쩌둥(毛澤東)의 「호남농민운동고찰보고(湖南農民運動考察報告)」를 발표하였다. (이은자)

참고문헌

王檜林·朱漢國, 『中國報刊辭典(1815~1949)』, 太原(山西): 書海出版社, 1992.

전선(全線)

1933년 서울에서 창간한 사회주의 월간 평론 잡지

1933년 1월 1일 창간한 사회주의 평론 잡지이다. 편집 겸 발행인은 이재훈(李在薰), 인쇄인은 적벽사 인쇄부의 한인택(韓仁澤), 적벽사(赤壁社, 경성부 관철동 103)를 발행소로 두고 있다. 판형은 A5 국판으로 총 95쪽이고 정가는 15전이었다. 1933년 5월 6일 통권 5호로 종간되었다. '아단문고'에 소장되어 있다.

사회주의를 표방한 만큼 출발부터 순조롭지 못했다. 창간호 사고(社告)에 따르면 6개월간 창간 준비를 했지만 검열에 의해 끝내 싣지 못한 글이 무려 20여 편에 이른다고 한다. 그중에는 김기환(金基煥)의 「동해안 어민생활의 참상」, 유광렬의 「룸펜론」, 안재좌의 「소련의 2대관점」 등 러시아 관련 기사 등을 비롯하여 조벽암(趙碧岩)·김해강(金海剛)의 시, 이무영(李無影)의 희곡, 한인택(韓仁澤)의 소설 등이 포함되어 있었다.

이처럼 머리말 "우리들의 전선(全線)적 진출! XX하는 곳으로 날아갈 우리들! 낙망(落望)은 절대 금물이고 적(敵)이니……"부터 삭제당한 창간호에는 박일형의 「농촌생산의 위기와 농촌구제책」, 김기환의 「어민생활의 참상과 그 구제책」 등 농어촌 문제에 대한 논설, 이송규의 「물질적 생산력과 사회조직」 등 사회주의 이론 관련 논설과 함께 당시 이몽의 「반천도교투쟁의 현계단적 의의」, 「천도교 폭행사건 지상검토」 ①'신단계사'에 대한 천도교폭행사건을 어떻게 보십니까? ②'천도교 정체폭로 비판회'를 어떻게 보십니까? 등의 질문에 답하는 김약수, 박일형, 이갑기, 송봉우, 서정희, 김경재, 홍효민, 서창, 이봉규, 정백 등 인사들의 답변을 실고 있어 당대 사회주의 진영의 정세 인식과 '천도교'에 대한 시각을 엿보기에 부족함이 없다. 그 밖에도 해외 소식을 전하는 맹열의 「1932년간의 군축회의 경과」, 손경수의 「제2차 5개년 계획」, 소아(蘇兒)의 「세계백계로인(世界白系露人)의 현세(現勢)」 등의 글이 게재되어 있다.

잡지의 끝부분에는 '전선포격대', '전선용어', '방송선'을 실어 사회주의자들의 활동상이나 이론 등을 해설해주고 있다.

문예란에는 안재좌의 「조선프로예술운동 신전망」, 박대웅의 「레닌과 예술」, 이성구의 「계통발생적 프로문학론」 등의 사회주의적 색채의 평론을 비롯하여 조벽암 등의 시와 함대훈의 「부활제야」 등의 소설이 실려 있다.

부록인 『여선』에는 안휘의 「계급적 성도덕」을 비롯하여 「조선여성에게: 기자로서(함상훈), 의사로서(양봉근), 교육가로서(신남철)」, '읽을거리'라는 제하의 「서서(瑞西)독살미수사건」 등이 실려 있다.

『전선』은 사회주의를 표방하고 국내와 국외의 사회주의 소식을 전파하고 사회주의 이념을 고취하며 사회주의적 활동의 장으로서 자리매김하고자 했다. 그러나 일제의 검열과 탄압을 견디지 못하고 단명함으로써 불운한 잡지의 면모를 벗어나지 못했다. 그럼에도 불구하고 천도교 내의 사회주의 진영과의 격렬한 투쟁과 이론적 대립상을 예리하게 보여줬다는 점에서 그 중요한 자료적 가치가 큰 잡지이다.

한편, 이 잡지는 『부인공론(婦人公論)』(1932년 2월 '부인공론사'에서 창간되어 같은 해 5월에 통권 4호로 종간)을 『여선(女線)』으로 개제하여 부록으로 합집(合輯), 발행했다. (전상기)

참고문헌

권영민, 『한국계급문학운동사』, 문예출판사, 1998; 최덕교 편저, 『한국잡지백년』 2, 현암사, 2004.

전선(戰線)

1937년 중국 상하이에서 발간된 시사정치잡지

1937년 9월 13일에 중국 상하이(上海)에서 창간된 시사정치류의 간행물로 5일마다 전선사(戰線社)에서 발행되었다(五日刊). 이 잡지는 1937년 11월 7일까지 발행되었으며 각 페이지마다 "전선 오일간(戰線五日刊)"이라는 제명이 쓰여 있었다. 이 간행물의 편집위원회에는 장나이치(章乃器), 아이쓰치(艾思奇), 장한푸(章漢夫), 샤정눙(夏征農), 왕다푸(王達夫), 류후이즈(劉惠之), 우민(吳敏), 천추윈(陳楚雲) 등으로 구성되어 있었다. 11호부터 본간의 편집위원회는 왕다푸, 양짜오(羊枣), 샤옌(夏衍), 장나이치, 윈이췬(惲逸群), 정이리(鄭易里), 류후이즈, 샤오웨천(蕭月宸) 등으로 개편되었다. 1937년 11월 7일 정간되었으며, 모두 11호가 출간되었다. 베이징사범대학도서관과 상하이도서관 등에 소장되어 있다.

본간은 항일을 선전하고, 투항에 반대하였으며 정론성(政論性)의 글을 위주로 수록하였다. 내용은 항일전쟁의 형세를 분석하고, 당시의 국내정치를 평론하였으며, 상하이(上海)와 화베이(華北)지역의 전쟁 상황에 대한 평가를 하고, 항일민족통일전선을 선전하였다. 또 당시 중국의 사회문제를 반영하였으며, 전시의 민중동원, 조직과 훈련에 대한 건의, 동북항일연군의 정황 및 사회문제에 대한 소개, 전쟁상식, 한간의 방지와 소멸에 대한 건의 등이 포함되었다.

양짜오, 궈모뤄(郭沫若), 쉬디신(許滌新), 천이(陳毅), 쿵링징(孔另境), 리궁푸(李公樸) 등이 주로 집필하였다. (김지훈)

참고문헌

王檜林 · 朱漢國, 『中國報刊辭典(1815~1949)』, 書海出版社, 1992; 北京師範大學圖書館報刊部 編, 『北京師範大學圖書館館藏中文珍稀期刊題錄』, 北京圖書館出版社, 2002; 上海圖書館, 『上海圖書館館藏近現代中文期刊總目』, 上海科學技術文獻出版社, 2004.

전시교육(戰時教育)

1937년 중국 상하이에서 창간된 교육 잡지

1937년 9월 25일 중국 상하이(上海)에서 창간되었으며, 생활교육사(生活教育社)에서 편집하여 출판하였다. 『전시교육』의 전신은 타오싱즈(陶行知)가 발행했던 『생활교육(生活教育)』이었다. 1937년 9월 『전시교육』으로 개명했으며 주요 집필자는 타오싱즈 등이었다. 처음에는 순간(旬刊)이었으며, 4권 5호부터 반월간으로 바뀌었다. 1937년 11월 5일 1권 6호부터는 한커우(漢口)에서 출판했으며 다이보타오(戴伯韜), 류지핑(劉季平), 왕둥뤄(王洞若) 등이 편집을 담당했다. 한커우에서는 항전교육연구회(抗戰教育研究會)에서 발기하여 출판했고 후에는 전국전시교육협회(全國戰時教育協會)의 기관지가 되었다. 이후에 다시 충칭(重慶)으로 옮겨서 출판하였다. 제4권 5호부터 반월간으로 바뀌었다. 1945년 5월 제9권 2호를 출간하고 정간되었다(1~7권 모두 매권이 12호였다). 중국국가도서관 등에 소장되어 있다.

『전시교육』에는 교육단평, 전시교육소식, 해외통신 등의 난이 있었다. 주로 시사정치평론 등을 게재하였고, 국내외 교육동태를 보도하였으며, 교육과 항전건국의 관계에 대해 탐구하고 토론하였다. 아울러 사회교육, 가정교육, 학교교육과 관련한 문제를 연구하였다. 『전시교육』은 교육이 항일전쟁을 위해 봉사해야 한다고 하였다. (김지훈)

참고문헌

王檜林 · 朱漢國, 『中國報刊辭典(1815~1949)』, 書海出版社, 1992; 伍杰, 『中文期刊大詞典』, 北京大學出版社, 2000; 葉再生, 『中國近代現代出版通史』 3, 北京: 華文出版社, 2002.

전시대학(戰時大學)

1937년 중국 상하이에서 출간한 시사정치 간행물

상하이(上海)의 전시대학주간사(戰時大學週刊社)에서 1937년 10월 30일에 출간한 시사정치 간행물이다. 1호(1937.10.30)와 2호(1937.11.6)가 주간으로 발행되었으며 매호의 페이지는 서로 연결되어 있다. 베이징사범대학도서관과 상하이도서관 등에 소장되어 있다.

『전시대학』은 항일구국사상을 선전하는 것을 임무로 하였으며, 전국 인민이 행동하여 일어나 일본제국주의의 중국 침략에 대항하고, 민족해방전쟁에서의 승리를 쟁취할 것을 호소하였다. 이 잡지에는 중일전쟁의 형세와 관련된 각계 유명 인사들의 글이 수록되었다. 이 잡지에 수록된 주요 글로는 양후청(楊虎城)의 「중국의 대일항전(中國的對日抗戰)」, 마오쩌둥(毛澤東)의 「국공 양당의 통일전선(國共兩黨的統一戰線)」과 「삼민주의와 십대강령을 실행하기 위한 투쟁(爲實行三民主義和十大綱領而鬪爭)」, 장제스(蔣介石)의 「항전의 입장(抗戰的立場), 웡시위안(翁熙垣)의 「민족혁명의 기치 아래 서서(站在民族革命的戰旗之下)」, 후위즈(胡愈之)의 「상해 보위(保衛大上海)」, 주더(朱德)의 「스페인 인민전쟁의 교훈을 어떻게 학습할 것인가(怎樣學習西班牙人民抗戰的教訓)」, 쑹쯔원(宋子文)의 「중국항전이 계속될수록 지위도 강화된다(中國抗戰越 久,地位也越强)」, 랴오청즈(廖承志)의 「의무병역제를 어떻게 실시할 것인가(怎樣實施義務兵役制)」 등과 「항일구국십대강령(抗日救國十大綱領)」이 있었다. 주요 집필자는 양후청, 판한녠(潘漢年), 마오쩌둥, 쑹쯔원, 딩링(丁玲), 에드거 스노(Edgar Parks Snow, 斯諾), 톈한(田漢), 장제스, 마쥔우(馬君武), 궈모뤄(郭沫若), 천청(陳誠), 후위즈, 주더, 랴오청즈, 장나이치(章乃器) 등이었다. (김지훈)

참고문헌

伍杰, 『中文期刊大詞典』, 北京大學出版社, 2000; 北京師範大學圖書館報刊部 編, 『北京師範大學圖書館館藏中文珍稀期刊題錄』, 北京圖書館出版社, 2002; 上海圖書館, 『上海圖書館館藏近現代中文期刊總目』, 上海科學技術文獻出版社, 2004.

▌전시문화(戰時文化)

1938년 중국 후베이성 우한에서 창간된 월간지

1938년 5월 중국 후베이성(湖北省) 우한(武漢)에서 창간되었다. 장선푸(張申府)가 편집이었으며, 반월간이었다. 1939년 1월 10일 제2권 1호부터 충칭(重慶)으로 옮겨 출판하였다. 1939년 4월 제2권 3호를 출간한 후 정간되었다. 1권은 6호가 출간되었다. 중국국가도서관 등에 소장되어 있다.

특재(特載), 논문, 보고, 서보평가(書報評價), 반월논제 등의 난이 있었다. "일반 문화 수준을 제고하여, 항일전쟁 역량을 강화하고, 삼민주의(三民主義)문화를 건립하며, 신계몽운동을 전개한다"는 것을 목적으로 하였다. 게재된 글들은 주로 일반문화문제, 전시문화건설 이론과 문화건설 동태를 토론하고, 출판계의 동태를 보도하였으며, 새로 출판된 도서, 잡지 등을 평가하였다. (김지훈)

참고문헌

王檜林 · 朱漢國, 『中國報刊辭典(1815~1949)』, 書海出版社, 1992; 伍杰, 『中文期刊大詞典』, 北京大學出版社, 2000; 葉再生, 『中國近代現代出版通史』 3, 北京, 華文出版社, 2002; 上海圖書館, 『上海圖書館館藏近現代中文期刊總目』, 上海科學技術文獻出版社, 2004.

▌전시지식(戰時知識)

1938년 중국 윈난성 쿤밍에서 창간된 월간지

1938년 6월 10일 중국 윈난성(雲南省) 쿤밍(昆明)에서 창간하였고 발행인은 쉬마오셴(徐茂先)이었다. 윈난성 교육청장이며 『운남일보(雲南日報)』의 상무이사인 궁쯔즈(龔自知)의 지원을 받으면서 쉬마오셴이 『전시지식』을 발간했다. 실제 편집은 펑쑤타오(馮素陶), 류후이즈(劉惠之), 쉬마오셴, 탕덩민(唐登岷) 등이 담당했다. 류후이즈와 탕덩민은 중국공산당의 지하당원이었다. 경비는 성교육청(省敎育廳)에서 제공하였다. 상하이도서관 등에 소장되어 있다.

『전시지식』은 문화수준을 높이고, 정확하게 이론을 밝히며 국내외 시사문제를 분석하고, 민중의 항전정서를 강화하며, 청년들에게 정확한 수양과 학습의 자료를 제공한다는 등의 목적을 가지고 있었다. 『전시지식』은 반월간으로 생활서점(生活書店)에서 발행하였다.

『전시지식』에는 가오한(高寒), 쉬자루이(徐嘉瑞), 류후이즈, 장커청(張克誠), 아이얼(艾而, 리성좡[李生庄]) 등의 중국공산당원과 펑쑤타오, 무무톈(穆木天), 장톈팡(張天放), 린퉁지(林同濟) 등의 민주인사가 참여했다. 『전시지식』은 항전을 견지하고, 민주를 선전하여 당시 윈난의 지식인들에게 영향력이 있었다. 『전시지식』은 팔로군이 진군하는 그림을 표지에 수록하기도 했고, 국민당의 「오오헌법초안(五五憲法草案)」을 비판하였다. 『전시지식』은 정치적 색채가 농후했고 중국공산당에 기울어져 있었기 때문에 결국 국민당의 주의를 끌게 되어 궁쯔즈가 계속 자금지원을 할 수 없게 되어 정간되었다. (김지훈)

참고문헌

王檜林 · 朱漢國, 『中國報刊辭典(1815~1949)』, 書海出版社, 1992; 伍杰, 『中文期刊大詞典』, 北京大學出版社, 2000; 葉再生, 『中國近代現代出版通史』 3, 北京: 華文出版社, 2002; 上海圖書館, 『上海圖書館館藏近現代中文期刊總目』, 上海科學技術文獻出版社, 2004.

▌전업월보(錢業月報)

1921년 중국 상하이에서 창간된 경제금융 잡지

1921년 1월 상하이(上海)에서 전업동업공회(錢業同業公會)가 편집 발행하였다. 1939년 후기에 정간되었다가 1947년 7월에 복간되었다. 1949년 4월에 총 20권을 발행하고 종간되었다. 상하이도서관에 소장되어 있다.

금융업의 소식을 전하고 금융의 원리를 상세하게 설명한다는 것이 주요 발간 목적이다. 내용은 평론과 법령, 전재(專載), 당월 경제금융 동태, 광고 등의 전문

공간을 마련하였으며, 국제 국내 금융 문제와 환어음 문제, 화폐제도 문제 등을 토론한 연구와 관련 법령을 게재하였다. 또한 금융시장의 여러 경제소식들을 상세히 보도한 종합 금융 전문지이다. (김성남)

참고문헌

王檜林·朱漢國 主編, 『中國報刊辭典』, 太原: 書海出版社, 1992; 方漢奇 主編, 『中國新聞社業通史』, 中國人民大學出版社, 1996.

전지반월간(戰地半月刊)

1938년 중국 한커우에서 창간한 구국 간행물

1938년 3월 20일 중국 후베이성(湖北省) 한커우(漢口)에서 창간되었다. 『전지반월간』은 문화계에서 주관한 구국 간행물이었으며, 딩링(丁玲)과 쉬췬(舒群) 등이 편집하였다. 이 잡지는 전지사(戰地社)에서 발간했으며, 1940년 3월에 종간되었다. 모두 5권(매권 각 12호)이 출간되었다. 베이징사범대학도서관 등에 소장되어 있다.

『전지반월간』에는 논문, 소설, 시, 보고와 통신(報告與通訊), 잡감(雜感), 연재, 가곡 등의 난이 있었다. 이 잡지는 반월간으로 매권의 페이지는 서로 연결되어 있었다. 매권 12호를 출판하였다.

이 잡지는 종합성 간행물로 저우양(周揚)이 「내가 전지에서 희망하는 것(我所希望於'戰地'的)」이라는 글에서 이 간행물의 첫 번째 임무가 전시에 문예청년을 조직하여, 계획적으로 작가들을 배양하며, 그들이 전지에 가서 생활하면서 단련하는 것을 격려하고 도와주는 것이라고 지적하였다. 동시에 다음과 같이 언급하였다.

"보통의 신문기사와 달리 본간의 보도내용은 전쟁의 표면상의 승패 사실이 아니라 보다 심각한 문제여야 한다. 본간은 사람들에게 항전이 어떻게 이 동방의 오래된 민족을 변화시키며, 어떻게 민족 내부에 잠재되어 있는 역량을 발휘시키며, 어떻게 새로운 민족영웅의 전형을 탄생시키는지를 말해줄 것이다. 이곳에는 공론(空論)이 없으며, 전쟁 상황에 대한 쓸데없는 감탄도 없고 근거 없는 사실에 근거한 쓸데없는 비평도 없다. 이곳에는 사실에 대한 충실한 묘사, 사실로써 사실을 해석하는 것만이 있을 것이다. 작자의 해석은 당연히 하나의 찬란하게 빛나는 별처럼 그렇게 사상의 화염으로 타올라야 한다. 그것은 간단명료하며 글귀를 고심하여 조각하거나 거짓 포장하지 않을 것이다. 그것들은 매우 경제적인 예술작품이 될 것이다."

이 간행물은 전국의 군과 민간인을 대상으로 항전의 상황에 대한 진실을 보도하였다. 『전지반월간』은 시가(詩歌), 단극(短劇), 가곡(歌曲), 목각(木刻), 만화(漫畵)와 잡문(雜文) 등의 문예작품을 게재하였고, 전국 군민(軍民)의 항전상황의 진실을 보도하고 찬양하였다. 이 잡지는 항일구국이론을 선전하였으며, 중국공산당의 영도 아래 있는 항일민주근거지를 찬양하였다. 아울러 일정한 지면을 할애하여 중국공산당이 영도하는 유격전쟁의 전략전술 등의 이론문제를 평론하고 소개하였다. 『전지반월간』은 국민당이 통치하던 지역에서 비교적 영향력이 큰 간행물이었다.

주요 문장으로는 아이쓰치(艾思奇)의 「문예 창작의 3요소(文藝創作的三要素)」, 펑쯔카이(豊子愷)의 「항전가곡을 이야기함(談抗戰歌曲)」, 루디건(鹿地亘)의 「문학적 감상(文學的感想)」이 있었고, 소설로는 바이랑(白朗)의 「칭창(淸償)」, 쉬췬(舒群)의 「아이(嬰兒)」와 「피의 단곡의 하나(血的短曲之一)」, 주례커(朱烈軻)의 「혈채(血債)」 및 뤄펑(羅烽)의 「만주의 죄수(滿洲的囚徒)」 등이 있었다. 주요 집필자는 아이쓰치, 바이랑, 장춘차오(張春橋), 양쉬(楊朔), 뤼지(呂驥), 펑나이차오(馮乃超), 뤄펑, 저우양, 후카오(胡考), 저우리보(周立波), 수췬, 펑쯔카이, 짱커자(臧克家), 예쯔(葉紫), 예이췬(葉以群) 등이었다. (김지훈)

참고문헌

王檜林 · 朱漢國, 『中國報刊辭典(1815~1949)』, 書海出版社, 1992; 伍杰, 『中文期刊大詞典』, 北京大學出版社, 2000; 北京師範大學圖書館報刊部 編, 『北京師範大學圖書館館藏中文珍稀期刊題錄』, 北京圖書館出版社, 2002.

전화(滇話)

1908년 일본에서 창간된 중국어 정치운동잡지

1908년 4월, 일본에서 윈난성(雲南省) 출신 유학생들이 창간한 진보적 간행물이다. 발행 대표는 리창춘(李長春)이며 편집장은 류중화(劉鍾華)이다. 월간으로 간행되었다. 1908년 12월 주자호(宙字號)까지 발행하고 종간되었다. 4부가 현존하며 베이징대학도서관에 소장되어 있다.

교육보급과 언어통일, 여학(女學)의 제창, 사회개선이 주요 발행 목적이었다. 애국구망(愛國救亡)을 선전하고 청 정부의 부패와 무능을 폭로하며 교육보급과 사상해방을 제창하였다. 특히 윈난(云南)의 역사와 문화를 자세하게 소개하였다. 정치사상과 군사사상(軍事思想), 실업사상을 고취하였으며, 모든 문장을 백화문(白話文)을 사용하여 편집하였다. (김성남)

참고문헌

周葱秀·涂明 著,『中國近現代文化期刊史』, 山西教育出版社, 1999; 王檜林·朱漢國 主編,『中國報刊辭典』, 太原: 書海出版社, 1992.

절제(節制)

1931년에 서울에서 발행된 부정기 종교 잡지

1931년 1월 23일에 창간했다. 종간호는 1938년 발행된 통권 8호이다. 부정기적으로 발행됐기 때문에 한 해에 한 번이나 혹은 두 번 나오는 등 발행 공백이 심했다. 1932년에 2, 3호, 1933년에 4호, 1934년에 5호, 1935년에 6, 7호, 그리고 1938년에 종간호인 8호가 발간되었다. 편집 겸 발행자는 허어원(許魚源), 발행소는 경성 조선여자기독교 절제회연합회(京城朝鮮女子基督教節制會聯合會)이다. 판형은 4×6배판으로 총 16쪽이었으며 국한문 4단으로 편집하였고 정가는 2전이었다.

"나부터 절제생활을 하며 남들을 권하자"라는 표어 밑에 '조선여자기독교절제회'를 조직한 것이 1923년 6월이었다. 그로부터 7년간 사업을 진행하면서 전국에 지회를 조직한 것이 67개소, 회원수가 1489명에 이르자 그 지회의 대표들이 모여 연합회를 조직하였다. 회장에 김활란, 부회장에 홍에스더, 순행총무에 리효덕, 협동회장에 채부인, 사회부장에 배의례, 협동총무에 허어원, 회계에 유형숙, 양매륜, 협동회계에 합쓰 부인, 서기에 김경자, 김로득, 협동서기에 변영서 부인인 전마대 등이 선출되어 창간호를 발행하였다.

연세대에 창간호가 아단문고에 제4호와 제5호가 소장되어 있다.

창간사는 다음과 같다.

"우리의 살길은 오직 우리만이 우리의 힘으로 찾아나가야 될 것이요, 어느 누가 우리에게 살길을 만들어주거나 찾아줄 일은 만무한 것이다. …… 우리는 많은 기대와 큰 희망을 가지고 이적은 회보를 세상에 내어보내는 것이다. 앞으로 우리의 힘이 미치는 데까지 우리 회보를 발행하여 만천하 동지에게 소식도 전할 겸 우리 사람들에게 절제운동의 정신도 고취코저 하는 바이다. …… 우리의 살길은 오직 우리만이 우리의 힘으로 찾아나가야 될 것이다."

이와 같은 비장한 각오와 어떤 사명감을 갖고 있는 것으로 보아 '절제회'의 취지와 실천 활동을 널리 알리고자 기관지격의 잡지를 창간하고 있는 것이다.

창간호의 목차를 보면 다음과 같다. 맨 먼저 「창간사」가 실리고 다음에 본격적인 기사들이 이어진다. 협동총무 허어원의 「독한 술을 버리고 자유로운 사람이 되자」, 김우평의 「우리의 경제문제」, 고숙원의 「자손에게 어떤 부모가 될까」, 연전교수 변영서의 「운동가가 되려는 이에게」, 세전교수 이용설의 「주초(酒草)의 위생」, 최봉칙의 「술을 먹을까 말까?」, 홍병선의 「금주와 가정」, 김창준의 「공창폐지를 부르짖음」, 양익환의 「절제운동으로 시작하자」, 김봉준의 「절제운동을 어떻게 할까」, 송상석의 「소년과 주초(酒草)」, 리효덕의 「조선여자기독교절제회」, 홍에스더의 「술에 대한 격언」, 유형숙의 「불행한 인생」 등이다. 기사 내용들을 보건대 술을 절제하고 가급적이면 끊어 온전한 생활과 정신을 갖자는 슬로건으로 요약된다. 요컨대 술에 취해 생활을 제대로 하지 못하고 그로 인하여 무절제하고 방탕한 생활을 이어가는 사람들을 어떻게 하면 바른 정신과 바른 생활로 안내할 수 있을까를 고민하고 상담하는 기관의 사업 내역을 들여다 볼 수 있다.

종간호를 발행한 후 일제의 탄압으로 '절제회'는 단체 이름을 '교풍회'로 바꾸고 사업을 계속했으나 그로 인한 위축과 조직 와해가 진행되면서 회보가 중단되기에 이르렀다. 하지만 이 잡지는 종교단체가 개입되어 전사회적 생활개선운동을 전개하는 형국으로 진행되는 '절제운동'의 기관지로서 『절제』의 위상이 놓여 있다. 기독교가 아니었으면 가능하지 않았을 사회운동이었고, 그렇다 하더라도 열렬한 호응도나 지속적이고 반복적인 이슈를 이끌어내기가 쉽지 않았을 사안이었기 때문에 요식행위와 같이 한 해에 한 번 혹은 두 번 정도로 잡지가 발행된 것으로 보인다. 하지만 기본적인 도덕적 윤리적 덕목과 건전한 생활 지침을 홍보하는 가운데, 바람직한 생활인으로서 살아가기를 원하는 사람들의 평균적인 상식적 일상을 범주화하여 도를 지나치는 과잉과 일탈을 지적했다는 점에서 이 잡지의 윤리적 가치를 가늠해보는 기회를 제공해준다 하겠다. (전상기)

참고문헌

윤춘병, 『한국기독교신문잡지백년사(1885~1945)』, 대한기독교출판사, 1984; 이덕주, 『한국기독교 신문잡지 개관』, 기독교문사, 1987.

▌절제생활(節制生活)

1928년 평양에서 발행된 종교 잡지

1928년 3월 1일에 창간호가 나왔다. 원래는 1월 23일 창간호를 발행했지만 압수당하고 다시 낸 것이 3월 1일에 낸 잡지이다. 종간호는 1928년 9월 15일 통권 5호로 발행되었다. 그러나 이 잡지는 우여곡절이 많아 제4호는 원고 압수로 발행되지 못하였다. 편집 겸 발행인은 오기선(吳基善), 발행소는 평양감리교 절제생활사(平壤監理敎 節制生活社)이다. 판형은 국판으로 총 49쪽 내외이고 정가는 20전이었다. 연세대에 제2호(1928.4)가, 아단문고에 2호와 5호가, 서강대 로욜라도서관에 제5호가 원문 PDF 파일로 소장되어 있다.

창간호를 구할 수 없어 창간사는 확인할 수 없다.

2호의 목차는 다음과 같다. 「권두언」을 비롯하여 김종필의 「절제생활의 사명」, 우호익의 「주의 기원에 대하여」, 채필근의 「음주가 사회에 주는 해독」, 한치관의 「금주금연에 유력한 운동자를 고대함」, 「금주운동에 대한 내외국 소식」, 「주와 자손의 관계: 통계표」, 「현원겸씨 모범회원」, 모리구치 오사마루(森口收)의 「현대일본에 금주운동과 그 유래」, 「일본각지대학 배주운동」, 남궁혁의 「죄악의 대부분은 부절제에서」, 「금주문답」, 최상현의 「달 밝은 밤」(소설), 「투고환영」 등이 실려 있다. 주로 금연과 금주를 권하고 흡연과 음주의 폐해가 얼마나 나쁜가를 홍보하는 내용으로 채워져 있음을 알 수가 있다. 아마도 이런 문제가 사회적으로 제기된 데에는 조선의 백성들이 지나치게 거기에 빠져 사회적 비용을 낭비함은 물론, 기본적인 사회생활을 영위하는 데도 지장이 있었기 때문이 아닌가 한다.

5호도 역시 대부분이 금연과 금주에 관한 내용으로 채워져 있다. 권두언 「변하자」에 이어 대구 이철락의 「오인의 활로」, 숭실전문학교 교수 채필근의 「장생불로하는 비술의 비술」, 김종필의 「절제생활과 시간」, 김인성의 「각국 국민경제의 不同한 원인」, 호세이대학 교수 후지이 신이치(藤井新一)의 「미국금주당의 성립과 그 활동」, 의학박사 마쓰우라 유지타로(松浦有志太郎)의 「무식이면 사상의 온건을 결함」, 의학박사 오카모토 다카시(岡本孝)의 「신시대에서 아동건강문제와 금주」, 손메례(孫袂禮)의 「조선여자 금주회 상황에 대하여」, 일경험처의 「음주자의 아내가 되지 말라」, 이최환의 「금주와 금주운동」, 그 외에 '금주금연지방통신'란으로 각 지역의 운동사례 보고서와 '통계실'에서는 수치로 나타낸 금주와 금연의 피해상황, 흡연, 음주의 양적 환산이 자세하게 보고되고 있다. "외국통신"에서도 그러한 사례와 최신 과학적 입증 보고들이 발 빠르게 소개되고, 문예로 박향배의 「금주」(동요)와 동호촌인의 「배달부」 외 1편, 월하어인의 「언제 둥그려지나?」 등이 실렸다.

금주금연 잡지라는 성격에 걸맞게 금주금연사례와 더불어 흡연과 음주가 얼마나 사람들을 피폐화시키고 사회적 비용을 들게 하며 나아가서는 국민의 정신 건강과 육체를 골병들게 하는가를 국내 사례와 외국의 최신 의학, 과학 이론을 통해 입증하고자 하였다. 『절제생활』의 미덕은 무엇보다도 거기에 있다고 하겠다. (전상기)

참고문헌

윤춘병, 『한국기독교신문잡지백년사(1885~1945)』, 대한기독교출판사, 1984; 이덕주, 『한국기독교 신문잡지 개관』, 기독교문사, 1987.

젊은이

▶ 현대(現代)

점석재화보(點石齋畵報)

1884년 중국 상하이에서 창간된 시사화보 잡지

1884년 5월 8일 상하이(上海) 신보관(申報館)에서 창간한 시사 화보집이다. 순간(旬刊)이며 16절판 8쪽으로 겉면은 대나무로 만든 고급 연사지(连史纸)를 사용하여 점석재인서국(點石齋印书局)에서 석인(石印) 인쇄되었다. 화가 우유루(吳友如)가 주필을 맡았으며, 1896년 말 36권 473호를 발행하고 종간되었다.

발간 목적은 신보관에서 발행하는 『신보(申報)』의 시사성과 정보 가치를 높여주기 위함이었다. 정치사회적으로 이목이 집중되었던 사건들을 그림에 해설을 첨부하는 방식이었다.

그 관점이나 입장은 『신보』의 부간(副刊) 형식으로 『신보』와 유사하였다. 기문(奇聞), 과보(果報), 신지(新知), 시사(时事)의 네 부분으로 구성되어 있으며, 『신보』의 내용 중 희화적인 내용들을 골라 이를 그림으로 그려내었다. 주요 내용은 여섯 부분으로 중불(中佛) 전쟁, 중일전쟁, 황제와 군벌, 탐관오리와 지주 등 지배계층의 부정부패, 중국 내 제국주의 세력의 비행, 인민들의 생활과 질곡, 중국 인민의 반제 반봉건 투쟁으로 구성되어 있다.

일본의 침략전쟁을 비판하고 중국인민들의 항일정신을 고무하며 빈민들의 생활상 질곡과 고통, 정부의 부패와 무능, 하급관리들의 만행 등을 고발한 그림을 그려내어 독자들의 눈을 열어주었다. 그러나 청 정부와 봉건제도에 대해서는 긍정적 태도를 견지하였으며, 그 공덕을 찬양하는 그림들 또한 적지 않다.

편집 화가로는 톈쯔린(田子琳), 진찬샹(金蟾香), 저우무차오(周慕桥), 장즈잉(張志瀛), 자싱칭(贾醒卿), 허위안준(何元俊), 푸건신(符艮心), 거룽창(葛龙藏), 구웨저우(顾月舟), 마쯔밍(马子明), 우쯔메이(吴子美) 등이 참여하였다.

주필인 우유루는 유명한 풍속 화가였다. 그는 서양화법과 중국 전통 화법을 결합하여 섬세한 필치로 사회풍속들을 그려내었으며, 이를 선진적 인쇄 방법이었던 석인(石印) 인쇄 기법으로 찍어내었다. 이는 원작의 그림을 더욱 선명하게 찍어낼 뿐만 아니라 빠른 인쇄 속도와 저렴한 비용으로 인쇄가 가능하여 매 회 5분(分)이라는 낮은 가격에 다량의 판매가 가능하게 하였다.

그러나 대중들의 호기심을 만족시키기 위해 그림과 문장들을 너무 과장하여 표현하고 있다는 비판과 함께 신지(新知)란은 독자층의 새로운 지식에 대한 욕구를 이용하여 서양 문명의 우월함을 선전하는 장에 불과하였고, 기문(奇聞)이나 과보(果報의) 내용 역시 대중의 호기심에 부응하는 수준을 넘어서지 못하였다는 평가도 있다.

이 매체의 발간 시기는 중불전쟁에 이어 중일전쟁이 발생하던 기간으로 두 전쟁에 대한 그림들이 100폭이나 되며, 그중 법패상문(法敗詳聞)과 양산대첩(諒山大捷') 등은 당시 큰 반응을 불러일으키며 독자들의 환영을 받았다.

그러나 시사화는 자주 실제 사실과 부합하지 않는 내용들이 많았는데 이는 작가들이 현장으로 취재를 가지 않은 채 부정확한 지식에 의거하여 작업을 하였기 때문에 현실감이 떨어져 있었다.

이에 반해 당시 사회 풍속과 조계(租界) 지역 내에서 생활하는 소시민들을 그린 그림들은 매우 현실감 있는 소재들을 담고 있다. 그 당시의 술집이나 차관(茶館), 도박장, 아편흡연관, 희극극장 등등의 실제 모습을 보여주고 있어 청 말 상하이 역사 연구자들과 문화예술가들에게는 귀중한 사료적 가치를 갖고 있다.

『점석재화보』는 몇 차례 재편집되어 출판되었다. 영인본으로는 타이완 천일출판사(天一出版社)에서 1978년 출간된 『점석재화보(點石齋畵報)』(팡스둬[方師鐸] 주편)와 『점석재화보선(點石齋畵報選)』(상하이문예출판사, 1998)이 있다.

그리고 『점석재화보』의 4000여 폭에 달하는 그림들 중에서 민간생활사에 관한 그림 160폭을 선별하여 청말 각 계층 별 생활상과 문화를 설명한 천팡위안(陳平原), 샤샤오홍(夏曉虹) 편주, 『도상만청(圖像晩清)』(톈진, 백화문예출판사[百花文藝出版社], 2001)이 나와 있다.

또한 청말 중국인의 눈에 비친 서양인들의 여러 모습들을 발췌하여 설명한 천팡위안 선편(選編), 『점석재화보선(點石齋畵報選)』(구이저우교육출판사[貴州教育出版社], 2000)이 있다. 리창리(李長莉) 저, 『근대중국사회문화변천록(近代中國社會文化變遷錄)』과 『만청상하이 사회의 변천: 생활과 논리의 근대화(晩清上海社會的變遷: 生活興論理的近代化)』는 바로 이 화보집의 그림들을 이용하여 당시 사회 풍모를 설명하고 있으며, 예샤오칭(葉曉青)의 『점석재화보중적 상하이평민문화(點石齋畵報中的上海平民文化)』 역시 이의 내용을 기초로 상하이 역사를 서술하였다.

조선 관련 그림

창간 이후 얼마 뒤 조선에서 갑신정변이 발생하자 이 잡지는 바로 "조선난략(朝鮮亂略)" 여덟 폭의 그림을 담아 출간하였다. 그 후에도 조선에 관한 그림들이 게재되었는데 "왕비이궁(王妃移宮)", "대원군회국(大院君回國" 등은 민비의 환궁과 대원군의 귀국 모습을 그린 그림으로 당시 중국 신문에 보도되었던 조선 정국에 관한 그림들이다.

1884년 창간호(甲集, no.1)부터 1890년 사이에 출간된 12권 중에는 조선 관련 그림 28편이 수록되어 있는데, 우정국 개관식 때 발생한 방화사건을 그린 "우정국사연속객, 완고당방화장관(郵政局肆筵速客, 頑固黨放火戕官)"을 비롯하여 과거시험 장의 모습을 그린 "조선과갑(朝鮮科甲)" 등이 있다. 또한 신보관에서는 조선에서 임오군란이 발생하자 『조선형세도(朝鮮形勢圖)』와 『안남전도(安南全圖)』를 간행하기도 하였다. (김성남)

참고문헌

上海點石齋畵館 編, 『點石齋畵報』(影印本), 廣東 人民出版社, 1984; 陳平原 · 夏曉虹 编注, 『圖像晩清』, 百花文藝出版社, 2001; 方漢奇 主編, 『中國新聞社業通史』, 中國人民大學出版社, 1996; 石曉軍編, 『點石齋畵報中看到的明治日本』, 東方書店, 2004.

정기(征旗)

1944년 일본에서 발행된 전쟁선동 잡지

1944년 8월 일본의 니혼호도샤(日本報道社)가 발행한 전쟁 선동 잡지이다. B5판 크기로 발행되었으며, 창간호의 분량은 76쪽이었다.

창간호에는 미사여구가 수놓아진 창간사가 게재되어 있다. 그 내용은 '황위(皇威)는 포연탄우(砲煙彈雨)를 뚫고 지구 방방곡곡으로 퍼져나가고 있다. 정기(征旗)를 펄럭이는 바람에 부는 방향에 검광영명(劍光影明)한 개선(凱旋)은 전진(戰陣)에 충만하다. 이곳에 우리들의 도(道)에 죽는 포부가 있고, 의지에 철저한 비원이 존재하는 것을 알지 못하면 생사(生死)를 무엇으로 논할 것인가'라는 죽음의 결의를 다지는 것이었다.

창간호의 주요 내용은 「수품사(手品師) 야곱」(소설), 「피는 죽지 않는다(血は死なず)」(소설)과 몇 편의 에세이, 수기(手記) 및 육군보도부(陸軍報道部)의 다섯 장교가 벌린 좌담회 「적을 알고 나를 알자」 등이었다. 좌담회는 주제와 다르게 '적을 모르면 나도 모른다'는 좌담회로 정리되었다. 창간호의 후기를 보면 잡지가 보도반원에게 지면을 제공하고, 육군보도부의 후원에 의해 창간되었다고 적혀 있다. 이 시기의 잡지들이 다 그렇지만, 1945년에 들어서면 문학작품은 거의 자취를 감추었다.

전쟁에 학생들을 동원하기 시작한 '학도출진(學徒出陣)'은 1943년 가을부터 본격적으로 진행되었다. 1944년에 들어서면, 남겨진 대학생과 고등전문학교생, 여자중학교의 상급생도들이 동원되기 시작하였다. 사실상 학생들의 면학의 길은 이로서 막히게 된 것이었다. 이러한 조건에서 창간된 잡지 『정기』는 주로 학생층의 전쟁동원을 선동하고 선전하는 기능을 담당한 것으로 보인다. (문영주)

참고문헌

高崎隆治, 『戰時下の雜誌その光と影』, 風媒社, 1976; 松浦總三, 『體驗と資料 戰時下の言論彈壓』, 白川書院, 1975; 高崎隆治, 『戰時下のジャ-ナリズム』, 新日本出版社, 1987; 『日本出版百年史年表』, 日本書籍出版協會, 1968.

▌정로(正路)

1933년 중국 상하이에서 창간된 시사종합잡지

1933년 6월 1일 상하이(上海)에서 월간으로 창간되었으나 같은 해 7월 20일에 제2권을 발행하고 종간되었다. 중국 좌익문화총동맹의 간행물로 장야오화(張耀華)가 주필을 맡았고, 상하이 호풍서국(湖風書局)에서 간행되었다.

철학과 사회과학, 문학을 포함한 종합성 잡지로 내용은 철학, 경제, 정치, 시사 등 여러 방면의 논문과 문학작품, 번역문학 등을 게재하였다. 국내외의 시사평론과 통신 및 문학창작품들이 주요 내용을 이루고 있다.

발표된 주요 작품으로는 마오둔(茅盾)의 「속사(速寫)」, 아이우(艾蕪)의 「화반(伙伴)」 등이 있다. 주요 집필자는 저우양(周揚), 마오둔(茅盾), 아이우, 아이쓰치(艾思奇), 쉬디신(許滌新), 장야오화, 로루스이(樓適夷, 선빠오[森堡]) 등이 참여했다.

장야오화(張耀華)의 편집후기

주필 장야오화는 창간특대호의 「편집후기(編後的話)」에서 창간의 초심을 다음과 같이 말하고 있다.

"공황과 모순, 위기가 긴박한 세계에서 산하가 파괴되고, 민족이 위기에 봉착하였다. 생명을 보존할 수 없는 국가 안에서 생활의 불안과 죽음의 공포, 피압박의 울분, 피도살의 피비린내, 철굽 아래의 침통한 통곡소리들이 우리를 둘러싸고 있다.

만약 매국노가 아니고 매국할 생각이 없다면 누가 눈앞의 안일만 탐하며 되는대로 살면서 죽음을 앉아서 기다릴 것이며, 비굴하게 굽실거리며 노예의 사슬을 걸머질 것인가? 우리는 다시 침묵할 수 없다. 우리는 우리의 말을 해야만 한다. 비록 부끄럽다 해도 그저 말하면 그뿐이다. 비록 우습다 해도 몇 마디의 빈약한 말로 얘기하면 그뿐이다." (김성남)

참고문헌

北京師範大學圖書館報刊部 篇, 『北京師範大學圖書館館藏中文珍稀期刊題錄』, 北京圖書館出版社, 2002; 周葱秀·涂明 著, 『中國近現代文化期刊史』, 山西教育出版社, 1999.

▌정론(政論)

1907년 일본 도쿄에서 중국어로 창간된 정치운동잡지

1907년 10월 7일 일본 도쿄(東京)에서 창간되었다. 이후 상하이(上海)로 옮겨 출판되었으며, 편집장은 량치차오(梁啓超)와 장즈유(蔣智由)이다. 9호까지 발행된 후 종간되었다. 베이징대학도서관에 소장되어 있다.

청 말기 입헌파의 중요단체인 정문사(政聞社)의 기관 간행물로 중심 발행인은 량치차오(梁啓超)이다.

내용은 논저(論著), 기재(記載), 투고(來稿), 사보(社報), 역술(譯述), 비평(批評), 건록(條錄) 등의 난으로 구성되어 있다.

『정론』은 "정당한 여론을 조성하여 중국의 정치를 개량한다"는 것을 기본 취지로 하여 개량사상과 입헌군주제도의 실행을 주장하고, 폭력혁명을 반대하였다. 발행목적에 대해서는 "중국 국민의 정치사상을 환기하며, 바야흐로 청국이 개혁의 기운을 타고 있어 정당이 반드시 발생할 것이니 이 잡지를 발행하여 그 준비를 하고자 하는 것이다"라고 하였다.

이 매체는 논저(論著)란을 특히 중시하였는데 이 논저는 다시 범론(泛論)과 개론(個論)의 두 부분으로 구별되었다. "범론은 외국의 정치학, 정치현상을 논하고, 일반 국민의 지식능력 및 책임감을 양성하며, 개론은 현재 중국에 절실히 요구되는 정치문제를 연구하여 그 득실을 따지고, 국민의 주의를 구하고, 정부의 실행을 촉구한다"고 하였다. 담론은 국회문제와 정당문제, 지방자치문제의 세 가지 문제로 압축된다.

열렬한 구호나 소탕과 파괴 등에는 참여하지 않을 것과 오로지 성실한 태도로 학문연구에 종사하며, 정부의 질서 있는 변혁을 감독하고 참여하는 데 중심을 두었다.

량치차오의 「정문사선언서(政聞社宣言書)」, 「정치와 인민(政治與人民)」, 「정치상의 감독기관(政治上之監督機關)」, 「중국국회제도사의(中國國會制度私議)」, 「세계대세와 중국전도(世界大勢與中國前途)」 등의 문장을 실었다.

이 잡지는 정문사(政聞社)의 중요 문건들과 활동보도 등을 풍부하게 게재하고 있어 '정문사'라는 입헌파의 중요 단체를 연구하는 데 귀한 자료가 되고 있다. (김성남)

참고문헌

北京師範大學圖書館報刊部 篇, 『北京師範大學圖書館館藏中文珍稀期刊題錄』, 北京圖書館出版社, 2002; 周葱秀·涂明 著, 『中國近現代文化期刊史』, 山西教育出版社, 1999.

정론(正論)

1925년 서울에서 발행된 월간지

편집인은 이상욱(李相旭)이고, 편집 겸 발행인은 마에다(前田三七男), 인쇄인은 이우형(李宇珩)이다. 인쇄소는 대동인쇄(주)이며, 발행소는 정론사(서울 수표동 22)이다. B5판 26쪽으로 정가는 20전이다. 창간호에 다음 호의 주요 목차까지 예고했으나 속간은 확인할 수 없다.

'정론사'는 ① 문화생활의 보급, ② 도덕, 종교의 진흥, ③ 양풍미속(良風美俗)의 보존, ④ 풍기광구(風紀匡救)와 권선징악, ⑤ 실업(實業)과 농촌 계발을 사명으로 하여 설립되었는데, 이 내용은 창간호 권두 1면에 있고, 그 하단에는 이를 해설한 「본사의 조직과 목적에 대하여」가 있다.

「본사의 조직과 목적에 대하여」에서는 신구 양사상의 극단적 대립을 지양하고 중간의 건전한 사상을 추구하며 "우리의 목전에 절박한 각 개인의 생활문제를 연구하며, 사회의 부분적 문제를 일보씩 개량함에 상하일치하며, 내외상조하여 양극단의 사상을 중화하며, 온건착실한 사상을 고취하여 문화향상을 도모하는 동시에 일방으로 악을 응징하며 선을 표창하여 우리 사회의 발전과 안녕을 기도하고저 한다"고 설립의 취지를 부연한다.

창간호는 논설과 논문, 조사, 단평 등으로 구성되어 있는데 목차를 일별하면 다음과 같다. 주간의 「사회도덕진흥론」, 김창수(金昌秀)의 「조선의 농촌문제」, 마에다 미나오(前田三七男)의 「민족감정의 기인과 그 귀결」, 이상욱(李相旭)의 「동서양 가족제도의 고찰」, 이우용(李愚用)의 「각국의 기이한 결혼풍속」, 일연구생(一研究生)의 「조선종교의 과거 현재 미래」, 조선포교총감 이가라시 제쓰세이(五十嵐絶聖)의 「신앙심을 획득하라」, 송원봉의 「현대생활과 불교」 등의 논설이 있고, 특집 코너에는 「현하 조선의 퇴폐한 풍기를 광구함에는 무엇을 급무로 할까」라는 주제로 각계 인사들이 등장하고, '희망의 인물', '죄악의 인물' 등의 코너가 있다.

그 밖에 불교, 유교, 기독교에 대한 글을 싣기도 했으며, 단체 및 개인의 부정행위나 범죄행위 또는 표창할 만한 행위를 조사하여 보도하고 있으며, 전반적으로 사회도덕의 진흥을 통하여 잘못된 사회기풍을 쇄신할 것을 주장하는 내용이 많다.

『정론』은 '사회의 공안(公眼)'을 표방하며 도덕과 종교를 일으켜 미풍양속과 건전한 사상을 보급하고자 하였지만, 단순히 그 내용이 권선징악적 계몽에만 머무르는 측면이 많았다. 발행인 마에다가 '조선 청년과 일본 청년의 제휴 가능점과 불가능한 점의 양면 고찰'이라는 부제를 붙이고 전개하는 「민족감정의 기인과 그 귀결」에서 알 수 있듯, 일선(日鮮) 협력의 가능성과 불가능성을 가늠하려 한 잡지였다. (이경돈)

참고문헌

『한국신문·잡지총목록』, 대한민국국회도서관, 1966; 『아단문고 장서목록』, 아단문화기획실, 1995; 최덕교 편저, 『한국잡지백년』, 현암사, 2004.

정예통보(政藝通報)

1902년 중국 상하이에서 창간된 종합잡지

1902년 2월 상하이(上海)에서 창간된 종합성 잡지로 초기에는 반월간으로 발행되다가 후기에는 월간으로 간행되었다. 편집장은 덩스(鄧實)이며, 마쉬룬(馬敍倫)이 뒤를 이었다. 1908년 3월에 총 146호를 발행하고 종간되었다. 매해마다 합본집 회편(匯編)을 출판하여 그 제호를 『정예총서(政藝叢書)』라 하였다.

고금동서의 정치와 기예(技藝)를 이해하고 새롭게 혁파하는 정치와 기예의 합일을 주장하였다. 이러한 목적에 따라 지면을 상편(上篇)과 하편(下篇)으로 분리하여 상편에는 정치를, 하편에는 기예를 논하였다. 즉 상편에는 「정치통론(政治通論)」, 「민권의 계설(民權之界說)」, 「국가주의를 논함(論國家主義)」, 「사회주의를 논함(論社會主義)」 등을 게재하였고, 하편에서는 기예를 논하면서 농공상업의 발전을 제창하고, 국학의 진흥을 주장하였다.

12호부터는 중편(中篇)을 증설하여 역사를 논하였다. 또한 권말에는 부록을 첨부하여 「호해청등집(湖海青燈集)」과 「풍우계명집(風雨鷄鳴集)」이라는 2개의 공간을 특설하여 전자에는 산문(散文)을 후자에는 시사(詩詞)를 게재하였는데 대부분 혁명적 경향의 글들이었다.

주요 집필 작가로는 황춘시(黃純熙), 덩팡(鄧方), 황제(黃節), 왕샤오눙(汪笑儂), 가오톈메이(高天梅), 장타이옌(章太炎), 마쉬룬(馬敍倫), 마쥔우(馬君武), 천두슈(陳獨秀), 옌푸(嚴復), 류스페이(劉師培), 바오톈샤오(包天笑), 샤청유(夏曾佑), 디핑쯔(狄平子) 등이 있다.

반청(反淸) 혁명을 주장하기는 했지만 사상적 측면에서 복고주의 경향을 나타내었다. 이는 후에 창간된 『국수학보(國粹學報)』에 영향을 주었으며, 『국수학보』의 전신이라 일컬어지기도 한다. (김성남)

참고문헌

周葱秀·涂明 著, 『中國近現代文化期刊史』, 山西敎育出版社, 1999; 王檜林·朱漢國 主編, 『中國報刊辭典』, 太原: 書海出版社, 1992.

정음(正音)

1934년 서울에서 창간된 조선어학연구회의 기관지

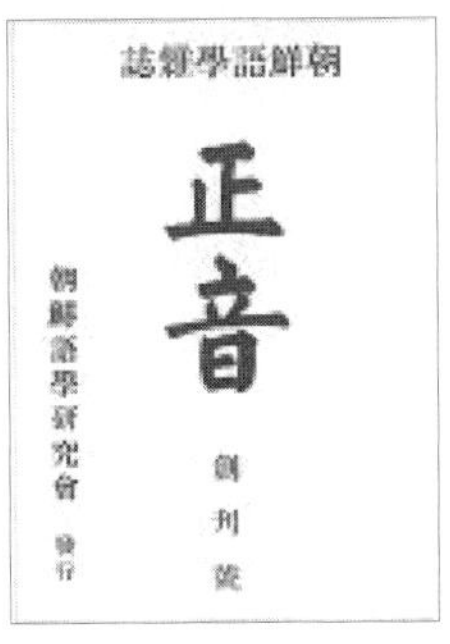

1934년 2월 15일 '조선어학연구회(朝鮮語學硏究會)'에서 창간한 어학 잡지이다. 1941년 4월 통권 37호로 종간하였다. 편집 겸 발행인은 권녕중(權寧仲), '조선어학연구회'(경성부 인사동 152)에서 발행하였다. 판형은 A5 국판으로 초기에는 A5판 80쪽 내외였지만 50쪽 내외로 지면이 감소하였으며 정가는 20전이었다. 발행소의 주소가 "조선 문화 증진을 위해 모인 지식인 단체 '계명구락부'가 발행하던 잡지 『계명』(1921년 5월 창간, 1933년 1월 통권 24호로 종간)의 발행소와 같다는 점이 이 잡지의 성격을 가늠케 한다. 연세대에 잡지 원본 전질과 현대사에서 1983년에 출판된 영인본이 소장되어 있다.

창간호의 「권두언」에서는 "① 어문의 법칙은 과학적 객관성을 충분히 가지고 있는 것이라야 할 것, ② 정리·통일의 방법을 취함에는 가급적 역사적 제도에 의거하여 최대한도의 실용성이 있는 시대의식에 적합한 것으로 할 것"을 잡지의 준칙(準則)으로 삼았음을 밝히고 있다.

『정음』은 조선어학연구회의 기관지이자 조선어학 전문지로서 한글 연구에 관한 학술논문을 싣고 있다. 창간호에서 「'한글맞춤법통일안'에 대한 비판 및 감상」을 특집으로 하고 박승빈(朴勝彬)의 「간이 조선어문법」을 소개한 이래 훈민정음, 이두 등 한글 연구 및 철자법, 문법에 대한 논문을 수록하고 있다. 특히 제10호에서 13호까지 박승빈의 「'한글맞춤법통일안'에 대한 비판」을 4회에 걸쳐 싣고 있다.

그러나 조선어학연구회가 전개한 한글맞춤법통일안 반대운동은 언론과 대중의 지지를 받지 못하였고, 조선어학연구회가 제기한 신문자운동도 받아들여지지 않았다. 그럼에도 조선어학연구회의 『정음』을 통한 한글 연구는 계속되었다.

『정음』은 조선어학연구회에서 이루어진 한글 연구와 한글맞춤법통일안 반대운동의 논리를 잘 보여 주고 있다.

• 조선어학연구회

국어학자 박승빈이 주축이 되어 한글맞춤법 정리를 목적으로 조직한 학술단체이다. 1931년 12월 5일 창립준비위원회를 발족한 뒤, 같은 해 12월 10일 창립총회를 열어 회칙을 결정하고 간사장에 이긍종(李肯鍾), 간사에 백남규(白南奎)·신남철(申南澈)·문시혁(文時爀)·정규창(鄭圭昌)을 선출하여 정식으로 출범하였다.

주시경(周時經) 학파가 모여 있던 조선어학회의 '한글맞춤법통일안'의 잘못을 지적하고 그 반대운동을 조직화하여 종래의 구식 철자법으로 통일할 것을 주장하였다.

1934년 2월부터 1941년까지 기관지 『정음(正音)』을 격월로 간행(37호까지 발행)하여 조선어학회 기관지 『한글』과 대립하는 한편, 1934년 6월 27일에는 조선문기사정리기성회(朝鮮文記寫整理期成會)를 조직하고 7월에는 '한글맞춤법통일안' 반대성명서를 발표하여 조선어학회와 정면으로 맞섰다.

이들은 과학적이고 논리가 명확하며 역사적 제도에 근거하고, 대중이 일상생활에서 편리하게 쓸 수 있는 한글철자법의 이론을 주장하였다. 그러나 1912년 조선총독부에서 작성한 '보통학교용 언문철자법'과 유사한 점이 많아 보수적인 구식 표기법이라는 인상을 주었다. 또한 근거가 빈약한 새로운 부호 사용에 대한 주장으로 일반 대중과 언론으로부터 지지를 받지 못하였다.

박승빈은 자신의 정론을 확립하기 위하여 1931년에 '조선어학 강의 요지'를 발표하고 1935년에 이것을 수정하여 『조선어학』으로 간행하였다. 1937년에는 『간이조선어문법』을 저술하였는데, 다른 문법서들보다 색다르고 독창적인 이론을 많이 전개하였다.

'한글맞춤법통일안'은 부분적으로는 수정할 필요성에 대한 제의가 있었으나 전반적으로 사회의 지지를 받았다. 당시 두 학회는 지상토론, 공개토론 등을 통해 논쟁을 벌이다가 1935년 초에 이르러 일단락되었다. 일제강점기 초기 광문회(光文會)에서 편찬하기 시작한 『조선어사전』의 원고를 이어받아 계속 작업한 일은 한국 민족문화 계승에 크게 이바지한 것으로 평가된다.

• 조선어연구회

조선어학회의 전신으로 국어를 연구하고 보급·선전할 목적으로 조직된 학술단체이다.

선구적 한글학자인 주시경의 영향을 받은 임경재(任璟宰), 최두선(崔斗善), 이규방(李奎昉), 권덕규(權悳奎), 장지영(張志映), 신명균(申明均), 이상춘(李常春), 김윤경(金允經), 이승규(李昇圭) 등 15, 16명이 1921년 12월 3일 휘문의숙에서 국어의 정확한 법리를 연구할 목적으로 조직하였다.

간사장은 임경재, 간사는 장지영·최두선이었다. 역사상 최초의 국어연구학회로 학문연구뿐 아니라 주시경의 학문과 정신을 이어 말과 글을 통해 민족정신을 고취하고자 노력하였다. 이 단체는 1908년 8월 31일 주시경·김정진 등을 중심으로 우리말과 글의 연구·통일·발전을 목표로 조직된 국어연구학회를 모체로 하여 탄생하였다.

국어연구학회는 1911년 9월 3일 '배달말·글모음'으로 이름을 바꾸었고, 1913년 3월 23일 '한글모'로 개칭하였다가 1921년 조선어연구회로 변경·조직되었다. 1931년 1월 10일에는 조선어학회로 이름을 고쳤다가 1949년 9월 25일 이후 한글학회로 정해져 오늘에 이른다.

1926년, 음력 9월 29일을 가갸날로 정하였는데 지금의 한글날에 해당한다. 1927년 2월부터는 기관지『한글』을 간행하여 한글의 보급과 선전에 힘썼으나 재정난과 일제의 탄압으로 1928년 10월 제9호를 내고 휴간하였다가 1932년 속간되어 오늘에 이른다. 1931년부터 한글강습을 시작해 민족의식 고취에 크게 이바지하였으며, 1933년 10월 29일 한글날 기념식에서 '한글 맞춤법통일안'을 발표하였다.

1936년 표준말의 정리와 체계를 세워 사정한 조선어 표준말 모음을 발표하였고, 1940년에는 외래어 표기법을 발표하여 혼란된 표기 현상을 통일하였다. 1942년 10월 일제는 이른바 '조선어학회사건'을 일으켜 회원 33명을 반일 독립운동 혐의로 검거하여 해방될 때까지 학회활동이 완전히 중단되었다. 해방 후 조선어학회는 '한글학회'로 이름을 고쳐 오늘에 이르고 있다. (전상기)

참고문헌

신창순, 「이른바 "철자법논쟁"의 분석: 박승빈의 주시경 철자법이론 비판」, 한국어학회, 『한국어학』 10, 1999; 최덕교 편저, 『한국잡지백년』 3, 현암사, 2004; 이상혁, 「해방 후 초기 북쪽 국어학 연구의 경향: 1945~1950년 초기 국어학 연구자를 중심으로」, 민족어문학회, 『어문논집』 56, 2007.

▌정의(正誼)

1914년 중국 상하이에서 창간된 월간 정론지

1914년 1월 상하이(上海)에서 창간된 정론지이다. 국민당 의원이었던 구중슈(谷種秀)가 주편하고, 양융타이(楊永太)가 후원하였다. 월간지로서 1915년 6월 정간되기까지 9호를 출간하였다. 논설(論說), 기재(記載), 예문(藝文) 등의 전란을 두었다. 연재기사인『중화민국개국사』(구중슈)와『중국철로사』(천이[陳沂])는 사료적 가치가 커서 따로 단행본으로 간행되었다. 주요 기고자는 구중슈, 양융타이, 선쥔루(沈鈞儒), 장야오청(張堯曾), 장둥쑨(張東蓀), 란궁우(藍公武), 딩스이(丁世嶧), 류충유(劉崇右) 등으로서 당시 의회를 통한 제헌을 주장해 온 국민당 진보의원과 이론가들이었다. 이들은 주로 일본 유학생 출신의 신진활동가들이었다.

창간 목적은 "정치 개량의 촉진과 사회 도덕의 배육"을 표방하였다. 의회 해산과 위안스카이(袁世凱)의 독재가 노골화되는 정국에 대응하여, 여론의 힘으로 의회정치를 회복하고 민주 정치의 기초를 마련하자는 것이 그 취지였다.

이를 위해서 이들은 총통권력의 확대를 계기로 국가권력의 확대를 제약할 수 있는 국민 의식의 제고를 필수적인 과제로 보았다.

"현재의 정치적 폐악의 근본 원인은 국민의 도덕타락에 있다. 금일의 정치는 결국 금일의 사회에서 양성된 것이다. 현재 사회는 다수 인민의 사회이기 때문에 현재 정치의 유패는 정부만의 책임이 아니라 다수 국민 모두의 책임이다"(구중슈의 「발간사」)라고 하고, 따라서 국민이 스스로 헌정을 통해 자기의 이익과 권리를 지키고자 하는 의지가 없다면 독재를 막을 수 없다는 것이었다(장둥쑨, 「정의해[正誼解]」). 국가권력을 견제하는 사회적 역량의 균형 속에서만 공화정이 정상화될 것으로 본 것이다.

이에 따라 이들은 지방자치와 총통권력의 분산을 통한 국가권력의 약화를 주장하는 한편 국민의식의 제고방향을 논의하였다. 특히 국민의 자치 능력의 향상과 새로운 정치 세력의 연대를 주창하였으니, 신문화운동으로의 발전 가능성을 보여 주는 것이었다.

특히 장둥쑨은 「여지연방조직론(余之聯邦組織論)」을 통해 신해혁명이 실패한 것은 인민의 자치능력의 결여에 있었다고 반성하고 국가권력을 제약하기 위해서는 아래로부터의 자치에 기초한 연방제의 실현을 주장하였다(1권 5호, 1914.9.15) 연방의 정신은 분권이지만 입법의 집권성과 행정의 분권성을 원리적으로 결합함으로써 국권과 지방권 차원의 이중적인 국민통합에 기여할 수 있다는 것이다.

실제로 이 잡지는 당파를 불문하고 반위안 세력을 결집하는 데 성공하였다. 이후 보다 본격적으로 반위안스카이를 표방하고 등장한 『갑인(甲寅)』지 역시 『정의』지의 이 같은 논지를 발판으로 가능한 것이었다. 반원운동(反袁運動)을 크게 촉진하였을 뿐 아니라 신해 공화혁명을 신문화운동으로 전화시킨 과도기적인 잡지로서 평가할 수 있다. (오병수)

▌정의의 빛(正義の光)

1926년 일본 간토 방직노동조합이 발간한 기관지

1926년 4월에 간토방직노동조합(關東紡織勞働組合)의 기관지로 창간되어 1936년 1월까지 간행되었다. 간토방직노동조합은 같은 해 12월 일본노동총동맹의 3차 분열에 따라 결성된 일본노동조합동맹 산하의 일본방직노동조합이 되었는데, 『정의의 빛』은 이 조직에서 계속 간행되었다.
1928년 제23호까지의 편집 겸 발행인은 이와우치 센사쿠(岩内善作)였다. 판형은 특이하게 가로 9㎝, 세로 18㎝ 정도였다. 여성의 앞치마(前掛) 주머니에 딱 맞는 크기였기 때문에 이러한 판형을 택하였다고 한다. 『정의의 빛』의 전성 시기이던 1927년에는 1만 부를 인쇄하였다. 정가는 10전이었다.

창간호에는 일본노동총동맹(日本勞働總同盟)의 스즈키 분지(鈴木文治)의 「부인회원 여러 자매에게 고함(婦人會員諸姉へ告ぐ)」이 실려 있다. 편집의 주안점은 여성 노동자들이 재미있게 읽을 수 있는 기사를 게재하는 데 두어졌다. 방직 공장의 여성 노동자들의 경우 남성 노동자와는 달리 학력도 낮고 따라서 관념적인 계급투쟁과 노동조합의 논의에 대한 이해의 정도가 낮다는 점을 감안한 편집방침이었다. 본문 40쪽 가운데 강화(講話), 시, 소설, 기타 쉬운 읽을거리가 들어 있었다. (이준식)

참고문헌

渡邊悅次·鈴木裕子 編, 『たたかいに生きて: 戰前婦人勞働運動への証言』, ドメス出版, 1980; 衫原四郎 編, 『日本經濟雜誌の源流』, 有斐閣, 1990.

▌정중일보(正中日報)

1938년 중국 창사에서 창간된 일간지

1938년 7월 7일 후난성(湖南省)의 창사(長沙)에서 창간했다. 11월에 창사에 대화재가 발생한 후 헝양(衡陽)으로 이전하여 1939년 1월 8일 복간하였다. 얼마 후 창사판도 발간하였다. 『정중일보』의 마지막 1호는 1944년 6월에 출판된 것으로 추정된다. 현재 중국국가도서관 등에 소장되어 있다.

『정중일보』는 발행인은 탄창카이(譚常愷)였다. 탄창카이는 1930년대 초 국민당 후난성당부집행위원 겸 선전부장과 후난성정부위원 겸 건설청장을 역임하였다. 탄창카이는 정계를 은퇴한 후 진보적 인사를 초빙하여 신문업계에 참여하였고 국민당의 부패현상을 비평하였다. 『정중일보』의 총편집은 처우싱(仇興),

탄스제(譚世杰), 리한제(李漢杰), 쉬페이례(徐斐烈) 등이었다.

『정중일보』는 신문보도를 중심으로 하였고, 주요 지면은 국제국내신문, 후난성의 중요 신문 등이 있었다. 국민당 중앙선전부의 지시를 받으면서 국민당의 항일업적과 공산당 공격을 과시하였다. 『정중일보』는 자매지로 『수상수사(隨想隨寫)』를 발간했다. 1941년 가을 리한제가 총편집이었을 때 마잉쯔(馬英子)와 옌과이위(嚴怪愚)를 주필과 부간(副刊)편집에 임명한 후 신문의 내용이 현저히 개선되었다. 그러나 후난신문검사소에서는 신문사에 압력을 가해서 같은 해 11월 리한제, 마잉쯔, 옌과이위가 모두 사직했다. (김지훈)

참고문헌

王檜林 · 朱漢國, 『中國報刊辭典(1815~1949)』, 書海出版社, 1992; 伍杰, 『中文期刊大詞典』, 北京大學出版社, 2000; 葉再生, 『中國近代現代出版通史』 3, 北京: 華文出版社, 2002.

▌정진(正進)

1929년 서울에서 발행된 정치운동 잡지

1929년 5월 1일자로 창간되었다. 언제 종간되었는지는 알 수 없다. 발행인은 미상이고, 발행소는 경성부 운니동 23번지의 정진사(正進社)였다. A5판에 정가는 20전이었다.

『정진』은 조선형평사(朝鮮衡平社) 총본부 기관지로 창간되었다. 조선 형평사는 1923년 4월 25일 진주에서 결성된 단체로 백정(白丁)에 대한 차별 철폐를 주장하는 사회운동단체였다. 일제하에 봉건적인 신분 차별 철폐를 주장한 사회단체로는 유일했으며 많을 때는 전국적으로 287개의 지사(支社) 및 분사(分社)와 32만 명의 회원을 가지고 있었다.

「머리말」에서는 "우리는 불리한 환경을 이롭게 변하기 위하여 '정진'하려고 노력한다. 불교도들이 '정진'을 주장한다. 그러나 우리는 불교의 이상으로 정진하려는 것이 아니고 우리의 이상으로 정진하려는 것이다. 그러므로 우리의 이상은 신비로운 환상도 아니요, 막연한 공상도 아니요, 필연한 추세를 자유로 발전케 하려는 확실한 근거가 있는 이상이다. 이상을 가지고 정진하면 오늘의 불리한 환경이 명일의 이로운 환경으로 변할 것을 믿으며 우리는 부끄러움이 없다"고 '정진'의 의미를 밝히고 있다.

창간호의 목차는 다음과 같다.

「머리말」/ 김전(金銓)· 권태석(權泰錫)의 「축 창간」, 「형평운동(衡平運動)의 정신(精神)」, 박평산(朴平山)의 「형평운동의 의의와 역사적 고찰」, 이동환(李東煥) 역(譯)의 「사회생활의 진화」, 리선동의 「양반의 말로(末路)」, 길한동(吉漢東)의 「알아야 한다」, 편집부의 「차오(差誤) 없는 입지(立志)」, 이준호(李俊鎬)의 「과학은 인간의 비료」, 한사원의 「나의추억」, 정창선(鄭昌先)의 「나의 가는 길」, 이필성(李必成)의 「우편국에서」/ '학우지상강연(學友紙上講演)' 이문석(李文錫)의 「흡연과 음주」, 「흡연하게 된 유래와 이유」, 「생리상으로 본 흡연의 해」, 이재한(李在漢)의 「위생상으로 본 음주」, 김석종(金石崇)의 「사회적으로 본 음주의 폐(弊)」/ '가정강좌' 이한상(李漢詳)의 「주택」/ '문예' 이한상(李漢詳)의 「때는 왔다」/ '시' 이종석(李鍾奭)의 「나는 어디로 가려나」, 한산생(韓汕生)의 「이 고개를 넘어야」/ '동요가극' 이한오(李漢吾)의 「평화촌」/ '소설' SGH의 「순례(順禮)의 설음」, 춘포(春圃)의 「등졌던 현실을 다시 찾아」/ 「편집여언」 등이다. (정예지)

참고문헌

「正進 創刊號」, 『東亞日報』 1929.5.28; 고숙화, 「형평사에 대한 일 연구: 창립 배경과 초창기(1923~25) 형평사를 중심으로」, 『사학연구』 제38호, 1984; 고숙화, 「일제하 형평사에 관한 일연구」, 이화여대 석사학위논문, 1989; 최덕교 편, 『한국잡지백년』 2, 현암사, 2004.

▌정치공작(政治工作)

1932년 중국에서 발간된 정치운동 잡지

1932년 4월 12일 창간되었다. 중국 공농홍군총정치부(工農紅軍總政治部)에서 주관, 출판한 정치 간행물이다.

간행 목적은 '홍군의 정치 활동을 지시하기 위해, 정치 활동가들의 자료를 제공하기 위해, 정치 활동의 모든 문제를 토론하기 위해서'였다. 주요 내용은 정치운동에 관한 각종 문제의 토론, 홍군 건설에 대한 제안, 소련 홍군 활동에 대한 소개, 총정치부(總政治部)의 각종 지시 문서를 발표하였다. 「총정치부의 홍5월의 홍군 확대 공작에 관한 지시 통지문(總政治部關于紅五月擴大紅軍工作的指示信)」, 「포로병 처리에 대한 공작대강(對俘虜兵的工作大綱)」, 「홍군 내 당의 최근 조직 임무(党在紅軍中最近的組織任務)」 등의 문서가 있다. (이은자)

참고문헌

王檜林, 朱漢國, 『中國報刊辭典(1815~1949)』, 太原(山西): 書海出版社, 1992; 葉再生, 『中國近代現代出版通史』, 北京: 華文出版社, 2002.

정치관보(政治官報)

1907년 중국 베이징에서 창간된 정부기관신문

1907년 10월 7일 베이징(北京)에서 청 중앙정부가 발행한 기관신문이다. 화스쿠이(華世奎)가 주관하고 정치고찰관(政治考察館)에서 편집 책임을 맡아 하루에 1권씩 일간으로 발행되었다. 1911년 『내각관보(內閣官報)』로 개명하여 8월 24부터 베이징내각인주국(北京內閣印鑄局)에서 발간되다가 신해혁명 후 종간되었다. 총 1370호를 발행하였다. 현재 쓰촨성도서관에 소장되어 있다.

발행 목적은 국가 정치 문독(文牘)을 게재하여 백성들이 국정 예비입헌의 뜻을 분명히 알도록 하기 위함이었다. 모든 정치 문독을 상세히 게재하지는 않았지만 인민이 정치지식을 알고 국가사상을 발전시켜 입헌국민의 자질을 높이기 위함이었다.

내용은 유지(諭旨), 비접(批摺), 궁문초(宮門抄), 전보(電報), 주자(奏咨), 상주문, 자찰(咨札), 법제장정(法制章程), 조약합동(條約合同), 보고(報告), 시유(示諭), 문유(文諭), 외사(外事), 광고, 잡록 등의 공간을 개설하였으며, 외사(外事)에는 외전(外電)과 서양신문 번역, 사신회보(使臣匯報)가 포함되어 있었다.

"모든 정치공문을 자세하게 게재함"을 발행취지로 내세웠기 때문에 청 말기 역사를 연구하는 중요한 자료로 이용된다.

1911년 청 정부가 신내각을 구성하면서 『내각관보(內閣官報)』로 제호를 바꾸고 발행되었는데, 신문의 성격도 변화하여 각 아문(衙門)에서 보내는 사건과 유지(諭旨) 등을 담아 각 성(省)에 보내졌다. 1911년 신해혁명으로 청 황제가 퇴위하면서 종간되었다. (김성남)

참고문헌

葉再生 著, 『中國近代現代出版通史』, 北京: 華文出版社, 2002;
王檜林·朱漢國 主編, 『中國報刊辭典』, 太原: 書海出版社, 1992.

정치생활(政治生活)

1924년 중국 베이징에서 발간된 정치운동 잡지

1924년 4월 27일 베이징(北京)에서 창간되었다. 중국공산당 북방지구 당조직의 기관지이다. 자오스얀(趙世炎) 등이 주편을 맡았다. 1925년 중국공산당 북방지구 위원회가 성립된 뒤 지구위원회 기관보가 되어 지구 위원회 집행위원회에서 편집, 인쇄하였다. 1926년 9월 정간되었다.

창간사에서 '본 기관지의 사명은 전국 국민이 반항을 고취하는 정치 생활로 나가게 이끄는 것이다'라고 천명하였다. 평론, 특재(特載), 잡감(雜感), 독자의 소리, 이번 주 등의 난으로 구성되었다. 시사 정치 논문을 주로 게재하였다. 주요 내용은 중국공산당의 정치 주장을 선전하고 제국주의와 봉건 군벌이 중국 인민을 압박하는 사실을 폭로하는 것이었다. '레닌기념호' 등 특집호를 실었다. (이은자)

참고문헌

王檜林·朱漢國,『中國報刊辭典(1815~1949)』, 太原(山西): 書海出版社, 1992; 葉再生,『中國近代現代出版通史』, 北京: 華文出版社, 2002.

▌정치주보(政治周報)

1925년 중국 광저우에서 발간된 정치운동 잡지

1925년 12월 5일 광저우(廣州)에서 창간되었다. 국민당 중앙집행위원회 선전부(國民黨中央執行委員會宣傳部) 기관 간행물이다. 앞의 4호는 마오쩌둥(毛澤東)이 주편을 맡았고, 후에는 선옌빙(沈雁冰), 장추런(張秋人)이 전후로 주편을 담당하였다. 광저우 정치서보사(廣州政治書報社)에서 출판되었다. 1926년 6월 정간되었다. 모두 14호를 발간하였다. 베이징인민출판사(北京人民出版社)에서 1954년 12월 1책으로 영인 출판하였다.

『정치주보』는 제1차 국공합작이라는 역사적 배경 하에서 창간되었다. 마오쩌둥은 「발간사」에서 창간 목적을 '반혁명파를 공격하고 반혁명 선전을 타파하기 위해', '중화민족의 해방을 위해, 인민의 통치 실현을 위해, 인민이 경제적으로 행복을 주기 위해'서라고 밝혔다. 『정치주보』 창간 시기는 국민당 중앙집행위원회 중의 우파 14명이 베이징 시산(西山)에서 회의를 개최하여 국공합작을 공개적으로 반대하고, 쑨원의 소련과 연합하고, 공산당을 용납하며, 노동자와 농민을 도와준다는 3대 정책을 반대하였다. 『정치주보』는 소위 시산회의파를 강하게 비판하는 데 전력하였다. 마오쩌둥은 제4기에서 국민당 우파 분열 원인과 그것이 혁명 전도에 미치는 영향에 관한 문장에서, 이를 계급투쟁의 관점에서 분석하였다. 『정치주보』는 또한 쑨원의 3대 정책을 선전하여 3대 정책이 국공합작의 기초이고, 제국주의를 반대하고 군벌을 반대하는 국민혁명을 추진하는 원동력이라고 하였다. 국민당과 광둥혁명정부(廣東革命政府)의 중요 선언, 보고, 결의를 주로 발표하였고, 정치 논문과 일부 통신을 게재하였다. 1926년 3월 장제스(蔣介石)가 중산함 사건을 일으키고, 5월에 당무정리안(黨務整理案)을 제출하여 공산당 반대의 입장을 분명히 하였다. 이로써 『정치주보』도 정간되었다. (이은자)

참고문헌

方漢奇 主編,『中國新聞社業通史』, 北京: 中國人民大學出版社, 1996; 王檜林·朱漢國 主編,『中國報刊辭典(1815~1949)』, 太原(山西): 書海出版社, 1992.

▌정치학보(政治學報)

1931년 중국 상하이에서 창간된 정치운동잡지

1931년 5월 상하이(上海) 푸단대학(復旦大學)에서 창간하였다. 1년에 1차례 발행되는 연간으로 발행되다가 1933년 6월 『정치계간(政治季刊)』으로 개명되었고, 1934년 7월에 다시 『정치기간(政治期刊)』으로 개명하여 발간되다가 1935년 1월 종간되었다.

발간 목적은 구미 각국 정치학의 새로운 학술을 소개하는 것이다. 세계 각국의 정치제도와 정치사상문제를 객관적으로 해부하고 정치 이론과 사실 사이의 상호 관계를 비교하여 중국 근대 정치사상과 구미 각국 헌법을 연구하는 것에 중점을 두었다. (김성남)

참고문헌

周葱秀·涂明 著,『中國近現代文化期刊史』, 山西教育出版社, 1999; 王檜林·朱漢國 主編,『中國報刊辭典』, 太原: 書海出版社, 1992.

▌정해지총(政海志叢)

▶ 근사평론·부상신지(近事評論·扶桑新誌)

▌정형(政衡)

1920년 중국 상하이에서 간행된 정론지

1920년 3월 상하이(上海)에서 창간된 정론지이다. 정형잡지사(政衡杂志社)에서 발행하였고, 간행지는 상하이 미국 조계였다. 베이징대학의 학생이자 5·4운동의 주역인 천궁보(陳公博), 탄핑산(譚平山), 탄즈상(譚植棠) 등이 간행한 잡지이다. 창간 취지는 "정치: 근본적 혁신을 주장함, 사회: 근본적인 개조를 주장함, 각종 문제: 근본적 해결을 주장함"이었다. 잡지는 불과 2호만 내고 종간되었다. 창간 주체들이 곧 고향인 광둥으로 돌아가 공산주의운동을 주도하면서, 그 기관지인 『관동군보(廣東群報)』를 간행하는 것으로 보아 단순한 이론 활동보다는 실천적인 기회를 모색하기 위한 결과로 해석된다.

주로 정치 현실에 대한 비판과 개혁에 대한 전망을 다루는 논설을 중심으로 하고 시평(時評)과 특별기재란을 따로 두었다. 시평은 국내외의 정치 사건에 대한 간단한 논평이며, 특별기재는 「독일헌법대강」, 「러시아 헌법」, 「노농정부의 중국 인민 및 남북정부 선언서」 등 국가 건설의 방향과 관련한 중요한 자료를 싣고 있다.

당시 세 사람은 모두 중국공산당에 가입하였지만 이후 당의 주류와 다른 독자적인 실천을 보여 주었는데, 이들의 초기 사상을 볼 수 있다는 점에서 유용한 자료이다.

『정형』은 단 2호만을 내고 정간하였으나, 1920년 3월 5·4운동에 적극 가담한 베이징대학생들에 의해 창간되었고, 천궁보, 탄핑산, 탄즈상 등이 학계의 주목을 받아온 인물들이 창간한 잡지라는 점에서 중시되어 왔다.

특히 이들은 베이징대학 재학시절부터 각종 학생활동에 적극 참여하였으며 이후 초기 광둥 지역 공산주의 운동을 사실상 지도하였다. 그러나 이후 각각 공산당과 노선을 달리하였다는 점에서 중국의 초기 공산주의 운동사의 다양한 측면을 암시하고 있다. 예컨대 천궁보는 1923년 미국 유학을 거쳐 이후 왕징웨이(汪精衛) 중심의 국민당 좌파로 활동하였고, 탄핑싼은 광동의 농민운동을 지도하다가 덩옌다(鄧演達)가 주도한 제3당의 이론가로 활동하였다. 탄즈상은 중공 당원으로서 오랫동안 활동하였지만 해방 직후인 1952년 숙청되었다.

이들의 이러한 행적은 그 자체가 중국 근현대사의 다양성을 해명할 수 있지만, 특히 중국공산당이 견지한 볼셰비키적인 마르크스주의를 어떻게 이해하였는가 하는 점 등 사상적 해명에 대한 연구가 절실하다고 할 수 있다. 『정형』은 공산당 입당 직전 이들의 사상 형태를 잘 보여 주는 잡지라 할 수 있다.

『정형』은 우선 "정치는 인민의 복리를 위한 도구여야 한다"는 원칙하에 당시 남북 분열과 군벌정치를 비판·부정하면서 민치주의, 평민주의 사조를 바탕으로 전반적인 사회개조를 주장하였다(탄핑산, 「세계군벌[世界軍閥]의 말일[末日]」, 1권 2호).

다만 "사회를 개조하기 위해서는 정치를 버리고 멸시해서는 안 된다"고 하여 길드사회주의자들과 달리 정치개조를 강조한 점이 특이하다. "우리들이 말하는 정치란 정부에서 한두 가지 의안이나 내고 마는, 또는 국회에서 죽은 헌법이나 토의하면 그만인 그런 것이 아니다. 지방정치의 확장, 보통선거의 요구, 계급차별의 폐지, 시정부의 건설, 그리고 노동보호, 사회보험, 이익분배, 노동조직, 빈곤의 구제, 농촌의 개조문제, 도시의 개조문제, 부인문제, 아동문제 등에 이르기까지 우리는 모두 연구하고, 개혁하고 실행해야 한다"(천궁보, 「우리는 왜 아직도 정치를 이야기 하는가?」). 이들의 실천 지향적 성격을 보여 주는 대목이라 할 수 있다. 특히 탄핑산은 "사회를 개조한다는 것은 사회와 접촉하지 않으면 안 되고 실제 사회에서 시작하지 않으면 안 된다"(「나의 농촌 개조에 대한 주장」, 1권 2호)고 하여 당시 농촌의 실제와 유리된 "신촌주의"를 비판하였다. 볼셰비키보다도 노동자계급의 역량이 열악한 중국에서는 농민이 노동자를 영도하여야 한다고 주장하는 등 농촌사회개조의 중요성을 강조하였다(「나의 농촌 개조에 대한 주장」 1권 2호).

동시에 이들은 평민주의 민주주의의 확대와 사회개혁을 주장하면서도 천두슈(陳獨秀)와 달리, 보통선거에 의한 지방자치의 내실화를 대안으로 모색하였다. 볼셰비즘이나 계급독재론을 수용하고 있지는 않은 셈이다(천궁보, 「우리는 어떻게 시정부를 조직할까?」, 1권 2호).

다만 미국 등 서구 제국주의의 중국 침략을 비판하고 볼셰비키 정부에 대한 호감을 숨기지 않았다. 장래 볼셰비키가 세계의 주류가 될 것이라 예상하고 정부에 대해 소비에트 정부의 승인과 국교교섭을 촉구하고 있다. 러시아는 다른 제국주의 국가들과 달리 정의·우호의 정신을 구현하고 있다는 것이었다. 물론 제국주의의 본질에 대한 깊이 있는 분석은 이루어지지 않았다.

이처럼 『정형』은 당시 유행한 민치주의 평민주의의 학대를 통한 전면적인 사회개조를 주장하였지만, 사회개량 및 민주주의 확대를 통해 미래의 혁명, 과격파의 혁명의 예방을 모색하였다고 할 수 있다(천궁보, 「미래의 혁명」, 1권 1호). (오병수)

제국농회보(帝國農會報)

1911년 일본에서 발행된 농업 잡지

제국농회보는 대표적인 일본농업단체였던 계통농회의 전국기관지이다. 1910년 11월에 설립된 제국농회가 발행하였다. 창간호는 1911년 1월에 발행되었다. 제국농회보는 전국농사회의 해산과 제국농회의 설립에 따라 전국농사회가 발행하던 기관지 『중앙농사보』를 계승한 계통농회의 기관지였다. 창간호는 4×6배판으로 발행되었으며, 지면은 소서(詔書), 발간사, 축사, 회칙, 본회기사, 지방농회기사, 자료, 학설, 시사초록(時事抄錄), 잡보로 구성되었다. 제국농회는 매월 2500부 정도 인쇄되었으며, 그중 반은 계통농회에 무료 배포하고, 나머지 반은 일반 독자에게 가격 10전으로 판매되었다. 1943년 9월 전시농업단체 통합 방침으로 중앙농사회가 발족하고, 제국농회가 해산됨으로써 제국농회보가 33권 9호를 끝으로 종간되었다.

계통농회는 1897년 공포된 농회법에 근거하여, 농사기술의 보급, 농사개량의 달성을 목적으로 설립된 농업단체였다. 회원은 경작자와 토지소유자였다. 정촌(町村)농회를 기본 단위로 상부기관으로서 군시(郡市)농회, 부현(府縣)농회가 조직되었다.

부현농회의 중요업무는 기관지인 부현농회보를 발간하는 것이었다. 기관지 발간이 군(시)농회까지 진행되면서, 각급 농회에서의 과다한 기관지 발행은 예산문제를 발생시켰다.

이 때문에 제국농회는 설립과 함께 전국농사회가 발행한 『중앙농사보』와 같이 전국을 대상으로 발행되는 중앙기관지로서 『제국농회보』를 발간하였다.

제국농회의 초대회장 가토 히사요시(加藤久宜)는 창간호의 「발간사」에서 제국농회의 역할을 농사개량 발달을 모도하기 위한 연구조사, 각급 농회의 지도장려, 농정과 농업경제에 관한 행정관청과의 협조와 자문이라고 밝혔다. 따라서 『제국농회보』는 제국농회의 위와 같은 역할 수행을 돕기 위해 발행된 기관지였다.

『제국농회보』의 성격을 전신지인 『중앙농사보』와 비교해 보면 다음과 같은 특징이 있다. ① 정부 자문에 대한 기능 강화와 지방농회에 대한 지도성 강화이다. ② 이론지로서의 성격이 강화되었다. 즉 각종 조사연구, 제국농회 입장에서 농정과 농업경제에 대한 견해가 지면을 통해 발표되었다. 『중앙농사보』의 운동지적 성격과는 대조적인 특징이다.

『제국농회보』에는 당시 일본의 농업경제 상황을 파악할 수 있는 논문과 자료가 다수 게재되어 있다. 주요 논문과 자료를 살펴보면 다음과 같다.

1권에는 조사자료로 「지세 및 제조세 부담의 상황과 변천」이 수록되어 있다. 이 자료는 잡지주제와 관련해서 가장 민감한 문제인 소작료의 물납금납 문제를 취급하고 있다. 2권의 「중소농보호정책」, 3권의 「현대문명과 농업정책」, 「농정의 신생면」 등도 지주제와 연관된 논문들이었다.

4권에는 농상무성 농무국 편의 「일본에서 소작관행」이 게재되었고, 5권에도 「일본소작관행」이 특별조사 항목으로 게재되었다.

8권이 발간된 1918년은 쌀소동이 일어난 해이다. 쌀소동으로 고미가로 인한 도시생활자의 곤궁문제는 정치문제로 인식되었고, 농촌측은 수세적 입장이었다. 잡지에 게재된 「미가조절에 대해」, 「미가조절문제」는 부현농회의 입장을 대표하는 논문이었다.

10권(1920)에는 미가폭락이라는 경제상황에서 계통농회가 추진한 미곡투매방지운동의 배경과 궤적, 지방농회의 활동을 소개하였다.

1차 세계대전 이후 발생한 농촌·농업문제에 대응하기 위해 1922년 8월에 신농회법이 공포되었다. 이를 계기로 계통농회는 기술지도에 의한 농사개량 단체에서 대규모의 사업 실시를 통해 농촌·농업문제에 대처하는 농업단체로 전환되었다. 13권의 「농촌진흥의 근본의」, 「농촌진흥의 정신」 등은 이러한 성격 전환을 설명한 논문이었다.

계통농회의 사업은 생산면의 기술지도에서 공동판매의 장려, 농가소조합의 육성 등으로 확대되어 갔다. 이에 따라 14권과 15권에는 새롭게 농정강좌라는 항목이 등장하였다. 또한 「시장론」, 「공설시장」, 「중앙도매시장론」, 「곡물시장론」, 「농업에서 농산물거래의 지위」 등의 논문이 차례로 게재되었다.

한편 15권에는 「농촌문제대두의 배경」, 16권에도 「소작법의 문제」, 「소작법요강비판」 등이 수록되어, 토지문제와 소작쟁의에 대한 논의가 본격적으로 시작되었다. 제16권 중에는 「토지문제」 특별증간호가 발간되기도 하였다.

17권 「농회개조를 논한다」라는 논문에서 경작하지 않는 지주를 농회 회원에서 배제하자는 주장이 제기되었다. 이를 둘러싸고 「농회개조론」, 「농회신혁론」 등의 논설이 게재되었다. 18권에는 「농지상속문제에 대해서」라는 논문 외에, 「계통농회사」가 연재되기 시작하여 24권(1934)까지 47회가 연재되었다.

제국농회는 1927년부터 『제국농회보』의 자매지로서 『제국농회시보』를, 1937년에는 『제국농회시보』를 계승한 『일본농업신문』을 발행하였다.

1920년대 후반부터 농업공황으로 인한 농촌위기가 현실화됨에 따라 계통농회에게는 실천적인 운동의 실시와 신속한 정보의 전달이 요청되었다. 이 때문에 『제국농회보』는 농촌경제, 농정문제에 대한 조사연구를 중심으로 한 이론지적 성격을 더욱 강화하였다.

16권 7호(1926)에 「농업금융」 특집이 마련되어 「하층농민에 대한 금융의 중요」, 「농업신용의 대원칙에 대해」, 「농촌금리저하와 산업조합의 임무」 등의 논문이 게재되었다.

1932년에는 제62, 63의회에서 불황 대책이 심의되어, 구농(救農)토목사업과 농촌경제갱생운동이 시작되었다. 22권 7호에 수록된 「농촌구제대책사견대강」, 「농촌구제에 대한 비판과 주문」은 법안의 내용에 대해 언급한 논문이었다. 따라서 제국농회의 입장과 태도를 파악할 수 있는 자료이다.

계통농회는 산업조합과 함께 농촌갱생운동의 담당자였기 때문에, 『제국농회보』 23권 3호에는 "농촌경제갱생", 23권 8호에는 "농촌계획" 특집이 게재되었고, 지방농회의 실천 활동을 자세히 소개하였다.

1937년 전시체제가 확립되는 과정에서 식량증산과 식량확보가 계통농회의 가장 중요한 임무가 되었다. 따라서 농업생산에 관한 토지와 노동력, 자원·자재의 통제, 농업기술 등에 관한 특집호 편집이 가장 많았던 것이 이 시기의 특징이다.

28권(1938) 4호의 「의회와 농촌문제」, 5호의 「전시경제와 농업정책」 특집은 군수를 우선시하는 조건에서 농업자재의 배급통제, 노동력 동원 등이 해설되었다.

1939년부터 시행된 「농업보험」에 관해서도 시행직후에 발행된 29권 3호와 30권 9호에 특집으로 다루어졌다.

29권 2호 「농촌계획생산」, 8호 「농업공동작업」, 30권 10호 「농업과 물」, 31권(1941) 6호 「농업기술」, 7호 「식량문제」, 12호 「농업통제」, 32권(1942) 3호 「지방(支那)만주농업」, 12호 「농업노동력의 성격과 옹호(擁護)」 특집이 이어졌다.

33권 9호(1943) 종간을 맞이해서 "농회회고" 특집에서는 제국농회 설립 이후 약 34년간에 걸친 생애를 총괄하였다.

1943년 제국농회, 산업조합중앙회, 제국축산회, 전양련(全養聯), 다업회의소(茶業會議所) 등 다섯 단체가 중앙농업회로 통합 발족하였다. 이에 따라 각 단체가 발행한 기관지는 『가의 광(家の光)』만이 유지되고, 나머지 잡지는 모두 종간되었다. (문영주)

참고문헌

杉原四郎 編, 『日本経済雑誌の源流』, 有斐閣, 1990; 杉原四郎著,『日本の経済雑誌』, 日本経済評論社, 1987.

▌제국농회시보(帝國農會時報)

1927년 일본에서 발행된 농업 잡지

1927년 4월부터 제국농회가 『제국농회보』의 자매지로 발행한 잡지이다. 『제국농회시보』는 1937년까지 9권까지 격월간으로 발간되었다. 1937년 4월 제국농회가 『일본농업신문』을 창간하면서 폐간되었다. 『제국농회시보』는 광범위한 보급을 목적으로 정가 10전에 판매되었고, 전국의 산하 각 농회에는 무료로 배포되었다.

『제국농회시보』의 지면은 농업경영과 농촌문제의 평이한 해설, 새로운 농업기술과 농가 우량 사례의 소개, 각급 농회 상호의 연락 사항 등으로 구성되었다. 이를 통해 농회의 실천운동지로서 기능하였다.

계통농회의 중앙지인 『중앙농사보』와 이를 이어 발행된 제국농회보는 도시농회와 정촌(町村)농회를 대상으로 발행된 전국적 기관지였다. 그러나 지면 구성에서는 상급농회와 농회 지도자들을 대상으로 구성되는 한계를 가지고 있었다.

이 때문에 이론지적 성격이 강하였고, 현실적으로 말단 정촌농회와 농가의 입장에서 지면을 구성할 수 없었다. 따라서 제국농회와 지역의 중견 농업자를 직접 연결시켜 주는 잡지의 발행이 필요하였다. 이러한 조건에서 제국농회시보가 발행되었다.

제국농회시보는 1934년 1월 제호를 『서수(瑞穗)』로 변경하기도 했지만, 반년 후에 다시 『제국농회시보』로 변경하였다.

제호를 『서수』로 변경한 이유는 제국농회시보라는 제호는 제국농회의 사업보고를 위한 잡지로 인식될 수 있기 때문이었다. 따라서 일반 농가 본위의 잡지로 인식되기 위해 제호의 변경이 필요했다. 그러나 농촌·농업위기 때문에 '일사불란한 통제'적 농정의 필요 때문에 다시 제호를 변경하였다.

『제국농회시보』는 1937년까지 발행되었지만, 1937년 4월부터 제국농회가 『일본농업신문』을 주간으로 발간하면서 종간되었다.

『일본농업신문』은 농회판매알선사업에 이용되던 『시황통보(市況通報)』와 『제국농회시보』를 모태로 발행되었다. 이 신문은 1942년 12월 농계신문 정리조치에 따라 『중앙산업조합신문』을 통합하여 중앙농업회가 계속 발행하였다. (문영주)

참고문헌

杉原四郎 編,『日本経済雑誌の源流』, 有斐閣, 1990; 杉原四郎 著,『日本の経済雑誌』, 日本経済評論社, 1987.

▌제국신문(帝國新聞)

1898년 서울에서 발간된 시사종합신문

1898년 8월 타블로이드 반 크기에 2단 체제로 창간되었다. 1904년, 1907년 판형을 확대했고, 총 4쪽으로 간행되었다. 1907년부터 휴간과 복간을 거듭하다 1910년에 정식으로 폐간되었다. 12년 동안 약 3240호를 펴냈고 중류 이하 민중 및 부녀자를 대상으로 순국문 원칙을 지켰다. 이종일이 사장으로 단독 출자 및 경영했고, 유종일, 이종면, 장효근 등이 편집과 제작에 참여했다. 이승만이 주필로 활동했으며, 기계 및 활자 등과 관계한 시설은 심상익이 지원했다. 1907년 이후로는 서우학회 회장 정운복이 편집주필로, 박정동, 이인직, 이해조 등이 기자로 활동했다. 창간호부터 1907년 10월 22일까지의 분이 서울대학교 도서관에 소장되어 있으나 누락된 부분이 많다.

대한제국 말기의 대표적인 일간지이다. 지면은 전체 4면으로 구성되었다. 1면에는 논설, 2면에는 관보·잡보, 3면에는 해외통신·광고, 4면에는 광고를 실었다. 가격은 '한 장 엽 너푼, 한 달 선급 엽 여섯 돈'이었고, 광고비는 1행에 6전이었다. 1899년 2월 20일자부터 체제를 3단제(1단 28행)로 변경했고 창간 초기의 제호는 "뎨국신문"이라는 국문이었으나 1903년 7월 7일 "帝國新聞"이라는 한문으로 바꾸면서 지면을 확대하고 관보를 한자로 게재하기 시작하였다. 1907년 5월 7일자 제2407호부터 다시 지면을 확대하여 대판 4면 6단제로 변경했다. 1907년 5월 17일에 대판으로 늘렸으나 무리한 확장으로 9월 20일 휴간되었고, 이어 유지들과 독자들이 돈을 내서 그해 10월 3일 속간했다. 1908년 1월 1일자 12면 신년 특집호를 발행하기도 한다. 그러다 1910년 6월 10일 다시 휴간, 재정난과 일제의 압력으로 그해 8월 2일 정식으로 폐간되었다.

『제국신문』은 창간호부터 1910년에 폐간될 때까지 한말의 대표적 민족 민간지로서 『황성신문』과 함께 가장 오랜 발행실적을 기록하였다. 특히 한글 전용을 고수하여 일반 서민층과 부녀자들 간에 독자가 많았으므로 『황성신문』을 수신문, 『제국신문』을 암신문이라고 불렀다. 당시 『독립신문』이 초기 300부에서 나중에 3000부 정도에 이르렀던 것과 비교해 『제국신문』이 초기에는 3000부 이상, 이후에도 1000부까지 지속적으로 발행되었다는 사실은 『제국신문』이 『독립신문』에 견줄 수 있는 구독자를 가지고 호응 받았음을 말해준다.

『제국신문』의 연혁

초대 사장은 이종일(李鍾一), 주필은 이승만(李承晩)이었다. 1903년 1~6월까지 최강(崔岡)이 사장에 올랐다가 다시 이종일로 바뀌었으며, 1907년 5월경 정운복(鄭雲復)이 사장으로 취임하였다. 초기에 이 신문에 관계한 사람은 이종문, 장효근, 이익승, 심상익 등의 재야 유학자 및 신흥 상공업자들과 이승만, 유영석 같은 배재학당 출신들이었다. 이어 주시경, 김효신, 김두현 등 독립협회 출신들이 참여했으며, 1904년 일본 유학생 출신인 김상연, 최영식이 잠시 관여했고, 남궁준, 이정주가 인쇄 책임을 맡았다. 이종일이 사장으로 재임한 시기에는 기호지방 출신들이 신문사를 주도했으나 1907년 정운복이 사장에 오른 뒤에는 관서 지방 출신이 중심을 이루었다고 한다. 이 신문에 관계했던 지식인들은 대부분 전직 또는 현직 관리였고 대한자강회나 대한협회 등에서 활동하던 사람들이었다. 이중 이승만은 과감한 논조로 당시 일본인들이 발행하던 『한성신문』과 활발한 논전을 펼쳤으며 독립협회 활동으로 옥살이하는 동안에도 논설을 집필했다.

『제국신문』은 법률의 공정한 시행과 풍습개량이 나라 발전의 요체라고 생각했고, 교육이나 여성문제에도 관심을 가졌다. 특히 산업진흥이 국권 회복의 해결 방법으로서 주목되었다. 『제국신문』은 일제의 내정간섭이 심해지자 이에 적극적으로 대처하지 못하는 무능한 정부와 관리와 일제의 어용단체인 일진회에 대해서 신랄한 비판을 가하였다. 이러한 논조로 인해 사전 검열을 받아 기사가 삭제되는 경우가 빈번했다. 1903년 6월 사장 최강이 구속된 데 이어 1908년 8월 사장 이종일이 구속되었고, 1904년 10월 7일자 논설에 일본군 사상 방해 및 치안 방해의 내용을 실었다는 이유로 3주 동안 정간되는 등 여러 차례 필화를 겪었다.

창간 이듬해인 1899년 12월 11일 화재로 사옥이 불타버리자 1903년 초 고종이 내탕금 2000원과 광문사의 사옥 및 인쇄기계 등을 하사했다. 이인직의 신소설 「혈의 누」 속편 및 이해조의 「고목화(古木花)」 등이 연재되었다.

연재 신소설 「혈의 누」

1906년 『만세보(萬歲報)』에 연재되었던 작품이다. 이 소설 이전에도 유명 무명의 신소설이 있었으나 문학적인 수준이나 가치로 보아 「혈의 누」를 근대소설의 효시로 삼는다. 상편은 『만세보』 연재로 끝나고 하편에 해당하는 「모란봉(牡丹峰)」이 1913년 『매일신보』에 연재되다가 미완성으로 끝났다. 『제국신문』에 1907년 5월 17일부터 6월 1일까지 11회에 걸쳐 발표된 「혈의 누」 하편은 국초(菊初)라는 필명으로 200자 원고지 60매 정도 분량으로 발표되었다. 단행본으로 처음 발간된 것은 1907년 3월에 광학서포(廣學書舖)에서 발행한 『혈의 누』이지만, 『만세보』의 연재분과는 내용에 있어 약간의 차이를 보인다. 그 뒤 1912년 12월에 동양서원(東洋書院)에서 『모란봉』이라는 제목으로 정정본이 출간되었다.

이 작품은 청일 전쟁을 배경으로 하면서 10년 동안이란 시간의 경과 속에서 한국, 일본, 미국을 무대로 여주인공 '옥련'의 기구한 운명에 얽힌 개화기의 시대상을 그리고 있다. 그리고 이러한 시대 현실의 반영을 통해서 자주 독립·신교육·신 결혼관 등의 주제 의식을 보이고 있다. 비록 이 작품은 낙관적 개화주의를 갖고 있다는 비판을 받기도 하나 다른 한편 일반 민중들도 쉽게 이해할 수 있는 구어체 문장을 사용했다는 점에서 높이 평가되고 있다. 또 상투적인 한문구를 배제한 것도 이 소설의 성과라고 지적된다. 이처럼 쉬운 문장은 20세기 초 한국 문학에서 볼 수 있는 특징으로서, 훗날 한국어로 쓴 현대소설을 태동시키는 초석이 되었다.

하지만 후편인 「모란봉」의 경우 의병들을 무지한 폭력집단으로 비하하였으며 「혈의 누」도 조선에서 전쟁(청일전쟁)을 도발한 일본에 대한 비판보다는 오히려 일본 군인은 고아를 돌보는 좋은 사람인양 미화하는 등 친일성이 농후하다는 평가를 받고 있다. 이는 당시 아시아의 지식인들이 메이지유신으로 발전한 일본에 대해서 경외감을 갖고 있던 지식인들의 현실과 무관하지 않다.

또한 옥련이 미국에서 유학하여 지식인으로 성장한다는 설정도 당시 윤치호나 안창호 등의 지식인들이 '예수교를 믿는 나라들은 모두 부강한 나라'라면서 스스로 개신교 신자가 되는 등 서양을 대한제국의 발전모델로 생각하던 시대의 모습을 반영하고 있다.

이종일(1858~1925)과 『제국신문』을 이끌었던 인사들

1896년 『독립신문』이 창간된 이후 언론계는 독립운동 및 문화의 중심에서 활동하는 인물이 가장 많이 모인 곳이었다. 『독립신문』의 서재필과 『황성신문』의 남궁억, 유근, 장지연을 비롯해 『제국신문』에는 이승만과 이종일이 포진하고 있었다. 이종일은 한말에 『제국신문』을 9년이나 이끌었던 인물이다. 순국문을 원칙으로 했던 『제국신문』의 사장이었던 그는 1909년 9월에는 국문연구소의 연구위원이 되었다. 당시 대부분의 언론인이 언론 활동을 구국이나 계몽의 방편으로 여겨 언론계에 정식으로 있었던 기간이 그리 길지 않았던 데 비해 그는 당시 누구보다 긴 기간과 안목으로 신문사 경영에 책임을 보였던 인물이었다.

한일강제병합 후 이종일은 『천도교회월보』를 편집하였고 3·1운동 때에는 33인의 한 사람으로 그가 책임을 맡고 있는 보성사에서 독립선언문을 인쇄하기도 했다. 그리고 『조선독립신문』을 발행, 배포하여 투옥되기도 하였으며 농촌 부흥을 위한 '신촌(新村)운동'을 벌이기도 하였다.

보통 이종일의 칠십 생애는 1898년 『제국신문』을 창간한 40세를 기점으로 크게 나뉘는 것으로 평가된다. 전기에 해당하는 시기 동안 그는 당시 선비들과 크게 다를 바 없는 경력을 가지고 있었다. 1858년 11월 6일 충남 서산군 원북면에서 태어나 한학을 공부하고 16살이 되는 1874년 문과에 급제했다. 1882년에 박영효를 중심으로 한 수신사의 일원으로 일본에 다녀온 후 정3품의 벼슬에 오르면서 그의 공식적 활동이 시작된다.

이종일의 나이 41세 때부터 시작한 『제국신문』 사장으로서의 활동은 그의 생애를 변모하게 한 기점이었다. 그는 초창기 활동한 언론인 중 가장 연장자였다. 서재필은 이종일보다 6살 아래로 『독립신문』을 창간할 때 33살에 불과했다. 이렇듯 뒤늦게 언론계에 투신한 이종일이 신문의 중요성을 깨닫게 된 데에는 수신사 경험이 컸던 것 같다. 박영효를 중심으로 하는 수신사가 했던 일 중 가장 주목되는 점이 바로 신문 발간을 구체적으로 기획하여 후쿠자와 유키치를 만나 그의 문하생인 일본인 기자 3명과 인쇄공을 데리고 귀국한 것이었다. 이종일 자신도 언론에 투신하는 것이 시대적 흐름에 부합한다고 느꼈던 것 같다.

1898년 1월 10일 이종일은 『협성회회보』의 발행에 참여했던 유영석을 만나 나누었던 대화를 다음과 같이 자신의 비망록에 기록하였다.

"개화인 유영석 씨가 찾아왔으므로 서재에 맞아들여 신문 발행 건에 대해서 환담했다. 유씨가 말하기를 신문사업은 구미 각국에는 벌써부터 크게 유행하고 있으나 우리나라는 한미한 형편으로 옥파께서 정부에 주상해서 발행 허가를 얻으면 어떻겠는가. 내가 대답하기를 생각해보면 나라의 개명과 개화에는 신문이 제일이요 국가의 주인으로는 민중이 제일이니 여기에서 우리들의 사명은 더욱 중차대한 것이라 하고 밤새도록 술을 마시며 시국에 대해 담론했다."

이날 기록한 비망록에 이종일은 자신이 앞으로 발행할 신문은 꼭 부녀자를 위한 계몽지가 될 것이라고 다짐한다. 이후 그는 유영석, 이종면, 장효근 등과 함께 신문 발간에 대해서 여러 차례 의견을 나누었고 4월 6일에는 박인식과, 22일에는 또 유영석, 이종면과 신문사업에 대해 이야기를 나누었다고 기록하였다.

서재필과는 신문사업을 통한 민권운동에 관해서 의견을 주고받았으며, 그 내용은 인민의 권리를 지키기 위해서는 먼저 신문사업에 매진해야 한다는 것이었다. 이종일은 이 말을 유영식에게 전하며 서로 의기를 투합하였다고 한다. 7월 4일에는 제호를 '뎨국신문'으로 하자고 결정했고 한글 전용에 대한 의견도 확정 쪽으로 결론냈다. 같은 달 16일에는 장효근과 인쇄, 보급, 논설 집필 등의 구체적인 업무를 논의하고 8월 7일 신문 창간 작업을 거의 끝마쳤다.

마침내 8월 10일 『제국신문』이 발간되었다. 『황성신문』이 주식회사 형태인 고금제로 설립된 것에 비해 『제국신문』은 이종일이 단독으로 경영하였다. 그러나 『제국신문』에는 그를 도와 경영과 제작에 참여했던 사람이 다수 포진하고 있었다. 발행허가를 얻은 이종면을 비롯하여 심상익, 유영석, 이승만, 이종문, 장효근 등이 그 중심인물이었다.

이 가운데 제작 자체에 직접 관여한 이는 이종일과 이승만, 그리고 유영석이었다. 이는 이종일이 쓴 1907년 6월 5일자 『제국신문』 사설 「본사의 행복과 본 기자의 해임」의 첫머리에 다음과 같이 나타나 있다. "본 신문을 창간할 때에 이승만, 류영석 양씨와 본 기자 이종일, 삼인이 동심합력하야 사무를 보더니……." 이처럼 초기 이종일을 중심으로 배재학당 출신 이승만, 유영석으로 꾸려지던 『제국신문』은 곧 3개월 후인 1899년 1월 초에 이승만이 구속되고 유영석이 신병으로 사무를 보지 못하자 이종일 단독 체제로 들어서게 되었다. 그 후 『제국신문』은 다수의 인물이 간단없이 관련을 맺지만 기본적으로는 이종일 단독으로 업무를 꾸려가는 형식을 유지했다.

『제국신문』과 관련을 맺은 인물은 배재학당에서 서양학문을 공부한 이승만과 유영석 등과 같은 이도 있었으나, 이종일, 김익승, 심상익, 염중모 같은 이는 모두 관직을 역임했던 사람들로 대부분 전통적 한학을 수학하고도 신학문에 관심을 두고 있었던 사람들이었다. 또한 이종일, 이승만, 유영석, 염중모는 독립협회에 가담한 인물이었다. 염중모는 1894년 장연 군수를 지냈고, 1899년 7월에는 탁지부의 재무관에 임명되었던 사람이다. 당시 『제국신문』은 배재학당에서 신학문을 배운 '이승만의 신인적 견식(新人的 見識)'으로, 『황성신문』은 '유근의 한학적 필치가 아울러 그 특색'을 발휘했던 것으로 인식되었다.

이외에도 창간 후 1899년까지 탐보원(探報員) 한용교와 채규하가 『제국신문』과 관련을 맺고 있었고, 주시경도 1899년 10월부터 12월까지 짧은 기간 동안 재임했으며, 김효신도 초기 한때 제작을 맡았다. 한용교는 1897년 11월 한성재판소 검사와 중추원 삼등의관을 역임한 인물로 『매일신문』 탐보원이었다가 1899년 3월 『제국신문』 탐보원이 되었다. 채규하는 『제국신문』 탐보원으로 1899년 4월 24일자에 실린 「도적에 도적」이라는 기사로 인해 궁궐의 무감들에게 고소당했으며, 재판 결과 대명률 무고반좌율(誣告反坐律)에 걸려 태형 60대에 징역 1년이라는 중형을 언도받았다. 김효신은 독립협회와 관련을 맺고 있던 인물이었다.

이종일을 제외하고 『제국신문』에서 가장 큰 역할을 한 사람은 이승만이었다. 그는 창간 1주일째 되던 8월 16일자 잡보기사와 30일자 논설란에 실린 기사로 인해 일본인들이 발행하던 『한성신보』와 격렬한 논전을 벌였다. 그러던 중 독립협회 사건과 연관되어 체포령이 내려지고 미국인 셔먼의 병원에 은신했다 1899년 1월 9일로 체포되고야 말았지만 그의 옥중 논설은 이후에도 계속 『제국신문』에 실렸다.

한편 장효근은 이후 1909년 2월 『대한민보』(사장 오세창)의 편집 겸 발행인이 되었다 4개월 후 사임하고 다시 『대동일보』의 이사로 취임했다. 그는 이종일의 임종까지 지켜본 절친한 사이였고 함께 대한자강회의 평의원과 간사원으로도 활동했다. 『제국신문』 기자로 있었던 김상연은 당시로서는 보기 드문 일본 와세다 대학 출신으로 이후 『황성신문』의 찬무원으로 들어가 곧 사장으로 선출되었다. 그러나 장지연의 '시일야방성대곡' 건으로 함께 신문 정간을 당하고 신문사를 떠났다. 『제국신문』 기자였던 최영식 역시 1904년 김상연과 『제국신문』을 떠나 일본 유학을 다녀온 것으로 알려졌는데 이후 『황성신문』 사원 명단에서 찾아볼 수 있는 것으로 보아 다시 언론계에 돌아와 활동했던 듯하다. (김미정)

참고문헌

崔起榮, 『大韓帝國時期 新聞硏究』, 一潮閣, 1991; 정진석, 『역사와 언론인』, 커뮤니케이션북스, 2001.

제국신보(帝國新報)

1907년 일본의 제국신보사가 창간한 신문

1907년 11월 3일, 와타베 도루(渡邊渡)와 아베 고이치(阿部吾市) 일본 석탄계의 유일한 통신기관으로 야마노 요시야스(山野好恭)의 주재 아래 순간(旬刊)으로 발행되었다. 이후 석탄계와 해운계의 발전에 따라 1918년 8월 2일 신문사의 기구를 주식회사 체제로 정비하고 일간(日刊)으로 간행했다. 1932년 11월 전(前) 니혼신문사(日本新聞社) 편집국장 아야카와 다케지(綾川武治)가 사장이 되자, 신문의 방향이 바뀌어 정치신문이 되었다.

1933년 6월 흑룡회(黑龍會)의 이케타 히로시(池田弘)를 전무로, 고도 마코토(香渡信)을 주간으로 하여 일본 정신을 신봉하는 사시(社是)를 확립했다. 같은 해 12월 이케타 히로시가 사장, 고도 마코토가 전무 겸 주간에 취임했다. 그리고 새롭게 도야마 미쓰루(頭山滿), 우치타 료헤이(內田良平)를 고문으로 들어갔다.

이케타 히로시의 사장 취임 후 편집, 영업, 서무, 공장의 직원이 늘어났고, 당시 각 신문사가 설치하지 못했던 사상부를 신설했다. 이후 일본 정신의 고양, 쇼와 유신(昭和維新) 단행에 대한 입장을 분명히 천명했다. 이와 함께 공장을 확장하여 최신식 활자주조기 3대를 구입했다.

『제국신보』는 제국신보사(帝國新報社)가 발행했고, 신문사는 도쿄(東京都 京橋區 銀座 西7丁目 6)에 있었다.

1943년 현재 사장은 이케타 히로시, 주간 겸 편집부장은 미타케 사다후미(三武錠史)로, 사상부, 정치부, 사회부, 총무국, 경영국이 설치되었다.

제국신보사의 지국과 지사는 간사이(關西)지국, 조선(朝鮮)지사, 타이완(臺灣)지사, 아카사카(赤坂)지국, 니혼바시(日本橋)지국, 가쓰시카(葛飾)지국, 오카야마(岡山)지국, 마쓰모토(松本)지국, 교토(京都)지국, 고베(神戶)지국, 야쓰키(厚木)지국이 있었다. (김인덕)

참고문헌

『昭和18年 新聞總攬』, 東京: 日本電報通信社, 1943; 春原昭彦, 『近代新聞通史』, 東京: 新泉社, 2003.

제삼전선(第三戰線)

1927년 일본 도쿄에서 발행된 문예지

1927년 5월에 창간된 것으로 추정된다. 종간 시기 역시 미상이다. 도쿄부(東京府 下戶塚 271番地) 제삼전선사에서 발행한 것으로 정가는 10전이다.

일제의 기록에 따르면 『제삼전선』의 발행처는 '제삼전선사(第三戰線社)'로, 『제삼전선』은 그 기관지이다. '제삼전선사'의 결성 시기는 정확히 알 수 없다. 그러나 도쿄에 유학 중이던 홍양명(洪陽明), 조중곤(趙重滾) 등이 중심이 되어 결성한 것으로 보인다. 1927년 7월, 제삼전선사 멤버들이 조선에서 강연회를 여는데 이때의 연사들을 통해서 인적구성을 엿볼 수 있다. 강연회에 연사로 나선 사람은 한식(韓植), 채규엽(蔡奎燁), 김두용(金斗鎔), 조중곤이었다.

『제삼전선』은 '무산계급(無産階級) 문예평론 잡지'를 표방하고 있는데, 그 내용은 『이론투쟁』 2호(1927.4.25)에 나온 『제삼전선』 창간호 예고 광고를 통해 짐작해 볼 수 있다.

『이론투쟁』에 실린 광고에는 "무산계급 문예잡지 『제삼전선』, 도쿄에 있는 무산계급 문예가연맹 출현!

그 내용은 「선언(番地)」(권두언), 홍효민(洪曉民)의 「조선프로예술동맹에 대한 피판」, 홍양명의 「문단(文壇) 무정부상태」, 한식의 「사(死)가 사(死)를 부른다」, 고도(孤島)의 「패잔자(敗殘者)의 무리」(소설), 이북만(李北滿)의 「급비생(給費生)」, 장준석(張準錫)의 「극본 '피는 거룩함'」, 전철박(全澈珀)의 「운명극(運命劇), 성격극(性格劇)」, 이학인(李學仁)의 「소품 '일주간(一週間)'」"라고 『제삼전선』을 소개하고 있다. (정예지)

참고문헌

최덕교 편, 『韓國雜誌百年 2』, 현암사, 2004; 「第三戰線(創刊號)」, 『동아일보』 1927.5.7; 「第三戰線社 巡講 大盛況, 咸興서: 새 演劇과 映畵運動에 對하야」, 『동아일보』 1927.7.22.

제일선(第一線)

1932년 서울에서 발행된 대중 월간지

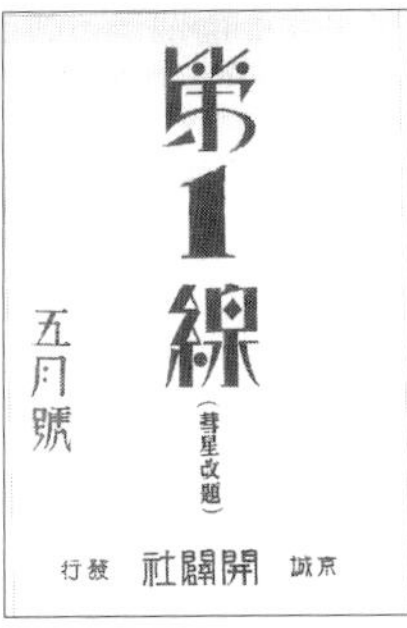

1932년 5월 20일 개벽사(開闢社)에서 『혜성(彗星)』을 개제해 창간한 월간종합잡지이다. 1933년 3월 15일에 통권 11호(『혜성』까지 포함한 23호)로 종간되었다. 통권 호수도 『혜성』의 지령을 이어 받아 『제일선』 1호는 『혜성』 2권 4호의 다음호인 2권 5호로 지정했고 통권 호수로는 14호임을 분명히 했다. 발행인 겸 편집인이 차상찬(車相瓚), 인쇄인이 조선인쇄 주식회사의 이학중(李學仲)인 것도, 발행소 역시 개벽사(경성부 경운동 88)로 『혜성』과 동일했다. 정가는 30전이었다. 영인본은 1977년 보성사(普成社)에서 3권으로 나왔다. 제1권의 제5호부터 제7호까지, 제2권 8호부터 제11호까지, 제3권 1호부터 제3호까지가 영인본에 포함되어 있다. 청운에서도 영인본이 재간행되었다.

『혜성』이 『제일선』으로 개제된 사연에 대해서는 『제일선』 창간호의 「편집후기」에서 "『혜성』 5월호 1차 원고의 검열허가가 나온 것이 제출일로부터 10여일이 넘는 4월 25일 경으로 원고 중 전부가 게재치 못할 경우 정기발행이 불가하여 제호와 내용과 체제를 변경하자는 논의로 인해 『제일선』이 등장"했다고 설명하고 있다. 당시 사람들은 '좌익잡지의 비판에 울리우고 저급적 대중잡지인 『삼천리』에도 타세되어 독자의 감소를 보게 되어 충격을 받고 개벽사에서 재흥을 위해 나온 것이 『제일선』'이라고 인식하였다.

『제일선』이라는 제호에 대해 좌익잡지인 『전선(全線)』은 창간호에서 '제일선'이라는 용어는 러시아의 전시공산주의 시대에 생긴 말로, 정치투쟁을 제1선이라 하였고 경제투쟁인 조합운동을 제2선이라 하였으며 문화투쟁을 제3선이라고 하였는데, 제일선이라는 제호와 그 잡지의 내용과 명목에 합치되어야 하는데 그렇지 않다고 비판하였다. 『혜성』은 A5 국판 200쪽 내외의 종합지였지만『제일선』은 4×6배판의 약 130쪽 내외의 문예지 유형의 대중지로 내용이 다소 부드러워진 것이 특징이다. 그런데 양자 간의 내용차이에 대해서 『비판』 창간호가 지적하기를 "아직 간판이 붙어 있는 개벽사에서 발간한 『혜성』은 무슨 소리인지 알 수 없는 경색한 소리를 주어 모으고 시대에 뒤처진 논문을 등장시키다 거꾸러지고 『제일선』은 그것보다 나은 수준으로 『동광』이나『신동아』와는 다른 차별적 논문 싣고자 노력하여 다소 진보적 층의 논문을 싣는 부분적 노력을 보이나 전체적으로 『제일선』의 확고한 주장이 안 보인다"고 평가하고 있는 것으로 보듯이 『혜성』 보다는 『제일선』을 더 높게 평가했다는 것을 알 수 있다.

「권두언」에서 '대중과 한가지로 제일선에 나서서 그 여론을 위하여 문화의 계몽과 향상을 위하여 그리고 침체된 문예의 진흥을 위하여 힘쓰겠다'고 다짐하고 출발한 『제일선』은 일제의 검열로 많은 원고가 삭제된 채 창간되었다. 집필진으로는 대개 우파 계열 인사들이 참여했는데 당시 일반적인 잡지와는 달리 다수의 글을 싣는 특정의 집필진이 없다는 것이 주목된다. 내용은 주로 국제정치와 국내경제를 특집으로 다루는 경우가 많고 사화(史話)와 문예물 등도 상당한 비중을 차지하였다. 실린 글들을 보면 내용은 대체로 평이한데, 이것은 좀 더 대중적이고 평이한 문장을 사용해야 한다는 편집진의 편집의도 때문이었던 것으로 보인다.

창간호의 기사 중에서 특이한 것 하나는 관상자(觀相者, 개벽사 발행인이자 당대의 대표적 논객이었던 차상찬의 20개가 넘는 필명 중 하나)가 쓴 「전조선 208 부호재벌가 총점고(總點考)」라는 글이다. 제목에서 알 수 있는 바와 같이, 당시의 조선에서 누가 부자이고 어떻게 치부했는가를 비교적 상세히 적어 놓았다. 이를 통해 조선 부자들의 지역적 분포도와 치부 과정, 그리고 자본의 역사적 고찰을 하는 데 좋은 자료로 활용할 수 있다(이와 관련해서는 『삼천리』 1933년 2월호 별책 부록으로 수록된 '반도재산가총람'도 참고할 수 있다).

『제일선』은 『혜성』의 뒤를 이어 개벽사의 종합지로서의 역할에 충실했다고 할 수 있다. 일제의 압제가 날로 심해지고 투쟁의 방향이 정치투쟁이나 경제투쟁에서 문화투쟁으로 전환되는 시기에 발 빠르게 대응하여 대중들의 눈높이에 맞는 종합 문예지의 위상을 세웠던 것이다.

3권 3호의 후기를 보면 앞으로 나올 4월호는 '지금 굉장한 플랜으로 꾸미고 있다'라고 했는데 결국 나오지는 않은 듯하다. 사실 이전부터 개벽사는 경영난에 허덕여 왔으며 이때는 과중한 부채로 인해 직원들 월급도 1년간이나 밀렸다고 한다. 이러한 경영의 곤란과 함께 "지난 1년은 우리 잡지경영자의 큰 수난기였습니다. 첫째로 검열의 곤란"(2권 11호)을 지적했듯이 『혜성』에 대한 압수와 삭제의 여파 속에서 가까스로 창간했지만 계속되는 검열로 인해 다시 폐간된 것으로 보인다.

• 차상찬(車相瓚, 1887~1946)

호는 노암(蘆菴)이며, 한국잡지언론계의 선구자이다. 천도교인으로 한국 잡지언론계의 선구자인 차상찬은 아호를 청오(靑吾), 도호는 노암(蘆菴)으로 천도교 도사와 종법사, 청년회 중앙간사와 중앙집행위원 등으로 교회활동을 하였지만 교단 내에서는 개벽사의 주간으로 활동한 인물로만 알려져 있을 뿐이다.

한국의 100년 잡지언론사에 큰 자취를 남긴 차상찬은 국운이 기울던 1887년 2월 12일 강원도 춘성군 신동면 송암리에서 성균진사(成均進士) 차두영(車斗永)과 청주 한씨 사이에서 5남 1녀 중 막내로 태어났다. 18세 때에는 상학(相鶴), 상준(相俊)의 두 형과 함께 진보회에 가입하여 천도교의 갑진개화운동에 참여하였으며 이후 『천도교회월보』의 발행인(1910.8~1918.8)이었던 셋째형 향산(香山) 상학과 함께 평생을 천도교에 몸담게 된다. 1910년에 23세의 늦은 나이로 보성고보를 졸업(1회)하고, 1912년에는 보성전문학교 법과를 졸업(6회)한 후 모교에서 신익희(申翼熙)와 함께 교편을 잡기도 하였다. 또한 1910년 9월부터는 『천도교회월보』 학술부란에 「무기화학(無機化學)」을 연재(6회)하면서 두각을 나타내기 시작하였다. 그 후 1920년 창간된 『개벽』지의 동인으로 참여하여 『개벽』이 폐간될 때까지 기자·편집주간·발행인 등을 맡으면서 개벽사를 이끌어 나갔다.

개벽사에서는 『부인』(1921.6~1922.)·『신여성』(1923.3~1934.4)·『어린이』(1923.3~1934.7)·『조선농민』(1923.10~1931.7)·『별건곤(別乾坤)』(1926.11~1934.3)·『학생』(1929.3~1930.11)·『혜성』(1931.3~1932.3) 등의 잡지도 발행하였는데, 차상찬은 편집기자로서 뿐만 아니라 이러한 잡지를 통해 사화(史話)·인물만평(人物漫評)·사회풍자(社會諷刺)·만필(漫筆)·소화(笑話)·민속설화(民俗說話) 등 410편에 달하는 다양한 글을 발표하였다. 차상찬이 얼마나 많은 글을 썼는가는 그의 필명이 22여 개에 달하는 것을 보면 알 수 있다. 필명이 많은 것은 일제의 검열을 피하는 목적도 있었지만 그 보다는 한 잡지에 여러 편의 글을 쓰기 때문이었다. 그가 사용한 필명은 청오(靑吾)를 비롯해서 수춘산인(壽春山人)·명월산인(月明山人)·삼각산인(三角山人)·취서산인(鷲棲山人)·취운생(翠雲生)·강촌생(江村生)·관상자(觀相者)·사외산인(史外山人)·차기생(車記生)·차부자(車夫子)·차천자(車賤子)·주천자(酒賤子)·풍류랑(風流郎)·고고생(考古生)·문외한(門內漢)·방청생(傍聽生)·독두박사(禿頭博士)·차돌이·각살이·가회동인(嘉會洞人) 등이었는데, 이런 필명을 모르고서는 차상찬의 다양한 글들을 알 수가 없다.

1920년 신문지법·출판법에 의해 창간된『개벽』은 우리나라의 언론사에 선구적 역할을 한 종합잡지로 판매금지 34회, 정간 1회, 발행금지 1회 등의 일제탄압을 받다가 1926년 8월 1일 총독 사이토 마코토(齋藤實)는 안녕 질서를 방해함으로 신문지법 제21조에 의거 발행을 금지한다는 지령을 내려『개벽』은 통권 72호로 폐간을 당하였다. 이 때 일제는『개벽』을 모두 수레에 싣고 가서 한 권씩을 작두질을 하였는데 차상찬은 개벽지를 싣고 가는 수레에 매달려 엉엉 울기까지 하였다고 한다.

1927년 7월에『별건곤(別乾坤)』에 실린 보성전문학교 영어교수인 백상규(白象圭)의 인물평에 대한 필화사건으로 방정환과 함께 피검이 되기도 하지만 개벽에 대한 미련을 버리지 못한 차상찬은 1934년 11월에 사재를 털어『개벽』을 속간하였으나 일제탄압과 재정여건이 어려워 속간 4호만을 남긴 채 다시 폐간하고 말았다.『개벽』은 천도교청년회의 편집부 사업으로 추진되어 차상찬·민영순·이돈화·이두성·김기전·박달성 등의 창간 동인들에 의해 편집활동이 이루어 졌다. 그러나 개벽사의 경영은 차상찬과 일본에서 귀국한 방정환이 하였는데, 1931년 방정환이 33세로 요절한 후에는 차상찬이 혼자 떠맡게 되었다. 이 두 사람은『개벽』과의 관계를 떠나서는 아무 말도 할 수 없을 정도로 밀접하였다.

차상찬은 1922년 방정환·김기전 등과 함께 어린이 운동에도 참여하여 '어린이 날'을 제정하고 천도교회 소년회의 지도자로 활약하였다.

또 1921년 11월 27일에 결성된 우리나라 최초의 기자단체인 무명회(無名會)에 가입하여 기자로서 뿐만 아니라 항일 언론인로 활약하였다. 1923년 9월 도쿄의 대진재(大震災) 이후 조선노동자의 입국을 금지시키자 1924년 5월 조선노농총동맹(朝鮮勞農總同盟)과 조선청년총동맹(朝鮮青年總同盟)에서 이 문제에 대한 강연을 개최하려 하였으나 일제가 무조건 금지시켰다. 두 단체는 전국적인 여론을 일으켜 일제의 언론탄압을 규탄 투쟁할 것을 계획하여 1924년 6월 7일 무명회·시대일보·조선일보·동아일보 등 언론계를 비롯한 31개 사회단체의 대표 100여 명이 모여 결성한 '언론집회압박탄핵회(言論集會壓迫彈劾會)'에서 실행위원(서정희·한신교·이종린·안재홍·윤홍열·이봉수·차상찬·금병로·금필수·신명균·이인·김봉국)으로 선출되어 항일언론투쟁운동에도 활약하였다.

또한 1925년 3월 15일 무명회에서 주관하여 신문·잡지 기자로 결성된 '전조선기자대회준비위원회'에서는 김기전·송진우·안재홍·조봉암 등 34명으로 구성된 서무부 위원으로 활동하였다. 특히 기자대회준비회의 사무실을 개벽사 내에 두었고 집행위원장이 천도교의 이종린이었기 때문에 차상찬은 준비를 위한 실무를 주도적으로 담당하였다. 4월 15일부터 3일간 "죽어 가는 조선을 붓으로 그려보자! 거듭나는 조선을 붓으로 채질하자!"라는 슬로건을 내걸고 열린 초유의 '전조선기자대회'에서는 박창한·여해·김병연과 함께 대회 서기로 선출되어 우리나라 언론신장의 일익을 담당하기도 하였다.

한편 1931년 조선잡지협회의 창립위원으로 활약하여 우리나라의 잡지언론사에 크게 공헌하였고, 1936년 조선어학회의 '조선어표준어사정위원회'의 위원으로서 천도교회에서 참가한 이종린·조기간·공탁 등과 함께 한글운동에도 이바지하였고, 경성방송국(JODK)의 방송위원으로 야사(野史)와 민담(民譚)을 방송하였다.

『개벽』이 없는 세월에 실의에 빠지기도 하였지만 중일전쟁이 발발한 1937년 이후에는 저술에 전념하여 1937년 잡지『야담(野談)』에는「야사와 민담」을, 1938년 일간지『조선중앙일보』에는 역사소설「장희빈」을 집필 연재하였다. 또 1939년『조선일보』의 출판부에서「조선명인전(朝鮮名人傳)」을 집필하는 한편『매일신보』에는「징기스칸」을 연재하는 등 왕성한 문필활동을 하였다. 그러나 "왜놈이 망하고 조국이 광복되기 전에는 죽을 수 없다"던 그는 왜놈이 패망하고 조국이 광복되었으나 이듬해 신병으로 환원하니 향년 59세였다.

주요 단행본 저서로는 조선의 역사를 정사보다는 이면사와 비사를 중심으로 「조선칠대내란기(朝鮮七大內亂記)」, 「조선이대정변기(朝鮮二大政變記)」, 「동방삼대국창건기(東方三大國創建記)」, 「조선최초외국공사행(朝鮮最初外國公使行)」, 「경복궁건축비록(朝鮮最初外國公使行)」, 「조선해군비록(朝鮮最初外國公使行)」, 「장희빈애화(張禧嬪哀話)」, 「사도세자애화(思悼世子哀話)」, 「신해정감록(新解鄭鑑錄)」 등과 부록으로 「역대인물열전(歷代人物列傳)」을 편술한 『통속 조선사천년비사(通俗 朝鮮四千年秘史)』(북성당서점, 1934. 10. 5)가 있으며, 후비(后妃)·왕녀(女王)·공주(公主)·궁녀(宮人)·명부인(名夫人)·명첩(名妾)·열녀효녀(烈女孝女)·투부(妬婦)·추부(醜夫)·명기(名技) 등 여성들에 관한 전설·민요·괴담·만담·희담(戲談)을 발췌하여 누구나 쉽게 읽을 수 있도록 한글로 엮은 『해동염사(海東艶史)』(한성도서, 1937.12.20)가 있다. 『해동염사』의 서문에는 "남자 본위로 조직된 재래사회에는 역사의 붓을 잡는 사람까지도 모두 남자뿐이기 때문에 여자의 역사는 거의 불문에 붙여져 매몰되고 말았다"고 전제하고 "여자들에 관한 기록을 모아두었다가 하나의 책으로 엮는다"라고 기술하고 있어 여성의 지위에 대한 인식을 바꾸려는 의지를 나타내고 있다.

유고집으로 이호운(李浩雲, 목원대 초대학장)에 의해 출간된 『조선사외사(朝鮮史外史)』(명성사, 1947.5.20)는 우리나라의 제도와 풍속을 다룬 민속학총서로 평가되고 있으며, 1942년에 출판을 계획하였으나 일제에 의해 출판이 금지된 『조선백화집(朝鮮百話集)』은 조선의 옛 制度·명절과 행사·인물열전·역시전(力士傳)·명의열전(名醫列傳)·생육신전(生六臣傳)·역대명인물관상·역사인물 1인1화집·부우시인열전(不遇詩人列傳)·지상만유(誌上漫遊)·명고적명승지·팔도28폭포·보검(寶劍)·화초조수류명산지(花草鳥獸類名産地) 등의 내용을 엮은 책이다. 그리고 1959년 출간된 「한국야담실화전집(韓國野談實話全集)」(동국문화사, 1959.10.5)이 있다.

특히 육필원고·관련 잡지·사진·서한 등 다수의 유품은 2002년 3월 21일에 개관한 한국잡지정보관(여의도)에 영구 보전되고 있으며, 독립기념관에는 천도교·개벽사의 관련자료 18점이 전시되고 있다. (전상기)

참고문헌

박종수, 「차상찬론」, 민속학회, 『한국민속학』 28, 1996; 최덕교, 『한국잡지백년』 2, 현암사, 2004; 이동초, 「한국잡지언론계의 선구자 노암 차상찬」, 『신인간』 647, 2004.

조광(朝光)

1935년 서울에서 창간한 종합 월간지

1935년 11월 1일 조선일보사(朝鮮日報社)에서 창간한 월간 종합지이다. 1944년 12월 통권 110호로 종간되지만 해방 이후 1946년 3월에 복간되어 1948년 12월 통권 3호로 종간되었다. 편집 겸 발행인은 창간호부터 종간호까지 방응모(方應謨)였다. 인쇄인은 한성도서 주식회사의 김진호(金鎭浩)에서 2권 2호(1936.2)부터는 주식회사 창문사(彰文社)의 고응민(高應敏)으로, 2권 7호(1936.7)는 한성도서 주식회사의 김진호, 그리고 2권 8호(1936.8)는 창문사의 고응민, 3권 1호(1937.1)부터는 다시 한성도서 주식회사의 김진호가, 3권 6호부터는 한성도서 주식회사의 김성균(金成均), 4권 1호부터는 다시 주식회사 창문사의 고응민, 4권 11호부터는 대동인쇄소의 김현도(金顯道), 5권 3

호부터는 대동인쇄소의 정경덕(鄭敬德), 5권 6호부터는 대동인쇄소의 김현도, 5권 8호는 창문 인쇄주식회사의 고응민, 5권 9호부터는 창문 인쇄주식회사의 구본웅(具本雄), 6권 11호는 창문 인쇄주식회사의 이갑섭(李甲燮), 다시 6권 12호부터는 대동인쇄소의 이갑섭이 종간될 때까지 인쇄인을 역임했다], 발행소는 조선일보사 출판부(경성부 태평통 61)로 되어 있다. 1940년 8월 11일『조선일보』가 폐간을 당하자 조광사(朝光社)로 독립(정확하게는 1940년 5월호부터 판권장에는 발행소가 조광사[경성부 태평통 1정목 61]로 표기되어 있다)하여 발행하였다.

판형은 A5 국판으로 400쪽 내외였으며 정가는 30전(1937년 1월호부터는 40전, 1940년 1월호부터는 50전, 1941년 1월호부터는 60전, 1944년 8월호부터 종간호까지는 65전)이었다.

편집인은 함대훈·김내성이었으며, 주요 필진은 이광수·최현배·채만식·주요섭·차상찬·홍난파·김영수·이헌구·김도태·윤석중 등이었다.

『조광』은 현재 발행되고 있는 『월간조선』의 전신이라고 할 수 있다. 학연사에서 1982년 영인 자료로 발행하였다.

창간호에 실린 「창간에 제(際)하여」에서는 "조선 사람은 무엇보다 상식으로써 남을 따르지 못합니다. 천지인 삼재를 통하여 각문의 전공은 차지하고 먼저 상식의 결핍이 얼마나 큰 비애와 암흑을 가져오는 지 여기 노노(呶呶)할 것까지도 없을 줄 알거니와 과연 상식조선(常識朝鮮)의 형성이 어떻게나 소중한 것임을 절감하는 바입니다. 고금동서의 자연인문에 걸쳐 남녀노약 누구나가 여기서 그 범유만반(凡有萬般), 상식의 자(資)를 얻도록 하고자 함"이라고 발간의 취지를 밝히고 있다. '조광'이라는 제호는 '상식조선의 아침햇빛(朝光)'을 의미하는 것이었다.

국내외 정세, 전기, 좌담, 탐방기, 회견기, 설문, 서평 등 다양한 읽을거리를 제공하고 있으며, 문예창작 면에도 역점을 두어 역량 있는 작가들의 작품을 싣고 있다. 또한 시사·경제·사회문제 등을 비롯하여 스포츠·음악·영화·요리·의학 등 다양한 영역에 관한 교양과 지식을 제공하고 있다. 신문사에서 나오는 종합지로서의 역할을 다하기 위한 노력을 기울이고 있음을 알 수 있다.

창간호 첫머리에 독자들의 눈길을 끄는 화보가 실려 있다. 10여 쪽에 걸쳐 있는 사진은 '우리춤'을 추고 있는 모델이 배치되는 가운데 당시 조선일보사 출판국 주간으로 있던 노산 이은상의 시가 사진에 걸맞는 내용으로 홍을 돋우고 있다. 또 다른 면에는 세계적으로 유명세를 타고 있던 최승희의 신작품을 소개하는 한편으로, 새로 상영될 우리 영화를 스틸 사진으로 꾸며 박기채의 「춘풍」, 이명우의 「춘향전」, 안종화의 「은하에 흐르는 정열」(안종화), 춘사 나운규의 「강 건너 마을」 등의 작품이 소개되고 있다.

아울러 창간호부터 2개의 특집을 기획하고 있는데 「톨스토이 몰후 25주년을 기념하야」와 「신라멸후 천년회고」이다. 전자는 함대훈, 이광수, 김환태, 임화, 이헌구, 양백화, 조희순, 김광섭, 방인근이 필자로 나서고, 후자는 이은상을 비롯하여 문일평, 이병수, 권덕규, 권상로, 김윤경, 송석하, 고유섭, 나의경부(羅衣畊夫), 석남산인, 이태준, 박화성, 이원조 등이 참여하고 있다. 74쪽에 걸쳐 할애되고 있는 "신라특집"은 「신라특집의 말」이 13행이나 삭제된 데서도 알 수 있듯이, 유구하고 찬란했던 우리 역사를 망각하고 지내는 국민에게 민족의식을 함양하고 자긍심을 느낄 수 있도록 하기 위해서였다. 그렇기 때문에 당대 일급의 학자들이 동원되어 필자로 참여했던 것이다.

특집은 간간이 이어진다. 1936년 4월호에는 「도라간 신단재(申丹齋)의 면영(面影)」이란 제목으로 안재홍, 이광수, 홍명희, 이극로, 이윤재의 글이 실리고, 벽초 홍명희는 단재와 나눈 사신을 공개하는가 하면, 미망인 박자혜 여사의 편지도 게재한다. 같은 호에는 "제3특집"으로 「특별독물」이 실린다. 이광수의 「문단생활 30년을 돌아보며」, 이선희의 「작가조선의 인상」, 이극로의 「세계방랑기(시베리아 편)」, 하일공의 「태서명작상의 실재한 주인공」, 팔공산인(김기진)의 「전쟁과 연애의 비극」 등이 그것이다. 같은 해 8월호에는 「창작소설특집」이 마련된다. 박태원, 안회남, 김동리, 강노향, 함대훈, 이헌구, 유치진의 작품이 실리는데 그중 주목할 작품은 박태원의 「천변풍경」(중편)이다. 「천변

풍경」은 이 특집 후에도 1936년 12월호 이 잡지에 실리는데, 후기에 쓰기를 "기회를 보아, 장편 「속 천변풍경.」을 제작하리라 스스로 기약"한다고 약속하고 있다. 그리고 이 약속은 1937년 1월호부터 「속 천변풍경」을 연재하는 것으로 지켜진다.

1937년 2월호에는 무려 4개의 특집이 기획된다. 「불안중국의 당면문제」와 「율곡선생 탄생 400년 기념」, 「쓰러져가는 장로계 학교」, 「푸시킨 백년제」 등이 그것이다.

1937년 3월호의 「월남 선생 십주기 기념」과 「세계 독재정치가 계승자 군상」도 읽어볼 만한 특집이다.

1937년 5월호에는 요절한 김유정을 추모하는 특집이 실린다. 김문집, 이석훈, 박태원, 채만식, 강노향, 모윤숙의 추모글과 김유정의 유작 「정분」이 발표되는 것이다. 「막심 고리키 사후 1주년 특집」(1937.6)도 구카프 작가들에 의해 집필된다. 같은 호 잡지에는 도쿄에서 숨진 이상을 추모하는 글과 이상의 유고 수필, 그리고 김유정이 역술한 반다인 원작 「잃어진 보석」이 게재된다.

1937년 7월호에는 「시사특집」이 마련되어 악화일로를 닫고 있는 국제정세와 그로 인한 국내의 영향을 조망하고 있다. 「시사특집」은 1937년 8월호에도 실려 상황의 엄혹함이 실체화되고 있음을 감지할 수 있다(1937년 12월에도 「시사특집」이 실린다. 「시사특집」은 연달아 나오는데 전쟁 막바지에 갈수록 그 강도를 더해 「총동원체제」, 「전시생활재편성」 등으로 변주되어 총독부의 입장과 당부를 그대로 전재하는 형국으로 반영되기에 이른다).

1937년 9월호에는 특집으로 「조선문학의 재건방법」이 제기되어 위기에 빠진 조선 문학을 염려하는 작가들, 이헌구, 김남천, 한인택, 이원조, 이태준, 신남철, 이기영, 박영희의 고민을 엿볼 수 있다. 문학가들의 고민을 훨씬 능가하는 상황은 전조선, 전 민족에게 대두되어 급기야는 「지나사변특집」 기사가 실리는데(1937.10), 이로써 잡지의 발행인이나 편집자들의 압박감은 가중되고 잡지의 존립을 결정하는 태도 여부가 형성되는 것처럼 보인다.

1939년부터 「지방특집」이 연재되기 시작한다. 각 지방의 풍속과 특산물, 명승지 안내, 인물들이 소개되는 이 특집은 조선만이 아니라, 일본군이 진격하는 중국의 도시들도 등장한다. 작가 한설야가 소개하는 베이징을 비롯해서 톈진, 신징, 난징, 펑톈 등이 거론되는데(「만주특집」, 1941.6), 이러한 기사들은 중국의 경우 점령지의 승전기념으로서, 조선의 경우에는 잃어버린 향토에 대한 조사로서 읽힌다. 「경성특집」(1940.9)은 타자화된 수도 경성의 재발견이란 측면으로도 읽혀 몇 겹의 아이러니 감정을 불러일으킨다.

『조광』은 앞에서도 언급했다시피, 문예면이 풍성했다. 창간호에서부터 주요섭의 「사랑 손님과 어머니」가 실려 있는데, 이는 다만 좋은 작품의 한 사례에 불과했다. 카프계열의 작가들이 작품을 발표하는 장으로 삼았을 뿐 아니라, 이상, 김유정, 최명익, 허준, 김동리, 정비석, 박태원, 이태준 등의 작품도 연이어 발표됐다. 시단도 역시 풍성해서 백석을 비롯하여 서정주, 오장환, 유치환, 장만영, 김상용, 김광섭, 김기림, 임화, 이찬, 김조규, 윤곤강, 박용철 등의 시인들이 활동한다. 평론 역시 마찬가지로 임화, 김문집, 백철, 이헌구, 이원조 등의 글이 실렸다. 이 잡지는 희곡 작품에도 할애를 해서 유치진, 채만식, 함세덕의 창작 희곡을 실기도 했다.

따라서 이 잡지에는 문학사에 등장하는 주요 작품들이 자주 볼 수 있다. 김유정의 「봄봄」, 「동백꽃」, 이상의 「날개」, 「종생기」 등과 신석정의 「푸른 하늘」, 김동명의 「파초」, 김기림의 「바다」, 백석의 「여우난 곬족(族)」 등이 그것이다.

『조광』은 『중앙』, 『신동아』 등과 함께 신문사가 경영하는 '신문잡지시대'를 열어 나갔으며 후발 주자로서 편집, 내용, 부피에서 다른 잡지를 압도하였다. 그러나 1930년대 말부터 친일 논조의 글을 싣기 시작하였으며, 1940년대부터 사설, 권두언 등을 통하여 일제의 침략 전쟁을 옹호하고 징병, 징용 및 일본어 상용운동에 앞장서는 등 친일잡지로 변모하였다. 따라서 국문 이외에 일문을 쓴 글들도 종종 나타나게 되었다.

『조광』은 1930년대의 대표적인 대중잡지로 다양

한 소재와 기사를 통하여 시대적 분위기와 대중적 관심사를 잘 보여 주고 있다.

특이한 사항은 1940년 1월호에는 잡지의 끝부분에 「문필가 일람표」라는 제목 아래 문인들의 거주지와 학력, 그리고 현재 직업을 간략하게 정리해 놓은 것이다. 이는 당시 문인들의 대략적인 상황을 알 수 있는 자료가 된다.

또한 1941년 5월호에는 「농지가율(農地價率)」이 '조선총독부 고시 제298호'로 게재되어 있다. 일제 말기의 농지가격을 알 수 있는 지표로서 파탄지경에 이른 농민들의 생활과는 동떨어진 농지가격을 확인할 수 있다.

주요 게재 문장

종합지인 만큼 간간히 주목할 만한 글들도 보인다. 차상찬의 「조선신문발달사」(1936.11), 신기석의 「조선인의 극동이주 내력」(1936.12), 「현대 청년을 격려함」(특집, 1937.1), 「최승희 송별 좌담회」(1937.4), 이영민의 「야구생활 15년사」(1937.5), 「각국의 청년운동」(1937.7), 「전문학교도서관순례기」(1937.12), 「연극배우 좌담회」(1937.12), 문일평의 「나의 도쿄 유학생시대」(1938.3), 「사학재단의 재음미」(특집, 1938.5), 「편집자가 본 조선문단측면사」(김동인의 「'창조'시대 회고」, 방인근의 「'조선문단' 시절」, 박영희의 「'개벽' 시대 회고」(1938.6), 「조선특산품 전람회 출품목록」(1938.6), 김광섭의 「고 박용철형 애사」(1938.7), 「인기유행가수의 심경을 들음」(1938.7), 「유행가수·영화배우 좌담회」(1938.9), 안석영의 「조선문단 30년 측면사」(1938.10~12, 1939.3~6), 일기자의 「복혜숙 신불출 재담기」(1938.11), 「출판업으로 대성한 제가의 포부」(박문서관의 업적, 영창서관의 금일, 덕흥서림의 현상 1938.12), 「신진작가좌담회」(1939.1), 「영화발전책, 연극발전책, 음악미술발전책」(1939.1), 「재내지 조선인생활보고서」(1939.2), 「여류작가에 대한 공개장」(1939.3), 「내가 영향 받은 외국문인(김환태, 김남천, 현덕, 정비석, 김동리」(1939.3), 「레코드계의 내막을 듣는 좌담회」(1939.3), 「전조선 전문중학교장의 학생문제 좌담회」(1939.4), 「신진작가의 문단 호소장(김동리, 정비석, 김영수, 최명익, 차자명, 김소엽, 이운곡, 현경준, 박영준)」(1939.4), 「내지방의 특색을 말하는 좌담회」(평양편, 1939.4), 「영화제작이면 공개 좌담회」(안석주, 박기채, 이창용, 김유영, 이규환 등 1939.5), 「신진작가를 논함」(장혁주, 유진오, 김환태, 김문집 1939.5), 「중등학교입학난과 그의 대책」(1939.6), 「나의 창작 노트」(이기영, 방인근, 한설야, 김남천 1939.6), 이석훈의 「세계방송선전전의 전모」(1939.6), 「내 작품을 해부함」(채만식, 한설야, 김남천, 박노갑 1939.7), 「직업은 우울한 것」(1939.7), 「미두군의 흥망성쇠기」(1939.9), 「근대병원의 만화경」(1939.9), 백옥부의 「동양극장 분규 이문(異聞)」(1939.10), 「처녀장편 시절의 회고」(김동인, 「'젊은 그들'의 회고」, 민촌생, 「실패한 처녀장편」, 한설야, 「내 문학의 요람」 1939.12), 「요절한 그들의 면영」(최서해 - 방인근, 나도향 - 안석주, 이상 - 정인택, 김유정 - 이석훈, 박용철 - 김영랑, 1939.12), 무용가 최승희의 「무용 15년」(1940.1), 신기석의 「만주조선인 교육 현상」(1940.1), 서항석의 「조선연극의 걸어온 길」(1940.1), 이종모의 「기자생활 10년기」(1940.3), 이태우의 「만주영화계의 현상」(1940.3), 김복진의 「조각생활 20년기」(1940.3~4), 이태우의 「만선영화의 첫 악수로 제작된 '복지만리' 수완성」(1940.5), 「소설가의 어머니」(한설야, 이무영, 안회남, 채만식, 함대훈 1940.6), 「소설가의 아버지」(최명익, 김동리, 정인택, 박노갑, 정비석, 계용묵, 김소엽 1940.7), 박기채의 「조선토키와 신과제」(1940.8), 김정혁의 「조선영화계의 현상」(1940.9), 서광제의 「영화연출론」(1940.9), 「민간 신문의 20년」(1940.10), 「어디로 갔나?: 폐간 후 양사 사원 동정」(1940.10), 「기독교는 어데로」(1941.1), 박노경의 「돌아온 최승희 회견기」(1941.1), 「최승희의 무용과 포부를 듣는 정담회」(함화진, 송석하, 최승희 1941.5), 「신문화 들어올 때」(좌담회: 이능화, 이중화, 김인식, 고희동, 조중환, 1941.6), 「홍명희·현기당(상윤) 대담」(1941.8), 「조선영화의 신출발」(안석영, 방한준, 이창용, 이병일, 이금룡, 임화, 박치우, 서광제, 1942.1), 서정주의 「스무살된 벗에게」(1943.10~11), 최남선의 「보람있게 죽자」(1943.12), 「정신대 귀환보고 좌담회」(김기진, 하본주삼, 서옥렬, 채만식, 표문부, 성인기, 이갑섭, 1944.4), 박극채의 「인플레이션의 문제」(1944.9) 등의 좌담이나 글들은 당대의 이슈나 사정에 대해 알 수 있게 해준다. (전상기)

참고문헌

최덕교 편저, 『한국잡지백년』 3, 현암사, 2004; 정혜영, 「1930년대 종합대중잡지와 "대중적 공유성"의 의미: 잡지 『조광』을 중심으로」, 한국현대소설학회, 『현대소설연구』 35, 2007.

조선강단(朝鮮講壇)

1929년에 서울에서 발행된 종합잡지

1929년 9월 1일자로 창간되었다. 종간호는 1930년 1월호로 간행되었는데, 통권 4호인 1930년 3월 발행의 잡지 '대중공론'은 제호를 바꾸어 '조선강단'을 계승하였다. 편집 겸 발행인은 신림(申琳), 인쇄인은 조선강단사 인쇄부의 이기종(李驥鍾), 발행소는 조선강단사(朝鮮講壇社, 경성부 견지동 80)이다. 판형은 국판으로 창간호와 2호는 110여 쪽 내외이고 3호는 220쪽이 넘으며 정가는 40전이다. 연세대도서관과 아단문고에 원문이 소장되어 있다.

이승원이 창간사를 쓰고, 명제세를 비롯하여 사회 각 방면 인사들은 『조선강단』 창간을 축하하는 글을 기고하였다. 신간회 창립과 활동 과정에서 어느 정도 무르익은 민족협동의 분위기가 여기에도 반영되어 각계 인사의 축하는 물론이요, 여기에 기고된 글에도 한쪽에만 편향됨이 없이 대체적으로 고르게 편차가 심한 내용들이 나란히 실려 있다. 문일평의 「국제적 결혼과 정략」, 홍효민의 「자본축적과 제국주의」, 조철영의 「사회의 구조」, 김평산의 「생존본능과 국가의 진화 기일(其一)」, 이긍종의 「산업진흥의 요소」, 한기악 외 「조선에서 학술을 발달시킴에는 여하한 방법으로 할까」 등을 살펴보건대, 국가의 성격과 진화에 대한 탐구가 행해지고 그것과는 독립되어 있으면서도 밀접한 관계를 갖는 사회 구성의 원리를 따져보는 것은 물론, 제국주의의 발생과 작용 기제를 밝히는 글들이 지면을 장식하고 있다. 제호 '조선강단'에서 '강단'이 뜻하는 대로 주어진 사안에 대해서는 전문적 식견과 경험을 동원해서 본격적으로 탐구하는 글들이 투고되었다고 할 수 있다. 학술적인 글은 그 외에 이병기의 「조선문법강화(朝鮮文法講話)」, 정병순의 「조선문(朝鮮文)의 변천」이 실려 있는데 이 두 글은 조선어에 대한 심도 있는 탐구의 결과를 발표한 것이다.

그리고 나머지 지면은 문예란으로 채워져 있다. 이무영의 「8년간」, 정금의 「도야지(豚)」을 위시로 하여 시와 수필이 게재되었고 연성흠의 우화 「파란돌 이야기」도 눈에 띈다.

2호(1929.10)는 창간호와 마찬가지로 문일평, 조철영, 홍효민, 김평산, 이긍종의 논문들이 자리를 차지하고 있다. 이병기의 같은 글도 연재되어 있으며 새롭게 등장한 서춘의 「금수출해금론의 연원」과 이선근의 「조선사정과 정한론」도 시사적이고 역사 탐구의 글로서 눈에 띄는 글이라 할 수 있다. 문예물에는 유완희, 방인근, 최독견, 윤백남이 참가하고 있으며 김유영의 '영화조직론'과 정홍교의 「소년문학운동의 片想」이 읽을 만하다. 3호(1930. 1)는 '신년특집호'로 꾸며졌다. 이 호에는 잡지의 분량도 훨씬 늘어나 논문과 문예면이 모두 풍성하다고 할 수 있다. 전자로는 박춘의 「근대노문학의 주조」, 윤갑용의 「신극운동의 현실과 경제적 제문제」, 이서구의 「영화계의 회고와 금후」, 서광제의 「구미영화의 발전과 그의 영화전(映畵戰)」, 윤기정의 「예술활동과 제문제」, 신림의 「예술일반에 대하여」, 김기진의 「문단에 대한 희망과 건의」, 심영섭의 「미술과 미술비평」, 그리고 이정섭의 「비진리의 가치」, 김현준의 「차별적 생사문제의 연구」, 김계숙의 「헤겔철학의 기본사상」, 서춘의 「금해금영향의 3대 측도」, 정수일의 「조선인경제의 회고와 전망」, 최병화의 「사회의 진화와 여성의 지위」, 이현규의 「1930년을 직면하여」, 이종복의 「무산계급과 소비조합」, 안재홍의 「중국 현하 정세 이야기」, 이선근의 「중로 관계 발단의 역사적 회고」, 유완희의 「1년간의 세계사(世界事): 국제문제를 중심으로 하여」 등이 실려 있다.

문예물로는 김억, 김창술, 김해강, 박팔양 등의 시와 유진오의 「가정교사」, 이효석의 「노령근해」, 김영팔의 「모던걸의 최후」, 이무영의 「8년간」 연재 등의 소설, 그리고 송영의 대표적인 희곡인 「일체 면회를 거절하라」가 눈길을 끈다.

이 잡지의 성격은 호를 거듭할수록 좌익의 경향성을 띤 글들과 문예물로 채워졌다는 것이다. 이는 잡지의 이름과 관련해서도 영향을 미쳐 개제를 하지 않았나 한다. 왜냐하면 무산자와 노농계급에게는 '조선강단'이란 학술적이고 고리타분한 이름이 벌써 거부감을 주지 않았을까 싶어지는 것이다. 그런 가운데서도 학술적인 글을 꾸준히 연재하여 집요하고도 진중한 탐구정신을 보여 주는 것은 이 잡지의 장점이라고 할 것이다. (전상기)

참고문헌

최덕교 편저, 『한국잡지백년』 2, 현암사, 2004.

▌조선검찰요보(朝鮮檢察要報)

1944년 서울에서 일본어로 발간된 내부 회람용 극비 월간지

1944년 3월부터 1945년 5월(15호)까지 매월 조선총독부 검사국에서 내부 회람용으로 발간하였으며, 발행부수는 300부였다. 표지에 '극비', '취급주의'라는 표시와 일련번호가 찍혀 있는 것으로 보아 외부 유출이 금지된 극비자료였다. 현직 검사들의 실무 참고용으로 경제사건, 사상사건 등과 아울러 전시 형사령 공포에 따른 보통 형사사건의 추이를 살피기 위해 발간한 잡지이다. 1937년 이후 전시체제로 돌입하면서 경제통제가 강화됨에 따라 경제사범이 급격하게 증가하였다. 이에 통제경제 위반사건을 다루는 일간, 주간, 월간 보고서 또는 잡지가 발간되었다. 경무국 경제경찰과에서는 『경제치안일보』, 『경제치안주보』, 『정보주간전망』 등의 보고서를 발간하였으며, 이를 취합하여 법무국에서는 『경제정보』를 발간하였다. 검찰국에서도 이와 관련하여 『경제휘보』를 발행하였는데, 이전부터 발간되고 있던 『치안특보』와 『경제휘보』를 합치고 여기에 보통형사사건을 추가하여 발간한 것이 바로 이 잡지였다. 『경제휘보』와 『치안특보』는 아직 실물이 확인되지 않고 있으며, 『조선검찰요보』는 영남대학교도서관에 1권 13호가, 한국연구원에 1권14호가 소장되어 있다.

이 잡지는 '자료', '특수사건', '조사', '재판례', '통첩류'로 구성되었다. '자료'는 각 지방법원 검사정의 보고, 일본에서 발간된 검찰 관련 잡지 중 조선과 관련한 기사의 번역 등으로 구성되었다. 학병 강제동원의 실상과 관련한 정보, 한국인들의 전쟁에 대한 인식과 행동을 파악하는 데 도움이 되는 정보, 통제경제의 실상을 파악하는 데 도움이 되는 인플레이션 현황과 경제경찰과 관련한 대책 등이 포함되었다.

'특수사건'은 사상사건이나 경제사건 이외에 일반 형사사건도 다루었다. 경찰이나 간수 등의 관공리나 승려 등 특수 직업에 종사하는 사람이 저지른 살인, 강도, 강간, 절도 등의 강력 범죄는 특수사건으로 취급하였다. 풍부하고 다양한 사례를 접할 수 있다.

'조사'는 자료와 유사하지만 통계를 바탕으로 사건의 흐름을 분석하는 점이 특징이었다. 경제통제를 담당하는 관공리의 부정을 분석한 글 등이 주목할 만하다.

'통첩류'는 검사들의 업무 수행에 필요한 지침이나 방향을 하달한 것으로, 법률 해석이나 운용 상황, 각종 사건의 관련자 처리 방침 등을 다루었다. '재판례'에서는 중요한 판결을 게재하였다.

전시체제기 물자 통제정책은 배급과정에서의 부정이나 암시장의 형성 등 많은 문제를 드러내고 있었다.

이 잡지는 1943년 이후 통제경제정책이 안고 있던 많은 문제를 잘 보여 주고 있다.

관공리의 통제경제 사무 위반을 조사한 문건을 보면, 1944년 1월부터 6월까지 기소 또는 기소 유보 처분을 받은 관공리가 33명이었다. 이들이 취급한 물자는 주로 양곡류였고, 주로 생필품 가운데서 면포류, 고무신, 양말 등 입수가 곤란한 물품이 부정하게 취급되었다.

부정하게 빼돌려진 물자는 대부분 암시장으로 유입되었다. 공급량의 감소, 운송수단의 폭주, 배급기구의 미정비 등의 이유로 물자를 정상적으로 구하기 어려웠을 뿐만 아니라, 암시장 가격이 전국적으로 높게 형성되어 있었기 때문에 폭리를 취할 수 있었다.

암거래 품목에는 식료품과 의류 등의 생활필수품만이 아니라 심지어는 철도승차권까지 포함될 정도로, 암시장이 형성되지 않은 영역이 없었다. 일반 서민들도 공출을 피해 숨겨두었던 잉여물품을 암시장에 내다 팔아 부족한 생필품을 보충하고 있었다.

암시장의 형성은 경제사건 통계표를 보면 잘 확인할 수 있다. 1943년 경제사건 수리 건수는 1만 5465건이었고, 2만 3680명이 기소되었다. 이 가운데 가격 등 통제령 위반이 1만 3376건(65%), 2만 5254명(69%)이었고, 이 가운데 1만 177건, 1만 6505명이 기소되었다. (윤해동)

참고문헌

장신, 「『조선검찰요보』를 통해 본 태평양전쟁 말기(1943-1945)의 조선사회」, 『역사문제연구』 6, 2001; 『조선검찰요보』 영남대 도서관, 한국연구원 소장본.

▌조선경방(朝鮮警防)

▶ 조선소방

▌조선경제잡지(朝鮮經濟雜誌)

1924년 서울에서 일본어로 창간된 경제 잡지

조선은행에서 발행한 월간 경제 잡지이다. 1924년부터 매월 발행되었으나 종간일자는 알 수 없다. 연세대학교 도서관에 1925년 1월 발행된 2권 1호부터 1926년 12월 발행된 3권 12호까지가 소장되어 있다.

담총(談叢), 조사, 자료, 녹사(錄事)와 금융, 무역, 물가 및 노은, 창고 및 운수의 상황이 중요 경제통계로 작성되었다.

1926년 『조선경제잡지』에 실린 내용을 통해 잡지의 내용을 살펴보자. 먼저 담총에 수록된 내용은 경성상공회의소 회두의 「회의소 사업에 대하여」, 총독부 식산국 상공과장의 「조선산업조합령에 대하여」, 중앙조선협회 이사의 「최근의 경제사정」, 제국철도협회 상무이사의 「조선 철도보급에 대하여」, 귀족원 의원 복원준환(福原俊丸)의 「조선통치와 철도정책」 등이었다. 그외에도 경성취인소 합병문제가 다루어지기도 하였고, 경성업회의소에 대한 회두의 보고가 수록되기도 하였다.

조사 항목에는 경성의 잠업, 경성회사의 이동상황 및 신설회사의 업태, 경성의 상업과 금융, 석탄수급상황, 호모공업과 맥주공업에 대한 조사내용이 수록되었다.

자료는 주로 각 공업과 관련한 분석 논문들이었다. 면직물과 견직물, 치산대책, 유망어업, 무역상황, 만주의 농작물 작황 상황 등이 분석대상이 되었다.

녹사에는 산업경제간담회와 경성상업회의소 산하의 공업부회와 교통운수부회, 역원회 및 평의원회 소식이 기재되었다.

다음으로 중요 경제통계 중 금융 항목에는 ① 조선은행권발행고, ② 경성 제 은행 예금잔고(행별), ③ 경성 제 은행 예금잔고(종류별), ④ 경성 제 은행 대출금(담보별), ⑤ 경성 제 은행 대출금잔고(종류별), ⑥ 경성 제 은행 예금대출 평균금리(행별), ⑦ 경성 제 은행 위체수불고, ⑧ 경성 제 은행 누월 위체수불고, ⑨ 경성 수형교환고 일표 ⑩ 경성 증서종류별 수환고, ⑪ 경성 은행별 수형교환고, ⑫ 제 은행 대출금(용도별), ⑬ 경성 제

은행 상품담보대출금(종류별)이 수록되었다.

무역 항목에는 조선무역 개황과 경성 통관무역 개황이 실렸고, 물가 및 노은 항목에는 경성 중요품 물가표와 경성 주요상품 소매물가표, 경성 노동임금표가 실렸다.

창고 및 운수 항목에는 경성영업 창고화물 출입표와 창고화물 누월비교표, 조선국유철도 운수수입 개황, 경용(京龍) 양역 승강인원 및 승차임은표, 경용 양역 역별 주요화물 발착톤수표가 실렸다.

그외 기타 항목에는 경성 주식상장표, 경성부 공설지장 매상고, 경성 어시장 매상고, 경성 도수수(屠獸數)가 수록되었다.

『조선경제잡지』는 경제시책과 그에 대한 재계의 대응, 산업 실태와 업계 동향을 살펴볼 수 있을 뿐만 아니라, 중요 경제통계를 통해 매월 경제지표들이 어떻게 변화해 가는지 일목요연하게 파악할 수 있는 자료이다. (정진아)

참고문헌

韓國銀行調查部, 『韓國銀行十年史』, 1960; 朝鮮銀行史硏究會 編, 『朝鮮銀行史』, 東洋經濟新報社, 1987; 韓國銀行 編, 『韓國銀行 50年史』, 2000.

▌조선곡물협회회보(朝鮮穀物協會會報)

1935년 서울에서 조선곡물협회연합회가 일본어로 발간한 월간지

1935년 3월부터 사단법인 조선곡물협회연합회가 일본어로 발간한 월간 회보이다. 회보 발간의 목적은 조선미곡계의 단결과 곡물업계의 쇄신을 도모하는 것이었다. 서울대도서관 경제문고에 1935년 3월 창간호부터 1939년 12월호까지 소장되어 있다.

월보는 주로 곡물 관련 각종 법률의 소개와 그에 대한 해설, 미곡의 생산 및 수출과 관련된 보고와 통계자료, 미곡수출과 관련된 해운 소식, 조선곡물협회연합회 소식을 주요한 내용으로 다루었다.

1930년대 중반 이후 주요 식량자원인 미곡에 대한 통제문제가 다양한 차원에서 논의되었다. 특히 일본 내지에서는 조선산 미곡의 저가 이입에 강하게 반발하고 있었다. 이런 상황에서 제기된 미곡 통제문제는 조선에서 미곡을 취급하던 곡물상들에게 일본 내지 수출의 장벽을 철폐하여 조선 미곡계가 다시 호황을 누릴 수 있는 기회로 여겨졌다. 조선곡물협회가 월보를 발간한 것은 이러한 상황에 대처하기 위한 노력의 일환이었다.

조선에서의 미곡 통제와 관련해서는 1930년 설립된 조선미곡창고주식회사와 1936년 결성된 미곡통제조합연합회를 살펴볼 필요가 있다. 조선곡물협회가 발간한 단행본으로는 『조선미 수이출의 비약적 발전과 그 특이성』(1938)이 있다.

• 조선미곡창고주식회사

1920년대 후반 일본 내 농업공황이 발생하면서 일본 정부는 조선미의 적극적인 유입정책을 포기하고 조선미의 유입을 시기별로 조절하는 방향으로 정책을 전환하였다. 이에 따라 일본 정부는 조선총독부에 조선미의 계절별 이출량을 조절할 것을 지시하였고, 조선총독부는 1930년 조선 쌀의 일본 유입을 계절별로 조절하기 위한 창고건설을 목적으로 조선미곡창고계획을 수립하였다.

이 계획에 따라 1930년 11월 자본금 100만 원, 불입금 25만 원으로 조선미곡창고주식회사가 설립되었는데, 본점은 경성부 남대문통에 두었고, 인천, 진남포, 부산, 군산, 목포에 지부를 설치하였다. 조선미곡창고주식회사는 조선 내 각 항구에 쌀의 장기보관을 위한 창고를 건설하고 운영하였다.

1937년 중일전쟁 발발로 전시통제경제가 실시되고, 1940년부터는 전시식량통제정책이 강화되면서 조선미곡창고주식회사는 원활한 공출 및 배급을 위한 조선 내 양곡 및 수이입 양곡을 비롯하여 통제 미곡의 보관 관리를 주요 업무로 맡게 되었다. 이에 따라 종래 항구에만 설치했던 창고를 내륙에도 건설하여 전시 물자의

유통과 보관을 담당하도록 하였다.

조선미곡창고주식회사는 조선총독부 및 일본 농림성이 지정한 조선 내 유일의 창고회사로서 일본 정부의 조선미 매상대금 지불을 대행하였다. 조선미곡창고주식회사가 발행한 미곡창고 증권에는 일본 정부의 저리 자금이 융통되었다.

• 미곡통제조합연합회

1936년 5월 미곡자치관리법이 공포되었다. 이 법안은 미곡이 과잉 공급될 경우에 대비하여, 미곡의 자치관리를 통해 과잉미 문제를 해결하기 위한 목적으로 제정되었다. 미곡의 공급 과잉이 예상되는 경우, 지주와 생산자 등으로 이루어지는 미곡통제조합을 결성하거나 그것을 대행할 수 있는 민간단체를 통해 과잉미 중 일정 수량을 강제적으로 저장시키도록 하는 것이었다.

미곡통제조합의 조합원 자격은 답 1.5정보 이상의 자작농, 논 3정보 이상의 소작농 또는 자소작농으로서 소작지와 합해 논 3정보 이상을 경작하는 자, 논 3정보 이상의 지주로 규정되었다.

미곡통제조합은 군·도 농회와 그 구역을 같이 하였고, 조합원의 대부분은 농회 회원이었으며, 임직원도 농회 임직원이 겸하도록 함으로써 군·도 농회와 밀접한 관계를 맺게 하였다.

1936년 10월 현재 전체 부·군·도의 75%에 미곡통제조합이 설립되었으며, 1936년 말까지 도 단위의 미곡통제연합회 결성이 완료되었다.

이와 아울러 미곡통제조합은 통제 미곡의 할당 및 저장, 자금의 융통 또는 알선, 미곡의 매도, 저장의 해제, 미곡의 위탁판매 또는 보관, 창고증권의 발행 등 광범위한 통제기능을 가지고 있었다.

곡물 검사와 관련해서는 『조선총독부곡물검사소월보』, 『히시비시(菱菱)곡물협회회보』 항목 참조. (윤해동)

참고문헌

전강수, 「식민지조선의 미곡정책에 관한 연구」, 서울대박사학위논문, 1993; 『조선곡물협회회보』, 서울대도서관 경제문고 소장본.

▌조선공업협회회보(朝鮮工業協會會報)

1930년 서울에서 격월간(나중에 월간)으로 발간된 일본어 회보

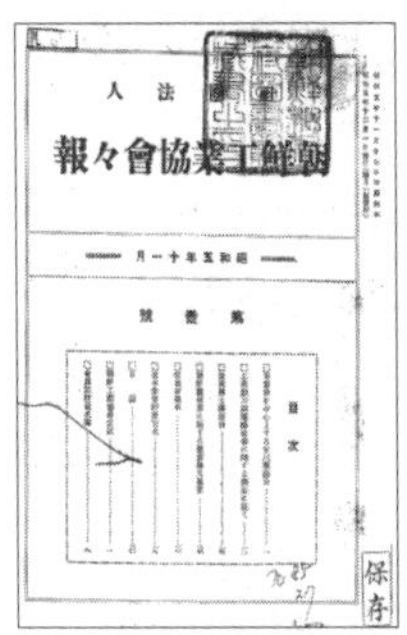

1930년 11월 조선공업협회가 창간한 일본어 월간 회보 잡지로, 처음에는 격월간으로 발간되다가 1936년 3월부터 월간으로 발간되었다. 현재 1941년 7월 97호까지 발간된 것이 확인된다. 초기에는 20~30쪽 내외의 분량으로 발간되었으나, 나중에 50~80쪽 내외의 분량으로 증가하였다가, 전시체제기에는 다시 20~30쪽 정도의 분량으로 줄어든다. 초기에는 정가가 30전이었으나, 분량이 줄어들면서 나중에는 20전으로 내린다. 국립중앙도서관에 1930년 창간호부터 1941년 7월까지 소장되어 있으며, 서울대도서관 경제문고에 1939년 78호까지 소장되어 있다. 고려서림에서 1996년 창간호부터 97호까지를 복각, 출간하였다.

잡지는 대개 자료, 녹사(錄事), 잡록, 참고통계, 부록으로 구성되었고, 각권 말미의 부록에는 조선공업협회 정관과 임원 및 회원 명부가 수록되었다.

자료에는 조선 공업의 현상과 관련한 각종 조사와 보고, 만주와 몽골 등 해외의 경제상황, 각종 통제경제 정책의 동향 등을 게재하였다. 잡록에는 각종 정책과 법령의 소개와 해설, 기타 경제 관련 각종 시사 상황 등을 수록하였으며, 녹사에는 협회 관련 사항을 게재하였다.

"조선생산공업 진흥전람회기념호"(1933.11), "제2회 조선공업전람회 기념호"(1934.11), "조선공업자원전람회 및 전선공업자대회 기념호"(1935.11) 등 중요 행사와 관련한 기념호를 발행하기도 하였다. 회보에 실린 각종 조사 보고는 1930년대 조선 공업의 상황을 파악하는 데 있어 핵심적인 자료적 가치를 가진다.

• 조선공업협회

1930년 전선공업협회는 사단법인 조선공업협회로 개편되었다. 협회는 조선 공업의 진전을 도모하고, 공업에 관한 조사·연구를 진행하며, 공업지식의 보급과 회원의 친목 도모를 결성의 목표로 삼았다.

이를 위하여 조사부를 두어 공업 진전에 필요한 사항을 조사·연구하고, 관청이나 영업자 등의 자문에 응하거나 의견을 진술하며, 공업에 관한 강연 및 도서를 간행·반포하고, 협회보를 발행하기로 하였다.

회원은 정회원, 특별회원, 명예회원을 두었는데 정회원은 연 회비 12원 이상, 특별회원은 연 회비 50원 이상을 내도록 했다. 임원으로는 회장, 부회장 2명, 이사, 감사, 평의원을 두도록 하였으며, 회장과 부회장은 이사회에서 호선하도록 하였다. 1930년 정회원은 247명이었으며, 300여 명 정도의 회원이 계속 유지되었다.

조선공업협회가 발간한 자료로는 『조선 공업 동력의 현상과 그 개선책』(1931), 『조선공장명부』(1932, 1934, 1936, 1938, 1939, 1940, 1942), 『선내공업의 현상과 공업조합법 실시의 요부(要否)』(1933), 『조선에서의 대공업의 현재 및 장래』(1933), 『조선 제분업의 현재 및 장래』(1933, 1934), 『산업경제조사회의 답신과 당 협회』(1936), 『최근의 산업 지위와 금후의 공업 방침』(1936), 『내외 공업정세와 조선공업』(1937), 『조선공업협회 팜플렛』(1936~1938), 『동아경제의 신정세와 조선공업』(1939), 『조선기술가 명부』(1939), 『조선공업조합 제규정례 및 제장부 양식』(1939), 『조선중요물산 및 특산물 분포도』(1939), 『최근 조선공업의 전망』(1940)이 있다. (윤해동)

참고문헌

『조선공업협회회보』(복각본), 고려서림, 1996.

▌조선과 건축(朝鮮と建築)

1922년 서울에서 일본어로 발간된 월간 건축 관련 잡지

1922년부터 조선건축회에서 일본어로 발간된 건축 관련 월간지이다. 편집인은 요코오 신이치로(橫尾信一郎)라는 사람으로 조선건축회의 회장이었다. 국립중앙도서관에 1922년부터 1932년까지 전호가 소장되어 있으며, 서울대도서관 경제문고에 1922년, 1923년, 1926년부터 1932년까지 발행분이 소장되어 있다.

잡지는 대체로 논설, 연구, 만록, 시보, 가정, 잡보, 회보의 순서로 구성되었다. 주택개량문제, 주택의 위생문제, 난방문제 등 주택관련 각종 현안이 가장 중요한 내용을 이루었다. 매호에 조선 내 중요 건축물의 평면도를 실었으며, 사진과 함께 새로운 건축물을 소개하기도 한다. 말미에 건축 관련 신간 및 문헌을 소개하였으며, 잡보 및 회보란에는 조선건축회 소식과 관련자들의 명단을 수록하였다.

식민지기 조선의 건축사를 이해하는 데 기본적인 정보를 담고 있는 귀중한 자료이다. 조선건축회가 출간한 단행본 자료로 『조선신궁사진첩』(1925)이 있다. (윤해동)

참고문헌

金珠也, 『日本强占期の建築團體「朝鮮建築會」の機關誌「朝鮮と建築」と住宅改良運動に關する硏究』, 1998, 경도공예섬유대학 박사학위 논문 참조; 『조선과 건축』 국립도서관, 서울대도서관 경제문고 소장본.

▌조선광업회지(朝鮮鑛業會誌)

1920년 서울에서 일본어로 발간된 광업 관련 학술 종합잡지

조선광업회에서 일본어로 발간한 광업 관련 학술지이다. 회지는 조선광업회 회원들에게 실무적인 정보를

제공하고 회원들의 친목을 도모하는 취지에서 발간되었다. 1930년부터 1935년까지는 『조선광업회회보』로 이름이 바뀌었다. 1920년부터 1922년까지는 월간, 1923년부터 1935년까지는 계간, 다시 1936년 이후는 월간으로 간행되었다. 서울대도서관 경제문고에 1920년부터 1940년 발간분이 소장되어 있는데, 1924년 9, 12월호, 1925년부터 1928년까지 발간분은 결본이다. 국회도서관에는 1941년 1, 2, 6, 11, 12월호, 1942년 3, 5, 9, 12월호, 1943년 2, 3, 10월호, 1944년 1, 3월호가 소장되어 있다.

조선광업회는 광업 관련 학술연구, 사실 조사, 강연회 개최, 기술원 양성, 정부 자문 등의 활동을 하기 위해 설립되었다.

잡지에는 조선 광업계의 현황, 광업회사의 상황, 광업 기술의 소개와 문제점, 광업 관련 정책이나 법령의 소개와 해설, 광업 출원에 대한 문제점, 광구와 광산액 소개, 조광 방법 및 설비의 문제, 주요 광산과 광부의 현황 소개, 광산 재해, 구미 각국의 광업 기술 소개, 광산물에 관한 각종 정보 등이 포괄되었다.

회원들의 친목을 도모하기 위한 각종 문예란이나 취미란이 추가되었고, 휘보를 통해 조선광업회의 활동 상황을 분석할 수도 있다. 식민지기 광업사 연구에 핵심적인 자료이다.

조선광업회가 발간한 단행본 자료에는 『충청북도광업상황』(1930), 『충청남도광업상황』(1930), 『경상북도광업상황』(1930), 『함경남도광업상황』(1930), 『평안북도광업상황』(1930), 『평안남도광업상황』(1930), 『함경북도광업상황』(1930), 『조선가행(稼行)광산분포도』(1934), 『조선광산물』(1935), 『조선의 경금속광물자원』(1935, 1936), 『조선광업의 추세』(1936), 『조선의 광업』(1936) 등이 있다. (윤해동)

참고문헌

朝鮮鑛業會, 『朝鮮の鑛業』, 1936; 『조선광업회지』, 서울대도서관 경제문고, 국회도서관 소장본.

조선광업회회보(朝鮮鑛業會會報)

▶ 조선광업회지(朝鮮鑛業會誌)

조선교육(朝鮮教育)

1920년 서울에서 일본어로 발간된 월간 교육 잡지

1920년 무렵 『조선교육연구회잡지』가 개제된 것이다. 다른 사항은 대개 『조선교육연구회잡지』와 동일하다. 그러나 『조선교육』은 120쪽 내외로 이전보다 분량이 늘어났으며, 잡지의 내용이 더욱 풍부해졌다. 교육에 관한 법령, 정책 내용, 훈시, 지시 사항 등이 잡지의 앞면을 장식하고 있으며, 논설, 요찬(要纂), 잡찬, 휘보 등으로 편집되었다. 잡찬(잡록)은 잡보, 신간 소개, 회고(會告), 서임사령 등으로 구성되었다. 『조선교육연구회잡지』에 비해 정가는 1책에 20전, 광고료도 1면에 10원으로 각각 인상되었다. 1923년까지 발행되었다. (윤해동)

참고문헌

김성학, 「일제시기 관변 교원단체의 형성과정과 그 사회적 기능」, 『교육학연구』 41-2, 2003 참조; 『조선교육』 국립도서관 소장본.

조선교육시보(朝鮮教育時報)

1923년 서울에서 일본어로 발간된 월간 교육 잡지

1923년 11월부터 1925년 8월까지 일본어로 발간한 월간 교육 잡지이다. 1923년 조선교육연구회가 조선교육회로 개편되자 기관지 역시 『조선교육』에서 『조선교육시보』로 바뀌었다.

잡지의 내용과 형식은 앞서 조선교육연구회에서 발간하던 『조선교육』과 유사하다. 교육에 관한 법령, 정책 내용, 훈시, 지시 사항 등이 잡지의 앞면을 장식하고 있으며, 논설, 요찬(要纂), 잡찬, 휘보 등으로 편집되었다. 잡찬(잡록)은 잡보, 신간 소개, 회고(會告), 서임사령 등으로 구성되었다.

1925년 9월부터는 『문교의 조선』으로 개제하여 체제를 개편하고, 내용을 풍부하게 바꾸었다.

• 조선교육회

1923년 조선교육연구회가 크게 개편되어 조선교육회로 명칭을 바꾸었다. 이 명칭은 1910년부터 1915년 개편 전까지 사용했던 것이었다. 그렇게 본다면 원래 명칭으로의 회귀라고도 할 수 있다. 1923년 4월 조직변경에 관한 사항을 회고(會告)로 발표하였는데, 그 내용은 개칭과 지회(도교육회) 및 대의원회와 총회를 개설한다는 내용이었다.

이 보고의 내용은 조선교육연구회의 1922년 5월 평의회에서 이미 결정된 사항이었던 바, 이런 결정의 배경에는 조선인들의 교육운동이 자리 잡고 있었다. 1920년 4월과 6월에 각각 조선인 중심의 조선여자교육회와 조선교육회가 결성되었다. 총독부는 이 단체들의 설립 허가 신청을 미루다가, 1922년 그 명칭을 조선교육협회로 변경하여 인가해주었다. 조선교육협회는 전국적인 강연회를 개최하면서 회원을 모집하고, 민립대학설립운동을 주도하였다. 이 단체는 1938년 제3차 조선교육령이 공포되면서, 총독부에 의해 해산당했다.

이처럼 조선교육연구회를 조선교육회로 개편하고 조직을 확대한 것은 조선인 중심의 교육운동을 견제하고 조선인 교원을 흡수하기 위한 것이었다.

1923년 5월 조선교육회 대의원대회에서는 1922년 조선교육연구회 평의회에서 결정한 사항을 원안대로 통과시키고, 같은 날 총회를 개최해 회장을 선정하고 자문안을 토의하였다.

1923년 재편된 조선교육회는 1945년까지 조선의 유일한 합법적 교육·교원단체로 존속하였다. (윤해동)

참고문헌

김성학, 「일제시기 관변 교원단체의 형성과정과 그 사회적 기능」, 『교육학연구』 41-2, 2003; 『조선교육시보』, 국립도서관 소장본.

▌조선교육연구회잡지(朝鮮教育研究會雜誌)

1915년 서울에서 일본어로 발간된 월간 교육잡지

1915년 10월 조선교육연구회가 일본어로 발간한 월간지로, 1921년 4월 67호까지 발간된 것으로 보인다. 현재 1919년 49호까지 발간된 것이 확인된다. 1920년 무렵 제호를 『조선교육』으로 변경하였으나, 실물이 발굴되지 않아 정확한 제호 변경 시기를 확인하기는 어렵다. 『조선교육』은 1921년 5월 발간된 68호부터 1923년 11월까지 확인되고 있다. 이 잡지는 조선교육연구회가 1923년 조선교육회로 개칭하고 『조선교육시보』를 발간하면서 종간되었다.

조선교육연구회 규약에 따라 회비를 내는 회원에게 배포하도록 하였지만, 일반 판매도 병행한 것으로 보인다. 정가는 1책에 15전, 우세(郵稅) 1전이며, 광고료는 1면에 6원이었다. 매월 70쪽에서 90쪽 내외로 발행되었다. 국립중앙도서관에 소장되어 있다.

조선교육연구회 조사부의 교육방법에 관한 각종 조사연구, 교육방법에 관한 현상 공모 논문, 총독부 학무국 관리의 시찰 내용 등 교육방법에 관한 글이 잡지의 주요 내용을 차지하고 있다. 그 밖에 교육과 관련한 각종 논문, 각 학교의 교수 실례, 각 학교 개황 등 교육과 관련한 각종 논설과 수필 등이 게재되었다. 각 호에는 적록(摘錄)이 게재된 경우가 많은데, 여기에는 일본 내의 각종 강연회나 회고담, 여행기 등을 간추려 실었다.

특집 하나 또는 두 세 개의 논문만을 게재하는 경우도 많았다. 예를 들어 1916년 8월 발간된 10호의 경우 경성여자고등보통학교연구부가 작성한 「조선복 재봉의 틀(朝鮮服裁縫の栞)」이라는 장문의 글이 실려 있다. 또 1916년 9월 발간된 11호에는 간바 마사시게(樺正董)의 「보통학교산술취급방」, 조선교육연구회조사부의 「이과교수상의 설비」, 제국교육회 조사위원, 「여자교원문제에 관한 조사」라는 세 개의 논문이 실려 있다.

• 조선교육연구회

1910년 결성된 조선교육회는 1915년 10월 조선교육연구회로 개편되었다. 1915년 9월의 조선교육회 총집회에서 조직 개편을 의결하였다. 회의 명칭을 개칭하고, 종래의 사업을 간략히 하는 것을 개편의 주요 내용으로 하였다.

조선총독부는 조선교육연구회를 학무국 내에 두었다. 조선교육연구회는 조선교육령과 기타 교육에 관한 법령의 취지에 기초하여 교육의 방법을 조사, 연구하는 것을 목적으로 삼았다. 본회는 경성에 두고, 회원은 회장의 승인을 받아야 가입할 수 있도록 가입 조건을 엄격히 규정하였다. 회원은 회비로 매월 1원 80전을 납부하도록 하였으며, 잡지를 발간하여 회원에게 반포하도록 하였다. 기타 회장이 필요하다고 인정하는 경우 교육의 방법에 관한 강연이나 의견의 교환을 하는 회원의 집회를 소집할 수 있도록 하였다.

조직 변경의 주요 내용은 시행 사업을 교육방법에 관한 조사연구와 교육에 관한 잡지 발간 2가지로 한정한 점, 총집회를 없애고, 회장이 필요하다고 인정할 때 강연이나 의견 교환을 위한 집회만 열 수 있게 한 점이었다.

회장에는 조선총독부 정무총감을 추대하고, 부회장, 평의원, 간사는 회장이 지명하도록 하였다. 회장은 회무를 총리하고, 부회장은 회장을 보좌하며, 평의원은 중요 회무를 평의하며, 간사와 간사장은 회장의 명을 받아 회무를 처리하는 것으로 하였다. 연구회의 성적과 서무회계 보고는 잡지에 발표하도록 하였다(이상 「조선교육연구회 규약」에 의함).

이에 따라 회장인 정무총감은 주요 임원으로 내무부 장관, 총독부 학무국장, 학무과장, 편집과장, 시학관, 경기도장관, 경성 부윤 등 관료를 지명하여, 이 단체를 행정기관에 부속한 하나의 조사기관으로 변형시켰다.

서무부에서는 대대적인 회원 모집을 진행하였는데, 1919년에는 3200여 명으로 회원이 증가하였다. 이때 조선인 회원이 다수 가입하여 일본인 회원과 비슷한 수가 되었다. 회비는 1921년 2월 40전으로 대폭 인상되었다.

주요 사업은 여전히 세출의 거의 대부분을 차지하고 있는 잡지 발행이었으며, 다른 활동은 여전히 미약하였다. (윤해동)

참고문헌

김성학, 「일제시기 관변 교원단체의 형성과정과 그 사회적 기능」, 『교육학연구』 41-2, 2003; 『조선교육연구회잡지』 국립도서관 소장본.

▌조선교육회잡지(朝鮮教育會雜誌)

1913년 서울에서 일본어로 발간된 월간 교육잡지

1910년 12월 설립된 조선교육회가 1911년경부터 발간한 것으로 보인다. 조선교육회가 회원을 대상으로 일본어로 발간한 월간지였다. 1915년 10월 조선교육회가 조선교육연구회로 개편되면서 종간되었으며, 조선교육연구회는 새로 『조선교육연구회잡지』를 발간하였다. 1913년 16호부터 1915년 44호까지 확인된다.

• **조선교육회**(1910~1915)

조선교육회는 1902년 창설된 경성교육회를 1910년 12월 재편하여 창설한 단체이다. 경성교육회는 일본인 중심의 교육단체로 회원은 약 200명 정도였다고 한다.

조선교육회는 조선에서의 교육의 보급 및 개량을 목적으로 삼았다. 주요 집행사항은 교육과 학예에 관한 연구·조사, 교육과 학예에 관한 강화회 및 강습회 개최, 잡지 발간 및 교육 상 유익한 도서의 발간, 공적자의 표창, 청년의 풍기 개선에 관한 시설, 도서관 개설, 교육구락부 개설 등의 사항이었다.

1914년 총회에 보고된 사항을 보면, 기관지 발간, 부속 경성학교 운영, 기념품 증정, 통속교육 방법 조사, 경성교육구락부 상설, 강연회 개최, 전국 소학교 교원회 및 전국교육자 대회 대표자 파견 등의 활동을 확인할 수 있다. 1915년에는 사립학교 남녀교원강습회를 실시하였다.

본회는 학무국 내에 두도록 하였고, 회장은 학무국장이었다. 부회장은 학무과장과 총독부중학교 교장이 차지하였다. 평의원, 간사 등 임원은 모두 일본인이었다. 주요 집회로는 총집회와 평의원회가 있었는데, 총집회는 매년 4월 개최하여 전년 성적과 서무 회계 등을 보고하고 교육에 관한 연설 담화 토론 등을 진행하도록 하였다. 평의원회는 회무를 평결하는 기구로서 회장이 소집하도록 하였다.

회원은 조선교육회에 신청하여 회장의 승인을 받아야 가입할 수 있도록 하였다. 가입절차를 까다롭게 한 것은 저항적인 조선인 교원의 가입을 저지하려는 의도 때문이었던 것으로 추정된다. 이 조항은 1915년 조선교육연구회로 조직이 재편되면서도 유지되었다.

각 도 교육위원이 회원 가입을 적극적으로 권유한 결과 회원은 계속 증가하였다. 1915년 10월 현재 1,394명이었다. 이 가운데 총독부 관계 인사는 72명, 관립학교 인사는 103명, 나머지 전국에서 가입한 지방회원이었다. 이는 당시 공립 초등학교 전체 교직원의 절반에 해당하는 숫자였다.

회의 운영은 전체 세입 중 80% 이상을 회비에 의존하였다. 세출은 잡지비가 70% 전후를 차지하고 있다. 회비에 의한 잡지 간행이 가장 중요한 사업이었음을 확인할 수 있다. 이 시기에는 지방 회원이 많았음에도, 아직 지회는 조직되지 않았다. (윤해동)

참고문헌

김성학, 「일제시기 관변 교원단체의 형성 과정과 그 사회적 기능」, 『교육학연구』 41-2, 2003; 『조선교육회잡지』 국립도서관 소장본.

▌조선국세조사보고(朝鮮國勢調査報告)

1925년 서울에서 일본어로 발행된 국세조사 보고서

조선총독부가 국세조사 결과를 정리하여 간행한 보고서이다. 조선총독부에서는 국세조사 곧 인구센서스를 1930년부터 10년 주기로 시행하였으며, 그 중간에는 5년마다 간이국세조사를 실시하였다. 이 국세조사는 『조선국세조사보고』라는 이름으로 간행되었는데, 1930년 조사의 결과는 1934년에, 1940년 조사의 결과는 1944년에 발간되었다.

1920년 일본에서는 처음으로 국세조사가 시작되었지만 조선에서는 시행되지 못했고, 대신 임시호구조사만이 시행되었다. 이 조사의 결과는 별도의 보고서로 간행되지 않았다.

1925년 간이국세조사의 결과는 『1925년 10월 1일 현재 간이국세조사보고 속보(大正十四年十月一日現在簡易國勢調査報告速報)』(1925), 『1925년 10월 1일 현재 간이국세조사보고 결과표(大正十四年十月一日現在簡易國勢調査報告結果表)』(1926)로 간행되었다.

1930년 국세조사의 결과는 『1930년 조선국세조사보고 속보(昭和五年朝鮮國勢調査報告速報)』(1931), 『1930년 조선국세조사보고: 전선편 제1권, 결과표(昭和五年朝鮮國勢調査報告:全鮮編 第一卷, 結果表)』(1934), 『1930년 조선국세조사보고: 전선편 제1권, 기술보문(昭和五年朝鮮國勢調査報告: 全鮮編 第一卷, 記述報文)』(1935), 『1930년 조선국세조사보고: 도편(昭和五年朝鮮國勢調査報告: 道編)』 13권(1932~1934), 『조선의 성(朝鮮の姓)』(1934) 등으로 공간되었다.

1935년 간이국세조사 결과는 『1935년 조선국세조사 속보: 세대급인구(昭和十年朝鮮國勢調査速報: 世代及人口)』(1935), 『1935년 조선국세조사보고: 부읍면별 상주인구(昭和十年朝鮮國勢調査速報: 世代及人口)』(1937), 『1935년 조선국세조사보고: 전선편결과표급기술보문(昭和十年朝鮮國勢調査報告: 全鮮編結果表及記述報文)』(1939), 『1935년 조선국세조사보고: 도편(昭和十年朝鮮國勢調査報告: 道編)』(1937~1938) 등이 발간되었다.

1939년 임시국세조사의 결과는 『국세조사참고통계표(國勢調査參考統計表)』 5권으로 출간되었다.

1940년 국세조사 본조사 결과는 『조선 1940년 국세조사결과요약(朝鮮昭和十五年國勢調査結果要約)』(1944)으로 발간되었다.

1944년 인구조사 결과는 『1944년 5월 1일 인구조사결과보고(昭和十九年五月一日人口調査結果報

告)』 2권(1944, 1945)으로 간행되었다.
이 국세조사보고는 정기적으로 간행되지 않았지만, 식민지기에 정기적으로 시행된 국세조사의 결과를 보고한 것이라는 점에서 일단 정기간행물로 분류하였다. 1992년 민속원에서 1925~1945년의 국세조사보고를 영인하였다.

국세조사

일본에서 호구 조사는 1872년 처음 실시되었는데, 거주 지역을 기준으로 신분의 차이 없이 동질화된 모든 국민을 평등하게 조사하도록 규정하였다. 이후 매년 호적에 기초하여 호구 조사를 시행하였고, 매년 말의 현주 인구를 산출하였다.

한국에서 호적 체계와 그에 근거한 인구 조사라는 방식은 1909년 일본의 사례를 그대로 도입하여 민적법이 시행됨으로써 시작되었다. 한국에서는 민적법 시행 이전인 1896년 '호구조사규칙'이 발포됨으로써 처음으로 근대적 인구 조사 방식이 도입되었다. 호구조사규칙에서는 매년 1월 정기적으로 호적을 수정하고 분적(分籍), 개적(改籍) 사항을 수시로 수정하게 하였다. 그러나 호구조사가 제대로 시행된 것은 아니었다. 1900년부터 1904년까지의 호구는 『황성신문』에 게재되었는데, 1900년과 1903년 조사는 종전보다 호구가 적게 나타나 있다. 1906년 일본인 경무고문이 주도한 호구 조사는 대한제국 내부에서 실시한 호구조사와 비교하면, 호구와 인구 수가 훨씬 늘어나고 있다. 경무고문부에서는 호구 조사의 결과를 『한국호구표』로 공간하였다.

식민지기 근대적 인구 조사는 크게 두 가지로 나누어볼 수 있다. 하나는 호구조사이고, 다른 하나는 국세조사, 곧 센서스이다.

호구조사는 보고례 형식에 따라 매년 말을 기준으로 호수와 인구를 집계하는 것이었는데, 그 결과는 『조선총독부통계연보』 등에 게재되었다. 이는 호적에 근거한 상주인구 집계였다. 조선에서는 동태인구를 집계하여 정태인구를 추계하는 방법을 사용하면서 조사원을 동원한 현지 조사가 이루어지기도 하였다.

두 번째는 국세조사였다. 곧 센서스인데, 이는 세대 곧 가구를 단위로 하지만 궁극적으로는 특정 시점 현재의 각 개인의 상태에 대한 정보를 얻고자 하는 것이었다. 일본에서는 1920년 이후 10년마다 국세조사를 실시하였고, 그 중간 5년마다 간이국세조사를 실시하였다.

이와 조금 다른 조사로 인구동태조사가 있었다. 1937년 10월 '조선인구동태조사규칙'이 발포되고, 이에 의해 혼인, 이혼, 출생, 사망, 사산 등 5항목에 대해 별도의 조사표를 만들어 지역 행정단위에서 월보로 보고하게 한 것이다. 이 역시 현지 조사가 아니라 호적 사무에 근거한 업무 통계에 속하는 것으로 호구조사 계열에 포함시킬 수 있는 것이었다.

센서스라는 말은 일본에서는 인구조사라는 분명한 개념으로 사용되지 않고, 국세조사라는 오해의 여지가 있는 개념으로 번역되었다. 처음에는 민세조사(民勢調査)라는 번역어가 쓰였으나, 차츰 국세조사라는 말로 바뀌었다.

센서스에는 아메리카식과 유럽식이 있는데, 아메리카식은 경제상황 조사까지를 포괄하는 것이었으며, 유럽식은 인구조사에 한정된 것이었다. 일본에서는 아메리카식을 따르고 싶었으나 현실적 여건 상 인구 조사에 국한된 측면도 있다.

일본에서 호적을 이용한 인구등록과 호구조사는 일반 인민에게 사민평등이라는 구호를 실감하게 하는 것이었다. 그러나 징세와 징병이라는 잠재적 위협을 은폐시키고 있었으므로 정확한 신고가 이루어지지 않을 가능성 또한 상존하였다. 더욱이 1898년 호적법이 개정되어 호적 업무가 내무성에서 사법성으로 이전되면서, 호적 자체도 인구 파악의 도구로서보다 신분 등록으로서의 성격이 강해졌고, 전문가들의 불신도 더욱 깊어졌다.

1902년 '국세조사에 관한 법률'이 제정되었으나 국세조사의 내용에 대해서는 전혀 언급이 없으며, 국세조사 자체도 1920년으로 연기되었다.

일본에서 센서스 실시를 결정하게 된 직접적 계기는 만국통계협회의 권유였다. 이 협회는 1895년 베른

회의에서 1900년을 기해 같은 날에 각국이 민세조사를 집행할 필요가 있다고 하면서 일본에게도 참여를 권유하였다. 이에 1905년 제1회 국세조사를 실시하기로 결정하였으나 러일전쟁으로 연기되었다.

일본의 군부는 1차 세계대전을 거치면서 총력전에 대한 인식을 새로이 하게 되었다. 센서스는 당장의 징병이나 징세를 목적으로 하는 것은 아니었지만, 전국적 전수 조서를 통해 정확한 주민의수를 파악해두는 것, 곧 제국 전체에 걸친 대규모 조사사업에 인민을 동원하거나 협조를 구함으로써 제국의 주민 전체를 신민이나 국민으로 통합하는 일은 아주 중요한 의미를 가지는 것으로 이해하였다.

1920년 통계국과 군수국을 합쳐 국세원(國勢院)을 설치한 것은 군수공업동원법(1918)과 군수조사령(1919)을 공포한 것과 같은 성격의 작업이었다. 1920년 국세조사는, 일본 제국 중에서 조선만을 제외하고 전역에서 실시되었다. 조선에서는 3·1운동의 여파로 국세조사 대신 임시호구조사를 실시하였다.

1921년에는 10년 간 국세조사 사이에 5년째 되는 해에 간이국세조사를 하도록 하였다. 이에 따라 1925년 10월 1일 첫 번째 간이국세조사가 실시되었던 바, 이것이 조선에서의 첫 국세조사였다. 조선에서는 1930년 첫 국세조사가 실시되었고, 1935년에는 간이국세조사 진행되었다. 이에 더하여 1939년 인구센서스가 아닌 임시국세조사라는 상업회사에 대한 조사가 있었고, 1944년에는 '자원조사법'에 따른 인구조사가 센서스와 거의 같은 형식으로 시행되었다. 1939년의 조사는 물(物)의 국세조사라고 불렸는데, '자원조사법'이나 '국가총동원법'과 관련된 것으로 총동원체제 구축에 필요한 자원 조사의 일환으로 진행된 것이었다.

조선에서 시행된 국세조사는 도부군, 읍면별로 담당직원을 두고, 최말단에는 국세조사원을 임명하여 실제조사를 담당하게 하는 방식으로 진행되었다. 국세조사원은 명예직으로서, 조사구 내의 사정에 밝은 공무원이나 공공단체 직원, 그 밖에 적당하다고 인정되는 자를 지방행정기관의 장을 거쳐 도지사가 보고하고 총독이 임명하도록 하였다. 경성에서는 주로 정회의 사무원들이 동원되었으며, 『국세조사원필휴』와 같은 국세조사를 위한 매뉴얼이 만들어지기도 하였다. 이처럼 국세조사에 이전의 호구 조사와 달리 경찰이 동원되지 않았다는 점은 매우 특징적이다.

조사 방식은 자계식(自計式)과 타계식(他計式)이 있었는데, 자계식은 신고의무자인 세대주가 직접 신고서를 작성하는 것을 말하고, 타계식은 조사원이 조사하여 기입하는 것을 말한다. 1925년 조사에서는 타계식을 택했다가, 1930년 조사부터는 자계식을 선택하였다.

조사원이 작성한 조사표를 근거로 집계한 각 도의 요계표(要計表)를 바탕으로 작성한 『국세조사속보』는 신속히 간행되었지만, 신고서를 일일이 집계하여 전국편의 최종 보고서가 발간되기까지는 보통 4~5년이 소요되었다.

국세조사의 결과는 『국세조사보고서』로 간행되었다. 1930년 국세조사의 부대 조사 결과로, 총독부 촉탁 젠쇼 에이스케(善生永助)가 편집한 『조선의 성(姓)』이라는 단행본이 출간되기도 하였다. (윤해동)

참고문헌

박명규·서호철, 『식민권력과 통계』, 서울대학교출판부, 2003; 『조선국세조사보고』(복각본) 민속원, 1992.

▌조선그리스도인회보(朝鮮그리스도人會報)

1897년 서울에서 한국어로 발간된 신문

1897년 2월 2일 조선 서울에서 창간되었다. 한국 기독교회의 감리교 소속 아펜젤러(H. G. Appenzeller)에 의해 순국문 4면 주간으로 발간되었다. 1897년 12월에 『대한크리스도인회보』로 개명했고, 1900년에 6면으로 증면했다. 1905년 장로교 측과 연합한 『그리스도신문』으로 흡수되었다. 1907년 다시 독립하여 『예수교신보』로 바뀌어 한일강제병합 때까지 발간되었다.

초기 한국기독교회의 감리교 측에서 발행했던 주간 신문이다. 1897년 2월 2일 아펜젤러에 의해 기독교의 진리 보급과 사회계몽운동을 목적으로 창간되었다. 순국문 주간지로 4면 2단제(1단 27행, 1행 25자), 4호 활자 구성을 채택했다. 아펜젤러 목사는 신문의 창간에 앞서 1899년 1월 4일 당시 중국에 머물러 있던 올링거(R. F. Ohlinger) 박사를 초빙하여 인쇄소를 관리하게 하여 국문과 영문활자를 제작하였다. 1900년의 경우 서울에 340부를 비롯하여 전국에 걸쳐 810부가 배포되었다고 한다.

1권 1호 1면의 「조선회보라 한 뜻을 발명함이라」는 제목의 논설은 이 신문 발행의 의도를 다음과 같이 알리고 있다. "서국 교사들과 조선 교우들이 6주(州) 세계를 동포로 보고 전국 인민을 일실로 여겨 진리대도의 근원과 당시 소문의 기이한 것을 기록하여 이름을 조선 크리스도인회보라 하오니 이 뜻은 조선에 있는 교회에서 긴요한 사적과 특이한 소문을 각인에게 전한다는 말이다. 이 회보를 7일 동안에 한권씩 출판하여 보는 자로 하여금 지식과 학문을 넓게 하노니 …… 지금 만국이 교제하는 때를 당하여 동양 사람은 동양 글만 읽고 동양의 도만 존숭하고 동양의 소문만 듣고자 하지 말고 우리 회보를 보시면 세계상에 유익한 소문과 각국에 재미있는 사적을 자연이 통달하게 되리니 우리가 이 회보를 파는 것이 재리를 취함이 아니요 사람의 혼암(昏暗)한 마음을 광명케 함이니 누구든지 개명에 진보하고자 하거든 이 회보를 차례로 사서 보시기를 바라오."

국호가 대한제국으로 변하자 광무 원년 12월 8일자 45호부터 『대한크리스도인회보』로 개명했다. 1900년에 들어서서 지면을 6쪽으로 증면하였다. 제1면은 총설(지금의 사설), 2면과 3면은 교회소식과 매 주일에 공부할 신구약 이야기가 실렸고, 4면에는 개화문명에 관한 상식이, 5면에는 법령 및 정계의 움직임을 보도되었으며, 6면에는 교회청년회의 난이 게재되었다. 하단에는 일반광고를 실었고 구독료는 처음 1개월은 무료이고 그 후부터는 1부에 '엽전 너푼', 1개월 선금은 '엽전 한 돈 오 푼'이었다.

1905년 7월 1일 당시의 교회연합운동의 분위기에 따라 언더우드가 발행하던 『그리스도신문』과 합쳐져서 장로교와 감리교의 연합신문인 『그리스도신문』이 되었으며, 1907년에 제호가 다시 『예수교신보』로 바뀌어 1910년 한일강제병합 때까지 발행되었다. 한일강제병합 이후 다시 먼저의 제호로 돌아갔고, 이것이 후일 『감리회보』의 전신이 되었다.

신문의 성격상 신앙적인 면이 강조되었지만 교회소식이나 교리 지식적 내용뿐만 아니라 서구의 문화 및 문명을 소개하는 데도 많은 지면을 할애했다. 그 외에 농사나 공업에 대한 일반 지식의 보급에도 한몫했다.

기독교와 한국 신문

한국 초기의 신문, 잡지 출판에는 기독교 선교사들의 영향이 무척이나 컸다. 기독교는 선교를 위해 주로 세 가지 사업을 기획했는데, 첫 번째는 교육사업이고 두 번째는 의료사업, 세 번째는 출판사업이었다. 그중 출판사업은 다시 한국인을 대상으로 하는 것, 현지 선교사들을 위한 것, 선교사를 파견한 나라의 교회를 상대로 하는 것으로 나뉘었다. 이를 토대로 당시 기독교 계통 신문을 살펴보면 다음과 같다.

첫 번째 한국인 대상의 신문으로는 감리교의 『조선크리스도인회보』(1897.2.2), 장로교의 『그리스도신문』(1897.4.1), 천주교의 프랑스 신부 드망쥐(Floria Demange, 한국명 안세화)가 발행한 『경향신문(京鄕新聞)』(1906.10.19)이 발간되었다. 두 번째 현지 선교사를 위한 신문으로는 『코리안리포지터리(Korean Repository)』가 있었다. 세 번째 파견 나라를 타깃으로 한 신문으로는 『모닝캄(Morning Calm)』이 있었다.

이러한 출판사업을 위해서는 선교사들이 한국어에 익숙해져야만 했다. 이로 인해 출판사업을 진행하는 것과 함께 한국어 문법서 혹은 사전이 선교사들에 의해 발간되었다. 또 한국에서 선교활동을 효과적으로 전개하기 위해 순국문 성경 역시 활발히 편찬되었다.

선교사를 포함한 외국인들이 한국 언론출판계에 미친 영향을 요약하면 다음과 같다. ① 서양 선교사들과 일인들이 만주, 상하이, 요코하마 등지에서 한글 활자를 만들고 서양식 인쇄시설을 들여옴에 따라 한국의 인쇄문화가 새로운 전환점을 맞았다. ② 일본인들이 발행한 신문은 내용적으로는 한국 침략을 옹호하는 대변기관의 성향을 가지고 있었지만, 기술적으로는 한국의 출판, 인쇄 기술의 수준을 높였다. ③ 선교사들이 운영하던 삼문출판사와 일인 경영신문들은 한국의 인쇄소와 신문사, 잡지사에 기술을 전수하고, 기술 인력을 공급하였다. ④ 이들 출판사의 출판 활동이 개화기 한국의 신문 잡지 창간열을 자극하였다. 『독립신문』과 『대한매일신보』가 3개월 남짓한 준비기간에 한글과 영문으로 함께 편집될 수 있었던 것도 이들 외국인 출판사의 시설을 이용할 수 있었기에 가능하였다. ⑤ 외국인의 순국문 출판이 『독립신문』, 『매일신문』, 『제국신문』 등이 순국문을 제창하고 나올 수 있는 전례가 되었다. (김미정)

참고문헌

정진석, 『한국언론사』, 나남출판, 1995; 정진석, 『역사와 언론인』, 커뮤니케이션북스, 2001.

▌조선급만주(朝鮮及滿洲)

1908년 서울에서 발행된 일본어 종합지

1908년 3월 『조선』이라는 제명으로 창간되어 1911년까지 46호를 발행한 뒤, 1912년 1월 『조선급만주』로 개제하였다. 월간으로 간행되었으나, 1912년 6월부터 12월까지는 월 2회 발간하였으며, 1941년 1월까지 398호를 발간하였다. 창간 당시의 편집 겸 발행인은 경성 일한서방(日韓書房) 사장 모리야마 비오(森山美夫)였으며, 주필은 기쿠치 겐조(菊地謙讓), 편집장은 샤쿠오 슌조(釋尾春芿)였다. 1909년 기쿠치와 모리야마가 퇴진함으로써 샤쿠오가 '조선잡지사'를 만들어 독립하였다. 처음에는 일한서방에서 발간하였지만, 1909년 4월부터는 조선잡지사에서 발간하게 되었다. 일본의 조선 지배가 착착 진행되는 시기에, 잡지 『조선』도 기반을 다지고 있었다고 할 수 있겠다. 대개 80~100쪽 전후의 분량으로 발간되었다. 1908년부터 1941년까지의 잡지를 1998년 일본의 호성사(皓星社)에서, 2005년 어문학사에서 57권으로 묶어 복각 출판하였다.

권두에는 대개 사진을 실었으며, 시사평론과 논설, 연구, 부원(富源) 등의 주요 고정란을 설치하였다. 사진은 재조선 일본인이나 일본인 관료·군대의 동향, 조선의 산업 등과 관련한 자료를 실었다. 시사평론란에는 조선과 일본의 주요 시사문제를 간단히 소개하고 있으며, 논설란에는 통감부, 한국 경찰이나 관료, 금융기관, 척식기관이나 조선의 산업 현황 등에 관한 글을 싣고 있다. 연구란에는 조선의 역사와 사회, 주요 인물을 소개하는 글을 주로 싣고 있으며, 부원란에는 조선의 농업, 어업, 광업 등에 관한 현황을 소개함으로써 일본인의 식민을 장려하고 있다.

또 방문록이라는 고정란을 두어 주요 관료나 실업가를 방문하여 인터뷰한 결과를 싣고 있다. 주장란을 두기도 했는데, 여기에는 주로 편집인 샤쿠오가 각종 시사에 관한 견해를 싣고 있다. 인물평론란을 두어 주요 관료나 실업인들을 소개하고 있으며, 잡찬란을 두어 일본, 한국, 만주의 지방 사정을 소개하고 있다. 문예란에는 독자 문예를 싣고 있으며, 성공담을 두어 조선에 진출한 실업가들의 성공 사례를 소개하고 있다.

방문록, 인물 평론, 성공담 등 인물과 관련한 고정란을 두어 인물 소개를 많이 하고 있는 것은 독자를 확보하기 위한 의도에서 나온 것이었다. 또 실업자료란을 두어 각종 실업의 현황을 소개하고 있다. 기타 조선문답, 명류담총(名流談叢), 통신과 잡보, 시사일지, 한인의 삼면종(三面種), 명사의 편영, 풍문록, 독자 기염(氣焰) 등 작은 고정란을 두어 많은 기사를 소개하고 있다. 또 새로운 법령과 신간을 소개하기도 하였다. 종합지로서의 면모를 풍부히 가지고 있었다고 할 것이다.

매월 1회 1일에 발간하였으며, 초기의 정가는 1책에 25전, 반년에 1원, 1년에 80전이었다. 1908년 일본 내지와 타이완에서도 독자층을 확보하면서 발행부수를 2만 4000부로 늘렸다.

이 잡지는 일본인의 조선 진출과 조선인 동화를 촉진하며, 재조 일본인의 이익을 대변하고, 통감부의 정책을 옹호하기 위할 목적으로 간행하였다. 한국인에 대하여 보호권의 진정한 의의를 설득하고, 세계에 대해서는 대한정책과 통감부를 변호하지만, 일본 정부와 통감부에 대하여 고언과 비평을 할 것을 발행의 목적으로 삼았다. 밖으로는 선전의 역할을 수행하지만, 안으로는 권력에 대항한다는 자세를 가지고 있었다.

1912년 잡지명을 『조선급만주』로 개제한 것은 만주를 새로운 침략의 대상으로 만들기 위한 의도에서 나온 것이었다. 샤쿠오는 만주 일대를 시찰한 결과 만주 경영과 중국 연구가 급선무라는 것을 깨달았다고 한다. 그리하여 잡지사의 지사를 먼저 대련에 설치한 다음 개제하였던 것이다. 1910년 도쿄 지국을 설치한 이래, 안동(安東, 1911), 부산(1911), 평양(1922) 등에 지국을 설치하였다. 1918년에는 조선잡지사의 이름도 조선급만주사로 바꾸었다.

• **샤쿠오 슌조(釋尾春芿)**

샤쿠오 슌조는 오카야마(岡山)현 히젠(備前)의 절에서 태어나 데쓰가쿠칸(哲學館, 후에 도요대학[東洋大學]) 철학과를 졸업하였다. 이명은 도호(東邦) 혹은 교쿠호(旭邦). 철학관은 1887년 이노우에 엔료(井上圓了)가 종교인과 교육자를 양성하기 위하여 일본주의와 불교주의를 내걸고 교육칙어의 취지를 실현하려는 의도로 설립한 3년제 학교였다.

샤쿠오는 졸업 후 조선과 중국에 관심을 가지고 교토에서 신문업에 종사하다가, 1900년 한국으로 건너와 부산 개성학교 교사로 취임하였다. 이노우에는 히가시혼간지(東本願寺)의 장학금으로 도쿄제국대학 철학과를 졸업하였으므로 히가시혼간지의 사업에 관심을 가지고 있었다. 히가시혼간지는 부산에 초량학원(草梁學院)을 창립하였다가 1903년 학교를 폐쇄하고 학생들을 개성학교로 보냈으므로, 이노우에가 개성학교에 샤쿠오를 추천할 수 있었다. 더욱이 이노우에는 개성학교 교장으로 있던 아라나미 헤이지로(荒浪平治郎)와 같은 대학 동문으로 친분을 갖고 있었다.

샤쿠오는 1901년 11월 대구의 달성학교에 전근하였다. 달성학교는 동아동문회가 보조금을 지급하는 학교였다. 그 후 샤쿠오는 대구에서 일본 불교 포교활동을 하다가, 경성의 일본인 민단 제1과장으로 전임하였다. 여기에서 그는 경성제일여교와 경성중학교 설립에 참여하였고, 민단의 역사를 수집하고 기록하는 활동에도 주도적으로 참여하였다. 1908년 7월 경성민단을 사임하기 전까지 경성민단의 자료를 모은 『경성발달사』 편찬을 담당하였다. 이 자료집은 샤쿠오가 사임하면서 중단되었다가, 결국 아오야기 쓰나타로(青柳綱太郎)가 편집 촉탁이 되어 1911년 간행하였다.

샤쿠오는 조선통치정책과 관련하여 통감 이토 히로부미와 초대 총독 데라우치 마사다케를 강하게 비판하였다. 통감 이토 히로부미에 대해서는 이토가 조선인 위주의 정책을 실시하여 재조일본인의 이익에 냉담하다는 점과 온건책을 취하여 조기병합을 감행하지 않는 점을 비판하였다. 초대 총독 데라우치에 대해서는 조선인을 우대하며, 일본인의 조선 이주에 대해 소극적이라는 점에 대해 비판적이었다.

샤쿠오는 철저한 조선멸시관을 가지고 있었으며, 이에 따라 조선의 동화를 먼 장래의 일로 간주하고 있었다. 그럼에도 동화불가론자들이 주장하는 조선자치론에는 반대하였고, 임시적인 조선의회를 설치할 것을 주장하였다.

1930년대의 샤쿠오는 재조선 일본인 사이에서 높은 평가를 받았다. 도선(渡鮮) 이래 조선 통치에 대한 올바른 비판자로서 여론을 환기하였고, 민심의 지도자로서 입장을 확고히 지켜 무위에 굴복하지 않았으며, 금전에 구애되지 않고 고절(高節)을 지킨 일관된 언론인으로서의 생애를 살았다고 평가받았다. 사계의 장로로서의 무게를 가지고 있었으며, 그를 좋아하는 일군의 팬을 가지고 있었다고 한다.

• **조선연구회**

1908년 11월 샤쿠오는 조선연구회를 만들고, 사무소를 동양협회 전문학교 안에 두었다. 조선에 관한 각종 지식을 교환하고 연구상의 편의를 도모하며 각국의 식민지경영사를 연구하는 것이 연구회의 목적이었다. 이를 위하여 강연회나 질의회를 열거나 도서·고물(古物) 종람회(縱覽會)를 개최하기로 하였다.

그리고 조선연구회의 보고, 강연, 질의 등은 모두 잡지 『조선』에 게재를 위촉하고, 연구회의 회원에게는 잡지를 무상으로 배포하기로 하였다. 매월 통상회를 개최하고, 춘추에 총회를 열어 도서·고물 등의 진열회를 개최하기로 하였다.

연구회의 임원으로는 회장, 부회장과 10명 이내의 간사를 두되 그중 3명을 상무간사로 삼기로 했다. 회장과 부회장은 간사회에서 추천하고, 간사는 회원 중에서 선거하며, 상무간사는 간사 중에서 선거하도로 하였다. 회비는 매월 30전으로 규정하였다.

1908년 11월 첫 모임에서 간사로 샤쿠오를 비롯하여 미야케 조사쿠(三宅長策), 아사미 린타로(淺見倫太郞), 기쿠치 겐조(菊地謙讓), 가와이 히로타미(河合弘民) 등을 선출하였다. 그중에서 샤쿠오, 가와이, 하라다(原田) 3명을 상임간사로 선출하였다.

월례발표회는 1908년 11월부터 1909년 3월까지 매월 5회가 개최되었고, 6월에 6회 발표회가 열린 뒤 중단된 것으로 보인다.

조선연구회의 중심인물 중에는 가와이 히로타미, 나카이 기타로(中井喜太郞), 아유카이 후사노신(鮎貝房之進), 기쿠치 겐조 등이 있었는데, 이들은 한말 이후 조선으로 건너와 대륙낭인 단체에서 활동하거나 조선 침략에 앞장섰던 사람들이다. 가와이 히로타미는 동양협회 전문학교(나중에 경성고등상업학교)의 분교장으로 있었으며, 식민사학과 사대주의론을 통하여 침략논리를 개발하였다. 나카이 기타로는 요미우리(讀賣) 신문 기자, 조선협회 간사, 한성신보 사장, 경성민단장, 함경북도 서기관 등을 지낸 인물이다. 아유카이 후사노신은 1894년 조선으로 건너와 을미의숙(乙未義塾)을 창립하였는데, 을미의숙은 조선 정부가 비용을 부담하고 현채(玄采)가 형식상의 설립자로 되어 있었다. 명성황후 시해 사건 후 폐교하고 조선 연구에 몰두하였다. 동양협회 전문학교 강사, 조선연구회와 고서간행회 평의원으로 활동하였다. 당파성론을 통해서 식민사학 형성에 기여하였다.

한편 샤쿠오는 1908년 조선잡지사 안에 조선진서간행부를 두고 조선의 역사, 지리, 제도, 문학 등에 관한 서적을 간행할 계획을 발표하였다. 재조일본인의 다수가 조선의 문명이나 역사, 조선의 국정과 국민성의 유래에 대해서 알지 못하는데, 이런 상태로는 조선의 부원을 원활하게 개발할 수 없다는 것이 그가 조선 서적을 간행하고자 한 이유였다. 그는 '조선고서간행회규칙'을 통해 이후 간행할 서적의 서목을 발표하였는데, 28종 82책의 조선 고전을 『조선군서대계(朝鮮群書大系)』라는 이름으로 간행하기로 하였다.

• 고서간행회

조선고서간행회는 명예찬성원과 특별찬성원, 평의원으로 구성되었는데, 여기에는 통감부와 총독부의 고위 관리가 망라되었으며, 지원도 받고 있었다. 한국인으로는 김윤식, 유길준, 박제순, 조중응 등이 참여하였다. 시데하라가 1905년에 만든 한국연구회의 회원인 마에마 교사쿠(前間恭作), 구니와케 쇼타로(國分象太郞), 아유카이 후사노신 등도 참가하고 있었다.

고서간행회는 1916년까지 책을 간행하였으나 그 이후에는 간행하지 못했다. 총독부와 이왕직의 지원이 중지되었기 때문이다. 『조선미술대관』(1910), 『조선고적목록』(1911) 등의 단행본을 간행하였다.

조선잡지사는 고서간행 사업이 끝난 뒤인 1917년에는 만주의 역사, 지리 및 인문, 산업 등에 관한 전문서적을 『조선급만주총서』로 간행한다는 계획을 세웠다. (윤해동)

참고문헌

최혜주, 「한말 일제하 釋尾旭邦의 내한활동과 조선인식」, 『한국민족운동사연구』 45, 2005; 阿部薰, 『朝鮮人物選集』, 民衆時論出判部, 1934.

▌조선기상요보(朝鮮氣象要報)

▶ 조선기상월보(朝鮮氣象月報)

▌조선기상월보(朝鮮氣象月報)

서울에서 일본어로 발간된 조선총독부관측소 월간지

조선총독부관측소가 일본어로 매월 발간한 기상 관련 잡지이다. 조선 각지의 월 단위 기상 상황을 기재한 책으로 매월 약 600부 정도를 배포하였다. 월간으로 정기적으로 간행되지는 못했으며, 간혹 발간되지 않은 달도 있었다. 서울대도서관 경제문고에는 1921년(87호)부터 1941년(335호)까지의 월보가 소장되어 있다.
한편, 『조선기상요보』는 조선총독부관측소가 1940년 조선총독부기상대로 개편되고 난 후에 『조선기상월보』를 대신하여 월간지로 창간되었다. 각 호는 50쪽 내외의 분량으로 발간되었으며, 기후, 폭풍, 뇌우, 일사, 지진, 농업기상, 생물기상 등의 내용을 담고 있다. 서울대도서관 경제문고에 1940년 발간분이, 농학도서관에 1941년 발간분이 소장되어 있다.

『조선기상월보』는 월 단위 기상 상황, 기후의 추이, 폭풍우의 경과, 특수 현상 및 지진 등 조선 전체의 기후와 이변을 조사하여 수록하고, 관측소와 각지의 측후소 및 기타 간이 기상관측소의 성적을 등재하였다.

식민지기 조선의 기후 변화 추이를 확인하는 데 있어 기본적인 자료이다. 기후 변화와 기상 이변이 농업사회였던 조선에 미친 영향을 파악하기 위해서도 참조할 만한 가치가 있다.

• 조선총독부관측소

조선에서의 기상 사업은 러일전쟁의 발발과 함께 만주와 조선에서의 기상 관측이 중요해짐에 따라, 일본이 1904년 3월 일본 중앙기상대 부속 임시관측소 설립을 결정한 데에 기원을 두고 있다고 한다.

일본은 부산, 목포, 인천, 용암포, 원산, 성진의 6개소에 일본 중앙기상대 부속 임시관측소를 설치하였다. 1907년 '통감부관측소관제'가 제정됨에 따라, 인천의 제3임시관측소를 통감부관측소로 칭하고 나머지는 지소로 삼았다.

1907년 대한제국 정부가 경성, 평양, 대구에 관측소를 설립하고, 통감부에 감독을 위탁하였다. 1908년 기상사업은 잠시 대한제국 정부 관할로 넘어갔다가, 병합과 더불어 조선총독부관측소로 정리되었다.

소장은 총독부의 기사였으며, 1911년 현재 인천의 본소에 17명, 9개 측후소에 각 2명씩 18명으로, 모두 35명이었다.

1911년 강릉, 1914년에 웅기, 중강진, 1918년 전주와 초산에 측후소가 개설되었다. 1923년 초산측후소가 폐지되고 대신 제주도에 측후소가 신설되었다. 1914년에는 지정한 25개 부군도청에서 간이 기상관측을 하도록 하였는데, 이후 증설되어 102개소에 이르렀다.

1940년 조선총독부관측소는 조선총독부기상대로 명칭이 변경되었으며, 조직도 개편되었다. 이로써 일본 중앙기상대의 하부조직으로서의 위상을 명확히 하게 되었다.

관측소에서는 기상 관측, 시각의 측정 및 통보, 지진관측, 지자기 관측, 측풍(測風)기구 관측, 예보 경보 및 기상 전보(電報), 폭풍 경보 등의 사업을 행하였다.

기상의 조사 및 보고를 위해 다양한 종류의 출판물을 간행하였는데, 『기상일보』, 『일기도(天氣圖)』, 『월보』, 『관측소연보』, 『일용편람』 등이 있다. 그리고 1916년부터 『조선총독부관측소기상5년보』가 5년 간격으로 1935년까지 발간되었다. 조선총독부기상대로 변경되고 난 후에는, 『조선기상요보』가 발간되었다.

『기상일보』는 매일 아침 기상 요소(要素)의 관측 성적을 보고한 것으로서, 이는 『관보』에 게재되었다. 『일기도(天氣圖)』는 외부로부터의 기상전보를 도상에 기재하는 것으로, 일반 기상 상황 및 예상 등을 인쇄하여 매일 약 200부를 배포하였다.

조선총독부관측소가 발간한 단행본 자료로는 『조선기상30년보』(1936), 『음양력대조표』(1937)가 있다. 『조선총독부관측소연보』, 『일용편람』 항목 참조. (윤해동)

참고문헌

宮川卓也, 「20세기초 일제의 한반도 기상관측망 구축과 식민지 기상학의 형성」, 서울대석사학위논문, 2008; 『조선기상월보』, 서울대도서관 경제문고 소장본.

▌조선노무(朝鮮勞務)

1941년 서울에서 발간된 일본어 격월간지

1941년 10월 조선노무협회의 격월간 기관지로 창간되었다. 조선노무협회는 1941년 6월 조선인노동력 동원을 위한 외곽단체로서 조선총독부 노무과 내에 설립되었다. 조선노무협회가 "노동사정 및 직업문제에 관한 조사·연구 및 보급·선전"을 위하여 간행하였다. 발행인 및 편집인은 조선노무협회의 회장을 맡고 있던 조선총독부 정무총감이었다.

1941년 10월 창간되어 1943년 12월(3권 6호)까지는 격월로 발행되었고, 1944년 2월(4권 1호)부터 월간으로 발행되었다. 1권 1호(1941년), 2권 1~6호 및 별책 1권(1942), 3권 1호, 특집호, 2·3합병호, 4호, 6호(1943), 4권 1~5호, 7호(1944), 4권 10호(1945.4)가 고려대도서관에 소장되어 있으며, 일본의 로쿠인쇼보(綠陰書房)에서 2000년 복각 출판되었다. 결호는 3권 5호, 4권 6호, 8호, 9호이며, 1945년 4월 이후에 다음호가 발간되었는지는 확인할 수 없지만, 용지 부족으로 발간되지 않았을 가능성이 높다. 1권 1호부터 3권 1호까지는 A5판, 그 이후에는 B5판으로 출판되었다.

1942년 이후 전쟁이 장기화되면서 용지 부족으로 일반 잡지가 대거 폐간되었지만, 이 잡지는 1944년부터 오히려 월간으로 바꾸어 발행횟수를 늘이고 있다. 이는 이 잡지가 노동력 동원에서 차지하는 역할이 매우 중요한 것이었음을 말하는 것이지만, 월간으로 바뀐 이후 면수는 대거 줄어들고 지질도 매우 나빠진다. 이 잡지의 독자는 조선노무협회의 회원으로 대규모 노동자를 고용한 사업주가 중심이었다. 노무행정이 복잡해지고 노동자의 이동이 증가하였기 때문에, 사업주에게 복잡한 행정 수속을 전달하지 않으면 효과적으로 노동력을 통제할 수 없었던 것이다.

발행부수는 정확히 확인하기 어렵지만, 대개 1만 부 이상이었던 것으로 추정된다. 1941년 조선노무협회의 세출입 예산을 보면 회지 구독 회원의 수가 1만 명으로 상정되어 있지만, 여타 회원과 관련 행정부서에 배포한 부수를 고려하면 발행부수는 1만 부를 상회하는 듯하다.

기사의 내용은 주로 노무 관련 정책의 해설, 관련 법령의 전달 및 해설이 다수를 차지하였으며, 각 분야의 노동사정을 알리는 글과 현장의 노무관리에 관한 기사가 뒤를 잇고 있다. 또 농업에서의 노동 상황 및 노동력 이동과 관련한 기사가 다수를 차지하였다. 전시통제기 조선에서의 노무 관련 법령은 대단히 복잡하였으며, 노동자의 이동이 많았을 뿐만 아니라, 일본 본토의 법령 시행 상황과도 상당한 차이가 있었다. 이 잡지에는 법령의 전문, 시행규칙, 법령 실시 요강, 법령에 관한 통첩 및 해설 등이 일목요연하게 기재되어 있다. 특히 『조선총독부관보』나 총독부 기관지인 『조선』에도 수록되어 있지 않은 통첩 등은 자료적 가치가 매우 높다.

1943년 이후에는 근로보국대 참가자의 감상, 노동현장 관리자의 체험담, 노동 이동에 대한 사업주의 의견 등 구체적인 현장 상황을 알려 주는 기사가 증가하고 있다. 독자적인 조사작업에 기반을 둔 통계자료가 제시되어 있기도 하다.

• 조선노무협회

전쟁이 장기화되고 노무동원이 강화되면서 노동력 통제를 강화할 필요성이 제기되었다. 이에 1941년 6월 조선인노동력 동원을 위한 외곽단체로서 조선노무협회가 조선총독부 노무과 내에 설립되었다. 조선인의 노동력 동원은 민간 사업주의 적극적인 협력을 통해서만 가능한 일이었다. 조선노무협회는 민간 사업주를 노동력 동원 행정기구에 포섭하기 위하여 설립된 조직이었다. 곧 조선노무협회는 노무행정에 관한 관청의 대행기관이자, 산업인의 대표기관으로서의 성격을 가진 단체였다.

조선노무협회는 "노무 수급의 조정 및 노동력의 유지·증강에 관한 사업의 원활한 수행 및 발전에 협력"하는 것, 곧 총독부의 노동정책에 대한 협력을 그 목적으로 내세웠다. 회칙에 내건 사업은 ① 노무자의 교양 훈련, ② 노동사정 및 직업문제에 관한 조사·연구 및 보급·선전, ③ 노무자원의 개척, ④ 노무관리의 지도, ⑤ 노동자 및 그 가족의 보호·지도, ⑥ 관청 및 민간과의 연락, ⑦ 기타 필요한 사항 등이었다. 그중에서 두 번째 사업을 추진하기 위해 간행된 것이 『조선노무』였다.

회장에는 정무총감, 2명의 부회장에는 총독부 내무

국장과 경무국장, 상무이사에는 "본 회의 사업과 밀접한 관련이 있는 관직에 있는 자"를 임명하도록 하였다. 이사로는 총독부 관련 부서의 관리와 민간의 관련 단체 간부를 임명하도록 하였다.

하부조직으로 13도에 지부가 설치되었고, 그 아래에 직업소개소가 있는 곳 또는 기타 부·군·도에 분회가 설치되었다. 지부장에는 도지사, 분회장에는 직업소개소장 또는 지방행정조직의 장이 임명되었다. 예산은 국고 보조와 도비로 충당되었다.

회원으로는 명예회원, 특별회원, 보통회원의 3종이 있었는데, "매년 백 원 이상 또는 일시에 천 원 이상을 갹출하는" 특별회원이 중심을 이루었으며, 특별회원으로는 노무와 직접 관련이 있는 공장 또는 사업장이 망라되었다. 주요한 특별회원은 토건업의 조선토목건축업협회, 광업의 국민총력조선광산연맹을 통하여 관리하였다.

조선노무협회의 운영과 감독은 총독부의 노무과가 관장하였다. 노무과는 노무행정을 총괄적으로 관장하기 위하여, 1941년 4월 내무국에 신설되었다. 노무과는 1942년에는 신설된 사정국(司政局)으로, 1944년에는 신설된 광공국 산하로 이관되었다.

조선노무에 게재된 노무 관련 주요 통첩, 요강, 해설

「임금통제령 개정 칙령 시행에 관한 건」, 「임금규칙 기재례에 관한 건」(1권 1호), 「노무조정령 시행에 관한 건」, 「노무조정령 사무 취급에 관한 건」, 「노무조정령 시행규칙 제12조의 종업자 명부에 관한 건」, 「노무동원 실시계획에 의한 조선인 노무자의 내지 이입 알선 요강」, 「이입노무자 훈련 및 취급 요강」, 「국민등록 직종 해설」(2권 2호), 「전라남도 노무지도원 훈련소 규칙」(2권 3호), 「청장년 국민등록 해설」(2권 4호), 「개정 대내 조선 구인 취급 요령 해설」(2권 2·3호), 「근로보국대 출동에 관한 건」, 「중요 공장 광산 노무자의 충족 방법에 관한 건」(3권 4호), 「노무조정령 중 개정에 수반한 사무 취급에 관한 건」, 「국민근로보국협력령 실시요강 제정에 관한 건」, 「학도 근로동원에 관한 건」, 「국민근로보국협력령 제11조의 총동원 업무 지정에 관한 건」(3권 6호), 「중요 공장 사업장 노무자 식량 특배 요강」(4권 2호), 「대내 조선 구인 취급 요령 중 개정에 관한 건」, 「여자 청년 연성 지도원 양성소 설치 요강」, 「일고 노무자 통제 요강」(4권 3호) (윤해동)

참고문헌

복각판: 『조선노무』, 綠陰書房, 2000; 『조선노무』 고려대도서관 소장본.

조선농민(朝鮮農民)

1925년 서울에서 발행된 농민 잡지

1930년 6월 1일 통권 40호로 종간되었다. 편집 겸 발행인은 이돈화(李敦化, 1권 1호~2권 5호)와 이성환(李晟煥, 2권 6호~5권 7호)이고, 인쇄인은 민영순이다. 인쇄소는 해영사(海英舍) 인쇄소이며, 발행소는 조선농민사(서울 경운동 88)이다. A5판 58쪽으로 정가는 15전이다. 경인문화사에서 영인자료로 출간하고 있다.

1925년 12월에 창간된 『조선농민』은 1만 부를 발행했고, 다음해 1월호인 2호부터는 1만 5000부를 발행했으며, 1926년 2월 14일 발행부수는 1만 8000부를 상회할 만큼 폭발적인 인기를 누렸다. 2권 1호처럼 재판을 찍는 경우도 종종 있었다고 한다.

『조선농민』은 출판법에 의해 정치, 경제문제 등 시사적인 문제를 다룰 수 없었음에도 그 논조와 구호가 선동적인 까닭에 조선총독부 당국으로부터 자주 검열에 걸려 매호 일부분이 삭제되는 일이 빈번했고 압수 혹은 발매금지를 당해 발행을 못하거나, 혹은 임시호를 발행하기도 했다. 발행인인 이성환을 비롯하여 조선농민사 관계자들도 수시로 검속되는 등 잡지발간 과정은 순탄치 않았다.

창간사를 잠시 보자.

"반만년동안 짓밟히고 주물리우고 눌리우고 속이우고 빨리워서 항상 큰 불안과 공포와 빈천(貧賤)에 결박되어 살아오는 전 조선 인구의 그 9할이나 되는 농업대중의 인격적 해방을 위하여 …… 그리하여 우리들은 이 목적을 철두철미 관철하기까지 온갖 혈성(血誠)과 열애(熱愛)를 바쳐 싸우기를 굳게 맹세합니다."

즉, "조선 인구의 그 9할이나 되는 농업대중의 인격적 해방을 위하여", "조선 농촌의 그 참담한 경제적 현상을 구제하기 위하여", "농업 대중의 지식적 각성을 촉구하기 위하여" 등의 세 가지가 『조선농민』의 창간 주지(主旨)인 것이다.

창간호 목차를 일별하면 다음과 같다. 논설로 이성환의 「조선농민의 삼대제창」, 이돈화의 「농사 짓는 농군입네」, 김기전의 「먹긴 홍중군이 먹고」, 이성환의 「현대 농민 독본」, 벽말(碧朶)의 「농민의 과학 강좌」, 편편실의 「통속위생 강화」가 있었고, 소설로는 임영빈의 「조리 돌리는 사람」, 잡조로는 유광렬의 「농민신문(사랑방 문답)」, 의 「지상구락부」, 편집실의 「깔깔대회」, 노심유(盧心油) 그림의 「연속만화 '뚱단지'」, 「질의문답」, 「3대현상문제」, 「편집을 마치고」 등이 실려 있다.

이와 비교해서 종간 즈음인 38호(1930.1.1)의 목차도 살펴보자. 논설로 최린의 「근로와 협동(사회명사의 신년소감)」, 한용운의 「소작농민의 각오」, 윤치호의 「농업보호와 세민금화」, 이성환의 「농촌순회강연자료」, 한장경의 「토지개량의 필요와 그 방법(반드시 자주적으로 하여야 함)」, 백남규의 「농민교양에 대하여」가 있고, 수필로는 고병헌의 「다음 계단을 비약하기 위하여(농민운동의 길로 나서려는 금춘 각학교졸업생의 포부와 경륜)」, 장경호의 「농촌위생에 주력」, 이화여전 졸업생의 「미신타파와 문맹퇴치」, 방화산(方華山)의 「생치(生治)의 강력화의 실행」, 한통숙의 「잘알면서 하지 못하는 일」, 신일영의 「소비조합을 만들겠다」, 정순갑의 「이론보다 실제에」, 조훈의 「계급적 진전이 있도록」, 김정규의 「무엇보다 농민과 접촉이 필요」, 장화봉의 「네가지 파괴와 다섯가지 건설」, 벽말의 「제육년춘(第六年春)을 맞으면서」가 있고, 소설로는 최인준의 「폭풍우전」, 잡조로는 유광렬의 「신년을 당한 농촌에 활기 있는 농민 회합기」, 건각생(健脚生)의 「주보천리로 북쪽 설국을 찾아」, 「농민사 제삼회 사노조사발표」, 「사보(社報)」, 「편집여언」 등이 있다.

그 밖에 3호(1926.2.12)에 실린 농촌청년지상웅변대회와 같은 경우 각 지역 농촌 청년들이 직접 참여한 것이어서 흥미롭고, 각 호마다 현상모집과 발표(4호에서는 본사 '마-크' 현상발표, 5호에서는 현상농촌단문발표, 6호에서는 기사투표 현상발표)를 하고 있는 점이 눈에 띈다. 10호부터는 당시로서는 거금인 2000원을 걸고 대현상모집을 하고 있어서 이 역시 주목할 만하다. 또한 시나 소설이나 수필 등 순문예물들은 다수는 아니어도 각 호마다 1~2편씩은 게재되어 있다.

잡지의 전반적인 주요 내용은 다음과 같다. 우선, 농민과 농업의 중요성을 강조하였다. '조선은 농민의 나라이고 조선의 주인공은 농민이며 앞으로의 신사회는 농민본위의 사회적 기초와 농민경제를 중심으로 하는 경제제도를 지니게 될 것'이라고 주장하면서 농민들의 의식적 각성을 촉구했다.

또한 영농에 있어서 과학적 태도를 강조하여 거의 매호마다 기술영농에 관한 내용을 실었다. 특히, 이성환은 『최신양잠법』이란 책을 저술하여 구독을 권장했고, 안국용(安國用)이 발명했다는 이식점파기(移植點播機)의 보급을 꾀하기도 했다. 비료, 종자개선, 수리문제 등 농업기술 관련 내용도 자주 실렸다.

그리고 일상생활에서 비과학적 태도를 버릴 것을 강조했다. 특히 1926년 3월호에서는, 미신타파에 관한 특집호를 발간하여 농민의 미신적 행위를 근절할 것을 부르짖기도 했다. 농업 경영에서의 예산과 결산의 중요성을 강조하는 글도 종종 게재되었으며, 농민의 지식적 각성을 위해 한글 교육을 비롯한 농민교육과 농촌야학의 전개를 강조하기도 했다.

특히 한글배우기의 문맹퇴치운동은 단순한 구호에 그치지 않고 각 지방농민사가 중심이 된 야학설립운동으로 전개되었다. 『조선농민』에는 300여 개가 넘는 농민야학이 소개되어 있는데 조선농민사는 이 야학에서 쓰일 교재로 「우리의 내력과 할 일」, 「농민독본」, 「대중산술」 등을 발행하기도 했다.

『조선농민』을 통한 조선농민사의 활발한 농민운동은 이후에, 조선농민사를 천도교 계통의 농민운동기관으로 재편하려는 천도교 측과 이에 반대하는 이성환 측의 갈등으로 인해 분열되고 위축되었다. 『조선농민』 역시 6권 3호부터는 이성환이 이끄는 전조선농민사(全朝鮮農民社)에서 발행되었으나, 곧 제6권 4호를 끝으로 종간되고 말았던 것이다.

발행인 이돈화는 『개벽』의 창간 편집인으로 당시 개벽사에서는 『신여성』, 『어린이』가 발행되고 있었는데, 『조선농민』은 개벽사가 아니라 조선농민사에서 발행되었다는 점이 눈에 띈다. 주소지(경운동 88) 역시 개벽사의 주소지와 같다. 조선농민사는 천도교 청년당의 신문화운동 전성기였던 1925년 9월 김기전(金起田, 개벽사 주간), 조기간(趙基栞, 천도교 청년당 대표), 박사직(朴思稷, 천도교 동경종리[宗理] 원장) 등의 발의로, 그달 하순 김병준(金秉濬), 이돈화, 박달성 등이 가담한 천도교 인사 6명과 한위건, 홍명희, 이봉수 등 사회인사들이 회동해서 천도교인 홍광호의 집(관훈동)에서 처음으로 발기인 모임을 가졌고 다음은 10월 초에 들어서 2차 회합은 종로 기독교청년회관으로 해서 범위를 확대했다. 이날 모인 인사는 김준연, 이순타, 최원순, 홍명희, 선우전, 국기열, 이창휘, 한위건, 이봉수 등 10여 명의 사회인사와 천도교 측 인사 6, 7명이었고, 이들이 조선농민사 창립의 토의를 진전시켰다.

즉, 조선농민사는 이미 하나의 사회단체의 성격을 띠고 있었는데, 『조선농민』의 발간은 조선농민의 교양과 훈련을 목적으로 내세운 구체적인 사업 중 하나였다. 서울에 본부가 있었고 지방에 지부와 사우회(社友會)가 있었다.

사우(社友)는 매년 1원을 부담했는데, 『조선농민』을 구독하는 사람을 보통사우라고 했고, 10원 이상의 유지비를 부담하는 사람은 특별사우라고 했다. 조선농민사 지부는 1928년 2월 현재 158개소에 설치되어 있었다. 조선농민사는 1928년 2월 조직 개편을 단행함으로써 전국 규모의 농민운동조직으로 변모를 꾀했다. 농민사본부 - 군농민사 - 이(동)농민사로 조직을 개편하고 사우를 사원으로 개칭하면서 전국적인 계통조직을 갖는 중앙집권적인 체제로 변모하였다. (이경돈)

참고문헌

류양선, 「'조선농민사'의 농민문학론과 농민소설」, 『관악어문연구』 13권1호, 1988; 지수걸「조선농민사의 단체성격에 관한 연구」, 『歷史學報』106집, 1985; 최덕교 편저, 『한국잡지백년』, 현암사, 2004.

▌조선매일신문(朝鮮每日新聞)

1921년 인천에서 창간된 일본어 일간지

1921년 8월 인천에서 창간된 일간 일본어 신문이다. 창간 당시에는 『인천신보』라고 하였으나, 1922년 4월 『조선매일신문』으로 개제하였다. 불편부당한 입장에서 정의를 기조로 여론을 대표하는 것을 사시로 내걸었다. 석간 4면 일간으로 발간되었다. 조선매일신문사는 자본금 20만 원의 개인경영 회사이며, 본사는 인천부 빈정(濱町)에 있었다. 1929년 현재 사장 겸 주필은 고토 렌페이(後藤連平)였으며, 편집부장 겸 경제부장은 요네하라 세이이치(米原精一)였다. 도쿄, 오사카 및 경성 등의 조선 각지에도 지사를 두었다. 조선매일신문은 사장 고토 개인이 경영하는 신문이었다.

주요 설비로는 윤전기 1대, 평판기 1대, 사용활자는 7포인트 75, 활자주조기, 사진제판기, 요철제판기 각 1대, 코피기, 연판주입기 각 2대가 갖추어져 있었다. 지면은 1행 15자, 1단 113행, 1면 12단으로 구성되었다. 구독료는 월 70전, 광고료는 보통면 1행 1원 30전, 특별면 1행 2원이었다. 실물은 아직 발굴되지 않았다.

사장 고토 렌페이는 오이타(大分)현 출신으로, 와세다대학을 졸업하고 도미하여 시카고대학에서 법학사 학위를 받았다. 조선으로 건너와 인천에서 변호사를 개업한 후, 여러 가지 공직에도 취임하였다고 한다.

민완의 수완가로 정평이 났으며, 인천 지방의 개발에 공적이 많았다고 인정받았다.

조선총독부에 대한 비판, 지방 개발 지도, 사회 교화 선도, 조선과 만주의 운동계에 대한 지원 등을 신문의 중요한 목표로 내걸었다. 조선매일신문사의 1925년 사업을 보면, 인천 월미도에서의 벚꽃(觀櫻) 대회, 해수욕 대회, 조간수(潮干狩) 대회, 함대 대 인천 선수 간의 야구 및 정구 대회, 춘추 2회의 인천 정구 대회, 강화도에서의 수렵 대회, 전선 자동차 경주 대회, 전선 경마 대회와 경인지역 바둑 대회, 학생 웅변대회, 편물 강습회, 요리 강습회, 명사 초청 강연회, 인천 학교 생도에 대한 교육 영화 촬영 대회, 시민오락 연례 대회 등을 개최하였다.

또한 1925년 10월『조선시정15년사(朝鮮施政十五年史)』라고 제목을 붙인 13권 1500쪽의 대 책자 1000부를 발간하여 조선 시정의 공로자를 표창하였다.

이처럼 조선매일신문사 역시 다른 지역의 지방신문사와 마찬가지로, 각종 강습회와 운동경기 대회 그리고 오락 프로그램 등을 개최함으로써 일본인을 중심으로 한 지역 통합에 나섰다.

조선매일신문사에서 발간한 단행본 자료로『조선시정십오년사(朝鮮施政15年史)』(1926),『대경성(大京城)』(1929)이 국립도서관에 소장되어 있다.

다른 대부분의 지방신문과 마찬가지로, 이 신문 역시 아직 발굴되지 않았지만, 실물이 확인되면 인천의 지역사 연구에 크게 기여할 것으로 판단된다. (윤해동)

참고문헌

中村明星,『朝鮮滿洲新聞雜誌總覽』, 新聞解放滿鮮支社, 1929; 田內武,『朝鮮施政十五年史』, 朝鮮每日新聞社, 1926;『新聞總覽』, 日本電報通信社, 각년판.

▌조선무역협회통보(朝鮮貿易協會通報)

1936년 서울에서 일본어로 창간된 경제 잡지

1936년 4월 조선무역협회에서 발행한 경제 잡지로, 1942년 12월 종간되었다. 편집 겸 발행인은 조선무역협회의 사무간사 구도 산지로(工藤三次郞)였고, 발행소는 경성부 장곡천정(長谷川町) 111번지의 조선무역협회였다. 인쇄는 경성부 황금정 6정목 20번지의 니시오(西尾)인쇄소에서 맡았다. 간행주기는 1개월이었으며, 구독료는 반년분 60전, 1년분 1원 20전이었다.『조선무역협회통보』는 고려대학교에 창간호부터 1942년 12월호까지 소장되어 있다.

『조선무역협회통보』는 강연 및 논설, 조사보고, 자료, 경제정보, 녹사(錄事), 잡보로 구성되었다. 강연내용은 주로 국책과 관련된 내용이 많았고, 조사보고는 수출입 실태, 상품별 가격, 소매물가에 대한 내용이 실렸으며 자료에는 조선과 만주의 무역액과 무역개황(槪況)이 수록되었다. 경제정보에는 무역 관련 법령 해설, 정책 분석, 업계 동향, 지역별 시황 등이 실렸다. 녹사에는 조선무역협회의 사업보고와 회의사항, 인사, 회원에 관한 사항이 실렸고, 잡보에는 무역 관련 법령 및 제도의 추이, 법령·제도의 개정안 및 시행세칙, 총독부 관료의 발언, 관민간담회 내용 등이 수록되었다.

1938년 9월부터는 경제시황(經濟市況)란이 별도로 마련되었고, 1938년 12월호에는 수출 유망품목들이 수출호망품(輸出好望品)이라는 이름으로 소개되고 있다. 당시 소개된 수출호망품은 평과, 해산물, 종이, 베니아판, 전구, 법랑철기, 청주, 석감이었다.

1939년 5월호부터는 '조선수출공예협회란'이 마련되어 공예품 수출, 협회소식 등 조선수출공예협회 관련 기사들이 실리기 시작하였고, 1940년 4월호부터는 만주, 관동주, 중국의 정보를 모아 '만관지(滿關支)정보' 항목에 수록하였다. 이때 '게시판' 항목도 새로이 생겼는데 여기에는 수출하물의 포장번호, 하인(荷印), 기항(寄港), 수출입 통제요강, 수출입 조합설립, 회사 통합 관련 소식 등이 실렸다. 한편, 1941년부터는 '무역관계 법령' 항목이 신설되어 통제정책 강화에 따른 법령의 개폐 내용을 충실히 회원들에게 소개하였다.

• 조선무역협회

만주국이 수립되자, 일제는 엔블럭의 확대재편이라는 목표를 달성하기 위해 만주국과 조선의 정치경제적 관계를 밀착시키기 위해 노력했다. 그 노력에 부응하여 1933년 조선무역협회가 설립되었다. 조선무역협회는 협회의 설립취지를 다음과 같이 설명하였다.

"조선과 만주는 서로 접해 있어 수요공급상 지리적으로 매우 유리한 조건을 가지고 있음에도 불구하고 그간 무역이 매우 부진한 상태였다. 조선의 공업품은 조선의 수요를 충족시키는 상태에 불과하였지만, 앞으로는 만주 수출에 유망한 상품이 많다. 수출이 전도유망함에도 불구하고 무역이 부진했던 이유는 관세제도, 운임 등의 문제도 있었지만, 만주의 시장 상황, 상업 습관, 통화제도와 외환시장 등 상업에 필요한 제반 사정에 관한 지식이 부족했기 때문이다. 만주국이 설립된 후, 질서가 회복됨에 따라 조선과 만주의 관계가 날로 긴밀해지고, 재정경제의 확립과 산업교통의 개발에 따른 만주무역이 크게 촉진될 것이다. 이에 업자 개개인의 노력뿐 아니라 유력한 조직기관의 활동이 요구되었고, 전 조선 업자들의 단체로써 조선무역협회가 설립된 것이다."

조선무역협회는 창립 후 조선의 주요 도시와 만주국, 관동주(關東洲), 중국의 각 주요도시에 지부를 설치하였다. 그리고 조선물산을 소개·선전하고 견본시(見本市)를 개최하는 등 상품 출하를 장려하는 각종 활동을 전개하였고, 조선물산의 거래를 중개·알선하고 만주무역을 촉진하는 데 필요한 사항을 조사·연구하는 한편, 업자들의 복리를 증진시키고자 하였다. 1936년 4월에는 경제사정을 공유하고, 회원 상호 간의 유대를 강화하고자 월간지 『조선무역협회통보』를 창간하였다.

만주국의 설립은 조선의 무역에 유리한 환경을 제공하였고, 일제의 적극적인 대만주국 무역 진흥정책에 힘입어 대만주국 수출은 급증하였다. 특히 중일전쟁 이후 조선무역협회는 전쟁특수를 통해 조만무역이 기하급수적으로 발전하리라고 낙관하였다.

그러나 만주사변 이후 만주에 수출된 공업제품 중 상당수는 중계무역품이거나, 조선물산이라고 하더라도 대부분 일본인들이 생산한 것이었다. 만주무역의 핵심 품목이었던 미곡 또한 잉여미곡의 수출이 아니라 전쟁 수행을 위한 군량미 확보라는 군사적 목적인 목적으로 반출되었기 때문에 수출이 확대될수록 조선인들은 식량부족 현상에 시달려야만 했다.

이처럼 조만무역은 일제의 대륙침략을 위한 정치군사적인 목적으로 추진되었기 때문에 무역이 확대될수록 조선·조선인 경제가 아니라 소수의 조선인 자본가, 무역업자들과 일본·일본인 경제의 확대발전에 기여하였을 뿐이었다. (정진아)

참고문헌

송규진, 「중·일전쟁시기 조선무역협회의 조선무역에 대한 인식과 그 실상」, 『韓國史學報』 10, 2001.3; 송규진, 「만주사변이 조선경제에 미친 영향: 대만주국무역을 중심으로」, 『아세아연구』 105, 2001.6.

조선문단(朝鮮文壇)

1924년 서울에서 발행된 문예지

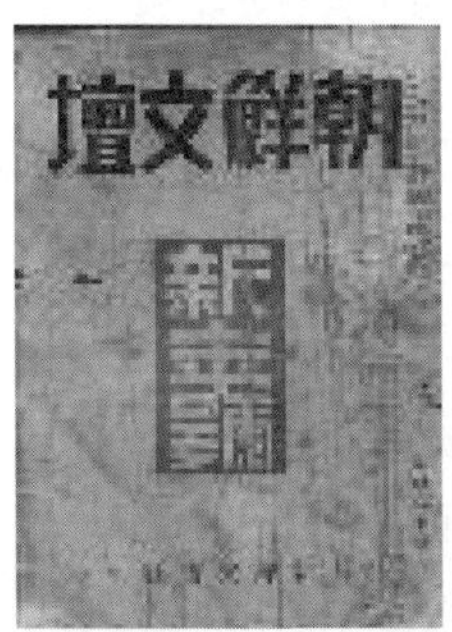

발행인은 방인근이고, 인쇄인은 노기정이다. 인쇄소는 한성도서주식회사이며 발행소는 조선문단사(광화문 1466번)이다. 정가는 30전이다. 1936년 26호로 종간되었다. 태학사에서 영인자료로 출간되어 있다.

『조선문단』은 1924년 10월 1일부터 1936년 1월 1일까지 통권 26호가 발행되었다. 식민지 시대 대부분의 동인지들이 그러했듯이, 『조선문단』도 자금난으로 인한 휴·속간을 반복했다. 그 과정을 간략히 살펴보면,

통권 13호(1925.11)를 발행하고 3개월을 휴간하였고, 통권 17호(1926.6)를 발행한 후 다시 휴간했다가, 『조선문예』라는 이름으로 잡지를 계획하던 남진우에게 인수되어 6개월 만에 속간된다. 그러나 통권 20호(1927.3)를 마지막으로 남진우 역시 손을 떼자 근 10년의 공백기를 갖게 된다. 1935년 2월 이학인에 의해서 다시 속간되지만 이 역시 통권 26호를 넘기지는 못한다. 그 발행기간은 20년을 넘어서고 있지만 간행된 것은 통권 30호를 채우지 못했던 것이다. 발행기간과 부수 모두 기록적인 것이긴 하지만 기간에 비해 부수는 많지 않았다고 할 수 있겠다.

그럼에도 당대의 다른 매체들의 발간 상황과 비교하면 『조선문단』의 위상은 달라진다. 『폐허』, 『백조』 등 익히 알려진 동인지들은 통권 2, 3호를 끝으로 종간되었고, 그중 최고의 발행 횟수를 보유한 『창조』 역시 통권 9호가 마지막이었다. 이렇게 대부분의 동인지들은 창간호가 곧 종간호가 되는 단명의 역사를 가지고 있었다. 이에 비해 『조선문단』은 통권 26호, 20년대만 하더라도 3년에 걸쳐 통권 20호가 발행된다. 더군다나 그것은 2번에 걸친 발행인의 교체 속에서 축적된 것이었다. 자금난으로 인한 휴간과 속간, 발행인과 편집인이 교체 속에서도 『조선문단』이 그 명맥을 유지할 수 있었다는 사실은, 매우 중요한 의미를 갖는다.

남진우는 통권 18호(1927.1) 「편집후기」에서, '대조선문학의 건설'을 위해 『조선문예』라는 새로운 문예지를 기획했다가 그 계획을 포기하고 『조선문단』을 인수했다고 했고, 또 이학인도 통권 21호(1935.2)의 「속간사」에서 '조선에서 완전한 문예지 하나는 가져야겠다'는 생각으로 『조선문단』을 인수하여 이에 이광수와 방인근에게 인계를 받았다고 밝혔다. 이들이 새로운 잡지를 기획하는 과정에서 『조선문단』을 인수했다는 사실이나, 무려 7년여를 휴간해 거의 폐간되었다고 할 수 있는 『조선문단』을 인수했다는 사실은, 어떤 이유에서든 이 잡지가 새로운 매체를 계획하는 이들에게 매력적이었음을 방증하는 것이다. 즉 이들이 조선의 문학, 조선의 잡지를 계획하면서 『조선문단』에 눈을 돌린 이유는 기존의 잡지와는 다른 『조선문단』만의 고유한 특성이 존재하기 때문이다.

『조선문단』만의 고유한 특성은 『조선문단』에 대해 거의 유일하게 언급하고 있는 백철의 『신문학사조사』에서 찾을 수 있다. 백철은 채 한 줄을 넘지 않지만, 프로문학에 대항하는 민족주의적 경향이라는 지적과 함께 『조선문단』이 '신문학사상(新文學史上) 첫 문단 저널리즘지'라는 사실을 밝히고 있다. 이 언급은 『조선문단』이 전(前) 시대를 풍미했던 동인제와 동인지 형식을 극복했다는 중요한 의미를 담고 있다.

동인지와 대중 문예지는 조직과 지향, 대상과 편집 내용에서 상당한 차이를 요구한다. 전자가 구성원들의 내적 동질성에 기반하여 선구적인 지향을 보이고 이에 따라 목적에 동의하는 한정된 독자만을 대상으로 하고 그 편집도 자족적인 형태를 갖추게 된다. 이에 비해 대중 문예지는 문학 대중 전체를 대상으로 하기에 소수의 편집자를 제외하고는 원칙적으로 개방된 조직을 구성하고 그 지향도 대부분의 문학대중이 동의할 수 있는 보편적 형식을 취한다. 다양한 측면의 차이를 일별해 보면 결국 개방성 및 폐쇄성의 유무가 곧 동인지와 대중 문예지를 가르는 판단 기준이라고 할 수 있을 것이다.

대중문예지 『조선문단』은 소수의 고정된 편집진을 제외하고는 당대의 작가들 대부분에게 공개되어 있었을 뿐 아니라, 다수 대중에게도 투고를 받아 추천하는 등 전면적인 개방을 시도하고 있다. 특히 문예 대중을 존립의 토양으로 삼았다는 점은 이미 『조선문단』이 당대 잡지의 폐쇄성과 자족성을 부정하고 개방성과 대중성이라는 새로운 매체적 지향을 보여 주었다는 데 주목을 요한다. 이는 『조선문단』이 동인지가 함께 논의될 수 없는 선상에 있음을 말해주는 것이기 때문이다.

『조선문단』을 동인지와 구별하는 또 다른 이유는 편집의 내용과 관계된다. 이전 시기 시와 소설을 중심으로 한 문학작품만이 편집의 대상이었던 반면, 『조선문단』은 작가의 인상과 사생활까지 편집 내용으로 삼으며 흥미 유발적 기사들을 적극 게재하고 있는 것이다.

매체의 형식이 명확한 변화의 징후를 설명한다면

작품의 변모는 그 지향이 무엇이었는지를 보여준다. 동인지 시대가 끝나고 신경향파 문학 나아가 프로문학의 태동이 이루어지던 시기, 동인지 문학의 대표작으로 거론되는 작품들이 산출되고 있다는 점에 주목할 필요가 있다.

『조선문단』에 실린 작품만 하더라도 김동인의 「감자」와 나도향의 「물레방아」, 현진건의 「B사감과 러브레타」 등이 있다.

같은 시기에 최서해, 채만식, 이태준, 한설야, 계용묵, 박화성 등 20년대 후반과 30년대를 대표하는 작가들이 대거 등장하고 있다는 사실도 간과할 수 없다. 새로운 작가들이 등단과 추천이라는 형식을 거쳐 진출했다는 것 자체도 상당한 의미를 지니고 있다. 그것은 문단의 재생산 구조가 형성되었다는 측면에서도 중요한 사건이지만, 신진 작가의 대거 진출 또는 문단의 재생산 구조가 성립된 것이 이 시기일 수밖에 없었던 이유 또한 흥미로운 사실이다. 앞서 언급한 대로 동인지 문학을 이끌던 작가들이 이 시기에 대표작들을 내놓게 된 이유, 매체에 있어 동인지 형식이 붕괴하고 대중문예지가 성립된 이유와 무관하지 않기 때문이다. 결과적으로 잡지의 목적과 형식에 있어 『조선문단』은 분명한 대중 지향성을 보여 주었다고 할 수 있다.

이들의 작품 경향은 동인지 시대의 작품들과 상당한 차이를 가지고 있다. 『조선문단』의 작품들은 대개 두 가지 경향으로 나뉠 수 있는데, 하나는 궁핍과 가난의 생존문제를 중심으로 한 최서해류의 작품들이고 다른 하나는 욕망의 실체를 확인하고자 한 채만식류의 작품들이다. 이들은 내용면에서 차이를 가지고 있지만 보편적 인물을 등장시켜 그들이 어떤 모습으로 살아가는지를 추적함으로써 객관적인 시선으로 당대의 세계와 개인의 모습을 그려내고자 했다는 점에서 공통적이다. 물론 이들의 관심사는 다르지만, 적어도 그들이 취하는 태도는 현실을 직시하려는 시선, 즉 객관성과 보편성의 범주에서 벗어나지 않는다는 것이다. 시선이 가닿은 소실점은 다르지만 출발점과 방식은 동일하다고 할 수 있다. 신성하지만 관념적이었던 동인지 문학은 세계와 자신에 대한 객관적 시각이 대두하며 탈각되었던 것이다.

매체의 변화라는 측면에서 이들은 선도와 계몽의 대상으로 간주되던 대중을 문학 생산 주체의 토양으로 간주하고 대중 속에서 작품 생산의 주체를 발굴하여 다시 대중 속에서 향유될 수 있는 체계를 실현시키려 했다. 즉 이들의 지향은 문학의 존재방식을 대중 속에서 찾는 문학의 대중화에 맞추어져 있던 셈이다. 다른 한편 작품의 변화라는 측면에서는, 궁핍과 가난이라는 보편적 생존문제를 통해서 실제의 세계를 형상화하거나 자신의 욕망을 객관적으로 관찰함으로써 내면에 대한 관념적 환상을 부정했다. 이 두 경향의 시선이 가닿은 곳은 사회와 개인이라는 서로 다른 범주이지만, 그 시선의 성격은 모두 객관성과 보편성을 특징으로 한다는 점에서 공통적이다.

이 두 측면, 즉 매체의 성격 변화와 작품의 경향 변화는 문학에 대한 인식과 태도라는 점에서 무관하지 않다. 고립적이고 자족적인 매체 형식에서 공개적이고 대중적인 매체 형식으로 전환한다는 것은 대중에 대한 믿음, 즉 대중과 문학 인텔리 사이에 존재하던 벽이 무너지고 보편적 인간으로서의 의미가 부각되었다는 것을 뜻한다. 보편적인 인간에 대한 발견 뒤에는 세계에 대한 객관적 인식 태도가 있었음을 말할 필요도 없다. 결국 『조선문단』이 대중성을 지향했던 것은 바로 이 보편성과 객관성이라는 시대적 화두를 매체 속에서 실현하고자 한 시도였다고 할 수 있을 것이다.

김동인은 『조선문단』의 공을 세 가지로 나누어 이야기한 바 있다(「속 문단회고」, 『매일신보』). ① 조선의 문학을 안정적 궤도에 올려놓은 것, ② 창조파, 폐허파, 백조파 등의 분파주의를 폐지한 것, ③ 신진 문인의 산출과 시조부흥운동이 그것이다. 이 지적은 이미 대중문학 시대의 두 가지 특징에 착목한 것으로 간주된다. 조선 문학을 안정된 궤도에 올렸다는 평가와 분파주의를 폐지했다는 지적은 대중문학 시대 『조선문단』이 보여준 대중문예지로서의 특성에 기인하는 것이고, 신진 문인을 산출했다는 것은 대중문예지의 질서를 구축하는데 불가결한 요소였기 때문이다. (이경돈)

참고문헌

이경돈, 「조선문단」에 대한 재인식: 1920년대 중반 문학의 변화 양상과 관련하여」, 「상허학보」, 제7집, 2001.8; 이봉범, 「1920년대 부르주아문학의 제도적 정착과 『조선문단』, 『민족문학사연구』, 2005; 최덕교, 『한국잡지백년』, 현암사, 2004.

▌조선문학(朝鮮文學)

1933년 서울에서 창간된 문학 월간지

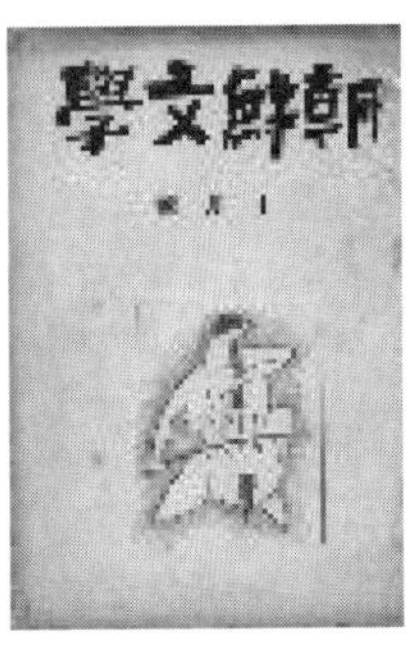

1933년 5월 창간한 것으로 추정되는 문예지이다. 편집 겸 발행인은 창간호부터 1권 4호인 1933년 12월호를 거쳐, 2권 1호인 1934년 1월 신년호까지는 이무영(李無影)이고, 3권 1호 즉, 1935년 1월 신년호부터 1937년 6월호까지는 정영택(鄭英澤), 그리고 1937년 8월호부터 종간호인 1939년 7월호(통권 20호)까지는 지봉문(池奉文)으로 되어 있다. 인쇄인은 한성도서 주식회사의 김진호, 선명인쇄소의 구직회(具直會), 선명인쇄소의 김덕제(金德濟)를 거쳐 주식회사 창문사의 고응민(高應敏), 창문인쇄주식회사 고응민이었다. 발행소 역시 처음에는 경성각(경성부 관훈동 146)에서 1936년 5월호부터는 조선문학사(경성부 숭사동 206-33)로 바뀌어서 표시되고 있다. 그리고 전 조선 총판매소로 삼문사에서 배급과 도매가 이루어지고 있었음을 확인할 수 있다. 판형은 국판으로 정가는 1권 4호까지 25전이었다가 그 후에는 40전으로 조정되어 판매되다가 다시 1939년 1월 신년호(통권 15호)부터 다시 30전으로 재조정되어 종간호까지 유지되었다.

이 잡지는 초기에는 월간으로 발행되다가 사정이 여의치 않아 드문드문 발행되었다. 1933년 5월에 창간된 이후 1933년 11월 간행된 4집까지 발행된 후 중단되었다. 3년 뒤 1936년 4월에 다시 속간하여 5집을 내고 11집(2권 6호)을 낸 동년 11월 에 또다시 휴간, 1937년 5월에 12집(3권 1호)을 냈다. 같은 해 8월 14집을 내고서 휴간, 1939년 1월에 15집, 7월에 20집을 마지막으로 종간하고 말았다.

잡지의 편집은 시인 이흡이 담당하다가 이무영(李無影)이 맡았다는 이무영의 회고가 있다(『사상계』 1960. 2).

연세대에 1934년 신년호(2권 1호)가 보관되어 있다. 그리고 국립중앙도서관, 국회도서관, 세종대 '김근수문고', 아단문고에 각각 소장되어 있으며 1982년 국학자료원에서 몇 호가 빠진 영인본으로 출판되었다.

이 잡지의 주요 필진으로는 홍효민·한식·한효·김문집·안함광·조벽암·김남천·임화 등이 활약했다. 당시로서는 유일한 문학지로 조선프롤레타리아예술가동맹(KAPF)의 기관지 역할을 담당하면서 동시에 순수문학작품을 총 망라함으로써 조선 문단에 상당한 영향력을 발휘했다. 카프에 대한 일제의 탄압이 거세지고 경향문학의 작품들을 싣던 잡지들이 폐간됨에 따라 카프 소속 작가들의 작품을 실을 잡지가 필요했던 것으로 보인다. 그래서 충주 출신의 문인들이었던 이흡(시인 李洽, 본명 이강흡[李康洽]), 이무영, 정호승(鄭昊昇, 본명 정영택[鄭英澤]), 지봉문(池奉文)이 모여, 각각 앞의 두 사람은 편집을, 정영택은 자금을, 지봉문은 실무를 담당했던 바, 이들과 카프 계열의 작가들이 어떤 합의, 혹은 이해관계의 접점을 찾지 않았나 짐작된다. 범문단을 망라하여 문호를 개방하고 비경향 작가의 작품을 실었던 점이 실무진의 견해가 반영된 결과가 아닌가 한다.

작품으로는 동반자적 경향을 보이던 이효석의 「돈(豚)」, 「수탉」, 채만식의 「치숙(痴叔)」과 「예수나 믿었다면」 등과, 이북명의 「도피행」, 안회남의 「향기」, 윤기정의 「자화상」, 이무영의 「오열」, 그 외에도 이기영, 김남천, 이태준, 송영, 엄흥섭, 박화성, 유진오 등의 작품이 실려 있다. 시단 역시 마찬가지로 임화, 이찬, 윤곤강, 김기림, 박세영, 김여수, 김조규, 김상용, 조벽암, 김해강, 권환 등의 시가 게재돼 있다.

평론에는 안함광의 「동반자 작가문제를 청산함」을 비롯하여 권구현의 「마르크스주의 문학 음미」, 홍효민의 「문학의 사회적 성격」, 「문학평단의 회고와 전망」, 임화의 「문예잡지론」 등이 대표적인 작품과 평론들이다. 이 평론들의 공통점은 일제의 검열과 경향문학 자체의 문학 활동에 대한 반성이 합쳐져 문학의 활로 모색과 관련된 문제의식을 추구하는 성격이 짙다는 점을 들 수 있다.

『조선문학』 1934년 1월호는 검열을 담당하는 조선총독부 도서과의 동기휴가로 인해 1933년 12월호와 합집으로 발간되었다. 창작란에는 엄흥섭의 「절연」을 비롯하여 소설 7편이, 시가란에는 김기림, 박팔양, 모윤숙, 김광섭 등의 시가 실려 있다. 설문란에는 「34년에 기대되는 작가」와 「33년에 읽은 작품 중에서 인상 깊은 작품」에 대한 설문결과가 실려 있다. 세계문학과 조선 문학과의 관계에 관한 기획란에는 김광섭의 「현대 영(英)문단에 대한 조선 관심」, 이헌구의 「문예의 전통적 정신의 탐구」, 함대훈의 「노서아문학과 조선문학」, 정래동의 「중국문학과 조선문학」 등의 논설이 실려 있다. 부록으로는 사료적 가치가 높은 「1933년도문예총목록」과 「문예가명부」가 실려 있다.

종간호인 1939년 7월호를 보면 「신동아 건설의 재인식: 황군성전 2주년에 제하야」가 '권두언'의 형식으로 실린다. 휴간과 속간을 거듭하여 온 『조선문학』이 이제 일제의 전시정책에 부응하고 천황에 대한 충성을 맹세해야 하는 지경에 이르렀음을 잘 보여 주는 사례이다. 여기에 덧붙여 잡지의 말미에는 특별논단의 형식으로 「신동아건설의 성업론(聖業論)」, 「국민정신의 발양론」, 「신동아건설과 국민의 각오」, 「사상 · 문화 · 생활의 건설」 등의 글이 실린다. 이 글들은 잡지 『신지식』 2권 2호에 실린 기사들을 번역한 것이라는 편집자의 소개가 나와 있는데, 이로 미루어 볼 때 이미 문예지로서의 성격을 유지하고 나가기가 힘들었음을 알 수 있다. 더욱이 친일문예지로서의 위상을 갖지 않는다고 할 때, 범문단을 망라하면서도 경향문학의 새로운 활로를 개척하고자 하는 글들을 더 이상 싣는 것이 어려워지고 있음을 짐작할 수 있는 것이다. 이는 곧 종간을 알려주는 객관적 지표가 아닐까 싶다. (전상기)

참고문헌

김윤식, 『한국근대문예비평사연구』, 일지사, 1973; 최덕교 편저, 『한국잡지백년』 3, 현암사, 2004.

▌조선물산장려회보(朝鮮物産奬勵會報)

▶ 신흥조선(新興朝鮮), 실생활(實生活)

▌조선민보(朝鮮民報)

1905년 대구에서 발간된 일본어 일간지

1905년 11월 러일전쟁 중에 『대구실업신문』이라는 이름으로 창간되었는데, 처음에는 격일간이었다. 대구실업신문의 주필로는 나중에 『부산일보』를 오랫동안 경영했던 아쿠타가와 다다시(芥川正)가 근무하기도 하였다(아쿠타가와는 1906년 『대구안내』라는 소책자를 발간하였다).

1908년 『대구신보』와 『대구일일신문』이 합동하여 『대구신문』으로 개제하였다. 이때 변호사 가토 이치로(加藤一郎)가 대구신보사를, 그리고 상인이었던 가와이 아사오(河井朝雄)가 대구일일신문사 측을 각기 대표하여 경영에 참여하였다고 한다. 그리고 대구신문사조합이라는 조직을 만들어 신문 경영을 담당하게 하였다. 그 후 출자조합원 전원의 동의를 얻어 가와이가 경영을 전담하게 됨으로써, 신문 경영이 본궤도에 올랐다. 1913년 3월 『조선민보』로 변경하고 규모를 크게 확장하였다. 공장과 사옥을 신축 이전하였으며, 사진판 요철판 등을 정비하였다. 본사는 대구부 동운(東雲)정에 있었다. 1918년 10월 7포인트 75로 활자를 주조하고, 윤전기를 도입하였다.

대구 부세의 확장에 맞추어 사세가 크게 늘어났으며, 실업과 산업 방면에 특히 큰 관심을 기울이는 신문이 되었다. 1929년 현재 주요 설비로는 윤전기 1대, 색쇄기(色刷機) 1대, 평판인쇄기 1대, 활자주조기 1대, 코피기 1대, 연판주입기 1대, 연판마무리기 1대, 사진제판기 1대 등이 있었다. 특히 조선에서 최초로 색쇄인쇄기를 도입하여 갈채를 받았다고 한다.
지면은 1행 15자, 1단 42행, 1면 12단으로 구성되었으며, 연중무휴 석간 8면으로 발행되었다. 구독료는 1개월에 80전, 광고료는 5호 1행에 1원, 특별면은 2원으로 지정 1행당 10전이었다. 사원은 사장을 포함하여 1929년 현재 모두 12명, 도쿄, 오사카를 포함하여 조선 각지에 지국이 있었다. 아직 신문은 발견되지 않았다.

조선민보 사장 가와이 아사오는 1879년 규슈의 오이타(大分)에서 태어났으며, 1905년에 대구로 건너왔다고 한다. 1909년 대구실업신문사를 인수한 뒤 조선민보사의 사세 확장에 크게 기여하였다. 경상북도 도평의회 의원과 대구상업회의소의 요직을 역임하였으며, 인격자로서 중망이 높았다고 한다. 가와이 아사오 사후 사장은 가와이 도시오(河井戶四雄)가 맡았다.

가와이 아사오는 조선민보의 특징을 다음과 같은 슬로건으로 장식하고 있다. '조선산업의 개발에 전력을 경주하는 신문', '착실 온건 엄정 공명의 사명에 노력하는 신문', '일가 단란의 좋은 반려로서 환영받는 신문', '선명하고 화려한 색채 광고를 이용하여 일반으로부터 사랑받는 신문' 등이 그것이다. 지방의 산업개발을 선도하는 가족적인 상업신문으로서의 면모를 확인할 수 있을 뿐만 아니라, 이를 통해 식민지기 지방신문 생존방식의 편린을 엿볼 수도 있겠다.

조선민보의 주요사업으로는 육상경기대회, 야구, 정구 쟁패전 춘추 2회 개최, 하계대학 개설, 시찰여행단 구성 등이 있었는데, 스포츠, 시찰, 강의 등의 봉사활동에 주력하였다.

조선민보사에서 발간한 단행본 자료로 『조선요람(朝鮮要覽)』(미우라 요시키치[三浦好吉], 1912, 대구신문사 발행), 『경북산업지(慶北産業誌)』(1920), 『대구물어(大邱物語)』(가와이 아사오, 1931), 『신흥조선개발사정(新興朝鮮開發事情)』(다나카 이치노스케[田中市之助], 1939), 『형체 없는 악마(姿なき惡魔)』(와타나베 엔시부로[渡邊圓四郎], 1940), 『경북연감(慶北年鑑)』(1941) 등이 확인된다.

1928년 창간된 일본어 일간지인 『대구일보』와 아울러 대구에서 발간되던 양대 일본어 일간지였다. 이 신문이 발굴되면 식민지기 대구지역 연구에 큰 도움을 받을 수 있을 것이다. (윤해동)

참고문헌

河井朝雄, 『大邱物語』, 1931; 中村明星, 『朝鮮滿洲新聞雜誌總覽』, 新聞解放滿鮮支社, 1929; 『新聞總覽』, 日本電報通信社, 각년판.

조선민속(朝鮮民俗)

1933년 서울에서 창간된 한국어 일본어 영어 병용 민속학 전문 잡지

조선민속학회에서 1933년 1월 창간한 민속학 전문 잡지이다. 1호의 발행자는 송석하(宋錫夏)였으며, 발행소는 조선민속학회였다. 2호는 1934년 5월 발행되었는데, 발행자는 역시 송석하였으며 총판매소는 한성도서주식회사였다. 3호는 1940년 10월 이마무라 도모(今村鞆) 고희기념호로 발간되었는데, 경성제대 법문학부 교수 아키바 다카시(秋葉隆)가 발행자였다.
창간 당시에는 잡지를 계간으로 발간할 계획을 가지고 있었다고 하나, 실제로는 불규칙하게 3호밖에 발간되지 않았다. 창간호와 2호에는 한국어와 일본어가 병용되었으나, 3호는 일본어 전용으로 바뀌었다. 1호는 47쪽, 2호는 83쪽, 3호는 97쪽으로 간행되었다. 조선민속학회의 회원을 대상으로 한 학보(學報)였지만, 판매도 병행하였다. 창간호와 2호의 정가는 35전, 3호의 정가는 80전이었다. 국립중앙도서관에 소장되어 있다.

창간호는 논문과 자료란을 구분하여 편집하였으나, 2호와 3호에는 그런 구분이 없다. 창간호에는 모두 3편의 논문과 3편의 자료가 소개되어 있으며, 조선민속학 관계문헌이 소개되어 있다. 2호에는 6편의 논문과 자료가 소개되어 있으며, 3호에는 11편의 논문과 자료가 실려 있다.

• 조선민속학회

1932년 4월 창립되었다. 창간호에는 조선민속학회

의 주소가 경성부 안국동 52번지, 2호에는 계동 133번지, 3호에는 계동 72번지로 되어 있다. 창립 당시 중심적인 역할을 수행하였던 사람은 송석하로서, 그는 사비(私費)를 털어 학회를 운영한 것으로 알려져 있다. 사무실은 그의 집이었다.

조선민속학회를 창립한 주체는 두 부류로 나누어진다. 이마무라 도모, 아키바 다카시 등 일본인과 송석하, 손진태, 정인섭(鄭寅燮) 등 한국인이었다. 창립발기인은 손진태, 백낙준, 정인섭, 이선근, 최진순, 이종태, 유형목, 송석하(간사)였다. 편집책임은 손진태, 서무는 이종태가 맡았다고 한다. 이마무라와 아키바는 나중에 참여하였다.

조선민속학회는 민속학에 관한 자료를 탐채(探採)·수집하고, 민속학 지식을 보급하며, 연구자의 친목과 교순(交詢)을 도모하고 외국 학회를 소개·연락하는 것을 활동의 주요 목적으로 삼았다. 이를 달성하기 위하여 기관지 『조선민속』을 발행하고, 때때로 예회 및 강습회를 개최하도록 하였다.

회원은 학회의 취지와 목적에 찬동하는 사람으로 하되, 회비를 전납(前納)하도록 하였다. 1933년 당시 회원의 회비는 연 1원 40전이었다. 회원 중에 약간 명의 위원을 두되 위원은 호선하도록 하였으며, 위원 중 간사를 두어 편집과 회계 사무를 담당하도록 하였다(이상 창간호에 실린 「회고[會告]와 「조선민속학회회칙」에 의함).

창간호의 실린 회고를 보면, 조선민속에 실릴 원고로는 비교론 방법론 이론 등에 관한 것보다는 자료를 환영한다는 말이 있다. 어설픈 이론 지향보다는 자료 수집을 우선했음을 알 수 있다.

자료 수집을 우선하는 경향은 잡지의 「창간사」에도 잘 드러나 있다. 민속 계승자의 생명은 유한하므로 한 번 타계하면 귀중한 자료가 영원히 사라지게 된다고 하면서, 고유 민속자료가 인멸해가는 상황에 대한 아쉬움을 표하고 있다. 계승자가 타계함으로써 민속자료가 인멸된 사례로 양주 별산대와 안성 여사당, 과천 '육흘넝이' 등을 들고 있다.

1호와 2호의 발행자였던 송석하는 창간호의 편집후기에서 원고가 없고 여가가 없어서 잡지를 일찍 내지 못한 아쉬움을 토로하였다. 또 창간호에는 송석하와 손진태가 각기 두 편의 글을 실었고, 아키바와 정인섭의 글을 한 편 씩 싣고 있는데, 송석하는 아키바의 글을 싣게 된 것을 영광으로 생각한다고 쓰고 있다. 그 밖에 백낙준(白樂濬), 이선근(李瑄根), 이종태(李鍾泰, 아악에 관한 글), 유형목(兪亨穆, 완구에 관한 글), 최진순(崔瑨淳) 등의 글을 싣지 못한 것에 대해 유감을 표시하고 있다. 이를 통해 조선민속학회 창립 초기에는 민속학에 대한 이해 자체가 얕았음을 알 수 있다.

2호까지 발간한 뒤 6년을 쉬다가 3호를 발간하게 된 데에는 조선 민속학계 연구 역량이 전반적으로 취약하였고, 조선민속학회를 주도하던 조선인들이 2호를 발간한 이후 진단학회로 활동 중심을 옮기고, 논문도 『진단학보』에 주로 발표하게 된 사정이 있었다.

『조선민속』 3호 전체에 원고를 게재하고 있는 사람은 송석하, 아키바 다카시, 손진태(孫晉泰)로서 그 가운데 송석하는 1호와 2호에, 손진태는 1호와 3호에 각기 두 편 씩의 글을 기고하였다. 이를 통해서도 이들 세 사람이 조선민속학회의 중심인물이었음을 알 수 있다.

특히 3호는 이마무라 고희기념호로서 발행자는 아키바였는데, 조선민속학회에 아키바가 미치는 영향력이 간단치 않았음을 말해준다. 이마무라는 경찰로 도선하여 조선총독부의 경찰부장까지 지낸 사람으로서 조선의 민속 조사에 관심을 가지고 조선민속학을 이끌었던 인물이었다. 3호에는 이마무라의 저작목록이 수록되어 있으며, 일본 민속학을 탄생시킨 야나기다 구니오(柳田國男), 경성제대 사회학연구실 종교학 담당 아카마쓰 지조(赤松智城) 교수 등 저명한 일본 민속학자들의 논고가 게재되어 있다.

• 아키바 다카시(秋葉隆, 1888~1954)

1888년 출생하여, 1917년 도쿄제대 문학부 선과에 입학하였다가(사회학 전공), 1920년 본과로 진학하였다(사회학 전공). 일본 도요(東洋)문고의 전신인 모리슨문고에서 근무한 적이 있으나, 1924년 9월 동양문고를 퇴직하였다.

1924년 10월 경성제대 예과 강사로 촉탁이 되면서, 사회학·민족학 연구를 위해 영국·프랑스·독일·미국 등지에서 1년 10개월간 체류하였다. 특히 영국 런던대학의 '사회학연습' 강좌에 참가하여 많은 학습을 하였다고 한다.

1926년 4월 경성제국대학 조교수로 임명된 후, 11월 입국하여 사회학 강좌를 맡았다. 조선민속학과 사회인류학의 조직적인 조사연구와 체계화를 위해 많은 노력을 기울인 것으로 알려져 있다. 아키바는 주로 혼속과 무속을 주요한 연구 테마로 삼았다. 그는 1929년경 '조선민속참고품실'을 설치하여 민속문화재의 수집과 체계화를 실현해나갔다.

1928년 민속학 동호인 5, 6명이 조선호텔에 모여 '유무담회(有無談會)'라는 민속담화회를 결성하였는데, 이후 '무당회'로 이름을 바꾸었다고 한다. 이후 무당회는 발표회를 자주 개최하였으며, 이는 아키바에게 민속품 수집의 창구 역할을 하였다고 한다. 또 아키바는 도쿄에서 결성된 민속학회의 지방위원을 맡고 있었다.

1933년 6월부터 5년간 일본 외무성 대지(對支)문화사업부의 원조로 만주와 몽골 지역을 대상으로 한 현지답사를 시작하였다. 아키바의 만몽민족학은 대흥안령 오로촌 공작과 만주족·몽골인에 대한 설문 조사로 구성되어 있다. 이를 '학첩(學諜) 합작의 만몽민족학'이라고 평가하기도 한다.

경성제대 교수인 이즈미 세이이치(泉靖一)가 수집한 뉴기니 민속품과 '고고학참고실'을 합쳐 1941년 경성제대에 진열관을 신축하고 연구실을 새 건물에 마련하였다. 경성제대진열관은 대학박물관의 형태를 띤 것이었다.

1943년 도쿄제국대학에서 「조선무속의 현지연구」로 문학박사 학위를 받았다. 패전 후, 귀국하여 1949년 아이치(愛知)대학 교수로 취임하여 법문학부장을 역임하였다. 1954년 67세로 사망하였다.

그는 황도주의(皇道主義)의 전도사이자, 식민지, 전쟁인류학을 전공한 지식인이라는 평가를 받는다.

• 송석하(1904~1948)

송석하는 부산의 제2고보를 졸업하고 일본의 도쿄상과대학(현재의 히토쓰바시대학)으로 유학을 갔다. 그는 1922년 유학 직후부터 민요와 민간신앙, 설화 등과 같은 민속 방면에 관심을 가지고 있었다. 그러나 1923년 간토대진재의 여파로 학업을 중단하고 귀국하였다. 귀국 전 유명한 조선 정체성론자이자 도쿄상대 교수로 있던 후쿠다 도쿠조(福田德三)가 지도하는 이재민의 생활상태 조사에도 참여한 경험이 있다고 한다.

귀국 후 그는 민속 중에서도 판소리와 인형극, 가면극, 탈춤 등의 민속예술에 크게 관심을 가지게 되었으며, 1926년부터 신문과 잡지에 민속관계 논문을 발표하였다. 송석하가 남긴 90여 편의 글은 민속 관계와 민속연극 관계의 논문이 다수를 차지하고 있다. 진단학회와 청구학회에도 참가하였다.

해방 이후에는 진단학회 위원과 회장, 한국산악회장, 한미문화협회장 등을 역임하였다. 송석하는 조선산악회를 중심으로 제주도 민속 및 방언 조사, 오대산·태백산 연맥 일대의 민속 조사, 국립박물관이 주재하는 경주 고적 발굴에도 참가하였다.

그는 1945년 11월 미군정청 산하에 국립민족박물관이 창립되자, 관장으로 취임하였다. 1946년 4월 국립민족박물관이 개관하였으며, 11월 조선민족미술관(경복궁 내 집경당)의 소장품을 흡수하였다. 그리고 그 관내에 조선인류학회를 두었다. 한국전쟁 후 국립민족박물관의 자료는 국립박물관으로 흡수되었다.

그는 또한 1946년 국립 경성대학에 인류학과를 신설하였다. 그러나 그는 강사로 강의만 하였을 뿐, 교수로 취임하지 못하고 1948년 병으로 요절하였다. 유고집으로 『한국민속고』(1960, 일신사)가 있다.

• 송석하와 아키바 다카시

송석하는 당시 경성제대 교수였으며 자신보다 16세나 나이가 위였던 아키바 다카시와 깊은 학문적 교분을 나눈 것으로 알려져 있다. 송석하와 아키바는 조선민속학회를 함께 조직했으며, 『조선가면도보』 원고를 공동으로 작성하였다.

송석하라는 재야민속학자와 아키바라는 강단의 제국주의 민속학자가 깊이 교류하고 있었다는 것은, 당시 한국 민속학·인류학이 새로이 분화하고 있었음을 보여주고 있다. 이전부터 문헌작업을 중심으로 민속학 연구를 진행하고 있던 이능화, 최남선 등은 이미 1920년대에 조선사편찬위원회와 조선사편수회에 참가하고 있었지만, 아키바나 이마무라와 같은 일본인 민속학자와는 교류가 없었다. 이와 반대로 송석하와 손진태 등 일본 유학을 경험한 신진학자들은 재야에 몸을 두고 있었지만, 아키바나 이마무라 등과 깊이 교류하면서 공동으로 작업하고 있었다. 송석하나 손진태는 일본에서 유학하였고, 필드 워크의 중요성을 강조하고 있었다. 이로 본다면, 그들의 교류는 학문적 배경과 깊은 관련을 맺고 있는 것처럼 보인다.

일본인 강단민속학자와 조선인 재야민속학자의 '위험한 동거'의 실제와 그 정치적 의미를 밝히는 일은 식민지기 민속학의 성격을 밝히는 데 관건이 된다고 할 것이다. (윤해동)

참고문헌

남근우, 「조선민속학회 재고」, 『정신문화연구』 2004년 가을호;

전경수, 「학문과 제국 사이의 秋葉隆: 경성제국대학 교수론(1)」, 『한국학보』 120집, 2005.

▌조선불교(朝鮮佛敎)

1924년 서울에서 한국어 일본어 병용으로 창간된 종교 잡지

조선불교단의 기관지로서 1924년 5월 7일 창간되었다. 매월 1회 발행되었다. 가격은 1권 25전, 6권 1원 35전, 12권 2원 60전이었다. 1권을 주문할 경우 5리의 우송료가 추가되었으나, 6권부터는 별도의 우송료를 받지 않았다. 편집 겸 발행인은 나카무라 겐타로(中村建太郞)였다. 발행소는 경성부 장곡천정(長谷川町) 17번지의 조선불교사였고, 인쇄소는 경성부 장곡천정 76번지의 지카자와(近澤)인쇄소였다. 처음에는 일문과 한글을 혼용하였으나, 13호부터 일문 전용으로 발행되었다. 창간호부터 33호까지는 매월 11일 발간되다가 34호부터는 발행일자가 매월 1일로 바뀌었다. 창간호부터 1936년 6월 발행된 121호, 1941년의 6월 발행된 163호 원본은 동국대학교 도서관에 소장되어 있다. 민족사에서는 1996년에 『조선불교』 1~121호를 12권으로 영인하였다.

일본은 3·1운동을 통해 이전과 같은 무단통치로 조선을 지배하는 것은 불가능하다는 사실을 깨달았다. 이에 1919년 9월 조선총독으로 부임한 사이토 마코토(齋藤實)는 새로운 조선지배정책으로서 '문화의 발달과 민력의 충실'이라는 문화정치를 표방하였다. 그것은 ① 총독무관제를 철폐하고, 보도경찰제도를 실시한다. ② 조선인 관리를 임용하고, 대우를 개선한다. ③ 언론·집회·출판의 자유를 허용하여 민의창달을 도모한다. ④ 교육·산업·교통·경찰·위생·사회 등의 행정을 강화하여 국민생활의 안정과 복리를 도모한다. ⑤ 지방자치를 위한 조사연구에 착수한다. ⑥ 조선의 문화와 관습을 존중한다는 것 등이었다. 이는 개량책을 내세워 민족운동을 분열시키고, 한국인의 저항을 무마시키기 위한 것이었다.

문화정치의 본질은 사이토 총독이 민족운동에 대한 대응책으로 채택한 정치선전의 강화, 친일세력의 육성·보호·이용, 참정권 문제와 지방제도의 개편, 계층분단에 따른 분할통치 등 4대 시책에서 더욱 명확하게 드러났다. 특히 친일파의 양성은 사이토 총독이 가장 심혈을 기울인 사업이었다.

조선불교단은 이러한 일제의 친일파 육성정책에 힘입어 한국과 일본의 재가 불교신도들이 중심이 되어 조직한 불교 외호단체로서 1920년 발족한 조선불교대회가 1925년 5월 재단법인으로 확대 재편된 단체였다. 1925년 9월 평양지부를 시작으로 하여 1929년 10월에는 전국에 지부조직이 정비됨으로써 전국적인 대규모 불교조직이 되었다.

조선불교단에는 당시 한일 불교계의 거물들이 두루 망라되었다. 재단법인 조선불교단의 단장은 이윤용

(李允用)이었고, 부단장은 한창수와 마에다 노부루(前田昇)였다. 일본 불교계의 조동종(曹洞宗), 정토종(淨土宗)의 각종 관장들과 박영효(朴泳孝), 이완용(李完用), 권중현(權重顯) 등은 고문으로 추대되었고, 최남선(崔南善), 이능화(李能和), 한창수(韓昌洙), 한상룡(韓相龍) 등 다수의 유력한 친일인사들도 상담역과 이사, 평의원에 참여하였다.

조선불교단은 다음과 같은 사업을 수행할 것을 목적으로 하였다. ① 강연회, 강습회 및 활동사진회 개최, ② 조선인 포교사의 양성, ③ 각종 불교단체와의 연락 및 후원, ④ 기관신문의 발행 및 불교 상의 유익한 도서, 인쇄물의 간행, ⑤ 불교에 관한 연구 및 조사, ⑥ 교육, 자선, 기타 필요하다고 인정되는 사회사업에 관한 시설 또는 보조, ⑦ 불교상 공로가 있는 자의 표창, ⑧ 내지 불교견학원의 파견, ⑨ 기타 본단의 목적을 달성하기 위해서 필요한 사항(『조선불교』 13, 1925.5, 59쪽).

이 중 조선불교단이 가장 심혈을 기울인 사업은 교화사업과 포교사업이었다. "1919년 3월 전선(全鮮)에 걸쳐서 조선독립운동이 봉기한 그 경거, 그 망동은 바로 종교적 훈련의 결핍으로 인한 것"(『조선불교』 2, 1924.6, 14쪽)이었기 때문에 "조선에서 긴급을 요하는 것"은 종교적 훈련과 "정신의 진흥보다 심한 것이 없"(『조선불교』 4, 1924.8, 1쪽)었고, 그러한 역할을 주도적으로 수행해나갈 인물의 양성이 선행되어야 했기 때문이었다. 그러므로 조선불교단의 예산 중 32.4%가 포교학생의 유학비용으로 지출되었고, 이들의 입학과 성적, 졸업에 대한 사항이 『조선불교』에 늘 소개되었다.

그 외에도 『조선불교』에는 일본 불교계의 소식과 더불어 조선총독부의 시책, 일본 불교단체가 한국에서 벌이는 여러 가지 사회사업들을 적극 홍보하고 찬양하는 기사가 게재되었다.

『조선불교』는 1920년대에서 1940년대까지 조선불교단이 내선융화의 기치 아래 수행한 친일 종교 활동의 전모를 가감 없이 보여주는 잡지이다. (정진아)

참고문헌

姜東鎭, 『日帝의 韓國侵略政策史』, 한길사, 1980; 鄭珖鎬, 『近代韓日佛敎關係史硏究: 日本의 植民地政策과 관련하여』, 仁荷大學校出版部, 1994; 김순석, 「조선불교단(朝鮮佛敎團) 연구(硏究) (1920-1930)」, 『독립운동사연구』 9, 1995.12.

조선불교계(朝鮮佛敎界)

1916년 서울에서 발행된 불교 잡지

1916년 4월 5일 불교진흥회(佛敎振興會)에서 발간한 불교 잡지로, 속간 여부는 미상이다. 이는 바로 전해에 창간된 『불교진흥회월보』의 후신이다. 판권란을 보면, 발행 겸 편집인 이능화(李能和), 인쇄인은 심우택(沈禹澤)이며, 인쇄소는 성문사(誠文社), 발행소는 경성 수송동에 소재한 불교진흥회본부이다. 발행자와 발행소 모두 『불교진흥회월보』와 같다. 창간호는 모두 101쪽 분량이다.

창간호 목차를 보면, 논설, 강연, 교리, 사전(史傳), 문예, 잡찬, 연구, 소설, 부록 등으로 구성되어 있다. 이능화의 「조선불교계서(朝鮮佛敎界序)」에서는 이 잡지가 비정치적이란 점을 강조하고 있다. 그는 논설란에서도 「포교규칙과 오인의 각오」라는 글도 실었다. 강연란에는 「무명(無明)에 대한 삼등(三燈)」, 「불은(佛恩)의 심중(深重)」 등의 글이 실렸는데, 이는 교리란과 마찬가지로 주로 불교의 교리에 대한 이해를 돕고자 강연한 내용을 모은 것이다. 교리란에는 「선문(禪門)과 간화(看話)」, 「임제가풍(臨濟家風)과 신라지리산화상(新羅智異山和尙)」, 「종경대지(宗鏡大旨)」 등이 실렸다. 사전란에는 「이조신주범종사(李朝新鑄梵鐘史)」, 「신라보조선사비명(新羅普照禪師碑銘)」, 「가찬석존전(歌讚釋尊傳)」 등이 실렸다.

문예란에는 권상로(權相老)의 「제금파화상문(祭琴巴和尙文)」와 산거시(山居詩)가, 그리고 잡찬란에는 「술몽쇄언(述夢瑣言)」와 「골계총담(滑稽叢談)」 등이 실렸다. 연구란에는 김도원(金道源)의 「인명(因明)의 연구」, 그리고 「자아와 선」의 역문이 실렸다. 마지막으로 부록란에는 관보와 휘보 등이 게재되었는데, 이 「관보」와 「휘보」를 통해 본사와 말사의 주지이동

· 포교소에 관련된 조선총독부의 지시사항 · 제5회 주지 총회회의 상황 및 조선총독의 훈유를 자세히 소개하고 있다. 1910년대 조선총독부의 불교정책과 불교계의 친일화 과정을 살피는데 참고할 만한 자료를 제공하고 있다.

• 불교진흥회

이 잡지를 발간한 불교진흥회는 친일승려인 이회광(李晦光)의 주도하에 1914년 12월 24일에 결성하였으며, 포교사(布敎師) 양성소를 설치하여 인재를 배양하고 일본의 선례를 통해 불교를 진흥하겠다는 취지를 표방하며 설립되었다. 발기인으로는 30본사 주지들이 참여했으나 설립 당시 임원으로 활동한 29명 중 2~3명을 제외하고는 모두 일반인 또는 친일유생에 속하는 인물들이 다수를 차지하고 있다.

이 잡지의 발행인 이능화는 충북 괴산 출신으로, 프랑스어를 가르칠 정도로 외국어에 뛰어났다. 그는 이 잡지 외에도 전통문화 관련 저서를 많이 저술하였다. 대표작으로 『조선불교통사』, 『조선신교원류고(朝鮮神敎源流考)』, 『조선유교지양명학(朝鮮儒敎之陽明學)』, 『조선도교사(朝鮮道敎史)』, 『조선여속고(朝鮮女俗考)』, 『조선해어화사(朝鮮解語花史)』등이 있다.

불교진흥회는 1917년 2월 이완용, 권중현 등 대표적인 친일파들이 발기한 불교옹호회(佛敎擁護會)로 흡수 통합되었다. (정환국)

참고문헌

석대은, 「'불교잡지'와 나-백호에 대한 감상」, 『불교사 불교』 100호, 불교사, 1932; 최덕교 편저, 『한국잡지백년』, 현암사, 2004; 박상란, 「근대전환기 불교잡지의 여성 담론」, 『한국고전여성문학연구』 15집, 한국고전여성문학회, 2007.

▌조선불교월보(朝鮮佛敎月報)

1912년 서울에서 발행된 종교 잡지

우리나라 불교 잡지의 효시인 『원종(圓宗)』의 속간이다. 1912년 2월 25일 조선 불교계에서는 처음으로 기관지의 성격을 띠고 발간되었다. 1913년 8월, 통권 19호로 종간되었고 다시 『해동불교(海東佛敎)』로 속간되었다. 편집 겸 발행인은 권상로(權相老), 인쇄인 김홍규(金弘奎)였다. 인쇄소는 보성사(普成社), 발행소는 조선불교월보사였다. A5판으로 발간되었고 창간호는 73쪽, 정가는 10전이었다. 학술데이터베이스 검색사이트 KISS(http://search.koreanstudies.net)에서 원문을 제공하고 있다.

창간호는 축사로 시작되었다. 창간 축사를 쓴 사람들의 명단은 다음과 같다. 락거(洛居) 조민승(曹旼承), 하산(霞山) 남정철(南廷哲), 운양(雲養) 김윤식(金允植), 춘고(春皐) 박영효(朴泳孝), 서산거사(書山居士) 성훈(成塤), 태화거사(泰華居士) 남형(南炯), 이우래(李佑來), 일소거사(一笑居士) 이능화(李能和), 련하(蓮下) 김용제(金鎔濟), 시천교월보(侍天敎月報) 주필(主筆) 정원섭(丁元燮), 련사(蓮史) 이혼성(李混惺), 만옹(晩翁) 김규현(金奎鉉), 퇴은(退隱) 황범형(黃範泂), 정관재(正觀齋) 서광전(徐光前), 지광만응(智光滿應), 이종우(李鍾宇), 17세 학생 조학유(曹學乳), 금룡사(金龍寺) 학생 전유선(全裕銑), 이증석(李曾錫).

창간호의 목차는 광장대(廣長臺), 사자후(獅子吼), 무봉탑(無縫塔), 대원경(大圓鏡), 유성신(流星身), 잡화포(雜貨鋪) 등으로 나누어졌다. '광장대'는 주로 시평(時評)을, '사자후'에서는 주로 불교계의 개혁에 관한 논의와 반성 등을, '대원경'은 불교연구에 관한 논설을, '유성신'에서는 독자들을 일깨우는 논설을, '잡화포'에서는 불교계의 소식을 실었다.

창간호를 통해 일제 지배에 대한 불교계의 입장을 짐작해 볼 수 있다. 무심도인(無心道人)이 지은 단편소설에는 「심춘(尋春)」에 나오는 "매화의 향기는 1년의 춘광(春光)이요, 불교의 화력(化力)은 세계의 춘풍(春風)이라, 천황폐하의 넓은 은택(恩澤), 동군(東君)의 화(和)한 화력(化力) 일실(一室) 중에 영일(盈溢)하니(후략)" 운운하는 구절이 실렸고, '잡보(雜報)'에는 통도사, 해인사, 법주사, 용주사, 전등사, 석왕사의 주지들이 신년 축하를 위해 조선총독 관저로 가서 천황의 어진(御眞)에 배알했다는 내용이 실렸다. 또한 창간호 말미에는 '조선사찰령'에 대한 해설과 사찰령시행규칙, 주지취직인가에 대한 절차안내, 취급방법의 일 등이 상세히 소개되었다. 이렇게 『조선불교월보』는 불교계 소식과 불교관계 논설을 싣는 한편, 일제의 불교정책을 충실히 해설하는 역할을 하였다. (정예지)

참고문헌

『朝鮮佛教月報』 창간호, 1921.2, 중앙대학교 소장본; 최덕교 편, 『한국잡지백년』 1, 현암사, 2004.

조선불교총보(朝鮮佛教總報)

1917년 서울에서 발행된 종교 잡지

1917년 3월 20일 창간된 조선불교 삼십본산(三十本山)의 기관지이다. 잡지 『조선불교계』의 속간으로 월간지이다. 발행 겸 편집인은 이능화(李能和), 인쇄인은 윤창렬(尹昌烈)이었다. 동일(東一)인쇄소에서 찍었고, 발행소는 삼십본산연합사무소였다. 창간호는 54쪽, A5판으로 발간되었고 정가는 10전이었다. 1921년 1월 통권 22호로 종간되었다. 고려대학교, 중앙대학교, 서강대학교, 성균관대학교 도서관에 소장되어 있다.

이능화 개인에 의해 운영되던 『조선불교계』의 운영난이 심해지자 삼십본산연합회에서 그 운영을 맡게 되면서 『조선불교총보』로 제호를 바꾸었다.

불교철학에 대한 소개나 설명, 불교 경전 주해나 번역, 유명한 불교 문화재에 대한 논문, 불교계의 현 상황에 대한 견해 등이 실렸다.

창간호의 목차를 살펴보면 이 잡지의 성격을 가늠할 수 있다.

무능, 「연합사무의 제3개년」/ 기우거사(杞宇居士) 김상천(金相天), 「종교관」/ 무능거사, 「덕산회하(德山會下)에 신라승」/ 유응운(柳應運) 찬(撰), 「충남 천안군 광덕사(廣德寺) 세존사리(世尊舍利), 화산 광덕사(華山 廣德寺) 사실비(事實碑)」/ 강희맹(姜希孟), 「양주봉선사종명(楊州奉先寺鍾銘)」, 청허(淸虛) 유저(遺著), 「봉은사기(奉恩寺記)」/ 연담유일(蓮潭有一) 유고(遺稿), 「화중봉화상락은가십육결(和中峯和尚樂隱歌十六結)」/ 연파혜장(蓮坡惠藏) 유저(遺著) 「능엄서언(楞嚴緖言)」/ 사불산인(四佛山人), 「만자(卍字)에 대하야」/ 퇴경사문(退耕沙門), 「산가어휘(山家語彙)」/ '소설' 상현(尙玄), 「목우가(牧牛歌)」/ 「관보초록」, 「휘보」. (정예지)

참고문헌

『朝鮮佛教總報』 창간호, 1917.3, 성균관대학교 소장본; 최덕교 편, 『한국잡지백년』 1, 현암사, 2004.

조선사법보호(朝鮮司法保護)

1941년 서울에서 발간된 일본어 월간지

1941년 11월부터 조선사법보호협회에서 월간으로 발행하였다. 현재 1941년 1권 1, 2호와 1942년의 2권 1~12호가 국립중앙도서관과 서울대도서관 경제문고에 소장되어 있다. 이후에도 발간되었는지에 대해서는 현재로서는 확인할 수 없다.

1941년 11월 창간호에는 조선사법보호협회의 설립경과, 사업계획, 취지 등이 수록되었으며, 12월호는 "사상범보호관찰" 특집호로서 사상범보호관찰제도에 대하여 상술한 글이 많다. 1942년 3월호는 "사법보호위원회 제도 실시" 기념호이며, 4월호는 "소년보호" 특집호이다. 12월호는 "사상범보호관찰" 특집호이다.

전시체제기에는 조선의 사상범을 통제하기 위해 조선사법보호협회, 조선사법보호위원회, 조선사상범보호관찰심사회, 대화숙 등의 기관이 설치되었는데, 이 잡지를 통해 각 기관과 관련한 법령 및 설치 상황을 확인할 수 있다. 사법보호라고 칭해진 사상범 통제 상황의 모습을 이해하는 데 필수적인 잡지이다.

• 조선사법보호협회

조선총독부는 1941년 9월 13일 '사법보호기념일'을 맞아 조선사법보호협회를 결성하고, 대화숙을 비롯한

33개 사법보호 단체를 통합하는 중앙통제기관으로서 역할을 맡겼다. 33개 단체는 '보통범' 보호단체 26개, '사상범' 보호단체 7개로 구성되어 있었다.

사법보호협회의 목적은 "국체의 본의에 기초하여 사법보호사업의 원활한 운영을 기하고, 그 건전한 발달을 도모"하는 것으로 설정되었다. 사업으로는 "① 사법보호단체의 통제·지도 및 연락, ② 사법보호사업의 조성, ③ 사법보호사업에 관한 조사 및 연구, ④ 사법보호사업에 종사하는 직원의 양성 및 훈련, ⑤ 사법보호사상의 보급 및 선전, ⑥ 사법보호사업에 공적 있는 자의 표창, ⑦ 기타 사법보호사업의 개량·발달을 도모하기 위해 필요한 사업" 등을 규정하였다. 협회사무소는 총독부 법무국 행형과에 설치하였다.

조직으로는 회장, 부회장 2명, 고문, 이사, 감사, 참여 등을 두도록 하였다. 발족 당시의 임원을 보면 다음과 같다. 회장에는 미야모토 하지메(宮本元) 조선총독부 법무국장, 부회장에는 경성복심법원장과 경성복심법원 검사장이 선임되었다. 고문은 하라 마사카나에(原正鼎) 고등법원장과 마쓰나가 마사이치(增永正一) 고등법원 검사장이 맡았고, 이사에는 모리우라 후지로(森浦藤郎) 법무국 형사과장, 오노 노리미쓰(大野憲光) 법무국 행형과장, 가네코 히데아키(金子秀顯) 경성지방법원장, 야마자와 사이치로(山澤佐一郞) 경성지방법원 검사정, 나가사키 유조(長崎祐三) 경성보호관찰소장 겸 경성대화숙 회장, 모리도쿠 지로(森德次郞) 경성형무소장, 미야자키 소쿠닌(宮崎速任) 서대문형무소장, 다카와 쓰네지로(田川常次郞) 국민총력조선연맹 보도부 이사, 이승우(李升雨, 梧村升雨) 국민총력조선연맹 보도부 이사 등이 임명되었다.

사법보호 사업이란 ① 소추를 필요로 하지 않기 때문에 공소를 제기하지 않은 자, ② 형의 집행유예 언도를 받은 자, ③ 형 집행정지 중인 자, ④ 형 집행면제를 얻은 자, ⑤ 가출옥중인 자, ⑥ 형 집행을 종료한 자, ⑦ 조선소년령에 의해 보호처분을 받은 자에 대한 보호를 하는 사업 및 이 사업에 관하여 지도 연락 또는 조성을 하는 사업을 지칭하였다. 여기서 '보호'란, "본인이 다시 죄를 범할 위험을 방지하고, 나아가 신민의 본분을 삼가 지킬 수 있도록 성격의 도야, 생업의 조성, 기타 적당한 처치로써 본인을 보도하는 것"을 말하는 것이었다.

• 조선사상범보호관찰심사회 · 대화숙(大和塾) · 조선사법보호위원회

조선에서의 사상범 통제정책을 이해하기 위해서는 조선사상범보호관찰심사회와 대화숙, 조선사법보호위원회 등을 살펴볼 필요가 있다.

조선사상범보호관찰심사회는 1937년 4월 결성되었다. 사상범에 대한 보호관찰 여부(조선사상범보호관찰령 제1조), 보호관찰 기간의 갱신 여부(동 제5조)에 관한 사항을 심사하고 의결하는 기관으로서, 보호관찰소에 대해서는 독립된 기관이었으며, 경성, 함흥, 청진, 평양, 신의주, 대구, 광주 등의 보호관찰소 소재지마다 설치하도록 하였다.

회장 1인, 회원 6인, 예비위원 4인으로 구성하고, 사법부 내의 고등관(판사·검사·보도관·형무소장) 및 학식과 경험이 풍부한 사람으로 충당하도록 하였다. 경성의 심사회 위원은 서병조(徐丙朝), 유태설(劉泰卨), 이기찬(李基燦), 이승우(李升雨), 이희적(李熙迪), 현준호(玄俊鎬), 황종국(黃鍾國)이었고, 심사회 예비위원은 고일청(高一淸), 김대우(金大羽), 김영배(金永培), 김창영(金昌永), 양대경(梁大卿), 최정묵(崔鼎默), 탁창하(卓昌河), 홍영선(洪永善)이었다.

한편, 1940년 12월 28일 시국대응전선사상보국연맹을 해체하고, 이를 재단법인 대화숙으로 통일하기로 결정하였다. 1940년 10월 국민정신총동원조선연맹이 국민총력조선연맹으로 재출발함과 맞물려 보호관찰소에서는 "사상보국운동의 합리화와 사상범보호사업의 진전을 꾀하고, 또한 내선일체의 철저한 구현"을 위해 기왕의 사상전향자단체인 시국대응전선사상보국연맹을 해소하고, 이를 경제적 근거가 확립될 수 있는 재단법인 대화숙으로 재조직하도록 하였던 것이다. 사상보국연맹은 1941년 1월까지 해소되었고, 경성, 함흥, 청진, 평양, 신의주, 대구, 광주의 각 지부는 각기 독립된 재단법인 대화숙으로 재편성되었다.

대화숙은 “황도정신의 진기, 앙양과 내선일체의 심화, 철저를 기함과 동시에 사상사건 관계자의 선도와 보호를 목적으로 하며, 황도정신 수련도장 설치, 일본어 보급, 강습회, 강연회, 좌담회 등의 개최, 기관지 및 출판물 간행, 산업의 경영 등을 사업”으로 삼았다. 대화숙은 전향자를 대상으로 보호사의 인솔 아래 입소시켜 군대식 규율로 생활하도록 한 황국신민의 연성기관으로서 일본어 강습회를 중점 사업으로 다루었으며, 부녀자를 대상으로 대화가정숙을 운영하고, 전향자와 그 가족을 대상으로 일종의 직업보도기관인 사업장을 운영하였다.

각 지부는 각 지역 보호관찰소장을 회장으로, 보호관찰 대상자 및 대화숙의 취지에 찬동하는 자를 회원으로 조직하였다. 경성대화숙 주임에는 김응방(金應芳, 金光芳雄), 조선인 협력자로는 유억겸(兪億兼), 이묘묵(李卯默), 장덕수張德秀), 김한경(金漢卿), 조일명(趙一明, 趙斗元), 한상건(韓相健), 민병회(閔丙會), 최용달(崔容達), 윤치호(尹致昊), 이용설(李容卨), 현제명(玄濟明), 이종만(李鍾萬, 月城鍾萬) 등이 참여하였다.

1943년 현재 91개 지부에 5400명의 회원을 확보하고 있었다.

조선사법보호위원회는 1942년 3월 25일 결성되었다. 기소중지, 기소유예자, 형집행유예, 형집행중지자, 가출옥자, 만기출옥자 등을 대상으로 재범을 방지하고 이들을 황국신민으로 양성할 것을 꾀한 기관이었다. 이는 '사상범'이 아닌 '보통범'에 대한 보호활동단체였다.

사법보호위원회는 각 지방법원 관할구역에 설치하도록 하였다. 각 지역마다 여러 개의 보호구를 설정하고 각 보호구마다 그 지역 유력자로 하여금 사법보호위원을 맡도록 하였다. 회장은 해당 지방법원 검사국 검사정이 맡도록 하고, 위원에는 관할구역 내의 보호구에 속한 사법보호위원 중에서 조선총독이 임명하도록 하였다. (윤해동)

참고문헌

지승준, 「1930년대 일제의 ‘사상범’ 대책과 사회주의자들의 전향 논리」, 『중앙사론』 10-11합집, 1998; 『조선사법보호』 국립도서관, 서울대도서관 경제문고 소장본.

▌조선사법협회잡지(朝鮮司法協會雜誌)

1922년 서울에서 창간된 일본어 사법 관련 월간지

조선사법협회가 1922년 1월부터 일본어로 발간한 월간지이다. 1922년 1월 창간호를 발간한 뒤, 1945년 2월 24권 2호까지 발간한 것이 확인된다. 24년 동안 모두 274권을 발간하였다. 1943년 21권이 발간되기까지는 9권 1·2호, 19권 10·11호를 합병호로 발간하였을 뿐, 매월 정기적으로 잡지를 간행하였다. 1944년 10월호가 빠져있고, 11·12호를 합병호로 발간하였다.
발간 초기에는 매호 3000부 내외를 발행하다가, 1923년부터는 4000부 이상을 발간하였다. 창간호는 4700부를 발간하여, 그중 1000부 이상을 일본 내의 관련 단체에 송부하였다. 배포대상은 회원과 총독, 정무총감을 비롯한 총독부 내의 각 국, 중추원, 각 도 경찰부, 경찰서, 헌병대, 부·군청, 면사무소, 은행, 금융기관, 신문잡지사 등이었다. 일본 내에도 관련 기관에 계속 배포하였다. 국립도서관에 1922년부터 1944년까지의 자료가 소장되어 있으며, 서울대도서관 고문헌자료실에는 1922년부터 1942년까지의 자료가 소장되어 있다.

조선사법협회는 조선총독부 법무국장이 회장으로 있었으며, 조선총독부 법무국과 법원, 감옥에서 근무하던 법조 실무가들을 회원으로 삼고 있던 준관변 단체였다. 그러나 『조선사법협회잡지』는 법률 실무가 단체의 기관지로서, 법률 관련 논문만이 아니라 개별사건에 대한 지침이 잡지 기사의 중심을 이루고 있었기 때문에, 조선 사회에 미치는 영향력이 매우 컸다.

잡지의 내용은 크게 법령 관련 내용과 연구 관련 내용으로 구분할 수 있다. 법령 관련으로는 조선 총독과 법무국장 그리고 고등법원장 등의 훈시와 총독부의 훈령 등이 중요하다. 중요 법령 및 신법령에 대한 소개도 많이 게재되었다. 다음으로 사법협회의 회답·통첩이 실려 있다.

그리고 1928년부터는 일본 사법성의 훈령·회답·통첩, 일본 법조회의 결의 등이 많이 게재되고 있다. 그리고 조선총독부의 회답과 통첩 등도 많이 게재되었다. 호적사무와 관련한 각종 법령이나 훈령·통첩 등은 초기부터 많은 분량으로 자세하게 다루고 있다. 나중에는 호적협회의 결의·감독 등이 게재되었다. 이와 아울러 조선고등법원의 판결례 등이 있다. 또 일본 내 고등법원과 대심원의 판결례 등이 게재되어 있다.

연구 관련 논문으로는 논설로 사법 관련 각종 논문, 판례 연구, 외국 논문 소개 및 번역, 사법 자료 등이 게재되었다. 1930년부터 시론개관이라는 고정란을 만들어, 논문 소개와 해외 자료를 번역하여 싣고 있다. 그리고 '감옥휘보'(1925년 이후 '형무휘보'로 변경)와, 특수사례, 잡록과 만록 등의 고정란으로 구성되었다. 그리고 사법협회와 관련한 각종 회고록이나 좌담회 등도 많이 소개되고 있다.

내용 및 성격

『조선사법협회잡지』는 사법협회의 기관지였지만, 그 이상의 역할도 수행하고 있었다. 조선총독부는 1922년 「재판소 및 검사국장, 감옥 전옥 앞의 법무국장 통첩: 조선사법협회잡지에 게재하는 것으로 일반통첩에 대신하는 건」을 발표하여, 관공서에 대한 통첩 회답 등 일반 집무에 참고해야 할 것 가운데 통첩은 이후 특별한 경우를 제외하고는 편의상 『조선사법협회잡지』에 게재함으로 일반통첩을 대신하도록 하였다. 사법과 관련한 통첩은 관보가 아니라 사법협회잡지를 통해 공포하도록 한 것이다.

필자의 대부분은 일본인이었다. 한국인 필자로는 장경근(張暻根, 4편), 최용달(崔容達, 4편), 최병주(崔丙柱, 3편), 이상기(李相基, 2편), 장후영(張厚永, 2편), 김궁윤(金宮允, 1편), 김응식(金鷹植, 1편), 김준평(金準枰, 1편), 김갑수(金甲洙, 1편), 조천길(趙川吉, 1편) 등이 있었다. 경성제대 조수와 보성전문학교 교수를 지낸 최용달을 제외하면, 대부분은 지방법원의 판사들이었다. 이들의 논문을 모두 합쳐도 21편에 불과한 형편으로, 그것도 대부분 민법과 상법에 한정되어 있었다. 일본인 법조인들이 주도한 잡지였음을 알 수 있다.

24년 동안 게재된 총 논문은 430편인데, 그중 민사법 분야 논문이 207편으로 거의 절반을 차지하였다. 나머지 형사법 136편, 상사법 26편, 행정법 29편, 기타 법철학이나 외국법제도 등을 소개하는 논문이 포함되었다. 민사법 분야 논문은 대부분이 부동산을 둘러싼 소유권 분쟁에 집중되었다.

잡지에 가장 많은 논문을 발표한 사람은 경성지방법원 부장판사와 조선고등법원 판사 및 경성제국대학 교수를 역임한 노무라 조타로(野村調太郎)와 대구지방법원 부장판사와 고등법원 판사를 지낸 기토 효이치(喜頭兵一)였다. 노무라는 주로 조선의 친족상속제도와 관련한 민사법 분야를 중심으로 27편을 발표하고 있으며, 기토 역시 민사법 분야를 중심으로 하되 민사소송법에 많은 관심을 가지고 있었다.

• 조선사법협회

조선총독부는 3·1운동을 전후하여 식민지배와 관련한 법령의 일대 변화를 꾀한다. 1918년 '조선형사령'을 개정하여 일본 형법을 전면적으로 의용(依用)하였으며, 1922년에는 일본 형사소송법 개정에 따라 형사령을 재개정하였고, 1920년 '조선태형령'을 폐지하였다. 1922년 '조선호적령'을 제정하여 1923년부터 시행하였으며, '조선민사령'을 1921년과 1922년, 두 차례에 걸쳐 개정하였다.

이런 상황에서 조선사법협회는 1920년 12월 15일 식민지에서 활동하던 법률가들의 단체로 발족하였다. 사무소는 조선총독부 법무국 내에 있었다. 조선사법협회는 기본적으로 조선총독부의 사법정책을 홍보하기 위하여 만든 단체였다.

1920년 10월 일본 요코하마(橫濱)지방재판소장으로 있던 요코다 고로(橫田五郎)가 구니와케 산가이(國分三亥)를 대신하여 조선총독부 법무국장으로 취임하였는데, 그는 1921년 10월 경 총독부의 사법정책을 홍보할 방안을 강구할 것을 명령하였다. 이에 10월 열린 각 지방재판소 감독관 회의에서 관련 협회를 설립하는 데에 대한 취지를 설명하고 동의를 받았다. 이를 바탕으로 재경 유지들의 모임에서 승인을 받아 전 조선의 재판소 및 감옥의 감독관에게 발송하였다. 이에 따라 발족된 것이 조선사법협회이다.

회원의 친목 및 민사, 형사, 비송사건(非訟事件), 등기, 민적, 감옥 기타 일반 사법 사무의 진보를 도모하는 것을 협회의 목적으로 삼았다.

회원에는 정회원, 명예회원, 준회원의 세 가지가 있었다. 조선총독부 법무국 및 법원, 감옥의 판임관 대우 이상의 현직자를 정회원으로 하며, 협회에 공로가 있거나 학식과 경험이 있는 자는 회장의 추천과 평의원회의 결의를 거쳐 명예회원으로 할 수 있도록 하였다. 또 조선총독부 및 그 소속 관공서에 봉사하고 있는 자는 준회원으로 할 수 있도록 하였다.

임원으로는 회장, 고문 2명, 위원, 간사, 서기 약간 명 등을 두도록 하였다. 회장은 조선총독부 법무국장을 추천하여 임명하며, 고문은 조선총독부 고등법원장과 검사장을 추천하여 임명하도록 하였다. 위원 및 간사는 조선총독부 법무국 및 법원, 감옥의 고등관 중에서, 서기는 판임관 중에서 회장이 촉탁하도록 하였다.

창립 당시의 회장은 요코다 법무국장이었으며, 요코다 회장은 법무국장 부(附) 사무관 모로토메 유조(諸留勇助)를 전무 서기로 임명하였다.

위원은 법률 사항의 심의 · 의결 및 잡지의 편찬을 관장하도록 하였다. 이에 따라 편찬부 임원을 두었는데, 논설 기고 독려, 논설 심사, 논설, 사법협회의 결의 · 훈령 · 회답 · 통첩 등으로 구분하였다.

간사는 회무를 담당하며, 서기는 서무 및 회계 사무를 담당하도록 하였다. 평의원은 법무국의 각 과장, 고등법원의 부장과 차석검사, 경성복심법원장 및 검사장, 경성지방법원장, 서대문 및 각 감옥의 전옥(典獄) 중에서 회장이 추천하여 임명하도록 하였으며, 평의원회는 회장이 소집하되, 회장이 제출한 중요사항을 평결하도록 하였다. 또 지방평의원을 두되, 경성 이외의 복심법원장과 검사장, 지방법원장과 검사정(檢事正), 전옥 중에서 추천하여 임명하도록 하였다.

그리고 협회의 목적을 달성하기 위하여 잡지를 발간하여 회원에게 배부하는 규정을 두었다(이상 「회칙」에 의함).

회비는 법무국장, 고등법원장, 검사장 등 최고위직에 있는 자는 월 5원, 다음으로 복심법원장과 검사정, 고등법원 부장은 월 4원으로 정하였으며, 가장 하위에 있는 간수와 여감 취체(取締)는 월 20전을 내도록 하였다. 이처럼 지위와 호봉에 따라 회비에 큰 차등을 두었다(이상 「조선사법협회 정서[定書]」에 의함, 회비는 시기에 따라 변함).

1922년 6월 이후에는 감옥의 간수 및 여감 취체에 대해서는 회원 자격을 부여하지 않았으며, 잡지의 의무 구독을 면제하였다.

1922년 7월에는 자산 4300여 원으로 재단법인으로 전환할 것을 의결하여, 8월 재단법인으로 전환으로 하였다. 협회의 운영은 재정상으로도 매우 순조로웠다고 한다. 이후 1945년까지 재단법인으로 존속하였다.

재단법인이 된 후에는 사무소를 고등법원 내에 두었고, 회장은 고등법원장이 맡았으며, 이사로 고등법원 검사장과 법무국장을 선임하였다. 감사로는 경성복심법원장과 검사장이 선임되었다.

회원 간의 상호 공제를 도모하기 위하여 1933년 공제부를 설치하여 회원에 따라 매월 봉급의 1%를 징수하였다. 그것을 적립하여 사망한 회원의 유족에 대해 공제금을 교부하였다. 퇴직자나 전출자에 대해서는 납입금을 반환하였다.

조선사법협회는 『조선사법협회잡지』를 매월 발간하였을 뿐만 아니라, 100여 권에 달하는 법령 해설 및 지침서, 법학 관련 연구서를 발간하기도 하였다. 그 가운데 고등법원의 판결요지를 정리하여 매년 발간한 『조선고등법원판결요지유집(朝鮮高等法院判決要旨類集)』은 매우 중요한 자료이다.

조선사법협회 결의의 성격

조선사법협회에는 심의위원회를 두었는데, 심의위원회는 민사 1부, 민사 2부, 형사부, 감옥부의 4부로 나뉘었다. 민사 1부는 민사 실체 법규에 속한 사항을, 민사 2부는 민사 절차 법규에 속한 사항을, 형사부는 형사 법규에 속한 사항, 감옥부는 감옥 법규에 속한 사항을 심의하도록 하였다.

각 부에 부장을 두어 의사를 정리하도록 하였으며, 간사가 순번에 따라 문제를 위원에게 할당하도록 하였다. 문제를 할당받은 위원은 미리 답안을 작성하여 간사에게 교부하고, 간사는 문제 및 답안을 위원에게 통지하도록 하였다. 법규의 제정과 개폐에 관한 심의는 필요한 경우 회장이 위원회에 이를 회부할 수 있도록 하였다.

이에 따라 사법협회는 식민지의 사법정책상 법률의 해석과 적용 등에서 중요한 역할을 담당하게 되었다. 위의 절차를 거쳐 사법협회의 결의가 이루어져서 이것이 사실상 법령의 적용 등을 담당하였다. 조선총독부는 법령 해석상 논란이 있는 부분을 사법협회의 결의로 해결하였다.

특히 사법협회의 결의는 민사법의 영역에서 관습을 확인하는 역할을 수행하였다. 관습이 규범적인 법원(法源)으로서의 역할을 하기 위해서는 다음과 같은 단계가 필요했다. 첫째, 관습조사사업의 결과 발행되는 관습조사기록이 있다. 둘째, 1918년 중추원 내에 구관심사위원회(舊慣審査委員會)가 설치되었다가 1921년 구관급제도심사위원회(舊慣及制度審査委員會)로 바뀌었는데, 여기에서는 조사된 관습을 심의하여 확정하였다. 셋째, 조선사법협회에서도 구관에 관한 결의, 회답, 질의에 대한 응답을 하였다. 이처럼 사법협회의 결의와 회답은 조선 민사 관습을 확정하는 권위를 가지고 있었다.

사법협회의 결의와 회답은 『사법협회결의회답집록(司法協會決議回答輯錄)』(1932)에 묶여 있다. 이 책은 1922년부터 1931년까지 사법협회가 행한 결의와 회답 및 조선고등법원 판례조사회의 결의를 법령 조문 순으로 배열한 것이다. 『(속)결의회답집록(부): 고등법원참고결의요지』(1938)는 마찬가지로 1932년부터 1937년까지의 결의, 회답을 묶은 것이다.

사법협회 결의는 조선고등법원 판례조사회, 호적협회 등의 결의와 함께, 사실상 법원을 구속하는 식민지 사법정책의 결정자 역할을 수행하였다. 『조선사법협회잡지』에는 협회의 결의가 모두 수록되어 있어 아주 중요한 자료적 의미를 가지고 있다. (윤해동)

참고문헌

정긍식·장창민, 『식민지기 사법관련 자료: 조선사법협회잡지의 분석』, 한국법제연구원, 2004; 『조선사법협회잡지』 국립도서관, 서울대도서관 고문헌자료실 소장본.

조선사학(朝鮮史學)

1926년 서울에서 창간된 일본어 역사학 잡지

1926년 1월 조선사학동고회(朝鮮史學同攷會)에서 창간한 일본어 월간 역사학 잡지이다. 1월에 창간되어 7월까지 7호가 발간된 뒤, 종간되었다. 한 호 당 40쪽 이내의 분량으로 회원용으로 발간되었으나, 1부에 40전으로 일반에게 판매도 하였다. 광고료는 1쪽에 50원이었다. 편집·발행 겸 인쇄인은 1~2호의 경우는 지카자와 모헤이(近澤茂平)였고, 3호 이후는 마쓰시타 데이(松下庭)로 변경되었다. 2호까지는 지카자와쇼텐(近澤商店) 인쇄부에서 인쇄를 하고 있는데, 지카자와가 편집·발행·인쇄인을 겸하고 있는 것은 아마 그로부터 후원을 받았기 때문이었을 것이다. 마쓰시타는 인쇄를 담당하고 있던 야마구치(山口)인쇄소와 관련이 있는 인물인 것 같다. 편집은 조선사학동고회의 편찬원이 담당하였다. 이 잡지는 국립도서관에 1~7호 전체가 소장되어 있다.

잡지는 앞부분에 고고학 발굴과 관련한 사진이나 문화재 사진을 게재하고 있다. 그 뒤로는 조선사 논문을 게재하고 있는데, 조선과 왜 또는 조선과 중국의 역사적 관계에 관한 사실을 다룬 논문이 다수를 차지하고 있다. 이와 아울러 조선의 유학에 관한 논문이나 단군 신화, 풍수지리 등 조선의 전통 사상에 관한 논문이 그 뒤를 잇고 있다. 그 가운데 이나바의 논문이 가장 많아서 한 호에 대개 2~4편을 차지하고 있으며, 나머지도 조선사학동고회에 임원으로 참여하고 있는 연구자의 글이 대부분을 차지하고 있다.

잡지의 뒷부분에는 잡록을 게재하고 있는데, 조선사편수회의 회의 기사나 기타 편수회의 동향 기사, 편수회의 지방 자료 채방 보고서 등이 실려 있다. 그 밖에 경성제대의 문과 강좌 등 역사 연구와 관련한 학계의 동향을 소개하고 있다.

이로 보아 조선사학동고회와 『조선사학』은 조선사편수회에 참여하고 있던 역사 연구자들이 편수 사무 이외에 진행하고 있던 역사 연구 성과를 발표하고 공유하는 공간으로 활용하기 위하여 만든 동인 단체이자 동인잡지라고 할 수 있다.

이에 조선사학동고회와 잡지 『조선사학』의 시대적 의미를 정확히 이해하기 위해서는 조선사학회와 조선사편수회사담회, 정양회 등 조선사학동고회와 전후해서 만들어진 역사 연구단체에 대해 살펴볼 필요가 있다.

• 조선사학회

조선사학회는 1923년 한국에 체류하고 있던 역사 연구자들이 만든 식민지기 최초의 전문 역사연구 단체이다. 3·1운동 이후 사이토 마코토(齋藤實) 총독의 문화통치가 시작되면서 총독부에 의해 미리 계획되어 만들어진 것으로 보인다.

학회 결성의 목표는 조선사의 연구와 보급에 두었다. 정무총감을 총재로 추대하였고, 그 밖의 중요 간부로 총독부의 주요 관리가 참여하고 있다. 조선사편수회가 사료의 수집 및 발간에 목표를 두었다면, 조선사학회는 강좌와 저술을 통해 일반인들에게 역사학 연구의 성과를 전파하는 역할을 담당하였다.

이에 따라 조선사학회는 예회는 갖지 않았으며, 강연회를 10여 회 개최하였다. 1923년 4월부터 1924년 7월까지 세키노 다다시(關野貞) 도쿄제대 교수, 기타 사다키치(喜田貞吉) 교토제대 교수 등이 강연자로 초대되었다.

1924년 현재 학회의 주요 임원은 다음과 같다. 총재는 아리요시 주이치(有吉忠一, 정무총감), 회장은 오다 세이고(小田省吾, 조선총독부 학무국 편집과장, 이후 경성제대 교수로 전임), 간사장은 가야하라 마사미쓰(栢原昌三, 조선사 편찬위원)였다.

고문으로는 이시즈카 에이조(石塚英藏, 동양척식회사 총재), 가와무라 다케지(川村竹治, 만철 총재), 미노베 슌키치(美濃部俊吉, 조선은행 총재), 박영효(후작), 이완용(후작), 구로이타 가쓰미(黑板勝美, 도쿄제대 교수), 미우라 지카유키(三浦周行, 경성제대 교수) 등이 참여하였다. 이후에 나가노 간(長野幹), 오쓰카 쓰네사부로(大塚常三郞), 마루야마 쓰루키치(丸山鶴吉), 권중현, 아리가 미쓰토요(有賀光豊), 세키노 다다시(關野貞) 등 총독부 고위 관료나 한국인으로서 작위를 받은 자와 식민정책 학자들이 추가로 참여하였다.

평의원으로는 이나바 이와키치(稻葉岩吉, 조선사 편찬위원회 편찬위원), 이능화(편찬위원), 다카하시 도루(高橋亨), 오기야마 히데오(荻山秀雄), 이마니시 류(今西龍), 가야하라 마사미쓰, 오구라 신페이(小倉進平), 오하라 리시키(大原利武) 등이 참여하였다.

조선사학회는 조선사강좌를 매월 1회 개최하였고, 조선사편찬위원회 참여자와 총독부 관계 관리들이 역할을 분담하여 조선사를 집필하기로 하였다. 이 밖에 수차례 강연회를 개최하기도 하였지만, 1924년 이후에는 『조선사대계』 편찬을 제외하면 별다른 활동을 하지 않은 것으로 보인다.

여기서 특기해둘 것은 『조선사강좌』 발간 계획에 관한 것이다. 조선사학회는 조선사강좌를 일반사, 분류사, 특별사강의로 나누어 집필하고 있다. 일반사는 상고사(오다 세이고[小田省吾]), 중세사(오기야마 히데오[荻山秀雄]), 근세사(세노 마쿠마[瀨野馬熊]), 최근세사(스기모토 쇼스케[杉本正介])로 구성되었다. 일반사는 1927년 『조선사대계』로 개칭되어 간행되었다.

분류사는 민족사(이나바 이와키치[稻葉岩吉]), 재정사(아소 다케키[麻生武龜]), 일선관계사(가야하라 마사미쓰), 만선관계사(이나바 이와키치), 법제사(미정), 중앙 및 지방제도연혁사(아소 다케키), 군제사 부 경찰제도사(아소 다케키), 교육제도사, 사회제도사(무라야마 지준[村山智順]), 사회사(다카하시 도루[高橋亨]), 정쟁사(세노 마쿠마), 불교사(이능화[李能和]), 학예사(홍희[洪憙]), 서교사(스기모토 쇼스케), 미술사(세키노 다다시[關野貞]), 미술사-서화(아유카이 후사노신[鮎貝房之進]), 어학사(오구라 신페이[小倉進平]) 등이다. 특별강의는 고적유물(후지타 료사쿠[藤田亮策]), 관습법(와타나베 아키라[渡邊彰]), 도서해제(하기야마 히데오[荻山秀雄]), 금석문(가쓰라기 스에지[葛城末治]), 국문·이두·속증(俗證)·조자(造字)·속음(俗音)·차훈자(借訓字, 아유카이 후사노신), 풍수설(무라야마 지준), 고려대장경(간노 긴파치[菅野銀八]), 천도교(와타나베 교시[渡邊業志]) 등이다. 이후 강사의 변화가 있었지만, 큰 틀에서는 세 분류 강의가 진행되었다. 한국사 서술에서 처음으로 종합적이고 분류사적인 방법론을 시도한 것으로서, 총독부 관찬사서로서 식민사학의 결정판이라고 할 수 있다.

• 조선사편수회사담회(史談會)·조선사학동고회·정양회(貞陽會)

조선사편수회는 주로 사료 수집과 편찬의 기능을 가지고 있었으므로, 여기에 참여하고 있던 연구자들은 조선사학회 활동이 정돈 상태에 빠진 이후 조선사편수회사담회나 조선사학동고회, 정양회 등의 연구단체를 조직하여 발표회를 하거나, 잡지를 발간하였다. 이 단체들은 연구 성과를 발표하고 보급하기 위하여 결성한 것이었다.

조선사편수회사담회는 1925년 12월부터 1926년 3월까지 4회의 발표회를 개최하였다. 2회 발표회는 이나바, 3회는 후지타 료사쿠, 4회는 세노 마쿠마가 발표를 담당하였다. 사담회의 발표회 소식이 조선사학동고회의 『조선사학』에 소개되고 있는 것으로 보아 조선사학동고회와 사담회는, 각기 잡지 발간과 월례발표회를 주도하는 방식으로 역할 분담을 하고 있었던 것 같다.

조선사학동고회는 사학을 고연(考硏)함과 아울러 조선 문화를 연구하는 것을 목적으로 설립한다고 하였으며, 이 목적을 달성하기 위하여 널리 사학의 태두를 구하여 고문으로 위촉한다고 하였다. 회원은 앞의 목적에 찬성하는 사람으로 제한하며, 공로가 있는 자는 평의원회의 결의로 명예회원으로 추천한다고 하였다.

이 목적을 달성하기 위하여 임시강연회를 열고, 매년 1회 대회를 개최한다고 규정하고 있다. 또 월간지 외에 특히 사학에 유익한 저술이나 사료 등이 있을 때는 별도로 출판한다고 하였다.

조선사학동고회의 설립 목적은 잡지 3호에 실린 「회고(會告)」를 통해서 확인할 수 있다. 조선사편수회에서 수사 사무에 전념하고 있으면서 한편으로 사학 연구에 힘을 기울이기 위하여 공무의 휴가 시간에 조선사학동고회를 조직하였다고 하고 있다. 이에 이 방면의 독지가를 모으고, 잡지에 논설을 모으며, 민간의 사실(史實)을 수집하여 사학의 향상과 발달에 도움을 주기 위하여 단체를 결성하고 잡지를 출간한다고 밝히고 있다.

임원으로는 평의원장, 평의원, 편찬원, 서무회계감독, 서기를 두었으며, 평의원장은 평의원회에서 호선하기로 하였다. 서무회계감독은 평의원장을 보좌하여 서무회계를 감독하며, 서기는 평의원회의 결의에 기초하여 서무를 담임하도록 하였다.

회원은 매년 회비 3원 60전을 미리 납부하도록 하였으며, 일시에 50원 이상을 납부하는 자는 종신회원으로 삼도록 하였다(이상 「조선사학동고회규칙」에 의함).

1926년 3월 현재 임원을 보면 다음과 같다. 평의원장은 조선사편수회 수사관(修史官) 이나바 이와키치였으며, 평의원은 이나바, 홍희(洪憙, 수사관), 정교원(鄭教源, 편수회 간사), 후지타 료사쿠(수사관), 야마자키 마사오(山崎眞雄, 편수회 간사) 등 5명이었다. 다음 편찬원은 시부에 게이조(澁江桂藏, 편수회 촉탁), 세노 마쿠마(촉탁), 다카하시 다쿠지(高橋琢二, 촉탁), 쓰루미 다쓰키치(鶴見立吉, 수사관보), 이병도(李丙

肅, 수사관보) 등 5명이었다.

다음 서무회계감독은 오노 도쿠조(小野德三, 편수회 서무회계주임)였으며, 서기는 이종옥(李鍾玉, 편수회 서무계)였다. 조선사학동고회는 주소를 조선사편수회 내에 두고 있었다.

이후 구로이타 가쓰미(도쿄제대 교수)가 고문으로 위촉되었으며, 이진호(李軫鎬, 조선총독부 학무국장)가 명예회원이 되었다. 또 평의원으로 이마니시 류(경도제대 교수 겸 경성제대 교수), 오다 세이고(교토제대 교수), 나카무라 히데타카(中村榮孝, 편수회 촉탁)가 평의원으로 추가되어 평의원은 모두 8명이 되었다.

이처럼 조선사학동고회의 임원은, 이마니시와 오다를 제외하면, 모두 조선사편수회에 참여하고 있던 인물이었으며, 사무실도 편수회 내에 두고 있었다. 이로 보아도 조선사학동고회가 조선사편수회 계열의 단체였다는 것을 알 수 있다.

조선사학동고회의 제1회 대회는 1926년 7월 3일 동대문에 있던 조선총독부도서관에서 개최되었다. 대회에서는 회무 보고를 하고 난 뒤, 나카무라, 구로이타, 홍희, 이마니시, 오다, 후지타 등이 발표를 하였으며, 발표한 논문의 다수는 7월호 잡지에 게재되었다. 그러나 조선사학동고회는 1926년 7월 이후 활동이 확인되지 않는다.

한편, 1930년 11월 정양회라는 단체가 조직되었다. 이 단체는 조선사편수회에 참여하고 있던 연구자들이 공동연구를 통해 문제를 해결하기 위하여, 편수회가 위치하고 있던 정동의 이름을 따서 명명·조직하였다고 한다.

정양회에 참여하고 있던 편수회의 연구자들은 윤번으로 연구발표를 진행하였는데, 1930년 11월 제1회 월례발표회를 시작하여 1937년 4월 50회 예회까지 8년간 활동을 전개하였다. 그 중간에 1932년 4월부터 1934년 6월까지 약 2년여 동안 활동이 중지되었지만, 그 이후에는 매월 15일에 발표회가 진행되었다. 정양회의 연구발표회는 경성호텔에서 석식을 겸하여 진행되는 것으로 보아, 총독부의 재정 지원이 있었을 것으로 추측된다.

발표회에서는 주로 편수회에 참여하고 있던 연구자들이 조선사와 중국사를 중심으로 발표하고 있는데, 한국인으로는 신석호(申奭鎬), 홍희, 이능화, 이종명(李鍾明) 등이 발표에 참여하였다.

여기에서 발표된 내용은 대개 『청구학총』이나 일본에서 발간되던 학술지에 게재되었다. 그런데 대부분의 회원이 청구학회의 회원이었으며, 활동기간도 청구학회와 겹치고 있다.

식민지기 조선사 연구의 두 가지 흐름

조선사학회와 조선사편수회사담회, 조선사학동고회, 정양회 등의 단체 외에도, 일본인들이 중심이 된 역사학 단체에는 경성독사회(京城讀史會)와 청구학회(靑丘學會)가 있었다. 그러나 전자 곧 조선사학회와 조선사편수회사담회로 이어지는 흐름은 주로 조선사편수회에 가담하고 있던 연구자들이 중심이 되었고, 경성독사회는 경성제국대학에 소속하고 있던 연구자들이 중심이 되었다.

한편 1930년 5월 청구학회가 결성되고 조선학회가 1930년 7월경에 결성되어 경합하다가, 결국 청구학회만이 계속 살아남게 되었다. 이리하여 이 두 가지의 흐름이 청구학회로 통합되었는데, 정양회의 활동은 청구학회로 양자의 흐름이 통합된 뒤에도 조선사편수회 소속의 연구자들이 독자적으로 발표회를 유지하였다는 사실을 확인해준다.

그러므로 양자를 같이 살펴보아야 식민지기 역사학자들의 연구 경향을 전체적으로 이해할 수 있을 것이다. (윤해동)

참고문헌

박걸순, 『식민지시기의 역사학과 역사인식』, 경인문화사, 2004;
『조선사학』 국립도서관 소장본.

▌조선사회사업(朝鮮社會事業)

1923년 서울에서 일본어로 발간된 사회사업 관련 월간지

조선총독부 내의 사회사업 관계자들을 중심으로 사회사업에 관심이 있는 사람들을 중심으로 결성된 조선사회사업연구회의 기관지로서, 일본어 월간잡지이다. 조선사회사업연구회는 1928년 12월 조선사회사업협회로 이름을 변경하였으며, 1929년 4월에는 재단법인으로 등록되었다.
이 잡지는 1923년 5월『조선사회사업연구회회보』라는 제호로 창간되었다가, 다음호 곧 1923년 6월에 발간된 2호부터는『조선사회사업』으로 제호를 변경하였다. 1935년 7월(13권 7호)부터는『동포애(同胞愛)』로 제호를 변경하여 1939년 12월(17권 12호)까지 간행되다가, 1940년 1월부터는 다시『조선사회사업』이라는 제호로 간행되었다.『조선사회사업연구회회보』,『조선사회사업』,『동포애』등으로 제호가 변경되었지만 연속적으로 간행호수를 표기하고 있어, 이 잡지들이 동일한 잡지라는 것을 확인할 수 있다. 현재로서는 언제까지 간행되었는지 정확하게 확인하기 어렵다.
1923년 6월 14일 제3종 우편물 인가를 받았으며, 매월 1일 발행할 것을 목표로 삼았다. 매월 발행부수는 1933년 당시 3000부였다. 발행인 겸 편집인은 사회사업협회의 회장인 조선총독부 정무총감이었다.
1923년 5월 창간호부터 1942년 12월호까지의 잡지가, 1929년에 발행된 7권 1호부터 12호까지를 제외하고, 모두 국립중앙도서관에 보관되어 있다. 그리고 서울대도서관 경제문고에 1926년, 1930~1935년, 1939년(『동포애』), 1940년 발행호가 소장되어 있다.

목차는 특집, 연구, 논설, 기사, 문예, 잡보 등으로 구성되었다. 특집은 각 시기의 주요한 사건이나 기념할 만한 사실 등을 다루었다. 예를 들면 1923년 6월호(1권 2호)는 "내지시찰단 특집호"이며, 1930년 11월호(8권 10·11합병호)는 "교육칙어 환발(渙發) 40년 기념 특집호"였다. 나아가 도시 문제, 빈민 문제, 실업 문제, 사회위생 문제, 풍수해 문제, 인구조절 문제, 수인(囚人)보호 문제, 영양(營養) 문제, 이재민 문제, 불량주택 문제, 부랑아 문제, 사회사업관계 자금모집 문제, 제반 사회법령 관련 사항 등 사회보호와 관련한 문제와 더불어, 노인문제, 아동 문제, 탁아 문제 등 새로이 등장하고 있던 문제에도 광범한 관심을 기울였다. 1937년 이후 전시체제로 돌입하면, 총동원체제와 관련한 다양한 관심을 다루고 있는데, 농번기 탁아문제 등을 들 수 있다.

연구와 논설란에서도 조선의 사회사업과 관련한 다양한 사항을 다루고 있다. 여기에는 물론 특집에서 거론된 사항들이 모두 다루어지고 있는데, 매우 전문적인 논설들이 게재된다는 특징이 있었다. 또 기사란에서는 사회사업과 관련한 각 지방의 사업들을 소개하거나, 사회사업협회의 월례회와 총회 등을 소개하였다. 잡보란에서는 협회의 활동을 소개하였으며, 문예란에는 회원이나 관련자들의 문예작품들을 소개하였다.

이 잡지는 기본적으로 조선사회사업협회의 기관지로서의 성격을 가지고 있지만, 식민지기 조선에서의 각종 사회정책이나 사회사업을 이해하기 위해서는 반드시 참고해야 할 자료적 가치를 지닌 잡지이다.

• 조선사회사업협회

1921년 4월 11일 조선사회사업연구회라는 이름으로, 조선총독부 후생국 사회과가 중심이 되고 사회사업 관계자들이 참여하여 창립되었다. 처음에는 경성부립도서관 내에 사무소를 두었다.

연구회는 사회사업에 관한 강연회 및 강습회 개최, 사회사업에 관한 담화 교환 및 연구, 사회사업 기획경영, 사회사업 및 민풍교화에 대한 선전 및 월간지와 관련 도서 간행 등의 활동을 전개할 것 등을 활동의 목표로 설정하였다. 이와 관련하여 1922년 9월 1일부터 7일까지, 연구회는 총독부와 협력하여 '조선사회사업(하기) 강습회'를 개최하였다. 여기에는 일본 내무성 사회국장 등 사회사업 관련자 7명이 강연자로 초청되었다. 1928년 7월에는 경상남도 지방과 내에 경상남도사회사업협회가 도지사 와타나베 도요히코(渡邊豊日子)를 회장으로 설립되었다.

1928년 12월 31일 조선사회사업연구회는 조선사회사업협회로 명칭을 변경하였다. 곧이어 1929년 4월에는 재단법인으로 조직을 개편하고, 각 도 지부 설립 작업에 착수하였다. 이리하여 조선사회사업협회는 조선총독부 후생국 사회과 산하에 재단법인 형태의 단체로서 정립되었으며, 본부 및 각 도 지부가 서로 협력하여 조선에서 사회사업의 보급 및 발전에 노력할 것을 목표로 재설정하였다.

이 시기 사회사업협회의 중요 사업으로는 이재민 구제와 관련한 모금 사업을 들 수 있다. 1933년 7월부터 1934년 3월 사이에 2차에 걸쳐 수해 이재민 구제를 위한 모금 사업을 진행하여 총 10만여 원을 모집)하였다. 1934년과 1936년의 수재의연금품 모금사입은 사회사업협회에서 취급하였다.

조선사회사업협회는 1941년 11월 중요한 조직변경을 단행하였다. 조직 변경의 목표는 조선에서 사회사업의 연락 보급 및 그 충실을 도모하고 사업의 건전한 발달을 기하기 위한 것이었다.

조직 변경의 핵심 내용은, 총동원체제에 능동적으로 대응하기 위하여 기부행위에 획기적 변경을 단행하고, 이를 위하여 조선사회사협회의 조직 가운데 기존의 道 지부를 폐지하고 독립적인 道 단위의 사회사업협회를 설립하는 것이었다.

그 주요 내용을 보면, ① 도 지부를 발전적으로 해소하고 새로 독립 단체인 도 사회사업협회 설립한다, ② 종래의 찬조회원 및 통상회원은 각기 거주지의 도사회사업협회 찬조회원 및 통상회원이 되고, 조선사회사업협회는 전선의 사회사업에 관련한 연락과 통제를 담당한다, ③ 조선사회사업협회 찬조회원은 새로 모집하여 매년 50원 또는 일시금 1000원 이상을 갹출하도록 한다, ④ 종래의 회장·부회장·간사 등의 임원제도를 폐지하고, 새로 총재·회장·상무이사·감사 등을 설치하며, 총재는 정무총감, 회장은 후생국장으로 추대, 상무이사는 사회과장을 위촉한다는 것이었다.

그리하여 중앙조직에 변화가 있었는데, 조선총독부 정무총감 오노 로쿠이치로(大野錄一郎)가 총재로, 후생국장 이시다 간타로(石田千太郎)가 회장으로, 사회과장 이소자키 히로유키(磯崎廣行)가 상무이사로 선임되었다. 이 밖에 이사로 위생국장 이하 6명 참여하였으며, 감사에는 조선총독부 회계과장 모리 나가후미(森長文)가 선임되었다.

이때 선임된 이사와 평의원의 명단은 다음과 같다. 이사에는 요시로 요시시게(吉良喜重, 총독부 위생과장), 니와 세이치로(丹羽淸次郞 조선기독교연합 위원장), 한규복(韓圭復, 중추원 참의), 하야시 시게조(林繁藏, 조선식산은행장), 고바야시 사이난(小林采男, 소림광업주식회사 사장), 김연수(金季洙, 만주제국 명예총영사)가 선임되었다. 평의원은 이노우에 기요시(井上清, 조선전력주식회사 전무이사), 김성수(金性洙, 보성전문학교장), 방태영(方台榮, 조선서적주식회사 이사회장), 박흥식(朴興植, 화신 사장), 가와모토 슌사쿠(河本駿錫, 중추원 참의), 미야모토 하지메(宮本元, 법무국장), 이토 지코(伊東致昊, 연희전문학교장), 고원훈(高元勳, 중추원 참의), 현준호(玄俊鎬, 중추원 참의) 등이었다.

이에 따라 1941년 12월 조선사회사업협회 충청남도지부가 발전적으로 해소하고 충청남도사회사업협회가 설립된 것을 계기로, 모든 도에 독립적인 사회사업협회가 창립되었다. 도사회사업협회 사무소는 도 사회과 내에 두었으며, 업무는 거의 조선사회사업협회와 동일하였다.

조선사회사업협회는 조직 변경 이후 활발한 활동을 전개하였는데, 주요한 사항을 보면 다음과 같다. 1941년에는 부랑아동 및 걸식아동 수용 구호시설에 조성금을 교부하였다. 1942년에는 '내지협화사업시설상황시찰단'으로 모두 19명이 일본으로 파견되었으며, '건민운동 아동애호에 관한 실시요강'을 발표하고 아동애호운동을 전개하였다. 1942년 10월에는 한해민을 위한 의연금을 모집하기도 하였다.

사회사업협회에서 발간한 사회사업 관련 출판물로는 『조선사회사업강습회강연록』(1923, 1934), 『사회사업강연록』(경성부 주최, 1927, 1934), 『조선사회사업요람』(1933), 『소화11년 풍수해지』(1938) 등이 있다. (윤해동)

참고문헌

大友昌子, 『帝国日本の植民地社会事業政策研究: 台湾·朝鮮』, ミネルヴァ書房, 2007; 『조선사회사업』 국립도서관, 서울대도서관 경제문고 소장본.

▌조선사회사업연구회회보(朝鮮社會事業硏究會會報)

▶ 조선사회사업(朝鮮社會事業)

▌조선상공신문(朝鮮商工新聞)

1920년 서울에서 창간된 한국어 일본어 병용의 주간/일간 경제 신문

1920년 11월 한국어와 일본어를 병용하는 주간신문으로 허가를 받았다가, 1923년 7월 일간으로 변경하여 석간 4쪽으로 발간하였다. 1924년 동업자의 반감과 사법관의 통제로 사세 확장이 일시 주춤하였으나, 1925년에는 주석간 2회 발행으로 변경하였다가, 1926년에는 주간 2쪽, 석간 4쪽으로 지면을 확장하였다. 조선 경제계의 유일한 경제 신문으로 인정받았다. 조선경제신문사는 개인경영 신문사로서, 사장은 사이토 고키치(齊藤吾吉), 자본금은 10만 원, 본사는 경성부 황금정에 있었다. 1928년 사옥을 개축하였다. 1929년 현재 주요설비로는 윤전기 1대(1929년 구입), 평판인쇄기 4대, 사용 활자는 7포인트 반, 활자주조기 1대, 사진제판기 1대, 요철제판기 1대, 연판주입기 1대가 있었다. 구독료는 1개월 70전, 광고료는 보통면 1행 1원 30전, 특별면 1행 2원 60전이었다. 1929년 현재 사원은 모두 23명이었으며, 지사가 일본 두 곳을 포함하여 16곳에 있었다. 1920년대 경성에서는 일본어 일간지로 『조선상공신문』과 아울러 『경성일보』, 『경성일일신문』, 『조선신문』의 4종이 있었다. 『조선상공신문』의 실물은 아직 발견되지 않았다.

조선에서 유일한 경제 신문으로 자유롭고 공평한 경제 정론지임을 표방하였다. 그러므로 정치 기사는 실리지 않았으며, 상공업자를 상대로 한 산업, 경제, 금융, 주식, 상황(商況), 물가 등에 관한 기사가 중심을 이루었다. 여기에 사회의 일반적인 기사를 추가하였다. 예를 들어 게이힌(京阪) 시장을 중심으로 한 주식 시황과 인천의 기미(期米)에 관한 정보를 신속하게 보도하였다.

1926년 3월 『조선상공신문』이 조선의 전기 요금이 부당하게도 매우 고율이므로 이런 불합리한 요금을 인하해야 한다고 주장한 이후, 이것이 조선 전체의 문제가 되어 전기 요금이 10% 내지 20% 인하되었다고 한다. 또 이 신문이 한성은행의 난맥상을 지적한 이후, 총독부가 저리 자금을 융통하여 한성은행을 구제한 사례도 있었다고 한다.

또한 경성상업회의소의 개혁을 주장하고, 1928년에는 우량한 토목건축조합원에 대한 표창을 시행하였다. 부산전기 부영화문제가 제기되었을 때에는 부민의 편에 선 신문 논조를 유지하였으며, 총독부의 조선 산업개발에 관한 문제에 대해서도 비판적 입장을 유지하였다고 한다. 이리하여 조선의 재계에서는 꼭 필요한 신문이라고 인식되어 발행부수가 격증하였다고 한다.

• 사이토 고키치(齊藤吾吉)

조선상공신문사 사장 사이토 고키치는 1885년 야마가타(山形)현에서 출생하여 1905년 현립 촌산농학교(村山農學校)를 졸업한 후, 도쿄로 본적을 옮겼다. 1904년 러일전쟁 개전부터 1918년까지 14년 동안 농업기술자로서 육군에서 문관으로 근무하였다. 니치렌종(日蓮宗)을 숭배하는 황실중심주의자로서, 생래적인 호색호주가라는 평가를 받았다고 한다.

사이토는 연수 40만 석을 목표로 산미증식을 위한 개간사업에 착수하여 1200여 정보를 매수하거나 개간하였으며, 경성취인소(京城取引所)의 기린아라는 평가를 받았을 정도로 부동산과 주식 등의 운용·투기에 능하였다고 한다.

조선상공신문에 실린 주식 관련 기사는 호평을 받았고, 신문은 개인의 사유물이 아니라 조선 민중의 공기(公器)라고 자임하였다.

조선상공신문사에서 발간한 단행본으로는 시도 요시오(紫藤義雄)의 『조선시정20년사(紫藤義雄)』(1930, 조선상공신문 군산지사)가 있다. (윤해동)

참고문헌

中村明星, 『朝鮮滿洲新聞雜誌總覽』, 新聞解放滿鮮支社, 1929;
『新聞總覽』, 日本電報通信社, 각년판.

조선소방(朝鮮消防)

1929년 서울에서 창간한 한국어 일본어 병용 월간 소방 잡지

1928년 결성된 재단법인 조선소방협회는 1929년 기관지로 월간 『조선소방』을 창간하였다. 1939년 10월 경방단규칙의 시행과 아울러 조선소방협회가 조선경방협회로 전환하면서, 잡지의 제호도 1938년 10월호부터 『조선경방』으로 바뀌었으며 경방과 관련한 내용을 많이 추가하게 되었다. 잡지의 편집 겸 발행인은 협회의 상임간사가 맡았는데, 상임간사는 총독부경무국의 경무과장이 담당하고 있었다. 1부의 정가는 50전이었으며, 광고료는 1쪽의 10분의 면이 1원 50전이었으며, 1쪽은 25원, 뒷표지는 30원, 앞표지 이면도 30원으로 정해져 있었다. 1호의 분량은 대개 90~100쪽 전후로 발행되었다. 국립중앙도서관에 1935년 4월호부터 1942년 12월호까지의 『조선소방』과 『조선경방』이 소장되어 있다.

『조선소방』은 각지의 소방조원과 경방단원을 위한 종합잡지로서의 성격을 가지고 있었다.

권두에는 사진(口繪)이 실렸으며, 권두언도 게재되고 있다. 소방논단과 소방세계라는 고정란을 두고 있으며, 그 밖의 각종 계몽적 논설과 감상 수필 소설 등의 문예작품도 많이 게재하고 있다. 소방논단에는 각종 소방기구 소개, 각 지방 소방조(消防組) 소개, 소방 임무 및 훈련과 관련한 내용을 담은 논설 등을 게재하고 있다. 소방세계란에는 소방협회 평의원회 상황을 보고하거나, 소방과 관련한 각종 체험담 등을 싣고 있다. 권말에 언문란을 두어 한글로 조선인들의 투고를 게재하고 있는 점이 특징적이다.

• 조선소방협회(조선경방협회)

재단법인 조선소방협회는 1928년 10월 23일 결성되었다. 조선소방협회의 회장은 경무국장이었으며, 사무실은 조선총독부 경무국 내에 두었다.

조선총독부는 화재에 취약한 일본식 가옥과 취락을 보호하기 위하여 1915년 총독부령으로 소방규칙을 발포하고, 지방장관으로 하여금 부·읍·면을 단위로 소방조를 설치하도록 하였다.

소방조는 매년 증가하여 1933년 현재 전 조선에서 994개를 헤아리게 되었다. 소방조는 조선인과 일본인이 공동으로 조직한 것, 조선인만으로 조직한 것, 조선인·일본인·중국인이 함께 조직한 것이 등이 있었다. 소방조원 수는 조선인 5만 400여 명, 일본인 8800여 명, 중국인 48명 합쳐 5만 9300명에 이르렀다. 소방조는 대개 3부읍면에 1개조, 조원은 인구 335명에 1인의 비율이었다. 또 총독부는 경성부에 소방서를 설치하였고, 인천 평양 부산 대구 등 주요 도시에 상비 소방수를 배치하였다. 1939년에는 소방조 수가 1395개, 조원 수 6만 9413명으로 증가하고 있다.

1932년의 화재 상황을 보면, 화재 발생 수 4303회, 주거 소실 호수 5065호, 비주거 1325호, 합계 평수 5만 7278평, 손해액 223만 9584원으로 매년 증가하는 추세에 있었다.

1928년 결성된 소방협회는 종래의 결함으로 지적되던 각 소방조 간의 제휴를 도모하고 조원의 부상을 구제하며, 각종 설비를 개선하는 것을 목적으로 하였다.

방공(防共)과 관련해서는, 1933년 조선총독부와 조선군 사이에 방공협정이 맺어지고 이에 기초하여 주요 지역에 방공을 실시하였다. 그러나 방공협정에 의한 방공은 국부적일 뿐만 아니라, 국민에 대한 의무관계와 비용 부담 등에 관해서 여러 가지 불편이 야기되었으므로, 이를 없애고 통제에 의한 방공을 실시하기 위하여 중일전쟁 이후 1937년 11월 칙령으로 방공법을 조선에도 실시하게 되었다.

도지사는 도내에 방공에 관한 계획을 설정하고 방공을 실시하도록 하였다. 이에 따라 특히 중요한 부와 읍에서는 방공계획을 실시하도록 하였고, 경찰서장은 방공실시 보조기관인 방공감시대와 경방단을 지휘 감독하도록 하였으며, 규모가 큰 사업체와 시설에 대해서는 소유자나 관리자를 지정하여 별도의 방공을 실시하도록 하였다. 그리고 방공에 관한 주요 계획을 조사하고 심의하기 위하여 총독부에 조선중앙방공위원회를 설치하고 각 도와 지정 행정청에도 마찬가지로 방공위원회를 설치하였다.

조선총독부는 1939년 7월 경방단규칙을 발포하고 10월부터 시행하였는데, 종래의 경방기관인 소방조, 방호단(防護團), 수방단(水防團)을 개조·통합하여 새로운 경방단을 결성하는 것을 내용으로 하는 것이었다. 이리하여 경방단이 새로 결성되었는데, 1941년 현재 그 수가 2424개, 단원 수는 17만 7354명이었다. 경방단의 탄생과 아울러 조선소방협회도 조선경방협회로 바뀌었다.

경성부와 평양부, 부산부에는 관설의 소방서가 설치되었다. 이와 아울러 방공감시대를 설치하여 도지사와 경찰서장의 감독 아래 항공기의 내습을 감시하고 그 상황을 보고하도록 하였다.

기타 방공원조단체로는 재단법인 조선방공협회와 조선국방화학협회, 조선공장광산방공연구회, 조선해상방공연맹 등이 있었다. 재단법인 조선방공협회는 국고 보조금 5만 원과 기부금 100만 원을 바탕으로 1939년 7월 설립되었는데, 방공에 관한 조사연구, 방공 지식의 보급, 방공 근무원 양성, 방공에 관한 설비 자재 정비, 방공기관 원조, 방공 훈련 원조, 방공 공로자 표창 및 방공 순직자와 상이자 및 유가족에 대한 조의, 원조 등의 사업으로 방공의 측면 원조 역할을 수행하였다.

1936년 4월 설립된 경성국방화학협회는 방공과 방독(防毒)의 중요성을 인식하고, 국민에 대한 방독 지식 보급, 방독 작업 연습, 방독 기자재 정비 지도 및 원조 사업을 진행하였는데, 기구를 확충 강화할 필요성 때문에 1938년 10월 조선국방화학협회로 바꾸었다.

공장과 광산 등에서 방공의 완벽을 기하기 위하여 자치적 연구기관을 설립하였는데, 1940년 6월 군관(軍官) 및 전 조선의 주요한 공장, 광산 관계 회사를 중심으로 창립된 조선공장광산방공연구회가 그것이다. 방공에 관한 제반 조사·연구를 수행하는 그 사업의 목표로 삼고 있다.

조선 각지의 항만 및 선박은 적기의 절호의 목표이므로 그 대책을 강구할 필요가 있어, 조선에서 해상 업무에 관계를 가진 각종 단체 및 회사를 중심으로 해상방공 진영을 구축하기 위하여 1940년 7월 결성한 단체가 조선해상방공연맹이다. (윤해동)

참고문헌

『조선소방』 국립도서관 소장본; 朝鮮總督府警務局, 『朝鮮警察之槪要』 각년판.

▌조선수의축산학회보(朝鮮獸醫畜産學會報)

1920년 서울에서 창간된 일본어 월간지

1920년 조선수의학회가 창간한 일본어 월간지가 『조선수의학회보』이다. 조선수의학회는 1933년 조선수의축산학회로 명칭을 바꾸고 조직을 확대하였다. 이에 따라 기관지의 이름도 『조선수의축산학회보』로 바뀌었다. 현재 1920년에 발간한 『조선수의학회보』 3호가 서울대 의학도서관에 소장되어 있다. 서울대 농학도서관에는 『조선수의축산학회보』 1936년 1, 2호와 1940년부터 1944년까지 발간호가 일부가 누락된 채 소장되어 있다. 국립도서관에는 1936년 임시통계호와 1938년 임시통계호가 소장되어 있다.

조선수의축산학회는 수의 및 축산 관련 인원으로 구성된 단체이다. 축산 및 가축 위생과 관련한 조선총독부 직원 및 각 도 기술원과 직원을 중심으로 하고, 기타 축산 및 수의와 관련된 사람들이 폭넓게 참가하고 있었다.

『조선수의축산회보』에는 소와 돼지를 비롯한 각종 가축의 사육법 및 가축 위생과 관련한 각종 논문을 게재하였다. 축산 및 가축 무역과 관련한 문제, 수의학의 전문적 기술 문제 등도 중요한 문제로 취급하였다.

참고로 1938년 현재, 조선총독부 및 각 도에 근무하고 있던 축산 및 위생 관계 직원과 기술원의 수는 다음과 같다. 조선총독부 본부 소속으로는 농림국, 경무국, 농사시험장, 수역(獸疫)혈청제조소, 종마목장, 명천종양장(種羊場), 순천종양장을 합쳐 모두 90명이 근무하고 있었다. 각 도와 특수기관 및 부·군·도에 근무하던 축산 관련 기술원의 수는 1,159명이며, 위생 관련 기술원의 수는 123명이었다. 그리고 각 도의 축산관련 직원의 수는 37명이었다. 모두 1400명을 상회하는 많은 수의 인원이 축산 및 수의 관련 업무에 종사하고 있었음을 알 수 있다. (윤해동)

참고문헌

『조선수의축산학회보』 서울대 의학도서관, 농학도서관 소장본.

조선수의학회보(朝鮮獸醫學會報)

▶ 조선수의축산학회보

조선시단(朝鮮詩壇)

1928년 서울에서 발행된 시 전문 잡지

1928년 11월 7월에 창간했다. 종간호는 1930년 1월 통권 6호이다. 1934년 9월에 속간호가 발간되었는데, 통권 7호는 어떻게 되었는지 알 수 없다. 다만 제7호부터는 '조선시인'으로 개제한다고 예고만 되어 있을 뿐, 현재 그런 이름의 잡지는 발견되지 않고 있다. 속간호에 알리기를, 조선시단사 대표 황석우와 평양 예술사 대표 김병권이 합작하여 『예술시대』를 발행한다는 '선언서'가 실리지만 그 역시 눈에 띄지 않는다. 편집 겸 발행인은 황석우(黃錫禹)이고, 인쇄인은 신문관의 김교찬(金敎瓚), 발행소는 조선시단사(경성부 서대문정 2가 166-2)이다. 경성 총판은 창문당서점이 맡았다. 판형은 국판으로, 80면 내외이며 정가는 25전이다. 창간호는 일제에 압수되어 임시호로 발행하는 등 출범 때부터 수난을 겪었고 2·3호와 4·5호를 합병으로 낼 만큼 재정난으로 허덕이기도 하였다. 아단문고에 창간호부터 속간 8호까지, 그리고 연세대도서관에 창간호와 6호가 소장되어 있다. 1974년 현대문화개발사에서 '한국시잡지전집'에 영인되었고 1981년 태학사에서 '한국시잡지집성'에, 또한 1982년 현대사에서 발간한 '한국시문학전집'에도 영인되어 나와 있다.

창간호에는 앞부분에 축사가 여럿 실린다. 동아일보사의 이익상, 소설가 염상섭, 조선일보사 박팔양, 조선주보사 김영팔, 매일신보사 이서구 등이 황석우의 성품과 무궁한 발전을 기원하고 있다. 또한 창간에 임하여 아래와 같은 창간 의지를 다지고 있다. "『조선시단』은 이름과 같이 전 조선의 시인 앞에 공개하는 잡지로서 본령을 정하고 있습니다. 『조선시단』의 지면은 곧 여러분의 공공물입니다." 이를 통하여 알 수 있듯이, 이 잡지는 신인뿐 아니라 지방 시인들까지 모두 동인으로 포용하여 범문단적으로 시의 대중화에 힘을 기울였음을 짐작하게 한다.

실제로 창간호에는 많은 지방 시인들의 작품이 총망라되어 실려 있다. 도진호, 고성언(순천), 안병덕(경성), 김성배(강화), 주동원(고양), 이동혼(평양), 정동(북경), 김시훈, 이필순(고령), 이일광(동경), 김병운(경성), 김성호, 강시환(단천), 박복순(김해), 김월봉(웅기), 서태석(덕천), 윤악산(동래), 오몽헌(안주), 계일룡(안동현), 김영(김천), 남웅손(신고산), 박동도(성진), 김소하(경성), 김성진(이천), 권휴정(남원), 박승남(경성), 윤성종(선천), 김시중(홍원), 유재형(진천), 이기남(경성) 등 30명의 지방 시인들의 원고를 끌어모은 잡지사의 인맥관리와 역량이 돋보이는 대목이다. 하지만 작품의 수준은 천차만별이다. 다만 '투고잡지'로서의 위상을 얼마나 살렸는가를 중요한 평가 항목으로 삼아야 할 것이다. 기성시인들은 김억(「가다오다」), 김동환(「추야장」), 황석우(「가을시」 및 「6호잡곡」) 등이 투고했을 따름이다.

5호에는 "청년 시인 100인집"이라는 제목으로 102명의 시를 특집으로 실었다.

종간호인 6호에는 이혜숙, 양화용, 전정신, 전계숙, 이복희, 이소원, 이경희, 김춘섬, 연애라, 남선하 등의 여류시인들의 시를 실은 것이 특색이다.

'시의 대중화'를 캐치프레이즈로 내걸고 전국의 시인 지망생들을 대거 모집하여 잡지에 싣고 있는 만큼 『조선시단』의 문학사적 의미는 '전 조선인의 시인화'를 시도하려 했다는 데서 찾을 수 있다. 시가 소설보다도 훨씬 더 언어의 조탁과 언어에 대한 자의식을 과도하게 요구하는 예술인 까닭에 일견 황당하고도 무모한 시도를 했다는 비판은 당연하나, 잡지의 편집 겸 발행을 담당한 황석우로서는 울분과 고통, 상처가 자심한 당대의 각계각층의 목소리를 시라는 형식을 통해서 담아내고자 하지 않았을까 평가할 수도 있을 것이다. 시야말로 짧은 시간에 한꺼번에 토해내는 정서적 언어예술인 까닭에 상아탑 황석우의 시도가 갖는 의미는 재고의 여지가 있다. (전상기)

참고문헌

권영민, 『한국근대문인대사전』, 아세아문화사, 1990; 최덕교 편저, 『한국잡지백년』 2, 현암사, 2004.

▌조선시보(朝鮮時報)

1892년 부산에서 발간된 일본어 일간지

1892년 7월 부산지역을 중심으로 한 상황(商況) 보도를 목적으로 『부산상황(釜山商況)』이라는 제호로 창간되었다. 이후 12월 『동아무역신문』이라고 제호를 고쳤으나 경영 곤란으로 일단 폐간되었다. 1894년 부산의 일본 총영사관에서 근무하던 무로다 요시후미(室田美文), 부산의 일본인 상업회의소 회두로 있던 사카키바라 시게오(榊原茂夫), 한성신문 사장 아다치 겐조(安達謙藏) 등이 상의하여 『동아무역신문』의 지령을 계승하여 『조선시보』를 창간하였다. 사장 겸 편집국장으로 이마카와 가메노스케(今川龜之助)가 근무하였다. 이후 다카키 스에쿠마(高木末熊)를 사장으로 삼아 언론계에서 독창적인 지위를 확보하였다. 1920년 다시 휴간하였다가 이후 자본과 조직을 재정비하여 속간하였다. 1925년 증자(增資)를 단행하고 사옥을 개축하였으며 기타 설비를 갖추어 구래의 신용을 회복하였다고 한다. 부산시립도서관에 1915년 1월부터 1916년 2월 사이에 발간된 신문 일부가 『부산일보』와 섞여 보관되어 있다.

1918년 4월 부의 조례와 기타 공고해야 할 사건을 등재하는 공식 신문으로 『부산일보』와 함께 지정된 후, 부산부의 법령을 중심으로 한 부산부의 공식 기사를 계속 게재하였다.

부산시보사는 합자회사로서, 1929년 현재 사장은 이마카와 히로키치(今川廣吉)이며, 연중무휴 석간 4쪽으로 발간되었다. 본사는 부산부 서정(西町)에 있다. 주요설비로는 인쇄기 2대, 연판주입기 1대, 사진제판기 1대, 요철제판기 1대, 연판마무리기 1대가 있었으며, 활자는 7포인트 7을 사용하였다. 지면은 1행 15자, 1단 135행, 1면 12단으로 구성되었다. 1926년 현재 사장을 포함하여 9명의 사원이 근무하고 있었으며, 조선 내에 17곳의 지국이 있었다.

1939년 현재 발행부수는 3096부로 그중 일본인이 2377부, 한국인이 716부를 구독하고 있었다. 1910년대 조선시보의 광고란 등에 한국어 광고 문안이 병용되고 있는 것으로 보아, 이미 이 시기부터 한국인 독자가 상당수를 차지하고 있었던 듯하다.

1941년 총독부의 일도일지제(一道一紙制)라는 신문 통합정책에 의하여, 『남선일보(南鮮日報』와 함께 『부산일보』에 통합되었다.

조선시보사에서 발간한 단행본으로 『경상남도안내(경남도청 편, 1914), 『경남연감』(1937)이 확인되고 있다. (윤해동)

참고문헌

中村明星, 『朝鮮滿洲新聞雜誌總覽』, 新聞解放滿鮮支社, 1929; 『新聞總覽』, 日本電報通信社, 각년판; 홍선영, 「일본어신문 『조선시보』와 『부산일보』의 문예란 연구: 1914~1916년」, 『일본학보』 57-2, 2003.

▌조선시사신보(朝鮮時事新報)

▶ 부산일보
▶ 조선일보

▌조선신문(朝鮮新聞)

1888년 서울에서 처음으로 일본인이 일본어로 발간한 일간지

1888년 4월 3일 서울에서 일본인이 일간으로 발간한 최초의 일본어 민간신문이다. 제국주의 일본의 식민지 전체에서 발간된 최초의 일본어 신문이기도 하다. 식민지 통치 경영과 내선민족의 융화 및 동화를 촉진하고 일본인의 대륙 '침략'에 공헌하는 것을 신문 발간의 목표로 삼았다. 종래에는 개인경영이었으나, 1925년 자본금 30만 원의 주식회사로 변경하였다. 1929년 현재의 상황을 보면, 본사는 경성 태평통(太平通)에 있었으며, 연중무휴로 조간 6쪽, 석간 4쪽으로 발간되었다. 1929년 4월에는 지령이 1만 호에 달하여 1만 호 기념호를 발간하였다. 신문사의 주요 설비는 다음과 같다. 윤전기 2대, 사용활자는 7포인트 반, 활자주조기 1대, 사진제판기 1대, 요철제판기 1대, 카피기 1대, 연판주입기 1대. 지면의 체제를 보면, 1행 15자, 1단 행수 147행, 1면 단수 12단이었다. 구독료는 1개월에 1원, 광고료는 보통면 1행에 1원 30전, 특별면 1행에 2원 60전이었다. 1920년 일본의 중의원(衆議員) 마키노 케이조(牧山耕藏)가 경영을 인수하였다. 1929년 현재의 주요간부는 다음과 같다. 사장 겸 전무취체역(겸 총무부장, 영업국장)에 마키노, 취체역 부사장 겸 주필에 곤도 시로카이(權藤四郎介), 기타 취체역 2명, 감사역 2명, 이사 4명 등이 있었다. 본사에는 총무부, 편집국, 영업국 등이 있었고, 공장과 경성전매소(京城專賣所) 외에 일본의 도쿄, 오사카, 후쿠오카와 조선의 8도, 그리고 중국의 혼춘, 안동, 간도, 대련, 봉천 등의 각 지역에 지사와 지국이 폭넓게 분포하고 있었다. 일본인이 발간한 민간신문으로는 가장 역사가 오래되었고, 발행부수가 많았으며, 영향력이 컸다고 할 수 있다.
1920년대 경성에서는 일본어 일간지로 조선신문과 아울러 경성일보, 경성일일신문, 조선상공신문을 합쳐 모두 4종이 발간되고 있었다. 『조선신문』의 실물은 아직 발굴되지 않았다.

조선신문사 부사장 곤도 시로카이는 신문사 사장으로 있던 중의원 의원 마키노의 대변인으로서, 회사의 경영을 전담하면서 수완을 발휘한 것으로 알려져 있다. 곤도는 원래 대륙낭인 출신으로서 이왕직의 관료로 근무하였는데, 이를 그만두고 조선신문사의 경영을 담당하게 되었다고 한다.

1928년 조선신문사에서 주관한 주요 업무는 다음과 같다. 1월 발성영화회 개최, 국경지방에 사원을 파견하여 국경경비원 가족 위문, 3월 기술(奇術) 연회 개최, 전 조선의 부군(府郡) 상황 보도, 4월 가부키(歌舞伎) 극 개최, 경성에서 군대생활 상태 견학, 천장절(天長節) 축하 소학교 생도 행진 및 청년회원의 제등 행렬 개최, 5월 가부키 극 개최, 지구 진화에 관한 영화회 개최, 스탁턴 야구단 초빙 야구 대항전 개최, 6월 양조품 인기 투표, 기술(奇術) 공연 개최, 7월 요리 강습회 개최, 8월 시민 위안 납량 폭죽대회 개최, 인천에서 야영회 개최, 경성야구대항전 개최, 9월 학생 스모(相搏) 대회 개최, 10월 전선 여자 올림픽 대회 개최, 신극 공연, 상해 권투 대회 개최, 11월 가부키 극 공연, 어대전(御大典) 기념 전선봉축 사진첩 제작 등이다.

조선신문은 이렇게 영화 연극 등의 각종 공연을 주최하고, 스포츠 대회를 지원하며, 각종 강습회나 인기 투표 등을 개최함으로써 조선 내 일본인 사회를 통합을 도모하고 총독부의 식민지 통치정책을 지원하는 역할을 수행하고 있었다.

조선신문사에서 발간한 단행본 자료로는 『선남발전사(鮮南發展史)』(1913), 『조치원발전지』(1915), 『시정 5주년 기념 조선산업계』(1916), 『한경일년(漢京

一年)』(1918), 『조선인사흥신록』(1922), 『조선상공명감』(1923), 『이왕궁비사』(1926), 『인천의 긴요문제(緊要問題)』(1932), 『조선인사흥신록』(1935), 『조선통치의 회고와 비판』(1936), 『황국사대관』(1936), 『사이토(齋藤)내각의 편린』(1936), 『남국편력(南國遍歷)』(1937), 『대경성도시대관』(1937), 『광영록(光榮錄)』(1941), 『창씨명감』(1942) 등이 있었다.

『조선신문』은 조선 내의 일본인 사회를 연구하는데 중요한 자료로서 자료가 발굴되면, 식민지기 연구에 크게 기여할 수 있을 것으로 판단된다. (윤해동)

참고문헌

『人物評論 人の面影』(井上牧, 炳澤四郎, 1926, 朝鮮及朝鮮人社); 中村明星, 『朝鮮滿洲新聞雜誌總覽』, 新聞解放滿鮮支社, 1929; 『新聞總覽』, 日本電報通信社, 각년판.

조선신문(朝鮮新聞)

1935년 일본에서 조선신문사가 창간한 신문

1935년 12월 31일자로 창간호가 나와 약 300부가 배포되었는데 나머지 상당수는 차압당했다. 『조선신문』 1호에서 7호까지는 매호 약 5000부를 인쇄했고, 발매금지를 당한 4호를 제외하고는 각각 도쿄(東京) 지방 지국에 약 1500부, 지방 지국에 약 1000부, 도쿄 지방 각 단체에 약 200부, 재일조선인 유지들에게 약 570부, 국내에 약 640부 등이 배포되었다. 조선신문사의 활동은 1936년 7월 말 구성원이 검거되어 종결되었다. 편집 겸 발행인은 이운수였다. 7호까지 간행되었다. 이북만의 「표리부동한 월경(越境)문제의 진상」, 「외몽골문제에 대한 스탈린 씨의 견해」, 「상승 중국공산군 산둥성(三東省) 태반 점령」, 「불란서인민전선 대승리」 등의 논문이 실렸고, 조선어 폐지 및 공학문제, 한일강제병합문제, 내선인 차별문제, 내지 도일문제, 주택문제, 실업문제 등을 취급했다.

창간 경위를 보면, 고려청년회 일본부 관계로 검거되었던 이운수는 1934년 5월 출옥하였다. 그는 출옥 후의 사회정세변화로 봐서 합법적인 방법 하에 재일조선인 대중을 문화적으로 계몽하고 그 과정에서 민족적 계급적 의식의 앙양이 급무라고 생각하고 코민테른 제7회 세계대회에서의 신테제를 보게 되어, 그것이 자기의 소신과 합치됨으로써 자신을 얻고 이것을 박태을과 의론했다. 박태을도 합법면을 이용하는 방침을 취했으므로 곧 이에 찬성하게 되었다.

양명은 10월 초순에 재일조선인 일반을 대중으로 하는 합법적 언문신문의 발간을 의협하고 동월 중순에 조선공산당 일본총국관계로 검거되어 있는 김천해(金天海) 및 전윤필에 대하여 그 주지를 설명한바 찬동을 얻게 되어 1934년 12월 16일 『조선신문』을 창립하였다. 즉 1934년 12월 16일 이운수, 박태을, 김천해, 전윤필 등은 합법적인 투쟁을 위해 조선신문사를 조직했다. 사장 겸 편집인쇄인은 이운수였고, 매월 2회 출간하기로 했다.

1936년 1월 하순에 권오경, 김주담, 송인돌, 이창린, 이광찬, 송성철, 박경일, 박서국 등의 7명을 사원으로 획득하고 2월 10일경에는 제1회 사원전체회의를 열고 각 부서를 결정하여 사장 이운수, 편집국장 겸 국원 권오경, 송성철, 이광찬, 영업국장 박태을, 국원 김주담, 박서국으로 했다.

편집 내용은 가능한 발행금지를 회피하기 위해 신중한 논조를 갖고 민족적 반감을 앙양하는 것으로서 조선인교육문제, 조선어 쇠퇴문제, 공학문제, 도항문제, 차별대우문제, 주택문제 등을 취급했다. 계급적 반감을 앙양하는 것으로서 취직문제, 실업문제, 일상생활문제, 노동문제 등을 준비하였으며 그 문제점을 통하여 불평불만을 선전 선동한다는 것을 결정했다.

1936년 2월 중순부터 5월까지에 획득한 신사원은 편집원 김두용, 이북만이었고 이때의 사원회의에서는 다음의 내용을 결정했다. ① 조직 확대를 위해 지국의 증설에 힘쓰고 1년분 선납독자를 모집할 것, ② 기금 캠페인은 당국의 탄압을 피하기 위하여 직장중심의 유지원 모집의 명목으로 할 것, ③ 이데올로기적 지도에 관해서는 신문지를 통하여 합법적 가면하에 비합법운동을 하고 지국장 및 기자의 투쟁의식을 살피고 난 뒤에 조선신문사의 이면의 목적 사명을 전할 것, ④ 편집은 될 수록 평이하게 하며 재일조선인의 현실문제와 생활

궁핍 상태를 취급하고 사설은 탄압을 피하기 위해 표면상 시사해설체로 하되 교묘히 하기 위해 지국대표자회의를 개최할 것.

1936년 7월에는 구성원들이 조직의 확대와 강화를 위해 노력했다. 주식회사로 조선신문사를 확대하기 위해 이운수는 도쿄, 요코하마(横濱)지방의 친일단체나 학생회 등에 들어가 독자 획득에 노력했다. 또한 박태을, 송성철은 호쿠리쿠(北陸)지방의 재일조선인 기숙사를 순회하여 자금 및 지국 설치에 진력했다. 김천해도 가나가와(神奈川), 시즈오카(靜岡), 나카노(長野), 아이치(愛知), 교한(京阪)지방을 다니면서 출옥환영회 및 위안회 등을 지방의 재일조선인 혁명운동세력들이 개최하도록 지도하여 이 자리에서 조선신문사의 목적을 설명했다. 그런가 하면 전윤필도 나카노, 아이치, 이시카와 등지에서 지국 설치를 위해 노력했다.

• 이운수(李雲洙, 1899~1938)

함북 북청 출신으로 중동학교를 졸업했다. 1925년 일본에 가서 노동을 하면서 니혼대학(日本大學) 사회과에 입학했다. 1926년 도쿄조선노동조합에 가입, 1928년 4월 도쿄조선노동조합 집행위원장이 되었다. 같은 해 6월 고려공산청년회 일본 총국에 가입해서 혼소(本所) 제2 야체이카에 배속되었다. 8월 국치일기념투쟁으로 회원 36명과 함께 검거되어 1931년 3월 도쿄재판소에서 징역 3년 6월을 선고 받았다. 출옥 후 1935년 12월 도쿄에서 재일조선인의 계몽을 위해 조선신문사를 설립하고 조선신문을 발간했다.

1936년 7월 검거되어 1937년 7월 검찰에 기소되었다. 1938년 3월 보석으로 석방되었으나, 고문 후유증으로 10월 사망했다.

• 김천해(金天海, 1898~?)

경상남도 울산에서 해산물상의 아들로 태어났다. 본명은 김학의(金鶴儀)로, 어린 시절 한문을 배웠고 이후 불문(佛門)에 입문하여, 19세 때 1916년 서울의 중앙학림에서 수학하였다. 1920년 고향에서 해산물상을 하였고, 동시에 야학을 열어 지방의 농민을 교육하였다. 1921년 도쿄에 가서 토목노동을 하면서 니혼대학 전문부 사회과에 입학하여 공부하다가 중퇴하였다.

1922년 여름 도쿄조선노동동맹회 결성에 참가하여 실행위원으로 선출되었다. 1923년 간토대지진 때 조선인이 학살당하는 것을 보고 학업을 포기, 노동자의 복리증진에 헌신할 것을 결의하였다. 요코하마(横浜) 일대에서 활동을 전개하기 시작하였고, 1925년 1월 도쿄에서 창립된 사상단체 일월회 회원이 되었다. 같은 해 7월 요코하마시에서 가나가와현(神奈川縣) 조선합동노동조합을 조직하여 상무집행위원이 되었고, 1927년 집행위원이 되었다. 그가 주도한 가나가와현 조선합동노동조합은 요코하마노동자의 인구비례에 비하면 가장 우수한 성적을 냈다. 1926년 재일본조선노동총동맹 중앙집행위원, 1928년 5월 중앙집행위원장 겸 쟁의부장이 되었다. 같은 달 조선공산당에 입당하여 일본총국 남부야체이카에 배속되었다.

1928년 6월 초순 남부야체이카 회의에 참석해 정희영의 보고에 기초하여 투쟁 방향에 대해 협의하였다. 1928년 6월 24일 회의에서 조선공산당 일본총국 개편의 내용을 송창염(宋昌濂)으로부터 들었고 본인이 조선공산당 일본총국 책임비서가 된 것을 접수하였다. 또한 이 자리에서 송창염으로부터 당의 연혁, 조직의 대요, 입당 수속 등에 대해 보고받았고, 계속된 간부회의에서 동부야체이카 책임을 맡고 지속적으로 일본총국을 지도하였다.

1928년 8월 국치일기념투쟁을 주도하다가 검거되어 1931년 징역 5년을 선고받았다. 감옥에서도 옥내투쟁을 전개하였는데, 대표적인 것으로는 3·1운동기념투쟁, 메이데이투쟁 등을 들 수 있다. 그리고 『감방신문』을 발행하였다.

일국일당주의에 따라 조선공산당 일본 총국이 일본공산당 내로 해소할 때 옥내에서 주도하였고, 공판 때는 조선공산당, 공산주의운동사에 있어 처음이자 마지막으로 조선공산당을 대표해 진술을 시도하였다. 1932년 6년 징역을 언도받고 복역하던 중 사노 마나부(佐野學)의 전향성명서를 접하고도 끝까지 전향을 거부하였다.

1935년 12월 재일조선인노동자들의 계몽과 일본 인민전선을 실현하기 위해 도쿄에서 발간된『조선신문』의 창립을 원조하였고, 지국 설립에 노력하였다. 1937년 일본인민전선 탄압과 관련하여 검거, 투옥되어 징역 4년을 선고받았다.

1942년 9월 전향하지 않았다는 이유로 조선인으로는 처음으로 도쿄예방구금소(東京豫防拘禁所)에 구금되었고, 이때 일본공산당 옥내위원으로 활동하였다. 1945년 10월 출옥하자 비전향 일본공산주의자 6인과 함께 일본공산당 확대강화위원회를 조직하고 위원이 되었고, 12월 일본공산당 중앙위원, 조선인부장으로 선출되었다.

1946년 2월 민주주의민족전선 결성대회에서 중앙위원으로 선임되었다. 10월 재일본조선인연맹 명예의장으로 추대되었고, 고문으로 취임하였다. 1947년 2월 일본공산당 중앙위원 겸 정치국원으로 선출되었다. 1948년 10월 재일본조선인연맹 제5차대회에서 조선민주주의인민공화국 건국축하를 위한 조국경축사절단장으로 선출되었다.

1949년 9월 일본공산당에서 추방되어 1950년 조선민주주의인민공화국 원산으로 갔다. 이후 조선노동당 중앙위원회 교육부장, 조국통일민주주의전선 중앙위원, 최고인민회의 대의원 중앙선거위원, 최고인민회의 상임위원장, 노동당 중앙위원회 대외연락부장, 조국통일민주주의전선 중앙위원회 의장을 역임하였다. 1958년 노력훈장을 받았다. (김인덕)

참고문헌

田駿,『朝總聯硏究』, 고대아세아문제연구소, 1972;『한국민족문화대백과사전』, 서울: 한국정신문화연구원, 1991; 강만길·성대경 엮음,『한국사회주의운동인명사전』, 창작과비평사, 1996; 김인덕,「1920년대 재일조선인운동과 김천해」,『우송조동걸선생정년기념논총』(II), 서울: 나남출판, 1997.

조선실업(朝鮮實業)

▶ 조선실업구락부

조선실업구락부(朝鮮實業俱樂部)

1920년 서울에서 일본어로 창간된 실업 관련 월간지

1920년 조선실업구락부가 일본어로 발간한 실업 관련 월간지이다. 처음에는『조선실업구락부』라는 이름으로 발간되었으나, 1940년 3월부터『조선실업』으로 개제되었다. 처음에는 회원을 대상으로 발간하였으며, 비매품이었다. 1936년 이후에는 일반인에게도 발매하였는데, 월간 1부에 30전이었다. 대개 매월 40~50쪽 정도의 분량으로 발간되었다. 30년대 후반 이후 잡지는 일본, 타이완, 관동주, 만주, 사할린에까지 배포되었다. 창간 초기에는 한상룡이 은행장으로 있던 한성은행의 은행원이었던 호리 기요테루(堀淸輝)가 편집 겸 발행의 책임을 맡았다가 나중에는 시미즈 가쓰조(淸水葛造)가 맡았는데, 이 사람 역시 한성은행원이었을 가능성이 높다. 1930년대 이후에는 상무 이사 한익교(韓翼敎)가 편집 겸 발행인을 맡고 있다.

대개 권두언을 실었으며, 다음으로는 조선과 만주 및 일본의 각종 경제 현황에 관한 논문을 많이 게재하였다. 특히 이 잡지가 주력한 것은 조선 상황의 변화에 따른 경제적 이해를 따지는 좌담회를 많이 열어 이를 지상 중계하는 것이었다. 예를 들어 1932년에는「만몽경제좌담회」,「선만무역좌담회」, 1933년에는「아시아를 말하는 좌담회」등을 열었으며, 1930년대 후반부터는 총동원체제의 진전에 따라 조선 경제의 득실을 따지는 좌담회를 많이 열었다. 잡지의 후반부에는 「구락부휘보」를 게재하였으며, 회원 명부와 신입회원의 명단도 수록하였다.

• 조선실업구락부

1920년 3월 13일 조선인 자본가들이 중심이 되어 설립한 자본가 단체이다. 구락부는 경제사정을 강구함과 아울러 회원의 간친을 도모하고 복리를 증진하는 것을 목표로 삼았다. 전시 총동원체제기에 들어서면, 총독부의 시정방침에 순응·협력하고, 그것을 일반에 철저히 보급하여 내선일체를 구현하는데 전력을 기울이는 단체임을 표방하였다. 이에 조선총독부는 이 단체에 전적인 지원을 아끼지 않았다.

매월 1회 특별회원회를 개최하며, 매년 1회 회원 총회를 열도록 규정하였다. 또 회보를 간행하고, 명사를 초빙하여 간화회(懇話會)나 강연회를 개최하도록 하였다. 경비는 회원의 유지비와 통상회비 및 기부금으로 충당하도록 하였다.

회원은 조선 실업가에 한하되, 특별회원과 통상회원을 두었다. 특별회원은 구락부의 유지와 사업에 관한 일체의 책임을 지며, 유지비로 1급은 일시금 3000원 이상, 2급은 일시금 2000원 이상, 3급은 일시금 1000원 이상을 납부하도록 하였다. 이를 바탕으로 3만 3000원의 기금을 조성하여 운용하였다. 통상회원은 통상회비로 1년에 6원을 납부하도록 하였다.

회장 1명, 부회장 1명 또는 2명, 이사장 1명, 감사 5명 이내를 두되, 이들은 모두 특별회원이 호선으로 선임하도록 하였으며, 임원의 임기는 3년으로 하되 중임할 수 있도록 하였다. 회장은 부무(部務)를 통괄하며, 이사장은 상무(常務)를 관장하고, 이사 중 1인은 회계를 감독하도록 하였다. 고문과 찬조원 약간 명을 두되, 회장이 촉탁하도록 하였다.

회원은 특별회원 2명 이상의 동의와 회장의 허가를 얻어 입회하도록 하였다. 단 특별회원은 특별회원 3분의 2 이상의 찬동을 얻도록 하였다. 회원을 탈퇴할 때도 마찬가지로 특별회원 2명 이상의 동의와 회장의 허가를 얻도록 하였다. 마찬가지로 특별회원의 탈퇴는 특별회원의 3분의 2 이상의 찬동을 얻어야 가능하도록 하였다.

특별회원이 사망 또는 탈퇴할 때는 그 상속인이나 친족회의에서 적당하다고 인정하는 사람이 그 권리·의무를 계승할 수 있도록 하였다. 그리고 특별회원 4분의 3 이상의 찬동을 얻어야 규약을 변경할 수 있도록 하였다(이상 「조선실업구락부규약」에 의함).

초대 회장에는 조진태(趙鎭泰), 부회장에 백완혁(白完爀), 이사장에 한상룡(韓相龍)이 취임하였다. 초대 고문으로는 미노베 슌키치(美濃部俊吉) 조선은행 총재와 이시쓰카 에이조(石塚英藏) 동양척식회사 총재, 이윤용(李允用) 한성은행장, 민영휘(閔永徽) 한일은행장 등 4명을 추대하였다.

위의 규약에서 알 수 있는 것처럼, 조선실업구락부는 경비의 대부분을 책임지고 가입과 탈퇴가 매우 어렵도록 규정되어 있던 특별회원이 중심이 된 조선인 자본가단체였다. 예를 들어 1929년 현재의 임원과 특별회원을 살펴보면 다음과 같다. 회장 한상룡, 부회장 김한규(金漢奎), 이사장 한익교, 이사 장홍식(張弘植), 신승균(申昇均), 전성욱(全聖旭), 김진옥(金鎭玉), 감사 김용집(金用集), 홍정구(洪正求)였다. 특별회원은 백완혁, 조진태, 이달용(李達鎔, 백작), 백인기, 석진형(石鎭衡), 김동완(金東完), 백낙원(白樂元)이었으며, 고문은 가토 게이사부로(加藤敬三郞, 조선은행 총재), 아리가 미쓰토요(有賀光豊, 조선식산은행 두취)였다. 1929년을 기준으로 본다면, 특별회원은 16명 정도에 지나지 않았다.

이 단체의 중심 역할을 하고 있던 사람은 한상룡이었다. 한상룡은 초대회장 조진태에 이어 1923년 3월 회장으로 취임한 이래, 이 단체가 유지된 기간 동안 계속 회장으로 선임되었다. 그 밖에 부회장과 상임 이사로 선임된 사람으로 김한규, 박영철, 박홍식(朴興植), 한익교 등이 있었으나, 계속하여 한상룡이 중심적 역할을 수행하였다.

구락부는 규약에 규정된 것처럼 매월 1회 예회를 개최하여, 총독을 비롯한 관계와 재계의 유력 인사를 초대하여 강연회를 열었다. 또한 한상룡은 1923년 회장으로 취임한 이후 상무이사 한익교와 함께 일본을 방문하여 정관계의 유력자와 면담하고 한국의 사정을 진정하기도 하였다. 또한 일본의 주요 인사와 식민 경영 관계자들을 초대하여 '조선의 밤'이라는 이름의 만찬회를 개최하기도 하였다.

1935년이 되면 최초 기금 3만여 원이 1만 2000여 원으로 줄어들었고, 회원도 점차 감소하고 있었다. 이에 한상룡은 실업구락부의 조직과 운영에 변화를 꾀하기 위하여 1935년 3월 도쿄의 중앙조선협회 회관에서 조선관계자들이 참석한 가운데 실업구락부의 장래 발전책에 대해 의견을 교환하였다. 여기에 참석한 정무총감, 조선은행 총재 등 일본인 유력자들은 구락부의 해산에 반대하고 새로운 발전을 기하도록 충고하였다.

이에 한상룡은 1936년부터 실업구락부의 제2기가 시작되었다고 선언하고, 새로운 규약을 마련하였다. 임원 선임 자격을 특별회원에 한정하던 것에서 일반회원으로 확대하고, 실업계 종사자에 한정하던 회원 자격 조항을 폐지하였으며, 회원 자격을 경성에 한정하던 지역 조항도 폐지하였다. 또 통상회원의 회비를 연 3원 60전으로 인하하였다. 이후 회원수에서 큰 증가를 보였으며, 일본 만주 타이완 등지의 유력자들도 가입하였다.

• **한상룡**(1880~1947)

서울에서 출생하였고, 본관은 청주이며, 호는 창남(暢楠)이다. 외가는 우봉 이씨가였으며, 외숙이 이완용, 이윤용이었다. 외가의 '후광'과 '후원'이 한상룡이 실업계에서 성장하는 데 큰 도움이 되었음은 물론이다. 1903년 고종의 최측근이었던 이재완(李載完)과의 인연으로 공립 한성은행(자본금 3만 5000원) 총무로 실업계에 투신하였다.

이 시기 한상룡에게 막대한 사상적·실질적 영향과 후원을 끼친 일본인은 재정고문 메가다 슈타로(目賀田種太郎), 통감 이토 이로부미(伊藤博文), 실업가 시부사와 에이이치(澁澤榮一)이다. 한국 경제의 식민지적 재편이라는 틀 속에서, 한상룡은 경성상업회의소 회두(1907), 동양척식주식회사 설립위원 및 이사(1908), 한국은행의 설립위원(1909)으로 참여하였다.

이후 줄곧 한성은행에 근무하면서 1910년에는 전무 취체역에 취임하였으며, 1920년 한성은행의 자본금을 600만 원으로 증자한 다음 1923년 한성은행의 두취(頭取)가 되었다. 이 사이에 한성은행은 조선의 최대 민간은행으로 부상하였으며, 한상룡은 금융전문가이자 전문경영인으로서 이름을 떨치게 된다. 1921년에는 조선생명보험주식회사를 설립하여 일제 말기까지 사장을 지냈다.

1920년대 후반 금융공황의 영향으로 한성은행의 경영이 심각한 위기에 봉착하게 되자 책임을 지고 1928년 한성은행 두취를 사임하였다. 1932년 조선신탁주식회사를 설립하고 1930년대 초반의 이른바 '만주붐'을 이용함으로써 재기를 시도하였으나 결국 좌절하였다.

그는 1920년 조선실업구락부를 조직하여 총독부와 조선인 자본가·기업가를 매개하였으며, 거의 모든 분야에서 근대적 기업의 설립에 두루 참여함으로써, 일본 근대기업의 아버지로 불리는 시부사와에 비유되기도 한다. 한상룡은 김연수(金季洙), 박흥식(朴興植), 민영휘(閔永徽), 장직상(張稷相)과 같은 대자본가는 아니었으나, 전문경영인으로서 커다란 영향력을 발휘하였다.

그는 은행업, 보험업, 신탁업을 두루 거친 금융계의 거물로서 재계에서 확고한 지위를 확보하였으며, 총동원체제기에는 일본의 전쟁 수행에 적극 협조하였고, 1945년 4월에는 일본귀족원 의원이 되기도 하였다.

한상룡의 저작과 그에 대한 평전으로 다음과 같은 것이 있다. 한상룡, 『내지급타이완시찰기(內地及臺灣視察記)』, 1916; 한상룡, 『남북지나급만주시찰보고서(南北支那及滿洲視察報告書)』, 1917; 『창남수장(暢楠壽章)』, 한상룡씨환력기념회(韓相龍氏還曆記念會), 1940; 한익교(韓翼教), 『한상룡 군을 말한다(韓相龍君を語る)』, 한상룡씨환력기념회, 1941 참조. (윤해동)

참고문헌

김명수, 「한말·일제하 한상룡의 기업활동과 정치경제 인식」, 2000, 연세대 경제학과 석사학위 논문; 韓翼教, 『韓相龍君を語る』,

韓相龍氏還曆記念會, 1941.

조선약보(朝鮮藥報)

1927년 서울에서 발간된 일본어 월간지

1927년 9월부터 조선의 약업계를 대상으로 발간한 타블로이드판 월간지이다. 조선약보사의 사장은 가와시마(川島)였으나, 조선약보사와 가와시마에 대해서는 아직 확인하기 어렵다. 현재 1934년 9월 5일 발행된 114호만이 확인되는데, 1920년대 조선 총독을 지낸 사이토 마코토(齋藤實) 문고에 소장되어 있다. 114호는 표지와 합쳐 타블로이드판 40쪽으로 구성되어 있다.

독자는 주로 조선과 만주의 약업에 종사하는 사람과 학교와 관청 등의 관련자들이었으며, 일본 본토에도 판매되었다고 한다.

내용은 조선 약업계의 현황, 새로운 약품 및 사용법 소개, 약학과 관련한 최신 연구 경향 소개, 외국의 약학계 상황 소개, 약사(藥事) 법규 소개 등이 중심을 이루고 있다. 말미에는 약품의 가격 도 소개되었다. (윤해동)

참고문헌

『조선약보』, 일본 소재 사이토문고(齋藤實文庫) 소장본.

조선약학회잡지(朝鮮藥學會雜誌)

1921년 서울에서 발간된 약학 관련 일본어 계간 잡지

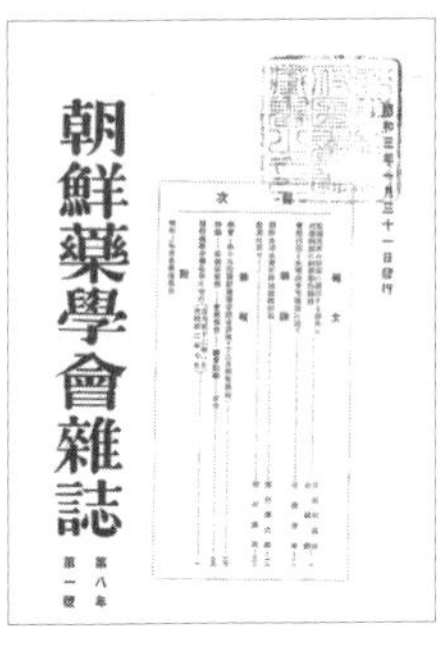

식민지기 약학 관련자들의 연구 모임인 조선약학회에서 발간한 계간 잡지다. 조선약학회에서는 『조선약학회회보』를 1921년부터 계간으로 발간하였는데, 현재 1925년 3월호(5권 3호)가 국회도서관에 마이크로필름으로 소장되어 있다. 『조선약학회잡지』로 개제된 것이 언제인지는 명확하지 않다. 『조선약학회잡지』는 1928년 1월 발행된 8권 1호부터 1942년 9월 발행된 22권 3·4호까지가 국립중앙도서관에 소장되어 있다. 소장 상황은 다음과 같다. 8권 1, 2, 3, 4호(1928), 9권 1, 2, 3, 4호(1929), 10권 1, 2, 3, 4호(1930), 11권 1, 2, 3·4호(1931), 12권 1, 2, 3·4호(1932), 13권 1·2호, 3·4호(1933), 14권 1·2호, 3·4호(1934), 15권 1호(1934.12), 15권 2, 3, 4호(1935), 16권 1호(1935.12), 16권, 2, 3, 4호(1936), 17권 1호(1936.12), 17권 2, 3, 4호(1937), 18권 1호(1937.12), 18권 2, 3, 4호(1938), 19권 1호(1938.12), 19권 2, 3, 4호(1939), 20권 1호(1939.12), 20권 2, 3, 4호(1940), 21권 1호(1940.12), 21권 2·3·4호(1941.9), 22권 1호(1941.12), 22권 2호(1942.3), 22권 3·4호(1942.9). 1928년 8권 1호부터 1942년 9월 22권 3·4호까지는 결호 없이 보관되어 있다. 19권 1호부터 4호, 20권 1호는 서울대도서관에도 보관되어 있다.

잡지는 보문(報文)과 잡록, 잡보 및 부록으로 구성되었다. 보문란에는 전문적인 학술 논문이나 보고 논문을 게재하였으며, 잡록란에는 기타 조사, 보고 논문 등이 수록되었다. 잡보에는 조선약학회의 월례회 강연이 초록되었고, 신약 신제조 방법이 소개되었다. 그리고 약학회의 회무 보고와 총회 기사를 게재하였다. 간혹 첨부되는 부록에는 각종 조사사항이 보고되었는데, 음용수에 대한 조사보고, 한약과 관련한 조사보고, 각종 조제 약품에 관한 조사 등이 수록되었다.

아직 조선약학회의 구성을 자세히 알기는 어렵지만, 위생부와 약국부로 나뉘어 있었음이 확인된다. 참고로 1938년도 협의사항 사례를 살펴보면, 1부 위생부회에서는 우물의 수질 조사, 조선 장유(醬油)의 품질 조사, 한약 조사 등을 조사항목으로 설정하여 조사를 진행하였고, 2부 약국부회에서는 조제용 화한(和漢) 생약 조사, 진단용 조영제(造影劑) 조사, 용법전(用法

箋) 첨부법 조사 등을 진행한 것으로 보고되었다. 그리고 위생부와 약국부의 조사 보고가 부록으로 첨부되었다. (윤해동)

참고문헌

『조선약학회잡지』 국회도서관 소장본.

▌조선약학회회보(朝鮮藥學會會報)

▶ 조선약학회잡지(朝鮮藥學會雜誌)

▌조선양조협회잡지(朝鮮釀造協會雜誌)

1926년 서울에서 발간된 일본어 월간지

1926년 주조업자들을 중심으로 서울에서 조직된 주조업 동업조합이 조선양조협회이다. 창립 당시 회장은 삼파주조회사(三巴酒造會社)의 사장 우라타 오키니(浦田多喜人)였고, 총독부 기사 시미즈 다케키(淸水武紀)가 고문을 맡았다. 양조협회의 주요 활동 목표는 주조관련 품평회 개최, 순회강연, 물품의 공동 구입, 총독부와의 교섭 등으로 설정되었다. 곧 주조업자들의 동업조합으로서 주조업자들의 이익을 위한 활동을 주요 목표로 설정하고 있었다고 할 수 있다. 1926년에 발간된 1~9호, 1927년에 발간된 1~10호가 서울대도서관 경제문고에 소장되어 있다.

1916년 조선주세령이 시행되기 이전 조선에는 주조업자들의 동업자조합이나 산업조합이 거의 존재하지 않았다. 1916년 7월 주세령이 시행되면서 각종 조직이 결성되기 시작하였는데, 1928년에는 주조업자들이 결성한 각종 단체의 수가 129개였고, 이들이 결성한 도 단위 조합연합회가 7개, 기타 단체가 58개로, 전체 주조 관련 단체의 수가 194개에 이르렀다. 그러나 이들 단체를 주도한 것은 주조업자가 아니라 주로 영업자들이었다.

잡지는 주로 주조업계의 현황과 주조기술에 관한 논문, 총독부의 주세정책과 관련 법령에 대한 소개와 해설 등으로 구성되었다. 1920년대 조선의 주조업을 이해하는 데 있어 필수적인 자료이다. (윤해동)

참고문헌

『조선양조협회잡지』, 서울대도서관 경제문고 소장본.

▌조선어(月刊雜誌 朝鮮語)

1924년 서울에서 발행된 조선어 교육 잡지

경성부조선어연구회의 기관지로 1924년부터 1927년까지 통권40호를 발행하였다. 언어는 일본어로 이루어져 있고, 편집 겸 발행인은 이토 인사부로(伊藤印三郎), 인쇄인은 지카사와 시게히라(近澤茂平), 사와다 사이치(澤田佐市), 인쇄소는 시카자와 인쇄소(近澤印刷所)이며 가격은 보통 60~120쪽 1부에 410엔이다. 고려대와 서울대에 소장되어 있고 도서출판 역락에서 영인본을 출간한 바 있다.

일제 총독부가 조선에 파견된 일본인 관리들을 대상으로 한 '조선어 장려정책'의 일환으로 발간한 교육용 잡지이다. 특히 이 잡지는 일본인 관리들을 대상으로 한 시험 '조선어 장려 시험'을 위해 개발된 것이다. 창간호의 내용을 살펴보면, 우선 「제3종 시험과 그 성적(第三鍾試驗と其成績)」, 「조선어회화(朝鮮語會話)」, 「바른 조선어 발음(正しい朝鮮語の發音)」, 「보통학교조선어독본역해(普通學校朝鮮語讀本譯解)」, 「언문습자법(諺文習字法)」, 「한자성국집(漢子成句集)」 등 조선어와 조선어 한자의 습득을 위한 말하기, 듣기, 읽기, 쓰기 등에 관한 제반 다양한 학습법 등이 소개되어 있다.

그리고 조선총독부역관(朝鮮總督府通譯官) 후지나미(藤波義貫)의 조선어 학습 체험담인 「내가 조선어를 공부했을 때: 2, 3년 전을 회고하며(私か 朝鮮語を學んだ傾: 二三十年前を 顧みて)」도 실려 있어, 후학들을 격려한다.

또한 경성부 조선어연구회에서 질의한 내용을 주로 일본인 각계 인사들이 회답하는 형식으로 꾸며진 「통역은 의역으로 할 것인가, 직역으로 할 것인가-조선어계의 문제(通譯は意譯か直譯か: 朝鮮語界の問題)」 등이 있다. 이외에도 조선총독부 통역관 니시무라 신타로(西村眞太郎)의 「조선무녀에 대한 연구(朝鮮巫女の硏究)」와 촉탁(囑託) 논문 송선수(宋善洙)의 「평양어와 경성어의 대조(平壤語듣と京城語の對照)」와 같은 연구논문도 있고 최영년(崔永年)의 수필 「이토, 한당군(伊藤, 韓堂君)」에게도 실려 있다.

이 매체에는 또한 작문 현상모집도 실시하였고, 「조선장기두는 법(朝鮮將棋のさし方)」처럼 놀이를 통해서 조선어를 익히는 기사, 「조선어적응 크로스워드(朝鮮語適用クロースド ワード)」란 글자 맞추기 수수께끼 문제도 실어 재미를 제공하면서 독자들의 참여를 높였다.

말미에는 「조선어제3종시험(朝鮮語第三鍾試驗) 합격자 발표」 등이 있다.

이처럼 잡지 『조선어』는 다양한 방식으로 조선어 학습을 유도하려 하였다. 그러나 이 매체의 근본 성격이 총독부의 식민정책의 수월한 수행을 위한 것이었듯 그 내용에 있어서도 이 기조를 따르고 있었다.

「조선어회화: 조선일주(朝鮮語會話: 朝鮮一週)」에서는 '관부연락선에서'라는 주제로 일본어로 문장을 만들고, 그 밑에 조선어로 해석을 병기하는 방식을 택하고 있다.

그런데 여기서 필자는 조선인 노동자들이 "일본을 가기만 하면 곧 돈을 번다는 말을 듣고" 갔다가 "낙담"이라고 돌아오는 조선인 노동자들의 모습을 멸시어린 시선으로 서술하고 있다. 이러한 태도는 친일파 이완용의 글 「나의 일기중에서」라는 글을 조선어로 게재하고 있는 측면과도 연결되는 것이다. 이러한 창간호의 편집방침과 양식은 지속적으로 유지된다.

이처럼 『월간잡지 조선어』는 식민지 시기 조선 총독부의 조선지배정책이 세밀한 언어정책에까지 아우르며 얼마나 치밀하게 이루어졌는가를 방증해 주는 중요한 자료이다.

• 조선어연구회

조선에 파견된 일본인 관리들에게 조선어 장려정책의 일환으로 조직한 관변연구단체이다. 주시경과 후학들이 재건한 '조선어연구회'(향후 조선어학회로 개칭)와 구별하기 위해 '경성부'라는 명칭을 덧붙였다. 이 단체에서 『월간잡지 조선어』를 발행하였다. 이 단체는 이외에도 「조선문조선어강의록」을 발행하였다. 이 교재는 조선총독부 관리 및 부군서기, 그밖의 일인 관리의 조선어 학습과 '조선어 장려 시험'을 위해 개발된 것으로 모두 3권 3책으로 나누어 발간되었다. 총독부가 실시한 '조선어 장려 시험'은 1910년대부터 꾸준히 실시된 조선 총독부에 근무하는 일본인 관리나 부군서기, 각종 조합의 임원을 대상으로 한 '조선어 장려정책'의 일환으로 치르게 한 시험이다. 이 조선어 장려 시험은 1922년에 발포되고 1925년에 개정된 '조선어 장려 규정'을 기반으로 한다. 이 시험은 처음에는 내지인 교원을 대상으로 하였으나, 1921년부터는 조선총독부 소속 관원들이 모두 응시할 수 있도록 하였고, 각 지방의 관원들도 응시할 수 있도록 하였다. 이후 이 시험은 1938년 '조선어 시험'으로 명칭이 변경되었고, 3종이었던 시험도 2종으로 변경되었다. 이 시험은 1943년까지 실시된 것으로 확인된다. (박지영)

참고문헌

허재영, 「일제강점기 조선어 장려 정책과 경성부 조선어연구회: 월간 잡지 「조선어」 영인본 해설」, 「일제강점기 일본인을 대상으로 한 조선어(한국어)」 교육-월간 잡지 「조선어」 영인본 해설」, 『월간 조선어』, 도서출판 역락, 2004.

▌조선어문연구(朝鮮語文研究)

1930년 서울에서 한국어로 발행된 학술교육 잡지

1930년 12월 1일 창간되었고 통권 호수는 알 수 없다. 저작 겸 발행인은 원한경(元漢慶), 인쇄인은 정경덕(鄭敬德)이었다. 인쇄소는 조선기독교창문사(彰文社), 발행소는 연희전문학교 출판부였다. A5판 109쪽에 정가는 1원이었다.

표지에는 '연희전문학교 문과 연구집 제일집'이라고 쓰여 있다. 당시 연희전문학교 문과과장이었던 백낙준(白樂濬)이 쓴 서(序)에 의하면 문과관계 교원의 연구를 발표하기 위한 논문집이었다. 그러나 또한 잡지의 형태를 갖추고 있다.

논문은 정인보(鄭寅普)의 「조선문학원류초본(朝鮮文學源流草本)」 1편, 최현배(崔鉉培)의 「조선어의 품사분류론」, 「한글의 낱낱의 글자의 쓰이는 번수로서의 차례잡기」 등 3편이 실려 있다. 백낙준은 서에서 정인보의 「조선문학원류초본」에 대해 "우리 민족의 발상한 이래로 삼국시대에 이르는 동안의 내적 계시이다"라고 평하였고, 최현배의 「조선어의 품사분류론」에 대해서도 대단히 독창적인 논문이라고 높게 평가하였다. (정예지)

참고문헌

「代續『朝鮮語文研究』鄭寅普 崔鉉培 兩 教授의 論文 中에서」, 『東亞日報』 1931.1.26; 韓國雜誌協會, 『韓國雜誌總覽』, 1982; 金根洙, 『韓國學資料叢書』 1, 韓國學研究所, 1973; 金敏洙 外, 『歷代韓國文法大系』, 1-17, 塔出版社, 1977; 金根洙, 『韓國雜誌史』 청록출판사, 1980.

▌조선어문학회보

1931년 서울에서 발행된 학술지

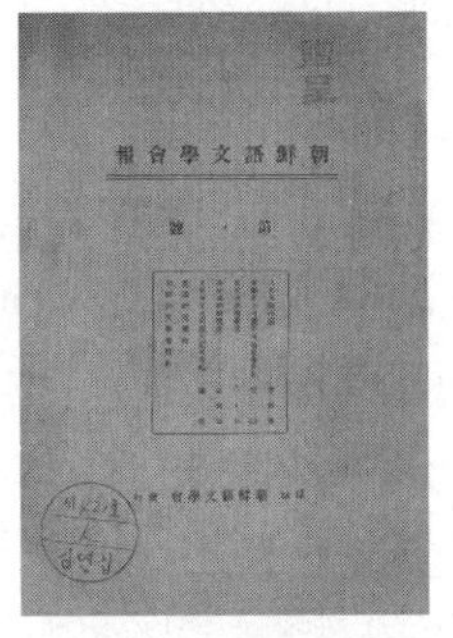

1931년 창간되어 1933년 폐간된 '조선어문학회'의 회지이다. 저작 겸 발행인은 김재철(金在喆), 이희승(4, 5호), 조윤제(6, 7호), 인쇄인은 김진호, 인쇄소는 한성도서주식회사, 발행소는 조선어문학회이다. 처음에는 10면 내외였으나 제3호부터 25면 내외로 발행하였고 이후 『조선어문』으로 개칭된 다음에는 66면으로 발행한다. 비매품이었다가 『조선어문』으로 개정된 후에는 25전을 받았다. 고려대와 서울대에 소장되어 있고, 도서출판 역락에서 영인본으로 간행되어 있다

1931년 7월 23일 창간되어 1933년 7월 통권 7호로 종간한 '조선어문학회'의 학술 기관지이다. 조선어문학회는 '조선어학회'의 민족주의적인 이념하의 한글운동에 반발하고 순수 연구 중심의 단체로 조직된 단체이다. 그리하여 이 매체는 조선어와 조선 문학에 대한 순수학문적 성과만을 모아서 발간한 학술지이다. 필자는 조선어문학회회원인 조윤제, 이희승, 서두수, 김재철, 김태준, 이재욱, 방종현, 이숭녕, 등이다. 이 중 서두수는 중국 문학이 전공이었고, 김태준은 중국 문학이 전공이었으나 조선어문학회회원으로 어울렸다.

이 학술지의 보수적인 성격은 창간호에서부터 살펴볼 수 있다. 창간호에는 이희승(李熙昇)의 「인대명사소화(人代名詞小話)」와 이외에 조선어와 조선 문학에 관한 연구논문이 다수 실려 있다. 김재철의 「외사(外使)와 조선연극」, 태유(台由)의 「문학사상에 발견되는 괴사 편편」, C.R의 「민요연구참고서」, 「동요연구안내」가 그 논문들이다. 도남의 「우암에 보낸 명성대비의 서찰」은 자료소개 차원에서 원문 그대로 실렸다. 마지막으로 학회지답게 조선어문학회규약이 실려 있

다. 이후 2호에는 「ㄹㄹ바침의 무망(誣妄)을 논함」, 팔공산인(八空山人)의 「지봉방언잡담(芝峰方言雜談)」, 돌샘의 「조선어문법참고서」, 도남의 「청구영언 해제」, 곡당(穀堂)의 「조선어문연구서가」, 이희승의 「표준어에 대하야」, 방종현의 「'티'와 '치'에 대한 생각 일편(一片)」, 「달구지방속신일속(達句地方俗信一束)」와 K·C·C의 「아리랑과 세태(世態)」가 실려 있다. 특히 K·C·C의 논문에는 동학란에서 불린 민요와 "이씨의 팔촌이 되지 말고, 민씨의 8촌이 되려무나"라는 현재는 익숙한 민요에 대해 설명하고 있어 주목을 요한다.

이외에도 이숭녕(李崇寧)의 「글과 말」, 도남(陶南) 조윤제(趙潤濟)의 「가곡원류해제(歌曲源流解題」(이상 5호) 등 『조선어문학회보』에는 다수의 연구논문이 실려 있다. 김태준의 「연암소설 경개(梗槪)」가 2호부터 2회 연재되고, 조윤제의 「고산가사」 소개가 있으며 김재욱의 「가요의 연구와 정리는 여하히할가」(4호) 등의 조선 문학 연구논문이 실려 있다.

6호는 요절한 동료 「노정(蘆汀) 김재철 군 추도호」이다. 김재욱, 이준하, 권직주, 신남철, 조윤제, 이희승, 서두수, 이숭녕, 방종현 등 동창들의 애도의 글을 남겨 『조선연극사』를 남긴 동료 학자를 추모한다.

이후 『조선어문학회보』는 1933년 6호까지 발행되다가 이후에 7호는 『조선어문』으로 잡지명이 변경되어 간행된다.

7호의 「편집후기」를 보면 이러한 정황을 설명하고 있다. "애초에는 단순한 회원 간의 '보고물'로 하고, 여부(餘部)를 지인선배에 드려 상호의 소식이라도 전하야 볼까 한 것이, 어떻게 하여 사회에 알리게 되였던지 회보의 해방을 부르짖는 소리가 사방에 높아, 할 수 없이 절조를 깨트리고 약간의 부수를 늘여 제3호부터 10전이라는 정가를 붙이어 일반 독자 앞에 드리게 되었다. 그랬더니 사회의 성원은 의외에 높아 어떤 분은 이것을 다른 학술지에 비하여도 순색이 없으리라는 극찬을 하여주는 이도 있어 도리어 동인의 한한(寒汗)을 짜낸 일도 있었다. 그래서 우리는 학계의 그와 같은 동향을 염치없이 내다볼 수도 없어, 경비관계상 나오지 못하고 있는 「조선어문논총」을 당분간 중지하고 그 힘을 여기 보태 이번 7호부터는 「조선어문」이라 개제하야 순학술잡지의 형태를 쓰게 되었다"(연4회 발간)고 한다.

여기서 말한 「조선어문논총」은 김태준의 『조선한문학사』, 이재욱의 『영남민요연구』, 김태준의 『조선소설사』, 김재철의 『조선연극사』 등 조선어문연구회 소속 회원들의 연구서를 말한다.

이렇게 해서 만들어진 『조선어문』은 그 양과 비례하여 내용도 보다 풍부해진다. 조윤제의 「조선시가의 원시형」과 김태준의 「성씨, 문벌, 족보」 등 2편의 논문은 거의 100장이 넘는 장문이다. 또한 부록으로 「고산시가」의 전문과 해제가 실려 있다. 그러나 어떤 이유에선지, 『조선어문』은 단 1호만 발행되는 데 그친다.

『조선어문학회보』에 실린 논문들은 대개 실증적인 고찰이 중심이다. 이는 이들의 스승이었던 식민지 조선학 연구를 주도했던 경성제국대학의 일본어 교수들의 연구방법론이 그대로 계승된 것이기도 하다. 그들에게 조선학은 사회운동의 도구가 아니라 근엄한 연구대상일 뿐이었다.

이처럼 『조선어문학회보』는 식민지 시대 경성제국대학 조선어문학과에서 발흥한 한국의 조선학 연구의 초기 상태를 살펴볼 수 있게 하는 귀중한 매체이다.

그리하여 이를 통해 지금까지 '조선어학회' 중심으로 고찰된 식민지 시대 조선어문학 연구에 보다 폭넓은 시야를 제공해 줄 것이다.

• 조선어문학회

1931년에 경성제대(京城帝大)의 조선어학 및 문학과 출신 중 제3회 졸업생인 김재철(金在喆)이 중심이 되어 조윤제(趙潤濟)·이희승(李熙昇)·이재욱(李在郁) 등이 모여 「회원 간의 친목을 도모하며 조선어학 조선문학 연구」를 목적으로 한 동인 연구단체이다. 연구지로서 『조선어문학회보(朝鮮語文學會報)』를 창간하여 의욕적인 활동을 하였다.

그 후 동문이 늘어나 7호부터는 『조선어문(朝鮮語文)』으로 개칭하였으나 본호를 마지막으로 중단되었고 회(會)도 자연 해산되었다.

이준식의 연구에 의하면, 이들은 '조선어학회'가 민

족주의를 바탕으로 연구와 실천의 결합을 지향하는 데 대해 거부감을 가지고 있었던 것으로 보인다. 실제로 이희승과 방종현을 제외하고 이들은 조선어학회에 조직적으로 연결된 사람이 별로 없었고, 오히려 1931년 조선어학회가 출범하자 같은 해 조선어문학회를 창립했다고 한다. 조선어문학회는 기본적으로 '연구를 위한 연구'만을 지향했다고 한다. 이들은 경성제국대학 조선어문학과의 은사인 오구라 신페이(小倉進平)처럼 역사와 방언을 중심으로, 그리고 소쉬르의 언어학이 강조하는 이론적 체계화를 지향하면서 조선어를 연구하되 조선어의 현재와 미래를 둘러싸고 벌어지던 현실적 움직임 곧 한글운동에 대해서는 소극적 입장을 견지하는 것으로 귀결되었다고 한다.

그럼에도 비록 짧긴 하나 이 회는 과학적 연구 방법을 통한 새로운 학풍을 조성하여 학문적인 터전을 닦았다는 점에서 의의가 있다. (박지영)

참고문헌

이준식, 「일제강점기기의 대학 제도와 학문 체계 - 경성제대의 조선어문학과를 중심으로」, 한국사회사학회, 『사회와역사』 제61권, 2002. 5; 최덕교 편저, 『한국잡지백년』, 현암사, 2004.

▌조선운동(朝鮮運動)

1927년 일본에서 발행된 조선공산당의 합법 기관지

1927년 12월 20일 제3차 전당대회에서 성립한 조선공산당(서상파)에서 월간으로 발행한 합법 기관지이다. 80쪽 분량의 국한문 활판인쇄물이다. 편집 겸 발행인 명의인은 홍양명(洪陽明)이라고 적혀 있다. 그는 제주도 출신의 일본 유학생으로서 본명이 홍순기(洪淳起)이다. 인쇄소는 당시 일본에서 유일하게 국한문 활자를 갖추고 있던 도세이샤(同聲社)였다. 표지에는 "월간 맑시스트 이론잡지"라고 명시되어 있다. 정가는 1부에 '30전'이었다. 몇 호까지 간행됐는지는 알려져 있지 않으며, 현재 남아 있는 것은 창간호뿐이다.

서상파 조선공산당이란 1927년 12월 20일 서울에서 비밀리에 열린 제3차 전당대회를 통하여 출범한 공산당을 가리킨다. 서상파란 명칭은 구 서울파와 구 상하이파가 연합했다는 뜻에서 불린 이름이었다. 전당대회가 열린 장소가 중국음식점 춘경원이었기 때문에 그를 가리켜 '춘경원당'이라고 부르는 사람도 있었다.

그러나 이 단체에 모든 사회주의자들이 합류했던 것은 아니다. 그 대회의 적법성을 인정하지 않는 사회주의자들은 따로 결집하여 1928년 2월 27일에 자파만의 제3차 당대회를 개최했다. 이 대회를 통해 출범한 공산당 조직을 가리켜 통칭 엠엘파(ML파)라고 부른다. 이리하여 1927년 말~1928년 초에 걸쳐서 조선공산당은 서상파와 엠엘파, 두 그룹으로 분열되었다.

잡지 『조선운동』은 서상파 조선공산당의 합법 기관지 가운데 하나였다. 제3차 당대회 석상에서 채택된 선전 사업에 관한 결정에 따르면, 서상파 공산당은 중앙위원회가 관장하는 출판기관을 해외에 설립하고 그곳에서 중앙 기관지를 발행하기로 했다. 그와 아울러 합법적인 형태의 기관지도 운용하기로 했다. 조선 국내에서 발간되는 잡지 『조선지광』과 『노동운동』이 그에 선정되었다. 또한 일본 도쿄에서도 『조선운동』을 새로 발간하여 자파의 이론적, 정책적 입장을 선전하는 합법적 매체로 활용하기로 결정했다.

『조선운동』 창간호가 발행된 것은 1928년 2월 20일이었다. 전당대회가 열린지 2달 만의 일이었다. 편집자의 말에 따르면, 처음 의도에는 그해 1월에 창간호를 내고자 했으나 여러 가지 바쁜 사정으로 인해 늦어졌다고 한다.

창간호 논설과 기사를 집필한 사람은 홍양명, 오상

철(吳相哲), 박형병(朴衡秉), 허일(許一), 장일성(張日星) 등이었다.

『조선운동』은 「발간 선언」을 통하여, 민족부르주아지의 운동을 동맹자로 규정하고 민족협동전선을 굳게 지켜야 한다고 역설했다. 이 구절은 당시 사회주의자와 민족주의자들이 공동으로 결성했던 신간회를 강화해 나가자는 제안으로 해석된다.

이 잡지는 엠엘파 조선공산당의 입장을 대변하는 『계급투쟁』, 『이론투쟁』, 『대중신문』 등과 치열한 논쟁을 겪었다. 『조선운동』은 엠엘파 공산당의 논객들에게서 프롤레타리아트의 헤게모니를 부인하는 우경적 오류를 범하고 있다는 비난을 받았다.

이 잡지에는 그동안 문학사 연구에서 거론되지 않던 미발굴의 시 작품이 수록되어 있다. 이영(李影)의 시 「전령」, 고희석(高熙錫)의 시 「폭풍」이 그것이다. 또한 데미안 베드누이라는 해외 작가의 시 「거인의 궐기」도 번역되어 게재되어 있다. 이 작가와 작품들이 근대 문학사 속에서 점하는 의의에 관한 연구는 아직 이뤄져 있지 않다. (임경석)

참고문헌

조선운동사 발행, 『조선운동』 창간호, 東京, 1928.2; 李鐵岳, 「조선에 있어서 프롤레타리아 운동의 방향전환기의 이론적 실천적 과오와 그 비판」, 『계급투쟁』 제3호, 1930.1.

조선의 경제사정(朝鮮の經濟事情)

1926년 서울에서 발행된 일본어 연간지

조선총독부가 조선의 경제상황 일반에 대하여 요약적으로 소개함으로써 총독부 통치의 성과를 선전하기 위하여 발간한 일본어 연간지이다. 서울대도서관 경제문고에 1926, 1931, 1934, 1936, 1938년도 발간분이 소장되어 있으며, 서울대농학도서관에 1933년 발간분이 소장되어 있다.

초기에는 조선의 경제상황을 토지, 인구, 재정, 금융, 농업, 임업, 공업, 광업, 수산, 상업, 무역, 교통의 12장으로 분류하여 개략적으로 소개하였다.

1936년도 이후에는 총설, 재정, 산업의 3편으로 크게 분류한 다음, 총설에는 환경, 취락 및 인구, 재정 편에는 조선총독부특별회계, 지방행정, 전매, 산업 편에는 총론, 교통, 농업, 임업, 광업, 수산업, 공업, 상업, 금융 등을 소개하였다. 이전에 비해 훨씬 일목요연한 분류 방식을 취하고 있다.

식민지기 경제상황 일반을 개략적으로 이해하는 데 도움이 되는 자료이다. (윤해동)

참고문헌

朝鮮總督府, 『朝鮮總督府施政年報』 각년판; 『조선의 경제사정』, 서울대도서관 경제문고, 서울대 농업도서관 소장본.

조선의 무진(朝鮮の無盡)

1930년 서울에서 발행한 조선무진협회의 기관지

1930년 1월에 조선무진협회의 기관지로 창간되었다. 처음부터 무진의 이론과 현실을 연구하는 연구지를 표방하였다. 그리하여 무진 및 기타 금융과 관련한 논설이나 연구논문이 상당이 많이 실려 있다. 매호 30~50쪽 정도의 분량으로 일본어로 발행되었다. 회원들에게 배포되었으며 비매품이었다. 처음에는 월간, 조금 후에는 격월간 발간을 목표로 하였으나, 실제로는 매우 불규칙하게 발간되었던 것으로 보인다. 편집 겸 발행인은 오자키 간타로(尾崎關太郎)였다. 현재 서울대 고문헌자료실에 1호(1930.8), 2호(9월), 4호(11월), 5호(1931.2), 6호(6월), 9호(12월)가 소장되어 있다.

무진(無盡)이란 원래 막부 시대부터 존재하던 상호부조조직인 코(講)가 그 기원이라고 한다. 19세기 들어 코가 무신코(無盡講) 또는 다노모시코(賴母子講)로 변했는데 이것을 근대 이후 상업적인 영업무진으로 바꾸었다고 한다. 무진은 원래 조선의 계와 유사한 상호부조 조직이었지만, 근대 이후 영업무진으로 변하면서 소규모 금융기관으로 그 성격이 변화되었다.

조선무진협회는 조선에 거주하던 일본인 무진업자들이 조직한 단체로서, 무진의 학리(學理) 및 실무를 연구하고 사업상의 연락과 제휴를 강구하여 무진업의 향상을 도모하는 것을 목적으로 삼았다. 협회 사무소는 공제(共濟)무진주식회사 사무실에 두었다.

회비는 회원 평등 분담금으로 연액 20원을 징수하되, 월별로 납부하도록 하였다. 지출이 회비로 부족할 때는 추가 징수할 수 있도록 하였다. 임원으로는 평의원 8명을 두되 그 가운데서 호선하여 회장, 부회장 각 1명씩을 두도록 하였다. 또 상임이사 1명을 두도록 하였다. 주요사항은 평의원회에 회부하도록 하였다.

조선무진협회는 조선인에게 무진을 확대하기 위해서는 먼저 무진업의 본질을 알리는 것이 중요하다고 보았고, 이를 위하여 기관지를 발간하고 무진을 알리는 글을 발표하였으며, 그 밖에도 무진에 관한 각종 해설서를 발간하여 무진을 알리는 데 다양한 노력을 기울이고 있었다.

조선총독부에서도 고리대를 금지하고 무진과 경합 관계에 있던 계 조직을 단속하는 데에 노력하고 있었다. 총독부는 전통적 조직을 영업무진으로 끌어들이기 위하여 1922년 조선무진업령을 발포하여 영업무진을 적극적으로 장려하였다.

일본인 무진업자들은 전국에 상당히 널리 존재하고 있었고, 부·읍회 등의 조직에도 많이 참가하고 있었다. 무진협회 회원으로 부·읍회 회원인 사람의 수가 1931년 현재 53명이라는 통계가 실려 있기도 하다(7호).

그럼에도 아마 계의 존재 때문이겠지만, 일본식 무진이 조선에 널리 전파되지는 못했다. (윤해동)

참고문헌

『조선의 무진』, 서울대도서관 고문헌자료실 소장본.

▌조선의 방송(朝鮮の放送)

▶ 방송지우

▌조선의보(朝鮮醫報)

1930년 서울에서 한국어로 발행된 학술교육잡지

1930년 11월 22일자로 창간된 의학전문지이다. 편집자는 윤일선(尹日善), 발행자는 박계양(朴啓陽)이었다. 인쇄자 오치 시게지로(越智茂次郞), 인쇄소는 오치인쇄소, 발행소는 세브란스연합의학전문학교 병리학교실 내의 조선의사협회였다. A5판 58쪽으로 발행되었고, 정가 표시는 없다. 서울대학교 중앙도서관에 소장되어 있다.

『조선의보』는 조선의사협회가 발행한 의학전문지로서, 제호 아래 "The Korean Medical Journal"이라는 영문제호가 표기되어 있다.

1930년 11월 26일 『동아일보』의 신간소개란에 창간호에 대한 소개가 실려 있는데 1년에 3회, 곧 4월, 8월, 12월에 발행하겠다고 밝히고 있다. 그러나 실제로 정확히 횟수와 달수를 지켜 발행된 것 같지는 않다. 『동아일보』를 통해 1938년 2월, 7권 4호가 발간된 것까지 확인된다.

창간호에는 창간사도, 편집후기도 없고 학술논문만 게재되었다. 경성제대 의학부, 세브란스연합의전, 경성의전 등에서 투고된 논문들이 실렸다. '잡보'에 인사동정을 실어 의학계 인사들의 동정을 알 수 있도록 하였다. 권말에는 서울과 지방에 거주하는 회원의 명부를 수록하였다. (정예지)

참고문헌

「朝鮮醫報 創刊號」, 『東亞日報』 1930.11.26; 「朝鮮醫報 第七卷 第四號」, 『東亞日報』 1938.2.15; 최덕교 편, 『한국잡지백년』 1, 현암사, 2004.

▌조선의 수산(朝鮮の水産)

▶ 조선지수산(朝鮮之水産)

▌조선일보(朝鮮日報)

1920년 서울에서 발행된 신문

1920년 3월 5일에 창간되었다. 창간 당시 사장 조진태, 발행인(부사장) 예종석, 편집국장 최강, 인쇄인 서만순이었다. 타블로이드 배대판이었고, 1일 4면으로 발행(1면 12단)하였다. 국한문혼용체를 사용하였다.

『조선일보』는 친일경제단체인 대정실업친목회를 배경으로 창간이 추진되었다. 조선일보 설립 발기인 36명 중 민영기, 조진태, 송병준, 최강, 유문환, 권병하, 서만순, 예종석 등 대부분이 대정실업친목회 회원들이었다. 이들은 자본금 20만 원 규모의 '조선일보설립발기인조합'을 조직하여 창간을 준비하였다. 대정실업친목회는 1916년 11월에 창립된 친일단체였다. 발기인조합의 공칭자본금은 20만 원이었으나, 실제로 불입된 금액은 5만 원이었다.

한일강제병합 이후 언론매체 부재의 암흑시대를 겪어야 했던 조선은 1919년 3·1운동을 계기로 전환을 겪었다. 일본은 소위 문화정치를 시행하고 그 정책의 하나로 민간지 3개의 발행을 허가하였다. 그 결과 『동아일보』, 『시사신문』과 함께 『조선일보』도 출현하게 되었다.

창간 당시 판형은 타블로이드 배대판이었다. 하루에 4면이 발행(1면 12단)되었으며, 1면에 시사평론과 세계사조, 2면에 정치·경제기사, 3면에 사회기사가 실렸다. 4면에는 문예 관련 기사와 지방 소식이 실렸다. 창간 초기에는 인쇄시설 미비로 매일신보사를 이용했다.

그러나 발족 당시의 경영은 순탄치 못하여 창간 첫 해인 1920년 6월 12일에 사장 조진태와 발행인 예종석 등이 물러났다. 편집국장 최강이 발행인을 겸했다가 다시 8월 15일에는 친일단체 교풍회(矯風會)의 유문환이 사장에 취임했다. 12월 2일에 또다시 발행인이 바뀌어서 권병하가 뒤를 이었다.

비록 친일단체가 이 신문의 창간을 이끌었지만, 실제 지면 속에는 반일 기사가 적지 않았다. 조선총독부가 간행한 『조선출판경찰개요』라는 '극비' 문서는 이에 대해 대략 다음과 같이 기술하고 있다.

"조선일보는 1920년 3월 5일 발간 이래 같은 해 7월 27일에 이르는 근 3개월여에 발매 반포금지 및 압수처분을 받기 실로 23회에 이르고, 언제나 불온 기사를 게재하여 민심을 선동하므로, 그때마다 책임자를 불러서 경고를 주었음에도 조금도 개선의 정을 찾아볼 수 없다. 특히 1920년 7월 15일자 제71호 지상에 게재되어 일단 발매 반포금지 및 압수 처분을 받은 불온 기사를 같은 날 다시 호외에 재록하여 발행하는 등의 불신행위로 나옴으로써, 책임자에게 이후 다시 이러한 불온 기사를 게재치 않도록 엄히 경고를 발했다."

그해 8월 27일자(113호) 지면에 실린 「자연의 화(化)」라는 제목의 논설에 대하여 총독부는 광무신문지법 제21조를 적용하여 1주일간의 정간처분을 내렸다. 이는 민간지가 재등장한 후 최초로 이루어진 강제정간 처분이었다.

정간처분이 끝난 뒤 복간된 9월 5일자 지면에 「우열한 총독당국자는 하고(何故)로 우리 일보에 정간을 명하였나뇨」라는 제목의 논설을 실어 거듭 총독부 처사를 지탄했다. 이 때문에 『조선일보』는 복간되자마자 제2차 무기정간의 수난을 겪게 되었다. 무기정간은 2개월 만인 이해 11월 5일에야 풀렸다.

『조선일보』는 거듭된 정간조치로 인해 운영난에 빠져서 그해 12월 24일까지 전후 111일 동안 신문을 발행하지 못했다. 이듬해 신문이 속간되었는데, 『조선일보』는 「골수에 맺힌 조선인의 한」이라는 10회에 걸친 연재기사를 실어 총독부에 대한 저항의 기세를 꺾지 않았다.

『조선일보』의 재정난과 운영난은 좀처럼 풀리지 않아 1923년 봄에 송병준의 개인소유로 넘어갔다. 이때 남궁훈이 사장에 취임하고 선우일이 편집국장으로 들어와 회생책을 꾀하였으나, 여전히 부진상태에서 벗어나지 못했다.

그해 8월 9일 발행 겸 편집인 권병하를 김용희로 교체함과 동시에 사옥을 삼각정 71번지에서 수표정 43번지 옛 전환국(典圜局) 2층 건물로 옮겼다. 11월 2일에는 윤전기를 처음으로 구입하여, 이제까지 평판인쇄기로 찍어오던 신문을 윤전기로 찍어내기 시작했다. 또한 1924년 7월 22일 4쪽의 경북판을 처음으로 발행했다.

1924년 9월 13일 송병준은 경영이 불능하게 되자 신석우에게 8만 5000원에 『조선일보』 판권을 매도했다. 이를 계기로 창간 초기의 혼돈 상태에서 면목을 일신하게 된 이 신문은 이름있는 민족주의자 이상재를 사장으로 추대했다. 주요 임원으로는 부사장 신석우, 발행 겸 편집인 김동성, 주필 안재홍, 고문 이상협, 편집국장 민태원(얼마 후 한기악으로 바뀜), 영업국장 홍승식 등이었다. 이사진에는 신석우, 안재홍, 이상협, 백관수, 진구범 등이 취임했다.

진용을 일신한 『조선일보』는 '조선민중의 신문'이라는 새로운 표어 아래 경영, 제작 양면에 혁신을 단행하여, 민족진영의 신문으로서 그 면모를 갖추었다.

1924년 11월 23일부터 민간지 최초로 조석간제를 실시하여 석간 4면(1면 정치, 2면 사회, 3면 지방 및 부인란, 4면 경제), 조간 2면(1면 정치, 2면 사회)으로 6면제를 확립하였다. 서양의 신문연재만화 형식을 받아들여 만화 「멍텅구리」를 노수현 그림, 이상협 구성(후에 안재홍)으로 연재하였다.

또한 12월 17일부터 사흘 동안 '무선전화방송' 공개실험을 실시하여 한국 최초로 무선전파방송을 행하였다. 이러한 『조선일보』의 약진은 선두주자인 『동아일보』를 앞설 기세였으며, 이때부터 치열한 경쟁을 벌이게 되었다.

또한 부인란을 만들고 최초의 여성기자 최은희를 등용하였다. 1925년 2월 2일 첫 해외특파원으로 김준연을 모스크바로 파견했다. 민족지로서의 성격을 뚜렷이 한 『조선일보』는 1925년 9월 8일 「조선과 노국과의 정치적 관계」라는 석간사설로 제3차 정간을 당했다. 이번에도 무기정간이었다. 이 조치는 신문 발행을 정지하는 행정조치에만 그치지 않았다. 조선총독부는 사법권까지 발동하여 집필자 신일용을 검거하고, 1만 4000원을 들여 구매한 지 얼마 안되는 윤전기까지 압수했다.

이 사건으로 『조선일보』는 경영상 큰 타격을 받았다. 이를 회복하고자 신용우, 최선익, 김동성, 안재홍 등 임원진은 정간 해제운동의 일환으로 박헌영 등 사회주의 성향의 기자 17명을 대량 해직하는 비상조치를 취했다. 이때 고문 이상협 등 여러 명도 아울러 퇴진하였다. 3차 정간은 그해 10월 15일 해제되었다.

『조선일보』는 1926년 7월 5일 전해에 착공했던 견지동 111번지의 새 사옥에서 신문 제작을 시작했다. 창간 후 네 번째 사옥이었다.

다음해인 1927년 3월 이상재가 별세하자 신석우가 사장으로 취임했다. 사내 정비를 단행한 『조선일보』는 1928년 5월 9일자 조간사설 「제남(濟南)사건의 벽상관(壁上觀)」으로 무기정간의 수난을 또 겪었다. 제남에서의 중일군의 충돌을 계기로 발행 겸 주필인 안재홍이 집필한 이 사설은 소위 '지난사변(濟南事變)'은 산둥 점령을 기도한 일본 다나카(田中) 내각의 모험에서 발생한 것으로, 일본 측이 발표하는 것처럼 난징 정부의 소요로 말미암은 것이 아니라고 주장하였다. 이 때문에 안재홍은 금고 8개월의 언도를 받았고, 제4차 정간조치를 당하였다. 이 조치는 1929년 9월 19일에 해제되었다(속간호는 9월 21일 발행).

『조선일보』는 1929년 7월 "아는 것이 힘, 배워야 산다"라는 표어 아래 문맹퇴치 등 농촌계몽운동을 벌였다. 여름 방학으로 귀향하는 고등보통학교 이상의 남녀 학생들을 동원, 전국에 국문 보급을 꾀함으로써 민족의식을 고취했다. 이 운동은 그 후에도 매년 계속되어 1935년 이를 위험시한 총독부가 금지령을 내릴 때까지 이어졌다.

『조선일보』는 1931년 7월 1일에 발행인 겸 사장을 안재홍으로 교체했다. 그러나 다음해 3월 3일에 총독부는 『조선일보』가 재만동포를 위한 구호모금을 부정소비했다는 구실을 붙여 사장 안재홍과 영업국장 이승복을 구속했다.

이에 『조선일보』는 조선교육협회를 이끌어온 유진태를 사장으로 맞아들여 신문 발행에 노력했으나, 얼마 안 가서 채권자 임경래의 등장으로 소위 판권 파동이 벌어졌다. 그것은 임경래가 재정난에 허덕이던 『조선일보』에 대한 1만 원 정도의 채권 소유를 기화(奇貨)로 『조선일보』의 판권을 빼앗으려 했기 때문이다.

이로 인해 유진태 사장은 취임한 지 두 달도 못되어 물러났다(1932년 6월 1일자로 발행권은 임경래에게 넘어감). 이때 사원들은 결속하여 임경래를 배척하고 그 아래에서는 신문 제작을 할 수 없다고 하여 파업을 일으켰다. 그리하여 견지동 사옥에서 신문발행을 할 수 없게 된 임경래는 명치정 2정목 82번지의 중국인 소유 동순태(同順泰)빌딩에 임시 사옥을 차리고 활판인쇄로 6월 15일부터 이해 7월 29일까지 4면 신문을 발행했다.

그러나 파업을 일으킨 사원들은 안재홍 사장 명의의 신문을 별도로 발행함으로써 『조선일보』는 두 가지가 납본되었다. 양분되었던 『조선일보』는 그해 11월 23일에 가서야 하나로 통합되었다.

조선일보의 경영은 1933년 방응모의 출자로 안정화되었다. 방응모는 1933년 1월 16일 주식회사 조선일보사를 창립 발기하고 3월 22일자로 조선일보의 경영권 일체를 인수하였다. 새 활자 200만 자를 대체하고 윤전기 2대 신설 등 시설을 확장하였다. 4월 25일 연건동 195번지 가(假)사옥으로 옮기고 4월 26일자 혁신호 100만 부를 발행하였다. 주식회사 발족 당시의 임원진은 취체역 조만식, 방응모, 고일청, 김동원, 신태옥, 감사역 최성준, 노의근이었고, 사장에 조만식, 부사장 겸 전무 취체역에 방응모, 편집국장에 주요한, 영업국장에 김기범 등이었다.

이상재 사장 이래 방응모 사장 취임 전까지 『조선일보』 편집진에 참여한 인사들은 다음과 같다.

문일평, 문치장, 박팔양, 박헌영, 방한민, 배성룡, 백관수, 서승효, 손영극, 신경순, 진구범, 신석우, 신영우, 신일용, 심훈, 안석주, 안재홍, 양명, 양재후, 경상섭, 유광열, 유완희, 유진태, 윤성상, 이관구, 이권용, 이길용, 이상재, 이상길, 이상협, 이상범, 이서구, 이순신, 이여성, 이원용, 이익상, 이정섭, 이호태, 임원근, 장지영, 정수일, 정인익, 조규수, 조만식, 조병옥, 조태암, 주요한, 최영천, 최은희, 한기악, 현진건, 홍기문, 홍남균, 홍명희, 홍양명, 홍종인.

재출발한 『조선일보』는 '정의수호, 문화건설, 산업발전, 불편부당'의 4대 사시를 내걸었다. 5월 1일에는 주식회사 발기인 총회를 열었고, 7월 10일자로 자본금 30만 원 불입의 회사 설립을 완료하였다. 1933년 7월 19일 조만식 사장은 물러나 고문으로 앉고, 방응모가 제9대 사장에 취임했다.

9월 14일자로 20만 원을 증자, 자본금 총액 50만 원이 되었다. 한편 이광수를 부사장, 서춘을 주필로 맞아 제작진을 강화했다. 19 33년 12월 20일 태평로 1가 61번지의 5층 신사옥으로 이사하면서 전광고속도 윤전기를 갖췄다. 또한 신문으로서는 최초로 통신용비행기를 비치하는 등 새 시설을 갖추는 동시에 그 달 25일부터는 활자를 개선해서 종전 12단제를 13단제로 바꾸었다.

1935년 3월 창간 15주년 기념호를 내고, 이어 지령 5000호를 내었다. 이해 5월에 안재홍, 이광수, 홍명희, 문일평, 이은상 등을 새로이 편집고문으로 삼아 필진을 강화했다. 특히 신채호는 해외에 체류하면서 『조선일보』에 기고하여 신문 지면에 활기를 불어 넣었다.

이 무렵을 전후로 하여 신문계는 새로운 경쟁기로 들어섰다. 『조선일보』는 1933년 8월 29일에는 조석간 8쪽에서 10쪽(조간 4쪽, 석간 6쪽)으로 증면하고, 가정면을 타블로이드판의 특집부록으로 곁들였다.

1936년 1월 7일자부터는 조석간 12쪽(조간 4쪽, 석간 8쪽)으로 증면함과 동시에 1월 13일자부터 매주 월요일에 석간 3면을 『소년조선일보』의 제호 아래 전면 특집으로 했다. 다시 4월 1일자부터는 4판제를 5판제(석간 2판, 조간 3판)로 늘렸다.

1936년 6월 15일자로 『조선일보사보』를 발간하고, 1937년 1월 10일자부터 매주 일요일에 타블로이드판 4면의 『소년조선일보』를 별도로 발행하였다. 또한 1938년 4월 1일부터는 조석간 7판제를 단행했고, 1939년 1월 7일부터는 '만주·중국판'까지 8판제를 단행했고 같은 해 9월 6일에는 서울 시내 제1, 제2석간을 채택하여 일약 9판제를 단행하는 등 비약을 거듭했다.

한편으로 1935년 7월 16일 출판부를 새로 두어(주간에 이은상) 『조선명인전』 등 민족의식을 고취하는 단행본을 출판하였다. 1935년 10월 17일 월간종합지 『조광』을 창간했고, 1936년 3월 6일에는 『조광』의 자매지 월간 『여성』을, 1937년 4월 1일에는 월간 『소년』을 각각 창간했다.

또한 1928년부터는 신춘문예작품을 모집함으로써 젊은 인재를 발굴, 문예부흥을 꾀했고, 1939년 5월에는 조선어학회 제정 '한글 철자법 통일안'을 신문지면에 채용했다. 1938년 현재 지국수는 296, 분국수는 103개소였다.

1939년 12월 상순 총독부는 "언론보국(言論報國)의 기관을 하나로 묶을 방침을 세웠다"고 조선일보사에 통고하였다. 이 정책이 실행에 옮겨진 것은 이듬해 7월이었다. 총독부는 용지통제권을 발동하여 신문용지 배급량을 줄였고, 그로인해 『조선일보』는 부득이 12쪽에서 10쪽 발행으로 후퇴할 수밖에 없었다.

마침내 총독부는 1940년 8월 10일을 기해 폐간령을 내렸다. 『조선일보』는 8월 11일자로 폐간호를 제작했다. 창간 이래로 20년 5개월 5일만이었다. 지령 6923호인 폐간호는 10쪽으로 발행되었으며, "본사 금 10일로 폐간"이라는 사고(社告)를 비롯하여 폐간사, 「조선일보 20년사」, 폐간 '8면봉' 등을 게재하였다.

폐간 당시의 『조선일보』 발행부수는 6만 3000부로 이때 『조선일보』, 『동아일보』 양대지의 발행부수는 도합 11만 8000부였다.

총독부는 윤전기 등의 인쇄시설을 인수하면서 매수비로 80만 원을 지불했다. 4회의 정간에 근 500회에 이르는 압수, 그리고 수많은 발매금지 및 삭제의 상처를 입고 문을 닫았다. 폐간 이후에는 회사의 목적을 변경하여, 대중 의료 사업을 경영하고 100만 원의 육영재단 법인인 '동방문화학원'을 설립하기로 했으며 『조광』, 『여성』, 『소년』 등 잡지와 단행본을 출간해 온 출판부를 주식회사 '조광사'로 독립, 계속 경영하게 하였다.

해방 이전까지 이 신문의 임원을 시기순으로 나열하면 다음과 같다.

사장: 조진태, 유문환, 남궁훈, 이상재, 신석우, 안재홍, 유진태, 조만식, 방응모

발행인: 예종석, 최강, 권병하, 김용희, 김동성, 안재홍, 신석우, 안재홍, 임경래, 방응모

편집인: 최강, 권병하, 김용희, 김동성, 민태원, 백관수, 장지영, 유광렬, 안재홍, 임경래, 방응모

편집국장: 최강, 선우일, 이상재, 염상섭, 민태원, 김동성, 이선근, 한기악, 주요한, 이광수, 김형원, 함상훈

• **대정실업친목회**

이 단체는 일본이 국권을 침탈한 뒤 모든 결사가 금지되었던 무단정치 시기인 1916년에 유일하게 결성된 친일단체로 조중응(趙重應)을 대표로 하여 설립되었다. 상호 의사소통을 통해 정의(情誼)를 두텁게 하고 정신수양을 꾀한다는 취지를 내세웠으며, 국가경축일·법령의 주지·납세의무 강조·근검저축·식산흥업·예의질서 등에 대해 연구하여 한국 민족으로 하여금 일제의 무단정치에 순응하도록 하였다.

1921년 1월에 개최한 대회에서 일본인은 고문으로 물러나고, 주로 조선의 귀족이나 대지주, 친일예속 자본가들의 친일단체로 바뀌었다. 이때 회장은 민영기였고, 부회장은 조진태, 이사는 예종석 외 14명, 평의원은 백완혁 외 27명, 평의장은 한상룡, 고문은 이완용, 민영휘, 이윤용을 뽑았으며, 회원도 250명으로 늘었다. 이때 강령을 바꾸기도 했는데, '조선인은 서로 친목하고 덕업을 서로 베풀며, 어려움을 서로 구하자, 산업 발달과 증식에 힘써 생활을 안전하고 튼튼하게 하자'가 그것이었다. 1924년 3월 한민족의 독립의식 말살과 총독정치 지지를 목적으로 설립된 각파유지연맹(各派有志聯盟) 발기에 참여하였다.

• **방응모**

『동아일보』에 김성수가 있었고 『조선중앙일보』에 여운형이 있었다면 『조선일보』에는 방응모가 있었다.

『동아일보』와 『조선일보』의 경쟁이 격화된 것은 1933년 방응모가 『조선일보』의 경영권을 맡으면서부터였다. 그 이전까지의 『조선일보』는 경영면에서 『동아일보』에 필적할 상대는 되지 못했다. 경영주가 여러 번 바뀌었고, 재정적 기반도 튼튼하지 못했기 때문이다. 이에 비해 『동아일보』의 사주 김성수는 『동아일보』 비롯하여 중앙고보, 보성전문 등의 언론 및 교육기관을 운영하면서, 경성방직, 해동은행 등의 기업체를 갖고 있기도 했다. 이에 비하면 방응모가 중앙에 진출하던 당시에는 재력이나 명성이 모두 김성수보다 뒤처지는 편이었다.

방응모는 40세였던 1923년부터 평북에서 『동아일보』 정주지국장을 맡았다가, 후에 금광으로 돈을 벌어 50세인 1933년에 『조선일보』를 인수했다.

방응모는 『조선일보』를 인수한 후 『동아일보』의 편집진을 스카우트하고 판매 활동에도 적극적이었다. 이를테면 『동아일보』에서 오랫동안 핵심적 역할을 맡았던 이광수, 서춘, 김동진, 함상훈, 신태익 등을 모두 본사로 끌어들였다. 그는 고학력의 기자를 채용했다. 그중에서도 사립학교 출신보다 관립대학 출신을 많이 채용해서, 당시 세평은 이런 인사정책을 '간관주의'정책이라고까지 일컫고 있었다.

1935년에는 자매지인 『조광』을, 이듬해에는 『여성』을 잇달아 창간하였다. 이후 친일단체인 조선문예회(1937)에 참여하는 한편, 국민정신총동원조선연맹 발기인, 국민총력조선연맹 참사(1940), 조선임전보국단 이사, 임전대책협의회 위원(1941) 등으로 활약하면서 친일 활동을 하기도 했다. 광복과 함께 『조선일보』를 복간하고 사장으로 있다가 6·25전쟁 발발 초기인 1950년 7월 7일 납북되었다고 알려져 있다.

1933년 이후 『조선일보』의 주도 세력

취체역 사장인 방응모와 부사장 겸 편집국장인 이광수, 주필 겸 경제부장인 서춘 등은 모두 평북 정주 출신이었다. 또한 전무취체역이며 편집국장대리 주요한과 취체역 영업국장인 김기범은 평양 출신이었다. 거기에다가 취체역 6명 중에서 고일청(평북 의주), 김동원(평양), 박홍식(평북 용강), 조만식(평양) 등 4명이 평안도 출신으로, 실권자 및 간부들은 압도적으로 평안도 출신이 차지했고, 기자 중에서도 서북 인사가 타도 출신보다 다수인 것만은 틀림없었다. 여기에다가 『조선일보』 인사정책의 특징으로는 당시 「조선일보론」을 쓴 안덕근이 지적했듯, "방씨의 독재로서 좌우되는 지진정책", "해외양행을 한 박사와 관립대학 출신의 학사로서 편성한 인적 진영, 이것은 방씨의 간판정책"이라고도 할 수 있었다. 방응모의 기분 여하에 따라 지진정책에 의해 밀려나는 사원들이 다수였던 만큼 『동아일보』, 『조선일보』, 『조선중앙일보』 등 우리말 간행 3개 신문사 중에서 본지는 사원이동이 제일 심했고, 관립대학 출신 학사 기자들이 타사에 비해 다수를 차지하고 있었다. 즉, 1939년 현재 조사부장인 이갑섭, 비서인 방종현, 사회부 박치우, 진현중, 판매부의 이명신, 정치부의 황순봉 등이 모두 경성제대 출신이었으며, 정치부의 김경섭, 경제부의 김광순이 도쿄제대 출신이었다. 그 외에 지방부의 권경완이 경도제대 출신이며, 학예부의 김기림은 도호쿠제대 출신으로, 『동아일보』가 보성전문 출신을 우대한 것과 좋은 대조를 이룬다.

실제로 기자를 공개 채용해서 뽑은 것이 1930년 4월 『조선일보』가 처음이었던 만큼 그 전에는 말할 것도 없고 그 이후에도 기자의 공채는 요원했으며, 일단 입사했어도 경영부실, 경영진의 암투에 의한 기자 해고는 물론, 급료 인상과 신문의 개혁을 요구하는 기자들을 집단 해고하며 때로는 총독부 당국과의 정간 해제의 타협을 위한 제물로까지 제공되어 이러한 일들이 끊임없이 일어났던 것이다. (이경돈)

참고문헌

『한국신문백년지』 1, 한국언론연구원, 1983; 이해창, 『한국신문사연구』, 성문각, 1983; 정진석, 『언론과 한국 현대사』, 커뮤니케이션북스, 2001; 정진석, 『한국언론사연구』, 일조각, 1983; 정진석, 『언론조선총독부』, 커뮤니케이션북스, 2005.

조선재무(朝鮮財務)

1923년 서울에서 발간된 일본어 월간 기관지

조선재무협회에서 세정(稅政)의 민중화를 내걸고, '전국민'과 전 납세자에게 세정의 개념을 이해시키기 위하여 1923년부터 발행한 일본어 월간지이다. 서울대도서관 경제문고에 1930~1942년에 발간된 자료가 소장되어 있으며, 고문헌자료실에는 1931~1939년에 발간된 잡지가 소장되어 있다.

내용은 각종 세법에 관한 소개와 해설, 재정 관련 사항에 대한 소개, 세관과 지방세무기관의 현황에 대한 소개 등으로 구성되었다. 기타 재무협회 회원의 친목을 도모하기 위한 가벼운 읽을거리도 많이 수록되었다.

조선재무협회는 조선총독부 세무 관련 관료들의 친목단체로 재무국 내에 설립되었다. 회장은 재무국장이 당연직으로 위촉되었다.

재무협회가 발간한 단행본 자료에는 『주조대요』(1925), 『주세령 개요』(1928), 『구미여행에서 돌아와서』(1928), 『조국을 돌아보며』(1933), 『국유재산법상해(詳解)』(1937), 『조선세무법규제요』(1944) 등이 있다. (윤해동)

참고문헌

정태헌, 『일제의 경제정책과 조선사회』, 역사비평사, 1996; 『조선재무』, 서울대도서관 경제문고 소장본.

▌조선전기잡지(朝鮮電氣雜誌)

▶ 조선전기협회회보(朝鮮電氣協會會報)

▌조선전기협회회보(朝鮮電氣協會會報)

1912년 서울에서 일본어로 발간된 전기 관련 월간지

1912년경부터 사단법인 조선전기협회에서 일본어로 발간한 잡지이다. 처음에는 『조선전기협회회보』라는 이름으로 1년에 2~4회 간행되다가, 1938년 2월부터 『조선전기잡지』로 개제하고 월간으로 발간되었다. 국판 100쪽 내외의 분량이다. 1928년부터 1940년까지의 자료가 서울대도서관 경제문고에, 1938년 7월부터 1942년 12월까지의 자료는 국립중앙도서관에 소장되어 있다.

잡지는 권두언, 각종 전기관련 논문, 전계(電界)전망, 자료, 회무보고, 업계소식, 취미란, 문예란, 만화·만문, 편집후기 등으로 구성되었다.

전기관련 논문으로는 각종 전기공작물, 전기 및 통신선 설비, 각종 장해요소 방지, 전기요금 체계와 전기요금 사무조직, 전기화학공업과 자원개발에 관한 것 등이 중심을 이루고 있다. 전시체제기에 들어서면, 방공과 전기공작물의 방어, 전기통제정책의 기본 방향과 협력, '전기보국'에 관한 내용 등으로 관심이 전환된다.

전계전망란에는 전기사업의 현황과 전망에 관한 보고 및 전기사업에 종사하는 중요 인물에 관한 소개 자료 등이 실렸으며, 자료란에는 전기 관련 각종 법령, 정책 등의 소개와 해설, 기타 전기관련 각종 지식을 소개하였다. 전기 관련자들의 좌담과 회원들이 투고한 문예 및 취미 작품이 소개되기도 하였다.

• 조선전기협회

조선총독부 체신국 전기과 내에 설치되었는데, 전기와 관련한 총독부의 관료와 전기 사업을 경영하고 있는 각종 사업자가 연합하여 결성하였다. 사무실은 조선체신사업회관에 내에 두었다.

조선에서의 전기사업은 1930년을 전후하여 비약적으로 성장하였다. 한일강제병합 당시와 1938년을 비교하면, 전기사업 관련 업체의 자본금은 930만 원에서 2억 7000여 만 원으로 증가하였고, 발전 용량은 1800㎾에서 65만㎾로 증가하였다.

조선에서의 공업과 광업의 발전은 전기사업의 발전과 연계되어 있었으므로, 전기사업은 매우 중시되었고 총독부는 저렴한 전기의 개발에 노력을 기울였다. 1910년대 이래 3차에 걸쳐 발전수력 조사사업에 착수한 것은 이런 이유 때문이었다.

특히 전시체제로 돌입하여 경제정책의 목표가 국방산업의 확립으로 설정됨으로써, 전기화학공업과 그 기초산업인 전기산업이 강력한 통제의 대상이 되었다.

따라서 '전기보국(電氣報國)'이 이 시기 전기업계의 슬로건이 되었으며, 전기통제정책에 발맞추어 관민이 협력할 것을 요구하였다.

조선전기협회에서 발간한 단행본 자료에는 『전기사업요람』(1916, 1938), 『조선전기사업 법규집』, 『조선의 전기사업』, 『조선전기사업을 말한다』, 『조선전기공작물규정』(1940) 등이 있다. (윤해동)

참고문헌

朝鮮電氣協會, 『朝鮮の電氣事業』, 1940; 『조선전기협회회보』, 서울대도서관 경제문고, 국립도서관 소장본.

조선종교공론(朝鮮宗敎公論)

1924년 서울에서 발행된 불교 잡지

편집 겸 발행인은 가와카미 구니타로(川上國太郞)이고, 발행소는 조선종교공론사(경성)이다. 월간이며, A5판, 79면으로 50전이다.

『조선종교공론』은 조선불교진흥을 촉진하여 반도 정신계의 조화를 꾀하고 내선융화(內鮮融和)에 진력하여 민중교화, 사상선도, 사회문화의 진전에 보탬이 되고자 발간되었다.

편집 겸 발행인은 가와카미 구니타로였고, 주간은 가와히토 간간(川人干竿)이었는데, 이들 일본인들이 잡지 창간을 주도한 것으로 미루어 보아 『조선종교공론』은 조선에서 포교 활동을 전개하던 일본인 승려와 신자들에 의해 발간된 잡지로 추정된다.

일본인의 글로는 다카하시 도루(高橋亨)의 「삼국시대로부터 신라조에 지(至)한 조선불교사의 대관」과 오노 세이치로(小野淸一郞)가 웰스(G. Wells)의 『문화사대계(the outline of history)』(1920)에 등장하는 불교관을 비판하기 위해서 쓴 「웰쓰 불교관의 비판」 등이 눈에 띈다.

조선인의 글로는 권상로(조선불교중앙교무원)의 「조선불교와 문화」가 유일하게 실려 있다.

그 밖에 불교계 소식으로는 경성불교자비원의 행려병인(行旅病人) 수용과 진료에 관한 기사, 경성불교자선회의 회칙 및 조선총독부 불교정책에 의거해 조선불교중앙교무원(1924)이 설립되고 이어 보성고등보통학교(普成高等普通學校)를 인수 운영했다는 사실 등이 실려 있다. (이경돈)

참고문헌

김순석, 「조선총독부의 불교정책과 불교계의 대응」 고려대학교 박사논문, 2001; 『한국불교학연구총서-근현대 편』, 불함문화사, 2004.

조선주조협회잡지(朝鮮酒造協會雜誌)

1929년 서울에서 발행한 격월간으로 발간된 일본어 잡지

1929년 10월년 창간되었으며1929년부터 1939년까지 서울에서 격월간(월간)으로 발행한 일본어(한국어 번역) 기관지이다. 1929년 9월 결성된 조선주조협회에서 발간하였다. 창간 당시에 설정한 기관지 발행의 목표는 회원의 주조에 관한 이해를 증진하고, 주조업 발전에 기여한다는 것이었다. 이를 위하여 주조업계의 추이와 양조기술에 관한 연구논문, 회원들의 각종 질의에 대한 회답 등을 주로 게재한다는 방침을 정하였다. 창간 당시 잡지의 간기는 격월간으로 하고, 4×6배판으로 약 100쪽 내외의 분량으로 발간하기로 하였으며, 일본어를 기본으로 하되, 일본어를 이해하지 못하는 회원을 위하여 한글 역문을 첨부하도록 하였다. 1권 1, 2호(1929), 2권 1~7호(1930), 3권 1~7호(1931), 4권 1~6호(1932), 5권 1~6호(1933)를 발간하였다. 1930

년과 1931년에는 품평회 특집호를 발간하는 바람에, 1호씩 추가되었다. 이 가운데 1929, 1930, 1931년 발간분이 서울대도서관 경제문고에 소장되어 있다. 1934년 조선주조협회가 재단법인이 되자, 기관지도 『주(酒)』로 개제하고 격월간으로부터 월간으로 바꾸었으며, 국판 70쪽 내외로 하여 판형과 분량을 축소하였다. 그리고 한글 번역문도 게재하지 않기로 방침을 변경하였다. 1934년 4월부터 월간 『주』 창간호가 발간되어, 1939년 12월 11권 12호로 종간되었다. 1934년 4월호부터 1939년 12월호까지(단 1934년 10, 11, 12월호 누락) 서울대도서관 경제문고에 소장되어 있다. 국립중앙도서관에는 1937년 9월부터 1939년 12월 발간분까지 소장되어 있다.

잡지는 권두언, 연구강좌, 시평, 휘보의 순으로 구성되었다. 연구강좌란에는 각종 주조기술에 관한 정보 및 연구논문, 주세 및 주조업 관련 법령과 정책, 해설 등이 주로 게재되었으며, 시평에는 주조 관련 시평과 주조와 관련한 회원의 질의, 그에 대한 응답 등을 주로 수록하였다.

이 밖에 문예란에는 회원들의 문예작품을 다수 수록하였으며, 주조협회 휘보와 각종 통계자료도 수록하였다.

식민지기 주조업계의 상황과 주조기술의 변화·발전을 이해하는 데 있어 필수적인 자료적 가치를 지닌다.

• 조선주조협회

1916년 이전 조선에는 주조업자 또는 영업자들의 동업자조합이나 산업조합이 거의 존재하지 않았으나, 1916년 7월 주세령이 시행되면서 각종 조직이 결성되기 시작하였다. 그리하여 1928년 주조업자들이 결성한 각종 단체의 수가 129개였고, 이들이 결성한 도 단위 조합연합회가 7개, 기타 단체가 58개로, 전체 주조 관련 단체의 수가 194개에 이르렀다. 그러나 이들 단체를 주도한 것은 주조업자가 아니라 주로 영업자들이었다.

이런 상황에서 조선총독부가 중심이 되어 전체 주조업자를 망라하는 주조업동업조합 설립계획이 추진되었다. 이 당시 조선 전체의 주조업자 수는 1만 3700여 명으로 추산되고 있었으며, 그 가운데 주요한 주조업자 수만 2253명으로 추산되었다.

총독부가 주도하던 주조업자 동업조합 설립계획을 기반으로 1929년 9월 조선주조협회가 설립되었다. 총독부의 관련 관리와 주요한 주조업자 2253명이 연합하여 결성한 관민 협동단체였다. 회장은 총독부의 재무국장 구사마 히데오(草間秀雄)가 맡았고, 사무소는 총독부 재무국 세무과 내의 주류시험장에 두었다.

조선주조협회는 주조에 관한 학술 진흥, 주조업 사업자 양성, 주조 관련 잡지 간행을 단체 설립의 목표로 내걸었다. 1934년 조선주조협회는 재단법인으로 조직을 변경하여 조직 운영의 내실을 기하기 위하여 노력하였다. 1938년 8월 공포된 조선주조조합령에 따라 조선주조조합중앙회가 결성됨으로써 조선주조협회는 주도권을 상실하였다.

조선주조조합에서 발간한 단행본으로는 『조선주조요체』(1935), 『조선주조사』(1935), 『주조독본』(1938), 『분미식주모(粉米式酒母) 육성법에 대하여』(1938년)가 있다.

조선주조조합중앙회가 발간한 『주지조선(酒之朝鮮』을 참조. (윤해동)

참고문헌

朝鮮酒造協會, 『朝鮮酒造史』, 1935; 『조선주조협회잡지』, 서울대도서관 경제문고, 국립도서관 소장본.

▌조선중앙일보(朝鮮中央日報)

1933년 서울에서 발행된 일간지

1933년 2월 『중앙일보』를 개제하여 창간되었다. 당시 사장은 여운형이었고, 편집 겸 발행인은 최선익, 전무는 윤희중, 편집국장은 김동성, 편집인 박팔양, 이태준 등이었다. 대형판 13단제(1934년 7월 15일부터 조간 4쪽, 석간 4쪽의 8쪽, 1936년 7월 1일부터 조간 4쪽, 석간 8쪽의 12쪽 발행)로 발행되었다. 기타 체제 및 운영진 변화는 특기사항 참조. 신문계보는 다음과 같다.

『시대일보』(1924.3.31) → 『중외일보』(1926.11.15) → 『중앙일보』(1931.11.27) → 『조선중앙일보』(1933.2) 1936년 자진 폐간하였다.

『중앙일보』는 1932년 5월 5일 휴간 후, 5개월 이상 속간하지 못하고 있었는데, 노정일은 발행권을 살 사람을 물색하던 중, 『조선일보』에서 발행권 장악을 둘러싸고 분규를 거듭하던 최선익과 협상이 이루게 된다. 그리하여 최선익은 『조선일보』를 포기하고 윤희중과 함께 『중앙일보』를 인수한다. 이후 신문은 휴간 후 6개월이 다 되어가는 10월 31일에 속간하였다.

그로부터 3개월 후인 1933년 2월 16일에는, 일찍이 상하이에서 체포되어 국내에서 복역 중에 있다가 출옥한 여운형을 사장으로(1933.2.16) 새로 맞아들여 영업과 지면의 혁신을 꾀했다.

이때부터 이 신문은 활기를 띠기 시작하여 동년 6월 30일자부터 종래의 4면제를 6면제로 증면하는 동시에 날카로운 논조를 펼쳤다.

여운형이 사장에 취임하여 이해 3월 7일부터는 제호를 『조선중앙일보』로 고쳤다. 여운형은 6월 18일에는 사옥을 견지동 111번지로 옮겼고, 이해 7월 1일부터는 지면을 늘려 종래 4쪽에서 6쪽으로 변경하여 발행한다. 11월 1일에는 혁신 1주년 기념호를 발행했고, 월간지 『중앙』을 창간하는 등 사세를 확장해 간다.

1934년 6월 27일에는 신문사를 자본금 30만 원의 주식회사로 만들고, 진용을 정비한다. 이어 7월 15일부터는 6쪽이던 지면을 조석간 4쪽씩 하루 8쪽으로 늘렸고, 구독료 역시 80전으로 인상한다. 그러나 『동아일보』는 이보다 앞서 1933년 9월부터 조간 6쪽, 석간 4쪽을 발행하여 하루 10쪽으로 이미 앞서 있었고, 『조선일보』도 같은 날부터 조석간 각 4쪽에 학예가정면으로 타블로이드 4쪽을 더 끼워서 대판 지면으로는 10쪽을 발행하고 있었으므로 『조선중앙일보』는 아직 동아일보나 조선일보에 비해 지폭은 떨어졌다. 또한 자본금도 방응모가 인수한 『조선일보』가 50만 원의 법인등기를 완료했기 때문에, 『조선중앙일보』는 이에 비해 20만 원이 모자라던 형편이었다.

그러나 사장 여운형의 사회적 명망과 수완으로 신문사는 차근차근 사세를 키워가서 1935년 1월에는 잡지 『소년중앙』을 창간하기에 이른다. 1936년 3월 말에는 성낙헌 등이 들어오면서 자본금 20만 원 증자하여, 총자본금이 50만 원으로 늘게 된다. 7월 1일부터는 조간 4쪽, 석간 8쪽 등으로 하루 지면이 12쪽에 달하게 되었고 구독료 역시 월 1원으로 인상되었다.

본지 기사 내용 중 특기할 것은 3·1운동 때 독립선언서에 서명한 33인 중 한 사람인 박희도의 불륜사건을 폭로한 기사다. 내용은 그가 정치적 전향을 한 후 총독부 당국의 후원을 미끼삼아 민족 반역 행위를 자행하고 있었으나 이를 정면으로 질타 운위할 수 없는 때이라 그의 패륜적 행위를 폭로함으로써 사회적으로 매장하려 한 것이다. 역시 33인의 한 사람인 최린의 사생활을 폭로한 것도 이때의 일이다.

1933년 7월 15일부터는 조석간 8쪽에 4판제를 실시했다. 1934년 7월 30만 원의 주식회사로 재발족, 그 달 16일부터 조석간 8쪽제를 단행하고 지가도 80전으로 올렸다. 이때에 출자자인 최선익은 퇴사하고 새 출자자인 윤희중과 여운형 양인이 경영을 담당하여 오던 중 1936년 봄에 성낙헌 등이 입사하여 동년 7월 1일부터 『동아일보』, 『조선일보』 양지와 같이 조석간 12쪽을 발행했다. 지대도 1원으로 인상했다.

1935년 현재의 주요 설비는 마리노니식 윤전기 3대, 평판인쇄기 1대가 있었고, 1935년 8월 25일 프랑스제 쌀 수송 신식 2A2형 경비행기를 도입한 동보는 동년 9월 18일자로 "본사 항공사업 제1회 장거, 성산 백두탐험비행"이란 사고(社告)를 내고 그 달 하순 편집국장 이관구와 홍병옥, 김동업(비행사)으로 취재반을 편성하여 신문사가 표현한 대로 "조선 알프스 관모운봉 상파(翔破, 천고신비경천지위용부감(千古神秘境天池偉容俯瞰)"을 단행했다.

1936년 2월 23일 자본금 50만 원 전항불입으로 20만 원의 증자를 한 신문사는 진용을 다음과 같이 개편했다. 취체역 사장 여운형, 전무 취체역 윤희중, 고문 권동진, 윤치호, 편집국장 이관구, 경리 국장 김세호, 공무국장 홍덕유, 정치부장 배성룡, 사회부장 박팔양, 지방부장 박원근, 학예부장 김복진, 판매부장 이민종, 광고부장 이장영, 도쿄지국장 조한용, 오사카지국장 박윤석이 그 진용진이다.

이때 체제는 대판형 13단제(1행 14자, 1단 147행)이었고, 조간은 4쪽, 석간은 4쪽을 발행했으며 7포인트 활자를 썼다. 지가는 월 80전이었다.

1936년 8월 9일 손기정이 베를린에서 열린 제10회 올림픽 마라톤에서 우승하자(남승룡은 3위) 동보는 13일자 조간 4면에 "두상(頭上)에 빛나는 월계관, 손에 꼭 쥔 견묘목(樫苗木), 올림픽 최고영예의 표창을 받은 아손자(我孫子)"라는 제하의 기사와 함께 일장기를 말소한 손기정 선수 사진을 분명치 않게 게재(요미우리 신문 전송 사진)하였다. 이즈음 『동아일보』 일장기 말소사건이 발생하여 8월 27일부터 제4차 무기정간을 당하게 되자 『조선중앙일보』는 9월 4일자에 손기정 선수의 일장기 말소사건에 "근신(謹愼)의 의(意)를 표하고 당국의 처분이 있을 때까지 휴간함"이라는 사고를 게재하고는 5일자 조간부터 휴간에 들어갔다.

손기정 선수 사진의 일장기는 운동기자 류해붕이 말살하여 게재한 것인데 발각이 안 되고 무사통과되었으나 『동아일보』 말소사건이 문제화되고 『조선중앙일보』에 대한 조사도 심해짐에 따라 신문사는 발각 사전에 자수함이 정간을 당해도 가벼우리라는 간부회의 결의로, 류 기자를 자수하게 하는 한편, 신문사의 근신으로 자발적 휴간을 단행한 것이다.

동보는 그 후 성낙헌 등과의 재정적인 물의로 최선익, 윤희중, 성낙헌 3대 주주들의 대립 암투와 여운형 사장이 총독부의 강요로 사임하게 되자 좀처럼 새로운 투자도 받지 못하고 곤경에 빠졌다. 『동아일보』가 9개월 만에 정간 해제될 때까지도 별다른 타개책이 없어, 결국 1937년 11월 5일 발행허가 효력 자연상실로 폐간되었다.

이 신문이 얼마나 날카로운 논설로 총독부정책에 대항해 왔는가 하는 것은 수없이 차압을 당하고 기사삭제의 고난을 겪어온 사실로도 엿볼 수 있는 문제된 보도 내용은 다음과 같다.

[압수된 기사]

· 1933년

4월: 사상대책위원회(18일)

6월: 「권총청년 서원준, 드디어 피착(被捉)」(18일)

9월: 간도공산당사건 공판진행불능, 피고 등의 모종 요구 제출코 결속하여 심리거부(26일)

10월: 주권자는 공포시대(5일), '잡지농민' 일파의 농민문학론비판(15일자), ○○운동한 이유필 예심종결, 치안위반이라 하여 공판회부, 신의주 법원에서(23일)

· 1934년

5월: 편집방법 불온당의 이유로 인하여(10일), 인천부내 공현리에서 권총실탄발견(12일)

9월: 천도교파 대도정(大道正) 최린 씨 상대로 제소(提訴)(20일)

· 1935년

3월: 조간 사설(21일)

5월: 조간제2판(8일), 교장을 축출코자 칙어(勅語)상자에 방화(8일)

8월: 군무(軍務)국장 조난(遭難)에 육군성 단호(斷乎) 결의(13일)

12월: 유사종교탄압(24일)

* 1936년

1월: 금효(今曉) 청도(淸島) 가두에서 권총깽 뻐스 습격(14일)

3월: ① 노나카 시로(野中四郎) 등의 사진이 있는 것, ② 사진, 노나카 시로, 안도 데루조(安藤輝三), 무라나카 다카지(村中孝次)의 사진이 있는 것, ③ "동경시중(市中)의 경계광경병 궁성부근경비(警戒光景並 宮城附近警備)"라는 제하의 사진이 있는 것(2일), 궁민(窮民)구제비 구백원(21일)

7월: 조선민란사화(朝鮮民亂史話) '33'(6일)

8월: (호외) 폭탄을 제조해놓고 우원(宇垣)총독의 암살을 도모, 미증유의 '테로'계획발로(17일), 농촌진흥운동은 재검토가 필요, 종래 호성과수득(好成果收得) 운운은 공허한 과장에 불과(30일)

[삭제된 기사]

· 1935년

2월: ① 「세계경제회의의 제창, 그 진의는 나변(那邊)에 있는가」 제4항 말미, ② 「국민당 중앙당부의 대만교란공작대강(對滿攪亂工作大綱), 종횡적으로 저항을 지령 중」 일부(3일) (사설) 「인텔리겐치아의 위기」 제4항(5일) ① 석간 제2면 6~8단중 일부 ② 석간 제3면 6~7단 일부(29일)

5월: 조간 제2면 1~10단 일부(3일), 제2574호 조간 제2판 제2면 1~4단 중 일부(8일)

6월: 석간 제3면 1~3단 일부(9일), 석간 제2면 8~9단 일부(18일)

7월: 석간 제3면 「경북도의 강제 저금, 팔십삼만거액」 제하 본문(6일)

8월: 조간 제1면 6~9단중 일부(18일), 석간 제3면 4~5단 일부(25일), 석간 제2면 9~11단 일부(30일)

9월: 조간 제4면 4~7단 일부(8일), 석간 제3면 톱 제목 1행(21일), 조간사설 「영이(英伊)는 개전할 것인가」 전문(22일), 석간 제2면 「피고 정태옥 등 운동의 정당을 역설」 제하 본문일부(28일)

10월: 석간 제3면 톱 1~3단 일부(11일), 석간 제3면 톱 「조(租) 강제검사로 군면직원독려원(郡面職員督勵員) 등, 도처에서 농민과 충돌」 이하 제목(22일)

11월: 석간 제3면 6~8단 일부(3일), 조간 제4면 5~6단 일부(12일)

12월: 조간 제4면, 신간 독후감 「정지용 시집에 대하야」의 말미(7일), 석간 제4면 「홍난파 악성을 추모하며, 근대음악의 비조(鼻祖)베토벤의 백육십오주년의 생일을 기념하야」 본문 중 일부(15일), 조간 제2면 톱 1~4단 일부(17일), 제2804호 조간사설(24일), 석간 제3면 7~9단 일부(28일), 석간 제1면 「영불독 삼국간 공군로카르노안 절충」 제하 3인중 1인의 사진(30일)

· 1936년

1월: 석간 제4면 3~6단 일부(12일), 석간 제2면 "재판장 허락으로 피고를 악수 교환" 2행 및 본문 1행(28일)

2월: 석간 제3면 "집안현이주(輯安縣移住)동포 이천명의 참상! 영하 삼십도 설한에 막천도지(幕天度地)의 생활 계속' 2행 및 본문 일부(21일), 석간 제2면 톱1~4단 일부(21일), 조간 제1면, 2.26사건 발발(편자 가제) 제목(28일), 조간 제1면 '계엄령 제이일의 동경' 본문일부(29일)

3월: 석간 제1면 톱 기미운동기념일 관련기사의 가제목 일행(1일)

4월: 석간 제1면 '조마경(照魔鏡)'(1일), 석간 제5면 소설 이기영 작 노수현 화 「인간수업(90)」 삽화(12일), 석간 제5면 「인구의 오분의 일이 도항수난자!(渡航受難者)」 제하 말미(14일), 석간 제1면 「희랍정부 떰 · 싸 양도(兩島)에 요새를 구축키로 결정」 제하의 사진, 지도(未詳)(28일)

5월: 석간 제5면 3단 일부(3일), 석간 제5면 5~7단 일부(8일), 석간 제1면 5~7단 일부(15일), 조간 제1면 「일본중의원 조선사업 공책법안원회」에서의 질의전중(質疑戰中) 일부(19일)

6월: 석간 제3면 1~3단 중 일부(25일), 석간 제5면 6단 1부(28일)

여운형의 등장과 『조선중앙일보』

여운형은 경기도 양평 출생이다. 1919년 3·1운동 후에는 상하이에서 신한청년단을 조직했고, 이해 11월 장덕수 등과 함께 일본으로 건너가 일본 정부 요인들에게 한국 독립의 필요성을 역설하고 돌아왔으며 1921년 모스크바에서 열린 극동피압박민족대표자회의에도 참석하는 등 독립운동을 전개하다가 1927년 상하이에서 일본 관헌에 체포되어 서울로 압송되어 3년형을 선고받고, 대전형무소에서 복역한 뒤 1932년에 출옥했다. 출옥 후 1933년 2월 16일 『중앙일보』의 사장이 되었고, 이해 3월 7일부터 제호를 『조선중앙일보』로 고쳤다.

여운형은 『조선중앙일보』를 통해 일제 식민통치와 친일 반민족행위자는 가차 없이 비판했으나, 노동자, 농민, 소자본가, 서민, 학생 등에게는 용기와 격려와 애정을 아낌없이 쏟았다는 평을 받는다. 또한 여운형은 직접 수재나 화재현장에 나서 피해자들을 돕고 위로

했다고 하는데, 세간에서는 『동아일보』 사장 송진우와 『조선일보』 사장 방응모와 몽양 여운형을 비교하는 이런 말이 나돌기도 했다.

'조선일보 광산왕은 자가용으로 납시고, 동아일보 송진우는 인력거로 끄덕끄덕, 조선중앙일보 여운형은 걸어서 뚜벅뚜벅'

『조선중앙일보』는 총독부의 정책에도 비판적 입장을 견지했다. 총독부가 이른바 농촌진흥책의 하나로 '자작농 창설령'을 내리자, 그 허구성을 반박하면서 식민통치하에서 자작농이란 어불성설이라고 했다. 뿐만 아니라, 이 창설령은 조선농민을 기만하여 더 많은 식량을 수탈하려는 데 목적이 있다고 공격했다.

『동아일보』, 『조선일보』가 역점을 두어 벌이던 '물산장려운동'과 '브나로드운동'에 대해서도 여운형은 탐탁지 않게 생각하여 비판했다. 이런 운동은 식민지 문제의 본질을 덮어둔 채 개량적이며 타협적인 캠페인을 전개함으로써 사실상 일제의 자력갱생, 농촌진흥책이라는 위장된 술책에 협조하는 것이라고 속셈을 날카롭게 꼬집은 것이다.

한편, 1936년 8월 손기정 선수가 베를린에서 열린 제11회 올림픽대회 마라톤에서 1등을 한 낭보가 한반도를 흥분의 도가니로 몰아넣었다. 『조선중앙일보』 역시 호외를 발행했고, 신문들은 조선을 빛낸 손기정 선수의 쾌거를 대서특필했다. 8월 15일 『조선중앙일보』는 손 선수의 가슴에서 일장기를 말소한 사진을 실었고, 10일 뒤 『동아일보』에서도 일장기를 지운 사진을 발행했다. 이 사건으로 『동아일보』는 무기정간을 당했고, 『조선중앙일보』는 자진폐간으로 문을 닫았다. 4년여에 걸친 몽양 여운형의 『조선중앙일보』 시절은 이로써 종말을 고했다. (이경돈)

참고문헌

박용규, 「일제하 시대, 중외, 중앙, 조선중앙일보에 관한 연구」, 『언론과 정보』 2호, 1996; 『한국신문백년 사료집』, 사단법인 한국신문연구소, 1975; 『한국신문백년지』 1, 한국언론연구원, 1983.

조선지광

▶ 신계단(新階段)

조선지도서관(朝鮮之圖書館)

1931년 서울에서 창간된 일본어 도서관 관련 잡지

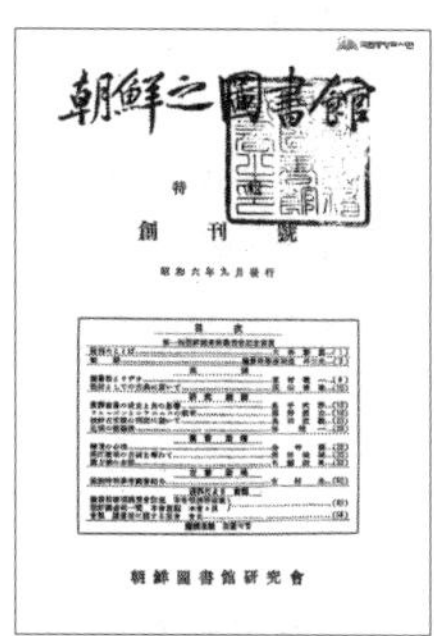
朝鮮之圖書館

特

創刊號

朝鮮圖書館研究會

1931년 9월 조선도서관연구회가 일본어로 창간한 도서 및 도서관 관련 잡지로서, 도서관연구회의 기관지이다. 원래 격월간으로 발간할 예정이었으나, 실제로는 매우 불규칙하게 발간되고 있다.
1935년까지의 발행 상황은 다음과 같다. 창간호(1931.9), 2호(1931.12), 3호(1932.2), 4호(1932.3), 5호(1932.5), 6호(1932.7), 7호(1932.9), 8호(1932.11) 등으로 1932년에는 격월간 발간이 거의 지켜지고 있다. 1933년부터는 3권으로 잡지 표기 방식을 바꾸었는데, 1934년 1월까지 3권 6호가 발간되었다. 그 후 1938년 7월까지 6권 4호가 발간되고 있다.
회원용 비매품으로서, 편집자 겸 발행자는 요시무라 데이키치(吉村定吉)였으며, 발행자는 조선도서관연구회였다. 요시무라는 경성제대 교수로서 영어학 강좌를 담당하였으며, 경성제대 도서관의 사서관(司書官)을 겸임하였다. 1972년 아세아문화사에서 영인하였다.

잡지는 연구(주장, 경험), 난향자연(蘭香紫煙), 고향신미(古香新味), 관계소식(館界だとり), 회보, 편집만담, 신간편리장(新刊便利帳) 등으로 구성되었다. 연구·주장·경험란에는 도서관학과 관련한 경험과 연

구논문을, 난향자연·고향신미란에는 역사학이나 기타 도서와 관련한 연구논문을 게재하고 있다. 회보에는 회무 보고, 입회 소개, 회원 이동 상황, 임원 개선, 회칙, 회지 상황, 회무 보고 등을 자세하게 소개하였다. 과계 소식란에는 각지 도서관 소식과 강연회, 강습회 상황, 일본 도서관학계의 소식 등을 전하였다. 신간편리장란은 신간을 소개하는 난인데, 도서 분류별로 일본과 조선에서 발간된 신간의 목록을 소개하였다. 각 호는 본문이 약 20~40쪽 분량으로 구성되었으나, 4호부터 신간편리장이 따로 10~20쪽 분량으로 추가되었다.

조선도서관연구회와 그 기관지사업은 1935년 8월로 종결되고, 그 사업은 조선총독부도서관으로 이관되었으며 총독부도서관에서는 10월부터 『문헌보국』을 발간하였다.

• 조선도서관연구회

조선도서관연구회는 1928년 3월 5일 결성되었는데, 사무소는 조선총독부 도서관 내에 있었다. 이 단체는 도서 및 도서관에 관한 사항을 연구하고, 조선에서의 이 방면의 발전에 도움이 되도록 하는 것을 결성의 목적으로 삼았다. 이를 위하여 매월 예회를 열고, 1년에 6회 격월간으로 회보를 발행하기로 하였다.

또 도서관에 관한 사무에 종사하는 사람으로 단체를 조직하되, 연구회의 취지에 찬성하는 사람은 회원의 소개로 입회할 수 있도록 하였다. 회비는 보통회원은 월 20전, 특별회원은 월 50전, 지방회원은 월 10전이었으며, 30원 이상을 내는 사람은 명예회원으로 삼도록 하였다.

간사 5명을 두며, 그중에서 상무 간사 1명을 두기로 하였다. 상무 간사는 간사 총회에서 호선하며, 간사회에서는 연구회의 목적을 달성하기 위한 여러 사업을 결의할 수 있도록 하였다. 매년 1회 대회와 총회를 열고, 총회에 회무 성적과 회계보고를 하도록 하였다.

회원은 주로 총독부도서관, 철도도서관(만철도서관), 경성부립도서관, (경성제대)대학도서관의 직원들이었으며, 지방 각지의 도서관 직원이 참여하고 있었다. 1932년 5월 현재 회원은 139명이었으며, 회지 5호(1932.5) 발행 경비는 수입이 11만 3360원, 지출이 5만 4700원이었다. 수입 가운데 회비는 2만 7800원, 광고게재로 1만 5000원, 회지 매각대 2만 4120원, 전호 이월금 4만 6440원이었다.

1931년 현재 전 조선의 도서관은 49개소였으며, 전체 장서 수는 285,150권으로 파악되고 있다. 주요 도서관으로는 경성에는 조선총독부도서관, 철도도서관, 경성부립도서관, 경성부립 종로도서관 등 4곳이 있었으며, 인천에는 부립 인천도서관과 사립 인천문고가 있었다. 그 밖에 상대적으로 장서 수가 많은 곳은 군산교육회도서관, 대구부립도서관, 부산부립도서관, 마산부립도서관, 평양부립도서관, 원산도서관 등이었다. (윤해동)

참고문헌

『조선지도서관』, 국립도서관 소장본.

▌조선지수산(朝鮮之水産)

1924년 서울에서 발간된 수산업관련 일본어 월간지

1923년 설립된 조선수산회가 1924년 4월부터 발간한 일본어 월간잡지로서, 조선수산회의 기관지로서의 성격도 가지고 있다. 『조선지수산』은 1936년 4월부터 『조선의 수산(朝鮮の水産)』으로 개제되었다. 서울대 도서관 경제문고에 1924년 4월 창간호부터 1937년 5월호까지의 잡지가 소장되어 있는데, 1936년 4월부터 12월까지는 빠져 있는 상태이다. 조선수산회는 1944년 3월까지 존속되고 있었지만, 『조선의 수산』이 언제까지 발간되었는지는 확인할 수 없다. 조선수산회는 어업조합 이사에 대한 강습, 수산물 해외 판로 조사, 각종 수산 통계 작성, 도 수산회 결성, 기타 수산사업의 개량과 발달에 관한 사항을 중요한 사업으로 설정한 관제조직이다.
『조선지수산』은 어업 및 수산 진흥을 위해 결성되었던 수산조합, 어업조합, 어업조합연합회 등의 단체에 관한 사항과, 식민지기 어업 및 수산에 관한 제반 사항을 알려 주는 매우 귀중한 잡지이다.

『조선지수산』은 수산 관련 지식 계발, 관계자 간의 지식 교환 및 연락 등을 원활히 하기 위한 목적으로 발간되었다. 잡지는 대개 논설, 자료, 잡록 등으로 구성되었으며, 말미에는 조선수산회와 관련한 중요사항을 게재하고, 본문 중 중요한 내용에 대해서는 한글로 번역해 소개하고 있는 것이 특징이다.

어업 및 수산과 관련한 간이보험 및 어업조합에 관한 자료도 많이 소개되었다. 또 수산학교 및 수산시험장의 운영상황이나, 수산업정책을 소개하는 기사도 다수 게재되었다. 또 어업 종사자에 대한 교육 자료도 다수 포함되었다.

1925년, 1926년의 각호 잡지에는 각 도별 수산업 현황이 자세히 소개되어 있어 참고가 된다. 1932년부터 1937년까지의 각호 잡지에는 어업조합, 수산조합 등 여러 수산단체의 통합에 관한 기사 및 어촌진흥운동의 방법에 관하여 논한 기사 등이 실려 있어 주목할 만하다. 어촌의 궁핍에 대한 대책으로 어촌 금융제도를 확립하거나, 어업조합을 활성화하고, 어업의 경영을 착실하게 다져야 한다는 등 어촌 갱생을 도모하는 여러 가지 방안을 제시하고 있는 점이 눈길을 끈다. 이 시기 농촌진흥운동과 병행하여 어촌의 갱생을 내건 어촌갱생운동이 진행되고 있었다는 점을 확인할 수 있다.

• 조선수산회

1921년 일본 정부는 수산회법(水産會法)을 제정하여, 군·시(郡市)수산회를 단위로 도·부·현(道府縣)수산회와 제국(帝國)수산회를 조직하도록 하였다. 이를 근거로 조선에서도 1923년 1월 조선수산회령을 제정하였다.

조선수산회 조직은 1912년부터 특수수산조합으로 만들어지기 시작한 조선수산조합을 개편하여 설립되었다. 임해도 12개의 도 수산회는 조선수산조합의 도지부를 개편하여 설립되었으며, 조선수산회 중앙조직은 이로부터 2개월 후인 5월 31일에 설립되었다.

조선수산회의 임원은 회장, 부회장 1명 또는 2명, 평의원 수명으로 조직하도록 하였다. 창립 당시의 회장은 니시무라 유키치(西村祐吉), 부회장은 하야시 고마오(林駒生)였다. 평의원으로는 각 도의 수산업 종사자 가운데 조선인 유력자를 선임하도록 하였다.

조선수산회는 행정기관과 연계하여 수산업을 조장 발전시키는 관제 공익기관으로서, 수산 행정의 보조기관으로서의 성격을 띠고 행정 관청의 별동대(別動隊)적 임무를 수행하는 단체였다.

주요 활동으로서, 도 수산회는 먼저 각 도의 공통적 사업으로 어민의 조난 구제, 의료 시약(施藥), 어촌 조사 등을 실시하였고, 또 지방 실정에 따라 각종 시험 조사, 수산제품의 검사, 어획물의 공동 운반, 수산물의 공진회(共進會) 또는 품평회를 개최하고, 각종 지도장려 사업을 실시하였다.

조선수산회는 어업조합 이사에 대한 강습, 수산물 해외 판로 조사, 각종 수산 통계의 작성, 도 수산회 조성(助成), 기타 수산업의 개량 발달에 관한 지도 장려 등의 사업을 실시하였고, 사업의 확대에 따라 『조선수산시보』(순간) 발간, 어선 기관사의 양성 강습, 어선개선시설사업 등도 추가로 실시하였다. 1938년 7월부터는 일종의 어선공제(共濟)사업에도 착수하였다.

• 수산조합, 어업조합, 어업조합연합회, 조선어업조합중앙회, 조선수산업회

조선수산회와 관련한 단체로, 수산조합, 어업조합, 어업조합연합회, 조선수산업회 등의 단체에 대해서 살펴볼 필요가 있다.

식민지기 최초의 어업법은 1912년 2월 공포되어 4월부터 시행된 어업령이었다. 1930년에는 새로운 어업법인 '조선어업령'이 제정되어 5월부터 시행되었다. 어업령에 의해 '수산조합규칙', '조선 수산조합규칙' 및 '어업조합규칙', '조선어업조합규칙'이 동일부로 공포되고 시행됨으로써, 수산조합과 어업조합이 결성되기 시작하였다.

최초로 설립된 수산조합은 1912년 7월에 설립된 조선수산조합이었다. 이는 병합 전부터 일본인의 수산단체로서 활동하고 있던 조선해수산조합(朝鮮海水産組合)을 개편하여 설립한 것이었는데, 이 조합은 전국을 구역으로 하고 어업자만을 조합원으로 하여 설립한 예

외적 수산조합이었다. 각 도에 지부를, 주요 지방에 출장소를 두고 있었다.

일반직 수산조합으로서는 1917년 7월에 설립된 전라남도목포해조(海藻)수산조합이 있었다. 당시 목포부를 구역으로 한 한·일 양국인 해조 판매업자를 망라하여 조직한 수산조합이었다.

수산조합의 설립은 어업령이 시행되고 있었던 시대(1912~1930)까지는 매우 부진하였으나, '조선어업령'이 시행(1930)된 시기부터는 조선총독부의 적극적인 수산조합 설립 장려와 육성책에 힘입어 활기를 띠게 되었다. 1942년 12월 말 당시의 수산조합 수는 23개였는데, 대부분은 1930년대에 조직된 것이었다.

어업조합이 지구별 조합이었던 것과는 달리 수산조합은 업종별 조합이었다. 가장 큰 비중을 차지하였던 수산조합은 자본제적 대규모 어업이었던 기선 건착망 어업 및 기선 저인망 어업의 어업자와 정어리 어유 및 어비 제조업자가 조직한 수산조합이었다. 1930년대 이후 최대 신흥 어업으로 등장하여 어업계 왕 중 왕의 지위를 굳혔던 어업은 정어리 건착망 어업이었다. 1937년에는 정어리 어획량이 최고의 기록을 세워 근 140만 톤에 달하였다. 어업의 꽃이었던 정어리 기선 건착망 어업은 거의 일본인 독점이었다. 정어리 어업의 급격한 발달과 더불어 정어리를 원료로 하는 유비 제조업도 대규모화하고 현대화하였다. 이것 역시 일본인이 독점하였다.

이러한 점에서 볼 때 수산조합은 일본인 위주의 조합이었다. 어업조합이 어업구조의 광범한 기저층을 형성하는 영세 어업에 종사하였던 한국인 위주의 조합이었던 것과는 대조를 이루었다.

한편 최초로 설립된 어업조합은 1912년 11월 30일에 설립된 거제어업조합이었다. 어업조합의 설립은 총독부의 장려에 의하여 빠른 속도로 진행되었다. 1930년에는 어업조합의 수가 200개를 돌파하였고, 1931년에는 211개에 달하여 최고 기록을 수립하였다. 1942년에는 204개 조합이 있었다. 전국의 주요 어촌에는 빠짐없이 어업조합이 설립되어 있었던 것이다. 어업조합은 조합의 수에 있어서나 조합원의 수에 있어서 가장 큰 비중을 차지하였던 중추적 수산단체였다.

1930년부터는 조선어업령에 근거를 두고 어업조합연합회가 설립되기 시작하였다. 연합회의 지구는 도의 구역에 의하여 정하기로 되어 있었다.

어업조합연합회의 설립 상황을 보면 1930년 12월 29일부로 13개 어업조합을 회원으로 하여 설립 인가를 받은 경상북도어업조합연합회를 효시로 하여 각 도에서 각각 시기를 달리하여 순차적으로 설립되었는데, 1940년 1월의 충청남도어업조합연합회의 설립을 끝으로 임해 12도에 모두 어업조합연합회가 설립되었다.

어업조합 상호 간의 연락 또는 사업 수행 상 불편이 많다 하여 한 도 내의 어업조합을 규합하여 각종 사업과 소속 조합에 대한 업무상 지도를 담당할 단체로서 설립된 어업조합의 상위 단체가 어업조합연합회였다.

어업조합연합회의 주요 사업은 소속 조합에 대한 금융사업, 위탁판매사업, 공동구입사업 등의 경제 사업이었다. 이들 사업 가운데 금융사업이 중심이었다. 어업조합연합회가 대부자금을 확보하여 소속 어업조합에 전대용 자금으로 공급하였다. 태평양전쟁 말기에는 지정 집하기관의 통제업무도 수행하였다.

1937년 3월 어업조합과 어업조합연합회를 회원으로 하는 조선어업조합중앙회가 설립되었다. 각 도 어업조합과 어업조합연합회 상호 간의 연락과 협조를 도모하는 동시에 전국을 일원적으로 총괄하기 위한 목적으로 설립한 단체였다. 1942년 4월 1일부로 후술하는 조산수산업회로 흡수되었다.

조선총독부는 1942년 '수산단체통합실시요강'을 작성하여 수산단체의 통합을 단행하였다. 1942년 4월 1일에 사단법인 조선어업조합중앙회를 개조하여 사단법인 조선수산업회를 설립하였다. 종래의 조선수산회를 해산시켜 그 권리 의무 및 업무를 조선수산업회에 인계하도록 하였고, 도 수산회를 해산시켜 어업조합연합회에 통합시키도록 하였다. 이리하여 조선수산업회를 중앙 조직으로 하는 수직적 계통 조직이 이루어졌다. 이처럼 조선수산업회는 전시체제하에서 수산단체를 간소화하고 통제를 강화하기 위해 설립한 국책단체였다. (윤해동)

참고문헌

水産史編纂委員會, 『韓國水産史』, 水産廳, 1968; 『조선지수산』, 서울대도서관 경제문고 소장본.

▌조선지실업(朝鮮之實業)

1905년 부산에서 일본어로 창간된 조선실업협회의 기관지

1904년 설립된 조선실업협회의 기관지로 1905년 5월 부산에서 창간되었다. 이 잡지는 조선실업협회의 설립 목적에 따라 한국의 실업 방면 기사를 풍부하게 제공하여 일본인을 조선으로 유도하고 정착시키는 것을 발행의 주요한 목적으로 삼았다. 월간 50쪽 전후의 분량으로 발간되었다. 이 잡지의 전신은 조선실업협회의 이전 명칭인 한국실업협회의 기관지로 발간된 『조선평론』이다. 『조선평론』의 편집인은 오타 젠타로(太田鐥太郎), 발행인은 오카 요이치(岡庸一)였으며, 1904년 2월 창간되어 3월에 2호를 낸 후 중단되었다.

1908년 조선실업협회가 만한실업협회로 개명하면서 『만한지실업』으로 개제되어, 1914년 6월까지 통산 100호를 간행하였다. 주로 만한실업협회의 회원에게 배부되었는데, 1909년에는 발행부수가 7만 부를 넘었다고 한다. 협회와 잡지의 이름을 바꾸면서 청국에서 대량의 독자를 확보하였기 때문이다.

1907년 경성에 사무소를 설치하였다가, 1910년 8월에는 본부를 경성으로 이전하였다. 이를 계기로 회원이 조선 전역으로 확장되었다. 한국인 회원을 확대하기 위하여, 1910년 11월호부터는 한국어 기사를 같이 싣기도 하였으며, 1912년 11월 이후에는 한국어 기사만으로 『조선호』를 독립적으로 발간하였다. 일본국회도서관에 소장되어 있으나 훼손이 심해 특별 열람만이 허용된다. 2003년 단국대학교 부설 동양학연구소에서 『조선지실업』의 복각판을 간행하여 편리하게 이용할 수 있게 되었다(『만한지실업』은 복간에서 제외).

『조선평론』은 "우리의 주의는 동양의 평화에 있으며, 우리의 주장은 조선의 부식(扶植)에 있다. 우리는 이 주의와 주장에 따라 재조선 일본 국민의 여론을 대표하고, 국가 백년대계를 세워 그 나침반이 되고자 한다"고 하여 그 침략적 본질을 명확히 드러내고 있다.

사설, 논설, 평론, 인물 월단, 사전(史傳), 문원, 집록, 조사통계, 특별조사 등의 고정란을 두어 대체로 종합잡지의 체제를 갖추고 있었다. 이 체제는 『조선지실업』에도 계승되었다.

• 조선실업협회

조선실업협회는 1894년 설립된 일한통상협회와 1902년 설립된 조선협회를 모태로 1904년 11월 부산에서 설립되었다. 이 협회는 한국의 부원(富源)을 개발하고, 모국과의 각종 사업 연락을 원활하고 민첩하게 도모하는 것을 목적으로 삼았다. 이 회칙은 위 두 개의 단체를 모델로 삼은 것이었다. 이 목적을 달성하기 위하여 도한 기업자를 위한 소개와 안내, 시사문제 연구, 기관잡지 『조선지실업』 발행 등을 주요 활동 대상으로 하였다.

창립 당시 집행부의 구성은 다음과 같다. 간사에 아사오카 난메이(淺岡南溟, 상업, 청진에서 『북한신보』 발행), 우치야마 모리타로(內山守太郎, 부산시사신보사, 우치야마상회 설립), 간사 및 주간에 우치다 다케사부로(內田竹三郎), 평의원회 회장에 기무라 오지(木村雄次, 제일은행부산지점장) 등이었다.

잡지의 주간인 우치다 다케사부로는 1898년 도쿄전문학교(와세다대학 전신) 행정과를 졸업하고 도치키, 지바(千葉), 홋카이도(北海道) 등지에서 개간사업에 종사하였다. 이후 간이농학회의 출장이라는 형태로 부산으로 도항하였는데, 간이농학회는 농사교육과 개량을 목적으로 도쿄에서 설립된 단체였다. 1904년 부산에서 종묘 제조와 판매를 목적으로 하는 일한농회를 설립하는 한편으로, 한국실업협회를 설립하였다.

이 단체는 러일전쟁이 유리하게 전개되고, 조선에 대한 보호국화정책이 수행되는 시점에서 이런 분위기를 자신들에게 유리하게 이용하려 하였다. 그리고 오래 전에 한국으로 건너온 일본인들을 중심으로 결성되었기 때문에, 그 경험과 인맥을 살려 조선의 합병 지원, 조선지배정책에 대한 의견 제시, 일본인 자본가들의 한국 진출 유도 등을 주요한 활동으로 삼았다.

협회의 회원은 명예회원, 특별회원, 통상회원의 3가지가 있었는데, 1908년 이후에는 특별회원 중에 종신회원을 두기도 했다.

명예회원은 주로 일본의 외무 관료, 한국 정부 일본인 고문관, 일본 중의원 의원, 와세다대학 관계자 등이 이름을 올리고 있다. 그들로부터 징수한 기부금(30원, 1906년 이후 50원)이 중요한 자금원이었으며, 그들은 협회의 안전판 역할을 하고 있었다. 특히 1907년 이후에는 미쓰이(三井)물산 등 거대자본의 사장 · 지점장 등이 명예회원으로 이름을 올리고 있다. 이들 관료와 자본가의 의도가 잡지에 반영되었음을 추측할 수 있다.

1909년 이후 종신회원이 된 사람들 대부분은 부산의 유력한 실업가들이었으며, 오사카의 실업가들도 일부 참여하고 있다. 그들은 약 8년 치에 해당하는 회비 25원(1911년부터 50원으로 증액)을 미리 납부하였는데, 이 자금은 사업을 만주로 확장하는 데 큰 도움이 되었다.

회원의 증감을 보면, 1910년 이전에는 매년 300~800명 정도 증가하였으나, 1910년 이후에는 매년 1000~3000명의 증가를 보이고 있다. 1914년까지의 누적 회원수는 전체 1만 1611명에 달하는데, 일본인 회원이 9066명으로 대다수를 차지하고 있지만, 조선인 회원도 2545명에 이른다. 이 가운데 조선 내의 일본인 회원이 가장 많은 수(4703명)를 차지하고 있지만 일본 국내의 회원과 만주의 회원도 다수를 차지하고 있다.

일본에서는 '한국사정간담회' 등을 열어 한꺼번에 다수의 지방 유력자를 회원으로 모집하기도 하였다. 일본 내의 회원을 다수 모집할 수 있었던 것은 러일전쟁의 희생에 대한 보상을 조선에서 구하고자 하는 분위기가 일본 내에 조성되어 있었기 때문이다. 여기에 러일전쟁 후의 경제적 불황과 각종 소비세 부과 때문에 해외시장을 개척해야 한다는 사회적 위기감도 반영되었다. 또한 농촌에서는 농민경제의 궁핍화가 초래됨으로써 이 문제를 해결하기 위한 출구로 대륙 개척에 대한 관심이 높아지던 사정도 반영되었다.

조선 내 일본인 독자의 다수는 실업가들이었다. 그들은 회원 명부에 게재되면 할인된 광고를 실을 수 있었고, 경우에 따라서는 성공자담(成功者談) 등의 기사로 소개되어 자신을 선전할 수 있었으며, 나아가 영업 활동에 편의를 제공받을 수도 있었다.

조선인 회원은 병합 이후 급속히 그 수가 늘어나는데, 지방 관리와 상업 · 농업 종사자가 다수를 차지하고 있다. 선천(宣川)과 사리원(沙里院) 등의 지방에 지회를 설치하여 회원을 확보하였다. 조선인의 입장에서는 자신의 지위를 안정시키고 승진에 도움을 받기 위하여 회원으로 가입하였다.

1910년 경성으로 본부를 이전하였으며, 부산, 군산, 다롄(大連), 안동(安東), 오사카(大阪), 교토(京都), 미국 하와이에 출장소를 두었다.

1912년 협회의 경성총본부 역원은 총재 박영효(朴泳孝), 명예회장 유길준(兪吉濬), 평의원장 한상룡(韓相龍), 회장 우치다 다케사부로였다. 평의원으로는 조진태(趙鎭泰), 백완혁(白完爀), 백인기(白寅基), 윤치오(尹致旿), 이용문(李容汶), 김연학(金然鶴), 권동진(權東鎭), 김용달(金容達), 사일환(史一煥), 한석진(韓錫振), 최진(崔鎭), 민형식(閔衡植), 이상필(李相弼), 박기양(朴箕陽) 등의 한국인이 참여하고 있었다.

1914년 회장인 우치다 다케사부로가 병합 이후 총독부의 정책에 순응하지 않았다는 이유로 체포되면서, 협회의 활동이 정지되었다. (윤해동)

참고문헌

木村健二, 『在朝日本人の社會史』, 1989, 未來社; 『조선지실업』(개화기 재한일본인 잡지자료집, 단국대학교 부설 동양학연구소, 2003의 「해제」).

조선지치계(朝鮮之齒界)

1930년 서울에서 창간된 일본어 치과의학 월간지

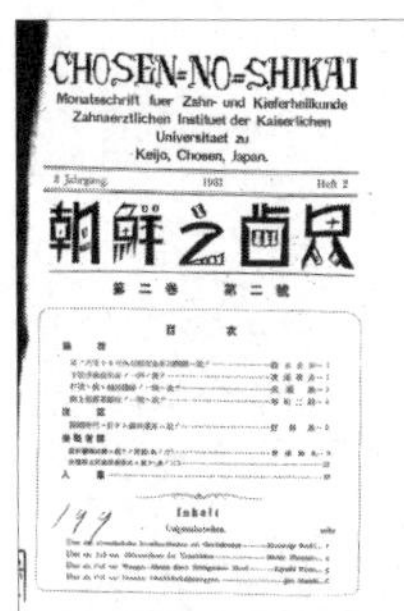

경성제국대학 의학부 치과의학교실이 1930년 9월에 창간한 치과의학 관련 월간지이다. 회원에게 배포하는 비매품이었는데, 회원은 우송료 포함 연 회비 1원 20전을 납부하도록 규정되었다. 일본어로 발간되었으며, 1권 3호(1930.11)까지는 국판으로 발간되다가 1권 4호(1930.12)부터는 4×6배판으로 판형이 확대되었다. 한 호당 대개 20쪽 전후의 분량으로 발간되었다. 광고료는 보통면이 1면 10원, 특별면은 1면 15원이었다. 1권의 편집 겸 발행자는 가와모토 요시노리(河本義則)였으나, 2권부터는 이노마타 겐지로(猪股源治郎)로 바뀌었다. 국립도서관에 1930년 발간된 1권 4호, 1931년 발간된 12호가 소장되어 있다.

잡지는 논설, 임상, 회고록, 잡보, 인사 등의 고정란으로 구성되었다. 논설란에는 주로 경성제대 치의학교실에 소속된 연구자들이 치과의학의 최신 의료기술에 대해 소개하는 논문이 게재되었으며, 임상란에도 임상과 관련한 각종 사례가 소개되었다.

회고록란에는 조선에서 치과의를 처음으로 개업한 사람이나, 치과의학을 소개한 사람들을 중심으로 한 회고를 실었으며, 잡보란에는 조선치과의사회, 경성치과의사회, 조선치과의학회 등 각종 치과 관련 단체의 동향을 소개하였다. 인사란에는 조선 치과의료계의 중요 인물의 동향을 소개하였다.

식민지기 조선 치과의료계의 동향을 살피기 위해서는 이 잡지와 아울러, 『조선치과의학회잡지』(조선치과의학회 발행), 『경성치과의학회잡지』(경성치과의학회 발행), 『만선지치계』(만선지치계사 발행) 등의 잡지를 아울러 살펴볼 필요가 있다. (윤해동)

참고문헌

『조선지치계』 국립도서관 소장본.

조선직물협회지(朝鮮織物協會誌)

1938년 서울에서 창간된 일본어 격월간지

조선직물협회의 기관지로서, 1938년 일본어로 창간된 격월간 섬유관련 잡지이다. 조선직물협회는 사단법인으로 조직되었으며, 본부는 경성부 동숭정(東崇町) 195번지에 있었다. 국립도서관에 1941년 발간분 6권이 소장되어 있다. 조선직물협회에서 발간한 단행본 자료는 『강연 및 직물 좌담회 집록』(1938), 『(시국과 견섬유)강연회집록』(1941), 『조선직물요람』(1943) 등이 있다.

잡지는 대개 50~70쪽의 분량으로 발간되었는데, 권두에는 직물협회의 특성을 반영하여 염색 도안을 실었다. 잡지는 논설과 자료, 잡록, 지방상황, 섬유시사(纖維時事), 협회녹사(錄事)로 구성되었다.

논설에는 조선 직물의 수급 상황이나 품질, 섬유의 국제경쟁에 관한 의견이나 조선섬유업계의 현황에 대한 견해, 상업조합령이나 폭리취체령 등 법령에 대한 해설 등을 담았다.

자료란에는 일본 내지나 지방의 섬유공업 시찰기를 많이 실었으며, 방직 등 섬유공업의 기술과 관련한 문제나 각종 직물에 대한 해설 등을 실었다.

잡록에는 조선박람회 상황이나 섬유공업 통계, 섬유 수출입 통계, 중소섬유공업에 대한 대책 등 각종 통계나 섬유공업의 현황에 관한 자료를 많이 게재하였다. 이어 지방상황, 섬유시사, 협회녹사 등에는 섬유공업 일반과 조선직물협회 일지를 담았다.

이처럼 이 잡지는 섬유공업협회의 기관지로서 회원들에게 도움이 되는 각종 소식을 담고 있다.

조선직물협회는 조선 직물업자들이 결성한 단체로서 1941년 현재 임원은 다음과 같다. 고문은 조선총독부 식산국장 호즈미 신로쿠로(穗積眞六郞), 식산국 상공과장 이자카 게이이치로(井坂圭一郞), 조선상공회의소 회두 히토미 지로(人見次郞), 조선면사포상연합회장 다카이 효자부로(高井兵三郞) 등이었다.

다음 회두에 야마다 에이키치(山田鋭吉), 부회두에 김연수(金秊洙)가 참가하였다. 이사로는 이토추상사(伊藤忠商社) 경성지점, 종연방직, 경기염직, 태창직물, 조선직물, 조선방직, 동양면화, 동양방적, 대일본방적, 제국제마 등의 직물회사와 함께 김연수가 참여하였다. 이 밖에 평의원과 정보위원, 편찬위원 등이 있었다. (윤해동)

참고문헌

『조선직물협회지』 국립도서관 소장본.

조선철도협회잡지(朝鮮鐵道協會雜誌)

▶ 조선철도협회회보(朝鮮鐵道協會會報)

조선철도협회회보(朝鮮鐵道協會會報)

1922년 서울에서 발간된 철도 관련 일본어 월간지

사단법인 조선철도협회가 발간한 기관지이다. 1922년 창간 당시에는 『조선철도협회회보』라는 제목으로 발간되었으나, 1924년 9월경에는 『조선철도협회잡지』로 변경되었다가, 1927년 7월경 『조선철도협회회지』로 바뀌었다. 언제까지 발간되었는지는 확인하기 어렵다.
소장상황은 다음과 같다. 『조선철도협회회보』는 일본의 사이토문고에 2권 4호(1923.5), 2권 5호(1923.6), 2권 7~11호(1923.8~10), 3권 3호(1924.3), 3권 4~7호(1924.4~7)가 소장되어 있다. 『조선철도협회잡지』 역시 사이토문고에 있는데, 소장상황은 다음과 같다. 3권 9~11호(1924.9~11), 4권 1~3호(1925.1~3), 4권 5, 6호(1925.5, 6), 4권 9, 10호(1925.9, 10), 4권 12호(1925.12), 5권 1, 2, 3, 4, 5 · 6합병호, 7, 9, 10호(1926.1~10), 6권 1~4호(1927.1~4) 등이다. 다음으로 『조선철도협회회지』는 6권 7호(1927.7)부터 19권 12호(1940.12)까지가, 1931.발간 분을 제외한 채, 서울대도서관 경제문고에 소장되어 있으며, 14권 7~12호(1935.7~12)가 국립중앙도서관에 소장되어 있다.

『조선철도협회회보』는 크게 설원(說苑), 기행 · 소개, 자료, 역문(譯文), 업적, 기타, 휘보, 잡, 협회기사 등으로 구성되었다. 설원에는 주로 총독부의 고위 관리나 철도국의 관리가 집필한 소감이나 감상 또는 법령 해설 등을 실었으며, 기행 · 소개란에는 철도와 관련한 기행문이 많이 소개하였다. 업적란에는 국유철도와 사설철도의 영업 성적이나 업적을 실었으며, 기타란에는 조선 철도와 관련한 일본 의회의 의사사항을 소개하거나, 기타 외국의 운수, 철도 상황 등을 소개하기도 하였다. 휘보란에는 조선 지방 철도의 상황 및 직원의 이동

상황 등을 자세히 소개하였다. 휘보와 협회기사 등은 조선철도사를 재구성하는 데 있어 중요한 기사이다. 이처럼 『조선철도협회회지』를 중심으로 한 일련의 조선철도협회 기관지는 조선철도사 연구에서 핵심적인 자료이다. 하지만 아직 발굴되지 않은 부분이 많으므로, 이후 결호의 발굴을 기대해본다.

• 조선철도협회

조선철도협회는 조선의 철도와 기타 육운사업의 개량과 진보를 도모하고, 회원의 친목을 도모할 목적으로 설립한 사단법인이다. 이를 위하여 ① 철도와 기타 육운사업에 필요한 사항을 조사·연구하고, ② 관청이나 영업자의 자문에 응하여의견을 진술하며, ③ 이와 관련한 도서를 발간하며, ④ 기관지를 발간하는 등의 사업을 하도록 규정하고 있다.

회원은 명예회원, 특별회원, 정회원을 두는데, 명예회원은 철도 기타 육운사업에 공적이 있거나 경험이 풍부한 자를 추천하고, 특별회원은 철도나 육운사업과 긴밀한 관련을 가진 사업을 운영하는 사람을 추천하도록 하였다. 정회원은 취지에 찬동하는 사람은 모두 가입할 수 있도록 하였다.

조직으로는 회장, 부회장, 평의원 약간명, 이사 20명 이내, 감사 2명을 두도록 하였다. 1927년 현재 정회원은 갑종 매년 6원 이상, 을종은 3원 이상의 회비를 내야 하며, 특별회원은 매년 60원 이상을 내도록 하였다. (윤해동)

참고문헌

鐵道廳, 『韓國鐵道史』 1-3, 1974; 『조선철도협회회보』, 일본 소재 사이토문고(齋藤實文庫), 서울대도서관 경제문고, 국립도서관 소장본.

▌조선철도협회회지(朝鮮鐵道協會會誌)

▶ 조선철도협회회보(朝鮮鐵道協會會報)

▌조선체신(朝鮮遞信)

▶ 조선체신협회잡지(朝鮮遞信協會雜誌)

▌조선체신협회잡지(朝鮮遞信協會雜誌)

서울에서 일본어로 발간된 조선체신협회 기관지

조선체신협회가 발간한 기관지로서, 일본어 월간지이다. 발간 당시에는 『조선체신협회잡지』라는 이름으로, 1935년 1월부터는 『조선체신』으로 개제하여 발간되었다. 소장 상황은 다음과 같다. 『조선체신협회잡지』는 1928년 9월호부터 1934년 12월호가 대부분 여섯 달치씩 합본되어 서울대도서관 경제문고에 소장되어 있다. 단 1928년 10월호와 1929년 1~6월호는 결본이다. 『조선체신』은 1935년 1월호부터 1940년 12월호가 서울대도서관 경제문고에 소장되어 있으며, 1937년 12월호, 1939년 1월호부터 6월호는 결본이다. 1942년 7월호부터 12월호까지는 국립중앙도서관에 소장되어 있다.

조선체신협회는 1918년 1월 조선총독부 체신국내에 설치되었는데, 체신사업에 관한 지식을 보급하고 회원 상호간의 의사소통과 연락을 도모할 것을 목적으로 창립되었다. 총재에는 정무총감, 회장에는 총독부 체신국장을 당연직으로 위촉했다.

『조선체신협회잡지』는 체신국 산하 각 관련부처 직원들의 우편·통신 관련 글, 간이생명보험에 관한 자료, 문예란의 수필, 시 등으로 구성되었는데, 발간시기에 따라 중요 내용에는 차이가 있다. 기본적으로 체신업무 종사자들의 친목적인 성격이 강한 잡지로 자작소설, 장기와 바둑의 묘수풀이 등 오락적인 내용들이 많지만, 조선에서의 체신업의 변화와 발전을 이해하기 위해서는 반드시 필요한 자료적 가치를 지닌 잡지이다.

1940년 1월호부터는 서양화풍의 표지화가 작품사진으로 바뀌었다. 전시체제기에는 시기적 특성상 이른바 '시국'에 관련된 내용이 강화되는 모습을 보인다. 1938년 4월호는『국민정신총동원호』로 꾸며 조선 각지 체신관료들의 전쟁에 임하는 '결의'를 담은 글들을 모아놓았다. 그 밖에도 체신부서의 군사후원에 대한 내용(1938.10), 국경개간 특집기사(1940.4), 중일전쟁 참가자들의 회고담(1940.6) 등이 주목된다. (윤해동)

참고문헌

박이택,「해방이전 체신사업의 전개과정과 고용구조」, 서울대 박사학위논문, 2000;『조선체신협회잡지』, 서울대도서관 경제문고, 국립도서관 소장본.

조선체육계(朝鮮體育界)

1924년에 서울에서 발행된 체육 잡지

1924년 10월에 창간되었다. 종간호는 통권 몇 호인지 알 수 없다. 다만 최종적으로 3호까지 나온 것만 확인될 뿐이다. 편집 겸 발행인은 선우전(鮮雨全), 인쇄인은 한성도서주식회사의 노기정, 발행소는 조선체육사(朝鮮體育社, 경성부 견지동 31)이다. 판형은 A5판으로 총 48쪽 내외(창간호)와 100쪽 내외(3호)이며 정가는 40전이다. 창간호가 연세대도서관에, 3호가 아단문고에 각각 소장되어 있다.

이 잡지의 특색은 다른 잡지에 비해 화보가 풍성하다는 점을 들 수 있다. 창간호를 보면 총 20편에 이르는 사진을 볼 수가 있는데, 거기에는 각종 대회에서 우승하여 상을 받고 있는 모습을 비롯하여 실제 경기의 장면과 이름 있는 운동선수의 사진도 여러 장에 걸쳐 게재해 놓았다. 일찍이 체육의 중요성을 자각하고 젊은이들의 신체 단련과 건전한 정신의 함양을 도모하고자 한 조선체육인들의 모임인 '조선체육회'의 기관지적 성격을 담고 있기 때문에 더욱 신경을 많이 쓴 편집일 것이다. 「창간사」는 잡지 발행인이 썼다. 그리고 사회 저명인사(엄주익, 임경재, 현상윤, 정대현)들의 축사도 창간사에 이어 실려 있다. 그만큼 체육 잡지로서 출발하는 마당에, 조선의 청년들의 체력 향상과 정신 발달을 계몽, 교도하고자 하는 열망을 짐작하고도 남는다.

창간호에 실린 글들은 크게 '논단'과 '감평(感評)', '기타'로 나눌 수가 있다. 먼저 논단에는 강낙원의 「청년의 체육과 일도유도(日道柔道)」, 무명인의 「우리의 동작은 본의가 무엇인가」, 박준호의 「교육가의 사안(思案)」, WY생의 「운동선수자격의 제한을 논함」이 있고, 감평에는 구종태의 「우리 정구계에 대한 소감」, 서병의의 「축구심판에 관하여」, 윤치영의 「야구심판에 관하여」, 김종원의 「정구심판에 관하여」, WY생의 「우리 야구계의 연혁」이, 기타에는 정구충의 「의학상으로 본 각종의 운동」, 「조선체육회의 약력」, 「오사카시(大阪市)의 설치한 운동장: 운동장 공사 개요」 등이 그것들이다. 논평에 실린 글들을 보건대, 주로 구기 종목이 실제로 행해지고 그에 대한 관심이 지대했음을 확인할 수 있다.

1925년 2월 15일에 발행된 3호는 창간호에 비해 면수도 늘어났고 그만큼 많은 기사가 실려 있다. 화보에는 역시 경기대회와 선수들의 사진이 게재되었고 계절이 계절인 만큼 겨울스포츠인 빙상대회 장면과 운동선수가 등장하고 있다. 그리고 논단을 보면, 일운의 「권두언: 송구영신(送舊迎新)」, 「체육사상보급에 대하여」, 서병의의 「스포츠에 대하여」, 「부인과 체육」 등이 있어 체육에 대한 당대적 논의의 수준과 사정을 감안하게 된다. 특집으로 마련된 '조선체육회'란에는 「조선체육회의 과거 및 장래의 사명」, 「조선체육회 취지서 및 발기인, 임원명부」, 「조선체육회 회칙」, 「조선체육회의 사업」 등이 일기자에 의해 서술되어 있다. 그 외에도 원달호의 「올림픽대회의 유래」, 「육상경기규칙」, 전의용의 「야구야화」, 「최신야구규칙」, 「단거리 경주의 요건」, 「영미주자(英米走者)의 주법(走法)」, 「야구선수의 어깨 양생법(養生法)」, WY생의 「싸인은 몇 가지나 쓰일까」, 이동원의 「외유(外遊)하는 박석윤 군에게」 등과 경기대회와 선수들을 소개하는 「제8회 세계올림픽대회의 우승자」, 「일봉에 온 4대 세계선수」, 「일본 여자올림픽대회의 규정한 여자 육상경기 종목」, 「제2회 전조선 여자정구대회」, 「제4회 전조선 정구대회」, 「제1회 전조선 빙상경기대회」 등이 연이어 실려 있다.

이와 같이 『조선체육계』는 서구 근대스포츠의 불모지 조선에 체육의 필요성과 경기대회 안내, 경기선수 등을 소개하고 지속적인 운동을 통하여 체력을 향상, 발전시키려는 취지에서 발간된 잡지이다. 식민지 모국인 일본을 능가하고 이기기 위해서는 강력한 체력과 더불어 건전한 정신력을 바탕으로 건강하고 온전한 신체, 상호 발전하는 공정한 게임의 규칙을 습득하는 자세가 무엇보다도 요구되었다고 할 수 있다. 그리고 경기를 통해 협동심과 단결심을 함양하고 어떤 어려움과 장애에도 불구하고 이겨낼 수 있는 인내심과 돌파력, 추진력 등을 익히는 데도 긴요한 노하우를 습득할 수 있다. '조선체육회'의 창립 취지와 활동상도 바로 여기에 초점을 맞춰 이루어졌기 때문에, 이 잡지로서는 기관지의 성격을 띠는 만큼, 그러한 활동을 대외적으로 홍보하고 널리 실행하게 하는 데 주력해야 했으리라. 또한 『조선체육계』는 한국에서 발행된 최초의 체육 잡지라는 점에서도 그 의미를 소홀히 할 수 없는 것이다.

• 조선체육회

1920년 7월 13일 인사동 중앙예배당에서 발기총회를 개최, 출석인 50명이 참석한 가운데 임시의장 고원훈(高元勳)이 등단, 개회를 선언하고 장덕수가 발기인 대표로 취지 및 경과를 보고, 이승우(李升雨)가 낭독한 규칙 및 취지서를 만장일치로 통과시켜 이 단체가 출범하게 되었다.

당시 취지서의 일부를 보면,

"우리 조선 사회에 개개의 운동단체가 무함은 아니나, 그러나 이를 후원하며 장려하여 써 조선 인민의 생명을 원숙창달케 하는 사회적 통일적 기관의 결여함은 실로 각인의 유감이요, 또한 민족의 수치로다.

오인은 자에 감한 바 유하여 조선체육회를 발기하노니, 조선 전 사회의 동지 제군자는 그 내하여 찬할진저.

웅장한 기풍을 진작하며 강건한 신체를 양육하여 써, 사회의 발전을 도모하며 개인의 행복을 기망할진대, 그도 오직 천부의 생명을 신체에 창달케 함에 재하니, 그 운동을 장려하는 외에 타도(他道)가 무하도다."

[발기인 명단]

고원훈, 윤기현, 임극순, 박우병, 현홍운, 이병휘, 노병훈, 박중화, 장덕수, 김두희, 이기동, 신홍우, 정대현, 이응준, 강낙원, 선우전, 노정훈, 이용문, 홍승환, 김상옥, 홍재규, 임창하, 김문희, 윤정하, 신일용, 민용호, 권병하, 방한용, 홍준기, 김억, 김욱, 윤방현, 원달호, 이동식, 이중국, 김명식, 이희상, 장두현, 박이규, 임경재, 유호기, 조철호 신홍우, 이상기, 김중규, 이종준, 김우영, 서광설, 민규식, 홍한수, 오재숙, 홍기주, 김옥빈, 한규석, 원덕상, 안종만, 이관수, 구종태, 권승무, 강창희, 이승우, 변봉현, 김동철, 오한영, 유문상, 곽상훈, 김용석, 이성열, 이상협, 남정석, 최두선, 이일, 이원용, 김석원, 홍우만, 김성수, 김규만, 전우영, 서정필, 손문기, 김기영, 양승익, 이혁주, 오상현, 하상훈, 이병상, 남위희, 유지영, 한중전, 남창우

[조선체육회사업 약사]

1920년 11월 4일 제1회 전조선 야구대회를 배재학교 운동장에서 개최(참가팀: 배재 · 중앙 · 휘문 · 보성 · 경신), 우승은 배재고보 차지.

1921년 2월 12일(3일간) 제1회 축구대회 개최(장소 배재운동장) 심판판정 불만 보이콧으로 중도 해산.

1921년 6월 소년잡지 '새동무사' 주최 '조선체육회' 후원의 소년야구대회 개최.

1921년 10월 15일(3일간) 보성고보 운동장에서 제1회 정구대회 개최하여 청년팀은 금강정구단, 중학팀은 개성 송도고보가 각각 우승함. 다음해부터는 매해 5월로 정구대회 개최를 합의.

1921년 5월 20일에서 22일까지 보성고보 운동장에서 제2회 정구대회 개최, 금강정구단과 송도고보 우승.

1923년 여름 하와이학생야구단의 고국방문 후원, 동아일보사 주최의 여자정구대회에 기념품 보냄.

1923년 10월 15일부터 휘문운동장에서 열린 제3회 정구대회 개최. 이때는 소학생팀이 참가하여 평북 선

천에서 온 선천보통학교팀이 우승.

1924년 6월 14일부터 15일에는 전조선 제1회 육상경기 대회 개최.

1924년 6월 24일 제5회 정기총회에서 이상재가 회장에 선출.

역대회장은 초대 장두현, 고원훈, 최린. (전상기)

참고문헌

정동구·장성수, 「조선체육회 창립취지서에 대한 역사적 이해」, 한국체육학회, 『한국체육학회지』 35, 1996; 최덕교 편저, 『한국잡지백년』, 현암사, 2004.

조선체육계(朝鮮體育界)

1933년 서울에서 창간된 체육 잡지

1933년 7월 1일에 창간되었다. 종간호는 확실치는 않고 같은 해 8월에 발행된 제2호라고 하나 정확하지는 않은 것 같다. 편집 겸 발행인은 이원용(李源容), 인쇄인은 한성도서주식회사의 김진호(金鎭浩), 발행소는 조선체육계사(朝鮮體育界社, 경성부 종로 1정목 46)이다. 판형은 A5판으로 총 120쪽 내외이고 정가는 30전이다. 고려대도서관과 아단문고에 원본 창간호가 각각 소장되어 있다.

1933년 7월 1일 당시 야구계의 원로인 이원용에 의해 창간되었다. 마공(馬公)이 쓴 창간사 「억센 조선의 건설!」을 보면 제목 그대로의 조선 민족과 조선 민족의 단결된 모습을 애타게 그리는 열망이 감지된다.

"억센 조선의 건설! 이러한 표어로 민중에게 외친 적이 있다. 몸과 마음을 아울러 억세고 굳센 조선을 길러내기로 하는 것은 신생 조선의 도정에서 확실히 한 방면의 요구를 집어낸 말일 것이다. 이런 의미에서, '억센 조선의 건설!'은 그대로 신생 조선을 위해서 민중적 또는 민족적 한 표어가 되는 것이다. 우리는 이것으로써 『조선체육계』의 전 정신, 전 목표를 삼기에 합당한 것을 깨닫는다. …… 일 민중 일 민족의 건강 및 그 의기는 일 민중 일 민족의 사회적 역량을 반영하는 바로미터가 되는 것이다. 근년에 독일인과 스웨덴 핀란드 등 북구의 제 민족은 국제적인 제 경기장에서 지금까지의 패자인 앵글로계의 제 국민을 필적 또는 능가하고 있어, 그 국민적 건강과 민족적 번영의 표상으로 환연히 빛나고 있다. 더욱이 그것은 일부 소수인의 특기로서가 아니요, 전 국민적 체력의 구현화인 점에서 세계 식자의 심대한 주목을 끄는 점이다."

어떻게 보면 우생학적 힘의 논리를 옹호하는 듯 한 기세가 느껴진다. 이는 아마도 당대 현실이 그만큼 힘들고 암울한 지경에 처했기 때문에 그 반대급부의 효과로 작용한 측면이 강할 것이겠지만, 이미 내면화된 아류 제국주의의 영향력이 강제한 체육의 중요성 역설이라는 아이러니도 간과하지 말아야 할 것이다. 마공(馬公)을 필명으로 썼지만 아마도 이는 분명 발행인인 이원용일 가능성이 크다.

이 잡지 역시 체육 잡지인 만큼 표지 다음에 전개되는 화보가 인상적이다. 그리고 마공의 '창간사'에 이어 각계 저명인사들의 '축사'가 뒤를 따르고 다음과 같은 글들이 수록된다. 이경석의 「체육의 사적 고찰과 유도와의 관계에 대하여」, 김보영의 「우리의 급무는 체육 민중화에 있다」, 정문기의 「올림픽 정신 및 그 유래」, 김영술의 「세계올림픽에 농구참가 문제」, 김태식의 「럭비와 축구의 유래와 정신」 등은 국민체력증진과 체육민중화에 초점을 맞춘 글들이라고 할 수 있다. 다음으로는 '체육지도'라는 항목으로 서상천의 「철봉운동법」, 장권의 「닐스 뿍 기본체조에 관하여」, 한우간의 「코치의 필요」, 건섭의 「현대스포츠의 동향」, 최함면의 「야간야구의 고찰」, 한진희의 「유도수신의 목적」, 이영민의 「그리운 학창시대」, 김태호의 「운동계 공로자 프로필」 등이 있다. 이는 구체적으로 각종 경기의 규칙과 수련법을 상세하게 소개하는 데 할애된 부분이다. 마지막으로 '각종 경기대회'는 조선에서 벌어지는 스포츠 대회를 소개하고 알리는 정보 마당의 성격을 띤다. 이종완의 「춘계럭비전 총평」, 「하와이 농구단 내정(來征)」, 「전조선 축구대회」, 「전조선 탁구대회」, 「뽀비 대 다가(多賀) 직업권투전」, 「경평대항 축구전」, 「조선권투군(軍)연승」, 「전대(專大)와 조권(朝拳)의 대항전을 보고」, 「연전농구단 일본원정기」, 「전조선 중등학교 축구대회」, 「전조선 풀마라톤 대회」, 「전조선 중등학교 농구대회」, 「대조(大朝)주최 축구대회」, 「전조선 농구선수권 대회」, 「김은배(金恩培) 군 5천m에 호기록」, 「전조선 중등학교 무도대회」, 「도쿄 - 요코하마 간 역전 경주(驛前競走)」, 「육상경기 선수권 대회」, 「경성축구단」 등이 실려 당시 조선에서 행해진 대규모 경기대회의 현황과 성과를 살펴보는데 유리한 자료를 제공해 준다.

이 잡지는 강인한 체력과 정신력을 바탕으로 힘세고 강력한 조선의 건설을 건설하고자 하는 열망을 가득 담고 있다. 조선의 독립과 해방이 요원하다고 느끼는 즈음에 시작되는 우생학적 권력 의지가 전쟁의 순화된 형태인 경기에서라도 우세를 점하고자 하는 민족적 열망을 부채질하고 민족 단결을 획책하고 있음을 확인할 수 있는 것이다. 매번 '한일전'마다 되풀이되는 응원전과 '극일의지'의 원초적인 모습을 아마도 여기에서 확인할 수 있다. 하지만 부정적인 모습과 더불어 스포츠 정신의 페어플레이나 경기 규칙 준수, 경기 실제에서 발휘되는 협동심과 단결력은 얼마든지 되새겨 보아야 할 미덕이거니와, 낙망과 실의에 빠져 있는 조선의 젊은이들과 학생들에게 체육을 통한 체력 향상과 건전한 정신의 함양을 역설하고자 한 이 잡지 편집자들의 노력은 그 자체로 충분히 평가해야 마땅할 것이다. 그리고 이러한 노력과 활성화가 결국은 손기정과 남승룡의 쾌거를 이루는 데 원동력이 되었음을 간과해서는 안 될 것이다.

• 이원용(李源容)

그는 일찍이 오성학교 시절부터 야구선수로 이름을 날렸다. 1920년 7월에 창립된 '조선체육회'의 발기인으로 초대임원(회장, 이사장, 이사 7인) 중의 한 사람이다. 같은 해 10월 조선에서 처음으로 열렸던 제1회 전조선 야구대회를 개최하는 데 앞장섰고, 이 대회의 심판을 맡았다. 1923년 6월에는 윤치영, 허성, 이석찬, 유용택 등과 함께 '조선야구협회'를 창립, 조선 야구계를 위해 일생 많은 노력을 기울였으며 나아가서는 조선 스포츠계의 발전을 위해 공헌한 인물이다.

• 이영민(李榮敏, 1905~1954)

경상북도 출생. 연희전문학교를 졸업하였고, 학창시절에 조선 축구대표선수로 일본·중국 상하이(上海) 등지에 원정하고 뒤에 야구선수로 전향하였다.

1928년 경성의전 주최 야구대회에서 한국 최초로 홈런을 날려 타격왕이 되었다. 1933년 전 일본 대표팀의 일원으로 미국 직업선수단과 대전하였고, 1934년부터 3년간 조선 대표선수로 일본 도시대항대회에서 두각을 나타냈다.

8·15광복 후 조선야구협회 초대 이사장이 되었고, 1948년 런던올림픽대회(제14회 올림픽경기대회) 조사연구원으로 파견되었다. 1950년 일본에서 열린 세계 논프로야구회의에 한국 대표로 참석, 1954년 대한야구협회 부회장, 아시아야구연맹 한국 대표 등을 역임하였다.

행정·기술연구·선수로 활약한 한국 야구계의 선구자이다. (전상기)

참고문헌

정동구·장성수, 「조선체육회 창립취지서에 대한 역사적 이해」, 한국체육학회, 『한국체육학회지』 35, 1996; 최덕교 편저, 『한국잡지백년』 2, 현암사, 2004.

조선총독부곡물검사소월보(朝鮮總督府穀物検査所月報)

1933년 서울에서 발간된 일본어 월간 통계 잡지

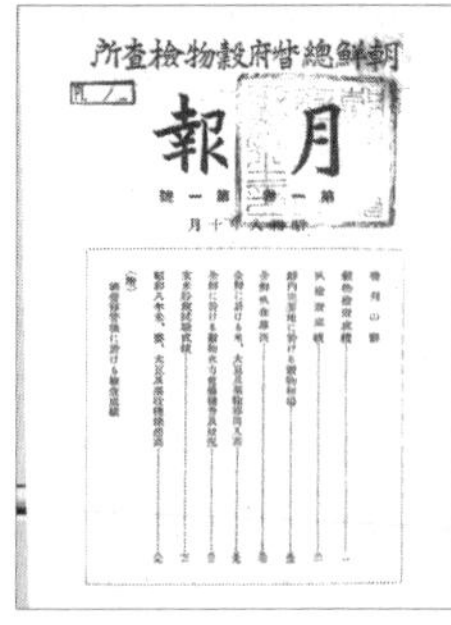

1932년 10월 조선의 곡물 검사를 조선총독부 직영으로 이관하였는데, 1933년 10월부터 이관 1주년 기념으로 월보를 발간하였다. 4×6배판으로 매월 90쪽 내외의 분량으로 발간되었으나, 1930년대 후반부터는 당시의 어려운 사정이 반영되어 대개 20~30쪽 내외의 분량으로 줄어든다. 국립중앙도서관에 1932년 창간호부터 1942년 12월호까지 소장되어 있으나, 1936년 1월호부터 6월호까지가 누락되어 있다. 서울대도서관 경제문고에 1933년부터 1940년까지의 자료가 소장되어 있다.

월보는 곡물 및 새끼(叺)검사 성적과 관련한 통계자료를 주요 내용으로 삼지만, 이와 관련한 조사연구 및 기타 관련 사항도 수록하도록 하였다.

월보의 구성은 대개 다음과 같다. 곡물 검사 성적, 새끼검사 성적, 주요 도시에서의 곡물 상장(相場), 새끼 재고, 주요 곡물 이출입고, 곡물건조기 보급 상황, 현미 저장 시험 성적, 주요 곡물수확 예상고 등의 통계자료가 중심을 이루고, 관련 연구 보고는 자주 수록되지 않았다.

• 조선총독부곡물검사소

식민지기 조선의 미곡은 주로 일본으로 이출되었지만, 많은 양이 이출될수록 미곡검사의 중요성은 날로 증가하고 있었다.

이에 1909년부터 일본으로 수출하는 조선의 미곡을 검사하기 시작하였다. 목포상업회의소가 1909년 처음으로 미곡검사를 시작한 이래, 각지의 상업회의소 내지 곡물조합 등에서 미곡검사를 실시하였다.

하지만 본격적으로 미곡검사와 관련한 체계가 잡히기 시작한 것은 1915년 2월 공포된 곡물검사규칙이 발포되고부터이다. 이후 각 도 또는 상업회의소 등이 체계적으로 미곡검사를 실시하였다.

1917년 9월 곡물검사규칙을 개정하여 검사 주체를 변경하였는데, 종래의 각종 단체 검사를 모두 도지방비 사업으로 이전하여 미곡의 품질 향상과 거래의 활성화를 도모하였다. 1922년부터는 백미검사도 실시하게 되었다.

1920년대 후반 일본으로의 이출 수량이 미곡 800만 석, 대두 200만 석, 합쳐 1000만 석에 이르게 되자, 1932년 10월 곡물검사사업을 총독부 직영으로 이관하고 검사의 체계를 통일하도록 하였다. 곡물검사소가 발간한 단행본에는 『곡물조제기(調製機) 및 정미기(精米機) 대의』(1939)가 있다.

곡물검사소에 관한 내용은 『조선곡물협회회보』, 『히시비시(菱菱)곡물협회회보』 항목을 참조. (윤해동)

참고문헌

전강수, 「식민지조선의 미곡정책에 관한 연구」, 서울대박사학위논문, 1993; 『조선총독부곡물검사소월보』, 국립도서관, 서울대도서관 경제문고 소장본.

▌조선총독부관보(朝鮮總督府官報)

1910년 서울에서 일본어(한국어 번역)로 창간된 조선총독부의 관보

1910년 8월 29일 창간되었는데, 발행처는 용산인쇄국이었고, 발행기년(紀年)을 메이지(明治)로 표기하였다. 이에 따라 『구한국관보』와 『통감부공보』는 자연스레 폐간되었다. 처음 관보는 일본어를 표기의 기본으로 삼고, 그를 바탕으로 '조선어역문'을 첨부하였다. 이런 체제는 1개월 정도 유지되다가, 1910년 10월부터는 한글 사용을 제한하기 시작하였다. 한글은 광고 또는 훈시 정도에만 사용되었다. 광고 중에서도 정부 토목공사나 상업 등의 구매 입찰 공고 등은 한글이 아니

라 일본어를 중심으로 사용하였고, 학생모집 공고나 교과서 발매광고, 관보 발매 절차 등을 선별하여 한글로 번역 전재하였다.
1923년 총독부에서 조선서적인쇄주식회사를 설립하여 관보를 취급하게 되면서 한글은 현저히 감소하였으며, 1924년 6월 12일부터 한글은 완전히 자취를 감추었다. 조선총독부 관보는 1910년부터 1945년 8월 30일까지 총 1만 450호가 발간되었다. 이는 14만 515면에 달하는 방대한 양이다. 1984년 아세아문화사에서 142권으로 묶어 복각 출판하였다. 총색인이 관보 발행 규정에 따라 5권으로 분류되어 있어 이용하기에 편리하다.

관보 발행 담당기구

1910년 8월 29일 통감부 고시 197호로 조선총독부 관보의 발행과 발매에 관한 건이 공포되었다. 그 내용은 다음과 같다. 관보는 인쇄국에서 발행하고, 관보의 가격은 1개월 40전에 우세(郵稅) 15전, 1부당 2전으로 규정한다. 관보를 구독하고자 하는 사람은 구독료를 선납해야 하며, 『구한국관보』와 『통감부공보』 구독료는 관보 구독료로 간주한다. 조선총독부와 대한제국 정부와의 연속성을 주장하고 있었다고 하겠다.

발행처는 1호부터 1910년 9월 30일 발행된 28호까지는 용산인쇄국이었고, 이후에는 조선총독부 인쇄국이었다. 조선총독부 인쇄국은 1912년 4월 1일부터는 조선총독부 관방총무국 인쇄소로 변경되었다가, 1919년 8월 21일부터는 조선총독부 관방서무과 인쇄소로 변경되었다. 그러나 1923년 6월 1일부터는 조선서적인쇄주식회사에서 발행하도록 하였다.

조선서적인쇄주식회사는 1923년 3월 31일의 총독부 공고 93호로 설립되었다. 이 회사는 관보 인쇄와 발매를 담당하였으며, 총독부의 교과용 도서와 조선 민력(民曆) 등을 인쇄하고 판매하였다. 총독부에서 지정한 교과서의 총판매를 담당하는 조선 내 최대의 인쇄소였다.

인쇄국은 관보의 발행처로 되어 있었으나 인쇄국은 인쇄만 담당하였고, 실제 관보 발행은 별도 기구에서 전담하였다. 1910년 10월 1일 조선총독부 훈령 2호로 발포된 '조선총독부 사무분장 규정'에 의하면, 총무부 문서과에서 관보 발행사무를 전담하도록 규정하고 있다.

1913년 11월 21일 훈령 57호로 '조선총독부 관보 편찬 규정'을 개정하였는데, 관방총무국 총무과로 관보 편찬을 이관하였다. 다시 관방서무부 문서과로 이전되었다가, 1920년대에는 관방총무과로 다시 관방문서과로 이관되었다.

관보의 내용과 성격

조선총독부는 1911년 7월 18일 내훈 23호로 '조선총독부관보 편찬규정'을 발포하여 관보 편찬과 관련한 자세한 내용을 규정하였다.

먼저 관보 편찬 사항과 그 순서를 다음과 같이 규정하였다. 조서(詔書, 조선에 관계있는 것), 황실령(상동), 법률(상동), 칙령(상동), 군령(軍令, 상동), 조약(상동), 예산(상동), 제령(制令), 부령(府令), 각령(閣令, 상동), 성령(省令, 상동), 훈령(訓令), 훈시, 고시, 유달(諭達), 통첩, 경무총감부 공문, 임시토지조사국 공문, 전매국 공문, 지방청 공문, 서임 및 사령, 휘보, 광고, 조선역문 등으로 고정란을 정하고, 각종 법령의 위계에 따라 그 순서를 명확히 해두었다. 조선역문은 마지막에 붙였다.

다음으로 서임 및 사령, 휘보, 광고 등 마지막 4가지 사항의 내용을 세밀하게 규정하였는데, 그 개략을 살펴보면 다음과 같다.

서임 및 사령의 내용을 5가지로 나누었다. ① 판임관 이상의 직원의 서위(敍位), 훈(勳), 공(功), 임면, 승등(陞等), 증봉(增俸), 퇴직, 휴직, 복직, 징계, ② 주임관 및 주임관 대우 이상 직원의 근무, ③ 과장 및 고등관 5등 이상 직원의 출장, ④ 위원 및 위원부 서기(委員附書記)의 출장, ⑤ 이외에 등재가 필요한 사항 등이다. 그리고 위 등재사항 중 총독부 본부에서 시행하는 사항은 총무부 인사국에서 원고를 만들고, 소속 관서 장관의 위임에 의하여 시행하는 사항은 소속 관서에서 원고를 만들어 봉투에 '관보원고'라는 글자를 붉은 색으로 써서 문서과로 송부하도록 하였다.

다음 휘보란에는 궁정 사항과 관청 사항, 통계 및 보고, 지방행정의 4가지를 등재하도록 하였다.

먼저 관청 사항은 7가지로 나누었는데, ① 개청(開廳), 휴청, 폐청, 폐사 이전 기타 사고, ② 판임관 이상 직원 사망, 휴직 만기, 씨명 변경, 과장 및 고등관 5등 이상의 발착(發着), 조선귀족의 신위(身位), ③ 외국 영사관의 이가 및 발착 등, ④ 사형 집행, 대사(大赦), 특사, 감형, 가출옥, 변호사 명부 등록 및 소송대리업자 신청과 그 변경 및 취소, 파산 관리인의 임명, ⑤ 군사(軍事), ⑥ 포상, ⑦ 이 밖에 필요한 사항 등이다.

휘보란의 세 번째, 통계 및 보고란은 14가지 사항으로 분류하였다.

① 교원 면허장 교부, 교원 공직자 표창, 공립보통학교 학무위원 및 공립실업학교 학무위원의 촉탁, 관립학교 졸업자, 강습회 개설, 학사통계 및 보고 등 학사 업무와 관련된 것.

② 무역·화폐·과세 물건에 관한 통계, 경제 상황, 지방금융 개황, 재원 함양에 관한 시설 상황, 주조 및 연초경작조합 개황, 수형(手形)조합 보증 수형 개황, 금융기관 영업 개황, 수형교환소 주보(週報) 및 월보(月報), 금융기관 설치·폐지 및 이전, 금융기관 임원 이동 등 주로 무역 및 금융과 관련한 경제상황.

③ 농작물 작황, 농작물 재해 및 병충해 상황, 잠황(蠶況), 농사강습회, 전습회 및 품평회 상황, 관개공사 상황, 권업모범장 견습생 및 강습생 상황, 농사시작장(農事試作場) 상황, 농림학교 성적, 농산보조 개황, 수역(獸疫) 발생 전귀(轉歸) 월보, 수역 예방 상황, 임업 상황, 임업에 관한 조사 성적, 영림창 업무 성적, 산업 통계 등 주로 농림업과 관련된 경제상황.

④ 상공업 조사, 시장 및 일반 상공업 개황, 공업전습소 성적, 도량형에 관한 조사, 기타 산업 보호 장려상 중요한 사항 등 상공업에 관한 경제상황.

⑤ 어업 면허 및 취소, 수산업 상황, 수산시험장 및 조사 성적, 수산조합 업무 성적 등 수산업에 관한 사항.

⑥ 광업·사광(砂鑛) 채취업의 허가 및 소멸, 광업·사광업 상황, 평양광업소 성적 등 광업에 관한 사항.

⑦ 박람회 개황, ⑧ 선박 통계 등 해운업과 관련한 사항, ⑨ 조선총독부 자혜원 등 보건·위생·의료와 관련한 사항, ⑩ 기상·관측, ⑪ 토지조사 및 토지가옥 증명과 관련한 사항, ⑫ 여권 발부와 관련한 통계, ⑬ 회사 허가 등 회사령과 관련한 사항, ⑭ 이 밖에 필요한 사항 등 14가지의 항목으로 나누어, 통계를 집계하고 보고해야 할 사항을 각 방면에 걸쳐 매우 세밀하게 규정하였다. 관보 기재와 관련하여 식민지 조선의 각종 통계와 보고가 체계를 갖추어가고 있었음을 확인할 수 있다.

휘보란의 네 번째 사항인 지방행정은 지방예산·결산, 임시은사금에 관한 사업 경리 방법과 그 예산·결산, 거류민단·민장·조역(助役) 및 회계역 임면, 거류민회 의원 정수·당선 및 퇴직, 수리조합 관리자 및 학교조합 관리자의 임면, 사찰의 병합·이전·폐지 및 명칭 변경, 교회 등 설립 및 폐지, 사찰 주지의 이동, 포교 관리자 이동, 수립조합 사업 개황, 부윤군수회의 개황, 종교 교파 신도수, 기타 사항 등으로 분류하여 규정하였다.

마지막으로 광고란에 대해서도 17가지로 나누어 자세히 규정하고 있다. 예를 들어 관립학교 학생 모집, 검정교과용 도서 서목·책수·정가·저작자·발행자의 주소 및 씨명과 그 변경, 공작 및 물건 공급 입찰 광고, 국유미간지 대부 허가 및 증명 취소, 어업 출원인 및 광업 출원인 등 총독부 및 각 관청이 광고해야 할 사항 등이 그것이다.

휘보 및 광고란의 등재 사항은 관장하는 관서에서 원고를 만들어 붉은 글자로 '관보 원고'라는 글을 써서 문서과로 보내도록 하였다. 관보 원고는 반드시 관보용 원고를 사용하도록 하고, 통계와 도표 등 인쇄 등은 미농(美濃) 백지에 기입하도록 하였다. 관보 원고의 제출 시한은 오전 12시이며, 호외를 발행할 경우에는 제한이 없도록 하였다. 그리고 관보에 등재하는 사항은 반드시 총독에게 보고하거나 다른 관청에 통지하도록 하였다(이상은 「조선총독부 위임규정, 처무규정」에 의함).

또한 조선총독부는 '조선총독부관보 편찬규정'과 아울러 같은 날 '간행물에 관한 규정'도 내훈 24호로 발포하였다. 이 규정은 각 부국에서 조사한 조사보고 및 통계는 분량이 많거나 별도로 간행해야 할 것을 제외하고는 모두 관보에 등재하도록 하였다. 각 부국에서 등재해야 할 필요를 인정하면 원고를 작성하여 문서과장에게 청구하고, 문서과장은 원고를 심사하여 회계과장에게 송부하도록 하였다.

관보의 발매

1910년 10월부터 관보의 광고란을 통해, 8개항의 관보 발매 수속 절차를 일본어와 조선어역문으로 광고였다. 먼저 관보 대금은 관청만이 후납할 수 있도록 하였지만, 관청도 다음달 15일까지는 반드시 대금을 납부하도록 하였다. 관청 이외의 구독자는 반드시 선납하도록 하였다.

주로 우편으로 구매자에게 배포하였으나, 조선서적인쇄주식회사를 설립한 이후에는 경성에 관보판매소를 2군데 설치하여 직접 민간인에게 판매하였다.

창간 당시에는 1부 3전(발송비용 1전 포함), 1개월 55전이었으나, 종간 무렵에는 1부 10전, 1개월 1원 50전이었다. (윤해동)

참고문헌

최정태, 『한국의 관보』, 아세아문화사, 1992; 『조선총독부관보』(복각본) 아세아문화사, 1973.

▌조선총독부관측소연보(朝鮮總督府觀測所年報)

서울에서 일본어로 발간된 기상 관련 연보

조선총독부관측소의 기상 관측 기록을 등재한 연보이다. 일본어로 연 1권 간행하였다. 서울대도서관 경제문고에 1916~1919, 1921, 1922, 1924년판이 소장되어 있다.

연보에 수록된 내용은 다음과 같다. 조선 전체에서 1년간 관측한 기록을 분류하여 통계를 작성하고, 특수조사 및 특수 사업의 개요를 기술하였다. 월별 기후의 추이, 폭풍우의 경과, 특수 현상 및 지진 등의 기상 이변 등을 자세히 수록하였다.

전문가와 관련자들에게 제공하기 위하여 각 학회 및 관측소, 기타 관공서, 회사 등에 배포하였다.

모든 기술과 관측표에는 영어가 부기되었다. 1918년판만 두 권으로 분철되어 있는데, 그중 다른 연도판과 동일한 관측 기록은 2권이며, 1권에는 특수한 기상현상에 대한 조사연구논문을 수록하였다. 그 가운데 조선시대 사료에서 혜성 관련 기사들을 발췌한 논문이 특히 주목된다.

조선총독부 관측소(후에 기상대)와 관측소에서 발간된 출판물에 대해서는 『조선기상월보』 항목을 참조. (윤해동)

참고문헌

宮川卓也, 「20세기초 일제의 한반도 기상관측망 구축과 식민지 기상학의 형성」, 서울대석사학위논문, 2008; 『조선총독부관측소연보』, 서울대도서관 경제문고 소장본.

▌조선총독부시정연보(朝鮮總督府施政年報)

1910년 서울에서 발간된 일본어 영어 종합 시정 홍보 잡지

1910년 3월부터 조선총독부가 월간으로 발행한 시정에 관한 종합 홍보 잡지이다. 홍보 잡지로서의 성격은 일문과 영문으로 각각 발간되었다는 점에서도 확인할 수 있다. 그 이후에도 연간으로 계속 발간되어, 1944년에 1942년분 총독부 시정을 대상으로 발간하기까지 지속되었다. 대개 매년 3월을 기준으로 발간되었다. 인쇄는 조선총독부 인쇄국에서 담당하였다.

『조선총독부시정연보』 1호는 통감부에서 발간하던 『한국시정연보』 3호에 해당하는 것으로서, 1909년 한국 정부 및 통감부에서 시행한 정무의 대강을 기술하는 것을 목적으로 한다고 하였다. 그리고 제반 통계는 『조선총독부통계연보』에 게재하게 되었으므로, 이 잡지에는 주로 기술자료를 게재하고 통계는 요점을 적록하는 데에 그친다고 하고 있다. 통계연보와의 사이에 역할 분담이 이루어진 것이다. 창간호의 부록에는 1909년 6월 이후 1910년 3월까지 발표된 중요 협약과 칙령 및 통감부와 한국 정부의 중요 법령을 싣고 있다.

책의 구성은 총론, 한국 황실, 중앙 행정, 지방 행정, 사법, 치안, 재정, 금융, 관업(官業), 교통, 외국 무역, 농업, 상공업, 광업·임업 및 수산업, 위생, 교육, 거류민단에 대한 시설 등의 순으로 되어 있다.

2차 연보에는 진휼이 사법 다음의 항목으로 배치되어 있으나, 대개 창간호에서 만들어진 구성이 1910년대에는 지켜지고 있었다. 그러나 이후에 통치의 중점이 옮겨 감에 따라 연보의 구성도 달라지고 있는데, 이는 홍보지로서의 특성을 보여 주는 것이었다.

이 연보의 원고는 조선총독부가 생산하고 있던 각종 업무 통계에 바탕을 두고 작성되었다. 조선총독부가 생산하던 각종 업무 통계와 보고자료 가운데, 통계표를 중심으로 한 통계자료는 『조선총독부통계연보』에, 더욱 구체적인 기술자료는 『조선총독부조사휘보』(후에 『조선총독부조사월보』)에 게재되었다.

이처럼 총독부의 각종 업무 통계자료는 다양한 방식으로 공간되었고, 이를 통해 총독부 통치를 홍보하고 있었다. (윤해동)

참고문헌

『조선총독부시정연보』(복각본), 국학자료원, 1983.

조선총독부조사월보(朝鮮總督府調査月報)

1930년 서울에서 일본어로 창간된 조사 잡지

1930년 4월 조선총독부 서무부 조사과에서 창간한 월간지로, 조선의 각종 경제·사회현상에 대하여 조사·보고한 잡지이다. 매월 약 100쪽 전후의 분량으로 일본어로 발간되었다. 1944년 12월까지 발간되었으며, 1923년 12월에 창간되어 1925년 3월까지 월간으로 간행된 『조선총독부조사휘보』를 계승한 잡지이다.

조선총독부가 생산하고 있던 각종 업무 통계에 바탕을 둔 잡지로, 논설과 잡록 등으로 구성되었고 각종 통계자료가 게재되기도 하였다. (윤해동)

참고문헌

『조선총독부조사월보』(복각본), 고려서림, 1988.

조선총독부조사휘보(朝鮮總督府調査彙報)

1923년 서울에서 일본어로 출간된 조사 잡지

1923년 12월 조선총독부 서무부 조사과에서 창간한 월간지로, 조선의 각종 경제·사회현상에 대하여 조사·보고한 잡지이다. 매월 약 100쪽 전후의 분량으로 일본어로 발간되었다. 총독부의 식민정책에 참고로 삼고, 정책 관계자들에게도 배포한 것으로 보인다. 1925년 3월까지 발간되고 종간되었다. 1930년 4월부터 1944년 12월까지 총독부가 월간으로 발간하는 『조선총독부조사월보』는 이 잡지를 계승한 것이다.

조선총독부의 조사작업은 직접조사와 간접조사로 구분할 수 있다. 간접조사의 대부분을 차지하는 것은 총독부 공식 통계의 근간을 이루는 업무 통계이다. 이것은 통계조사에 의한 것이 아니라, 일상적 행정 업무와 문서를 통한 업무 보고의 부산물로 얻어지는 통계였고, 업무 보고의 형식이 보고례(報告例)였다. 보고례 통계도 경우에 따라서는 지방행정의 최말단에서는 직접조사를 통해 수집되기도 했지만, 대부분은 간접조사를 통한 것이었다.

조선총독부 업무 통계를 바탕으로 한 통계자료의 대부분은 주로 『조선총독부통계연보』를 통해 공간되었지만, 『조선총독부시정연보』나 이런 휘보 성격의 잡지에도 반영되었다.

잡지는 크게 논설과 잡록으로 구성되었다. 논설란에는 다양한 보고 기사가 게재되고 있는데, 한 예로 일본에서 유학하고 돌아온 조선인 학생들의 유학 후의 상황을 조사하여 보고한 글이나, 군산항에 집하된 조선미의 상황을 보고하는 글 등을 들 수 있다. 그 밖에도 조선에서의 동업 조합의 현상을 분석한 장문의 기사가 실리기도 하고, 조선의 농업과 공업의 현상에 대한 분석기사, 그밖의 필리핀이나 아프리카의 식민지 상황을 소개하는 논설도 실려 있다.

잡록란은 조선과 해외를 나누어, 정치·경제·사회·문화에 걸친 각종 조사나 통계를 수록하고 있다. (윤해동)

참고문헌

『조선총독부조사휘보』, 서울대도서관 고문헌자료실 소장본.

조선총독부통계연보(朝鮮總督府統計年報)

1910년 서울에서 일본어로 발간된 종합통계지

조선총독부는 1910년부터 총독부가 수집한 공식 통계를 『조선총독부통계연보』라는 이름으로 공간하였다. 조선총독부는 행정관청을 통하여 체계적으로 업무 통계를 수집하였으며, 이를 정리하여 편찬한 대표적인 종합 통계지가 이 잡지이다. 이미 통감부는 1907년 『제1차 통감부통계연보』(1906년 통계)를 간행한 이후, 1909년까지 3차 통계연보를 발간하였다. 1910년 『조선총독부통계연보』가 발간되었는데, 이는 1909년분 통계를 대상으로 한 것이었다. 이후 이 책은 1942년분 통계를 대상으로 1944년 3월 연보가 나오기까지 지속적으로 발간되었다.

통계연보는 조선총독부의 조사와 소속 관서의 보고에 따른 통계자료 중 중요한 것을 주무과에 위촉하여 집록·편집한 것이었다.

연보의 내용은 통치 행정의 주요 관심을 많이 반영하고 있다. 예컨대 1910년 토지조사사업이 진행되고 있을 때에는 이 사업의 성과가 주요하게 취급되고 있었다. 1909년부터 물가와 임금(노은[勞銀] 또는 임은[賃銀]이라고 함) 통계를 수록하기 시작하였다.

근대국가와 통계

통계(statistics)란 말은 원래 국가(state, staat)라는 어휘와 밀접한 관련이 있으며, 국가에 대한 여러 사항들을 기술한 것을 가리키는 말이다. 통계는 근대국가의 형성과 더불어 나타난 것으로서, 사회에 대해 양화(量化)된 정보를 얻어 내는 근대국가의 행정장치의 하나이자, 사회의 실상과 국가의 통치 활동을 기술하는 국가의 담론이었다.

통계학은 17세기 잉글랜드의 사망률 측정과 인구동태 통계(vital statistics)를 중심으로 형성되었다가 나중에 경제통계로 전환된 정치산술(political arithmetics), 17~18세기 독일에서 국가에 대한 학문으로 형성된 통계학(Statistik), 19세기에 프랑스를 중심으로 수리통계학의 학문적 발전에 크게 기여한 확률론의 세 흐름에서 만들어진 것이었다.

확률론을 제외하면, 정치산술과 통계학의 전통은 모두 본래 정치·경제 영역의 사실들과 관련된 것이었다. 통계의 초기 형태들은 대개 인구와 무역의 규모를 국부 또는 국세를 가늠하는 기준으로 삼았던 중상주의적 사유의 산물이었으며, 국가 주도의 통계조사의 핵심을 이루었던 것은 인구와 경제 부문이었다.

통계는 앎과 통치가 결합된 근대 국민국가 특유의 지식 형태이다. 근대 국민국가는 거시적 차원의 규칙성에 따르는 것으로 이해된 시장과 시민사회 영역에 대한 정확한 지식을 필요로 했던 바, 근대적 통계는 시장과 사회에 대한 정확한 지식을 확보하기 위해 확립된 것이었다. 그러나 추상적이고 동질적인 인민만이 근대적 센서스의 조사 대상이 될 수 있었다. 19세기 후반 들어 대부분의 유럽 국가들이 경쟁적으로 본국과 식민지에서 인구와 자원에 대한 센서스(census)를 실시하였고, 중앙통계기구를 정비하였다. 이런 새로운 통치의 틀 속에서 근대국가는 각종 조사자료들을 공간하고, 국제통계회의(International Statistical Congress)나 국제통계협회(International Statistical Institute)와 같은 국제적 통계단체를 창설하였다.

19세기의 통계조사는 다음과 같은 특징을 가지고 있었다. 대개 국가가 주도하여 통계조사를 실시하였으며, 인구증가나 무역 등 거시적 분야만이 아니라 일상의 세세한 부분까지도 조사의 대상이 되었다. 또 통계조사의 결과물은 대부분이 기술(記述)보다는 수와 통계표의 형태를 취하였으며, 통계표를 만드는 데 통계의 요체가 있는 것처럼 생각하였다.

일본에서는 1860년대 말 처음으로 'statistics'의 개념이 소개된 이후, 1871년 중앙통계기구가 설립되었으며, 1882년에는 『통계연감』이 발행되었다. 1905년 전국적 센서스를 계획하여, 1920년에 처음으로 실시하였다(1920년 센서스에서 조선은 제외되었다).

1880년대 말 '통계'라는 번역어가 정착될 때까지 'statistics'의 번역어는 여러 가지가 사용되었는데, 그중에서 가장 우세했던 것은 '정표(政表)'라는 번역어였다. 그러나 최종적으로 승리한 용어는 '정표'가 아니라 '통계'였다. 이 시기 일본에서 통계는 문명의 필수적인 장치로 간주되었던 바, 종합통계서를 간행할 수 있을 정도의 문명국가라는 인상을 만드는 것이 통계장치의 핵심이었다.

그리하여 통계는 국가의 행정 수요에 의해, 국가기관에 의해 통계가 생산되었고, 중앙통계기구의 역할은 조사와 통계자료의 생산보다는 기록과 편찬 곧 업무 통계의 정리에 한정되었다.

따라서 일본의 국가 통계는 일차적으로 업무 통계 편찬이 중심이 되었고, 국가가 시행한 실제 조사도 대부분 현지 조사라기보다는 지방행정기구 수준에서 행정 서류나 업무 통계의 집계를 통해 이루어지는 경우가 많았다.

조선총독부 업무 통계로서의 공식 통계

식민지기 조선에서의 통계는 대부분 일차적으로 총독부 또는 준통치기구로서의 성격을 가진 기관이나 관변단체들이 생산한 공식 통계였다. 서양에서는 국세(國勢)나 국부(國富)를 다루는 공식 통계와 달리 시민사회의 제반 문제, 산업화와 도시화의 진전에 따라 새로 발생하는 여러 문제 곧 빈민·실업·의료·범죄·교육 부문 등을 다루는, 민간 연구자들에 의해 생산된 사회통계의 전통이 있었지만, 일본이나 식민지 조선에서는 이런 사회통계도 국가나 '관'에 의해 생산되었다.

식민지 조선에서의 각종 조사사업은 인류학적 현지 조사를 주로 담당했던 취조국과 문헌 조사를 주로 담당했던 중추원, 그리고 사회학적 조사를 담당한 1920년대 총독 관방 문서과나 조사과 사이에 일종의 분업관계가 설정되어 있었다.

조선총독부가 수행했던 공식 통계 수집 작업은 직접 조사와 간접 조사로 나눌 수 있고, 직접 조사에는 전수 조사였던 국세 조사 외에 소규모의 현지 조사들이 있었다. 이 조사들은 엄밀한 표본 추출 기법에 의한 것이 아니라, 편의적이고 임의적인 표본 추출이나 할당 등에 의한 초보적인 현지 조사들이었다. 젠쇼 에이스케(善生永助) 등 총독부의 촉탁(囑託)들이 수행한 부락 조사나 관행 조사 등이 여기에 해당한다.

간접조사의 대부분을 차지하는 것은 총독부 공식 통계의 근간을 이루는 업무 통계였다. 이것은 통계조사에 의한 것이 아니라, 일상적 행정 업무와 문서를 통한 업무 보고의 부산물로 얻어지는 통계였고, 업무 보고의 형식이 보고례(報告例)였다. 보고례 통계도 경우에 따라서는 지방행정의 최말단에서는 직접조사를 통해 수집되기도 했지만, 대부분은 간접조사를 통한 것이었다. 조선총독부가 간행한 대부분의 통계자료는 이 업무 통계에 의한 것이었다.

식민지기 중앙통계기구와 보고례

조선총독부의 중앙통계기구는 1895년 수립되고 1907년 정비된 조선-대한제국 정부의 통계체계와 1907년 이래의 통감부 통계체계를 바탕으로 설립된 것이었다. 1910년 10월 총독부는 총독부 훈령으로 '총독부사무분장 규정'을, 1911년 2월에는 '조선총독부통계사무취급방'을 발포하였다.

1910년 구축된 총독부의 통계체계는 이중의 구조를 가지고 있었다. 하나는 총독부의 모든 부서와 소속 관서 및 지방행정기관에 서무과, 더 하급단위에서는 서무계나 서무괘(庶務掛)를 설치하여 자체 통계업무를 담당하게 하였다.

다른 하나는 총독부 전체의 통계업무를 관장할 문서과가 있었다. 그러나 둘 모두 통계업무 또는 조사를 전담하는 기구는 아니었다. 문서과에서는 문서의 접수·발송·편찬과 보존에 관한 사항, 관인(官印)과 부인(符印)의 관수(管守)에 관한 사항, 관보에 관한 사항 등과 아울러 통계와 보고에 관한 사항을 담당하도록 하였다. 이후에는 문서과가 총무과로 이름으로 바뀌거나 총무과로 흡수되기도 하였다.

문서과는 결국 각 부서, 소속 관서의 통계주임과 교섭하거나, 총독부 전체의 통계정보와 업무 보고의 흐름을 통제함으로써 총독부 전체의 보고와 통계업무를 총괄하였다. '조선총독부통계사무취급방'은 다음과 같은 내용을 가진 것이었다. ① 조선총독부 소관 사항에 관한 통계는 총무부 문서과에 비치된 통계대장에 기입하고 문서과장이 그것을 정리·편찬하여야 한다. ② 통계대장과 통계에 관한 여러 표의 양식은 문서과장이 관계부국과 합의한 뒤 결재를 거쳐 정하여야 한다. ③ 조선총독부 각 부국과 소속 관서에 통계 주임을 두어 각각 주관하는 통계 재료 수집의 책임을 맡게 한다. ④ 통계 주임은 보고례와 그 밖에 정해진 양식에 따라 통계 재료를 조제(調製)하여야 한다. ⑤ 통계 주임은 여러 가지 통계표를 만들기 위해 수집한 재료를 편집·보존하여야 한다. ⑥ 문서과장은 통계사무에 관하여 통계 주임과 직접 교섭할 수 있다. ⑦ 조선총독부 각 부국에서 통계사항에 관하여 외부와 왕복을 요하는 경우 문서과장에게 청구하여야 한다. ⑧ 조선총독부 각 부국과 소속 관서에서 총독과 정무총감에게 제출하는 통계서류는 문서과장을 경유하여야 한다.

1922년 문서과와 별도로 조사과가 만들어지면서, 통계조사와 감독, 내외사정의 조사와 소개, 각종 보고와 인쇄에 관한 사항이 그 업무로 규정되면서, 통계조사가 중앙 통계기구의 업무로 등장하였다.

조사과는 1924년 문서과와 조사과가 다시 총독관방 문서과로 통합되기까지 2년 남짓 유지되었지만, 그 이전 취조국이 시도했던 사회실태 조사작업을 인수하여 1923년부터 결과물을 『조선총독부조사자료』라는 이름으로 간행하기 시작하였다. 여기에서 촉탁으로 고용되어 활동하면서 방대한 조사자료를 남긴 사람으로 젠쇼 에이스케, 무라야마 지준(村山智順) 등이 있다.

통계업무나 조사 업무를 담당한 사람들은 대개 일본인이었고, 속(屬)이나 촉탁과 같은 하급직에 머물렀다. 그리고 문서과의 주 업무는 문서 수발과 보고를 통해 이루어지는 업무 통계였고, 통계가 포괄하는 범위는 대단히 한정된 것이었다.

업무 통계에 필요한 보고의 기본 양식이 보고례였다. 보고례란 메이지(明治) 초기부터 일본에서 행정 보고를 위해 사용한 주로 표로 이루어진 보고서 양식을 가리키는 것으로, 조선에서도 이 양식이 그대로 사용되었다.

조선총독부 보고례는 그 분량이 많아서 관보에 실리지 않고, 따로 『보고례별책』이라는 이름으로 간행되었다. 보고례의 보고는 기술적인 것과 통계표에 의한 것 두 가지가 있었지만, 후자가 압도적으로 많았다.

업무 보고는 보고 기간을 기준으로 즉보(卽報), 일보(日報), 순보(旬報), 월보(月報), 계보(季報), 반년보, 연보 등으로 구분하였다. 일보는 곧 폐지되었지만, 연보는 역년조(曆年調)와 연도조(年度調)로 나누었는데, 역년조는 2월 말, 연도조는 5월 말까지 보고하게 하다가, 나중에는 월별로 보고사항을 구별하였다.

『보고례별책』의 편제도 처음에는 즉보, 일보, 월보 등 기한별 종류를 기준으로 삼았다가, 그 분량이 많아지자 각 도 보고는 갑호(甲號), 총독부 소속 관서 보고는 을호(乙號)로 나누었다. 1938년 보고례부터는 갑호의 보고를 내용에 따라 분류하였다. 내용에 따른 항목 분류는 조선총독부의 행정과 통치 행위의 범위를 드러내는 것이었다. 그리고 『조선총독통계연보』의 분류 항목도 기본적으로 이에 따랐다.

통계연보의 편제는 총독부 통치가 한반도 전체에 미치고 있다는 것을 통계표의 양식들이 상징적으로 보여 주는 것이었다. 합리적으로 예측 가능한 총독부 통치의 성과는 통계연보로 요약되었으며, 매년 공간됨으로써 그 성과를 내외에 과시하고자 하였던 것이다.

그러나 통치와 관련한 주요 자료들은 비밀 또는 극비로 분류되어 공개되지 않았다. 예를 들어 조선총독부 경무국 보안과에서 발간하던 『고등경찰보』나 『고등외사월보』 등에는 조선인들의 저항행위와 관련한 통계와 내용들이 들어 있었지만, 이는 공표되지 않았다.

이 연감을 축소한 잡지로 『조선총독부통계요람』이 1911년부터 1943년까지 발간되었다(이 잡지는 1921년부터 1925년 사이에는 『조선총독부통계편람』

이라는 이름으로 발간되었다). (윤해동)

참고문헌

박명규·서호철, 『식민권력과 통계』, 서울대학교출판부, 2003; 『조선총독부통계연보』(복각본): 보경문화사, 1982.

▌조선총독부통계요람(朝鮮總督府統計要覽)

▶ 조선총독부통계연보

▌조선총독부통계편람(朝鮮總督府統計便覽)

▶ 조선총독부통계연보

▌조선치과의학회잡지(朝鮮齒科醫學會雜誌)

1925년 서울에서 창간된 일본어 학회지

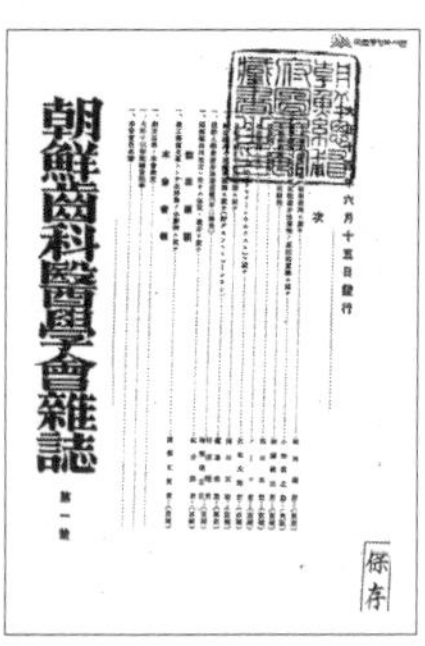

조선치과의학회가 1925년 창간한 일본어 월간 학회지이다. 1925년 6월 창간호가 발간되었으며, 1926년 2, 3호, 1927년 4~6호, 1928년 7~12호가 발간되었다. 1928년까지는 발간 주기가 일정하지 않았다. 그러나 1931년부터는 계간으로 고정되었으며, 1939년까지 총 38호가 간행되었다. 편집 겸 발행인은 조선치과의학회 부회장이 담당하였으며, 회원을 위한 비매품으로 발간되었다. 잡지에는 치과 관련 광고가 다수 게재되어 있는데, 이를 발간 비용으로 충당하였던 듯하다. 광고료는 보통면은 2면에 15원, 특별면은 1면에 20원이었다. 국립도서관에 1925~1928년, 1931~1939년까지의 전호가 소장되어 있다.

논설이나 원저(原著)라는 난을 만들어 치과 관련 논문을 소개하는 면이 가장 많은 분량을 차지하고 있다. 특별 강연이나 초록을 게재하기도 하였으며, 회보란을 설정하여 학회소식을 전하고 있다.

이와 달리 경성치과의학회에서는 『경성치과의학회잡지』를 별도로 발간하였다. 1932년부터 연 3~4회 발행하여 총 25권을 발행하였다.

조선에서의 치의학 도입과 교육

1894년 노다 오지(野田應治)가 조선 거주 일본인을 상대로 경성과 인천에서 처음으로 개업하였고, 러일전쟁 시기에 일본군이 한국에 주둔하면서 이들을 따라 치과의사들이 한국으로 들어와 활동하게 되었다. 1905년 한국 주둔 일본 주차군 사령부의 촉탁 치과의사로 나라자키 도요(楢崎東陽)가 입국하였다. 1906년 나라자키는 사임하고 경성에서 개업하였다.

또 일본인 민단에 의해 한성병원이 운영되면서 치과 책임자가 초빙되기도 하였다. 동인회 산하 동인의원에는 외과 소속으로 치과부가 있었는데, 치과 담당자는 나라자키였다. 1909년에는 대한의원에 치과가 개설되었다. 대한의원은 대한제국의 의학교와 부속병원, 광제원, 대한적십자사병원을 통합하여 설립한 병원이었다.

한국인들은 처음에는 주로 서양 치과의술을 배워 입치의를 개업하였다. 입치사는 치과의사가 배출되기 전까지 과도적으로 치과의학을 수용한 치과의료인이라는 긍정적 평가를 받았다.

한국인으로는 1914년 일본의 치과의학전문학교를 졸업한 함석태(咸錫泰)가 처음으로 치과의사로 등록하였다. 그 이후 일본에서 치과전문학교를 졸업한 사람이나 경성치의학전문학교의 졸업생이 배출되면서 치과의사 수는 급속하게 증가하였다.

치과의사제도가 정립되기 전, 조선에서는 치과의사와 입치사의 구분이 없었다. 일본에서는 이미 입치사제도가 폐지되었으므로, 일본인 입치사들이 많이 한국에 들어와서 활동하게 되었다. 1913년 '치과의사규칙' 및 '입치사영업취체규칙'이 제정·공포되었지만, 입치사 영업에 대한 단속은 엄격하게 시행되지 않았다. 1920년대 초반에는 입치사가 200여 명, 치과의사가 20여 명 있었다고 한다.

1921년 2월 치과의사 시험제도가 확립되었는데, 시험은 매년 시행되었으며, 시험자격은 수업 연한 3년 이상의 치과학교 졸업, 또는 5년 이상 치과의술을 수업한 자로 제한하였다.

한국에서 처음으로 치과교육이 시작된 것은 1913년으로, 민제병원에서 치과강습소를 개설하였다고 한다. 1915년 세브란스연합의학교에서 치과학교실을 신설하였다. 이를 기점으로 본격적인 치과교육이 시작되었다고 할 수 있겠다.

1922년 4월 경성치과의학교가 개교하였다. 일본인이 설립의 주체였는데, 총독부의원 치과과장인 나기라 다쓰미(柳樂達見)가 총독부의 후원을 얻어 설립을 추진하였다. 1922년 1년은 야학으로만 진행되었으며, 나기라도 겸직으로 있었다. 1923년 수업연한을 3년으로 정하고 전임교수를 채용하여 주간교육으로 변경하였다. 1925년 첫 회 졸업생 27명이 배출되었는데, 한국인은 23명이었다.

1928년 재단법인 경성치과의학전문학교가 4년제로 인가되었으며, 교사도 신축하여 이전하였다. 이후 생도 수는 480명으로 증원되었다. 경성치과의학교와 치과의학전문학교를 합쳐 총 졸업생은 1653명인데, 그 가운데 한국인은 555명으로 34%를 차지하였다. 치과의학전문학교만 본다면, 1925~1945년까지의 17회 졸업생 1459명 가운데 한국인은 452명을 차지하고 있다.

• 조선치과의사회·한성치과의사회·조선연합치과의사회

1912년 경성에서 처음으로 경성치과의사회가 조직되었는데, 이를 바탕으로 경성치과의사회의 회장이었던 나라자키 도요가 중심이 되어 전국적 조직인 조선치과의사회가 조직되었다. 이 당시에는 치과의사와 입치사의 구별이 없었으므로 입치사들과의 갈등이 심했다. 이에 치과의사들의 단결과 이익을 도모하기 위하여 창립한 것이 치과의사회였다. 이 단체는 일본인 치과의사를 위해 일본인 치과의사들이 주동이 되어 만든 것이었다.

반면, 한국인 치과의사들만으로 구성된 단체가 경성치과의사회였다. 경성치과의사회는 함석태가 중심이 되어 경성치과의학교 졸업생들을 묶어 만든 단체였다. 단체 설립의 목적은 친목, 학술연구, 구강위생 계몽, 회원 복리로 설정되었다. 1928년부터 부서를 결정하고 회의체계를 확립하였다. 이후 박명진, 조동흠 등이 회장과 이사장으로 선임되었다.

한편 조선치과의사회는 1930년 총회에서 각 지역 치과의사회의 연합체인 조선연합치과의사회로 전환하기로 결의하였다. 이에 따라 1932년 조선연합치과의사회가 결성되었는데, 1935년에는 지방의 20개 치과의사회가, 1940년에는 27개 치과의사회가 참여하게 되었다. 1935년에는 한국인의 조직인 한성치과의사회도 연합치과의사회에 가입하였다. 1940년에는 각 도별로 치과의사회를 결성하였으며, 1941년 조선치과의사회로 다시 명칭을 바꾸었다. 1942년 경성치과의사회가 결성되면서, 한성치과의사회는 해산되었다.

연합치과의사회는 사단법인으로서, 국가의 위생행정에 공헌하는 것을 목적으로 설정하였다. 이에 따라 각종 간친회를 열었으며, 1936-1937년에는 '충치예방의 날' 행사, 1941년 치아와 건강 전람회 등을 개최하였다. 충치 예방이 가장 중요한 활동 가운데 하나였다.

• 조선치과의학회·경성치과의학회

조선치과의학회는 1920년 10월 조선의 일본인 치과의사들이 결성한 단체이다. 치의학 연구와 진보, 치과의사들의 권익 향상과 친목 도모를 목표로 삼았다.

창립 당시에는 경성의 회원 12명을 합쳐 전국에 30명 정도의 회원이 있었다고 한다. 임원과 활동의 대부분은 일본인이 차지하고 있었다. 총회는 연 1회 개최하였는데, 전쟁 중의 시기만 제외하고 모두 21회의 총회가 개최되었다. 1932년 이후 경성제국대학과 경성치과의학전문학교의 치과의사와 개업 치과의사들이 주요한 구성원이 되었다.

경성치과의학회는 1932년 10월 경성치과의학전문학교를 배경으로 설립되었다. 경성치과의학교 교우회원과 설립 목적에 찬성하는 일반 치과의사를 정회원으로 하고, 학생들을 준회원으로 삼았다. 설립 시 약 400여 명의 회원이 가입하였다. 조선치과의학회와 경성치과의학회가 경쟁관계에 있었으므로, 의학교를 배경으로 한 경성치과의학회의 확장 속도가 빨랐다.

조선치과의학회는 개업의를 대상으로 임상의학을 중심으로 활동하였고, 경성치과의사회는 학교를 배경으로 학술을 중심으로 활동하였다. 조선치과의학회의 학술 활동 가운데 가장 특징적인 것은 구강외과 질환에 대한 활동이었다고 한다. (윤해동)

참고문헌

경성치과대학동창회, 『경성치과대학연혁사』, 1964; 신재의, 「일제강점기의 치의학과 그 제도의 운영」, 『의사학』 13권 2호, 2004.

▌조선치형휘보(朝鮮治刑彙報)

1923년 서울에서 발간된 일본어 월간지

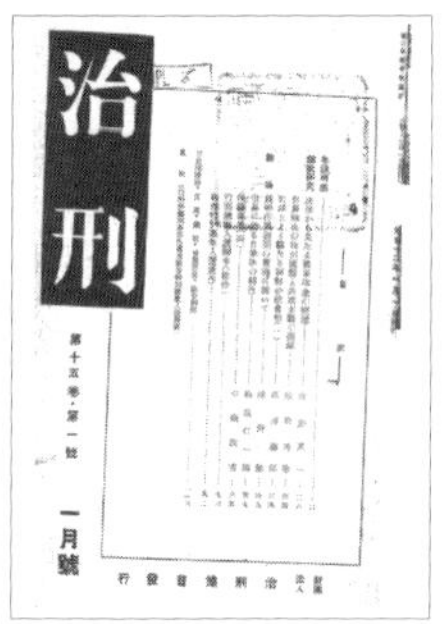

1923년부터 조선치형협회에서 발행한 기관지로서 일본어 월간지이다. 이후 조선치형협회가 재단법인 치형협회로 개편되면서 『치형』으로 개제되었다. 『조선치형휘보』는 5호(1923), 11, 12호, 14~17호(1924), 19~22호, 24~30호(1925), 31~42호(1926), 43, 44호(1927), 74, 75, 77~78, 81~84, 86~88, 90호(1930), 92~93, 95호(1931)가 일본의 사이토문고에 소장되어 있다. 『치형』은 서울대도서관 고문헌자료실에 1934년 12월호, 1935년 1~4월호, 6~9월호가, 서울대도서관 경제문고에 1936~1940년까지 발간분이, 국립중앙도서관에 1937~1939년, 1941년 발간분이 각각 소장되어 있다.

잡지는 크게 권두언, 소감, 논설연구, 자료, 잡록, 문원, 휘보, 회원 소식, 법령·예규 등으로 구성되었으며, 대개 100쪽이 넘는 분량으로 발간되었다. 1938년 이후에는 이런 구분을 없애고 편집하였으며, 50쪽 전후로 분량도 줄어들었다.

논설연구란에는 사법제도, 그중에서도 형무소 사무와 형사정책에 관한 보고나 논문이 주로 게재되었다. 공산주의 사상과 운동을 비판하고 일본의 국체론이나 국가사상을 강조하는 글, 조선 감옥의 역사와 행형제도의 변화 등에 관한 글도 많은 편이다. 이와 아울러 수감자들의 교화에 관련한 논문도 많이 수록되었다.

잡록에는 시사와 관련한 문제나 회원들의 각종 보고들이 수록되었으며, 자료란에는 주요한 법령 자료들이 소개, 해설하는 기사가 수록되었다. 휘보와 회원 소식란 등을 통해 치형협회의 운영 상황을 파악할 수 있을 것이다. 식민지기 조선의 행형제도를 이해하는 데 있어 기본적인 자료라고 할 수 있다.

• 조선치형협회

처음 조선총독부 법무국 감옥과 내에 설치되었다. 조선총독부의 행형 사무와 관련된 관료들로 구성된 관변단체로, 회장은 감옥과장이 맡았다. 사법제도의 개선 및 행형사무의 발달을 결성의 목적으로 삼았다.

1920년대부터 민사, 형사 사건이 증가함으로써 감옥 사무도 증가하는 현상이 나타나고 있었고, 조선 전체의 28개 감옥만으로는 부족하여 감옥 증설에 나서야 할 정도였다. 이런 상황에 적극적으로 대응할 필요에 따라 조선치형협회는 재단법인 치형협회로 개편되어, 총독부 법무국 행형과에 소속되었다. 그리고 1924년 일본어·한글 겸용의 월간 교화 잡지인 『도(道)』를 창간하였다.

1930년대 들어 특히 사상 범죄가 증가하고, 이에 따라 기소유예자, 형집행유예자, 가출옥자, 만기석방자가 매년 증가하였다. 이에 적극적으로 대응하기 위하여 1936년에는 사상범보호관찰제도가 실시되었다.

행형과 관련하여 조선치형협회가 발간한 단행본으로는 『조선치형대요』(1924), 『형무소사진첩』(1924), 『동쪽 바다로』(1924), 『치형계제(階梯) 1-6』(1924~1926), 『공업지식』(1925), 『조선 수형자의 영양 및 신진대사에 관한 연구 1-13』(1925~1932), 『방직과 염색』(1926), 『도 안내(道しるべ)』(1926), 『형무법전』(1927), 『형무제요』(1927), 『형무법전』(1927), 『신생의 힘』(1928), 『진종(眞宗) 신앙의 정수』(1928), 『광명으로 이끄는 기초(光への導き基)』(1930), 『조선행형실무: 계호지요(戒護指要)』(1934), 『처세의 길』(1925, 1934), 『청복(淸福)의 길』(1934) 등이 있다. (윤해동)

참고문헌

『조선치형휘보』 일본소재 사이토문고(齋藤實文庫), 서울대도서관 경제문고, 고문헌자료실 소장본.

▌조선통신(朝鮮通信)

서울에서 일본어로 발간된 일간지

서울의 조선통신사에서 발행하던 일본어 일간지로서, 『조선사상통신(朝鮮思想通信)』이 제호를 바꾼 것이다. 1일 8쪽으로 구성되어 있는데, 앞의 5쪽이 기사이고 뒤의 3쪽은 광고이다. 일본인들에게 조선의 상황을 알리는 동시에 일본의 신문에 조선 관계 기사를 제공하는 것을 목적으로 발간되었다. 서울대도서관 경제문고에는 1930~1935년까지의 자료가 소장되어 있다.

조선통신사는 공산주의운동을 하다가 중단한 활동가 배성룡이 운영하던 잡지사이다.

1면에는 조선의 역사에 관한 조선인 학자의 글을 일본어로 번역해 실었고, 나머지 면에는 대개 『조선일보』, 『동아일보』, 『민중신문』, 『중외일보』, 『매일신보』 등의 한글 신문에 게재된 사설과 기사 및 일본 신문에 나온 조선 관계 기사를 싣고 있다.

주요한 글을 소개하면 다음과 같다. 먼저 1930년에는 이병도의 조선 초기의 유학에 관한 글(전 36회), 안확의 조선 고대의 체육과 군함에 관한 글, 문일평의 「조선역사상의 꽃」, 김병곤의 「조선사해편린」, 주요한의 「조선 교육의 결함」, 김태준의 「조선소설사」 등이 번역되었다.

1931년에는 김상기의 「동학과 동학난」이, 1932년에는 신동엽(辛東燁)의 「역사상 꿈의 영이관(靈異觀)」, 김병곤의 「조선혼인고」 등이 번역되었다.

1933년에 실린 글을 보면, 김태준의 「조선의 여류소설」, 이천파의 「조선음악의 문화적 가치」, 현상윤의 「홍경래전」, 조윤제의 「영남의 여성과 그 문학」, 한장경의 「조선토지제도와 농민생활의 변천」, 문일평의 「역사상의 반역아」와 「한말외사」, 정지일 「만보산사건」, 이병기의 「조선역사상의 무협전」 등이 번역되었다.

이윤재의 「갑술과 조선」, 문일평의 「갑오년의 극동풍운」, 홍명희의 「조선인의 지방열 검토」, 김팔봉의 「조선 문학의 현재수준」, 이은상의 「조선사상의 명견」, 송석하의 「조선의 풍년 기원과 점」, 장도빈의 「조선의 산과 천」, 김정실의 「근세 조선의 사회계급」 등은 1934년에 수록된 중요한 글이다.

이외에도 백남운의 「조선노동자 이주문제」, 아펜젤러(H. G. Appenzeller)의 「조선 교육의 대중적 보급책 여하」, 안재홍의 「민세필담」 등이 번역되었다.

조선의 역사와 현상을 분석한 글을 중시하고 있음을 확인할 수 있다. (윤해동)

참고문헌

『조선통신』, 서울대도서관 경제문고 소장본.

▌조선평론(朝鮮評論)

▶ 조선지실업
▶ 만한지실업

▌조선학보(朝鮮學報)

1930년 서울에서 일본어로 창간된 역사학 월간지

1930년 8월 조선학회의 기관지로 조선학보사에서 월간으로 발간한 조선학 관련 잡지이다. 일본어로 출간되었으며, 9월 2호가 발간된 채 종간된 것으로 추정된다. 두 권 모두 180쪽 내외의 분량을 차지하고 있는데, 이는 당시의 기준으로 볼 때 상당히 많은 것이다. 국립중앙도서관에 두 호 모두 소장되어 있다.

잡지는 크게 논설란과 휘보란으로 구성되었다. 조선학회의 평의원과 편찬위원으로 참가한 사람들 다수가 논설을 기고하고 있다. 1호에는 12편, 2호에는 10편의 논설이 실려 있다. 2호에는 이마니시 류(今西龍)의 「제주풍토기」라는 연구 자료가 실렸고, 휘보와 아울러 특집작품이 게재되었다.

휘보란은 기고가 약력, 신간 소개, 사영(史影) 취방(聚芳), 학보 문단, 회원 소식, 학보 일지, 경물(景物) 강좌, 학계 이문(異聞) 등으로 구성하여 다양한 학계 소식을 게재하였다. 아마 조선에 관한 학예를 보급하고 민족문화(일본 문화)를 선양한다는 원래의 목적에 맞추어, 역사학을 중심으로 하는 종합학회와 종합잡지를 목적으로 하고 있었던 것이 아닌가 한다. 창간호 편집후기에서 조선잡지사 사장 오노 도쿠조(小野德三)는 이마무라 도모(今村鞆), 아소 다케카메(麻生武龜, 중추원 촉탁), 이병도, 다카하시 다쿠지(高橋琢二, 조선사편수회 수사관보) 등의 협조에 감사하고 있는 것으로 보아, 이들이 도움이 컸던 것을 확인할 수 있다. 위에 거명된 이들은 2호 연속으로 논설을 게재하고 있다.

• 조선학회

조선학회는 주로 조선에 관한 학예를 보급하고, 내선 동원(同源)의 대의에 기초하여 민족문화의 연원을 선양하며, 현대 사조의 선도에 이바지하는 것을 목적으로 삼았으며, 이를 위하여 필요할 경우 대회, 강연회, 전람회 등을 개최하도록 하였다.

월 1회 『조선학보』를 편수하여 회원에게 배포할 것을 규정하였으며, 그 잡지에는 조선사, 일본사, 중국사 및 고적 그리고 기타 조선에 관한 논설기사를 게재하도록 하였다. 그 밖에 이 방면에 유익한 저술과 자료를 출판하도록 하였다. 또한 수시로 사적 소재지에 방면위원을 두어 조사연구를 하도록 하고, 회원의 견학 때에 도움을 받도록 하였다.

회원은 독지가로 조직하고, 잡지에 논설을 제출할 수 있으며, 지상 강습에 질의를 제출할 수 있도록 하였다. 권위 있는 학계의 태두와 조선사 연구의 공적자를 고문으로 위촉할 수 있도록 하였다. 고문 혹은 평의원으로 하여금 편수감독을 맡도록 하였고, 회원은 연 회비 6원 60전을 전납하도록 하였으며, 한꺼번에 100원 이상의 회비를 납부하는 사람은 종신회원으로 삼도록 하였다.

조선학회 규칙 10조에는 상무이사를 두되 조선학보사의 사장이 그를 맡아 일체의 회무를 처리하도록 하고 있다. 조선학보사의 사장이 학회의 상무이사를 맡되, 그가 학회 사무 일체를 처리하도록 한 조항에서 잡지 발간이 2호로 종간된 사정을 엿볼 수 있을 듯하다.

상무이사 겸 조선학보사 사장은 오노 도쿠조였다. 그는 조선사편수회의 서무회계 주임과 1926년 결성된 조선사학동고회의 서무회계 감독으로 있었던 사람이다. 그리고 도쿄제대 조선사료 촉탁으로도 이름을 올리고 있다. 조선사편수회와 조선사학동고회의 서무회계를 담당하고 있던 사람이 조선학회의 상무이사를 맡고 있었다는 사실은 다음과 같은 두 가지 사실을 짐작하게 한다. 하나는 이 단체가 조선사편수회 계열의 단체라는 점, 다른 하나는 연구자가 아니라 회계를 담당하고 있던 오노가 학회를 주도하고 있다는 점이다.

창간호에 회비를 6원 60전으로 인상한다는 광고가 실려 있는데, 이는 매우 높은 가격일 뿐만 아니라 회비 책정 과정에서 내부 갈등이 있었음을 엿볼 수 있게 하는데, 이런 여러 사정들이 잡지 발간을 단명으로 몰고 갔던 것으로 보인다.

창간 당시의 학회 임원은 다음과 같다. 먼저 고문에는 이노우에 데쓰지로(井上哲次郎), 이즈미 데쓰(泉哲, 경성제대 교수), 가토 시게루(加藤繁, 도쿄제대 교수), 어윤적(魚允迪, 조선사편수위원, 중추원 참의), 최남선(조선사편수위원), 다케베 긴이치(武部欽一, 조선총독부 학무국장), 쓰지 젠노스케(辻善之助, 도쿄제대 교수), 나가누마 겐카이(長沼賢海, 규슈제대 교수), 후지쓰카 지카시(藤塚鄰, 경성제대 교수), 미우라 지카유키(三浦周行, 교토제대 교수), 이동훈(李東勳, 남작), 이능화(조선사편수위원), 와다 히데마쓰(和田英松, 도쿄제대 교수) 등이 이름을 올리고 있다.

평의원으로는 아유카이 후사노신(鮎貝房之進), 이마니시 류(今西龍, 경성제대 교수), 이마무라 도모(조선사편수회), 가토 간가쿠(加藤灌覺, 경성제대 촉탁), 권상로(權相老, 조선불교중앙교무원), 오태환(吳台煥, 중추원 참의), 다나카 게이지로(田中慶二郎, 교토제대 사료편찬소 회계주임), 하리카에 리헤이(針替理平, 평양도서관장), 후지타 료사쿠(藤田亮策, 경성제대 교수), 모로가 히데오(諸鹿央雄, 경주박물관장), 야마자키 마사오(山崎眞雄, 전 조선사편수위 간사), 이병도(조선사편수회), 이병렬(李炳烈, 중추원 참의), 이동우(李東雨, 중추원 참의) 등이 참여하였다. 조선학회 평의원으로 참가하고 있는 사람 중에는 연구자가 아닌 사람이 많았다. 이 역시 조선학회 결성을 오노 도쿠조가 주도하고 있다는 방증이었다.

다음 편찬위원으로는 안확(安廓, 이왕직 촉탁), 아소 다케카메(중추원 촉탁), 이와타니 다케이치(岩谷武市, 중추원 촉탁), 가사 가이조(嵩海藏, 전 도쿄제대 사료편찬소 수사관보), 김태흡(金泰洽, 중앙불교전문학교 강사), 세노 마쿠마(瀨野馬熊, 조선사편수회 촉탁), 다카하시 다쿠지(高橋琢二, 조선사편수회 수사관보), 다카하시 류조(高橋隆三, 도쿄제대 사료편찬소), 다노시치노스케(田野七之助, 고적미술사진 담당 기사), 조한직(趙漢稷, 조선사편수회 촉탁), 쓰루미 다쓰키치(鶴見立吉, 조선사편수회 수사관보), 도야마 기스케(遠山喜助, 도쿄제대 사료편찬소 기수), 나가오카 센가쿠(長岡仙岳, 전 도쿄대학 수사관보), 마쓰우라 고이치(松浦光一, 교토제대 사료편찬소 서기), 임경호(林敬鎬, 국민협회 평의원) 등이 참가하고 있는데, 전문적인 면모가 매우 약하다.

조선학회와 조선학보는 오노가 주도하여 상업적 의도를 가지고 만든 단체이자 상업 잡지회사로 추정해볼 수 있다. 1930년에는 『청구학총』이 창간된 시점이다. 그러한 점에서 『조선학보』는 청구학회와 경쟁하려는 의도에서 만들어진 잡지이기도 하다. 그러나 상업적 의도로 조직되었던 조선학회가 청구학회와 경쟁하기는 어려웠을 것이다. 『조선학보』가 2호로 단명한 반면, 『청구학총』이 1939년까지 30호를 거르지 않고 출간되었던 것은 이런 이유 때문이었다. (윤해동)

참고문헌

『조선학보』 국립도서관 소장본.

▌조선해보(朝鮮海報)

1938년 서울에서 일본어로 발간된 타블로이드판 신문

1938년 조선해사회가 사단법인으로 개편되면서 발간한 일본어 신문으로, 월 2회 매월 1일과 15일 발행되었다. 타블로이드판으로 매 호당 6쪽의 분량으로 발행되었으며, 1부에 5전의 가격으로 판매되었다. 국립중앙도서관에 1938년 1월 15일 발간된 1호부터 1940년 2월 25일 발간된 40호까지 소장되어 있다. 서울대도서관에 1938년 발간된 1~23호까지 소장되어 있다.

'해운 뉴스'를 표방한 『조선해보』는 일반 해운계의 정세, 조선 해운계의 현상 등을 전달하고 올바른 이해를 구하여 공정한 여론을 조성함으로써, 회원 상호 간의 밀접한 접촉을 유지하고 해운계의 건전한 발전에 기여하는 것을 발간의 목적으로 삼았다.

『조선해보』를 발간한 배경에는 1937년 이후 전시경제통제가 강화됨에 따라 조선의 무역 및 해운업계가 마주친 위기상황을 돌파하고자 하는 의지가 반영되어 있다.

조선해운업계의 동향과 회고, 조선 선박계의 상황, 조선 주변의 항로 관련 기사, 선박의 운임과 관련한 동향, 항로 표지와 관련한 뉴스, 해운통제령(1940.2) 등 관련 법인 소개와 해설 등의 기사가 게재되었고, 말미의 1면에는 해운관련 통계자료가 수록되었다.

조선해사회가 발간한 기관지로는 『조선해사회회보』가 있다. (윤해동)

참고문헌

『조선해보』 국립도서관, 서울대도서관 고문헌자료실 소장본.

▶ 조선해사회회보

▌조선해사회회보(朝鮮海事會會報)

1920년 서울에서 발간된 일본어 격월간지

조선해사회는 조선총독부 체신국 해사과가 중심이 되어, 조선의 선박, 해운, 무역 관련 업자를 회원으로 삼아 조직한 관변의 친목단체로 1919년 설립되었다. 따라서 사무실도 경성의 조선체신회관 내에 있었다.
조선해사회가 1920년에 창간한 기관지가 『조선해사회회보』이다. 1926년 9월호부터는 『해의 조선(海の朝鮮』으로 개제되었다. 일본어로, 홀수 달에 격월로 발간되었으며, 매호는 100쪽 내외이다. 서울대도서관 경제문고에 1926년, 1927년, 1928년에 발간된 3년분이 소장되어 있다. 일본 사이토문고에는 제10권 1, 2호(1929), 11권 1, 2호(1930), 14권 1호(1933)가 소장되어 있다.

조선 해운업의 일반 사정, 해사 상식이나 해로 문제, 해사와 관련한 각종 법령 소개와 해설, 조선의 항만 사정, 해상 안전과 관련한 문제, 항로 표지 소개, 일본해군과 선원들의 견문기나 여행기, 기타 각종 수필 등 문예기사, 해운 관련 각종 통계자료 등이 수록된 잡지이다. 식민지기 조선 해운업사 연구에 기초가 되는 자료이다.

조선의 해운과 관련해서는 조선총독부 체신국에서 발간한 『조선해사대요(海事大要)』(1935)가 참조된다.

조선해사회가 발간한 기관지로는 『조선해보』가 있다. (윤해동)

참고문헌

朝鮮海事會, 『朝鮮海事大要』, 1935; 『조선해사회회보』, 서울대도서관 경제문고, 일본소재 사이토문고(齋藤實文庫) 소장본.

▶ 조선해보

▌조양보(朝陽報)

1906년 서울에서 잡지의 형태로 창간된 신문

1906년 6월 25일 서울에서 발행하였다. 편집 겸 발행인은 심의성(沈宜性)이었고, 인쇄인은 한일도서출판사 주인인 신덕균이었다. 타블로이드판이었으며, 10일과 25일 등 한 달 두 번 발간(1907년 12월부터는 월간으로 바뀜)하였다. 1907년 6월 정간한 후 자취를 감추었다. 고려대와 서강대에 소장되어 있다.

『조양보』는 『황성신문』과 『만세보』에서 언급된 바 있는데, 문장과 기사의 정확성, 문예란의 왕양(汪洋), 즉 게재된 글의 넓고 깊고 높음을 그 특징으로 지적하고 있다. 또한 『대한매일신보』 1906년 7월 27일자에는 「독(讀)조양보」라는 논설에서 "취미심장(趣味深長)함을 잊을 수 없고, 언론의 고명(高明)과 문자의 정묘함"을 계속 기다리게 되었다고 상찬하면서 본보를 읽고 자신과 같은 동정을 느끼기를 바란다고 덧붙이고 있다.

동보의 형태를 잡지로 분류하는 저술가가 많은데, 1권 4호의 '본사 특별광고'에 "조양잡지사 임시사무소 고백"이라는 문구 때문인 듯하다. 그러나 11호까지는 표지가 따로 없는 신문 형태의 모습이므로 본보는 잡지형 신문으로 분류하면 옳을 것이다. 판형은 잡지의 판형이었고 월 2회(매월 10, 25일) 간행했다.

『조양보』의 창간 취지는 지식의 보급과 내외국의 시국형편을 전달하는 것을 그 임무로 삼은 것이다. 타블로이드 판 24쪽으로 된 4호의 경우, 목차를 1면에 실은 점은 이러한 성격을 잘 보여준다.

잠시 『조양보』 1권 4호의 목차를 통해 그 성격을 엿보도록 하자.

논설 성격의 글로 「궁금숙청문제 애국론(宮禁肅清問題 愛國論)」, 「아국의 의회 해산론(我國의 議會 解散論)」 등 두 편이 실려 있고, 교육에 대한 글로 「아한(我韓)의 교육내력(教育來歷)」, 실업에 대한 글로 「농업과 한탄(農業과 旱嘆)」, 「아국의 농업개량법(我國의 農業改良法)」 등 두 편의 실렸다. 그 밖에 「부인의독본조명신록의 필요(婦人宜讀 本朝名臣錄의 必要)」, 「일본 사토소장의 담(日本佐藤少將의 談)」, 「영아협상외교의 비밀(英俄協商外交의 秘密)」 등이 실렸고, 내외잡보(內外雜報), 해외잡보, 사조(詞藻), 소설, 비스마르크의 청설, 광고 등이 실렸다.

1907년 6월 재정난으로 정간한 후 자취를 감추었다.

『조양보』는 당시 『황성신문』을 구독하던 지식인 계층을 독자층으로 삼고, 량치차오와 일본, 서양 학자들의 저작이나 세계 각국의 언론자료에서 발췌한 글을 번역하여 실었다. 따라서 저명한 해외 인사의 글이나 기사가 최초로 소개되는 창구역할을 했다. 또한 『조양보』는 국한문체를 사용한 매체로서는 드물게 소설의 재미를 주목하여 독자층을 의식했다. 번역물과 단형서사물 등이 실렸는데, 독일의 비스마르크, 헝가리의 애국지사 '갈소사(噶蘇士, 헤수스)' 등을 소개하기도 했다. 이 글들은 이후에 발행되는 여러 매체에 지속적으로 소개되면서 단행본으로도 출간되었다. (이경돈)

참고문헌

『한국신문·잡지총목록』, 대한민국국회도서관, 1966; 『한국신문백년 사료집』, 사단법인 한국신문연구소, 1975; 계훈모, 『한국언론연표』, 관훈클럽신영연구기금, 1979; 『한국신문백년지』, 한국언론연구원, 1983; 이유미, 「1900년대 근대적 잡지의 출현과 문명담론-잡지 '조양보'를 중심으로」, 『현대소설연구』 26호; 최서영, 『한국의 저널리즘』, 커뮤니케이션북스, 2002.

조음(潮音)

1920년 경상남도 양산에서 한국어로 발행된 정치운동 잡지

1920년 12월 15일자로 창간되었으나 속간된 기록은 없다. 편집 겸 발행인은 이종천(李鍾天), 인쇄인은 최한용(崔漢鏞)이었다. 인쇄소는 마산에 있는 창명(昌明)인쇄소, 발행소는 경상남도 양산군 하북면 통도사 내에 있는 조선불교청년회 통도사지회였다. A5판 93매로 발간되었으며 정가는 30전이었다. 서울대학교 도서관에 소장되어 있다.

『조음』은 조선불교청년회 통도사지회가 창간한 불교 청년운동지이다. '조선불교청년회'는 1920년 6월 한용운(韓龍雲)이 중심이 되어 동국대학교의 전신인

중앙학림(中央學林)의 청년학승들을 모아 항일구국 운동을 목표로 만든 단체였다.

일제는 1911년 6월 사찰령(寺刹令)을 발표하여 전국 1300여 사찰을 30권역 30본산으로 나누어 각 권역마다 본사를 두고 해당 권역의 나머지 사찰들은 말사로 두었다. 또한 본사의 주지는 총독이 임명하고 인사와 재정도 총독이 관할하여 불교를 총독부에 완전히 종속시켰다. 그러자 조선불교청년회는 1923년 30본산 주지 가운데 이에 반발하고 불교계를 혁신하려고 하는 주지들을 모아 종수원(宗數院)을 설립하고 한용운이 중심이 되어 임제종(臨濟宗)운동을 벌였다. 이는 일본불교의 한국 침투와 한국불교의 일본화를 막기 위한 운동이었다.

창간호의 구성은 다음과 같다.

창간사 「머리의 한 말」, 논문 이종천의 「불교의 정치관」, 박병호(朴秉鎬)의 「사회의 향상과 사상통일」, 김경봉(金鏡峰)의 「대몽(大夢)을 속각(速覺)하여 분기(奮起)하라」, 오봉빈(吳鳳彬)의 「청년과 희망」, 숭양산인(嵩陽山人)의 「권고불교청년제군(勸告佛敎靑年諸君)」, 최진규(崔鎭圭)의 「불교청년에게」, 외솔의 「오인(吾人)의 급선무(急先務)는 하(何)인가」, 수필 몽부생(夢夫生)의 「행복자가 되어라」, ㅂ生의 「소뢰(小蕾)의 운명」, 한돌의 「안양동대(安養東臺)에서」, 효성(曉星)의 「기로(岐路)에서」, 하민호(河玟昊)의 「월야(月夜)의 감회」, 춘당(春堂)의 「ㄹ선생에게」, 외솔의 「고(故) 김군(金君)을 조(弔)함」, 시 가을뫼의 「새가을 밤」, 솔의 「젊은이들아」, 김성률(金聲律)의 「산옹(山翁)의 부(富)」, 효성(曉星)의 「하트의 상처」, 한시 김구하(金九河)의 「산가조추(山家早秋)」, 서해담(徐海曇)의 「청추려회(淸秋旅懷)」, 각본 녹초산방주인(綠蕉山房主人)의 「무료(無料)의 극장」, 장편소설 호관(濠觀)의 「혈가사(血袈裟)」가 수록되어 있다. (정예지)

참고문헌

『潮音』 창간호, 1920.12, 서울대학교 중앙도서관 소장본; 김광식, 「조선불교청년회의 사적 고찰」, 『한국불교학』 19, 1994.12; 최덕교 편, 『한국잡지백년』 1, 현암사, 2004.

▌종교교육(宗敎敎育)

1930년 서울에서 조선주일학교연합회가 발행한 종교 잡지

1930년 1월 1일에 창간된 종교 잡지이다. 이후 1931년 2월 2권 2호부터 『기독교 종교교육』으로 개제된다. 종간호는 확실치 않고 다만 현재 확인할 수 있는 마지막 호는 1931년 11월호이다. 편집 겸 발행인은 미국인 클락(C. A. Clark, 한국명 곽안연[郭安連]), 발행소는 조선주일학교연합회(朝鮮主日學校聯合會)이다. 판형은 국판으로 1~3단으로 편집했고 총 76쪽 내외에 정가는 10전이었다. 아단문고에 일부가, 연세대도서관에 몇 호가 결락된 채 비교적 충실히 소장되어 있다.

조선주일학교연합회에서는 이미 1925년부터 월간 『주일학교잡지(主日學校雜誌)』를 발행해오고 있었다. 그러다가 조선 사람이 연구한 교육전문지를 만들어 보급하자는 생각에서 이 잡지가 창간되었다.

발간 경위는 다음과 같다.

1929년 10월 9~18일까지 평양 서문 밖 장대현 장로교회당과 남산 감리교회당 두 장소에서 제3회 전조선주일학교대회가 열리고 이를 통해 ① 만주의 주일학교 사업, ② 주일학교회관 건립문제, ③ 교사 양성과 설치를 위한 헌금이 모이게 된다. 이 자본금으로 주일학교연합회의 사업이 확장되고 1929년 11월 11일 오후 2시에 연합회 총무실에서 모였던 주일학교 교재 및 잡지위원과 연합회 간부 연석회의에서 주일학교 교육에 관해 지금까지 소개해 오던 외국 교회교육의 학설과 방법을 지양하고 우리 실성에 맞도록 우리 조선 사람이 연구한 교육 전문지를 만들어 보급하자는 논의가 이루어진다. 그 결과 이 잡지가 창간된 것이다.

창간호 「사설」은 아래와 같다.

"우리의 사업이 주일학교든지 그 외의 사업이든지 모두가 다 남의 것을 모방 흉내만 냈었다. 본래 우리에게는 그러한 것이 없었으니 불가불 흉내를 내야겠으나 그 흉내가 너무 길면 사람의 마음속에 싫증이 나고 싫증

이 나는 동시에 그 목적한 사업까지 그릇되기가 쉽다. 우리는 금년부터는 '내것'을 만들고 '내것'이라는 정신 감정으로 하여야 하겠다. …… 신진. 새것이 모두 좋은 것은 아니다. 새것 중에도 가히 우리가 취할 것은 취하려니와 취하여 필요치 않은 것은 취하지 말아야 할 것이다. 여기서 우리는 여태까지 가지고 온 것, 여태까지 쓰는 방식이나 태도를 새것과 비교하여 보고 그런 후에 고칠 것은 고치고 변할 것은 변하자. 예전 것이나 새것의 장처, 좋은 것만 서로 취하여 나가고 단처를 버리면 거기서 원만한 진보가 생길 것이다."

이를 통해서도 알 수 있듯이, 조선의 기독교운동이 어느 정도는 궤도에 올라 있음을 확인할 수 있다. 또한 이제부터는 외국에서 지시하는 대로만 따르지 않고 조선의 현실에 맞게 종교교육과 주일학교 운영, 교회의 제반 사무를 실행하겠다는 의지를 보여 기독교가 토착화되고 있음을 알 수 있다. 그만큼 조선의 기독교인들이 교리에서나 의례, 기타 방면에서 어떤 자신감을 갖고 있다는 반증이 되겠다.

창간호의 목차를 보면 다음과 같다. 이러한 체제는 매호마다 반복되기 때문에 샘플로서의 의미로도 제시하겠다.

「사설」이 맨 먼저 실려 있고 다음에는 '논문'란으로 정인과의 「조선 S·S진흥운동의 촉진」, 철학박사 백낙준의 「사회개조와 종교교육」, 홍병선의 「이해」, 김형식의 「교회에 대한 우리의 각성」, 홍병선의 「주일학교와 결실」, 곽안연의 「소년양심에 대하여: 청년의 부흥운동」, 김건의 「종교교육서론」, 이재갑의 「웅변설교법」, 편집실의 「국민주의」, 이석락의 「신에 대한 아동의 개념(調査表)」 등의 글이 게재되어 있다. '문예'란에는 전덕인의 「묵은해와 새해」, 「아가야」, 붉은샘의 「하나님의 사랑」, 남석종의 「내혼, 추억, 겨울밤」, 한해용의 「냇물」, 평주(萍舟)의 「절간으로」, 김홍한의 「바닷가에서」 등의 시편들, '잡문'에는 김애근의 「경오(庚午)의 마(馬)」, 최봉칙의 「성자열전(성어거스틴과 모니카)」, 전영택의 「조상(祖上)나라를 떠나면서」, 춘파(春坡)의 「원단일기(元旦日記)」, 봉황새의 「용감한 빠클러」, 「폭소(暴笑): 하하, 기인우용택청혼거절[奇人禹龍澤請婚拒絶]」, '교육'란은 편집실의 「만국주일공과장년부 참고서 비유」, 그리고 창간을 축하하는 '축사'란이 호화롭다. 「무리한 온갖 세태를 보고」를 위시하여 조선일보 안재홍의 「열정에 타오르는 인도적 양심이 되라」, 동아일보 송진우의 「민족적 성품도야에 표적이 되라」, 신생주간 유형기의 「전문적 독물은」, 숭전교수 채필근의 「인생최고의 이상」, 이화여고 김창제의 「30년은 기독의 복음적 선포의 초년」, 기독신보 전필순의 「명실합치의 생활 그것이」, 협성신교장 기태부의 「읽을 만한 가치뿐 아니라 목전의 문제를 해결하라」, 배화여고 김윤경의 「세계적 각성운동에 일견지력(一肩之力)」, 경안농원 강병주의 「양약이 되라」, 강동 장운경의 「운무중항해자에게 지남침이 되라」, 피어선 최성곤의 「종교적 사이비를 검토하라」, 레이시(Joho Lacy, 禮是)의 「영문축사(英文祝辭)」 등이 그것들로 당대의 유명인사가 골고루 망라되었다.

특히 여기에 투고했던 필자들 중에는 잘 알려진 문필가들이 많다. 김윤경, 곽안련, 남궁혁, 양주삼, 양주동, 이광수, 이윤재, 이은상, 이석락, 이만규, 방인근, 백낙준, 오인근, 윤치호, 윤산온, 장정심, 전영택, 정인과, 조병옥, 조만식, 주요한, 홍병선, 김활란 등이다. 우리에게는 「큰 바위 얼굴」로 알려진 작가 나다니엘 호손(Nathaniel Hawthorne)의 「얼굴바위」가 연재되었고, 김원근의 논문 「조선 종교전래의 사적 고찰」이 연재되었으며, 정인과의 「조선청년의 윤리표준」이라는 글이 실리기도 했다. 또한 편집실에서 작성한 「근대사상」 연재물은 기독교라는 필터를 통해서이기는 하지만 서구의 여러 사조와 사상적 경향을 소개하는 곳으로, 당대 독자들이 읽고 받아들인 사상의 동향은 물론, 어떤 사상이 선별되어 소개되는지를 알 수 있는 편집 논리 역시 추적할 수 있는 자료로도 활용 가능하다.

『기독교종교교육』으로 개제된 후에도 이 잡지의 편집 기조는 크게 변하지 않는다. 다만 개제한 이유가 '기독교'를 명시함으로써 다른 종교 잡지와의 차별화를 꾀하고 기독교 특유의 독자성을 내세우고자 하지 않았나 추측된다.

개제 첫호인 1931년 2월호 목차를 보면, 정인과의

「제2년 교사헌신에 대하여: 조선주일학교 진흥운동」, 홀드크로프트(James G. Holdcroft, 한국명 허대전[許大殿])의 「경험을 중심으로 한 교수법에 대하여」, 채필근의 「주일학교 교사와 교회발전과의 관계」, 김종우의 「새교회의 이상」, 해섭의 「밤길 나그네」(시), 곽전근의 「교사헌신에 대한 고견 편견」, 피도수의 「조선선교의 처음 동기와 같이 조선 사람된 나의 선교 생활」, 주요섭의 「1930년 조선기독교 문화운동총평」, 김건호의 「헌신과 성경」, 에벤(J. M. Avann)의 「기독교 조선감리회 창립총회 측면관」, 김원근의 「신미창양과 홍경래」, 주요한의 「비준」, 홍병선의 「주일학교 심리학」, 이성강의 「인생아」, 김몽수의 「기대」, 박은혜의 「적막한 이밤」, 황활석의 「헛된 길」, 채규삼의 「나그네의 노래」, 갈닐리인의 「술회 3절」, 창온의 「소망」, 오란의 「새해가 돌아오니」 등이 논문, 논설, 문예작품 순으로 게재되어 있다.

이 잡지의 특징은 무엇보다도 자체적으로 조달할 수 있는 필진들이 참여하여 잡지를 꾸미고 있다는 것이다. 그만큼 조선기독교 사회 내부의 역량과 인력풀이 갖춰져 있었다고 생각되는데, 몇 사람의 필자가 전 조선 사회에 알려진 사람들이라고 하더라도 그들은 기본적으로 신앙인이기 때문에 기꺼이 이 잡지에 투고한 것으로 보이며, 종교인들 자체 내에서 얼마든지 필자로 나설 사람이 길러지고 있었다고 보는 것이 타당하다. 바로 그러한 역량과 사명감, 그리고 열정이 있었기에 외국에서 들어온 교리와 의식(儀式), 교회 운영 방침 등을 따르지 않고 조선 특유의 사정과 노하우를 살려 토착화된 종교 교육을 지향했던 것이 아닌가 한다. 이는 획기적이고 수목할 만한 일로 조선 기독교 내부의 활력과 건강성, 기독교운동의 발전을 가늠하는 데 유용한 자료라 아니할 수 없다. (전상기)

참고문헌

윤춘병, 『한국기독교신문잡지백년사(1885~1945)』, 대한기독교출판사, 1984; 류대영, 「국내발간 영문잡지를 통해 본 서구인의 한국종교 이해 1890-1940」, 한국기독교역사연구소, 『한국기독교 역사연구소 소식』 77, 2007.

▌종교시보(宗敎時報)

1932년 서울에서 한국어로 발행된 종교 잡지

1932년 12월 8일 조선예수교장로회총회 종교교육부에서 "크리쓰마쓰순서특집호"로 창간하였다. 종간호는 1936년 12월 통권 38호로, 『기독교주간』이라는 주간지를 내기 위해 종간할 수밖에 없음을 밝히고 있다. 편집인은 정인과(鄭仁果), 발행인은 홀드크로프트(James G. Holdcroft, 한국명 허대전[許大殿]), 발행소는 조선예수교장로회총회 종교교육부(朝鮮예수敎長老會總會宗敎敎育部)이다. 판형은 4×6배판으로 총 20쪽에 국한문 혼용으로 2~3단 편집하였고, 정가는 10전, 창간1주년 기념호부터는 5전으로 내려 받았다. 연세대도서관과 아단문고에 소장되어 있다.

정인과가 쓴 창간사 「긴사일언(緊辭一言)」을 보면 다음과 같은 말이 나온다.

"본부에서 발행한 『교회교육』은 그동안 전총무 리석낙 목사의 노력으로 본부의 사업을 전하여 드린 것은 익히 아시는 바입니다. 본부사업의 범위를 보아 『교회교육』은 그 명칭이 적이 국한된 바 있기로 이름을 고치어 『종교시보』라고 하였습니다. 모쪼록은 종교교육운동에 대한 본부의 소식과 전국적 또는 외국서 되는 소식이라도 앞으로 일이 정돈됨을 따라 민활이 보도해 드리려 합니다."

'종교교육운동에 대한 본부의 소식과 전국과 외국의 소식'을 전하겠다는 포부를 밝히고 있다. 기독교가 이 땅에 상륙한 후로, 기독교도들의 시야가 점차 넓어지고 해당 지역에 국한되지 않은 전국적이고 국외적인 소식과 정세를 알아 안목을 키우려는 요구가 있었기 때문에 종교적 차원에서나마 잡지 발간을 결심했다고 보인다. 그런 점에서 보면 내부적인 네트워크와 외부에 대한 정보 소개가 목적이라고 하겠으나, 같은 종교를 믿는 신앙의 자장 안에서나마 국내는 물론이요 국외의 소식을 접하고 그들과 대등한 종교생활을 영위하고자 하는 마음, 혹은 편집자의 기획도 포함되어 있는 것으로 추측된다.

창간호의 목차를 들면, 종교교육부총무 정인과의 창간사 「긴사일언」, 일기자의 「세계주일학교대회」, '성탄특집'으로 기고된 글들 K생의 「눈물병(성탄이야기)」, 일기자의 「목자의 꿈(성탄이야기)」, 무명씨의 「이상한 별(성극)」, 기독교 아동극 연구회 고의순의 「양을 찾음」, 유재순의 「성탄아이(대화)」, 「크리스마스」(대화), 「기쁜 춤」, 「기쁜 탄일」, 「불쌍한 동무(소년극)」, '소식란' 등이 실려 있다.

창간호는 '크리스마스' 특집호이기 때문에 성탄절의 의미를 되새기는 기사가 많이 게재되었지만, 이 잡지의 내용은 대개 다음과 같은 것들이었다. 장로회 총회와 노회, 그리고 총회 종교교육부가 움직이는 상세한 소식을 비롯하여 각 노회와 교회의 종교교육 활동상황, 성경통신과의 규칙과 입학생과 졸업생 명단, 인사 소식 등 매호 3~5면을 할애하여 교계 소식을 싣고 있는 것이다. 이는 '종교시보'라는 이름을 그대로 살려주는 기사라고 해도 과언이 아니다.

그리고 당시 감리교와 연관이 있는 지식인들이 필자로 참여하고 있는데, 정인과, 채필근, 조만식, 신동욱, 유재기, 김홍모, 강병주, 이훈구, 정상인, 고려위, 남궁혁, 김화식, 이학봉, 김건, 박향용, 김성출, 김용승, 서상현, 김성배, 김장하, 김우현, 장리욱, 이용설, 박학전, 허봉락, 차재명, 윤하영, 길선주, 강백남, 정태희, 최성곤, 최윤호, 구왕삼, 김인준, 길진경, 김건호, 강태민, 전영택 등이 그들이다. 이들은 주로 기독교에 관한 논문과 연구, 교육, 청년운동 강좌, 설교, 시, 수필 등 다양한 글을 투고했다.

윤춘병은 이 잡지가 필요했던 이유를 다음 두 가지로 말하고 있다. ① 그동안 장로회총회 종교교육부에서는 월간 『교회교육』을 발간하여 총회 교육부 소식을 전국 교회에 전하여 왔다. 그런데 1932년 10월 총무 이석락 목사가 만주 펑톈(奉天)장로교회 담임자로 전임함에 따라 그 후임으로 정인과 목사가 종교교육부 총무로 취임하여 사업을 확대하면서 그간에 펴내던 『교회교육』을 확장하여 『종교시보』로 발간하게 된 것이다. ② 1915년부터 장로교와 감리교가 공동기관지 『기독신보』를 발행해 왔다. 그러나 『기독신보』는 창간 당시부터 감리교회가 주역을 맡고 있었다. 처음에는 남감리교회 크램(W. G. Cram, 한국명 기의남[奇義男]) 선교사가 편집 책임자로 활약했고, 발행인은 기독교서회 총무 본윅(G. W .Bon Wick, 한국명 반우거[班愚巨], 구세군사관 영국인)이었으며, 1924~1932년 5월까지는 남감리교회 하디(Robert A. Hardie, 한국명 하리영[河鯉泳])가 편집 겸 발행인으로 취임한 데다가 같은 기간에 주필은 조상옥(趙尙玉, 감리회 목사)과 박연서(朴淵瑞, 감리회 목사)가 맡고 있었다. 그러다 1932년 5월 18일~1933년 5월까지 1년간은 기독교서회 총무 본윅이 발행을 맡고 있었다. 이러한 정황은 장ㄹ로회 입장으로서는 전국 교회수 2600곳에 신도수 20만 8000여 명, 각 기관(초중전문학교 및 병원수) 수 650여 곳에서 일어나는 소식을 알리고 전국적인 장로회 내부의 네트워크를 갖추기에는 미흡하다는 판단이 서기 마련이었다. 그리하여 종교교육부에서는 간단한 교육관계 소식을 전달하던 『교회교육』을 확장하여 장로회 전체의 정보를 교환시키자는 의도 아래 『종교시보』를 확장 발행했던 것이다.

하지만 이 잡지는 1935년 12월 통권 38호로 폐간된다. 그 이유는 그동안 장로회와 감리회가 공동으로 발행해 오던 『기독신보』가 1935년 10월을 기해 편집 겸 발행권을 갖고 있던 전필순이 장로회나 감리회 또는 조선예수교서회와는 관계가 없다는 독립선언을 한 후 신문사 사무실을 서회에서 떠나 수송동으로 옮겨버리는 사건이 있었고, 『종교시보』는 월간이기 때문에 소식을 제때에 전할 수 없다는 단점으로 인하여 폐간되었던 것이다.

1936년부터는 『종교시보』와 총회 농촌부에서 발간하던 『농촌통신』, 그리고 면려회 전국연합회에서 1931년 1월부터 발행하던 『면려회보』를 합해 『기독교보』를 창간 발행했다. 1936년 11월 21일이었다. 『기독교보』는 그 첫 호를 창간호로 명기하지 않고 5권 1호로 표시했는데, 이는 『종교시보』의 통권 호수를 계승했기 때문이었다. 즉, 『종교시보』를 『기독교보』로, 발행주기를 월간에서 주간으로 발행주기를 조절하고, 4×6배판을 타블로이드판으로 고쳐 발행하되, 통권 호수만은 『종교시보』를 계승하고자 했던 것이다.

• 정인과(鄭仁果, 1888~1971)

정인과의 본적지는 경성으로 되어 있지만 평남 순천 태생으로 평양숭실중학교를 거쳐 숭실전문학교를 1911년에 졸업하였다. 그 후 잠시 숭실중학교에서 교편을 잡다가 1913년 8월 사임하고 미국에 건너가 유학하였다. 그는 미국에서 신학을 공부하여 1919년 산·엔셀모신학교를 졸업하였다.

그는 1920년대 이후에 활동하기 시작했다. 그는 한국 교회 초기의 열정과 경건이 제2세대를 맞아 교회의 조직과 기구로서 신앙을 지탱해 나가야 하는 때에 우리 역사에 보내진다. 장로교 총회 종교교육부 총무와 장로교 총회장, 그리고 일제 말기 동 교회의 실무자의 길이 그가 겪어 나갔던 생의 경로다. 그 길들은 모두 교육과 조직에서 신앙을 보존하여 한국 교회의 미래를 다짐한다는 점에서 묘하게 일치점을 갖는다.

정인과는 무엇보다 공적 교회의 사람으로서 우리에게 다가선다. 공교회의 인물이란 자신의 거취를 자의에 따라 결정할 수 있는 개인이 아니다. 원하지 않더라도 공교회 유지의 책임으로서 감당해야 할 일이 따로 있는 사람이다. 사실상 일제 말기 신앙인의 행태에는 크게 다음과 같은 부류가 있었다. 즉, 초야에 묻히거나, 해외로 망명하거나, 아니면 대놓고 친일하거나, 혹은 순교하거나, 마지막으로는 맡은 바 제 위치를 떠나 숨지 않고 역사의 거센 물결을 헤치며 생명을 이어간 경우 등이 그것이다. 정인과 목사는 일제 말기 한국 장로교회의 실무자로서 일본 군국주의의 숨 막히는 교회 압살과 그 섞랑 속에서 한국장로교회를 붙들고 숨쉴 틈바구니를 찾아 헤쳐 나갔던 인물이다.

그는 도피하지 않고 현실에 남되 철저하게 장로교회의 정체성을 확보하도록 온갖 주의를 기울이며 일제 말의 시간을 겪어 갔다. 그때 일제의 지시를 받아들여서 일제의 본토 교회와 합쳐서 그 명맥을 유지하려고 한 사람들이 있었다. 이들은 일본 교단과 손잡은 교단파로서 정인과가 영도하는 장로교 호헌파와 반대 입장에 있었던 사람들이었다. 그러나 정인과는 장로교라는 한국 전통의 교회를 꼭 지켜야 한다는 생각을 버릴 수 없었다. 일본 교단에 병합된다는 것이 우선 장로교의 전통을 버리고서야 가능하다고 보았기 때문이었다. 그러다가 교단파에 의해 추방되기까지 한다. 이때 정인과가 딛고 섰던 저항의 원점은 장로교회의 규칙과 법이었고, 그것은 장로교회의 원칙과 전통을 거스르는 불법에 대한 필사의 저항으로서 나타났다. 일제 말의 전시통제 파쇼 군국의 전체주의 국가에서 의회민주주의의 장로교 정체(政體)를 고수하겠노라고 외친 정인과, 그는 그렇게 한국 장로교를 최후까지 사수해갔다.

그러나 정인과 목사는 일제 말기에 그 이전의 행적과는 다르게 일제에 협력함으로써 친일파로 분류되는 등 다른 역사적 평가를 받는다. (전상기)

참고문헌

윤춘병, 『한국기독교신문잡지백년사(1885~1945)』, 대한기독교출판사, 1984; 윤춘병, 「종교시보의 자료적 가치」, 한국기독교역사연구소, 『한국기독교사연구회소식』 9, 1986.

▌주(酒)

▶ 조선주조협회잡지(朝鮮酒造協會雜誌)

▌주가이신문(中外新聞)

1868년 일본에서 발행한 최초의 일본인 발행 신문

中外新聞 第一號

1868년 2월 24일 에도(江戸)에서 가이세이조(開成所) 교수인 야나가와 슌산이 가이야쿠샤(會譯社)를 세워 발간한 최초의 일본인 발행신문이다. 신문은 요코하마의 외자신문 등 주로 외국신문의 기사를 번역 소개했다. "주가이(中外)"라는 제호는 해외 사정과 국내 사정을 보도하겠다는 취지에서 붙여진 것이다.
신문의 체제는 반으로 접은 5~6쪽의 소책자 형태이다. 신문은 당초는 매월 5일에 발행되었지만, 4~5일마다 발행되기도 하고, 때로는 매일 발행되기도 했다. 매호 1500매 정도 발행되었다.
토막파(討幕派)의 신문으로 많은 독자를 확보했고, 당시의 일반 여론도 높아 정론지의 기능도 발휘했다. 메이지 정부의 금지령에 의해 6월 8일 45호로 발행금지되어 결국 종간되었다. 1869년 다시 복간되었지만, 슌산의 죽음과 함께 1870년 2월 폐간되었다.

신문의 내용, 발행의 형태, 영향력 등에서 가장 근대신문에 가까운 최초의 신문이었다. 제1호의 내용은 외국 신문의 번역이었지만, 조적(朝敵)으로 간주되던 아이즈번(会津藩)의 정벌을 둘러싼 정세 분석을 게재하여 "이번 조정의 결정은 완전히 사쓰마(薩摩)와 조슈(長州)와의 결의에서 나온 일이다"는 선명한 토막파의 입장을 표명했다.

야나가와 슌산은 양학자로 우에다 나카토시(上田仲敏), 이토 게이스케(伊藤圭介)를 통해 난학을 습득했고, 의학을 업으로 삼았다. 이후 와카야마번(歌山藩) 기숙 의사와 막부 가이세이조의 교수를 역임한 다음, 『주가이일보』 이외에 일본 최초의 잡지인 『서양잡지(西洋雜誌)』를 간행하는 등 일본 매스컴의 선구자였다. 그는 이 밖에도 『양학지침(洋學指針)』과 『양산용법(洋算用法)』 등의 저역서를 편찬했다.

『주가이신문』은 주로 요코하마에서 발행된 영자신문 기사를 번역하여 게재했다. 신문에는 편집인이 중요하다고 생각한 국내의 뉴스도 소개되었지만, 1호를 보면 신문 성격과 발행의 동기를 알 수 있다. 1호 서두에는 "지난해 요코하마에서 발행된 *The Japan Times*와 *The Japan Herald* 등의 기사를 번역한다. 이 밖에 영국, 미국, 프랑스, 네덜란드 등의 신문으로부터도 기사를 번역하여 게재 분포한다. 신문은 원본을 입수한 순서대로 번역한 다음, 번역이 완성된 기사부터 순차적으로 출판한다. 따라서 원본의 호수와 관계없이 출판 순으로 호수를 붙인다. 번역 기사 이외의 것도 널리 세상에 알릴 것은 게재한다. 이에 신문 이름을 『주가이일보』라 부른다. 정가는 1책마다 표지에 명기한다. 단 에도의 가격에 따른다"고 되어 있다. 편집의 기본방침으로는 기사의 정확성을 모토로 삼았다.

1호 발간사에는 "서양 여러 나라에는 신문 지국이 있다. 그들은 공사(公私)의 보고, 시정(市井)의 풍설을 모아 매일 혹은 매 7일, 혹은 매월마다 이를 인쇄하여 간행함으로써 서로 새로운 소식을 경쟁적으로 얻으려 한다. 그 가운데 영국과 같은 경우에는 신문국의 숫자가 60여 개에 달해 다른 나라에 비해 가장 많다. 또 여러 학과(學科)의 사중(社中)에도 매월 출판하는 총서가 있어 신발명의 설(說)을 빠뜨리지 않고 수록하고 있다. 신속한 전달은 나날이 학술의 발전에 신속함을 더한다. 우리는 이러한 예를 모방하여 여러 학과의 새로운 설과 일용편의의 방법 등을 모으고자 먼저 2~3명의 우인과 함께 원고를 번역하고자 한다. 많은 군자(君子)가 우리의 뜻을 알아주기 바란다"고 되어 있다.

권말의 광고에는 "사방의 여러 군자에 고한다. 이 잡지 출판의 뜻은 서양 여러 국가가 매월 출판하는 마가제인(매거진, 네덜란드어)과 같이 널리 천하의 기설(奇說)을 모아 눈과 귀를 새롭게 하기 위함이다"라고 한다.

또 1호에는 「서양제국 근대 성쇠의 대로(西洋諸國近代盛衰の大路)」, 「나라를 부유하게 하는 데에는 먼저 학문을 열어야 한다(國を富ますには先づ學問を開くべきの論)」, 「신은 및 알루미늄이라 이름붙인 금속(新銀並にアリユミウムと名づくる金屬の說)」 등의 기사가 있다. 신문은 현재 영인되어 판매되고 있다. (이규수)

참고문헌

『近代文學雜誌事典』, 至文堂, 1965; 桂敬一, 『明治・大正のジャーナリズム』, 岩波書店, 1992; 日本近代文學館・小田切進

編,『日本近代文學大事典』第五卷, 講談社, 1977.

주란(朱欒)

1911년 일본 도쿄에서 발행한 문예지

1911년 11월 도쿄의 도운토쇼텐(東雲堂書店)에서 발행한 문예지이다. 통권 19책이 간행되었다. 기타하라 하쿠슈(北原白秋)가 편집을 담당했고, 스스로 재화(才華)를 발휘하고 싶다는 욕구로 창간되었다. 잡지는 가가와대학(香川大學) 중앙도서관이 소장하고 있다.

자몽의 포르투갈어 'ZAMBOA'가 잡지 명칭에 해당한다. 이에 대해 하쿠슈는 창간호에서 "상품(上品)이고 냄새가 좋은 근대 감각이 뛰어나고 델리케이트한 것으로 만들고 싶다"고 말하고 있다.

잡지에 기고한 인물들은 우에다 빈(上田敏), 간바라 아리아케(蒲原有明), 나가이 가후(永井荷風), 우치다 로안(內田魯庵), 요사노 아키코(与謝野晶子), 아베 지로(阿部次郎), 와쓰지 데쓰로(和辻哲郎), 다카무라 고타로(高村光太郎), 기노시타 모쿠타로(木下杢太郎) 등과 당시 신진작가였던 시가 나오야(志賀直哉)와 새로운 경향의 글을 쓰기 시작한 사이토 모키치(斎藤茂吉) 등도 가담했다.

잡지에는 명성파(明星派, 묘조파), 빵모임(パンの会), 백화파(白樺派, 시라카바파), 아라라기파(アララギ派) 등 뛰어난 작가를 모았다. 또 무로 사이세이(室生犀星)와 하기와라 사쿠타로(萩原朔太郎), 야마무라 보초(山村暮鳥) 등이 하쿠슈의 추천으로 잡지를 통해 시인이 되었다.

반(反)자연주의파와 폭넓게 교류한 후기낭만파의 무대로서 중요한 역할을 담당한 잡지이다. 하쿠슈의 유부녀 연애사건 때문에 잡지는 폐간되기에 이르렀다. (이규수)

참고문헌

『近代文學雜誌事典』, 至文堂, 1965; 桂敬一, 『明治・大正のジャ-ナリズム』, 岩波書店, 1992; 日本近代文學館・小田切進 編, 『日本近代文學大事典』第五卷, 講談社, 1977.

주식회사미쓰이은행시보(株式會社三井銀行時報)

▶ 미쓰이은행조사주보(三井銀行調査週報)

주일세계(主日世界)

1925년 서울에서 발행된 잡지

편집 겸 발행인은 에비슨(Avison)이고, 편집인은 김재형이다. 발행소는 조선 경성 주일세계사이며, 4×6배판, 46쪽으로 한글 2단 내리 편집이다. 정가는 10전이다. 가톨릭대학교에 소장되어 있다.

『주일세계』는 창간 목적을 창간사에서 다음과 같이 밝히고 있다. "하나님께서 오인(吾人)에게 복을 허락하신 것은 자신 일개인에게 한한 것이 아니오 그 자손 만대에까지 미치게 하신 것이며 또 자신의 자손에만 한한 것이 아니라 원인(遠人)에게까지이니 베드로가 오순절에 '이 허락은 너희와 너희 자손과 모든 원인을 위하야 한 것이니 곳 주(主) 나의 하나님이 기허던지 부르시는 인(人)이라'하였나이다……"하고 교회 교육에 관하여 기성 신자로서 하나님께로부터 부여받은 교육적 사명을 먼저 논한 다음 계속하여 "……일본만 하야도 『일요학교지우(日曜學校之友)』, 『만국일요학과(萬國日曜學課)』, 『홈(家庭)』, 『일요학교(日曜學敎)』 등 잡지 발행이 있고 기타 서류가 파다하외다. 고견컨대 아(我) 조선 교회는 조직이 있은 지 수십 년에 정기간행물이 위미부진(萎微不振)함을 심히 개탄함은 막론하고 우극(尤極) 주일학교계는 태요요무문(殆寥寥無聞)함을 통탄불기(痛歎不已)하는 바이다"라고 개탄한 후 다시 이어 "자(玆)자에 본인 등은 정신이 부족하며 수중(手中)이 공허한 것도 불고(不顧)하고 본 잡지 『주일세계』를 간행한다……"고 말하였다.

주일세계 창간호 표지에는 경성 유년주일학교 협성회원 간친회 기념사진이 실려 있고, 표지 뒷면에는 경성 유년주일학교 하동 주일 축하 기념사진이 실려 있다. 그 외에도 묘동과 련동유년주일학교 사진, 모범 주일학생 8명의 독사진을 게재하고 있다. 이러한 사진들을 통해서도 이 잡지가 주일학교 전문지임을 쉽게 알 수 있다.

창간호는 첫 면에 문인숙 작가(作歌)·김형준 작곡인 "돌아왔네 돌아왔네/ 꽃주일이 돌아왔네/ 손을 꼽아 기다리던/꽃주일이 돌아왔네" 등 4절로 된 꽃주일 가사에 "6535/6615/6535/3312" 등과 같이 아라비아 숫자로 곡을 표시한 꽃주일노래를 게재하고 있고, 2~4면에는 이상재, 이승근, 장규명, 박상동, 정상인, 염봉남, 정사경, 김의창 제씨의 축사를, 그리고 5면에는 권두언, 6~7면에는 창간사를 게재하고 있다.

8~10면에는 김필수의 훈화(訓話) 「조복형과 호랑이」를 싣고 있고, 11~18면에는 K.C.H.의 「유년주일학교방문기」와 김주현의 「유년주일학교학생소개」 그리고 조사반의 조사로 작성한 「경성각교회 주일학교 통계」를 싣고 있으며, 19면에는 B.K.의 시 「구름」을 싣고 있고, 20~26면에는 「지상주일학교」를 게재하고 있다.

그리고 27~29면에는 석천생(石泉生)의 「에덴동산」, 30~31면에는 정태희의 「마틴루터가 예수교회를 개혁함」, 32~33면에는 오천경의 「주일학교의 목적」, 34~35면에는 홍병선의 「눈과 손」, 36~38면에는 욕촉(欲燭)의 「소년의사(少年義死) "카—루"의 기념비」, 39~41면에는 이규백의 동화 「주기도화하는 사람」, 마지막으로 41~45면에는 삼농(三農)의 생리담(生理談)으로 「사람의 소화계」를 실은 다음 편집실의 편집 여연(餘硯)과 광고로 전 지면을 채우고 있는데, 그중에서 K.C.H.의 주일학교방문기에는 련동주일학교와 묘동주일학교의 설립 연월일과, 직원, 교과서, 예배순서 등이 소개되어 있으며, 김주현의 「유년주일학교 학생 소개」에는 화보에 사진이 실려 있는, 안동 윤계경, 아교 오재경, 남배문 김려애, 묘동 리재홍, 신문내 강진희, 승동 김갑순, 룡산 김션옥, 련동 박영신 등 모범 학생 8명의 프로필이, 그리고 김영구의 「지상주일학교」에는 6월 14일 제24공과, 6월 21일 제25공과, 6월 28일 제26공과, 7월 5일 제27공과 등 통일공과를 게재하여 교사들에게 참고가 되도록 하고 있다.

이 잡지에서 주일학교와 관련이 없는 기사는 인간의 소화 계통을 설명한 생리학 기사 한 편 정도인데, 그 밖에는 총 50면에 실린 17편의 글이 모두 교사의 교회 교육과 관련된 것이다. 이러한 편집 체제는 교회 교육의 전문지가 없던 당시에 교사들에게 많은 도움이 되었을 것이다. (이경돈)

참고문헌

『한국신문·잡지총목록』, 대한민국국회도서관, 1966; 계훈모, 『한국언론연표』, 관훈클럽신영연구기금, 1979; 『아단문고장서목록』, 아단문화기획실, 1995; 최덕교 편저, 『한국잡지백년』, 현암사, 2004.

▌주일학교선생(主日學校先生, Sunday School Teacher)

1929년 서울에서 한국어로 발행된 주일학교 잡지

1929년 1월 25일 창간되었다. 편집인은 김준옥(金俊玉), 발행인은 스토크스(M. B. Stokes, 한국명 도마련[都瑪蓮])였다. 발행소는 조선남감리교회청년회 주일학교부였다. 국배판 19쪽에 한글 종서 3단으로 편집하였다. 월간으로 발행되었고, 정가는 1부에 3전이었다.

잡지의 구성은 주일학교 교사들이 달마다 가르칠 계단공과를 풀이한 내용이 주였고, 그 외 한 두 편의 동화를 실었다. 그래서 이 한 권의 책이면 주일학교 초등부와 중등부와 고등부 교사들이 매월 가르칠 교안을 준비하는 데 충분한 참고서가 되도록 하였다. 또한 학생들이 그대로 읽기만 해도 좋은 공부가 될 수 있도록 만들었다.

참고문헌

윤춘병, 『한국기독교신문잡지백년사(1885~1945)』, 대한기독교출판사, 1984; 이만열, 『한국기독교문화운동사』, 대한기독교출판사, 1987.

▌주일학교신보(主日學校申報)

▶ 주일학교통신(主日學校通信)

▌주일학교잡지(主日學校雜誌)

1925년 서울에서 발행된 기독교 교육 전문 잡지

편집 겸 발행인은 홀드크로프트(James G. Holdcroft, 한국명 허대전[許大殿])이며, 발행소는 경성종로 조선주일학교연합회이다. 4×6판 66쪽으로 내리 편집되었다. 정가는 25전이다.

1885년 조선에 교회를 설립한 장로교와 감리교, 양 교파의 선교사들이 개신교 공의회를 조직하고 그 공의회 안에 주일학교위원회를 둔 것이 1905년이었다.

아울러 동 위원회에서는 미국에서 이미 사용한 유년부용 통일공과를 한 해 늦게 한국에서 번역 출판하여 전국 주일학교에서 사용하도록 공급했는데, 그 이름이 '만국주일공과'였고, 이는 계간으로 1년에 4번 발행했다.

그러다가 1911년에 이르러 세계주일학교연합회에 가입하기 위해 서로득(남장로), 방위랑(북장로), 크리스더(John Y. Crothers, 한국명 권찬영, 북장로), 부두일(캐나다), 맹호은(호주장로), 고영복(남감리), 노보을(북감리), 그리고 한국인 위원으로 현순(감리), 한석원(감리), 홍병선(감리), 윤치호(감리), 남궁혁(장로) 등 장로교 감리교 양 교파의 위원들이 선교사공의회 관할하에 주일학교연합회를 조직했다가 1922년에 비로소 선교사공의회와 관계없이 독립된 조선주일학교연합회를 조직하기에 이르렀다.

그런데 이 연합회에서 잡지를 발행하기는 선교사공의회의 관할하에 있던 1919년, 처음부터 연합회 총무로 시무하던 허대전이 편집 겸 발행인으로, 홍병선이 주간이 되어 4년간 『주일학계』를 발행해 오다가 1925년에 이르러 허대전이 편집 겸 발행인이 되어 본격적으로 교육지를 펴낸 것이 바로 『주일학교잡지』이다.

당시 조선주일학교연합회에서는 세계주일학교연합회의 재정적 후원을 얻어 본지를 비롯하여 유년부 지도에 중점을 둔 『주일학교신보』와 소년 소녀를 위한 월간지 『아희생활』을 펴내는 등 문서운동에 많은 활동을 했다.

본지는 1929년 12월호, 즉 5권 12호까지 발행한 후 종간했다. 그 이유는 1929년 10월 9~18일까지 평양에서 모였던 제3회 전조선 주일학교대회를 지나 남북 만주에까지 확장하려는 주일학교운동에 부응하기 위해 좀 더 교육의 전문적인 월간지 『종교교육』을 발행하기로 했기 때문이다. (이경돈)

참고문헌

『한국신문 · 잡지총목록』, 대한민국국회도서관, 1966; 계훈모, 『한국언론연표』, 관훈클럽신영연구기금, 1979; 『아단문고장서목록』, 아단문화기획실, 1995; 최덕교 편저, 『한국잡지백년』, 현암사, 2004.

▌주일학교통신(主日學校通信)

1923년 서울에서 발행된 조선주일학교연합회 잡지

1923년 10월 조선주일학교연합회에서 발행하였다. 편집 겸 발행인은 미국인 홀드크로프트(James G. Holdcroft, 한국명 허대전[許大殿])이며, 발행소는 조선주일학교연합회이다. 4×6배판, 4쪽으로 정가는 15전이다.

『주일학교통신』을 창간하던 1926년 9월 무렵은 같

은 해에 『아희생활』이 창간되고, 그 1년 전에는 『주일학교잡지』가 발행되던 시기인데, 본지는 그와 같은 월간지와 많은 단행본 그리고 연합회에서 주관하는 각종 행사와 국내외 소식 등을 알리는 동시에 교회 절기에 필요한 특별 예배와 행상의 프로그램 등을 제공하자는 목적 아래에 창간한 것이다.

이러한 목적으로 창간된 본지 19호의 내용을 살펴보면, 「본 통신발행(通信發行)과 부활주일순서(復活主日順序)」가 권두언으로 게재되었고, 교육과 관련하여 「기원(祈願)」이 게재되었다. 그리고 「세계주일학교대회대표자명단」, 「노스윈즐니쓰에릐럼ᄒᆞᄂᆞᆫ회원들」, 「부총무 정인과 목사(副總務鄭仁果牧師)예루살렘대회출발」, 「세계주일학교대회 여행권 제출기일(世界主日學校大會旅行卷提出期日)」, 「세계대회에 출품할 전시품 모집」, 「1928년 하기 아동성경학교 개교 안내」 등의 소식이 실렸고, 「주일학교잡지 제4호 발행」, 「아희생활 2주년기념호」, 「선생양성과 교과서(8종)」, 「하기 아동성경학교 교재(7종)」, 「기타 교육도서(7종)」 등의 광고가 게재되었다.

본지는 1928년 2월 통권 18호부터는 월간으로 발행되었고, 21호부터는 편집 겸 발행인이 스토크스(M. B. Stokes, 한국명 도마련[都瑪蓮])로 바뀌었으며 동년 6월 통권 22호로 종간되었다. 그것은 동년 8월부터 『주일학교신보(主日學校申報)』로 개제 발행하기 위해서였다. (이경돈)

참고문헌

『한국신문·잡지총목록』, 대한민국국회도서관, 1966; 계훈모, 『한국언론연표』, 관훈클럽신영연구기금, 1979; 『아단문고장서목록』, 아단문화기획실, 1995; 최덕교 편저, 『한국잡지백년』, 현암사, 2004.

▌주지조선(酒之朝鮮)

1940년 서울에서 발간된 일본어 기관지

1938년 8월 조선주조조합령이 공포됨에 따라, 주조와 관련한 모든 조합과 단체를 통합하여 1938년 12월 조선주조조합중앙회가 결성되었다. 총력전체제기 주조업 통제를 위한 조치 중의 하나로 발포된 것이 조선주조조합령이었고, 주조조합중앙회는 주조업 통제를 위해 결성된 단체였다. 조선주조조합중앙회는 조선주조협회의 기관지인 『주(酒)』의 판권을 인수하여 역시 월간으로 발행하였으므로, 1940년 1월호의 권수가 제12권 1호가 되었다. 현재 국립중앙도서관과 서울대도서관 경제문고에 1942년 1월호부터 12월호까지가 소장되어 있다. 종간 일자는 확인할 수 없다.

경제통제정책에 관한 각종 해설자료, 주조기술에 관한 논문, 해외의 주조업과 주조기술 관련 기사, 각종 시찰 기사, 보건위생 일반에 관한 기사 등이 다수 게재되었다. 문예란에는 소설, 시, 만화·만문, 회원들의 기행이나 수필 등이 게재되었으며, 휘보와 통계자료도 수록되었다.

총력전 체제하의 주류 제조와 유통, 소비의 통제 상황에 대하여 알려 주는 글이 다수 수록되었다. 1937년 이후 일제가 주류에 대해서는 소비와 유통의 통제만이 아니라 주세의 증징 등을 통하여 강력한 생산통제정책도 시행하고 있었음을 확인할 수 있다.

조선주조조합중앙회가 발행한 단행본으로는 『주조법강화』(1938)가 있다. (윤해동)

참고문헌

『주지조선』 국립도서관, 서울대도서관 경제문고 소장본.

▌중광(重光)

1932년 일본에서 간행된 일본의 문예지

1932년 11월부터 1934년 10월까지 간행된 문예지이다. 나가요 요시로(長与善郎)와 무샤노코지 사네아쓰(武者小路實篤)의 개인잡지이다. 발행소는 중광발행소이고, 편집 겸 발행인은 나가요 요시로이다. 국판으로 본문은 50쪽 전후이다. 폐간 무렵에는 30면 전후로 분량이 줄었다. 나가요와 무샤노코지는 매호에 글을 기고했다. 특히 나가요의 「쇼펜하우어의 산보(ショペンハウエルの散歩)」와 「밤의 희곡(夜の戯曲)」의 연재가 주목된다. (이규수)

참고문헌

『近代文學雜誌事典』, 至文堂, 1965; 桂敬一, 『明治 · 大正のジャ-ナリズム』, 岩波書店, 1992; 日本近代文學館 · 小田切進 編, 『日本近代文學大事典』 第五卷, 講談社, 1977.

▌중국공론(中國公論)

1928년 중국 상하이에서 창간된 시사정론지

1928년 상하이(上海)에서 창간된 시사정론지이다. 반월간으로 중국공론잡지사에서 간행하였다. 편집부는 상하이 공공조계(公共租界, 勞勃生路 致和里)에 있었다. 주편은 양정유(楊正友)였으며, 기고자는 궈원허(郭文鶴), 천커메이(陳科美) 등이었다. 1929년 정간되었다. 산둥대학도서관, 난징(南京)도서관 등에 보관되어 있고, 중국국가도서관에서 열람할 수 있다.

창간 취지는 "중국국민의 공공의 요구와 의견을 대변하고, 국가 민족 전체의 이익에 기초하여 공정한 공론을 세운다"는 것이었다(「발간사」, 1권 1호). 당시 중국에서 요구되는 민족 생존권 확보와 새로운 국가 수립을 위한 방법을 인격 수양, 혁명 방략, 건설계획 차원에서 연구 토론하고, 동시에 그에 근거하여 혁명정당으로서 국민당이 진행하는 국민혁명의 진위를 검증하겠다는 것이 보다 구체적인 취지였다. 특히 일당파가 아닌 민족전체의 이익의 대변자를 자처함으로써, 국민당의 훈정을 비판하였다. 국민당 좌파 또는 중간파 노선을 대표하는 잡지라 할 수 있다.

시평(時評), 전론(專論), 연구(硏究), 조사(調査), 국제 정치 · 경제 정세 등의 난을 두었으며 특별히 남양지역에 대한 일본 침략을 조사하는 '남양연구'란을 따로 두었다. 잡지의 내용은 국민혁명 이후, 국민당 내외의 정치 현상, 국내외 정치 · 경제제도 및 정당정책에 대한 연구와 비평, 사회주의 사조를 중심으로 한 최신 정치학설 등 현대 정치사상의 소개 등이었다. 국내외 정치 경제 현상을 관찰 조사하고 국민당의 정책을 헌정(憲政), 재정(財政), 외교(外交), 교육(敎育), 실업(實業), 교통(交通), 국방(國防), 민정자치(民政自治)정책 등으로 나누어 비평하고 대안을 모색하였다.

구체적인 내용은 국민당에 대한 비판적 지지이다. 『중국공론』은 국민당이 추진해 온 제 정책과 훈정체제를 인정하지만, 혁명이 진행될수록 혁명성을 상실하고 부패한 권력으로 전락하고 있다고 진단하고, 혁명성을 살리기 위한 비판과 제언을 하였다. 혁명 정당으로서 혁명정신에 걸 맞는 개혁정책을 추진해야 한다는 것이었다(양정유, 「혁명당의 전정[專政]과 그 진전성[進展性]: 국민당[國民黨] 전정의 진단서[診斷書]」, 1권 1호).

이를 위한 논의는 크게 두 가지이다. 하나는 혁명정당으로서 국민당의 조직과 운용, 그리고 정책 결정 체제의 정비와 관련된 문제이다. 주편자인 양정유는 「혁명당지조직여운동(革命黨之組織與運動)」(2 · 3호), 「혁명 과정(革命過程)에서의 정치방략(政治方略)」(5호), 「무혁명인격적혁명(無革命人格的革命)」(6 · 7호) 등을 통해서 국민당 당강, 조직 원리, 당원 정비, 개조 등 문제를 지적하고 있다. 모두 북벌 이후 국민당의 난맥상을 지적하고 그에 대한 개선 방안을 제기한 것이다. 특히 당강 문제와 관련하여 혁명당의 근간은 당강인데, 국민당의 당강인 삼민주의는 의미가 넓어서 당내 각 세력이 자신의 이익에 따라 활용하고 있다고 비판하였다. 예컨대 공산주의자의 삼민주의, 기독교화의 삼민주의, 불교화 된 삼민주의 등 각 계파별 삼민주의 해석이 너무 다르며, 원래의 국민당원이라 하더라고 왕징웨이(汪精衛), 다이지타오(戴季陶)의 삼민주의가 다르다는 것이었다. 물론 장제스(蔣介石), 탄옌카이(譚延闓), 쑨커(孫科)의 삼민주의 해석도 모두 다를 것이라고 하여, 국민당은 우선 중산(中山)의 언론, 그동안의 정치적 경험 및 각파의 주장을 조정, 절충 조사하고, 공개적인 전당대회를 열어 구체적 함의를 제정해야 한다고 요구하였다. 이를 통해서만 공당으로서 국민당의 조직 원리를 이해할 수 있다는 것이다.

그 외 양정유는 훈정의 주체로서 국민당이 당의 질량을 높이기 위해서는 이 같은 당강을 근거로 당원정리(淸黨)와 체제 정비를 요구하였다. 국민당의 일당 전정(一黨 專政)이 당원 전정(黨員 專政)으로 귀결될 수 있으므로 혁명이념과 도덕능력을 갖지 않는 당원들을 과감하게 정리하고, 당 체제 역시 혁명이념을 효율적으로 추진하기 위해서 하급 당부의 대중조직을 확충하고 하급 정권에 대한 감독 기능을 강화하여야 한다는 것이었다. 특히 정권 조직의 원리로서 직업대표제에 근거한 전국적인 통일조직을 강력하게 요구하였다. 물론 이러한 주장에는 국민당의 당내 민주화 문제(다런[大仁], 「국민당제사집감회여전국대표대회[國民黨第四執監會與全國代表大會]」, 1권 1호), 임시적인 재원 명출에 대한 비판(밍주[鳴九], 「혁명시대주관[革命時代籌款]은 과연 어쩔 수 없는 선택 수단인가?」, 1권 1호) 등에 대한 비판적인 입장에 수반되어 있다.

다른 한 문제는 혁명적인 집권정당으로서 국민당의 정책과 관련된 문제이다. 궈원허(郭文鶴)의 「건설 중의 은행정책(建設中之銀行政策)」(1권 1호), 「건설 중의 농지정책」(1권 2·3호), 궈원허의 「건설 중의 택지정책」(5호), 「건설 중의 재정정책」(6·7호) 등 국민당의 정책에 관련된 논의이다. 혁명정당으로서 국민당이 국민혁명을 완성하기 위해서는 사회주의에 입각한 여러 정책을 추진하여야 한다는 것이었다. 토지개혁과 관련해서는 농민은행을 통한 유상몰수 유상분배를 주장하는 등 당시 국민당이 직면한 현안을 명확히 지적하고, 그 방향을 모색한 것이다.

또 하나 특징적인 것은 강력한 민족주의적 정서이다. 특히 양정유는 일본이 북벌을 막기 위해 지난(濟南)에 출병한 사건과 관련하여 "공리로써 해결하고, 경제절교를 단행한 뒤, 지원병을 받아 작전하라"(「일본출병」, 2·3호)라든가 "일본에 대한 반대는 국가민족의 존망의 문제가 아니라 윤리 인도, 공리 차원에서 반대해야" 한다고 주장하여 항일민족주의를 강조하였다(「국밍반일불분당파[國人反日不分黨派]」, 4호).

물론 이러한 입장에서 특징적인 것은 류스무(劉士木)의 「일본침략남양연구개황(日本侵略南洋硏究概況)」과 같은 남양전란이다. 류스무는 일본의 침략을 북방(만주 및 화베이 지역)에 대한 침략과 같은 맥락에서 화난과 남양 지역에 대한 침략을 분석하고 있다. 특히 화난과 남양 지역에서, 쇼킨은행(正金銀行), 타이완은행(臺灣銀行), 미쓰이은행(三井銀行), 화난은행(華南銀行)(화교 합자)을 앞세워 화교자본을 능가하고 구축하는 현상을 분석하여 민족주의를 고취하고자 하였다.

동시에 이에 수반하여 강조한 것이 반공적 입장이다. 양정유는 "현재의 혁명은 제국주의 군벌, 탐관 토열 군벌 관료를 제거하기 위해 대외적으로는 약소민족 및 피압박국가와 연합하고 대내적으로는 각계의 국민과 연합해야 하는데 공산당은 양급 분화를 주장하기 때문에 불가하다"는 이유로 철저하게 반공적 입장을 취했다(「무역명인격적혁명[無革命人格的革命]」, 6·7호). 그 외 "북벌에서 실패하면 …… 일본의 침략과 공산당의 기승을 부릴 것"이라며 반공, 반군벌 입장을 취하기도 하였다(다런, 「경고북벌장령[警告北伐將領]」, 2·3호; 양저우캉[楊宙康], 「일본제국주의침략지특성[日本帝國主義侵略之特性]」, 4호).

그렇지만 잡지의 가장 중요한 특색은 국민당의 현실정책에 대해 시종 비판적인 입장을 취하고 있다는 점이다. 예컨대 북벌 과정에서 각처에서 전개된 환영 군중대회의 맹점을 폭로한 줴성(覺生)의 「환영혁명영수(歡迎革命領袖)」(2·3호)는 그 대표적인 예이다. 우한(武漢)에서 열린 혁명 영수들에 대한 환영군중대회를 예로 들어 모두 "반혁명"으로 찍히지 않기 위해 비자발적으로 모인 군중대회에 불과하며, 환영이라고는 하지만 환(歡)은 없고 영(迎)만 있었다고 풍자하고 있다. 쑨원의 상민주의와 국민혁명에 근거한 국민당체제의 정당성을 비판적으로 해부하고 있는 셈이다.

『중국공론』의 정치 노선

『중국공론』의 논지의 핵심은 앞에서 본 바와 같이 혁명정당으로서 국민당 비판에 있다. 『중국공론』이 창간된 1928년은 북벌군이 상하이(上海)와 장쑤를 장악하고, 우한(武漢)에 있던 혁명정부를 와해시킴으로써 명실상부하게 집권 권력으로서 전환을 시도하고 있던 시기였다. 국민당은 일당 전정을 핵심으로 하는 훈정체제의 구축으로 요약되는 일련의 정책을 통해 새로운 국가 건설을 시도하였다.

이에 함께 국민당에 대한 제 세력의 비판 역시 본격적으로 제기되었다. 새로운 국가정책 및 형식에 대한 토론을 동반한 것으로 삼민주의를 앞세운 국민당의 일당 전정과, 용공정책의 정당성 여부가 핵심적인 논제였다. 특히 자유주의 지식인은 국가에 앞서 특정 정당의 권위를 앞세우는 국민당의 일당 전정을 집중적으로 비판하였고, 이념적으로 우파였던 국가주의파들은 국민당의 용공정책 및 계급정책을 들어 비판의 핵심으로 삼았다. 물론 국민당은 이러한 일체의 비판을 반혁명적 언론으로 규정하고 엄격하게 금지하였다.

『중국공론』 역시 중국국민당의 강령과 정치 행태, 조직을 비판의 대상으로 삼았다. 특히 비판의 논조가 학술적인 형식이 아니라 매우 직접적이고 공격적인 형태를 띠고 있다는 점에서 주목된다. 문제는 이런 대담한 논조를 전개할 수 있었던 양정유의 정치노선이다.

이와 관련하여 양정유는 본인이 어느 정파와도 관계없음을 선언하고, 특히 국민당을 혁명정당으로 인정하고 일당 전정의 필요성도 동의한다는 점에 있어서 구별된다. 다만, 혁명정당이 권력으로 부패하는 것에 대한 비판을 계속하겠다는 입장이었다. 특히 본인이 국민당에 입당하지 않는 이유는 일반 민중의 이익에서 국민당이 혁명당으로서 제 역할을 하도록 진단하고 문제를 개선하도록 하겠다는 것이었다. 국민당의 존재를 일 당파가 아니라 국가 전체와 관련하여 이해하자는 것이었다.

물론 『중국공론』은 「발간사」를 통해 자신들의 정치적 지향을 선언하였다. 그것은 현재 국민혁명의 목적인 진정 독립한 사회민주국가, 즉 대내 대외적으로 평등한 국가를 의미하며 그를 위해서는 제국주의 및 군벌, 부패세력을 제거하고 내외의 정세에 맞추어 행정, 재정, 교육 등에 대한 계통적 계획과 방략을 토론할 필요가 있다는 것이다. 이러한 입장에서 국가 건설의 주체와 이념을 국민당을 중심으로 설정하고 그에 대한 비판을 통해서 국가 건설을 달성하겠다는 것이 이들의 입장이었다.

특히 국민당을 비판하는 이유는 "역사적으로 혁명 건설은 쉽지가 않다. 부패한 군벌을 혁명하다가 스스로 부패하게 되는 경우가 많은데 이런 경우 수습이 불가능하다. 그래서 정신적인 혁명이 동반되어야 하며 이를 위해 정신과 인격의 수양이 필요하"기 때문이란 점이었다.

물론 이러한 국민당에 대한 비판적 지지는, 국민정부의 집권성에 대한 지지와 함께 당의 이념 실행에 장애가 되는 예컨대 각처에서 독립화되는 신군벌이나, 자기 세력 확보에 몰두하는 특정 세력에 대한 비판을 동반하기도 하였다(양정유, 「집권과 독재[集權與獨裁]」, 9호). 국민당의 정당성을 인정하면서 비판적 입장을 견지하겠다는 『시대공론(時代公論)』 등과 비교해 볼 필요가 있다. (오병수)

▌중국공산당당보(中國共産黨黨報)

1923년 중국에서 발간된 중국공산당 최초의 비밀기관 간행물

黨報

중국공산당 최초의 비밀 기관 간행물로 부정기적으로 출판되었다. 현재 보존되어 있는 것은 3호이다. 1호는 1923년 11월 30일에 출판되었고 3호는 1924년 5월 20일에 출판되었으며, 4호는 1924년 6월 1일에 출판되었다.

차이허썬(蔡和森)이 1926년 코민테른에 한 보고에 의하면 『중국공산당당보』는 중국공산당 제4차 전국대표대회 이전에 모두 4호가 출판되었고 그 이후에는 발간되지 않았다. 천두슈(陳獨秀)는 매우 바빴기 때문에 『중국공산당당보』를 편집할 시간이 없었다. 펑수즈(彭述之)는 1925년 2월 2일 중공 모스크바지부 전체 동지에게 보낸 편지에서 중공 제4차 전국대표대회에 참가하기 위해 귀국했을 때 5호에 「우리들이 국민혁명에 대해 가져야 할 몇 가지 근본관념(我們對于國民革命之几个應有的根本觀念)」이라는 글을 발표했다고 한다. 이외에 1925년 1월 중공 제4차 전국대표대회의 「선전공작에 대한 결의안(對于宣傳工作之決議案)」에서 "당보는 우리들이 현재 비밀조직에서 당원을 교육시키는데 이용하는 가장 중요한 것이다. 이후 당내 정책과 각종운동에 관한 비공개적 토론문건을 더 많이 등재해야 한다"고 하고 있다. 이러한 자료를 통해 볼 때 『중국공산당당보』는 4호 이후에도 출간되었을 것으로 보이나 현존하는 것이 없다.

『중국공산당당보』는 발행량도 매우 적어서 500부 정도였다. 500부는 대체로 당시의 당원 수에 해당되는 발행부수였다. 『중국공산당당보』는 비밀리에 발간되었기 때문에 1호부터 3호까지 당원들이 대외적으로 비밀을 엄수하고 위배한 자는 당에서 제적한다는 경고문이 들어가 있었다.

『중국공산당당보』는 4×6배판 활판인쇄로 한 기마다 10쪽 정도였고 분량은 1만 4~5000자 정도였다. 내용은 주로 당내 문서와 적은 분량의 글이었다. 현재 남아있는 1, 3, 4호에는 제3계(屆) 중앙집행위원회의 두 차례 회의문서가 있다. 1호에 수록된 것은 1923년 11월 24일부터 25일에 개최된 3계 중앙집행위원회 제1차 회의 문건으로 「개회기요(開會紀要)」, 「중앙국보고(中央局報告)」, 「국민운동진행계획결의안(國民運動進行計劃決議案)」, 「노동운동진행방침결의안(勞動運動進行方針決議案)」, 「교육선전문제결의안(敎育宣傳問題決議案)」과 「중국공산당 존재 이유(中國共産黨存在的理由)」 등이 있다. 3, 4호에 기재된 것은 1924년 5월 14일부터 16일까지 개최된 3계 중앙집행위원회 확대회의문서로 「공산당의 국민당 내 활동문제 결의안(共産黨在國民黨內的工作問題決議案)」, 「노동조합운동문제결의안(工會運動問題決議案)」, 「S.Y.활동과 C.P.관계결의안(S.Y.工作與C.P.關係決議案)」, 「당내 조직 및 선전교육문제결의안(黨內組織及宣傳敎育問題決議案)」, 「농민병사 간의 활동문제 결의안(農民兵士間的工作問題決議案)」, 「중앙국보고(中央局報告)」와 서명이 없는 「이번 확대집행위원회의 의견(此次擴大執行委員會之意義)」 등이 있다.

1, 3, 4호는 3계 중앙집행위원회의 두 차례 회의의 각종 결의안을 수록하고 있다. 1923년 6월에 개최된 중국공산당 제3차 전국대표대회에서는 제국주의와 봉건군벌에 반대하는 국민혁명운동을 공산당의 중심사업으로 확정하고, 공산당원이 개인 자격으로 국민당에 가입하는 형식으로 국공합작을 하기로 했다. 당시 쑨원이 지도하는 국민당은 국민혁명의 기치를 들고 반제 반군벌을 호소했지만 국민당 내의 성원이 복잡하고 조직도 산만하였으며, 대중적 지지기반도 약했다. 공산당은 공산당원을 국민당에 참가시켜 국민당을 개조하고 노동자, 농민, 도시 부르주아계급의 민족민주혁명을 위해 연합하여 반제·반군벌의 국민혁명을 추진시키려 하였다. 『중국공산당당보』는 이러한 공산당의 입장을 반영하고 있었다.

『중국공산당당보』는 중국공산당이 필요한지 여부에 대해서 분명한 입장을 표명했다. 중국공산당 제3차 전국대표대회에서는 공산당원을 개인 자격으로 국민당에 가입시켜 국민혁명을 추진하기로 했지만, 공산당의 조직을 보존하고 점차 조직을 확대해 가기로 하였다. 이에 대해 일부 공산당원들은 지금은 각 계급이 합작하는 국민혁명의 시대이지 프롤레타리아계급의 사회혁명시대가 아니라며, 현재의 임무도 국민당에 가입하여 국민혁명을 추진하는 것인데 공산당이 존재해야 할 필요가 있느냐는 의문을 표시했다.

이에 대해 『중국공산당당보』 1호의 「중국공산당 존재의 이유(中國共産黨存在的理由)」에서 정당은 계급의 반영이고, 중국의 프롤레타리아계급이 유치(幼稚)하지만 존재를 부정할 수 없고 프롤레타리아계급 정당의 존재를 부정할 수도 없다고 비판했다. 이 글은 식민지 반식민지의 국민혁명, 특히 중국의 국민혁명이 세계의 피압박민족, 피압박 계급의 대혁명과 서로 결합하고 세계의 프롤레타리아계급의 원조를 받지 않으면 성공하기 어렵다고 하면서 공산당의 존재 이유를 설명했다.

3호의 「당내조직 및 선전교육문제결의안(黨內組織及宣傳教育問題決議案)」에서 공산당원이 국민당에 참가하더라도 독립적인 조직형태를 갖추어 국민당과 뒤섞이지 않아야 한다는 점을 지적했다. 아울러 노동자계급 내에 공산당조직을 확대하고 노동자를 교육시키고 지도해야 한다는 점을 강조하였다.

통일전선에서 지도권 문제에 대해서도 언급하고 있다. 당시 중국공산당 제3차 전국대표대회의 「선언」에서는 중국국민당이 국민혁명의 중심세력이고 국민혁명의 영수의 지위에 있다고 하였다. 이에 대해 1호의 「국민운동진행계획결의안(國民運動進行計劃決議案)」에서는 공산당이 국민당의 중심적 지위를 차지하도록 노력해야 한다고 강조하고 있다. 이는 중국공산당의 정치적 입장이 제3차 전국대표대회의 「선언」과 달라지고 있음을 보여 주는 것이다.

국민당 내의 활동문제에 대해서도 입장을 표명하고 있다. 『중국공산당당보』 1호의 3계 1중전회에서 통과된 「국민운동진행계획결의안」에서 국민운동이 공산당의 전체 활동이라고 강조하면서 국민당이 조직된 곳에서는 공산당원이 가입해야 하고 조직이 없는 곳에서도 조직을 만들어야 한다고 하고 있다. 그러나 이렇게 국민당에 가입하여 국민당 조직을 확대해야 한다는 점을 강조하면서 부작용이 발생하기도 했다.

「공산당의 국민당내 공작문제 결의안(共産黨在國民黨內的工作問題決議案)」에서는 국민당 내에서 조직과 함께 선전해야 한다는 점을 지적하였다. 이 결의안은 제국주의와 군벌에 반대하고 민권을 요구하는 중국국민당 제1차 전국대표대회 선언을 선전해야 한다는 점을 강조하고 있다. 또한 「노동조합운동문제결의안(工會運動問題決議案)」에서는 산업노동자들이 공산당의 기초이므로 노동조합 설립을 독립적으로 추진해야 한다고 하였다.

이와 함께 『중국공산당당보』는 국민당 우파와의 투쟁 문제에 대해서도 다음과 같은 입장을 표명하고 있다. 『중국공산당당보』 3호 「공산당의 국민당 내 활동문제 결의안(共産黨在國民黨內的工作問題決議案)」에서는 국민당내의 비판의 자유를 요구하여 국민운동의 근본 문제에서 우파정책의 잘못을 지적해야 한다고 지적하였다.

『중국공산당당보』는 공산당이 비밀 상태에 있었던 상황에서 공산당의 방침과 정책을 전달하고 당원들이 당 중앙의 정신과 혁명투쟁의 지도를 잘 파악할 수 있도록 교육하는 임무를 담당했다. 3계 1중전회와 3계 중앙집행위원회확대회의 문헌은 현존하는 『중국공산당당보』 3호에 수록된 것이 유일하다. (김지훈)

참고문헌

方克, 『中共中央黨刊史稿』 上, 紅旗出版社, 1999; 王檜林·朱漢國, 『中國報刊辭典(1815~1949)』, 書海出版社, 1992; 伍杰, 『中文期刊大詞典』, 北京大學出版社, 2000.

중국군인(中國軍人)

1925년 중국 광저우에서 발간된 정치운동 잡지

1925년 2월 20일 광저우(廣州)에서 창간한 중국 청년 군인 연합회 간행물이다. 왕이페이(王一飛)가 주편을 맡았다. 황푸군관학교 특별당부(黃埔軍官學校特別黨部)에서 출판하였다. 삽화가 있고 난은 구분하지 않았으며, 7호부터 순간에서 월간으로 바뀌었다. 대략 2만 부를 발행하였다. 현재 9호가 남아 있다. 베이징 인민출판사(北京人民出版社)에서 1책으로 영인 출판하였다.

『중국군인』은 '혁명 군인을 고취하고 혁명 군인을 단결시키며 전국 군인을 각성시키고 전국 군인의 대오 각성을 촉진한다'는 취지를 갖고 있다. 주요 내용은 군벌의 폐해와 사병을 압제하는 죄행을 폭로하고 제국주의 타도를 선전하는 것이다. 사병 독자를 조직하여 토론을 전개하였다. (이은자)

참고문헌

王檜林·朱漢國,『中國報刊辭典(1815~1949)』, 太原(山西): 書海出版社, 1992; 李焱勝,『中國報刊圖史』, 武漢: 湖北人民出版社, 2005.

▌중국농민(中國農民)

1926년 중국 광저우에서 발간된 정치운동 잡지

1926년 1월 1일 광저우(廣州)에서 창간된 국민당 중앙집행위원회 농민부(國民黨中央執行委員會農民部) 기관간행물이다. 국민당 중앙당부와 국민정부가 우한(武漢)으로 옮기자 『중국농민』도 우한에서 출판되었다. 마오쩌둥(毛澤東)이 주편을 맡았다. 월간으로 발행되었으며, 1926년 12월 1권 10호 출간을 끝으로 정간되었으나, 1927년 6월 한커우(漢口)에서 복간되었다. 베이징 중공중앙편역국(北京中共中央編譯局) 등에 소장되어 있다.

『중국농민』은 '민중을 불러 일으켜' 국민혁명에 참가하도록 한다는 취지를 갖고 있다. 2권 1호는 토지문제 특별호이다. 농민 간부를 대상으로 주로 농민운동에 관한 이론을 게재하였고, 각지의 농민운동 보도와 공작 경험을 실었다. 보고, 특재(特載), 국제 농민 소식, 중국 농민 소식 등의 난으로 구성되었다. 제1호와 제2호에는 각기 마오쩌둥의 「중국 농민 각 계급의 분석과 그의 혁명에 대한 태도(中國農民各階級的分析及其對于革命的態度)」, 「중국사회 각 계급의 분석(中國社會各階級的分析」의 두 편의 논문을 실었다. 국공합작 시기 농민운동을 이끄는 데 큰 역할을 하였다. (이은자)

참고문헌

方漢奇 主編,『中國新聞社業通史』, 北京: 中國人民大學出版社, 1996; 王檜林·朱漢國 主編,『中國報刊辭典(1815~1949)』, 太原(山西): 書海出版社, 1992; 葉再生,『中國近代現代出版通史』, 北京: 華文出版社, 2002.

▌중국문견록(中國聞見錄)

1872년 중국 베이징에서 창간된 종합잡지

1872년 8월 베이징(北京)에서 창간되었다. 경도시의원(京都施醫阮)에서 월간으로 발행되었으며, 주간은 미국인 딩웨이량(丁韙良)과 영국인 아이웨써(艾約瑟) 등이었다. 1876년 이름을 『격치휘편(格致彙編)』으로 바꾸고 출판을 계속하였다. 베이징사범대학도서관 등에 소장되어 있다.

내용은 논설과 각국의 최근 사건, 잡기, 우화 등의 지면이 있다. 주로 서방의 과학기술과 문화지식, 천문, 지리, 화학, 물리, 교통운수, 채광과 제련, 교육, 법률, 문학, 역사 등에 관한 지식을 소개하고 있으며, 많은 도표를 제시하였다.

중국 근대 최초의 과학지식 간행물 가운데 하나로, 각국의 최근 사건과 뉴스 등도 다루고 있다. (김성남)

참고문헌

王檜林·朱漢國 主編,『中國報刊辭典』, 太原: 書海出版社, 1992; 張靜廬輯註,『近現代出版史料』, 上海書店出版社, 2003.

▌중국민보(中國民報)

1936년 중국 베이징에서 창간된 시사종합신문

1936년 10월 20일 베이징(北京)에서 창간하였으며, 1936년 12월 12일 총 52호로 종간되었다. 현재 베이징도서관 등에 소장되어 있다.

지방자치를 제창하고, 민중의 각성과 환기를 주장하면서 정부를 감독하고 정부가 충분한 능력을 갖출 것을 요구하였다. 국난의 어려운 시기를 틈타 발생하는 권력과 행정권 쟁탈전에 반대한다는 입장을 표명하였다. 아울러 인민들 스스로 구국을 위해 자신의 의무를 다 하고, 국가 부흥을 위해 노력할 것을 요구하였다.

내용은 사론(社論)과 각 지역소식, 사회뉴스, 간신(簡訊), 문범(文範) 등의 난이 있다.

국제연맹의 중일문제에 대한 각 의안 및 반응을 게재하고, 일본의 중국침략정책과 외국의 중일전쟁에 대한 태도를 상세히 전달하였다. 또 국민당 중앙인사들의 행적과 각지 학생운동 및 노동쟁의와 민간의 소송사건 등을 보도하였다. 국민당의 중요 회의와 쓰촨성(四川省)과 산둥성(山東省)지역의 전쟁 상황에 대해서도 보도하였다. (김성남)

참고문헌

方漢奇 主編, 『中國新聞社業通史』, 中國人民大學出版社, 1996; 葉再生 著, 『中國近代現代出版通史』, 北京: 華文出版社, 2002.

▌중국백화보(中國白話報)

1903년 중국 상하이에서 창간된 정치운동 신문

1903년 11월 상하이(上海)에서 창간되었다. 초기에는 반월간으로 발행되다가 13호부터 10일에 한 번씩 발행되었다. 1904년 10월 종간되었다. 중국국가도서관에 소장되어 있다.

내용은 논설과 소설, 소식, 시사문답, 역사, 지리 등의 난을 개설하였으며, 이해하기 쉬운 백화문으로 반제애국(反帝愛國)을 고취하였다.

린셰(林獬), 류광(劉光) 등이 집필에 참여하여 청조전복을 선전하였으며 주요 선전 대상은 하층 노동자와 청소년이었다. 민중을 일깨우는 데 많은 공헌을 하였다.

봉건전제를 반대하고 공화정부 수립을 주장하면서 모든 백성은 세금을 내는 만큼 당연히 사상의 자유와 언론자유, 출판의 자유를 갖는다고 강조하였다. 또한 천부인권과 인류의 평등을 선전하고 강렬한 민주 혁명적 색채를 가졌으나 대한족주의(大漢族主義)와 무정부주의적 사상을 가지고 있었다. (김성남)

참고문헌

葉再生 著, 『中國近代現代出版通史』, 北京: 華文出版社, 2002; 王檜林·朱漢國 主編, 『中國報刊辭典』, 太原: 書海出版社, 1992.

▌중국부인회소잡지(中國婦人會小雜誌)

1907년 중국 베이징에서 창간된 여성지

창간일은 1907년 2월 27일로 추정된다. 중국부인회에서 백화문(白話文)을 사용하여 반월간으로 발행되었다.

베이징 최초의 여성지이다. 원본은 아직 발견되지 않아 유실된 것으로 추정된다. 그러나 당시 발행되던 여러 언론매체에 이 잡지에 대한 관련 기사와 광고들이 많이 남아 있어 이를 통해 이 잡지의 창간일과 성격 등을 고찰 해 볼 수 있다.

1907년 5월 7일(광서 33년) 발행된 상하이의 『동방잡지(東方雜誌)』 4권 3호 「각성보계회지, 경사(各省

報界匯志, 京師)」에 이 잡지에 대한 창간 배경이 보도되어 있다.

이 보도에 따르면 최근 베이징 언론사업이 발달하고 있어 위생의원(衛生醫院) 랴오타이부인(廖太婦人)과 옌여사(燕女士)가 합작하여 베이징에서 여성지가 창간되었다고 하였다.

또한 『중국부인회소잡지』의 출간을 알리는 광고가 당시 여러 매체들에 게재되어 있는 것을 볼 수 있다. 즉, 『베이징여보(北京女報)』의 1907년 3월 10일 제545호에서부터 30일간에 걸쳐 이 잡지 광고가 게재되어 있으며, 톈진(天津) 『대공보(大公報)』 1671호에서 8일간, 상하이 『시보(時報)』 970호에서 34일간 이 잡지 창간호를 알리는 광고가 계속해서 실려 있다.

광고 내용은 『중국부인회소잡지』가 중국부인회에서 만든 것으로 백화문(白話文)을 사용하여 읽기 쉽고 인쇄도 정교하며, 풍부한 내용으로 여성지 중 제일이라는 선전 문구이다. 발행처는 베이징 랴오타이부인위생원본총회(廖太婦人衛生院本總會)이며, 매월 2차례 발행되고 가격은 1회에 동원(銅元) 3매(枚)라는 광고와 함께 지역마다의 판매처 주소도 상세히 소개하고 있다.

이 광고를 통해서 이 잡지의 창간인과 사용한 언어, 가격, 발행 간격 등을 알 수 있다. 상하이 『시보』 1907년 3월 6일자에 실린 광고에 이 잡지의 창간을 알리는 내용이 수록되어 있는 것으로 미루어 이 잡지의 창간일은 그 이전인 1907년 2월27일로 추정되고 있다.

중국부인회는 베이징에서 가장 큰 조직을 갖춘 여성단체였다. 그러나 이 단체는 여성운동의 지향점과 목표를 갖는 성격의 조직은 아니었으며, 자선적 성격의 적십자 단체이다. 구성원들도 대부분 고급 관료 부인들이었다. (김성남)

참고문헌

姜緯堂, 劉寧元 主編, 『北京婦女報刊考』, 光明日報出版社, 1990; 王檜林 · 朱漢國 主編, 『中國報刊辭典』, 太原: 書海出版社, 1992.

중국순보(中國旬報)

1900년 홍콩에서 창간된 정치운동 신문

1900년 1월 홍콩(香港)에서 창간되었다. 근대 부르주아계급 혁명파 조직인 흥중회(興中會)의 간행물로 『중국일보(中國日報)』의 주필인 천사오바이(陳少白)가 편집 책임을 맡았고, 양샤어우(楊肖歐)와 황루이(黃魯逸)가 편집에 참여하였다. 중국보관편집(中國報官編輯)에서 10일에 한 번씩 발행되었다. 1901년 종간되었으며, 보존본은 광저우(廣州) 중산(中山)대학 도서관에 소장되어 있다.

내용은 논설과 역론(譯論), 중외시사(中外時事), 전음(電音), 주소(奏疏) 등이 있으며, 제10호부터는 당국(黨局), 시청록(視聽錄), 형감편(衡鑒篇), 요언(要言), 잡조(雜俎) 항목이 새로 만들어졌다.

16호부터 중외시사(中外時事)란을 국사(國事)와 방교(邦交)로 바꾸었고, 후에 다시 국사(國事)란을 북성대사기(北省大事記)와 남성대사기(南省大事記)로 나누었다.

11호에서 24호 사이에는 부록으로 「고취록(鼓吹錄)」을 게재하였고, 잡문과 가요 등의 시사풍자적인 문장을 담았다. 이 「고취록」의 내용은 생동감 넘치는 풍자적 문장으로 당시 세태를 잘 반영하였다.

초기에는 변법유신(變法維新)정책을 지지하며 제1호에서 9호까지 '사설'란에 유신개혁 사상가 허치(何啓)와 후리안(胡禮垣)의 「신정변통(新政變通)」을 연재하였다. 이 글은 서양의 민권사상과 진화론적 관점, 정치경제제도, 민권의 확장 등을 선전하는 내용으로 당시 군주입헌제를 지지하는 유신파의 관점을 벗어나 있지는 못했다.

그러나 5호에 「영웅과 시설(英雄與時說)」을 발표하여 유신파의 군주입헌제 문제점을 지적하였고, 이어서 『중국일보』와 같은 관점을 분명히 하여 유혈혁명과 청 조정을 전복시킬 것을 주장하였다.

18호에 사설 「민권을 논함(論民權)」에 이어 19호에 장타이옌(章太炎)의 혁명을 주장하는 문장인 「래서(來書)」, 「해변발설(解辮發說)」 등을 발표하여 청 정부를 야만정부라 칭하고 유혈혁명의 입장을 명확히 하였다. 또한 천부인권 사상을 선전하고 서구와 일본의 정치를 배워야 하며 유혈혁명을 위해 군주는 적으로 삼아야 할 것을 주장했다.

『중국순보』의 이러한 초기와 후기 사이의 변화는 당시 부르주아혁명파의 사상적 변모와 성숙 과정을 반영하는 것이었다.

1901년 6월 후이저우(惠州)봉기 실패 후 정간되었으며, 논설과 부록으로 발행되었던 「고취록」은 이어서 『중국일보』에 옮겨져 발표되었다. (김성남)

참고문헌

方漢奇 主編, 『中國新聞社業通史』, 中國人民大學出版社, 1996;
葉再生 著, 『中國近代現代出版通史』, 北京: 華文出版社, 2002;
彭永祥, 『辛亥革命時期期刊介紹』, 人民出版社, 1986.

중국시보(中國時報, The Chinese)

1883년 중국 톈진에서 창간된 영어 시사종합 신문

1886년 11월 톈진(天津) 시보관(時報館)에서 창간된 주간 영어 신문이다. 주필은 미치(Alexander Michie, 宓吉)이다. 1891년 3월 종간되었다.

시보관은 톈진(天津) 이화양행(怡和洋行)에서 출자한 곳으로 톈진 해관세무사(海關稅務司)의 더트링(Gustar Detring, 德璀琳)의 지지를 받고 있었으며, 이미 8월에 중문판 『시보(時報)』를 창간한 후 다시 영어 신문을 발행한 것이다.

주필 미치는 영국인으로 1853년 중국에 와 상업에 종사하면서 홍콩과 상하이의 영어 신문들에 원고를 썼다. 1883년 톈진에서 런던 『타임즈(泰晤士報)』의 중국 통신원을 하다가 『중국시보』 주필을 맡았다.

이 신문은 상하이 신문들과 경쟁 상태에 있지 않은 덕분에 북방지구 신문으로서 자신만의 특색에 힘을 쏟을 수 있었다. 논설을 중시하고, 미치 외에도 리차드(T. Richard, 李提摩太)와 마틴(W. Martin, 馬丁), 이노센트(P. Innocent, 英諾森,), 스미스(A. Smith, 亞瑟斯密斯) 등의 유명 인사들이 집필에 참여하였다.

또한 『시보』의 중요 문장들을 영문으로 번역 게재하여 중국에서 발행되는 영어 신문 가운데 일류로 평가되었다.

1891년 3월 종간되면서 시보관의 재산은 벨링햄(W. Bellingham, 貝令漢)의 톈진인쇄공사로 이전되었다. (김성남)

참고문헌

葉再生 著, 『中國近代現代出版通史』, 北京: 華文出版社, 2002;
王檜林·朱漢國 主編, 『中國報刊辭典』, 太原: 書海出版社, 1992.

중국신보(中國新報)

1907년 일본 도쿄에서 중국어로 창간된 정치 운동 신문

1907년 1월 20일 도쿄(東京)에서 창간되었다. 창간인은 양두(楊度)이며 월간이다. 1권 7호부터 상하이(上海)로 옮겨 발행되었으며, 1908년 1월 총 9호를 발간하고 종간되었다. 베이징대학도서관에 소장되어 있다.

청 말기 군주입헌을 주장한 신문으로 정론(政論)을 위주로 하고 있다. 총편집 책임은 양두(楊度)이며, 후마오루(胡茂如), 쉐다커(薛大可), 구중슈(谷鍾秀), 슝판위(熊范輿), 팡뱌오(方表) 등의 군주입헌파 인사들이 집필에 참여하였다.

이들은 모두 예비입헌과 국회소집을 강력히 주장하였는데, 그중 가장 대표적인 문장이 양두의 「금철주의(金鐵主義)」이다. 기본 관점은 중국이 필히 금(경제)

과 철(군사)주의를 실행하여 열강의 속박에서 벗어나 부국강병한 경제대국과 군사대국을 건설해야 한다는 것이었다. 또한 만주인도 역시 중국인이므로 만주족이 황제를 하는 것이 곧 망국은 아니므로 만주족 배척은 필요하지 않으며, 중요한 것은 정치를 개량하고 입헌을 실행하여 국회를 소집하고 책임 있는 정부를 세우는 것이라 주장하였다.

양두는 이러한 정당 건립을 위한 여론상의 준비를 위해 이 신문을 창간하게 되었다. 그러나 1908년 1월 양두가 청 정부의 4품 관직을 받아 등용되면서 『중국신보』는 총 9호를 발간하고 종간되었다.

• 양두(楊度, 1874~1931)

호(號)는 호공(虎公)이며, 1902년과 1903년 두 차례에 걸쳐 일본 유학을 하였다. 일찍이 『유학역편(游學譯編)』의 편집 업무에 참가하였으며, 『신민총보(新民叢報)』에 시문을 발표하여 당시 재일 유학생 중에서 신문 논객으로 지명도를 높였다.

그러나 그는 쑨중산(孫中山)의 동맹회나 캉유웨이(康有爲)의 보황회에 모두 참여하지 않고, 청 정부의 헌정편사관(憲政編査館)을 담임하여 적극적으로 예비입헌활동에 참가 하였다. 신해혁명 이후에는 참정원 참정을 맡아 위안스카이(袁世凱)의 황제 옹립을 지원하기도 하였다. 그러나 말년에는 공산당에 참가하였다. (김성남)

참고문헌

方漢奇 主編, 『中國新聞社業通史』, 中國人民大學出版社, 1996; 葉再生 著, 『中國近代現代出版通史』, 北京: 華文出版社, 2002.

▌중국신여계(中國新女界)

1907년 일본 도쿄에서 창간된 중국어 여성지

1907년 2월 5일 일본 도쿄(東京)에서 창간되었다. 허난(河南) 지부 일본 유학생동맹회에서 주관하였고, 주편우(朱奮吾)가 사장을, 옌빈(燕斌)과 류징샤(劉青霞)가 편찬을 맡아 월간으로 간행되었다. 1907년 7월 5일, 모두 6호를 발행하고 종간되었으며, 발행부수는 최고 시기 5000부에 달했다. 베이징사회과학원 근대사연구소 도서관에 소장되어 있다.

여성해방과 남녀평등을 선전하는 것이 주요 발행 목적이었다. 남존여비와 봉건 여성도덕을 비판하고 자애(慈愛)롭고 고상하며, 용감하고 의연한 여덕(女德)을 제창하였다. 국가와 사회, 가정에서의 여성해방을 적극적으로 주장하였다.

내용은 논저(論著), 연설, 역술(譯述), 사전(史傳), 기재(記載), 문예, 담총(談叢), 시평(時評), 소설, 잡찬(雜纂) 등 10개 항목으로 이루어졌으며, 3호부터 가정, 교육계, 여예계(女藝界), 위생고문(衛生顧問), 통속과학 기사란이 새로 만들어졌다. 각국 여성의 생활과 투쟁을 소개하고, 매회 사진과 삽화들을 첨가하였다.

집필진은 옌빈과 창유페이(尙有佩), 진샤(巾俠), 샤오인(篠隱), 칭루(淸如), 차오비(草碧) 등 대부분 일본 유학생들로 이루어졌다.

「부녀는 혁명 실행을 위해 암살을 수단으로 해야 함(婦女實行革命應以暗殺爲手段)」을 게재하여 일본 경찰의 강제 명령으로 1907년 종간되었다. (김성남)

참고문헌

葉再生 著, 『中國近代現代出版通史』, 北京: 華文出版社, 2002; 王檜林·朱漢國 主編, 『中國報刊辭典』, 太原: 書海出版社, 1992.

▌중국여보(中國女報)

1907년 중국 상하이에서 창간된 여성신문

1907년 1월14일 상하이(上海)에서 창간되었다. 청말 부르주아혁명파가 주관한 여성신문으로 창간 및 편집 발행인은 추진(秋瑾)과 천보핑(陳伯平)이다. 1907년 3월 2호를 간행하고 종간되었으며, 같은 해 11월『여자세계(女子世界)』와 합병하여『신주여보(神州女報)』로 개명하였다. 베이징대학도서관에 소장되어 있다.

추진은 「중국여보발간사(中國女報發刊辭)」에서 이 매체의 발행 목적을 중국의 암흑과 중국 여성계의 암흑을 밝히는 길로 달려 나가는 것이라고 호소하였다.

내용은 논설과 사설, 연단(演壇), 역편(譯編), 전기(傳記), 소설, 문원(文苑), 소식, 조사 등의 항목이 있다. 문장은 보다 많은 사람들이 쉽게 읽을 수 있도록 비교적 통속적이고 대중적 문체를 사용했다. 「자매들에게 고함(警告姊妹們)」, 「면여권가(勉女權歌)」, 「감분(感憤)」, 「감시(感時)」 등의 논설과 시문을 발표하고, 봉건 윤리도덕과 가족제도의 여성 억압을 공격하였다.

추진이 연재한 「정위석(精衛石)」은 봉건 가정의 억압을 뚫고 일본 유학길에 오른 한 여성이 혁명운동에 투신하는 과정을 그린 작품으로 바로 추진 자신의 삶을 투영한 작품이었으나, 그가 체포되어 처형되면서 마지막 원고도 중단되었다.

• 추진(秋瑾, 1877~1907)

추진은 1907년 32세의 나이에 역도의 죄명으로 처형당한 근대 민주혁명 열사로, 원명은 인진(閨瑾)이다. 1904년 가정을 박차고 나와 단신으로 일본 유학길에 오른 후, 일본에서 중국 유학생 혁명운동에 투신하였다. 1905년 동맹회가 성립되자 열혈 당원이 되었으며, 여학생 조직인 공애회(共愛會)를 조직하고 회장이 되었다.

청 정부가 일본 정부에 결탁하여 유학생 조직을 탄압하자, 귀국하여 상하이 혁명기구인 광복회에서 활동하였다. 그리고 상하이에서 혁명기관지 『중국여보』를 창간하였다.

1906년에는 사오싱(紹興)으로 가서 쉬시린(徐錫麟)과 타오청장(陶成章) 등이 설립한 대통학당(大通學堂)에서 광복회 간부들을 양성하였다. 또한 체육회를 설립하여 혁명 청년들의 군사훈련과 각 지역 당원들과의 연락 임무를 수행하면서 광복군을 조직하는 일에 앞장섰다.

1907년 5월, 쉬시린이 안칭(安慶)봉기가 실패하면서 죽음을 당한 후, 추진은 자신이 중국 여성계의 희생양이 되기로 결심하고 대통학당에 머물면서 전투를 준비하였으나, 결국 체포되어 형장의 이슬이 되었다. 중국 여성해방과 혁명운동의 상징적인 인물이다. (김성남)

참고문헌

葉再生 著,『中國近代現代出版通史』, 北京: 華文出版社, 2002;
王檜林·朱漢國 主編,『中國報刊辭典』, 太原: 書海出版社, 1992;
彭永祥,『辛亥革命時期期刊介紹』, 人民出版社, 1986.

▌중국일보(中國日報)

1900년 홍콩에서 창간된 시사종합신문

中國日報
"China"

1900년 1월 25일 홍콩(香港)에서 창간된 근대 부르주아혁명파의 기관 신문이다. 쑨중산(孫中山)이 일본에서 활자인쇄기를 구입해 와 기계화된 활자인쇄로 간행되었다. 초대 총 편집인 겸 사장은 천사오바이(陳少白)이며, 양샤어우(楊肖歐), 천춘성(陳春生), 정관궁(鄭貫公), 황스중(黃世仲), 펑쯔유(馮自由), 루신궁(盧信公), 홍샤오충(洪孝充) 등의 집필진들이 참여하였고, 이 밖에도 장타이옌(章太炎)과 후잔탕(胡展堂) 등 외부 인사도 초빙되어 글을 썼다. 1913년 11월 광둥(廣東)경찰청에 의해 발행금지 당하여 종간되었다. 신해(辛亥)혁명 시기 최고 장수한 혁명언론이다. 광저우(廣州) 중산대학(中山大學) 도서관에 소장되어 있으며, 영인본으로 『중국일보(中國日報)』(황지루[黃季陸] 주편, 타이완중국국민당중앙위원회 당사사료[黨史史料]편찬위원회, 1969) 이 출판되어 있다.

일본에서 활동하고 있던 쑨중산과 천사오바이는 흥중회(興中會)의 초기 혁명 활동 기지인 홍콩에서 기관지를 창간하기로 의견을 모으고 천사오바이가 홍콩으로 가 신문 창간을 준비하고, 쑨중산은 일본에서 경비 모금과 인쇄설비 구입 등을 책임지었다. 그리고 중국인이 만든 중국인의 신문이라는 의미로 제호를 『중국일보』라 정하였다.

『중국일보』는 매일 6쪽에서 8쪽이 발행되었으며, 내용은 논설과 국내뉴스, 외국뉴스, 광둥뉴스, 홍콩뉴스, 투고란 등의 항목이 있었다. 특히 논설을 중시하여 매일 주필이 직접 쓴 논설을 게재하여 타 언론 논설과 그 차원이 다름을 선전하였다.

창간 초기에는 문체가 부드럽고 유신파의 개혁적 관점을 지지하고 있었다. 청 정부에 대한 호칭에서도 '조정(朝廷)', '황상(皇上)', '태후(太后)', '부흥중국(復興中國)' 등을 사용하면서 민중의 지혜를 개발하고 일깨워 중국을 구한다는 관점을 유지하였다. 발표된 글들도 대부분 사회개량적 논조로 당시 변법파 언론들에서 자주 보이는 내용이었다.

그러나 반년 후에는 문체가 날카로워지면서 혁명의 기치를 높이 걸기 시작했다. 혁명사상을 고취하고 자희(紫禧)태후의 독단적 전횡을 질책하면서 이러한 근본적 문제가 봉건전제제도에 있음을 지적하고 민권주의와 민주주의 구호를 선전하였다. 또한 무장봉기와 회당활동을 적극 지도하고 지원했으며, 민권 사상을 선전하는 「논민권(論民權)」 등의 문장을 발표하여 영국과 프랑스 부르주아계급 혁명을 소개하고 천부인권설과 진화론 등의 진보적 사상을 소개하여 군주 전제제도에 반대하였다.

쑨중산의 혁명운동을 선전하고 혁명당원의 활동을 보도하면서 보황당(保皇黨) 언론들과 격렬한 논전을 벌였다. 유명한 논전으로는 1902년 광저우의 『영해일보(嶺海日報)』 주필 후옌어(胡衍鶚)가 혁명수단으로 청 조정을 배척하는 것은 대역부도한 일이라 공격하는 문장을 쓰자 『중국일보』의 주필진이 대거 이를 반박하며 논전이 전개되었다.

또 1904년 캉유웨이(康有爲)가 파견한 쉬친(徐勤)이 홍콩에서 창간한 『상보(商報)』에 보황입헌(保皇立憲)을 주장하는 글을 발표하자 이를 두고 치열한 논전이 전개되어 천사오바이는 보황파(保皇派)를 반박하는 문장을 십여 편이나 게재하였으며, 홍콩의 보황파 신문 『남보(南報)』와도 격전이 진행되었다.

이 신문의 논설과 기사들은 구어체가 아니어서 대중적인 문장은 아니었지만 부간(副刊)으로 발행된 『고취록(鼓吹錄)』은 소설과 역사이야기 등을 대중적인 문장과 풍자적 시사로 담아 내어 대중의 환영을 받았다.

신문편집 방면에서도 큰 진전이 있었는데, 표제를 횡렬배치 방식으로 편집한 점이다. 이전의 중국 신문 표제는 모두 직렬배치 방식이었으나 횡렬방식을 채용한 일대 진전이 있었다.

또한 흥중회(興中會) 혁명당 남부지역의 당무와 군무기지이기도 하였다. 각 지역 회당(會黨)의 활동 상황을 보도하고 삼합회(三合會) 등 중국 내 회당 조직들을 연락하면서 무장봉기들을 비밀리에 지원하였다. 각 지역 회당 영수들과 혁명당원들이 신문사 내에서 비밀집회를 가졌는데, 1900년 광저우봉기와 후이저우(惠州)봉기 당시 그 본영이 바로 이 신문사 건물 3층에 자리하고 있었고, 1905년 홍콩동맹분회 창립시 본부가 바로 신문사 사장실이었다.

그러나 혁명 언론매체들이 대부분 그러하듯이 경비 문제가 가장 어려운 문제로 봉착되었다. 초기에는 쑨중산의 지원으로 유지되었으나 중반 이후에는 혁명당원들에 의존하였고, 홍콩 상인 리지탕(李紀堂)과 리위탕(李煜堂) 등의 도움으로 어렵게 유지되다가, 1904년 재정문제로 리지탕이 경영하는 문유당인무공사(文裕堂印務公司)와 합병되었다. 그러나 1906년 이 공사가 파산되어 펑쯔유(馮自由)가 겨우 신문사를 사들여 사장 겸 편집장을 맡았다. 1910년 또다시 재정 문제로 더 이상 유지가 어렵게 되자 남방지부에서 리이헝(李以衡)을 파견하여 사장을 맡기고 셰잉보(謝英伯)와 장사오쉬안(張紹軒)이 편집을 주관하였다. 1911년에는 다시 루신궁(盧信公)과 황스추(黃時初)가 인수하였고, 신해혁명(辛亥革命) 이후 광저우(廣州)로 옮겨와 간행되었다.

그러나 1913년 11월 광둥경찰청에 의해 발행금지 당하여 종간되었다.

• 천사오바이(陳少白)

천사오바이는 미국 선교사가 설립한 광저우격치서원(廣州格致書院)에서 공부하다가 선교사의 소개로 쑨중산(孫中山)을 만났다. 쑨중산의 제안으로 중서의학원(中西醫學院)에 들어갔으며, 이후 그를 따라 혁명운동에 투신하게 되었다.

1895년 제1차 광저우봉기 당시 비밀 임무를 수행하다가 봉기가 실패하자 쑨중산과 함께 일본으로 도피하여 요코하마(橫濱)에서 2년을 머무르며 일본 정세를 고찰하였다.

그 후 1905년 중국동맹회 성립 후 홍콩동맹회 회장이 되었고, 1911년 광저우가 광복되자 광동도독부(廣東都督府) 외교사장(外交司長)에 임명되었다. 1921년에는 쑨중산 총통부 고문을 역임하기도 하였다. (김성남)

참고문헌

方漢奇 主編,『中國新聞社業通史』, 中國人民大學出版社, 1996;
葉再生 著,『中國近代現代出版通史』, 北京: 華文出版社, 2002;
彭永祥,『辛亥革命時期期刊介紹』, 人民出版社, 1986.

▌중국청년(中國青年)

1939년 중국 옌안에서 창간된 중공중앙청년운동위원회의 간행물

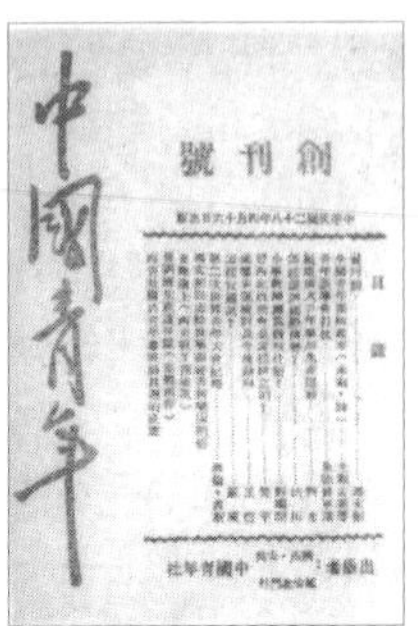

1939년 4월 16일 중공중앙청년운동위원회(中共中央青年運動委員會)가 주관한 간행물로 1산시(陝西)의 옌안(延安)에서 창간되었다. 중공중앙청년운동위원회는 대외적으로는 옌안중화청년구국단체연합판사처(延安中華青年救國團體聯合辦事處)로 불렸다. 후차오무(胡喬木)가 편집자였고, 1939년 4월부터 10월까지는 반월간이었고 1939년 11월부터 1941년 3월까지는 월간으로 발행되었다. 1941년 3월 5일 종간되었으며, 모두 3권, 24호를 출간하였다. 이후 다시 복간되어 1948년부터 1949년 7월까지는 부정기였고 1949년 8월부터 1949년 12월까지는 주간으로 발행되었다. 1956년 베이징 인민출판사(人民出版社)에서 영인본을 출판하였다.

『중국청년』에 게재된 글들은 3가지 방면에 대한 내용이었다. ① 마르크스·레닌주의, 마오쩌둥(毛澤東) 사상을 선전하였는데, 엥겔스의 「원숭이에서부터 사람까지(從猿到人)」, 스탈린의 「영국작가 웨일즈와의 담화(與英國作家威爾斯的談話)」 등의 저작을 번역 게재하였다. ② 중공중앙의 중일전쟁시기의 방침과 정책을 선전하였다. ③ 청년운동과 청년공작 등과 관련한 글과 청년운동의 동태, 통신보도 등을 게재하였으며, 중공중앙의 관련 지도부의 청년공작에 관한 글을 실었는데 주더(朱德)의 「청년은 싸움을 할 수 있어야 한다

(青年要學會打仗)」를 발표하였다. 이는 당시 옌안 청년의 사상정황과 지식에 대한 욕구에 부응하는 것이었다.

1호에 주더의 「중국청년의 당면임무(中國青年當前的任務)」라는 글을 게재하였는데 거기서 다음과 같이 말하고 있다.

"중국 청년들은 당연히 적극적이고 용감하게 목전에 진행되고 있는 인민해방전쟁에 참가하여야 한다. 군사, 정치, 군중사업 및 기타 각종 분야에서 최대의 역량을 발휘하여 항전의 철저한 승리를 하루 빨리 달성하여야 한다. 그 다음에 중국청년들은 당연히 생산건설 사업에 적극적으로 참여하여야 한다. 이는 현재 진행 중인 인민해방전쟁에 대한 지원일 뿐 아니라 미래의 신중국을 건립하기 위함이다. …… 위에 말한 두 개의 사업을 진행하기 위해 청년들은 당연히 학습에 더 열중하여야 하며, 마르크스·레닌주의 - 모택동사상을 학습하고, 경제, 문화, 정치 각 방면의 지식을 학습하여 과학적 이론과 지식을 이용하여 자신의 사상을 무장하여야 한다. 동시에 실제 투쟁 가운데 황범한 군중과 밀접하게 결합하여 허심탄회하게 군중에게서 배워야 한다. 이렇게 할 때만 신민주주의 중국의 위대한 역사임무를 책임지는 것이다."

본간은 1948~1949년 사이 주로 청년의 사상, 생활, 수양, 청년단의 사업 경험, 논문과 사회과학, 자연과학, 문학 등 각 분야의 지식을 주로 실었다.

또 그 밖에 철학, 정치경제학, 역사, 문학, 습작 및 자연과학 등의 문장을 자주 게재하였는데, 아이쓰치(艾思奇)의 「변증법을 이야기함(談辨證法)」, 왕쉐원(王學文)의 「정치경제학강좌(政治經濟學講座)」, 쉬리췬(許立群)의 「중국사화(中國史話)」 등을 실었다. (김지훈)

참고문헌

王檜林 · 朱漢國, 『中國報刊辭典(1815~1949)』, 書海出版社, 1992; 伍杰, 『中文期刊大詞典』, 北京大學出版社, 2000; 方漢奇, 『中國新聞事業通史』 2, 北京, 中國人民大學出版社, 2000; 北京師範大學圖書館報刊部 編, 『北京師範大學圖書館館藏中文珍稀 期刊題錄』, 北京圖書館出版社, 2002; 上海圖書館, 『上海圖書館館藏近現代中文期刊總目』, 上海科學技術文獻出版社, 2004.

▌중국총보(中國叢報, The Chinese Repository)

1832년 중국 광저우에서 창간된 영어 종합잡지

1832년 5월 광저우(廣州)에서 창간된 영문 월간지로 『중국문고(中國文庫)』라고도 하며 영문명은 "The Chinese Repository"이다. 창업자는 미국 선교사 브리지먼(E. C. Bridgman, 裨治文)이며, 주필은 브리지먼, 차이치원(菜奇文), 윌리엄스(Samuel Wells Williams, 衛三畏) 등이 차례로 맡았다. 1839년 5월 마카오(澳門)로 이전하였고, 아편전쟁 후 1844년 10월 홍콩으로 이전하였다가 다시 광저우로 옮겨와 1851년 종간되었다.

중점적인 보도 대상은 중국의 정치제도와 정부기구, 법률조례, 대외관계, 상업무역, 문화정보, 시사뉴스 등이었다. 따라서 내용은 논문과 여행기, 뉴스, 통신, 서신, 주요 연대기, 문건자료 등으로 이루어졌으며, 상세한 논술 문장을 위주로 하였다. 그리고 중국의 산천과 항만, 광산물, 군비, 언어문자, 문화교육, 풍속·습관 등에 대해서 자세한 소개를 하였다.

매회 50쪽 정도의 지면에 종교적 문장은 많지 않아 우선순위를 점하고 있지 않았다.

영국 선교사 로버트 모리슨(Robert Morrison, 馬禮遜, 1782~1834)이 편집에 참여하였고, 미국 상인 아오리펀(奧立芬)과 광저우기독교연합회가 재정적 후원을 하였다. 당시 광저우에 거주하던 외교관과 상인, 선교사 등 각계각층 외국인들의 지지를 받으면서 출발한 이 잡지는 상당한 수준의 작가와 통신원들의 조직을 갖추고 있었다.

이 잡지는 서양인들의 대중국정책의 문제점들을 토론하는 장이었다. 중국과의 관계를 어떻게 확대하고 그들의 이익을 강화할 수 있을 것인가 하는 정책을 제시하고, 심지어 이에 대한 계책을 공모하는 상금을 걸기도 하였다. 따라서 이 신문은 서양 사회의 주목을 받았고 영국과 미국의 대중국정책에 실제적인 영향을 주었으며, 아편전쟁 전후 중국의 대외교류에 일정한 역할을 하였다.

또한 중국 각 방면에 걸친 자세한 기록들을 남기고 있어, 당시 교만하고 부패하였던 중국 관원들과 연약한 성격의 도광제(道光帝)의 신변 이야기 등등 그 시대를 이해하는 데 많은 자료들을 제공해준다.

발간 직후부터 재중국 서양인들의 환영을 받아 1권 400부가 발행되자 곧 매진되었으며, 발행부수를 점점 늘려가 5권은 1000부가 인쇄되었다. 해외 정기독자도 많아 미국과 영국, 싱가포르 등지로도 보내졌다. 그러나 아편전쟁 이후 그 수요가 줄기 시작하여 1851년 종간되었다. (김성남)

참고문헌

方漢奇 主編,『中國新聞社業通史』, 中國人民大學出版社, 1996; 葉再生 著,『中國近代現代出版通史』, 北京: 華文出版社, 2002.

중국학생(中國學生)

1924년 상하이에서 발간된 정치운동 잡지

1924년 5월 26일 상하이에서 창간되었다. 중화민국 학생연합총회(中華民國學生聯合總會) 간행물이다. 처음에는 반월간이었으나 1925년 8월 주간으로 바뀌었다. 초간에 5000부를 발행하였고 후에는 8000부를 발행하였다. 1926년 11월 6일 정간되었다. 출간된 41호 주간은 1982년 베이징 인민출판사(北京人民出版社)에서 1책으로 영인 출판하였다.

『중국학생』은, 중국공산당이 주도한 학생운동이 제1차 국공합작 후 발전하면서 출간된, 간행물 가운데 출판 기간이 가장 길고, 발행부수도 최고인 잡지였다. 평론, 보고, 소식, 통고, 대사기(大事記) 등의 난으로 구성되었다. 주로 제국주의가 중국 인민을 압박하는 죄상, 각지 학생회 활동 소식, 총회의 각종 중요한 통고 등을 게재하였다. 아울러 「전국임시대표대회특간(全國臨時代表大會特刊)」 3호와 '쑨중산 선생 기념특간(紀念孫中山先生特刊)」 1호를 간행하였다. (이은자)

참고문헌

王檜林·朱漢國,『中國報刊辭典(1815~1949)』, 太原(山西): 書海出版社, 1992; 方漢奇 主編,『中國新聞社業通史』, 北京: 中國人民大學出版社, 1996.

중류(中流)

1936년 중국 상하이에서 창간된 문예지

1936년 9월 5일 상하이(上海)에서 창간되었다. 편집장은 리례원(黎烈文)이며 반월간으로 중류사(中流社)에서 발행되었다. vol.1, no.5(1936)는 "애도 루쉰 선생 특집호(哀悼魯迅先生專號)"이며, vol.2, no.10(1937)은 "항적 특집호(抗敵專號)"로 발행되었다. 1937년 8월 5일 총 22호를 발행하고 종간되었다.

내용은 문예시론과 작가고백, 보고문학, 명저소개, 번역, 창작비평, 만담 등의 항목으로 구성되어 있다. 주로 현실 투쟁을 반영한 단편 작품들을 위주로 게재하였으며, 루쉰의 「이 역시 생활(這也是生活)」과 「죽음(死)」, 「여적(女吊)」 등이 발표되었다.

창간호에는 이 밖에도 마오둔(茅盾)의 「창작자유는 곡해해서는 안 됨(創作自由不應曲解)」, 이우(藝蕪)의 「쾌활한 사람(快活的人)」 등의 문장이 실렸다.

발표된 소설에는 바이랑(白朗)의 「여인의 형벌(女人的刑罰)」과 뤄수(羅淑)의 「유수(劉嫂)」 등이 있으며, 산문에는 쑹즈더(宋之的)의 「1936년 봄 타이위안에서(一九三六年春在太原)」, 샤오훙(蕭紅)의 「고독한 생활(孤獨的生活)」, 바이웨이(白薇)의 「나의 고향(我的家鄉)」이 있다. 시가(詩歌)는 정전둬(鄭振鐸)의 「류거우차오(盧溝橋)」, 쩌우디판(鄒荻帆)의 「날개가 없는 사람들(沒有翅膀的人們)」 등이 있다.

이 밖에도 바진(巴金)의 「작가자백」, 루쉰과 마오둔(茅盾)의 「보백문자(補白文字)」, 허치팡(何其芳) 등의 「산수유람기」, 천쯔잔(陳子展)의 「독서필기」, 황즈강(黃芝崗)의 「민속고」 등이 발표되었다.

이외의 집필진에는 장톈이(張天翼), 후펑(胡風), 빙잉(冰瑩), 짱커자(臧克家), 야오커(姚克), 장진이(章靳以), 라오서(老舍), 뤄펑(羅烽), 쉬췬(舒群), 샤오쥔(蕭軍), 쑹즈더(宋之的), 쉬친원(許欽文), 샤오훙(蕭紅), 예성타오(葉聖陶), 쑨링(孫陵), 왕런수(王任叔) 등이 참여했다.

이 잡지는 충실한 내용과 시대를 대변하는 농후한 기백으로 비교적 많은 영향력을 발휘하였다.

창간호의 「헌사(獻詞)」

"근래에 새로 나온 문예잡지는 많지만 잡문과 수필에 치중하는 간행물은 많이 볼 수 없다. 우리는 이러한 방면에 대해 즐기고자 하여 『중류(中流)』를 만들게 되었다. 지면은 많지 않지만 내용은 광범하여 무릇 문학의 범위라면 상관이 없다. 예를 들면, 평론, 산문, 소설, 시가, 희극, 서평, 여행기, 인물인상, 통신, 보고문학, 생활 기록 등을 막론하고 모두 이 안에 담을 것이다. 우리의 희망은 이 간행물이 하나의 다양한 연회석이어서 신맛, 단맛, 쓴맛, 매운맛 모두가 다 있는, 그래서 독자들이 모두 이 안에서 자신의 기호를 찾을 수 있는 곳이기를 바란다.

사람들마다 계속해서 읽을 수 있도록 하기 위해 우리가 비록 어떤 문자를 제창하지는 않지만 절대로 아름다운 서정문학을 배척하지는 않을 것이며, 우리가 비록 현실을 반영한 저작을 환영하지만 절대로 일단의 작가들이 지정한 특정한 주제를 고집하지는 않을 것이다.

국난이 엄중하고, 민족이 위기에 처하였다. 약간의 마음이라도 있는 사람이라면 누가 모르겠으며, 누가 느끼지 못 하겠는가. 그러나 전장의 병사 역시 때때로 약간의 정신적 안위가 필요할 것이다. 왜 우리의 독자들이 비분강개와 혹은 통곡하며 눈물 흘리는 문장만을 읽어야 하는가?

작가는 사회와 분리될 수 없다. 결코 크지 않은 제목을 쓰더라도 그 안에 약간이라도 시대의 고민이 어찌 반영되지 않겠는가? 『중류』는 모든 작가들이 그들의 아름다운 작품을 발표하는 장소이다." (김성남)

참고문헌

周葱秀·涂明 著, 『中國近現代文化期刊史』, 山西教育出版社, 1999; 北京師範大學圖書館報刊部 篇, 『北京師範大學圖書館館藏中文珍稀期刊題錄』, 北京圖書館出版社, 2002.

중명(衆明)

1933년 서울에서 발행된 시사종합 월간지

1933년 5월 15일 창간한 시사 종합 월간지이다. 편집 겸 발행인은 이긍종(李肯鍾), 인쇄인은 대성당인쇄합자 회사의 김기오(金琪午), 발행소는 중명사(衆明社, 경성부 와룡동 139)이다. 판형은 국판으로 총 186쪽(2호 267쪽, 3호 264쪽)에 정가는 30전이었다. 1933년 8월 통권 3호로 종간되었다. 연세대와 경성대, 세종대 '김근수 문고'에 소장되어 있다.

창간사에 의하면 『중명』은 전주 이씨 대동종약소(全州李氏大同宗約所) 사업의 일환으로 창간된 것으로 '조선 전체의 문화향상과 대중의 행복 증진을 통해 일반 사회에 공헌하려는 목적'을 갖고 있었다. 이를 위해서는 '안으로 우리의 자체를 자지(自知)하고 밖으로 세계의 대세를 통찰하여 우리로 하여금 우리의 깨달음을 깨닫게 해야 한다'는 것이다. '전주 이씨'라는 가문에서 만들었음에도 가문의 영광과 이씨 종가의 친목도모에 관계된 내용이 아니라, 조선 전체의 문화 향상과 대중의 행복 증진을 통해 일반 사회에 공헌하려 하였다는 점이 이채를 띤다. 이는 조선 왕조의 적통을 자부하는 이씨 왕가 후손들의 자긍심을 대변하는 한편, 허물어져 가는 윤리와 전통 문화를 되살리고 그 전통 문화의 우월성을 복원하려는 완고한 윤리적 사명 의식을 보여준다.

중명사 간부로는 사장에 이석구(李錫九), 전무이사에 이영구(李瑛九), 이가순(李可順)이 활약했으며 김진섭, 윤기녕, 이하윤, 이관용 등의 문인과 학자들이 편집부 고문으로 참여했다.

창간호는 세계정세에 주목한 "세계사정호"로 꾸며졌다. 시평란에는 「미국의 신대통령」, 「애란과 영국」 등이, 세계동향란에는 「미국의 신내각」, 「미국의 금융공황」, 「영미 전채(戰債)교섭」, 「남미와 연맹」, 「히틀러의 개선」, 고영환의 「황금국의 금융공황에 대하여」, 김형민의 「지나파쇼운동의 개관」, 이정섭의 「탈퇴 후의 일본」, 일해의 「불란서의 경제공황상」 등이 실려 있다. 그 밖에도 「루스벨트 신정부의 대외정책」과 「세계일지」 등을 번역해 소개하고 있다. 연구란에는 이창환의 「조선역사강화」, 박승빈의 「경음론」, 김진동의 「조선어문의 수난과 종성문제」, 고영환의 「가족제도의 기원」 등이 실려 있다. 문예란에는 이광수와 이하윤의 시를 비롯하여 예술비평, 희곡, 소설 등이 실려 있다.

2호에는 '조선문제'에 관한 글들을 많이 실었다. 오류산인의 「조선현상?」, 백낙준의 「조선의 교육현상에 대하여」, 홍병선의 「조선의 농촌현상에 대하여」, 권영중의 「조선농촌의 갱생」, 녹음의 「조선 교육계를 논함」, 전진동의 「조선어학강좌(한글식 철자법의 근본적 오해)」, 이창환의 「조선역사강화(2)」, 「태조실록 발췌」, 「열성어제(列聖御製)」 등이 그것들이다.

3호에는 홍병선의 「조선의 농촌현상에 대하여(속)」, 이평의 「인플레이션이 조선에 미치는 영향」, 김태준의 「조선가요의 여성관」, 망경의 「조선 사회교육에 대하여 일언(一言)함」 등을 볼 수 있다.

『중명』은 비록 전주 이씨 가문에서 발행했지만, 조선 사회 전반에 걸친 문제들을 다룸으로써 문화 향상과 대중의 행복 증진을 꾀한 잡지였다. 전주 이씨 가문의 자금력과 인맥을 통해 능력 있고 명망 있는 인사들을 끌어모아 잡지의 내용과 편집에 심혈을 기울였다고 할 수 있다. 그럼에도 특정 가문이 중심이 되어 운영되는 잡지의 운명이 오래 가지 못하는 전례에서 벗어나지는 못했다. 중명사의 사장 이석구(李錫九)는 당시 굴지의 서점 겸 출판사인 이문당(以文堂, 1916년 창업) 사장이었고, 발행인 이긍종은 미국 컬럼비아대학 경제학과를 졸업하고 귀국 후 경성법학 전문학교 교수로 재직하고 있었다고 전해진다. (전상기)

참고문헌

최덕교 편저, 『한국잡지백년』 1, 현암사, 2004; 정범준, 『제국의 후예들』, 황소자리, 2006.

중산일보(中山日報)

1923년 중국 광저우에서 발행한 신문

1923년 10월 광저우(廣州)에서 창간되었다. 국민당이 중국 광둥(廣東) 지방에서 발행한 주요 신문의 하나로 원래의 명칭은 『광저우민국일보(廣州民國日報)』였다. 1924년 7월 국민당 광저우특별시당부(廣州特別市黨部)에서 받아서 관리하였으며, 같은 해 10월 다시 국민당 중앙선전부(中央宣傳部) 직속이 되었다. 1937년 1월 『중산일보』로 이름이 바뀌면서 국민당중앙선전부 직속이 되었다. 1945년 『광둥일보(廣東日報)』로 개명하였다. 1949년 직전에 정간되었다. 광저우 중산대학(中山大學) 도서관과 상하이도서관 등에 소장되어 있다.

원래의 명칭 『광저우민국일보(廣州民國日報)』는 국공합작의 제1차 국내혁명전쟁시기에 적극적으로 쑨중산(孫中山)의 삼민주의(三民主義)를 선전하였다. 1927년 이후에는 광둥지구 국민당의 기관지가 되었고, 청비취안(程璧全)이 주관하였다. 1937년 1월 이 이름으로 바뀌면서 국민당중앙선전부 직속이 되었다.

중일전쟁 기간 동안은 메이현(梅縣)과 사오관(韶關) 등지에서 발행되었다. 1938년 10월 일본군이 광저우를 함락시키자 광저우 『중산일보』는 광시성(廣西省) 우저우(梧州)에서 11월에 다시 발간하였다. 일부 직원과 기자재는 메이현으로 이전하였다. 얼마 후 광저우 『중산일보』는 전시 성회(省會)의 소재지인 사오관(韶關)에서 복간하였다. 우저우판도 "우저우분판"으로 계속 발간하였고 메이현에서도 1938년 겨울에 "메이현분판"을 발간하였다. "사오관판"은 1939년 5월 1일 발간하였다. "사오관판"은 약 2000여 부를 발행하였고 대부분 기관과 학교, 단체 등에서 구독하였다.

광저우 『중산일보』는 국민당의 정책, 문건과 광둥성 국민당부의 결의 등을 선전하여 광둥성 국민당부의 의도를 관철시켰으며 항일구국을 적극적으로 선전하였다. 항일전쟁과 단결 등에 관한 글이 게재되었다.

중일전쟁에서 승리한 이후 『중산일보』는 광저우로 돌아와 1945년 10월 1일 복간되었고, 린보야(林伯雅)가 사장이 되었으며, 국민당 화남지방의 대변인 역할을 하였다. 국민당 통치 지역의 경제 붕괴가 임박하자 불가피하게 광저우의 『화평일보(和平日報)』, 『영남일보(嶺南日報)』, 『광주일보(廣州日報)』와 합병하여 출간하였으며, 5월 1일 다시 『광둥일보(廣東日報)』로 개명하였다. 1949년 직전에 정간되었다.(김지훈)

참고문헌

王檜林·朱漢國, 『中國報刊辭典(1815~1949)』, 書海出版社, 1992; 伍杰, 『中文期刊大詞典』, 北京大學出版社, 2000; 葉再生, 『中國近代現代出版通史』 3, 北京: 華文出版社, 2002.

중서문견록(中西聞見錄)

1872년 중국 베이징에서 창간된 시사종합잡지

1872년 8월 베이징(北京)에서 창간된 최초의 중국어 매체이다. 편집에는 미국 선교사 딩웨이량(丁韙良)과 영국 선교사 아이웨써(艾約瑟), 바오얼텅(包邇騰)이 참여하다가 나중에는 딩웨이량이 모든 편집을 맡았다. 1875년 36권을 발행하고 종간되었다.

1871년 베이징에 거주하는 선교사들이 재화실용지식전파회(在華實用知識傳播會)를 조직하고 중국어 신문 발행을 논의 하였으며, 1872년 8월 기관지 형식의 『중서문견록(中西聞見錄)』을 월간으로 창간하였다. 이것이 베이징에서 간행된 최초의 중국어 근대 언론매체이다.

내용은 논설과 각국의 최근 사건, 잡기, 우화 등의 지면이 있어 주로 서방의 과학기술과 문화 지식, 천문, 지리, 화학, 물리, 교통운수, 채광제련, 교육, 법률, 문학, 역사 등을 소개하였으며, 많은 도표들을 제시하였다. 또한 각국의 최근 사건, 뉴스 등도 다루었다.

그 시기 선교기관에서 발행하던 기타 매체들과 내용 면에서 큰 차이는 없었지만, 과학지식 소개에 보다 중심을 두고 자세한 이론적 설명을 곁들였다. 또한 종교적 내용과 시사성 정보 등은 많지 않아 종교와 정치적 주장을 강조하고 논하는 것을 삼갔다. 또한 상업성 정보나 항운 소식들도 다루지 않았다.

매회 1000부가 인쇄되어 무료로 배포되었으며 주요 대상은 베이징의 관원이었다.

1875년 8월 재화실용지식전파회(在華實用知識傳播會)가 해산을 결의하게 되어 『중서문견록』도 36권을 마지막으로 종간되었다.

1877년 딩웨이량은 앞서 간행되었던 『중서문견록』을 모아 『중서문견록선편(中西聞見錄選編)』 4권을 출판하였으며, 종간된 후 편집자들과 정기독자는 모두 상하이에서 준비 중이던 『격치휘편(格致彙編)』으로 이전되었다. (김성남)

참고문헌

方漢奇 主編, 『中國新聞社業通史』, 中國人民大學出版社, 1996; 葉再生 著, 『中國近代現代出版通史』, 北京: 華文出版社, 2002.

중서일보(中西日報)

▶ 광보(廣報)

중성(衆聲)

1929년 서울에서 한국어로 발행된 시사종합잡지

1929년 3월 7일자로 창간되었다. 창간호는 B6판 238면으로 나왔으나 2호부터는 A5판으로 바뀌었으며, 1930년 2월 통권 11호로 종간되었다. 편집 겸 발행인은 이종린(李鍾麟), 인쇄인 박완(朴浣)이었다. 인쇄소는 대동(大東)인쇄주식회사, 발행소는 중성사였다. 정가는 50전, 배송료는 2전이었다. 연세대학교 도서관에 소장되어 있다.

봉산(鳳山) 이종린이 발간한 대중잡지이다. 창간호의 목차구성을 보면 「권두언」, 「팔도 생활개선에 우리 도(道)에서 곳처야 할 것 눈살 찝프리고 주먹 주든 각국 유학시대」, 「생활개선의 대한 각 방면의 의견」, 「칭찬 고통 불평」, 「활동사진 명배우의 캬메라 압헤선 첫 경험」, 「소설」 등의 큰 제목 아래 여러 글들이 실려 있다.

창간호의 필진은 이한복(李漢福), 노수현(盧壽鉉), 오세창(吳世昌), 정해창(鄭海昌), 허정숙(許貞淑), 김종진(金鐘振), 나운규(羅雲奎), 최서해(崔曙海) 등이다.

이종린은 1883년 충남 서산에서 태어나 1909년 『대한민보(大韓民報)』의 논설기자로 활동했다. 『천도교회월보(天道教會月報)』 창간 때 편집에 참여했다. 그는 개화기의 문인으로서도 문학사상 중요한 위치를 점하고 있다. 한문 희곡인 「만강홍(滿江紅)」 비롯하여 여러 편의 단편소설을 발표하였다. 1912년에 천도교에 입교하여 오랫동안 천도교의 지도자로 활동했다. 1919년 3·1운동 때 이종일(李鍾一), 윤익선(尹益善)과 함께 『조선독립신문』을 창간했다가 체포되어 2년간 서대문감옥에 수감되기도 했다. 1921년 5월에 출옥한 그는 『천도교회월보』 사장이 되었고, 1940년에는 천도교 교령(教領)이 되었다. (정예지)

참고문헌

『衆聲』 창간호, 1929.3, 연세대학교 소장본; 「新刊紹介」, 『中外日報』 1929.3.14; 최덕교 편, 『한국잡지백년』 3, 현암사, 2004.

중소문화(中蘇文化)

1936년 중국 난징에서 창간된 소련 연구 전문잡지

중소문화협회(中蘇文化協會) 기관지로 1936년 4월 난징(南京)에서 월간으로 창간되었으며, 주요 책임자는 왕쿤룬(王昆侖)과 허우와이루(侯外廬)였다. 1937년 11월, 중일전쟁으로 충칭(重慶)으로 옮겨 『항전특간(抗戰特刊)』으로 출간하면서 반월간으로 변경되었으며, 권과 기를 다시 시작하였고, 모두 3권 36호를 출간하였다. 1939년 8월 1일 4권 1호부터 다시 『항전특간』이라는 이름을 쓰지 않고 원 제호를 회복하여 월간으로 발행하였다. 1940년 4월 1일 6권 1호부터 다시 반월간으로 바뀌었으며 1944년 1월 15권부터는 또다시 월간으로 복귀하였다. 1946년 9월 17권 7호부터 다시 난징에서 출판되다가 1949년 9월 말 20권 9호까지 출간하고 종간되었다. 중국사회과학원 도서관 등에 소장되어 있다.

내용은 소련 문학, 소련 연구, 중소문예, 항전공작, 대적(對敵)연구 등의 난으로 구성되어 있다. 주로 소련의 정치, 경제, 군사, 문예 등에 관한 정황을 소개하였고, 문예이론, 문예연구논문을 실었으며, 시가, 소설, 산문, 보고문학과 희극, 영화극본 및 번역문학 등의 작품을 발표하였다.

문예 특집호와 항전 3주년 특집을 출판하였으며, 그 중에는 중국 항전문예에 관한 총결산적인 글도 있다. (김성남)

참고문헌

周葱秀·涂明 著, 『中國近現代文化期刊史』, 山西教育出版社, 1999; 王檜林·朱漢國 主編, 『中國報刊辭典』, 太原: 書海出版社, 1992.

중앙(中央)

1933년 서울 조선중앙일보사에서 발행한 종합 월간지

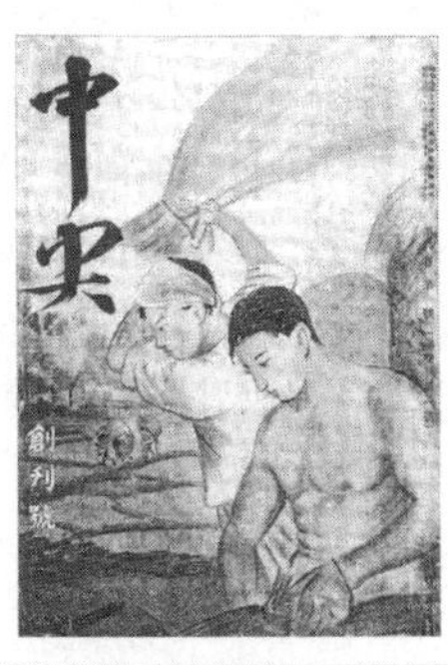

1933년 11월 1일 조선중앙일보(朝鮮中央日報)에서 창간한 월간 종합잡지이다. 1936년 9월 통권 35호('올림픽 전승기' 특집)로 종간되었다. 초기에는 B5판 150쪽 내외였으나 말기에는 A5 국판으로 바꾸고 지면도 300쪽 내외로 늘렸다. 창간 초기 편집 겸 발행인은 김동성(金東成)이었으며, 후기에는 윤희중(尹希重)으로 바뀌었다. 인쇄인은 선광인쇄 주식회사의 조진주(趙鎭周), 정가는 20전이다. 1934년 6월호부터는 인쇄인이 조광인쇄주식회사의 홍인식(洪麟植)으로 바뀐다. 조선중앙일보속간 1주년기업사업의 일환으로 조선중앙일보사에서 발행하였다. 경성 총판매소는 이문당에서 담당했다. 당시 조선중앙일보사는 사장 여운형, 부사장 최선익(崔善益), 전무 윤희중(尹希重), 편집국장 김동성, 문화부장 이태준이 포진해 있었다. 그리고 『중앙』은 편집장이 이정순(李貞淳)이었다. 고려대와 연세대에 소장되어 있으며 국학자료원과 청운에서 영인 자료로도 나와 있다.

당시 조선중앙일보 사장에 취임한 여운형(呂運亨)이 쓴 창간사에 의하면 창간의 목적은 "모든 사상에 대한 정확한 비판으로서 사회의 소향(所向)을 밝히며, 과학의 정신을 계발함에 유루(遺漏)가 없고자 합니다. 격변해 가는 세계정세며 발전해 마지않는 과학과 기술은 물론 기타 우리의 관심을 요구하는 제반 사물에 대하여 극히 통속적으로 평이하게 소개"하기 위한 것이었다. '대중본위의 취미와 실익의 잡지'를 표방하였으며, 시사문제를 필두로 가정, 스포츠, 건강, 여성, 영화, 사건, 일화 등 다양한 소재를 다루고 있고, 수필, 시, 소설 같은 문예창작물도 싣고 있다.

창간호는 다음과 같은 4편의 논문이 실려 있다. 이관구의 「모순 당착의 미곡(米穀)정책」, 배성룡의 「국제정국의 동향」, 홍성하의 「산업부흥법과 미국경제의 장래」, 목광생의 「중국문제 관견 23(管見 二三)」 등이 그것이다. 국내외 정세에 대한 글들임을 알 수 있다.

대중종합지로서 특별히 어떤 사상이나 분야에 치우치지 않고 다양한 대중적 관심사를 싣고 있으며, 가벼운 읽을거리나 흥밋거리 기사에 치중한 탓으로 무게 있는 논설이나 논문은 많지 않았다. 그 대표적인 것이 창간호의 "결혼 특집"이라고 할 수 있다. 젊은 청춘 남녀라면 누구나 궁금해 하고 흥미를 보이는 주제를 선택하여 대중적 관심을 모으는데 성공했는데, 큰 제목으로 뽑은 내용들만 보아도 그에 대한 반향은 대단했음을 짐작 가능하다. 「결혼하려는 여성에게 보내는 글」, 「결혼반지 이야기」, 「혼담이 들어오게 하는 비결」, 「혼담의 처리비결」, 「구혼자 채점(採點)법」 등이 얼마나 눈을 솔깃하게 했는지는 두 말이 필요 없을 정도였다.

창간호에는 또 '가정과 초동(初冬)'란('가정란'은 이후에도 빠지지 않고 계속 실린다)이 실려 겨울을 맞이하는 가정의 정보들을 몇 가지에 걸쳐 제공해 주고 있다. 그 밖에도 백남운의 「'조선사회경제사' 출판소감」이나 구영숙의 「의학상으로 본 성 교육문제」 등도 눈여겨 볼만한 기사라고 하겠다.

2호인 1933년 12월 송년호는 "특집 윈터 스포츠"가 실린다. 겨울스포츠인 스케이트와 피겨스케이트, 스키, 아이스하키 등이 소개되고 스포츠에 대한 논설과 겨울스포츠의 조선 수입과 국내외 기록, 그리고 스케이트에 관한 소론 등이 함께 게재된다. 또한 농구와 축구도 다루어진다. 이는 조선에서 스포츠에 대한 이론적인 접근으로서 비교적 진지하게 접근한 사례가 아닌가 한다.

1934년 1월 신년호에서는 일기자의 「간도공산당대공판 방청잡감」과 특집으로 실린 「신년에 제하야 조선청년에게!」(권동진, 윤치호, 한용운, 정운영, 노춘방, 신흥우)가 눈길을 끈다.

1934년 2월호는 함대훈의 「루나찰스키의 예술발생학적 연구」와 국내외 시사문제에 대한 논설들이 주목할 만하다.

1934년 3월호에는 "졸업과 취직 문제에 대한 특집"이 실린다. 세계적인 대공황기를 맞아 취직이 힘들어지고 고학력 실업자가 넘쳐 나는 현실을 실감할 수 있다. 그리고 이 호에는 부록으로 「전조선 남녀중등 이상 학교 졸업생 명부 및 지원별 일람」이 첨부되어 자료로서의 충실도를 보여 주고 있다.

1934년 5월호에는 다시 "연애와 결혼 문제 특집"이 실려 각계 인사들의 설문과 소견문이 소개된다. 여기에서는 특히 결혼에 대한 비판적 의견도 실려 일방적인 선망의 의견을 반성하고 다른 견해의 문제 제기에도 귀를 기울이게 하고 있다.

1934년 9월호는 표지에서부터 "문예특집호"로 꾸며졌는데, 시, 소설, 수필, 콩트에 이르기까지 많은 작품이 실린다.

1934년 10월호는 "정치경제 특집"이 기획되었다. 백남운, 이순탁, 한보용, 안병주, 장석일, 배성룡 등이 여러 부문에 걸쳐 세계정세와 국내의 문제들을 심도 있게 짚어 내고 있다. 또 다른 기사로는 「추천도서관」이라는 제목 아래 여러 저명인사들이 권하는 책을 소개하고 있다.

1935년 2월호에는 「대경성 화류계 금석 성쇠기」가 실리는데, 예전과 현재를 대비하여 그 사회가 어떻게 변모하고 있는지를 비교적 상세하게 보고하고 있다.

1935년 3월호를 보면 특집으로 「전조선 사립학교 현세총관(現勢總觀)」이 있다. 이 특집은 각각 '고등보교', '여학교', '실업학교'로 분류하여 각 학교들의 '현세(現勢)'와 '전망'을 짚어 보고 있다. 더불어 여기서는 해당 학교의 전면 사진과 배지, 교복 등을 실어 조선을 짊어질 미래의 동량들의 교육 현황과 민족적 기대감을 엿보게 한다.

1935년 4월호에는 나진형의 「고리대와 조선농민」, 안병주의 「북만철도의 금석」, 고희동의 「김홍도 이후의 제가」의 글이 읽을 만하다.

1936년 2월호에 실린 월탄 박종화의 「백조시대의 그들」과 한설야의 「포석과 민촌과 나」는 『백조』 창간과 동인들에 대한 회고, 포석 조명희와 민촌 이기영과의 추억을 담고 있다는 점에서 문학사적 맥락을 알 수 있는 자료로서의 가치가 있다. 또한 김기진의 형 김복진의 「종로상가 간판 품평기」는 도시경관으로서의 종로 일대를 미술가적 안목으로 살펴본 도시공간학의 자료로서 참고할 만하며, 직장 여성들의 애환과 바람을 허심탄회하게 털어놓은 대화록을 지면에 중계한 「여성 제일선 노변좌담회」도 여성 직장인의 실태를 파악하는 데 도움이 되는 자료이다.

1936년 3월호에는 여운형의 「나의 회상기」(1936년 7월호까지)가 실린다. 민족지도자로서, 그리고 '조선중앙일보'의 사장으로서 자신의 삶을 회고하는 그의 글은 식민지 시대에 이국땅을 횡단하는(몽골의 고비사막→시베리아→도쿄→모스크바) 막막하고 비장한 심경을 전해준다.

종간호인 1936년 9월호에는 「손기정 분전기」라는 특집이 실리는데, '베를린올림픽' 마라톤 경기 승리의 경과와 그에 대한 각계 인사들의 소감, 그리고 손기정 선수의 수기인 「이기고 나서」가 발표된다. 이 특집은 잡지의 발행사가 매일 찍어내는 『조선중앙일보』의 연장선상에서 발행중지된 신문의 역할을 떠맡은 결과이다. 그리고 이 사건과 더불어 계속 발행될 예정이었던 잡지의 운명은 끝이 난다.

위에서 언급한 것과 같이, 이 잡지는 '일장기 말소사건'으로 『조선중앙일보』가 발행 정지되는 바람에 마찬가지로 1936년 9월에 자연 폐간되고 말았다. 불운한 운명이라고 할 수 있겠으나, 실제에 있어 『중앙』은 대중종합지로서 특별히 어떤 사상이나 분야에 치우쳤다고 보기는 힘들다. 그런 점에서 보면 당연히 『조선중앙일보』가 내세웠던 좌익적 색채도 띠지 않았다. 가벼운 읽을거리에 치중한 탓으로 무게 있는 논문은 많지 않았음에도 불구하고, 『조선중앙일보』가 보였던 전례에 비추어서 수차 검열에 저촉되는 곤욕을 치렀다.

『신동아』, 『조광』 등과 함께 신문사가 경영하는 '신문잡지시대'를 열어 나간 『중앙』은 다양한 소재와 기사를 통하여 시대적 분위기와 대중적 관심사를 잘 보여 주고 있다. 스포츠기사와 대중문화 인사들의 동정 보도, 그리고 각 지방의 도시를 탐방한 기사 등으로 대중적 관심사를 끌어 모으고, 소설, 사담(史談), 야담, 우스갯소리, 탐정소설 등으로 대중들의 읽을거리를 제공하여 신문사가 발행하는 대중 잡지로서의 역할을 수행했다.

여기에 수록된 작품으로 몇 가지를 들어보면, 소설에 이태준의 「달밤」(창간호), 염상섭의 「그 여자의 운명」, 이상의 「지비(紙碑)」(1936.1), 안회남의 「우울」, 김동리의 「무녀도」(1936.5) 등과 시에 김기림의 「아스팔트」, 「기상도」(1935.5) 정지용의 「명모(明眸)」 등이 있다. 또한 이태준의 「글 짓는 법 ABC」(1934.7~1935.1)가 연재되어 글쓰기의 조선적 모델이 형성되기도 한다.

손기정과 일장기 말소 사건

제11회 베를린올림픽 마라톤에서 손기정은 일본 선수단의 일원으로 참가, 2시간 29분 19초 2의 신기록으로 월계관을 쓰게 됐다. 함께 참가했던 남승룡은 3위를 기록했다.

이 일로 조선 민중은 자존심과 자긍심을 회복하기도 했다. 그가 마라톤을 제패했다는 사실과 함께 주목해야 할 일은 '일장기 말소사건'이다. 당시 『조선중앙일보』와 『동아일보』는 손기정의 마라톤 우승 기사를 실으면서 손기정의 가슴에 붙은 일장기를 지워버린 사진을 게재했다.

이 사건으로 『동아일보』와 『조선중앙일보』는 무기정간을 당했다. 또 동아일보 체육부 기자 이길용은 언론활동 금지, 사회부장 현진건과 사진부장 신낙균, 사진을 수정한 화가 이상범은 구류처분을 받았다. 『동아일보』는 9개월 후 복간됐으나 『조선중앙일보』는 복간되지 못했다.

주목해 보아야 할 연속물

「예원에 피는 꽃들」이라는 연속 기획물은 당대의 유명한 여성 예술인들의 이력과 활동상을 기자들이 번갈아 가며 집필하여 그들의 대중적 인기와 개성을 기술해 놓고 있다. 이 연재물은 당시의 대중적 코드와 인기 예술인들의 영향력, 그리고 예술의 사회적 지위를 살피는 데 중요한 자료가 된다.

「암행기자 13도 도시 역방」이란 연속물 역시 각 도를 하나씩 지정하여 그 지방의 큰 도시를 탐방, 시정과 분위기, 풍물을 전하는 기사를 싣고 있다. 경성에만 국한되지 않은 당대의 민심과 민족 생활상을 전조선에 걸쳐 알 수 있는 자료라고 판단된다.

인정식의 「조선농촌경제연구」는 잡지의 종간으로 중단되었지만, 본격적으로 조선의 농촌 경제에 대해 학문적인 논의를 전개했다는 점에서 주목할 필요가 있다. (전상기)

참고문헌

최덕교 편저, 『한국잡지백년』 2, 현암사, 2004; 전상기, 「근대지식으로서의 사회주의의 퇴조와『중앙』의 자리」, 『사림』 27, 2007.

▌중앙공론(中央公論)

1887년에 일본에서 발행된 종합잡지

일본의 대표적인 종합잡지. 1887년 8월 교토(京都) 니시혼간지(西本願寺)에서 학생들의 수양단체 반성회(反省會)가 창간한 기관지가 발전된 것이다. 1892년 5월에 『반성잡지(反省雜誌)』로 개칭했으며, 1896년 12월에 도쿄(東京)로 이전하여 1899년 1월부터 『중앙공론』으로 개칭하여 현재에 이르고 있다. 이후 차츰 쇠퇴했지만 1904년 다키타 조인(瀧田樗陰)이 입사하면서 황금시대를 열었다. 다키타는 문예면을 중시하여 『중앙공론』을 문단의 등용문으로 삼고, 동시에 시사평론 방면에서는 요시노 사쿠조(吉野作造)와 오야마 이쿠오(大山郁夫) 등을 중용함으로써 다이쇼(大正) 데모크라시의 기수 역할을 담당했다. 종교적 색채가 없는 소설과 평론 등이 게재되었다. 다이쇼기에 들어서는 요시노 사쿠조의 정치평론을 비롯해서, 자유주의적인 논문이 다수 게재되었고, 다이쇼데모크라시시대의 언론을 주도했다. 그러나 마르크스주의가 유행하고 1919년 보다 급진적인 『개조(改造)』가 창간되자 중도적인 노선을 취하게 되었다. 1925년 다키타가 죽은 후에는 시마나카 유사쿠(嶋中雄作)가 편집 주간이 되었고, 1928년 사장이 되었다. 쇼와 시대가 되자 『개조(改造)』와 쌍벽을 이루는 종합잡지로서 자유주의적·반군국주의적 방침을 고수하려 했으나 군부로부터 강한 탄압을 받았다. 특히 1944년 1월부터 이른바 요코하마(横浜) 사건에 연루되어 편집자가 다수 검거되었으며, 마침내 7월 내각정보국으로부터 자발적으로 폐업하라는 통보를 받고 폐간했다. 1999년 전(前) 발행사였던 주식회사 중앙공론사가 경영 위기에 빠져, 예전 구 중앙공론사(旧中央公論社)의 출판·영업 등 일체의 사업을 요미우리신문사(読売新聞社)의 전액 출자로 설립된 새로운 회사인 중앙공론신사에 양도했다. 구 중앙공론사는 특별 청산되고, 해산 때의 상호는 주식회사 헤이세이출판(株式会社平成出版)이라고 했다. 이에 따라, 『요미우리신문(読売新聞)』의 판매점에서도 『중앙공론』을 취급하게 되었다.

• 요시노 사쿠조(吉野作造)

일본의 정치가이자 교육자. 기독교도로서 20세기 초 일본의 민주주의운동을 지도했다. 중학교 시절에 기독교로 개종했으며 일본의 기독교 사회주의운동의 지도적 인물이 되었다. 1910~1913년 외국에서 공부하고 귀국하여 도쿄제국대학(東京帝國大學)의 교수가 되었고, 일본에서 가장 영향력 있는 의회정치 주창자 가운데 한 사람이 되었다. 요시노는 천황의 주권에 대해서는 이론을 제기하지 않았는데, 당시 그것은 전혀 불가능한 일이었다. 대신에 국민이 필요로 하는 바가 곧 정부의 기본목표라고 주장하면서 민본주의(民本主義)를 요구했다. 이것을 실현하기 위해서는 보통선거권, 민간에 의한 군대의 통솔, 귀족원의 민선기구로의 전환, 사회주의 국가의 점진적 설립 등을 주창했다.

이러한 목표들을 추진하기 위해, 요시노는 잠시 정계에 입문하여 1918년 여명회(黎明會)라는 자신의 당을 만들었다. 1924년에는 일간지 『아사히신문(朝日新聞)』 논설위원으로 일하기 위해 대학 교수직을 사임했고, 『아사히신문』과의 관계를 끊은 후에도 시사문제들에 관해 집필활동을 계속했다. 또한 메이지 시대의 사료를 보존·출판하는 데 중요한 역할을 했다.

그는 한동안 대중의 주목을 받았지만 기독교 사회주의, 노동조합주의, 유교의 도덕률을 결합한 그의 사상체계는 일본 전통에서는 폭넓은 지적 기반을 갖지 못했다. 대부분의 지식인들은 그의 사상을 버리고 마르크스주의를 택했으며, 1차 세계대전 이후의 경제적·정치적 곤경 속에서 그가 이끌던 대중운동은 소멸했다.

3·1운동과 『중앙공론』

요시노는 3·1운동에 대한 일본의 강경진압에 대해 비판적이었다. 요시노는 이에 대해 『중앙공론』을 중심으로 비판했다. 이러한 풍조를 비판한 대표적인 그룹은 요시노 사쿠조를 비롯한 민본주의자들이었다. 요시노는 3·1운동이 일어난 지 보름 정도가 지난 3월 19일, 그를 중심으로 조직된 여명회에 도쿄에 거주하던 백남훈(白南薰), 변희용(卞熙鎔), 김준연(金俊淵) 등 7명의 조선인을 초청하였다. 운동을 둘러싼 조선인의 의견을 청취하기 위해서였다. 7명의 조선인들은 조선민족은 독립을 희망하며 결코 일본에 동화될 수 없다는 점을 강조하였다. 또 그는 3월 22일에 개최된 여명회 강연회에서 개회사를 통해 3·1운동의 원인을 제3자의 책동으로 간주하는 언론의 논조를 비판했다. 이 강연회는 당시 조선정책의 부당성을 비판한 유일한 군중집회라 할 수 있다.

이어 요시노는 1919년 4월 『중앙공론』에 조선통치정책에 대한 자기반성의 필요성을 강조하며 다음과 같이 말했다.

"조선에서의 폭동은 말할 필요도 없이 커다란 불상사이다. 그 원인과 근본적 해결의 방책에 대해 다소간의 의견 차이가 있다. 하지만 이를 명확히 밝히는 전제로서 내가 절규할 수밖에 없는 점은 국민의 대외적 양심이 현저히 마비되어 있다는 것이다. 이번 폭동이 일어나고 소위 식자계급의 평론이 여러 신문 잡지에 게재되었다. 하지만 그 대부분은 다른 사람을 질책하는 데 급

급하고 자신을 반성하는 태도는 찾아보기 어렵다. 그렇게 엄청난 폭동이 있었는데도 조금도 각성의 빛을 보이지 않는 것은 일본 양심의 마비가 얼마나 깊은지를 말해준다"(「대외적 양심의 발휘[對外的良心の發揮]」, 1919.4).

요시노는 일본인으로서 3·1운동의 원인을 타자, 즉 조선인이나 외국인 선교사에게 떠넘기는 논조를 '양심의 마비'라고 비판한 것이다. 그리고 제암리 사건으로 상징되는 조선인 학살을 비판하고, 당면한 최소한의 개혁 요구사항으로 언론의 자유, 조선인 차별 대우의 철폐, 무력통치정책의 폐지를 주장했다. 무력통치정책의 폐지에 대한 요시노의 여타 언론의 주장과 다른 점은 철저한 자기반성 아래 이루어졌다는 점일 것이다. 여타 언론들이 내세운 무력통치 폐지 주장은 일본의 식민지 지배체제를 효율적으로 운영하기 위한 요구에 불과했다.

• **다키타 조인**(滝田樗陰, 1882~1925)

종합잡지『중앙공론』의 편집장을 지냈다. 아키다현(秋田県)에서 태어났다. 본명은 다키다 데쓰타로(瀧田哲太郎)로 도쿄제국대학(東京帝国大學)에 진학했으나 재학 중에 편집장이 되어 중퇴했다.

요코하마 사건

1942년에 잡지『개조』에 실린 논문인「세계의 동향과 일본(世界史の動向と日本)」을 대본영 보도부(大本営報道部)는 공산주의를 선전한 것이라고 문제시하여, 일본 경찰청이 집필자를 치안유지법 위반으로 검거했다. 이것을 발단으로 하여 중앙공론사, 개조사(改造社)의 편집자, 아사히신문사의 기자 등 약 60명이 가나가와현 경찰 특별고등경찰과(神奈川県警察 特別高等警察課)에 의해 체포되었다. 요코하마지방재판소(横浜地方裁判所)는 패전부터 치안유지법 폐지까지 약 30명을 유죄로 판결했다. 그리고 4명의 옥사자를 냈다. (이규수·김인덕)

참고문헌

『近代文學雜誌事典』, 至文堂, 1965; 溝部優実子,「百合子と出版社: 中央公論社と筑摩書房」,『国文学』71-4, 2006;『國文學解釋と鑑賞』(10月) 第30卷 第13号, 東京: 至文堂, 1965; 日本近代文學館·小田切進 編,『日本近代文學大事典』5卷, 東京: 講談社, 1977.

▌중앙농사보(中央農事報)

1900년 일본에서 발행된 농업 잡지

1900년 4월 전국농사회 중앙본부는 계통농회의 전국기관지를 창간하였다. 1895년 제1차『중앙농사보』가 산업사에서 발행되기도 했지만, 3호로만 발행되고 종간되었다. 전국농사회 발행의『중앙농회보』는 '전국계통농회지기관'이라는 부제가 붙어있다. 4×6배판으로 월간으로 발행되었으며, 1910년 11월 128호를 끝으로 종간되었다.

농회설립운동이 개시된 것은 마에다 마사나(前田正名)의 제창으로 일본농회가 주최한 1894년 제1회 전국농사대회였다. 이 대회결의를 둘러싸고 대일본농회가 내부분열하고, 이후 전국농사회의 전신 단체인 농사제회(農事諸會)의 중앙본부가 독자노선의 농회설립운동을, 마에다의 지도력에 의해 전개하였다.

농회설립운동은 실업단체의 설립진흥운동의 일환이었는데, 이 때문에 농사제회의 운동지였던『산업』의 발행소였던 산업사에서『중앙농사보』가 최초로 발간되었다.

농사제회의 설립운동은 당시 식산흥업 내셔널리즘의 풍조를 타고 전개되었으며, 전국농사회는 농사법안을 비롯한 농정상의 제 건의를 거듭하고, 강력한 압력단체가 되었다.

1899년 농회법이 공포되기에 앞서, 대부분의 농회가 사실상 설립되어 있었던 것은 농회설립운동의 성과였다. 그러나 농회법에서 정부가 인정한 것은 정촌(町村), 군시, 부현의 각급 지방농회였다. 중앙농회의 법인은 전국농사회의 강력한 요구에도 인정되지 않았다.

따라서 전국농사회는 사설단체로서 존재하였지만 각급 지방농회의 중앙본부로서 종래의 성격을 유지하면서, 1900년 4월 농회법 실시기부터 본격적으로 『중앙농회보』를 발간했다.

『중앙농사보』는 창간사에서 각급 부현농회가 발행하는 『부현농회보』는 기사의 정보가 지방에 한정되어 있어서, 타 부현의 군시농회와 정촌농회에 대한 정보 교환이 없는 실정임을 지적하고, 각 지역 농회의 업적 및 성적을 널리 보급하고 이를 각 단체에 보고할 잡지가 필요하다고 주장하였다. 이를 통해 중앙지인 『중앙농사보』의 창간 의의를 설명하였다. 따라서 『중앙농사보』는 말단 정촌농회를 포함한 각급 농회와 농업계의 유지를 대상으로 발행되었다는 점에서 그 의의가 있다.

전국농사회는 농회법 공포 이후에도 중앙농회의 법인화를 건의하였다. 결국 1910년 농회법 개정에서 중앙농회의 법인화가 실현되자 전국농사회는 1910년 11월 해산되었다. 대신 제국농회의 설립에 의해 계통농회의 조직은 제도적으로 완성되었다.

이에 따라 전국농사회가 발행하던 『중앙농사보』는 종간되고, 제국농회에서 『중앙농사보』를 이어 『제국농회보』를 창간하였다. (문영주)

참고문헌

杉原四郎 編, 『日本経済雑誌の源流』, 有斐閣, 1990; 杉原四郎 著, 『日本の経済雑誌』, 日本経済評論社, 1987.

▌중앙문학(中央文學)

1917년 일본에서 발행된 문예지

1917년 4월 다이쇼 시기 문단의 성립에 호응하여 신초샤(新潮社)의 『신조(新潮)』, 『문장구락부(文章俱楽部)』에 대응하는 형태로 슌요도(春陽堂)에서 1921년 12월까지 발행했다. 발행 당초의 편집인은 호소다 겐키치(細田源吉)였지만, 이후 미즈모리 가메노스케(水守亀之助), 아라이 기이치(新井紀一)가 담당했다. 주요 필자로는 다야마 가타이(田山花袋), 히로쓰 가즈오(広津和郎), 가미쓰카사 쇼켄(上司小剣) 등이 활약했다. 이 밖에도 잡지는 활발한 작가론, 작품론을 비롯해 귀중한 당시의 사진이 다수 게재되어 다이쇼 시기의 문학사와 문단사의 실태 파악에 불가결한 잡지이다. 이 잡지는 『문장세계(文章世界)』나 『문예구락부(文芸俱楽部)』에 비해 단명으로 끝났지만, 그 중요성에서는 손색이 없다.

• **다야마 가타이**(田山花袋, 1872~1930)

일본의 소설가. 다야마 로쿠야(田山錄彌)라고도 한다. 일본 자연주의 문학을 발전시키는 데 중심적 역할을 했다. 초기 작품은 매우 낭만주의적이었지만, 「노골적인 묘사(露骨なる描寫)」(1904)라는 평론을 통해 프랑스 문단의 성향을 따라 좀 더 사실주의적인 방향으로 나아갈 것임을 시사했다.

객관성을 엄격히 지켜 사물을 있는 그대로 묘사하라는 그의 권고는, 초기 프랑스 자연주의 문학가인 기 드 모파상(Guy de Maupassant)과 공쿠르 형제에게 영향을 받은 것으로 일본문학의 주요 장르인 사소설(私小說)로 발전했다. 한 중년 작가(다야마 자신)가 젊은 여학생에게 빠져드는 모습을 당혹스러울 정도로 세밀하게 묘사한 「이불(蒲團)」(1907)로 명성을 얻었으며, 3부작 자전소설 「생(生)」(1908), 「처(妻)」(1908~1909), 「연(緣)」은 일본 자연주의의 독특한 형식을 정착시켰다. 「시골 교사(田舍敎師)」(1909)는 공쿠르 형제와 귀스타브 플로베르의 「보바리 부인(Madame Bovary)」의 영향을 두드러지게 보여 주는 작품이다.

그는 자신의 문학이론에 대한 소론 「가타이분와(花袋文話)」(1911)에서 '평면묘사(平面描寫)'라는 용어를 비평언어에 도입했다. 말년에는 자연주의의 영향이 퇴조하면서 개인적인 혼란기에 접어들었는데, 「잔설(殘雪)」(1917~18)에 반영된 차분하고 종교적인 자세로써 이 혼란에서 벗어났다. 비평가이자 작가인 마사무네 하쿠초(正宗白鳥)는 그를 가리켜 20세기의 첫 20년 동안 일본 문학계에 가장 큰 영향을 끼친 작가라고 평가했다. (이규수)

참고문헌

『近代文學雜誌事典』, 至文堂, 1965; 伊狩弘, 「田山花袋『第二軍従征日記』の考察」, 『日本文学ノート』 41, 2006; 高橋博美, 「田山花袋『蒲団』に見る『狭間の世代』とその周辺: 『私小説の濫觴』の汀」, 『阪神近代文学研究』 7, 2006; 渡邉正彦, 「田山花袋『ふる郷』論」, 『群馬県立女子大学国文学研究』 25, 2005; 宇田川昭子, 「田山花袋の書簡: 薄田泣菫宛」, 『田山花袋記念文学館研究紀要』 16, 2002.

▌중앙법률신보(中央法律新報)

1921년 일본에서 중앙법률상담소가 발행한 법률잡지

1921년 2월 1일 중앙법률상담소(中央法律相談所)에 의해 창간된 법률잡지이다. 중앙법률상담소는 이름 문자 그대로 담당 변호사를 두고 일반시민으로부터 법률상담을 받거나 소송 수속을 대행했다. 이 잡지는 일반시민과의 접촉이 많은 법률상담소에 의해 간행된 잡지인 것 같다. 잡지 원본은 가가와대학(香川大學) 가미하라문고(神原文庫) 등이 소장하고 있다.

잡지 발간에 대해 창간호는 "어려운 법률론이나 취미를 상실한 판례로 채워진 법률잡지 이외에 조금 여유 있고 사회와 좀 더 긴밀한 접촉을 나눌 수 있는 온화한 법률신문이 필요하다"고 밝히고 있다. 직업으로서 법률에 종사하지 않은 사람들을 독자로 상정했기 때문에 잡지는 전반적으로 법률에 관한 화제를 평이한 내용과 문체로 전달하고자 했다.

창간호 모두에는 마키노 에이이치(牧野英一)의 「법률개조의 기초로서의 사회화(法律改造の基礎としての社会化)」, 호즈미 시게토(穂積重遠)의 「법률 도해(法律の画解)」, 스에히로 이즈타로(末弘厳太郎)의 「새로운 법률이야기(新しい法律の話)」와 같은 법학자에 의한 비교적 이해하기 쉬운 법률에 관한 칼럼이 게재되었다.

또 해외사정의 소개에도 지면을 할애하여 창간호에는 러시아혁명 직후였던 소비에트의 사법제도 등을 소개하고 있다. (이규수)

참고문헌

『近代文學雜誌事典』, 至文堂, 1965; 桂敬一, 『明治・大正のジャ-ナリズム』, 岩波書店, 1992; 日本近代文學館・小田切進 編, 『日本近代文學大事典』 第五卷, 講談社, 1977.

▌중앙사단(中央史壇)

1920년 일본에서 발행된 학술지

1920년부터 유잔카쿠(雄山閣)에 조직되어 있던 국사강습회(國史講習會)가 월간으로 발행하였다. 1928년 6월 100호까지 발행되고 폐간되었다. 30~50전의 가격으로 판매되었다. 국립국회도서관에 소장되어 있다.

1920년 일본사 관련 전문서 출판을 목표로 기획된 전문 잡지이다. 전문가의 입장에서 일반인의 흥미를 유발하고 교양을 제공하기 위한 대중지로서의 성격도 동시에 표방하였다.

전문적인 제 학문의 지식을 대중에게 널리 알려 해방시킨다는 1920년대 학계의 일반적 조류 가운데, 역사학계에서 그러한 조류의 선구지로서 활동하였다.

일반 대중에게 화제가 된 역사상의 사건 인물, 그리고 고고학, 일본문화사, 생활사와 관련된 특집호를 빈번히 발행하였고., 글을 모아서 단행본으로 출판하여 판을 거듭하기도 하였다.

유잔카쿠는 이 잡지 이외에도 일반 독자를 대상으로 한 『고고학강좌(考古學講座)』, 『국사강습론(國史講習錄)』, 『동양사강좌(東洋史講座)』 등의 역사학 관련 강좌물을 발행하였다. (문영주)

참고문헌

加藤友康·由井正臣 編,『日本史文獻解題辞典』, 吉川弘文館, 2000.5;『日本出版百年史年表』, 日本書籍出版協會, 1968.

▌중앙신보(中央新報)

1906년 서울에서 발행된 일간지

1906년 1월 25일 서울에서 일본인 후루카와 마쓰노스케(古賀松之助)에 의해서 창간된 일간지로 동년 5월 25일 110호로 폐간하였다.

1906년 5월 25일 110호로 폐간되었으나,『대한매일신보』에는 5월 17일자로 폐간되었다고 기록되어 있다.『대한일보(大韓日報)』(국문판) 1906년 8월 14일자에는「신문계 연혁」이라는 제목하에 "중앙신보는 무편무당(無偏無黨)을 자담(自擔)하여 위쇠탕포(胃衰蕩抱)를 발휘코저 하더니 폐간미기(未幾)에 여즉(旅卽) 철폐(撤廢)하고"라고 기술하고 있다.

특기할 만한 것은 본보 발간 광고를 『대한매일신보』 1906년 2월 1일자에 게재하는 과정에서 '신소설(新小說)'이라는 용어를 처음 사용한 점이다. (이경돈)

참고문헌

『한국신문 · 잡지총목록』, 대한민국국회도서관, 1966; 계훈모,『한국언론연표』, 관훈클럽신영연구기금, 1979;『아단문고장서목록』, 아단문화기획실, 1995; 최덕교 편저,『한국잡지백년』, 현암사, 2004.

▌중앙은행회통신록(中央銀行會通信錄)

1905년 일본에서 발행된 경제 잡지

1905년 일본의 중앙은행회(中央銀行會)에서 발행한 경제 잡지이다.『중앙은행회통신록』의 전신지(前身誌)는 1903년 5월 역시 중앙은행회가 창간했던『중앙은행회월보(中央銀行會月報)』였다. 1905년 5월 25일 개최된 중앙은행회 제50회 대회에서『중앙은행회월보』를『중앙은행회통신록』으로 변경할 것이 결의되었다. 이에 따라, 5월 25일 발행된 25호부터 월보에서 통신록으로 개제되었다. 이후『중앙은행회통신록』은 1942년 7월에 발행된 472호까지 정기적인 월간지로 간행되었다.

잡지는 나고야(名古屋)를 중심으로 동해(東海), 북륙(北陸)의 소위 일본 중부 지방의 여러 은행에 의해 조직된 중앙은행회의 중핵이었던 나고야은행집회소(名古屋銀行集會所)가 발행하였다. 잡지의 편집은 잡지 제호 개전 이전까지는 나고야은행집회소조합은행 중에서 유력 은행에게 위탁되었다. 그러나 잡지 제호가 변경된 이후에 편집 사무는 규정에 의한 편집회의가 조직되었고, 이 편집회의를 중심으로 나고야은행집회소 자체의 업무로 확립되었다.

잡지는 중앙은행회 소속의 여러 은행의 상황과 경제사정, 금융시장의 동향을 계속적으로, 그리고 상세하게 보도하였다. 따라서 이 잡지의 자료적 가치는 경제정보기관이 아직 광범위하게 만들어지지 못한 단계에서 유력한 정보지로서 역할을 했다는 점일 것이다.

1905년 11월에 발행된 31호의 발행부수는 550부였다. 동시대의 유력한 금융 잡지였던『은행통신록(銀行通信錄)』의 같은 시기 발행부수였던 1500부에 비하면, 약 1/3 수준이었다. 잡지의 배부는 중앙은행을 조직한 회원은행의 구독과 나고야은행집회소조합은행 및 일반 구독자로 크게 구분할 수 있을 것 같다. 31호의 발행비용은 92엔 20전이었다. 그 세부 사항은 550부의 인쇄비 83엔 42전, 원고용지 3엔 78전, 우편비용 5엔이었다. 따라서 1부당 약 15엔에 정도의 발행비용이 들어 갔다. 그러나 판매 비용은 1부 10엔으로 책정되었기 때문에, 중앙은행회 가맹은행으로부터 1분기마다 두 번씩 1행당 각 2엔을 징수하기도 하였다.

창간 초기의 잡지의 지면을 항목 별로 구분해 보면, 논설, 기서(寄書), 연설, 방문 등의 '논설'류, 중앙은행회요보(中央銀行會要報), 각지 은행요보, 은행역원록(銀行役員錄), 은행등기 등의 '은행요보'류, 나고야은행집회소 록사(錄事), 중앙은행회를 비롯한 각지 은행집회소 록사 등의 '은행집회소록사(銀行集會所錄事)'류, 광고, 통계 등의 '잡록'류로 구분할 수 있다.

'금융시장'과 관련된 기사는 그 내용이 매우 충실했으며, 나고야를 중심으로 한 자금, 금융시장의 동향, 상품시장의 상황을 지속적으로 보도하였으며, 새로운 금융상황에 대응하기 위한 내용들도 언급하였다. '은행요보'에는 중앙은행회 내의 여러 은행의 동향에 대해 상세하게 보도하고 있다. 그러나 '논설'류의 글들은 내용이 그렇게 충실하다고는 볼 수 없었다. 따라서 잡지는 '금융시장', '금융요보'류의 기사를 통해, 중앙은행회 내부의 여러 은행 간의 정보교환과 전달의 역할을 충실히 수행하고, 이들의 유기적 연관을 높여가는데 도움을 주었지만, '논설', '기타'류에서는 잡지 고유의 특성을 제대로 발휘한 것은 아니었다.

잡지에 수록되어 있는 통계표는 일본은행 및 전국적인 통계와 함께, 나고야수형교환소(手形交換所), 나고야수형교환소조합은행, 중앙은행회 현내요지(縣內要地) 각 은행에 관한 통계 등이 창간호 이래 지속적으로 편집 수록되었다. 통계표 중에서, 특히 「중앙은행회동맹은행제감정표(中央銀行會同盟銀行諸鑑定表)」는 예금(諸預金), 대출금, 수형교환(水刑交換), 위체취조(爲替取組)에 대해서 각 지점의 상황까지 상세하게 편집 수록하였다.

이와 같은 메이지(明治)기, 창간 초기의 잡지지면 구성은 다이쇼(大正)기에도 그대로 유지되고 있었지만, 몇 가지 측면에서 발전적인 변화를 보였다.

1912년 7월에 발행된 111호부터는 '회사요보(會社要報)' 항목이 첨부되었다. '회사요보'는 1913년 5월의 121호부터 '재계요보(財界要報)'로 개칭되었는데, 내용이 크게 변한 것은 아니었다. 다만 시대의 추세에 대응하여 회사의 동향만을 단순하게 전달하는 것이 아니라, 재계의 동정을 상세히 보도하였다. 이러한 편집방침의 발전은 1913년 12월의 128호에 '해외휘보(海外彙報)' 항목의 구성으로 이어졌다. '해외휘보' 항목이 만들어진 때는, 1차 세계대전 발발 1년 전이었는데, 이 시기는 일본 경제가 해외 경제의 영향을 받아 극도의 불황을 겪고 있었던 때였다. 이러한 상황에서 잡지는 새로운 편집방침을 세우고 '해외휘보' 항목을 지면에 첨부했던 것이다.

또한 이 시기 잡지 편집에서 중요한 변화는 권두를 장식한 논문이나 자료가 매우 충실해졌다는 점이다. 내용이 충실해진 이유는, 나고야은행집회소가 직접 작성한 조사자료가 지면을 채우기 시작했고, 해외 자료의 번역도 증가했기 때문이다. 또한 중앙은행회, 나고야은행집회소의 활동과 관련한 각종 조사와 자료가 수록되었다. 이 시기 지면의 개선은 '경제통계자료', '광고' 항목에서도 보인다.

다이쇼기 잡지의 발행부수에 대한 정확한 기록은 확인할 수 없다. 다만 1911년 11월에 개최된 중앙은행회 대회에서 '통신록은 본 기간에 4825부가 발행'되었다고 보고되었다. 이것을 1회당 발행부수로 계산해 보면, 1회의 발행부수는 약 800부 정도로, 창간 당시 550부보다 약 250부 정도 증가한 것이었다. 잡지 가격은 1919년 7월에 1부 30전, 6개월분 1엔 80전, 1년분 3엔 60전이었다가, 1920년 8월에는 1부 40전, 6개월분 2엔 40전, 1년분 4엔 80전으로 인상되었다.

이후 1920년대부터 잡지가 종간되는 1942년까지의 기간 동안, 잡지의 지면 구성은 큰 변화는 보이지 않는다. 이 시기의 잡지의 지면은 권두의 논문자료를 비롯한 법령, 판결례(判決例), 금융시장, 은행요보, 재계요보, 해외휘보, 상품물가, 기타, 경제통계로 구성되었다. '금융시장'은 나고야, 도쿄, 오사카의 3대 시장, 중앙은행회 관내로부터 보고된 각지 금융상황으로 구성되었다. '은행요보'는 금융당국의 동향, 일본 국내 각지의 은행, 금융(시장)의 상황을 전달하는 보도 자료로서의 역할을 담당했다. 또한 일본 국내 경제와 재계상황은 '재계휘보'에, 해외경제, 금융상황은 '해외휘보'에 수록되었다.

일본에서 최초로 발행된 금융 잡지는 1877년 12월 13일 대장성 은행과(大藏省銀行課)에서 발행한 『은행잡지(銀行雜誌)』였다. 동지 편집의 일부는 1879년 1월부터 창간된 『도쿄경제잡지(東京經濟雜誌)』에 인계되었지만, 한편으로 1877년 10월에 창간된 『택선회록사(擇善會錄事)』, 1878년 11월에 창간된 『은행집회·이재신보(銀行集會·理財新報)』를 거쳐 『은행통신록(銀行通信錄)』으로 이어졌다. 『은행통신록』은 1885년 12월 도쿄은행집회소의 기관지로서 창간되었으며, 일본은행 업무의 초창기에 대장성 당국의 계몽, 지도의 방침을 구현한 잡지였다. 이 잡지는 1942년까지 휴간 없이 지속적으로 발간되었다.

이와 함께 오사카은행집회소에서도 『은행통신록』과 나란히, 『오사카은행통신록(大阪銀行通信錄)』을 발행하였다. 오사카은행집회소의 전신인 오사카동맹은행집회소(大阪同盟銀行集會所)에서, 1890년 3월 창간했던 『은행보고지(銀行報告誌)』를 전신지(前身誌)로 한 잡지였다. 동지는 1897년 8월에 제92호부터 『오사카은행통신록』으로 개제되었다. 동서의 중심적 존재였던 도쿄와 오사카은행집회소에서 기관지를 발행하면서, 1903년 5월 일본 중부 지역에서 중앙은행회가 『중앙은행회월보』를 창간하였다. 『중앙은행통신록』은 동해 지방의 은행업자 동맹조직인 중앙은행회에서 발행하였다. 결국 일본은행계를 대표하는 3개 업계지는 은행동업자 조직의 활동과 밀접하게 연결되어 있었던 것이다.

이와 같이 『중앙은행회통신록』은 1885년 12월 도쿄은행집회소에서 간행한 『은행통신록』, 1890년 3월 오사카은행집회소가 창간한 『오사카은행통신록』과 함께, 20세기 전반기 일본의 3대 은행업계지였다. 1942년 전국금융통제회(全國金融統制會) 발족과 함께, 1942년 8월에는 『은행통신록』, 『오사카은행통신록』, 『중앙은행통신록』의 3지가 통합되어 『전국금융통제회보(全國金融統制會報)』가 창간되었다. (문영주)

참고문헌

岡田和喜 編·著, 『「中央銀行會通信錄」解題·記事索引』, 不二出版, 1998; 『日本出版百年史年表』, 日本書籍出版協會, 1968.

중앙일보(中央日報)

1927년 중국 한커우에서 발간된 정치 평론 일간지

1927년 3월 27일 한커우(漢口)에서 창간되었다. 우한(武漢) 국민정부와 국민당 중앙기관보이다. 당시 국민당 중앙 선전부장 구멍위(顧孟余)가 주관하였으나, 실제 책임자는 총경리 양몐중(楊綿仲)이다. 총편집은 공산당원 천치슈(陳啓修)이다. 내용은 전신(電訊), 당정 주요 소식, 우한(武漢) 소식, 국제 소식, 부간(副刊) 등 다섯으로 구성되었다. 북벌 전쟁 상황과 국민혁명 정세를 보도하였다. 따로 영문판이 있었는데, 선옌빙(沈雁冰), 양셴장(楊賢江), 린위탕(林語堂) 등이 편집을 맡았다. 매주 일요일마다 『우리와 세계(我們和世界)』를 부록으로 발간하여 한 주일의 소식을 종합하여 편집, 서술하였다. 일찍이 마오쩌둥의 「후난 농민운동 고찰보고(湖南農民運動考察報告)」와 궈모뤄(郭沫若)의 「오늘의 장제스를 본다(請看今日之蔣介石)」를 게재하였다. 1927년 9월 국공합작이 결렬되고 우한국민정부가 난징(南京)국민정부로 통합되면서 176호를 끝으로 정간되었다. 후베이성도서관(湖北省圖書館) 등지에 소장되어 있다. (이은자)

참고문헌

李焱勝, 『中國報刊圖史』, 武漢: 湖北人民出版社, 2005; 王檜林·朱漢國 主編, 『中國報刊辭典(1815~1949)』, 太原(山西): 書海出版社, 1992.

중앙일보(中央日報)

1928년 중국 상하이에서 발간된 정치 평론 일간지

1928년 2월 1일 상하이(上海)에서 창간되었다. 상하이 『중앙일보』는 11월 1일 정간되고, 1929년 2월 1일 난징에서 복간되었다. 중일전쟁 기간에는 창사(長沙)와 쿤밍(昆明)에서 『중앙일보』 창사판과 쿤밍판을 발행하기도 하였다. 중일전쟁의 발발로 1937년 12월 13일자로 정간되었으나, 1938년 3월부터 8월까지 창사(長沙)에서 출판되었다. 1938년 9월 1일 충칭(重慶)에서 복간되었다. 중일전쟁 승리 후 1945년 9월 10일 난징판을 복간하였다. 1946년 5월 국민정부가 수도를 다시 난징으로 옮긴 뒤에 난징 중앙일보사는 총사(總社)로 승격되었다. 충칭판은 『배도중앙일보(陪都中央日報)』로 개명하였다. 1948년 11월 난징 『중앙일보』는 타이완으로 옮겨 출판되었다. 상하이도서관 등지에 소장되어 있다.

『중앙일보』는 원래 1927년 3월 우한(武漢) 국민정부와 국민당 중앙기관보로 한커우에서 창간되었으나, 1927년 7월 국공합작이 결렬되고 우한 국민정부가 난징(南京)국민정부로 통합되면서 정간되었다. 1928년 2월 『중앙일보』가 상하이에서 복간되어, 국민당 중앙선전부장 딩웨이펀(丁惟汾)이 사장을 겸임하였다. 판이즈(潘宜之)가 총경리를 맡았고, 펑쉐페이(彭學沛)가 주필을 담당하였다. 후에 국민당은 『중앙일보』 복간일을 창간일로 정하여, 실제로 우한국민정부의 정통성을 승인하지 않았다. 장제스가 통제하는 국민당 중앙위원회는 제176차 당무회의에서 조례를 반포하여 수도인 난징에서 『중앙일보』를 발행하기로 결정하였다. 이로써 상하이 『중앙일보』는 11월 1일 정간되었다. 1929년 2월 1일 『중앙일보』는 난징에서 복간되었다. 중앙위원회 선전부장으로 원래 상하이 『민국일보』 총편집이었던 예추창(葉楚傖)이 사장을 겸임하였다.

복간 후 언론 편집방침은 일반적으로 당의를 천명하고 국책을 선양하는 외에, 당의 기강을 공고히 하고 국본을 유지하는 것이었다. 이로써 장제스가 반대 세력을 제거하고 통치권을 강화했음을 보여준다. 1931년 만주사변 폭발 후 항일구국의 여론이 고조되었다. 일부 신문이 항일과 민주의 요구를 강하게 요구하면서 국민당의 내외정책을 비판하였다. 국민당은 이에 대응하여 선전을 촉진하는 방안을 제시하였다. 여기서 선전이란 정치 선전, 민족 역량을 배양하는 선전, 특정 사안과 주요 시사에 대응하는 선전 등 네 가지 선전을 말하는데, 여기서 세 번째와 네 번째 선전은 장제스의 '부저항주의'와 '화평 외교', 공산당의 토지 혁명 등에 대한 비판을 의미한다. 이를 위해 신문사 지휘체제의 변화를 요구하였다. 장제스가 신문사업을 직접 통제하겠다는 의지를 보인 것이다. 이 정신에 따라 국민당 『중앙일보』는 솔선해서 사장책임제를 시행하였다. 사장책임제를 실행한 후 언론보도상으로 직접 국민당 중앙에 대해 책임을 지고, 행정상(경비와 인사를 포함하여) 상대적으로 독립하여 사장이 총괄하고 편집, 경리가 협조하는 방식으로 바뀌었다. 사장의 인선은 모두 장제스가 직접 임명하였다. 초대 사장은 청창보(程滄波)였다. 그는 신문을 개편하여 '사평(社評)'란을 통해 국민당정책을 변론하고, 광고와 판매마케팅을 통해 경제적인 독립을 도모하고자 했다. 1937년 6월 장제스가 루산(廬山)에서 국민당 반공 세력을 훈련시키자, 루산판을 추가로 발행하였다. 이것이 『중앙일보』 분판(分版)의 시작이었다. 중일전쟁 기간에는 창사(長沙)와 쿤밍(昆明)에서 『중앙일보』 창사판과 쿤밍판을 발행하기도 하였다. 『중앙일보』는 국민당의 가장 중요한 언론매체의 하나였다. 국민당과 국민당 정부의 내외정책을 소개하였을 뿐 아니라, 반공 선전을 하였다. 부간(副刊)으로 발행된 『보학주간(報學周刊)』, 『지도주간(地圖周刊)』 등의 난은 상당한 가치가 있다. (이은자)

참고문헌

李焱勝, 『中國報刊圖史』, 武漢: 湖北人民出版社, 2005; 方漢奇 主編, 『中國新聞社業通史』, 北京: 中國人民大學出版社, 1996; 王檜林 · 朱漢國 主編, 『中國報刊辭典(1815~1949)』, 太原(山西): 書海出版社, 1992.

▌중앙일보(中央日報)

1931년 서울에서 발행된 신문

1931년 11월 17일, 서울에서 발행된 『중외일보』를 개제하여 발간한 신문이다. 사장은 노정일, 편집국장 강매, 학예부장 박영희, 지방부장 유광열, 정경부장 배성룡, 기자 임영달, 사회부장 박팔양, 기자 기세용, 신경순, 이상호, 정리부장 김남주, 기자 이흥직, 이풍규가 활동하였고, 4면으로 발행되었다. 월 60전이었다. 신문의 계보는 『시대일보』→『중외일보』→『중앙일보』→『조선중앙일보』로 이어진다.

『중외일보』의 종간 후, 김찬성은 제호를 『중앙일보』로 고쳐서 총독부의 발행 허가를 얻는다. 『중앙일보』는 11월 27일 사옥을 화동 183번지에서 견지동 60번지로 옮기고 '대중의 신문, 여론의 지침, 신속보도, 엄정중립' 등의 사시를 내걸고 새출발한다. 지령은 『중외일보』를 계승하여, 1493호부터 시작했으며, 석간 4면 발행이었다.

새로운 진용이 제호를 바꾸어 시작한 신문이기는 했으나, 경영난이 여전해서 신문사 내분이 심각했다. 창간 이듬해인 1932년 초부터는 월급도 제대로 지급되지 못했다고 한다. 게다가 노정일의 전횡과 자금유용 문제가 발생했고, 4월에는 사원대회 등이 개최되었으며, 『동아일보』 기사에 따르면 5월 4일에는 사원들의 단식농성까지 있었다고 한다. 특히 전 사원의 철야농성이 주목된다. 1932년 4월까지는 공장직공들이 임금 지불을 요구하며 태업을 하면 기자들이 돈을 모아서 이들에게 식사를 제공하면서 신문 발행을 하는 식이었다. 이어 노정일의 휴간 선언 이후에 기자들도 농성에 동참하게 되었다. 결국 본보는 재정난과 체불로 인한 파업 등으로 결국 5개월 만인 5월 4일에 휴간한다. 이 무렵은 『중앙일보』뿐 아니라 『조선일보』도 발행권을 놓고 판권 다툼을 하며 자진휴간에 들어간 때이기도 했다.

휴간 직후 노정일은 속간을 위한 노력은 하지 않고 판권 매도에만 관심이 있었다. 본보 사원들은 이에 반대하며 자체적으로 판권을 인수하여 자율적으로 신문을 발행하려 했으나 노정일과의 마찰은 해결되지 않고 자율적 신문 경영 시도 자체도 무산되었다.

출발부터 사장 노정일은 신문 운영에 적극적 노력을 기울이지 않아서 다른 신문에 비해 환경도 열악했고 내용도 조악했다. 당시, 신문 편집이나 내용이 매우 유치하다는 평가를 받기도 했다. 다른 민간지들의 경쟁 상대조차 되지 못한다는 평가 뿐 아니라, 심지어 "중학교 1학년의 작문"이라는 평가를 받기도 했다. 이렇듯 신문 내용의 질적 수준이 매우 낮아서 4면 발행에 월 구독료가 60전(다른 신문은 1원)이었지만 판매부수가 많지는 않았다. (이경돈)

참고문헌

『한국신문·잡지총목록』, 대한민국국회도서관, 1966; 『한국신문백년 사료집』, 사단법인 한국신문연구소, 1975; 계훈모, 『한국언론연표』, 관훈클럽신영연구기금, 1979; 『한국신문백년지』, 한국언론연구원, 1983; 박용규, 「일제하 시대, 중외, 중앙, 조선중앙일보에 관한 연구」, 『언론과 정보』 2호, 1996.

중앙정치통신(中央政治通信)

1926년 중국 상하이에서 중국공산당이 발행했던 당내 정치간행물

1926부터 1930년까지 중공중앙이 발행했던 당내 정치간행물이었다. 『중앙통신(中央通信)』 또는 『정치주간(政治週刊)』 등으로도 불렸다. 『중앙정치통신』은 북벌전쟁이 시작되던 1926년에 중국공산당 중앙국과 중요 지역의 책임자들에게 각종 상황을 이해하고 정책 결정에 참고하도록 발행한 것이다. 당보편집위원회가 지도했고 구체적인 업무는 중앙비서처에서 담당했으며, 중앙조직국에서 맡아서 상하이에서 출판했다.

창간시 중국공산당은 신장(新疆), 칭하이(青海), 구이저우(貴州), 시짱(西藏), 타이완(臺灣)을 제외한 대부분의 지역에 당조직을 건설했고 당원의 수도 1만 5000여 명에 달했다. 중공중앙은 천두슈(陳獨秀), 차이허썬(蔡和森), 장궈타오(張國燾), 취추바이(瞿秋白), 펑수즈(彭述之)로 중앙국을 조직하고 있었다. 각 지방의 당조직을 강화하기 위해 중공중앙은 지방의 중앙집행위원과 후보집행위원은 매월 적어도 주지지의 정치개황과 당의 공작에 관한 관찰과 비평을 중앙에 1차례 보고하도록 하고 있었다. 각 지방의 서기는 매주 중앙에 1차례 정치과 당부에 관한 보고를 하도록 했다. 『중앙정치통신』에 수록된 글은 주로 중앙에서 통과시킨 중요결의, 보고, 통고, 각지에 보낸 지시 서신과 각 지역의 중요한 결의, 계획과 중앙에 보낸 보고 등이다.

『중앙정치통신』은 비밀리에 출판되었다. 이 때문에 인쇄하기가 어려웠고 인쇄 수량도 적었다. 인쇄 방식도 유인(油印)이나 활판인쇄를 병행했고 판형도 차이가 있어서 4×6배판이나 4×6판을 사용했다. 대부분 양면인쇄를 했고 겉면에는 소각선사전(昭覺禪師傳), 최면술(催眠術), 이소(離騷), 송육십가사(宋六十家詞) 등의 제목을 붙여 위장했다.

1927년 8·7회의 이후 출판된 『중앙정치통신』은 발행부수가 적었다. 중앙은 각급 당부에 차례대로 전달하는 방식으로 번각(番刻)하거나 지부에서 보고하는

방식으로 성위원회에서 지부나 소조에 전달시켰다. 그러나 지방당 조직에서 제대로 시행되지 않았기 때문에 『중앙정치통신』이 제대로 전달되지 않는 경우가 많았다. 이 문제를 해결하기 위해 『중앙정치통신』 6호에서는 『중앙정치통신』에서 번각해서 각 지부에 1부씩 배포하고, 각급 당부의 당내 토론을 보고하여 『중앙정치통신』에 기고하며 각급 당부의 각종 결의안과 하급 당부에 대한 정치보고, 통고와 지방의 당내 통신도를 『중앙정치통신』에 보내도록 했다. 현위원회와 시위원회 이하의 하급당부는 성위원회에 한 보고에 대해 『중앙정치통신』에 발표할 수 있었다. 이 때문에 현재 『중앙정치통신』의 판본이 다양했고 일부 성위원회에서도 정치통신을 출판하였다.

『중앙정치통신』은 중국공산당의 제1차 국공합작의 말기부터 1930년까지의 각종 자료를 수록하고 있다. 여기에 수록된 대부분의 내용은 영인되지 않았지만, 가장 중요한 문헌들은 중앙당안관에서 편집하고 중공중앙당교출판사에서 출판한 『중공중앙문건선집(中共中央文件選集)』에 수록되어 있다.

『중앙정치통신』은 두 차례 복간을 했기 때문에 세 시기로 나누어 볼 수 있다.

첫 번째는 1926년 8~9월부터 1927년 6~7월까지의 시기이다. 이 시기는 『중앙정치통신』이라고 불렸고 공산당 내의 소수 지도자들이 비밀리에 열람하는 간행물이었다. 주로 북벌전쟁의 상황과 공산당의 대응전략 등이 수록되었다. 이 때문에 현재 『중앙정치통신』의 창간호를 찾을 수 없어서 언제 창간이 되었는지 확인할 수 없다. 2호의 출판이 1926년 9월 8일이므로 10일 정도의 시간을 두고 발행되었다면 대략 창간시기를 1926년 8월 중순에서 9월 초로 추정해 볼 수 있을 뿐이다. 현재 이 시기의 『중앙정치통신』은 2~7호, 10~15호 등 12호에 140여 편의 글을 확인할 수 있다. 15호는 1927년 1월에 출판되었다.

1927년 6월 13일의 중앙정치국 상무위원회에서 제23호의 목록이 통과된 것을 볼 때 계속 출판되고 있었다는 것을 알 수 있지만, 언제까지 몇 기가 출판되었는지는 정확히 확인되지 않는다.

이 시기의 『중앙정치통신』은 당내 최고 기밀이며 가장 중요한 정치 간행물로 인쇄도 적었고 일부 사람들만이 보았다. 매번 단지 14부 정도가 발행되어 중앙비서처, 중앙조직부, 중앙선전부, 중앙군사부, 중앙공인위원회, 중앙농민위원회, 월구(粤區), 북방구(北方區), 호구(滬區), 상구(湘區), 악구(鄂區), 증연(曾延, 단중앙[團中央]), 탄핑산(譚平山), 코민테른 원동국(遠東局) 등에 배포되었다.

이 시기 『중앙정치통신』의 주요 내용은 다음과 같다. ① 공산당 중앙의 정치·군사 정세에 관한 보고와 소식이었다. 「최근전국의 정치 정세(最近全國的政治形勢)」, 「중앙정치보고(中央政治報告)」, 「현재 군사정세(目前戰事形勢)」, 「현재 시국의 몇 가지 중요 문제(對于目前時局的几个重要問題)」, 「11월 21일 중앙정치국과 코민테른 대표의 현재 시국문제에 대한 토론의 결론(11月21日中央政治局與國際代表討論對付目前時局問題之結論)」 등이 있다.

② 각 구위원회의 공작 상황 보고와 중앙에서 각 구위원회에 보낸 공작 지시이다. 월구(粤區), 북방구(北方區), 호구(滬區), 상구(湘區), 악구(鄂區), 허난(河南), 장시(江西), 충칭(重慶) 등지에 중앙에서 보낸 보고와 중앙의 왕복서신이 있다. 이와 함께 「중앙의 광둥시민운동에 대한 결의안(中央對于廣東市民運動決議案)」, 「중앙의 월구정치군사공작에 대한 지시(中央對粤區政治軍事工作的指示)」, 「서북군 공작(西北軍工作)」, 「현재 농민운동계획(目前農運計劃)」, 「중앙의 월구정치보고에 대한 결의(中央對于粤區政治報告的決意)」 등이 있다.

③ 당시 발생한 중요한 사건과 공산당의 태도와 관련된 보도이다. 예를 들면 「펑위샹과 옌시샨 연합문제와 봉천파에 대한 정책(馮閻聯合問題與對奉政策)」, 「호남농민운동의 새로운 추세 및 우리들의 좌파에 대한 정책(湖南農民運動新趨勢及我們對左派政策)」, 「우리들의 북벌에 대한 태도(我們對于北伐的態度)」, 「시국변동과 우리들의 왕징웨이·장제스 문제에 대한 새로운 결정(時局變動與我們對于汪蔣問題之新決定)」 등이 있다.

④ 일부 지도자들의 중요 보고와 서신이다. 예를 들면 「취추바이 동지가 광둥에서 돌아와 한 보고(秋白同志由粤歸來報告)」, 「쉬터리 동지가 한커우에서 보내온 서신(徐特立同志由漢口來信)」, 「예팅 동지 참전보고(葉挺同志參戰報告)」 등이 있다.

이 시기 천두슈를 중심으로 하는 당 중앙이 각 지방당 조직에 한 지시는 ① 북벌전쟁을 지지하며 민중투쟁을 일으키고 지도하라는 것, ② 공산당원들이 군대를 쟁취하고 지방정부에 참가하는데 반대한다는 것, ③ '좌파 지도자' 왕징웨이를 돕도록 요구하고 있다.

두 번째 시기는 1927년 8월 중국공산당의 8·7회의부터 1928년 7월 중국공산당 제6차 전국대표대회까지의 시기이다. 이 시기의 명칭은 『중앙통신』이지만 『중앙정치통신』(12호)이라고도 하고 『중앙통신』(3호)이라고도 하며 당내에서 공개적으로 발행하였다.

주요 내용은 혁명의 기본문제와 각지의 무장기의에 관한 것이었다. 8·7회의 이후 새로운 편호로 출판하였다. 복간한 후 1호에는 출판일이 명기되어 있지 않다. 그러나 2호가 8월 23일에 출판된 것으로 보아 복간 시기는 8월 중순으로 추정된다. 「복간사」에서 『중앙통신』의 복간 목적으로 중공중앙의 정책과 결의 및 중요한 정치적 소식을 공포하고 지방의 중요한 보고를 수록하며, 일반 당원들이 당의 정책 등에 의견을 수렴하는 것이라고 밝히고 있다. 이 때문에 당원뿐 아니라 일반 노동자들도 투고할 수 있었다. 현재 찾아볼 수 있는 『중앙통신』은 1~27호, 29~30호로 28호가 빠져 있다. 30호는 1928년 7월 3일에 출판되었다. 1928년 7월 27일 중앙정치국 상무위원회에서 『중앙통신』을 정간시키기로 결정했다.

제1차 국공합작이 종결되면서 출판된 『중앙통신』은 국민당에 반대하면서 토지혁명을 전개하자고 주장하였다. 국공합작이 종결된 후인 1927년 9월 30일자 『중앙통신』 제6호에 발표된 전국제난총회(全國濟難總會)의 조사에 의하면 1927년 3월부터 8월까지 전국 각지에서 혁명으로 인해 피살된 사람은 2만 9430명, 부상자 4만 3000명, 체포된 자 2만 4900명, 도망자가 3만 3200명에 달했다.

이 시기 『중앙통신』의 주요 내용은 다음과 같다. 첫째, 8·7회의(1, 2호), 11월 중앙확대회의(13, 14, 15호) 등 중앙의 중요회의 자료를 수록하고 있다. 둘째, 이 시기 난창기의(7호), 후베이 추수폭동(11호), 후난 추수폭동(12호), 광저우기의(5, 17, 19, 26호) 등 몇 차례의 무장기의 자료를 수록하고 있다. 셋째, 각지의 활동 보고와 중앙에서 각지에 보낸 지시가 수록되어 있다. 3호부터 연속해서 중앙에서 각성의 성위원회와 북방국(北方局), 창장국(長江局), 남방국(南方局), 일부 특별위원회에 보낸 지시 서신이 수록되어 있다. 또한 「량후폭동계획(兩湖暴動計劃)」, 「동남군사정치상황(東南軍事政治狀況)」, 「산둥공작대강(山東工作大綱)」, 「장시공작계획(江西工作計劃)」 등 중요 보고가 수록되어 있다. 16호에는 중앙에서 난창기의 이후 남하하는 부대에 보낸 지시서신이 수록되어 있다.

세 번째 시기는 1928년 12월부터 1930년 5월까지의 시기이다. 이 시기에도 여전히 『중앙통신』이라고 했고 부정기적인 당내 정치간행물로 중공중앙의 문헌을 모아놓은 것이었다. 1930년 6월 이후 상하이의 『호조(滬潮)』와 합병하여 『정치주간(政治周刊)』으로 명칭을 변경하였다.

중국공산당은 제6차 전국대표대회 이후 리리싼(李立三), 샹중파(向忠發), 차이허썬(蔡和森) 등이 상하이로 돌아와 새로이 중앙위원회 업무를 시작하였다. 중국공산당은 제6차 전국대표대회의 결의와 각지의 혁명투쟁을 지도하고, 당내의 각종 문제를 해결하기 위하여 1928년 12월 24일 『중앙통신』을 새로이 편집 출판했다. 현재 찾아볼 수 있는 것은 1, 2, 5호, 3호 5집, 6호로 80여 건의 문헌이 수록되어 있다. 4호를 출판한 후 몇 개월 동안 정간되었다.

중앙조직국이 수립된 후 1930년 6월 22일 출판된 6호부터 『중앙통신』을 상하이지역에서 발행되던 『호조』와 합병하여 『정치주간』으로 개명했다. 『중앙통신』과 『호조』와 합병한 이유는 『중앙통신』이 중앙의 지시 서신과 각성의 공작 보고를 수록하여 단조로우면서 너무 늦게 출판되었고 『호조』는 내용이 상하이지역에 한정되어 있다는 단점을 극복하기 위해서였다.

이 시기『중앙통신』의 주요 내용은 다음과 같다. ① 중앙의 당내분규를 해결하는데 관한 결의와 문헌들이 수록되었다. ② 제6차 전국대표대회 이후 중앙이 대회의 정신을 관철시키기 위해 공포한 중요한 통고이다. ③ 각 성의 중요보고와 6차 전국대표대회 이후 새로운 중앙이 각지에 보낸 지시이다. 넷째, 일부 지도자들이 쓴 주요 보고가 공포되었다.

『중앙정치통신』은 중국공산당의 중요한 당내 간행물로 당 중앙의 결의, 정책을 직접 전달하여 중앙과 지방당 조직과의 교량 역할을 하였으며 각지의 혁명투쟁을 지도하고 경험을 교류하는 역할을 하였다. (김지훈)

참고문헌

方克,『中共中央黨刊史稿』上, 紅旗出版社, 1999; 王檜林·朱漢國,『中國報刊辭典(1815~1949)』, 書海出版社, 1992; 伍杰,『中文期刊大詞典』, 北京大學出版社, 2000.

▌중앙청년회보(中央青年會報)

▶ 청년(青年)

▌중앙학술잡지(中央學術雜誌)

1885년 일본에서 발행된 학술지

1885년 3월에 창간되어 1887년 11월까지 월 2회 발행된 학술지이다. 총 59권 발행되었다. 발행소는 단단사(團團社).『중앙학술잡지』는 와세다대학의 전신인 도쿄전문학교 동공회(同功會) 잡지국 편집의 기관지로, 도쿄대학 계열의『동양학예잡지(東洋學藝雜誌)』에 대항했다. 편집은 다카타 사나에(高田早苗)가 주로 담당했다.

주요 필진과 논문으로는 오노 아즈사(小野梓)의 「『당대서생기질』의 비평(『當代書生氣質』の批評)」, 「『가인지기우』비판(『佳人之奇遇』批判)」, 「일본의 의장반정교(日本の意匠反情交)」, 「연극개량회 해산을 바란다(演劇改良會の解散を望む)」, 쓰보우치 유조(坪内雄藏)의 「반작물어의 변천(伴作物語の變遷)」, 후타바테이 시메이(二葉亭四迷)의 「카트코후 씨 미술속해(カートコフ氏美術俗解)」 등이 있다. 이 잡지에는 메이지 시기 문학 부흥의 원천이 되는 문학론, 문학비평의 수립을 위한 선구적인 논문 등을 다수 게재했다.

• 후타바테이 시메이(二葉亭四迷, 1864~1909)

일본의 소설가, 러시아 문학 번역가. 본명은 하세가와 다쓰노스케(長谷川辰之助). 대표작인 「뜬구름(浮雲)」(1887~1889)은 일본 소설에 사실주의를 도입한 작품이다. 그는 3편의 소설과 많은 번역작품을 남겼지만 첫 소설인 「뜬구름」과 첫 번역소설인 「밀회(あいびき)」 및 「우연한 만남(めぐりあい)」이 가장 유명하다. 이 두 번역소설은 모두 투르게네프의 소설을 번역한 것으로, 1888년에 출간되었다. 이들 작품에서 후타바테이는 고전적 문어와 구문을 현대적 구어문으로 바꾸는 소위 '언문일치'에 입각한 문체를 사용했다.

사족(士族) 출신인 그는 1881~86년 도쿄 외국어학교의 노어학부에서 공부했으며 특히 곤차로프·도스토옙스키·투르게네프·벨린스키 등에 흥미를 가졌다. 그러나 도쿄외국어학교가 도쿄상업학교(현재의 히토쓰바시대학)에 흡수되자, 자퇴하고 당시 비평가·소설가·번역가로 이름난 쓰보우치 쇼요(坪内逍遙)의 도움을 받으며 본격적인 문학가로서의 길을 걷기 시작했다. 무력한 이상주의자가 19세기 후반 급격하게 현대화해 가는 거친 세상에서 낙오되는 모습을 그린 「뜬구름」과, 러시아 소설의 번역은 이내 좋은 반응을 얻었다. 그러나 그의 문학비평 번역서는 거의 주목받지 못했다고 할 수 있다. 그는 자기 소설이 마음에 들지 않았고 돈도 필요했기 때문에 1889년 내각관보국(内閣官報局)에 들어가 1897년까지 러시아 신문이나 잡지 번역에 종사했다. 그는 10년 동안 소설을 쓰지 않았다. 1898~1902년 러시아어를 가르치며 정부기관에서 일했으며, 이후 하얼빈과 베이징을 방문했다.

1903년에 귀국해 다시 직업적인 소설 번역을 시작했으며 이듬해에는 오사카아사히신문사(大阪朝日新聞社)의 도쿄 출장원이 되었다. 1896~1909년에 투르게네프·고골리·톨스토이·고리키 등의 소설을 번역했으며, 에스페란토나 문학비평, 사회상황에 관한 논설을 썼다. 또 「그 옛 모습(其面影)」(1906)을 연재하고 「평범(平凡)」(1907) 등 2편의 소설을 발표했다. 1908년 그는 아사히신문사 러시아 특파원으로 파견되었다가 귀국길에 인도양의 벵골만으로 향하던 중 폐결핵이 악화되어 선실에서 생을 마감했다. (이규수)

참고문헌

『近代文學雜誌事典』, 至文堂, 1965; 内田魯庵, 「二葉亭四迷を論ず(創刊111周年記念特集 111年の評論)」, 『早稻田文学』 27-6, 2002; 青木純一, 「由来の作者-批評家としての二葉亭四迷」, 『群像』 56-12, 2001; 橋由香, 「二葉亭四迷の小説論: 『遊戯』と『實感』」, 『鶴見日本文学』5, 2001; 畑有三紹介, 「二葉亭四迷の伝記参考資料: 父親の履歴文献」, 『専修国文』 45, 1989.

▌중외(中外)

1917년 10월 일본에서 창간된 종합잡지

1917년 10월, 1차 세계대전을 배경으로 출간된 종합잡지이다. 1919년 4월 일시 휴간되었다가, 1921년 6월에 복간되어 8월까지 발행되었다. 통권 21호가 발행되었다. 발행소는 도쿄의 중외사(中外社)이고, 편집 겸 발행자는 나이토 다미지(内藤民治)였다. 잡지의 재정적 후원자는 다이쇼 시기 부르주아의 전형이었던 쓰쓰미 세이로쿠(堤清六)였다. 잡지사 편집부에는 이후 『해방(解放)』에도 관여한 나카메 나오기(中目尙義)가 관여했고, 이쿠타 조코(生田長江)도 조언했다. 잡지는 4×6배판, 발행 면수는 250쪽 전후였다. 표지에는 항상 "The International"이라는 말을 삽입하였고, 잡지 발행의 목적을 '동서양구(東西兩球)의 집췌(集萃), 시대사조의 선구, 국민여론의 지도'로 표방했다.

잡지는 전권을 통해 권두에 나이토 다미지의 시사논설을 게재함으로써 '모든 국민의 사회' 실현을 제창했고, 또 모든 형식의 군국주의에도 반대 의사를 표명했다. 잡지는 '세계의 반향(世界の反響)'란을 상설하여 호쿠신 신지로(北沈新次郎), 후쿠다 도쿠조(福田德三), 사카이 도시히코(堺利彦), 이쿠타 조코, 야마카와 기쿠에(山川菊榮), 안도 사다오(安藤貞雄), 가와카미 하지메(河上肇), 다카바타케 모토유키(高畠素之) 등이 논설을 기고했다. 문예 방면에서는 이쿠타 조코의 「원광(圓光)」, 아라하타 간손(荒畑寒村)의 「야성의 호성(野性の呼聲)」, 사토 하루오(佐藤春夫)의 「전원의 우울(田園の憂鬱)」, 미야치 가로쿠(宮地嘉六)의 「매연의 호흡(煤煙の息ひ)」, 다니자키 준이치로(谷崎潤一郎)의 「작은 왕국(小さい王國)」, 이와노 호메이(岩野泡鳴)의 「아사마의 영령(浅間の靈)」, 후지모

리 세이키치(藤森成吉)의 「산(山)」, 아쿠타가와 류노스케(芥川龍之介)의 「개화의 양인(開化の良人)」, 가미야마 소진(上山草人)의 「연옥(煉獄)」, 마에다코 히로이치로(前田河庄一郎)의 「삼등선객(三等船客)」 등이 개제되었다.

• **후쿠다 도쿠조**(福田德三, 1874~1930)

일본의 경제학자. 후쿠다는 일본에서 경제학이 막 자립하기 시작한 메이지유신 말기에서 쇼와유신(昭和維新) 초기에 걸쳐 연구·교육 양 부분에서 최대의 공헌을 한 사람이다. 1896년 도쿄고등상업학교(현재의 히토쓰바시대학)를 졸업했으며, 독일 유학 후 모교와 게이오기주쿠(慶應義塾)에서 교편을 잡았다.

1919년 모교인 도쿄상과대학의 교수가 되어 죽을 때까지 경제원론·경제사·경제정책·사회정책을 강의했다. 마르크스주의의 소개자이자 날카로운 비판자이기도 한 그는 가와카미 하지메와의 논쟁으로 유명하다. 일본사회과학회(1896~1924)의 대표적 논객인 그는 1916년의 논문 「생존권의 사회정책(生存權の社會政策)」으로 특히 유명하다. 주저로 『일본경제사론(日本經濟史論)』(1900)·『국민경제강화(國民經濟講話)』(1917~1919)·『후생경제연구(厚生經濟硏究)』(1930) 외에 1925년까지의 저작을 수록한 『후쿠다 도쿠조 경제학전집(福田德三經濟學全集)』(1925~1927)이 있다.

• **사카이 도시히코**(堺利彦, 1871~1933)

일본의 사회주의 지도자, 일본공산당 창립자 중 한 사람. 호는 고센(枯川). 사카이는 원래 교사였다가 신문기자로 일했으며, 1903년 고토쿠 슈스이(幸德秋水)와 함께 주간 『헤이민신문(平民新聞)』을 발간하기 시작했다.

러일전쟁 직전에 반전(反戰) 사상을 옹호한다는 이유로 체포되었다가 투쟁 끝에 석방되었으며, 1906년 일본사회당 결성을 도왔다. 이 뒤 몇몇 잡지를 발간하다가 1917년 러시아혁명이 일어나자 마르크스주의에 끌리게 되었다. 1923년 일본공산당 창당을 도왔다는 이유로 다시 투옥되었으며 말년에는 고향에 농업학교를 세웠다.

• **가와카미 하지메**(河上肇, 1879~1946)

일본의 언론인·시인·대학교수이자 마르크스주의 경제학의 선구자이다. 가와카미는 1902년 도쿄제국대학 정치과를 졸업한 뒤 언론인으로 활동하면서 셀리그먼(Edwin Seligman)의 『역사의 경제적 해석(Economic Interpretation of History)』을 번역하여 변증법적 유물론을 일본에 처음 소개했다. 1913년에 유럽으로 유학을 떠났다가 1915년 귀국하여 교토제국대학에서 경제학을 가르쳤다. 그의 강의는 1928년에 정치활동이 문제가 돼 강단을 떠날 때까지 계속되었다. 교토에 있는 동안 개인잡지인 『사회문제연구(社會問題硏究)』를 창간하여 학생과 노동자들에게 마르크스주의 경제학을 전파했다. 그의 『경제학대강(經濟學大綱)』(1928)과 『자본론입문(資本論入門)』(1929)은 1920~1930년대 일본에서 이론경제학이 발전하는 데 결정적인 역할을 했다.

가와카미는 1920년대를 통해 점차 직접적으로 정치에 참여하게 되었으며 비록 당선되지는 못했으나 신노동당(新勞動黨)의 후보로 출마하기도 했다. 당시 불법화되어 있던 일본공산당에 입당해 비합법 정치활동을 하다가 체포됨으로써 사실상 적극적인 정치 참여는 끝나버렸다. 1937년 석방된 뒤 '자서전'을 집필하기 시작하여 젊어서 톨스토이적 민족주의자였던 그가 마르크스주의자로 사상적 변모를 겪는 과정을 기술했다. 2차 세계대전이 끝난 뒤인 1946년 1월 영양실조로 숨졌다. 사후인 1946년에 4권으로 된 시집이 출판되었다.

• 아라하타 간손(荒畑寒村, 1887~1981)

일본의 사회운동가. 그의 일관된 생애는 일본 사회주의운동의 양심의 궤적으로 평가된다. 초등교육 외에는 정규 학교교육을 받지 않았다. 사카이 도시히코나 고토쿠 슈스이의 사회주의론에 경도되어 1904년 헤이민샤(平民社)에 들어갔다. 그 후 사회주의 전도 행상에 참가하여 다나카 쇼조(田中正造)를 알게 되었으며 아시오광독사건(足尾鑛毒事件)을 소재로 1907년 처녀작 『야나카촌 멸망사(谷中村滅亡史)』를 저술했다. 1908년 아카하타(赤旗) 사건에 연좌되어 투옥되었다.

이후 대역사건 후에는 바이분샤(賣文社)에서 사카이 도시히코, 야마카와 히토시(山川均) 등과 함께 체제의 재정립을 도모했으며, 다이쇼정변 후인 1912년에는 『근대사상(近代思想)』을 발간하여 오스기 사카에(大杉榮) 등과 함께 아나코 생디칼리슴의 선전에 힘썼다. 그 후 사카이 도시히코, 야마카와 히토시 등과 함께 마르크스주의에 접근하여 1922년 일본공산당 창립에 참가했으나 제1차 공산당 사건에 연좌되었다. 공산당 해당 후에는 후쿠모토(福本)주의에 반대하여 제2차 공산당 결성에 참가하지 못했으며, 사카이 도시히코, 야마카와 히토시 등과 함께 잡지 『노동(勞農)』을 간행하여 소위 노동파 마르크스주의 입장을 확립했다. 2차 세계대전 후 사회당 좌파의 국회의원으로 활약했으나 기성 정당에 실망하여 탈당했다. 한때 신좌익에 공감하여 학생운동을 지원하기도 했으나 손을 떼고 문필활동을 계속했다.

• 사토 하루오(佐藤春夫, 1892~1964)

일본의 시인·소설가·비평가. 그의 소설은 시적인 환상과 낭만적인 상상력으로 유명하다. 학문과 문학에

많은 관심을 가진 의사 집안 출신으로, 1910년 도쿄의 게이오대학에 들어갔다. 여기서 소설가 나가이 가후(永井荷風)에게 배웠지만, 그때 이미 요사노 아키코(與謝野晶子)와 그의 남편인 뎃칸(鐵幹)을 중심으로 한 시인들의 모임인 명성(明星, 묘조)에 들어가 활동하고 있었는데, 결국 졸업하지 않고 중도에 대학을 그만두었다.

그는 환상적인 분위기의 「스페인 개의 집(西班牙犬の家)」(1916)이라는 단편소설을 발표하여 주목을 받기 시작했다.

이어 산문시인 「전원의 우울」(1919)·「도회의 우울(都會の憂鬱)」(1922)을 통해 서정적·염세적·내성적인 문체를 확립했다. 1916년 소설가인 다니자키 준이치로(谷崎潤一郎)를 만나 친구로 지냈는데 그 우정은 몇 년 뒤 그가 다니자키의 부인과 깊은 관계를 맺게 되면서 깨지고 말았다. 처음으로 발간한 독자적인 시집인 「순정시집(殉情詩集)」(1921)은 다니자키의 부인과 헤어진 슬픔에서 영감을 얻었지만, 결국 그들은 1930년에 결혼했다. 말년에 비평 쪽으로 돌아섰으며 요사노 아키코에 대한 추모록 「아키코 만다라(晶子曼陀羅)」(1955)가 특히 유명하다.

• 이와노 호메이(岩野泡鳴, 1873~1920)

일본의 소설가·평론가·시인. 이와노는 분방한 사생활과 개성이 강한 작품을 통해 근대 작가 중 극히 이색적인 작가로 꼽힌다. 본명은 요시에(美衛). 메이지학원(明治學院)과 센슈학교(專修學校)에서 공부했으나 중퇴했다. 1890년에 구니키다 돗포(國木田獨步) 등과 『문단(文壇)』을 창간하여 에머슨론과 신체시를 발표했고, 1891~1894년에는 도호쿠학원(東北學院)에서 신학을 배웠다. 이 뒤 영어교사 등을 하면서 시집으로 『세월(露じも)』(1901)·『석조(夕潮)』(1904)·『비련비가(悲戀悲歌)』(1905)를 출판했다. 한편 1903년 마에다 린가이(前田林外), 소마 교후(相馬御風) 등과 함께 『명

성』에서 탈퇴하여 잡지 『백백합(白百合, 시라유리)』를 창간하여 낭만주의운동을 일으켰다. 1906년 평론 「신비적 반수주의(神秘的半獸主義)」를 발표해 본능적·찰나적인 행동주의를 주장, 후에 「신자연주의(新自然主義)」(1908)·「비통의 철리(悲痛の哲理)」(1910)로 발전시켰으며, 사생활에서도 여성관계가 복잡하여 방탕한 생활을 했다. 「탐닉(耽溺)」(1909)으로 작가로서의 기반을 굳혔고, 「방랑(放浪)」(1910)·「단교(斷橋)」(1911)·「발전(發展)」(1911~1912)·「독약을 마시는 여자(毒藥を飲む女)」(1914)·「원령(憑き物)」(1918) 등 호메이 5부작을 썼다. 이들은 모두 분방하고 노골적인 필치로 대담한 '반수주의(半獸主義)'의 주장에 근거하여 자신의 실생활을 서술했다. 표현에 있어서 다야마 가타이(田山花袋) 등의 평면묘사를 부정하고 시점을 고정하여 묘사하는 '일원묘사(一元描寫)'를 주장하여 실행했다. 그 밖에 『플루타르크 영웅전(プルターク英雄傳)』(1915~1916)을 완역했고, 고신도(古神道)의 세계성을 논한 평론집 『일본주의(日本主義)』(1916), 일원묘사의 가장 성공적인 소설집 『오세이의 실패(おせいの失敗)』(1920) 등을 남겼다.

• 아쿠타가와 류노스케(芥川龍之介, 1892~1927)

일본의 소설가. 초기의 필명은 야나가와 류노스케(柳川隆之介). 하이쿠(俳句) 시인으로서의 호는 가키(我鬼). 도쿄 교바시(京橋市)의 이리후네정(入船町)에서 니하라 도시조(新原敏三)의 장남으로 출생했다. 용띠 해, 용의 달, 용의 날(辰年辰月辰時)에 태어났다고 하여 류노스케라는 이름이 지어졌다. 생후 8개월경 어머니가 미쳤기 때문에 어머니의 친정 오빠인 아쿠타가와 미치아키(芥川道章)의 양자로 가게 되었다. 어머니의 광기가 유전될지도 모른다는 공포감은 평생 그를 괴롭혔고 결국 그를 자살로 몰고 간 하나의 원인이 되었다.

양자로 간 집은 생활은 윤택하지 못했으나 문예를 사랑하는 분위기의 가정이었다. 덕분에 아쿠타가와는 어린 시절부터 책이나 그림, 골동품을 친숙히 대할 수 있어 감수성이 예민한 소년으로 자라게 되었다. 1913년 제1고등학교를 거쳐 도쿄제국대학 영문과에 입학하여 1916년 졸업했다. 재학 중에 구메 마사오(久米正雄), 기쿠치 간(菊池寛) 등과 함께 동인잡지 『신사조(新思潮)』(3·4차)를 펴냈고, 1916년 동인잡지에 발표한 단편소설 「코(鼻)」가 나쓰메 소세키(夏目漱石)에게 격찬을 받음으로써 화려하게 문단에 등단했다. 「코」는 「라쇼몬(羅生門)」(1915)·「고구마죽(芋粥)」(1916)·「지옥변(地獄變)」(1918)·「덤불숲(藪の中)」(1922) 등과 그가 애독한 헤이안(平安) 시대 말기의 설화문학인 '곤자쿠모노가타리슈(今昔物語集)' 또는 '우지슈이모노가타리(宇治拾遺物語)'에 바탕을 둔 것으로, 그의 재기 넘치는 재구성에 의해 인생에 대한 회의와 체념을 해학적으로 표현했다. 그의 초기 작품은 무대를 과거로 옮겨서 괴이한 사건을 소재로 삼는 경우가 많았지만, 거기에 반드시 근대적·심리적 해석을 가미하여 지극히 화려한 수사(修辭)와 함께 독자를 매료시켰다. 그 밖에도 역사에서 제재를 취한 작품으로 기독교문학의 문체를 구사한 「수도자의 죽음(奉教人の死)」(1918), 메이지 개화기의 번역체를 구사한 「개화의 살인(開化の殺人)」(1918), 그리고 오이시 요시오(大石良雄), 다키자와 바킨(瀧澤馬琴) 마쓰오 바쇼(松尾芭蕉) 등 에도 시대의 저명한 인물들에 초점을 맞추어 그 심리를 새로이 해석하고자 한 「어느 날의 오이시 구라노스케(或る日の大石內藏助)」(1917)·「게사쿠잔마이(戲作三昧)」(1917) 등이 있다. 또한 대륙을 무대로 한 「도요새(山鴫)」(1921)·「추산도(秋山圖)」(1921) 등도 독서를 통해 얻은 소재를 토대로 한 작품으로 그의 재능을 엿보기에 충분한 수작이다.

자연주의 이래 일본 문학은 있는 그대로의 인생의 진실을 묘사한다는 미명 아래 허구세계의 구축을 도외시하고 있었다. 그러나 아쿠타가와는 그의 자전소설적인 「다이도지 신스케의 반생(大導寺信輔半生)」(1925)에서 밝히고 있듯이 "인생을 열기 위해서 길 가는 행인은 관찰하지 않았다. 오히려 행인을 관찰하기 위해서 책 속의 인생을 알려고 했다"고 했다. 그는 과거를 사랑했지만, 과거를 있는 그대로 재현하는 것이 아니라 아름다운 역사를 쓸 수 있다면 그것으로 충분하다는 입장이었다. 「게사쿠잔마이」는 「핫켄덴(八犬傳)」의 작자인 바킨(馬琴)의 심경을 빌려서 그 자신의 심경을 피력한 것으로, 목욕탕 속에서 사팔뜨기 남자가 "바킨은 자연 그대로의 인간을 그릴 수가 없다. 손끝의 잔재주나 어설픈 학문으로 작품을 날조하고 있다"는 등의 독설을 퍼붓고 있는 것은 바로 자연주의 이래의 문단 통념 아래서 비평가들이 아쿠타가와에게 한 비판을 비유한 것이다. 그러나 아쿠타가와는 인간의 생생한 모습을 쓸 수 없어 역사로 도피한 것이 아니라 당시 문단의 통념이 추방해버린 상상력과 꿈을 되살려 장엄한 허구의 세계를 구축하려고 했던 것이다.

당시 자연주의의 주류를 이루었던 '있는 그대로 작가의 생을 묘사하는' 사소설(私小說)은 그의 적성에 맞지 않았다. 그의 심성은 자신의 적나라한 모습을 대중 앞에 드러내 보이는 것을 견딜 수 없는 수치로 여기게 했다. 오히려 자신을 감추고 세상을 비웃으며 산 듯이 여겨지는 에도 시대의 게사쿠 작가야말로 남모르는 선혈을 흘린 진정한 소설가라고 생각했다. 역사소설 외에 「밀감(蜜柑)」(1919) 등 현대 생활에서 취재한 작품도 있지만 자연스런 문체를 개척하지 못했으며, 장편은 펴내지 못한 채 단편에만 그쳤다. 1923년 이후로는 사소설도 약간 시도했으나, 무덤에 던져지는 한 덩어리의 흙과 같은 인간의 절망적인 운명을 한탄한 「한 덩어리의 흙(一塊の土)」(1924) 외에는 특기할 만한 것이 나오지 않았다. 이때부터 그는 서서히 죽음을 의식하게 되었고 신변의 여러 사건은 그를 심적으로 괴롭혔다. 결국 건강이 극도로 악화되어 요양하기에 이르렀으며 신경쇠약으로 인한 강박관념에 시달렸다. 당시의 「점귀부(点鬼簿)」(1926)는 죽은 육친을 회상하며 자신의 죽음의 그림자를 감지하는 심경을 그렸으며, 「겐카쿠 서재(玄鶴山房)」(1927)는 병상의 노인의 심경과 그의 죽음 뒤에 일어나는 주변 인물들 사이의 파문을 그리고 있다. 「신기루(蜃氣樓)」(1927)·「톱니바퀴(歯車)」(1927)는 병적인 그의 날카로운 신경을 그대로 묘사하여 소름끼칠 정도이다. 이들 작품은 작가가 자신의 정신착란 상태를 대중 앞에 적나라하게 드러낸 것으로, 문단의 극찬을 받았다. 사소설의 대가인 가사이 젠조(葛西善藏)가 「톱니바퀴」에 대해서 "그도 처음으로 소설을 썼다"라고 한 것은 시사하는 바가 크다.

마지막 해인 1927년에는 풍자소설 「갓파(河童)」, 기독교에 관한 고찰 「서방의 사람(西方の人)」, 자전적 소설 「어떤 바보의 일생(或る阿の一生)」 등 많은 작품을 썼다. 7월 24일 도쿄 다바타(田端)의 자택에서 수면제를 먹고 35세의 나이로 자살했다. 유서 「어떤 옛 친구에게 보내는 수기(或る舊友に送る手記)」에는 자살하는 동기를 '막연한 불안'이라고 썼지만 그것은 육체적·생활적·문학적·사상적 요소가 복합된 불안으로 여겨진다. 그는 자연주의 이후의 다이쇼 시기의 작가 중 시대의 불안을 가장 명확하게 인식한 지식인으로서, 그의 작품은 오늘을 살아가는 현대인들에게 깊은 감명을 주는 요소를 갖고 있어 오늘날까지 생명력 있게 널리 읽히고 있다. (이규수)

참고문헌

『近代文學雜誌事典』, 至文堂, 1965; 鈴木裕子, 「堺利彦の女性論」, 『科学的社会主義』71, 2004; 大田英昭, 「堺利彦の『家庭』論: 親密性の社会主義」, 『倫理学年報』53, 2004; 大田英昭, 「堺利彦における非戰論の形成: その平和的秩序観と暴力批判(特集 非戰)」, 『初期社会主義研究』17, 2004; 山泉進, 「堺利彦と社会主義-平民社一〇〇年にあたって(特集 世界と日本の社会主義)」, 『科学的社会主義』62, 2003; 川口武彦, 「堺利彦の人と思想(歴代代表論文集)」, 『社会主義』462, 2001; 小正路淑泰, 「堺利彦と部落問題: 分·階級·性別の交叉(小特集 堺利彦)」, 『初期社会主義研究』11, 1998; 岩井忠熊, 「第1次大戦期のロシア革命論: 雑誌『中外』と内藤民治の言論活動(第1次世界大戦前後の時代思潮)」, 『立命館大学人文科学研究所紀要』43, 1987.

중외(中外)

1935년 중국 난징에서 창간된 시사종합잡지

1935년 12월 난징(南京)에서 창간되었다. 편집장은 마싱예(馬星野)이며 난징중앙정치학교 신문연구회

(南京中央政治學校新聞研究會)에서 출판하였다. 월간이며 1937년 11월 정간되었다. 중국국가도서관 등에 소장되어 있다.

주요 내용은 은본위제도의 폐기, 외자의 이용, 국방경제정책, 허베이성(河北省)과 화베이(華北) 지방에 관한 중국 문제의 탐색과 토론 등이다. 일본 정국, 일본과 소련의 현안들, 이탈리아와 알바니아전쟁, 영국 정치, 미국 중립법안 등 국제문제의 연구와 전망도 관심을 갖고 발표되었다.

또한 『영국 타임즈』, 『신보(申報)』, 『뉴욕 타임즈』, 『대공보(大公報)』 등 언론계에 영향력이 큰 신문들과 국내외의 저명인사들을 소개하였다. 이외에도 문예작품 감상란이 있었다. (김성남)

참고문헌

葉再生 著, 『中國近代現代出版通史』, 北京: 華文出版社, 2002;
王檜林·朱漢國 主編, 『中國報刊辭典』, 太原: 書海出版社, 1992.

중외기문(中外紀聞)

1895년 중국 베이징에서 창간된 정치운동 신문

1895년 12월16일 캉유웨이(康有爲)와 량치차오(梁啓超) 등이 만든 강학회(强學會) 기관지로 베이징(北京)에서 발행되었다. 주필은 량치차오와 왕다셰(汪大燮)이다. 목활자로 죽지(竹紙)에 인쇄되었으며, 매회 10면이 격일간으로 발행되었다. 창간 이듬해인 1896년 1월 20일 종간되어 35일간 발행되었다. 현재 보존되어 있는 마지막 호는 1896년1월16일 발행본이다. 중국사회과학원 문학연구소 등지에 소장되어 있다.

내용은 서양 문물을 소개하는 지식 전달용 기사와 변법유신운동을 주장하는 논설로 이루어져 있다. 영국 로이터통신의 전보(電報)와 외국 신문 『태오사보(泰晤士報, 타임즈)』, 『수륙군보(水陸軍報)』 등을 번역하여 게재하였으며, 국내 언론 『직보(直報)』, 『신보(申報)』, 『호보(滬報)』, 『순환보(循環報)』, 『유신보(維新報)』 등을 발췌 게재하였다.

뉴스보도에 중심을 둔 매체는 아니어서 뉴스가 차지하는 비중은 불과 두세 쪽에 불과하였고 서양 언론에서 지식 전달을 위해 유용한 문장들을 번역한 기사들이 대부분이다. 중요 문장을 살펴보면 「격치 연구이론(格致究理論)」, 「각국 상선 및 해상무역 가치액에 대한 고찰(各國商船及海上貿易價額考)」, 「서양 철로 고찰(西國鐵路考)」 등에서 농업, 상업, 학교, 언론에 이르기까지 각 방면의 변법 주장에 관한 글들이다. 그 중심 사상은 국가 부강을 위한 자강운동과 실업과 공업 중흥, 인재교육이 서양 국가 부흥의 근본이 되었다는 주장이다.

이 밖에 캉유웨이가 집필한 「개회주의서(開會主義書)」 즉, 「강학회서(强學會序)」가 있다. 이 문장은 유신파의 정치 선언으로 중국이 북으로는 러시아 남으로는 프랑스, 동으로 일본, 서로는 미국에 둘러싸여 있는 위급한 형세임을 지적한 유명한 문장이다. 중국의 사대부와 지식인들에게 독일과 일본과 같은 강학회를 세워 변법유신운동을 전개해 나가야 함을 호소한 글로, 이를 읽는 독자들이 모두 눈물을 흘리며 감동하였다고 한다.

그러나 강학회의 성립과 『중외기문』의 간행은 봉건수구파들에게 극도의 경계심을 불러일으키면서 이들을 '서학서적 전문판매(專門販賣西學書籍)'라는 죄명으로 탄핵하고 발행금지령을 내릴 것을 청 정부에 요구하게 만들었다.

이에 1896년 1월 20일 광서제(光緖帝)는 수구파의 압력으로 강학회를 봉쇄하고 일체의 활동 금지령을 내렸다. 결국 1월 20일 정간되었고, 1월 29일 강학서국(强學書局)은 관서국(官書局)으로 명칭이 바뀌면서 이곳에서 『관서국보(官書局報)』와 『관서국회보(官書局匯報)』가 발행되었다.

중외기문과 만국공보

이 신문의 전신은 1895년 8월 17일 창간된 『만국공보(萬國公報)』로 캉유웨이가 량치차오와 함께 베이징에서 만든 첫 번째 언론매체다. 이 『만국공보』는 제호가 상하이(上海)의 영국 선교사 단체인 광학회(廣學

會)에서 만든 『만국공보』와 동일하였는데, 발행 3개월 뒤 강학회(强學會)가 성립되면서 『중외기문(中外紀聞)』으로 새롭게 발행되었다.

그러나 『만국공보』가 『중외기문』의 전신이며 발행인들 역시 같았지만, 이 두 매체는 기본 성격을 달리하고 있다. 즉, 『만국공보』 발행 시는 강학회가 성립되지 않아 기관지 성격을 갖고 있지 않으나 『중외기문』은 강학회의 정식 기관지였다.

또한 『만국공보』가 목판 인쇄였지만 『중외기문』은 목활자인쇄였으며, 재정적으로도 천츠(陳熾), 위안스카이(袁世凱), 류쿤르(劉坤日), 장즈둥(張之洞) 등 여러 참가자들의 모금으로 비교적 풍부한 재정을 유지하였다. (김성남)

참고문헌

方漢奇 主編, 『中國新聞社業通史』, 中國人民大學出版社, 1996; 葉再生 著, 『中國近代現代出版通史』, 北京: 華文出版社, 2002; 彭永祥, 『辛亥革命時期期刊介紹』, 人民出版社, 1986.

중외물가신보(中外物價新報)

▶ 중외상업신보(中外商業新報)

중외산보(中外算報)

1902년 중국 상하이에서 창간된 과학 잡지

1902년 2월 상하이(上海)에서 창간되었다. 편집장은 두야취안(杜亞泉)이며 월간으로 매회 20여 쪽을 발행하였다. 종간시점은 정확하지 않다.

창간 발간사를 통해 실학을 중시하고, 새로운 학풍을 열 것을 발행 목적으로 삼았다.

내용은 문편(文編), 연설, 역편(譯編), 투고, 과예(課藝), 문답(問答) 등의 공간을 개설하였으며, 역편(譯編)은 다시 미분학, 기하학 해석, 평면입체기하학, 삼각, 물리계산법, 화학계산법, 대대수(大代數) 등 수학 과정의 교학 참고 자료를 번역 게재하였다. (김성남)

참고문헌

王檜林·朱漢國 主編, 『中國報刊辭典』, 太原: 書海出版社, 1992; 葉再生 著, 『中國近代現代出版通史』, 北京: 華文出版社, 2002.

중외상업신보(中外商業新報)

1889년 일본에서 발행된 경제 신문

현재의 『일본경제신문(日本經濟新聞)』의 전신으로 경제전문 월간신문으로 발행되었다. 1876년 12월 2일 『중외물가신보(中外物價新報)』라는 이름의 주간지로서 창간되었다.

『중외상업신보』 창간자는 초대 미쓰이물산(三井物産) 사장인 마스다 다카시(益田孝)였다. 이 때문에 삼정물산 내에 신설된 중외물가신보국(中外物價新報局)이 편집을 담당하였다. 인쇄와 판매는 『도쿄니치니치신문(東京日日新聞)』을 발행한 닛포샤(日報社)에 위탁하였다.

증권·상황(商況) 등의 상장(相場)을 전하는 전문지의 성격이 농후하였고, 일반적인 경제기사와 논평은 극히 적었다.

그러나 일본 경제의 발전과 동시에 동지의 수요가 늘어나면서 1882년 7월에 발행소를 쇼쿄샤(商況社)로 개조·개칭하고 동월 8일부터 주 3회 간행(週三回刊)으로 하다가, 1885년 7월 1일부터 일간지로 발행하였다.

1889년 1월 17일에 『중외상업신보』로 개제하고 이후 지면내용도 상장신문에서 경제 신문으로 전환되었다.

경제호황기에 들어선 1895년에 니혼바시(日本橋)

기타지마(北島町)에 사옥을 신축하고, 프랑스산 윤전기를 도입함과 동시에 지면을 6쪽에서 8쪽으로 확충하였다.

1897년에는 상업등기공고의 게재지정지(揭載指定紙)가 되었고 1904년에는 로이터통신사와 특약을 체결하였다.

러일전쟁에 따른 보도전으로 영업비가 격증한 반면, 광고 수입이 감소하면서 경영위기에 빠지기도 하였다.

1911년에 미쓰이합명회사의 전액 출자로 자본금 10만 엔의 주식회사가 되었고, 이보다 앞선 1909년 3월 14일에는 중외상업신보사로 개칭하였다. 이후 동지의 경영에 부침이 있었지만, 언론계에서 경제 신문으로서의 기반을 다져나갔다.

특히 상공계층에게 지지받았던 후쿠자와 유키치(福澤諭吉)가 창간한 『지지신보(時事新報)』가 1910년대 들어 쇠퇴한 것과는 대조적으로, 동지는 상공계층으로 독자를 확대 개척하고 경제전문 신문으로 성장하였다.

간토대지진이 발생하기 전인 1923년에는 15만 부를 발행하고, 중국 아메리카에 특파원을 상주시킬 만큼 성장하였다.

1924년 12월 1일 석간인 『오사카중외상업신보』를 창간하는 한편, 동년 10월부터 도쿄에서 동지의 석간을 발간했다.

1920년대 말 1930년대 초의 공황기에는 경영위기에 빠졌지만, 미쓰이합명의 원조를 바탕으로 극복하였다. 1934년에는 조석간 16면을 발행했다.

1940년에는 미쓰이로부터 독립하여 독자 경영을 하였다. 1942년 11월 1일 『일간공업신문』 등을 흡수하여 『일본산업신문(日本産業新聞)』으로 개제하고 1944년 1월 21일에 일본산업신문사로 이름을 바꾸었다.

1946년 3월 1일 『일본경제신문(日本經濟新聞)』으로 개제하고 동월 13일 일본경제신문사로 개칭하였다. (문영주)

참고문헌

春原昭彦, 『日本新聞通史』, 新泉社, 2003; 新聞研究所, 『日本新聞年鑑』, 1943; 杉原四郎 編, 『日本経済雑誌の源流』, 有斐閣, 1990; 杉原四郎 著, 『日本の経済雑誌』, 日本経済評論社, 1987.

중외소설림(中外小說林)

1907년 중국 광저우에서 창간된 문예지

1907년 6월 광저우(廣州)에서 창간되었다. 제16호까지는 중외소설림사에서 편집 발행하였으나 제17호부터는 공리당(公理堂)에서 인수하여 제호에 '회도(繪圖)' 2글자를 앞에 더하여 『회도중외소설림(繪圖中外小說林)』으로 발행되다가 제28호를 발간하고 종간되었다. 편집 책임은 황보야오(黃伯耀)와 황스중(黃世仲) 형제이다.

내용은 소설과 외서(外書), 해문(諧文), 용주가(龍舟歌), 오구(奧謳), 반본(班本), 남음(南音), 목어(木魚), 갸담(噱談) 등의 난을 개설하였다. 주요 내용은 소설이론과 소설, 가요, 극본 위주였다.

사용된 언어는 주로 광둥어(廣東語)였으며, 암흑사회 현실을 폭로하고 풍자하는 내용이 많았다.

황스중의 장편소설 「환해조(宦海潮)」와 「황량몽(黃粱夢)」을 게재하였으며, 리환(荔浣)의 「부유종(婦孺鍾)」, 번역작품인 미국의 「교여모(狡女謨)」, 영국의 「난중연(難中緣)」 등이 소개되었다. 또한 단편소설로는 롼피(亂劈)의 「현형요(現形妖)」, 황보야오의 「환해악도(宦海惡濤)」와 「맹회두(猛回頭)」 등이 있다. 극본에는 량줘(量拙)의 「협(妓俠)」, 「기민소고(旗民訴苦)」 등이 발표되었다.

그리고 외서(外書)란에 소설에 관한 논문 십여 편을 발표하였는데, 즉 황보야오의 「소설과 풍속의 관계(小說與風俗之關係)」와 「개량극본과 개량소설의 사회의 경중 관계(改良劇本與改良小說關係于社會之重輕)」 등이 있다. 이 논문들은 소설 이론의 여러 문제들을 논술하여 많은 주목을 받았으며, 해문(諧文)란에는 「아편계와 색계 양대 마귀와 군중의 관계(烟界嫖界兩大魔鬼與人群之關係)」 등을 실어 세상을 예리하게 풍자하였다.

이 밖에도 가요와 민속노래를 통해 강렬한 반청(反淸) 정서와 민족 민주 혁명사상을 나타내었으며, 당시 이러한 내용과 형식은 적지 않은 영향력을 조성하였다. (김성남)

참고문헌

周葱秀·涂明 著,『中國近現代文化期刊史』, 山西教育出版社, 1999; 葉再生 著,『中國近代現代出版通史』, 北京: 華文出版社, 2002.

중외신문칠일록(中外新聞七日錄)

1865년 중국 광저우에서 창간된 시사종합신문

1865년 2월 2일 광저우(廣州)에서 주간(週刊)으로 창간되었다. 중국어 주간지로는 광저우에서 최초이다. 영국 런던선교회 선교사 존 차머스(John Chalmers, 湛約翰)가 창간하고 주필을 보았다. 1867년 1월부터는 미국 선교사 프레스톤(Charles Finney Preston, 丕思業) 등이 이어서 주필을 보았다. 1870년에 종간되었으나 현재 보관본은 1868년 1월 23일 155호가 마지막 호이다.

비영리성 매체로 과학지식을 소개하고 새로운 뉴스와 정보를 제공하는 데 그 목적이 있음을 창간호에서 표명하였다.

편집지면 2면을 상하로 나누어 4개의 난으로 구성하였는데, 뉴스가 매회 2개의 난 이상을 차지하고 있다.

보도의 내용은 광범위하여 '고려국소식(高麗國新聞)', '미국제병기사(美國濟兵紀事)', '인도국기문(印度國奇聞)' 등의 다양한 국제 뉴스를 실었다. 국내 소식은 '선록경보(選錄京報)', '상하이 소식(上海新聞)', '허난 소식(河南新聞)' 등의 난과 광저우와 광둥성(廣東省)의 소식을 게재하는 '양성근문(羊城近聞)', '주조근문(潮州近聞)' 등의 난이 있다.

과학기술 지식을 소개하는 것도 이 신문의 중요 내용을 이루고 있어, 천문·기상·수학·물리·의학 등에 관한 「일식월식론(日蝕月蝕論)」, 「논홍예(論虹霓)」, 「논우비유용왕(論雨非由龍王)」 등의 문장을 자주 게재하였다.

시사 논문과 문예 원고를 소량 게재하였으며, 가끔 상업정보와 광고도 있었지만 상업성 언론매체에 비하면 그 양은 매우 적었다. 종교적 문장은 매우 적었지만, 보도하는 각종 뉴스와 과학 지식을 전하는 내용 중에 은밀한 방식으로 기독교 복음을 논하는 방식을 애용하였다.

정치상으로는 친 정부적 입장을 명확히 하여 태평천국과 홍슈취안(洪秀全)의 반청(反淸)운동에 대해 격렬한 공격을 가하였다.

아편전쟁 이전의 기독교 신문에 비해 뉴스와 체계가 비교적 완비되어 있어 전통적 서본 형태를 벗어나 있었으며, 당시 비교적 광범위한 영향력을 가지고 있었다. 1867년 2월 2일 기사에 의하면 1만의 독자를 가지고 있었다고 한다. (김성남)

참고문헌

方漢奇 主編,『中國新聞社業通史』, 中國人民大學出版社, 1996; 葉再生 著,『中國近代現代出版通史』, 北京: 華文出版社, 2002.

중외신보(中外新報)

1858년 홍콩에서 창간된 시사종합신문

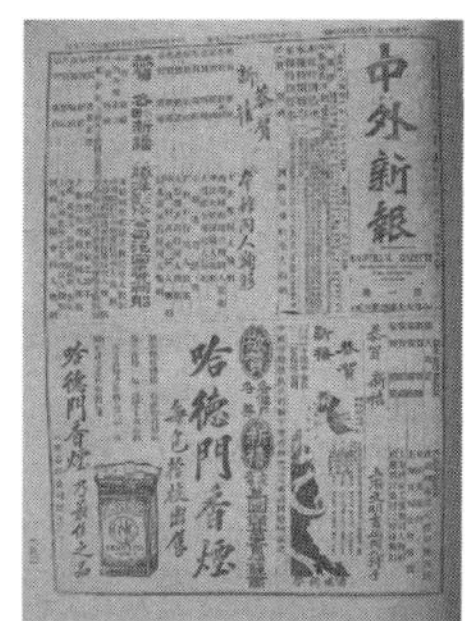

1858년 홍콩(香港)의 자자보관(孖刺報館)에서 『홍콩선두화가지(香航船頭貨價紙)』라는 이름으로 처음 간행되다가 1872년 이후에 『중외신보』로 개칭되었다. 61년 동안 발행되다가 1919년 종간되었다.

이 신문의 전신인 『홍콩선두화가지』는 홍콩 최초의 중국어 신문이다. 1주에 3회씩, 홍콩의 상점 주인들을 대상으로 발행하였으며, 내용은 상업정보와 선박 운행시간, 광고를 위주로 하였고 뉴스정보는 간략하였다.

그 후 1864년, 제호를 『홍콩중외신보』로 개칭하였으며, 다시 『중외신보』로 바꾸었다.

오랜 기간에 걸쳐 발행된 비교적 영향력 있는 매체였으나 아쉽게도 초기에 발행된 신문들은 보존되어 있지 않다. 1872년의 『홍콩중외신보』가 현재 볼 수 있는 가장 오래된 초기 발행분이다. 창간 초기 주요 독자는 상인이었으나, 후에는 일반 시민을 대상으로 하였다.

1872년 판본을 보면 4면이 발행되었는데, 1면은 선박일지와 광고가 주요 내용을 차지하고 있고, 2면은 뉴스 위주로, 3, 4면은 '본항신문(本航新聞)', '양성신문(羊城新聞)', '경보선록(京報選錄)' 등의 난이 고정되어 있다.

초기에는 주(週) 3회 발행하면서 별지로 『행정지(行情紙)』를 발행하였으나, 1873년부터 일간지로 발전하였다.

민국 시기에 들어서 대대적 개혁을 진행하였고, 위안스카이(袁世凱) 군벌에 공격을 가하면서 판매량이 급속히 1만 부까지 증가하였다. 그 이후, 청 정부의 광동(廣東) 제독(提督)이었던 룽지광(龍濟光)이 신문사를 매입하여 주인이 바뀌었다.

• 황성(黃勝)과 우팅팡(伍廷芳)

이 신문의 전신인 『홍콩중외신보』의 초기 편집인은 중국인 황성과 우팅팡이다.

황성은 홍콩의 로버트 모리슨(Robert Morrison, 馬禮遜)학교에서 공부한 후, 1847년 미국 유학길에 올라 중국 최초의 미국 유학생이 된 인물이다. 도미 후 다음해 귀국하여 샤오루이더(肖銳德)의 도움으로 덕신보관(德臣報館)에서 인쇄술을 배우고 영화서원(英華書院) 인쇄소에서 근무하였다. 그는 영어 능력을 구비고 있어 레그(Dr. James Legge, 理雅谷)가 진행하는 중국 고전 번역 작업을 도와주기도 하였고, 인쇄 출판에 대한 지식도 겸비하고 있었다.

우팅팡(伍廷芳)은 싱가포르에서 태어나 13세에 홍콩 성바오로서원에 입학하였으며, 1861년 졸업 후 홍콩 고등신판청에서 통역을 담당하였다. 그 후 황성을 따라 『홍콩중외신보』 편집에 참여하였다. (김성남)

참고문헌

方漢奇 主編, 『中國新聞社業通史』, 中國人民大學出版社, 1996;
葉再生 著, 『中國近代現代出版通史』, 北京: 華文出版社, 2002.

중외일보(中外日報)

1926년 서울에서 창간된 신문

1926년 11월 15일 서울에서 『시대일보』의 제호를 변경하여 창간한 신문이다. 편집 겸 발행인은 이상협이고, 인쇄인은 김정기였다. 4쪽으로 발행되었으며, 1개월에 60전이었다. 1931년 6월 19일을 마지막으로 종간하였다.

『중외일보』는 1926년 9월 18일자로 발행허가를 얻어 11월 15일 편집 겸 발행인 이상협 명의로 창간되었다. 백연기라는 사람의 출자로 운영되었는데, 『시대일보』의 후신이다. 『시대일보』가 발행을 중단한 것은 무한책임사원 전원이 퇴사함에 따라 회사가 해산되었고, 발행허가도 소실된 탓인데, 이로 인해 『시대일보』라는 제호는 사라졌고, 『중외일보』라는 제명으로 창간하여 지령을 1호부터 시작했다.

『시대일보』에서 『중외일보』로 제호가 바뀌면서 본지는 경영상태가 어려운 와중에 총독부 경무국으로부터는 여러 차례 압수처분을 당하기도 했는데, 대표적으로 1928년에 일어난 필화 사건들이 있다. 첫 번째는 1928년 2월 「세계일주기행 조선에서 조선으로」가 문제시되어 발행 겸 편집인인 이상협과 문제된 기행문의 필자이며 논설위원이었던 이정섭이 유죄판결을 받은 사건이 있다. 두 번째는 12월 6일자 사설 「직업화와 추화(醜化)」로 말미암아 이튿날 무기정간처분을 당한 사건이 있다.

총독부가 본지에 정간처분을 내린 것은 단순히 문

제된 사설이었던 「직업화와 추화」 때문만은 아니었는데, 총독부 입장에서 바라볼 때 그동안 편집내용 중에서 정치적으로 문제되는 것이 많았고, 여러 차례 압수를 당한 내용들이 있었던 것이다. 본지의 정간은 42일 만인 1929년 1월 18일에 해제되었으나 재정난으로 2월 10일에야 속간할 수 있었다.

한편, 무기정간처분 직전인 1928년 11월에는 간부진의 변동이 있었다. 새 진용과 함께 본지는 그때까지의 재정 형편으로 인한 소극적 경영정책을 탈피하고 적극적으로 발전을 꾀한다고 하여 그간 다른 민간지가 엄두를 내지 못하던 8쪽 증면을 단행하여 언론계에 파장을 일으킨다.

1929년 9월 17일부터는 대대적인 사고를 내면서 9월 26일부터 조석간 4쪽씩 하루 8쪽을 발행한다고 선언했고, 9월 26일부터 우리나라 최초의 조석간 8쪽을 단행한 것이다. 이에 자극을 받은 동아, 조선도 8쪽으로 맞서서 치열한 경쟁을 벌인다.

그러나 원래 재력이 빈약했던 본사는 스스로 시작한 경쟁 체제를 이겨내지 못하고 재정난에 시달렸다. 이듬해 1930년 2월 5일부터는 발행 겸 편집인을 안희제로 바꾸었으나, 여전히 재정난을 해결할 수 없어서 이해 10월 14일까지 발행한 후 13일에 자진 휴간에 들어갔다. 한편, 1931년 2월 15일 김형원 등 2, 3명 사원들의 노력으로 다시 속간하기는 했으나, 고질적인 재정난은 타개할 수 없었다. 결국 6월 19일 종간호를 내고, 9월 2일 주주총회에서 주식회사의 해산이 결의된다.

• 이상협

이상협은 당시 신문계의 귀재로 알려져 있었다. '가장 값싸고 가장 좋은 신문'을 내세워 구독료도 『동아일보』나 『조선일보』가 하루에 6쪽을 발행하면서 1개월에 1원을 받은 것에 비해, 『중외일보』는 하루 4쪽이었지만, 1개월에 60전이라는 당시로서는 파격적인 염가정책을 추진했다. 이상협은 『동아일보』가 발행 허가를 받을 때부터 중추적 역할을 했고, 초대 편집국장이기도 했으나, 1924년에는 『동아일보』를 퇴사하여, 자신의 직계 기자들과 함께 『조선일보』로 옮기고, 다시 『중외일보』를 경영하게 된 것이다. 이상협은 자신의 경험과 포부를 다해 여러 아이디어를 내놓는다. 이를테면 우리나라가 농업국이라는 사실을 반영하여, 농촌 독자를 대상으로 한 농업란을 만들었고, 오늘날 모든 신문이 싣고 있는 박보(博譜), 기보(棋譜) 등을 실어서 오락적이라는 비판을 받기도 했으나 새로운 독자들을 끌어들이는 데에 힘을 기울이기도 했다. (이경돈)

참고문헌

『한국신문·잡지총목록』, 대한민국국회도서관, 1966; 『한국신문백년 사료집』, 사단법인 한국신문연구소, 1975; 계훈모, 『한국언론연표』, 관훈클럽신영연구기금, 1979; 『한국신문백년지』, 한국언론연구원, 1983; 박용규, 「일제하 시대, 중외, 중앙, 조선중앙일보에 관한 연구」, 『언론과 정보』 2호, 1996; 정진석, 『인물 한국언론사: 한국 언론을 움직인 사람들』, 나남출판, 1995.

▌중외평론(中外評論)

1934년 중국 난징에서 창간된 정치운동잡지

1934년 7월 난징(南京)에서 창간하였으며, 원명은 『서북평론(西北評論)』으로 1936년 1월 『중외평론(中外評論)』으로 제호를 바꾸었다. 창간시 반월간으로 발행되다가 1936년 호를 『중외논평』으로 바꾸면서 3권 4호부터 월간으로 바꾸고 권호수는 지속되었다. 1권은 11호를 출간하였고, 2권에서 4권까지는 각각 6호를 출간하였으며, 1937년 8월 5권 2호를 출간한 후에 휴간되었다. 1937년 10월에 복간하여 『전시특간』으로 발행되다가 1937년 11월 2호까지 출간된 후 종간되었다. 베이징대학도서관 등에 소장되어 있다.

내용은 기상대(氣象臺), 논문, 문예, 서북각(西北角) 등의 난이 있었다. 국내외 중요 정치적 사건의 소개와 평론을 게재하였으며, 중국과 관련된 국제문제 및 이에 대한 논평과 역저들이 발표되었다. (김성남)

참고문헌

葉再生 著, 『中國近代現代出版通史』, 北京: 華文出版社, 2002;
王檜林·朱漢國 主編, 『中國報刊辭典』, 太原: 書海出版社, 1992.

중일논단(中日論壇)

1936년 중국 상하이에서 창간된 시사종합잡지

1936년 5월 상하이(上海)에서 창간되었다. 이썬(藝森)이 총편집인이며, 반월간이다. 3호는 반공협정특집호(防共協定專號)로 간행되었다. 1936년 6월 총 4호를 발행하고 종간되었다. 중국국가도서관 등에 소장되어 있다.

내용은 사론(社論), 단평, 전론(專論), 만주(滿洲) 통신 등의 난이 있었다.

주로 중일관계를 탐구 토론하고, 일본제국주의의 침략 야심을 폭로하였다. 실린 글들은 태평양 공동체의 안전문제, 구국통일전선, 세계학생반전운동 및 매국노(漢奸)에 대한 문제, 일본군의 동북침략, 둥베이(東北)의용군의 항전, 조선의 민족해방운동, 일본의 화베이(華北) 지방에서의 증병 및 밀수문제, 중일관세동맹문제 등을 포괄하고 있었다. (김성남)

참고문헌

葉再生 著,『中國近代現代出版通史』, 北京: 華文出版社, 2002; 王檜林·朱漢國 主編,『中國報刊辭典』, 太原: 書海出版社, 1992.

중추원통신(中樞院通信)

1928년 서울에서 일본어로 발간된 월간지

1928년경에 창간된 것으로 추정되는 중추원의 기관지이다. 매월 15일 발간하는 월간지였으며, 1부의 정가는 5전이었다. 발행인은 중추원 서기관장이었으며, 발행소는 중추원이었다. 대개 8쪽에서 20쪽 사이의 분량으로 발간되었다. 국립중앙도서관에 1937년 1월(100호)부터 1937년 12월(111호)까지 1년 치 발간분이 소장되어 있다.

신년사 또는 인사말을 모두에 실었으며, 서임사령과 관련 법령 및 정책 해설 기사 등을 주요 기사로 실었다. 주요 기사나 보고, 논문 등은 주로 중추원의 참의나 서기관 또는 총독부 고위 관료의 글을 중심으로 게재하였다. 제국의회 관련 기사를 싣기도 하였다. 중추원 본회의 기사나 순회강연, 시찰 보고, 중추원 목요예회보고 등을 주요 기사로 실었으며, 참의의 한시를 게재하기도 하였다.

조선총독부 중추원의 관습조사

부동산법조사회, 법전조사국, 취조국, 참사관실 등에서 담당하던 구관 및 제도 조사사업이 중추원으로 이관된 것은 1915년의 일이었다. 중추원은 1915년부터 1937년까지 곧 구관 및 제도를 조사하던 시대를 중추원시대라고 자칭하고 있다.

1915년 중추원에서는 그 전에 어느 정도 진전되었던 사법(私法)에 관한 관습 조사를 완결하여 편찬하도록 하고, 널리 구래의 제도를 조사하며, 행정 및 일반에게 참고로 할 수 있는 풍속과 관습을 조사한다는 방침을 정했다.

1915년 말 구관조사와 관련한 사업으로서 조선반도사 편찬에 착수하였고(반도사 편찬은 1922년 조선사편찬위원회, 다시 조선사편수회로 이관되었다), 1916년에는 반도사 편찬의 부대사업으로서『조선인명고』(나중에『조선인명사서』로 개칭) 편찬에 착수하였다. 1918년에는 구관심의위원회(1921년 구관제도조사위원회로 재편, 1924년 폐지)를 설치하였고, 1919년에는 조선 사회 사정에 대한 조사를 개시하였다. 1920년에는『조선지지(朝鮮地誌)』 편찬에 착수하였으며, 1921년 부락 조사를 시작하였으며(이는 1925년 종결되었다),『일한동원사(日韓同源史)』 편찬에 착수하였다. 1921년에는 민사관습, 상사관습(商事慣習), 제도, 풍속의 네 가지로 각 조사 항목을 편성하여 조사를 진행하였다.

구관제도조사사업의 결과 중추원에서 간행한 단행본 자료로는 다음과 같은 것이 있다. 『역문대전회통(譯文大典會通)』(1921), 『소작에 관한 관습조사서(小作ニ關スル慣習調査書)』(1930), 『민사관습회답휘집(民事慣習回答彙集)』(1933), 『사환미제도(社還米制度)』(1933), 『경국대전(經國大典)』(1934), 『조선의 성명씨에 관한 연구조사(朝鮮の姓名氏族に關する硏究調査)』(1934), 『대전속록급주해(大典續錄及註解)』(1935), 『속대전(續大典)』(1935), 『심전개발에 관한 강연집(心田開發に關する講演集)』(1936), 『대명률직해(大明律直解)』(1936), 『이조의 재산상속법(李朝の財産相續法)』(1936), 『조선인명사전(朝鮮人名辭書)』(1937), 『선좌승타구포(扇左繩打毬匏)』(1937), 『신증동국여지승람색인(新增東國與地勝覽索引)』(1937), 『이두집성(吏讀集成)』(1937), 『교정세종실록지리지(校訂世宗實錄地理志)』(1938), 『경상도지리지(慶尙道地理志), 경상도속선지리지(慶尙道續撰地理志)』(1938), 『만기요람(萬機要覽)』(1938), 『추관지(秋官志)』(1939), 『풍속관계자립촬요(風俗關係資料撮要)』(1939), 『교주대전회통(校註大典會通)』(1939), 『조선제사상속법론서설(朝鮮祭祀相續法論序說)』(1939), 『조선전제고(朝鮮田制考)』(1940), 『근대일선관계의 연구(近代日鮮關係の硏究)』(1940), 『수교집요(受敎輯要)』(1943) 등이다.

조선총독부 중추원 주요 임원

조선총독부 중추원은 조선총독의 자문에 응하는 것을 주요 목적으로 설립되었으며, 의장은 정무총감이 당연직으로 임명되도록 하였다. 부의장과 고문, 참의 등은 총독의 주청으로 내각이 임명하며, 임기는 3년으로 하였다. 봉급은 부의장은 연액 4000원 이내, 참의는 연액 3000원 이내에서 총독이 정하도록 하였다. 서기관장은 총독부의 내무국장이 겸하되, 의장의 감독을 받아 원무를 장리하도록 하였다.

조선총독부는 중추원 참의에 주요한 협력자들을 임명함으로써, 일반인들에게 중추원은 조선인 협력자들, 곧 친일파들의 집합소로 인식되었다. 1935년 현재 중추원의 중요 임원을 살펴보면 다음과 같다.

의장은 당연직으로 정무총감 이마이다 기요노리(今井田淸德), 부의장은 박영효였다. 고문에는 민병석(閔丙奭), 윤덕영(尹德榮), 이윤용(李允用) 세 사람이 있었다.

칙임대우 참의에는 유정수(柳正秀), 조희문(趙義聞), 서상훈(徐相勛), 엄준원(嚴俊源), 장헌식(張憲植), 김윤정(金潤晶), 박중양(朴重陽), 한상룡(韓相龍), 신석린(申錫麟), 박상준(朴相駿), 김영진(金英鎭), 이겸제(李謙濟), 유혁로(柳赫魯), 조성근(趙性根), 박영철(朴榮喆), 한규복(韓圭復), 박용규(朴容九), 어담(魚潭), 윤갑병(尹甲炳), 이진호(李軫鎬), 김관현(金寬鉉), 김명준(金明濬), 최린(崔麟), 김서규(金瑞圭), 남궁영(南宮營) 등이 있었다.

다음 주임대우 참의로는 박종렬(朴宗烈), 정난교(鄭蘭敎), 이택규(李宅珪), 이병렬(李炳烈), 오태환(吳台煥), 김상설(金相卨), 원덕상(元悳常), 이경식(李敬植), 장직상(張稷相), 석명선(石明瑄), 박철희(朴喆熙), 현은(玄櫶), 최윤주(崔允周), 정대현(鄭大鉉), 김사연(金思演), 김한규(金漢奎), 김정호(金正浩), 이명구(李明求), 이기승(李基升), 김종흡(金鍾翕), 정석모(鄭碩謨), 박희옥(朴禧沃), 현준호(玄俊鎬), 서병조(徐丙朝), 이선호(李宣鎬), 최연국(崔演國), 김두찬(金斗贊), 장대익(張大翼), 김영택(金泳澤), 정관조(鄭觀朝), 이교식(李敎植), 최창조(崔昌朝), 고일청(高一淸), 이근우(李根宇), 최양호(崔養浩), 유태설(劉泰卨), 신희련(申熙璉), 김병규(金炳奎) 등이 이름을 올리고 있다. (윤해동)

참고문헌

『중추원통신』 국립도서관 소장본.

▌중외평론(中外評論)

1930년 중국 상하이에서 발간된 경제 잡지

1930년 7월 상하이(上海)에서 창간되었다. 중국은행(中國銀行)의 기관 간행물이다. 1938년 12월 정간되었다. 베이징대학도서관 등지에 소장되어 있다.

『중행월간』은 재정, 은행 화폐, 금융 시황, 산업, 무역, 상품, 서평 등의 난으로 구성되었다. 재정 금융 문제를 연구하는 논문과 번역문이 발표되었다. 국내외 경제 상황을 소개하고 국내외 경제 시사를 보도하였다. 관련 통계 수치와 자료 등을 공포하였다. (이은자)

참고문헌

王檜林·朱漢國, 『中國報刊辭典(1815~1949)』, 太原(山西): 書海出版社, 1992; 葉再生, 『中國近代現代出版通史』, 北京: 華文出版社, 2002.

중화부녀계(中華婦女界)

1915년 중국 상하이에서 창간된 여성지

1915년 1월 25일 상하이(上海)에서 월간으로 창간되어 중화서국(中華書局)에서 발행되었다. 1916년 6월 총18호를 출판하고 종간되었다. 베이징 수도(首都) 도서관에 소장되어 있다.

여성교육을 위해 노력한 여성지이지만 보수적 성격을 가지고 있어 전통적 여성의 미덕을 강조하고 칭찬하였다. 사회생활과 재봉법, 요리법, 아동교육 방법을 소개하고, 외국 여성의 직업 상황들을 수집하고 본보기로 삼아 제공하는 것을 주요 목적으로 하였다.

"여학생과 가정주부의 지식을 증진시키기 위해서 정신을 배양", "현모양처의 숙녀주의" 등을 선전하고 전통적 여성의 덕(女德)을 옹호하였으며, 여성 참정(參政)을 반대하였다. (김성남)

참고문헌

王檜林·朱漢國 主編, 『中國報刊辭典』, 太原: 書海出版社, 1992; 周葱秀·涂明 著, 『中國近現代文化期刊史』, 山西教育出版社, 1999.

중화신보(中華新報)

1915년 중국 상하이에서 창간된 종합일간지

1915년 10월 10일 상하이(上海)에서 국민당원이었던 양융타이(楊永泰), 구중슈(谷鐘秀) 등이 창간한 일간지이다. 사옥은 상하이 프랑스 조계내 싼양징차오둥(三洋涇橋東)에 두었다. 정학계의 기관지 역할을 하였다. 천바이쉬(陳白虛)가 주편하였고, 장룽시(張鎔西), 푸루린(傅汝霖), 어우양전성(歐陽振聲), 리다잉(李達膺), 우즈후이(吳稚暉), 장지완(張季鸞), 왕푸옌(往馥炎) 등이 편집에 참가하였다. 양융타이과 구중슈는 이미 『신중화(新中華)』 잡지를 창간한 바 있지만 시종 위안스카이(袁世凱)의 의회 파괴 및 독재를 비판하였다. 국민의 정치의식을 고취함으로써 공화정을 정상화하겠다는 것이 이들의 입장이었다.

또 한편 정학계의 활동에 맞추어 1916년 9월 1일부터 『중화신보』의 베이징판을 따로 운용하였다. 베이징판은 정학계 성원인 장야오쩡(張耀曾)이 사장을 맡고 장지완이 총편집, 캉신루(康心如)가 경리(經理)를 맡았다. 모두 정학계의 요인들이라 할 수 있다. 그 외 리다잉, 한위천(韓玉辰), 가오중허(高仲和), 저우타이쉬안(周太玄), 량추수이(梁秋水) 등이 편집에 참여하였다. 5·4운동 이후에는 태동도서국을 창립하는 등 신문화운동에도 눈을 돌렸지만, 영업 부진을 이유로 1926년 여름 정간하였다. 상하이도서관 등에 분장(分藏)되어 있다.

2차 혁명 실패 후, 의회제의 정상화를 촉구해온 입장에서 위안스카이의 제제운동에 반대하는 여론을 조성하려는 것이 창간 취지였다.

양융타이와 구중슈는 민초 내각제를 옹호했던 황싱(黃興)과 가까웠으며, 남양파 또는 온건파로 분류되었다. 쑨원 중심의 혁명파와 계통을 달리한 것이다. 1916년 11월 정학계(政學系) 성립 후 그 핵심 멤버가 되었다.

호국전쟁(護國戰爭) 과정에서는 '호국군 기사(護國軍記事)'란을 따로 만들어 호국군의 진전 상황, 호국군 총사령부, 사성호국군 군무원(四省護國軍 軍務院)의 함전(函電), 문고(文告), 전황(戰況) 등을 상세히 기록함으로써 위안스카이의 칭제운동에 대한 반대여론을 조성하는데 한몫 하였다. 당시 천바이쉬의 주편 아래 류청위(劉成禺)의 「홍헌기사시(洪憲記事詩)」, 우즈후이의 「좌암객좌담화(脞龕客座談話)」 등을 연재하여 주목을 끌었다. (오병수)

중화실업잡지(中華實業雜誌)

1912년 일본 도쿄에서 간행된 경제 월간지

1910년 창간된 『남양군도상업연구회잡지』를 개명한 것이다. 1912년 본명으로 바꾸고, 간행 주기 역시 계간에서 월간으로 바꾸었다. 도쿄(東京) 중화실업잡지사에서 편집하고, 베이징(北京), 상하이(上海)의 상무인서관(商務印書館)에서 발행하였다. 1917년부터는 톈진(天津)으로 출판지를 옮겼다. 사장은 리원취안(李文權, 1878~)이다. 정간시기는 미상이다.

사장인 리원취안은 본래 베이징의 엘리트 출신으로 일찍이 변법유신운동에 참가한 뒤, 경사대학당을 졸업하였다. 부국의 방법을 모색하던 중 1906년 일본 문부성의 초빙을 받아, 도쿄고등상업학교 교원 신분으로 일본에 간 뒤 남양군도상업연구잡지를 창간한 것이었다.

잡지의 체제는 논설(論說), 역저(譯著), 전건(電件), 조사(調査), 명인위론(名人偉論), 근사(近事), 내고(來稿), 문원(文苑) 등 난을 두었다. 당시 실업구국이라는 분명한 목적하에 비교적 긴 시간 간행되었던 잡지이다. "실업의 근본은 자본, 기계, 인재 등인데 이 삼자 중에서 교육이 더욱 중요하다"라며 관련 정보를 광범위하게 취급하였다.

특징적인 것은 외채와 화교의 투자를 활용한 적극적인 개발정책을 주장하였다는 점이다. 특히 제정러시아가 프랑스의 차관으로 시베리아 철도를 건설함으로써 원동의 강국이 된 것이나, 일본이 차관을 이용한 근대화정책을 통해 러일전쟁에서 승리한 것을 예로 들었다. 물론 당시 청조의 외채정책에 대해서는 비판적이었다. 그것은 청조가 외채를 매개로 주권의 일부를 양도하거나 용도를 잘못 사용했다는 것이며 이는 외채 자체의 문제 때문은 아니라는 것이었다.

또한 잡지는 실업 개발을 위해서 화교의 적극적인 투자를 강조하였다. 대신 국가는 화교의 이익을 적극적으로 대변하고, 화교는 국가의 근대화에 적극적으로 참여하여야 한다는 것이었다(「이후 남양화교에 대한 대응 방법」, 3권 2호). 동시에 잡지는 기계의 발전을 자세하게 보도하였는데 남양제조국에서 건조한 함선의 성능과 제작비용에 대한 것이나, 후베이(湖北) 직포국의 기계의 성능 등을 자세히 보도하고 선진적인 기계에 관한 정보를 다수 제공하였다.

그 외 전기(傳記)란에서는 중외 유명한 실업가의 전기를 실었다. 장젠(張謇), 성샨후이(盛善懷) 등의 행적을 자세히 분석하기도 하였다. 또 조사란은 「중국석유조사기(中國石油調査記)」 등 중국의 실업 발전과 관련한 상황을 조사하였다.

잡지의 기본 논조는 당시 중국의 부르주아계급의 이익을 대변하는 것으로 일본에 대한 끊임없는 경계 속에서 자신들의 이익을 보호할 수 있는 새로운 권력 수립을 희망하였고, 그것이 좌절된 이후 사회문화운동의 필요성을 제기하기도 하였다. (오병수)

참고문헌

『辛亥革命期刊介紹』 5, 人民出版社, 1986.

중화실업총보(中華實業叢報)

1913년 중국 상하이에서 창간된 월간지

1913년 5월 상하이(上海)에서 월간지로 창간되었다. 민국초기 대표적인 실업계를 대표하는 경제 잡지로서 1호는 5000부를 간행하였지만 2호부터는 8000부씩을 발행하였다. 1914년 10월 정간되었다.
체제는 사론(社論)과 기사(記事) 두 난으로 나누었다. 부록으로 소설 월표와 소설 등을 실었다. 발기인은 우즈후이(吳稚輝), 좡쩌딩(莊澤定), 리징이(李經宜), 왕원푸(汪文溥) 등이었고, 웡원푸가 주편을 맡았다. 왕원푸는 천춘밍(岑春蓂)의 막료 출신으로 당시 저장철로공사(浙江鐵路公司), 한야평공사(漢冶萍公司) 등의 간부였다.

창간 취지는 민국 건설을 위해 경제발전을 모색하

는 것이었다(「본보연기[本報緣起]」, 1호). 이를 위해 중외 조약 장정을 수집하여 이해 득실을 분석하고, 이권을 회수할 수 있도록 국민을 환기하는 것. 각 대국(大局)과 공사(公司)의 역사와 현상을 조사하고 개진과 발전을 모색, 토론할 일, 외국의 규장제도를 소개하고, 단체 조직을 완선하며, 제조기술을 강구함으로써 상전에 대비한다는 것. 이를 통해 세계 관념으로 중국의 생존을 도모하고 넓은 채집으로 당국에 연구거리를 제공한다는 것(「본보선언[本報宣言]」) 등을 목표로 하였다.

당시의 중요한 화제였던 각 성의 상판(商辦) 철로를 국유화하는 문제, 한야평공사의 주권의 귀속문제, 윤선 초상국의 재산을 확정하는 문제 등을 주로 다루었고, 각 공사의 실상에 대한 조사 분석에 힘을 쏟았다. 또 위안스카이(袁世凱)의 철로국유화정책을 비판하고, 특히 저장의 상판(商辦)철로를 국유화하는 정책을 심각하게 비판하였다. (오병수)

중화잡지(中華雜誌)

1916년 중국 베이징에서 창간된 진보당 기관지

1914년 베이징(北京)에서 창간된 진보당의 기관지다. 주편은 딩스이(丁世嶧)로서 산둥 출신의 진보당 국회의원이었다. 애초에는 반월간이었으나 1권 8호 후부터는 월간으로 바꾸었다. 진보당의 대변인격인 이쑤(李素), 장둥쑨(張東蓀)외에 일본 유학에서 갓 귀국한 왕푸옌(王復炎,) 리다자오(李大釗) 등이 주요 참고인으로 참가하였다. 저장(浙江) 출신의 두스예(杜師業) 등은 역문을 정기적으로 싣는 등 당시 입헌을 추구하는 지식인들의 참여가 두드러졌다.

찬론, 역론, 평판, 중외대사기 전란을 두었다. 각각 진보당의 정론, 그에 필요한 국외 정론, 유관 법률에 대한 해설 및 중요사건에 대한 기사를 실었다. 중외 정치, 경제 군사 외교등과 관련한 진보당의 정치적 입장을 잘 싣고 있다. 또 각 권마다 첫머리에 진보당 각지부와 탕화룽(湯化龍), 숑시링(熊希齡), 린창민(林長民), 쑨훙이(孫鴻伊), 왕다셰(汪大燮) 등의 사진을 싣고 있는 점이 특색이다.

글의 내용은 대부분 민초 제헌 실패 이후 진보당의 입장과 위안스카이(袁世凱)의 복고적인 제제운동에 대한 비판이 주류를 차지하고 있다. 예컨대 장둥쑨은 "혁명(革命) 초기 여러 사람들이 중앙 정부의 박약(薄弱)을 우려하여 강유력정부설(强有力政府說)을 주창하였고 나도 거기에 동의하였고, 각 성(省)이 독자적으로 외교를 전개할 것을 두려워하여 연방제를 비판하고 단일국가설을 주장하고 동의하였으나 결과가 어떻게 되었는가?"라고 반문하고, 공화정의 붕괴는 정당 정치가 작동할 수 없는 사회조건 속에서 당연한 것이라는 비판을 싣고 있다. 특히 엘리트들의 집합체인 정당인 국민적 통합성을 충분히 발휘하지 못했다는 것이다. 엘리트가 사회적 통합력을 발휘하지 못함으로써 국가권력의 자의적 확대를 견제하지 못했다는 반성이었다(성신[聖心], 「지방제지종극관[地方制之終極觀]」, 1권 7호, 1914.7.16).

이에 따라 장은 엘리트의 주도하에 아래로부터의 지방자치 그를 모색할 수 있는 연방제를 적극 주장하였다. 물론 그 주도세력을 여전히 지적 도덕적 엘리트에 한정함으로써 현인정치로 후퇴한 감은 있으나 사회 각 조직을 자치의 단위로 하는 사회재편을 주장함으로써 국민혁명으로 전화할 수 있는 논리적 가능성을 제공하였다. 반원운동(反袁運動)을 주도하고 『신종보』의 창간을 통해 신문화운동의 지도자로 성장한 량치차오 집단의 성격을 잘 드러내는 잡지 중의 하나이다. 1차 세계대전의 발발과 관련한 국제정세와 일본의 산둥 침략을 예민하게 분석하고 있다는 점은 주목 할 만하다. (오병수)

중화학생계(中華學生界)

1915년 중국 상하이에서 창간된 종합 학생잡지

1915년 1월 상하이(上海)에서 창간되어 1916년 6월 정간되었다. 모두 18호가 간행되었다. 상무인서관(商務印書館)에서 독립하여 중화서국(中華書局)을 차린 루페이쿠이(陸費逵)가 의욕적으로 간행한 월간 잡지 중의 하나이다. 학생의 품덕을 배양하고, 독서 지도, 외국의 새로운 과학기술 문화 및 지식 소개를 목표로 하였다. 실제 내용은 매우 다양해서 사상품덕수양(思想品德收養), 과보문장(科普文章), 명인전기(名人傳記), 유기소품(遊記小品), 단편소설(短篇小說), 정제정답(征題征答), 우수습작(優秀習作), 외국어 학습(外語學習) 등으로 난을 나누고, 정치, 경제, 문학, 역사, 과학기술 지식과 상식을 소개하는데 치중하였다. 주요 필진은 루페이쿠이(陸費逵), 류반눙(劉半農), 선언푸(沈恩浮), 린쩌정(林則蒸) 외에 중화서국의 직원들이 맡았다. 상당 부분은 미국, 일본 등의 잡지를 전재하는 경우가 많았다.

잡지에서 핵심 부분은 학생의 품덕 수양을 강조하는 내용이었다. 미래 사회의 주인공이자 예비적 지식인으로서 학생들의 건전한 정치 경제, 사회, 도덕관의 배양을 강조하였다. 물론 당시 사회가 바라는 학생에 대한 일반적 인식을 바탕으로 한 것이 많았다. 예컨대 리팅한(李廷翰)의 「학생의 경제를 말함」(1권 6호), 판위안롄(范源廉)의 「학생과 정치」, 선언푸의 「학생의 수양」 등은 모두 미래 국민으로서 건전한 정치, 경제, 사회 상식과 책임의식을 강조하였다. 또 루페이쿠이는 지덕체를 갖춘 이상적 학생을 희망하였다(루페이쿠이, 「중등학생에 고함」, 1권 2, 3호). 물론 모두 도덕적 설교 형식을 취하였다.

특이한 것은 이 같은 상식을 갖추는 방법으로 학생 특유의 이상과 희망을 권유하는 한편(「이상적 청년정신[理想的青年精神]」, 2권 6호) 100여 가지의 행동 준칙을 표방하였다는 점이다. 술 담배를 하지 말라거나, 여행을 위해 승하차할 때 어린아이나 노인에게 양보할 것, 공중도덕을 잘 지킬 것 등이었다(천슈펑[陳署峯], 「청년백화[青年白話]」, 2권 14호). 또 그 외 역사 인물이나 국외 인물을 모범사례로 들어 이상적 도덕덕목을 강조하였다. 예컨대 '소년규범(少年模範)'이란 항목아래에 고대 유명한 인물인 뤼멍(呂蒙), 웨페이(岳飛), 원톈샹(文天祥), 루주위안(陸九淵) 등 24인의 일화를 소개하였다. 예컨대 원톈샹에 재판 총결평가를 통해 "충(忠)이라는 글자는 인격의 요체 중의 하나이다", 다른 사람의 충은 개인이나 세력에 대한 충성에 불과하지만, "천상은 충은 국가에 대한 것으로 충의 완성이라 할 수 있다", "충을 다하면 망하는 국가를 망하지 않게 할 수도 있고, 설사 나라는 망하더라도 영원히 역사에 남는 것이다"라고 하여 문천상을 위세를 두려워하지 않고 나라에 충성한 모범으로 제시하는 등 애국심을 강조하였다.

또한 『중화학생계』는 학생잡지인 만큼 학생들의 건강한 생활 유지에 필요한 정보를 제공하였다. 학생들에게 효과적인 독서법과 함께 건강한 정신생활을 할 수 있도록 유머집 또는 위생에 관한 서적을 읽기를 권유하거나(셰처즈[謝側直], 「세계위인의 독서법[世界偉人之讀書法]」, 1권 5호; 지슝[季雄], 「청년지침[青年指針]」, 2권 5호), 학생의 자율적이고 주체적인 학습법을 권유하였다(천룽커[陳榮格], 「수학지남[修學指南]」, 1권 11호).

물론 이 같은 보편적인 학습법외에 각 과별로 학습법을 제시하였다. 교육적 이론을 바탕으로 한 것은 아니지만, 「국문을 익히는 간단한 방법(修習國文之簡易法)」(2권 2호), 「영문책을 따로 읽는 법(英文書報之課外閱讀)」(1권 1호) 등은 학생들이 궁금해 하는 성적 제고를 위한 과별 학습법을 제시한 것이었다.

그렇지만 보다 중요한 것은 『중화학생계』가 학생을 통해 투영하는 미래의 건전한 국민상이다. 특히 중화서국의 잡지 간행이 공화정의 붕괴 이후 일련의 사회문화운동의 필요성에서 기원한 것이었다면, 특히 학생을 장래의 이상적 국민으로 배양하고자 하는 의도가 내재되어 있는 것은 당연한 일이다. 『중화학생계』는 이를 위해 상식과 건강(위생)을 강조하고 있다는 점이다. 특히 국내외 정치 정세를 쉽게 설명하는 경우도 있지만, 천문학 등 과학기술적 지식에 상당한 지면을 할애하고 있다. 「혜성에 대한 미신을 비판함」(1권 5호), 「별자리 이야기」(2권 6호), 「지질학으로 본 중국관」(2권 6호), 「전지구 동물계의 과거」(2권 2호), 「식물학술 용어 모음」(2권 3호) 등이 대표적인 예이다. 또 「운동의 효과」(1권 1호), 「피부의 작용 및 청결」(2권 3호) 등을 통해 건강한 신체, 의약위생 생활 등을 강조하였다. 건강한 상식을 가진 국민 육성이라는 국가 건설에 대한 구상이 투영된 것이라 할 수 있다.

이 같은 입장에서 「독일의 학제(學制)」 등 서구의 발전된 교육제도와 「유럽, 미국 지역의 여러 가지 기록(歐美現狀雜記)」, 「새로 발명한 자전거」, 「현미촬영법(顯微撮影法)」 등 서구의 선진적 문물, 기술에 대한 소개는 국민 형성의 측면에서 상대적으로 낙후한 중국의 제도와 사회 현실에 대한 비판적 의미가 강하다. (오병수)

참고 문헌

『辛亥革命期間介消』 5.

중흥일보(中興日報)

1907년 싱가포르에서 창간된 정치운동 신문

1907년 8월 20일 싱가포르에서 쑨중산(孫中山)의 직접 참여 아래 싱가포르동맹회 분회 기관보로 창간되었다. 발행인은 싱가포르 동맹회 회장 천추난(陳楚楠)이며, 편집장은 톈퉁(田桐), 왕푸(王斧), 후한민(胡漢民), 왕징웨이(汪精衛), 쥐정(居正) 등이 맡았고, 쑨중산(孫中山), 타오청장(陶成章), 황싱(黃興) 등 동맹회 임원들이 집필에 참여하였다. 1910년 2월 3일 종간되었다.

반청(反淸) 민주혁명을 적극적으로 선전하고 『남양총회신보(南洋總匯新報)』와 2년 넘게 격렬한 논쟁을 벌이면서 입헌파(立憲派)의 주장을 반박하고 보황당(報皇黨) 내부의 모순을 폭로하였다.

남양(南洋) 일대 혁명파의 중요 여론 진지를 구축하면서 말레이시아와 동인도제도 등지까지 약 4000부에 달하는 판매부수를 갖고 있었다. 그러나 1909년 이후 쑨중산과 동맹회 간부들이 다른 지역에서 혁명 활동을 계속하게 되자 역량이 쇠약해졌고, 동시에 최대 주주인 천추난(陳楚楠)과 장융푸(張永福)의 자산 분규가 생기면서 경영상의 실패로 종간되었다. (김성남)

참고문헌

方漢奇 主編, 『中國新聞社業通史』, 中國人民大學出版社, 1996; 葉再生 著, 『中國近代現代出版通史』, 北京: 華文出版社, 2002.

즈리백화보(直隸白話報)

1905년 중국 바오딩에서 창간된 정치운동잡지

1905년 1월 즈리(直隸, 현재의 허베이[河北]) 바오딩(保定)에서 창간되었다. 창간인 겸 편집장은 우웨(吳樾)이며 반월간으로 발행되어 총 14호를 출간하고 같은 해 9월 종간되었다. 현재 랴오닝성(遼寧省) 도서관에 소장되어 있다.

화베이(華北) 지구에서 가장 먼저 등장한 혁명언론으로 백성 계몽과 학술 제창이 발행 목적이었다.

내용은 사설, 역사, 지리, 전기(傳記), 교육, 군사, 학술, 실업(實業), 기사(紀事), 정법(政法), 위생, 격치(格致), 총담(叢談), 소설, 가요, 조사, 번역서 등의 공간을 개설하였다.

제국주의 국가들이 중국에서 저지르는 비행을 폭로하고, 전통적 충군사상(忠君思想)을 비판하였다. 백성들의 독립 자강과 민족 자본주의를 주장하였으며, 과학기술 지식을 소개하였다. (김성남)

참고문헌

王檜林 · 朱漢國 主編, 『中國報刊辭典』, 太原: 書海出版社, 1992; 張靜盧輯註, 『近現代出版史料』, 上海書店出版社, 2003.

지구(地球)

1912년 일본에서 발행된 경제 잡지

1912년 창간되어 월간으로 발행되었다. 출판사는 하쿠분칸(博文館)이었다. 하쿠분칸은 메이지 전기에 출판했던 여러 경제 잡지를 1895년 『태양(太陽)』의 창간을 계기로 대부분 정리하였다. 그러나 메이지 30년대에 들어 다양한 실업 잡지가 간행되는 기운이 일어나면서 여러 종류의 잡지를 출판하기 시작하였다. 『실업세계태평양(實業世界太平洋)』(1903, 다음해 『상업세계태평양(商業世界太平洋)』으로 개제), 『실업소년(實業少年)』(1908), 『실업구락부(實業俱樂部)』(1911) 등이 그것이다. 이외에 『실업세계(農業世界)』도 1906년에 간행하기 시작했다.

하쿠분칸은 위와 같은 실용적 계몽적 경제 잡지와는 별도로, 잡지『태양』에 버금갈 만한 일반적인 재정, 경제전문 잡지를 창간하려고 하였다. 이러한 목적 하에서 창간된 잡지가『지구』였다.

주필에는『도쿄니치니치신문』에서 혼다 세이이치(本多精一, 1871~1920)가 초빙되었다. 그는 매호 시사평론을 직접 쓰면서, 학계, 관계, 실업계의 경제전문가들의 기고를 받아서 지면을 충실하게 채워나갔다.

그러나 1년 후 잡지『지구』가 통속적인 잡지『생활』로 전환되면서, 혼다 세이이치는 자신의 생각을 충분히 발휘할 수 없게 되었다. 이 때문에 1914년 혼다 세이이치는 스스로『재정경제시보(財政經濟時報)』를 창간하고 그 육성에 노력하였다. (문영주)

참고문헌

杉原四郎 編,『日本経済雑誌の源流』, 有斐閣, 1990; 杉原四郎 著,『日本の経済雑誌』, 日本経済評論社, 1987.

지구(地球)

1924년 일본에서 창간된 지구 관련 학술지

1924년 1월에 창간되어 1937년 6월까지 발간된 지구 관련 학술지이다. 교토제국대학(京都帝國大學)에 본부를 둔 지구학단(地球學團)의 기관지였다. 월간으로 간행되었는데 통권 6호를 모아 1권으로 하는 독특한 체제였다. 발행처는 오사카(大阪)의 하카타성상당(博多成象堂)이었다. 전시체제 아래 종이 값이 오르고 인쇄 사정이 나빠짐에 따라 27권 6호를 내고 휴간되었다.

1924년 1월 교토제국대학의 교수인 오가와 다쿠지(小川琢治), 나카무라 신타로(中村新太郎), 이시바시 고로(石橋五郎)가 중심이 되어 지리학, 지질학 등 지구를 대상으로 하는 여러 학문의 연구와 교류, 보급을 목적으로 지구학단이 조직되었다.

지구학단의 기관지인『지구』에는 논설 외에 새로운 저작 소개 등이 실렸다. 게재되는 논문은 지질학, 광물학, 인문 지리학, 자연 지리학, 지도학 등 여러 방면에 걸친 것이었다.

특히 1926년부터 연재된「지리 교재로서의 지형도(地理教材としての地形圖)」가 호평을 받았으며 나중에 단행본으로 출판되기도 하였다. (이준식)

참고문헌

日本地誌研究所 編,『地理學辭典』, 二宮書店, 1989.

지나무역통보(支那貿易通報)

1922년 일본 오사카에서 발행된 무역 잡지

1922년 오사카시 상공과에서 발행한 무역잡지이다. 1926년 1월부터『동양무역연구(東洋貿易研究)』로 제호를 변경하여 발행되었다. 본지는 4×6배판 크기로 각호 60쪽 내외의 분량으로 발행되었으며, 발행부수는 1500부 정도였다. 주로 오사카시에서 중국무역에 종사하는 관계자와 각지 공사(公私)조사기관에 비매품으로 배포되었다.

1922년 6월 오사카시 상공 내에 중국무역에 관한 조사연구를 목적으로 무역조사계가 설치되고, 7월에는 상하이에 오사카 무역출장소가 개설되면서, 중국무역에 관한 조사와 발표기관지가 필요함에 따라 창간되었다.

본지는 그 범위를 중국무역에 한정하고, 전문적 조사연구를 수행한 점에 특색이 있었다. 지면은 조사, 보고, 자료, 잡록 및 통계의 5개 난으로 구성되었다.

조사란에는 주로 상공과 무역조사계에서 조사한 연구내용을 수록하였다. 보고란에는 주로 재중국 각지 촉탁원의 보고를 게재하였다. 자료 란에는 내외 각국의 중국 무역에 관한 자료 중에서 가장 필요한 정보를 번역하여 게재하였다. 잡록란에는 기타 중국무역의 조사보고 자료에 관한 잡록을 수록하였다. 통계 란에는 중국무역에 관한 가장 필요한 각종 통계표를 연재하였다. 1922년 12월 4호부터는 상품에 관한 기사를 중심으로「지나무역조사자료색인」이 첨부되었다.

조사의 방침도 실제 경제활동에 중심을 두었기 때문에 본지는 시사적 정보를 제공하는 특색을 가지고 있었다. 현실적인 조사가 중심으로서 학술적인 조사기관의 일반론과 역사적 연구는 거의 없었다.

오사카시의 무역조사기관이 발행한 것으로는 본지 외에 신속하게 전달할 필요가 있는 정보를 한 달에 수회 부정기적으로 발행한 『지나무역특보(支那貿易特報)』가 있었다. 여기에 발표된 보고건명은 매월 본지 말미에 일괄 기재되었다. (문영주)

참고문헌

杉原四郎 編, 『日本経済雜誌の源流』, 有斐閣, 1990; 杉原四郎 著, 『日本の経済雜誌』, 日本経済評論社, 1987.

▌지남보(指南報)

1896년 중국 상하이에서 창간된 시사종합신문

1896년 6월 6일 상하이(上海)에서 창간되었다. 창간인 리보위안(李伯元)이 주필을 겸임하였고, 판면 형식은 『신보(申報)』를 모방한 정방형의 단면 인쇄로 8면을 발행하다가, 후에는 양면 인쇄로 4면 혹은 6면을 발행하였다. 1897년 9월에 종간되었다.

리보위안은 창간사 「근헌보침(謹獻報忱)」에서 국가와 조정의 견문과 이목을 넓히고, 상인의 이익을 열며, 백성들의 이야기를 담는 것에 주요 의의를 둔다고 밝혔다.

논문을 머리기사로 배치하였고, 국내외 시사뉴스와 경보(京報)에서 기사들을 발췌하여 게재하였다.

상업 광고가 매우 많아 전체 지면의 2/3를 차지하였지만, 논문이나 집필한 문장들, 혹은 다른 언론에서 발췌한 글들도 비교적 확실한 관점을 가지고 정부 내의 어두운 곳을 폭로하였다. 예로 「중국 정치 갱신의 어려움을 논함(論中國難更改政治)」과 「책시서학설(策試西學說)」 등의 문장이 그것이다.

보도 내용은 상당히 광범위하여 국내외 사건들에서부터 관료들의 작은 활동까지를 세세히 보도하였고, 천문 지리에서 민간 풍속과 승려와 기녀, 도적의 문제까지 다양하였다.

리보위안이 폭로한 관료들의 부패문제와 암투에 얽힌 수많은 기사들은 후에 그가 집필한 유명한 장편소설 「관장현형기(官場現形記)」의 사상적 기초와 창작 소재를 제공하였다. (김성남)

참고문헌

方漢奇 主編, 『中國新聞社業通史』, 中國人民大學出版社, 1996; 葉再生 著, 『中國近代現代出版通史』, 北京: 華文出版社, 2002.

▌지리(地理)

1938년 일본에서 창간된 지리학 잡지

1938년 4월에 창간되어 1943년 9월(5권 4호)까지 발간된 지리학 잡지이다. 오쓰카지리학회(大塚地理學會)의 기관지였다. 태평양전쟁이 일본에게 계속 불리해지는 상황에서 용지난이 심각해지자 일본지리학회(日本地理學會)의 기관지인 『지리학평론(地理學評論)』으로 흡수되었다.

오쓰카지리학회는 쓰쿠바대학(筑波大學)의 전신인 도쿄문리과대학(東京文理科大學)과 도쿄고등사범학교(東京高等師範學校)의 지리학 관계 교수, 졸업생, 재학생이 조직한 단체이다. 도쿄문리과대학의 교수인 다나카 게이지(田中啓爾)가 오랫동안 회장을 맡았다. 학회의 명칭은 두 학교의 소재지에서 유래한 것이다.

오쓰카지리학회는 그 전신인 도쿄고사지리학회(東京高師地理學會) 시기에 이미 연간으로 『회보(回報)』를 발간한 바 있었고(1925), 학회의 이름을 바꾼 후에도 『회보』를 속간하는 한편 『지리학 관계 문헌 목록(地理學關係文獻目錄)』(1935~1937), 『오쓰카지리학회논문집(大塚地理學會論文集)』(1933~1935) 등을 간행하고 있었다.

이들 여러 간행물을 통합하여 1년에 네 차례 정기적으로 간행하는 기관지로 새로 만든 것이 『지리』였다. 『지리』에는 매호 학술 논문의 논설을 중심으로 자료, 휘보, 신간 소개, 학계 소식, 문헌 목록 등이 정연하게 게재되었다. (이준식)

참고문헌

東京敎育大學理學部地理學敎室 編,『地理學硏究報告 XXI』, 1977; 日本地誌硏究所 編,『地理學辭典』, 二宮書店, 1989.

지리논총(地理論叢)

1932년 일본에서 창간된 지리학 잡지

1932년 11월에 창간된 지리학 잡지이다. 편집의 주체는 교토제국대학(京都帝國大學) 문학부 지리학교실이었고, 발행처는 고콘쇼인(古今書院)이었다. 간기는 부정기였다. 1943년 제13집을 발간하고 난 뒤 전시 상황 아래 출판 사정이 악화되었기 때문에 폐간되었다.

교토제국대학 문학부 지리학교실은 1908년에 일본에서 가장 먼저 지리학 강좌를 개설한 오랜 역사를 갖고 있었으며 따라서 졸업생도 상당수에 이르렀다. 1932년 교토제국대학의 이시바시 고로(石橋五郎), 고마키 사네시게(小牧實繁) 등이 중심이 되어 졸업생의 연구 논문 및 졸업 논문을 수록하는 논문집을 간행하는 것이 기획되었다. 그 결과가 바로 『지리논총』이었다.

『지리논총』 1집에는 이시바시 고로의 「나의 지리학관(わが地理學觀)」이 게재되었는데 그 내용은 인문지리학이 지리학의 주체가 되어야 한다는 것이었다. 일반적으로 간행될 때마다 5~6편의 연구, 보고 외에 자료 등을 게재하였다. 1년 뒤에 출판된 『오쓰카지리학회논문집(大塚地理學會論文集)』과 함께 당시 지리학 논문집의 쌍벽을 이루고 있었다.

또한 특집으로 나온 8집의"이시바시 박사 환력 기념 논문집(石橋博士還曆記念論文集)"에는 33편의 논문, 11집의"황기 2600년 기념 특집(皇紀2600年記念特輯)"에는 25편의 논문이 실렸다.

11집부터는 당시 침략 전쟁을 벌이고 있던 일본의 사정을 반영하여 지정학(地政學)의 경향을 강하게 띠고 있다. (이준식)

참고문헌

日本地誌硏究所 編,『地理學辭典』, 二宮書店, 1989;『日本出版百年史年表』, 日本書籍出版協會, 1968.

지리학평론(地理學評論)

1925년 일본에서 창간된 지리학 잡지

1925년 3월 일본지리학회(日本地理學會)의 기관지로 창간된 지리학 잡지이다. 영어 표기는 "Geographical Review Of Japan"이다. 창간 이후 줄곧 월간으로 간행되었다. 1944년 잡지통합정책 때문에 4월호는 일시 휴간되었다가 5월호부터는 오쓰카지리학회(大塚地理學會)가 발간하던 『지리(地理)』를 합병하여 발간되었다. 그러나 1944년 8월호 이후 태평양전쟁의 상황이 악화됨에 따라 일시적으로 휴간되었다가 일본의 패전 이후 1947년 4월에 복간되었다. 일반적으로 60~70쪽 정도로 간행되었다.

일본지리학회는 1925년 2월 일본의 지리학자를 망라한 학회로 창립되었다. 창립 당시의 회장은 야마자키 나오가타사(山崎直方)였고, 상무평의원은 사토 히로시(佐藤弘), 다다 후미오(多田文男), 사사키 히코이치로(佐佐木彦一郞), 다나카 케이지(田中啓爾), 쓰지무라 타로(辻村太郞)였다. 사무소는 도쿄제국대학(東京帝國大學) 지리학교실 안에 있었다.

일본지리학회는 야마자키의 주도 아래 창립 직후 『지리학평론』을 간행하였다. 1929년부터는 『지리학평론』에 논문을 게재한 연구자로 회원 자격을 한정하였다. 실제로 『지리학평론』은 나중에 『지리』를 흡수한 데서도 알 수 있듯이 일본을 대표하는 지리학 잡지로서의 위상을 확보하고 있었다.

『지리학평론』의 편집은 논설 2~3편, 다소 짧은 글이나 보고의 성격을 가진 연구노트 여러 편, 신간 소개, 학계 소식, 월례회와 총회의 보고 등으로 이루어져 있었다. (이준식)

참고문헌

日本地理學會 編,『日本地理學會五十年史』, 古今書院, 1975; 日本地誌硏究所 編,『地理學辭典』, 二宮書店, 1989.

지바신문(千葉新聞)

1940년 일본의 지바신문사에서 창간한 지역 신문

1940년 11월 2일에 창간되었는데, 이 신문을 발간한 지바신문사(千葉新聞社)는 1940년 11월 20일에 창립되었다. 당시 지바현(千葉縣)에는 지방신문이 난립해 있었는데, 일간지 이외에도 30여 종이나 있었다. 지사인 다치타 교타쓰(立田清辰)의 구상에 따라, 이 신문들은 전면적으로 폐간되어, 현의 한 가지 지방신문으로 「지바신문(千葉新聞)」이 발간되고 지바신문사가 창립되었다. 다치타 교타쓰는 현 내의 유력 인사인 모기 시치자에몬(茂木七左衛門), 아라기 쇼조(荒木照定), 하마구치 기헤에(濱口儀兵衛), 고쇼 시로히코(古莊四郎彦)과 함께 고문이 되어, 아키야 게이이치로(萩谷敬一郎)를 주간으로 초빙했다.
1941년 말 일본 신문사업령의 발령과 일본신문회(日本新聞會)의 통제규정에 따랐고, 1942년 9월 조직을 완료했다. 창간 이후 지바현 주민의 애독지로 건함운동(建艦運動) 등을 전개했다. 아울러 일선 장병을 위한 위문호, 저축 장려를 위한 특집호를 발행했다. 지바신문사의 지국은 도쿄(東京)지국, 오사카(大阪)지국이 있었다. 지바신문사는 지바시(千葉市 長洲町 1丁目 1番地)에 있었다. 발행은 조간 4항, 구독료는 1개월에 80전이었다. (김인덕)

참고문헌

『昭和18年 新聞總攬』, 東京: 日本電報通信社, 1943; 春原昭彦, 『近代新聞通史』, 東京: 新泉社, 2003.

▌지신보(知新報)

1897년 마카오에서 창간된 정치운동 신문

1897년 2월 22일 마카오(澳門)에서 창간되었다. 캉유웨이(康有爲)와 허쑤이톈(何穗田)이 발행을 주도하였고 량치차오(梁啓超)가 편집체계를 세우고 허쑤이톈, 캉광런(康廣仁)이 편집 업무를 보았다. 후기에는 천지옌(陳繼儼)과 류전린(劉楨麟), 마이멍화(麥孟華) 등이 편집과 집필을 책임졌다. 창간 초기 5일간(刊)으로 발행되다가 19호부터 순간(旬刊)으로 바뀌었고, 113호부터 다시 반월간으로 발행되다가 1900년 133호를 마지막으로 종간되었다.

이 매체의 처음 정해진 이름은 변법파 기관지였던 『시무보(時務報)』의 영향을 받아 『광시무보(廣時務報)』였다. 그런데 이미 싱가포르에서 한 상인이 창간한 같은 제호의 매체가 있어 이와 무관함을 설명하는 기사를 게재하였고, 새로운 출발을 위해 『지신보』로 제호를 바꾸었다.

내용은 유신변법 사상 선전과 함께 국내외 소식과 서양 과학지식이 주요 내용이었으며, 뉴스와 과학 지식이 지면의 2/3를 차지하였다. 초기에는 5일 간(刊)으로 발행되어 뉴스와 정보 면에서 『시무보』보다 충실한 기사를 전달하였다.

또한 마카오에서 출판된 까닭에 『시무보』에서 언급하기 어려운 정치적으로 민감한 사항에 대해서도 자유롭게 말할 수 있었다. 따라서 량치차오는 베이징(北京)의 정치적 사건과 국내 여러 뉴스를 보다 많이 보도하기를 원했다. 예를 들어 러시아와의 밀약에 관한 뉴스, 혹은 타이완 문제 등의 소식은 『시무보』에서는 볼 수 없는 내용이었다.

논지는 무술정변(戊戌政變) 전에는 기타 언론에 비해 첨예하고 대담하기는 했지만, 수구파의 영수인 자희(慈禧)태후와 권신 귀족까지는 감히 언급하지 못했다. 무술정변 이전에는 중국 내 합법적인 지위를 얻고 대륙 안에서 높은 판매량을 목표로 비교적 온건한 논지를 유지하였다.

그러나 정변 이후 그들의 희망은 완전히 좌절되었고 비평의 수위는 점점 더 높아졌다. 외국 언론을 번역하여 정변 소식을 보도하고 사건의 진상을 폭로하였다. 69호에서부터 「베이징요사회문(北京要事匯聞)」을 통해 사건의 전말을 상세히 보도하고 유신파의 입장을 지지하는 문장을 발표하였다.

『지신보』의 한계

무술정변 시기 출간된 유신파의 매체로는 가장 장수한 매체이다. 마카오라는 지역적 특수성과 비교적 안정된 재정력으로 유신파를 적극 지지하였으며, 특히 정변 이후의 실상을 폭로하고 여론을 환기시키는 여론의 선봉에 섰다.

그러나 『시무보』와 같이 전국적인 영향력을 갖는 신문으로는 발전되지 못했는데, 이는 지역적 여건이 갖는 장점인 동시에 한계였기 때문이었다. 마카오는 통제에서는 자유로웠지만, 정치, 경제 중심에서 너무 멀어 뉴스가 늦었다. 또한 『지신보』의 편집 역량은 량치차오와 같은 최고의 수준이 아닌 그의 지지자들로 『시무보』를 넘어서지 못한 한계이기도 하다. (김성남)

참고문헌

方漢奇 主編, 『中國新聞社業通史』, 中國人民大學出版社, 1996;
葉再生 著, 『中國近代現代出版通史』, 北京: 華文出版社, 2002.

지지신보(時事新報)

1882년 일본에서 후쿠자와 유키치가 발행한 종합일간지

1882년 3월 1일 후쿠자와 유키치(福澤諭吉)가 발행한 종합일간지이다. 신문 발행에는 그가 설립한 게이오기주쿠(慶應義塾) 관계자와 출신자가 전면적으로 협력했다.

당초 후쿠자와의 계획으로는 메이지 신정부의 이토 히로부미(伊藤博文)와 이노우에 가오루(井上馨)의 요청을 받아들여 정부계 신문을 만들 예정이었다.

하지만 1881년의 정변으로 오쿠마 시게노부(大隈重信)를 비롯한 오쿠마를 지지하던 관료가 실각되어 당초 계획은 좌절되었다. 이에 후쿠자와는 정부계 신문의 발행을 위해 신문기자와 인쇄기계는 이미 준비되었기 때문에, 게이오기주쿠에서 독자적으로 신문을 발행하기로 결정했다.

『지지신보』는 창간 당시부터 '불편부당(不偏不党)'을 내걸었다. 문체가 알기 쉽고 경제를 중시한 지면은 당시 특정 정당의 색채가 농후했던 다른 신문과 비교하여 신선한 충격을 주었다. 발행 초기 겨우 1500부 정도였던 발행부수는 2년 후 5000부를 돌파했다.

『지지신보』는 1896년 로이터통신사와 독점계약을 체결했고, 1921년의 파리강화회의와 워싱턴군축회의에는 이토 마사노리(伊藤正德)를 특파원으로 파견했다. 다이쇼 중기까지 『지지신보』는 '일본 제일의 지지신보'라 불렸고, 도쿄 5대신문(도쿄 니치니치[東京日日]·호치[報知]·고쿠민[國民]·도쿄아사히[東京朝日]·지지[時事])의 하나였다.

하지만 『지지신보』는 간토대지진으로 인해 경영이 악화되었고, 판매부수도 저하되었다. 1934년 1월 17일부터는 부토 산지(武藤山治) 사장의 주장으로 게재하기 시작한 「정내회를 폭로한다(番町会を暴く)」 시리즈를 통해 재계의 부정을 규탄하여 의혹사건인 제인사건(帝人事件)으로까지 전개되었지만, 부토 사장이 괴한에게 사살됨으로써 시리즈는 종료되었다. 이를 계기로 『지지신보』의 전도는 더욱 어려워졌다.

이후 『지지신보』는 게이오기주쿠 출신자인 『도쿄니치니치신문(東京日日新聞)』의 다카이시 신고로(高石眞五郎)에게 경영의 원조를 부탁했지만, 다카이시는 『도쿄니치니치신문』의 경영 자체도 어려워 이를 고사했다. 그 대신 『도쿄니치니치신문』의 사외임원이자 오사카에서 『석간오사카신문(夕刊大阪新聞)』과 『니혼코교신문(日本工業新聞)』을 발행하던 마에다 히사요시(前田久吉)를 추천하여 1935년 11월부터 마에다가 전무로서 경영을 담당했다.

하지만 『지지신보』는 마에다의 오사카적인 경영기법과 게이오기주쿠 출신이 많은 회사의 체질이 맞지 않아 경영은 여전히 부진했다. 이에 다카이시는 책임을 지는 형태로 1936년 12월 25일 『지지신보』를 『도쿄니치니치신문』과 합병했다. 현재 신문은 마이크로필름

으로 전량 제작되어 있고, 성균관대학교 동아시아학술원 존경각이 보유하고 있다.

• 후쿠자와 유키치(福澤諭吉, 1835~1901)

일본 메이지 시대의 계몽사상가, 교육자, 출판가. 1868년 도쿠가와 막부의 지배를 종식시킨, 메이지유신 때 정부 요인이 아닌 민간인으로서 가장 큰 영향력을 행사한 인물이다. 서구사상의 도입을 위해 앞장섰고 그가 거듭 표현한 대로 일본의 '힘과 독립'을 증진시키는 데 기여했다.

가난한 하급 무사의 아들로 태어나 2세 때 아버지와 사별하는 등 불우한 환경에서 자라났다. 그러나 그는 나가사키(長崎)의 학교에서 소위 '난학(蘭學)'이라는 새로운 학문을 공부했다. 1854년 페리 제독에 의해 개항되기 전까지는 네덜란드인들이 일본에서 유일한 서양인들이었기 때문에 일본인들은 서양의 지식과 과학을 표현하는 용어로 '난학'이라는 말을 사용하고 있었다.

1860년 함장의 종복으로 배를 타고 미국으로 갔으며, 1862년 막부사절단에 참여하여 프랑스·영국·네덜란드·독일·러시아·포르투갈을 다녀왔다. 그는 돌아온 뒤 『서양사정(西洋事情)』을 집필했는데, 이 책은 서양의 정치·경제·문화제도를 명확하면서도 쉽게 묘사했기 때문에 곧 널리 읽혔다.

이후 서양 문물을 도입하려는 노력을 계속했으며, 쉬운 문체를 개발해내고 대중강연과 대중토론을 처음으로 시도하기도 했다. 메이지유신 직전의 몇 년간 반(反)외세 감정이 팽배해 있었던 시절에 서양 문물을 적극적으로 옹호했기 때문에 몇 차례 목숨을 위협당하기도 했다.

메이지유신 후 일본 정부가 외국의 지식을 적극적으로 받아들이려 할 때, 정부로부터 계속 입각(入閣) 권유가 있었으나 독립된 지식인층 육성의 필요성을 주장하면서 이를 뿌리쳤다.

후쿠자와는 의회주의 정부, 보통 교육, 언어 개혁, 여성의 권리 등에 대해 그 필요성을 역설하는 책을 100여 권 이상 집필했다. 그의 저서 「학문의 권장(學問のすすめ)」 첫머리에 "하늘은 사람 위에 사람을 만들지 않고 사람 아래 사람을 만들지 않았다"는 유명한 말을 썼다.

1868년에는 게이오기주쿠를 설립했다. 이 학교는 정부의 지배를 받지 않는 최초의 독립된 사립종합대학인 게이오대학으로 발전했으며 수많은 실업계 지도자들을 배출했다.

1882년에는 『지지신보』를 발간했는데, 이 신문은 수년 동안 일본에서 가장 영향력 있는 신문 중의 하나였으며, 당시의 수많은 자유주의적 정치가들과 언론인들에게 훈련의 공간이 되었다.

죽기 직전인 1901년에 쓴 『자서전』에서 후쿠자와는 메이지유신으로 모든 봉건적 특권들을 폐지하고, 1894-95년의 청일전쟁으로 중국을 제압한 것 등이 자신의 삶을 완성시켰다고 단언했으며, 단 한 가지 아쉬움이라면 그의 많은 친구들이 이러한 훌륭한 변화를 보지 못하고 죽은 것이라고 썼다.

『지지신보』와 태극기

『지지신보』 1882년 10월 2일자 신문은 '잡보'란을 통해 수신사 박영효 일행의 일본 방문을 조선의 유신이라고까지 장황하게 극찬한 다음 "조선국기"라는 설명이 붙은 태극기 그림과 함께 국기의 제정 배경에 대해 "이때까지 조선에는 국기로 부를만한 것이 없어 지난번에 탁지부를 방문한 지나의 마젠중(馬建忠)이 조선의 국기는 중국의 국기를 본받아 삼각형의 청색 바탕에 용을 그려야 하며 본국인 중국은 황색을 사용하나 조선은 동방에 위치하는 나라이므로 동쪽은 청색을 귀히 여긴다는 뜻에 따라 청색 바탕을 이용해야 한다고 지시했다. 이에 국왕(고종)은 분하게 여겨 절대로 중국 국기를 흉내 내지 않겠다고 해 사각형의 옥색 바탕에 태극원을 청색과 적색으로 그리고 국기의 네 귀퉁이에 동서남북을 의미하는 역괘를 그린 것을 조선의 국기로 정한다는 명령을 하교하였다고 한다"고 보도했다.

이 기사에 따르면 최초 태극기의 건곤감리 4괘의 배치는 지금과 크게 달라 좌측 상단에는 양효 2개를 그린 뒤 음효를 배치했고 우측 상단에는 양효를 먼저, 음효

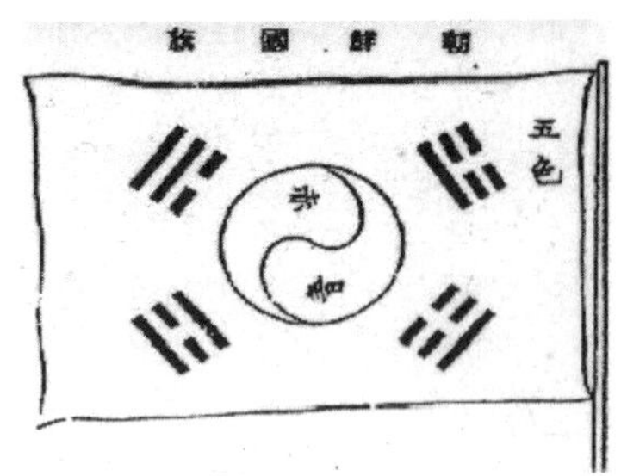

2개를 나중에 그렸다. 태극기를 최초로 사용한 박영효는 1882년 8월(음력) 일본 수신사로 떠나기에 앞서 고종에게 일본에서 사용할 국기의 제정을 건의해 허락을 받아낸 것으로 알려져 있다.

또 이 신문의 관련 기사 첫머리는 "지난달 28일(1882년 9월 28일) 하나부사(花房) 공사와 함께 도쿄에 도착한 조선인의 이야기에 의하면……"이라고 돼 있어 박영효 수신사 일행 중 한명과 인터뷰를 통해 기사를 작성했음을 알 수 있다. 당시 개혁파 지식인들인 김옥균, 서광범 등도 박영효와 동행했다고 이 신문은 적고 있어 이들 중 한명과 인터뷰를 한 것으로 추정되고 있다. 관련 기사에서 고종은 청나라 마젠중의 강요에 분노하며 독창성을 발휘, 도안과 도형의 설명, 그리는 방법까지 직접 언급하고 있다. 이는 국기를 만드는 과정에서 외세를 단호히 배격했음을 의미한다. (이규수)

참고문헌

牛島俊 作, 『日本言論史』, 河出書房, 1955; 『近代文學雜誌事典』, 至文堂, 1965; 桂敬一, 『明治·大正のジャ-ナリズム』, 岩波書店, 1992.

▌지쿠시신문(筑紫新聞)

1877년 일본 후쿠오카에서 발행된 지역신문

1877년 일본 후쿠오카(福岡)에서 발행된 지역신문이다. 1877년 세이난전쟁(西南戰爭)의 전황 보도를 목적으로 발간되었다. 이후 신문은 『메사마시신문(めさまし新聞)』, 『지쿠시신보(筑紫新報)』 등으로 이어지다가 1880년 4월 17일에는 『후쿠오카마이니치신문(福岡每日新聞)』으로 개칭하면서 규슈 최초의 일간지로 발전하였다. 당시 신문은 언론의 자유를 중시하는 민당파(民黨派)의 입장에서 국익을 우선하는 이당파(吏黨派)와 대립하고 있었는데, 1932년 5월 15일 쿠데타가 일어나자 편집국장 기쿠타케 롯코(菊竹六鼓)가 군부의 위협에 굴하지 않고 헌정을 옹호하여 일본 자유언론의 귀감이 되었다. 1942년 『규슈일보(九州日報)』와 합병하고 8월 10일자로 『니시니혼신문(西日本新聞)』으로 개칭하였다.

세이난전쟁(西南戰爭)

1877년 사이고 다카모리(西鄕隆盛)를 수령으로 가고시마(鹿兒島)의 사족(士族)들이 일으킨 일본의 대규모 반란. 1873년 정한론(征韓論)에서 패배한 사이고는 정계를 떠나 가고시마에 사학교(私學校)를 설립해 규슈(九州) 각지의 사족 자제를 다수 양성하면서 신정부의 무사층 해체정책에 불만을 품고 있던 전국의 사족층 사이에 절대적인 명성을 얻고 있었다. 그는 조선 침략과 사족의 특권 보호를 주장하며 중앙정부와 대립했다. 사이고와 함께 정계를 떠난 기리노 도시아키(桐野利秋), 무라타 신파치(村田新八) 등의 학교 간부들과 혈기왕성한 학생들의 중앙정부에 대한 반감은 더욱 격화되고 있었다. 당시 가고시마의 현령 오야마 쓰나요시(大山綱良)가 사이고를 지지했기 때문에 가고시마는 반정부운동의 최대 거점이 되었다. 정부 측은 이러한 가고시마의 반정부 동향을 경계해 가고시마에 있던 정부의 무기와 탄약을 오사카로 옮기고자 했다. 이것이 사학교측을 자극함으로써 이들은 정부가 사이고 암살과 사학교 탄압을 기도하는 것으로 단정하고 군사를 일으켰다. 사이고도 이를 제지하지 못하고, 스스로 중앙정부를 문책한다는 명목하에 1만 3000여 명의 군대를 지휘하여 구마모토성(熊本城)을 포위 공격했다. 고치현(高知縣)에서는 하야시 유조(林有造) 등 입지사(立志社) 일파가 이에 호응하려다가 체포되었다. 정부는 사태를 간과하지 않고 아리스가와노미야(有栖川宮), 즉 다루히토 친왕(熾仁親王)을 토벌대 대총독으로 삼고 전국에서 모집한 평민을 주체로 한 진대병(鎭臺兵)을 결집해 1877년 4월 구마모토성으로 파견했다.

다바루자카(田原坂)전투에서 패한 후 총퇴각한 사이고는 9월 시로야마(城山)에서 관군의 총공세 속에 간부들과 함께 자결했다. 세이난전쟁은 메이지 신정부에 대한 최대이자 최후의 반란으로, 신정부에 대한 단순한 무력 저항이 불가능하다는 것이 명확해짐으로써 언론에 의한 반정부운동이 전개되는 계기가 되었다. (이규수)

참고문헌

『近代文學雜誌事典』, 至文堂, 1965; 桂敬一, 『明治・大正のジャ-ナリズム』, 岩波書店, 1992; 日本近代文學館・小田切進 編, 『日本近代文學大事典』 第五卷, 講談社, 1977.

지쿠시신보(筑紫新報)

▶ 지쿠시신문(筑紫新聞)

지쿠호석탄광업조합월보(筑豊石炭鑛業組合月報)

1904년 일본에서 발행된 공업 잡지

지쿠호석탄광업조합이 월간으로 발행한 광공업 잡지이다. 1904년 창간되어 1934년 3월 30권 357호까지 『지쿠호석탄광업조합월보』라는 제호로 발행되었다. 이후 『지쿠호석탄광업회월보』로 개제하고 1941년 12월 37권 450호까지 발행되었다. 지면은 조합기사, 논설, 조사, 잡록, 통계, 법령, 휘보, 광업용품시세 등으로 구성되어 있다. 기사의 상당수는 지쿠호 뿐만 아니라, 무순(撫順), 평양, 홋카이도 탄광 상황에 대한 것이 많았다. 이외 독일과 영국 지역의 탄광상황과 탄광법에 대한 내용도 게재되었다. 잡지 명칭과는 달리 전국을 대상으로 잡지였고, 내용에서도 기술적인 측면과 함께 경제문제에 대한 내용도 많았다. (문영주)

참고문헌

杉原四郎 編, 『日本経済雑誌の源流』, 有斐閣, 1990; 杉原四郎 著, 『日本の経済雑誌』, 日本経済評論社, 1987.

지학잡지(地學雜誌)

1879년 일본에서 창간된 지학 잡지

1879년에 도쿄지학협회(東京地學協會)의 기관지로 창간된 지학 관련 학술지이다. 처음에는 『도쿄지학협회보고』(東京地學協會報告)라는 제목으로 발간되었지만(1~18권 4호), 1989년부터 도쿄제국대학(東京帝國大學)의 『지학회지(地學會誌)』를 흡수하여 월간이 되면서 제목도 『지학잡지』(영어명은 "Journal of Geography")로 바뀌었다. 일본에서 역사가 가장 오래 되었으면서도 지속되는 학술지이다.

•도쿄지학협회

영국의 왕립지리학회(Royal Geographical Society)와 같은 조직 형태, 회원 구성으로 1879년에 조직되었다. 애초에는 황족, 화족(華族), 군인, 정치가, 외교관, 학자가 망라된 조직이었지만 『지학잡지』를 발간할 무렵을 전후하여 학자 회원이 급증하였다.

일본에서 가장 오래된 지리학, 지학 관계의 학회로, 이름에서 알 수 있듯이 처음에는 지질학 중심이었다. 그러나 1930년대 초부터 지리학 관계 논문도 비교적 많아졌다. 그러면서 지질학, 지리학, 지구 물리학의 세 분야를 중심으로 지학 전반의 종합 보고, 해외 조사, 새로운 기술에 의한 조사 결과 등의 다양한 논문이 게재되었다. (이준식)

참고문헌

石田龍次郎(竹内啓一 編), 『日本における近代地理學の成立』, 大明堂, 1984; 日本地誌硏究所 編, 『地理學辭典』, 二宮書店, 1989.

지학잡지(地學雜誌)

1910년 중국 톈진에서 창간된 학술지

1910년 1월 톈진(天津)에서 창간되었다. 중국 지학회(地學會)의 회보로 장상원(張相文)이 주관하고 바이위쿤(白毓昆)이 편집장을 보았다. 초창기에는 1년에 10회를 발행하다가 1912년부터 월간으로 바뀌었으며, 후에 다시 계간으로 변경되었다. 1937년 3월 총 25권 181호를 발행하고 종간되었다. 중국국가도서관에 소장되어 있다.

“민생에 관심을 갖고 자원의 풍족과 부족, 국가영토의 연혁에 치중함”이 발간 목적이다.

내용은 도적(圖跡), 논총(論叢), 잡조(雜俎), 설부(說郛), 우체통, 본회보 기사, 도서 소개 등의 공간을 개설하였다.

경제 지리 방면의 글을 주로 다루었는데 수리(水利), 교통, 생산물에 중점을 두었다. 정치 지리는 행정구역의 설치와 구획에 치중하였으며, 자연지리는 기상 기후, 지형, 물의 각종 변화와 운동 현상과 관련된 글을 게재하고 과학적 조사보고와 고찰탐험 지도를 게재하였다. 중국 현대 지리학이 시작되는 맹아 시기의 중요 자료이다. (김성남)

참고문헌

葉再生 著,『中國近代現代出版通史』, 北京: 華文出版社, 2002;
王檜林·朱漢國 主編,『中國報刊辭典』, 太原: 書海出版社, 1992.

직설(直說)

1903년 일본 도쿄에서 창간된 시사종합잡지

1903년 2월13일 일본 도쿄(東京)에서 월간으로 창간되었다. 즈리(直隸, 현재 허베이성[河北省]) 출신 재일본 유학생이 창간한 진보적 매체로 청국유학생회관(淸國留學生會館)에서 발행되었다. 주필 겸 편집인은 두이(杜義)이며, 종간 시점은 확실하지 않다. 2회분만이 베이징대학도서관에 현존하고 있다.

『직설(直說)』이라는 제호는 허베이 지역 사람들의 말과 직언을 포함하는 의미로, 동서 문명을 받아들여 국내 풍치를 개척하자는 목적으로 창간되었다.

문체는 단순 명쾌하며 일목요연할 것을 선언하였고, 내용은 정치, 경제, 군사, 외교 및 자연과학을 다루었으나 특별히 기사란을 분류하지 않았으며, 각 문장에 역자와 필자의 서명도 하지 않았다.

봉건전제주의를 비판하고 서방 부르주아혁명 학설을 선전하면서 특히 천부인권설과 자유와 평등의 민주혁명 사상을 제창하였으며, 농촌의 부르주아 민족 민주주의 색채가 강하였다. 새로운 지식들을 광범위하게 소개하여 고금동서의 명저들과 천문지리, 과학기술들을 자세히 소개하여 독자들의 시야를 넓혀주는 역할을 하였다. (김성남)

참고문헌

方漢奇 主編,『中國新聞社業通史』, 中國人民大學出版社, 1996;
葉再生 著,『中國近代現代出版通史』, 北京: 華文出版社, 2002.

진광(眞光)

1934년 일본 도쿄에서 발행된 월간 종교 잡지

1934년 2월 도쿄(東京)에서 발행됐다. 종간호는 알 수 없다. 일본에 있는 교포들의 복음화를 위해 도쿄(東京) 한인성결교회에 소속돼 있던 주필 유기태(劉基泰)가 같은 교회의 박현명(朴炫明) 담임목사의 후원을 입어 발간했음을 알 수 있다. 그리하여 이 잡지는 1934년 4월 23일에 모임을 가졌던 동양선교회 한국성결교회 총회에서 성결교단이 인정하는 월간지로 승인한 바 있다. 편집 겸 발행인은 유기태, 발행소는 도쿄(東京) 진광사(眞光社)이다. 판형은 국판으로 총 40쪽이었고 국한문이 혼용된 2단 편집체제였다. 아단문고에 창간호가 소장되어 있다.

권두언은 주필 유기태가 쓴 「생의 목적은 진리를 찾는 데 있다」인데, 제목에서도 알 수 있는 바와 같이, 기독교에서 얘기하는 하나님의 진리를 찾는 것이 인생의 목적이라는 내용의 지극히 기독교적인 진리관을 설파하고 있다. 일본의 식민지 치하에서 살아가는 조선인들에게 삶의 목적이 어쩌면 사치스러운 질문일 수 있고, 더욱이 일본에 들어가 살고 있는 동포들에게는 차별과 억압이 더욱 심하여 다만 기댈 데는 종교밖에 없었을 법한 사정도 있었을 것이다. 그런 점에서 본다면 관념적이고 추상적이나마 이런 진리관이 위안이 될 수도 있었을 것이다. 그리고 나머지는 ‘설교’란에 박현명의

「해골곡의 부흥(에스겔서 37:1~17)」, 유기태의 「한 사람도 멸망치 않고 회개하기를 원하심(베드로후 3:9 하반절)」, 이준수의 「주의 삼대 분부(吩咐)」, 유기태의 「주의 사랑을 인식하라」 등이 있고, '성경연구'란에는 공학박사 사토 사다키치(佐藤定吉)의 「신앙의 빛」 한 편이, '논문'란에는 「신앙은 무엇인가」와 효심생(曉心生)의 「탈의적(脫義的) 생애의 고찰」이 있으며, '잡문'란에 박현재의 「서창잡록(書窓雜錄)」, 오두환의 「진광(眞光)을 손에 들고서」, 단편으로는 「추락한 신자는 다시 주께 돌아오라」, 「성서의 갑에 백오십리」, 「낙원으로 향하는 우리의 노래」, 그리고 마지막으로 「도쿄통신」이 실려 있다.

이 잡지는 편집인 겸 발행인이었던 주필 유기태의 열정과 종교적 신앙심이 아니었으면 발행되기 힘들었을 것이다. 창간호에서도 확인되는 바와 같이, 그는 이 잡지에 투고된 글들의 대부분을 혼자 집필했으며, 그 밖에 자질구레한 일들도 대부분 혼자 감당한 것으로 보인다. 이는 그만큼 그의 종교적 신심이 깊고 글의 내용 또한 어느 궤도에 올랐기 때문에 동양선교회 한국성결교회가 이 잡지를 성결교단이 인정하는 월간지로 승인한 것으로 보인다. 일본 도쿄에서 발간된 한글 잡지는 많았다고 해도 기독교 신자들을 위한 잡지는 상대적으로 드물었을 터에, 『진광』은 참다운 빛으로 동포들을 위무해주었을 것이다. 그리고 기독교를 믿는 동포들 상호 간의 연대를 돈독히 하는 데도 일정 부분 기여하지 않았을까 한다. 그런 점에서 이 잡지는 종교사적으로만이 아니라, 기독교를 믿는 재일동포들의 의식을 엿보는 자료로서도 활용될 수 있을 것이다. (전상기)

참고문헌

윤춘병, 『한국기독교신문잡지백년사(1885~1945)』, 대한기독교출판사, 1984; 이덕주, 『한국기독교 신문잡지 개관』, 기독교문사, 1987.

▌진단민보(震旦民報)

1912년 중국 한커우에서 창간된 일간지

1912년 4월 15일에 창간된 대형 일간지이다. 장전우(張振武)가 창간 자금을 출자하였고, 장웨(張樾)가 총경리(總經理)를 맡았다. 총 주편은 완쓰옌(宛思演)이었고, 팡줴후이(方覺慧)가 부경리 겸 부총편집이었다. 주필로 덩쾅옌(鄧狂言, 위리[裕黎]), 류줘포(劉菊坡), 예마(野馬), 차이지어우(蔡寄鷗) 등을 초빙하였다. 1912년 창간되어 1938년 최종 정간되기까지 수차례 필화사건으로 강제 정간과 복간을 반복하였지만, 27년 동안 민주 헌정 노선을 일관되게 견지하였다.

내용은 사설(社說), 역론(譯論), 국내통신(國內通信), 국외통신(國外通信) 등 20여 난으로 나누었다. 공정하고 숨김없는 논리로써 시정(時政)을 논함으로써 백성들의 고통을 밝히며, 공리로써 강권을 눌러 세계평화에 이바지 한다는 것이 창간 취지였다.

중화민국 초기 정치공간에서 『진단민보』는 리위안훙(黎元洪)이 조직한 후베이 지역의 최대 정치 조직인 민사(民社)의 입장을 대변하는 듯 했다. 그래서 동맹회 계통의 논리와 달리 위안스카이를 옹호하면서 내각제를 중심으로 한 의회제를 지지하였다.

그러나 장전우가 위안스카이에 의해 살해되고, 리위안훙이 여기에 개입하였다고 주장함으로써 점차 반(反)위안스카이, 반리위안훙 노선을 분명히 했다. 「리위안훙은 과연 한나라 고조가 되려는가」라는 사설은 위안스카이와 타협 속에서 자신의 정치 지위를 유지하려는 리위안훙에 대한 풍자였다. 이 때문에 곧 위안스카이에 의해 정간되었다.

후에 잡지사를 한커우의 외국 조계로 옮기고 국민당 후베이 지부와 장시(江西) 도독(都督) 리례쥔(李烈均)의 지원을 받아 복간하였다. 그러나 점차 국민당의 지원과 국민당원이 원고 집필에 다수 참여하면서 반위안스카이 노선을 부쩍 강화하였다. 거의 매일 쑨원, 황싱(黃興)을 긍정하면서 위안스카이와 리위안훙 및 공화당을 비판하는 논설을 게재하였다.

1913년 쑹자오런(宋敎仁)의 암살과 5국대차관(五國大借款)을 계기로 반(反) 정부적인 논설을 강화함으로써 권력의 주목을 받았다. 급기야 위안스카이와 리위안훙을 풍자한 허톄화(何鐵華)의 그림을 문제 삼아,

위안스카이는 한커우의 프랑스 조계에 압력을 가해 잡지를 5개월간 정간시키고, 덩쾅옌, 허톄화 등을 체포 투옥시켰다. 허톄화와 예마는 곧 피살되었고, 덩쾅옌도 옥사하였다.

곧 편집과 주필을 바꾸어 복간되었으나, 돤치루이(段祺瑞) 등 북양군벌과 존공 복벽사조에 대한 비판을 그치지 않았다. 특히 돤치루이의 권력 장악을 '옹병난도(擁兵亂道)'라고 비판하고 민주 공화정을 요구하였다. 돤치루이의 신(新)국회 구성을 민심을 위반한 사건으로 규정하고, "주권은 국민에게 있지, 정부에 있지 않다", 돤치루이 정권은 "관료의 휴게실이요, 음모가의 운동장일 뿐"이라고 비판하였다. (오병수)

참고문헌

葉再生, 『中國近代出版通史』 2, pp.48~49.

진단학보(震檀學報)

1934년 서울에서 한국어로 발행된 학술교육 잡지

1934년 11월 28일 진단학회(震檀學會)의 기관지로 창간되어 1941년 6월 통권14호로 폐간되었다. 편집 겸 발행인은 이병도(李丙燾)였고, 인쇄인은 김진호(金鎭浩)였다. 인쇄소는 한성도서 주식회사, 발행소는 진단학회였다. A5판 234쪽, 정가는 70전이었다.

진단학회의 창립 목적은 창간호 권말의 「진단학회 창립」을 통해 알 수 있다. 이 글에서는 "근래 조선(문화)를 연구하는 경향과 성열(誠熱)이 날로 높아가고" 있지만 그것이 "조선인 자체에서보다 조선인 이외의 인사"에 더 많음을 지적하며 "광범한 의의의 조선문화 연구를 목적으로 한 학회나 기관은 우리 사회에서는 보지 못하였"기 때문에 "오인(吾人)은 이런 의미의 학술단체를 조직하기 위하여 은근히 고심"해 오다 진단학회를 만들었다고 밝히고 있다.

발행인이었던 이병도의 술회에 따르면 "일정 중기까지도 우리 사회에는 아직 우리 손으로 된, 이렇다 할 권위 있는 학술지가 없었다. 그래서 순수 학술적인 논문은 부득불 외국학술지에 발표할 수밖에 없었"기 때문에 그러한 학술지의 필요성을 절감하던 중, 한성도서 주식회사가 먼저 학회를 조직하고 학술지를 편찬하게 되면 물질적으로 도와주겠노라는 의사를 전해와 『진단학보』를 발행하게 되었다고 한다. 즉 『진단학보』는 당시 조선문화를 연구하던 조선인 연구자들이 투고할 수 있는 유일한 조선 학술지였다.

여기서 '진단(震檀)'이라는 이름은 이병도가 제안한 것으로, 이는 범어의 'Cinisthaua'의 음역이다. 처음에는 인도에서 중국을 지칭하는 것이었으나, 동방(東方)을 일컫는 것으로 의미가 확대되었다. 우리나라에서 이 용어가 사용된 것의 연원은 후삼국의 궁예가 국호를 '마진(摩震)'이라고 한 데 있다.

진단학회의 발기총회는 1934년 5월 7일 오후 5시경 소공동(小公洞, 당시는 장곡천정[長谷川町]) 푸라다아느다방에서 열렸다. 발기인은 고유섭(高裕燮), 김두헌(金斗憲), 김상기(金庠基), 김윤경(金允經), 김태준(金台俊), 김효경(金孝敬), 이병기(李秉岐), 이병도, 이상백(李相佰), 이선근(李瑄根), 이윤재(李允宰), 이은상(李殷相), 이재욱(李在郁), 이희승(李熙昇), 문일평(文一平), 박문규(朴文圭), 백낙준(白樂濬), 손진태(孫晉泰), 송석하(宋錫夏), 신석호(申奭鎬), 우호익(禹浩翊), 조윤제(趙潤濟), 최현배(崔鉉培), 홍순혁(洪淳赫) 등 24명으로서 저명한 학자들을 망라하였다.

진단학회가 창립되자, 『동아일보』, 『조선중앙일보』, 『조선일보』에 학회창립을 축하하는 장문의 사설이 실렸다. 『동아일보』의 사설에서는 "……어떠한 민족이고 위대한 학자를 가진 민족은 우수한 민족이다. 그러면 이 위대한 학자는 어찌하여 나는 것인가. 그것은 첫째 그 자신이 천여(天與)의 재분(才分)을 가지고 부단한 연구를 거듭하는 것과 둘째로 금력, 기타로 주위 사회의 열심한 성원이 있음으로써만 되는 것이다. 다른 민족은 그들 중에 있는 학자를 위하여 저렇게들 아끼고 존경하고 원조하는 오늘날, 조선 사회는 그들에게 무엇을 주는가. 귀중한 문헌이 경외(境外)를 벗어나고, 고심한 학도가 이중(泥中)에 묻히도록 돌아볼 줄 모르는 조선 사회는 이제 이런 학회의 창립과 함께 학자를 사랑할 줄 알아야겠고, 학계를 도울 줄 알아야 할 것이니, 이는 불후의 성사(盛事)이기 때문이다"라고 하며 대중의 관심을 촉구했다.

창간호의 목차는 크게 논술, 자료, 휘보로 구성되었다. 논술에는 이병도의 「삼한문제의 신 고찰(1): 진국(辰國) 및 삼한고(三韓考)」, 이상백의 「서얼 차대(差待)의 연원에 대한 일 문제」, 조윤제의 「조선 시가(詩歌)의 태생」, 김상기의 「고대의 무역형태와 나말의 해상발전에 취하야(1): 청해진대사 장보고를 주로 하야」, 이병기의 「시조의 발생과 가곡과의 구분」, 손진태의 「조선 고대 산신의 성(性)에 취하여」, 송석하의 「풍신고(風神考) 부(附) 화편고(禾竿考)」, 이병도의 「진단변(震檀辨)」, 자료에는 이병도가 번역한 「난선 (蘭船) 제주도 난파기: 하멜표류기(1) 부(附) 조선국기(朝鮮國記)」가 수록되었다. 그 다음에는 「휘보」가 실렸다.

창간호는 국내외에서 좋은 반응을 얻었다. 그러나 한성도서 측에서 더 이상 지원할 수 없다는 의사를 밝힘에 따라, 이후에는 회원들의 도움으로 간행되었다. 『진단학보』는 통권 14호까지 총 55편의 논문이 수록되어 조선인 학자들의 왕성한 학문 활동의 장으로서 역할을 하였다.

그러나 1942년 조선어학회 사건으로 진단학회의 회원 이윤재, 이희승, 이병기, 최현배 등 30여 명이 체포되었다. 이 사건으로 진단학회 관계자들까지도 연루될 우려가 생기자 학회측은 잠시 『진단학보』를 정간하기로 하고 대외적으로는 폐간을 선언하였다. 해방 후 학회를 정비하여 1947년 15호를 속간하여, 오늘에 이르고 있다. (정예지)

참고문헌

「震檀學會의 創立 有終의 美가 잇으라」, 『東亞日報』 1934.5.9; 李丙燾, 「震檀學會 50年 回顧: 創立에서 光復까지」, 『震檀學報』 57, 1984; 최덕교 편, 『한국잡지백년』 3, 현암사, 2004.

▌진생(眞生)

1925년 서울에서 발행된 경성 기독청년면려회 조선연합회의 기관지

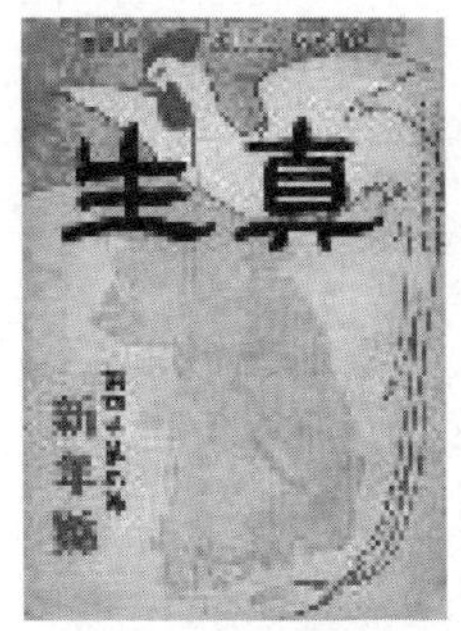

편집 겸 발행인은 앤더슨(W. J. Anderson, 한국명 안대선[安大善])이며, 발행소는 경성 기독청년면려회조선연합회이다. 국판 62면, 국한문 1~2단 종서로 편집되었다. 정가는 25전(1년 270전)이다. 본지의 폐간은 1930년 12월 즈음으로 추측된다. 한국교회사문헌연구원에서 1993 영인하였고, 서강대학교와 한국잡지박물관에서 디지털 원문 자료로 열람할 수 있다.

창간호 「인사말씀」에서 편집자는 다음과 같이 말하고 있다.

"진생은 바라든 바와 같이 순산하였습니다. 산파의 일을 맡은 저희들은 여러분과 함께 축하함을 이기지 못합니다. …… 진생의 부모가 되시며 형제자매가 되시는 여러분께서 저희들보다 더 열심히 보실 터이며 더 자세히 알아야 하실 것이외다. 진생은 여러분의 이웃집 아이도 아니며 더군다나 타국인종이 아니오니 이쁘나 미우나 씨도망을 못하는 바에 그 살빛이나 얼굴 맵시가 영락없이 여러분을 닮았을 것이외다."

이처럼 청년회의 잡지인 만큼 젊은이의 잡지답게 만들어 자신 있게 보내겠다는 의욕을 보이고 있다.

창간호에서 눈에 띄는 논문으로는 「인격의 진정한 가치」, 「문명과 행복의 배치를 논하여 인격혁명을 주창함」(김윤경), 「이저거에 대한 과학적 신념」, 「기도의 이유 급 가치」, 「조선교회의 장래와 교회청년의 각오」, 「우리는 신복음을 요구할 것이뇨?」, 「인생아- 왜 사느냐? 왜 먹느냐?」, 「기독청년과 분투」 등이 있고, 기타 글로는 「위광 예수그리스도를 신앙하라」, 「훈련

된 일꾼」 등 기독교 관련 글들이 있다.

여기에서 특히 채필근의 「인격의 진정한 가치」는 인간 생명의 존엄함과 진정한 인격의 가치를 논하고 있고, 김윤경의 「문명과 행복의 배치를 논하여 인격혁명을 주창한」은 "나를 찾자, 남을 찾자. 진리를 찾자"라고 하는 주장을 펴면서 인격혁명과 도덕혁명을 강력하게 외치고 있어서 주목할 만하다. 또한 무엇보다 홍병선의 「조선교회의 장래와 교회청년의 각오」는 ① 진화와 변화, ② 사람의 연구, ③ 교회의 과거와 현재, ④ 교회청년의 각오, ⑤ 청년의 각오와 신시대를 논한 것이어서 특기할 만하다.

• 기독청년면려회

1921년 2월 5일 경북 안동읍교회에서 당시 안동읍에 주재하여 선교하던 안대선 선교사의 지도하에 한국교회로서는 드물게 청년면려회가 조직되었는데 그 후 곳곳에서 조직이 되어 1921년 6월 7~9일에는 안동읍교회에서 경북연합회가 창립되기에 이르렀으며 그해 가을에 모인 장로회 제10회 총회에서 전국 교회가 다 이를 조직하도록 결의한 바 있다.

그리하여 1923년도에는 전국 200여 교회에서 면려회를 조직하기에 이르렀고 1924년 12월 2~8일까지 서울 피어선성경학원에서 기독청년면려회 전국연합회를 조직하기 위한 기성회로 모이는 한편 면려회 세계연맹 가입도 논의하기에 이르렀다.

그리고 이를 지도하던 안대선 선교사는 서울로 올라와 전국연합회 실무 총무로 취임, 전국교회청년면려회를 지휘했는데, 그의 지도 아래 1922년 1월에는 전주에서 면려회 전북연합회가 결성되었고 2월에는 경남연합회가 조직되었다. 3월에는 경남 통영에서 통영연합회가 창립되었고 6월 하순에는 평북 선천에서 모였던 면려회에는 회원이 무려 1800명이 모이는 성화를 이뤘다.

전국 교회에서 이처럼 일어나는 청년운동의 상호 연락과 질적 향상, 그리고 프로그램의 제공과 신앙 훈련을 위한 기관지가 필요해서 발간한 것이 본 잡지이다. (이경돈)

참고문헌

최덕교 편저, 『한국잡지백년』, 현암사, 2004. 김남식, 『한국기독교 청년운동사』, 기독청장년 면려회 전국연합회, 1972; 김덕, 「1920~30년대 基督青年勉勵會 研究」, 연세대학교 석사학위논문, 2002.

진성보(滇聲報)

1914년 중국 쿤밍에서 창간된 대형 일간지

2차 혁명 실패 이후인 1914년 5월 쿤밍(昆明)에서 중화혁명당이 토원운동(討袁運動, 위안스카이 토벌운동)을 목표로 창간한 대형 일간지이다. 창간자는 두한푸(杜韓甫), 마유보(馬幼伯) 등으로 모두 동맹회원이자 오랫동안 윈난(雲南), 쓰촨(四川) 등지에서 혁명 활동에 종사하던 지사형 활동가들이었다. 2차 혁명 실패 후 쑨원(孫文)의 명을 받아, 토원운동을 준비하기 위한 매개로서 우선 창간한 것이다.
마유보가 경리(經理)를 맡았고, 두한푸가 부경리, 황위톈(黃玉田)이 편집장, 슝어성(熊顎生)이 대리 편집장을 맡았다. 퉁위수(董玉書), 쉬찬우(徐纂武), 리팡청(李方城), 천위성(陳雨生)이 편집원이었고, 자오쑹취안(趙松泉), 량환샤오(梁煥宵), 샤쯔페이(夏子培), 리저우칭(李洲慶) 등이 찬술원으로 참여하였다. 후에 리스포(李石佛), 쉬쉬저우(徐虛周), 탕즈셴(唐質仙) 등을 편집주임으로 초빙하기도 하였다.
호국 언론의 효시로 평가받으면서, 1926년 정간되기까지 윈난의 진보적인 청년들에게 큰 영향력을 발휘하였다. 윈난성(雲南省) 도서관에 보관되어 있다.

『진성보』는 처음부터 위안스카이(袁世凱) 독재정책 및 제제운동을 폭로 비판하고 그 연장선상에서 윈난(雲南) 순안사(巡按使)의 부패를 공격하는 등 일정 정도 대중의 여론을 대변함으로써 대중들의 열렬한 환영을 받았다. 발간된 지 얼마 지나지 않아 윈난 지역에서만 1000부 이상 발행되는 대표적인 지역신문으로 자리를 잡았다. 물론 곧바로 탄압을 받았다. 수차례에 걸쳐서 편집장이 체포 심문을 당하는 수모를 겪었다.

『진성보』는 일간지로서 내용이 풍부한 만큼 다양한 체제를 갖추었다. 사론(社論), 사설(社說), 선론(選

論), 시평(時評), 전전(專電), 요전(要電), 국외신문(國外新聞), 성외뉴스(省外新聞), 본성뉴스(本省新聞), 문원(文苑), 소설(小說), 현대사조(現代思潮) 등의 난을 두었다. 호국운동(護國運動) 기간에는 '토원성(討袁聲)'란을 따로 두기도 하였다.

호국 · 호법운동과 『진성보』

『진성보』는 토원운동을 목표로 창간된 만큼, 위안스카이의 폭정을 폭로하고 제제운동 반대에 대한 국민동원이 주요한 논조였다. 특히 호국운동의 근거지인 윈난을 배경으로 하고 있다는 점에서 『진성보』는 반위안스카이 여론을 선도하고 대표하였다.

우선 『진성보』는 1914년 8월 15일, 「민국의 삼대 숨은 근심(論民國之三大隱患)」이라는 기사를 통해 염치없는 관리, 기율 없는 병사, 직업 없는 백성을 거론하고, "관료의 도태, 군기의 신장(伸張), 민생 휴양(休養)"을 주장하였다. 민중의 입장에서 위안스카이의 정부의 무능을 폭로한 것이었다. 이 같은 입장은 1915년 위안스카이의 칭제(稱帝) 복벽(復辟)이 노골화되면서 더욱 본격적으로 전개되었다.

우선 량치차오(梁啓超)와 쑨원(孫文)의 호국운동 발기에 따라 윈난은 광시(廣西), 구이저우(貴州)와 함께 즉각 독립을 선포하는 등(1915년 12월 25일) 호국운동의 중심으로 등장하였다. 『진성보』 역시 사론(社論), 시평(時評) 등을 통해 즉각 호국운동에 동참하였다. 우선 1916년 원단(元旦)부터 「위안스카이를 토벌하는 격론(檄文)」을 게재하였고, 다음날에는 저명한 언론인 뤼즈이(呂志伊)의 「중화민국 호국군의 국적(國賊) 위안스카이 토벌 격문」을 게재하였다. 또 호국군정부의 공식적인 격문을 게재하는 등 위안스카이의 약법(約法) 파괴, 공화정의 취소는 사실상 공화국민, 공화국과의 단절을 의미하는 것이므로 궐기하여 토벌해야 한다는 격문들이었다.

그 외에도 『진성보』는 「위안스카이는 정말 황제가 되려는가」, 「민국 5년(民國五年)」, 「적으로 시작하여 적으로 끝장을 보는 위안스카이」, 「주안(籌安)인가? 주난(籌亂)인가?」 등의 사설, 시평, 등을 통해 토원 여론 조성에 앞장섰다. 심지어 「황제의 꿈(皇帝夢)」이라는 소설을 연재하여 위안을 풍자하기도 하였다.

동시에 『진성보』는 이러한 토원 여론의 확산을 주도하였다. 그 하나는 윈난 독립 선포 이후 호국군정부의 조직과 동향, 그에 따른 광시(廣西), 구이저우(貴州), 광둥(廣東), 쓰촨(四川), 푸젠(福建) 등 토원운동의 전국적인 확산, 그리고 베이징과 지역의 북양 군벌의 동향을 자세히 보도하는 것이었다. 특히 『진성보』는 '토원(討袁)의 소리'란을 두어 호국군의 북벌과 위안스카이의 불합리한 대응을 강조하여 보도하였다.

이와 함께 『진성보』는 토원운동에 대한 일반 민중과 화교 등 해외 동향을 자세히 보도하였다. 1916년 원단(元旦), 도독(都督) 탕지야오(唐繼堯)와 윈난 각계 인사가 두루 참여하여 열린 '공화옹호기념대회' 상황을 비롯하여, 그날 각 가게마다 민국기를 내걸고 공화 옹호 기념 팻말을 쓴 거리 풍경이나, 호국군에 참여하는 청년들의 동향 및 각계의 궐기대회 연설회 상황, 그리고 샌프란시스코 화교들의 국체유지 및 의연금 기부 상황을 매일매일 생동감 있게 보도함으로써 토원여론의 확산에 크게 기여하였다. 이 같은 호국군 및 민중의 동향에 대한 보도는 다른 지역의 신문 잡지에서는 볼 수 없는 구체적인 자료라는 점에서 호국운동과 관련한 『진성보』의 가치를 짐작할 수 있다.

호국전쟁 승리 이후 '재조 공화 정국'은 위안스카이에 의해 파괴된 공화정의 재건이 시급한 과제였다. 무엇보다도 위안스카이의 방해로 실패했던 제헌을 통해 공화정을 운용할 수 있는 사회적 합의를 유도하는 것이 시급한 과제였다.

그러나 이 같은 정국의 주도권을 둘러싸고 혁명 세력을 대표하는 국민당과, 군사세력을 바탕으로 한 정부를 장악하고 있던 북양군벌, 그리고 혁명 세력 및 국민당에 반대하는 량치차오 등 여러 정치 세력으로 정국은 분열되어 있었다. 결국 돤치루이는 량치차오 등 진보당과 손잡고 신국회를 구성하자 그에 반대하는 쑨원 등 국민당은 광동을 근거지로 남방의 서남 군벌과 연합하여 호법정부를 구성하고 비상체제를 선포하였다.

본래 쑨원(孫文)과 가까웠던 『진성보』는 호법정부

와 서남군벌을 적극 지지하는 한편, 돤치루이 정권을 비법정권으로 규정하고, 일련의 조치를 비판하였다. 특히 5·4운동 이후에는 돤치루이가 참전을 빌미로 한 대일 차관 매국(賣國)으로 규탄하였으며(「국민들에게 국적 돤치루이, 쉬스창[徐世昌]을 함께 토벌할 것을 고하는 글」, 1919.5.7), 봉계 군벌 장쭤린(張作霖) 등의 대일 결탁을 비판하기도 하였다.

윈난(雲南)의 신문화운동과 『진성보』

북양군벌의 대일 결탁을 매국으로 규탄한 『진성보』는, 일본의 '21개조 요구' 등을 통해 일본의 군국주의를 폭로하는 등 중국의 국민주의를 고조하는 데 일조하였다. 이미 1915년 일본의 21개조 요구에 대한 반대 시위를 보도하면서 「심하도다. 일본이 준 모욕이여, 우리 국민이 한번 씻어 주지」라는 논평을 내었고, 산둥을 잃으면 베이징도 보존할 수 없다는 영토 민족주의를 제고 시키는 데 주력하였다.

5·4운동 이후 대일 상품불매운동이 전국적으로 확산되자, 『진성보』는 베이징, 톈진, 상하이 등지의 상황을 자세히 보도하는 한편 5월 30일 「인심은 아직 죽지 않았다」라는 기사를 통해 윈난에서도 베이징대학생들을 지원하는 국민대회 상황을 자세히 보도하였다. 또한 10월 17일자 사설 「제제방법(抵制方法)」 등은 일련의 5·4운동의 실천을 각계 대표를 중심으로 한 지속적인 불매운동을 모색함으로써 국민 혁명으로의 발전 가능성을 예시하였다.

동시에 『진성보』는 5·4운동기 베이징을 중심으로 시작된 신문화운동에 적극적으로 호응하여 서양의 진보적인 신사조를 소개하고 보급하는 데 앞장섰다. 1919년 5월 이미 레닌 등 저명한 혁명가들의 전기를 연재하였으며, 1920년 3월부터는 마르크스의 『자본론』 등을 번역 소개하였다. 물론 다양한 사회주의 사조의 하나로 소개한 것이지만 이 같은 신사조의 소개는 윈난의 진보적 청년 학생들에게 상당한 영향을 발휘하였을 것으로 추정된다.

이러한 『진성보』의 노선은 물론 쑨원과 서남(西南) 군벌 간의 모순관계 속에서 서남군벌을 미화하는 등 문제가 있지만, 베이징을 중심으로 이해해 온 중화민국 시기의 정치사나 혁명 세력을 중심으로 한 정통적인 역사 해석을 전복할 수 있는 상당한 자료를 내장하고 있다. (오병수)

참고문헌

『辛亥革命期刊介紹』 2, 人民出版社, 1986.

▌진실(Правда)

1912년 러시아 상트페테르부르크에서 발간된 볼셰비키의 기관지

1912년 4월 22일 상트페테르부르크에서 발간된 신문으로 러시아사회주의노동당 중앙위원회(ЦК РСДРП)의 기관지였다. 일간지였으며, 합법적인 볼셰비키의 신문이었다. 1914년까지 총 645호가 발행되었으며, 발행부수는 2만 부에서 6만 부 사이였다. 1914년 여름경 구독자는 11만 5000명, 지부는 944개였다. 모스크바에 위치한 레닌도서관에 소장되어 있다.

반동기와 새로운 혁명의 고양시기에 볼셰비키는 국외 신문인 『사회민주주의자(Социал-демократ)』를 주로 이용하였다. 1910년에는 합법적인 마르크스주의 신문 『별(звезда)』이 나오고 1912년에는 볼셰비키당의 역사에서 매우 중요한 레닌의 『진실』이 발행되었다.

『진실』은 페테르부르크 지역의 노동자들로부터 모금된 돈으로 설립되고 발행되었다. 이 신문의 주변에는 적극적인 노동자 통신원들이 많이 모여 있었다. 그들은 프롤레타리아의 상태와 투쟁에 대해 쓰고, 사회활동과 당활동의 사건에 대해 비평하였다. 레닌에 의해 지도된 『진실』은 실제로 볼셰비키당의 합법적인 중앙기관지였다. 1차 세계대전 전야에 『진실』이 발매금지되자 레닌은 제네바에서 『사회민주주의자』를 당의 기관지로 복간시켰다. 『진실』 1호가 발간된 4월 22일은 1914년부터 노동출판물의 기념일이 되었다.

신문은 다음의 체제하에서 발행되었다. ① 국내와 국외의 생활과 정치 문제에 대한 논문, ② 러시아와 해

외 통신, ③ 전보와 전화 보도, ④ 소설과 시, ⑤ 칼럼과 신간 소개, ⑥ 지식의 전 분야에 관한 학술논문, ⑦ 국회와 국가평의회 회의 보고서, ⑧ 지방자치, ⑨ 경제와 무역-상업 문제, ⑩ 사회면, ⑪ 연극과 음악, ⑫ 예술란, ⑬ 잡록, ⑭ 스포츠, ⑮ 안내란, ⑯ 풍자와 유머, ⑰ 삽화·초상화·풍자화, ⑱ 광고.

레닌을 필두로 한 러시아사회주의노동당의 중앙위원회는 『진실』을 주간하였다. 초기에 이 신문은 해당파(解黨派) 당원에 맞서 적극적으로 투쟁을 전개하지 못하였다. 그러나 레닌이 신문의 발간과 편집에 적극적으로 참여하면서 이러한 한계가 극복되었다. 레닌은 폴란드의 크라쿠프(Kraków)에서 거의 매일 신문기사를 집필하면서 발간을 지휘하였다. 그는 일간지로서 노동대중의 정치신문이었던 『진실』에 특별한 가치를 부여하였다.

기관지 『진실』에 적극적으로 참여했던 인물은 칼리닌(М. И. Калинин), 몰로토프(В. М. Молотов), 스베르들로프(Я. М. Свердлов), 스탈린(И. В. Сталин) 등이었다. 『진실』의 동인으로는 올민스키(М. С. Ольминский), 바투린(Н. Н. Батурин), 부브노프(А. С. Бубнов), 옐랴자로바(А. И. Елизарова), 폴리타예프(Н. Г. Полетаев), 예레메예프(А. И. Еремеев), 포드보이스키(Н. И. Подвойский), 로즈미로비치(Е. Ф. Розмирович), 사모일로바(К. Н. Самойлова), 4대 국회의원인 바다예프(А. Е. Бадаев), 페트롭스키(Г. И. Петровский), 무라노프(М. К. Муранов), 사모일로프(Ф. Н. Самойлов), 샤고프(Н. Р. Шагов) 등이었다.

레닌은 『진실』의 문학적 수준을 높이기 위해 저명한 문학자들의 참여를 유도했다. 문학과 예술란을 담당했던 고리키(М. Горький)가 대표적이었다.

1912년에서 1914년 사이에 『진실』의 발행부수는 평균 3만 부였으며, 최고 6만 부까지 발행된 달도 있었다.

노동신문이었던 『진실』은 차르 정부의 가혹한 탄압을 받아 1913년 7월 5일 폐간되기에 이르렀다. 이후 신문은 이름을 달리하여 1914년 7월 8일까지 발행되었다. 『노동자의 진실』(1913.7.13~8.1), 『북쪽의 진실』(1913.8.1~9.7), 『노동의 진실』(1913.9.11~10.9), 『진실을 위하여』(1913.10.1~12.5), 『프롤레타리아의 진실』(1913.12.7~1914.1.21), 『진실의 길』(1914.1.22~5.21), 『노동자』(1914.4.22~7.7), 『노동의 진실』(1914.5.23~7.8).

『진실』은 1912년에 207호, 1913년에 151호, 1914년에 287호로 총 645호가 발행되었고, 그 사이 190회의 탄압을 받았다. 편집에 대해 36회의 재판사건이 있었으며, 편집자들은 47개월 이상을 감옥에서 지내야 했다.

노동자 계층을 정치적으로 의식화하고 그들을 혁명의 대열에 동참시키기 위해 『진실』은 혁명적 프롤레타리아의 합법적인 연단이 되었다. '노동자의 운동', '보험문제', '노동조합에서' 등의 난이 만들어졌다. 신문은 근로자들의 공권상실을 폭로하고, 농민들의 영락한 처지를 밝혀냈으며, 동맹파업의 과정을 조명하고, 고양되는 혁명운동을 지도하였다. 또 프롤레타리아의 연대의식과 국제적 동맹운동을 고취시켰다. 1913년 2월부터 '농민의 생활'이라는 난이 설정되었다.

『진실』은 근로자들에 대한 뜨거운 열정과 광범위한 지지를 담았다. 이는 광범위한 노동대중 신문의 새로운 지평을 연 것으로서 노동자들의 지원과 참여에 의해 이루어진 것이었다.

『진실』은 볼셰비키당이 국회연단에서 많이 이용함으로써 전국적인 기관지로서의 역할을 확실히 수행하였다. 이러한 목적을 위해서 만들어진 난이 '국회(Государственная дума)'였다.

1912년부터 1914년까지 『진실』에는 총 265개에 달하는 레닌의 논문과 저작이 게재되었다. 레닌은 여기에서 당의 활동문제와 혁명투쟁과 같이 중요한 문제들을 다루었다. 특히 『6개월 사업의 결산(Итоги полугодовой работы)』, 『자본주의와 출판물(Капиталдизм и печать)』, 『러시아 과거의 노동 출판물로부터(Из прошлого рабочей печати в России)』, 『노동자 계층과 노동 출판물(Рабочий класс и рабочая печать)』, 『노동 출판 기념일에 즈음하여(К итогом дня рабоче й печати)』 등의 논문은 혁명 출판물의 과제가 무엇인가에 대해 중요한 지침을 전달해 주는 것이다.

1차 세계대전 전야(1914.7.8)에 『진실』의 편집은 폐쇄되었으며, 동인들은 체포되었고, 신문은 폐간되었다. 『진실』은 차리즘의 전복 이후 당 중앙위원회의 결정에 따라 1917년 5월에 복간되었다. (이항준)

참고문헌

Русская переодическая печать(1895-октябрь 1917). М. 1957; Институт общественной мысли. Общественная мысль России XVIII - начала XX века. М. 2005; Политические партии России. Конец XIX - первая треть XX века. М. 1996; 소연방과학아카데미 역사연구소 편 (이경식·한종호 역)『러시아 문화사(19세기 전반~볼셰비키혁명)』, 논장, 1990.

▌진종(秦鐘)

1920년 중국 산시에서 창간된 월간지

1920년 1월 20일 산시(陝西)에서 창간되었다. 창간 주체는 여경산시학생연합회(旅京陝西學生聯合會)였다. 여경산시학생연합회는 1919년 3월, 베이징대학, 민국대학에 재학 중이던 산시 출신의 학생연합 조직으로 "호조의 정신으로 산시인의 행복 및 문화 발전을 추구하는" 것을 종지로 하였다. 일종의 동향 조직인 만큼 지역적인 성격이 농후한 셈인데, 『진종』은 그 기관지로 탄생한 것이다. 모두 6호를 출간하고 정간되었다.

간행 취지는 '산시'인의 자각을 촉구하고, '산시'에 새로운 지식을 보급하며, '산시'의 사회 상황을 외부에 알린다는 것이었다. 이를 통해 산시 문제를 해결할 수 있는 방법을 찾는다는 것이었다.

이 같은 취지에 따라 『진종』의 내용은 크게 두 부분으로 나뉘었다. 첫째는 이른바 신지식을 소개하는 목적에 따른 부분으로 강연(講演), 논단(論壇), 평림(評林), 학해(學海) 등으로 구성하였다. 특히 당시 시대사조인 민주, 자유, 과학, 평민교육, 여자 해방을 제창, 강조하고, 봉건미신, 문언문(文言文), 존공(尊孔), 조혼, 전족 등 악습에 대한 폐지를 분명히 했다. 사회문제를 해결할 수 있는 상식의 보급도 강조하였다.

두 번째 부분은 산시의 사회문제를 외부에 알리고 그 해결점을 모색하는 부분으로 사회조사, 수감록(隨感錄), 무슨 말(什麽話) 등이었다. 주로 군벌들의 만행과 그에 따른 산시 인민들의 고통을 강조하는 내용, 군벌 내부의 갈등으로 인한 정치적 불안 등이 관심의 초점이었다. 그리고 그를 위한 해결 방안을 모색하는 한편, 실업 개발, 철로 건설, 수리 개발, 농업 개량 등 산시 개발 방안을 제시하였다.

이 같은 잡지의 구성은 당시 산시의 사회상황과 무관하지 않다. 당시 산시는 어느 지역보다 다양한 중소 군벌이 난립한 데다가 토비문제가 일상화되어 있었고, 또한 교통과 환경의 영향으로 매우 낙후되어 있는 것이 사실이었다. 이 같은 군벌들은 남북화의 기간에도 그치지 않고 크고 작은 충돌이 그치지 않았으며, 때로 토비와 결탁하여 민을 약탈하는 것이 극심하였다. 산시 학생연합회 자체가 이 같은 문제를 해결하는 과정에서 탄생하였다.

특히 『진종』을 창간한 진보적인 학생들은 신문화 운동을 통해 습득한 다양한 사조 및 사상을 통해 문제를 이해하고 해결하고자 하였다. 5·4운동 시기 다양한 민주주의, 사회주의 사조의 영향을 받고 있지만, 특히 듀이의 평민주의나 베르그송 등의 신칸트주의를 토대로 현실문제에 접근하였다. 이성의 무한한 확장을 강조하는 베르그송의 영향이 지배적이었다. 신칸트주의는 인간의 이성적 능력에 의해서 현실을 개조하고 해결할 수 있다고 믿는 논리로 5·4기 다양한 사회개조운동의 사상적 배경이 되었던 사조이다. 특히 사회문제를 이성과 비이성으로 구별하는 이 같은 입장에서는 이성 능력을 보급을 사회문제 해결의 관건으로 보는 만큼 교육문제를 특히 중시하였다.

이에 따라 『진종』 역시 교육의 보급을 가장 중시하였다. 교육을 통해 사회문제를 스스로 인식하고 해결할 수 있는 이성 능력의 획득 방법으로 파악한 것이다. 따라서 여자를 포함한 보통교육의 확대야 말로 산시 문제를 근본적으로 해결 할 수 있는 관건으로 본 것이다. 이 같은 보통 교육의 실천을 방해하는 요소로서,

잘못된 여성관과 가족제도, 예습 등을 비판하였고 사회적으로는, 민(民)의 행복과 사회적 발전을 저해하는 군벌을 극복과제로 파악한 것이다. 특히 군벌을 "강도와 같은 진적(秦賊)"으로 규정하고, 독군 사령, 병정 구조와 때로 토비와 연합하여 민을 착취하는 군벌제도의 타파를 주장하였다. 물론 그 대안은 입헌제도의 확립과 실업, 교육의 보급을 드는 정도에 불과하였다(「진인[秦人]과 진적[秦賊]」, 2호).

한편 『진종』은 독자들과의 편지 왕래를 많이 게재하였다. 그 자체가 새로운 사조를 보급하고 사회를 개조하는 방안으로 생각하였기 때문이다. 이를 통해 베이징에서 촉발된 신문화운동을 지역사회로 확대하는 한편, 산시 사회가 안고 있는 문제점을 전국적인 차원에서 생각게 함으로써, 지역사회에 대한 관심을 국가건설의 문제로 승화시키는 결정적인 작용을 하였다.

『진종』 모두 6호를 간행하고 정간하였다. 간행주체인 여경 학생연합회의 내부의 사정 때문이었다. 그러나 『진종』의 정신은, 그것을 이어 등장한 『공진』을 통해 그대로 계승되었다. (오병수)

참고문헌

『五四運動期刊介紹』 2.

▌진찰기화보(晋察冀畵報)

1942년 중국의 진찰기군구정치부에서 발간된 신문

1942년 7월 7일 진찰기군구정치부(晋察冀軍區政治部)에서 창간하였다. 영문 제목은 "The Chin-Cha-Chi pictorial"이었고 1947년 12월까지 13호가 발간되었다. 진찰기군구정치부(晋察冀軍區政治部, 진[晋]: 산시성[山西省], 찰[察]: 차하얼[察哈爾], 기[冀]: 허베이[河北省] 군구정치부) 진찰기화보사(晋察冀畵報社)에서 편집하여 출판하였으며 출판지는 밝혀지지 않았다. 1942년부터 1945년까지는 부정기적으로 간행되었고 1947년부터는 월간으로 발행되었다. 부간(副刊)으로는 『진찰기화보총간(晋察冀畵報叢刊)』이 있었다. 후에 『인민화보(人民畵報)』(1946~1948)와 합병하여 『화베이화보(華北畵報)』(1948?)가 되었다. 1944년 발간된 5호는 "진찰기변구 북옥구 반소탕전투 전투영웅, 전투모범대회 특집호(晋察冀邊區北獄區反蕩掃戰役戰鬪英雄,戰鬪模範大會專號)"였고, 1947년 12호는 "1·21 2주년 기념 특집("一二一"二週年紀念特輯)"이었다. 1945년 12월 9·10호부터는 푸핑(阜平)에서 허베이성의 장자커우(張家口)로 옮겨 출판하였다. 1947년 11월 11호는 복간호이다. 베이징사범대학도서관과 상하이도서관 등에 소장되어 있다.

주요란으로는 신문섭영(新聞攝影), 전재(專載), 전투영웅기, 변구모범인물기(邊區模範人物記), 통신보고, 가곡, 문예, 만화 등이 있었다.

『진찰기화보』는 종합성 화보로 중일전쟁시기 진찰기군구정치부(晋察冀軍區政治部)에서 창간하였다. 『진찰기화보』는 크게 두 시기로 나누어 볼 수 있다. 첫 번째 시기는 1942년부터 1945년에 이르는 시기로 내용은 변구(邊區)의 각 항일 근거지 군민의 자위적 군사적 투쟁을 주로 반영하였다. 아울러 변구의 정치, 경제, 문화 등 각 분야에 관한 체계적이고 전형적인 보도도 하였다. 진찰기변구 군영대회(晋察冀邊區群英大會)와 팔로군(八路軍)의 수복 도시(收復城鎭), 적의 보루의 파괴 및 대생산운동을 사실적으로 기록하였다.

『진찰기화보』는 또 낱장의 시사증간(時事增刊), 순간(旬刊), 호외, 반월간, 계간 등 매 종류별로 1, 2호, 5, 6호 등으로 다르게 출간하였다. 1947년 3월에서 1947년 10월 전에 이르는 시기는 본간이 정간되었던 기간 『진찰기화보계간(晋察冀畵報季刊)』을 출간하였다.

두 번째 시기는 1947년 10월에서 12월에 이르는 시기로 주로 내용상 광대한 인민의 내전반대, 민주쟁취, 중국인민해방군의 반공격 전략 등의 내용을 반영하였다. 예를 들면 '1·21'학살사건 및 중국군의 화베이(華北) 해방의 전략적 요지인 스자좡(石家莊)의 상황 등을 보도하였다. 이 간행물은 주로 대량의 사진을 게재하였다. 동시에 미술작품(만화, 목각), 문예통신, 보고, 시가, 소설, 산문 등도 실었다. 또 부분적으로는 해외통신 및 반파시즘전쟁의 신문사진 등도 실었다. 12호

"1·21 2주년 기념 특집"상에는 마오둔(茅盾)의 「1·21학살사건(爲"一二一"慘案作)」, 타오싱즈(陶行知)의 「쿤밍 학생들이 내전에 반대하여 유혈을 흘렸다고 들은 것은 유감이다(聞昆明學生因反內戰而流血有感)」, 궈모뤄(郭沫若)의 「진보를 돕다(進步贊)」 등이 실렸다. (김지훈)

참고문헌

王檜林·朱漢國, 『中國報刊辭典(1815~1949)』, 書海出版社, 1992; 伍杰, 『中文期刊大詞典』, 北京大學出版社, 2000; 北京師範大學圖書館報刊部 編, 『北京師範大學圖書館館藏中文珍稀期刊題錄』, 北京圖書館出版社, 2002; 葉再生, 『中國近代現代出版通史』 3, 北京: 華文出版社, 2002; 上海圖書館, 『上海圖書館館藏近現代中文期刊總目』, 上海科學技術文獻出版社, 2004.

진통시대(陣痛時代)

1926년 1월 일본의 진통시대사가 발행한 동인잡지

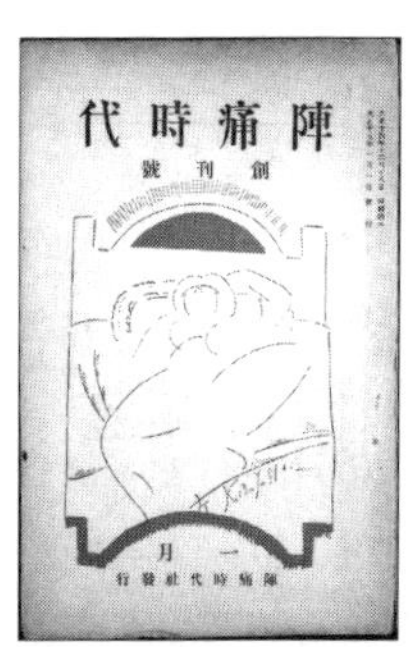

1924년 도쿄에서 결성된 진통시대(陣痛時代) 동인들이 발행한 동인잡지이다. 잡지에는 습작시대의 이부세 마스지(井伏鱒二)도 참가하고 있다. 잡지 원본은 가가와대학(香川大學) 가미하라문고(神原文庫)가 소장하고 있다.

창간호에서는 이부세의 소설 「한산습득(寒山拾得)」이 권두를 장식했다. 하지만 이부세는 이후 동인들의 좌경화에 동조하지 못하고 탈퇴했다. (이규수)

참고문헌

『近代文學雜誌事典』, 至文堂, 1965; 桂敬一, 『明治·大正のジャ-ナリズム』, 岩波書店, 1992; 日本近代文學館·小田切進 編, 『日本近代文學大事典』 第五卷, 講談社, 1977.

질문(質問)

1935년 일본 도쿄에서 창간된 중국어 문예지

1935년 5월 15일 일본 도쿄(東京)에서 창간된 『잡문(雜文)』을 1935년 12월 승계하여 제호를 『질문』으로 변경하여 재출간 한 것이다. 『잡문』이 1935년 9월 20일 1권 3호를 발행하고 일본 정부에 의해 폐쇄되자, 그 해 12월 궈모뤄(郭沫若)의 제안으로 『질문』으로 제호를 바꾸고 권호를 연속하여 4권으로 발행하였다. 중국좌익작가연맹의 도쿄분맹(東京分盟)이 편집 출판하였다. 1936년 2권 1호부터 발행자가 잡문잡지사(雜文雜誌社)로 바뀌었고, 상하이(上海)로 옮겨져 편집 발행되었다. 1936년11월 총 8호를 간행하고 종간되었다. 베이징사범대학도서관에 소장되어 있다.

『잡문(雜文)』이 폐쇄된 후 새로운 이름으로 출판된 좌익작가연맹의 잡지이다. 『질문』이라는 제호는 궈모뤄가 거더(歌德)의 『질문과 답(質與問)』에서 가져왔다. 지면은 『잡문』의 두 배에 달했다.

내용은 주로 문학평론과 문학창작물, 번역작품을 게재하였고, 여러 문학가들을 소개하였다. 또한 일정한 문예이론 문장을 게재하였으며, 고리키 연속 특집물인 2권 1호 "기념 고리키 특집(紀念高爾基專號)"에 실린 궈모뤄의 「인문계의 일식(人文界的日蝕)」을 비롯하여 싱퉁화(邢桐華)의 「고리키는 우리에게 무엇을 가르쳐주었나(高爾基教給了我們什麽)」, 베이어우(北鷗)의 「고리키는 영원하다(高爾基是永遠的)」 등이 있다.

또 2권 2호의 "추모 루쉰 선생(追悼魯迅先生)" 특집에는 궈모뤄의 「민족의 걸작(民族的杰作)」이라는 문장이 실렸는데 궈모뤄는 루쉰에 대해 "중국 문학은 선생이 하나의 신기원을 열었다. 중국의 근대문예는 선생이 개척하였다. 이는 억만 인의 공통된 인식이다. 선생의 전진적 문예 내지 일반 문화, 특히 언어의 대중화와 간체화(簡體話) 등에 대한 기여와 촉진은 영원히 그 가치를 우리가 기념할 것이다. 선생의 해마다 진보되는 건투정신, 죽음에 이르러도 굴하지 않는 정신은 우리에게 남겨준 하나의 매우 좋은 모범이자 교훈이다. …… 루쉰 선생은 우리 중국 민족 근대에 하나의 걸작이다"라고 평하였다.

『질문』은 매호마다 궈모뤄의 문장을 발표하였는데, 「칠정(七淸)」, 「진시황이 죽음(秦始皇將死)」, 「초패왕 자살(楚霸王自殺)」, 「총전형설기(從典型說起)」, 「내 시작의 경과(我的作詩的經過)」 등이 있다.

• 궈모뤄(郭沫若, 1892~1978)

본명은 궈카이전(郭開貞)이며 과학자이자 문학자, 고고학자이다. 1923년 일본에서 대학을 마치고 귀국하여 언론활동에 종사하다가 1928년 일본으로 도피하여 중국좌익작가연맹에 가입하여 도쿄 좌련(左聯) 지부에서 활동하였다.

이 시기에 대표적 역사극 『굴원(屈原)』을 집필하였으며 여러 편의 역사사극과 역사논문들을 발표하였다. 신문화운동 시기에 발표한 시집 『여신(女神)』은 중국 전통 시가의 속박에서 벗어나 5·4운동의 시대정신을 반영한 작품으로 중국 문학사에 새로운 기풍을 가져왔으며, 당대 최고의 혁명적 낭만주의 작품으로 인정받고 있다. 1923년 이후에는 마르크스주의 사상에 기초한 계급문학 이론을 제창하였다.

중화인민공화국 성립 이후 중앙인민정부위원과 국무원 부총리 겸 문화교육위원회 주임, 중국과학원 원장 등을 역임하였다. (김성남)

참고문헌

周葱秀·涂明 著, 『中國近現代文化期刊史』, 山西敎育出版社, 1999; 北京師範大學圖書館報刊部 篇, 『北京師範大學圖書館館藏中文珍稀期刊題錄』, 北京圖書館出版社, 2002.

집단(集團)

1932년 서울에서 한국어로 발행된 사회운동 잡지

1932년 1월 10일자로 창간되었다. 1932년 2월에 2호를 냈고 3호는 6월 1일에 발행되었다. 편집 겸 발행인 임인식(林仁植), 인쇄인은 이유기(李有基)였다. 인쇄는 동아사인쇄소에서 담당했고, 발행소는 집단사였다. A5판 48쪽으로 정가는 10전이었다.

발행인 임인식은 임화(林和)의 본명이다. 창간호는 확인 할 수 없고 2호와 3호만이 남아 있다. 2호가 『동아일보』에 『집단』 2월호로 소개된 것으로 보아 월간으로 발간하려 했던 것 같다.

2호의 목차는 오삼봉(吳三峰)의 「개량주의란 무엇이냐」, 안막(安漠)의 「자본주의 제3기란 무엇인가」, 인영호(印永鎬)의 「전투적 무신론자동맹 이야기: 쏘비에트동맹에서는 어떻게 종교를 퇴치하는가?」, 박호(朴豪)의 「에스페란토와 근로대중」, 철부의 「역사강좌: 인터내쇼낼 발달의 력사」, 「우리들은 자본주의국에서 무엇을 봤나: 싸벳트 노동자의 독일여행기」, 「미국 스코쓰포로의 9인의 흑인 노동자의 원조운동」, 「최근뉴쓰」, 「인터내슈낼과 라듸오 신문」, 「로농 로서아에 료리대학 설립: 사회의 영양을 향상 식히고저 세계에서 처음으로 계획하여」, 「경기 읍내 3부 2읍 실업자 통계: 실업자 1만 7000여인」, 오평숙(吳平淑)의 「아히 안낫는 법: 무산자식」, 송영(宋影)의 「우리들의 소설: 야학선생」, 이동규(李東珪)의 「문예창작: 게시판과 벽소설」로 이루어져 있다. 자본주의를 비판하고 사회주의 세계의 소식을 전하는 것이 이 잡지의 목적이라는 것을 알 수 있다.

3호는 『동아일보』에 『집단』 6월호로 소개되었는데, 일제의 검열 때문에 3달 동안 발간되지 못한 것 같다. 「수만 독자 제군에게」라는 글에서 "이나마도 병신이 될 대로 다 되어서 절뚝거리면서 제군 앞에 나타났다"고 한 것으로 보아 검열 때문에 많은 부분 삭제당한 채로 발간되었음을 짐작할 수 있다. 3호도 마찬가지로 소련의 소식을 전하고 사회주의 이론을 설명하며 자본주의를 비판하는 기사들, 카프 작가들의 작품들로 구성되어 있다. 이후에는 발간되었다는 기록을 찾을 수 없는 것으로 보아 3호로 종간된 것 같다. (정예지)

참고문헌

「集團 二月號」,『東亞日報』 1932.2.21; 「集團 六月號」,『東亞日報』 1932.6.4; 최덕교 편, 『한국잡지백년』 2, 현암사, 2004.

▌집성보(集成報)

1897년 중국 상하이에서 창간된 시사종합신문

1897년 5월 6일 상하이(上海)에서 창간되었다. 창간인은 쉬녠쉬안(徐念萱)이며, 연사지(蓮史紙)에 석인(石印)으로 매회 30쪽을 상하이영상집성보관(上海英商集成報館)에서 편집하여 순간(旬刊)으로 발행하였다. 1호부터 21호본이 보존되어 있으며, 베이징중국사회과학원 경제연구소와 근대사연구소 도서관에 소장되어 있다.

내용은 유지(諭旨)와 장주(章奏), 논설, 시사와 뉴스, 각국의 여러 소식들을 실었는데, 유지와 장주 외에는 주로 다른 매체들에서 발췌한 글들을 정리하여 실었다.

주로 발췌한 대상 매체는 『만국공보(萬國公報)』와 『시무보(時務報)』, 『박문보(博聞報)』, 『신문보(新聞報)』, 『직보(直報)』, 『신보(申報)』, 『회보(匯報)』, 『순환일보(循環日報)』, 『상학신보(湘學新報)』 등 2, 30종에 달했다.

쿵자오푸(孔昭普)는 창간호의 「집성보서(集成報敍)」에서 일보(日報)와 순보(旬報), 월보(月報)의 언론매체들의 매우 많으나 모두 각각의 장단점이 있으니, 이러한 매체들의 장단점을 구분하여 취하여 한 권의 책으로 만들어 이를 『집성보(集成報)』라 이름 하였다고 설명하고 있다. (김성남)

참고문헌

方漢奇 主編, 『中國新聞社業通史』, 中國人民大學出版社, 1996; 葉再生 著, 『中國近代現代出版通史』, 北京: 華文出版社, 2002.

▌찰세속매월통기전(察世俗每月統記傳)

1815년 말레이시아 말라카에서 창간된 종합잡지

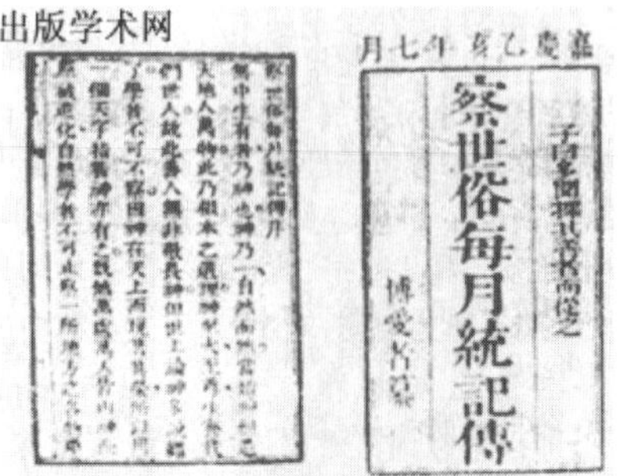

1815년 8월 5일 말라카(Malacca)에서 모리슨(Robert Morison)과 밀른(William Milne, 중국명 米怜)이 창간하고 편집을 맡았으며, 량파(梁發)도 참여하였다. 조판 인쇄 방식을 이용하여 중국 전통 방식인 선장(線裝) 제본으로 매회 10~14쪽씩 월간으로 발행되었으며, 어떤 때는 20쪽으로 발행되기도 하였다. 중문(中文)을 사용한 중국 최초의 근대 잡지이다. 1818년 말라카에 영화서원인자국(英華書院印字局)이 만들어진 후부터는 이곳에서 출판되었다. 1821년에 7권을 마지막으로 종간된 것으로 알려져 왔으나 최근 미국 하버드대학도서관에서 1822년(道光 壬午) 2월 출판된 『찰세속매월통기전』이 발견되었다.

창간 목적은 기독교 교의를 전하면서 중국으로 한 걸음 더 진입하는데 있었다. 밀른 목사는 『기독신교 재화 첫 십년의 회고(基督新敎在華頭十年之回顧, A Retrospect of The First Ten Years of the Protestant Misson to China)』의 머리말에 이 잡지의 창간 목적이 중국인에게 종교를 전파하고 지식을 전하기 위함에 있다고 쓰고 있다.

무료 구독 방식을 채택하여 초기에는 매회 500부를 발행하다가 3년 후에 1000부로 증간하였으며, 1819년 5월에는 3만여 부가 간행되었다. 원하는 자는 누구나 신문을 자져갈 수 있게 하였고, 선박이나 인편을 이용하여 홍콩, 마카오, 광저우(廣州) 등지에 배포되었다.

내용은 뉴스와 종교, 천문, 역사, 서양소식, 윤리도덕과 문화지식에 관한 내용들을 담고 있다.

『신약성경』과 『구약성경』의 중문 번역을 마친 로버트 모리슨(Robert Morrison, 馬禮遜, 1782~1834)과 시미링이 이를 기본 자료로 성경 구절을 해석하고 강의하는 내용의 신리(神理), 성경절주(聖經節注), 성경의 대의(聖經之大意) 등을 연재하는 고정난이 있다.

그리고 윤리 도덕에 대한 설교를 담은 논인(論仁), 「인의지심인개충수형(仁義之心人皆忠受刑)」, 「효(孝)」, 「불충효지자(不忠孝之子)」, 「부자친(父子親), 「부부순(夫婦順)」 등의 문장들을 게재하였다.

이러한 유교적 윤리도덕을 강조하는 문장을 싣는 목적은 중국의 전통 사상들이 모두 하늘의 뜻에 따라 이루어진 것으로 이에 순응하고 살아가는 것이 선이며, 결국 모든 것은 기독교의 절대자에게로 귀결됨을 설명하기 위함이었다.

기독교 교리를 유학에 갖다 붙여 설명하고 유학의 구절들을 인용하여 기독교를 설명하는 방식은 매우 효과적인 선교 방법이었다. 따라서 이 잡지의 문장들에는 『사서(四書)』나 『오경(五經)』의 문구가 자주 인용되는 등 유학 전통의 도덕 관념적 설교 문장과 고전에서 인용한 문구들이 많았다.

또한 이 잡지는 중국인들에게 서양 근대과학 지식을 소개한 최초의 잡지이다. 근대 천문학설을 소개한 「논행성(論行星)」, 「논시성(論侍星)」, 「현칭위성(現稱衛星)」, 「논정성(論靜星)」, 「즉항성(卽恒星)」, 「천혜성(天慧星)」, 「논월식(論月食)」, 「논일식(論日食)」, 「천구설(天球說)」 등의 문장을 게재하였다.

생동감 있는 문장묘사와 삽화, 명쾌한 설명으로 해와 달, 지구의 관계 등 우주 천체를 설명하고, 코페르니쿠스(Nicolaus Copernicus)의 지동설과 일식, 월식 등을 소개하였다. 지구와 세계 지리에 대한 지식, 유럽과 미주, 아프리카 등 여러 나라에 대한 소개와 국가 분포, 프랑스혁명과 미국의 흥기 등을 설명하여 중국인들이 믿고 있던 천조(天朝) 외에도 세계에 여러 나라가 존재하고 있다는 사실은 중국인들의 시야를 열어주었다. 그러나 이러한 새로운 과학지식과 우주의 신비함을 알리는 가장 주된 목적은 결국 기독교의 절대성을 증명하기 위함이었다.

중국인들이 쉽게 문장을 이해하도록 문장부호를 중국 최초로 사용하였고, 지명과 인명을 사용할 때는 따옴표를 사용하였는데, 이는 신식 표점부호 제정의 기초가 되었다.

• 밀른(William Milne, 1785~1822, 중국명 시미링[系米怜])

1785년 영국에서 태어나 신학을 공부한 후, 해외 선교사로 일생을 살기로 결심하고 1815년 초 말라카(馬六甲)에서 언론출판사업과 교육 사업에 헌신하였다. 1815년 중국 최초의 아동학교를 설립하였고, 1818년에는 영화서원(英華書院, Anglo Chinese College)을 말라카에 설립하였다.

그는 로버트 모리슨과 함께 성경번역과 교육 선교에 힘쓰면서 보다 효과적으로 중국인들에 대한 선교 방법을 연구하며 이를 『찰세속매월통기전』에 적용하였다. 중국 전통 유학과 관념들을 활용하여 중국인들에게 접근하면서 많은 독자들을 확보하고 중국인의 실생활과 풍습에 부응한 잡지를 만들어나갔다.

1821년 시미링의 부인과 두 아이가 세상을 떠나고 그의 건강도 극도로 나빠지면서 이 잡지도 종간되었으며, 그도 그 다음해 37세의 나이로 병사하였다. (김성남)

참고문헌

方漢奇 主編, 『中國新聞社業通史』, 中國人民大學出版社, 1996; 葉再生 著, 『中國近代現代出版通史』, 北京: 華文出版社, 2002.

▌창(窓)

1920년 일본에서 창간된 연극 잡지

1920년 6월부터 10월까지 발간된 연극 잡지이다. 현재는 2호까지만 확인된다. 발행자는 구노 후미오(久野文雄), 편집자는 히노 이와오(日野巖), 발행처는 게이오극연구회(慶應劇研究會)였다. 가쓰모토 세이이치로(勝本清一郎), 히노 이와오 등으로 구성된 게이오극 연구회의 기관지였다. 나중에 『극문학(劇文學)』으로 제목이 바뀌었다.

『창』의 창간호에는 오사나이 가오루(小山內薰), 구메 슈지(久米秀治), 난부 히데타로(南部秀太郎) 등도 기고하였다. 오사나이 가오루는 게이오극연구회의 회장이었다. 극 이외에 소설과 시재도 게재하여 문예지와 같은 분위기가 농후하였다. 가쓰모토 세이이치로는 「나가우타 역사의 제상(長唄史の諸相)」을 기고하였고, 와키 세이자부로(和木淸三郎)도 소설 「풍속 취체(風俗取締)」를 기고하였다. 그리고 구라하라 신지로(藏原伸二郎)는 시를 기고하였다.

2호에는 가쓰모토 세이이치로, 미즈키 교타(水木京太), 오자와 요시쿠니(小澤愛圀)가 기고하였다. 그리고 무로 사이세이(室生犀星)도 시를 기고하였다. 「극연구회 일기(劇硏究會日記)」도 자료로서 가치가 있다. (이준식)

참고문헌

日本近代文學館·小田切進 編, 『日本近代文學大事典』 第5卷, 講談社, 1977; 『日本出版百年史年表』, 日本書籍出版協會, 1968.

▌창공의 수호신(空のまもり)

1939년 일본에서 발행된 전쟁선전 잡지

1939년 10월 일본의 대일본방공협회(大日本防空協會)가 창간한 전쟁선전 잡지이다. 잡지는 B5판 크기로 발행되었으며, 분량은 40쪽 내외였다. 월간지로 발행되었으며, 잡지 지면 구성에서 그래픽이 많았다.

일반인에게 '방공사상(防空思想)의 보급 철저와 방공지식(防空智識)의 과학적 계발'을 도모하기 위한 목적에서 발행되었는데, 잡지 내용은 그러한 목적 보다는 공습에 의한 정신적 동요나 공포심을 억제하기 위한 글이나 공습에 대비하는 원시적 수단과 방법을 소개하였다.

미군의 폭격기에 의해 처음으로 공습을 경험한 직후에 발행된 1942년 6월에는 권두의 그래픽에 미군 폭격기의 성능을 소개하고 있다. 그 내용은 1250마력 발동기 2기, 탑재량 2630킬로그램, 시속 500킬로미터, 상승한도 770미터, 항공거리 4240킬로미터, 승무원 5명이라고 서술되어 있다. 그런데 잡지 내용에는 한편에서는 이후 공습을 예측하면서도, 미군 폭격기의 또 다른 공습의 가능성은 부정하는 모순적인 내용이 동시에 서술되고 있었다.

1942년 6월호에는 해전에서 항공모함 2척이 격침되었다고 하면서도, 전력을 모두 포함하면 아직 2척의 항공모함이 남아 있다는 낙관적인 전망을 서술하고 있다. 전쟁 기간 동안에 일본, 특히 언론매체가 자신의 전력을 제대로 파악하지 않은 채로 그렇게 되기를 바라는 욕망에 의한 원망(願望)이 그렇게 될 것이라는 억측(臆測)을 경과하면서, 전혀 근거 없는 확신으로 변해가는 과정을 이 잡지의 내용은 잘 보여주고 있다.

아마도 일본의 공군력이나 대공전력(對空戰力)을 과신하지 않고, 근대전과 항공과학에 대해서 일반인이 숙지하였다면, 이러한 유치한 잡지는 발간되지 않았을 것이다. (문영주)

참고문헌

高崎隆治, 『戰時下の雜誌その光と影』, 風媒社, 1976; 松浦總三, 『體驗と資料 戰時下の言論彈壓』, 白川書院, 1975.

▌창작(創作)

1935년 일본 도쿄에서 발행한 유학생들의 문학동인지

1935년 1월 19일 창간한 문학동인지이다. 편집 겸 발행인 한적선(韓笛仙), 인쇄소는 삼문사(三文社), 발행소는 창작사(도쿄부 본향구 원정 2정목 9), 총판매소는 조선문단사(경성부 가회동 127)이다. 2호 발행인은 한천(韓泉), 3호는 신백수(申百秀)가 담당하였다. 판형은 4×6배판으로 총 33쪽이고 정가는 20전이었다. 1937년 7월 5일 통권 3호로 종간되었다. 3호의 발행사는 세기사(世紀社, 경성)이다. 서울대와 연세대에 소장되어 있다.

창작에 뜻을 둔 일본 유학생들이 진실한 조선 문학의 발전은 건전한 동인지의 생장에서 온다는 신념하에 창간한 동인지였다. 「편집후기」에 소회를 밝힌 한적선은 "『창작』은 주장을 가지려고 하지 않는다. 조선 문학을 진실히 생각하는 사람이면 누구나 포용하련다"라고 선언하였다. 탈정치적인 색채의 순수문학을 지향하고, 조선 문학을 진실히 생각하는 사람이면 누구나 옹호한다는 것이다.

주요 동인으로는 주영섭(朱永涉)·신백수·한천·한적선·정병호(鄭炳鎬)·황순원·김일영(金一英)·박동근·장영기(張泳基) 등이 활약했다.

창간호에는 주영섭의 「포도밭」, 정병호의 「아킬레스와 거북」, 백수의 「용명기에 해안이 있던 전설」, 한천의 「무지개」, 정병호의 「금강의 물줄기」 등의 시와 김일영의 수필 「토막토막」, 한적선의 희곡 「장벽」 등이 발표되었다.

2호(1936.4)의 수록 작품은 시에 황순원(2편), 주영섭(2편), 정병호(2편), 장영기(2편), 한천(1편), 소설로 신백수의 「송이」, 그리고 박동근의 논문 「방송극 소론」과 한적선의 희곡 「장벽」 등이 있다.

창작에 뜻을 둔 일본 유학생들이 문학의 질적인 향상을 도모하기 위해 만든 동인지로서 이념성을 배격하고 문학의 순수성을 지향했다. 이후에 서정성이 짙은 설화체 소설을 많이 쓴 작가 황순원이 이곳에 시를 몇 편 발표했다는 점이 특이한 사항이라고 하겠다.

• 김병기(金秉琪, 1916~?)

양화가·전서울대 교수. 『창작』의 표지와 삽화 등을 1~3호 모두 그렸다. 김병기는 『창조』와 『영대』 등의 동인이었고 우리 서양화단 초창기에 활약했던 유방 김찬영(維邦 金讃永, 1889~1973)의 아들이기도 하다.

• 김찬영

본관은 연안이다. 충청남도 당진 출생이다. 1907년 법관양성소를 졸업한 후 1910년 영동구재판소 판사, 1911년 영흥구재판소 판사를 지냈다. 1912년 변호사 개업을 하였으며 1920년에는 경성조선인변호사회의 상임위원이 되었다. 1945년 8·15광복 후 대법원 검사장(검찰총장)을 거쳐 1946년 대법관이 되면서 법전편찬위원·중앙경찰위원·헌법심사위원 등에 위촉되었다. 1954년 정년으로 대법관직에서 물러났다. (전상기)

참고문헌

최덕교 편저, 『한국잡지백년』 3, 현암사, 2004; 『창작』.

창조(創造)

1919년 일본 요코하마에서 한국어로 발행된 문예지

1919년 2월 1일자로 창간되어 1921년 5월 30일 통권 9호로 종간되었다. 편집 겸 발행인은 주요한(朱耀翰), 인쇄인은 무라오카 헤이키치(村岡平吉)였다. 인쇄는 요코하마에 있는 복음(福音)인쇄합자회사에서 담당하였고, 발행소는 도쿄에 있는 창조사, 판매소는 서울 동양서원, 평양 기독서원, 광명서관이었다. 7호까지는 일본에서 편집·발행되었고 8호는 편집은 평양에서, 인쇄·발행은 서울에서 하였다. 9호는 인쇄·발행 모두 서울에서 하였다. 창간호는 A5판 84쪽으로 발간되었다.

당시 유학생이던 김동인(金東仁), 주요한, 전영택(田榮澤), 김환(金煥), 최승만(崔承萬) 등 5명이 중심이 되어 창간한 우리나라 최초의 문학동인지이다. 2호부터 이광수(李光洙), 3호부터 이일(李一), 박석윤(朴錫胤), 7호부터 김명순(金明淳), 오천석(吳天錫), 8호부터 김관호(金觀鎬), 김억(金億), 김찬영(金瓚永), 9

호부터 임장화(林長和) 등이 참가하여 모두 13명의 동인이 참가하였다.

김동인, 주요한, 전영택 등은 『창조』를 통해 유학생들 사이에서 만연해 있던 문예에 대한 무시와 문예운동의 부진을 넘어서는 한편, 이광수의 계몽문학에서 벗어나고자 했다. 삶과 자연의 모습을 있는 그대로 표현하는 새로운 문학을 개척하고자 했던 것이다.

창간호에는 김동인의 「약한 자의 슬픔」, 「배따라기」, 전영택의 「혜선의 사」 등의 단편소설과 주요한의 자유시 「불놀이」를 비롯해 현대문학사에 이정표를 세운 중요한 작품들이 실려 있다. 통권 9호로 종간되기까지 시 74편, 소설 17편, 희곡 3편, 평론 17편, 번역물 52편, 수필 20편 등이 『창조』를 통해 세상에 나왔다.

특히 주요한의 「불놀이」는 새로운 형태의 자유시이자 정형적인 4·4조나 7·5조에서 완전히 벗어난 산문체의 시라는 점에서 현대문학사의 중요한 지점에 자리매김된다. 뿐만 아니라 김동인의 「약한 자의 슬픔」은 최초의 사실주의 혹은 자연주의 작품이라고 평가된다.

『창조』의 문인들은 여기서 멈추지 않고 문장의 혁신에까지 범위를 넓혀 현실에서 사용되는 구어체로 문장을 바꾸기도 하였다. 또한 주요한은 '우리 국어의 생명을 찾아보고자' 국문으로 시를 써 보려는 노력을 했다. 이러한 시도들은 일대 개혁이라고 할 만한 것으로서 『창조』가 남긴 중요한 업적 중의 하나다.

『창조』는 '도구로서의 문학'이 아니라 '문학으로서의 문학'을 지향함으로써 근대 문학의 지평을 넓히고 문학의 고유한 영역을 확보하는 데 중요한 역할을 한 잡지였다. (정예지)

참고문헌

전영택, 「창조시대 회고」, 『문예』 1949.12; 최덕교 편, 『한국잡지백년』 1, 현암사, 2004; 이상준, 「『창조』의 동인지적 특성 연구」, 『현대문학의 연구』 30, 2006.

창조(創造)

1922년 중국 상하이에서 창간된 문학계간지

1922년 5월 1일 상하이에서 창간된 문학 계간지이다. 창조사가 간행한 초기 잡지로서 태동도서국(泰東圖書局)에서 발행했다. 1924년 2월 28일 제2권 2호를 출판한 후 정간되었다. 겨우 6권을 간행한 셈이지만, 문학 사단(社團)인 창조사를 근대문학사에 각인시키는데 주요한 작용을 하였다. 1923년 6월 20일 재판을 찍었고, 이후 끊임없이 판을 거듭 찍어 많은 경우는 7쇄를 간행하기도 하였으며, 기타 회간(汇刊) 형태로 다양하게 출판되었다. 위다푸(郁達夫), 궈모뤄(郭沫若), 청팡우(成仿吾) 등이 편집하였다. 편집자 외 장쯔핑(張資平), 톈한(田漢), 정보치(鄭伯奇), 타오징쑨(陶晶孫), 왕두칭(王獨淸), 무무톈(穆木天), 위안자화(袁家驊), 펑즈(馮至), 허웨이(何畏), 쉬즈모(徐志摩), 원이둬(聞一多), 량스치우(梁實秋) 등이 집필자였다.

창작, 평론, 잡록(雜錄)란을 두었는데, 창작중에는 단편소설, 장편소설, 시, 희극 등으로 장르를 구별하였다. 창작과 문예비평을 중심으로 하고 이론과 번역작품을 발표하였다. 창조사의 초기 문학적 경향성과 이론을 살필 수 있다. 궈모뤄의 시작 「성공(星空)」, 시극, 「당체지화(棠棣之花)」, 그리고 극본 「탁문군(卓文君)」, 「왕소군(王昭君)」, 위다푸의 소설 「침륜(沉沦)」, 「망망야(茫茫夜)」, 톈한의 극본 「출세작(出世作)」, 「커피집의 하룻밤」이 모두 이 잡지를 통해 발표되었다.

창조사와 문학잡지

1921년 4월 일본에서 돌아온 궈모뤄, 청팡우 등은 태동서국 편역소에서 편집을 맡게 되면서, 간행물 출판을 고려하였다. 5월 말 다시 일본을 방문한 궈모뤄는 6월초 도쿄(東京)의 위다푸의 숙소에서 위다푸, 장쯔핑, 허웨이, 쉬쭈정(徐祖正) 등과 상의 끝에 문학 사단을 조직하면서 "창조"라는 이름으로 동인지 형식의 계간지와 총서를 출판하기로 결정하고, 분담할 원고를 확정하였다. 창조사의 공식적인 성립이라 할 수 있다.

1921년 7월 상하이로 돌아온 궈모뤄는 그의 첫 번째 시집인 『여신(女神)』을 창조사 총서(叢書) 1집으로 태동서국에서 창간하였다. 다시 일본 유학을 떠난 궈모뤄를 대신하여 위다푸는 『창조』 계간의 창간을 서두르면서 그의 단편소설집인 『침륜(沈淪)』을 창조사 총서의 제2권으로 간행하였다. 『여신』과 『침륜』이 지향하는 농후한 자아와 개성을 중시하는 낭만주의를 지향함으로써 출간 즉시 사회적 주목을 끌었다.

한편 『창조』 계간 창간호는 1922년 5월 1일 태동서국에서 출간되었다. 창간 당시 편집인은 궈모뤄, 위다푸, 청팡우였고, 회원은 이들 외에 톈한, 장쯔핑 등 7명이었다. 모두 일본 유학생 출신이었다.

초기의 창조사 성원들은 예술을 위한 예술을 주장하면서 미에 대한 추구를 문학의 핵심이라고 생각하였다. 이에 따라 인생을 위한 예술, 사실주의, 자연주의 등에 반대하고, 낭만주의적 경향이 강하였다. 따라서 작품에는 '자아'와 인간의 내면세계를 그린 경우가 많았다. 특히 위다푸의 경우 「은회색의 죽음」에서 「출분(出奔)」에 이르는 50여 편의 작품 중에는 자서전적인 소설이 무려 40여 편에 이를 만큼 철저하게 '자아'를 중시하였다.

1921년부터 23년 사이에 창조사는 문학연구화외 논쟁을 전개하였다. 그 발단은 창조사가 당시 『시사신보』에 『창조계간』의 출판을 예고하면서 "문화운동 발생 이후 우리나라 신문예는 한둘의 우상이 농단하고 있다"고 하여 문학연구회를 자극하면서부터였다. 『창조계간』은 창간호에 신문학비평가들을 '거짓 비평가', '목두(木斗), 멍청이', '미친(狂妄)'자들이라 비판하고, 여기에 대해 마오둔(茅盾)이 「나의 『창조』에 대한 인상」이란 글을 써서 대응하면서 공개적인 논쟁으로 비화하였다.

문학연구회와 창조사는 모두 신문학 단체으로서 봉건주의, 구(舊)문학에 대한 비판에서 출발한다는 점에서는 같았지만, 논쟁의 핵심은 문학의 사회적 작용에 대한 서로 다른 관점상의 차이였다. 창조사는 당시 "예술을 위한 문학"을 주장하고, 작가는 그 스스로의 내심의 요구에 따라 문학 활동에 종사할 뿐이라고 하여 "인생을 위한 문학"을 주장하고 문학의 사회적 역할을 강조한 문학연구회의 주장을 비판하였다. 그들은 "문학은 사회인생의 반영"이라는 명제를 부인하고 "진정한 문학은 순수한 주관의 산물"(궈모뤄[郭沫若], 「국내의 평단 및 우리들의 창작상의 의견」), "만일 작가들이 순전히 공리적 목적으로 창작을 한다면, 위에서는 문학을 선전의 도구로 삼고자 할 것이요, 아래로는 문학을 빌려 호구(糊口)를 위한 밥그릇으로 삼고자 할 터이니 이는 바로 문학의 타락이요, 문학의 정신과는 거리가 너무나 먼 이야기이다"(궈모뤄, 「문예 창작의 사명」). 또한 이민 정치화 된 문학계의 동당벌이(同黨伐異)적 태도에 대한 비판이기도 하였다(청팡우, 「창조사와 문학연구회」). 이에 대하여 문학연구회의 마오둔, 정전둬 등은 수많은 문장을 발표하여 이를 반박하고, 문학이 왜 인생을 위한 것인지를 거듭 주장하였다.

그 외 창조사와 문학연구회는 번역작품의 소개에서도 상당한 거리가 있었다. 문학연구회가 세계 근대 현대문학을 소개하면서 특히 약소민족의 문학을 중시하면서 고전물에 대해서는 늦추어 번역할 것을 주장한 것을 궈모뤄는 정면으로 반박하였다. 이 같은 번역을 둘러싼 논쟁은 1922년 『시사신보』를 매개로 한 서로 상대방의 오역을 비난하는 오역전쟁으로 발전하기도 하였다.

창조사와 문학연구회의 논쟁은 3년을 끌었다. 논쟁을 통해 두 문학사단은 점차 가까워져서, 논리적으로는 서로 보완작용을 하게 되었다. 문학연구회 역시 당연히 문학의 예술성을 승인하였지만 창조사도 문학의 공리성을 승인하기에 이르렀다.

1923년 4월 이후 궈모뤄와 청팡우는 상하이에서 창조사 활동을 활발하게 전개하였다. 『창조』 계간을 창간한 외에 23년 5월 『창조주보』를 창간하였다. 역시 태동서국에서 간행하였다. 두 간행물은 문학계에 영향이 커서 중판을 거듭하였다. 이에 힘입어 7월에는 상하이의 『중화신보(中華新報)』의 부간으로 『창조일(創造日)』을 새로 편집 간행하였다.

창조사의 간행물들은 문학연구회와 논전과 신선한 작품성으로 독자들의 관심을 끌면서 문단 내에서 영향력도 확대되었을 뿐 아니라 판매량도 많았다. 그러나 그들이 편집 보수나 원고료는 형편이 없었다. 이에 따라 동인들은 전업적으로 문학 활동을 전개할 수 없이 생활을 해결하기 위해 동분서주 했다. 그러나 결국 경제적 원인으로 1923년 11월 『창조일』이 100호를 내고 정간하였고, 1924년 2월에는 『창조』 계간도 2권 6호를 내고 정간하였다. 『창조주보』는 23년 5월 52호를 내고 이미 정간한 상태였다.

이러한 경험을 바탕으로 창조사는 1926년 3월 1일 자기의 출판부를 세웠다. 동시에 7월까지 베이징, 우창, 창사 등지에 분점을 내였다. 1926년 3월 『창조월간』을 창간하였다. 그러나 바로 대혁명 전야였기 때문에 창조사 성원들은 모두 혁명의 근거지인 광저우로 활동 근거를 옮겼다. 궈모뤄는 북벌에 참가한 가운데, 9월 창조사는 광저우에서 출판부 이사회를 열고, '창조사장정(創造社章程)', '창조사출판부장정(創造社出版部章程)' 등을 통과시키고 집행부를 선출하는 등 조직을 갖추었다.

애초 『창조월간』의 체제와 내용은 대체로 『창조』 계간과 동일하였으나 2권부터 "혁명문학"을 구호로 채택하는 등 급격한 전변을 보였다. 이를 문학사에서는 창조사의 후기 활동의 기원으로 보는 것이 보통이다.

1927년 펑나이차오(馮乃超), 주징워(朱鏡我) 등이 일본에서 귀국하여 창조사와 회합한 뒤 창조사 후기의 주역으로 활동하였다. 1928년 1월 궈모뤄, 정보치 등은 루쉰과 연합전선을 전개하기로 결정하고 『창조주보』를 복간하기로 하였다(「『창조주보』 복간선언」).

이때 일본에서 갓 돌아온 창조사의 새로운 성원들은 리추리(李初梨), 펑나이차오 등은 이러한 연합전선이 창조사의 새로운 발전을 대표할 수 없다고 주장하고 정치이론과 문예비평 중심의 새로운 간행물로 『문화비판』을 상하이에서 창간하였다. 이들은 당시 일본을 통해 수용한 무산계급 문학을 제창하면서 그 이론화를 시도하였다. 예컨대 펑나이차오는 「예술과 사회생활」(1호)을 리추리는 「어떻게 혁명문학을 건설할 것인가?」(2호)를 발표하여 작가의 방향 전환과 프롤레타리아 계급 문학 이론의 건설을 주장하였다. 이들은 또한 예성타오(葉聖陶), 위다푸, 장쯔핑, 루쉰, 궈모뤄 등의 작품을 비판 대상으로 삼음으로써 창조사, 태양사와 루쉰 간에 혁명문학 논전을 야기하기도 하였다. 아들은 또한 '신월파'의 브루주아적 관점이나 정리국고를 비판하였다. 『문화비판』은 5호를 내고 정간되었다.

1928년 이후 궈모뤄 청팡우, 톈한, 위다푸 등이 일본 또는 프랑스로 도피하거나 창조사를 탈퇴함으로서 창조사의 활동은 사실상 중단되었다. 『창조월간』 도 2권 6호 이후인 1929년 1월 정간되었다. 이후 이들은 대부분 좌익 작가연맹에 참여하여 활동하면서 항일전쟁기를 지냈다.

창조사가 간행한 다른 정간물로는 『홍수(洪水)』, 『A · 11』(1926), 『환주(幻洲)』(1926), 『신소식(新消息)』(1927), 『유사(流砂)』(1928), 『기형(畸形)』(1928), 『사상월간(思想月刊)』(1928), 『일출순간(日出旬刊)』(1928), 『문예생활』(1928), 『신흥문화』(1929) 등이 있다. (오병수)

참고문헌

范泉 主編, 『中國現代文學社團流派辭典』, 上海書店, 1993; 楊義, 『中國現代小說史』 1, 人民文學出版社, 1986.

창조주보(創造週報)

▶ 창조(創造)

처녀지(處女地)

1922년 일본에서 발행된 여성문예지

1922년 일본의 시마자키 도손(島崎藤村)이 발행한 여성문예지이다. 『처녀지』는 1922년 4월부터 간행되어 그 다음해인 1923년 1월의 10호를 마지막으로 폐간되었다. 발행부수는 매호 2500부에서 3000부 정도였다.

잡지가 창간된 때는 여성지 붐이 최고조에 달했던 다이쇼(大正) 시대 중기였다. 잡지는 당시 일급 여성지들이었던 『부인공론(婦人公論)』, 『주부지우(主婦之友)』, 『부인구락부(婦人俱樂部)』와는 다른 출판 환경 속에서 창간되었다. 대부분의 여성지들이 특정 출판사에 의해 주재되어 발행되었던 반면, 『처녀지』는 시마자키 도손 개인에 의해 창간된 잡지였다. 잡지의 편집

방침은 물론 기사내용의 선정 및 편집, 경영경리까지 전부 시마자키 도손의 손에 의해 이루어졌다. 출판자금도 1992년 시마자키 도손이 신초사(新潮社)에서 낸 첫 번째 전집의 인세였다.

잡지 이름 『처녀지』는 투르게네프의 소설 「처녀지」에서 따온 것으로, 여성의 세계라고 하는 아직 미개척지의 불모지를 개척하고자 하는 창간의 포부가 담겨 있었다. 잡지는 동인잡지의 형태를 취하지는 않았다. 하지만 집필을 담당했던 수명의 여성들이 있었다. 그 면면을 보면, 훗날 시마자키 도손의 부인이 되는 가토 시즈코(加藤靜子), 소설가 마사무네 하쿠초의 동생인 쓰지무라 오토미(辻村乙米), 당시 이미 신진작자로서 활동 중이었던 와시노 쓰기 등이 포함되어 있었다.

잡지의 내용은 크게 다섯 부분으로 나누어진다. 그 첫째는 평론, 번역, 창작, 수필 등으로 꾸며진 '기사' 부분이다. 그 외의 네 부분은 '방문록(おとずれ)', '우리들의 수첩(わたしたちの手帳)', '서가(書架)', '최근의 소식(近時の消息)'이었다. 각 항목의 내용을 살펴보면, '방문록'은 독자의 생활이나 근황 소개, '우리들의 수첩'은 독서 감상이나 생활기록, '서가'는 신간소개를 겸한 서평, '최근의 소식'은 여성계 또는 여성문제의 동향에 관한 뉴스 등을 다루었다. '최근의 소식'은 신문의 사회면에 해당하는 난으로 당시의 다양한 사회문제나 여성문제에 초점을 맞추는 특색 있는 편성이었다.

『처녀지』가 다른 잡지와 구별되는 특징 중의 하나는, 편지 또는 수기 형식의 글을 투고하도록 독자에게 요청하고, 그렇게 해서 투고된 글들을 다른 기획기사들과 똑같은 비중으로 구별 없이 게재한 점이었다. 창간호에 시마자키 도손이 직접 쓴 '독자에게(讀者へ)'는 이러한 사실을 보여준다.

"창간호는 보시는 것처럼 대부분을 편지 형식의 글들에 할애했습니다. 편지 형식은 자유롭고 바람직하므로 우선 함께 편지 형식으로 출발하기로 하였습니다. 저희들은 이 자유로운 형식을 잡지의 기조로 삼을 생각입니다."

이와 같이 편지 형식을 빌려 자신의 심경과 메시지를 전하는 내용의 글들이 잡지의 상당 부분을 차지하고 있었다. 이러한 특징은 창간호 정도는 아닐지라도 잡지가 폐간될 때까지 지속되었다.

창간호와 2호에 연이어 게재되었던 이케다 고기쿠(池田こぎく)의 「시대가 요구하는 신여성(時代の要求する新しい女)」, 2호에 게재된 오다 야스코(織田やすこ)의 「내가 문예에 대해서 느껴왔던 것(私の文藝に就いて感じたこと)」, 3호에 게재된 「깨달음에의 한걸음(めざめの一歩)」 등은 여성문제를 사회적 차원에서 시사적으로 접근한 글들이었다. 이케다 고기쿠는 현모양처만을 목표로 힘을 쏟았던 구여성에 대해 신여성은 현모와 양처가 되기 전에 우선 건실한 개인이 될 것을 이상으로 하는 존엄한 사명을 지닌 여성이라고 정의하였다.

한편 잡지 지면에는 해외의 저명한 여성운동가 및 관련 글의 소개 및 번역이 수록되었다. 엘렌 케이(Ellen Key)의 소개와 그녀의 「소수와 다수(小數と多數)」, 존 스튜어트 밀(John Stuart Mill)의 「부인의 복종(婦人の服從)」 등이 번역되어 수록되었다. 또한 '최근의 소식' 란은 시사성이 있는 정보를 제공하는 기사를 다수 게재하였다. 예를 들면 「산아제한론(産兒制限論)에 대한 소감」,

「공창문제(公娼問題)에 대한 토의」, 「조선여성(朝鮮女性)의 구제(救濟)」, 「진정한 아동보호사업은 여성들에게 참정권을 부여하고 나서」 등이 그러한 기사들이었다.

『처녀지』의 발간에 대한 세간의 평은 일부의 저널리스트를 제외하고는 대체로 비판적이었다. 특히 여성해방운동을 일본 사회 전체의 정치적 변혁운동의 차원에서 추진하고자 했던 사회운동가들이나 혁명적 사회주의자들은 『처녀지』를 매우 혹평하였다. 『처녀지』를 '사카린 요리의 여성지'라고 조소했던 야마카와 기쿠에(山川菊榮)로 대표되는 사회주의 계열운동가들의 비판이 가장 신랄했던 것은 사실이지만, 그들 이외에도 『처녀지』에 대한 시선은 냉대 또는 무시, 아니면 흥미 본위의 호기심이 대부분이었다.

『처녀지』가 지향하는 여성운동의 방향성은 여성의 내면적 각성과 그것을 구현하는 방법으로서의 계몽주의에 있었던 것으로 추론할 수 있다. 『처녀지』의 편집방침은 여성의 내적 각성을 슬로건으로 여성의 일상적 삶의 목소리에 귀 기울이는 개방이면서도 느슨한 입장을 견지하고 있었다. 이러한 입장은 동시대의 모성적 주장의 과잉으로부터 일정의 거리를 두면서, 여성의 정신적 자립을 우선시하는 구체적인 주장으로 표출되었다. 자립과 모성은 이분법적 대립관계는 아니었으며, 그 차이는 목표를 구현하는 실천방법의 우선순위의 차이였다.

그러나 이러한 입장은 그동안 상대적으로 억눌려 온 여성, 노동자 등 소외계층의 목소리가 밖으로 분출되고 있었던 시대 상황과 사회조류와는 역행하는 것이었다. 『처녀지』가 사회현실을 무시한 단조로운 여성교양운동(女性敎養運動)으로 비난 받은 것은 이 때문이었다. 여성을 여전히 일반적인 교화와 계몽의 대상으로 여기는 시마자키 도손과 『처녀지』의 입장은 다이쇼 중기인 1922년의 시점에서 보면, 분명히 시대착오적인 구시대성을 담고 있었다. (문영주)

참고문헌

이지형, 「시마자키 도선(島崎藤村)과 다이쇼(大正)시대의 여성운동: 여성문예잡지 『처녀지』(處女地)를 중심으로」, 『일본문화학보』 23, 한국일본문화학회, 2004; 浜崎廣, 『女性誌の源流』, 出版ニュ-ス社, 2004; 『日本出版百年史年表』, 日本書籍出版協會, 1968.

▌척만몽(拓け滿蒙)

1936년 일본에서 발행된 이민 잡지

1936년 4월 25일부터 1939년 3월 1일까지 만주이주협회(滿洲移住協會)가 기관지로 발행한 잡지이다. 잡지 제호는 1939년 4월부터 『신만주(新滿洲)』로 개제되어 발행되었으며, 1941년 1월부터는 다시 『개척(開拓)』으로 제호가 변경되어 발행되었다.

1934년 11월 만주국 신징(新京, 지금의 창춘[長春]) 에서는 관동군(關東軍) 주최의 「대만농업이민회의(對滿農業移民會議)」가 개최되었다. 이 회의의 최대 목적은 1932년 이래 1, 2차의 무장이민(武裝移民)의 입식(入植)을 반대하는 현지 중국 농민의 무장봉기에 대한 선후책을 협의하는 것이었다. 회의 결과 일본 국내와 만주 현지에 각각 이민조성기관(移民助成機關)을 설치하자는 안건이 제출되었다. 이 안건은 이 회의의 심의를 거쳐 관동군과 척무성(拓務省)이 안건을 거의 답습하는 안을 작성하였다. 이에 따라 일본 국내에 설립된 이민조성기관이 만주이주협회(滿洲移住協會)였고, 만주에 설립된 이민조성기관이 만주척식주식회사(滿洲拓植株式會社)였다.

만주이주협회가 발족한 것은 1935년 10월 19일이었다. 창립기 만주이주협회의 사업 내용은 ① 이민사업의 촉진과 원조, ② 이민사업에 관한 조사 선전 및 소개, ③ 이주자의 알선, ④ 이주자의 훈련, ⑤ 숙박소의 설립과 경영, ⑥ 기타 이민사업 조성에 필요한 사업이었다. 이 중에서 협회의 주된 사업은 이민의 선전, 도항(渡航) 알선 및 숙박소의 경영, 청소년의용군의 훈련, 개척단 및 청소년의용군의 간부요원 모집 및 훈련이었다.

만주이주협회는 총무, 기획, 선전, 훈련, 알선의 5부로 조직되었다. 이외에, 척무성에서 위탁받은 '만몽개척청소년의용군훈련소(滿蒙開拓青少年義勇軍訓練所)'와 '만몽개척간부훈련소'를 경영하였다. 만주이주협회를 주도한 인물은 오쿠라 긴모치(大藏公望), 가토 간지(加藤完治), 시모무라 히로시(下村宏), 나가이 류타로(永井柳太郞), 호리키리 젠지로(堀切善次郞) 등이었으며, 이들은 협회의 이사로 활동하였다.

만주이주협회가 기관지를 창간한 이유는 창간사에 잘 나타나 있다. 잡지의 창간 목적은 "금일의 우리나라 조야의 대부분의 인사들이 중대한 만주 이민 문제에 관심을 갖고 있지 않다. 이들 중에는 반대를 하는 사람들도 상당하다. 이러한 시대에 특히 모든 방법으로 국민들에게 이문제의 중대성을 인식시키지 않으면 안 된다. 잡지는 주로 이 목적을 위해 생겨난 것"이었다. 따라서 잡지가 대상으로 한 독자층은, 만주 이민에 회의적인 지식계급의 사람들과 농촌청년들이었다. 즉 잡지는 보통의 잡지와는 다르게 구체적으로 만주 이주 장려라는 목적을 가진 잡지였다.

만주 이민은 1932년의 1차부터 1935년의 4차까지를 시험이민(試験移民)이라고 칭한다. 그 후 1936년의 2·26사건으로 등장한 히로다(廣田) 내각이 중요국책의 하나로서 만주 이민을 다루면서, 소위 「20개년 100만호계획」이 입안되었다. 1936년 6차 이민 이후, 이 계획에 근거해서 제1차 5개년계획이 시작되었다. 대량이민(大量移民)이 시작되었던 것이다. 5차 이민은 시험이민과 대량이민의 과도기였다고 할 수 있다.

『척만몽(拓け満蒙)』은 대량이민계획안의 책정과 거의 동시에 창간되었다. 1936년 5월 관동군은 신징에서 개최된 제2회 이민회의 등의 심의를 거쳐, 100만호 계획안을 결정했다. 일본 정부가 100만호 계획을 정식으로 결정한 것은 이 회의 결정을 수용해서 행한 것이었다.

잡지 창간호에는 만주이민옹호론(満洲移民擁護論)이 게재되었는데, 이 시기에는 이민에 대해 가부론(可否論)을 논의하는 것은 이미 과거의 일이었다. 창간호부터 연재된 「무장이민 생립기(武装移民生ひ立ちの記)」가 옹호론을 더욱 명확하게 하였다. 창간호에는 위의 기사 이외에 창간사, 만주이주협회 설립 경위 보고와 이주지 보고가 게재되어 있다. 초기의 만주이주협회와 그 기관지는 척무성(拓務省)그룹의 강한 영향하에 있었던 것으로 판단된다.

창간호는 분량이 불과 22쪽이었으며, 게다가 비매품이었다. 15전의 정가가 매겨진 제3호에는 분촌이민(分村移民)의 효시, 남향촌(南郷村)의 경험담이 연재되었다. 창간호에 이어서 이주지 보고 기사가 주로 게재되었다. 그러나 자료적 가치만 놓고 보자면, 4호부터 연재되기 시작한 「만주뉴스」가 중요하다. 이 자료는 만주이민정책의 전개를 포괄적으로 보여준다.

1937년부터 100만 호 계획이 시작되었다. 1호 5개년에 10만 호, 초년도(初年度)에 6000호라는 야심찬 계획이었다. 시험이민기의 500호 규모와는 비교할 수 없는 규모였다. 그러나 종래와 같이 개별적으로 희망자를 모집하는 방식으로는 필요한 호수를 확보할 수 없었다. 그래서 이민 송출의 주요 방식으로 1개 촌 내지 수개 촌에서 200~300호가 집단으로 이주하는 분촌이민(分村移民) 방식, 그리고 미성년자를 송출하는 청소년 이민 방식이 등장하였다.

잡지 1937년 10월호는 소년이민(少年移民)의 탄생을 예고하였다. 소년은 '만주개척청소년훈련생(満洲開拓青少年訓練生)'이라 칭해졌고, 1938년부터는 '만몽개척청소년의용군(満蒙開拓青少年義勇軍)'이라고 칭해졌다. 1938년부터 시작된 본격적인 청소년 이민 송출에 앞서, 만주이주협회에서는 이해 300명을 먼저 송출하였다. 1938년 12월호도 청소년 이민 특집호로 구성되었으며, 선구적 사례의 소개에 노력하였다. 한편, 분촌이민에 대해서는 1938년 11월호가 특집기사를 구성하였다. 또 이것에 앞서, 9월호의 「만몽뉴스」는 종래 소극적이었던 농림성(農林省)이 농촌경제갱생계획의 일환으로 분촌계획을 취급하고, 만주 이민을 적극적으로 조직하기 시작했다고 전하고 있다.

1938년 들어서면서 잡지의 분량은 늘어나 60쪽에 달했다. 새롭게 '만주강좌(満洲講座)', '시사해설' 등의 난(欄)이 추가되었다. 또 만주 사정의 해설기사가 등장하였다. 한편, 선전도 더욱 가열되었다. 1938년 1월부터 모집이 개시된 청소년 이민에 대한 어필과 캠페인 기사가 매호마다 게재되었다. 예를 들어 1호에는 「만몽개척청소년의용군의 편성에 임해서 전국 청년학교장 각위(各位)에게 호소함」, 2월호에는 「만몽개척청소년의용군의 편성에 즈음해서 전국의 동포에게 고함!」 등과 같은 것이 대표적인 것이었다. 3월호는 「국민정신총동원강조호」라고 칭해졌다. 정부정책에 호응하고 보조를 맞추어 국책 선전에 노력했던 것이다.

청소년 이민이 특히 중요시되었던 것은, 1937년 7월의 중일전쟁의 개시와 관련이 있었다. 농업공황 이래의 농촌의 잠재실업자, 과잉노동력이 병역, 군수산업 등으로 흡수되어, 성인이민의 송출이 매우 곤란하게 되었던 것이다. 만주 이민은 청소년 이민으로의 의존이 매우 높아졌던 것이다.

1938년을 통해서 분량은 60쪽으로 거의 일정하게 발행되었으며, 개괄적으로 국내 및 현지의 상황을 과대해서 선전하는 단문 기사가 많았다. 그리고 1938년 말에 잡지의 월간 발행 1주년을 기념해서, 임시증간『국

책만주 이민의 지식(國策滿洲移民の知識)』이 간행되었다. 만주 이민의 연혁, 실정의 소개기사가 주된 것이었다.

1939년에 들어서면서 분량은 더욱 증가한다. 신년호는 100쪽을 넘었다. 새롭게 연재된 소설이 등장하고, 관계자에 의한 좌담회 기사가 매호마다 게재되었다. 입식농민(入植農民), 의용군 관계자들의 보고, 투서류(投書類)가 증가하였다. 그리고 만주국에 관한 기사, 만주의 이민, 자연을 소개하는 기사도 점증하였다.

잡지가 창간되어 발행된 시기는, 대량 이민이 서서히 그 모습을 드러낸 시기였다. 잡지 지면에는 과대한 선전기사가 눈에 자주 띄었지만, 심각한 모순이 노정될 정도는 아니었다. 중일전쟁에 대한 대응도 놀라울 만큼 둔했다. 어떤 면에서 이 점은, 군과 정부 당국 모두 전쟁에 대한 어떠한 전망도 갖고 있지 않았기 때문에, 당연한 것일지도 모른다. 잡지는 1939년 4월호부터 『신만주(新滿洲)』로 개제하고 계속 발행되었다.

본 잡지는 만주 이민의 선전지(宣傳誌)였다. 만주 이민사 연구를 위해서는 반드시 살펴보아야 할 자료라고 할 수 있다. 만주 이민에 관해서는 전후에서 적지 않은 저작과 조사보고서가 간행되었다. 그러나 본 잡지의 자료로서의 특색은 이민정책, 이민운동의 전체 흐름을 파악하는 데 유용하다는 점이다. 정책과 운동의 실태가 이 잡지에 생생하게 반영되어 있다. (문영주)

참고문헌

『「拓け滿蒙」, 「新滿洲」, 「開拓」 解說 解題 總目次』, 不二出版, 1998; 『日本出版百年史年表』, 日本書籍出版協會, 1968.

▌척후대(斥候隊)

1923년 일본에서 창간된 북성회의 기관지

1923년 3월경에 창간되어 거의 10호까지 발행된 북성회의 기관지이다. 국한문혼용체이다.

7호 재판 임시호가 박경식의 『조선문제자료총서(朝鮮問題資料叢書)』(5)에 실려 있다. 그 목차는 다음과 같다.

송봉우의 「연령제한론: 25세를 주장」, '시평' 송봉우의 「위기에 빠진 형평운동」, 마명(馬鳴)의 「종단에서 횡단으로: 민족적 일치와 계급적 일치」, 계원생의 「조선무산자계급해방운동과 그 주성분자」, 김종범의 「신문의 사명」, 안광천의 「노예와 노동자」, 변희용의 「소비에트국가의 정체(2)」, 추광(秋光)의 「생활의 개조와 투쟁의 생활」, 안광천의 「대중에 진정한 예술을」, 「노농로국의 농업의 사회주의화」.

용감한 동지들에게, 부인의 해방과 사회주의, 5분 연설, 움직이는 세계, 일본노동자와 농민제군에게, 단체·개인 소식, 편집 여언(余言) 등의 기사가 보인다. 아울러 광고에는 평문관(平文館)과 조선지광사, 동아일보사, 조선일보사, 시대일보사의 이름이 보인다.

마명의 글은 조선 사상계를 민족주의와 사회주의로 구분하고, 민족주의는 분화과정에 있는데 온건파는 자치주의에 빠져 있고, 강경파는 사회주의운동의 와중에 빠져 있어 민족주의는 파산의 선언을 받고 있다고 하며, 민족주의의 이론은 유산계급과 그 추종계급에서 발생했고, 민족주의자는 독립 착취권을 탈환하기 위해 민족적 일치, 민족적 완성 등의 양두구육적인 신표어를 내걸면서 계급 대립과 착취를 무시하고 무산대중을 기만하고 있다고 한다.

사회주의자와 민족주의자가 어떤 경우에는 일치된 행동을 한다는 것이다. 즉 사회주의자가 자국 내에서는 자기를 첫 번째로 착취하는 자본가계급인 민족주의자와 대립하는데, 자기를 두 번째로 착취하는 외국의 자본가 계급과 투쟁하는 경우는 자국의 민족주의와 제휴하여 대항한다는 것이다. 그래서 조선 민족 전체가 무산계급화해 가서, 조선은 민족 일치, 계급일치 방향으로 전환해 간다는 것이다.

• 북성회

북성회는 흑도회가 1922년 11월 아나키스트와 볼셰비키로 분화되어 박열(朴烈), 김중한(金重漢), 이윤희(李允熙)가 흑우회를 조직하자 김약수(金若水), 김종범(金鍾範), 송봉우(宋奉瑀), 변희용(卞熙瑢), 김장현(金章鉉), 이여성(李如星), 안광천(安光泉), 이헌(李憲) 등 60여 명이 조직한 단체이다.

북성회의 선전 강령은 다음과 같다. ① 조선 인민이 적으로 하는 것은 일본의 프롤레타리아가 아니라 일본의 지배계급임을 명확히 한다. ② 조선프롤레타리아와 일본프롤레타리아 간의 연대사상과 결합의 강화. ③ 일본에 있어 전 조선인 노동자의 단일한 대조합의 창설이었다.

북성회는 일본 지역 내 재일조선인 운동세력을 장악하고, 도쿄(東京)는 물론이고 오사카(大阪), 고베(神戶), 교토(京都), 홋카이도(北海道) 등지에서 노동단체를 조직했다. 그리고 일본사회주의단체인 '무산자동맹회'에까지 참가하여 국제연대를 도모하기 시작했다.

북성회는 간토대지진 때 재일본조선노동자조사회, 도쿄조선노동동맹회, 일본노동총동맹의 원조로 진재동포(罹災同胞)의 조사, 위문을 전개했다.

활동은 크게 국내와 일본 지역에서의 내용으로 나누어 볼 수 있다. 일본에서는 월례집회를 주로 개최했고, 국내에서는 조선 내 순회강연회, 토요회(土曜會), 건설사(建設社), 북풍회(北風會) 등의 조직을 들 수 있다. 북성회의 조직원들은 정치적 활동무대를 찾아 조선으로 돌아왔다. 북성회는 1925년 1월 3일 일월회의 조직과 함께 해산되었다.

• 김약수(金若水, 1893~1964)

별명 두전(枓全)·두희(枓熙)이다. 경남 동래(東萊) 출생이다. 휘문의숙과 경성공업학교를 졸업하고, 1918년 중국 난징(南京)으로 건너가 진링대학(金陵大學)에 입학하였다. 1920년 귀국하여 한국 최초의 노동운동단체인 '조선노동공제회' 상무간사를 맡다가 1921년 일본으로 건너가 사회주의단체인 흑도회·북성회 등을 조직하고 1922년 2월에 귀국하였다. 귀국 후 한국 최초의 계급투쟁선언인 '동우회선언'을 발표하였으며, 1924년 11월 '북풍회'를 조직하여 국내 사회주의 운동을 이끌어 나갔다. 1925년 조선공산당 조직에 참여하여 1926년 6년간 복역하였다.

해방 후에는 우익진영인 한국민주당·민중동맹에서 활약하였다. 1948년 제헌국회 부의장에 선출되었으며, 1949년 국회프락치사건에 관련되어 징역 8년을 선고받고 복역 중에 한국전쟁이 일어나자 출옥하여 월북하였다. 1956년 재북평화통일촉진협의회 상무위원 겸 집행위원이 되어 평화통일사업을 하다가 1959년 숙청되었다고 전한다.

• 김종범(金鍾範, 1892~?)

필명은 추산(秋山)·천일(天一)이며, 1892년 경상남도 창원에서 태어났다. 1921년 4월 조선교육개선회 위원 및 조선청년연합회 의장 가운데 1명으로 선임되었으며, 그해 9월 조동혁(趙東爀) 등과 함께 부관연락선 화물적치장에서 종사하면서 반일문서를 노동자에게 나누어주고 부산부두노동자 총파업을 조종한 혐의로 검거되었다.

1922년 1월 부산청년회 총무부 간사에 선임되었으며, 그해 12월 오사카(大阪)의 일본재류조선노동상황조사회 간부로 있을 때 조선노동회 간부 이항발(李恒發)의 부탁으로 신지관(新支館)에서 자유노동조합 취지서를 인쇄한 혐의로 검거되었으나 곧 석방되었다.

1923년 1월 도쿄에서 김약수·송봉우(宋奉瑀)·변희용·이여성(李如星) 등과 함께 사회주의단체인 북성회를 결성하였으며, 이어 8월에 북성회 국내 순회강연단의 일원으로 귀국하여 서울청년회와 운동 노선의 차이로 마찰이 일어나 서울청년회 소속의 최창익(崔昌益)을 구타한 사건인 일명 장안 여관 사건에 가담하였다.

1923년 8월에는 박이규(朴珥圭)·김약수·송봉우 등과 함께 낙양관(洛陽館)에서 서울청년회 회원 김영만(金榮萬)·허일(許一) 등에게 피격되었으며(일명 낙양관 사건), 1924년 3월 정우홍(鄭宇洪) 등과 함께 좌경적 노동운동을 목적으로 한 건설사(建設社)를 결성하였다.

1924년 4월 조선노농총동맹 중앙상무집행위원에 선임되었고, 이어 11월에 김약수·송봉우 등과 함께 북성회의 국내 지부인 북풍회를 결성하였다. 1925년 6월 화요회 중심의 조선공산당의 부당성을 코민테른에 보고하기 위해 블라디보스토크로 간 뒤, 1927년 7월 펑톈(奉天)에서 검거되었으나 탈옥하였다. 이듬 해 지린성(吉林省) 창춘(長春)에서 다시 검거되어 징역 1년 6월을 선고받고 뤼순형무소(旅順刑務所)에 수감되었다. 1929년 9월에 만기 출감한 후 국민부(國民府)에 가담하여 항일운동을 벌였다.

저서에 『해방 전후의 조선 진상』이 있다.

• 변희용(邊熙瑢, 1894~1966)

호는 일파(一波)이다. 1894년 경상북도 고령에서 태어났으며, 제2·4·5·6·7대 국회의원을 지낸 박순천(朴順天)의 남편이다. 일본의 게이오대학(慶應大學)에 입학하여 유학생의 단결과 배일사상을 고취시킨 재도쿄조선유학생학우회에 가입하였다.

1920년 7월 재도쿄조선유학생학우회 국내 순회강연에 참가하였으며, 이듬해 게이오대학을 졸업하였다. 같은 해 김약수·정태신(鄭泰信)·김두희(金枓熙)와 함께 『대중시보(大衆時報)』를 창간하였고, 1923년 김약수·김종범·송봉우·이여성 등과 함께 사회주의 사상단체인 북성회를 결성하고 집행위원에 선임되었다.

1924년 3월 귀국하여 최남선이 창간한 『시대일보』 학예부장이 되었고, 그해 4월에 김사국(金思國)·최창익(崔昌益)·이영(李英) 등과 함께 조선청년총동맹을 결성하고 중앙집행위원이 되었다. 1925년 10월 북성회가 발전적으로 해체한 뒤 결성한 일월회의 기관지 『사상운동』을 이여성과 함께 발간하였으며, 1927년 9월 민족주의 계열과 사회주의 계열의 민족협동전선체인 신간회(新幹會) 고령지회 책임자가 되었다.

해방 후 한국민주당에 입당하였고, 애국금헌성회(愛國金獻誠會)에서 활동하였다. 1947년 성균관대학교 교수가 되었고, 1960년 5월에 성균관대학교 총장이 되었다. (김인덕)

참고문헌

朴慶植, 「在日思想團體北星會·日月會について」, 『在日朝鮮人:私の青春』, 三一書房, 1981; 朴慶植, 『在日朝鮮人運動史』, 東京, 三一書房, 1979; 『한국민족문화대백과사전』, 서울: 한국정신문화연구원, 1991.

▌천(泉)

1922년 일본에서 발간된 문예지

1922년 10월에서 1923년 8월까지 발간된 월간문학잡지. 발행처는 '소분카쿠(叢文閣)'이며, 국판, 35~48쪽에 정가 20전. 종간호는 110쪽에 50전이었다.

편집 겸 발행인은 아스케 소이치(足助素一, 1878~1930). 소설가인 아리시마 다케오(有島武郞)의 개인 잡지 성격이 강했다.

아리시마는 창간호 권두의 「『천』을 창간하며」에서 다음과 같이 썼다.

"나는 독자들에게 직접 말을 걸어보고 싶다. …… 이 잡지가 다행히 길게 갈 운명이라면 독자와 나 사이의 친밀감은 점점 확실해지리라. 또 내가 이전에는 얻을 수 없었던 우정도 얻을 수 있으리라. 그리고 이 잡지에 의해 독자 간의 우정도 만들어질 수 있으리라. 만약 이렇게 하여 실현된 우정이 어떤 규약도 속박도 허례도 아니라면, 또한 평등한 관계가 깊어 간다면 …… 거기에는 하나의 세계가 창출되는 것이리라."

이처럼 그는 독자와의 동지적 결합을 추구했던 것이다. 창간호에는 「친구의 죽음」, 「소작인에의 고별」이 실렸고, 이후 「『정사(靜思)』를 읽고 구라타 씨에게」, 「문화의 말로(末路)」, 「영원의 반역」, 「시에의 일탈」 등과 같은 감상문, 「주광(酒狂)」, 「어떤 나환자」, 「끊어진 다리(斷橋)」, 「친자(親子)」 등의 소설과 희곡 등이 실렸다.

아리시마 다케오가 『부인공론(婦人公論)』의 기자였던 하타노 아키코(波多野秋子)와 1923년 6월 9일에 정사(情死)함으로써 『천』은 2권 6호(1923.6)로 발간이 중지되었다. 그러나 그 후에 아스케 소이치에 의해 『아리시마 다케오 기념호』가 한 호 더 편집되어 종간호가 되었다.

창간부터 2권 1호까지의 발간부수는 1만 1000부, 2권 2호부터는 점점 증간되어 5월호와 6월호는 각각

1만 5000부를 찍었다. 종간 "아리시마 다케오 기념호"는 2만 3000부 모두가 다 팔렸다. 세누마 시게키(瀨沼茂樹)는 잡지 제호 '천(泉)'은 아리시마의 아호였던 '천곡(泉谷)'에서 나온 것이라 했다. 아리시마 다케오 만년의 사상이 『천』에 응집되어 있고 개인잡지라는 형태를 취하고 있는 점, 그리고 아리시마 다케오 문학에 있어서 작가와 독자 사이의 특이한 결합의 양상을 보여 주어 주목된다.

• 아리시마 다케오(有島武郎, 1878~1923)

아리시마 다케오는 도쿄에서 태어나 가쿠슈인(學習院) 중등과를 거쳐 삿포로농학교를 졸업했다. 삿포로 농학교 재학 시절 무교회주의 기독교 사상가인 우치무라 간조(內村鑑三)의 영향을 받아 기독교인이 되었다. 그러나 1903년부터 미국의 하버드대학에 유학하면서 기독교 신앙에 동요가 생겼고, 휘트먼(Walt Whitman), 입센(Henrik Ibsen), 톨스토이(Tolstoi) 등의 문학을 탐독하여 문학의 길에 들어선다.

1906년에 귀국하여 교사가 된 후 1910년 『백화(白樺)』파의 동인으로 본격적인 문필 활동을 시작했다. 아리시마 이쿠마(有島生馬)와 사토미 돈(里見弴)의 친형이기도 했던 그는 『백화』파 문인 중에 가장 연장자였으며 1883년생인 시가 나오야(志賀直哉),1885년생인 무샤노코지 사네아쓰(武者小路實篤) 등과 다른 경험을 지닌 세대의 일원이었다. 「선언(宣言)」(1915), 「카인의 후예」(1917), 「미로(迷路)」(1917), 「태어나는 고뇌」(1918) 등을 통해 유명 작가의 반열에 올랐다. 대표작 「어떤 여인(或女)」(1919), 「아낌없이 사랑을 빼앗아라」(1920)를 통해 개성의 자유롭고 창조적인 발전과 확충을 인생의 제일로 삼는 사상을 확립한 것처럼 보였다.

그러나 그 후로 부르주아 출신의 양심적 지식인으로서 계급 대립의 사회에 살고 있다는 모순점에 대하여 고민하고 허무주의에 빠져들었다. 사회주의에 경도되어 자기의 농지를 소작인들에게 분배하고 '공산농원(共産農園)'을 만들기도 했다. 결국 1923년 기자이며 유부녀인 하타노 아키코와 사랑에 빠졌다가 그해 6월 9일 별장에서 정사하였다. 이 사건은 일본 사회와 젊은이들에게 큰 충격을 준 일로 기록되어 있다. 한편 아리시마 다케오는 김동인, 염상섭과 같은 1920년대 한국 작가들에게도 영향을 많이 끼쳤다. 또한 국내에도 그의 소설이 여러 편 번역되어 있다. (천정환)

참고문헌

『近代文學雜誌辭典』; 우스이 요시미 지음, 고재석 외 옮김, 『대정문학사』, 동국대출판부, 2001; 아리시마 다케오 · 아쿠타가와 류노스케 외 지음, 박현석 옮김, 『일본 대표작가 대표작품선 - 고백의 풍경과 예언의 문학』, 문예춘추, 2007.

▌천국복음(天國福音)

1932년 경기도 시흥에서 한국어로 발행된 잡지

1932년 10월 1일 창간되었다. 편집 겸 발행인은 이승원(李昇遠)이었고, 경기도 시흥의 천국복음사에서 발행하였다. 4×6판 16쪽에 국한문을 혼용하여 내리 편집하였다. 월간이며 정가는 5전이었다.

『천국복음』은 본래 편집자가 우편엽서에 전도문을 써서 친구들에게 보내던 것을 발전시켜 그 전도문을 편집 발행한 것이었다. (정예지)

참고문헌

윤춘병, 『한국기독교신문잡지백년사(1885~1945)』, 대한기독교출판사, 1984; 이만열, 『한국기독교문화운동사』, 대한기독교출판사, 1987.

▌천도교회월보(天道敎會月報)

1910년 서울에서 한국어로 발행된 종교 잡지

1910년 8월 15일 천도교의 기관지로 창간되었다. 창간호의 판권장에 따르면, 발행인은 김완규(金完圭)였고, 편집인은 김원극(金源極)이었다. 인쇄인은 이교홍(李敎鴻), 인쇄소는 창신관(昌新館), 발행소는 경성부 대사동(大寺洞)의 천도교회월보 발행소였다. A5판 56쪽이었고, 정가는 1922년 당시 배송료 포함 15전이었다. 1938년 3월 통권 315호로 종간되었다. 연세대학교 도서관에 소장되어 있다.

동학이 천도교로 새롭게 출발한 이후 최초의 기관지로 등장한 것은 일간지 『만세보(萬歲報)』였다. 『만세보』는 1906년 6월 17일 창간하여 만 1년 동안 발행되었다. 『만세보』는 천도교 기관지인 동시에 일반 대중을 대상으로 민족의 자주의식을 고취하고 아울러 민중계도라는 차원에서 발행되었다. 사장 오세창(吳世昌), 주필 이인직(李人稙), 발행 겸 편집인 신광희(申光熙) 등이 활동하였다.

『천도교회월보』는 천도교의 두 번째 기관지였다. 나용환(羅龍煥)이 쓴 「천도교회월보취지」를 살펴보면 다음과 같다.

"연전에 『만세보』가 잠깐 행하다가 곧 멎었으니 …… 무릇 우리교에 들어온 자는 마음과 마음을 하늘과 사람의 근본이 같고 한 뿌리라는 데 두어, 대인(大仁)과 대자(大慈)로써 같은 종족을 널리 사랑하여 개인의 하늘로써 여러 사람의 돕는 하늘을 합하여, 우리 교의 범위에서 행동을 같이하고 우리교의 목적이 도달하기를 기약하면 이것이 실로 오늘날 『천도교회월보』를 발행하는 취지의 대략이다."

『천도교회월보』는 한일강제병합이 체결되기 1주일 전 창간되었다. 28년의 장기간 발행되었으나, 그 여정은 그리 순탄하지 않았다. 2호의 발행일자가 '융희(隆熙)'에서 '메이지년(明治年)'으로 수정되었고, 주간 이교홍(李敎鴻)이 각국 영사(領事)에게 비밀리에 보냈던 서한이 일본 경찰에 발각됨으로써 천도교의 간부들이 투옥되기도 하였다. 1938년 종간하게 된 것 또한 일제에 의한 강제폐간이었다. (정예지)

참고문헌

「天道敎會月報 三月號, 天道敎會月報 發行」, 『東亞日報』 1922. 3.29; 「天道敎會月報 二月 臨時號 京城府 慶雲洞 天道敎會月報社 發行」, 『東亞日報』 1935.3.6; 최덕교 편, 『한국잡지백년』 1, 현암사, 2004.

천의보(天義報)

1907년 일본 도쿄에서 창간된 중국어 정치운동잡지

1907년 6월 10일 일본 도쿄(東京)에서 창간되었다. 발기인은 허전(何震)과 루후이촨(陸恢勸)이다. 허전이 주필을 맡아 반월간으로 간행되었으며, 실제 창간에는 허전의 남편 류스페이(劉師培)의 협조가 많은 역할을 했다. 총 19권을 발행하고 1908년 종간되었다. 중국국가도서관에 소장되어 있다.

무정부주의 사상을 선전한 중국 최초의 정기간행물로 초창기 여자복권회(女子復權會)의 기관지였다. 여성혁명을 주장하면서 고유의 사회를 무너뜨리고 인류 평등의 실행과 여성혁명 이외에 종족(種族) 혁명과 정치혁명, 경제혁명을 제창하였다.

이러한 사상은 당시 외래 사상사조의 영향을 받은 산물로 「파괴사회론(破壞社會論)」, 「무정부주의평등론(無政府主義平等論)」 등의 문장을 게재하고, 푸르동(蒲魯东, P. Proudhon), 크로포트킨(克魯泡特金, P. Kropotkin), 바쿠닌(巴枯寧, M. Bakunin) 등 유명한 무정부주의자의 학설을 소개하였다. 특히 중국 최초로 마르크스와 엥겔스의 『공산당선언』 1888년 영문판 서문과 1장을 번역 소개한 매체이기도 하다.

주요 편집 방향은 국계(國界)와 종계(種界)를 타파하고 세계주의를 실행하며 세계의 모든 권력에 저항할 것, 그리고 현재의 통치를 전복하고 공산제도와 남녀의 절대 평등을 실행할 것을 주장하였다. 무정부주의자들의 초기 활동과 마르크스주의 저작을 번역 소개하였으며, 무정부 혁명을 제창하였다.

그러나 청 정부의 봉건전제주의를 부정하면서 혁명사상을 선전한 이 매체는 바로 검열에 봉착하여 창간 10개월이 못되어 종간당하고 말았다.

• 허전(何震), 류스페이(劉師培)

동맹회 회원으로 부부가 된 허전과 류스페이는 『천의보』가 종간 당하자 다시 『형보(衡報)』를 창간하여 『중국의 공산제 이행을 논함(論共産制易行于中國)』

등의 문장을 게재하여 무정부공산주의를 지향하였다. 『천의보』와 『형보』 두 매체는 무정부주의와 사회주의의 당시 사상적 사조를 소개하는 데 공헌하였다.

그러나 류스페이는 동맹회 조직 개편을 제기하였다가 거절당하자 중국으로 귀국하여 청 정부에 의탁하여 양강총독(兩江總督) 단방(端方)의 막부에서 근무하였다. (김성남)

참고문헌

周葱秀·涂明 著, 『中國近現代文化期刊史』, 山西教育出版社, 1999; 方漢奇 主編, 『中國新聞社業通史』, 中國人民大學出版社, 1996.

▌천탁보(天鐸報)

1910년 중국 상하이에서 창간된 정치운동 신문

1910년 3월 11일 상하이(上海)에서 일간지로 창간되었다. 창간인은 탕서우첸(湯壽潛)이나 1년 뒤 천즈란(陳止瀾)에게 인수되었다. 탕서우첸 시기의 편집장은 천쉰정(陳訓正)과 훙윈샹(洪允祥)이, 천즈란 시기는 리화이샹(李懷霜)이 총편집을 보았다. 1912년 3월에 종간되었으며, 현재 상하이도서관에 소장되어 있다.

상업성 신문으로 창간되었으나 이후 혁명적 언론으로 기울어졌다. 창간인 탕서우첸은 유명한 입헌파 인물이며, 『천탁보』를 인수한 천즈란(陳止瀾)은 홍콩 신문업계의 자본가였다.

집필진에 다이지타오(戴季陶), 천부레이(陳布雷), 펑카이(馮開), 후량전(胡良箴), 마즈치엔(馬志千), 린잉칭(林映靑), 천즈란, 류야쯔(柳亞子)와 추부레이(除布雷), 쩌우야윈(鄒亞云) 등의 동맹회 회원과 혁명적 지식인들이 참여하면서 이 신문의 혁명적 색채는 점점 더 분명해져갔다.

다이지타오는 천구(天仇)라는 필명으로 논설을 썼는데, 부패한 청 정부를 공격하는 논조가 점점 더 과격해지면서 1911년 봄 정부의 수사를 받고 일본으로 도피하였다. 천부레이도 우창(武昌)봉기 당시 혁명을 지지하는 평론 「담악(談鄂)」 10편을 매일 발표하면서 이 신문은 매우 인기 있는 언론이 되었다. (김성남)

참고문헌

方漢奇 主編, 『中國新聞社業通史』, 中國人民大學出版社, 1996; 葉再生 著, 『中國近代現代出版通史』, 北京: 華文出版社, 2002.

▌천하신문(天下新聞)

1828년 말레이시아 말라카에서 창간한 종합잡지

1828년 말레이시아 말라카(Malacca)에서 영국 런던교회가 창간한 매체이다. 영문명은 “Universal Magazine”이었고, 주필은 새뮤얼 키드(Samuel Kidd, 吉德)와 메드허스트(Rev. Walter Henry Medhurst, 麥都思) 등이 맡아 영화서원(英華書院)인쇄소에서 월간으로 출판되었다. 1년 동안 간행되다가 1829년 종간되었다.

당시 중국 본토 안에서 외국 선교사들의 선교와 인쇄 출판 활동이 금지되어 있었던 관계로 남양(南洋) 일대 화교들이 밀집해 있는 말라카를 중심으로 선교를 목적으로 발행된 종합잡지이다.

내용은 중국 내외 소식과 기독교, 역사, 과학 등으로 이루어졌는데, 종교와 관련된 내용은 최우선 자리에서 밀려나 있었다.

마이도스가 쓴 「동서사기화합(東西史記和合)」을 연재하였으며, 출판 양식도 책의 형태에서 낱장 형식에 활자판 인쇄를 사용하여 발행되었다. 현재까지의 현존하는 자료를 근거로 볼 때 활자로 인쇄된 최초의 중국어 잡지이다. (김성남)

참고문헌

方漢奇 主編, 『中國新聞社業通史』, 中國人民大學出版社, 1996; 王檜林·朱漢國 主編, 『中國報刊辭典』, 太原: 書海出版社, 1992.

▌철권(鐵拳)

1933년 중국에서 발간된 정치운동 잡지

1933년 9월 11일 창간되었다. 홍군 제1방면군 정치부에서 출판한 간행물이다. 정간 일자는 불분명하다. 현재 창간호만이 남아 있다.

『철권』의 주요 대상은 중하급 군관과 당의 공작 간부이다. 쉽게 읽을 수 있는 통속 언어로 쓰였다. 제1방면군 정치부 주임 양상쿤(楊尙昆)이 창간호에서 글을 발표하였다. (이은자)

참고문헌

王檜林·朱漢國,『中國報刊辭典(1815~1949)』, 太原(山西): 書海出版社, 1992; 葉再生,『中國近代現代出版通史』, 北京: 華文出版社, 2002.

철필(鐵筆)

1930년 서울에서 창간한 언론 전문 월간지

1930년 7월 9일 철필사(鐵筆社)가 창간한 언론전문 잡지이다. 1930년 7월호(1호), 8월호(2호), 9월호(3호)에 이어 1931년 1월호(4호)를 끝으로 폐간되었다. 발행 겸 편집인은 당시 『중외일보』 기자였던 임인식(林仁植, 필명 임화), 인쇄인은 기독교창문사의 정경덕(鄭敬德), 발행소는 철필사(경성부 청진동 2가 139), 총판매소는 이문당(以文堂)이었다. 판형은 국판으로 총 90쪽 내외였으며 정가는 25전이다. 1호부터 4호까지 관훈클럽 신영연구기금에서 1992년 발행한 '한국언론전문지총서' 중 제2권으로 영인되어 나왔다.

잡지의 성격과 편집방향은 창간호에서 "조선의 신문인, 다시 말하면 조선의 저널리스트 제군을 위하여 세상에 나온 것"(「사천여 직업동지에게 격함」)이라고 밝히고 있다. 권두언으로 쓰인 「철필의 진군」을 보면 "우리의 진군은 정의의 행진이며 약자의 보호학이다"라는 자부심과 비장함이 묻어난다.

창간호에는 기자 관련 기사가 다수를 차지하고 있다. 기자론(민태원, 「대기자와 명기자론」), 기자의 윤리의식(안재홍, 「신문기자 도덕에 대하여」), 신문기자 양성에 대한 각 언론사 중견들(주요한, 한기악, 이광수, 유광열)의 의견 등이 그것이다. '최초'라고 하면서 조선일보 기자시험문제와 답안도 공개하고 있어 주목을 끈다. 최독견의 「신문소설잡초(新聞小說雜草)」는 우리나라 신문소설 초창기의 얘기를 구체적이고 실감나게 전해주고 있어 당시의 사정을 파악하는 데 도움을 준다. 그 외에도 창간호에는 '신문문장', '특종', '신문권위의 국제적 관계', '신문소설', '쩌널리즘과 문학' 그리고 기자들과 언론사 간부들의 동정, 오보나 호외와 관련된 기자들의 에피소드 등 풍부한 내용을 담고 있다. 그리고 기자로 활동하는 문인들의 문예작품도 수록하고 있다. 당시 저널리즘을 신문조(新聞調)라고 번역해 사용하고 있는 점이 눈길을 끈다(양윤식, 「신문법률강석(新聞法律講釋)」).

2호에서는 특집으로 각 신문사의 조직을 분석하고 편집인의 비법을 공개하기도 한다. 그리고 사회면, 학예면 등의 경향 등을 조사하여 각 신문의 제작방침을 분석하였다. 그 외에도 각 신문의 편집국장인상기, 신문사진반의 회고, 취재와 관련된 에피소드, 부인기자의 상호인상기, 신문사 인쇄공장, 신문기자 회고록(이서구의 「십년간에 탐방생활」, 정수일의 「경제부기자 십년」) 등을 실어 각 신문사의 구체적인 면모와 기자들의 경험담을 그려내었다.

3호에서 주목할 만한 것은 해외 유명신문에 대한 탐방 분석 기사이다(이정섭의 「뉴욕타임즈 심방기」, 이세용의 「소비에트 러시아의 붉은 신문」). 그 외에도 제3호에는 신문의 상품성, 신문 제작과 조선 문자, 조선에서의 저널리즘에 관한 분석, 조선 신문의 이론문제, 사회조직의 변천과 신문 등 신문 관련 이론에 관련된 기사들이 풍부하게 실려 있다. 사회 저명인사(김환규, 서정희, 김윤수, 민중식, 정종명, 양윤식, 신알베트, 이종린, 조동식)들의 "내가 신문기자가 된다면"이라는 질문에 대한 짤막한 답변들도 눈길을 끈다. 신문과 관련된 구체적인 기사로는 각종 사건 관련 에피소드, 신문문선공 수험기, 신문소설 삽화와 삽화가 등에 관한 내용들이 실려 있다. 이처럼 3호까지 당시 신문발행과 관련된 이론과 실제는 거의 망라되어 있다고 해도 과언이 아닐 것이다. 주의할 것은, 2호부터 연재하기로 한 신문강좌는 비로소 3호부터 연재되었다는 사실이다.

이러한 편집진의 왕성한 의욕은 4호를 끝으로 좌절되고 만다. 편집후기에 따르면 개인사정으로 몇 호를 휴간했다고 밝혔듯이 3달을 건너뛰어 발간된 4호에는 「휴간 중외일보론」이 서두에 실려 있다. 편집인인 임인식이 중외일보 기자라는 점을 감안할 때 『철필』의 운명과 『중외일보』의 휴간은 무관하지 않은 듯하다. 신문관련 기사로는 신문의 상품성(설의식의 「신문도 상품」), 신문기자의 애환(이광수의 「신문기자의 기쁨과 슬픔」) 외에도 표절에 대한 문제와 3대 신문사의 유망한 기자를 소개하는 난이 마련되어 있다. 그리고 신문어 사전을 게재한 것이 눈길을 끈다. 우리나라 최초로 독일에서 신문학을 연구하여 박사학위를 받은 김현준의 독일 및 영국 신문에 대한 순방인상기가 실려 있기도 하다.

비록 4호를 낸 후 더 지속되지는 못했지만 『철필』은 일제강점기에 나온 '언론전문 잡지'로는 가장 긴 발행 실적을 보였고, 그 내용 또한 이론과 실무문제를 주로 취급한 수준 높은 전문지였다고 볼 수 있다.

• 철필사

철필사는 잡지 발간 외에도 신문기자강연회, 각지 방언론계의 정세 답사, 전 조선기자명감 편성, 서적을 출판, 발매하는 철필사 대리부 설치 등 여러 사업을 계획하기도 했다. 재정은 판매대금 이외에도 보통·특별·명예의 등급을 매긴 사우(社友) 모집을 통해 충당하고자 했다. 그리고 전국에 각 지사를 설치하려는 계획하에 실제로 신천, 동래, 개성 등지에 지사가 설치되었다. 지방특파원으로는 서조선특파원 김서영(金瑞泳), 남조선특파원 최철룡(崔喆龍) 등의 이름이 등장하고 있다. (전상기)

참고문헌

정진석, 『한국언론사』 나남출판, 1995; 최덕교 편저, 『한국잡지백년』 2, 현암사, 2004.

▌철학(哲學)

1933년 서울에서 발간된 우리나라 최초의 철학 잡지

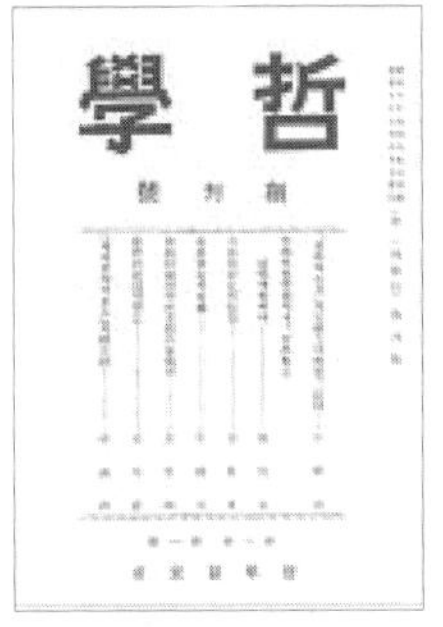

1933년 7월 17일 '철학연구회(哲學硏究會)'에서 창간한 학술지이다. 1935년 6월 통권 3호로 종간되었다. 편집 겸 발행인은 이재훈(李載薰 李載壎), 인쇄인은 한성도서 주식회사의 김진호, 발행소는 철학연구회(경성부 원동 107)이다. 판형은 국판으로 총 120쪽 내외였으며 정가는 30전이다. 잡지는 반년간 단위로 발행되었다. 연세대에 소장되어 있다.

『철학』 창간호의 「편집후기」를 보면 아래와 같은 잡지 발간에 대한 소감이 나온다.

"우리 동인은 협동하여 철학사상 건설의 기도로 '철학잡지'를 발간하게 되었다. 조선에 있어서 시초인 만큼 적지 않은 곤란도 있었다. 이 잡지는 동인의 경영으로 판매 영리를 목적으로 함은 아니나, 호학의 사와 같이 그 정신을 나누어 과거를 반성하며 가치 있는 미래를 건설하기 위하여 공개 판매하기로 하였다."

학술지인지라 대중적이지도 않고 잡지 발간에 따른 비용 마련도 쉽지 않았지만, 한성도서 주식회사의 사장 이창익(李昌翼)의 도움으로 창간할 수 있었다는 감사의 말도 나온다.

연구란, 비평란, 소개란, 번역란, 해설 강좌란 등으로 구성되었으며, 주로 철학 관련 논문을 싣고 있다. 동양철학에 관한 논문이 없고 전부 서양철학에 관한 논문이며, 번역물도 싣고 있다. 박종홍의 「'철학하는 것'의 출발점에 대한 일 의문」(1호), 권세원(權世元)의 「철학이란 무엇이냐, 철학의 영원성에 대하여」(1호) 같은 철학의 현실적 근거나 가치에 대한 탐구 및 안호상(安浩相)의 「이론철학이란 무엇인가」(3호) 같은 새로운 흐름에 대한 소개 등의 논문을 싣고 있다.

1936년 편집 겸 발행인을 맡고 있던 이재훈이 사상범 혐의로 구속되면서 '철학연구회'가 해산되고 잡지 발간도 중단되고 말았다.

『철학』은 본격적인 철학전문 학술지로 서양철학이 수용되던 초기의 경향과 철학에 대한 당대 철학도들의 이해를 살펴볼 수 있는 좋은 자료이다. 당시의 철학도들이 자신의 문제의식 아래 철학을 하려고 한 흔적을 엿볼 수 있는 것이다. (전상기)

참고문헌

양재혁, 「박종홍 철학에 대한 비판적 연구」, 동양철학연구회, 『동양철학연구』 31, 2002; 최덕교 편저, 『한국잡지백년』 3, 현암사, 2004; 김재현, 「한국에서 근대적 학문으로서 철학의 형성과 그 특징: 경성제국대학 철학과를 중심으로」,한국철학사상연구회, 『시대와 철학』 제18권 3호, 2007.

청구학총(靑丘學叢)

1930년 서울에서 창간된 일본어 역사학 계간 잡지

1930년 8월 청구학회의 기관지로 창간된, '극동 문화' 관련 종합잡지이다. 5월 청구학회가 결성될 때 회칙에 학회의 주요사업으로 기관지 『청구학총』을 계간(2월, 5월, 8월, 11월 발간)으로 발간하기로 규정하였다. 회원들에게 배포되었으며, 회원들이 내는 회비는 주로 잡지 간행 비용으로 사용된 것으로 보인다. 회비를 내지 않는 일반인들에게도 판매하였는데, 1부당 80전이었다(송료 4전 별도). 오사카야고쇼텐(大阪屋號書店)이 발행소였으며, 회비를 이 서점으로 송부하도록 하였고, 신입 회원의 입회지원서도 이 서점에서 접수하였다.
발행자는 나이토 데이이치로(內藤定一郎)였는데, 오사카야고쇼텐의 주인이었다. 편집자는 나카무라 히데타카(中村榮孝, 조선사편수회 수사관보)가 맡았는데, 나카무라는 처음부터 학회 사무를 자신의 집에서 보았다고 한다. 나카무라는 학회 창립 시기부터 평의원과 위원을 겸하고 있었을 정도 학회에서 중심적 역할을 수행하고 있었다. 또 잡지의 휘보, 회보, 편집후기의 작성을 전담하였다.

1930년 5월 조선사편수회에서 제1회 위원회의가 열려 편집방침을 정하였다. 회의에서는 잡지를 연구·첨재(僉載)·휘보·자료란으로 구성하고, 연 1회 학회 관계자들의 저서와 논문 목록을 게재하기로 결정하였다. 연구란에는 연구논문을 싣고, 첨재란에는 해설과 기사를 게재하며, 휘보란에는 학회 기사, 학계 소식, 서평 등을 싣기로 하였다. 특히 자료란을 이 잡지의 특색으로 내세우고 있는 바, 최근에 귀중한 고문헌들이 많이 발굴되고 있지만 고서를 복각하는 기관이 없어 보급에 어려움이 있으므로 연구자들에게 편의를 제공하기 위하여 발굴 자료를 많이 게재할 예정이라고 하였다.

창간호부터 잡지의 첫 부분에는 신발굴 자료의 도판을 실었으며, 연구논문 4편과 첨재에 보고문 4편을 실었다. 휘보란에는 청구학회 창립 소식, 경성독사회 소식, '이태왕'실록의 편찬, 조선사편수회의 근황, 고적조사의 근황 등 학계의 상황을 전하였으며, 서평을 실었다. 그리고 자료 소개란이 많은 부분을 차지하고 있는데, 창간호에는 사대기행(事大紀行) 목록과 『양곡부경일기(陽谷赴京日記)』 전문을 게재하고 있다.

이후에는 문헌, 강좌, 서평란이 독립되어 고정난이 늘어나고 있지만, 전체적으로 연구와 첨재란이 가장 큰 부분을 차지하고 있다. 연구논문집으로서의 성격을 잃지 않았다고 하겠다.

1939년 10월까지 한 번의 결호도 없이 총 30호가 출간되었다. 청구학총은 일본의 역사학계에서도 주목하는 잡지였다고 한다. 예를 들어 도쿄제대 사학회가 발간하던 『사학잡지』에도 청구학회의 소식이 실리고 있었다.

『청구학총』에 논문을 수록한 사람은 모두 71명인데, 이 가운데 일본인이 55명, 조선인이 16명이었다. 일본인으로는 이나바 이와키치(稲葉岩吉), 나카무라 히데타카(中村榮孝), 스에마쓰 야스카즈(末松保和), 오다 세이고(小田省吾), 다보하시 기요시(田保橋潔) 등이, 조선인으로는 이병도, 손진태, 홍희, 유홍렬 등이 많은 논문을 발표하였다. 역사학만이 아니라 다양한 분야의 다양한 사람들이 청구학총에 논문을 실었다.

• 경성독사회

1927년 11월 도쿄제대 명예교수 이치무라 산지로(市村瓚次郎)의 권유로 조직하였다. 이치무라는 경성제대에서 강의를 하기 위해 경성을 방문한 기회에, 도쿄제대 문학부의 각 사학과 교수와 학생들이 만든 국사십일회(國史十一會)나 동양사담회(東洋史談會)처럼 학술적 의의를 잃지 않는 간친회를 경성에서도 시작할 것을 권유하였다고 한다. 이에 다마이 제하쿠(玉井是博, 경성제대), 다보하시 기요시(田保橋潔, 경성제대 일본사강좌 담당), 소노다 요지로(園田庸次郎, 경성제대), 나카무라 히데타카(中村榮孝, 조선사편수회), 고가 노리요시(古賀德義, 용산공립중학교) 등 5명이 동의함으로써 조직되었다.

경성독사회의 산파역을 맡았던 이치무라 산지로는 1889년 이래 가쿠슈인(學習院)과 도쿄제국대학에서 교직에서 근무하였으며, 1924년 『사학잡지(史學雜誌)』에 회갑 기념 축하모금을 광고할 정도로 영향력을 가지고 있었다고 한다. 1934년 발간된 그의 고희기념 논문집에는 모두 44편의 논문이 실렸는데, 한국인으로는 손진태(孫晉泰)와 이병도(李丙燾)가 논문을 실었다.

경성독사회는 월례회 중심으로 운영되었는데, 1927년 11월부터 1928년 4월까지 4회의 예회가 개최되었다. 그러나 이 시기에는 상호 자택을 순회하면서 예회를 개최하였기 때문에, 회원의 수에 제한이 있을 수밖에 없었다.

이에 1928년 5월부터는 매월 1회 세 번째 금요일에 경성역 누상식당에서 정기적으로 예회를 개최하기로 하였다. 다보하시와 소노다가 상임간사를 맡아서 예회를 운영하였다. 그 후 1932년 10월까지 모두 34회에 걸쳐 예회를 개최하였다.

경성독사회의 운영 주체는 경성제대 법문학부와 조선사편수회 소속 인사였으며, 여기에 조선총독부 학무국과 경성부 내 각 학교 직원 등이 참가하였다. 학술적 성격을 탈각하지 않은 범위에서 사학을 전공하거나 현재 사학과 관련이 있는 연구에 종사하고 있는 사람을 회원으로 참여하도록 하였으나, 학생은 참가시키지 않았다. 회원은 교대로 예회에서 연구성과를 발표할 의무를 지고 있었다.

1930년 8월 현재 회원은 21명이었으며, 경성제대의 조선사 강좌 담당 교수였던 오다 세이고(小田省吾, 제2강좌 담당)와 이마니시 류(今西龍, 제1강좌 담당)가 독사회의 장로 역할을 하고 있었다. 회원수가 그리 많지 않았던 것은 월례회 중심으로 조직을 운영하였기 때문일 것이다.

한편, 경성제대 법문학부와 조선사편수회가 경성독사회 운영의 주체였다는 주장이 있으나, 여기에 대해서는 의문의 여지가 있다. 예회에서 발표한 인물들을 검토해보자.

오다 세이고(조선사학 제2강좌), 이마니시 류(조선사학 제1강좌), 오타니 가쓰마사(大谷勝眞, 동양사학 제1강좌 담당), 도리야마 기이치(동양사학 제2강좌 담당), 다보하시 기요시(田保橋潔, 국사학 제1강좌 담당), 마쓰모토 시게히코(松本重彦, 국사학 제2강좌 담당), 가네코 고스케(金子光介, 서양사학 담당), 후지타 료사쿠(藤田亮策, 고고학 담당), 다마이 제하쿠(玉井

是博), 나고시 나카지로(名越那珂次郎, 예과 역사 담당) 등 경성제대에서 역사학을 강의하고 있던 10명의 교수가 모두 참가하고 있다. 여기에 아키바 다카시(秋葉隆, 사회학 담당), 카라시마 사토루(辛島曉, 중국어문학 담당) 등의 경성제대 교수가 발표에 참여하고 있다.

이 밖에 예회에 참가하는 것이 확인되는 경성제대 교수로는 아베 요시시게(安倍能成, 철학 강좌 담당), 다카하시 도루(高橋亨, 조선어문학 담당), 다나카 도요조(田中豊藏, 지나어문학 담당), 나카지마 후미오(中島文雄, 외국어문학 담당) 등이 참가하였다.

이 밖에 경성독사회에 참가하고 있는 인물로는 고가 노리요시, 나카무라 히데타카(조선사편수회 수사관), 스에마쓰 야스카즈(末松保和, 조선사편수회, 나중에 경성제대 교수), 신석호(申奭鎬, 경성제대 사학과 1회 졸업생, 조선사편수회 수사보) 등을 들 수 있다. 그러나 스에마쓰와 신석호도 경성제대와 무관한 인물이 아니었다는 점을 감안하면, 경성독사회는 경성제대 사학과 교수들에 의해 주도된 월례회 단체였다고 할 수 있을 것이다.

1930년 5월 청구학회가 설립된 뒤에도 경성독사회가 계속 유지되었던 것은 이런 이유 때문일 것이다.

• 청구학회

청구학회는 1930년 5월 경성제대 교수, 조선편수회 관련자 및 총독부 학무국 등의 고위 관리 등이 중심이 되어 결성한 식민지기를 대표하는 관변 학술단체였다.

『청구학총』 창간호의 휘보에서는, 이 학회 창립의 배경으로 작용한 1930년 전후 조선 학계 상황을 다음과 같이 설명하고 있다. 1924년 개교한 경성제대 예과의 뒤를 이어, 1926년 법문학부가 개설되면서 "조선을 중심으로 한 극동문화의 학술적 연구"에 뜻을 가진 신진 학도가 많이 배출되었고, 다른 한편 조선총독부가 추진하고 있던 각 방면의 조사사업 성적도 현저하여 학술적 기여도가 매우 높았다. 그러나 연구조사 결과는 각기 제한된 기관에 의해 발표됨으로써 연구 성과를 공유하기에 어려움이 있다. 따라서 역사·고고·토속·사회·언어·문학·종교·미술 등의 각 방면에 걸쳐 업적은 매년 심화되어 가고 있지만, 연구의 결과를 연찬·탁마할 통일적 연구기관이 없기 때문에, 일반에 그 성과를 보급하고 교육의 참고자료로 제공하기에는 어려움이 있었다. 이에 경성제대, 조선총독부 및 조선사편수회 관련자들이 모여 학회를 조직하게 되었으며, 청구는 원래 동방국의 범칭이자 조선의 이명이었으므로 학회의 이름을 청구학회로 하게 되었다.

이 학회는 "조선과 만주를 중심으로 하는 극동 문화를 연구하고 보급하는 것"을 단체 결성의 목적으로 삼았다. 그를 위하여 잡지 『청구학총』을 간행하고, 연구자료 및 저술을 출판하며, 강연 및 강습회를 개최하고, 연구 여행 등의 사업을 실시하도록 하였다. 창립 당시 사무소는 경성부 효자동 152번지였다

회원은 회비로 연 3원을 각출하되, 회비는 잡지 발행소인 오사카야고쇼텐에 내도록 하였다. 회원은 계간으로 발간하는 잡지 『청구학총』을 수령하며, 기타 사업에 참가할 때 편의를 제공받을 수 있도록 하였다.

임원으로는 평의원, 회무감독, 위원 및 서기를 두었다. 평의원은 회원 중에서 추천하여 중요 회무를 의결하도록 하였으며, 회무감독은 평의원 가운데 한 사람이 겸하도록 하되 서무·회계·편집 등을 감독하고 지도하도록 하였다. 위원은 회원 중에서 선출하여 회무를 분담하도록 하였으며, 서기는 위원을 보조하여 서무회계를 보조하도록 하였다.

창립 당시의 임원 중 핵심적인 역할을 수행하고 있던 의원은 아베 요시시게(경성제대 교수, 철학 담당), 아키바 다카시(경성제대 교수, 사회학 담당), 아유카이 후사노신(鮎貝房之進, 조선총독부 박물관 협의원), 이나가키 모이치(稻垣茂一, 조선총독부 학무국 편집과장), 이나바 이와키치(稻葉岩吉, 조선사편수회 수사관), 이마니시 류(경성제대 교수, 조선사 담당), 오기야마 히데오(荻山秀雄, 조선총독부 도서관장), 오구라 신페이(小倉進平, 경성제대 교수, 조선어문학 담당), 오다 세이고(경성제대 교수, 조선사 담당), 오타니 가쓰마사(경성제대 교수, 동양사 담당), 가네코 고스케(경성제대 교수, 서양사 담당), 가미오 니슌(神尾貳春, 조

선총독부 학무국 학무과장), 홍희(洪熹, 조선사편수회 수사관), 최남선(崔南善, 조선사편수회 위원), 시가 기요시(志賀潔, 경성제대 총장), 시노다 지사쿠(篠田治策, 이왕직 차관), 스에마쓰 야스카즈(조선사편수회 수사관보), 다보하시 기요시(경성제대, 일본사 담당), 다카하시 도루(경성제대, 조선어문학 담당), 다나카 우메키치(田中梅吉, 경성제대, 독일어 담당), 다나카 도요조(경성제대, 지나어문학 담당), 정만조(경학원 대제학, 명륜학원 총재), 나카무라 히데타카(조선사편수회 수사관보), 나고시 나카지로(경성제대 예과, 역사학), 하기와라 히코조(萩原彦三, 조선총독부 문서과장), 후지타 료사쿠(경성제대, 고고학), 후지쓰카 지카시(藤塚鄰, 경성제대, 지나철학 담당), 마쓰모토 시게히코(경성제대, 일본사 담당), 이창근(李昌垠, 조선총독부 학무국 종교과장), 이능화(李能和, 조선사편수회 수사관) 이상 30명이었다.

평의원을 신분별로 나누어 보면, 경성제대 교수 16명, 조선사편수회 관련자 6명, 조선총독부의 고위 관료 6명, 기타 이왕직과 경학원 관련자 등으로 구성되어 있다. 수적으로 볼 때도 경성제대 교수들이 중심이 된 단체였음을 확인할 수 있다.

회무감독은 오다 세이고였으며, 서기는 마에다 고조(前田耕造, 조선사편수회 촉탁)였다.

위원으로는 가쓰라기 스에지(葛城末治, 조선사편수회 수사관보), 신석호(조선사편수회 수사관보), 스에마쓰 야스카즈(조선사편수회 수사관보), 다보하시 기요시, 나카무라 히데타카, 후지타 료사쿠, 이병도(李丙燾, 조선사편수회 촉탁) 등 7명이 선정되었다. 위원은 조선사편수회 관련자가 5명이었고, 경성제대 교수가 2명에 불과했다. 경성제대 교수들보다 상대적으로 나이가 적고 사회적 권위가 낮았던 조선사편수회 관련자들이 학회의 회무를 담당하였다고 할 수 있을 것이다.

일반회원의 상황에 대해서는 자세히 알기 어렵지만, 조선 내에서뿐만 아니라 일본, 중국 등지의 거주자가 두루 참가하고 있는 것을 확인할 수 있다. 특히 각급 학교의 교원들이 다수 가입하고 있었던 것으로 보이는데, 이 점은 청구학회의 가장 큰 특징으로 간주할 수 있을 것이다.

청구학회에서는 잡지 발간에 가장 공을 기울였고, 예회나 강연회는 그다지 많이 개최하지 않았다. 발족 초기인 1930년 11월부터 1931년 9월까지 3회의 강연회를 개최하고 있을 뿐이다. 대신 사적지 답사와 사적지 강연회를 꾸준히 진행하였다.

청구학회는 조선과 만주를 중심으로 한 '극동' 지역을 연구의 공간적 대상으로 삼고 있었고, 분야로는 역사학만이 아니라 극동의 '문화', 곧 역사 · 고고 · 토속 · 사회 · 언어 · 문학 · 종교 · 미술 등의 각 방면에 걸친 다양한 문화적 측면을 아우르는 것을 학회의 목표로 삼고 있었다. 그런 점에서 주로 역사학 연구를 중심으로 하는 조선사편수회 관련자들이 이 '종합' 학회를 주도하기에는 어려움이 있었다고 할 수 있다.

한편 경성제대 교수들은 조선사편수회에도 많이 참여하고 있었다. 경성제대 총장 야마다 사부로(山田三郞)와 하야미 히로시(速水滉)가 고문으로, 오타니 가쓰마사와 후지타 료사쿠가 위원으로, 이마니시 류, 다보하시 기요시, 스에마쓰 야스카즈가 촉탁으로 각기 참가하였다.

1930년 중반 청구학회와 경합하는 단체로 조선학회가 조직되었다. 조선학회는 『조선학보』를 2호 간행하고 종간한 것으로 보이지만, 조선 연구를 상업적으로 이용하려는 의도를 가진 사람이 나타날 만큼 조선을 연구하는 것이 일반화되어 있었다. (윤해동)

참고문헌

박걸순, 『식민지시기의 역사학과 역사인식』, 경인문화사, 2004; 『청구학총』(복각본), 경인문화사, 1982.

청년(靑年)

1921년 서울에서 발행된 조선중앙기독교청년회의 기관지

1921년 3월 12일 조선중앙기독교청년회에서 발간하였으며, 1940년 12월에 종간되었다. 창간 초기 발행인은 브로크만(F. S. Brockman, 한국명 파락만[巴樂萬])

이었고, 편집인은 홍병선(洪秉璇)이었으나, 이후 김필수(金弼秀), 이건춘(李建春), 반하트(B. P. Barnhart), 구자옥(具滋玉) 등이 편집을 담당하였다. 인쇄인은 곽인섭(郭寅燮)이며, 인쇄소는 청년회 공업부 인쇄과이고 발행소는 청년잡지사(서울 종로2가 중앙기독교청년회)이다. A5판 38면 내외로 정가는 20전이다. 고려대와 중앙대에 소장되어 있다.

조선중앙기독교청년회는 '경성에 있는 청년의 신령적, 덕육적, 체육적, 사교적 행복의 증진을 목적'으로 결성되었으며, '건설적 사상과 향상적 문학을 소개하며 그리스도의 정신을 보급'하기 위하여 잡지를 발간하였다.

창간호에서 김필수의 「『청년』 발간의 수사(首辭)」에 따르면 "시대의 변천에 추이하여 기독교주의를 민족의 문명 향상적 선도하기 위함의 소이"이며, "문예, 학술 등 각종의 문학사상을 기독교의 정신 입지에서 만천하 인사에게 창기(唱起)의 노력을 가"하는 데 창간의 목적이 있었다.

주로 계몽적 논설이 중심이며; 문예창작물도 싣고 있다. 잡지의 뒷부분에는 조선중앙기독교청년회 관련 기사를 싣고 있어 회보의 역할도 담당하였다.

주요 글을 잠시 살펴보면 신흥우의 「디모크라시의 의의」, 「진보냐? 퇴보냐?」, 이대위의 「청년과 사회」, 안국선의 「경제상으로 본(見) 한반도의 장래」, 강만의 「종교와 사회적 생활의 관계」, 윤치호의 「불국교육제도와 인격양성문제」, 김원근의 「해동명공유사(海東名公遺事)」 등이 눈에 띄고, '청년지도'라는 제목하에 실린 송진우의 「남녀교제에 대한 명사의 의견」, 바보의 「연애는 신성한가」, 정대현·임경재의 「중등학교를 졸업하고 무엇을 할까?」 등이 흥미롭다. 남녀 교제문제나 연애문제는 매호 자주 등장해서 당시 젊은이의 이슈에 대해 엿볼 수 있다. 그 밖에 신시 한편, 단편소설 한 편이 실려 있다.

1927년 들어 100쪽가량 증면하여 학술, 문예, 논문, 평론, 사회, 전기, 시, 희곡, 소설, 동요, 동화, 감상문 등 다양한 글을 실었으나 거듭된 삭제로 인하여 1929년에는 다시 지면이 축소되었다. 1930년에는 12~40쪽 정도로 쇠퇴한다.

조선중앙기독교청년회의 기관지인 『청년』은 시국 및 사회문제에 대한 기독교 관련 인사들의 인식을 살펴볼 수 있으며, 조선중앙기독교청년회의 활동과 논리를 잘 보여 주고 있다. 기독교사 뿐 아니라 오늘날 근현대사 연구에 중요한 자료로 평가받는다.

• 조선중앙기독교청년회

1903년에 조직된 '황성(皇城)기독교청년회'가 1913년에 이름을 바꾼 것이다. 당시 정황을 살펴보자면, 1903년 이상재, 김정식, 유성준, 이원긍, 남궁억, 홍재기, 안국선, 이승만, 신흥우 등이 독립협회, 만민공동회, 개혁당 사건 등으로 감옥에서 복역 중(1901~1904) 기독교로 개종하고 YMCA에 집단 가입하기로 결심한다.

이후 10월 28일에 28명의 회원이 모여 황성기독교청년회 창립총회를 개최하고 초대회장으로 헐버트(H. B. Hulbert), 초대총무에 질레트(P. L. Gillett)가 취임한다. 그리고 1914년 9월부터 중앙청년회의 월간 기관지 『중앙청년회보』를 발간하는데, 이것이 곧 『청년』의 전신이다.

즉 조선중앙기독교청년회는 1914년 9월부터 1915년 4월까지 『중앙청년회보』, 1917년 9월부터 1919년 7월까지 『청년』, 1919년 8월에서 1921년 2월까지 『조선청년』을 발간해 오다가 1921년 3월에 『청년』으로 제호를 바꾸어 발간하였다. (이경돈)

참고문헌

『한국신문·잡지총목록』, 대한민국국회도서관, 1966; 계훈모, 『한국언론연표』, 관훈클럽신영연구기금, 1979; 『아단문고장서목록』, 아단문화기획실, 1995; 최덕교 편저, 『한국잡지백년』, 현암사, 2004.

청년과 아동(青年與兒童)

1938년 중국 산시성의 청년과아동편위회에서 발행한 청년 잡지

1938년부터 1944년 2월 1일까지 산시(山西)의 화베이청년사(華北青年社) 청년과아동편위회(青年與兒童編委會)에서 편집하여 발행한 청년잡지였다. 월간으로 발행되었고 5권 7호(1943)는 『5·4운동 특집호("五四"專號)』를 발간했다. 4권 12호(1942)부터는 편집자가 청년과아동편위회(青年與兒童編委會)로 바뀌었다. 4권 12호(1942)부터 출판자가 화베이신화서점(華北新華書店)으로 바뀌었다. 5권 7호(1943)부터는 다시 신화서점(新華書店)으로 바뀌었다. 5권 10호(1943)부터는 화베이신화서점(華北新華書店)으로 다시 바뀌었다. 이 간행물은 월간이었지만 매월 간기에 맞게 출판되지 못했고 불규칙했다. 5권 10호(1943)부터는 잡지에 월표식을 하였다. 5권 10호는 8월호였으며 매권 12호씩을 출판했다. 중국의 베이징사범대학 도서관 등에 소장되어 있다.

이 잡지에는 노래와 그림(歌與畵), 독자원지(讀者園地), 항전사화(抗戰史話), 독보상식(讀報常識), 아동작품, 독자고문회(讀者顧問會), 소상식, 공작연구, 소무대(小舞臺), 소사전(小辭典), 가요(歌謠), 수수께끼(謎語) 등의 난이 있었다.

이 잡지는 중일전쟁시기 화베이 항일근거지(華北抗日根據地)에서 편집하여 출판한 일종의 대중적이고 종합적인 읽을거리였다. 주요 독자들이 청소년들이었기 때문에 쉽게 쓰였다. 이 간행물의 주요 내용은 중국공산당의 항일민족통일전선정책을 선전하고, 중국의 항일 전장의 정세를 소개하며, 중국의 역사지식을 보급하였다. 아울러 대중적으로 쉽게 중국공산당과 팔로군(八路軍) 등 군대의 역사를 해설하고, 과학문화지식을 보급하는데 주력하였다. 항일근거지의 건설, 반청향투쟁(反淸鄕鬪爭), 민주주의 확대 등의 문제에 관한 글도 수록되었다. 이 잡지에 게재된 글은 통신, 이야기(故事), 시가(詩歌), 소상식(小常識) 등이었다.(김지훈)

참고문헌

伍杰,『中文期刊大詞典』, 北京大學出版社, 2000; 北京師範大學圖書館報刊部 編,『北京師範大學圖書館館藏中文珍稀期刊題錄』, 北京圖書館出版社, 2002.

청년문예(青年文藝)

1942년 중국 광시 구이린에서 발간된 문학잡지

1942년 10월 10일 중국 광시(廣西) 구이린(桂林)의 백홍서점(白虹書店)에서 발행했다. 거친(葛琴)이 편집을 담당했다. 1권 1호는 1942년 10월 10일에 창간되어 1944년 7월 10일 1권 6호를 발간하고 정간되었다. 1942년부터 1944년 7월까지는 격월간으로 발간되었고, 1944년 12월부터 1945년까지는 월간으로 발간되었다. 『청년문예』는 『문예진지(文藝陣地)』(1938~1944)를 흡수했다. 1944년 12월 청년문예사(青年文藝社)에서 출판하였으며 출판지를 충칭(重慶)으로 옮겼다. 1944년 12월 20일 신 제1권 1호를 복간하였고 1945년 2월 15일 신 제1권 6호를 마지막으로 종간되었다. 베이징사범대학도서관과 상하이도서관 등에 소장되어 있다.

『청년문예』는 문예 간행물로 "일단의 작가들의 학습과 사업의 경험"을 소개함으로써 "문예창작상의 일단의 문제들을 연구"하는 것을 목적으로 하였다. 『청년문예』는 중국 내에서 성공한 작가들의 창작의 경험과 작문에 관한 지식과 관련된 글을 쓰도록 하고, 청년들이 제출한 작문의 문제점에 대해 해답을 하였다. 이 잡지의 주요란으로는 작품연구, 시선, 명저선역(名著選譯), 청년문회(青年文匯), 습작, 소설 등이 있었다. 창간호에 발표된 마오둔(茅盾)의 「인물묘사를 이야기함(談人物描寫)」, 돤무훙량(端木蕻良)의 「안나 카레리나를 예로 들어 인물을 쓴다(寫人物-以安娜克列尼娜爲例)」, 아이우(艾蕪)의 「커과리의 인물묘사를 간단히 이야기함(略談果戈理描寫人物)」 등이 실렸다. 그 밖에 중국와 해외의 명저, 예를 들면 막심 고리키의 「초원상(草原上)」, 모파상의 「목걸이(項鏈)」 등이 있었다. 아울러 '습작'과 '청년문회(青年文匯)'란을 통해 전적으로 청년작가들의 문예창작품을 발표하였다.

1944년 12월 충칭(重慶)으로 옮겨 출판하게 된 후, 신 1권 1호에 발표된 『혁신헌사(革新獻辭)』에서 다음과 같이 지적하였다.

"『청년문예(青文)』는 원래 문학지식을 보급하고, 신인들의 작품을 추천하는 간행물이었다. 이 방침에 대해 우리는 여전히 옛 것을 견지할 것이다. 우리는 열성과 겸허한 마음으로 신인들의 다작을 위해 조금이라도 봉사할 것이다. …… 우리의 목표는 매우 단순하다. 원대한 환상도 없으며, 사람을 놀라게 하려는 기도도 없다. 다만 발로 실지(實地)를 걸으며 걸음걸이를 따라 일을 전개할 것이다. 가능한 범위 내에서, 농부의 힘든 노동과 밭을 가는 소의 노력처럼, 청년의 중국 신문예를 위해 조금의 역량이라도 기여하고자 한다!"

본간은 당시 매우 영향력이 있는 문학 간행물이었다. 주요 집필자는 마오둔(茅盾), 후펑(胡風), 아이징(艾靑), 아이우(艾蕪), 돤무훙량, 쑹즈더(宋之的), 펑쉐펑(馮雪峰), 궈모뤄(郭沫若), 쉬츠(徐遲), 거바오촨(戈寶權), 리광톈(李廣田) 등이었다. (김지훈)

참고문헌

王檜林 · 朱漢國, 『中國報刊辭典(1815~1949)』, 書海出版社, 1992; 伍杰, 『中文期刊大詞典』, 北京大學出版社, 2000; 北京師範大學圖書館報刊部 編, 『北京師範大學圖書館館藏中文珍稀期刊題錄』, 北京圖書館出版社, 2002; 上海圖書館, 『上海圖書館館藏近現代中文期刊總目』, 上海科學技術文獻出版社, 2004.

청년실화(青年實話)

1931년 중국 루이진에서 발간된 정치운동 잡지

1931년 7월 1일 장시성(江西省) 루이진(瑞金)에서 창간되었다. 중국공산당 청년단 중앙소비에트 지구 중앙국의 기관보이다. 2호 출판 뒤 잠시 정간되었다. 같은 해 12월 10일 복간되었다. 오래지 않아 반월간에서 순간(旬刊)으로 바뀌었다. 1933년 1월 제2권부터 주간으로 다시 바뀌었다. 공산당의 장정(長征)이 시작되면서 정간되었다. 현재 남아 있는 최후의 것은 1934년 9월 30일 제113호이다. 처음에는 8000부에서 1만 부로 발행부수를 늘렸고, 최고 2만 8000부까지 발행하였다. 베이징중앙당안관(北京中央檔案館)에서 1984년 7월 영인, 출판되었다.

『청년실화』의 주편은 아웨이(阿僞)이고 편집위원회에는 소비에트 지구 중앙국 선전부장 루딩이(陸定一) 등이 참가하였다. 창간시 국민당의 제3차 토벌 작전으로 2호 출판 뒤 잠시 정간되었다. 같은 해 12월 10일 복간되었다. 창간호에서 『청년실화』의 임무와 작용을 다음과 같이 서술하였다.

"소비에트 지구 중앙국 최고의 잡지로 …… 소비에트 지구 중앙국의 공작과 군중 공작의 영도자가 되어야 하며, 소비에트 지구 군중에 정치 영향력을 확대하는 유력한 도구로 청년 군중의 조직자가 되어야 한다."

주로 중공 중앙의 청년단 공작에 관한 지시, 소비에트 지구단 중앙의 문건, 공고, 명령, 청년정책, 청년운동에 대한 이론, 소비에트 지구단의 조직 건설, 소비에트 지구 청년의 근거지 보위 투쟁 등에 관한 소식 등을 실었다. 또한 마르크스주의를 선전하고, 국내외 주요 사건을 보도하였다. 일찍이 '국제청년화간(國際青年畵刊)', '팔일증간(八一增刊)', '서경증간(瑞京增刊)' 등을 간행하였다. (이은자)

참고문헌

葉再生, 『中國近代現代出版通史』, 北京: 華文出版社, 2002; 方漢奇 主編, 『中國新聞社業通史』, 北京: 中國人民大學出版社, 1996; 王檜林 · 朱漢國 主編, 『中國報刊辭典(1815~1949)』, 太原(山西): 書海出版社, 1992.

청년조선(青年朝鮮)

1926년 일본에서 창간된 도쿄조선무산청년동맹의 기관지

1926년 1월 도쿄조선무산청년동맹의 기관지로 창간되어, 1928년 7월 새롭게 재일본조선청년동맹의 기관지로 간행되었다. 후자의 경우 확인 가능한 호수는 창간호, 2호, 3호이다. 이것은 기존의 같은 이름의 도쿄조선무산청년동맹회의 기관지와 비교해 보면 높은 수준이었다.

고려공산청년회 일본총국의 기관지로 인정식이 책임을 곽종렬이 위원을 맡아 발행하기로 고려공산청년회 제3회 중앙집행위원회에서 결정했다. 아울러 『신흥과학(新興科學)』은 장차 당 기관지로 승인할 예정이

었다.

『청년조선』은 운동이 전투적, 대중적으로 통일되지 않고 광범위한 노동청년이 참가할 수 없으며, 또한 조선의 청년운동이 의식적, 적극적으로 수행되지 않는 상황에서 재일본조선청년동맹의 현실 타파의 한 방법으로 창간했다.

잡지의 주요 임무는 다음과 같다. ① 조선청년을 얽어매고 있는 사슬의 형식과 내용을 폭로하고, ② 종교문제를 취급하며, ③ 군국주의와 싸우고, ④ 봉건적인 관념과 투쟁하고, ⑤ 모든 기회주의자, 봉건주의자, 대중에게 사기친 사기꾼을 처단하며, ⑥ 청년투쟁의 역사적 사건과 경험을 보도하여 우의(友誼)단체의 투쟁을 자극하고, ⑦ 청년 대중의 언론, 출판, 집회, 결사의 자유 획득을 웅변하는 것이었다.

기관지 발간에는 기고와 자금이 중요한 문제였다. 이를 해결하기 위해 『청년조선』에 지속적으로 기금 송금자의 명단을 게재했다. 청년조선사는 600원 기금 모집의 사고를 내고 있으며 창간호부터 『청년조선』은 기금모집과 기관지 배포망 확립을 선전, 선동했다. 기금 모집에 있어 『청년조선』(3)에 실린 사고에는 이전에 비해 보다 선동적인 내용이 실려 있다.

여기에서는 「600원 기금 모집」으로 『청년조선』을 방위하라면서 '국치기념! 국제청년데이! 관동진재! 관동공산당 공판!' 등에 『청년조선』은 싸울 것을 강조했다. 두 차례에 걸친 발매금지에도 또다시 발간된 『청년조선』을 사수하기 위해 재정 확립을 위해 신문을 받으면 지대(紙代)를 즉시 지불할 것을 요구했다. 또한 1인의 독자가 2인 이상의 독자를 모집하라고 독자 모집에 적극적으로 나설 것을 선동했다.

투쟁자, 비판자, 조직자, 통일자이며 친절한 지도자인 『청년조선』의 간행은 초기에 매월 2회 예정되었으나 재정 문제로 일단 월1회 했다. 3회부터는 기존 지면의 반인 2면으로 되었다. 이와 함께 『청년조선』은 구성원이 자주 거주지를 옮겨 배달의 정확을 위해 주소와 이름을 자주 통지할 것을 고지하고 있다.

오사카(大阪)에도 청년동맹이 있는 것을 알았다고 할 정도로 주요한 선전·선동의 장으로 『청년조선』은 그 역할을 수행했다. 오사카의 권택(權澤)은 「『청년조선』 만세!」라는 기고에서, "우리는 이 거인을 공장에로 농촌에로 광산에로 어장에로! 학교에로 피압박청년이 있는 곳이면 반드시 들여보내어 그들을 지도케 하며 동(動)케 하며 조직케 하지 않으면 안 될 것이다. 이러지 않으면 우리들의 『청년조선』을 잘 지키지 못할 것이다"고 사수 투쟁에 나서자고 했다. 재일조선인 청년운동이 조선청년운동의 일부로 투쟁의 대상과 목표가 국내 청년운동과 동일하다고 전제할 때 『청년조선』은 재일운동에만 국한해서 논지를 전개시킬 필요는 없었다.

- **재일본조선청년동맹**

지역에서의 청년운동의 조직화에 따라 재일 청년운동단체도 전국적인 조직 전망을 갖게 되었다. 재일본조선청년동맹은 이에 따라 준비위원회의 활동에 기초하여 1928년 3월 21일 오후 6시 오사카 텐노지(天王寺) 공회당에서 창립대회를 열어 결성되었다.

창립대회는 준비위원 김우섭의 개회사로 시작되어 임시의장 정희영, 부의장 김정두이 선출되었다. 집행부의 선거도 하여 집행위원장 정희영, 위원 김시용(金時容), 조옥현, 송재홍, 박하린(朴夏麟), 윤동명, 이병식(李丙植), 박영만(朴永萬), 김정두, 이상조, 인정식, 조학제, 김우섭, 김영수(金榮洙) 등을 선임했다.

재일본조선노동총동맹의 결성과 함께 청년운동 진영의 조직은 보다 강화되어 도쿄(東京), 오사카, 교토(京都)의 조선청년동맹이 지부로 변경하여 조직 내에 들어왔다. 그리고 1929년 4월에는 효고(兵庫) 지부가 결성되었다.

재일본조선청년동맹은 재일본조선노동총동맹과 가장 긴밀한 우의관계를 유지하고 있었다. 특히 간부들은 양쪽의 역원을 겸임하는 사람이 많았다. 실제로 재일조선인 민족운동에서 공산주의계를 대표하는 2대 세력 중의 하나가 되었다.

여기에는 조선공산당 일본총국 고려공산청년회 플랙션이 들어가 있었다. 이들의 지도로 실제 투쟁은 조직되었는데 특히 기관지를 통해 조선총독부의 삼총(노총, 농총, 청총) 해산음모에 반대하여 해금운동에 궐기할 것을 호소하고, 치안유지법 개악, 조선 증병과 중국 출병 반대, 식민지 노예교육 반대에 일어난 조선의 학생 동맹휴학 투쟁 지지 등을 표명했다.

• 정희영(鄭禧泳 1902~?)

경남 진주 출신으로 1925년 진주 양성학원(養成學院)을 중퇴했다. 같은 해 도쿄 세이소쿠(正則)영어학교에 다녔다. 그해 1월 조선무산청년동맹회 결성에 참가했다. 11월 조선무산청년동맹회를 도쿄조선청년동맹회로 개칭하고, 기관지 『청년조선』을 월간으로 발행했다. 이 무렵 동맹회 내 화요파 공산주의자들에 의해 3개월 동안 정권 처분을 당했다. 1926년 4월 니혼대학 경제과에 입학했으나 중퇴했다. 11월 도쿄에서 조선신흥과학연구회를 결성했다. 1928년 11월 고려공산청연회 일본부 메구로(目黑) 야체이카의 성원으로 활동하다가 일본 경찰에 검거되어 병보석으로 가출옥했다.

1929년 인정식의 조선공산당 일본총국 재건운동에 대항하여 일본에서의 당재건운동 해소를 주장했다. 1930년 김치정(金致廷), 고경흠(高景欽)과 대항관계를 유지했고, 1931년 3월 도쿄지방재판소에서 징역 3년을 선고받았다. 10월 엠엘파(ML파) 공산주의자그룹의 당재건운동에 참가하여 도쿄연락부(東京連絡部)를 결성했다. 1932년 5월 전북 임실에서 전북혁명전위동맹 결성에 참가했다. 1933년 8월 전북에서 일본 경찰에 검거되어 1935년 10월 전주지법에서 징역 2년을 선고받았다.

1940년 10월 이현상(李鉉相)과 조선공산당 재건운동 방침을 협의했지만, 그의 체포로 실형에 옮기지 못했다. 1941년부터 이정윤(李廷允)과 함께 조직 활동을 했고, 1945년 봄에는 정재달(鄭在達), 최원택(崔元澤) 그룹과 제휴했다.

해방 직후에는 경전(京電)종업원조합 준비위원회를 조직했다. 10월 조선노동조합전국평의회 상임준비위원으로 선정되었다. 1946년 1월 조선공산당 서울시당 동구위원회에 소환되어 신문을 받았다. 2월의 '조선공산당 중앙 및 지방동지 연석간담회'에 서울대표의 한 사람으로 참석하여 일제시대 박헌영(朴憲永) 등의 활동만이 정통 국제선이라는 중앙에 대해 문제를 제기했다.

• 김시용(金時容, 1902~1945)

제주도 출신으로, 조천면에서 신명화숙을 졸업했다. 경성에서 중앙고등보통학교 재학 중에 동맹휴학을 주도하다가 퇴학당했다.

1926년 와세다대학(早稻田大學) 전문부 정치경제과에 입학하여 재학 중에 사회과학연구회를 조직했다. 그리고 재일본조선노동총동맹에 참여하고 조선공산당 일본부에 입당했다.

1928년 7월 학우회 강연대의 일원으로 경남 일대를 순회하며 강연했다. 『신흥과학(新興科學)』, 『계급투쟁(階級鬪爭)』, 『대중신문(大衆新聞)』 등에 여러 편의 글을 기고했고, 고려공산청년회 일본총국 기관지 편집 겸 출판 위원으로 선정되었다. 1929년 5월경에 일본 경찰에 검거되었다가 병보석으로 출옥하여, 이후에는 부산의 각 공장에 그룹을 결성하고 부산방적공장 동맹파업을 지도하다가 일본경찰에 검거되었다. 이후 조선공산당 재건을 위해 노력하다가 1939년 일본 경찰에 검거되어 1945년 7월에 옥사했다.

• 이상조(李相祚, 1904~?)

경남 창원 출신으로 1921년 휘문고등보통학교에 입학하여 1924년 중퇴했다. 같은 해 9월 도쿄에 가서 니혼대학 문예과에 다녔다. 1927년 신간회 도쿄지회, 도쿄조선청년동맹에 가입했다. 1928년 3월 귀국했고, 10월 폭력행위 등 처벌에 관한 법률 위반으로 대구복심복원에서 징역 10월을 선고받았다.

1931년 7월 대구에서 열린 조선공산주의자협의회 전국대회에 경북 대표로 참석했다. 8월부터 『봉화』, 『노동자』, 『대구노동신문』 등을 작성하여 대구, 경남, 전북 등지에 배포했다. 그해 11월 대구에서 사회과학연구회를 조직했는데, 회원 간의 불화로 잠시 해산했다가 1932년 1월 다시 조직했다. 같은 달 일본 경찰에 검거되어 대구지방법원에서 징역 4년을 선고받았

다. (김인덕)

참고문헌

『한국민족문화대백과사전』, 서울: 한국정신문화연구원, 1991; 김인덕, 『식민지시대 재일조선인운동 연구』, 서울: 국학자료원, 1996; 강만길·성대경 엮음, 『한국사회주의운동인명사전』, 서울: 창작과비평사, 1996.

▌청년조선(靑年朝鮮)

1934년 서울에서 창간한 시사 종합 월간지

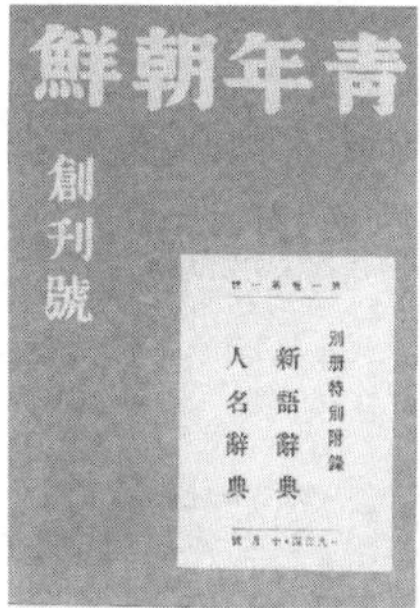

1934년 10월 5일 청년조선사(靑年朝鮮社)에서 창간한 월간지이다. 편집 겸 발행인은 김기진(金基鎭), 인쇄인은 대동인쇄소의 박인환, 발행소는 청년조선사(경성부 공평동 55)이다. 판형은 국판으로 총 147쪽이고 정가는 30전이었다. 별책부록으로 「신어사전(新語辭典)」과 「인명사전」이 첨부되어 있다. 연세대학교에 소장되어 있다.

창간호의 「편집후기」에서 "지나간 조선과 현재의 조선에 대한 엄정한 과학적 인식을 돕기 위하여 현실과 역사의 객관적 분석에 관한 권위 있는 논구를 매호 게재하려 한다. 저급한 선정적 기사는 『청년조선』이 취하지 아니한다. 『청년조선』은 건전한 사상과 취미를 함양하는 동시에 조선에 있어서 지식의 최고봉을 조성하고자 한다"고 발간의 취지를 밝히고 있다. 창간호는 목차가 4쪽이나 차지할 정도로 다양한 방면의 관심사가 망라되어 있다. 즉, 군사지식, 논문, 논설, 국내외 정세와 동향, 강좌, 문예창작 등으로 구성되어 있다.

「과학성 옹호에 입(立)하여」라는 창간사를 필두로 김광진(金洸鎭)의 「과학의 당파성=역사성」, 신남철(申南澈)의 「조선연구의 방법론」, 김영건(金永鍵)의 「동양학사론」 등의 논문은 과학적이고 당파적인 학문 연구를 지향하고 있으며, 안천민(安千民)의 「장개석 정권의 중국은 어디로 가나」, 한보용(韓普容)의 「전미(全米)에 파급되는 노자쟁의」, 「세계의 비밀실 발굴」 등은 파시즘으로 나아가는 세계정세와 더불어 단편적인 군사지식도 소개하고 있다.

문예면은 평론, 수필, 시, 소설 등이 실려 있는데, 이은상, 이태준, 임화, 주요한, 이기영, 송영, 엄흥섭 같은 역량 있는 작가들을 고루 망라하고 있다. 이는 그간 팔봉 김기진이 쌓아온 문단 인맥과 명성 때문에 가능한 것이었을 것이다. 팔봉의 회고에 의하면, 이 잡지에 투고한 원고의 필자들은 원고료도 받지 않았다고 한다.

『청년조선』은 과학적 정신과 과학적 방법에 입각한 학문 연구를 제기하고 있으며, 역사와 현실에 대한 엄정한 시선을 가지고 국내외 상황을 예의 주시함으로써 파시즘으로 나아가는 당시의 국제정세를 잘 보여주고 있다

• 김기진(1903~1985)

신문기자, 소설가, 문학평론가로 이름을 떨친 인물이다. 그가 이 잡지를 창간한 때는 나이 30의 청년이었다. 그는 배재고보를 졸업, 1920년 일본 릿쿄대학(立敎大學) 영문학부 예과에 입학, 본과 1년에서 중퇴했다. 『매일신보』, 『시대일보』, 『중외일보』에서 기자생활을 했으며, 1922년 『백조』의 동인, 1925년 카프에 가입 활동하며 문명을 떨쳤다. 『청년조선』을 펴낼 무렵에는 카프에서 물러나 있을 때였다. 『세대』(1964.7~1965.12)에는 「나의 회고록」이 실려 있는데, 그중에서는 이 당시에 대한 기록도 보인다.

김기진은 한창 금광열에 빠져 광산에 돌아다녔는데 그의 형 김복진의 권유로 잡지를 만들게 되었다고 한다. 잡지를 만들면서 가진 것을 전당포에 맡기는 등 어려움이 있었지만 '청진'과 '나진' 등지에서 자금을 마련,

창간호 발간에 따른 빚도 갚고 2호 조판도 마치고 영업을 시작한 닷새 만에 경기도 경찰부 고등계 형사들이 12월 5일 형제를 연행해서 일이 수포로 돌아갔다는 것이다. (전상기)

참고문헌

최덕교 편저, 『한국잡지백년』 2, 현암사, 2004; 박현수, 「김기진의 초기 행적과 문학 활동」, 『대동문화연구』 61, 2008.

청마(青い馬)

1931년 일본에서 창간된 문예지

1931년 5월에 창간되어 1932년 3월까지 모두 다섯 차례 발간된 문예지이다. 편집 겸 발행인은 사카구치 안고(坂口安吾)였고, 발행처는 이와나미쇼텐(岩波書店)이었다. 프랑스 문학의 소개를 목적으로 1930년에 창간한 『말』(言葉)의 후계 잡지였다.
프랑스 유학생 출신인 야마타 요시히코(山田吉彦)의 도움을 얻어 사카구치 안고가 프랑스 문학을 공부하던 아테네 프랑세(Athene'e francais) 시절부터의 동료인 구즈마키 요시토시(葛券義敏)와 함께 창간하였다.

『청마』는 창작과 번역을 주로 한 전위적인 잡지였다. 특히 장 콕토 등 프랑스 작가의 작품을 번역한 것이 이 잡지의 큰 수확이었다. 창작으로는 사카구치 안고의 「바람 박사(風博士)」(1931.1), 「구로타니무라(黑谷村)」(1932.7), 그리고 평론으로는 구즈마키 요시토시의 「이 사람을 보라(この人を見よ)」, 사카구치 안고의 「파스에 대하여(FARCEに就て)」 등이 뛰어난 작품이다.

특히 사카구치 안고는 『청마』에서의 창작 활동을 통하여 일본 근대 문학의 전통과 상식을 따르지 않는 새로운 작가로 당시 문단의 주목을 받게 되었다.

• 사카구치 안고(坂口安吾)

1906년에 니가타현(新潟県)에서 태어났으며 1955년에 사망하였다. 도요대학(東洋大學)에서 인도 철학을 전공하던 중 프랑스 문학에 관심을 갖게 되었다.

1930년 프랑스 문학을 소개하기 위하여 『말』을 창간하였으며, 다음해에는 그 후계 잡지로 『청마』를 창간하였다.

『청마』에서 발표한 「바람 박사」가 마키노 신이치(牧野信一), 그리고 「구로타니무라」가 시미자키 도손(島崎藤村)으로부터 높이 평가되어 문단에서 신진 작가로서의 확고한 위상을 확립하게 되었다. 1946년에는 태평양전쟁 기간의 윤리를 비판하는 「타락론(墮落論)」을 발표하여 큰 반향을 불러일으켰다. (이준식)

참고문헌

日本近代文學館·小田切進 編, 『日本近代文學大事典』 第5卷, 講談社, 1977; 江口清, 「『青い馬』のことなど」, 『中央公論』, 1955년 9월호; 野口存彌, 『文學の遠近法』, 武蔵野書房, 2004; 고재석 편저, 『日本文學 · 思想名著事典』, 너른터, 1993.

청명심(淸明心)

1922년 일본에서 발행된 농민 계몽 잡지

1922년 일본의 청명사(淸明社)에서 발행한 잡지이다. 『청명심』은 다이쇼(大正) 말기, 도시에는 노동쟁의, 농촌에는 소작쟁의가 다발하고, 사상적으로 다이쇼 데모크라시로 상징되는 사회개조운동(社會改組運動)이 성했던 시기에, 자기를 향상시키는 것을 통해 사회 그 자체를 개조하는 것을 목표로 성립된 수양단체의 하나에 의해 발행되어, 농촌과 농민들에게 큰 영향을 미쳤다. 그 중심인물이 바로 야마자키 요부요시(山吉延吉)였다.
월간으로 발행되었으며, 발행 초기 발행소는 고조샤(向上社)였다. 잡지는 야마자키 요부요시가 주재하였다. 1923년 9월 고조샤는 해산하고 청명사로 재출발하면서, 잡지는 1923년 12월호(통권 21호)부터 청명사에서 발행되었다. 이후에도 1923년 10월 휴간하기도 했지만, 매월 발행되었으며, 1926년 8월 발행된 53까지 지속되었다. 그러나 1926년 9월 발행된 54호부터 편집자가 교체되었고, 발행소도 농촌문화협회(農村文化協會)로 변경되었다. 농촌문화협회는 1927년 1월 발행된 58호까지 잡지를 발행하였다.
잡지 가격은 타블로이드판으로 발행되었던 창간호부터 8호까지는 1부에 7전(송료 5전), 4×6판으로 잡지 크기가 변경된 9호는 여전히 1부 7전(송료 5전)이었지만, 23호(1924년 2월)부터 1호 10전으로 인상되었다. 청명지사(淸明支社)에서 재간한 『청명심』은 '잠정가격(暫定價格)' 1호 3전+ 송료 2전, 『땅의 자식(土の子)』은 '잠정가격' 1호 5전+송료 2전이었다.

1927년경에 잡지에 중대한 변화가 초래되었다. 잡지의 편집자였던 후루세 덴조(古瀬伝藏)은 1921년 5월부터 대일본농정학회(大日本農政學會)를 발행소로 한 월간지 『농정연구(農政硏究)』를 단독 편집하고 있었다. 그런데 경영상의 이유로 『농정연구』를 발행하던 이송당서점(二松堂書店)이 잡지 발행을 중단하였다.

이에 따라 구 『농정연구』는 1927년 1월호로 종간되고, 『청명심』을 『농정연구』로 개제하고, 체제, 편집방침도 구 『농정연구』를 그대로 답습하게 되었다. 결국 『청명심』은 이 시점에서 실질적으로 폐간되어, 『농정연구』에 의해 대체되었다고 할 수 있다.

그런데 『청명심』의 초기 편집진들은 『청명심』의 체제와 편집 내용이 크게 변화한 것에 불만을 느끼고 있었다. 결국 이들은 『청명심』의 폐간에 불복하고 청명지사(淸明支社)라는 이름으로 『청명심』을 재간하였다. 54호 『청명심』 갱생호(更生号)가 그것이다.

그러나 개간된 『청명심』은 농한기를 이용해서 발행되었기 때문에 1년에 3호 내지 4호를 간행하는 정도였다. 결국 1929년 5월 간행된 65호를 마지막으로 『청명심』은 종간되었다. 이후 『청명심』의 정신적 계보를 잇는 후속지로 1932년 5월 『땅의 자식(土の子)』이 간행되었다. 잡지 『땅의 자식』은 1932년 9월의 4호까지 간행된 것이 확인된다.

『청명심』의 선구지로는 1921년 2월에 발행된 『팔번(八幡)』이 있었다. 이 잡지는 '노다향상회(野田向上會)'를 결성한 청년들이 상호 교류를 목적으로 간행한 동인지적 기관지였다. 이 잡지는 3호까지 간행하고 발전적으로 해소되었는데, 그 다음해인 1922년 3월에 『청명심』이 발간되었다. 이런 의미에서 『팔번』은 『청명심』의 1권 0호라는 위치에 있었다고 할 수 있다.

잡지 발행부수를 파악할 수 있는 남겨진 정확한 데이터는 없다. 그러나 편집자나 발송을 담당했던 사람들의 기억, 혹은 지면에서 산재해 있는 자료를 종합해서 고려해 보면 대체로 다음과 같은 추론이 가능하다. 발행당초는 600부였는데, 급속히 독자가 증가하면서, 다이쇼(大正) 시대 말기인 1923년과 1925년을 최정점으로 2000부가 발행되었다. 그 후 약간의 하향곡선을 그리지만, "천명에 가까운 독자(千人近い讀者)"라는 기록이 남겨져 있다. (문영주)

참고문헌

楠本雅弘, 『「淸明心」解說·資料編』, 不二出版株式會社, 1982;
『日本出版百年史年表』, 日本書籍出版協會, 1968.

▌청색지(靑色紙)

1938년 서울에서 발행된 종합예술잡지

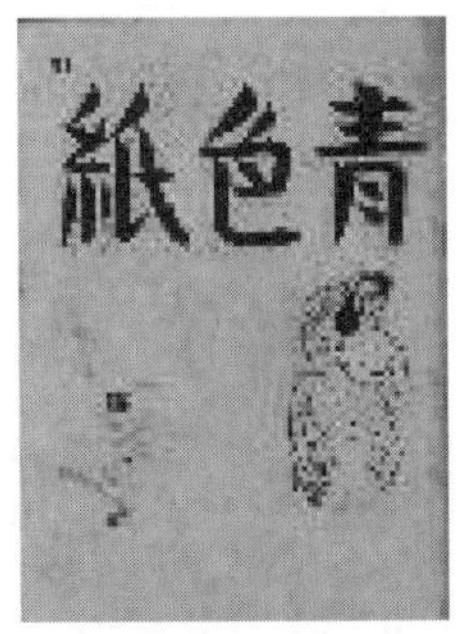

1938년 6월 3일에 창간했다. 종간호는 확실치 않다. 1982년 현대사에서 영인한 자료는 4호와 6호가 빠진 채로 1~7호까지 발행되었는데 최덕교 편저의 『한국잡지백년』 3권(현암사, 2004)를 보면 통권 4호로 1940년 2월호로 종간되었다고 나와 있다. 아마도 후자가 착오이거나 혹은 7호(1939.12)가 나오고 다시 8호로 최덕교가 말한 8호(1940.2)가 발간되지 않았나 싶다(서울대학교 도서관 '가람문고'에 제8호가 소장되어 있다는 정보로 봐서는 최덕교의 착오가 확실해 보인다. 다만 그것이 종간호인지는 알 수 없다). 편집 겸 발행인은 구본웅, 인쇄인은 창문사 인쇄소의 고응민, 발행소는 청색지사(경성부 다옥정 72)이다. 판형은 국판으로 64면 내외이며 정가는 15전이었다. 원본은 고려대, 연세대, 서강대에 각각 결락된 채로 소장되어 있고 서울대도서관 '가람문고'에 제8호가 있으며, 아단문고에도 4호만 빼고 모두 갖춰져 있다. 또한 앞서 언급한 대로 1982년 현대사에서 창간호만 따로 영인한 것이 있다.

이 잡지는 '창간사'가 없다. 대신에 편집 겸 발행인의 취향을 드러내듯이, 행인 이승만(杏仁 李承萬)이 그린 조선의 처녀를 담은 '미인도'가 1면에 실려 있다. 그리고 그 옆면에는 월탄 박종화의 글이 실려 있다.

"명모(明眸)―죄없는 처녀의 가슴에도 봄바람은 살며시 찾아와서 구비치느니 봄물결이다.

칠렁치렁 엎어 딴 검은 머리에 새빨간 제비부리 당기는 섬섬옥수로 휘어잡으나 바자웁다. 마음은 가눌 수 없다.

혹시 보실세라 그님이 보실세라 얼굴 몸을 그님이 보실세라 살며시 돌아서서 축 늘어진 슬안치마 고웁게 여미시는 알뜰한 마음씨!

어여뿌고 선연한 잊지못할 자태다.

'모던걸' 단발머리 쥐잡어 먹은 듯한 '코티'발은 새빨간 입술 양풍이 회오리바람처럼 휘덥는 이 세상에도 다시 한번 이러한 처자를 만난다는 것은 고전적이기보다도 가장 유연한 정서를 흔들어주는 순정적이기도 하다."

문학을 중심으로 연극·영화·음악·미술을 아우른 종합예술잡지로서의 면모를 보여 주는 대목이라고 할 수 있다. 미술과 시가 한데 어우러지는 장면을 잡지의 첫머리에 내세우는 감각으로 보아 구본웅의 편집자로서의 취향을 짐작하게 하는 것이다. 전년도(1937)에 이미 중일전쟁이 시작되고 시국은 전시체제로 접어든 즈음의 상황이 지난한 만큼, 이념이나 문학적 경향을 따져 원고를 모으고 특정의 작품을 잡지에 싣는 일은 없던 때라서 창간호에는 임화의 시 「한 잔 포도주를」과 평론 「문화기업론」, 고 이상의 시 「정식(正式)」과 소설 「환시기(幻視記)」를 같이 선보이고 있다. 그리고 그 밖에도 김남천의 「누나의 사건」(소설), 이원조의 「청로기(聽鷺記)」(수필), 이시우의 「과학의 형이상학」(평론), 이헌구의 「결혼에 대한 일서술」(시평), 청구자의 「잡지문화의 현상」 등이 실려 있다. 세태풍자성 홍밋거리를 유발하는 노다객(老茶客)의 「서울다방성쇄기」도 문화인들의 휴식처이자 인맥관계 형성 장소이며 창조적 집필 공간이기도 한 '담론창출처'로서의 '다방'의 작은 역사를 살펴볼 수 있는 자료로서 기능하고 있다고 하겠다.

7호에는 이기영의 「속(續) 형제」(소설)를 비롯하여 한식의 「평론감상」(평론), 신석정의 「가을을 보는 마음」(시), 그리고 한설야, 이기영, 노자영, 이효준, 정래동의 수필들, 윤동수의 「지나의 수수께끼」, 인정식의 「아시아적 정체성의 문제」가 실려 있다.

편집 겸 발행인을 통해서도 알 수 있듯이, 이 잡지는 구본웅과 친분관계에 있는 문인들과 화가들이 대거 참여했다. 구인회의 멤버를 비롯하여 순수문학과 모더니즘 문학을 지향하는 사람들은 대개 여기에 작품을 한두 편씩은 발표했다고 해도 과언이 아니다. 특히, 이 잡지는 문인들 간의 인적 네트워크가 가로 놓이는 장으로 활용되었다. 이상과 정인택, 정인택과 박태원으로 이어지는 연인관계를 추적하는 데에도 반드시 매개가 되는 잡지라 하겠다. 그리고 김유정에 관한 소설적 브리핑을 통해 그의 인간적 면모와 문학적 취향을 엿보게 하는 글도 선보였다. (전상기)

참고문헌

권영민, 『한국근대문인대사전』, 아세아문화사, 1999; 최덕교 편저, 『한국잡지백년』 3, 현암사, 2004.

▌청의보(淸議報)

1898년 일본 요코하마에서 창간된 정치운동 신문

1898년 12월 23일 일본 요코하마(橫濱)에서 창간되었다. 청말 무술변법(戊戌變法)운동이 실패한 후 캉유웨이(康有爲), 량치차오(梁啓超) 등의 유신파가 일본으로 망명하여 간행한 매체이다. 순간(旬刊)으로 매회 약 3만자 정도의 서본 형식으로 발행되었으며, 3년 뒤인 1901년 12월 21일 100회를 발행하고 종간되었다. 량치차오가 일본에 거주하지 않을 때는 마이멍화(麥孟華)가 업무를 주관하였고, 후에는 친리산(秦力山), 정관궁(鄭貫公) 등이 편집을 담임하였으며 장타이옌(章太炎)도 집필에 참여하였다. 재일화교 펑징루(馮鏡如)와 펑즈산(馮紫珊) 등이 모금한 자금이 주요 재원이었고, 량치차오가 중국을 떠날 때 리루이펀(李瑞棻)이 기증한 돈과 황쭌셴(黃遵憲) 등이 모금한 자금으로 이루어졌다.

명의상 일본인 스즈키쓰타로(鈴木鶴太郞)의 이름으로 인쇄되었고, 편집인 겸 발행인은 '펑징루(馮鏡如)' 앞에 '영국인(英國人)'을 덧붙여 '영국인 펑징루(英國人馮鏡如)'라고 되어 있으나, 실제 주관자는 량치차오였다. 량치차오는 『청의보』 발행 3년 동안 애시객(哀時客), 음빙실주인(飮冰室主人) 등의 필명을 사용하여 350여 편의 논저와 '문원(文苑)', '음빙실자유서(飮冰室自由書)' 등의 고정란에 시사(詩詞)와 산문을 게재하였다.

현재 영인본으로 요코하마신민사(橫濱新民社)에서 신문 전편을 26권으로 편집 출판하였으나, 내용의 많은 부분이 삭제되어 있고 편차 역시 원간(原刊)과 다른 곳이 많다. 이후 1986년 타이완 문해(文海)출판사에서 전편을 복사한 영인본이 출간되어 있다. 현재 원본 100회분과 전편 26권은 베이징사범대학도서관에 소장되어 있다.

창간호 첫머리 면에 발표한 「서례(敍例)」에서 이 매체의 발행 목적을 지나(支那)의 청의(淸議)를 유지하고 지나인의 학식을 증진하며, 지나와 일본 양국의 교통에 있다고 하였다.

11호 「본보개정장정고백(本報改定章程告白)」을 통해 "본보의 종지는 청의를 유지하고 민지의 개발을 주의로 한다(本報宗旨專以主持淸議, 開發民智爲主義)"를 천명하고 청의(淸議)의 유지와 지식의 개발을 이 매체의 기본 성향과 특색으로 하였다. 여기서 말하는 '주지청의(主持淸議)'는 자희(紫禧)태후와 영록(榮祿) 등이 지배하고 있는 조정을 반역 역신으로 공격하고, 광서제(光緖帝)로의 복귀를 의미하는 것이었다. '개발민지(開發民智)'는 서양 부르주아계급의 사회 정치 학설과 문화사상을 선전하는 것으로 『청의보』의 기본 발행 목적과 계몽사상을 표현하고 있었다. 이는 발행 3년 동안 지속된 기본 방향이었지만, 각 시기에 따라 선전의 주요 초점은 변화가 있었다.

즉, 창간 초기는 무술정변 발생 초기로 주요 내용은 정변의 시비와 논변으로 이루어졌다. 1899년 7월20일 캉유웨이는 캐나다에서 '보황(保皇)'의 기치를 걸고 '보구대청광서황제회(保救大淸光緖皇帝會)'를 설립하고 광서제의 복귀를 시도하였다. 이로서 창간 초기의 중점 선전 문구는 '존황(尊皇)'이 되었다. 량치차오는 「존황론(尊皇論)」에서 중국을 보전하기 위한 유일한 방책은 존황임을 주장하고 자희태후의 광서제 폐립 기도를 공격하였다.

1900년 1월 량치차오가 일본을 떠나 하와이(夏威夷)로 간 뒤 4월부터 의화단(義和團)운동이 산둥(山東)에서 일어나자 영국, 미국, 일본 등의 팔군연합군이 조직되어 의화단 진압에 나서게 되었다. 이를 『청의보』는 광서제를 복위할 수 있는 기회라 생각하였고, 심지어는 팔군연합군에게 광서제가 복위할 수 있도록 도움을 요청하기도 하였다. 소위 역적을 토벌하고 왕을 구하라는 '초비근왕(剿匪勤王)'이 당시 이 잡지의 선전 구호였다.

1901년 5월 량치차오가 하와이에서 일본으로 돌아온 후 다시 『청의보』의 편집을 맡으면서 그는 6월 7일

「입헌법의(立憲法議)」를 발표하였는데, 이는 군주입헌제를 주장한 첫 번째 문장이다. 그러나 량치차오는 당시 중국의 조건상 바로 이러한 정치체제를 실현하기는 어려울 것으로 보고 향후 일이십년 기간 동안의 예비입헌을 주장하였다.

이렇게 『청의보』의 정치 선전 구호는 창간 초기의 '존황(尊皇)'에서 '초비근왕(剿匪勤王)'과 '예비입헌(豫備立憲)'으로 '청의(淸議)'가 변화되었고, '개발민지(開發民智)' 방면에서는 애국구망(愛國救亡)과 민권의 신장, 봉건전통의 속박 제거 등을 주장하고 민족각성을 환기시켰다.

열강들의 대중국정책과 중국의 입지를 설명하기 위해 창간호부터 '외국근사급외의(外國近事及外議)'란을 고정 설치하여 세계 여러 나라의 상황과 중국 관련 기사들을 번역하여 보도하였다.

6호부터 량치차오의 「애국론(愛國論)」을 연재하여 애국의 개념을 상세히 서술하고 애국을 위해서는 반드시 군주전제의 제거와 민권 신장의 필요성을 강조하였다. 민권을 위해 량치차오는 '국민'이라는 새로운 개념을 제기하고, 중국에는 수 천 년 동안 오직 '국가'라는 단어만 있었고, '국민'이라는 말은 알지 못했다고 하였다. 또 「국민십대원기론(國民十大元氣論)」, 「소년중국설(少年中國說)」 등의 명문을 발표하여 독립된 새로운 정신으로 수천 년 늙은 중국을 소년 중국으로 새롭게 만들 것을 주장하였다. 즉 노인과 소년의 특징을 대비하여 비교하면서 청소년의 심장으로 애국 국민이 될 것을 호소하였고, 이 문장의 영향력은 사람들에게 갖가지 노예 사상을 버리고 자신을 국민으로 나아가도록 추동하였다.

11호부터 지면을 늘려 '외론회역(外論匯譯)'과 '만국근사(萬國近事)'란을 설치하였다. 25호부터는 '외론회역'을 '문계록(聞戒錄)'과 '맹성록(猛省錄)'으로 바꾸어 보다 전문성을 강화하였다. 동시에 이 방면의 많은 논설을 발표하고 제국주의에 침탈된 중국의 경제근원과 원인을 분석하였다.

『청의보』에 발표한 량치차오의 「국가사상변천이동론(國家思想變遷異同論)」은 진일보한 민족주의 구호를 제창하였고, 96호부터 '정치학안(政治學案)'란을 통해 체계적인 서양 사회정치학설을 소개하였다.

편집 방면에서도 발전이 있어 원고들을 내용과 부문에 따라 지면을 배치하고 '본관논설(本館論說)' 외에 '지나근사(支那近事)', '외국근사급외의(外國近事及外議)', '정치소설(政治小說)' 등 여섯 난을 설치하였으며, '지나철학(支那哲學)', '음빙실자유서(飮冰室自由書)', '정치학담(政治學譚)' 등의 새로운 항목을 증설하였다.

이 매체가 간행된 3년의 기간 동안 30여 항목이 신설되었고, 당시 언론들의 잡다하고 천편일률적인 편집형태를 일소하고 새로운 면모를 쇄신하였다. 또한 오늘 날 유행하는 '기자'나 '기관보', '당보' 등의 신문용어도 이곳에서 처음 사용하기 시작한 용어들이다.

1901년 12월 21일 100호를 기념하는 특집을 발행하고 량치차오의 신문학에 관한 장문의 「본사 100호 축사 및 본사의 책임과 본사의 경력(本館第一百冊祝辭幷論報館之責任及本館之經歷)」을 발표하였다. 이 글은 중국 근대 언론의 역사와 그 가치를 회고하면서 『청의보』의 철학과 특징을 설명한 문장이다. 그러나 이 문장을 발표한 이틀 뒤 신문사에 화재가 발생하여 정간을 선포하게 되었다.

『청의보』는 청 조정의 극심한 감시 속에서도 평균 3~4000부의 판매량을 유지하면서 중국 내 상하이와 베이징, 광저우 등 대도시와 조계 지역은 물론 미국과 캐나다까지도 판매소를 갖고 있었다. 간혹 공급이 이루어지지 못한 경우는 개인이 원본을 재 인쇄하여 배포하기도 하였다. (김성남)

참고문헌

彭永祥, 『辛亥革命時期期刊介紹』, 人民出版社, 1986; 方漢奇 主編, 『中國新聞社業通史』, 中國人民大學出版社, 1996; 葉再生 著, 『中國近代現代出版通史』, 北京: 華文出版社, 2002.

청진경제월보

▶ 청진상공회의소월보(淸津商工會議所月報)

▌청진상공회의소월보(淸津商工會議所月報)

1927년 청진에서 발간된 경제 상황 관련 일본어 월간지

1925년 창립된 청진상업회의소가 월간으로 발간한 기관지가 『청진상업회의소월보』이다. 『청진상업회의소월보』는 1927년 4월 창간호를 발행하였으나 재정난으로 8월 5호를 발간하고 휴간하였다. 1929년 8월 다시 발간을 시작하였으나, 1930년 2월 7호를 발간한 뒤에 역시 재정난으로 휴간하였다. 1935년 8월 다시 발간을 시작하였는데, 그 사이에 청진상공회의소로 이름이 바뀌었으므로, 월보의 제명도 『청진상공회의소월보』로 바뀌었다. 다시 1937년부터 『청진경제월보』로 개제되었다. 현재 『청진상공회의소월보』 14호(1936.9)부터 18호(1936.12)까지, 『청진경제월보』 18호(1937.3)부터 27호(1937.12)까지가 서울대도서관 경제문고에 소장되어 있다.

월보는 크게 경제개황, 경제잡록, 통계자료로 구성되었다. 경제개황에는 청진의 경제 현황에 대한 각종 보고와 논문이 실렸으며, 경제잡록에는 경제단체에 관한 각종 정보가 수록되었다. 통계자료는 청진 경제와 관련한 각종 통계자료가 수록되었다. 이와 관련하여 『청진상공회의소통계연보』 항목을 참조할 것.

• 청진상공회의소

1908년 일본 상인들이 청진상화회(淸津商話會)를 조직하였다가 1909년에는 일본인들의 상업회의소 조직으로 청진상업회의소가 설립되었다. 그러나 이 조직은 1915년 발포된 조선상업회의소령에 따라 인가를 얻지 못함으로써 해산되었다. 이후 1925년 총독부의 인가를 얻어 청진상업회의소를 설립하기까지 10년 동안은 상공회의소의 공백시기였다.

1925년 청진상공회의소가 정식으로 설립된 후 다른 지역의 조직과 마찬가지의 조직변경 경로를 거쳤다. 1930년 조선상공회의소령에 따라 청진상공회의소로 개칭하였다가, 1944년 함경북도상공경제회의 청진지부로 개편되어 전시통제경제의 협력기구로 활동하였다.

청진상공회의소에서 발간한 단행본으로는 『청진』(1928, 1932), 『청진과 후방상세권(後方商勢圈)』(1934), 『청진상공회의소 10년사』(1935), 『청진상공안내』(1936), 『청진상공회의소사』(1944) 등이 있다. (윤해동)

참고문헌

田中市之助, 『全鮮商工會議所發達史』, 釜山日報社, 1935; 청진상공회의소, 『청진상공회의소 10년사』, 1935.

▌청진상공회의소통계연보(淸津商工會議所統計年報)

청진에서 일본어로 발간된 경제통계 관련 연간지

청진상공회의소가 발간한 일본어로 된 연간 통계자료집으로, 현재 1939년(1940년 발간)판이 국립중앙도서관에 소장되어 있다. 창간부터 종간까지의 자세한 사정에 대해서는 확인하기 어렵다.

연보는 인구, 무역, 금융, 운수, 공업, 물가의 6항목으로 구성되어 있는데, 그 가운데 무역, 금융, 운수 관련 통계가 압도적 다수를 차지하고 있다. 1939년 청진항의 무역액은 전년에 비해 34% 증가하였는데, 그 가운데 통과무역은 전년 대비 45% 증가하였다. 이는 청진항이 조선의 수출입에서 차지하는 위상을 보여 주는 것이다.

이 잡지는 청진의 경제상황을 파악하는 데 가장 기본적인 자료이다.

청진상공회의소에서는 이외에도 『청진상공회의소월보』를 발간하였다. 청진상공회의소와 『청진상공회의소월보』에 관해서는 『청진상공회의소월보』 항목을 참조할 것. (윤해동)

참고문헌

田中市之助, 『全鮮商工會議所發達史』, 釜山日報社, 1935; 청진상공회의소, 『청진상공회의소 10년사』, 1935.

▌청진상업회의소월보

▶ 청진상공회의소월보(淸津商工會議所月報)

▌청춘(靑春)

1914년 서울에서 한국어로 발행된 시사종합 잡지

1914년 10월 1일 창간되어 1918년 9월 통권 15호로 강제 폐간되었다. 폐간되기 전에도 1915년 5월에 국시(國是) 위반이라는 이유로 정간 당했다가 2년 후인 1917년 5월 16일 속간되었다. 속간된 후 제10호와 제11호는 격월간으로, 제12호는 3개월 만에, 제13호부터는 다시 격월로 발행되었다. 창간호의 판권장에 따르면 발행인은 최창선(崔昌善), 인쇄인은 최성우(崔誠愚)였다. 인쇄소와 발행소는 신문관(新文館)이었다. A5판 300쪽으로 발행되었으며 정가는 권당 20전이었다. 대구가톨릭대학교도서관에 소장되어 있다.

『청춘』은 최남선이 펴낸 다섯 번째 잡지였다. 그는 창간사에서 "아무라도 배워야 합니다. 그런데 우리는 더욱 배워야 하며 더 배워야 합니다. …… 우리는 여러분으로 더불어 배움의 동무가 되려 합니다. 다같이 배웁시다. 더욱 배우며 더 배웁시다"라고 하여 '배움'에 대해 강조했다. 최남선은 조선인들이 배워야 하는 내용을 『청춘』에 실었다. 『청춘』에 실린 기사는 주로 세계 각국의 정치, 사회, 지리, 역사, 문화, 한국의 지리, 역사, 문화, 서양 근대문명과 과학지식 등이었다.

창간호의 구성을 살펴보면, 먼저 표지는 우리나라 최초의 서양화가 고희동(高羲東)이 그렸다. 표지에는 고대 그리스의 토가 같은 것을 걸친 청년이 포효하는 호랑이의 머리를 쓰다듬고 있다. 표지에 이어 「세계대도회화보(世界大都會畵報)」, 「세계제대폭(世界諸大瀑)」라는 제목을 붙인 화보가 실려 있다. 다음으로 시 「어린이의 꿈」, 권두언 「아무라도 배워야」, 「지성(至誠)」, 「세계의 창조」, 「원시창조론」, 「신탁창조론」, 「성운설(星雲說)」, 「물질과 및 에데르에 관한 설」, 「원자설」, 「인종(人種)」, 「마호멧과 및 회교」, 「만리장성」, 「동물기담(動物奇談)」, 「착각의 기현상」, 「시험과 뇌 쓰는 법」, 「백학명해(百學名解): 학(學)·과학·궁리학(窮理學)」, 시조 「님」, 「한시(漢詩)」, 「유희신법(遊戱新法) 고리 옮기기」, 「오백년간 대표 일백인」, 「지구상에 가장 가파(可怕)한 대영물」, 「태서(泰西) 삼대 기인」, 「사람의 정의」, 「터어키인의 기습」, 「문 어구:투르게네프」, 「베이스볼 설명」, 「서패한역(西稗漢譯): 팽응(烹鷹)」, 「섭세격언(涉世格言)」, 「언행요록(言行要錄)」, 섭렵소초(涉獵小抄) 「연암외전(燕巖外傳)」, 「마장(馬駔)」, 「예덕선생(穢德先生)」, 「민옹(閔翁): 옛글 새맛 표해가(漂海歌)」, 「망리한초(忙裏閒抄)」 「시조한역(時調漢譯)」, 「설림군기(說林群奇): 유기장(柳器匠)의 판서(判書)」, 「이원(李源)의 신용(神勇)」, 「태백풍(太白風)의 호의(豪義)」, 「주시경 선생 역사」, 「신식 숫자기억법」, 「인면의 요철」, 「태서소림(泰西笑林)」, 「소이목(小耳目)」, 「명물수휘(名物數彙)」, 「조선명산(朝鮮名産)」, 「소천소지(笑天笑地)」, 삽화 「안심전(安心田) 고희동」, 「작곡(作曲): 김인식(金仁湜), 이상준(李尙俊)」, 합책부록으로 『너 참 불쌍타』와 『세계일주가(世界一周歌)』 등으로 구성되어 있다. 합책부록 2권의 『세계일주가(世界一周歌)』는 총 129절, 주해 335목, 사진 도판 65개로 구성되어 세계 곳곳의 도시나 유적, 지형 등에 대해 설명하고 있다.

대부분의 글에 저자가 없는 것으로 보아 최남선이 직접 쓴 것으로 보인다. 뒤에는 이광수(李光洙), 현상윤(玄相允) 등이 주요 필진으로 참여하였지만, 여전히 최남선이 쓴 글들이 『청춘』의 중심이었다.

『청춘』은 밀턴(J. Milton)의 「실락원」, 세르반테스(S. M. de Cervantes)의 「돈키호테」, 초서(G. Chaucer)의 「캔터베리기」, 모파상(G. de Maupassant)의 「더러운 면포」 등과 같은 서구의 고전문학을 소개해 근대문학의 전형을 제시하는 한편, 현상문예제도를 도입해 독자를 유지하고 신진작가를 발굴하고자 했다. 1915

년 정간된 지 2년 만에 복간된 1917년 5월의 7호에서 현상문예에 대한 광고가 실렸다. '매호 현상문예'와 '특별 대현상' 두 분야에 걸쳐 작품을 모집했는데, '매호 현상문예'는 시조, 한시, 잡가, 신체시가, 보통문, 단편소설의 6개 분야였다. 시조와 한시는 1원 상당의 서적권, 잡가와 신체시가는 50전에서 5원의 상금, 보통문은 50전에서 2원의 상금, 단편소설은 1원에서 3원의 상금이 걸렸다.

'특별 대현상'은 '고향의 사정을 녹송(錄送)하는 문(文)'과 '자기의 근황을 고지하는 문(文)', 그리고 단편소설로 나누어 공고되었고 '문(文)'은 최남선, 단편소설은 이광수가 심사를 맡았다. '문(文)'의 분량은 1행 23자로 100행 내외, 단편소설은 1행 23자 500행 내외로 '매호 현상문예'보다 3배 이상 분량이 많았다. 상금도 '문(文)'은 1~5원, 단편소설은 3~10원으로 '매호 현상문예'의 2~3배였다.

현상문예제도의 일차적 목표는 독자의 유지와 확대로, 광고에 들어 있는 '청춘 독자층'을 첨부해서 보내게 한 데에서 알 수 있다. 현상문예에 응모하기 위해서는 잡지를 사야 했던 것이다. 그러나 '특별 대현상'은 신인작가 발굴을 위한 것으로 문장과 내용에 까다로운 조건을 제시했다. 그러나 응모자는 많지 않아 10호에서 첫 입선자와 작품이 발표되었다.

15호로 종간되기까지 전호가 100쪽을 웃도는 분량과 부피를 자랑하고 있으며 다양한 삽화와 사진, 그림을 통해 독자의 이해를 돕고 있다. (정예지)

참고문헌

한기형, 「최남선의 잡지 발간과 초기 근대문학의 재편 -『소년』, 『청춘』의 문학사적 역할과 위상」, 『대동문화연구』 45, 2004; 최덕교 편, 『한국잡지백년』 1, 현암사, 2004.

▌청탑(青鞜)

1911년 일본의 청탑사가 발행한 여성 문예지

1911년 9월 청탑사(青鞜社)가 발행한 여류문예지이다. 1916년 2월까지 통권 52책이 발행되었다. 편집발행인은 최초 나가노 하쓰네(中野初子)였는데, 이후 이토 노에(伊藤野枝)로 바뀌었다. 창간자는 히라쓰카 라이테우(平塚らいてう)이고, 잡지 명칭은 18세기 영국의 살롱에서 문학을 논하면서 여권을 주창하는 신여성에 조소적으로 사용된 말 'blue stocking'의 번역어로 이쿠타 조코(生田長江)가 제안했다. 잡지는 가가와대학(香川大學) 중앙도서관이 소장하고 있다.

창간호에 게재된 '청탑사개칙(青鞜社概則)' 제1조는 "본사는 여류문학의 발달을 도모하고, 각자 천부의 특성을 발휘시켜 훗날 여류의 천재를 만들어낸다"고 표방했다. 태고부터 존숭의 대상이었던 '여성'의 인간성을 회복시킬 필요를 주창한 이 타이틀 자체가 이후 부인운동 · 여성해방운동의 상징이 되었다.

이 운동의 참가자에는 다무라 도시코(田村俊子), 노가미 야에코(野上弥生子) 등이 참여했고, 찬조회원으로는 하세가와 사구레(長谷川時雨), 요사노 아키코(与謝野晶子), 고가네이 기미코(小金井喜美子), 모리 시게코(森しげ子) 등이었다.

이후 사원수는 계속 증가하여 오카모토 가노코(岡本かの子) 등도 참여했다. 이들은 모두 당시 여성에게 이루어진 고등교육을 받고 근대사상을 받아들여 자아를 새롭게 자각한 문학세계를 향하던 사람들이었다.

기존의 도덕에 저항하여 봉건적 인습을 타파하려는 경향도 생겨났지만, 여성만의 잡지라는 것 때문에 저널리즘의 주목을 받았다. 여러 번에 걸친 발매금지를 비롯해 갖가지 압박을 받았다.

창간호에서는 히라쓰카 라이테우의 발간사 「원래 여성은 태양이었다(元始, 女性は太陽であった)」가 주목을 받았다. 이후 잡지는 문학만이 아니라 여성문제에 대한 관심이 높아져 낡은 가족제도에 속박된 지방 여성들에게 많은 영향을 주었다.

잡지는 청탑사칙의 취지 아래 소설·단카·평론·수필 등을 게재했다. 사상사적으로는 여성에 대한 봉건적 억압의 철폐와 자아의 해방에 대한 지향이 당시의 반(反)자연주의·탐미파·백화파(白樺派)의 대두로 이행하던 문예사조와 합치되어 소위 '신여성'의 탄생에 가장 큰 가치를 두었고, 이상주의적인 내면적 해산을 추구한 것이었다.

봉건적 질서·남존여비의 도덕이 지배적인 분위기 속에서 『청탑』이 주장한 여성의 삶은 커다란 반발과 호기심을 불러일으켰다. 히라쓰카 라이테우와 오타케 베니요시(尾竹紅吉)가 카페에서 '5색의 술'(五色の酒)을 마셨다거나, 유곽의 거리 요시하라(吉原)를 견학했다는 것이 과대 선전되거나 왜곡 보도되었다.

이 결과 가미쓰카 이치코(神近市子)는 청탑사 사원이라는 것 때문에 교직이 박탈되는 등 사원에 대한 사회적 압력은 무시할 수 없었다. 그 결과 잡지 발행은 수차례에 걸쳐 발매금지 처분을 받았다. 당초 문예지로 출발한 잡지도 이런 상황 속에서 차츰 여성해방을 위한 계몽지로 성격을 바꾸기 시작했다.

그동안 청탑사의 책임자는 히라쓰카 라이테우로부터 이토 노에로 경질되었다. 그녀는 '무규칙, 무방침, 무주의, 무주장'의 편집방침을 내걸고 '여류의 천재'를 위한 것이 아니라, 일반 여성을 위해 지면을 개방했다.

이토 노에의 개성과 결부되어 여성문제의 평론지라는 성격을 전면에 내세웠다. 잡지의 2호에는 이토 노에의 논문, 「정절에 대한 잡상(貞操についての雑感)」은 아오야마 기쿠에(青山菊栄)와의 사이에 공창제도를 둘러싼 논쟁을 불러일으켰다. 하지만 이러한 열의도 이전부터의 경영악화를 호전시킬 수 없었고, 이토 노에와 오스기 사카에(大杉栄)와의 연애도 결부되어 결국 1916년 폐간되었다.

• **청탑사**(青鞜社)

1911년 히라쓰카 라이테우의 주창으로 결성된 단체이다. 여성의 근대적 자아의 확립을 추구한 여성들만의 문예결사로 기관지 『청탑』을 발행했다.

청탑이란 명칭은 18세기 런던의 카페에 모인 지적 관심이 높은 여성들이 신은 양말이 파란색이었기 때문에 그들을 야유하면서 부른 명칭에서 유래한다.

청탑사가 내건 기치는 여성의 자아 각성과 인격의 독립, 사상·감정의 자유를 문학 분야에서 개화시켜야 한다는 것이었다. 이들은 『청탑』 발행 이외에 연구회와 강연회를 개최했다.

히라쓰카 이외에 기우치 데이코(木内錠子)·나카노 하쓰네(中野初子)·모즈메 가즈코(物集和子)·야스모치 요시코(保持研子) 등 5명의 발기인에 의해 창립되었다.

발족 당시의 사원은 아라키 이쿠코(荒木郁子)·이와노 하루코(岩野晴子)·기무라 가요코(木村嘉代子)·가토 미도리(加藤みどり)·우에요 다노(上代たの)·가미자키 쓰네코(神崎恒子)·다무라 도시코·노가미 야에코(2호 이후 탈퇴)·오노 센코(小野仙子) 등 18명으로 당대의 저명한 여성작가들이었다.

이후 사원수는 순조롭게 증가되어 오카모토 가노코(岡本かの子)·오타케 베니요시·이토 노에·니시자키 하나요(西崎花世)·가미치카 이치코(神近市子) 등이 참여했다. 이쿠타 조코(生田長江)·아베 지로(阿部次郎)·다카무라 고타로(高村光太郎) 등이 외곽에서 지원했다.

청탑사는 문예단체로서 발족되었지만, 문예작품 특히 소설은 습작의 영역을 벗어나지 못했다. 잡지에는 주로 히라쓰카 라이테우, 이토 노에, 야마다 와카라(山田わから)의 평론과 수필이 많았다. 잡지가 추구한 억압적인 기존의 통념과 제도에 대한 과감한 저항정신은 여성해방운동 맹아기에 커다란 영향을 주었다.

히라쓰카 라이테우가 이치가와 후사에(市川房枝) 등과 신부인협회(新婦人協會)를 결성하고, 이토 노에가 오스기 사카에와 무정부주의운동을 전개하는 등 해

산 이후에도 계속 활약한 인적 유산을 남겼다. (이규수)

참고문헌

『近代文學雜誌事典』, 至文堂, 1965; 桂敬一, 『明治・大正のジャ-ナリズム』, 岩波書店, 1992; 日本近代文學館・小田切進 編, 『日本近代文學大事典』 第五卷, 講談社, 1977.

체육학(體育學)

1906년 일본의 교토체육회에서 발간한 체육 관련 종합잡지

1906년 1월 29일 교토체육회(京都體育學會)에서 발행했다. 구보 아키스케(久保明助)가 발행 및 편집을 담당했다. 체육·스포츠에 관한 종합잡지이다. 이 잡지는 학회 찬조자 및 집필자와 학회 회원으로 조직되었고, 창간호에서는 찬조자, 집필자에 법학박사 오카마쓰 산타로(岡松参太郎) 외 40명, 회원 미카게(御影師範), 야마다 슌코(山田春耕) 이하 40명의 이름이 실려 있다.

이 잡지가 종합잡지인 이유는 다음의 학회의 취지와 규정에서도 알 수 있다.

"1. 본회(本会)는 회원을 조직하여 과학적으로 체육을 연구하고, 오로지 이 길의 발달을 기도하며, 일반 교육상에 있어 기반이 되는 것을 목적으로 한다.

1. 본회(本会)는 기관(機関)으로, 월간지 『체육학』을 발행하고, 매월 유익한 운동법, 새로운 유희, 구미제국에 있어서의 체육법 및 상황 등 체육 교육상 효과적인 내용을 게재한다.

1. 본회(本会)는 사업으로, 가끔 서적을 출판하고, 혹은 체육에 관한 강습회를 열어, 회원에게 연습(練習)의 기회를 제공하고 일반인의 체육에 대한 관심의 제고를 도모한다."

구성 내용은 논설(論說), 운동과 놀이법(運動遊戯方法), 여러 학교의 운동평가(諸學校運動評), 잡문(문원[文苑], 미문신체시[美文新体詩], 와카[和歌], 하이쿠[俳句]), 시보(時報), 회보(会報)의 6개 분야로 정했다. 창간호의 내용은 다음과 같다.

창간사(発刊の辞), 축사, 논설(7편), 학설(4편), 방법(方法, 6편), 문예(7편), 사회체육관(社会体育観, 3편), 각 학교 상황(4편), 잡보(2편), 시보(時報), 회의 취지, 규정 등이다.

매월 1회 발행을 정하고 있는데, 1902년 일본체육회(日本体育会) 체조학교장(体操學校長)의 다음과 같은 축사가 흥미롭다.

"체육에 관한 잡지는 도쿄(東京)에 2, 3종 있는데 …… 현재는 『체육(体育)』만이 명맥을 잇고 있다. …… 바라는 바는 가모가와(加茂川)의 물과 같이 오랫동안 끊임없이, 아라시야마(嵐山)의 벚꽃과 같이, 다카오야마(高雄山)의 단풍과 같이 숭고하게 발전할 것을 기원한다." (김인덕)

참고문헌

『國文學 解釋と鑑賞』(10月) 第30卷 第13号, 東京: 至文堂, 1965; 日本近代文學館・小田切進 編, 『日本近代文學大事典』 5卷, 東京: 講談社, 1977.

초망잡지(草莽雜誌)

1876년 일본 도쿄에서 발간된 호치샤의 정치평론 잡지

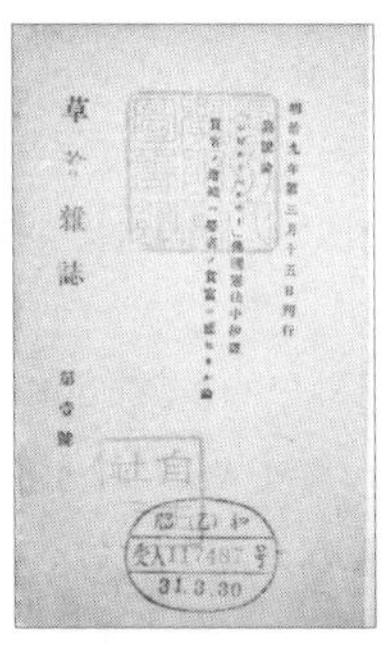

1876년 3월 15일 호치샤(報知社)에서 발행된 정치평론 잡지이다. 메이지 신정부를 과격하게 공격한 논설을 게재해 '태정관포고(太政官布告)'를 받아 1876년 7월 6호로 발매금지 처분을 받았다. 가가와대학(香川大學) 가미하라문고(神原文庫)는 창간호부터 최종호까

지 전호를 소장하고 있다. (이규수)

참고문헌

『近代文學雜誌事典』, 至文堂, 1965; 桂敬一, 『明治・大正のジャ-ナリズム』, 岩波書店, 1992; 日本近代文學館・小田切進 編, 『日本近代文學大事典』 第五卷, 講談社, 1977.

초보(楚報)

1905년 중국 우한에서 창간된 정치운동 신문

1905년 우한(武漢) 지구에서 창간된 가장 초기의 혁명 성향의 일간지로 한커우(漢口) 영국 조계 내에서 창간하였다. 창간 비용 출자자는 거상(巨商)인 류신(劉歆)이며, 총편집은 장한제(張漢杰), 주필은 루페이다(陸費達)이다. 청 정부의 간섭을 피하기 위해 서양인 요우니간(佑尼干)이 사장을 보았으며, 홍콩에서 제본을 하였다.

1905년 후광(湖廣) 총독 장즈둥(張之洞)이 철로공사를 위해 외국 차관을 빌리는 조약을 체결하자 『초보』는 이에 격분하여 조약 전문을 발표하며 굴욕적인 권력의 척결을 주장하였다.

이에 총독 장즈둥은 혁명을 고취했다는 죄를 물어 영국 영사관을 통하여 이 신문사를 봉쇄조치하고 장한제를 구속하여 10년의 형을 판결하였다. 루페이다는 도피하였고, 장한제는 옥중에서 여러 편의 상서를 올렸는데 그 격분한 문장들이 세상에 알려지면서 수감 4년 뒤에 석방이 되었다.

1905년 우한에서 혁명언론들이 연이어 창간되는데 그 첫 문을 연 것이 바로 『초보』이다. (김성남)

참고문헌

方漢奇 主編, 『中國新聞社業通史』, 中國人民大學出版社, 1996; 葉再生 著, 『中國近代現代出版通史』, 北京: 華文出版社, 2002.

촉학보(蜀學報)

1898년 중국 청두에서 창간된 정치운동 신문

1898년 5월 15일 쓰촨성(四川省) 청두(成都)에서 창간되었다. 촉학회(蜀學會)가 주관하여 존경서원(尊敬書院)에서 발행하였으며, 사장은 쑹위런(宋育仁), 발행인은 양다오난(楊道南), 주필은 우즈잉(吳之英)이다. 무술정변(戊戌政變) 이후 종간되었다. 쓰촨성 도서관 역사문헌자료실에 소장되어 있다.

청말 변법파의 쓰촨 지역 언론매체이다. 「장정(章程)」에서 밝히고 있는 편집 원칙은 유지(諭旨)와 논찬(論撰), 근사(近事)와 더불어 관(官), 사(士), 농(農), 공(工), 상(商)의 다섯 부문을 그 실용성과 득실을 고려하여 게재할 것임을 설명하였다.

이 밖에도 쓰촨성 소식과 국내외 소식을 보도하였고, 논찬(論撰)은 변법도강(變法圖强)을 주장하는 논문과 국내외 영향 있는 저서들을 소개했다.

초기에는 반월간으로 보름에 한 번 발행되다가 4호부터 순간으로 바꾸어 캉유웨이(康有爲)의 「보국회서(保國會序)」와 「보국회장정(保國會章程)」 등을 발표하였다.

13호부터 유신변법(維新變法) 내용을 위주로 하여 서양과 국내 과학 발명에 관한 정보 및 사회 소식을 보도하였다. (김성남)

참고문헌

葉再生 著, 『中國近代現代出版通史』, 北京: 華文出版社, 2002; 王檜林・朱漢國 主編, 『中國報刊辭典』, 太原: 書海出版社, 1992.

촌(村)

▶ 농촌갱생시보(農村更生時報)

총동원(總動員)

1939년 서울에서 창간된 일본어 한국어 병용 월간지

1939년 6월 국민정신총동원조선연맹(이하 정동연맹)

의 기관지로 창간되었다. 일본어 기사와 일본어 및 한국어 병용 기사가 섞여 있었으며, 월간으로 발간되었다. 1940년 10월 조선연맹이 국민총력조선연맹으로 개조되면서, 기관지도 『국민총력』으로 개제되었다. 편집 겸 발행인은 시오바라 도키사부로(鹽原時三郞), 인쇄인은 사카이 고산키치(酒井興三吉)였다. 발행부수는 3만 부로 공포되었으나, 일정하지는 않았는데, 1939년 11월에는 1만 4359부, 1940년 3월에는 2만 5000부가 발행되었다고 한다. 구독료는 1년에 50전이었다. 일본어와 한국어를 병용하던 기사를 따로 모아 『효(曉)』라는 잡지로 별도로 발간하기 시작한 것은 1940년 1월부터이다. 『효』는 타블로이드판으로, 격월간으로 발행되었다. 창간호는 한글판으로, 다음호부터는 한글판과 일본어판이 따로 발행되었다고 한다. 아직 실물은 발굴되지 않았다. 이 잡지는 전국의 애국반에 한 부씩 배포되었다.

이 잡지는 정동연맹의 기관지로서의 성격을 가지고 있었다. 독자도 읍면부락연맹의 지도자를 상정하여 그들에게 지도지침을 주고자 하였다.

주요 내용은 조선인의 정신·사상·감정·풍속·습관 등을 어떻게 일본인화할 것인가 그리하여 조선인을 어떻게 전쟁동원체제로 끌어들일 것인가에 초점이 맞춰져 있었다. 곧 조선인을 구체적 일상적으로 전쟁에 동원하는 것이 이 잡지의 가장 중요한 목표였다.

창간호에는 "천황폐하 친히 열병(天皇陛下親しく御閱兵)"라는 제목의 사진을 앞부분에 실었고, 「지나사변 최근의 전황(支那事變最近の戰況)」, 「해군의 전투상황(海軍の戰鬪狀況)」 등 전황을 전해주는 글과 조선연맹 이사 조선상공회의소 회두 가다 나오지(賀田直治)의 「총후경제전과 국민정신총동원(銃後經濟戰と國民精神總動員)」, 윤치호(尹致昊)의 「동아의 신건설과 내선일체(東亞の新建設と內鮮一體)」, 조선연맹 참사 경성여자사범학교장 다카하시(高橋濱吉)의 「가정과 국민정신총동원운동(家庭と國民精神總動員運動)」 등 내선일체와 전시동원을 선전하는 글들이 실려 있다.

전체 17호 가운데 12호가 특집호였다. 비상시 국민생활개선(1939.8), 한해 대책(1939.9), 육군특별지원병(1939.10), 식량 문제(1939.11), 연료 문제(1939.12), 황기(皇紀)2600년기원절 봉축(1940.2), 학교와 정동운동(1940.5), 종교와 정동운동(1940.6), 중국침략 3주년 기념(1940.7), 경제와 정동운동(1940.7), 가정생활과 정동운동(1940.8), 경제와 정동운동2(1940.8), 전시국민생활체제 확립(1940.9), 시정30주년 기념(1940.10) 등이다.

정신연맹과 조선에서의 전시 총동원체제 연구에 기본 자료라고 할 수 있다.

• 국민정신총동원조선연맹

국민정신총동원조선연맹은 일본의 국민정신총동원운동에 조응하여, 1938년 7월 7일 중일전쟁 1주년을 기념하여 발족되었다.

총동원단체로서의 조선연맹이 출발하기까지의 사정을 간단히 살펴보자. 1937년 중일전쟁이 발발하자, 조선총독부는 7월 22일 중앙정보위원회를 설치하여 모든 정보기관을 강력한 통제 아래 두도록 하였다. 그리고 황국신민화정책이 강력하게 추진되었다. 1937년 10월 '황국신민의 서사'가 제정되었고, 12월에는 애국일이 정해졌으며, 궁성요배, 신사참배, 국기 게양 등이 강요되었다. 1938년 2월에는 '육군특별지원병령'이 공포되었고, 제3차 조선교육령이 개정되었다.

1938년 개최된 시국대책준비위원회에서 내선일체를 강하는 방안으로써 총동원 기구를 수립하는 문제에 대해 논의하였다. 이런 정책을 추진하는 데에 중심적 역할을 수행하였던 인물은 시오바라 도키사부로(鹽原時三郞) 학무국장과 김대우(金大羽) 사회교육과장이었다. 1938년 6월 시오바라 학무국장은 야나베 에이사부로(矢鍋永三郞), 마에다 노보루(前田昇), 단바 세이지로(丹羽淸次郞), 하야시 시게키(林茂樹), 윤치호(尹致昊), 한상룡(韓相龍), 가다 나오지(賀田直治), 조병상(曹秉相), 박영철(朴榮喆), 최린(崔麟) 등을 연맹 결성 준비위원으로 위촉하였다. 이어 학무국에서 발기준비위원회를 열어 연맹 규칙안을 심의하였다. 6월 22일 경성 부민회관에서 65단체, 57명의 유력자가 모여 발기인회가 개최되었다.

조선연맹의 목적은 내선일체, 거국일치, 국민총운동을 달성하는 데 있었고, 이런 취지에 동의하는 조선의 각종 단체와 개인을 대상으로 연맹을 조직하고자 하였다. 단체의 목적을 달성하기 위하여, 강연회·좌담회 등을 개최하고, 강사를 알선하거나 파견하며, 인쇄물을 만들어 배포하고, 가맹단체 상호 간에 연락·협조하도록 하도록 하였다.

연맹의 하부조직을 결성하기 위하여 지방장관에게 지방연맹을 결성하고 조선연맹에 가입하도록 의뢰장을 발부하였다. 7월 1일 경성 부민관에서 500여 명이 모여 창립대회를 개최하였다. 명예총재로 오노 로쿠이치로(大野綠一郎) 정무총감, 이사장에는 시오바라 학무국장을 추대하였다. 7월 7일 발회식을 거행하였다.

정동연맹은 농촌진흥운동과 더불어 국민총력운동으로 흡수됨으로써 조직이 해체되었다. (윤해동, 정예지)

참고문헌

『총동원』(복각본), 綠陰書房, 1996; 한긍희, 「국민정신총동원조선연맹과 국민총력조선연맹」, 『민족문제연구』 10, 1996; 박광종, 「자료소개: 국민정신총동원조선연맹 조직대강」, 『민족문제연구』 12, 1996; 최덕교 편, 『한국잡지백년』 3, 현암사, 2004.

춘류(春柳)

1918년 중국 톈진에서 창간된 진보적인 희극 잡지

1918년 12월 1일 톈진(天津)에서 창간되었다. 리타오랑(李濤浪, 春柳舊主)이 주관하고 지루산(齊如山) 등이 참여하였다. 베이징(北京), 상하이(上海), 톈진 등의 각 서점을 통해서 유통되었다. 어우양위징(歐陽予情)의 축서에서 알 수 있듯이 당시 희곡계의 광범위한 지지를 얻고 있었지만, 모두 8호를 내고, 1919년 10월 정간되었다. 상하이도서관 등지에 보관되어 있다.

창간 목적은 희곡을 개량하여 사회발전에 공헌하자는 것이었다. 특히 대중 예술인 희곡의 가치를 사회에 알려 사람들로 하여금, 단순히 즐기는 데서 나아가 희곡과 문자의 관계, 희곡과 역사의 관계, 희곡과 미술의 관계, 희곡과 국가의 진화와 관계를 알게 함으로써 중국 사회가 구미를 능가하도록 발전을 촉진하겠다는 것이었다(「발행사」).

잡지의 주요 내용은 구극을 평가하고, 신극을 탐색하는 것이었다. 위싼성(余三勝, 황학루[黃鶴樓]에서 황베이[劉備] 역), 매란팡(梅蘭芳), 왕친눙(王琴農) 등 저명한 배우들의 초상과 가세(家世), 소전(小傳) 등을 실었고, 구극담화(舊劇談話), 신극담화(新劇談話), 명령소사(名伶小史), 명령가세(名伶家世), 극장잡평(劇場雜評), 구극각본(舊劇脚本), 신극각본(新劇脚本), 문원(文苑), 소설(小說), 희극사전(戲劇辭典), 잡사일문(雜事一文) 등의 난을 두었다.

당시 구극의 개혁과 신극운동을 추진하던 진보적 희극운동의 입장과(리타오랑, 「논금일지신극[論今日之新劇]」, 1권 1호; 「춘류사지과거담[春柳社之過去談]」, 1권 2호)뿐만이 아니라 극장잡평(劇場雜評), 「부극계지각규(附劇界之各規)」(1권 1호), 「베이징명령희극월표(北京名伶戲劇月表)」 등을 통해 희극계의 사정들을 생생하게 전달하고 있다. 량쥐촨(梁巨川)의 유저인 「애국여자(愛國女子)」의 각본을 게재한 것도 특이하다. (오병수)

춘추(春秋)

1940년 서울에서 창간되어 한국어 일본어 병용으로 발행된 시사종합잡지

1940년 창간되어 1944년 7·8월 5권 4호까지 발행되었다. 저작 겸 발행인은 양재하(梁在廈)였다. 인쇄소는 대동출판사, 발행소는 조선춘추사였다. A5판 351쪽, 정가는 60전이었다. 1946년 2월 장현칠(張鉉七)을 편집인으로 하여 속간되었다. 연세대학교 도서관에 1941년 2월분 2권 1호부터 1944년 7·8월분 5권 4호까지 소장되어 있다. 1982년 현대사에서 1941년 2월호부터 1942년 8월호까지를, 2001년 도서출판 역락에서 1940년분을 복각 출판하였다.

1940년 8월 양대 신문이었던 『조선일보』, 『동아일보』가 강제 폐간당한 후 동아일보 기자였던 양재하가 중심이 되어 발간하였다.

당시 우리말 말살정책의 일환으로 일제는 지면의 반 이상을 일본어로 쓸 것을 강요하였다. 이에 반발하여 『문장(文章)』, 『인문평론(人文評論)』 등이 자진 폐간하였다. 그러나 『춘추』는 일제의 침략전쟁, 내선일체를 지지하는 등 『조광(朝光)』과 함께 친일지로서 계속 간행되었다.

창간호 권두언을 보면 이 잡지의 성격을 짐작할 수 있게 해 준다.

"제4년의 건설적 단계에 들어간 지나사변 처리가 착착 완수되어 가고 있다. 남경에는 신중앙정부의 성립을 보아 국교의 조정이 날마다 실천적 효종(曉鐘)을 울리고 있다. 국내에 있어서는 신정치체제의 운동의 추진력이 될 대정익찬회(大政翼贊會)가 발회되어 신도실천(臣道實踐)이 유감없이 실행되어 가고, 외로는 독이(獨伊)와의 동맹이 체결된 이래 구면동의(具眠同意)의 제국(諸國)이 연속 내참(來參)하니 이 모든 사실은 어느 것 하나가 역사적(歷史的) 대위업이 아님이 없다."

창간호에는 주로 전쟁에 대한 선전과 앞으로의 정세에 대한 논설, 전시동원을 위한 선전들 외에도 학술적인 논문과 시, 소설, 수필도 실려 있다.

『문장(文章)』, 『인문평론(人文評論)』 등 순수문예지들이 폐간된 후에도 문인들이 글을 발표할 수 있는 통로가 되었다. (정예지)

참고문헌

金根洙, 『韓國雜誌史』, 청록출판사, 1980; 최덕교 편, 『한국잡지백년』 3, 현암사, 2004.

▌출판경찰보(出版警察報)

1928년 일본의 내무성 경보국에서 발간한 출판 통제 잡지

1928년 10월부터 발간되기 시작하여 1943년 6월까지 발간된 것으로 추정되는 출판 통제 잡지이다. 발행처는 내무성 경보국(內務省 警保局)이었지만 실제 발간의 책임은 내무성 경보국(1~81호), 경보국 도서과(82~131호), 내무성 경보국 도서과(132호), 내무성 경보국 검열과·정보국 제4부 제1과(133~142호), 내무성 경보국 검열과·정보국 제4부 검열과(143, 144호), 내무성 경보국 검열과·정보국 제2부 검열과(145호 이후)로 바뀌었다. 월 1회 발간하는 것이 원칙이었지만 1937년의 중일전쟁 이후에는 잘 지켜지지 않았다. 1937년 말부터는 2개월 또는 6개월에 한 번씩 합병호를 내는 경우가 상당히 많았다. 한 권의 쪽수는 대체로 평균 170쪽 안팎이었지만 때로는 400쪽을 넘는 경우도 있었다.

『출판경찰보』는 "내외 출판물에 나타난 사상 경향의 일반 및 출판 경찰의 개황을 등재하여 사무의 참고로 삼는 것을 목적으로 하며, 주로 지난달에 발행된 출판물을 자료로 만들되 통계는 편의상 지지난 달의 사실을 채록"하는 것을 원칙으로 하고 있었다. 내용 항목은 '사조, 출판 경찰 개황, 자료'의 분야로 구성되어 있다.

사조는 주로 조사연구 보고이다. 보기를 들어 1호(1928)의 「조선인 불온 선전 삐라에 대하여(鮮人不穩宣傳ビラに就いて)」, 23~25호(1930)의 「최근 무산계급 문예지의 경향(最近に於ける無産階級文藝誌の傾向)」, 37~39호(1931)의 「좌익신문지와 그 지도정신(左翼新聞紙とその指導精神)」, 50호(1932)의 「프롤레타리아문화운동으로서의 서클 활동: 일본프롤레타리아문화연맹의 발전(プロレタリア文化運動としてのサークル活動: 日本プロレタリア文化聯盟の發展)」 등이 특히 주목된다.

출판 경찰 개황에는 통계, 발매금지 사항 등이 있다. 자료에는 단체의 지령이나 격문 같은 원자료가 그대로 수록되어 있다. (이준식)

참고문헌

『出版警察報』(復刻板), 龍溪書舍, 1981~1986; 小森惠, 『社會運動·思想關係資料案內』, 三一書房, 1986.

▌췌보(萃報)

1897년 중국 상하이에서 창간된 시사종합신문

1897년 8월 22일 상하이(上海)에서 창간되었다. 주필은 주커러우(朱克柔)이다. 현재 1권부터 20권까지 보존본이 있으며, 베이징사범대학도서관에 소장되어 있다.

내용은 유접(諭摺)과 장정(章程), 조서(詔書), 상주문을 게재하였고, 중외 교섭 조칙들과 유명 신문에서 주로 경제와 교육 기사들을 발췌 보도하였다. 또 로이터통신의 전보(電報)와 외국의 신발명과 신기술에 관한 기사들을 번역하여 게재하였다.

량치차오(梁啓超)는 췌보(萃報)의 서(敍)에서 중국에 많은 언론매체들이 있지만, 대부분 그 내용의 깊이가 없고 문장이 조악하여 보는 자가 많지 않음을 지적하고, 다양한 내용들을 여러 매체로부터 발췌 하여 보다 많은 사람들이 볼 수 있는 품격 있는 신문이 될 것임을 설명하였다.

이런 발행 목적에 따라 국내외 많은 매체들에서 다양한 기사들을 발췌 수집하여 옮겨오거나 번역 게재하였다.

21권 발행본부터 신문사가 우창(武昌)으로 옮겨져 발행되었으며, 24책부터 장즈둥(張之洞)의 「권학편수약(勸學篇守約)」을 선록하여 게재하였다. (김성남)

참고문헌

方漢奇 主編, 『中國新聞社業通史』, 中國人民大學出版社, 1996; 葉再生 著, 『中國近代現代出版通史』, 北京: 華文出版社, 2002.

▌취산보림(鷲山寶林)

1920년 양산에서 한국어로 발행된 종교 잡지

1920년 1월 25일자로 창간되어 그해 10월까지 통권 6호를 발간했다. 편집 겸 발행인은 이종천(李鍾天)이었다. 인쇄소는 성문당(誠文堂), 발행소는 경상남도 양산군 하북면 통도사 내의 취산보림사였다. A5판 42면, 정가 30전에 발행되었다. 민족사(民族社)에서 발행한 『한국근현대불교자료전집(韓國近現代佛敎資料全集)』 55권에 수록되어 있다.

『취산보림』은 통도사(通度寺)에서 창간한 불교종합지로서, 우리나라 사찰이 단독 발행한 최초의 잡지였다. '취산(鷲山)'이란 석가가 설법하던 성지인 인도의 영취산(靈鷲山)을 의미한다.

발행사를 보면 당시 불교에 대한 사회적 분위기를 엿볼 수 있다.

"불교에 대한 조선 사회의 신앙, 즉 불교는 염세교라거나 또는 허무교라 하는 일종의 미신으로써, 불교의 신자는 이 사회에 낙오한 자로 생각하며 불교에 관한 사업으로써 반사회적이라 하여 불교와 관계있는 사업은 그 종류와 장단을 막론하고 바로 배척하는 경향이 있으니 나는 그 이유를 알기에 곤란하다. 교리에 대하여 상당한 연구가 없고 경험이 없는 자가 어찌 문명사회를 시인하리오. 우리가 불교를 발전시키고자 함은 불교의 기물(其物)을 위함이 아니라 우리 사회의 행복을 지금 구하고자 함이니, 고로 발전은 방편이오 행복이 목적이다. 설혹 방편에는 가감의 평이 있을지라도 목적인 행복을 누가 비난할까? 불교의 경영으로써 발행할 잡지에 대하여 특히 독자들의 주의를 부탁하는 동시에 독자의 열성 구람(求覽)과 찬성의 호평을 앙망한다."

또한 발간사에서 창간의 목적을 다음과 같이 밝히고 있다.

"오늘의 조선은 어떠하오. 소위 문명인 이 시대에 신문은 차치하고 한권의 잡지 발행을 하기 어려우니 우리 사회의 발전을 어떻게 구할까. 이것이 이 보림잡지의 발행된 동기요, 이 잡지의 발행은 한편 시대의 요구에 상응하여 우리 사회 동포의 생활과 또는 인생관에 직접 관계가 있어 바꾸어 말하면 이 잡지로부터 지식의 빛이 적막하고 학술계에 기갈(飢渴)한 우리 형제의 정신을 문명의 피안에 닿게 하며, 다른 사회의 경쟁 속에 뒤떨어져 제 사상계의 거취에 번민하는 우리 사회를 근본적으로 혁신케 함이 이 잡지의 목적이로다." (정예지)

참고문헌

金光植 解題, 「鷲山寶林」, 『韓國近現代佛敎資料全集』 55, 民族社, 1996; 최덕교 편, 『한국잡지백년』 1, 현암사, 2004.

치형(治刑)

▶ 조선치형휘보(朝鮮治刑彙報)

친목(親睦)

1907년 서울에서 한국어로 창간된 학술문화 잡지

1907년 3월 보성전문학교 친목회의 회보로 창간되었다. 보전친목회는 1906년 조직되었다. 국한문혼용체를 사용하였으며, 매월 발행되었다. 가격은 1부에 12전, 6부에 65전, 12부에 1환 20전이었다. 한성중 서전동 보성전문학교 내 보전친목회 사무소에서 발행하였고, 보성사(普成社)에서 인쇄하였다. 발행 겸 편집인은 주정균(朱定均)이었다. 주정균은 보성중학교와 보성전문학교를 졸업한 동문으로서 1932년 김성수(金性洙)가 보성전문학교를 인수할 때까지 보성전문학교의 이사를 역임한 인물이었다. 창간호와 2, 3호는 연세대학교와 고려대학교에, 9호와 10호는 고려대학교에 소장되어 있다. 친목은 1931년 보전교우회보(普專校友會報)라는 이름으로 중간되었다. 1931년 5월 제1호를, 1934년 1934년 5월 제2호를 발행하였다. 회보는 회비를 납입할 경우 제공되는 비매품이었다(교우회의 회비는 1931년에는 1년에 1원이었고, 1934년에는 1년에 2원으로 인상되었다. 일시금으로 10원을 불입할 경우 평생 회비를 면제받았다). 편집인 겸 발행인은 김용무(金用茂)였고, 발행소는 경성부 송현동 34번지 보성전문학교 교우회였다. 창간호는 창문사(彰文社)에서, 2호는 한성도서주식회사(漢城圖書株式會社)에서 인쇄하였다. 발행면은 창간호 110쪽, 2호 128쪽이었다. 편집진은 1934년 2호 말미에 앞으로 적어도 1년에 1번은 차질 없이 발행하겠다고 하였으나, 2호 이후의 발행분은 확인되지 않는다. 연세대학교와 고려대학교에 1호와 2호가 소장되어 있다.

『친목』 창간호의 목차는 본보 취지, 본회 취지, 논설, 축사, 시보, 회보로 구성되었다. 먼저 『친목』 발행의 취지와 보성전문학교 친목회의 취지가 언급되었다. 다음 외채의 이해론, 인과 문의 관계, 경고학우동포, 성질이 논설로 실린 후, 각계의 축사가 이어졌다. 제2회 만국평화회의 소식이 시보로 실렸고, 마지막으로 친목회의 발기회와 창립총회, 임시총회의 경과를 실은 회록과 회원명부록, 회계문부가 회보란에 실렸다. 『친목』은 제2호부터는 회록과 회원명부록, 회계문부, 잡보, 별보를 휘보란에 실으면서, 휘보, 문원(文苑), 학원(學園), 담총(談叢), 논설의 구성으로 재편되었다.

친목회 회보였던 『친목』과 『보전교우회보』의 발행은 보성전문학교의 운영, 주도인물의 변화와 궤를 같이 하였다. 『보전교우회보』 창간호에는 회보의 중간(重刊)을 알리는 황태연(黃台淵)의 「일천 교우께 고함」이 실려 있어 『친목』이 종간된 이유를 짐작케 한다. 이 글에서 황태연은 이미 오래 전부터 졸업생들과 직원들이 교우회를 조직하고, 잡지를 발행하여 모교를 지원하여 왔으나, 재정난과 기타 사정으로 인하여 중단된 사실을 언급하고, 잡지의 중간을 치하하였다. 보성전문학교가 재정난에 시달리면서 교우회도 제 역할을 다하지 못하였고, 잡지 발간 또한 중단되었음을 알려주는 대목이다.

1920년대 재정난에 시달리던 보성전문학교는 1931년 이사 김병로(金炳魯)를 통해 민립대학 건립을 구상하고 있던 김성수(金性洙)와 접촉하였다. 김성수는 김병로를 통해 보성전문학교를 경영할 의사가 있음을 밝히고 3가지 조건을 내걸었다. 그 조건은 첫째, 현 이사, 감사는 총 사직할 것, 둘째, 후임 이사, 감사는 김성수가 선임한다, 셋째, 평의원회를 폐지하기 위해 기부행위를 개정할 것이었다.

이에 30여 년간 학교와 깊은 관계를 가지면서 설립자와 교우로 구성되었던 평의원회는 폐지되었고, 그간 이사와 감사로 활동하였던 인물들도 총 사직하였다. 김성수는 이후 김성수, 최두선(崔斗善), 김용무(金用茂)를 이사로, 조동식(趙東植), 한기악(韓基岳)을 감사로 선임하였고, 1932년 6월 교장으로 취임하였다.

1931년 중간된 『보전교우회보』는 김용무가 편집 겸 발행을 맡았다. 제2호 59쪽에 수록된 「보성전문학교 교우회 규칙」에 의하면 교우회는 "모교의 사업을 원조하며 회원 상호 간의 친목 및 회원과 모교와의 친밀을 도(圖)함을 목적으로" 하였다. 회원자격은 "모교를 졸업한 자, 모교의 직원 및 강사, 모교를 경영하는 재단법인의 설립자 및 그 직원, 모교의 구(舊)설립자 및 구(舊) 직원, 강사"에게 주어졌다.

그리고 1호 「회고(會告)」에 의하면 교우회보는 교우회 회원들이 투고하는 학술, 문예 기사와 모교소식, 교우동정 등으로 구성될 예정이었다.

이에 따라 『보전교우회보』 창간호에는 학술기사로서 「마서법전의 정신과 기독교」, 「법칙정」, 「조선취인소령의 가치」, 「소비에트연방의 조직」, 「인구론의 재음미」가 실렸고, 부록으로 「조선어를 로마자로 기사함의 규칙」과 「보성전문학교 일람」이 수록되었다.

부록으로 수록된 「보성전문학교 일람」에는 연혁, 기부행위, 학칙, 본교관계 법령초(抄), 보성전문학교 교우회 규칙, 재단법인설립자, 재단법인 현재 역원, 재단법인 구(舊)역원, 학교 현재 직원 및 강사, 학교 구(舊) 직원 및 강사, 교우회 현재 역원, 졸업생, 졸업생 총계, 재학생 등 보성전문학교의 현황을 알 수 있는 자료들이 자세히 기록되어 있다. 이를 테면 학칙에는 학과목과 학과규정, 매주 교수 시수 및 입학원서가 수록되어 있다. 재단법인 설립자 항목에는 재답법인 설립자의 명단과 주소 및 이름이 기재되어 있고, 재단법인 현재 역원과 재단법인 구(舊)역원 항목에는 평의원 명단이 기재되어 있다. 학교 현재 직원 및 강사 항목에는 취임연월과 담당 교과목, 직명과 씨명(氏名)이, 구 직원 및 강사 항목에는 취직연월과 사직연월, 전공학과와 직명, 씨명이 수록되어 있다. 졸업생과 재학생 항목에는 과별로 주소와 직업, 씨명과 원적이 모두 기록되어 있다. 졸업생 총계 항목에는 사립보성전문학교, 사립보성법률상업학교, 보성전문학교 시절을 나누어 졸업회수와 인원을 모두 기록하고 있다.

김성수의 학교 인수와 더불어 현직 이사진이 퇴진한 후에도 계속 이사직을 맡았던 김용무의 역할과 관련하여 이후 교우회는 김성수 주도하의 학교 운영을 적극 지원하는 역할을 하였다. 김성수가 학교를 인수한 이후 발간된 『보전교우회보』 2호에는 회원동정과 학교 소식 외에도 보성전문학교에 거액을 희사한 김성수의 양부 김기중(金祺中)에 대한 추도사와 김성수가 의욕적으로 추진하였던 창립 30주년 기념사업과 관련된 기사들이 다수 실림으로써 그러한 변화상을 잘 보여주고 있다.

2호는 학술기사인 유진오의 「실증법학의 현대적 의미」, 안호상의 「법률과 도덕」, 이병도의 「소위 기자 팔조교에 대하야」를 비롯하여 교우회가 주도적으로 참여하고 있는 창립30주년기념사업회의 설립과 기념사업에 관한 소식을 전하고 있다.

이처럼 『친목』과 『보전교우회보』는 교우회보라는 특성으로 인해 일정한 이념과 방향을 제시하고 있지는 않지만, 졸업생들의 활동 및 학교 현황, 교직원과 졸업생 등에 관한 많은 정보를 수록하고 있다. (정진아)

참고문헌

「보성학교 내력」, 『동아일보』 1931년 3월 30·31일자, 4월 1일자; 『고려대학교 구십년지』, 고려대학교출판부, 1995; 『육십년지』, 고려대학교출판부, 1965.

▌친목회회보(親睦會會報)

1896년 서울에서 발행된 종합지

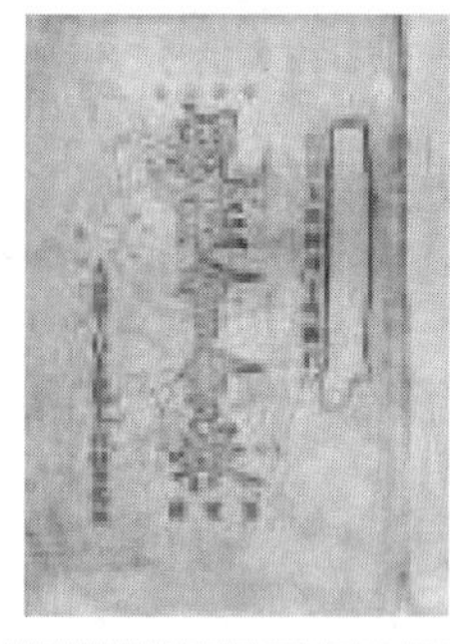

1896년 2월 15일 대조선인일본유학생친목회(大朝鮮人日本留學生親睦會)에서 발간하였으며, 1898

년 4월 통권 6호로 종간되었다. 창간호 표지를 보면 오른편에 세로 글쓰기로 '개국오백사년십월발행'이라 한자로 쓰고, 중간 큰 글자로 '친목회회보'라는 한문 제호를 붙였으며, 오른편에 "대한조선인일본유학생친목회편찬"이라고 쓰여 있다. 개국 504년은 1895년에 해당되는데, 판권란에는 메이지 28년(1895) 11월 30일 인쇄, 건양(建陽) 원년(1896) 2월 15일 발행으로 나와 있다. 따라서 이 잡지의 발간일은 1896년 2월 15일인 것이다. 연호 표기도 일률적이지 않은 데, 이는 조선 말기라는 시기와 발간이 일본에서 이루어진 공간적인 문제에서 기인한 것으로 판단된다.
판권란을 보면, 발행인 최상돈(崔相敦), 편집인 김용제(金鎔濟)로 나와 있다. 인쇄소는 일본 도쿄의 슈에이샤(秀英社)였다. 3개월 마다 내는 계간지라고 명시하였으나 통권 6호를 내는 동안 이것이 잘 지켜지지는 않았다. 그리고 그 사이는 발행인이 김용제, 원응상(元應常)으로 바뀌게 된다. 분량은 창간호가 110쪽, 2호가 270쪽이나 되는 등 초창기 잡지치고는 상당한 분량이다. 그리고 이는 회원에게만 배포하는 비매품으로 만들어졌다.

창간호 목차를 보면, 크게 사설, 논설, 잡조, 연설, 문원(文苑), 내보, 외보 등으로 구성되어 있다. 사설란에는 신해영(申海永)의 「본지취설(本誌就說)」과 박정수(朴正秀)의 「친목회서설」이 들어 있으며, 논설란에는 「입지려학설(立志勵學說)」·「지학설(志學說)」·「역학설(力學說)」 등 학문 장려에 관한 글과 「조선론」, 「애국론」 같은 국가에 관련된 논의도 들어 있다. 잡조란에는 「일본유학생선서서」와 특명전권공사 고영희(高永喜)의 「권면 게이오기주쿠 유학제생(勸勉慶應義塾留學諸生)」, 학부대신 박정양(朴定陽)의 「훈시」 등의 글이 실렸는데 이는 바, 유학생들을 위로하거나 권학하는 취지에서 실린 것이다.

연설란에는 조선의 향후 형세에 대해서 논급하였다. 그리고 문원란에는 신해영 등의 유학생들의 글이 실렸다. 내보는 조선의 여러 소식을 전하였으며, 외보에는 일본, 청국, 러시아, 영국, 그리고 기타 외국을 만국사보(萬國事報)라 하여 외국의 소식을 자세하게 소개하고 있다. 요즈음의 짧은 외신에 해당하는데, 당시 외국 신문의 기사를 발췌한 것으로, 신문의 외보란과 비슷하다. 말미에는 친목회의 회사기(會事記)와 회사일기(會事日記)가 있어 친목회의 활동에 관해 살필 수 있다.

2호의 체제도 대동소이한데 사설 「한문국문 손익여하」와 「국민지희노(國民之喜怒)」, 「사물변천 인류학적 방법」, 「견문우열(見聞優劣)」 등의 논설, 유럽의 근대문명 등을 소개한 『만국사보』 등이 이목을 끈다. 그리고 친목회의 회규와 세칙, 임원명단, 회원과 일본인을 포함한 특별회원의 가입 여부와 동정, 찬성금 내역 등이 실려 있다.

이처럼 이 잡지는 단순히 유학생의 회지를 넘어서서 학술과 문예, 시사를 아우른 종합지의 성격을 띠고 있었다. 초창기 잡지의 면모를 잘 보여 주고 있는 것이다.

• 대조선일본유학생친목회

1895년 국가 정치의 기초와 동량이 될 것을 기약하고 자신들이 문명개화의 정신과 골자임을 자임하면서 대조선국민의 본령(本領)을 배달(倍達)하고 문화의 실력을 양성하고자 결성된 재일유학생단체다. 회장은 어윤적(魚允迪), 부회장은 신해영(申海永)이 맡았다. 이 단체가 유학생간에 서로 사정을 통하여 친목을 돈독히 하고 지식을 교환한다는 취지에서 이 잡지를 창간한 것이다.

『친목회회보』와 유학생 잡지

이 잡지가 발행된 이후, 일본 유학생 단체는 1920년대까지 꾸준히 잡지를 발간하여, 자신들의 친목을 도모하는 동시에 조국의 계몽과 독립을 위한 경주를 계속하였다.

대략 개괄하면 다음과 같다. 『태극학보』(1906)·『공수학보(共修學報)』(1907)·『대한유학생회학보』(1907)·『동인학보(同寅學報)』(1907)·『낙동친목회학보(洛東親睦會學報)』(1907)·『대한학회월보』(1908)·『대한흥학보』(1909)·『학계보(學界報)』(1912)·『근대사조』(1914)·『학지광』(1914)·『여자계(女子界)』(1917)

·『학우(學友)』(1919)·『현대(現代)』(1920)·『학조(學潮)』(1926)·『개척(開拓)』 등이다. (정환국)

참고문헌

김근수, 『한국잡지사』, 청록출판사, 1980; 최덕교 편저, 『한국잡지백년』, 현암사, 2004.

칠월(七月)

1937년 중국 상하이에서 발간된 문예지

항일전쟁이 일어난 후 국민당통치지역에서 가장 먼저 창간된 진보적 문예지이다. 먼저 주간으로 출판되었다가 후에 반월간으로 바뀌었다. 주간판은 1937년 9월 11일 상하이(上海)에서 창간되었으며 9월 25일 제3호 후 정간되었다. 후펑(胡風)이 주편을 맡았고, 칠월사(七月社)에서 편집 겸 발행을 하였다. 『칠월』 반월간은 같은 해 10월 16일 우한(武漢)에서 창간되어 비교적 오래지속되었다. 1호는 "루쉰 선생 서거 기념 특집호(魯迅先生逝去周年紀念特輯)"로 꾸몄다. 1938년 7월 16일 18호가 나온 이후 전화가 우한까지 미치게 되어 1년간 쉬고 1939년 7월 충칭(重慶)에서 다시 반월간에서 월간으로 바꾸어 발행하였다.

이 후 상황이 좋지 않아 격월로 나오는 경우도 있고, 심지어 장기간 출판되지 못하는 경우도 있었다. 1941년 7집 1, 2호 합본이 출판 된 후 환남사변(晥南事變)으로 정세가 악화되어 정간되었다. 4년간 모두 32호 총 30권(그중 27, 28호와 31, 32호는 합본)이 출판되었다.

『칠월』은 항전의 요구에 호응하여 창간되었고, 마침 '7·7사변(七七事變)' 직후 출간되어 그 영향이 매우 컸다. 반월간 창간호의 「발간사」에서는 분명하게 '5·4' 이후 '중국의 혁명문학'의 전통을 계승한다고 밝히고 있다. 항일전쟁 중에는 '의식전선(意識戰線)'을 제기하여 '민중의 정서와 인식'을 제고하고자 하였다.

『칠월』은 현실을 반영하는 발표를 위해 주의를 하였다. 시가(詩歌), 보고문학(報告文學), 소설, 산문, 잡문, 극본, 문예전란, 역저, 회화 목각 등이 있었다. 1938년 1월 '항전목간화전람회(抗戰木刻和展覽會)'를 거행하여 '항전의식'을 높이고자 하였다. 이런 문예 형식 가운데 가장 생동감 있는 것을 표현하였고, 아울러 중국 현대문학사에 남을 중요한 결과물은 무엇보다도 시가와 보고문학작품이라 할 수 있다.

『칠월』은 처음부터 보고문학이 항전의 현실을 반영한다고 제창하며, 일정 기간 동안 이런류의 작품이 가장 많은 수를 차지하였다. 『칠월』에 발표된 보고문학의 대표적 작가에는 추둥핑(丘東平), S.M(아룽[阿壟]), 차오바이(曹白) 등이었다. 추둥핑은 1937년 말부터 1938년까지 계속해서 「제칠연(第七连)」, 「우리는 거기에서 패배했다(我們在那里打了敗仗)」 등의 작품을 발표하여 상하이, 장쑤성(江蘇省) 일대 전쟁의 모습을 보여 주었다. 아룽의 「자베이 지역에 전쟁이 일어났다(閘北打了起來)」, 「공격부터 방어까지(從攻擊到防禦)」 등의 작품으로 송호전쟁(松滬戰爭)의 비교적 완전한 문학적 기록을 남겨놓았다. 차오바이의 「여기, 생명이 또한 숨쉬고 있다(這里, 生命也在呼吸)」 등은 난민수용소의 상황을 보여 주고 있으며, 그의 「푸만허의 황혼(富曼河的黃昏)」은 항일유격대의 생활을 기록하고 있다.

시가작품은 『칠월』의 가장 대표적인 분야이다. 아이칭(艾靑)의 『북방(北方)』 시집의 대부분의 작품과 『태양을 향해(向太陽)』도 먼저 여기에 발표되었으며 이 두 권의 시집은 중국 현대시가 발전의 새로운 전성기를 열게 한 작품들로 구성되어 있었다.

『칠월』 시가의 공통된 특징으로는 내용에 있어 작가들이 광범위한 사회적 현실을 대면하는 것부터 심각한 전쟁의 소재까지 개인적 생활 테두리에 한정짓지 않았다는 점, 그들의 시정(詩情) 대부분은 전체 조국과 민족의 운명과 결합되어 있었지, 개인적인 감회에 젖어 있는 경우는 드물었다는 점이다. 형식적인 면에서는 고정된 형식을 거부하고 거의 예외 없이 자유로운 형식을 채용하였다는 점 등이다. (오병수)

참고문헌

馬光仁 主編, 『上海新聞史(1850-1949)』, 復旦大學出版社, 1996; 王檜林·朱漢國, 『中國報刊辭典(1815~1949)』, 太原(山西): 書海出版社, 1992.

▌콤무니스트(Коммунист)

1931년 중국 상하이에서 발간된 한국 국제선 공산주의그룹의 기관지

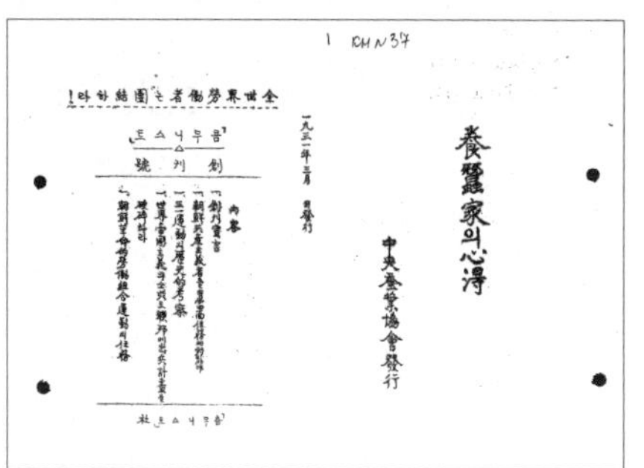

全世界勞働者는團結하라!

「콤무니스트」

創刊號

一九三一年三月 日發行

養蠶家의 心得

中央養蠶協會發行

「콤무니스트」社

1931년 3월에 창간된 월간지이다. 발행지는 중국 상하이(上海)였다. 창간 이래 약 2년간에 걸쳐서 6개호가 발간되었다. 그중 2, 3호는 합집호 형태로 간행되었으므로 최종호는 7호로 기록되었다. 잡지 발행의 시간적 간격은 불규칙했다. 1931년에 두 호가, 1932년에 네 호가 각각 발간되었다. 이 가운데 오늘날 확인할 수 있는 것은 창간호(1931.3), 2·3호(1931.5), 4호(1932.3), 6호(1932.7) 등 4개호이다. 이 잡지는 비밀 활동에 적합하게 제작되었다. 등사판 인쇄물이었으며, 일반 단행본 크기를 절반으로 접은 조그만 판형이었다. 종이도 뒷면이 비치는 얇은 습자지였다. 겉표지는 경찰의 감시를 피할 목적으로 경제나 위생 관계 서적으로 위장되었다. 각 호의 표지에는 "양잠가(養蠶家)의 심득(心得)"(창간호), "중앙상공월보"(2·3합집호), "중앙의약월보"(4호), "위생월보"(6호) 등의 허위 제목이 적혀 있다. 잡지 분량은 45~60쪽이었다. 1개호에 실린 원고량은 200자 원고지로 환산하면 대략 130~170쪽에 해당한다.

잡지 『콤무니스트』는 코민테른 동양비서부 산하 조선위원회의 주도하에 발간되었다. 코민테른이 직접 조직한 이 위원회는 조선공산당재건운동의 잠정적인 최고 지도부로 자임하는 기구였다. 조선위원회는 1930년 3월 4일자 회의에서 잡지사를 설립하기로 결정했다. 출간 비용은 코민테른이 제공했다. 잡지 발행처는 처음에는 블라디보스토크로 상정됐으나, 조선 국내와의 접근성이 좀 더 용이한 상하이로 변경되었다.

이 잡지의 창간을 현장에서 지휘한 사람은 코민테른 조선위원회 전권위원 자격을 띠고 상하이에 파견된 김단야(金丹冶)였다. 그는 1930년 6월 상하이에 도착하여 『콤무니스트』 편집부를 조직했다. 이 편집부는 1932년 1월 이후에는 모스크바로부터 새로이 파견되어 온 박헌영(朴憲永)에 의해 보강되었다. 이들은 홍남표, 김형선, 김명시 등과 함께 『콤무니스트』를 발간했으며, 그와 동시에 국내 조직을 구축했다. 이 잡지와 연계를 맺으며 구축된 공산주의조직을 국제선공산주의그룹이라고 부른다. 1932년 7월 현재 국제선 그룹의 국내 조직은 20개 안팎의 세포 단체에 90여 명의 직업적 혁명가들로 구성되어 있었다.

호당 기사 숫자는 대략 6~8개였다. 이 기사들은 논설기사와 보도기사로 대별된다. 둘 가운데 논설기사의 비중이 훨씬 높았다. 논설기사에서는 공산주의운동의 전략과 전술을 다뤘으며, 보도기사는 대부분 국제정세의 인과관계와 의미를 심층적으로 해설하는 데에 할애되었다.

기사 내용을 살피는 데에는 뒷날 김단야가 작성한 보고서에 수록된 분류 방식이 유용하다. 그는 『콤무니스트』에 수록된 주요 기사 25개를 7개 주제로 나눴다. 사회주의 진영 내부문제, 노동운동, 농민운동, 소련의 사회상, 반전(反戰) 평화투쟁의 전술, 일본의 대외침략 정책, 조선 부르주아지 동향 평가 등이 그것이다. 이중에서 가장 큰 비중을 점한 주제는 사회주의 진영 내부문제였다. 전체 기사 가운데 28%에 달하는 7개의 기사가 그에 관련된 것이었다.

『콤무니스트』 기사의 필자는 모두 가명으로 표기되거나 익명으로 처리되어 있다. 기존 연구성과에 따르면, 그중 실명이 밝혀진 사람은 헝가리 출신의 코민테른 동양 담당관 마쟈르(Мадьяр), 김단야, 박헌영, 홍남표 등이다. 그 외에 '김일우', '노미' 등의 필명을 사용한 사람이 누군지는 아직 밝혀져 있지 않다.

이 잡지의 제호는 뒷날 한국 사회주의단체들에 의해 계승되었다. 식민지시대 말기에 서울에서 비밀리에 활동한 경성콤그룹은 1939년 9월에 『공산주의자』라는 제하의 기관지 창간호를 간행했는데, 머지않아 감옥

에서 출감한 박헌영이 합류한 이후에 그 잡지를 『콤무니스트』라고 개칭했다. 1940년 5월호부터 새 이름이 적용되었다. 해방 직후 성립한 조선공산당 중앙기관지의 명칭도 『콤무니스트』였다. 1945년 10월 현재 조선공산당은 두 종류의 당기관지를 발행했다. 그중 하나는 5만 부의 발행부수를 갖는 일간지 『해방일보』이었고, 다른 하나는 월간지 『콤무니스트』였다. (임경석)

참고문헌

러시아국립사회정치사문서보관소(РГАСПИ) ф.495 оп.135 д.212; 최규진, 「'꼼뮤니스트 그룹'과 태평양노동조합 계열의 노동운동 방침」, 『역사연구』 5, 역사학연구소, 1997; 임경석, 「잡지 '콤무니스트'와 국제선 공산주의그룹」, 『한국사연구』 126, 한국사연구회, 2004.9.

▌키네마순보(キネマ旬報)

1919년 발간된 일본의 대표적인 영화 잡지

『키네마순보』는 1919년 7월 창간 이래 1940년 12월 폐간될 때까지 제목처럼 매월 3회씩 모두 735호가 발간된, 1945년 이전 일본 영화 저널리즘을 대표하는 영화 종합잡지이다. 이 잡지를 처음 만든 것은 도쿄고등공업학교(東京高等工業學校, 현재의 도쿄공업대학[東京工業大學])의 학생이던 다나카 사부로(田中三郞), 다무라 요시히코(田村幸彦) 등이었다. 다나카 사부로 등은 영화가 활동사진에서 예술과 산업으로 전환되는 시점에 영화 저널리즘이 갖는 가치에 주목해 이 잡지를 만들게 되었다. 창간시의 동인은 다나카 사부로, 다무라 요시히코, 마스토 게이시로(增戶敬止郞), 히우라 다케오(日浦武雄) 4명이었으며, 마스토 게이시로가 초기 발행인을 맡고 있었다.
발행처는 도쿄의 고쿠가와샤(黑甕社)였지만 1921년 제73호부터 키네마순보사로 바뀌었다. 그리고 키네마순보사는 1927년 9월부터 주식회사(사장 다나카 사부로) 체제를 갖추었다. 창간 당시만 해도 4×6배판의 4쪽으로 발간되어 잡지라고 부를 수도 없는 것이었지만 곧 일본의 대표적인 영화 잡지로 성장하였다.
그러나 1940년 12월 1일 일본 정부의 전시 하 정기간행물 통제정책에 의해 종간호를 내고 활동을 접었다. 당시 영화계의 대표적인 잡지이던 『키네마순보』가 종간을 맞게 된 데는 '키네마'라는 용어가 적성 국가의 언어였다는 점도 작용했다는 설도 있다. 그리고 다음해 1월부터는 제목과 체제에서 사실상 『키네마순보』를 계승한 『영화순보』(映畵旬報)가 발간되었다. 전쟁이 끝난 뒤인 1946년 3월 1일 『키네마순보』 재건 1호가 다시 나오기 시작했다.

창간 당시에는 서양 영화 팬을 위한 고급 팬 잡지라는 색채가 강하였다. 그렇지만 곤도 이요키치(近藤伊與吉), 이케다 데루카쓰(池田照勝), 후루카와 롯파(古川綠派), 우치다 기미오(內田岐三雄), 야마모토 고타로(山本幸太郞), 이이다 신비(飯田心美), 시미즈 지요타(淸水千代太), 이와사키 아키라(岩崎昶), 이지마 다다시(飯島正), 기타카와 후유히코(北川冬彦), 기시 마쓰오(岸松雄), 이시카와 도시히코(石川俊彦), 모이 이와오(森岩雄), 스즈키 도시오(鈴木俊夫), 무라카미 다다히사(村上忠久), 도모다 준이치로(友田純一郞), 시게노 다쓰히코(滋野辰彦), 기무라 사다오(木村貞雄), 미즈마치 세이지(水町靑磁) 등이 동인, 사우, 편집부원으로 차례차례 참가하면서 본격적인 평론지로서의 성격을 갖추게 되었다.

영화 평론계의 일선에서 활약하는 인물들의 참여를 통하여 『키네마순보』는 일본에서 공개되는 외국 영화는 물론이고 일본 영화의 모든 작품을 소개하고 비평하는 데 가장 핵심적인 역할을 맡게 되었다. 실제로 잡지의 편집도 평론, 외국 영화계 최근 동향, 외국 영화와 일본 영화의 기록 및 비평, 흥행계 기사 등으로 다양해졌다.

우치다 기미오가 이토 다이스케(伊藤大輔)의 「주지 여행 일기(忠治旅日記)」를 칭찬한 것을 비롯해 기타카와 후유히코의 이타미 만사쿠(伊丹萬作) 평가, 기시마쓰오의 야마나카 사다오(山中貞雄) 발견 등은 비평이 작가 또는 제작 현장을 주도하고 이끈 보기 드문 사례이며, 이는 영화 비평의 권위 확립을 지향한 『키네마순보』의 진면목을 보여 주는 것이다. 또한 정규적으로 외부의 아마추어 평론가의 투고를 게재하여 이들이 이후 전업적인 평론가로 활동하게 되는 기회를 제공한 것도 특기할 만하다.

평론지로서의 『키네마순보』의 가장 뚜렷한 업적은 1924년부터 시작되어 전시체제 아래 『키네마순보』가 폐간된 기간만 제외하고 현재도 계속되고 있는 '베스트10 '제도를 도입한 것이다.

처음에는 외국 영화를 대상으로 '예술적으로 가장 우수한 영화'와 '오락적으로 가장 우수한 영화'의 두 부문을 편집 동인의 투표에 의해 선정하였지만, 일본 영화의 수준도 높아졌다는 이유로 1926년에는 일본 영화도 대상에 포함시켰다. 이 제도는 세계에서 가장 오래된 영화상이자 일본 영화계에서 가장 권위 있는 상으로 인정받고 있다.

또한 일본에서 공개된 모든 영화를 소개하고 비평한 것도 영화 자료의 기록으로 귀중한 의미를 갖고 있으며, 이 잡지가 일본 영화사에서 빠뜨릴 수 없는 1급 잡지로서의 위상을 확립하는 데 이바지하였다.

그리고 일본 안팎의 영화 정세의 소개, 흥행 상황 조사, 제작회사 및 배급회사의 인사 등 영화계 전반에 걸친 새로운 소식을 게재함으로써 영화산업계의 업계지로서의 성격도 갖고 있었다. 영화작품의 비평 뒤에 흥행 가치라는 항목을 덧붙인 것도 이 잡지가 예술성과 대중성이라는 두 가지 목표를 동시에 추구하고 있었음을 잘 보여준다.

『키네마순보』는 1930년부터는 『전국영화관록(全國映畵館錄)』, 『전국영화관계업자총람(全國映畵關係業者總攬)』을 매년 간행하였다.

『키네마순보』는 1929년의 창간 10주년에는 5반으로 나누어 전국 각지를 순회하면서 영화회 활동을 전개하는가 하면, 1939년에는 창간 20주년을 기념하여 일본 영화감독 각본가 만주시찰단, 영화 평론가 만주시찰단을 파견하는 등 잡지 발간 이외의 다양한 활동을 벌였다. (이준식)

참고문헌

『キネマ旬報』(復刻板), 雄松堂出版, 1993~1996; 今村三四夫, 『日本映畵文獻史』, 鏡浦書房, 1967.

키네마주보(キネマ週報)

1930년 일본에서 창간된 영화 잡지

1930년 2월에 창간되어 1939년 1월에 338호를 내고 종간된 영화 잡지이다. 『영화시대(映畵時代)』를 창간한 바 있고 국제영화통신(國際映畵通信)에서 일하고 있던 다나카 준이치로(田中純一郎)가 키네마주보사(キネマ週報社)를 설립하면서 발간한 잡지였다. 영업은 가타키리 쓰치야(片桐槌彌)가 맡았다. 1930년 다나카 준이치로가 신흥키네마(新興キネマ)에 들어가면서 다치바나 다카히로(橘高廣)가 발간의 책임을 맡았으며, 이후 난부 교이치로(南部僑一郎), 사사 겐주(佐佐元十), 히토미 나오요시(人見直善)가 차례로 발행인이 되었다.
영어 표기는 처음에는 "The Movie Weekly"를 사용하다가 나중에는 "The Kinema Weekly"로 바꾸었다. 주보 체제를 표방하였지만 실제로는 한 달에 두 번 간행하는 경우도 많았다.

『키네마주보』는 주로 영화업계의 소식을 알리는 잡지로서의 성격을 갖고 있었다. 주요 필자는 사사키 노리오(佐佐木能理男), 야마타 히사오(山田久雄), 이노우에 고지로(井上幸次郎), 다케다 아키라(武田晃), 스기모토 슌이치(杉本峻一), 고 스에히코(高季彦) 이이 쓰구오(井伊亞夫), 오쿠보 류이치(大久保龍一) 등이었다.

• **다나카 준이치로(田中純一郎, 1892~1989)**
군마현(群馬縣) 출생. 일본의 대표적인 영화사가

다. 도요대학(東洋大學)에서 공부하였으며 1925년에 『영화시대』와 1930년에 『키네마주보』를 각각 창간하였다. 그 후 『신흥키네마』와 『키네마주보』를 거치면서 영화 제작과 배급의 현장에서 일하였다. 1945년 이후에는 키네마순보사의 편집 책임자로 영화 언론계에서 활약하였다. (이준식)

참고문헌

今村三四夫, 『日本映畵文獻史』, 鏡浦書房, 1967; 『日本出版百年史年表』, 日本書籍出版協會, 1968.

킹(キング)

1925년 일본에서 발행된 대표적인 대중 종합잡지

1925년 1월, 1957년 폐간되었다. 태평양전쟁 중인 1943년 3월 제명을 『후지(富士)』로 바꿨고, 1946년 1월에 복간되었다. 대일본웅변회 고단샤(大日本雄弁會講談社)가 창간한 월간 대중 종합잡지.

『킹』과 쇼와 시기 일본의 출판문화

근대 일본의 대표적인 출판인의 한 사람이며 초대 '고단샤(講談社)' 사장인 노마 세이지(野間淸治)의 숙원은 '국민 잡지'를 만드는 것이었고, 『킹』은 그 구상이 실현된 잡지였다. 1922년부터 '국민 잡지'를 창간하기 위한 준비는 진행되었지만, 간토대지진 때문에 늦춰져서 1925년에 창간되었다.

『킹』은 일본문화사에 있어서 엔본(円本)과 더불어 근대적 대중문화의 상징적인 존재이다. 엔본이라는 말의 유래는 1926년 말, '가이조샤(改造社)'의 사장 야마모토 사네히코(山本實彦)가 『현대일본문학전집(現代日本文學全集)』 전 63권을 예약판매하면서 파격적으로 이 책들에 단돈 1엔이라는 가격을 책정한 사실에 있다. 이 책들은 평균 500쪽에 6호 활자로 된 것으로 장정과 내용이 다 훌륭한 수준을 유지했으나 완전히 상식을 무시한 파격적인 가격을 갖고 있었던 것이다. 다른 출판업자들은 처음에 이와 같은 마케팅 전략에 냉소했으나 이 전집의 예약판매부수만도 60만 부를 기록하자 출판계의 판도는 완전히 바뀌었다. '신초샤(新潮社)'의 『세계문학전집』을 필두로 '헤이본샤(平凡社)'의 『현대대중문학전집』 등 속속 값싼 문학 전집이 쏟아져 나왔다. 『현대대중문학전집』은 권당 무려 1000쪽에 1엔이라는 염가였다.

따라서 일본 문학사와 문화사에서 엔본 발간은 획기적이며 상징적이라 하지 않을 수 없다. 갑자기 일본 근대문학은 문화의 중심으로 되고, 문학과 작가는 자본주의와 대중사회로 급격하게 빨려 들어간 것이다. 전면 신문광고, 애드벌룬, 자동차, 전차, 비행기에까지 '문학' 광고가 나왔고 소설가와 평론가들은 대중을 위한 문학 강연에 동원되었고, 그중의 일부는 인세 수입만으로도 먹고 살 수 있게 되었다.

『킹』의 성격과 위치도 바로 이러한 상황에 위치한다. 『킹』도 1920년대에 일본에서 급속히 성장한 대중사회의 상황을 예리하게 감지하여, 처음부터 '국민 전부'를 독자로 상정하고 출발하여 엄청난 성공을 거두었다.

"일본에서 제일 재밌고 유익하며, 제일 싼 잡지"를 모토로 내걸고 창간 당시부터 잡지의 내용을 철저히 쉽게 하고, 일본 광고 역사를 획기적으로 바꿀 만큼 대대적인 마케팅전략을 폈다. 전면 신문광고, 포스터, 입간판, 깃발 등을 통해 대대적으로 광고하는 한편, 일본 전역의 관청·학교·단체와 명사들에게 32만 5000여 통의 잡지 소개 편지 및 180만 매가 넘은 소개 엽서를 발송했다 한다. 창간호는 74만 부를 팔았고, 발간 2년째부터는 150만 부 이상을 팔 수 있었다.

『킹』과 고단샤의 영향력

이미 다이쇼기에 대중문예가 꽃 필 조건은 마련되고 있었다. 일본은 메이지기의 게사쿠(戯作), 나니와부시(浪花節), 실록(實錄) 등이 사소설과 심경소설을 주요 축으로 하는 순문학과 이원적인 발전을 시작하고 있었다. 또한 사무라이 이야기, 시대물(まげもの), 인법물(忍法物) 등이 현대적인 외피를 입고 바뀌어 갔다. 또한 추리소설, 유머소설, 괴기소설, SF물의 발전도 대규모 출판자본의 등장과 신문 잡지의 오락화에 힘입어 가속화되었던 것이다.

그러나 성인부터 어린이까지 모두가 즐길 수 있는 잡지는 『킹』 이전에는 존재하지 않았다고 할 수 있다. '취미와 실익'을 겸한다고 한 이 잡지는 폭발적으로 판매되어 출판산업의 현대화에 큰 영향을 미쳤다. 그때까지 '대일본웅변회'와 '고단샤'로 이원화 되어 있었던 고단샤는 『킹』을 계기로 '대일본웅변회 고단샤'가 되었다.

'고단샤'는 『킹』에 이어 『유년구락부(幼年俱樂部)』를 1926년에 창간하여 이른바 '고단샤 9대 잡지 시대'를 실현할 수 있었으며, 『킹』의 부록이었던 『메이지대제(明治大帝)』 같은 책도 인기를 모아 무려 120만 부나 팔렸다. 당시 도쿠토미 소호(德富蘇峯)는 '고단샤'에 대해 '사설(私說) 문부성'이라는 평을 할 정도였다.

강화(講話)·실용기사·독물(讀物) 등 풍성한 읽을거리 가운데에 연재 장편소설도 있었다. 요시카와 에이지(吉川英治)의 「검난여난(劍難女難)」, 「만화지옥(萬花地獄)」, 기쿠치 간(菊池寬)의 「붉은 백조(赤い白鳥)」, 「도쿄 행진곡(東京行進曲)」, 쓰루미 슌스케(鶴見祐輔)의 「죽음보다도 강한(死よりも强し)」, 에도가와 란포(江戶川亂步)의 「황금가면(黃金假面)」, 야마모토 유조(山本有三)의 「불석신명(不惜身命)」, 마야마 세이카(眞山靑果)의 「원록 주신구라(元祿 忠臣藏)」 등이 연재되거나 분재되었다.

1차 대중사회 상황을 보여 주는 국민잡지로서 널리 애독된 고단샤 문화의 상징과 같은 잡지이다.

이처럼 『킹』은 최초로 '100만 부 잡지'의 반열에 올라 '독서 대중화'의 기수로 평가받고 있다. 독서와는 무관한 민중 계층도 『킹』에 의해 잡지 독자가 될 수 있었던 것이다. 『킹』의 독자층에 대해서는 비교적 상세한 기록이 남아 있는 편인데, "일본 유일의 국민잡지"를 자신 있게 내세울 정도로 전 계층, 지역, 연령대에 독자가 포진해있었다. 쇼와 초기의 전성기에 가족, 청년회, 농촌 공동체 등이 구입하는 잡지가 『킹』이 포괄하는 독자의 폭은 넓었기에 재일조선인이나 도쿄대의 인텔리겐치아층도 이 잡지의 독자였다.

그러나 이 잡지는 '파시즘에의 선도자'라는 평가도 받는다. 『킹』은 모더니즘·입신출세·수양(修養)주의가 가미된 새로운 '천황제 내셔널리즘'을 사상적 지향(主柱)으로 삼고 비판력이 부족한 민중에게 파시즘이 침투하는 역할을 했다는 것이다. '독서 대중화'와 '파시즘의 선도자'라는 양면성은 서로 배치되는 것이 아니다. 대중문화의 발전이 보수주의자들에 의해 일방적으로 주도될 때의 비극을 『킹』은 보여 주는 것이다.

고단샤의 『킹』은 『주부지우(主婦之友)』, 『강담구락부(講談俱樂部)』 등의 일본 대중잡지와 더불어 한국의 독자 대중에게도 큰 영향을 미친 것으로 보인다. 다양한 계층의 조선인들이 『킹』을 읽고 있다는 기사는 1935~1936년의 문헌에서 자주 눈에 띈다. 이러한 현상은 독서시장이 일본 출판물에 의해 장악된 시점의 일로써, 한국 대중문화 형성 과정에서 일본 문화가 한 역할에 대한 증거의 하나가 될 수 있다.

김교신의 『김교신 일기』, 그리고 「서적시장 조사기, 한도(漢圖)·이문(以文)·박문(博文)·영창(永昌) 등 서시(書市)에 나타난」, 『삼천리』, 7권 9호, 1935.10; 「인기가수의 예술·사생활·연애: 화발풍다우의 이난영양」, 『삼천리』, 1935.8; 「여고 인텔리 출신인 기생, 여우(女優), 여급 좌담회」(『삼천리』, 1936.4) 같은 문헌에서도 조선인들이 『킹』을 읽고 있다는 것을 발견할 수 있다. (천정환)

참고문헌

『近代文學雜誌辭典』; 山本文雄 外, 김재홍 역, 『日本 매스커뮤니케이션사』, 커뮤니케이션북스, 2000; 前田愛, 『近代讀者の成立』, 筑摩書房, 1989; 山本文雄 外, 김재홍 역, 『日本 매스커뮤니케이션사』, 커뮤니케이션북스, 2000; 천정환, 『근대의 책 읽기』, 푸른역사, 2003.

타산지석(他山の石)

1934년 일본에서 발행된 사회 잡지

기류 유유(桐生悠悠)가 죽기 직전까지 8년간 월 2회 간행했던 개인잡지이다.

기류 유유
1873.5.20~1941.9.10, 본명은 기류 마사지(桐生政次)

반군(反軍) 주장으로 신문계에서 추방된 기류는 이 잡지를 거점으로 1930년대 일본의 군국화(軍國化)에 저항했으며, 이런 그에게 탄압은 끊이지 않았다. 그러나 그는 감옥에 가기보다는 지적인 분석을 전달하는 쪽이 사태를 악화시키지 않는 방책이라고 생각했다.

잡지 창간 당시의 제호는 『나고야독서회보고(名古屋讀書報告會)』였다. 나고야독서회라는 그룹이 있었던 것은 아니었다. 따라서 회합이나 집단의 보고로서 이 잡지가 역할을 했던 것은 아니고, 잡지의 독자가 회원으로서 독서회를 만든 것도 아니었다. 결국 잡지 발행자인 기류 자신의 독서보고였던 것이다.

제호를 『타산지석』으로 개제한 이후에도 외국서의 소개는 양적으로도 질적으로도 중요한 내용을 차지하고 있었다. 그러나 잡지의 내용에는 삭제와 발매금지의 대상이 많았다. 처분을 받았던 글과 이유를 살펴보면 다음과 같다.

2권 5호(1935.3.5)의 「히로다 외상의 평화보장(廣田外相の平和保障)」은 반전선전선동(反戦宣傳煽動)을 이유로 발매금지, 2권 7호(1935.4.5)의 「거꾸로 가고 있는 시대(逆戻りしつつある時代)」는 황실존엄모독(皇室尊嚴冒瀆)으로 삭제, 2권 9호의 「외국인이 본 아라키 대장과 하야시 대장(外人の觀た荒木大將と林大將)」은 대만행동비방(對滿行動誹謗)으로 발매금지, 2권 10호의 「국가의 재검토」는 혁명시사(革命示唆)라는 이유로 발매금지, 「무동정적인 황국적 정신(無同情的な皇國的精神)」은 대외국책비방곡설(對外國策誹謗曲說)이라는 이유로 발매금지되었다.

이후에도 「언론자유의 재실현」은 군부의 행동 비방왜곡이라는 이유로 발매금지, 「히로다 내각의 암초(暗礁)」는 군사예산 우선권의 비판이라는 이유로 발매금지, 「일지친선(日支親善)의 진의(眞義)」는 대외정책의 비방곡설이라는 이유로 발매금지, 「국방의 충실과 국민의 생활안정」은 출선군부(出先軍部)의 행동왜곡이라는 이유로 발매금지, 「상부군부(上部軍部)의 열악성변태(劣惡性變態)」는 군부질서 문란이라는 이유로 발매금지, 「치국평천하(治國平天下)의 전제요건」은 반전사상 양성이라는 이유로 발매금지, 「선(善)하기도, 악(惡)하기도 한 우리나라(我國)」는 대지(對支)방침의 비난왜곡이라는 이유로 발매금지, 「상해 방면의 전장」은 반전사상의 양성이라는 이유로 발매금지, 「출정병사 유가족의 부조(扶助)와 국가의 보너스」는 반전사상 양성이라는 이유로 발매금지, 「지나(支那)에 대한 우리 인식의 부족」은 화평기운(和平氣運)의 양성이라는 이유로 발매금지, 「대륙경영의 내용여하」는 반전사상 양성이라는 이유로 발매금지, 「내각개조와 감정문제」는 정치 불신의 양성이라는 이유로 발매금지, 「암(闇)의 유행」은 암거래 선동이라는 이유로 발매금지, 종간호인 1941년 9월 8일호의 「폐간의 사」는 반전사상 양성이라는 이유로 발매금지를 당하였다. 이와 같이 잡지 글의 삭제와 발매금지 처분은 잡지 발행자인 기류가 『타산지석』을 통해 당면한 위기 상황에 대해 정확한 고찰과 분석, 그리고 비판을 실행하고 있었음을 말해 준다.

당시 지식인들은 현실비판의 입장에서 멀어져 있었다. 종합잡지 『중앙공론(中央公論)』과 『개조(改造)』는 1937년 중일전쟁 발발 이후 전선이 확대된 이후에는 작가, 평론가의 종군기(從軍記) 등을 전면 게제하고, 좌담회에 군인을 초대하는 경우가 많았다. 이러한 시기에 잡지 『타산지석』은 거꾸로 일본의 군국화에 대해 예리한 비판의 칼날을 휘둘렀던 것이다. (문영주)

참고문헌

荒瀨豊, 「解說 - 桐生悠々と『他山の石』」『「他山の石」解說·總目次·索引』, 不二出版, 1987; 松浦總三, 『體驗と資料 戰時下の言論彈壓』, 白川書院, 1975; 高崎隆治, 『戰時下のジャ-ナリズム』, 新日本出版社, 1987; 『日本出版百年史年表』, 日本書籍出版協會, 1968.

타이완상공월보(臺灣商工月報)

1909년 발행된 타이완총독부 식산국 기관지

1909년부터 타이완총독부(臺灣總督府) 식산국(殖産局)에서 발간한 월간지이다. 처음에는 『타이완총독부상공월보(臺灣總督府商工月報)』로 1호(1909.7)부터 61호(1914.5)까지 발행되었다. 62호(1914.6)부터 제목이 바뀌었다. 1919년 5월의 121호를 기하여 종간이 되었다.

타이완총독부는 설치 초기부터 일본제국주의의 남방정책을 수행하는 전진 기지의 역할도 하고 있었다. 따라서 타이완총독부 식산국에서 발간한 『타이완상공월보』에는 타이완에서의 일반적인 경제 상황, 상업 개황이나 만주, 중국의 경제 상황은 물론이고 네덜란드령 동인도(蘭嶺東印度, 현재의 인도네시아), 홍콩, 필리핀, 남양 각지의 경제 상황도 다루고 있다. (이준식)

참고문헌

アジア經濟硏究所圖書資料部, 『舊植民地關係機關刊行物綜合目錄 臺灣編』, アジア經濟硏究所, 1973.

▌타이완시보(臺灣時報)

1919년 발행된 타이완총독부의 기관지

1919년 7월에 창간된 타이완총독부(臺灣總督府)의 기관지이다. 1945년 2월 통권 301호를 발간하고 종간되었다. 편집은 타이완총독부 관방조사과(官房調査課)가 맡았다. 발행처는 타이완시보발행소(臺灣時報發行所)였다.

『타이완시보』는 창간 당초 타이완총독부의 기관지라는 성격을 강하게 갖고 있었지만, 이후 종합잡지에 가까운 형태로 바뀌었다. 1925년 11·12월 합병에 『내외정보(內外情報)』를, 그리고 1926년 1월부터 1931년 10월까지는 『지나 및 남양정보(支那及南洋情報)』를 부록으로 게재하였다.

또한 『타이완통계협회잡지(臺灣統計協會雜誌)』도 흡수하여 타이완에서 최대의 잡지로 발전하였다. 1940년 타이완총독부에 새로 정보부가 설치되어 남양등지의 정보수집 활동이 강화되면서 『정보부부보(情報部部報)』, 『타이완정보(臺灣情報)』 등과 함께 『타이완시보』의 내용도 쇄신되었다. 1940년 6월 이후에는 정보부가 편집을 주관하여 다시 타이완총독부의 기관지가 되었다.

『타이완시보』는 일제강점기의 타이완을 아는 데 가장 중요한 자료의 하나이다. 『타이완시보』는 타이완총독부의 기관지로 창간되었다.

타이완 강점 이래 25년을 경과한 1919년에는 타이완 통치가 군정에서 민정으로 전화하였고 문관 총독 덴 겐지로(田健治郞)가 취임하였다. 행정기구의 쇄신도 이루어졌다. 그러나 이러한 쇄신에 따라 타이완 통치의 기본적 성격이 변화한 것은 아니었다.

『타이완시보』의 발간사에도 적혀 있듯이 "식민지 경영에 관한 사회의 상식을 발발시키기" 위하여 "산업, 무역, 교통, 군사, 교육, 사법, 경찰, 위생, 토목, 공예, 기술"의 광범위한 방면에서 구체적인 기술 발전의 현상을 소개하고, 내외에 타이완 통치의 실적을 알리려는 목적으로 창간된 것이다.

이러한 사정의 배후에는 강점 이래 무력에 의하여 타이완의 항일운동을 진압하는 가운데 지배 체제를 확립한 타이완총독부의 정책에 대한 일본 국내의 비판이 있었다. 또한 국제적으로는 1차 세계대전의 종식을 맞아 그때까지 일본은 제국주의 여러 나라 사이의 식민지 쟁탈전의 권외에 있으면서 조선과 타이완의 지배에 힘을 기울였지만, 1차 세계대전 이후에는 후진 제국주의 국가로서 열강의 세계 재분할에 참가하게 되었다.

이러한 내외의 정세 가운데 타이완총독부는 민정 통치를 실시하여 민심의 안정을 도모하는 동시에 일본인, 타이완인 및 관민의 협동 일치의 정신을 고취하여 타이완 통치의 실리를 얻어야만 하였다. 이러한 상황에서 『타이완시보』는 타이완총독부의 총무장관인 시모무라 가이난(下村海南)의 주도에 의하여 타이완총독부 기관지로 창간된 것이다.

『타이완시보』는 발행 규정 제1조를 통하여 "정사(政事), 시사, 농사, 공사, 상사, 학술, 기예, 통계 등의 보도 평론 특히 타이완에서의 통치 상태 및 제반 상황"

에 관하여 보도한다고 명시하였고 또한 남양 지역에 관한 사항도 다루었다. 잡지의 구성은 논설, 강연, 조사보고, 북방 사정, 연구 자료, 통계, 기록, 잡보, 법령, 광고의 10개 항목으로 되어 있었다.

집필은 총독 이하 타이완총독부의 고위 관리, 그리고 지방청이 담당하여 각 관할 기관의 행정을 보고하였다. 창간 당시의 평의원은 총무장관 시모무라 가이난 이하 97명이었고, 편찬위원은 타이완총독부 비서과장이던 이시이 미쓰지로(石井光次郎) 이하 21명이었다. (이준식)

참고문헌

アジア經濟研究所圖書資料部, 『舊植民地關係機關刊行物綜合目錄 臺灣編』, アジア經濟研究所, 1973.

타이완자원(臺灣資源)

1937년 창간된 타이완총독부의 조사 잡지

1937년 6월에 창간된 조사 잡지다. 발행처는 타이완총독부(臺灣總督府) 관방조사과(官房調査課)였다. 1권 2호부터는 부외비(部外秘)로 발간되었다. 현재는 1937년 12월에 1권 4호까지 발간된 것이 확인된다.

제국주의 열강이 자국 및 식민지의 자원 확보와 그 통제 운용의 체제를 준비하고 있는 데 대응하여 일본에서도 그러한 움직임이 나타난 바 있다. 1927년 의회의 협조를 얻어 자원의 통제 운용에 관한 기관을 설치하기 위한 예산이 마련되었다. 이에 따라 같은 해 5월 내각의 외국(外局)으로 자원국이 설치되었다.

다시 일본 안팎에 걸쳐 자원에 관한 정확하고 정밀한 조사자료를 수집하고 정비할 필요에서 1929년 4월 자원조사법(資源調査法)이 제정되었다. 이로써 국가총동원 준비를 확립한다는 일본제국주의의 요청에 응하기 위하여 일본 국내 및 국외의 각 식민지를 포괄하는 지역에서 자원의 조사, 개발, 통제, 운용 계획이 중요한 임무로 떠올랐다.

『타이완자원』은 이러한 자원조사 활동의 일환으로 발간되었다. 타이완이 보유한 자원의 종합적인 활용을 위한 기본 정보를 제공하는 것이 이 잡지의 목적이었다. 따라서 『타이완자원』에는 유전과 광물의 개발, 천연 가스의 이용, 무수(無水) 알콜의 생산, 쌀·설탕·소금의 생산 외에도 일본 유일의 열대 자원의 공급원인 타이완에서 생산되던 특수한 물자, 예를 들어 타닌재, 키나·해인초(海人草)와 같은 의약품 등에 관한 정보가 포함되어 있다.

『타이완자원』은 타이완의 풍부한 자원에 관한 조사 보고이자 각 부문별 기업의 영업 내용, 실적 및 연구소와 기업에서의 개발 연구의 성과, 제조 계획 등에 관한 소상한 소개서였다. 또한 각 지방의 품목별 물가 통계도 게재되어 있다. (이준식)

참고문헌

アジア經濟研究所圖書資料部, 『舊植民地關係機關刊行物綜合目錄 臺灣編』, アジア經濟研究所, 1973.

타이완정보(臺灣情報)

1940년 창간된 타이완총독부의 일간 정보지

1940년 5월 10일부터 발간된 일간 정보지이다. 발행처는 타이완총독부(臺灣總督府) 정보부였다. 매호 16쪽 정도로 간행되었다. 타이프 인쇄였다. 비밀 취급 문서로 정보부 안에만 배포되었다. 현재 1940년 11월 16일자의 150호까지 간행된 것을 확인할 수 있다. 일본의 국립국회도서관에 소장되어 있다.

중일전쟁이 수렁에 빠진 상황에서 1940년부터 타이완총독부에 정보부가 설치되어 정보 수집 활동의 강화가 이루어졌다. 이 정보부에 의하여 『타이완정보』가 발행되었다. 내용은 타이완, 중국, 남양(南洋), 유럽, 미국 등 세계 각 지역에서 2차 세계대전의 전국, 정치·경제 동향의 보도는 물론이고, 여기에 각 나라 주요 신문 논조의 초록, 또는 타이완의 지정학적 위치와 관련하여 특히 남양 방면의 항일 화교의 동정, 중국 화베이(華北), 충칭(重慶), 광둥(廣東) 각지의 내정, 치안 상황에 대한 언급에까지 미치고 있다. 중국공산당(中國共産黨) 기관지 논설을 소개한 부분도 중요한 자료이

다. (이준식)

참고문헌

アジア經濟研究所圖書資料部, 『舊植民地關係機關刊行物綜合目錄 臺灣編』, アジア經濟研究所, 1973.

▌타이완총독부보(臺灣總督府報)

1896년 발행된 타이완총독부의 기관지

애초에 『타이완총독부보』 1호는 1896년 8월 타이완신보사(臺灣新報社)에서 간행하던 『타이완신보(臺灣新報)』 13호의 부록으로 발행되었다. 『타이완신보』는 1896년 6월에 창간된 뒤 같은 해 10월 1일부터 일간이 되었다가 1898년 4월에 폐간되고 『타이완일보(臺灣日報)』(1897년 5월 창간)와 합병하여 같은 해 5월 1일자로 『타이완일일신보(臺灣日日新報)』로 창간되었다. 『타이완총독부보』는 1942년 4월 1일부터 『타이완총독부관보』(臺灣總督府官報)로 이름이 바뀌었다. 『타이완총독부관보』는 1945년 10월까지 발행된 것이 확인된다.

『타이완총독부보』는 1898년 5월 1일의 총독 명령 공포식을 기하여 총독이 발하는 행정 사법의 모든 명령은 『타이완일일신보』 부록으로 게재하는 것에 의하여 공포된 것으로 한다고 정해짐에 따라 같은 날부터 『타이완일일신보』 부록으로 발행되었다.

그 후 『타이완일일신보』가 1942년 3월 25일 폐간될 때까지 『타이완총독부보』는 부록의 형식으로 발행되었다. 다만 다이쇼(大正) 시기가 열린 1912년에 메이지(明治) 시기의 통호와는 달리 새로 제1호부터 통호를 정하였다. (이준식)

참고문헌

アジア經濟研究所圖書資料部, 『舊植民地關係機關刊行物綜合目錄 臺灣編』, アジア經濟研究所, 1973.

▌타이완통계협회잡지(臺灣統計協會雜誌)

1903년 타이완통계협회가 기관지로 발행한 통계 잡지

1903년 12월 25일에 타이완통계협회(臺灣統計協會)가 가관지로서 창간한 통계 잡지이다. 창간호는 국판(菊版) 크기로 분량은 88쪽이었다. 창간 당시는 격월간(隔月刊)으로 발행되다가, 35호(1909.1)부터 월간으로 발행되었다. 현재 교토대학(京都大學) 경제학부 도서실에 소장되어 있다. 146호(1918.3) 발행 이후 일시 휴간되었지만, 147호가 1918년 11월에 다시 발행되었다. 이후 계간으로 발행되었으며, 1920년 10월에 156호를 발행하고 종간되었다.

1895년에 일본은 청국(淸國)으로부터 타이완을 할양받아 식민지로 지배하기 시작했다. 타이완통계협회가 설립된 시기는 식민지 지배 8년 후인 1903년 11월 3일이었다.

동 협회는 공립통계학교(公立統計學校) 출신으로 타이완총독부에서 통계기사(統計技師)로 근무하던 관료들을 중심으로 설립되었다. 동 협회의 회장에서는 타이완총독부 재무국장이 취임하였고, 타이완총독부 문서과장이 부회장에 임명되었다.

동 협회가 1903년 12월 25일 기관지로서 창간한 잡지가 본지다. 창간호에 수록되어 있는 「창간사」는 동 협회의 설립 목적을, 회원 사상의 보급을 도모할 것, 타이완통계사업의 발전을 도모할 것, 타이완에서 통계적 지식을 발휘하는 것이라고 밝히고 있다.

지면은 '논문', '조사연구', '잡보', '회보'란 등으로 구성되어 있다. '논문'란에는 「통계적 방법(統計的方法)과 귀납법(歸納法)」(10~11호), 「후쿠자와 유키치(福澤諭吉) 선생과 통계학」(68호), 「『독립학술(獨立學術)로서의 통계방식』 중의 총론 및 결론」(번역문, 121~132호) 등과 같은 학술논문도 다수 수록되어 있다. 이와 같이 본지에는 이 시기 일본 통계학의 발전과 전개 과정을 파악할 수 있는 무시할 수 없는 논문들이 다수 수록되어 있다.

『타이완통계협회잡지』는 타이완에서 통계사업의

개선, 발달을 도모하는 동시에 통계의 학술연구를 수행할 것을 목적으로 조직된 타이완통계협회의 기관지였다. 일제강점기 타이완에서의 통계사업의 추진에는 당시 타이완총독부 민정장관(民政長官)이던 고토 신페이(後藤新平)의 힘이 크게 작용하였다. 1903년에 열린 타이완총독부의 통계연습회도 고토 신페이의 제안에 따라 열린 것이었다.

타이완총독부가 통계를 필요로 한 이유는 통계에 의하여 타이완 각 지방 각 계층의 말단까지 장악하여 행정을 한층 더 합리화하고 강화하려는 데 있었다. 여기에 다른 한편으로는 타이완 통치에 대한 일본 안팎의 비판, 의심, 오해를 불식시키기 위하여 '통계적 사실'을 제시하고 해설하는 정책상의 필요도 있었다. 이러한 자세는 『타이완통계협회잡지』 발간에 대한 고토 신페이의 발언에서도 분명하게 드러난다.

통계사업의 첫 번째는 말할 것도 없이 국세조사(國稅調査)였다. 1905년에는 임시호구조사(臨時戶口調査)에 관한 법령, 예규, 문답, 전문가의 논설 등을 특집으로 실은 임시호구조사 특간호를 발행하기도 하였다. 이 밖에도 인구 동태 통계, 이혼 통계 등이 『타이완통계협회잡지』를 통하여 발표되었다.

• 고토 신페이(後藤新平, 1857~1929)

이와테현(岩手縣) 출생. 스카가와의학교(須賀川醫學校後)를 졸업하고 아이치현의학교(愛知縣醫學校)를 거쳐 내무성 위생국에서 근무하였다. 1890년 독일로 유학을 갔으며 1892년 위생국장이 되었다.

1895년 타이완총독이 된 고다마 겐타로(兒玉源太郞)에게 발탁되어 타이완총독부 민정장관이 되었다. 철저한 조사사업을 행하여 현지의 상황을 파악한 뒤에 경제개혁과 인프라 건설을 추진하는 통치를 시행하였다. 타이완에서의 조사사업으로 임시타이완구습조사회(臨時臺灣舊習調査會)를 발족시켰으며 스스로 회장에 취임하였다. 고토 신페이의 시책은 큰 성과를 거두어 이후 타이완총독부의 기초를 만드는 데 성공하였다는 평가를 받았다.

타이완에서의 공적을 인정받아 1906년에는 남만주철도주식회사(南滿洲鐵道株式會社, 통칭 만철)의 초대 총재가 되었다. 타이완에서와 마찬가지로 조사사업을 중시하여 만철 안에 조사부를 설치하였다. 1908년 이후는 체신대신, 내무대신, 외무대신, 도쿄(東京)시장, 도쿄방송국(東京放送局) 초대국장 등을 역임하였다. (문영주)

참고문헌

高橋益代, 『『臺灣統計協會雜誌』総目次解題』, Institute of Economic Research Hitotsubashi University, 2005; 鶴見祐輔 編, 『後藤新平傳. 第2巻 植民行政家時代』, 後藤新平伯傳記編纂會, 1937; アジア經濟硏究所圖書資料部, 『舊植民地關係機關刊行物綜合目錄 臺灣編』, アジア經濟硏究所, 1973; 鶴見祐輔, 『正傳·後藤新平: 決定版. 3 台湾時代 1898~1906年』, 藤原書店, 2005.

▌탁마(琢磨)

1938년 평안북도 영변에서 한국어로 발행된 종교 잡지

1938년 2월 1일자로 창간되었다. 묘향산(妙香山) 보현사(普賢寺) 불교전문강원에서 창간한 잡지였다. 속간된 기록은 없다. 편집 겸 발행자는 정창윤(鄭昌允), 인쇄인은 박인환(朴仁煥)이었다. 인쇄소는 서울 인사동의 대동(大東)인쇄소였고, 발행소는 평안북도 영변군 신현면 보현사 내 탁마사로 되어 있다. A5판 70쪽, 정가 30전으로 발간되었다.

발간사에 따르면 아무리 귀한 보옥도 갈아야 영롱하게 빛이 나듯이 인간도 도덕을 수향하고 배워서 절차탁마해야 한다는 것이 『탁마』 발간의 정신이었다.

묘향산 보현사는 북한의 국보 문화유물 제40호로 지정되어 있는 고찰로서 고려 광종 19년(968)에 창건된 유서 깊은 사찰이다. 1042년에 중건한 후 화재로 여러 차례 보수, 중건되었다. 고려 정종 10년(1044)에 세워진 9층석탑과 고려 인종 19년(1141)에 세워진 사적비가 천년고찰의 역사를 전해주고 있다.

「편집후 말」에서는 이러한 보현사의 불통을 언급

하고, 『탁마』의 발행을 통해서 불교의 최고학술인 화엄교를 연구하는 학인으로서 그 학술의 철리(哲理)를 발표하여 의견을 나누고자 한다고 발행 목적을 밝히고 있다. (정예지)

참고문헌

불함문화사 편, 『韓國佛敎學硏究叢書 154 近現代篇: 總說』, 불함문화사, 2004; 최덕교 편, 『한국잡지백년』 1, 현암사, 2004.

탁황자(拓荒者)

1930년 중국 상하이에서 발간된 문예지

1930년 1월 상하이(上海)에서 창간되었다. 좌익작가연맹 초기 기관지 중의 하나이다. 잡지 전신은 『신류월보(新流月報)』이며 장광츠(蔣光慈)가 주편을 맡았다. 태양사(太陽社)에서 주관하고 상하이현대서국(上海現代書局)에서 출판하였다. 1930년 5월 4·5호 합집을 발행하고는 정간되었다. 현재 베이징사범대학도서관 등에 소장되어 있다.

『탁황자』의 주요 내용은 마르크스주의 문예이론의 소개, 소련 작가들의 작품 번역, 좌익작가들의 창작품 발표 등이었다. 또한 부르주아지 문예 이론을 비판함으로써 '신월파(新月派)' 비판의 주요 무대이기도 했다.

특히 혁명문학작품과 마르크스주의 혁명 문예이론을 주로 다루었으며, '국내외문단소식'난이 있어 각국의 문단 상황을 보도하였다. 1권 2호에는 펑쉐펑(馮雪峰)이 번역한 「신흥문학을 논하며」(레닌, 「당의 조직과 당의 문학」)를 게재였다. 1권 3호부터는 후난농민운동(湖南農民運動)을 묘사한 장편소설 「포효하는 대지」를 싣기 시작하였고 그해 5월 1일에는 『탁황자』, 『맹아』, 『문예강좌』 등 13종류의 좌익잡지들이 "5·1특간"을 연합 발행해서, 레닌의 노동절에 대한 내용과 중국좌익작가연맹의 노동절 기념선언을 싣기도 하였다. 또한 그 달에 『탁황자』 4·5호 합간이 발행금지를 당하여 이미 출판된 합간본에 대해서는 임시로 "해연(海燕)"이라는 이름으로 앞표지를 바꾸어 발행하였다.

(이은자)

참고문헌

王檜林·朱漢國, 『中國報刊辭典(1815~1949)』, 太原(山西): 書海出版社, 1992; 葉再生, 『中國近代現代出版通史』 第2卷, 華文出版社, 2002; 中國近現代史大典編委會, 『中國近現代史大典』, 中共黨史出版社, 1992.

탐구(探求)

1936년에 서울에서 창간된 문예동인지

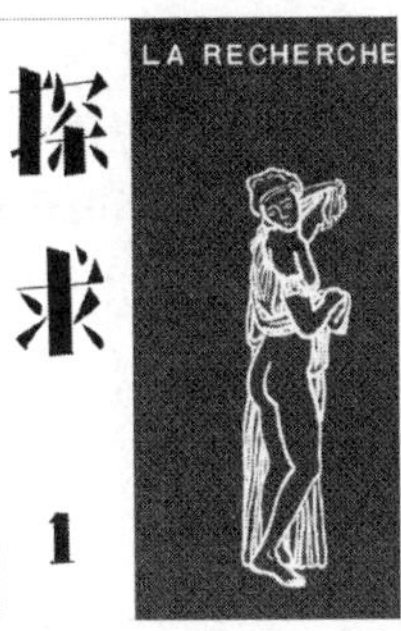

1집(1936.05.20)

1936년 5월 20일에 창간되었다. 1집 목차 우측 아래쪽에 "『문학세계』 개제"라고 되어 있다. 하지만 현재 『문학세계』라는 잡지의 존재 여부는 확인되지 않는다. 1집 표지에는 "LA RECHERCHE"라 쓰여 있으며 '문학계간'이라고 표시되었지만 그해 7월에 2집이 나오고 '편집후기'에 "다음부터는 격월간으로 발행하기로 결정했다"고 한 것으로 보아 격월간지로 규정하는 것이 좋을 듯하다. 종간호가 몇호로 마감됐는지는 알 수 없다. 편집 겸 발행인은 이용우(李龍雨), 인쇄인은 대동인쇄소의 김현도, 발행소는 탐구사(경성부 수송정 123)이다. 판형은 A5판으로 1집의 총면수는 95쪽, 제2집은 32쪽이었으며 정가는 10전이었다. 1, 2집이 고려대도서관에 소장되어 있다.

1집의 표지는 정현웅이 그렸다. 그리고 삽화는 허남흔(許南昕)이 맡았다. 1집은 소설 3편(신백수 「무대장치」, 이용우 「외투」, 최인준 「이뿐이의 서름」)과 희곡 1편(한태천 「산월이」), 평론 1편(이시우 「비판의 심리」), 시 2편(정병호 「의욕」, 주영섭 「바 노바」)가 각각 실렸다. 이를 통해서 알 수 있는 것은 신백수와 이시우가 연희전문학교 출신의 문예 동인지인 『34문학』(1934.9)의 멤버였고, 주영섭은 시인 주요한, 소설가 주요섭의 동생으로 시와 희곡을 썼다는 점이다.

2집에는 소설 2편(유백영 「도벌(盜伐)」, 이용우 「환영」)과 시 6편(차월훈 「생명」 외 2편, 윤세중 「귀로」 외 3편, 황용수 「생명의 괴로움」, 황휘 「단상」)이 실려 총 32면으로 짜여 있다.

전체적으로 보자면 이 잡지는 제1집과 제2집의 차이가 크다. 우선 분량면에서도 그렇고 거기에 참여했던 동인들도 이용우를 제외하고는 제2집에 작품을 기고하지 않는다. 이로 미루어 보건대, 동인들 내부의 다툼이 있었거나 동인을 이루어나갈 견인력이 사라지지 않았을까 싶다. 이는 곧바로 잡지 발간에도 영향을 미쳐 더 이상 발간되지 못하는 사태를 맞았기 십상이다. 그것은 확고한 문학관과 뚜렷한 목적의식이 없는 잡지 운영의 여느 사례와 동일한 것이라고 할 수 있을 것이다. (전상기)

참고문헌

김근수, 『한국잡지사연구』, 한국학연구소, 2004; 최덕교 편저, 『한국잡지백년』 3, 현암사, 2004.

태극학보(太極學報)

1906년 일본 도쿄에서 태극학회가 발행한 계몽잡지

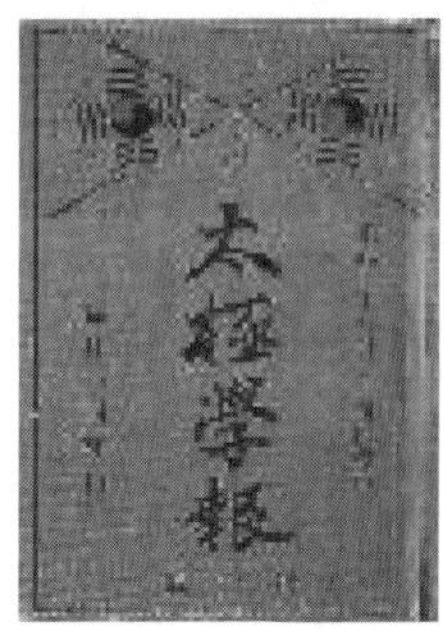

1906년 8월 24일 도쿄(東京)에서 태극학회(太極學會)가 발간하였으며, 1908년 12월 24일 27호로 종간되었다. 초기 잡지로는 가장 많은 호수를 자랑한다. 매호 60~70쪽의 분량이며, 1000부씩 발간되었다. 표지에는 상단에 두 개의 태극기를 교차시킨 문양을 넣었으며, 매월 1회 발간하고 24일이 발간 날짜라는 정보가 표시되어 있다. 편집 겸 발행인으로는 장응진(張膺震)이, 인쇄인으로는 김지간(金志侃)이 맡았는데, 제19호부터는 편집 겸 발행인이 김낙영(金洛永)으로 바뀐다. 발행소는 일본 도쿄의 태극학회 사무소이며, 인쇄소는 역시 일본 도쿄의 교문관(敎文館)인데, 뒤에 명문사(明文舍)로 바뀐다.
표기는 한문 중심의 국한문체이나 여자 교육 등 필요에 따라 순국문을 쓰기도 했다. 이 잡지는 1979년 아세아문화사에서 한국개화기학술지의 일부로 영인되었다.

목차를 살펴보면, 처음엔 강단(講壇)과 학원(學園)으로 이원체계를 갖추었다가 2호부터 잡보(또는 잡란)가 추가되고, 다시 3호부터는 강단과 학원이 한데 묶이고 잡보와 이원체제를 이뤘다. 이후 10호부터는 연설과 평론 부분이 추가되며, 11호부터는 논단, 강단, 예원(藝園), 잡찬, 잡보 순으로 새로운 편제가 이루어진다. 그리고 14호부터는 대체로 논단, 강단, 학원, 문예, 잡록 등의 체제로 굳혀지게 된다.

강단란에서는 교육론, 외교론, 국가론, 정부론, 경찰론, 경제론, 조세론, 과학론, 자유론, 가정교육, 사회진화론, 애국론, 성정론(性情論) 등과 같이 제반 학술 분야의 계몽에 관한 글을 소개하고 있다. 이러한 글들의 목적은 사회진화론을 바탕으로 점진적으로 실력을 양성하여 부국을 이루고 독립을 준비하자는 당시 자강회 계열의 계몽논리와 차이가 없다.

1호에 실린 장응진(張膺震)의 「아국보통교육론」에서는 자연계와 마찬가지로 인간 사회 역시 진화론이라는 대법칙이 관철되며, 국가가 진화하기 위해서는 국가의 기본 단위인 국민을 교육시켜야 한다는 주장을 한다. 국민교육의 근본 방책은 보통교육의 보급 완성이며, 보통교육을 마친 인민만이 국민정신을 체득하여 완전한 국민의 자격을 갖추게 된다고 보았다. 이러한 국민을 양성하는 것이 국가의 자활책이란 주장이다.

3호에 실린 「아국 국민교육의 진흥책」에서는 의무교육제도의 실시를 주장하고 있다. 2호에 실린 최석하(崔錫夏)의 「국제교제론」에서는 외교 수단의 완비가 국가의 흥망을 결정짓는다고 설명하고 있다. 이렇게 외교를 중시 여김으로써 열강과 외교상의 교섭을 할 수 있는 영웅을 고대하면서 영웅예찬론으로 이어졌는데, 8호에서 비스마르크 전기가 소개된 것도 그 일례라 할 수 있다.

논단란에서는 교육을 중심으로 한 실력양성론에 무게가 실려 있다. 가령 김지간(金志侃)은 18호 「문명의 준비」에서 사회의 전 분야에 걸쳐 '문명화'에 당면하고 있는 바, 이를 위해 특히 지방 교육과 실업을 장려해야 한다고 주장하였다. 그런데 20호 논단란을 보면, 「국지홍왕재어공부(國之興旺在於公富)」, 「한국장래의 문명을 논함」, 「천하대세를 논함」, 「애국심의 연원은 애아심(愛我心)에 재함」 등의 글이 실려 있다. 필진도 한흥고(韓興敎), 문일평(文一平), 최석하, 고의환(高宜煥) 등으로 이 잡지의 주요 멤버들이다. 이때는 한국에서의 군대 해산과 고종 양위 등의 형식적인 합병 절차가 진행되고 있던 민감한 시기였다. 그에 따라 논설의 강도도 강해지고 있었던 것이다.

학원란에서는 공기설, 수증기의 변화, 석탄과 석유, 위생, 여자교육, 역사담, 화산설, 육아법, 음료수, 구급치료법, 지구론, 동식물계 등 다양한 학술 분야를 다루고 있는데, 특히 과학 분야 글들이 많이 실려 있다.

또한 시의성 있는 글을 번역하여 싣고 있는데, 제21호에 실린 아리가 나가오(有賀長雄)의 보호국에 관한 논의를 김지간이 「보호국론」이라 하여 역술한 경우가 이런 예이다. 역사담은 모두 12회에 걸쳐 연재가 되었는데, 대부분 외국 인물들의 전기를 채록한 것이다. 또한 양돈설(養豚說)과 양계설(養鷄說)을 연재하여 양돈과 양계의 필요성과 그 구체적인 과정을 상세하게 소개하면서, 새로운 부의 축적이 기대된다고 역설하고 있다.

이외 문예란에는 창가, 기담(奇譚) 등을 실었다. 창가로는 「충고가(忠告歌)」 등이 실렸으며, 기담으로는 모두 10회에 걸쳐 연재한 「해저여행기담(海底旅行奇譚)」이 있다. 원작자는 프랑스 사람 쥘 베른(Jules Verne)으로, 박용희(朴容喜)가 번역 연재한 작품으로 소설 형식을 갖춘 바다 속 여행담이다.

이외에도 백악춘사(白岳春史) 장응진은 「다정다한(多情多恨)」, 「마굴(魔窟)」 등의 소설을 연재하였다. 그런 한편, 「도쿄니치니치의 생활」(창간호)이나 「외국에 출학(出學)하는 친자에게」(12호)·「임종시에 기자(其子)에게 여하는 유서」(18호) 같은 신변과 가족과 관련한 문예물도 적지 않다.

마지막으로 잡보와 잡록란에서는 회원 소식, 본회 회원 인명록, 의연금 명단 등 유학생의 동정을 소개하고 있다.

또한 4호부터는 서울의 주한영서포(朱翰榮書舖)를 태극학보 출장지점이라 하여 이 매체가 판매소를 두고 있었다는 점을 알려준다. 이 매체는 이후 전국의 판매망을 가질 뿐만 아니라, 미국 샌프란시스코의 한인공립협회(韓人共立協會)에서까지 판매를 하게 된다. 거기에 10호 광고란을 보면, 서울의 인사들이 본 잡지 발간을 격려하고 막대한 금액을 보내왔다고 하여 그 고마움을 표시하고 있는 바, 서울 쪽의 지원에 힘입어 잡지 발간이 지속될 수 있었던 것으로 보인다.

• 장응진(張膺震, 1890~1950)

필명은 백악춘사이며 이 잡지의 편집 겸 발행인이었을 뿐만 아니라, 주요 집필진 중의 한 명이었다. 그는 이 잡지에 시론에 해당하는 글을 다수 발표하는 한편 「다정다한」, 「마굴」 등의 소설을 게재하였다. 「다정다한」은 경무국장을 지내면서도 일반 사람들의 편에 섰다가 결국 면직되고 집으로 돌아온 삼성선생(三醒先生)이란 남주인공이 「천로역정」 등을 읽고 예수교인이 된다는 이야기이다. 그리고 「마굴」은 황해도 장연 땅에서 일어난 살인극을 이 지방군수가 해결한다는 내용이다. 두 작품 모두 한문 현토체 소설로, 당시 『대한일보(大韓日報)』와 『황성신문』 등에 「일념홍(一捻紅)」, 「신단공안(神斷公案)」 같은 또 다른 한문현토소설도 연재되고 있었다. 마침 「혈의누」도 『만세보』에서 연재되고 있었다. 두 개의 다른 표기 양식, 즉 한문현토와 신소설체가 동시에 실험 무대에 올라 있었던 것이다. 잡지에 연재된 이 「다정다한」과 「마굴」은 소설사에서 비상한 관심을 가지고 보아야 할 대상이다.

• 태극학회

태극학회는 1905년 도쿄의 일본유학생들이 결성한 학회로, 원래는 신참유학생들의 일어강습을 위해 조직되었다가 1906년부터 본격적인 학회로 발전한 것이다. 회장엔 장응진, 부회장은 최석하(崔錫夏)이며, 평의원과 사무원, 사찰원을 두고 있었다. 평의원으로는 장응진과 최석하 외에 김지간(金志侃), 전영작(全永爵), 김진복(金鎭福), 이윤주(李潤柱) 등이다.

이 학회는 주로 관서 지방 출신의 유학생들로 조직되었는데, 민족의 상징으로 '태극'을 설정하고 해외에서 민족의 부지(扶持)를 위한 운동이 활동의 중심이었다. (정환국)

참고문헌

한국학문헌연구소 편, 『太極學報』壹·貳·參·肆, 아세아문화사 영인본, 1978; 최덕교 편저, 『한국잡지백년』, 현암사, 2004.

태롱(泰隴)

1907년 일본 도쿄에서 창간된 시사종합잡지

산시(陝西), 간쑤(甘肅) 출신의 재일본 유학생들이 주관하여 1907년 8월 26일 일본 도쿄(東京)에서 월간으로 창간되었다. 1908년 종간되었다가 다시 『관롱(關隴)』이라는 제호로 계승되어 발행되었다. 창간호가 현존하며 상하이도서관에 소장되어 있다.

사회개량주의를 선전하고 자본주의 민권과 평등사상을 제창하였다. 군주 전제 정치제도를 반대하였으며, 게재된 논술은 시베이(西北) 지방의 정치와 경제, 군사의 개선과 개선 방안을 제의하는 것이었다. 서방의 선진기술과 신지식, 신관념을 번역하여 소개하였다.

중국 시베이 각지와 상하이, 한커우(漢口) 등지에 배포되었다. (김성남)

참고문헌

周葱秀·涂明 著, 『中國近現代文化期刊史』, 山西敎育出版社, 1999; 方漢奇 主編, 『中國新聞社業通史』, 中國人民大學出版社, 1996.

태백(太白)

1934년 중국 상하이에서 창간된 시사종합잡지

1934년 상하이(上海)에서 창간된 사회과학 잡지이다. 주필은 천왕다오(陳望道)이며, 편집위원에는 아이한쑹(艾寒松), 리례원(黎烈文), 푸둥화(傅東華), 정전둬(鄭振鐸), 예성타오(葉聖陶), 위다푸(郁達夫), 쉬타오푸(徐調孚), 쉬마오융(徐懋庸), 차오쥐런(曹聚仁)이고 샤정눙(夏征農)이 부편집장을 보았다.
반월간으로 발행되다가 1935년9월 총 24호를 출간하고 종간되었다.

내용은 단론(短論), 속사(速寫), 만담(漫談), 명저제요(名著提要), 과학소품(科學小品), 시사수필, 독서기, 풍속지(風俗志), 잡고(雜考), 소설, 점근파량(掂斤簸兩), 목각, 만화, 문선(文選) 등의 항목으로 구성되었다.

제호 '태백(太白)'은 천왕다오와 루쉰(魯迅)이 함께 생각해낸 것이라고 한다. 『태백』은 하얗고, 또 하얀 것, 백화문과 비교하여서 더 하얀 것을 요구한다는 의미로 사용되었다. 또한 태백성(太白星)은 여명 전에 출현하는 것으로 계명성(啓明星)이라는 다른 이름을 가지고 있어서 하늘이 곧 밝을 것임을 표시하며, 국민당의 암흑통치가 끝날 것임을 암시한다. 또 태백(太白)이라는 글자는 획수가 적어 간체화의 원칙에도 부합되었다.

루쉰은 이 매체에 적극적으로 참여하였는데, 창간호에 게재된 문장 「고기 맛을 모르고 물맛을 모르다(不知肉味不知水味)」는 공한(公汗)이 쓴 것으로 되어 있으나 사실은 루쉰이 쓴 것이다. 루쉰은 공한(公汗), 장경(長庚), 쟝커(姜珂), 화웬(華園) 등의 필명으로 25편의 문장을 발표하였으며 「명인과 명언(名人與名言)」, 「만담만화(漫談漫畵)」 등의 잡문이 있다. 마오둔(茅盾)도 취즈(曲子)라는 필명으로 「매판심리와 서구화

(買辦心理與歐化)」 등 23편의 문장을 발표하였다. 그 중에는 모우니(牟尼)와 웨이밍(未名)이라는 필명으로 점근파양(掂斤簸兩)란에 쓴 16편이 있다.

『태백』이 추구한 소품(小品) 위주의 문장들은 또 다른 형식으로 사회를 반영하면서 사회의 잘못을 질타하는 간단 명쾌한 문장으로 문단에 큰 파장을 일으켰고, 산문소품에 큰 공헌을 하였다. 또한 과학소품은 소품문(小品文)의 새로운 형식을 창출하였다.

발표된 과학소품으로는 구주장(賈祖璋)의 「형화충(螢火忠)」, 「치(雉)」, 「수선(水仙)」과 저우젠런(周建人)의 「백과수(白果樹)」, 「조미반(鳥米飯)」과 구쥔정(顧均正)의 「어제는 어디에(昨天在那里)」 등이 있다. 이는 중국 최고의 과학소품들이다. 구주장(賈祖璋)이 발표한 「금어(金魚)」, 「구(龜)」, 「청전(蜻蜓)」, 「구인(蚯蚓)」, 「부유(蜉蝣)」 등의 새로운 소품들은 과학소품에 많은 공헌을 하였다.

과학소품은 『태백』에서 시작된 것으로 '과학소품'이란 명칭도 처음으로 제출된 것이다. 후에 출간된 『중학생』 잡지도 과학소품을 제창하였는데, 바로 『태백』의 영향을 받은 것이었다.

『태백』의 또 다른 공헌은 대중적 언어의 보급이다. 이 잡지가 창간될 즈음, 왕마오주(汪懋祖)를 대표로 하는 복고주의가 역류하면서 백화문(白話文)을 반대하는 바람이 불었다. 그러나 『태백』은 복고주의를 반대하고 대중어운동을 촉진하는 역할을 하였다. 1934년 문단에서 제3차 문예대중화 논쟁이 전개될 때는 한자병음화문제를 가장 적극적으로 지지하기도 하였다.

이 밖에도 속사(速寫) 글쓰기를 제창하였다. 마오둔(茅盾)과 바진(巴金), 허구톈(何谷天), 쉬제(許杰), 샤정눙(夏征農), 아이우(艾蕪) 등이 속사(速寫)를 발표하였다.

『태백』은 광범한 독자들의 지지와 함께 좌익문화계와 중국공산당의 관심과 지도를 받았다. 편집위원회는 투쟁 전략과 중요 구호를 제창하기 전에 먼저 중국공산당의 의견을 구하고, 공산당원이 『태백』에 와서 구체적인 편집 업무를 하도록 하였다. 집필진으로 등록되어 있는 58명은 모두 당시 좌파적 성향을 가진 유명 작가들이다. (김성남)

참고문헌

周蔥秀·涂明 著, 『中國近現代文化期刊史』, 山西教育出版社, 1999; 方漢奇 主編, 『中國新聞社業通史』, 中國人民大學出版社, 1996.

태서문예신보(泰西文藝新報)

1918년 서울에서 한국어로 발행된 문예지

1918년 9월 26일 한국 최초의 주간지로 창간된 문예지이다. 1919년 2월 16일 16호로 종간된 것으로 보아 매주 정기적으로 발행되지는 못한 것 같다. 당시로서는 획기적인 B4, 타블로이드판이었다. 창간호는 10쪽, 2호부터 9호까지는 8쪽, 10호부터 종간호까지는 4쪽으로 발행되었다. 발행인은 윤치호(尹致昊)였고, 편집 주간은 장두철(張斗澈)이었다. 1996년 태학사에서 영인하였다.

창간사에 따르면 창간 목적은 "태서의 유명한 소설 시조 산문 가곡 음악 미술 각본 등 일체 문예에 관한 기사를 문학대가의 붓으로 직접 본문으로부터 충실하게 번역하여 발행할 목적"이었다. 그러나 예술 전반에 관한 것이라기보다는 문학, 특히 시 중심으로 간행되었다. 주요 필진은 김억(金億), 이일(李一), 장두철이었다.

『태서문예신보』는 한국 근대의 본격적인 문예지로서 서구의 문예작품과 이론, 구체적으로는 상징주의 시와 시론을 소개하여 한국 문학의 지평을 넓혔다는 평가를 받았다.

특히 김억의 번역시와 시론은 한국 근대시 형성에 지대한 영향을 끼쳤다. 이 번역시들은 한국 최초의 시집인 『오뇌의 무도』로 출판되었다. 『청춘』, 『소년』을 통해 발표된 최남선이나 이광수의 시가 형태의 새로움만을 내세웠다면 이 잡지에 실린 김억, 황석우의 시들은 개성적인 서정을 바탕으로 개성적인 운율의 창조에 노력하고 있다는 점에서 근대문학에 대한 최초의 자각이라고 할 수 있다.

『태서문예신보』는 『창조』로부터 시작되어 온 한

국 근대문학의 밑거름이라는 점에서 문학사적 의의가 크다. (정예지)

참고문헌

金允植, 『韓國近代 文藝批評史硏究』, 一志社, 1976; 김은철, 「『泰西文藝新報』의 詩史的 位相: 無名詩人의 作品을 中心으로」, 『嶺南語文學』 17, 1990; 최덕교 편, 『한국잡지백년』 2, 현암사, 2004.

▌태양(太陽)

1895년 도쿄의 하쿠분칸에서 발행한 종합잡지

청일전쟁이 한창이던 1895년 1월 창간되어 1928년 2월 제34권 2호로 종간된, 일본의 메이지와 다이쇼를 대표하는 종합잡지이다. 발행 총수는 통상호 455권, 증간호 86권, 합계 531권이다. 발행부수는 분명하지 않지만, 광고에 의하면 전성기에는 30만 부가 발행되었다고 한다. 주요 집필자는 당시 최대 종합잡지에 걸맞게 당대의 관계, 교육계, 군인, 경제금융계, 언론계, 종교계, 정계, 문학예술계, 법조계, 의학계 등이 총망라되었다. 발행처는 하쿠분칸(博文館), 발행자는 오바시 신타로(大橋新太郎)이다. 창간 초년에는 월간, 다음 해부터 월2회 간행되었지만, 1900년부터는 다시 월간으로 복귀했다.

하쿠분칸은 1887년 6월 창업 이래 수 종류의 잡지발행으로 성공을 거두었다. 1895년에는 그동안 발행하던 『일본대가논집(日本大家論集)』, 『일본상업잡지(日本商業雜誌)』, 『일본농업잡지(日本農業雜誌)』, 『일본지법률(日本之法律)』, 『부녀잡지(婦女雜誌)』 등을 통합 정리하여 새로이 『태양』, 『소년세계(少年世界)』, 『문예구락부(文藝俱樂部)』를 발행했다.

『태양』은 수록분야나 발행부수 그리고 집필진 모두에서 기존의 잡지를 뛰어넘은 말 그대로 일본 최초의 종합잡지이다. 『태양』은 일본 잡지계에서 "예전부터의 '소책자'적인 잡지의 개념을 근저로부터 바꾸어 이를 대신한 완전히 새로운 잡지 모델을 제시했다"고 평가받는다.

더불어 『태양』이 채용한 종합잡지체계는 상업적이고 대중적인 잡지성의 표현이기도 하다. 즉 일본에서 기존에 발행되던 『명육잡지(明六雜誌)』, 『육합잡지(六合雜誌)』, 『국민지우(国民之友)』, 『일본인(日本人)』 등은 계몽주의나 일본주의의 보급을 목적으로 창간된 것이지만, 『태양』은 이와는 달리 광범위한 독자층(지식인계층, 상공계층, 하층계층, 가정계층, 농민계층)을 확보하려는 방침을 전면에 내세웠다. 그것도 어떤 특정 집단을 대상으로 삼은 잡지가 아니라, '새롭게 형성되던 국민전체'를 상대로 한 '총화적이고 통속적인 거대잡지'인 것이다. 따라서 『태양』이 일본인 대중에게 미치는 사회적 영향력은 타 잡지에 비해 절대적이라고 말할 수 있다.

『태양』은 편집명의인 이외에 편집주간 혹은 주필을 배치했고, 이들의 교체에 따라 잡지의 지면 구성과 내용도 크게 변화했다. 이러한 실질적인 편집장의 교체를 기준으로 잡지의 편제는 크게 7시기로 구분된다. 1기(쓰보야 젠시로[坪谷善四郎] 시대, 1895.1~1897.5), 2기(다카야마 린지로[高山林次郎] 시대, 1897.6~1902.12), 3기(도리야베 주지로[鳥谷部銃太郎] 시대, 1903.1~1909.1), 4기(우키타 가즈타미[浮田和民] 시대, 1909.2~1917.6), 5기(아사다 히코이치[淺田彦一] 시대, 1917.7~1923.9), 6기(하세가와 세이야[長谷川誠也] 시대, 1923.10~1927.3), 7기(히라바야시 하쓰노스케[平林初之輔] 시대, 1927.4~1928.2)로 구분하여 각 시기마다 판권의 기재사항을 표시했다. 또 증간호 및 특집호는 표지 기재가 원칙이었다. 여기에서 특집호란 통상호 가운데 특집명이 표지에 기재된 것을 말한다.

창간호의 「태양의 발간(太陽の発刊)」에서는 "지금 『태양』이 기약하는 곳은 널리 여러 전문 대가의 힘을 모아 많은 사람들에게 소개함으로써 상호 지견(智見)을 교환하는 것에 있다. 우리는 『태양』이 당대 최고 일류의 여러 명가에게만 집필 기고의 노고를 부탁해 가능한 한 평이하고 흥미롭도록 힘을 쓸 것이다"라고 발간의 사정과 포부를 밝히고 있다.

잡지의 내용은 정치 · 경제 · 사회평론을 중심으로 여러 산업과 지식기술의 보급에 공헌하고, 예술과 가정생활 방면에서도 지표를 추구하는 것이었다.

특히 1호의 문예란에서는 다카야마 조규(高山樗牛)가 문학란 기자로 활약하다가 1897년부터는 편집주간으로 취임했다. 그는 니체에 촉발되어 낭만적 삶을 제언하는 등 1900년대의 문학계 · 사상계에 커다란 영향을 주었다. 이 시기는 쓰보우치 쇼요(坪内逍遙), 고다 로한(幸田露伴), 이시바시 닌게쓰(石橋忍月), 다오카 레이운(田岡嶺雲) 등이 문예평론을 전개했고, 미야케 세쓰레이(三宅雪嶺), 우에다 가즈토시(上田萬年), 이노우에 데쓰지로(井上哲次郎) 등이 국어국자문제 논의를 전개했다.

창작으로는 오자키 고요(尾崎紅葉)의 「취사(取蛇)」, 가와가미 비잔(川上眉山)의 「서기관(書記官)」, 이즈미 교카(泉鏡花)의 「해상발전(海上発電)」 등 겐유샤(硯友社) 계열 작가의 작품이 많이 게재되었다. 또 이 밖에도 사회소설의 분위기에 호응한 창작과 번역 등의 작품도 소개되었다.

『태양』과 한일강제병합 정당화 기사

한일강제병합 이전부터 일본 언론계는 새로운 식민지 획득에 대한 기대와 더불어 향후 지배정책을 둘러싼 논의를 일제히 게재하기 시작했다. 조선 내의 반대여론에 대한 보도는 전혀 이루어지지 않고, 한일강제병합을 합리화하는 논리를 펼쳤다.

통치정책을 둘러싼 언론계의 주장은 오히려 일본 정부보다 강경했다. 언론계는 체제에 대한 비판적 기능을 상실하고 정부의 홍보기관 역할을 수행했다. 피해자인 조선인의 저항운동에 눈을 감고 침략자의 일방적인 입장을 국민에게 선전하는 논리를 구사했다. 『태양』은 당시 종합잡지 가운데 조선 문제에 지속적인 관심을 보였다. 이것은 당시 『태양』이 지식인 사이에서 가장 많은 독자를 확보하고 있었다는 사정과도 관련되어 있을 것이다. 잡지는 신문과 더불어 한일강제병합을 둘러싼 여론 형성과 정책 입안에 지대한 역할을 수행한 것이다.

『태양』은 한일강제병합 직전인 1910년 7월호에서 「통일 후의 대조선정책(統一後の對朝鮮政策)」이라는 특집을 통해 향후 식민지정책의 방향성에 대해 언급했다. 여기에서 말하는 통일이란 물론 한일강제병합을 의미한다. 즉 한일강제병합이 현실화되면서 하야시 다다쓰(林董), 다케코시 요사부로(竹越与三郎), 하세가와 요시노스케(長谷川芳之助) 등이 향후 지배정책을 제안한 것이다. 하야시는 한일강제병합 이전 주한공사를 역임한 인물이다. 그는 식민지에 대한 정치는 '자치정치'와 '전제정치'가 있는데, 조선의 경우는 법제로 통치하는 것이 아직 시기상조이므로 '대일본 황제 폐하의 전제정치'가 필요하다고 제안했다.

이에 반해 다케코시는 한일강제병합에 소극적인 입장을 표명했다. 그의 표면적인 반대 이유는 ① 조선인의 반란이 필연적으로 일어난다. ② 재정 부담이 크다. ③ 조선은 2000년의 역사를 지닌 국가라는 것이다. 하지만 이러한 다케코시의 주장은 일시적인 것에 불과하다. 그는 스스로 '식민지 무교육론자'임을 자처하면서 철저한 우민화정책을 주장했다.

또 하세가와는 역사발전 단계를 언급하면서 조선은 일본 중세의 가마쿠라 혹은 무로마치 시대 정도이기 때문에 근대적 법치를 적용할 수 없다고 말한다. 그리고 조선인은 교육을 통해 서서히 동화시켜야 한다는 대안을 제시했다. 이들은 일본의 한일강제병합을 정당화하면서 강력한 전제정치와 동화정책을 주장한 것이다.

『태양』의 조선통치문제

『태양』은 1910년 10월 논설을 통해 정계와 외교계, 언론계의 주요 인물의 담화를 수록한 「병합 후 조선통치문제(併合後の朝鮮統治問題)」를 게재했다. 이들의 담화 내용은 이후 식민지 지배정책의 방향성을 구체적으로 제시했다는 점에서 주목할 필요가 있다.

이들의 담화내용을 주제별로 크게 구분하면 다음과 같다. 즉 한일강제병합을 정당화하는 논리, 일본어 강제와 조선어 금지를 통한 동화정책의 추진, 식민지 경제정책과 산업개발정책 등이 그것이다.

먼저 한일강제병합의 정당화 논리를 살펴보자. 한일강제병합 전후에 주한공사관 관원과 '이왕직(李王職)' 사무관을 역임한 가토 마스오(加藤增雄)는 '병합'이라는 명목의 한일강제병합에 대해 "아주 당당한 대제국의 위엄과 은혜를 겸비한 공명정대한 조치이고, 왕도의 본의를 유감없이 발휘한 최초의 성대한 일"이라고 주장했다.

그는 또 일본이 '조선의 이전 주권자'였던 이(李)왕가에게 '특별대우를 해주었다'는 점을 강조하면서, 만약 '구 영토 내에 거주하는 것'을 다행으로 생각하지 않고 앞으로 왕실이 조선 민중의 독립운동에 이용된다면 왕실에 대한 일본의 특별대우도 없어지고, 결국에는 조선의 종묘와 사직을 보존할 수 없게 될 것이라는 위협적인 언사를 구사했다.

이어 가토는 "요점은 정령을 간단히 하고 우리의 친절을 이해시켜 시의심(猜疑心)을 없애는 데에 있다"며 실용적 교육을 실시하고 종교심을 부각시킨다면 "동화는 자연히 이루어지고 병합은 사실상 완성될 것이다"고 강조했다.

또 1907년의 '한일신협약'의 체결을 주도하고 조선총독부 총무장관을 역임한 쓰루하라 사다키치(鶴原定吉)는 한일강제병합의 원인을 조선의 '경제적 쇠약'에서 찾았다. 쇠약의 원인은 여러 번에 걸친 전쟁으로 말미암은 피해와 지배층의 '악정의 결과'로 보았다.

하지만 그는 전쟁에 따른 피해는 다름 아닌 청일전쟁과 러일전쟁이라는 일본의 침략전쟁 때문이라는 사실에 대해서는 언급하지 않는다. 그리고 한일강제병합을 정당화하기 위해 조선인이 "원래부터 사대사상에 물든 인민"이라는 점을 내세운다. 따라서 종래의 보호국 관계로는 근저로부터 일본에 의지할 수밖에 없기 때문에 어쩔 수 없이 한일강제병합이 이루어졌다고 주장했다. 침략의 책임을 피해자에게 전가하는 논리이다. 또 쓰루하라는 조선 통치를 위해 일본어를 보급시켜 '조선의 일본화'를 도모한다면 아무런 난관은 없다고 전망했다.

조선 인물에 대한 논평도 게재되었다. '마르크스주의적 사회주의에 길항하여 사회개량적 국가주의'를 제창한 언론인으로 알려진 야마지 아이잔(山路愛山)은 『태양』의 「인물월단(人物月旦)」을 통해 조선인으로부터 매국노로 지목받은 이완용을 거론하면서 가쓰 가이슈(勝海舟)와 대비하는 방법으로 이완용의 행위를 칭송한다. 야마지는 이완용의 매국행위를 지칭하면서 "스스로 선택해서 한 길로 나아가 …… 주저하지 않고 나아가야할 곳으로 갔을 뿐이다"는 논리를 내세웠다. 야마지는 매국노 이완용을 가쓰 가이슈의 '영단'과 동일시하고, 심지어는 같은 민족반역자인 송병준까지도 거론하면서 조선 민족을 모독하고 있다.

이완용에 대한 높은 평가는 다른 잡지에서도 마찬가지다. 『중앙공론』은 사론을 통해 이완용은 "벼슬이 높고 자산 또한 백만이 넘어 달리 더 이상 바라는 바가 없는" 인물로 매국적 행위로 인해 자객의 습격을 받아 사의를 표명했음에도 일본은 그와 각료의 손을 통해 조약을 성립시킨 것이 적절했다고 평가한다.

우키타 가즈타미(浮田和民)는 메이지부터 다이쇼에 걸쳐 『태양』의 주간으로서 입헌정치의 보급, 개인주의 도덕의 고취에 커다란 사회적 영향력을 발휘한 인물이다. 특히 러일전쟁 이후에는 자유주의 색채를 선명히 내세우면서도 또 한편으로는 무단적 제국주의가 아닌 '경제상의 제국주의'를 내용으로 한 소위 '윤리적 제국주의'를 신봉한 언론인이다.

우키타는 조선의 존재를 "동양평화를 교란시키는 근심", "우리 국가의 생존을 위태롭게 만들어 우리 국민의 발전을 저해하는 화기(禍機)"라고 규정한 다음, 한일강제병합에 의해 "세계평화를 깨뜨릴 위험을 제거"할 수 있었다며 조선의 식민지화를 지지했다. 그리고 청일전쟁과 러일전쟁도 '동양평화'를 위한 정의의 전쟁이었다고 주장함과 동시에 한일강제병합의 의의 또한

'극동평화'의 확보, 조선인의 '행복 증진'과 '국민적 책임의 증대'에 있다고 주장했다.

하지만 우키타도 한일강제병합 이후의 식민지 지배의 전도가 결코 쉽지 않다는 것을 예견하여 자신의 사견으로서 "종전의 보호국 관계를 계속"하여 마치 잉글랜드나 스코틀랜드와의 '수의적 합동'이 양국 관계를 원활하게 만드는 이상적 방법이었다고 강제적 병탄의 불필요성을 지적했다. 그리고 보호관계의 계속을 통해 조선인이 "일본의 이익을 무시하고 독립을 지킬 수 없다"는 것을 알게 되었을 때야말로 강점의 시기라는 논리이다.

조선인에 대한 동화정책 여부에 대해서는 "예전부터 동종동문인 하나의 민족으로서 친밀한 관계"였기 때문에 '동화'는 용이하지만, 문제는 "조선인의 일본인에 대한 감정"이 "몇몇 불행한 기억"으로 충만해 있기 때문에 "용이하게 융화"할 수 없다고 본다. 일본인이 조선인으로부터 '존경'을 받지 않는 한, "동화는 결코 기대할 수 없다"는 비관적 견해를 내보인다. 또 조선인에게도 "헌법상 제국 신민이 향유하는 모든 권리를 향유"해야 한다고 말하면서 '윤리적 제국주의'자로서의 일면을 내세운다.

『태양』과 동화정책론

가토 마스오는 1910년 10월호 「교육의 방침(教育の方針)」에서 총독부 통치정책 가운데 가장 시급한 일로서 "목하 교육방침은 조선인을 일본인으로 만드는 것이 최대의 목적"이라고 말했다. 또한 교과서의 편찬 방침은 "주로 우리 신주(神州)의 금구무결(金甌無缺)의 국체를 알리고 우리 천황의 성덕을 우러르도록 힘써야 한다"고 강조했다. 교육내용도 고등교육의 실시를 부정했다.

단, 조선인의 우민화정책을 위해 종래의 서당을 약간 개선한 정도의 교육이면 충분하다고 생각했다. 더욱이 그는 관혼상제 등 사회적으로 중요한 행사에는 '일본주의'를 가미시키는 방법으로 동화의 촉진을 강조했다.

한일강제병합 이전 주한공사를 역임한 하야시 다다쓰도 통치정책에서 동화를 기본방침으로 삼아야 하고 풍습과 정신까지도 '일본화'시켜야 한다며 "조선에는 원래 조선 고유의 사회제도와 풍속관습이 있다. 의복제도, 바로잡힌 장유 질서, 남녀 사이의 엄격함 등과 같은 것은 예의작법이 문란한 일본국민에 비해 오히려 뛰어날 것이다. 이 밖에도 이와 비슷한 사례는 아주 많다. 하지만 이것들은 모두 신시대에 걸맞지 않는 구시대의 버릇이나 관습이다. …… 평상시의 앉는 것과 눕는 법도, 의식주 등은 모두 일본적으로 고쳐져야 한다. 그래서 결국에는 그 정신과 사상까지도 전부 일본인과 똑같이 만들어야 한다"(「요는 동화에 있다[要は同化にあり]」)고 주장했다.

또 '식민지 무교육론자'임을 자처한 다케코시 요사부로는 "조선을 농업적 식민지로 만들어야 한다. 따라서 농업 식민지에 대해 일부러 고등교육을 실시할 필요가 없다. 조선인은 단순히 선량한 농민 그 자체로 충분하다. 농업상의 지식만 있다면 그 밖의 지식은 필요 없다. 한문을 가르칠 필요도 없고 기타 고등 학술을 전수할 필요도 없다"(「고등교육을 실시하지 말라[高等教育を施す勿れ]」)며 철저한 우민화정책을 주장했다.

『동양자유신문(東洋自由新聞)』의 편집자이자 구주개진당(九州改進黨)의 창립에 참가하여 자유민권운동의 발전에 공헌했다고 자임하던 마쓰다 마사히사(松田正久)도 조선 통치의 기본방침으로 동화주의를 주장했다. 동화는 장시간이 소요되기 때문에 "정신까지 일본인으로 단련시키기 위해서는 100년이나 150년이 필요하다"(「조선통치의 강령[朝鮮統治の綱領]」)며 장기적인 안목에서의 동화정책을 제기했다. 그리고 동화 방법은 '위압'만으로는 불가능하기 때문에 '은위병행주의(恩威竝行主義)'를 주장한다. 조선왕조의 '악정'을 일부러 강조하면서 "미개인은 자칫하면 인정(仁政)에 기어오를 염려가 있다. 따라서 그 폐습을 방지하기 위해 위력도 갖추어야 한다. …… 동화 방침은 은위병행의 정치를 펼쳐 서서히 계발하도록 유도해야 한다. 이것이 우리가 최상으로 생각하는 조선통치책의 대강이다"라고 결론짓는다. 마쓰다의 동화정책론은 "정신을 일본인과 동일하게 만드는 것"이 중요하다는 민족의식 말살이 동화정책의 궁극적인 목적이라는 것이다.

한편 제1차 오쿠마내각(大隈内閣)의 농상무상을 역임한 오이시 마사미(大石正巳)의 동화정책론은 이들과는 달랐다. 즉 그는 교육과 법률만으로는 조선의 동화가 어렵다는 것이다. 그는 조선인 가운데 "재간 있는 자를 관리로 임용할 것"과 영국이 인도를 지배한 방식과 같은 "토박이 가운데 유력자와 명망가를 선별하여 자문기관을 조직시키고 이들과 협력하여 통치하는 방법"이 유용하다고 주장한다. 이것이 직접통치가 가져올 모순의 완화와 더불어 회유정책에도 유리하다는 것이다.

이에 대해 오이시는 "조선인은 당연히 일본인에 의해서만 다스려지는 것이 아니라, 조선인 스스로가 다스려야 한다는 마음을 지닐 것이다. 따라서 바로 그럴 때만이 일본에 대한 반항심을 누그러뜨리고 야심가의 음모를 미연에 방지 할 수 있다. 특히 조선인은 천성이 영리해서 머리 쓰는 것이나 그 지식은 하와이, 남양, 미국 등의 반미개인 혹은 미개인과 같은 수준에서 말할 수 없다. 불행하게도 지금까지는 세계의 진운에 뒤처져 있었기 때문에 낙후된 상태에 있지만, 문명인이 될 소질은 충분히 갖추고 있다. 따라서 일본인과 동등한 정도까지 올바로 지도하는 것은 별로 어려운 일이 아니다. 문명이 발전함에 따라 점차 자치제도를 완비하여 시정촌회(市町村會), 군회(郡會), 부현회(府縣會)는 물론 나아가서 대표를 귀족원과 중의원에 열석시켜야 할 것이다"(「행정상의 시설[行政上の施設]」)라고 말했다.

동화정책을 둘러싸고 오이시와 다케코시를 제외한 모든 사람이 일본어 강제를 주장했다. 가토는 "충분하지 못한 통역 때문에 생명과 재산 보호에 조금이라도 어려움이 생길 수 있으므로 바람직한 정책이 아니다"(「공용용어의 일[公用々語の事]」)는 명분을 내세웠고, 하야시는 "동화의 수단으로서 첫째로 일본어의 보급이 긴요하다. 일본어를 보급시키면 조선인의 사상, 정신을 일본인으로 만드는 일도 쉽다"(「일본어를 보급하자, 왕정을 실시하고 법을 활용하자[日本語を普及せよ, 王政を施け, 法を活用せよ]」)며 통역정치의 폐해를 지적함과 동시에 동화의 수단으로서도 일본어 보급의 중요성을 주장했다.

또 마쓰다는 통역정치의 불편함과 재판, 행정의 편의성을 강조한 다음, "일본인의 사상과 일본인의 정신으로 조선인을 다스릴 수 있다면, 조선인은 명실공히 신일본인이 될 자격을 얻을 것이다"(「동화는 교육에 의존한다[同化は教育に待つ]」)며 이를 위해서도 일본어 강제가 필요하다는 논리를 전개한다.

쓰루하라도 통역정치와 통역재판의 불편함과 비능률을 지적하면서, "조선에 있는 일본 관리가 조선어를 배워야 한다고 말하는 사람도 있다. 하지만 오히려 조선인으로 하여금 일본어를 익히게 하는 편이 훨씬 쉽고 효과적이다"(「일본어의 보급도 역시 용이[日本語の普及も亦容易]」)며 조선인의 뛰어난 어학력을 일본어 강제의 이유로 들고 있다.

한편 오이시와 다케코시는 일본어 강제와 관련하여 소극적인 입장을 표명했다. 오이시는 동화가 실현될 시점을 "정치, 경제, 기타 사회 전반을 일본인과 동등할 정도로 끌어올려 그 인민의 지식이 일본인과 같은 정도로까지 개발"(「행정상의 시설」)할 때라고 언급했다.

다케코시는 일본어 강제는 물론 오래된 관례와 습속의 일본화도 필요하지 않으며 오히려 위험한 것이라고 보았다. 다케코시는 동화가 외견상의 일본화가 아니라 일본의 통치를 순수하게 받아들이는 선량한 존재를 만드는 것이라는 약간 변형된 동화정책론을 주장했다.

하지만 그가 일본어 강제를 주장하지 않는 보다 근본적인 이유는 다른 데 있었다. 다케코시는 일본어를 가르치면 조선인이 일본어로 소개된 불온서적을 탐독함으로써 소위 '불온사상'을 받아들일 가능성을 경계하면서 "일본어 서적 중에는 프랑스대혁명을 언급한 것도 있다. 아일랜드 독립론에 대해 집필한 것도 있고, 폴란드 상황에 공감하여 독립을 찬성하거나 격려한 글도 있다. 이 밖에도 혁명사상과 독립사상을 부추기는 서적도 적지 않다. 일본어를 보급하여 사람들에게 일본 문장을 읽히면서 그런 종류의 책만 읽지 못하도록

하는 것은 도저히 불가능하다. 조선에 일본어가 보급됨에 따라 상업 부분은 일본에 다소 이익이 될 것이다. 하지만 통치라는 측면에서 바라보면 이것은 오히려 앞으로의 화근을 만드는 것이다. …… 많은 사람들은 동화라 말하면 백성의 사상과 풍속을 일본화시키는 의미로 해석하지만 내 생각은 다르다. 가령 타이완인이 변발을 하거나 조선인이 백의를 입더라도 우리 왕에게 물들어 삶을 즐겁게 지낸다면 결국 우리에게 동화되는 것이다. …… 요컨대 조선을 우선 우리의 터전으로 만들어야 한다"(「일본어의 보급에 힘을 쓰는 것은 어리석다[日本語の普及に力を注ぐは愚也]」)고 말했다.

동화정책에 대한 논의도 활발히 전개되었다. 운노 유키노리(海野幸德)는 당시 조선에 대한 동화정책을 둘러싸고 두 민족의 '잡혼'이 일본인의 자질을 높임과 동시에 식민지 통치를 위해서도 유효하다며 "다른 인종을 융합하여 하나의 인종으로 만들 수 있다면, 감정적, 심리적 배타심을 없애고 영구하고 견고한 결합을 만들어낼 수 있을 것이다. 일본인종과 조선인종의 경우 또한 마찬가지이다. 만약 일본인종과 조선인종이라는 형질을 결합시켰을 때는 감정적 심리적 반발심은 영구히 소멸되지 않고, 일본인종이 조선인종을 통치하는 데에 분명 어려움을 느낄 것이다. 만약 일본인과 한국인을 융합하여 하나의 인종으로 만들었을 때는 중대한 국가문제는 쉽게 해결될 것이다. 여기에 나의 일본인종과 조선인종의 잡혼에 대한 생각을 발표하여 동포의 비판을 받고자 한다"(「일본인종와 조선인종의 잡혼에 대하여[日本人種と朝鮮人種との雜婚に就て]」)는 논리를 전개했다.

운노는 이 밖에도 조선인과의 혼혈이 유리하다는 근거를 다음과 같이 말하고 있다. 즉 "문명을 달리하고 풍속습관을 달리하고 신체와 정신형질이 다른" 인종 사이의 혼혈은 "대개 나쁜 결과"를 가져오는 경우가 많다. 하지만 "풍속습관이 유사하고 동일한 문명을 지니며 신체와 정신형질이 유사한 두 인종의 잡교(雜交)는 좋은 결과를 가져온다. 인종의 형질은 적응력을 높이고 두 인종에 존재하는 열악 또는 유해한 형질은 배제되어 잡종은 신체와 정신의 강건을 가져와 우수한 인종을 형성한다"는 것이다.

또 하나의 논거는 일본인은 원래부터 "혼혈인종"이고 "조선인은 우리 일본인종 형질의 일부를 형성하고 있다"는 점에서도 필요하다고 한다. 또 일본인의 근친결혼의 폐해도 인종개량의 이유라며 앞으로 일본인이 "만약 형질문제를 등한시했을 때 일본인종은 결국 멸망에 이를 것이다"며 조선인과의 혼혈을 강조하고 있다. 이 글은 일본의 조선민족 말살정책과 영합되어 독립운동 거세책의 일환으로 등장한 것인데 현실적 가능성은 극히 희박했다. 언론계로부터 주목을 받지 못했음은 물론 하나의 제언으로 끝나고 말았다.

『태양』과 식민정책론

가토는 조선을 농업 식민지로서 일본의 식량공급지로 삼아야 한다고 주장한다. 하야시는 조선에서의 기업 활동은 일본에서처럼 관리주도형인 '관영사업'보다 민간주도로 이루어져야 한다고 주장한다.

또 한일강제병합 이전부터 재정고문으로 활약하던 '경제통' 메가타 다네타로(目賀田種太郎)는 식민지 재정과 관련하여 조선 세법의 복잡함과 가혹한 착취를 인정하면서도 교통이 개발될 때까지는 어쩔 수 없다는 변명으로 일관했다. 그리고 식민지 조선의 경제정책 목표로 금융기관의 정비확충, 어장과 개항장의 시설강화, 북부 지방 개발 등을 중시하여 조선을 일본 자본주의의 원료공급지, 상품판매시장, 투자대상지로 삼아야 한다는 정책을 제시했다.

마쓰다는 치수와 교통기관의 정비를 우선시해야 한다는 정책을 제시하며 일본의 자본가·지주·상공업자의 투자와 이주, 혼인을 통한 동화를 강조했다. 또 오이시는 조선의 풍부한 천연자원의 개발을 촉구하면서 일본 자본주의를 위한 원료공급지로서의 역할을 강조했다.

나가이 류타로(永井柳太郎)는 당시 한일강제병합을 구실로 자주 등장하는 과잉인구의 해결책으로서의 일본인의 '조선이주론'을 거론했다. 일본인의 본격적인 조선 이주는 러일전쟁 이후 통감부가 설치되면서부터였다. 1910년 한일강제병합 당시의 재류일본인의 대부분은 관공리와 군인의 가족, 전당포와 고리대 등 상업종사자였다. 농업종사자는 상대적으로 적었다. 조선에 거주한 자들은 동양척식주식회사와 같은 일본인 토지회사의 사원들이 많았다. 일본 정부는 한일강제병합 이전부터 일본인 특히 농민의 이주를 장려했지만 커다란 성과를 올리지 못했다. 이에 정부의 적극적 장려책을 요구하는 주장이 대두된 것이다.

나가이는 당시 일본인의 대량 해외 이주를 '기민(棄民)정책'으로 바라보지 않고 오히려 "인류문명에 다소 관계한 국민으로서 이주적 체험을 지닐 수밖에 없다"며 적극적인 해외 이주의 필요성을 강조했다. 그는 당시 일본인 해외 이주자수를 미국과 하와이 17만 명, 조선 14만 3000명, 남만주 8만 명으로 소개한 뒤, 앞으로는 조선과 만주에 집중시켜야 한다고 주장한다(「만한집중론[滿韓集中論]」).

나가이가 '만한이민집중론'을 제기한 이유는 다음과 같다. ① '생산력이 가장 왕성한 장정'을 미국에 이민시키는 것은 '마치 자기 혈액을 희생하여 다른 사람의 빈혈을 보충하는 것'으로 경제적이지 못하다. ② 일본인의 '저렴한 노동력'과 '독특한 공예적 능력'을 외국기업가에게 제공하는 것은 일본의 대외 수출 진흥의 저해요인이 된다. ③ 선진국 미국으로의 이주는 일본인을 미국에 동화시키는 것이다. ④ 전시 상황에서 본국과의 관계를 고려해볼 때 만주와 조선으로의 이주가 유리하다는 것이다. 특히 한일강제병합으로 식민지가 된 조선은 기후, 지형, 농작물 종류 등의 조건에서 가장 유리하고, 인삼·금·은 등 귀중한 물자와 어류의 풍부함, 낮은 인구밀도, 동척의 이민 장려 등을 고려할 때 가장 좋은 이민 집중 지역이라는 것이다.

그는 이민 형태를 구분하여 조선은 '농업적 이민', 만주는 '상공적 이민'의 대상 지역으로 바라보았다. 그 이유는 만주는 철도공사와 철광석·석탄의 채굴이 많고, 공업이민과 소상인의 활약에도 유리하다고 강조한다. 또 정치적·군사적으로도 "청국에게 사실상 우리나라가 관동주와 그 위장에 해당하는 남만주 지방을 유효하게 개척하고 있다는 것을 알리기" 위해서도 만주 이민은 극히 중요하다고 강조한다. 나가이의 '만한이민집중론'은 당시 대두하기 시작하던 '남진론'에 대한 반론으로서 게재된 것이다.

이처럼 한일강제병합 직후의 조선통치론은 다양하게 전개되었다. 일본의 조선 식민지화는 당연한 것으로 받아들여졌고, 지배 방침으로서의 '조선인의 일본인화', 즉 동화를 중시하는 데에는 어떠한 이견이 없었다. 이를 위해서는 무엇보다도 교육을 통한 일본어의 강제가 시급하다는 것이 공통된 주장이었다. 다만 조선은 일본의 '농업적 식민지'로서 재편될 것이므로 고등교육이 필요 없다는 주장이 설득력을 얻었다.

또한 효율적인 지배를 위해서는 '무력' 일변도의 지배방식과 더불어 회유정책의 필요성도 강조되었다. '은위병행주의'가 바로 그것이다. 조선인 유력자그룹이 참여한 자문기관을 통해 조선인의 '협조'를 얻어야 한다는 주장이다. 한일강제병합 직후 미디어를 통해 전파된 각종 논의는 이후 총독부의 지배정책에 그대로 반영된다. 미디어는 일본의 침략정책에 편승하여 여론을 조작하고 경우에 따라서는 정책 입안자보다도 강경한 목소리를 내세웠다.

『태양』은 1910년 11월호에서도 오쿠마 시게노부(大隈重信)를 비롯한 당시 일본의 유력한 재야정치가, 학자, 언론인 등 7명의 담화를 게재했다. 먼저 오쿠마는 「일본 민족의 팽창에 대해서(日本民族の膨脹に就て)」라는 논문에서 메이지 이후 류큐와 타이완의 지배가 성공리에 수행되었다고 평가한다. 그리고 조선을 의식하여 "타이완의 원주민이 야수와 같고 마치 강도 해적과 같은 존재였음에도 불구하고 시간이 흐름에 따라 일본화되었다"며 조선인의 동화는 중국인보다도 용이하다는 결론을 내린다.

오쿠마가 이러한 주장을 내세운 근거는 '한일 양국은 혈연 상 사촌관계처럼 가깝다는 것'과 '조선인은 아직까지 독립해 본 적이 없는 사대사상의 국민이자 잘 따르는 백성이라는 것', 그리고 '남쪽 지방의 조선인은 거의 일본인이라 말해도 좋을 정도'라는 등으로 역사를 날조한 것이다.

특히 '혈연상 사촌관계처럼 가깝다'는 논리는 역사적으로 한반도에서 일본열도로 많은 사람들이 이주한 것이 아니라, 임나일본부에 의해 조선을 식민지로 지배했기 때문이라고 주장한다. 한일강제병합은 침략이 아니라 '잃어버린 임나일본부의 회복'이라는 당시 인식에 그대로 편승한 논리이다.

마키노 노부아키(牧野伸顯)는 근대 일본이 침략국가로 발전한 것을 일본민족의 '원기왕성'한 소질에 있다고 자화자찬한 다음, 조선과 타이완의 지배는 '일본의 의무'라고 말한다. 그리고 일본인은 식민지로부터 이익을 획득하는 것에 머물지 않고 토착하는 일이 중요하다며 일본인의 조선이주정책을 주장한다.

당시 마키노는 일본인 이주자들이 고리대와 악덕상인 등 하류 계층으로 이루어진 것을 의식하여, 앞으로는 자본가, 학자, 경세가 등을 중심으로 한 소위 '고상한 계층의 식민'을 제안했다(「구주제국에 있어서 식민의 경향을 논하고 아국 금후의 식민정책에 참조한다[歐洲諸國に於ける植民の傾向を論じて我國今後の植民政策に及ぶ]」).

대륙낭인으로 조선 침략의 첨병인 역할을 수행한 우치다 료헤이(內田良平)의 「조선의 경영과 현상」이라는 논문에서, 우치다는 고대 신라의 수도인 계림(鷄林)이 중국 동북 지방의 지린(吉林)과 동의어라는 점을 근거로 하여 조선이 예전부터 중국 세력 아래 있었다고 주장한다. 심지어 "추풍령 이남의 땅은 과거 일본의 영토였다"고 역사를 날조하고 있다. 결국 그에게 한일강제병합이란 '일본인의 발전 방향이 옛날로 돌아간 것에 불과하다'는 인식으로 귀결된다.

또 그는 조선을 위해 투자한 금액이 무려 30억 원에 이르며, 조선의 물자만으로 투자 원금과 이자를 회수하는 일은 도저히 불가능하므로 만주까지 개발 이용해야 한다는 터무니없는 '대륙침략론'을 전개했다(「조선의 경영과 현상[朝鮮の經營と現狀]」).

대장성 관료 출신인 쇼다 가즈에(勝田主計)는 '경제통'이라는 직분을 살려 「동양척식회사의 현상」이라는 담화를 기고했다. 쇼다는 동척 설립 목적이 일본 내지로부터 조선에 농민을 이식하여 농업을 개량하고 개발하는 일에 있다고 말하면서 암묵적으로 조선 농민으로부터의 토지수탈이라는 사실을 인정하고 있다.

하지만 강력한 국가독점자본인 동척의 존재가 민간 일본인의 기업 활동에 해를 끼칠 수 있다는 일부 비판에 대해서는 '견해가 좁은 기우'라고 역비판한다. 그는 조선의 경제적 지배정책에서 차지하는 동척의 위치는 지극히 중요하다고 강조한다(「동양척식회사의 현상[東洋拓植會社の現狀]」).

한편 도쿄대학 교수 도미즈 히론도(戶水寬人)는 「조선 경영의 제1보」를 발표하여 쇼다가 전개한 동척 옹호론에 반대한다. 도미즈가 동척 폐지론을 주장한 논거는 동척이 '병합' 이전에는 일본인 이민 장려를 위해 필요했지만, 자유도항이 가능한 지금은 불필요하다는 것이다.

폐지론의 또 다른 논거는 동척과 같은 독점적 대회사에게 이익을 집중시키기보다 소규모회사를 통한 자유경쟁이 일본인의 사업발전에 유익하고, 영국의 경우에도 영국이 인도를 영유한 직후 동인도회사를 폐지한 것 등을 사례로 제시하여 동척의 즉시 폐지를 주장했다(「조선경영의 제일보[朝鮮經營の第一步]」).

에비나 단조(海老名彈正)는 「일한병합과 교세([韓日併合と教勢)」를 발표했다. 에비나는 한국 강점 이후 그가 속한 일본조합교회의 회원이 서울에서 배로 증가한 것을 예로 들면서 한일강제병합이 기독교 전도에도 획기적이었다는 긍정적인 평가를 내린다. 그는 기독교 신자를 '조선에서 가장 문명의 혜택을 받은 계급'이라고 평가한다. 그리고 당시 25만에 이르는 신자와 일본의 신자를 연합시키면 조선의 문화는 일본만큼의 수준에 도달할 수 있다며 완곡한 형태로 한일강제병합을 지지했다. 조합교회의 최고 간부이자, 요시노 사쿠조(吉野作造)를 제자로 거느리던 에비나조차도 조선의 식민지화를 지지한 것이다.

이처럼 한일강제병합 직후의 언론계에서는 조선 침략을 지지할 뿐, 식민지화에 반대하거나 이의를 제기하는 사람이 거의 없었다. 심지어 양심적이라 자처하던 종교계 지도자들마저도 한일강제병합에 편승하여 교세를 확장할 정도였다. 한일강제병합을 정당화하기 위해서라면 사실의 왜곡도 주저하지 않았다.

언론계의 통치정책을 둘러싼 주장은 일본 정부보다

오히려 강경했다. 언론계는 체제 그 자체에 대한 비판자로서의 기능을 상실하고 오히려 정부의 홍보기관 역할을 자임하고 나섰던 것이다. 피해자인 조선인의 입장이나 반침략투쟁은 보도 항목에서 누락되는 것은 물론 철저한 탄압의 대상이 되었다. 조선은 멸시와 무시의 대상이었으며 일본의 행위만이 정당한 것이었다. 『태양』의 목차와 원문은 재단법인 일본근대문학관이 출판한 자료집(일본근대문학관 편, 「CD-ROM판 근대문학관 『태양』」, 야기쇼텐[八木書店], 1999)을 통해 확인 할 수 있다. 이 자료집은 성균관대학교 동아시아학술원이 소장하고 있다. (이규수)

참고문헌

『近代文學雜誌事典』, 至文堂, 1965; 桂敬一, 『明治・大正のジャ-ナリズム』, 岩波書店, 1992; 日本近代文學館・小田切進編, 『日本近代文學大事典』 第五卷, 講談社, 1977; 永嶺重敏, 「明治期「太陽」の受容構造」, 「雑誌と読者の近代』, 日本エディタ-スク-ル出版部, 1997; 鈴木貞美編, 「雑誌「太陽」と国民文化の形成』, 思文閣出版, 2001.

태평도보(太平導報)

1926년 중국 상하이에서 발간된 시사 잡지

1926년 1월 2일 상하이에서 창간되었다. 처음에는 주간이었으나 1927년 1월 반월간으로 바뀌었다. 1927년 7월 정간되었다. 중국국가도서관 등지에 소장되어 있다.

잡지의 목적은 '모든 현명하고 애국적인 군인, 정치인, 관리, 학자'와 '어려운 국면을 어떻게 종식시킬 것인가를 절실히 연구하고 대란의 깊은 늪에서 국가를 구한다'는 것이다. 주요 내용은 시국 회고, 각 성의 재정 경제 상황 보도, 국내외 중요 시사 기요(紀要) 등이다. 시평, 동남정평(東南政評) 등의 난으로 구성되었다. (이은자)

참고문헌

王檜林・朱漢國, 『中國報刊辭典(1815~1949)』, 太原(山西): 書海出版社, 1992; 葉再生, 『中國近代現代出版通史』, 北京: 華文出版社, 2002.

태평양(太平洋)

1917년 중국 상하이에서 태평양잡지사가 창간한 월간지

1917년 3월 상하이(上海)에서 창간된 종합잡지이다. 월간지로 출발하였으나, 매번 기한을 맞추지 못해서, 2년째부터는 격월간으로 바꾸었다. 1924년 창조사 쉬다푸(旭達夫)와 협조하에 『현대평론』으로 바꾸어 간행했고 1925년 6월까지 총 42호를 간행하였다. 명의상 주편은 태평양잡지사였으나, 리젠눙(李劍農), 양돤류(楊端六)가 주편했고, 태동서국, 태평양잡지사, 상무인서관에서 간행하였다. 주요 투고자는 저우겅성(周鯨生), 왕스제(王世杰)였고, 그 외 펑이후(彭一湖), 가오이한(高一涵)도 집필하였다. 1924년 3월호부터는 편집소를 베이징으로 옮겼다.

『태평양』은 애초 논설(論說), 해외대사평론림(海外大事評論林), 역술(譯述), 통신(通信), 문원(文苑), 소설(小說), 국내대사기(國內大事期) 등의 체제로 종합잡지를 지향하였다. 그러나 2호부터는 문원(文苑), 소설란(小說欄)이 자취를 감추는 등 사실상 정론(政論)위주로 간행되었다.

창간목적은 "학리(學理)를 고증(考證)하고 국정을 감작(勘酌)하여 진리를 구하되 국가재정문제를 우선적으로 토론한다"고 밝히고 있다. 특히 정파를 불문하고 여론을 대변하고 토론하자고 제안하였다. 실제 당시 국가 건설과 관련한 제 방안들을 논의하였으니 군벌체제를 극복하고 민주적인 정부 구성 방안을 토론하고 모색하는 종합적인 공론의 장이었다.

중심 인물인 리젠눙, 양돤류, 저우겅성 등은 모두 영국 유학생 출신으로 영국식 헌정주의를 주창하면서, 시국에 적극 대응하였다. 국민당의 논리에 반대하여 제기한 연성자치론은 그 대표적인 예라 할 수 있다.

- 리젠눙(李劍農, 1880~1963)

리젠눙은 후난(湖南) 소양현 출생이다. 필명은 치

옌룽(劍龍), 호는 더성(德生)이다.

어려서 사숙(私塾)과 소양현립서원을 거쳐 1904년 후난중로사범학교(湖南中路師範學校) 지리과(史地科, 역사전공)에서 공부했다. 구학과 신학을 함께 익힌 셈이다. 그와 일생을 함께 한 양돤류는 그보다 3년 먼저 이 학교에 진학했었다. 리젠눙은 1908년 이 학교를 졸업한 후 같은 학교에서 교사로 근무했다. 1906년 동맹회에 가입하였다.

1910년 일본에 유학하여 와세다대학에서 정치경제학을 공부했다. 1911년 신해혁명 발발 후 귀국하여 혁명활동에 가담했다. 무창 봉기 후 40일 만에 상하이 『민국보(民國報)』에 「무한혁명시말기(武漢革命始末記)」를 발표하고, 한커우(漢口)의 『민국일보(民國日報)』 편집을 맡으면서 언론활동을 시작하였다. 그러나 1913년 위안스카이(袁世凱)를 공격하다 체포령이 떨어지자, 출국하여 영국에 유학하였다. 같은 시기에 유학하였던 저우겅성이나 양돤류와 달리 런던 정치경제학원에서 청강생 노릇을 하면서 독서로 소일하였다고 한다.

1916년 위안스카이의 복벽 실패 후 귀국하여 상하이 『중화신보』에 본격적으로 정론을 쓰기 시작하였다. 1917년 저우겅성, 왕스제, 양돤류와 함께 태평양을 창간하였다. 연성자치(聯省自治)와 민국 통일이 모토였다. 1919년부터 후난성 명덕학원에서 교편을 잡았다. 1921년 후난성장 자오헝티(趙恒惕)의 초빙으로 후난성헌법기초위원회 주임위원으로 후난성 헌법을 기초하였다. 1922년 후난헌법이 공포되자 자오헝티 정부하에서 성무원 원장겸 교육사 사장으로 활동하였다. 후난성 연성자치를 직접 설계하고 참여한 것이다. 그러나 1924년 정정 불안으로 후난성 정부가 와해되고 연성자치가 실패로 돌아가자 자리에서 물러나 교육운동에 종사했다. 1925년 신광학원을 창설하였고, 1927년 상하이 태평양서점 편역부 주임 노릇을 하면서 중국 현대정치사를 연구하기 시작하였다. 1930년 우한대학(武漢大學) 인문학원 교수 겸 사학계 주임을 맡았다. 양돤류, 저우겅성도 상학원과 법률학원에서 함께 근무했다. 이후 항전기간 여러 학교를 전전하였고, 1947년 양돤류 등과 무한대학에서 교편을 잡았다. 1950년 후난성군정위원회 고문으로 중화인민공화국 건설에 참여하였다.

『최근삼십년중국정치사』(1930)는 대표적인 업적으로 꼽힌다. 이 책에는 혁명파에서 출발하였지만 영국식 헌정론자였던 그가 바라보는 객관적이고 명료한 시각이 관철되고 있다. 특히 당시 혁명 세력 내부의 주류적인 역사인식과는 달리 태평천국에 비판적이고 무술변법 등 헌정운동사를 높게 평가하고 있는 점 등은 두드러진 예이다. 1967년 미국 스탠퍼드대학에서 번역 출판되었다. 당시 페어뱅크는 "중국 현대정치를 전면적으로 다룬 유일한 저서"라고 극찬한바 있다. 2002년 푸단대학(復旦大學)에서 다시 출간되었다. 개혁개방 이후 정치개혁을 조망하는 중국에서도 재평가되고 있다. (오병수)

태평양(太平洋)

1940년 일본에서 발행된 시국 잡지

1940년 일본의 태평양협회(太平洋協會)에서 발행한 잡지이다.

태평양전쟁이 일어나기 직전인 1941년 3월호는 "아메리카의 재검토"라는 테마로 특집이 구성되어 있다. 특집 논문에는 「미국의 양면전비(兩面戰備)와 대일방책(對日方策)의 근저(根柢)」, 「아메리카의 소련(ソ連)정책」, 「범미공작(汎米工作)과 중남미제국(中南米帝國)의 태도」라는 표제로 미국의 대외정책과 국내문제 등을 검토하였다.

이 특집에서 일본의 대외정책에 대해서는 일본의

비밀주의 외교가 일본에 대한 경시(輕視)를 생겨나게 했고, 삼국동맹(三國同盟)의 문제와 관련해서도 전쟁을 유발할 수 있다고 지적하였다. 그리고 최후의 순간까지 불상사가 일어나지 않도록 노력해야겠지만, 만약 그러한 일이 벌어진다면 싸워야 한다고 주장하였다. 일본의 국력을 과대평가한 언술이었다.

이 특집에서 읽을 수 있듯이, 당시 미일관계가 단지 군부의 독단에 의해 진행된 것이 아니라, 정부 관료나 지식인 그룹에서도 미국을 과소평가하고 자신을 과대평가하는 흐름이 있었음을 파악할 수 있다.

이 잡지의 낙관적인 분위기는 1945년 8월까지도 주전론(主戰論)으로 경사되어 있었는데, 서전의 승리에서 비롯된 낙관주의는 1945년 들어서도 수그러들 기미가 전혀 보이지 않았다. 1945년 2월호에는 '조선해협(朝鮮海峽)을 관통하는 해저수도(海底隧道)의 건설, 대륙철도의 구주(歐洲)로의 연장 같은 일은 반드시 먼 장래에는 이루고 말아야 할 일이다'라는 내용의 글이 수록되어 있다. 같은 호에 게재된 「결전단계대외선전소론(決戰段階對外宣傳小論)」에는 일본에게 불리한 뉴스는 철저히 감추어야 한다는 주장이 서술되어 있는데, 이 방법만이 낙관주의를 유지하는 유일한 방법이었을 것이다. (문영주)

참고문헌

高崎隆治, 『戰時下の雜誌その光と影』, 風媒社, 1976; 松浦總三, 『體驗と資料 戰時下の言論彈壓』, 白川書院, 1975; 高崎隆治, 『戰時下のジャ-ナリズム』, 新日本出版社, 1987; 『日本出版百年史年表』, 日本書籍出版協會, 1968.

▌태평양보(太平洋報)

1912년 중국 상하이에서 동맹회가 창간한 대형 일간지

1912년 상하이(上海)에서 동맹회(同盟會)의 기관지로 창간되었다. 민국성립 후 제 세력이 이합집산을 거듭하는 가운데 동맹회가 창간한 대표적인 일간지이다. 상하이 조계내의 비밀 인쇄소를 활용한 것으로, 창간 및 운용 경비는 호군 도독부(滬郡 都督部)에서 제공하였다. 사장은 야오위핑(姚雨平)이었고, 주사오핑(朱少屏)이 경리를 맡았다. 주필은 예차오창(葉超倉)이었다. 주요 기고자는 류야쯔(柳亞子), 쑤만수(蘇蔓珠), 리수퉁(李叔同), 위톈주(余天逐), 임일창(林一廠), 후포안(胡朴安), 후지천(胡奇塵) 등이었다.
1912년 10월 18일 경비 곤란으로 정간하였다. 민초 혁명 세력의 주류였던 동맹회의 입장을 잘 알 수 있는 신문이다. 베이징도서관 등에 보관되어 있다.

잡지의 내용은 서양 부르주아계급의 정치사상을 선전하고, 위안스카이(袁世凱)의 전제정치를 비판하는 것이었다. 민국초기 혁명파의 입장을 대변하였다는 점에서 영향력 있던 신문이었다. 한편 신문의 부록은 류야쯔, 리수퉁의 책임 아래 남사(南社) 동인들의 시작과 작품 등을 다수 게재하였다. (오병수)

▌태평양주보(太平洋週報)

1930년 미국 하와이에서 한글 · 영문 겸용으로 창간된 하와이동지회 기관지

4×6배판에 국문 8쪽, 영문 4쪽, 합 12쪽(표지 외)으로 발행되었다. 대전대, 동국대, 명지대, 전북대에 소장되어 있다.

이승만 주재의 월간 『태평양잡지(The Korean Pacific Magazine)』(1913년 9월 20일 창간)를 개제하고 주간으로 변경하여 발행한 매체이다. 1930년 12월 13일 발간된 하와이 동지회의 기관지였다.

당시 하와이에는 『국민보』가 유일한 언론기관이었다. 대한인국민회와 정견을 달리하던 이승만은 이 잡지에 성명을 내기도 했고 자기 세력을 선전하며 동포들의 지식계발에 힘을 쏟았다. 그러나 시대의 흐름과 함께 잡지 수요도 늘어나고 보도기사의 양도 증가하여 발간 주기를 빠르게 할 목적으로 주간지를 간행하기로 하고 1930년에 월간이었던 『태평양잡지』의 제호명칭을 『태평양 주보』로 변경한 것이다.

영문표지에는 "Korean Pacific Weekly"라는 제호를 내세웠고, 전면 표지에는 『태평양주보』라는 제호

밑에 쌍태극기 그림을 넣었다. 또한 바로 그 밑에 "자유를 원하면 독립금을 내시오. 일본이 아조 망할 때까지 구미외교 위원장 이승만 박사 연합국 승리가 조선의 승리오니 전시 공채를 많이 사시오"라는 광고를 실었다. 또 표지 하단에는 수탉이 우는 그림과 함께 "계명산천 밝아온다/ 조선민족 다 깨여라"라는 슬로건을 싣고 동지회의 다음과 같은 3대 정강을 매호마다 게재했다.

"발휘 3·1 정신

一, 우리 독립 선언서에 공포한 공약장을 실히할지니 3·1 정신을 발휘하야 끝까지 정의와 인도를 주장하야 희생적 행동으로 우리의 대업을 성취하자. 二, 조직적 행동이 성공의 요소이니 개인행동을 일절 버리고 단체 범위 안에서 질서를 존중하며 지휘를 복종하자. 三, 경제자유가 민족의 생명이니 자작자급을 도모하자."

대한민국 27년(임시정부) 3월 24일부 562호 내용을 살펴 보면, 독립 후 조선의 식량문제에 대한 논문이 게재되었고, 소식란에는 프랑스가 대한민국 임시정부를 승인했다는 보도 및 태평양전쟁 중의 미군의 전승기록이 보도되어 있기도 하다. 또한 하와이 동포의 3·1절 기념행사 등을 자세히 실었다. 동지회 특별연금자의 명단도 실려 있다. 또한 표지 이면은 광고로 충당했다. 이에 앞선 3월 3일자에는 3·1절 축하 기사를 가득 싣고 표지 하단에 대한민국임시정부 김구 주석이 보낸 다음과 같은 축전을 싣기도 했다.

"3·1절 축전

김구 주석

제36회 대한독립 기념일을 경축함에 당하여 본인은 해외에 있는 우리 한인 동포의 통일연합을 한 번 더 역설합니다. 우리의 최후의 자유해방이 박두한 이때에 만일 우리가 통일을 성취 못 한다면 우리 민족의 장래 운명이 또다시 실패에 돌아가지나 않을까 하는 공포가 없지 않습니다. 본인의 생각에는 여러분들도 본인과 같은 확신을 가지고 지금에 이처럼 필요한 통일을 성취하기 위하여 여러분들의 최선을 다하실 줄 믿습니다."

또한 논문에는 「조선의 자치능력」이라는 논설이 게재되었고, 전쟁소식란에는 미군기에 의한 도쿄 폭격 기사와 마닐라 일본 주둔군에 대한 기사 등으로 가득 차있다. 8면 상단에는 태평양주보 사원 일동이 3·1절을 경축하면서 "Victory For Korea and Allies"이라고 영문을 기재하고 이어서 "대한 독립 만세 미국 승전 만세 련합국 승리 만세"라고 광고하고 있다.

이렇듯 태평양전쟁이 일본의 패전으로 기울어져 갈 무렵 한층 더 전황보도의 필요성을 느끼게 된 『태평양주보』는 1945년 7월 14일부터 주간신문으로 쇄신하여 새출발했다. 그리고 1949년에 호놀룰루 킹스트리트에 회관을 신축하고 인쇄시설을 그곳으로 옮겨 지속적으로 발간하였다. (이경돈)

참고문헌

『한국신문·잡지총목록』, 대한민국국회도서관, 1966; 『한국신문백년 사료집』, 사단법인 한국신문연구소, 1975; 계훈모, 『한국언론연표』, 관훈클럽신영연구기금, 1979; 『한국신문백년지』, 한국언론연구원, 1983.

택선회록사(択善會錄事)

1877년 일본에서 발행된 은행 잡지

도쿄은행집회소(현재의 도쿄은행협회)의 전신인 택선회가 동회의 정식회의 의사록으로 간행한 잡지이다. 엄밀한 의미에서 잡지의 범주에 속하지 않을 수도 있는 간행물이지만 내용면에서 도쿄은행집회소의 기관지 『은행통신록』의 전신지 중의 하나였다.
실제 간행일은 불명확하지만, 1877년 10월 간행이 결정되었다는 점에서, 본지를 잡지의 범주에 포함시키게 되면, 일본 최초의 금융 잡지라고 생각되는 대장성의 『은행잡지』 창간일인 1877년 12월 13일보다 빨랐을 가능성이 높다.
택선회의 회동은 매월 1회 개최되었는데 제4회 회동때인 1877년 10월에 제삼국립은행장 야스다 젠지로(安田善次郎)가 회의록 보존을 제안하면서, 회동의 회의록이 간행되기 시작하였다. 회의록의 간행 목적은 은행 관계자들에게 참고자료를 널리 제공하기 위한 것이었다. 편집간행은 제일국립은행에서 담당하였고, 발행 비용은 택선회의 공비로 충당되었다. 매회 220부 정도가 간행되었던 것으로 보인다.

「택선회제1회록사」의 내용은 출석자의 이름 외에, 「시부사와 에이이치(渋沢栄一)에 의한 회동의 요지연설」, 「회동규정문안토의」, 「시부사와 에이이치에 의한 타점지폐를 준비에 충당하는 의견」 등으로 구성되어 있다.

「제3회록사」에는 「은행당좌예금에 대해」와 대장대신에게 보내는 공동의견서가 게재되어 있다. 「제4회회록사」에는 「은행본분의 직무」라는 글을 뉴욕 은행잡지에서 초역(抄譯)했다.

이와 같이 본지가 다루고 있는 내용은 동회의 취지에 입각한 업무상의 의안에서부터 해외은행사정의 소개, 정부에게 보내는 청원서까지 광범위하였다.

이런 측면에서 본지는 단순히 은행업자의 회합기록이라기보다는, 이러한 기회를 이용하여 은행업계의 지도자였던 시부사와 에이이치가 동업자에 대해서 은행지식을 계몽하고, 참고에 도움을 주기 위해 만든 무대였다고 할 수 있다.

「택선회록사」의 전문은 『일본금융사자료』 제12권에 수록되어 있다.(문영주)

참고문헌

杉原四郎 編, 『日本経済雑誌の源流』, 有斐閣, 1990; 杉原四郎 著, 『日本の経済雑誌』, 日本経済評論社, 1987.

▌토요일(土曜日)

1936년 일본에서 창간된 문화 주간지

1936년 7월 4일 창간되어 1937년 11월 5일까지 모두 44호가 발간된 문화 주간지이다. 단 1호부터 11호까지는 『교토스튜디오통신(京都スタヂオ通信)』이라는 이름으로 발간되었다. 편집 겸 발행인은 사이토 라이타로(斎藤雷太郎)였지만, 권두언을 쓴 것은 교토제국대학(京都帝國大學) 강사이던 나카이 마사카즈(中井正一)였다. 여기에 도시샤대학(同志社大學)에서 쫓겨난 노세 가쓰오(能勢克男)도 편집위원을 맡고 있었다. 발행처는 토요일사(土曜日社)였다. 그렇지만 실제로 편집이 이루어진 곳은 교토의 찻집이었다. 『교토스튜디오통신』은 한 달에 한 번 발간되었으며 『토요일』은 처음에는 주간지를 표방하였지만 실제로는 한 달에 두 번 정도 발행되었다.
판형은 타블로이드판이었다. 1쪽 슬로건과 만화, 2쪽 정치·문화 평론, 3쪽 부인, 4쪽 연극과 영화, 5쪽 사회, 6쪽 클럽으로 지면이 구성되어 있었다. 창간 당시에는 2000부를 발간하였지만 부수가 점차 늘어나 8000부까지 발간한 적도 있었다.

주로 교토와 오사카(大阪)의 찻집에서 서비스로 제공되었다. 주된 독자층은 교토와 오사카의 학생, 봉급생활자였다. 1937년 11월 이후 사이토 라이타로, 나카이 마사카즈 등이 체포됨으로써 사실상 강제 폐간되었다.

『토요일』의 전신은 쇼치쿠키네마(松竹キネマ)에서 배우로 일하면서 스스로 영화 노동자라는 의식을 갖고 있던 사이토 라이지로가 자금을 내서 만든 『교토 스튜디오 통신』이었다. 사이토 라이지로는 이 잡지를 발간하면서 처음에는 영화인의 친목을 목표로 하였지만, 나중에는 "무산 정당에 투표하는 곳까지 독자를 교육시킨다"는 목표를 내건 바 있었다.

여기에 당시 교토에서 반파시즘운동을 벌이고 있던 지식인 그룹이 합류하면서 『교토 스튜디오 통신』을 시국과 문화를 논하는 잡지로 발전시킨 것이 『토요일』이었다.

『토요일』이라는 이름은 프랑스 인민전선파의 잡지 『금요일(ヴァンドルディ)』에서 따온 것이었다. 당시 나카이 마사카즈와 구노 오사무(久野收)는 교토에서 반파시즘의 기치를 내걸고 『세계문화(世界文化)』

를 발행하고 있었다.

그런데 『금요일』의 내용이 『세계문화』에 소개된 것을 기회로 『세계문화』의 동인들과 사이토 라이지로가 힘을 합하여 『토요일』을 발간하게 된 것이다. 『세계문화』는 스페인의 인민전선 등에 관련된 글을 싣고 있었지만 그 독자층은 주로 지식인층에 한정되어 있었다. 이에 비해 『토요일』은 대중이 읽을 수 있는 잡지를 지향하였다.

당시 일본에서는 2·26사건이 일어나고, 프랑스에서는 인민전선 정권이 붕괴되고 있었다. 이러한 절망적인 시대 상황에서 인간의 이성과 인도주의를 바탕으로 파시즘에 저항하는 정신을 대중적 차원에서 고취하기 위하여 『토요일』을 발간한 것이다. 실제로 『토요일』은 대중을 위한 대중 자신의 잡지를 지향하였다.

그리고 집필에는 교토의 지식인들이 대거 참여하였다. 예를 들어 해외 문화는 신무라 다케시(新村猛), 네즈 마사시(禰津正志), 영화는 시미즈 고(清水光), 사회는 노세 가쓰오, 음악은 나가히로 도시오(長廣敏雄), 문예 비평은 쓰지베 마사타로(辻部政太郎) 등이 고정적으로 맡아서 집필하였다.

이 밖에도 작가인 가가 고지(加賀耿二), 의학박사인 니시타니 무네오(西谷宗雄), 철학자인 오카다 쇼조(岡田正三), 구 염직노조(染織勞組) 위원장인 이노우에 마요마쓰(井上喜代松), 디자이너인 호리우치 가쓰코(堀内カツ子) 등이 협력자로 글을 기고하였다. 1930년대 말 국가주의에 대한 저항 정신을 보여준다는 점에서 『토요일』은 중요한 의미를 갖는다.

• 나카이 마사카즈(中井正一, 1900~1952)

히로시마현(廣島縣) 출생. 교토제국대학에서 미학을 전공하였다. 1933년에 일어난 다키가와(瀧川) 사건에서 대학원생의 중심으로 학원의 자유를 침탈하는 파시즘에 맞서 싸웠다.

1935년 2월 예술 이론 잡지인 『미·비평(美·批評)』을 개제하여 신무라 다케시, 마시타 신이치(真下信一), 다케타니 미쓰오(武谷三男) 등과 함께 『세계문화』를 창간한 뒤 세계의 반파시즘운동을 소개하는 동시에 일본에서의 파시즘화 경향에 대응하는 이론을 구축하기 위해 노력하였다.

그리고 스스로 다키가와 사건 및 교토소비조합(京都消費組合)운동의 경험을 바탕으로 『위원회의 논리』를 발표하였다. 1936년에는 문화 주간지 『토요일』을 간행하였다. 1937년 11월 치안유지법 위반으로 검거되었다. (이준식)

참고문헌

『土曜日』(復刻版), 三一書房, 1974; 久野收 編, 『美と集團の論理』, 中央公論社, 1962; 平林一, 「『美·批評』, 『世界文化』と『土曜日』」, 同志社大學人文科學研究所 編, 『戰時下抵抗の研究』, みすず書房, 1968; 久野収, 『三〇年代の思想家たち: 中井正一プロジェクトに寄せるメモ』, 岩波書店, 1975; ねず まさし, 「『土曜日』-戰争前夜の娯樂新聞」, 『現代と思想』, 30, 1977; 伊藤俊也, 『幻の'スタヂオ通信'へ: かつて無名俳優斎藤雷太郎は最良のジャーナリストであつた』, れんが書房新社, 1978; 鶴見俊輔·山本明 編, 『抵抗と持續』, 世界思想社, 1979; 山嵜雅子, 「文化新聞『土曜日』にみる知識人と大衆の協働 1930年代の反ファシズム運動の教育的機能」, 『立教大學教育學科研究年報』, 42, 1998.

통감부공보(統監府公報)

1907년 서울에서 일본어로 창간된 공보

1907년 1월 14일 1호가 간행된 후, 1910년 8월 27일까지 전부 167호가 발간되었다. 처음에는 부정기적으로 발간되었으나, 1907년 7월 13일 14호부터는 매주 토요일마다 주간으로 발간되었다. 1974년 아세아문화사에서는 『통감부공보』를 전체 2권으로 묶어 복각 출판하였다.

일본제국주의는 '을사보호조약'을 강제로 체결하고 난 뒤, 1905년 11월 22일 칙령 240호로 '통감부급이사청설치령'을 발포하였다. 이에 입각하여 1906년 2월 이토 히로부미(伊藤博文)가 통감으로 부임하였고, 공보를 발행하였다. 1910년 8월 29일 조선총독부가 설치됨으로써 통감부의 기능이 중지되었고 이에 따라 통감

부공보도 자연히 종간되었다. (윤해동)

참고문헌

최정태, 『한국의 관보』, 아세아문화사, 1992; 『통감부공보』(복각본), 아세아문화사, 1974.

▌통감부통계연보(統監府統計年報)

1907년 서울에서 연간으로 발간된 일본어 종합통계지

통감부는 1907년 『제1차통감부통계연보』(1906년 통계)를 간행한 이후, 1909년까지 세 차례 통계연보를 발간하였다. 1910년 조선총독부는 『조선총독부통계연보』를 발간하였는데, 이는 1909년분 통계를 대상으로 한 것이었다.

통감부 통계연보는 통감부와 이사청의 관리대상이었던 재조 일본인에 대한 사항이나, 통감부의 주요 사업인 경찰, 감옥, 은행, 철도, 통신 등을 중요하게 다루었다. (윤해동)

참고문헌

『통감부통계연보』(복각본), 보경문화사, 1982.

▌통계서해제월보(統計書解題月報)

▶ 야나기자와통계연구소보(柳沢統計研究所報)

▌통계시보(統計時報)

1921년 일본에서 발행된 통계 잡지

1921년 국세원이 통계조사의 기술적 연구를 목적으로 간행한 잡지이다. 창간호는 1921년 11월 1일 발행되었으며, 발행소는 제국지방행정학회이다. 1945년 이후에 총리부통계국(總理府統計局)(현 총무청통계국·통계센터)에서 간행된 『통계국연구휘보』(1950년 3월 창간)를 『통계시보』의 후신으로 볼 수 있다.

1871년 태정관(太政官)에 설치된 정표과(政表課)는 일본 중앙통계국의 시초였다. 이후 1881년 태정관 통계원, 1885년 내각통계국, 1920년 내각국세원(內閣國勢院) 제1부, 1922년 내각외국의 통계국, 1924년 내각통계국으로 여러 차례 조직과 명칭을 변경하였고, 2차 세계대전 후에는 1947년 총리총통계국으로 되었고, 1949년에는 총리부통계국으로 개칭되어 이후 35년간 지속되었다가, 1984년 소위 통계개혁에 의해서 총무청통계국으로 개조되어 지금까지 이어지고 있다.

이 사이 통계국은 관청통계기구의 중추기관으로서는 물론이고, 각종 통계자료의 편찬에서도 아주 많은 통계서를 간행하였다. 이들 간행물의 다수는 문자 그대로 통계조사의 결과표라는 성격을 가지고 있다.

1920년 제1회 국세조사가 실시되고, 1922년 통계직원의 조직적 교육기관으로서 통계직원양성소가 국세원제일부에 개설되었다. 국세원이 통계직원에 대한 통계조사의 기술적 연구를 목적으로 창간한 잡지가 『통계시보』이다.

국세원 총재는 창간사에서 종래 통계 중앙기관에서 간행된 통계서는 적지 않았지만, 이들 통계서는 5년 또는 1년에 1회 발행되는 정기간행물이었음을 지적하고, 통계의 학문 기술에 관한 다양한 주장, 통계의 학술적 연구 결과, 해외통계계의 사정 등에 관한 정보를 신속하게 보급하기 위해 본지를 창간했음을 밝히고 있다.

창간호 지면은 '논설', '조사', '잡록', '잡조' 등으로 구성되었으며, 104쪽 분량이었다. 편집은 5호(1923.1)부터는 통계국, 9호(1924.12) 이후는 내각통계국이 담당하였다. 연간 발행횟수도 창간 초기에는 연3회, 1923년 2회, 1925년부터 계간, 1936년 3월부터 1939년 8월까지 월간, 이후 계간으로 발행되다가 1940년 6월에 98호를 발행하고 폐간되었다.

게재된 주요 글을 보면, 「어업경영의 위험과 수산통계」(19호), 「물가지수에 관한 두 개의 문제」(20호), 「경기변동예측문제의 원리」(번역, 31호), 「통계방법과 이론과의 관계에 대해서」(32호), 「아국(我國)산업별 소득의 추계」(36호), 「경기연구에서 경제학과 통계학의 교류」(41호) 등의 경제관계 논문이 많이 수록되었다.

또한 「최근통계이론의 발달」(40호)은 일본 수리통계학의 도입 과정을 알 수 있는 귀중한 자료 중의 하나라고 할 수 있다. 이와 같은 본격적인 학술논문이 매호 권두를 장식했고, 통계직원에 대한 통계지식을 계몽하는 목적 이상의 내용이 수록되어 있다. (문영주)

참고문헌

杉原四郎 編, 『日本経済雑誌の源流』, 有斐閣, 1990; 杉原四郎 著, 『日本の経済雑誌』, 日本経済評論社, 1987.

통계집지(統計集誌)

1880년 일본에서 발행된 통계 잡지

1880년 11월 창간되었고, 발행소는 '통계협회'였다. 통계협회는 1878년 12월 설립된 '제표사(製表社)'의 전신이다. 창간호 표지에는 "메이지 13년 11월, 통협협회 편찬간행, 금판매(禁販賣)"라고 표기되어 있다. 4×6배판 담황색 표지이다. 분량은 「통계협회내력」 14쪽과 본문 44쪽이었다. 『통계집지』는 64년의 역사를 가지고 있다. 통계 관계 잡지 중에서 가장 오랜 역사이다.

통계협회는 1879년 4월 1일 발족하였으며, 회원수는 56명이었다. 통계협회가 사업 활동의 일환으로 기관지를 발행한 것이 『통계집지』이다.

창간호 본문에는 「전국의 면적 및 주위」, 「도쿄기상개표」, 「전국호구총계표」 등 20여 종의 통계표가 해설과 함께 수록되어 있다. 2호부터는 도쿄통계협회편찬이라고 표기되어 있으며, 통계표와 더불어 모두에 논문이 수록되었다. 3, 4호까지 부정기간행물로 발행되다가, 5호(1882.1)부터 월간으로 발행되기 시작하였다.

본격적인 통계이론이 수록되기 시작한 것은 2호(1881.3)부터였다. 「통계논지일(統計論之一)」 등 3편의 통계이론에 관한 글이 게재되었다. 5호부터 「통계입문」이라는 논문이 번역되어 게재되었다. 이 번역 글은 5호, 10~21호, 23~24호에 각각 시리즈로 게재되어 있다.

1886년 내각통계국장이 도쿄통계협회의 부회장에 선출되었다. 이후 역대 통계국장은 동협회 부회장을 겸임하는 관례가 정착되었고, 동협회와 통계국의 결합이 심화되었다.

동협회는 동년 12월 내각통계국 편찬 『일본제국 제5통계연감(日本帝國第五統計年鑑)』의 출판 허가를 얻어 300부를 발행하였다. 이후 『제국통계연감』을 비롯하여 『국세조사보고서』, 『일본제국통계적요』, 『농무성통계표』 등 통계국, 농림성, 상공성 등이 편찬에 관여한 관청통계표의 거의 대부분의 출판과 발매를 담당하였다.

『통계집지』는 67호(1887.3)부터 좌에서 우로의 횡조(橫組)를 채용하고, 숫자도 한자에서 아라비아로 변경하였다. 그리고 표지에는 "Journal of the Statistical Society of Tokyo"라는 영문이 병기되었다. 그러나 횡조의 새로운 지면은 1년 후 1888년 1월에 발행된 제77호에서 다시 원래 방식으로 복귀하기도 하였다. 이 무렵 발행부수는 약 500부였고, 이 중 관청과 학회 기증본이 251권이었다.

『통계집지』에는 국세조사의 조기 실시를 주장하는 기사가 창간 이후부터 끊이지 않고 게재되었다. 특히 1895년 9월, 국제통계협회보고위원이 일본 정부에 보낸 1900년 '세계인구센서스' 참가 권유를 배경으로, 「국세조사사의(國勢調査私儀)」(201호), 「호적법안에 대한 운동의 전망」(208호), 「국세조사에 대해서」(313~314호) 등 국세조사에 관한 기사가 두드러지게 많아졌다. 1908년 9월에는 「도쿄시시세조사 임시증간호」(330호), 1911년 11월 1일에는 「국세조사문제기념호」(359호)가 특집호로 꾸며지기도 하였다.

메이지 말기부터 발생한 노동문제는 『통계집지』 내용에도 반영되었다. 「통계적세민조사론(統計的細民調査論)」(374~375호), 「통계상에서 본 도시인구와 사회문제」(398~400호) 등이 게재되었다.

도쿄통계협회와 통계관계자들의 숙원이었던 제1회 국세조사가 완료된 이후인, 다이쇼 중기가 되면, 『통계집지』의 내용도 변화가 시작되었다. 우선 국세조사 관계의 계몽적 기사는, 국세조사의 결과 해설기사로 전환되었다. 또한 일본에서의 통계이론을 독일사회통계학을 중심으로 소화하고, 흡수되어 통계학자들의 기고가 많아졌고, 『통계집지』도 학술지적 성격을 가지게 되었다.

다이쇼 말기부터 쇼와 초기에 걸쳐서, 『통계집지』는 학술지의 경향을 더욱 강화하였다. 일본통계학회가 설립(1931년 창립)되면서, 동지는 『통계학잡지』와 함께 학술지로서의 기능을 수행하였다.

한편 '휘보'란을 보면, 쇼와 '통계열광' 시대를 반영하고 있다. 이 시기 각 도 부현에서는 지방의 통계학회가 속속 결성되어 기관지를 발행하기 시작하였는데, 이 소개기사와 지방통계기사의 동향이 매호마다 지면에 게재되었다.

그러나 이러한 학문적 경향과 내용은 전시에 들어서면서 변화되었고, 논문의 수도 줄어들게 되었다. 그리고 1944년 6월 754호를 발행하고 『통계집지』는 창간 이래 64년의 역사를 마쳤다. (문영주)

참고문헌

杉原四郎 編, 『日本経済雑誌の源流』, 有斐閣, 1990; 杉原四郎 著, 『日本の経済雑誌』, 日本経済評論社, 1987.

통계학잡지(統計學雜誌)

1892년 일본에서 발행된 통계 잡지

1892년 1월 『스태티스틱스잡지』 69호를 계승하여 발행된 통계 잡지이다. 발행 초기 잡지 체제는 『스태티스틱스잡지』와 동일하였다. 그러나 85호(1893.5)부터는 잡지 체제가 국배판으로 대형화되었고, 분량은 8쪽으로 감소되었다. 앞뒤 표지에도 기사가 수록되는 등 실질적으로 기사량이 축소되었다. 2년 후인 117호(1895.1)부터는 이전의 국판으로 돌아가고, 분량도 20쪽 전후가 되었다. 141호(1898.1)부터는 국판적색 표지가 사용되었다.

1900년 '세계인구센서스'에 참가하라는 국제통계협회의 권고(1895.9)가 있자, 『통계집지』와 함께 『통계학잡지』 지면에서도 국세조사 조기 실시를 요구하는 기사로 넘쳐났다. 「국세조사의 건의안」(120호), 「민세조사시행의 청원」(120호), 「국세조사의 준비」(160호) 등이 그것이었다.

그러나 1900년 '센서스'는 실현되지 않았다. 이 때문에 1905년 '국세조사'를 요구하는 글이 다수 게재되었다. 190호(1902.2)에는 「국세조사의 반향」이라는 이름하에 각 신문지상에 실려 있던 '국세조사'관계 기사를 전재, 수록하여 특집을 발행하였다.

1902년 3월 「국세조사에 관한 법률안」이 중의원, 귀족원을 통과, 1905년 '국세조사' 실시가 확정되었지만, 러일전쟁 때문에 다시 연기되었다. 연기 결정 후에도 「국세조사」 관계 기사는 매호마다 지면을 장식하였다.

동시에 이시기 『통계학잡지』는 통계실무가와 지방의 통계직원에 대한 통계기술 지식의 계몽을 주요 방침으로 하였고, 편집자도 통계실무가 등을 중심으로 구성되었다.

또한 경제통계 관계 기사도 등장하였다. 「경제지수법(經濟指數法)에 대해서」(326~327호), 「경제순환기론(經濟循環期論)」(396~397, 401호), 「보험과 통계」(397, 399, 401호)가 게재되었다.

메이지 말기부터 대학에서 연구자들이 육성되기 시작하고 이들이 1920년대 본지에 다수의 글을 기고하기 시작하였다. 「독일대도시에서의 이혼 증가」(430호), 「인구학설사론」(445, 447~452호), 「노동통계론」(451~456호), 「역사통계의 상관법에 대해서」(451~455, 461, 463~464호)가 그것들이다. 이를 통해 본지는 『통계집지』와 같이 학술적 잡지로서 성격을 전환하기 시작하였다. 1930년대가 되면 집필자의 과반이 연구자들로서 본지는 학회지적 성격을 가진 학술지가 되었다.

이 시기 주요 논문 「본방(本邦)물가지수의 개선에 대해」(586~587호)는 일본 물가지수의 역사를 고찰하고, 도매물가지수와 생계비지수의 개선책을 제창하였다. 그리고 「경제통계에 의한 국세의 고찰」(593~594,

596, 598, 600, 603, 606호)은 금일 국민경제계산의 원리를 설명한 것으로 경제통계의 역사를 살피는 데 귀중한 자료이다. 이외에도 수리통계학에 관한 논문도 다수 게재되었다.

그런데 잡지가 학술지화되면서 종래 잡지의 재정적 기반이었던 지방통계기관과 통계직원의 구매수가 감소하면서 경영에 곤란이 발생하기도 하였다. 그러나 1940년 이후 도쿄해상화재보험주식회사를 비롯한 각 단체로부터 매년 600엔의 원조를 받아 적자를 보충할 수 있었다.

1944년 5월 16일 통계학사 및 도쿄통계협회의 합동협의회가 개최되어 『통계학잡지』와 『통계집지』의 통합이 구체적으로 논의되었다. 전시체제의 핍박과 궁핍 때문이었다. 이에 따라 양협회의 해산을 통한 새로운 단체 설립이 합의되었다. 그 결과 통계학사와 도쿄통계협회는 1944년 6월 해산하였고, 『통계학잡지』도 제696호 (1944.6)를 마지막으로 창간 이래 58년의 역사를 마감하였다. (문영주)

참고문헌

杉原四郎 編, 『日本経済雑誌の源流』, 有斐閣, 1990; 杉原四郎 著, 『日本の経済雑誌』, 日本経済評論社, 1987.

통상공보(通商公報)

1912년 4월 일본에서 『통상휘보』의 후계지로 발간된 해외 영사보고집

1912년 4월에 『통상휘보(通商彙報)』의 후계지로 발간된 해외영사보고집이다. 『통상공보』는 1924년 12월까지 통권 호수 1228호까지 간행되었다. 1913년부터 1924년에 간행된 자료는 후지출판(不二出版)에 의해 전 145권으로 복간되었다.

1차 세계대전 이후 동아시아에서 재편되는 새로운 국제경제관계를 이해할 때, 『통상공보』는 일본을 중심으로 한 통상정보를 가장 체계적으로 수집한 기본 자료이다. 1910년대 일본 자본주의의 발전과 팽창기를 대외관계를 통해 파악할 수 있는 최고의 자료이다. (이규수)

참고문헌

『近代文學雜誌事典』, 至文堂, 1965; 北川勝彦, 「戦前期日本の領事報告に見られるアフリカ経済事情調査の研究: 外務省通商局『通商公報』を中心として」, 『アフリカ研究』 35, 1989.

통상휘보(通商彙報)

1882년 일본 외무성의 영사보고서

1882년에 일본 외무성이 편찬한 영사보고의 집대성. 1901년부터 1913년의 『통상휘보』는 후지출판(不二出版)에 의해 전 185권으로 복간되었다.

'영사보고'란 해외 각지에 주재하는 영사가 본국 정부에 정기적으로 송부한 현지의 통상경제정보와 무역보고로 19세기 국제경제사상 아주 중요한 역할을 수행했다. 보고서 항목을 보아도 상업, 공업, 수산, 농업, 광업, 교통, 화폐 및 금융, 관세, 전보, 시사, 잡보 등 다방면에 걸쳐 있고 그 양 또한 방대하다. 일본 자본주의의 생성, 발전단계 및 각국의 경제 사정을 극명하게 기록한 자료이다. (이규수)

참고문헌

『近代文學雜誌事典』, 至文堂, 1965; 桂敬一, 『明治・大正のジャ-ナリズム』, 岩波書店, 1992; 日本近代文學館・小田切進 編, 『日本近代文學大事典』 第5卷, 講談社, 1977.

통속교육연구록(通俗教育研究錄)

1912년 중국 상하이에서 창간된 중화통속교육회의 기관지

1912년 6월 상하이(上海)에서 중화통속교육회(中華通俗教育會)의 기관지로서 창간되었다. 대중교육과 관련해서는 비교적 이른 시기에 간행된 잡지이다. 중화통속교육회는 황옌페이(黃炎培), 선칭훙(沈慶鴻), 양저(楊擇), 스청(史成), 우다(伍達) 등이 중심이 되어 조직한 대중교육단체였다. 공화정 수립 이후 건전한 공화

국민 형성이 사회적 여론이었기 때문에 취지에 공감하는 사람들이 많았다. 쑹자오런(宋敎仁), 차이위안페이(蔡元培), 위유런(于右任) 등 저명인사와 상하이에서 활동하던 인물들이 회원으로 참여하였다. 모두 총 6호가 간행되었다. 경비문제로 일찍 정간한 듯하다. 현재 상하이도서관 등에서 볼 수 있다.

체제는 연구의견(硏究意見), 회무기요(會務紀要), 본회징집의견(本會徵集意見), 통속도서의 소개란으로 구성하였다. 징집의견 광고란에는 ① 현재 중국에서 가장 결핍된 상식 약간, ② 지금 대중교육을 실시할 때 주의해야 할 사항, ③ 상식을 결핍한 성년을 지도할 수 있는 사회교육 방법, ④ 대중교육은 어떤 사람이 어떤 이념으로 실행해야 하는지, ⑤ 사회교육을 위한 경비 마련 방안 등이었다. 주요 내용은 우즈후이(吳稚輝)의 「중국의 사회교육이 져야 할 두 가지 책임」, 우다의 「사회교육 제창 및 실시에 대한 의견」 등 사회교육에 대한 의견을 많이 싣고 있고, 부록으로 「본 회 선언(本會宣言) 및 장정(章程)」(1호), 「회원록」(4호)이 실려 있다. (오병수)

참고문헌

『辛亥革命期刊介紹』 5, 人民出版社, 1985.

▌통속주보(通俗週報)

1917년 중국 베이징에서 창간된 주간지

1917년 베이징(北京)에서 창간되었다. 리윈추(李蘊初)가 경리(經理)였고, 편집주임은 리짜이바이(李宰白), 발행주임은 셰쉬화(謝旭華)였다. 본사는 베이징 시단(西單, 牌樓 安福胡同)에 있었다. 베이징도서관 등지에 보관되어 있다.

창간 취지는 발간사에 잘 나와 있다.

"중국의 문제점은 국민들이 정치상식이 없기 때문이며, 이 때문에 시비에 기초한 건전한 정치상식이 여론이 없다. 이것이 중국과 같은 거대한 국가를 기강 없는 체제로 전락시키고 있는 셈이다. 이 같은 결점을 보완하기 위해서는 인민들에게 정치상식을 보급하는 데서 시작하는 것이 근본적인 방법이다. …… 양심과 신념에 따라 당견(黨見)없이 시비를 가리고, 모든 사람들이 읽을 수 있는 쉬운 문장을 쓰겠다"(「발행사」, 1권 1호).

국민 계몽을 위한 대중 잡지를 표방하고 있음을 알 수 있다. "사람마다 스스로 살 수 있는 상식을 갖추고", "사람마다 애국의 상식이 있기"를 희망하였다. 이를 위해 대중교육(通俗敎育)이 중요하다는 인식하에, 그 실천 방법으로 『통속주보』를 간행한 것이다. "정치 상식 등 강의하여야 할 계몽적인 내용을 광범위 보급하기 위해 서양인의 전교 수단을 채용한 것이다." 복벽(復辟) 등으로 공화정이 실패한 이후, 재조공화 정국에서 새로운 국민의 창출을 위한 방법으로 잡지를 창간하였음을 알 수 있다. "국가의 빈부 강약이 국민의 도덕 지식 정도에 따라 결정된다. 현재 빈약국인 중국의 장래는 국민에게 달려있다"라는 간결한 표현이 이들의 인식이었다(리짜이바이, 「희망[希望]」, 1권 1호).

잡지는 연설(演說), 역사(歷史), 지방자치(地方自治), 교육(敎育), 실업(實業), 여자가정학(女子家政學), 소설(小說), 신극(新劇), 시인신어(時人新語), 시사비평(時事批評), 정치요문(政治要聞), 법제(法制), 문예(文藝), 위생(衛生) 등 다양한 난을 두었고 내용도 다채로운 편이었다. 주요란을 살펴보면, 연설란은 사론격으로 정부의 시정에 대한 비판과 사회에 대한 편집자의 호소를 싣고 있다. 당시 독일과의 절교문제, 아편문제 등을 다루고 있다. 특히 "위안스카이(袁世凱) 사후 정권 하나도 독립국가의 기초를 다질수 있는 좋은 정책을 못 펴고 있다고 비판"하는 한편, 국회의 직무유기와 국민의 정치적 무관심을 비판하였다.

역사란(歷史欄)은 「민국사 강화」라는 제목으로 연재기사를 싣고 있다. 유신을 민국사상의 혁신으로 높게 평가하는 한편, 동맹회 등 혁명파를 무직업자들의 비밀결사 연합으로 폄하하였다. 중앙 정치에 대한 비판 때문에 지방자치를 강조하는 편인데 특히 중앙권력으로부터, 자유로운 소국가(小國家) 형의 지방자치를 주장하고 있다(샹샤라오[鄕下老], 「자치미담[自治美

談」, 1권 1호).

교육(教育), 실업(實業), 부녀에 대한 강조는 당시 사회와 국민의 역할을 중시하는 맥락에서 당연한 것으로 이해할 수 있다. 그 외 사회 관련 기사는 대중적인 뉴스거리나, 정치적 뒷이야기를 다룸으로써 과거의 정론성 계몽지보다는 통속성을 실현하고 있다. 매주 '유숭우(劉崇佑)' 등과 같이 화제가 될 만한 인물을 친근하게 소개하고 있는 것도 같은 맥락에서 이해된다. '신명사해(新名辭解)'는 개인(個人), 사회(社會), 법인(法人), 소유권(所有權), 단독행위(單獨行爲), 불신임결의(不信任決議) 등 국민들이 정치현상을 이해하는 데 알아야 할 개념들을 풀이하는 형식으로 제시하고 있다. 정치지식의 제공이라는 맥락에서 이해할 수 있다.

정치요문(政治 要聞)이나 국외요문은 공화 정국의 운용과 관련한 국내외 정치 사건을 선별하여 다루고 있다. 특히 제헌에 지지부진한 의회에 대한 비판이 많다. 그렇지만 정파 구별 없이 양원 의원의 지지를 게재하는 방식으로 잡지의 권위를 과시하고 있다.

또 당시 현안인 대독절교(對獨絶交) 문제에 대한 비판, 공리(公理)보다는 자국의 이익 추구에 급급한 국제사회의 속성을 비판하면서 그 대표적인 사례로서 일본의 한일강제병합을 들고 있다. 시종 일본 및 서양의 제국주의에 대한 비판적인 입장에서 정부의 외교 방침을 논의하고 있다(루중농[盧仲農], 「중덕절교문제[中德絶交問題]」, 1권 3호).

특기할 만한 것은 당시 갓 출현한 볼셰비키정부에 대한 인식이다. 볼셰비키혁명을 정치혁명으로 이해하고 인민의 지지를 받는 공화정권의 등장, 부패정치, 전제정치 일소라는 차원에서 설명하고 있다. 물론 이는 공화정의 중심 인물인 리위안훙(黎元洪), 펑궈장(馮國璋), 위안스카이(袁世凱) 등의 사진으로 잡지의 표지를 장식할 만큼 공화정의 정상화에 대한 희망을 표현하고 있지만, 이후 지식인들이 러시아혁명을 과격파 혁명으로 이해하던 것과는 상반되는 인식이다(「봉봉발발적식아정부[蓬蓬勃發的新俄政府]」, 1권 3호).

물론 『통속 잡지』는 대중성과 통속성을 표방한 만큼 몇 가지 특징도 있다. 예컨대 신구학적 배경을 가진 두 사람의 대담 형식으로 교육 방향에 대한 논의를 전개하는 형식으로 교육보급의 필요성을 제기한 것은 참신하고 설득력이 있다(웨이성[偉生], 「교육문답[教育問答]」, 1권 2, 3호). 이러한 『통속잡지』의 입장은 당시 국민에 대한 문화적 계몽을 추구하였던 신문화운동과 상당한 맥락을 같이하고 있다. 천두슈(陳獨秀)의 「구사상(舊思想)과 국체(國體)」(1권 4호)를 싣거나, 『신청년』에 실린 후스(胡適)의 「문학개량추의(文學改良芻議)」 등을 전제하고 있다.

그러나 '신명사해'에서 알 수 있듯이 『통속잡지』는 기본적으로 고상한 정치지식을 쉬운 방법으로 전달하려는 정치엘리트의 시각에 서 있다. 보다 전문적인 독자를 선도하기보다는 대중을 계몽의 대상으로 여기고 있는 것이다. (오병수)

▌통속지나사정(通俗支那事情)

1876년 일본 도쿄의 이와이야마도에서 발행한 주간잡지

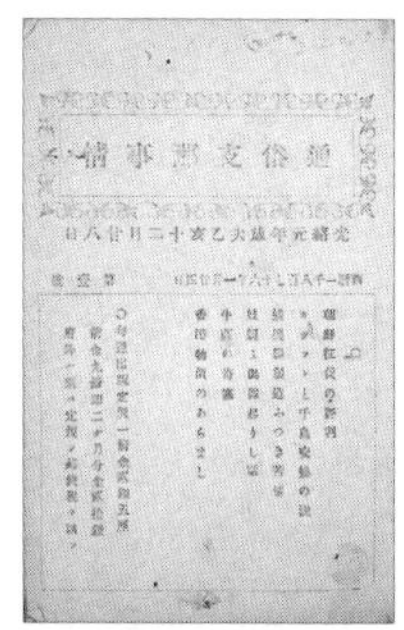

1876년 1월에 이와이야마도(祝山堂)에서 발행한 주간지이다. 편집은 호기야마 가게오(甫喜山景雄)가 담당했고, 정가는 2전 5리였다. 1877년 3월 제12호로 폐간되었다. 가가와대학(香川大學) 가미하라문고(神原文庫)는 1호부터 8호까지 소장하고 있다.

주요 내용은 상하이(上海)나 홍콩(香港) 등의 신문 가운데 주변의 상황을 전하는 기사를 선별하여 게재했다. 창간호에는 「조선 정벌의 평판(朝鮮征伐の評判)」, 「가라후토와 지시마의 교환설(カラフトと千島交換

の說)」 등 6편을 게재했다. (이규수)

참고문헌

『近代文學雜誌事典』, 至文堂, 1965; 桂敬一, 『明治・大正のジャ-ナリズム』, 岩波書店, 1992; 日本近代文學館・小田切進 編, 『日本近代文學大事典』 第5卷, 講談社, 1977.

통신생활(通訊生活)

1940년 중국 산시성에서 발간된 정기간행물

1940년 산시(山西)의 진서항전일보사(晋西抗戰日報社)에서 편집하여 출판하였다. 등사본으로 발행하였다. 월간이었으며 편집자는 항전일보사였고 『항전일보(抗戰日報)』 채방부(採訪部)가 주관하였다. 베이징사범대학도서관과 상하이도서관 등에 소장되어 있다.

『통신생활』은 통신문제를 연구하던 신문간행물로 창간호에서 본보의 성질에 대해 다음과 같이 설명하였다. "본보의 통신원에 대한 지시, 사업 경험, 통신원의 동태 등의 문자를 싣는다." 출판 목적은 "본보의 통신원 동지들이 모두 이러한 사업을 연구하고 진행하는 것을 중시하는 과정에서 사업의 진보를 구할 수 있도록" 돕기 위함이며, "우리의 통신사업자들을 교육하여 통신소조에게 학습, 연구의 재료를 제공"하기 위함이다. 신문사업자들과 애호가들을 위해 하나의 공간을 제공하고자 하였다.

주요란으로는 조사통계통신, 채방공작강좌, 신문상신(新聞常訊), 원작과 개작(原作與改作), 통신정선(通訊精選), 방송대(廣播臺) 편지함(信箱), 보백(補白) 등의 난이 있었다.

주요 내용은 "진서북(晋西北) 통신사업을 포괄하여, 사업 중의 임무를 지적하고, 통신공작의 동태를 반영하며, 아울러 가능한 한 시급한 통신사업의 결점을 겨냥하여 일단의 구체적인 의견을 개진하였다. 또 각 지구의 통신사업자로 하여금 소식이 서로 통하게 하여 이러한 하나의 지반을 빌어 각자의 경험을 교환할 수 있도록 한다"고 하였다. 글을 쓰는 방면에서는 주로 신문통신과 소식의 글을 썼으며, 이론상에서는 신문학술의 연구・토론을 중시하였다. 주로 『항전일보』의 기자와 각지의 특약기자들을 대상으로 하였다. 주요 집필자는 무신(穆欣) 등이었다. (김지훈)

참고문헌

北京師範大學圖書館報刊部 編, 『北京師範大學圖書館館藏中文珍稀期刊題錄』, 北京圖書館出版社, 2002; 伍杰, 『中文期刊大詞典』, 北京大學出版社, 2000; 上海圖書館, 『上海圖書館館藏近現代中文期刊總目』, 上海科學技術文獻出版社, 2004.

투쟁(鬪爭)

1933년 중국에서 창간된 중국공산당 소비에트구 중앙국의 기관지

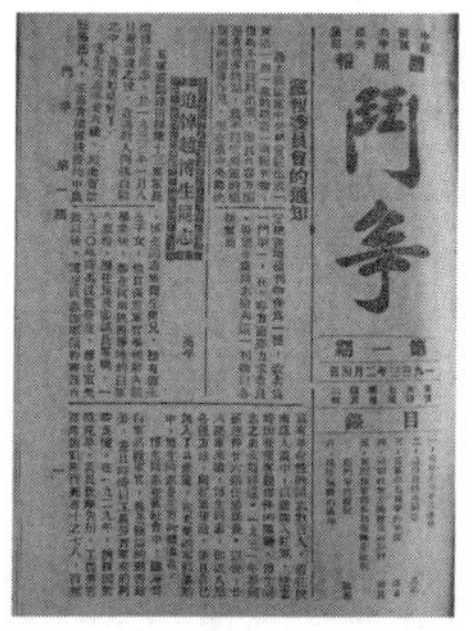

1933년 2월 4일에 중국공산당(中國共産黨) 소비에트구 중앙국(蘇區中央局)의 기관지로 창간되어 1934년 9월 30일 종간할 때까지 모두 181호가 출간되었다. 『투쟁』은 『홍기주보』를 인쇄하기 곤란한 상황 속에서 『홍기부간(紅旗附刊)』을 대체하기 위하여 출판되었으며 『홍기부간』에 비해서 체계적이며 지속적으로 발행되었다.

『투쟁』은 크게 두 시기로 나누어 볼 수 있다. 판본은 세 종류가 있다.

첫 시기는 1933년 1월부터 1935년 홍군이 장정을 하기 전까지이다. 이 시기 『투쟁』은 상하이와 장시성(江西省) 루이진(瑞金)에서 출판되었다. 상하이에서 출판된 『투쟁』은 중국공산당 임시중앙의 기관지로 출판되었다. 임시중앙이 상하이에서 루이진으로 이전한

후 상하이중앙국과 상하이임시중앙국이 중앙 명의로 『투쟁』을 계속 상하이에서 출판하였다. 1933년 1월 21일 1호부터 1935년 7월 5일 79호로 정간될 때까지 발행되었다. 4×6판으로 인쇄되었고 상하이판이라고 부른다. 임시중앙이 상하이에서 루이진으로 이전한 후에 발행한 『투쟁』은 소비에트구 중앙의 기관지로 1933년 2월 1호를 발행했고 1934년 9월까지 73호가 발간되었다. 이 판본은 소비에트구판이라고 한다.

이 단계의 『투쟁』은 상하이에서는 비밀출판물이었고, 루이진에서 발행될 때는 공개적 간행물이었다. 당의 방침과 정책을 선전하고 국민당을 비판하면서 민중들에게 항일과 혁명근거지 건설 등을 호소하였다. 그러나 『투쟁』도 '좌'적 경향을 가지고 있었다.

두 번째 시기인 장정기간의 『투쟁』은 1년 1개월 동안 정간되었다. 홍군이 섬서 북부에 도착한 후에 다시 출판되었다. 이 시기는 다시 두 단계로 나눌 수 있다. 첫 단계는 중공 서북 중앙국의 기간지로 바오안(保安)에서 출판되었으며 1935년 11월 74호부터 1936년 6월 102호까지 모두 28호가 발행되었다. 2단계는 공산당 중앙의 기관지로 옌안에서 출판되었으며 1936년 6월 103호부터 1937년 3월 127호까지 모두 25호가 발행되었다. 이 판본은 통칭 서북판이라고한다. 이 시기의 『투쟁』에는 중국공산당의 대표로 부상한 마오쩌둥의 영향이 강하게 남아 있다.

상하이판 『투쟁』

『투쟁』은 공산당 임시중앙의 기관지로 상하이에서 창간되었다. 출판지는 상하이 아이원의루(愛文義路, 지금의 베이징 시루[西路])와 청두베이루(成都北路)의 공공조계에 있던 부유한 상인 가정의 3층에 있었다. 당시 공산당의 임시중앙은 상하이에서 비교적 중요한 문제에 관해 의견을 발표하고 공작을 지도하기 위해 『투쟁』을 출판하기로 결정했다. 당시 『투쟁』은 중앙정치국의 위원이면서 임시중앙정치국의 상임위원이었던 장원톈(張聞天)이 주간이었다. 장원톈은 보구(博古), 천윈(陳雲) 등과 의견을 교환하였다. 결의는 주로 보구 등이 서술했고 장원톈도 결의의 정신에 의거하여 글을 작성했다.

당시 중국공산당은 상하이에서 비밀리에 활동하고 있어서 출판할 수 있는 조건이 나빴다. 이렇게 비밀리에 발행되었기 때문에 겉표지를 위장하여 출판했다. 상하이판 『투쟁』의 창간호는 약 1300부를 발행했다. 대부분은 상하이시의 각 지하당 지부와 상하이 부근 몇 개 성의 지하당의 책임자와 당원들에게 배포했고, 일부는 공산당과 청년단원이 일반 민중들에게도 보내어 열람하도록 했다. 상하이판 『투쟁』은 발행량이 적었지만 널리 유통되어 큰 영향을 미쳤다.

상하이판 『투쟁』은 창간 초기부터 거의 매호마다 공산당 중앙의 결의, 성명, 평론 등을 발표하여 일본제국주의의 중국침략의 죄상과 침략동향을 분석하고, 장제스(蔣介石) · 왕징웨이(汪精衛)와 일본제국주의의 결탁을 폭로하고 민중들에게 항일을 호소했다. 1933년 1월에 발표된 공산당중앙과 청년단중앙이 연합하여 「전국 민중에게 고하는 서(告全國民衆書)」를 발표하였다. 이 글은 일본제국주의가 중국의 동북 지역을 침략하였고 이후 핑진(平津)을 점령하고 황하 이북의 대부분의 토지를 점령하여 중국의 대부분의 토지에서 피의 통치를 확립할 것이라고 지적하였다. 1934년 5월에 마오쩌둥이 발표한 「일본성명에 관한 담화(關于日本聲明的談話)」에서 일본제국주의의 목적은 단독으로 중국을 완전 식민지화하려는 것이고 중국혁명을 직접 진압하려는 것이라고 지적했다. 또한 상하이판 『투쟁』은 일본제국주의가 중국에서 거액의 경제 약탈과 잔혹한 폭행을 하고 있으며 침략의도를 가지고 있다는 점을 폭로하였다. 일본군이 화베이 침략을 단행하지 『투쟁』은 사론을 발표하여 일본제국주의의 의도는 화베이에 괴뢰정권을 조직하여 계속 중국을 침략하는 것이라고 하였다.

국민당이 "중국은 항일을 할 힘이 없다"고 하는 선전에 대해서도 『투쟁』은 많은 사실을 설명하여 민중이 연합하여 무장하여 일어나면 반드시 항일전쟁에서 승리할 수 있다고 하였다. 동시에 중국과 일본의 군사력을 비교 분석한 글에서 비록 일본제국주의 군대의 무기가 좋지만 전쟁의 승패는 무기에 의해 결정되는 것이 아니라 인민에 의해 결정된다고 하였다.

1933년 1월 소비에트 정부와 홍군은 항일투쟁의 새로운 정세에 근거하여 "항일작전의 3개 조건"을 선포했다. 항일작전의 3개 조건은 "즉각 소비에트구역을 공격하는 것을 중지하고 즉각 민중의 민주적 권리를 보장하며, 무장한 의용군을 건립한다"는 것이었다.

『투쟁』은 일본제국주의의 중국 침략의 죄상을 비판함과 동시에 국민당 정부와 일본제국주의의 결탁을 비판하고 분석했다. 1933년 초, 19로군이 항일을 준비하여 민중의 지지를 받았지만 지속되지 못했다. 『투쟁』은 즉각 글을 발표하여 국민당이 부저항주의를 계속하는 것은 각 제국주의국가들의 "조정"의 결과라고 지적하였다. 그리고 이 19로군의 퇴각은 실제로 일본제국주의의 모든 요구를 받아들인 것이라고 하였다. 일본군이 화베이를 침략하고 장제스 정부가 비저항정책을 지속하자 중공중앙은 국민당 화베이당국이 부의(溥儀)가 입관(入關)하는 것을 받아들이고 국민당이 일본의 모든 요구를 수용하기로 결정하여 화베이를 포기했다고 비판했다.

1933년 11월 국민당 정부와 일본제국주의가 베이핑(北平)에서 "중국·일본·만주의 통상을 회복하고 일본상품을 배척하는 모든 운동을 금지"하는 등 6개조의 화베이협정을 체결하자 중공중앙은 『투쟁』에 성명을 발표하여 비판했다. 이 교섭은 국민당이 공개적으로 '만주국(滿洲國)'을 승인하여 만주와 몽골을 팔아먹은 것일 뿐 아니라 일본 강도에게 전체 화베이를 준 것이라고 하였다. 『투쟁』은 이 담판의 내용은 전부 매국행위이고, 국민당의 이러한 행위가 일본과 기타 제국주의가 중국을 공격하는 것을 중지시킬 수 없을 뿐 아니라 반대로 제국주의가 중국을 분할(瓜分)하려는 탐욕을 강화시킬 것이라고 지적하였다. 아울러 일본제국주의는 직접 중국혁명에 간섭하여 중국 소비에트 홍군을 진압하고 중국을 병탄(倂呑)하고, 적극적으로 산둥과 산시를 근거지로 남진정책을 전개할 것이라고 보았다. 『투쟁』은 당고협정(塘沽協定), 그리고 쑹쯔원(宋子文)과 일본 대사가 상하이에서 한 밀담 등을 게재하였다. 또한 일본의 특무기관에서 만든 비밀보고를 발표하였다.

(김지훈)

참고문헌

方克, 『中共中央黨刊史稿』 上, 紅旗出版社, 1999; 王檜林·朱漢國, 『中國報刊辭典(1815~1949)』, 書海出版社, 1992; 伍杰, 『中文期刊大詞典』, 北京大學出版社, 2000; 上海圖書館, 『上海圖書館館藏近現代中文期刊總目』, 上海科學技術文獻出版社, 2004.

▌특선최요매월통기전(特選撮要每月統紀傳)

1823년 인도네시아 자카르타에서 중국어로 창간된 종합잡지

1823년 7월 인도네시아의 자카르타(巴達維亞)에서 창간되어 월간으로 발행되었다. 조판인쇄로 양식은 매 권마다 8쪽 단행본 형태로 만들어졌으며, 주필은 영국 선교사 메드허스트(Rev. Walter Henry Medhurst, 麥都思)이다. 1826년 모두 4권을 간행하고 종간되었다.

내용은 종교와 시사, 역사, 천문, 지리 등으로 동남아의 지리와 역사에 대한 기술이 특히 상세하며 다수의 지도를 함께 싣고 있다.

『찰세속매월통기전(察世俗每月統紀傳)』의 속간으로 기독교 선교와 복음 전파로 세상을 바로잡는데 목적을 두었다. (김성남)

참고문헌

葉再生 著, 『中國近代現代出版通史』, 北京: 華文出版社, 2002; 王檜林·朱漢國 主編, 『中國報刊辭典』, 太原: 書海出版社, 1992.

▌평론(評論)

1934년 일본에서 창간된 문학연구 잡지

1934년 6월에 창간되어 1935년 8월까지 모두 13호가 발간되었다. 발행처는 산카이도출판부(山海堂出版部)였다. 도쿄제국대학(東京帝國大學)을 중심으로 하는 메이지문학회(明治文學會)의 기관지였다. 전신인 『메이지문학(明治文學)』, 『리플렛 메이지문학(リ-

フレット明治文學)』을 이어 거의 매월 발행되었다. 『리플렛 메이지문학』을 개제한 것이었기 때문에 4호부터 시작되었다.

『평론』은 잡지의 제목을 바꾼 데서도 알 수 있듯이 연구의 대상을 메이지기의 문학에 국한하지 않고 현대문학으로까지 확대하려고 하였다. 여기에는 메이지문학회 안의 젊은 연구자들의 의사도 반영되었다.

주로 특집의 형식을 취하였는데 "다니자키 준이치로 연구(谷崎潤一郎研究)"(5호), "현대 문학의 제문제(現代文學の諸問題)"(6호), "시마자키 도손 연구(島崎藤村研究)"(7호), "도쿠다 주세이 연구(德田秋聲研究)"(9호), "시가 나오야 연구(志賀直哉研究)"(11호), "현대시의 제문제(現代詩の諸問題)"(12호), "쓰보우치 쇼요 연구(坪內逍遙研究)"(13호), "가지이 모토지로 연구(梶井基次郎研究)"(16호)가 바로 그것이다. 메이지문학회 외부에서도 기고자가 많이 나왔다. (이준식)

참고문헌

岡野他家夫, 『明治文學研究文獻總覽』, 富山房, 1944; 日本近代文學館·小田切進 編, 『日本近代文學大事典』 第5卷, 講談社, 1977.

▌평론지평론(評論之評論, The Review of Review)

1920년 중국 베이징에서 베이징대학 학생들이 간행한 대표적인 사회과학 계간지

5·4시기 베이징대학 법과 학생들이 간행한 잡지의 하나이다. 1920년 12월 15일 창간되었으며 주편은 페이줴톈(費覺天)이었다. 주요 기고자는 페이줴톈 외에 천치슈(陳啓修), 궈멍량(郭夢良), 쉬류지(徐六幾), 청전지(程振基) 등이었다. 특히 궈멍량, 쉬류지, 청전지는 당시 대표적인 길드사회주의자로서 후에 장쥔마이 등과 정치적 활동을 함께 한 인물들이다. 원래는 매년 8호를 간행할 계획이었으나 인쇄소인 태동서국(泰東書局)의 사정으로 1년동안 4호를 내고 정간하였다.

창간 취지는 평론을 통해 문화를 창조하고, 나아가 진선미의 사회를 이룩한다는 것이었다. 평론, 도자유적로(到自由的路), 시론편목(時論篇目), 출판계평론(出版界評論), 신시담(新詩談) 등의 난을 두었다. 주로 국가 건설의 방향을 둘러싸고 지식계에 첨예하게 논쟁이 되고 있던 사회적 의제들을 토론의 대상으로 삼았다. 특히 당시 유행하고 있던 마르크스주의, 길드사회주의, 공단주의(조합주의), 신촌주의, 실험주의 사조 등을 전면적으로 분석·소개하고 당면한 중국 사회를 개조하고 국가를 건설할 수 있는 방안을 토론하였다. 3호와 4호에는 "사회주의와 자본주의의 쟁론문제"를 특집으로 다루어 공전의 토론을 유도하였다. 동시에 당시 진보적인 청년들이 읽던 문장과 잡지의 목차를 부기하였는데 자료적인 가치가 높다.

『평론지평론』은 우선 제호가 특이하다. 창간 목적과 제호의 유래에 대해서 창간호에서 다음과 같이 밝히고 있다.

"일체의 사회적 진보는 모두 사상의 진보에서 시작되고 모든 사상의 진보는 평론을 통해서만 이루어진다. 일체 사상의 진보과정은 모두 '평론'의 역사이다. …… 평론은 낡은 것을 타파하고 신생명을 창조하는 열쇠이다. …… 이러한 세계, 이러한 사회를 한번 쇄신하기 위해서는 오로지 보편적인 평론이 필요할 뿐이다. …… 진리를 위해 진리를 구할 결심으로, 과학적 방법으로, 고유한 사실에 근거하고 각각의 학설을 방증하여 일체를 평론하고자 한다. …… 우리들이 높이 내세우는 '평론의 평론'은 이 천박한 문화운동을 명실상부한 문화운동으로 바꾸는 것이요, 문화를 창조하고

진선미의 사회를 창조하는 것이다"(「본지선언[本志宣言]」, 1권 1호).

이들은 무엇을 평론하고자 하였을까? 우선 5·4운동을 계기로 중국에서 널리 수용 논의되고 있던 각종 사회주의 사조와 이론이 우선적인 평론 대상이었다. 이를 통해 국가 건설의 방향을 모색하고자 한 것으로 5·4시기 다양하게 진행되다가 이미 시들해져버린 문화운동의 방향을 재정립하는 길이기도 하였다.

『평론지평론』은 이를 위해 당시 국가 건설과 관련하여 논의되고 있던 다양한 담론을 검토하였다. 무정부주의, 마르크스의 유물사관, 민족자결주의, 신촌주의, 길드사회주의의 주장들을 중국 현실에 비추어 비판하는 형식이었다. 여기에는 당시 지식계에 영향이 컸던 듀이(John Dewey)와 러셀(Bertrand Russell)의 언설은 물론 막 논쟁이 되기 시작한 '혁명 문학의 제창'도 평론의 대상이었다. 사회적 논쟁이 될 수 있는 것은 모두 평론 대상으로 삼고 있는 셈이다.

그리고 '자유에 이르는 길'이라는 난을 통해 중국의 진로에 대한 대안을 모색하였다. 이를 통해 주편자의 정치적 입장을 자연스럽게 읽을 수 있는데, '중국의 노동자와 노동조직', '부녀운동', '빈민구제', '데모크라시와 대의제'나 러셀주의에 대한 감탄, 그리고 후에 길드사회주의자가 중심인 된 인물들을 고려하면 이 잡지는 볼셰비키 방식의 혁명에 반대하고 시민사회의 형성과 사회적 개량을 통해 국가 건설을 접근하고자 한 것을 알 수 있다.

『평론지평론』과 사회주의 논쟁

5·4운동 이후 마르크스주의, 사회주의 사상을 본격적으로 수용한 중국 지식계가 그에 대한 본격적인 토론의 필요성에 따라 창간하였다.

특히 잡지의 주편자인 페이줴톈은 당시(1920.2) 리다자오(李大釗)가 주도한 "베이징대학사회주의연구회"의 핵심 성원이었을 뿐 아니라 마르크스의 『자본론(資本論)』 1권의 서언을 번역하기도 하였다. 중국 최초의 마르크스 저작이라 할 수 있다. 당시 페이는 베이징대학 법학원(法學院) 교수이자 정치계주임이었던 천치슈의 영향을 받고 있었던 것으로 생각된다. 『평론지평론』 1권 1호부터 그의 문장인 「법률과 민의 및 정치」를 싣고 있을 뿐만 아니라, 2호에서는 천의 이론에 대한 분석을 시도할 만큼 비중 있게 다루고 있는데서 잘 알 수 있다(궈멍량, 「천치슈 선생의 국가존재의 이유를 평함」(1권 2호).

천치슈는 일본 도쿄제국대학을 졸업하고 1919년 베이징대학(北京大學)에 부임한 후, 재정학, 통계학과 함께 '마르크스주의 경제학 개론'을 강의하고 있었다. 특히 합동강의인 '현대정치강좌'를 통해서는 소비에트 러시아의 상황에 대한 학술적 분석을 주도하고 있었다. 리다자오와는 일본 유학시절부터 잘 알고 있었지만, 이론 수준에서는 이보다 훨씬 앞서 있었던 셈이다. 천치슈는 1921년부터 '마르크스학설 연구회'를 이론적으로 지도하였으니, 마르크스 『자본론(資本論)』에 대한 참고자료를 모아 본격적으로 연구하면서 매월(每月) 두 차례씩 강연회 및 토론회를 주도하여 학생들의 관심을 한 몸에 받았다.

다만 천치슈는 노동계급혁명에 의존하는 볼셰비키 혁명에 반대하면서도 길드주의와는 달리 사회 개혁에서 국가의 역할을 강조하고 있는데, 사회주의 논전과정에서 페이줴톈은 이러한 천치슈의 논리를 충실하게 대변하고 있음을 볼 수 있다.

물론 『평론지평론』은 리다자오의 글도 싣고 있지만, 이러한 그의 논리는 공산당에도 비판적이지만, 사회주의의 한 축이었던 장둥쑨 등 길드사회주의자와의 대립적인 관점을 취하게 한 것으로 생각된다. 1921년에 시작된 사회주의 논전은 중국에서 볼셰비키식의 사회주의혁명이 적합한가가 의제였지만, 궁극적으로는 노동자의 역량과 국가권력의 역할을 어떻게 설정할 것인가가 핵심이기 때문이다.

이 논전의 중심은 천치슈를 중심으로 한 마르크스주의자와 장둥쑨 등 길드주의자 사이에 벌어진 것으로, 이미 한계를 드러낸 자본주의와 군벌체제를 극복하고 새로운 국가체제를 건설하기 위해 어떤 방식으로 사회주의를 건설할 것인가가 핵심이었다. 특히 길드주의자들은 당시 중국에서는 노동자계급의 역량이 미약하고,

자본주의 발전정도가 매우 유치하기 때문에 가능한 한 시민적 자치역량을 확대함으로써 국가권력과 독점자본의 폐해를 막아야 하며 특히 볼셰비키 방식의 혁명은 중국에서는 불가능하다고 보았다. 그러나 천치슈 등은 그러한 사회주의를 추진할 수 있는 주체로서 계급독재에 기초한 국가권력을 상정하고 노동자계급의 조직화를 통해 이를 실현할 수 있다고 주장하였다.

특이한 것은 페이줘톈와 천치슈인데 이들은 길드주의를 이상적이지만 현실성이 없다고 주장하고, 다만 계급투쟁에 기초한 볼셰비키 방식보다는 국가 사회주의 방식이 중국에 보다 적합하다고 주장하였다. 중국의 국가 건설과 관련한 다양한 논의를 재구성하기 위해서는 살펴볼 필요가 있다. (오병수)

평민교육(平民教育, Democracy and Education)

1919년 중국 베이징에서 발간된 평민교육사의 기관지

1919년 10월 4일 베이징고등사범의 교직원과 학생들이 조직한 평민교육사의 기관지로 창간되었다. 처음에는 주간지였으나, 1920년 여름 이후 『교육과 사회(教育與社會)』와 합병하면서 반월간으로 고쳤다. 1922년에는 같은 학교의 실제교육사에서 간행하던 『실제교육』과 합병하였지만 제호를 그대로 유지하였다. 편집자는 매년 바뀌었는데 쉬밍훙(徐名鴻), 창즈다오(常直道), 왕줘란(王卓然), 탕우뤄(湯戊若), 황공줴(黃公覺) 등이었다. 1924년 7월 72, 73호를 출판하고 정간되었다. 베이징대학, 베이징사범대학도서관 등에 보관되어 있다.

창간 취지는 사람들이 사람으로서 행복해지는 방법을 탐구하기 위한 것이며, 특히 학교교육만이 아니라 사회 전반의 개조 문제를 교육의 범주 속에서 토론함으로써 교육을 통한 사회교육을 표방하였다.

평민교육은 당시 중국을 방문한 존 듀이(John Dewey)의 영향을 받은 것으로 민주주의의 실현을 위해 특정 계급에게만 편중되어 있는 교육을 모두에게 개방하여야 한다는 것이 표어였다. 이에 따라 당시 열악한 교육환경을 비판하면서 존공독경, 봉건예교를 강조하는 낡은 교육을 비판하고 진보적인 사상을 보급하고자 하였다. 이를 위해 듀이, 먼로(James Monroe, 孟祿) 등 구미의 진보적인 교육사조를 적극 소개하는 한편 베이징의 교직원삭신운동으로 시작된 교육경비 확보 투쟁을 계기로 통치 계급인 군벌 문제를 심각한 모순으로 파악하고 그에 대한 비판에 중점을 두기도 하였다. 13, 14호에 게재된 산시(山西) 교육의 실상에 대한 비판은 그 대표적인 예이다.

또한 『평민교육』은 16호를 "중국문자개혁" 특집호로 꾸미는 등 백화문운동에 이어 한자의 간화운동을 주도하기도 하였다(첸쉬안퉁[錢玄同], 「한자개량[漢字改良]의 제이보: 감성필획[第二步: 減省筆劃]」).

그러나 평민교육은 24호 이후 종지와 편집방향에서 상당한 변화를 보이기도 하였다. 특히 그동안의 평민교육활동은 물론 러시아혁명이나 무장투쟁에 대한 반대와 함께 신문화운동 전반에 대한 비판적 입장으로 선회하였다. (오병수)

평범(平凡)

1926년 경상남도 동래에서 한국어로 발행된 문예지

1926년 8월 1일자로 창간되어 같은 해 10월까지 통권 3호를 발간하고 종간하였다. 편집 겸 발행인은 허영호(許永鎬), 인쇄인은 노기정(魯基禎)이었다. 인쇄소는 한성도서주식회사였고, 발행소는 경상남도 동래군 동래면에 있는 평범사였다. A5판 52쪽으로 발간되었고 정가는 20전이었다.

인쇄와 제작은 서울에서 하고 발행 및 발매는 동래에서 했다. 발행인 허영호는 3·1운동에 참여한 후 불교청년운동에 참여했다. 그는 1929년 일본 다이쇼대학(大正大學) 불교학과로 유학을 간 후, 재일본조선불교청년회 및 조선불교청년총동맹 도쿄동맹의 간부로 활동했고 그 회의 기관지인 『금강저(金剛杵)』에 활발히 기고했다. 1932년 귀국해서도 조선불교청년총동맹 집행위원장, 조선불교교정연구회 발기인 등으로 활동했다.

창간호의 목차는 「창간사」/ '수필' 허영호의 「회색의 창에서」, 유인생(唯人生)의 「독존인(獨尊人)」, 카펜타의 「생활의 단순화」, 성호(誠乎), 「인간종교」, 철호(鐵呼)의 「가로(街路)의 말」/ '과학의 취미' 「곤충이약이」, 「인조태양(人造太陽)」, 작난꾸구러기의 「나의 중학생시대」/ '문단만보(文壇漫步)' 「첨구선생(尖口先生)과 천수생(千手生)의 대화」/ '끽차시간(喫茶時間)' 「광취시인(狂醉詩人)과 떡인형」, 「하이네와 말크스」, 「도스토옙스키와 전간(癲癎)」, 「문사(文士)의 동맹파업」, 「투르게네프와 톨스토이의 결투사건」, 「톨스토이의 사랑」/ '시' 7편 / '창작소설' 「콩 소설」, 허용호의 「밤의 산보」, '폴 마가릿트'의 「결혼한 뒤」로 구성되어 있다. (정예지)

참고문헌

「平凡 創刊號」, 『東亞日報』 1926년 7월 31일; 김광식, 『한국근현대불교자료전집』, 민족사, 1995; 최덕교 편, 『한국잡지백년』 1, 현암사, 2004.

평양(平壤)

1922년 평양에서 일본어로 발간된 월간 공보지

1922년 6월 평양부에서 일본어로 발간한 월간 공보잡지로서, 국판 12쪽으로 창간되었다. 현재 일본 사이토문고(齋藤實文庫)에 1호(1922.6)와 4호(1922.9)가 소장되어 있다.

잡지의 내용은 권두언, 평양의 연혁, 부령(府令) 개정, 부세(府勢) 개황, 사회사업, 사회교육, 사업, 회의, 통계 초록, 시찰·감상, 인사이동, 독지 기부, 병사(兵事) 잡록, 향교 예산, 위생과 교통, 결산, 공산(工産) 등으로 구성되었다.

한편, 평양부에서 발행한 공보 월간지로 『평양휘보』가 있다. 1931년 8월쯤에 창간호가 발간된 듯하지만, 현재로서는 확인하기 어렵다. 『평양휘보』를 『평양』을 계승한 잡지라고 간주해도 큰 무리가 없을 듯하다.

『평양휘보』는 『평양』과 마찬가지로 일본어로 된 월간 공보지였지만, 초기에 비해 상당히 분량이 많아지고, 기사가 풍부해졌다. 서울대도서관 경제문고에는 9호(1932.4)부터 76호(1935.11)까지가 소장되어 있다.

34호까지의 목차는 공문, 조사 및 연구, 기사, 잡보, 각종 통계, 서임사령 순으로 되어 있다. 그 이후에는 조사 및 연구, 통계란을 없애고, 앞부분에 논설과 특집란을 두어 5~10개 정도의 논설을 싣고 있으며, 문예란을 신설하였다.

식민지기 평양 연구에 반드시 참조해야 할 자료이다. (윤해동)

참고문헌

『평양』, 일본 소재 사이토문고(齋藤實文庫) 소장본.

평양매일신문(平壤每日新聞)

1920년 평양에서 발간된 일본어 일간지

1920년 평양매일신문사에서 창간한 일본어 일간지이다. 신문사의 주요설비로는 윤전기 1대, 인쇄기 1대, 사용 활자는 7포인트 75, 사진제판기, 요철제판기, 카피기, 연판주입기, 연판 마무리기가 각 1대씩 구비되어 있었다. 지면은 1행 15자, 1단 140행, 1면 12단으로 구성되었으며, 월 구독료는 70전, 광고료는 보통면 1행 1원, 특별면은 2원이었다. 1923년 복간된 『서선일보』, 진남포에서 발간되던 『서선일일신문』과 아울러 평안남도 지방에서 발간되던 3대 일본어 신문이었으나, 실물은 아직 발굴되지 않았다.

평양매일신문사는 1920년 4월 『평양매일신문』을 창간함과 동시에 평남 진남포에서 발간되던 『서선일보(西鮮日報)』를 합병하였다. 초대 전무에는 하세가와 요시오(長谷川義雄), 2대 나카마루 요시타로(中丸好太郎)를 거쳐 오하시 쓰네조(大橋恒藏)가 경영권을 인수하였다. 오하시는 부사장으로 야하시 요시타네(矢橋良胤)를 영입하여 사업을 확장하였다.

1927년 평양 역전에 사옥을 신축하였으며, 윤전기를 구입하였다. 그리고 주간으로 야마다 이사오(山田

勇雄)를 영입하여 경영을 일임하였다. 이 신문은 평양부와 진남포부의 공포식(公布式), 평안남북도와 황해도의 서선 3도 법정 등기 공고를 게재하는 공식 신문으로 세력을 확장하였다.

평양매일신문사는 1929년 현재 자본금 31만 7500원의 조합조직이었으며, 본사는 평양부 홍매정(紅梅町)에 있었고, 매일 조간으로 4면을 발간하였다. 도쿄, 오사카, 경성 외에 주로 서선 지방에 지국을 운영하고 있었다.

사장 오하시는 야마구치(山口)현 출신으로, 오사카 시립 상업학교를 졸업하고 도선하였다. 오하시구미(大橋組)라는 토목회사를 운영하고 있었으며, 평양실업청년회의 간사장으로도 활동하였다.

평양매일신문사에서 발간한 단행본 자료로는 나카니시(中西末銷)의 『평양과 인물(平壤と人物)』(1914)이 있다. (윤해동)

참고문헌

中西末銷, 『平壤と人物』, 1914; 中村明星, 『朝鮮滿洲新聞雜誌總覽』, 新聞解放滿鮮支社, 1929; 田內武, 『朝鮮施政十五年史』, 1926; 『新聞總覽』, 日本電報通信社, 각년판.

▌평양무역연보(平壤貿易年報)

▶ 평양상공회의소통계연보(平壤商工會議所統計年報)

▌평양상공회의소조사휘보(平壤商工會議所調査彙報)

▶ 평양상업회의소월보(平壤商業會議所月報)

▌평양상공회의소통계연보(平壤商工會議所統計年報)

평양에서 발간된 경제통계 관련 연간지

원래 평양상업회의소에서는 『평양상업회의소통계연보』라는 이름으로 일본어로 된 연간 통계자료집을 발간하였다. 현재 1920년판(1921년 간행)만이 국립중앙도서관에 소장되어 있다.
『평양상업회의소통계연보』는 1930년 평양상업회의소가 평양상공회의소로 개칭되면서 『평양상공회의소통계연보』로 개제되었다. 현재 1935년과 1939년 통계자료집만을 제외하면, 1931년(1932년 발간)부터 1940년(1941년 발간)까지의 연보는 모두 소장 상황이 확인된다. 1931, 1936, 1937년판이 서울대 고문헌자료실에, 1932~1934, 1937, 1938, 1940년판이 국립중앙도서관에 소장되어 있다. 창간부터 종간까지의 자세한 사정에 대해서는 확인하기 어렵다.

1920년 『평양상업회의소통계연보』는 1장 기상과 호구, 2장 무역, 3장 금융, 4장 보험, 5장 우편·화물, 6장 회사표, 7장 공장표, 8장 금융조합 및 제반 농무관련 통계, 9장 상업회의소 예산과 임원 등으로 구성되었다.

1930년대의 『평양상공회의소통계연보』는 이보다 훨씬 분량이 늘어날 뿐만 아니라, 기상, 호구 및 넓이, 재정, 무역, 금융, 통신, 운수·교통, 농무, 축산, 수산, 광산, 공산, 시장, 회사, 물가 및 노임, 평양 주요창고 화물 재고, 기타, 잡 등의 항목을 포괄하고 있다. 특히 잡 항목에서는 관공서, 학교, 기타 주요기관에 대한 통계를 수록하고 있어 참고가 된다.

이 통계연보와는 별도로 평양상공회의소에서는 1938년판(1940년 발간)부터 『평양무역연보』라는 별도의 통계자료집을 발간하였다. 평양의 이출입무역 통계만을 별도로 다룬 자료집이다. 현재 1938년, 1939년(1941년 발간), 1940년(1942년 발간)의 3년치『평양무역연보』가 국립중앙도서관에 소장되어 있다.

평양상공(업)회의소에서는 이외에도『평양상업회의소월보』(나중에 『평양상업(공)회의소조사휘보』)를 발간하였다. 이에 대해서는『평양상업회의소월보』항목을 참조할 것. (윤해동)

참고문헌

田中市之助,『全鮮商工會議所發達史』, 釜山日報社, 1935;『평양상공회의소통계연보』, 서울대도서관 고문헌자료실, 국립도서관 소장본.

▌평양상업회의소월보(平壤商業會議所月報)

1916년 평양에서 발간된 경제 관련 일본어 월간지

1916년 설립된 평양상업회의소에서 1916년부터 발간한 일본어 월간지로서, 평양상업회의소의 기관지이다. 현재 25호(1919.1)부터 35호(1919.11)까지가 서울대도서관 경제문고에 소장되어 있다. 자금난으로 1930년 5월부터는『평양상업회의소조사휘보』로 개칭하고, 필요에 따라 발행하는 부정기간행물로 바꾸었다. 1930년 11월 평양상공회의소로 개명하는 바람에, 잡지명도『평양상공회의소조사휘보』로 변경되었다. 1호(1930.5)부터 제12호(1933.3)까지 서울대도서관 경제문고에 소장되어 있다.

월보는 평양의 상공업 관련 각종 기사와 논설, 법령 소개 및 해설, 조사자료, 상업회의소 관련 기사 등으로 구성되었다. 평양의 경제 상황을 파악하는 데 필수적인 자료이다.

1904년 조선인 실업가들의 단체로 평양상업중의소(平壤商業衆議所)가 설립된 것이 평양상업회의소의 출발이다. 1905년에는 평양상업회의소로 개칭되었다. 이어 1907년에는 일본인 실업가들을 중심으로 평양일본인상업회의소가 설립되었다.

조선상업회의소령(1915년 발포)에 따라 1916년에는 양 회의소가 평양상업회의소로 통합 개편되었다. 이후 1930년 11월 조선상공회의소령 실시에 따라 평양상공회의소로 개칭되었다. 1944년에는 조선상공경제회령에 따라 평안남도 상공경제회로 개편되었다.

평양상업(공)회의소에서 발간한 단행본 자료를 살펴보면 다음과 같다.『평양부사정요람』(1919),『평양안내』(1920),『대공업지로서의 평양』(1921),『수자로 본 조선』(1926),『평양전지(全誌)』(1927),『서선삼도상공인명록』(1932),『서선삼도물자이출입통계』(1935),『평양물가위원회답신표준판매가격표』(1938),『평양상공인명록』(1938, 1940),『평양상업조사』(1939),『가격등통제령의 해설』(1939),『평안남도공정가격표(1-3)』(1940~1941),『평남의 운수문제』(1940),『조선물가관계 제법령과 해설』(1941),『평안남도 공정가격표』(1941),『평양무연탄 자료집성』(1942),『평양메리야스공업과 평남의 농촌기업(機業)』(1943). (윤해동)

참고문헌

田中市之助,『全鮮商工會議所發達史』, 釜山日報社, 1935;『평양상업회의소월보』, 서울대도서관 경제문고 소장본.

▌평양상업회의소조사휘보(平壤商業會議所調査彙報)

▶ 평양상업회의소월보(平壤商業會議所月報)

▌평양상업회의소통계연보(平壤商業會議所統計年報)

▶ 평양상공회의소통계연보(平壤商工會議所統計年報)

▌평양휘보(平壤彙報)

▶ 평양(平壤)

▌폐허(廢墟)

1920년에 서울에서 발행된 문학동인지

1920년 7월 25일자로 창간되었다. 종간호는 제2호로 1921년 1월에 발간되었다. 그러나 1924년 2월에 간행한 『폐허이후』를 속간으로 간주할 때에는 이것이 종간호가 되어야 할 것이다. 편집 겸 발행자는 고경상(高敬相, 광익서관[廣益書館] 주인), 인쇄인은 조선박문서관인쇄소의 박인환(朴仁煥), 발행소와 판매소는 폐허사(廢墟社 경성부 종로2정목 87)이다. 2호의 발행인은 이병조(李秉祚)이고, 발행사는 신반도사였다. 판형은 A5판으로 총 130쪽이었고 정가는 45전이었다. 발행부수는 1000부였다고 전해진다.

창간동인은 김억, 김영환, 김원주, 김찬영, 나경석, 남궁벽, 민태원, 염상섭, 오상순, 이병도, 이혁로, 황석우 등이었다. 1982년 한국문화간행회와 최근 도서출판 역락에서 영인되었으며 원본은 아단문고, 연세대도서관에 소장되어 있다.

"폐허"라는 제호는 독일 시인 실러(Johann Christoph Friedrich von Schiller)의 "옛 것은 멸하고 시대는 변한다. 새 생명은 이 폐허에서 피어난다"라는 시구에서 따온 것이며 '부활·갱생'을 의미한다. 이와 같은 의미로 폐허 속에서 새롭게 부활하고자 하는 동인들의 문학적 지향을 드러낸 글이 바로 염상섭이 권두언 격으로 쓴 「폐허에 서서」이다.

"만일 한 잎의 이삭을 그릇하여 밟으면 그들은 반드시 전율하며 슬픈 느낌에 마음 저릴 것이외다. 실로 그 무리의 영혼은 진리의 끈으로 비끄러 매고 애(愛)의 쇠로 채웠습니다. 그러함으로 그 무리는 열 마음이 한 마음일 수가 있고 백의 발자취가 한 걸음 밟을 수 있습니다. 과연 이것이 그들의 무엇보다도 큰, 그들의 자랑이요, 그들의 마음 겨운 행복이외다.

이때까지 언덕에 앉았던 그네들은 담은 입을 마침내 열지 않고 떼를 지어 팔 겯고 일어나니 서로 기뻐하며 마주 보는 그들의 안광(眼光)은 희망과 결심의 불길이 일어났습니다."

동인 중에 김억과 황석우가 책임을 맡아 편집했다는 창간호에는 상아탑 황석우의 「석양은 꺼지다」 외 시 9편, 제월(霽月)이란 필명을 사용한 염상섭의 「법의(法衣)」, 보성(步星)의 「네 발자국 소리」, 그리고 김억이 번역한 「베를렌 시초(詩抄)」(예이츠 시 1편 포함)와, 이병도의 「조선의 고대 예술과 오인의 문화적 사명」, 황석우의 「일본 시단의 2대 경향」 등의 평론 이외에 다른 사람들은 모두 수필 혹은 수상을 기고했다. 김찬영, 나경석, 오상순, 이혁로, 남궁벽, 김안서는 각각 개인적인 고뇌와 신변잡기를 기록하고 있는 것이다. 그리하여 더욱 빛나는 것은 번역소설이나 번안소설을 쓰며 신문기자 생활을 하던 민태원이 쓴 소설 「어느 소녀」이다. 이는 이 잡지 창간호에 실린 유일한 소설인 까닭이다. 나중에 소설가가 된 염상섭도 여기에서는 소설 대신 시를 썼던 것이다.

2호에는 시에 나경석(「냇물」 외 1편), 남궁벽(「풀」 외 3편), 오상순(「힘의 숭배」)이 참여하고, 소설에는 민태원(「음악회」), 평론에는 오상순(「종교와 예술」), 변영로(「메테를링크와 예이츠의 신비사상」), 김원주(「먼저 현상을 타파하라」), 김억(「플로베르론」)이 각각 기고하였다. 그 밖에 번역으로는 김억이 번역한 「베를렌 시초」와 반 다이크의 「일본 풍경시」(이병도 역) 등이 실려 있다. 「동인인상기: 오상순군의 인상」은 동인들이 참여하여 공초 오상순의 면모에 대해 피력하고 있는데, 동인 간의 상호친목도모만이 아니라, 염상섭, 변영로, 남궁벽 각인이 느끼는 오상순에 대한 비평까지 담고 있어 미묘한 알력과 경쟁 심리를 엿보게 한다.

3·1운동이 일어나고 지식인들에게 새롭고도 반성적인 기운이 요구되는 즈음에 '폐허'를 딛고 '부활·갱생'하려는 의지를 집단적으로 드러내고 기존의 계몽주의 문학과는 차별화되는 경향의 문학 활동을 펼치고자 시도한 잡지가 『폐허』라고 할 수 있을 것이다. 이들은 흔히 '폐허파'로 불렸으며, 문학적 경향은 퇴폐적 낭만주의라고 평가되었으나 실제로 보면 조선의 문학에 새로운 기운을 불어넣고 개별 존재의 사회적 존재 방식을 질문하는 한편, 근대적 개인의 실존에 대한 문제의식을 암중모색했다는 점에서 그 의미를 평가할 수 있다. (전상기)

참고문헌

최덕교 편저, 『한국잡지백년』 1권, 현암사, 2004; 권영민, 『한국근대문인대사전』, 아세아문화사, 1990; 최수일, 「1920년대 동인지 문학의 심리적 기초: 『창조』, 『폐허』, 『백조』를 중심으로」, 성균관대학교 대동문화연구원, 『대동문화연구』 36, 2000.

폐허이후(廢墟以後)

1924년에 서울에서 발행된 문예동인지

1924년 1월 1일에 창간했다. 종간호는 창간호 이후에 이어지지 않았기 때문에 창간호 단 1호로 그친 셈이다. 편집인은 염상섭, 발행인은 영국인 아놀드, 인쇄인은 대동인쇄주식회사의 김병익(金丙益), 발행소는 폐허이후사(廢墟以後社, 경성부 공평동 66 중앙서림 내), 총판매소는 중앙서림, 공매소는 경향각서포로 되어 있다. 판형은 A5판으로 총 153쪽이었으며 정가는 40전이다. 동인은 염상섭 주요한 오상순 변영로 현진건 김억 김형원 김명순 조명희 등이었다. 원본은 고려대도서관에 소장되어 있으며 1976년 원문사에서 영인된 바 있다.

『폐허』의 뒤를 이은 문예동인지로 『창조』, 『폐허』, 『백조』 등의 동인이 고루 참여하였는데, 『폐허』의 동인이 주를 이루었다. 오상순의 「폐허의 제단」에는,

"폐허의 밤은 깊어가고서/ 망망히 끝없는 폐허 벌판한 모퉁이/ 쓸쓸히 서 있는 한 간 풀집 속에/ 땅 위에 갓 떨어지는/ 벌거벗은 핏덩이 애기 소리!/ 산고를 잊고/ 새로 나는 이의 심각한 복 비는 경건한/ 폐허의 어머니의 떠는 소리// 아기의 묵은 보금자리/ 그의 옛 옥좌인 태 사르는 불빛은/ 신음에 떠는 '폐허의 밤' 가르는/ 알 수 없는 새로운/ 창조의 신의 거룩한 횃불!"

이 찬양되고 있다. 4년 전에 낸 『폐허』의 속간호임을 분명히 하면서 '폐허'를 딛고 새로운 문학을 창조하려는 의지를 다시 한 번 되새기는 면모가 엿보인다. 목차 다음에 남구만의 시조 역시 그러한 의지를 채찍질하는 내용으로도 읽힐 수 있겠다.

과연 여기에는 과거 『폐허』와는 다른 모습이 눈에 띈다. 그것은 일단 소설이 여러 편 보이고 희곡도 등장한다는 사실이다. 이 잡지를 주재한 염상섭의 소설 「잊을 수 없는 사람들」과 홍명희가 번역한 클라이스트(Heinrich von Kleist)의 「후작부인」, 현진건의 「그리운 흘긴 눈」이 게재돼 있고, 희곡으로 김정진의 「기적 불 때」, 시에는 오상순의 권두시를 비롯하여 주요한의 「봄날에 가만히 부른 노래」, 최남선의 시조 「그이」, 변영로의 「개자 몇 알」, 김명순의 「위로」, 타고르의 「해안」(김안서 역), 그리고 김형원의 「개성의 미소」와 포석 조명희의 「경이」 외의 3편의 시가 실렸다.

그 밖에도 「필주」, 「해외문예소식」, 「경과의 대략」이 실려 있어 '조선문인회'를 위시한 당대 문단의 사정을 짐작할 수 있는 자료를 제공해준다.

당시에 문단에 갓 등단하여 자신의 문학 활동을 펼치고자 했던 횡보 염상섭으로서는, 자신이 잡지를 주재하고 자신의 문학적 경향을 통하여 일정한 영향력을 행사하고픈 열망이 있었던 것으로 보인다. 그리하여 『폐허』 동인에 참여하고 『폐허이후』를 주재하는가 하면, '조선문인회'의 기관지 격으로 발간된 『뢰내상스』의 속간 형식을『폐허이후』가 이어받고자 한 의도도 내비치는 것이다. 문인회의 결집이 쉽지 않았고 재정 문제나 검열, 일제의 조직 결성 탄압 등의 악재가 겹쳐 이루어지지 않았지만 차호 예고를 보건대, 염상섭의 속내는 이 잡지를 기반으로 자신의 경향에 맞는 문학 내적 인프라를 기획한 듯이 보인다. 그런 점에서 보면 혼돈과 모색, 방황의 와중에서 진행된 1920년대 초반의 문

단 지형을 여실히 보여 주는 잡지로서의 의의를 『폐허 이후』가 갖고 있는 것이 아닌가 한다.

이 잡지의 말미에는 부록이 실린다. 이것은 정인보가 강술한 「문장강화(文章講話)」(상편)인데, 이것은 원래 '문학개론'과 서양 작가와 작품의 간략한 소개 등을 함께 수록하기로 하였으나 준비가 충분치 못하여 우선 아쉬운 대로 발표한다고 고백하고 있다. 그런데 이는 '연희전문학교'의 교수 교재로 사용하였음을 밝히고 있다. 따라서 이 잡지는 당대 연희전문학교 교재의 내용을 구체적으로 살펴보는 데에도 구체적인 자료로서 기능한다.

또한 차호 예고가 되어 있는 글들로서, 김억의 「예이츠 연구」, 김정설의 「동양침묵의 서품(序品)」, 홍명희의 「문학개론」 연재, 염상섭의 「사상계의 해부」 등이다. 이 중에서 벽초의 글을 제외하고는 확실하게 실릴 것이 예고되어 있는데 아쉽게도 다음호가 발간되지 못하는 바람에 빛을 보지 못하고 말았다.

당대에는 동인지도 검열에서 자유로울 수 없었다. 「편자의 말」이 실려 있는 153쪽 왼편에는 박스 여백 왼편에 세로로 '주의'라 표시하고 다음과 같은 내용이 명기돼 있다. "본지 제25페로부터 제50페까지의 김운정군의 희곡 「기적 불 때」와 제119페로부터 제122페까지의 상순군의 시 「폐허의 낙엽」 일부 급(及) 「폐허행」은 삭제." (전상기)

참고문헌

최덕교 편저, 『한국잡지백년』 1권, 현암사, 2004; 권영민, 『한국근대문인대사전』, 아세아문화사, 1990.

포천잡지(抱川雜誌)

1926년 경기도 포천에서 발행된 시사종합잡지

1926년 5월 12일자로 창간되었으나 몇 호까지 나왔는지 알 수 없다. 저작 겸 발행인은 문상규(文尙圭), 인쇄인은 권태균(權泰均)이었다. 인쇄소는 경성에 있는 대동(大東)인쇄주식회사였고, 발행소는 경기도 포천군 읍면 구읍리 포천잡지사였다. A5판 25쪽으로 발행되었고 정가는 35전이다.

『포천잡지』는 『조선일보』 포천지국 창설 1주년을 기념하여 발행된 향토잡지이다. 『조선일보』 포천지국은 『조선일보』 1926년 2월 26일 기사에 포천지국에서 잡지를 창간하려 하고 있으며 투고를 원하면 포천지국 포천잡지부로 보내라고 전했다. 발행인 문상규는 조선일보 포천지국의 지국장이었다.

그는 「『포천잡지』를 발간한 이유」에서 "당초에 본인이 조선일보지국을 경영해 온 것은 신문지나 팔아먹겠다는 취의는 아니었습니다. 그래도 포천 사회를 위하여 공헌하고자 시작한 일이었습니다. 그동안 독자 여러분에게 호감을 드리기는 고사하고 도리어 악감을 드린 적이 있었는지도 모르겠습니다"라고 밝히고 『포천잡지』를 발행하여 부족한 점을 대신하고자 한다고 했다.

지방지였는데도 발간되자 곧 『동아일보』에 신간 기사가 실렸다. 『동아일보』 5월 27일 기사는 "포천군을 중심으로 한 월간지"라고 『포천잡지』를 소개하고 있다. 창간호 이후에는 기록이 없고 신문지상에도 소개되지 않는 것으로 보아 더 이상 발간되지 않은 것으로 보인다. (정예지)

참고문헌

「本社抱川支局 創立一週年紀念 雜誌『抱川』發行」, 『朝鮮日報』 1926.2.26; 「抱川雜誌 創刊號」, 『東亞日報』 1926.5.27; 최덕교 편, 『한국잡지백년』 2, 현암사, 2004.

푸른 꽃(青い花)

1934년 일본에서 창간된 문학동인지

1934년 12월에 창간되었으나 그 이후에는 발간되지 않았다. 편집 겸 발행인은 소설가인 곤 간이치(今官一)였고, 발행처는 푸른꽃편집소(青い花編輯所)였다. 문학동인잡지 『해표(海豹)』를 탈퇴한 곤 간이치와 다자이 오사무(太宰治)가 중심이 되어 만든 동인지이다. 창간호를 내고 바로 휴간 상태에 들어갔으며, 다음해에 동인들이 '일본낭만파(日本浪漫派)'에 가입하면서 자연스럽게 소멸되었다.

『푸른 꽃』의 동인은 곤 간이치, 다자이 오사무, 이마 우헤이(伊馬鵜平), 단 가즈오(檀一雄), 쓰무라 노부오(津村信夫), 나카하라 주야(中原中也), 야마기시 가이시(山岸外史), 고야마 유시(小山祐士), 기야마 쇼헤이(木山捷平), 기타무라 겐지로(北村謙次郊) 등 18명이었다. 다자이 오사무의 「로마네스크(ロマネスク)」, 쓰무라 노부오의 「시나노 구석구석(信濃ところどころ)」, 나카하라 주야의 「시집 『산양의 노래』에서(詩集『山羊の歌』より)」, 유키야마 도시유키(雪山俊之)의 「나폴레옹과 라스콜리니코프(ナポレオンとラスコリニコフ)」 등이 게재되었다.

• 곤 간이치(今官一, 1909~1983)

간이치(오른쪽)와 오사무

아오모리현(青森縣)에서 태어났으며, 와세다대학(早稲田大學)을 중퇴하였다. 일찍이 프롤레타리아영화동맹(プロレタリア映畵同盟)에도 가입한 적이 있으며, 1930년에는 고향에서 이노우에 야스시(井上靖)와 『문학ABC(文學ABC)』를 창간하기도 하였다.

요코미쓰 리이치(横光利一)에게 사사한 뒤 『작품(作品)』, 『해표』, 『푸른 꽃』 등의 동인잡지를 통해 활동하였다. 1935년 『일본낭만파』에 합류하였다. 고향이 같은 다자이 오사무와 1930년대 초반 동인 활동을 같이 하였으며 평생 친구이자 경쟁자로 지냈다. 1956년 『벽의 꽃(壁の花)』으로 나오키상(直木賞)을 수상하였다. (이준식)

참고문헌

日本近代文學館·小田切進 編, 『日本近代文學大事典』 第5卷, 講談社, 1977; 『日本出版百年史年表』, 日本書籍出版協會, 1968.

풍림(風林)

1936년 서울에서 발행된 문예지

1936년 12월 1일자로 창간되어 1937년 8월 통권 8호로 종간되었다. 편집 겸 발행인은 홍순렬(洪淳烈), 인쇄인 고응민(高應敏), 인쇄소는 창문사(彰文社), 발행소는 서울 경운동의 풍림사이다. 판형은 A5판, 정가 15전이었다.

순문예지로 창간된 『풍림』은 『문장』이 발행되기 전 1930년대 후반의 문학적 흐름을 보여 주는 잡지이다. 순문예지를 지향한 만큼 목적에 충실하여 당대를 대표하는 작가들의 작품을 다수 게재했고 작가론 등 의미있는 비평을 남기기도 했다. 창간호의 목차는 다음과 같다.

「지월사(至月辭)」/ '열진(裂陣)콩트10인집(人集)' 최인준(崔仁俊)의 「우정(友情)」, 김동리(金東里)의 「허덜풀네」, 박영준(朴榮濬)의 「동정(同情)」, 현동염(玄東炎)의 「육감수첩(六感手帖)의 우울」, 김소엽(金沼葉)의 「성열이 부처(夫妻)」, 이병각(李秉珏)의 「사생아가풍경(私生兒街風景)」, 안동수(安東洙)의 「행복(幸福)」, 정청산(鄭青山)의 「청춘(青春)」, 이동규(李東珪)의 「전차타는 여인」, 홍구(洪九)의 「손님」/ '새로운 문학은 무엇을 목표로 할것인가' 김유정(金裕貞)의 「우리의 정조(情調)」, 안회남(安懷南)의 「심리탐구(心理探求)」, 박영준의 「강장제(強壯劑)」, 강노향(姜鷺鄕)의 「성격잇는 스토리」, 최인준의 「레아리즘의 완성」/ '문학청년에게 주는 글' 이기영(李箕永)의 「문학을 지원하는 이에게」, 채만식(蔡萬植)의 「지망(志望)치 마십시오」, 유진오(兪鎭午)의 「섯불니뜻두지마라」, 그 외에도 이육사(李陸史), 조벽암(趙碧岩), 윤곤강(尹崑崗)의 글 등이 실려 있다.

『풍림』의 4, 5, 6호에 걸쳐 25명의 작가에 대한 작가론이 실려 있는데 이는 오늘날까지도 문학사적인 자료로 인정받고 있다. 여기에 거론된 작가는 4호에 이광수(李光洙), 한설야(韓雪野), 이무영(李無影), 유진오, 이효석(李孝石), 엄흥섭(嚴興燮), 유치진(柳致眞), 이태준(李泰俊), 채만식, 이북명(李北鳴), 주요섭(朱耀

燮), 박영희(朴英熙), 장혁주(張赫宙), 염상섭(廉想涉)/ 5호에 박세영(朴世永), 정지용(鄭芝溶), 이은상(李殷相), 백석(白石), 김기림(金起林), 임화(林和), 김해강(金海剛)/ 6호에 백철(白鐵), 이원조(李源朝), 최재서(崔載瑞) 이상 25명이다. (정예지)

참고문헌

최덕교 편, 『韓國雜誌百年 3』, 현암사, 2004.

▌프롤레타리아예술(プロレタリア藝術)

1927년 일본에서 마르크스쇼보가 발행한 프롤레타리아예술연맹의 문학운동 기관지

1927년 일본 프롤레타리아예술연맹의 문학운동 기관지로 마르크스쇼보(マルクス書房)에서 발행된 잡지이다. 통권 10책이 발행되었다. 잡지 원본은 가가와대학(香川大學) 가미하라문고(神原文庫)와 호세이대학(法政大學) 오하라사회문제연구소(大原社會問題研究所) 등이 소장하고 있다.

프롤레타리아예술연맹은 나카노 시게하루(中野重治)가 설립한 문학운동단체이다. 잡지는 종래의 프롤레타리아문학이 추구한 잡다한 경향에 대항하여 말하자면 혁명적인 순수함을 추구하는 입장을 견지했다.

잡지는 소수의 동인으로 유지되었다. 특히 나카노 시게하루는 잡지에 열성을 보였다. 1928년 2월호에 게재된 구보카와 이네코(窪川いね子)의 「캐러멜 공장으로부터(キャラメル工場から)」는 예술적인 신선함을 보여 주었다.

또 소비에트를 비롯한 세계의 혁명문학과 예술의 동향을 소개하고, 관념적인 래디컬리즘과 예술적 감각의 민감함을 고집했다. (이규수)

참고문헌

『近代文學雜誌事典』, 至文堂, 1965; 桂敬一, 『明治·大正のジャーナリズム』, 岩波書店, 1992; 日本近代文學館·小田切進 編, 『日本近代文學大事典』 第5卷, 講談社, 1977.

▌피등자신(彼等自身)

1925년 일본에서 피등자신사(彼等自身社)가 발행한 동인잡지

1925년 11월 미토(水戸)에 거주하던 예술가들이 기획한 동인잡지이다. 창간호 표지에는 고갱의 릴리프와 고흐의 에칭이 사용되었다.

미토를 방문한 무샤노코지 사네아쓰(武者小路実篤)도 「좌익적 문예에 대해서(左傾的文芸に就て)」라는 감상을 기고했다. 현재 잡지 원본은 가가와대학(香川大學) 가미하라문고(神原文庫)가 소장하고 있다. (이규수)

참고문헌

『近代文學雜誌事典』, 至文堂, 1965; 桂敬一, 『明治·大正のジャーナリズム』, 岩波書店, 1992; 日本近代文學館·小田切進 編, 『日本近代文學大事典』 第五卷, 講談社, 1977.

▌필부대(筆部隊)

1940년 중국 광시 구이린에서 창간된 문학잡지

1940년 1월 15일 광시(廣西) 구이린(桂林)의 전선출판사(戰線出版社)에서 출판한 대형 문학잡지였다. 쑨링(孫陵)이 편집을 담당했으며 반월간으로 발행되었다. 1940년 1권 2호부터 편집자가 전선출판사편집위원회(戰線出版社編輯委員會)로 바뀌었다. 1권 2호부터 잡지의 크기가 18㎝로 바뀌었다. 베이징사범대학도서관과 상하이도서관 등에 소장되어 있다.

발행 취지는 전후방의 문화를 교류하고 작가들의 전선의 체험을 제창하며 군인들이 작품을 창작하도록 독려했다.

이 잡지의 주요란으로는 창작, 시, 산문과 스케치(散文與速寫), 보고문학, 전지보도(戰地報道), 작가소식, 논문, 희극, 번역문(譯文) 등이 있었다.

『필부대』는 종합성 문예 간행물로 문예단평, 극본, 중단편소설, 보고문학, 산문, 시(詩)와 번역문(譯文) 등을 실었고 각지 작가의 소식도 있었다. 창간호에서 이 잡지의 창간 취지는 "문학의 무기화와 무기의 문학화의 실천"이었다. 이 잡지에 수록된 주요 글로는 장융청(章永成)의 「포화 속의 생장(生長在砲火里)」, 아이우(艾蕪)의 「모친(母親)」, 쉬췬(舒群)의 「해의 묘(海的墓)」, 루옌(魯彦)의 「양련부(楊連副)」, 쑨링(孫陵)의 「필부대 자오후이전 장정기(筆部隊隨枣會戰長征記)」 등이 있었다. 집필자로는 이 밖에 저우리보(周立波), 짱커자(臧克家), 뤄펑(羅烽), 톈타오(田濤), 황야오멘(黃藥眠) 등이 있었다. 이외에도 일부 군인들의 작품도 수록하였다.(김지훈)

참고문헌

北京師範大學圖書館報刊部 編, 『北京師範大學圖書館館藏中文珍稀期刊題錄』, 北京圖書館出版社, 2002; 伍杰, 『中文期刊大詞典』, 北京大學出版社, 2000; 葉再生, 『中國近代現代出版通史』 3, 北京: 華文出版社, 2002; 上海圖書館, 『上海圖書館館藏近現代中文期刊總目』, 上海科學技術文獻出版社, 2004.

하성(夏聲)

1908년 일본 도쿄에서 창간된 중국어 정치운동잡지

1908년 2월 일본 도쿄(東京)에서 산시(陝西) 출신 유학생들이 창간했다. 발행인은 양밍위안(楊銘源), 총 편집은 자오스위(趙世鈺)가 맡아 월간으로 발행되었다. 1909년 총 9호를 발행하고 종간되었다. 중국 사회과학원 근대사연구소 도서관에 소장되어 있다.

내용은 논저, 시평, 학예, 문예, 잡찬(雜纂), 부록 등의 항목을 개설하였다.

"보수적인 풍습 개화, 저속한 풍속 폐지, 최신 학설 주입, 고유문명 발휘, 국민정신 고무"를 주요 발행 목적으로 삼았다. 제국주의의 중국 분할 의도와 청 정부의 외세에 아첨하는 매국 행위를 폭로하고, 서북지방의 경제와 군사, 인민의 자각이 중국의 흥망성쇠에 매우 중요함을 주장하였다. 산시(陝西) 지방 민생의 고통을 토로하고 이 지역의 정치, 경제, 문화 소식을 상세하게 보도하였다.

주요 필진으로 샤모(俠魔), 쭌샤(尊俠), 위유런(于右任)과 장지롼(張季鸞) 등이 참여하였다. (김성남)

참고문헌

周葱秀·涂明 著, 『中國近現代文化期刊史』, 山西教育出版社, 1999; 王檜林·朱漢國 主編, 『中國報刊辭典』, 太原: 書海出版社, 1992.

하이관진(遐邇貫珍)

1853년 홍콩에서 창간된 시사종합신문

一千八百五十三年十月朔旦

遐邇貫珍

香港中環英華書院印送
每號收回紙墨錢十五文

1853년 9월 영화서원(英華書院)과 모리슨교육회(馬禮遜教育會)가 공동 간행한 것으로, 홍콩에서 출간된 첫 중국어 신문이다. 월간이며, 주필에 메드허스트(Rev. Walter Henry Medhurst, 麥都思), 레그(James Legge, 理雅各) 등이 역임하였고, 1856년 5월 33호로 종간하였다.

내용은 논설과 뉴스, 지식 정보 문장과 우화(寓話) 등이며, 항운 소식과 상업정보 등을 게재하였다. 발간 경비는 모리슨교육회의 지원과 중국 거주 외국인들의 모금으로 이루어졌으며, 매회 3000부를 인쇄하여 홍콩과 마카오, 광저우, 상하이 등지로 보내졌다. 외국인 독자들을 위한 영문 목록을 매회 인쇄하여 별첨하였다.

새로운 소식 전달을 중시하여 매회 발행 분 마다 20~40항목에 이르는 다양한 소식들을 게재하였다. 단순히 외국 신문들을 번역 게재하던 수준에서 탈피하여 대부분의 기사를 중국 국내 기사로 채우고 전국 각지에서 발생하는 다양한 내용들을 다루었다.

특히 태평천국운동 소식을 정확하게 보도하여 청 정부와의 군사 대결 상황을 자세히 게재하였는데, 『경보(京報)』의 태평천국 상황에 대한 허구적 보도들을 폭로하면서 중국어로 이를 보도한 유일한 매체였다.

신문문체 쓰기 방면에서도 새로운 진전이 있었다. 이전의 중국어 신문들의 경우 뉴스의 문체가 문학이나 역사 평론 등의 문장 문체와 분리되지 않고 혼용하여 사용하였으나, 이 신문에서는 소식을 전하는 문장은 새로 발생한 사건만을 사실적으로 보도하여 기본상 신문의 특징을 실현하였다. 특히 군사소식 보도에 있어 신속 정확한 문장은 신문의 기능과 역할에 보다 근접한 진전을 이룩한 것이었다.

그리고 광고를 게재하기 시작하면서 상업신문과 광고와의 관계를 정립하는 계기가 되었고 중문 신문에서 최초의 광고를 게재하는 물꼬를 열었다. 광고 역시 상당한 지면을 차지했는데, 1855년 『포고편(布告篇)』을 증간하여 상거래 상황 및 선박운항 일지를 전재하여 부간(副刊)으로 발행했다.

또한 신문에 그림을 게재하기 시작했는데, 1854년 상하이에서 발생한 영미연합군과 청 정부군과의 무장 충돌 시 이 상황을 묘사한 그림을 게재하여 독자들이 상황을 이해하기 쉽게 하였다.

인쇄 방법에 있어서도 연활자(鉛活字) 인쇄를 이용한 첫 번째 중문신문으로 전근대적 조판인쇄의 막을 내리게 되었다.

• **영화서원(英華書院)과 모리슨교육회**

영화서원과 모리슨교육회는 영국 런던선교회가 중국에 설립한 선교기관이다.

영화서원은 1818년 말라카에 선교를 목적으로 세워진 학교로 1843년 홍콩으로 이전하여 중국 학생을 모집 교육하였으며, 동시에 영국 런던선교회의 인쇄출판기관이었다.

모리슨교육회는 1835년 1월 광저우에 거주하는 외국인들이 1834년 세상을 떠난 로버트 모리슨(Robert Morrison, 馬禮遜)을 기념하여 세운 기관이다. 1839년 마카오로 이전하였다가 1842년 홍콩으로 다시 이전하였다. (김성남)

참고문헌

葉再生 著, 『中國近代現代出版通史』, 北京: 華文出版社, 2002;
王檜林·朱漢國 主編, 『中國報刊辭典』, 太原: 書海出版社, 1992.

학계보(學界報)

1912년 일본 도쿄에서 한국어로 발행된 학술 교육 잡지

1912년 4월 1일자로 창간되었으나 속간되지 못했다. 편집 겸 발행인은 문일평(文一平)이고 인쇄인은 남상선(南相瓚)이었다. 발행소는 도쿄시(麴町 中六番町 49番地)의 친목회 사무소, 인쇄소는 교문관(敎文館) 인쇄소였다. A5판으로 96쪽이 발행되었고 정가는 15전이었다. 국회도서관 마이크로자료실에 소장되어 있다.

『학계보』는 '재도쿄조선유학생친목회'가 발간한

기관지이다. 1년에 4회 발행하려고 했으나 속간되지는 않았다. 「창간사」에 따르면 학교에 학생이 있고, 학생이 있으면 학회가 있고, 학회가 있으면 학보가 있듯이, 도쿄에서 유학하고 있는 조선학생들도 서로 모여 학술을 토론하고 지식을 교환하면서 친목을 다지는 한편, 간단한 학보를 간행하게 되었다고 창간 배경을 밝히고 있다.

『학계보』는 재도쿄 조선인 유학생들의 친목과 학술 교환을 목적으로 한 잡지로서 창간호는 창간 취지에 따라 다음과 같이 구성되었다. 「창간사」, 편집인의 「신년사」/ '강단'란에 조만하(趙晩夏)의 「신춘(新春)을 환영하여 유학 제군 전도의 면려(勉勵) 기망期望)」, 전영택(全永澤)의 「친목의 필요 및 발전」, 호암산인(虎巖山人)의 「태동문명(泰東文明)의 유래」, 무명여사(無名女史)의 「부인론」, 정기욱(鄭沂昱)의 「억신해이애임자(憶辛亥而愛壬子)」, 김익삼(金益三)의 「인생관」/ '학해(學海)'란에 소앙(嘯仰)의 「도덕과 종교와의 관계」, 김상옥(金尙沃)의 「경제학 대의」, 시지산인(紫芝山人)의 「경제응용의 삼폐해(三弊害)」, 김원한(金元漢)의 「농업상 고금의 차이 착안」/ '잡찬(雜纂)'란에 송진우(宋鎭禹)의 「인생의 가(價)」, 강호한인(江湖閒人)의 「우주」, 연고생(硏古生)의 「자연계에 대(對) 오인(吾人)의 위치」, 이희적(李熙迪)의 「생활의 귀착」, 문일평(文一平)의 「이용설(利用說)」, 「수양신체」, 「세계격언」, 「학계월단」, 신상무(申尙武)의 「양생법」, 「조(弔) 고우(故友) 박상락군(朴相洛君)」/ '문원(文苑)'에 김여사(金女史)의 「인생의 한」, 취정생(翠汀生)의 「원조취부삼절(元祖醉賦三絶)」, 곽종원(郭鍾元)의 「강호원단(江戶元旦)」, 추수생(秋水生)의 「강호제호(江戶除戶)」, 김이진(金履鎭)의 「송금원한향동경(送金元漢向東京)」, 사향자(思鄕子)의 「춘소간월(春宵看月)」/ '부록' 「회록발요(會錄拔要)」, 「조선유학생친목회 세칙」, 「졸업록」, 「재무부 보고」. (정예지)

참고문헌

『學界報』 창간호, 1912.4, 국회도서관 소장본; 최덕교 편, 『한국잡지백년』 1, 현암사, 2004.

▌학림(學林)

1921년 중국 베이징 학림잡지사가 간행한 종합성 잡지

1921년 베이징(北京) 학림잡지가 편집 출판한 종합성 잡지이다. 창간 취지는 학술사회를 지향하는 등 다분히 이상적인 측면이 있다. "정신과학을 탐구하고, 세계사조를 비평하며, 사회개조를 연구하고, 동서 명저를 소개함으로써 학술로써 인생과 사회의 지침이 되도록 노력한다"는 것이었다. 이를 위해 철학 문학, 정치 법률, 사회 경제학 등 여러 학술을 연구 비평하고 세계 사조를 분석한다는 것이었다.

판형은 매우 커서 16개본이고 매호 150~200쪽 좌우였다. 1921년 9월 1일 창간되어 현재 12호를 볼 수 있다. '투고 간장(投稿 簡章)'에 따르면 월간지를 지향하였으나 실제로는 그렇지 못했다. 1922년 3월까지 겨우 6호를 출간한 뒤 1925년 1월 복간되어 7호를 간행하고 있다. 주요 집필진은 린커이(林可彝), 우퉁쉬(吳統續), 정훙녠(鄭洪年) 등이었다.

종합지 『학림』의 정치노선

『학림』은 내용이 망라적일 뿐 아니라 발행주체의 성격도 다양한 종합성 잡지를 지향하고 있다. 그러나 특성이 전혀 없는 것은 아니다. 특히 중국의 국가 건설 방향을 둘러싸고 전래 없이 논의가 활발한 시기를 배경으로, 나름의 현실인식과 대안을 제시하고 있다.

우선 『학림(學林)』은 당시 1차 세계대전 이후 민족적 위기감이 심화되었다고 인식하였다. 대내적으로는 남북 분열 상태가 해결 가능성이 요원한 가운데 군벌정치가 심화되고 있고, 민족적 공분을 야기한 일본의 21개조 요구 및 독일 권익의 승계 문제 역시 파리회담의 실패로 귀결됨으로써 민족적인 굴욕감이 더욱 심화되었다.

이와 맞물려 국내에서는 러시아혁명의 영향으로 사회주의 사조가 급속도로 확산되었다. 『학림』은 이러한 상황을 모두 위기로 규정하고 대안을 모색하였다. 특히 사회주의 및 소련식 혁명을 폭민정치로 규정하고 그 예방을 위한 방안을 모색하였다. 정치 법률, 재정경제, 문화교육 등에 걸친 점진적인 개량을 통해서 자산

계급 민주공화정을 확고하게 세우고 정당한 외교 수단을 통해 주권 독립과 민족자결을 쟁취하여야 한다는 것이었다.

이를 구체적으로 살펴보면 『학림』은 우선 사회주의 사조의 확산에 대한 위기의식을 노골적으로 표현하였다. 그것은 사회주의가 사유재산제도를 부정한다는 점, 그리고 혁명적 방식의 사회개혁, 즉 과격주의가 초래할 혼란을 막아야 한다는 것이었다(「현생사유재산제도의 기초관념과 장래 추세」, 1권 1호). 특히 소련식 소비에트제도나 무산계급전정은 폭민정치에 불과하다고 비판하였다(「시사평론[時事評論]」, 1권 8호). 사회는 진화하지만 일정한 순서에 따라 진화하기 때문에 혁명적 방법이 아니라 점진적 방법으로 개혁을 진행하여야 한다는 것이었다.

자본주의가 갖는 사회적 불평등은 비판하지만, 사유재산의 폐지를 통해서가 아니라 착취를 막을 수 있는 제도의 마련을 모색하여야 한다는 것이다. 이를 위해 『학림』은 사회주의에 대한 다양한 토론을 전개하고 있다. "애덤스미스, 맬서스, 마르크스주의 경제조직의 관찰 및 비평", "유물사관의 공식적 해석", "경제사관의 근본이론" 등이 그것이다.

이러한 토론의 궁극적인 목적은 사회주의를 예방하고 비혁명적인 방식으로 국가를 건설할 수 있는 방안을 모색하자는 것이기 때문에 다소 공상적일 수 있지만 대체적으로는 위로부터의 개혁을 통해 실업을 진흥하고, 정치를 개량하자고 주장하고 있다. 특히 "민국십년 기념호"(1권 4·5호) 특집을 통해 스위스식의 민주공화국 건설을 구체적인 대안으로 제시하고 있다. 그 외 "구권헌법론", "사법제도 개혁론", "금융제도의 개선론", "중앙 재정과 지방 재정의 획분" 등의 논의는 모두 이를 구체화한 것이다. 이러한 논의는 인민의 동원에 의한 직접적인 권력 수립에 반대할 뿐 아니라 일정한 정치와 법률을 통해 국가권력을 제한하고 있다는 점에서 당시 자유주의 지식인들의 국가 건설구상과 궤를 같이 하고 있다.

이 점은 이들의 대외인식에서도 명확히 드러난다. 전체적으로 이들은 국제적인 공리 및 원칙에 입각한 문제해결을 모색하고 있는데 특히 당시 진행되고 있던 태평양회의를 통해 중국문제가 해결될 수 있을 것으로 기대하지는 않았지만, 국제적인 모순관계를 잘 활용하고, 보다 철저한 준비를 통해 문제를 해결할 것을 제안하고 있다. 특히 회의 개최 전 미국이 제안한 문호개방 요구에 대해 정부의 요구에 따라 태평양문제 토론회를 개최의 조건으로 승인할 것을 제안하고 있다.

그것은 문호개방을 승인하되 영토 및 행정의 완전한 보장과 기왕 각국이 가지고 있던 이권, 특권의 일률적 폐지, 각국의 협의하에 철로 등 균등발전을 위한 규격의 표준화 등을 전제로 미국의 문호개방정책을 승인할 것을 제안하고 있다(황위안빈[黃元彬], 「미일 양국 정부 왕복 문서 중 태평양 회의 범위의 해결과 산동문제」, 1권 2호) 만일 외국이 이 셋 중의 하나라도 승인하지 않을 경우 문호개방안을 수용하지 말 것을 제안하고 있다. 즉 태평양 회의에 대한 일방적인 반대가 아니라 경제적, 자결적, 점진적인 진행을 조건으로 승인하고 있고 이들의 주장이 『동방잡지』, 『신보(晨報)』 등에 동시에 게재되고 있다는 점에서 이들의 정치적 성격을 짐작할 수 있다.

이들의 주장은 당시 지식계를 대표할 만큼, 전문적이지만, 문제는 이러한 정치경제적 인식을 실현할 수 있는 구체적인 대안, 즉 민중을 조직화할 수 있는 방안을 결여하고 있다는 점도 당시 자유주의 지식인들과 한계를 공유하고 있다.

『학림』의 학술적 의의

『학림』은 현실에 대한 학술적인 토론을 시도하고 있다는 점에서 매우 주목할 만한 논문들을 싣고 있다. 예컨대 스위스식 민주정치를 모색하면서 그 법제화를 모색한 가오위안(高元)의 「구권헌법론(九權憲法論)」(1권 1호)은 지금도 중국에서는 헌법학의 고전으로 읽히고 있다.

그 외 셰루이(謝六逸), 위핑보(兪平伯) 등의 문학사 관련 논의나 금일파 공산주의자들의 논문들 역시 당시로서는 대표적인 수준을 갖춘 글들이다. 따라서 본 잡지는 당시 지식인들의 다양한 현실인식과 국가 건설구상을 이해하는문제 뿐만이 아니라 학술사 차원에서도 자료적 가치가 충분하다고 할 수 있다. 그리고 이러한 학술적인 가치야말로 3년 동안의 공백을 거치고도 복간될 수 있었던 요인이었을 것이다. (오병수)

▌학사회월보(學士會月報)

1930년대 일본에서 발행된 동창회 잡지

1930년대 일본 도쿄대 동창회인 학사회(學士會)에서 발행한 동창회 회지이다. 1937년 중일전쟁 직후에는 100쪽 분량으로 발행되었지만, 전쟁 말기에는 계간지로 3개월에서 4개월에 한 번씩 50쪽 이하의 분량으로 발행되었다.

이러한 잡지 형태의 변화는 동시에 잡지의 내용도 전쟁수행을 위한 시국지(時局誌)로서 변화시켰다. 1939년 6월에 발행된 615호의 주요 기사 제목은 「두보(杜甫)」, 「남기기행(南紀紀行)」, 「입학시험지옥 타개에 관한 의견」, 「중지잡관(中支雜觀)」, 「전시하 독일의 신문」, 「서재우어(書齋偶語)」, 「황도경제(皇道經濟)의 요강」 등이었다. 그러나 1943년 7월에 발행된 657호의 주요 기사 제목은 「만주국의 현재와 장래」, 「최근의 북지나(北支那) 정세」, 「몽강(蒙疆)의 특수성」, 「대동아(大東亞) 건설의 노무문제」, 「몽골(蒙古) 민족의 특성과 덕왕(德王)」 등이었다. 이러한 기사들은 "북지만몽특집호(北支滿蒙特輯號)"라는 이름으로 편집되었다.

『학사회월보』는 원래 도쿄대 출신에게만 회원 자격을 부여하는 동창회 회지였다. 이러한 성격의 잡지가 일반 시국잡지와 같이 기능하였다는 점은 다른 대학에서는 거의 볼 수 없는 현상이었다. 도쿄대 출신자들이 각계의 지도적 지위를 독점하고, 전쟁수행에 중추적인 역할을 담당하였기 때문이었다. 도쿄대가 "제악(諸惡)의 근원"이라고 일컬어지는 것도 이 때문이었다. (문영주)

참고문헌

高崎隆治, 『戰時下の雜誌その光と影』, 風媒社, 1976; 『日本出版百年史年表』, 日本書籍出版協會, 1968.

▌학생(學生)

1929년 서울에서 발행된 학생 잡지

1929년 3월 1일에 창간했다. 종간호는 1930년 10월에 나왔는데 통권 18호였다(최덕교의 책에는 종간호의 월과 통권 호수가 잘못 기재되어 있다). 편집 겸 발행인은 방정환, 인쇄인은 지카자와(近澤)인쇄소의 전준성(田駿成), 발행소는 개벽사(경성부 경운정 88)이다. 판형은 A5판에 총면수가 평균 115쪽으로 정가는 표시되지 않고 '선금 정가 3개월분 75전'으로 매겨져 있어 약 30전이 아니었을까 추정된다. 유명한 출판사이자 천도교 본산인 '개벽'사에서 세 번째로 낸 『어린이』의 자매지이기도 하다. 편집자는 방정환, 이태준, 김순열, 김원주, 최신복 등이 맡아 했는데 초반에는 이태준이, 후반에는 방정환과 최신복이 주로 도맡아 담당했다. 1977년 보성사에서 18권이 영인되어 나와 있다.

창간호에는 방정환의 「『학생』 창간호를 내면서 남녀학생에게 하고 싶은 말씀」이 4면에 걸쳐 게재되어 있다.

"내가 남보다 더 기뻐하는 이유는 또 한 가지 있습니다. 우리의 소년운동이 처음 일어난 것이 8년 전이요. 『어린이』 잡지가 창간된 것이 7년 전입니다. 8년 전에 소년회에서 나와 이야기하고 나와 같이 놀고 하던 소년회원 내가 성의를 다하여 장래 씩씩한 일꾼이 됩시다. 그래서 유위의 인(有爲 人)이 됩시다고 간절히 부탁하고 믿고 하던 시골 서울의 수많은 소년회원들과 7년 전부터 『어린이』 잡지를 읽어 나와 한마음 한 생각을 가지고 자라온 몇 만의 소년독자가 지금은 벌써 장가도 가고 시집도 갔고 속한 이는 벌써 보통학교 훈도가 된 이도 있으며 보통은 중학생으로 전문학생으로 모두 수학하고 있습니다.

내 입으로 내 붓으로 있는 힘을 다하여 그이의 장래를 바라고 또 될 수만 있으면 뒤에서라도 등뒤에서라도 희미한 등불이라도 비추어 드릴 수 있을까 있었으면 하면서 좇아 따라가지는 못하고 있는 나로서 이제 그이들을 위하여 학생잡지가 우리사(社)에서 창간되게 된 일이 얼마나 기쁜 일이겠습니까."

이를 볼 때 방정환은 소년운동만이 아니라 그 뒤를 잇는 청소년운동의 필요성을 절감하고 그들을 위한 잡지를 창간했던 것이다. 그리고 조선문화운동의 중심을 자부하는 개벽사로서도 잡지 『개벽』을 필두로 다른 잡지를 창간하여 점차 사업을 확장해 나가는 한편, 계층별 계몽교양지들을 계속 발간하려는 야심찬 계획이 엿보이는 대목이기도 하다.

주된 독자가 중학생이다 보니까 잡지에 실린 내용들도 주로 학습 교양과 관련된 기사들이 많이 실려 있다. 창간호에는 교육계제씨가 쓴 「일요일선용책」, 「신어사전」, 「딴세상 일같은 교장선생의 학생시대」, 「검을 아느냐」, 「대동여지도와 김정호선생의 일생」, 「삼전도의 일비극」, 「조선근세의 대기걸(大奇傑) 대원군 일화록」, 「가장 통분한 일」, 「각 방면 전문가들의 학생시대」 등이 눈에 띈다.

3호에는 창간호의 '숙직실'란에 언급했던 '권두언'이 없음을 못내 아쉬워했었던 바대로 「권두언」이 실린다. 차츰 나아지겠다는 편집자들의 약속이 지켜지는 것이다. 그런데 '오늘 조선의 학생'으로서 '각오'와 '준비'를 하고 '용기 있게', '사치 안일 허영 향락'을 버리자고 호소하고 있다. 3호에는 특집으로 '조선학생기질문제'를 실고 있는데 날로 대두되고 있는 풍기문란과 사치풍조에 대한 경종을 울리고자 마련한 것이 아닌가 한다.

1929년 10월호(통권 7호)에는 "학생소설창작 릴레이" 특집이 실린다. 전국 20개 학교에서 80명의 학생들이 참가한 행사인데 학생들의 직접적인 참가와 잡지에 대한 관심을 유도하여 독자를 확장하고 잡지 판매 성과를 제고하기 위함이 목적으로 보인다. 8호에도 "학생소설창작 릴레이"가 제2회라는 타이틀을 달고 실려 그만큼 전국 각지의 학생들이 이 특집에 열렬하게 호응했음을 알 수 있다(이 특집은 이후에도 계속되어 4회까지 이어진다).

『학생』은 '학생문단'란을 통해 재능 있고 역량 있는 예비 문인들을 배출하는데도 힘썼다. 시는 이은상과 이태준이 검토하여 잡지에 실어도 합당한 작품들이 선정되었다. 그 외에도 가람 이병기의 「시조와 그 연구」 시리즈를 '학생문예강좌 · 시조편'으로 연재하여 시조에 대한 이론적이고 실제적인 지식을 쌓는데 크게 기여했다. '스포츠 강좌'도 개설하여 매호마다 새로운 경기의 유래와 운영 규칙 등을 소개하여 학생들의 체력 단련과 건전한 정신함양에 힘쓰도록 유도했다. 또한 '학생신문'란을 따로 마련하여 전국 각지에서 일어나는 학교 소식을 전하기도 했다.

그러나 『학생』은 1930년 10월호를 끝으로 폐간하고 만다. 다른 잡지와는 다르게 이례적으로 '사고' 「『학생』 폐간에 대하여」를 내고 그 사정을 독자들에게 알리고 있다.

"원래 본사에서 발간하는 『별건곤』이 일반 사회인을 상대로 한 것이고 『어린이』가 아동을 중심으로 한 것과 같이 『학생』은 순전히 학생 대중을 그 대상으로 하여 그에 준거해 표준을 세웠고 내용을 한정하였던 것이다. 그리하여 우리 학생들의 성정을 도야하고 취미를 향상시키는 선량한 동무가 되며 때로는 손목 잡고 그들의 나아갈 바 향로(向路)를 지시하며 목표를 가리켜주는 향도자(嚮導者)까지 되기를 원하였던 것이다. 그러나 우리들의 객관적 허다한 정세에 따라 조선학생들의 사조는 엄청나게 변하였다. 그들의 취미와 목표와 동향은 학생의 영역에서 안연히 자적할 수 없는 형편에 이른 것이다."

물론 재정적 문제가 가장 큰 원인이었을 것이나, 학생 독자들의 이해와 요구가 잡지의 편집방침과 맞지 않는 부분도 분명히 있었기 때문에 위와 같은 '사조'를 언급했을 것이다. 그리하여 『학생』에서 취급하던 교육문제와 관련된 기사들은 『별건곤』에 학생란을 특설하여 이를 논의하겠다는 약속을 하고 있다.

개벽사의 중요한 인물이었던 소파 방정환이 야심차게 준비한 어린이운동의 맥을 다시 청소년층으로 확대·강화하여 그 교두보로 삼고자 했던 『학생』은 식민지 교육제도 아래에서 노예 교육을 받는 학생들에게 그들의 사명과 민족적 자긍심을 심어주려는 의도 아래 창간되었다. 전국 각지의 중학생과 고보학생을 망라하여 그들 서로의 소식을 전하고 젊음의 패기를 일깨워줌으로써 스스로 주체적이고 자발적인 학습 목표를 세워 학생으로서의 본분을 다할 수 있도록 용기와 희망을 주려고 노력했다. 그래서 가급적이면 학생들 생활에 밀착하는 기사와 그들이 진정으로 원하는 내용을 채우기 위해 많은 노력을 기울였다. 또한 지리적으로 공간적으로 떨어져 있지만 그들 서로는 연결되어 있으며 젊음과 민족이라는 공통분모를 갖고 있음을 일깨워주는 '학생소설창작릴레이' 등을 통해 일체감을 갖도록 배려하는 기획을 마련했다.

그런 점에서 이 잡지는 일제 식민지 시기 학생들의 고민과 학창 생활, 그들에 대한 기성세대들의 바람과 고민이 무엇이었는지를 확인하는 효과적이고 풍부한 자료로서도 커다란 의미가 있다고 생각된다. 게다가 20년대를 지나 30년대에 접어들면서 학생독자들의 취향과 관심이 어떻게 변모되는가를 면밀히 살펴볼 수 있는 한 사례로서도 충분히 의미가 있는 잡지라고 하겠다. (전상기)

참고문헌

이광순, 「『학생』지의 영인에 대하여」, 『학생』 제1권 영인본, 보성사, 1977; 권영민『한국근대문인대사전』, 아세아문화사, 1999; 최덕교 편저, 『한국잡지백년』 2, 현암사, 2004.

▌학생계(學生界)

1920년 서울에서 발행된 월간 학생 잡지

1920년 7월부터 1924년 6월까지 통권 22호를 내고 종간되었다. 중학생 잡지의 효시로서, 교양 중심의 종합잡지 성격을 띠었다. 1920년 5월에 자본금 30만 원 규모로 창립된 한성도서주식회사의 첫 사업으로 발간된 잡지이기도 하다. 편집 겸 발행인은 오천석이고, 인쇄인은 박인환이다. 인쇄소는 조선박문관 인쇄소이며, 발행소는 한성도서(주)(서울 광화문통 132)이다. A5판 100쪽으로 정가는 30전이다. 문장은 순한문체, 국한 혼용체, 순국문체 등이 혼용되어 있다. 국립중앙도서관에 소장되어 있다.

『학생계』는 우리나라 최초의 학생을 대상으로 한 잡지로서, 학생들의 교양과 상식을 넓히고자 하였으며, 1920년대 초반 학생 활동과 관련된 자료들을 제공하고 있다.

창간호 표지를 살펴보면, 표지는 남녀 학생이 마주 보는 그림이고, 그림 아래에는 "우리는 나이에 살지 않고 사업에 살며, 호흡에 살지 않고 사상에 살며, 시계의 숫자에 살지 않고 감정에 산다. 우리는 심장의 고동으로 삶을 세일지라. 가장 많이 생각하고 가장 높이 느끼고 가장 잘 행하는 자야말로 가장 길이 사는 자라!"라고 적혀 있다. 김유방이 그렸다.

창간호의 첫머리에는 3면에 걸쳐 6장의 사진이 게재되었는데, 이국의 풍습이나 문화(예를 들면, 풋볼, 하키, 승마 등) 사진이어서 화려한 화보인 셈이었다. 1면은 타고르의 초상으로 채워졌다.

당시 19세였던 오천석은 「『학생계』를 새로이 냄」에서, 완전한 가정생활도, 충실한 학교교육도, 동정하는 사회교육도 없는 조선 자녀의 현실을 탄식하면서

"이러한 비운에서 슬피우는 조선 자녀의 감초인 동정자가 되기 위하여, 홀로 넓은 들에서 방황하는 배달 자녀의 벗이 되기 위"함이라고 창간의 취지를 밝히고 있다. 그리고 이 '벗'이 되어 『학생계』가 할 일은 그들에게 "남과 같이 지식을 배워야 하"는 당면 과제를 충족시키는 것이라고 한다.

『학생계』는 창간호 당시 현상문예광고에서 학교에서 '학과를 배호시는 남녀학생 여러분'뿐만 아니라 '농촌에서 자연을 읽으시는 남녀청년 여러분'(「현상모집 광고」)으로 독자 대중을 구체적으로 지칭하고 있다. 또한 '농촌에서 자연을 읽으시는 남녀청년'도 독자 대중으로 상정하고 있다.

실제로 신분을 밝히고 있는 현상문예란의 투고자들을 통해 필자들을 분석해 보면 당대 고등보통학교 재학생들이 가장 많다. 배재고보, 중앙학교, 상해 삼육학교, 평양 광성고보, 경남 고성 창신학교, 중동학교, 보성고보, 휘문고보, 함흥 영생학교, 오성학교, 개성 송도고보 등 매우 광범위한 지역의 중등학교 학생들이다. 이외에도 소속을 밝히지 않고 그저 학생이라고만 밝힌 투고자들도 많아, 보다 많은 학교의 학생들이 참여했을 가능성이 크다. 그 외에도 농업인, 고학생, 승려 등이 간혹 보여 『학생계』의 독자층이 매우 광범위한 것이었음을 알 수 있다.

편집체제를 살펴보기 위해 우선 창간호의 목차를 살펴보자.

먼저 16인의 축사가 있고, 「천직론」(오천석), 「내힘」(장도빈), 「문학이야기」(김억), 「음악이야기」(박태원), 「미술에 대하여」(김환), 「과학이야기」(이종준), 「운동이야기」(이추홍), 시에는 「봄의 걸음」(이동원), 「목동」(전장춘), 「꿈의 동산」(춘성), 「전원의 황혼」(안서), 「먼후일」 외 2편(김소월, 안서의 추천), 소설에는 「압록강 줄기」(에덴), 「검은 그림자」(고문룡), 희곡에는 「우편국」(타고르 작, 오천석 역), 전기에는 「강철왕 카네기」(노자영), 「시성 타고르」(김유방), 기화(奇話)에는 「세계제일」(김성룡), 소녀애화에는 「프라스코비」(천원), 동화 「그림이야기」(동산), 편지 「어린 누이에게」(전추호), 「에스페란토 강좌」(김억) 등이 실려 있다. 또한 「전국학생대회 취지서」가 실려 있다.

이처럼 『학생계』에는 문학란과 논설이나 지식기사가 반씩 차지하고 있다. 논설의 내용은 주로 '지식의 섭취와 인격도야'라는 학생의 의무를 계몽하는 내용들이다.

창간호에 실린 「내힘」이란 제목의 글에서 장도빈은 "학문만 지식수입의 도(道)인줄 알아서는 아니"된다고 한다. "지금까지는 우리사회가 흔히 혹은 학문에만 주의하고 혹은 경험에만 주의하였음으로 따라서 완전한 인격을 수양한 사람이 극귀하였"다고 하면서 "이제부터는 꼭 학문경험을 양전(兩全)하게 수양하여야" 한다는 것이다. 12호(1922.4.17)에 실린 「사람다운 사람」이라는 글에서도 서춘은 "지식을 자랑하는 사람이 되지 말고 인격을 자랑하는 사람이 되라!"고 하면서 '재능(才能)보다는 덕(德)'을 중시한다. 그 외에도 노자영의 글 「인격의 창조」(6호)에서도 같은 논조가 이어지고 있다.

이외에 『학생계』에는 음악, 미술, 문학, 세계어 등 인문학적 지식을 소개하는 글들과 「과학니야기」 등 이과적 상식에 관한 기사들이 고르게 편재되어 있다. 이후에도 이러한 기사 편재는 계속된다. 예를 들어 「문학니야기」는 김억에 의해 고전주의, 로맨티시즘, 문예부흥 등으로 나누어 편재되어 5호까지 계속 연재되며 이추강의 「천문(天文)니야기」,(7호), 「아이작 뉴우톤과 그의 일화」(12호). 신태악의 「과학혁명: 아인쓰타인과 상대성이론에 대하야(1~4)」(11~14호) 등 과학적 지식을 소개하는 이야기도 연재된다.

문학의 경우는 에덴의 소설, 고문룡의 탐정소설이 있으며, 그 밖에 하이네, 그림, 타고르 등 외국 작가들의 작품인 애화, 동화, 소설 등이 번안되어 있어, 다양한 장르의 작품들을 소개하려고 애쓴 흔적이 보인다. 특이할 만한 것은 소월의 시 세 편이 김억의 추천으로 소개되어 있다는 것이다. 또한 『소년』과 『청춘』 등 1910년대 매체에 이어서 『학생계』에서도 여전히 위인 이야기가 위용을 떨치고 있다.

노자영의 「강철왕 카네기」를 필두로 「구국(救國)

의 용녀(勇女) 쨘딱크」(5호), 김성룡의 「대걸장(大傑將) 한니발」(3호), 「대영걸(大英傑) 씨자」(4호), 유영기의 「크리미아의 천사 나이팅게일」(4호) 등 거의 매호마다 위인 이야기가 실리고 있다. 게다가 6호에서는 오천석이 거의 잡지 책 한 권 분량으로 「신년호 특별대부록으로 현대 12인걸의 생애와 및 그 사업」이라는 부록을 만들어 낸다.

물론 김유신, 서희 등 조선 위인의 명단을 나열한, 신상학의 「조선백걸」(6호) 등이 있어 조선위인도 소개하려는 의지가 보이기도 한다. 그러나 이 역시 검열 때문에 수월하지 않았던 모양이다. 연재로 기획된 호암생의 「우리 역사공부」라는 기사는 '단군, 주몽, 유리왕'을 소개하는 1회로 그 수명을 다한다. 4호의 사고(社告), "호암 선생의 「우리 역사 공부」가 전부 삭제 당"했다는 구절이 그 상황을 전할 뿐이었다.

이러한 위인 이야기는 지식을 섭취하기 위해 노력하고 더불어 인격 도야에 애쓴 점을 강조한다. 8호에 실린 「선철의 언행」이란 글에서 필자 장도빈은 연개소문은 "남보다 앞서기를 힘썼는데 …… 무공으로만 남보다 나으려는 것이 아니라 학예, 도덕, 기술에도 다 깊이 주의하였"다고 서술하고, 원효의 경우도 "사회에 유익주기를 매우 진력"하여 "지혜나 덕행이나 기술"을 '강조'하였다고 서술한다.

이외에 『학생계』에는 기자가 쓰는 '학교돌이'라는 난이 있다. 이 난은 중앙학교, 휘문고보, 배제고보, 숙명여고보, 진명여고보 등 『학생계』가 상정한 독자대중이 몸담고 있는 전국의 명문 중등학교의 탐방 기사를 싣고 있다.

『학생계』의 발간 중에는 크고 작은 부침이 있었던 것으로 보인다. 『학생계』의 편집란인 '편집상에서' 지면에서 "그 내용(내용이 예고와 다소간 어김이 있음을 발견하고 혹 노할는지 모릅니다마는 …… 부득이한 사정으로 그리되였나이다"(7호, 1921.4) 혹은 12호 '편집상에서'에 실린 "경찰부 고등과에 제출"했다는 구절 등은 『학생계』 역시 검열 때문에 정기적인 출판 상황이 어려움을 겪었다는 점을 암시한다. 심지어는 현상당선작에도 "5행삭제"라는 검열의 흔적이 보였다. 그러다가 『학생계』(1922.3)11호에는 검열의 흔적이 대대적으로 드러난다. 11호 권두언에 해당하는 김명식의 「학생에게 기(寄)하노라」는 글은 텍스트의 반이 삭제되어 있어 검열의 수위가 매우 높아졌다는 것을 알 수 있다. 이러한 심각한 현상은 『학생계』 10호에서부터 시작된 것이었는데, "편집부의 차륜에는 고장이 생겼습니다. 그 고장은 진실로 「학생계」의 목숨에 관계를 미칠 만큼 큰 것이었습니다"(10호, 1922.2.15)라는 공고를 통해서도 알 수 있다. 11호에서도 드러나는 편집자의 고뇌, 즉 "수천 독자들을 기다리게 해서 너무 미안하다"는 점, 그리고 그것 때문에 잠을 이루지 못할 정도로 걱정했다는 구절도 근거를 제공한다. 『학생계』 11호(1922.3.15)에서는 주간 최팔용이 일본을 가게 되고 "20일 밤 꿈을 철창 하에서 꾸게 된 일"이 생겼고, 그것 때문에 혹 "구속이 여러 날 되면 학생계 편집에 대해(大害)가 미칠 것을 생각할 때마다 가슴에 화(火)가 동(動)하였"다고 하고 그래도 거기서 "하루밤만 자게" 되어 다행이라는 서술도 보인다.

실제로 『학생계』 11월호에는 사고(社告) 형식으로 잡지 『신생활』이 발매금지 처분을 받았다는 항의성 글이 실려 있어 『학생계』 필자들과 『신생활』 필자들이 서로 연계되어 있고, 그래서 그들이 검열 당국의 조치에 공동으로 대응하려고 했다는 점을 짐작하게 한다.

이후 『학생계』는 편집상의 개편을 이루게 된다. '편집상'에서는 "전일에도 현상문으로 모집하던 것을 폐지하고 「학생문단」을 설(設)하야 학생제군의 투고를 환영하게 되었나이다. 논문, 감상문, 시 등 다수 투고하심을 망(望)"한다고 명시한다. 그리고 분량도 "금후로는 50페이지가량으로" 줄게 된다고 한다. 물론 이러한 변화는 물론 자금상의 문제로 발생하였다고 추측할 수 있다. 그리고 이는 이미 이전호인 『학생계』 9호(1921.8)에서부터 예정된 것이었다. 9호에서는 "지우 구락부를 없애고 상식고문란을 상설, 두 달에 한 호 생산"하고 잡지를 "한 달에 한 번이 아니라 두 달에 한 번으로" 발간한다고 되어 있다. 그러다가 10호에서는 다시 "혈수(頁數)를 줄여서 월간으로 하게 된 까닭"에 현상문예란을 없앤다고 한 것이다. 『학생계』는 그 영향으로 학생들의 투고작이 줄어들면서 애초에 학생들을 위해 만든 잡지라고 내세운 매체의 정체성에 흠집이 생긴다. 그러다가 24년에 『학생계』는 그 명을 다한다.

주요 필진

가장 많은 글을 쓴 필자는 한성도서주식회사와 관련이 있는 노자영, 오천석, 이추강, 김억, 장도빈 등이다. 이들은 주로 논설과 문학론 등 주로 학생들을 계몽하거나 지식을 전달하기 위한 글을 많이 썼다. 그 외에는 거의 매호 지면의 1/4가량은 학생들의 글로 할애했다. 또한 김억(시), 오천석(소설), 이추강(소품), 노자영(감상문)은 초기 학생문단의 선자(選者)였다. 이후에 6호(1921.1.1)에서 편집 겸 발행인이었던 오천석이 미국 유학 때문에 편집 겸 주간을 사임하고 난 뒤에는 소설이 현상란에서 사라지고 7호부터 최팔용(崔八鏞)이 편집 겸 주간으로 나서 주목을 요한다

최팔용은 잘 알려진 대로 도쿄유학생학우회 회원으로 2·8독립선언의 주체인 조선청년독립단대표 중의 한 사람이었다. 그 일로 투옥된 경험이 있으며, 김철수 등과 함께 유학 당시 사회주의를 조선 독립의 이론적 근거로 삼고 결성한 단체 「조선혁명당」의 일원이기도 했다. 그리고 중요한 점은 유학생 기관지 『학지광』의 편집자였던 경력을 갖고 있었다는 점이다. 이미 한 번 전위적 매체에 참여했던 경력이 그가 『학생계』에 주간으로 참여하게 된 계기가 되었을 것이다.

그래서인지 『학생계』는 최팔용이 편집 겸 발행인으로 있는 동안에는 변희용, 김명식 등 좌파적 성향의 필자가 등장하여 사회주의를 소개하는 글을 싣기도 한다. 12호(1922.4)에 실린 변희용의 「레닌의 전반생」, 최팔용, 「근로의 광(光)」 등이 그 대표적인 예인데, 그 수는 그리 많지 않다. 그러나 불행이도 최팔용은 1922,11에 투옥될 당시의 병력과 이후에도 지속된 체포 등 정치적 탄압으로 인해 죽음에 이르게 된다. 그리하여 14호(1922.7.15)부터는 편집 겸 발행인이 추강 이종준(한성도서전무)으로 또 한 번 바뀐다.

이러한 상황 속에서 『학생계』에서는 편집체제상 실제적인 변화도 생긴다. '동인회'를 조직한 것이 그것이다. 『학생계』 10호 사고(社告)에 실린 동인회 명단은 장응진, 김도태, 강매, 정대현, 황의돈, 김명식, 노자영, 문일평, 신태악, 이종준, 장도빈, 서춘, 최승만, 최팔용이다.

동인들의 면모를 살펴보면 김명식, 최팔용, 최승만, 신태악 등은 와세다대학 출신으로 도쿄사범학교 출신인 서춘과 함께 도쿄유학생학우회에서 활동하는 동시에, 『학지광』에 편집진 혹은 필자로 참여했던 인물들이다.

학생계 현상문예란의 성격과 의미

잡지 『학생계』에서 가장 주목할 만한 점은 이 매체의 현상문예란이다. 거의 매회 실시되는 『학생계』의 현상문예란은 『청춘』의 뒤를 이어 한국근대문학사 초기에 '근대적 문인'이 어떻게 구성되어 가는가를 보여주기 때문이다.

『학생계』의 현상문예제도는 형식적으로는 거의 『청춘』의 현상문예제도를 그 전범으로 따르고 있다. 『학생계』는 소설, 시, 감상문, 논문으로 나누어 투고를 받았다. 창간호에는 소설, 시, 감상소품으로 나누어서 투고를 받다가 2호부터는 소설, 시, 감상소품, 논문으로 논문 분야가 추가된다. 그러다가 이후 6호부터 소설이 현상란에서 사라진다. 『학생계』의 현상문예의 당선 등급은 『청춘』의 '천지인(天地人)' 등급을 그대로 계승하고 있었지만 상금은 『청춘』의 경우 최고 3원의 현상금을 지급했던 데 비해, 『학생계』는 2원으로 다소 떨어진다. 현상모집 공고에 의하면 소설의 경우 '천(天)'으로 당선된 경우 2원, '지(地)'는 1원50전, '인(人)'은 1원의 서적(구입)권을 수여한다. 시와 감상문의 경우는 '천'의 경우는 1원50전으로 시작하여 그 이하는 50전씩 차등적으로 지급하였다.

학생들의 열의를 반영하듯 『학생계』에서는 매호마다 늘 현상당선 발표작이 많았다. 투고량이 많았다는 점은 소설을 제외하고 감상소품이나 시의 경우는 '천(天)', '지(地)', '인(人)' 당선자가 각각 1명 이상이 경우가 많았던 점에 기반하여 추측할 수 있다. 더 나아가 텍스트를 수록하지는 않았지만, 당선작 외에 선외가작

도 선정하여 작품명과 투고자 명단은 장르별로 3~4명씩 발표하곤 했다. 『학생계』에는 이러한 현상문예란 이외에도 특별기서란(特別寄書欄)이 있었는데, 여기에는 독자기별란(讀者寄別欄)과 지우구락부란이 설치되어 있다. 그러나 이 특별기서란의 투고량은 현상문예란보다 적었던 듯하다. 이 역시 당대 학생들의 문예에 대한 열정이 매우 높은 것이었음을 보여 주는 것이다.

현상당선자 혹은 학생문단의 필자 중에는 김소월, 김동환, 계용묵, 이태준 등 한국 근대 문단의 주요 작가들의 이름이 들어 있어 주목을 끈다.

김소월은 이미 창간호에 김억으로부터 「먼후일」 외 2편의 시를 추천받아 『학생계』에 기고한 바 있다. 그러나 이후에도 계속 시를 투고하여 현상 당선자가 된다. 김동환은 소설과 시 두 장르에 고루 투고하고 계용묵은 주로 여러 차례 논설문을 투고하여 현상 당선자로 선정된다. '성공을 득(得)코저 하는 자에게', '아등(我等)의 전도(前途)' 등이 그의 투고작이다.

그 밖에 '유우상(劉禹相)'은 『학생계』 현상문예에 가장 많이 당선된 투고자이다. 그는 주로 시를 투고하는데, 비록 이후 1922년 5월에 중국으로 건너가 1927년 2월 한국혁명동지회 재정부 주임에 선출된 이력의 소유자로 문학인으로 이름을 남기지는 않았지만, 당시에는 『동아일보』 독자문단(1921.6.4)에도 「정방성(正方城)」이란 작품을 투고한 열혈 문학청년이었다.

그 밖에 『학생계』 현상문예란에 2회 이상 등장하는 사람은 김종(金鍾), 유월궁(柳月宮), 박규선(朴圭善), 설의식(薛義植), 설형식(薛亨植), 김재준(金在俊), 유정겸(兪政兼), 이세기(李世基), 최병화(崔秉和), 하우용, 황윤성(黃允城)이 있다. 1회이지만 이경손(영화인)의 감상문도 눈에 띈다. 이태준은 3회나 투고하는데, 현상문예제도가 폐지된 후 학생문단란에 수필을 투고한다.

투고된 장르를 보면 시가 가장 많은 양을 차지하고 그 다음으로는 논문, 감상문 순이다. 소설은 5편에 그친다. 그나마 당선이 되어 지면을 얻은 경우는 박규선, 김동환, 이세기 이 세 사람 작품뿐이다.

당선작이나 선외 가작 모두 작품마다 말미에 선자(選者)의 평(評)을 실었던 점도 『학생계』 현상문예란의 무게를 실어주고 있다. 김억과 오천석, 이추강의 경우도 마찬가지이고 황석우, 7호 이후에 선자로 등장하는 노자영은 한 번 이상 투고한 투고자의 작품은 그 이전의 것을 기억해서 통합적으로 평을 해주곤 했다. 이러한 선자들의 관심은 심지어 "선자(選者)가 원문에 조금 첨삭(添削)하였음을 작자에게 고한다"는 구절을 남기게 했다. 선자로서 노자영은 선정 대상 작품에 직접 첨삭을 가하기도 했던 것이다. 이러한 점 역시 『학생계』가 얼마나 현상문예란에 공을 들였는가를 알 수 있게 한다.

『학생계』 현상문예 공고에는 "가슴에서 끓어올라오는 마음을 꺼림 없이 지어보내시오!!"라는 격려차원의 구절이 있다. 이들은 자신들의 문학적 논리를 전수하려는 열정을 가지고 "작구 투고하시면 영광의 월계관을 쓸 때가 있겠습니다"라고 격려를 아끼지 않았다.

이처럼 잡지 『학생계』는 근대적 교육제도가 정착되어가는 1920년대 초반의 역동적 상황에서 발간되었다. 그래서 이 시기에 발간된 『학생계』는 식민지 청년들의 근대 지식의 섭취와 문학에 대한 욕망이 어떠한 양태로 전개되는가를 잘 보여 주는 매체이다. (박지영)

참고문헌

박지영, 「잡지 『학생계』 연구: 1920년대 초반 중등학교 학생들의 '교양주의'와 문학적 욕망의 본질」, 상허학회, 『상허학보』 20집, 2007.6; 최덕교 편저, 『한국잡지백년』, 현암사, 2004.

▌학생녹기(學生綠旗)

▶ 녹기(綠旗)

▌학생잡지 (學生雜誌)

1914년 중국 상하이에서 창간된 월간지

1914년 6월 상하이(上海)의 상무인서관(商務印書館)에서 창간한 잡지이다. 창간 당시 편집은 장위안지(張元濟)의 동향인 주톈민(朱天民)이었고, 1927년부터는 양셴장(楊賢江)이 맡았다. 1920년, 1921년에는 신문화운동으로 여러 차례 판을 바꾸었다. 이 과정을 주도한 양셴장이 실제 편집을 맡았던 것으로 추정된다. 『학생잡지』는 내란과 전쟁으로 3차례의 휴간과 정간을 반복하였다. 1931년 18권 12호를 내고 일본의 폭격으로 정간한 뒤 피난지에서 1939년 복간하였다. 그러나 내전이 심화되자 1941년 21권 9호를 내고 다시 정간하여 전쟁 막바지인 1944년 겨우 복간할 수 있었다. 1948년 정간되기까지 총 18권을 간행하였다. 그러나 정간을 계속하는 동안 체제와 내용은 크게 바뀌었다. 현재 상하이도서관 등에 소장되어 있다.

『학생잡지』는 중등학생(중학교, 사범학교 및 실업학교 학생)을 대상으로 한 잡지인 만큼 창간 취지는 "전국학생계의 연락기관"으로서 "학업을 보조하고, 지식을 교환"하는 것이었다.

애초 체제는 논설(論說), 학예(學藝), 수양(修養) 학교 상황(學校狀況), 통신문답(通信問答), 기재(記載), 소설(小說), 영문편역(英文編譯)란 등으로 구성하였다. 그러나 이후 정간을 전후해서는 체제를 크게 바꾸었다. 18권의 경우 논설(論說), 문철강좌(文哲講座), 사회과학강좌(社會科學講座), 자연과학강좌(自然科學講座), 문예(文藝)란 등으로 구성하였다. 또 각 대학의 입시문제집을 분석하여 실었다.

그러나 1941년 복간호인 21권 이후에는 체제를 크게 단순화하여, 권두언과 학생논단, 학생문예, 학생 신상 외에는 모두 논설 및 강좌류로 구성하였다.

잡지의 원고는 주로 상무인서관 편역소의 동인들의 논설 및 번역과 과학 상식등과 함께 학생들의 투고, 학생 사무 및 기타 정보들로서 잡지의 내용을 구성하였다. 특히 매호의 사설은 자찬(自撰) 또는 학생 기고 등으로 편수 제한 없이 다양한 논설을 실었다.

잡지의 내용은 미래의 주인으로서 학생이 갖추어야 할 상식을 제공하는 것이었다. 그러나 원고의 질이 특별히 우수한 것은 아니었다. 초기 주편인 주톈민은 학력이나 전문성이 없었기 때문에 일본 잡지의 관련 기사를 전재하는 경우도 많았다. 양셴장의 경우는 은연중 사회주의를 선전하면서 정당 활동을 권유하는 내용이 많았다. 양이 국공 분열 이후 우한(武漢)으로 피신한 후에는 삼민주의가 학생잡지의 지배적 이념으로 등장하였다.

특기할 것은 수시로 학생들에게 학교상황 및 문예, 과제 등의 투고를 권장하고 이를 대량으로 게재하였다는 점이다. 이는 학교, 학생과 연계를 통해 상무인서관이 출판하는 교과서 시장을 확대하고, 신문화운동을 표방한 잡지의 독자층을 확보하기 위한 것이었다. 실제 이를 위해 『학생잡지』에는 상무인서관에서 간행하는 각종 교재류 및 출판물과 함께 사립상무인서관함수학교(私立商務印書館函授學校)의 학생 모집을 충실하게 광고함으로써 이러한 목표를 상당 부분 충족하였다. 또 결과적으로는 신문화운동의 상당 내용을 독자들에게 전달함으로써 예비적 독자층을 확보하는 데 기여하였다.

이러한 점에서 『학생잡지』의 역할을 중국의 독서사에서 잡지 독자층의 분화라는 점에서 주목할 가치가 있다.

그러나 태평양전쟁 막바지에 「학생잡지」는 신문화운동 시기의 경우와 달리 전쟁 상황을 학생들에게 이해시키고 국가주의를 고취하면서 미래 국가 건설에 필요한 지식을 강조하는 계몽적 내용이 중심을 이루었다. 예컨대 1944년 복간호의 경우는 체제도 권두에 「청년에게 보내는 편지」 등 장쥔마이(張君勱), 왕윈우(王雲五) 등의 편지를 싣고, 「태평양전쟁 기념 3주년특집」과 논저, 과학지식, 국제지식, 문예, 신서 소개란 등을 두고, 전쟁과 국제지식의 보급을 강조하였다. 특히 1945년에는 제삼차 세계대전이라는 가상의 전쟁설을 원폭사진과 함께 소개하면서 국가의 중요성을 강조하였다. 전쟁이 잡지의 기능을 국가를 위한 계몽으로 바꾼 셈이다. (오병수)

참고문헌

王飛仙, 『期刊, 出版與社會文化變遷: 五四前後的商務印書館

『學生雜誌』』, 國立政治大學歷史學系, 2004.

학생평론(學生評論)

1936년 일본에서 창간된 사상 잡지

1936년 5월에 창간되어 1937년 7월까지 모두 7호가 발간되었다. 편집 발행인은 창간호부터 4호까지는 미와 가쓰지(三輪勝治), 5호부터는 구사노 마사히코(草野昌彦)였고, 발행처는 교토(京都)의 다이토쇼인(大同書院)이었다.

교토대학 출신의 지식인·학생들을 중심으로 발간된 진보적 종합지이다. 반파시즘운동과 결부되어 탄압을 받았으며, 전후에도 명맥이 이어졌다. 1호는 1936년 6월부터 1937년 11월까지, 2호는 1946년 10월부터 1947년 12월까지, 3호 1949년 9월부터 1951년 5월까지였다.

1호는『학생평론』은 교토대학 사건에 연루되었던 학생들의 손에 의해 "문화의 옹호, 자유의 방위"를 표방하며 발행되었다.

2호는 1호『학생평론』의 전통을 계승해서 전후 교토대학생을 중심으로 게이오대학, 도쿄여자대학, 규슈대학 등 전국의 공·사립대학의 학생들을 편집위원으로 하여 '학생서방(學生書房)'에서 발행하였다. 통권 8권으로 처음에는 월간이었지만 차츰 끊기다가 결국 휴간하였다. 창간호에는 오코우치 가즈오(大河內一男)을 비롯해서 마시모 신이치(眞下信一), 도요다 시로(豊田四郎) 등이 기고했다.

3호는 '전일본대학 자치회 총연합' 서기국의 편집으로 '학생평론사(學生評論社)'에 의해 발행되었다. 격월간으로 통권 9권까지 나왔다. 미야모토 겐지(宮本賢治), 주조 유리코(中條百合子), 노마 히로시(野間宏) 등의 유명 작가도 기고하였다.

후지타니 도시오(藤谷俊雄), 나가시마 다카오(永島孝雄), 오노 요시히코(小野義彦), 무라카미 쇼지(村上尙治), 나가오 히로미(長尾浩美)가 중요 구성원이었다. 그러나 7호를 발간하고 난 뒤 경찰의 탄압을 받았고 (이른바 '『학생평론』 사건') 나가시마 다쓰오 등은 옥사하였다.

'다키가와 사건'(瀧川事件)의 패배 이후 교토제국대학(京都帝國大學) 학생들을 중심으로 학문, 문화의 자유를 지키기 위해 파시즘에 대한 합법적인 저항 전선을 결성하려는 움직임이 활발하게 나타났다.『학생평론』은 그 와중에서 학생의 자주적 문화 잡지로 창간되었다.『학생평론』이 만들어지는 데는 1935년 교토에서 나카이 마사카즈(中井正一), 구노 오사무(久野收) 등을 중심으로 창간된 연구 잡지『세계문화(世界文化)』도 큰 영향을 미쳤다.

『세계문화』는 창간 이후 반파쇼 인민전선운동을 지향하는 움직임을 보이고 있었다.『학생평론』도 인민전선운동과 관련하여 도시샤대학(同志社大學)의『도시샤파(同志社派)』, 류타니대학(龍谷太大學)의『종교와 예술(宗教と藝術)』등 교토 지역 다른 학생 출판물과 긴밀한 연락을 취하고 있었다.『학생평론』에는 다키가와 사건에 관련된 교수들의 글을 비롯하여 학원의 자유를 옹호하는 글이 많이 실렸다.

다키가와 사건

이 잡지 창간의 계기는 1933년 5월에 일어난 유명한 '다키가와 사건'에서 비롯되었다. 교토대학 사건이라고도 한다. 다키가와 유키토키(瀧川幸辰)의 이름을 딴 것이다. 이 사건은 일본이 국제연맹을 탈퇴한 1933년에 교토대학에서 일어난 학문의 자유 및 사상에 대한 탄압 사건이다.

교토제국대학 법학부 교수이던 다키가와 유키토키(瀧川幸辰)는 자유주의 형법학자로 이름이 높았고 학생들 사이에서도 절대적인 신망을 얻고 있었다. 사건의 발단은 귀족원의 기쿠치 다케오(菊池武夫) 의원이 귀족원 회의에서 다키가와 유키토키의 「톨스토이(Tolstoy)」의 『부활』에 나타난 형벌 사상」이라는 강연 내용을 문제 삼으며 비롯되었다.

후에 '천황기관설' 문제로 미노베 다쓰키치(美濃部達吉) 등 자유주의자들을 공격하기도 했던 기쿠치 다케오는 기본적으로 '자유주의는 공산주의의 온상'이라는 식의 사상을 가진 인물로, 다키가와 유키토키 교수를 '적화(赤化) 교수'이며 '마르크스주의적'이라고 공격했다.

그러자 1933년 4월 10일에 내무성이 다키가와 교수의 저서 『형법독본』과 『형법강의』를 발매금지 처분하고 4월 22일에 문부성은 고니시 시게나오(小西重直) 교토대학 총장에게 다키가와 교수의 해직을 요구한다. 이에 교토대학 법학부에서는 정부의 조치가 학문의 자유와 사상의 자유에 대한 침해라며 항의했다. 그러나 문부성은 동년 5월 26일 교토대 법학부의 의견을 무시하고 다키가와 교수를 휴직 처분시킨다.

당시 일본은 '치안유지법'을 기초로 해서 권력에 의한 사상과 언론 출판의 자유를 탄압하고 모든 미디어를 매개로 강력한 반공 선전을 해 나가고 있는 상황이었다. 교토대학은 정부의 조치에 저항하며 미야모토 히데오(宮本英雄) 법학부장과 스에카와 히로시(末川博) 두 교수를 필두로 15명의 교수 중 8명의 교수, 18명의 조교수 중 13명이 문부성에 항의하며 연대 사직서를 제출했다.

그러자 교토대 법학부의 학생들도 이들 교수를 지원하는 싸움을 전개했다. 하지만 교토대의 타 학부 교수들이나 전국의 대학 교원이나 학생은 권력의 강력한 힘 앞에서 침묵을 지켰다. 물론 도쿄대학의 미노베 다쓰기치(美濃部達吉)나 요코다 기사부로(横田喜三郎)와 같은 소수의 학자들이 교토대 법학부 교수들을 지지하며 논전을 하기도 했지만 항의운동은 발전하지 않고 사건은 교수들의 사직서가 수리되는 것으로 종결되었다.

『학생평론』의 창간에는 스에카와 히로시와 다키가와 유키토키 등의 도움이 있었다. 그러나 잡지는 또 다른 시국사건에 휘말려 1937년에 휴간을 하지 않을 수 없게 되었다. 인민전선(人民戰線) 탄압 사건 때문이었다.

이 사건은 급격하게 군국주의 파시즘화되고 있던 일본의 우익과 경찰당국이 일으킨 또 다른 대표적인 사상 탄압사건이다. 1936년 '일본노동조합전국평의회(전평)'의 스즈키 모사부로(鈴木茂三郎) 등을 중심으로 한 노동운동가, 사회민주주의자, 자유주의 지식인, 작가, 학생 들이 '노동무산협의회'를 조직하고 반파시즘인민전선의 기치를 내걸었다. 이에 일본 경찰당국은 노농파 관계 그룹과 작가, 지식인 학생 등 무려 400여 명을 검거하고 전평과 일본 무산당을 강제 해산시켰다. 이 사건으로 아라하타 간손(荒畑寒村), 야마카와 히토시(山川均) 등도 구속 수감되었다

이 사건은 만주사변 이후 점차 파쇼화가 진행되고 있던 상황에서 일본의 대학, 지성계도 대대적인 사상 탄압의 위기에 직면하고 있었음을 보여 주는 상징적인 의미를 갖는 것이었다. 이에 사건의 발원지인 교토제국대학을 비롯하여 도쿄제국대학(東京帝國大學), 도호쿠제국대학(東北帝國大學) 등에서 치열한 학생운동이 일어났으며, 하세가와 뇨제칸(長谷川如是閑), 미노베 다쓰키치(美濃部達吉), 이와나미 시게오(岩波茂雄) 등 당시 일본을 대표하던 자유주의적 문화인, 지식인도 일제하 정부의 방침에 항의하는 움직임을 보였다.

그러나 당시 문부대신이던 하토야마 이치로(鳩山一郎)는 다키가와의 면직 처분을 강행하였다. 이 사건은 역설적으로 교토 지역에서 반파시즘 인민전선운동이 활발하게 전개되는 계기가 되기도 하였다. (이준식)

참고문헌

『學生評論』(複製版), 白石書店, 1977; 伊藤孝夫, 『瀧川幸辰 汝の道を歩め』, ミネルヴァ書房, 2003; 日本近代文學館·小田切進 編, 『日本近代文學大事典』 第5卷, 講談社, 1977.

▌학습생활(學習生活)

1940년 중국 충칭에서 창간된 시사종합잡지

1940년 4월 10일 충칭(重慶)의 독서생활출판사에서 창간했다. 자오동건(趙冬根)과 추윈(楚雲) 등이 편집을 담당했다.
1940년 4월부터 5월까지는 반월간이었고 1940년 8월부터 12월까지는 월간이었으며 1941년 3월부터 1943년까지는 부정기로 간행되었다. 1942년 3권 2호부터는 발행자가 학습생활사로 바뀌었으며, 1943년 총 23호를 발행하고 종간되었다. 베이징사범대학도서관과 상하이도서관 등에 소장되어 있다.

주요란으로는 사회상, 민족문제, 민주정치, 학습문답, 소개와 비평, 습작, 생활기록, 소언론, 과학 · 사상 · 사화 등이 있었다.

발간사에서 편집자는 다음과 같이 지적하였다.

"대중이 과학을 학습하고 생활을 알게 하는 것이 출판 목적이다. …… 생활을 알려면 우리는 과학을 학습하지 않으면 안 된다. 과학이란 어떤 신비한 물건이 아니다. 과학은 인류의 수천 년의 생활 속에서 얻어진 체계적인 경험에 불과하다. 이러한 체계적인 경험 과학은 역으로 우리가 생활을 인식하고, 생활을 개조하도록 도움을 준다. 생활의 투쟁 속에서가 아니라면 인류는 절대 과학을 획득할 수 없다. 우리가 생활을 인식하고, 개조할 수 있도록 도울 수 없는 과학은 진정한 과학이라고 말할 수 없다. …… 과학을 학습하지 않는다면 우리는 진정으로 생활을 인식할 수 없다. 우리는 신선이 아니며 우리의 생활은 자연 중에 있으며 지구 위에 있는 것이다. 자연의 일체의 변화 바람, 구름, 추위, 더위 모두가 우리의 생활에 영향을 미치는 것이다. 때문에 개인의 소소한 사정으로부터 출발한다면 생활을 인식할 수가 없다. 생활을 인식하고자 한다면 자연과 사회의 큰 도리를 이해해야 한다. 이러한 큰 도리는 과학만이 우리에게 가르쳐 줄 수 있다. …… 본간은 모든 역량을 다해 과학의 대중화사업에 종사할 것이다. 가장 통속적인 문자를 이용하여 철학, 자연과학, 사회과학, 문학 등 각 방면의 지식을 독자들에게 소개할 것이다."

1권 6호는 "루쉰 선생 서거 4주년 기념 특집(魯迅先生逝世四週年紀念特輯)"호로 발간되었으며, 내용은 사회과학과 당시 사회의 정치, 경제상황에 치중하였다.

주요 집필자로 궈모뤄(郭沫若), 젠보잔(翦伯贊), 후성(胡繩), 짱커자(臧克家), 화강(華崗), 팡지(方紀), 허치팡(何其芳), 거바오촨(戈寶權), 마오둔(茅盾), 예이췬(葉以群), 쉬디신(許滌新), 저우강밍(周鋼鳴), 어우양산(歐陽山), 아이쓰치(艾思奇), 리궁푸(李公樸), 딩링(丁玲), 샤옌(夏衍), 선쥔루(沈鈞儒) 등이 있었다. (김지훈)

참고문헌

北京師範大學圖書館報刊部 編,『北京師範大學圖書館館藏中文珍稀期刊題錄』, 北京圖書館出版社, 2002; 王檜林 · 朱漢國, 『中國報刊辭典』, 書海出版社, 1992.

▌학예(学艺)

1917년 일본 도쿄의 유학생들이 창간한 종합잡지

1917년 4월 유일학생단체인 병진학사(丙辰学社)가 일본 도쿄(東京)에서 창간한 기관지이다. 처음에는 계간 『병진잡지』라 하였으나 1920년 주요 성원들이 귀국하면서 2권 1호부터 발행지를 상하이로 옮기고, 잡지 이름도 『학예』 월간으로 바꾸어 상무인서관에서 출판하였다. 2권 4호부터 월간지로 고쳤다. 10권부터는 문학과 이학 두 책으로 나누어 발간하였다. 초기 주요 기고자는 학회주간인물인 천치슈(陳啓修), 정전원(郑

贞文), 궈모뤄(郭沫若) 등이었다. 창간 취지는 "이창명학출, 수입문명(以昌明学术, 输入文明)"이었다. 동인들의 순수한 학술적인 연구성과를 발표하고 동서방 과학문화를 소개하는 것이 주요 목표였다. 따라서 내용은 지극히 광범위하였다. 정치, 경제, 철학, 사회학, 심리학에서 공상, 교통, 목축, 의학, 물리, 화학 등 분과학문으로서 근대 학문을 망라하였다. 『학예』지는 1930년대는 중국에서 가장 규모가 큰 학술지로서 유명하지만, 학술적인 의미를 갖는 것은 5·4운동 전후였다. 장기간 간행되어서 잡지의 체제는 여러 번 바뀌었지만 초기에는 찬저(撰著), 역총(譯叢), 평론(評論), 잡저(雜著), 통신란 등을 두었고, 문화운동과 관련한 문건자료를 부록으로 실었다. 후에는 문과, 이과, 소설, 잡문, 통신 등으로 구성하였다. 항전시기 등 중간에 정간되기도 하였지만, 1949년까지 19권을 간행하였고, 이후에도 같은 이름으로 계속 간행되다가 1958년 종간하였다.

『학예』 잡지는 일본 유학생들을 중심으로 한 순수 학술지이다. 수준이 아주 깊은 것은 아니지만, 다양한 학문적 주제와 정치적 입장을 망라적으로 표현하는 종합 학술지였다. 중국의 지식인들이 일본을 통해 서양 학문을 수용한 것은 청말 이래 지속적으로 전개되어 온 것이다. 그러나 학예회원들은 5·4 이후 광범위하게 전개되던 신문화운동을 학술운동으로 전환시키고 촉진하였다는 점에서 그 의미가 작지 않다.

특히 권말에 등재한 중화학예사 활동 상황, 새로운 회원 소개, 회원 간의 왕래서신 등은 중국의 근대 학술사와 관련한 일차적인 자료를 제공할 뿐만이 아니라 천치슈(陳啓修), 궈모뤄와 정전원, 저우서우(周昌寿) 등이 전개한 마르크스주의 정치학, 마르크스주의 문학, 그리고 물리, 화학 등은 중국의 근대 학술 형성에 상당한 기여를 하였다.

『학예』는 정치적 입장 표명을 극도로 자제하였지만 그렇다고 전혀 정치적 입장이 없었던 것은 아니다. 특히 군벌정치를 비판하면서도 혁명과는 일정한 거리를 두면서 합리적인 정치질서를 모색하였다. 특히 「5·4운동 직후 국가 건설과 관련한 다 국헌을 논함」(1권 1호), 「중화민국 지방제도를 논함」(1권 1호), 「유럽 대연방국론」(1권 1호), 「대의정치평의」(1권 1호), 「지방자치」(3권 6호) 등도 그렇지만, 임시약법의 회복과 대의제에 기초한 법치, 그리고 사회개조를 주장하고 있다는 점에서 당시 자유주의적 지식인 일반의 정서를 대변하고 있다고 할 수 있다.

『학예』지는 당시 일본 유학생의 관심처럼 다양한 학술 분야를 망라하였는데 철학과 관련해서는 형이상학원리(1권 3호), 도덕형이상학 원리(1권 4호)와 "칸트 기념호"(6권 8호) 그리고 "베르그송 기념호"(2권 8호) 등에서 알 수 있듯이 사회개론과 함께 유행하였던 신칸트주의와 베르그송 주의에 영향을 받고 있음을 알 수 있다. 이른바 "신이상주의적 인생관"(2권 8호)은 신칸트주의가 지향하는 윤리적 시민을 지향하는 전형적인 예이다. 동시기 간행되었던 『해방과 개조』와 연관관계가 깊음을 알 수 있다. 당시 마르크스주의와 대립하였던 량치차오 등의 사회개조론의 철학적 배경을 같이 하고 있는 것이다.

이러한 개조론은 특히 9·18 이후 여타 사회조직과 구별되는 국가의 중요성을 강조하고, 전문 지식인들의 사회참여를 추구하는 페이비언주의로 전환하는 것이 일반적이다. 학예 역시 이 점에서는 예외가 아니다.

"현대국가의 중요성은 …… 민족에 응결되어 있다. …… 민족을 구하는 것이 국가를 부흥시키는 선결조건이다"라고 하여 민족의 중요성을 강조하고 있다. 그러나 계급혁명과 군중운동을 중시하는 혁명론과 달리 덕망이 높고, 학술이 깊고 넓은 인사들이 주도하는 민족정신의 부흥운동을 주장하였다.

학예지는 물론 마르크스주의도 하나의 학설로서 소개하고 있다. 특히 일본에서 유행하고 있던 마르크스주의 이론을 소개하고 있는데 가와카미 하지메(河上肇, 일본제국대학교수)의 「빈핍총담(貧乏叢談)」, 「사회조직(社會組織)과 사회혁명」이 궈모뤄에 의해 번역되어 있다. 마르크스주의 경제학(3권 7호) 마르크스주의의 자본론 부활 등(5권 8호)과 노농의 소련(3권 6호), 소련의 교육(9권 1호), 소련의 전화(4권 8호) 등 볼셰비키혁명 이후 러시아 사회를 긍정적인 입장에서 서술하고 있다.

그 외 학예지에서 주목할 만한 것은 문학사에서 기념할 만한 작가 및 그 작품을 싣고 있다는 것이다. 궈모뤄의 유명한 작품인 「월광」, 「홍수시대」, 「상누(湘累)」 등이 모두 학예지를 통해서 발표되었지만, 장쯔핑(張資平)의 첫 소설인 「약단하지수(约檀河之水)」 역시 2권 8호(1920.6)에 실렸다.

그 외 창간 주체인 정전원, 저우창서우는 '과학구국(科学救国)', '교육구국(教育救国)'을 이상으로 하면서 과학운동을 전개하였다. 우선 저우창서우는 일본의 이시하라 준(石原纯)이 지은 아인슈타인과 상대성 원리 '상대율(相对律)'의 유래 및 그 개념, 『상대율지문헌(相对律之文献)』 번역한 외에도 『아인슈타인의 우주관(宇宙观)과 사유(思维)의 총겁(充极)』 및 『물리학적 인신론(物理学的认识论)』 등은 중국에서 현대 물리학을 본격적으로 소개하기 시작한 것으로 주목 할 만하다.

• 중화학예사와 학예잡지

『학예(學藝)』는 유학생 단체인 중화학예사의 기관지이다. 중화학예사(中華學藝社)는 1916년 12월 천치슈(陳啓修) 등 일본 유학생들이 창립한 학술단체인 '병진학사(丙辰学社)'를 개명한 것이다. 애초 발기인은 천치슈(도쿄제국대학), 정전원(鄭貞文, 도호쿠제국대학[東北帝國大學]), 왕자오룽(王兆荣, 도호쿠제국대학), 저우창서우(周昌寿, 도쿄제국대학[東京帝國大學]), 판서우캉(范壽康, 도쿄제국대학), 두궈샹(杜国庠, 교토제국대학) 등이었다. 회원 역시 제국대학을 중심으로 한 유학생들이었다. 저명한 수학가인 쑤부칭(蘇步青), 문학가 궈모뤄(郭沫若), 지질학자 장쯔핑(張资平) 등이 그들이다. 후에 셰류이 등도 회원으로 가입하였다. 이들은 1917년 그 기관지로 『학예』 잡지를 간행하였으니 『학예』 잡지는 학예사의 발전에 따라 자연적으로 성장하였다.

학예사는 본래 제국대학 학생들을 중심으로 한 학술단체였다. 창간 당시 총사무실은 도쿄에 두었고, 천치슈(집행부 이사), 양둥린(楊棟林, 부이사)이 간부를 맡았다. 이들이 귀국한 이후 촨스쉐(傳式說) 등이 대신하였다.

이들은 자신들의 학술적 역량과 명예회원인 차이위안페이(蔡元培), 판위안리옌(范源濂), 량치차오(梁啓超) 등과의 관계를 바탕으로 신속하게 유학생 수준을 넘어서는 학술조직으로 성장시켰다. 1920년 총사무소를 상하이로 옮기면서 점차 국내 학회로 성격이 바뀌었다.

특히 상무인서관에 취직한 정전원, 저우창서우, 판서우캉 등이 중심이 되어 학예사를 전국적인 조직으로 확대하고 상하이, 베이징, 난징 등 10여 곳에 지역 간사를 두었다. 또 일본, 미국, 독일, 프랑스 등에도 지부를 두었으니 소년중국학회 회원인 저우타이쉬안(周太玄), 청치(曾琦), 장멍주(張夢九) 등 소년중국학회 회원들이 학예사 주구 간사(駐歐 刊事)였다.

학예사는 5·4기에는 주로 『학예』 잡지만을 간행하였지만, 국민혁명시기 이후에는 『학예논문집』, 『학예총서』, 『학예휘간』, 『문예총서』 등 수많은 학술성 저작을 간행하였다. 유학생들의 활동에 부응하여 정치법률, 재정경제, 철학, 교육, 문예 및 물리 화학, 농림업에 이르기까지 다양하였다.

또 1925년에는 학예사 사원인 저우창서우, 궈모뤄 등을 중심으로 상하이에 학예대학(1927년 폐교)을 그리고 1936년 난징에 학예중학을 창립하기도 하였다.

학예사는 또 당시 일본에서 열린 국제학술회의는 물론 범태평양 학술회의, 만국공업회의에 대표를 파견하였고, 1925년부터는 매년 자연과학자를 중심으로 해외 학술시찰단을 조직하여 파견하는 등 대표적인 학술단체로 군림하였다.

『학예』는 "진리를 연구하고, 예술을 창명(昌明)하며, 지식을 교환(交换)함으로써 문화를 촉진문화(促进文化)한다"는 것을 목표로 한 순수 학술지였다. 따라서 『중일비밀군사협정(中日秘密军事协定)』 이래 국민혁명에 이르기까지 정론성 문장을 가능한 한 싣지 않았을 뿐 아니라, 국민혁명에 대한 입장표명도 거절하였다. 9·18 이후에 전면적인 민족주의적 언설을 싣기 시작하였다. (오병수)

▌학우(學友)

1919년 일본 교토에서 한국어로 발행된 시사 종합잡지

1919년 1월 1일자로 창간되었으나 속간되지 못했다. 편집 겸 발행인은 김우영(金雨英)이었고, 인쇄인은 무라오카 헤이키치(村岡平吉)였다. 발행소는 교토시(京都市 上京區 北白川町)의 학우사, 인쇄소는 복음인쇄합자회사였다. A5판으로 47쪽이 발행되었고 정가는 20전이었다. 연세대학교에 창간호가 소장되어 있다.

『학우』는 '교토제국대학 기독교청년회'가 발간한 기관지였다. 「발간사」에 따르면 "우리 조선인은 동방군자국이라는 우롱적 찬사 아래 욕망이 적은 생활이 오래되었다. 그래서 우리 생활의 이면은 단순하며 소조하다. 기실(其實)은 아무것도 보잘것없게 되었다. 지금은 다만 비참뿐이다"고 조선의 현실을 탄식하면서 "우리의 허다한 욕망 중에서도 지식욕이 제일 고도의 욕망"인데, "구미인의 간단없는 발명과 발견도 모두 그네들의 치열한 욕망이 구체화한 것"이며, "그들의 찬란한 문화, 발달된 과학도 모두 그들의 욕망이 구체화 된 것"이기 때문에 조선이 "중단된 조선문화를 부흥하며 구미문화를 받아들여 신문화를 조개(肇開)하려면, 조선인 전체에 이러한 욕망을 환기"시켜야 한다고 주장하면서 그것이 『학우』의 목표라고 하였다.

창간호의 목차를 보면, 「발간사」/ '논문' 김준연(金俊淵)의 「예(禮)와 법(法)」, 박석윤(朴錫胤)의 「노동의 신성(神聖)」, 박장용(朴璋龍)의 「교육과 유전」, 김시두(金時斗)의 「위생상의 의복론」, 이갑수(李甲洙)의 「여(余)의 포복자(飽腹者) 하(何)오」, 김재은(金在殷)의 「여(余)의 개성관(開城觀)」/ '기행문' 정민택(鄭民澤)의 「죽장망혜기(竹杖芒鞋記)」, 이종준(李鍾駿)의 「동해안 돌파 실패기(東海岸突破失敗記)」/ '시' 주요한(朱耀翰), 「에튜우드」/ '수필' 방원성(方遠成)의 「동모들아」, 방인근(方仁根)의 「자연과 인간」의 순서로 실려 있다. (정예지)

참고문헌

『學友』 창간호, 1919.1, 연세대학교 소장본; 최덕교 편, 『한국잡지백년』 1, 현암사, 2004.

▌학우구락부(學友俱樂部)

1939년 서울에서 발행된 중학생 잡지

1939년 7월 1일에 창간됐다. 종간호는 통권 3호로 마감했다. 주된 독자가 중학생이라고 했지만 투고는 전문학생들도 적지 않은 것으로 보아 학생잡지가 귀한 그즈음에 학생 전반이 독자였을 것으로 추정된다. 편집 겸 발행인은 이상렬(李相烈), 인쇄인은 대동출판사의 김용규, 발행소는 학우구락부사(경성부 고시정[지금의 동자동]14 일산빌딩)이다. 판형은 A5판으로 총 176쪽이고 정가는 30전이었다. 편집은 소설가 방인근과 이화여전 문과를 졸업한 노옥인 두 사람이 전담한 것으로 알려져 있다(편집후기 참조). 연세대도서관에 창간호가 소장되어 있으며 아단문고에는 창간호와 종간호가 소장되어 있다.

표지화는 선전에 특선한 김인승의 '문학소녀'이다. 목차는 총 4면에 걸쳐 소개가 되고 각 학교의 교장을 비롯한 임원들의 축사가 이어지고 있다. 「창간사」는 아래와 같다.

"가로에 왕래하는 남녀 학생을 볼 때처럼 즐겁고 마음 든든한 것은 없다. 학생 천지다. 그네들의 힘찬 호흡과 발소리를 들을 때는 기운이 난다. 그들의 일거수일투족은 이 사회를 좌우하는 위대한 힘을 가졌다. 그러나 그네들을 위한 전문적 잡지류가 없는 것은 크나큰 유감으로 생각하여 이것을 세상에 내놓게 된 것이다.

더욱 비상시에 처하여 그들의 정신을 통일시키고

시국 인식을 철저히 하며 품성 향상과 수양을 모토로 하고, 학과 외의 상식을 풍부케 하려는 것이다. 그리고 그들의 활동하는 무대로, 고상한 유원지로 만들려는 것이 본지의 사명이다."

『학생』(1929.3~1930.1)과 『학등』(1933. 10~1936. 3)이 사라진 뒤에 학생들을 위한 잡지가 없는 것을 안타깝게 여기며 학생잡지의 필요성을 공감하여 전사회의 호응을 받아 창간되었음을 알 수가 있다. 세브란스의학전문학교, 오산중학교, 중앙보육학교, 이화고등여학교, 양정중학교, 함흥 영생중학교, 경성여자상업학교, 경성외국어학원, 이화여자전문학교, 재령 명신중학교, 경성음악전문학원, 경성보육학교, 정신여학교, 영변숭덕학교, 보성중학교 등에서 교장의 축사가 이어졌던 바, 얼마나 학생잡지가 필요했는지를 말해주는 증거라 할 수 있다.

창간호를 보면 기사가 크게 네 부분으로 이루어져 있다. ①'논설' 부분으로 여운형의 「자연교육」, 정인섭의 「시국과 정서교육」, 김영진의 「교육과 이상」 등과, 함상훈, 이헌구, 전영택, 이숙종의 '인생훈·처세훈'이, 그리고 세계 각국 유학기(이중철, 이정섭, 김선기)와 "다시 학생이 된다면"이라는 설문에 응답하고 있는 사회 유명인사(김성진, 박노갑, 노자영, 박창훈, 안호상, 곽행서)의 글과 가정교육에 대한 이성환, 권상로, 송석하, 윤성상의 글이 각각 들어 있다. 그리고 「세계일주 돌파자인 박인덕 여사와의 일문일답」이 흥미로운 기삿거리로 눈에 띈다.

②'특별강좌' 부분으로 김도태의 「조선지리학설」, 니시하라 신타로(西原眞太郞)의 「조선어에 대해서(朝鮮語に對して)」, 후지이 세이치(藤井誠一)의 「북지경제의 사적 발전과 그 본질(北支經濟の 史的 發展とその本質)」이 이종만의 성공미담 「나의 반생기」, 이길용의 「학생 스포츠계의 과거·현재·장래」, 학생시대를 추억어린 눈으로 회고하는 「학생시대 망신한 것」(윤치호, 서춘, 김래성, 김수임)과 함께 실려 있다.

④'문예'란으로 시(김억, 정지용, 모윤숙, 김태오, 이대용)와 수필(임영빈, 최정희, 노춘성), 소설(이광수, 장덕조, 방인근)이 각각 발표되었다.

⑤'학생작품'란으로 학생들의 문예작품이 선정되어 게재되었다. 여기에서 특기할 것은 훗날 유명한 시인이 되는 김경린과 조지훈의 작품이 들어 있다는 것이다.

권말에는 아래와 같은 언급이 있어 주목을 끈다.

"본지는 학생잡지인 만치, 언문철자법을 통일하고 조금도 틀림없이 하느라고 하였습니다. 그리고 독자 중 글을 쓰시다가 철자법에 의심나시거든 있는 대로 통지해 주시면 사계 권위 이윤재 선생의 책임 있는 대답을 본지상에 발표하겠습니다."

당대에는 이미 '조선어' 과목이 사라진 때로, 조선어에 대한 생각과 조선어를 지키려는 노력이 이렇게 행해지고 있음을 확인하게 된다.

시국은 전쟁준비에 한창인 시대로 국내외 정세에 대한 어지럽고 막막한 관망으로 무기력감을 느끼는 즈음에 탄생된 『학우구락부』의 존재는 학생들 전체에 일종의 등대 역할을 수행했다고 여겨진다. 그렇기 때문에 사회 각계 인사가 혼연일체가 되어 집필에 임하고 축사를 하고 자신의 어리석고 유치한 학생시절을 회고하는 글들을 기꺼이 발표했을 것이다. 미래 동량의 역할과 그들의 현재에 대한 걱정이 만들어낸 잡지인 까닭에 적극적인 참여도 이루어졌으리라 짐작할 수 있다. 그러나 일제의 탄압과 검열은 이 잡지에도 빗겨나지 않아 단명하고 말았다. 그럼에도 불구하고 이 잡지는 어두운 시대에 임하는 학생들에게 용기와 희망을 주려 노력한 각계각층의 진심과 애정을 담아냈다는 점에서 적지 않은 의미를 추출할 수 있을 것이다.

• **김경린**

1918년 함북 경성에서 출생했다. 일찍이 모더니즘 시운동에 참가해 활동했다. 그는 소재를 도시와 문명에서 취하여 이미지와 관념의 조화를 철저히 추구해 왔다. 김경린은 1949년 박인환, 김수영, 임호권, 양병식과 함께 사화집 『새로운 도시와 시민들의 합창』을 펴냄으로써 '후기 모더니즘'운동을 전개시킨 시인이다. 그는 이미 일본에서 모더니즘 동인회 '바우(VOU)' 등에 동인으로 참여한 바 있으며, 귀국해서는 『조선일보』에 「차창(車窓)」 등을 발표하여 김기림의 직계 제자로 평가받기도 하였다. 또한 청록파로 대표되는 전통적 서정 세계에 반발하여 1950년 '후반기' 동인회를 결성하고 도시적 감수성, 현대 의식, 전위적 기법 추구 등 다양한 노력을 통해 전쟁 직후의 혼란상을 노래하면서 새로운 시의 가능성을 탐색하였다. 1960년대 말 작품 활동을 중단했다가 1980년부터 재개한 그는 '한국적인 전통'에서 '세계적인 전통'으로 우리 시가 나아가야 한다고 역설하면서 정열적인 창작 활동을 벌이고 있다

작품으로는 「새로운 도시와 시민들의 합창」, 「현대의 온도」, 「태양이 직각으로 떨어지는 서울」, 「서울은 야생마처럼」 등이 있다. (전상기)

참고문헌

권영민, 『한국근대문인대사전』, 아세아문화사, 1999; 최덕교 편저, 『한국잡지백년』 2, 현암사, 2004.

▌학원(學苑)

1934년 창간된 일본의 문예 연구 잡지

1934년 11월에 창간된 문예 연구 잡지이다. 편집인은 호사카 미야코(保坂都)였고, 발행처는 광엽회(光葉會)였다. 그러나 사실상은 쇼와여자대학(昭和女子大學)의 전신인 니혼여자고등학원(日本女子高等學院, 1920년 설립)의 기관지였다. 광엽회는 니혼여자고등학원 졸업생의 단체로서 기관지인 『여성문화』를 별도로 간행하고 있었다. 『학원』은 1년에 네 차례 문학, 가정학의 기요로 발간되었다.

『학원』은 처음에는 니혼여자고등학원에서 해마다 개최하는 하기 강좌의 강의 속기록을 모은 것으로 출발하였다. 그러다가 나중에는 니혼여자고등학원 교수는 물론이고 졸업생의 논문, 수필 등도 실리게 되었다.

특히 '문학 유적 순례'를 연재하여 넓은 의미의 일본과 해외에 산재한 근대 일본 문학자의 업적, 유족, 유적을 현창한 것이 주목된다. 이 시리즈가 나중에 나오는 '근대 문학 연구 총서'의 모태가 되었다고도 할 수 있다.

메이지(明治)기에서 다이쇼(大正)기에 걸쳐 도쿄제국대학(東京帝國大學)을 중심으로 간행되던 『제국문학(帝國文學)』, 그리고 메이지 시기의 대표적인 여성 계몽 잡지인 『여학잡지(女學雜誌)』 등의 목록도 자료로서의 가치가 높다. (이준식)

참고문헌

日本近代文學館·小田切進 編, 『日本近代文學大事典』 第5卷, 講談社, 1977; 『日本出版百年史年表』, 日本書籍出版協會, 1968.

▌학조(學潮)

1926년 일본 교토에서 한국어로 발행된 시사 종합잡지

1926년 6월 27일자로 창간되었다. 1927년에 제2호가 발간되었으나 그 후에 속간되었는지는 알 수 없다. 편집 겸 발행인은 김철진(金哲鎭), 발행소는 교토학우회(京都學友會), 인쇄소는 도세이샤(同聲社)이었다. A5판 159면으로 발행되었고 정가는 50전이었다. 현재 연세대학교 도서관에 소장되어 있다.

『학조』는 재교토조선유학생학우회의 기관지로 발간되었다. 게재된 글들을 살펴보면 최현배(崔鉉培)의 「기질론」, 김철진의 「경제가치의 일 고찰」, 정철의 「여성해방운동의 사적 고찰」과 같은 논문들을 비롯해서 크로포트킨의 '상호부조론'을 소개한 「개미의 사회생활」과 같은 글들이 실려 있다. 또한 정지용은 「카페 프란스」라는 시를 비롯하여 「서쪽한울」, 「한울혼자보고」, 「감나무」 등 5편의 동요를 실었다. 그 외 노풍(蘆風)이라는 작가의 동요와 윤심덕과 함께 현해탄에 몸을 던진 김우진(金祐鎭)의 「두더기 시인의 환멸」이라는 희곡도 실려 있다.

권두 부분에는 「기본금 및 회관 건축비 모집 취지서」가 게재되어 있어 재교토조선유학생학우회의 활동을 엿볼 수 있다. (정예지)

참고문헌

「『學潮』 創刊號, 第2號」, 『移輸 不穩印刷物 記事概要』, 1927. 6.27; 최덕교 편, 『한국잡지백년』 1, 현암사, 2004.

▌학지광(學之光)

1914년 4월 2일 일본에서 창간된 재일본도쿄조선유학생학우회의 기관지

1914년 12월 3일자 3호에 보면, 편집 겸 발행인 신익희, 인쇄인 최승구, 발행소 학지광발행소, 인쇄소 복음인쇄(합) 도쿄지점, A5판으로 58쪽이며 비매품이었다.

재일본도쿄조선유학생학우회(약칭하여 학우회)의 기관지이다. 1914년 4월 2일자로 발간되었다. 격월간 발행을 예정했으나 1년에 2회 또는 3, 4회 정도 발간했다. 16년 동안 간행되었고, 1930년 4월호 통권 29호를 내고 종간되었다.

논문, 소설, 극, 평론, 기행, 수필, 시 등과 학우회 및 청년단체 활동에 대한 기사로 채워져 있었다. 문예, 학술, 교육, 사회, 경제, 언론 등에 걸쳐 많은 논문이 실렸다.

발간 비용은 학생들의 호주머니에서 나왔다. 제5호에 보면, 전기(前期)는 수입 264원 5전, 매인 매월 부담회비 18전, 지출 245원 51전, 후기는 수입 265원, 매인 매월 부담회비 20전, 지출 250원 40전, 제3호는 60원 82전, 제4호는 79월 40전 등으로 되어 있다. 가끔 유지들의 원조가 있기도 했다.

편집은 학우회의 집행부가 장악했고, 김병로, 신익희 등이 초기에 중심적인 역할을 했다. 1910년대의 편집인은 최승구·최승만·이광수·신익희(3·4호), 장덕수(5호), 변봉현(10호), 현상윤(12·13호), 최팔용(14·15·17호), 박승철(19호), 박석란(20호), 최원순(21호), 김항복(22호), 이종도(27호), 박용해(29호)이었다.

발행부수는 600부에서 1000부 사이로, 15호는 1600부가 인쇄되어 조선 국내를 비롯해서 해외의 조선 동포에게 배포되었다. 계속되는 탄압으로 출판물의 인쇄가 힘들었던 학후회는 자금의 모금과 광고를 모집하기 위해 조선 내 각 도에 모집위원을 파견하기도 했다.

학우회의 위상과 관련하여 잡지의 성격을 말하여, "동경에 연학하는 우리 학생 대중의 기관이 학우회이며 이 모든 진리의 원천을 배운대로 들은대로 양심을 속이지 않고 발표하는 곳이 즉 학지광이다"고 했다. 그리고 『학지광』은 조선학계의 서광이며, 조선의 신건설과 세계 개조의 신기치를 내건 학우회가 이론과 실천에서 중요한 역할을 하는 데 기여했다고 한다.

논조는 시기별도 일정한 차이를 보인다. 1910년대 유학생 내부에서 영향력 있는 필자에 의해 필진이 장악된 『학지광』에 실린 글은 유학생으로서의 사회적 의무감과 이에 따른 계몽적 내용과 자질 함양, 서구문명의 소개가 주종을 이루었다. 그리고 지식인의 사명이 사회문제 일반에 대한 관심을 가지는 것이라면서 현실참여에 대해 적극 선동하고 있다.

1920년대 『학지광』의 기사 가운데 민족주의적 틀을 벗어나 일반 민족주의론과 마르크스주의를 선전하는 글이 보인다. 최순이 쓴 「사회생장의 사회학적 원리」(20호)는 이상사회론적 시각에서 사회사상의 소개와 마르크스주의 유물사관, 무정부주의 생디칼리슴을 얘기하고 있다. 이와 함께 김준연은 「세계 개조와 오인의 각성」(20호)에서 인간평등과 상호협동을 통한 불편 없는 사회 실현을 얘기하고 있다. 특히 고영환은 「시대사조와 조선청년」(20호)에서 윌슨의 민족자결주의와 레닌의 식민지, 반식민지에서의 민족해방운동론을 평가하여, "윌슨 씨는 도의적으로 신문명을 실현코저 하고 레닌 씨는 계급투쟁과 파괴수단으로 신문명을 건설코저 합니다"고 하면서 조선의 청년은 식물의 성장에 비유하여 내외의 해충을 막는 것처럼 "전세기의 유물을 제거하고 부패한 도덕에 노예된 조선 사회를 신도덕과 신과학으로 개조하야 광명한 천지로 인도하는 것이 우리의 사명이며, 우리 사업이 아닌가?"라고 했다.

1920년대 중반 이후에는 마르크스주의 일반과 노동자계급의 위상에 대해 명확하게 인식하고 그 내용을 선전하고 있었다.

• 학우회

학우회는 대한흥학회를 개칭하여 출범한 유학생 친목회 연합이었다. 1910년대의 학우회는 구성된 이후에도 출신 지역별 모임이 분회로 여전히 존재함으로써 지방분회의 연합체적 성격을 띠고 있었으나, 1916년

1월 총회에서 분회를 해산하고 중앙통일제로 개편함으로써 새로운 체계를 갖추었다. 즉 종래의 '지방분회제'를 '중앙통일제'로 고쳐 조직을 개편했다.

1920년대 학우회는 상당수의 구성원들이 재일조선인 유학생단체 예를 들면 조선기독교청년회, 조선학회의 주요 구성원으로 되어 있었다. 특히 조선기독교청년회와는 이명동체라고 할 수 있을 정도였다.

학우회의 조직은 다음과 같다. 회장(1), 총무(1), 평의원(14), 문서부원(3), 간사부원(2), 재무부원(2), 지육부원(2), 체육부원(2), 학예부원(2), 편집부원(4)으로 구성되어 각부에는 부장을 두고 부원은 평의회 결의에 따라 수시로 교체가 가능했다.

합법적 대중단체이기 때문에 다수가 재일조선인 단체에 이중, 삼중으로 소속되어 있었다. 특히 학우회는 1920년대 중반 이후 재일조선인 우의단체인 재일본조선인노동총동맹, 도쿄조선무산청년동맹회, 재일본조선청년동맹, 일월회, 신흥과학연구회 등과 긴밀한 관계를 갖고 있었다.

1925년에서 1927년 사이의 조직에는 한림, 박형채를 비롯하여 이전보다 공산주의계에 속한 사람의 수가 늘어나기 시작했으며 1928년에는 학우회 내 고려공산청년회 플랙션으로 박형채(책임), 강춘순 등이 활동했다.

특히 1926년 이후 조헌영, 김광수, 권국진, 박종대, 이호, 최영희, 박준원, 방창록, 정규, 김성민 등의 민족주의자에 이여성, 안광천 등이 가담하면서 재일조선인 대중운동에 있어 공산주의적 색채가 강화되었다. 1930년 재일조선인 유학생 내에도 일국일당주의 원칙이 투영되었고, 1930년 학우회 정기대회에서는 12대 9로 공산주의계가 논쟁의 결과 승리했다. 학우회는 1931년 2월 해체되었다. 그 해체 선언의 요지는 다음과 같다.

"과거에 학우회 자체가 항상 계급적인 해방운동을 망각했던 하나의 사상운동(부르주아 민족주의)의 잔재였고, 아무런 계급적 의식도 없는 애매한 집단이었기 때문에 각종 파벌이 횡행하고 각자의 세력 확장에만 몰두했다.

그럼에도 불구하고 계급의식이 있다면 모르지만 이들 파벌은 아무런 계급의식이 없는 반동적인 집단들이다. …… 우리는 현 단계에 있어 어떠한 운동이든지 계급적 입장을 망각한 것은 올바른 운동이 아니라고 단언한다. 물론 현재는 어떠한 운동이든지 혁명운동이라면 필연적으로 참된 세력에 의해서 추진되어진다. 동일한 이익을 추구하는 피압박민족과 프롤레타리아의 공동의 적인 자본주의 제3기에 있어 혁명운동은 국제적인 연대 속에서 발전한다."

해체선언은 조선혁명의 특수성을 무시하고 민족해방운동의 한 축인 재일유학생운동을 일본인학생운동 속에 매몰시킬 것을 주장했다. 학우회가 해체되자, 재일조선인유학생운동은 각 학교별 조선인유학생동창회를 중심으로 전개되었다. 이들 동창회를 중심으로 전개된 운동은 민족 독립을 주목적으로 하고 있었기 때문에 일본인학생운동으로 합류하지 않았다.

해체 이후 재일조선인유학생운동은 침체되어 갔다. 그것은 일제의 탄압이 강화되었기 때문이기도 하지만, 코민테른의 일국일당주의 원칙에 의해 재일조선인운동을 일본인운동 속으로 매몰시켜 버렸던 혁명노선의 전환이 결정적인 영향을 미쳤던 것이다. (김인덕)

참고문헌

『學之光』(1-2권), 서울: 도서출판 역락, 2004; 朴慶植, 『在日朝鮮人運動史: 8·15解放前』, 東京: 三一書房, 1979; 『한국민족문화대백과사전』, 서울: 한국정신문화연구원, 1991; 김인덕, 「학우회의 조직과 활동」, 『국사관논총』(66), 1995; 최덕교 편저, 『한국잡지백년사』(1), 현암사, 2004.

▌학총(學叢)

1943년 서울에서 일본어로 창간된 학술문화잡지

경성제국대학 문학회의 회보로서 일본어로 발행되었다. 경성제국대학 문학회는 1942년 신규칙을 반포하고, 1943년 1월 25일부터 회보 『학총』을 발행하였다. 창간호 발행 당시 문학회의 임원은 명예회장, 명예부회장, 평의원장, 평의원, 간사(교관 및 졸업생)으로 구성되었다. 경성제국대학 총장이 명예회장을, 법문학부장이 명예부회장을 맡았고, 잡지 편찬은 간사(교관)였던 도리야마 기이치(鳥山喜一), 도키에다 모토키(時枝誠記) 등이 전담하였다. 따라서 편집인은 경성제국대학의 만몽문화연구회를 이끌던 법문학부의 도리야마가 담당하였다. 발행인은 동도서적주식회사 경성지점 대표였던 스에쓰구(末次保)였다. 발행은 동도서적주식회사 경성지점이, 배급은 일본출판배급주식회사 조선지점이 맡았다. 창간호는 고려대학교와 연세대학교, 서울대학교 도서관에, 1944년 10월에 간행된 3호는 고려대학교에 소장되어 있다.

『학총』은 경성제국대학 문학회의 회보답게 문학회 회원들의 논문과 연구실통신, 강의제목, 회보, 회원명부로 구성되었다.

그러면 창간호를 통해 『학총』의 구성을 구체적으로 살펴보자.

창간호에는 실린 논문으로는 특별회원인 스에마쓰(末松保和)의 「조선경국전 사고(私考)」, 호야나기 무쓰미(保柳睦美)의 「고비사막의 검토」 외에 보통회원인 박시형(朴時亨)의 「기전설 전말」, 조윤제(趙潤濟)의 「조선인 저작의 교과서에 대하여」, 박치우(朴致祐)의 「아리스토텔레스의 산문론」, 오이(大井隆次)의 「우수인에 의한 지방성의 고찰」 등이 있다.

연구실통신에는 문학회 내의 철학연구실, 심리학연구실, 종교학사회학연구실, 윤리교육연구실, 미학연구실, 지나철문학연구실(支那哲文學硏究室), 동양사학연구실, 조선사학어학문학연구실, 국사국문연구실, 영어학문학연구실 등 각 분야별 연구실의 활동이 자세히 소개되었다. 예를 들면 철학연구실의 정기적인 철학간담회 일시와 주제, 발표자명과 철학연구회의 정기모임과 공개강연회 내용 및 회원 동향이 연구실통신에 실려 있다.

다음으로 강의제목란에는 1931년과 1932년, 1933년 철학과와 사학과, 문학과 각 과별로 강의제목과 담당교수, 매주 시수 등이 수록되었다. 당시 경성제국대학 문학부는 문학, 사학, 철학으로만 나뉘어져 있었기 때문에 철학과에는 철학 관련 수업뿐 아니라 심리학개론과 비교민족심리학 등 심리학 강의와 미학, 미술사, 교육학, 종교학, 종교사 강의가 함께 개설되어 있었다. 다음으로는 1931년과 1932년 졸업생 논문제목이 실려 있어 당시 학생들의 연구주제를 살펴볼 수 있다.

회보에는 문학회의 연혁 및 사업에 대한 설명과 경성제국대학 법문학회와 문학회의 논찬 목차, 공개강연회 제목과 강연자, 총회와 친목회 소식, 연구발표회 소식들이 상세하게 안내되어 있다. 뿐만 아니라 회원명부에는 회원들의 씨명과 졸업년도, 전공학과와 주소, 직업이 일목요연하게 정리되어 있다.

『학총』은 「기전설 전말」과 같이 실제 존재여부가 논란이 되었던 학문적 쟁점에 대한 글도 싣고 있지만, 연구논문집의 성격을 띤 『논찬』과 달리 회보로서 문학회의 소식지의 역할을 충실히 담당하고 있었다.

• 경성제국대학 문학회

원래 경성제국대학 문학회는 경성제국대학 법문학회의 제2부로 출발하였다. 1929년 경성제국대학에 법문학회가 창립되었고, 법문학회는 법률·경제·정치의 1부와 철학·사학·문학의 2부로 편성되었다.

1934년 법문학회가 법학회와 문학회로 양분되면서 법학회와 문학회는 각각 독립된 학회를 구성하였다. 문학회는 『문학회논찬』을 발행하고, 강연회 개최하며, 공개강연회를 여는 등의 활동을 전개하였다.

1940년대 초 문학회는 사업과 회원, 운영에 있어서 일대 혁신을 단행하였다. 그 결과 문학회 운영에 일정한 변화가 있었다.

첫째, 사업에 있어서는 ① 논문모음집의 형태로 행되었던 논찬을 1인 1제 1책 단행본으로 발행하기로 하였다. ② 회원 일반의 원고를 모집하여 기관지 『학총』을 발행하기로 하였다. 『학총』은 연 4회 발행을 목적으로 하되, 초년도에는 1회 연보로 발행하기로 하였다. ③ 연구발표회는 매년 1회 봄여름에 시행하고, 그 전야에 회원총회 혹은 간담회를 개최하기로 하였다. ④ 공개강연회는 종래 매년 가을에 1회 개최되었으나, 이후에는 봄 1회, 가을 2회, 총 3회로 늘이기로 하였다.

둘째, 회원에 있어서는 법문학부 시절부터 교관을

제1종회원, 조수(助手)·부수(副手)·촉탁·학생·생도 가운데 희망자를 제2종회원으로 구분하던 관행을 탈피하여 졸업생을 명실상부한 회원으로 받아들이기로 하였다. 이후 경성제국대학 문학회의 회원은 특별회원과 보통회원으로 이원화되었다. 경성제국대학 법문학부 철학, 사학, 문학과 소속의 교수와 조교수, 전임강사는 특별회원이었고, 경성제국대학 법문학부 철학, 사학, 문학과의 졸업생과 재학생은 보통회원이었다. 특별회원은 매년 12원, 보통회원은 매년 2원의 회비를 납부해야 하며, 『학총』과 문학회가 발행하는 출판물을 받을 권리가 있었다.

셋째, 운영에 있어서는 문학회 산하에 철학회, 사학회, 국어국문학회, 한학회, 영문학회로 나뉘었던 부회를 철학연구회, 사학연구회, 국문학연구회, 조선문화연구회, 한학연구회, 영문학연구회로 재편하여 고립적인 학회운영을 탈피하고, 통일적인 조직체계를 갖추도록 하였다.

이는 학술문화계에서 활발하게 활동하고 있는 졸업생들의 요구를 수렴하여 그들과의 연대를 모색함으로써 문학회의 활동지평을 넓히고 그 위상을 제고하고자 하는 노력의 일환이었다. 이러한 변화는 1942년 4월 1일 개정된 문학회 규칙에 반영되었다. (정진아)

참고문헌

李忠雨, 『京城帝國大學』, 多樂園, 1980; 정선이, 『경성제국대학 연구』, 문음사, 2002.

학해(學海)

1908년 일본 도쿄에서 중국어로 창간된 학술지

1908년 2월 일본 도쿄(東京)에서 재일본 유학생들이 주관하여 창간되었다. 사회과학 전문 잡지로 매회 50 페이지 분량의 월간이며, 베이징대학유일학생편역사(北京大學留日學生編譯社)에서 발행되었다.
갑편(甲編) 5회와 을편(乙編) 4회를 발행하고 1908년 6월 종간되었다. 중국국가도서관에 소장되어 있다.

내용은 갑편(甲編)과 을편(乙編)으로 나누어 편집하였다. 갑편에는 문(文), 법(法), 정(政), 상(商)에 관련된 내용으로 유럽과 아메리카 국가들의 사회과학과 자연과학이론 지식을 소개하는데 치중하였다. 을편(乙編)에는 이(理), 공(工), 농(農), 의(医)에 관한 내용을 게재하였다.

선자이(瀋家彝), 베이서우퉁(貝壽同) 등 40여 명의 집필진이 참여하였으며, 자금은 청 정부 관원의 보조를 받아 발행하였다. 리쟈자쥐(李家駒)가 이 잡지의 머리말을 썼다. (김성남)

참고문헌

方漢奇 主編, 『中國新聞社業通史』, 中國人民大學出版社, 1996;
王檜林·朱漢國 主編, 『中國報刊辭典』, 太原: 書海出版社, 1992.

학해(學海)

1929년 일본 도쿄에서 한국어로 창간된 학술지

니혼대학(日本大學) 조선유학생 동창회의 회보이다. 니혼대학 조선유학생 동창회는 니혼대학 내에 본부를 두고 돈의연학(敦誼研學)과 문화 향상, 지식계몽을 목적으로 설립되었다. 동창회는 정회원과 특별회원으로 조직되었는데, 정회원은 니혼대학에 재학 중인 조선인 남녀 학생이었고, 특별회원은 졸업생이었다. 동창회는 사무집행을 위해 13인 집행위원회를 조직(위원 임기는 1년)하였다. 1929년 4월 현재 위원은 위원대표 한병국(韓炳國), 서무부(金漢奎)·신항균(申恒均)·권기백(權奇伯), 재무부 이종경(李鍾敬)·김영기·조정만(趙正萬), 체육부 김상한(金相漢)·권영우(權寧禹), 문예부 김영진(金永辰)·정화준, 웅변부 신인제(申麟湜)·박수길(朴壽吉)이었다. 동창회는 한국에 있는 선배들로부터 지원을 받기 위하여 동창회 회장 한병익(韓炳益), 김준규(金駿圭) 2명이 한국에 파견되어 의손금(義損金) 62원을 모집하였고, 『학해』는 의손금을 토대로 1929년 4월 5일 창간되었다.
잡지의 편집 발행 겸 인쇄는 문예부의 김영진(金永辰)이 맡았다. 발행소는 니혼대학 내 조선유학생동창회였고, 인쇄소는 하다노신흥당(ハタノ信興堂)이었다. 정가 30전에 우송료는 2전이었다. 창간호 외의 호수는 발견되지 않아 종간일자가 언제인지는 알 수 없다. 『학해』

창간호는 연세대학교에 소장되어 있다.

『학해』의 창간선언을 요약하면 다음과 같다. 인류사회는 관념적 세계에서 과학적 세계로 진전하고 있고, 인류는 사회변화에 대한 과학적 인식을 요구하고 있다. 더욱이 학생들의 임무는 과거의 "과거 모든 관념적 마취제의 폐적(廢跡)"을 "과학적 생명으로 대치함"에 있고, 이것이 선진학도의 필연적인 임무이다. 학생들은 이러한 임무를 다하기 위해 사유방식을 과학적으로 무장해야 한다. 『학해』는 바로 관념론을 과학적 이론으로 대체하기 위한 노력의 결정체이다.

니혼대학의 조선유학생동창회는 『학해』를 창간하면서 자본주의 사회에서 사회주의 사회로 변화하고 있는 사회의 진화현상을 이해하고, 변증법적 유물론으로 무장하자고 주장하였다. 이들이 강조하였던 진리는 사적 유물론에 의거한 사회주의 필연적 도래의 법칙이었고, 과학은 변증법적 유물론이었다. 그러므로 공부하는 학생들의 임무는 관념론에서 탈피하여 과학적인 유물론으로 무장함으로써 사회적 실천을 준비하는 것이었다.

학술란에 실린 모든 논설들, 「청년의 무기」, 「자본주의 사회의 필연적 산물」, 「철학상으로 본 유물변증법」, 「사회적 생활에는 무자비한 비판의 무기라야」, 「만근(挽近)사회주의와 나의 소감」, 「학생맹휴 평자에게」, 「단결의 위력」, 「도취문학의 몰락과 우리 정신계 부흥을 촉(促)함」, 「우리의 공고한 악수를 망(望)함」, 「승리는 이론과 실천의 결합에서」 등과 같은 일련의 논설은 이러한 문제의식을 반영하고 있다. 이러한 잡지의 성격 때문인지 창간선언과 논설에는 곳곳에 삭제된 행이 눈에 띈다. 검열에 의한 것인 듯하다.

한편 앞표지 뒷면에는 「일본대학 학생 모집」 광고가 실려 있어, 니혼대학의 학과 구성과 각과의 수업연한, 입학자격 등을 알 수 있다. 이 광고에 의하면 니혼대학은 학부(법문학부, 상학부, 공학부), 예과(제1예과 문과, 제2예과 문과, 이과), 전문부(법정, 상, 경, 종, 사, 문), 고등사범부(수법, 국한, 지력, 영), 치과, 의학과, 고등공학교, 치과의학교로 나뉘어 있었다. 본문에 실려 있는 「일본대학의 자랑거리」에는 학제, 교수진에 대한 소개와 더불어 당시 니혼대학의 분위기와 학풍에 대한 이야기가 담겨있다. 또한 「1928년 회원명부」에는 니혼대학을 졸업한 동창생의 이름과 나이, 직업과 당시 재학생의 이름과 출신지가 과별로 정리되어 있다.

이렇듯 『학해』는 1920년대 말 니혼대학의 학제와 학풍, 니혼대학 조선유학생 동창회의 구성원과 분위기를 알 수 있게 해주는 자료이다. (정진아)

참고문헌

上垣外憲一 지음, 김성환 옮김, 『일본유학과 혁명운동』, 진흥문화사, 1983; 在日韓國留學生聯合會, 『日本幼學100年史』, 1988.

▌학해(學海)

1935년 서울에서 일본어로 발행된 학술 잡지

1935년 1월 경성제국대학 법문학부 문과조수회에서 창간한 잡지이다. 1935년 12월 제2호가 발행되었다. 편집 겸 발행자는 에다 다다시(江田忠)였다. 발행소는 경성제국대학 법문학부 내의 문과조수회였고, 인쇄소는 경성부 남미창청(南米倉町) 159번지의 행정학회 인쇄소였다. 창간호는 서울대학교에, 2호는 서울대학교와 연세대학교 도서관에 소장되어 있다.

경성제국대학 문과조수회에서 발행한 잡지이므로 학술적 성격이 강하다. 『학해』는 논문과 휘보, 회원동정으로 구성되었다. 논문에는 문학, 종교, 언어, 역사, 지리 등에 대한 연구가 두루 실렸다.

다음으로 휘보는 문과조수회의 정기모임에 대한 보고형식으로 작성되었다. 정기모임은 1개월, 혹은 3개월에 한번 개최되었다. 제7회 정기모임에는 데라모토 기이치(寺本喜一)가 「로렌스의 발매금지소설에 관하여」를 강연했고, 제8회 정기모임에는 박종홍(朴鍾鴻)이 「현대 역사철학의 변천에 대하여」를 강연했다. 정기모임은 일반적으로 강연자가 강연주제를 발표하는 형식으로 진행되었으나, 신학기 초에는 회원환영회가 겸해지거나 친목모임으로 진행되기도 하였다.

1935년 5월에는 종교사회학연구실의 유홍렬(柳洪烈)과 교육학연구실의 아루가 후미오(有賀文夫), 동양사연구실의 에다 다다시 3명이 신입회원으로 가입함으로써 1935년 말 현재 회원은 심리학연구실의 아마노 이부(天野利武), 경성제국대학 예과의 쓰도 마쓰오(須藤松雄), 철학연구실의 박종홍, 미학고고학연구실의 슈다 다쓰오(習田達夫), 지나철학문학연구실의 쇼지 슈이치(庄司秀一), 영문학연구실의 이호근(李皓根), 윤리교육연구실의 아루가 후미오, 동양사연구실의 에다 다다시, 사회학종교학연구실의 유홍렬을 중심으로 한 44명이 되었다.

『학해』 편집진은 지방회원들의 투고를 통해 서울에 있는 회원과 지방에 있는 회원 간의 유대를 긴밀히 하고자 하였다. 따라서 제2호에 실린 봉천 만철도서관에 재직 중인 우에노 다케오(植野武雄)의 「만주지방지고」, 개성박물관에 재직 중인 고유섭(高裕燮)의 「조선의 전탑에 관하여」 투고에 특별한 의미를 부여하였다. 편집진들은 만주로, 중국으로 뻗어나가는 일본제국의 확장에 따라 개교 10년이 된 경성제국대학 졸업생들의 활동이 크게 확대되기를 기대하였다. 만주와 서울, 지방을 잇는 학술 지평의 확장 또한 그 연장선상에 있는 것이었다. (정진아)

참고문헌

李忠雨, 『京城帝國大學』, 多樂園, 1980; 정선이, 『경성제국대학 연구』, 문음사, 2002.

▌한국시정연보(韓國施政年報)

1908년 서울에서 일본어로 창간된 종합 시정 홍보 잡지

1908년 12월 통감 관방(官房)에서 창간한 종합 시정홍보 잡지이다. 1908년 12월 간행된 시정연보는 1906년과 1907년의 한국 시정을 대상으로, 1910월 간행된 제2차 시정연보는 1908년의 한국 시정을 대상으로 한 것이었다.

제1차 시정연보는 1906년 통감부 개청으로부터 1907년 말까지의 기간 동안 통감부 및 그 소속 관서와 한국 정부의 각 기관에서 시행한 정무의 대강을 기술하는 것을 목적으로 간행되었다. 한국 관청의 예산, 결산 및 통신, 철도 등의 사업과 기타 회계연도와 관련이 있는 사항에 대해서는 1907년 말까지 기술하였고, 한국 정부의 회계연도는 역년(曆年)과 동일하므로 1906년 말까지를 대상으로 하였다.

권두에는 협약 및 의정서를 실었고, 이어 통감부의 조직과 한국의 제도에 대해 기술하였다. 다음에는 궁중제도와 외국 및 외국 관계 사무에 대해 기술하였다. 이어 사법사무, 경찰, 치안, 재정, 산업, 공공사업, 통신, 철도, 교육, 위생, 거류제국민에 대한 시설 등을 기록하였다. 부록에는 중요 조약 및 통감부와 한국 정부에서 발포한 중요 법령을 게재하였다.

제2차 시정연보 역시 비슷한 체계를 취하고 있지만, 통감부와 한국 황실의 차례로 싣고, 한국의 제도를 중앙행정과 지방행정으로 나누어 기술하였다.

이 시정연보는 『조선총독부시정연보』로 이어지는데, 대개 행정관서의 업무 보고와 통계자료를 바탕으로 기술하였다. (윤해동)

참고문헌

『한국시정연보』(복각본), 국학자료원, 1983.

▌한국연구회담화록(韓國硏究會談話錄)

1902년 서울에서 창간된 일본어 잡지

한국연구회가 1902년 9월 창간한 한국 연구 잡지이다. 1905년까지 4호를 발행한 것으로 알려져 있다. 발행자는 오에 다쿠(大江卓)였으며, 회원들에게 배포하기 위해 만든 잡지로 보인다. 국립도서관에 창간호가 소장되어 있으며, 1996년 일본의 류케이쇼샤(龍溪書舍)에서 3권까지를 복각 출간하였다.

잡지는 논설과 회보, 부록으로 구성되었다. 논설은 대개 한국의 역사와 유학, 도량형이나 화폐 등의 각종 문화적 현상에 관한 것으로 구성되었다.

한국연구회는 당시 경성 관립중학교의 교사로 근무하고 있던 시데하라 히로시(幣原坦)가 주도한 단체로 알려져 있다. 시데하라는 매호 2편 이상의 글을 게재하였다. 그 밖에 글을 게재한 주요한 인물로는 시오카와 규케이세(鹽川牛溪生), 아유카이 후사노신(鮎貝房之進), 나카시마 다카키치(中島多嘉吉), 고야마 미쓰토시(小山光利), 다나카 지로(田中次郎), 나카니시 조이치(中西讓一), 와타제 쓰네요시(渡瀨常吉) 등이 있다. 이들 가운데 시데하라, 아유카이, 와타세 등은 이후에도 한국과 관련한 연구와 활동을 계속한 인물들이다.

한국연구회는 초기에 한국으로 건너와 학교나 언론기관 등에서 근무하고 있던 일본인들이 친목을 겸하여 한국 연구를 진척시키기 위해 만든 단체였다. 그러나 회원이 많지도 않았으며, 체계적인 조직을 갖추고 있지도 않았다.

회보를 통해 볼 때, 한국연구회 활동은 월례회를 중심으로 이루어지고 있었던 듯하다. 1905년 1월부터 6월까지 매월 월례회를 개최하였는데, 아직 사무실을 마련하지 못하였으므로 회원들의 집을 돌아가면서 월례회를 개최하였다. 1월에는 오에의 집에서 고쿠부 산가이(國分三亥)가 청국의 대한정책에 관한 발표를 하였으며, 2월에는 시데하라의 집에서 시데하라가 효종의 북벌의 원인에 관한 발표를 하는 방식으로 월례회를 진행하였다. 월례회에 모인 인물은 대개 6-8명에 지나지 않았다.

• 시데하라 히로시(幣原坦)

1870년 오사카(大阪)에서 태어나, 도쿄제국대학 문과대학 국사학과를 1893년 졸업하였으며 류큐(琉球) 문화연구를 주요 과제로 삼았다. 졸업 후 가고시마(鹿兒島)고등중학교 조시칸(造士館)의 교수가 되었다. 1894년 청일전쟁 시기에 류큐를 방문하였다.

1896년 조시칸이 폐교된 후, 1898년 야마나시(山梨)현립중학교 교장을 거쳐, 1900년 도쿄고등사범학교 교수로 취임하였다. 1900년 문부성의 지명으로 도쿄고등사범학교에 적을 둔 채로, 한국의 경성 관립중학교의 외국인 교사로 취임하였다. 관립중학교는 1900년 10월 개교하였는데, 신식 교사가 필요하게 되자 미국인 허버트와 일본인 시데하라를 촉탁 교관의 자격으로 초빙하였다. 시데하라는 관립중학교 교사로 재임하던 시절에 한국연구회를 결성하여 활동하였다.

1904년에 도쿄제국대학에서 「한국정쟁지(韓國政爭志)」로 박사학위를 취득하였다(박사학위 논문은 1907년 삼성당에서 『한국정쟁지』라는 제목으로 단행본으로 출간되었다).

1905년 2월 일본 정부의 추천으로 한국 정부 학부의 학정참여관(學政參與官)으로 임명되었다. 참여관으로 재직하던 시절 시데하라는 '한국교육개량안'이라는 정책안을 제안하였는데, 그 내용은 교육개량을 1, 2, 3기로 나누어 시행한다는 것이었다. 1기에는 보통학교 창립, 시학시관(視學機關) 설치, 교과서 편찬, 사범학교 개량, 외국어학교 통일, 중학교 개혁, 농상공학교 정돈, 사립 일어학당 처분 등을 주요 내용으로 정책을 시행하고, 2기에는 여학교 창립, 농상공학교 분리, 고등학교(구 중학교) 및 전문학교 증설, 성균관의 개선 등을 시행하는 것이었다. 다음 3기에는 고등전문학교 창립, 보통학교 보습과 설치 등을 실시한다는 것이었다. 한국에서는 먼저 하층교육을 실시하고, 나중에 상층교육을 실시한다는 것이었다. 1906년 통감부가 설치되면서 참여관을 사임하고, 귀국하여 문부성 시학관에 취임하였다. 시데하라의 후임은 다와라 마고이치(俵孫一)였다.

시데하라는 이후 10년 동안 문부성의 고급관료로 근무하면서 교육 이론가로서의 지위를 쌓아나갔다.

1910년 도쿄제국대학 교수를 겸임하면서, 조선사강좌 개설을 준비하였다. 1911년 다른 지역의 식민지 교육을 시찰하기 위하여 여러 식민지를 방문하기도 하였다. 1913년에는 히로시마(廣島)고등사범학교 교장으로 전임되었다가, 1916년 다시 문부성으로 돌아와 신설된 도서국의 초대국장으로 취임하였다. 1924년에는 문화사 연구를 위하여 미국, 영국, 독일 등을 방문하였다.

1925년 타이완(臺灣)대학 창설 책임을 맡았으며, 1928년 문정학부(文政學部)와 이농학부(理農學部)으로 구성된 타이베이(臺北)제국대학 총장으로 취임하였다. 1936년에 의학부를 설치한 뒤, 1938년에 대학을 떠났다. 타이완총독부 평의회 의원으로도 활동하였으며, 타이완 문화 연구에도 관심을 가졌다.

1942년 홍남연성원(興南練成院) 원장이 되어 남방의 식민지 경영에 필요한 중견인물을 양성하는 역할을 맡았으며, 1943년에는 군부의 요구에 맞추어 홍아연성원을 대동아연성원으로 개편하였다.

1946년 추밀고문관으로 복귀하였으며, 헌법개정특별위원회의 위원으로 신헌법 작성에도 관여하였다. 추밀원이 폐지되면서 공직에서 은퇴하였다. 그 후에도 집필활동은 계속하다가, 1953년 사망하였다.

시데하라는 다양한 분야에 걸쳐서 많은 연구 성과를 남기고 있는데, 단행본을 중심으로 살펴보면 다음과 같다. 『남도연혁사론(南島沿革史論』(富山房, 1899), 『교육만필(教育漫筆)』(金港堂, 1902), 『일로간지한국(日露間之韓國)』(博文館, 1905), 『한국정쟁지(韓國政争志)』(三省堂, 1907), 『학교론(學校論)』(同文館, 1909), 『식민지교육(植民地教育)』(同文館, 1912), 『세계소관(世界所觀)』(寶文館, 1912), 『만주관(滿洲觀)』(寶文館, 1916), 『조선교육론(朝鮮教育論)』(文盟館, 1919), 『조선사화(朝鮮史話)』(富山房, 1924), 『세계의 변천을 보다(世界の變遷を見る)』(富山房, 1926), 『남방문화의 건설(南方文化の建設)』(富山房, 1938), 『홍아의 수양(興亞の修養)』(明世堂, 1941), 『대동아의 육성(大東亞の育成)』(東洋經濟新報社, 1941), 『극동문화의 교류(極東文化の交流)』(關書院, 1949), 『문화의 건설(文化の建設): 시데하라 히로시 60년 회상기(幣原坦60年回想記)』(吉川弘文館, 1952) 등이 있다. (윤해동)

참고문헌

최혜주, 「시데하라의 고문활동과 한국사연구」, 『국사관논총』 79집, 국사편찬위원회, 1998; 복각본: 龍溪書舍, 1996.

한글

1932년 서울에서 발행된 조선어학회의 기관지이자 학술 월간지

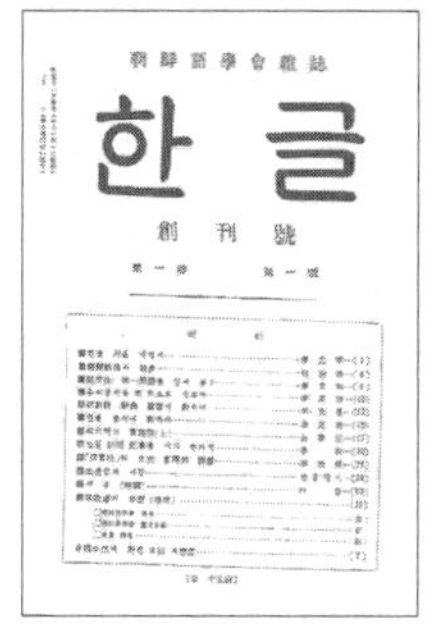

1932년 5월 1일 조선어학회(朝鮮語學會)에서 창간한 월간 어학 잡지이다. 창간이라고 했으나 엄밀히 따지면 1928년 10월에 휴간했던 조선어연구회의 기관지 『한글』(창간 동인은 권덕규, 이병기, 최현배, 정열모, 신명균 등 5명으로 이들은 모두 주시경의 제자이다)을 속간했다고 할 수 있다. 이렇게 재창간하게 된 배경에는 신명균의 주선 아래 중앙인서관 주인 이중건(李重乾)의 희생적인 노력이 뒷받침되어 있다고 한다. 1940년 12월 재정난과 탄압으로 휴간되었으나 1946년 4월에 속간되었으며, 한국전쟁으로 잠시 휴간되었다가 1954년 4월에 속간되었다. 편집 겸 발행인은 신명균(申明均), 인쇄인은 신소년사 인쇄부의 이병화, 발행소는 조선어학회(경성부 수표동 42), 총판매소는 중앙인서관이다. 판형은 4×6배판 2단 가로짜기로 총 40쪽 내외였으며, 정가는 15전이었다.

창간호에서 이윤재의 「'한글'을 처음 내면서」에서 "우리가 우리 글을 잘 알자 하는 소리가 근년에 와서 더욱 높아간다. 우리는 하루바삐 묵정밭 같이 거칠은

우리 한글을 잘 다스리어, 옳고 바르고 깨끗하게 만들어 놓"기 위한 '조선어학회'의 사명을 다하고자 잡지를 발간한다고 창간의 취지를 밝히고 있다. 아울러 잡지를 발간하기 전에 '철자법'이 먼저 발표되는 것이 마땅하지만 사정이 여의치 않음을 밝히고 있다. 그리하여 「철자법에 대한 본지의 태도」라는 글을 통하여 조선어철자법통일안이 확립된 이후에 『한글』이 나오는 것이 바른 순서이지만, 통일안의 성립은 시일을 요하는 것이기 때문에 표준의 형식을 가지고 『한글』이 나왔음을 천명하고 있다.

조선어학회의 기관지인 『한글』은 한글 연구에 대한 학술논문 및 한글 보급을 위한 속담, 가사 소개, 일화, 질의응답 등으로 구성되어 있다. 특히 3호에서 「철자특집」을 마련하고 있는 것처럼 초기의 논문은 표기법, 문법, 훈민정음 연구 등에 집중되어 있으며, 8호에서는 조선어학연구회의 논리를 반박하고 있다. '조선어학회'가 제정한 '한글맞춤법통일안'은 표준말 제정의 기반이 되었으며, 조선어사전인 『큰사전』의 편찬으로 이어졌다.

『한글』은 조선어학회를 통하여 이루어진 한글 연구와 '한글맞춤법통일안'의 논리를 잘 보여 주고 있으며, 한글의 보급에 크게 기여하였다.

• 조선어학회

일제강점기의 초기 한국어 연구는 여러 학자들의 노력에 의해 이루어졌다. 비록 정치적으로 다사다난하고, 암울했던 시기였던 만큼 학문적인 연구가 크게 이루어지지는 못하였지만, 국민계몽을 위한 학자들의 활동은 과거 어느 때보다도 활발하였다. 그중에서 가장 두드러진 업적을 남긴 사람은 주시경이었는데, 그는 『국어문법』, 『말의 소리』 등의 저술을 남겼으며, 그 후 그의 많은 제자들이 조선어학회를 결성하게 되었다. 이렇듯 조선어학회의 창립배경에는 주시경 선생의 한국어에 대한 학문적 연구가 그 뒷받침이 되었다고 할 수 있다.

국민계몽운동의 일환으로 시작되었던 한글운동은 3·1운동 이후 다시 일어나게 되었고, 이러한 결과로 1921년 12월, 주시경의 제자인 장지영·권덕규·신명균·김윤경·최현배·이희승 등이 뜻을 모아 조선어학회로 이름을 고쳐 부르게 된 조선어연구회가 창립되었다.

이후 조선어연구회에서는 한글날 제정(1926)하였는데, 음력 9월 29일을 양력으로 환산해 10월 28일을 훈민정음 반포 기념일(480주년)로 정하고, 그 이름을 '가갸날'이라 명했다. 또한 1929년 10월에는 조선어사전편찬회가 조직되어 민족의 숙원이며, 문화민족의 공탑이요, 민족정신의 수호인 사전을 만들기 위한 일이 시작되었으며, 한글 반포 487돌을 기념해 한글학회에서는 그동안의 연구성과인 '한글 맞춤법 통일안'(1933)을 공표했다. 일제시대의 국어운동 방해와 박해가 심하였음에도 국어운동은 활발히 이어졌다. 한글학회는 1936년 『표준어 사정』 출판, 1940년 '외래어 표기법' 제정, 1942년 『조선말 큰사전』 출판에 착수하는 등 한국어의 말과 글에 대한 연구 및 정리, 보급을 계속하였다. 그리하여 한글창제 이후 근 500년 동안 제대로 된 언어규범이 없어 혼란스럽던 한글체제를 잡아줌으로써, 합리적인 언어생활의 기틀을 다지게 되었다.

조선어학회사건

조선어학회 회원들은 일제의 조선어를 금지하고 일본어 상용을 강요하는 숨 막히는 탄압정책을 직감하면서 사전의 편찬을 서둘러 1942년 4월에 그 일부를 대동출판사에 넘겨 인쇄를 시작하였으나, 함흥영생고등여학교 학생 박영옥이 기차 안에서 친구들과 한국말로 대화하다가 조선인 경찰관인 야스다에게 발각되어 취조를 받게 된 사건이 벌어지게 됨으로써 후에 비극적인 사건을 맞이하게 된다.

일본 경찰은 취조 결과 여학생들에게 민족주의 감화를 준 이가 경성에서 사전 편찬을 하고 있는 정태진임을 알고, 같은 해 9월 5일에 정태진을 연행, 취조하여 그로부터 조선어학회가 민족주의단체로서 독립운동을 목적으로 하고 있다는 억지 자백을 받아냈다. 이로써 일제는 3·1운동 후 부활한 한글운동의 폐지와 그들이 꾀하려 하였던 조선민족 노예화에 방해가 되는 단체의 해산과 조선 최고의 지식인들을 모두 검거할 수 있는 결정적인 기회를 잡게 되었다.

이에 따라 같은 해 10월 1일에, 이중화, 장지영, 최현배 등 11명이 갑자기 들이닥친 일제 경찰에 체포되어 경성 종로경찰서와 경기도 경찰부 유치장에 수감되었다. 왜 잡혀 왔는지 영문도 모른 채 이들은 하룻밤을 지낸 후 다음날 저녁 열차에 태워져 함경남도 홍원경찰서로 압송되어 4개월간 모진 고문을 받았다. 홍원경찰서에서는 이 사건이 가짜라는 것을 알았음에도 이들을 재판에 부치는 것으로 사건을 종결시켰다. 그리고 이들을 시작으로 같은 달 21일 이병기, 김선기 등이 경성에서 검거됐고 부산 동래에서 김법린이 체포되는 등 탄압은 전국으로 확대되었으며, 이어 안재홍, 이인, 이은상 등이 추가로 붙잡히는 등 조선어학회 관계자의 검거 선풍은 해를 넘겨 4월초까지 계속됐다. 그리하여 1943년 4월 1일까지 모두 33명이 검거되어 야만적인 고문을 당하게 되었으며, 이때 증인으로 불리어 혹독한 취조를 받은 사람도 48명이나 되었다.

사건을 취조한 홍원경찰서에서는 사전편찬에 직접 가담하였거나 재정적 보조를 한 사람들 및 기타 이에 협력한 33명을 모두 치안유지법의 내란죄로 몰아, 이극로, 이윤재, 최현배, 이희승, 정인승, 김윤경, 김양수, 김도연, 이우식, 이중화, 김법린, 이인, 한징, 정열모, 장지영, 장현식, 이만규, 이강래, 김선기, 정인섭, 이병기, 이은상, 서민호, 정태진 등 24명은 기소, 신윤국, 김종철, 이석린, 권승욱, 서승효, 윤병호 등 6명은 기소유예에, 안재홍은 불기소, 권덕규, 안호상은 기소 중지하자는 의견서를 담당검사에게 제출하였다.

이후 조선어학회 회원들은 검사에 의하여 이극로, 이윤재, 최현배, 이희승, 정인승, 정태진, 김양수, 김도연, 이우식, 이중화, 김법린, 이인, 한징, 정열모, 장지영, 장현식 등 16명은 기소, 12명은 기소유예 되었으며, 기소자는 예심에 회부되고 나머지는 석방되었다.

이들에게는 "고유언어는 민족의식을 양성하는 것이므로 조선어학회의 사전편찬은 조선민족정신을 유지하는 민족운동의 형태다……"라는 함흥지방재판소의 예심종결결정문에 따라 치안유지법의 내란죄가 적용되었다.

이에 집행유예와 무죄선고를 받은 사람은 석방되고, 실형을 받은 사람 중 정태진은 복역을 마치는 것이 오히려 상고보다 빠르다 하여 복역을 마치고 1945년 7월 1일 출옥하였으며, 이극로, 최현배, 이희승, 정인승 4명은 판결에 불복, 바로 상고하였으나 같은 해 8월 13일자로 기각되었다. 그러나 이틀 뒤인 8월 15일 조국이 광복됨에 따라 8월 17일 3년간의 옥고를 치르고 풀려나오게 되었다.

잡지 비용 마련과 편집인, 발행인의 교체

1933년 1월호(2권 1호)부터는 이윤재가 주관하여 그의 저서 『문예독본』의 인세 수입으로 발간 비용을 충당했다. 1933년 10월 29일 '한글 맞춤법 통일안'이 발표되자, 이것을 계몽 선전하기 위하여 전문적인 연구논문 게재는 당분간 중단하고 '한글 맞춤법 해설'에 관한 글들을 주로 실었다. 또한 가로짜기를 세로짜기로 고쳐 1936년 12월호(통권 40호)까지 냈다.

1937년 1월 신년호부터는 판형을 국판으로 바꾸는 동시에 세로짜기를 다시 가로짜기로 고쳤다. 1936년부터 이윤재는 사전을 편찬하는 일을 맡고 이석린(李錫麟)이 잡지 편집에 전념했다. 1937년 6월에 이윤재가 '수양동우회 사건'으로 구속되자 정인승(鄭寅承)이 발행인이 되어 1942년 5월 종간호(통권 93호)까지 발간하기에 이르렀다. (전상기)

참고문헌

이석린, 「『한글』 잡지의 걸어온 자취」, 『한글』 122집, 1957; 리의도, 「잡지 『한글』의 발전사」, 『한글』 256집, 2002; 이혜령, 「한글운동과 근대 미디어」, 『대동문화연구』 47집, 2004; 최덕교, 『한국잡지백년』 3, 현암사, 2004.

한미보(韓美報)

1920년 5월 12일 미국 하와이에서 발행된 한국어·영어 겸용 신문

주간 승용환, 편집인 김규섭, 발행인 손창희 등이 맡아 활동하였다.

『국민보』의 주필을 역임한 바 있는 승용환이 『한미보(Korean American News)』를 발간했다. 이 신문은 주간신문으로서 발간 목적은 하와이 재유동포를 지도 계발하며, 한미 간의 유대를 더욱 공고히 하고자 하는 데 있었다. 당시 이 신문은 하와이에서는 물론, 해외 각지에 산재한 독립지사들 사이에서도 많이 읽혔다. 상하이(上海)에서 발행하던 『독립신문』도 『한미보』의 발행을 높이 평가하고 대리판매를 하는 등 본 신문의 선전에 많은 노력을 기울인 바 있다. 그리고 『독립신문』의 1920년 6월 5일자 82호에서 '한미보 출세'라는 제하의 기사에서는 다음과 같은 소개를 찾아볼 수 있다.

"국민회회관 폐쇄되는 동시에 기관 신문 국민보도 가치 폐간에 운명을 당하였던 포왜(布哇)한인계에서는 거(去)5월 12일에 한미보라는 순국문(영문을 석근) 신문을 간행하였는데 주필은 승용환 편집인 김규섭 발행인은 손창희씨라. 창간호에 게재된 기사에 의하면 동보는 엇던 단체를 방해코저 함도 아니오 엇던 인도자가 선생을 정박코저함도 아니오 다만 정의와 인도로 하와이 6000한인을 인도하여 한 궤도로 들어가게 할 뿐이라 우리 대조선 신성한 2000만 민족이 일치단결하여 민족자결주의를 세계에 반포하며 부모국을 충애하며 올흔 일을 찬성하며 우리의 신정부 당국을 원조하야 독립사업이 완전히 이루어지게 하며 …… 또 본보는 미국이 한국에 대하여 엇더케 하는 것을 우리 민족으로 하여금 알게 하야 한미의 친선한 정서를 더욱 유지하는 것이 한국민족의 특별히 주의할 바라 하오니 그럼으로 본보를 한미보라 일흠하노라 동보는 매주 2회 간행 예정이나 아직 4호 활자미비로 1회식 간행하리라고."

상하이 『독립신문』의 보도는 그 내용으로 보아 『한미보』의 간행사를 인용한 것이다. 먼저 신문 발간의 이유를 말하여 "엇던 단체를 방해코저 함도 아니오 엇던 인도자가 선생을 정박코저 함도 아니오 다만 정의인도로 하와이 6000한인을 인도하여 한 궤도로 돌게 할 뿐이라"한 것은 주간 승용환이 『국민보』를 인도하여 새로 신문을 창간한 것이 국민회에 대항하여 신문을 만들고자 한 것이 아니고 재유 하와이 동포의 길잡이가 되어 서로 돕고 합심하는 기관이 되어 보겠다고 다짐한 것이라고 보겠고, "2천만 민족이 일치단결하야 민족자결주의를 세계에 반포하며 부모국을 충애하며 올흔 일을 찬성하며 우리의 신정부 당국을 원조하여 독립사업이 완전히 이루게 하며……"라고 한 것은 상하이에서 수립된 대한민국 임시정부를 지지하고 원조하여 독립사업을 유용하게 발전시켜 보자는 취지와 윌슨 대통령이 제창한 민족자결주의를 찬성하여 조국 광복의 대업 완수를 위해 한데 뭉칠 것을 강조한 것이다. 그리고 『한미보』라는 신문제호의 유래를 설명하여 한국과 미국의 정서를, 그리고 호오증진을 더욱 두텁게 하여야 할 것이므로 『한미보』라고 명칭했던 것이다.

이 신문의 중요한 임무는 하와이 재유동포의 계발과 민족의 독립, 한미 연대강화에 있었다고 볼 수 있다. (이경돈)

참고문헌

『한국신문·잡지총목록』, 대한민국국회도서관, 1966; 『한국신문백년 사료집』, 사단법인 한국신문연구소, 1975; 계훈모, 『한국언론연표』, 관훈클럽신영연구기금, 1979; 『한국신문백년지』, 한국언론연구원, 1983.

한빛

1928년 서울에서 한국어로 발행된 학술교육 잡지

1927년 2월경 창간 예정이었으나 검열로 인해 발행되지 못하다가 1928년 2권 1호(통권 2호)를 창간호로 발행했다. 그러나 그해 8월 통권 8호로 종간되었다. 편집 겸 발행인은 이윤재(李允宰), 인쇄인은 김재섭(金在涉)이었다. 인쇄소는 한성도서주식회사, 발행소는 한빛사였다. B5판 33쪽으로 발행되었고 정가는 20전이었다. 2·3호까지는 30여 쪽으로 발행되다가 4호 이후에는 지면이 60~70쪽으로 늘어났다. 연세대학교에 통권 2호부터 6호까지 소장되어 있고, 국립중앙도서관에 통권 8호가 소장되어 있다.

대종교남일도본사(大倧敎南一道本司)에서 조선인으로서 알아야 할 역사, 지리, 한글 등에 관한 지식을 일반에게 보급할 목적으로 창간한 잡지이다.

창간사는 없고 「편집후기」로 「여쭙는 말」에서 "조선역사·조선지리·조선교학·조선예술 등 순전히 조선의 것만을 소개하려는 데 목적이 있"으며 '학구적, 연구적인 것'을 피하고 실용적인 것을 중심으로 실어 소년들이 읽도록 하겠다고 밝히고 있다. 주로 조선의 역사, 지리, 어문에 관한 논문들과 수필, 시 등이 실렸다.

주요 필진은 최현배(崔鉉培), 홍순혁(洪淳赫), 김도태(金道泰), 이능화(李能和), 최남선(崔南善), 이은상(李殷相), 정인보(鄭寅普), 이병도(李丙燾), 사공환(司空桓), 양건식(梁建植), 문일평(文一平) 등이다.

특히 최남선의 「조선역사 강화」, 문일평의 「고려의 국가적 이상」, 김교헌(金敎獻)의 「신단민사(神壇民史)」, 이능화의 「조선 역사적 유물·유적」, 백악산인(白岳山人)의 「발해유적순례기」 등 민족의 역사에 대한 주목할 만한 연재 논문들이 많이 실렸다. (정예지)

참고문헌

「月刊 잡지 「한빛」創刊」, 『東亞日報』, 1927.11.23; 金根洙, 『韓國雜誌史』, 청록출판사, 1980; 韓國雜誌協會, 『韓國雜誌總覽』, 1982.

한성순보(漢城旬報)

1883년 통리아문 박문국이 서울에서 창간한 한국 최초의 근대적 신문

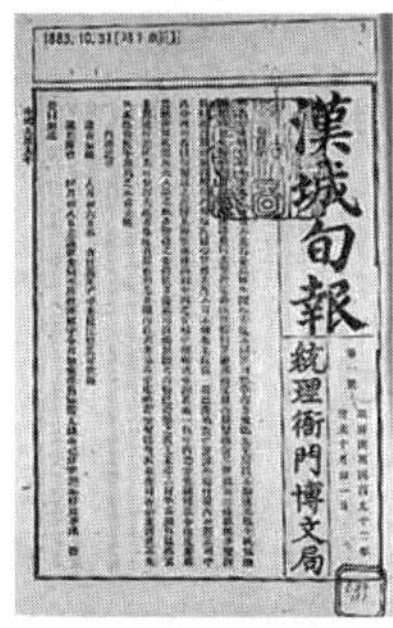
漢城旬報

統理衙門博文局

1883년 10월 31일 창간하여 1884년 10월 17일로 종간하였다. 조선 정부가 발행한 관보로서 순한문을 사용하였으며, 체제는 양지(洋紙) 책자형으로 4호 활자 1단제(1면 1행 47자, 23행)를 사용하였다. 25×19㎝ 18쪽(2호 20쪽, 3~4호 16쪽, 5호부터는 24쪽)이었다. 서울에서 발행하여 관리에게 의무적으로 구독시켰으며 구독료는 매 호당 30문이었다. 4호까지는 양지 양면 인쇄, 5호부터는 한지 양절(兩折) 인쇄하였다. 4호부터 판심에 서기(西紀) 표시. 박문국의 임원으로 민영모, 김만식, 공영철, 강위, 장박, 여규형, 오용묵, 추백화, 주우남, 박영선, 현영운, 정만조, 오세창이 활동하였다.

서기 1883년(조선 개국 492년) 10월 31일 저동(苧洞)의 통리아문 박문국에서 창간된 우리나라 최초의 신문이다. 창간사인 「순보서(旬報序)」에 "조정개국 설관, 광역외보 병재내사, 반포국중(朝廷開局設官, 廣譯外報 並載內事, 頒布國中)"이라 하여 조정에서 관리들이 발간하며 외국 뉴스를 널리 번역해 싣는 동시에 국내의 일도 실어서 국내에 배포할 것이라고 했다. 또 개화와 진취, 민중의 계몽을 목표로 삼았다.

조선 말기 개항 이후 정부는 근대화를 위해 주변 선진국의 문물을 배워 오는 외교활동을 펼쳤다. 일본에 파견된 수신사 박영효(朴泳孝)는 일본에서 신문 제작의 문물을 보고 한국에서도 국민계몽의 차원에서 신문 발간을 서둘러야 한다고 생각했으며 귀국길에 신문 발행에 도움이 될 일본인 인쇄공 및 기자를 데리고 왔다. 한성부 판윤(지금의 서울 시장)직에 부임한 그는 왕(고종)을 자주 알현하고 신문의 역할과 발행의 필요성을 설명하고 간행 허가를 간청하였다. 이에 고종은 한성부에서 관장하여 신문을 발행하도록 허가하였다(1883.2).

박영효, 유길준 등 중심 책임자의 직책이 바뀌어 발간이 지연되다가, 온건개화론자인 김만식(金晩植)이 신문 발간업무를 추진하였고, 고종은 통리아문 내에 박문국(博文局)을 설치하여 신문을 발간하도록 하였다(1883.8.17). 그리하여 박문국 초대 총재에 외아문 독판인 민영목(閔泳穆)을, 부총재에 김만식을 임명하여 신문 간행을 위한 준비를 하고, 그해 9월 20일 창간호를 발간하였다. 활자, 인쇄기 등을 일본에서 구입하고 제작자인 이노우에 가쿠고로(井上角五郎) 등도 초빙했다.

이것이 오늘날 근대 신문의 효시가 되었다. 신문 발간의 실무 책임자는 김인식(金寅植)이었으며, 그 밖에 기사를 모으고 작성하는 기자와 유사한 신분으로는 장박(張博), 오용묵(吳容默), 김기준(金基駿), 강위(姜瑋), 주우남(朱雨南), 현영운(玄映雲), 정만조(鄭萬朝), 오세창(吳世昌) 등이 일하였다.

외국 기사로는 중국의 『중외신보』와 일본의 『도쿄니치니치신보』 등 여러 신문의 기사를 선택적으로 번역하여 게재하였는데, 당시의 강대국과 약소국 간에 벌어지는 전쟁이나 군사장비, 국방정책, 개화문물, 민주주의, 의회제도 등을 소개하였다. 국내 기사는 개인적인 일, 관(官)에서 하는 일, 한성시에서 하는 일 등을 구분하여 게재하였다.

각 관아에 배포하여 관리들이 읽도록 하였으며, 관청과 개인 모두 구독할 수 있었는데, 서울에서는 박문국에, 지방에서는 경저(京邸)에 연락하여 구독할 수 있었다.

1884년 12월 갑신정변이 일어나 정치적 대격변을 겪으면서, 정변의 실패와 함께 박문국의 인쇄 시설이 모두 불에 타 신문 발간이 중단되었다. 1년여가 지난 후에 『한성주보(漢城週報)』로 다시 발간되어(1886. 1.25) 신문의 맥을 잇게 되었으나 발행주기는 달라졌다.

국내 '기사란'에는 칙유(勅諭), 의정부(議政府) 등 각 부(府)의 사정을 싣고, '잡기소문란(雜記瑣聞欄)'에는 지금의 사회면 기사를 실었다. '각국근사란(各國近事欄)'에는 세계의 정치기사, 정치기사, '시직탐보란(市直探報欄)'에는 물가시세 일반을 전해 지금의 경제면을 시도했다.

개화파 인사들이 발행을 주도한 『한성순보』는 당시의 당면과제였던 국가의 근대화를 위하여 국민들에게 세계정세를 알려 주고 선진 국가의 정치, 경제, 지리 및 각종 제도를 소개하는 데 목적이 있었다. 이에 따라 『한성순보』에 실린 신문기사는 외국에 관한 것이 국내 뉴스보다 압도적으로 많았다. 외국의 최근 소식은 각국의 신문과 잡지를 인용해 보도하였으며 과학지식이나 외국문물제도 등에 대해서는 외국의 각종 도서를 참고하여 게재하였다.

국내 기사는 국왕의 명령, 중앙과 지방 관청의 보고, 관리의 임면 등이 실렸는데 순보의 편집자나 기자들이 오늘날처럼 취재하여 기사화한 것은 아닌 것을 보인다. 처음 『한성순보』 간행의 계획을 맡았던 유길준이 자필로 써서 남겨 놓은 「한성부신문국장정(漢城府新聞局章程)」에 보면, 매일 『정서조보(正書朝報)』 1부를 승정원에서 박문국으로 보내오도록 규정하고 있는 점은 『한성순보』에 게재된 국내 기사의 자료원이 『조보(朝報)』였음을 알려준다.

『정서조보』는 일반 『조보』와는 달리 국왕이나 왕세자가 구독한 것으로 그 내용이 다양하고 풍부했다. 창간호의 국내 뉴스만 보아도 '유지공록(諭旨恭錄)', '의정부계(議政府啓)', '경감장계(慶監狀啓)' 등 15건의 기사가 게재되었는데, 그 가운데 '시직탐보(市直探報)'만을 제외하고는 모두 『조보』의 기사를 전재한 것으로 보인다. 나아가 『한성순보』의 국내기사 가운데 '내국기사(內國記事)', '내국근사(內國近事)'와 '국내관보(國內官報)'의 기사는 『조보』의 기사형식과 거의 일치한다.

『한성순보』의 창간호부터 36호까지 게재된 총 기사는 1580여 건이며 외국 뉴스가 60% 이상을 차지하고 국내 뉴스가 27%가량을 차지한다. 『한성순보』는 뉴스 보도에 역점을 두었음을 알 수 있다. 『조보』를 주 자료원으로 했다고는 하나 『조보』의 내용이 매우 다채로웠기 때문에 『한성순보』의 뉴스 역시 상당한 수준에 있었다.

『한성순보』의 관보판에 이례적으로 「시직탐보(市直探報)」라는 표제 아래 입전(立廛), 백목전(百木廛), 지전(紙廛), 미전(米廛), 어물전(魚物廛) 등 상가의 물가시세를 매호마다 보도했다는 점도 흥미롭다. 5호부터는 '국내사보(國內私報)'란을 두어 항간에서 보고 들은 긴요한 사항을 한, 두 가지 취재하여 실었으나 쓸데없는 말로 정치에 도움이 되지 않는 것은 일체 싣지 않겠다고 천명하고 있다.

당시 우편이나 통신제도가 근대적인 체제를 갖추지 못했으므로 『한성순보』는 그 운영과 배포방식이 상당히 전근대적인 성격을 갖고 있었다. 『한성순보』의 발행처인 박문국의 운영은 수세권(收稅權)에 의존해 운영되었다. 『한성순보』도 『조보』처럼 구독료를 받았으나 제대로 징수되지 못했고 이는 박문국의 파행에 주요 이유가 되었다.

『한성순보』는 1884년 10월 17일 갑신정변의 발발로 수구파와 청병(淸兵) 및 민중에 의해 박문국과 활자, 인쇄기가 소실되어 자연히 종간되고 말았다. (이경돈)

참고문헌

『한국신문백년 사료집』, 사단법인 한국신문연구소, 1975; 최기영, 『대한제국시기 신문연구』, 일조각, 1991; 최준, 『韓國新聞史』, 일조각, 1965; 『統理衙門日記』; 박은식, 『韓國痛史』, 대동편역국, 1915; 박은식, 『韓國獨立運動血史』, 유신사, 1920.

▌한성신문(漢城新聞)

1910년 8월 30일 서울에서 창간된 신문

신문의 계보는 『경성신문』(1898.3.2) → 『대한황성신문』(1898.4.6) → 『황성신문』(1898.9.5) → 『한성신문』으로 이어졌다. 5단 체제였다. 1910년 9월 14일 제3470호로 폐간하였다.

1910년 한일강제병합 이후 일제는 대한제국이라는 국호를 없앴고, '대한(大韓)', '제국(帝國)', '황성(皇城)' 등 독립을 상징하는 일체의 단어를 사용하지 못하게 했다. 이에 따라 한말의 대표적 민족지였던 『황성신문』 역시 1910년 8월 25일자 제3456호로 종간되었으며 30일자부터 지령을 계승하며 제3457호(1910년 8월 30일자), 『한성신문』으로 개제하여 발행했다. 그러나 경영난과 일제의 탄압 등으로 인해 같은 해 9월 14일자 제3470호로 폐간하였다

『경성신문』(1898.3.2)에서 『대한황성신문』(1898.4.6)을 거쳐 『황성신문』(1898년 9월 5일)으로 이어지는 신문 계보를 잇고 있지만, 일제의 정책 변화와 탄압 강화로 인해 이전과 같은 강한 논조는 찾아볼 수 없다.

그리하여 『한성신문』은 총독부의 언론탄압정책에 완전히 거세되어 무기력하게 나가다가, 그나마도 동년 9월 14일에, "본사에서 재정의 극굴함을 인하여 본월 15일부터 10월 10일까지 정간하겠기 자이 광포하오니 본신문사 구독자씨는 조량함"이라는 정간 사고만을 낸 채 3470호를 종간호로 폐간되었다.

『한성신문』는 폐간 당시 각 지방 독자들의 구독료 미수금이 수금이 되지 않아 경영난을 겪었고, 총독부에서는 『한성신문』이라는 제호를 매수하는 대신 6000엔을 지급한 후 폐간시킨 것이었다. (이경돈)

참고문헌

『한국신문·잡지총목록』, 대한민국국회도서관, 1966; 『한국신문백년 사료집』, 사단법인 한국신문연구소, 1975; 계훈모, 『한국언론연표』, 관훈클럽신영연구기금, 1979; 『한국신문백년지』, 한국언론연구원, 1983; 최기영, 『대한제국시기 신문연구』, 일조각, 1991; 이해창, 『한국신문사연구』, 성문각, 1983.

▌한성신보(漢城新報)

1894년경 서울에서 창간된 한국어 일본어 병용 신문

1894년경 아다치 겐조(安達謙藏)가 서울에서 발행한 한국어, 일본어 병용 신문이다. 격일간 4면으로 발행되었으며 1906년 7월 31일 2068호로 종간되었다. 현재 연세대학교 음영교육센터에 마이크로필름 릴 3개로 보관되어 있다.

대한제국 시대에 일본인들이 발행하던 한국어 일본어 병용 신문으로 확실한 창간 날짜는 알 수 없으나, 1894년경으로 추측된다. 처음에는 일본어로만 발행하다가 1895년 1월 22일부터 4쪽 가운데 3쪽은 국한문 혼용으로, 1쪽은 일본어로 발간했다. 이 신문은 일본 외무성이 한반도의 침략을 위하여 기밀보조비를 지급해서 경영을 도왔다고 한다. 하지만 표면상으로는 아다치 겐조 등의 민간인이 맡아 운영하는 모양새를 띠었다. 일본 외무성은 1895년 3월부터 매월 130엔의 보조금을 지급하다가 같은 해 7월부터는 170엔으로 인상했고, 1896년 7월부터는 300엔으로 대폭 지원을 늘렸다. 1906년 8월 31일 통감부에 매수되어 『경성일보』로 전

환되었다.

『한성신보』는 1895년 10월 8일 일본 낭인들이 저지른 '명성황후 시해사건'의 비밀 본거지가 되었다고도 하며 이튿날인 10월 9일자 신문에는 시해사건을 대원군이 일으킨 것이라는 허위보도를 게재했다고 전해진다. 아다치 겐조는 당시 서울에 거주하던 일본인 사이에서 광범위하게 퍼져 있던 명성황후를 제거해야 한다는 여론을 등에 업고 미우라 고로(三浦梧樓) 공사와, 궁내부 고문관 오카모토 류노스케(岡本柳之助), 그리고 공사관 일등서기 스기무라 후카시(衫村濬) 등과 시해를 계획했고 이 작전을 '여우사냥'이라고 지칭했다고 한다. 실제 『한성신보』 사원 중에는 구마모토(熊本)현 출신 낭인이 많았고, 시해 사건에 가담한 사람 중에는 『한성신보』 기자들이 포함되었다고 한다. 그러나 일본으로 소환된 시해 사건의 주모자는 증거불충분을 이유로 48명 전원이 면소(免訴) 판결을 받았고, 이 중 몇몇은 다시 한국으로 돌아와 언론 활동을 계속했다.

『한성신보』의 논조에는 한국 국체를 모독하는 경우가 많아 한국 정부가 여러 차례 일본 측에 항의하기도 하였다. 1895년 4월 19일자에 을미사변 이후 러시아공사관에 피신해 있던 고종을 비난하는 동요를 실었던 일이 대표적이었다. 그러나 발행을 중지시키라는 격분된 민심에도 정부는 『한성신보』를 폐간시키지 못하고 그저 한국인의 구독을 금지하는 내훈을 내리는 정도에 그칠 뿐이었다.

1906년에 통감부가 『한성신보』와 『대동신보(大東新報)』를 매수하여 통감부의 기관지로 일본어신문 『경성일보(京城日報)』를 창간하면서 이해 7월 31일자 지령(紙齡) 2068호로 폐간되었다.

『한성신보』는 한국 침략을 합리화하기 위한 홍보성 기관지로 발행되었지만, 한국의 신문 제작 기술 발전에는 적지 않은 영향을 주었다. 『한성신보』는 순국문으로 발행된 신문 가운데 처음으로 대판 스탠더드 사이즈로 인쇄되었는데 이는 『한성신보』가 대판 크기의 신문을 인쇄할 수 있는 시설과 기술을 갖추고 있었음을 의미한다. 『한성신보』는 4호와 2호 활자를 섞어 썼다는 점도 주목된다. 4호는 당시 다른 민간지 역시 사용했던 활자였지만 그를 2호 활자와 병행해 사용했던 것은 다른 어떤 출판물이 보여 주지 못한 시도였다.

『한성신보』와 『제국신문』 논쟁

『한성신보』와 『제국신문』은 1898년 8월 16일자 『제국신문』의 잡보기사와 8월 30일자의 논설란에 실린 기사로 격렬한 논전을 벌였다.

처음 16일자 기사는 한국 병정 한 사람이 군복을 이은 채로 일본인 전당포 주인에게 구타당하는 모습을 보고 길 가던 사람이 이유가 뭐냐고 물으니 일본인 전당포 주인이 길 가던 사람에게까지 욕을 하였다고 고발하는 내용이었다. 이 기사는 이승만이 쓴 것으로 날카롭게 비꼬는 필치로 남의 나라에서 행패부리는 일본인에게 '막중한 군복을 입은 병정'이 얻어맞는 분함을 토로하였다.

이 기사가 나간 2주일 후인 8월 29일자 잡보는 연이은 일본인의 행패를 다음과 같이 자세히 보도했다.

"어제 저녁 8시에 수교(水橋) 앞에서 일인 하나가 조선 사람 하나를 칼로 쳐서 손이 상하였는데 일이 장황히 되어 여러 대한 사람이 일본 경찰소에 매 맞고 갇혔는데 자세한 말은 다시 등재하려니와 이것을 보면 이 나라 사람은 다 죽어도 관계치 않을터라."

다음 날인 30일자에서 이 사건은 「대한 사람 봉변당한 사실」이라는 제목으로 1면 논설란에서 대대적으로 다루어졌다. 전체 지면 4쪽 가운데 2면 반에 해당하는 공간이 이 사건의 해설에 바쳐졌다. 내용은 일본인이 한국 사람을 이유 없이 칼로 찔렀는데도 한국 순검은 수수방관하면서 자기네 백성을 보호하지 못하니 일본인 순사가 적반하장으로 칼 맞은 한국인을 자기네 경찰서로 연행했다는 것이었다. 『제국신문』은 이 사건을 비분강개하는 투로 자세히 다루었고 연달아 일본인들의 행패를 보도하는 데 몰두했다.

이러한 『제국신문』의 움직임에 『한성신보』는 일본인들의 입장을 비호하면서 『제국신문』을 공격하기 시작했다. 『한성신보』는 9월 11일자에 『제국신문』이 조그만 일을 침소봉대했다며 이 기사를 쓴 이승만을 비난했다. 이에 이승만은 다시 9월 14일자 논설에서

『한성신보』의 주장을 조목조목 논박하고 "일본인들의 『한성신보』가 이승만의 이름을 들어 비난하였으나 이런 일로 비난받는 일은 나라를 위하여 영광된 일"이라고 응수했다.

이에 대해 『한성신보』는 또 한 차례 이승만과 『제국신문』을 비난하는 논설을 실었고, 다시 이승만은 9월 21일자 『제국신문』 지면을 통해 반박 논설을 실었다. 이때 이승만은 신문의 기능은 국민 개명에 원동력이 되는 것이라는 언론관을 강조하고 그렇기에 사실 그대로를 독자에게 전달하는 것만으로는 언론의 소임을 다했다는 것은 어불성설이며 오직 국민을 계도하는 데까지 나아가야 진정한 의미의 신문의 역할을 다한 것이라고 설파했다. (김미정)

참고문헌

정진석, 『한국언론사』, 나남출판, 1995; 정진석, 『역사와 언론인』, 커뮤니케이션북스, 2001; 이영학 외, 『63인의 역사학자가 쓴 한국사 인물 열전』 3, 돌베개, 2003; 정진석, 『극비 조선총독부의 언론검열과 탄압』, 커뮤니케이션북스, 2007.

▌한성신보(漢城新報)

1909년 서울에서 한국어로 창간된 신문

1909년 5월 다무라 만노스케(田村萬之助)가 한국에서 발간한 한국어 신문이다. 주간으로 발행하다 1909년 12월 불과 반년만에 폐간되었다.

1909년 5월 일본인 다무라 만노스케가 한국인 이덕용(李德用)의 명의를 빌려 한국에서 창간한 한국어 신문이다. 1895년에 창간되었다가 1906년 『대동신보』와 통합하여 『경성일보』가 된 『한성신보』와는 전혀 별개의 신문이다.

처음에는 주간으로 창간되었다가 대구 관찰사였던 윤헌이 자금 1000원을 내고 사장에 취임하면서 일간으로 변경한다는 계획을 가졌으나 성공하지 못했다. 한 달 후인 8월 1일에 이순하가 사장이 되었으나 한 달도 못 채우고 8월 24일에 만노스케와의 불화로 물러났다. 만노스케는 대외적으로는 주간이었으나 실권을 장악하고 『대한매일신보』와 대척되는 지점에서 일제를 비호하는 기사를 생산했다.

그러나 독자들의 지지를 못 받았던 것은 차치하고 사원들에게 월급도 제대로 주지 못할 정도로 심한 재정난에 시달렸다. 사원을 임의로 감원하는 등 경영 부실의 문제도 있어 사내 분규가 생기기도 했고 인쇄소 계약 문제와 광고 강요 등의 문제로 말썽이 끊이지 않았다. 12월 14일 결국 채권자들이 인쇄한 신문을 뺏는 바람에 휴간에 들어갔다. 마침내 주간 만노스케가 신문 발행 인허장을 맡기고 돈을 빌려온 후 돈을 갚지 못하자, 채권자가 인허장을 내부에 반납하고 보증금 500원을 찾아가 버림으로써 폐간되었다. 그 후 만노스케와 이덕용이 복간을 시도하기도 했지만 성사되지 못했다.

『한성신보』는 창간 후 불과 반년 사이에 온갖 구설수에 오르내리면서 유명무실하게 되었지만 7월경에는 일간으로 변경하여 발행했던지 1909년 11월 20일에는 100호 기념식과 축하연을 개최했다는 기사가 『황성신문』에 실리기도 했다.

만노스케 이외에 윤헌과 이순하가 짧은 시간 사장으로 재직했고, 그 후 최창주가 11월 12일에 총무로 파임되었다가 사장직에 올랐다. 그러나 여전히 실권은 만노스케에게 있었다고 한다. 그 밖에 『대한매일신보』를 인수하였던 이장훈도 이 신문에 몸담은 적이 있었다.

만노스케는 이 신문이 폐간되고 난 후 1910년 6월 역시 경영난에 허덕이던 『대동일보』를 인수하여 『대한일일신문』으로 개제하고 사장이 되었다. 그러나 여기서도 여러 가지 구설수에 휘말려 소송사건이 일어나는 등 조선에서 그의 언론 활동은 그다지 좋은 성과를 내지 못했다. (김미정)

참고문헌

정진석, 『한국언론사』, 나남출판, 1995; 정진석, 『역사와 언론인』, 커뮤니케이션북스, 2001.

▌한성월보(漢城月報)

1898년 서울에서 한국어로 발행된 시사종합지

1898년 7월 창간되어 1900년 1월에 통권 8호로 종간되었다. 편집인 겸 발행인은 시무라 사쿠타로(志村作太郎), 인쇄인은 와다나베 야스타(渡邊安太)였다. 발행소는 한성월보사, 인쇄소는 시사총보사(時事叢報社)였다. A5판 100면으로 발행되었고 정가표시는 없다. 현재 서울대학교 도서관에 제6호가, 연세대학교 도서관에 제8호가 소장되어 있다.

『한성월보』는 서울에 들어와 살고 있던 일본인들에 의해 발간된 잡지이다. 『한성월보』는 일본인들에 의해 발간되었지만 일본어를 사용하지 않고 국한문혼용체로 씌어졌다.

확인할 수 있는 제호의 구성을 살펴보면, 6호는 「논설」, 「세국관란(世局觀瀾)」, 「소학 만국지리(小學萬國地理)」, 「교육」, 「위생부(衛生部)」, 「농업부(農業部)」, 「상업부(商業部)」, 「각국시사(各國時事)」로, 8호는 「세국관란」, 「중등 만국지리(中等萬國地理)」, 「중등 만국역사(中學萬國歷史)」, 「국가교육사무(國家敎育事務)」, 「위생부(衛生部)」, 「농업부(農業部)」, 「상업부(商業部)」, 「잡조(雜俎)」, 「각국시사(各國時事)」로 이루어져 있다. 이러한 구성 아래 여러 하부 기사들을 실어 세계 각국의 소식, 지리와 역사 등과 함께 농업, 상업, 위생 등에 관한 의견을 소개하였다.

1850년대부터 적극적으로 서구문물을 받아들이고 있었던 일본인들이 보기에 조선의 문화는 열등한 것으로 비추어졌다. 그러므로 발전하지 못한 조선에 대한 우월감을 보여 주는 대목들이 눈에 띈다.

우리 근대잡지의 효시로 인정받고 있는 최남선의 『소년(少年)』보다 10년 앞서 근대문화를 소개하고 있다는 점, 세계 각국의 뉴스들을 폭넓게 싣고 있다는 점 등은 주목할 만하다고 할 것이다. (정예지)

참고문헌

국회도서관사서국, 『한국신문잡지총목록』, 1965; 이만열 편, 『한국사연표』, 역민사, 1985; 최덕교 편, 『한국잡지백년』 1, 현암사, 2004.

한성주보(漢城周報)

1886년 서울에서 『한성순보』의 뒤를 이어 창간된 국한문혼용체의 주간신문

1886년 1월 25일 『한성순보』를 이어받아 복간 형식으로 간행된 근대 초기의 신문이다. 중부 경화방 교동 박문국에서 창간되어 종래의 순간을 주간으로 하고, 제호를 개제하였다. 문체도 순한문체에서 국한문혼용체로 변경(26~32호)한 관보였다. 체제는 한지 책자형이었고, 양절로 4호 활자를 사용하였다. 1단제로 1행 40자였고, 16행이었다. 크기는 22.5×16.5㎝, 16면이었다. 표지 바로 안쪽에 조선 개국 연월일을 표기하고 중국 광서(光緖) 연호와 서기를 병기하였다. 1888년 7월 7일 폐간하였다.
경북대, 고려대, 서강대, 서울대, 연세대, 중앙대 소장되어 있다.

갑신정변을 계기로 박문국의 시설이 파괴되고 『한성순보』의 간행이 중단되면서 박문국의 관리들은 통리아문(統理衙門)에서 사무를 보았다. 외교 사무를 돕기도 했지만 박문국의 상급기관인 '동문학(同文學)'의 사무를 보기도 했다.

갑신정변 직후 운양 김윤식이 통리아문(統理衙門) 독변(督辦)에 임명되었는데, 그는 1884년 4월 군국아문(軍國衙門) 즉 내아문(內衙門)에서 통리아문의 협판(協辦)으로 전임되고 다시 독판으로 승진했다. 김윤식은 사회적 공기(公器)로서의 신문을 인정하고 있었고 특히 『한성순보』가 사회에 끼친 공이 지대함을 인식하고 있었기에 정변의 수습이 끝나는 즉시 『한성순보』의 속간을 추진하기 시작했다.

신문 속간의 사업의 추진에는 여론의 작용도 적지 않았던 것으로 추정된다. 「주보서(周報序)」에는 『한성순보』가 없을 때는 그 필요성을 몰랐으나, 발간되다가 없어지니 불편하다고 하자, 고종은 그 실정을 살펴 통리아문에게 명하여 박문국 부활을 논의하게 했더니 모두들 필요하다고 주장하여 박문국을 다시 설치케 했다는 사정이 적혀 있다. 『한성순보』가 14개월 밖에 간행되지 못했지만 신문의 필요성에 대한 인식을 획기적으로 변화시켰음을 알 수 있다.

갑신정변 후 5개월 만에 고종은 『한성순보』 속간 명을 내렸고 『한성주보』가 햇빛을 보게 되었다. 그러나 박문국이 이미 소실되었기에 『한성주보』를 간행할 수 있는 준비는 전혀 없었다. 따라서 김윤식은 한자와 한글의 자모 활자를 갖춘 민간 인쇄소인 광인사(廣印社)에서 『한성주보』의 출판을 시도하게 된다.

그러나 광인사는 민간 인쇄소라는 점이 문제가 되어 『한성주보』를 인쇄하지 못했다. 이에 김윤식은 이노우에 가쿠고로(井上角五郎)에게 인쇄기의 구입을 의뢰했고, 이노우에는 일본에서 한자와 한글 연활자로 이뤄진 인쇄기를 구입, 『한성주보』의 인쇄에 사용하였다.

담당 관리들에도 상당한 변화가 있었다. 『한성순보』의 편집을 맡았던 장박(張博), 오용묵(吳容默), 김기준(金基駿) 외에도 이명륜(李命倫), 진상목(秦尙穆), 이혁의(李赫儀), 권문섭(權文燮), 정만교(鄭萬敎), 이홍래(李鴻來) 6명이 추가로 영입되었다. 이후 박세환(朴世煥), 현영운(玄暎運) 더 참가하여 총 11명의 진용이 갖추어졌다.

새로운 시설이 준비되고 편집 담당관도 대폭 증가하자, 발행주기가 좁혀졌다. 10일마다 발행되는 순보(旬報)는 이렇게 해서 주보(週報)로 부활하게 되었다. 『한성주보』의 제호인 '주보(周報)'의 '주(周)'는 주(週)의 변용이다.

재건된 박문국은 중부 경행방(慶幸坊) 교동(校洞)에 자리를 정하여 간행에 착수하여 1886년 1월 25일 『한성주보』의 창간호가 나오게 되었다. 『한성순보』의 간행이 중단된 지 13개월 후의 일이다.

『한성주보』의 편집 형식과 면수 등은 대체로 『한성순보』와 동일하다. 다만 국한문혼용체를 주로 사용했고, 한글 전용의 기사도 있어 문자사용에 있어 큰 변화를 보였고, 『한성순보』에서는 볼 수 없었던 민간 광고도 실렸다. 이 점은 『한성주보』가 『한성순보』에 비해 관보로서의 성격이 조금 옅어졌음을 의미한다.

1885년 5월 『한성주보』의 속간에 착수하면서 독판(督辦) 김윤식은 소실된 박문국의 서적을 다시 구비하기 시작했다. 주로는 주한 독일공사관의 도움을 받아 세창양행(世昌洋行)을 통하여 중국에서 서적을 구입했다. 세창양행은 조선과 중국에서 확고한 지반을 갖춘 독일 상사였다는 점이 자료 공급의 독점적 지위를 가능하게 했다.

서적의 구입 후 독일 공사관은 부속 도서실의 설치를 권고했고 소장 도서의 목록과 열람 제한, 대출납입 등에 대한 조목을 만들어 부속도서실을 갖추었다.

『한성주보』는 『한성순보』에 비해 간행주기가 짧고 인원도 늘어 비용의 증가도 컸다. 이에 따라 건어물과 담배, 철 등의 수세권(收稅權)을 할당받았으나, 구독료가 제대로 수납되지 않아 박문국은 지속적인 재정 압박을 받았다. 2년 반 동안의 간행된 『한성주보』는 지속적인 재정 압박을 견디지 못하고 1888년 7월 7일을 끝으로 폐간되었다. (이경돈)

참고문헌

『한국신문백년 사료집』, 사단법인 한국신문연구소, 1975; 최기영, 『대한제국시기 신문연구』, 일조각, 1991; 최준, 『韓國新聞史』, 일조각, 1965; 『統理衙門日記』; 박은식, 『韓國痛史』, 대동편역국, 1915, 박은식, 『韓國獨立運動血史』, 유신사, 1920, 이광린, 「한성순보와 한성주보에 대한 일고찰」, 『역사학보』 38호, 1968.

한양보(漢陽報)

1907년 서울에서 한국어로 발행된 시사종합 잡지

1907년 9월 11일자로 창간되어 같은 해 10월 통권 2호로 종간되었다. 편집 겸 발행인은 히도 가쓰로(日戶勝郎)였고, 인쇄인은 고스기 긴파치(小杉謹八)였다. 인쇄소는 일한(日韓)도서인쇄주식회사, 발행소는 한양보사(漢陽報社)였다. A5판 70쪽 정도로 인쇄되었으며 정가는 7전이었다. 연세대학교 도서관에 창간호가 소장되어 있다.

일본인이 창간했으나 국문판으로 발간되었다. 「사고(社告)」에서는 한일관계가 더욱 친밀해 지고 있는 가운데 양국 지식인들이 의견을 교환하지 않으면 오해로 인해 일을 그르치게 되므로 이 잡지를 통하여 한일

양국의 지식인들의 의견을 교환하도록 한다고 발간 취지를 밝히고 있다. 그리고 그 주창자로 『한양보』 주임, 『시사신보』 지국 주임, 『경성일보』 주필, 『오사카마이니치』 지국 주임, 『대한일보』 이사의 명단이 실려 있다. 모두 언론 관계에 있는 일본인이었다.

창간호는 사설 「문 현내각대신(問 現內閣大臣)」, 「계폭동단(戒暴動團)」, 「치안유지호 치안방해호(治安維持乎 治安妨害乎)」, 「독청국 식산흥업(讀淸國殖産興業)의 상유(上諭)」, 시사 「이등통감(伊藤統監)의 연설: 7월 29일」, 「이등통감(伊藤統監)의 연설: 8월 22일」, 「대(大)외백(伯)의 이등후(伊藤侯)를 평(評)」, 「대(大)외백(伯)의 일한신협약(日韓新協約)의 평론」, 「춘범루상통감(春帆樓上統監)」, 「대(大)외백(伯)의 담화」, 「이등통감(伊藤統監)과 귀족원」, 일본 각 신문(日本各新聞)의 「대한언론(對韓言論)」, 「일본 센가박사(日本 千賀博士)의 담」, 「메가다고문(目賀田顧問)의 담」, 「실업」, 담총 「계발록(啓發錄)」, 「육극(陸克)의 자유담(自由談)」, 「전 농상공부 차관(前農商工部次官) 유맹씨(劉猛氏)의 일화」, 「미인담의(美人談義)」, 내보(內報) 「정변기사(政變記事)」, 「이씨(李氏)의 유고임공사서(遺告林公使書)」, 「대내단발(大內斷髮)」, 「즉위행례(卽位行禮)」, 외보(外報) 「청국신보(淸國新報)의 한국사변(韓國事變)」, 「마락가(摩洛哥)와 열국(列國)」, 「노독(露獨)의 관계(關係)」, 「해아(海牙)의 평화회의(平和會義)」, 「영독(英獨)의 외교관계(外交關係)」, 「일로협약(日露協約)의 정문(正文)」으로 구성되어 있다.

1907년은 조선의 운명에 중요한 사건이 많이 일어난 해였다. 이준 등이 고종의 친서를 가지고 헤이그에서 열린 만국평화회의에 참석했다가 자결했고, 이 일로 인해 고종은 왕위를 잃었다. 7월에는 정미7조약이 체결되어 조선의 모든 사법, 행정권이 통감부의 손에 들어갔고 경비절약을 구실로 군대또한 해산되었다. 이러한 일본의 국권침탈 반발해 전국에서 의병이 일어났다.

『한양보』에는 이러한 역사적 상황과 일제의 입장이 고스란히 드러나 있다. 논설에는 이토 히로부미(伊藤博文)의 연설 내용이 실렸고, 재정고문인 메가다 다네타로(目賀田種太郎)의 발언도 실려 있다. 한편, 내보에 실린 「이씨(李氏)의 유고 하야시 공사 서(遺告林公使書)」의 이씨란 이동휘(李東輝)를 지칭하는 것으로서, 이 글은 이동휘가 '을사보호조약'을 강압적으로 체결한 주한일본공사 하야시 곤스케(林權助)를 향해 일본의 대한정책을 통렬히 비판한 글이다. 이 글의 앞에 있는 「정변기사(政變記事)」에는 고종의 퇴위에 분격한 경성부민들이 일병(日兵)과 충돌했다는 기사, 지방 각 지역에 '폭도(의병을 지칭함)'들이 일어나고 있다는 기사 등이 실려 있다.

이상으로 보아 『한양보』는 일제의 국권침탈에 대한 조선인들의 반발을 무마하고, 지식인들에게 자신들의 논리를 펴기 위해 만들어진 잡지로 보인다. (정예지)

참고문헌

반병률, 『성재 이동휘 일대기』, 범우사, 1998; 최덕교 편, 『한국잡지백년』 1, 현암사, 2004; 한일역사공동연구위원회 한국측위원회, 『근현대 한일관계 연표』, 경인문화사, 2006.

한인시사(韓人時事)

1905년 미국 하와이 창간된 한국어 신문

1905년 미국 하와이 호놀룰루에서 창간되었으며, 주필로는 윤병길, 최윤백 등이 활동하였다. 1년가량 발행되다가 폐간되었다.

하와이 호놀룰루에서 1905년 6월 10일 창간되었다. 월 2회 등사판으로 발행되었는데, 감리교회 후원으로 경영되었다. (이경돈)

참고문헌

『한국신문백년 사료집』, 사단법인 한국신문연구소, 1975; 『한국신문백년지』 1, 한국언론연구원, 1983.

한인합성신보(韓人合成新報)

1907년 미국 하와이에서 한국어로 창간된 하

와이 한인합성협회의 기관지

1907년 10월 22일 하와이 호놀룰루에서 한인합성협회의 기관지로 창간된 주간 속쇄판 신문이다. 주필은 김성권이었다. 1908년 3월 5일자부터 활판인쇄로 바뀐다. 동보는 샌프란시스코의 공립협회와 하와이의 합성협회가 통합됨에 따라 1909년 1월 25일자 제60호로 종간된 후, 『신한국보(新韓國報)』로 개제되었다. 이때의 주필은 홍종균이었다. 1909년 1월 25일자 제60호로 종간되었다.

한일합성협회의 전신인 에와친목회

에와친목회는 1905년 미국 하와이에서 조직된 항일운동단체이다.

1900년대 초 하와이로 농업이민을 간 한국인들은, 1904년 오아후섬에 한인예배당을 설립하여 이를 중심으로 친목회를 조직하였다. 이듬해 5월 3일 오아후섬 에와농장에서 정명원·김성권·윤병구 등 10여 명이 친목회를 발기한 바 있다. 곧이어 회원은 200여 명으로 늘어났으며, 최대 사업으로서 항일운동을 목표로 정하고 일화(日貨) 배척과 동족상애(同族相愛)에 노력했다.

특히 창립 1주년을 기념하여 1906년 5월 1일부터 속쇄판으로 『친목회보』를 1년 정도 발행하면서 문맹퇴치, 교민단결, 단체통일에 노력하는 한편, 군자금 모금에도 노력을 기울였다.

회장은 정명원이었고, 1907년 9월 하와이의 한인단체를 망라한 통일단체인 한인합성협회에 통합되었다. 한인합성협회는 하와이 각 섬의 24개 단체가 모여 '조국국권 광복과 재류동포 안녕보장과 교육장려'를 목적으로 조직되었다.

1909년에는 한인합성협회도 공립협회와 통합하여 국민회가 되었다. (이경돈)

참고문헌

『한국신문백년 사료집』, 사단법인 한국신문연구소, 1975; 『한국신문백년지』 1, 한국언론연구원, 1983; 최기영, 『대한제국시기 신문연구』, 일조각, 1991.

한치(漢幟)

1907년 일본 도쿄에서 창간된 중국어 정치운동잡지

후난성(湖南省) 출신 유학생들이 1907년 도쿄(東京)에서 창간한 혁명 간행물이다. 편집인은 천자딩(陳家鼎), 양서우런(楊守仁), 처우스쾅(讐式匡), 닝탸오위안(寧調元)이며 월간으로 창간되었으나 창간 2주 후에 종간되었다. 베이징대학도서관에 소장되어 있다.

내용은 역총(譯叢), 논설, 시평(時評), 시해(時諧), 소설, 문원(文苑), 부록(附錄), 투고원고, 전기(傳記) 등의 항목을 개설하였다.

신해혁명 시기 혁명을 선전하던 비밀간행물로 반청(反淸)과 동시에 한족(漢族) 봉건통치계급에 반대하면서 민주국가 건설을 주장하였다. 협소한 지방주의를 탈피하고 전국적인 혁명군의 단결을 강조하였다. 이전 매체들이 단지 반청(反淸)만을 주장하던 것과 비교하면 진일보한 내용을 갖추고 있었다.

주요 문장으로는 천자딩(陳家鼎)의 「각 성은 신속히 후난성과 장시성의 혁명군에 향응할 것에 대해 논함(論各省宜速響應湘贛革命軍)」, 류다오이(劉道一)의 「만족 정부를 내쫓기 위해서는 반드시 먼저 매국노들을 죽여야 한다는 논의(驅滿酋必先殺漢奸論)」, 왜석여씨(媧石女氏)의 「청정부의 입헌을 국민이 경축하는 것을 애도하다(弔國民慶祝滿政府之立憲)」, 탄후(呑胡)의 「청정부의 언론탄압(滿政府之取締報館)」 등이 있다. (김성남)

참고문헌

周葱秀·涂明 著, 『中國近現代文化期刊史』, 山西教育出版社, 1999; 王檜林·朱漢國 主編, 『中國報刊辭典』, 太原: 書海出版社, 1992.

함안(咸安)

1926년 서울에서 한국어로 발행된 학술교육잡지

1926년 7월 23일자로 창간되었으나 몇 호까지 발간되었는지 알 수 없다. 편집인은 이희석(李喜錫), 편집 겸 발행인은 신명균(申明均), 인쇄인 이병화(李炳華)였다. 인쇄소는 신소년(新少年) 인쇄부, 발행소는 서울 가회동의 함안학우회였다. A5판 64면으로 발간되었고 비매품이었다.

『함안』은 재경(在京) 함안학우회의 친목 동인지이다. 창간사인 「보아주시기를!」에서는 "우리들을 먼데 두고 일석(日夕)으로 생각하시며 걱정하시는 부모 사우(師友)에게 드리기 위하여 이 작은 책자를 감히 세상에 보내는 것이올시다"라고 창간 동기를 밝히고 있다.

창간호는 창간사 「보아주시기를!」, 이희석(李喜錫)의 「우리 고을」, 일학도(一學徒)의 「주리(主吏) 조(趙)선생님께」, 조용원(趙鏞瑗)의 「창간에 임하여 고향 학부형 제씨에게」, 조홍제(趙洪濟)의 「재향 청년 제군에게」, 조용식(趙鏞式)의 「고향의 수재(水災)를 듣고」, 안종선(安鍾宣)의 「시골을 회상하면서」, 조휘식(趙徽植)의 「우리는 환경을 잘 이해해야 한다」, 한종건(韓鍾建)의 「우리는 가정을 벗어나 사회적으로 되자」, 조범제(趙范濟)의 「우리는 돈 모으는 뜻을 고치자」, 조성욱(趙性郁)의 「우리의 전도(前途) 개척에 유일한 무기」, 김성간(金性簡)의 「신생(新生)」, 조병진(曹秉珍)의 「우리는 착실한 일꾼이 되자」, 조상래(趙相來)의 「미래 조선」, 이원세(李元世)의 「빨리 가자」, 황일수(黃一秀)의 「시간은 생명이다」, 안주호(安周鎬)의 「불임과 그 의치(醫治)」, 이필신(李弼信)의 「토목에 대하여」, 이필근(李弼近)의 「만몽수필(滿蒙隨筆)」, 조봉엽(趙琫燁)의 「우감(偶感)」, 심필구(沈必求)의 「어머님께 올림」, 조용진(趙鏞震)의 「공부」, 이병화(李炳華)의 「백운대의 1일」, 안창준(安昌濬)의 「해 진 남산에서」, 조창제(調昌濟)의 「산보」, 이연출(李蓮出)의 「새벽종」, 이수걸(李壽傑)의 「지나간 1년을 회고하면서」, 황영식(黃英植)의 「어머님 생각」, 황점식(黃点植)의 「학생생활」, 이석건(李奭乾)의 「금강산여기(金剛山遊記) 중에서」, 조범제(趙范濟)의 「소낙비 오는 저녁 때」, 안종선(安鍾宣)의 「뒷동산에서」, 조문준(趙文俊)의 「불쌍한 죽음」으로 구성되어 있다.

고향이나 가족을 그리워하는 글, 지나간 유학 생활을 회고하는 글 등 수필이 가장 많고 계몽적인 내용과 학우 회원들의 전공을 살린 논설도 일부 수록되었다.

편집 겸 발행인으로 되어 있는 신명균은 1889년 태어나 한성사범학교를 졸업하고 김두봉(金斗奉), 이규영(李奎榮), 최현배(崔鉉培), 이병기(李秉岐) 등과 함께 주시경(周時經)으로부터 직접 가르침을 받은 저명한 국어학자다. 1923년 『신소년』을 주간했고, 1932년에 조선어학회(朝鮮語學會)가 발족되자 그 회원으로 활동하면서 기관지 『한글』을 발행하기도 했다. 『함안』의 인쇄소가 신소년 인쇄부로 되어 있는 것으로 보아 『함안』의 발간은 그의 적극적인 지원하에 이루어 진 것으로 보인다. (정예지)

참고문헌

『咸安』 창간호, 1926.7; 최덕교 편, 『한국잡지백년』 2, 현암사, 2004.

▌합작신(合作訊)

1924년 중국 베이징에서 발간된 사회운동 잡지

1924년 6월 1일 베이징(北京)에서 창간되었다. 중국화양의진구재총회농리고(中國華洋義賑救災總會農利股)에서 편집, 발행된 월간지이다. 현재 157호가 잔존한다. 중국국가도서관 등지에 소장되어 있다.

『합작신』은 '합작 소식을 전달하고 합작 사상을 보급하며 합작 사업을 제창한다'는 취지로 만들어졌다. 내용은 합작 소식, 농사 상식, 합작 지도위원회 결의안, 농촌 경제 상황 등이다. 논설, 통고(通告), 소식, 참고 등의 난으로 구성되었다. (이은자)

참고문헌

王檜林·朱漢國, 『中國報刊辭典(1815~1949)』, 太原(山西): 書海出版社, 1992; 葉再生, 『中國近代現代出版通史』, 北京: 華文出版社, 2002.

▌합작월보(合作月報)

1929년 중국 상하이에서 발간된 사회운동 잡지

1929년 3월 상하이(上海)에서 창간되었다. 중국합작학사(中國合作學社)에서 주편을 맡았다. 1935년 7월 제7권부터 난징(南京)에서 출판되었다. 1937년 7월부터 제9권 7호로 정간되었다. 1938년 4월 후난(湖南)의 즈장(芷江)에서 복간되어 호수를 다시 매겼다. 1939년 9월 중칭으로 옮겨 출판되었다. 1944년 2월 종간되었다. 베이징대학도서관 등지에 소장되어 있다.

『합작월보』의 주요 내용은 합작 이론을 천명, 연구하고 합작 정신을 제창하며 외국 합작 사업 발전 상황을 소개하는 것이다. 또한 국내 각지 경제 상황과 합작 사업의 통계 수치를 공포, 탐구하고 합작 사업의 계획 방안을 발표하였다. 이 잡지는 중국 현대 경제 사상사의 중요한 참고 자료이다. (이은자)

참고문헌

王檜林·朱漢國, 『中國報刊辭典(1815~1949)』, 太原(山西): 書海出版社, 1992; 葉再生, 『中國近代現代出版通史』, 北京: 華文出版社, 2002.

▌항도저(抗到底)

1938년 중국 우한(武漢)에서 창간된 문예지

1938년 1월 1일 후베이성 우한(武漢)에서 펑위샹(馮玉祥)의 자금을 지원받아 라오서(老舍)와 라오샹(老向)이 창간하였다. 편집자는 라오샹이고 발행인은 쥔원(君文)이었다. 반월간이며, 한커우(漢口)의 화중도서공사(華中圖書公司)에서 판매하였다. 1938년 7월 25일 13·14호의 합본호부터 편집자가 라오허(老何)로 바뀌었고 발행자도 라오샹이 되었다.우한이 함락당하기 전인 1938년 9월 25일 15호부터 충칭(重慶)으로 옮겨 출판되었으며, 1939년 11월 20일 총 26호를 발행하고 종간되었다. 중국국가도서관과 상하이도서관 등에 소장되어 있다.

내용은 경극, 대고(大鼓), 금전판(金錢板), 시, 사(詞), 화, 목각, 소조(小調), 가요, 소설, 통신, 산문, 논문, 상성(相聲), 강연사(講演詞)와 통속운문(通俗韻文) 등으로 항전 문예작품을 반영하였으며, 민간 통속문예의 특성도 가지고 있었다.

펑위샹(馮玉祥)은 거의 매호마다 「아름다운 부상병(可愛的傷兵)」, 「정수본(丁樹本)」, 「상하이유격대(上海遊擊隊)」, 「총리서거 13주년 기념시(總理逝世十三週年紀念詩)」 등 한 두 편의 시를 게재하여 독자들의 환영을 받았다. 이외에도 라오서의 장편소설 「허물(蛻)」를 연재하였다.

5호부터 항일통속문학특집호(抗日通俗文學專號)를 발간하였고 『항전화보(抗戰畵報)』를 순간(旬刊)으로, 『항전10일간(抗戰十日刊)』을 동시에 발간하였다. 왕징웨이(汪精衛)가 일본에 투항한 이후 "왕징웨이 토벌 특간(討汪特刊)"을 발행하기도 했다. (김지훈)

참고문헌

王檜林·朱漢國, 『中國報刊辭典』, 書海出版社, 1992; 伍杰, 『中文期刊大詞典』, 北京大學出版社, 2000; 葉再生, 『中國近代現代出版通史』 3, 北京, 華文出版社, 2000.

▌항일노선(抗日路線)

1938년 중국 광저우에서 창간된 정치운동 잡지

1938년 3월 광둥성(廣東省) 광저우(廣州)의 항일노선사(抗日路線社)에서 발간했다. 베이징사범대학도서관 등에 소장되어 있다.

항일선전 간행물로 마오쩌둥(毛澤東)과 주더(朱德) 등의 항일전쟁 전략전술에 관한 글을 소개하고, 주로 일본의 중국 침략 정황을 보도하였다. 아울러 전문란을 설치하여 유럽의 형세를 분석하였다. 마오쩌둥의 「태평스런 공기를 전쟁의 공기로 바꾸자(把太平的空氣變成戰爭的空氣)」와 주더의 「항일유격전쟁(抗日遊擊戰爭)」 등의 글을 실었다.

1권 1호의 「편집후기(編後記)」에서 편집자는 다음과 같이 썼다.

"먼저 우리가 독자들에게 해답하고자 하는 첫 번째

문제는 바로 우리가 왜 이것을 출판하느냐는 것이다. 많은 사람들이 최근 간행물이 무척 많다고 느낄 것이다! 게다가 천편일률적이기까지 하다고 생각할 것이다. 이렇게 한다면 필경 우리는 항전의 과정에서 인력, 물력, 재력의 각 방면을 막론하고 모두 거대한 손실을 입을 수밖에 없을 것이다. 본간의 동인들은 국력을 충실히 하고, 장기 항전을 지지하는 입장에서 이렇게 실력을 절약하는 의견에 적극적으로 찬성한다. 그러나 우리는 항전 이래 출판계의 혈기왕성한 객관적 조건을 말살할 수는 없다. 간행물이 많다는 것은 객관적 요구에 의해 생겨난 것이며 역시 전국 민중이 자신의 두뇌를 무장하고 망국노가 되지 않으려는 염원으로 생겨난 것이다. 이런 이유로 오늘날 아직도 각 간행물의 통일과 분업을 실행할 사람이 없다. 현재 우리 동인은 시종 우리의 책임을 인정한다. 우리의 한 방울의 역량까지 다하여 전진을 위한 지식을 전체 동포에게 소개하는 것이다." (김지훈)

참고문헌

伍杰,『中文期刊大詞典』, 北京大學出版社, 2000; 北京師範大學圖書館報刊部 編,『北京師範大學圖書館館藏中文珍稀期刊題錄』, 北京圖書館出版社, 2002.

항저우백화보(杭州白話報)

1901년 중국 항저우에서 창간된 시사종합신문

1901년 6월 20일 항저우(杭州)에서 창간되었다. 순간(旬刊)이다. 1904년 33호를 간행하고 종간되었다.

민중들의 지력을 개발하는 것과 민중들의 힘을 키우는 것이 모두 똑같이 중요하다는 것을 발행목적으로 삼았다.

내용은 논설(論說), 잡담(雜談), 뉴스(新闻), 속어(俗語指謬), 가곡(歌曲), 지학문답(地學問答) 등의 항목이 있었다.

선명한 정치적 입장과 관점으로 중국 정치와 국내외 중요 사건들에 대해 많은 논평을 하였으며, 사회를 개조하자는 주장과 함께 봉건교조주의에 대해 체계적인 비판을 가하였다. 비교적 일찍 창간된 영향력 있는 백화(白話)신문 중의 하나이다.

의화단(義和團)운동에 대해 많은 논평을 내었고, 전국 각지에서 일어난 인민들의 반배상금, 반기독교운동에 대해서도 집중적 보도를 하였다. 제국주의 열강들의 침략 행위를 폭로하고 관료들의 핍박이 인민들을 모반하게 만드는 원인이라고 지적하였다.

또한 유럽과 아메리카의 부르주아민주주의제도를 소개함으로서 부르주아 민권사상을 찬양하고 수천 년 중국 봉건전제제도를 규탄하였다. 그러나 동시에 청 정부에 대한 환상을 품고 있었으며 '신정(新政)'에 큰 희망을 걸고 있었다.

부르주아 개량파의 구국구민사상을 선전하며 '개량'은 중국을 구하고 개조하는 가장 좋은 방법이라고 생각하였다. 이와 동시에 교육을 보급해 인민의 지력을 개발하자는 주장도 제기하였다.

문장은 통속적이고 짧으며, 형식은 생동적이며 다양하여 백화문을 제창하는 데 기여하였다. (김성남)

참고문헌

周葱秀·涂明 著,『中國近現代文化期刊史』, 山西教育出版社, 1999; 方漢奇 主編,『中國新聞社業通史』, 中國人民大學出版社, 1996.

항적(抗敵)

1940년 중국 안후이성에서 창간된 시사종합잡지

1940년 1월 안후이성(安徽省) 징현(涇縣)에서 항적잡지사(抗敵雜誌社)가 발행했다. 반월간으로 표기되어 있었지만 월간으로 발행되다가 1941년 6월에 종간되었다. 신사군 항적편집위원회에서 편집을 담당했다. 베이징사범대학도서관 등에 소장되어 있다.

시사정치 간행물로 주로 중국공산당의 항일주장과 방침, 정책을 선전하고, 국제형세를 보도하였다. 수록된 주요 글로는 1권 1호에 수록된 천이(陳毅)의 「강남

항전을 견지하는 제 문제(堅持江南抗戰的諸問題)」, 2권 4호에 수록된 류보청(劉伯承)의 「전술상의 몇 가지 기본문제(戰術上的幾個基本問題)」 등이 있고, 이외에도 장원톈(張聞天)의 「항전 이래 중화민족의 신문화 운동과 금후의 임무(抗戰以來中華民族的新文化運動與今後任務)」 및 「주더동지의 연안 재직간부학습주년 총결대회상의 강화(朱德同志在延安在職幹部學習週年總結大會上的講話)」, 「런비스 동지의 연안 재직간부학습주년 총결대회상의 강화(任弼時同志在延安在職幹部學習週年總結大會上的講話)」 등이 있다.

편집위원회는 주징워(朱鏡我), 리이멍(李一氓), 린즈푸(林植夫), 샤정눙(夏征農), 황위안(黃源), 펑다페이(馮達飛), 쉐무차오(薛暮橋) 등으로 구성되었다. (김지훈)

참고문헌

伍杰, 『中文期刊大詞典』, 北京大學出版社, 2000; 北京師範大學圖書館報刊部 編, 『北京師範大學圖書館館藏中文珍稀期刊題錄』, 北京圖書館出版社, 2002.

▌항적보(抗敵報)

1937년 중국 푸핑에서 창간된 정치운동 신문

1937년 12월 11일 허베이(河北)성 푸핑(阜平)에서 창간되었다. 중국공산당 진찰기군구 정치부에서 주관했으며 정치부 주임인 쉬퉁(舒同)이 주임을 겸했으며, 부주임은 사페이(沙飛)와 훙쉐이(洪水)였다. 편집은 왕자펑(王家鵬), 톈쑹타오(田松濤), 옌헝핑(閻恒平), 장웨이(張維), 탕옌(唐炎), 천춘썬(陳春森), 왕아이첸(王愛謙) 등이 담당했다. 1938년 4월부터 중공진찰기성위원회에서 업무를 담당하게 되면서 덩퉈(鄧拓)가 주임을 맡았다. 1938년 8월 16일 63호부터 3일간에서 격일간으로 바꾸었고 3000부를 발행했다. 1940년 11월 7일에 『진찰기일보』로 개명했다.

내용은 지구항전을 적극적으로 선전했고 팔로군 활동에 관한 소식을 보도하여 군대와 민중의 사기를 앙양시키는데 노력하였다. 중앙사와 소련의 방송, 팔로군의 전쟁소식, 각지 통신원이 보내온 원고 등에 의거하여 신문을 발간했다. 사론(社論), 통신, 전간(傳刊), 만화 등의 난이 있었다.

1938년 1월 24일부터 『항적부간(抗敵副刊)』을 매주 한 차례 발행하여 군 내부에 배포했다. 이 주간지는 주로 군사투쟁을 지도하는 문제를 다루었다. (김지훈)

참고문헌

王檜林·朱漢國, 『中國報刊辭典』, 書海出版社, 1992; 伍杰, 『中文期刊大詞典』, 北京大學出版社, 2000; 葉再生, 『中國近代現代出版通史』 3, 北京: 華文出版社, 2002.

▌항전(抗戰)

1937년 중국 상하이에서 창간된 정치운동 신문

1937년 8월 19일 상하이(上海)에서 창간되었다. 편집자는 저우타오펀(鄒韜奮)이고 3일에 한 번씩 12쪽을 발행했다. 1호부터 6호까지는 『항전』이라는 명칭으로 발행되다가 1937년 9월 9일 7호부터 상하이 조계 당국의 압력을 받아 『저항(抵抗)』으로 개명하였으나, 외지로 발행되어 나가는 간행물에는 여전히 원명을 사용하였다. 1937년 11월 9일 25호 이후 상하이가 함락되면서 한커우(漢口)로 옮겼고, 12월 23일 다시 『항전』이라는 이름으로 30호를 출판하였다. 1938년 7월 3일 86호로 종간하고 7월 7일 『전민주간(全民週刊)』과 합병하여 이름을 『전민항전(全民抗戰)』으로 바꾸었다. 베이징사범대학도서관과 상하이도서관 등에 소장되어 있다.

발행목적은 1호에 실린 '편집실(編輯室)'에서 다음과 같이 서술하고 있다.

"이 민족항쟁의 긴급한 시기에 임무 중 하나는 직간접적으로 항전과 관계있는 국내와 국제적 형세를 체계적으로 분석하고 보도하여 그 중요한 의의와 상호간의 관계를 드러내는 것이다. 또 다른 하나는 항전기간 대중들의 절박한 요구를 반영하고, 우리가 관찰하고 토론하여 얻은 결과를 제공하여 국민들이 참고하도록 하는 것이다."

내용은 사론(社論), 시평(時評), 전국일람(全局一

覽), 수필, 독자질문 회답(答讀者問) 등의 난을 개설했다.

진중화(金仲華)는 「전국일람: 최근의 항전형세」란에서 항전정세의 변화와 발전을 체계적으로 분석하여 민중들이 항전에 대해 정확하게 인식하고 항일구망운동에 적극적으로 참여하도록 노력했다. 36호에는 예젠잉(葉劍英)의 「적의 후방이 전방으로 변했다(把敵人的後方變爲前方)」를 발표하였다. 『항전』은 동시에 왕징웨이(汪精衛) 등의 "싸우면 반드시 패망한다(戰卽必亡)"는 주장을 강하게 비판하고 중국공산당이 지도하는 팔로군(八路軍)의 항일활동도 보도하였다.

주요 필진은 저우타오펀, 진중화, 장중스(張仲實), 장즈랑(張志讓), 장나이치(章乃器), 두중위안(杜重遠), 장중린(張宗麟), 마오둔(茅盾), 후위즈, 쉐무차오(薛暮橋) 등이 있었다.

『항전』은 정론(政論), 술평, 전지통신(戰地通訊) 등을 위주로 한 시사성이 강하고, 발행 간격이 좁은 타블로이드 신문의 특징을 가지고 있었다. 인민의 의견과 요구를 반영하기 위해 노력하였으며, 단결, 항전, 민주적 방침, 독재반대, 타협반대 등을 견지하였는데 국민당통치구역에서 영향이 가장 큰 구국간행물의 하나였다.

1937년 12월 29일에 출판한 32기에 중공중앙이 12월 25일에 발표한 「중국공산당의 시국에 대한 선언(中國共産黨對時局宣言)」을 게재하였고, 4월에는 저우타오펀이 중국공산당이 지도하는 산간닝변구(陝甘寧邊區)의 상황과 팔로군의 활동을 소개하면서 중국공산당의 전면항전 주장을 선전하였다. 발행부수는 최고 10만 부에 달했다. (김지훈)

참고문헌

伍杰, 『中文期刊大詞典』, 北京大學出版社, 2000; 北京師範大學圖書館報刊部 編, 『北京師範大學圖書館館藏中文珍稀期刊題錄』, 北京圖書館出版社, 2002; 葉再生, 『中國近代現代出版通史』 3, 北京: 華文出版社, 2002.

항전대학(抗戰大學)

1937년 중국 광저우에서 창간된 정치운동 잡지

1937년 11월 1일 광저우(廣州)의 통일출판사에서 창간하고 양광(陽光)이 편집을 담당했다. 1권 6호(1938)은 '항전 지식을 공고하고 통일적으로 공급하는 항전대학(鞏固統一供應抗戰知識的抗戰大學)'으로 제명을 표기하고 있다. 2권 1호(1938)부터 편집자가 항전대학사(抗戰大學社)로 바뀌었으며, 발행자도 항전대학사(抗戰大學社)로 되어 있다. 1938년 2권 3호를 출판하고 광저우가 함락되어 정간되었다가 1939년 2월에 출판과 발행지를 구이린(桂林)으로 옮겨 복간되었다. 2권 4호에 『복간호(復刊號)』라는 표지와 함께 '대형 전시종합잡지(大型的戰時綜合雜誌)'라는 제명이 쓰여 있다.

발행사에서 "힘을 다해 끝까지 항전하고, 통일을 공고히 하며, 저항 역량을 증강하는 민의 목소리"라고 하였다. 또한 "동방파시스트를 타도하고자 한다면, 항일민족통일전선을 공고히 하고 확대시키지 않는다면 단결을 말할 자격도 없다. 전국인민들에게 항전의 책임을 인식시킬 수 없다면 구국을 말할 자격도 없다"고 하였다.

2권 4호의 『복간사』에서 편집자는 또 다음과 같이 썼다.

"본간의 탄생은 항전의 화염 중에 이루어졌다. 창간 초기 '통일의 공고화, 항전지식의 보급'을 동인들의 목표로 하였다. …… 본간의 편집방침은 과거와 마찬가지로 여전히 일관되어 있다. 우리는 전국 동포의 공동의지를 기반으로 우리의 미약한 역량을 이용하여 자신의 국가, 민족에 대한 천직을 다하고, 항전에 대한 도움을 기대한다. 이것이 우리 사업의 최고원칙이다."

내용은 평론, 전론(專論), 대학강좌, 이론비판, 통신 등의 난이 있었다. 게재된 글은 항전시국을 소개하고, 분석하며, 항전의 기본문제와 신민주주의 이론을 밝히고 인민 군중을 항전으로 동원하며, 항일민족통일전선과 국공의 장기합작을 주장하였다. 마오쩌둥(毛澤東)이 '항일군정대학'에서 강의한 「변증법유물론(辨證法唯物論)」을 게재하였으며, 1권 6호에는 "춘경운동특집(春耕運動特輯)"과 "청년문제특집"이 있었고, 2권 1호에는 "군대정치공작특집"이 실렸다. 문장을 발표한 사람으로는 마오쩌둥, 저우언라이(周恩來), 예젠잉(葉劍英), 천보다(陳伯達), 랴오청즈(廖承志), 푸펑(蒲風), 청팡우(成倣吾) 등이 있었다.

한간(漢奸)에 대한 비판도 중요한 부분을 차지했다. 또한 애국적 화교와 홍콩, 마카오의 청년들이 조직한 유격대의 유격활동을 보도하였다. 세계 반파시즘전쟁과 국내 항일구국운동을 보도하고, 청년학생이 항전사업에 참여하도록 지도하며, 옌안(延安) 항일군정대학과 산베이공학(陝北公學)의 상황을 선전하고 소개하였다. 특별히 '대학강좌'라는 난을 개설하여, '정치공작강좌', '통일전선강좌', '군중공작강좌', '신철학강좌', '유격전쟁강좌' 등을 게재하였다. (김지훈)

참고문헌

伍杰, 『中文期刊大詞典』, 北京大學出版社, 2000; 北京師範大學圖書館報刊部 編, 『北京師範大學圖書館館藏中文珍稀期刊題錄』, 北京圖書館出版社, 2002.

▌항전문예(抗戰文藝)

1938년 중국 우한에서 창간된 문예지

1938년 5월 4일 우한(武漢)에서 중화전국문예계항적협회(中華全國文藝界抗敵協會)의 기관지로 창간되었다. 야오펑쯔(姚蓬子) 등이 주편을 맡았다. 창간부터 5월 14일까지는 3일간으로 발행되었고, 1938년 5월 21일부터 1939년 3월 1일까지는 주간으로 발행되었으며, 1939년 4월 10일부터 1940년까지 반월간으로, 1941년부터 1946년까지는 월간으로 발행되었다. 1938년 8월, 우한(武漢)이 함락된 후 충칭(重慶)으로 옮겨 출판하였으며, 우한에 남아 있던 펑나이차오(馮乃超) 등은 1938년 9월 17일 우한의 보위에 대한 상황을 반영한 『대우한 보위(保衛大武漢)』 특집을 발간하였고, 1938년 9월 17일부터 1938년 10월 15일까지 4호의 『우한특집(武漢特輯)』을 더 출간하였다. 7권(1941~1942)에는 발행자가 화중도서공사(華中圖書公司)로 바뀌었으며, 8권에서 10권(1945)까지는 작가서옥(作家書屋)으로, 다시 충칭삼련분점(重慶三聯分店)으로 바뀌었다. 1946년 『중국작가』가 『항전문예』를 승계하면서 제10권 6호를 마지막으로 종간되었다. 베이징대학도서관, 베이징사범대학도서관, 상하이도서관 등에 소장되어 있다.

통일전선 성격의 항일간행물로 편집위원은 전국 지역을 대표하는 인물들로 구성되었다. 쿤밍(昆明) 지역에서 왕핑링(王平陵), 톈한(田漢), 주쯔칭(朱自淸), 청두(成都)에서 주광첸(朱光潛), 라오샹(老向), 라오서(老舍), 우주샹(吳組湘), 쑹윈빈(宋雲彬), 옌안(延安)에서 청팡우(成仿吾), 홍콩에서 위다푸(郁達夫), 후펑(胡風), 후추위안(胡秋原), 마오둔(茅盾), 창사(長沙)에서 쉬빙창(徐炳昶), 야오펑쯔(姚蓬子), 펑나이차오(馮乃超), 샤옌(夏衍), 천시잉(陳西瀅), 장톈이(張天翼), 충칭(重慶)에서 쉬췬(舒群), 양한성(陽翰笙), 예이췬(葉以群), 시안(西安)에서 스이(適夷), 정보치(鄭伯奇), 상하이(上海)에서 정전둬(鄭振鐸), 광저우(廣州)에서 무무톈(穆木天), 장스진(蔣錫金), 펑쯔카이(豊子愷) 등이었다.

내용은 주로 항전 문예작품을 실었는데 논문, 소설, 통신, 보고, 가요, 보고문학, 전선통신, 소설, 시가, 잡문, 목각, 만화 등의 난이 있었다. "피눈물로 글을 쓰고, 정의를 위해 외치자", 또 모든 문예운동은 "광대한 항전대중 속으로 깊이 들어가자"고 호소하였다.

「발간사」에서는 작가들의 생각을 다음과 같이 드러냈다.

"경천동지(驚天動地)하는 항전의 포화소리 속에서

반드시 천만의 무장건아와 함께 큰 걸음을 옮기는 광대한 문예 대오가 필요하다. 붓의 행렬은 당연히 총의 행렬과 함께 해야 한다. 호탕하게 적을 향하여 전진하라! 중국에 전진하는 군대의 함성소리가 가득하게 하고, 중국에 전투의 혈류가 들끓어 가득하며, 피와 살로 장성을 쌓고, 머리를 바쳐 폭탄을 만들어 우리의 강철 같은 국방선 위에 견결하고 강건한 문예의 보루를 만들자. 이 문예의 보루를 만드는 일은 중화전국문예계항적협회의 성립으로 이미 초석은 놓여졌다.『항전문예』의 발간은 우선 이 기초위에 진군의 큰 깃발을 올리고, 이 깃발 아래에서 우리가 전 중국의 문예작가들에게 호소하여 강고한 문예 국방을 위해 먼저 스스로의 진영부터 단결하고, 내부의 일체의 분규와 마찰, 작은 집단관념과 당파적 견해를 제기하고, 모두의 시선을 앞의 민족적 대적에게 일치하여 집중시켜야 한다. 그 다음 문예운동과 각 부문의 문화적, 예술적 활동을 밀접하게 움직일 수 있도록 배합하여 균형적이고 보편적인 건강한 발전을 도모하여야 한다. 아울러 우리는 모든 문예운동, 문예의 대중화운동을 통해 문예의 영향이 과거의 협소한 지식인의 범위를 돌파하여 광대한 항전대중 속으로 깊이 들어가야 한다!『항전문예』는 이 거대한 책임을 지고 이 운동을 반영하고, 이 운동을 이끌며, 이 운동을 소통시키고, 이 운동을 발양하여 전국의 문예사업자들의 거대한 역량을 집결시켜 전국 문예사업의 행진의 표지가 되고자 한다. 그리하여 문예라는 이 견고하고 강건한 무기로 하여금 신성한 항전건국사업에서 응당히 져야할 책임을 담당하도록 할 것이다."

1호에 발표된 펑나이차오(馮乃超)의 문장「대우한의 보위를 강화하는 투쟁: 본 간의 사명을 논함(加强保衛大武漢的鬪爭: 論本刊的使命)」에서는 다음과 같이 지적하였다.

"새로운 중국은 포화 속에서 장성하고 있다. 중국의 신문예 역시 포화 속에서 장성하여야 한다. ……『항전문예』는 당연히 전국문예작가가 항전 중에 수행하는 일체의 활동과 임무를 지도하여야 한다. 우리가 창작의 붓을 들어 역사상 누적되어 온 부패현상을 일소해야 하고, 항전의 역량을 보다 강화하며 혁명의 신세대를 배양하여야 한다. 국제적으로 진보적 작가들과의 관계를 더욱 밀접하게 하고, 아울러 산재한 문화 중심과 긴밀히 연결하여야 한다. 모든 문화 활동이 민족해방전쟁이라는 이 위대한 사업에 참여하도록 하여야 한다. 민중으로 하여금 항전이라는 이 신성한 사업의 고유의 혁명성질을 알도록 하고, 그들을 동원하여 항전의 목적을 관철하도록 하여야 한다. 먼 곳에 있는 지방에서도 포성을 등을 수 있도록 하여 그들 역시 피의 항전의 현실을 주시하도록 하여야 한다!"

내용이 격렬하고 진보적이었을 뿐 아니라 지면의 배치, 지면의 설계 등에서도 큰 특색을 가지고 있었다. 3권부터 설치된 '매주논단'란은 정국의 필요에 따라 첨예한 의견을 발표하였다.

1권 9호에는 "고리키 기념(紀念高爾基) 특집"이 실렸고, 2권 7호에는 "루쉰 선생 서거 2주년 기념특집(魯迅先生逝世二週年紀念特輯)" 등이 발행되었다.

주요 작품으로는 아이칭(艾青)의「반침략(反侵略)」과「자매들에게(給姉妹們)」, 짱커자(臧克家)의「흙의 호흡(土的氣息)」,「항전을 위해 죽는 것은 진정한 영광(爲抗戰而死,眞光榮)」, 라오서(老舍)의「적과 친구(敵與友)」,「국가지상(國家至上)」, 톈한(田漢)의「강한어가(江漢漁歌)」와「새로운 아들딸 영웅전(新兒女英雄傳)」, 톨스토이 원작을 궈모뤄(郭沫若) 등이 번역한『전쟁과 평화』등이 있다.

참여 작가는 위다푸, 예성타오(葉聖陶), 후펑, 아그네스 스메들리, 펑쯔카이, 비예(碧野), 황야오멘(黃藥眠), 우보샤오(吳伯簫), 마오둔, 홍선(洪深), 바진(巴金), 저우얼푸(周而復), 쉬췬, 루디건(鹿地亘), 무무톈, 펑나이차오, 천바이천(陳白塵), 러우스이(樓適夷), 야오펑쯔, 쑹즈더(宋之的), 예이췬, 펑쉐펑(馮雪峰), 거바오촨(戈寶權), 자오쥐인(焦菊隱) 등의 저명작가들이었다. (김지훈)

참고문헌

王檜林·朱漢國,『中國報刊辭典』, 書海出版社, 1992; 北京師範大學圖書館報刊部 編,『北京師範大學圖書館館藏中文珍稀 期刊題錄, 北京圖書館出版社, 2002.

항전일보(抗戰日報)

1938년 중국 창사에서 창간된 정치운동 신문

1938년 1월 28일 후난성(湖南省) 창사(長沙)에서 창간되었다. 사장은 톈한(田漢)이었고, 랴오모사(廖沫沙)가 총편집을 맡았으며, 황즈강(黃芝岡), 왕루옌(王魯彥), 뤄취안핑(羅全平), 황런위(黃仁宇) 등과 조선의 애국청년인 안빙우(安炳武) 등이 편집에 참가하였다. 신문사는 창싸(長沙) 황창핑(皇倉坪) 28호에 있었다. 1938년 7월, 화재가 발생하여 정간되었다가 같은 해 연말, 후난(湖南) 위안링(沅陵)에서 복간되었고, 작가였던 어우양산(歐陽山), 차오밍(草明) 등이 편집에 참여했다. 이 시기에 부간(副刊)으로 『민중(民衆)』을 발행하였고, 항전문예, 항전직공(抗戰職工), 항전희극, 청년열차, 동향 등을 주간(週刊)으로 발행하였다. 1939년 6월 15일에 정간당했다. 후난성 중산도서관(中山圖書館) 등에 소장되어 있다.

문화계 등 각 계의 역량을 단결시켜 항전운동 원조를 목적으로 했다. 창간사에서 스스로 『구망일보(救亡日報)』의 자매지라고 했다.

4절 판의 소형신문이었으며, 내용은 사론, 단평, 전론(專論) 등의 난이 있었다. 1면에는 항전과 관련된 뉴스를 수록하고, 2면과 3면에는 항전을 선전하는 글을, 4면에는 국제소식을 실었다.

주요 집필자는 궈모뤄(郭沫若), 쉬터리(徐特立), 선충원(沈從文), 쑨푸위안(孫伏園) 등이었다. 마오쩌둥(毛澤東)의 「신 단계를 논함(論新階段)」과 「중국군대는 소련의 홍군을 배워야 한다(中國軍隊應當學習蘇聯紅軍)」 등을 게재하기도 했다. (김지훈)

참고문헌

王檜林 · 朱漢國, 『中國報刊辭典(1815~1949)』, 書海出版社, 1992; 葉再生, 『中國近代現代出版通史』 3, 北京: 華文出版社, 2002.

항전희극(抗戰戲劇)

1937년 중국 한커우에서 창간된 문예지

1937년 후베이(湖北) 한커우(漢口)의 화중도서공사(華中圖書公司)에서 발행한 희극 전문 잡지이다. 톈한(田漢)과 마옌샹(馬彥祥), 훙선(洪深) 등이 편집을 담당했고 발행인은 탕싱톈(唐性天)이다. 반월간이며 페이지마다 항전희극반월간(抗戰戲劇半月刊)이라는 제명이 쓰여 있다. 1938년 10월 2권 7호를 발행한 후 우한이 함락되면서 정간되었다. 상하이도서관 등에 소장되어 있다.

내용은 사론, 단론, 특집, 전론(專論), 극본, 통신망, 항전극단, 삽도(插圖)의 난을 개설했다. 주로 항전시기 희극의 이론과 연구, 비평에 대한 글들로 항전의의에 관한 무대극본, 계몽선전극, 가두극(街頭劇) 등이 있었으며, 각 지역 구국 연극운동의 통신, 소식 등을 보고하였다. 표지와 후면에 여러 편 항일극작을 담은 사진들을 실었다.

「발간사」에서 창간 목적에 대해 다음과 같이 말하고 있다.

"우리는 오늘의 중국이 이미 생사존망의 갈림길에 도달하였으며, 오늘의 항전 역시 중화민족의 생사존망의 일전이라 여긴다. 항전의 승리는 중화민족의 생존, 자유, 독립이며, 항전의 실패는 중화민족의 절멸을 의미한다. 따라서 오늘 우리의 최대문제는 어떻게 하면 신성한 항전에서 최후의 승리를 쟁취할 것인가 하는 것이다. …… 희극은 군중에게 선전하고, 군중을 교육하는 가장 좋은 도구이다. 특히 문화교육이 보편적으로 낙후한 중국에서 희극은 민중을 교육하고 조직하는 중요한 무기이다. …… 민족항전 중에 희극운동은 오로지 하나의 특수한 임무만을 갖는다. 바로 전 민족을 동원하여 중화민족의 생존을 위해 항전을 일으키는 것이다."

"본간은 현재 전국의 거의 유일한 희극간행물이다. 우리의 목적은 항전시기 희극운동의 이론과 실천을 연구하고 토론하며 구국연극의 경험과 교훈을 종합하여 극본의 창작을 추진하며, 연극운동을 보도하는 간행물로 만드는 것이다."

중일전쟁시기 항일연극운동의 경험과 교훈을 종합하고 항전 극복을 창작하며 전국의 항일구국 연극의 동향을 보도하였으며, 항일 정세에 부응하기 위해 현실성, 전투성이 비교적 강한 극본을 게재하였다. 즉, 어우양위첸(歐陽予倩)의 「양홍옥(梁紅玉)」, 톈한의 「토교지전(土橋之戰)」, 「류거우차오(蘆溝橋)」와 「살궁(殺宮)」, 양한성(陽翰笙)의 「새상풍운(塞上風雲)」, 천바이천(陳白塵)의 「한간(漢奸)」, 스링허(石凌鶴)의 「적을 죽이러 가자(殺敵去)」, 유징(尤競, 위링[于伶])의 「우리는 돌격한다(我們打沖鋒)」, 천황메이(陳荒煤)의 「일본 놈을 공격하러 간다(打鬼子去)」 등의 극본을 들 수 있다.

본 잡지는 세 방면의 뚜렷한 특징을 가지고 있었다. ① 광범하고 시기적절하게 전국 각지의 항전연극 활동을 반영하고, 어떻게 하면 이런 활동을 더 잘 진행할 수 있는지 토론을 전개하였다. ② 각 극작가의 작품을 발표하는 외에 노동자가 쓴 극본과 노동자 항전의 극본을 매우 중시하였다. 2권에는 두 편의 노동자항전극단의 특고(特稿) 「중공업 지역에서의 항적 선전(抗敵宣傳在重工業區)」, 「석탄요업 노동자의 항적 극단(石炭窯業工人抗敵劇團)」이 실렸다. ③ 국민당 장다오판(張道藩), 왕핑링(王平陵) 등의 문장을 발표하기도 하였다.

1권 4호에는 "희극계 항적협회특집(戲劇界抗敵協會特輯)"을, 2권 4·5호 합간호에는 "자오슈 동지 추도특집(追悼趙曙同志特輯)"을 실었다. 항전시기 희극운동의 이론과 실천에 있어서 항전 기간의 구국연극운동의 경험과 교훈의 종합하였으며, 항전 극본의 창작을 추진하였고, 전국 각지의 구국연극운동의 동향 등 일정한 공헌을 하였다. (김지훈)

참고문헌

王檜林·朱漢國, 『中國報刊辭典』, 書海出版社, 1992; 『北京師範大學圖書館館藏中文珍稀期刊題錄』, 北京圖書館出版社, 2002; 葉再生, 『中國近代現代出版通史』 3, 北京, 華文出版社, 2002.

해군건설(海軍建設)

1940년 중국 구이린에서 창간된 군사잡지

창간시 제호는 『해군정돈(海軍整頓)』으로 1940년 4월 광시성(廣西省) 구이린(桂林)에서 창간되었다. 월간(月刊)이며, 2권 1호부터 『해군건설』로 개명하였다. 1942년 3월 2권 12호를 출간하고 종간되었다. 중국국가도서관 등에 소장되어 있다.

"국민에게 해군과 국방의 인식을 증진시키고, 중국 신해군 건설의 이론을 연구하며, 해군 간부를 교육하는 것"이 목적이었다.

내용은 시사평술(時事評述), 논저(論著), 사병원지(士兵園地), 현대사료(現代史料), 명저역술(名著譯述), 독자편지함(讀者信箱), 유격의 빛(遊擊之光) 등의 난이 있었다. 주로 국내외의 군사, 정치, 경제, 문화와 관련된 언급들이었고, 특히 해군의 연구와 소개를 중시하였다. 게재된 글들은 해군건설의 이론을 탐구하고, 각국 해군 군비의 강약을 비교분석하며, 해군의 성능과 기능을 연구하고, 일본 해군의 활동과 유럽 전쟁 중의 해군활동 등을 보도하였다. (김지훈)

참고문헌

王檜林 · 朱漢國, 『中國報刊辭典(1815~1949)』, 書海出版社, 1992; 伍杰, 『中文期刊大詞典』, 北京大學出版社, 2000; 葉再生, 『中國近代現代出版通史』 3, 北京: 華文出版社, 2002.

해동불보(海東佛報)

1913년 서울에서 한국어로 발행된 종교 잡지

1913년 11월 20일자로 창간되어 1914년 6월 20일 통권 8호로 종간되었다. 편집 겸 발행인은 박한영(朴漢永)이었고, 인쇄인은 오종렴(吳鍾濂)이었다. 인쇄소는 창문사(昌文社), 발행소는 해동불보사였다. A5판 76면에 정가는 10전이었다. 동국대학교 도서관, 서강대학교 도서관, 성균관대학교 도서관에 소장되어 있다.

「사고(社告)」에서 "소분관계(小分關係)를 인(因)하여 조선불교월보(朝鮮佛教月報)는 명칭을 변경하여 해동불보(海東佛報)로 하고 계속발행을 시(始)하며 사명(社名)도 해동불보사라 개정하였사오니 본보를 애독하시는 석덕(碩德)은 해량(海諒)하심을 경망(敬望)"한다고 밝혀 『조선불교월보(朝鮮佛教月報)』의 후신임을 알리고 있다.

『해동불보』의 목적과 편집방향을 밝히고 있는 「본보의 규약」을 옮긴다.

"1. 본보는 대승불학(大乘佛學)을 천화(闡化)하기로 종지(宗旨)함. 1. 본보는 순수한 학리(學理)와 덕성(德性)을 공구계도(攻究啓導)를 요(要)하고 절대적 정치 치담(侈談)과 시사득실(時事得失)은 불요(不要)함. 1. 본보는 매월 일회 20일로 정기 발행함. 1. 본보를 전 조선불교월보 구독자 씨에게 인계 배부는 물론이오 다시 구람(購覽)코저 하신 첨언(僉彦)은 주소와 씨명을 시명(示明)하심을 요함. 1. 본보는 선정한 찬술원(撰述員) 이외에 고명한 투고를 요하되 매월 5일 내로 해서교송(楷書交送)하심을 망(望)함. 1. 본보에 투고하실 시에 주소와 씨명 상시(詳示)하심을 요하며 단, 기(記), 정(停), 고(敲), 평(評)의 권한을 본사에 책임함."

목차 구성은 광장대(廣長臺), 사자후(獅子吼), 무봉탑(無縫塔), 대원경(大圓鏡), 유성신(流星身) 등으로 구성되어 『조선불교월보』와 큰 차이가 없었다. (정예지)

참고문헌

『海東佛報』, 창간호, 1913.11, 성균관대학교 소장본; 최덕교 편, 『한국잡지백년』 1, 현암사, 2004.

▌해방(解放)

1919년 일본의 도쿄에서 발행한 종합잡지

1919년 6월 도쿄의 다이토가쿠(大鐙閣)가 발행한 종합잡지이다. 통권 52책 발행되었다. 당시 일본에서는 1차 세계대전 이후의 데모크라시 사상의 고양 속에서 『개조(改造)』, 『아등(我等)』과 더불어 창간되었다. 창간호는 38전이었다. 잡지 원본은 가가와대학(香川大學) 가미하라문고(神原文庫) 등이 소장하고 있다.

요시노 사쿠조(吉野作造) 등의 여명회(黎明会)와 사노 마나부(佐野学) 등의 신인회(新人会)운동을 배경으로 사회주의적 색채가 농후한 종합잡지이다.

발행의 취지는 "전통적, 인습적, 보수적, 반동적인 모든 옛 사상으로부터 해방되는 것을 요구할 수밖에 없다"는 것이었다. 대전 이후의 새로운 정황에 대응하여 새로운 언론활동을 전개했다.

문예란은 당초 시마자키 도손(島崎藤村)을 고문으로 나가이 가후(永井荷風), 다니자키 준이치로(谷崎潤一郎), 사토 하루오(佐藤春夫), 아쿠타가와 류노스케(芥川龍之介), 기쿠치 간(菊池寛), 다야마 가타이(田山花袋), 도쿠다 슈세이(徳田秋声), 마사무네 하쿠초(正宗白鳥), 히로쓰 가즈오(広津和郎), 우노 고지(宇野浩二), 가사이 젠조(葛西善蔵) 등 폭넓고 견실한 작풍을 지닌 작가들이 문예란를 장식했다. (이규수)

참고문헌

『近代文學雜誌事典』, 至文堂, 1965; 桂敬一, 『明治・大正のジャ-ナリズム』, 岩波書店, 1992; 日本近代文學館・小田切進

編,『日本近代文學大事典』第5卷, 講談社, 1977.

▌해방(海防)

1927년 일본에서 발행된 해군 잡지

1927년부터 일본의 해방의회(海防義會)가 발행한 월간지이다. 잡지의 제명에서도 알 수 있듯이, 해군의 외곽단체가 선전 지원과 보급을 목적으로 간행되었다.

집필진에 해군의 퇴역장관과 해군성 촉탁이 많은 것은 당연했는데, 이 중에서도 기술계의 학자가 중심이 되었던 것은, 기술을 중시하는 해군의 성격을 보여준다. 이 점은 문화면 중심의 유사 잡지와는 취지가 달랐음을 의미한다. 따라서 잡지의 수준도 높았고 독자(회원)층은 일반 대중은 아니었다. 기술 관료가 대부분을 점했다고 생각된다. 물론 기술계의 군인도 많았을 것이다.

1943년 9월호(20권 9호)의 목차의 주요한 것을 보면 다음과 같다. 하시구치 요시오(橋口義男)의 「일미항공결전과 제국의 항공계(日米航空決戰と帝國の航空界)」, 마쓰나미 진이치로(松波仁一郎)의 「일본의 국성 '신국'(日本の國性'神國')」, 사쿠라이 쇼조(櫻井省三)의 「본방 목조선의 발상지 호전(本邦木造船の發翔地戶田)」, 요코보리 쓰네노리(橫堀常範)의 「미·영 잠수함의 검토(米·英潛水艦の檢討)」, 다다 겐이치(多田憲一)의 「봉건해방론의 일반개념(封建海防論の一般槪念)」, 히다카 고이치(日高鑛一)의 「조부 게이자부로의 선함을 생각하며(祖父圭三郎爲善を想ふ)」 등이었다.

이 잡지가 지령(誌齡)은 오래되었지만 일반에게 잘 알려지지 않은 이유는, 회원제로 운영되었다는 것 외에도 내용이 대중적이지 않았기 때문이다. 해군성이 잡지 발행 자금을 지원했기 때문에, 상업광고는 하나도 게재되지 않았다.

그러나 비록 대중성이 적은 잡지이기는 하였지만, 흥미를 끄는 문장이 전혀 없었던 것은 아니다. 자료적으로도 가치가 있는 것이 매호 1, 2편정도 게재되었다. 히다카 게이자부로(日高圭三郎)의 「미행일지(米行日誌)」(1943년 12월호부터 게재)는 그 하나로서, 이것은 메이지(明治) 초기의 아메리카 여행기이다. (문영주)

참고문헌

高崎隆治,『戰時下の雜誌その光と影』, 風媒社, 1976;『日本出版百年史年表』, 日本書籍出版協會, 1968.

▌해방(解放)

1930년 서울에서 『신소설』을 개제하여 발간한 월간 문학잡지

1930년 12월 1일 해방사(解放社)에서 창간한 문학잡지이다. 1931년 6월 통권 6호로 종간되었다. 『신소설』(창간호 표지에 "신소설 개제"라고 크게 써 있다)을 이어 받아 창간했다는 의미로 창간호에 2권 5호(『신소설』 종간호는 2권 4호)로 표기되어 있다. 편집 겸 발행인은 신민우(申玟雨), 대성당 인쇄회사의 김규택(金圭澤), 발행소는 해방사(경성부 경운동 96)이다. 판형은 B5판으로 총 70쪽 내외이며 정가는 20전이다.
연세대에 3권 1호를 제외한 나머지 전권이 소장되어 있다.

1929년 12월부터 1930년 9월까지 건설사(建設社)에서 『신소설』을 발간해 오다가 "이론을 세우는 데 등한하였고, 제목에 너무도 무관심하였던 것을 깨"달은 나머지, 1930년 11월 건설사를 해방사로 개칭하고 『신소설』을 『해방』으로 제호를 바꾸어 발간하였다. 창간호의 「권두언: 이제 해방으로 약진한다」에서는 『신소설』의 불편부당한 태도를 비판하고 "우리의 출발점을

문예운동 그것에 두는 것이 아니라 그것을 떠나서 현사회의 자기비판의 주체인 무산계급의 미래사회에 대한 불타는 의지와 희망 위에 두지 않으면 안 된다. …… 진흙신에 짓밟힌 현재의 온갖 상태를 그 반동적 마취적 기만적 폭압적 현상에서 일체의 오물과 악취를 떨쳐버리고 신선한 미와 참스러운 인간의 건강한 예술을 건설하는 영역에로 약진"해야 한다고 발간의 취지를 밝히고 있다. 이처럼 「권두언」이나 「편집후기」에서 '해방'의 이상과 당위성을 역설하고 있는데, 이러한 논조와 주장은 이 시기에 불어 닥친 '문예운동의 볼셰비키화'와 무관하지 않아 보인다.

논설, 소설, 흥밋거리 기사, 독자문단 등으로 구성되어 있으며, 소설이 많은 비중을 차지하고 있다. 창간호에는 프로문학을 지향하는 박영희(朴英熙)의 논문 「예술의 형식과 내용의 합목적성」을 필두로 이기영(李箕永)의 「광명을 앗기까지」, 전무길(全武吉)의 「토향의 사람들」, 김동인(金東仁)의 「죄와벌」, 춘원(春園)의 「처」, 최독견(崔獨鵑)의 「연애시장」, 빙허(憑虛)의 「웃는 포사」 등 역량 있는 작가의 소설을 싣고 있다. 이 밖에 「백만장자의 애욕사건」, 「일본여류작가의 사생활」, 「기생집 어멈의 넋두리」, 「사장미행기」 같은 흥밋거리 기사도 싣고 있다.

『신소설』과 비교했을 때, 가장 두드러진 특징은 시사문제에 대한 논의가 항상 들어 있다는 점이다. 소설만을 잡지에 실었던 『신소설』 과는 달리, 『해방』에는 당대적 문제로 떠오르거나 조선의 현실과 관련된 해외의 사건, 이론 등에 대한 논설이 실려 있다. 「신간회 해소」, 「마르크스주의 경제학ABC」, 「중국혁명」, 「해외혁명가」, 「유물사관 ABC」, 「메이데이」 등은 논설의 성격과 편집 의도를 알 수 있게 해준다. 1931년 4월호의 경우에는 문학작품보다 시사적이고 이론적인 논설이 더 많이 실려 있음을 확인할 수 있다.

이로 미루어 볼 때, 『해방』은 조선의 현실을 비판하고 무산계급의 해방을 위한 의지를 불태우고 그럼으로써 미래에 대한 희망을 찾고자 했음을 알게 해준다. 이처럼 급진적 이념을 표방한 『해방』은 논설을 통해서 당대 조선 사회와 세계 혁명의 동향을 예리하게 주시하여 독자들에게 시사적 문제의식을 제공해주는 한편, 소설 중심의 문예지로서 다양한 읽을거리를 제공하여 대중의 관심사와 오락에 대한 욕구를 충족시키려 했던 잡지라고 할 수 있다. (전상기)

참고문헌

권영민, 『한국계급문학운동사』, 문예출판사, 1998; 최덕교 편저, 『한국잡지백년』 3, 현암사, 2004.

해방일보(解放日報)

1941년 중국 옌안에서 창간된 정치운동 신문

1941년 5월 16일 산시성(陝西省) 옌안(延安)에서 중국공산당중앙위원회 기관지로 창간되었다. 사장은 보구(博古, 타이방셴[泰邦憲]), 총편집은 양숭(楊松), 부총편집은 쉬광성(徐光生)이 맡았으며, 일간이다. 마오쩌둥(毛澤東)이 제자란에 제호를 썼으며, 발간사를 집필하였다. 1946년 7월 랴오청즈(廖承志)가 신화사 및 해방일보 겸임사장에 취임하였고, 판창장(范長江), 첸쥔루이(錢俊瑞), 스시민(石西民), 메이이(梅益), 쉬마이진(徐邁進)이 부총편집을 맡았다. 『문예(文藝)』, 『청년의 페이지(青年之頁)』, 『중국공인(中國工人)』, 『적정(敵情)』, 『중국부녀(中國婦女)』, 『과학원지(科學園地)』, 『군사(軍事)』, 『위생(衛生)』 등의 부간(副刊)을 발간하였는데, 부간의 편집은 딩링(丁玲)과 쉬췬(舒群), 아이쓰치(艾思奇) 등이 맡았다. 1947년 3월 국민당 군대가 옌안을 공격하자 진차지(晋察冀)지구를 전전하다가 1947년 3월 27일 종간되었다. 1954년 베이징(北京)의 인민출판사에서 영인본을 출판하였다. 중국국가도서관과 상하이도서관 등에 소장되어 있다.

『해방일보』 창간에는 마오쩌둥의 제안이 큰 역할을 하였다. 마오쩌둥은 중국혁명의 성공에는 선전업무 등을 통한 여론 형성이 중요함을 강조하고, 신문의 역할은 중국공산당의 노선과 방침, 사업 등을 신속하게 군중에게 알리는 것이라고 하였다. 이러한 마오쩌둥의 인식을 바탕으로 중국공산당 중앙위원회는 1941년 5월 초에 3일 간격으로 발행되고 있던 『신중화보』와 『금일신문』을 합병하여 『해방일보』를 발행하기로 하였다.

1941년 5월 16일자 창간호에는 중국공산당 주석 마오쩌둥의 「발간사」와 사장 보구의 「통신(通訊)」이 실렸다. 보구는 『해방일보』가 '전투적 당의 기관지'이고, 선명한 입장과 생동하는 형식을 갖는 신문이 되어야 한다고 강조하였다. 또한 마오쩌둥은 「발간사」에서 이 신문의 사명이 전국 인민을 결집시켜 일본제국주의를 물리치는 것이라고 하면서 전국의 모든 항일을 위한 당파와 민중이 단결해야 한다고 하였다. 아울러 민족의 배반자들에게 단호한 타격을 가해야 한다고 하여 반공정책을 취하고 있던 국민당 정부를 비판하였다.

신문 지면은 대부분 외신과 소련공산당 기관지 『프라우다』의 번역 소개가 큰 비중을 차지했다. 그러나 1941년 9월 초 옌안의 중앙연구원에 신문연구실이 설치되면서 증면이 검토되었고, 16일부터 문예란 등이 확충되는 등 4면으로 지면이 늘어났다.

1면에는 사론과 국제뉴스가 실렸고 제2면에는 국제뉴스와 해설기사, 3면에는 국내 뉴스, 제4면에는 산간닝변구 뉴스와 부간(副刊)을 수록했다. 종이 부족이 심각했음에도 이와 같이 증면을 단행한 것은 독소전쟁이 시작되는 등 국제정세의 변화를 반영하는 기사가 요구되었기 때문이었다. 용지 부족 때문에 같은 해 7월 이후 『해방』, 『중국문화』, 『단결』, 『적국휘보(敵國彙報)』 등의 잡지가 정간되면서 그 공백을 보충하기 위한 방안으로 『해방일보』에 부간란을 신설하여 대신 연재하기 시작했다.

이에 따라 『청년지항(青年之項)』, 『중국공인(중국공인)』, 『적정(敵情)』, 『중국부녀(中國婦女)』, 『과학원지(科學園地)』, 『군사(軍事)』, 『위생(衛生)』 등의 부간이 대체로 2주일 간격으로 연재되었다.

사론은 주로 공산당의 간부와 신문의 편집진이 집필하였고, 국내 뉴스는 신화사의 영문번역조와 일문번역조가 큰 역할을 했다. 국내 뉴스는 신화사와 국민당 통치 지구에 있는 언론기관과 연락원이 제공하는 정보를 보도했다. 그러나 제공하는 정보가 부정확하거나 신빙성에 문제가 있는 경우도 종종 있었다. 이러한 문제점을 해결하기 위해서 『해방일보』의 채방통신과(採訪通訊科)는 1941년 12월에 산간닝변구 각지의 통신원 300여 명으로부터 오는 원고의 질을 향상시키기 위해 송신 원고의 결점을 지적하고 개선을 요구하기도 했다. 한편 1942년 2월부터 본격적으로 시작된 중국공산당의 정풍운동(整風運動)에 적극적으로 호응하였다. 4월 1일 수록된 사론 「독자에게」에서는 『해방일보』를 개혁하는 목적을 진정한 당의 기관지로 만드는 것이라고 하면서 지면에 공산당의 노선을 관철시키고 대중의 실정을 반영시키며, 사상투쟁을 강화하고 당 공작의 개선을 돕는 것이라는 점을 강조하였다.

이때부터 1면에 사론과 산간닝변구를 중심으로 한 각 변구의 중요소식, 2면에 '당의 생활'란과 각 변구와 국민당 지역의 뉴스, 3면에는 국제뉴스, 4면에는 종합적 부간 란으로 발행되었다. 종래의 부간 가운데 '적정', '과학원지', '위생'란만 남고 나머지는 폐지되었다. '당의 생활'란은 정풍운동에 관련된 내용을 수록하였다.

1942년 봄에는 산간닝변구에 대한 보도를 강화하기 위해 변구 지역의 취재망을 대폭 강화하였다. 신화사와 공동으로 변구 각지에서 발행되고 있던 변구신문의 발행을 증가시키고, 변구 등 각 지역에 통신처를 점진적으로 신설했다.

1942년 9월 9일 중국공산당 서북국은 「『해방일보』 사업문제에 관한 결정」을 채택하여 『해방일보』는 중앙기관지이면서 서북중앙국의 기관지가 되었다. 이후 각 지방의 당 간부가 필자로 참여했고, 각지의 통신원의 활동도 활발해졌다.

1944년 7월 산간닝변구의 현(縣)과 구(區)에 1,020명의 농촌통신원을 두었고, 공장, 부대 등의 기관에도 250명의 통신원을 두었다. 이러한 취재망 확충으로 변구 민중들의 호응을 얻었다.

『해방일보』는 중국공산당 중앙위원회의 정책이나 방침 등을 일방적으로 전달하는 당기관지로서의 성격을 벗어나 각지에 주재하는 통신원을 통하여 각 지방의 현지 실정을 중앙의 정책 결정 등에 반영시키게 되었다. 그리하여 이 신문은 대중과 공산당, 중앙과 지방, 정책 결정자와 실무자 사이를 자연스럽게 매개하는 역할을 하였다. (김지훈)

참고문헌

藤田正典, 『中國共産黨新聞雜誌硏究』, 東京, アジア經濟硏究所, 1976; 許煥隆, 『中國現代新聞史簡編』, 鄭州, 河南人民出版社, 1988.

▌해상기서(海上奇書)

1892년 중국 상하이에서 창간된 문예지

1892년 2월 상하이(上海)에서 창간되었다. 중국 최초의 그림과 문자가 함께 사용된 문학잡지로 초기에는 반월간으로 간행되다가 11호부터 월간으로 바뀌었다. 소설가인 한방칭(韓邦慶, 화예렌눙[花也怜儂])이 창간하고 점석재석인(點石齋石印)에서 인쇄되어 신보관(申報館)이 판매를 대행하였다. 1892년 12월 총 15호를 발행하고 종간되었다.

내용은 대부분 한방칭의 작품으로 구성되어 있다. 지면은 매회 세 부분으로 나뉘어 편집되었는데, 머리기사에 한방칭의 단편소설이, 두 번째 난에는 그의 장편소설이 연재되었고, 세 번째 난에는 그가 옛 문장들을 편집한 필기소설 「와유기(臥游記)」가 게재되었는데, 그중에는 지윈(紀昀)의 「홍유왜(紅柳娃)」와 「규구초(規矩草)」, 그리고 푸쑹링(蒲松齡)의 「도신(跳神)」이 있다.

소설에 삽화를 넣은 그의 문장은 소설잡지의 새로운 물길을 열었다고 평가된다. 그리고 연재 형식의 소설을 매회 같은 지면에 게재하여 독자들이 편리하게 읽을 수 있도록 편집한 체계는 이후 소설 잡지들에게 영향을 주었다.

연재 형식으로 지면 상단에 게재된 「해상화열전(海上花列傳)」은 모두 쑤저우(蘇州) 지방 방언을 사용한 것으로 잡지에 방언소설 발표의 첫 물고를 열었다.

이러한 방언소설은 당시 백화문(白話文)운동과 밀접한 관계에 있었으며, 방언소설의 발표는 백화문운동을 추동하는 역할을 하였다. 잡지의 창간과 문체의 개혁운동이 상호 촉진 작용을 하면서 잡지 소설들이 문체 개혁운동을 촉진하였던 것이다. (김성남)

참고문헌

周葱秀·涂明 著, 『中國近現代文化期刊史』, 山西敎育出版社, 1999; 方漢奇 主編, 『中國新聞社業通史』, 中國人民大學出版社, 1996.

▌해연(海燕)

1936년 중국 상하이에서 창간된 문예지

1936년 1월에 상하이(上海)에서 루쉰(魯迅)이 창간한 문학월간지이다. 해연문예사(海燕文藝社)에서 발행하였으나, 창간 한달 만에 프롤레타리아문학을 선전한다는 이유로 금지 조치를 당하여 단지 2호를 출간하고 종간되었다.

1호 편집자의 서명은 문청사(文靑史)이고 2호의 서명은 백야(百耶)로 되어 있는데, 모두 녜간누(聶紺弩)의 필명이다. 니에깐누와 후펑(胡風), 루쉰, 샤오쥔(蕭軍), 차오쥐런(曹聚仁), 우시루(吳奚如) 등이 편집에 참여하였다.

간행물의 제명은 루쉰이 썼으며, 1호에는 루쉰의 「출관(出關)」과 「제미정초(題未定草)」, 「문인비교학(文人比較學)」이 발표되었다. 2호에는 루쉰의 「아금(阿金)」과 「도스토옙스키의 일(陀思妥夫斯基的事)」, 샤오쥔(蕭軍)의 「강산(江上)」, 샤오훙(蕭紅)의 「과야(過野)」, 후펑(胡風)의 「만담개인주의(漫談個人主義)」 등이 있다.

이곳에 발표된 문장들은 항일애국의 열정과 시대의 분노를 담은 보고문학들이 많았다. 즉, 우시루(吳奚如)의 「선전대(宣傳隊)」, 천황메이(陳荒煤, 滬生)의 「12월 24일 난징거리를 기록하다(記12月24日南京路)」, 종런(宗人)의 「타이웬 기사(太原紀事)」 등이다.

이 밖에 샤오쥔의 소설 「다롄환상(大連丸上)」과 어우양산(歐陽山)의 극본 「인물(人物)」, 후펑(胡風)의 평론 「문예계 풍습의 일경(文藝界底風習一景)」 등이 발표되었다.

중국 인민과 일본제국주의 사이의 모순을 반영하고 중국 인민의 애국 열정을 표현한 작품들로 많은 독자들에게 강렬한 반향을 불러일으키며 잡지가 매진되자 2

월 29일, 국민당 당국은 "① 국민당의 외교정책을 비판한다. ② 프롤레타리아 문화를 선전한다. ③ 인민정부를 고취한다"는 이유로 본간을 폐쇄하였다. (김성남)

참고문헌

周葱秀·涂明 著, 『中國近現代文化期刊史』, 山西教育出版社, 1999; 方漢奇 主編, 『中國新聞社業通史』, 中國人民大學出版社, 1996.

▌해외문학(海外文學)

1927년 서울에서 발행된 번역문학잡지

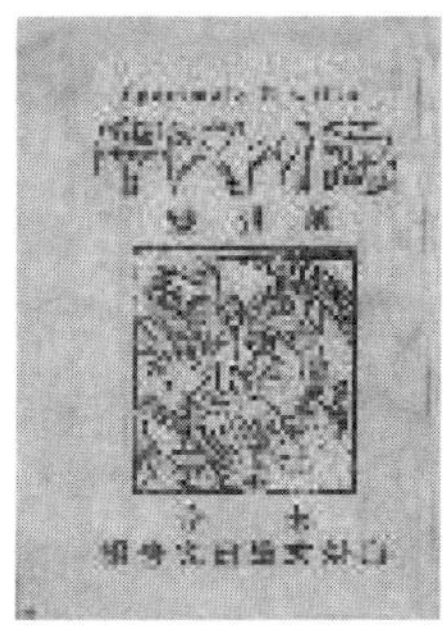

1927년 1월 17일에 창간했다. 2호는 같은 해 7월 4일자로 도쿄에서 나왔는데 그것으로 종간호가 되고 말았다. 편집 겸 발행인은 이은송(李殷松), 인쇄인은 한성도서주식회사의 노기복, 발행소는 해외문학사(경성부 냉동 112), 도쿄 총위탁판매소는 삼성당(三省堂)소매부(도쿄시 신구통 신보정 1번지)이다. 판형은 국판으로 창간호는 202쪽에 30전, 2호는 68쪽에 35전이었다. 창간호는 이하윤이 편집했고 2호는 정인섭의 주도 아래 발간되었다. 1982년 현대사에서 2호까지 영인되어 나와 있다.

「창간권두사」를 보면 우리 문학의 발전과 근대화를 위해서 외국문학의 번역과 연구가 얼마나 필요한가를 역설하는 대목을 확인할 수 있다.

"무릇 신문학의 창설은 외국문학의 수입으로 그 기록을 비롯한다. 우리가 외국문학을 연구하는 것은 결코 외국문학 연구 그것만이 목적이 아니요, 첫째 우리 문학의 건설, 둘째로 세계문학의 호상 범위를 넓히는데 있다. 즉 우리가 가장 경건한 태도로 먼저 위대한 외국작가를 대하며, 작품을 연구하여서 우리 문학을 위대히 충실히 세워놓으며 그 광채를 돋구어 보자는 것이다. 이에 울리는 우리 신문학 건설에 앞서 우리 황무한 문단에 외국문학을 받아들이는 바이다."

외래 문명을 접하고 수입하여 전근대적 요소들을 몰아내는데 이용하고 전혀 새로운 문명으로 바꾸기까지 많은 시행착오와 극심한 혼란을 겪었던 식민지 초기를 생각할 때, 1927년의 시점에서 이런 선언이 나왔다는 것은 참으로 대단하다고 할 수 있다. 창간호의 의도를 보건대, 선진적인 외국문학에 대한 열등감과 동경을 무조건적으로 내보이지는 않을 뿐더러, 주체적인 수용 의지를 담고 있다는 것이다.

창간호는 특대호로 발행되었다. 김진섭의 「표현주의문학론」, 화장산인(花藏山人)의 「'포오(poe)'를 논하여 외국문학연구의 필요에 급하고 『해외문학』 창간을 축함」, 김석향의 「최근 영시단의 추세」, 이선근의 「노서아문학의 창시자 '푸시킨'의 생애와 그의 예술」 등의 평론과, 에드거 앨런 포의 「역사(赤死)의 가면」(정인섭 역), 아나톨 프랑스의 「크랭크 비이으」(노재비 역), 「신부의 목서초」(이하윤 역), 「제스타스」(이하윤 역), 하인리히 만의 「문전(門前)의 일보」(김진섭 역), 와시리 에르셴코의 「고기의 설움」(이은송 역), 비에르드 릴라당의 「빌지니와 포을」(이하윤 역) 등의 외국 소설이, 그리고 폴 베를렌(Paul-Marie Verlaine), 푸시킨(Pushkin), 로버트 브리지스(Robert Bridges), 존 메이스필드(John Masefield), 월터 존 데라메어(Walter John de la Mare), 알프레드 드 뮈세(Alfred de Musset), 괴테(Goethe), 코핏슈, 호프만슈탈(Hofmannsthal), 니체(Nietzsche), 모리스 마테를링크(Maurice Maeterlinck), 알베르 사맹(Albert-Victor Samain), 후스(胡適) 등의 시, 희곡으로는 체호프(Chekhov)의 「구혼」(김온 역)과 이탈리아 미래파 극작가인 마리네티(Marinetti)의 「월광」 등이 게재돼 있다. 어느 한쪽에 치우치지 않고 여러 나라의 작품들을 골고루 실었다는 점에서 외국의 다종다양한 작품 경향과 문예적 특질을 살피려 했다는 의의를 찾을 수 있다.

그만큼 세계 여러 나라의 문학작품을 연구하고 번역하는 인재가 늘어나고 이제는 일본어로 중역된 작품이 아닌 해당 국가의 작품을 직접 맛보아 소개하는 차원으로 한 단계 성숙한 면모를 보이고 있는 것이다.

2호는 창간호에 비해서는 총 면수의 분량이 훨씬 줄어들었다. 이선근의 「여명기 로서아 문단 회고」, 함일돈의 「명치문학의 사적 고찰」, 정인섭의 「쇼오 극의 작품과 사상」, '헨리 피프스'의 「'필란델로'와 그의 독창성」 등의 평론과, 알베르 사맹(Albert-Victor Samain), 월터 드 라 메어(Walter de la Mare), 폴 제럴드, 셸리(Shelley), 월트 휘트먼(Walt Whitman) 등의 시, 소설로 알퐁스 도데의 「'알르'의 여자」(노재비 역), 그리고 희곡으로는 체호프의 「백조의 노래」(김온 역)와 버나드 쇼의 「그가 그내 남편 속인 이야기」(장기제 역)가 실려 있다. 특히 주목할 것은, 동인들이 참석한 「해외문학좌담회」이다. 여기에서 그들은 '한글 사용에 대한 외국문학 견지의 고찰'을 행하고 있다. 이는 '한글맞춤법 통일안'이 발표되기 전에 외국문학 전공자들이 외국작가와 작품, 그리고 우리말로 번역하기 어려운 외래어를 어떻게 표기할 것인가를 고민했던 흔적을 보여 준다.

그리고 무엇보다도 이 『해외문학』의 의미는 일본어 중역이 아니라 외국문학에 대한 정보를 조선인 스스로가 직역하고 연구하여 소개하는 역량을 발휘했다는 물증을 보여 주는 것이다. 비록 2호로 단명을 고했다 할지라도 이 매체는 이후에 전개되는 외국문학을 대하는 자세와 그에 대한 주체적 수용 태도에 많은 영향을 끼쳤다. 그리하여 이 잡지의 탄생이 갖는 의미를 몇 가지 더 살펴보면 다음과 같다. 첫째, 외국문학을 전공한 여러 전공자들이 각기 다양한 외국작가와 작품을 번역, 소개한 최초의 잡지였다는 점이다. 둘째, 작가나 작품 선택에 있어 일방적으로 어느 나라에 치우치지 않고 영국, 프랑스, 러시아, 미국, 독일, 일본, 중국 등의 여러 나라 선진 작가와 작품을 골고루 망라했다는 점이다. 셋째, 특정 문학 경향이나 분파를 초월하여 다양한 경향을 소개한 점이다. 그러나 이 잡지에 실린 외국문학 작품들이 대부분 19세기 후반기 이후의 구미문학에 한정되어 있었다는 점은 아쉬운 점이다. (전상기)

참고문헌

권영민, 『한국근대문인대사전』, 아세아문화사, 1999; 최덕교 편저, 『한국잡지백년』 2, 현암사, 2004.

▌해외신문(海外新聞)

1864년 일본 요코하마에서 발행된 신문

1864년 6월 28일 요코하마(横浜)의 거류지에서 미국계 일본인 요셉 히코(Joseph Heco)에 의해 발간되었다. 신문은 막부의 『관판바타비야신문(官板バタビヤ新聞)』이 외국의 신문기사를 그대로 번역하여 막부 요인들에게 회람시킨 정보수집활동의 일환이었던 것과는 달리, 『해외신문』은 외국 신문으로부터 관계기사를 선택 번역하여 일반인을 대상으로 정기적으로 발행한 민간신문이다. 『해외신문』 창간호의 표지 사진은 후지산을 배경으로 요코하마의 항구가 보이는 해안에 증기선 그림을 배치한 낭만적인 것이었다. 표지 상부에 해외신문이라는 표제어가 있고, 왼쪽 밑에 아메리카 141번이라는 도장 인이 있다. 글체는 행서체 한자와 히라가나이다. 신문 체제는 절반으로 접은 종이 4~5장에 표지가 붙었다.

신문의 창간호 사고(社告)에는 "각국의 신문지를 일본말로 바꾸는 취지는 각국의 새롭고 진귀한 것을 알기 위함이다. 또한 물건의 높고 낮은 가치를 알면 무역을 통해 얻을 수 있는 이익이 많기 때문이다"고 밝혔다. 더욱이 사고에는 "영국의 정기선은 한 달에 두 번씩 항구에 들어온다. 정기선이 들어올 때마다 신속하게 출판해야 하기 때문에 검열의 여유가 없다.

따라서 어쩔 수 없이 오류가 많을 수밖에 없다. 또한 어린아이들에게도 읽혀야 하기 때문에 문장의 우아함과 저속함을 묻지 말기를 바란다. 원래의 큰 뜻만을 이야기하는 것처럼 신문을 만들기 때문에 독자들은 원래의 기사에 대해 논하지 말기를 바란다"라는 입장을 밝혔다.

요컨대 정기선이 항구에 들어올 때마다 뉴스를 신속히 전달하는 것이 첫째 목적이기 때문에 누구라도 이해할 수 있는 쉬운 문장으로 신문을 편집한 것이다. 따라서 번역을 둘러싸고 문제를 제기하지 말기를 당부하는 것이다. 이러한 평이한 문장표현은 이후 일본 신문의 기본적인 편집방침이 되었다.

또 신문은 사고에서 "요코하마 거주 영국인이 만드는 광고 등도 번역하겠다"고 밝히고 있는 바와 같이 광고를 모집했다. 이 결과 제18호부터는 거류지 상점과 상품의 광고가 게재되기 시작했고, 더욱이 선박, 총포, 탄약 등의 광고도 게재되었다. 일본에서 처음으로 광고를 게재한 신문은 『해외신문』이었다. 이러한 경향이 표출된 것은 내외국인의 무역활동을 중심으로 발전된 요코하마라는 개항장의 특징일 것이다.

편집방침은 『관판바타비야신문』과 동일했다. 각국의 뉴스를 영국, 미국, 프랑스, 러시아, 이탈리아, 투르크 등 각 국가별로 보도했다. 예를 들면 「영국 부(英吉利の部)」에서는 차 수요의 증대, 생사 가격 등이 게재되었고, 「미국 부(亞米利加の部)」에서는 남북전쟁의 개황, 미국과 캐나다 간의 조약체결, 주식현황 등과 같이 정치와 경제뉴스가 폭넓게 취급되었다.

이 밖에도 대통령 링컨의 암살(5, 6호), 당시 세계에서 화제가 되었던 폼베이 유적의 발굴(12호), 구약성서의 일본어 번역(18호부터 연재), 영국과 미국 간의 대서양 횡단 해저케이블의 완성(24호) 등이 보도되었다. 이처럼 해외와 관련된 내용은 충실했지만, 국내 관련 뉴스는 거의 없었다.

국내 관련 뉴스는 외국 신문에서 전재한 뉴스정도에 불과했다. 『관판바타비야신문』이 막부의 뛰어난 양학자에 의해 번역되어 발음도 네덜란드식으로 통일된 것과는 달리, 『해외신문』은 고유명사의 발음조차도 불완전했다.

발행자 요셉 히코는 하리마(播磨)의 농가에서 태어났다. 친형이 수상생활에 나서 에도와 효고(兵庫) 사이를 항해하는 선박(千石船)의 사관으로 출세하여 귀향할 때마다 재미있는 이야기를 듣게 되어 수상생활에 흥미를 지녔다. 1850년 가을 에도로 향하는 선박에 탑승하여 에도 구경에 나섰다가 귀향 도중 폭풍우를 만나 태평양에서 50여 일간 표류한 끝에 미국선박에 구조되었다.

그는 미국에 가서 교육을 받은 끝에 미국 시민권을 취득한 첫 일본계 미국인이 되었다. 『해외신문』은 해외 도항을 꿈꾸고 서양의 지식을 추구하면서 요셉 히코를 방문한 일본인의 요청으로 발행되었다. 히코의 일기(1864년 8월 20일)에 의하면 "많은 일본인이 나의 직장을 방문했다. 모두 열심히 외국의 뉴스를 알고 싶어했다. 특히 지방의 당국자가 많다. 그래서 나는 『해외신문』의 간행을 시작했다"고 한다. 『해외신문』의 일부는 현재 와세다대학(早稻田大學) 중앙도서관을 통해 온라인으로 제공되고 있다.

• 요셉 히코(Joseph Heco, 1837~1897)

일본명은 하마다 히코조(浜田彦藏)이다. 막말에 활약한 통역가이자 무역상이다. '신문의 아버지'라 불린다. 세례명이 요셉 히코이다. 지금의 효고현(兵庫県)에서 태어났다. 어릴 적 부친을 여의고, 13세에 모친도 잃었다. 1852년 1월 배를 타고 에도로 향하던 도중 난파를 당해 미국상선 오클란드호에 의해 구조되었다.

히코조는 구조해 준 선원들과 함께 샌프란시스코에 거주했다. 미국 정부로부터 일본에 귀환하라는 명령이 떨어져 1852년 5월 샌프란시스코를 출발해 7월 홍콩에 도착했다. 홍콩에서는 동인도함대 장관 페리의 함선에 동승하여 일본에 귀환할 예정이었다. 하지만 페리가 홍콩에 도착하지 않아 그동안 만난 일본인 리키마쓰(力松, 모리손호 사건의 표류민)의 체험담을 듣고, 미국의 외교가이드가 되고자 10월 미국으로 돌아갔다.

히코조는 샌프란시스코에 돌아간 후에 하숙집의 허드렛일을 하다가 세관장 샌더스에 발탁되어 뉴욕으로 건너갔다. 이후 그는 1853년 9월 일본인으로서는 처음으로 미국 대통령과 회견했다. 또 샌더스로부터 볼티모어의 미션스쿨에서 학교 교육을 받고 가톨릭 세례도 받았다. 1858년 1월에는 다시 대통령과 회견했다.

1858년 미일수호통상조약으로 일본이 개국한 사실을 알고, 일본에 돌아가려던 의지가 강했던 히코조는 기독교 신자로서 귀국할 수 없었기 때문에 귀화하여 미국인이 되었다. 1859년 주일공사 해리스에 의해 가나가와(神奈川) 영사관 통역으로 채용되어 6월 나가사키(長崎)에 입항해 9년 만에 귀국했다.

1860년 2월 그는 영사관 통역을 그만두고 무역상관을 열었다. 하지만 당시는 존왕양이사상이 만연해서 외국인만이 아니라 외국인과 관계한 자들도 과격파의 보복대상이 되던 시대였다. 이 때문에 히코조는 신변의 위험을 느끼고 1861년 10월 미국으로 돌아갔다. 미국에서는 1862년 3월 당시 대통령 링컨과 회견한 다음, 같은 해 10월 다시 일본에 귀국하여 영사관 통역이 되었다.

1864년 7월 히코조는 기시다 긴코(岸田吟香)의 협력을 받아 영자 신문을 일본어로 번역한 『해외신문』을 발간했다. 이것이 일본 최초의 일본어 신문이다. 하지만 신문 발행은 적자였기 때문에 수개월 후 소멸되었다.

1868년 9월 히코조는 18년 만에 고향에 돌아가 1869년 오사카조폐국(大阪造幣局) 창설에 노력했다. 이후는 대장성에 근무하면서 국립은행 조례의 편찬에 관여했다. 이 밖에도 그는 차의 수출, 정미소 경영 등에도 관여했다. (이규수)

참고문헌

『近代文學雜誌事典』, 至文堂, 1965; 桂敬一, 『明治·大正のジャーナリズム』, 岩波書店, 1992; 日本近代文學館·小田切進 編, 『日本近代文學大事典』 第5卷, 講談社, 1977.

해원(海員)

1922년 발행된 일본의 해상노동자 단체인 일본해원조합 기관지

1922년 7월에 일본해원조합(日本海員組合)의 월간 기관지로 창간되어 1939년 2월 제18권 2호를 마지막으로 종간되었다. 편집인은 1945년 일본의 패전 이후 최초의 노동대신이 되는 요네쿠보 미쓰스케(米窪滿亮)였다. 발행처는 고베의 일본해원조합이었다.

1918년 4월 우애회(友愛會) 6주년 대회에서 "직업에 따라 단결을 만든다"는 직업별 조합의 방침이 가결되었다. 이에 앞서 1916년 1월에는 해원이 대거 우애회에 가입하였다. 그리고 같은 해 3월에는 500여 명의 해원에 의하여 해원부(海員部)가 우애회 안에 설치되었다. 이것이 해원동맹우애회(海員同盟友愛會)로 바뀌는 과정에서 기관지 『힘(力)』이 발간된 적도 있었다.

당시 일본에는 해원동맹우애회 외에도 다른 해원단체가 상당수 존재하고 있었다. 그런데 1920년 국제노동기구(ILO)의 해사총회 개최가 계기가 되어 일본의 해원 단체를 통합하려는 움직임이 가시화되었다. 그리하여 1921년 5월 고베(神戶)에서 해원동맹우애회 등 당시 존재하고 있던 23개의 해상노동자 단체, 그리고 1만여 명의 조합원이 참가한 조직으로 일본해원조합이 출범하였다.

일본해원조합은 본부를 고베에 두고 조직의 중요사업으로 기관지를 발간하기로 결정하였다. 일본해원조합은 1924년 8월에 출범한 해사협동회(海事協同會)를 통하여 정부와 사용자단체인 일본선주협회(日本船主協會)로부터 공식적인 승인을 받게 되었다. 1928년에는 파업을 통하여 산업별 최저 임금제를 획득하는데 성공하였다. 일본해원조합은 1931년 말 현재 조합원 수 9만 2500명에 이르는 일본 최대의 산업별 노동조합이었다.

일본노동총동맹(日本勞働總同盟)과 함께 태평양전쟁 이전 일본의 노동조합운동에서 우파 세력의 핵심적인 위치를 차지하고 있었다. 1937년 중일전쟁 이후 노동조합운동이 국가의 탄압 아래 압살되는 가운데 일본해원조합은 1940년 황국해원동맹(皇國海員同盟)으로 이름이 바뀌었지만, 그나마 오래 가지 못하고 같은 해 9월 해산되었다.

일본해원조합의 기관지 『해원』에는 일본해원조합의 각 연도별 대회 기록, 각 대회에 제출된 보고서, 평의원회와 간부회의 의사 기록 등이 전부 채록되어 있다.

이러한 기록은 조직이 해산될 때까지 계속되었다. 일본노동총동맹 산하의 단위 조직 기관지로서는 가장 충실한 것이었다. 상대적으로 경제적 여유가 있는 해원이 조합원이어서 일본해원조합의 재정 상태가 양호하였기 때문이었을 것이다.

• 요네쿠보 미쓰스케(米窪滿亮)

1888년 나가노현(長野縣)에서 태어났으며 1951년에 사망한 노동운동가, 정치가였다. 일본우선(日本郵船)에서 해상노동자의 대우개선요구운동을 벌이면서 노동운동에 투신하였다.

1919년 국제노동기구에 스즈키 분지(鈴木文治)와 함께 일본 대표로 참석하였다. 1922년 일본해원조합에 가입하였으며, 일본노동총동맹의 핵심으로 활동하였다. 1932년에는 일본 노동운동 우파의 연합을 목표로 한 일본노동조합회의(日本勞働組合會議)의 결성을 주도하였으며, 1937년에는 사회대중당(社會大衆黨) 소속으로 중의원에 당선되었다.

일본의 패전 후에는 일본해원조합의 후신으로 전일본해원조합(全日本海員組合)을 결성하였고, 1947년에는 노동대신이 되었다. 또한 「바다의 로맨스(海のロマンス)」(1914), 「마도로스의 비애(マドロスの悲哀)」(1914), 「고래를 쫓아(鯨を追つて)」(1941) 등 해상노동자를 소재로 한 소설의 작가로도 유명하다. (이준식)

참고문헌

米窪滿亮, 『海の聖者楢崎猪太郎傳』, 日本海員組合‘, 1939; 西巻敏雄, 『日本海上勞働運動史』, 全日本海員組合, 1957; 角岡田賀男 編, 『海上勞働運動-不屈のあゆみ』, 海上勞働運動史資料編集委員會, 1982; 衫原四郎 編, 『日本經濟雜誌の源流』, 有斐閣, 1990.

▌해의 조선(海の朝鮮)

▶ 조선해사회회보(朝鮮海事會會報)

▌해조신문(海朝新聞)

1908년 러시아 블라디보스토크에서 거류민들이 창간한 한국어 일간지

사장은 최봉준, 발행인으로는 최봉준, 정순만, 편집원으로는 이강, 이종운, 기자로는 박영진, 문선공 박영진, 주필로는 장지연이 활동하였다. 순국문 석판으로 인쇄하였다. 일간이었고, 4면 6단 36행으로 발행되었다. 1908년 8월 11일자 75호로 종간하였다.

러시아 한인 교포에 의해 최초로 발행된 이 신문은 그해 5월 26일까지 3개월간 62호까지 일간으로 발행되었다. 신문 제호를 『히죠신문』이라 한 것은 글라디보스토크의 한자 표기인 '해삼위(海蔘威)'에 거주하는 조선인들의 신문이라는 의미가 있었다. 발행인인 최봉준은 함북 경흥 출신으로 러시아에 귀화한 재력가였고, 정순만은 충북 청주 출신으로 국내 의병활동을 하다가 러시아로 망명한 애국지사였다. 따라서 본 신문은 러시아 한인교포 재력가와 독립운동가의 협력에 의해 발간되었다고 할 수 있다. 이들은 신문 발간을 위해 국내의 민간지 관계자를 초빙했는데, 그 대표격이 장지연이었다. 이 밖에도 편집원, 문선공, 기자 등이 모두 국내 언론인 출신이었다.

1면에는 '론셜(論說)' 혹은 '긔셔(奇書)'와 같은 기사가 주로 실렸고, 1면과 3면에 걸쳐 '각디뎐보(各地電報)', '외보(外報)', '잡보' 등이 실렸다. 특히 잡보에는 '본국통신'란을 만들어서 국내의 의병활동과 일제의 만행을 다룬다. 3면에 소설이 게재된 것도 특기할 만한데, 소설 '황거북'과 '김유신'이 게재된 바 있다. 4면에는 '광고'가 실렸으며, '사고'가 4면을 비롯, 전 지면에 걸쳐 실렸다.

동지는 신문 발행에 앞서 장지연이 초안한 창간 취지서를 국내는 물론 일본, 미국 등지의 한인들에게 발송, 신문 발간의 취지를 널리 선전한 바 있다.

"……진실로 노예를 면하고저 하는 마음이 있으면 우선 새지식과 새견문을 힘써야 할지라 그러한고로 이위에 말함과 같이 신문이라 하는 것이 새로 알고져 하는 중에 한가지가 된다 하였으니 여보시오 이것을 보시오 이것은 다른 것이 아니라 신문지라 하는 것이니 다만 우리 국문과 우리 방언으로 알기 쉽고 보기 쉽게 하여 우리나라 국권이 어느 지경 된 것과 우리나라와 다른 나라로 관계되는 것과 여러 나라로 정치 교섭 하는 일이며, 교육하는 이치와 장사하는 방법과 산림을

기르며 짐승을 치는 방법과 우리나라의 충신열사의 사적과 서양역사의 유명 영웅 준걸의 일을 모두 기재하여 재미있게 날마다 발간하여 우리 동포의 학문과 지식을 넓히고 실업이 흥왕하기를 권장하여 국민의 정신을 배양하고 국권의 회복을 주장하여 우리 2천만 일반 국민의 천부한 자유권리를 세계열강으로 더불어 한가지 태평복락을 누리기로 목적을 삼았으니 우리 국민 동포 첨군자는 뜨거운 눈물로 같은 정을 표하여 이 신문을 찬조하시며 이 신문을 날로 청하여 보시기를 간절히 바라노라."

그리고 이 취지서는 신문의 성질이라고 5개항목의 신문편집방침 등을 열거하고 아울러 이 신문제호의 유래를 다음과 같이 설명하고 있다.

"1. 해삼위에 있는 한인의 신문인고로 이름을 해조신문이라 홈.

1. 일반 국민의 보통다식을 계발하며 국권을 회복하여 독립을 완전하게 하기로 목적함.

1. 본국과 열국의 소문을 널리 탐지하여 날마다 발간함.

1. 정치와 법률과 학술과 상업과 농업의 긴요한 새학문을 날마다 역재함

1. 국문과 국어로 재미있는 이야기를 알기 쉽도록 발간함."

당시 이 신문의 발간은 국내외의 우국지사들은 물론 일반 국민의 환영하는 바가 컸다. 미국에서는 재유(在留)동포들이 『해조신문』의 발간을 신문에 대서특필하여 축하하였고, 일본 도쿄 유학생들도 이 신문의 창간을 지지하고 환영했다. 강경한 항일논조를 지속했기 때문에 국내지사(경성은 대한매일신보사가 대행했고, 이 밖에 원산, 인천, 평양 등에 설치했다)에 배포되었던 『해조신문』은 18회의 압수 처분을 받은 끝에 지령 제62호(1908.5.26)로 정기발행은 정지되고 그 후에는 부정기적으로 발행을 계속하다가 동년 8월 11일자 75호를 압수당했고 종간되었다.

본 신문은 짧은 기간 동안 발행되었으나 재러 한인의 민족신문 발간과 민족운동 발전에 일익을 담당하였다. 이후 『대동공보』(1908.11.18), 『권업신문』(1911.6.18) 등 한인 교포 신문 발간을 자극했고, 국내의 민간 신문들이 언론탄압 영향을 받을 때, 본지는 해외에서 발행되었기 때문에 일제 통감부 검열 없이 민족지의 논조를 펼 수 있었다. 국내 원산항에 전달되어 전국 각지에 지국을 두고 배포되기도 했다. 그러나 국내에 널리 배포되자 치안 방해를 이유로 일제의 탄압이 시작되었다. 마침내 『해조신문』이 국내에 활발히 배포되던 1908년 4월 29일에 이완용 내각은 이미 제정된 광무 신문지법을 개정하여 해외교포가 발행하여 국내에 배포되는 신문에 대해서도 배포금지와 압수를 실시할 수 있도록 했다.

『해조신문』은 국내의 민간신문 대부분이 재정난으로 폐간된 것과 대조적으로 정치적인 이유였다. 물론 신문 논조 변화에 따른 한인동포 통감부는 본지가 사전검열 없이 국내에 배포되자 큰 부담을 느꼈고, 본지의 실질적 경영주인 최봉준에게 압력을 가했다. 최봉준은 준창호라는 선박회사를 경영하면서 국내 가축을 사다가 러시아에 공급하는 운수업을 하고 있었는데, 이러한 상황에서 일제 통감부의 압력을 무시할 수 없었고, 마침내 신문 폐간을 결정하는 데까지 이른 것이다. (이경돈)

참고문헌

안종묵, 「해죠신문의 광고에 관한 일 연구」, 『한국언론학보』, 46-5호, 2002; 최기영, 『대한제국시기 신문연구』, 일조각, 1991.

해협(海峽)

1938년 일본 도쿄에서 한국어로 발행된 문예지

1938년 10월 22일자로 창간되었고 속간된 기록은 없다. 편집 겸 발행인은 최낙종(崔洛鍾), 발행소는 도쿄 정교구(淀橋)구 호총정(戶塚町)에 있는 삼문사(三文社)였다. A5판 6쪽, 정가는 10원이다. 현재 연세대학교 도서관에 소장되어 있다.

목차도 없고 전체 분량이 6면밖에 되지 않는다. 내용은 김종한(金鍾漢)이 쓴 「시집 『동경(憧憬)』 독후감」과 정난선(鄭蘭仙)의 시 「바다」와 「봄」 두 편이 실려

있을 뿐이다.

『동경』은 시인 이산(怡山) 김광섭(金珖燮)이 1938년에 발표한 첫 번째 시집이다. 김광섭은 함경북도 경성(鏡城)출신으로 와세다대학 영문학과를 졸업했다. 『동경』은 김광섭의 초기작으로, 「동경」, 「고향」, 「귀뚜라미」, 「고독」, 「여인」, 「독백」 등이 실려 있다. (정예지)

참고문헌

최덕교 편, 『한국잡지백년』 3, 현암사, 2004; 성기조, 「김광섭론」, 『문예운동』 2007년 가을호.

향도(嚮導)

1922년 중국 상하이에서 창간된 정치운동 신문

1922년 9월 13일 상하이에서 창간되어 1927년 7월 정간되기까지 총 201호가 발행되었다. 중국공산당 중앙 위원회 기관지로 총편집은 차이허썬(蔡和森), 취추바이(瞿秋白), 펑수즈(彭述之) 등이 역임했다. 편집위원은 장타이레이(張太雷), 샹징위(向警予), 뤄장룽(羅章龍), 정차오린(鄭超麟), 자오스옌(趙世炎), 왕밍(王明) 등이다. 마오쩌둥(毛澤東)은 1923년 5월부터 편집에 참여했었다. 발행지는 처음 창간할 때는 중공중앙의 소재지였던 상하이에서 발행되었다. 1922년 10월 중공중앙이 베이징으로 이동하면서 함께 이동해서 베이징의 징산둥가(景山東街) 중라오후동(中老胡同) 1호(號)에서 발간하였다. 1923년 4, 5월에는 중공중앙이 광저우로 이동하자 광저우의 창싱신가(昌興新街) 28호에 자리를 잡았다. 같은 해 9월 중공중앙이 상하이로 이전하자 함께 옮겨갔다. 1926년 말 당시의 혁명 중심지였던 우한(武漢)으로 이동했다가 1927년 7월 우한에서 종간되었다. 1954년 인민출판사에서 영인본 5권이 출판되었다.

내용은 시사단평, 촌철(寸鐵), 중국일주(一週), 세계일주(一週), 독자지성(讀者之聲), 십요화(什幺話), 외환일지(外患日誌), 육마(肉麻)세계 등의 공간이 있다. 주로 중국공산당의 정치 주장 선전 특히 당의 민주혁명 강령과 통일전선의 책략을 선전하는 데 치중하였으며, '외환일지(外患日誌)'라는 난에는 제국주의가 중국을 침략하여 저지른 여러 가지의 악행에 대해 폭로하고 질책하였다.

발행 초기에는 약 3000부를 발행하여 상하이, 우한, 광저우, 베이징, 항저우 등지에 발송하였다. 당시 관(官)에서 운영하는 우체국을 통해서는 발송할 수 없었기 때문에 민간이 운영하는 우체국을 통해서 전국 각지에 발송했다. 베이징에서는 인편으로 발송했고 항저우에서는 판매원을 통해서 구입할 수 있었다.

한편 중공중앙은 1924년 『향도』를 상하이, 베이징, 광저우, 상구(湘區), 예구(豫區) 등 5개 지역에서 출판하였다. 1926년 1월 이전 상하이에서는 1만 부, 상구에서는 4000부, 광둥과 광시에서 1만 부, 베이징에서 5000부 등 모두 2만 9000여 부가 발행되었다. 1926년 혁명이 고조되자 『향도』의 발행부수는 10만 여 부로 증가하였다.

『향도』에 글을 수록한 작자는 주로 세 가지로 분류된다. 첫째는 중공중앙의 지도자들이다. 우선 중공중앙의 주요 지도자였던 천두슈(陳獨秀)가 있다. 그는 창간호에서 「본보선언」을 집필했고 편집방침을 확정했다. 두슈(獨秀), 톈청(田誠), 즈옌(只眼), 즈중(致中) 등의 필명으로 국내외의 시사평론, 정론 등 200여 편을 발표하여 『향도』 전체 문장의 30%정도를 차지하고 있다. 그의 문장은 비록 개인 명의지만 『향도』를 대표할 뿐 아니라 공산당의 시국인식과 중공중앙의 정책과 주장을 표명한 것이었다.

중앙위원 장궈타오(張國燾)도 궈타오(國燾), 터리

(特立) 등의 필명으로 10여 편의 글을 집필했다. 마오쩌둥, 저우언라이(周恩來, 필명 우하오[伍豪]), 왕뤄페이(王若飛), 리리싼(李立三) 등도 집필에 참여했다.

두 번째 필자는 편집부의 성원들이다. 앞의 3명의 편집장 이외에 편집부의 기타 인원도 『향도』의 필자였다.

세 번째 필자는 각 지방 조직의 지도자들로 '지방통신'란의 필자들이었다. 뤄이눙(羅亦農)은 광저우 국민정부 지역의 각종 상황을 집필했으며, 중공 베이징지위(北京地委) 서기, 북방구위(北方區委) 선전부장, 직공운동위원회 서기 자오스옌(趙世炎)도 뤄칭(羅敬), 러성(樂生) 등의 필명으로 베이징통신을 집필했다.

『향도』의 필자는 위의 세 가지 경우 이외에 코민테른의 대표와 외국인들도 있었다. 코민테른 대표 마린(G. Maring)은 『향도』 창간을 건의했고 창당준비를 지도했다. 그는 쑨둬(孫鐸)라는 필명으로 17편의 국내외 관련 평론을 집필하여 국공합작과 국민당 개조에 영향을 주었다. 코민테른 대표 보이틴스키(Voitinsky)는 웨이친(魏琴)이라는 필명으로 17편의 시평을 써서 국민당이 쑨중산이 제정한 연아(聯俄), 연공(聯共), 농공부조(農工扶助)의 3대 정책을 실행하도록 이끌었다. (김지훈)

참고문헌

方克, 『中共中央黨刊史稿』 上, 紅旗出版社, 1999; 北京師範大學圖書館報刊部 編, 『北京師範大學圖書館館藏中文珍稀期刊題錄』, 北京圖書館出版社, 2002; 葉再生, 『中國近代現代出版通史』 3, 北京: 華文出版社, 2002.

▌향촌건설(鄕村建設)

1931년 중국 쩌우핑에서 발간된 사회운동 잡지

1931년 10월 산둥(山東) 쩌우핑(鄒平)에서 창간되었다. 량수밍(梁漱溟)을 대표로 하는 향촌건설파(鄕村建設派)가 창간한 간행물이다. 산둥 쩌우핑 향촌건설연구원(鄕村建設硏究院)에서 편집, 발행하였다. 처음에는 순간(旬刊)이었으나 5권부터 반월간으로 바뀌었다. 1937년 정간되었다. 중국인민대학도서관 등지에 소장되어 있다.

『향촌건설』은 향촌 건설 이론을 고취하고 개량적 방법으로 중국 사회를 개조해야 한다는 목적을 주장하였다. 당시 향촌건설파의 주요 선전 활동근거지의 역할을 담당하였다. (이은자)

참고문헌

王檜林·朱漢國, 『中國報刊辭典(1815~1949)』, 太原(山西): 書海出版社, 1992; 葉再生, 『中國近代現代出版通史』, 北京: 華文出版社, 2002.

▌허난(河南)

1907년 일본 도쿄에서 창간된 정치운동 잡지

1907년 12월 20일 일본 도쿄(東京)에서 창간되었다. 발행인은 장종단(張鍾端), 총 편집은 류지세(劉積學)이며 월간이다. 1908년 12월 9호까지 발행하고 종간되었다. 중국국가도서관과 사회과학원 근대사연구원 도서관에 소장되어 있다.

애국적 양심을 분발하고, 민중의 경종을 울리며 문명을 인도할 것을 발행 목적으로 삼아 제국주의의 침략과 약탈을 폭로하였다.

내용은 사설과 정치, 지리, 실업(實業), 시평(時評), 역총(譯叢), 소설란이 있으며, 백성을 계몽하는 것이 정당한 도리임을 주장하였다.

선명한 혁명성을 가지고 청 정부를 전복할 것과 민권과 민생을 고취하며 예비입헌을 규탄하였다. 이러한 혁명적 선동성은 독자들에게 통쾌함을 주어 매회 판매량이 수천 부에 달했다.

일본 주재 청(淸)영사관이 일본 정부에 이 잡지사 수색을 요청하여 결국 9호를 발행하고 폐쇄되었다. (김성남)

참고문헌

方漢奇 主編, 『中國新聞社業通史』, 中國人民大學出版社, 1996;

葉再生 著,『中國近代現代出版通史』, 北京: 華文出版社, 2002.

▌헌정신지(憲政新誌)

1909년 일본 도쿄에서 창간된 정치운동잡지

1909년 도쿄(東京)에서 재일본 유학생단체인 자의국사무조사회(諮議局事務調査會)가 창간했다. 1년 뒤인 1910년 종간되었다.

내용은 논저, 시평, 역술(譯述), 투고원고, 조사(調査) 등의 난으로 구성되었다.

자의국사무조사회(諮議局事務調査會)의 창립 목적은 "천하에 올바른 것을 알리고자 한다면, 오늘의 세계에 거하면서 학문으로 수행을 비교하고, 정치로 진보를 비교해야 하는 것이다. 따라서 지금 조사를 하였는데 다음의 두 가지 방법에서 벗어나지 않았다. 그 하나는 외국의 성공 요인을 고찰하는 것이요, 다른 하나는 국내의 정치 형세를 참작하는 것이다"라고 밝혔다.

『헌정신지』는 주로 중국이 어떻게 자의국(諮議局)과 국회를 건설할 것인가를 논술하면서, 외국의 헌정이론과 외국인의 중국 입헌에 대한 의견을 소개하였다. 또한 외국의 정치, 재정, 교육 등의 정황을 소개하고 있는데 일본의 사례가 가장 많다.

또한 각 성(省) 자의국(諮議局)의 의안대강과 각 성의 입헌과 관련한 활동 정황과 함께 시가(詩歌) 등의 문학작품도 실었다.

3호부터 량치차오(梁啓超)의 「중국 국회제도에 대한 개인적 의론(中國國會制度私議)」을 연재하여 량치차오의 입헌사상을 상세하게 서술하였다.

발간사

"근년 이래 나라의 선각 지사들은 전제 정치가 금세의 경쟁과 생존에 부족함을 알고 입헌주의를 표방하여 서로 천하가 호응하였다. ……

이러한 도리를 보급하려 한다면 전국의 사대부가 서로 언론을 개진하며 서로 협의하고, 혹은 타국의 학설을 소개하거나 스스로 개인의 의견을 내고, 혹은 전체 국면을 근본적으로 해결할 수 있는 전면적인 계획을 세워야 한다. 그리고 시행할 조목에 대한 구체적인 토의를 통해서, 위로는 정부가 이를 듣게 하고, 아래로는 모든 것이 실시되도록 하여 국민의 지혜를 담금질하고, 여론을 조성하는 말로써 공헌하여 효과 있는 방안을 얻을 수 있도록 하고자 한다. 말에는 착오가 있을 수 있다. 이 또한 바르게 가려 마지막에는 진리를 밝히도록 할 것이다." (김성남)

참고문헌

北京師範大學圖書館報刊部 篇,『北京師範大學圖書館館藏中文珍稀期刊題錄』, 北京圖書館出版社, 2002; 王檜林·朱漢國 主編,『中國報刊辭典』, 太原: 書海出版社, 1992.

▌헌정잡지(憲政雜誌)

1906년 중국 상하이에서 창간된 헌정연구회의 기관지

1906년 11월 상하이(上海)에서 헌정연구회의 기관지로 간행되었다. 헌정연구회는 청조의 예비입헌 반포 이후 장첸(張謇), 마량(馬良) 등 장쑤성(江蘇省) 신상(紳商)들이 조직한 입헌운동의 중심체였다. 특히 정부의 예비입헌에 맞추어 국민 참정의 정신에 따라 입헌의 실현 방안을 연구하는 것이 조직의 목표였다. 이를 위해 입헌을 위한 조사, 토론, 저역, 연설, 및 정견의 제안을 강구하였으며, 그 외 지방자치 선거의 협조, 교육과 실업을 제창하였다. 모두 지방자치를 실현하기 위한 방안 중의 하나였다.
따라서『헌정잡지』는 입헌파의 정론지라 할 수 있다. 정간 시기는 미상이지만, 성균관대학교 존경각에서 마이크로필름 형태로 읽을 수 있다

간행 목적은 "각종 헌법의 득실을 연구하여 국가의 입헌을 촉진하는 것"이었다. 특히 입헌파의 입장에 따라 "사실에 따른 학리성"을 표방하였다. "시세에 맞지 않는 과격한 언론" 등 혁명의 논리를 애초부터 배제하였다.

체제는 사론(社論), 내서(來書), 역술(譯述), 자료(資料), 기사(記事), 보고(報告), 문답(問答) 등으로 구

성하였다. 특히 사론이 중심이었다. 주요 내용은 헌정에 대한 학술적 사상적 원리를 밝히고 이를 통한 법률사상의 보급을 추구하면서 중국 현실에서 실행할 수 있는지 여부를 논하였다. 그 외 각국 헌정 성립의 역사, 법률가의 전기 및 시사적인 문제를 다루었다. 특히 지방자치의 실시에 집요한 관심을 기울였다. 각국의 지방자치의 역사와 실제(왕나산[王納善], 「지방자치문제[地方自治問題]」, 1권 2호) 상하이 지방자치 강연회의 강연록(우신[吳馨], 「상하이지방자치연구회강연록[上海地方自治硏究會講演錄]」, 1권 1호, 1권 2호)을 싣고 있다.

창간호 표지를 로크 사진을 소개하는 것으로 출발한 점이 이채롭지만, 전체적으로 계몽성을 강조한 만큼, 독자에게 알기 쉽도록 간결하고 쉬운 내용을 추구하였다.

주요 논설은 헌정연구회의 회원들이 전담하였지만 필요한 경우 외부 논문도 받았다. 특히 당시 상하이에서 활동하고 있던 입헌파의 이론가들인 레이펀(雷奮), 위안시타오,(袁希濤), 러푸(羅普) 등의 글을 싣고 있다. 당시 국내 입헌파들의 입헌운동의 이론 수준, 헌정연구회의 회원과 활동 내용을 함께 알 수 있는 자료이다. (오병수)

혁명군일보(革命軍日報)

1926년 중국 헝양에서 발간된 정치운동 잡지

1926년 8월 후난(湖南) 헝양(衡陽)에서 창간되었다. 제1차 국공합작 시기 국민혁명군 총정보부 기관보이다. 1926년 10월 우한(武漢)으로 옮겨 출판되었다. 1927년 7월 정간되었다.

『혁명군일보』는 공산당원인 판한넨(潘漢年), 양셴장(楊賢江)이 선후로 주편을 담당하였다. 국내외 소식과 군사 동태를 주로 보도하였다. 농민생활과 관련한 글, 혹은 농민 토지 문제에 대한 시각과 관련된 글들을 게재하였다. 1926년 10월 우한(武漢)으로 옮겨 출판되었다. 장제스(蔣介石)가 1926년 4월 12일 상하이에서 일으킨 쿠데타 이후 장제스를 비판하고, 1927년 7월 15일 왕징웨이(汪精衛)가 반공을 선언한 뒤 강제로 정간되었다. (이은자)

참고문헌

王檜林·朱漢國, 『中國報刊辭典(1815~1949)』, 太原(山西): 書海出版社, 1992; 葉再生, 『中國近代現代出版通史』, 北京: 華文出版社, 2002.

혁명평론(革命評論)

1928년 중국 상하이에서 발간된 정치 이론 잡지

1928년 5월 상하이에서 창간되었다. 정치 이론 간행물로 주간잡지이다. 천궁보(陳公博)가 발행인이다. 후에 『민중선봉(民衆先鋒)』으로 개명한 뒤 호수를 달리하여 발행하였다. 1928년 9월 정간되었다. 샤먼대학도서관(厦門大學圖書館) 등지에 소장되어 있다.

『혁명평론』은 난징 국민정부(南京國民政府) 건립 초기 장제스(蔣介石) 반대세력의 주장을 대변하였다. 주로 국민당의 주의, 방침, 정책과 노선을 토론하였다. 노동자, 농민, 도시 소부르주아 계층의 혁명 연맹과 민중운동의 회복, 민주 집중제 등을 주장하였다. 1928년 7월 국민혁명군이 지난(濟南)에 들어가자 일본군이 이에 맞서 야만적인 대응을 하였던 지난 사건을 둘러싼 평론을 발표하였다. (이은자)

참고문헌

王檜林·朱漢國, 『中國報刊辭典(1815~1949)』, 太原(山西): 書海出版社, 1992; 葉再生, 『中國近代現代出版通史』, 北京: 華文出版社, 2002.

현계단(現階段)

1928년 일본 도쿄에서 한국어로 발행된 정치운동 잡지

1928년 8월 1일자로 창간되었다. 1929년 4월 속간되었으나 언제 종간되었는지는 알 수 없다. 창간호의 발행소는 도쿄부(下戸塚町 諏訪 160番地) 현계단사,

발행인은 강영순(姜永淳), A5판 55쪽으로 발행되었고 정가는 30전. 1929년 4월 발행된 제2호는 40전이었다. 조선문제자료총서 5권에 1호와 2호가 영인되어 있다.

『현계단(現階段)』은 「선언(宣言)」에서 제국주의적 적에 의해 억압받고 있는 대중들이 노동쟁의, 농민투쟁, 파교(罷敎) 등을 통해 반항하고 있다고 현실을 파악하고 국제무산계급을 기만한 사회주의 낭인배로 안광천(安光泉)과 홍양명(洪陽明)을 지목했다. 그들이 입으로만 말했지 행동하지 않았다는 것이었다. 또한 모든 압박 받고 박해 받는 자를 위해 싸울 것이며, 민족통일전선의 확립을 위하여 극좌적 경향과 경화(硬化)된 사상을 극복할 것이라고 밝혔다.

1928년 8월 1일 발간된 창간호와 1929년 4월 발간된 2호를 통해 드러나는 필자는 R생, 김영두(金榮斗), 차태형(車太形), 이두초(李斗初), 황종한(黃種漢), 남해명(南海明)이다. 창간호의 목차를 살펴보면 「선언(宣言)」, 「현하(現下)의 국제정세(國際情勢)에 대(對)하야: 스탈린」, R생의 「비판(批判)의 절출주의(折衷主義): 박문병군(朴文秉君)에게 답(答)함」, 김영두의 「조선운동(朝鮮運動) 발간선언(發刊宣言)의 비판(批判)」, 차태형의 「조선(朝鮮)은 어디로 가나?」, 이두초의 「청년운동(靑年運動)의 교육(敎育)코오스에 대(對)하야」, 「마르크스주의 사적발전(史的發展)의 특성(特性)에 대(對)한 약간(若干)의 고찰(考察)」, 「일본(日本)의 지나(支那)XX에 대(對)한 범태평양노동조합서기국(凡太平洋勞動組合書記局)의 항의(抗議)」, 「편집후기(編輯後記)」로 이루어져 있다. (정예지)

참고문헌

최덕교 편, 『韓國雜誌百年 2』, 현암사, 2004; 「現階段 四月號」, 『동아일보』 1929.4.13.

▌현대(現代)

1920년 일본 도쿄에서 한국어로 발행된 조선기독청년회 잡지

1920년 6월 통권 6호로 종간되었다. 편집 겸 발행인은 백남훈(白南薰)이고, 인쇄인은 오리사카 도모유키(折坂友之)이다. 인쇄소는 후쿠인(福音)인쇄합자회사(橫濱市 山下町104)이며, 발행소는 조선기독교청년회(東京市 神田區 西小川町 2丁目 5)이다. 발매소는 영풍(永豊)서점(서울 견지동 79)과 덕창서관(德昌書館, 浦鹽斯德市 213)이다. A5판 50쪽 내외로 정가는 30전이다. 국한문 내리편집이며, 격월간으로 발행되었다. 한국잡지박물관에서 디지털 원문 자료로 열람할 수 있다.

도쿄의 조선기독청년회에서는 1917년 11월부터 기관지인 『기독청년』을 16호까지 발간하였으며, 1920년 1월 이를 『현대』로 개명한 것이다. 따라서 『현대』는 『기독청년』의 내용과 매우 비슷하다. 이후 1923년 6월에는 『젊은이』로 제호를 바꾸었고, 1926년 3월 다시 『사명(使命)』으로 제호를 바꾸어 그 명맥을 이어갔다.

『현대』는 1920년대 초반 기독교 계통 도쿄유학생의 시대 인식을 잘 보여 주고 있으며, 조선기독청년회 관련 자료를 제공하고 있다. 창간호의 머리말은 본지의 창간 취지를 잘 보여준다.

"깨시오! 금일은 고대가 아니요 현대이며, 지금은 1세기나 2세기가 아니요, 20세기를 바라고 나가는 길이외다. 현대는 원시시대같이 유치한 시대가 아니요, 인문(人文)이 발달되고 과학이 진보된 문명시대올시다. …… 구주 대전란, 아니 세계 대전란이 끝나자 우리에게 무슨 교훈을 주었습니까? 정신상이나 물질상-, 종

교 철학 경제 사회 정치 등 여러 방면에 다대한 영향을 주었습니다. 사상 방면에 있어서 세계주의를 표방하게 되는 동시에, 그 반면으로 국가주의를 더욱 공고케 말하게 되었습니다. 민족자결주의라는 말이 유행된 산물인지는 모르지마는 하여간 '자기 민족'이라는 관념이 더욱 깊어지게 된 것 같습니다. …… 깨시오! 나는 결코 협의(狹義)로써 발생된 국가주의를 떠드는 것은 아니외다. 적어도 우리의 이상은 전 인류, 전 인생을 위하여 어떻게 하지 아니하면 아니되겠다는, 무엇을 가지지 아니하면 아니 되리라고 하는 바올시다. 인도주의(Humanism) 아래서 세계의 표준으로 삼고 노력하지 않으면 아니되겠다고 생각하는 바올시다. …… 우리가 지금 할 일이 많은 중 가장 먼저 타파하고 개조하지 않으면 안 될 것이라 하는 것은 우리의 근본적 문제되는 인습적이오 배타적이오 보수적인 낡아지고 썩어지고 냄새나는 시대 모르는 사상이라 합니다. 미신적이오 우상적이오 인형적인 형식적 사고에서 속박된 우리 생활을 벗어 버리지 아니하면 우리의 전도는 망망(茫茫)하리라고 하는 바올시다. 가장 충실적이오 현실적인 새로운 생활 그야말로 현대적인 생활을 하겠다는 것이 우리의 절규하는 바올시다."

이와 같이 『현대』는 1차 세계 대전 후 1920년대 초반의 세계 개조의 기운을 정확하게 파악하면서 그 속에서 조선이 어떻게 변화해 가야 하는지에 대해 모색하는 움직임을 보여준다.

논설, 번역, 문예창작으로 구성되어 있으며, 말미에는 조선기독청년회의 「경과상황」을 소개하고 있다. 창간호의 김준연(金俊淵)의 「현대의 사명」, 최승만(崔承萬)의 「현대청년」 등의 논설은 당시 도쿄 유학생들의 시대 인식을 보여 주고 있으며, 추봉(秋峯)의 「식자(識者)의 연구를 요하는 실제문제(4)」, 변희용(卞熙瑢)의 「노동문제에 대한 여(余)의 견문(2)」 등은 현실문제에 대한 인식을 보여 주고 있다. 기독교 단체에서 발행한 잡지이면서도 폭넓은 교양지로서의 면모를 지녔고, 사회주의에 관한 해설 기사도 싣고 있다. (이경돈)

참고문헌

『한국신문 · 잡지총목록』, 대한민국국회도서관, 1966; 계훈모, 『한국언론연표』, 관훈클럽신영연구기금, 1979; 『아단문고장서목록』, 아단문화기획실, 1995; 최덕교 편저, 『한국잡지백년』, 현암사, 2004.

▌현대(現代)

1932년 중국 상하이에서 발간된 월간 문학잡지

1932년 5월 상하이에서 창간되었다. 스만춘(施蟄存), 두헝(杜衡) 등이 주편을 맡았다. 현대서국(現代書局)에서 발행된 월간 문학잡지이다. 1935년 3월 제6권 2호 '혁신호(革新號)'부터 종합 간행물로 성격이 바뀌었다. 1935년 7월 정간되었다. 모두 6권 34호가 발행되었다. 상하이서점(上海書店)에서 1984년 영인, 출판되었다.

『현대』는 소설, 시, 산문, 극본, 문예 독백, 문예 잡록, 잡쇄(雜碎), 문예 정보 등의 난으로 구성되었다. 주로 문학작품을 발표하였고 문학 평론도 게재하였다. 한때 '제3종인(第三種人)'에 관한 논쟁을 불러일으키기도 했다. 현대 서국은 국민당의 통제를 받았다. 1935년 3월 6권 2호 '혁신호(革新號)'부터 왕푸취안(汪馥泉)이 주편을 맡았다. 아울러 종합 간행물로 성격이 바뀌었다. 현대 논단, 국제 정치 경제, 중국 정치 문화, 수필, 부녀 문제, 창작, 서보평론(書報評論), 청년생활 지도, 중외 문화소식 등의 난으로 구성되었다. (이은자)

참고문헌

王檜林 · 朱漢國, 『中國報刊辭典(1815~1949)』, 太原(山西): 書海出版社, 1992; 葉再生, 『中國近代現代出版通史』, 北京: 華文出版社, 2002.

▌현대문예(現代文藝)

1940년 중국 융안에서 창간된 문예지

1940년 4월 25일 푸젠성(福建省) 융안(永安)의 개진출판사(改進出版社)에서 발행되었다. 월간이며, 편집은 왕시옌(王西彦)이 담당하다가 1942년 4권 4호부터 편집자가 진이(靳以)로 바뀌었다. 1942년 12월 25일 6권 3호를 발행하고 종간되었다. 베이징사범대학도서관과 상하이도서관 등에 소장되어 있다.

내용은 시선(詩選), 작품평가, 비평, 소설, 산문 등의 난이 있었다. 대량의 항전소설과 산문, 시가를 게재하였다. 예를 들면 왕시옌의 소설 「담가상에 죽은 담가병(死在擔架上的擔架兵)」, 아이징(艾青)의 시가 「병거(兵車)」, 사오취린(邵荃麟)의 소설 「영웅(英雄)」, 쑨링(孫陵)의 보고문학 「악북돌위기(鄂北突圍記)」 등을 들 수 있다. 또한 문학이론과 번역문도 실었는데, 펑쉐펑(馮雪峰)의 「문예와 정론(文藝與政論)」과 「전형적 창조를 논함(論典型的創造)」, 장톈이(張天翼)의 「문예의 민족형식에 관하여(關於文藝的民族形式)」 등이 모두 투철한 견해를 가지고 있었다.

1권 3호는 「막심 고리키 서거 4주년 기념(M 高爾基逝世四週年紀念)」, 1권 5호는 「루쉰 탄신 60주년 기념(魯迅誕辰六十週年紀念)」 특집이었다. 주요 작가로는 짱커자(臧克家), 젠셴아이(蹇先艾), 장진이(章靳以), 가오강(高崗), 쓰마원썬(司馬文森), 쩌우훠판(鄒獲帆), 아이우(艾蕪), 녜간누(聶紺弩), 쉬친원(許欽文), 톈타오(田濤), 리광톈(李廣田), 리례원(黎烈文) 등이 있었다.

발간사

"문학예술은 민족생활의 정확하고 구체적인 살아 있는 역사일 뿐 아니라 인류정신의 가장 위대한 격려자이며 창조자이다. 항전 지원이 이미 4년에 이르는 현재, 문학예술은 중화민족의 공전의 투쟁 속에서 거대한 역량을 발휘하고, 자신의 광명하고 원대한 전도를 실증하고 있다. …… 항전 이래 우리의 문예는 이미 대대적으로 스스로의 소질을 제고 하였다. 이는 항전의 위대한 현실이 광대한 영역을 개척하게 하였고, 작가들 역시 민족전사의 자태로 전투 속에 투신하였기 때문이다. 그들의 손에서 나온 작품들은 필연적으로 충실한 내용과 씩씩하고 활발한 정신이 담길 수밖에 없는 것이다! 이러한 작품 속에는 위대한 민족의 고단한 투쟁 중의 피와 살, 그리고 함성이 담겨 있으며, 인류 최선의 희망과 진보적 족적이 새겨져 있다. 우리의 문예는 젊고 힘이 넘치고 있다. 우리의 문예는 중화민족 갱생의 기념비인 것이다. 그러나 현재 우리의 항전문예운동에 결점은 없는 것일까? 우리는 반드시 결점이 있다고 말할 수밖에 없다. 우선 우리의 항전문예운동에서 아직 보편적으로 전투 단위를 건립하지 못하고 있다. 항전 후 수많은 사람들이 문인들의 귀향과 문화의 내지 보급의 구호를 외쳤으나 문예운동을 놓고 말하면 오히려 구태의연하게 소수와 대도시로 국한되어 있었다. 새로운 문예전사를 배양하는 일에 있어서 광대한 동남지역에서 그들을 위한 문예공간을 공급하는 것을 필요로 하고 있다. 이것은 한 방면으로는 각 부문의 사업 군중들 속에서 신인을 발굴하여야 하며, 다른 한 방면에서는 이런 신문예 전사를 통해 더 광범한 현실을 반영하여야 한다. 현대문예의 창간으로 비록 상술한 결점 모두를 해결할 수는 없겠지만 우리는 '눈 속에서 석탄을 나르는' 고심으로 미약한 역량을 다하여 천만에 하나라도 가능하게 할 것이다." (김지훈)

참고문헌

王檜林·朱漢國,『中國報刊辭典』, 書海出版社, 1992; 伍杰,『中文期刊大詞典』, 北京大學出版社, 2000; 北京師範大學圖書館報刊部 編,『北京師範大學圖書館館藏中文珍稀期刊題錄』, 北京圖書館出版社, 2002.

▌현대문학(現代文學)

1944년 중국 구이린에서 창간된 문예지

1944년 1월 광시성(廣西省) 구이린(桂林)의 당대문예사(當代文藝社)에서 월간으로 발행했다. 슝포시(熊佛西)가 편집을 담당했으며, 1944년 6월 1권 5·6호를 발간하고 종간되었다. 베이징사범대학도서관과 상하이도서관 등에 소장되어 있다.

내용은 논문, 소설, 수필, 시가, 극본 등이 있다. 주로 논문, 소설, 시가, 산문 등을 실었는데 특징은 문예논문을 매우 중시하였다는 것이다. 매호마다 여러 편의 문예 논문을 눈에 띄는 위치에 출간하였으며, 집필자는 다수가 당시의 진보적 작가들로 마오둔(茅盾), 야오쉐인(姚雪垠), 톈한(田漢), 장진이(章靳以), 아이우(艾蕪), 주쯔칭(朱自淸), 황야오몐(黃藥眠), 짱커자(臧克家) 등이 있었다.

편집자인 숭포시는 희극사업에 헌신하여 유명해진 인물이다. 1권 1호의 「권두어(卷頭語)」에서 편집자는 다음과 같이 썼다.

"창간의 시작에 우리는 빈말로 약속하기를 원하지 않는다. 장래의 행동으로 우리의 현재의 의지를 표현할 수 있기를 바란다. 우리는 문예 애호가로 문예로써 보국할 것을 맹세하고, 문예로써 무기를 삼아 우리의 승리를 쟁취하고, 우리의 건국을 완성하는 심리의 건설을 할 것이다. 승리의 서광이 이미 눈앞에 있다. 본간은 이러한 시기에 맞추어 출판되었다. 우리는 진정 말로 표현할 수 없는 흥분을 느낀다! 본사의 동인들은 전국 작가와 독자들과 함께 분전하고, 문예의 기능을 발휘하여 민족국가의 자유독립을 쟁취하기를 원한다."

1권 4호에서 편집자는 '전후 문예건설'에 관한 문제에 대해 다음과 같이 제기하였다.

"언론은 반드시 자유로워야 한다. 문예의 내용은 반드시 전민(全民)의 생활의 반영이어야 하며, 반드시 우리의 건국강령과 부합하여야 한다. 바꾸어 말하면 반드시 과학적이며, 반봉건적이고, 반파시즘을 계속 견지하여야 한다. 확대하여 말한다면 전후 문예는 반드시 대다수 인민이 수용할 수 있어야 한다. 현재의 신문예를 우리는 인정하지 않을 수 없다. 그러나 여전히 소수의 지식인이 감상하는 수준이다. 이는 충분하다고 할 수 없다. 금후 우리는 반드시 문예의 영역을 확대하여 농촌으로, 공장으로 파고 들어가야 하며, 보편에서 변경에 도달하여야 한다."

같은 기에는 라오서(老舍) 등 33명이 작가가 쓴 "생활자술(生活自述)"이 실렸는데 이는 작가들의 생활과 창작의 이해에 있어서 매우 큰 사료적 가치를 가지고 있다. (김지훈)

참고문헌

王檜林·朱漢國, 『中國報刊辭典』, 書海出版社, 1992; 北京師範大學圖書館報刊部 編, 『北京師範大學圖書館館藏中文珍稀期刊題錄』, 北京圖書館出版社, 2002.

현대부인(現代婦人)

1928년 4월 15일 서울에서 발행된 월간 여성지

편집 겸 발행인은 이정화(李貞華)이고, 인쇄인은 김진호(金鎭浩)이다. 인쇄소는 조선기독교창문사이며, 발행소는 현대부인사(서울 인사동 197)이다. A5판 80면으로 정가는 30전이다. 속간 미상이다.

이 잡지는 여학생과 젊은 기혼여성을 대상으로 하고 있으며, 여성교양지이면서 여성해방의 사상과 실천을 고취하고 있다. 구성은 논설, 강좌, 설문, 문예창작 등으로 되어 있다.

발행인이자 주간인 이정화가 쓴 「본지 창간에 제(際)하여」는 잡지의 창간 취지를 잘 보여준다.

"세계는 동(動)하여 마지않고 생물은 진화하여 그치지 않는다. 소소한 일월(日月)은 변함이 없고 산천(山川)은 구태를 남기고 있다. 그러나 나날이 변하는 것은 인사(人事)이다. …… 피(彼), 구주대전은 우리에게 무엇을 교시하였으며, 피(彼) 간토대지진은 우리에게 무엇을 교훈하였는가. …… 오인은 횃불을 들었다. 짓밟힌 여자사회를 다시 홍기시키고 처연히 까불어진 여성문화를 다시금 북돋우기 위하여 높이 높이 표제(表題)에 모여드는 농촌의 여성, 도회의 여성, 학창의 여상은 오로지 이 나침반을 눈여겨 살펴 마지않을 것이다."

창간호의 목차를 일별하면 김아청(金阿菁)의 「현대부인의 근본 문제」, 홍효민의 「부인문제 강좌(一)」 같은 여성해방을 고취하는 논설과 함께, 이유근(李有根)의 「가정은 인간의 본능적 욕구」, 박성환(朴聖煥)의 「실제의 인격적 수양에 힘쓰자」 같은 계몽적 논조의 글이 같이 실려 있다.

또한 졸업생의 목소리를 담은 「교문을 떠나면서 새

일군의 첫 감상」이라는 난을 통하여 졸업하는 여학생들의 목소리를 직접 전해주고 있으며, 시, 동화, 소설, 희곡 등 다양한 분야의 문예창작물을 싣고 있다.

젊은 여성들을 대상으로 한 『현대부인』은 당시 1920년대 말 여성문제에 대한 인식의 일단을 엿볼 수 있다.

특기할 만한 필진은 최서해, 금철(琴澈), 김영팔 등이다. 소설가인 최서해는 '소품'을 실었고, 금철은 '소설', 김영팔은 '희곡'을 썼다.

• 금철과 김영팔

금철(1905~1981)은 강화 출생이다. 배재고보를 졸업하고 1943년 조선일보사 사업부장을 역임했다. 1945년 『자유신문』 창간 동인이며 1954년 『한국일보』 창간 동인으로서 신문계의 중진이다. 또한 김영팔은 1920년 극예술협회 창립 멤버로, 프로문학운동의 멤버이기도 했다. (이경돈)

참고문헌

李京子, 「韓國女性雜誌의 歷史的 考察-1945년 以前에 發刊된 女性雜誌를 中心으로」, 서울대학교 신문대학원, 석사학위논문, 1971; 이소연, 「일제강점기 여성지 연구」, 『梨花史學硏究』 29집, 2002; 최덕교 편저, 『한국잡지백년』, 현암사, 2004.

▌현대신문비판(現代新聞批判)

1933년 일본에서 발행된 시사 잡지

1933년 11월 15일 간행된 창간호부터 1943년 3월 1일 간행된 224호까지 일본에서 간행된 잡지이다. 잡지는 보름에 한 번씩 간행되는 반월간지(半月刊誌)였으며, 잡지 분량은 10쪽 내외였다.

잡지 창간호 기사는 「창간사(創刊の辭)」, 「신문도와 기사근성(新聞道と記者根性)」, 「반월신문기사일기(半月新聞記事日記)」, 「오사카마이니치(도쿄니치니치)신문 성호회장 몰락의 진상(大阪每日[東京日日]新聞 城戶會長沒落の眞相)」, 「인물평론(人物評論)」, 「최근의 구미신문(最近の歐米新聞)」, 「오사카아사히 오사카마이니치의 판매전(大阪朝日大阪每日の販賣戰)」, 「도쿄신문단평(東京新聞短評)」, 「대신문의 전향(大新聞の轉向)」, 「신문인월단(新聞人月旦)」, 「광고계의 이채·세토 호타로론(廣告界の異彩·瀨戶保太郎論)」 등으로 구성되었다.

잡지는 현장의 기자를 주 판매대상으로 발간되었는데, 계몽적 색채가 농후한 성격을 보였다. 그와 함께 기성 저널리즘의 내막 폭로(內幕暴露), 근본적으로는 신문 특종에 의한 매스미디어시대의 개막과 함께 나타난 상업신문의 모순이 역사적이고, 구체적인 사실로 피력되었다. 잡지의 신문비판은 단순히 기성 저널리즘의 지면 비평에만 한정되지 않았다. 잡지는 신문사의 경영, 인사의 측면까지 비판의 대상으로 삼았다.

잡지의 이러한 비판 활동은 저널리즘의 사회적 책임을 집요하게 추구하는 것이었다. 저널리즘의 사회적 책임이란 언론책임과 기업책임의 양면에서 검토되었다. 언론책임은 저널리즘의 역사책임과 미래책임이고, 기업책임은 매스커뮤니케이션의 생산과정에서 일어나는 인간의 문제도 포함해서 기업으로서의 경영의 내용에 대한 책임문제였다.

동지의 일련의 기사, 예를 들어 31호의 「대자본의 거대한 손이 밀려와 지방지공격의 화개(火蓋)가 막혔다」와 「생활권 옹호로 (신문)배달이 필사의 절규」, 42호의 「광고료 인상 문제, 신문사와 광고주의 관계」, 64호의 「판매전과 폭력」, 85호의 「지가(紙價) 인상이 목적하는 것」 등의 기사는, 정기적으로 게재된 「대조(大朝) 나고야(名古屋)지사 신설에 따른 대이동」, 51호의 「대매동일(大梅東日)의 이동평(異動評)」, 67호의 「동서조일경제부(東西朝日經濟部) 이동의 내막」 등과 함께, 신문 산업의 구조상의 결함을 비판한 것이다.

잡지의 비판대상은 신문만이 아니었다. 아래로부터의 초근(草根)파시즘운동을 지지하고 지탱하고 있었던 유력한 의견의 중심지이면서 리더였던 동시대 지방명망가로 인정받고 있었던 지방저널리즘도 역시 잡지의 비판 대상이었다. 또한 방송, 영화, 연극, 문예 등의 비판 활동은 전시문화(戰時文化) 그 자체의 문제제기이기도 하였다.

중일전쟁이 확대되면서 일본의 저널리즘의 극단적

인 전시보도체제화 과정을 신문은 국가체제와의 관계, 신문에 내재한 여러 문제, 신문의 전시상업주의의 실태라는 측면에서 비판하였다. 107호의 「총동원법의 제정과 언론자유」, 133호의 「신문통제의 전도」, 101호의 「전쟁과 신문투자」, 111호의 「본사 이데올로기와 전체주의」, 152호의 「전쟁뉴스는 기만이다」, 114호의 「국책순응과 신문, 국민을 잘못되게 하는 선정적 기사」, 124호의 「신문의 국책협력」, 157호의 「신문적인 작위를 폐지하라」, 161호의 「신문보도의 비과학성과 오류」 등이 그러한 기사들의 대표적인 것이었다.

이와 같이 『현대신문비판』은 기성 저널리즘의 태도를 부정하면서, 비판정신의 계승에 독특한 사상적 전개를 취하면서 출발하였다. 그것은 시대상황에의 직접적 비판은 아니었고, 시대상황을 비판해야 할 입장에 있는 미디어 측에 이의를 제기하는 방식이었다. 그러는 과정에서 반파시즘, 반군국주의 방향이 모색되었다. 시대 경향에서 일탈되어 있던 동시대의 지식인의 살아가는 방식이면서, 동지의 저널리즘은 1829년대 국제공산주의운동에서 보여 졌던 프롤레타리아 저널리즘운동과는 확연히 구분되는 사상성과 방향성을 가지고 있었다. 결국 위기감 내지 폐쇄상황에 있던 시대정신이나 시대환경에 문제를 제시하고, 최후의 저항으로서 이와 같은 소형 신문이 탄생했던 것이다. (문영주)

참고문헌

門奈 直樹, 「戰時下, ある小型ジャナリズムの抵抗 - 『現代新聞批判』とその周邊」, 『「現代新聞批判」 解說·總目次·索引』, 不二出版, 1995; 松浦總三, 『體驗と資料 戰時下の言論彈壓』, 白川書院, 1975; 高崎隆治, 『戰時下のジャ-ナリズム』, 新日本出版社, 1987; 『日本出版百年史年表』, 日本書籍出版協會, 1968.

▌현대평론(現代評論)

1927년 서울에서 발행된 조선사정연구회의 월간 종합지

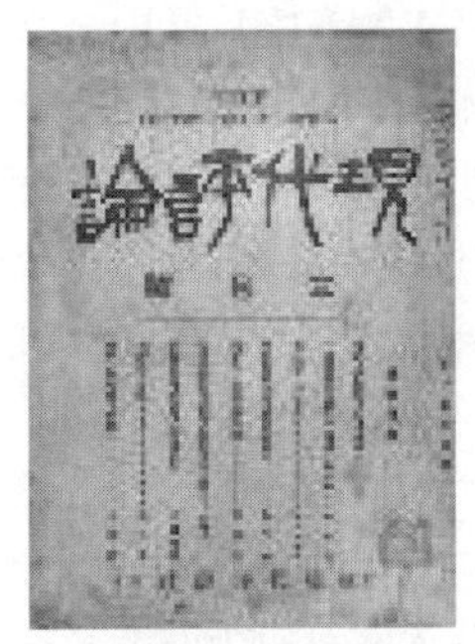

신문지법에 의하여 발행한 평론 중심의 월간 종합지이다. 편집 겸 발행인은 하준석(河駿錫)이며, 실제 발간의 중심에는 이관용(李灌鏞), 이긍종(李肯鍾) 등이 있었다. 발행소는 현대평론사(現代評論社)이다. 1928년 1월에 제2권 1호(통권11호)로 종간되었다. 통권 10호는 1927년 11월, 12월 합병호로 발행되었으나 일제에 압수당하여 발간하지 못했다. 1993년 국학자료원(國學資料院)에서 4책으로 영인하였으나, 영인본에는 1927년 4월호(통권 3호)가 빠져있다.

『현대평론』은 『개벽』(1920~1926), 『신천지』(1921~1923), 『신생활』(1922~1923), 『조선지광』(1922~1932), 『동명』(1922~1923) 등과 같이 신문지법에 의해 발행된 잡지이다. 신문지법에 의한 월간잡지로 허가를 받은 것은 1927년 1월 10일이었고, 발간은 동년 1월 20일이었다.

『현대평론』을 발간한 단체는 조선사정연구회였다. 창간호의 「권두언 대신에」를 보면 조선사정연구회의 이념을 확인할 수 있다.

"만일 진정히 민중의 요구를 기초로 한 주의라면 그것이 '레닌'주의와 합치되거나 혹 '워싱턴'주의에 공자각(共自覺)시키고 그 조직적 단결을 촉진함에 있는 것이다. 그러나 이 자각과 이 조직이 현대 조선의 실제적 사정을 기초로 하여야 할 것은 일모의 의점(疑點)도 용납지 않는 것이다. 그러므로 우리는 이론적 공상보다 민족적 요구에 관한 모든 실제적 사실을 적발하고자 노력한다. 조선민족의 경제생활이 파멸된 사실을 알면서도 우리는 그 파멸의 과정을 해부하여 그 원인과 결과를 과학적으로 해부하고자 한다. 특히 우리 농민대중

의 요구는 조선민족의 사활문제에 관한 것이므로 그 운동의 방향을 자각시킴에는 우리가 노력을 아끼지 않을 것이다. 우리는 우리 민족운동의 방향을 지도할 사실의 체계를 요구한다. 우리의 생각과 우리 쓰는 글은 장래에 전개될 우리 행동의 준비가 되지 않으면 안 될 것이다."

즉, 조선 민족의 정치적 자각과 대중운동의 중요성을 강조했고, 무엇보다도 그것이 조선의 실제적 사정에 바탕을 두어야 한다는 것이 이들의 주장이었다.

케케묵은 전래적 관념이나 외래적 개념을 배격한 『현대평론』은 '사람답게 살자, 날로 새롭자, 정의로 나가자'라는 3대 정신을 주창했고, "민족의 자각과 단결을 환기하고 산업의 만회와 진흥을 기도"함을 2대 목표로 삼고 있다. 현실운동의 쟁점이나 농촌, 노동, 교육, 부인문제 같은 사회문제에 관한 논설과 논문이 대부분을 차지하고 있다. 그 밖에 설문, 전기, 문예창작, 잡조(雜俎) 등으로 구성되어 있다.

"우리는 모든 문제를 오직 우리 민중의 요구로 출발점을 삼음"을 분명히 하는 『현대평론』 창간호의 목차를 잠시 살펴보자.

논문으로 이긍종의 「현대평론 창간에 제하여」, 이관용의 「현대대세의 대관(大觀)」, 안민세의 「중국혁명과 정치적 가치」, 「일본 무산정당에 대하여」, 김준연의 「조선의 금일문제」, 백남운의 「조선 자치운동에 대한 사회학적 고찰」, 안광천의 「무산자의 정치의식」, 홍명희의 「신간회의 사명」, 홍성우의 「정리기의 구미경제」, 이긍종의 「조선인 경제의 수학적 개관」, 이재황의 「경제생활 향상의 일고」, 하준석의 「조선 농촌문제 연구(一)」, 금파의 「조선 산미증식계획 내용」, 홍기문의 「조선문전 요령(朝鮮文典 要領)(1)」, 이순탁의 「개인주의와 사회주의」, 박형병의 「'맑쓰 시대'에 기한 구주의 사회적 제변동」, 이성용의 「비타민이란 무엇이냐?」, 조준호의 「삭발에 대하여」, 조길호의 「소년군의 필요를 논함」, 이헌영의 「구미를 순회하여」, 「처녀 숭배」, 「경제상태의 변천과 여성의 지위」, 백파의 「소위 '신여성'과 양처현모주의?」, 박창훈의 「천재? 변질?」 등이 있고, 소설로는 조명희의 「농촌사람들」, 이기영의 「어머니의 마음」, 희곡으로는 「한네레의 승천-게르하르트 하웁트만」(염형우 역), 시로는 망양생의 「오마카얌의 류비얕」(수주 역), 「희망」, 잡조로는 「현대평론 창간에 대한 제명사의 의견」, H생의 「위인의 편영(片影)」, 일기자의 「병인 중요일지」, 일기자의 「정유세상 총관」, 「편집실에서」 등이 실려 있다.

특기할 점은 『현대평론』이 창간 당시(1927)에는 조선사정연구회의 기관지적 성격을 띠고 있었으나, 점차 그 성격이 희미해진다는 것이다. 발간된 잡지 중 1~3호까지는 7~8명의 조선사정연구회 회원의 논문이 실려 있으나 4~11호에서는 거의 찾을 수 없다는 것이 그 반증이다.

그 이유는 김준연, 한위건 등이 본격적으로 사회주의 활동을 시작하고 홍명희, 안재홍, 이관용 등은 신간회의 조직과 지회활동에 주력하기 시작하였던 사정에서 짐작해 볼 수 있다.

전반적으로 필진은 민족주의와 사회주의 계열의 다양한 지식인을 망라하고 있었는데, 조선 민중의 현실과 요구를 대변하면서 신간회 결성 직전의 국내외 정세 및 민족주의 계열 지식인과 사회주의 계열 지식인들의 사회운동에 대한 인식을 보여준 잡지라고 할 수 있다.

• 조선사정연구회(朝鮮事情硏究會)

1925년 9월 조선의 사정과 현상에 대하여 학술적으로 조사, 연구할 목적으로 결성했다. 이 연구회는 조선의 실태에 관한 강연과 팸플릿을 발간하는 한편 『현대평론』을 발간했는데, 현대평론사는 지사를 모집한 결과, 2호까지 재령, 간도, 용선, 대구 등지에 지사를 설립할 수 있었다.

현대평론의 창간 무렵 중심 인물은 이관용, 이긍종인데 이들은 조선사정연구회의 구성원이었다. 연구회는 '복잡한 실제 운동을 떠나서 현하 조선의 사회사정을 과학적으로 조사연구'함을 목적으로 했는데, 이들 이외에도 백관수, 조병옥(趙炳玉), 홍성하(洪性夏), 이순탁(李順鐸), 유억겸(兪億兼), 김송은(金松殷), 안재홍(安在鴻), 김기전(金起田), 최두선(崔斗善), 김준연(金俊淵), 한위건(韓偉健), 국기열(鞠錡烈), 홍명희

(洪命熹), 백남운(白南雲), 최원순(崔元淳), 박찬희(朴瓚熙) 등이 활동했다.

조선사정연구회는 주로 조선의 실제상황 즉, 사회경제적 발전 과정에 합당한 역사발전의 길을 전망·추구하는 학술 활동을 했고, 민족협동전선을 추진하면서 대중운동의 중요성을 강조하기도 했다. 또한 당시 대두되던 자치론(自治論)도 반대했다. (이경돈)

참고문헌

『한국신문 · 잡지총목록』, 대한민국국회도서관, 1966; 계훈모, 『한국언론연표』, 관훈클럽신영연구기금, 1979; 『아단문고장서목록』, 아단문화기획실, 1995; 최덕교 편저, 『한국잡지백년』, 현암사, 2004.

현실문학(現實文學)

1936년 중국 상하이에서 창간된 문예지

1936년 7월1일 상하이(上海)에서 창간되어 단 2호를 출간하고 국민당 당국의 폐쇄조치로 종간되었다. 제2호는 1936년 8월1일에 발행되었다.
주필 인껑(尹庚)과 바이수(白曙)는 모두 좌익작가다.

주요 내용은 소설과 산문, 시가, 극본, 논문, 보고문학 등을 실었다.

창간호 1호는 "민족혁명전쟁의 대중문학(民族革命戰爭的大衆文學)" 특집호로 간행되었으며, 루쉰(魯迅)의 「우리들의 문학운동 이론(理論在我們的文學運動)」과 「트로츠키파의 편지에 대한 답(答托洛斯基派的信)」, 장톈이(張天翼)와 녜간누(聶紺弩)의 문장이 발표되었다.

엥겔스의 현실주의 이론을 중국 최초로 번역 소개한 허닝(何凝)의 문장도 발표되었으며, 후펑(胡風)의 「톈젠의 시(田間的詩)」, 쑨쉐웨이(孫雪葦)의 「전형론과 기타(典型論及其他)」 등의 문장들도 중요한 이론적 견해들을 담고 있다. 이 잡지는 주로 문학이론 비평 방면에서 그 영향력을 가지고 있다. 1호에 발표된 루쉰(魯迅)의 「트로츠키파의 편지에 대한 답(答托洛斯基派的信)」은 당시 강렬한 반향을 불러 일으켰다.

주요 집필자는 우시루(吳奚如), 장무량(蔣牧良), 장톈이(張天翼), 후펑(胡風), 톈젠(田間), 녜간누, 쑹즈더(宋之的), 어우양산(歐陽山), 사오촨린(邵荃麟), 뤄펑(羅烽) 등이다.

루쉰의 「우리들의 문학운동 이론(理論在我們的文學運動)」

좌익작가연맹이 5~6년 동안 영도하고 전투하여온 것은 무산계급 혁명문학운동이다. 이 문학과 운동은 계속 발전하여 왔다. 지금에 이르러서는 더욱 구체적인 기반, 더욱 실제적 투쟁 속에서 민족혁명전쟁의 대중문학으로 발전하였다. 민족혁명전쟁의 대중문학은 프롤레타리아 혁명 문학의 발전이며, 프롤레타리아 혁명문학이 현재의 시점에서 진실로 보다 확대된 내용을 갖게 되는 것이다.

현재 중국의 최대 문제는 바로 민족생존의 문제이다. 중국의 유일한 출로는 전국이 일치단결하여 민족혁명투쟁을 전개하는 것이다. 이것을 명심하고 작가들은 생활을 관찰하고, 자료를 처리하며 조리 있게 실마리를 풀어가야 한다. 작가들은 자유롭게 공인, 농민, 학생 그 어떤 소재도 가능하며, 이를 이용하여 민족혁명전쟁의 대중문학을 써내면 되는 것이다.

「중국 문예공작자 선언(中國文藝工作者宣言)」

1호에는 루쉰(魯迅)을 비롯한 바진(巴金), 마오둔(茅盾) 등 70여 명이 연합하여 만든 「중국문예공작자 선언(中國文藝工作者宣言)」이 발표되었다.

"우리 민족의 위기는 하루아침에 조성된 것이 아니다. 현재 우리 민족이 당면한 위기는 최후의 정점에 도달하고 있다. 한 쌍의 잔혹한 마수가 우리의 목구멍을 막고 있다. 하나의 답답한 음험한 밤이 우리의 머리를 짓누르고 있다. 가열 찬 항전이 우리의 면전에서 벌어지고 있는 현재, 우리는 절대 굴복할 수 없고, 절대 겁먹을 수 없다. 더욱이 절대 방황하고 미룰 수 없다. 우리는 우리 각자의 고유한 입장을 유지하며, 원래 우리의 신앙에 의지하여, 지나온 길을 따라 우리가 종사하는 문예로써 일찍이 민족의 자유를 쟁취하는 사업에 착수하

려 한다." (김성남)

참고문헌

周葱秀·涂明 著,『中國近現代文化期刊史』, 山西敎育出版社, 1999; 北京師範大學圖書館報刊部 篇,『北京師範大學圖書館館藏中文珍稀期刊題錄』, 北京圖書館出版社, 2002.

현향자치(縣鄕自治)

1931년 중국 베이징에서 발간된 사회운동 잡지

1931년 4월 베이징에서 창간되었다. 원명은『현촌자치(縣村自治)』이다. 1933년 1월 3권 1호부터 본명으로 바뀌었다. 리빙웨이(李炳衛)가 편집을 맡았고, 북평민사(北平民社)에서 발행한 월간지이다. 1940년 5월 제6권 6호 후 정간되었다. 베이징 중국인민대학도서관(中國人民大學圖書館) 등지에 소장되어 있다.

『현향자치』는 현치(縣治), 구치(區治), 향치(鄕治), 가치(家治) 추구를 목적으로 한다. 논저, 사회 투시, 전재(專載), 일문(軼聞), 한 달 소식, 상식, 농촌 사진, 총담(叢談), 여론, 향촌문예 등의 난으로 구성되었다. 중국 향촌사회 풍속제도를 연구하고, 농촌합작운동, 농촌 구제와 의무 교육 및 각종 농촌 경제건설운동을 제창하였다. 향촌 조사 상황과 농촌 기술 상식을 소개하였다. (이은자)

참고문헌

王檜林·朱漢國,『中國報刊辭典(1815~1949)』, 太原(山西): 書海出版社, 1992; 葉再生,『中國近代現代出版通史』, 北京: 華文出版社, 2002.

혈전(血戰)

1938년 중국 충칭에서 창간한 정치운동 잡지

1938년 4월 16일 충칭(重慶)에서 반월간으로 창간되었다. 1938년 11월 총 6호를 발행하고 종간되었다. 중국국가도서관 등에 소장되어 있다.

내용은 사론, 반월평론, 대중의 함성(大衆呼聲), 선봉대, 혈전문예, 혈적(血適) 등의 난이 있었다. "항일통일전선을 공고히 하고 강화하며, 중화민족해방의 최후 승리를 쟁취하는 것"이 목적이라 선언하였다.

게재된 글들은 일본제국주의의 침략 만행을 폭로하고, 중국 인민의 재난과 영웅적 반항투쟁을 반영하였으며, 일체의 타협, 투항적인 언론에 대해 비평을 진행하고, 중국 군민의 항일전쟁 투쟁을 고무함으로써 민족부르주아계급 좌익의 애국열정을 반영하였다. 1938년 5월에는 "불과 피의 오월(火與血的五月)"이라는 특집을 발간하였다. (김지훈)

참고문헌

王檜林 · 朱漢國,『中國報刊辭典(1815~1949)』, 書海出版社, 1992; 伍杰,『中文期刊大詞典』, 北京大學出版社, 2000; 葉再生,『中國近代現代出版通史』3, 北京, 華文出版社, 2002.

협성(協成)

1925년 서울에서 발행된 협성동창회 회보

편집 겸 발행인은 박현환이며, 발행소는 협성학교 동창회(경성)이다. A5판, 98쪽으로 비매품이다. 서강대학교에 소장되어 있다.

협성학교는 1907년 7월 서북학회(西北學會) 산하 서북협성학교(西北協成學校)에서 출발해 오성학교(五星學校), 오성강습소를 거쳐 1914년 조선총독부고등보통학교령에 의거해 정식인가를 받은 사립학교다.

설립자는 서북 출신 인사들이었는데, 최시준(崔時俊), 오희원(吳熙源), 오현옥(吳鉉玉), 황갑영(黃甲永), 최창립(崔昌立), 유훈섭(劉燻燮), 허헌(許憲) 등이 나섰다.

『협성』이 창간된 1925년 당시 교장은 임규(林圭)였다. 편집인 박현환은 지리와 영어를 담당하는 교무주임으로 재직하고 있었다. 또한 한글학자로 유명한 이윤재(李允宰)도 조선어와 역사를 담당하는 전임교원으로 당시 재직 중이었다.

창간호에는 협성학교의 연혁, 설립자명, 직원, 일지 등과 동창회의 규칙, 회의록, 재정보고, 회원명 등이 실려 있어 교사 연구자료를 풍부하게 제공한다.

동창회보이기 때문에 시사정론에 관련된 내용은 제외하고 학술과 문예 방면의 글만을 싣기로 했는데, 창간호는 설원(說苑), 논단, 사림(詞林) 등의 체제로 구성되어 있다.

설원에는 주로 교원들의 글이 실렸는데 이윤재의 「인문지리적 사관으로 본 북지나(北支那)와 남지나(南支那)의 비교」와 오일영(吳一英)의 「회화에 대하여」 등 8편의 글이 실려 있다.

논단에는 다양한 내용의 논설이 실렸는데, 그중에 손병석(孫秉錫)「우리는 진(眞)과 실(實)에서 살자」, 서문석(徐文錫)「환멸기에 처한 우리의 각오」, 강직구(姜稷求)「생각나는 대로 여러분에게」, 「한봉수(韓鳳洙)군을 조(吊)함」 등이 주목된다. 한편 사림에는 신시(新詩)와 한시(漢詩) 여러 편이 실려 있다. (이경돈)

참고문헌

『한국신문 · 잡지총목록』, 대한민국국회도서관, 1966; 계훈모, 『한국언론연표』, 관훈클럽신영연구기금, 1979; 『아단문고장서목록』, 아단문화기획실, 1995; 최덕교 편저, 『한국잡지백년』, 현암사, 2004.

협성회회보

1898년 서울에서 한국어로 발간된 시사종합신문

1898년 배재학당 학생회인 협성회에서 창간한 신문이다. 4면으로 주간으로 발행되다 1898년 4월 통권 14호를 마지막으로 『매일신문』으로 개제되어 일간으로 간행되었다. 창간호는 A4판 크기보다 약간 작은(16㎝×22.5㎝) 4면, 문장은 전면 순국문을 썼고, 4호 활자로 2단 세로짜기(1단 27행, 1행 23자) 편제를 기본으로 했다. 편집장에는 양홍묵, 주필에는 이승만이 활동했다. 1976년 한국신문연구소(韓國新聞硏究所)에서 발행한 영인본이 있다.

『협성회회보』는 1898년 1월 1일 한성 정동 배재학당 학생들의 모임 협성회(회장 양홍묵)의 기관지였다. 협성회는 1896년 11월 30일 서재필의 지도로 결성되었다. 서양식 회의 운영방식으로 매주 토요일 공개 토론회를 개최했다. 회원자격은 배재학당 학생뿐만 아니라 개혁지향의 관리와 시민을 포함한 젊은이들에게 문호가 개방되어 있었다. '협성회'가 기관지로 발간한 이 신문은 그때의 『독립신문』(미국인 발행)과 『한성신보』(일본인 발행)가 모두가 외국인에 의해 발간되는 것과 달리 조선인들의 손에 의해 처음으로 발행된 민간 정기간행물이었다. 매주 한 번씩 발행되어 통권 14호까지 발간되었다.

학생의 손으로 만든 회지였지만, 민간 사회신문의 역할을 담당했다고 평가된다. 또한 회원들 간에 돌려보는 내부용 신문이 아니라 일반에도 널리 판매하고 배달까지 했던 명실상부한 신문이었다.

창간호 제1면 첫머리에 본문보다 큰 2호 활자로 "공고, 이 회보는 매 토요일에 한 번씩 발간하고 파는 처소는 배재학당 제 일방이오, 값은 매장에 엽전 너푼씩이니 사다 보시기를 바라오"라고 되어 있다. 3호(1월 15일) '회중잡보'에는 "회원은 회보를 친히 가져다 보고 그 외 회보 보는 사람에게는 갖다 주기로 작정되였더라"고 밝히고 있다. 간기는 별도로 나타나지 않고 있고 '제1권 1호'라고 잡지식의 간행호수를 표기하고 있다. 1면은 논설, 2면은 내보, 3면은 외보, 4면은 회중 잡보 및 광고 등으로 배치되었다.

『협성회회보』는 순국문으로 기사를 썼는데 이 배경에는 주시경이라는 인물이 있었다. 그는 1894년 9월 배재학당에 입학해 1896년 4월 『독립신문』을 창간한 서재필에게 발탁되어 순 한글 교보원이 되어 본격적으로 한글 연구에 진력하였다.

『협성회회보』의 기사는 주로 류영석, 양홍묵, 이승만 등에 의해 집필되었고 이들 협성회 간부들은 미국 공관원들의 후원 아래 있었다. 이는 『협성회회보』가 배재학당 내의 인쇄소에서 제작되었다는 데서도 알 수 있다. 선교사 아펜젤러(H. G. Appenzeller, 1858~1902)가 세운 배재학당 내에는 일찍부터 직업교육을 위한 시설로 인쇄기를 마련하고 있었다.

『협성회회보』 창간호 「논설」에는 신문 발간에 대한 다음과 같은 그들의 기개를 느낄 수 있다.

"대저 사람이 조년에 뜻을 굳게 세워 학문을 닦는 것은 일후에 그 학문을 인연하여 공사 간에 한 사업을 성취하고자 함이라. 현금 구미제국이 서로 정진하는 때를 당하여 만일 우리가 이전 학문만 힘써 고인의 진담만 강론하고 이전 규모만 배워가지고 무슨 사업을 희망할 지경이면 이는 곧 이른바 나무를 거꾸로 심고 그 자라기를 바람이라. 어찌 어리석지 아니하리오. 시계 개명한 나라에서들은 인민교육 하는 것을 제일 요무로 알아 기어이 공부 아니 하는 백성이 적도록 힘을 쓰나니 대저 인민을 교육 하는 것은 그 사람들로 하여금 다 나라에 유익한 사람들이 되게 함이라. 그러한 즉 교육하는 법을 또한 합당하게 마련하여야 할지라. 만일 교육을 전혀 힘쓰지 아니한다던지 교육을 하되 합당한 도로 아니 할 지경이면 다 유익함이 없을지라."

여기서도 알 수 있듯이 『협성회회보』가 주력한 부분은 인재 양성과 면학 장려였다.

『협성회회보』는 1898년 4월 2일자 14호를 마지막으로 같은 해 4월 9일부터는 제호를 『매일신문』으로 고쳐 한국 최초의 일간지로 전환하였다. 이는 그때까지 격일간이었던 『독립신문』 보다 앞선 것으로 『독립신문』의 일간 발행을 촉진시켰다. 초기에 10여 명 안팎이었던 협성회는 『협성회회보』의 발간에 힘입어 회원이 200여 명에 달하였다.

하지만 협성회기관지에서 일간지로 전면적으로 신문사체제를 갖춘 『매일신문』은 초기부터 경영주도권을 둘러싼 분규에 휩싸였다. 최정식은 이승만을 사장으로 내세워 주도권 장악을 기도했으나 양홍묵을 중심으로 한 기존 세력의 반발로 좌절되었다. 이렇게 내분으로 회사 임원진이 자주 바뀌는 과정에서 1899년 4월 4일 결국 폐간되고 말았다.

『매일신문』의 지면은 1면 논설, 2면 내보(정치문제), 3면 외보(해외소식 및 개화관계 기사)로 구성되었으며, 논조는 부정부패 척결과 국권보존 및 개화사상을 핵심으로 하였다. 내분으로 짧은 수명을 다하였으나, 혁신적인 논조 및 일간시대를 가져온 신문사적 의의는 충분히 평가될 수 있을 것이다.

이승만과 『협성회회보』

『협성회회보』의 제작진은 총 9명이었다고 전해지는데, 구체적으로 그들이 누구인지는 확실치 않다. 다만 창간할 때부터 중요한 역할을 맡았던 인물로는 이승만을 들 수 있다. 그는 자서전에서 다음과 같이 당시의 상황을 전하였다.

"나는 몇 명 청년의 도움을 받으면서 신문을 시작하였는데 『협성회회보』는 한국 사람들만으로 제작되는 신문으로는 우리나라에서 처음의 것이었다. 적은 신문이기는 했으나 나는 그 지면을 통해서 자유와 평등이라는 위험한 사상을 힘을 다해 역설했다. 아펜젤러 씨나 다른 사람들은 내가 급진적인 행동을 계속하다가는 목이 잘리게 될 것이라고 여러 번 충고해 주었지만 그 신문은 친일파 정부와 아라사공사관의 위협으로 생겨난 여러 가지 고난과 위험을 겪으면서도 계속 발간되었다."

『협성회회보』는 협성회 회장이 최고 책임자였다. 창간할 때의 회장은 이익채였고, 신문을 전담한 회보장(會報長)은 양홍묵이었다. 그중 양홍묵은 『협성회회보』가 『매일신문』으로 발전한 후에도 사장으로 피선되어 계속적으로 주도적 역할을 한 인물이며 배재학당의 교사이기도 했다. 그는 후에 관계에서 활동하기도 하는데 1907년 김해군수로 재직할 때 이해 3월 19일 김해 군민이 그의 증세(增稅)를 규탄하며 폭동을 일으켰다는 기록이 남아 있다. 한일강제병합 후에는 경주군수를 역임하기도 하였다.

『협성회회보』는 4호(1.22)부터 14호까지 기명 논설을 싣고 있다. 집필자는 최병헌, 신용진, 이익진, 오긍선, 이승만, 홍정우, 김만식이었다. 이중 가장 적극적으로 논설 활동을 벌였던 인물이 이승만이었다. 그는 매주 토요일 열린 협성회 토론회에도 가장 왕성한 활동을 보여 예정된 토론자가 없는 경우 십중팔구 그가 대신했다고 한다. 이승만이 집필한 논설은 12호에 실려 있다. 그는 이 글에서 일본에게 절영도 안에 석탄 저장고를 짓도록 허용했기 때문에 러시아에게도 똑같이 이에 대한 권리를 허락해야 되는 것이 아니냐 하는 주장에 절대 찬동해서는 안 된다고 하며 이러한 외국의 이권요구에는 단호하게 자신의 일처럼 반대해야 한다고 목소리를 높이고 있다.

또한 그는『협성회회보』3월 9일자에「고목가(Song of Old Tree)」라는 시도 게재하였다. 이 시의 내용은 나라의 기울어 가는 운명을 고목에 비유하고, 국민들이 굳건한 자세로 싸운다면 이 나무를 다시 소생시킬 수 있다는 것이었다. 전문은 다음과 같다.

"(1) 슬프다. 저 나무 다 늙엇네 / 심약한 비바람 이리져리 급히쳐 / 병들고 썩어셔 반만섯네 / 몇백년 큰 남기 오늘 위태 (2) 원수에 딱작새 밋흘 쫏네 / 쫏고 또 쫏다가 고목이 부러지면 / 미욱한 뎌 새야 쫏지마라 / 네 쳐자 네 몸은 어디 의지 (3) 버틔셰 버틔셰 뎌 고목을 / 새가지 새입히 다시 영화붐 되면 / 뿌리만 굿박여 반근되면 / 강근이 자란후 풍우 불외 (4) 쏘하라 뎌 포수 딱작새를 / 비바람을 도와 위망을 재촉하야 / 원수에 뎌미물 남글 쪼아 / 너머지게하니 엇지할고."

이 시는 한국 최초의 신체시로 평가받는 최남선의「해(海)에게서 소년에게」(1908.11)보다 10년이나 앞서 발표된 것이었다. (김미정)

참고문헌

尹壬述 編,『韓國 新聞 百年志』, 韓國言論硏究院, 1983; 동아자유언론수호투쟁위원회,『새로 쓰는 한국 언론사』, 1988; 정신석,『역사와 언론인』, 커뮤니케이션북스, 2001; 최덕교,『한국잡지백년』3, 현암사, 2004.

협실(協實)

1929년 서울에서 발행된 협성실업학교의 학생회 회지

편집 겸 발행인은 황대벽(黃大闢)이고, 인쇄인은 김진호이다. 인쇄소는 한성도서(주)이며, 발행소는 협성실업학교 학생회(서울 낙원동 282)이다. A5판 107면으로 비매품이다. 2호는 1930년 5월 3일 발간되었다. 협성실업학교 전신인 협성학교 때에도 협성학교 동창회 회지인『협성(協成)』(발행인 박현환[朴玄寰])을 1925년 12월 15일자로 발행한 바 있다. 서강대학교에 소장되어 있다.

협성실업학교는 1907년 서북학회(西北學會)에서 개교한 서북협성학교(西北協成學校)를 모체로 하고, 1910년 오성학교(五星學校)로 개칭하고 학칙을 변경했다. 이후 1914년 폐교했다가 1921년 4월 최시준이 오성강습소를 설립하고, 이후 협성학교로 개칭한 후 1927년 실업계 학교로 방향을 전환했다. 설립자는 오희원(吳熙源), 최시준(崔時俊), 방태영(方台榮), 김여식(金麗植)를 거쳤다.

현재 협성학교, 오성학교, 협성실업학교 자리(서울 종로구 낙원동 280번지)에는 '건국빌딩'이 있다. 현 건국대학교가 1946년 오성학교 건물을 인수한 후 설립한 건물이다.

창간 당시 교장 김여식의「협실 출간과 여(余)의 기대」를 잠시 참고해보자. "우리 조선 현상에 느낀 바 있어, 역사가 오랜 협성학교를 변경하여 협성실업학교를 설치함은 특수한 의의와 목적이 있다. 이에 모여들어 수학(修學)하는 청년들은 또한 특수한 정신을 가지고 조선 실업계를 한번 용감히 개신(改新) 개척(開拓)하려는 사람들인 줄로 믿는다. ……『협실』은 가식 허영과 무위도식을 적대로 하고, 무실역행(務實力行)과 유기무업(有技務業)을 면려(勉勵)로 하여 조선을 실업화 과학과시킴에 성(誠)과 역(力)을 다할 것이다." 김여식 교장은 북미학생총회의 회지『우라끼』의 필자이기도 했다.

한편 창간호에는 협성실업학교의 연혁, 설립자, 전·현직 직원, 일지를 비롯하여 생도일람, 협성실업학교 후원회의 창립소식, 협성실업학교 학생회 회칙, 임원, 약력과 회원록이 실려 있어서 교사 연구에 도움을 주고 있다. (이경돈)

참고문헌

『한국신문·잡지총목록』, 대한민국국회도서관, 1966; 계훈모,『한국언론연표』, 관훈클럽신영연구기금, 1979;『아단문고장서목록』,

아단문화기획실, 1995; 최덕교 편저, 『한국잡지백년』, 현암사, 2004.

▌협화사업(協和事業)

▶ 협화사업휘보(協和事業彙報)

▌협화사업연구(協和事業硏究)

▶ 협화사업휘보(協和事業彙報)

▌협화사업휘보(協和事業彙報)

1939년 일본에서 창간된 중앙협화회의 기관지

1939년 9월에 중앙협화회 간사 다케다 유키오(武田行雄)를 발행인으로 하여 기관지로 창간되었다. 이것은 4회로 종간되고, 2권 1호부터는 『협화사업(協和事業)』로 속간되었다. 이후 『협화사업』은 2권의 경우 10호, 3권의 경우 10호, 4권은 11호를 간행했다. 5권은 현물이 없어 간행 여부가 확실하지 않다. 이 가운데 3권 9호(1941.9)부터는 기존의 중견 지도자를 대상으로 발간되던 것에서 중견 회원을 대상으로 편집방향이 바뀐다.
1944년 5월부터는 다시 중견 지도자를 대상으로 하여 『협화사업연구(協和事業硏究)』 간행하여 4호까지 발간했다. 이 가운데 4호는 중앙협화회가 1944년 11월 중앙흥생회로 개칭되자 『흥생사업연구(興生事業硏究)』로 고쳤다.

주요한 논지는 협화사업 수행에 관한 논고, 조선총독 정치의 미화, 내선일체론, 귀화인문제, 각 지방의 협화회의 동향이 실렸다.

젠쇼 에이스케(善生永助)가 지은 「반도귀화인의 분포」, 이노우에 헤이하치로(井上平八郎)의 「우리나라 도예업에서 본 내선관계」(이상 1940년 6월호), 나카야마 규시로(中山久四郎)의 「내선협화일체의 사실」, 1940년 12월호) 등 논문이 게재되어 협화사업 근거의 하나로 보급되었다.

• 협화회

중앙협화회 창립 발기인회가 개최된 것은 1938년 11월 9일인데, 발기인 명단에는 다음과 같은 인물도 포함되어 있었다.

내무성 경보국장 혼마 아키라(本間精), 척무성 관리국장 소에지마 마사루(副島勝), 조선총독부 정무총감 오노 로쿠이치로(大野祿一郞), 문부성 전문학무국장 야마카와 다카시(山川建), 후생성 사회국장 아라이 젠타로(新居善太郞), 귀족원의원 시타무라 히로시(下村宏), 후생성차관 히로세 히사타다(廣瀨久忠), 귀족원 의원 세키야 데이자부로(關屋貞三郞) 등이다. 이와 같이 중앙협화회는 내무관료의 중핵과 그 경험자로 구성되어 있었다.

협화회 이사장에는 세키야 데이자부로가 선출되었다. 세키야 데이자부로는 1895년생으로 내무관료이고, 타이완(臺灣)총독부 참사관, 1910년부터 19년까지 조선총독부 학무국장을 역임했다. 그 후 시즈오카(靜岡)현 지사, 궁내차관을 지냈다. 협화회의 이사장으로서는 식민지 지배의 경험이나 일본 국내의 지방장관을 경험한 점으로 보아 최적의 인사였다고 할 수 있다. 이 협화회 발기인회가 바탕이 되어 협화회 설립 준비를 추진한 것은 설립될 당시에 탄생한 후생성(1938년 1월 후생성 관제 공포)인데, 구체적으로는 사회국 생활과가 주관이 되었다.

중앙협화회의 설립취지서는 다음과 같다.

"내지에 거주하는 재외동포는 1915년 말에 3000명에 불과했으나, 23년이 흐른 1937년 6월말에는 약 70만명에 달하며, 해마다 더욱더 증가하고 있다. 그리고 그 언어, 풍속, 습관 등이 달라 각 방면에서 많은 복잡한 어려운 문제를 일으키는 것은 국민생활의 협화상 진실로 우려되는 바이다. 정부로서는 이러한 사정에 비추어 1936년 이후 내지 동화를 기조(基調)로 생활의 개선 교육교화의 보급 철저 등 제반 긴요한 사업의 실시에 착수하고 주요한 부현에서는 정부의 지시에 따라 구체적인 사업을 시행함과 동시에 해당 부현을 단위로 하는 협화사업단체를 조직하여 사업의 보급 철저에 노력하였다. 그러나 이들 단체의 기능을 충분히 발휘하고 소기의 목적을 달성시키기 위해서는 이들 간에 연락조정을 꾀하고 유기적 활동에 있는 바 다대하다. 아울러 내지의 여러 학교에서 수학하는 다수의 학생생도의 현상에 비추어 그 지도 유액(誘掖)은 본 사업의 수행상은 물론이고, 현하 시국에서 보더라도 긴요한 업무라고 할 수 있다. 그리고 이들 사정을 성찰하고 이에 본회를 창립하여 지방협화단체의 연락조정과 그 조장을 담당함과 동시에 학생 생도를 지도 유액하여 국민생활의 협화 촉진에 일조하도록 하는데 있다"(『협화사업휘보(協和事業彙報)』, 1939.9).

지방위원은 각 부현에서 재일조선인 통제의 직접 감독자라고 할 수 있는 사회과장과 특고과장에 의해 구성되었다. 참사는 중앙협화회 각 성의 직접 담당자라고 할 수 있는 내무성보안과장, 후생성생활과장(다케시마 가즈요시(武島一義)) 등을 중심으로 조직되었다. 실무적으로는 중앙협화회 주사, 촉탁, 서기에 의해 협화사업이 추진되는 것이었는데, 촉탁 10명 가운데 각 성에서 파견된 4명을 제외하면 후생성의 촉탁에 의해 사무가 집행되었다. 실질적인 사무장 역할을 담당하고 협화회의 이데올로그로서도 지도적인 역할을 담당한 인물이 다케다 유키오다. 다케다 유키오 외에는 후생성 촉탁이라고 해도 겸직이거나 후생성 직원록에서도 다른 업무를 담당하던 사람으로 기재되어 있다.

창립 당초의 명부를 보면, 다케다 유키오 외에 전임은 야마모토 아키(山本秋)이고, 그 아래에 3명의 서기가 있어 실질적으로 다케다와 야마모토, 서기 3명 등 5명의 체제로 출발했다고 할 수 있다. 이것은 1939년 협화회 창립 당시 인적구성이었는데, 협화회 사무담당 부문은 점차 강화되어 나갔다. 1940년 12월말에는 촉탁 13명, 주사 다케다 유키오 외에 9명으로 증원되었고, 1941년 3월에는 전임이 18명이 되었다. 이후 해마다 협화회 사무국은 강화되어 1945년 8월 패전 시에는 30명을 넘는 인원이 일하고 있었다고 한다.

이들 직원은 중앙협화회 직원 규정, 사무분장 규정에 근거하여 일했다. 1943년에는 총무과, 사업과, 연성과, 보급과, 조사실로 구성되어 각각 직원이 배치되었다. 그러나 협화회 설립준비에서 그 종식에 이르기까지 중심적으로 그 임무를 담당했던 인물은 다케다 유키오뿐이었다.

협화회는 1939년 6월에 창립된 후 10월 10일자로 후생성 사회국장, 내무성 경보국장 연명의 「협화사업의 확충에 관한 건」이라는 의명통첩(依命通牒)에 따라 획기적인 확충을 꾀하게 되었다. 이 통첩의 동기가 된 것은 노무동원계획의 책정이고, 조선인 강제연행의 개시에 수반한 조치였다.

이 시기에 되자 국내 노동력 부족은 심각해져, 1938년 4월 1일에는 국가총동원법이 공포되었다. 이듬해인 1939년 7월 8일에는 국민징용령이 공포되어 조선인 노동자의 강제연행이 결정되고 1939년도에는 한반도 노동력 도입이 8만 5000명으로 결정되었다. 이들은 광산, 탄광, 토목건축현장 등 할당되어 모집이라는 이름 아래 강제연행이 개시되었던 것이다.

이들 노동자들의 다수는 농민 출신이고 대부분이 일본어를 할 수 없었으며 생활습관이 달라, 조선인노동자를 받아들인 회사나 기업에서는 노무대책이 중요한 과제가 되었다. 협화회의 내선일체, 일본인화 정책은 노무대책이 핵심이 되었다.

새로운 사태에 대해 정부는 협화사업의 '획기적'이라고 할 수 있는 확충을 추진하게 되었다. 첫째는 정부 예비금에서 23만 원을 협화사업의 확충자금으로 지출할 것을 결정한 점이다. 중앙협화회가 성립한 1939년 당시 정부보조금은 13만 원에 불과했고 다른 기부금을 합한다 해도 19만 2500원에 지나지 않았는데, 여기에 다시 23만 원이 추가되었으니 결국 두 배의 자금이 정부 예산에서 추가로 제공된 것이다. 당시 중앙협화회 지출예산의 대부분을 점하던 부현 협화회에 대한 보조비 확충의 구체적인 내용은 1939년 10월 10일자 후생성 사회국장과 내무성 경보국장 명의의 「협화사업의 확충에 관한 건」에 잘 나타나 있다.

협화회는 재일조선인에게는 종적인 조직에 의해서만 기능을 하고 있었던 것이 아니라 활발하게 횡적인 연락을 통해 구체적인 운동을 추진했다. 교토(京都)부의 경우에서 보면, 특고과장을 중심으로 한 상임간사회, 특고과 내선계의 실무자들의 내선문제주임자협의회, 경찰서장들이 모이는 지부장회 등이 있었다. 이외에도 지도원회, 보도협의회가 개최되었다.

협화회와 경찰기구는 형식적으로 다른 조직형태를 취하고 있었지만 실질적으로는 하나였고, 경찰의 하부기구 그 자체였다고 규정할 수 있다.

중앙협화회가 간행한 『협화사업휘보』, 『협화사업』, 『협화사업연구』, 『홍생사업연구』는 협화회의 지도 기관, 지도자(경찰서원·특고과원)에 의해 읽혔다. 일반 재주 조선인에 대해서는 『협화총서』(전 18권)와 『협화국어독본』, 창씨개명 때는 개명 수속을 쓴 리플렛이 회원 개인에게 배포되었다. 오사카(大阪)에서는 천황탄신일, 다른 축일에는 그에 따른 문건이 배포되어, 재일조선인의 교화를 도모했다. 협화사업에 관한 영화 「히노마루 철방(綴方)」과 가나가와현(神奈川縣)의 경우는 각 지부의 활동상황을 영화로 만들어서, 강연회 등에 이용했다.

• 다케다 유키오(武田行雄)

다케다 유키오는 도호제국대학(東北帝國大學) 법문학부에서 식민정책을 연구하고, 조수를 거쳐 1930년에는 야마자키(宮城)현 사회사업주사로 이식민사업을 담당했다.

1935년에는 "나는 내무성의 지시에 따라 야마자키현 사회사업주사에서 조선총독부로 전직하게 되어 잠시 내무성 사회국에 연구원으로서 주재했습니다만 당시 사회국에서는 정부의 방침에 따라 조선인문제의 구체 방책을 연구한 적도 있었으므로 자연히 연구의 기회를 갖기도 했습니다. 그 후 조선총독부에서 조선과 조선인에 대해 연구조사하고 체험을 했는데, 1936년부터 협화사업이 실시됨에 따라 그해 가을에 사회국으로 호출을 받았으므로 미나미 총독의 지도에 따라 만주에서 조선 문제를 현지에서 연구하고 1937년 정월에 사회국으로 귀임했습니다. 처음부터 이 방면의 전임자로 또한 후에 창립된 중앙협화회의 사무도 병행하면서 오늘에 이르렀습니다"라고 적고 있다.

이 문장은 그가 1941년에 협화회 관제가 시행되자 초대협화관으로 취임하면서 했던 인사말(『협화사업』, 1941. 2)에서 인용했다. 그는 후생성의 협화관임과 동시에 협화회의 주사이고, 협화회의 전면적인 지도를 담당하면서 1945년 3월 1일 협화관이 2명제가 될 때까지 실질적인 사무담당자였다. 협화관이 2명이 되었다고는 해도 다른 1명은 총독부 사무관을 겸직하고 있었으므로 실질적인 전임자로서 일관되게 이 사업에 관여한 인물이다.

재일조선인의 치안대책 조직이나 전국적인 재일조선인의 통제망 확립을 목적으로 결성된 중앙협화회는 재일조선인이나 일본 민중에 대해 그 조직의 이론적 근거와 정당성을 명확히 하지 않으면 안 되었다. 이를 다케시마 가즈요시는 다음과 같이 설명하고 있다.

"반도인이 내지에 거주하는 이상 내지의 습속에 따라 스스로 차별의 싹을 키우고자 하는 것은 점차 중단하도록 해야 합니다. 이야기를 바꾸어보면, 일시동인의 성지에 따라 신부(新附)의 민이 되어 널리 황은의 혜택에 빠진 것입니다. 소위 황국신민화입니다. 이를 또한 동화정책이라고도 합니다. (中略) 구미인에게 동화정책이라는 용어는, 식민정책의 방법에서 혼혈을 의미합니다. 그러나 일본에서 천황의 일시동인의 성지에 따른 동화정책이라는 것은 형이하학적인 것이 아니라 매우 정신적인 심오한 동화의 근본방침이라고 생각합니다.

우리나라는 천황의 은택(恩澤)이나 성지(聖旨)라는 것이 태양의 빛과 같은 것이고, 일시동인입니다. 중외 고금을 통해 거짓이 없는 것이 있으니 태양이 만물을 기리는 것과 같이 여러 사람에게 그 처한 바를 할 수 있도록 하는 것이 천황원리의 근본정신이므로 우리나라 천황의 성지를 받들어 모시고 동화정책을 널리 퍼트리는 것은 서양 인류의 물질적인 사고방식으로서의 동화정책과는 정신적 유물적으로 차이가 있다고 생각합니다. 우리나라에서 동화정책은 어떻게 이야기할 수 있는가 하면, 태양과 같은 황택(皇澤) 신구의 민에게 베푸사, 황택의 따뜻함에 빠지게 하고 미처 깨닫지 못하는 사이에 황국신민으로서 훈화되어 버린다는 점이 최후의 이상일 것이라고 생각합니다."

협화회의 기관지인 『협화사업휘보』, 그리고 『협화사업』, 『협화사업연구』, 『홍생사업연구』에 집필자로서 협화회에서 이론적인 지도를 수행했다. (김인덕)

참고문헌

『協和事業彙報』; 樋口雄一, 『協和會-戰時下朝鮮人統制組織の硏究』, 東京: 社會評論社, 1986.

형상(形象)

1934년 서울에서 창간된 월간 문예지

1934년 2월 6일 창간한 월간 문예지이다. 편집 겸 발행인 이동야(李東冶), 인쇄인은 하시모도(橋本) 인쇄소의 최봉섭(崔奉燮), 발행소는 신흥문화사(新興文化社 경성부 인의동 119-1 이동야의 집)이다. 판형은 국판으로 총 62쪽이며 정가는 10전이다. 1934년 3월호(통권 2호)로 종간됐다.
아단문고에 창간호가, 연세대에 통권 2권이 모두 소장되어 있다.

『형상』은 우리 문학 건설에서 새로운 역할을 하겠다는 멀고 큰 희망을 품고 실천의 제1보를 던진다는 각오로 창간된 잡지이다. 필자들의 면면과 그 작품들을 살펴볼 때, 사회주의적인 경향성을 다분히 띠고 있었음을 쉽게 간파할 수 있다. 1931년 카프의 재조직안이 발의되지만 일제의 탄압으로 중지되고, 1934년에는 이른바 '신건설사 사건'으로 프로 문학이 위축되는 시점에서 비교적 온건하면서도 문학의 핵심적 문제인 '형상'을 제목으로 채택하였다고 보인다.

창간호에 수록된 작품으로는 소설에 이기영의 「돌쇠」(중편소설 「서화(鼠火)」의 속편), 최정희의 「성좌」, 홍구(홍진복)의 「젊은이의 고민」, 이동의 「산운(山雲)이란 곳」, 윤곤강의 「이순신」 등이 있다. 루쉰의 「공을기(孔乙己)」가 번역되어 실려 있기도 하다. 편집부에서는 이 중 홍구의 신진작은 아담한 필치로 주목을 받고 있고, 최정희의 작품은 여류 창작으로서는 일품이라며 주목해 줄 것을 당부한다. 시가로는 박세영, 김기림, 박아지, 김조규, 조벽암, 조영출, 이흡, 이원조 등의 작품이 실려 있다. 평론에는 백철의 「조이스와 그의 문학」, 문학에 대한 새로운 견해를 담은 임화의 「현대문학과 '형상'에 대한 단상」, 『조선일보』 학예부에서 현상작품을 선발한 감상문에 해당하는 한설야의 「투고 작품의 일반적 경향」 등이 실려 있다. 임화의 글은 이 시기에 접어들면서 문학사에 대한 관심과 더불어 문학의 본질적 문제인 '형상'과 '언어'에, 그리고 문학작품을 싣는 '잡지'의 메커니즘에 대해 탐구하고 고민하는 모습을 엿볼 수 있다는 점에서 주목할 필요가 있다. 그리고 1934년 문단에 대한 여러 문학가들의 희망과 기대를 특집으로 싣고 있다. 편집후기를 통해서는 투고 작품이 대부분이 시라는 점을 들어 문학가들의 안이한 창작 태도를 비판하고 있다.

1934년 3월에 발간된 2호에도 조벽암, 송영(희곡 '극단 신건설 제3회 공연 각본'), 이기영, 김대형(이상 소설), 박아지, 조명암, 민고영, 유치환(이상 시), 이갑기, 김남천, 안함광, 신호탑, 이정구, 이찬(이상 평론)의 글이 실려 있다. 여기서 김남천과 안함광의 글은 당시 활발히 벌어졌던 '창작방법 논의'에 개입하고 자신의 의견을 개진하여 리얼리즘에 대해 어떻게 생각하는지를 보여준다.

이렇듯 『형상』은 프로문학이 어려움이 처한 시기에 문학에 대한 새로운 방향과 방법을 모색하고자 고투한 문학가들의 흔적이 여실하게 드러나 있다. 특히 창작방법 논쟁을 통해 주목하고 탐구하게 된 '형상'이라는 문제의식을 잡지의 제목으로 채택할 만큼, 이전의 문학 활동에 대한 반성과 미래의 문학에 대한 탐구의 정신이 얼마나 투철했는가를 알 수 있는 자료로서 의미가 있다 하겠다.

1934년 3월호(통권 2호)로 종간됐다. 1934년 4월호의 경우, 일제 검열당국에 의해 아예 원고가 압수되어 발행 자체가 불가능하게 되었고 그래서 통권 2호로 끝날 수밖에 없었다고 전해진다.

민촌 이기영의 「서화」

1933년 『조선일보』에 연재된 이기영의 대표적인 단편소설 중의 하나이다. 가난한 소작 농민들이 사는 농촌을 배경으로, 도박의 성행과 쥐불놀이(鼠火)의 쇠퇴라는 두 상징적 상황을 통해 농촌 현실의 황폐화를 보여 주는 작품이다.

'반개울' 마을 앞에서는 도깨비불 같은 불길이 솟아나고 있다. 새빨간 불이 어둠 속에서 총총히 번지고 있다. 정초에 벌어지는 쥐불놀이였다. 돌쇠는 쥐불싸움에 신나게 뛰어들었으나, 쥐불싸움은 시시하게 끝나고 만다. 먹고사는 일이 힘들어 그것도 해마다 시들해진 것이다.

돌쇠는 응삼이를 꾀어내어 노름판을 벌인다. 반쯤 바보인 응삼이는 소 판 돈을 모두 돌쇠에게 잃는다. 돌쇠는 그 돈으로 자기 가족의 양식을 마련한다. 그러나 돌쇠 아버지는 역정을 낸다.

바보 남편에게 불만을 가진 응삼이의 처 이쁜이는 돌쇠의 남성다움에 이끌린다. 여기서 면 서기 원준이는 이쁜이에게 흑심을 품고 접근한다. 원준이는 돈을 잃은 응삼이를 동정하는 척하며 응삼이 집을 자주 출입한다. 그러나 목적은 이쁜이에게 있다. 돌쇠는 이쁜이를 남몰래 만나 응삼이와 노름한 것에 대해 사과하며, 노름이라도 하지 않으면 먹고 살 수 없음을 실토한다.

면 서기 원준이가 혼자 집을 보는 이쁜이에게 추근대며 협박까지 하지만, 이쁜이는 완강히 저항한다. 결국 봉변을 당한 원준이가 구장(區長)을 부추겨 동네 집회를 열도록 한다. 원준이는 그 집회에서 도박과 가정 풍기를 거론하며 돌쇠를 궁지에 몰아넣는다. 이때 도쿄 유학생 정광조의 발언에 힘입어 돌쇠가 자기 입장을 밝힌다. 생계를 위해 불가피하게 노름한 이유와 이쁜이에게 욕심을 채우려 한 자가 바로 원준임을 폭로한다. 돌쇠는 이쁜이와 함께 집으로 오면서 유학생 정광조의 합리적인 사리 판단에 감격하며 그런 세상을 동경한다.

이 작품은 3·1운동 직전 '반개울'이라는 농촌을 배경으로 한 중편소설로, 1933년 『조선일보』에 연재되었던 작품이다. '서화(鼠火)'는 곧 '쥐불놀이'인데, 농사에 해로운 쥐나 벌레를 없애기 위해 정초에 논둑이나 밭둑을 태우는 일이다. 동시에 '농민의 생기'를 상징하고 있어 의미심장한 배경을 이루고 있다. 그러나 이 '쥐불'도 농촌의 피폐와 더불어 해마다 시들먹하다.

민촌(民村) 이기영의 작품은 식민지 자본주의로 돈을 벌어 새로 득세하는 계층과 그들에게 토지를 빼앗겨 더욱 가난해진 농민과의 갈등을 기본 구조로 하고 있다. 여기에 등장하는 '돌쇠'는 가난한 농민의 대표적 인물이다. '돌쇠'는 농사만으로는 도저히 살 수 없어 노름으로 돈을 따서 식량을 마련한다. 또, 가정을 가진 '돌쇠'는 '응삼'이의 처 '이쁜이'와 눈이 맞아 정을 통한다. 그러나 '돌쇠'와 '이쁜이'가 만나지 않을 수 없었던 사랑의 과정보다는 조혼과 강제 결혼의 폐해가 더 크게 부각되고 있다. 결국 조혼과 강제 결혼도 어려운 경제적 환경을 벗어나기 위한 방편이라는 데에 이 소설의 의미가 있다. 도박과 간통도 경제적 동기로 합리화되며, 경제 논리가 도덕적 규범보다 위에 있음을 말하고 있다.

이기영의 초기 작품에 비해서 도식적 계급의식과 목적의식을 벗어나 리얼리즘에 충실한 작품으로 「서화(鼠火)」가 중요한 위치에 있지만, 빈농으로 전락한 '돌쇠'와 부농으로 부상(浮上)한 '원준'이라는, '있는 자'와 '없는 자'의 갈등이 기본 구도를 이룬다. 또 하나, 작가는 도쿄 유학생 정광조를 등장시켜 역사의식의 확장을 시도한다. 그러나 그의 기능은 소설 후반부에서 '돌쇠'에게 지적(知的) 자극을 줄 정도로 미미한 것이며, 새로운 시대의 인간형은 장편소설 『고향(故鄕)』의 주인공 김희준에 와서야 선명히 드러난다. (전상기)

참고문헌

권영민, 『한국계급문학운동사』, 문예출판사, 1998; 최덕교 편저, 『한국잡지백년』 3, 현암사, 2004.

▌혜성(彗星)

1931년 서울에서 발행된 종합 월간지

1931년 3월 1일 개벽사(開闢社)에서 창간한 월간종합잡지이다. 1932년 4월 15일 통권 13호로 종간되고 5월호부터 『제일선(第一線)』으로 개제되어 발간되었다. 1호에서 13호까지 1976년 원곡문화사(圓谷文化社)에서 3권으로 영인되었다. 편집 겸 발행인은 차상찬(車相瓚), 인쇄인은 개벽사 동인인 조선인쇄 주식회사의 이학중(李學仲), 발행소는 개벽사(경성부 경운동 88)이다. '혜성'이란 제호(題號)는 개벽사 사원회에서 결정되었다고 한다. 개벽사에서는 1920년대의 대표적 종합잡지였던 『개벽(開闢)』이 통권 72호(1926. 8)로 종간된 5년만에 뒤를 이어 『혜성』을 발행하였고, 곧바로 오락적 성격이 강한 종합잡지 『별건곤(別乾坤)』(1932. 5~1933. 3)을 발행하였다. 『혜성』의 경우도 개벽사에서 발행된 다른 잡지와 마찬가지로 일제의 검열을 피할 수 없었는데, 5호의 경우는 상당수 원고가 삭제당하면서 부득이하게 합병호를 발행해야 했고 7호도 상당수가 삭제당하여 추가원고마련에 고심했다고 전해진다. 도서출판 청운에서 영인자료를 출판하였다.

창간호의 「권두언」에는 창간의 목적을 "조선은 아직 역사적 발전과정에서 선진국에 비해 많이 뒤떨어진 상태이고 특수한 처지(=식민 현실)에 있으므로 이를 극복하기 위해 애써야 할 선각적 인텔리겐치아의 동무가 되기 위함"에 있다고 밝혔다. 선행 잡지였던 『개벽』의 역할을 잇고자 노력할 것을 다짐하는 것이다.

『혜성』의 집필진은 주로 부르주아 민족주의 우파 계열의 인사들로서 상당히 다양한 필진들(송진우, 박희도, 박아민, 김경재, 최윤동, 이량, 박희, 정운영, 어귀선, 이인, 정칠성 등)이 활약하였다. 특히 『혜성』은 국내외적으로 어떤 사안이나 사건이 벌어졌을 경우, 정세상 중요한 문제에 대해서는 우파의 주요 인사를 총망라하여 그 의견을 개진할 수 있는 지면을 제공하였다. 예를 들어, 창간호에서는 '민족적 대협동기관의 필요의 유무와 그 가능성 여하'에 대한 우파 인사들의 다양한 의견을 살필 수 있는 기회를 제공하고 있다. 4호에서는 '신간회 해소와 조선운동의 금후'에 대해, 7호에서는 '언론·출판·집회·결사 자유 획득운동의 구체안'에 대해, 11호에서는 '내가 만일 일국의 전권으로 군축회의에 참석한다면'에 대해 여러 우파 인사들의 견해를 묻고 있다.

『혜성』의 또 하나 특징은 우파의 대표적 인물에 대한 다양한 정보를 제공하고 있다는 점이다. 천도교 신파를 대표하는 최린(崔麟)의 경우는 1호와 3호까지 총 3회에 걸쳐 그의 동정과 인물평이 실려 있다. 또한 송진우, 윤치호, 한용운, 조만식, 김찬, 신흥우 등에 대한 인물평이 매호에 실려 있다. 그리고 6호에는 「조선각계 인물총평」을 통해 당시 주요 인사에 대한 됨됨이와 인맥 관계, 가문, 학력, 사회적 지위 등을 엿볼 수 있다. 또한 「내가 본 내 얼굴」(3호), 「조선인물별명대사전」(12호) 등을 통해서는 좀 더 친밀하게 지명도가 높은 인사에게 다가갈 수 있는 기회를 제공하고 있다.

당시에 발행되고 있던 신문에 대한 관심을 거의 매호마다 언급하고 있는 것도 특기할 사항이다. '『조선일보』 대 『동아일보』'를 대조하는 것은 물론이거니와, 신문기자들의 좌담회를 개최하고, 편집국장들을 비교·평가하거나 각 신문들을 비평하는 등의 언론 비평 글이 자주 발견된다. 이는 같은 매체적 속성을 가지고 있으면서도 날마다 발행되어 세상의 소식을 전달해 주는 신문의 중요성과 영향력을 점검하고 공론장의 하나로서 신문의 올바른 역할을 바라는 비판적 관심이 드러나는 대목이라고 할 수 있다.

이외에도 『혜성』은 한말의 정치사에 대해 많은 지면을 할애하였다. 「조선근대암살사」, 「근대조선정당사」, 「김옥균암살기」 등의 제목으로 당시 정치사를 재조명한 연재물들이 꾸준히 실렸다.

시와 소설, 희곡, 수필도 매호 빠지지 않고 한 부분을 차지하고 있다. 김동인, 채만식, 강경애, 이무영 등의 소설과 이광수, 김안서 등의 시, 채만식의 희곡이 눈에 띈다. 특히 강경애의 장편소설 「어머니와 딸」은 「인간문제」의 작가로서의 역량을 펼치고 있는 작품으로 주목을 요한다. 수기로는 일본 천황 암살을 기도한 아나키스트 박열의 연인이자 동지로서 유명한 가네코 후미코(金子文子)의 「가네코 후미코의 옥중수기」가 이채를 띤다.

한편, 『혜성』이 세인의 관심을 일제히 끌었던 사건이 있었는데, 당시 재판과 절판을 거듭하던 좌파 잡지인 『비판(批判)』과의 논쟁이었다. 진영철(陳榮喆)이 『혜성』 7호에 실은 「조선운동의 신전망」이라는 글이 『비판』 필진에 의해 공격을 받게 되고 여기에 진영철이 반박문을 다시 『혜성』에 게재함으로써 비판과 반비판이 계속되었던 것이다. 해를 넘기면서 계속된 이 논쟁은 독자를 감소시키는 요인의 하나로 작용하면서 『혜성』의 운명에 적지 않은 영향을 미친 것으로 평가되고 있다.

종간호인 1932년 4월호에는 "중국문제특집"이 실리는데, '만주사변' 직후부터 심상치 않은 중국의 정황을 전하고 중국의 앞날이 어떻게 전개될 것인지에 대해 심도 있게 논의하고 있다. 조선의 전철을 밟지 않기를 바라는 마음과 중국의 대일본항전 여하에 따른 조선의 운명 변화를 예의 주시하는 편집자들의 노력을 검열 당국이 간파했음인지, 『혜성』의 발간은 이로써 끝이 난다. (전상기)

참고문헌

최수일, 「1920년대 문학과 『개벽』의 위상」, 성균관대 박사학위 논문, 2002; 최덕교 편저, 『한국잡지백년』 2, 현암사, 2004; 유석환, 「개벽사의 출판활동과 근대잡지」, 성균관대 석사학위 논문, 2006.

호남일보(湖南日報)

1909년 대전에서 창간된 일본어 일간지

1909년 7월 대전에서 창간된 일본어 신문으로, 『대전신문』이라는 이름으로 미요시 요나나(三好與七)가 발행하였다. 1910년 3월 아유카와 가쓰미(鮎川克己)가 계승하여 『삼남신보(三南新報)』라고 개제하였으며, 1911년 3월 일간으로 바꾸고 7월에는 지면을 확대하였다. 충청남북도를 통틀어 유일한 일본어 일간지였다. 경부선과 호남선의 분기점이자 충청도의 중앙에 위치한 대전에 본사를 두었으므로, 신문 발전에 유리한 입지를 가지고 있었다.
주요설비로 인쇄기 2대, 사용활자는 9포인트 반, 활자주조기, 사진제판기, 연판주입기가 각 1대씩 구비되어 있었다. 지면은 1행 12자, 1단 108행, 1면 12단으로 구성되었으며, 구독료는 매월 80전, 광고료는 보통면 1행 1원, 특별면은 2원이었다. 아직 실물은 발굴되지 않았다.

1912년 6월 경성일보사가 매수하면서 『호남일보』로 이름을 바꾸었으며, 가와시마 스구루(川島勝)가 사장으로 취임하였다. 1918년에는 경성일보사로부터 분리되었다.

1929년 현재 호남일보사는 사장 가와시마 개인이 경영하는 자본금 5만 원의 회사였다. 매일 조간으로 4면이 발행되었으며, 도쿄, 오사카 외에 조선 내에 20개의 지국을 운영하고 있었다. 주필은 다나베 리이치(田邊理市), 편집장은 사카모토 마사미치(坂本昌道)였다.

호남일보사에서 발간한 단행본 자료로는 『충청남도발전사(忠淸南道發展史)』(1932)와 『충북의 문화와 사람(忠北の文化と人)』(1928)이 확인되고 있다. (윤해동)

참고문헌

中村明星, 『朝鮮滿洲新聞雜誌總覽』, 新聞解放滿鮮支社, 1929; 田內武, 『朝鮮施政十五年史』, 1926; 『新聞總覽』, 日本電報通信社, 각년판.

호남평론(湖南評論)

1935년 목포에서 창간된 지역 종합 월간지

1935년 4월 20일 전남 목포의 유지들이 창간한 지역 종합 월간지이다. 이전에 발간하던 『전남평론(全南評論)』을 종간한 뒤 1년 3개월 만에 다시 속간했다. 창간호를 보면 4·5월호로 병기되어 있고 2호가 1935년 5월 25일이 발행일로 되어 있고 6월호인 것으로 보아 창간호를 합병호로 냈다는 것을 알 수 있다. 단 한 번의 휴간도 없이 발간되다가 1937년 8월 15일 발행된 8월호(통권 28호)를 끝으로 종간되었다. 창간 당시 편집 겸 발행인은 나만성(羅萬成)이고 사장은 김성호(金聲浩), 주간은 김철진(金哲鎭)이었으며 이사로는 정찬민(鄭燦珉), 천길호(千吉鎬), 박찬일(朴燦一), 권영지(權寧智), 오태준(吳泰準) 등이, 기자로는 최양선(崔良善), 장인순(張仁順) 등이 활약하였다. 판형은 A5 국판으로 80쪽 내외이며 정가는 20전이다.

호남평론사는 목포(목포부 죽교리 177)에 근거지를 두었지만, 인쇄는 경성의 호남평론경성총지사(湖南評論京城總支社, 경성부 숭사동 206)의 책임하에 주식회사 창문사(2호까지, 경성부 서대문동 2-139 인쇄인 김용규)와 한성도서주식회사(3호부터 1936년 7월호까지, 경성부 견지동 32 인쇄인 김진호) 등에서 이루어졌다. 그리고 1936년 8월호부터 종간호까지는 인쇄도 목포(남흥지물상회 인쇄부, 목포부 무안통 8 인쇄인 김인순[金璘順])에서 해결할 수 있었다.

1935년 8월부터 2달간은 편집자 나만성, 발행인 김성균(金成均) 체제로 운영되었으며 그해 10월부터 종간호까지는 편집 겸 발행인으로 서광우(徐光雨)가 활동했다. 현대사(現代社)에서 총 6권으로 영인되어 나왔다.

이 잡지의 운영에서 가장 핵심적인 인물은 주간 김철진이었다. 그는 「권두언」을 통해 잡지의 방향을 제시하고 시사문제에 대한 논평과 해설을 거의 전담하였다. 이 잡지는 창간 당시에 목포의 면면을 소개하고 지역적 발전방향을 모색하는 데 상당한 지면을 할애하였다. 그러나 점차 극히 제한된 목포라는 지방의 지역잡지라는 성격을 탈피하려는 움직임을 보이게 되는데, 그 노력의 일환으로 전라남북도 각 지역의 정황을 소개하는 글을 특집으로 싣기 시작했다. 진도(珍島)를 시작으로 장성(長城), 완도(莞島), 여수(麗水), 영광(靈光) 등 인근 군 지역을 탐방·조사한 기사들이 여러 호에 걸쳐 실려 있다. 1937년 주식회사 체제로 들어서면서 잡지에도 여러 가지 변화가 일어난다.

그러한 변화 중에서 가장 눈에 띄는 점은 일본인들의 글이 종종 게재되기 시작했다는 점이다. 일본인들이 찬조광고를 싣는 경우도 빈번해졌다. 뿐만 아니라, 전라도의회(全羅道議會)나 목포부회(木浦府會) 등의 회의록이나 방청기가 실리기도 했으며, 1938년에 실시된 전라도의회 선거 당선자들의 당선사례가 광고지면을 장식하기도 했다. 또한 국제정세에 대해서는 이전보다 지면을 확대하여 심층해설 기사들을 싣기 시작했다. 1938년에 들어와서는 자신들을 호남의 공기(公器), 진실한 민중의 목탁임을 자임하면서 호남지방의 여론과 비판을 수렴하기 위해 각 지방의 당면 문제에 대한 투고를 받는다는 사고(社告)를 싣기도 했다.

그런데 본 잡지의 집필진이나 경영진의 면면을 살펴보면, 이들은 당시 목포지방의 대표적인 청년유지세력으로 우파적인 사상경향을 갖고 있었다고 볼 수 있다. 가령 사회주의에 대한 글을 싣는 데 매우 인색한 편이기도 했지만, 게재한 글조차 「유물변증법의 자체모순」, 「20세기 추방아 트로츠키」 등 반사회주의적인 글들뿐이었다. 잡지 발간에 주도적인 역할을 담당했던 인물들이 지역유지들이었고 1930년대가 중반으로 가면 갈수록 시대 상황도 전시체제로 접어드는 시점에서 어쩌면 당연한 결과였다. 한 때 사회주의 사상을 접하고 좌익운동에 몸 담았던 경험이 오히려 사회주의를 비판하고 체제 내적인 주장을 펼치는 열성을 발휘하는 데도 용이한 점이 있었을 것이다. 따라서 이 잡지를 통해 제국주의의 하위 프론티어로서의 지역적 기반을 강화하고자 하는 목적을 갖고 있던 그들은 웅변대회나 강연회를 개최하는 활동을 전개하고, 나주 등 인근지역에는 지사를 설치하였다. 이러한 활동과 더불어 잡지의 체제도 점차 목포에 국한된 지역소식보다는 일반교양관련 기사와 문예물을 확대하는 쪽으로 변화되어갔다. 문예물의 경우는 특히 호남출신 문인들이 자신의 작품을 발표할 수 있도록 배려하였으며, 그 장르도 시나 소설을 비롯하여 희곡, 시나리오 등으로 점차 확대해 나갔다.

이처럼 『호남평론』은 지역 유지들의 주도하에 운영된 까닭에 그들의 이해관계에 충실하고 식민 통치자들의 입맛에 맞게 잡지의 방향을 이끌어 갔다.

호남평론사는 창간 초기에 자금 결핍·원고의 모집난·기자의 업무과중 등 여러 어려움을 겪었지만, 1936년 1월 1일부터 자본금 1만 원의 주식회사 체제를 갖추고 난 다음에는 재정적인 안정을 확보하면서 헤쳐 나갈 수 있었다고 한다. 이에 자신들의 영향력과 지역적 기반강화를 위해 잡지의 편집을 비롯한 모든 부분에서 민족과 지역적 이해에 반하는 부정적 모습으로 일관했다고 볼 수 있다.

• 김철진(1905~1971)

지역운동가, 사업가. 초정 김성규의 둘째 아들로 태어나 일본 구마모토 농업학교를 졸업하고 도시샤대 정경과에서 경제학을 전공하다 중퇴하였다. 자신의 집안은 대지주 가문이었는데, 형인 김우진(희극작가)이 아버지의 기대와는 반대로 예술 활동을 하다 '사의 찬미'를 불렀던 윤심덕과 1926년 현해탄에 투신자살하는 것을 보고 아버지에 대한 반발을 키웠다고 한다. 또한 일본 유학시절에 이미 사회주의 사상을 접한 데다, 소작인의 고통을 익히 알고 자연스럽게 지주계급에 대한 분노와 부끄러움도 가졌으리라 짐작된다.

그리하여 귀국 후에는 '신간회 목포지회'에서 활동하고 1927년에는 '조선공산당 목포지회'에서 책임을 맡았다. 이와 관련해서 그는 1929년 12월 경성지방법원에서 2년형을 언도받기도 했다. 출옥 후에는 『호남평론』 발간에 주력하는 한편, 아버지의 사업을 이어받으며 사상이 크게 변화되는 모습을 보인다. 그는 목포창고금융, 동아고무, 목포양주, 호남제탄 등에 참여해서 아버지의 사업을 돕고 목포부회 의원, 전남도의회 의원으로 활약하기도 한다.

해방 후에는 1951년 목포상과대학 2대 학장을 역임하기도 하다가 1971년 사망하였다. (전상기)

참고문헌

류제헌, 「호남평야에 있어서 지여구조의 변용과정」, 대한지리학회, 『지리학』 제25권 2호, 1990.12; 고석규, 「한국 개항장 도시의 식민성과 근대성: 근대도시 목포의 대중문화를 통해 본 식민지 근대성」, 역사문화학회, 『지방사와 지방문화』 9권 1호, 2006.

▌호남학보(湖南學報)

1908년 서울에서 발행된 계몽잡지

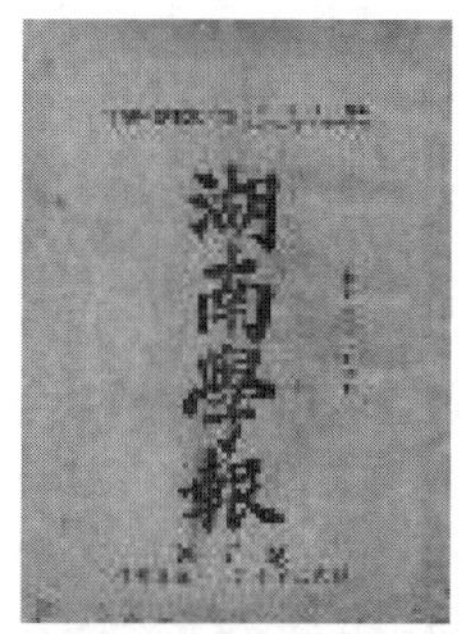

1908년 6월 25일 호남학회(湖南學會)에서 창간하였으며, 1909년 3월 25일 제9호로 종간되었다. 8호와 9호 간의 1회의 격월간을 제외하고는 매월 25일 정기적으로 간행되었다. 매호당 60면 내외의 분량이다. 편집 겸 발행인은 이기(李沂), 인쇄소는 서울 전동(磚洞)의 보성사(普成社), 발행소는 서울 호남학회관이었다. 인쇄소는 제5호부터 신문관(新文館)으로 바뀐다. 가격은 1부에 신화 15전, 6부에 선금 85전, 12부에 선금 1원 60전이었다. 1979년 아세아문화사에서 한국개화기학술지의 하나로 영인하였다.

이 잡지의 표지의 제호 좌우로 "복유제공(伏惟諸公), 단간차편(但看此篇), 여무가채(如無可採), 불감부언(不敢復言)"이란 16자의 광고문구가 있다. 즉 '이 잡지를 꼭 보시되 얻을 만한 것이 없으면 더 이상 말하지 않겠다'며 발간의지를 보이고 있는 것이다.

또한 창간호에는 이 잡지의 읽는 법이라 하여「본보독법(本報讀法)」이 실려 있다. 여기에는 대한의 독자면 누구나 읽을 수 있지만 호남인이 조직하고 월보를 간행하는 것이기 때문에 이왕이면 호남인사가 읽어줄 것을 요청하는 한편, 이 월보를 읽으면 세계의 신문명을 이해하고 신공기를 호흡하게 될 것이라며 읽기를 권하고 있다. 특히 '각학요령(各學要領)' 부분에는 한문현토체와 함께 순국문을 함께 실어 독자들이 더 쉽게 다가갈 수 있도록 배려한 점도 눈에 띈다.

목차는 창간호부터 종간호까지 교육변론(教育辨論)·각학요령(各學要領)·수사규풍(隨事規諷)·명인언행(名人言行)·본회기사·회원명씨 6개 부문으로 구성되어 있어 통일된 체제를 유지하고 있다. 이는 창간호의「편차부문(編次部門)」에 명시한 것으로서 발간 때부터 이 체제를 유지할 것임을 천명했었음을 알 수 있다.

교육변론에서는 학회령·사립학교령을 비롯하여 국한문경중론(國漢文輕重論), 량치차오(梁啓超) 설 소개, 의무교육, 구습 타파, 정신 교육, 학계 소식 등 교육 관계 기사를 광범위하게 다루고 있다. 제1호부터 연재된「일부벽파(一斧劈破)」에서 이기(李沂)는 국권회복의 길로써 교육만한 것이 없으나 갑오년 이후의 신교육은 오히려 군부(君父)를 저버리고 매국하여 흥국(興國)에 부적합한 학문으로 인식된 만큼 이에 대한 인식의 시정과 함께 구학문의 장점도 흡수할 것을 주장하였다. 제3호부터 연재된「학계만설(學界謾說)」에서 유희렬(劉禧烈)도 구학에는 폐단이 있으나 학교에서 가르쳐야 하는 과목은 육경을 위주로 하여 서양의 학문을 보완하는 것이라고 하여, 신구학절충론을 주장하였다.

각학요령에서는 가정학·국가학·정치학·법학·농학·종식학(種植學) 등 학문 제분야에 대한 이해를 다루고 있다. 심지어 동양척식주식회사법 등도 소개하였다. 특히 이기(李沂)가 담당한 가정학의 경우, 창간호부터 많은 지면을 차지하며 소개되어 있다.「가정의 관계」에서 국가의 기반은 가정이며, 가정의 흥실(興失)은 주부의 교육에 달려 있으므로, 가정학은 하나의 학문으로 성립되어야 함을 강조하였다.

그리고 인종학적 견해를 바탕으로 임신부터 육아기까지의 식생활 프로그램을 소개하였다. 우량한 아이를 어떻게 기를 것인가에 대한 세부 내용으로 유아 교육·임부 교육·임부의 위생·임부의 동정·포육(哺育)·모유의 주의·유모의 선택·인공 포육(哺育)·소아의 의식숙(衣食宿)·의복의 종류·의복의 제조·의복의 증감·음식의 종류·식물의 조리·음식의 분량·식시(食時)의 주의 등을 소개하고 있다.

한편 창간호부터 연재된「국가학」에서는 일본과 러시아의 정체 비교와 아리스토텔레스의 군주제·귀족제·민주제의 분류 방법을 중심으로 루소·몽테스키외의 논의도 소개하고 있다. 5호부터 종간호까지는 현채(玄采)가 역술한 단군조선 - 기자조선 - 삼한시대 - 삼국시대까지의 한국 역사가 소개되어 있다.

수사규풍에서는 시사적 문제를 중점으로 다루었는데,『대한매일신보』의 논설을 조등(照謄)하기도 하고, 본회의 의무, 의무 교육, 지금 사회는 경쟁 사회라는 것, 여학교의 필요성, 측량 응모, 식산교육, 학부령, 사립학교 설립 인가 청원서식, 학부 차관 연설 필기 등을 소개하고 있다.

명인언행에서는 을지문덕, 양만춘, 김유신, 강감찬, 서희, 성충, 김후직, 강수, 설총, 김생, 김양, 장보고, 정년, 조충, 김취려, 최춘명, 김경손, 김윤후, 원충갑, 안우, 이방실, 최영, 신숭겸, 곽려, 정승우, 이존오, 정습명, 황수, 이색, 길재, 맹사성, 황희, 허조 등 한국사의 명인을 위인전기의 형식으로 소개하고 있다.

이 밖에 본회 기사에서는 회의록, 세칙, 연조록(捐助錄), 회계 보고를 다루고 있고, 회원명씨에서는 신입회원과 지회 임원록을 담고 있다.

호남학보는 이처럼 신구학절충론을 주장하는 글이 많다. 앞서 언급한 교육과 각학문의 소개에서 이미 확인하였거니와, 3호 수사규풍부에 실린「채약인문답(採藥人問答)」에서 윤주신(尹柱臣) 역시 구학은 수신제가(修身齊家)의 방법으로 사용하고 정치와 경제 부분은 신학문을 사용해야 한다고 한 예는 이 잡지의 모토가 신구학절충론에 입각해 있음을 거듭 확인시켜 준다. 심지어 「신구동의(新舊同義)」(2호)라 하여 신구는 아예 분리되지 않는 하나의 흐름이라는 점을 강조하기도 한다.

이러한 점은 발간과 집필을 책임졌던 이기 등의 학문 성향과 깊은 관련이 있다. 이기는 대한자강회의 일원이기도 하면서 주로 지방에서 거주하였으며, 학문적 연원도 구학문이었다. 이들이 계몽운동에 앞장서면서 신구학절충론을 통한 교육계몽을 선도했던 것이다.

• 호남학회

호남학회는 1907년 7월 6일 창립되었다. 이기, 강엽(姜曄), 백인기(白寅基), 고정주(高鼎柱), 박영철(朴榮喆) 등이 발기인이었으며, 호남 인사 102명으로 구성되었다. 회장과 부회장, 그리고 교육부장과 재무부장에 서기원과 회계원을 두었으며, 의결기구로 임원회와 평의원회가 있었다. 서울에 중앙회를 두고 전라도 지역에 지회를 두었는데, 50개소가 넘었고 회원도 500명이 넘었다고 한다. 특히 회원 자격은 전라도 지역 출신으로 한정하였다. 이 학회는 신교육진흥을 표방하여 호남지역의 교육진흥과 사립학교 설립, 호남출신 유학생들을 지원하는 한편, 기관지인 이 잡지를 발간하였다. (정환국)

참고문헌

한국학문헌연구소 편, 『湖南學報』, 아세아문화사 영인본, 1978;
최덕교 편저, 『한국잡지백년』, 현암사, 2004.

▌호루라기와 휘파람(呼子と口笛)

1930년 일본에서 창간된 이시카와 다쿠보쿠의 연구 잡지

1930년 8월에 창간되어 1931년 9월까지 발간되었다. 잡지의 이름은 이시카와 다쿠보쿠(石川啄木)가 남긴 말년의 시고(詩稿) 노트의 이름에서 따온 것이다. 이 노트는 사회주의와 무정부주의의 색채가 담겨 있는 것으로도 유명하다. 편집 겸 발행인은 이시카와 마사오(石川正雄)였고, 발행처는 요부코와 쿠치부에사(呼子と口笛社)였다. 이시카와 마사오는 이시카와 다쿠보쿠의 사위이자 양자였다.

원래 『홋카이타임즈(北海タイムス)』에 근무하고 있던 이시카와 마사오가 도쿄에 이주하게 된 것을 계기로 가인(歌人)이자 국문학자인 도키 젠마로(土岐善麿, 와세다대학 교수), 이시카와 다쿠보쿠 연구의 일인자로 불리게 되는 요시다 고요(吉田孤羊)의 지원을 받아 창간하였다.

1931년 4월 아사히신문사(朝日新聞社) 주최로 열린 '다쿠보쿠의 밤'을 정점으로 전국 각지에서 다쿠보쿠회(啄木會)가 결성된 것도 이 잡지가 창간되는 데 중요한 배경이 되었다.

이 잡지는 다소 급진적인 프롤레타리아문학잡지로서 주목을 받았다. 연구에서는 도키 젠마로의 「다쿠보쿠 추억(啄木追憶)」(8회), 요시다 고요의 「다쿠보쿠의 노래로부터(啄木の歌から)」(10회), 이시카와 다쿠보쿠의 누이동생인 미우라 미쓰코(三浦光子)의 「오빠 다쿠보쿠의 추억(兄啄木の思ひ出)」(3회), 이시카와 다쿠보쿠의 친구인 긴다이치 교스케(金田一京助, 도쿄제국대학 교수)의 「다쿠보쿠 여향(啄木餘香)」, 야마다 다즈코(山田田鶴子)의 「다쿠보쿠와 지쿠시의 여자 시인(啄木と筑紫の女詩人)」 등이 주목된다.

이시카와 마사오는 여러 사람들의 다쿠보쿠에 대한 입장과 새로운 자료를 소개하는 데 전력을 기울였다.

6호에서 '이시카와 교코(石川京子) 추도호'를 내기도 하였지만, 매호마다 다쿠보쿠를 알게 된 동기를 설문 조사하는가 하면 도키 젠마로가 심사한 단카도 소개하고 있었다. 소설로는 스즈키 히코지로(鈴木彦次郎), 야마카와 료(山川亮), 이마노 겐조(今野賢三), 우라타 에이스케(浦田英介), 혼조 무쓰오(本庄陸男), 희곡으로는 모가미 지로(最上二郎), 호리다 마사오(堀場正夫), 평론으로는 와타나베 준조(渡邊順三), 야마카와 료, 수상으로는 요시다 겐지로(吉田絃二郎), 마미야 시게스케(間宮茂輔), 히라바야시 하쓰노스케(平林初之輔), 아키타 우자쿠(秋田雨雀) 등의 이름이 보인다.

• 이시카와 다쿠보쿠(石川啄木)

1886년 이와테현(岩手縣)에서 태어났으며 1912년 27살의 젊은 나이로 죽은 일본의 대표적인 시인, 가인, 평론가이다. 본명은 이시카와 하지메(石川一)이다. 이와테현 모리오카중학(盛岡中學)과 도쿄의 세이소쿠영어학교(正則英語學校)에서 공부하였다.

유명한 가인이던 요사노 뎃칸(与謝野鐵鉄幹)의 도움으로 시인으로 데뷔한 뒤 천재 시인으로 이름을 날렸다. 『명성(明星)』, 『소천지(小天地)』, 『스바루(スバル)』 등을 통하여 작품 활동을 하였다. 대표작으로는 시집 『그리움(あこがれ)』(1905), 가집 『한줌의 모래(一握の砂)』(1910) 등이 있다.

한편 고토쿠 슈스이(幸德秋水)의 '대역사건(大逆事件)'(1910)을 계기로 사회주의에도 관심을 갖고 있었다. (이준식)

참고문헌

日本近代文學館·小田切進 編, 『日本近代文學大事典』 第5卷, 講談社, 1977; 池田功 外 編, 『石川啄木事典』, おうふう, 2001.

호보(滬報)

1882년 중국 상하이에서 창간된 시사종합신문

1882년 5월 18일 상하이(上海) 자림양행(字林洋行)에서 창간하였다. 창간인은 영어 신문 『자림서보(字林西報)』의 주필인 발포르(Balfour, 巴爾福)이며, 주필은 중국인 다이푸성(戴譜笙)과 차이얼캉(蔡爾康)이다. 일간으로 일요일만 휴간하여 발행되었으며, 중국인 다이푸성, 차이얼캉 등을 주필로 초빙하여 편집의 모든 책임을 맡기었다. 종이는 중국 토산 박모지를 사용한 단면인쇄로 『신보(申報)』의 크기보다 약간 크나 인쇄 양식과 형태는 『신보』와 유사하다.
1882년 8월10일 73호부터 『자림호보(字林滬報)』로 개명하였다. 1900년, 일본의 동아동문회(東亞同文會)로 인수되어 『동문호보(同文滬報)』로 이름이 바뀌었고, 다노 다다지(田野橋次)가 사장으로 취임했다. 1908년 3월 9일 원래의 이름을 회복했으며 발행 호수는 다시 별도로 시작했다. 상하이도서관에 소장되어 있다.

내용은 대부분 영문판 『자림서보(字林西報)』에서 번역한 것으로 사실상 『자림서보』의 중문판이었다. 중국인에게 편집 책임을 맡기었으나 편집 방향과 논설의 관점은 영국인의 입맛에 맞게 제조되었다.

1882년 8월 『자림호보』로 이름을 바꾼 후, 10면으로 증면하고 『자림서보』의 통신원들을 이용하여 기사를 작성하였다. 내용과 체계는 시사 품평을 중시하고 양무(洋務)를 고무하였으며, 문예란도 주요 내용을 이루고 있다.

1884년 중불전쟁이 격렬해 지면서 일요일도 쉬지 않고 매일 발행되었고, 적극적으로 영국의 입장을 대변하였다. 프랑스의 침략정책을 공격하고 중국 군대의 항거 작전을 고무하는 평론을 다량 게재하였다.

장편소설 「야수폭언(野叟曝言)」과 왕타오(王韜)의 문집 「노도췌언(老饕贅言)」을 연재하여 진부한 시사(詩詞) 위주의 문예란을 극복하였고, 독자들의 다양한 요구에 부응하려 노력하였다. 이는 1897년11월24일 유명한 부간(副刊) 『소한보(消閑報)』가 『자림호보』 별첨본으로 세상에 나오는 계기가 되었다.

또한 여러 방면의 뉴스를 강화하여 비교적 충실한 소식을 보도하였다. 여러 지역으로 통신원을 파견하여 직접 뉴스를 취재하였고, 특별히 로이터통신의 원고를 제공받는 특권을 취득한 것은 이 신문의 큰 특징이었다. 그러나 자림양행에서 발간하던 영자 신문 『자림서보(字林西報)』를 번역하여 옮기는 원고들이 많았고, 이곳 통신원들의 지원을 받아 『자림서보』의 중문 판이라 평해지기도 했다.

1900년, 경영의 어려움과 판로 부진으로 일본인이 설립한 동문서회(同文書會)에 매각됨과 동시에 『동문호보(同文滬報)』로 이름이 바뀌었고 다노교지(田野橋次)가 사장으로 취임했다.

1908년 3월 9일 원래의 이름을 회복했으며 발행 호수는 별도로 시작했다. (김성남)

참고문헌

葉再生 著, 『中國近代現代出版通史』, 北京: 華文出版社, 2002; 王檜林·朱漢國 主編, 『中國報刊辭典』, 太原: 書海出版社, 1992.

▌호외(号外)

1933년 서울에서 발간된 신문평론 월간지

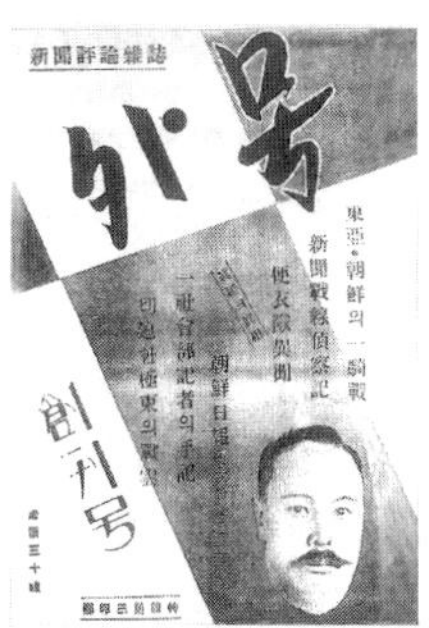

1933년 12월 16일 신문평론사(新聞評論社)에서 창간한 월간지이다. 제2호의 예고가 나와 있지만, 현재 창간호 밖에는 확인할 수 없다. 1호로 종간을 맞은 것 같다. 편집 겸 발행인은 김봉규(金鳳圭), 인쇄인은 신조선사의 박창근(朴昌根), 발행소는 신문평론사(경성부 황금정, 지금의 을지로 3가 208-5)이다. 판형은 B5 4X6판이며 총 66쪽으로 정가는 30전이었다. 연세대와 '아단문고'에 소장되어 있다.

신문, 신문사, 신문기자와 관련된 신문사 내부 이야기를 전달해 주는 신문평론 잡지로 공명성과 불편부당을 방침으로 삼고 있다. 신문계(新聞界)의 일화, 신문인(新聞人)의 동정, 신문의 상식 등 신문과 관련된 기사가 중심이며, 그 밖에 인물론, 국제정세, 수기, 기담, 비사, 수필, 시 등을 비롯한 많은 흥밋거리 기사를 싣고 있다.

창간호에는 「동아·조선·중앙 삼대신문 편집총평」, 「동아 조선의 일기전(一騎戰)」, 「조선일보 재차분우기(再次紛擾記)」 등 주요 신문에 대한 평가 및 신문사 내부 이야기를 비롯하여, 「신문전선정찰기」, 「춘풍추우십여성상: 일사회부기자의 수기」(유광열), 「처세명인 김동진군」, 「무소부지 이서구군」 등 신문과 신문인에 관한 가십, 수기, 인상기 등이 많은 비중을 차지하고 있다. 「특설 제삼보란(第三報蘭)」, 「소문의 소문」, 「진상의 진상」 같이 신문사와 신문인 주변에 얽힌 흥밋거리 기사도 싣고 있다.

'신문지신문(新聞之新聞)'을 표방하는 『호외』는 당시의 신문사와 신문인에 대한 다양하고 구체적인 기사를 싣고 있어서 신문사와 신문인에 관련된 많은 자료를 제공하고 있다. 식민지 언론의 현실과 언론인의 이력, 언론인의 성격, 언론인의 인맥 관계와 교우 관계를 파악하는 데는 긴요한 자료가 된다. 왜냐하면, 말하자면 기존의 시사 종합지에서 여러 기사 가운데 일부로 다루던 '신문비평'을 잡지의 본질적이고 핵심적인 부분에 놓고 잡지가 만들어졌기 때문에 그렇다. 신문비평 전문 잡지로서의 『철필』과 『쩌나리즘』에 비해 볼 때, 전문적이지 않고 가십거리가 풍부한 글이 많아 본격적인 신문 평론 잡지로서의 면모와는 동떨어져 보인다고 할 수 있다. (전상기)

참고문헌

정진석, 『역사와 언론인』, 커뮤니케이션북스, 2001; 정진석, 『언론유사: 체험적 언론사 연구의 뒷이야기』, 커뮤니케이션북스, 2003.

▌호조(互助)

1925년 일본에서 발행된 수양 잡지

일본의 궁내성호조회(宮內省互助會)에서 발행한 잡지이다. 즉 궁내성호조회(宮內省互助會)의 기관지로서 발행되었으며, 일반인에게 시중에서 판매는 하지 않는 비매품으로 간행되었다. 호조회(互助會)는 1925년 4월에 궁내직원(宮內職員)의 수양, 친목, 복지 등을 목적으로 설립되었다. 잡지 『호조(互助)』는 1941년 말까지 41호가 발행되었다.

잡지의 기사 내용 중에는 일반인들이 특별하게 주목할 만한 것은 거의 없었지만, 대신에 일반인에게 알려지지 않았던 궁내(宮內) 관계의 여러 가지 동정 등을 게재하고 있어서, 궁내성과 황실연구에는 일정한 자료로서의 가치가 있다고 할 수 있다.

예를 들어 궁내 직원 수에 대해서, 일반인들은 거의 알지 못하였는데, 잡지에는 1941년 말 황후궁직(皇后宮職) 93명, 대황후궁직(大皇后宮職) 32명 등이라는 숫자가 기록되어 있다. 또한 황궁경찰(皇宮警察)도 691명이라는 적도 않은 인원이었고, 내장료(內匠療) 507명, 제능료(諸陵療) 355명, 주마료(主馬療) 28명, 내장료(內臟療) 334명, 식부직(式部職) 103명, 합계 4860명이라는 대기업 수준의 규모를 보이고 있었다.

41호에는 1941년 12월 8일 직후에 발행되었는데, 궁내대신(宮內大臣)의 직원에 대한 훈시가 서두에 게재되어 있다. 이 훈시에는 「물적준비(物的準備)」라는 용어가 사용되었는데, 구체적으로 무엇을 의미하는 지는 정확하게 파악할 수 없지만, 태평양전쟁을 예기(豫期)하고, 이에 대한 준비를 의미했던 것으로 추측된다. 이미 8월 1일부터 9월 2일까지 궁성(宮城) 내와 적판이궁(赤坂離宮) 내의 방공호가 구축되었고, 이를 위해 연인원 3273명이 동원되었다. (문영주)

참고문헌

高崎隆治, 『戰時下の雜誌その光と影』, 風媒社, 1976; 松浦總三, 『體驗と資料 戰時下の言論彈壓』, 白川書院, 1975; 高崎隆治, 『戰時下のジャ-ナリズム』, 新日本出版社, 1987; 『日本出版百年史年表』, 日本書籍出版協會, 1968.

홍군일보(紅軍日報)

1930년 중국 창사에서 발간된 정치 평론 일간지

1930년 7월 29일 창사(長沙)에서 창간되었다. 8월 5일 정간되었다. 모두 6호가 발행되었다. 현재 후난 인민출판사(湖南人民出版社)에서 영인, 출판되었다.

1930년 7월 28일 펑더화이(彭德懷)가 중국 공농홍공(工農紅軍) 제3군단을 이끌고 창사를 점령한 뒤 국민당 당국의 창사 『국민일보』사의 설비, 물자를 접수하였고, 그 다음날 홍군3군단 총정치부(總政治部)의 명의로 『홍군일보』를 출판하였다. 8월 5일 홍군3군단이 창사를 물러나면서 정간되었다. 주편은 쭤지중(左基忠)이 맡았다. 매 기마다 서명 사론(社論) 외에, 주로 홍군이 공농병, 청년, 부녀 등 각계 군중에게 고하는 서신을 게재하였다. 매호의 1면에는 고정적으로 「공산당십대정강(共產黨十大政綱)」과 「토지정강(土地政綱)」을 등재하였고, 국제 소식, 국내 소식, 본 성(本省) 소식, 지방 소식, 본 부(本埠) 소식, 전전(專電) 등의 난을 두었다. (이은자)

참고문헌

方漢奇 主編, 『中國新聞社業通史』, 北京: 中國人民大學出版社, 1996; 王檜林·朱漢國, 『中國報刊辭典(1815~1949)』, 太原(山西): 書海出版社, 1992.

홍기(紅旗)

1928년 중국 상하이에서 창간된 정치운동 신문

1928년 11월 20일 상하이에서 중국공산당 중앙기관지로 창간되었다. 1934년 3월 1일 정간되기까지 약 5년여 동안 발행되었다. 초기에는 주간이었고 1929년 6월 19일 출판된 24호부터 매주 수요일과 토요일에 발행되었다. 1930년 8월 15일 『상하이보(上海報)』와 합병하여 『홍기일보(紅旗日報)』가 되었다. 1931년 2월 14일에는 중공중앙과 장쑤성위원회 기관보로 변화하였다. 1931년 3월 9일에 다시 『홍기주보(紅旗週報)』로 개명하였다가 1934년 3월 1일 정간되었다. 베이징사범대학도서관 등에 소장되어 있다.

내용은 촌철(寸鐵), 우리들의 죽은 자를 애도함(悼我們的死者), 한 주간 소식(一周新聞), 문제와 회답(問題與回答), 조직이론(組織理論), 홍기구락부(紅旗俱樂部), 우리들의 자전(我們的字典) 등의 난이 있었다. 『홍기』는 시기별로 발행형식과 내용의 변화를 3단계로 나누어 볼 수 있다.

1단계는 1928년 11월 28일 창간에서부터 1930년 8월 14일 126호까지로 셰줴짜이(謝覺哉)가 주간(主編)이었다. 창간부터 23호까지는 주간이었고 이후에 3일에 한 번씩 1주일에 두 번 발행되었다. 40호부터는 정식으로 중국공산당의 정치기관 간행물로 확정되었다.

2단계는 1930년 8월 15일부터 1931년 3월 8일까지 모두 182호가 발행되었고 『홍기일보』라고 했으며 리리싼(李立三), 리주스(李救實), 셰줘짜이, 관샹잉(關向應) 등이 주요 책임자였다. 이 시기는 매일 발행하였는데 긴박한 상황 속에서 민첩하고 신속하게 정세에 대응할 필요가 있었기 때문이다.

3단계는 1931년 3월 9일부터 1934년 3월 1일까지 모두 64호가 발행된 『홍기주보』의 시기이다. 『홍기일보』는 혁명투쟁에 관한 지시와 당의 노선을 선전했지만 혁명이론과 전략 전술에 관한 연구가 미약했다. 『홍기주보』는 혁명이론의 연구와 구제적인 공작을 지도하기 위하여 일보를 주보로 고친 것이다. 이후 중공중앙은 중앙소비에트구로 이전하였기 때문에 5개월 동안 정간했다가 1933년 8월 31일 중앙소비에트구에서 59호부터 반월간으로 『홍기』라는 이름으로 고쳐서 출판했다. 이외에 일종의 유인물인 『홍기주보부간(紅旗週報附刊)』도 1931년 1월부터 1932년 1월까지 출판되었다.

홍기주보의 가짜표지

3일에 한 번씩 발간한 초기의 『홍기』는 이론적 색채가 비교적 농후했고 일보로 간행된 시기에는 종합적 성격이 강했으며, 주간으로 발행되던 시기에는 순수한 이론적 성격을 가지고 있었다. 그러나 전체적으로 보면 내용이 상당히 광범위해서 코민테른의 지시, 중공중앙의 선언과 결의, 각 성 위원회에서 중공중앙에 보낸 서신, 각지의 반제반봉건투쟁의 상황, 중국공농홍군의 발전 상황, 국제혁명의 상황 등을 담고 있다.

초기의 『홍기』는 국민당의 단속을 피하기 위해 표지를 '쾌락의 신(快樂之神)', '일대경성(一代傾城)', '홍색 아가씨 염사(紅妮姑娘艷史)', '경제통계(經濟統計)', '출판계(出版界)' 등의 이름으로 위장하기도 했다. 필자는 중공중앙의 지도자들과 공산당 지방조직의 지도자, 일반 노동자들도 있었다. 필자 가운데 마오쩌둥(毛澤東), 장원톈(張聞天), 류사오치(劉少奇), 리리싼(李立三) 등이 여러 편의 글을 발표했고 이외에도 레닌, 스탈린, 몰로토프, 미프 등이 있었다. (김지훈)

참고문헌

方克, 『中共中央黨刊史稿』 上, 紅旗出版社, 1999; 葉再生, 『中國近代現代出版通史』 3, 北京, 華文出版社, 2002.

홍색전장(紅色戰場)

1933년 중국에서 발간된 군사 잡지

1933년 창간되었다. 중국 공농홍군(工農紅軍) 제1방면군 총사령부에서 출판된 군사간행물이다. 정간 일자는 알려져 있지 않다. 당시 중국 공농홍군학교(工農紅軍學校)가 이 잡지에 실린 문장을 모아 『홍색전장회간(紅色戰場匯刊)』을 출판하였다.

『홍색전장』은 전군 지휘군을 상대로 군사 교육을 실시하는 것이 주된 목적이다. 매 기마다 모두 주더(朱德)가 쓴 통속적인 글이 게재되었다. 예를 들어 『어떻게 행군을 학습할 것인가(怎樣學習行軍)』, 『어떻게 전투를 연구할 것인가(怎樣來研究戰鬪)』 등이다. 부대의 군사 훈련을 위해 『행군특간(行軍特刊)』을 출판, 행군과 야영에 관한 전술을 소개하였다. (이은자)

참고문헌

王檜林·朱漢國, 『中國報刊辭典(1815~1949)』, 太原(山西): 書海出版社, 1992; 葉再生, 『中國近代現代出版通史』, 北京: 華文出版社, 2002.

홍색중화(紅色中華)

1931년 중국 루이진(瑞金)에서 창간된 정치 운동 신문

1931년 12월 11일 장시성(江西省) 루이진(瑞金)의 엽평(葉坪)에서 창간되어 1934년 10월 홍군이 장정(長征)을 시작한 후에 정간되었다가 홍군이 산베이(陝北)에 도착한 후 다시 발행되었다. 창간 초기에는 주간이었다가 50호부터 3일에 한 번씩 발행되었고 1934년 2월 14일 148호부터 주 3회 발간되었다. 실제 업무는 소비에트 중앙정부 부주석이었던 샹잉(項英)이 지도하였으며, 주필은 저우이리(周以栗)였고 이후에 왕관란(王觀瀾), 리이멍(李一氓), 사커푸(沙可夫), 런즈빈(任質斌), 셰란즈(謝然之)가 맡았다. 루이진에서 발행되던 시기에 활판인쇄(鉛印)로 4~8면을 발행했으며, 발행부수는 초기에 3000여 부에서 5만여 부로 늘어났다. 1937년 1월 29일에 『신중화보(新中華報)』로 제호를 고치고 산간닝변구정부(陝甘寧邊區政府)의 기관지가 되었다. 인민출판사에서 1982년에 영인본을 발간하였다.

초창기에는 중화소비에트공화국 임시중앙정부의 기관지였는데 1933년 2월 7일 50호부터 중국공산당 중앙, 중화소비에트공화국 임시중앙정부, 중화전국 총공회 소구집행국, 중국공산중의청년단 중앙 등 4개 기관의 기관지로 변화하였다.

내용은 사론, 중요한 소식(要聞), 특별송고(專電), 홍색구역 건설, 중앙혁명 근거지 소식, 당적생활(黨的生活), 적색전사통신, 공농통신, 홍색소사전, 공농민주법정, 돌격대 및 부간(副刊) 등으로 구성되어 있었다.

홍색구역 건설란은 소비에트구의 정치, 경제, 문화 등 여러 방면의 건설과 성취, 공작 총결, 경험교류 및 각종 문제점 시정, 건의 등의 내용이 수록되었다. 돌격대란은 당과 정부기관 내부 혹은 개인의 잘못을 비평하고 건의하는 난이었다. 공농민주법정란은 최고법원과 소비에트정부 재판부의 범죄 판결문, 지시, 훈령 등이 수록되었다.

사론(社論)은 대부분 중공중앙과 중화소비에트공화국 임시중앙정부의 각 부문의 책임자들이 맡았다. 저우언라이(周恩來), 런비스(任弼時), 천탄추(陳潭秋), 장원톈(張聞天), 친방셴(秦邦憲), 샹잉(項英) 등이었다. 원고 선정은 리푸춘(李富春), 셰줴짜이(謝覺哉), 차이창(蔡暢), 루딩이(陸定一), 덩잉차오(鄧穎超) 등이 담당했다. 신문의 뉴스는 홍색중화사 안의 유무선

전보원들이 국민당 중앙사에서 방송한 뉴스를 초록하였고, 때로는 소련에서 방송한 뉴스를 초록하여 사용하였다.

『홍색중화』는 발간사에서 중앙정부가 중국의 소비에트운동을 적극적으로 지도하여 소비에트 근거지를 건립하고 공고히 하며, 대규모의 홍군을 창조하여 혁명전쟁을 하여 제국주의 국민당 통치를 타도하고 1개 성 혹은 몇 성에서 우선적으로 승리하여 전국적 승리에 도달하는 것이라고 하였다. 또한 당면한 과제로 소비에트구의 공농군중을 조직하여 소비에트정권에 적극적으로 참여시켜야 한다는 점을 강조하였다. 공농민중들이 자신의 정권을 비평하고 감독하며 옹호할 책임이 있고 또한 소비에트정권의 업무에 열렬히 참가하도록 하고, 소비에트국가의 정책, 법률, 법령, 결의 등을 이해하여 자신의 정권을 운용하여야 한다고 하고 있다. 둘째로 각급 소비에트의 실제 공작을 지도해야 한다고 하고 있다. 각급 소비에트의 업무상 결점과 착오를 교정하며 과거 토지혁명과 반혁명 숙청의 비계급 노선을 교정해야 한다고 하고 있다. 또한 경제정책을 홀대하는 등의 잘못을 바로잡는 것이 긴급하다고 하였다. 자아비평의 정신으로 업무의 성과와 결점을 검열하여 정확한 방법을 찾아내며 각급 소비에트에서 계획적이고 체계적인 업무처리를 하도록 지시하여 공고하고 능력 있는 소비에트정권 건립해야 한다고 하고 있다. 세 번째로는 제국주의 국민당군벌 및 모든 반동정치파벌들이 혁명을 공격하는 것, 노동자와 농민을 속이는 음모, 반동통치의 내부 충돌과 붕괴 및 모든 정치 내막을 폭로하고 소비에트구와 비소비에트구의 홍군투쟁, 공농혁명운동의 소식을 소개하여 군중들이 국제와 국내의 정치 정세를 파악하고 투쟁의 방법을 획득하여 소비에트운동을 확대하는 용감한 전사로 만들어야 한다고 하고 있다. (김지훈)

참고문헌

王檜林 · 朱漢國, 『中國報刊辭典(1815~1949)』, 書海出版社, 1992; 伍杰, 『中文期刊大詞典』, 北京大學出版社, 2000; 葉再生, 『中國近代現代出版通史』 2, 北京, 華文出版社, 2002.

홍성보(紅星報)

1931년 중국 루이진에서 창간된 정치운동 신문

1931년 12월 11일 장시성(江西省) 루이진(瑞金)에서 중화소비에트공화국 임시중앙정부 중앙혁명군사위원회 총정치부 기관지로 창간되었다. 창간시부터 1933년 가을까지는 주필이 누구인지 불명확하며 그해 겨울부터 1935년 1월까지는 덩샤오핑(鄧小平)이 주필이었고, 그 이후는 루딩이(陸定一)였다. 인쇄는 활판인쇄이며 판형은 4절지 4면이었지만, 때로는 2면이나 6면, 8면을 발행하기도 했다. 1933년 3월 3일 제31호부터 46판으로 판형을 변경하였으며, 1933년 8월 6일 다시 4절지의 신문판형으로 바꾸었다. 이때 새로 호수를 시작해서 1934년 9월 25일 장정(長征) 전까지 모두 66호를 출판했다. 장정 도중에도 계속 발행하여 1934년 10월부터 1935년 8월까지 28호를 출판했다. 발행주기가 일정하지 않았으며, 1937년 초 총 124호를 발행하고 종간되었다.

발행 목적은 「창간사」에서 홍군 안의 정치공작을 강화하고, 홍군의 정치수준과 문화수준을 높이며 중국공산당 소비에트구 대표대회의 결의를 실현시켜 홍군이 철군(鐵軍)이 되는 임무를 달성하는 것이라고 하였다. 아울러 홍군과 각지의 민중투쟁 소식을 전하며, 사상교육과 군사훈련의 경험을 교환하며 홍군 내부의 각종 문제를 폭로하고 비판하도록 하고 있다.

주요 내용은 다음과 같다. 우선 중공중앙, 소비에트중앙정부, 중앙혁명군사위원회, 홍군 총부의 결정과 결의, 군사투쟁과 홍군건설의 방법, 대책 등을 게재하고 선전하였다. 통신보도로는 전신, 첩보, 전보 등의 형식으로 홍군의 전투 상황과 소식을 보도하였으며, 사론(社論)과 각종 심층 보도 등을 통해서 중국공산당의 노선정책, 군사이론, 정치공작경험, 군중공작 등을 선전하였다.

『홍성보』는 몇 가지 특징을 가지고 있었다. 첫째, 정책성이 강하고 사상교육을 중시했다. 거의 매 호마다 사론(社論)이나 각종 글에서 중요한 정치와 군사문제를 설명하고 해석하였다. 둘째로는 특별란이 많아 내용이 풍부하고 다채롭다는 점이다. 사론(社論)과 보도 이외에도 중대소식(要聞), 특별송고(專電), 전선통신(前線通訊), 지부통신(支部通訊), 당적생활(黨的生活) 홍군확대(擴大紅軍), 새로운 공작방법, 첩보, 홍군가속(紅軍家屬), 자아비평, 군사측정, 위생상식, 수수께끼 풀기, 레닌실공작, 군사상식 등 20여 개의 특별란이 있었다. 이곳은 군사지식, 문화지식, 생활지식을 소개하여 군대생활을 풍부하게 했고 홍군의 계급적 각성과 문화과학지식을 높이는 데 기여했다. 셋째, 글은 짧고 통속적이어서 이해하기 쉬웠다. 게재된 글들은 가장 중요한 글이라고 해도 3~4000자로 길지 않았다. 일반적인 글이나 보도는 수백 자 정도였고 아주 짧은 경우는 몇 문장 정도로 이해하기 쉬워서 문화 수준이 비교적 낮은 홍군에 적합했다. 또한 판화 등의 그림도 첨가하여 선전 효과를 높였다.

『홍성보』의 편집인원은 단지 3~5명이 일을 맡았다. 덩샤오핑이 주간이었을 때 글의 수정과 배판, 편집과 교열을 혼자서 했다. 루딩이가 주간이었을 때도 역시 편집과 교열 등을 혼자 담당했다. 그러나 통신원은 비교적 많아서 500여 명에 달했다고 한다. 공산당과 정부 군대의 책임자들이 주로 투고했다. 가장 많은 투고를 한 사람들은 뤄룽환(羅榮桓), 위안궈핑(袁國平), 펑자룬(彭加倫), 뤄루이칭(羅瑞卿), 샤오화(蕭華), 장아이핑(張愛萍), 샹중화(向仲華), 장지춘(張際春), 쉬퉁(舒同) 등이었다. 마오쩌둥(毛澤東), 주더(朱德), 저우언라이(周恩來), 보구(博古), 허창(賀昌) 등도 적지 않은 글을 게재했다. (김지훈)

참고문헌

王檜林 · 朱漢國, 『中國報刊辭典(1815~1949)』, 書海出版社, 1992; 葉再生, 『中國近代現代出版通史』 3, 北京: 華文出版社, 2002.

▌홍수(洪水)

1924년 중국 상하이에서 창간된 문학주간지

1924년 8월 20일 상하이(上海)에서 창간된 문학(文學) 주간지이다. 후기 창조사가 주간하였고 태동도서관이 발행하였다. 준비부족으로 겨우 1호만 내고 정간하였다가 1925년 9월 16일 복간되어 반월간으로 간행하였다. 1927년 12월 15일 종간하기까지 모두 3권 36호를 내었다. 1926년 12월 『홍수주년증간(洪水周年增刊)』 호를 내었다. 1권에서 2권(총 24호)까지는 저우취안핑(周全平)이 주편하였고, 25호 이후부터는 정보치(鄭伯奇), 무무톈(穆木天), 위다푸(郁達夫) 등이 편집하였다. 그중 1~12호까지는 광화서국에서 발행하였고, 13~36호까지는 창조사(創造社) 출판부에서 자체적으로 출판하였다. 저우취안핑, 니이더(倪貽德) 등이 편집하고, 궈모뤄(郭沫若), 청팡우(成仿吾) 등이 주로 참여하였다. 주요 필자는 궈모뤄, 위다푸, 청팡우, 저우취안핑, 홍웨이파(洪爲法), 예링펑(葉靈鳳), 옌량차이(嚴良才), 정보치, 장쯔핑(張資平), 장광츠(蔣光慈) 등이었다.

『홍수』는 24년에 창간되어 27년에 정간한 만큼 간행시간은 별로 길지는 않았다. 그렇지만 당시 문학 예술계에 상당한 영향을 미쳤다. 1985년 상하이서점에서 영인되었다.

『창조주보(創造週報)』를 계승한 잡지이며, 창간 취지는 다음과 같이 밝혔다.

"우리는 어떤 원대한 계획이 있는 것도 아니고 또한 거대한 야심이 있는 것도 아니다. 위대한 주의가 있는 것은 더욱 아니다. 그저 눈앞의 추태를 차마 볼 수 없거나, 자기의 감정을 억누를 수 없지만, 자유롭게 말할 수 있는 공간을 찾을 수 없었기 때문에 이러한 작은 『홍수(洪水)』를 부활시킨 것이다."

"『홍수(洪水)』의 야심은 일체 기성의 악습, 독단의 권위를 파고하고, 사상적인 측면이든 생활의 측면이든, 또는 정치, 경제적인 측면이든 청년 인심의 자유로운 발전을 억압하는 일체의 것을 공격하는 것이다."

잡지의 내용은 평론, 소설, 시를 중심으로 하고 아울러 산문, 잡문, 잡기, 역작(譯作), 통신, 삽도 등 난을 두었다. 궈모뤄는 『홍수(洪水)』를 통해 이른바 "국가주의파"와 공개적인 논전을 전개하였고, 청팡오 역시 『홍수(洪水)』를 매개로 "문학혁명(文學革命)"론을 전개하였다. 「적화와 군벌」, 「공산문제에 대한 나의 견해」

등의 글은 적화보다 군벌이나 서양열강의 제국주의의 폐해가 보다 크다고 주장함으로써 당시 반공적 담론에 맞서 국민혁명을 옹호하였다.

그렇지만 『홍수』의 위력은 이른바 진보적인 작가들의 대변지 역할을 하였다는 점에 있었다. 「중국문학가 대영국지식계급(中國文學家對英國知識階級) 및 일반 민중선언(一般民衆宣言)」은 작가를 양심의 대변자로 규정하고 시사문제를 논평하였는데 특히 루쉰(鲁迅) 등 진보작가들이 군벌의 상하이 공인 도살에 항의 하는 성명 역시 『홍수』를 통해 발표되었다().

간행물 내에서는 궈모뤄의 「마르크스 문묘(文廟)에 가다(馬克思進文廟庙)」에 대한 토론이 전개되어 궈모뤄가 「맹장염과 자본주의」, 「가난한 자의 가난한 이야기」, 「공산(共産)과 공관(共管)」, 청팡오의 「오늘의 각오」, 「우리들의 문학을 완성하자」, 위다푸의 「무산계급 독재와 무산계급의 문학(文学)」, 「방향(方向)을 전환하는 도중」 등의 글을 싣기도 하였다.

이처럼 『홍수(洪水)』는 진보적 작가들의 사회에 대한 입장과 논의를 대변하는 과정에서, 방향전환을 보여주었다. 예술을 위한 예술에서 사회, 인생을 위한 예술로의 전환이었다. (오병수)

▌홍콩중외신보(香航中外新報)

▶ 중외신보(中外新報)

▌홍콩초보(香港鈔報, The Hong Kong Gazetee)

1841년 마카오에서 창간된 영어 시사종합신문

1841년 마카오(澳門)에서 창간하였으나 곧 홍콩으로 이전하였다. 창간인은 영국인 존 로버트 모리슨(John Robert Morrison, 馬約翰)으로 로버트 모리슨(Robert Morrison, 馬禮遜)의 아들이다. 주 2회 간행하였으며, 1842년 3월17일 『중국지우보(中國之友報, Freind of China)』로 제호를 바꾸었다.

홍콩에서 가장 먼저 나온 신문으로 『홍콩헌보(香港憲報)』 또는 『홍콩공보(香港公報)』라고도 불린다. 홍콩 군방(軍方)의 지원을 받아 상업성을 배제하였으나 1년 뒤 홍콩 상업성 언론계로 들어왔다. (김성남)

참고문헌

方漢奇 主編, 『中國新聞社業通史』, 中國人民大學出版社, 1996;
葉再生 著, 『中國近代現代出版通史』, 北京: 華文出版社, 2002.

▌화(話)

1933년 일본에서 창간된 종합 읽을거리 잡지

1933년 4월에 창간되어 1940년 5월까지 증간호를 포함하여 모두 88호가 발간된 읽을거리의 종합잡지였다. 편집 겸 발행인은 처음에는 기쿠치 다케노리(菊池武憲)였고, 나중에는 고사카 에이이치(小坂英一)였다. 발행처는 문예춘추사(文藝春秋社)였다. 편집부에는 기쿄 리이치(桔梗利一), 와시오 요조(鷲尾洋三), 안도 히코사부로(安藤彦三郎), 이케지마 신페이(池島信平), 나마에 겐지(生江健次), 오사나이 도루(小山内徹), 지바 겐조(千葉源藏), 구루마다니 히로시(車谷弘) 등이 있었다. 1940년 5월호를 종간호로 낸 뒤 『현지보고(現地報告)』에 통합되었다.

대중 지향의 읽을거리 잡지로 사건 실화, 관계자 비화, 뉴스스토리 등을 게재하고 있었다. 일반 독자의 흥미를 끌 수 있는 제재를 폭 넓게 취급하여 재미있게 읽을 수 있도록 하는 데 편집의 중점을 두었다.

「미국이 2억으로 산 발명(米國が二億で買ひに來た發明)」(1936.4), 「화족회관에서 화족은 무엇을 하는가(華族會館で華族は何をしてるか)」(1936.7), 「일본의사회를 해부한다(日本醫師會を解剖する)」(1937.9) 등의 읽을거리, 오시타 우다로(大下宇陀兒), 운노 주자(海野十三) 등에 의한 「여자와 범죄를 말하는 탐정 작가 화의 회」('女と犯罪'を語る'話'の會) 좌담회, 하야시 후미코(林芙美子), 다카미 준(高見順) 등 인기 작가의 수필선(1938년 10월호) 등 다양한 편집이 이루어지고 있었다.

1937년 10월에는 "이것이 전쟁이다(これが戰爭だ)", 1938년 6월에는 "중일전쟁 1년사(支那事變一年史)"의 부제로 증간호를 간행하였다. (이준식)

참고문헌

日本近代文學館·小田切進 編, 『日本近代文學大事典』 第5卷, 講談社, 1977; 『日本出版百年史年表』, 日本書籍出版協會, 1968.

▌화국월간(華國月刊)

1923년 중국 상하이에서 발간된 학술지

1923년 9월 상하이에서 발간된 학술지이다. 일찍이 장빙린(章炳麟)이 주임 편집과 사장을 맡았다. 1926년 7월 제3권 4호 후 정간되었다. 상하이 복단대학도서관(復旦大學圖書館) 등지에 소장되어 있다.

도화(圖畵), 통론(通論), 학술, 문원(文苑), 소설, 잡저(雜著), 기사(記事), 통신(通訊) 등의 난으로 구성되었다. 주로 국학, 문학에 관한 문장이 실렸다. (이은자)

참고문헌

王檜林·朱漢國, 『中國報刊辭典(1815~1949)』, 太原(山西): 書海出版社, 1992; 葉再生, 『中國近代現代出版通史』, 北京: 華文出版社, 2002.

▌화미(華美, Hwa Mei weekly)

1938년 중국 상하이에서 창간된 시사종합잡지

1938년 4월 23일 상하이(上海)의 화미출판공사(華美出版公司)에서 발행했다. 종간연도는 확실하지 않다. 베이징사범대학도서관과 상하이도서관 등에 소장되어 있다.

내용은 단평, 논평선집, 역총(譯叢), 통신, 항전문예, 일주간(一週間), 청년습작 등이 있었다. 주로 매주의 시사평론과 신문 삽화, 사진, 만화 등을 실었다.

창간 취지는 다음과 같다. "충실, 두려워하지 않으며, 공정무사하다. 진리를 옹호하며, 평화를 사랑하고, 자유를 존중한다." "악의로써 사람을 대하지 않는다." 아울러 본간의 출판을 통해 "태평양 동서 양대 민주국간의 관계를 보다 밀접하게 하고, 양 국가 간의 국교를 증진한다."

주요 글로는 1권 5호의 안나 루이스 스트롱(Anna Louise Strong)의 「내가 본 8로군(我所見的第八路軍)」, 1권 7호의 딩링(丁玲)의 「펑더화이 스케치(彭德懷速寫)」, 1권 8호 쉬샹치엔(徐向前)의 「허베이 유격전쟁의 개전(開戰河北遊擊戰爭)」, 1권 14·15호 합간호의 마오쩌둥(毛澤東)의 「항일유격전쟁의 전략문제(抗日遊擊戰爭的戰略問題)」, 1권 20호의 뤄루이칭(羅瑞卿)의 「항일군정대학의 과거와 현재(抗大的過去和現在)」, 1권 21호의 루딩이(陸定一)의 「국공합작의 장기성(國共合作的長期性)」, 1권 26호의 아그네스 스메들리(Agnes Smedley)의 「공간으로 시간을 바꾸는 전략(以空間易時間的戰略)」, 1권 31호의 아그네스 스메들리의 「팔로군종군기(八路軍隨征記)」, 1권 46호의 아그네스 스메들리의 「중국에서 일본군의 폭행(日軍在中國的暴行)」, 1권 27호의 아그네스 스메들리의 「펜의 3단계(筆的三階段)」, 1권 33호의 마오쩌둥의 「중공확대 6차 전국대표대회 상의 보고(中共擴大六全會上的報告)」, 1권 34호의 마오쩌둥의 「무엇이 유격전쟁인가(什麽是遊擊戰爭)」, 2권 7호의 에드거 스노(Edgar Parks Snow, 1905~1975)의 「중국의 신사군(中國的新四軍)」, 2권 10호의 에드거 스노의 「정의를 위해 분투하는 일본혁명가(爲正義而奮鬪的日本革命者)」 등이 있었다.

『화미』는 창간 1주년을 기념하여 롱성(戎生)이 쓴

사론『중국의 항전문예보루를 공고히 하자(鞏固中國抗戰文藝堡壘)』에서 다음과 같이 말하였다. "본 주보의 탄생은 민중과 함께 그 존망을 사수하기 위함이다. 따라서 상하이의 환경이 더욱 험악해져도 본 주보의 분투정신은 줄어들지 않는다. 오히려 계속하여 증강될 것이다. 우리는 중국이 결코 멸망할 수 있는 국가라고는 믿지 않는다. 중국을 멸망시키려 한다면 결과는 스스로 망하는 것이다. 중국이 멸망할 수 없는 이유는 중국에는 불굴, 불변의 강인한 분투정신이 있기 때문이다." "중국동포들은 '힘이 있으면 힘을 보태고, 돈이 있으면 돈을 낸다.'는 신조아래 그 최고의 인력과 물력, 재력을 공헌하며, 나아가서 더욱 필요한 항전의 문화식량을 위해, 인력을 배양하고, 인력을 제고한다면 최고도의 인력을 갖게 되는 것이며, 이때 일체의 물력과 재력을 운용하여 적을 타도하고 자신이 최후승리를 쟁취할 수 있는 것이다. 따라서 중국 항전문화의 보루를 건설하고 공고히 하는 것은 중국 동포들이 최대의 노력을 해야 하는 일이며, 아울러 역시 중국의 항전을 동정하는 세계의 공정한 인사들의 책임도 있는 것이다. 1년 이래 본 주보는 자신의 사명이 위대함을 인식하고 이 문화 보루를 공고히 하고 충실히 하기위해 노력했다." "현재 중국의 제2기 항전은 최고로 긴장되고 가장 어렵고 막중한 단계에 도달하였다. 임무의 어려움과 험난함은 위대하며, 승리가 멀리 있음은 예전과 같다. 본 주보는 최고의 노력을 다 하여 전 중국동포 앞에 공헌하고자 한다. 한 호흡 만 남았다고 할지라도 끝까지 투쟁하자!"

주요 집필자는 루딩이(陸定一), 쉬터리(徐特立), 덩요민(鄧友民), 저우리보(周立波), 양숴(楊朔), 딩링(丁玲), 청팡우(成倣吾), 샤옌(夏衍), 쑹윈빈(宋雲彬), 바진(巴金), 류바이위(劉白羽), 쑨커(孫科), 후위즈(胡愈之), 후펑(胡風), 바런(巴人), 저우얼푸(周而復) 등이었다. (김지훈)

참고문헌

伍杰,『中文期刊大詞典』, 北京大學出版社, 2000; 北京師範大學圖書館報刊部 編,『北京師範大學圖書館館藏中文珍稀期刊題錄』, 北京圖書館出版社, 2002.

화베이문예(華北文藝)

1941년 중국에서 발간된 문예 간행물

1941년 5월 1일 창간되었으며 출판지는 알 수 없다. 1941년 5월 1일 1권 1호부터 1941년 9월 1일 1권 5호를 마지막으로 종간되었다. 신화서점(新華書店)에서 발행하였다. 베이징사범대학도서관과 상하이도서관 등에 소장되어 있다.

주요란으로는 소설, 단론, 시, 습작 등이었다. 월간으로 발간되었으며 1941년 1권 2호부터 치수가 19㎝로 바뀌었다.

『화베이문예』는 문예 간행물로 중일전쟁 기간에 화베이(華北) 항일근거지에서 출판되었다. 창간호에 발표된「우리들의 원망(我們的愿望)」은 발간사를 대신하였다. 이 글에서 다음과 같이 지적하였다.

"문예는 실제 사회투쟁에 참여하는 일종의 무기이다. 문예는 민족의 사회적 현실생활을 충실히 반영할 뿐 아니라 그 반영 안에 더욱 많은 인류가 감화를 받아 투쟁에 참여케 하고, 더 적극적으로 투쟁을 진행케 하며, 더욱 신속하게 투쟁의 승리를 쟁취케 하고자 하는 것을 반영하고 있다. …… (본간의 창간은) 매우 중대한 의의가 있는 것이다. …… 오늘날 화베이(華北)는 적들의 후방에 위치해 있어서 항일전쟁이 가장 극렬하고, 민주의 빛이 가장 밝게 빛나고 있으며, 생활의 변화가 가장 급격한 광대한 지구이다. 때문에 화베이 항전생활의 반영은 민족혁명전쟁의 위대한 시편 중에 필연적으로 가장 훌륭하고 가장 사람을 감동시킬 수 있는 하나의 중요한 절이 될 것이다. …… 우리의 제일의 바람은 모든 열정적 작가들과 제휴하여 우리의 창작 수준을 점차 높이고, 적후(敵後)의 문예운동 역시 모두가 열렬히 추동하여 활발하게 개전할 수 있도록 하는 것이다. 기본문예이론이 소개에 대해 말하자면 신민주주의(新民主主義) 현실주의를 탐구하고, 토론하며 민족형식을 추구하고 창조할 것이다."

게재된 내용은 극평, 책과 신문의 평가, 단론, 문예잡감(文藝雜感), 작가연구, 작가소개, 스케치(速寫), 문예통신, 산문, 수필 등을 포괄하였다. 『화베이문예』에 실린 주요 문장으로는 장비(蔣弼)의 「문예의 민족형식에 관하여(關於文藝的民族形式)」, 장쇼종(張秀中)의 「취추바이와 중국의 신문예(瞿秋白與中國新文藝)」, 쉬마오융(徐懋庸)의 「예술과 정치적 관계를 논함(論藝術與政治的關係)」, 위안보(袁勃)의 「창작 실천의 몇가지 문제에 관하여(關於創作實踐的幾個問題)」 등이 있었다. 주요 집필자는 쉬싱즈(許幸之), 장비(蔣弼), 예이췬(葉以群), 장샹산(張香山), 쉬마오융(徐懋庸), 장쇼종(張秀中) 등이었다. (김지훈)

참고문헌

王檜林・朱漢國, 『中國報刊辭典(1815~1949)』, 書海出版社, 1992; 伍杰, 『中文期刊大詞典』, 北京大學出版社, 2000; 北京師範大學圖書館報刊部 編, 『北京師範大學圖書館館藏中文珍稀期刊題錄』, 北京圖書館出版社, 2002; 上海圖書館, 『上海圖書館館藏近現代中文期刊總目』, 上海科學技術文獻出版社, 2004.

화베이문화(華北文化)

1942년 중국 화베이(華北) 신화서점(新華書店)에서 발간된 화베이문련(華北文聯)의 기관지

『화베이문화』는 1942년 1월 15일에 창간된 사회과학 정기간행물이다. 1942년 1월 15일 제1호부터 1942년 6호를 발간했고, 1943년 1월 15일 제2권 1호부터 1943년 3월 15일 2권 3호 등 총 9호를 발간했다. 1943년 4월 25일 혁신호를 발간했고 1944년 1월 10일 제3권 5·6호를 마지막으로 종간했다. 베이징사범대학도서관과 상하이도서관 등에 소장되어 있다.

『화베이문화』는 화베이(華北) 신화서점(新華書店)에서 발행했다. 1942년 1월부터 1943년 5월까지는 월간이었고 1943년 6월부터 1944년 2월까지는 반월간이었다. 1943년 2권 3호는 "문연확대집행위원회 특집(文聯擴大執委會特輯)"이었고 1943년 혁신 3호는 "7·1, 7·7기념 특집(紀念七一, 七七特輯)"을 발간했으며, 1944년 3권 4호는 "옹군특대호(擁軍特大號)"였다. 1942년 4호부터 책의 치수가 19㎝로 바꾸었다. 1942년 6호부터 책의 치수가 18㎝로 바뀌었다. 후에 책의 치수는 여러 차례 바뀌었고 매권 6호를 출판했다.

『화베이문화』는 종합성 간행물로 화베이문련(華北文聯)의 기관지였다. 6호에 실린 『화베이문화』의 편집방침은 다음과 같다. "본간의 종지는 일체의 지식의 소개, 현실의 연구, 학습과 실천을 연결시키는 계몽성의 종합간행물이다." 주로 평가, 반박, 연구, 토의 성질의 정치, 경제, 학술, 문예 등과 관련한 논저를 실었다. 대중적 방식으로 독자들에게 정치, 군사, 지리, 당파, 인물 등의 국제지식과 관련한 자료를 소개하였다. 역사지식과 관련하여서는 중국과 외국의 역사상의 중대한 사건, 중요 인물 및 근대 중국혁명사에 치중하였다. 예를 들자면 '5·4'운동, 대혁명운동 등이 그것이다. 사회과학과 관련한 지식으로는 중국의 현실문제에 대한 해답에 치중하였다. 대중적인 수법을 이용하여 과학 소품을 창작하고, 생산건설의 증진에 편리하도록 미신을 타파하는 등 적극적 작용을 하였다. 이 밖에 각 전선상에서의 대적투쟁, 군중정서, 이자에 대한 분규, 사법, 혼인 등의 현실문제를 표현하였다. 독자대상은 현(縣), 구(區)급 간부와 일정한 수준이 있는 대중들이었다.

후에 1943년 3월 본간은 "혁신호"를 출판하였는데 이 때 편집자는 「혁신의 말(革新的話)」을 발표하였다.

"이 기부터 우리는 이 작은 간행물을 개혁하기 시작할 것이다. 내용 면에서 말하자면 우리는 이 간행물이 진일보하게 현실투쟁을 배합할 수 있기를 희망하며, 금년에 전개하는 군중성의 문화운동에서 계몽성의 간행물로 출현하여 민주와 과학의 지식을 진정으로 군중에게 가져다 줄 것이다. 진정으로 독자의 수요를 이해하는 것이 필요하다. 일반 독자의 투쟁경험과 생활경험, 그들의 일반적인 정치 수준과 문화수준을 가져와서 원고를 선별하고 편집하는 척도로 삼을 것이다. …… 문학상에서는 힘을 다하여 통속적이며 알기 쉬운 것을 추구하여 군중의 구미에 적합하도록 하며, 형식상 생동

하고 활발함, 간소함과 예리함을 추구하여 작품상에서 자유연구의 정신에 기반하고 자유토론의 제창에 노력하며, 자유롭게 창조하는 기풍을 창조할 것이다! 이것은 바로 명확히 편집상의 분투목적을 수립하는 것이 필요하다. …… 여기서 말하는 현실성이란 주로 두 방면에서의 현실을 말한다. 한 방면에서는 현실투쟁을 강화하는 것으로 생활을 직접적으로 반영한다. 다른 방면에서는 주로 실천 속에서 발생하는 학술사상과 관계되는 문제에 대한 탐구·토론으로 실제지식 등의 방면에 착수하여 이론과 실천이 긴밀한 관계를 가지도록 할 것이다. 이렇게 할 때만 간행물의 현실성과 학습성이 통일될 수 있는 것이다."

동시에 "학술지식은 그 자체가 현실성을 가지고 있는 것이다. 실제문제를 해결할 수 있는 학술지식이라면 그 현실성은 더욱 강해질 것이다. 역시 증상에 대해 약을 처방하는 것과 같은 학술지식을 체계적으로 소개할 때, 간행물의 학습성은 높아질 수 있는 것이다."

본간에는 녜룽전(聶榮臻)의 「부대문예공작의 제 문제에 관하여(關於部隊文藝工作諸問題)」, 쉬터리(徐特立)의 「마오쩌둥의 실제정신(毛澤東的實際精神)」의 문장이 실렸다. 혁신 4호에는 「문예개조, 문예공작자 토론 특집(改造文藝,文藝工作者討論特輯)」이, 혁신 6호에는 「신 노동자운동 특집(新勞動者運動特輯)」 있었다.(김지훈)

참고문헌

王檜林 · 朱漢國, 『中國報刊辭典(1815~1949)』, 書海出版社, 1992; 伍杰, 『中文期刊大詞典』, 北京大學出版社, 2000; 北京師範大學圖書館報刊部 編, 『北京師範大學圖書館館藏中文珍稀期刊題錄』, 北京圖書館出版社, 2002; 上海圖書館, 『上海圖書館館藏近現代中文期刊總目』, 上海科學技術文獻出版社, 2004.

▌화베이선구주보(華北先驅週報)

▶ 북화첩보(北華捷報)

▌화상보(華商報)

1941년 중국 홍콩에서 창간된 신문

1941년 4월 8일 홍콩(香港)에서 창간되었다. 처음에는 일간으로 저녁에 발간되었다. 1941년 12월 10일 일본군이 홍콩을 공격하여 점령하면서 정간되었다. 1946년 1월 4일 복간되면서 일보로 바뀌었다. 1945년 10월 15일 종간되었다. 광둥성(廣東省) 광저우(廣州)의 중산대학도서관(中山大學圖書館)과 상하이도서관 등에 소장되어 있다.

『화상보』는 랴오청즈(廖承志), 샤옌(夏衍) 등이 창간을 준비했고, 상인인 덩원톈(鄧文田)이 경리를 담당하였다. 신문의 제호는 쑨중산(孫中山)이 남긴 글자들 가운데 뽑아서 만들었다. 신문사의 주요 활동인원으로 저우타오펀(鄒韜奮), 진중화(金仲華), 차오관화(喬冠華), 양짜오(羊棗), 장밍양(張明養), 후중치(胡仲持) 등이 있었고, 책임자는 판창장(范長江)이 맡았다. 홍콩과 해외교포 및 전 세계 진보인사들에게 중국공산당의 방침과 정책을 선전하는 주요 진지였다.

1941년 12월 10일 일본군이 홍콩을 공격하여 점령하면서 정간되었다. 1946년 1월 4일 복간되면서 일보로 바뀌었다. 덩원자오(鄧文釗)가 대표이사, 싸쿵랴오(薩空了)가 총경리, 류쓰무(劉思慕)가 총편집을 맡았고, 사론위원회에 장한푸(章漢夫), 쉬디신(許滌新), 디추바이(狄秋白), 천츠성(陳此生), 랴오모사(廖沫沙), 샤옌, 차오관화 등이 있었다. 홍콩의 민주당파와 진보인사들이 모두 이 신문을 민주적 대변자로 보았다. 리지선(李濟深), 허샹닝(何香凝), 리장다(李章達), 마쉬룬(馬敍倫), 차이팅카이(蔡廷鍇), 펑쩌민(彭澤民), 궈모뤄(郭沫若), 마오둔(茅盾) 등이 신문지상에 담화와 문장을 발표하여, 전국 인민이 단결하여 국민당의 파시즘적 독재정치에 반대할 것을 호소하였다. 1947년 초 신문사에 경제적 곤란이 발생하였을 때, 폭넓은 대중들이 "신문살리기 헌금"을 내는 실제 행동을 통해 지지하였다. 1949년 하반기 신문사의 주요 인력들의 일부가 북상하여 중화인민공화국 건설에 참여하였기 때문에 신문의 규모가 점차 축소되었다. (김지훈)

참고문헌

王檜林 · 朱漢國, 『中國報刊辭典(1815~1949)』, 書海出版社, 1992; 伍杰, 『中文期刊大詞典』, 北京大學出版社, 2000; 葉再生, 『中國近代現代出版通史』 3, 北京: 華文出版社, 2002.

화상연합보(華商聯合報)

1903년 중국 상하이에서 창간된 경제산업 잡지

1903년 3월 상하이(上海)에서 창간되었다. 창간인은 천구서우(陳顧壽)과 진셴중(金賢宗), 천쩐푸(陳震福)이고 주필은 진셴차이(金賢寀)이다. 상하이총상회(上海總上會)에서 반월간으로 발행되었다. 1910년 2월 『화상연합회보(華商聯合會報)』로 제호를 바꾸고 화상(華商)연합회에서 발행되었다. 1910년 종간되었으며 현재 베이징대학도서관에 소장되어 있다.

화상(華商)의 요구로 창간된 이 매체는 "화상(華商)들의 연합과 상업 분발, 애국심을 다해 부강한 나라 만들기"가 주요 발행 목적이었다.

내용은 시사사언(時事社言), 중요 소식, 학무(學務), 상정(商情), 실업(實業), 조사 등의 공간을 개설하였으며, 자본주의 발전과 실업구국(實業救國) 실행, 상업정보 전파, 상회(商會)역량 연합을 선전하였다.

청 말기 공상업 발전 및 상회(商會)를 연구하는 중요 자료이다. (김성남)

참고문헌

王檜林·朱漢國 主編, 『中國報刊辭典』, 太原: 書海出版社, 1992; 方漢奇 主編, 『中國新聞社業通史』, 中國人民大學出版社, 1996.

화월신지(花月新誌)

1877년 일본에서 나루시마 류후가 창간한 문예지

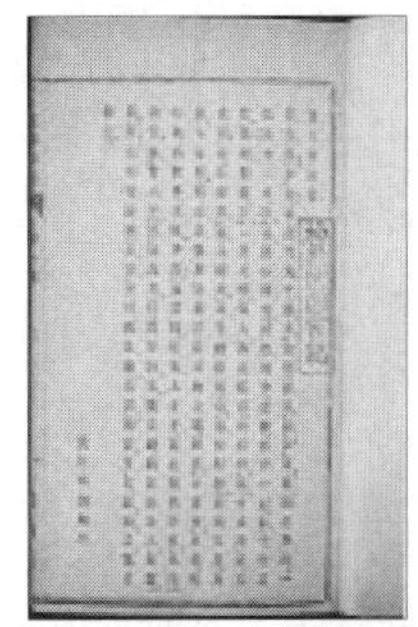

1877년 1월 사쿠라이 게이조(桜井敬三)가 나루시마 류후쿠(成島柳北)를 움직여 창간한 잡지이다. 나루시마는 1874년 『조야신문(朝野新聞)』을 통해 메이지 정부 비판의 입장을 주장했기 때문에 투옥되었다. 이를 계기로 나루시마는 문학적인 취미로 경향이 바뀌 『화월신지』를 발행했다고 한다. 당지(중국 종이)를 반으로 접었고, 표지 본문 모두 같은 종이 재질이다. 본문은 9장 18쪽 5호 활자이고, 한 면은 25자 12행이다. 표지에는 직경 3㎝정도의 둥근 '화월사인(花月社印)' 도장이 주황색으로 인쇄되었다. 정가는 1부에 4전, 월 3~4회 발행되었다(말기에는 월 1~2회, 격월로 줄었다). 발행처는 조야신문사(朝野新聞社) 내에 화월사이다.

『화월신지』의 내용은 한시나 한문을 중심으로 한 와카(和歌) 등 광범위해서 문학청년에게 애독되었지만, 나루시마의 사망과 더불어 1884년 10월 155호로 폐간되었다.

나루시마의 「압동신지(鴨東新誌)」(1874년에 발행된 「경묘일반[京猫一斑」을 발췌한 것)와 「신류정보(新柳情譜)」, 추풍도인(秋風道人)의 「신바시 가화(新橋佳話)」 등 화류계의 소식을 전하고 있다. 이 밖에도 각지의 명승지와 풍속을 기록한 영국의 「오호명승지(五湖名勝志)」, 네덜란드의 탐정소설 「용겔의 기옥

(揚牙兒ノ奇獄)」, 베이컨의 「소선굴(小仙窟)」 등의 번역이 연재되었다. 또 「자사음평(紫史吟評)」, 「속압장명방장기(續鴨長明方丈記)」 등의 고전도 게재되었다. 나루시마의 「항미일기(航薇日記)」(1869), 「항서일병(航西日秉)」(1871~1872년의 구미여행기록) 등을 비롯한 여행기와 수필도 많았다. 이 밖에도 한시와 와카도 게재되었다.

주요 집필자는 신랄한 풍자에 능란한 사쿠라이 게이조를 비롯해, 기쿠치 산케이(菊池三溪), 오쓰키 반케이(大槻磐溪), 가와타 오코우(川田甕江), 오노 고잔(小野湖山), 모리 슌토(森春濤), 오누마 진잔(大沼枕山), 시노부 조켄(信夫恕軒) 등이었다. (이규수)

참고문헌

『近代文學雜誌事典』, 至文堂, 1965; 桂敬一, 『明治・大正のジャ-ナリズム』, 岩波書店, 1992; 日本近代文學館・小田切進 編, 『日本近代文學大事典』 第5卷, 講談社, 1977.

활동사진잡지(活動寫眞雜誌)

1915년 창간된 일본의 영화 잡지

1915년 6월에 창간된 영화 잡지이다. 언제까지 발간되었는지는 현재 확인되지 않는다. 창간 당시의 발행처는 활동사진잡지사(活動寫眞雜誌社)였고, 발행인은 오카무라 시호(岡村紫峰)였다. 오카무라 시호는 나중에 이 잡지의 권리를 이나다 나오요시(稻田尚義)에게 넘기고 『활동신문(活動新聞)』이라는 업계지를 발행하였다. 그리고 이나다 나오요시는 다미야 시로유메(田宮白夢)를 편집장으로 영입하고, 가에리야마 노리마사(歸山敎正), 호시노 다쓰오(星野辰男) 등으로 집필진을 구성하여 속간하다가 다시 오하시 겐초(大橋玄鳥)에게 인계하였다.

오카무라 시호는 고단샤(講談社) 창립자인 노마 세이지(野間清治)와 같은 학교에서 교편을 잡은 적이 있던 사이였는데, 노마 세이지가 1910년 고단샤를 설립한 데 자극을 받아 근무하고 있던 보험회사 지점장의 직위를 버리고 『사실 문예(史實文藝)』라는 잡지를 발행하였다.

그러던 중 마침 영화 배급 제작 회사인 엠 파테 상회(Mパテー商會)의 우메야 쇼키치(梅屋庄吉)를 알게 되었고, 그로부터 영화 사업이 장래성이 있다는 이야기를 듣고 『문예사화』를 영화 전문 잡지인 『활동사진잡지』로 바꾸었다.

오카무라 시호 자신이 보험회사에 근무한 경험이 있었기 때문에 보험회사 간부들과의 영화 대담을 팔리는 기사로 하면서 일본 영화의 소개에도 중점을 두고 있었다.

우라시마 산고로(浦島三五郎), 오하시 겐초(大橋玄鳥), 요시야마 교코(吉山旭光) 등이 집필을 맡았다. 그리고 활동사진잡지사 밖에서도 나중에 영화 검열의 일을 하게 되는 다치바나 다카히로(橘高廣, 필명은 다치바나 고시로[立花高四郎])도 글을 기고하였다. (이준식)

참고문헌

『日本映畵初期資料集成 1 活動寫眞雜誌 第一卷 第一號~第一卷 第三號』, 三一書房, 1990; 『日本映畵初期資料集成 2 活動寫眞雜誌 第一卷 第四號~第一卷 第七號』; 今村三四夫, 『日本映畵文獻史』, 鏡浦書房, 1967.

활부녀(活婦女)

1926년 서울에서 창간된 여성지

1926년 9월에 창간하여 1927년 3월에 폐간된 여성지이다. 편집 겸 발행인 김순복(金順福), 발행소는 경성 활부녀사우회, 부피는 50쪽이고 연세대학교에 3, 4호가 소장되어 있다.

4호에 실린 잡지의 사명으로는 "여자로 하여금 이상화한 가정에 선도자가 되도록, 내외의 지식을 음미하게 하도록, 정식적으로나 물질적으로나 자진케 하도록, 이상과 주의에 선량한 판단력을 길르도록"이라고 되어 있다. 정리하면 조선 여성들이 '지식 섭취를 통해서 이상과 주의에 선량한 판단력을 길러 이상화한 가정에 선도자가 되도록 하는 것'이 이 잡지의 목적인 셈이다.

이를 위해 이 잡지는 「부인과 문예」, 「가정과 위생」, 「취미와 실익이 많은 가정란」를 통하여 여성들의 교양을 높이는 데 힘썼다. 『활부녀』의 3호 목차를 살펴보자.

「요리동무: 두렵떡 만드는 법」, 「구급요법4종; 가정위생」, 「경도할 때 태아에 섭생하는 법: 가정위생」, 「요리와 성격」 등 가사용 기사와 「나는 신을 이러케 생각한다」, 「여자는 강하다」, 「부녀의 사명은 무엇인가」 등 논설, 그리고 아청(阿菁)의 시 「제단에」, 일계(逸溪)의 동요 「다리끄는 어린고이」, 공불(空佛)의 소설 「진생(眞生)」, 김홍남의 시 「사랑의 맥」, 「서양인물소개: 톨스토이」, 공불의 감상문, 「비는 내리지 않는다」와 기효(淇孝)의 「우리가 살아면」, 장일(長壹)의 「허언; 자계시(自誡詩)」 등 문학작품이 실려 있다. 교양기사로 「꼭 알어둘 격언」, 「현대술어해석」과 그 외에 「소식함」과 독자란인 「문왈답왈: 독자상담소」가 있다.

편집인 김순복은 3호에 실린 글 「부녀의 사명은 무엇」에서 특별히 여성들의 직업에 관한 언급을 하면서 "시대의 변천과 여자의 교육이 진보 발전됨을 따라 우리 부녀계에서도 직업적 관념이 점차 전개되어 각각 자신의 적합한 직업방면에 나아가 종사하는 부녀가 매일 증가하여 감을 본다"며 이러한 "근황이야말로 진실로 감사할 만하다"고 하면서 부녀자로서 지켜야 할 천분 즉 자녀를 출산하고 보육하여 교육하는 책임이 있고 남자를 도와서 가정에 봉사하고 사회에 봉사하여 문화생활에 공헌이 되어야 한다고 하고 또 이것이 신성하고 영광스러운 사명이며 노작이 되는 것이라고 논한다. 또한 교양이 있는 부부사이의 인격과 인격의 결합을 강조하면서 여기에 대한 책임은 여자에게 있다고 강조한다. 이를 통해 볼 때에도 이 잡지는 전형적인 현모양처 사상에 충실한 여성으로 계몽하기 위한 여성교양잡지이다. (박지영)

참고문헌

이옥진, 「여성잡지를 통해 본 여권신장: 1906년부터 1929년까지를 중심으로」, 이화여자대학교 석사학위논문, 1980; 최덕교, 『한국잡지백년』, 현암사, 2004.

활천(活泉)

1922년 서울에서 발행된 동양선교회 성결교회의 기관지

편집인은 이명식이고, 발행인은 길보른(E. A. Kilbourune)이다. 발행소는 경성부 죽첨정 동양선교회 성결교회 출판부이다. 국판 45쪽으로 국한문 2단 편집이다. 고려대학교와 서강대, 서울대에 소장되어 있다.

『활천』의 목적을 발행인인 길보른의 사설에서 확인하면 다음과 같다.

"……본지의 목적은 신자의 심령상 지혜만 양성코저 함이 아니오 특별히 영적 품격을 배양하기로 목적함이며, 신구약 성경을 강해하야 남녀 교역자와 평신도에게까지 이익을 얻게 하려 함이오 결코 영리하고저하는 목적이 아니로라. 현대의 서적과 잡지가 심다한 중 인생에게 해독을 주며 영혼을 멸망시키는 서적이 많도다. 여차한 시대를 당하야 하나님의 진리와 구원의 복음을 만민에게 더욱 열심히 전번하여야 하겠도다. 본지는 고석 성도 등이 세인에게 주의 언을 증거하야 사탄의 권세 하에서 속박된 영혼을 구원해 내어서 자유를 얻게 하던 그 방법으로 기초를 삼아 하나님의 성지(聖旨)와 그리스도의 신성에 대하야 증거하려 하노라."

즉, 『활천』은 사람들에게 해를 주어 멸망의 길로 가게 하는 서적이 많은 때에 오직 신자에게는 심령상 지혜와 영적 인격을 배양시켜 불신자들에게는 하나님의 말씀을 통해 죄에서 구원을 얻게 하자는 목적을 가지고 있는 것이다.

창간호의 내용은 대략 다음과 같이 확인해볼 수 있

다. E.A. 길보른의 사설에 이어, 김상찬, 류지풍 등의 축사가 있고, 설교란에는 돈톤 목사의 「진부홍과 위부홍」, 이명식 목사의 「흰돌(白石)」, 이명헌의 「주의 도(途)」, 「극빈한 과부」 등이 실려 있다.

그 밖에 논문에 해당하는 글로는 도마스 쿡의 「신약의 성결」, G.D. 왓슨의 「백의(흰옷)」 등이 있으며, 성경연구에는 「창세기 연구」, 「마태복음 강의」 등이 실려 있다. 잡문으로는 「하고(何故) (왜) 진리를 위하여 분투」, 「은사를 보존하는 도」, 「동서기문편편」 등이 전반적으로 기독교 성서에 기반한 내용으로 이루어져 있다.

특히 이 잡지는 국한문을 섞어 쓰되 구결체로 내려 편집하고 있는 것이 특징인데, 한문에는 한글로 반드시 토를 달았다. 이를테면 '애(愛)'자 옆에는 '사랑'이라고, '선사(善事)' 옆에는 '선한 일'로, '미완(未完)' 옆에는 '또 있소', '제인(諸人)' 옆에는 '모든 사람'이라고 토를 달아서 한문과 한글 모두를 고려한 점이 특징이라고 할 수 있는 것이다.

『활천』은 1942년 12월 통권 227호로 폐간을 했는데, 그것은 2차 세계대전 중인 1942년 4월에 이르러 조선총독부에서 기독교의 언론을 통제하기 위해 장로파의 『장로회보』와 감리파의 『감리회보』, 그리고 구세군의 『구세신문』과 성결교단의 『활천』을 폐간시키고 4교단 연합으로 『기독교신문』을 내도록 명령했기 때문이다.

그러나 장로교, 감리교, 구세군의 신문은 『기독교신문』이 총독부에 의해 창간되던 4월에 폐간되었는데, 본 『활천』 지만은 7개월을 더 펴내서 그해 12월호까지 연장할 수 있었던 것은 경영진의 의지도 있었고, 무엇보다도 장, 감, 구세군의 기관지처럼 회보의 성격을 띠지 않았기 때문이다.

그 후 1945년 해방 이후, 성결교단에서는 9월 10일 총회를 열고 교단을 재건하면서 『활천』 복간을 결의하고 1946년 10월 박현명 발행, 김유연 편집으로 복간 1호(통권 228호)를 발행하므로 재출발을 했으나 재정난과 물자난으로 복간 11호(통권 237호)까지를 발간한 후 6·25로 다시 중단하게 된다.

그러다가 피난지 부산에서 길보른 선교사의 주선으로 인쇄소를 설치한 후 1953년 4월 22일 편집 겸 발행 겸 주간 이명직, 편집 실무 이천영, 인쇄 조우찬의 책임 아래 같은 해 속간 5월호(22권 1호 통권 238호)를 발간했고, 1959년 1월 2일에는 지령 3백호 기념호를 발행했으며, 1977년 381호에 이르러서는 교단 창립 70주년 기념호를 발행했고, 1983년 1월 11일에는 지령 400호, 창간 60주년을 기념하게 된다.

『활천』 지의 창간 배경

장로회와 감리회보다 20년 늦게 선교사업을 시작한 동양선교회 조선 성결교회에서는 1920년까지 연회와 총회의 조직이 없는 채 교역자 간담회 정도로 모여 친목을 도모하다가 장로회에서는 『신학지남(指南)』, 감리회에서는 『신학세계』, 구세군에서는 『구세신문』, 안식교에서는 『시조(時兆)일보』, 형제교회에서는 『복음신보』 등을 내고 있는데 조선성결교회가 선교를 시작한 지 14년이 지나도록 기관지 하나 발행하지 못하는 것이 말이 되느냐는 의견이 나와서, ① 전국 교역자들에게서 기부금을 받되 남자에게는 10환, 여자에게서는 5환씩을 받아 제작비를 받고, ② 내용은 성경강해, 설교, 성자 또는 신앙 위인의 전기와 간증물, 그리고 매주 주교 성경공과를 싣는 월간지를 내되, ③ 강령은 중생, 성결, 신유, 재림에 두고, ④ 명칭은 요한복음 7장 37-38절에 근거하여 『활천』이라 부르기로 정하고, ⑤ 사장은 길보른 선교사로, 주필은 이명직 목사로, 편집은 이상철 목사로 담당케 한 후 1922년 11월 25일 창간호를 발행한 것이 최근까지도 발행된 『활천』 지였다. (이경돈)

참고문헌

『한국신문 · 잡지총목록』, 대한민국국회도서관, 1966; 계훈모, 『한국언론연표』, 관훈클럽신영연구기금, 1979; 『아단문고장서목록』, 아단문화기획실, 1995; 최덕교 편저, 『한국잡지백년』, 현암사, 2004.

▌황성신문(皇城新聞)

1898년 서울에서 한국어로 발간된 종합신문

1898년 9월 『대한황성신문』의 판권을 물려받아 최초의 합자회사 형태로 창간된 신문이다. 한자 식자층 독자를 겨냥해 4면 국한문 혼용으로 발간되었다.
창간 당시 남궁억이 사장으로, 나수연이 총무원으로, 유근, 박은식 등이 주필로 활동하였다. 1902년 장지연으로 사장이 바뀌었고 1905년 그의 「시일야방성대곡」 기사로 정간되었다. 1906년 속간된 후 남궁훈이 3대 사장으로, 성낙영이 총무로, 김재완이 회계로 선출되었다. 그러나 다시 1907년 5월에는 김재완, 9월에는 유근으로 사장이 계속 바뀌고 재정난을 겪다 결국 1910년 한일강제병합이 강행될 때 『한성신문』으로 개제한 지 얼마 되지 않아 폐간하였다. 1981년 경인문화사에서 복각 출판하였다.

『황성신문』은 한말 1898년 9월 5일에 한성 중서(中署) 청징방(淸澄坊) 황토현(黃土峴) 제23통 7호 전(前) 우순청(右巡廳)에서 창간되었다.

신문은 3단(1행 17자, 1단 32행)으로 4호 활자를 사용했다. 논설, 관보, 외보, 별보, 잡보 등으로 기사 내용이 다양화되었고, 광고란이 등장하였다. 지면 크기는 초기에는 소형(23×31㎝)이었으나, 1899년 11월 13일부터는 지면을 조금 키우고(25.2×34.5㎝) 4단으로 하였으며, 4면을 발행하였다. 4호 활자를 사용했고 국한문 혼용이었다. 값은 '매장 엽전 5분, 1역(한 달 치) 엽전 1량, 1년 선급 11량'이었다.

1면은 논설, 2면은 국내외 기사 및 잡보, 3~4면은 광고로 꾸민 결과 광고가 전체의 절반을 차지했다. 광고비는 1행에 10전이었고, 『독립신문』을 비롯한 당시 신문 역시 이 『황성신문』에 광고를 게재했다. 1900년 1월 5일부터는 '전보' 기사란에 '한성 루터 전특체(電特遞)'라는 부제를 달아 외국 뉴스를 게재하기 시작하였다(영국 로이터통신사와 계약을 체결하고 외신을 공급받음). 1907년 10월 4일부터는 천기예보(지금의 일기예보)도 게재하였다.

『황성신문』의 연혁

1883년 9월 『한성순보』가 최초의 근대 신문으로 창간된 이후, 한국에서는 여러 지식층이 신문의 중요성을 인식하고 특징 있는 신문을 발간하였다. 『한성순보』가 10일에 한 번 간행하는 순보인 것에 부족함을 느낀 남궁억은 나수연 등과 함께 1898년 9월 5일, 외세침입에 대하여 민족을 계몽하고 항쟁의 정신을 기르기 위하여 일간지를 간행하기로 결심하였다. 이 신문이 바로 이미 주2회 발간 중이었던 『대한황성신문』의 판권을 인수받아 오늘날의 합자회사와 같은 고금제(股金制)를 최초로 사용하여 자본가를 모아 발행한 민간자본 신문이 되었던 것이다. 제호는 '대한'을 삭제하고 『황성신문』이라 하였다.

고주(股主)들의 확실한 숫자는 알 수 없으나 1900년 9월 2일자 기사 「황성사 총회」에는 "재작일 본사 총회에 사원 30여 명이 재회하여 수(數) 3건 사(事)를 결의하여 사무를 확장케" 하였다고 보도했고, 1902년 9월 2일자 「사설」은 동사(同社)의 총회에 "사원 21인이 제회(齊會)"했다고 밝히고 있는 것으로 보아 『황성신문』의 고주들의 수는 약 30명 정도였던 것 같다. 경영난이 심화되면 고주들 중에서 찬무원(贊務員)을 선출하여 재정을 돕도록 하기도 하였다고 전한다. 창간 후 6년 후 1904년 8월 16일자에 게재된 「사설」에는 그동안 『황성신문』에 관련되었던 출자자, 찬무원, 사원 등의 명단을 볼 수 있다.

편집진은 박은식, 장지연, 신채호 등이었다. 신문의 주필로 활약한 사람은 유근(柳瑾), 박은식(朴殷植), 장지연(張志淵) 등이었다.

초대 사장 남궁억이 3년간 활동한 후, 1902년 8월 31일 제2대 사장으로 장지연이 선출되었다. 『황성신문』은 고표(股票) 500을 발행하여 창간한 합작회사로 경영되었다고 하나 당시 신문사 수입의 주는 구독료였다. 구독료가 걷히지 않자 『황성신문』은 1902년 8월 31일 찬조자 5명을 추가하고 고표 300장을 더 발행했다. 그 후 일본의 침략에 항의하는 저항적 신문으로 활동하다가 사장 장지연 등 사원 10여 명이 구속되고 신문 역시 정간 당하였다.

1904년 8월 8일 중서(中署) 종로(鐘路) 백목전후

(白木廛後) 전(前) 면주전도가(綿紬廛都家) 제20통 2호로 이전했다. 1906년 1월 24일 장지연이 석방되고 신문이 복간되었으나 그해 2월 17일 얼마가지 않아 심각한 경영난에 부딪혀 사장 장지연 등의 간부진이 사임하였다. 제3대 사장에는 남궁훈(南宮薰)이 취임하였고, 총무는 성낙영(成樂英)이, 회계는 김재완(金在完)이 맡게 되었다. 경영난은 계속되었고, 구독료가 제대로 걷히지 않아 어려움이 계속되었다.

이를 보충하는 것이 광고였는데, 그 내용에는 상품광고와 비상품광고(분실, 개명, 사기, 경고 등)가 있었다. 1907년 5월 18일에 제4대 사장으로 김상천(金相天), 총무로 김재완이 선출되었지만 사장은 불과 4개월 뒤 유근(柳瑾)으로 바뀌게 된다. 1910년 6월 12일에는 편집 겸 발행인(사장 겸임) 체제로 바뀌어 성선경(成善慶)이 취임하였다. 그러나 1910년 8월 28일 제3456호로 종간되었다.

1910년 한일강제병합 이후 일제가 '대한'이나 '황성'과 같은 단어를 못 쓰게 하자 『한성신문(漢城新聞)』으로 제호를 바꾸었다가 1개월도 안되어 9월 15일 제3470호로 폐간되었다.

경영 문제 및 필화 사건

1902년 9월 11에서 20일까지 휴간했고 그 후 재정이 회복되지 않자 「대호척필(大呼擲筆)」이라는 논설을 통해 독자들에게 지원을 호소했다. 1903년 2월 6에서 8일까지 휴간했을 때는 『황성신문』 재발간운동이 전개되어 걷힌 성금 1000원으로 한동안 발행을 지속할 수 있었다. 그러나 이것도 근본적인 해결책이 될 수는 없었다. 1904년 1월 27일부터 2월 10일까지, 5월 17~26일까지 또다시 휴간하게 되자, 고종이 직접 훈령을 내려 신문값 납부를 촉구하는 한편, 보신각 근처에 있는 관청 건물을 하사하는 등 보조금 지원에 나섰다.

1900년 8월 8일 일본과 러시아가 조선을 분할, 점령하고자 논의했다는 내용을 다룬 「청자(請者)나 절자(絶者)나」라는 논설로 인해 남궁억이 구속되었다. 이는 정치문제로 법적 판결을 받은 최초의 필화사건이었다.

1905년 을사조약이 체결되자 11월 20일자 사설란에 장지연이 「시일야방성대곡(是日也放聲大哭)」이라는 제목으로 나라를 팔아먹는 대신들의 악정을 신랄하게 비판했다. 이 글로 장지연은 70여 일 간 구류되고 『황성신문』도 80여 일간 정지당하였다. 1906년 2월 12일 신문은 속간되었으나 장지연은 사장직에서 물러날 수밖에 없었다.

최초의 국한문 혼용신문

이 당시 우후죽순으로 창간된 신문, 곧 『조선그리스도인회보』, 『그리스도신문』 등의 기독교 계통 신문과 『협성회회보』, 『매일신문』, 『경성신문』, 『제국신문』 등은 모두 『독립신문』의 순국문 전용 원칙을 따르고 있었다.

이러한 상황에서 『황성신문』은 국한문 혼용을 원칙으로 선포하여 발간되었다. 이에 대해 창간사에서 "특히 기성(箕聖)의 도전(道傳)하신 문우(文字)와 선왕의 창조하신 문우를 병행"한다고 밝히고 있다. 이러한 시도는 순국문만의 기사는 하문에만 젖은 중류 이상의 사람들에게 도리어 불편하다는 인식에서 비롯한 것이었다. 이후 발간된 『시사총보』(1899년 1월 22일 창간)가 또 국한문 혼용을 사용하자, 한말의 신문은 크게 순국문과 국한문 혼용이라는 양대 산맥으로 나뉘었다.

『황성신문』의 독자대상은 중류계급 이상이었고, 한문이 많이 사용되어 지식층의 독자를 많이 갖게 되었다. 황성신문측은 국한문 사용의 이유로 일반 대중의 지식계발을 꾀하려 한다는 점을 들기도 하였다. 그래서 당대 독자들은 한글 전용의 『제국신문』을 '암(雌)신문', 한문을 섞어 쓰는 『황성신문』을 '수(雄)신문'이라고 상징적으로 불렀다.

순국문 전용의 신문이 주로 서양 사상을 중심으로 전통과 일정 정도 거리를 두고자 하는 서재필, 윤치호, 이종일, 이승만, 주시경 등의 인물을 중심으로 했다면 『황성신문』은 개신유학적 전통을 계승하면서 서구의 사상을 취사선택하려는 인물들로 구성되었다. 『황성신문』은 당시 개신 유학파와 독립협회 계열을 아우르는 폭넓은 인사들이 참여하였다고 한다.

『황성신문』의 운영을 맡을 이로 초대 사장에 남궁억, 총무에 나수연, 회계에 유재호가 선출된 것은 의미심장하다. 특히 사장은 고금제를 택하는 회사답게 사원총회에서 선출된 직위였다. 이때 지목받은 남궁억은 한학과 신학문을 함께 공부한 사람으로 이러한『황성신문』의 지향을 가장 잘 드러내 줄 수 있는 사람이었다.

『황성신문』의 역대사장

황성신문의 역대 사장은 ① 남궁억(1898.9.5), ② 장지연(1902.8.31), ③ 남궁훈(1906.2.17), ④ 김상천(1907.5.18), ⑤ 류근(1907.9.17), ⑥ 성선경(1910.6.12)이다.

남궁억은 창간 때부터 1902년 8월까지 만 4년간 황성신문 사장이었는데 재임 중 두 번이나 구속당했다. 1900년 8월 8일자에『황성신문』은 주한 러시아 공사가 일본 공사에게 한반도를 양쪽에서 분할하자고 제의했으나 일본 측이 거절했다는「청자(請者)나 절자(絶者)나」라는 기사를 실었다. 이때 구속된 남궁억은 평리원(平理院)에서 무죄판결을 받았지만, 이는 정치 문제를 다룬 기사로 정식으로 재판에 회부된 최초의 사건이었다. 남궁억은 1902년 5월에도 총무 나수연과 함께 또 구속되어 3개월 후인 8월 3일에 석방되었다. 이때를 기점으로 그는 사장 자리에서 물러나게 된다.

제2대 사장인 장지연은 1902년 8월 31일에 선출되어 1905년 11월 20일「시일야방성대곡」을 쓴 후 경무청에 체포되었다. 이때『황성신문』도 정간 당하였는데 이듬해 1906년 1월 24일에 석방된 장지연을 중심으로 2월 12일 다시 복간되었다. 그러나 그를 비롯한 부사장 김상연, 회개 김시영 등은 모두 2월 17일자로 사임하였다.

『황성신문』의 3대 사장으로 1906년 2월 17일부터는 남궁훈이 취임했다. 총무는 성낙영, 회계는 김재원 등이었다. 1907년 5월 18일 다시 총회가 개최되어 사장에 김상천, 총무 김재원이 선출되었고, 동해 9월 17일 총회에서는 또 사장에 류근이 피선되었다. 그 후 1910년 6월 12이부터는 편집 겸 발행인으로 성선경으로 바뀌는 것을 끝으로『황성신문』은 폐간되었다.

• 남궁억

남궁억은 1863년 12월 27일 서울 왜송동(倭松洞, 지금의 정동)에서 태어나 20세까지는 한문을 공부하다가 1883년 재동(宰洞)에 설립된 관립 영어학교에 입학하여 이듬해 졸업했다. 이 학교는 외무를 담당하는 정부 기구인 통리아문(總理交涉通商事務衙門)의 동문학(同文學)에 소속된 최초의 관립 영어학교로서 1883년 1월 13일에 설립되었다.『한성순보』와『한성주보』역시 이 동문학의 산하 기관인 박문국(博文局)에서 발행되었다. 영국인 할리팩스(T. E. Hallifax)가 교사로 초빙되어 15살 이상의 생도에게 영어를 가르쳤다.『한성순보』15호에 1884년 3월 당시의 학생수 29명이 기재되어 있는데, 남궁억은 바로 이 명단에 포함되어 있었다. 이 학교는 매년 6월과 12월에 시험을 보아 가장 뛰어난 사람에게 표창을 하였다고 하는데,『한성주보』4호에 따르면 남궁억은 1886년 2월에 이 수석우등생으로 선발되어 관리로 임명되었다고 한다.

그 후 1886년 10월 21일 내무부 주사로 임명되었다가 이듬해 9월 28일에는 한국에 주재하는 영국, 독일, 러시아, 프랑스, 벨기에의 참찬관(參贊官)으로 임명되었다. 이후 6국 순방 전권대사 조민희의 통역관으로 유럽에 가는 도중 청국의 간섭으로 홍콩에서 돌아오게 된 후 1889년 고종의 어전 통역에 임명되었다. 언론계에 투신하기 전 그는 경상북도 칠곡(漆谷) 부사(1893)를 거쳐 내부 토목국장(1895)을 지냈다.

남궁억이 처음 언론과 관계를 맺은 것은 1896년 서재필이 창간한『독립신문』의 영문판("The Independent") 제작에 참여한 데서 비롯되었다. 당시 그는 한국인 가운데 영어를 할 수 있는 매우 드문 인물 중 하나였다. 1896년 7월 2일 30여 명이 중추원에 모여 독립협회를 결정할 때 참여하여 10명의 간사원 가운데 한 사람이었다고 하며 중추원 의장으로 선출되기도 했다. 그러나 1897년 9월 24일 독립협회와 만민공동회의 중심인물들이 체포될 때에 윤치호, 이상재 등과 같이 구속되었다. 27일 고등재판소가 구속된 17명에게 각각 태형 40대에 처하라고 판결했지만 고종의 명으로 석방되었다.

『황성신문』은 이러한 여정을 밟고 있던 남궁억이

명실상부한 언론인으로서 신문사업에 본격적으로 투신한 곳이었다. 『황성신문』 이후 그는 성주 목사, 양양 군수(1906) 등을 지냈고 1907년 12월에는 오세창, 유근, 장지연과 함께 대한협회를 창립하여 이듬해 4월부터 『대한협회회보』를 발간하기도 했다. 한일강제병합 후에는 배화여학교 교사로 9년간 영어를 가르치다 1918년 이후 강원도 홍천 모곡으로 떠나 1938년 사망할 때까지 22년 동안 그곳 교회와 모곡국민학교를 중심으로 활동했다.(김미정)

참고문헌

尹壬述 編, 『韓國 新聞 百年志』, 韓國言論硏究院, 1983; 정진석, 『한국언론사』, 나남출판, 1995; 정진석, 『역사와 언론인』, 커뮤니케이션북스, 2001.

▌회광(回光)

1929년 경기도 고양군에서 발행된 조선불교학인연맹의 부정기 기관지

1932년 3월 제2호를 발행하고 종간했다. 창간호 편집인 겸 발행인은 이순호(李淳浩, 조선불교학인연맹 대표자이며 후일 큰스님 이청담[李靑潭]이다. 1902~1971)이고, 인쇄인은 김원회(金元會)이다. 인쇄소는 동아사이며, 발행소는 조선불교학인연맹(고양군 숭인면 개운사)이다. A5판 61쪽면으로 비매품이다. 2호는 1932년 3월 16일 발간되었다. 편집 겸 발행인은 김덕수이고, 인쇄인은 이병화이다. 인쇄소는 신소년사 인쇄부(서울 수표동 42)이며, A5판 116쪽으로 비매품이다.

창간호의 권두언 「연맹의 성립과 吾儕의 책임」에는 학인연맹의 발족과 불교 혁신운동을 선언하는 내용이 있는데 창간 배경과 취지를 잘 보여준다.

"조춘(早春) 학인대회의 결의에 의하여 이제 조선불교연맹이 성립되었다. 학인대회가 불교 동전(東傳) 이래 초유(初有)의 사(事)인 것처럼, 학인연맹도 우리 동국(東國)에서 처음 보는 일이다. 처음 보는 일이라고 반드시 반가운 것도 아니겠지마는 대교(大敎) 홍천(弘闡)의 큰 사명을 가지고, …… 시대는 독경적 설법을 요구하지 않는다. 기계적인 강설을 환영하지 않는다. 맹목적인 신앙은 벌써 시기가 지났다. 지해(智解)없는 구설(口說)이 무슨 효(效)가 있으랴. 각오하라 학인아! 이마(伊麽)한 법사(法師)가 되지 말라. 이마한 강사(講師)를 작(作)하지 말라. 이마하게 학습하지 말고, 이마하게 전수(傳受)하지 말라."

2호에는 한용운의 권두언을 비롯하여 석대은(釋大隱)의 「불교전문강원의 전망」, 김영수(金映遂)의 「조선불교의 화엄관」, 백용성의 「유심유물불이론(唯心唯物不二論)」 등의 논설이 실려 있다. 또한 '조선불교와 학인에 대한 기대'란에서는 불교계를 대표하는 박한영과 권상로를 비롯하여 사회 저명인사인 노정일, 안재홍, 이광수, 유광렬, 차상찬, 박명환, 주요한, 이은상 등의 소감이 실려 있다. 한편, 발행인 김덕수의 「학인연맹의 회고 비판 전망」과 연맹원들의 소견을 밝힌 「맹원제군의 열규(熱叫)」도 눈길을 끈다. 예문(藝文)란에는 윤한성(尹漢星)의 「강원을 떠나면서」 등의 수필을 비롯하여 신석정의 「산촌에 와서」, 오상순의 「향수(鄕愁)」 등의 시가 수록되어 있다.

조선불교학인연맹은 1928년 3월 열린 조선불교학인대회를 통해 결성된 단체다. 조선불교학인대회는 전국 강원(講院) 대표 44명이 참가하여 강원제도의 개혁을 논의한 대회였다. 이 자리에서 학인의 상설기관인 조선불교학인연맹을 설치하고 그 기관지 『회광』을 발행할 것을 결의했던 것이다.

조선불교학인연맹에는 해인사 불타회(佛地會), 통도사 신진회((新進會), 선암사 강우회(講友會), 동화사 강우회, 개운사 동우회(同友會) 등 8개 강원이 참가했다. 2호에 학인연맹가맹권고와 각 강원의 졸업생 명단이 담긴 '학인연맹의 소식'란이 있어 그 면모를 짐작할 수 있다.

2호 발간을 전후한 시기인 1932년 3월 15일 조선불교학인연맹은 4차 학인연맹 정기총회를 개최하고 조선불교학인총연맹으로 조직개편을 단행했다. (이경돈)

참고문헌

『한국신문·잡지총목록』, 대한민국국회도서관, 1966; 계훈모, 『한국언론연표』, 관훈클럽신영연구기금, 1979; 『아단문고장서목록』, 아단문화기획실, 1995; 최덕교 편저, 『한국잡지백년』, 현암사, 2004.

▌후베이학생계(湖北學生界)

1903년 일본 도쿄에서 창간된 정치운동잡지

1903년 1월 29일 일본 도쿄(東京)에서 창간되었다. 후베이(湖北) 출신 유학생들이 만든 진보적 언론매체로 편집 및 발행인에는 왕징팡(王璟芳), 인웬이(尹援一), 도우옌스(竇燕石), 류청위(劉成禺), 란텐웨이(藍天蔚)이 참가하였다.
월간으로 발행되다가 제6호부터 『한성(漢聲)』으로 제호를 바꾸었고, 동시에 『구학(舊學)』을 증간하였다. 1903년 8월에 간행을 종간되었다. 중국국가도서관에 소장되어 있다.

부르주아혁명파의 입장에 서서 민족주의와 민주주의를 고취하고 봉건전제와 제국주의의 침략 범법 행위를 비난하였다. (김성남)

참고문헌

方漢奇 主編, 『中國新聞社業通史』, 中國人民大學出版社, 1996; 王檜林·朱漢國 主編, 『中國報刊辭典』, 太原: 書海出版社, 1992.

▌회보(匯報)

1874년 중국 상하이에서 창간된 시사종합신문

1874년 6월16일 상하이(上海)에서 중국인이 직접 창간한 첫 번째 매체이다. 발기인은 롱홍(容閎)이며, 발행인은 쾅치자오(鄺其照), 주필은 관차이수(管才叔), 편집은 황지한(黃季韓)과 구지량(賈季良)이다. 1874년 9월 『휘보』로 제호가 바뀌었으며, 창간 1년이 못되어 재정상 심각한 상황으로 정간되었다. 1875년 7월 16일 다시 제호를 『익보(益報)』로 개명하여 출간을 계속하였으나, 1875년 12월 3일 주필 주롄성(朱蓮生)이 사직했다는 보도와 함께 종간되었다. 상하이도서관 등에 소장되어 있다.

편집체계는 총 8쪽 중 행정과 선박일지, 광고가 4쪽을, 뉴스와 평론이 4쪽으로 이루어져 있으며, 내용은 거의 경보(京報)에서 채록하였다.

평균 격일로 논설 한 편씩을 발표하였는데, 부강한 국가를 위해 직접 선박을 제조할 것과 비단과 차의 직접 판매 등을 주장하였다.

재중국 외국 영사관의 영사재판권을 공격하면서 특권의 비호 아래 행해지는 상하이 주재 외국인들의 비행에 대해 비판을 가하였다. 상하이 조계공부국의 정책들이 중국 주권을 무시한다며 이를 비판하는 문장들을 연이어 발표하면서 외국인이 창간한 언론인 『신보(申報)』나 『자림서보(字林西報)』 등과 격렬한 논쟁이 진행되었다.

그러나 이러한 도발적이고 논쟁적인 보도들은 많은 비난을 받게 되었고, 적지 않은 투자자들이 주식을 거두어 가게 되었다. 이로 인해 불과 석 달이 못되어 8월 31일 정간되었다가 이름을 세 번 바꾸면서 1년여 만에 종간되었다. 비록 역사는 길지 않았지만 편집 방면에는 큰 특징이 있었는데, 신문 머리에 당일 뉴스의 중요 목차를 열거하여 독자 열람이 편리하도록 한 편집 형식을 처음으로 시도하였다.

상하이 외에 베이징과 홍콩, 마카오, 일본 나가사키(長崎) 등지에도 판매대가 있었으며, 소매 판매가는 매회 10문(文)이었다.

『휘보(彙報)』

『회보』가 정간된 바로 다음날인 9월 1일부터 다시 『휘보』로 이름을 바꾸어 발행을 계속했다.

이는 신문의 제호와 발행인의 이름만 바뀐 것으로, 영국 상인 거리(葛理)가 명의상 발행인 겸 주필이 되었지만, 실제로는 외국인의 명의를 빌어 보호받기 위함이었고 실질적인 재산상의 변화는 없었다. 원래 주필 관차이수(管才叔)는 의견 차이로 사직하였다.

기본적인 체제는 변하지 않았지만, 논설을 머리 면에 배치하고 이전에는 없던 시와 산문 등의 문예작품을 게재하였다.

『휘보』의 기본 방침과 정치사상은 『회보』와 큰 차이가 없었지만, 개혁적 논술을 보다 강화하였고, 영국 의회를 소개하는 글들도 번역하여 게재하였다. 이전에 비해 문장의 색깔이 부드러워 졌으며, 정치체제에 대해서는 직접적인 언급을 피했고, 중국의 권익을 옹호하면서 일본의 침략적 활동에 대해서만 강한 공격을 하였다. 원래 상하이 거주 외국인의 전횡을 첨예하게 비판하던 글도 나타나지 않았다.

하지만 이 신문은 여전히 외국인이 주관하는 언론들, 특히 『신보(申報)』와 격렬한 논쟁을 계속해서 벌여나갔다.

중국 주권을 경시하는 태도에 대한 『휘보』의 비판은 나름대로 의미를 가졌다. 그러나 중국의 이익을 변호하기 위함이라고 주장하였지만, 논지가 불명확 경우가 많았고 철로건설을 반대하는 입장은 집필자의 낡은 지식과 관점이 한계를 갖고 있었다.

결국 출간 1년이 못되어 재정상 심각한 상황을 맞게 되었고, 1875년 7월 16일 다시 제호를 『익보(益報)』로 개명하여 출간을 계속하였다.

『익보(益報)』로 개명

제호를 바꾼 『익보』의 주필은 주롄성(朱蓮生)이며, 판형과 내용에 변화가 있었다. 상유(上諭)나 궁문초(宮門鈔), 주소(奏疏) 등을 경보(京報)에서 그대로 옮겨와 머리 면에 배치하였고, 원래 활발하던 논설의 수량이 감소하고 사상적 논점도 퇴보하였다. 시사소식은 감소하고, 문예란과 사회면은 증가하였다.

『익보』로 개명을 한 뒤에도 역시 『신보』에 대한 공격은 계속되었지만, 논리가 부족하여 그들의 주장이 무엇이고 무엇을 반대하는가에 대한 명확한 관점을 제시하지 못하는 경우가 많았다.

결국 1875년 12월 3일 주필 주롄성이 사직했다는 보도와 함께 종간되었다. (김성남)

참고문헌

方漢奇 主編, 『中國新聞社業通史』, 中國人民大學出版社, 1996; 葉再生 著, 『中國近代現代出版通史』, 北京: 華文出版社, 2002.

회입자유신문(繪入自由新聞)

1882년 일본에서 발행된 신문

1882년 9월 1일 창간되었다. 1890년 11월 15일 『가미나리신문(雷新聞)』과 합병되면서 폐간되었다. 발행지는 도쿄였고, 발행소는 회입자유신문(繪入自由新聞社)이었다. 회사 사옥이 자유당기관지 『자유신문(自由新聞)』사의 인근에 있었고, 신문이름에서도 추측할 수 있듯이 『자유신문(自由新聞)』의 대중판이라는 성격을 가졌다. 즉 자유당의 주장과 사상을 쉽게 대중에게 알기기 위해 일간(日刊)으로 발행된 소신문(小新聞)이었다. 발행부수는 최전성기인 1884년 즈음에 1일 9700부 정도였고, 폐간 무렵에는 6000부 전후가 발행되었다. 이러한 발행부수는 『자유신문』의 발행부수를 상회하는 것이었다. 당시 신문독자 규모의 급증을 반영하는 것이기도 하지만, 새로 창간되는 신문 중에서도 상당히 높은 발행부수였다. 도쿄대 메이지신문잡지문고, 국립국회도서관에 소장되어 있다.

본지 창간 당시에는 종래의 정치정론을 중심으로 한 소위 대신문(大新聞)에 대해서, 쉬운 문장과 소설, 시정(市井)기사 등을 중심으로 한 소신문이 독자층을 확대하고 있던 시기였다. 본지는 이러한 시대적 배경에서 『자유신문(自由新聞)』의 대중지로서 창간되었던 것으로 생각된다.

지명구성은 타블로이드판 4쪽이었다. 다른 순수한 소신문에 비교해서 논설란이 구성되어서 본격적인 민권론을 전개한 점에서 특징이 있었다.

자유당의 해체, 『자유신문』의 폐간 이후 정치신문의 전반적인 퇴조 과정에서 자유당계의 민권론을 전파하는 기관지로서 본지가 수행한 역할은 컸다.

1890년 폐간 이후 1892년 잠시 복간되기도 했지만, 같은 해 말 『만조보(万朝報)』에 흡수 합병되었다. (문영주)

참고문헌

春原昭彦, 『日本新聞通史』, 新泉社, 2003; 新聞研究所, 『日本新聞年鑑』, 1943; 日本新聞協會『地方別日本新聞史』.

후지(富士)

1926년 일본에서 창간된 오락 잡지

1928년 1월에 창간되어 1941년 12월(14권 12호)까지 14년 동안 본지 168호, 증간 12호 모두 180호가 발간되었다. 발행처는 대일본웅변회 고단샤(大日本雄辯會講談社)였다. 대일본웅변회 고단샤는 현재 일본의 대형 출판사인 고단샤의 전신이자 1909년에 창립된 대일본웅변회의 후신이었다. 창립자는 노마 세이지(野間清治)였다. 당초는 웅변 잡지인 『웅변』을 출판하였지만, 대중 잡지인 『킹(キング)』, 『소년구락부(少年俱樂部)』 등을 발간하면서 대형 출판사가 되었다. 『후지』의 창간호는 무려 512쪽에 달하는 큰 책이었는데 정가는 50전이었다. 1927년 12월에 종간된 『면백구락부(面白俱樂部)』를 개제한 것이다. 쇼와 초기에 『강담구락부(講談俱樂部)』 등과 더불어 대표적인 클럽 잡지였다. 종간호는 270쪽으로 발간되었고 정가는 60전이었다. 일본의 패전 이후에는 고단샤에서 분리된 세계사(世界社)에서 1948년부터 1953년까지 같은 제목의 잡지가 발간되기도 하였다.

『후지』는 『킹』, 『강화구락부(講話俱樂部)』, 『현대(現代)』, 『부인구락부(婦人俱樂部)』, 『웅변』, 『소년구락부』, 『소녀구락부(少女俱樂部)』, 『유년구락부(幼年俱樂部)』와 함께 흔히 고단샤 9대 잡지로 꼽히던 잡지였다.

창간호는 표지를 국정 교과서의 표지 작가로도 유명한 다다 호쿠(多田北鳥)가 그린 것을 비롯하여 가바시마 가쓰이치(樺島勝一), 미네다 히로시(嶺田弘), 이가와 센가이(井川洗厓) 등의 인기 화가가 권두화를 그리는 등 호화판으로 꾸며졌다.

내용에서도 사이조 야쓰(西條八十)의 시 「후지의 노래(富士の歌)」 외에 유키모토 리후(行友李風)의 「흰 거미(白粉蜘蛛)」, 고이즈미 조조(小泉長三)의 「귀신 사미센(鬼三味線)」, 다카키 데쓰오(高木哲夫)의 「발명왕 에디슨(發明王エーヂソン)」, 아마노 기지히코(天野雉彦)의 「얻은 금화 10원(貰つた拾圓金貨)」 등 당대 유명 작가의 소설이 여러 편 실려 있다. 또한 강담을 중시하는 창간 취지에 비추어 간다 하쿠야마(神田伯山)의 「천보수호전(天保水滸傳)」 등 네 편의 강담이 게재되었다.

정보국의 잡지 통합정책에 따라 『킹』에 흡수됨으로써 1941년 12월호로 최종호를 맞이하였지만, 태평양전쟁 발발 직전의 긴박한 상황이 최종호의 지면에도 그대로 반영되어 있었다.

최종호에는 마쓰시타 다다시(松下正)의 표지 사진 「영봉 후지(靈峰富士)」 외에 권두논문으로 마루야마 간지(丸山幹治)의 「아메리카 기만 외교와 그해군력(アメリカの欺瞞外交とその海軍力)」, 시바타 겐이치(柴田賢一)의 「아메리카의 태평양령(アメリカの太平洋領)」이 실려 있으며, 특별 삽화로 「마닐라 조감도(マニラ鳥瞰圖)」도 실려 있다. 소설로는 운노 주자(海野十三)의 「민족 개선곡(民族凱旋曲)」, 야마오카 소하치(山岡莊八)의 「군신 스기모토 중좌(軍神衫本中佐)」, 모리 겐지(森健二)의 「인생의 순번(人生の順番)」, 가이온지 조고로(海音寺潮五郎)의 「일본의 여명(日本の黎明)」, 기무라 소주(木村莊十)의 「열풍(熱風)」, 스즈키 히코지로(鈴木彦次郎)의 「달 밝은 마을(月明の村)」, 사사모토 도라(笹本寅)의 르포 「우미 수갱을 찾아서(宇美竪坑を訪れて)」 등 전시 색채가 짙은 작품이 집중적으로 게재되었다. (이준식)

참고문헌

日本近代文學館·小田切進 編, 『日本近代文學大事典』 第5卷, 講談社, 1977; 『日本出版百年史年表』, 日本書籍出版協會, 1968.

후청신록(侯鯖新錄)

1876년 중국 상하이에서 창간된 문예지

1876년 상하이(上海)에서 창간되었다. 상하이기기인서국(上海機器印書局)에서 인쇄되어 월간으로 발행되었다. 창간인 선바오산(沈飽山)이 주필을 맡았다. 종간 시점은 정확히 알려져 있지 않으며, 현재 제5권까지 보존되어 있다.

제호 『후청신록』은 송나라 자오링즈(趙令畤)의 『후청록(侯鯖錄)』에서 가져온 것이며, 편집체계는 『영환쇄기(瀛寰瑣記)』를 모방하였다.

내용은 시사(詩詞), 곡부(曲賦), 소설, 잡문 등 다양한 체제의 문학작품을 담았으며, 주소(奏疏), 조정(條呈), 상서(上書) 등의 정론성 글도 게재되었지만, 잡다한 이야기(瑣聞雜事)와 시화(詩話)를 위주로 하였다.

1권 및 2권에는 저자 미상인 「임문충공전략(林文忠公傳略)」, 「주문충공전략(周文忠公傳略)」, 「호문충공전략(胡文忠公傳略)」, 「반문공공전(潘文恭公傳)」, 「옹문단공전(翁文端公傳)」, 「팽문경공전(彭文敬公傳)」 등과 두치우쿠이(杜求煃)의 「완화관시화(浣花館詩話)」, 링단삐(凌丹陛)의 「아편연사(鴉片煙詞)」 등이 있다.

아편전쟁과 태평천국에 관한 자료들을 담고 있어 근대사연구에 매우 의미 있는 자료이다. 또한 서양인이 창간한 매체들을 모방했지만, 중국인이 직접 창간하고 편집한 정기 문학간행물로서의 의미를 가지고 있다. 내용상으로는 서양의 자연과학 내용과 자유민주의 개념을 받아들였지만, 기독교적 내용은 절대 거부하고 있다.

중국 초기 간행물로서 문체와 형식에서는 중국의 전통을 계승하여 시화(詩話)나 사화(詞話), 필기(筆記), 전기(傳奇) 등의 언어는 모두 구두어가 아닌 옛 문언체를 사용하였다.

주요 집필진으로는 허자성(何佳笙)과 즈윈(織云), 궁만(公曼), 톈자이(田硯齋), 즈이거서우(醉歌叟), 장웨이핑(張維屛) 구이성(桂笙), 장웨이핑 등이 참여하였다. (김성남)

참고문헌

周葱秀·涂明 著, 『中國近現代文化期刊史』, 山西教育出版社, 1999; 王檜林·朱漢國 主編, 『中國報刊辭典』, 太原: 書海出版社, 1992.

후쿠시마신문(福島新聞)

1892년 일본의 후쿠시마신문사에서 창간한 지역신문

1892년 8월 1일 후쿠시마신문사(福島新聞社)에 의해 창간되었다. 초기에는 사장에 오가사와라 사타노부(小笠原貞信)가, 1897년에는 마쓰모토 마고에몬(松本孫右衛門)이 사장이 되었다. 1917년에는 호리키리 젠베이(堀切善兵衛)가 사장에, 야타 무네요시(八田宗吉)가 부사장의 역할을 했다. 1942년 12월 유한회사가 되었다. 1943년경 사장은 나카메 모토지(中目元治), 부사장 겸 업무국장은 요시와 구치토라유(吉和口虎雄), 총무 겸 편집국장은 나카타니카와 고타로(長谷川幸太郎)였다.

1937년 지령 1만 5000호 기념사업으로 '민보상(民報賞)'을 창설하고, 매년 지방진흥공로자를 표창했다. 1939년 2월 사옥을 신축하고 제반 설비를 완비했다.

1922년 9월 창간 30주년 때에는 『후쿠시마니치니치신문(福島日日新聞)』을, 1941년에는 『후쿠시마민유신문(福島民友新聞)』, 『아이즈신문(會津新聞)』, 『이와키노마이니치신문(盤城每日新聞)』을 매수 합병하여 1현(縣) 1지(紙)가 되었다. 이후 본지 이외에도 『후쿠시마민보반성(福島民報盤城)』 석간을 발행하고, 명실공히 현 주민의 대표지로 비약했다.

시국의 인식 고양과 지도를 목적으로 강연회, 좌담회, 영화시사회 등을 縣의 여러 곳에서 개최했다. 또한 운동경기, 무도대회 등을 개최하여 체력 향상과 강병건민(强兵健民)운동의 선두에 섰다. 특히 중일전쟁 이후에는 종군 기자를 파견하여 정황을 연재했다. 후쿠시마신문사는 후쿠시마시(福島市 榮町 21番地)에 있었다. 발행은 조간 4항, 석간 2항으로, 구독료는 1개월에 1원이었다. (김인덕)

참고문헌

『昭和18年 新聞總攬』, 東京: 日本電報通信社, 1943; 春原昭彦, 『近代新聞通史』, 東京: 新泉社, 2003.

후쿠오카마이니치신문(福岡每日新聞)

▶ 지쿠시신문(筑紫新聞)

후쿠이신문(福井新聞)

1899년 일본의 후쿠이신문사가 창간한 지역 신문

1899년 8월 11일 창간되었고, 모리히로 사부로(森廣三郎)가 초대 사장을 지냈다. 그 후 1913년 3월 기타닛폰신문사(北日本新聞社)를 합병하여 신문사의 발전을 도모했다. 그리고 1923년 12월 요시타 겐스케(吉田圓助)의 사후, 이마무라 시치헤이(今村七平)가 사장이 되었다. 1940년부터 1942년에 걸친 보도통제에 따라, 후쿠이현(福井縣)의 일간지들을 병합했고, 1942년에는 50여 개의 신문사를 합쳐 통합하여 현의 대표지로『후쿠이신문』을 발간했다. 1941년 사옥을 후쿠이현 현청 앞의 신축 건물로 이전했다. 1943년 현재 신문사는 후쿠이시(福井市 大手町 137)에 있었다. 발행은 조간 4항, 석간 2항으로, 구독료가 1개월 1원이었다. (김인덕)

참고문헌

『昭和18年 新聞總攬』, 東京: 日本電報通信社, 1943; 春原昭彦, 『近代新聞通史』, 東京: 新泉社, 2003.

휘문(徽文)

1923년 서울에서 발행된 휘문고등보통학교 문우회 학예부의 교우지

편집 겸 발행인은 니가키 나가미사(新垣永昌)이고, 발행소는 휘문고등보통학교 문우회 학예부(서울 원동 6)이다. A5판 123쪽으로 비매품이다. 1935년 발행자는 김도태(金道泰)이고, 1940년 12월 15일 18호로 종간되었다. 국회도서관과 휘문고등학교에 소장되어 있다.

휘문고보 문우회는 창간호의 「본회 내력의 개략」을 살펴보면 잘 나와 있는데, 1910년 4월에 휘문의숙 1회 졸업생 32명이 발기하여 동창회를 조직하고 1911년 4월 당시 3학년 재학생 일동이 문우회를 만들어 학예를 수련하고 운동을 장려하는 등의 활동을 하기 시작했다고 한다. 그 후 1918년 휘문의숙이 휘문고등보통학교로 변경되고 재학생 정백(鄭柏)과 박종화 등이 중심이 되어 강연회 및 토론회를 열고 문예작품을 현상모집하고 도서실을 정비하여 독서열을 높였다. 1920년 4월에는 정지용, 이선근(李瑄根), 박제찬(朴濟瓚) 등이 새로 임원이 되어 일을 했다.

창간호를 살펴보면, 총장과 교장의 인사말씀과 함께 교사로 재직 중인 김현장(金顯璋), 민형식(閔衡植), 장응진(張膺震), 이일(李一) 등의 글과 다양한 소재의 학생 글이 함께 실려 있다. 학생의 것으로는 「기탄잘리」 등 3편을 번역한 정지용(鄭芝溶) 활약 및 훗날 소설가가 된 이태준의 시가 눈에 띈다.

창간호의 목차는 다음과 같다. '권두언' 희천(希天)의 「적은데로서」, 총장선생의 「유본교생도문(諭本校生徒文)」, 교장선생의 「모교의 융성과 문우의 초성(初聲)」, 김현장(金顯璋) 선생의 「창간호에 수언(數言)을 기(寄)하노라」, 민형식(閔衡植)의 「인생쾌락선생」, 장응진 선생의 「추(秋)의 교훈」, 니가키(新垣) 선생의 「소설의 교육적 가치(小說の教育的價值)」, 마쓰시타(松下) 선생의 「노인의 푸념(老の繰り言)」, 정지용(鄭芝溶) 역의 「퍼스포니와 수선화」, 김양현(金亮鉉)의 「모교의 성운(盛運)과 본보의 출현」, 이일(李一) 선생의 「어머니의 꿈」, 조귀순(趙龜淳)의 「고독」, 고희서(高羲書)의 「하(夏)의 소감」, 신승조(辛承祖)의 「하휴(夏休)의 쾌락」, 정지용 역의 「여명의 신 오로아」, 박용환(朴容煥)의 「농가의 아침」, 조명렬(趙明烈)의 「농촌의 일일(一日)」, 김진목(金鎭穆) 선생의 「인생의 일관찰」, 박제찬(朴濟瓚)의 「노래골짜기」, 이일선생의 「등산자」, 조귀순의 「무서운 꿈」, 도정호(都定浩)의 「향비(響秘)」, 노문희(盧文熙)의 「사랑」, 정지용 역의 「끼텐잴리」, 지창하(池昌夏)의 「향촌의 여름」, 김병률(金秉律)의 「비 개인 아침」, 윤규섭(尹圭燮)의 「사계(四季)」, 임태호(林泰虎)의 「심산(深山) 청곡(青谷)의 일일(一日)」, 이일선생의 「기망(旣望)의 월(月)」, 이태준(李泰俊)의 「추감(秋感)」, 송한균(宋漢均)의 「추야(秋夜)의 비애」, 전무길(全武吉)의 「추국(秋菊)」, 김연성(金演成)」의 「가을이 오다」, 김상섭(金相燮)의 「우연」, 오시권(吳時勸)의 「애(愛)의 때(규)」, 신종기(申鍾驥)의 「잡감(雜感)」, 동원(東園) 선생의 「죽음으

로 가는 소 수인의 무리(死に往く牛囚人の群)」, 이상두(李庠斗)의 「고향에 감」, 유시청(柳時靑)의 「귀성(歸省)」, 김상린(金祥麟) 「하휴중 용정촌(龍井村) 여행기」, 노문희의 「야적(夜笛)」, 최병철(崔炳喆)의 「통천(通川) 총석정기(叢石亭記)」, 강선형(姜善馨)의 「아부라함 링컨과 남북전쟁」, 이규풍(李奎豊)의 「시간을 귀중히 지(知)하라」, 류시청의 「사랑하는 벗들에게」, 니가키(新垣) 선생의 「도다군(どうだ君)」, 이태준의 「안정흡 군(安正洽君)의 사(死)를 조(弔)함」, 어철(魚澈) 역의 「가사자(假死者)」, 「본교연혁의 경개(梗槪)」, 「본회 내력의 개략」, 「본교 직원록」, 「본교 재학생」, 「본교졸업생」, 「본회의 금년 일년간 사업」, 「본회의 수지예산」, 「본회임원」, 「편집여언(編輯餘言)」.

논설 형식의 글은 거의 없고 시, 소설, 산문 등의 문예작품이 대부분이다. 그 밖에 창간호에는 휘문고등보통학교의 연혁, 교직원·재학생·졸업생의 명단, 문우회의 내력·활동·회계·임원 등 교사 연구에 필요한 자료들이 자세하게 실려 있다.

• 휘문고등보통학교

휘문고등보통학교는 1904년 9월 민영휘의 집(서울 경운동 64) 안에 광성의숙(廣成義塾, 넓게 배우며 그 뜻을 성취)을 차려, 학생 6, 7명을 모아 9월 12일에 개교식을 했다. 이후 1906년 4월 학생이 증가하면서 원 관상감(觀象監) 터(현 본교 소재지)에 벽돌구조로 2층 양식 교사를 신축했으며, 1906년 5월 고종이 민영휘(閔泳徽)의 휘자(徽字)를 따서 휘문의숙(徽文義塾)이라는 교명을 하사하면서 개명했다.

그 후 1918년 사립 휘문고등보통학교, 1922년 휘문고등보통학교, 1938년 휘문중학교로 개명, 1951년 휘문중학교와 휘문고등학교로 분리되었다. (이경돈, 정예지)

참고문헌

『徽文』 창간호, 1923.1, 국회도서관 소장본; 徽文七十年史編纂委員會 編, 『徽文七十年史』, 徽文中高等學校, 1976; 『한국신문·잡지총목록』, 대한민국국회도서관, 1966; 계훈모, 『한국언론연표』, 관훈클럽신영연구기금, 1979; 최덕교 편저, 『한국잡지백년』, 현암사, 2004.

▌휘보(彙報)

▶ 회보(匯報)

▌흑색전선(黑色戰線)

1929년 흑색전선사가 발행한 아나키즘 문예지

1929년 2월에 간행되어 같은 해 12월 7호로 종간되었다. 월간으로 발간된 무정부주의 문예지로 통권 7권이 발행되었다. 1929년 3, 6, 9, 10, 11월에는 잡지가 나오지 않았다. 발행처는 도쿄의 '흑색전선사(黑色戰線社)'였고, 국판으로 본문은 68쪽에서 86쪽이었다. 창간호는 25전이었다. 발행 편집자는 호시노 준지(星野準二). 표지 그림은 매호 달랐는데 고바야시 데루(小林輝) 등이 그렸다. 잡지 원본은 호세이대학(法政大學) 오하라사회문제연구소(大原社會問題硏究所)와 가가와대학(香川大學) 가미하라문고(神原文庫) 등이 소장하고 있다.

제3인터내셔널의 지령에 의한 프롤레타리아 문예운동에 반대하여 쇼와 초기에는 아나키즘 계열의 기관지, 문예지가 연이어 등장했다. 대표적인 잡지로는 쓰보이 시게지(壺井繁治)를 발행인으로 한 『문예해방(文藝解放)』(1927)이 있다.

제목에서 표방한 것처럼 무정부주의 문학가들의 잡지였다. 일본 무정부주의 문학은 오스기 사카에(大杉

榮)와 아라하타 간손(荒畑寒村)이 『근대사상(近代思想)』을 발간하면서부터 시작되었다.

이후 무정부주의 문학은 프롤레타리아문학과의 연대와 결별의 과정을 통해서 그 독자적인 내용과 행동의 영역을 구축해왔는데, 『흑색전선』은 종래의 무정부주의 문예지·『흑색문예(黑色文藝)』, 『검은 벌(黑蜂)』, 『20세기』 등을 주도하던 사람들에 의해 새롭게 결성된 것이다.

『흑색전선』은 소위 아나키스트·대 볼셰비키 논쟁(줄여서 '아나·볼 논쟁'이라고도 한다) 이후 아나키스트가 프롤레타리아작가들과 완전히 결별한 이후의 잡지이다.

또 다른 무정부주의 문학가 이시카와 산시로(石川三四郎)도 『흑색전선』을 거점으로 활동했다. 이시카와 산시로는 1876년에 태어나 중앙대학에서 공부하고, 1907년 『헤이민신문(平民新聞)』 창간에 참여하며 사회운동을 시작했다.

초기에는 기독교 사회주의자로서 활동했으나 유럽 각국을 순례한 후 무정부주의자가 되었다. 오스기 사카에가 당국의 손에 죽고 난 뒤에 아나키즘의 이론적 지도자가 되었다. 이시카와 산시로는 『흑색전선』에 '무정부주의 강좌'란을 통해 예술론과 현대에 대한 자신의 이론을 폈다.

『흑색전선』이 간행된 것은 『문예해방』이 종간된 다음으로 아나키즘운동의 퇴조기였다. 아나키즘 진영 내에는 많은 노선대립이 일어났는데, 『흑색전선』은 생디칼리슴을 배격한 소위 순정 아나키즘파인 '자유연합주의'를 표방했다. 이는 잡지 창간호가 크로포트킨을 특집으로 편성한 것을 보아도 분명하다.

잡지 창간호의 편집후기에는 "무정부주의 문예잡지, 흑색문예, 흑봉, 20세기의 동지에 의해 결성되었다"고 밝히고 있다. 창간호는 우에다 노부오(植田信夫), 이시카와 산시로 등에 의한 크로포트킨의 해설 이외에 루돌프 롯카(Rudolf Rocker)의 「무정부주의와 조직(無政府主義と組織)」, 다카무레 이쓰레(高群逸枝)의 소설 「폭풍의 밤(嵐の夜)」이 게재되었다.

그 외에 다카무레 이쓰에(高郡逸枝)의 소설 「폭풍의 밤」과 평론 「연애와 강조(强槽)」, 오노 도자부로(小野十三郞)의 시 「새벽의 전차(夜更けの電車)」 등이 있다. 그 밖에 집필자에 다케우치 데루요(竹内てるよ), 하야시 후미코(林芙美子), 가미치카 이치코(神近市子) 등도 『흑색전선』에 기고한 바 있다.

잡지 동인으로는 단자와 아키라(丹沢明), 야마우치 교조(山内恭三), 오노 도자부로(小野十三郞), 야기 아키코(八木明子) 등이 참여했다. 잡지는 문예면에 지면을 많이 할애했지만, 차츰 아나키즘 이론과 볼셰비즘과의 논쟁에 지면을 많이 할애했다. 하지만 매호마다 소설과 희곡을 계속 게재했다는 점에서 『문예해방』보다도 문예지로서의 성격이 높다고 평가할 수 있다.

일본 문학사에서 『흑색전선』은 볼셰비키 예술이론에 대항해서 아나키즘 예술이론을 한 단계 전진시키는 데 공헌이 큰 잡지로 평가된다. 1931년 9월 오가와 미메이(小川未明)가 주도하여 동명의 잡지를 다시 내기도 했다. 2005년에 한국에서 일본 무정부주의운동의 상징적인 존재인 오스기 사카에 전기가 발간되기도 했다.

종간의 이유는 아나키즘파와 생디칼리슴파와의 노선 대립 때문이었다. 생디칼리슴파는 1930년에 후계잡지 『흑선(黑線)』을 간행한다. (이규수)

참고문헌

『國文學 解釋と鑑賞』(10月) 第30卷 第13号, 東京: 至文堂, 1965; 日本近代文學館·小田切進 編, 『日本近代文學大事典』 5卷, 東京: 講談社, 1977.

흥생사업연구(興生事業硏究)

▶ 협화사업휘보(協和事業彙報)

흥아(興亞)

1945년 일본에서 발행된 시국 잡지

1945년 2월 일본의 흥아단체연합(興亞團體聯合)이 기관지로 발행한 잡지이다. 잡지의 발행자였던 흥아단체연합(興亞團體聯合)은 이후 단체명을 대일본흥아동맹(大日本興亞同盟)으로 변경하였다.

대일본흥아동맹의 설립 목적은 "일만화(日滿華) 삼국공영선언(三國共榮宣言)의 취지에 근거하여, 주권의 존중, 국방의 협력, 경제의 제휴, 문화의 창설을 통해 동아유신(東亞維新)의 도표(道標)로 삼고, 모든 민족의 힘을 응집해서 대동아공영(大同亞共榮)의 대업에 매집"하기 위한 것이었다. 대일본흥아동맹의 회장은 도조 히데키(東條英機)였다. 따라서 대일본흥아동맹은 전쟁 기간 동안 천황주의와 초국가주의를 표방했던 일본의 극우단체들을 가장 잘 대표하는 단체 중의 하나였다.

태평양전쟁 단계에 들어서면, 대일본흥아동맹은 잡지 『흥아』의 발행소로 여전히 이름을 올리고 있었지만, 잡지 자체는 대정익찬회(大政翼贊會)의 흥아총본부(興亞總本部) 기관지로 기능을 수행하였다. 따라서 잡지는 흥아총본의 선전부가 편집을 담당하게 되었다. 이와 동시에 편집경향도 이전의 정치와 사상 등에 중심을 두었던 것과는 달리, 문학이 점하는 비중이 높아졌다.

1943년 10월호에 수록되어 있는 주요 기사의 제목을 살펴보면, 「흥아이념(興亞理念)의 확립과 표현」, 「대동아민족(大同亞民族)의 동지적(同志的) 결합」, 「흥아이념의 검토」, 「신비도봉사단(新比島奉仕團)의 활동」, 「흥아수필(興亞隨筆) 태평천국」, 「흥아수필(興亞隨筆) 인도양」, 「흥아지사(興亞志士)의 유업(遺業)과 현창전(顯彰展)」, 「결전흥아문학자(決戰興亞文學者) 좌담회」 등이었다. 일본의 패전과 동시에 잡지 『흥아』도 폐간되었던 것으로 보인다. (문영주)

참고문헌

高崎隆治, 『戰時下の雜誌その光と影』, 風媒社, 1976; 松浦總三, 『體驗と資料 戰時下の言論彈壓』, 白川書院, 1975; 高崎隆治, 『戰時下のジャ-ナリズム』, 新日本出版社, 1987; 『日本出版百年史年表』, 日本書籍出版協會, 1968.

▌흥아문화(興亞文化)

1936년 일본에서 발행된 정치 잡지

1936년 일본의 녹기연맹(綠旗聯盟)에서 발행한 잡지이다. 녹기연맹의 기관지였던 잡지 『녹기(綠旗)』를 개제하여 발행되었기 때문에, 식민지 조선에서 '황국신민화(皇國臣民化)'운동으로 악명이 높았던 녹기연맹의 기관지 역할을 하였다. 잡지 크기는 B5판이었으며, 분량은 약 80쪽 정도였다. 잡지가 창간된 때는 1936년 1월이었다.

녹기연맹은 청년부, 부인부의 조직 이외에, 덕화여숙(德和女塾), 청화여숙(淸和女塾)을 경영하였다. 두 곳의 학교에서는 여학교 졸업자를 대상으로 1년간 황민과(皇民科), 사봉과(仕奉科), 전쟁가정과(戰爭家政科)를 교수하였다. 즉 "전시하(戰時下) 황국부인(皇國婦人)으로서 모범을 보이고, 그 생활지도자로서 정신(挺身)해서 활동하는 부인을 교육"하는 것이 두 여숙(女塾)의 목적이었다. 따라서 이곳에서 교육 받은 졸업생의 대부분은 황민화 교육의 현장에 진출하였다.

1944년 9월호 권두언의 내용을 보면, "반도장정(半島壯丁)을 기념해야하는 입영(入營)은, 2600만과 1억의 여망(輿望)을 담아서 행해진 것이다. 이제야 정말 폐하의 넓고 넓은 은덕으로 광휘(光輝)한 제국군인(帝國軍人)의 일원으로 명실상부하게 참가하게 된 것이다. 반도 청소년의 희열감격은 말할 것도 없고, 그 부모의 기쁨은 끝이 없다"라고 되어 있다.

패전이 예상되는 시점에서, 일본의 젊은이들이 전장으로 달려가는 것은 죽음을 의미하는 것이었다. 출정하는 병사가 기뻐하거나 용기를 보이는 경우는 드물었다. 이러한 상황에서 조선의 젊은이들과 그들의 부모가 징병을 즐거워하지 않는 것, 오히려 일본을 증오한다는 것은 너무나 당연한 일이었다. 그러나 조선인의 이러한 심정과 증오는 조선에 거주하는 일본인 지식인은 반드시 알아야 할 상황이었다.

따라서 1944년 9월호의 권두언 문장은 조선인 스스

로의 생각을 표현한 것이 아니라, 지배자인 일본인이 원하는 국가원리와 그러한 국가원리 안에 조선인을 동화시키려는 의도를 그대로 적어놓은 것에 불과한 것이었다. 식민지의 이민족 권력과 지도자들은 온전한 국가 그 자체와 다른 것이었기 때문이다. 연맹은 본 잡지 이외에도 부인잡지로 『신여성(新女性)』을 발행하기도 하였다. (문영주)

참고문헌

高崎隆治, 『戰時下の雜誌その光と影』, 風媒社, 1976; 松浦総三, 『體驗と資料 戰時下の言論彈壓』, 白川書院, 1975; 高崎隆治, 『戰時下のジャ-ナリズム』, 新日本出版社, 1987; 『日本出版百年史年表』, 日本書籍出版協會, 1968.

▌흥아원·대동아성 조사월보(興亞院·大東亞省 調査月報)

1940년 일본에서 발행된 중국 조사 잡지

흥아원 『조사월보』는 흥아원 정무부(政務府)에서 발행하였다. 발행의 권·호수는 1권 1호(1940.1)부터 3권 19호(1942.10)까지이다. 흥아원 『조사월보』는 흥아원 내 직원의 직무참고자료로 발행되었기 때문에 모두 비밀로 취급되었다. 따라서 조사월보에 게재되어 있는 내용은 일반 인쇄물에서 인용하는 것이 금지되었다. 대동아성 『조사월보』는 대동아성 총무국 조사과에서 발행하였다. 발행의 권·호수는 1권 1호(1943.1)부터 2권 4호(1944.4)까지이다. 대동아성 『조사월보』는 흥아원 『조사월보』의 후계지였다. 양 조사월보의 지면 구성은 '조사', '자료', '잡록'으로 구성되어 있다. '조사'란에는 주로 중국점령지의 정치, 경제, 사회, 사상에 관한 조사보고(중심은 경제관계보고)가 수록되었다. '자료'란에는 주로 중국점령지의 정치, 경제, 사회, 사상에 관한 현황, 실황, 상황보고(중심은 경제관계 현지보고)가 수록되어 있다. '잡록'에는 '신법령일람', '흥아원(대동아성) 인쇄자료 목록', '(사변)중국 관계 중요일지', '대동아전쟁 관계 중요일지'가 정리되어 있다.

흥아원·대동아성 『조사월보』는 일본제국주의의 중국 지배를 체계적이고 전체적으로 조망할 수 있는 1차 자료이다. 즉 일본제국주의의 중국지배사 연구에 필수적인 자료라고 할 수 있다.

흥아원은 1938년 12월 중국 점령지통치를 위해 설치된 일본 정부기관이다. 흥아원의 본원(本院)은 일본 본국에 설치되었으며, 정무부, 경제부, 문화부, 기술부의 4부로 구성되었다. 중국현지에는 몽강연락부(蒙疆連絡部), 화베이연락부(華北連絡部), 화중연락부(華中連絡部), 샤먼연락부(廈門連絡部)가 설치되었다.

대동아성은 1942년 11월, 식민지 만주, 점령지인 중국, 동남아시아(南方)의 정무를 총할(總轄)하는 정부기관으로서, 척무성, 대만사무국(對滿事務局), 흥아원 등을 합병하여 설립되었다. 대동아성에는 총무국, 만주사무국, 지나(支那)사무국, 남방사무국의 4국이 설치되었다.

조사월보에 게재된 '조사'와 '자료'는 용면에서 다음과 같은 특징이 있다.

① 군수용 농산물에 대한 조사가 압도적으로 많았다. 조사된 농산물의 종류를 분류해보면, 면화 관계 자료와 조사가 가장 많았고, 미곡과 소맥에 관한 조사·자료가 그 다음으로 많았다.

면화 관계 조사와 자료로는 「화베이면산개황(華北綿産概況)」(1940.1), 「상하이(上海)를 중심으로 한 중지면화사정(中支棉花事情)」(1940.4), 「중지나면화(中支那棉花)에 관한 조사보고서(調査報告書)」(1940.7), 「산시성면화조사보고서(山西省棉花調査報告書)(上)」(1940.11), 「산시성면화조사보고서(山西省棉花調査報告書)(下)」(1940.12), 「산둥성면화조사보고서(山東省棉花調査報告書)」(1941.1), 「중지(中支)에서 면화조사보고서(棉花調査報告書)」(1941.12) 등이 수록되어 있다.

식량 관계 조사와 자료로는 「중지농산물(中支農産物)에 관한 조사(調査)」(1940.5), 「화베이각지(華北各地)에서 양곡취인기구(糧穀取人機構)의 조사(調査)」(1941.7), 「몽강농산물작황조사보고(蒙疆農産物作況調査報告)」(1942.9), 「허베이성 다싱현(河北省大興縣)에서 면화(綿花)와 식량작(食糧作)과의 관계(關係)」(1943.7), 「강북지구수리조사보고(江北地區

水利調査報告)」(1944.2) 등이 수록되어 있다.

미곡과 소맥 관계 조사와 자료로는 「화베이(華北)에서 미곡조사(米穀調査)」(1940.8), 「화베이(華北)에서 미곡수급조사(米穀需給調査)」(1942.3), 「중지나(中支那)에서 쌀(米)의 유통경로(流動經路)」(1943.9), 「북지(北支)에서 소맥수급관계조사(小麥需給關係調査)」(1940.9), 「중지(中支)에서 소맥생산비조사 중간보고서(小麥生産費調査中間報告書)」(1943.2) 등이 수록되어 있다.

이를 통해 일본제국주의의 농업자원 수탈이 군수용 농산물의 수탈을 중심으로 행해졌음을 간접적으로 확인할 수 있다. 즉, 흥아원과 대동아성(특히 전자)의 농업자원관계 조사는 일본제국주의에 의한 군수용 농산물의 수탈을 용이하게 수행하기 위한 기초자료로서 작성되었던 것이다.

② 공업용자원 조사에서는 석탄관계조사가 가장 많았다. 이것은 제철업용 석탄을 중국에서 확보하기 위한 사전조사로서의 의미가 있었다. 특히 흥아원의 광업자원 조사는 일본제국주의가 중국에서 광업자원을 수탈하기 위한 기초자료로서 작성되었다. 이와 함께 광산업관계 조사와 관련해서 노무관계 조사도 진행되었음에 유의할 필요가 있다.

광산관계 조사와 자료로는 「푸젠성광산개요(福建省鑛山槪要)」(1940.1), 「지나서북방면(支那西北方面)의 지하자원」(1940.11), 「산둥성광산조사보고(山東省鑛山調査報告)」(1941.8), 「중지나광산자원중간보고(中支那鑛山資源中間報告)」(1941.12), 「몽강이탄전조사중간보고(蒙疆二炭田調査中間報告)」(1943.3) 등이 수록되어 있다.

노무관계 자료와 조사로는 「최근 상하이노동사정(最近 上海勞動事情)」(1940.8), 「사변 후(事變後)의 중지나노동임은(中支那勞動賃銀)」(1942.7), 「몽강(蒙疆)에서 광산노무상황(鑛山勞務狀況)」(1943.11) 등이 수록되어 있다.

③ 중국공산당 관계 조사와 자료도 수록되어 있다. 중국공산당 관계 조사 또는 해방구 관계 조사는 그 성격상 극비로 취급되었으며, 조사보고서형식으로 발표되었다.

중국공산당 관계 조사와 자료로는 「내몽골(內蒙古)에서 적색운동(赤色運動)의 변천(變遷)」(1942.10), 「화베이성농촌(華北省農村)에서 중공(中共)의 대농촌정책(對農村施策)」(1943.11) 등이 수록되어 있다.

마지막으로 '잡록'란에는 「지나사변(支那事變)(관계)중요일지」와 「대동아전쟁 관계 중요일지」가 수록되어 있다. 전자는 신정권관계(占領地區側)일지, 장정권(蔣政權)관계(非占領地區側)일지, 기타(제삼국관계)일지의 세부분으로 구성되어 있다.

이들 일지는 일본제국주의의 점령지구, 비점령지구와 일본·국제관계의 세부적인 동향을 파악할 수 있는 귀중한 자료라고 할 수 있다. (문영주)

참고문헌

杉原四郎 編, 『日本経済雑誌の源流』, 有斐閣, 1990; 杉原四郎 著, 『日本の経済雑誌』, 日本経済評論社, 1987.

▌히시비시곡물협회회보(菱菱穀物協會會報)

1932년 서울에서 발간된 일본어 월간 회보

1932년부터 히시비시곡물협회에서 매월 1회 발행하던 회보이다. 히시비시곡물협회는 조선총독부곡물검사소 군산지소 내에 있던 단체이다. 서울대도서관 경제문고에 1935년부터 1939년까지의 월보가 소장되어 있다.

월보는 기사, 잡보, 시보(時報)로 구성되었다. 기사란에는 미곡의 품질 검사에 관한 보고, 관련법령 소개와 해설 등을 수록하였고, 잡보에는 협회 소식과 경제계 동향 등을 실었다. 시보에는 통계자료를 수록하였다.

1937년 4월 이후에는 이런 대분류가 없어지는 대신, 관내 곡물관계 소식과 각종 곡물의 수확고, 재고, 검사성적에 관한 소식과 통계자료가 주요 내용을 이루고 분량도 대폭 축소되었다.

1938년 이후에는 미곡 통제가 실시되면서, 조선에

서의 각종 미곡 통제와 관련한 기사가 크게 증가하고 있다.

곡물검사와 관련해서는 『조선총독부곡물검사소월보』 항목을 참조. (윤해동)

참고문헌

『히시비시곡물협회회보』, 일본 소재 사이토문고(齋藤實文庫) 소장본.

• 게재목록 일람

㉨

• 주요 인명, 단체, 기관

연구팀 소개

• 집필자

김미정

문학평론가. 성균관대학교 국어국문학과 박사과정.
성균관대학교 국어국문학과 졸업, 동대학원에서 현대소설 전공으로 박사과정 수료. 한국 근대 신문·잡지 항목 집필.

김성남

성균관대학교 동아시아학술원 연구교수.
중국 중앙민족대학교 민족학과 졸업, 동대학원에서 한중문화교류사 연구로 박사학위 취득. 중국 근대 신문·잡지 항목 집필.

김인덕

성균관대학교 동아시아역사연구소 연구교수.
성균관대학교 사학과 졸업, 동대학원에서 한국근대사로 박사학위 취득. 일본 지역 잡지와 재일조선인 관련 잡지에 관한 항목 집필.

김지훈

성균관대학교 현대중국연구소 연구교수.
성균관대학교 사학과 졸업, 동대학원에서 1930년대 중화소비에트공화국의 경제정책으로 박사학위 취득. 중국 근현대 중국 신문·잡지 항목 집필.

남기현

성균관대학교 사학과 박사과정.
성균관대학교 통계학과 졸업. 한국 근대 신문·잡지 항목 집필.

문영주

한국교육과정평가원 부연구위원.
고려대학교 사학과 졸업, 동대학원에서 일제시기 경제사연구로 박사학위 취득. 일본 근대 경제 관련 및 전시체제 관련 잡지 항목 집필.

박지영

성균관대학교 동아시아학술원 연구교수.
덕성여자대학교 국어국문학과 졸업, 성균관대학교 대학원에서 현대시 연구로 박사학위 취득. 한국 근대 신문·잡지 항목 집필.

신상필

성균관대학교 동아시아학술원 HK 연구교수.
성균관대학교 한문교육과 졸업, 동대학 한문학과 대학원에서 조선조 필기의 서사화 양상 연구로 박사학위 취득. 한국 근대 문학관련 잡지 항목 집필.

오병수

성균관대학교 동아시아학술원 HK 교수.
서울대학교 역사교육과 졸업, 푸단대학 역사학계에서 중국 근현대 사상사 연구로 박사학위 취득. 중국 근현대 관련 잡지 항목 집필.

윤해동

성균관대학교 동아시아학술원 HK 교수.
서울대학교 국사학과 졸업, 동대학원에서 한국의 식민지기 사회사 연구로 박사학위 취득. 한국 근현대 일본어 신문·잡지에 대한 항목 집필.

이경돈

성균관대학교 동아시아학술원 연구교수.
성균관대학교 국어국문학과 졸업, 동대학원에서 한국 근대문학의 형성 과정 연구로 박사학위 취득. 근현대 한국 신문·잡지에 대한 항목 집필.

이규수

성균관대학교 동아시아역사연구소 연구교수.
고려대학교 사학과 졸업, 일본 히토쓰바시대학원에서 지역사회 연구로 박사학위 취득. 일본 근대 신문·잡지 항목 집필.

이신철

성균관대학교 동아시아학술원 연구교수.
성균관대학교 사학과 졸업, 동대학원에서 월·납북 정치인들의 통일운동에 관한 연구로 박사학위 취득. 해외 한인발행 잡지 항목 집필.

이은자

전북대학교 쌀삶문명연구원 HK교수.
고려대학교 사학과 졸업, 동대학원에서 문학석사, 박사. 중국근대사 전공. 중국 근현대 잡지에 관한 항목 집필.

이준식

친일반민족행위자 재산조사위원회 상임위원.
연세대학교 사회학과 졸업, 동대학원에서 일제시기 사회사 연구로 박사학위 취득. 일본 근대 문화 및 운동 관련 신문·잡지 관련 항목 집필.

이한울

성균관대학교 사학과 박사과정.
가톨릭대학교 국사학과 졸업, 한국 근대 신문·잡지 항목 집필.

이항준

성균관대학교 동아시아역사연구소 연구교수.
서울여자대학교 사학과 졸업, 동대학원에서 19세기 중후반 조선 관세청에 대한 연구로 석사학위 취득, 모스크바국립대학교 역사학부에서 제정러시아 극동총독부의 조선이주민과 극동정책 연구로 박사학위 취득. 근대 러시아 잡지에 관한 항목 집필.

이호현

고려대학교 사학과 강사.
서울여자대학교 사학과 졸업, 고려대학교에서 석사, 중국 상하이 푸단(復旦)대학교에서 청말 지방자치를 주제로 박사학위 취득. 중국 근현대 영화, 문학잡지에 관한 항목 집필.

임경석

성균관대학교 사학과 교수.
성균관대학교 사학과 졸업, 동대학원에서 한국 근대사 연구로 박사학위 취득. 한국 사회주의 관련 잡지 항목 집필.

장성규

광운대학교 강사.
성균관대학교 인문학부 졸업, 서울대학교 국문과 대학원 박사과정 수료. 한국 근현대 문학 관련 잡지 항목 집필.

전상기

성균관대학교 동아시아학술원 연구교수.
성균관대학교 국문학과 졸업, 1960~70년대 한국문학비평의 분화 연구로 같은 대학에서 박사학위 취득. 한국 식민지기 문학예술 종합잡지 항목 집필.

정예지

성균관대학교 사학과 박사과정.
성균관대학교 사학과 졸업, 한국 근대 신문·잡지 항목 집필.

정진아

건국대학교 통일인문학연구단 HK 교수.
영남대학교 국사학과 졸업, 연세대학교 사학과 대학원에서 1950년대 이승만 정부의 경제정책 연구로 박사학위 취득. 식민지기 경제 · 종교 관련 언론매체 항목 집필.

정환국

동국대학교 국어국문학과 조교수
성균관대학교 한문교육과 졸업, 동대학원에서 17세기 애정류 한문소설 연구로 박사학위 취득. 한국 근대 잡지 항목 집필.

천정환

성균관대학교 국문학과 부교수.
서울대학교 국문학과 졸업, 동대학원에서 근대 독서 문화와 수용자 연구로 박사학위 취득. 일본 근대 문학 관련 잡지 항목 집필.

• 공동연구원

하영휘

가회고문서연구소 소장

하종문

한신대학교 일본지역학과 교수

한은경

성균관대학교 신문방송학과 교수

동아시아 언론매체 사전

편저자 임경석

초판1쇄 인쇄 2010년 6월 25일
초판1쇄 발행 2010년 6월 30일

펴낸곳 논형
펴낸이 소재두
편 집 김현경, 김가영
디자인 김예나
홍 보 박은정
등록번호 제2003-000019호
등록일자 2003년 3월 5일
주 소 서울시 관악구 성현동 7-77 한립토이프라자 6층
전 화 02-887-3561
팩 스 02-887-6690

ISBN 978-89-6357-006-8 91070
값 150,000원